תורה נביאים כתובים

קוֹרֵן ירושלים

תורה
נביאים
כתובים

הוצאת קורן ירושלים

בראשית ברא אלהים את השמים ואת הארץ והארץ היתה תהו ובהו וחשך על־פני תהום ורוח אלהים מרחפת על־פני המים ויאמר אלהים יהי־אור ויהי־אור וירא אלהים את־האור כי־טוב ויבדל אלהים בין האור ובין החשך ויקרא אלהים לאור יום ולחשך קרא לילה ויהי־ערב ויהי־בקר יום אחד • ויהי אחרי מות משה עבד ה׳ ויאמר ה׳ אל־יהושע בן־נון משרת משה לאמר משה עבדי מת ועתה קום עבר את־הירדן הזה אתה וכל־העם הזה אל־הארץ אשר אנכי נתן להם לבני ישראל כל־מקום אשר תדרך כף־רגלכם בו לכם נתתיו כאשר דברתי אל־משה • אשרי־האיש אשר לא הלך בעצת רשעים ובדרך חטאים לא עמד ובמושב לצים לא ישב כי אם־בתורת ה׳ חפצו ובתורתו יהגה יומם ולילה והיה כעץ שתול על־פלגי מים אשר פריו יתן בעתו ועלהו לא יבול

תנ״ך קורן המעלות על שם משפחת גיטלר
מוקדש לבתנו היקרה

מיטל גבריאלה גיטלר

בהגיעה למצוות (קיץ תש״ע)

ולסבתותיה

יהודית קושיצקי, שפרינצה בילה גיטלר
וסבתא רבה מלכה טננבאום

בתנ״ך זה האצבעות רצות מהר ומוצאות לך את מבוקשך...
״למען תהיה תורת ה׳ בפיך״

תורה נביאים כתובים
תנ״ך קורן

הוצאת קורן ירושלים
ת״ד 4044 ירושלים 91040
www.korenpub.com

תנ״ך המעלות, גודל אישי, כריכה קשה, מסת״ב: 978-965-301-181-6
תנ״ך המעלות, מהדורת רכס, גודל אישי, כריכה קשה, מסת״ב: 978-965-301-193-9

הרבנות הראשית לישראל
THE CHIEF RABBINATE OF ISRAEL

ר"ה, ו' ואדר חשו"א
תא'(1)- 158/91

לכבוד
הוצאת קורן
ירושלים ת"ו.

השלום והברכה!

כבר נודעו בשערים ספרי התנ"ך המהודרים שבהוצאת קורן שבעיה"ק ירושלים ת"ו, אשר כבר שבחום וקלסום קודמינו הרבנים הראשיים לישראל. מעלה מיוחדת וחשובה לספרי תנ"ך אלו שנעשו בכלילת יופי באותיות שלמות ומהודרות, ניקוד ופיסוק טעמים בדייקנות מרובה על טהרת הקודש מתחילתם ועד סופם בידי יהודים בא"י שלא כהוצאות אחרות אשר צולמו מהוצאות המסיונרים.

ועל כן באנו בזה לחזק את ידי המולי"ם ולהמליץ לאחב"י להביא תנ"ך זה אל ביתם. במיוחד יש חשיבות למעניקי התשורות להעניק למקבלים, ובמיוחד אם הם בני נוער, את התנ"ך המהודר בהוצאת קורן למען ילמדו וישכילו בו בכל אשר יפנו.

בברכת התורה,

אברהם כהנא שפירא
הרב הראשי לישראל

מרדכי אליהו
ראשון לציון הרב הראשי לישראל

רח' המלך ג'ורג' 58 ירושלים 94262 ת.ד. 7525 טל. 247112 tel. 58 King George st. Jerusalem P.O.B. 7525

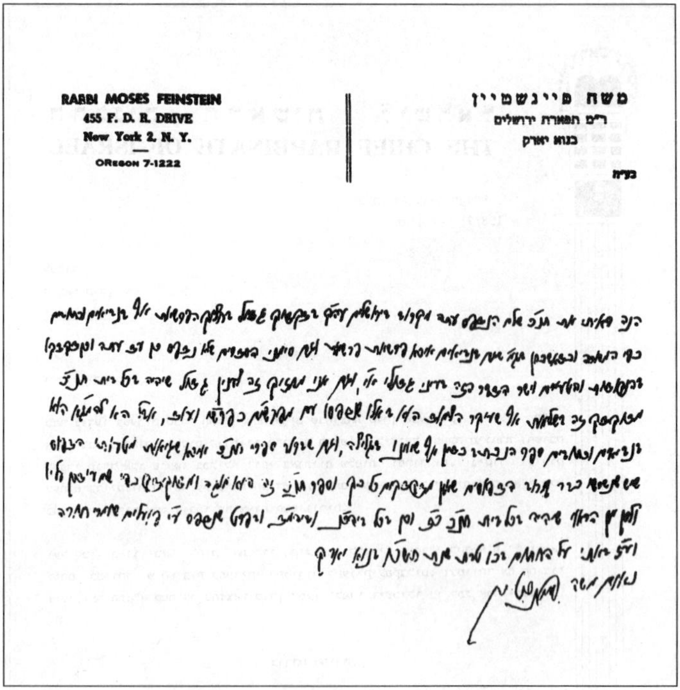

הנה ראיתי את תנ"ך שלם הנדפס עתה מקרוב בירושלים עיה"ק בדקדוק גדול בחילוק הפרשיות אף בנביאים וכתובים כפי המסורה וכדאשכחן בגמ', שגם בנביאים איכא פרשיות פרשיות וגם סימני הסדרים, שלא נדפס כן עד עתה. וכן דקדקו בהנקודות והטעמים, ויישר הדבר הזה בעיני גדולי א"י וגם אני מחזיק זה לענין גדול שיהיה בכל בית תנ"ך מדוקדק זה בשלמות, אף שעיקר הלימוד הוא באלו שנדפסו עם מפרשים כפירש"י ועוד, אבל הא להמג"א הוא בנביאים וכתובים ספר הנכתב כדין אף שאינו בגלילה. וגם שברוב ספרי תנ"ך איכא שגיאות מטעותי הדפוס שיש שנשרשו כבר ברוב הדפוסים שאין מדקדקים כל כך. וספר תנ"ך זה הוא מוגה ומדוקדק כפי שמעידין עליו, ולכן מן הראוי שיהיה בכל בית תנ"ך כז' וכן בכל ביהכ"נ וביהמ"ד, ובפרט שנדפס ע"י פועלים שומרי תורה.

וע"ז באתי על החתום בכ"ו טבת שנת תשכ"ו בנוא יארק.

נאום משה פיינשטיין

יוסף דוב הלוי סולוביצ׳יק
JOSEPH SOLOVEITCHIK

לחברי ותלמידי הרבנים בכל מקומות מושבותיהם, אמן;
שלום וברכה!

הנני בזה להביע טוב על הוצאות ספרים של א. קורן אשר פעלה גדולות ונצורות בהוצאה את כתבי הקודש בהתאם למסורת אבות וקבלת רבנים (בעניני מלא וחסר, נקודות וטעמים, פרשיות פתוחות וסתומות וכן כל כיוצא בהם)

אני מבקש מחברי ותלמידי כי יסייעו בידי בעלי כח הוצאת הספרים של א. קורן בהפצת התנ"ך בבתי כנסיות ובבתי מדרשות, בבתי ספר ובבתים פרטיים. תהיה זו עזרה חשובה כדי לעודד המפעל היוצא מן הכלל. תמיכה מאושר!

בכבוד רב, יוסף דוב הלוי סולוביצ׳יק

יום חמישי
כ"ו תמוז
תשמ"ג

בין המצרים: יהפכם ה׳ לנו ימים אלה לששון ולשמחה!

המיוחד בספר התנ"ך שבהוצאת קוֹרֵן

התנ"ך השלם הראשון יצא לאור בשנת רמ"ח (1488) בשונצינו. כל המדפיסים בזמן ההוא היו יהודים. החל בשנים 17/1514 החלו נוצרים להדפיס את ספרי המקרא, והגדיל מכולם המדפיס הווניציאני הנודע דניאל בומברג. מהדורתו השניה רפ"ה/ו (25/1524), הידועה בשם "מקראות גדולות", יצאה לאור בתבנית גדולה עם פירושים ועניני מסורה, ובתבנית קטנה בלי פירושים, והיא יסוד לכל מהדורה חדשה כמעט עד ימינו, לרבות המהדורות שנדפסו בידי יהודים.

האות

האות מצטיינת במקוריותה. היא נוחה ביותר לקריאה, הואיל והוכנה על סמך ניסיונותיהם של מדעני האופטיקה, וההבדלים שבין האותיות הדומות זו לזו (ב־כ, ג־נ, ס־ם ועוד) מובלטים היטב.

בכל הדפוסים האחרים נדפסו האותיות שׁ – שׂ כשבא חולם לפניהן או אחריהן – בצורה פגומה, ועל־ידי כך אינן ניתנות לקריאה נכונה לפי צורתן, ורק מתוך ידיעת המלה ומתוך הקשר הדברים מנחש הקורא מה לפניו.

למשל הסימן שׁ מציין את האות שׁ כשלעצמה (שָׁמַר), וגם את הצירוף חולם חסר ואות שׁ אחריו (יִדְרשׁוֹן, ישעיהו נח, ב; הוחסר כאן החולם של ר, ורק מתוך ניחוש ניתנת המלה לקריאה).

הסימן שׂ מציין גם את אות שׂ כשלעצמה (שָׂנֵא), וגם את האות שׂ המנוקדת חולם חסר וי"ו (שֹׂנֵא, דברים ד, מב; עֲשֹׂה, בראשית ג, כ; וְלַשֹּׂרֵקָה, בראשית מט, יא). מניין ידע הקורא כי האות שׂ מנוקדת חולם? – רק על־ידי ניחוש.

הסימן שׁ (שהוא כלאיים של שׁ – שׂ יחד) מציין גם שׁ (ימנית) המנוקדת חולם (שֹׁמְרֵי), וגם שׂ (שמאלית) שיש חולם לפניה (נֹשְׂאֵי), וגם שׂ (שמאלית) שיש חולם לפניה ולאחריה (הָעֹשֹׂת) – מי יודע לקרוא מלה זו, שיש בה שלוש אותיות ללא ניקוד?

ואילו בתנ"ך קוֹרֵן נמצא

שָׁמַר · יִדְרֹשׁוּן · שָׂנֵא · שֹׂנֵא · עֲשֹׂה · וְלַשֹּׂרֵקָה · שֹׁמְרֵי · נֹשְׂאֵי · הָעֹשֹׂת

– ואי אפשר להשתבש. וכך גם בכתבי־יד קדמונים.

במיוחד הקפידה ההוצאה לדייק בהבחנה שבין סימן וֹ, המציין אות ו ההגויה בחולם, ובין סימן וֹ, המציין חולם השייך לאות שלפניו (מִצְוֹת – מַצּוֹת).

הפתח הגנובה הוזזה לצד ימין, כראוי, כדי לסמן את הקריאה הנכונה: את התנועה לפני האות ה, ע, ח שבסוף התיבה. גם זה נעשה כדוגמת כתבי־היד הקדמונים.

הטעמים תלישא גדולה, תלישא קטנה, זרקא, סגול ופשטא מקומם אינו מעל להברה המוטעמת אלא התלישא הגדולה בתחילת האות הראשונה של התיבה, ושאר הטעמים האמורים בקצה האות האחרונה של התיבה. על־ידי כך עלול הקורא לטעות בהטעמתה הנכונה של המלה, ומשום כך נהגו הדפוסים להדפיס שני סימני פשטא במלה שטעמה מלעיל, האחד מעל ההברה המוטעמת והשני בסוף התיבה. אנו הלכנו בעקבות ר' וולף היידנהיים בחומשיו והדפסנו טעמים כפולים גם בזרקא, בסגול ובתלישא קטנה כשהמלה טעמה מלעיל, ובתלישא גדולה, כשהמלה טעמה מלרע.

השתפרה צורתם של סימני הניקוד והטעמים, המקלה הרבה על קריאה נוחה ונכונה. נעשו הבדלים עדינים בין הטעמים הדומים זה לזה, כגון, פשטא וקדמא, מהפך ויתיב. והעיקר – נשמרו במהדורה דקדוקי המסורת לפי טעמו של יהודי, שהתנ"ך הוא בית חייו.

הכתיב והקרי

סימון הכתיב והקרי תוקן באופן יסודי ביותר.

הכתיב מסמן כיצד כתובה המלה בגוף המקרא, והקרי – כיצד היא נקראת; על־כן מסומן הכתיב בפנים המקרא בלי ניקוד, ובצד העמוד באותה השורה נדפסה המלה, כפי שהיא נקראת. הקורא יודע בנקל להבחין בין הכתיב לקרי, שכן מלה שלא נוקדה – אין לקראה, והמלה כפי קריאתה נמצאת ממש לצדה (אך לא בפנים).

שם הוי"ה

שם **הוי"ה** בא בספר בלא ניקוד, כדי למנוע חילול השם על־ידי קריאה לא נכונה, לפי הניקוד.

חלוקת התנ"ך

גם חלוקת התנ"ך לפרשיות היא לפי המסורה. התנ"ך – תורה נביאים כתובים – מחולק ל־24 ספרים (ועל־כן נקרא בפי הראשונים "עשרים וארבעה"). כל ספר נדפס הדפסה רצופה, ורק "פתוחה" או "סתומה" מחלקות את הכתוב. טקסט התנ"ך אינו מתחלק , כמצוי בדפוסים שיצאו על־ידי הנוצרים ובעקבותיהם על־ידי מדפיסים יהודיים, לפי "קפיטלים" ופסוקים, שהם מעשה כומר באנגליה במאה השלוש־עשרה. סימון ה"קפיטל" ומספורו של הפסוק בתוך ה"קפיטל" נשתרש בכל הספרות היהודית, ומטעמים שימושיים אי־אפשר לבטלו כיום לחלוטין; ולכן הובא גם הסימון הזה, אבל לא בהבלטה, אלא לצד המקרא כלפי פנים וללא הפסקות ב"קפיטלים".

החלוקה הנוצרית היא בניגוד למסורה, והרי כמה דוגמאות הבולטות מרבות:

בספר בראשית מתחיל ה"פרק" הראשון של חלוקה זו בסיפור מעשה בראשית "בראשית ברא אלקים" ומסתיים אחרי "ויהי ערב ויהי בקר יום הששי". ה"פרק" השני מתחיל "ויכלו השמים והארץ". ואילו לפי מסורת ישראל מתחיל סיפור מעשה בראשית "בראשית ברא אלקים" ומסתיים (אחרי "ויכלו השמים והארץ", בסיפור היום השביעי) במלים "...אשר־ברא אלקים לעשות". כאן נגמר סדר א', והסדר השני מתחיל, כראוי, "אלה תולדות השמים והארץ".

לפי המסורה יש בעשרים וארבעה הספרים ספר "שמואל" אחד, ספר "מלכים" אחד וספר "דברי הימים" אחד. משלושת הספרים האלה עשו הנוצרים ששה; דהיינו ספר שמואל א, שמואל ב, מלכים א, מלכים ב, דברי הימים א ודברי הימים ב. במקום שהחלוקה הנוצרית מחלקת את ספר שמואל לשניים, אין לפי המסורה אפילו שורה חדשה ורק "סתומה" מפרידה בין הכתובים, והוא הדין בספר דברי הימים. ובמקום שהחלוקה הנוצרית מחלקת את ספר מלכים לשני ספרים, אין לפי המסורה שום הפסקה – לא "פתוחה" ולא "סתומה", אלא המשך ישר. רק בצד, מטעמים שימושיים, צוין "שמואל ב", "מלכים ב", "דברי הימים ב".

החלוקה היהודית המסורתית הובאה בהבלטה, כלומר, שם הספר בראש העמוד, וה"סדר" בצד הרחב (החיצוני) של העמוד.

בפעם הראשונה ה"סדר" מסומן במספרים שוטפים: א, ב, ג, וכו'. ידוע לנו על חלוקת התורה ל־154 סדרים, לפי מנהג ארץ־ישראל קדום של מחזור שלוש שנים בקריאת התורה בציבור

בשבתות – "סדר" אחד בכל שבת ושבת. ה"סדרים" בתורה הם "סדרי השבוע" של הקדמונים (במקביל ל"פרשיות השבוע" שלנו).

על משמעותה של החלוקה לסדרים בספרי נביאים וכתובים אין לנו ידיעות ממקורות קדמונים.

הציון הבולט של הסדרים העסיק חכמים מחכמי ישראל בימינו, ובכללם ר' שאול קוסובסקי ז"ל. הוא התעמק בבעיה זו והציע לה פתרון מסתבר. הוא חישב את כמות הסדרים של כל הספרים ביחד והגיע למספר 293; זהו מספרם של ימות החול בשנה רגילה. סיכומם של ימות החול (293) וימי שבת וחג (71) הוא 364, כלומר, מנין ימיה של שנת השמש חסר יום אחד, כנגד יום תשעה באב, שהוא יום אסור בתלמוד תורה (קוראים בו ספר "איכה"); ויום זה אף הוא נקרא "מועד", ואין למנותו כאן בחשבון ימות החול. יוצא איפה שנקבע "סדר" קריאה מן התורה, הנביאים והכתובים, לכל יחיד ויחיד, לכל יום ויום מ־365 ימי השנה. וכך, כנראה, נהגו קדמונינו.

בכתבי־יד העתיקים של התנ"ך הסימן ל"סדר" הוא "ס" ומפליא שהסימן הזה לא תמיד רשום בתחילתו של ענין חדש. אולי ניתן לפרש את הדבר כחוסר דיוק מצד הסופר, שאין בו כדי לגרום אי־הבנה מצד הקורא, שכן כל אדם יבין, שהסדר החדש מתחיל עם התחלת "פתוחה" או "סתומה" הסמוכה לסימן זה. אבל אין תירוץ זה מתקבל על הדעת, מאחר שהסימן נמצא בכתבי־יד שונים תמיד באותו מקום. דוגמאות בולטות לכך אנו מוצאים למשל:
בספר יחזקאל, פרק טז "סתומה" בפסוק נט – הסדר מתחיל בפסוק ס.
ספר שני של תהלים מתחיל בפרק מב – והסדר מתחיל בפרק מא פסוק יד.
דוגמה בולטת יותר: אצל ספר יונה – התחלת הסדר היא בסוף הנביא הקודם, עובדיה, בפסוק האחרון, כא.

התעמקות בתוכן הכתובים מגלה, שהפסוקים ה"נוספים" האלה לפני התחלת העניין או אחריו ואפילו לפני ספר חדש, הם פסוקים בעלי תוכן של טובה ונחמה. והיתה כוונה להתחיל או לסיים קריאת סדר בתנ"ך בפסוק מבשר טובות – כפי שאנו נוהגים היום בקריאה להפסיק בטוב, ונמנעים מסיומים של פורענות.
ואסמכתא לכך: במחזורי איטליה מתחילה ההפטרה של ספר יונה למנחה ליום כפור בפסוק "ועלו מושיעים בהר ציון לשפט את הר־עשו והיתה לה' המלוכה", שהוא סוף ספר עובדיה, ושלידו מסומנת התחלת סדר.
ועוד אסמכתא: אף אנו נוהגים להקדים למזמור "ישב בסתר עליון", תהלים צא, בהזדמנויות שונות את הפסוק האחרון של המזמור הקודם "ויהי נעם ה' אלקינו עלינו", שיש בו מן הברכה והנחמה – ואף הוא ראש סדר.

דיוק המהדורה

המהדורה מדויקת על־פי המסורה, בעיון ובבדיקה מדוקדקת, ע"י שלשת המומחים הידועים ד' גולדשמידט, א"מ הברמן ומאיר מדן, זכרם לברכה, וכל כך על יסוד חוות דעתם של בעלי המסורה ושל המדקדקים והמפרשים ועל־פי מה שמצוי ברוב כתבי־היד והדפוסים המוסמכים, ולא כהעתקה משועבדת לדפוס או לכתב־יד מסוים.

המהדורה הזאת נתקבלה ונתקדשה ע"י גדולי הדור בעולם (הרב משה פיינשטיין זצ"ל, הרב י"ד סולוביצ'יק זצ"ל) ובארץ ישראל ע"י הרבנים הראשיים לדורותיהם.

תורה

בראשית
שמות
ויקרא
במדבר
דברים

בראשית

בראשית

א ב בְּרֵאשִׁית בָּרָא אֱלֹהִים אֵת הַשָּׁמַיִם וְאֵת הָאָרֶץ׃ וְהָאָרֶץ א
הָיְתָה תֹהוּ וָבֹהוּ וְחֹשֶׁךְ עַל־פְּנֵי תְהוֹם וְרוּחַ אֱלֹהִים מְרַחֶפֶת
ג ד עַל־פְּנֵי הַמָּיִם׃ וַיֹּאמֶר אֱלֹהִים יְהִי־אוֹר וַיְהִי־אוֹר׃ וַיַּרְא אֱלֹהִים
ה אֶת־הָאוֹר כִּי־טוֹב וַיַּבְדֵּל אֱלֹהִים בֵּין הָאוֹר וּבֵין הַחֹשֶׁךְ׃ וַיִּקְרָא
אֱלֹהִים ׀ לָאוֹר יוֹם וְלַחֹשֶׁךְ קָרָא לָיְלָה וַיְהִי־עֶרֶב וַיְהִי־בֹקֶר יוֹם
אֶחָד׃
ו וַיֹּאמֶר אֱלֹהִים יְהִי רָקִיעַ בְּתוֹךְ הַמָּיִם וִיהִי מַבְדִּיל בֵּין מַיִם
ז לָמָיִם׃ וַיַּעַשׂ אֱלֹהִים אֶת־הָרָקִיעַ וַיַּבְדֵּל בֵּין הַמַּיִם אֲשֶׁר
ח מִתַּחַת לָרָקִיעַ וּבֵין הַמַּיִם אֲשֶׁר מֵעַל לָרָקִיעַ וַיְהִי־כֵן׃ וַיִּקְרָא
אֱלֹהִים לָרָקִיעַ שָׁמָיִם וַיְהִי־עֶרֶב וַיְהִי־בֹקֶר יוֹם שֵׁנִי׃
ט וַיֹּאמֶר אֱלֹהִים יִקָּווּ הַמַּיִם מִתַּחַת הַשָּׁמַיִם אֶל־מָקוֹם אֶחָד
י וְתֵרָאֶה הַיַּבָּשָׁה וַיְהִי־כֵן׃ וַיִּקְרָא אֱלֹהִים ׀ לַיַּבָּשָׁה אֶרֶץ וּלְמִקְוֵה
יא הַמַּיִם קָרָא יַמִּים וַיַּרְא אֱלֹהִים כִּי־טוֹב׃ וַיֹּאמֶר אֱלֹהִים תַּדְשֵׁא
הָאָרֶץ דֶּשֶׁא עֵשֶׂב מַזְרִיעַ זֶרַע עֵץ פְּרִי עֹשֶׂה פְּרִי לְמִינוֹ אֲשֶׁר
יב זַרְעוֹ־בוֹ עַל־הָאָרֶץ וַיְהִי־כֵן׃ וַתּוֹצֵא הָאָרֶץ דֶּשֶׁא עֵשֶׂב מַזְרִיעַ
זֶרַע לְמִינֵהוּ וְעֵץ עֹשֶׂה־פְּרִי אֲשֶׁר זַרְעוֹ־בוֹ לְמִינֵהוּ וַיַּרְא אֱלֹהִים
יג כִּי־טוֹב׃ וַיְהִי־עֶרֶב וַיְהִי־בֹקֶר יוֹם שְׁלִישִׁי׃
יד וַיֹּאמֶר אֱלֹהִים יְהִי מְאֹרֹת בִּרְקִיעַ הַשָּׁמַיִם לְהַבְדִּיל בֵּין הַיּוֹם
טו וּבֵין הַלָּיְלָה וְהָיוּ לְאֹתֹת וּלְמוֹעֲדִים וּלְיָמִים וְשָׁנִים׃ וְהָיוּ
טז לִמְאוֹרֹת בִּרְקִיעַ הַשָּׁמַיִם לְהָאִיר עַל־הָאָרֶץ וַיְהִי־כֵן׃ וַיַּעַשׂ
אֱלֹהִים אֶת־שְׁנֵי הַמְּאֹרֹת הַגְּדֹלִים אֶת־הַמָּאוֹר הַגָּדֹל לְמֶמְשֶׁלֶת
הַיּוֹם וְאֶת־הַמָּאוֹר הַקָּטֹן לְמֶמְשֶׁלֶת הַלַּיְלָה וְאֵת הַכּוֹכָבִים׃
יז יח וַיִּתֵּן אֹתָם אֱלֹהִים בִּרְקִיעַ הַשָּׁמָיִם לְהָאִיר עַל־הָאָרֶץ׃ וְלִמְשֹׁל
בַּיּוֹם וּבַלַּיְלָה וּלֲהַבְדִּיל בֵּין הָאוֹר וּבֵין הַחֹשֶׁךְ וַיַּרְא אֱלֹהִים
יט כִּי־טוֹב׃ וַיְהִי־עֶרֶב וַיְהִי־בֹקֶר יוֹם רְבִיעִי׃
כ וַיֹּאמֶר אֱלֹהִים יִשְׁרְצוּ הַמַּיִם שֶׁרֶץ נֶפֶשׁ חַיָּה וְעוֹף יְעוֹפֵף עַל־
כא הָאָרֶץ עַל־פְּנֵי רְקִיעַ הַשָּׁמָיִם׃ וַיִּבְרָא אֱלֹהִים אֶת־הַתַּנִּינִם

הַגְּדֹלִים וְאֵת כָּל־נֶפֶשׁ הַחַיָּה ׀ הָרֹמֶשֶׂת אֲשֶׁר שָׁרְצוּ הַמַּיִם
לְמִינֵהֶם וְאֵת כָּל־עוֹף כָּנָף לְמִינֵהוּ וַיַּרְא אֱלֹהִים כִּי־טוֹב׃
וַיְבָרֶךְ אֹתָם אֱלֹהִים לֵאמֹר פְּרוּ וּרְבוּ וּמִלְאוּ אֶת־הַמַּיִם בַּיַּמִּים כב
וְהָעוֹף יִרֶב בָּאָרֶץ׃ וַיְהִי־עֶרֶב וַיְהִי־בֹקֶר יוֹם חֲמִישִׁי׃ כג
וַיֹּאמֶר אֱלֹהִים תּוֹצֵא הָאָרֶץ נֶפֶשׁ חַיָּה לְמִינָהּ בְּהֵמָה וָרֶמֶשׂ כד
וְחַיְתוֹ־אֶרֶץ לְמִינָהּ וַיְהִי־כֵן׃ וַיַּעַשׂ אֱלֹהִים אֶת־חַיַּת הָאָרֶץ לְמִינָהּ כה
וְאֶת־הַבְּהֵמָה לְמִינָהּ וְאֵת כָּל־רֶמֶשׂ הָאֲדָמָה לְמִינֵהוּ וַיַּרְא
אֱלֹהִים כִּי־טוֹב׃ וַיֹּאמֶר אֱלֹהִים נַעֲשֶׂה אָדָם בְּצַלְמֵנוּ כִּדְמוּתֵנוּ כו
וְיִרְדּוּ בִדְגַת הַיָּם וּבְעוֹף הַשָּׁמַיִם וּבַבְּהֵמָה וּבְכָל־הָאָרֶץ וּבְכָל־
הָרֶמֶשׂ הָרֹמֵשׂ עַל־הָאָרֶץ׃ וַיִּבְרָא אֱלֹהִים ׀ אֶת־הָאָדָם בְּצַלְמוֹ כז
בְּצֶלֶם אֱלֹהִים בָּרָא אֹתוֹ זָכָר וּנְקֵבָה בָּרָא אֹתָם׃ וַיְבָרֶךְ כח
אֹתָם אֱלֹהִים וַיֹּאמֶר לָהֶם אֱלֹהִים פְּרוּ וּרְבוּ וּמִלְאוּ אֶת־הָאָרֶץ
וְכִבְשֻׁהָ וּרְדוּ בִּדְגַת הַיָּם וּבְעוֹף הַשָּׁמַיִם וּבְכָל־חַיָּה הָרֹמֶשֶׂת
עַל־הָאָרֶץ׃ וַיֹּאמֶר אֱלֹהִים הִנֵּה נָתַתִּי לָכֶם אֶת־כָּל־עֵשֶׂב ׀ זֹרֵעַ כט
זֶרַע אֲשֶׁר עַל־פְּנֵי כָל־הָאָרֶץ וְאֶת־כָּל־הָעֵץ אֲשֶׁר־בּוֹ פְרִי־עֵץ
זֹרֵעַ זָרַע לָכֶם יִהְיֶה לְאָכְלָה׃ וּלְכָל־חַיַּת הָאָרֶץ וּלְכָל־עוֹף ל
הַשָּׁמַיִם וּלְכֹל ׀ רוֹמֵשׂ עַל־הָאָרֶץ אֲשֶׁר־בּוֹ נֶפֶשׁ חַיָּה אֶת־כָּל־
יֶרֶק עֵשֶׂב לְאָכְלָה וַיְהִי־כֵן׃ וַיַּרְא אֱלֹהִים אֶת־כָּל־אֲשֶׁר עָשָׂה לא
וְהִנֵּה־טוֹב מְאֹד וַיְהִי־עֶרֶב וַיְהִי־בֹקֶר יוֹם הַשִּׁשִּׁי׃
וַיְכֻלּוּ הַשָּׁמַיִם וְהָאָרֶץ וְכָל־צְבָאָם׃ וַיְכַל אֱלֹהִים בַּיּוֹם הַשְּׁבִיעִי א ב ב
מְלַאכְתּוֹ אֲשֶׁר עָשָׂה וַיִּשְׁבֹּת בַּיּוֹם הַשְּׁבִיעִי מִכָּל־מְלַאכְתּוֹ
אֲשֶׁר עָשָׂה׃ וַיְבָרֶךְ אֱלֹהִים אֶת־יוֹם הַשְּׁבִיעִי וַיְקַדֵּשׁ אֹתוֹ כִּי ג
בוֹ שָׁבַת מִכָּל־מְלַאכְתּוֹ אֲשֶׁר־בָּרָא אֱלֹהִים לַעֲשׂוֹת׃
שני ב אֵלֶּה תוֹלְדוֹת הַשָּׁמַיִם וְהָאָרֶץ בְּהִבָּרְאָם בְּיוֹם עֲשׂוֹת יְהוָה ד
אֱלֹהִים אֶרֶץ וְשָׁמָיִם׃ וְכֹל ׀ שִׂיחַ הַשָּׂדֶה טֶרֶם יִהְיֶה בָאָרֶץ וְכָל־ ה
עֵשֶׂב הַשָּׂדֶה טֶרֶם יִצְמָח כִּי לֹא הִמְטִיר יְהוָה אֱלֹהִים עַל־הָאָרֶץ
וְאָדָם אַיִן לַעֲבֹד אֶת־הָאֲדָמָה׃ וְאֵד יַעֲלֶה מִן־הָאָרֶץ וְהִשְׁקָה ו

ז אֶת־כָּל־פְּנֵי הָאֲדָמָה׃ וַיִּיצֶר יהוה אֱלֹהִים אֶת־הָאָדָם עָפָר
מִן־הָאֲדָמָה וַיִּפַּח בְּאַפָּיו נִשְׁמַת חַיִּים וַיְהִי הָאָדָם לְנֶפֶשׁ חַיָּה׃
ח וַיִּטַּע יהוה אֱלֹהִים גַּן בְּעֵדֶן מִקֶּדֶם וַיָּשֶׂם שָׁם אֶת־הָאָדָם אֲשֶׁר
ט יָצָר׃ וַיַּצְמַח יהוה אֱלֹהִים מִן־הָאֲדָמָה כָּל־עֵץ נֶחְמָד לְמַרְאֶה
י וְטוֹב לְמַאֲכָל וְעֵץ הַחַיִּים בְּתוֹךְ הַגָּן וְעֵץ הַדַּעַת טוֹב וָרָע׃ וְנָהָר
יֹצֵא מֵעֵדֶן לְהַשְׁקוֹת אֶת־הַגָּן וּמִשָּׁם יִפָּרֵד וְהָיָה לְאַרְבָּעָה
יא רָאשִׁים׃ שֵׁם הָאֶחָד פִּישׁוֹן הוּא הַסֹּבֵב אֵת כָּל־אֶרֶץ הַחֲוִילָה
יב אֲשֶׁר־שָׁם הַזָּהָב׃ וּזֲהַב הָאָרֶץ הַהִוא טוֹב שָׁם הַבְּדֹלַח וְאֶבֶן
יג הַשֹּׁהַם׃ וְשֵׁם־הַנָּהָר הַשֵּׁנִי גִּיחוֹן הוּא הַסּוֹבֵב אֵת כָּל־אֶרֶץ
יד כּוּשׁ׃ וְשֵׁם הַנָּהָר הַשְּׁלִישִׁי חִדֶּקֶל הוּא הַהֹלֵךְ קִדְמַת אַשּׁוּר
טו וְהַנָּהָר הָרְבִיעִי הוּא פְרָת׃ וַיִּקַּח יהוה אֱלֹהִים אֶת־הָאָדָם
טז וַיַּנִּחֵהוּ בְגַן־עֵדֶן לְעָבְדָהּ וּלְשָׁמְרָהּ׃ וַיְצַו יהוה אֱלֹהִים עַל־הָאָדָם
יז לֵאמֹר מִכֹּל עֵץ־הַגָּן אָכֹל תֹּאכֵל׃ וּמֵעֵץ הַדַּעַת טוֹב וָרָע לֹא
יח תֹאכַל מִמֶּנּוּ כִּי בְּיוֹם אֲכָלְךָ מִמֶּנּוּ מוֹת תָּמוּת׃ וַיֹּאמֶר יהוה
יט אֱלֹהִים לֹא־טוֹב הֱיוֹת הָאָדָם לְבַדּוֹ אֶעֱשֶׂה־לּוֹ עֵזֶר כְּנֶגְדּוֹ׃ וַיִּצֶר
יהוה אֱלֹהִים מִן־הָאֲדָמָה כָּל־חַיַּת הַשָּׂדֶה וְאֵת כָּל־עוֹף הַשָּׁמַיִם
וַיָּבֵא אֶל־הָאָדָם לִרְאוֹת מַה־יִּקְרָא־לוֹ וְכֹל אֲשֶׁר יִקְרָא־
כ לוֹ הָאָדָם נֶפֶשׁ חַיָּה הוּא שְׁמוֹ׃ וַיִּקְרָא הָאָדָם שֵׁמוֹת לְכָל־ שלישי
הַבְּהֵמָה וּלְעוֹף הַשָּׁמַיִם וּלְכֹל חַיַּת הַשָּׂדֶה וּלְאָדָם לֹא־מָצָא
כא עֵזֶר כְּנֶגְדּוֹ׃ וַיַּפֵּל יהוה אֱלֹהִים ׀ תַּרְדֵּמָה עַל־הָאָדָם וַיִּישָׁן
כב וַיִּקַּח אַחַת מִצַּלְעֹתָיו וַיִּסְגֹּר בָּשָׂר תַּחְתֶּנָּה׃ וַיִּבֶן יהוה אֱלֹהִים ׀
אֶת־הַצֵּלָע אֲשֶׁר־לָקַח מִן־הָאָדָם לְאִשָּׁה וַיְבִאֶהָ אֶל־הָאָדָם׃
כג וַיֹּאמֶר הָאָדָם זֹאת הַפַּעַם עֶצֶם מֵעֲצָמַי וּבָשָׂר מִבְּשָׂרִי לְזֹאת
כד יִקָּרֵא אִשָּׁה כִּי מֵאִישׁ לֻקֳחָה־זֹּאת׃ עַל־כֵּן יַעֲזָב־אִישׁ אֶת־
כה אָבִיו וְאֶת־אִמּוֹ וְדָבַק בְּאִשְׁתּוֹ וְהָיוּ לְבָשָׂר אֶחָד׃ וַיִּהְיוּ שְׁנֵיהֶם
ג א עֲרוּמִּים הָאָדָם וְאִשְׁתּוֹ וְלֹא יִתְבֹּשָׁשׁוּ׃ וְהַנָּחָשׁ הָיָה עָרוּם מִכֹּל
חַיַּת הַשָּׂדֶה אֲשֶׁר עָשָׂה יהוה אֱלֹהִים וַיֹּאמֶר אֶל־הָאִשָּׁה אַף

ב כִּֽי־אָמַר אֱלֹהִים לֹא תֹֽאכְלוּ מִכֹּל עֵץ הַגָּן׃ וַתֹּאמֶר הָֽאִשָּׁה
ג אֶל־הַנָּחָשׁ מִפְּרִי עֵֽץ־הַגָּן נֹאכֵל׃ וּמִפְּרִי הָעֵץ אֲשֶׁר בְּתוֹךְ־הַגָּן
אָמַר אֱלֹהִים לֹא תֹֽאכְלוּ מִמֶּנּוּ וְלֹא תִגְּעוּ בּוֹ פֶּן תְּמֻתוּן׃
ד ה וַיֹּאמֶר הַנָּחָשׁ אֶל־הָֽאִשָּׁה לֹא־מוֹת תְּמֻתֽוּן׃ כִּי יֹדֵעַ אֱלֹהִים כִּי
בְּיוֹם אֲכָלְכֶם מִמֶּנּוּ וְנִפְקְחוּ עֵֽינֵיכֶם וִהְיִיתֶם כֵּֽאלֹהִים יֹדְעֵי טוֹב
ו וָרָֽע׃ וַתֵּרֶא הָֽאִשָּׁה כִּי טוֹב הָעֵץ לְמַאֲכָל וְכִי תַֽאֲוָה־הוּא
לָעֵינַיִם וְנֶחְמָד הָעֵץ לְהַשְׂכִּיל וַתִּקַּח מִפִּרְיוֹ וַתֹּאכַל וַתִּתֵּן גַּם־
ז לְאִישָׁהּ עִמָּהּ וַיֹּאכַֽל׃ וַתִּפָּקַחְנָה עֵינֵי שְׁנֵיהֶם וַיֵּדְעוּ כִּי עֵֽירֻמִּם
ח הֵם וַֽיִּתְפְּרוּ עֲלֵה תְאֵנָה וַיַּעֲשׂוּ לָהֶם חֲגֹרֹֽת׃ וַֽיִּשְׁמְעוּ אֶת־קוֹל
יהוה אֱלֹהִים מִתְהַלֵּךְ בַּגָּן לְרוּחַ הַיּוֹם וַיִּתְחַבֵּא הָֽאָדָם וְאִשְׁתּוֹ
ט מִפְּנֵי יהוה אֱלֹהִים בְּתוֹךְ עֵץ הַגָּֽן׃ וַיִּקְרָא יהוה אֱלֹהִים אֶל־
י הָֽאָדָם וַיֹּאמֶר לוֹ אַיֶּֽכָּה׃ וַיֹּאמֶר אֶת־קֹלְךָ שָׁמַעְתִּי בַּגָּן וָאִירָא
יא כִּֽי־עֵירֹם אָנֹכִי וָאֵחָבֵֽא׃ וַיֹּאמֶר מִי הִגִּיד לְךָ כִּי עֵירֹם אָתָּה
יב הֲמִן־הָעֵץ אֲשֶׁר צִוִּיתִיךָ לְבִלְתִּי אֲכָל־מִמֶּנּוּ אָכָֽלְתָּ׃ וַיֹּאמֶר
הָֽאָדָם הָֽאִשָּׁה אֲשֶׁר נָתַתָּה עִמָּדִי הִוא נָֽתְנָה־לִּי מִן־הָעֵץ
יג וָאֹכֵֽל׃ וַיֹּאמֶר יהוה אֱלֹהִים לָֽאִשָּׁה מַה־זֹּאת עָשִׂית וַתֹּאמֶר
יד הָֽאִשָּׁה הַנָּחָשׁ הִשִּׁיאַנִי וָאֹכֵֽל׃ וַיֹּאמֶר יהוה אֱלֹהִים ׀ אֶל־הַנָּחָשׁ
כִּי עָשִׂיתָ זֹּאת אָרוּר אַתָּה מִכָּל־הַבְּהֵמָה וּמִכֹּל חַיַּת הַשָּׂדֶה
טו עַל־גְּחֹֽנְךָ תֵלֵךְ וְעָפָר תֹּאכַל כָּל־יְמֵי חַיֶּֽיךָ׃ וְאֵיבָה ׀ אָשִׁית בֵּֽינְךָ
וּבֵין הָֽאִשָּׁה וּבֵין זַרְעֲךָ וּבֵין זַרְעָהּ הוּא יְשׁוּפְךָ רֹאשׁ וְאַתָּה
טז תְּשׁוּפֶנּוּ עָקֵֽב׃ אֶל־הָאִשָּׁה אָמַר הַרְבָּה אַרְבֶּה
עִצְּבוֹנֵךְ וְהֵרֹנֵךְ בְּעֶצֶב תֵּֽלְדִי בָנִים וְאֶל־אִישֵׁךְ תְּשׁוּקָתֵךְ וְהוּא
יז יִמְשָׁל־בָּֽךְ׃ וּלְאָדָם אָמַר כִּֽי שָׁמַעְתָּ לְקוֹל אִשְׁתֶּךָ
וַתֹּאכַל מִן־הָעֵץ אֲשֶׁר צִוִּיתִיךָ לֵאמֹר לֹא תֹאכַל מִמֶּנּוּ אֲרוּרָה
יח הָֽאֲדָמָה בַּעֲבוּרֶךָ בְּעִצָּבוֹן תֹּֽאכְלֶנָּה כֹּל יְמֵי חַיֶּֽיךָ׃ וְקוֹץ
יט וְדַרְדַּר תַּצְמִיחַ לָךְ וְאָכַלְתָּ אֶת־עֵשֶׂב הַשָּׂדֶה׃ בְּזֵעַת אַפֶּיךָ
תֹּאכַל לֶחֶם עַד שׁוּבְךָ אֶל־הָֽאֲדָמָה כִּי מִמֶּנָּה לֻקָּחְתָּ כִּֽי־

כ עָפָר אַתָּה וְאֶל־עָפָר תָּשׁוּב׃ וַיִּקְרָא הָאָדָם שֵׁם אִשְׁתּוֹ חַוָּה
כא כִּי הִוא הָיְתָה אֵם כָּל־חָי׃ וַיַּעַשׂ יְהוָה אֱלֹהִים לְאָדָם וּלְאִשְׁתּוֹ
כָּתְנוֹת עוֹר וַיַּלְבִּשֵׁם׃
כב וַיֹּאמֶר ׀ יְהוָה אֱלֹהִים הֵן הָאָדָם הָיָה כְּאַחַד מִמֶּנּוּ לָדַעַת טוֹב ג רביעי
וָרָע וְעַתָּה ׀ פֶּן־יִשְׁלַח יָדוֹ וְלָקַח גַּם מֵעֵץ הַחַיִּים וְאָכַל וָחַי
כג לְעֹלָם׃ וַיְשַׁלְּחֵהוּ יְהוָה אֱלֹהִים מִגַּן־עֵדֶן לַעֲבֹד אֶת־הָאֲדָמָה
כד אֲשֶׁר לֻקַּח מִשָּׁם׃ וַיְגָרֶשׁ אֶת־הָאָדָם וַיַּשְׁכֵּן מִקֶּדֶם לְגַן־עֵדֶן
אֶת־הַכְּרֻבִים וְאֵת לַהַט הַחֶרֶב הַמִּתְהַפֶּכֶת לִשְׁמֹר אֶת־דֶּרֶךְ
ד א עֵץ הַחַיִּים׃ וְהָאָדָם יָדַע אֶת־חַוָּה אִשְׁתּוֹ וַתַּהַר
ב וַתֵּלֶד אֶת־קַיִן וַתֹּאמֶר קָנִיתִי אִישׁ אֶת־יְהוָה׃ וַתֹּסֶף לָלֶדֶת
אֶת־אָחִיו אֶת־הָבֶל וַיְהִי־הֶבֶל רֹעֵה צֹאן וְקַיִן הָיָה עֹבֵד אֲדָמָה׃
ג ד וַיְהִי מִקֵּץ יָמִים וַיָּבֵא קַיִן מִפְּרִי הָאֲדָמָה מִנְחָה לַיהוָה׃ וְהֶבֶל
הֵבִיא גַם־הוּא מִבְּכֹרוֹת צֹאנוֹ וּמֵחֶלְבֵהֶן וַיִּשַׁע יְהוָה אֶל־
ה הֶבֶל וְאֶל־מִנְחָתוֹ׃ וְאֶל־קַיִן וְאֶל־מִנְחָתוֹ לֹא שָׁעָה וַיִּחַר
ו לְקַיִן מְאֹד וַיִּפְּלוּ פָּנָיו׃ וַיֹּאמֶר יְהוָה אֶל־קָיִן לָמָּה חָרָה לָךְ
ז וְלָמָּה נָפְלוּ פָנֶיךָ׃ הֲלוֹא אִם־תֵּיטִיב שְׂאֵת וְאִם לֹא תֵיטִיב
לַפֶּתַח חַטָּאת רֹבֵץ וְאֵלֶיךָ תְּשׁוּקָתוֹ וְאַתָּה תִּמְשָׁל־בּוֹ׃
ח וַיֹּאמֶר קַיִן אֶל־הֶבֶל אָחִיו וַיְהִי בִּהְיוֹתָם בַּשָּׂדֶה וַיָּקָם קַיִן
ט אֶל־הֶבֶל אָחִיו וַיַּהַרְגֵהוּ׃ וַיֹּאמֶר יְהוָה אֶל־קַיִן אֵי הֶבֶל
י אָחִיךָ וַיֹּאמֶר לֹא יָדַעְתִּי הֲשֹׁמֵר אָחִי אָנֹכִי׃ וַיֹּאמֶר מֶה
יא עָשִׂיתָ קוֹל דְּמֵי אָחִיךָ צֹעֲקִים אֵלַי מִן־הָאֲדָמָה׃ וְעַתָּה אָרוּר
אָתָּה מִן־הָאֲדָמָה אֲשֶׁר פָּצְתָה אֶת־פִּיהָ לָקַחַת אֶת־דְּמֵי
יב אָחִיךָ מִיָּדֶךָ׃ כִּי תַעֲבֹד אֶת־הָאֲדָמָה לֹא־תֹסֵף תֵּת־כֹּחָהּ לָךְ
יג נָע וָנָד תִּהְיֶה בָאָרֶץ׃ וַיֹּאמֶר קַיִן אֶל־יְהוָה גָּדוֹל עֲוֺנִי מִנְּשֹׂא׃
יד הֵן גֵּרַשְׁתָּ אֹתִי הַיּוֹם מֵעַל פְּנֵי הָאֲדָמָה וּמִפָּנֶיךָ אֶסָּתֵר וְהָיִיתִי
טו נָע וָנָד בָּאָרֶץ וְהָיָה כָל־מֹצְאִי יַהַרְגֵנִי׃ וַיֹּאמֶר לוֹ יְהוָה לָכֵן
כָּל־הֹרֵג קַיִן שִׁבְעָתַיִם יֻקָּם וַיָּשֶׂם יְהוָה לְקַיִן אוֹת לְבִלְתִּי

טז הַכּוֹת־אֹתוֹ כָּל־מֹצְאוֹ׃ וַיֵּצֵא קַיִן מִלִּפְנֵי יְהוָה וַיֵּשֶׁב בְּאֶרֶץ־
יז נוֹד קִדְמַת־עֵדֶן׃ וַיֵּדַע קַיִן אֶת־אִשְׁתּוֹ וַתַּהַר וַתֵּלֶד אֶת־חֲנוֹךְ
יח וַיְהִי בֹּנֶה עִיר וַיִּקְרָא שֵׁם הָעִיר כְּשֵׁם בְּנוֹ חֲנוֹךְ׃ וַיִּוָּלֵד לַחֲנוֹךְ
אֶת־עִירָד וְעִירָד יָלַד אֶת־מְחוּיָאֵל וּמְחִיָּיאֵל יָלַד אֶת־מְתוּשָׁאֵל
יט וּמְתוּשָׁאֵל יָלַד אֶת־לָמֶךְ׃ וַיִּקַּח־לוֹ לֶמֶךְ שְׁתֵּי נָשִׁים שֵׁם הָאַחַת חמישי
כ עָדָה וְשֵׁם הַשֵּׁנִית צִלָּה׃ וַתֵּלֶד עָדָה אֶת־יָבָל הוּא הָיָה אֲבִי
כא יֹשֵׁב אֹהֶל וּמִקְנֶה׃ וְשֵׁם אָחִיו יוּבָל הוּא הָיָה אֲבִי כָּל־תֹּפֵשׂ
כב כִּנּוֹר וְעוּגָב׃ וְצִלָּה גַם־הִוא יָלְדָה אֶת־תּוּבַל קַיִן לֹטֵשׁ כָּל־
כג חֹרֵשׁ נְחֹשֶׁת וּבַרְזֶל וַאֲחוֹת תּוּבַל־קַיִן נַעֲמָה׃ וַיֹּאמֶר לֶמֶךְ לְנָשָׁיו
עָדָה וְצִלָּה שְׁמַעַן קוֹלִי נְשֵׁי לֶמֶךְ הַאְזֵנָּה אִמְרָתִי כִּי אִישׁ
כד הָרַגְתִּי לְפִצְעִי וְיֶלֶד לְחַבֻּרָתִי׃ כִּי שִׁבְעָתַיִם יֻקַּם־קָיִן וְלֶמֶךְ
כה שִׁבְעִים וְשִׁבְעָה׃ וַיֵּדַע אָדָם עוֹד אֶת־אִשְׁתּוֹ וַתֵּלֶד בֵּן וַתִּקְרָא
אֶת־שְׁמוֹ שֵׁת כִּי שָׁת־לִי אֱלֹהִים זֶרַע אַחֵר תַּחַת הֶבֶל כִּי הֲרָגוֹ
כו קָיִן׃ וּלְשֵׁת גַּם־הוּא יֻלַּד־בֵּן וַיִּקְרָא אֶת־שְׁמוֹ אֱנוֹשׁ אָז הוּחַל
ה א לִקְרֹא בְּשֵׁם יְהוָה׃ זֶה סֵפֶר תּוֹלְדֹת אָדָם בְּיוֹם ששי ד
ב בְּרֹא אֱלֹהִים אָדָם בִּדְמוּת אֱלֹהִים עָשָׂה אֹתוֹ׃ זָכָר וּנְקֵבָה
בְּרָאָם וַיְבָרֶךְ אֹתָם וַיִּקְרָא אֶת־שְׁמָם אָדָם בְּיוֹם הִבָּרְאָם׃
ג וַיְחִי אָדָם שְׁלֹשִׁים וּמְאַת שָׁנָה וַיּוֹלֶד בִּדְמוּתוֹ כְּצַלְמוֹ וַיִּקְרָא
ד אֶת־שְׁמוֹ שֵׁת׃ וַיִּהְיוּ יְמֵי־אָדָם אַחֲרֵי הוֹלִידוֹ אֶת־שֵׁת שְׁמֹנֶה
ה מֵאֹת שָׁנָה וַיּוֹלֶד בָּנִים וּבָנוֹת׃ וַיִּהְיוּ כָּל־יְמֵי אָדָם אֲשֶׁר־חַי
ו תְּשַׁע מֵאוֹת שָׁנָה וּשְׁלֹשִׁים שָׁנָה וַיָּמֹת׃ וַיְחִי־
ז שֵׁת חָמֵשׁ שָׁנִים וּמְאַת שָׁנָה וַיּוֹלֶד אֶת־אֱנוֹשׁ׃ וַיְחִי־שֵׁת אַחֲרֵי
הוֹלִידוֹ אֶת־אֱנוֹשׁ שֶׁבַע שָׁנִים וּשְׁמֹנֶה מֵאוֹת שָׁנָה וַיּוֹלֶד בָּנִים
ח וּבָנוֹת׃ וַיִּהְיוּ כָּל־יְמֵי־שֵׁת שְׁתֵּים עֶשְׂרֵה שָׁנָה וּתְשַׁע מֵאוֹת
ט שָׁנָה וַיָּמֹת׃ וַיְחִי אֱנוֹשׁ תִּשְׁעִים שָׁנָה וַיּוֹלֶד אֶת־
י קֵינָן׃ וַיְחִי אֱנוֹשׁ אַחֲרֵי הוֹלִידוֹ אֶת־קֵינָן חֲמֵשׁ עֶשְׂרֵה שָׁנָה
יא וּשְׁמֹנֶה מֵאוֹת שָׁנָה וַיּוֹלֶד בָּנִים וּבָנוֹת׃ וַיִּהְיוּ כָּל־יְמֵי אֱנוֹשׁ

יב חָמֵשׁ שָׁנִים וּתְשַׁע מֵאוֹת שָׁנָה וַיָּמֹת׃ וַיְחִי קֵינָן
יג שִׁבְעִים שָׁנָה וַיּוֹלֶד אֶת־מַהֲלַלְאֵל׃ וַיְחִי קֵינָן אַחֲרֵי הוֹלִידוֹ
אֶת־מַהֲלַלְאֵל אַרְבָּעִים שָׁנָה וּשְׁמֹנֶה מֵאוֹת שָׁנָה וַיּוֹלֶד
יד בָּנִים וּבָנוֹת׃ וַיִּהְיוּ כָּל־יְמֵי קֵינָן עֶשֶׂר שָׁנִים וּתְשַׁע מֵאוֹת
טו שָׁנָה וַיָּמֹת׃ וַיְחִי מַהֲלַלְאֵל חָמֵשׁ שָׁנִים וְשִׁשִּׁים
טז שָׁנָה וַיּוֹלֶד אֶת־יָרֶד׃ וַיְחִי מַהֲלַלְאֵל אַחֲרֵי הוֹלִידוֹ אֶת־יֶרֶד
יז שְׁלֹשִׁים שָׁנָה וּשְׁמֹנֶה מֵאוֹת שָׁנָה וַיּוֹלֶד בָּנִים וּבָנוֹת׃ וַיִּהְיוּ
כָּל־יְמֵי מַהֲלַלְאֵל חָמֵשׁ וְתִשְׁעִים שָׁנָה וּשְׁמֹנֶה מֵאוֹת שָׁנָה
יח וַיָּמֹת׃ וַיְחִי־יֶרֶד שְׁתַּיִם וְשִׁשִּׁים שָׁנָה וּמְאַת שָׁנָה
יט וַיּוֹלֶד אֶת־חֲנוֹךְ׃ וַיְחִי־יֶרֶד אַחֲרֵי הוֹלִידוֹ אֶת־חֲנוֹךְ שְׁמֹנֶה
כ מֵאוֹת שָׁנָה וַיּוֹלֶד בָּנִים וּבָנוֹת׃ וַיִּהְיוּ כָּל־יְמֵי־יֶרֶד שְׁתַּיִם
כא וְשִׁשִּׁים שָׁנָה וּתְשַׁע מֵאוֹת שָׁנָה וַיָּמֹת׃ וַיְחִי חֲנוֹךְ
כב חָמֵשׁ וְשִׁשִּׁים שָׁנָה וַיּוֹלֶד אֶת־מְתוּשָׁלַח׃ וַיִּתְהַלֵּךְ חֲנוֹךְ אֶת־
הָאֱלֹהִים אַחֲרֵי הוֹלִידוֹ אֶת־מְתוּשֶׁלַח שְׁלֹשׁ מֵאוֹת שָׁנָה וַיּוֹלֶד
כג בָּנִים וּבָנוֹת׃ וַיְהִי כָּל־יְמֵי חֲנוֹךְ חָמֵשׁ וְשִׁשִּׁים שָׁנָה וּשְׁלֹשׁ
כד מֵאוֹת שָׁנָה׃ וַיִּתְהַלֵּךְ חֲנוֹךְ אֶת־הָאֱלֹהִים וְאֵינֶנּוּ כִּי־לָקַח
כה אֹתוֹ אֱלֹהִים׃ וַיְחִי מְתוּשֶׁלַח שֶׁבַע וּשְׁמֹנִים שָׁנָה שביעי
כו וּמְאַת שָׁנָה וַיּוֹלֶד אֶת־לָמֶךְ׃ וַיְחִי מְתוּשֶׁלַח אַחֲרֵי הוֹלִידוֹ
אֶת־לֶמֶךְ שְׁתַּיִם וּשְׁמוֹנִים שָׁנָה וּשְׁבַע מֵאוֹת שָׁנָה וַיּוֹלֶד
כז בָּנִים וּבָנוֹת׃ וַיִּהְיוּ כָּל־יְמֵי מְתוּשֶׁלַח תֵּשַׁע וְשִׁשִּׁים שָׁנָה
כח וּתְשַׁע מֵאוֹת שָׁנָה וַיָּמֹת׃ וַיְחִי־לֶמֶךְ שְׁתַּיִם
כט וּשְׁמֹנִים שָׁנָה וּמְאַת שָׁנָה וַיּוֹלֶד בֵּן׃ וַיִּקְרָא אֶת־שְׁמוֹ נֹחַ
לֵאמֹר זֶה יְנַחֲמֵנוּ מִמַּעֲשֵׂנוּ וּמֵעִצְּבוֹן יָדֵינוּ מִן־הָאֲדָמָה
ל אֲשֶׁר אֵרְרָהּ יהוה׃ וַיְחִי־לֶמֶךְ אַחֲרֵי הוֹלִידוֹ אֶת־נֹחַ חָמֵשׁ
וְתִשְׁעִים שָׁנָה וַחֲמֵשׁ מֵאֹת שָׁנָה וַיּוֹלֶד בָּנִים וּבָנוֹת׃
לא וַיְהִי כָּל־יְמֵי־לֶמֶךְ שֶׁבַע וְשִׁבְעִים שָׁנָה וּשְׁבַע מֵאוֹת שָׁנָה
לב וַיָּמֹת׃ וַיְהִי־נֹחַ בֶּן־חֲמֵשׁ מֵאוֹת שָׁנָה וַיּוֹלֶד נֹחַ

את־שם את־חם ואת־יפת: ויהי כי־החל האדם לרב על־ א
פני האדמה ובנות ילדו להם: ויראו בני־האלהים את־ ב
בנות האדם כי טבת הנה ויקחו להם נשים מכל אשר
בחרו: ויאמר יהוה לא־ידון רוחי באדם לעלם בשגם הוא ג
בשר והיו ימיו מאה ועשרים שנה: הנפלים היו בארץ ד
בימים ההם וגם אחרי־כן אשר יבאו בני האלהים אל־
בנות האדם וילדו להם המה הגברים אשר מעולם אנשי
השם:

מפטיר וירא יהוה כי רבה רעת האדם בארץ וכל־יצר מחשבת ה
לבו רק רע כל־היום: וינחם יהוה כי־עשה את־האדם ו
בארץ ויתעצב אל־לבו: ויאמר יהוה אמחה את־האדם ז
אשר־בראתי מעל פני האדמה מאדם עד־בהמה עד־
רמש ועד־עוף השמים כי נחמתי כי עשיתם: ונח מצא חן ח
בעיני יהוה:

נח ה אלה תולדת נח נח איש צדיק תמים היה בדרתיו את־ ט
האלהים התהלך־נח: ויולד נח שלשה בנים את־שם את־ י
חם ואת־יפת: ותשחת הארץ לפני האלהים ותמלא הארץ יא
חמס: וירא אלהים את־הארץ והנה נשחתה כי־השחית כל־ יב
בשר את־דרכו על־הארץ: ויאמר אלהים לנח יג
קץ כל־בשר בא לפני כי־מלאה הארץ חמס מפניהם והנני
משחיתם את־הארץ: עשה לך תבת עצי־גפר קנים תעשה יד
את־התבה וכפרת אתה מבית ומחוץ בכפר: וזה אשר טו
תעשה אתה שלש מאות אמה ארך התבה חמשים אמה
רחבה ושלשים אמה קומתה: צהר | תעשה לתבה ואל־אמה טז
תכלנה מלמעלה ופתח התבה בצדה תשים תחתים שנים
ושלשים תעשה: ואני הנני מביא את־המבול מים על־הארץ יז
לשחת כל־בשר אשר־בו רוח חיים מתחת השמים כל אשר־

יח בָּאָרֶץ יִגְוָע: וַהֲקִמֹתִי אֶת־בְּרִיתִי אִתָּךְ וּבָאתָ אֶל־הַתֵּבָה אַתָּה
יט וּבָנֶיךָ וְאִשְׁתְּךָ וּנְשֵׁי־בָנֶיךָ אִתָּךְ: וּמִכָּל־הָחַי מִכָּל־בָּשָׂר שְׁנַיִם
כ מִכֹּל תָּבִיא אֶל־הַתֵּבָה לְהַחֲיֹת אִתָּךְ זָכָר וּנְקֵבָה יִהְיוּ: מֵהָעוֹף
לְמִינֵהוּ וּמִן־הַבְּהֵמָה לְמִינָהּ מִכֹּל רֶמֶשׂ הָאֲדָמָה לְמִינֵהוּ שְׁנַיִם
כא מִכֹּל יָבֹאוּ אֵלֶיךָ לְהַחֲיוֹת: וְאַתָּה קַח־לְךָ מִכָּל־מַאֲכָל אֲשֶׁר
כב יֵאָכֵל וְאָסַפְתָּ אֵלֶיךָ וְהָיָה לְךָ וְלָהֶם לְאָכְלָה: וַיַּעַשׂ נֹחַ כְּכֹל
ז א אֲשֶׁר צִוָּה אֹתוֹ אֱלֹהִים כֵּן עָשָׂה: וַיֹּאמֶר יהוה לְנֹחַ בֹּא־אַתָּה שני
וְכָל־בֵּיתְךָ אֶל־הַתֵּבָה כִּי־אֹתְךָ רָאִיתִי צַדִּיק לְפָנַי בַּדּוֹר
ב הַזֶּה: מִכֹּל ׀ הַבְּהֵמָה הַטְּהוֹרָה תִּקַּח־לְךָ שִׁבְעָה שִׁבְעָה אִישׁ
וְאִשְׁתּוֹ וּמִן־הַבְּהֵמָה אֲשֶׁר לֹא טְהֹרָה הִוא שְׁנַיִם אִישׁ
ג וְאִשְׁתּוֹ: גַּם מֵעוֹף הַשָּׁמַיִם שִׁבְעָה שִׁבְעָה זָכָר וּנְקֵבָה לְחַיּוֹת
ד זֶרַע עַל־פְּנֵי כָל־הָאָרֶץ: כִּי לְיָמִים עוֹד שִׁבְעָה אָנֹכִי מַמְטִיר
עַל־הָאָרֶץ אַרְבָּעִים יוֹם וְאַרְבָּעִים לָיְלָה וּמָחִיתִי אֶת־כָּל־
ה הַיְקוּם אֲשֶׁר עָשִׂיתִי מֵעַל פְּנֵי הָאֲדָמָה: וַיַּעַשׂ נֹחַ כְּכֹל אֲשֶׁר־
ו צִוָּהוּ יהוה: וְנֹחַ בֶּן־שֵׁשׁ מֵאוֹת שָׁנָה וְהַמַּבּוּל הָיָה מַיִם עַל־
ז הָאָרֶץ: וַיָּבֹא נֹחַ וּבָנָיו וְאִשְׁתּוֹ וּנְשֵׁי־בָנָיו אִתּוֹ אֶל־הַתֵּבָה
ח מִפְּנֵי מֵי הַמַּבּוּל: מִן־הַבְּהֵמָה הַטְּהוֹרָה וּמִן־הַבְּהֵמָה אֲשֶׁר
ט אֵינֶנָּה טְהֹרָה וּמִן־הָעוֹף וְכֹל אֲשֶׁר־רֹמֵשׂ עַל־הָאֲדָמָה: שְׁנַיִם
שְׁנַיִם בָּאוּ אֶל־נֹחַ אֶל־הַתֵּבָה זָכָר וּנְקֵבָה כַּאֲשֶׁר צִוָּה אֱלֹהִים
י אֶת־נֹחַ: וַיְהִי לְשִׁבְעַת הַיָּמִים וּמֵי הַמַּבּוּל הָיוּ עַל־הָאָרֶץ:
יא בִּשְׁנַת שֵׁשׁ־מֵאוֹת שָׁנָה לְחַיֵּי־נֹחַ בַּחֹדֶשׁ הַשֵּׁנִי בְּשִׁבְעָה־עָשָׂר
יוֹם לַחֹדֶשׁ בַּיּוֹם הַזֶּה נִבְקְעוּ כָּל־מַעְיְנוֹת תְּהוֹם רַבָּה וַאֲרֻבֹּת
יב הַשָּׁמַיִם נִפְתָּחוּ: וַיְהִי הַגֶּשֶׁם עַל־הָאָרֶץ אַרְבָּעִים יוֹם וְאַרְבָּעִים
יג לָיְלָה: בְּעֶצֶם הַיּוֹם הַזֶּה בָּא נֹחַ וְשֵׁם־וְחָם וָיֶפֶת בְּנֵי־נֹחַ וְאֵשֶׁת
יד נֹחַ וּשְׁלֹשֶׁת נְשֵׁי־בָנָיו אִתָּם אֶל־הַתֵּבָה: הֵמָּה וְכָל־הַחַיָּה לְמִינָהּ
וְכָל־הַבְּהֵמָה לְמִינָהּ וְכָל־הָרֶמֶשׂ הָרֹמֵשׂ עַל־הָאָרֶץ לְמִינֵהוּ
טו וְכָל־הָעוֹף לְמִינֵהוּ כֹּל צִפּוֹר כָּל־כָּנָף: וַיָּבֹאוּ אֶל־נֹחַ אֶל־

טז הַתֵּבָה שְׁנַיִם שְׁנַיִם מִכָּל־הַבָּשָׂר אֲשֶׁר־בּוֹ רוּחַ חַיִּים׃ וְהַבָּאִים
זָכָר וּנְקֵבָה מִכָּל־בָּשָׂר בָּאוּ כַּאֲשֶׁר צִוָּה אֹתוֹ אֱלֹהִים וַיִּסְגֹּר
יז יְהוָה בַּעֲדוֹ׃ וַיְהִי הַמַּבּוּל אַרְבָּעִים יוֹם עַל־הָאָרֶץ וַיִּרְבּוּ הַמַּיִם שלישי
יח וַיִּשְׂאוּ אֶת־הַתֵּבָה וַתָּרָם מֵעַל הָאָרֶץ׃ וַיִּגְבְּרוּ הַמַּיִם וַיִּרְבּוּ
יט מְאֹד עַל־הָאָרֶץ וַתֵּלֶךְ הַתֵּבָה עַל־פְּנֵי הַמָּיִם׃ וְהַמַּיִם גָּבְרוּ
מְאֹד מְאֹד עַל־הָאָרֶץ וַיְכֻסּוּ כָּל־הֶהָרִים הַגְּבֹהִים אֲשֶׁר־תַּחַת
כ כָּל־הַשָּׁמָיִם׃ חֲמֵשׁ עֶשְׂרֵה אַמָּה מִלְמַעְלָה גָּבְרוּ הַמָּיִם וַיְכֻסּוּ
כא הֶהָרִים׃ וַיִּגְוַע כָּל־בָּשָׂר ׀ הָרֹמֵשׂ עַל־הָאָרֶץ בָּעוֹף וּבַבְּהֵמָה
כב וּבַחַיָּה וּבְכָל־הַשֶּׁרֶץ הַשֹּׁרֵץ עַל־הָאָרֶץ וְכֹל הָאָדָם׃ כֹּל אֲשֶׁר
כג נִשְׁמַת־רוּחַ חַיִּים בְּאַפָּיו מִכֹּל אֲשֶׁר בֶּחָרָבָה מֵתוּ׃ וַיִּמַח אֶת־
כָּל־הַיְקוּם ׀ אֲשֶׁר ׀ עַל־פְּנֵי הָאֲדָמָה מֵאָדָם עַד־בְּהֵמָה עַד־
רֶמֶשׂ וְעַד־עוֹף הַשָּׁמַיִם וַיִּמָּחוּ מִן־הָאָרֶץ וַיִּשָּׁאֶר אַךְ־נֹחַ וַאֲשֶׁר
כד אִתּוֹ בַּתֵּבָה׃ וַיִּגְבְּרוּ הַמַּיִם עַל־הָאָרֶץ חֲמִשִּׁים וּמְאַת יוֹם׃
ח א וַיִּזְכֹּר אֱלֹהִים אֶת־נֹחַ וְאֵת כָּל־הַחַיָּה וְאֶת־כָּל־הַבְּהֵמָה אֲשֶׁר ו
אִתּוֹ בַּתֵּבָה וַיַּעֲבֵר אֱלֹהִים רוּחַ עַל־הָאָרֶץ וַיָּשֹׁכּוּ הַמָּיִם׃
ב וַיִּסָּכְרוּ מַעְיְנֹת תְּהוֹם וַאֲרֻבֹּת הַשָּׁמָיִם וַיִּכָּלֵא הַגֶּשֶׁם מִן־
ג הַשָּׁמָיִם׃ וַיָּשֻׁבוּ הַמַּיִם מֵעַל הָאָרֶץ הָלוֹךְ וָשׁוֹב וַיַּחְסְרוּ הַמַּיִם
ד מִקְצֵה חֲמִשִּׁים וּמְאַת יוֹם׃ וַתָּנַח הַתֵּבָה בַּחֹדֶשׁ הַשְּׁבִיעִי
ה בְּשִׁבְעָה־עָשָׂר יוֹם לַחֹדֶשׁ עַל הָרֵי אֲרָרָט׃ וְהַמַּיִם הָיוּ הָלוֹךְ
וְחָסוֹר עַד הַחֹדֶשׁ הָעֲשִׂירִי בָּעֲשִׂירִי בְּאֶחָד לַחֹדֶשׁ נִרְאוּ רָאשֵׁי
ו הֶהָרִים׃ וַיְהִי מִקֵּץ אַרְבָּעִים יוֹם וַיִּפְתַּח נֹחַ אֶת־חַלּוֹן הַתֵּבָה
ז אֲשֶׁר עָשָׂה׃ וַיְשַׁלַּח אֶת־הָעֹרֵב וַיֵּצֵא יָצוֹא וָשׁוֹב עַד־יְבֹשֶׁת
ח הַמַּיִם מֵעַל הָאָרֶץ׃ וַיְשַׁלַּח אֶת־הַיּוֹנָה מֵאִתּוֹ לִרְאוֹת הֲקַלּוּ
ט הַמַּיִם מֵעַל פְּנֵי הָאֲדָמָה׃ וְלֹא־מָצְאָה הַיּוֹנָה מָנוֹחַ לְכַף־רַגְלָהּ
וַתָּשָׁב אֵלָיו אֶל־הַתֵּבָה כִּי־מַיִם עַל־פְּנֵי כָל־הָאָרֶץ וַיִּשְׁלַח יָדוֹ
י וַיִּקָּחֶהָ וַיָּבֵא אֹתָהּ אֵלָיו אֶל־הַתֵּבָה׃ וַיָּחֶל עוֹד שִׁבְעַת יָמִים
יא אֲחֵרִים וַיֹּסֶף שַׁלַּח אֶת־הַיּוֹנָה מִן־הַתֵּבָה׃ וַתָּבֹא אֵלָיו הַיּוֹנָה

לְעֵת עֶרֶב וְהִנֵּה עֲלֵה־זַיִת טָרָף בְּפִיהָ וַיֵּדַע נֹחַ כִּי־קַלּוּ הַמַּיִם
יב מֵעַל הָאָרֶץ׃ וַיִּיָּחֶל עוֹד שִׁבְעַת יָמִים אֲחֵרִים וַיְשַׁלַּח אֶת־הַיּוֹנָה
יג וְלֹא־יָסְפָה שׁוּב־אֵלָיו עוֹד׃ וַיְהִי בְּאַחַת וְשֵׁשׁ־מֵאוֹת שָׁנָה
בָּרִאשׁוֹן בְּאֶחָד לַחֹדֶשׁ חָרְבוּ הַמַּיִם מֵעַל הָאָרֶץ וַיָּסַר נֹחַ אֶת־
יד מִכְסֵה הַתֵּבָה וַיַּרְא וְהִנֵּה חָרְבוּ פְּנֵי הָאֲדָמָה׃ וּבַחֹדֶשׁ הַשֵּׁנִי
טו בְּשִׁבְעָה וְעֶשְׂרִים יוֹם לַחֹדֶשׁ יָבְשָׁה הָאָרֶץ׃ וַיְדַבֵּר ז רביעי
טז אֱלֹהִים אֶל־נֹחַ לֵאמֹר׃ צֵא מִן־הַתֵּבָה אַתָּה וְאִשְׁתְּךָ וּבָנֶיךָ
יז וּנְשֵׁי־בָנֶיךָ אִתָּךְ׃ כָּל־הַחַיָּה אֲשֶׁר־אִתְּךָ מִכָּל־בָּשָׂר בָּעוֹף
וּבַבְּהֵמָה וּבְכָל־הָרֶמֶשׂ הָרֹמֵשׂ עַל־הָאָרֶץ הוצא אִתָּךְ וְשָׁרְצוּ הַיְצֵא
יח בָאָרֶץ וּפָרוּ וְרָבוּ עַל־הָאָרֶץ׃ וַיֵּצֵא־נֹחַ וּבָנָיו וְאִשְׁתּוֹ וּנְשֵׁי־
יט בָנָיו אִתּוֹ׃ כָּל־הַחַיָּה כָּל־הָרֶמֶשׂ וְכָל־הָעוֹף כֹּל רוֹמֵשׂ עַל־
כ הָאָרֶץ לְמִשְׁפְּחֹתֵיהֶם יָצְאוּ מִן־הַתֵּבָה׃ וַיִּבֶן נֹחַ מִזְבֵּחַ לַיהוָה
וַיִּקַּח מִכֹּל ׀ הַבְּהֵמָה הַטְּהֹרָה וּמִכֹּל הָעוֹף הַטָּהֹר וַיַּעַל עֹלֹת
כא בַּמִּזְבֵּחַ׃ וַיָּרַח יְהוָה אֶת־רֵיחַ הַנִּיחֹחַ וַיֹּאמֶר יְהוָה אֶל־לִבּוֹ לֹא
אֹסִף לְקַלֵּל עוֹד אֶת־הָאֲדָמָה בַּעֲבוּר הָאָדָם כִּי יֵצֶר לֵב הָאָדָם
רַע מִנְּעֻרָיו וְלֹא־אֹסִף עוֹד לְהַכּוֹת אֶת־כָּל־חַי כַּאֲשֶׁר עָשִׂיתִי׃
כב עֹד כָּל־יְמֵי הָאָרֶץ זֶרַע וְקָצִיר וְקֹר וָחֹם וְקַיִץ וָחֹרֶף וְיוֹם וָלַיְלָה
ט א לֹא יִשְׁבֹּתוּ׃ וַיְבָרֶךְ אֱלֹהִים אֶת־נֹחַ וְאֶת־בָּנָיו וַיֹּאמֶר לָהֶם
ב פְּרוּ וּרְבוּ וּמִלְאוּ אֶת־הָאָרֶץ׃ וּמוֹרַאֲכֶם וְחִתְּכֶם יִהְיֶה עַל כָּל־
חַיַּת הָאָרֶץ וְעַל כָּל־עוֹף הַשָּׁמָיִם בְּכֹל אֲשֶׁר תִּרְמֹשׂ הָאֲדָמָה
ג וּבְכָל־דְּגֵי הַיָּם בְּיֶדְכֶם נִתָּנוּ׃ כָּל־רֶמֶשׂ אֲשֶׁר הוּא־חַי לָכֶם
ד יִהְיֶה לְאָכְלָה כְּיֶרֶק עֵשֶׂב נָתַתִּי לָכֶם אֶת־כֹּל׃ אַךְ־בָּשָׂר
ה בְּנַפְשׁוֹ דָמוֹ לֹא תֹאכֵלוּ׃ וְאַךְ אֶת־דִּמְכֶם לְנַפְשֹׁתֵיכֶם אֶדְרֹשׁ
מִיַּד כָּל־חַיָּה אֶדְרְשֶׁנּוּ וּמִיַּד הָאָדָם מִיַּד אִישׁ אָחִיו אֶדְרֹשׁ
ו אֶת־נֶפֶשׁ הָאָדָם׃ שֹׁפֵךְ דַּם הָאָדָם בָּאָדָם דָּמוֹ יִשָּׁפֵךְ כִּי בְּצֶלֶם
ז אֱלֹהִים עָשָׂה אֶת־הָאָדָם׃ וְאַתֶּם פְּרוּ וּרְבוּ שִׁרְצוּ בָאָרֶץ
ח וּרְבוּ־בָהּ׃ וַיֹּאמֶר אֱלֹהִים אֶל־נֹחַ וְאֶל־בָּנָיו אִתּוֹ חמישי

ט לֵאמֹר׃ וַאֲנִי הִנְנִי מֵקִים אֶת־בְּרִיתִי אִתְּכֶם וְאֶת־זַרְעֲכֶם
י אַחֲרֵיכֶם׃ וְאֵת כָּל־נֶפֶשׁ הַחַיָּה אֲשֶׁר אִתְּכֶם בָּעוֹף בַּבְּהֵמָה
וּבְכָל־חַיַּת הָאָרֶץ אִתְּכֶם מִכֹּל יֹצְאֵי הַתֵּבָה לְכֹל חַיַּת הָאָרֶץ׃
יא וַהֲקִמֹתִי אֶת־בְּרִיתִי אִתְּכֶם וְלֹא־יִכָּרֵת כָּל־בָּשָׂר עוֹד מִמֵּי
יב הַמַּבּוּל וְלֹא־יִהְיֶה עוֹד מַבּוּל לְשַׁחֵת הָאָרֶץ׃ וַיֹּאמֶר אֱלֹהִים
זֹאת אוֹת־הַבְּרִית אֲשֶׁר־אֲנִי נֹתֵן בֵּינִי וּבֵינֵיכֶם וּבֵין כָּל־נֶפֶשׁ
יג חַיָּה אֲשֶׁר אִתְּכֶם לְדֹרֹת עוֹלָם׃ אֶת־קַשְׁתִּי נָתַתִּי בֶּעָנָן וְהָיְתָה
יד לְאוֹת בְּרִית בֵּינִי וּבֵין הָאָרֶץ׃ וְהָיָה בְּעַנְנִי עָנָן עַל־הָאָרֶץ
טו וְנִרְאֲתָה הַקֶּשֶׁת בֶּעָנָן׃ וְזָכַרְתִּי אֶת־בְּרִיתִי אֲשֶׁר בֵּינִי וּבֵינֵיכֶם
וּבֵין כָּל־נֶפֶשׁ חַיָּה בְּכָל־בָּשָׂר וְלֹא־יִהְיֶה עוֹד הַמַּיִם לְמַבּוּל
טז לְשַׁחֵת כָּל־בָּשָׂר׃ וְהָיְתָה הַקֶּשֶׁת בֶּעָנָן וּרְאִיתִיהָ לִזְכֹּר בְּרִית
עוֹלָם בֵּין אֱלֹהִים וּבֵין כָּל־נֶפֶשׁ חַיָּה בְּכָל־בָּשָׂר אֲשֶׁר עַל־
יז הָאָרֶץ׃ וַיֹּאמֶר אֱלֹהִים אֶל־נֹחַ זֹאת אוֹת־הַבְּרִית אֲשֶׁר הֲקִמֹתִי
בֵּינִי וּבֵין כָּל־בָּשָׂר אֲשֶׁר עַל־הָאָרֶץ׃

ששי ח יח וַיִּהְיוּ בְנֵי־נֹחַ הַיֹּצְאִים מִן־הַתֵּבָה שֵׁם וְחָם וָיָפֶת וְחָם הוּא אֲבִי
יט כ כְנָעַן׃ שְׁלֹשָׁה אֵלֶּה בְּנֵי־נֹחַ וּמֵאֵלֶּה נָפְצָה כָל־הָאָרֶץ׃ וַיָּחֶל
כא נֹחַ אִישׁ הָאֲדָמָה וַיִּטַּע כָּרֶם׃ וַיֵּשְׁתְּ מִן־הַיַּיִן וַיִּשְׁכָּר וַיִּתְגַּל
כב בְּתוֹךְ אָהֳלֹה׃ וַיַּרְא חָם אֲבִי כְנַעַן אֵת עֶרְוַת אָבִיו וַיַּגֵּד לִשְׁנֵי־
כג אֶחָיו בַּחוּץ׃ וַיִּקַּח שֵׁם וָיֶפֶת אֶת־הַשִּׂמְלָה וַיָּשִׂימוּ עַל־שְׁכֶם
שְׁנֵיהֶם וַיֵּלְכוּ אֲחֹרַנִּית וַיְכַסּוּ אֵת עֶרְוַת אֲבִיהֶם וּפְנֵיהֶם אֲחֹרַנִּית
כד וְעֶרְוַת אֲבִיהֶם לֹא רָאוּ׃ וַיִּיקֶץ נֹחַ מִיֵּינוֹ וַיֵּדַע אֵת אֲשֶׁר־
כה עָשָׂה לוֹ בְּנוֹ הַקָּטָן׃ וַיֹּאמֶר אָרוּר כְּנָעַן עֶבֶד עֲבָדִים יִהְיֶה
כו לְאֶחָיו׃ וַיֹּאמֶר בָּרוּךְ יהוה אֱלֹהֵי שֵׁם וִיהִי כְנַעַן עֶבֶד לָמוֹ׃
כז יַפְתְּ אֱלֹהִים לְיֶפֶת וְיִשְׁכֹּן בְּאָהֳלֵי־שֵׁם וִיהִי כְנַעַן עֶבֶד לָמוֹ׃
כח כט וַיְחִי־נֹחַ אַחַר הַמַּבּוּל שְׁלֹשׁ מֵאוֹת שָׁנָה וַחֲמִשִּׁים שָׁנָה׃ וַיְהִי
כָּל־יְמֵי־נֹחַ תְּשַׁע מֵאוֹת שָׁנָה וַחֲמִשִּׁים שָׁנָה וַיָּמֹת׃

י א וְאֵלֶּה תּוֹלְדֹת בְּנֵי־נֹחַ שֵׁם חָם וָיָפֶת וַיִּוָּלְדוּ לָהֶם בָּנִים אַחַר

הַמַּבּוּל׃ בְּנֵי יֶפֶת גֹּמֶר וּמָגוֹג וּמָדַי וְיָוָן וְתֻבָל וּמֶשֶׁךְ וְתִירָס׃ ב
וּבְנֵי גֹּמֶר אַשְׁכְּנַז וְרִיפַת וְתֹגַרְמָה׃ וּבְנֵי יָוָן אֱלִישָׁה וְתַרְשִׁישׁ ג ד
כִּתִּים וְדֹדָנִים׃ מֵאֵלֶּה נִפְרְדוּ אִיֵּי הַגּוֹיִם בְּאַרְצֹתָם אִישׁ לִלְשֹׁנוֹ ה
לְמִשְׁפְּחֹתָם בְּגוֹיֵהֶם׃ וּבְנֵי חָם כּוּשׁ וּמִצְרַיִם וּפוּט וּכְנָעַן׃ וּבְנֵי ו ז
כוּשׁ סְבָא וַחֲוִילָה וְסַבְתָּה וְרַעְמָה וְסַבְתְּכָא וּבְנֵי רַעְמָה שְׁבָא
וּדְדָן׃ וְכוּשׁ יָלַד אֶת־נִמְרֹד הוּא הֵחֵל לִהְיוֹת גִּבֹּר בָּאָרֶץ׃ ח
הוּא־הָיָה גִבֹּר־צַיִד לִפְנֵי יְהוָה עַל־כֵּן יֵאָמַר כְּנִמְרֹד גִּבּוֹר צַיִד ט
לִפְנֵי יְהוָה׃ וַתְּהִי רֵאשִׁית מַמְלַכְתּוֹ בָּבֶל וְאֶרֶךְ וְאַכַּד וְכַלְנֵה י
בְּאֶרֶץ שִׁנְעָר׃ מִן־הָאָרֶץ הַהִוא יָצָא אַשּׁוּר וַיִּבֶן אֶת־נִינְוֵה יא
וְאֶת־רְחֹבֹת עִיר וְאֶת־כָּלַח׃ וְאֶת־רֶסֶן בֵּין נִינְוֵה וּבֵין כָּלַח יב
הִוא הָעִיר הַגְּדֹלָה׃ וּמִצְרַיִם יָלַד אֶת־לוּדִים וְאֶת־עֲנָמִים יג
וְאֶת־לְהָבִים וְאֶת־נַפְתֻּחִים׃ וְאֶת־פַּתְרֻסִים וְאֶת־כַּסְלֻחִים יד
אֲשֶׁר יָצְאוּ מִשָּׁם פְּלִשְׁתִּים וְאֶת־כַּפְתֹּרִים׃ וּכְנַעַן טו
יָלַד אֶת־צִידֹן בְּכֹרוֹ וְאֶת־חֵת׃ וְאֶת־הַיְבוּסִי וְאֶת־הָאֱמֹרִי טז
וְאֵת הַגִּרְגָּשִׁי׃ וְאֶת־הַחִוִּי וְאֶת־הָעַרְקִי וְאֶת־הַסִּינִי׃ וְאֶת־ יז יח
הָאַרְוָדִי וְאֶת־הַצְּמָרִי וְאֶת־הַחֲמָתִי וְאַחַר נָפֹצוּ מִשְׁפְּחוֹת
הַכְּנַעֲנִי׃ וַיְהִי גְּבוּל הַכְּנַעֲנִי מִצִּידֹן בֹּאֲכָה גְרָרָה עַד־עַזָּה יט
בֹּאֲכָה סְדֹמָה וַעֲמֹרָה וְאַדְמָה וּצְבֹיִם עַד־לָשַׁע׃ אֵלֶּה בְנֵי־חָם כ
לְמִשְׁפְּחֹתָם לִלְשֹׁנֹתָם בְּאַרְצֹתָם בְּגוֹיֵהֶם׃ וּלְשֵׁם כא
יֻלַּד גַּם־הוּא אֲבִי כָּל־בְּנֵי־עֵבֶר אֲחִי יֶפֶת הַגָּדוֹל׃ בְּנֵי שֵׁם כב
עֵילָם וְאַשּׁוּר וְאַרְפַּכְשַׁד וְלוּד וַאֲרָם׃ וּבְנֵי אֲרָם עוּץ וְחוּל כג
וְגֶתֶר וָמַשׁ׃ וְאַרְפַּכְשַׁד יָלַד אֶת־שָׁלַח וְשֶׁלַח יָלַד אֶת־עֵבֶר׃ כד
וּלְעֵבֶר יֻלַּד שְׁנֵי בָנִים שֵׁם הָאֶחָד פֶּלֶג כִּי בְיָמָיו נִפְלְגָה הָאָרֶץ כה
וְשֵׁם אָחִיו יָקְטָן׃ וְיָקְטָן יָלַד אֶת־אַלְמוֹדָד וְאֶת־שָׁלֶף וְאֶת־ כו
חֲצַרְמָוֶת וְאֶת־יָרַח׃ וְאֶת־הֲדוֹרָם וְאֶת־אוּזָל וְאֶת־דִּקְלָה׃ כז
וְאֶת־עוֹבָל וְאֶת־אֲבִימָאֵל וְאֶת־שְׁבָא׃ וְאֶת־אוֹפִר וְאֶת־ כח כט
חֲוִילָה וְאֶת־יוֹבָב כָּל־אֵלֶּה בְּנֵי יָקְטָן׃ וַיְהִי מוֹשָׁבָם מִמֵּשָׁא ל

לא בֹּאֲכָה סְפָרָה הַר הַקֶּדֶם׃ אֵלֶּה בְנֵי־שֵׁם לְמִשְׁפְּחֹתָם לִלְשֹׁנֹתָם
לב בְּאַרְצֹתָם לְגוֹיֵהֶם׃ אֵלֶּה מִשְׁפְּחֹת בְּנֵי־נֹחַ לְתוֹלְדֹתָם בְּגוֹיֵהֶם
וּמֵאֵלֶּה נִפְרְדוּ הַגּוֹיִם בָּאָרֶץ אַחַר הַמַּבּוּל׃

יא א ב וַיְהִי כָל־הָאָרֶץ שָׂפָה אֶחָת וּדְבָרִים אֲחָדִים׃ וַיְהִי בְּנָסְעָם ט שביעי
ג מִקֶּדֶם וַיִּמְצְאוּ בִקְעָה בְּאֶרֶץ שִׁנְעָר וַיֵּשְׁבוּ שָׁם׃ וַיֹּאמְרוּ אִישׁ
אֶל־רֵעֵהוּ הָבָה נִלְבְּנָה לְבֵנִים וְנִשְׂרְפָה לִשְׂרֵפָה וַתְּהִי לָהֶם
ד הַלְּבֵנָה לְאָבֶן וְהַחֵמָר הָיָה לָהֶם לַחֹמֶר׃ וַיֹּאמְרוּ הָבָה ׀ נִבְנֶה־
לָּנוּ עִיר וּמִגְדָּל וְרֹאשׁוֹ בַשָּׁמַיִם וְנַעֲשֶׂה־לָּנוּ שֵׁם פֶּן־נָפוּץ עַל־
ה פְּנֵי כָל־הָאָרֶץ׃ וַיֵּרֶד יְהוָה לִרְאֹת אֶת־הָעִיר וְאֶת־הַמִּגְדָּל
ו אֲשֶׁר בָּנוּ בְּנֵי הָאָדָם׃ וַיֹּאמֶר יְהוָה הֵן עַם אֶחָד וְשָׂפָה אַחַת
לְכֻלָּם וְזֶה הַחִלָּם לַעֲשׂוֹת וְעַתָּה לֹא־יִבָּצֵר מֵהֶם כֹּל אֲשֶׁר
ז יָזְמוּ לַעֲשׂוֹת׃ הָבָה נֵרְדָה וְנָבְלָה שָׁם שְׂפָתָם אֲשֶׁר לֹא יִשְׁמְעוּ
ח אִישׁ שְׂפַת רֵעֵהוּ׃ וַיָּפֶץ יְהוָה אֹתָם מִשָּׁם עַל־פְּנֵי כָל־הָאָרֶץ
ט וַיַּחְדְּלוּ לִבְנֹת הָעִיר׃ עַל־כֵּן קָרָא שְׁמָהּ בָּבֶל כִּי־שָׁם
בָּלַל יְהוָה שְׂפַת כָּל־הָאָרֶץ וּמִשָּׁם הֱפִיצָם יְהוָה עַל־פְּנֵי
כָּל־הָאָרֶץ׃

י אֵלֶּה תּוֹלְדֹת שֵׁם שֵׁם בֶּן־מְאַת שָׁנָה וַיּוֹלֶד אֶת־אַרְפַּכְשָׁד
יא שְׁנָתַיִם אַחַר הַמַּבּוּל׃ וַיְחִי־שֵׁם אַחֲרֵי הוֹלִידוֹ אֶת־אַרְפַּכְשָׁד
יב חֲמֵשׁ מֵאוֹת שָׁנָה וַיּוֹלֶד בָּנִים וּבָנוֹת׃ וְאַרְפַּכְשַׁד
יג חַי חָמֵשׁ וּשְׁלֹשִׁים שָׁנָה וַיּוֹלֶד אֶת־שָׁלַח׃ וַיְחִי אַרְפַּכְשַׁד
אַחֲרֵי הוֹלִידוֹ אֶת־שֶׁלַח שָׁלֹשׁ שָׁנִים וְאַרְבַּע מֵאוֹת שָׁנָה
יד וַיּוֹלֶד בָּנִים וּבָנוֹת׃ וְשֶׁלַח חַי שְׁלֹשִׁים שָׁנָה וַיּוֹלֶד
טו אֶת־עֵבֶר׃ וַיְחִי־שֶׁלַח אַחֲרֵי הוֹלִידוֹ אֶת־עֵבֶר שָׁלֹשׁ שָׁנִים
טז וְאַרְבַּע מֵאוֹת שָׁנָה וַיּוֹלֶד בָּנִים וּבָנוֹת׃ וַיְחִי־עֵבֶר
יז אַרְבַּע וּשְׁלֹשִׁים שָׁנָה וַיּוֹלֶד אֶת־פָּלֶג׃ וַיְחִי־עֵבֶר אַחֲרֵי הוֹלִידוֹ
אֶת־פֶּלֶג שְׁלֹשִׁים שָׁנָה וְאַרְבַּע מֵאוֹת שָׁנָה וַיּוֹלֶד בָּנִים
יח וּבָנוֹת׃ וַיְחִי־פֶלֶג שְׁלֹשִׁים שָׁנָה וַיּוֹלֶד אֶת־רְעוּ׃

יט וַיְחִי־פֶ֗לֶג אַחֲרֵי֙ הוֹלִיד֣וֹ אֶת־רְע֔וּ תֵּ֣שַׁע שָׁנִ֔ים וּמָאתַ֖יִם שָׁנָ֑ה
כ וַיּ֥וֹלֶד בָּנִ֖ים וּבָנֽוֹת׃ וַיְחִ֣י רְע֔וּ שְׁתַּ֥יִם וּשְׁלֹשִׁ֖ים שָׁנָ֑ה
כא וַיּ֖וֹלֶד אֶת־שְׂרֽוּג׃ וַיְחִ֣י רְע֗וּ אַחֲרֵי֙ הוֹלִיד֣וֹ אֶת־שְׂר֔וּג שֶׁ֣בַע שָׁנִ֔ים
כב וּמָאתַ֖יִם שָׁנָ֑ה וַיּ֥וֹלֶד בָּנִ֖ים וּבָנֽוֹת׃ וַיְחִ֥י שְׂר֖וּג שְׁלֹשִׁ֣ים
כג שָׁנָ֑ה וַיּ֖וֹלֶד אֶת־נָחֽוֹר׃ וַיְחִ֣י שְׂר֗וּג אַחֲרֵ֛י הוֹלִיד֥וֹ אֶת־נָח֖וֹר מָאתַ֣יִם
כד שָׁנָ֑ה וַיּ֥וֹלֶד בָּנִ֖ים וּבָנֽוֹת׃ וַיְחִ֣י נָח֔וֹר תֵּ֥שַׁע וְעֶשְׂרִ֖ים
כה שָׁנָ֑ה וַיּ֖וֹלֶד אֶת־תָּֽרַח׃ וַיְחִ֣י נָח֗וֹר אַחֲרֵי֙ הוֹלִיד֣וֹ אֶת־תֶּ֔רַח תְּשַֽׁע־
כו עֶשְׂרֵ֥ה שָׁנָ֖ה וּמְאַ֣ת שָׁנָ֑ה וַיּ֥וֹלֶד בָּנִ֖ים וּבָנֽוֹת׃ וַֽיְחִי־
תֶ֖רַח שִׁבְעִ֣ים שָׁנָ֑ה וַיּ֙וֹלֶד֙ אֶת־אַבְרָ֔ם אֶת־נָח֖וֹר וְאֶת־הָרָֽן׃
כז וְאֵ֙לֶּה֙ תּוֹלְדֹ֣ת תֶּ֔רַח תֶּ֚רַח הוֹלִ֣יד אֶת־אַבְרָ֔ם אֶת־נָח֖וֹר וְאֶת־
כח הָרָ֑ן וְהָרָ֖ן הוֹלִ֥יד אֶת־לֽוֹט׃ וַיָּ֣מָת הָרָ֔ן עַל־פְּנֵ֖י תֶּ֣רַח אָבִ֑יו בְּאֶ֥רֶץ
כט מוֹלַדְתּ֖וֹ בְּא֥וּר כַּשְׂדִּֽים׃ וַיִּקַּ֨ח אַבְרָ֧ם וְנָח֛וֹר לָהֶ֖ם נָשִׁ֑ים שֵׁ֤ם מפטיר
אֵֽשֶׁת־אַבְרָם֙ שָׂרָ֔י וְשֵׁ֤ם אֵֽשֶׁת־נָחוֹר֙ מִלְכָּ֔ה בַּת־הָרָ֥ן אֲבִֽי־
ל לא מִלְכָּ֖ה וַאֲבִ֥י יִסְכָּֽה׃ וַתְּהִ֥י שָׂרַ֖י עֲקָרָ֑ה אֵ֥ין לָ֖הּ וָלָֽד׃ וַיִּקַּ֨ח תֶּ֜רַח
אֶת־אַבְרָ֣ם בְּנ֗וֹ וְאֶת־ל֤וֹט בֶּן־הָרָן֙ בֶּן־בְּנ֔וֹ וְאֵת֙ שָׂרַ֣י כַּלָּת֔וֹ
אֵ֖שֶׁת אַבְרָ֣ם בְּנ֑וֹ וַיֵּצְא֨וּ אִתָּ֜ם מֵא֣וּר כַּשְׂדִּ֗ים לָלֶ֙כֶת֙ אַ֣רְצָה
לב כְּנַ֔עַן וַיָּבֹ֥אוּ עַד־חָרָ֖ן וַיֵּ֥שְׁבוּ שָֽׁם׃ וַיִּהְי֣וּ יְמֵי־תֶ֔רַח חָמֵ֥שׁ שָׁנִ֖ים
וּמָאתַ֣יִם שָׁנָ֑ה וַיָּ֥מָת תֶּ֖רַח בְּחָרָֽן׃
יב א וַיֹּ֤אמֶר יהוה֙ אֶל־אַבְרָ֔ם לֶךְ־לְךָ֛ מֵאַרְצְךָ֥ וּמִמּֽוֹלַדְתְּךָ֖ וּמִבֵּ֣ית י לך לך
ב אָבִ֑יךָ אֶל־הָאָ֖רֶץ אֲשֶׁ֥ר אַרְאֶֽךָּ׃ וְאֶֽעֶשְׂךָ֙ לְג֣וֹי גָּד֔וֹל וַאֲבָרֶכְךָ֔
ג וַאֲגַדְּלָ֖ה שְׁמֶ֑ךָ וֶהְיֵ֖ה בְּרָכָֽה׃ וַאֲבָֽרְכָה֙ מְבָ֣רְכֶ֔יךָ וּמְקַלֶּלְךָ֖ אָאֹ֑ר
ד וְנִבְרְכ֣וּ בְךָ֔ כֹּ֖ל מִשְׁפְּחֹ֥ת הָאֲדָמָֽה׃ וַיֵּ֣לֶךְ אַבְרָ֗ם כַּאֲשֶׁ֨ר דִּבֶּ֤ר
אֵלָיו֙ יהוה וַיֵּ֥לֶךְ אִתּ֖וֹ ל֑וֹט וְאַבְרָ֗ם בֶּן־חָמֵ֤שׁ שָׁנִים֙ וְשִׁבְעִ֣ים
ה שָׁנָ֔ה בְּצֵאת֖וֹ מֵחָרָֽן׃ וַיִּקַּ֣ח אַבְרָ֩ם אֶת־שָׂרַ֨י אִשְׁתּ֜וֹ וְאֶת־ל֣וֹט
בֶּן־אָחִ֗יו וְאֶת־כָּל־רְכוּשָׁם֙ אֲשֶׁ֣ר רָכָ֔שׁוּ וְאֶת־הַנֶּ֖פֶשׁ אֲשֶׁר־עָשׂ֣וּ
ו בְחָרָ֑ן וַיֵּצְא֗וּ לָלֶ֙כֶת֙ אַ֣רְצָה כְּנַ֔עַן וַיָּבֹ֖אוּ אַ֥רְצָה כְּנָֽעַן׃ וַיַּעֲבֹ֤ר
אַבְרָם֙ בָּאָ֔רֶץ עַ֖ד מְק֣וֹם שְׁכֶ֑ם עַ֖ד אֵל֣וֹן מוֹרֶ֑ה וְהַֽכְּנַעֲנִ֖י אָ֥ז

בָּאָרֶץ׃ וַיֵּרָא יְהוָה אֶל־אַבְרָם וַיֹּאמֶר לְזַרְעֲךָ אֶתֵּן אֶת־הָאָרֶץ ז
הַזֹּאת וַיִּבֶן שָׁם מִזְבֵּחַ לַיהוָה הַנִּרְאֶה אֵלָיו׃ וַיַּעְתֵּק מִשָּׁם ח
הָהָרָה מִקֶּדֶם לְבֵית־אֵל וַיֵּט אָהֳלֹה בֵּית־אֵל מִיָּם וְהָעַי מִקֶּדֶם
וַיִּבֶן־שָׁם מִזְבֵּחַ לַיהוָה וַיִּקְרָא בְּשֵׁם יְהוָה׃ וַיִּסַּע אַבְרָם הָלוֹךְ ט
וְנָסוֹעַ הַנֶּגְבָּה׃
וַיְהִי רָעָב בָּאָרֶץ וַיֵּרֶד אַבְרָם מִצְרַיְמָה לָגוּר שָׁם כִּי־כָבֵד י
הָרָעָב בָּאָרֶץ׃ וַיְהִי כַּאֲשֶׁר הִקְרִיב לָבוֹא מִצְרָיְמָה וַיֹּאמֶר יא
אֶל־שָׂרַי אִשְׁתּוֹ הִנֵּה־נָא יָדַעְתִּי כִּי אִשָּׁה יְפַת־מַרְאֶה אָתְּ׃
וְהָיָה כִּי־יִרְאוּ אֹתָךְ הַמִּצְרִים וְאָמְרוּ אִשְׁתּוֹ זֹאת וְהָרְגוּ אֹתִי יב
וְאֹתָךְ יְחַיּוּ׃ אִמְרִי־נָא אֲחֹתִי אָתְּ לְמַעַן יִיטַב־לִי בַעֲבוּרֵךְ יג
שני וְחָיְתָה נַפְשִׁי בִּגְלָלֵךְ׃ וַיְהִי כְּבוֹא אַבְרָם מִצְרָיְמָה וַיִּרְאוּ יד
הַמִּצְרִים אֶת־הָאִשָּׁה כִּי־יָפָה הִוא מְאֹד׃ וַיִּרְאוּ אֹתָהּ שָׂרֵי טו
פַרְעֹה וַיְהַלְלוּ אֹתָהּ אֶל־פַּרְעֹה וַתֻּקַּח הָאִשָּׁה בֵּית פַּרְעֹה׃
וּלְאַבְרָם הֵיטִיב בַּעֲבוּרָהּ וַיְהִי־לוֹ צֹאן־וּבָקָר וַחֲמֹרִים וַעֲבָדִים טז
וּשְׁפָחֹת וַאֲתֹנֹת וּגְמַלִּים׃ וַיְנַגַּע יְהוָה ׀ אֶת־פַּרְעֹה נְגָעִים גְּדֹלִים יז
וְאֶת־בֵּיתוֹ עַל־דְּבַר שָׂרַי אֵשֶׁת אַבְרָם׃ וַיִּקְרָא פַרְעֹה לְאַבְרָם יח
וַיֹּאמֶר מַה־זֹּאת עָשִׂיתָ לִּי לָמָּה לֹא־הִגַּדְתָּ לִּי כִּי אִשְׁתְּךָ הִוא׃
לָמָה אָמַרְתָּ אֲחֹתִי הִוא וָאֶקַּח אֹתָהּ לִי לְאִשָּׁה וְעַתָּה הִנֵּה יט
אִשְׁתְּךָ קַח וָלֵךְ׃ וַיְצַו עָלָיו פַּרְעֹה אֲנָשִׁים וַיְשַׁלְּחוּ אֹתוֹ כ
וְאֶת־אִשְׁתּוֹ וְאֶת־כָּל־אֲשֶׁר־לוֹ׃ וַיַּעַל אַבְרָם מִמִּצְרַיִם הוּא איג
וְאִשְׁתּוֹ וְכָל־אֲשֶׁר־לוֹ וְלוֹט עִמּוֹ הַנֶּגְבָּה׃ וְאַבְרָם כָּבֵד מְאֹד ב
בַּמִּקְנֶה בַּכֶּסֶף וּבַזָּהָב׃ וַיֵּלֶךְ לְמַסָּעָיו מִנֶּגֶב וְעַד־בֵּית־אֵל עַד־ ג
הַמָּקוֹם אֲשֶׁר־הָיָה שָׁם אָהֳלֹה בַּתְּחִלָּה בֵּין בֵּית־אֵל וּבֵין הָעָי׃
אֶל־מְקוֹם הַמִּזְבֵּחַ אֲשֶׁר־עָשָׂה שָׁם בָּרִאשֹׁנָה וַיִּקְרָא שָׁם ד
שלישי אַבְרָם בְּשֵׁם יְהוָה׃ וְגַם־לְלוֹט הַהֹלֵךְ אֶת־אַבְרָם הָיָה צֹאן־ ה
וּבָקָר וְאֹהָלִים׃ וְלֹא־נָשָׂא אֹתָם הָאָרֶץ לָשֶׁבֶת יַחְדָּו כִּי־הָיָה ו
רְכוּשָׁם רָב וְלֹא יָכְלוּ לָשֶׁבֶת יַחְדָּו׃ וַיְהִי־רִיב בֵּין רֹעֵי מִקְנֵה־ ז

אַבְרָם וּבֵין רֹעֵי מִקְנֵה־לוֹט וְהַכְּנַעֲנִי וְהַפְּרִזִּי אָז יֹשֵׁב בָּאָרֶץ׃
ח וַיֹּאמֶר אַבְרָם אֶל־לוֹט אַל־נָא תְהִי מְרִיבָה בֵּינִי וּבֵינֶךָ וּבֵין
ט רֹעַי וּבֵין רֹעֶיךָ כִּי־אֲנָשִׁים אַחִים אֲנָחְנוּ׃ הֲלֹא כָל־הָאָרֶץ
לְפָנֶיךָ הִפָּרֶד נָא מֵעָלָי אִם־הַשְּׂמֹאל וְאֵימִנָה וְאִם־הַיָּמִין
י וְאַשְׂמְאִילָה׃ וַיִּשָּׂא־לוֹט אֶת־עֵינָיו וַיַּרְא אֶת־כָּל־כִּכַּר הַיַּרְדֵּן
כִּי כֻלָּהּ מַשְׁקֶה לִפְנֵי ׀ שַׁחֵת יהוה אֶת־סְדֹם וְאֶת־עֲמֹרָה כְּגַן־
יא יהוה כְּאֶרֶץ מִצְרַיִם בֹּאֲכָה צֹעַר׃ וַיִּבְחַר־לוֹ לוֹט אֵת כָּל־כִּכַּר
יב הַיַּרְדֵּן וַיִּסַּע לוֹט מִקֶּדֶם וַיִּפָּרְדוּ אִישׁ מֵעַל אָחִיו׃ אַבְרָם יָשַׁב
יג בְּאֶרֶץ־כְּנָעַן וְלוֹט יָשַׁב בְּעָרֵי הַכִּכָּר וַיֶּאֱהַל עַד־סְדֹם׃ וְאַנְשֵׁי
יד סְדֹם רָעִים וְחַטָּאִים לַיהוה מְאֹד׃ וַיהוה אָמַר אֶל־אַבְרָם
אַחֲרֵי הִפָּרֶד־לוֹט מֵעִמּוֹ שָׂא־נָא עֵינֶיךָ וּרְאֵה מִן־הַמָּקוֹם
טו אֲשֶׁר־אַתָּה שָׁם צָפֹנָה וָנֶגְבָּה וָקֵדְמָה וָיָמָּה׃ כִּי אֶת־כָּל־
הָאָרֶץ אֲשֶׁר־אַתָּה רֹאֶה לְךָ אֶתְּנֶנָּה וּלְזַרְעֲךָ עַד־עוֹלָם׃
טז וְשַׂמְתִּי אֶת־זַרְעֲךָ כַּעֲפַר הָאָרֶץ אֲשֶׁר ׀ אִם־יוּכַל אִישׁ לִמְנוֹת
יז אֶת־עֲפַר הָאָרֶץ גַּם־זַרְעֲךָ יִמָּנֶה׃ קוּם הִתְהַלֵּךְ בָּאָרֶץ לְאָרְכָּהּ
יח וּלְרָחְבָּהּ כִּי לְךָ אֶתְּנֶנָּה׃ וַיֶּאֱהַל אַבְרָם וַיָּבֹא וַיֵּשֶׁב בְּאֵלֹנֵי
מַמְרֵא אֲשֶׁר בְּחֶבְרוֹן וַיִּבֶן־שָׁם מִזְבֵּחַ לַיהוה׃
יד א וַיְהִי בִּימֵי אַמְרָפֶל מֶלֶךְ־שִׁנְעָר אַרְיוֹךְ מֶלֶךְ אֶלָּסָר כְּדָרְלָעֹמֶר יא רביעי
ב מֶלֶךְ עֵילָם וְתִדְעָל מֶלֶךְ גּוֹיִם׃ עָשׂוּ מִלְחָמָה אֶת־בֶּרַע מֶלֶךְ
סְדֹם וְאֶת־בִּרְשַׁע מֶלֶךְ עֲמֹרָה שִׁנְאָב ׀ מֶלֶךְ אַדְמָה וְשֶׁמְאֵבֶר
ג מֶלֶךְ צביים וּמֶלֶךְ בֶּלַע הִיא־צֹעַר׃ כָּל־אֵלֶּה חָבְרוּ אֶל־עֵמֶק צְבוֹיִם
ד הַשִּׂדִּים הוּא יָם הַמֶּלַח׃ שְׁתֵּים עֶשְׂרֵה שָׁנָה עָבְדוּ אֶת־
ה כְּדָרְלָעֹמֶר וּשְׁלֹשׁ־עֶשְׂרֵה שָׁנָה מָרָדוּ׃ וּבְאַרְבַּע עֶשְׂרֵה שָׁנָה
בָּא כְדָרְלָעֹמֶר וְהַמְּלָכִים אֲשֶׁר אִתּוֹ וַיַּכּוּ אֶת־רְפָאִים בְּעַשְׁתְּרֹת
ו קַרְנַיִם וְאֶת־הַזּוּזִים בְּהָם וְאֵת הָאֵימִים בְּשָׁוֵה קִרְיָתָיִם׃ וְאֶת־
ז הַחֹרִי בְּהַרְרָם שֵׂעִיר עַד אֵיל פָּארָן אֲשֶׁר עַל־הַמִּדְבָּר׃ וַיָּשֻׁבוּ
וַיָּבֹאוּ אֶל־עֵין מִשְׁפָּט הִוא קָדֵשׁ וַיַּכּוּ אֶת־כָּל־שְׂדֵה הָעֲמָלֵקִי

וְגַם אֶת־הָאֱמֹרִי הַיֹּשֵׁב בְּחַצְצֹן תָּמָר׃ וַיֵּצֵא מֶלֶךְ־סְדֹם וּמֶלֶךְ ח
צבוים עֲמֹרָה וּמֶלֶךְ אַדְמָה וּמֶלֶךְ צביים וּמֶלֶךְ בֶּלַע הִוא־צֹעַר וַיַּעַרְכוּ
אִתָּם מִלְחָמָה בְּעֵמֶק הַשִּׂדִּים׃ אֵת כְּדָרְלָעֹמֶר מֶלֶךְ עֵילָם ט
וְתִדְעָל מֶלֶךְ גּוֹיִם וְאַמְרָפֶל מֶלֶךְ שִׁנְעָר וְאַרְיוֹךְ מֶלֶךְ אֶלָּסָר
אַרְבָּעָה מְלָכִים אֶת־הַחֲמִשָּׁה׃ וְעֵמֶק הַשִּׂדִּים בֶּאֱרֹת בֶּאֱרֹת י
חֵמָר וַיָּנֻסוּ מֶלֶךְ־סְדֹם וַעֲמֹרָה וַיִּפְּלוּ־שָׁמָּה וְהַנִּשְׁאָרִים הֶרָה
נָּסוּ׃ וַיִּקְחוּ אֶת־כָּל־רְכֻשׁ סְדֹם וַעֲמֹרָה וְאֶת־כָּל־אָכְלָם וַיֵּלֵכוּ׃ יא
וַיִּקְחוּ אֶת־לוֹט וְאֶת־רְכֻשׁוֹ בֶּן־אֲחִי אַבְרָם וַיֵּלֵכוּ וְהוּא יֹשֵׁב יב
בִּסְדֹם׃ וַיָּבֹא הַפָּלִיט וַיַּגֵּד לְאַבְרָם הָעִבְרִי וְהוּא שֹׁכֵן בְּאֵלֹנֵי יג
מַמְרֵא הָאֱמֹרִי אֲחִי אֶשְׁכֹּל וַאֲחִי עָנֵר וְהֵם בַּעֲלֵי בְרִית־אַבְרָם׃
וַיִּשְׁמַע אַבְרָם כִּי נִשְׁבָּה אָחִיו וַיָּרֶק אֶת־חֲנִיכָיו יְלִידֵי בֵיתוֹ יד
שְׁמֹנָה עָשָׂר וּשְׁלֹשׁ מֵאוֹת וַיִּרְדֹּף עַד־דָּן׃ וַיֵּחָלֵק עֲלֵיהֶם ׀ לַיְלָה טו
הוּא וַעֲבָדָיו וַיַּכֵּם וַיִּרְדְּפֵם עַד־חוֹבָה אֲשֶׁר מִשְּׂמֹאל לְדַמָּשֶׂק׃
וַיָּשֶׁב אֵת כָּל־הָרְכֻשׁ וְגַם אֶת־לוֹט אָחִיו וּרְכֻשׁוֹ הֵשִׁיב וְגַם טז
אֶת־הַנָּשִׁים וְאֶת־הָעָם׃ וַיֵּצֵא מֶלֶךְ־סְדֹם לִקְרָאתוֹ אַחֲרֵי שׁוּבוֹ יז
מֵהַכּוֹת אֶת־כְּדָרְלָעֹמֶר וְאֶת־הַמְּלָכִים אֲשֶׁר אִתּוֹ אֶל־עֵמֶק
שָׁוֵה הוּא עֵמֶק הַמֶּלֶךְ׃ וּמַלְכִּי־צֶדֶק מֶלֶךְ שָׁלֵם הוֹצִיא לֶחֶם יח
וָיָיִן וְהוּא כֹהֵן לְאֵל עֶלְיוֹן׃ וַיְבָרְכֵהוּ וַיֹּאמַר בָּרוּךְ אַבְרָם לְאֵל יט
עֶלְיוֹן קֹנֵה שָׁמַיִם וָאָרֶץ׃ וּבָרוּךְ אֵל עֶלְיוֹן אֲשֶׁר־מִגֵּן צָרֶיךָ כ
חמישי בְּיָדֶךָ וַיִּתֶּן־לוֹ מַעֲשֵׂר מִכֹּל׃ וַיֹּאמֶר מֶלֶךְ־סְדֹם אֶל־אַבְרָם כא
תֶּן־לִי הַנֶּפֶשׁ וְהָרְכֻשׁ קַח־לָךְ׃ וַיֹּאמֶר אַבְרָם אֶל־מֶלֶךְ סְדֹם כב
הֲרִמֹתִי יָדִי אֶל־יהוה אֵל עֶלְיוֹן קֹנֵה שָׁמַיִם וָאָרֶץ׃ אִם־מִחוּט כג
וְעַד שְׂרוֹךְ־נַעַל וְאִם־אֶקַּח מִכָּל־אֲשֶׁר־לָךְ וְלֹא תֹאמַר אֲנִי
הֶעֱשַׁרְתִּי אֶת־אַבְרָם׃ בִּלְעָדַי רַק אֲשֶׁר אָכְלוּ הַנְּעָרִים וְחֵלֶק כד
הָאֲנָשִׁים אֲשֶׁר הָלְכוּ אִתִּי עָנֵר אֶשְׁכֹּל וּמַמְרֵא הֵם יִקְחוּ
יב חֶלְקָם׃ אַחַר ׀ הַדְּבָרִים הָאֵלֶּה הָיָה דְבַר־יהוה א טו
אֶל־אַבְרָם בַּמַּחֲזֶה לֵאמֹר אַל־תִּירָא אַבְרָם אָנֹכִי מָגֵן לָךְ

ב שְׂכָרְךָ הַרְבֵּה מְאֹד: וַיֹּאמֶר אַבְרָם אֲדֹנָי יֱהֹוִה מַה־תִּתֶּן־לִי
וְאָנֹכִי הוֹלֵךְ עֲרִירִי וּבֶן־מֶשֶׁק בֵּיתִי הוּא דַּמֶּשֶׂק אֱלִיעֶזֶר:
ג וַיֹּאמֶר אַבְרָם הֵן לִי לֹא נָתַתָּה זָרַע וְהִנֵּה בֶן־בֵּיתִי יוֹרֵשׁ אֹתִי:
ד וְהִנֵּה דְבַר־יְהוָה אֵלָיו לֵאמֹר לֹא יִירָשְׁךָ זֶה כִּי־אִם אֲשֶׁר
ה יֵצֵא מִמֵּעֶיךָ הוּא יִירָשֶׁךָ: וַיּוֹצֵא אֹתוֹ הַחוּצָה וַיֹּאמֶר הַבֶּט־
נָא הַשָּׁמַיְמָה וּסְפֹר הַכּוֹכָבִים אִם־תּוּכַל לִסְפֹּר אֹתָם וַיֹּאמֶר
ו לוֹ כֹּה יִהְיֶה זַרְעֶךָ: וְהֶאֱמִן בַּיהוָה וַיַּחְשְׁבֶהָ לּוֹ צְדָקָה:
ז וַיֹּאמֶר אֵלָיו אֲנִי יְהוָה אֲשֶׁר הוֹצֵאתִיךָ מֵאוּר כַּשְׂדִּים לָתֶת ששי
ח לְךָ אֶת־הָאָרֶץ הַזֹּאת לְרִשְׁתָּהּ: וַיֹּאמַר אֲדֹנָי יֱהֹוִה בַּמָּה
ט אֵדַע כִּי אִירָשֶׁנָּה: וַיֹּאמֶר אֵלָיו קְחָה לִי עֶגְלָה מְשֻׁלֶּשֶׁת
י וְעֵז מְשֻׁלֶּשֶׁת וְאַיִל מְשֻׁלָּשׁ וְתֹר וְגוֹזָל: וַיִּקַּח־לוֹ אֶת־כָּל־
אֵלֶּה וַיְבַתֵּר אֹתָם בַּתָּוֶךְ וַיִּתֵּן אִישׁ־בִּתְרוֹ לִקְרַאת רֵעֵהוּ
יא וְאֶת־הַצִּפֹּר לֹא בָתָר: וַיֵּרֶד הָעַיִט עַל־הַפְּגָרִים וַיַּשֵּׁב אֹתָם
יב אַבְרָם: וַיְהִי הַשֶּׁמֶשׁ לָבוֹא וְתַרְדֵּמָה נָפְלָה עַל־אַבְרָם וְהִנֵּה
יג אֵימָה חֲשֵׁכָה גְדֹלָה נֹפֶלֶת עָלָיו: וַיֹּאמֶר לְאַבְרָם יָדֹעַ תֵּדַע
כִּי־גֵר ׀ יִהְיֶה זַרְעֲךָ בְּאֶרֶץ לֹא לָהֶם וַעֲבָדוּם וְעִנּוּ אֹתָם אַרְבַּע
יד מֵאוֹת שָׁנָה: וְגַם אֶת־הַגּוֹי אֲשֶׁר יַעֲבֹדוּ דָּן אָנֹכִי וְאַחֲרֵי־
טו כֵן יֵצְאוּ בִּרְכֻשׁ גָּדוֹל: וְאַתָּה תָּבוֹא אֶל־אֲבֹתֶיךָ בְּשָׁלוֹם
טז תִּקָּבֵר בְּשֵׂיבָה טוֹבָה: וְדוֹר רְבִיעִי יָשׁוּבוּ הֵנָּה כִּי לֹא־שָׁלֵם
יז עֲוֹן הָאֱמֹרִי עַד־הֵנָּה: וַיְהִי הַשֶּׁמֶשׁ בָּאָה וַעֲלָטָה הָיָה וְהִנֵּה
יח תַנּוּר עָשָׁן וְלַפִּיד אֵשׁ אֲשֶׁר עָבַר בֵּין הַגְּזָרִים הָאֵלֶּה: בַּיּוֹם
הַהוּא כָּרַת יְהוָה אֶת־אַבְרָם בְּרִית לֵאמֹר לְזַרְעֲךָ נָתַתִּי אֶת־
יט הָאָרֶץ הַזֹּאת מִנְּהַר מִצְרַיִם עַד־הַנָּהָר הַגָּדֹל נְהַר־פְּרָת: אֶת־
כ הַקֵּינִי וְאֶת־הַקְּנִזִּי וְאֵת הַקַּדְמֹנִי: וְאֶת־הַחִתִּי וְאֶת־הַפְּרִזִּי וְאֶת־
כא הָרְפָאִים: וְאֶת־הָאֱמֹרִי וְאֶת־הַכְּנַעֲנִי וְאֶת־הַגִּרְגָּשִׁי וְאֶת־
טזא הַיְבוּסִי: וְשָׂרַי אֵשֶׁת אַבְרָם לֹא יָלְדָה לוֹ וְלָהּ יג
ב שִׁפְחָה מִצְרִית וּשְׁמָהּ הָגָר: וַתֹּאמֶר שָׂרַי אֶל־אַבְרָם הִנֵּה־נָא

עֲצָרַנִי יְהוָה מִלֶּדֶת בֹּא־נָא אֶל־שִׁפְחָתִי אוּלַי אִבָּנֶה מִמֶּנָּה
ג וַיִּשְׁמַע אַבְרָם לְקוֹל שָׂרָי׃ וַתִּקַּח שָׂרַי ׀ אֵשֶׁת אַבְרָם אֶת־הָגָר
הַמִּצְרִית שִׁפְחָתָהּ מִקֵּץ עֶשֶׂר שָׁנִים לְשֶׁבֶת אַבְרָם בְּאֶרֶץ כְּנָעַן
ד וַתִּתֵּן אֹתָהּ לְאַבְרָם אִישָׁהּ לוֹ לְאִשָּׁה׃ וַיָּבֹא אֶל־הָגָר וַתַּהַר
ה וַתֵּרֶא כִּי הָרָתָה וַתֵּקַל גְּבִרְתָּהּ בְּעֵינֶיהָ׃ וַתֹּאמֶר שָׂרַי אֶל־
אַבְרָם חֲמָסִי עָלֶיךָ אָנֹכִי נָתַתִּי שִׁפְחָתִי בְּחֵיקֶךָ וַתֵּרֶא כִּי
ו הָרָתָה וָאֵקַל בְּעֵינֶיהָ יִשְׁפֹּט יְהוָה בֵּינִי וּבֵינֶיךָ׃ וַיֹּאמֶר אַבְרָם
אֶל־שָׂרַי הִנֵּה שִׁפְחָתֵךְ בְּיָדֵךְ עֲשִׂי־לָהּ הַטּוֹב בְּעֵינָיִךְ וַתְּעַנֶּהָ
ז שָׂרַי וַתִּבְרַח מִפָּנֶיהָ׃ וַיִּמְצָאָהּ מַלְאַךְ יְהוָה עַל־עֵין הַמַּיִם
ח בַּמִּדְבָּר עַל־הָעַיִן בְּדֶרֶךְ שׁוּר׃ וַיֹּאמַר הָגָר שִׁפְחַת שָׂרַי אֵי־
מִזֶּה בָאת וְאָנָה תֵלֵכִי וַתֹּאמֶר מִפְּנֵי שָׂרַי גְּבִרְתִּי אָנֹכִי בֹּרַחַת׃
ט וַיֹּאמֶר לָהּ מַלְאַךְ יְהוָה שׁוּבִי אֶל־גְּבִרְתֵּךְ וְהִתְעַנִּי תַּחַת יָדֶיהָ׃
י וַיֹּאמֶר לָהּ מַלְאַךְ יְהוָה הַרְבָּה אַרְבֶּה אֶת־זַרְעֵךְ וְלֹא יִסָּפֵר
יא מֵרֹב׃ וַיֹּאמֶר לָהּ מַלְאַךְ יְהוָה הִנָּךְ הָרָה וְיֹלַדְתְּ בֵּן וְקָרָאת
יב שְׁמוֹ יִשְׁמָעֵאל כִּי־שָׁמַע יְהוָה אֶל־עָנְיֵךְ׃ וְהוּא יִהְיֶה פֶּרֶא
יג אָדָם יָדוֹ בַכֹּל וְיַד כֹּל בּוֹ וְעַל־פְּנֵי כָל־אֶחָיו יִשְׁכֹּן׃ וַתִּקְרָא
שֵׁם־יְהוָה הַדֹּבֵר אֵלֶיהָ אַתָּה אֵל רֳאִי כִּי אָמְרָה הֲגַם הֲלֹם
יד רָאִיתִי אַחֲרֵי רֹאִי׃ עַל־כֵּן קָרָא לַבְּאֵר בְּאֵר לַחַי רֹאִי הִנֵּה
טו בֵין־קָדֵשׁ וּבֵין בָּרֶד׃ וַתֵּלֶד הָגָר לְאַבְרָם בֵּן וַיִּקְרָא אַבְרָם שֶׁם־
טז בְּנוֹ אֲשֶׁר־יָלְדָה הָגָר יִשְׁמָעֵאל׃ וְאַבְרָם בֶּן־שְׁמֹנִים שָׁנָה וְשֵׁשׁ
יז א שָׁנִים בְּלֶדֶת־הָגָר אֶת־יִשְׁמָעֵאל לְאַבְרָם׃ וַיְהִי יד
אַבְרָם בֶּן־תִּשְׁעִים שָׁנָה וְתֵשַׁע שָׁנִים וַיֵּרָא יְהוָה אֶל־אַבְרָם
ב וַיֹּאמֶר אֵלָיו אֲנִי־אֵל שַׁדַּי הִתְהַלֵּךְ לְפָנַי וֶהְיֵה תָמִים׃ וְאֶתְּנָה
ג בְרִיתִי בֵּינִי וּבֵינֶךָ וְאַרְבֶּה אוֹתְךָ בִּמְאֹד מְאֹד׃ וַיִּפֹּל אַבְרָם
ד עַל־פָּנָיו וַיְדַבֵּר אִתּוֹ אֱלֹהִים לֵאמֹר׃ אֲנִי הִנֵּה בְרִיתִי אִתָּךְ
ה וְהָיִיתָ לְאַב הֲמוֹן גּוֹיִם׃ וְלֹא־יִקָּרֵא עוֹד אֶת־שִׁמְךָ אַבְרָם
ו וְהָיָה שִׁמְךָ אַבְרָהָם כִּי אַב־הֲמוֹן גּוֹיִם נְתַתִּיךָ׃ וְהִפְרֵתִי אֹתְךָ

ז בִּמְאֹד מְאֹד וּנְתַתִּיךָ לְגוֹיִם וּמְלָכִים מִמְּךָ יֵצֵאוּ: וַהֲקִמֹתִי אֶת־ שביעי
בְּרִיתִי בֵּינִי וּבֵינֶךָ וּבֵין זַרְעֲךָ אַחֲרֶיךָ לְדֹרֹתָם לִבְרִית עוֹלָם
ח לִהְיוֹת לְךָ לֵאלֹהִים וּלְזַרְעֲךָ אַחֲרֶיךָ: וְנָתַתִּי לְךָ וּלְזַרְעֲךָ אַחֲרֶיךָ
אֵת ׀ אֶרֶץ מְגֻרֶיךָ אֵת כָּל־אֶרֶץ כְּנַעַן לַאֲחֻזַּת עוֹלָם וְהָיִיתִי
ט לָהֶם לֵאלֹהִים: וַיֹּאמֶר אֱלֹהִים אֶל־אַבְרָהָם וְאַתָּה אֶת־בְּרִיתִי
י תִשְׁמֹר אַתָּה וְזַרְעֲךָ אַחֲרֶיךָ לְדֹרֹתָם: זֹאת בְּרִיתִי אֲשֶׁר תִּשְׁמְרוּ
יא בֵּינִי וּבֵינֵיכֶם וּבֵין זַרְעֲךָ אַחֲרֶיךָ הִמּוֹל לָכֶם כָּל־זָכָר: וּנְמַלְתֶּם
יב אֵת בְּשַׂר עָרְלַתְכֶם וְהָיָה לְאוֹת בְּרִית בֵּינִי וּבֵינֵיכֶם: וּבֶן־
שְׁמֹנַת יָמִים יִמּוֹל לָכֶם כָּל־זָכָר לְדֹרֹתֵיכֶם יְלִיד בָּיִת וּמִקְנַת־
יג כֶּסֶף מִכֹּל בֶּן־נֵכָר אֲשֶׁר לֹא מִזַּרְעֲךָ הוּא: הִמּוֹל ׀ יִמּוֹל יְלִיד
בֵּיתְךָ וּמִקְנַת כַּסְפֶּךָ וְהָיְתָה בְרִיתִי בִּבְשַׂרְכֶם לִבְרִית עוֹלָם:
יד וְעָרֵל ׀ זָכָר אֲשֶׁר לֹא־יִמּוֹל אֶת־בְּשַׂר עָרְלָתוֹ וְנִכְרְתָה הַנֶּפֶשׁ
טו הַהִוא מֵעַמֶּיהָ אֶת־בְּרִיתִי הֵפַר: וַיֹּאמֶר אֱלֹהִים
אֶל־אַבְרָהָם שָׂרַי אִשְׁתְּךָ לֹא־תִקְרָא אֶת־שְׁמָהּ שָׂרָי כִּי שָׂרָה
טז שְׁמָהּ: וּבֵרַכְתִּי אֹתָהּ וְגַם נָתַתִּי מִמֶּנָּה לְךָ בֵּן וּבֵרַכְתִּיהָ וְהָיְתָה
יז לְגוֹיִם מַלְכֵי עַמִּים מִמֶּנָּה יִהְיוּ: וַיִּפֹּל אַבְרָהָם עַל־פָּנָיו וַיִּצְחָק
וַיֹּאמֶר בְּלִבּוֹ הַלְּבֶן מֵאָה־שָׁנָה יִוָּלֵד וְאִם־שָׂרָה הֲבַת־תִּשְׁעִים
יח שָׁנָה תֵּלֵד: וַיֹּאמֶר אַבְרָהָם אֶל־הָאֱלֹהִים לוּ יִשְׁמָעֵאל יִחְיֶה
יט לְפָנֶיךָ: וַיֹּאמֶר אֱלֹהִים אֲבָל שָׂרָה אִשְׁתְּךָ יֹלֶדֶת לְךָ בֵּן וְקָרָאתָ
אֶת־שְׁמוֹ יִצְחָק וַהֲקִמֹתִי אֶת־בְּרִיתִי אִתּוֹ לִבְרִית עוֹלָם לְזַרְעוֹ
כ אַחֲרָיו: וּלְיִשְׁמָעֵאל שְׁמַעְתִּיךָ הִנֵּה ׀ בֵּרַכְתִּי אֹתוֹ וְהִפְרֵיתִי אֹתוֹ
וְהִרְבֵּיתִי אֹתוֹ בִּמְאֹד מְאֹד שְׁנֵים־עָשָׂר נְשִׂיאִם יוֹלִיד וּנְתַתִּיו
כא לְגוֹי גָּדוֹל: וְאֶת־בְּרִיתִי אָקִים אֶת־יִצְחָק אֲשֶׁר תֵּלֵד לְךָ שָׂרָה
כב לַמּוֹעֵד הַזֶּה בַּשָּׁנָה הָאַחֶרֶת: וַיְכַל לְדַבֵּר אִתּוֹ וַיַּעַל אֱלֹהִים
כג מֵעַל אַבְרָהָם: וַיִּקַּח אַבְרָהָם אֶת־יִשְׁמָעֵאל בְּנוֹ וְאֵת כָּל־
יְלִידֵי בֵיתוֹ וְאֵת כָּל־מִקְנַת כַּסְפּוֹ כָּל־זָכָר בְּאַנְשֵׁי בֵּית
אַבְרָהָם וַיָּמָל אֶת־בְּשַׂר עָרְלָתָם בְּעֶצֶם הַיּוֹם הַזֶּה כַּאֲשֶׁר

כד דִּבֶּר אִתּוֹ אֱלֹהִים׃ וְאַבְרָהָם בֶּן־תִּשְׁעִים וָתֵשַׁע שָׁנָה בְּהִמֹּלוֹ מפטיר
כה בְּשַׂר עָרְלָתוֹ׃ וְיִשְׁמָעֵאל בְּנוֹ בֶּן־שְׁלֹשׁ עֶשְׂרֵה שָׁנָה בְּהִמֹּלוֹ
כו אֵת בְּשַׂר עָרְלָתוֹ׃ בְּעֶצֶם הַיּוֹם הַזֶּה נִמּוֹל אַבְרָהָם וְיִשְׁמָעֵאל
כז בְּנוֹ׃ וְכָל־אַנְשֵׁי בֵיתוֹ יְלִיד בָּיִת וּמִקְנַת־כֶּסֶף מֵאֵת בֶּן־נֵכָר
נִמֹּלוּ אִתּוֹ׃

יח א וַיֵּרָא אֵלָיו יְהוָה בְּאֵלֹנֵי מַמְרֵא וְהוּא יֹשֵׁב פֶּתַח־הָאֹהֶל כְּחֹם וירא טו
ב הַיּוֹם׃ וַיִּשָּׂא עֵינָיו וַיַּרְא וְהִנֵּה שְׁלֹשָׁה אֲנָשִׁים נִצָּבִים עָלָיו וַיַּרְא
ג וַיָּרָץ לִקְרָאתָם מִפֶּתַח הָאֹהֶל וַיִּשְׁתַּחוּ אָרְצָה׃ וַיֹּאמַר אֲדֹנָי
ד אִם־נָא מָצָאתִי חֵן בְּעֵינֶיךָ אַל־נָא תַעֲבֹר מֵעַל עַבְדֶּךָ׃ יֻקַּח־
ה נָא מְעַט־מַיִם וְרַחֲצוּ רַגְלֵיכֶם וְהִשָּׁעֲנוּ תַּחַת הָעֵץ׃ וְאֶקְחָה
פַת־לֶחֶם וְסַעֲדוּ לִבְּכֶם אַחַר תַּעֲבֹרוּ כִּי־עַל־כֵּן עֲבַרְתֶּם עַל־
ו עַבְדְּכֶם וַיֹּאמְרוּ כֵּן תַּעֲשֶׂה כַּאֲשֶׁר דִּבַּרְתָּ׃ וַיְמַהֵר אַבְרָהָם
הָאֹהֱלָה אֶל־שָׂרָה וַיֹּאמֶר מַהֲרִי שְׁלֹשׁ סְאִים קֶמַח סֹלֶת לוּשִׁי
ז וַעֲשִׂי עֻגוֹת׃ וְאֶל־הַבָּקָר רָץ אַבְרָהָם וַיִּקַּח בֶּן־בָּקָר רַךְ וָטוֹב
ח וַיִּתֵּן אֶל־הַנַּעַר וַיְמַהֵר לַעֲשׂוֹת אֹתוֹ׃ וַיִּקַּח חֶמְאָה וְחָלָב וּבֶן־
הַבָּקָר אֲשֶׁר עָשָׂה וַיִּתֵּן לִפְנֵיהֶם וְהוּא עֹמֵד עֲלֵיהֶם תַּחַת הָעֵץ
ט וַיֹּאכֵלוּ׃ וַיֹּאמְרוּ אֵלָיו אַיֵּה שָׂרָה אִשְׁתֶּךָ וַיֹּאמֶר הִנֵּה בָאֹהֶל׃
י וַיֹּאמֶר שׁוֹב אָשׁוּב אֵלֶיךָ כָּעֵת חַיָּה וְהִנֵּה־בֵן לְשָׂרָה אִשְׁתֶּךָ
יא וְשָׂרָה שֹׁמַעַת פֶּתַח הָאֹהֶל וְהוּא אַחֲרָיו׃ וְאַבְרָהָם וְשָׂרָה זְקֵנִים
יב בָּאִים בַּיָּמִים חָדַל לִהְיוֹת לְשָׂרָה אֹרַח כַּנָּשִׁים׃ וַתִּצְחַק שָׂרָה
יג בְּקִרְבָּהּ לֵאמֹר אַחֲרֵי בְלֹתִי הָיְתָה־לִּי עֶדְנָה וַאדֹנִי זָקֵן׃ וַיֹּאמֶר
יְהוָה אֶל־אַבְרָהָם לָמָּה זֶּה צָחֲקָה שָׂרָה לֵאמֹר הַאַף אֻמְנָם
יד אֵלֵד וַאֲנִי זָקַנְתִּי׃ הֲיִפָּלֵא מֵיְהוָה דָּבָר לַמּוֹעֵד אָשׁוּב אֵלֶיךָ
טו כָּעֵת חַיָּה וּלְשָׂרָה בֵן׃ וַתְּכַחֵשׁ שָׂרָה ׀ לֵאמֹר לֹא צָחַקְתִּי כִּי ׀ שני
טז יָרֵאָה וַיֹּאמֶר ׀ לֹא כִּי צָחָקְתְּ׃ וַיָּקֻמוּ מִשָּׁם הָאֲנָשִׁים וַיַּשְׁקִפוּ
יז עַל־פְּנֵי סְדֹם וְאַבְרָהָם הֹלֵךְ עִמָּם לְשַׁלְּחָם׃ וַיהוָה אָמָר הַמְכַסֶּה
יח אֲנִי מֵאַבְרָהָם אֲשֶׁר אֲנִי עֹשֶׂה׃ וְאַבְרָהָם הָיוֹ יִהְיֶה לְגוֹי גָּדוֹל

יט וְעָצוּם וְנִבְרְכוּ־בוֹ כֹּל גּוֹיֵי הָאָרֶץ׃ כִּי יְדַעְתִּיו לְמַעַן אֲשֶׁר
יְצַוֶּה אֶת־בָּנָיו וְאֶת־בֵּיתוֹ אַחֲרָיו וְשָׁמְרוּ דֶּרֶךְ יהוה לַעֲשׂוֹת
צְדָקָה וּמִשְׁפָּט לְמַעַן הָבִיא יהוה עַל־אַבְרָהָם אֵת אֲשֶׁר־
כ דִּבֶּר עָלָיו׃ וַיֹּאמֶר יהוה זַעֲקַת סְדֹם וַעֲמֹרָה כִּי־רָבָּה וְחַטָּאתָם
כא כִּי כָבְדָה מְאֹד׃ אֵרְדָה־נָּא וְאֶרְאֶה הַכְּצַעֲקָתָהּ הַבָּאָה אֵלַי
כב עָשׂוּ ׀ כָּלָה וְאִם־לֹא אֵדָעָה׃ וַיִּפְנוּ מִשָּׁם הָאֲנָשִׁים וַיֵּלְכוּ סְדֹמָה
כג וְאַבְרָהָם עוֹדֶנּוּ עֹמֵד לִפְנֵי יהוה׃ וַיִּגַּשׁ אַבְרָהָם וַיֹּאמַר הַאַף
כד תִּסְפֶּה צַדִּיק עִם־רָשָׁע׃ אוּלַי יֵשׁ חֲמִשִּׁים צַדִּיקִם בְּתוֹךְ הָעִיר
הַאַף תִּסְפֶּה וְלֹא־תִשָּׂא לַמָּקוֹם לְמַעַן חֲמִשִּׁים הַצַּדִּיקִם אֲשֶׁר
כה בְּקִרְבָּהּ׃ חָלִלָה לְּךָ מֵעֲשֹׂת ׀ כַּדָּבָר הַזֶּה לְהָמִית צַדִּיק עִם־
רָשָׁע וְהָיָה כַצַּדִּיק כָּרָשָׁע חָלִלָה לָּךְ הֲשֹׁפֵט כָּל־הָאָרֶץ לֹא
כו יַעֲשֶׂה מִשְׁפָּט׃ וַיֹּאמֶר יהוה אִם־אֶמְצָא בִסְדֹם חֲמִשִּׁים צַדִּיקִם
כז בְּתוֹךְ הָעִיר וְנָשָׂאתִי לְכָל־הַמָּקוֹם בַּעֲבוּרָם׃ וַיַּעַן אַבְרָהָם
וַיֹּאמַר הִנֵּה־נָא הוֹאַלְתִּי לְדַבֵּר אֶל־אֲדֹנָי וְאָנֹכִי עָפָר וָאֵפֶר׃
כח אוּלַי יַחְסְרוּן חֲמִשִּׁים הַצַּדִּיקִם חֲמִשָּׁה הֲתַשְׁחִית בַּחֲמִשָּׁה אֶת־
כָּל־הָעִיר וַיֹּאמֶר לֹא אַשְׁחִית אִם־אֶמְצָא שָׁם אַרְבָּעִים וַחֲמִשָּׁה׃
כט וַיֹּסֶף עוֹד לְדַבֵּר אֵלָיו וַיֹּאמַר אוּלַי יִמָּצְאוּן שָׁם אַרְבָּעִים וַיֹּאמֶר
ל לֹא אֶעֱשֶׂה בַּעֲבוּר הָאַרְבָּעִים׃ וַיֹּאמֶר אַל־נָא יִחַר לַאדֹנָי
וַאֲדַבֵּרָה אוּלַי יִמָּצְאוּן שָׁם שְׁלֹשִׁים וַיֹּאמֶר לֹא אֶעֱשֶׂה אִם־
לא אֶמְצָא שָׁם שְׁלֹשִׁים׃ וַיֹּאמֶר הִנֵּה־נָא הוֹאַלְתִּי לְדַבֵּר אֶל־
אֲדֹנָי אוּלַי יִמָּצְאוּן שָׁם עֶשְׂרִים וַיֹּאמֶר לֹא אַשְׁחִית בַּעֲבוּר
לב הָעֶשְׂרִים׃ וַיֹּאמֶר אַל־נָא יִחַר לַאדֹנָי וַאֲדַבְּרָה אַךְ־הַפַּעַם
אוּלַי יִמָּצְאוּן שָׁם עֲשָׂרָה וַיֹּאמֶר לֹא אַשְׁחִית בַּעֲבוּר הָעֲשָׂרָה׃
לג וַיֵּלֶךְ יהוה כַּאֲשֶׁר כִּלָּה לְדַבֵּר אֶל־אַבְרָהָם וְאַבְרָהָם שָׁב
יט א לִמְקֹמוֹ׃ וַיָּבֹאוּ שְׁנֵי הַמַּלְאָכִים סְדֹמָה בָּעֶרֶב וְלוֹט יֹשֵׁב בְּשַׁעַר־ טז שלישי
ב סְדֹם וַיַּרְא־לוֹט וַיָּקָם לִקְרָאתָם וַיִּשְׁתַּחוּ אַפַּיִם אָרְצָה׃ וַיֹּאמֶר
הִנֶּה נָּא־אֲדֹנַי סוּרוּ נָא אֶל־בֵּית עַבְדְּכֶם וְלִינוּ וְרַחֲצוּ רַגְלֵיכֶם

וְהִשְׁכַּמְתֶּם וַהֲלַכְתֶּם לְדַרְכְּכֶם וַיֹּאמְרוּ לֹּא כִּי בָרְחוֹב נָלִין׃
ג וַיִּפְצַר־בָּם מְאֹד וַיָּסֻרוּ אֵלָיו וַיָּבֹאוּ אֶל־בֵּיתוֹ וַיַּעַשׂ לָהֶם מִשְׁתֶּה
ד וּמַצּוֹת אָפָה וַיֹּאכֵלוּ׃ טֶרֶם יִשְׁכָּבוּ וְאַנְשֵׁי הָעִיר אַנְשֵׁי סְדֹם
ה נָסַבּוּ עַל־הַבַּיִת מִנַּעַר וְעַד־זָקֵן כָּל־הָעָם מִקָּצֶה׃ וַיִּקְרְאוּ אֶל־
לוֹט וַיֹּאמְרוּ לוֹ אַיֵּה הָאֲנָשִׁים אֲשֶׁר־בָּאוּ אֵלֶיךָ הַלָּיְלָה הוֹצִיאֵם
ו אֵלֵינוּ וְנֵדְעָה אֹתָם׃ וַיֵּצֵא אֲלֵהֶם לוֹט הַפֶּתְחָה וְהַדֶּלֶת סָגַר
ז ח אַחֲרָיו׃ וַיֹּאמַר אַל־נָא אַחַי תָּרֵעוּ׃ הִנֵּה־נָא לִי שְׁתֵּי בָנוֹת
אֲשֶׁר לֹא־יָדְעוּ אִישׁ אוֹצִיאָה־נָּא אֶתְהֶן אֲלֵיכֶם וַעֲשׂוּ לָהֶן
כַּטּוֹב בְּעֵינֵיכֶם רַק לָאֲנָשִׁים הָאֵל אַל־תַּעֲשׂוּ דָבָר כִּי־עַל־
ט כֵּן בָּאוּ בְּצֵל קֹרָתִי׃ וַיֹּאמְרוּ ׀ גֶּשׁ־הָלְאָה וַיֹּאמְרוּ הָאֶחָד בָּא־
לָגוּר וַיִּשְׁפֹּט שָׁפוֹט עַתָּה נָרַע לְךָ מֵהֶם וַיִּפְצְרוּ בָאִישׁ בְּלוֹט
י מְאֹד וַיִּגְּשׁוּ לִשְׁבֹּר הַדָּלֶת׃ וַיִּשְׁלְחוּ הָאֲנָשִׁים אֶת־יָדָם וַיָּבִיאוּ
יא אֶת־לוֹט אֲלֵיהֶם הַבָּיְתָה וְאֶת־הַדֶּלֶת סָגָרוּ׃ וְאֶת־הָאֲנָשִׁים
אֲשֶׁר־פֶּתַח הַבַּיִת הִכּוּ בַּסַּנְוֵרִים מִקָּטֹן וְעַד־גָּדוֹל וַיִּלְאוּ לִמְצֹא
יב הַפָּתַח׃ וַיֹּאמְרוּ הָאֲנָשִׁים אֶל־לוֹט עֹד מִי־לְךָ פֹה חָתָן וּבָנֶיךָ
יג וּבְנֹתֶיךָ וְכֹל אֲשֶׁר־לְךָ בָּעִיר הוֹצֵא מִן־הַמָּקוֹם׃ כִּי־מַשְׁחִתִים
אֲנַחְנוּ אֶת־הַמָּקוֹם הַזֶּה כִּי־גָדְלָה צַעֲקָתָם אֶת־פְּנֵי יְהוָה
יד וַיְשַׁלְּחֵנוּ יְהוָה לְשַׁחֲתָהּ׃ וַיֵּצֵא לוֹט וַיְדַבֵּר ׀ אֶל־חֲתָנָיו ׀ לֹקְחֵי
בְנֹתָיו וַיֹּאמֶר קוּמוּ צְּאוּ מִן־הַמָּקוֹם הַזֶּה כִּי־מַשְׁחִית יְהוָה
טו אֶת־הָעִיר וַיְהִי כִמְצַחֵק בְּעֵינֵי חֲתָנָיו׃ וּכְמוֹ הַשַּׁחַר עָלָה וַיָּאִיצוּ
הַמַּלְאָכִים בְּלוֹט לֵאמֹר קוּם קַח אֶת־אִשְׁתְּךָ וְאֶת־שְׁתֵּי בְנֹתֶיךָ
טז הַנִּמְצָאֹת פֶּן־תִּסָּפֶה בַּעֲוֺן הָעִיר׃ וַיִּתְמַהְמָהּ ׀ וַיַּחֲזִיקוּ הָאֲנָשִׁים
בְּיָדוֹ וּבְיַד־אִשְׁתּוֹ וּבְיַד שְׁתֵּי בְנֹתָיו בְּחֶמְלַת יְהוָה עָלָיו וַיֹּצִאֻהוּ
יז וַיַּנִּחֻהוּ מִחוּץ לָעִיר׃ וַיְהִי כְהוֹצִיאָם אֹתָם הַחוּצָה וַיֹּאמֶר הִמָּלֵט
עַל־נַפְשֶׁךָ אַל־תַּבִּיט אַחֲרֶיךָ וְאַל־תַּעֲמֹד בְּכָל־הַכִּכָּר הָהָרָה
יח יט הִמָּלֵט פֶּן־תִּסָּפֶה׃ וַיֹּאמֶר לוֹט אֲלֵהֶם אַל־נָא אֲדֹנָי׃ הִנֵּה־נָא
מָצָא עַבְדְּךָ חֵן בְּעֵינֶיךָ וַתַּגְדֵּל חַסְדְּךָ אֲשֶׁר עָשִׂיתָ עִמָּדִי לְהַחֲיוֹת

את־נפשי ואנכי לא אוכל להמלט ההרה פן־תדבקני הרעה
כ ומתי: הנה־נא העיר הזאת קרבה לנוס שמה והוא מצער
כא אמלטה נא שמה הלא מצער הוא ותחי נפשי: ויאמר אליו רביעי
הנה נשאתי פניך גם לדבר הזה לבלתי הפכי את־העיר
כב אשר דברת: מהר המלט שמה כי לא אוכל לעשות דבר
כג עד־באך שמה על־כן קרא שם־העיר צוער: השמש יצא
כד על־הארץ ולוט בא צערה: ויהוה המטיר על־סדם ועל־
כה עמרה גפרית ואש מאת יהוה מן־השמים: ויהפך את־הערים
האל ואת כל־הככר ואת כל־ישבי הערים וצמח האדמה:
כו כז ותבט אשתו מאחריו ותהי נציב מלח: וישכם אברהם בבקר
כח אל־המקום אשר־עמד שם את־פני יהוה: וישקף על־פני
סדם ועמרה ועל כל־פני ארץ הככר וירא והנה עלה קיטר
כט הארץ כקיטר הכבשן: ויהי בשחת אלהים את־ערי הככר
ויזכר אלהים את־אברהם וישלח את־לוט מתוך ההפכה
ל בהפך את־הערים אשר־ישב בהן לוט: ויעל לוט מצוער
וישב בהר ושתי בנתיו עמו כי ירא לשבת בצוער וישב
לא במערה הוא ושתי בנתיו: ותאמר הבכירה אל־הצעירה
אבינו זקן ואיש אין בארץ לבוא עלינו כדרך כל־הארץ:
לב לכה נשקה את־אבינו יין ונשכבה עמו ונחיה מאבינו זרע:
לג ותשקין את־אביהן יין בלילה הוא ותבא הבכירה ותשכב
לד את־אביה ולא־ידע בשכבה ובקומה: ויהי ממחרת ותאמר
הבכירה אל־הצעירה הן־שכבתי אמש את־אבי נשקנו יין
לה גם־הלילה ובאי שכבי עמו ונחיה מאבינו זרע: ותשקין גם
בלילה ההוא את־אביהן יין ותקם הצעירה ותשכב עמו
לו ולא־ידע בשכבה ובקמה: ותהרין שתי בנות־לוט מאביהן:
לז ותלד הבכירה בן ותקרא שמו מואב הוא אבי־מואב עד־
לח היום: והצעירה גם־הוא ילדה בן ותקרא שמו בן־עמי הוא

יז אֲבִי בְנֵי־עַמּוֹן עַד־הַיּוֹם: וַיִּסַּע מִשָּׁם אַבְרָהָם א
אַרְצָה הַנֶּגֶב וַיֵּשֶׁב בֵּין־קָדֵשׁ וּבֵין שׁוּר וַיָּגָר בִּגְרָר: וַיֹּאמֶר ב
אַבְרָהָם אֶל־שָׂרָה אִשְׁתּוֹ אֲחֹתִי הִוא וַיִּשְׁלַח אֲבִימֶלֶךְ מֶלֶךְ
גְּרָר וַיִּקַּח אֶת־שָׂרָה: וַיָּבֹא אֱלֹהִים אֶל־אֲבִימֶלֶךְ בַּחֲלוֹם הַלָּיְלָה ג
וַיֹּאמֶר לוֹ הִנְּךָ מֵת עַל־הָאִשָּׁה אֲשֶׁר־לָקַחְתָּ וְהִוא בְּעֻלַת בָּעַל:
וַאֲבִימֶלֶךְ לֹא קָרַב אֵלֶיהָ וַיֹּאמַר אֲדֹנָי הֲגוֹי גַּם־צַדִּיק תַּהֲרֹג: ד
הֲלֹא הוּא אָמַר־לִי אֲחֹתִי הִוא וְהִיא־גַם־הִוא אָמְרָה אָחִי הוּא ה
בְּתָם־לְבָבִי וּבְנִקְיֹן כַּפַּי עָשִׂיתִי זֹאת: וַיֹּאמֶר אֵלָיו הָאֱלֹהִים ו
בַּחֲלֹם גַּם אָנֹכִי יָדַעְתִּי כִּי בְתָם־לְבָבְךָ עָשִׂיתָ זֹּאת וָאֶחְשֹׂךְ
גַּם־אָנֹכִי אוֹתְךָ מֵחֲטוֹ־לִי עַל־כֵּן לֹא־נְתַתִּיךָ לִנְגֹּעַ אֵלֶיהָ:
וְעַתָּה הָשֵׁב אֵשֶׁת־הָאִישׁ כִּי־נָבִיא הוּא וְיִתְפַּלֵּל בַּעַדְךָ וֶחְיֵה ז
וְאִם־אֵינְךָ מֵשִׁיב דַּע כִּי־מוֹת תָּמוּת אַתָּה וְכָל־אֲשֶׁר־לָךְ:
וַיַּשְׁכֵּם אֲבִימֶלֶךְ בַּבֹּקֶר וַיִּקְרָא לְכָל־עֲבָדָיו וַיְדַבֵּר אֶת־כָּל־ ח
הַדְּבָרִים הָאֵלֶּה בְּאָזְנֵיהֶם וַיִּירְאוּ הָאֲנָשִׁים מְאֹד: וַיִּקְרָא ט
אֲבִימֶלֶךְ לְאַבְרָהָם וַיֹּאמֶר לוֹ מֶה־עָשִׂיתָ לָּנוּ וּמֶה־חָטָאתִי לָךְ
כִּי־הֵבֵאתָ עָלַי וְעַל־מַמְלַכְתִּי חֲטָאָה גְדֹלָה מַעֲשִׂים אֲשֶׁר לֹא־
יֵעָשׂוּ עָשִׂיתָ עִמָּדִי: וַיֹּאמֶר אֲבִימֶלֶךְ אֶל־אַבְרָהָם מָה רָאִיתָ י
כִּי עָשִׂיתָ אֶת־הַדָּבָר הַזֶּה: וַיֹּאמֶר אַבְרָהָם כִּי אָמַרְתִּי רַק יא
אֵין־יִרְאַת אֱלֹהִים בַּמָּקוֹם הַזֶּה וַהֲרָגוּנִי עַל־דְּבַר אִשְׁתִּי: וְגַם־ יב
אָמְנָה אֲחֹתִי בַת־אָבִי הִוא אַךְ לֹא בַת־אִמִּי וַתְּהִי־לִי לְאִשָּׁה:
וַיְהִי כַּאֲשֶׁר הִתְעוּ אֹתִי אֱלֹהִים מִבֵּית אָבִי וָאֹמַר לָהּ זֶה יג
חַסְדֵּךְ אֲשֶׁר תַּעֲשִׂי עִמָּדִי אֶל כָּל־הַמָּקוֹם אֲשֶׁר נָבוֹא שָׁמָּה
אִמְרִי־לִי אָחִי הוּא: וַיִּקַּח אֲבִימֶלֶךְ צֹאן וּבָקָר וַעֲבָדִים וּשְׁפָחֹת יד
וַיִּתֵּן לְאַבְרָהָם וַיָּשֶׁב לוֹ אֵת שָׂרָה אִשְׁתּוֹ: וַיֹּאמֶר אֲבִימֶלֶךְ טו
הִנֵּה אַרְצִי לְפָנֶיךָ בַּטּוֹב בְּעֵינֶיךָ שֵׁב: וּלְשָׂרָה אָמַר הִנֵּה נָתַתִּי טז
אֶלֶף כֶּסֶף לְאָחִיךְ הִנֵּה הוּא־לָךְ כְּסוּת עֵינַיִם לְכֹל אֲשֶׁר אִתָּךְ
וְאֵת כֹּל וְנֹכָחַת: וַיִּתְפַּלֵּל אַבְרָהָם אֶל־הָאֱלֹהִים וַיִּרְפָּא אֱלֹהִים יז

יח אֶת־אֲבִימֶלֶךְ וְאֶת־אִשְׁתּוֹ וְאַמְהֹתָיו וַיֵּלֵדוּ: כִּי־עָצֹר עָצַר
יְהוָה בְּעַד כָּל־רֶחֶם לְבֵית אֲבִימֶלֶךְ עַל־דְּבַר שָׂרָה אֵשֶׁת
כא א אַבְרָהָם: וַיהוָה פָּקַד אֶת־שָׂרָה כַּאֲשֶׁר אָמָר יח
ב וַיַּעַשׂ יְהוָה לְשָׂרָה כַּאֲשֶׁר דִּבֵּר: וַתַּהַר וַתֵּלֶד שָׂרָה לְאַבְרָהָם
ג בֵּן לִזְקֻנָיו לַמּוֹעֵד אֲשֶׁר־דִּבֶּר אֹתוֹ אֱלֹהִים: וַיִּקְרָא אַבְרָהָם
ד אֶת־שֶׁם־בְּנוֹ הַנּוֹלַד־לוֹ אֲשֶׁר־יָלְדָה־לּוֹ שָׂרָה יִצְחָק: וַיָּמָל
אַבְרָהָם אֶת־יִצְחָק בְּנוֹ בֶּן־שְׁמֹנַת יָמִים כַּאֲשֶׁר צִוָּה אֹתוֹ
ה אֱלֹהִים: וְאַבְרָהָם בֶּן־מְאַת שָׁנָה בְּהִוָּלֶד לוֹ אֵת יִצְחָק בְּנוֹ: חמישי
ו וַתֹּאמֶר שָׂרָה צְחֹק עָשָׂה לִי אֱלֹהִים כָּל־הַשֹּׁמֵעַ יִצְחַק־לִי:
ז וַתֹּאמֶר מִי מִלֵּל לְאַבְרָהָם הֵינִיקָה בָנִים שָׂרָה כִּי־יָלַדְתִּי בֵן
ח לִזְקֻנָיו: וַיִּגְדַּל הַיֶּלֶד וַיִּגָּמַל וַיַּעַשׂ אַבְרָהָם מִשְׁתֶּה גָדוֹל בְּיוֹם
ט הִגָּמֵל אֶת־יִצְחָק: וַתֵּרֶא שָׂרָה אֶת־בֶּן־הָגָר הַמִּצְרִית אֲשֶׁר־
י יָלְדָה לְאַבְרָהָם מְצַחֵק: וַתֹּאמֶר לְאַבְרָהָם גָּרֵשׁ הָאָמָה הַזֹּאת
וְאֶת־בְּנָהּ כִּי לֹא יִירַשׁ בֶּן־הָאָמָה הַזֹּאת עִם־בְּנִי עִם־יִצְחָק:
יא יב וַיֵּרַע הַדָּבָר מְאֹד בְּעֵינֵי אַבְרָהָם עַל אוֹדֹת בְּנוֹ: וַיֹּאמֶר אֱלֹהִים
אֶל־אַבְרָהָם אַל־יֵרַע בְּעֵינֶיךָ עַל־הַנַּעַר וְעַל־אֲמָתֶךָ כֹּל אֲשֶׁר
יג תֹּאמַר אֵלֶיךָ שָׂרָה שְׁמַע בְּקֹלָהּ כִּי בְיִצְחָק יִקָּרֵא לְךָ זָרַע: וְגַם
יד אֶת־בֶּן־הָאָמָה לְגוֹי אֲשִׂימֶנּוּ כִּי זַרְעֲךָ הוּא: וַיַּשְׁכֵּם אַבְרָהָם ׀
בַּבֹּקֶר וַיִּקַּח־לֶחֶם וְחֵמַת מַיִם וַיִּתֵּן אֶל־הָגָר שָׂם עַל־שִׁכְמָהּ
טו וְאֶת־הַיֶּלֶד וַיְשַׁלְּחֶהָ וַתֵּלֶךְ וַתֵּתַע בְּמִדְבַּר בְּאֵר שָׁבַע: וַיִּכְלוּ
טז הַמַּיִם מִן־הַחֵמֶת וַתַּשְׁלֵךְ אֶת־הַיֶּלֶד תַּחַת אַחַד הַשִּׂיחִם: וַתֵּלֶךְ
וַתֵּשֶׁב לָהּ מִנֶּגֶד הַרְחֵק כִּמְטַחֲוֵי קֶשֶׁת כִּי אָמְרָה אַל־אֶרְאֶה
יז בְּמוֹת הַיָּלֶד וַתֵּשֶׁב מִנֶּגֶד וַתִּשָּׂא אֶת־קֹלָהּ וַתֵּבְךְּ: וַיִּשְׁמַע
אֱלֹהִים אֶת־קוֹל הַנַּעַר וַיִּקְרָא מַלְאַךְ אֱלֹהִים ׀ אֶל־הָגָר מִן־
הַשָּׁמַיִם וַיֹּאמֶר לָהּ מַה־לָּךְ הָגָר אַל־תִּירְאִי כִּי־שָׁמַע אֱלֹהִים
יח אֶל־קוֹל הַנַּעַר בַּאֲשֶׁר הוּא־שָׁם: קוּמִי שְׂאִי אֶת־הַנַּעַר וְהַחֲזִיקִי
יט אֶת־יָדֵךְ בּוֹ כִּי־לְגוֹי גָּדוֹל אֲשִׂימֶנּוּ: וַיִּפְקַח אֱלֹהִים אֶת־עֵינֶיהָ

וַתֵּרֶא בְּאֵר מָיִם וַתֵּלֶךְ וַתְּמַלֵּא אֶת־הַחֵמֶת מַיִם וַתַּשְׁקְ אֶת־
הַנָּעַר׃ וַיְהִי אֱלֹהִים אֶת־הַנַּעַר וַיִּגְדָּל וַיֵּשֶׁב בַּמִּדְבָּר וַיְהִי רֹבֶה כ
קַשָּׁת׃ וַיֵּשֶׁב בְּמִדְבַּר פָּארָן וַתִּקַּח־לוֹ אִמּוֹ אִשָּׁה מֵאֶרֶץ כא
מִצְרָיִם׃

ששי וַיְהִי בָּעֵת הַהִוא וַיֹּאמֶר אֲבִימֶלֶךְ וּפִיכֹל שַׂר־צְבָאוֹ אֶל־אַבְרָהָם כב
לֵאמֹר אֱלֹהִים עִמְּךָ בְּכֹל אֲשֶׁר־אַתָּה עֹשֶׂה׃ וְעַתָּה הִשָּׁבְעָה כג
לִּי בֵאלֹהִים הֵנָּה אִם־תִּשְׁקֹר לִי וּלְנִינִי וּלְנֶכְדִּי כַּחֶסֶד אֲשֶׁר־
עָשִׂיתִי עִמְּךָ תַּעֲשֶׂה עִמָּדִי וְעִם־הָאָרֶץ אֲשֶׁר־גַּרְתָּה בָּהּ׃
וַיֹּאמֶר אַבְרָהָם אָנֹכִי אִשָּׁבֵעַ׃ וְהוֹכִחַ אַבְרָהָם אֶת־אֲבִימֶלֶךְ כד כה
עַל־אֹדוֹת בְּאֵר הַמַּיִם אֲשֶׁר גָּזְלוּ עַבְדֵי אֲבִימֶלֶךְ׃ וַיֹּאמֶר כו
אֲבִימֶלֶךְ לֹא יָדַעְתִּי מִי עָשָׂה אֶת־הַדָּבָר הַזֶּה וְגַם־אַתָּה לֹא־
הִגַּדְתָּ לִּי וְגַם אָנֹכִי לֹא שָׁמַעְתִּי בִּלְתִּי הַיּוֹם׃ וַיִּקַּח אַבְרָהָם כז
צֹאן וּבָקָר וַיִּתֵּן לַאֲבִימֶלֶךְ וַיִּכְרְתוּ שְׁנֵיהֶם בְּרִית׃ וַיַּצֵּב כח
אַבְרָהָם אֶת־שֶׁבַע כִּבְשֹׂת הַצֹּאן לְבַדְּהֶן׃ וַיֹּאמֶר אֲבִימֶלֶךְ אֶל־ כט
אַבְרָהָם מָה הֵנָּה שֶׁבַע כְּבָשֹׂת הָאֵלֶּה אֲשֶׁר הִצַּבְתָּ לְבַדָּנָה׃
וַיֹּאמֶר כִּי אֶת־שֶׁבַע כְּבָשֹׂת תִּקַּח מִיָּדִי בַּעֲבוּר תִּהְיֶה־לִּי ל
לְעֵדָה כִּי חָפַרְתִּי אֶת־הַבְּאֵר הַזֹּאת׃ עַל־כֵּן קָרָא לַמָּקוֹם לא
הַהוּא בְּאֵר שָׁבַע כִּי שָׁם נִשְׁבְּעוּ שְׁנֵיהֶם׃ וַיִּכְרְתוּ בְרִית בִּבְאֵר לב
שָׁבַע וַיָּקָם אֲבִימֶלֶךְ וּפִיכֹל שַׂר־צְבָאוֹ וַיָּשֻׁבוּ אֶל־אֶרֶץ פְּלִשְׁתִּים׃
וַיִּטַּע אֶשֶׁל בִּבְאֵר שָׁבַע וַיִּקְרָא־שָׁם בְּשֵׁם יְהוָה אֵל עוֹלָם׃ לג
וַיָּגָר אַבְרָהָם בְּאֶרֶץ פְּלִשְׁתִּים יָמִים רַבִּים׃ לד

שביעי יט וַיְהִי אַחַר הַדְּבָרִים הָאֵלֶּה וְהָאֱלֹהִים נִסָּה אֶת־אַבְרָהָם וַיֹּאמֶר א כב
אֵלָיו אַבְרָהָם וַיֹּאמֶר הִנֵּנִי׃ וַיֹּאמֶר קַח־נָא אֶת־בִּנְךָ אֶת־ ב
יְחִידְךָ אֲשֶׁר־אָהַבְתָּ אֶת־יִצְחָק וְלֶךְ־לְךָ אֶל־אֶרֶץ הַמֹּרִיָּה
וְהַעֲלֵהוּ שָׁם לְעֹלָה עַל אַחַד הֶהָרִים אֲשֶׁר אֹמַר אֵלֶיךָ׃ וַיַּשְׁכֵּם ג
אַבְרָהָם בַּבֹּקֶר וַיַּחֲבֹשׁ אֶת־חֲמֹרוֹ וַיִּקַּח אֶת־שְׁנֵי נְעָרָיו אִתּוֹ
וְאֵת יִצְחָק בְּנוֹ וַיְבַקַּע עֲצֵי עֹלָה וַיָּקָם וַיֵּלֶךְ אֶל־הַמָּקוֹם אֲשֶׁר־

ד אָמַר־לוֹ הָאֱלֹהִים׃ בַּיּוֹם הַשְּׁלִישִׁי וַיִּשָּׂא אַבְרָהָם אֶת־עֵינָיו
ה וַיַּרְא אֶת־הַמָּקוֹם מֵרָחֹק׃ וַיֹּאמֶר אַבְרָהָם אֶל־נְעָרָיו שְׁבוּ־לָכֶם
פֹּה עִם־הַחֲמוֹר וַאֲנִי וְהַנַּעַר נֵלְכָה עַד־כֹּה וְנִשְׁתַּחֲוֶה וְנָשׁוּבָה
ו אֲלֵיכֶם׃ וַיִּקַּח אַבְרָהָם אֶת־עֲצֵי הָעֹלָה וַיָּשֶׂם עַל־יִצְחָק בְּנוֹ
וַיִּקַּח בְּיָדוֹ אֶת־הָאֵשׁ וְאֶת־הַמַּאֲכֶלֶת וַיֵּלְכוּ שְׁנֵיהֶם יַחְדָּו׃
ז וַיֹּאמֶר יִצְחָק אֶל־אַבְרָהָם אָבִיו וַיֹּאמֶר אָבִי וַיֹּאמֶר הִנֶּנִּי בְנִי
ח וַיֹּאמֶר הִנֵּה הָאֵשׁ וְהָעֵצִים וְאַיֵּה הַשֶּׂה לְעֹלָה׃ וַיֹּאמֶר אַבְרָהָם
ט אֱלֹהִים יִרְאֶה־לּוֹ הַשֶּׂה לְעֹלָה בְּנִי וַיֵּלְכוּ שְׁנֵיהֶם יַחְדָּו׃ וַיָּבֹאוּ
אֶל־הַמָּקוֹם אֲשֶׁר אָמַר־לוֹ הָאֱלֹהִים וַיִּבֶן שָׁם אַבְרָהָם אֶת־
הַמִּזְבֵּחַ וַיַּעֲרֹךְ אֶת־הָעֵצִים וַיַּעֲקֹד אֶת־יִצְחָק בְּנוֹ וַיָּשֶׂם אֹתוֹ
י עַל־הַמִּזְבֵּחַ מִמַּעַל לָעֵצִים׃ וַיִּשְׁלַח אַבְרָהָם אֶת־יָדוֹ וַיִּקַּח
יא אֶת־הַמַּאֲכֶלֶת לִשְׁחֹט אֶת־בְּנוֹ׃ וַיִּקְרָא אֵלָיו מַלְאַךְ יְהוָה
יב מִן־הַשָּׁמַיִם וַיֹּאמֶר אַבְרָהָם ׀ אַבְרָהָם וַיֹּאמֶר הִנֵּנִי׃ וַיֹּאמֶר אַל־
תִּשְׁלַח יָדְךָ אֶל־הַנַּעַר וְאַל־תַּעַשׂ לוֹ מְאוּמָה כִּי ׀ עַתָּה יָדַעְתִּי
כִּי־יְרֵא אֱלֹהִים אַתָּה וְלֹא חָשַׂכְתָּ אֶת־בִּנְךָ אֶת־יְחִידְךָ מִמֶּנִּי׃
יג וַיִּשָּׂא אַבְרָהָם אֶת־עֵינָיו וַיַּרְא וְהִנֵּה־אַיִל אַחַר נֶאֱחַז בַּסְּבַךְ
בְּקַרְנָיו וַיֵּלֶךְ אַבְרָהָם וַיִּקַּח אֶת־הָאַיִל וַיַּעֲלֵהוּ לְעֹלָה תַּחַת
יד בְּנוֹ׃ וַיִּקְרָא אַבְרָהָם שֵׁם־הַמָּקוֹם הַהוּא יְהוָה ׀ יִרְאֶה אֲשֶׁר
טו יֵאָמֵר הַיּוֹם בְּהַר יְהוָה יֵרָאֶה׃ וַיִּקְרָא מַלְאַךְ יְהוָה אֶל־אַבְרָהָם
טז שֵׁנִית מִן־הַשָּׁמָיִם׃ וַיֹּאמֶר בִּי נִשְׁבַּעְתִּי נְאֻם־יְהוָה כִּי יַעַן אֲשֶׁר
יז עָשִׂיתָ אֶת־הַדָּבָר הַזֶּה וְלֹא חָשַׂכְתָּ אֶת־בִּנְךָ אֶת־יְחִידֶךָ׃ כִּי־
בָרֵךְ אֲבָרֶכְךָ וְהַרְבָּה אַרְבֶּה אֶת־זַרְעֲךָ כְּכוֹכְבֵי הַשָּׁמַיִם וְכַחוֹל
יח אֲשֶׁר עַל־שְׂפַת הַיָּם וְיִרַשׁ זַרְעֲךָ אֵת שַׁעַר אֹיְבָיו׃ וְהִתְבָּרְכוּ
יט בְזַרְעֲךָ כֹּל גּוֹיֵי הָאָרֶץ עֵקֶב אֲשֶׁר שָׁמַעְתָּ בְּקֹלִי׃ וַיָּשָׁב אַבְרָהָם
אֶל־נְעָרָיו וַיָּקֻמוּ וַיֵּלְכוּ יַחְדָּו אֶל־בְּאֵר שָׁבַע וַיֵּשֶׁב אַבְרָהָם
בִּבְאֵר שָׁבַע׃
כ וַיְהִי אַחֲרֵי הַדְּבָרִים הָאֵלֶּה וַיֻּגַּד לְאַבְרָהָם לֵאמֹר הִנֵּה יָלְדָה מפטיר

כא מִלְכָּה גַם־הִוא בָּנִים לְנָחוֹר אָחִיךָ׃ אֶת־עוּץ בְּכֹרוֹ וְאֶת־בּוּז
כב אָחִיו וְאֶת־קְמוּאֵל אֲבִי אֲרָם׃ וְאֶת־כֶּשֶׂד וְאֶת־חֲזוֹ וְאֶת־
כג פִּלְדָּשׁ וְאֶת־יִדְלָף וְאֵת בְּתוּאֵל׃ וּבְתוּאֵל יָלַד אֶת־רִבְקָה
כד שְׁמֹנָה אֵלֶּה יָלְדָה מִלְכָּה לְנָחוֹר אֲחִי אַבְרָהָם׃ וּפִילַגְשׁוֹ
וּשְׁמָהּ רְאוּמָה וַתֵּלֶד גַּם־הִוא אֶת־טֶבַח וְאֶת־גַּחַם וְאֶת־
תַּחַשׁ וְאֶת־מַעֲכָה׃

חיי שרה

כג א וַיִּהְיוּ חַיֵּי שָׂרָה מֵאָה שָׁנָה וְעֶשְׂרִים שָׁנָה וְשֶׁבַע שָׁנִים שְׁנֵי חַיֵּי
ב שָׂרָה׃ וַתָּמָת שָׂרָה בְּקִרְיַת אַרְבַּע הִוא חֶבְרוֹן בְּאֶרֶץ כְּנָעַן
ג וַיָּבֹא אַבְרָהָם לִסְפֹּד לְשָׂרָה וְלִבְכֹּתָהּ׃ וַיָּקָם אַבְרָהָם מֵעַל
ד פְּנֵי מֵתוֹ וַיְדַבֵּר אֶל־בְּנֵי־חֵת לֵאמֹר׃ גֵּר־וְתוֹשָׁב אָנֹכִי עִמָּכֶם
ה תְּנוּ לִי אֲחֻזַּת־קֶבֶר עִמָּכֶם וְאֶקְבְּרָה מֵתִי מִלְּפָנָי׃ וַיַּעֲנוּ בְנֵי־
ו חֵת אֶת־אַבְרָהָם לֵאמֹר לוֹ׃ שְׁמָעֵנוּ ׀ אֲדֹנִי נְשִׂיא אֱלֹהִים
אַתָּה בְּתוֹכֵנוּ בְּמִבְחַר קְבָרֵינוּ קְבֹר אֶת־מֵתֶךָ אִישׁ מִמֶּנּוּ אֶת־
ז קִבְרוֹ לֹא־יִכְלֶה מִמְּךָ מִקְּבֹר מֵתֶךָ׃ וַיָּקָם אַבְרָהָם וַיִּשְׁתַּחוּ
ח לְעַם־הָאָרֶץ לִבְנֵי־חֵת׃ וַיְדַבֵּר אִתָּם לֵאמֹר אִם־יֵשׁ אֶת־
נַפְשְׁכֶם לִקְבֹּר אֶת־מֵתִי מִלְּפָנַי שְׁמָעוּנִי וּפִגְעוּ־לִי בְּעֶפְרוֹן
ט בֶּן־צֹחַר׃ וְיִתֶּן־לִי אֶת־מְעָרַת הַמַּכְפֵּלָה אֲשֶׁר־לוֹ אֲשֶׁר בִּקְצֵה
י שָׂדֵהוּ בְּכֶסֶף מָלֵא יִתְּנֶנָּה לִּי בְּתוֹכְכֶם לַאֲחֻזַּת־קָבֶר׃ וְעֶפְרוֹן
יֹשֵׁב בְּתוֹךְ בְּנֵי־חֵת וַיַּעַן עֶפְרוֹן הַחִתִּי אֶת־אַבְרָהָם בְּאָזְנֵי
יא בְנֵי־חֵת לְכֹל בָּאֵי שַׁעַר־עִירוֹ לֵאמֹר׃ לֹא־אֲדֹנִי שְׁמָעֵנִי הַשָּׂדֶה
נָתַתִּי לָךְ וְהַמְּעָרָה אֲשֶׁר־בּוֹ לְךָ נְתַתִּיהָ לְעֵינֵי בְנֵי־עַמִּי נְתַתִּיהָ
יב יג לָּךְ קְבֹר מֵתֶךָ׃ וַיִּשְׁתַּחוּ אַבְרָהָם לִפְנֵי עַם־הָאָרֶץ׃ וַיְדַבֵּר
אֶל־עֶפְרוֹן בְּאָזְנֵי עַם־הָאָרֶץ לֵאמֹר אַךְ אִם־אַתָּה לוּ שְׁמָעֵנִי
יד נָתַתִּי כֶּסֶף הַשָּׂדֶה קַח מִמֶּנִּי וְאֶקְבְּרָה אֶת־מֵתִי שָׁמָּה׃ וַיַּעַן
טו עֶפְרוֹן אֶת־אַבְרָהָם לֵאמֹר לוֹ׃ אֲדֹנִי שְׁמָעֵנִי אֶרֶץ אַרְבַּע מֵאֹת
טז שֶׁקֶל־כֶּסֶף בֵּינִי וּבֵינְךָ מַה־הִוא וְאֶת־מֵתְךָ קְבֹר׃ וַיִּשְׁמַע
אַבְרָהָם אֶל־עֶפְרוֹן וַיִּשְׁקֹל אַבְרָהָם לְעֶפְרֹן אֶת־הַכֶּסֶף אֲשֶׁר

דֹּבֵר בְּאָזְנֵי בְנֵי־חֵת אַרְבַּע מֵאוֹת שֶׁקֶל כֶּסֶף עֹבֵר לַסֹּחֵר׃
יז וַיָּקָם ׀ שְׂדֵה עֶפְרוֹן אֲשֶׁר בַּמַּכְפֵּלָה אֲשֶׁר לִפְנֵי מַמְרֵא הַשָּׂדֶה שני
וְהַמְּעָרָה אֲשֶׁר־בּוֹ וְכָל־הָעֵץ אֲשֶׁר בַּשָּׂדֶה אֲשֶׁר בְּכָל־גְּבֻלוֹ
יח סָבִיב׃ לְאַבְרָהָם לְמִקְנָה לְעֵינֵי בְנֵי־חֵת בְּכֹל בָּאֵי שַׁעַר־עִירוֹ׃
יט וְאַחֲרֵי־כֵן קָבַר אַבְרָהָם אֶת־שָׂרָה אִשְׁתּוֹ אֶל־מְעָרַת שְׂדֵה
כ הַמַּכְפֵּלָה עַל־פְּנֵי מַמְרֵא הִוא חֶבְרוֹן בְּאֶרֶץ כְּנָעַן׃ וַיָּקָם
הַשָּׂדֶה וְהַמְּעָרָה אֲשֶׁר־בּוֹ לְאַבְרָהָם לַאֲחֻזַּת־קָבֶר מֵאֵת
כד א בְּנֵי־חֵת׃ וְאַבְרָהָם זָקֵן בָּא בַּיָּמִים וַיהוָה בֵּרַךְ כ
ב אֶת־אַבְרָהָם בַּכֹּל׃ וַיֹּאמֶר אַבְרָהָם אֶל־עַבְדּוֹ זְקַן בֵּיתוֹ הַמֹּשֵׁל
ג בְּכָל־אֲשֶׁר־לוֹ שִׂים־נָא יָדְךָ תַּחַת יְרֵכִי׃ וְאַשְׁבִּיעֲךָ בַּיהוָה
אֱלֹהֵי הַשָּׁמַיִם וֵאלֹהֵי הָאָרֶץ אֲשֶׁר לֹא־תִקַּח אִשָּׁה לִבְנִי מִבְּנוֹת
ד הַכְּנַעֲנִי אֲשֶׁר אָנֹכִי יוֹשֵׁב בְּקִרְבּוֹ׃ כִּי אֶל־אַרְצִי וְאֶל־מוֹלַדְתִּי
ה תֵּלֵךְ וְלָקַחְתָּ אִשָּׁה לִבְנִי לְיִצְחָק׃ וַיֹּאמֶר אֵלָיו הָעֶבֶד אוּלַי
לֹא־תֹאבֶה הָאִשָּׁה לָלֶכֶת אַחֲרַי אֶל־הָאָרֶץ הַזֹּאת הֶהָשֵׁב
ו אָשִׁיב אֶת־בִּנְךָ אֶל־הָאָרֶץ אֲשֶׁר־יָצָאתָ מִשָּׁם׃ וַיֹּאמֶר אֵלָיו
ז אַבְרָהָם הִשָּׁמֶר לְךָ פֶּן־תָּשִׁיב אֶת־בְּנִי שָׁמָּה׃ יְהוָה ׀ אֱלֹהֵי
הַשָּׁמַיִם אֲשֶׁר לְקָחַנִי מִבֵּית אָבִי וּמֵאֶרֶץ מוֹלַדְתִּי וַאֲשֶׁר דִּבֶּר־
לִי וַאֲשֶׁר נִשְׁבַּע־לִי לֵאמֹר לְזַרְעֲךָ אֶתֵּן אֶת־הָאָרֶץ הַזֹּאת
ח הוּא יִשְׁלַח מַלְאָכוֹ לְפָנֶיךָ וְלָקַחְתָּ אִשָּׁה לִבְנִי מִשָּׁם׃ וְאִם־לֹא
תֹאבֶה הָאִשָּׁה לָלֶכֶת אַחֲרֶיךָ וְנִקִּיתָ מִשְּׁבֻעָתִי זֹאת רַק אֶת־
ט בְּנִי לֹא תָשֵׁב שָׁמָּה׃ וַיָּשֶׂם הָעֶבֶד אֶת־יָדוֹ תַּחַת יֶרֶךְ אַבְרָהָם
י אֲדֹנָיו וַיִּשָּׁבַע לוֹ עַל־הַדָּבָר הַזֶּה׃ וַיִּקַּח הָעֶבֶד עֲשָׂרָה גְמַלִּים שלישי
מִגְּמַלֵּי אֲדֹנָיו וַיֵּלֶךְ וְכָל־טוּב אֲדֹנָיו בְּיָדוֹ וַיָּקָם וַיֵּלֶךְ אֶל־אֲרַם
יא נַהֲרַיִם אֶל־עִיר נָחוֹר׃ וַיַּבְרֵךְ הַגְּמַלִּים מִחוּץ לָעִיר אֶל־בְּאֵר
יב הַמָּיִם לְעֵת עֶרֶב לְעֵת צֵאת הַשֹּׁאֲבֹת׃ וַיֹּאמַר ׀ יְהוָה אֱלֹהֵי
אֲדֹנִי אַבְרָהָם הַקְרֵה־נָא לְפָנַי הַיּוֹם וַעֲשֵׂה־חֶסֶד עִם אֲדֹנִי
יג אַבְרָהָם׃ הִנֵּה אָנֹכִי נִצָּב עַל־עֵין הַמָּיִם וּבְנוֹת אַנְשֵׁי הָעִיר

יד יֹצֵאת לִשְׁאֹב מָיִם: וְהָיָה הַנַּעֲרָ אֲשֶׁר אֹמַר אֵלֶיהָ הַטִּי־נָא
כַדֵּךְ וְאֶשְׁתֶּה וְאָמְרָה שְׁתֵה וְגַם־גְּמַלֶּיךָ אַשְׁקֶה אֹתָהּ הֹכַחְתָּ
טו לְעַבְדְּךָ לְיִצְחָק וּבָהּ אֵדַע כִּי־עָשִׂיתָ חֶסֶד עִם־אֲדֹנִי: וַיְהִי־הוּא
טֶרֶם כִּלָּה לְדַבֵּר וְהִנֵּה רִבְקָה יֹצֵאת אֲשֶׁר יֻלְּדָה לִבְתוּאֵל
טז בֶּן־מִלְכָּה אֵשֶׁת נָחוֹר אֲחִי אַבְרָהָם וְכַדָּהּ עַל־שִׁכְמָהּ: וְהַנַּעֲרָ
טֹבַת מַרְאֶה מְאֹד בְּתוּלָה וְאִישׁ לֹא יְדָעָהּ וַתֵּרֶד הָעַיְנָה
יז וַתְּמַלֵּא כַדָּהּ וַתָּעַל: וַיָּרָץ הָעֶבֶד לִקְרָאתָהּ וַיֹּאמֶר הַגְמִיאִינִי
יח נָא מְעַט־מַיִם מִכַּדֵּךְ: וַתֹּאמֶר שְׁתֵה אֲדֹנִי וַתְּמַהֵר וַתֹּרֶד כַּדָּהּ
יט עַל־יָדָהּ וַתַּשְׁקֵהוּ: וַתְּכַל לְהַשְׁקֹתוֹ וַתֹּאמֶר גַּם לִגְמַלֶּיךָ
כ אֶשְׁאָב עַד אִם־כִּלּוּ לִשְׁתֹּת: וַתְּמַהֵר וַתְּעַר כַּדָּהּ אֶל־הַשֹּׁקֶת
כא וַתָּרָץ עוֹד אֶל־הַבְּאֵר לִשְׁאֹב וַתִּשְׁאַב לְכָל־גְּמַלָּיו: וְהָאִישׁ
מִשְׁתָּאֵה לָהּ מַחֲרִישׁ לָדַעַת הַהִצְלִיחַ יהוה דַּרְכּוֹ אִם־לֹא:
כב וַיְהִי כַּאֲשֶׁר כִּלּוּ הַגְּמַלִּים לִשְׁתּוֹת וַיִּקַּח הָאִישׁ נֶזֶם זָהָב בֶּקַע
כג מִשְׁקָלוֹ וּשְׁנֵי צְמִידִים עַל־יָדֶיהָ עֲשָׂרָה זָהָב מִשְׁקָלָם: וַיֹּאמֶר
בַּת־מִי אַתְּ הַגִּידִי נָא לִי הֲיֵשׁ בֵּית־אָבִיךְ מָקוֹם לָנוּ לָלִין:
כד וַתֹּאמֶר אֵלָיו בַּת־בְּתוּאֵל אָנֹכִי בֶּן־מִלְכָּה אֲשֶׁר יָלְדָה לְנָחוֹר:
כה וַתֹּאמֶר אֵלָיו גַּם־תֶּבֶן גַּם־מִסְפּוֹא רַב עִמָּנוּ גַּם־מָקוֹם לָלוּן:
רביעי כו כז וַיִּקֹּד הָאִישׁ וַיִּשְׁתַּחוּ לַיהוה: וַיֹּאמֶר בָּרוּךְ יהוה אֱלֹהֵי אֲדֹנִי
אַבְרָהָם אֲשֶׁר לֹא־עָזַב חַסְדּוֹ וַאֲמִתּוֹ מֵעִם אֲדֹנִי אָנֹכִי בַּדֶּרֶךְ
כח נָחַנִי יהוה בֵּית אֲחֵי אֲדֹנִי: וַתָּרָץ הַנַּעֲרָ וַתַּגֵּד לְבֵית אִמָּהּ
כט כַּדְּבָרִים הָאֵלֶּה: וּלְרִבְקָה אָח וּשְׁמוֹ לָבָן וַיָּרָץ לָבָן אֶל־הָאִישׁ
ל הַחוּצָה אֶל־הָעָיִן: וַיְהִי כִּרְאֹת אֶת־הַנֶּזֶם וְאֶת־הַצְּמִדִים עַל־
יְדֵי אֲחֹתוֹ וּכְשָׁמְעוֹ אֶת־דִּבְרֵי רִבְקָה אֲחֹתוֹ לֵאמֹר כֹּה־דִבֶּר
אֵלַי הָאִישׁ וַיָּבֹא אֶל־הָאִישׁ וְהִנֵּה עֹמֵד עַל־הַגְּמַלִּים עַל־
לא הָעָיִן: וַיֹּאמֶר בּוֹא בְּרוּךְ יהוה לָמָּה תַעֲמֹד בַּחוּץ וְאָנֹכִי פִּנִּיתִי
לב הַבַּיִת וּמָקוֹם לַגְּמַלִּים: וַיָּבֹא הָאִישׁ הַבַּיְתָה וַיְפַתַּח הַגְּמַלִּים
וַיִּתֵּן תֶּבֶן וּמִסְפּוֹא לַגְּמַלִּים וּמַיִם לִרְחֹץ רַגְלָיו וְרַגְלֵי הָאֲנָשִׁים

ויּוּשַׂם

לג אֲשֶׁר אִתּוֹ׃ ויישם לְפָנָיו לֶאֱכֹל וַיֹּאמֶר לֹא אֹכַל עַד אִם־דִּבַּרְתִּי
לד לה דְּבָרָי וַיֹּאמֶר דַּבֵּר׃ וַיֹּאמַר עֶבֶד אַבְרָהָם אָנֹכִי׃ וַיהוָה בֵּרַךְ
אֶת־אֲדֹנִי מְאֹד וַיִּגְדָּל וַיִּתֶּן־לוֹ צֹאן וּבָקָר וְכֶסֶף וְזָהָב וַעֲבָדִם
לו וּשְׁפָחֹת וּגְמַלִּים וַחֲמֹרִים׃ וַתֵּלֶד שָׂרָה אֵשֶׁת אֲדֹנִי בֵן לַאדֹנִי
לז אַחֲרֵי זִקְנָתָהּ וַיִּתֶּן־לוֹ אֶת־כָּל־אֲשֶׁר־לוֹ׃ וַיַּשְׁבִּעֵנִי אֲדֹנִי לֵאמֹר
לֹא־תִקַּח אִשָּׁה לִבְנִי מִבְּנוֹת הַכְּנַעֲנִי אֲשֶׁר אָנֹכִי יֹשֵׁב בְּאַרְצוֹ׃
לח אִם־לֹא אֶל־בֵּית־אָבִי תֵּלֵךְ וְאֶל־מִשְׁפַּחְתִּי וְלָקַחְתָּ אִשָּׁה לִבְנִי׃
לט מ וָאֹמַר אֶל־אֲדֹנִי אֻלַי לֹא־תֵלֵךְ הָאִשָּׁה אַחֲרָי׃ וַיֹּאמֶר אֵלָי יהוה
אֲשֶׁר־הִתְהַלַּכְתִּי לְפָנָיו יִשְׁלַח מַלְאָכוֹ אִתָּךְ וְהִצְלִיחַ דַּרְכֶּךָ
מא וְלָקַחְתָּ אִשָּׁה לִבְנִי מִמִּשְׁפַּחְתִּי וּמִבֵּית אָבִי׃ אָז תִּנָּקֶה מֵאָלָתִי
כִּי תָבוֹא אֶל־מִשְׁפַּחְתִּי וְאִם־לֹא יִתְּנוּ לָךְ וְהָיִיתָ נָקִי מֵאָלָתִי׃
מב וָאָבֹא הַיּוֹם אֶל־הָעָיִן וָאֹמַר יהוה אֱלֹהֵי אֲדֹנִי אַבְרָהָם אִם־ כא
מג יֶשְׁךָ־נָּא מַצְלִיחַ דַּרְכִּי אֲשֶׁר אָנֹכִי הֹלֵךְ עָלֶיהָ׃ הִנֵּה אָנֹכִי
נִצָּב עַל־עֵין הַמָּיִם וְהָיָה הָעַלְמָה הַיֹּצֵאת לִשְׁאֹב וְאָמַרְתִּי
מד אֵלֶיהָ הַשְׁקִינִי־נָא מְעַט־מַיִם מִכַּדֵּךְ׃ וְאָמְרָה אֵלַי גַּם־אַתָּה
שְׁתֵה וְגַם לִגְמַלֶּיךָ אֶשְׁאָב הִוא הָאִשָּׁה אֲשֶׁר־הֹכִיחַ יהוה לְבֶן־
מה אֲדֹנִי׃ אֲנִי טֶרֶם אֲכַלֶּה לְדַבֵּר אֶל־לִבִּי וְהִנֵּה רִבְקָה יֹצֵאת
וְכַדָּהּ עַל־שִׁכְמָהּ וַתֵּרֶד הָעַיְנָה וַתִּשְׁאָב וָאֹמַר אֵלֶיהָ הַשְׁקִינִי
מו נָא׃ וַתְּמַהֵר וַתּוֹרֶד כַּדָּהּ מֵעָלֶיהָ וַתֹּאמֶר שְׁתֵה וְגַם־גְּמַלֶּיךָ
מז אַשְׁקֶה וָאֵשְׁתְּ וְגַם הַגְּמַלִּים הִשְׁקָתָה׃ וָאֶשְׁאַל אֹתָהּ וָאֹמַר
בַּת־מִי אַתְּ וַתֹּאמֶר בַּת־בְּתוּאֵל בֶּן־נָחוֹר אֲשֶׁר יָלְדָה־לּוֹ
מח מִלְכָּה וָאָשִׂם הַנֶּזֶם עַל־אַפָּהּ וְהַצְּמִידִים עַל־יָדֶיהָ׃ וָאֶקֹּד
וָאֶשְׁתַּחֲוֶה לַיהוה וָאֲבָרֵךְ אֶת־יהוה אֱלֹהֵי אֲדֹנִי אַבְרָהָם אֲשֶׁר
מט הִנְחַנִי בְּדֶרֶךְ אֱמֶת לָקַחַת אֶת־בַּת־אֲחִי אֲדֹנִי לִבְנוֹ׃ וְעַתָּה
אִם־יֶשְׁכֶם עֹשִׂים חֶסֶד וֶאֱמֶת אֶת־אֲדֹנִי הַגִּידוּ לִי וְאִם־לֹא
נ הַגִּידוּ לִי וְאֶפְנֶה עַל־יָמִין אוֹ עַל־שְׂמֹאל׃ וַיַּעַן לָבָן וּבְתוּאֵל
וַיֹּאמְרוּ מֵיהוה יָצָא הַדָּבָר לֹא נוּכַל דַּבֵּר אֵלֶיךָ רַע אוֹ־טוֹב׃

נא הנה־רבקה לפניך קח ולך ותהי אשה לבן־אדניך כאשר
נב דבר יהוה: ויהי כאשר שמע עבד אברהם את־דבריהם
נג חמישי וישתחו ארצה ליהוה: ויוצא העבד כלי־כסף וכלי זהב
נד ובגדים ויתן לרבקה ומגדנת נתן לאחיה ולאמה: ויאכלו
וישתו הוא והאנשים אשר־עמו וילינו ויקומו בבקר ויאמר
נה שלחני לאדני: ויאמר אחיה ואמה תשב הנער אתנו ימים
נו או עשור אחר תלך: ויאמר אלהם אל־תאחרו אתי ויהוה
נז הצליח דרכי שלחוני ואלכה לאדני: ויאמרו נקרא לנער
נח ונשאלה את־פיה: ויקראו לרבקה ויאמרו אליה התלכי
נט עם־האיש הזה ותאמר אלך: וישלחו את־רבקה אחתם
ס ואת־מנקתה ואת־עבד אברהם ואת־אנשיו: ויברכו את־
רבקה ויאמרו לה אחתנו את היי לאלפי רבבה ויירש זרעך
סא את שער שנאיו: ותקם רבקה ונערתיה ותרכבנה על־
הגמלים ותלכנה אחרי האיש ויקח העבד את־רבקה וילך:
סב ויצחק בא מבוא באר לחי ראי והוא יושב בארץ הנגב:
סג ויצא יצחק לשוח בשדה לפנות ערב וישא עיניו וירא והנה
סד גמלים באים: ותשא רבקה את־עיניה ותרא את־יצחק
סה ותפל מעל הגמל: ותאמר אל־העבד מי־האיש הלזה ההלך
בשדה לקראתנו ויאמר העבד הוא אדני ותקח הצעיף
סו ותתכס: ויספר העבד ליצחק את כל־הדברים אשר עשה:
סז ויבאה יצחק האהלה שרה אמו ויקח את־רבקה ותהי־לו
לאשה ויאהבה וינחם יצחק אחרי אמו:
ששי כב כה א ב ויסף אברהם ויקח אשה ושמה קטורה: ותלד לו את־זמרן
ג ואת־יקשן ואת־מדן ואת־מדין ואת־ישבק ואת־שוח: ויקשן
ילד את־שבא ואת־דדן ובני דדן היו אשורם ולטושם ולאמים:
ד ובני מדין עיפה ועפר וחנך ואבידע ואלדעה כל־אלה בני
ה ו קטורה: ויתן אברהם את־כל־אשר־לו ליצחק: ולבני

הַפִּֽילַגְשִׁים֙ אֲשֶׁ֣ר לְאַבְרָהָ֔ם נָתַ֥ן אַבְרָהָ֖ם מַתָּנֹ֑ת וַֽיְשַׁלְּחֵ֞ם מֵעַ֨ל
ז יִצְחָ֣ק בְּנ֗וֹ בְּעוֹדֶ֛נּוּ חַ֖י קֵ֑דְמָה אֶל־אֶ֖רֶץ קֶֽדֶם׃ וְאֵ֗לֶּה יְמֵ֛י שְׁנֵֽי־
חַיֵּ֥י אַבְרָהָ֖ם אֲשֶׁר־חָ֑י מְאַ֥ת שָׁנָ֛ה וְשִׁבְעִ֥ים שָׁנָ֖ה וְחָמֵ֥שׁ שָׁנִֽים׃
ח וַיִּגְוַ֨ע וַיָּ֧מָת אַבְרָהָ֛ם בְּשֵׂיבָ֥ה טוֹבָ֖ה זָקֵ֣ן וְשָׂבֵ֑עַ וַיֵּאָ֖סֶף אֶל־
ט עַמָּֽיו׃ וַיִּקְבְּר֨וּ אֹת֜וֹ יִצְחָ֤ק וְיִשְׁמָעֵאל֙ בָּנָ֔יו אֶל־מְעָרַ֖ת הַמַּכְפֵּלָ֑ה
י אֶל־שְׂדֵ֞ה עֶפְרֹ֤ן בֶּן־צֹ֙חַר֙ הַֽחִתִּ֔י אֲשֶׁ֖ר עַל־פְּנֵ֥י מַמְרֵֽא׃ הַשָּׂדֶ֛ה
אֲשֶׁר־קָנָ֥ה אַבְרָהָ֖ם מֵאֵ֣ת בְּנֵי־חֵ֑ת שָׁ֛מָּה קֻבַּ֥ר אַבְרָהָ֖ם וְשָׂרָ֥ה
יא אִשְׁתּֽוֹ׃ וַיְהִ֗י אַחֲרֵי֙ מ֣וֹת אַבְרָהָ֔ם וַיְבָ֥רֶךְ אֱלֹהִ֖ים אֶת־יִצְחָ֣ק
בְּנ֑וֹ וַיֵּ֣שֶׁב יִצְחָ֔ק עִם־בְּאֵ֥ר לַחַ֖י רֹאִֽי׃
יב וְאֵ֛לֶּה תֹּלְדֹ֥ת יִשְׁמָעֵ֖אל בֶּן־אַבְרָהָ֑ם אֲשֶׁ֨ר יָלְדָ֜ה הָגָ֧ר הַמִּצְרִ֛ית שביעי
יג שִׁפְחַ֥ת שָׂרָ֖ה לְאַבְרָהָֽם׃ וְאֵ֗לֶּה שְׁמוֹת֙ בְּנֵ֣י יִשְׁמָעֵ֔אל בִּשְׁמֹתָ֖ם
לְתוֹלְדֹתָ֑ם בְּכֹ֤ר יִשְׁמָעֵאל֙ נְבָיֹ֔ת וְקֵדָ֥ר וְאַדְבְּאֵ֖ל וּמִבְשָֽׂם׃
יד טו וּמִשְׁמָ֥ע וְדוּמָ֖ה וּמַשָּֽׂא׃ חֲדַ֣ד וְתֵימָ֔א יְט֥וּר נָפִ֖ישׁ וָקֵֽדְמָה׃
טז אֵ֣לֶּה הֵ֞ם בְּנֵ֤י יִשְׁמָעֵאל֙ וְאֵ֣לֶּה שְׁמֹתָ֔ם בְּחַצְרֵיהֶ֖ם וּבְטִֽירֹתָ֑ם מפטיר
יז שְׁנֵים־עָשָׂ֥ר נְשִׂיאִ֖ם לְאֻמֹּתָֽם׃ וְאֵ֗לֶּה שְׁנֵי֙ חַיֵּ֣י יִשְׁמָעֵ֔אל מְאַ֥ת
שָׁנָ֛ה וּשְׁלֹשִׁ֥ים שָׁנָ֖ה וְשֶׁ֣בַע שָׁנִ֑ים וַיִּגְוַ֣ע וַיָּ֔מָת וַיֵּאָ֖סֶף אֶל־עַמָּֽיו׃
יח וַיִּשְׁכְּנ֨וּ מֵֽחֲוִילָ֜ה עַד־שׁ֗וּר אֲשֶׁר֙ עַל־פְּנֵ֣י מִצְרַ֔יִם בֹּאֲכָ֖ה אַשּׁ֑וּרָה
עַל־פְּנֵ֥י כָל־אֶחָ֖יו נָפָֽל׃
יט וְאֵ֛לֶּה תּוֹלְדֹ֥ת יִצְחָ֖ק בֶּן־אַבְרָהָ֑ם אַבְרָהָ֖ם הוֹלִ֥יד אֶת־יִצְחָֽק׃ כג תולדת
כ וַיְהִ֣י יִצְחָ֗ק בֶּן־אַרְבָּעִ֣ים שָׁנָ֔ה בְּקַחְתּ֣וֹ אֶת־רִבְקָ֗ה בַּת־בְּתוּאֵל֙
כא הָֽאֲרַמִּ֔י מִפַּדַּ֖ן אֲרָ֑ם אֲח֛וֹת לָבָ֥ן הָאֲרַמִּ֖י ל֥וֹ לְאִשָּֽׁה׃ וַיֶּעְתַּ֨ר
יִצְחָ֤ק לַֽיהוָה֙ לְנֹ֣כַח אִשְׁתּ֔וֹ כִּ֥י עֲקָרָ֖ה הִ֑וא וַיֵּעָ֤תֶר לוֹ֙ יְהוָ֔ה
כב וַתַּ֖הַר רִבְקָ֥ה אִשְׁתּֽוֹ׃ וַיִּתְרֹֽצְצ֤וּ הַבָּנִים֙ בְּקִרְבָּ֔הּ וַתֹּ֣אמֶר אִם־
כג כֵּ֔ן לָ֥מָּה זֶּ֖ה אָנֹ֑כִי וַתֵּ֖לֶךְ לִדְרֹ֥שׁ אֶת־יְהוָֽה׃ וַיֹּאמֶר֩ יְהוָ֨ה לָ֜הּ
שְׁנֵ֤י גיים֙ בְּבִטְנֵ֔ךְ וּשְׁנֵ֣י לְאֻמִּ֔ים מִמֵּעַ֖יִךְ יִפָּרֵ֑דוּ וּלְאֹם֙ מִלְאֹ֣ם גוים
כד יֶֽאֱמָ֔ץ וְרַ֖ב יַעֲבֹ֥ד צָעִֽיר׃ וַיִּמְלְא֥וּ יָמֶ֖יהָ לָלֶ֑דֶת וְהִנֵּ֥ה תוֹמִ֖ם
כה בְּבִטְנָֽהּ׃ וַיֵּצֵ֤א הָרִאשׁוֹן֙ אַדְמוֹנִ֔י כֻּלּ֖וֹ כְּאַדֶּ֣רֶת שֵׂעָ֑ר וַיִּקְרְא֥וּ

כו שְׁמוֹ עֵשָׂו׃ וְאַחֲרֵי־כֵן יָצָא אָחִיו וְיָדוֹ אֹחֶזֶת בַּעֲקֵב עֵשָׂו וַיִּקְרָא
כז שְׁמוֹ יַעֲקֹב וְיִצְחָק בֶּן־שִׁשִּׁים שָׁנָה בְּלֶדֶת אֹתָם׃ וַיִּגְדְּלוּ
הַנְּעָרִים וַיְהִי עֵשָׂו אִישׁ יֹדֵעַ צַיִד אִישׁ שָׂדֶה וְיַעֲקֹב אִישׁ תָּם
כח יֹשֵׁב אֹהָלִים׃ וַיֶּאֱהַב יִצְחָק אֶת־עֵשָׂו כִּי־צַיִד בְּפִיו וְרִבְקָה
כט אֹהֶבֶת אֶת־יַעֲקֹב׃ וַיָּזֶד יַעֲקֹב נָזִיד וַיָּבֹא עֵשָׂו מִן־הַשָּׂדֶה וְהוּא
ל עָיֵף׃ וַיֹּאמֶר עֵשָׂו אֶל־יַעֲקֹב הַלְעִיטֵנִי נָא מִן־הָאָדֹם הָאָדֹם
לא הַזֶּה כִּי עָיֵף אָנֹכִי עַל־כֵּן קָרָא־שְׁמוֹ אֱדוֹם׃ וַיֹּאמֶר יַעֲקֹב
לב מִכְרָה כַיּוֹם אֶת־בְּכֹרָתְךָ לִי׃ וַיֹּאמֶר עֵשָׂו הִנֵּה אָנֹכִי הוֹלֵךְ
לג לָמוּת וְלָמָּה־זֶּה לִי בְּכֹרָה׃ וַיֹּאמֶר יַעֲקֹב הִשָּׁבְעָה לִּי כַּיּוֹם
לד וַיִּשָּׁבַע לוֹ וַיִּמְכֹּר אֶת־בְּכֹרָתוֹ לְיַעֲקֹב׃ וְיַעֲקֹב נָתַן לְעֵשָׂו
לֶחֶם וּנְזִיד עֲדָשִׁים וַיֹּאכַל וַיֵּשְׁתְּ וַיָּקָם וַיֵּלַךְ וַיִּבֶז עֵשָׂו אֶת־
הַבְּכֹרָה׃

כו א וַיְהִי רָעָב בָּאָרֶץ מִלְּבַד הָרָעָב הָרִאשׁוֹן אֲשֶׁר הָיָה בִּימֵי אַבְרָהָם
ב וַיֵּלֶךְ יִצְחָק אֶל־אֲבִימֶלֶךְ מֶלֶךְ־פְּלִשְׁתִּים גְּרָרָה׃ וַיֵּרָא אֵלָיו
יְהוָה וַיֹּאמֶר אַל־תֵּרֵד מִצְרָיְמָה שְׁכֹן בָּאָרֶץ אֲשֶׁר אֹמַר
ג אֵלֶיךָ׃ גּוּר בָּאָרֶץ הַזֹּאת וְאֶהְיֶה עִמְּךָ וַאֲבָרְכֶךָּ כִּי־לְךָ וּלְזַרְעֲךָ
אֶתֵּן אֶת־כָּל־הָאֲרָצֹת הָאֵל וַהֲקִמֹתִי אֶת־הַשְּׁבֻעָה אֲשֶׁר
ד נִשְׁבַּעְתִּי לְאַבְרָהָם אָבִיךָ׃ וְהִרְבֵּיתִי אֶת־זַרְעֲךָ כְּכוֹכְבֵי הַשָּׁמַיִם
וְנָתַתִּי לְזַרְעֲךָ אֵת כָּל־הָאֲרָצֹת הָאֵל וְהִתְבָּרְכוּ בְזַרְעֲךָ כֹּל
ה גּוֹיֵי הָאָרֶץ׃ עֵקֶב אֲשֶׁר־שָׁמַע אַבְרָהָם בְּקֹלִי וַיִּשְׁמֹר מִשְׁמַרְתִּי
ו ז מִצְוֺתַי חֻקּוֹתַי וְתוֹרֹתָי׃ וַיֵּשֶׁב יִצְחָק בִּגְרָר׃ וַיִּשְׁאֲלוּ אַנְשֵׁי שני
הַמָּקוֹם לְאִשְׁתּוֹ וַיֹּאמֶר אֲחֹתִי הִוא כִּי יָרֵא לֵאמֹר אִשְׁתִּי פֶּן־
ח יַהַרְגֻנִי אַנְשֵׁי הַמָּקוֹם עַל־רִבְקָה כִּי־טוֹבַת מַרְאֶה הִוא׃ וַיְהִי
כִּי־אָרְכוּ־לוֹ שָׁם הַיָּמִים וַיַּשְׁקֵף אֲבִימֶלֶךְ מֶלֶךְ פְּלִשְׁתִּים בְּעַד
ט הַחַלּוֹן וַיַּרְא וְהִנֵּה יִצְחָק מְצַחֵק אֵת רִבְקָה אִשְׁתּוֹ׃ וַיִּקְרָא
אֲבִימֶלֶךְ לְיִצְחָק וַיֹּאמֶר אַךְ הִנֵּה אִשְׁתְּךָ הִוא וְאֵיךְ אָמַרְתָּ
אֲחֹתִי הִוא וַיֹּאמֶר אֵלָיו יִצְחָק כִּי אָמַרְתִּי פֶּן־אָמוּת עָלֶיהָ׃

י וַיֹּאמֶר אֲבִימֶלֶךְ מַה־זֹּאת עָשִׂיתָ לָּנוּ כִּמְעַט שָׁכַב אַחַד הָעָם
יא אֶת־אִשְׁתֶּךָ וְהֵבֵאתָ עָלֵינוּ אָשָׁם׃ וַיְצַו אֲבִימֶלֶךְ אֶת־כָּל־הָעָם
יב לֵאמֹר הַנֹּגֵעַ בָּאִישׁ הַזֶּה וּבְאִשְׁתּוֹ מוֹת יוּמָת׃ וַיִּזְרַע יִצְחָק
בָּאָרֶץ הַהִוא וַיִּמְצָא בַּשָּׁנָה הַהִוא מֵאָה שְׁעָרִים וַיְבָרְכֵהוּ
יג יד יְהוָה׃ וַיִּגְדַּל הָאִישׁ וַיֵּלֶךְ הָלוֹךְ וְגָדֵל עַד כִּי־גָדַל מְאֹד׃ וַיְהִי־ שלישי
לוֹ מִקְנֵה־צֹאן וּמִקְנֵה בָקָר וַעֲבֻדָּה רַבָּה וַיְקַנְאוּ אֹתוֹ פְּלִשְׁתִּים׃
טו וְכָל־הַבְּאֵרֹת אֲשֶׁר חָפְרוּ עַבְדֵי אָבִיו בִּימֵי אַבְרָהָם אָבִיו
טז סִתְּמוּם פְּלִשְׁתִּים וַיְמַלְאוּם עָפָר׃ וַיֹּאמֶר אֲבִימֶלֶךְ אֶל־יִצְחָק
יז לֵךְ מֵעִמָּנוּ כִּי־עָצַמְתָּ מִמֶּנּוּ מְאֹד׃ וַיֵּלֶךְ מִשָּׁם יִצְחָק וַיִּחַן
יח בְּנַחַל־גְּרָר וַיֵּשֶׁב שָׁם׃ וַיָּשָׁב יִצְחָק וַיַּחְפֹּר ׀ אֶת־בְּאֵרֹת הַמַּיִם
אֲשֶׁר חָפְרוּ בִּימֵי אַבְרָהָם אָבִיו וַיְסַתְּמוּם פְּלִשְׁתִּים אַחֲרֵי מוֹת
אַבְרָהָם וַיִּקְרָא לָהֶן שֵׁמוֹת כַּשֵּׁמֹת אֲשֶׁר־קָרָא לָהֶן אָבִיו׃
יט כ וַיַּחְפְּרוּ עַבְדֵי־יִצְחָק בַּנָּחַל וַיִּמְצְאוּ־שָׁם בְּאֵר מַיִם חַיִּים׃ וַיָּרִיבוּ
רֹעֵי גְרָר עִם־רֹעֵי יִצְחָק לֵאמֹר לָנוּ הַמָּיִם וַיִּקְרָא שֵׁם־הַבְּאֵר
כא עֵשֶׂק כִּי הִתְעַשְּׂקוּ עִמּוֹ׃ וַיַּחְפְּרוּ בְּאֵר אַחֶרֶת וַיָּרִיבוּ גַּם־עָלֶיהָ
כב וַיִּקְרָא שְׁמָהּ שִׂטְנָה׃ וַיַּעְתֵּק מִשָּׁם וַיַּחְפֹּר בְּאֵר אַחֶרֶת וְלֹא
רָבוּ עָלֶיהָ וַיִּקְרָא שְׁמָהּ רְחֹבוֹת וַיֹּאמֶר כִּי־עַתָּה הִרְחִיב יְהוָה
כג כד לָנוּ וּפָרִינוּ בָאָרֶץ׃ וַיַּעַל מִשָּׁם בְּאֵר שָׁבַע׃ וַיֵּרָא אֵלָיו יְהוָה רביעי
בַּלַּיְלָה הַהוּא וַיֹּאמֶר אָנֹכִי אֱלֹהֵי אַבְרָהָם אָבִיךָ אַל־תִּירָא
כִּי־אִתְּךָ אָנֹכִי וּבֵרַכְתִּיךָ וְהִרְבֵּיתִי אֶת־זַרְעֲךָ בַּעֲבוּר אַבְרָהָם
כה עַבְדִּי׃ וַיִּבֶן שָׁם מִזְבֵּחַ וַיִּקְרָא בְּשֵׁם יְהוָה וַיֶּט־שָׁם אָהֳלוֹ
כו וַיִּכְרוּ־שָׁם עַבְדֵי־יִצְחָק בְּאֵר׃ וַאֲבִימֶלֶךְ הָלַךְ אֵלָיו מִגְּרָר
כז וַאֲחֻזַּת מֵרֵעֵהוּ וּפִיכֹל שַׂר־צְבָאוֹ׃ וַיֹּאמֶר אֲלֵהֶם יִצְחָק מַדּוּעַ
כח בָּאתֶם אֵלָי וְאַתֶּם שְׂנֵאתֶם אֹתִי וַתְּשַׁלְּחוּנִי מֵאִתְּכֶם׃ וַיֹּאמְרוּ
רָאוֹ רָאִינוּ כִּי־הָיָה יְהוָה ׀ עִמָּךְ וַנֹּאמֶר תְּהִי נָא אָלָה בֵּינוֹתֵינוּ
כט בֵּינֵינוּ וּבֵינֶךָ וְנִכְרְתָה בְרִית עִמָּךְ׃ אִם־תַּעֲשֵׂה עִמָּנוּ רָעָה
כַּאֲשֶׁר לֹא נְגַעֲנוּךָ וְכַאֲשֶׁר עָשִׂינוּ עִמְּךָ רַק־טוֹב וַנְּשַׁלֵּחֲךָ

חמישי ל בשלום אתה עתה ברוך יהוה: ויעש להם משתה ויאכלו
לא וישתו: וישכימו בבקר וישבעו איש לאחיו וישלחם יצחק
לב וילכו מאתו בשלום: ויהי ביום ההוא ויבאו עבדי יצחק
ויגדו לו על־אדות הבאר אשר חפרו ויאמרו לו מצאנו מים:
לג ויקרא אתה שבעה על־כן שם־העיר באר שבע עד היום
לד הזה: ויהי עשו בן־ארבעים שנה ויקח אשה
את־יהודית בת־בארי החתי ואת־בשמת בת־אילן החתי:
כד לה ותהיין מרת רוח ליצחק ולרבקה: כז א ויהי כי־זקן
יצחק ותכהין עיניו מראת ויקרא את־עשו בנו הגדל ויאמר
ב אליו בני ויאמר אליו הנני: ויאמר הנה־נא זקנתי לא ידעתי
ג יום מותי: ועתה שא־נא כליך תליך וקשתך וצא השדה
ציד ד וצודה לי צידה: ועשה־לי מטעמים כאשר אהבתי והביאה
ה לי ואכלה בעבור תברכך נפשי בטרם אמות: ורבקה שמעת
בדבר יצחק אל־עשו בנו וילך עשו השדה לצוד ציד להביא:
ו ורבקה אמרה אל־יעקב בנה לאמר הנה שמעתי את־אביך
ז מדבר אל־עשו אחיך לאמר: הביאה לי ציד ועשה־לי
ח מטעמים ואכלה ואברככה לפני יהוה לפני מותי: ועתה
ט בני שמע בקלי לאשר אני מצוה אתך: לך־נא אל־הצאן
וקח־לי משם שני גדיי עזים טבים ואעשה אתם מטעמים
י לאביך כאשר אהב: והבאת לאביך ואכל בעבר אשר
יא יברכך לפני מותו: ויאמר יעקב אל־רבקה אמו הן עשו
יב אחי איש שער ואנכי איש חלק: אולי ימשני אבי והייתי
יג בעיניו כמתעתע והבאתי עלי קללה ולא ברכה: ותאמר
יד לו אמו עלי קללתך בני אך שמע בקלי ולך קח־לי: וילך
ויקח ויבא לאמו ותעש אמו מטעמים כאשר אהב אביו:
טו ותקח רבקה את־בגדי עשו בנה הגדל החמדת אשר אתה
טז בבית ותלבש את־יעקב בנה הקטן: ואת ערת גדיי העזים

יז הַלְבִּישָׁה עַל־יָדָיו וְעַל חֶלְקַת צַוָּארָיו: וַתִּתֵּן אֶת־הַמַּטְעַמִּים
יח וְאֶת־הַלֶּחֶם אֲשֶׁר עָשָׂתָה בְּיַד יַעֲקֹב בְּנָהּ: וַיָּבֹא אֶל־אָבִיו
יט וַיֹּאמֶר אָבִי וַיֹּאמֶר הִנֶּנִּי מִי אַתָּה בְּנִי: וַיֹּאמֶר יַעֲקֹב אֶל־אָבִיו
אָנֹכִי עֵשָׂו בְּכֹרֶךָ עָשִׂיתִי כַּאֲשֶׁר דִּבַּרְתָּ אֵלָי קוּם־נָא שְׁבָה
כ וְאָכְלָה מִצֵּידִי בַּעֲבוּר תְּבָרְכַנִּי נַפְשֶׁךָ: וַיֹּאמֶר יִצְחָק אֶל־בְּנוֹ
מַה־זֶּה מִהַרְתָּ לִמְצֹא בְּנִי וַיֹּאמֶר כִּי הִקְרָה יהוה אֱלֹהֶיךָ
כא לְפָנָי: וַיֹּאמֶר יִצְחָק אֶל־יַעֲקֹב גְּשָׁה־נָּא וַאֲמֻשְׁךָ בְּנִי הַאַתָּה
כב זֶה בְּנִי עֵשָׂו אִם־לֹא: וַיִּגַּשׁ יַעֲקֹב אֶל־יִצְחָק אָבִיו וַיְמֻשֵּׁהוּ
כג וַיֹּאמֶר הַקֹּל קוֹל יַעֲקֹב וְהַיָּדַיִם יְדֵי עֵשָׂו: וְלֹא הִכִּירוֹ כִּי־הָיוּ
כד יָדָיו כִּידֵי עֵשָׂו אָחִיו שְׂעִרֹת וַיְבָרְכֵהוּ: וַיֹּאמֶר אַתָּה זֶה בְּנִי
כה עֵשָׂו וַיֹּאמֶר אָנִי: וַיֹּאמֶר הַגִּשָׁה לִּי וְאֹכְלָה מִצֵּיד בְּנִי לְמַעַן
כו תְּבָרֶכְךָ נַפְשִׁי וַיַּגֶּשׁ־לוֹ וַיֹּאכַל וַיָּבֵא לוֹ יַיִן וַיֵּשְׁתְּ: וַיֹּאמֶר אֵלָיו
כז יִצְחָק אָבִיו גְּשָׁה־נָּא וּשְׁקָה־לִּי בְּנִי: וַיִּגַּשׁ וַיִּשַּׁק־לוֹ וַיָּרַח אֶת־רֵיחַ
בְּגָדָיו וַיְבָרְכֵהוּ וַיֹּאמֶר רְאֵה רֵיחַ בְּנִי כְּרֵיחַ שָׂדֶה אֲשֶׁר בֵּרְכוֹ
כח יהוה: וְיִתֶּן־לְךָ הָאֱלֹהִים מִטַּל הַשָּׁמַיִם וּמִשְׁמַנֵּי הָאָרֶץ וְרֹב כה ששי
כט דָּגָן וְתִירֹשׁ: יַעַבְדוּךָ עַמִּים וְיִשְׁתַּחֲוֻ לְךָ לְאֻמִּים הֱוֵה גְבִיר
לְאַחֶיךָ וְיִשְׁתַּחֲווּ לְךָ בְּנֵי אִמֶּךָ אֹרְרֶיךָ אָרוּר וּמְבָרְכֶיךָ בָּרוּךְ:
ל וַיְהִי כַּאֲשֶׁר כִּלָּה יִצְחָק לְבָרֵךְ אֶת־יַעֲקֹב וַיְהִי אַךְ יָצֹא יָצָא
לא יַעֲקֹב מֵאֵת פְּנֵי יִצְחָק אָבִיו וְעֵשָׂו אָחִיו בָּא מִצֵּידוֹ: וַיַּעַשׂ גַּם־
הוּא מַטְעַמִּים וַיָּבֵא לְאָבִיו וַיֹּאמֶר לְאָבִיו יָקֻם אָבִי וְיֹאכַל
לב מִצֵּיד בְּנוֹ בַּעֲבֻר תְּבָרְכַנִּי נַפְשֶׁךָ: וַיֹּאמֶר לוֹ יִצְחָק אָבִיו מִי־
לג אָתָּה וַיֹּאמֶר אֲנִי בִּנְךָ בְכֹרְךָ עֵשָׂו: וַיֶּחֱרַד יִצְחָק חֲרָדָה גְּדֹלָה
עַד־מְאֹד וַיֹּאמֶר מִי־אֵפוֹא הוּא הַצָּד־צַיִד וַיָּבֵא לִי וָאֹכַל
לד מִכֹּל בְּטֶרֶם תָּבוֹא וָאֲבָרְכֵהוּ גַּם־בָּרוּךְ יִהְיֶה: כִּשְׁמֹעַ עֵשָׂו
אֶת־דִּבְרֵי אָבִיו וַיִּצְעַק צְעָקָה גְּדֹלָה וּמָרָה עַד־מְאֹד וַיֹּאמֶר
לה לְאָבִיו בָּרְכֵנִי גַם־אָנִי אָבִי: וַיֹּאמֶר בָּא אָחִיךָ בְּמִרְמָה וַיִּקַּח
לו בִּרְכָתֶךָ: וַיֹּאמֶר הֲכִי קָרָא שְׁמוֹ יַעֲקֹב וַיַּעְקְבֵנִי זֶה פַעֲמַיִם

אֶת־בְּכֹרָתִי לָקָח וְהִנֵּה עַתָּה לָקַח בִּרְכָתִי וַיֹּאמַר הֲלֹא־
לז אָצַלְתָּ לִּי בְּרָכָה׃ וַיַּעַן יִצְחָק וַיֹּאמֶר לְעֵשָׂו הֵן גְּבִיר שַׂמְתִּיו
לָךְ וְאֶת־כָּל־אֶחָיו נָתַתִּי לוֹ לַעֲבָדִים וְדָגָן וְתִירֹשׁ סְמַכְתִּיו
לח וּלְכָה אֵפוֹא מָה אֶעֱשֶׂה בְּנִי׃ וַיֹּאמֶר עֵשָׂו אֶל־אָבִיו הַבְרָכָה
אַחַת הִוא־לְךָ אָבִי בָּרְכֵנִי גַם־אָנִי אָבִי וַיִּשָּׂא עֵשָׂו קֹלוֹ
לט וַיֵּבְךְּ׃ וַיַּעַן יִצְחָק אָבִיו וַיֹּאמֶר אֵלָיו הִנֵּה מִשְׁמַנֵּי הָאָרֶץ
מ יִהְיֶה מוֹשָׁבֶךָ וּמִטַּל הַשָּׁמַיִם מֵעָל׃ וְעַל־חַרְבְּךָ תִחְיֶה וְאֶת־
אָחִיךָ תַּעֲבֹד וְהָיָה כַּאֲשֶׁר תָּרִיד וּפָרַקְתָּ עֻלּוֹ מֵעַל צַוָּארֶךָ׃
מא וַיִּשְׂטֹם עֵשָׂו אֶת־יַעֲקֹב עַל־הַבְּרָכָה אֲשֶׁר בֵּרְכוֹ אָבִיו וַיֹּאמֶר
עֵשָׂו בְּלִבּוֹ יִקְרְבוּ יְמֵי אֵבֶל אָבִי וְאַהַרְגָה אֶת־יַעֲקֹב אָחִי׃
מב וַיֻּגַּד לְרִבְקָה אֶת־דִּבְרֵי עֵשָׂו בְּנָהּ הַגָּדֹל וַתִּשְׁלַח וַתִּקְרָא
לְיַעֲקֹב בְּנָהּ הַקָּטָן וַתֹּאמֶר אֵלָיו הִנֵּה עֵשָׂו אָחִיךָ מִתְנַחֵם לְךָ
מג לְהָרְגֶךָ׃ וְעַתָּה בְנִי שְׁמַע בְּקֹלִי וְקוּם בְּרַח־לְךָ אֶל־לָבָן אָחִי
מד חָרָנָה׃ וְיָשַׁבְתָּ עִמּוֹ יָמִים אֲחָדִים עַד אֲשֶׁר־תָּשׁוּב חֲמַת אָחִיךָ׃
מה עַד־שׁוּב אַף־אָחִיךָ מִמְּךָ וְשָׁכַח אֵת אֲשֶׁר־עָשִׂיתָ לּוֹ וְשָׁלַחְתִּי
מו וּלְקַחְתִּיךָ מִשָּׁם לָמָה אֶשְׁכַּל גַּם־שְׁנֵיכֶם יוֹם אֶחָד׃ וַתֹּאמֶר
רִבְקָה אֶל־יִצְחָק קַצְתִּי בְחַיַּי מִפְּנֵי בְּנוֹת חֵת אִם־לֹקֵחַ יַעֲקֹב
כח א אִשָּׁה מִבְּנוֹת־חֵת כָּאֵלֶּה מִבְּנוֹת הָאָרֶץ לָמָּה לִּי חַיִּים׃ וַיִּקְרָא
יִצְחָק אֶל־יַעֲקֹב וַיְבָרֶךְ אֹתוֹ וַיְצַוֵּהוּ וַיֹּאמֶר לוֹ לֹא־תִקַּח
ב אִשָּׁה מִבְּנוֹת כְּנָעַן׃ קוּם לֵךְ פַּדֶּנָה אֲרָם בֵּיתָה בְתוּאֵל אֲבִי
ג אִמֶּךָ וְקַח־לְךָ מִשָּׁם אִשָּׁה מִבְּנוֹת לָבָן אֲחִי אִמֶּךָ׃ וְאֵל שַׁדַּי
ד יְבָרֵךְ אֹתְךָ וְיַפְרְךָ וְיַרְבֶּךָ וְהָיִיתָ לִקְהַל עַמִּים׃ וְיִתֶּן־לְךָ אֶת־
בִּרְכַּת אַבְרָהָם לְךָ וּלְזַרְעֲךָ אִתָּךְ לְרִשְׁתְּךָ אֶת־אֶרֶץ מְגֻרֶיךָ
שביעי ה אֲשֶׁר־נָתַן אֱלֹהִים לְאַבְרָהָם׃ וַיִּשְׁלַח יִצְחָק אֶת־יַעֲקֹב וַיֵּלֶךְ
פַּדֶּנָה אֲרָם אֶל־לָבָן בֶּן־בְּתוּאֵל הָאֲרַמִּי אֲחִי רִבְקָה אֵם
ו יַעֲקֹב וְעֵשָׂו׃ וַיַּרְא עֵשָׂו כִּי־בֵרַךְ יִצְחָק אֶת־יַעֲקֹב וְשִׁלַּח אֹתוֹ
פַּדֶּנָה אֲרָם לָקַחַת־לוֹ מִשָּׁם אִשָּׁה בְּבָרְכוֹ אֹתוֹ וַיְצַו עָלָיו

ז לֵאמֹר לֹא־תִקַּח אִשָּׁה מִבְּנוֹת כְּנָעַן׃ וַיִּשְׁמַע יַעֲקֹב אֶל־ מפטיר
ח אָבִיו וְאֶל־אִמּוֹ וַיֵּלֶךְ פַּדֶּנָה אֲרָם׃ וַיַּרְא עֵשָׂו כִּי רָעוֹת בְּנוֹת
ט כְּנָעַן בְּעֵינֵי יִצְחָק אָבִיו׃ וַיֵּלֶךְ עֵשָׂו אֶל־יִשְׁמָעֵאל וַיִּקַּח אֶת־
מַחֲלַת ׀ בַּת־יִשְׁמָעֵאל בֶּן־אַבְרָהָם אֲחוֹת נְבָיוֹת עַל־נָשָׁיו לוֹ
י לְאִשָּׁה׃ וַיֵּצֵא יַעֲקֹב מִבְּאֵר שָׁבַע וַיֵּלֶךְ כו ויצא
יא חָרָנָה׃ וַיִּפְגַּע בַּמָּקוֹם וַיָּלֶן שָׁם כִּי־בָא הַשֶּׁמֶשׁ וַיִּקַּח מֵאַבְנֵי
יב הַמָּקוֹם וַיָּשֶׂם מְרַאֲשֹׁתָיו וַיִּשְׁכַּב בַּמָּקוֹם הַהוּא׃ וַיַּחֲלֹם וְהִנֵּה
סֻלָּם מֻצָּב אַרְצָה וְרֹאשׁוֹ מַגִּיעַ הַשָּׁמָיְמָה וְהִנֵּה מַלְאֲכֵי
יג אֱלֹהִים עֹלִים וְיֹרְדִים בּוֹ׃ וְהִנֵּה יהוה נִצָּב עָלָיו וַיֹּאמַר אֲנִי
יהוה אֱלֹהֵי אַבְרָהָם אָבִיךָ וֵאלֹהֵי יִצְחָק הָאָרֶץ אֲשֶׁר אַתָּה
יד שֹׁכֵב עָלֶיהָ לְךָ אֶתְּנֶנָּה וּלְזַרְעֶךָ׃ וְהָיָה זַרְעֲךָ כַּעֲפַר הָאָרֶץ
וּפָרַצְתָּ יָמָּה וָקֵדְמָה וְצָפֹנָה וָנֶגְבָּה וְנִבְרְכוּ בְךָ כָּל־מִשְׁפְּחֹת
טו הָאֲדָמָה וּבְזַרְעֶךָ׃ וְהִנֵּה אָנֹכִי עִמָּךְ וּשְׁמַרְתִּיךָ בְּכֹל אֲשֶׁר־תֵּלֵךְ
וַהֲשִׁבֹתִיךָ אֶל־הָאֲדָמָה הַזֹּאת כִּי לֹא אֶעֱזָבְךָ עַד אֲשֶׁר אִם־
טז עָשִׂיתִי אֵת אֲשֶׁר־דִּבַּרְתִּי לָךְ׃ וַיִּיקַץ יַעֲקֹב מִשְּׁנָתוֹ וַיֹּאמֶר
יז אָכֵן יֵשׁ יהוה בַּמָּקוֹם הַזֶּה וְאָנֹכִי לֹא יָדָעְתִּי׃ וַיִּירָא וַיֹּאמַר
מַה־נּוֹרָא הַמָּקוֹם הַזֶּה אֵין זֶה כִּי אִם־בֵּית אֱלֹהִים וְזֶה
יח שַׁעַר הַשָּׁמָיִם׃ וַיַּשְׁכֵּם יַעֲקֹב בַּבֹּקֶר וַיִּקַּח אֶת־הָאֶבֶן אֲשֶׁר־
שָׂם מְרַאֲשֹׁתָיו וַיָּשֶׂם אֹתָהּ מַצֵּבָה וַיִּצֹק שֶׁמֶן עַל־רֹאשָׁהּ׃
יט וַיִּקְרָא אֶת־שֵׁם־הַמָּקוֹם הַהוּא בֵּית־אֵל וְאוּלָם לוּז שֵׁם־הָעִיר
כ לָרִאשֹׁנָה׃ וַיִּדַּר יַעֲקֹב נֶדֶר לֵאמֹר אִם־יִהְיֶה אֱלֹהִים עִמָּדִי
וּשְׁמָרַנִי בַּדֶּרֶךְ הַזֶּה אֲשֶׁר אָנֹכִי הוֹלֵךְ וְנָתַן־לִי לֶחֶם לֶאֱכֹל
כא וּבֶגֶד לִלְבֹּשׁ׃ וְשַׁבְתִּי בְשָׁלוֹם אֶל־בֵּית אָבִי וְהָיָה יהוה לִי
כב לֵאלֹהִים׃ וְהָאֶבֶן הַזֹּאת אֲשֶׁר־שַׂמְתִּי מַצֵּבָה יִהְיֶה בֵּית
כט א אֱלֹהִים וְכֹל אֲשֶׁר תִּתֶּן־לִי עַשֵּׂר אֲעַשְּׂרֶנּוּ לָךְ׃ וַיִּשָּׂא יַעֲקֹב שני
ב רַגְלָיו וַיֵּלֶךְ אַרְצָה בְנֵי־קֶדֶם׃ וַיַּרְא וְהִנֵּה בְאֵר בַּשָּׂדֶה וְהִנֵּה־
שָׁם שְׁלֹשָׁה עֶדְרֵי־צֹאן רֹבְצִים עָלֶיהָ כִּי מִן־הַבְּאֵר הַהִוא

ג יַשְׁקוּ הָעֲדָרִים וְהָאֶבֶן גְּדֹלָה עַל־פִּי הַבְּאֵר׃ וְנֶאֶסְפוּ־שָׁמָּה
כָל־הָעֲדָרִים וְגָלְלוּ אֶת־הָאֶבֶן מֵעַל פִּי הַבְּאֵר וְהִשְׁקוּ אֶת־הַצֹּאן
ד וְהֵשִׁיבוּ אֶת־הָאֶבֶן עַל־פִּי הַבְּאֵר לִמְקֹמָהּ׃ וַיֹּאמֶר לָהֶם יַעֲקֹב
ה אַחַי מֵאַיִן אַתֶּם וַיֹּאמְרוּ מֵחָרָן אֲנָחְנוּ׃ וַיֹּאמֶר לָהֶם הַיְדַעְתֶּם
ו אֶת־לָבָן בֶּן־נָחוֹר וַיֹּאמְרוּ יָדָעְנוּ׃ וַיֹּאמֶר לָהֶם הֲשָׁלוֹם לוֹ
ז וַיֹּאמְרוּ שָׁלוֹם וְהִנֵּה רָחֵל בִּתּוֹ בָּאָה עִם־הַצֹּאן׃ וַיֹּאמֶר הֵן
עוֹד הַיּוֹם גָּדוֹל לֹא־עֵת הֵאָסֵף הַמִּקְנֶה הַשְׁקוּ הַצֹּאן וּלְכוּ
ח רְעוּ׃ וַיֹּאמְרוּ לֹא נוּכַל עַד אֲשֶׁר יֵאָסְפוּ כָּל־הָעֲדָרִים וְגָלְלוּ
ט אֶת־הָאֶבֶן מֵעַל פִּי הַבְּאֵר וְהִשְׁקִינוּ הַצֹּאן׃ עוֹדֶנּוּ מְדַבֵּר עִמָּם
י וְרָחֵל ׀ בָּאָה עִם־הַצֹּאן אֲשֶׁר לְאָבִיהָ כִּי רֹעָה הִוא׃ וַיְהִי
כַּאֲשֶׁר רָאָה יַעֲקֹב אֶת־רָחֵל בַּת־לָבָן אֲחִי אִמּוֹ וְאֶת־צֹאן
לָבָן אֲחִי אִמּוֹ וַיִּגַּשׁ יַעֲקֹב וַיָּגֶל אֶת־הָאֶבֶן מֵעַל פִּי הַבְּאֵר
יא וַיַּשְׁקְ אֶת־צֹאן לָבָן אֲחִי אִמּוֹ׃ וַיִּשַּׁק יַעֲקֹב לְרָחֵל וַיִּשָּׂא
יב אֶת־קֹלוֹ וַיֵּבְךְּ׃ וַיַּגֵּד יַעֲקֹב לְרָחֵל כִּי אֲחִי אָבִיהָ הוּא וְכִי
יג בֶן־רִבְקָה הוּא וַתָּרָץ וַתַּגֵּד לְאָבִיהָ׃ וַיְהִי כִשְׁמֹעַ לָבָן אֶת־
שֵׁמַע ׀ יַעֲקֹב בֶּן־אֲחֹתוֹ וַיָּרָץ לִקְרָאתוֹ וַיְחַבֶּק־לוֹ וַיְנַשֶּׁק־לוֹ
וַיְבִיאֵהוּ אֶל־בֵּיתוֹ וַיְסַפֵּר לְלָבָן אֵת כָּל־הַדְּבָרִים הָאֵלֶּה׃
יד וַיֹּאמֶר לוֹ לָבָן אַךְ עַצְמִי וּבְשָׂרִי אָתָּה וַיֵּשֶׁב עִמּוֹ חֹדֶשׁ יָמִים׃
טו וַיֹּאמֶר לָבָן לְיַעֲקֹב הֲכִי־אָחִי אַתָּה וַעֲבַדְתַּנִי חִנָּם הַגִּידָה
טז לִּי מַה־מַּשְׂכֻּרְתֶּךָ׃ וּלְלָבָן שְׁתֵּי בָנוֹת שֵׁם הַגְּדֹלָה לֵאָה
יז וְשֵׁם הַקְּטַנָּה רָחֵל׃ וְעֵינֵי לֵאָה רַכּוֹת וְרָחֵל הָיְתָה יְפַת־
יח תֹּאַר וִיפַת מַרְאֶה׃ וַיֶּאֱהַב יַעֲקֹב אֶת־רָחֵל וַיֹּאמֶר אֶעֱבָדְךָ שלישי
יט שֶׁבַע שָׁנִים בְּרָחֵל בִּתְּךָ הַקְּטַנָּה׃ וַיֹּאמֶר לָבָן טוֹב תִּתִּי
כ אֹתָהּ לָךְ מִתִּתִּי אֹתָהּ לְאִישׁ אַחֵר שְׁבָה עִמָּדִי׃ וַיַּעֲבֹד יַעֲקֹב
בְּרָחֵל שֶׁבַע שָׁנִים וַיִּהְיוּ בְעֵינָיו כְּיָמִים אֲחָדִים בְּאַהֲבָתוֹ
כא אֹתָהּ׃ וַיֹּאמֶר יַעֲקֹב אֶל־לָבָן הָבָה אֶת־אִשְׁתִּי כִּי מָלְאוּ
כב יָמָי וְאָבוֹאָה אֵלֶיהָ׃ וַיֶּאֱסֹף לָבָן אֶת־כָּל־אַנְשֵׁי הַמָּקוֹם

כג וַיַּעַשׂ מִשְׁתֶּה: וַיְהִי בָעֶרֶב וַיִּקַּח אֶת־לֵאָה בִתּוֹ וַיָּבֵא אֹתָהּ
כד אֵלָיו וַיָּבֹא אֵלֶיהָ: וַיִּתֵּן לָבָן לָהּ אֶת־זִלְפָּה שִׁפְחָתוֹ לְלֵאָה
כה בִתּוֹ שִׁפְחָה: וַיְהִי בַבֹּקֶר וְהִנֵּה־הִוא לֵאָה וַיֹּאמֶר אֶל־לָבָן
מַה־זֹּאת עָשִׂיתָ לִּי הֲלֹא בְרָחֵל עָבַדְתִּי עִמָּךְ וְלָמָּה רִמִּיתָנִי:
כו וַיֹּאמֶר לָבָן לֹא־יֵעָשֶׂה כֵן בִּמְקוֹמֵנוּ לָתֵת הַצְּעִירָה לִפְנֵי
כז הַבְּכִירָה: מַלֵּא שְׁבֻעַ זֹאת וְנִתְּנָה לְךָ גַּם־אֶת־זֹאת בַּעֲבֹדָה
כח אֲשֶׁר תַּעֲבֹד עִמָּדִי עוֹד שֶׁבַע־שָׁנִים אֲחֵרוֹת: וַיַּעַשׂ יַעֲקֹב כֵּן
כט וַיְמַלֵּא שְׁבֻעַ זֹאת וַיִּתֶּן־לוֹ אֶת־רָחֵל בִּתּוֹ לוֹ לְאִשָּׁה: וַיִּתֵּן
ל לָבָן לְרָחֵל בִּתּוֹ אֶת־בִּלְהָה שִׁפְחָתוֹ לָהּ לְשִׁפְחָה: וַיָּבֹא גַּם
אֶל־רָחֵל וַיֶּאֱהַב גַּם־אֶת־רָחֵל מִלֵּאָה וַיַּעֲבֹד עִמּוֹ עוֹד שֶׁבַע־
לא שָׁנִים אֲחֵרוֹת: וַיַּרְא יהוה כִּי־שְׂנוּאָה לֵאָה וַיִּפְתַּח אֶת־רַחְמָהּ כז
לב וְרָחֵל עֲקָרָה: וַתַּהַר לֵאָה וַתֵּלֶד בֵּן וַתִּקְרָא שְׁמוֹ רְאוּבֵן כִּי
לג אָמְרָה כִּי־רָאָה יהוה בְּעָנְיִי כִּי עַתָּה יֶאֱהָבַנִי אִישִׁי: וַתַּהַר
עוֹד וַתֵּלֶד בֵּן וַתֹּאמֶר כִּי־שָׁמַע יהוה כִּי־שְׂנוּאָה אָנֹכִי וַיִּתֶּן
לד לִי גַּם־אֶת־זֶה וַתִּקְרָא שְׁמוֹ שִׁמְעוֹן: וַתַּהַר עוֹד וַתֵּלֶד בֵּן
וַתֹּאמֶר עַתָּה הַפַּעַם יִלָּוֶה אִישִׁי אֵלַי כִּי־יָלַדְתִּי לוֹ שְׁלֹשָׁה
לה בָנִים עַל־כֵּן קָרָא־שְׁמוֹ לֵוִי: וַתַּהַר עוֹד וַתֵּלֶד בֵּן וַתֹּאמֶר
הַפַּעַם אוֹדֶה אֶת־יהוה עַל־כֵּן קָרְאָה שְׁמוֹ יְהוּדָה וַתַּעֲמֹד
ל א מִלֶּדֶת: וַתֵּרֶא רָחֵל כִּי לֹא יָלְדָה לְיַעֲקֹב וַתְּקַנֵּא רָחֵל בַּאֲחֹתָהּ
ב וַתֹּאמֶר אֶל־יַעֲקֹב הָבָה־לִּי בָנִים וְאִם־אַיִן מֵתָה אָנֹכִי: וַיִּחַר־
אַף יַעֲקֹב בְּרָחֵל וַיֹּאמֶר הֲתַחַת אֱלֹהִים אָנֹכִי אֲשֶׁר־מָנַע מִמֵּךְ
ג פְּרִי־בָטֶן: וַתֹּאמֶר הִנֵּה אֲמָתִי בִלְהָה בֹּא אֵלֶיהָ וְתֵלֵד עַל־
ד בִּרְכַּי וְאִבָּנֶה גַם־אָנֹכִי מִמֶּנָּה: וַתִּתֶּן־לוֹ אֶת־בִּלְהָה שִׁפְחָתָהּ
ה לְאִשָּׁה וַיָּבֹא אֵלֶיהָ יַעֲקֹב: וַתַּהַר בִּלְהָה וַתֵּלֶד לְיַעֲקֹב בֵּן:
ו וַתֹּאמֶר רָחֵל דָּנַנִּי אֱלֹהִים וְגַם שָׁמַע בְּקֹלִי וַיִּתֶּן־לִי בֵּן עַל־
ז כֵּן קָרְאָה שְׁמוֹ דָּן: וַתַּהַר עוֹד וַתֵּלֶד בִּלְהָה שִׁפְחַת רָחֵל בֵּן
ח שֵׁנִי לְיַעֲקֹב: וַתֹּאמֶר רָחֵל נַפְתּוּלֵי אֱלֹהִים ׀ נִפְתַּלְתִּי עִם־

ט אֲחֹתִי גַּם־יָכֹלְתִּי וַתִּקְרָא שְׁמוֹ נַפְתָּלִי׃ וַתֵּרֶא לֵאָה כִּי עָמְדָה
מִלֶּדֶת וַתִּקַּח אֶת־זִלְפָּה שִׁפְחָתָהּ וַתִּתֵּן אֹתָהּ לְיַעֲקֹב לְאִשָּׁה׃
י יא וַתֵּלֶד זִלְפָּה שִׁפְחַת לֵאָה לְיַעֲקֹב בֵּן׃ וַתֹּאמֶר לֵאָה בגד בָּא גָד
יב וַתִּקְרָא אֶת־שְׁמוֹ גָּד׃ וַתֵּלֶד זִלְפָּה שִׁפְחַת לֵאָה בֵּן שֵׁנִי לְיַעֲקֹב׃
יג וַתֹּאמֶר לֵאָה בְּאָשְׁרִי כִּי אִשְּׁרוּנִי בָּנוֹת וַתִּקְרָא אֶת־שְׁמוֹ
יד אָשֵׁר׃ וַיֵּלֶךְ רְאוּבֵן בִּימֵי קְצִיר־חִטִּים וַיִּמְצָא דוּדָאִים בַּשָּׂדֶה רביעי
וַיָּבֵא אֹתָם אֶל־לֵאָה אִמּוֹ וַתֹּאמֶר רָחֵל אֶל־לֵאָה תְּנִי־נָא לִי
טו מִדּוּדָאֵי בְּנֵךְ׃ וַתֹּאמֶר לָהּ הַמְעַט קַחְתֵּךְ אֶת־אִישִׁי וְלָקַחַת
גַּם אֶת־דּוּדָאֵי בְּנִי וַתֹּאמֶר רָחֵל לָכֵן יִשְׁכַּב עִמָּךְ הַלַּיְלָה
טז תַּחַת דּוּדָאֵי בְנֵךְ׃ וַיָּבֹא יַעֲקֹב מִן־הַשָּׂדֶה בָּעֶרֶב וַתֵּצֵא לֵאָה
לִקְרָאתוֹ וַתֹּאמֶר אֵלַי תָּבוֹא כִּי שָׂכֹר שְׂכַרְתִּיךָ בְּדוּדָאֵי בְּנִי
יז וַיִּשְׁכַּב עִמָּהּ בַּלַּיְלָה הוּא׃ וַיִּשְׁמַע אֱלֹהִים אֶל־לֵאָה וַתַּהַר
יח וַתֵּלֶד לְיַעֲקֹב בֵּן חֲמִישִׁי׃ וַתֹּאמֶר לֵאָה נָתַן אֱלֹהִים שְׂכָרִי
יט אֲשֶׁר־נָתַתִּי שִׁפְחָתִי לְאִישִׁי וַתִּקְרָא שְׁמוֹ יִשָּׂשכָר׃ וַתַּהַר עוֹד
כ לֵאָה וַתֵּלֶד בֵּן־שִׁשִּׁי לְיַעֲקֹב׃ וַתֹּאמֶר לֵאָה זְבָדַנִי אֱלֹהִים ׀ אֹתִי
זֵבֶד טוֹב הַפַּעַם יִזְבְּלֵנִי אִישִׁי כִּי־יָלַדְתִּי לוֹ שִׁשָּׁה בָנִים וַתִּקְרָא
כא אֶת־שְׁמוֹ זְבֻלוּן׃ וְאַחַר יָלְדָה בַּת וַתִּקְרָא אֶת־שְׁמָהּ דִּינָה׃
כב וַיִּזְכֹּר אֱלֹהִים אֶת־רָחֵל וַיִּשְׁמַע אֵלֶיהָ אֱלֹהִים וַיִּפְתַּח אֶת־ כח
כג רַחְמָהּ׃ וַתַּהַר וַתֵּלֶד בֵּן וַתֹּאמֶר אָסַף אֱלֹהִים אֶת־חֶרְפָּתִי׃
כד כה וַתִּקְרָא אֶת־שְׁמוֹ יוֹסֵף לֵאמֹר יֹסֵף יְהוָה לִי בֵּן אַחֵר׃ וַיְהִי
כַּאֲשֶׁר יָלְדָה רָחֵל אֶת־יוֹסֵף וַיֹּאמֶר יַעֲקֹב אֶל־לָבָן שַׁלְּחֵנִי
כו וְאֵלְכָה אֶל־מְקוֹמִי וּלְאַרְצִי׃ תְּנָה אֶת־נָשַׁי וְאֶת־יְלָדַי אֲשֶׁר
עָבַדְתִּי אֹתְךָ בָּהֵן וְאֵלֵכָה כִּי אַתָּה יָדַעְתָּ אֶת־עֲבֹדָתִי אֲשֶׁר
כז עֲבַדְתִּיךָ׃ וַיֹּאמֶר אֵלָיו לָבָן אִם־נָא מָצָאתִי חֵן בְּעֵינֶיךָ נִחַשְׁתִּי
כח וַיְבָרְכֵנִי יְהוָה בִּגְלָלֶךָ׃ וַיֹּאמַר נָקְבָה שְׂכָרְךָ עָלַי וְאֶתֵּנָה׃ חמישי
כט וַיֹּאמֶר אֵלָיו אַתָּה יָדַעְתָּ אֵת אֲשֶׁר עֲבַדְתִּיךָ וְאֵת אֲשֶׁר־הָיָה
ל מִקְנְךָ אִתִּי׃ כִּי מְעַט אֲשֶׁר־הָיָה לְךָ לְפָנַי וַיִּפְרֹץ לָרֹב וַיְבָרֶךְ

לא יְהוָה אֹתְךָ לְרַגְלִי וְעַתָּה מָתַי אֶעֱשֶׂה גַם־אָנֹכִי לְבֵיתִי׃ וַיֹּאמֶר
מָה אֶתֶּן־לָךְ וַיֹּאמֶר יַעֲקֹב לֹא־תִתֶּן־לִי מְאוּמָה אִם־תַּעֲשֶׂה־
לב לִּי הַדָּבָר הַזֶּה אָשׁוּבָה אֶרְעֶה צֹאנְךָ אֶשְׁמֹר׃ אֶעֱבֹר בְּכָל־
צֹאנְךָ הַיּוֹם הָסֵר מִשָּׁם כָּל־שֶׂה ׀ נָקֹד וְטָלוּא וְכָל־שֶׂה־חוּם
לג בַּכְּשָׂבִים וְטָלוּא וְנָקֹד בָּעִזִּים וְהָיָה שְׂכָרִי׃ וְעָנְתָה־בִּי צִדְקָתִי
בְּיוֹם מָחָר כִּי־תָבוֹא עַל־שְׂכָרִי לְפָנֶיךָ כֹּל אֲשֶׁר־אֵינֶנּוּ נָקֹד
לד וְטָלוּא בָּעִזִּים וְחוּם בַּכְּשָׂבִים גָּנוּב הוּא אִתִּי׃ וַיֹּאמֶר לָבָן
לה הֵן לוּ יְהִי כִדְבָרֶךָ׃ וַיָּסַר בַּיּוֹם הַהוּא אֶת־הַתְּיָשִׁים הָעֲקֻדִּים
וְהַטְּלֻאִים וְאֵת כָּל־הָעִזִּים הַנְּקֻדּוֹת וְהַטְּלֻאֹת כֹּל אֲשֶׁר־לָבָן
לו בּוֹ וְכָל־חוּם בַּכְּשָׂבִים וַיִּתֵּן בְּיַד־בָּנָיו׃ וַיָּשֶׂם דֶּרֶךְ שְׁלֹשֶׁת יָמִים
לז בֵּינוֹ וּבֵין יַעֲקֹב וְיַעֲקֹב רֹעֶה אֶת־צֹאן לָבָן הַנּוֹתָרֹת׃ וַיִּקַּח־
לוֹ יַעֲקֹב מַקַּל לִבְנֶה לַח וְלוּז וְעַרְמוֹן וַיְפַצֵּל בָּהֵן פְּצָלוֹת
לח לְבָנוֹת מַחְשֹׂף הַלָּבָן אֲשֶׁר עַל־הַמַּקְלוֹת׃ וַיַּצֵּג אֶת־הַמַּקְלוֹת
אֲשֶׁר פִּצֵּל בָּרְהָטִים בְּשִׁקְתוֹת הַמָּיִם אֲשֶׁר תָּבֹאןָ הַצֹּאן
לט לִשְׁתּוֹת לְנֹכַח הַצֹּאן וַיֵּחַמְנָה בְּבֹאָן לִשְׁתּוֹת׃ וַיֶּחֱמוּ הַצֹּאן
מ אֶל־הַמַּקְלוֹת וַתֵּלַדְןָ הַצֹּאן עֲקֻדִּים נְקֻדִּים וּטְלֻאִים׃ וְהַכְּשָׂבִים
הִפְרִיד יַעֲקֹב וַיִּתֵּן פְּנֵי הַצֹּאן אֶל־עָקֹד וְכָל־חוּם בְּצֹאן לָבָן
מא וַיָּשֶׁת לוֹ עֲדָרִים לְבַדּוֹ וְלֹא שָׁתָם עַל־צֹאן לָבָן׃ וְהָיָה בְּכָל־
יַחֵם הַצֹּאן הַמְקֻשָּׁרוֹת וְשָׂם יַעֲקֹב אֶת־הַמַּקְלוֹת לְעֵינֵי הַצֹּאן
מב בָּרְהָטִים לְיַחְמֵנָּה בַּמַּקְלוֹת׃ וּבְהַעֲטִיף הַצֹּאן לֹא יָשִׂים וְהָיָה
מג הָעֲטֻפִים לְלָבָן וְהַקְּשֻׁרִים לְיַעֲקֹב׃ וַיִּפְרֹץ הָאִישׁ מְאֹד מְאֹד
לא א וַיְהִי־לוֹ צֹאן רַבּוֹת וּשְׁפָחוֹת וַעֲבָדִים וּגְמַלִּים וַחֲמֹרִים׃ וַיִּשְׁמַע
אֶת־דִּבְרֵי בְנֵי־לָבָן לֵאמֹר לָקַח יַעֲקֹב אֵת כָּל־אֲשֶׁר לְאָבִינוּ
ב וּמֵאֲשֶׁר לְאָבִינוּ עָשָׂה אֵת כָּל־הַכָּבֹד הַזֶּה׃ וַיַּרְא יַעֲקֹב אֶת־
ג פְּנֵי לָבָן וְהִנֵּה אֵינֶנּוּ עִמּוֹ כִּתְמוֹל שִׁלְשׁוֹם׃ וַיֹּאמֶר יְהוָה אֶל־ כט
ד יַעֲקֹב שׁוּב אֶל־אֶרֶץ אֲבוֹתֶיךָ וּלְמוֹלַדְתֶּךָ וְאֶהְיֶה עִמָּךְ׃ וַיִּשְׁלַח
ה יַעֲקֹב וַיִּקְרָא לְרָחֵל וּלְלֵאָה הַשָּׂדֶה אֶל־צֹאנוֹ׃ וַיֹּאמֶר לָהֶן

רֹאֶה אָנֹכִי אֶת־פְּנֵי אֲבִיכֶן כִּי־אֵינֶנּוּ אֵלַי כִּתְמֹל שִׁלְשֹׁם וֵאלֹהֵי
ו אָבִי הָיָה עִמָּדִי׃ וְאַתֵּנָה יְדַעְתֶּן כִּי בְּכָל־כֹּחִי עָבַדְתִּי אֶת־
ז אֲבִיכֶן׃ וַאֲבִיכֶן הֵתֶל בִּי וְהֶחֱלִף אֶת־מַשְׂכֻּרְתִּי עֲשֶׂרֶת מֹנִים
ח וְלֹא־נְתָנוֹ אֱלֹהִים לְהָרַע עִמָּדִי׃ אִם־כֹּה יֹאמַר נְקֻדִּים יִהְיֶה
שְׂכָרֶךָ וְיָלְדוּ כָל־הַצֹּאן נְקֻדִּים וְאִם־כֹּה יֹאמַר עֲקֻדִּים יִהְיֶה
ט שְׂכָרֶךָ וְיָלְדוּ כָל־הַצֹּאן עֲקֻדִּים׃ וַיַּצֵּל אֱלֹהִים אֶת־מִקְנֵה
י אֲבִיכֶם וַיִּתֶּן־לִי׃ וַיְהִי בְּעֵת יַחֵם הַצֹּאן וָאֶשָּׂא עֵינַי וָאֵרֶא
בַּחֲלוֹם וְהִנֵּה הָעַתֻּדִים הָעֹלִים עַל־הַצֹּאן עֲקֻדִּים נְקֻדִּים
יא וּבְרֻדִּים׃ וַיֹּאמֶר אֵלַי מַלְאַךְ הָאֱלֹהִים בַּחֲלוֹם יַעֲקֹב וָאֹמַר
יב הִנֵּנִי׃ וַיֹּאמֶר שָׂא־נָא עֵינֶיךָ וּרְאֵה כָּל־הָעַתֻּדִים הָעֹלִים עַל־
הַצֹּאן עֲקֻדִּים נְקֻדִּים וּבְרֻדִּים כִּי רָאִיתִי אֵת כָּל־אֲשֶׁר לָבָן
יג עֹשֶׂה לָּךְ׃ אָנֹכִי הָאֵל בֵּית־אֵל אֲשֶׁר מָשַׁחְתָּ שָּׁם מַצֵּבָה אֲשֶׁר
נָדַרְתָּ לִּי שָׁם נֶדֶר עַתָּה קוּם צֵא מִן־הָאָרֶץ הַזֹּאת וְשׁוּב אֶל־
יד אֶרֶץ מוֹלַדְתֶּךָ׃ וַתַּעַן רָחֵל וְלֵאָה וַתֹּאמַרְנָה לוֹ הַעוֹד לָנוּ
טו חֵלֶק וְנַחֲלָה בְּבֵית אָבִינוּ׃ הֲלוֹא נָכְרִיּוֹת נֶחְשַׁבְנוּ לוֹ כִּי
טז מְכָרָנוּ וַיֹּאכַל גַּם־אָכוֹל אֶת־כַּסְפֵּנוּ׃ כִּי כָל־הָעֹשֶׁר אֲשֶׁר הִצִּיל
אֱלֹהִים מֵאָבִינוּ לָנוּ הוּא וּלְבָנֵינוּ וְעַתָּה כֹּל אֲשֶׁר אָמַר אֱלֹהִים
ששי יז אֵלֶיךָ עֲשֵׂה׃ וַיָּקָם יַעֲקֹב וַיִּשָּׂא אֶת־בָּנָיו וְאֶת־נָשָׁיו עַל־
יח הַגְּמַלִּים׃ וַיִּנְהַג אֶת־כָּל־מִקְנֵהוּ וְאֶת־כָּל־רְכֻשׁוֹ אֲשֶׁר רָכָשׁ
מִקְנֵה קִנְיָנוֹ אֲשֶׁר רָכַשׁ בְּפַדַּן אֲרָם לָבוֹא אֶל־יִצְחָק אָבִיו
יט אַרְצָה כְּנָעַן׃ וְלָבָן הָלַךְ לִגְזֹז אֶת־צֹאנוֹ וַתִּגְנֹב רָחֵל אֶת־
כ הַתְּרָפִים אֲשֶׁר לְאָבִיהָ׃ וַיִּגְנֹב יַעֲקֹב אֶת־לֵב לָבָן הָאֲרַמִּי
כא עַל־בְּלִי הִגִּיד לוֹ כִּי בֹרֵחַ הוּא׃ וַיִּבְרַח הוּא וְכָל־אֲשֶׁר־לוֹ
כב וַיָּקָם וַיַּעֲבֹר אֶת־הַנָּהָר וַיָּשֶׂם אֶת־פָּנָיו הַר הַגִּלְעָד׃ וַיֻּגַּד לְלָבָן
כג בַּיּוֹם הַשְּׁלִישִׁי כִּי בָרַח יַעֲקֹב׃ וַיִּקַּח אֶת־אֶחָיו עִמּוֹ וַיִּרְדֹּף
כד אַחֲרָיו דֶּרֶךְ שִׁבְעַת יָמִים וַיַּדְבֵּק אֹתוֹ בְּהַר הַגִּלְעָד׃ וַיָּבֹא
אֱלֹהִים אֶל־לָבָן הָאֲרַמִּי בַּחֲלֹם הַלָּיְלָה וַיֹּאמֶר לוֹ הִשָּׁמֶר לְךָ

כה פֶּן־תְּדַבֵּר עִם־יַעֲקֹב מִטּוֹב עַד־רָע׃ וַיַּשֵּׂג לָבָן אֶת־יַעֲקֹב
וְיַעֲקֹב תָּקַע אֶת־אָהֳלוֹ בָּהָר וְלָבָן תָּקַע אֶת־אֶחָיו בְּהַר
כו הַגִּלְעָד׃ וַיֹּאמֶר לָבָן לְיַעֲקֹב מֶה עָשִׂיתָ וַתִּגְנֹב אֶת־לְבָבִי
כז וַתְּנַהֵג אֶת־בְּנֹתַי כִּשְׁבֻיוֹת חָרֶב׃ לָמָּה נַחְבֵּאתָ לִבְרֹחַ וַתִּגְנֹב
אֹתִי וְלֹא־הִגַּדְתָּ לִּי וָאֲשַׁלֵּחֲךָ בְּשִׂמְחָה וּבְשִׁרִים בְּתֹף וּבְכִנּוֹר׃
כח כט וְלֹא נְטַשְׁתַּנִי לְנַשֵּׁק לְבָנַי וְלִבְנֹתָי עַתָּה הִסְכַּלְתָּ עֲשׂוֹ׃ יֶשׁ־
לְאֵל יָדִי לַעֲשׂוֹת עִמָּכֶם רָע וֵאלֹהֵי אֲבִיכֶם אֶמֶשׁ ׀ אָמַר אֵלַי
ל לֵאמֹר הִשָּׁמֶר לְךָ מִדַּבֵּר עִם־יַעֲקֹב מִטּוֹב עַד־רָע׃ וְעַתָּה הָלֹךְ
הָלַכְתָּ כִּי־נִכְסֹף נִכְסַפְתָּה לְבֵית אָבִיךָ לָמָּה גָנַבְתָּ אֶת־אֱלֹהָי׃
לא וַיַּעַן יַעֲקֹב וַיֹּאמֶר לְלָבָן כִּי יָרֵאתִי כִּי אָמַרְתִּי פֶּן־תִּגְזֹל אֶת־
לב בְּנוֹתֶיךָ מֵעִמִּי׃ עִם אֲשֶׁר תִּמְצָא אֶת־אֱלֹהֶיךָ לֹא יִחְיֶה נֶגֶד
אַחֵינוּ הַכֶּר־לְךָ מָה עִמָּדִי וְקַח־לָךְ וְלֹא־יָדַע יַעֲקֹב כִּי רָחֵל
לג גְּנָבָתַם׃ וַיָּבֹא לָבָן בְּאֹהֶל־יַעֲקֹב ׀ וּבְאֹהֶל לֵאָה וּבְאֹהֶל שְׁתֵּי
הָאֲמָהֹת וְלֹא מָצָא וַיֵּצֵא מֵאֹהֶל לֵאָה וַיָּבֹא בְּאֹהֶל רָחֵל׃
לד וְרָחֵל לָקְחָה אֶת־הַתְּרָפִים וַתְּשִׂמֵם בְּכַר הַגָּמָל וַתֵּשֶׁב עֲלֵיהֶם
לה וַיְמַשֵּׁשׁ לָבָן אֶת־כָּל־הָאֹהֶל וְלֹא מָצָא׃ וַתֹּאמֶר אֶל־אָבִיהָ
אַל־יִחַר בְּעֵינֵי אֲדֹנִי כִּי לוֹא אוּכַל לָקוּם מִפָּנֶיךָ כִּי־דֶרֶךְ נָשִׁים
לו לִי וַיְחַפֵּשׂ וְלֹא מָצָא אֶת־הַתְּרָפִים׃ וַיִּחַר לְיַעֲקֹב וַיָּרֶב בְּלָבָן
וַיַּעַן יַעֲקֹב וַיֹּאמֶר לְלָבָן מַה־פִּשְׁעִי מַה חַטָּאתִי כִּי דָלַקְתָּ
לז אַחֲרָי׃ כִּי־מִשַּׁשְׁתָּ אֶת־כָּל־כֵּלַי מַה־מָּצָאתָ מִכֹּל כְּלֵי־בֵיתֶךָ
לח שִׂים כֹּה נֶגֶד אַחַי וְאַחֶיךָ וְיוֹכִיחוּ בֵּין שְׁנֵינוּ׃ זֶה עֶשְׂרִים שָׁנָה
אָנֹכִי עִמָּךְ רְחֵלֶיךָ וְעִזֶּיךָ לֹא שִׁכֵּלוּ וְאֵילֵי צֹאנְךָ לֹא אָכָלְתִּי׃
לט טְרֵפָה לֹא־הֵבֵאתִי אֵלֶיךָ אָנֹכִי אֲחַטֶּנָּה מִיָּדִי תְּבַקְשֶׁנָּה גְּנֻבְתִי
מ יוֹם וּגְנֻבְתִי לָיְלָה׃ הָיִיתִי בַיּוֹם אֲכָלַנִי חֹרֶב וְקֶרַח בַּלָּיְלָה
מא וַתִּדַּד שְׁנָתִי מֵעֵינָי׃ זֶה־לִּי עֶשְׂרִים שָׁנָה בְּבֵיתֶךָ עֲבַדְתִּיךָ
אַרְבַּע־עֶשְׂרֵה שָׁנָה בִּשְׁתֵּי בְנֹתֶיךָ וְשֵׁשׁ שָׁנִים בְּצֹאנֶךָ וַתַּחֲלֵף
מב אֶת־מַשְׂכֻּרְתִּי עֲשֶׂרֶת מֹנִים׃ לוּלֵי אֱלֹהֵי אָבִי אֱלֹהֵי אַבְרָהָם

וּפַחַד יִצְחָק הָיָה לִי כִּי עַתָּה רֵיקָם שִׁלַּחְתָּנִי אֶת־עָנְיִי וְאֶת־
שביעי מג יְגִיעַ כַּפַּי רָאָה אֱלֹהִים וַיּוֹכַח אָמֶשׁ׃ וַיַּעַן לָבָן וַיֹּאמֶר אֶל־
יַעֲקֹב הַבָּנוֹת בְּנֹתַי וְהַבָּנִים בָּנַי וְהַצֹּאן צֹאנִי וְכֹל אֲשֶׁר־אַתָּה
רֹאֶה לִי הוּא וְלִבְנֹתַי מָה־אֶעֱשֶׂה לָאֵלֶּה הַיּוֹם אוֹ לִבְנֵיהֶן
מד אֲשֶׁר יָלָדוּ׃ וְעַתָּה לְכָה נִכְרְתָה בְרִית אֲנִי וָאָתָּה וְהָיָה לְעֵד
מה מו בֵּינִי וּבֵינֶךָ׃ וַיִּקַּח יַעֲקֹב אָבֶן וַיְרִימֶהָ מַצֵּבָה׃ וַיֹּאמֶר יַעֲקֹב
לְאֶחָיו לִקְטוּ אֲבָנִים וַיִּקְחוּ אֲבָנִים וַיַּעֲשׂוּ־גָל וַיֹּאכְלוּ שָׁם עַל־
מז הַגָּל׃ וַיִּקְרָא־לוֹ לָבָן יְגַר שָׂהֲדוּתָא וְיַעֲקֹב קָרָא לוֹ גַּלְעֵד׃
מח וַיֹּאמֶר לָבָן הַגַּל הַזֶּה עֵד בֵּינִי וּבֵינְךָ הַיּוֹם עַל־כֵּן קָרָא־שְׁמוֹ
מט גַּלְעֵד׃ וְהַמִּצְפָּה אֲשֶׁר אָמַר יִצֶף יהוה בֵּינִי וּבֵינֶךָ כִּי נִסָּתֵר
נ אִישׁ מֵרֵעֵהוּ׃ אִם־תְּעַנֶּה אֶת־בְּנֹתַי וְאִם־תִּקַּח נָשִׁים עַל־
נא בְּנֹתַי אֵין אִישׁ עִמָּנוּ רְאֵה אֱלֹהִים עֵד בֵּינִי וּבֵינֶךָ׃ וַיֹּאמֶר
לָבָן לְיַעֲקֹב הִנֵּה ׀ הַגַּל הַזֶּה וְהִנֵּה הַמַּצֵּבָה אֲשֶׁר יָרִיתִי בֵּינִי
נב וּבֵינֶךָ׃ עֵד הַגַּל הַזֶּה וְעֵדָה הַמַּצֵּבָה אִם־אָנִי לֹא־אֶעֱבֹר אֵלֶיךָ
אֶת־הַגַּל הַזֶּה וְאִם־אַתָּה לֹא־תַעֲבֹר אֵלַי אֶת־הַגַּל הַזֶּה וְאֶת־
נג הַמַּצֵּבָה הַזֹּאת לְרָעָה׃ אֱלֹהֵי אַבְרָהָם וֵאלֹהֵי נָחוֹר יִשְׁפְּטוּ
נד בֵינֵינוּ אֱלֹהֵי אֲבִיהֶם וַיִּשָּׁבַע יַעֲקֹב בְּפַחַד אָבִיו יִצְחָק׃ וַיִּזְבַּח
יַעֲקֹב זֶבַח בָּהָר וַיִּקְרָא לְאֶחָיו לֶאֱכָל־לָחֶם וַיֹּאכְלוּ לֶחֶם וַיָּלִינוּ
מפטיר נה בָּהָר׃ וַיַּשְׁכֵּם לָבָן בַּבֹּקֶר וַיְנַשֵּׁק לְבָנָיו וְלִבְנוֹתָיו וַיְבָרֶךְ אֶתְהֶם
לב א וַיֵּלֶךְ וַיָּשָׁב לָבָן לִמְקֹמוֹ׃ וְיַעֲקֹב הָלַךְ לְדַרְכּוֹ וַיִּפְגְּעוּ־בוֹ מַלְאֲכֵי
ב אֱלֹהִים׃ וַיֹּאמֶר יַעֲקֹב כַּאֲשֶׁר רָאָם מַחֲנֵה אֱלֹהִים זֶה וַיִּקְרָא
שֵׁם־הַמָּקוֹם הַהוּא מַחֲנָיִם׃

וישלח ל ג וַיִּשְׁלַח יַעֲקֹב מַלְאָכִים לְפָנָיו אֶל־עֵשָׂו אָחִיו אַרְצָה שֵׂעִיר
ד שְׂדֵה אֱדוֹם׃ וַיְצַו אֹתָם לֵאמֹר כֹּה תֹאמְרוּן לַאדֹנִי לְעֵשָׂו כֹּה
ה אָמַר עַבְדְּךָ יַעֲקֹב עִם־לָבָן גַּרְתִּי וָאֵחַר עַד־עָתָּה׃ וַיְהִי־לִי
שׁוֹר וַחֲמוֹר צֹאן וְעֶבֶד וְשִׁפְחָה וָאֶשְׁלְחָה לְהַגִּיד לַאדֹנִי לִמְצֹא־
ו חֵן בְּעֵינֶיךָ׃ וַיָּשֻׁבוּ הַמַּלְאָכִים אֶל־יַעֲקֹב לֵאמֹר בָּאנוּ אֶל־

אָחִיךָ אֶל־עֵשָׂו וְגַם הֹלֵךְ לִקְרָאתְךָ וְאַרְבַּע־מֵאוֹת אִישׁ עִמּוֹ׃
ז וַיִּירָא יַעֲקֹב מְאֹד וַיֵּצֶר לוֹ וַיַּחַץ אֶת־הָעָם אֲשֶׁר־אִתּוֹ וְאֶת־
ח הַצֹּאן וְאֶת־הַבָּקָר וְהַגְּמַלִּים לִשְׁנֵי מַחֲנוֹת׃ וַיֹּאמֶר אִם־יָבוֹא
עֵשָׂו אֶל־הַמַּחֲנֶה הָאַחַת וְהִכָּהוּ וְהָיָה הַמַּחֲנֶה הַנִּשְׁאָר לִפְלֵיטָה׃
ט וַיֹּאמֶר יַעֲקֹב אֱלֹהֵי אָבִי אַבְרָהָם וֵאלֹהֵי אָבִי יִצְחָק יְהוָה
י הָאֹמֵר אֵלַי שׁוּב לְאַרְצְךָ וּלְמוֹלַדְתְּךָ וְאֵיטִיבָה עִמָּךְ׃ קָטֹנְתִּי
מִכֹּל הַחֲסָדִים וּמִכָּל־הָאֱמֶת אֲשֶׁר עָשִׂיתָ אֶת־עַבְדֶּךָ כִּי
בְמַקְלִי עָבַרְתִּי אֶת־הַיַּרְדֵּן הַזֶּה וְעַתָּה הָיִיתִי לִשְׁנֵי מַחֲנוֹת׃
יא הַצִּילֵנִי נָא מִיַּד אָחִי מִיַּד עֵשָׂו כִּי־יָרֵא אָנֹכִי אֹתוֹ פֶּן־יָבוֹא
יב וְהִכַּנִי אֵם עַל־בָּנִים׃ וְאַתָּה אָמַרְתָּ הֵיטֵב אֵיטִיב עִמָּךְ וְשַׂמְתִּי
יג אֶת־זַרְעֲךָ כְּחוֹל הַיָּם אֲשֶׁר לֹא־יִסָּפֵר מֵרֹב׃ וַיָּלֶן שָׁם בַּלַּיְלָה שני
יד הַהוּא וַיִּקַּח מִן־הַבָּא בְיָדוֹ מִנְחָה לְעֵשָׂו אָחִיו׃ עִזִּים מָאתַיִם
טו וּתְיָשִׁים עֶשְׂרִים רְחֵלִים מָאתַיִם וְאֵילִים עֶשְׂרִים׃ גְּמַלִּים
מֵינִיקוֹת וּבְנֵיהֶם שְׁלֹשִׁים פָּרוֹת אַרְבָּעִים וּפָרִים עֲשָׂרָה אֲתֹנֹת
טז עֶשְׂרִים וַעְיָרִם עֲשָׂרָה׃ וַיִּתֵּן בְּיַד־עֲבָדָיו עֵדֶר עֵדֶר לְבַדּוֹ וַיֹּאמֶר
יז אֶל־עֲבָדָיו עִבְרוּ לְפָנַי וְרֶוַח תָּשִׂימוּ בֵּין עֵדֶר וּבֵין עֵדֶר׃ וַיְצַו
אֶת־הָרִאשׁוֹן לֵאמֹר כִּי יִפְגָשְׁךָ עֵשָׂו אָחִי וּשְׁאֵלְךָ לֵאמֹר לְמִי־
יח אַתָּה וְאָנָה תֵלֵךְ וּלְמִי אֵלֶּה לְפָנֶיךָ׃ וְאָמַרְתָּ לְעַבְדְּךָ לְיַעֲקֹב
יט מִנְחָה הִוא שְׁלוּחָה לַאדֹנִי לְעֵשָׂו וְהִנֵּה גַם־הוּא אַחֲרֵינוּ׃ וַיְצַו
גַּם אֶת־הַשֵּׁנִי גַּם אֶת־הַשְּׁלִישִׁי גַּם אֶת־כָּל־הַהֹלְכִים אַחֲרֵי
הָעֲדָרִים לֵאמֹר כַּדָּבָר הַזֶּה תְּדַבְּרוּן אֶל־עֵשָׂו בְּמֹצַאֲכֶם אֹתוֹ׃
כ וַאֲמַרְתֶּם גַּם הִנֵּה עַבְדְּךָ יַעֲקֹב אַחֲרֵינוּ כִּי־אָמַר אֲכַפְּרָה פָנָיו
בַּמִּנְחָה הַהֹלֶכֶת לְפָנָי וְאַחֲרֵי־כֵן אֶרְאֶה פָנָיו אוּלַי יִשָּׂא פָנָי׃
כא וַתַּעֲבֹר הַמִּנְחָה עַל־פָּנָיו וְהוּא לָן בַּלַּיְלָה־הַהוּא בַּמַּחֲנֶה׃
כב וַיָּקָם ׀ בַּלַּיְלָה הוּא וַיִּקַּח אֶת־שְׁתֵּי נָשָׁיו וְאֶת־שְׁתֵּי שִׁפְחֹתָיו
כג וְאֶת־אַחַד עָשָׂר יְלָדָיו וַיַּעֲבֹר אֵת מַעֲבַר יַבֹּק׃ וַיִּקָּחֵם וַיַּעֲבִרֵם
כד אֶת־הַנָּחַל וַיַּעֲבֵר אֶת־אֲשֶׁר־לוֹ׃ וַיִּוָּתֵר יַעֲקֹב לְבַדּוֹ וַיֵּאָבֵק

כה איש עמו עד עלות השחר: וירא כי לא יכל לו ויגע בכף־
כו ירכו ותקע כף־ירך יעקב בהאבקו עמו: ויאמר שלחני כי
כז עלה השחר ויאמר לא אשלחך כי אם־ברכתני: ויאמר
כח אליו מה־שמך ויאמר יעקב: ויאמר לא יעקב יאמר עוד
שמך כי אם־ישראל כי־שרית עם־אלהים ועם־אנשים
כט ותוכל: וישאל יעקב ויאמר הגידה־נא שמך ויאמר למה
ל זה תשאל לשמי ויברך אתו שם: ויקרא יעקב שם המקום שלישי
לא פניאל כי־ראיתי אלהים פנים אל־פנים ותנצל נפשי: ויזרח־
לב לו השמש כאשר עבר את־פנואל והוא צלע על־ירכו: על־
כן לא־יאכלו בני־ישראל את־גיד הנשה אשר על־כף הירך
אלג עד היום הזה כי נגע בכף־ירך יעקב בגיד הנשה: וישא
יעקב עיניו וירא והנה עשו בא ועמו ארבע מאות איש
ויחץ את־הילדים על־לאה ועל־רחל ועל שתי השפחות:
ב וישם את־השפחות ואת־ילדיהן ראשנה ואת־לאה וילדיה
ג אחרנים ואת־רחל ואת־יוסף אחרנים: והוא עבר לפניהם
ד וישתחו ארצה שבע פעמים עד־גשתו עד־אחיו: וירץ עשו
ה לקראתו ויחבקהו ויפל על־צוארו וישקהו ויבכו: וישא
את־עיניו וירא את־הנשים ואת־הילדים ויאמר מי־אלה
ו לך ויאמר הילדים אשר־חנן אלהים את־עבדך: ותגשן רביעי
ז השפחות הנה וילדיהן ותשתחוין: ותגש גם־לאה וילדיה
ח וישתחוו ואחר נגש יוסף ורחל וישתחוו: ויאמר מי לך כל־
המחנה הזה אשר פגשתי ויאמר למצא־חן בעיני אדני:
ט י ויאמר עשו יש־לי רב אחי יהי לך אשר־לך: ויאמר יעקב
אל־נא אם־נא מצאתי חן בעיניך ולקחת מנחתי מידי
יא כי על־כן ראיתי פניך כראת פני אלהים ותרצני: קח־נא
את־ברכתי אשר הבאת לך כי־חנני אלהים וכי יש־לי־כל
יב יג ויפצר־בו ויקח: ויאמר נסעה ונלכה ואלכה לנגדך: ויאמר

אֵלָיו אֲדֹנִי יֹדֵעַ כִּי־הַיְלָדִים רַכִּים וְהַצֹּאן וְהַבָּקָר עָלוֹת עָלָי
יד וּדְפָקוּם יוֹם אֶחָד וָמֵתוּ כָּל־הַצֹּאן׃ יַעֲבָר־נָא אֲדֹנִי לִפְנֵי עַבְדּוֹ
וַאֲנִי אֶתְנַהֲלָה לְאִטִּי לְרֶגֶל הַמְּלָאכָה אֲשֶׁר־לְפָנַי וּלְרֶגֶל
טו הַיְלָדִים עַד אֲשֶׁר־אָבֹא אֶל־אֲדֹנִי שֵׂעִירָה׃ וַיֹּאמֶר עֵשָׂו אַצִּיגָה־
נָּא עִמְּךָ מִן־הָעָם אֲשֶׁר אִתִּי וַיֹּאמֶר לָמָּה זֶּה אֶמְצָא־חֵן בְּעֵינֵי
טז יז אֲדֹנִי׃ וַיָּשָׁב בַּיּוֹם הַהוּא עֵשָׂו לְדַרְכּוֹ שֵׂעִירָה׃ וְיַעֲקֹב נָסַע
סֻכֹּתָה וַיִּבֶן לוֹ בָּיִת וּלְמִקְנֵהוּ עָשָׂה סֻכֹּת עַל־כֵּן קָרָא שֵׁם־
יח הַמָּקוֹם סֻכּוֹת׃ וַיָּבֹא יַעֲקֹב שָׁלֵם עִיר שְׁכֶם אֲשֶׁר לא
יט בְּאֶרֶץ כְּנַעַן בְּבֹאוֹ מִפַּדַּן אֲרָם וַיִּחַן אֶת־פְּנֵי הָעִיר׃ וַיִּקֶן
אֶת־חֶלְקַת הַשָּׂדֶה אֲשֶׁר נָטָה־שָׁם אָהֳלוֹ מִיַּד בְּנֵי־חֲמוֹר אֲבִי
כ שְׁכֶם בְּמֵאָה קְשִׂיטָה׃ וַיַּצֶּב־שָׁם מִזְבֵּחַ וַיִּקְרָא־לוֹ אֵל אֱלֹהֵי
לד א יִשְׂרָאֵל׃ וַתֵּצֵא דִינָה בַּת־לֵאָה אֲשֶׁר יָלְדָה לְיַעֲקֹב חמישי
ב לִרְאוֹת בִּבְנוֹת הָאָרֶץ׃ וַיַּרְא אֹתָהּ שְׁכֶם בֶּן־חֲמוֹר הַחִוִּי נְשִׂיא
ג הָאָרֶץ וַיִּקַּח אֹתָהּ וַיִּשְׁכַּב אֹתָהּ וַיְעַנֶּהָ׃ וַתִּדְבַּק נַפְשׁוֹ בְּדִינָה
ד בַּת־יַעֲקֹב וַיֶּאֱהַב אֶת־הַנַּעֲרָ וַיְדַבֵּר עַל־לֵב הַנַּעֲרָ׃ וַיֹּאמֶר
שְׁכֶם אֶל־חֲמוֹר אָבִיו לֵאמֹר קַח־לִי אֶת־הַיַּלְדָּה הַזֹּאת לְאִשָּׁה׃
ה וְיַעֲקֹב שָׁמַע כִּי טִמֵּא אֶת־דִּינָה בִתּוֹ וּבָנָיו הָיוּ אֶת־מִקְנֵהוּ
ו בַּשָּׂדֶה וְהֶחֱרִשׁ יַעֲקֹב עַד־בֹּאָם׃ וַיֵּצֵא חֲמוֹר אֲבִי־שְׁכֶם
ז אֶל־יַעֲקֹב לְדַבֵּר אִתּוֹ׃ וּבְנֵי יַעֲקֹב בָּאוּ מִן־הַשָּׂדֶה כְּשָׁמְעָם
וַיִּתְעַצְּבוּ הָאֲנָשִׁים וַיִּחַר לָהֶם מְאֹד כִּי נְבָלָה עָשָׂה בְיִשְׂרָאֵל
ח לִשְׁכַּב אֶת־בַּת־יַעֲקֹב וְכֵן לֹא יֵעָשֶׂה׃ וַיְדַבֵּר חֲמוֹר אִתָּם
לֵאמֹר שְׁכֶם בְּנִי חָשְׁקָה נַפְשׁוֹ בְּבִתְּכֶם תְּנוּ נָא אֹתָהּ לוֹ
ט לְאִשָּׁה׃ וְהִתְחַתְּנוּ אֹתָנוּ בְּנֹתֵיכֶם תִּתְּנוּ־לָנוּ וְאֶת־בְּנֹתֵינוּ
י תִּקְחוּ לָכֶם׃ וְאִתָּנוּ תֵּשֵׁבוּ וְהָאָרֶץ תִּהְיֶה לִפְנֵיכֶם שְׁבוּ וּסְחָרוּהָ
יא וְהֵאָחֲזוּ בָּהּ׃ וַיֹּאמֶר שְׁכֶם אֶל־אָבִיהָ וְאֶל־אַחֶיהָ אֶמְצָא־חֵן
יב בְּעֵינֵיכֶם וַאֲשֶׁר תֹּאמְרוּ אֵלַי אֶתֵּן׃ הַרְבּוּ עָלַי מְאֹד מֹהַר
וּמַתָּן וְאֶתְּנָה כַּאֲשֶׁר תֹּאמְרוּ אֵלָי וּתְנוּ־לִי אֶת־הַנַּעֲרָ לְאִשָּׁה׃

יג ויענו בני־יעקב את־שכם ואת־חמור אביו במרמה וידברו
יד אשר טמא את דינה אחתם: ויאמרו אליהם לא נוכל לעשות
הדבר הזה לתת את־אחתנו לאיש אשר־לו ערלה כי־
טו חרפה הוא לנו: אך־בזאת נאות לכם אם תהיו כמנו
טז להמל לכם כל־זכר: ונתנו את־בנתינו לכם ואת־בנתיכם
יז נקח־לנו וישבנו אתכם והיינו לעם אחד: ואם־לא תשמעו
יח אלינו להמול ולקחנו את־בתנו והלכנו: וייטבו דבריהם
יט בעיני חמור ובעיני שכם בן־חמור: ולא־אחר הנער לעשות
כ הדבר כי חפץ בבת־יעקב והוא נכבד מכל בית אביו: ויבא
חמור ושכם בנו אל־שער עירם וידברו אל־אנשי עירם
כא לאמר: האנשים האלה שלמים הם אתנו וישבו בארץ
ויסחרו אתה והארץ הנה רחבת־ידים לפניהם את־בנתם
כב נקח־לנו לנשים ואת־בנתינו נתן להם: אך־בזאת יאתו
לנו האנשים לשבת אתנו להיות לעם אחד בהמול לנו כל־
כג זכר כאשר הם נמלים: מקנהם וקנינם וכל־בהמתם הלוא
כד לנו הם אך נאותה להם וישבו אתנו: וישמעו אל־חמור
ואל־שכם בנו כל־יצאי שער עירו וימלו כל־זכר כל־יצאי
כה שער עירו: ויהי ביום השלישי בהיותם כאבים ויקחו שני־
בני־יעקב שמעון ולוי אחי דינה איש חרבו ויבאו על־העיר
כו בטח ויהרגו כל־זכר: ואת־חמור ואת־שכם בנו הרגו לפי־
כז חרב ויקחו את־דינה מבית שכם ויצאו: בני יעקב באו
כח על־החללים ויבזו העיר אשר טמאו אחותם: את־צאנם
ואת־בקרם ואת־חמריהם ואת אשר־בעיר ואת־אשר בשדה
כט לקחו: ואת־כל־חילם ואת־כל־טפם ואת־נשיהם שבו ויבזו
ל ואת כל־אשר בבית: ויאמר יעקב אל־שמעון ואל־לוי
עכרתם אתי להבאישני בישב הארץ בכנעני ובפרזי ואני
לא מתי מספר ונאספו עלי והכוני ונשמדתי אני וביתי: ויאמרו

הַכְזוֹנָה יַעֲשֶׂה אֶת־אֲחוֹתֵנוּ׃
לה א וַיֹּאמֶר אֱלֹהִים אֶל־יַעֲקֹב קוּם עֲלֵה בֵית־אֵל וְשֶׁב־שָׁם וַעֲשֵׂה־
שָׁם מִזְבֵּחַ לָאֵל הַנִּרְאֶה אֵלֶיךָ בְּבָרְחֲךָ מִפְּנֵי עֵשָׂו אָחִיךָ׃
ב וַיֹּאמֶר יַעֲקֹב אֶל־בֵּיתוֹ וְאֶל כָּל־אֲשֶׁר עִמּוֹ הָסִרוּ אֶת־אֱלֹהֵי
ג הַנֵּכָר אֲשֶׁר בְּתֹכְכֶם וְהִטַּהֲרוּ וְהַחֲלִיפוּ שִׂמְלֹתֵיכֶם׃ וְנָקוּמָה
וְנַעֲלֶה בֵּית־אֵל וְאֶעֱשֶׂה־שָּׁם מִזְבֵּחַ לָאֵל הָעֹנֶה אֹתִי בְּיוֹם
ד צָרָתִי וַיְהִי עִמָּדִי בַּדֶּרֶךְ אֲשֶׁר הָלָכְתִּי׃ וַיִּתְּנוּ אֶל־יַעֲקֹב אֵת
כָּל־אֱלֹהֵי הַנֵּכָר אֲשֶׁר בְּיָדָם וְאֶת־הַנְּזָמִים אֲשֶׁר בְּאָזְנֵיהֶם
ה וַיִּטְמֹן אֹתָם יַעֲקֹב תַּחַת הָאֵלָה אֲשֶׁר עִם־שְׁכֶם׃ וַיִּסָּעוּ וַיְהִי
חִתַּת אֱלֹהִים עַל־הֶעָרִים אֲשֶׁר סְבִיבוֹתֵיהֶם וְלֹא רָדְפוּ אַחֲרֵי
ו בְּנֵי יַעֲקֹב׃ וַיָּבֹא יַעֲקֹב לוּזָה אֲשֶׁר בְּאֶרֶץ כְּנַעַן הִוא בֵּית־אֵל
ז הוּא וְכָל־הָעָם אֲשֶׁר־עִמּוֹ׃ וַיִּבֶן שָׁם מִזְבֵּחַ וַיִּקְרָא לַמָּקוֹם אֵל
ח בֵּית־אֵל כִּי שָׁם נִגְלוּ אֵלָיו הָאֱלֹהִים בְּבָרְחוֹ מִפְּנֵי אָחִיו׃ וַתָּמָת
דְּבֹרָה מֵינֶקֶת רִבְקָה וַתִּקָּבֵר מִתַּחַת לְבֵית־אֵל תַּחַת הָאַלּוֹן
וַיִּקְרָא שְׁמוֹ אַלּוֹן בָּכוּת׃
ט וַיֵּרָא אֱלֹהִים אֶל־יַעֲקֹב עוֹד בְּבֹאוֹ מִפַּדַּן אֲרָם וַיְבָרֶךְ אֹתוֹ׃ לב
י וַיֹּאמֶר־לוֹ אֱלֹהִים שִׁמְךָ יַעֲקֹב לֹא־יִקָּרֵא שִׁמְךָ עוֹד יַעֲקֹב כִּי
יא אִם־יִשְׂרָאֵל יִהְיֶה שְׁמֶךָ וַיִּקְרָא אֶת־שְׁמוֹ יִשְׂרָאֵל׃ וַיֹּאמֶר לוֹ
אֱלֹהִים אֲנִי אֵל שַׁדַּי פְּרֵה וּרְבֵה גּוֹי וּקְהַל גּוֹיִם יִהְיֶה מִמֶּךָּ
יב וּמְלָכִים מֵחֲלָצֶיךָ יֵצֵאוּ׃ וְאֶת־הָאָרֶץ אֲשֶׁר נָתַתִּי לְאַבְרָהָם ששי
יג וּלְיִצְחָק לְךָ אֶתְּנֶנָּה וּלְזַרְעֲךָ אַחֲרֶיךָ אֶתֵּן אֶת־הָאָרֶץ׃ וַיַּעַל
יד מֵעָלָיו אֱלֹהִים בַּמָּקוֹם אֲשֶׁר־דִּבֶּר אִתּוֹ׃ וַיַּצֵּב יַעֲקֹב מַצֵּבָה
בַּמָּקוֹם אֲשֶׁר־דִּבֶּר אִתּוֹ מַצֶּבֶת אָבֶן וַיַּסֵּךְ עָלֶיהָ נֶסֶךְ וַיִּצֹק
טו עָלֶיהָ שָׁמֶן׃ וַיִּקְרָא יַעֲקֹב אֶת־שֵׁם הַמָּקוֹם אֲשֶׁר דִּבֶּר אִתּוֹ
טז שָׁם אֱלֹהִים בֵּית־אֵל׃ וַיִּסְעוּ מִבֵּית אֵל וַיְהִי־עוֹד כִּבְרַת־הָאָרֶץ
יז לָבוֹא אֶפְרָתָה וַתֵּלֶד רָחֵל וַתְּקַשׁ בְּלִדְתָּהּ׃ וַיְהִי בְהַקְשֹׁתָהּ
בְלִדְתָּהּ וַתֹּאמֶר לָהּ הַמְיַלֶּדֶת אַל־תִּירְאִי כִּי־גַם־זֶה לָךְ בֵּן׃

יח ויהי בצאת נפשה כי מתה ותקרא שמו בן־אוני ואביו קרא־
יט לו בנימין: ותמת רחל ותקבר בדרך אפרתה הוא בית לחם:
כ ויצב יעקב מצבה על־קברתה הוא מצבת קברת־רחל עד־
כא כב היום: ויסע ישראל ויט אהלה מהלאה למגדל־עדר: ויהי
בשכן ישראל בארץ ההוא וילך ראובן וישכב את־בלהה
פילגש אביו וישמע ישראל

כג ויהיו בני־יעקב שנים עשר: בני לאה בכור יעקב ראובן
כד ושמעון ולוי ויהודה ויששכר וזבלון: בני רחל יוסף ובנימן:
כה כו ובני בלהה שפחת רחל דן ונפתלי: ובני זלפה שפחת לאה
כז גד ואשר אלה בני יעקב אשר ילד־לו בפדן ארם: ויבא יעקב
אל־יצחק אביו ממרא קרית הארבע הוא חברון אשר־גר־
כח שם אברהם ויצחק: ויהיו ימי יצחק מאת שנה ושמנים שנה:
כט ויגוע יצחק וימת ויאסף אל־עמיו זקן ושבע ימים ויקברו
אתו עשו ויעקב בניו:

לו א ב ואלה תלדות עשו הוא אדום: עשו לקח את־נשיו מבנות
כנען את־עדה בת־אילון החתי ואת־אהליבמה בת־ענה
ג בת־צבעון החוי: ואת־בשמת בת־ישמעאל אחות נביות:
ד ותלד עדה לעשו את־אליפז ובשמת ילדה את־רעואל:
ה ואהליבמה ילדה את־יעיש ואת־יעלם ואת־קרח אלה בני יעוש
ו עשו אשר ילדו־לו בארץ כנען: ויקח עשו את־נשיו ואת־
בניו ואת־בנתיו ואת־כל־נפשות ביתו ואת־מקנהו ואת־
כל־בהמתו ואת כל־קנינו אשר רכש בארץ כנען וילך אל־
ז ארץ מפני יעקב אחיו: כי־היה רכושם רב משבת יחדו ולא
ח יכלה ארץ מגוריהם לשאת אתם מפני מקניהם: וישב עשו
ט בהר שעיר עשו הוא אדום: ואלה תלדות עשו אבי אדום
י בהר שעיר: אלה שמות בני־עשו אליפז בן־עדה אשת עשו
יא רעואל בן־בשמת אשת עשו: ויהיו בני אליפז תימן אומר

יב צְפוֹ וְגַעְתָּם וּקְנַז: וְתִמְנַע ׀ הָיְתָה פִילֶגֶשׁ לֶאֱלִיפַז בֶּן־עֵשָׂו
יג וַתֵּלֶד לֶאֱלִיפַז אֶת־עֲמָלֵק אֵלֶּה בְּנֵי עָדָה אֵשֶׁת עֵשָׂו: וְאֵלֶּה
בְּנֵי רְעוּאֵל נַחַת וָזֶרַח שַׁמָּה וּמִזָּה אֵלֶּה הָיוּ בְּנֵי בָשְׂמַת אֵשֶׁת
יד עֵשָׂו: וְאֵלֶּה הָיוּ בְּנֵי אָהֳלִיבָמָה בַת־עֲנָה בַּת־צִבְעוֹן אֵשֶׁת
טו עֵשָׂו וַתֵּלֶד לְעֵשָׂו אֶת־יעיש וְאֶת־יַעְלָם וְאֶת־קֹרַח: אֵלֶּה יְעוּשׁ
אַלּוּפֵי בְנֵי־עֵשָׂו בְּנֵי אֱלִיפַז בְּכוֹר עֵשָׂו אַלּוּף תֵּימָן אַלּוּף אוֹמָר
טז אַלּוּף צְפוֹ אַלּוּף קְנַז: אַלּוּף־קֹרַח אַלּוּף גַּעְתָּם אַלּוּף עֲמָלֵק
יז אֵלֶּה אַלּוּפֵי אֱלִיפַז בְּאֶרֶץ אֱדוֹם אֵלֶּה בְּנֵי עָדָה: וְאֵלֶּה בְּנֵי
רְעוּאֵל בֶּן־עֵשָׂו אַלּוּף נַחַת אַלּוּף זֶרַח אַלּוּף שַׁמָּה אַלּוּף מִזָּה
אֵלֶּה אַלּוּפֵי רְעוּאֵל בְּאֶרֶץ אֱדוֹם אֵלֶּה בְּנֵי בָשְׂמַת אֵשֶׁת עֵשָׂו:
יח וְאֵלֶּה בְּנֵי אָהֳלִיבָמָה אֵשֶׁת עֵשָׂו אַלּוּף יְעוּשׁ אַלּוּף יַעְלָם אַלּוּף
יט קֹרַח אֵלֶּה אַלּוּפֵי אָהֳלִיבָמָה בַּת־עֲנָה אֵשֶׁת עֵשָׂו: אֵלֶּה בְנֵי־
כ עֵשָׂו וְאֵלֶּה אַלּוּפֵיהֶם הוּא אֱדוֹם: אֵלֶּה בְנֵי־ שביעי
כא שֵׂעִיר הַחֹרִי יֹשְׁבֵי הָאָרֶץ לוֹטָן וְשׁוֹבָל וְצִבְעוֹן וַעֲנָה: וְדִשׁוֹן
כב וְאֵצֶר וְדִישָׁן אֵלֶּה אַלּוּפֵי הַחֹרִי בְּנֵי שֵׂעִיר בְּאֶרֶץ אֱדוֹם: וַיִּהְיוּ
כג בְנֵי־לוֹטָן חֹרִי וְהֵימָם וַאֲחוֹת לוֹטָן תִּמְנָע: וְאֵלֶּה בְּנֵי שׁוֹבָל
כד עַלְוָן וּמָנַחַת וְעֵיבָל שְׁפוֹ וְאוֹנָם: וְאֵלֶּה בְנֵי־צִבְעוֹן וְאַיָּה וַעֲנָה
הוּא עֲנָה אֲשֶׁר מָצָא אֶת־הַיֵּמִם בַּמִּדְבָּר בִּרְעֹתוֹ אֶת־הַחֲמֹרִים
כה לְצִבְעוֹן אָבִיו: וְאֵלֶּה בְנֵי־עֲנָה דִּשֹׁן וְאָהֳלִיבָמָה בַּת־עֲנָה:
כו כז וְאֵלֶּה בְּנֵי דִישָׁן חֶמְדָּן וְאֶשְׁבָּן וְיִתְרָן וּכְרָן: אֵלֶּה בְּנֵי־אֵצֶר
כח כט בִּלְהָן וְזַעֲוָן וַעֲקָן: אֵלֶּה בְנֵי־דִישָׁן עוּץ וַאֲרָן: אֵלֶּה אַלּוּפֵי
ל הַחֹרִי אַלּוּף לוֹטָן אַלּוּף שׁוֹבָל אַלּוּף צִבְעוֹן אַלּוּף עֲנָה: אַלּוּף
דִּשֹׁן אַלּוּף אֵצֶר אַלּוּף דִּישָׁן אֵלֶּה אַלּוּפֵי הַחֹרִי לְאַלֻּפֵיהֶם
בְּאֶרֶץ שֵׂעִיר:

לא וְאֵלֶּה הַמְּלָכִים אֲשֶׁר מָלְכוּ בְּאֶרֶץ אֱדוֹם לִפְנֵי מְלָךְ־מֶלֶךְ
לב לִבְנֵי יִשְׂרָאֵל: וַיִּמְלֹךְ בֶּאֱדוֹם בֶּלַע בֶּן־בְּעוֹר וְשֵׁם עִירוֹ דִּנְהָבָה:
לג לד וַיָּמָת בָּלַע וַיִּמְלֹךְ תַּחְתָּיו יוֹבָב בֶּן־זֶרַח מִבָּצְרָה: וַיָּמָת יוֹבָב

לה וַיִּמְלֹךְ תַּחְתָּיו חֻשָׁם מֵאֶרֶץ הַתֵּימָנִי׃ וַיָּמָת חֻשָׁם וַיִּמְלֹךְ תַּחְתָּיו
הֲדַד בֶּן־בְּדַד הַמַּכֶּה אֶת־מִדְיָן בִּשְׂדֵה מוֹאָב וְשֵׁם עִירוֹ עֲוִית׃
לו לז וַיָּמָת הֲדָד וַיִּמְלֹךְ תַּחְתָּיו שַׂמְלָה מִמַּשְׂרֵקָה׃ וַיָּמָת שַׂמְלָה
לח וַיִּמְלֹךְ תַּחְתָּיו שָׁאוּל מֵרְחֹבוֹת הַנָּהָר׃ וַיָּמָת שָׁאוּל וַיִּמְלֹךְ
לט תַּחְתָּיו בַּעַל חָנָן בֶּן־עַכְבּוֹר׃ וַיָּמָת בַּעַל חָנָן בֶּן־עַכְבּוֹר וַיִּמְלֹךְ
תַּחְתָּיו הֲדַר וְשֵׁם עִירוֹ פָּעוּ וְשֵׁם אִשְׁתּוֹ מְהֵיטַבְאֵל בַּת־
מ מַטְרֵד בַּת מֵי זָהָב׃ וְאֵלֶּה שְׁמוֹת אַלּוּפֵי עֵשָׂו לְמִשְׁפְּחֹתָם מפטיר
לִמְקֹמֹתָם בִּשְׁמֹתָם אַלּוּף תִּמְנָע אַלּוּף עַלְוָה אַלּוּף יְתֵת׃
מא מב אַלּוּף אָהֳלִיבָמָה אַלּוּף אֵלָה אַלּוּף פִּינֹן׃ אַלּוּף קְנַז אַלּוּף תֵּימָן
מג אַלּוּף מִבְצָר׃ אַלּוּף מַגְדִּיאֵל אַלּוּף עִירָם אֵלֶּה ׀ אַלּוּפֵי אֱדוֹם
לְמֹשְׁבֹתָם בְּאֶרֶץ אֲחֻזָּתָם הוּא עֵשָׂו אֲבִי אֱדוֹם׃

לז א ב וַיֵּשֶׁב יַעֲקֹב בְּאֶרֶץ מְגוּרֵי אָבִיו בְּאֶרֶץ כְּנָעַן׃ אֵלֶּה ׀ תֹּלְדוֹת וישב לג
יַעֲקֹב יוֹסֵף בֶּן־שְׁבַע־עֶשְׂרֵה שָׁנָה הָיָה רֹעֶה אֶת־אֶחָיו בַּצֹּאן
וְהוּא נַעַר אֶת־בְּנֵי בִלְהָה וְאֶת־בְּנֵי זִלְפָּה נְשֵׁי אָבִיו וַיָּבֵא
ג יוֹסֵף אֶת־דִּבָּתָם רָעָה אֶל־אֲבִיהֶם׃ וְיִשְׂרָאֵל אָהַב אֶת־יוֹסֵף
ד מִכָּל־בָּנָיו כִּי־בֶן־זְקֻנִים הוּא לוֹ וְעָשָׂה לוֹ כְּתֹנֶת פַּסִּים׃ וַיִּרְאוּ
אֶחָיו כִּי־אֹתוֹ אָהַב אֲבִיהֶם מִכָּל־אֶחָיו וַיִּשְׂנְאוּ אֹתוֹ וְלֹא
ה יָכְלוּ דַּבְּרוֹ לְשָׁלֹם׃ וַיַּחֲלֹם יוֹסֵף חֲלוֹם וַיַּגֵּד לְאֶחָיו וַיּוֹסִפוּ
ו עוֹד שְׂנֹא אֹתוֹ׃ וַיֹּאמֶר אֲלֵיהֶם שִׁמְעוּ־נָא הַחֲלוֹם הַזֶּה אֲשֶׁר
ז חָלָמְתִּי׃ וְהִנֵּה אֲנַחְנוּ מְאַלְּמִים אֲלֻמִּים בְּתוֹךְ הַשָּׂדֶה וְהִנֵּה
קָמָה אֲלֻמָּתִי וְגַם־נִצָּבָה וְהִנֵּה תְסֻבֶּינָה אֲלֻמֹּתֵיכֶם וַתִּשְׁתַּחֲוֶיןָ
ח לַאֲלֻמָּתִי׃ וַיֹּאמְרוּ לוֹ אֶחָיו הֲמָלֹךְ תִּמְלֹךְ עָלֵינוּ אִם־מָשׁוֹל
תִּמְשֹׁל בָּנוּ וַיּוֹסִפוּ עוֹד שְׂנֹא אֹתוֹ עַל־חֲלֹמֹתָיו וְעַל־דְּבָרָיו׃
ט וַיַּחֲלֹם עוֹד חֲלוֹם אַחֵר וַיְסַפֵּר אֹתוֹ לְאֶחָיו וַיֹּאמֶר הִנֵּה חָלַמְתִּי
חֲלוֹם עוֹד וְהִנֵּה הַשֶּׁמֶשׁ וְהַיָּרֵחַ וְאַחַד עָשָׂר כּוֹכָבִים מִשְׁתַּחֲוִים
י לִי׃ וַיְסַפֵּר אֶל־אָבִיו וְאֶל־אֶחָיו וַיִּגְעַר־בּוֹ אָבִיו וַיֹּאמֶר לוֹ מָה
הַחֲלוֹם הַזֶּה אֲשֶׁר חָלָמְתָּ הֲבוֹא נָבוֹא אֲנִי וְאִמְּךָ וְאַחֶיךָ

יא לְהִשְׁתַּחֲוֺת לְךָ אָרְצָה: וַיְקַנְאוּ־בוֹ אֶחָיו וְאָבִיו שָׁמַר אֶת־
יב יג הַדָּבָר: וַיֵּלְכוּ אֶחָיו לִרְעוֹת אֶת־צֹאן אֲבִיהֶם בִּשְׁכֶם: וַיֹּאמֶר שני
יִשְׂרָאֵל אֶל־יוֹסֵף הֲלוֹא אַחֶיךָ רֹעִים בִּשְׁכֶם לְכָה וְאֶשְׁלָחֲךָ
יד אֲלֵיהֶם וַיֹּאמֶר לוֹ הִנֵּנִי: וַיֹּאמֶר לוֹ לֶךְ־נָא רְאֵה אֶת־שְׁלוֹם
אַחֶיךָ וְאֶת־שְׁלוֹם הַצֹּאן וַהֲשִׁבֵנִי דָּבָר וַיִּשְׁלָחֵהוּ מֵעֵמֶק חֶבְרוֹן
טו וַיָּבֹא שְׁכֶמָה: וַיִּמְצָאֵהוּ אִישׁ וְהִנֵּה תֹעֶה בַּשָּׂדֶה וַיִּשְׁאָלֵהוּ
טז הָאִישׁ לֵאמֹר מַה־תְּבַקֵּשׁ: וַיֹּאמֶר אֶת־אַחַי אָנֹכִי מְבַקֵּשׁ
יז הַגִּידָה־נָּא לִי אֵיפֹה הֵם רֹעִים: וַיֹּאמֶר הָאִישׁ נָסְעוּ מִזֶּה כִּי
שָׁמַעְתִּי אֹמְרִים נֵלְכָה דֹּתָיְנָה וַיֵּלֶךְ יוֹסֵף אַחַר אֶחָיו וַיִּמְצָאֵם
יח בְּדֹתָן: וַיִּרְאוּ אֹתוֹ מֵרָחֹק וּבְטֶרֶם יִקְרַב אֲלֵיהֶם וַיִּתְנַכְּלוּ
יט אֹתוֹ לַהֲמִיתוֹ: וַיֹּאמְרוּ אִישׁ אֶל־אָחִיו הִנֵּה בַּעַל הַחֲלֹמוֹת
כ הַלָּזֶה בָּא: וְעַתָּה ׀ לְכוּ וְנַהַרְגֵהוּ וְנַשְׁלִכֵהוּ בְּאַחַד הַבֹּרוֹת
כא וְאָמַרְנוּ חַיָּה רָעָה אֲכָלָתְהוּ וְנִרְאֶה מַה־יִּהְיוּ חֲלֹמֹתָיו: וַיִּשְׁמַע
כב רְאוּבֵן וַיַּצִּלֵהוּ מִיָּדָם וַיֹּאמֶר לֹא נַכֶּנּוּ נָפֶשׁ: וַיֹּאמֶר אֲלֵהֶם ׀
רְאוּבֵן אַל־תִּשְׁפְּכוּ־דָם הַשְׁלִיכוּ אֹתוֹ אֶל־הַבּוֹר הַזֶּה אֲשֶׁר
בַּמִּדְבָּר וְיָד אַל־תִּשְׁלְחוּ־בוֹ לְמַעַן הַצִּיל אֹתוֹ מִיָּדָם לַהֲשִׁיבוֹ
כג אֶל־אָבִיו: וַיְהִי כַּאֲשֶׁר־בָּא יוֹסֵף אֶל־אֶחָיו וַיַּפְשִׁיטוּ אֶת־יוֹסֵף שלישי
כד אֶת־כֻּתָּנְתּוֹ אֶת־כְּתֹנֶת הַפַּסִּים אֲשֶׁר עָלָיו: וַיִּקָּחֻהוּ וַיַּשְׁלִכוּ
כה אֹתוֹ הַבֹּרָה וְהַבּוֹר רֵק אֵין בּוֹ מָיִם: וַיֵּשְׁבוּ לֶאֱכָל־לֶחֶם וַיִּשְׂאוּ
עֵינֵיהֶם וַיִּרְאוּ וְהִנֵּה אֹרְחַת יִשְׁמְעֵאלִים בָּאָה מִגִּלְעָד וּגְמַלֵּיהֶם
כו נֹשְׂאִים נְכֹאת וּצְרִי וָלֹט הוֹלְכִים לְהוֹרִיד מִצְרָיְמָה: וַיֹּאמֶר
יְהוּדָה אֶל־אֶחָיו מַה־בֶּצַע כִּי נַהֲרֹג אֶת־אָחִינוּ וְכִסִּינוּ אֶת־
כז דָּמוֹ: לְכוּ וְנִמְכְּרֶנּוּ לַיִּשְׁמְעֵאלִים וְיָדֵנוּ אַל־תְּהִי־בוֹ כִּי־אָחִינוּ
כח בְשָׂרֵנוּ הוּא וַיִּשְׁמְעוּ אֶחָיו: וַיַּעַבְרוּ אֲנָשִׁים מִדְיָנִים סֹחֲרִים
וַיִּמְשְׁכוּ וַיַּעֲלוּ אֶת־יוֹסֵף מִן־הַבּוֹר וַיִּמְכְּרוּ אֶת־יוֹסֵף לַיִּשְׁמְעֵאלִים
כט בְּעֶשְׂרִים כָּסֶף וַיָּבִיאוּ אֶת־יוֹסֵף מִצְרָיְמָה: וַיָּשָׁב רְאוּבֵן אֶל־
ל הַבּוֹר וְהִנֵּה אֵין־יוֹסֵף בַּבּוֹר וַיִּקְרַע אֶת־בְּגָדָיו: וַיָּשָׁב אֶל־

לא אָחִיו וַיֹּאמַר הַיֶּלֶד אֵינֶנּוּ וַאֲנִי אָנָה אֲנִי־בָא׃ וַיִּקְחוּ אֶת־
כְּתֹנֶת יוֹסֵף וַיִּשְׁחֲטוּ שְׂעִיר עִזִּים וַיִּטְבְּלוּ אֶת־הַכֻּתֹּנֶת בַּדָּם׃
לב וַיְשַׁלְּחוּ אֶת־כְּתֹנֶת הַפַּסִּים וַיָּבִיאוּ אֶל־אֲבִיהֶם וַיֹּאמְרוּ זֹאת
לג מָצָאנוּ הַכֶּר־נָא הַכְּתֹנֶת בִּנְךָ הִוא אִם־לֹא׃ וַיַּכִּירָהּ וַיֹּאמֶר
לד כְּתֹנֶת בְּנִי חַיָּה רָעָה אֲכָלָתְהוּ טָרֹף טֹרַף יוֹסֵף׃ וַיִּקְרַע יַעֲקֹב
שִׂמְלֹתָיו וַיָּשֶׂם שַׂק בְּמָתְנָיו וַיִּתְאַבֵּל עַל־בְּנוֹ יָמִים רַבִּים׃
לה וַיָּקֻמוּ כָל־בָּנָיו וְכָל־בְּנֹתָיו לְנַחֲמוֹ וַיְמָאֵן לְהִתְנַחֵם וַיֹּאמֶר כִּי־
לו אֵרֵד אֶל־בְּנִי אָבֵל שְׁאֹלָה וַיֵּבְךְּ אֹתוֹ אָבִיו׃ וְהַמְּדָנִים מָכְרוּ אֹתוֹ
אֶל־מִצְרָיִם לְפוֹטִיפַר סְרִיס פַּרְעֹה שַׂר הַטַּבָּחִים׃

רביעי לד

לח א וַיְהִי בָּעֵת הַהִוא וַיֵּרֶד יְהוּדָה מֵאֵת אֶחָיו וַיֵּט עַד־אִישׁ עֲדֻלָּמִי
ב וּשְׁמוֹ חִירָה׃ וַיַּרְא־שָׁם יְהוּדָה בַּת־אִישׁ כְּנַעֲנִי וּשְׁמוֹ שׁוּעַ
ג וַיִּקָּחֶהָ וַיָּבֹא אֵלֶיהָ׃ וַתַּהַר וַתֵּלֶד בֵּן וַיִּקְרָא אֶת־שְׁמוֹ עֵר׃
ד ה וַתַּהַר עוֹד וַתֵּלֶד בֵּן וַתִּקְרָא אֶת־שְׁמוֹ אוֹנָן׃ וַתֹּסֶף עוֹד וַתֵּלֶד
ו בֵּן וַתִּקְרָא אֶת־שְׁמוֹ שֵׁלָה וְהָיָה בִכְזִיב בְּלִדְתָּהּ אֹתוֹ׃ וַיִּקַּח
ז יְהוּדָה אִשָּׁה לְעֵר בְּכוֹרוֹ וּשְׁמָהּ תָּמָר׃ וַיְהִי עֵר בְּכוֹר יְהוּדָה
ח רַע בְּעֵינֵי יְהוָה וַיְמִתֵהוּ יְהוָה׃ וַיֹּאמֶר יְהוּדָה לְאוֹנָן בֹּא אֶל־
ט אֵשֶׁת אָחִיךָ וְיַבֵּם אֹתָהּ וְהָקֵם זֶרַע לְאָחִיךָ׃ וַיֵּדַע אוֹנָן כִּי לֹּא
לוֹ יִהְיֶה הַזָּרַע וְהָיָה אִם־בָּא אֶל־אֵשֶׁת אָחִיו וְשִׁחֵת אַרְצָה
י לְבִלְתִּי נְתָן־זֶרַע לְאָחִיו׃ וַיֵּרַע בְּעֵינֵי יְהוָה אֲשֶׁר עָשָׂה וַיָּמֶת
יא גַּם־אֹתוֹ׃ וַיֹּאמֶר יְהוּדָה לְתָמָר כַּלָּתוֹ שְׁבִי אַלְמָנָה בֵית־
אָבִיךְ עַד־יִגְדַּל שֵׁלָה בְנִי כִּי אָמַר פֶּן־יָמוּת גַּם־הוּא כְּאֶחָיו
יב וַתֵּלֶךְ תָּמָר וַתֵּשֶׁב בֵּית אָבִיהָ׃ וַיִּרְבּוּ הַיָּמִים וַתָּמָת בַּת־שׁוּעַ
אֵשֶׁת־יְהוּדָה וַיִּנָּחֶם יְהוּדָה וַיַּעַל עַל־גֹּזְזֵי צֹאנוֹ הוּא וְחִירָה
יג רֵעֵהוּ הָעֲדֻלָּמִי תִּמְנָתָה׃ וַיֻּגַּד לְתָמָר לֵאמֹר הִנֵּה חָמִיךְ עֹלֶה
יד תִמְנָתָה לָגֹז צֹאנוֹ׃ וַתָּסַר בִּגְדֵי אַלְמְנוּתָהּ מֵעָלֶיהָ וַתְּכַס
בַּצָּעִיף וַתִּתְעַלָּף וַתֵּשֶׁב בְּפֶתַח עֵינַיִם אֲשֶׁר עַל־דֶּרֶךְ תִּמְנָתָה
טו כִּי רָאֲתָה כִּי־גָדַל שֵׁלָה וְהִוא לֹא־נִתְּנָה לוֹ לְאִשָּׁה׃ וַיִּרְאֶהָ

טז יְהוּדָה וַיַּחְשְׁבֶהָ לְזוֹנָה כִּי כִסְּתָה פָּנֶיהָ׃ וַיֵּט אֵלֶיהָ אֶל־הַדֶּרֶךְ
וַיֹּאמֶר הָבָה נָּא אָבוֹא אֵלַיִךְ כִּי לֹא יָדַע כִּי כַלָּתוֹ הִוא וַתֹּאמֶר
יז מַה־תִּתֶּן־לִּי כִּי תָבוֹא אֵלָי׃ וַיֹּאמֶר אָנֹכִי אֲשַׁלַּח גְּדִי־עִזִּים
יח מִן־הַצֹּאן וַתֹּאמֶר אִם־תִּתֵּן עֵרָבוֹן עַד שָׁלְחֶךָ׃ וַיֹּאמֶר מָה
הָעֵרָבוֹן אֲשֶׁר אֶתֶּן־לָּךְ וַתֹּאמֶר חֹתָמְךָ וּפְתִילֶךָ וּמַטְּךָ אֲשֶׁר
יט בְּיָדֶךָ וַיִּתֶּן־לָהּ וַיָּבֹא אֵלֶיהָ וַתַּהַר לוֹ׃ וַתָּקָם וַתֵּלֶךְ וַתָּסַר
כ צְעִיפָהּ מֵעָלֶיהָ וַתִּלְבַּשׁ בִּגְדֵי אַלְמְנוּתָהּ׃ וַיִּשְׁלַח יְהוּדָה אֶת־
גְּדִי הָעִזִּים בְּיַד רֵעֵהוּ הָעֲדֻלָּמִי לָקַחַת הָעֵרָבוֹן מִיַּד הָאִשָּׁה
כא וְלֹא מְצָאָהּ׃ וַיִּשְׁאַל אֶת־אַנְשֵׁי מְקֹמָהּ לֵאמֹר אַיֵּה הַקְּדֵשָׁה
כב הִוא בָעֵינַיִם עַל־הַדָּרֶךְ וַיֹּאמְרוּ לֹא־הָיְתָה בָזֶה קְדֵשָׁה׃ וַיָּשָׁב
אֶל־יְהוּדָה וַיֹּאמֶר לֹא מְצָאתִיהָ וְגַם אַנְשֵׁי הַמָּקוֹם אָמְרוּ
כג לֹא־הָיְתָה בָזֶה קְדֵשָׁה׃ וַיֹּאמֶר יְהוּדָה תִּקַּח־לָהּ פֶּן נִהְיֶה
כד לָבוּז הִנֵּה שָׁלַחְתִּי הַגְּדִי הַזֶּה וְאַתָּה לֹא מְצָאתָהּ׃ וַיְהִי כְּמִשְׁלֹשׁ
חֳדָשִׁים וַיֻּגַּד לִיהוּדָה לֵאמֹר זָנְתָה תָּמָר כַּלָּתֶךָ וְגַם הִנֵּה הָרָה
כה לִזְנוּנִים וַיֹּאמֶר יְהוּדָה הוֹצִיאוּהָ וְתִשָּׂרֵף׃ הִוא מוּצֵאת וְהִיא
שָׁלְחָה אֶל־חָמִיהָ לֵאמֹר לְאִישׁ אֲשֶׁר־אֵלֶּה לּוֹ אָנֹכִי הָרָה
וַתֹּאמֶר הַכֶּר־נָא לְמִי הַחֹתֶמֶת וְהַפְּתִילִים וְהַמַּטֶּה הָאֵלֶּה׃
כו וַיַּכֵּר יְהוּדָה וַיֹּאמֶר צָדְקָה מִמֶּנִּי כִּי־עַל־כֵּן לֹא־נְתַתִּיהָ לְשֵׁלָה
כז בְנִי וְלֹא־יָסַף עוֹד לְדַעְתָּהּ׃ וַיְהִי בְּעֵת לִדְתָּהּ וְהִנֵּה תְאוֹמִים
כח בְּבִטְנָהּ׃ וַיְהִי בְלִדְתָּהּ וַיִּתֶּן־יָד וַתִּקַּח הַמְיַלֶּדֶת וַתִּקְשֹׁר עַל־
כט יָדוֹ שָׁנִי לֵאמֹר זֶה יָצָא רִאשֹׁנָה׃ וַיְהִי כְּמֵשִׁיב יָדוֹ וְהִנֵּה יָצָא
ל אָחִיו וַתֹּאמֶר מַה־פָּרַצְתָּ עָלֶיךָ פָּרֶץ וַיִּקְרָא שְׁמוֹ פָּרֶץ׃ וְאַחַר
לט א יָצָא אָחִיו אֲשֶׁר עַל־יָדוֹ הַשָּׁנִי וַיִּקְרָא שְׁמוֹ זָרַח׃ וְיוֹסֵף לה חמישי
הוּרַד מִצְרָיְמָה וַיִּקְנֵהוּ פּוֹטִיפַר סְרִיס פַּרְעֹה שַׂר הַטַּבָּחִים
ב אִישׁ מִצְרִי מִיַּד הַיִּשְׁמְעֵאלִים אֲשֶׁר הוֹרִדֻהוּ שָׁמָּה׃ וַיְהִי יְהוָה
ג אֶת־יוֹסֵף וַיְהִי אִישׁ מַצְלִיחַ וַיְהִי בְּבֵית אֲדֹנָיו הַמִּצְרִי׃ וַיַּרְא
אֲדֹנָיו כִּי יְהוָה אִתּוֹ וְכֹל אֲשֶׁר־הוּא עֹשֶׂה יְהוָה מַצְלִיחַ בְּיָדוֹ׃

ד וַיִּמְצָא יוֹסֵף חֵן בְּעֵינָיו וַיְשָׁרֶת אֹתוֹ וַיַּפְקִדֵהוּ עַל־בֵּיתוֹ וְכָל־
ה יֶשׁ־לוֹ נָתַן בְּיָדוֹ: וַיְהִי מֵאָז הִפְקִיד אֹתוֹ בְּבֵיתוֹ וְעַל כָּל־
אֲשֶׁר יֶשׁ־לוֹ וַיְבָרֶךְ יהוה אֶת־בֵּית הַמִּצְרִי בִּגְלַל יוֹסֵף וַיְהִי
ו בִּרְכַּת יהוה בְּכָל־אֲשֶׁר יֶשׁ־לוֹ בַּבַּיִת וּבַשָּׂדֶה: וַיַּעֲזֹב כָּל־
אֲשֶׁר־לוֹ בְּיַד־יוֹסֵף וְלֹא־יָדַע אִתּוֹ מְאוּמָה כִּי אִם־הַלֶּחֶם
ז אֲשֶׁר־הוּא אוֹכֵל וַיְהִי יוֹסֵף יְפֵה־תֹאַר וִיפֵה מַרְאֶה: וַיְהִי אַחַר ששי
הַדְּבָרִים הָאֵלֶּה וַתִּשָּׂא אֵשֶׁת־אֲדֹנָיו אֶת־עֵינֶיהָ אֶל־יוֹסֵף
ח וַתֹּאמֶר שִׁכְבָה עִמִּי: וַיְמָאֵן ׀ וַיֹּאמֶר אֶל־אֵשֶׁת אֲדֹנָיו הֵן אֲדֹנִי
ט לֹא־יָדַע אִתִּי מַה־בַּבָּיִת וְכֹל אֲשֶׁר־יֶשׁ־לוֹ נָתַן בְּיָדִי: אֵינֶנּוּ
גָדוֹל בַּבַּיִת הַזֶּה מִמֶּנִּי וְלֹא־חָשַׂךְ מִמֶּנִּי מְאוּמָה כִּי אִם־אוֹתָךְ
בַּאֲשֶׁר אַתְּ־אִשְׁתּוֹ וְאֵיךְ אֶעֱשֶׂה הָרָעָה הַגְּדֹלָה הַזֹּאת וְחָטָאתִי
י לֵאלֹהִים: וַיְהִי כְּדַבְּרָהּ אֶל־יוֹסֵף יוֹם ׀ יוֹם וְלֹא־שָׁמַע אֵלֶיהָ
יא לִשְׁכַּב אֶצְלָהּ לִהְיוֹת עִמָּהּ: וַיְהִי כְּהַיּוֹם הַזֶּה וַיָּבֹא הַבַּיְתָה
לַעֲשׂוֹת מְלַאכְתּוֹ וְאֵין אִישׁ מֵאַנְשֵׁי הַבַּיִת שָׁם בַּבָּיִת:
יב וַתִּתְפְּשֵׂהוּ בְּבִגְדוֹ לֵאמֹר שִׁכְבָה עִמִּי וַיַּעֲזֹב בִּגְדוֹ בְּיָדָהּ וַיָּנָס
יג וַיֵּצֵא הַחוּצָה: וַיְהִי כִּרְאוֹתָהּ כִּי־עָזַב בִּגְדוֹ בְּיָדָהּ וַיָּנָס הַחוּצָה:
יד וַתִּקְרָא לְאַנְשֵׁי בֵיתָהּ וַתֹּאמֶר לָהֶם לֵאמֹר רְאוּ הֵבִיא לָנוּ
אִישׁ עִבְרִי לְצַחֶק בָּנוּ בָּא אֵלַי לִשְׁכַּב עִמִּי וָאֶקְרָא בְּקוֹל גָּדוֹל:
טו וַיְהִי כְשָׁמְעוֹ כִּי־הֲרִימֹתִי קוֹלִי וָאֶקְרָא וַיַּעֲזֹב בִּגְדוֹ אֶצְלִי וַיָּנָס
טז וַיֵּצֵא הַחוּצָה: וַתַּנַּח בִּגְדוֹ אֶצְלָהּ עַד־בּוֹא אֲדֹנָיו אֶל־בֵּיתוֹ:
יז וַתְּדַבֵּר אֵלָיו כַּדְּבָרִים הָאֵלֶּה לֵאמֹר בָּא אֵלַי הָעֶבֶד הָעִבְרִי
יח אֲשֶׁר־הֵבֵאתָ לָּנוּ לְצַחֶק בִּי: וַיְהִי כַּהֲרִימִי קוֹלִי וָאֶקְרָא וַיַּעֲזֹב
יט בִּגְדוֹ אֶצְלִי וַיָּנָס הַחוּצָה: וַיְהִי כִשְׁמֹעַ אֲדֹנָיו אֶת־דִּבְרֵי אִשְׁתּוֹ
אֲשֶׁר דִּבְּרָה אֵלָיו לֵאמֹר כַּדְּבָרִים הָאֵלֶּה עָשָׂה לִי עַבְדֶּךָ
כ וַיִּחַר אַפּוֹ: וַיִּקַּח אֲדֹנֵי יוֹסֵף אֹתוֹ וַיִּתְּנֵהוּ אֶל־בֵּית הַסֹּהַר
מְקוֹם אֲשֶׁר־אסורי הַמֶּלֶךְ אֲסוּרִים וַיְהִי־שָׁם בְּבֵית הַסֹּהַר: אֲסִירֵי
כא וַיְהִי יהוה אֶת־יוֹסֵף וַיֵּט אֵלָיו חָסֶד וַיִּתֵּן חִנּוֹ בְּעֵינֵי שַׂר בֵּית־

ס

כב הַסֹּהַר: וַיִּתֵּן שַׂר בֵּית־הַסֹּהַר בְּיַד־יוֹסֵף אֵת כָּל־הָאֲסִירִם
אֲשֶׁר בְּבֵית הַסֹּהַר וְאֵת כָּל־אֲשֶׁר עֹשִׂים שָׁם הוּא הָיָה עֹשֶׂה:
כג אֵין ׀ שַׂר בֵּית־הַסֹּהַר רֹאֶה אֶת־כָּל־מְאוּמָה בְּיָדוֹ בַּאֲשֶׁר יהוה
אִתּוֹ וַאֲשֶׁר־הוּא עֹשֶׂה יהוה מַצְלִיחַ:
מ א וַיְהִי אַחַר הַדְּבָרִים הָאֵלֶּה חָטְאוּ מַשְׁקֵה מֶלֶךְ־מִצְרַיִם וְהָאֹפֶה שביעי
ב לַאֲדֹנֵיהֶם לְמֶלֶךְ מִצְרָיִם: וַיִּקְצֹף פַּרְעֹה עַל שְׁנֵי סָרִיסָיו עַל
ג שַׂר הַמַּשְׁקִים וְעַל שַׂר הָאוֹפִים: וַיִּתֵּן אֹתָם בְּמִשְׁמַר בֵּית שַׂר
ד הַטַּבָּחִים אֶל־בֵּית הַסֹּהַר מְקוֹם אֲשֶׁר יוֹסֵף אָסוּר שָׁם: וַיִּפְקֹד
שַׂר הַטַּבָּחִים אֶת־יוֹסֵף אִתָּם וַיְשָׁרֶת אֹתָם וַיִּהְיוּ יָמִים בְּמִשְׁמָר:
ה וַיַּחַלְמוּ חֲלוֹם שְׁנֵיהֶם אִישׁ חֲלֹמוֹ בְּלַיְלָה אֶחָד אִישׁ כְּפִתְרוֹן
חֲלֹמוֹ הַמַּשְׁקֶה וְהָאֹפֶה אֲשֶׁר לְמֶלֶךְ מִצְרַיִם אֲשֶׁר אֲסוּרִים
ו בְּבֵית הַסֹּהַר: וַיָּבֹא אֲלֵיהֶם יוֹסֵף בַּבֹּקֶר וַיַּרְא אֹתָם וְהִנָּם
ז זֹעֲפִים: וַיִּשְׁאַל אֶת־סְרִיסֵי פַרְעֹה אֲשֶׁר אִתּוֹ בְמִשְׁמַר בֵּית
ח אֲדֹנָיו לֵאמֹר מַדּוּעַ פְּנֵיכֶם רָעִים הַיּוֹם: וַיֹּאמְרוּ אֵלָיו חֲלוֹם
חָלַמְנוּ וּפֹתֵר אֵין אֹתוֹ וַיֹּאמֶר אֲלֵהֶם יוֹסֵף הֲלוֹא לֵאלֹהִים
ט פִּתְרֹנִים סַפְּרוּ־נָא לִי: וַיְסַפֵּר שַׂר־הַמַּשְׁקִים אֶת־חֲלֹמוֹ לְיוֹסֵף
י וַיֹּאמֶר לוֹ בַּחֲלוֹמִי וְהִנֵּה־גֶפֶן לְפָנָי: וּבַגֶּפֶן שְׁלֹשָׁה שָׂרִיגִם
יא וְהִוא כְפֹרַחַת עָלְתָה נִצָּהּ הִבְשִׁילוּ אַשְׁכְּלֹתֶיהָ עֲנָבִים: וְכוֹס
פַּרְעֹה בְּיָדִי וָאֶקַּח אֶת־הָעֲנָבִים וָאֶשְׂחַט אֹתָם אֶל־כּוֹס פַּרְעֹה
יב וָאֶתֵּן אֶת־הַכּוֹס עַל־כַּף פַּרְעֹה: וַיֹּאמֶר לוֹ יוֹסֵף זֶה פִּתְרֹנוֹ
יג שְׁלֹשֶׁת הַשָּׂרִגִים שְׁלֹשֶׁת יָמִים הֵם: בְּעוֹד ׀ שְׁלֹשֶׁת יָמִים יִשָּׂא
פַרְעֹה אֶת־רֹאשֶׁךָ וַהֲשִׁיבְךָ עַל־כַּנֶּךָ וְנָתַתָּ כוֹס־פַּרְעֹה בְּיָדוֹ
יד כַּמִּשְׁפָּט הָרִאשׁוֹן אֲשֶׁר הָיִיתָ מַשְׁקֵהוּ: כִּי אִם־זְכַרְתַּנִי אִתְּךָ
כַּאֲשֶׁר יִיטַב לָךְ וְעָשִׂיתָ־נָּא עִמָּדִי חָסֶד וְהִזְכַּרְתַּנִי אֶל־פַּרְעֹה
טו וְהוֹצֵאתַנִי מִן־הַבַּיִת הַזֶּה: כִּי־גֻנֹּב גֻּנַּבְתִּי מֵאֶרֶץ הָעִבְרִים
טז וְגַם־פֹּה לֹא־עָשִׂיתִי מְאוּמָה כִּי־שָׂמוּ אֹתִי בַּבּוֹר: וַיַּרְא שַׂר־
הָאֹפִים כִּי טוֹב פָּתָר וַיֹּאמֶר אֶל־יוֹסֵף אַף־אֲנִי בַּחֲלוֹמִי וְהִנֵּה

יז שְׁלֹשָׁה סַלֵּי חֹרִי עַל־רֹאשִׁי: וּבַסַּל הָעֶלְיוֹן מִכֹּל מַאֲכַל פַּרְעֹה
יח מַעֲשֵׂה אֹפֶה וְהָעוֹף אֹכֵל אֹתָם מִן־הַסַּל מֵעַל רֹאשִׁי: וַיַּעַן
יוֹסֵף וַיֹּאמֶר זֶה פִּתְרֹנוֹ שְׁלֹשֶׁת הַסַּלִּים שְׁלֹשֶׁת יָמִים הֵם:
יט בְּעוֹד שְׁלֹשֶׁת יָמִים יִשָּׂא פַרְעֹה אֶת־רֹאשְׁךָ מֵעָלֶיךָ וְתָלָה
כ אוֹתְךָ עַל־עֵץ וְאָכַל הָעוֹף אֶת־בְּשָׂרְךָ מֵעָלֶיךָ: וַיְהִי בַּיּוֹם מפטיר
הַשְּׁלִישִׁי יוֹם הֻלֶּדֶת אֶת־פַּרְעֹה וַיַּעַשׂ מִשְׁתֶּה לְכָל־עֲבָדָיו
וַיִּשָּׂא אֶת־רֹאשׁ שַׂר הַמַּשְׁקִים וְאֶת־רֹאשׁ שַׂר הָאֹפִים בְּתוֹךְ
כא עֲבָדָיו: וַיָּשֶׁב אֶת־שַׂר הַמַּשְׁקִים עַל־מַשְׁקֵהוּ וַיִּתֵּן הַכּוֹס עַל־
כב כַּף פַּרְעֹה: וְאֵת שַׂר הָאֹפִים תָּלָה כַּאֲשֶׁר פָּתַר לָהֶם יוֹסֵף:
כג וְלֹא־זָכַר שַׂר־הַמַּשְׁקִים אֶת־יוֹסֵף וַיִּשְׁכָּחֵהוּ:

מא א וַיְהִי מִקֵּץ שְׁנָתַיִם יָמִים וּפַרְעֹה חֹלֵם וְהִנֵּה עֹמֵד עַל־הַיְאֹר: מקץ לו
ב וְהִנֵּה מִן־הַיְאֹר עֹלֹת שֶׁבַע פָּרוֹת יְפוֹת מַרְאֶה וּבְרִיאֹת בָּשָׂר
ג וַתִּרְעֶינָה בָּאָחוּ: וְהִנֵּה שֶׁבַע פָּרוֹת אֲחֵרוֹת עֹלוֹת אַחֲרֵיהֶן מִן־
הַיְאֹר רָעוֹת מַרְאֶה וְדַקּוֹת בָּשָׂר וַתַּעֲמֹדְנָה אֵצֶל הַפָּרוֹת עַל־
ד שְׂפַת הַיְאֹר: וַתֹּאכַלְנָה הַפָּרוֹת רָעוֹת הַמַּרְאֶה וְדַקֹּת הַבָּשָׂר
ה אֵת שֶׁבַע הַפָּרוֹת יְפֹת הַמַּרְאֶה וְהַבְּרִיאֹת וַיִּיקַץ פַּרְעֹה: וַיִּישָׁן
וַיַּחֲלֹם שֵׁנִית וְהִנֵּה שֶׁבַע שִׁבֳּלִים עֹלוֹת בְּקָנֶה אֶחָד בְּרִיאוֹת
ו וְטֹבוֹת: וְהִנֵּה שֶׁבַע שִׁבֳּלִים דַּקּוֹת וּשְׁדוּפֹת קָדִים צֹמְחוֹת
ז אַחֲרֵיהֶן: וַתִּבְלַעְנָה הַשִּׁבֳּלִים הַדַּקּוֹת אֵת שֶׁבַע הַשִּׁבֳּלִים
ח הַבְּרִיאוֹת וְהַמְּלֵאוֹת וַיִּיקַץ פַּרְעֹה וְהִנֵּה חֲלוֹם: וַיְהִי בַבֹּקֶר
וַתִּפָּעֶם רוּחוֹ וַיִּשְׁלַח וַיִּקְרָא אֶת־כָּל־חַרְטֻמֵּי מִצְרַיִם וְאֶת־
כָּל־חֲכָמֶיהָ וַיְסַפֵּר פַּרְעֹה לָהֶם אֶת־חֲלֹמוֹ וְאֵין־פּוֹתֵר אוֹתָם
ט לְפַרְעֹה: וַיְדַבֵּר שַׂר הַמַּשְׁקִים אֶת־פַּרְעֹה לֵאמֹר אֶת־חֲטָאַי
י אֲנִי מַזְכִּיר הַיּוֹם: פַּרְעֹה קָצַף עַל־עֲבָדָיו וַיִּתֵּן אֹתִי בְּמִשְׁמַר
יא בֵּית שַׂר הַטַּבָּחִים אֹתִי וְאֵת שַׂר הָאֹפִים: וַנַּחַלְמָה חֲלוֹם
יב בְּלַיְלָה אֶחָד אֲנִי וָהוּא אִישׁ כְּפִתְרוֹן חֲלֹמוֹ חָלָמְנוּ: וְשָׁם
אִתָּנוּ נַעַר עִבְרִי עֶבֶד לְשַׂר הַטַּבָּחִים וַנְּסַפֶּר־לוֹ וַיִּפְתָּר־לָנוּ

יג אֶת־חֲלֹמֹתֵינוּ אִישׁ כַּחֲלֹמוֹ פָּתָר׃ וַיְהִי כַּאֲשֶׁר פָּתַר־לָנוּ כֵּן
יד הָיָה אֹתִי הֵשִׁיב עַל־כַּנִּי וְאֹתוֹ תָלָה׃ וַיִּשְׁלַח פַּרְעֹה וַיִּקְרָא
אֶת־יוֹסֵף וַיְרִיצֻהוּ מִן־הַבּוֹר וַיְגַלַּח וַיְחַלֵּף שִׂמְלֹתָיו וַיָּבֹא אֶל־
טו פַּרְעֹה׃ וַיֹּאמֶר פַּרְעֹה אֶל־יוֹסֵף חֲלוֹם חָלַמְתִּי וּפֹתֵר אֵין אֹתוֹ שני
טז וַאֲנִי שָׁמַעְתִּי עָלֶיךָ לֵאמֹר תִּשְׁמַע חֲלוֹם לִפְתֹּר אֹתוֹ׃ וַיַּעַן
יוֹסֵף אֶת־פַּרְעֹה לֵאמֹר בִּלְעָדָי אֱלֹהִים יַעֲנֶה אֶת־שְׁלוֹם פַּרְעֹה׃
יז וַיְדַבֵּר פַּרְעֹה אֶל־יוֹסֵף בַּחֲלֹמִי הִנְנִי עֹמֵד עַל־שְׂפַת הַיְאֹר׃
יח וְהִנֵּה מִן־הַיְאֹר עֹלֹת שֶׁבַע פָּרוֹת בְּרִיאוֹת בָּשָׂר וִיפֹת תֹּאַר
יט וַתִּרְעֶינָה בָּאָחוּ׃ וְהִנֵּה שֶׁבַע פָּרוֹת אֲחֵרוֹת עֹלוֹת אַחֲרֵיהֶן
דַּלּוֹת וְרָעוֹת תֹּאַר מְאֹד וְרַקּוֹת בָּשָׂר לֹא־רָאִיתִי כָהֵנָּה בְּכָל־
כ אֶרֶץ מִצְרַיִם לָרֹעַ׃ וַתֹּאכַלְנָה הַפָּרוֹת הָרַקּוֹת וְהָרָעוֹת אֵת
כא שֶׁבַע הַפָּרוֹת הָרִאשֹׁנוֹת הַבְּרִיאֹת׃ וַתָּבֹאנָה אֶל־קִרְבֶּנָה
וְלֹא נוֹדַע כִּי־בָאוּ אֶל־קִרְבֶּנָה וּמַרְאֵיהֶן רַע כַּאֲשֶׁר בַּתְּחִלָּה
כב וָאִיקָץ׃ וָאֵרֶא בַּחֲלֹמִי וְהִנֵּה ׀ שֶׁבַע שִׁבֳּלִים עֹלֹת בְּקָנֶה
כג אֶחָד מְלֵאֹת וְטֹבוֹת׃ וְהִנֵּה שֶׁבַע שִׁבֳּלִים צְנֻמוֹת דַּקּוֹת
כד שְׁדֻפוֹת קָדִים צֹמְחוֹת אַחֲרֵיהֶם׃ וַתִּבְלַעְןָ הַשִּׁבֳּלִים הַדַּקֹּת
אֵת שֶׁבַע הַשִּׁבֳּלִים הַטֹּבוֹת וָאֹמַר אֶל־הַחַרְטֻמִּים וְאֵין מַגִּיד
כה לִי׃ וַיֹּאמֶר יוֹסֵף אֶל־פַּרְעֹה חֲלוֹם פַּרְעֹה אֶחָד הוּא אֵת אֲשֶׁר
כו הָאֱלֹהִים עֹשֶׂה הִגִּיד לְפַרְעֹה׃ שֶׁבַע פָּרֹת הַטֹּבֹת שֶׁבַע שָׁנִים
הֵנָּה וְשֶׁבַע הַשִּׁבֳּלִים הַטֹּבֹת שֶׁבַע שָׁנִים הֵנָּה חֲלוֹם אֶחָד
כז הוּא׃ וְשֶׁבַע הַפָּרוֹת הָרַקּוֹת וְהָרָעֹת הָעֹלֹת אַחֲרֵיהֶן שֶׁבַע
שָׁנִים הֵנָּה וְשֶׁבַע הַשִּׁבֳּלִים הָרֵקוֹת שְׁדֻפוֹת הַקָּדִים יִהְיוּ שֶׁבַע
כח שְׁנֵי רָעָב׃ הוּא הַדָּבָר אֲשֶׁר דִּבַּרְתִּי אֶל־פַּרְעֹה אֲשֶׁר הָאֱלֹהִים
כט עֹשֶׂה הֶרְאָה אֶת־פַּרְעֹה׃ הִנֵּה שֶׁבַע שָׁנִים בָּאוֹת שָׂבָע גָּדוֹל
ל בְּכָל־אֶרֶץ מִצְרָיִם׃ וְקָמוּ שֶׁבַע שְׁנֵי רָעָב אַחֲרֵיהֶן וְנִשְׁכַּח
לא כָּל־הַשָּׂבָע בְּאֶרֶץ מִצְרָיִם וְכִלָּה הָרָעָב אֶת־הָאָרֶץ׃ וְלֹא־
יִוָּדַע הַשָּׂבָע בָּאָרֶץ מִפְּנֵי הָרָעָב הַהוּא אַחֲרֵי־כֵן כִּי־כָבֵד

הוּא מְאֹד׃ וְעַל הִשָּׁנוֹת הַחֲלוֹם אֶל־פַּרְעֹה פַּעֲמָיִם כִּי־נָכוֹן לב
הַדָּבָר מֵעִם הָאֱלֹהִים וּמְמַהֵר הָאֱלֹהִים לַעֲשֹׂתוֹ׃ וְעַתָּה יֵרֶא לג
פַרְעֹה אִישׁ נָבוֹן וְחָכָם וִישִׁיתֵהוּ עַל־אֶרֶץ מִצְרָיִם׃ יַעֲשֶׂה לד
פַרְעֹה וְיַפְקֵד פְּקִדִים עַל־הָאָרֶץ וְחִמֵּשׁ אֶת־אֶרֶץ מִצְרַיִם
בְּשֶׁבַע שְׁנֵי הַשָּׂבָע׃ וְיִקְבְּצוּ אֶת־כָּל־אֹכֶל הַשָּׁנִים הַטֹּבֹת לה
הַבָּאֹת הָאֵלֶּה וְיִצְבְּרוּ־בָר תַּחַת יַד־פַּרְעֹה אֹכֶל בֶּעָרִים וְשָׁמָרוּ׃
וְהָיָה הָאֹכֶל לְפִקָּדוֹן לָאָרֶץ לְשֶׁבַע שְׁנֵי הָרָעָב אֲשֶׁר תִּהְיֶיןָ לו
בְּאֶרֶץ מִצְרָיִם וְלֹא־תִכָּרֵת הָאָרֶץ בָּרָעָב׃ וַיִּיטַב הַדָּבָר בְּעֵינֵי לז
לז פַרְעֹה וּבְעֵינֵי כָּל־עֲבָדָיו׃ וַיֹּאמֶר פַּרְעֹה אֶל־עֲבָדָיו הֲנִמְצָא לח
שלישי כָזֶה אִישׁ אֲשֶׁר רוּחַ אֱלֹהִים בּוֹ׃ וַיֹּאמֶר פַּרְעֹה אֶל־יוֹסֵף אַחֲרֵי לט
הוֹדִיעַ אֱלֹהִים אוֹתְךָ אֶת־כָּל־זֹאת אֵין־נָבוֹן וְחָכָם כָּמוֹךָ׃
אַתָּה תִּהְיֶה עַל־בֵּיתִי וְעַל־פִּיךָ יִשַּׁק כָּל־עַמִּי רַק הַכִּסֵּא אֶגְדַּל מ
מִמֶּךָּ׃ וַיֹּאמֶר פַּרְעֹה אֶל־יוֹסֵף רְאֵה נָתַתִּי אֹתְךָ עַל כָּל־ מא
אֶרֶץ מִצְרָיִם׃ וַיָּסַר פַּרְעֹה אֶת־טַבַּעְתּוֹ מֵעַל יָדוֹ וַיִּתֵּן אֹתָהּ מב
עַל־יַד יוֹסֵף וַיַּלְבֵּשׁ אֹתוֹ בִּגְדֵי־שֵׁשׁ וַיָּשֶׂם רְבִד הַזָּהָב עַל־
צַוָּארוֹ׃ וַיַּרְכֵּב אֹתוֹ בְּמִרְכֶּבֶת הַמִּשְׁנֶה אֲשֶׁר־לוֹ וַיִּקְרְאוּ לְפָנָיו מג
אַבְרֵךְ וְנָתוֹן אֹתוֹ עַל כָּל־אֶרֶץ מִצְרָיִם׃ וַיֹּאמֶר פַּרְעֹה אֶל־ מד
יוֹסֵף אֲנִי פַרְעֹה וּבִלְעָדֶיךָ לֹא־יָרִים אִישׁ אֶת־יָדוֹ וְאֶת־רַגְלוֹ
בְּכָל־אֶרֶץ מִצְרָיִם׃ וַיִּקְרָא פַרְעֹה שֵׁם־יוֹסֵף צָפְנַת פַּעְנֵחַ וַיִּתֶּן־ מה
לוֹ אֶת־אָסְנַת בַּת־פּוֹטִי פֶרַע כֹּהֵן אֹן לְאִשָּׁה וַיֵּצֵא יוֹסֵף עַל־
אֶרֶץ מִצְרָיִם׃ וְיוֹסֵף בֶּן־שְׁלֹשִׁים שָׁנָה בְּעָמְדוֹ לִפְנֵי פַּרְעֹה מו
מֶלֶךְ־מִצְרָיִם וַיֵּצֵא יוֹסֵף מִלִּפְנֵי פַרְעֹה וַיַּעֲבֹר בְּכָל־אֶרֶץ
מִצְרָיִם׃ וַתַּעַשׂ הָאָרֶץ בְּשֶׁבַע שְׁנֵי הַשָּׂבָע לִקְמָצִים׃ וַיִּקְבֹּץ מז מח
אֶת־כָּל־אֹכֶל ׀ שֶׁבַע שָׁנִים אֲשֶׁר הָיוּ בְּאֶרֶץ מִצְרַיִם וַיִּתֶּן־
אֹכֶל בֶּעָרִים אֹכֶל שְׂדֵה־הָעִיר אֲשֶׁר סְבִיבֹתֶיהָ נָתַן בְּתוֹכָהּ׃
וַיִּצְבֹּר יוֹסֵף בָּר כְּחוֹל הַיָּם הַרְבֵּה מְאֹד עַד כִּי־חָדַל לִסְפֹּר מט
כִּי־אֵין מִסְפָּר׃ וּלְיוֹסֵף יֻלַּד שְׁנֵי בָנִים בְּטֶרֶם תָּבוֹא שְׁנַת נ

נא הָרָעָב אֲשֶׁר יָלְדָה־לּוֹ אָסְנַת בַּת־פּוֹטִי פֶרַע כֹּהֵן אוֹן׃ וַיִּקְרָא
יוֹסֵף אֶת־שֵׁם הַבְּכוֹר מְנַשֶּׁה כִּי־נַשַּׁנִי אֱלֹהִים אֶת־כָּל־עֲמָלִי
נב וְאֵת כָּל־בֵּית אָבִי׃ וְאֵת שֵׁם הַשֵּׁנִי קָרָא אֶפְרָיִם כִּי־הִפְרַנִי
נג אֱלֹהִים בְּאֶרֶץ עָנְיִי׃ וַתִּכְלֶינָה שֶׁבַע שְׁנֵי הַשָּׂבָע אֲשֶׁר הָיָה רביעי
נד בְּאֶרֶץ מִצְרָיִם׃ וַתְּחִלֶּינָה שֶׁבַע שְׁנֵי הָרָעָב לָבוֹא כַּאֲשֶׁר אָמַר
יוֹסֵף וַיְהִי רָעָב בְּכָל־הָאֲרָצוֹת וּבְכָל־אֶרֶץ מִצְרַיִם הָיָה לָחֶם׃
נה וַתִּרְעַב כָּל־אֶרֶץ מִצְרַיִם וַיִּצְעַק הָעָם אֶל־פַּרְעֹה לַלָּחֶם וַיֹּאמֶר
פַּרְעֹה לְכָל־מִצְרַיִם לְכוּ אֶל־יוֹסֵף אֲשֶׁר־יֹאמַר לָכֶם תַּעֲשׂוּ׃
נו וְהָרָעָב הָיָה עַל כָּל־פְּנֵי הָאָרֶץ וַיִּפְתַּח יוֹסֵף אֶת־כָּל־אֲשֶׁר
נז בָּהֶם וַיִּשְׁבֹּר לְמִצְרַיִם וַיֶּחֱזַק הָרָעָב בְּאֶרֶץ מִצְרָיִם׃ וְכָל־הָאָרֶץ
בָּאוּ מִצְרַיְמָה לִשְׁבֹּר אֶל־יוֹסֵף כִּי־חָזַק הָרָעָב בְּכָל־הָאָרֶץ׃
מב א וַיַּרְא יַעֲקֹב כִּי יֶשׁ־שֶׁבֶר בְּמִצְרָיִם וַיֹּאמֶר יַעֲקֹב לְבָנָיו לָמָּה
ב תִּתְרָאוּ׃ וַיֹּאמֶר הִנֵּה שָׁמַעְתִּי כִּי יֶשׁ־שֶׁבֶר בְּמִצְרָיִם רְדוּ־שָׁמָּה
ג וְשִׁבְרוּ־לָנוּ מִשָּׁם וְנִחְיֶה וְלֹא נָמוּת׃ וַיֵּרְדוּ אֲחֵי־יוֹסֵף עֲשָׂרָה
ד לִשְׁבֹּר בָּר מִמִּצְרָיִם׃ וְאֶת־בִּנְיָמִין אֲחִי יוֹסֵף לֹא־שָׁלַח יַעֲקֹב
ה אֶת־אֶחָיו כִּי אָמַר פֶּן־יִקְרָאֶנּוּ אָסוֹן׃ וַיָּבֹאוּ בְּנֵי יִשְׂרָאֵל לִשְׁבֹּר
ו בְּתוֹךְ הַבָּאִים כִּי־הָיָה הָרָעָב בְּאֶרֶץ כְּנָעַן׃ וְיוֹסֵף הוּא הַשַּׁלִּיט
עַל־הָאָרֶץ הוּא הַמַּשְׁבִּיר לְכָל־עַם הָאָרֶץ וַיָּבֹאוּ אֲחֵי יוֹסֵף
ז וַיִּשְׁתַּחֲווּ־לוֹ אַפַּיִם אָרְצָה׃ וַיַּרְא יוֹסֵף אֶת־אֶחָיו וַיַּכִּרֵם וַיִּתְנַכֵּר
אֲלֵיהֶם וַיְדַבֵּר אִתָּם קָשׁוֹת וַיֹּאמֶר אֲלֵהֶם מֵאַיִן בָּאתֶם וַיֹּאמְרוּ
ח מֵאֶרֶץ כְּנַעַן לִשְׁבָּר־אֹכֶל׃ וַיַּכֵּר יוֹסֵף אֶת־אֶחָיו וְהֵם לֹא
ט הִכִּרֻהוּ׃ וַיִּזְכֹּר יוֹסֵף אֵת הַחֲלֹמוֹת אֲשֶׁר חָלַם לָהֶם וַיֹּאמֶר
אֲלֵהֶם מְרַגְּלִים אַתֶּם לִרְאוֹת אֶת־עֶרְוַת הָאָרֶץ בָּאתֶם׃
י יא וַיֹּאמְרוּ אֵלָיו לֹא אֲדֹנִי וַעֲבָדֶיךָ בָּאוּ לִשְׁבָּר־אֹכֶל׃ כֻּלָּנוּ בְּנֵי
יב אִישׁ־אֶחָד נָחְנוּ כֵּנִים אֲנַחְנוּ לֹא־הָיוּ עֲבָדֶיךָ מְרַגְּלִים׃ וַיֹּאמֶר
יג אֲלֵהֶם לֹא כִּי־עֶרְוַת הָאָרֶץ בָּאתֶם לִרְאוֹת׃ וַיֹּאמְרוּ שְׁנֵים
עָשָׂר עֲבָדֶיךָ אַחִים ׀ אֲנַחְנוּ בְּנֵי אִישׁ־אֶחָד בְּאֶרֶץ כְּנָעַן וְהִנֵּה

יד הַקָּטֹן אֶת־אָבִינוּ הַיּוֹם וְהָאֶחָד אֵינֶנּוּ׃ וַיֹּאמֶר אֲלֵהֶם יוֹסֵף
טו הוּא אֲשֶׁר דִּבַּרְתִּי אֲלֵכֶם לֵאמֹר מְרַגְּלִים אַתֶּם׃ בְּזֹאת תִּבָּחֵנוּ
חֵי פַרְעֹה אִם־תֵּצְאוּ מִזֶּה כִּי אִם־בְּבוֹא אֲחִיכֶם הַקָּטֹן הֵנָּה׃
טז שִׁלְחוּ מִכֶּם אֶחָד וְיִקַּח אֶת־אֲחִיכֶם וְאַתֶּם הֵאָסְרוּ וְיִבָּחֲנוּ
דִּבְרֵיכֶם הַאֱמֶת אִתְּכֶם וְאִם־לֹא חֵי פַרְעֹה כִּי מְרַגְּלִים אַתֶּם׃
לח יז יח וַיֶּאֱסֹף אֹתָם אֶל־מִשְׁמָר שְׁלֹשֶׁת יָמִים׃ וַיֹּאמֶר אֲלֵהֶם יוֹסֵף
חמישי יט בַּיּוֹם הַשְּׁלִישִׁי זֹאת עֲשׂוּ וִחְיוּ אֶת־הָאֱלֹהִים אֲנִי יָרֵא׃ אִם־
כֵּנִים אַתֶּם אֲחִיכֶם אֶחָד יֵאָסֵר בְּבֵית מִשְׁמַרְכֶם וְאַתֶּם לְכוּ
כ הָבִיאוּ שֶׁבֶר רַעֲבוֹן בָּתֵּיכֶם׃ וְאֶת־אֲחִיכֶם הַקָּטֹן תָּבִיאוּ אֵלַי
כא וְיֵאָמְנוּ דִבְרֵיכֶם וְלֹא תָמוּתוּ וַיַּעֲשׂוּ־כֵן׃ וַיֹּאמְרוּ אִישׁ אֶל־
אָחִיו אֲבָל אֲשֵׁמִים ׀ אֲנַחְנוּ עַל־אָחִינוּ אֲשֶׁר רָאִינוּ צָרַת נַפְשׁוֹ
בְּהִתְחַנְנוֹ אֵלֵינוּ וְלֹא שָׁמָעְנוּ עַל־כֵּן בָּאָה אֵלֵינוּ הַצָּרָה הַזֹּאת׃
כב וַיַּעַן רְאוּבֵן אֹתָם לֵאמֹר הֲלוֹא אָמַרְתִּי אֲלֵיכֶם ׀ לֵאמֹר אַל־
כג תֶּחֶטְאוּ בַיֶּלֶד וְלֹא שְׁמַעְתֶּם וְגַם־דָּמוֹ הִנֵּה נִדְרָשׁ׃ וְהֵם לֹא
כד יָדְעוּ כִּי שֹׁמֵעַ יוֹסֵף כִּי הַמֵּלִיץ בֵּינֹתָם׃ וַיִּסֹּב מֵעֲלֵיהֶם וַיֵּבְךְּ
וַיָּשָׁב אֲלֵהֶם וַיְדַבֵּר אֲלֵהֶם וַיִּקַּח מֵאִתָּם אֶת־שִׁמְעוֹן וַיֶּאֱסֹר
כה אֹתוֹ לְעֵינֵיהֶם׃ וַיְצַו יוֹסֵף וַיְמַלְאוּ אֶת־כְּלֵיהֶם בָּר וּלְהָשִׁיב
כַּסְפֵּיהֶם אִישׁ אֶל־שַׂקּוֹ וְלָתֵת לָהֶם צֵדָה לַדָּרֶךְ וַיַּעַשׂ לָהֶם
כו כז כֵּן׃ וַיִּשְׂאוּ אֶת־שִׁבְרָם עַל־חֲמֹרֵיהֶם וַיֵּלְכוּ מִשָּׁם׃ וַיִּפְתַּח
הָאֶחָד אֶת־שַׂקּוֹ לָתֵת מִסְפּוֹא לַחֲמֹרוֹ בַּמָּלוֹן וַיַּרְא אֶת־כַּסְפּוֹ
כח וְהִנֵּה־הוּא בְּפִי אַמְתַּחְתּוֹ׃ וַיֹּאמֶר אֶל־אֶחָיו הוּשַׁב כַּסְפִּי וְגַם
הִנֵּה בְאַמְתַּחְתִּי וַיֵּצֵא לִבָּם וַיֶּחֶרְדוּ אִישׁ אֶל־אָחִיו לֵאמֹר מַה־
כט זֹּאת עָשָׂה אֱלֹהִים לָנוּ׃ וַיָּבֹאוּ אֶל־יַעֲקֹב אֲבִיהֶם אַרְצָה כְּנָעַן
ל וַיַּגִּידוּ לוֹ אֵת כָּל־הַקֹּרֹת אֹתָם לֵאמֹר׃ דִּבֶּר הָאִישׁ אֲדֹנֵי
לא הָאָרֶץ אִתָּנוּ קָשׁוֹת וַיִּתֵּן אֹתָנוּ כִּמְרַגְּלִים אֶת־הָאָרֶץ׃ וַנֹּאמֶר
לב אֵלָיו כֵּנִים אֲנָחְנוּ לֹא הָיִינוּ מְרַגְּלִים׃ שְׁנֵים־עָשָׂר אֲנַחְנוּ אַחִים
בְּנֵי אָבִינוּ הָאֶחָד אֵינֶנּוּ וְהַקָּטֹן הַיּוֹם אֶת־אָבִינוּ בְּאֶרֶץ כְּנָעַן׃

לג וַיֹּאמֶר אֵלֵינוּ הָאִישׁ אֲדֹנֵי הָאָרֶץ בְּזֹאת אֵדַע כִּי כֵנִים אַתֶּם
אֲחִיכֶם הָאֶחָד הַנִּיחוּ אִתִּי וְאֶת־רַעֲבוֹן בָּתֵּיכֶם קְחוּ וָלֵכוּ׃
לד וְהָבִיאוּ אֶת־אֲחִיכֶם הַקָּטֹן אֵלַי וְאֵדְעָה כִּי לֹא מְרַגְּלִים אַתֶּם
לה כִּי כֵנִים אַתֶּם אֶת־אֲחִיכֶם אֶתֵּן לָכֶם וְאֶת־הָאָרֶץ תִּסְחָרוּ׃ וַיְהִי
הֵם מְרִיקִים שַׂקֵּיהֶם וְהִנֵּה־אִישׁ צְרוֹר־כַּסְפּוֹ בְּשַׂקּוֹ וַיִּרְאוּ אֶת־
לו צְרֹרוֹת כַּסְפֵּיהֶם הֵמָּה וַאֲבִיהֶם וַיִּירָאוּ׃ וַיֹּאמֶר אֲלֵהֶם יַעֲקֹב
אֲבִיהֶם אֹתִי שִׁכַּלְתֶּם יוֹסֵף אֵינֶנּוּ וְשִׁמְעוֹן אֵינֶנּוּ וְאֶת־בִּנְיָמִן
לז תִּקָּחוּ עָלַי הָיוּ כֻלָּנָה׃ וַיֹּאמֶר רְאוּבֵן אֶל־אָבִיו לֵאמֹר אֶת־
שְׁנֵי בָנַי תָּמִית אִם־לֹא אֲבִיאֶנּוּ אֵלֶיךָ תְּנָה אֹתוֹ עַל־יָדִי וַאֲנִי
לח אֲשִׁיבֶנּוּ אֵלֶיךָ׃ וַיֹּאמֶר לֹא־יֵרֵד בְּנִי עִמָּכֶם כִּי־אָחִיו מֵת וְהוּא
לְבַדּוֹ נִשְׁאָר וּקְרָאָהוּ אָסוֹן בַּדֶּרֶךְ אֲשֶׁר תֵּלְכוּ־בָהּ וְהוֹרַדְתֶּם
מג א ב אֶת־שֵׂיבָתִי בְּיָגוֹן שְׁאוֹלָה׃ וְהָרָעָב כָּבֵד בָּאָרֶץ׃ וַיְהִי כַּאֲשֶׁר
כִּלּוּ לֶאֱכֹל אֶת־הַשֶּׁבֶר אֲשֶׁר הֵבִיאוּ מִמִּצְרָיִם וַיֹּאמֶר אֲלֵיהֶם
ג אֲבִיהֶם שֻׁבוּ שִׁבְרוּ־לָנוּ מְעַט־אֹכֶל׃ וַיֹּאמֶר אֵלָיו יְהוּדָה
לֵאמֹר הָעֵד הֵעִד בָּנוּ הָאִישׁ לֵאמֹר לֹא־תִרְאוּ פָנַי בִּלְתִּי
ד אֲחִיכֶם אִתְּכֶם׃ אִם־יֶשְׁךָ מְשַׁלֵּחַ אֶת־אָחִינוּ אִתָּנוּ נֵרְדָה
ה וְנִשְׁבְּרָה לְךָ אֹכֶל׃ וְאִם־אֵינְךָ מְשַׁלֵּחַ לֹא נֵרֵד כִּי־הָאִישׁ אָמַר
ו אֵלֵינוּ לֹא־תִרְאוּ פָנַי בִּלְתִּי אֲחִיכֶם אִתְּכֶם׃ וַיֹּאמֶר יִשְׂרָאֵל
ז לָמָה הֲרֵעֹתֶם לִי לְהַגִּיד לָאִישׁ הַעוֹד לָכֶם אָח׃ וַיֹּאמְרוּ שָׁאוֹל
שָׁאַל־הָאִישׁ לָנוּ וּלְמוֹלַדְתֵּנוּ לֵאמֹר הַעוֹד אֲבִיכֶם חַי הֲיֵשׁ
לָכֶם אָח וַנַּגֶּד־לוֹ עַל־פִּי הַדְּבָרִים הָאֵלֶּה הֲיָדוֹעַ נֵדַע כִּי יֹאמַר
ח הוֹרִידוּ אֶת־אֲחִיכֶם׃ וַיֹּאמֶר יְהוּדָה אֶל־יִשְׂרָאֵל אָבִיו שִׁלְחָה
הַנַּעַר אִתִּי וְנָקוּמָה וְנֵלֵכָה וְנִחְיֶה וְלֹא נָמוּת גַּם־אֲנַחְנוּ גַם־
ט אַתָּה גַּם־טַפֵּנוּ׃ אָנֹכִי אֶעֶרְבֶנּוּ מִיָּדִי תְּבַקְשֶׁנּוּ אִם־לֹא הֲבִיאֹתִיו
י אֵלֶיךָ וְהִצַּגְתִּיו לְפָנֶיךָ וְחָטָאתִי לְךָ כָּל־הַיָּמִים׃ כִּי לוּלֵא
יא הִתְמַהְמָהְנוּ כִּי־עַתָּה שַׁבְנוּ זֶה פַעֲמָיִם׃ וַיֹּאמֶר אֲלֵהֶם יִשְׂרָאֵל
אֲבִיהֶם אִם־כֵּן ׀ אֵפוֹא זֹאת עֲשׂוּ קְחוּ מִזִּמְרַת הָאָרֶץ בִּכְלֵיכֶם

וְהוֹרִידוּ לָאִישׁ מִנְחָה מְעַט צֳרִי וּמְעַט דְּבַשׁ נְכֹאת וָלֹט בָּטְנִים
יב וּשְׁקֵדִים׃ וְכֶסֶף מִשְׁנֶה קְחוּ בְיֶדְכֶם וְאֶת־הַכֶּסֶף הַמּוּשָׁב בְּפִי
יג אַמְתְּחֹתֵיכֶם תָּשִׁיבוּ בְיֶדְכֶם אוּלַי מִשְׁגֶּה הוּא׃ וְאֶת־אֲחִיכֶם
לט יד קְחוּ וְקוּמוּ שׁוּבוּ אֶל־הָאִישׁ׃ וְאֵל שַׁדַּי יִתֵּן לָכֶם רַחֲמִים לִפְנֵי
הָאִישׁ וְשִׁלַּח לָכֶם אֶת־אֲחִיכֶם אַחֵר וְאֶת־בִּנְיָמִין וַאֲנִי כַּאֲשֶׁר
טו שָׁכֹלְתִּי שָׁכָלְתִּי׃ וַיִּקְחוּ הָאֲנָשִׁים אֶת־הַמִּנְחָה הַזֹּאת וּמִשְׁנֶה־
כֶּסֶף לָקְחוּ בְיָדָם וְאֶת־בִּנְיָמִן וַיָּקֻמוּ וַיֵּרְדוּ מִצְרַיִם וַיַּעַמְדוּ
ששי טז לִפְנֵי יוֹסֵף׃ וַיַּרְא יוֹסֵף אִתָּם אֶת־בִּנְיָמִין וַיֹּאמֶר לַאֲשֶׁר עַל־
בֵּיתוֹ הָבֵא אֶת־הָאֲנָשִׁים הַבָּיְתָה וּטְבֹחַ טֶבַח וְהָכֵן כִּי אִתִּי
יז יֹאכְלוּ הָאֲנָשִׁים בַּצָּהֳרָיִם׃ וַיַּעַשׂ הָאִישׁ כַּאֲשֶׁר אָמַר יוֹסֵף
יח וַיָּבֵא הָאִישׁ אֶת־הָאֲנָשִׁים בֵּיתָה יוֹסֵף׃ וַיִּירְאוּ הָאֲנָשִׁים כִּי
הוּבְאוּ בֵּית יוֹסֵף וַיֹּאמְרוּ עַל־דְּבַר הַכֶּסֶף הַשָּׁב בְּאַמְתְּחֹתֵינוּ
בַּתְּחִלָּה אֲנַחְנוּ מוּבָאִים לְהִתְגֹּלֵל עָלֵינוּ וּלְהִתְנַפֵּל עָלֵינוּ
יט וְלָקַחַת אֹתָנוּ לַעֲבָדִים וְאֶת־חֲמֹרֵינוּ׃ וַיִּגְּשׁוּ אֶל־הָאִישׁ אֲשֶׁר
כ עַל־בֵּית יוֹסֵף וַיְדַבְּרוּ אֵלָיו פֶּתַח הַבָּיִת׃ וַיֹּאמְרוּ בִּי אֲדֹנִי יָרֹד
כא יָרַדְנוּ בַּתְּחִלָּה לִשְׁבָּר־אֹכֶל׃ וַיְהִי כִּי־בָאנוּ אֶל־הַמָּלוֹן וַנִּפְתְּחָה
אֶת־אַמְתְּחֹתֵינוּ וְהִנֵּה כֶסֶף־אִישׁ בְּפִי אַמְתַּחְתּוֹ כַּסְפֵּנוּ
כב בְּמִשְׁקָלוֹ וַנָּשֶׁב אֹתוֹ בְּיָדֵנוּ׃ וְכֶסֶף אַחֵר הוֹרַדְנוּ בְיָדֵנוּ לִשְׁבָּר־
כג אֹכֶל לֹא יָדַעְנוּ מִי־שָׂם כַּסְפֵּנוּ בְּאַמְתְּחֹתֵינוּ׃ וַיֹּאמֶר שָׁלוֹם
לָכֶם אַל־תִּירָאוּ אֱלֹהֵיכֶם וֵאלֹהֵי אֲבִיכֶם נָתַן לָכֶם מַטְמוֹן
בְּאַמְתְּחֹתֵיכֶם כַּסְפְּכֶם בָּא אֵלָי וַיּוֹצֵא אֲלֵהֶם אֶת־שִׁמְעוֹן׃
כד וַיָּבֵא הָאִישׁ אֶת־הָאֲנָשִׁים בֵּיתָה יוֹסֵף וַיִּתֶּן־מַיִם וַיִּרְחֲצוּ
כה רַגְלֵיהֶם וַיִּתֵּן מִסְפּוֹא לַחֲמֹרֵיהֶם׃ וַיָּכִינוּ אֶת־הַמִּנְחָה עַד־בּוֹא
כו יוֹסֵף בַּצָּהֳרָיִם כִּי שָׁמְעוּ כִּי־שָׁם יֹאכְלוּ לָחֶם׃ וַיָּבֹא יוֹסֵף
הַבַּיְתָה וַיָּבִיאוּ לוֹ אֶת־הַמִּנְחָה אֲשֶׁר־בְּיָדָם הַבָּיְתָה וַיִּשְׁתַּחֲווּ־
כז לוֹ אָרְצָה׃ וַיִּשְׁאַל לָהֶם לְשָׁלוֹם וַיֹּאמֶר הֲשָׁלוֹם אֲבִיכֶם הַזָּקֵן
כח אֲשֶׁר אֲמַרְתֶּם הַעוֹדֶנּוּ חָי׃ וַיֹּאמְרוּ שָׁלוֹם לְעַבְדְּךָ לְאָבִינוּ

כט עוֹדֶנּוּ חָי וַיִּקְּדוּ וַיִּשְׁתַּחֲוֻ: וַיִּשָּׂא עֵינָיו וַיַּרְא אֶת־בִּנְיָמִין אָחִיו
בֶּן־אִמּוֹ וַיֹּאמֶר הֲזֶה אֲחִיכֶם הַקָּטֹן אֲשֶׁר אֲמַרְתֶּם אֵלָי וַיֹּאמַר
ל אֱלֹהִים יָחְנְךָ בְּנִי: וַיְמַהֵר יוֹסֵף כִּי־נִכְמְרוּ רַחֲמָיו אֶל־אָחִיו שביעי
לא וַיְבַקֵּשׁ לִבְכּוֹת וַיָּבֹא הַחַדְרָה וַיֵּבְךְּ שָׁמָּה: וַיִּרְחַץ פָּנָיו וַיֵּצֵא
לב וַיִּתְאַפַּק וַיֹּאמֶר שִׂימוּ לָחֶם: וַיָּשִׂימוּ לוֹ לְבַדּוֹ וְלָהֶם לְבַדָּם
וְלַמִּצְרִים הָאֹכְלִים אִתּוֹ לְבַדָּם כִּי לֹא יוּכְלוּן הַמִּצְרִים לֶאֱכֹל
לג אֶת־הָעִבְרִים לֶחֶם כִּי־תוֹעֵבָה הִוא לְמִצְרָיִם: וַיֵּשְׁבוּ לְפָנָיו
הַבְּכֹר כִּבְכֹרָתוֹ וְהַצָּעִיר כִּצְעִרָתוֹ וַיִּתְמְהוּ הָאֲנָשִׁים אִישׁ אֶל־
לד רֵעֵהוּ: וַיִּשָּׂא מַשְׂאֹת מֵאֵת פָּנָיו אֲלֵהֶם וַתֵּרֶב מַשְׂאַת בִּנְיָמִן
מד א מִמַּשְׂאֹת כֻּלָּם חָמֵשׁ יָדוֹת וַיִּשְׁתּוּ וַיִּשְׁכְּרוּ עִמּוֹ: וַיְצַו אֶת־אֲשֶׁר
עַל־בֵּיתוֹ לֵאמֹר מַלֵּא אֶת־אַמְתְּחֹת הָאֲנָשִׁים אֹכֶל כַּאֲשֶׁר
ב יוּכְלוּן שְׂאֵת וְשִׂים כֶּסֶף־אִישׁ בְּפִי אַמְתַּחְתּוֹ: וְאֶת־גְּבִיעִי
גְּבִיעַ הַכֶּסֶף תָּשִׂים בְּפִי אַמְתַּחַת הַקָּטֹן וְאֵת כֶּסֶף שִׁבְרוֹ וַיַּעַשׂ
ג כִּדְבַר יוֹסֵף אֲשֶׁר דִּבֵּר: הַבֹּקֶר אוֹר וְהָאֲנָשִׁים שֻׁלְּחוּ הֵמָּה
ד וַחֲמֹרֵיהֶם: הֵם יָצְאוּ אֶת־הָעִיר לֹא הִרְחִיקוּ וְיוֹסֵף אָמַר לַאֲשֶׁר
עַל־בֵּיתוֹ קוּם רְדֹף אַחֲרֵי הָאֲנָשִׁים וְהִשַּׂגְתָּם וְאָמַרְתָּ אֲלֵהֶם
ה לָמָּה שִׁלַּמְתֶּם רָעָה תַּחַת טוֹבָה: הֲלוֹא זֶה אֲשֶׁר יִשְׁתֶּה אֲדֹנִי
ו בּוֹ וְהוּא נַחֵשׁ יְנַחֵשׁ בּוֹ הֲרֵעֹתֶם אֲשֶׁר עֲשִׂיתֶם: וַיַּשִּׂגֵם וַיְדַבֵּר
ז אֲלֵהֶם אֶת־הַדְּבָרִים הָאֵלֶּה: וַיֹּאמְרוּ אֵלָיו לָמָּה יְדַבֵּר אֲדֹנִי
ח כַּדְּבָרִים הָאֵלֶּה חָלִילָה לַעֲבָדֶיךָ מֵעֲשׂוֹת כַּדָּבָר הַזֶּה: הֵן כֶּסֶף
אֲשֶׁר מָצָאנוּ בְּפִי אַמְתְּחֹתֵינוּ הֱשִׁיבֹנוּ אֵלֶיךָ מֵאֶרֶץ כְּנָעַן וְאֵיךְ
ט נִגְנֹב מִבֵּית אֲדֹנֶיךָ כֶּסֶף אוֹ זָהָב: אֲשֶׁר יִמָּצֵא אִתּוֹ מֵעֲבָדֶיךָ
י וָמֵת וְגַם־אֲנַחְנוּ נִהְיֶה לַאדֹנִי לַעֲבָדִים: וַיֹּאמֶר גַּם־עַתָּה
כְדִבְרֵיכֶם כֶּן־הוּא אֲשֶׁר יִמָּצֵא אִתּוֹ יִהְיֶה־לִּי עָבֶד וְאַתֶּם
יא תִּהְיוּ נְקִיִּם: וַיְמַהֲרוּ וַיּוֹרִדוּ אִישׁ אֶת־אַמְתַּחְתּוֹ אָרְצָה וַיִּפְתְּחוּ
יב אִישׁ אַמְתַּחְתּוֹ: וַיְחַפֵּשׂ בַּגָּדוֹל הֵחֵל וּבַקָּטֹן כִּלָּה וַיִּמָּצֵא הַגָּבִיעַ
יג בְּאַמְתַּחַת בִּנְיָמִן: וַיִּקְרְעוּ שִׂמְלֹתָם וַיַּעֲמֹס אִישׁ עַל־חֲמֹרוֹ

מפטיר וַיָּשֻׁבוּ הָעִירָה׃ וַיָּבֹא יְהוּדָה וְאֶחָיו בֵּיתָה יוֹסֵף וְהוּא עוֹדֶנּוּ יד
שָׁם וַיִּפְּלוּ לְפָנָיו אָרְצָה׃ וַיֹּאמֶר לָהֶם יוֹסֵף מָה־הַמַּעֲשֶׂה הַזֶּה טו
אֲשֶׁר עֲשִׂיתֶם הֲלוֹא יְדַעְתֶּם כִּי־נַחֵשׁ יְנַחֵשׁ אִישׁ אֲשֶׁר כָּמֹנִי׃
וַיֹּאמֶר יְהוּדָה מַה־נֹּאמַר לַאדֹנִי מַה־נְּדַבֵּר וּמַה־נִּצְטַדָּק טז
הָאֱלֹהִים מָצָא אֶת־עֲוֺן עֲבָדֶיךָ הִנֶּנּוּ עֲבָדִים לַאדֹנִי גַּם־אֲנַחְנוּ
גַּם אֲשֶׁר־נִמְצָא הַגָּבִיעַ בְּיָדוֹ׃ וַיֹּאמֶר חָלִילָה לִּי מֵעֲשׂוֹת זֹאת יז
הָאִישׁ אֲשֶׁר נִמְצָא הַגָּבִיעַ בְּיָדוֹ הוּא יִהְיֶה־לִּי עָבֶד וְאַתֶּם
ויגש מ עֲלוּ לְשָׁלוֹם אֶל־אֲבִיכֶם׃ וַיִּגַּשׁ אֵלָיו יְהוּדָה יח
וַיֹּאמֶר בִּי אֲדֹנִי יְדַבֶּר־נָא עַבְדְּךָ דָבָר בְּאָזְנֵי אֲדֹנִי וְאַל־יִחַר
אַפְּךָ בְּעַבְדֶּךָ כִּי כָמוֹךָ כְּפַרְעֹה׃ אֲדֹנִי שָׁאַל אֶת־עֲבָדָיו לֵאמֹר יט
הֲיֵשׁ־לָכֶם אָב אוֹ־אָח׃ וַנֹּאמֶר אֶל־אֲדֹנִי יֶשׁ־לָנוּ אָב זָקֵן כ
וְיֶלֶד זְקֻנִים קָטָן וְאָחִיו מֵת וַיִּוָּתֵר הוּא לְבַדּוֹ לְאִמּוֹ וְאָבִיו
אֲהֵבוֹ׃ וַתֹּאמֶר אֶל־עֲבָדֶיךָ הוֹרִדֻהוּ אֵלָי וְאָשִׂימָה עֵינִי עָלָיו׃ כא
וַנֹּאמֶר אֶל־אֲדֹנִי לֹא־יוּכַל הַנַּעַר לַעֲזֹב אֶת־אָבִיו וְעָזַב אֶת־ כב
אָבִיו וָמֵת׃ וַתֹּאמֶר אֶל־עֲבָדֶיךָ אִם־לֹא יֵרֵד אֲחִיכֶם הַקָּטֹן כג
אִתְּכֶם לֹא תֹסִפוּן לִרְאוֹת פָּנָי׃ וַיְהִי כִּי עָלִינוּ אֶל־עַבְדְּךָ אָבִי כד
וַנַּגֶּד־לוֹ אֵת דִּבְרֵי אֲדֹנִי׃ וַיֹּאמֶר אָבִינוּ שֻׁבוּ שִׁבְרוּ־לָנוּ מְעַט־ כה
אֹכֶל׃ וַנֹּאמֶר לֹא נוּכַל לָרֶדֶת אִם־יֵשׁ אָחִינוּ הַקָּטֹן אִתָּנוּ כו
וְיָרַדְנוּ כִּי־לֹא נוּכַל לִרְאוֹת פְּנֵי הָאִישׁ וְאָחִינוּ הַקָּטֹן אֵינֶנּוּ
אִתָּנוּ׃ וַיֹּאמֶר עַבְדְּךָ אָבִי אֵלֵינוּ אַתֶּם יְדַעְתֶּם כִּי שְׁנַיִם יָלְדָה־ כז
לִּי אִשְׁתִּי׃ וַיֵּצֵא הָאֶחָד מֵאִתִּי וָאֹמַר אַךְ טָרֹף טֹרָף וְלֹא כח
רְאִיתִיו עַד־הֵנָּה׃ וּלְקַחְתֶּם גַּם־אֶת־זֶה מֵעִם פָּנַי וְקָרָהוּ אָסוֹן כט
וְהוֹרַדְתֶּם אֶת־שֵׂיבָתִי בְּרָעָה שְׁאֹלָה׃ וְעַתָּה כְּבֹאִי אֶל־עַבְדְּךָ ל
שני אָבִי וְהַנַּעַר אֵינֶנּוּ אִתָּנוּ וְנַפְשׁוֹ קְשׁוּרָה בְנַפְשׁוֹ׃ וְהָיָה כִּרְאוֹתוֹ לא
כִּי־אֵין הַנַּעַר וָמֵת וְהוֹרִידוּ עֲבָדֶיךָ אֶת־שֵׂיבַת עַבְדְּךָ אָבִינוּ
בְּיָגוֹן שְׁאֹלָה׃ כִּי עַבְדְּךָ עָרַב אֶת־הַנַּעַר מֵעִם אָבִי לֵאמֹר לב
אִם־לֹא אֲבִיאֶנּוּ אֵלֶיךָ וְחָטָאתִי לְאָבִי כָּל־הַיָּמִים׃ וְעַתָּה לג

יֵשֶׁב־נָא עַבְדְּךָ תַּחַת הַנַּעַר עֶבֶד לַאדֹנִי וְהַנַּעַר יַעַל עִם־אֶחָיו׃
לד כִּי־אֵיךְ אֶעֱלֶה אֶל־אָבִי וְהַנַּעַר אֵינֶנּוּ אִתִּי פֶּן אֶרְאֶה בָרָע
מה א אֲשֶׁר יִמְצָא אֶת־אָבִי׃ וְלֹא־יָכֹל יוֹסֵף לְהִתְאַפֵּק לְכֹל הַנִּצָּבִים
עָלָיו וַיִּקְרָא הוֹצִיאוּ כָל־אִישׁ מֵעָלָי וְלֹא־עָמַד אִישׁ אִתּוֹ
ב בְּהִתְוַדַּע יוֹסֵף אֶל־אֶחָיו׃ וַיִּתֵּן אֶת־קֹלוֹ בִּבְכִי וַיִּשְׁמְעוּ מִצְרַיִם
ג וַיִּשְׁמַע בֵּית פַּרְעֹה׃ וַיֹּאמֶר יוֹסֵף אֶל־אֶחָיו אֲנִי יוֹסֵף הַעוֹד
ד אָבִי חָי וְלֹא־יָכְלוּ אֶחָיו לַעֲנוֹת אֹתוֹ כִּי נִבְהֲלוּ מִפָּנָיו׃ וַיֹּאמֶר
יוֹסֵף אֶל־אֶחָיו גְּשׁוּ־נָא אֵלַי וַיִּגָּשׁוּ וַיֹּאמֶר אֲנִי יוֹסֵף אֲחִיכֶם
ה אֲשֶׁר־מְכַרְתֶּם אֹתִי מִצְרָיְמָה׃ וְעַתָּה ׀ אַל־תֵּעָצְבוּ וְאַל־יִחַר
בְּעֵינֵיכֶם כִּי־מְכַרְתֶּם אֹתִי הֵנָּה כִּי לְמִחְיָה שְׁלָחַנִי אֱלֹהִים
ו לִפְנֵיכֶם׃ כִּי־זֶה שְׁנָתַיִם הָרָעָב בְּקֶרֶב הָאָרֶץ וְעוֹד חָמֵשׁ שָׁנִים
ז אֲשֶׁר אֵין־חָרִישׁ וְקָצִיר׃ וַיִּשְׁלָחֵנִי אֱלֹהִים לִפְנֵיכֶם לָשׂוּם לָכֶם
ח שְׁאֵרִית בָּאָרֶץ וּלְהַחֲיוֹת לָכֶם לִפְלֵיטָה גְּדֹלָה׃ וְעַתָּה לֹא־אַתֶּם שלישי
שְׁלַחְתֶּם אֹתִי הֵנָּה כִּי הָאֱלֹהִים וַיְשִׂימֵנִי לְאָב לְפַרְעֹה וּלְאָדוֹן
ט לְכָל־בֵּיתוֹ וּמֹשֵׁל בְּכָל־אֶרֶץ מִצְרָיִם׃ מַהֲרוּ וַעֲלוּ אֶל־אָבִי
וַאֲמַרְתֶּם אֵלָיו כֹּה אָמַר בִּנְךָ יוֹסֵף שָׂמַנִי אֱלֹהִים לְאָדוֹן לְכָל־
י מִצְרָיִם רְדָה אֵלַי אַל־תַּעֲמֹד׃ וְיָשַׁבְתָּ בְאֶרֶץ־גֹּשֶׁן וְהָיִיתָ קָרוֹב
אֵלַי אַתָּה וּבָנֶיךָ וּבְנֵי בָנֶיךָ וְצֹאנְךָ וּבְקָרְךָ וְכָל־אֲשֶׁר־לָךְ׃
יא וְכִלְכַּלְתִּי אֹתְךָ שָׁם כִּי־עוֹד חָמֵשׁ שָׁנִים רָעָב פֶּן־תִּוָּרֵשׁ אַתָּה
יב וּבֵיתְךָ וְכָל־אֲשֶׁר־לָךְ׃ וְהִנֵּה עֵינֵיכֶם רֹאוֹת וְעֵינֵי אָחִי בִנְיָמִין
יג כִּי־פִי הַמְדַבֵּר אֲלֵיכֶם׃ וְהִגַּדְתֶּם לְאָבִי אֶת־כָּל־כְּבוֹדִי בְּמִצְרַיִם
וְאֵת כָּל־אֲשֶׁר רְאִיתֶם וּמִהַרְתֶּם וְהוֹרַדְתֶּם אֶת־אָבִי הֵנָּה׃
יד וַיִּפֹּל עַל־צַוְּארֵי בִנְיָמִן־אָחִיו וַיֵּבְךְּ וּבִנְיָמִן בָּכָה עַל־צַוָּארָיו׃
טו וַיְנַשֵּׁק לְכָל־אֶחָיו וַיֵּבְךְּ עֲלֵהֶם וְאַחֲרֵי כֵן דִּבְּרוּ אֶחָיו אִתּוֹ׃
טז וְהַקֹּל נִשְׁמַע בֵּית פַּרְעֹה לֵאמֹר בָּאוּ אֲחֵי יוֹסֵף וַיִּיטַב בְּעֵינֵי
יז פַרְעֹה וּבְעֵינֵי עֲבָדָיו׃ וַיֹּאמֶר פַּרְעֹה אֶל־יוֹסֵף אֱמֹר אֶל־אַחֶיךָ
יח זֹאת עֲשׂוּ טַעֲנוּ אֶת־בְּעִירְכֶם וּלְכוּ־בֹאוּ אַרְצָה כְּנָעַן׃ וּקְחוּ

אֶת־אֲבִיכֶם וְאֶת־בָּתֵּיכֶם וּבֹאוּ אֵלָי וְאֶתְּנָה לָכֶם אֶת־טוּב
רביעי אֶרֶץ מִצְרַיִם וְאִכְלוּ אֶת־חֵלֶב הָאָרֶץ׃ וְאַתָּה צֻוֵּיתָה זֹאת עֲשׂוּ יט
קְחוּ־לָכֶם מֵאֶרֶץ מִצְרַיִם עֲגָלוֹת לְטַפְּכֶם וְלִנְשֵׁיכֶם וּנְשָׂאתֶם
אֶת־אֲבִיכֶם וּבָאתֶם׃ וְעֵינְכֶם אַל־תָּחֹס עַל־כְּלֵיכֶם כִּי־טוּב כ
כָּל־אֶרֶץ מִצְרַיִם לָכֶם הוּא׃ וַיַּעֲשׂוּ־כֵן בְּנֵי יִשְׂרָאֵל וַיִּתֵּן לָהֶם כא
יוֹסֵף עֲגָלוֹת עַל־פִּי פַרְעֹה וַיִּתֵּן לָהֶם צֵדָה לַדָּרֶךְ׃ לְכֻלָּם נָתַן כב
לָאִישׁ חֲלִפוֹת שְׂמָלֹת וּלְבִנְיָמִן נָתַן שְׁלֹשׁ מֵאוֹת כֶּסֶף וְחָמֵשׁ
חֲלִפֹת שְׂמָלֹת׃ וּלְאָבִיו שָׁלַח כְּזֹאת עֲשָׂרָה חֲמֹרִים נֹשְׂאִים כג
מִטּוּב מִצְרָיִם וְעֶשֶׂר אֲתֹנֹת נֹשְׂאֹת בָּר וָלֶחֶם וּמָזוֹן לְאָבִיו
לַדָּרֶךְ׃ וַיְשַׁלַּח אֶת־אֶחָיו וַיֵּלֵכוּ וַיֹּאמֶר אֲלֵהֶם אַל־תִּרְגְּזוּ כד
בַּדָּרֶךְ׃ וַיַּעֲלוּ מִמִּצְרָיִם וַיָּבֹאוּ אֶרֶץ כְּנַעַן אֶל־יַעֲקֹב אֲבִיהֶם׃ כה
וַיַּגִּדוּ לוֹ לֵאמֹר עוֹד יוֹסֵף חַי וְכִי־הוּא מֹשֵׁל בְּכָל־אֶרֶץ מִצְרָיִם כו
וַיָּפָג לִבּוֹ כִּי לֹא־הֶאֱמִין לָהֶם׃ וַיְדַבְּרוּ אֵלָיו אֵת כָּל־דִּבְרֵי כז
יוֹסֵף אֲשֶׁר דִּבֶּר אֲלֵהֶם וַיַּרְא אֶת־הָעֲגָלוֹת אֲשֶׁר־שָׁלַח יוֹסֵף
חמישי לָשֵׂאת אֹתוֹ וַתְּחִי רוּחַ יַעֲקֹב אֲבִיהֶם׃ וַיֹּאמֶר יִשְׂרָאֵל רַב עוֹד־ כח
יוֹסֵף בְּנִי חָי אֵלְכָה וְאֶרְאֶנּוּ בְּטֶרֶם אָמוּת׃ וַיִּסַּע יִשְׂרָאֵל וְכָל־ מו א
אֲשֶׁר־לוֹ וַיָּבֹא בְּאֵרָה שָּׁבַע וַיִּזְבַּח זְבָחִים לֵאלֹהֵי אָבִיו יִצְחָק׃
וַיֹּאמֶר אֱלֹהִים ׀ לְיִשְׂרָאֵל בְּמַרְאֹת הַלַּיְלָה וַיֹּאמֶר יַעֲקֹב ׀ יַעֲקֹב ב
וַיֹּאמֶר הִנֵּנִי׃ וַיֹּאמֶר אָנֹכִי הָאֵל אֱלֹהֵי אָבִיךָ אַל־תִּירָא מֵרְדָה ג
מִצְרַיְמָה כִּי־לְגוֹי גָּדוֹל אֲשִׂימְךָ שָׁם׃ אָנֹכִי אֵרֵד עִמְּךָ מִצְרַיְמָה ד
וְאָנֹכִי אַעַלְךָ גַם־עָלֹה וְיוֹסֵף יָשִׁית יָדוֹ עַל־עֵינֶיךָ׃ וַיָּקָם יַעֲקֹב ה
מִבְּאֵר שָׁבַע וַיִּשְׂאוּ בְנֵי־יִשְׂרָאֵל אֶת־יַעֲקֹב אֲבִיהֶם וְאֶת־טַפָּם
וְאֶת־נְשֵׁיהֶם בָּעֲגָלוֹת אֲשֶׁר־שָׁלַח פַּרְעֹה לָשֵׂאת אֹתוֹ׃ וַיִּקְחוּ ו
אֶת־מִקְנֵיהֶם וְאֶת־רְכוּשָׁם אֲשֶׁר רָכְשׁוּ בְּאֶרֶץ כְּנַעַן וַיָּבֹאוּ
מִצְרָיְמָה יַעֲקֹב וְכָל־זַרְעוֹ אִתּוֹ׃ בָּנָיו וּבְנֵי בָנָיו אִתּוֹ בְּנֹתָיו וּבְנוֹת ז
בָּנָיו וְכָל־זַרְעוֹ הֵבִיא אִתּוֹ מִצְרָיְמָה׃ וְאֵלֶּה שְׁמוֹת ח
בְּנֵי־יִשְׂרָאֵל הַבָּאִים מִצְרַיְמָה יַעֲקֹב וּבָנָיו בְּכֹר יַעֲקֹב רְאוּבֵן׃

ט י וּבְנֵי רְאוּבֵן חֲנוֹךְ וּפַלּוּא וְחֶצְרֹן וְכַרְמִי׃ וּבְנֵי שִׁמְעוֹן יְמוּאֵל
יא וְיָמִין וְאֹהַד וְיָכִין וְצֹחַר וְשָׁאוּל בֶּן־הַכְּנַעֲנִית׃ וּבְנֵי לֵוִי גֵּרְשׁוֹן
יב קְהָת וּמְרָרִי׃ וּבְנֵי יְהוּדָה עֵר וְאוֹנָן וְשֵׁלָה וָפֶרֶץ וָזָרַח וַיָּמָת
יג עֵר וְאוֹנָן בְּאֶרֶץ כְּנַעַן וַיִּהְיוּ בְנֵי־פֶרֶץ חֶצְרֹן וְחָמוּל׃ וּבְנֵי
יד יִשָּׂשכָר תּוֹלָע וּפֻוָּה וְיוֹב וְשִׁמְרֹן׃ וּבְנֵי זְבֻלוּן סֶרֶד וְאֵלוֹן וְיַחְלְאֵל׃
טו אֵלֶּה ׀ בְּנֵי לֵאָה אֲשֶׁר יָלְדָה לְיַעֲקֹב בְּפַדַּן אֲרָם וְאֵת דִּינָה
טז בִתּוֹ כָּל־נֶפֶשׁ בָּנָיו וּבְנוֹתָיו שְׁלֹשִׁים וְשָׁלֹשׁ׃ וּבְנֵי גָד צִפְיוֹן
יז וְחַגִּי שׁוּנִי וְאֶצְבֹּן עֵרִי וַאֲרוֹדִי וְאַרְאֵלִי׃ וּבְנֵי אָשֵׁר יִמְנָה וְיִשְׁוָה
יח וְיִשְׁוִי וּבְרִיעָה וְשֶׂרַח אֲחֹתָם וּבְנֵי בְרִיעָה חֶבֶר וּמַלְכִּיאֵל׃ אֵלֶּה
בְּנֵי זִלְפָּה אֲשֶׁר־נָתַן לָבָן לְלֵאָה בִתּוֹ וַתֵּלֶד אֶת־אֵלֶּה לְיַעֲקֹב
יט כ שֵׁשׁ עֶשְׂרֵה נָפֶשׁ׃ בְּנֵי רָחֵל אֵשֶׁת יַעֲקֹב יוֹסֵף וּבִנְיָמִן׃ וַיִּוָּלֵד
לְיוֹסֵף בְּאֶרֶץ מִצְרַיִם אֲשֶׁר יָלְדָה־לּוֹ אָסְנַת בַּת־פּוֹטִי פֶרַע
כא כֹּהֵן אֹן אֶת־מְנַשֶּׁה וְאֶת־אֶפְרָיִם׃ וּבְנֵי בִנְיָמִן בֶּלַע וָבֶכֶר
כב וְאַשְׁבֵּל גֵּרָא וְנַעֲמָן אֵחִי וָרֹאשׁ מֻפִּים וְחֻפִּים וָאָרְדְּ׃ אֵלֶּה בְּנֵי
כג רָחֵל אֲשֶׁר יֻלַּד לְיַעֲקֹב כָּל־נֶפֶשׁ אַרְבָּעָה עָשָׂר׃ וּבְנֵי־דָן חֻשִׁים׃
כד כה וּבְנֵי נַפְתָּלִי יַחְצְאֵל וְגוּנִי וְיֵצֶר וְשִׁלֵּם׃ אֵלֶּה בְּנֵי בִלְהָה אֲשֶׁר־
נָתַן לָבָן לְרָחֵל בִּתּוֹ וַתֵּלֶד אֶת־אֵלֶּה לְיַעֲקֹב כָּל־נֶפֶשׁ שִׁבְעָה׃
כו כָּל־הַנֶּפֶשׁ הַבָּאָה לְיַעֲקֹב מִצְרַיְמָה יֹצְאֵי יְרֵכוֹ מִלְּבַד נְשֵׁי
כז בְנֵי־יַעֲקֹב כָּל־נֶפֶשׁ שִׁשִּׁים וָשֵׁשׁ׃ וּבְנֵי יוֹסֵף אֲשֶׁר־יֻלַּד־לוֹ
בְמִצְרַיִם נֶפֶשׁ שְׁנָיִם כָּל־הַנֶּפֶשׁ לְבֵית־יַעֲקֹב הַבָּאָה מִצְרַיְמָה
כח שִׁבְעִים׃ וְאֶת־יְהוּדָה שָׁלַח לְפָנָיו אֶל־יוֹסֵף לְהוֹרֹת מא ששי
כט לְפָנָיו גֹּשְׁנָה וַיָּבֹאוּ אַרְצָה גֹּשֶׁן׃ וַיֶּאְסֹר יוֹסֵף מֶרְכַּבְתּוֹ וַיַּעַל
לִקְרַאת־יִשְׂרָאֵל אָבִיו גֹּשְׁנָה וַיֵּרָא אֵלָיו וַיִּפֹּל עַל־צַוָּארָיו וַיֵּבְךְּ
ל עַל־צַוָּארָיו עוֹד׃ וַיֹּאמֶר יִשְׂרָאֵל אֶל־יוֹסֵף אָמוּתָה הַפָּעַם
לא אַחֲרֵי רְאוֹתִי אֶת־פָּנֶיךָ כִּי עוֹדְךָ חָי׃ וַיֹּאמֶר יוֹסֵף אֶל־אֶחָיו
וְאֶל־בֵּית אָבִיו אֶעֱלֶה וְאַגִּידָה לְפַרְעֹה וְאֹמְרָה אֵלָיו אַחַי
לב וּבֵית־אָבִי אֲשֶׁר בְּאֶרֶץ־כְּנַעַן בָּאוּ אֵלָי׃ וְהָאֲנָשִׁים רֹעֵי צֹאן

כִּי־אַנְשֵׁי מִקְנֶה הָיוּ וְצֹאנָם וּבְקָרָם וְכָל־אֲשֶׁר לָהֶם הֵבִיאוּ׃
וְהָיָה כִּי־יִקְרָא לָכֶם פַּרְעֹה וְאָמַר מַה־מַּעֲשֵׂיכֶם׃ וַאֲמַרְתֶּם לג לד
אַנְשֵׁי מִקְנֶה הָיוּ עֲבָדֶיךָ מִנְּעוּרֵינוּ וְעַד־עַתָּה גַּם־אֲנַחְנוּ גַּם־
אֲבֹתֵינוּ בַּעֲבוּר תֵּשְׁבוּ בְּאֶרֶץ גֹּשֶׁן כִּי־תוֹעֲבַת מִצְרַיִם כָּל־
רֹעֵה צֹאן׃ וַיָּבֹא יוֹסֵף וַיַּגֵּד לְפַרְעֹה וַיֹּאמֶר אָבִי וְאַחַי וְצֹאנָם מז א
וּבְקָרָם וְכָל־אֲשֶׁר לָהֶם בָּאוּ מֵאֶרֶץ כְּנָעַן וְהִנָּם בְּאֶרֶץ גֹּשֶׁן׃
וּמִקְצֵה אֶחָיו לָקַח חֲמִשָּׁה אֲנָשִׁים וַיַּצִּגֵם לִפְנֵי פַרְעֹה׃ וַיֹּאמֶר ב ג
פַּרְעֹה אֶל־אֶחָיו מַה־מַּעֲשֵׂיכֶם וַיֹּאמְרוּ אֶל־פַּרְעֹה רֹעֵה צֹאן
עֲבָדֶיךָ גַּם־אֲנַחְנוּ גַּם־אֲבוֹתֵינוּ׃ וַיֹּאמְרוּ אֶל־פַּרְעֹה לָגוּר ד
בָּאָרֶץ בָּאנוּ כִּי־אֵין מִרְעֶה לַצֹּאן אֲשֶׁר לַעֲבָדֶיךָ כִּי־כָבֵד
הָרָעָב בְּאֶרֶץ כְּנָעַן וְעַתָּה יֵשְׁבוּ־נָא עֲבָדֶיךָ בְּאֶרֶץ גֹּשֶׁן׃
וַיֹּאמֶר פַּרְעֹה אֶל־יוֹסֵף לֵאמֹר אָבִיךָ וְאַחֶיךָ בָּאוּ אֵלֶיךָ׃ אֶרֶץ ה ו
מִצְרַיִם לְפָנֶיךָ הִוא בְּמֵיטַב הָאָרֶץ הוֹשֵׁב אֶת־אָבִיךָ וְאֶת־
אַחֶיךָ יֵשְׁבוּ בְּאֶרֶץ גֹּשֶׁן וְאִם־יָדַעְתָּ וְיֶשׁ־בָּם אַנְשֵׁי־חַיִל וְשַׂמְתָּם
שָׂרֵי מִקְנֶה עַל־אֲשֶׁר־לִי׃ וַיָּבֵא יוֹסֵף אֶת־יַעֲקֹב אָבִיו וַיַּעֲמִדֵהוּ ז
לִפְנֵי פַרְעֹה וַיְבָרֶךְ יַעֲקֹב אֶת־פַּרְעֹה׃ וַיֹּאמֶר פַּרְעֹה אֶל־יַעֲקֹב ח
כַּמָּה יְמֵי שְׁנֵי חַיֶּיךָ׃ וַיֹּאמֶר יַעֲקֹב אֶל־פַּרְעֹה יְמֵי שְׁנֵי מְגוּרַי ט
שְׁלֹשִׁים וּמְאַת שָׁנָה מְעַט וְרָעִים הָיוּ יְמֵי שְׁנֵי חַיַּי וְלֹא הִשִּׂיגוּ
אֶת־יְמֵי שְׁנֵי חַיֵּי אֲבֹתַי בִּימֵי מְגוּרֵיהֶם׃ וַיְבָרֶךְ יַעֲקֹב אֶת־ י
שביעי פַּרְעֹה וַיֵּצֵא מִלִּפְנֵי פַרְעֹה׃ וַיּוֹשֵׁב יוֹסֵף אֶת־אָבִיו וְאֶת־אֶחָיו יא
וַיִּתֵּן לָהֶם אֲחֻזָּה בְּאֶרֶץ מִצְרַיִם בְּמֵיטַב הָאָרֶץ בְּאֶרֶץ רַעְמְסֵס
כַּאֲשֶׁר צִוָּה פַרְעֹה׃ וַיְכַלְכֵּל יוֹסֵף אֶת־אָבִיו וְאֶת־אֶחָיו וְאֵת יב
כָּל־בֵּית אָבִיו לֶחֶם לְפִי הַטָּף׃ וְלֶחֶם אֵין בְּכָל־הָאָרֶץ כִּי־ יג
כָבֵד הָרָעָב מְאֹד וַתֵּלַהּ אֶרֶץ מִצְרַיִם וְאֶרֶץ כְּנַעַן מִפְּנֵי הָרָעָב׃
וַיְלַקֵּט יוֹסֵף אֶת־כָּל־הַכֶּסֶף הַנִּמְצָא בְאֶרֶץ־מִצְרַיִם וּבְאֶרֶץ יד
כְּנַעַן בַּשֶּׁבֶר אֲשֶׁר־הֵם שֹׁבְרִים וַיָּבֵא יוֹסֵף אֶת־הַכֶּסֶף בֵּיתָה
פַרְעֹה׃ וַיִּתֹּם הַכֶּסֶף מֵאֶרֶץ מִצְרַיִם וּמֵאֶרֶץ כְּנַעַן וַיָּבֹאוּ כָל־ טו

מִצְרַיִם אֶל־יוֹסֵף לֵאמֹר הָבָה־לָּנוּ לֶחֶם וְלָמָּה נָמוּת נֶגְדֶּךָ כִּי
טז אָפֵס כָּסֶף׃ וַיֹּאמֶר יוֹסֵף הָבוּ מִקְנֵיכֶם וְאֶתְּנָה לָכֶם בְּמִקְנֵיכֶם
יז אִם־אָפֵס כָּסֶף׃ וַיָּבִיאוּ אֶת־מִקְנֵיהֶם אֶל־יוֹסֵף וַיִּתֵּן לָהֶם יוֹסֵף
לֶחֶם בַּסּוּסִים וּבְמִקְנֵה הַצֹּאן וּבְמִקְנֵה הַבָּקָר וּבַחֲמֹרִים וַיְנַהֲלֵם
יח בַּלֶּחֶם בְּכָל־מִקְנֵהֶם בַּשָּׁנָה הַהִוא׃ וַתִּתֹּם הַשָּׁנָה הַהִוא וַיָּבֹאוּ
אֵלָיו בַּשָּׁנָה הַשֵּׁנִית וַיֹּאמְרוּ לוֹ לֹא־נְכַחֵד מֵאֲדֹנִי כִּי אִם־תַּם
הַכֶּסֶף וּמִקְנֵה הַבְּהֵמָה אֶל־אֲדֹנִי לֹא נִשְׁאַר לִפְנֵי אֲדֹנִי בִּלְתִּי
יט אִם־גְּוִיָּתֵנוּ וְאַדְמָתֵנוּ׃ לָמָּה נָמוּת לְעֵינֶיךָ גַּם־אֲנַחְנוּ גַּם־
אַדְמָתֵנוּ קְנֵה־אֹתָנוּ וְאֶת־אַדְמָתֵנוּ בַּלָּחֶם וְנִהְיֶה אֲנַחְנוּ
וְאַדְמָתֵנוּ עֲבָדִים לְפַרְעֹה וְתֶן־זֶרַע וְנִחְיֶה וְלֹא נָמוּת וְהָאֲדָמָה
כ לֹא תֵשָׁם׃ וַיִּקֶן יוֹסֵף אֶת־כָּל־אַדְמַת מִצְרַיִם לְפַרְעֹה כִּי־
מָכְרוּ מִצְרַיִם אִישׁ שָׂדֵהוּ כִּי־חָזַק עֲלֵהֶם הָרָעָב וַתְּהִי הָאָרֶץ
כא לְפַרְעֹה׃ וְאֶת־הָעָם הֶעֱבִיר אֹתוֹ לֶעָרִים מִקְצֵה גְבוּל־מִצְרַיִם
כב וְעַד־קָצֵהוּ׃ רַק אַדְמַת הַכֹּהֲנִים לֹא קָנָה כִּי חֹק לַכֹּהֲנִים מֵאֵת
פַּרְעֹה וְאָכְלוּ אֶת־חֻקָּם אֲשֶׁר נָתַן לָהֶם פַּרְעֹה עַל־כֵּן לֹא
כג מָכְרוּ אֶת־אַדְמָתָם׃ וַיֹּאמֶר יוֹסֵף אֶל־הָעָם הֵן קָנִיתִי אֶתְכֶם
הַיּוֹם וְאֶת־אַדְמַתְכֶם לְפַרְעֹה הֵא־לָכֶם זֶרַע וּזְרַעְתֶּם אֶת־
כד הָאֲדָמָה׃ וְהָיָה בַּתְּבוּאֹת וּנְתַתֶּם חֲמִישִׁית לְפַרְעֹה וְאַרְבַּע
הַיָּדֹת יִהְיֶה לָכֶם לְזֶרַע הַשָּׂדֶה וּלְאָכְלְכֶם וְלַאֲשֶׁר בְּבָתֵּיכֶם
כה וְלֶאֱכֹל לְטַפְּכֶם׃ וַיֹּאמְרוּ הֶחֱיִתָנוּ נִמְצָא־חֵן בְּעֵינֵי אֲדֹנִי וְהָיִינוּ מפטיר
כו עֲבָדִים לְפַרְעֹה׃ וַיָּשֶׂם אֹתָהּ יוֹסֵף לְחֹק עַד־הַיּוֹם הַזֶּה עַל־
אַדְמַת מִצְרַיִם לְפַרְעֹה לַחֹמֶשׁ רַק אַדְמַת הַכֹּהֲנִים לְבַדָּם לֹא
כז הָיְתָה לְפַרְעֹה׃ וַיֵּשֶׁב יִשְׂרָאֵל בְּאֶרֶץ מִצְרַיִם בְּאֶרֶץ גֹּשֶׁן
כח וַיֵּאָחֲזוּ בָהּ וַיִּפְרוּ וַיִּרְבּוּ מְאֹד׃ וַיְחִי יַעֲקֹב בְּאֶרֶץ מִצְרַיִם שְׁבַע ויחי
עֶשְׂרֵה שָׁנָה וַיְהִי יְמֵי־יַעֲקֹב שְׁנֵי חַיָּיו שֶׁבַע שָׁנִים וְאַרְבָּעִים
כט וּמְאַת שָׁנָה׃ וַיִּקְרְבוּ יְמֵי־יִשְׂרָאֵל לָמוּת וַיִּקְרָא ׀ לִבְנוֹ לְיוֹסֵף
וַיֹּאמֶר לוֹ אִם־נָא מָצָאתִי חֵן בְּעֵינֶיךָ שִׂים־נָא יָדְךָ תַּחַת יְרֵכִי

ל וְעָשִׂיתָ עִמָּדִי חֶסֶד וֶאֱמֶת אַל־נָא תִקְבְּרֵנִי בְּמִצְרָיִם: וְשָׁכַבְתִּי
עִם־אֲבֹתַי וּנְשָׂאתַנִי מִמִּצְרַיִם וּקְבַרְתַּנִי בִּקְבֻרָתָם וַיֹּאמַר
לא אָנֹכִי אֶעֱשֶׂה כִדְבָרֶךָ: וַיֹּאמֶר הִשָּׁבְעָה לִי וַיִּשָּׁבַע לוֹ וַיִּשְׁתַּחוּ
יִשְׂרָאֵל עַל־רֹאשׁ הַמִּטָּה:
מח א וַיְהִי אַחֲרֵי הַדְּבָרִים הָאֵלֶּה וַיֹּאמֶר לְיוֹסֵף הִנֵּה אָבִיךָ חֹלֶה מב
ב וַיִּקַּח אֶת־שְׁנֵי בָנָיו עִמּוֹ אֶת־מְנַשֶּׁה וְאֶת־אֶפְרָיִם: וַיַּגֵּד לְיַעֲקֹב
וַיֹּאמֶר הִנֵּה בִּנְךָ יוֹסֵף בָּא אֵלֶיךָ וַיִּתְחַזֵּק יִשְׂרָאֵל וַיֵּשֶׁב עַל־
ג הַמִּטָּה: וַיֹּאמֶר יַעֲקֹב אֶל־יוֹסֵף אֵל שַׁדַּי נִרְאָה־אֵלַי בְּלוּז
ד בְּאֶרֶץ כְּנָעַן וַיְבָרֶךְ אֹתִי: וַיֹּאמֶר אֵלַי הִנְנִי מַפְרְךָ וְהִרְבִּיתִךָ
וּנְתַתִּיךָ לִקְהַל עַמִּים וְנָתַתִּי אֶת־הָאָרֶץ הַזֹּאת לְזַרְעֲךָ אַחֲרֶיךָ
ה אֲחֻזַּת עוֹלָם: וְעַתָּה שְׁנֵי־בָנֶיךָ הַנּוֹלָדִים לְךָ בְּאֶרֶץ מִצְרַיִם עַד־
בֹּאִי אֵלֶיךָ מִצְרַיְמָה לִי־הֵם אֶפְרַיִם וּמְנַשֶּׁה כִּרְאוּבֵן וְשִׁמְעוֹן
ו יִהְיוּ־לִי: וּמוֹלַדְתְּךָ אֲשֶׁר־הוֹלַדְתָּ אַחֲרֵיהֶם לְךָ יִהְיוּ עַל שֵׁם
ז אֲחֵיהֶם יִקָּרְאוּ בְּנַחֲלָתָם: וַאֲנִי ׀ בְּבֹאִי מִפַּדָּן מֵתָה עָלַי רָחֵל
בְּאֶרֶץ כְּנַעַן בַּדֶּרֶךְ בְּעוֹד כִּבְרַת־אֶרֶץ לָבֹא אֶפְרָתָה וָאֶקְבְּרֶהָ
ח שָּׁם בְּדֶרֶךְ אֶפְרָת הִוא בֵּית לָחֶם: וַיַּרְא יִשְׂרָאֵל אֶת־בְּנֵי
ט יוֹסֵף וַיֹּאמֶר מִי־אֵלֶּה: וַיֹּאמֶר יוֹסֵף אֶל־אָבִיו בָּנַי הֵם אֲשֶׁר־
י נָתַן־לִי אֱלֹהִים בָּזֶה וַיֹּאמַר קָחֶם־נָא אֵלַי וַאֲבָרְכֵם: וְעֵינֵי שני
יִשְׂרָאֵל כָּבְדוּ מִזֹּקֶן לֹא יוּכַל לִרְאוֹת וַיַּגֵּשׁ אֹתָם אֵלָיו וַיִּשַּׁק
יא לָהֶם וַיְחַבֵּק לָהֶם: וַיֹּאמֶר יִשְׂרָאֵל אֶל־יוֹסֵף רְאֹה פָנֶיךָ לֹא
יב פִלָּלְתִּי וְהִנֵּה הֶרְאָה אֹתִי אֱלֹהִים גַּם אֶת־זַרְעֶךָ: וַיּוֹצֵא יוֹסֵף
יג אֹתָם מֵעִם בִּרְכָּיו וַיִּשְׁתַּחוּ לְאַפָּיו אָרְצָה: וַיִּקַּח יוֹסֵף אֶת־
שְׁנֵיהֶם אֶת־אֶפְרַיִם בִּימִינוֹ מִשְּׂמֹאל יִשְׂרָאֵל וְאֶת־מְנַשֶּׁה
יד בִשְׂמֹאלוֹ מִימִין יִשְׂרָאֵל וַיַּגֵּשׁ אֵלָיו: וַיִּשְׁלַח יִשְׂרָאֵל אֶת־
יְמִינוֹ וַיָּשֶׁת עַל־רֹאשׁ אֶפְרַיִם וְהוּא הַצָּעִיר וְאֶת־שְׂמֹאלוֹ עַל־
טו רֹאשׁ מְנַשֶּׁה שִׂכֵּל אֶת־יָדָיו כִּי מְנַשֶּׁה הַבְּכוֹר: וַיְבָרֶךְ אֶת־
יוֹסֵף וַיֹּאמַר הָאֱלֹהִים אֲשֶׁר הִתְהַלְּכוּ אֲבֹתַי לְפָנָיו אַבְרָהָם

טו וְיִצְחָק הָאֱלֹהִים הָרֹעֶה אֹתִי מֵעוֹדִי עַד־הַיּוֹם הַזֶּה: הַמַּלְאָךְ
הַגֹּאֵל אֹתִי מִכָּל־רָע יְבָרֵךְ אֶת־הַנְּעָרִים וְיִקָּרֵא בָהֶם שְׁמִי
יז וְשֵׁם אֲבֹתַי אַבְרָהָם וְיִצְחָק וְיִדְגּוּ לָרֹב בְּקֶרֶב הָאָרֶץ: וַיַּרְא שלישי
יוֹסֵף כִּי־יָשִׁית אָבִיו יַד־יְמִינוֹ עַל־רֹאשׁ אֶפְרַיִם וַיֵּרַע בְּעֵינָיו
וַיִּתְמֹךְ יַד־אָבִיו לְהָסִיר אֹתָהּ מֵעַל רֹאשׁ־אֶפְרַיִם עַל־רֹאשׁ
יח מְנַשֶּׁה: וַיֹּאמֶר יוֹסֵף אֶל־אָבִיו לֹא־כֵן אָבִי כִּי־זֶה הַבְּכֹר שִׂים
יט יְמִינְךָ עַל־רֹאשׁוֹ: וַיְמָאֵן אָבִיו וַיֹּאמֶר יָדַעְתִּי בְנִי יָדַעְתִּי גַּם־
הוּא יִהְיֶה־לְּעָם וְגַם־הוּא יִגְדָּל וְאוּלָם אָחִיו הַקָּטֹן יִגְדַּל מִמֶּנּוּ
כ וְזַרְעוֹ יִהְיֶה מְלֹא־הַגּוֹיִם: וַיְבָרְכֵם בַּיּוֹם הַהוּא לֵאמוֹר בְּךָ
יְבָרֵךְ יִשְׂרָאֵל לֵאמֹר יְשִׂמְךָ אֱלֹהִים כְּאֶפְרַיִם וְכִמְנַשֶּׁה וַיָּשֶׂם
כא אֶת־אֶפְרַיִם לִפְנֵי מְנַשֶּׁה: וַיֹּאמֶר יִשְׂרָאֵל אֶל־יוֹסֵף הִנֵּה
אָנֹכִי מֵת וְהָיָה אֱלֹהִים עִמָּכֶם וְהֵשִׁיב אֶתְכֶם אֶל־אֶרֶץ
כב אֲבֹתֵיכֶם: וַאֲנִי נָתַתִּי לְךָ שְׁכֶם אַחַד עַל־אַחֶיךָ אֲשֶׁר לָקַחְתִּי
מִיַּד הָאֱמֹרִי בְּחַרְבִּי וּבְקַשְׁתִּי:

מט א וַיִּקְרָא יַעֲקֹב אֶל־בָּנָיו וַיֹּאמֶר הֵאָסְפוּ וְאַגִּידָה לָכֶם אֵת אֲשֶׁר־ מג רביעי
ב יִקְרָא אֶתְכֶם בְּאַחֲרִית הַיָּמִים: הִקָּבְצוּ וְשִׁמְעוּ בְּנֵי יַעֲקֹב
ג וְשִׁמְעוּ אֶל־יִשְׂרָאֵל אֲבִיכֶם: רְאוּבֵן בְּכֹרִי אַתָּה כֹּחִי וְרֵאשִׁית
ד אוֹנִי יֶתֶר שְׂאֵת וְיֶתֶר עָז: פַּחַז כַּמַּיִם אַל־תּוֹתַר כִּי עָלִיתָ
מִשְׁכְּבֵי אָבִיךָ אָז חִלַּלְתָּ יְצוּעִי עָלָה:
ה ו שִׁמְעוֹן וְלֵוִי אַחִים כְּלֵי חָמָס מְכֵרֹתֵיהֶם: בְּסֹדָם אַל־תָּבֹא
נַפְשִׁי בִּקְהָלָם אַל־תֵּחַד כְּבֹדִי כִּי בְאַפָּם הָרְגוּ אִישׁ וּבִרְצֹנָם
ז עִקְּרוּ־שׁוֹר: אָרוּר אַפָּם כִּי עָז וְעֶבְרָתָם כִּי קָשָׁתָה אֲחַלְּקֵם
בְּיַעֲקֹב וַאֲפִיצֵם בְּיִשְׂרָאֵל:
ח יְהוּדָה אַתָּה יוֹדוּךָ אַחֶיךָ יָדְךָ בְּעֹרֶף אֹיְבֶיךָ יִשְׁתַּחֲווּ לְךָ בְּנֵי
ט אָבִיךָ: גּוּר אַרְיֵה יְהוּדָה מִטֶּרֶף בְּנִי עָלִיתָ כָּרַע רָבַץ כְּאַרְיֵה
י וּכְלָבִיא מִי יְקִימֶנּוּ: לֹא־יָסוּר שֵׁבֶט מִיהוּדָה וּמְחֹקֵק מִבֵּין
יא רַגְלָיו עַד כִּי־יָבֹא שִׁילֹה וְלוֹ יִקְּהַת עַמִּים: אִסְרִי לַגֶּפֶן עִירֹה

וּֽלַשֹּׂרֵקָה בְּנִי אֲתֹנוֹ כִּבֵּס בַּיַּיִן לְבֻשׁוֹ וּבְדַם־עֲנָבִים סוּתֹה׃
יב חַכְלִילִי עֵינַיִם מִיָּיִן וּלְבֶן־שִׁנַּיִם מֵחָלָב׃
יג זְבוּלֻן לְחוֹף יַמִּים יִשְׁכֹּן וְהוּא לְחוֹף אֳנִיֹּת וְיַרְכָתוֹ עַל־צִידֹן׃
יד טו יִשָּׂשכָר חֲמֹר גָּרֶם רֹבֵץ בֵּין הַמִּשְׁפְּתָיִם׃ וַיַּרְא מְנֻחָה כִּי
טוֹב וְאֶת־הָאָרֶץ כִּי נָעֵמָה וַיֵּט שִׁכְמוֹ לִסְבֹּל וַיְהִי לְמַס־
טז עֹבֵד׃ דָּן יָדִין עַמּוֹ כְּאַחַד שִׁבְטֵי יִשְׂרָאֵל׃
יז יְהִי־דָן נָחָשׁ עֲלֵי־דֶרֶךְ שְׁפִיפֹן עֲלֵי־אֹרַח הַנֹּשֵׁךְ עִקְּבֵי־סוּס
חמישי יח יט וַיִּפֹּל רֹכְבוֹ אָחוֹר׃ לִישׁוּעָתְךָ קִוִּיתִי יְהוָה׃ גָּד
כ גְּדוּד יְגוּדֶנּוּ וְהוּא יָגֻד עָקֵב׃ מֵאָשֵׁר שְׁמֵנָה לַחְמוֹ
כא וְהוּא יִתֵּן מַעֲדַנֵּי־מֶלֶךְ׃ נַפְתָּלִי אַיָּלָה שְׁלֻחָה
כב הַנֹּתֵן אִמְרֵי־שָׁפֶר׃ בֵּן פֹּרָת יוֹסֵף בֵּן פֹּרָת
כג עֲלֵי־עָיִן בָּנוֹת צָעֲדָה עֲלֵי־שׁוּר׃ וַיְמָרְרֻהוּ וָרֹבּוּ וַיִּשְׂטְמֻהוּ
כד בַּעֲלֵי חִצִּים׃ וַתֵּשֶׁב בְּאֵיתָן קַשְׁתּוֹ וַיָּפֹזּוּ זְרֹעֵי יָדָיו מִידֵי
כה אֲבִיר יַעֲקֹב מִשָּׁם רֹעֶה אֶבֶן יִשְׂרָאֵל׃ מֵאֵל אָבִיךָ וְיַעְזְרֶךָּ
וְאֵת שַׁדַּי וִיבָרְכֶךָּ בִּרְכֹת שָׁמַיִם מֵעָל בִּרְכֹת תְּהוֹם רֹבֶצֶת
כו תָּחַת בִּרְכֹת שָׁדַיִם וָרָחַם׃ בִּרְכֹת אָבִיךָ גָּבְרוּ עַל־בִּרְכֹת הוֹרַי
עַד־תַּאֲוַת גִּבְעֹת עוֹלָם תִּהְיֶיןָ לְרֹאשׁ יוֹסֵף וּלְקָדְקֹד נְזִיר
אֶחָיו׃
ששי כז כח בִּנְיָמִין זְאֵב יִטְרָף בַּבֹּקֶר יֹאכַל עַד וְלָעֶרֶב יְחַלֵּק שָׁלָל׃ כָּל־
אֵלֶּה שִׁבְטֵי יִשְׂרָאֵל שְׁנֵים עָשָׂר וְזֹאת אֲשֶׁר־דִּבֶּר לָהֶם אֲבִיהֶם
כט וַיְבָרֶךְ אוֹתָם אִישׁ אֲשֶׁר כְּבִרְכָתוֹ בֵּרַךְ אֹתָם׃ וַיְצַו אוֹתָם
וַיֹּאמֶר אֲלֵהֶם אֲנִי נֶאֱסָף אֶל־עַמִּי קִבְרוּ אֹתִי אֶל־אֲבֹתָי אֶל־
ל הַמְּעָרָה אֲשֶׁר בִּשְׂדֵה עֶפְרוֹן הַחִתִּי׃ בַּמְּעָרָה אֲשֶׁר בִּשְׂדֵה
הַמַּכְפֵּלָה אֲשֶׁר־עַל־פְּנֵי מַמְרֵא בְּאֶרֶץ כְּנָעַן אֲשֶׁר קָנָה
לא אַבְרָהָם אֶת־הַשָּׂדֶה מֵאֵת עֶפְרֹן הַחִתִּי לַאֲחֻזַּת־קָבֶר׃ שָׁמָּה
קָבְרוּ אֶת־אַבְרָהָם וְאֵת שָׂרָה אִשְׁתּוֹ שָׁמָּה קָבְרוּ אֶת־יִצְחָק
לב וְאֵת רִבְקָה אִשְׁתּוֹ וְשָׁמָּה קָבַרְתִּי אֶת־לֵאָה׃ מִקְנֵה הַשָּׂדֶה

לג וְהַמְּעָרָה אֲשֶׁר־בּוֹ מֵאֵת בְּנֵי־חֵת׃ וַיְכַל יַעֲקֹב לְצַוֺּת אֶת־
נ א בָּנָיו וַיֶּאֱסֹף רַגְלָיו אֶל־הַמִּטָּה וַיִּגְוַע וַיֵּאָסֶף אֶל־עַמָּיו׃ וַיִּפֹּל
ב יוֹסֵף עַל־פְּנֵי אָבִיו וַיֵּבְךְּ עָלָיו וַיִּשַּׁק־לוֹ׃ וַיְצַו יוֹסֵף אֶת־
עֲבָדָיו אֶת־הָרֹפְאִים לַחֲנֹט אֶת־אָבִיו וַיַּחַנְטוּ הָרֹפְאִים אֶת־
ג יִשְׂרָאֵל׃ וַיִּמְלְאוּ־לוֹ אַרְבָּעִים יוֹם כִּי כֵּן יִמְלְאוּ יְמֵי הַחֲנֻטִים
ד וַיִּבְכּוּ אֹתוֹ מִצְרַיִם שִׁבְעִים יוֹם׃ וַיַּעַבְרוּ יְמֵי בְכִיתוֹ וַיְדַבֵּר
יוֹסֵף אֶל־בֵּית פַּרְעֹה לֵאמֹר אִם־נָא מָצָאתִי חֵן בְּעֵינֵיכֶם
ה דַּבְּרוּ־נָא בְּאָזְנֵי פַרְעֹה לֵאמֹר׃ אָבִי הִשְׁבִּיעַנִי לֵאמֹר הִנֵּה
אָנֹכִי מֵת בְּקִבְרִי אֲשֶׁר כָּרִיתִי לִי בְּאֶרֶץ כְּנַעַן שָׁמָּה תִּקְבְּרֵנִי
ו וְעַתָּה אֶעֱלֶה־נָּא וְאֶקְבְּרָה אֶת־אָבִי וְאָשׁוּבָה׃ וַיֹּאמֶר פַּרְעֹה
ז עֲלֵה וּקְבֹר אֶת־אָבִיךָ כַּאֲשֶׁר הִשְׁבִּיעֶךָ׃ וַיַּעַל יוֹסֵף לִקְבֹּר
אֶת־אָבִיו וַיַּעֲלוּ אִתּוֹ כָּל־עַבְדֵי פַרְעֹה זִקְנֵי בֵיתוֹ וְכֹל זִקְנֵי
ח אֶרֶץ־מִצְרָיִם׃ וְכֹל בֵּית יוֹסֵף וְאֶחָיו וּבֵית אָבִיו רַק טַפָּם וְצֹאנָם
ט וּבְקָרָם עָזְבוּ בְּאֶרֶץ גֹּשֶׁן׃ וַיַּעַל עִמּוֹ גַּם־רֶכֶב גַּם־פָּרָשִׁים וַיְהִי
י הַמַּחֲנֶה כָּבֵד מְאֹד׃ וַיָּבֹאוּ עַד־גֹּרֶן הָאָטָד אֲשֶׁר בְּעֵבֶר הַיַּרְדֵּן
וַיִּסְפְּדוּ־שָׁם מִסְפֵּד גָּדוֹל וְכָבֵד מְאֹד וַיַּעַשׂ לְאָבִיו אֵבֶל שִׁבְעַת
יא יָמִים׃ וַיַּרְא יוֹשֵׁב הָאָרֶץ הַכְּנַעֲנִי אֶת־הָאֵבֶל בְּגֹרֶן הָאָטָד
וַיֹּאמְרוּ אֵבֶל־כָּבֵד זֶה לְמִצְרָיִם עַל־כֵּן קָרָא שְׁמָהּ אָבֵל מִצְרַיִם
יב יג אֲשֶׁר בְּעֵבֶר הַיַּרְדֵּן׃ וַיַּעֲשׂוּ בָנָיו לוֹ כֵּן כַּאֲשֶׁר צִוָּם׃ וַיִּשְׂאוּ
אֹתוֹ בָנָיו אַרְצָה כְּנַעַן וַיִּקְבְּרוּ אֹתוֹ בִּמְעָרַת שְׂדֵה הַמַּכְפֵּלָה
אֲשֶׁר קָנָה אַבְרָהָם אֶת־הַשָּׂדֶה לַאֲחֻזַּת־קֶבֶר מֵאֵת עֶפְרֹן
יד הַחִתִּי עַל־פְּנֵי מַמְרֵא׃ וַיָּשָׁב יוֹסֵף מִצְרַיְמָה הוּא וְאֶחָיו וְכָל־
טו הָעֹלִים אִתּוֹ לִקְבֹּר אֶת־אָבִיו אַחֲרֵי קָבְרוֹ אֶת־אָבִיו׃ וַיִּרְאוּ
אֲחֵי־יוֹסֵף כִּי־מֵת אֲבִיהֶם וַיֹּאמְרוּ לוּ יִשְׂטְמֵנוּ יוֹסֵף וְהָשֵׁב
טז יָשִׁיב לָנוּ אֵת כָּל־הָרָעָה אֲשֶׁר גָּמַלְנוּ אֹתוֹ׃ וַיְצַוּוּ אֶל־יוֹסֵף
יז לֵאמֹר אָבִיךָ צִוָּה לִפְנֵי מוֹתוֹ לֵאמֹר׃ כֹּה־תֹאמְרוּ לְיוֹסֵף אָנָּא
שָׂא נָא פֶּשַׁע אַחֶיךָ וְחַטָּאתָם כִּי־רָעָה גְמָלוּךָ וְעַתָּה שָׂא נָא

יח לְפֶשַׁע עַבְדֵי אֱלֹהֵי אָבִיךָ וַיֵּבְךְּ יוֹסֵף בְּדַבְּרָם אֵלָיו׃ וַיֵּלְכוּ גַּם־
יט אֶחָיו וַיִּפְּלוּ לְפָנָיו וַיֹּאמְרוּ הִנֶּנּוּ לְךָ לַעֲבָדִים׃ וַיֹּאמֶר אֲלֵהֶם
כ יוֹסֵף אַל־תִּירָאוּ כִּי הֲתַחַת אֱלֹהִים אָנִי׃ וְאַתֶּם חֲשַׁבְתֶּם עָלַי
רָעָה אֱלֹהִים חֲשָׁבָהּ לְטֹבָה לְמַעַן עֲשֹׂה כַּיּוֹם הַזֶּה לְהַחֲיֹת
שביעי כא עַם־רָב׃ וְעַתָּה אַל־תִּירָאוּ אָנֹכִי אֲכַלְכֵּל אֶתְכֶם וְאֶת־טַפְּכֶם
כב וַיְנַחֵם אוֹתָם וַיְדַבֵּר עַל־לִבָּם׃ וַיֵּשֶׁב יוֹסֵף בְּמִצְרַיִם הוּא וּבֵית
מפטיר כג אָבִיו וַיְחִי יוֹסֵף מֵאָה וָעֶשֶׂר שָׁנִים׃ וַיַּרְא יוֹסֵף לְאֶפְרַיִם בְּנֵי
כד שִׁלֵּשִׁים גַּם בְּנֵי מָכִיר בֶּן־מְנַשֶּׁה יֻלְּדוּ עַל־בִּרְכֵּי יוֹסֵף׃ וַיֹּאמֶר
יוֹסֵף אֶל־אֶחָיו אָנֹכִי מֵת וֵאלֹהִים פָּקֹד יִפְקֹד אֶתְכֶם וְהֶעֱלָה
אֶתְכֶם מִן־הָאָרֶץ הַזֹּאת אֶל־הָאָרֶץ אֲשֶׁר נִשְׁבַּע לְאַבְרָהָם
כה לְיִצְחָק וּלְיַעֲקֹב׃ וַיַּשְׁבַּע יוֹסֵף אֶת־בְּנֵי יִשְׂרָאֵל לֵאמֹר פָּקֹד
כו יִפְקֹד אֱלֹהִים אֶתְכֶם וְהַעֲלִתֶם אֶת־עַצְמֹתַי מִזֶּה׃ וַיָּמָת יוֹסֵף
בֶּן־מֵאָה וָעֶשֶׂר שָׁנִים וַיַּחַנְטוּ אֹתוֹ וַיִּישֶׂם בָּאָרוֹן בְּמִצְרָיִם׃

שמות

א א וְאֵלֶּה שְׁמוֹת בְּנֵי יִשְׂרָאֵל הַבָּאִים מִצְרָיְמָה אֵת יַעֲקֹב אִישׁ
ב ג וּבֵיתוֹ בָּאוּ: רְאוּבֵן שִׁמְעוֹן לֵוִי וִיהוּדָה: יִשָּׂשכָר זְבוּלֻן וּבִנְיָמִן:
ד ה דָּן וְנַפְתָּלִי גָּד וְאָשֵׁר: וַיְהִי כָּל־נֶפֶשׁ יֹצְאֵי יֶרֶךְ־יַעֲקֹב שִׁבְעִים
ו נָפֶשׁ וְיוֹסֵף הָיָה בְמִצְרָיִם: וַיָּמָת יוֹסֵף וְכָל־אֶחָיו וְכֹל הַדּוֹר
ז הַהוּא: וּבְנֵי יִשְׂרָאֵל פָּרוּ וַיִּשְׁרְצוּ וַיִּרְבּוּ וַיַּעַצְמוּ בִּמְאֹד מְאֹד
וַתִּמָּלֵא הָאָרֶץ אֹתָם:
ח ט וַיָּקָם מֶלֶךְ־חָדָשׁ עַל־מִצְרָיִם אֲשֶׁר לֹא־יָדַע אֶת־יוֹסֵף: וַיֹּאמֶר
י אֶל־עַמּוֹ הִנֵּה עַם בְּנֵי יִשְׂרָאֵל רַב וְעָצוּם מִמֶּנּוּ: הָבָה נִתְחַכְּמָה
לוֹ פֶּן־יִרְבֶּה וְהָיָה כִּי־תִקְרֶאנָה מִלְחָמָה וְנוֹסַף גַּם־הוּא עַל־
יא שֹׂנְאֵינוּ וְנִלְחַם־בָּנוּ וְעָלָה מִן־הָאָרֶץ: וַיָּשִׂימוּ עָלָיו שָׂרֵי מִסִּים
לְמַעַן עַנֹּתוֹ בְּסִבְלֹתָם וַיִּבֶן עָרֵי מִסְכְּנוֹת לְפַרְעֹה אֶת־פִּתֹם
יב וְאֶת־רַעַמְסֵס: וְכַאֲשֶׁר יְעַנּוּ אֹתוֹ כֵּן יִרְבֶּה וְכֵן יִפְרֹץ וַיָּקֻצוּ
יג מִפְּנֵי בְּנֵי יִשְׂרָאֵל: וַיַּעֲבִדוּ מִצְרַיִם אֶת־בְּנֵי יִשְׂרָאֵל בְּפָרֶךְ:
יד וַיְמָרְרוּ אֶת־חַיֵּיהֶם בַּעֲבֹדָה קָשָׁה בְּחֹמֶר וּבִלְבֵנִים וּבְכָל־
עֲבֹדָה בַּשָּׂדֶה אֵת כָּל־עֲבֹדָתָם אֲשֶׁר־עָבְדוּ בָהֶם בְּפָרֶךְ:
טו וַיֹּאמֶר מֶלֶךְ מִצְרַיִם לַמְיַלְּדֹת הָעִבְרִיֹּת אֲשֶׁר שֵׁם הָאַחַת שִׁפְרָה
טז וְשֵׁם הַשֵּׁנִית פּוּעָה: וַיֹּאמֶר בְּיַלֶּדְכֶן אֶת־הָעִבְרִיּוֹת וּרְאִיתֶן עַל־
יז הָאָבְנָיִם אִם־בֵּן הוּא וַהֲמִתֶּן אֹתוֹ וְאִם־בַּת הִוא וָחָיָה: וַתִּירֶאןָ
הַמְיַלְּדֹת אֶת־הָאֱלֹהִים וְלֹא עָשׂוּ כַּאֲשֶׁר דִּבֶּר אֲלֵיהֶן מֶלֶךְ
יח מִצְרָיִם וַתְּחַיֶּיןָ אֶת־הַיְלָדִים: וַיִּקְרָא מֶלֶךְ־מִצְרַיִם לַמְיַלְּדֹת שני
וַיֹּאמֶר לָהֶן מַדּוּעַ עֲשִׂיתֶן הַדָּבָר הַזֶּה וַתְּחַיֶּיןָ אֶת־הַיְלָדִים:
יט וַתֹּאמַרְןָ הַמְיַלְּדֹת אֶל־פַּרְעֹה כִּי לֹא כַנָּשִׁים הַמִּצְרִיֹּת הָעִבְרִיֹּת
כ כִּי־חָיוֹת הֵנָּה בְּטֶרֶם תָּבוֹא אֲלֵהֶן הַמְיַלֶּדֶת וְיָלָדוּ: וַיֵּיטֶב
כא אֱלֹהִים לַמְיַלְּדֹת וַיִּרֶב הָעָם וַיַּעַצְמוּ מְאֹד: וַיְהִי כִּי־יָרְאוּ
כב הַמְיַלְּדֹת אֶת־הָאֱלֹהִים וַיַּעַשׂ לָהֶם בָּתִּים: וַיְצַו פַּרְעֹה לְכָל־
עַמּוֹ לֵאמֹר כָּל־הַבֵּן הַיִּלּוֹד הַיְאֹרָה תַּשְׁלִיכֻהוּ וְכָל־הַבַּת
תְּחַיּוּן:

א ב וַיֵּלֶךְ אִישׁ מִבֵּית לֵוִי וַיִּקַּח אֶת־בַּת־לֵוִי׃ וַתַּהַר הָאִשָּׁה וַתֵּלֶד
ג בֵּן וַתֵּרֶא אֹתוֹ כִּי־טוֹב הוּא וַתִּצְפְּנֵהוּ שְׁלֹשָׁה יְרָחִים׃ וְלֹא־
יָכְלָה עוֹד הַצְּפִינוֹ וַתִּקַּח־לוֹ תֵּבַת גֹּמֶא וַתַּחְמְרָה בַחֵמָר וּבַזָּפֶת
ד וַתָּשֶׂם בָּהּ אֶת־הַיֶּלֶד וַתָּשֶׂם בַּסּוּף עַל־שְׂפַת הַיְאֹר׃ וַתֵּתַצַּב
ה אֲחֹתוֹ מֵרָחֹק לְדֵעָה מַה־יֵּעָשֶׂה לוֹ׃ וַתֵּרֶד בַּת־פַּרְעֹה לִרְחֹץ
עַל־הַיְאֹר וְנַעֲרֹתֶיהָ הֹלְכֹת עַל־יַד הַיְאֹר וַתֵּרֶא אֶת־הַתֵּבָה
ו בְּתוֹךְ הַסּוּף וַתִּשְׁלַח אֶת־אֲמָתָהּ וַתִּקָּחֶהָ׃ וַתִּפְתַּח וַתִּרְאֵהוּ
אֶת־הַיֶּלֶד וְהִנֵּה־נַעַר בֹּכֶה וַתַּחְמֹל עָלָיו וַתֹּאמֶר מִיַּלְדֵי
ז הָעִבְרִים זֶה׃ וַתֹּאמֶר אֲחֹתוֹ אֶל־בַּת־פַּרְעֹה הַאֵלֵךְ וְקָרָאתִי
ח לָךְ אִשָּׁה מֵינֶקֶת מִן הָעִבְרִיֹּת וְתֵינִק לָךְ אֶת־הַיָּלֶד׃ וַתֹּאמֶר־
לָהּ בַּת־פַּרְעֹה לֵכִי וַתֵּלֶךְ הָעַלְמָה וַתִּקְרָא אֶת־אֵם הַיָּלֶד׃
ט וַתֹּאמֶר לָהּ בַּת־פַּרְעֹה הֵילִיכִי אֶת־הַיֶּלֶד הַזֶּה וְהֵינִקִהוּ לִי
י וַאֲנִי אֶתֵּן אֶת־שְׂכָרֵךְ וַתִּקַּח הָאִשָּׁה הַיֶּלֶד וַתְּנִיקֵהוּ׃ וַיִּגְדַּל הַיֶּלֶד
וַתְּבִאֵהוּ לְבַת־פַּרְעֹה וַיְהִי־לָהּ לְבֵן וַתִּקְרָא שְׁמוֹ מֹשֶׁה וַתֹּאמֶר
יא כִּי מִן־הַמַּיִם מְשִׁיתִהוּ׃ וַיְהִי ׀ בַּיָּמִים הָהֵם וַיִּגְדַּל מֹשֶׁה וַיֵּצֵא שלישי
אֶל־אֶחָיו וַיַּרְא בְּסִבְלֹתָם וַיַּרְא אִישׁ מִצְרִי מַכֶּה אִישׁ־עִבְרִי
יב מֵאֶחָיו׃ וַיִּפֶן כֹּה וָכֹה וַיַּרְא כִּי אֵין אִישׁ וַיַּךְ אֶת־הַמִּצְרִי
יג וַיִּטְמְנֵהוּ בַּחוֹל׃ וַיֵּצֵא בַּיּוֹם הַשֵּׁנִי וְהִנֵּה שְׁנֵי־אֲנָשִׁים עִבְרִים
יד נִצִּים וַיֹּאמֶר לָרָשָׁע לָמָּה תַכֶּה רֵעֶךָ׃ וַיֹּאמֶר מִי שָׂמְךָ לְאִישׁ
שַׂר וְשֹׁפֵט עָלֵינוּ הַלְהָרְגֵנִי אַתָּה אֹמֵר כַּאֲשֶׁר הָרַגְתָּ אֶת־
טו הַמִּצְרִי וַיִּירָא מֹשֶׁה וַיֹּאמַר אָכֵן נוֹדַע הַדָּבָר׃ וַיִּשְׁמַע פַּרְעֹה
אֶת־הַדָּבָר הַזֶּה וַיְבַקֵּשׁ לַהֲרֹג אֶת־מֹשֶׁה וַיִּבְרַח מֹשֶׁה מִפְּנֵי
טז פַרְעֹה וַיֵּשֶׁב בְּאֶרֶץ־מִדְיָן וַיֵּשֶׁב עַל־הַבְּאֵר׃ וּלְכֹהֵן מִדְיָן שֶׁבַע
בָּנוֹת וַתָּבֹאנָה וַתִּדְלֶנָה וַתְּמַלֶּאנָה אֶת־הָרְהָטִים לְהַשְׁקוֹת
יז צֹאן אֲבִיהֶן׃ וַיָּבֹאוּ הָרֹעִים וַיְגָרְשׁוּם וַיָּקָם מֹשֶׁה וַיּוֹשִׁעָן וַיַּשְׁקְ
יח אֶת־צֹאנָם׃ וַתָּבֹאנָה אֶל־רְעוּאֵל אֲבִיהֶן וַיֹּאמֶר מַדּוּעַ מִהַרְתֶּן
יט בֹּא הַיּוֹם׃ וַתֹּאמַרְןָ אִישׁ מִצְרִי הִצִּילָנוּ מִיַּד הָרֹעִים וְגַם־דָּלֹה

כ דָלָה לָנוּ וַיַּשְׁקְ אֶת־הַצֹּאן: וַיֹּאמֶר אֶל־בְּנֹתָיו וְאַיּוֹ לָמָּה זֶּה
כא עֲזַבְתֶּן אֶת־הָאִישׁ קִרְאֶן לוֹ וְיֹאכַל לָחֶם: וַיּוֹאֶל מֹשֶׁה לָשֶׁבֶת
כב אֶת־הָאִישׁ וַיִּתֵּן אֶת־צִפֹּרָה בִתּוֹ לְמֹשֶׁה: וַתֵּלֶד בֵּן וַיִּקְרָא אֶת־
שְׁמוֹ גֵּרְשֹׁם כִּי אָמַר גֵּר הָיִיתִי בְּאֶרֶץ נָכְרִיָּה:
כג וַיְהִי בַיָּמִים הָרַבִּים הָהֵם וַיָּמָת מֶלֶךְ מִצְרַיִם וַיֵּאָנְחוּ בְנֵי־
יִשְׂרָאֵל מִן־הָעֲבֹדָה וַיִּזְעָקוּ וַתַּעַל שַׁוְעָתָם אֶל־הָאֱלֹהִים מִן־
כד הָעֲבֹדָה: וַיִּשְׁמַע אֱלֹהִים אֶת־נַאֲקָתָם וַיִּזְכֹּר אֱלֹהִים אֶת־
כה בְּרִיתוֹ אֶת־אַבְרָהָם אֶת־יִצְחָק וְאֶת־יַעֲקֹב: וַיַּרְא אֱלֹהִים
ג א אֶת־בְּנֵי יִשְׂרָאֵל וַיֵּדַע אֱלֹהִים: וּמֹשֶׁה הָיָה רֹעֶה ב רביעי
אֶת־צֹאן יִתְרוֹ חֹתְנוֹ כֹּהֵן מִדְיָן וַיִּנְהַג אֶת־הַצֹּאן אַחַר הַמִּדְבָּר
ב וַיָּבֹא אֶל־הַר הָאֱלֹהִים חֹרֵבָה: וַיֵּרָא מַלְאַךְ יהוה אֵלָיו בְּלַבַּת־
אֵשׁ מִתּוֹךְ הַסְּנֶה וַיַּרְא וְהִנֵּה הַסְּנֶה בֹּעֵר בָּאֵשׁ וְהַסְּנֶה אֵינֶנּוּ
ג אֻכָּל: וַיֹּאמֶר מֹשֶׁה אָסֻרָה־נָּא וְאֶרְאֶה אֶת־הַמַּרְאֶה הַגָּדֹל
ד הַזֶּה מַדּוּעַ לֹא־יִבְעַר הַסְּנֶה: וַיַּרְא יהוה כִּי סָר לִרְאוֹת וַיִּקְרָא
אֵלָיו אֱלֹהִים מִתּוֹךְ הַסְּנֶה וַיֹּאמֶר מֹשֶׁה מֹשֶׁה וַיֹּאמֶר הִנֵּנִי:
ה וַיֹּאמֶר אַל־תִּקְרַב הֲלֹם שַׁל־נְעָלֶיךָ מֵעַל רַגְלֶיךָ כִּי הַמָּקוֹם
ו אֲשֶׁר אַתָּה עוֹמֵד עָלָיו אַדְמַת־קֹדֶשׁ הוּא: וַיֹּאמֶר אָנֹכִי אֱלֹהֵי
אָבִיךָ אֱלֹהֵי אַבְרָהָם אֱלֹהֵי יִצְחָק וֵאלֹהֵי יַעֲקֹב וַיַּסְתֵּר מֹשֶׁה
ז פָּנָיו כִּי יָרֵא מֵהַבִּיט אֶל־הָאֱלֹהִים: וַיֹּאמֶר יהוה רָאֹה רָאִיתִי
אֶת־עֳנִי עַמִּי אֲשֶׁר בְּמִצְרָיִם וְאֶת־צַעֲקָתָם שָׁמַעְתִּי מִפְּנֵי
ח נֹגְשָׂיו כִּי יָדַעְתִּי אֶת־מַכְאֹבָיו: וָאֵרֵד לְהַצִּילוֹ ׀ מִיַּד מִצְרַיִם
וּלְהַעֲלֹתוֹ מִן־הָאָרֶץ הַהִוא אֶל־אֶרֶץ טוֹבָה וּרְחָבָה אֶל־אֶרֶץ
זָבַת חָלָב וּדְבָשׁ אֶל־מְקוֹם הַכְּנַעֲנִי וְהַחִתִּי וְהָאֱמֹרִי וְהַפְּרִזִּי
ט וְהַחִוִּי וְהַיְבוּסִי: וְעַתָּה הִנֵּה צַעֲקַת בְּנֵי־יִשְׂרָאֵל בָּאָה אֵלָי וְגַם־
י רָאִיתִי אֶת־הַלַּחַץ אֲשֶׁר מִצְרַיִם לֹחֲצִים אֹתָם: וְעַתָּה לְכָה
וְאֶשְׁלָחֲךָ אֶל־פַּרְעֹה וְהוֹצֵא אֶת־עַמִּי בְנֵי־יִשְׂרָאֵל מִמִּצְרָיִם:
יא וַיֹּאמֶר מֹשֶׁה אֶל־הָאֱלֹהִים מִי אָנֹכִי כִּי אֵלֵךְ אֶל־פַּרְעֹה וְכִי

יב אוֹצִיא אֶת־בְּנֵי יִשְׂרָאֵל מִמִּצְרָיִם: וַיֹּאמֶר כִּי־אֶהְיֶה עִמָּךְ וְזֶה־
לְּךָ הָאוֹת כִּי אָנֹכִי שְׁלַחְתִּיךָ בְּהוֹצִיאֲךָ אֶת־הָעָם מִמִּצְרַיִם
יג תַּעַבְדוּן אֶת־הָאֱלֹהִים עַל הָהָר הַזֶּה: וַיֹּאמֶר מֹשֶׁה אֶל־
הָאֱלֹהִים הִנֵּה אָנֹכִי בָא אֶל־בְּנֵי יִשְׂרָאֵל וְאָמַרְתִּי לָהֶם אֱלֹהֵי
אֲבוֹתֵיכֶם שְׁלָחַנִי אֲלֵיכֶם וְאָמְרוּ־לִי מַה־שְּׁמוֹ מָה אֹמַר אֲלֵהֶם:
יד וַיֹּאמֶר אֱלֹהִים אֶל־מֹשֶׁה אֶהְיֶה אֲשֶׁר אֶהְיֶה וַיֹּאמֶר כֹּה תֹאמַר
טו לִבְנֵי יִשְׂרָאֵל אֶהְיֶה שְׁלָחַנִי אֲלֵיכֶם: וַיֹּאמֶר עוֹד אֱלֹהִים אֶל־
מֹשֶׁה כֹּה תֹאמַר אֶל־בְּנֵי יִשְׂרָאֵל יהוה אֱלֹהֵי אֲבֹתֵיכֶם אֱלֹהֵי
אַבְרָהָם אֱלֹהֵי יִצְחָק וֵאלֹהֵי יַעֲקֹב שְׁלָחַנִי אֲלֵיכֶם זֶה־שְּׁמִי
חמישי טז לְעֹלָם וְזֶה זִכְרִי לְדֹר דֹּר: לֵךְ וְאָסַפְתָּ אֶת־זִקְנֵי יִשְׂרָאֵל וְאָמַרְתָּ
אֲלֵהֶם יהוה אֱלֹהֵי אֲבֹתֵיכֶם נִרְאָה אֵלַי אֱלֹהֵי אַבְרָהָם
יִצְחָק וְיַעֲקֹב לֵאמֹר פָּקֹד פָּקַדְתִּי אֶתְכֶם וְאֶת־הֶעָשׂוּי לָכֶם
יז בְּמִצְרָיִם: וָאֹמַר אַעֲלֶה אֶתְכֶם מֵעֳנִי מִצְרַיִם אֶל־אֶרֶץ הַכְּנַעֲנִי
וְהַחִתִּי וְהָאֱמֹרִי וְהַפְּרִזִּי וְהַחִוִּי וְהַיְבוּסִי אֶל־אֶרֶץ זָבַת חָלָב
יח וּדְבָשׁ: וְשָׁמְעוּ לְקֹלֶךָ וּבָאתָ אַתָּה וְזִקְנֵי יִשְׂרָאֵל אֶל־מֶלֶךְ
מִצְרַיִם וַאֲמַרְתֶּם אֵלָיו יהוה אֱלֹהֵי הָעִבְרִיִּים נִקְרָה עָלֵינוּ
וְעַתָּה נֵלְכָה־נָּא דֶּרֶךְ שְׁלֹשֶׁת יָמִים בַּמִּדְבָּר וְנִזְבְּחָה לַיהוה
יט אֱלֹהֵינוּ: וַאֲנִי יָדַעְתִּי כִּי לֹא־יִתֵּן אֶתְכֶם מֶלֶךְ מִצְרַיִם לַהֲלֹךְ
כ וְלֹא בְּיָד חֲזָקָה: וְשָׁלַחְתִּי אֶת־יָדִי וְהִכֵּיתִי אֶת־מִצְרַיִם בְּכֹל
כא נִפְלְאֹתַי אֲשֶׁר אֶעֱשֶׂה בְּקִרְבּוֹ וְאַחֲרֵי־כֵן יְשַׁלַּח אֶתְכֶם: וְנָתַתִּי
אֶת־חֵן הָעָם־הַזֶּה בְּעֵינֵי מִצְרָיִם וְהָיָה כִּי תֵלֵכוּן לֹא תֵלְכוּ
כב רֵיקָם: וְשָׁאֲלָה אִשָּׁה מִשְּׁכֶנְתָּהּ וּמִגָּרַת בֵּיתָהּ כְּלֵי־כֶסֶף וּכְלֵי
זָהָב וּשְׂמָלֹת וְשַׂמְתֶּם עַל־בְּנֵיכֶם וְעַל־בְּנֹתֵיכֶם וְנִצַּלְתֶּם אֶת־
ד א מִצְרָיִם: וַיַּעַן מֹשֶׁה וַיֹּאמֶר וְהֵן לֹא־יַאֲמִינוּ לִי וְלֹא יִשְׁמְעוּ
ב בְּקֹלִי כִּי יֹאמְרוּ לֹא־נִרְאָה אֵלֶיךָ יהוה: וַיֹּאמֶר אֵלָיו יהוה
ג מַזֶּה בְיָדֶךָ וַיֹּאמֶר מַטֶּה: וַיֹּאמֶר הַשְׁלִיכֵהוּ אַרְצָה וַיַּשְׁלִכֵהוּ מַה־זֶּה
ד אַרְצָה וַיְהִי לְנָחָשׁ וַיָּנָס מֹשֶׁה מִפָּנָיו: וַיֹּאמֶר יהוה אֶל־מֹשֶׁה

שְׁלַח יָדְךָ וֶאֱחֹז בִּזְנָבוֹ וַיִּשְׁלַח יָדוֹ וַיַּחֲזֶק־בּוֹ וַיְהִי לְמַטֶּה בְּכַפּוֹ׃
ה לְמַעַן יַאֲמִינוּ כִּי־נִרְאָה אֵלֶיךָ יְהוָה אֱלֹהֵי אֲבֹתָם אֱלֹהֵי
ו אַבְרָהָם אֱלֹהֵי יִצְחָק וֵאלֹהֵי יַעֲקֹב׃ וַיֹּאמֶר יְהוָה לוֹ עוֹד הָבֵא־
נָא יָדְךָ בְּחֵיקֶךָ וַיָּבֵא יָדוֹ בְּחֵיקוֹ וַיּוֹצִאָהּ וְהִנֵּה יָדוֹ מְצֹרַעַת
ז כַּשָּׁלֶג׃ וַיֹּאמֶר הָשֵׁב יָדְךָ אֶל־חֵיקֶךָ וַיָּשֶׁב יָדוֹ אֶל־חֵיקוֹ וַיּוֹצִאָהּ
ח מֵחֵיקוֹ וְהִנֵּה־שָׁבָה כִּבְשָׂרוֹ׃ וְהָיָה אִם־לֹא יַאֲמִינוּ לָךְ וְלֹא
יִשְׁמְעוּ לְקֹל הָאֹת הָרִאשׁוֹן וְהֶאֱמִינוּ לְקֹל הָאֹת הָאַחֲרוֹן׃
ט וְהָיָה אִם־לֹא יַאֲמִינוּ גַּם לִשְׁנֵי הָאֹתוֹת הָאֵלֶּה וְלֹא יִשְׁמְעוּן
לְקֹלֶךָ וְלָקַחְתָּ מִמֵּימֵי הַיְאֹר וְשָׁפַכְתָּ הַיַּבָּשָׁה וְהָיוּ הַמַּיִם אֲשֶׁר
י תִּקַּח מִן־הַיְאֹר וְהָיוּ לְדָם בַּיַּבָּשֶׁת׃ וַיֹּאמֶר מֹשֶׁה אֶל־יְהוָה
בִּי אֲדֹנָי לֹא אִישׁ דְּבָרִים אָנֹכִי גַּם מִתְּמוֹל גַּם מִשִּׁלְשֹׁם גַּם
יא מֵאָז דַּבֶּרְךָ אֶל־עַבְדֶּךָ כִּי כְבַד־פֶּה וּכְבַד לָשׁוֹן אָנֹכִי׃ וַיֹּאמֶר
יְהוָה אֵלָיו מִי שָׂם פֶּה לָאָדָם אוֹ מִי־יָשׂוּם אִלֵּם אוֹ חֵרֵשׁ אוֹ
יב פִקֵּחַ אוֹ עִוֵּר הֲלֹא אָנֹכִי יְהוָה׃ וְעַתָּה לֵךְ וְאָנֹכִי אֶהְיֶה עִם־פִּיךָ
יג וְהוֹרֵיתִיךָ אֲשֶׁר תְּדַבֵּר׃ וַיֹּאמֶר בִּי אֲדֹנָי שְׁלַח־נָא בְּיַד־תִּשְׁלָח׃
יד וַיִּחַר־אַף יְהוָה בְּמֹשֶׁה וַיֹּאמֶר הֲלֹא אַהֲרֹן אָחִיךָ הַלֵּוִי יָדַעְתִּי
כִּי־דַבֵּר יְדַבֵּר הוּא וְגַם הִנֵּה־הוּא יֹצֵא לִקְרָאתֶךָ וְרָאֲךָ וְשָׂמַח
טו בְּלִבּוֹ׃ וְדִבַּרְתָּ אֵלָיו וְשַׂמְתָּ אֶת־הַדְּבָרִים בְּפִיו וְאָנֹכִי אֶהְיֶה
טז עִם־פִּיךָ וְעִם־פִּיהוּ וְהוֹרֵיתִי אֶתְכֶם אֵת אֲשֶׁר תַּעֲשׂוּן׃ וְדִבֶּר־
הוּא לְךָ אֶל־הָעָם וְהָיָה הוּא יִהְיֶה־לְּךָ לְפֶה וְאַתָּה תִּהְיֶה־
יז לּוֹ לֵאלֹהִים׃ וְאֶת־הַמַּטֶּה הַזֶּה תִּקַּח בְּיָדֶךָ אֲשֶׁר תַּעֲשֶׂה־
בּוֹ אֶת־הָאֹתֹת׃
יח וַיֵּלֶךְ מֹשֶׁה וַיָּשָׁב ׀ אֶל־יֶתֶר חֹתְנוֹ וַיֹּאמֶר לוֹ אֵלְכָה־נָּא וְאָשׁוּבָה ג ששי
אֶל־אַחַי אֲשֶׁר־בְּמִצְרַיִם וְאֶרְאֶה הַעוֹדָם חַיִּים וַיֹּאמֶר יִתְרוֹ
יט לְמֹשֶׁה לֵךְ לְשָׁלוֹם׃ וַיֹּאמֶר יְהוָה אֶל־מֹשֶׁה בְּמִדְיָן לֵךְ שֻׁב
כ מִצְרָיִם כִּי־מֵתוּ כָּל־הָאֲנָשִׁים הַמְבַקְשִׁים אֶת־נַפְשֶׁךָ׃ וַיִּקַּח
מֹשֶׁה אֶת־אִשְׁתּוֹ וְאֶת־בָּנָיו וַיַּרְכִּבֵם עַל־הַחֲמֹר וַיָּשָׁב אַרְצָה

כא מִצְרָיִם וַיִּקַּח מֹשֶׁה אֶת־מַטֵּה הָאֱלֹהִים בְּיָדוֹ׃ וַיֹּאמֶר יהוה
אֶל־מֹשֶׁה בְּלֶכְתְּךָ לָשׁוּב מִצְרַיְמָה רְאֵה כָּל־הַמֹּפְתִים אֲשֶׁר־
שַׂמְתִּי בְיָדֶךָ וַעֲשִׂיתָם לִפְנֵי פַרְעֹה וַאֲנִי אֲחַזֵּק אֶת־לִבּוֹ וְלֹא
כב יְשַׁלַּח אֶת־הָעָם׃ וְאָמַרְתָּ אֶל־פַּרְעֹה כֹּה אָמַר יהוה בְּנִי בְכֹרִי
כג יִשְׂרָאֵל׃ וָאֹמַר אֵלֶיךָ שַׁלַּח אֶת־בְּנִי וְיַעַבְדֵנִי וַתְּמָאֵן לְשַׁלְּחוֹ
כד הִנֵּה אָנֹכִי הֹרֵג אֶת־בִּנְךָ בְּכֹרֶךָ׃ וַיְהִי בַדֶּרֶךְ בַּמָּלוֹן וַיִּפְגְּשֵׁהוּ
כה יהוה וַיְבַקֵּשׁ הֲמִיתוֹ׃ וַתִּקַּח צִפֹּרָה צֹר וַתִּכְרֹת אֶת־עָרְלַת
כו בְּנָהּ וַתַּגַּע לְרַגְלָיו וַתֹּאמֶר כִּי חֲתַן־דָּמִים אַתָּה לִי׃ וַיִּרֶף
מִמֶּנּוּ אָז אָמְרָה חֲתַן דָּמִים לַמּוּלֹת׃
כז וַיֹּאמֶר יהוה אֶל־אַהֲרֹן לֵךְ לִקְרַאת מֹשֶׁה הַמִּדְבָּרָה וַיֵּלֶךְ
כח וַיִּפְגְּשֵׁהוּ בְּהַר הָאֱלֹהִים וַיִּשַּׁק־לוֹ׃ וַיַּגֵּד מֹשֶׁה לְאַהֲרֹן אֵת כָּל־
כט דִּבְרֵי יהוה אֲשֶׁר שְׁלָחוֹ וְאֵת כָּל־הָאֹתֹת אֲשֶׁר צִוָּהוּ׃ וַיֵּלֶךְ
ל מֹשֶׁה וְאַהֲרֹן וַיַּאַסְפוּ אֶת־כָּל־זִקְנֵי בְּנֵי יִשְׂרָאֵל׃ וַיְדַבֵּר אַהֲרֹן
אֵת כָּל־הַדְּבָרִים אֲשֶׁר־דִּבֶּר יהוה אֶל־מֹשֶׁה וַיַּעַשׂ הָאֹתֹת
לא לְעֵינֵי הָעָם׃ וַיַּאֲמֵן הָעָם וַיִּשְׁמְעוּ כִּי־פָקַד יהוה אֶת־בְּנֵי
ה א יִשְׂרָאֵל וְכִי רָאָה אֶת־עָנְיָם וַיִּקְּדוּ וַיִּשְׁתַּחֲווּ׃ וְאַחַר בָּאוּ מֹשֶׁה שביעי
וְאַהֲרֹן וַיֹּאמְרוּ אֶל־פַּרְעֹה כֹּה־אָמַר יהוה אֱלֹהֵי יִשְׂרָאֵל שַׁלַּח
ב אֶת־עַמִּי וְיָחֹגּוּ לִי בַּמִּדְבָּר׃ וַיֹּאמֶר פַּרְעֹה מִי יהוה אֲשֶׁר אֶשְׁמַע
בְּקֹלוֹ לְשַׁלַּח אֶת־יִשְׂרָאֵל לֹא יָדַעְתִּי אֶת־יהוה וְגַם אֶת־
ג יִשְׂרָאֵל לֹא אֲשַׁלֵּחַ׃ וַיֹּאמְרוּ אֱלֹהֵי הָעִבְרִים נִקְרָא עָלֵינוּ
נֵלֲכָה־נָּא דֶּרֶךְ שְׁלֹשֶׁת יָמִים בַּמִּדְבָּר וְנִזְבְּחָה לַיהוה אֱלֹהֵינוּ
ד פֶּן־יִפְגָּעֵנוּ בַּדֶּבֶר אוֹ בֶחָרֶב׃ וַיֹּאמֶר אֲלֵהֶם מֶלֶךְ מִצְרַיִם לָמָּה
מֹשֶׁה וְאַהֲרֹן תַּפְרִיעוּ אֶת־הָעָם מִמַּעֲשָׂיו לְכוּ לְסִבְלֹתֵיכֶם׃
ה וַיֹּאמֶר פַּרְעֹה הֵן־רַבִּים עַתָּה עַם־הָאָרֶץ וְהִשְׁבַּתֶּם אֹתָם
ו מִסִּבְלֹתָם׃ וַיְצַו פַּרְעֹה בַּיּוֹם הַהוּא אֶת־הַנֹּגְשִׂים בָּעָם וְאֶת־
ז שֹׁטְרָיו לֵאמֹר׃ לֹא תֹאסִפוּן לָתֵת תֶּבֶן לָעָם לִלְבֹּן הַלְּבֵנִים
ח כִּתְמוֹל שִׁלְשֹׁם הֵם יֵלְכוּ וְקֹשְׁשׁוּ לָהֶם תֶּבֶן׃ וְאֶת־מַתְכֹּנֶת

הַלְּבֵנִים אֲשֶׁר הֵם עֹשִׂים תְּמוֹל שִׁלְשֹׁם תָּשִׂימוּ עֲלֵיהֶם לֹא
תִגְרְעוּ מִמֶּנּוּ כִּי־נִרְפִּים הֵם עַל־כֵּן הֵם צֹעֲקִים לֵאמֹר נֵלְכָה
ט נִזְבְּחָה לֵאלֹהֵינוּ: תִּכְבַּד הָעֲבֹדָה עַל־הָאֲנָשִׁים וְיַעֲשׂוּ־בָהּ
י וְאַל־יִשְׁעוּ בְּדִבְרֵי־שָׁקֶר: וַיֵּצְאוּ נֹגְשֵׂי הָעָם וְשֹׁטְרָיו וַיֹּאמְרוּ
יא אֶל־הָעָם לֵאמֹר כֹּה אָמַר פַּרְעֹה אֵינֶנִּי נֹתֵן לָכֶם תֶּבֶן: אַתֶּם
לְכוּ קְחוּ לָכֶם תֶּבֶן מֵאֲשֶׁר תִּמְצָאוּ כִּי אֵין נִגְרָע מֵעֲבֹדַתְכֶם
יב דָּבָר: וַיָּפֶץ הָעָם בְּכָל־אֶרֶץ מִצְרָיִם לְקֹשֵׁשׁ קַשׁ לַתֶּבֶן:
יג וְהַנֹּגְשִׂים אָצִים לֵאמֹר כַּלּוּ מַעֲשֵׂיכֶם דְּבַר־יוֹם בְּיוֹמוֹ כַּאֲשֶׁר
יד בִּהְיוֹת הַתֶּבֶן: וַיֻּכּוּ שֹׁטְרֵי בְּנֵי יִשְׂרָאֵל אֲשֶׁר־שָׂמוּ עֲלֵהֶם נֹגְשֵׂי
פַרְעֹה לֵאמֹר מַדּוּעַ לֹא כִלִּיתֶם חָקְכֶם לִלְבֹּן כִּתְמוֹל שִׁלְשֹׁם
טו גַּם־תְּמוֹל גַּם־הַיּוֹם: וַיָּבֹאוּ שֹׁטְרֵי בְּנֵי יִשְׂרָאֵל וַיִּצְעֲקוּ אֶל־
טז פַּרְעֹה לֵאמֹר לָמָּה תַעֲשֶׂה כֹה לַעֲבָדֶיךָ: תֶּבֶן אֵין נִתָּן לַעֲבָדֶיךָ
וּלְבֵנִים אֹמְרִים לָנוּ עֲשׂוּ וְהִנֵּה עֲבָדֶיךָ מֻכִּים וְחָטָאת עַמֶּךָ:
יז וַיֹּאמֶר נִרְפִּים אַתֶּם נִרְפִּים עַל־כֵּן אַתֶּם אֹמְרִים נֵלְכָה נִזְבְּחָה
יח לַיהוה: וְעַתָּה לְכוּ עִבְדוּ וְתֶבֶן לֹא־יִנָּתֵן לָכֶם וְתֹכֶן לְבֵנִים
יט תִּתֵּנוּ: וַיִּרְאוּ שֹׁטְרֵי בְנֵי־יִשְׂרָאֵל אֹתָם בְּרָע לֵאמֹר לֹא־תִגְרְעוּ
כ מִלִּבְנֵיכֶם דְּבַר־יוֹם בְּיוֹמוֹ: וַיִּפְגְּעוּ אֶת־מֹשֶׁה וְאֶת־אַהֲרֹן
כא נִצָּבִים לִקְרָאתָם בְּצֵאתָם מֵאֵת פַּרְעֹה: וַיֹּאמְרוּ אֲלֵהֶם יֵרֶא
יהוה עֲלֵיכֶם וְיִשְׁפֹּט אֲשֶׁר הִבְאַשְׁתֶּם אֶת־רֵיחֵנוּ בְּעֵינֵי פַרְעֹה
כב וּבְעֵינֵי עֲבָדָיו לָתֶת־חֶרֶב בְּיָדָם לְהָרְגֵנוּ: וַיָּשָׁב מֹשֶׁה אֶל־ מפטיר
יהוה וַיֹּאמַר אֲדֹנָי לָמָה הֲרֵעֹתָה לָעָם הַזֶּה לָמָּה זֶּה שְׁלַחְתָּנִי:
כג וּמֵאָז בָּאתִי אֶל־פַּרְעֹה לְדַבֵּר בִּשְׁמֶךָ הֵרַע לָעָם הַזֶּה וְהַצֵּל
ו א לֹא־הִצַּלְתָּ אֶת־עַמֶּךָ: וַיֹּאמֶר יהוה אֶל־מֹשֶׁה עַתָּה תִרְאֶה
אֲשֶׁר אֶעֱשֶׂה לְפַרְעֹה כִּי בְיָד חֲזָקָה יְשַׁלְּחֵם וּבְיָד חֲזָקָה יְגָרְשֵׁם
ב מֵאַרְצוֹ: וַיְדַבֵּר אֱלֹהִים אֶל־מֹשֶׁה וַיֹּאמֶר אֵלָיו ד וארא
ג אֲנִי יהוה: וָאֵרָא אֶל־אַבְרָהָם אֶל־יִצְחָק וְאֶל־יַעֲקֹב בְּאֵל
ד שַׁדָּי וּשְׁמִי יהוה לֹא נוֹדַעְתִּי לָהֶם: וְגַם הֲקִמֹתִי אֶת־בְּרִיתִי

אֶתָּם לָתֵת לָהֶם אֶת־אֶרֶץ כְּנָעַן אֵת אֶרֶץ מְגֻרֵיהֶם אֲשֶׁר־
ה גָּרוּ בָהּ׃ וְגַם׀ אֲנִי שָׁמַעְתִּי אֶת־נַאֲקַת בְּנֵי יִשְׂרָאֵל אֲשֶׁר מִצְרַיִם
ו מַעֲבִדִים אֹתָם וָאֶזְכֹּר אֶת־בְּרִיתִי׃ לָכֵן אֱמֹר לִבְנֵי־יִשְׂרָאֵל
אֲנִי יְהוָה וְהוֹצֵאתִי אֶתְכֶם מִתַּחַת סִבְלֹת מִצְרַיִם וְהִצַּלְתִּי
אֶתְכֶם מֵעֲבֹדָתָם וְגָאַלְתִּי אֶתְכֶם בִּזְרוֹעַ נְטוּיָה וּבִשְׁפָטִים
ז גְּדֹלִים׃ וְלָקַחְתִּי אֶתְכֶם לִי לְעָם וְהָיִיתִי לָכֶם לֵאלֹהִים וִידַעְתֶּם
כִּי אֲנִי יְהוָה אֱלֹהֵיכֶם הַמּוֹצִיא אֶתְכֶם מִתַּחַת סִבְלוֹת מִצְרָיִם׃
ח וְהֵבֵאתִי אֶתְכֶם אֶל־הָאָרֶץ אֲשֶׁר נָשָׂאתִי אֶת־יָדִי לָתֵת אֹתָהּ
לְאַבְרָהָם לְיִצְחָק וּלְיַעֲקֹב וְנָתַתִּי אֹתָהּ לָכֶם מוֹרָשָׁה אֲנִי יְהוָה׃
ט וַיְדַבֵּר מֹשֶׁה כֵּן אֶל־בְּנֵי יִשְׂרָאֵל וְלֹא שָׁמְעוּ אֶל־מֹשֶׁה מִקֹּצֶר
רוּחַ וּמֵעֲבֹדָה קָשָׁה׃

י יא וַיְדַבֵּר יְהוָה אֶל־מֹשֶׁה לֵּאמֹר׃ בֹּא דַבֵּר אֶל־פַּרְעֹה מֶלֶךְ
יב מִצְרָיִם וִישַׁלַּח אֶת־בְּנֵי־יִשְׂרָאֵל מֵאַרְצוֹ׃ וַיְדַבֵּר מֹשֶׁה לִפְנֵי
יְהוָה לֵאמֹר הֵן בְּנֵי־יִשְׂרָאֵל לֹא־שָׁמְעוּ אֵלַי וְאֵיךְ יִשְׁמָעֵנִי
פַרְעֹה וַאֲנִי עֲרַל שְׂפָתָיִם׃

יג וַיְדַבֵּר יְהוָה אֶל־מֹשֶׁה וְאֶל־אַהֲרֹן וַיְצַוֵּם אֶל־בְּנֵי יִשְׂרָאֵל
וְאֶל־פַּרְעֹה מֶלֶךְ מִצְרָיִם לְהוֹצִיא אֶת־בְּנֵי־יִשְׂרָאֵל מֵאֶרֶץ
יד מִצְרָיִם׃ אֵלֶּה רָאשֵׁי בֵית־אֲבֹתָם בְּנֵי רְאוּבֵן שני
בְּכֹר יִשְׂרָאֵל חֲנוֹךְ וּפַלּוּא חֶצְרֹן וְכַרְמִי אֵלֶּה מִשְׁפְּחֹת רְאוּבֵן׃
טו וּבְנֵי שִׁמְעוֹן יְמוּאֵל וְיָמִין וְאֹהַד וְיָכִין וְצֹחַר וְשָׁאוּל בֶּן־הַכְּנַעֲנִית
טז אֵלֶּה מִשְׁפְּחֹת שִׁמְעוֹן׃ וְאֵלֶּה שְׁמוֹת בְּנֵי־לֵוִי לְתֹלְדֹתָם גֵּרְשׁוֹן
יז וּקְהָת וּמְרָרִי וּשְׁנֵי חַיֵּי לֵוִי שֶׁבַע וּשְׁלֹשִׁים וּמְאַת שָׁנָה׃ בְּנֵי
יח גֵרְשׁוֹן לִבְנִי וְשִׁמְעִי לְמִשְׁפְּחֹתָם׃ וּבְנֵי קְהָת עַמְרָם וְיִצְהָר
וְחֶבְרוֹן וְעֻזִּיאֵל וּשְׁנֵי חַיֵּי קְהָת שָׁלֹשׁ וּשְׁלֹשִׁים וּמְאַת שָׁנָה׃
יט כ וּבְנֵי מְרָרִי מַחְלִי וּמוּשִׁי אֵלֶּה מִשְׁפְּחֹת הַלֵּוִי לְתֹלְדֹתָם׃ וַיִּקַּח
עַמְרָם אֶת־יוֹכֶבֶד דֹּדָתוֹ לוֹ לְאִשָּׁה וַתֵּלֶד לוֹ אֶת־אַהֲרֹן וְאֶת־
כא מֹשֶׁה וּשְׁנֵי חַיֵּי עַמְרָם שֶׁבַע וּשְׁלֹשִׁים וּמְאַת שָׁנָה׃ וּבְנֵי יִצְהָר

כב כג קֹרַח וָנֶפֶג וְזִכְרִי: וּבְנֵי עֻזִּיאֵל מִישָׁאֵל וְאֶלְצָפָן וְסִתְרִי: וַיִּקַּח
אַהֲרֹן אֶת־אֱלִישֶׁבַע בַּת־עַמִּינָדָב אֲחוֹת נַחְשׁוֹן לוֹ לְאִשָּׁה
וַתֵּלֶד לוֹ אֶת־נָדָב וְאֶת־אֲבִיהוּא אֶת־אֶלְעָזָר וְאֶת־אִיתָמָר:
כד וּבְנֵי קֹרַח אַסִּיר וְאֶלְקָנָה וַאֲבִיאָסָף אֵלֶּה מִשְׁפְּחֹת הַקָּרְחִי:
כה וְאֶלְעָזָר בֶּן־אַהֲרֹן לָקַח־לוֹ מִבְּנוֹת פּוּטִיאֵל לוֹ לְאִשָּׁה
וַתֵּלֶד לוֹ אֶת־פִּינְחָס אֵלֶּה רָאשֵׁי אֲבוֹת הַלְוִיִּם לְמִשְׁפְּחֹתָם:
כו הוּא אַהֲרֹן וּמֹשֶׁה אֲשֶׁר אָמַר יהוה לָהֶם הוֹצִיאוּ אֶת־
כז בְּנֵי יִשְׂרָאֵל מֵאֶרֶץ מִצְרַיִם עַל־צִבְאֹתָם: הֵם הַמְדַבְּרִים
אֶל־פַּרְעֹה מֶלֶךְ־מִצְרַיִם לְהוֹצִיא אֶת־בְּנֵי־יִשְׂרָאֵל מִמִּצְרָיִם
כח הוּא מֹשֶׁה וְאַהֲרֹן: וַיְהִי בְּיוֹם דִּבֶּר יהוה אֶל־מֹשֶׁה בְּאֶרֶץ
כט מִצְרָיִם: וַיְדַבֵּר יהוה אֶל־מֹשֶׁה לֵּאמֹר אֲנִי יהוה שלישי
דַּבֵּר אֶל־פַּרְעֹה מֶלֶךְ מִצְרַיִם אֵת כָּל־אֲשֶׁר אֲנִי דֹּבֵר אֵלֶיךָ:
ל וַיֹּאמֶר מֹשֶׁה לִפְנֵי יהוה הֵן אֲנִי עֲרַל שְׂפָתַיִם וְאֵיךְ יִשְׁמַע
אֵלַי פַּרְעֹה:

ז א וַיֹּאמֶר יהוה אֶל־מֹשֶׁה רְאֵה נְתַתִּיךָ אֱלֹהִים לְפַרְעֹה וְאַהֲרֹן
ב אָחִיךָ יִהְיֶה נְבִיאֶךָ: אַתָּה תְדַבֵּר אֵת כָּל־אֲשֶׁר אֲצַוֶּךָּ וְאַהֲרֹן
ג אָחִיךָ יְדַבֵּר אֶל־פַּרְעֹה וְשִׁלַּח אֶת־בְּנֵי־יִשְׂרָאֵל מֵאַרְצוֹ: וַאֲנִי
אַקְשֶׁה אֶת־לֵב פַּרְעֹה וְהִרְבֵּיתִי אֶת־אֹתֹתַי וְאֶת־מוֹפְתַי בְּאֶרֶץ
ד מִצְרָיִם: וְלֹא־יִשְׁמַע אֲלֵכֶם פַּרְעֹה וְנָתַתִּי אֶת־יָדִי בְּמִצְרָיִם
וְהוֹצֵאתִי אֶת־צִבְאֹתַי אֶת־עַמִּי בְנֵי־יִשְׂרָאֵל מֵאֶרֶץ מִצְרַיִם
ה בִּשְׁפָטִים גְּדֹלִים: וְיָדְעוּ מִצְרַיִם כִּי־אֲנִי יהוה בִּנְטֹתִי אֶת־
ו יָדִי עַל־מִצְרָיִם וְהוֹצֵאתִי אֶת־בְּנֵי־יִשְׂרָאֵל מִתּוֹכָם: וַיַּעַשׂ
ז מֹשֶׁה וְאַהֲרֹן כַּאֲשֶׁר צִוָּה יהוה אֹתָם כֵּן עָשׂוּ: וּמֹשֶׁה בֶּן־
שְׁמֹנִים שָׁנָה וְאַהֲרֹן בֶּן־שָׁלֹשׁ וּשְׁמֹנִים שָׁנָה בְּדַבְּרָם אֶל־
פַּרְעֹה:

ח ט וַיֹּאמֶר יהוה אֶל־מֹשֶׁה וְאֶל־אַהֲרֹן לֵאמֹר: כִּי יְדַבֵּר אֲלֵכֶם ה רביעי
פַּרְעֹה לֵאמֹר תְּנוּ לָכֶם מוֹפֵת וְאָמַרְתָּ אֶל־אַהֲרֹן קַח אֶת־

י מַטְּךָ וְהַשְׁלֵךְ לִפְנֵי־פַרְעֹה יְהִי לְתַנִּין׃ וַיָּבֹא מֹשֶׁה וְאַהֲרֹן אֶל־
פַּרְעֹה וַיַּעֲשׂוּ־כֵן כַּאֲשֶׁר צִוָּה יְהוָה וַיַּשְׁלֵךְ אַהֲרֹן אֶת־מַטֵּהוּ
יא לִפְנֵי פַרְעֹה וְלִפְנֵי עֲבָדָיו וַיְהִי לְתַנִּין׃ וַיִּקְרָא גַּם־פַּרְעֹה לַחֲכָמִים
וְלַמְכַשְּׁפִים וַיַּעֲשׂוּ גַם־הֵם חַרְטֻמֵּי מִצְרַיִם בְּלַהֲטֵיהֶם כֵּן׃
יב וַיַּשְׁלִיכוּ אִישׁ מַטֵּהוּ וַיִּהְיוּ לְתַנִּינִם וַיִּבְלַע מַטֵּה־אַהֲרֹן אֶת־
יג מַטֹּתָם׃ וַיֶּחֱזַק לֵב פַּרְעֹה וְלֹא שָׁמַע אֲלֵהֶם כַּאֲשֶׁר דִּבֶּר
יד יְהוָה׃ וַיֹּאמֶר יְהוָה אֶל־מֹשֶׁה כָּבֵד לֵב פַּרְעֹה
טו מֵאֵן לְשַׁלַּח הָעָם׃ לֵךְ אֶל־פַּרְעֹה בַּבֹּקֶר הִנֵּה יֹצֵא הַמַּיְמָה
וְנִצַּבְתָּ לִקְרָאתוֹ עַל־שְׂפַת הַיְאֹר וְהַמַּטֶּה אֲשֶׁר־נֶהְפַּךְ לְנָחָשׁ
טז תִּקַּח בְּיָדֶךָ׃ וְאָמַרְתָּ אֵלָיו יְהוָה אֱלֹהֵי הָעִבְרִים שְׁלָחַנִי אֵלֶיךָ
לֵאמֹר שַׁלַּח אֶת־עַמִּי וְיַעַבְדֻנִי בַּמִּדְבָּר וְהִנֵּה לֹא־שָׁמַעְתָּ
יז עַד־כֹּה׃ כֹּה אָמַר יְהוָה בְּזֹאת תֵּדַע כִּי אֲנִי יְהוָה הִנֵּה אָנֹכִי
מַכֶּה ׀ בַּמַּטֶּה אֲשֶׁר־בְּיָדִי עַל־הַמַּיִם אֲשֶׁר בַּיְאֹר וְנֶהֶפְכוּ לְדָם׃
יח וְהַדָּגָה אֲשֶׁר־בַּיְאֹר תָּמוּת וּבָאַשׁ הַיְאֹר וְנִלְאוּ מִצְרַיִם לִשְׁתּוֹת
יט מַיִם מִן־הַיְאֹר׃ וַיֹּאמֶר יְהוָה אֶל־מֹשֶׁה אֱמֹר
אֶל־אַהֲרֹן קַח מַטְּךָ וּנְטֵה־יָדְךָ עַל־מֵימֵי מִצְרַיִם עַל־נַהֲרֹתָם ׀
עַל־יְאֹרֵיהֶם וְעַל־אַגְמֵיהֶם וְעַל כָּל־מִקְוֵה מֵימֵיהֶם וְיִהְיוּ־דָם
כ וְהָיָה דָם בְּכָל־אֶרֶץ מִצְרַיִם וּבָעֵצִים וּבָאֲבָנִים׃ וַיַּעֲשׂוּ־כֵן
מֹשֶׁה וְאַהֲרֹן כַּאֲשֶׁר ׀ צִוָּה יְהוָה וַיָּרֶם בַּמַּטֶּה וַיַּךְ אֶת־הַמַּיִם
אֲשֶׁר בַּיְאֹר לְעֵינֵי פַרְעֹה וּלְעֵינֵי עֲבָדָיו וַיֵּהָפְכוּ כָּל־הַמַּיִם אֲשֶׁר־
כא בַּיְאֹר לְדָם׃ וְהַדָּגָה אֲשֶׁר־בַּיְאֹר מֵתָה וַיִּבְאַשׁ הַיְאֹר וְלֹא־
יָכְלוּ מִצְרַיִם לִשְׁתּוֹת מַיִם מִן־הַיְאֹר וַיְהִי הַדָּם בְּכָל־אֶרֶץ
כב מִצְרָיִם׃ וַיַּעֲשׂוּ־כֵן חַרְטֻמֵּי מִצְרַיִם בְּלָטֵיהֶם וַיֶּחֱזַק לֵב־פַּרְעֹה
כג וְלֹא־שָׁמַע אֲלֵהֶם כַּאֲשֶׁר דִּבֶּר יְהוָה׃ וַיִּפֶן פַּרְעֹה וַיָּבֹא אֶל־
כד בֵּיתוֹ וְלֹא־שָׁת לִבּוֹ גַּם־לָזֹאת׃ וַיַּחְפְּרוּ כָל־מִצְרַיִם סְבִיבֹת
כה הַיְאֹר מַיִם לִשְׁתּוֹת כִּי לֹא יָכְלוּ לִשְׁתֹּת מִמֵּימֵי הַיְאֹר׃ וַיִּמָּלֵא
שִׁבְעַת יָמִים אַחֲרֵי הַכּוֹת־יְהוָה אֶת־הַיְאֹר׃

כו וַיֹּאמֶר יְהוָה אֶל־מֹשֶׁה בֹּא אֶל־פַּרְעֹה וְאָמַרְתָּ אֵלָיו כֹּה אָמַר
כז יְהוָה שַׁלַּח אֶת־עַמִּי וְיַעַבְדֻנִי׃ וְאִם־מָאֵן אַתָּה לְשַׁלֵּחַ הִנֵּה
כח אָנֹכִי נֹגֵף אֶת־כָּל־גְּבוּלְךָ בַּצְפַרְדְּעִים׃ וְשָׁרַץ הַיְאֹר צְפַרְדְּעִים
וְעָלוּ וּבָאוּ בְּבֵיתֶךָ וּבַחֲדַר מִשְׁכָּבְךָ וְעַל־מִטָּתֶךָ וּבְבֵית עֲבָדֶיךָ
כט וּבְעַמֶּךָ וּבְתַנּוּרֶיךָ וּבְמִשְׁאֲרוֹתֶיךָ׃ וּבְכָה וּבְעַמְּךָ וּבְכָל־עֲבָדֶיךָ
ח א יַעֲלוּ הַצְפַרְדְּעִים׃ וַיֹּאמֶר יְהוָה אֶל־מֹשֶׁה אֱמֹר אֶל־אַהֲרֹן
נְטֵה אֶת־יָדְךָ בְּמַטֶּךָ עַל־הַנְּהָרֹת עַל־הַיְאֹרִים וְעַל־הָאֲגַמִּים
ב וְהַעַל אֶת־הַצְפַרְדְּעִים עַל־אֶרֶץ מִצְרָיִם׃ וַיֵּט אַהֲרֹן אֶת־יָדוֹ
עַל מֵימֵי מִצְרָיִם וַתַּעַל הַצְּפַרְדֵּעַ וַתְּכַס אֶת־אֶרֶץ מִצְרָיִם׃
ג וַיַּעֲשׂוּ־כֵן הַחַרְטֻמִּים בְּלָטֵיהֶם וַיַּעֲלוּ אֶת־הַצְפַרְדְּעִים עַל־
ד אֶרֶץ מִצְרָיִם׃ וַיִּקְרָא פַרְעֹה לְמֹשֶׁה וּלְאַהֲרֹן וַיֹּאמֶר הַעְתִּירוּ
אֶל־יְהוָה וְיָסֵר הַצְפַרְדְּעִים מִמֶּנִּי וּמֵעַמִּי וַאֲשַׁלְּחָה אֶת־הָעָם
ה וְיִזְבְּחוּ לַיהוָה׃ וַיֹּאמֶר מֹשֶׁה לְפַרְעֹה הִתְפָּאֵר עָלַי לְמָתַי ׀
אַעְתִּיר לְךָ וְלַעֲבָדֶיךָ וּלְעַמְּךָ לְהַכְרִית הַצְפַרְדְּעִים מִמְּךָ
ו וּמִבָּתֶּיךָ רַק בַּיְאֹר תִּשָּׁאַרְנָה׃ וַיֹּאמֶר לְמָחָר וַיֹּאמֶר כִּדְבָרְךָ
ז לְמַעַן תֵּדַע כִּי־אֵין כַּיהוָה אֱלֹהֵינוּ׃ וְסָרוּ הַצְפַרְדְּעִים מִמְּךָ חמישי
ח וּמִבָּתֶּיךָ וּמֵעֲבָדֶיךָ וּמֵעַמֶּךָ רַק בַּיְאֹר תִּשָּׁאַרְנָה׃ וַיֵּצֵא מֹשֶׁה
וְאַהֲרֹן מֵעִם פַּרְעֹה וַיִּצְעַק מֹשֶׁה אֶל־יְהוָה עַל־דְּבַר הַצְפַרְדְּעִים
ט אֲשֶׁר־שָׂם לְפַרְעֹה׃ וַיַּעַשׂ יְהוָה כִּדְבַר מֹשֶׁה וַיָּמֻתוּ הַצְפַרְדְּעִים
י מִן־הַבָּתִּים מִן־הַחֲצֵרֹת וּמִן־הַשָּׂדֹת׃ וַיִּצְבְּרוּ אֹתָם חֳמָרִם
יא חֳמָרִם וַתִּבְאַשׁ הָאָרֶץ׃ וַיַּרְא פַּרְעֹה כִּי הָיְתָה הָרְוָחָה וְהַכְבֵּד
יב אֶת־לִבּוֹ וְלֹא שָׁמַע אֲלֵהֶם כַּאֲשֶׁר דִּבֶּר יְהוָה׃ וַיֹּאמֶר
יְהוָה אֶל־מֹשֶׁה אֱמֹר אֶל־אַהֲרֹן נְטֵה אֶת־מַטְּךָ וְהַךְ אֶת־
יג עֲפַר הָאָרֶץ וְהָיָה לְכִנִּם בְּכָל־אֶרֶץ מִצְרָיִם׃ וַיַּעֲשׂוּ־כֵן וַיֵּט
אַהֲרֹן אֶת־יָדוֹ בְמַטֵּהוּ וַיַּךְ אֶת־עֲפַר הָאָרֶץ וַתְּהִי הַכִּנָּם בָּאָדָם
וּבַבְּהֵמָה כָּל־עֲפַר הָאָרֶץ הָיָה כִנִּים בְּכָל־אֶרֶץ מִצְרָיִם׃
יד וַיַּעֲשׂוּ־כֵן הַחַרְטֻמִּים בְּלָטֵיהֶם לְהוֹצִיא אֶת־הַכִּנִּים וְלֹא יָכֹלוּ

טו וַתְּהִי הַכִּנָּם בָּאָדָם וּבַבְּהֵמָה: וַיֹּאמְרוּ הַחַרְטֻמִּם אֶל־פַּרְעֹה
אֶצְבַּע אֱלֹהִים הִוא וַיֶּחֱזַק לֵב־פַּרְעֹה וְלֹא־שָׁמַע אֲלֵהֶם כַּאֲשֶׁר
ו טז דִּבֶּר יְהוָה: וַיֹּאמֶר יְהוָה אֶל־מֹשֶׁה הַשְׁכֵּם בַּבֹּקֶר
וְהִתְיַצֵּב לִפְנֵי פַרְעֹה הִנֵּה יוֹצֵא הַמָּיְמָה וְאָמַרְתָּ אֵלָיו כֹּה
יז אָמַר יְהוָה שַׁלַּח עַמִּי וְיַעַבְדֻנִי: כִּי אִם־אֵינְךָ מְשַׁלֵּחַ אֶת־עַמִּי
הִנְנִי מַשְׁלִיחַ בְּךָ וּבַעֲבָדֶיךָ וּבְעַמְּךָ וּבְבָתֶּיךָ אֶת־הֶעָרֹב וּמָלְאוּ
יח בָּתֵּי מִצְרַיִם אֶת־הֶעָרֹב וְגַם הָאֲדָמָה אֲשֶׁר־הֵם עָלֶיהָ: וְהִפְלֵיתִי
בַיּוֹם הַהוּא אֶת־אֶרֶץ גֹּשֶׁן אֲשֶׁר עַמִּי עֹמֵד עָלֶיהָ לְבִלְתִּי הֱיוֹת־
יט שָׁם עָרֹב לְמַעַן תֵּדַע כִּי אֲנִי יְהוָה בְּקֶרֶב הָאָרֶץ: וְשַׂמְתִּי ששי
כ פְדֻת בֵּין עַמִּי וּבֵין עַמֶּךָ לְמָחָר יִהְיֶה הָאֹת הַזֶּה: וַיַּעַשׂ יְהוָה
כֵּן וַיָּבֹא עָרֹב כָּבֵד בֵּיתָה פַרְעֹה וּבֵית עֲבָדָיו וּבְכָל־אֶרֶץ
כא מִצְרַיִם תִּשָּׁחֵת הָאָרֶץ מִפְּנֵי הֶעָרֹב: וַיִּקְרָא פַרְעֹה אֶל־מֹשֶׁה
כב וּלְאַהֲרֹן וַיֹּאמֶר לְכוּ זִבְחוּ לֵאלֹהֵיכֶם בָּאָרֶץ: וַיֹּאמֶר מֹשֶׁה
לֹא נָכוֹן לַעֲשׂוֹת כֵּן כִּי תּוֹעֲבַת מִצְרַיִם נִזְבַּח לַיהוָה אֱלֹהֵינוּ
כג הֵן נִזְבַּח אֶת־תּוֹעֲבַת מִצְרַיִם לְעֵינֵיהֶם וְלֹא יִסְקְלֻנוּ: דֶּרֶךְ
שְׁלֹשֶׁת יָמִים נֵלֵךְ בַּמִּדְבָּר וְזָבַחְנוּ לַיהוָה אֱלֹהֵינוּ כַּאֲשֶׁר יֹאמַר
כד אֵלֵינוּ: וַיֹּאמֶר פַּרְעֹה אָנֹכִי אֲשַׁלַּח אֶתְכֶם וּזְבַחְתֶּם לַיהוָה
אֱלֹהֵיכֶם בַּמִּדְבָּר רַק הַרְחֵק לֹא־תַרְחִיקוּ לָלֶכֶת הַעְתִּירוּ
כה בַּעֲדִי: וַיֹּאמֶר מֹשֶׁה הִנֵּה אָנֹכִי יוֹצֵא מֵעִמָּךְ וְהַעְתַּרְתִּי אֶל־
יְהוָה וְסָר הֶעָרֹב מִפַּרְעֹה מֵעֲבָדָיו וּמֵעַמּוֹ מָחָר רַק אַל־יֹסֵף
כו פַּרְעֹה הָתֵל לְבִלְתִּי שַׁלַּח אֶת־הָעָם לִזְבֹּחַ לַיהוָה: וַיֵּצֵא מֹשֶׁה
כז מֵעִם פַּרְעֹה וַיֶּעְתַּר אֶל־יְהוָה: וַיַּעַשׂ יְהוָה כִּדְבַר מֹשֶׁה וַיָּסַר
כח הֶעָרֹב מִפַּרְעֹה מֵעֲבָדָיו וּמֵעַמּוֹ לֹא נִשְׁאַר אֶחָד: וַיַּכְבֵּד פַּרְעֹה
אֶת־לִבּוֹ גַּם בַּפַּעַם הַזֹּאת וְלֹא שִׁלַּח אֶת־הָעָם:
ט א וַיֹּאמֶר יְהוָה אֶל־מֹשֶׁה בֹּא אֶל־פַּרְעֹה וְדִבַּרְתָּ אֵלָיו כֹּה־אָמַר
ב יְהוָה אֱלֹהֵי הָעִבְרִים שַׁלַּח אֶת־עַמִּי וְיַעַבְדֻנִי: כִּי אִם־מָאֵן אַתָּה
ג לְשַׁלֵּחַ וְעוֹדְךָ מַחֲזִיק בָּם: הִנֵּה יַד־יְהוָה הוֹיָה בְּמִקְנְךָ אֲשֶׁר

בַּשָּׂדֶה בַּסּוּסִים בַּחֲמֹרִים בַּגְּמַלִּים בַּבָּקָר וּבַצֹּאן דֶּבֶר כָּבֵד
ד מְאֹד׃ וְהִפְלָה יהוה בֵּין מִקְנֵה יִשְׂרָאֵל וּבֵין מִקְנֵה מִצְרָיִם
ה וְלֹא יָמוּת מִכָּל־לִבְנֵי יִשְׂרָאֵל דָּבָר׃ וַיָּשֶׂם יהוה מוֹעֵד לֵאמֹר
ו מָחָר יַעֲשֶׂה יהוה הַדָּבָר הַזֶּה בָּאָרֶץ׃ וַיַּעַשׂ יהוה אֶת־הַדָּבָר
הַזֶּה מִמָּחֳרָת וַיָּמָת כֹּל מִקְנֵה מִצְרָיִם וּמִמִּקְנֵה בְנֵי־יִשְׂרָאֵל
ז לֹא־מֵת אֶחָד׃ וַיִּשְׁלַח פַּרְעֹה וְהִנֵּה לֹא־מֵת מִמִּקְנֵה יִשְׂרָאֵל
עַד־אֶחָד וַיִּכְבַּד לֵב פַּרְעֹה וְלֹא שִׁלַּח אֶת־הָעָם׃
ח וַיֹּאמֶר יהוה אֶל־מֹשֶׁה וְאֶל־אַהֲרֹן קְחוּ לָכֶם מְלֹא חָפְנֵיכֶם
ט פִּיחַ כִּבְשָׁן וּזְרָקוֹ מֹשֶׁה הַשָּׁמַיְמָה לְעֵינֵי פַרְעֹה׃ וְהָיָה לְאָבָק
עַל כָּל־אֶרֶץ מִצְרָיִם וְהָיָה עַל־הָאָדָם וְעַל־הַבְּהֵמָה לִשְׁחִין
י פֹּרֵחַ אֲבַעְבֻּעֹת בְּכָל־אֶרֶץ מִצְרָיִם׃ וַיִּקְחוּ אֶת־פִּיחַ הַכִּבְשָׁן
וַיַּעַמְדוּ לִפְנֵי פַרְעֹה וַיִּזְרֹק אֹתוֹ מֹשֶׁה הַשָּׁמָיְמָה וַיְהִי שְׁחִין
יא אֲבַעְבֻּעֹת פֹּרֵחַ בָּאָדָם וּבַבְּהֵמָה׃ וְלֹא־יָכְלוּ הַחַרְטֻמִּים לַעֲמֹד
לִפְנֵי מֹשֶׁה מִפְּנֵי הַשְּׁחִין כִּי־הָיָה הַשְּׁחִין בַּחֲרְטֻמִּם וּבְכָל־מִצְרָיִם׃
יב וַיְחַזֵּק יהוה אֶת־לֵב פַּרְעֹה וְלֹא שָׁמַע אֲלֵהֶם כַּאֲשֶׁר דִּבֶּר
יג יהוה אֶל־מֹשֶׁה׃ וַיֹּאמֶר יהוה אֶל־מֹשֶׁה הַשְׁכֵּם
בַּבֹּקֶר וְהִתְיַצֵּב לִפְנֵי פַרְעֹה וְאָמַרְתָּ אֵלָיו כֹּה־אָמַר יהוה
יד אֱלֹהֵי הָעִבְרִים שַׁלַּח אֶת־עַמִּי וְיַעַבְדֻנִי׃ כִּי ׀ בַּפַּעַם הַזֹּאת אֲנִי
שֹׁלֵחַ אֶת־כָּל־מַגֵּפֹתַי אֶל־לִבְּךָ וּבַעֲבָדֶיךָ וּבְעַמֶּךָ בַּעֲבוּר תֵּדַע
טו כִּי אֵין כָּמֹנִי בְּכָל־הָאָרֶץ׃ כִּי עַתָּה שָׁלַחְתִּי אֶת־יָדִי וָאַךְ אוֹתְךָ
טז וְאֶת־עַמְּךָ בַּדָּבֶר וַתִּכָּחֵד מִן־הָאָרֶץ׃ וְאוּלָם בַּעֲבוּר זֹאת
הֶעֱמַדְתִּיךָ בַּעֲבוּר הַרְאֹתְךָ אֶת־כֹּחִי וּלְמַעַן סַפֵּר שְׁמִי בְּכָל־
יז יח הָאָרֶץ׃ *עוֹדְךָ מִסְתּוֹלֵל בְּעַמִּי לְבִלְתִּי שַׁלְּחָם׃ הִנְנִי מַמְטִיר שביעי
כָּעֵת מָחָר בָּרָד כָּבֵד מְאֹד אֲשֶׁר לֹא־הָיָה כָמֹהוּ בְּמִצְרַיִם לְמִן־
יט הַיּוֹם הִוָּסְדָה וְעַד־עָתָּה׃ וְעַתָּה שְׁלַח הָעֵז אֶת־מִקְנְךָ וְאֵת כָּל־
אֲשֶׁר לְךָ בַּשָּׂדֶה כָּל־הָאָדָם וְהַבְּהֵמָה אֲשֶׁר־יִמָּצֵא בַשָּׂדֶה
כ וְלֹא יֵאָסֵף הַבַּיְתָה וְיָרַד עֲלֵהֶם הַבָּרָד וָמֵתוּ׃ הַיָּרֵא אֶת־דְּבַר

יְהוָה מֵעַבְדֵי פַּרְעֹה הֵנִיס אֶת־עֲבָדָיו וְאֶת־מִקְנֵהוּ אֶל־
כא הַבָּתִּים׃ וַאֲשֶׁר לֹא־שָׂם לִבּוֹ אֶל־דְּבַר יְהוָה וַיַּעֲזֹב אֶת־עֲבָדָיו
וְאֶת־מִקְנֵהוּ בַּשָּׂדֶה׃
כב וַיֹּאמֶר יְהוָה אֶל־מֹשֶׁה נְטֵה אֶת־יָדְךָ עַל־הַשָּׁמַיִם וִיהִי בָרָד
בְּכָל־אֶרֶץ מִצְרָיִם עַל־הָאָדָם וְעַל־הַבְּהֵמָה וְעַל כָּל־עֵשֶׂב
כג הַשָּׂדֶה בְּאֶרֶץ מִצְרָיִם׃ וַיֵּט מֹשֶׁה אֶת־מַטֵּהוּ עַל־הַשָּׁמַיִם
וַיהוָה נָתַן קֹלֹת וּבָרָד וַתִּהֲלַךְ־אֵשׁ אָרְצָה וַיַּמְטֵר יְהוָה בָּרָד
כד עַל־אֶרֶץ מִצְרָיִם׃ וַיְהִי בָרָד וְאֵשׁ מִתְלַקַּחַת בְּתוֹךְ הַבָּרָד כָּבֵד
מְאֹד אֲשֶׁר לֹא־הָיָה כָמֹהוּ בְּכָל־אֶרֶץ מִצְרַיִם מֵאָז הָיְתָה לְגוֹי׃
כה וַיַּךְ הַבָּרָד בְּכָל־אֶרֶץ מִצְרַיִם אֵת כָּל־אֲשֶׁר בַּשָּׂדֶה מֵאָדָם
וְעַד־בְּהֵמָה וְאֵת כָּל־עֵשֶׂב הַשָּׂדֶה הִכָּה הַבָּרָד וְאֶת־כָּל־עֵץ
כו הַשָּׂדֶה שִׁבֵּר׃ רַק בְּאֶרֶץ גֹּשֶׁן אֲשֶׁר־שָׁם בְּנֵי יִשְׂרָאֵל לֹא הָיָה
כז בָּרָד׃ וַיִּשְׁלַח פַּרְעֹה וַיִּקְרָא לְמֹשֶׁה וּלְאַהֲרֹן וַיֹּאמֶר אֲלֵהֶם
כח חָטָאתִי הַפָּעַם יְהוָה הַצַּדִּיק וַאֲנִי וְעַמִּי הָרְשָׁעִים׃ הַעְתִּירוּ
אֶל־יְהוָה וְרַב מִהְיֹת קֹלֹת אֱלֹהִים וּבָרָד וַאֲשַׁלְּחָה אֶתְכֶם וְלֹא
כט תֹסִפוּן לַעֲמֹד׃ וַיֹּאמֶר אֵלָיו מֹשֶׁה כְּצֵאתִי אֶת־הָעִיר אֶפְרֹשׂ
אֶת־כַּפַּי אֶל־יְהוָה הַקֹּלוֹת יֶחְדָּלוּן וְהַבָּרָד לֹא יִהְיֶה־עוֹד לְמַעַן
ל תֵּדַע כִּי לַיהוָה הָאָרֶץ׃ וְאַתָּה וַעֲבָדֶיךָ יָדַעְתִּי כִּי טֶרֶם תִּירְאוּן
לא מִפְּנֵי יְהוָה אֱלֹהִים׃ וְהַפִּשְׁתָּה וְהַשְּׂעֹרָה נֻכָּתָה כִּי הַשְּׂעֹרָה
לב אָבִיב וְהַפִּשְׁתָּה גִּבְעֹל׃ וְהַחִטָּה וְהַכֻּסֶּמֶת לֹא נֻכּוּ כִּי אֲפִילֹת
לג הֵנָּה׃ וַיֵּצֵא מֹשֶׁה מֵעִם פַּרְעֹה אֶת־הָעִיר וַיִּפְרֹשׂ כַּפָּיו אֶל־יְהוָה מפטיר
לד וַיַּחְדְּלוּ הַקֹּלוֹת וְהַבָּרָד וּמָטָר לֹא־נִתַּךְ אָרְצָה׃ וַיַּרְא פַּרְעֹה
כִּי־חָדַל הַמָּטָר וְהַבָּרָד וְהַקֹּלֹת וַיֹּסֶף לַחֲטֹא וַיַּכְבֵּד לִבּוֹ הוּא
לה וַעֲבָדָיו׃ וַיֶּחֱזַק לֵב פַּרְעֹה וְלֹא שִׁלַּח אֶת־בְּנֵי יִשְׂרָאֵל כַּאֲשֶׁר
דִּבֶּר יְהוָה בְּיַד־מֹשֶׁה׃

י א וַיֹּאמֶר יְהוָה אֶל־מֹשֶׁה בֹּא אֶל־פַּרְעֹה כִּי־אֲנִי הִכְבַּדְתִּי אֶת־ בא ז
ב לִבּוֹ וְאֶת־לֵב עֲבָדָיו לְמַעַן שִׁתִי אֹתֹתַי אֵלֶּה בְּקִרְבּוֹ׃ וּלְמַעַן

תְּסַפֵּר בְּאָזְנֵי בִנְךָ וּבֶן־בִּנְךָ אֵת אֲשֶׁר הִתְעַלַּלְתִּי בְּמִצְרַיִם
ג וְאֶת־אֹתֹתַי אֲשֶׁר־שַׂמְתִּי בָם וִידַעְתֶּם כִּי־אֲנִי יהוה: וַיָּבֹא
מֹשֶׁה וְאַהֲרֹן אֶל־פַּרְעֹה וַיֹּאמְרוּ אֵלָיו כֹּה־אָמַר יהוה אֱלֹהֵי
הָעִבְרִים עַד־מָתַי מֵאַנְתָּ לֵעָנֹת מִפָּנָי שַׁלַּח עַמִּי וְיַעַבְדֻנִי:
ד כִּי אִם־מָאֵן אַתָּה לְשַׁלֵּחַ אֶת־עַמִּי הִנְנִי מֵבִיא מָחָר אַרְבֶּה
ה בִּגְבֻלֶךָ: וְכִסָּה אֶת־עֵין הָאָרֶץ וְלֹא יוּכַל לִרְאֹת אֶת־הָאָרֶץ
וְאָכַל ׀ אֶת־יֶתֶר הַפְּלֵטָה הַנִּשְׁאֶרֶת לָכֶם מִן־הַבָּרָד וְאָכַל אֶת־
ו כָּל־הָעֵץ הַצֹּמֵחַ לָכֶם מִן־הַשָּׂדֶה: וּמָלְאוּ בָתֶּיךָ וּבָתֵּי כָל־
עֲבָדֶיךָ וּבָתֵּי כָל־מִצְרַיִם אֲשֶׁר לֹא־רָאוּ אֲבֹתֶיךָ וַאֲבוֹת אֲבֹתֶיךָ
מִיּוֹם הֱיוֹתָם עַל־הָאֲדָמָה עַד הַיּוֹם הַזֶּה וַיִּפֶן וַיֵּצֵא מֵעִם פַּרְעֹה:
ז וַיֹּאמְרוּ עַבְדֵי פַרְעֹה אֵלָיו עַד־מָתַי יִהְיֶה זֶה לָנוּ לְמוֹקֵשׁ
שַׁלַּח אֶת־הָאֲנָשִׁים וְיַעַבְדוּ אֶת־יהוה אֱלֹהֵיהֶם הֲטֶרֶם תֵּדַע
ח כִּי אָבְדָה מִצְרָיִם: וַיּוּשַׁב אֶת־מֹשֶׁה וְאֶת־אַהֲרֹן אֶל־פַּרְעֹה
וַיֹּאמֶר אֲלֵהֶם לְכוּ עִבְדוּ אֶת־יהוה אֱלֹהֵיכֶם מִי וָמִי הַהֹלְכִים:
ט וַיֹּאמֶר מֹשֶׁה בִּנְעָרֵינוּ וּבִזְקֵנֵינוּ נֵלֵךְ בְּבָנֵינוּ וּבִבְנוֹתֵנוּ בְּצֹאנֵנוּ
י וּבִבְקָרֵנוּ נֵלֵךְ כִּי חַג־יהוה לָנוּ: וַיֹּאמֶר אֲלֵהֶם יְהִי כֵן יהוה
עִמָּכֶם כַּאֲשֶׁר אֲשַׁלַּח אֶתְכֶם וְאֶת־טַפְּכֶם רְאוּ כִּי רָעָה נֶגֶד
יא פְּנֵיכֶם: לֹא כֵן לְכוּ־נָא הַגְּבָרִים וְעִבְדוּ אֶת־יהוה כִּי אֹתָהּ אַתֶּם
יב מְבַקְשִׁים וַיְגָרֶשׁ אֹתָם מֵאֵת פְּנֵי פַרְעֹה: וַיֹּאמֶר שני
יהוה אֶל־מֹשֶׁה נְטֵה יָדְךָ עַל־אֶרֶץ מִצְרַיִם בָּאַרְבֶּה וְיַעַל עַל־
אֶרֶץ מִצְרָיִם וְיֹאכַל אֶת־כָּל־עֵשֶׂב הָאָרֶץ אֵת כָּל־אֲשֶׁר
יג הִשְׁאִיר הַבָּרָד: וַיֵּט מֹשֶׁה אֶת־מַטֵּהוּ עַל־אֶרֶץ מִצְרַיִם וַיהוה
נִהַג רוּחַ־קָדִים בָּאָרֶץ כָּל־הַיּוֹם הַהוּא וְכָל־הַלָּיְלָה הַבֹּקֶר
יד הָיָה וְרוּחַ הַקָּדִים נָשָׂא אֶת־הָאַרְבֶּה: וַיַּעַל הָאַרְבֶּה עַל כָּל־
אֶרֶץ מִצְרַיִם וַיָּנַח בְּכֹל גְּבוּל מִצְרָיִם כָּבֵד מְאֹד לְפָנָיו לֹא־
טו הָיָה כֵן אַרְבֶּה כָּמֹהוּ וְאַחֲרָיו לֹא יִהְיֶה־כֵּן: וַיְכַס אֶת־עֵין
כָּל־הָאָרֶץ וַתֶּחְשַׁךְ הָאָרֶץ וַיֹּאכַל אֶת־כָּל־עֵשֶׂב הָאָרֶץ וְאֵת

כָּל־פְּרִי הָעֵץ אֲשֶׁר הוֹתִיר הַבָּרָד וְלֹא־נוֹתַר כָּל־יֶרֶק בָּעֵץ
טז וּבְעֵשֶׂב הַשָּׂדֶה בְּכָל־אֶרֶץ מִצְרָיִם׃ וַיְמַהֵר פַּרְעֹה לִקְרֹא
יז לְמֹשֶׁה וּלְאַהֲרֹן וַיֹּאמֶר חָטָאתִי לַיהוָה אֱלֹהֵיכֶם וְלָכֶם׃ וְעַתָּה
שָׂא נָא חַטָּאתִי אַךְ הַפַּעַם וְהַעְתִּירוּ לַיהוָה אֱלֹהֵיכֶם וְיָסֵר
יח מֵעָלַי רַק אֶת־הַמָּוֶת הַזֶּה׃ וַיֵּצֵא מֵעִם פַּרְעֹה וַיֶּעְתַּר אֶל־יְהוָה׃
יט וַיַּהֲפֹךְ יְהוָה רוּחַ־יָם חָזָק מְאֹד וַיִּשָּׂא אֶת־הָאַרְבֶּה וַיִּתְקָעֵהוּ
כ יָמָּה סּוּף לֹא נִשְׁאַר אַרְבֶּה אֶחָד בְּכֹל גְּבוּל מִצְרָיִם׃ וַיְחַזֵּק
יְהוָה אֶת־לֵב פַּרְעֹה וְלֹא שִׁלַּח אֶת־בְּנֵי יִשְׂרָאֵל׃
כא וַיֹּאמֶר יְהוָה אֶל־מֹשֶׁה נְטֵה יָדְךָ עַל־הַשָּׁמַיִם וִיהִי חֹשֶׁךְ עַל־
כב אֶרֶץ מִצְרָיִם וְיָמֵשׁ חֹשֶׁךְ׃ וַיֵּט מֹשֶׁה אֶת־יָדוֹ עַל־הַשָּׁמָיִם
כג וַיְהִי חֹשֶׁךְ־אֲפֵלָה בְּכָל־אֶרֶץ מִצְרַיִם שְׁלֹשֶׁת יָמִים׃ לֹא־רָאוּ
אִישׁ אֶת־אָחִיו וְלֹא־קָמוּ אִישׁ מִתַּחְתָּיו שְׁלֹשֶׁת יָמִים וּלְכָל־
שלישי כד בְּנֵי יִשְׂרָאֵל הָיָה אוֹר בְּמוֹשְׁבֹתָם׃ וַיִּקְרָא פַרְעֹה אֶל־מֹשֶׁה
וַיֹּאמֶר לְכוּ עִבְדוּ אֶת־יְהוָה רַק צֹאנְכֶם וּבְקַרְכֶם יֻצָּג גַּם־
כה טַפְּכֶם יֵלֵךְ עִמָּכֶם׃ וַיֹּאמֶר מֹשֶׁה גַּם־אַתָּה תִּתֵּן בְּיָדֵנוּ זְבָחִים
כו וְעֹלֹת וְעָשִׂינוּ לַיהוָה אֱלֹהֵינוּ׃ וְגַם־מִקְנֵנוּ יֵלֵךְ עִמָּנוּ לֹא
תִשָּׁאֵר פַּרְסָה כִּי מִמֶּנּוּ נִקַּח לַעֲבֹד אֶת־יְהוָה אֱלֹהֵינוּ וַאֲנַחְנוּ
כז לֹא־נֵדַע מַה־נַּעֲבֹד אֶת־יְהוָה עַד־בֹּאֵנוּ שָׁמָּה׃ וַיְחַזֵּק
כח יְהוָה אֶת־לֵב פַּרְעֹה וְלֹא אָבָה לְשַׁלְּחָם׃ וַיֹּאמֶר־לוֹ פַרְעֹה
לֵךְ מֵעָלָי הִשָּׁמֶר לְךָ אַל־תֹּסֶף רְאוֹת פָּנַי כִּי בְּיוֹם רְאֹתְךָ
כט פָנַי תָּמוּת׃ וַיֹּאמֶר מֹשֶׁה כֵּן דִּבַּרְתָּ לֹא־אֹסִף עוֹד רְאוֹת
פָּנֶיךָ׃

ח יא א וַיֹּאמֶר יְהוָה אֶל־מֹשֶׁה עוֹד נֶגַע אֶחָד אָבִיא עַל־פַּרְעֹה וְעַל־
מִצְרַיִם אַחֲרֵי־כֵן יְשַׁלַּח אֶתְכֶם מִזֶּה כְּשַׁלְּחוֹ כָּלָה גָּרֵשׁ יְגָרֵשׁ
ב אֶתְכֶם מִזֶּה׃ דַּבֶּר־נָא בְּאָזְנֵי הָעָם וְיִשְׁאֲלוּ אִישׁ ׀ מֵאֵת רֵעֵהוּ
ג וְאִשָּׁה מֵאֵת רְעוּתָהּ כְּלֵי־כֶסֶף וּכְלֵי זָהָב׃ וַיִּתֵּן יְהוָה אֶת־חֵן
הָעָם בְּעֵינֵי מִצְרָיִם גַּם ׀ הָאִישׁ מֹשֶׁה גָּדוֹל מְאֹד בְּאֶרֶץ מִצְרַיִם

ד בְּעֵינֵי עַבְדֵי־פַרְעֹה וּבְעֵינֵי הָעָם׃ וַיֹּאמֶר מֹשֶׁה רביעי
ה כֹּה אָמַר יהוה כַּחֲצֹת הַלַּיְלָה אֲנִי יוֹצֵא בְּתוֹךְ מִצְרָיִם׃ וּמֵת
כָּל־בְּכוֹר בְּאֶרֶץ מִצְרַיִם מִבְּכוֹר פַּרְעֹה הַיֹּשֵׁב עַל־כִּסְאוֹ עַד
ו בְּכוֹר הַשִּׁפְחָה אֲשֶׁר אַחַר הָרֵחָיִם וְכֹל בְּכוֹר בְּהֵמָה׃ וְהָיְתָה
צְעָקָה גְדֹלָה בְּכָל־אֶרֶץ מִצְרָיִם אֲשֶׁר כָּמֹהוּ לֹא נִהְיָתָה
ז וְכָמֹהוּ לֹא תֹסִף׃ וּלְכֹל ׀ בְּנֵי יִשְׂרָאֵל לֹא יֶחֱרַץ־כֶּלֶב לְשֹׁנוֹ
לְמֵאִישׁ וְעַד־בְּהֵמָה לְמַעַן תֵּדְעוּן אֲשֶׁר יַפְלֶה יהוה בֵּין מִצְרַיִם
ח וּבֵין יִשְׂרָאֵל׃ וְיָרְדוּ כָל־עֲבָדֶיךָ אֵלֶּה אֵלַי וְהִשְׁתַּחֲווּ־לִי לֵאמֹר
צֵא אַתָּה וְכָל־הָעָם אֲשֶׁר־בְּרַגְלֶיךָ וְאַחֲרֵי־כֵן אֵצֵא וַיֵּצֵא
ט מֵעִם־פַּרְעֹה בָּחֳרִי־אָף׃ וַיֹּאמֶר יהוה אֶל־
מֹשֶׁה לֹא־יִשְׁמַע אֲלֵיכֶם פַּרְעֹה לְמַעַן רְבוֹת מוֹפְתַי בְּאֶרֶץ
י מִצְרָיִם׃ וּמֹשֶׁה וְאַהֲרֹן עָשׂוּ אֶת־כָּל־הַמֹּפְתִים הָאֵלֶּה לִפְנֵי
פַרְעֹה וַיְחַזֵּק יהוה אֶת־לֵב פַּרְעֹה וְלֹא־שִׁלַּח אֶת־בְּנֵי־יִשְׂרָאֵל
יב א מֵאַרְצוֹ׃ וַיֹּאמֶר יהוה אֶל־מֹשֶׁה וְאֶל־אַהֲרֹן
ב בְּאֶרֶץ מִצְרַיִם לֵאמֹר׃ הַחֹדֶשׁ הַזֶּה לָכֶם רֹאשׁ חֳדָשִׁים רִאשׁוֹן
ג הוּא לָכֶם לְחָדְשֵׁי הַשָּׁנָה׃ דַּבְּרוּ אֶל־כָּל־עֲדַת יִשְׂרָאֵל לֵאמֹר
בֶּעָשֹׂר לַחֹדֶשׁ הַזֶּה וְיִקְחוּ לָהֶם אִישׁ שֶׂה לְבֵית־אָבֹת שֶׂה
ד לַבָּיִת׃ וְאִם־יִמְעַט הַבַּיִת מִהְיוֹת מִשֶּׂה וְלָקַח הוּא וּשְׁכֵנוֹ
הַקָּרֹב אֶל־בֵּיתוֹ בְּמִכְסַת נְפָשֹׁת אִישׁ לְפִי אָכְלוֹ תָּכֹסּוּ עַל־
ה הַשֶּׂה׃ שֶׂה תָמִים זָכָר בֶּן־שָׁנָה יִהְיֶה לָכֶם מִן־הַכְּבָשִׂים וּמִן־
ו הָעִזִּים תִּקָּחוּ׃ וְהָיָה לָכֶם לְמִשְׁמֶרֶת עַד אַרְבָּעָה עָשָׂר יוֹם
לַחֹדֶשׁ הַזֶּה וְשָׁחֲטוּ אֹתוֹ כֹּל קְהַל עֲדַת־יִשְׂרָאֵל בֵּין הָעַרְבָּיִם׃
ז וְלָקְחוּ מִן־הַדָּם וְנָתְנוּ עַל־שְׁתֵּי הַמְּזוּזֹת וְעַל־הַמַּשְׁקוֹף עַל
ח הַבָּתִּים אֲשֶׁר־יֹאכְלוּ אֹתוֹ בָּהֶם׃ וְאָכְלוּ אֶת־הַבָּשָׂר בַּלַּיְלָה
ט הַזֶּה צְלִי־אֵשׁ וּמַצּוֹת עַל־מְרֹרִים יֹאכְלֻהוּ׃ אַל־תֹּאכְלוּ מִמֶּנּוּ
נָא וּבָשֵׁל מְבֻשָּׁל בַּמָּיִם כִּי אִם־צְלִי־אֵשׁ רֹאשׁוֹ עַל־כְּרָעָיו
י וְעַל־קִרְבּוֹ׃ וְלֹא־תוֹתִירוּ מִמֶּנּוּ עַד־בֹּקֶר וְהַנֹּתָר מִמֶּנּוּ עַד־

יא בֹּקֶר בָּאֵשׁ תִּשְׂרֹפוּ׃ וְכָכָה תֹּאכְלוּ אֹתוֹ מָתְנֵיכֶם חֲגֻרִים
נַעֲלֵיכֶם בְּרַגְלֵיכֶם וּמַקֶּלְכֶם בְּיֶדְכֶם וַאֲכַלְתֶּם אֹתוֹ בְּחִפָּזוֹן
יב פֶּסַח הוּא לַיהוָה׃ וְעָבַרְתִּי בְאֶרֶץ־מִצְרַיִם בַּלַּיְלָה הַזֶּה וְהִכֵּיתִי
כָל־בְּכוֹר בְּאֶרֶץ מִצְרַיִם מֵאָדָם וְעַד־בְּהֵמָה וּבְכָל־אֱלֹהֵי
יג מִצְרַיִם אֶעֱשֶׂה שְׁפָטִים אֲנִי יְהוָה׃ וְהָיָה הַדָּם לָכֶם לְאֹת עַל
הַבָּתִּים אֲשֶׁר אַתֶּם שָׁם וְרָאִיתִי אֶת־הַדָּם וּפָסַחְתִּי עֲלֵכֶם
יד וְלֹא־יִהְיֶה בָכֶם נֶגֶף לְמַשְׁחִית בְּהַכֹּתִי בְּאֶרֶץ מִצְרָיִם׃ וְהָיָה
הַיּוֹם הַזֶּה לָכֶם לְזִכָּרוֹן וְחַגֹּתֶם אֹתוֹ חַג לַיהוָה לְדֹרֹתֵיכֶם
טו חֻקַּת עוֹלָם תְּחָגֻּהוּ׃ שִׁבְעַת יָמִים מַצּוֹת תֹּאכֵלוּ אַךְ בַּיּוֹם
הָרִאשׁוֹן תַּשְׁבִּיתוּ שְׂאֹר מִבָּתֵּיכֶם כִּי ׀ כָּל־אֹכֵל חָמֵץ וְנִכְרְתָה
טז הַנֶּפֶשׁ הַהִוא מִיִּשְׂרָאֵל מִיּוֹם הָרִאשֹׁן עַד־יוֹם הַשְּׁבִעִי׃ וּבַיּוֹם
הָרִאשׁוֹן מִקְרָא־קֹדֶשׁ וּבַיּוֹם הַשְּׁבִיעִי מִקְרָא־קֹדֶשׁ יִהְיֶה לָכֶם
כָּל־מְלָאכָה לֹא־יֵעָשֶׂה בָהֶם אַךְ אֲשֶׁר יֵאָכֵל לְכָל־נֶפֶשׁ הוּא
יז לְבַדּוֹ יֵעָשֶׂה לָכֶם׃ וּשְׁמַרְתֶּם אֶת־הַמַּצּוֹת כִּי בְּעֶצֶם הַיּוֹם
הַזֶּה הוֹצֵאתִי אֶת־צִבְאוֹתֵיכֶם מֵאֶרֶץ מִצְרָיִם וּשְׁמַרְתֶּם אֶת־
יח הַיּוֹם הַזֶּה לְדֹרֹתֵיכֶם חֻקַּת עוֹלָם׃ בָּרִאשֹׁן בְּאַרְבָּעָה עָשָׂר
יוֹם לַחֹדֶשׁ בָּעֶרֶב תֹּאכְלוּ מַצֹּת עַד יוֹם הָאֶחָד וְעֶשְׂרִים
יט לַחֹדֶשׁ בָּעָרֶב׃ שִׁבְעַת יָמִים שְׂאֹר לֹא יִמָּצֵא בְּבָתֵּיכֶם כִּי ׀ כָּל־
אֹכֵל מַחְמֶצֶת וְנִכְרְתָה הַנֶּפֶשׁ הַהִוא מֵעֲדַת יִשְׂרָאֵל בַּגֵּר
כ וּבְאֶזְרַח הָאָרֶץ׃ כָּל־מַחְמֶצֶת לֹא תֹאכֵלוּ בְּכֹל מוֹשְׁבֹתֵיכֶם
תֹּאכְלוּ מַצּוֹת׃

חמישי כא וַיִּקְרָא מֹשֶׁה לְכָל־זִקְנֵי יִשְׂרָאֵל וַיֹּאמֶר אֲלֵהֶם מִשְׁכוּ וּקְחוּ
כב לָכֶם צֹאן לְמִשְׁפְּחֹתֵיכֶם וְשַׁחֲטוּ הַפָּסַח׃ וּלְקַחְתֶּם אֲגֻדַּת אֵזוֹב
וּטְבַלְתֶּם בַּדָּם אֲשֶׁר־בַּסַּף וְהִגַּעְתֶּם אֶל־הַמַּשְׁקוֹף וְאֶל־שְׁתֵּי
הַמְּזוּזֹת מִן־הַדָּם אֲשֶׁר בַּסָּף וְאַתֶּם לֹא תֵצְאוּ אִישׁ מִפֶּתַח־
כג בֵּיתוֹ עַד־בֹּקֶר׃ וְעָבַר יְהוָה לִנְגֹּף אֶת־מִצְרַיִם וְרָאָה אֶת־
הַדָּם עַל־הַמַּשְׁקוֹף וְעַל שְׁתֵּי הַמְּזוּזֹת וּפָסַח יְהוָה עַל־הַפֶּתַח

כד וְלֹא יִתֵּן הַמַּשְׁחִית לָבֹא אֶל־בָּתֵּיכֶם לִנְגֹּף׃ וּשְׁמַרְתֶּם אֶת־
כה הַדָּבָר הַזֶּה לְחָק־לְךָ וּלְבָנֶיךָ עַד־עוֹלָם׃ וְהָיָה כִּי־תָבֹאוּ אֶל־
הָאָרֶץ אֲשֶׁר יִתֵּן יְהוָה לָכֶם כַּאֲשֶׁר דִּבֵּר וּשְׁמַרְתֶּם אֶת־
כו הָעֲבֹדָה הַזֹּאת׃ וְהָיָה כִּי־יֹאמְרוּ אֲלֵיכֶם בְּנֵיכֶם מָה הָעֲבֹדָה
כז הַזֹּאת לָכֶם׃ וַאֲמַרְתֶּם זֶבַח־פֶּסַח הוּא לַיהוָה אֲשֶׁר פָּסַח עַל־
בָּתֵּי בְנֵי־יִשְׂרָאֵל בְּמִצְרַיִם בְּנָגְפּוֹ אֶת־מִצְרַיִם וְאֶת־בָּתֵּינוּ הִצִּיל
כח וַיִּקֹּד הָעָם וַיִּשְׁתַּחֲווּ׃ וַיֵּלְכוּ וַיַּעֲשׂוּ בְּנֵי יִשְׂרָאֵל כַּאֲשֶׁר צִוָּה יְהוָה
כט אֶת־מֹשֶׁה וְאַהֲרֹן כֵּן עָשׂוּ׃ וַיְהִי ׀ בַּחֲצִי הַלַּיְלָה ט ששי
וַיהוָה הִכָּה כָל־בְּכוֹר בְּאֶרֶץ מִצְרַיִם מִבְּכֹר פַּרְעֹה הַיֹּשֵׁב עַל־
כִּסְאוֹ עַד בְּכוֹר הַשְּׁבִי אֲשֶׁר בְּבֵית הַבּוֹר וְכֹל בְּכוֹר בְּהֵמָה׃
ל וַיָּקָם פַּרְעֹה לַיְלָה הוּא וְכָל־עֲבָדָיו וְכָל־מִצְרַיִם וַתְּהִי צְעָקָה
לא גְדֹלָה בְּמִצְרָיִם כִּי־אֵין בַּיִת אֲשֶׁר אֵין־שָׁם מֵת׃ וַיִּקְרָא לְמֹשֶׁה
וּלְאַהֲרֹן לַיְלָה וַיֹּאמֶר קוּמוּ צְּאוּ מִתּוֹךְ עַמִּי גַּם־אַתֶּם גַּם־
לב בְּנֵי יִשְׂרָאֵל וּלְכוּ עִבְדוּ אֶת־יְהוָה כְּדַבֶּרְכֶם׃ גַּם־צֹאנְכֶם גַּם־
לג בְּקַרְכֶם קְחוּ כַּאֲשֶׁר דִּבַּרְתֶּם וָלֵכוּ וּבֵרַכְתֶּם גַּם־אֹתִי׃ וַתֶּחֱזַק
מִצְרַיִם עַל־הָעָם לְמַהֵר לְשַׁלְּחָם מִן־הָאָרֶץ כִּי אָמְרוּ כֻּלָּנוּ
לד מֵתִים׃ וַיִּשָּׂא הָעָם אֶת־בְּצֵקוֹ טֶרֶם יֶחְמָץ מִשְׁאֲרֹתָם צְרֻרֹת
לה בְּשִׂמְלֹתָם עַל־שִׁכְמָם׃ וּבְנֵי־יִשְׂרָאֵל עָשׂוּ כִּדְבַר מֹשֶׁה וַיִּשְׁאֲלוּ
לו מִמִּצְרַיִם כְּלֵי־כֶסֶף וּכְלֵי זָהָב וּשְׂמָלֹת׃ וַיהוָה נָתַן אֶת־חֵן הָעָם
בְּעֵינֵי מִצְרַיִם וַיַּשְׁאִלוּם וַיְנַצְּלוּ אֶת־מִצְרָיִם׃
לז וַיִּסְעוּ בְנֵי־יִשְׂרָאֵל מֵרַעְמְסֵס סֻכֹּתָה כְּשֵׁשׁ־מֵאוֹת אֶלֶף רַגְלִי
לח הַגְּבָרִים לְבַד מִטָּף׃ וְגַם־עֵרֶב רַב עָלָה אִתָּם וְצֹאן וּבָקָר
לט מִקְנֶה כָּבֵד מְאֹד׃ וַיֹּאפוּ אֶת־הַבָּצֵק אֲשֶׁר הוֹצִיאוּ מִמִּצְרַיִם
עֻגֹת מַצּוֹת כִּי לֹא חָמֵץ כִּי־גֹרְשׁוּ מִמִּצְרַיִם וְלֹא יָכְלוּ לְהִתְמַהְמֵהַּ
מ וְגַם־צֵדָה לֹא־עָשׂוּ לָהֶם׃ וּמוֹשַׁב בְּנֵי יִשְׂרָאֵל אֲשֶׁר יָשְׁבוּ
מא בְּמִצְרָיִם שְׁלֹשִׁים שָׁנָה וְאַרְבַּע מֵאוֹת שָׁנָה׃ וַיְהִי מִקֵּץ שְׁלֹשִׁים
שָׁנָה וְאַרְבַּע מֵאוֹת שָׁנָה וַיְהִי בְּעֶצֶם הַיּוֹם הַזֶּה יָצְאוּ כָּל־

מב צבאות יהוה מארץ מצרים: ליל שמרים הוא ליהוה
להוציאם מארץ מצרים הוא־הלילה הזה ליהוה שמרים
לכל־בני ישראל לדרתם:
מג ויאמר יהוה אל־משה ואהרן זאת חקת הפסח כל־בן־נכר
מד לא־יאכל בו: וכל־עבד איש מקנת־כסף ומלתה אתו אז
מה מו יאכל בו: תושב ושכיר לא־יאכל בו: בבית אחד יאכל לא־
תוציא מן־הבית מן־הבשר חוצה ועצם לא תשברו־בו:
מז מח כל־עדת ישראל יעשו אתו: וכי־יגור אתך גר ועשה פסח
ליהוה המול לו כל־זכר ואז יקרב לעשתו והיה כאזרח הארץ
מט וכל־ערל לא־יאכל בו: תורה אחת יהיה לאזרח ולגר הגר
נ בתוככם: ויעשו כל־בני ישראל כאשר צוה יהוה את־משה
נא ואת־אהרן כן עשו: ויהי בעצם היום הזה הוציא
יהוה את־בני ישראל מארץ מצרים על־צבאתם:
יג א ב וידבר יהוה אל־משה לאמר: קדש־לי כל־בכור פטר כל־רחם שביעי
ג בבני ישראל באדם ובבהמה לי הוא: ויאמר משה אל־העם
זכור את־היום הזה אשר יצאתם ממצרים מבית עבדים כי
ד בחזק יד הוציא יהוה אתכם מזה ולא יאכל חמץ: היום
ה אתם יצאים בחדש האביב: והיה כי־יביאך יהוה אל־ארץ
הכנעני והחתי והאמרי והחוי והיבוסי אשר נשבע לאבתיך
לתת לך ארץ זבת חלב ודבש ועבדת את־העבדה הזאת
ו בחדש הזה: שבעת ימים תאכל מצת וביום השביעי חג
ז ליהוה: מצות יאכל את שבעת הימים ולא־יראה לך חמץ
ח ולא־יראה לך שאר בכל־גבלך: והגדת לבנך ביום ההוא
ט לאמר בעבור זה עשה יהוה לי בצאתי ממצרים: והיה לך
לאות על־ידך ולזכרון בין עיניך למען תהיה תורת יהוה
י בפיך כי ביד חזקה הוצאך יהוה ממצרים: ושמרת את־
החקה הזאת למועדה מימים ימימה:

יא וְהָיָה כִּי־יְבִאֲךָ יהוה אֶל־אֶרֶץ הַכְּנַעֲנִי כַּאֲשֶׁר נִשְׁבַּע לְךָ
יב וְלַאֲבֹתֶיךָ וּנְתָנָהּ לָךְ: וְהַעֲבַרְתָּ כָל־פֶּטֶר־רֶחֶם לַיהוה וְכָל־
יג פֶּטֶר ׀ שֶׁגֶר בְּהֵמָה אֲשֶׁר יִהְיֶה לְךָ הַזְּכָרִים לַיהוה: וְכָל־פֶּטֶר
חֲמֹר תִּפְדֶּה בְשֶׂה וְאִם־לֹא תִפְדֶּה וַעֲרַפְתּוֹ וְכֹל בְּכוֹר אָדָם
יד בְּבָנֶיךָ תִּפְדֶּה: וְהָיָה כִּי־יִשְׁאָלְךָ בִנְךָ מָחָר לֵאמֹר מַה־זֹּאת מפטיר
וְאָמַרְתָּ אֵלָיו בְּחֹזֶק יָד הוֹצִיאָנוּ יהוה מִמִּצְרַיִם מִבֵּית עֲבָדִים:
טו וַיְהִי כִּי־הִקְשָׁה פַרְעֹה לְשַׁלְּחֵנוּ וַיַּהֲרֹג יהוה כָּל־בְּכוֹר בְּאֶרֶץ
מִצְרַיִם מִבְּכֹר אָדָם וְעַד־בְּכוֹר בְּהֵמָה עַל־כֵּן אֲנִי זֹבֵחַ לַיהוה
טז כָּל־פֶּטֶר רֶחֶם הַזְּכָרִים וְכָל־בְּכוֹר בָּנַי אֶפְדֶּה: וְהָיָה לְאוֹת
עַל־יָדְכָה וּלְטוֹטָפֹת בֵּין עֵינֶיךָ כִּי בְּחֹזֶק יָד הוֹצִיאָנוּ יהוה
יז מִמִּצְרָיִם: וַיְהִי בְּשַׁלַּח פַּרְעֹה אֶת־הָעָם וְלֹא־ בשלח
נָחָם אֱלֹהִים דֶּרֶךְ אֶרֶץ פְּלִשְׁתִּים כִּי קָרוֹב הוּא כִּי ׀ אָמַר
יח אֱלֹהִים פֶּן־יִנָּחֵם הָעָם בִּרְאֹתָם מִלְחָמָה וְשָׁבוּ מִצְרָיְמָה: וַיַּסֵּב
אֱלֹהִים ׀ אֶת־הָעָם דֶּרֶךְ הַמִּדְבָּר יַם־סוּף וַחֲמֻשִׁים עָלוּ בְנֵי־
יט יִשְׂרָאֵל מֵאֶרֶץ מִצְרָיִם: וַיִּקַּח מֹשֶׁה אֶת־עַצְמוֹת יוֹסֵף עִמּוֹ
כִּי הַשְׁבֵּעַ הִשְׁבִּיעַ אֶת־בְּנֵי יִשְׂרָאֵל לֵאמֹר פָּקֹד יִפְקֹד אֱלֹהִים
כ אֶתְכֶם וְהַעֲלִיתֶם אֶת־עַצְמֹתַי מִזֶּה אִתְּכֶם: וַיִּסְעוּ מִסֻּכֹּת
כא וַיַּחֲנוּ בְאֵתָם בִּקְצֵה הַמִּדְבָּר: וַיהוה הֹלֵךְ לִפְנֵיהֶם יוֹמָם
בְּעַמּוּד עָנָן לַנְחֹתָם הַדֶּרֶךְ וְלַיְלָה בְּעַמּוּד אֵשׁ לְהָאִיר לָהֶם
כב לָלֶכֶת יוֹמָם וָלָיְלָה: לֹא־יָמִישׁ עַמּוּד הֶעָנָן יוֹמָם וְעַמּוּד הָאֵשׁ
לָיְלָה לִפְנֵי הָעָם:

יד א וַיְדַבֵּר יהוה אֶל־מֹשֶׁה לֵּאמֹר: דַּבֵּר אֶל־בְּנֵי יִשְׂרָאֵל וְיָשֻׁבוּ וְיַחֲנוּ
ב לִפְנֵי פִּי הַחִירֹת בֵּין מִגְדֹּל וּבֵין הַיָּם לִפְנֵי בַּעַל צְפֹן נִכְחוֹ תַחֲנוּ
ג עַל־הַיָּם: וְאָמַר פַּרְעֹה לִבְנֵי יִשְׂרָאֵל נְבֻכִים הֵם בָּאָרֶץ סָגַר
ד עֲלֵיהֶם הַמִּדְבָּר: וְחִזַּקְתִּי אֶת־לֵב־פַּרְעֹה וְרָדַף אַחֲרֵיהֶם וְאִכָּבְדָה
בְּפַרְעֹה וּבְכָל־חֵילוֹ וְיָדְעוּ מִצְרַיִם כִּי־אֲנִי יהוה וַיַּעֲשׂוּ־כֵן:
ה וַיֻּגַּד לְמֶלֶךְ מִצְרַיִם כִּי בָרַח הָעָם וַיֵּהָפֵךְ לְבַב פַּרְעֹה וַעֲבָדָיו

אֶל־הָעָם וַיֹּאמְרוּ מַה־זֹּאת עָשִׂינוּ כִּי־שִׁלַּחְנוּ אֶת־יִשְׂרָאֵל
ו ז מֵעָבְדֵנוּ׃ וַיֶּאְסֹר אֶת־רִכְבּוֹ וְאֶת־עַמּוֹ לָקַח עִמּוֹ׃ וַיִּקַּח שֵׁשׁ־
ח מֵאוֹת רֶכֶב בָּחוּר וְכֹל רֶכֶב מִצְרָיִם וְשָׁלִשִׁם עַל־כֻּלּוֹ׃ וַיְחַזֵּק
יְהוָה אֶת־לֵב פַּרְעֹה מֶלֶךְ מִצְרַיִם וַיִּרְדֹּף אַחֲרֵי בְּנֵי יִשְׂרָאֵל
ט שני וּבְנֵי יִשְׂרָאֵל יֹצְאִים בְּיָד רָמָה׃ וַיִּרְדְּפוּ מִצְרַיִם אַחֲרֵיהֶם וַיַּשִּׂיגוּ
אוֹתָם חֹנִים עַל־הַיָּם כָּל־סוּס רֶכֶב פַּרְעֹה וּפָרָשָׁיו וְחֵילוֹ עַל־
י פִּי הַחִירֹת לִפְנֵי בַּעַל צְפֹן׃ וּפַרְעֹה הִקְרִיב וַיִּשְׂאוּ בְנֵי־יִשְׂרָאֵל
אֶת־עֵינֵיהֶם וְהִנֵּה מִצְרַיִם ׀ נֹסֵעַ אַחֲרֵיהֶם וַיִּירְאוּ מְאֹד וַיִּצְעֲקוּ
יא בְנֵי־יִשְׂרָאֵל אֶל־יְהוָה׃ וַיֹּאמְרוּ אֶל־מֹשֶׁה הֲמִבְּלִי אֵין־קְבָרִים
בְּמִצְרַיִם לְקַחְתָּנוּ לָמוּת בַּמִּדְבָּר מַה־זֹּאת עָשִׂיתָ לָּנוּ לְהוֹצִיאָנוּ
יב מִמִּצְרָיִם׃ הֲלֹא־זֶה הַדָּבָר אֲשֶׁר דִּבַּרְנוּ אֵלֶיךָ בְמִצְרַיִם לֵאמֹר
חֲדַל מִמֶּנּוּ וְנַעַבְדָה אֶת־מִצְרָיִם כִּי טוֹב לָנוּ עֲבֹד אֶת־מִצְרַיִם
יג מִמֻּתֵנוּ בַּמִּדְבָּר׃ וַיֹּאמֶר מֹשֶׁה אֶל־הָעָם אַל־תִּירָאוּ הִתְיַצְּבוּ
וּרְאוּ אֶת־יְשׁוּעַת יְהוָה אֲשֶׁר־יַעֲשֶׂה לָכֶם הַיּוֹם כִּי אֲשֶׁר
רְאִיתֶם אֶת־מִצְרַיִם הַיּוֹם לֹא תֹסִפוּ לִרְאֹתָם עוֹד עַד־עוֹלָם׃
יד יְהוָה יִלָּחֵם לָכֶם וְאַתֶּם תַּחֲרִשׁוּן׃
טו שלישי יא וַיֹּאמֶר יְהוָה אֶל־מֹשֶׁה מַה־תִּצְעַק אֵלָי דַּבֵּר אֶל־בְּנֵי־יִשְׂרָאֵל
טז וְיִסָּעוּ׃ וְאַתָּה הָרֵם אֶת־מַטְּךָ וּנְטֵה אֶת־יָדְךָ עַל־הַיָּם וּבְקָעֵהוּ
יז וְיָבֹאוּ בְנֵי־יִשְׂרָאֵל בְּתוֹךְ הַיָּם בַּיַּבָּשָׁה׃ וַאֲנִי הִנְנִי מְחַזֵּק אֶת־
לֵב מִצְרַיִם וְיָבֹאוּ אַחֲרֵיהֶם וְאִכָּבְדָה בְּפַרְעֹה וּבְכָל־חֵילוֹ
יח בְּרִכְבּוֹ וּבְפָרָשָׁיו׃ וְיָדְעוּ מִצְרַיִם כִּי־אֲנִי יְהוָה בְּהִכָּבְדִי בְּפַרְעֹה
יט בְּרִכְבּוֹ וּבְפָרָשָׁיו׃ וַיִּסַּע מַלְאַךְ הָאֱלֹהִים הַהֹלֵךְ לִפְנֵי מַחֲנֵה
יִשְׂרָאֵל וַיֵּלֶךְ מֵאַחֲרֵיהֶם וַיִּסַּע עַמּוּד הֶעָנָן מִפְּנֵיהֶם וַיַּעֲמֹד
כ מֵאַחֲרֵיהֶם׃ וַיָּבֹא בֵּין ׀ מַחֲנֵה מִצְרַיִם וּבֵין מַחֲנֵה יִשְׂרָאֵל
וַיְהִי הֶעָנָן וְהַחֹשֶׁךְ וַיָּאֶר אֶת־הַלָּיְלָה וְלֹא־קָרַב זֶה אֶל־זֶה
כא כָּל־הַלָּיְלָה׃ וַיֵּט מֹשֶׁה אֶת־יָדוֹ עַל־הַיָּם וַיּוֹלֶךְ יְהוָה ׀ אֶת־
הַיָּם בְּרוּחַ קָדִים עַזָּה כָּל־הַלַּיְלָה וַיָּשֶׂם אֶת־הַיָּם לֶחָרָבָה

כב וַיִּבָּקְעוּ הַמָּיִם: וַיָּבֹאוּ בְנֵי־יִשְׂרָאֵל בְּתוֹךְ הַיָּם בַּיַּבָּשָׁה וְהַמַּיִם
כג לָהֶם חוֹמָה מִימִינָם וּמִשְּׂמֹאלָם: וַיִּרְדְּפוּ מִצְרַיִם וַיָּבֹאוּ אַחֲרֵיהֶם
כד כֹּל סוּס פַּרְעֹה רִכְבּוֹ וּפָרָשָׁיו אֶל־תּוֹךְ הַיָּם: וַיְהִי בְּאַשְׁמֹרֶת
הַבֹּקֶר וַיַּשְׁקֵף יהוה אֶל־מַחֲנֵה מִצְרַיִם בְּעַמּוּד אֵשׁ וְעָנָן
כה וַיָּהָם אֵת מַחֲנֵה מִצְרָיִם: וַיָּסַר אֵת אֹפַן מַרְכְּבֹתָיו וַיְנַהֲגֵהוּ
בִּכְבֵדֻת וַיֹּאמֶר מִצְרַיִם אָנוּסָה מִפְּנֵי יִשְׂרָאֵל כִּי יהוה נִלְחָם
לָהֶם בְּמִצְרָיִם:
כו וַיֹּאמֶר יהוה אֶל־מֹשֶׁה נְטֵה אֶת־יָדְךָ עַל־הַיָּם וְיָשֻׁבוּ הַמַּיִם רביעי
כז עַל־מִצְרַיִם עַל־רִכְבּוֹ וְעַל־פָּרָשָׁיו: וַיֵּט מֹשֶׁה אֶת־יָדוֹ עַל־הַיָּם
וַיָּשָׁב הַיָּם לִפְנוֹת בֹּקֶר לְאֵיתָנוֹ וּמִצְרַיִם נָסִים לִקְרָאתוֹ וַיְנַעֵר
כח יהוה אֶת־מִצְרַיִם בְּתוֹךְ הַיָּם: וַיָּשֻׁבוּ הַמַּיִם וַיְכַסּוּ אֶת־הָרֶכֶב
וְאֶת־הַפָּרָשִׁים לְכֹל חֵיל פַּרְעֹה הַבָּאִים אַחֲרֵיהֶם בַּיָּם לֹא־
כט נִשְׁאַר בָּהֶם עַד־אֶחָד: וּבְנֵי יִשְׂרָאֵל הָלְכוּ בַיַּבָּשָׁה בְּתוֹךְ הַיָּם
ל וְהַמַּיִם לָהֶם חֹמָה מִימִינָם וּמִשְּׂמֹאלָם: וַיּוֹשַׁע יהוה בַּיּוֹם הַהוּא
אֶת־יִשְׂרָאֵל מִיַּד מִצְרָיִם וַיַּרְא יִשְׂרָאֵל אֶת־מִצְרַיִם מֵת עַל־
לא שְׂפַת הַיָּם: וַיַּרְא יִשְׂרָאֵל אֶת־הַיָּד הַגְּדֹלָה אֲשֶׁר עָשָׂה יהוה
בְּמִצְרַיִם וַיִּירְאוּ הָעָם אֶת־יהוה וַיַּאֲמִינוּ בַּיהוה וּבְמֹשֶׁה עַבְדּוֹ:

טו א אָז יָשִׁיר־מֹשֶׁה וּבְנֵי יִשְׂרָאֵל אֶת־הַשִּׁירָה הַזֹּאת לַיהוה וַיֹּאמְרוּ
לֵאמֹר אָשִׁירָה לַיהוה כִּי־גָאֹה גָּאָה סוּס
ב וְרֹכְבוֹ רָמָה בַיָּם: עָזִּי וְזִמְרָת יָהּ וַיְהִי־לִי
לִישׁוּעָה זֶה אֵלִי וְאַנְוֵהוּ אֱלֹהֵי
ג אָבִי וַאֲרֹמְמֶנְהוּ: יהוה אִישׁ מִלְחָמָה יהוה
ד שְׁמוֹ: מַרְכְּבֹת פַּרְעֹה וְחֵילוֹ יָרָה בַיָּם וּמִבְחַר
ה שָׁלִשָׁיו טֻבְּעוּ בְיַם־סוּף: תְּהֹמֹת יְכַסְיֻמוּ יָרְדוּ בִמְצוֹלֹת כְּמוֹ־
ו אָבֶן: יְמִינְךָ יהוה נֶאְדָּרִי בַּכֹּחַ יְמִינְךָ
ז יהוה תִּרְעַץ אוֹיֵב: וּבְרֹב גְּאוֹנְךָ תַּהֲרֹס

ח קָמֶיךָ תְּשַׁלַּח חֲרֹנְךָ יֹאכְלֵמוֹ כַּקַּשׁ׃ וּבְרוּחַ
אַפֶּיךָ נֶעֶרְמוּ מַיִם נִצְּבוּ כְמוֹ־נֵד
ט נֹזְלִים קָפְאוּ תְהֹמֹת בְּלֶב־יָם׃ אָמַר
אוֹיֵב אֶרְדֹּף אַשִּׂיג אֲחַלֵּק שָׁלָל תִּמְלָאֵמוֹ
י נַפְשִׁי אָרִיק חַרְבִּי תּוֹרִישֵׁמוֹ יָדִי׃ נָשַׁפְתָּ
בְרוּחֲךָ כִּסָּמוֹ יָם צָלְלוּ כַּעוֹפֶרֶת בְּמַיִם
יא אַדִּירִים׃ מִי־כָמֹכָה בָּאֵלִם יְהוָה מִי
כָּמֹכָה נֶאְדָּר בַּקֹּדֶשׁ נוֹרָא תְהִלֹּת עֹשֵׂה
יב יג פֶלֶא׃ נָטִיתָ יְמִינְךָ תִּבְלָעֵמוֹ אָרֶץ׃ נָחִיתָ
בְחַסְדְּךָ עַם־זוּ גָּאָלְתָּ נֵהַלְתָּ בְעָזְּךָ אֶל־נְוֵה
יד קָדְשֶׁךָ׃ שָׁמְעוּ עַמִּים יִרְגָּזוּן חִיל
טו אָחַז יֹשְׁבֵי פְּלָשֶׁת׃ אָז נִבְהֲלוּ אַלּוּפֵי
אֱדוֹם אֵילֵי מוֹאָב יֹאחֲזֵמוֹ רָעַד נָמֹגוּ
טז כֹּל יֹשְׁבֵי כְנָעַן׃ תִּפֹּל עֲלֵיהֶם אֵימָתָה
וָפַחַד בִּגְדֹל זְרוֹעֲךָ יִדְּמוּ כָּאָבֶן עַד־
יַעֲבֹר עַמְּךָ יְהוָה עַד־יַעֲבֹר עַם־זוּ
יז קָנִיתָ׃ תְּבִאֵמוֹ וְתִטָּעֵמוֹ בְּהַר נַחֲלָתְךָ מָכוֹן
לְשִׁבְתְּךָ פָּעַלְתָּ יְהוָה מִקְּדָשׁ אֲדֹנָי כּוֹנְנוּ
יח יט יָדֶיךָ׃ יְהוָה ׀ יִמְלֹךְ לְעֹלָם וָעֶד׃ כִּי
בָא סוּס פַּרְעֹה בְּרִכְבּוֹ וּבְפָרָשָׁיו בַּיָּם וַיָּשֶׁב יְהוָה עֲלֵהֶם אֶת־מֵי
הַיָּם וּבְנֵי יִשְׂרָאֵל הָלְכוּ בַיַּבָּשָׁה בְּתוֹךְ הַיָּם׃

כ וַתִּקַּח מִרְיָם הַנְּבִיאָה אֲחוֹת אַהֲרֹן אֶת־הַתֹּף בְּיָדָהּ וַתֵּצֶאןָ
כא כָל־הַנָּשִׁים אַחֲרֶיהָ בְּתֻפִּים וּבִמְחֹלֹת׃ וַתַּעַן לָהֶם מִרְיָם שִׁירוּ
כב לַיהוָה כִּי־גָאֹה גָּאָה סוּס וְרֹכְבוֹ רָמָה בַיָּם׃ וַיַּסַּע
מֹשֶׁה אֶת־יִשְׂרָאֵל מִיַּם־סוּף וַיֵּצְאוּ אֶל־מִדְבַּר־שׁוּר וַיֵּלְכוּ שְׁלֹשֶׁת־
כג יָמִים בַּמִּדְבָּר וְלֹא־מָצְאוּ מָיִם׃ וַיָּבֹאוּ מָרָתָה וְלֹא יָכְלוּ לִשְׁתֹּת

כד מַיִם מִמָּרָה כִּי מָרִים הֵם עַל־כֵּן קָרָא־שְׁמָהּ מָרָה׃ וַיִּלֹּנוּ
כה הָעָם עַל־מֹשֶׁה לֵּאמֹר מַה־נִּשְׁתֶּה׃ וַיִּצְעַק אֶל־יהוה וַיּוֹרֵהוּ
יהוה עֵץ וַיַּשְׁלֵךְ אֶל־הַמַּיִם וַיִּמְתְּקוּ הַמָּיִם שָׁם שָׂם לוֹ חֹק
כו וּמִשְׁפָּט וְשָׁם נִסָּהוּ׃ וַיֹּאמֶר אִם־שָׁמוֹעַ תִּשְׁמַע לְקוֹל ׀ יהוה
אֱלֹהֶיךָ וְהַיָּשָׁר בְּעֵינָיו תַּעֲשֶׂה וְהַאֲזַנְתָּ לְמִצְוֺתָיו וְשָׁמַרְתָּ כָּל־
חֻקָּיו כָּל־הַמַּחֲלָה אֲשֶׁר־שַׂמְתִּי בְמִצְרַיִם לֹא־אָשִׂים עָלֶיךָ כִּי
כז אֲנִי יהוה רֹפְאֶךָ׃ וַיָּבֹאוּ אֵילִמָה וְשָׁם שְׁתֵּים חמישי
עֶשְׂרֵה עֵינֹת מַיִם וְשִׁבְעִים תְּמָרִים וַיַּחֲנוּ־שָׁם עַל־הַמָּיִם׃
טז א וַיִּסְעוּ מֵאֵילִם וַיָּבֹאוּ כָּל־עֲדַת בְּנֵי־יִשְׂרָאֵל אֶל־מִדְבַּר־סִין
אֲשֶׁר בֵּין־אֵילִם וּבֵין סִינָי בַּחֲמִשָּׁה עָשָׂר יוֹם לַחֹדֶשׁ הַשֵּׁנִי
ב לְצֵאתָם מֵאֶרֶץ מִצְרָיִם׃ וילינו כָּל־עֲדַת בְּנֵי־יִשְׂרָאֵל עַל־מֹשֶׁה וַיִּלּוֹנוּ
ג וְעַל־אַהֲרֹן בַּמִּדְבָּר׃ וַיֹּאמְרוּ אֲלֵהֶם בְּנֵי יִשְׂרָאֵל מִי־יִתֵּן מוּתֵנוּ
בְיַד־יהוה בְּאֶרֶץ מִצְרַיִם בְּשִׁבְתֵּנוּ עַל־סִיר הַבָּשָׂר בְּאָכְלֵנוּ
לֶחֶם לָשֹׂבַע כִּי־הוֹצֵאתֶם אֹתָנוּ אֶל־הַמִּדְבָּר הַזֶּה לְהָמִית
ד אֶת־כָּל־הַקָּהָל הַזֶּה בָּרָעָב׃ וַיֹּאמֶר יהוה אֶל־ יב
מֹשֶׁה הִנְנִי מַמְטִיר לָכֶם לֶחֶם מִן־הַשָּׁמָיִם וְיָצָא הָעָם וְלָקְטוּ
ה דְּבַר־יוֹם בְּיוֹמוֹ לְמַעַן אֲנַסֶּנּוּ הֲיֵלֵךְ בְּתוֹרָתִי אִם־לֹא׃ וְהָיָה
בַּיּוֹם הַשִּׁשִּׁי וְהֵכִינוּ אֵת אֲשֶׁר־יָבִיאוּ וְהָיָה מִשְׁנֶה עַל אֲשֶׁר־
ו יִלְקְטוּ יוֹם ׀ יוֹם׃ וַיֹּאמֶר מֹשֶׁה וְאַהֲרֹן אֶל־כָּל־בְּנֵי יִשְׂרָאֵל
ז עֶרֶב וִידַעְתֶּם כִּי יהוה הוֹצִיא אֶתְכֶם מֵאֶרֶץ מִצְרָיִם׃ וּבֹקֶר
וּרְאִיתֶם אֶת־כְּבוֹד יהוה בְּשָׁמְעוֹ אֶת־תְּלֻנֹּתֵיכֶם עַל־יהוה
ח וְנַחְנוּ מָה כִּי תלונו עָלֵינוּ׃ וַיֹּאמֶר מֹשֶׁה בְּתֵת יהוה לָכֶם תַּלִּינוּ
בָּעֶרֶב בָּשָׂר לֶאֱכֹל וְלֶחֶם בַּבֹּקֶר לִשְׂבֹּעַ בִּשְׁמֹעַ יהוה אֶת־
תְּלֻנֹּתֵיכֶם אֲשֶׁר־אַתֶּם מַלִּינִם עָלָיו וְנַחְנוּ מָה לֹא־עָלֵינוּ
ט תְלֻנֹּתֵיכֶם כִּי עַל־יהוה׃ וַיֹּאמֶר מֹשֶׁה אֶל־אַהֲרֹן אֱמֹר אֶל־
כָּל־עֲדַת בְּנֵי יִשְׂרָאֵל קִרְבוּ לִפְנֵי יהוה כִּי שָׁמַע אֵת תְּלֻנֹּתֵיכֶם׃
י וַיְהִי כְּדַבֵּר אַהֲרֹן אֶל־כָּל־עֲדַת בְּנֵי־יִשְׂרָאֵל וַיִּפְנוּ אֶל־הַמִּדְבָּר

וְהִנֵּה כְּבוֹד יהוה נִרְאָה בֶּעָנָן׃
יא יב וַיְדַבֵּר יהוה אֶל־מֹשֶׁה לֵּאמֹר׃ שָׁמַעְתִּי אֶת־תְּלוּנֹּת בְּנֵי ששי
יִשְׂרָאֵל דַּבֵּר אֲלֵהֶם לֵאמֹר בֵּין הָעַרְבַּיִם תֹּאכְלוּ בָשָׂר וּבַבֹּקֶר
יג תִּשְׂבְּעוּ־לָחֶם וִידַעְתֶּם כִּי אֲנִי יהוה אֱלֹהֵיכֶם׃ וַיְהִי בָעֶרֶב
וַתַּעַל הַשְּׂלָו וַתְּכַס אֶת־הַמַּחֲנֶה וּבַבֹּקֶר הָיְתָה שִׁכְבַת הַטַּל
יד סָבִיב לַמַּחֲנֶה׃ וַתַּעַל שִׁכְבַת הַטָּל וְהִנֵּה עַל־פְּנֵי הַמִּדְבָּר דַּק
טו מְחֻסְפָּס דַּק כַּכְּפֹר עַל־הָאָרֶץ׃ וַיִּרְאוּ בְנֵי־יִשְׂרָאֵל וַיֹּאמְרוּ אִישׁ
אֶל־אָחִיו מָן הוּא כִּי לֹא יָדְעוּ מַה־הוּא וַיֹּאמֶר מֹשֶׁה אֲלֵהֶם
טז הוּא הַלֶּחֶם אֲשֶׁר נָתַן יהוה לָכֶם לְאָכְלָה׃ זֶה הַדָּבָר אֲשֶׁר
צִוָּה יהוה לִקְטוּ מִמֶּנּוּ אִישׁ לְפִי אָכְלוֹ עֹמֶר לַגֻּלְגֹּלֶת מִסְפַּר
יז נַפְשֹׁתֵיכֶם אִישׁ לַאֲשֶׁר בְּאָהֳלוֹ תִּקָּחוּ׃ וַיַּעֲשׂוּ־כֵן בְּנֵי יִשְׂרָאֵל
יח וַיִּלְקְטוּ הַמַּרְבֶּה וְהַמַּמְעִיט׃ וַיָּמֹדּוּ בָעֹמֶר וְלֹא הֶעְדִּיף הַמַּרְבֶּה
יט וְהַמַּמְעִיט לֹא הֶחְסִיר אִישׁ לְפִי־אָכְלוֹ לָקָטוּ׃ וַיֹּאמֶר מֹשֶׁה
כ אֲלֵהֶם אִישׁ אַל־יוֹתֵר מִמֶּנּוּ עַד־בֹּקֶר׃ וְלֹא־שָׁמְעוּ אֶל־מֹשֶׁה
וַיּוֹתִרוּ אֲנָשִׁים מִמֶּנּוּ עַד־בֹּקֶר וַיָּרֻם תּוֹלָעִים וַיִּבְאַשׁ וַיִּקְצֹף
כא עֲלֵהֶם מֹשֶׁה׃ וַיִּלְקְטוּ אֹתוֹ בַּבֹּקֶר בַּבֹּקֶר אִישׁ כְּפִי אָכְלוֹ
כב וְחַם הַשֶּׁמֶשׁ וְנָמָס׃ וַיְהִי ׀ בַּיּוֹם הַשִּׁשִּׁי לָקְטוּ לֶחֶם מִשְׁנֶה שְׁנֵי
כג הָעֹמֶר לָאֶחָד וַיָּבֹאוּ כָּל־נְשִׂיאֵי הָעֵדָה וַיַּגִּידוּ לְמֹשֶׁה׃ וַיֹּאמֶר
אֲלֵהֶם הוּא אֲשֶׁר דִּבֶּר יהוה שַׁבָּתוֹן שַׁבַּת־קֹדֶשׁ לַיהוה מָחָר
אֵת אֲשֶׁר־תֹּאפוּ אֵפוּ וְאֵת אֲשֶׁר־תְּבַשְּׁלוּ בַּשֵּׁלוּ וְאֵת כָּל־
כד הָעֹדֵף הַנִּיחוּ לָכֶם לְמִשְׁמֶרֶת עַד־הַבֹּקֶר׃ וַיַּנִּיחוּ אֹתוֹ עַד־
הַבֹּקֶר כַּאֲשֶׁר צִוָּה מֹשֶׁה וְלֹא הִבְאִישׁ וְרִמָּה לֹא־הָיְתָה־בּוֹ׃
כה וַיֹּאמֶר מֹשֶׁה אִכְלֻהוּ הַיּוֹם כִּי־שַׁבָּת הַיּוֹם לַיהוה הַיּוֹם לֹא
כו תִמְצָאֻהוּ בַּשָּׂדֶה׃ שֵׁשֶׁת יָמִים תִּלְקְטֻהוּ וּבַיּוֹם הַשְּׁבִיעִי שַׁבָּת
כז לֹא יִהְיֶה־בּוֹ׃ וַיְהִי בַּיּוֹם הַשְּׁבִיעִי יָצְאוּ מִן־הָעָם לִלְקֹט וְלֹא
כח מָצָאוּ׃ וַיֹּאמֶר יהוה אֶל־מֹשֶׁה עַד־אָנָה מֵאַנְתֶּם יג
כט לִשְׁמֹר מִצְוֹתַי וְתוֹרֹתָי׃ רְאוּ כִּי־יהוה נָתַן לָכֶם הַשַּׁבָּת עַל־

כֵּן הוּא נֹתֵן לָכֶם בַּיּוֹם הַשִּׁשִּׁי לֶחֶם יוֹמָיִם שְׁבוּ ׀ אִישׁ תַּחְתָּיו
ל אַל־יֵצֵא אִישׁ מִמְּקֹמוֹ בַּיּוֹם הַשְּׁבִיעִי׃ וַיִּשְׁבְּתוּ הָעָם בַּיּוֹם
לא הַשְּׁבִעִי׃ וַיִּקְרְאוּ בֵית־יִשְׂרָאֵל אֶת־שְׁמוֹ מָן וְהוּא כְּזֶרַע גַּד
לב לָבָן וְטַעְמוֹ כְּצַפִּיחִת בִּדְבָשׁ׃ וַיֹּאמֶר מֹשֶׁה זֶה הַדָּבָר אֲשֶׁר
צִוָּה יְהוָה מְלֹא הָעֹמֶר מִמֶּנּוּ לְמִשְׁמֶרֶת לְדֹרֹתֵיכֶם לְמַעַן ׀ יִרְאוּ
אֶת־הַלֶּחֶם אֲשֶׁר הֶאֱכַלְתִּי אֶתְכֶם בַּמִּדְבָּר בְּהוֹצִיאִי אֶתְכֶם
לג מֵאֶרֶץ מִצְרָיִם׃ וַיֹּאמֶר מֹשֶׁה אֶל־אַהֲרֹן קַח צִנְצֶנֶת אַחַת
וְתֶן־שָׁמָּה מְלֹא־הָעֹמֶר מָן וְהַנַּח אֹתוֹ לִפְנֵי יְהוָה לְמִשְׁמֶרֶת
לד לְדֹרֹתֵיכֶם׃ כַּאֲשֶׁר צִוָּה יְהוָה אֶל־מֹשֶׁה וַיַּנִּיחֵהוּ אַהֲרֹן לִפְנֵי
לה הָעֵדֻת לְמִשְׁמָרֶת׃ וּבְנֵי יִשְׂרָאֵל אָכְלוּ אֶת־הַמָּן אַרְבָּעִים שָׁנָה
עַד־בֹּאָם אֶל־אֶרֶץ נוֹשָׁבֶת אֶת־הַמָּן אָכְלוּ עַד־בֹּאָם אֶל־
לו קְצֵה אֶרֶץ כְּנָעַן׃ וְהָעֹמֶר עֲשִׂרִית הָאֵיפָה הוּא׃
יז א וַיִּסְעוּ כָּל־עֲדַת בְּנֵי־יִשְׂרָאֵל מִמִּדְבַּר־סִין לְמַסְעֵיהֶם עַל־פִּי יְהוָה שביעי
ב וַיַּחֲנוּ בִּרְפִידִים וְאֵין מַיִם לִשְׁתֹּת הָעָם׃ וַיָּרֶב הָעָם עִם־מֹשֶׁה
וַיֹּאמְרוּ תְּנוּ־לָנוּ מַיִם וְנִשְׁתֶּה וַיֹּאמֶר לָהֶם מֹשֶׁה מַה־תְּרִיבוּן
ג עִמָּדִי מַה־תְּנַסּוּן אֶת־יְהוָה׃ וַיִּצְמָא שָׁם הָעָם לַמַּיִם וַיָּלֶן הָעָם
עַל־מֹשֶׁה וַיֹּאמֶר לָמָּה זֶּה הֶעֱלִיתָנוּ מִמִּצְרַיִם לְהָמִית אֹתִי
ד וְאֶת־בָּנַי וְאֶת־מִקְנַי בַּצָּמָא׃ וַיִּצְעַק מֹשֶׁה אֶל־יְהוָה לֵאמֹר
ה מָה אֶעֱשֶׂה לָעָם הַזֶּה עוֹד מְעַט וּסְקָלֻנִי׃ וַיֹּאמֶר יְהוָה אֶל־
מֹשֶׁה עֲבֹר לִפְנֵי הָעָם וְקַח אִתְּךָ מִזִּקְנֵי יִשְׂרָאֵל וּמַטְּךָ אֲשֶׁר
ו הִכִּיתָ בּוֹ אֶת־הַיְאֹר קַח בְּיָדְךָ וְהָלָכְתָּ׃ הִנְנִי עֹמֵד לְפָנֶיךָ
שָּׁם ׀ עַל־הַצּוּר בְּחֹרֵב וְהִכִּיתָ בַצּוּר וְיָצְאוּ מִמֶּנּוּ מַיִם וְשָׁתָה
ז הָעָם וַיַּעַשׂ כֵּן מֹשֶׁה לְעֵינֵי זִקְנֵי יִשְׂרָאֵל׃ וַיִּקְרָא שֵׁם הַמָּקוֹם
מַסָּה וּמְרִיבָה עַל־רִיב ׀ בְּנֵי יִשְׂרָאֵל וְעַל נַסֹּתָם אֶת־יְהוָה
לֵאמֹר הֲיֵשׁ יְהוָה בְּקִרְבֵּנוּ אִם־אָיִן׃
ח ט וַיָּבֹא עֲמָלֵק וַיִּלָּחֶם עִם־יִשְׂרָאֵל בִּרְפִידִם׃ וַיֹּאמֶר מֹשֶׁה אֶל־
יְהוֹשֻׁעַ בְּחַר־לָנוּ אֲנָשִׁים וְצֵא הִלָּחֵם בַּעֲמָלֵק מָחָר אָנֹכִי נִצָּב

י עַל־רֹאשׁ הַגִּבְעָה וּמַטֵּה הָאֱלֹהִים בְּיָדִי׃ וַיַּעַשׂ יְהוֹשֻׁעַ כַּאֲשֶׁר
אָמַר־לוֹ מֹשֶׁה לְהִלָּחֵם בַּעֲמָלֵק וּמֹשֶׁה אַהֲרֹן וְחוּר עָלוּ רֹאשׁ
יא הַגִּבְעָה׃ וְהָיָה כַּאֲשֶׁר יָרִים מֹשֶׁה יָדוֹ וְגָבַר יִשְׂרָאֵל וְכַאֲשֶׁר
יב יָנִיחַ יָדוֹ וְגָבַר עֲמָלֵק׃ וִידֵי מֹשֶׁה כְּבֵדִים וַיִּקְחוּ־אֶבֶן וַיָּשִׂימוּ
תַחְתָּיו וַיֵּשֶׁב עָלֶיהָ וְאַהֲרֹן וְחוּר תָּמְכוּ בְיָדָיו מִזֶּה אֶחָד וּמִזֶּה
יג אֶחָד וַיְהִי יָדָיו אֱמוּנָה עַד־בֹּא הַשָּׁמֶשׁ׃ וַיַּחֲלֹשׁ יְהוֹשֻׁעַ אֶת־
עֲמָלֵק וְאֶת־עַמּוֹ לְפִי־חָרֶב׃
מפטיר יד וַיֹּאמֶר יהוה אֶל־מֹשֶׁה כְּתֹב זֹאת זִכָּרוֹן בַּסֵּפֶר וְשִׂים בְּאָזְנֵי
טו יְהוֹשֻׁעַ כִּי־מָחֹה אֶמְחֶה אֶת־זֵכֶר עֲמָלֵק מִתַּחַת הַשָּׁמָיִם׃ וַיִּבֶן
טז מֹשֶׁה מִזְבֵּחַ וַיִּקְרָא שְׁמוֹ יהוה ׀ נִסִּי׃ וַיֹּאמֶר כִּי־יָד עַל־כֵּס
יָהּ מִלְחָמָה לַיהוה בַּעֲמָלֵק מִדֹּר דֹּר׃
יתרו יד יח א וַיִּשְׁמַע יִתְרוֹ כֹהֵן מִדְיָן חֹתֵן מֹשֶׁה אֵת כָּל־אֲשֶׁר עָשָׂה אֱלֹהִים
לְמֹשֶׁה וּלְיִשְׂרָאֵל עַמּוֹ כִּי־הוֹצִיא יהוה אֶת־יִשְׂרָאֵל מִמִּצְרָיִם׃
ב וַיִּקַּח יִתְרוֹ חֹתֵן מֹשֶׁה אֶת־צִפֹּרָה אֵשֶׁת מֹשֶׁה אַחַר שִׁלּוּחֶיהָ׃
ג וְאֵת שְׁנֵי בָנֶיהָ אֲשֶׁר שֵׁם הָאֶחָד גֵּרְשֹׁם כִּי אָמַר גֵּר הָיִיתִי
ד בְּאֶרֶץ נָכְרִיָּה׃ וְשֵׁם הָאֶחָד אֱלִיעֶזֶר כִּי־אֱלֹהֵי אָבִי בְּעֶזְרִי
ה וַיַּצִּלֵנִי מֵחֶרֶב פַּרְעֹה׃ וַיָּבֹא יִתְרוֹ חֹתֵן מֹשֶׁה וּבָנָיו וְאִשְׁתּוֹ
אֶל־מֹשֶׁה אֶל־הַמִּדְבָּר אֲשֶׁר־הוּא חֹנֶה שָׁם הַר הָאֱלֹהִים׃
ו וַיֹּאמֶר אֶל־מֹשֶׁה אֲנִי חֹתֶנְךָ יִתְרוֹ בָּא אֵלֶיךָ וְאִשְׁתְּךָ וּשְׁנֵי
ז בָנֶיהָ עִמָּהּ׃ וַיֵּצֵא מֹשֶׁה לִקְרַאת חֹתְנוֹ וַיִּשְׁתַּחוּ וַיִּשַּׁק־לוֹ
ח וַיִּשְׁאֲלוּ אִישׁ־לְרֵעֵהוּ לְשָׁלוֹם וַיָּבֹאוּ הָאֹהֱלָה׃ וַיְסַפֵּר מֹשֶׁה
לְחֹתְנוֹ אֵת כָּל־אֲשֶׁר עָשָׂה יהוה לְפַרְעֹה וּלְמִצְרַיִם עַל אוֹדֹת
יִשְׂרָאֵל אֵת כָּל־הַתְּלָאָה אֲשֶׁר מְצָאָתַם בַּדֶּרֶךְ וַיַּצִּלֵם יהוה׃
ט וַיִּחַדְּ יִתְרוֹ עַל כָּל־הַטּוֹבָה אֲשֶׁר־עָשָׂה יהוה לְיִשְׂרָאֵל אֲשֶׁר
י הִצִּילוֹ מִיַּד מִצְרָיִם׃ וַיֹּאמֶר יִתְרוֹ בָּרוּךְ יהוה אֲשֶׁר הִצִּיל
אֶתְכֶם מִיַּד מִצְרַיִם וּמִיַּד פַּרְעֹה אֲשֶׁר הִצִּיל אֶת־הָעָם מִתַּחַת
יא יַד־מִצְרָיִם׃ עַתָּה יָדַעְתִּי כִּי־גָדוֹל יהוה מִכָּל־הָאֱלֹהִים כִּי

יב בַּדָּבָר אֲשֶׁר זָדוּ עֲלֵיהֶם: וַיִּקַּח יִתְרוֹ חֹתֵן מֹשֶׁה עֹלָה וּזְבָחִים
לֵאלֹהִים וַיָּבֹא אַהֲרֹן וְכֹל ׀ זִקְנֵי יִשְׂרָאֵל לֶאֱכָל־לֶחֶם עִם־חֹתֵן
יג מֹשֶׁה לִפְנֵי הָאֱלֹהִים: וַיְהִי מִמָּחֳרָת וַיֵּשֶׁב מֹשֶׁה לִשְׁפֹּט אֶת־ שני
יד הָעָם וַיַּעֲמֹד הָעָם עַל־מֹשֶׁה מִן־הַבֹּקֶר עַד־הָעָרֶב: וַיַּרְא חֹתֵן
מֹשֶׁה אֵת כָּל־אֲשֶׁר־הוּא עֹשֶׂה לָעָם וַיֹּאמֶר מָה־הַדָּבָר הַזֶּה
אֲשֶׁר אַתָּה עֹשֶׂה לָעָם מַדּוּעַ אַתָּה יוֹשֵׁב לְבַדֶּךָ וְכָל־הָעָם
טו נִצָּב עָלֶיךָ מִן־בֹּקֶר עַד־עָרֶב: וַיֹּאמֶר מֹשֶׁה לְחֹתְנוֹ כִּי־יָבֹא
טז אֵלַי הָעָם לִדְרֹשׁ אֱלֹהִים: כִּי־יִהְיֶה לָהֶם דָּבָר בָּא אֵלַי וְשָׁפַטְתִּי
בֵּין אִישׁ וּבֵין רֵעֵהוּ וְהוֹדַעְתִּי אֶת־חֻקֵּי הָאֱלֹהִים וְאֶת־תּוֹרֹתָיו:
יז וַיֹּאמֶר חֹתֵן מֹשֶׁה אֵלָיו לֹא־טוֹב הַדָּבָר אֲשֶׁר אַתָּה עֹשֶׂה:
יח נָבֹל תִּבֹּל גַּם־אַתָּה גַּם־הָעָם הַזֶּה אֲשֶׁר עִמָּךְ כִּי־כָבֵד מִמְּךָ
יט הַדָּבָר לֹא־תוּכַל עֲשֹׂהוּ לְבַדֶּךָ: עַתָּה שְׁמַע בְּקֹלִי אִיעָצְךָ וִיהִי
אֱלֹהִים עִמָּךְ הֱיֵה אַתָּה לָעָם מוּל הָאֱלֹהִים וְהֵבֵאתָ אַתָּה
כ אֶת־הַדְּבָרִים אֶל־הָאֱלֹהִים: וְהִזְהַרְתָּה אֶתְהֶם אֶת־הַחֻקִּים
וְאֶת־הַתּוֹרֹת וְהוֹדַעְתָּ לָהֶם אֶת־הַדֶּרֶךְ יֵלְכוּ בָהּ וְאֶת־הַמַּעֲשֶׂה
כא אֲשֶׁר יַעֲשׂוּן: וְאַתָּה תֶחֱזֶה מִכָּל־הָעָם אַנְשֵׁי־חַיִל יִרְאֵי אֱלֹהִים
אַנְשֵׁי אֱמֶת שֹׂנְאֵי בָצַע וְשַׂמְתָּ עֲלֵהֶם שָׂרֵי אֲלָפִים שָׂרֵי מֵאוֹת
כב שָׂרֵי חֲמִשִּׁים וְשָׂרֵי עֲשָׂרֹת: וְשָׁפְטוּ אֶת־הָעָם בְּכָל־עֵת וְהָיָה
כָּל־הַדָּבָר הַגָּדֹל יָבִיאוּ אֵלֶיךָ וְכָל־הַדָּבָר הַקָּטֹן יִשְׁפְּטוּ־הֵם
כג וְהָקֵל מֵעָלֶיךָ וְנָשְׂאוּ אִתָּךְ: אִם אֶת־הַדָּבָר הַזֶּה תַּעֲשֶׂה וְצִוְּךָ
אֱלֹהִים וְיָכָלְתָּ עֲמֹד וְגַם כָּל־הָעָם הַזֶּה עַל־מְקֹמוֹ יָבֹא בְשָׁלוֹם:
כד כה וַיִּשְׁמַע מֹשֶׁה לְקוֹל חֹתְנוֹ וַיַּעַשׂ כֹּל אֲשֶׁר אָמָר: וַיִּבְחַר שלישי
מֹשֶׁה אַנְשֵׁי־חַיִל מִכָּל־יִשְׂרָאֵל וַיִּתֵּן אֹתָם רָאשִׁים עַל־הָעָם
כו שָׂרֵי אֲלָפִים שָׂרֵי מֵאוֹת שָׂרֵי חֲמִשִּׁים וְשָׂרֵי עֲשָׂרֹת: וְשָׁפְטוּ
אֶת־הָעָם בְּכָל־עֵת אֶת־הַדָּבָר הַקָּשֶׁה יְבִיאוּן אֶל־מֹשֶׁה וְכָל־
כז הַדָּבָר הַקָּטֹן יִשְׁפּוּטוּ הֵם: וַיְשַׁלַּח מֹשֶׁה אֶת־חֹתְנוֹ וַיֵּלֶךְ לוֹ
אֶל־אַרְצוֹ:

רביעי א בַּחֹדֶשׁ הַשְּׁלִישִׁי לְצֵאת בְּנֵי־יִשְׂרָאֵל מֵאֶרֶץ מִצְרָיִם בַּיּוֹם הַזֶּה
ב בָּאוּ מִדְבַּר סִינָי׃ וַיִּסְעוּ מֵרְפִידִים וַיָּבֹאוּ מִדְבַּר סִינַי וַיַּחֲנוּ
ג בַּמִּדְבָּר וַיִּחַן־שָׁם יִשְׂרָאֵל נֶגֶד הָהָר׃ וּמֹשֶׁה עָלָה אֶל־הָאֱלֹהִים
וַיִּקְרָא אֵלָיו יהוה מִן־הָהָר לֵאמֹר כֹּה תֹאמַר לְבֵית יַעֲקֹב
ד וְתַגֵּיד לִבְנֵי יִשְׂרָאֵל׃ אַתֶּם רְאִיתֶם אֲשֶׁר עָשִׂיתִי לְמִצְרָיִם
ה וָאֶשָּׂא אֶתְכֶם עַל־כַּנְפֵי נְשָׁרִים וָאָבִא אֶתְכֶם אֵלָי׃ וְעַתָּה
אִם־שָׁמוֹעַ תִּשְׁמְעוּ בְּקֹלִי וּשְׁמַרְתֶּם אֶת־בְּרִיתִי וִהְיִיתֶם לִי
ו סְגֻלָּה מִכָּל־הָעַמִּים כִּי־לִי כָּל־הָאָרֶץ׃ וְאַתֶּם תִּהְיוּ־לִי מַמְלֶכֶת טו
כֹּהֲנִים וְגוֹי קָדוֹשׁ אֵלֶּה הַדְּבָרִים אֲשֶׁר תְּדַבֵּר אֶל־בְּנֵי יִשְׂרָאֵל׃
חמישי ז וַיָּבֹא מֹשֶׁה וַיִּקְרָא לְזִקְנֵי הָעָם וַיָּשֶׂם לִפְנֵיהֶם אֵת כָּל־הַדְּבָרִים
ח הָאֵלֶּה אֲשֶׁר צִוָּהוּ יהוה׃ וַיַּעֲנוּ כָל־הָעָם יַחְדָּו וַיֹּאמְרוּ כֹּל
אֲשֶׁר־דִּבֶּר יהוה נַעֲשֶׂה וַיָּשֶׁב מֹשֶׁה אֶת־דִּבְרֵי הָעָם אֶל־
ט יהוה׃ וַיֹּאמֶר יהוה אֶל־מֹשֶׁה הִנֵּה אָנֹכִי בָּא אֵלֶיךָ בְּעַב
הֶעָנָן בַּעֲבוּר יִשְׁמַע הָעָם בְּדַבְּרִי עִמָּךְ וְגַם־בְּךָ יַאֲמִינוּ לְעוֹלָם
י וַיַּגֵּד מֹשֶׁה אֶת־דִּבְרֵי הָעָם אֶל־יהוה׃ וַיֹּאמֶר יהוה אֶל־מֹשֶׁה
יא לֵךְ אֶל־הָעָם וְקִדַּשְׁתָּם הַיּוֹם וּמָחָר וְכִבְּסוּ שִׂמְלֹתָם׃ וְהָיוּ
נְכֹנִים לַיּוֹם הַשְּׁלִישִׁי כִּי ׀ בַּיּוֹם הַשְּׁלִשִׁי יֵרֵד יהוה לְעֵינֵי כָל־
יב הָעָם עַל־הַר סִינָי׃ וְהִגְבַּלְתָּ אֶת־הָעָם סָבִיב לֵאמֹר הִשָּׁמְרוּ
לָכֶם עֲלוֹת בָּהָר וּנְגֹעַ בְּקָצֵהוּ כָּל־הַנֹּגֵעַ בָּהָר מוֹת יוּמָת׃
יג לֹא־תִגַּע בּוֹ יָד כִּי־סָקוֹל יִסָּקֵל אוֹ־יָרֹה יִיָּרֶה אִם־בְּהֵמָה אִם־
יד אִישׁ לֹא יִחְיֶה בִּמְשֹׁךְ הַיֹּבֵל הֵמָּה יַעֲלוּ בָהָר׃ וַיֵּרֶד מֹשֶׁה
טו מִן־הָהָר אֶל־הָעָם וַיְקַדֵּשׁ אֶת־הָעָם וַיְכַבְּסוּ שִׂמְלֹתָם׃ וַיֹּאמֶר
אֶל־הָעָם הֱיוּ נְכֹנִים לִשְׁלֹשֶׁת יָמִים אַל־תִּגְּשׁוּ אֶל־אִשָּׁה׃
טז וַיְהִי בַיּוֹם הַשְּׁלִישִׁי בִּהְיֹת הַבֹּקֶר וַיְהִי קֹלֹת וּבְרָקִים וְעָנָן כָּבֵד
עַל־הָהָר וְקֹל שֹׁפָר חָזָק מְאֹד וַיֶּחֱרַד כָּל־הָעָם אֲשֶׁר בַּמַּחֲנֶה׃
יז וַיּוֹצֵא מֹשֶׁה אֶת־הָעָם לִקְרַאת הָאֱלֹהִים מִן־הַמַּחֲנֶה וַיִּתְיַצְּבוּ
יח בְּתַחְתִּית הָהָר׃ וְהַר סִינַי עָשַׁן כֻּלּוֹ מִפְּנֵי אֲשֶׁר יָרַד עָלָיו יהוה

יט בָּאֵשׁ וַיַּעַל עֲשָׁנוֹ כְּעֶשֶׁן הַכִּבְשָׁן וַיֶּחֱרַד כָּל־הָהָר מְאֹד: וַיְהִי
קוֹל הַשֹּׁפָר הוֹלֵךְ וְחָזֵק מְאֹד מֹשֶׁה יְדַבֵּר וְהָאֱלֹהִים יַעֲנֶנּוּ בְקוֹל:
כ וַיֵּרֶד יהוה עַל־הַר סִינַי אֶל־רֹאשׁ הָהָר וַיִּקְרָא יהוה לְמֹשֶׁה ששי
כא אֶל־רֹאשׁ הָהָר וַיַּעַל מֹשֶׁה: וַיֹּאמֶר יהוה אֶל־מֹשֶׁה רֵד הָעֵד
כב בָּעָם פֶּן־יֶהֶרְסוּ אֶל־יהוה לִרְאוֹת וְנָפַל מִמֶּנּוּ רָב: וְגַם הַכֹּהֲנִים
כג הַנִּגָּשִׁים אֶל־יהוה יִתְקַדָּשׁוּ פֶּן־יִפְרֹץ בָּהֶם יהוה: וַיֹּאמֶר מֹשֶׁה
אֶל־יהוה לֹא־יוּכַל הָעָם לַעֲלֹת אֶל־הַר סִינָי כִּי־אַתָּה הַעֵדֹתָה
כד בָּנוּ לֵאמֹר הַגְבֵּל אֶת־הָהָר וְקִדַּשְׁתּוֹ: וַיֹּאמֶר אֵלָיו יהוה לֶךְ־
רֵד וְעָלִיתָ אַתָּה וְאַהֲרֹן עִמָּךְ וְהַכֹּהֲנִים וְהָעָם אַל־יֶהֶרְסוּ
כה לַעֲלֹת אֶל־יהוה פֶּן־יִפְרָץ־בָּם: וַיֵּרֶד מֹשֶׁה אֶל־הָעָם וַיֹּאמֶר
כ א אֲלֵהֶם: וַיְדַבֵּר אֱלֹהִים אֵת כָּל־הַדְּבָרִים הָאֵלֶּה
ב לֵאמֹר: אָנֹכִי יהוה אֱלֹהֶיךָ אֲשֶׁר הוֹצֵאתִיךָ
ג מֵאֶרֶץ מִצְרַיִם מִבֵּית עֲבָדִים: לֹא־יִהְיֶה לְךָ אֱלֹהִים אֲחֵרִים
ד עַל־פָּנָי: לֹא־תַעֲשֶׂה לְךָ פֶסֶל וְכָל־תְּמוּנָה אֲשֶׁר בַּשָּׁמַיִם מִמַּעַל
ה וַאֲשֶׁר בָּאָרֶץ מִתָּחַת וַאֲשֶׁר בַּמַּיִם מִתַּחַת לָאָרֶץ: לֹא־
תִשְׁתַּחֲוֶה לָהֶם וְלֹא תָעָבְדֵם כִּי אָנֹכִי יהוה אֱלֹהֶיךָ אֵל קַנָּא
פֹּקֵד עֲוֺן אָבֹת עַל־בָּנִים עַל־שִׁלֵּשִׁים וְעַל־רִבֵּעִים לְשֹׂנְאָי:
ו ז וְעֹשֶׂה חֶסֶד לַאֲלָפִים לְאֹהֲבַי וּלְשֹׁמְרֵי מִצְוֺתָי: לֹא
תִשָּׂא אֶת־שֵׁם־יהוה אֱלֹהֶיךָ לַשָּׁוְא כִּי לֹא יְנַקֶּה יהוה אֵת
אֲשֶׁר־יִשָּׂא אֶת־שְׁמוֹ לַשָּׁוְא:
ח ט זָכוֹר אֶת־יוֹם הַשַּׁבָּת לְקַדְּשׁוֹ: שֵׁשֶׁת יָמִים תַּעֲבֹד וְעָשִׂיתָ כָּל־
י מְלַאכְתֶּךָ: וְיוֹם הַשְּׁבִיעִי שַׁבָּת לַיהוה אֱלֹהֶיךָ לֹא־תַעֲשֶׂה כָל־
מְלָאכָה אַתָּה ׀ וּבִנְךָ וּבִתֶּךָ עַבְדְּךָ וַאֲמָתְךָ וּבְהֶמְתֶּךָ וְגֵרְךָ אֲשֶׁר
יא בִּשְׁעָרֶיךָ: כִּי שֵׁשֶׁת־יָמִים עָשָׂה יהוה אֶת־הַשָּׁמַיִם וְאֶת־הָאָרֶץ
אֶת־הַיָּם וְאֶת־כָּל־אֲשֶׁר־בָּם וַיָּנַח בַּיּוֹם הַשְּׁבִיעִי עַל־כֵּן בֵּרַךְ
יב יהוה אֶת־יוֹם הַשַּׁבָּת וַיְקַדְּשֵׁהוּ: כַּבֵּד אֶת־אָבִיךָ
וְאֶת־אִמֶּךָ לְמַעַן יַאֲרִכוּן יָמֶיךָ עַל הָאֲדָמָה אֲשֶׁר־יהוה אֱלֹהֶיךָ

יג נֹתֵן לָךְ׃ לֹא תִרְצָח לֹא

תִנְאָף לֹא תִגְנֹב לֹא־

יד תַעֲנֶה בְרֵעֲךָ עֵד שָׁקֶר׃ לֹא

תַחְמֹד בֵּית רֵעֶךָ לֹא־

תַחְמֹד אֵשֶׁת רֵעֶךָ וְעַבְדּוֹ וַאֲמָתוֹ וְשׁוֹרוֹ וַחֲמֹרוֹ וְכֹל אֲשֶׁר

לְרֵעֶךָ׃

שביעי טו וְכָל־הָעָם רֹאִים אֶת־הַקּוֹלֹת וְאֶת־הַלַּפִּידִם וְאֵת קוֹל הַשֹּׁפָר

טז וְאֶת־הָהָר עָשֵׁן וַיַּרְא הָעָם וַיָּנֻעוּ וַיַּעַמְדוּ מֵרָחֹק׃ וַיֹּאמְרוּ אֶל־

מֹשֶׁה דַּבֵּר־אַתָּה עִמָּנוּ וְנִשְׁמָעָה וְאַל־יְדַבֵּר עִמָּנוּ אֱלֹהִים פֶּן־

יז נָמוּת׃ וַיֹּאמֶר מֹשֶׁה אֶל־הָעָם אַל־תִּירָאוּ כִּי לְבַעֲבוּר נַסּוֹת

אֶתְכֶם בָּא הָאֱלֹהִים וּבַעֲבוּר תִּהְיֶה יִרְאָתוֹ עַל־פְּנֵיכֶם לְבִלְתִּי

יח תֶחֱטָאוּ׃ וַיַּעֲמֹד הָעָם מֵרָחֹק וּמֹשֶׁה נִגַּשׁ אֶל־הָעֲרָפֶל אֲשֶׁר־

מפטיר יט שָׁם הָאֱלֹהִים׃ וַיֹּאמֶר יְהוָה אֶל־מֹשֶׁה כֹּה

תֹאמַר אֶל־בְּנֵי יִשְׂרָאֵל אַתֶּם רְאִיתֶם כִּי מִן־הַשָּׁמַיִם דִּבַּרְתִּי

כ עִמָּכֶם׃ לֹא תַעֲשׂוּן אִתִּי אֱלֹהֵי כֶסֶף וֵאלֹהֵי זָהָב לֹא תַעֲשׂוּ

כא לָכֶם׃ מִזְבַּח אֲדָמָה תַּעֲשֶׂה־לִּי וְזָבַחְתָּ עָלָיו אֶת־עֹלֹתֶיךָ

וְאֶת־שְׁלָמֶיךָ אֶת־צֹאנְךָ וְאֶת־בְּקָרֶךָ בְּכָל־הַמָּקוֹם אֲשֶׁר

כב אַזְכִּיר אֶת־שְׁמִי אָבוֹא אֵלֶיךָ וּבֵרַכְתִּיךָ׃ וְאִם־מִזְבַּח אֲבָנִים

תַּעֲשֶׂה־לִּי לֹא־תִבְנֶה אֶתְהֶן גָּזִית כִּי חַרְבְּךָ הֵנַפְתָּ עָלֶיהָ

כג וַתְּחַלְלֶהָ׃ וְלֹא־תַעֲלֶה בְמַעֲלֹת עַל־מִזְבְּחִי אֲשֶׁר לֹא־תִגָּלֶה

עֶרְוָתְךָ עָלָיו׃

משפטים טז כא א ב וְאֵלֶּה הַמִּשְׁפָּטִים אֲשֶׁר תָּשִׂים לִפְנֵיהֶם׃ כִּי תִקְנֶה עֶבֶד עִבְרִי

ג שֵׁשׁ שָׁנִים יַעֲבֹד וּבַשְּׁבִעִת יֵצֵא לַחָפְשִׁי חִנָּם׃ אִם־בְּגַפּוֹ יָבֹא

ד בְּגַפּוֹ יֵצֵא אִם־בַּעַל אִשָּׁה הוּא וְיָצְאָה אִשְׁתּוֹ עִמּוֹ׃ אִם־אֲדֹנָיו

יִתֶּן־לוֹ אִשָּׁה וְיָלְדָה־לוֹ בָנִים אוֹ בָנוֹת הָאִשָּׁה וִילָדֶיהָ תִּהְיֶה

ה לַאדֹנֶיהָ וְהוּא יֵצֵא בְגַפּוֹ׃ וְאִם־אָמֹר יֹאמַר הָעֶבֶד אָהַבְתִּי

ו אֶת־אֲדֹנִי אֶת־אִשְׁתִּי וְאֶת־בָּנָי לֹא אֵצֵא חָפְשִׁי׃ וְהִגִּישׁוֹ אֲדֹנָיו

אֶל־הָאֱלֹהִים וְהִגִּישׁוֹ אֶל־הַדֶּלֶת אוֹ אֶל־הַמְּזוּזָה וְרָצַע אֲדֹנָיו
ז אֶת־אָזְנוֹ בַּמַּרְצֵעַ וַעֲבָדוֹ לְעֹלָם׃ וְכִי־יִמְכֹּר אִישׁ
ח אֶת־בִּתּוֹ לְאָמָה לֹא תֵצֵא כְּצֵאת הָעֲבָדִים׃ אִם־רָעָה בְּעֵינֵי
אֲדֹנֶיהָ אֲשֶׁר־לא יְעָדָהּ וְהֶפְדָּהּ לְעַם נָכְרִי לֹא־יִמְשֹׁל לְמָכְרָהּ לו
ט י בְּבִגְדוֹ־בָהּ׃ וְאִם־לִבְנוֹ יִיעָדֶנָּה כְּמִשְׁפַּט הַבָּנוֹת יַעֲשֶׂה־לָּהּ׃ אִם־
יא אַחֶרֶת יִקַּח־לוֹ שְׁאֵרָהּ כְּסוּתָהּ וְעֹנָתָהּ לֹא יִגְרָע׃ וְאִם־שְׁלָשׁ־
יב אֵלֶּה לֹא יַעֲשֶׂה לָהּ וְיָצְאָה חִנָּם אֵין כָּסֶף׃ מַכֵּה
יג אִישׁ וָמֵת מוֹת יוּמָת׃ וַאֲשֶׁר לֹא צָדָה וְהָאֱלֹהִים אִנָּה לְיָדוֹ
יד וְשַׂמְתִּי לְךָ מָקוֹם אֲשֶׁר יָנוּס שָׁמָּה׃ וְכִי־
יָזִד אִישׁ עַל־רֵעֵהוּ לְהָרְגוֹ בְעָרְמָה מֵעִם מִזְבְּחִי תִּקָּחֶנּוּ
טו טז לָמוּת׃ וּמַכֵּה אָבִיו וְאִמּוֹ מוֹת יוּמָת׃ וְגֹנֵב
יז אִישׁ וּמְכָרוֹ וְנִמְצָא בְיָדוֹ מוֹת יוּמָת׃ וּמְקַלֵּל
יח אָבִיו וְאִמּוֹ מוֹת יוּמָת׃ וְכִי־יְרִיבֻן אֲנָשִׁים וְהִכָּה־
אִישׁ אֶת־רֵעֵהוּ בְּאֶבֶן אוֹ בְאֶגְרֹף וְלֹא יָמוּת וְנָפַל לְמִשְׁכָּב׃
יט אִם־יָקוּם וְהִתְהַלֵּךְ בַּחוּץ עַל־מִשְׁעַנְתּוֹ וְנִקָּה הַמַּכֶּה רַק
כ שִׁבְתּוֹ יִתֵּן וְרַפֹּא יְרַפֵּא׃ וְכִי־יַכֶּה אִישׁ אֶת־עַבְדּוֹ שני
כא אוֹ אֶת־אֲמָתוֹ בַּשֵּׁבֶט וּמֵת תַּחַת יָדוֹ נָקֹם יִנָּקֵם׃ אַךְ אִם־יוֹם
כב אוֹ יוֹמַיִם יַעֲמֹד לֹא יֻקַּם כִּי כַסְפּוֹ הוּא׃ וְכִי־
יִנָּצוּ אֲנָשִׁים וְנָגְפוּ אִשָּׁה הָרָה וְיָצְאוּ יְלָדֶיהָ וְלֹא יִהְיֶה אָסוֹן
עָנוֹשׁ יֵעָנֵשׁ כַּאֲשֶׁר יָשִׁית עָלָיו בַּעַל הָאִשָּׁה וְנָתַן בִּפְלִלִים׃
כג כד וְאִם־אָסוֹן יִהְיֶה וְנָתַתָּה נֶפֶשׁ תַּחַת נָפֶשׁ׃ עַיִן תַּחַת עַיִן שֵׁן
כה תַּחַת שֵׁן יָד תַּחַת יָד רֶגֶל תַּחַת רָגֶל׃ כְּוִיָּה תַּחַת כְּוִיָּה פֶּצַע
כו תַּחַת פָּצַע חַבּוּרָה תַּחַת חַבּוּרָה׃ וְכִי־יַכֶּה אִישׁ
אֶת־עֵין עַבְדּוֹ אוֹ־אֶת־עֵין אֲמָתוֹ וְשִׁחֲתָהּ לַחָפְשִׁי יְשַׁלְּחֶנּוּ
כז תַּחַת עֵינוֹ׃ וְאִם־שֵׁן עַבְדּוֹ אוֹ־שֵׁן אֲמָתוֹ יַפִּיל לַחָפְשִׁי יְשַׁלְּחֶנּוּ
תַּחַת שִׁנּוֹ׃
כח וְכִי־יִגַּח שׁוֹר אֶת־אִישׁ אוֹ אֶת־אִשָּׁה וָמֵת סָקוֹל יִסָּקֵל הַשּׁוֹר

כט ולא יאכל את־בשרו ובעל השור נקי: ואם שור נגח הוא
מתמל שלשם והועד בבעליו ולא ישמרנו והמית איש או
ל אשה השור יסקל וגם־בעליו יומת: אם־כפר יושת עליו ונתן
לא פדין נפשו ככל אשר־יושת עליו: או־בן יגח או־בת יגח כמשפט
לב הזה יעשה לו: אם־עבד יגח השור או אמה כסף ׀ שלשים
לג שקלים יתן לאדניו והשור יסקל: וכי־יפתח
איש בור או כי־יכרה איש בר ולא יכסנו ונפל־שמה שור
לד או חמור: בעל הבור ישלם כסף ישיב לבעליו והמת יהיה־
לה לו: וכי־יגף שור־איש את־שור רעהו ומת
ומכרו את־השור החי וחצו את־כספו וגם את־המת יחצון:
לו או נודע כי שור נגח הוא מתמול שלשם ולא ישמרנו בעליו
לז שלם ישלם שור תחת השור והמת יהיה־לו: כי
יגנב־איש שור או־שה וטבחו או מכרו חמשה בקר ישלם
כב א תחת השור וארבע־צאן תחת השה: אם־במחתרת ימצא
ב הגנב והכה ומת אין לו דמים: אם־זרחה השמש עליו
ג דמים לו שלם ישלם אם־אין לו ונמכר בגנבתו: אם־המצא
תמצא בידו הגנבה משור עד־חמור עד־שה חיים שנים
שלישי ד ישלם: כי יבער־איש שדה או־כרם ושלח
את־בעירה ובער בשדה אחר מיטב שדהו ומיטב כרמו
ה ישלם: כי־תצא אש ומצאה קצים ונאכל
גדיש או הקמה או השדה שלם ישלם המבער את־
ו הבערה: כי־יתן איש אל־רעהו כסף או־כלים
ז לשמר וגנב מבית האיש אם־ימצא הגנב ישלם שנים: אם־
לא ימצא הגנב ונקרב בעל־הבית אל־האלהים אם־לא שלח
ח ידו במלאכת רעהו: על־כל־דבר־פשע על־שור על־חמור על־
שה על־שלמה על־כל־אבדה אשר יאמר כי־הוא זה עד
האלהים יבא דבר־שניהם אשר ירשיען אלהים ישלם שנים

ט לְרֵעֵהוּ: כִּי־יִתֵּן אִישׁ אֶל־רֵעֵהוּ חֲמוֹר אוֹ־שׁוֹר
אוֹ־שֶׂה וְכָל־בְּהֵמָה לִשְׁמֹר וּמֵת אוֹ־נִשְׁבַּר אוֹ־נִשְׁבָּה אֵין
י רֹאֶה: שְׁבֻעַת יהוה תִּהְיֶה בֵּין שְׁנֵיהֶם אִם־לֹא שָׁלַח יָדוֹ
יא בִּמְלֶאכֶת רֵעֵהוּ וְלָקַח בְּעָלָיו וְלֹא יְשַׁלֵּם: וְאִם־גָּנֹב יִגָּנֵב
יב מֵעִמּוֹ יְשַׁלֵּם לִבְעָלָיו: אִם־טָרֹף יִטָּרֵף יְבִאֵהוּ עֵד הַטְּרֵפָה
לֹא יְשַׁלֵּם:
יג וְכִי־יִשְׁאַל אִישׁ מֵעִם רֵעֵהוּ וְנִשְׁבַּר אוֹ־מֵת בְּעָלָיו אֵין־עִמּוֹ
יד שַׁלֵּם יְשַׁלֵּם: אִם־בְּעָלָיו עִמּוֹ לֹא יְשַׁלֵּם אִם־שָׂכִיר הוּא בָּא
טו בִּשְׂכָרוֹ: וְכִי־יְפַתֶּה אִישׁ בְּתוּלָה אֲשֶׁר לֹא־אֹרָשָׂה
טז וְשָׁכַב עִמָּהּ מָהֹר יִמְהָרֶנָּה לּוֹ לְאִשָּׁה: אִם־מָאֵן יְמָאֵן אָבִיהָ
יז לְתִתָּהּ לוֹ כֶּסֶף יִשְׁקֹל כְּמֹהַר הַבְּתוּלֹת: מְכַשֵּׁפָה
יח יט לֹא תְחַיֶּה: כָּל־שֹׁכֵב עִם־בְּהֵמָה מוֹת יוּמָת: זֹבֵחַ
כ לָאֱלֹהִים יָחֳרָם בִּלְתִּי לַיהוה לְבַדּוֹ: וְגֵר לֹא־תוֹנֶה וְלֹא
כא תִלְחָצֶנּוּ כִּי־גֵרִים הֱיִיתֶם בְּאֶרֶץ מִצְרָיִם: כָּל־אַלְמָנָה וְיָתוֹם
כב לֹא תְעַנּוּן: אִם־עַנֵּה תְעַנֶּה אֹתוֹ כִּי אִם־צָעֹק יִצְעַק אֵלַי
כג שָׁמֹעַ אֶשְׁמַע צַעֲקָתוֹ: וְחָרָה אַפִּי וְהָרַגְתִּי אֶתְכֶם בֶּחָרֶב וְהָיוּ
נְשֵׁיכֶם אַלְמָנוֹת וּבְנֵיכֶם יְתֹמִים:
כד אִם־כֶּסֶף ׀ תַּלְוֶה אֶת־עַמִּי אֶת־הֶעָנִי עִמָּךְ לֹא־תִהְיֶה לוֹ כְּנֹשֶׁה יז
כה לֹא־תְשִׂימוּן עָלָיו נֶשֶׁךְ: אִם־חָבֹל תַּחְבֹּל שַׂלְמַת רֵעֶךָ עַד־
כו בֹּא הַשֶּׁמֶשׁ תְּשִׁיבֶנּוּ לוֹ: כִּי הִוא כְסוּתֹה לְבַדָּהּ הִוא שִׂמְלָתוֹ
לְעֹרוֹ בַּמֶּה יִשְׁכָּב וְהָיָה כִּי־יִצְעַק אֵלַי וְשָׁמַעְתִּי כִּי־חַנּוּן
כז אָנִי: אֱלֹהִים לֹא תְקַלֵּל וְנָשִׂיא בְעַמְּךָ לֹא תָאֹר: רביעי
כח כט מְלֵאָתְךָ וְדִמְעֲךָ לֹא תְאַחֵר בְּכוֹר בָּנֶיךָ תִּתֶּן־לִּי: כֵּן־תַּעֲשֶׂה
לְשֹׁרְךָ לְצֹאנֶךָ שִׁבְעַת יָמִים יִהְיֶה עִם־אִמּוֹ בַּיּוֹם הַשְּׁמִינִי
ל תִּתְּנוֹ־לִי: וְאַנְשֵׁי־קֹדֶשׁ תִּהְיוּן לִי וּבָשָׂר בַּשָּׂדֶה טְרֵפָה לֹא
כג א תֹאכֵלוּ לַכֶּלֶב תַּשְׁלִכוּן אֹתוֹ: לֹא תִשָּׂא שֵׁמַע
ב שָׁוְא אַל־תָּשֶׁת יָדְךָ עִם־רָשָׁע לִהְיֹת עֵד חָמָס: לֹא־תִהְיֶה

אַחֲרֵי־רַבִּים לְרָעֹת וְלֹא־תַעֲנֶה עַל־רִב לִנְטֹת אַחֲרֵי רַבִּים
לְהַטֹּת׃ וְדָל לֹא תֶהְדַּר בְּרִיבוֹ׃ כִּי תִפְגַּע שׁוֹר ג ד
אֹיִבְךָ אוֹ חֲמֹרוֹ תֹּעֶה הָשֵׁב תְּשִׁיבֶנּוּ לוֹ׃ כִּי־ ה
תִרְאֶה חֲמוֹר שֹׂנַאֲךָ רֹבֵץ תַּחַת מַשָּׂאוֹ וְחָדַלְתָּ מֵעֲזֹב לוֹ עָזֹב
חמישי תַּעֲזֹב עִמּוֹ׃ לֹא תַטֶּה מִשְׁפַּט אֶבְיֹנְךָ בְּרִיבוֹ׃ ו
מִדְּבַר־שֶׁקֶר תִּרְחָק וְנָקִי וְצַדִּיק אַל־תַּהֲרֹג כִּי לֹא־אַצְדִּיק ז
רָשָׁע׃ וְשֹׁחַד לֹא תִקָּח כִּי הַשֹּׁחַד יְעַוֵּר פִּקְחִים וִיסַלֵּף דִּבְרֵי ח
צַדִּיקִים׃ וְגֵר לֹא תִלְחָץ וְאַתֶּם יְדַעְתֶּם אֶת־נֶפֶשׁ הַגֵּר כִּי־ ט
גֵרִים הֱיִיתֶם בְּאֶרֶץ מִצְרָיִם׃ וְשֵׁשׁ שָׁנִים תִּזְרַע אֶת־אַרְצֶךָ י
וְאָסַפְתָּ אֶת־תְּבוּאָתָהּ׃ וְהַשְּׁבִיעִת תִּשְׁמְטֶנָּה וּנְטַשְׁתָּהּ וְאָכְלוּ יא
אֶבְיֹנֵי עַמֶּךָ וְיִתְרָם תֹּאכַל חַיַּת הַשָּׂדֶה כֵּן־תַּעֲשֶׂה לְכַרְמְךָ
לְזֵיתֶךָ׃ שֵׁשֶׁת יָמִים תַּעֲשֶׂה מַעֲשֶׂיךָ וּבַיּוֹם הַשְּׁבִיעִי תִּשְׁבֹּת יב
לְמַעַן יָנוּחַ שׁוֹרְךָ וַחֲמֹרֶךָ וְיִנָּפֵשׁ בֶּן־אֲמָתְךָ וְהַגֵּר׃ וּבְכֹל אֲשֶׁר־ יג
אָמַרְתִּי אֲלֵיכֶם תִּשָּׁמֵרוּ וְשֵׁם אֱלֹהִים אֲחֵרִים לֹא תַזְכִּירוּ
לֹא יִשָּׁמַע עַל־פִּיךָ׃ שָׁלֹשׁ רְגָלִים תָּחֹג לִי בַּשָּׁנָה׃ אֶת־חַג יד טו
הַמַּצּוֹת תִּשְׁמֹר שִׁבְעַת יָמִים תֹּאכַל מַצּוֹת כַּאֲשֶׁר צִוִּיתִךָ
לְמוֹעֵד חֹדֶשׁ הָאָבִיב כִּי־בוֹ יָצָאתָ מִמִּצְרָיִם וְלֹא־יֵרָאוּ פָנַי
רֵיקָם׃ וְחַג הַקָּצִיר בִּכּוּרֵי מַעֲשֶׂיךָ אֲשֶׁר תִּזְרַע בַּשָּׂדֶה וְחַג טז
הָאָסִף בְּצֵאת הַשָּׁנָה בְּאָסְפְּךָ אֶת־מַעֲשֶׂיךָ מִן־הַשָּׂדֶה׃ שָׁלֹשׁ יז
פְּעָמִים בַּשָּׁנָה יֵרָאֶה כָּל־זְכוּרְךָ אֶל־פְּנֵי הָאָדֹן ׀ יהוה׃ לֹא־ יח
תִזְבַּח עַל־חָמֵץ דַּם־זִבְחִי וְלֹא־יָלִין חֵלֶב־חַגִּי עַד־בֹּקֶר׃
רֵאשִׁית בִּכּוּרֵי אַדְמָתְךָ תָּבִיא בֵּית יהוה אֱלֹהֶיךָ לֹא־תְבַשֵּׁל יט
גְּדִי בַּחֲלֵב אִמּוֹ׃
ששי הִנֵּה אָנֹכִי שֹׁלֵחַ מַלְאָךְ לְפָנֶיךָ לִשְׁמָרְךָ בַּדָּרֶךְ וְלַהֲבִיאֲךָ אֶל־ כ
הַמָּקוֹם אֲשֶׁר הֲכִנֹתִי׃ הִשָּׁמֶר מִפָּנָיו וּשְׁמַע בְּקֹלוֹ אַל־תַּמֵּר כא
בּוֹ כִּי לֹא יִשָּׂא לְפִשְׁעֲכֶם כִּי שְׁמִי בְּקִרְבּוֹ׃ כִּי אִם־שָׁמוֹעַ כב
תִּשְׁמַע בְּקֹלוֹ וְעָשִׂיתָ כֹּל אֲשֶׁר אֲדַבֵּר וְאָיַבְתִּי אֶת־אֹיְבֶיךָ

כג וְצַרְתִּי אֶת־צֹרְרֶיךָ׃ כִּי־יֵלֵךְ מַלְאָכִי לְפָנֶיךָ וֶהֱבִיאֲךָ אֶל־
כד הָאֱמֹרִי וְהַחִתִּי וְהַפְּרִזִּי וְהַכְּנַעֲנִי הַחִוִּי וְהַיְבוּסִי וְהִכְחַדְתִּיו׃ לֹא־
תִשְׁתַּחֲוֶה לֵאלֹהֵיהֶם וְלֹא תָעָבְדֵם וְלֹא תַעֲשֶׂה כְּמַעֲשֵׂיהֶם
כה כִּי הָרֵס תְּהָרְסֵם וְשַׁבֵּר תְּשַׁבֵּר מַצֵּבֹתֵיהֶם׃ וַעֲבַדְתֶּם אֵת
יְהוָה אֱלֹהֵיכֶם וּבֵרַךְ אֶת־לַחְמְךָ וְאֶת־מֵימֶיךָ וַהֲסִרֹתִי מַחֲלָה
כו מִקִּרְבֶּךָ׃ לֹא תִהְיֶה מְשַׁכֵּלָה וַעֲקָרָה בְּאַרְצֶךָ שביעי
כז אֶת־מִסְפַּר יָמֶיךָ אֲמַלֵּא׃ אֶת־אֵימָתִי אֲשַׁלַּח לְפָנֶיךָ וְהַמֹּתִי
אֶת־כָּל־הָעָם אֲשֶׁר תָּבֹא בָּהֶם וְנָתַתִּי אֶת־כָּל־אֹיְבֶיךָ אֵלֶיךָ
כח עֹרֶף׃ וְשָׁלַחְתִּי אֶת־הַצִּרְעָה לְפָנֶיךָ וְגֵרְשָׁה אֶת־הַחִוִּי אֶת־
כט הַכְּנַעֲנִי וְאֶת־הַחִתִּי מִלְּפָנֶיךָ׃ לֹא אֲגָרְשֶׁנּוּ מִפָּנֶיךָ בְּשָׁנָה
ל אֶחָת פֶּן־תִּהְיֶה הָאָרֶץ שְׁמָמָה וְרַבָּה עָלֶיךָ חַיַּת הַשָּׂדֶה׃ מְעַט
מְעַט אֲגָרְשֶׁנּוּ מִפָּנֶיךָ עַד אֲשֶׁר תִּפְרֶה וְנָחַלְתָּ אֶת־הָאָרֶץ׃
לא וְשַׁתִּי אֶת־גְּבֻלְךָ מִיַּם־סוּף וְעַד־יָם פְּלִשְׁתִּים וּמִמִּדְבָּר עַד־
הַנָּהָר כִּי ׀ אֶתֵּן בְּיֶדְכֶם אֵת יֹשְׁבֵי הָאָרֶץ וְגֵרַשְׁתָּמוֹ מִפָּנֶיךָ׃
לב לג לֹא־תִכְרֹת לָהֶם וְלֵאלֹהֵיהֶם בְּרִית׃ לֹא יֵשְׁבוּ בְּאַרְצְךָ
פֶּן־יַחֲטִיאוּ אֹתְךָ לִי כִּי תַעֲבֹד אֶת־אֱלֹהֵיהֶם כִּי־יִהְיֶה לְךָ
לְמוֹקֵשׁ׃

כד א וְאֶל־מֹשֶׁה אָמַר עֲלֵה אֶל־יְהוָה אַתָּה וְאַהֲרֹן נָדָב וַאֲבִיהוּא
ב וְשִׁבְעִים מִזִּקְנֵי יִשְׂרָאֵל וְהִשְׁתַּחֲוִיתֶם מֵרָחֹק׃ וְנִגַּשׁ מֹשֶׁה
ג לְבַדּוֹ אֶל־יְהוָה וְהֵם לֹא יִגָּשׁוּ וְהָעָם לֹא יַעֲלוּ עִמּוֹ׃ וַיָּבֹא
מֹשֶׁה וַיְסַפֵּר לָעָם אֵת כָּל־דִּבְרֵי יְהוָה וְאֵת כָּל־הַמִּשְׁפָּטִים
וַיַּעַן כָּל־הָעָם קוֹל אֶחָד וַיֹּאמְרוּ כָּל־הַדְּבָרִים אֲשֶׁר־דִּבֶּר
ד יְהוָה נַעֲשֶׂה׃ וַיִּכְתֹּב מֹשֶׁה אֵת כָּל־דִּבְרֵי יְהוָה וַיַּשְׁכֵּם בַּבֹּקֶר
וַיִּבֶן מִזְבֵּחַ תַּחַת הָהָר וּשְׁתֵּים עֶשְׂרֵה מַצֵּבָה לִשְׁנֵים עָשָׂר
ה שִׁבְטֵי יִשְׂרָאֵל׃ וַיִּשְׁלַח אֶת־נַעֲרֵי בְּנֵי יִשְׂרָאֵל וַיַּעֲלוּ עֹלֹת
ו וַיִּזְבְּחוּ זְבָחִים שְׁלָמִים לַיהוָה פָּרִים׃ וַיִּקַּח מֹשֶׁה חֲצִי הַדָּם
ז וַיָּשֶׂם בָּאַגָּנֹת וַחֲצִי הַדָּם זָרַק עַל־הַמִּזְבֵּחַ׃ וַיִּקַּח סֵפֶר הַבְּרִית

וַיִּקְרָא בְּאָזְנֵי הָעָם וַיֹּאמְרוּ כֹּל אֲשֶׁר־דִּבֶּר יְהוָה נַעֲשֶׂה וְנִשְׁמָע׃
ח וַיִּקַּח מֹשֶׁה אֶת־הַדָּם וַיִּזְרֹק עַל־הָעָם וַיֹּאמֶר הִנֵּה דַם־הַבְּרִית
ט אֲשֶׁר כָּרַת יְהוָה עִמָּכֶם עַל כָּל־הַדְּבָרִים הָאֵלֶּה׃ וַיַּעַל מֹשֶׁה
י וְאַהֲרֹן נָדָב וַאֲבִיהוּא וְשִׁבְעִים מִזִּקְנֵי יִשְׂרָאֵל׃ וַיִּרְאוּ אֵת
אֱלֹהֵי יִשְׂרָאֵל וְתַחַת רַגְלָיו כְּמַעֲשֵׂה לִבְנַת הַסַּפִּיר וּכְעֶצֶם
יא הַשָּׁמַיִם לָטֹהַר׃ וְאֶל־אֲצִילֵי בְּנֵי יִשְׂרָאֵל לֹא שָׁלַח יָדוֹ וַיֶּחֱזוּ
יב אֶת־הָאֱלֹהִים וַיֹּאכְלוּ וַיִּשְׁתּוּ׃ וַיֹּאמֶר יְהוָה אֶל־
מֹשֶׁה עֲלֵה אֵלַי הָהָרָה וֶהְיֵה־שָׁם וְאֶתְּנָה לְךָ אֶת־לֻחֹת הָאֶבֶן
יג וְהַתּוֹרָה וְהַמִּצְוָה אֲשֶׁר כָּתַבְתִּי לְהוֹרֹתָם׃ וַיָּקָם מֹשֶׁה וִיהוֹשֻׁעַ
יד מְשָׁרְתוֹ וַיַּעַל מֹשֶׁה אֶל־הַר הָאֱלֹהִים׃ וְאֶל־הַזְּקֵנִים אָמַר
שְׁבוּ־לָנוּ בָזֶה עַד אֲשֶׁר־נָשׁוּב אֲלֵיכֶם וְהִנֵּה אַהֲרֹן וְחוּר עִמָּכֶם
טו מִי־בַעַל דְּבָרִים יִגַּשׁ אֲלֵהֶם׃ וַיַּעַל מֹשֶׁה אֶל־הָהָר וַיְכַס הֶעָנָן
טז אֶת־הָהָר׃ וַיִּשְׁכֹּן כְּבוֹד־יְהוָה עַל־הַר סִינַי וַיְכַסֵּהוּ הֶעָנָן שֵׁשֶׁת מפטיר
יז יָמִים וַיִּקְרָא אֶל־מֹשֶׁה בַּיּוֹם הַשְּׁבִיעִי מִתּוֹךְ הֶעָנָן׃ וּמַרְאֵה
יח כְּבוֹד יְהוָה כְּאֵשׁ אֹכֶלֶת בְּרֹאשׁ הָהָר לְעֵינֵי בְּנֵי יִשְׂרָאֵל׃ וַיָּבֹא
מֹשֶׁה בְּתוֹךְ הֶעָנָן וַיַּעַל אֶל־הָהָר וַיְהִי מֹשֶׁה בָּהָר אַרְבָּעִים
יוֹם וְאַרְבָּעִים לָיְלָה׃

כה א ב וַיְדַבֵּר יְהוָה אֶל־מֹשֶׁה לֵּאמֹר׃ דַּבֵּר אֶל־בְּנֵי יִשְׂרָאֵל וְיִקְחוּ־ תרומה יח
לִי תְּרוּמָה מֵאֵת כָּל־אִישׁ אֲשֶׁר יִדְּבֶנּוּ לִבּוֹ תִּקְחוּ אֶת־תְּרוּמָתִי׃
ג ד וְזֹאת הַתְּרוּמָה אֲשֶׁר תִּקְחוּ מֵאִתָּם זָהָב וָכֶסֶף וּנְחֹשֶׁת׃ וּתְכֵלֶת
ה וְאַרְגָּמָן וְתוֹלַעַת שָׁנִי וְשֵׁשׁ וְעִזִּים׃ וְעֹרֹת אֵילִם מְאָדָּמִים
ו וְעֹרֹת תְּחָשִׁים וַעֲצֵי שִׁטִּים׃ שֶׁמֶן לַמָּאֹר בְּשָׂמִים לְשֶׁמֶן
ז הַמִּשְׁחָה וְלִקְטֹרֶת הַסַּמִּים׃ אַבְנֵי־שֹׁהַם וְאַבְנֵי מִלֻּאִים לָאֵפֹד
ח ט וְלַחֹשֶׁן׃ וְעָשׂוּ לִי מִקְדָּשׁ וְשָׁכַנְתִּי בְּתוֹכָם׃ כְּכֹל אֲשֶׁר אֲנִי
מַרְאֶה אוֹתְךָ אֵת תַּבְנִית הַמִּשְׁכָּן וְאֵת תַּבְנִית כָּל־כֵּלָיו וְכֵן
י תַּעֲשׂוּ׃ וְעָשׂוּ אֲרוֹן עֲצֵי שִׁטִּים אַמָּתַיִם וָחֵצִי
יא אָרְכּוֹ וְאַמָּה וָחֵצִי רָחְבּוֹ וְאַמָּה וָחֵצִי קֹמָתוֹ׃ וְצִפִּיתָ אֹתוֹ זָהָב

טָה֛וֹר מִבַּ֥יִת וּמִח֖וּץ תְּצַפֶּ֑נּוּ וְעָשִׂ֥יתָ עָלָ֛יו זֵ֥ר זָהָ֖ב סָבִֽיב׃
יב וְיָצַ֣קְתָּ לּ֗וֹ אַרְבַּע֙ טַבְּעֹ֣ת זָהָ֔ב וְנָ֣תַתָּ֔ה עַ֖ל אַרְבַּ֣ע פַּעֲמֹתָ֑יו
וּשְׁתֵּ֣י טַבָּעֹ֗ת עַל־צַלְעוֹ֙ הָֽאֶחָ֔ת וּשְׁתֵּי֙ טַבָּעֹ֔ת עַל־צַלְע֖וֹ הַשֵּׁנִֽית׃
יג יד וְעָשִׂ֥יתָ בַדֵּ֖י עֲצֵ֣י שִׁטִּ֑ים וְצִפִּיתָ֥ אֹתָ֖ם זָהָֽב׃ וְהֵבֵאתָ֤ אֶת־הַבַּדִּים֙
טו בַּטַּבָּעֹ֔ת עַ֖ל צַלְעֹ֣ת הָאָרֹ֑ן לָשֵׂ֥את אֶת־הָאָרֹ֖ן בָּהֶֽם׃ בְּטַבְּעֹת֙
טז הָאָרֹ֔ן יִהְי֖וּ הַבַּדִּ֑ים לֹ֥א יָסֻ֖רוּ מִמֶּֽנּוּ׃ וְנָתַתָּ֖ אֶל־הָאָרֹ֑ן אֵ֚ת
יז הָעֵדֻ֔ת אֲשֶׁ֥ר אֶתֵּ֖ן אֵלֶֽיךָ׃ וְעָשִׂ֥יתָ כַפֹּ֖רֶת זָהָ֣ב טָה֑וֹר אַמָּתַ֤יִם שני
יח וָחֵ֙צִי֙ אָרְכָּ֔הּ וְאַמָּ֥ה וָחֵ֖צִי רָחְבָּֽהּ׃ וְעָשִׂ֛יתָ שְׁנַ֥יִם כְּרֻבִ֖ים זָהָ֑ב
יט מִקְשָׁה֙ תַּעֲשֶׂ֣ה אֹתָ֔ם מִשְּׁנֵ֖י קְצ֥וֹת הַכַּפֹּֽרֶת׃ וַ֠עֲשֵׂה כְּר֨וּב אֶחָ֤ד
מִקָּצָה֙ מִזֶּ֔ה וּכְרוּב־אֶחָ֥ד מִקָּצָ֖ה מִזֶּ֑ה מִן־הַכַּפֹּ֛רֶת תַּעֲשׂ֥וּ אֶת־
כ הַכְּרֻבִ֖ים עַל־שְׁנֵ֥י קְצוֹתָֽיו׃ וְהָי֣וּ הַכְּרֻבִ֗ים פֹּרְשֵׂ֨י כְנָפַ֜יִם לְמַ֗עְלָה
סֹכְכִ֤ים בְּכַנְפֵיהֶם֙ עַל־הַכַּפֹּ֔רֶת וּפְנֵיהֶ֖ם אִ֣ישׁ אֶל־אָחִ֑יו אֶל־
כא הַכַּפֹּ֔רֶת יִהְי֖וּ פְּנֵ֥י הַכְּרֻבִֽים׃ וְנָתַתָּ֧ אֶת־הַכַּפֹּ֛רֶת עַל־הָאָרֹ֖ן
מִלְמָ֑עְלָה וְאֶל־הָ֣אָרֹ֔ן תִּתֵּן֙ אֶת־הָ֣עֵדֻ֔ת אֲשֶׁ֥ר אֶתֵּ֖ן אֵלֶֽיךָ׃
כב וְנוֹעַדְתִּ֣י לְךָ֮ שָׁם֒ וְדִבַּרְתִּ֨י אִתְּךָ֜ מֵעַ֣ל הַכַּפֹּ֗רֶת מִבֵּין֙ שְׁנֵ֣י
הַכְּרֻבִ֔ים אֲשֶׁ֖ר עַל־אֲר֣וֹן הָעֵדֻ֑ת אֵ֣ת כָּל־אֲשֶׁ֧ר אֲצַוֶּ֛ה אוֹתְךָ֖
אֶל־בְּנֵ֥י יִשְׂרָאֵֽל׃

כג וְעָשִׂ֥יתָ שֻׁלְחָ֖ן עֲצֵ֣י שִׁטִּ֑ים אַמָּתַ֤יִם אָרְכּוֹ֙ וְאַמָּ֣ה רָחְבּ֔וֹ וְאַמָּ֥ה
כד וָחֵ֖צִי קֹמָתֽוֹ׃ וְצִפִּיתָ֥ אֹת֖וֹ זָהָ֣ב טָה֑וֹר וְעָשִׂ֥יתָ לּ֛וֹ זֵ֥ר זָהָ֖ב סָבִֽיב׃
כה וְעָשִׂ֨יתָ לּ֥וֹ מִסְגֶּ֛רֶת טֹ֖פַח סָבִ֑יב וְעָשִׂ֧יתָ זֵר־זָהָ֛ב לְמִסְגַּרְתּ֖וֹ
כו סָבִֽיב׃ וְעָשִׂ֣יתָ לּ֔וֹ אַרְבַּ֖ע טַבְּעֹ֣ת זָהָ֑ב וְנָתַתָּ֙ אֶת־הַטַּבָּעֹ֔ת
כז עַ֚ל אַרְבַּ֣ע הַפֵּאֹ֔ת אֲשֶׁ֖ר לְאַרְבַּ֥ע רַגְלָֽיו׃ לְעֻמַּת֙ הַמִּסְגֶּ֔רֶת תִּהְיֶ֖יןָ
כח הַטַּבָּעֹ֑ת לְבָתִּ֣ים לְבַדִּ֔ים לָשֵׂ֖את אֶת־הַשֻּׁלְחָֽן׃ וְעָשִׂ֤יתָ אֶת־
הַבַּדִּים֙ עֲצֵ֣י שִׁטִּ֔ים וְצִפִּיתָ֥ אֹתָ֖ם זָהָ֑ב וְנִשָּׂא־בָ֖ם אֶת־הַשֻּׁלְחָֽן׃
כט וְעָשִׂ֨יתָ קְּעָרֹתָ֜יו וְכַפֹּתָ֗יו וּקְשׂוֹתָיו֙ וּמְנַקִּיֹּתָ֔יו אֲשֶׁ֥ר יֻסַּ֖ךְ בָּהֵ֑ן
ל זָהָ֥ב טָה֖וֹר תַּעֲשֶׂ֥ה אֹתָֽם׃ וְנָתַתָּ֧ עַל־הַשֻּׁלְחָ֛ן לֶ֥חֶם פָּנִ֖ים לְפָנַ֥י
תָּמִֽיד׃

לא וְעָשִׂיתָ מְנֹרַת זָהָב טָהוֹר מִקְשָׁה תֵּיעָשֶׂה הַמְּנוֹרָה יְרֵכָהּ
לב וְקָנָהּ גְּבִיעֶיהָ כַּפְתֹּרֶיהָ וּפְרָחֶיהָ מִמֶּנָּה יִהְיוּ׃ וְשִׁשָּׁה קָנִים
יֹצְאִים מִצִּדֶּיהָ שְׁלֹשָׁה ׀ קְנֵי מְנֹרָה מִצִּדָּהּ הָאֶחָד וּשְׁלֹשָׁה קְנֵי
לג מְנֹרָה מִצִּדָּהּ הַשֵּׁנִי׃ שְׁלֹשָׁה גְבִעִים מְשֻׁקָּדִים בַּקָּנֶה הָאֶחָד
כַּפְתֹּר וָפֶרַח וּשְׁלֹשָׁה גְבִעִים מְשֻׁקָּדִים בַּקָּנֶה הָאֶחָד כַּפְתֹּר
לד וָפָרַח כֵּן לְשֵׁשֶׁת הַקָּנִים הַיֹּצְאִים מִן־הַמְּנֹרָה׃ וּבַמְּנֹרָה אַרְבָּעָה
לה גְבִעִים מְשֻׁקָּדִים כַּפְתֹּרֶיהָ וּפְרָחֶיהָ׃ וְכַפְתֹּר תַּחַת שְׁנֵי הַקָּנִים
מִמֶּנָּה וְכַפְתֹּר תַּחַת שְׁנֵי הַקָּנִים מִמֶּנָּה וְכַפְתֹּר תַּחַת־שְׁנֵי
לו הַקָּנִים מִמֶּנָּה לְשֵׁשֶׁת הַקָּנִים הַיֹּצְאִים מִן־הַמְּנֹרָה׃ כַּפְתֹּרֵיהֶם
לז וּקְנֹתָם מִמֶּנָּה יִהְיוּ כֻּלָּהּ מִקְשָׁה אַחַת זָהָב טָהוֹר׃ וְעָשִׂיתָ
אֶת־נֵרֹתֶיהָ שִׁבְעָה וְהֶעֱלָה אֶת־נֵרֹתֶיהָ וְהֵאִיר עַל־עֵבֶר פָּנֶיהָ׃
לח וּמַלְקָחֶיהָ וּמַחְתֹּתֶיהָ זָהָב טָהוֹר׃ כִּכָּר זָהָב טָהוֹר יַעֲשֶׂה אֹתָהּ
לט
מ אֵת כָּל־הַכֵּלִים הָאֵלֶּה׃ וּרְאֵה וַעֲשֵׂה בְּתַבְנִיתָם אֲשֶׁר־אַתָּה
כו א מָרְאֶה בָּהָר׃ וְאֶת־הַמִּשְׁכָּן תַּעֲשֶׂה עֶשֶׂר יְרִיעֹת שלישי יט
שֵׁשׁ מָשְׁזָר וּתְכֵלֶת וְאַרְגָּמָן וְתֹלַעַת שָׁנִי כְּרֻבִים מַעֲשֵׂה חֹשֵׁב
ב תַּעֲשֶׂה אֹתָם׃ אֹרֶךְ ׀ הַיְרִיעָה הָאַחַת שְׁמֹנֶה וְעֶשְׂרִים בָּאַמָּה
וְרֹחַב אַרְבַּע בָּאַמָּה הַיְרִיעָה הָאֶחָת מִדָּה אַחַת לְכָל־הַיְרִיעֹת׃
ג חֲמֵשׁ הַיְרִיעֹת תִּהְיֶיןָ חֹבְרֹת אִשָּׁה אֶל־אֲחֹתָהּ וְחָמֵשׁ יְרִיעֹת
ד חֹבְרֹת אִשָּׁה אֶל־אֲחֹתָהּ׃ וְעָשִׂיתָ לֻלְאֹת תְּכֵלֶת עַל שְׂפַת
הַיְרִיעָה הָאֶחָת מִקָּצָה בַּחֹבָרֶת וְכֵן תַּעֲשֶׂה בִּשְׂפַת הַיְרִיעָה
ה הַקִּיצוֹנָה בַּמַּחְבֶּרֶת הַשֵּׁנִית׃ חֲמִשִּׁים לֻלָאֹת תַּעֲשֶׂה בַּיְרִיעָה
הָאֶחָת וַחֲמִשִּׁים לֻלָאֹת תַּעֲשֶׂה בִּקְצֵה הַיְרִיעָה אֲשֶׁר בַּמַּחְבֶּרֶת
ו הַשֵּׁנִית מַקְבִּילֹת הַלֻּלָאֹת אִשָּׁה אֶל־אֲחֹתָהּ׃ וְעָשִׂיתָ חֲמִשִּׁים
קַרְסֵי זָהָב וְחִבַּרְתָּ אֶת־הַיְרִיעֹת אִשָּׁה אֶל־אֲחֹתָהּ בַּקְּרָסִים
ז וְהָיָה הַמִּשְׁכָּן אֶחָד׃ וְעָשִׂיתָ יְרִיעֹת עִזִּים לְאֹהֶל עַל־הַמִּשְׁכָּן
ח עַשְׁתֵּי־עֶשְׂרֵה יְרִיעֹת תַּעֲשֶׂה אֹתָם׃ אֹרֶךְ ׀ הַיְרִיעָה הָאַחַת
שְׁלֹשִׁים בָּאַמָּה וְרֹחַב אַרְבַּע בָּאַמָּה הַיְרִיעָה הָאֶחָת מִדָּה

ט אַחַת לְעַשְׁתֵּי עֶשְׂרֵה יְרִיעֹת׃ וְחִבַּרְתָּ אֶת־חֲמֵשׁ הַיְרִיעֹת לְבָד
וְאֶת־שֵׁשׁ הַיְרִיעֹת לְבָד וְכָפַלְתָּ אֶת־הַיְרִיעָה הַשִּׁשִּׁית אֶל־
י מוּל פְּנֵי הָאֹהֶל׃ וְעָשִׂיתָ חֲמִשִּׁים לֻלָאֹת עַל שְׂפַת הַיְרִיעָה
הָאֶחָת הַקִּיצֹנָה בַּחֹבָרֶת וַחֲמִשִּׁים לֻלָאֹת עַל שְׂפַת הַיְרִיעָה
יא הַחֹבֶרֶת הַשֵּׁנִית׃ וְעָשִׂיתָ קַרְסֵי נְחֹשֶׁת חֲמִשִּׁים וְהֵבֵאתָ אֶת־
יב הַקְּרָסִים בַּלֻּלָאֹת וְחִבַּרְתָּ אֶת־הָאֹהֶל וְהָיָה אֶחָד׃ וְסֶרַח הָעֹדֵף
בִּירִיעֹת הָאֹהֶל חֲצִי הַיְרִיעָה הָעֹדֶפֶת תִּסְרַח עַל אֲחֹרֵי
יג הַמִּשְׁכָּן׃ וְהָאַמָּה מִזֶּה וְהָאַמָּה מִזֶּה בָּעֹדֵף בְּאֹרֶךְ יְרִיעֹת
הָאֹהֶל יִהְיֶה סָרוּחַ עַל־צִדֵּי הַמִּשְׁכָּן מִזֶּה וּמִזֶּה לְכַסֹּתוֹ׃
יד וְעָשִׂיתָ מִכְסֶה לָאֹהֶל עֹרֹת אֵילִם מְאָדָּמִים וּמִכְסֵה עֹרֹת
תְּחָשִׁים מִלְמָעְלָה׃

טו טז וְעָשִׂיתָ אֶת־הַקְּרָשִׁים לַמִּשְׁכָּן עֲצֵי שִׁטִּים עֹמְדִים׃ עֶשֶׂר אַמּוֹת רביעי
יז אֹרֶךְ הַקָּרֶשׁ וְאַמָּה וַחֲצִי הָאַמָּה רֹחַב הַקֶּרֶשׁ הָאֶחָד׃ שְׁתֵּי
יָדוֹת לַקֶּרֶשׁ הָאֶחָד מְשֻׁלָּבֹת אִשָּׁה אֶל־אֲחֹתָהּ כֵּן תַּעֲשֶׂה
יח לְכֹל קַרְשֵׁי הַמִּשְׁכָּן׃ וְעָשִׂיתָ אֶת־הַקְּרָשִׁים לַמִּשְׁכָּן עֶשְׂרִים
יט קֶרֶשׁ לִפְאַת נֶגְבָּה תֵימָנָה׃ וְאַרְבָּעִים אַדְנֵי־כֶסֶף תַּעֲשֶׂה
תַּחַת עֶשְׂרִים הַקָּרֶשׁ שְׁנֵי אֲדָנִים תַּחַת־הַקֶּרֶשׁ הָאֶחָד לִשְׁתֵּי
כ יְדֹתָיו וּשְׁנֵי אֲדָנִים תַּחַת־הַקֶּרֶשׁ הָאֶחָד לִשְׁתֵּי יְדֹתָיו׃ וּלְצֶלַע
כא הַמִּשְׁכָּן הַשֵּׁנִית לִפְאַת צָפוֹן עֶשְׂרִים קָרֶשׁ׃ וְאַרְבָּעִים אַדְנֵיהֶם
כֶּסֶף שְׁנֵי אֲדָנִים תַּחַת הַקֶּרֶשׁ הָאֶחָד וּשְׁנֵי אֲדָנִים תַּחַת הַקֶּרֶשׁ
כב כג הָאֶחָד׃ וּלְיַרְכְּתֵי הַמִּשְׁכָּן יָמָּה תַּעֲשֶׂה שִׁשָּׁה קְרָשִׁים׃ וּשְׁנֵי
כד קְרָשִׁים תַּעֲשֶׂה לִמְקֻצְעֹת הַמִּשְׁכָּן בַּיַּרְכָתָיִם׃ וְיִהְיוּ תֹאֲמִם
מִלְּמַטָּה וְיַחְדָּו יִהְיוּ תַמִּים עַל־רֹאשׁוֹ אֶל־הַטַּבַּעַת הָאֶחָת
כה כֵּן יִהְיֶה לִשְׁנֵיהֶם לִשְׁנֵי הַמִּקְצֹעֹת יִהְיוּ׃ וְהָיוּ שְׁמֹנָה קְרָשִׁים
וְאַדְנֵיהֶם כֶּסֶף שִׁשָּׁה עָשָׂר אֲדָנִים שְׁנֵי אֲדָנִים תַּחַת הַקֶּרֶשׁ
כו הָאֶחָד וּשְׁנֵי אֲדָנִים תַּחַת הַקֶּרֶשׁ הָאֶחָד׃ וְעָשִׂיתָ בְרִיחִם עֲצֵי
כז שִׁטִּים חֲמִשָּׁה לְקַרְשֵׁי צֶלַע־הַמִּשְׁכָּן הָאֶחָד׃ וַחֲמִשָּׁה בְרִיחִם

לְקַרְשֵׁי צֶלַע־הַמִּשְׁכָּן הַשֵּׁנִית וַחֲמִשָּׁה בְרִיחִם לְקַרְשֵׁי צֶלַע
כח הַמִּשְׁכָּן לַיַּרְכָתַיִם יָמָּה׃ וְהַבְּרִיחַ הַתִּיכֹן בְּתוֹךְ הַקְּרָשִׁים
כט מַבְרִחַ מִן־הַקָּצֶה אֶל־הַקָּצֶה׃ וְאֶת־הַקְּרָשִׁים תְּצַפֶּה זָהָב
וְאֶת־טַבְּעֹתֵיהֶם תַּעֲשֶׂה זָהָב בָּתִּים לַבְּרִיחִם וְצִפִּיתָ אֶת־
ל הַבְּרִיחִם זָהָב׃ וַהֲקֵמֹתָ אֶת־הַמִּשְׁכָּן כְּמִשְׁפָּטוֹ אֲשֶׁר הָרְאֵיתָ
חמישי כ לא בָּהָר׃ וְעָשִׂיתָ פָרֹכֶת תְּכֵלֶת וְאַרְגָּמָן וְתוֹלַעַת
לב שָׁנִי וְשֵׁשׁ מָשְׁזָר מַעֲשֵׂה חֹשֵׁב יַעֲשֶׂה אֹתָהּ כְּרֻבִים׃ וְנָתַתָּה
אֹתָהּ עַל־אַרְבָּעָה עַמּוּדֵי שִׁטִּים מְצֻפִּים זָהָב וָוֵיהֶם זָהָב עַל־
לג אַרְבָּעָה אַדְנֵי־כָסֶף׃ וְנָתַתָּה אֶת־הַפָּרֹכֶת תַּחַת הַקְּרָסִים
וְהֵבֵאתָ שָׁמָּה מִבֵּית לַפָּרֹכֶת אֵת אֲרוֹן הָעֵדוּת וְהִבְדִּילָה
לד הַפָּרֹכֶת לָכֶם בֵּין הַקֹּדֶשׁ וּבֵין קֹדֶשׁ הַקֳּדָשִׁים׃ וְנָתַתָּ אֶת־
לה הַכַּפֹּרֶת עַל אֲרוֹן הָעֵדֻת בְּקֹדֶשׁ הַקֳּדָשִׁים׃ וְשַׂמְתָּ אֶת־
הַשֻּׁלְחָן מִחוּץ לַפָּרֹכֶת וְאֶת־הַמְּנֹרָה נֹכַח הַשֻּׁלְחָן עַל צֶלַע
לו הַמִּשְׁכָּן תֵּימָנָה וְהַשֻּׁלְחָן תִּתֵּן עַל־צֶלַע צָפוֹן׃ וְעָשִׂיתָ מָסָךְ
לְפֶתַח הָאֹהֶל תְּכֵלֶת וְאַרְגָּמָן וְתוֹלַעַת שָׁנִי וְשֵׁשׁ מָשְׁזָר מַעֲשֵׂה
לז רֹקֵם׃ וְעָשִׂיתָ לַמָּסָךְ חֲמִשָּׁה עַמּוּדֵי שִׁטִּים וְצִפִּיתָ אֹתָם זָהָב
ששי כז א וָוֵיהֶם זָהָב וְיָצַקְתָּ לָהֶם חֲמִשָּׁה אַדְנֵי נְחֹשֶׁת׃ וְעָשִׂיתָ
אֶת־הַמִּזְבֵּחַ עֲצֵי שִׁטִּים חָמֵשׁ אַמּוֹת אֹרֶךְ וְחָמֵשׁ אַמּוֹת רֹחַב
ב רָבוּעַ יִהְיֶה הַמִּזְבֵּחַ וְשָׁלֹשׁ אַמּוֹת קֹמָתוֹ׃ וְעָשִׂיתָ קַרְנֹתָיו עַל
ג אַרְבַּע פִּנֹּתָיו מִמֶּנּוּ תִּהְיֶיןָ קַרְנֹתָיו וְצִפִּיתָ אֹתוֹ נְחֹשֶׁת׃ וְעָשִׂיתָ
סִּירֹתָיו לְדַשְּׁנוֹ וְיָעָיו וּמִזְרְקֹתָיו וּמִזְלְגֹתָיו וּמַחְתֹּתָיו לְכָל־כֵּלָיו
ד תַּעֲשֶׂה נְחֹשֶׁת׃ וְעָשִׂיתָ לּוֹ מִכְבָּר מַעֲשֵׂה רֶשֶׁת נְחֹשֶׁת וְעָשִׂיתָ
ה עַל־הָרֶשֶׁת אַרְבַּע טַבְּעֹת נְחֹשֶׁת עַל אַרְבַּע קְצוֹתָיו׃ וְנָתַתָּה
אֹתָהּ תַּחַת כַּרְכֹּב הַמִּזְבֵּחַ מִלְּמָטָּה וְהָיְתָה הָרֶשֶׁת עַד חֲצִי
ו הַמִּזְבֵּחַ׃ וְעָשִׂיתָ בַדִּים לַמִּזְבֵּחַ בַּדֵּי עֲצֵי שִׁטִּים וְצִפִּיתָ אֹתָם
ז נְחֹשֶׁת׃ וְהוּבָא אֶת־בַּדָּיו בַּטַּבָּעֹת וְהָיוּ הַבַּדִּים עַל־שְׁתֵּי
ח צַלְעֹת הַמִּזְבֵּחַ בִּשְׂאֵת אֹתוֹ׃ נְבוּב לֻחֹת תַּעֲשֶׂה אֹתוֹ כַּאֲשֶׁר

ט הֶרְאָה אֹתְךָ בָּהָר כֵּן יַעֲשׂוּ׃ וְעָשִׂיתָ אֵת חֲצַר שביעי
הַמִּשְׁכָּן לִפְאַת נֶגֶב־תֵּימָנָה קְלָעִים לֶחָצֵר שֵׁשׁ מָשְׁזָר מֵאָה
י בָאַמָּה אֹרֶךְ לַפֵּאָה הָאֶחָת׃ וְעַמֻּדָיו עֶשְׂרִים וְאַדְנֵיהֶם עֶשְׂרִים
יא נְחֹשֶׁת וָוֵי הָעַמֻּדִים וַחֲשֻׁקֵיהֶם כָּסֶף׃ וְכֵן לִפְאַת צָפוֹן בָּאֹרֶךְ
קְלָעִים מֵאָה אֹרֶךְ וְעַמֻּדָו עֶשְׂרִים וְאַדְנֵיהֶם עֶשְׂרִים נְחֹשֶׁת
יב וָוֵי הָעַמֻּדִים וַחֲשֻׁקֵיהֶם כָּסֶף׃ וְרֹחַב הֶחָצֵר לִפְאַת־יָם קְלָעִים
יג חֲמִשִּׁים אַמָּה עַמֻּדֵיהֶם עֲשָׂרָה וְאַדְנֵיהֶם עֲשָׂרָה׃ וְרֹחַב הֶחָצֵר
יד לִפְאַת קֵדְמָה מִזְרָחָה חֲמִשִּׁים אַמָּה׃ וַחֲמֵשׁ עֶשְׂרֵה אַמָּה
טו קְלָעִים לַכָּתֵף עַמֻּדֵיהֶם שְׁלֹשָׁה וְאַדְנֵיהֶם שְׁלֹשָׁה׃ וְלַכָּתֵף
הַשֵּׁנִית חֲמֵשׁ עֶשְׂרֵה קְלָעִים עַמֻּדֵיהֶם שְׁלֹשָׁה וְאַדְנֵיהֶם שְׁלֹשָׁה׃
טז וּלְשַׁעַר הֶחָצֵר מָסָךְ ׀ עֶשְׂרִים אַמָּה תְּכֵלֶת וְאַרְגָּמָן וְתוֹלַעַת
שָׁנִי וְשֵׁשׁ מָשְׁזָר מַעֲשֵׂה רֹקֵם עַמֻּדֵיהֶם אַרְבָּעָה וְאַדְנֵיהֶם
יז אַרְבָּעָה׃ כָּל־עַמּוּדֵי הֶחָצֵר סָבִיב מְחֻשָּׁקִים כֶּסֶף וָוֵיהֶם כָּסֶף מפטיר
יח וְאַדְנֵיהֶם נְחֹשֶׁת׃ אֹרֶךְ הֶחָצֵר מֵאָה בָאַמָּה וְרֹחַב ׀ חֲמִשִּׁים
יט בַּחֲמִשִּׁים וְקֹמָה חָמֵשׁ אַמּוֹת שֵׁשׁ מָשְׁזָר וְאַדְנֵיהֶם נְחֹשֶׁת׃ לְכֹל
כְּלֵי הַמִּשְׁכָּן בְּכֹל עֲבֹדָתוֹ וְכָל־יְתֵדֹתָיו וְכָל־יִתְדֹת הֶחָצֵר
כ נְחֹשֶׁת׃ וְאַתָּה תְּצַוֶּה ׀ אֶת־בְּנֵי יִשְׂרָאֵל וְיִקְחוּ כא תצוה
כא אֵלֶיךָ שֶׁמֶן זַיִת זָךְ כָּתִית לַמָּאוֹר לְהַעֲלֹת נֵר תָּמִיד׃ בְּאֹהֶל
מוֹעֵד מִחוּץ לַפָּרֹכֶת אֲשֶׁר עַל־הָעֵדֻת יַעֲרֹךְ אֹתוֹ אַהֲרֹן וּבָנָיו
מֵעֶרֶב עַד־בֹּקֶר לִפְנֵי יְהוָה חֻקַּת עוֹלָם לְדֹרֹתָם מֵאֵת בְּנֵי
כח א יִשְׂרָאֵל׃ וְאַתָּה הַקְרֵב אֵלֶיךָ אֶת־אַהֲרֹן אָחִיךָ וְאֶת־
בָּנָיו אִתּוֹ מִתּוֹךְ בְּנֵי יִשְׂרָאֵל לְכַהֲנוֹ־לִי אַהֲרֹן נָדָב וַאֲבִיהוּא
ב אֶלְעָזָר וְאִיתָמָר בְּנֵי אַהֲרֹן׃ וְעָשִׂיתָ בִגְדֵי־קֹדֶשׁ לְאַהֲרֹן אָחִיךָ
ג לְכָבוֹד וּלְתִפְאָרֶת׃ וְאַתָּה תְּדַבֵּר אֶל־כָּל־חַכְמֵי־לֵב אֲשֶׁר
מִלֵּאתִיו רוּחַ חָכְמָה וְעָשׂוּ אֶת־בִּגְדֵי אַהֲרֹן לְקַדְּשׁוֹ לְכַהֲנוֹ־
ד לִי׃ וְאֵלֶּה הַבְּגָדִים אֲשֶׁר יַעֲשׂוּ חֹשֶׁן וְאֵפוֹד וּמְעִיל וּכְתֹנֶת
תַּשְׁבֵּץ מִצְנֶפֶת וְאַבְנֵט וְעָשׂוּ בִגְדֵי־קֹדֶשׁ לְאַהֲרֹן אָחִיךָ וּלְבָנָיו

ה לְכַהֲנוֹ־לִי׃ וְהֵם יִקְחוּ אֶת־הַזָּהָב וְאֶת־הַתְּכֵלֶת וְאֶת־הָאַרְגָּמָן
וְאֶת־תּוֹלַעַת הַשָּׁנִי וְאֶת־הַשֵּׁשׁ׃
ו וְעָשׂוּ אֶת־הָאֵפֹד זָהָב תְּכֵלֶת וְאַרְגָּמָן תּוֹלַעַת שָׁנִי וְשֵׁשׁ מָשְׁזָר
ז מַעֲשֵׂה חֹשֵׁב׃ שְׁתֵּי כְתֵפֹת חֹבְרֹת יִהְיֶה־לּוֹ אֶל־שְׁנֵי קְצוֹתָיו
ח וְחֻבָּר׃ וְחֵשֶׁב אֲפֻדָּתוֹ אֲשֶׁר עָלָיו כְּמַעֲשֵׂהוּ מִמֶּנּוּ יִהְיֶה זָהָב
ט תְּכֵלֶת וְאַרְגָּמָן וְתוֹלַעַת שָׁנִי וְשֵׁשׁ מָשְׁזָר׃ וְלָקַחְתָּ אֶת־שְׁתֵּי
י אַבְנֵי־שֹׁהַם וּפִתַּחְתָּ עֲלֵיהֶם שְׁמוֹת בְּנֵי יִשְׂרָאֵל׃ שִׁשָּׁה מִשְּׁמֹתָם
עַל הָאֶבֶן הָאֶחָת וְאֶת־שְׁמוֹת הַשִּׁשָּׁה הַנּוֹתָרִים עַל־הָאֶבֶן
יא הַשֵּׁנִית כְּתוֹלְדֹתָם׃ מַעֲשֵׂה חָרַשׁ אֶבֶן פִּתּוּחֵי חֹתָם תְּפַתַּח
אֶת־שְׁתֵּי הָאֲבָנִים עַל־שְׁמֹת בְּנֵי יִשְׂרָאֵל מֻסַבֹּת מִשְׁבְּצוֹת
יב זָהָב תַּעֲשֶׂה אֹתָם׃ וְשַׂמְתָּ אֶת־שְׁתֵּי הָאֲבָנִים עַל כִּתְפֹת הָאֵפֹד
אַבְנֵי זִכָּרֹן לִבְנֵי יִשְׂרָאֵל וְנָשָׂא אַהֲרֹן אֶת־שְׁמוֹתָם לִפְנֵי יְהוָה
יג עַל־שְׁתֵּי כְתֵפָיו לְזִכָּרֹן׃ וְעָשִׂיתָ מִשְׁבְּצֹת זָהָב׃ שני
יד וּשְׁתֵּי שַׁרְשְׁרֹת זָהָב טָהוֹר מִגְבָּלֹת תַּעֲשֶׂה אֹתָם מַעֲשֵׂה עֲבֹת
טו וְנָתַתָּה אֶת־שַׁרְשְׁרֹת הָעֲבֹתֹת עַל־הַמִּשְׁבְּצֹת׃ וְעָשִׂיתָ
חֹשֶׁן מִשְׁפָּט מַעֲשֵׂה חֹשֵׁב כְּמַעֲשֵׂה אֵפֹד תַּעֲשֶׂנּוּ זָהָב תְּכֵלֶת
טז וְאַרְגָּמָן וְתוֹלַעַת שָׁנִי וְשֵׁשׁ מָשְׁזָר תַּעֲשֶׂה אֹתוֹ׃ רָבוּעַ יִהְיֶה
יז כָּפוּל זֶרֶת אָרְכּוֹ וְזֶרֶת רָחְבּוֹ׃ וּמִלֵּאתָ בוֹ מִלֻּאַת אֶבֶן אַרְבָּעָה
יח טוּרִים אָבֶן טוּר אֹדֶם פִּטְדָה וּבָרֶקֶת הַטּוּר הָאֶחָד׃ וְהַטּוּר
יט הַשֵּׁנִי נֹפֶךְ סַפִּיר וְיָהֲלֹם׃ וְהַטּוּר הַשְּׁלִישִׁי לֶשֶׁם שְׁבוֹ וְאַחְלָמָה׃
כ וְהַטּוּר הָרְבִיעִי תַּרְשִׁישׁ וְשֹׁהַם וְיָשְׁפֵה מְשֻׁבָּצִים זָהָב יִהְיוּ
כא בְּמִלּוּאֹתָם׃ וְהָאֲבָנִים תִּהְיֶיןָ עַל־שְׁמֹת בְּנֵי־יִשְׂרָאֵל שְׁתֵּים
עֶשְׂרֵה עַל־שְׁמֹתָם פִּתּוּחֵי חוֹתָם אִישׁ עַל־שְׁמוֹ תִּהְיֶיןָ לִשְׁנֵי
כב עָשָׂר שָׁבֶט׃ וְעָשִׂיתָ עַל־הַחֹשֶׁן שַׁרְשֹׁת גַּבְלֻת מַעֲשֵׂה עֲבֹת
כג זָהָב טָהוֹר׃ וְעָשִׂיתָ עַל־הַחֹשֶׁן שְׁתֵּי טַבְּעוֹת זָהָב וְנָתַתָּ אֶת־
כד שְׁתֵּי הַטַּבָּעוֹת עַל־שְׁנֵי קְצוֹת הַחֹשֶׁן׃ וְנָתַתָּה אֶת־שְׁתֵּי עֲבֹתֹת
כה הַזָּהָב עַל־שְׁתֵּי הַטַּבָּעֹת אֶל־קְצוֹת הַחֹשֶׁן׃ וְאֵת שְׁתֵּי קְצוֹת

שְׁתֵּי הָעֲבֹתֹת תִּתֵּן עַל־שְׁתֵּי הַמִּשְׁבְּצוֹת וְנָתַתָּה עַל־כִּתְפוֹת
כו הָאֵפֹד אֶל־מוּל פָּנָיו: וְעָשִׂיתָ שְׁתֵּי טַבְּעוֹת זָהָב וְשַׂמְתָּ אֹתָם
עַל־שְׁנֵי קְצוֹת הַחֹשֶׁן עַל־שְׂפָתוֹ אֲשֶׁר אֶל־עֵבֶר הָאֵפוֹד בָּיְתָה:
כז וְעָשִׂיתָ שְׁתֵּי טַבְּעוֹת זָהָב וְנָתַתָּה אֹתָם עַל־שְׁתֵּי כִתְפוֹת
הָאֵפוֹד מִלְמַטָּה מִמּוּל פָּנָיו לְעֻמַּת מַחְבַּרְתּוֹ מִמַּעַל לְחֵשֶׁב
כח הָאֵפוֹד: וְיִרְכְּסוּ אֶת־הַחֹשֶׁן מִטַּבְּעֹתָו אֶל־טַבְּעֹת הָאֵפוֹד
בִּפְתִיל תְּכֵלֶת לִהְיוֹת עַל־חֵשֶׁב הָאֵפוֹד וְלֹא־יִזַּח הַחֹשֶׁן מֵעַל
כט הָאֵפוֹד: וְנָשָׂא אַהֲרֹן אֶת־שְׁמוֹת בְּנֵי־יִשְׂרָאֵל בְּחֹשֶׁן הַמִּשְׁפָּט
ל עַל־לִבּוֹ בְּבֹאוֹ אֶל־הַקֹּדֶשׁ לְזִכָּרֹן לִפְנֵי־יְהוָה תָּמִיד: וְנָתַתָּ אֶל־
חֹשֶׁן הַמִּשְׁפָּט אֶת־הָאוּרִים וְאֶת־הַתֻּמִּים וְהָיוּ עַל־לֵב אַהֲרֹן
בְּבֹאוֹ לִפְנֵי יְהוָה וְנָשָׂא אַהֲרֹן אֶת־מִשְׁפַּט בְּנֵי־יִשְׂרָאֵל עַל־
לא לִבּוֹ לִפְנֵי יְהוָה תָּמִיד: וְעָשִׂיתָ אֶת־מְעִיל הָאֵפוֹד שלישי
לב כְּלִיל תְּכֵלֶת: וְהָיָה פִי־רֹאשׁוֹ בְּתוֹכוֹ שָׂפָה יִהְיֶה לְפִיו סָבִיב
לג מַעֲשֵׂה אֹרֵג כְּפִי תַחְרָא יִהְיֶה־לּוֹ לֹא יִקָּרֵעַ: וְעָשִׂיתָ עַל־שׁוּלָיו
רִמֹּנֵי תְּכֵלֶת וְאַרְגָּמָן וְתוֹלַעַת שָׁנִי עַל־שׁוּלָיו סָבִיב וּפַעֲמֹנֵי
לד זָהָב בְּתוֹכָם סָבִיב: פַּעֲמֹן זָהָב וְרִמּוֹן פַּעֲמֹן זָהָב וְרִמּוֹן עַל־
לה שׁוּלֵי הַמְּעִיל סָבִיב: וְהָיָה עַל־אַהֲרֹן לְשָׁרֵת וְנִשְׁמַע קוֹלוֹ בְּבֹאוֹ
לו אֶל־הַקֹּדֶשׁ לִפְנֵי יְהוָה וּבְצֵאתוֹ וְלֹא יָמוּת: וְעָשִׂיתָ
לז צִּיץ זָהָב טָהוֹר וּפִתַּחְתָּ עָלָיו פִּתּוּחֵי חֹתָם קֹדֶשׁ לַיהוָה: וְשַׂמְתָּ
אֹתוֹ עַל־פְּתִיל תְּכֵלֶת וְהָיָה עַל־הַמִּצְנָפֶת אֶל־מוּל פְּנֵי־
לח הַמִּצְנֶפֶת יִהְיֶה: וְהָיָה עַל־מֵצַח אַהֲרֹן וְנָשָׂא אַהֲרֹן אֶת־עֲוֹן
הַקֳּדָשִׁים אֲשֶׁר יַקְדִּישׁוּ בְּנֵי יִשְׂרָאֵל לְכָל־מַתְּנֹת קָדְשֵׁיהֶם
לט וְהָיָה עַל־מִצְחוֹ תָּמִיד לְרָצוֹן לָהֶם לִפְנֵי יְהוָה: וְשִׁבַּצְתָּ הַכְּתֹנֶת
מ שֵׁשׁ וְעָשִׂיתָ מִצְנֶפֶת שֵׁשׁ וְאַבְנֵט תַּעֲשֶׂה מַעֲשֵׂה רֹקֵם: וְלִבְנֵי
אַהֲרֹן תַּעֲשֶׂה כֻתֳּנֹת וְעָשִׂיתָ לָהֶם אַבְנֵטִים וּמִגְבָּעוֹת תַּעֲשֶׂה
מא לָהֶם לְכָבוֹד וּלְתִפְאָרֶת: וְהִלְבַּשְׁתָּ אֹתָם אֶת־אַהֲרֹן אָחִיךָ
וְאֶת־בָּנָיו אִתּוֹ וּמָשַׁחְתָּ אֹתָם וּמִלֵּאתָ אֶת־יָדָם וְקִדַּשְׁתָּ אֹתָם

מב וּכְהֲנוֹ־לִי׃ וַעֲשֵׂה לָהֶם מִכְנְסֵי־בָד לְכַסּוֹת בְּשַׂר עֶרְוָה מִמָּתְנַיִם
מג וְעַד־יְרֵכַיִם יִהְיוּ׃ וְהָיוּ עַל־אַהֲרֹן וְעַל־בָּנָיו בְּבֹאָם ׀ אֶל־אֹהֶל
מוֹעֵד אוֹ בְגִשְׁתָּם אֶל־הַמִּזְבֵּחַ לְשָׁרֵת בַּקֹּדֶשׁ וְלֹא־יִשְׂאוּ עָוֺן
רביעי כב כט א וָמֵתוּ חֻקַּת עוֹלָם לוֹ וּלְזַרְעוֹ אַחֲרָיו׃ וְזֶה הַדָּבָר
אֲשֶׁר תַּעֲשֶׂה לָהֶם לְקַדֵּשׁ אֹתָם לְכַהֵן לִי לְקַח פַּר אֶחָד בֶּן־
ב בָּקָר וְאֵילִם שְׁנַיִם תְּמִימִם׃ וְלֶחֶם מַצּוֹת וְחַלֹּת מַצֹּת בְּלוּלֹת
בַּשֶּׁמֶן וּרְקִיקֵי מַצּוֹת מְשֻׁחִים בַּשָּׁמֶן סֹלֶת חִטִּים תַּעֲשֶׂה אֹתָם׃
ג וְנָתַתָּ אוֹתָם עַל־סַל אֶחָד וְהִקְרַבְתָּ אֹתָם בַּסָּל וְאֶת־הַפָּר
ד וְאֵת שְׁנֵי הָאֵילִם׃ וְאֶת־אַהֲרֹן וְאֶת־בָּנָיו תַּקְרִיב אֶל־פֶּתַח אֹהֶל
ה מוֹעֵד וְרָחַצְתָּ אֹתָם בַּמָּיִם׃ וְלָקַחְתָּ אֶת־הַבְּגָדִים וְהִלְבַּשְׁתָּ
אֶת־אַהֲרֹן אֶת־הַכֻּתֹּנֶת וְאֵת מְעִיל הָאֵפֹד וְאֶת־הָאֵפֹד וְאֶת־
ו הַחֹשֶׁן וְאָפַדְתָּ לוֹ בְּחֵשֶׁב הָאֵפֹד׃ וְשַׂמְתָּ הַמִּצְנֶפֶת עַל־רֹאשׁוֹ
ז וְנָתַתָּ אֶת־נֵזֶר הַקֹּדֶשׁ עַל־הַמִּצְנָפֶת׃ וְלָקַחְתָּ אֶת־שֶׁמֶן
ח הַמִּשְׁחָה וְיָצַקְתָּ עַל־רֹאשׁוֹ וּמָשַׁחְתָּ אֹתוֹ׃ וְאֶת־בָּנָיו תַּקְרִיב
ט וְהִלְבַּשְׁתָּם כֻּתֳּנֹת׃ וְחָגַרְתָּ אֹתָם אַבְנֵט אַהֲרֹן וּבָנָיו וְחָבַשְׁתָּ
לָהֶם מִגְבָּעֹת וְהָיְתָה לָהֶם כְּהֻנָּה לְחֻקַּת עוֹלָם וּמִלֵּאתָ יַד־
י אַהֲרֹן וְיַד־בָּנָיו׃ וְהִקְרַבְתָּ אֶת־הַפָּר לִפְנֵי אֹהֶל מוֹעֵד וְסָמַךְ
יא אַהֲרֹן וּבָנָיו אֶת־יְדֵיהֶם עַל־רֹאשׁ הַפָּר׃ וְשָׁחַטְתָּ אֶת־הַפָּר
יב לִפְנֵי יְהוָה פֶּתַח אֹהֶל מוֹעֵד׃ וְלָקַחְתָּ מִדַּם הַפָּר וְנָתַתָּה עַל־
קַרְנֹת הַמִּזְבֵּחַ בְּאֶצְבָּעֶךָ וְאֶת־כָּל־הַדָּם תִּשְׁפֹּךְ אֶל־יְסוֹד
יג הַמִּזְבֵּחַ׃ וְלָקַחְתָּ אֶת־כָּל־הַחֵלֶב הַמְכַסֶּה אֶת־הַקֶּרֶב וְאֵת
הַיֹּתֶרֶת עַל־הַכָּבֵד וְאֵת שְׁתֵּי הַכְּלָיֹת וְאֶת־הַחֵלֶב אֲשֶׁר עֲלֵיהֶן
יד וְהִקְטַרְתָּ הַמִּזְבֵּחָה׃ וְאֶת־בְּשַׂר הַפָּר וְאֶת־עֹרוֹ וְאֶת־פִּרְשׁוֹ
טו תִּשְׂרֹף בָּאֵשׁ מִחוּץ לַמַּחֲנֶה חַטָּאת הוּא׃ וְאֶת־הָאַיִל הָאֶחָד
טז תִּקָּח וְסָמְכוּ אַהֲרֹן וּבָנָיו אֶת־יְדֵיהֶם עַל־רֹאשׁ הָאָיִל׃ וְשָׁחַטְתָּ
יז אֶת־הָאַיִל וְלָקַחְתָּ אֶת־דָּמוֹ וְזָרַקְתָּ עַל־הַמִּזְבֵּחַ סָבִיב׃ וְאֶת־
הָאַיִל תְּנַתֵּחַ לִנְתָחָיו וְרָחַצְתָּ קִרְבּוֹ וּכְרָעָיו וְנָתַתָּ עַל־נְתָחָיו

יח וְעַל־רֹאשׁוֹ׃ וְהִקְטַרְתָּ אֶת־כָּל־הָאַיִל הַמִּזְבֵּחָה עֹלָה הוּא
יט לַיהוָה רֵיחַ נִיחוֹחַ אִשֶּׁה לַיהוָה הוּא׃ וְלָקַחְתָּ אֵת הָאַיִל הַשֵּׁנִי חמישי
כ וְסָמַךְ אַהֲרֹן וּבָנָיו אֶת־יְדֵיהֶם עַל־רֹאשׁ הָאָיִל׃ וְשָׁחַטְתָּ אֶת־
הָאַיִל וְלָקַחְתָּ מִדָּמוֹ וְנָתַתָּה עַל־תְּנוּךְ אֹזֶן אַהֲרֹן וְעַל־תְּנוּךְ
אֹזֶן בָּנָיו הַיְמָנִית וְעַל־בֹּהֶן יָדָם הַיְמָנִית וְעַל־בֹּהֶן רַגְלָם
כא הַיְמָנִית וְזָרַקְתָּ אֶת־הַדָּם עַל־הַמִּזְבֵּחַ סָבִיב׃ וְלָקַחְתָּ מִן־הַדָּם
אֲשֶׁר עַל־הַמִּזְבֵּחַ וּמִשֶּׁמֶן הַמִּשְׁחָה וְהִזֵּיתָ עַל־אַהֲרֹן וְעַל־
בְּגָדָיו וְעַל־בָּנָיו וְעַל־בִּגְדֵי בָנָיו אִתּוֹ וְקָדַשׁ הוּא וּבְגָדָיו וּבָנָיו
כב וּבִגְדֵי בָנָיו אִתּוֹ׃ וְלָקַחְתָּ מִן־הָאַיִל הַחֵלֶב וְהָאַלְיָה וְאֶת־
הַחֵלֶב ׀ הַמְכַסֶּה אֶת־הַקֶּרֶב וְאֵת יֹתֶרֶת הַכָּבֵד וְאֵת ׀ שְׁתֵּי
הַכְּלָיֹת וְאֶת־הַחֵלֶב אֲשֶׁר עֲלֵיהֶן וְאֵת שׁוֹק הַיָּמִין כִּי אֵיל
כג מִלֻּאִים הוּא׃ וְכִכַּר לֶחֶם אַחַת וְחַלַּת לֶחֶם שֶׁמֶן אַחַת וְרָקִיק
כד אֶחָד מִסַּל הַמַּצּוֹת אֲשֶׁר לִפְנֵי יְהוָה׃ וְשַׂמְתָּ הַכֹּל עַל כַּפֵּי
כה אַהֲרֹן וְעַל כַּפֵּי בָנָיו וְהֵנַפְתָּ אֹתָם תְּנוּפָה לִפְנֵי יְהוָה׃ וְלָקַחְתָּ
אֹתָם מִיָּדָם וְהִקְטַרְתָּ הַמִּזְבֵּחָה עַל־הָעֹלָה לְרֵיחַ נִיחוֹחַ לִפְנֵי
כו יְהוָה אִשֶּׁה הוּא לַיהוָה׃ וְלָקַחְתָּ אֶת־הֶחָזֶה מֵאֵיל הַמִּלֻּאִים
אֲשֶׁר לְאַהֲרֹן וְהֵנַפְתָּ אֹתוֹ תְּנוּפָה לִפְנֵי יְהוָה וְהָיָה לְךָ לְמָנָה׃
כז וְקִדַּשְׁתָּ אֵת ׀ חֲזֵה הַתְּנוּפָה וְאֵת שׁוֹק הַתְּרוּמָה אֲשֶׁר הוּנַף
וַאֲשֶׁר הוּרָם מֵאֵיל הַמִּלֻּאִים מֵאֲשֶׁר לְאַהֲרֹן וּמֵאֲשֶׁר לְבָנָיו׃
כח וְהָיָה לְאַהֲרֹן וּלְבָנָיו לְחָק־עוֹלָם מֵאֵת בְּנֵי יִשְׂרָאֵל כִּי תְרוּמָה
הוּא וּתְרוּמָה יִהְיֶה מֵאֵת בְּנֵי־יִשְׂרָאֵל מִזִּבְחֵי שַׁלְמֵיהֶם
כט תְּרוּמָתָם לַיהוָה׃ וּבִגְדֵי הַקֹּדֶשׁ אֲשֶׁר לְאַהֲרֹן יִהְיוּ לְבָנָיו
ל אַחֲרָיו לְמָשְׁחָה בָהֶם וּלְמַלֵּא־בָם אֶת־יָדָם׃ שִׁבְעַת יָמִים
יִלְבָּשָׁם הַכֹּהֵן תַּחְתָּיו מִבָּנָיו אֲשֶׁר יָבֹא אֶל־אֹהֶל מוֹעֵד לְשָׁרֵת
לא בַּקֹּדֶשׁ׃ וְאֵת אֵיל הַמִּלֻּאִים תִּקָּח וּבִשַּׁלְתָּ אֶת־בְּשָׂרוֹ בְּמָקֹם
לב קָדֹשׁ׃ וְאָכַל אַהֲרֹן וּבָנָיו אֶת־בְּשַׂר הָאַיִל וְאֶת־הַלֶּחֶם אֲשֶׁר
לג בַּסַּל פֶּתַח אֹהֶל מוֹעֵד׃ וְאָכְלוּ אֹתָם אֲשֶׁר כֻּפַּר בָּהֶם לְמַלֵּא

לד אֶת־יָדָם לְקַדֵּשׁ אֹתָם וְזָר לֹא־יֹאכַל כִּי־קֹדֶשׁ הֵם: וְאִם־
יִוָּתֵר מִבְּשַׂר הַמִּלֻּאִים וּמִן־הַלֶּחֶם עַד־הַבֹּקֶר וְשָׂרַפְתָּ אֶת־
לה הַנּוֹתָר בָּאֵשׁ לֹא יֵאָכֵל כִּי־קֹדֶשׁ הוּא: וְעָשִׂיתָ לְאַהֲרֹן וּלְבָנָיו
לו כָּכָה כְּכֹל אֲשֶׁר־צִוִּיתִי אֹתָכָה שִׁבְעַת יָמִים תְּמַלֵּא יָדָם: וּפַר
חַטָּאת תַּעֲשֶׂה לַיּוֹם עַל־הַכִּפֻּרִים וְחִטֵּאתָ עַל־הַמִּזְבֵּחַ בְּכַפֶּרְךָ
לז עָלָיו וּמָשַׁחְתָּ אֹתוֹ לְקַדְּשׁוֹ: שִׁבְעַת יָמִים תְּכַפֵּר עַל־הַמִּזְבֵּחַ
וְקִדַּשְׁתָּ אֹתוֹ וְהָיָה הַמִּזְבֵּחַ קֹדֶשׁ קָדָשִׁים כָּל־הַנֹּגֵעַ בַּמִּזְבֵּחַ
ששי לח יִקְדָּשׁ: וְזֶה אֲשֶׁר תַּעֲשֶׂה עַל־הַמִּזְבֵּחַ כְּבָשִׂים
לט בְּנֵי־שָׁנָה שְׁנַיִם לַיּוֹם תָּמִיד: אֶת־הַכֶּבֶשׂ הָאֶחָד תַּעֲשֶׂה
מ בַבֹּקֶר וְאֵת הַכֶּבֶשׂ הַשֵּׁנִי תַּעֲשֶׂה בֵּין הָעַרְבָּיִם: וְעִשָּׂרֹן סֹלֶת
בָּלוּל בְּשֶׁמֶן כָּתִית רֶבַע הַהִין וְנֵסֶךְ רְבִיעִת הַהִין יָיִן לַכֶּבֶשׂ
מא הָאֶחָד: וְאֵת הַכֶּבֶשׂ הַשֵּׁנִי תַּעֲשֶׂה בֵּין הָעַרְבָּיִם כְּמִנְחַת
מב הַבֹּקֶר וּכְנִסְכָּהּ תַּעֲשֶׂה־לָּהּ לְרֵיחַ נִיחֹחַ אִשֶּׁה לַיהוָה: עֹלַת
תָּמִיד לְדֹרֹתֵיכֶם פֶּתַח אֹהֶל־מוֹעֵד לִפְנֵי יְהוָה אֲשֶׁר אִוָּעֵד
מג לָכֶם שָׁמָּה לְדַבֵּר אֵלֶיךָ שָׁם: וְנֹעַדְתִּי שָׁמָּה לִבְנֵי יִשְׂרָאֵל
מד וְנִקְדַּשׁ בִּכְבֹדִי: וְקִדַּשְׁתִּי אֶת־אֹהֶל מוֹעֵד וְאֶת־הַמִּזְבֵּחַ
מה וְאֶת־אַהֲרֹן וְאֶת־בָּנָיו אֲקַדֵּשׁ לְכַהֵן לִי: וְשָׁכַנְתִּי בְּתוֹךְ בְּנֵי
מו יִשְׂרָאֵל וְהָיִיתִי לָהֶם לֵאלֹהִים: וְיָדְעוּ כִּי אֲנִי יְהוָה אֱלֹהֵיהֶם
אֲשֶׁר הוֹצֵאתִי אֹתָם מֵאֶרֶץ מִצְרַיִם לְשָׁכְנִי בְתוֹכָם אֲנִי יְהוָה
אֱלֹהֵיהֶם:

שביעי כג ל א וְעָשִׂיתָ מִזְבֵּחַ מִקְטַר קְטֹרֶת עֲצֵי שִׁטִּים תַּעֲשֶׂה אֹתוֹ: אַמָּה
ב אָרְכּוֹ וְאַמָּה רָחְבּוֹ רָבוּעַ יִהְיֶה וְאַמָּתַיִם קֹמָתוֹ מִמֶּנּוּ קַרְנֹתָיו:
ג וְצִפִּיתָ אֹתוֹ זָהָב טָהוֹר אֶת־גַּגּוֹ וְאֶת־קִירֹתָיו סָבִיב וְאֶת־
ד קַרְנֹתָיו וְעָשִׂיתָ לּוֹ זֵר זָהָב סָבִיב: וּשְׁתֵּי טַבְּעֹת זָהָב תַּעֲשֶׂה־
לּוֹ מִתַּחַת לְזֵרוֹ עַל שְׁתֵּי צַלְעֹתָיו תַּעֲשֶׂה עַל־שְׁנֵי צִדָּיו וְהָיָה
ה לְבָתִּים לְבַדִּים לָשֵׂאת אֹתוֹ בָּהֵמָּה: וְעָשִׂיתָ אֶת־הַבַּדִּים עֲצֵי
ו שִׁטִּים וְצִפִּיתָ אֹתָם זָהָב: וְנָתַתָּה אֹתוֹ לִפְנֵי הַפָּרֹכֶת אֲשֶׁר עַל־

אֲרֹן הָעֵדֻת לִפְנֵי הַכַּפֹּרֶת אֲשֶׁר עַל־הָעֵדֻת אֲשֶׁר אִוָּעֵד לְךָ
ז שָׁמָּה: וְהִקְטִיר עָלָיו אַהֲרֹן קְטֹרֶת סַמִּים בַּבֹּקֶר בַּבֹּקֶר בְּהֵיטִיבוֹ
ח אֶת־הַנֵּרֹת יַקְטִירֶנָּה: וּבְהַעֲלֹת אַהֲרֹן אֶת־הַנֵּרֹת בֵּין הָעַרְבַּיִם מפטיר
ט יַקְטִירֶנָּה קְטֹרֶת תָּמִיד לִפְנֵי יהוה לְדֹרֹתֵיכֶם: לֹא־תַעֲלוּ עָלָיו
י קְטֹרֶת זָרָה וְעֹלָה וּמִנְחָה וְנֵסֶךְ לֹא תִסְּכוּ עָלָיו: וְכִפֶּר אַהֲרֹן
עַל־קַרְנֹתָיו אַחַת בַּשָּׁנָה מִדַּם חַטַּאת הַכִּפֻּרִים אַחַת בַּשָּׁנָה
יְכַפֵּר עָלָיו לְדֹרֹתֵיכֶם קֹדֶשׁ־קָדָשִׁים הוּא לַיהוה:
יא יב וַיְדַבֵּר יהוה אֶל־מֹשֶׁה לֵּאמֹר: כִּי תִשָּׂא אֶת־רֹאשׁ בְּנֵי־יִשְׂרָאֵל כי תשא
לִפְקֻדֵיהֶם וְנָתְנוּ אִישׁ כֹּפֶר נַפְשׁוֹ לַיהוה בִּפְקֹד אֹתָם וְלֹא־
יג יִהְיֶה בָהֶם נֶגֶף בִּפְקֹד אֹתָם: זֶה יִתְּנוּ כָּל־הָעֹבֵר עַל־הַפְּקֻדִים
מַחֲצִית הַשֶּׁקֶל בְּשֶׁקֶל הַקֹּדֶשׁ עֶשְׂרִים גֵּרָה הַשֶּׁקֶל מַחֲצִית
יד הַשֶּׁקֶל תְּרוּמָה לַיהוה: כֹּל הָעֹבֵר עַל־הַפְּקֻדִים מִבֶּן עֶשְׂרִים
טו שָׁנָה וָמָעְלָה יִתֵּן תְּרוּמַת יהוה: הֶעָשִׁיר לֹא־יַרְבֶּה וְהַדַּל לֹא
יַמְעִיט מִמַּחֲצִית הַשָּׁקֶל לָתֵת אֶת־תְּרוּמַת יהוה לְכַפֵּר עַל־
טז נַפְשֹׁתֵיכֶם: וְלָקַחְתָּ אֶת־כֶּסֶף הַכִּפֻּרִים מֵאֵת בְּנֵי יִשְׂרָאֵל וְנָתַתָּ
אֹתוֹ עַל־עֲבֹדַת אֹהֶל מוֹעֵד וְהָיָה לִבְנֵי יִשְׂרָאֵל לְזִכָּרוֹן לִפְנֵי
יהוה לְכַפֵּר עַל־נַפְשֹׁתֵיכֶם:
יז יח וַיְדַבֵּר יהוה אֶל־מֹשֶׁה לֵּאמֹר: וְעָשִׂיתָ כִּיּוֹר נְחֹשֶׁת וְכַנּוֹ נְחֹשֶׁת
לְרָחְצָה וְנָתַתָּ אֹתוֹ בֵּין־אֹהֶל מוֹעֵד וּבֵין הַמִּזְבֵּחַ וְנָתַתָּ שָׁמָּה
יט כ מָיִם: וְרָחֲצוּ אַהֲרֹן וּבָנָיו מִמֶּנּוּ אֶת־יְדֵיהֶם וְאֶת־רַגְלֵיהֶם: בְּבֹאָם
אֶל־אֹהֶל מוֹעֵד יִרְחֲצוּ־מַיִם וְלֹא יָמֻתוּ אוֹ בְגִשְׁתָּם אֶל־הַמִּזְבֵּחַ
כא לְשָׁרֵת לְהַקְטִיר אִשֶּׁה לַיהוה: וְרָחֲצוּ יְדֵיהֶם וְרַגְלֵיהֶם וְלֹא
יָמֻתוּ וְהָיְתָה לָהֶם חָק־עוֹלָם לוֹ וּלְזַרְעוֹ לְדֹרֹתָם:
כב כג וַיְדַבֵּר יהוה אֶל־מֹשֶׁה לֵּאמֹר: וְאַתָּה קַח־לְךָ בְּשָׂמִים רֹאשׁ
מָר־דְּרוֹר חֲמֵשׁ מֵאוֹת וְקִנְּמָן־בֶּשֶׂם מַחֲצִיתוֹ חֲמִשִּׁים וּמָאתָיִם
כד וּקְנֵה־בֹשֶׂם חֲמִשִּׁים וּמָאתָיִם: וְקִדָּה חֲמֵשׁ מֵאוֹת בְּשֶׁקֶל
כה הַקֹּדֶשׁ וְשֶׁמֶן זַיִת הִין: וְעָשִׂיתָ אֹתוֹ שֶׁמֶן מִשְׁחַת־קֹדֶשׁ רֹקַח

מִרְקַחַת מַעֲשֵׂה רֹקֵחַ שֶׁמֶן מִשְׁחַת־קֹדֶשׁ יִהְיֶה׃ וּמָשַׁחְתָּ בוֹ כו
אֶת־אֹהֶל מוֹעֵד וְאֵת אֲרוֹן הָעֵדֻת׃ וְאֶת־הַשֻּׁלְחָן וְאֶת־כָּל־ כז
כֵּלָיו וְאֶת־הַמְּנֹרָה וְאֶת־כֵּלֶיהָ וְאֵת מִזְבַּח הַקְּטֹרֶת׃ וְאֶת־ כח
מִזְבַּח הָעֹלָה וְאֶת־כָּל־כֵּלָיו וְאֶת־הַכִּיֹּר וְאֶת־כַּנּוֹ׃ וְקִדַּשְׁתָּ כט
אֹתָם וְהָיוּ קֹדֶשׁ קָדָשִׁים כָּל־הַנֹּגֵעַ בָּהֶם יִקְדָּשׁ׃ וְאֶת־אַהֲרֹן ל
וְאֶת־בָּנָיו תִּמְשָׁח וְקִדַּשְׁתָּ אֹתָם לְכַהֵן לִי׃ וְאֶל־בְּנֵי יִשְׂרָאֵל לא
תְּדַבֵּר לֵאמֹר שֶׁמֶן מִשְׁחַת־קֹדֶשׁ יִהְיֶה זֶה לִי לְדֹרֹתֵיכֶם׃ עַל־ לב
בְּשַׂר אָדָם לֹא יִיסָךְ וּבְמַתְכֻּנְתּוֹ לֹא תַעֲשׂוּ כָּמֹהוּ קֹדֶשׁ הוּא
קֹדֶשׁ יִהְיֶה לָכֶם׃ אִישׁ אֲשֶׁר יִרְקַח כָּמֹהוּ וַאֲשֶׁר יִתֵּן מִמֶּנּוּ לג
עַל־זָר וְנִכְרַת מֵעַמָּיו׃ וַיֹּאמֶר יְהוָה אֶל־מֹשֶׁה לד
קַח־לְךָ סַמִּים נָטָף ׀ וּשְׁחֵלֶת וְחֶלְבְּנָה סַמִּים וּלְבֹנָה זַכָּה בַּד
בְּבַד יִהְיֶה׃ וְעָשִׂיתָ אֹתָהּ קְטֹרֶת רֹקַח מַעֲשֵׂה רוֹקֵחַ מְמֻלָּח לה
טָהוֹר קֹדֶשׁ׃ וְשָׁחַקְתָּ מִמֶּנָּה הָדֵק וְנָתַתָּה מִמֶּנָּה לִפְנֵי הָעֵדֻת לו
בְּאֹהֶל מוֹעֵד אֲשֶׁר אִוָּעֵד לְךָ שָׁמָּה קֹדֶשׁ קָדָשִׁים תִּהְיֶה לָכֶם׃
וְהַקְּטֹרֶת אֲשֶׁר תַּעֲשֶׂה בְּמַתְכֻּנְתָּהּ לֹא תַעֲשׂוּ לָכֶם קֹדֶשׁ לז
תִּהְיֶה לְךָ לַיהוָה׃ אִישׁ אֲשֶׁר־יַעֲשֶׂה כָמוֹהָ לְהָרִיחַ בָּהּ וְנִכְרַת לח
כד מֵעַמָּיו׃ וַיְדַבֵּר יְהוָה אֶל־מֹשֶׁה לֵּאמֹר׃ רְאֵה לא א ב
קָרָאתִי בְשֵׁם בְּצַלְאֵל בֶּן־אוּרִי בֶן־חוּר לְמַטֵּה יְהוּדָה׃ וָאֲמַלֵּא ג
אֹתוֹ רוּחַ אֱלֹהִים בְּחָכְמָה וּבִתְבוּנָה וּבְדַעַת וּבְכָל־מְלָאכָה׃
לַחְשֹׁב מַחֲשָׁבֹת לַעֲשׂוֹת בַּזָּהָב וּבַכֶּסֶף וּבַנְּחֹשֶׁת׃ וּבַחֲרֹשֶׁת ד ה
אֶבֶן לְמַלֹּאת וּבַחֲרֹשֶׁת עֵץ לַעֲשׂוֹת בְּכָל־מְלָאכָה׃ וַאֲנִי הִנֵּה ו
נָתַתִּי אִתּוֹ אֵת אָהֳלִיאָב בֶּן־אֲחִיסָמָךְ לְמַטֵּה־דָן וּבְלֵב כָּל־
חֲכַם־לֵב נָתַתִּי חָכְמָה וְעָשׂוּ אֵת כָּל־אֲשֶׁר צִוִּיתִךָ׃ אֵת ׀ אֹהֶל ז
מוֹעֵד וְאֶת־הָאָרֹן לָעֵדֻת וְאֶת־הַכַּפֹּרֶת אֲשֶׁר עָלָיו וְאֵת כָּל־
כְּלֵי הָאֹהֶל׃ וְאֶת־הַשֻּׁלְחָן וְאֶת־כֵּלָיו וְאֶת־הַמְּנֹרָה הַטְּהֹרָה ח
וְאֶת־כָּל־כֵּלֶיהָ וְאֵת מִזְבַּח הַקְּטֹרֶת׃ וְאֵת מִזְבַּח הָעֹלָה ט
וְאֶת־כָּל־כֵּלָיו וְאֶת־הַכִּיּוֹר וְאֶת־כַּנּוֹ׃ וְאֵת בִּגְדֵי הַשְּׂרָד וְאֶת־ י

יא בִּגְדֵי הַקֹּדֶשׁ לְאַהֲרֹן הַכֹּהֵן וְאֶת־בִּגְדֵי בָנָיו לְכַהֵן׃ וְאֵת שֶׁמֶן
הַמִּשְׁחָה וְאֶת־קְטֹרֶת הַסַּמִּים לַקֹּדֶשׁ כְּכֹל אֲשֶׁר־צִוִּיתִךָ
יַעֲשׂוּ׃
יב יג וַיֹּאמֶר יְהוָה אֶל־מֹשֶׁה לֵּאמֹר׃ וְאַתָּה דַּבֵּר אֶל־בְּנֵי יִשְׂרָאֵל
לֵאמֹר אַךְ אֶת־שַׁבְּתֹתַי תִּשְׁמֹרוּ כִּי אוֹת הִוא בֵּינִי וּבֵינֵיכֶם
יד לְדֹרֹתֵיכֶם לָדַעַת כִּי אֲנִי יְהוָה מְקַדִּשְׁכֶם׃ וּשְׁמַרְתֶּם אֶת־
הַשַּׁבָּת כִּי קֹדֶשׁ הִוא לָכֶם מְחַלְלֶיהָ מוֹת יוּמָת כִּי כָּל־הָעֹשֶׂה
טו בָהּ מְלָאכָה וְנִכְרְתָה הַנֶּפֶשׁ הַהִוא מִקֶּרֶב עַמֶּיהָ׃ שֵׁשֶׁת יָמִים
יֵעָשֶׂה מְלָאכָה וּבַיּוֹם הַשְּׁבִיעִי שַׁבַּת שַׁבָּתוֹן קֹדֶשׁ לַיהוָה
טז כָּל־הָעֹשֶׂה מְלָאכָה בְּיוֹם הַשַּׁבָּת מוֹת יוּמָת׃ וְשָׁמְרוּ
בְנֵי־יִשְׂרָאֵל אֶת־הַשַּׁבָּת לַעֲשׂוֹת אֶת־הַשַּׁבָּת לְדֹרֹתָם בְּרִית
יז עוֹלָם׃ בֵּינִי וּבֵין בְּנֵי יִשְׂרָאֵל אוֹת הִוא לְעֹלָם כִּי־שֵׁשֶׁת יָמִים
עָשָׂה יְהוָה אֶת־הַשָּׁמַיִם וְאֶת־הָאָרֶץ וּבַיּוֹם הַשְּׁבִיעִי שָׁבַת
יח וַיִּנָּפַשׁ׃ וַיִּתֵּן אֶל־מֹשֶׁה כְּכַלֹּתוֹ לְדַבֵּר אִתּוֹ שני
בְּהַר סִינַי שְׁנֵי לֻחֹת הָעֵדֻת לֻחֹת אֶבֶן כְּתֻבִים בְּאֶצְבַּע אֱלֹהִים׃
לב א וַיַּרְא הָעָם כִּי־בֹשֵׁשׁ מֹשֶׁה לָרֶדֶת מִן־הָהָר וַיִּקָּהֵל הָעָם עַל־
אַהֲרֹן וַיֹּאמְרוּ אֵלָיו קוּם ׀ עֲשֵׂה־לָנוּ אֱלֹהִים אֲשֶׁר יֵלְכוּ לְפָנֵינוּ
כִּי־זֶה ׀ מֹשֶׁה הָאִישׁ אֲשֶׁר הֶעֱלָנוּ מֵאֶרֶץ מִצְרַיִם לֹא יָדַעְנוּ
ב מֶה־הָיָה לוֹ׃ וַיֹּאמֶר אֲלֵהֶם אַהֲרֹן פָּרְקוּ נִזְמֵי הַזָּהָב אֲשֶׁר
ג בְּאָזְנֵי נְשֵׁיכֶם בְּנֵיכֶם וּבְנֹתֵיכֶם וְהָבִיאוּ אֵלָי׃ וַיִּתְפָּרְקוּ כָּל־
ד הָעָם אֶת־נִזְמֵי הַזָּהָב אֲשֶׁר בְּאָזְנֵיהֶם וַיָּבִיאוּ אֶל־אַהֲרֹן׃ וַיִּקַּח
מִיָּדָם וַיָּצַר אֹתוֹ בַּחֶרֶט וַיַּעֲשֵׂהוּ עֵגֶל מַסֵּכָה וַיֹּאמְרוּ אֵלֶּה
ה אֱלֹהֶיךָ יִשְׂרָאֵל אֲשֶׁר הֶעֱלוּךָ מֵאֶרֶץ מִצְרָיִם׃ וַיַּרְא אַהֲרֹן וַיִּבֶן
ו מִזְבֵּחַ לְפָנָיו וַיִּקְרָא אַהֲרֹן וַיֹּאמַר חַג לַיהוָה מָחָר׃ וַיַּשְׁכִּימוּ
מִמָּחֳרָת וַיַּעֲלוּ עֹלֹת וַיַּגִּשׁוּ שְׁלָמִים וַיֵּשֶׁב הָעָם לֶאֱכֹל וְשָׁתוֹ
וַיָּקֻמוּ לְצַחֵק׃
ז וַיְדַבֵּר יְהוָה אֶל־מֹשֶׁה לֶךְ־רֵד כִּי שִׁחֵת עַמְּךָ אֲשֶׁר הֶעֱלֵיתָ

ח מֵאֶרֶץ מִצְרָיִם: סָרוּ מַהֵר מִן־הַדֶּרֶךְ אֲשֶׁר צִוִּיתִם עָשׂוּ לָהֶם
עֵגֶל מַסֵּכָה וַיִּשְׁתַּחֲווּ־לוֹ וַיִּזְבְּחוּ־לוֹ וַיֹּאמְרוּ אֵלֶּה אֱלֹהֶיךָ
ט יִשְׂרָאֵל אֲשֶׁר הֶעֱלוּךָ מֵאֶרֶץ מִצְרָיִם: וַיֹּאמֶר יְהוָה אֶל־מֹשֶׁה
י רָאִיתִי אֶת־הָעָם הַזֶּה וְהִנֵּה עַם־קְשֵׁה־עֹרֶף הוּא: וְעַתָּה הַנִּיחָה
יא לִּי וְיִחַר־אַפִּי בָהֶם וַאֲכַלֵּם וְאֶעֱשֶׂה אוֹתְךָ לְגוֹי גָּדוֹל: וַיְחַל מֹשֶׁה
אֶת־פְּנֵי יְהוָה אֱלֹהָיו וַיֹּאמֶר לָמָה יְהוָה יֶחֱרֶה אַפְּךָ בְּעַמֶּךָ אֲשֶׁר
יב הוֹצֵאתָ מֵאֶרֶץ מִצְרַיִם בְּכֹחַ גָּדוֹל וּבְיָד חֲזָקָה: לָמָּה יֹאמְרוּ
מִצְרַיִם לֵאמֹר בְּרָעָה הוֹצִיאָם לַהֲרֹג אֹתָם בֶּהָרִים וּלְכַלֹּתָם
מֵעַל פְּנֵי הָאֲדָמָה שׁוּב מֵחֲרוֹן אַפֶּךָ וְהִנָּחֵם עַל־הָרָעָה לְעַמֶּךָ:
יג זְכֹר לְאַבְרָהָם לְיִצְחָק וּלְיִשְׂרָאֵל עֲבָדֶיךָ אֲשֶׁר נִשְׁבַּעְתָּ לָהֶם
בָּךְ וַתְּדַבֵּר אֲלֵהֶם אַרְבֶּה אֶת־זַרְעֲכֶם כְּכוֹכְבֵי הַשָּׁמָיִם וְכָל־
יד הָאָרֶץ הַזֹּאת אֲשֶׁר אָמַרְתִּי אֶתֵּן לְזַרְעֲכֶם וְנָחֲלוּ לְעֹלָם: וַיִּנָּחֶם
יְהוָה עַל־הָרָעָה אֲשֶׁר דִּבֶּר לַעֲשׂוֹת לְעַמּוֹ:
טו וַיִּפֶן וַיֵּרֶד מֹשֶׁה מִן־הָהָר וּשְׁנֵי לֻחֹת הָעֵדֻת בְּיָדוֹ לֻחֹת כְּתֻבִים כה
טז מִשְּׁנֵי עֶבְרֵיהֶם מִזֶּה וּמִזֶּה הֵם כְּתֻבִים: וְהַלֻּחֹת מַעֲשֵׂה אֱלֹהִים
יז הֵמָּה וְהַמִּכְתָּב מִכְתַּב אֱלֹהִים הוּא חָרוּת עַל־הַלֻּחֹת: וַיִּשְׁמַע
יְהוֹשֻׁעַ אֶת־קוֹל הָעָם בְּרֵעֹה וַיֹּאמֶר אֶל־מֹשֶׁה קוֹל מִלְחָמָה
יח בַּמַּחֲנֶה: וַיֹּאמֶר אֵין קוֹל עֲנוֹת גְּבוּרָה וְאֵין קוֹל עֲנוֹת חֲלוּשָׁה
יט קוֹל עַנּוֹת אָנֹכִי שֹׁמֵעַ: וַיְהִי כַּאֲשֶׁר קָרַב אֶל־הַמַּחֲנֶה וַיַּרְא
אֶת־הָעֵגֶל וּמְחֹלֹת וַיִּחַר־אַף מֹשֶׁה וַיַּשְׁלֵךְ מִיָּדָו אֶת־הַלֻּחֹת
כ וַיְשַׁבֵּר אֹתָם תַּחַת הָהָר: וַיִּקַּח אֶת־הָעֵגֶל אֲשֶׁר עָשׂוּ וַיִּשְׂרֹף
בָּאֵשׁ וַיִּטְחַן עַד אֲשֶׁר־דָּק וַיִּזֶר עַל־פְּנֵי הַמַּיִם וַיַּשְׁק אֶת־בְּנֵי
כא יִשְׂרָאֵל: וַיֹּאמֶר מֹשֶׁה אֶל־אַהֲרֹן מֶה־עָשָׂה לְךָ הָעָם הַזֶּה
כב כִּי־הֵבֵאתָ עָלָיו חֲטָאָה גְדֹלָה: וַיֹּאמֶר אַהֲרֹן אַל־יִחַר אַף
כג אֲדֹנִי אַתָּה יָדַעְתָּ אֶת־הָעָם כִּי בְרָע הוּא: וַיֹּאמְרוּ לִי עֲשֵׂה־
לָנוּ אֱלֹהִים אֲשֶׁר יֵלְכוּ לְפָנֵינוּ כִּי־זֶה ׀ מֹשֶׁה הָאִישׁ אֲשֶׁר
כד הֶעֱלָנוּ מֵאֶרֶץ מִצְרַיִם לֹא יָדַעְנוּ מֶה־הָיָה לוֹ: וָאֹמַר לָהֶם

לְמִי זָהָב הִתְפָּרָקוּ וַיִּתְּנוּ־לִי וָאַשְׁלִכֵהוּ בָאֵשׁ וַיֵּצֵא הָעֵגֶל
כה הַזֶּה׃ וַיַּרְא מֹשֶׁה אֶת־הָעָם כִּי פָרֻעַ הוּא כִּי־פְרָעֹה אַהֲרֹן
כו לְשִׁמְצָה בְּקָמֵיהֶם׃ וַיַּעֲמֹד מֹשֶׁה בְּשַׁעַר הַמַּחֲנֶה וַיֹּאמֶר מִי
כז לַיהוָה אֵלָי וַיֵּאָסְפוּ אֵלָיו כָּל־בְּנֵי לֵוִי׃ וַיֹּאמֶר לָהֶם כֹּה־אָמַר
יהוָה אֱלֹהֵי יִשְׂרָאֵל שִׂימוּ אִישׁ־חַרְבּוֹ עַל־יְרֵכוֹ עִבְרוּ וָשׁוּבוּ
מִשַּׁעַר לָשַׁעַר בַּמַּחֲנֶה וְהִרְגוּ אִישׁ־אֶת־אָחִיו וְאִישׁ אֶת־רֵעֵהוּ
כח וְאִישׁ אֶת־קְרֹבוֹ׃ וַיַּעֲשׂוּ בְנֵי־לֵוִי כִּדְבַר מֹשֶׁה וַיִּפֹּל מִן־הָעָם
כט בַּיּוֹם הַהוּא כִּשְׁלֹשֶׁת אַלְפֵי אִישׁ׃ וַיֹּאמֶר מֹשֶׁה מִלְאוּ יֶדְכֶם
הַיּוֹם לַיהוָה כִּי אִישׁ בִּבְנוֹ וּבְאָחִיו וְלָתֵת עֲלֵיכֶם הַיּוֹם בְּרָכָה׃
ל וַיְהִי מִמָּחֳרָת וַיֹּאמֶר מֹשֶׁה אֶל־הָעָם אַתֶּם חֲטָאתֶם חֲטָאָה
גְדֹלָה וְעַתָּה אֶעֱלֶה אֶל־יהוָה אוּלַי אֲכַפְּרָה בְּעַד חַטַּאתְכֶם׃
לא וַיָּשָׁב מֹשֶׁה אֶל־יהוָה וַיֹּאמַר אָנָּא חָטָא הָעָם הַזֶּה חֲטָאָה גְדֹלָה
לב וַיַּעֲשׂוּ לָהֶם אֱלֹהֵי זָהָב׃ וְעַתָּה אִם־תִּשָּׂא חַטָּאתָם וְאִם־אַיִן
לג מְחֵנִי נָא מִסִּפְרְךָ אֲשֶׁר כָּתָבְתָּ׃ וַיֹּאמֶר יהוָה אֶל־מֹשֶׁה מִי
לד אֲשֶׁר חָטָא־לִי אֶמְחֶנּוּ מִסִּפְרִי׃ וְעַתָּה לֵךְ ׀ נְחֵה אֶת־הָעָם אֶל
אֲשֶׁר־דִּבַּרְתִּי לָךְ הִנֵּה מַלְאָכִי יֵלֵךְ לְפָנֶיךָ וּבְיוֹם פָּקְדִי וּפָקַדְתִּי
לה עֲלֵהֶם חַטָּאתָם׃ וַיִּגֹּף יהוָה אֶת־הָעָם עַל אֲשֶׁר עָשׂוּ אֶת־
לג א הָעֵגֶל אֲשֶׁר עָשָׂה אַהֲרֹן׃ וַיְדַבֵּר יהוָה אֶל־מֹשֶׁה
לֵךְ עֲלֵה מִזֶּה אַתָּה וְהָעָם אֲשֶׁר הֶעֱלִיתָ מֵאֶרֶץ מִצְרָיִם אֶל־
הָאָרֶץ אֲשֶׁר נִשְׁבַּעְתִּי לְאַבְרָהָם לְיִצְחָק וּלְיַעֲקֹב לֵאמֹר
ב לְזַרְעֲךָ אֶתְּנֶנָּה׃ וְשָׁלַחְתִּי לְפָנֶיךָ מַלְאָךְ וְגֵרַשְׁתִּי אֶת־הַכְּנַעֲנִי
ג הָאֱמֹרִי וְהַחִתִּי וְהַפְּרִזִּי הַחִוִּי וְהַיְבוּסִי׃ אֶל־אֶרֶץ זָבַת חָלָב
וּדְבָשׁ כִּי לֹא אֶעֱלֶה בְּקִרְבְּךָ כִּי עַם־קְשֵׁה־עֹרֶף אַתָּה פֶּן־
ד אֲכֶלְךָ בַּדָּרֶךְ׃ וַיִּשְׁמַע הָעָם אֶת־הַדָּבָר הָרָע הַזֶּה וַיִּתְאַבָּלוּ
ה וְלֹא־שָׁתוּ אִישׁ עֶדְיוֹ עָלָיו׃ וַיֹּאמֶר יהוָה אֶל־מֹשֶׁה אֱמֹר אֶל־
בְּנֵי־יִשְׂרָאֵל אַתֶּם עַם־קְשֵׁה־עֹרֶף רֶגַע אֶחָד אֶעֱלֶה בְקִרְבְּךָ
וְכִלִּיתִיךָ וְעַתָּה הוֹרֵד עֶדְיְךָ מֵעָלֶיךָ וְאֵדְעָה מָה אֶעֱשֶׂה־לָּךְ׃

ויתנצלו בני־ישראל את־עדים מהר חורב: ומשה יקח ו ז
את־האהל ונטה־לו | מחוץ למחנה הרחק מן־המחנה וקרא
לו אהל מועד והיה כל־מבקש יהוה יצא אל־אהל מועד
אשר מחוץ למחנה: והיה כצאת משה אל־האהל יקומו ח
כל־העם ונצבו איש פתח אהלו והביטו אחרי משה עד־
באו האהלה: והיה כבא משה האהלה ירד עמוד הענן ט
ועמד פתח האהל ודבר עם־משה: וראה כל־העם את־ י
עמוד הענן עמד פתח האהל וקם כל־העם והשתחוו איש
פתח אהלו: ודבר יהוה אל־משה פנים אל־פנים כאשר יא
ידבר איש אל־רעהו ושב אל־המחנה ומשרתו יהושע בן־
נון נער לא ימיש מתוך האהל:

שלישי ויאמר משה אל־יהוה ראה אתה אמר אלי העל את־העם יב
הזה ואתה לא הודעתני את אשר־תשלח עמי ואתה אמרת
ידעתיך בשם וגם־מצאת חן בעיני: ועתה אם־נא מצאתי יג
חן בעיניך הודעני נא את־דרכך ואדעך למען אמצא־חן
בעיניך וראה כי עמך הגוי הזה: ויאמר פני ילכו והנחתי יד
לך: ויאמר אליו אם־אין פניך הלכים אל־תעלנו מזה: טו
ובמה | יודע אפוא כי־מצאתי חן בעיניך אני ועמך הלוא טז
בלכתך עמנו ונפלינו אני ועמך מכל־העם אשר על־פני
האדמה:

רביעי ויאמר יהוה אל־משה גם את־הדבר הזה אשר דברת אעשה יז
כי־מצאת חן בעיני ואדעך בשם: ויאמר הראני נא את־ יח
כבדך: ויאמר אני אעביר כל־טובי על־פניך וקראתי בשם יט
יהוה לפניך וחנתי את־אשר אחן ורחמתי את־אשר ארחם:
ויאמר לא תוכל לראת את־פני כי לא־יראני האדם וחי: כ
ויאמר יהוה הנה מקום אתי ונצבת על־הצור: והיה בעבר כא כב
כבדי ושמתיך בנקרת הצור ושכתי כפי עליך עד־עברי:

כג וַהֲסִרֹתִי אֶת־כַּפִּי וְרָאִיתָ אֶת־אֲחֹרָי וּפָנַי לֹא יֵרָאוּ׃
לד א וַיֹּאמֶר יְהוָה אֶל־מֹשֶׁה פְּסָל־לְךָ שְׁנֵי־לֻחֹת אֲבָנִים כָּרִאשֹׁנִים חמישי
וְכָתַבְתִּי עַל־הַלֻּחֹת אֶת־הַדְּבָרִים אֲשֶׁר הָיוּ עַל־הַלֻּחֹת
ב הָרִאשֹׁנִים אֲשֶׁר שִׁבַּרְתָּ׃ וֶהְיֵה נָכוֹן לַבֹּקֶר וְעָלִיתָ בַבֹּקֶר אֶל־
ג הַר סִינַי וְנִצַּבְתָּ לִי שָׁם עַל־רֹאשׁ הָהָר׃ וְאִישׁ לֹא־יַעֲלֶה עִמָּךְ
וְגַם־אִישׁ אַל־יֵרָא בְּכָל־הָהָר גַּם־הַצֹּאן וְהַבָּקָר אַל־יִרְעוּ אֶל־
ד מוּל הָהָר הַהוּא׃ וַיִּפְסֹל שְׁנֵי־לֻחֹת אֲבָנִים כָּרִאשֹׁנִים וַיַּשְׁכֵּם
מֹשֶׁה בַבֹּקֶר וַיַּעַל אֶל־הַר סִינַי כַּאֲשֶׁר צִוָּה יְהוָה אֹתוֹ וַיִּקַּח
ה בְּיָדוֹ שְׁנֵי לֻחֹת אֲבָנִים׃ וַיֵּרֶד יְהוָה בֶּעָנָן וַיִּתְיַצֵּב עִמּוֹ שָׁם
ו וַיִּקְרָא בְשֵׁם יְהוָה׃ וַיַּעֲבֹר יְהוָה ׀ עַל־פָּנָיו וַיִּקְרָא יְהוָה ׀ יְהוָה
ז אֵל רַחוּם וְחַנּוּן אֶרֶךְ אַפַּיִם וְרַב־חֶסֶד וֶאֱמֶת׃ נֹצֵר חֶסֶד
לָאֲלָפִים נֹשֵׂא עָוֺן וָפֶשַׁע וְחַטָּאָה וְנַקֵּה לֹא יְנַקֶּה פֹּקֵד ׀ עֲוֺן
ח אָבוֹת עַל־בָּנִים וְעַל־בְּנֵי בָנִים עַל־שִׁלֵּשִׁים וְעַל־רִבֵּעִים׃ וַיְמַהֵר
ט מֹשֶׁה וַיִּקֹּד אַרְצָה וַיִּשְׁתָּחוּ׃ וַיֹּאמֶר אִם־נָא מָצָאתִי חֵן בְּעֵינֶיךָ
אֲדֹנָי יֵלֶךְ־נָא אֲדֹנָי בְּקִרְבֵּנוּ כִּי עַם־קְשֵׁה־עֹרֶף הוּא וְסָלַחְתָּ
י לַעֲוֺנֵנוּ וּלְחַטָּאתֵנוּ וּנְחַלְתָּנוּ׃ וַיֹּאמֶר הִנֵּה אָנֹכִי כֹּרֵת בְּרִית ששי
נֶגֶד כָּל־עַמְּךָ אֶעֱשֶׂה נִפְלָאֹת אֲשֶׁר לֹא־נִבְרְאוּ בְכָל־הָאָרֶץ
וּבְכָל־הַגּוֹיִם וְרָאָה כָל־הָעָם אֲשֶׁר־אַתָּה בְקִרְבּוֹ אֶת־מַעֲשֵׂה
יא יְהוָה כִּי־נוֹרָא הוּא אֲשֶׁר אֲנִי עֹשֶׂה עִמָּךְ׃ שְׁמָר־לְךָ אֵת אֲשֶׁר
אָנֹכִי מְצַוְּךָ הַיּוֹם הִנְנִי גֹרֵשׁ מִפָּנֶיךָ אֶת־הָאֱמֹרִי וְהַכְּנַעֲנִי וְהַחִתִּי
יב וְהַפְּרִזִּי וְהַחִוִּי וְהַיְבוּסִי׃ הִשָּׁמֶר לְךָ פֶּן־תִּכְרֹת בְּרִית לְיוֹשֵׁב
יג הָאָרֶץ אֲשֶׁר אַתָּה בָּא עָלֶיהָ פֶּן־יִהְיֶה לְמוֹקֵשׁ בְּקִרְבֶּךָ׃ כִּי
אֶת־מִזְבְּחֹתָם תִּתֹּצוּן וְאֶת־מַצֵּבֹתָם תְּשַׁבֵּרוּן וְאֶת־אֲשֵׁרָיו
יד תִּכְרֹתוּן׃ כִּי לֹא תִשְׁתַּחֲוֶה לְאֵל אַחֵר כִּי יְהוָה קַנָּא שְׁמוֹ אֵל
טו קַנָּא הוּא׃ פֶּן־תִּכְרֹת בְּרִית לְיוֹשֵׁב הָאָרֶץ וְזָנוּ ׀ אַחֲרֵי אֱלֹהֵיהֶם
טז וְזָבְחוּ לֵאלֹהֵיהֶם וְקָרָא לְךָ וְאָכַלְתָּ מִזִּבְחוֹ׃ וְלָקַחְתָּ מִבְּנֹתָיו
לְבָנֶיךָ וְזָנוּ בְנֹתָיו אַחֲרֵי אֱלֹהֵיהֶן וְהִזְנוּ אֶת־בָּנֶיךָ אַחֲרֵי אֱלֹהֵיהֶן׃

יז יח אֱלֹהֵי מַסֵּכָה לֹא תַעֲשֶׂה־לָּךְ׃ אֶת־חַג הַמַּצּוֹת תִּשְׁמֹר שִׁבְעַת
יָמִים תֹּאכַל מַצּוֹת אֲשֶׁר צִוִּיתִךָ לְמוֹעֵד חֹדֶשׁ הָאָבִיב כִּי בְּחֹדֶשׁ
יט הָאָבִיב יָצָאתָ מִמִּצְרָיִם׃ כָּל־פֶּטֶר רֶחֶם לִי וְכָל־מִקְנְךָ תִּזָּכָר
כ פֶּטֶר שׁוֹר וָשֶׂה׃ וּפֶטֶר חֲמוֹר תִּפְדֶּה בְשֶׂה וְאִם־לֹא תִפְדֶּה
כא וַעֲרַפְתּוֹ כֹּל בְּכוֹר בָּנֶיךָ תִּפְדֶּה וְלֹא־יֵרָאוּ פָנַי רֵיקָם׃ שֵׁשֶׁת
יָמִים תַּעֲבֹד וּבַיּוֹם הַשְּׁבִיעִי תִּשְׁבֹּת בֶּחָרִישׁ וּבַקָּצִיר תִּשְׁבֹּת׃
כב וְחַג שָׁבֻעֹת תַּעֲשֶׂה לְךָ בִּכּוּרֵי קְצִיר חִטִּים וְחַג הָאָסִיף תְּקוּפַת
כג הַשָּׁנָה׃ שָׁלֹשׁ פְּעָמִים בַּשָּׁנָה יֵרָאֶה כָּל־זְכוּרְךָ אֶת־פְּנֵי הָאָדֹן ׀
כד יהוה אֱלֹהֵי יִשְׂרָאֵל׃ כִּי־אוֹרִישׁ גּוֹיִם מִפָּנֶיךָ וְהִרְחַבְתִּי אֶת־
גְּבֻלֶךָ וְלֹא־יַחְמֹד אִישׁ אֶת־אַרְצְךָ בַּעֲלֹתְךָ לֵרָאוֹת אֶת־פְּנֵי יהוה
כה אֱלֹהֶיךָ שָׁלֹשׁ פְּעָמִים בַּשָּׁנָה׃ לֹא־תִשְׁחַט עַל־חָמֵץ דַּם־זִבְחִי
כו וְלֹא־יָלִין לַבֹּקֶר זֶבַח חַג הַפָּסַח׃ רֵאשִׁית בִּכּוּרֵי אַדְמָתְךָ תָּבִיא
בֵּית יהוה אֱלֹהֶיךָ לֹא־תְבַשֵּׁל גְּדִי בַּחֲלֵב אִמּוֹ׃
שביעי כו כז וַיֹּאמֶר יהוה אֶל־מֹשֶׁה כְּתָב־לְךָ אֶת־הַדְּבָרִים הָאֵלֶּה כִּי עַל־
כח פִּי ׀ הַדְּבָרִים הָאֵלֶּה כָּרַתִּי אִתְּךָ בְּרִית וְאֶת־יִשְׂרָאֵל׃ וַיְהִי־שָׁם
עִם־יהוה אַרְבָּעִים יוֹם וְאַרְבָּעִים לַיְלָה לֶחֶם לֹא אָכַל וּמַיִם
לֹא שָׁתָה וַיִּכְתֹּב עַל־הַלֻּחֹת אֵת דִּבְרֵי הַבְּרִית עֲשֶׂרֶת הַדְּבָרִים׃
כט וַיְהִי בְּרֶדֶת מֹשֶׁה מֵהַר סִינַי וּשְׁנֵי לֻחֹת הָעֵדֻת בְּיַד־מֹשֶׁה בְּרִדְתּוֹ
ל מִן־הָהָר וּמֹשֶׁה לֹא־יָדַע כִּי קָרַן עוֹר פָּנָיו בְּדַבְּרוֹ אִתּוֹ׃ וַיַּרְא
אַהֲרֹן וְכָל־בְּנֵי יִשְׂרָאֵל אֶת־מֹשֶׁה וְהִנֵּה קָרַן עוֹר פָּנָיו וַיִּירְאוּ
לא מִגֶּשֶׁת אֵלָיו׃ וַיִּקְרָא אֲלֵהֶם מֹשֶׁה וַיָּשֻׁבוּ אֵלָיו אַהֲרֹן וְכָל־
לב הַנְּשִׂאִים בָּעֵדָה וַיְדַבֵּר מֹשֶׁה אֲלֵהֶם׃ וְאַחֲרֵי־כֵן נִגְּשׁוּ כָּל־בְּנֵי
מפטיר לג יִשְׂרָאֵל וַיְצַוֵּם אֵת כָּל־אֲשֶׁר דִּבֶּר יהוה אִתּוֹ בְּהַר סִינָי׃ וַיְכַל
לד מֹשֶׁה מִדַּבֵּר אִתָּם וַיִּתֵּן עַל־פָּנָיו מַסְוֶה׃ וּבְבֹא מֹשֶׁה לִפְנֵי
יהוה לְדַבֵּר אִתּוֹ יָסִיר אֶת־הַמַּסְוֶה עַד־צֵאתוֹ וְיָצָא וְדִבֶּר אֶל־
לה בְּנֵי יִשְׂרָאֵל אֵת אֲשֶׁר יְצֻוֶּה׃ וְרָאוּ בְנֵי־יִשְׂרָאֵל אֶת־פְּנֵי מֹשֶׁה
כִּי קָרַן עוֹר פְּנֵי מֹשֶׁה וְהֵשִׁיב מֹשֶׁה אֶת־הַמַּסְוֶה עַל־פָּנָיו עַד־

א בֹּא֖וֹ לְדַבֵּ֥ר אִתּֽוֹ׃ וַיַּקְהֵ֣ל מֹשֶׁ֗ה אֶֽת־כָּל־עֲדַ֛ת
בְּנֵ֥י יִשְׂרָאֵ֖ל וַיֹּ֣אמֶר אֲלֵהֶ֑ם אֵ֚לֶּה הַדְּבָרִ֔ים אֲשֶׁר־צִוָּ֥ה יהוה לַעֲשֹׂ֥ת
ב אֹתָֽם׃ שֵׁ֣שֶׁת יָמִים֮ תֵּעָשֶׂ֣ה מְלָאכָה֒ וּבַיּ֣וֹם הַשְּׁבִיעִ֗י יִהְיֶ֨ה לָכֶ֥ם
ג קֹ֛דֶשׁ שַׁבַּ֥ת שַׁבָּת֖וֹן לַיהוה כָּל־הָעֹשֶׂ֥ה ב֛וֹ מְלָאכָ֖ה יוּמָֽת׃ לֹא־
תְבַעֲר֣וּ אֵ֔שׁ בְּכֹ֖ל מֹשְׁבֹתֵיכֶ֑ם בְּי֖וֹם הַשַּׁבָּֽת׃
ד וַיֹּ֣אמֶר מֹשֶׁ֔ה אֶל־כָּל־עֲדַ֥ת בְּנֵֽי־יִשְׂרָאֵ֖ל לֵאמֹ֑ר זֶ֣ה הַדָּבָ֔ר אֲשֶׁר־
ה צִוָּ֥ה יהוה לֵאמֹֽר׃ קְח֨וּ מֵאִתְּכֶ֤ם תְּרוּמָה֙ לַֽיהוה כֹּ֚ל נְדִ֣יב
ו לִבּ֔וֹ יְבִיאֶ֕הָ אֵ֖ת תְּרוּמַ֣ת יהוה זָהָ֥ב וָכֶ֖סֶף וּנְחֹֽשֶׁת׃ וּתְכֵ֧לֶת
ז וְאַרְגָּמָ֛ן וְתוֹלַ֥עַת שָׁנִ֖י וְשֵׁ֥שׁ וְעִזִּֽים׃ וְעֹרֹ֨ת אֵילִ֧ם מְאָדָּמִ֛ים וְעֹרֹ֥ת
ח תְּחָשִׁ֖ים וַעֲצֵ֥י שִׁטִּֽים׃ וְשֶׁ֖מֶן לַמָּא֑וֹר וּבְשָׂמִים֙ לְשֶׁ֣מֶן הַמִּשְׁחָ֔ה
ט וְלִקְטֹ֖רֶת הַסַּמִּֽים׃ וְאַבְנֵי־שֹׁ֔הַם וְאַבְנֵ֖י מִלֻּאִ֑ים לָאֵפ֖וֹד וְלַחֹֽשֶׁן׃
י וְכָל־חֲכַם־לֵ֖ב בָּכֶ֑ם יָבֹ֣אוּ וְיַעֲשׂ֔וּ אֵ֛ת כָּל־אֲשֶׁ֥ר צִוָּ֖ה יהוה׃
יא אֶת־הַמִּשְׁכָּ֕ן אֶת־אָהֳל֖וֹ וְאֶת־מִכְסֵ֑הוּ אֶת־קְרָסָיו֙ וְאֶת־קְרָשָׁ֔יו
יב אֶת־בְּרִיחָ֕ו אֶת־עַמֻּדָ֖יו וְאֶת־אֲדָנָֽיו׃ אֶת־הָאָרֹ֥ן וְאֶת־בַּדָּ֖יו
יג אֶת־הַכַּפֹּ֑רֶת וְאֵ֖ת פָּרֹ֥כֶת הַמָּסָֽךְ׃ אֶת־הַשֻּׁלְחָ֥ן וְאֶת־בַּדָּ֖יו
יד וְאֶת־כָּל־כֵּלָ֑יו וְאֵ֖ת לֶ֥חֶם הַפָּנִֽים׃ וְאֶת־מְנֹרַ֥ת הַמָּא֛וֹר וְאֶת־
טו כֵּלֶ֖יהָ וְאֶת־נֵרֹתֶ֑יהָ וְאֵ֖ת שֶׁ֥מֶן הַמָּאֽוֹר׃ וְאֶת־מִזְבַּ֤ח הַקְּטֹ֙רֶת֙
וְאֶת־בַּדָּ֔יו וְאֵת֙ שֶׁ֣מֶן הַמִּשְׁחָ֔ה וְאֵ֖ת קְטֹ֣רֶת הַסַּמִּ֑ים וְאֶת־
טז מָסַ֥ךְ הַפֶּ֖תַח לְפֶ֥תַח הַמִּשְׁכָּֽן׃ אֵ֣ת ׀ מִזְבַּ֣ח הָעֹלָ֗ה וְאֶת־מִכְבַּ֤ר
הַנְּחֹ֙שֶׁת֙ אֲשֶׁר־ל֔וֹ אֶת־בַּדָּ֖יו וְאֶת־כָּל־כֵּלָ֑יו אֶת־הַכִּיֹּ֖ר וְאֶת־
יז כַּנּֽוֹ׃ אֵ֚ת קַלְעֵ֣י הֶחָצֵ֔ר אֶת־עַמֻּדָ֖יו וְאֶת־אֲדָנֶ֑יהָ וְאֵ֕ת מָסַ֖ךְ
יח שַׁ֥עַר הֶחָצֵֽר׃ אֶת־יִתְדֹ֧ת הַמִּשְׁכָּ֛ן וְאֶת־יִתְדֹ֥ת הֶחָצֵ֖ר וְאֶת־
יט מֵיתְרֵיהֶֽם׃ אֶת־בִּגְדֵ֥י הַשְּׂרָ֖ד לְשָׁרֵ֣ת בַּקֹּ֑דֶשׁ אֶת־בִּגְדֵ֤י הַקֹּ֙דֶשׁ֙
כ לְאַהֲרֹ֣ן הַכֹּהֵ֔ן וְאֶת־בִּגְדֵ֥י בָנָ֖יו לְכַהֵֽן׃ וַיֵּצְא֛וּ כָּל־עֲדַ֥ת בְּנֵֽי־
כא יִשְׂרָאֵ֖ל מִלִּפְנֵ֥י מֹשֶֽׁה׃ וַיָּבֹ֕אוּ כָּל־אִ֖ישׁ אֲשֶׁר־נְשָׂא֣וֹ לִבּ֑וֹ וְכֹ֡ל שני
אֲשֶׁר֩ נָדְבָ֨ה רוּח֜וֹ אֹת֗וֹ הֵ֠בִיאוּ אֶת־תְּרוּמַ֨ת יהוה לִמְלֶ֨אכֶת
כב אֹ֤הֶל מוֹעֵד֙ וּלְכָל־עֲבֹ֣דָת֔וֹ וּלְבִגְדֵ֖י הַקֹּֽדֶשׁ׃ וַיָּבֹ֥אוּ הָאֲנָשִׁ֖ים

על-הנשים כל נדיב לב הביאו חח ונזם וטבעת וכומז כל-
כלי זהב וכל-איש אשר הניף תנופת זהב ליהוה: וכל-איש כג
אשר-נמצא אתו תכלת וארגמן ותולעת שני ושש ועזים
וערת אילם מאדמים וערת תחשים הביאו: כל-מרים תרומת כד
כסף ונחשת הביאו את תרומת יהוה וכל אשר נמצא אתו
עצי שטים לכל-מלאכת העבדה הביאו: וכל-אשה חכמת- כה
לב בידיה טוו ויביאו מטוה את-התכלת ואת-הארגמן
את-תולעת השני ואת-השש: וכל-הנשים אשר נשא לבן כו
אתנה בחכמה טוו את-העזים: והנשאם הביאו את אבני כז
השהם ואת אבני המלאים לאפוד ולחשן: ואת-הבשם כח
ואת-השמן למאור ולשמן המשחה ולקטרת הסמים: כל- כט
איש ואשה אשר נדב לבם אתם להביא לכל-המלאכה
אשר צוה יהוה לעשות ביד-משה הביאו בני-ישראל נדבה
ליהוה:

שלישי / שני / ויאמר משה אל-בני ישראל ראו קרא יהוה בשם בצלאל ל
בן-אורי בן-חור למטה יהודה: וימלא אתו רוח אלהים לא
בחכמה בתבונה ובדעת ובכל-מלאכה: ולחשב מחשבת לב
לעשת בזהב ובכסף ובנחשת: ובחרשת אבן למלאת לג
ובחרשת עץ לעשות בכל-מלאכת מחשבת: ולהורת נתן לד
בלבו הוא ואהליאב בן-אחיסמך למטה-דן: מלא אתם לה
חכמת-לב לעשות כל-מלאכת חרש וחשב ורקם בתכלת
ובארגמן בתולעת השני ובשש וארג עשי כל-מלאכה
וחשבי מחשבת: ועשה בצלאל ואהליאב וכל איש חכם- א לו
לב אשר נתן יהוה חכמה ותבונה בהמה לדעת לעשת את-
כל-מלאכת עבדת הקדש לכל אשר-צוה יהוה: ויקרא ב
משה אל-בצלאל ואל-אהליאב ואל כל-איש חכם-לב
אשר נתן יהוה חכמה בלבו כל אשר נשאו לבו לקרבה

ג אֶל־הַמְּלָאכָה לַעֲשֹׂת אֹתָהּ׃ וַיִּקְחוּ מִלִּפְנֵי מֹשֶׁה אֵת כָּל־
הַתְּרוּמָה אֲשֶׁר הֵבִיאוּ בְּנֵי יִשְׂרָאֵל לִמְלֶאכֶת עֲבֹדַת הַקֹּדֶשׁ
לַעֲשֹׂת אֹתָהּ וְהֵם הֵבִיאוּ אֵלָיו עוֹד נְדָבָה בַּבֹּקֶר בַּבֹּקֶר׃
ד וַיָּבֹאוּ כָּל־הַחֲכָמִים הָעֹשִׂים אֵת כָּל־מְלֶאכֶת הַקֹּדֶשׁ אִישׁ
ה אִישׁ מִמְּלַאכְתּוֹ אֲשֶׁר־הֵמָּה עֹשִׂים׃ וַיֹּאמְרוּ אֶל־מֹשֶׁה לֵּאמֹר
מַרְבִּים הָעָם לְהָבִיא מִדֵּי הָעֲבֹדָה לַמְּלָאכָה אֲשֶׁר־צִוָּה יְהוָה
ו לַעֲשֹׂת אֹתָהּ׃ וַיְצַו מֹשֶׁה וַיַּעֲבִירוּ קוֹל בַּמַּחֲנֶה לֵאמֹר אִישׁ
וְאִשָּׁה אַל־יַעֲשׂוּ־עוֹד מְלָאכָה לִתְרוּמַת הַקֹּדֶשׁ וַיִּכָּלֵא הָעָם
ז מֵהָבִיא׃ וְהַמְּלָאכָה הָיְתָה דַיָּם לְכָל־הַמְּלָאכָה לַעֲשׂוֹת אֹתָהּ
ח וְהוֹתֵר׃ וַיַּעֲשׂוּ כָל־חֲכַם־לֵב בְּעֹשֵׂי הַמְּלָאכָה רביעי
אֶת־הַמִּשְׁכָּן עֶשֶׂר יְרִיעֹת שֵׁשׁ מָשְׁזָר וּתְכֵלֶת וְאַרְגָּמָן וְתוֹלַעַת
ט שָׁנִי כְּרֻבִים מַעֲשֵׂה חֹשֵׁב עָשָׂה אֹתָם׃ אֹרֶךְ הַיְרִיעָה הָאַחַת
שְׁמֹנֶה וְעֶשְׂרִים בָּאַמָּה וְרֹחַב אַרְבַּע בָּאַמָּה הַיְרִיעָה הָאֶחָת
י מִדָּה אַחַת לְכָל־הַיְרִיעֹת׃ וַיְחַבֵּר אֶת־חֲמֵשׁ הַיְרִיעֹת אַחַת
יא אֶל־אֶחָת וְחָמֵשׁ יְרִיעֹת חִבַּר אַחַת אֶל־אֶחָת׃ וַיַּעַשׂ לֻלְאֹת
תְּכֵלֶת עַל שְׂפַת הַיְרִיעָה הָאֶחָת מִקָּצָה בַּמַּחְבָּרֶת כֵּן עָשָׂה
יב בִּשְׂפַת הַיְרִיעָה הַקִּיצוֹנָה בַּמַּחְבֶּרֶת הַשֵּׁנִית׃ חֲמִשִּׁים לֻלָאֹת
עָשָׂה בַּיְרִיעָה הָאֶחָת וַחֲמִשִּׁים לֻלָאֹת עָשָׂה בִּקְצֵה הַיְרִיעָה
אֲשֶׁר בַּמַּחְבֶּרֶת הַשֵּׁנִית מַקְבִּילֹת הַלֻּלָאֹת אַחַת אֶל־אֶחָת׃
יג וַיַּעַשׂ חֲמִשִּׁים קַרְסֵי זָהָב וַיְחַבֵּר אֶת־הַיְרִיעֹת אַחַת אֶל־אַחַת
בַּקְּרָסִים וַיְהִי הַמִּשְׁכָּן אֶחָד׃
יד וַיַּעַשׂ יְרִיעֹת עִזִּים לְאֹהֶל עַל־הַמִּשְׁכָּן עַשְׁתֵּי־עֶשְׂרֵה יְרִיעֹת
טו עָשָׂה אֹתָם׃ אֹרֶךְ הַיְרִיעָה הָאַחַת שְׁלֹשִׁים בָּאַמָּה וְאַרְבַּע
אַמּוֹת רֹחַב הַיְרִיעָה הָאֶחָת מִדָּה אַחַת לְעַשְׁתֵּי עֶשְׂרֵה יְרִיעֹת׃
טז יז וַיְחַבֵּר אֶת־חֲמֵשׁ הַיְרִיעֹת לְבָד וְאֶת־שֵׁשׁ הַיְרִיעֹת לְבָד׃ וַיַּעַשׂ
לֻלָאֹת חֲמִשִּׁים עַל שְׂפַת הַיְרִיעָה הַקִּיצֹנָה בַּמַּחְבָּרֶת וַחֲמִשִּׁים
יח לֻלָאֹת עָשָׂה עַל־שְׂפַת הַיְרִיעָה הַחֹבֶרֶת הַשֵּׁנִית׃ וַיַּעַשׂ

יט קַרְסֵי נְחֹשֶׁת חֲמִשִּׁים לְחַבֵּר אֶת־הָאֹהֶל לִהְיֹת אֶחָד׃ וַיַּעַשׂ
מִכְסֶה לָאֹהֶל עֹרֹת אֵילִם מְאָדָּמִים וּמִכְסֵה עֹרֹת תְּחָשִׁים
כ מִלְמָעְלָה׃ וַיַּעַשׂ אֶת־הַקְּרָשִׁים לַמִּשְׁכָּן עֲצֵי חמישי
כא שִׁטִּים עֹמְדִים׃ עֶשֶׂר אַמֹּת אֹרֶךְ הַקָּרֶשׁ וְאַמָּה וַחֲצִי הָאַמָּה
כב רֹחַב הַקֶּרֶשׁ הָאֶחָד׃ שְׁתֵּי יָדֹת לַקֶּרֶשׁ הָאֶחָד מְשֻׁלָּבֹת אַחַת
כג אֶל־אֶחָת כֵּן עָשָׂה לְכֹל קַרְשֵׁי הַמִּשְׁכָּן׃ וַיַּעַשׂ אֶת־הַקְּרָשִׁים
כד לַמִּשְׁכָּן עֶשְׂרִים קְרָשִׁים לִפְאַת נֶגֶב תֵּימָנָה׃ וְאַרְבָּעִים אַדְנֵי־
כֶסֶף עָשָׂה תַּחַת עֶשְׂרִים הַקְּרָשִׁים שְׁנֵי אֲדָנִים תַּחַת־הַקֶּרֶשׁ
הָאֶחָד לִשְׁתֵּי יְדֹתָיו וּשְׁנֵי אֲדָנִים תַּחַת־הַקֶּרֶשׁ הָאֶחָד לִשְׁתֵּי
כה יְדֹתָיו׃ וּלְצֶלַע הַמִּשְׁכָּן הַשֵּׁנִית לִפְאַת צָפוֹן עָשָׂה עֶשְׂרִים
כו קְרָשִׁים׃ וְאַרְבָּעִים אַדְנֵיהֶם כָּסֶף שְׁנֵי אֲדָנִים תַּחַת הַקֶּרֶשׁ
כז הָאֶחָד וּשְׁנֵי אֲדָנִים תַּחַת הַקֶּרֶשׁ הָאֶחָד׃ וּלְיַרְכְּתֵי הַמִּשְׁכָּן
כח יָמָּה עָשָׂה שִׁשָּׁה קְרָשִׁים׃ וּשְׁנֵי קְרָשִׁים עָשָׂה לִמְקֻצְעֹת הַמִּשְׁכָּן
כט בַּיַּרְכָתָיִם׃ וְהָיוּ תוֹאֲמִם מִלְּמַטָּה וְיַחְדָּו יִהְיוּ תַמִּים אֶל־רֹאשׁוֹ
ל אֶל־הַטַּבַּעַת הָאֶחָת כֵּן עָשָׂה לִשְׁנֵיהֶם לִשְׁנֵי הַמִּקְצֹעֹת׃ וְהָיוּ
שְׁמֹנָה קְרָשִׁים וְאַדְנֵיהֶם כֶּסֶף שִׁשָּׁה עָשָׂר אֲדָנִים שְׁנֵי אֲדָנִים
לא שְׁנֵי אֲדָנִים תַּחַת הַקֶּרֶשׁ הָאֶחָד׃ וַיַּעַשׂ בְּרִיחֵי עֲצֵי שִׁטִּים
לב חֲמִשָּׁה לְקַרְשֵׁי צֶלַע־הַמִּשְׁכָּן הָאֶחָת׃ וַחֲמִשָּׁה בְרִיחִם לְקַרְשֵׁי
צֶלַע־הַמִּשְׁכָּן הַשֵּׁנִית וַחֲמִשָּׁה בְרִיחִם לְקַרְשֵׁי הַמִּשְׁכָּן לַיַּרְכָתַיִם
לג יָמָּה׃ וַיַּעַשׂ אֶת־הַבְּרִיחַ הַתִּיכֹן לִבְרֹחַ בְּתוֹךְ הַקְּרָשִׁים מִן־
לד הַקָּצֶה אֶל־הַקָּצֶה׃ וְאֶת־הַקְּרָשִׁים צִפָּה זָהָב וְאֶת־טַבְּעֹתָם
לה עָשָׂה זָהָב בָּתִּים לַבְּרִיחִם וַיְצַף אֶת־הַבְּרִיחִם זָהָב׃ וַיַּעַשׂ אֶת־
הַפָּרֹכֶת תְּכֵלֶת וְאַרְגָּמָן וְתוֹלַעַת שָׁנִי וְשֵׁשׁ מָשְׁזָר מַעֲשֵׂה
לו חֹשֵׁב עָשָׂה אֹתָהּ כְּרֻבִים׃ וַיַּעַשׂ לָהּ אַרְבָּעָה עַמּוּדֵי שִׁטִּים
לז וַיְצַפֵּם זָהָב וָוֵיהֶם זָהָב וַיִּצֹק לָהֶם אַרְבָּעָה אַדְנֵי־כָסֶף׃ וַיַּעַשׂ
מָסָךְ לְפֶתַח הָאֹהֶל תְּכֵלֶת וְאַרְגָּמָן וְתוֹלַעַת שָׁנִי וְשֵׁשׁ מָשְׁזָר
לח מַעֲשֵׂה רֹקֵם׃ וְאֶת־עַמּוּדָיו חֲמִשָּׁה וְאֶת־וָוֵיהֶם וְצִפָּה רָאשֵׁיהֶם

וְחִשֻּׁקֵיהֶם זָהָב וְאַדְנֵיהֶם חֲמִשָּׁה נְחֹשֶׁת׃
לז א וַיַּעַשׂ בְּצַלְאֵל אֶת־הָאָרֹן עֲצֵי שִׁטִּים אַמָּתַיִם וָחֵצִי אָרְכּוֹ וְאַמָּה כז
ב וָחֵצִי רָחְבּוֹ וְאַמָּה וָחֵצִי קֹמָתוֹ׃ וַיְצַפֵּהוּ זָהָב טָהוֹר מִבַּיִת
ג וּמִחוּץ וַיַּעַשׂ לוֹ זֵר זָהָב סָבִיב׃ וַיִּצֹק לוֹ אַרְבַּע טַבְּעֹת זָהָב
עַל אַרְבַּע פַּעֲמֹתָיו וּשְׁתֵּי טַבָּעֹת עַל־צַלְעוֹ הָאֶחָת וּשְׁתֵּי טַבָּעֹת
ד עַל־צַלְעוֹ הַשֵּׁנִית׃ וַיַּעַשׂ בַּדֵּי עֲצֵי שִׁטִּים וַיְצַף אֹתָם זָהָב׃
ה וַיָּבֵא אֶת־הַבַּדִּים בַּטַּבָּעֹת עַל צַלְעֹת הָאָרֹן לָשֵׂאת אֶת־
ו הָאָרֹן׃ וַיַּעַשׂ כַּפֹּרֶת זָהָב טָהוֹר אַמָּתַיִם וָחֵצִי אָרְכָּהּ וְאַמָּה
ז וָחֵצִי רָחְבָּהּ׃ וַיַּעַשׂ שְׁנֵי כְרֻבִים זָהָב מִקְשָׁה עָשָׂה אֹתָם מִשְּׁנֵי
ח קְצוֹת הַכַּפֹּרֶת׃ כְּרוּב־אֶחָד מִקָּצָה מִזֶּה וּכְרוּב־אֶחָד מִקָּצָה מִזֶּה
ט מִן־הַכַּפֹּרֶת עָשָׂה אֶת־הַכְּרֻבִים מִשְּׁנֵי קצוותו׃ וַיִּהְיוּ הַכְּרֻבִים • קְצוֹתָיו
פֹּרְשֵׂי כְנָפַיִם לְמַעְלָה סֹכְכִים בְּכַנְפֵיהֶם עַל־הַכַּפֹּרֶת וּפְנֵיהֶם
אִישׁ אֶל־אָחִיו אֶל־הַכַּפֹּרֶת הָיוּ פְּנֵי הַכְּרֻבִים׃
י וַיַּעַשׂ אֶת־הַשֻּׁלְחָן עֲצֵי שִׁטִּים אַמָּתַיִם אָרְכּוֹ וְאַמָּה רָחְבּוֹ
יא וְאַמָּה וָחֵצִי קֹמָתוֹ׃ וַיְצַף אֹתוֹ זָהָב טָהוֹר וַיַּעַשׂ לוֹ זֵר זָהָב
יב סָבִיב׃ וַיַּעַשׂ לוֹ מִסְגֶּרֶת טֹפַח סָבִיב וַיַּעַשׂ זֵר־זָהָב לְמִסְגַּרְתּוֹ
יג סָבִיב׃ וַיִּצֹק לוֹ אַרְבַּע טַבְּעֹת זָהָב וַיִּתֵּן אֶת־הַטַּבָּעֹת עַל
יד אַרְבַּע הַפֵּאֹת אֲשֶׁר לְאַרְבַּע רַגְלָיו׃ לְעֻמַּת הַמִּסְגֶּרֶת הָיוּ
טו הַטַּבָּעֹת בָּתִּים לַבַּדִּים לָשֵׂאת אֶת־הַשֻּׁלְחָן׃ וַיַּעַשׂ אֶת־הַבַּדִּים
טז עֲצֵי שִׁטִּים וַיְצַף אֹתָם זָהָב לָשֵׂאת אֶת־הַשֻּׁלְחָן׃ וַיַּעַשׂ אֶת־
הַכֵּלִים ׀ אֲשֶׁר עַל־הַשֻּׁלְחָן אֶת־קְעָרֹתָיו וְאֶת־כַּפֹּתָיו וְאֵת
מְנַקִּיֹּתָיו וְאֶת־הַקְּשָׂוֹת אֲשֶׁר יֻסַּךְ בָּהֵן זָהָב טָהוֹר׃
יז וַיַּעַשׂ אֶת־הַמְּנֹרָה זָהָב טָהוֹר מִקְשָׁה עָשָׂה אֶת־הַמְּנֹרָה יְרֵכָהּ ששי /שלישי/
יח וְקָנָהּ גְּבִיעֶיהָ כַּפְתֹּרֶיהָ וּפְרָחֶיהָ מִמֶּנָּה הָיוּ׃ וְשִׁשָּׁה קָנִים יֹצְאִים
מִצִּדֶּיהָ שְׁלֹשָׁה ׀ קְנֵי מְנֹרָה מִצִּדָּהּ הָאֶחָד וּשְׁלֹשָׁה קְנֵי מְנֹרָה
יט מִצִּדָּהּ הַשֵּׁנִי׃ שְׁלֹשָׁה גְבִעִים מְשֻׁקָּדִים בַּקָּנֶה הָאֶחָד כַּפְתֹּר
וָפֶרַח וּשְׁלֹשָׁה גְבִעִים מְשֻׁקָּדִים בְּקָנֶה אֶחָד כַּפְתֹּר וָפָרַח כֵּן

כ לְשֵׁשֶׁת הַקָּנִים הַיֹּצְאִים מִן־הַמְּנֹרָה׃ וּבַמְּנֹרָה אַרְבָּעָה גְבִעִים
כא מְשֻׁקָּדִים כַּפְתֹּרֶיהָ וּפְרָחֶיהָ׃ וְכַפְתֹּר תַּחַת שְׁנֵי הַקָּנִים מִמֶּנָּה
וְכַפְתֹּר תַּחַת שְׁנֵי הַקָּנִים מִמֶּנָּה וְכַפְתֹּר תַּחַת־שְׁנֵי הַקָּנִים מִמֶּנָּה
כב לְשֵׁשֶׁת הַקָּנִים הַיֹּצְאִים מִמֶּנָּה׃ כַּפְתֹּרֵיהֶם וּקְנֹתָם מִמֶּנָּה הָיוּ
כג כֻּלָּהּ מִקְשָׁה אַחַת זָהָב טָהוֹר׃ וַיַּעַשׂ אֶת־נֵרֹתֶיהָ שִׁבְעָה
כד וּמַלְקָחֶיהָ וּמַחְתֹּתֶיהָ זָהָב טָהוֹר׃ כִּכָּר זָהָב טָהוֹר עָשָׂה אֹתָהּ
וְאֵת כָּל־כֵּלֶיהָ׃
כה וַיַּעַשׂ אֶת־מִזְבַּח הַקְּטֹרֶת עֲצֵי שִׁטִּים אַמָּה אָרְכּוֹ וְאַמָּה רָחְבּוֹ
כו רָבוּעַ וְאַמָּתַיִם קֹמָתוֹ מִמֶּנּוּ הָיוּ קַרְנֹתָיו׃ וַיְצַף אֹתוֹ זָהָב
טָהוֹר אֶת־גַּגּוֹ וְאֶת־קִירֹתָיו סָבִיב וְאֶת־קַרְנֹתָיו וַיַּעַשׂ לוֹ
כז זֵר זָהָב סָבִיב׃ וּשְׁתֵּי טַבְּעֹת זָהָב עָשָׂה־לוֹ ׀ מִתַּחַת לְזֵרוֹ
עַל שְׁתֵּי צַלְעֹתָיו עַל שְׁנֵי צִדָּיו לְבָתִּים לְבַדִּים לָשֵׂאת אֹתוֹ
כח כט בָּהֶם׃ וַיַּעַשׂ אֶת־הַבַּדִּים עֲצֵי שִׁטִּים וַיְצַף אֹתָם זָהָב׃ וַיַּעַשׂ
אֶת־שֶׁמֶן הַמִּשְׁחָה קֹדֶשׁ וְאֶת־קְטֹרֶת הַסַּמִּים טָהוֹר מַעֲשֵׂה
שביעי /רביעי/ לח א רֹקֵחַ׃ וַיַּעַשׂ אֶת־מִזְבַּח הָעֹלָה עֲצֵי שִׁטִּים חָמֵשׁ
אַמּוֹת אָרְכּוֹ וְחָמֵשׁ־אַמּוֹת רָחְבּוֹ רָבוּעַ וְשָׁלֹשׁ אַמּוֹת קֹמָתוֹ׃
ב וַיַּעַשׂ קַרְנֹתָיו עַל אַרְבַּע פִּנֹּתָיו מִמֶּנּוּ הָיוּ קַרְנֹתָיו וַיְצַף אֹתוֹ
ג נְחֹשֶׁת׃ וַיַּעַשׂ אֶת־כָּל־כְּלֵי הַמִּזְבֵּחַ אֶת־הַסִּירֹת וְאֶת־הַיָּעִים
וְאֶת־הַמִּזְרָקֹת אֶת־הַמִּזְלָגֹת וְאֶת־הַמַּחְתֹּת כָּל־כֵּלָיו עָשָׂה
ד נְחֹשֶׁת׃ וַיַּעַשׂ לַמִּזְבֵּחַ מִכְבָּר מַעֲשֵׂה רֶשֶׁת נְחֹשֶׁת תַּחַת
ה כַּרְכֻּבּוֹ מִלְּמַטָּה עַד־חֶצְיוֹ׃ וַיִּצֹק אַרְבַּע טַבָּעֹת בְּאַרְבַּע
ו הַקְּצָוֹת לְמִכְבַּר הַנְּחֹשֶׁת בָּתִּים לַבַּדִּים׃ וַיַּעַשׂ אֶת־הַבַּדִּים
ז עֲצֵי שִׁטִּים וַיְצַף אֹתָם נְחֹשֶׁת׃ וַיָּבֵא אֶת־הַבַּדִּים בַּטַּבָּעֹת
עַל צַלְעֹת הַמִּזְבֵּחַ לָשֵׂאת אֹתוֹ בָּהֶם נְבוּב לֻחֹת עָשָׂה
ח אֹתוֹ׃ וַיַּעַשׂ אֵת הַכִּיּוֹר נְחֹשֶׁת וְאֵת כַּנּוֹ נְחֹשֶׁת בְּמַרְאֹת
ט הַצֹּבְאֹת אֲשֶׁר צָבְאוּ פֶּתַח אֹהֶל מוֹעֵד׃ וַיַּעַשׂ
אֶת־הֶחָצֵר לִפְאַת ׀ נֶגֶב תֵּימָנָה קַלְעֵי הֶחָצֵר שֵׁשׁ מָשְׁזָר מֵאָה

י באמה: עמודיהם עשרים ואדניהם עשרים נחשת ווי העמודים
יא וחשקיהם כסף: ולפאת צפון מאה באמה עמודיהם עשרים
יב ואדניהם עשרים נחשת ווי העמודים וחשקיהם כסף: ולפאת
ים קלעים חמשים באמה עמודיהם עשרה ואדניהם עשרה
יג ווי העמדים וחשוקיהם כסף: ולפאת קדמה מזרחה חמשים
יד אמה: קלעים חמש־עשרה אמה אל־הכתף עמודיהם שלשה
טו ואדניהם שלשה: ולכתף השנית מזה ומזה לשער החצר
קלעים חמש עשרה אמה עמדיהם שלשה ואדניהם שלשה:
טז יז כל־קלעי החצר סביב שש משזר: והאדנים לעמדים נחשת
ווי העמודים וחשוקיהם כסף וצפוי ראשיהם כסף והם
יח מחשקים כסף כל עמדי החצר: ומסך שער החצר מעשה מפטיר
רקם תכלת וארגמן ותולעת שני ושש משזר ועשרים
אמה ארך וקומה ברחב חמש אמות לעמת קלעי החצר:
יט ועמדיהם ארבעה ואדניהם ארבעה נחשת וויהם כסף וצפוי
כ ראשיהם וחשקיהם כסף: וכל־היתדת למשכן ולחצר סביב
כא נחשת: אלה פקודי המשכן משכן העדת כח פקודי
אשר פקד על־פי משה עבדת הלוים ביד איתמר בן־אהרן
כב הכהן: ובצלאל בן־אורי בן־חור למטה יהודה עשה את
כג כל־אשר־צוה יהוה את־משה: ואתו אהליאב בן־אחיסמך
למטה־דן חרש וחשב ורקם בתכלת ובארגמן ובתולעת
כד השני ובשש: כל־הזהב העשוי למלאכה בכל
מלאכת הקדש ויהי ׀ זהב התנופה תשע ועשרים ככר ושבע
כה מאות ושלשים שקל בשקל הקדש: וכסף פקודי העדה מאת
ככר ואלף ושבע מאות וחמשה ושבעים שקל בשקל הקדש:
כו בקע לגלגלת מחצית השקל בשקל הקדש לכל העבר על־
הפקדים מבן עשרים שנה ומעלה לשש־מאות אלף ושלשת
כז אלפים וחמש מאות וחמשים: ויהי מאת ככר הכסף לצקת

אֵת אַדְנֵי הַקֹּדֶשׁ וְאֵת אַדְנֵי הַפָּרֹכֶת מְאַת אֲדָנִים לִמְאַת
כח הַכִּכָּר כִּכָּר לָאָדֶן׃ וְאֶת־הָאֶלֶף וּשְׁבַע הַמֵּאוֹת וַחֲמִשָּׁה וְשִׁבְעִים
כט עָשָׂה וָוִים לָעַמּוּדִים וְצִפָּה רָאשֵׁיהֶם וְחִשַּׁק אֹתָם׃ וּנְחֹשֶׁת
ל הַתְּנוּפָה שִׁבְעִים כִּכָּר וְאַלְפַּיִם וְאַרְבַּע־מֵאוֹת שָׁקֶל׃ וַיַּעַשׂ
בָּהּ אֶת־אַדְנֵי פֶּתַח אֹהֶל מוֹעֵד וְאֵת מִזְבַּח הַנְּחֹשֶׁת וְאֶת־
לא מִכְבַּר הַנְּחֹשֶׁת אֲשֶׁר־לוֹ וְאֵת כָּל־כְּלֵי הַמִּזְבֵּחַ׃ וְאֶת־אַדְנֵי
הֶחָצֵר סָבִיב וְאֶת־אַדְנֵי שַׁעַר הֶחָצֵר וְאֵת כָּל־יִתְדֹת הַמִּשְׁכָּן
לט א וְאֶת־כָּל־יִתְדֹת הֶחָצֵר סָבִיב׃ וּמִן־הַתְּכֵלֶת וְהָאַרְגָּמָן וְתוֹלַעַת
הַשָּׁנִי עָשׂוּ בִגְדֵי־שְׂרָד לְשָׁרֵת בַּקֹּדֶשׁ וַיַּעֲשׂוּ אֶת־בִּגְדֵי הַקֹּדֶשׁ
אֲשֶׁר לְאַהֲרֹן כַּאֲשֶׁר צִוָּה יְהוָה אֶת־מֹשֶׁה׃
ב וַיַּעַשׂ אֶת־הָאֵפֹד זָהָב תְּכֵלֶת וְאַרְגָּמָן וְתוֹלַעַת שָׁנִי וְשֵׁשׁ שני /חמישי/
ג מָשְׁזָר׃ וַיְרַקְּעוּ אֶת־פַּחֵי הַזָּהָב וְקִצֵּץ פְּתִילִם לַעֲשׂוֹת בְּתוֹךְ
הַתְּכֵלֶת וּבְתוֹךְ הָאַרְגָּמָן וּבְתוֹךְ תּוֹלַעַת הַשָּׁנִי וּבְתוֹךְ הַשֵּׁשׁ
ד מַעֲשֵׂה חֹשֵׁב׃ כְּתֵפֹת עָשׂוּ־לוֹ חֹבְרֹת עַל־שְׁנֵי קְצוֹתָו חֻבָּר׃
קְצוֹתָיו
ה וְחֵשֶׁב אֲפֻדָּתוֹ אֲשֶׁר עָלָיו מִמֶּנּוּ הוּא כְּמַעֲשֵׂהוּ זָהָב תְּכֵלֶת
וְאַרְגָּמָן וְתוֹלַעַת שָׁנִי וְשֵׁשׁ מָשְׁזָר כַּאֲשֶׁר צִוָּה יְהוָה אֶת־
ו מֹשֶׁה׃ וַיַּעֲשׂוּ אֶת־אַבְנֵי הַשֹּׁהַם מֻסַבֹּת מִשְׁבְּצֹת
ז זָהָב מְפֻתָּחֹת פִּתּוּחֵי חוֹתָם עַל־שְׁמוֹת בְּנֵי יִשְׂרָאֵל׃ וַיָּשֶׂם
אֹתָם עַל כִּתְפֹת הָאֵפֹד אַבְנֵי זִכָּרוֹן לִבְנֵי יִשְׂרָאֵל כַּאֲשֶׁר צִוָּה
יְהוָה אֶת־מֹשֶׁה׃
ח וַיַּעַשׂ אֶת־הַחֹשֶׁן מַעֲשֵׂה חֹשֵׁב כְּמַעֲשֵׂה אֵפֹד זָהָב תְּכֵלֶת
ט וְאַרְגָּמָן וְתוֹלַעַת שָׁנִי וְשֵׁשׁ מָשְׁזָר׃ רָבוּעַ הָיָה כָּפוּל עָשׂוּ אֶת־
י הַחֹשֶׁן זֶרֶת אָרְכּוֹ וְזֶרֶת רָחְבּוֹ כָּפוּל׃ וַיְמַלְאוּ־בוֹ אַרְבָּעָה טוּרֵי
יא אָבֶן טוּר אֹדֶם פִּטְדָה וּבָרֶקֶת הַטּוּר הָאֶחָד׃ וְהַטּוּר הַשֵּׁנִי נֹפֶךְ
יב יג סַפִּיר וְיָהֲלֹם׃ וְהַטּוּר הַשְּׁלִישִׁי לֶשֶׁם שְׁבוֹ וְאַחְלָמָה׃ וְהַטּוּר
הָרְבִיעִי תַּרְשִׁישׁ שֹׁהַם וְיָשְׁפֵה מוּסַבֹּת מִשְׁבְּצוֹת זָהָב בְּמִלֻּאֹתָם׃
יד וְהָאֲבָנִים עַל־שְׁמֹת בְּנֵי־יִשְׂרָאֵל הֵנָּה שְׁתֵּים עֶשְׂרֵה עַל־שְׁמֹתָם

טו פִּתּוּחֵי חֹתָם אִישׁ עַל־שְׁמוֹ לִשְׁנֵים עָשָׂר שָׁבֶט׃ וַיַּעֲשׂוּ עַל־
טז הַחֹשֶׁן שַׁרְשְׁרֹת גַּבְלֻת מַעֲשֵׂה עֲבֹת זָהָב טָהוֹר׃ וַיַּעֲשׂוּ שְׁתֵּי
מִשְׁבְּצֹת זָהָב וּשְׁתֵּי טַבְּעֹת זָהָב וַיִּתְּנוּ אֶת־שְׁתֵּי הַטַּבָּעֹת
יז עַל־שְׁנֵי קְצוֹת הַחֹשֶׁן׃ וַיִּתְּנוּ שְׁתֵּי הָעֲבֹתֹת הַזָּהָב עַל־שְׁתֵּי
יח הַטַּבָּעֹת עַל־קְצוֹת הַחֹשֶׁן׃ וְאֵת שְׁתֵּי קְצוֹת שְׁתֵּי הָעֲבֹתֹת
נָתְנוּ עַל־שְׁתֵּי הַמִּשְׁבְּצֹת וַיִּתְּנֻם עַל־כִּתְפֹת הָאֵפֹד אֶל־מוּל
יט פָּנָיו׃ וַיַּעֲשׂוּ שְׁתֵּי טַבְּעֹת זָהָב וַיָּשִׂימוּ עַל־שְׁנֵי קְצוֹת הַחֹשֶׁן
כ עַל־שְׂפָתוֹ אֲשֶׁר אֶל־עֵבֶר הָאֵפֹד בָּיְתָה׃ וַיַּעֲשׂוּ שְׁתֵּי טַבְּעֹת
זָהָב וַיִּתְּנֻם עַל־שְׁתֵּי כִתְפֹת הָאֵפֹד מִלְּמַטָּה מִמּוּל פָּנָיו
כא לְעֻמַּת מֶחְבַּרְתּוֹ מִמַּעַל לְחֵשֶׁב הָאֵפֹד׃ וַיִּרְכְּסוּ אֶת־הַחֹשֶׁן
מִטַּבְּעֹתָיו אֶל־טַבְּעֹת הָאֵפֹד בִּפְתִיל תְּכֵלֶת לִהְיֹת עַל־
חֵשֶׁב הָאֵפֹד וְלֹא־יִזַּח הַחֹשֶׁן מֵעַל הָאֵפֹד כַּאֲשֶׁר צִוָּה יְהוָה
אֶת־מֹשֶׁה׃
כב כג וַיַּעַשׂ אֶת־מְעִיל הָאֵפֹד מַעֲשֵׂה אֹרֵג כְּלִיל תְּכֵלֶת׃ וּפִי־הַמְּעִיל שלישי (ששי)
כד בְּתוֹכוֹ כְּפִי תַחְרָא שָׂפָה לְפִיו סָבִיב לֹא יִקָּרֵעַ׃ וַיַּעֲשׂוּ עַל־
שׁוּלֵי הַמְּעִיל רִמּוֹנֵי תְּכֵלֶת וְאַרְגָּמָן וְתוֹלַעַת שָׁנִי מָשְׁזָר׃
כה וַיַּעֲשׂוּ פַעֲמֹנֵי זָהָב טָהוֹר וַיִּתְּנוּ אֶת־הַפַּעֲמֹנִים בְּתוֹךְ הָרִמֹּנִים
כו עַל־שׁוּלֵי הַמְּעִיל סָבִיב בְּתוֹךְ הָרִמֹּנִים׃ פַּעֲמֹן וְרִמֹּן פַּעֲמֹן
וְרִמֹּן עַל־שׁוּלֵי הַמְּעִיל סָבִיב לְשָׁרֵת כַּאֲשֶׁר צִוָּה יְהוָה אֶת־
כז מֹשֶׁה׃ וַיַּעֲשׂוּ אֶת־הַכָּתְנֹת שֵׁשׁ מַעֲשֵׂה אֹרֵג
כח לְאַהֲרֹן וּלְבָנָיו׃ וְאֵת הַמִּצְנֶפֶת שֵׁשׁ וְאֶת־פַּאֲרֵי הַמִּגְבָּעֹת שֵׁשׁ
כט וְאֶת־מִכְנְסֵי הַבָּד שֵׁשׁ מָשְׁזָר׃ וְאֶת־הָאַבְנֵט שֵׁשׁ מָשְׁזָר וּתְכֵלֶת
וְאַרְגָּמָן וְתוֹלַעַת שָׁנִי מַעֲשֵׂה רֹקֵם כַּאֲשֶׁר צִוָּה יְהוָה אֶת־
ל מֹשֶׁה׃ וַיַּעֲשׂוּ אֶת־צִיץ נֵזֶר־הַקֹּדֶשׁ זָהָב טָהוֹר
לא וַיִּכְתְּבוּ עָלָיו מִכְתַּב פִּתּוּחֵי חוֹתָם קֹדֶשׁ לַיהוָה׃ וַיִּתְּנוּ עָלָיו
פְּתִיל תְּכֵלֶת לָתֵת עַל־הַמִּצְנֶפֶת מִלְמָעְלָה כַּאֲשֶׁר צִוָּה יְהוָה
לב אֶת־מֹשֶׁה׃ וַתֵּכֶל כָּל־עֲבֹדַת מִשְׁכַּן אֹהֶל

מוֹעֵד וַיַּעֲשׂוּ בְּנֵי יִשְׂרָאֵל כְּכֹל אֲשֶׁר צִוָּה יְהוָה אֶת־מֹשֶׁה כֵּן
עָשׂוּ׃
רביעי כט וַיָּבִיאוּ אֶת־הַמִּשְׁכָּן אֶל־מֹשֶׁה אֶת־הָאֹהֶל וְאֶת־כָּל־כֵּלָיו לג
קְרָסָיו קְרָשָׁיו בְּרִיחָו וְעַמֻּדָיו וַאֲדָנָיו׃ וְאֶת־מִכְסֵה עוֹרֹת הָאֵילִם לד
הַמְאָדָּמִים וְאֶת־מִכְסֵה עֹרֹת הַתְּחָשִׁים וְאֵת פָּרֹכֶת הַמָּסָךְ׃
אֶת־אֲרוֹן הָעֵדֻת וְאֶת־בַּדָּיו וְאֵת הַכַּפֹּרֶת׃ אֶת־הַשֻּׁלְחָן אֶת־ לה לו
כָּל־כֵּלָיו וְאֵת לֶחֶם הַפָּנִים׃ אֶת־הַמְּנֹרָה הַטְּהֹרָה אֶת־נֵרֹתֶיהָ לז
נֵרֹת הַמַּעֲרָכָה וְאֶת־כָּל־כֵּלֶיהָ וְאֵת שֶׁמֶן הַמָּאוֹר׃ וְאֵת מִזְבַּח לח
הַזָּהָב וְאֵת שֶׁמֶן הַמִּשְׁחָה וְאֵת קְטֹרֶת הַסַּמִּים וְאֵת מָסַךְ
פֶּתַח הָאֹהֶל׃ אֵת ׀ מִזְבַּח הַנְּחֹשֶׁת וְאֶת־מִכְבַּר הַנְּחֹשֶׁת אֲשֶׁר־ לט
לוֹ אֶת־בַּדָּיו וְאֶת־כָּל־כֵּלָיו אֶת־הַכִּיֹּר וְאֶת־כַּנּוֹ׃ אֵת קַלְעֵי מ
הֶחָצֵר אֶת־עַמֻּדֶיהָ וְאֶת־אֲדָנֶיהָ וְאֶת־הַמָּסָךְ לְשַׁעַר הֶחָצֵר
אֶת־מֵיתָרָיו וִיתֵדֹתֶיהָ וְאֵת כָּל־כְּלֵי עֲבֹדַת הַמִּשְׁכָּן לְאֹהֶל
מוֹעֵד׃ אֶת־בִּגְדֵי הַשְּׂרָד לְשָׁרֵת בַּקֹּדֶשׁ אֶת־בִּגְדֵי הַקֹּדֶשׁ מא
לְאַהֲרֹן הַכֹּהֵן וְאֶת־בִּגְדֵי בָנָיו לְכַהֵן׃ כְּכֹל אֲשֶׁר־צִוָּה יְהוָה מב
אֶת־מֹשֶׁה כֵּן עָשׂוּ בְּנֵי יִשְׂרָאֵל אֵת כָּל־הָעֲבֹדָה׃ וַיַּרְא מֹשֶׁה מג
אֶת־כָּל־הַמְּלָאכָה וְהִנֵּה עָשׂוּ אֹתָהּ כַּאֲשֶׁר צִוָּה יְהוָה כֵּן עָשׂוּ
וַיְבָרֶךְ אֹתָם מֹשֶׁה׃

חמישי /שביעי/ וַיְדַבֵּר יְהוָה אֶל־מֹשֶׁה לֵּאמֹר׃ בְּיוֹם־הַחֹדֶשׁ הָרִאשׁוֹן בְּאֶחָד מ א ב
לַחֹדֶשׁ תָּקִים אֶת־מִשְׁכַּן אֹהֶל מוֹעֵד׃ וְשַׂמְתָּ שָׁם אֵת אֲרוֹן ג
הָעֵדוּת וְסַכֹּתָ עַל־הָאָרֹן אֶת־הַפָּרֹכֶת׃ וְהֵבֵאתָ אֶת־הַשֻּׁלְחָן ד
וְעָרַכְתָּ אֶת־עֶרְכּוֹ וְהֵבֵאתָ אֶת־הַמְּנֹרָה וְהַעֲלֵיתָ אֶת־נֵרֹתֶיהָ׃
וְנָתַתָּה אֶת־מִזְבַּח הַזָּהָב לִקְטֹרֶת לִפְנֵי אֲרוֹן הָעֵדֻת וְשַׂמְתָּ ה
אֶת־מָסַךְ הַפֶּתַח לַמִּשְׁכָּן׃ וְנָתַתָּה אֵת מִזְבַּח הָעֹלָה לִפְנֵי ו
פֶּתַח מִשְׁכַּן אֹהֶל־מוֹעֵד׃ וְנָתַתָּ אֶת־הַכִּיֹּר בֵּין־אֹהֶל מוֹעֵד ז
וּבֵין הַמִּזְבֵּחַ וְנָתַתָּ שָׁם מָיִם׃ וְשַׂמְתָּ אֶת־הֶחָצֵר סָבִיב וְנָתַתָּ ח
אֶת־מָסַךְ שַׁעַר הֶחָצֵר׃ וְלָקַחְתָּ אֶת־שֶׁמֶן הַמִּשְׁחָה וּמָשַׁחְתָּ ט

אֶת־הַמִּשְׁכָּן וְאֶת־כָּל־אֲשֶׁר־בּוֹ וְקִדַּשְׁתָּ אֹתוֹ וְאֶת־כָּל־כֵּלָיו
י וְהָיָה קֹדֶשׁ׃ וּמָשַׁחְתָּ אֶת־מִזְבַּח הָעֹלָה וְאֶת־כָּל־כֵּלָיו וְקִדַּשְׁתָּ
יא אֶת־הַמִּזְבֵּחַ וְהָיָה הַמִּזְבֵּחַ קֹדֶשׁ קָדָשִׁים׃ וּמָשַׁחְתָּ אֶת־הַכִּיֹּר
יב וְאֶת־כַּנּוֹ וְקִדַּשְׁתָּ אֹתוֹ׃ וְהִקְרַבְתָּ אֶת־אַהֲרֹן וְאֶת־בָּנָיו אֶל־
יג פֶּתַח אֹהֶל מוֹעֵד וְרָחַצְתָּ אֹתָם בַּמָּיִם׃ וְהִלְבַּשְׁתָּ אֶת־אַהֲרֹן
יד אֵת בִּגְדֵי הַקֹּדֶשׁ וּמָשַׁחְתָּ אֹתוֹ וְקִדַּשְׁתָּ אֹתוֹ וְכִהֵן לִי׃ וְאֶת־
טו בָּנָיו תַּקְרִיב וְהִלְבַּשְׁתָּ אֹתָם כֻּתֳּנֹת׃ וּמָשַׁחְתָּ אֹתָם כַּאֲשֶׁר
מָשַׁחְתָּ אֶת־אֲבִיהֶם וְכִהֲנוּ לִי וְהָיְתָה לִהְיֹת לָהֶם מָשְׁחָתָם
טז לִכְהֻנַּת עוֹלָם לְדֹרֹתָם׃ וַיַּעַשׂ מֹשֶׁה כְּכֹל אֲשֶׁר צִוָּה יְהוָה
יז אֹתוֹ כֵּן עָשָׂה׃ וַיְהִי בַּחֹדֶשׁ הָרִאשׁוֹן בַּשָּׁנָה ששי
יח הַשֵּׁנִית בְּאֶחָד לַחֹדֶשׁ הוּקַם הַמִּשְׁכָּן׃ וַיָּקֶם מֹשֶׁה אֶת־
הַמִּשְׁכָּן וַיִּתֵּן אֶת־אֲדָנָיו וַיָּשֶׂם אֶת־קְרָשָׁיו וַיִּתֵּן אֶת־בְּרִיחָיו
יט וַיָּקֶם אֶת־עַמּוּדָיו׃ וַיִּפְרֹשׂ אֶת־הָאֹהֶל עַל־הַמִּשְׁכָּן וַיָּשֶׂם
אֶת־מִכְסֵה הָאֹהֶל עָלָיו מִלְמָעְלָה כַּאֲשֶׁר צִוָּה יְהוָה אֶת־
כ מֹשֶׁה׃ וַיִּקַּח וַיִּתֵּן אֶת־הָעֵדֻת אֶל־הָאָרֹן וַיָּשֶׂם
אֶת־הַבַּדִּים עַל־הָאָרֹן וַיִּתֵּן אֶת־הַכַּפֹּרֶת עַל־הָאָרֹן מִלְמָעְלָה׃
כא וַיָּבֵא אֶת־הָאָרֹן אֶל־הַמִּשְׁכָּן וַיָּשֶׂם אֵת פָּרֹכֶת הַמָּסָךְ וַיָּסֶךְ עַל
כב אֲרוֹן הָעֵדוּת כַּאֲשֶׁר צִוָּה יְהוָה אֶת־מֹשֶׁה׃ וַיִּתֵּן
אֶת־הַשֻּׁלְחָן בְּאֹהֶל מוֹעֵד עַל יֶרֶךְ הַמִּשְׁכָּן צָפֹנָה מִחוּץ
כג לַפָּרֹכֶת׃ וַיַּעֲרֹךְ עָלָיו עֵרֶךְ לֶחֶם לִפְנֵי יְהוָה כַּאֲשֶׁר צִוָּה יְהוָה
כד אֶת־מֹשֶׁה׃ וַיָּשֶׂם אֶת־הַמְּנֹרָה בְּאֹהֶל מוֹעֵד
כה נֹכַח הַשֻּׁלְחָן עַל יֶרֶךְ הַמִּשְׁכָּן נֶגְבָּה׃ וַיַּעַל הַנֵּרֹת לִפְנֵי יְהוָה
כו כַּאֲשֶׁר צִוָּה יְהוָה אֶת־מֹשֶׁה׃ וַיָּשֶׂם אֶת־מִזְבַּח
כז הַזָּהָב בְּאֹהֶל מוֹעֵד לִפְנֵי הַפָּרֹכֶת׃ וַיַּקְטֵר עָלָיו קְטֹרֶת סַמִּים
כח כַּאֲשֶׁר צִוָּה יְהוָה אֶת־מֹשֶׁה׃ וַיָּשֶׂם אֶת־מָסַךְ שביעי
כט הַפֶּתַח לַמִּשְׁכָּן׃ וְאֵת מִזְבַּח הָעֹלָה שָׂם פֶּתַח מִשְׁכַּן אֹהֶל־
מוֹעֵד וַיַּעַל עָלָיו אֶת־הָעֹלָה וְאֶת־הַמִּנְחָה כַּאֲשֶׁר צִוָּה יְהוָה

ל אֶת־מֹשֶׁה׃ וַיָּשֶׂם אֶת־הַכִּיֹּר בֵּין־אֹהֶל מוֹעֵד
לא וּבֵין הַמִּזְבֵּחַ וַיִּתֵּן שָׁמָּה מַיִם לְרָחְצָה׃ וְרָחֲצוּ מִמֶּנּוּ מֹשֶׁה
לב וְאַהֲרֹן וּבָנָיו אֶת־יְדֵיהֶם וְאֶת־רַגְלֵיהֶם׃ בְּבֹאָם אֶל־אֹהֶל
מוֹעֵד וּבְקָרְבָתָם אֶל־הַמִּזְבֵּחַ יִרְחָצוּ כַּאֲשֶׁר צִוָּה יְהוָה אֶת־
לג מֹשֶׁה׃ וַיָּקֶם אֶת־הֶחָצֵר סָבִיב
לַמִּשְׁכָּן וְלַמִּזְבֵּחַ וַיִּתֵּן אֶת־מָסַךְ שַׁעַר הֶחָצֵר וַיְכַל מֹשֶׁה אֶת־
הַמְּלָאכָה׃

מפטיר
לד וַיְכַס הֶעָנָן אֶת־אֹהֶל מוֹעֵד וּכְבוֹד יְהוָה מָלֵא אֶת־הַמִּשְׁכָּן׃
לה וְלֹא־יָכֹל מֹשֶׁה לָבוֹא אֶל־אֹהֶל מוֹעֵד כִּי־שָׁכַן עָלָיו הֶעָנָן
לו וּכְבוֹד יְהוָה מָלֵא אֶת־הַמִּשְׁכָּן׃ וּבְהֵעָלוֹת הֶעָנָן מֵעַל הַמִּשְׁכָּן
לז יִסְעוּ בְּנֵי יִשְׂרָאֵל בְּכֹל מַסְעֵיהֶם׃ וְאִם־לֹא יֵעָלֶה הֶעָנָן וְלֹא
לח יִסְעוּ עַד־יוֹם הֵעָלֹתוֹ׃ כִּי עֲנַן יְהוָה עַל־הַמִּשְׁכָּן יוֹמָם וְאֵשׁ
תִּהְיֶה לַיְלָה בּוֹ לְעֵינֵי כָל־בֵּית־יִשְׂרָאֵל בְּכָל־מַסְעֵיהֶם׃

ויקרא

א וַיִּקְרָא אֶל־מֹשֶׁה וַיְדַבֵּר יהוה אֵלָיו מֵאֹהֶל מוֹעֵד לֵאמֹר׃ א
ב דַּבֵּר אֶל־בְּנֵי יִשְׂרָאֵל וְאָמַרְתָּ אֲלֵהֶם אָדָם כִּי־יַקְרִיב מִכֶּם
קָרְבָּן לַיהוה מִן־הַבְּהֵמָה מִן־הַבָּקָר וּמִן־הַצֹּאן תַּקְרִיבוּ אֶת־
ג קָרְבַּנְכֶם׃ אִם־עֹלָה קָרְבָּנוֹ מִן־הַבָּקָר זָכָר תָּמִים יַקְרִיבֶנּוּ
ד אֶל־פֶּתַח אֹהֶל מוֹעֵד יַקְרִיב אֹתוֹ לִרְצֹנוֹ לִפְנֵי יהוה׃ וְסָמַךְ
ה יָדוֹ עַל רֹאשׁ הָעֹלָה וְנִרְצָה לוֹ לְכַפֵּר עָלָיו׃ וְשָׁחַט אֶת־בֶּן
הַבָּקָר לִפְנֵי יהוה וְהִקְרִיבוּ בְּנֵי אַהֲרֹן הַכֹּהֲנִים אֶת־הַדָּם וְזָרְקוּ
ו אֶת־הַדָּם עַל־הַמִּזְבֵּחַ סָבִיב אֲשֶׁר־פֶּתַח אֹהֶל מוֹעֵד׃ וְהִפְשִׁיט
ז אֶת־הָעֹלָה וְנִתַּח אֹתָהּ לִנְתָחֶיהָ׃ וְנָתְנוּ בְּנֵי אַהֲרֹן הַכֹּהֵן
ח אֵשׁ עַל־הַמִּזְבֵּחַ וְעָרְכוּ עֵצִים עַל־הָאֵשׁ׃ וְעָרְכוּ בְּנֵי אַהֲרֹן
הַכֹּהֲנִים אֵת הַנְּתָחִים אֶת־הָרֹאשׁ וְאֶת־הַפָּדֶר עַל־הָעֵצִים
ט אֲשֶׁר עַל־הָאֵשׁ אֲשֶׁר עַל־הַמִּזְבֵּחַ׃ וְקִרְבּוֹ וּכְרָעָיו יִרְחַץ בַּמָּיִם
וְהִקְטִיר הַכֹּהֵן אֶת־הַכֹּל הַמִּזְבֵּחָה עֹלָה אִשֵּׁה רֵיחַ־נִיחוֹחַ
י לַיהוה׃ וְאִם־מִן־הַצֹּאן קָרְבָּנוֹ מִן־הַכְּשָׂבִים אוֹ
יא מִן־הָעִזִּים לְעֹלָה זָכָר תָּמִים יַקְרִיבֶנּוּ׃ וְשָׁחַט אֹתוֹ עַל יֶרֶךְ
הַמִּזְבֵּחַ צָפֹנָה לִפְנֵי יהוה וְזָרְקוּ בְּנֵי אַהֲרֹן הַכֹּהֲנִים אֶת־דָּמוֹ
יב עַל־הַמִּזְבֵּחַ סָבִיב׃ וְנִתַּח אֹתוֹ לִנְתָחָיו וְאֶת־רֹאשׁוֹ וְאֶת־
פִּדְרוֹ וְעָרַךְ הַכֹּהֵן אֹתָם עַל־הָעֵצִים אֲשֶׁר עַל־הָאֵשׁ אֲשֶׁר
יג עַל־הַמִּזְבֵּחַ׃ וְהַקֶּרֶב וְהַכְּרָעַיִם יִרְחַץ בַּמָּיִם וְהִקְרִיב הַכֹּהֵן
אֶת־הַכֹּל וְהִקְטִיר הַמִּזְבֵּחָה עֹלָה הוּא אִשֵּׁה רֵיחַ נִיחֹחַ
לַיהוה׃
יד וְאִם מִן־הָעוֹף עֹלָה קָרְבָּנוֹ לַיהוה וְהִקְרִיב מִן־הַתֹּרִים אוֹ שני
טו מִן־בְּנֵי הַיּוֹנָה אֶת־קָרְבָּנוֹ׃ וְהִקְרִיבוֹ הַכֹּהֵן אֶל־הַמִּזְבֵּחַ וּמָלַק
אֶת־רֹאשׁוֹ וְהִקְטִיר הַמִּזְבֵּחָה וְנִמְצָה דָמוֹ עַל קִיר הַמִּזְבֵּחַ׃
טז וְהֵסִיר אֶת־מֻרְאָתוֹ בְּנֹצָתָהּ וְהִשְׁלִיךְ אֹתָהּ אֵצֶל הַמִּזְבֵּחַ
יז קֵדְמָה אֶל־מְקוֹם הַדָּשֶׁן׃ וְשִׁסַּע אֹתוֹ בִכְנָפָיו לֹא יַבְדִּיל וְהִקְטִיר
אֹתוֹ הַכֹּהֵן הַמִּזְבֵּחָה עַל־הָעֵצִים אֲשֶׁר עַל־הָאֵשׁ עֹלָה הוּא

אִשֵּׁה רֵיחַ נִיחֹחַ לַיהוָה׃ וְנֶפֶשׁ כִּי־תַקְרִיב קָרְבַּן ב א
מִנְחָה לַיהוָה סֹלֶת יִהְיֶה קָרְבָּנוֹ וְיָצַק עָלֶיהָ שֶׁמֶן וְנָתַן עָלֶיהָ
לְבֹנָה׃ וֶהֱבִיאָהּ אֶל־בְּנֵי אַהֲרֹן הַכֹּהֲנִים וְקָמַץ מִשָּׁם מְלֹא קֻמְצוֹ ב
מִסָּלְתָּהּ וּמִשַּׁמְנָהּ עַל כָּל־לְבֹנָתָהּ וְהִקְטִיר הַכֹּהֵן אֶת־אַזְכָּרָתָהּ
הַמִּזְבֵּחָה אִשֵּׁה רֵיחַ נִיחֹחַ לַיהוָה׃ וְהַנּוֹתֶרֶת מִן־הַמִּנְחָה לְאַהֲרֹן ג
וּלְבָנָיו קֹדֶשׁ קָדָשִׁים מֵאִשֵּׁי יְהוָה׃ וְכִי תַקְרִב ד
קָרְבַּן מִנְחָה מַאֲפֵה תַנּוּר סֹלֶת חַלּוֹת מַצֹּת בְּלוּלֹת בַּשֶּׁמֶן
וּרְקִיקֵי מַצּוֹת מְשֻׁחִים בַּשָּׁמֶן׃ וְאִם־מִנְחָה עַל־ ה
הַמַּחֲבַת קָרְבָּנֶךָ סֹלֶת בְּלוּלָה בַשֶּׁמֶן מַצָּה תִהְיֶה׃ פָּתוֹת אֹתָהּ ו
שלישי פִּתִּים וְיָצַקְתָּ עָלֶיהָ שָׁמֶן מִנְחָה הִוא׃ וְאִם־ ז
מִנְחַת מַרְחֶשֶׁת קָרְבָּנֶךָ סֹלֶת בַּשֶּׁמֶן תֵּעָשֶׂה׃ וְהֵבֵאתָ אֶת־ ח
הַמִּנְחָה אֲשֶׁר יֵעָשֶׂה מֵאֵלֶּה לַיהוָה וְהִקְרִיבָהּ אֶל־הַכֹּהֵן וְהִגִּישָׁהּ
אֶל־הַמִּזְבֵּחַ׃ וְהֵרִים הַכֹּהֵן מִן־הַמִּנְחָה אֶת־אַזְכָּרָתָהּ וְהִקְטִיר ט
הַמִּזְבֵּחָה אִשֵּׁה רֵיחַ נִיחֹחַ לַיהוָה׃ וְהַנּוֹתֶרֶת מִן־הַמִּנְחָה לְאַהֲרֹן י
וּלְבָנָיו קֹדֶשׁ קָדָשִׁים מֵאִשֵּׁי יְהוָה׃ כָּל־הַמִּנְחָה אֲשֶׁר תַּקְרִיבוּ יא
לַיהוָה לֹא תֵעָשֶׂה חָמֵץ כִּי כָל־שְׂאֹר וְכָל־דְּבַשׁ לֹא־תַקְטִירוּ
מִמֶּנּוּ אִשֶּׁה לַיהוָה׃ קָרְבַּן רֵאשִׁית תַּקְרִיבוּ אֹתָם לַיהוָה וְאֶל־ יב
הַמִּזְבֵּחַ לֹא־יַעֲלוּ לְרֵיחַ נִיחֹחַ׃ וְכָל־קָרְבַּן מִנְחָתְךָ בַּמֶּלַח תִּמְלָח יג
וְלֹא תַשְׁבִּית מֶלַח בְּרִית אֱלֹהֶיךָ מֵעַל מִנְחָתֶךָ עַל כָּל־קָרְבָּנְךָ
תַּקְרִיב מֶלַח׃ וְאִם־תַּקְרִיב מִנְחַת בִּכּוּרִים יד
לַיהוָה אָבִיב קָלוּי בָּאֵשׁ גֶּרֶשׂ כַּרְמֶל תַּקְרִיב אֵת מִנְחַת
בִּכּוּרֶיךָ׃ וְנָתַתָּ עָלֶיהָ שֶׁמֶן וְשַׂמְתָּ עָלֶיהָ לְבֹנָה מִנְחָה הִוא׃ טו
וְהִקְטִיר הַכֹּהֵן אֶת־אַזְכָּרָתָהּ מִגִּרְשָׂהּ וּמִשַּׁמְנָהּ עַל כָּל־לְבֹנָתָהּ טז
אִשֶּׁה לַיהוָה׃

רביעי וְאִם־זֶבַח שְׁלָמִים קָרְבָּנוֹ אִם מִן־הַבָּקָר הוּא מַקְרִיב אִם־ ג א
זָכָר אִם־נְקֵבָה תָּמִים יַקְרִיבֶנּוּ לִפְנֵי יְהוָה׃ וְסָמַךְ יָדוֹ עַל־רֹאשׁ ב
קָרְבָּנוֹ וּשְׁחָטוֹ פֶּתַח אֹהֶל מוֹעֵד וְזָרְקוּ בְּנֵי אַהֲרֹן הַכֹּהֲנִים

ג אֶת־הַדָּם עַל־הַמִּזְבֵּחַ סָבִיב׃ וְהִקְרִיב מִזֶּבַח הַשְּׁלָמִים אִשֶּׁה
לַיהוָה אֶת־הַחֵלֶב הַמְכַסֶּה אֶת־הַקֶּרֶב וְאֵת כָּל־הַחֵלֶב אֲשֶׁר
ד עַל־הַקֶּרֶב׃ וְאֵת שְׁתֵּי הַכְּלָיֹת וְאֶת־הַחֵלֶב אֲשֶׁר עֲלֵהֶן אֲשֶׁר
עַל־הַכְּסָלִים וְאֶת־הַיֹּתֶרֶת עַל־הַכָּבֵד עַל־הַכְּלָיוֹת יְסִירֶנָּה׃
ה וְהִקְטִירוּ אֹתוֹ בְנֵי־אַהֲרֹן הַמִּזְבֵּחָה עַל־הָעֹלָה אֲשֶׁר עַל־הָעֵצִים
אֲשֶׁר עַל־הָאֵשׁ אִשֵּׁה רֵיחַ נִיחֹחַ לַיהוָה׃
ו וְאִם־מִן־הַצֹּאן קָרְבָּנוֹ לְזֶבַח שְׁלָמִים לַיהוָה זָכָר אוֹ נְקֵבָה
ז תָּמִים יַקְרִיבֶנּוּ׃ אִם־כֶּשֶׂב הוּא־מַקְרִיב אֶת־קָרְבָּנוֹ וְהִקְרִיב
ח אֹתוֹ לִפְנֵי יהוָה׃ וְסָמַךְ אֶת־יָדוֹ עַל־רֹאשׁ קָרְבָּנוֹ וְשָׁחַט אֹתוֹ
לִפְנֵי אֹהֶל מוֹעֵד וְזָרְקוּ בְּנֵי אַהֲרֹן אֶת־דָּמוֹ עַל־הַמִּזְבֵּחַ סָבִיב׃
ט וְהִקְרִיב מִזֶּבַח הַשְּׁלָמִים אִשֶּׁה לַיהוָה חֶלְבּוֹ הָאַלְיָה תְמִימָה
לְעֻמַּת הֶעָצֶה יְסִירֶנָּה וְאֶת־הַחֵלֶב הַמְכַסֶּה אֶת־הַקֶּרֶב וְאֵת
י כָּל־הַחֵלֶב אֲשֶׁר עַל־הַקֶּרֶב׃ וְאֵת שְׁתֵּי הַכְּלָיֹת וְאֶת־הַחֵלֶב
אֲשֶׁר עֲלֵהֶן אֲשֶׁר עַל־הַכְּסָלִים וְאֶת־הַיֹּתֶרֶת עַל־הַכָּבֵד
יא עַל־הַכְּלָיֹת יְסִירֶנָּה׃ וְהִקְטִירוֹ הַכֹּהֵן הַמִּזְבֵּחָה לֶחֶם אִשֶּׁה
לַיהוָה׃
יב יג וְאִם־עֵז קָרְבָּנוֹ וְהִקְרִיבוֹ לִפְנֵי יהוָה׃ וְסָמַךְ אֶת־יָדוֹ עַל־רֹאשׁוֹ
וְשָׁחַט אֹתוֹ לִפְנֵי אֹהֶל מוֹעֵד וְזָרְקוּ בְּנֵי אַהֲרֹן אֶת־דָּמוֹ עַל־
יד הַמִּזְבֵּחַ סָבִיב׃ וְהִקְרִיב מִמֶּנּוּ קָרְבָּנוֹ אִשֶּׁה לַיהוָה אֶת־הַחֵלֶב
טו הַמְכַסֶּה אֶת־הַקֶּרֶב וְאֵת כָּל־הַחֵלֶב אֲשֶׁר עַל־הַקֶּרֶב׃ וְאֵת
שְׁתֵּי הַכְּלָיֹת וְאֶת־הַחֵלֶב אֲשֶׁר עֲלֵהֶן אֲשֶׁר עַל־הַכְּסָלִים
טז וְאֶת־הַיֹּתֶרֶת עַל־הַכָּבֵד עַל־הַכְּלָיֹת יְסִירֶנָּה׃ וְהִקְטִירָם
הַכֹּהֵן הַמִּזְבֵּחָה לֶחֶם אִשֶּׁה לְרֵיחַ נִיחֹחַ כָּל־חֵלֶב לַיהוָה׃
יז חֻקַּת עוֹלָם לְדֹרֹתֵיכֶם בְּכֹל מוֹשְׁבֹתֵיכֶם כָּל־חֵלֶב וְכָל־דָּם
לֹא תֹאכֵלוּ׃
ד א ב וַיְדַבֵּר יהוָה אֶל־מֹשֶׁה לֵּאמֹר׃ דַּבֵּר אֶל־בְּנֵי יִשְׂרָאֵל לֵאמֹר ב חמישי
נֶפֶשׁ כִּי־תֶחֱטָא בִשְׁגָגָה מִכֹּל מִצְוֹת יהוָה אֲשֶׁר לֹא תֵעָשֶׂינָה

וְעָשָׂה מֵאַחַת מֵהֵנָּה׃ אִם הַכֹּהֵן הַמָּשִׁיחַ יֶחֱטָא לְאַשְׁמַת ג
הָעָם וְהִקְרִיב עַל חַטָּאתוֹ אֲשֶׁר חָטָא פַּר בֶּן־בָּקָר תָּמִים
לַיהוָה לְחַטָּאת׃ וְהֵבִיא אֶת־הַפָּר אֶל־פֶּתַח אֹהֶל מוֹעֵד לִפְנֵי ד
יְהוָה וְסָמַךְ אֶת־יָדוֹ עַל־רֹאשׁ הַפָּר וְשָׁחַט אֶת־הַפָּר לִפְנֵי
יְהוָה׃ וְלָקַח הַכֹּהֵן הַמָּשִׁיחַ מִדַּם הַפָּר וְהֵבִיא אֹתוֹ אֶל־אֹהֶל ה
מוֹעֵד׃ וְטָבַל הַכֹּהֵן אֶת־אֶצְבָּעוֹ בַּדָּם וְהִזָּה מִן־הַדָּם שֶׁבַע ו
פְּעָמִים לִפְנֵי יְהוָה אֶת־פְּנֵי פָּרֹכֶת הַקֹּדֶשׁ׃ וְנָתַן הַכֹּהֵן מִן־ ז
הַדָּם עַל־קַרְנוֹת מִזְבַּח קְטֹרֶת הַסַּמִּים לִפְנֵי יְהוָה אֲשֶׁר בְּאֹהֶל
מוֹעֵד וְאֵת ׀ כָּל־דַּם הַפָּר יִשְׁפֹּךְ אֶל־יְסוֹד מִזְבַּח הָעֹלָה אֲשֶׁר־
פֶּתַח אֹהֶל מוֹעֵד׃ וְאֶת־כָּל־חֵלֶב פַּר הַחַטָּאת יָרִים מִמֶּנּוּ ח
אֶת־הַחֵלֶב הַמְכַסֶּה עַל־הַקֶּרֶב וְאֵת כָּל־הַחֵלֶב אֲשֶׁר עַל־
הַקֶּרֶב׃ וְאֵת שְׁתֵּי הַכְּלָיֹת וְאֶת־הַחֵלֶב אֲשֶׁר עֲלֵיהֶן אֲשֶׁר עַל־ ט
הַכְּסָלִים וְאֶת־הַיֹּתֶרֶת עַל־הַכָּבֵד עַל־הַכְּלָיוֹת יְסִירֶנָּה׃ כַּאֲשֶׁר י
יוּרַם מִשּׁוֹר זֶבַח הַשְּׁלָמִים וְהִקְטִירָם הַכֹּהֵן עַל מִזְבַּח הָעֹלָה׃
וְאֶת־עוֹר הַפָּר וְאֶת־כָּל־בְּשָׂרוֹ עַל־רֹאשׁוֹ וְעַל־כְּרָעָיו וְקִרְבּוֹ יא
וּפִרְשׁוֹ׃ וְהוֹצִיא אֶת־כָּל־הַפָּר אֶל־מִחוּץ לַמַּחֲנֶה אֶל־מָקוֹם יב
טָהוֹר אֶל־שֶׁפֶךְ הַדֶּשֶׁן וְשָׂרַף אֹתוֹ עַל־עֵצִים בָּאֵשׁ עַל־שֶׁפֶךְ
הַדֶּשֶׁן יִשָּׂרֵף׃

וְאִם כָּל־עֲדַת יִשְׂרָאֵל יִשְׁגּוּ וְנֶעְלַם דָּבָר מֵעֵינֵי הַקָּהָל וְעָשׂוּ יג
אַחַת מִכָּל־מִצְוֹת יְהוָה אֲשֶׁר לֹא־תֵעָשֶׂינָה וְאָשֵׁמוּ׃ וְנוֹדְעָה יד
הַחַטָּאת אֲשֶׁר חָטְאוּ עָלֶיהָ וְהִקְרִיבוּ הַקָּהָל פַּר בֶּן־בָּקָר
לְחַטָּאת וְהֵבִיאוּ אֹתוֹ לִפְנֵי אֹהֶל מוֹעֵד׃ וְסָמְכוּ זִקְנֵי הָעֵדָה טו
אֶת־יְדֵיהֶם עַל־רֹאשׁ הַפָּר לִפְנֵי יְהוָה וְשָׁחַט אֶת־הַפָּר לִפְנֵי
יְהוָה׃ וְהֵבִיא הַכֹּהֵן הַמָּשִׁיחַ מִדַּם הַפָּר אֶל־אֹהֶל מוֹעֵד׃ וְטָבַל טז
הַכֹּהֵן אֶצְבָּעוֹ מִן־הַדָּם וְהִזָּה שֶׁבַע פְּעָמִים לִפְנֵי יְהוָה אֶת־ יז
פְּנֵי הַפָּרֹכֶת׃ וּמִן־הַדָּם יִתֵּן ׀ עַל־קַרְנֹת הַמִּזְבֵּחַ אֲשֶׁר לִפְנֵי יח
יְהוָה אֲשֶׁר בְּאֹהֶל מוֹעֵד וְאֵת כָּל־הַדָּם יִשְׁפֹּךְ אֶל־יְסוֹד מִזְבַּח

יט הָעֹלָה אֲשֶׁר־פֶּתַח אֹהֶל מוֹעֵד׃ וְאֵת כָּל־חֶלְבּוֹ יָרִים מִמֶּנּוּ
כ וְהִקְטִיר הַמִּזְבֵּחָה׃ וְעָשָׂה לַפָּר כַּאֲשֶׁר עָשָׂה לְפַר הַחַטָּאת כֵּן
כא יַעֲשֶׂה־לּוֹ וְכִפֶּר עֲלֵהֶם הַכֹּהֵן וְנִסְלַח לָהֶם׃ וְהוֹצִיא אֶת־הַפָּר
אֶל־מִחוּץ לַמַּחֲנֶה וְשָׂרַף אֹתוֹ כַּאֲשֶׁר שָׂרַף אֵת הַפָּר הָרִאשׁוֹן
חַטַּאת הַקָּהָל הוּא׃
כב אֲשֶׁר נָשִׂיא יֶחֱטָא וְעָשָׂה אַחַת מִכָּל־מִצְוֹת יהוה אֱלֹהָיו
כג אֲשֶׁר לֹא־תֵעָשֶׂינָה בִּשְׁגָגָה וְאָשֵׁם׃ אוֹ־הוֹדַע אֵלָיו חַטָּאתוֹ
אֲשֶׁר חָטָא בָּהּ וְהֵבִיא אֶת־קָרְבָּנוֹ שְׂעִיר עִזִּים זָכָר תָּמִים׃
כד וְסָמַךְ יָדוֹ עַל־רֹאשׁ הַשָּׂעִיר וְשָׁחַט אֹתוֹ בִּמְקוֹם אֲשֶׁר־
כה יִשְׁחַט אֶת־הָעֹלָה לִפְנֵי יהוה חַטָּאת הוּא׃ וְלָקַח הַכֹּהֵן
מִדַּם הַחַטָּאת בְּאֶצְבָּעוֹ וְנָתַן עַל־קַרְנֹת מִזְבַּח הָעֹלָה וְאֶת־
כו דָּמוֹ יִשְׁפֹּךְ אֶל־יְסוֹד מִזְבַּח הָעֹלָה׃ וְאֶת־כָּל־חֶלְבּוֹ יַקְטִיר
הַמִּזְבֵּחָה כְּחֵלֶב זֶבַח הַשְּׁלָמִים וְכִפֶּר עָלָיו הַכֹּהֵן מֵחַטָּאתוֹ
וְנִסְלַח לוֹ׃
כז וְאִם־נֶפֶשׁ אַחַת תֶּחֱטָא בִשְׁגָגָה מֵעַם הָאָרֶץ בַּעֲשֹׂתָהּ אַחַת ששי
כח מִמִּצְוֹת יהוה אֲשֶׁר לֹא־תֵעָשֶׂינָה וְאָשֵׁם׃ אוֹ הוֹדַע אֵלָיו
חַטָּאתוֹ אֲשֶׁר חָטָא וְהֵבִיא קָרְבָּנוֹ שְׂעִירַת עִזִּים תְּמִימָה נְקֵבָה
כט עַל־חַטָּאתוֹ אֲשֶׁר חָטָא׃ וְסָמַךְ אֶת־יָדוֹ עַל רֹאשׁ הַחַטָּאת
ל וְשָׁחַט אֶת־הַחַטָּאת בִּמְקוֹם הָעֹלָה׃ וְלָקַח הַכֹּהֵן מִדָּמָהּ
בְּאֶצְבָּעוֹ וְנָתַן עַל־קַרְנֹת מִזְבַּח הָעֹלָה וְאֶת־כָּל־דָּמָהּ יִשְׁפֹּךְ
לא אֶל־יְסוֹד הַמִּזְבֵּחַ׃ וְאֶת־כָּל־חֶלְבָּהּ יָסִיר כַּאֲשֶׁר הוּסַר חֵלֶב
מֵעַל זֶבַח הַשְּׁלָמִים וְהִקְטִיר הַכֹּהֵן הַמִּזְבֵּחָה לְרֵיחַ נִיחֹחַ לַיהוה
וְכִפֶּר עָלָיו הַכֹּהֵן וְנִסְלַח לוֹ׃
לב וְאִם־כֶּבֶשׂ יָבִיא קָרְבָּנוֹ לְחַטָּאת נְקֵבָה תְמִימָה יְבִיאֶנָּה׃
לג וְסָמַךְ אֶת־יָדוֹ עַל רֹאשׁ הַחַטָּאת וְשָׁחַט אֹתָהּ לְחַטָּאת
לד בִּמְקוֹם אֲשֶׁר יִשְׁחַט אֶת־הָעֹלָה׃ וְלָקַח הַכֹּהֵן מִדַּם הַחַטָּאת
בְּאֶצְבָּעוֹ וְנָתַן עַל־קַרְנֹת מִזְבַּח הָעֹלָה וְאֶת־כָּל־דָּמָהּ יִשְׁפֹּךְ

ד

לה אֶל־יְסוֹד הַמִּזְבֵּחַ: וְאֶת־כָּל־חֶלְבָּהּ יָסִיר כַּאֲשֶׁר יוּסַר חֵלֶב־
הַכֶּשֶׂב מִזֶּבַח הַשְּׁלָמִים וְהִקְטִיר הַכֹּהֵן אֹתָם הַמִּזְבֵּחָה עַל
אִשֵּׁי יְהוָה וְכִפֶּר עָלָיו הַכֹּהֵן עַל־חַטָּאתוֹ אֲשֶׁר־חָטָא וְנִסְלַח
לוֹ:
ה א וְנֶפֶשׁ כִּי־תֶחֱטָא וְשָׁמְעָה קוֹל אָלָה וְהוּא עֵד אוֹ רָאָה אוֹ יָדָע
ב אִם־לוֹא יַגִּיד וְנָשָׂא עֲוֺנוֹ: אוֹ נֶפֶשׁ אֲשֶׁר תִּגַּע בְּכָל־דָּבָר טָמֵא
אוֹ בְנִבְלַת חַיָּה טְמֵאָה אוֹ בְּנִבְלַת בְּהֵמָה טְמֵאָה אוֹ בְּנִבְלַת
ג שֶׁרֶץ טָמֵא וְנֶעְלַם מִמֶּנּוּ וְהוּא טָמֵא וְאָשֵׁם: אוֹ כִי יִגַּע
בְּטֻמְאַת אָדָם לְכֹל טֻמְאָתוֹ אֲשֶׁר יִטְמָא בָּהּ וְנֶעְלַם מִמֶּנּוּ
ד וְהוּא יָדַע וְאָשֵׁם: אוֹ נֶפֶשׁ כִּי תִשָּׁבַע לְבַטֵּא בִשְׂפָתַיִם לְהָרַע
אוֹ לְהֵיטִיב לְכֹל אֲשֶׁר יְבַטֵּא הָאָדָם בִּשְׁבֻעָה וְנֶעְלַם מִמֶּנּוּ
ה וְהוּא־יָדַע וְאָשֵׁם לְאַחַת מֵאֵלֶּה: וְהָיָה כִי־יֶאְשַׁם לְאַחַת
ו מֵאֵלֶּה וְהִתְוַדָּה אֲשֶׁר חָטָא עָלֶיהָ: וְהֵבִיא אֶת־אֲשָׁמוֹ לַיהוָה
עַל חַטָּאתוֹ אֲשֶׁר חָטָא נְקֵבָה מִן־הַצֹּאן כִּשְׂבָּה אוֹ־שְׂעִירַת
ז עִזִּים לְחַטָּאת וְכִפֶּר עָלָיו הַכֹּהֵן מֵחַטָּאתוֹ: וְאִם־לֹא תַגִּיעַ יָדוֹ
דֵּי שֶׂה וְהֵבִיא אֶת־אֲשָׁמוֹ אֲשֶׁר חָטָא שְׁתֵּי תֹרִים אוֹ־שְׁנֵי
ח בְנֵי־יוֹנָה לַיהוָה אֶחָד לְחַטָּאת וְאֶחָד לְעֹלָה: וְהֵבִיא אֹתָם
אֶל־הַכֹּהֵן וְהִקְרִיב אֶת־אֲשֶׁר לַחַטָּאת רִאשׁוֹנָה וּמָלַק אֶת־
ט רֹאשׁוֹ מִמּוּל עָרְפּוֹ וְלֹא יַבְדִּיל: וְהִזָּה מִדַּם הַחַטָּאת עַל־קִיר
הַמִּזְבֵּחַ וְהַנִּשְׁאָר בַּדָּם יִמָּצֵה אֶל־יְסוֹד הַמִּזְבֵּחַ חַטָּאת הוּא:
י וְאֶת־הַשֵּׁנִי יַעֲשֶׂה עֹלָה כַּמִּשְׁפָּט וְכִפֶּר עָלָיו הַכֹּהֵן מֵחַטָּאתוֹ
שביעי יא אֲשֶׁר־חָטָא וְנִסְלַח לוֹ: וְאִם־לֹא תַשִּׂיג יָדוֹ
לִשְׁתֵּי תֹרִים אוֹ לִשְׁנֵי בְנֵי־יוֹנָה וְהֵבִיא אֶת־קָרְבָּנוֹ אֲשֶׁר חָטָא
עֲשִׂירִת הָאֵפָה סֹלֶת לְחַטָּאת לֹא־יָשִׂים עָלֶיהָ שֶׁמֶן וְלֹא־יִתֵּן
יב עָלֶיהָ לְבֹנָה כִּי חַטָּאת הִוא: וֶהֱבִיאָהּ אֶל־הַכֹּהֵן וְקָמַץ הַכֹּהֵן
מִמֶּנָּה מְלוֹא קֻמְצוֹ אֶת־אַזְכָּרָתָהּ וְהִקְטִיר הַמִּזְבֵּחָה עַל אִשֵּׁי
יג יְהוָה חַטָּאת הִוא: וְכִפֶּר עָלָיו הַכֹּהֵן עַל־חַטָּאתוֹ אֲשֶׁר־חָטָא

יד מֵאַחַת מֵאֵלֶּה וְנִסְלַח לוֹ וְהָיְתָה לַכֹּהֵן כַּמִּנְחָה׃ וַיְדַבֵּר
טו יְהוָה אֶל־מֹשֶׁה לֵּאמֹר׃ נֶפֶשׁ כִּי־תִמְעֹל מַעַל וְחָטְאָה בִּשְׁגָגָה
מִקָּדְשֵׁי יְהוָה וְהֵבִיא אֶת־אֲשָׁמוֹ לַיהוָה אַיִל תָּמִים מִן־הַצֹּאן
טז בְּעֶרְכְּךָ כֶּסֶף־שְׁקָלִים בְּשֶׁקֶל־הַקֹּדֶשׁ לְאָשָׁם׃ וְאֵת אֲשֶׁר חָטָא
מִן־הַקֹּדֶשׁ יְשַׁלֵּם וְאֶת־חֲמִישִׁתוֹ יוֹסֵף עָלָיו וְנָתַן אֹתוֹ לַכֹּהֵן
וְהַכֹּהֵן יְכַפֵּר עָלָיו בְּאֵיל הָאָשָׁם וְנִסְלַח לוֹ׃
יז וְאִם־נֶפֶשׁ כִּי תֶחֱטָא וְעָשְׂתָה אַחַת מִכָּל־מִצְוֹת יְהוָה אֲשֶׁר
יח לֹא תֵעָשֶׂינָה וְלֹא־יָדַע וְאָשֵׁם וְנָשָׂא עֲוֹנוֹ׃ וְהֵבִיא אַיִל תָּמִים
מִן־הַצֹּאן בְּעֶרְכְּךָ לְאָשָׁם אֶל־הַכֹּהֵן וְכִפֶּר עָלָיו הַכֹּהֵן עַל
יט שִׁגְגָתוֹ אֲשֶׁר־שָׁגָג וְהוּא לֹא־יָדַע וְנִסְלַח לוֹ׃ אָשָׁם הוּא אָשֹׁם
אָשַׁם לַיהוָה׃
כ כא וַיְדַבֵּר יְהוָה אֶל־מֹשֶׁה לֵּאמֹר׃ נֶפֶשׁ כִּי תֶחֱטָא וּמָעֲלָה מַעַל
בַּיהוָה וְכִחֵשׁ בַּעֲמִיתוֹ בְּפִקָּדוֹן אוֹ־בִתְשׂוּמֶת יָד אוֹ בְגָזֵל אוֹ
כב עָשַׁק אֶת־עֲמִיתוֹ׃ אוֹ־מָצָא אֲבֵדָה וְכִחֶשׁ בָּהּ וְנִשְׁבַּע עַל־
כג שָׁקֶר עַל־אַחַת מִכֹּל אֲשֶׁר־יַעֲשֶׂה הָאָדָם לַחֲטֹא בָהֵנָּה׃ וְהָיָה
כִּי־יֶחֱטָא וְאָשֵׁם וְהֵשִׁיב אֶת־הַגְּזֵלָה אֲשֶׁר גָּזָל אוֹ אֶת־הָעֹשֶׁק
אֲשֶׁר עָשָׁק אוֹ אֶת־הַפִּקָּדוֹן אֲשֶׁר הָפְקַד אִתּוֹ אוֹ אֶת־הָאֲבֵדָה
כד אֲשֶׁר מָצָא׃ אוֹ מִכֹּל אֲשֶׁר־יִשָּׁבַע עָלָיו לַשֶּׁקֶר וְשִׁלַּם אֹתוֹ מפטיר
בְּרֹאשׁוֹ וַחֲמִשִׁתָיו יֹסֵף עָלָיו לַאֲשֶׁר הוּא לוֹ יִתְּנֶנּוּ בְּיוֹם אַשְׁמָתוֹ׃
כה וְאֶת־אֲשָׁמוֹ יָבִיא לַיהוָה אַיִל תָּמִים מִן־הַצֹּאן בְּעֶרְכְּךָ לְאָשָׁם
כו אֶל־הַכֹּהֵן׃ וְכִפֶּר עָלָיו הַכֹּהֵן לִפְנֵי יְהוָה וְנִסְלַח לוֹ עַל־אַחַת
מִכֹּל אֲשֶׁר־יַעֲשֶׂה לְאַשְׁמָה בָהּ׃
ו א ב וַיְדַבֵּר יְהוָה אֶל־מֹשֶׁה לֵּאמֹר׃ צַו אֶת־אַהֲרֹן וְאֶת־בָּנָיו לֵאמֹר צו
זֹאת תּוֹרַת הָעֹלָה הִוא הָעֹלָה עַל מוֹקְדָה עַל־הַמִּזְבֵּחַ כָּל־
ג הַלַּיְלָה עַד־הַבֹּקֶר וְאֵשׁ הַמִּזְבֵּחַ תּוּקַד בּוֹ׃ וְלָבַשׁ הַכֹּהֵן מִדּוֹ
בַד וּמִכְנְסֵי־בַד יִלְבַּשׁ עַל־בְּשָׂרוֹ וְהֵרִים אֶת־הַדֶּשֶׁן אֲשֶׁר
תֹּאכַל הָאֵשׁ אֶת־הָעֹלָה עַל־הַמִּזְבֵּחַ וְשָׂמוֹ אֵצֶל הַמִּזְבֵּחַ׃

ד וּפָשַׁט אֶת־בְּגָדָיו וְלָבַשׁ בְּגָדִים אֲחֵרִים וְהוֹצִיא אֶת־הַדֶּשֶׁן
ה אֶל־מִחוּץ לַמַּחֲנֶה אֶל־מָקוֹם טָהוֹר: וְהָאֵשׁ עַל־הַמִּזְבֵּחַ תּוּקַד־
בּוֹ לֹא תִכְבֶּה וּבִעֵר עָלֶיהָ הַכֹּהֵן עֵצִים בַּבֹּקֶר בַּבֹּקֶר וְעָרַךְ
ו עָלֶיהָ הָעֹלָה וְהִקְטִיר עָלֶיהָ חֶלְבֵי הַשְּׁלָמִים: אֵשׁ תָּמִיד תּוּקַד
ז עַל־הַמִּזְבֵּחַ לֹא תִכְבֶּה: וְזֹאת תּוֹרַת הַמִּנְחָה
ח הַקְרֵב אֹתָהּ בְּנֵי־אַהֲרֹן לִפְנֵי יהוה אֶל־פְּנֵי הַמִּזְבֵּחַ: וְהֵרִים
מִמֶּנּוּ בְּקֻמְצוֹ מִסֹּלֶת הַמִּנְחָה וּמִשַּׁמְנָהּ וְאֵת כָּל־הַלְּבֹנָה אֲשֶׁר
עַל־הַמִּנְחָה וְהִקְטִיר הַמִּזְבֵּחַ רֵיחַ נִיחֹחַ אַזְכָּרָתָהּ לַיהוה:
ט וְהַנּוֹתֶרֶת מִמֶּנָּה יֹאכְלוּ אַהֲרֹן וּבָנָיו מַצּוֹת תֵּאָכֵל בְּמָקוֹם
י קָדֹשׁ בַּחֲצַר אֹהֶל־מוֹעֵד יֹאכְלוּהָ: לֹא תֵאָפֶה חָמֵץ חֶלְקָם
יא נָתַתִּי אֹתָהּ מֵאִשָּׁי קֹדֶשׁ קָדָשִׁים הִוא כַּחַטָּאת וְכָאָשָׁם: כָּל־
זָכָר בִּבְנֵי אַהֲרֹן יֹאכְלֶנָּה חָק־עוֹלָם לְדֹרֹתֵיכֶם מֵאִשֵּׁי יהוה
כֹּל אֲשֶׁר־יִגַּע בָּהֶם יִקְדָּשׁ:
יב יג וַיְדַבֵּר יהוה אֶל־מֹשֶׁה לֵּאמֹר: זֶה קָרְבַּן אַהֲרֹן וּבָנָיו אֲשֶׁר־ ג שני
יַקְרִיבוּ לַיהוה בְּיוֹם הִמָּשַׁח אֹתוֹ עֲשִׂירִת הָאֵפָה סֹלֶת מִנְחָה
יד תָּמִיד מַחֲצִיתָהּ בַּבֹּקֶר וּמַחֲצִיתָהּ בָּעָרֶב: עַל־מַחֲבַת בַּשֶּׁמֶן
תֵּעָשֶׂה מֻרְבֶּכֶת תְּבִיאֶנָּה תֻּפִינֵי מִנְחַת פִּתִּים תַּקְרִיב רֵיחַ־
טו נִיחֹחַ לַיהוה: וְהַכֹּהֵן הַמָּשִׁיחַ תַּחְתָּיו מִבָּנָיו יַעֲשֶׂה אֹתָהּ חָק־
טז עוֹלָם לַיהוה כָּלִיל תָּקְטָר: וְכָל־מִנְחַת כֹּהֵן כָּלִיל תִּהְיֶה לֹא
תֵאָכֵל:
יז יח וַיְדַבֵּר יהוה אֶל־מֹשֶׁה לֵּאמֹר: דַּבֵּר אֶל־אַהֲרֹן וְאֶל־בָּנָיו לֵאמֹר
זֹאת תּוֹרַת הַחַטָּאת בִּמְקוֹם אֲשֶׁר תִּשָּׁחֵט הָעֹלָה תִּשָּׁחֵט
יט הַחַטָּאת לִפְנֵי יהוה קֹדֶשׁ קָדָשִׁים הִוא: הַכֹּהֵן הַמְחַטֵּא אֹתָהּ
כ יֹאכְלֶנָּה בְּמָקוֹם קָדֹשׁ תֵּאָכֵל בַּחֲצַר אֹהֶל מוֹעֵד: כֹּל אֲשֶׁר־
יִגַּע בִּבְשָׂרָהּ יִקְדָּשׁ וַאֲשֶׁר יִזֶּה מִדָּמָהּ עַל־הַבֶּגֶד אֲשֶׁר יִזֶּה
כא עָלֶיהָ תְּכַבֵּס בְּמָקוֹם קָדֹשׁ: וּכְלִי־חֶרֶשׂ אֲשֶׁר תְּבֻשַּׁל־בּוֹ
כב יִשָּׁבֵר וְאִם־בִּכְלִי נְחֹשֶׁת בֻּשָּׁלָה וּמֹרַק וְשֻׁטַּף בַּמָּיִם: כָּל־זָכָר

כג בַּכֹּהֲנִים יֹאכַל אֹתָהּ קֹדֶשׁ קָדָשִׁים הִוא: וְכָל־חַטָּאת אֲשֶׁר
יוּבָא מִדָּמָהּ אֶל־אֹהֶל מוֹעֵד לְכַפֵּר בַּקֹּדֶשׁ לֹא תֵאָכֵל בָּאֵשׁ
תִּשָּׂרֵף:
ז א ב וְזֹאת תּוֹרַת הָאָשָׁם קֹדֶשׁ קָדָשִׁים הוּא: בִּמְקוֹם אֲשֶׁר יִשְׁחֲטוּ
אֶת־הָעֹלָה יִשְׁחֲטוּ אֶת־הָאָשָׁם וְאֶת־דָּמוֹ יִזְרֹק עַל־הַמִּזְבֵּחַ
ג סָבִיב: וְאֶת־כָּל־חֶלְבּוֹ יַקְרִיב מִמֶּנּוּ אֵת הָאַלְיָה וְאֶת־הַחֵלֶב
ד הַמְכַסֶּה אֶת־הַקֶּרֶב: וְאֵת שְׁתֵּי הַכְּלָיֹת וְאֶת־הַחֵלֶב אֲשֶׁר
עֲלֵיהֶן אֲשֶׁר עַל־הַכְּסָלִים וְאֶת־הַיֹּתֶרֶת עַל־הַכָּבֵד עַל־הַכְּלָיֹת
ה יְסִירֶנָּה: וְהִקְטִיר אֹתָם הַכֹּהֵן הַמִּזְבֵּחָה אִשֶּׁה לַיהוָה אָשָׁם
ו הוּא: כָּל־זָכָר בַּכֹּהֲנִים יֹאכְלֶנּוּ בְּמָקוֹם קָדוֹשׁ יֵאָכֵל קֹדֶשׁ
ז קָדָשִׁים הוּא: כַּחַטָּאת כָּאָשָׁם תּוֹרָה אַחַת לָהֶם הַכֹּהֵן אֲשֶׁר
ח יְכַפֶּר־בּוֹ לוֹ יִהְיֶה: וְהַכֹּהֵן הַמַּקְרִיב אֶת־עֹלַת אִישׁ עוֹר הָעֹלָה
ט אֲשֶׁר הִקְרִיב לַכֹּהֵן לוֹ יִהְיֶה: וְכָל־מִנְחָה אֲשֶׁר תֵּאָפֶה בַּתַּנּוּר
וְכָל־נַעֲשָׂה בַמַּרְחֶשֶׁת וְעַל־מַחֲבַת לַכֹּהֵן הַמַּקְרִיב אֹתָהּ לוֹ
י תִהְיֶה: וְכָל־מִנְחָה בְלוּלָה־בַשֶּׁמֶן וַחֲרֵבָה לְכָל־בְּנֵי אַהֲרֹן
תִּהְיֶה אִישׁ כְּאָחִיו:
יא יב וְזֹאת תּוֹרַת זֶבַח הַשְּׁלָמִים אֲשֶׁר יַקְרִיב לַיהוָה: אִם עַל־תּוֹדָה שלישי
יַקְרִיבֶנּוּ וְהִקְרִיב ׀ עַל־זֶבַח הַתּוֹדָה חַלּוֹת מַצּוֹת בְּלוּלֹת בַּשֶּׁמֶן
וּרְקִיקֵי מַצּוֹת מְשֻׁחִים בַּשָּׁמֶן וְסֹלֶת מֻרְבֶּכֶת חַלֹּת בְּלוּלֹת
יג בַּשָּׁמֶן: עַל־חַלֹּת לֶחֶם חָמֵץ יַקְרִיב קָרְבָּנוֹ עַל־זֶבַח תּוֹדַת
יד שְׁלָמָיו: וְהִקְרִיב מִמֶּנּוּ אֶחָד מִכָּל־קָרְבָּן תְּרוּמָה לַיהוָה לַכֹּהֵן
טו הַזֹּרֵק אֶת־דַּם הַשְּׁלָמִים לוֹ יִהְיֶה: וּבְשַׂר זֶבַח תּוֹדַת שְׁלָמָיו
טז בְּיוֹם קָרְבָּנוֹ יֵאָכֵל לֹא־יַנִּיחַ מִמֶּנּוּ עַד־בֹּקֶר: וְאִם־נֶדֶר ׀ אוֹ
נְדָבָה זֶבַח קָרְבָּנוֹ בְּיוֹם הַקְרִיבוֹ אֶת־זִבְחוֹ יֵאָכֵל וּמִמָּחֳרָת
יז וְהַנּוֹתָר מִמֶּנּוּ יֵאָכֵל: וְהַנּוֹתָר מִבְּשַׂר הַזָּבַח בַּיּוֹם הַשְּׁלִישִׁי
יח בָּאֵשׁ יִשָּׂרֵף: וְאִם הֵאָכֹל יֵאָכֵל מִבְּשַׂר־זֶבַח שְׁלָמָיו בַּיּוֹם
הַשְּׁלִישִׁי לֹא יֵרָצֶה הַמַּקְרִיב אֹתוֹ לֹא יֵחָשֵׁב לוֹ פִּגּוּל יִהְיֶה

יט וְהַנֶּפֶשׁ הָאֹכֶלֶת מִמֶּנּוּ עֲוֺנָהּ תִּשָּׂא׃ וְהַבָּשָׂר אֲשֶׁר־יִגַּע בְּכָל־
טָמֵא לֹא יֵאָכֵל בָּאֵשׁ יִשָּׂרֵף וְהַבָּשָׂר כָּל־טָהוֹר יֹאכַל בָּשָׂר׃
כ וְהַנֶּפֶשׁ אֲשֶׁר־תֹּאכַל בָּשָׂר מִזֶּבַח הַשְּׁלָמִים אֲשֶׁר לַיהוָה וְטֻמְאָתוֹ
כא עָלָיו וְנִכְרְתָה הַנֶּפֶשׁ הַהִוא מֵעַמֶּיהָ׃ וְנֶפֶשׁ כִּי־תִגַּע בְּכָל־טָמֵא
בְּטֻמְאַת אָדָם אוֹ בִּבְהֵמָה טְמֵאָה אוֹ בְּכָל־שֶׁקֶץ טָמֵא וְאָכַל
מִבְּשַׂר־זֶבַח הַשְּׁלָמִים אֲשֶׁר לַיהוָה וְנִכְרְתָה הַנֶּפֶשׁ הַהִוא
כב כג מֵעַמֶּיהָ׃ וַיְדַבֵּר יְהוָה אֶל־מֹשֶׁה לֵּאמֹר׃ דַּבֵּר אֶל־בְּנֵי יִשְׂרָאֵל
כד לֵאמֹר כָּל־חֵלֶב שׁוֹר וְכֶשֶׂב וָעֵז לֹא תֹאכֵלוּ׃ וְחֵלֶב נְבֵלָה
כה וְחֵלֶב טְרֵפָה יֵעָשֶׂה לְכָל־מְלָאכָה וְאָכֹל לֹא תֹאכְלֻהוּ׃ כִּי
כָּל־אֹכֵל חֵלֶב מִן־הַבְּהֵמָה אֲשֶׁר יַקְרִיב מִמֶּנָּה אִשֶּׁה לַיהוָה
כו וְנִכְרְתָה הַנֶּפֶשׁ הָאֹכֶלֶת מֵעַמֶּיהָ׃ וְכָל־דָּם לֹא תֹאכְלוּ בְּכֹל
כז מוֹשְׁבֹתֵיכֶם לָעוֹף וְלַבְּהֵמָה׃ כָּל־נֶפֶשׁ אֲשֶׁר־תֹּאכַל כָּל־דָּם
וְנִכְרְתָה הַנֶּפֶשׁ הַהִוא מֵעַמֶּיהָ׃
כח כט וַיְדַבֵּר יְהוָה אֶל־מֹשֶׁה לֵּאמֹר׃ דַּבֵּר אֶל־בְּנֵי יִשְׂרָאֵל לֵאמֹר
הַמַּקְרִיב אֶת־זֶבַח שְׁלָמָיו לַיהוָה יָבִיא אֶת־קָרְבָּנוֹ לַיהוָה
ל מִזֶּבַח שְׁלָמָיו׃ יָדָיו תְּבִיאֶינָה אֵת אִשֵּׁי יְהוָה אֶת־הַחֵלֶב עַל־
הֶחָזֶה יְבִיאֶנּוּ אֵת הֶחָזֶה לְהָנִיף אֹתוֹ תְּנוּפָה לִפְנֵי יְהוָה׃
לא וְהִקְטִיר הַכֹּהֵן אֶת־הַחֵלֶב הַמִּזְבֵּחָה וְהָיָה הֶחָזֶה לְאַהֲרֹן וּלְבָנָיו׃
לב וְאֵת שׁוֹק הַיָּמִין תִּתְּנוּ תְרוּמָה לַכֹּהֵן מִזִּבְחֵי שַׁלְמֵיכֶם׃
לג הַמַּקְרִיב אֶת־דַּם הַשְּׁלָמִים וְאֶת־הַחֵלֶב מִבְּנֵי אַהֲרֹן לוֹ תִהְיֶה
לד שׁוֹק הַיָּמִין לְמָנָה׃ כִּי אֶת־חֲזֵה הַתְּנוּפָה וְאֵת שׁוֹק הַתְּרוּמָה
לָקַחְתִּי מֵאֵת בְּנֵי־יִשְׂרָאֵל מִזִּבְחֵי שַׁלְמֵיהֶם וָאֶתֵּן אֹתָם
לה לְאַהֲרֹן הַכֹּהֵן וּלְבָנָיו לְחָק־עוֹלָם מֵאֵת בְּנֵי יִשְׂרָאֵל׃ זֹאת
מִשְׁחַת אַהֲרֹן וּמִשְׁחַת בָּנָיו מֵאִשֵּׁי יְהוָה בְּיוֹם הִקְרִיב אֹתָם
לו לְכַהֵן לַיהוָה׃ אֲשֶׁר צִוָּה יְהוָה לָתֵת לָהֶם בְּיוֹם מָשְׁחוֹ אֹתָם
לז מֵאֵת בְּנֵי יִשְׂרָאֵל חֻקַּת עוֹלָם לְדֹרֹתָם׃ זֹאת הַתּוֹרָה לָעֹלָה
לח לַמִּנְחָה וְלַחַטָּאת וְלָאָשָׁם וְלַמִּלּוּאִים וּלְזֶבַח הַשְּׁלָמִים׃ אֲשֶׁר

צִוָּה יְהוָה אֶת־מֹשֶׁה בְּהַר סִינָי בְּיוֹם צַוֹּתוֹ אֶת־בְּנֵי יִשְׂרָאֵל
לְהַקְרִיב אֶת־קָרְבְּנֵיהֶם לַיהוָה בְּמִדְבַּר סִינָי׃
ח א ב וַיְדַבֵּר יְהוָה אֶל־מֹשֶׁה לֵּאמֹר׃ קַח אֶת־אַהֲרֹן וְאֶת־בָּנָיו אִתּוֹ ד רביעי
וְאֵת הַבְּגָדִים וְאֵת שֶׁמֶן הַמִּשְׁחָה וְאֵת ׀ פַּר הַחַטָּאת וְאֵת שְׁנֵי
ג הָאֵילִים וְאֵת סַל הַמַּצּוֹת׃ וְאֵת כָּל־הָעֵדָה הַקְהֵל אֶל־פֶּתַח
ד אֹהֶל מוֹעֵד׃ וַיַּעַשׂ מֹשֶׁה כַּאֲשֶׁר צִוָּה יְהוָה אֹתוֹ וַתִּקָּהֵל הָעֵדָה
ה אֶל־פֶּתַח אֹהֶל מוֹעֵד׃ וַיֹּאמֶר מֹשֶׁה אֶל־הָעֵדָה זֶה הַדָּבָר
ו אֲשֶׁר־צִוָּה יְהוָה לַעֲשׂוֹת׃ וַיַּקְרֵב מֹשֶׁה אֶת־אַהֲרֹן וְאֶת־בָּנָיו
ז וַיִּרְחַץ אֹתָם בַּמָּיִם׃ וַיִּתֵּן עָלָיו אֶת־הַכֻּתֹּנֶת וַיַּחְגֹּר אֹתוֹ בָּאַבְנֵט
וַיַּלְבֵּשׁ אֹתוֹ אֶת־הַמְּעִיל וַיִּתֵּן עָלָיו אֶת־הָאֵפֹד וַיַּחְגֹּר אֹתוֹ
ח בְּחֵשֶׁב הָאֵפֹד וַיֶּאְפֹּד לוֹ בּוֹ׃ וַיָּשֶׂם עָלָיו אֶת־הַחֹשֶׁן וַיִּתֵּן אֶל־
ט הַחֹשֶׁן אֶת־הָאוּרִים וְאֶת־הַתֻּמִּים׃ וַיָּשֶׂם אֶת־הַמִּצְנֶפֶת עַל־
רֹאשׁוֹ וַיָּשֶׂם עַל־הַמִּצְנֶפֶת אֶל־מוּל פָּנָיו אֵת צִיץ הַזָּהָב נֵזֶר
י הַקֹּדֶשׁ כַּאֲשֶׁר צִוָּה יְהוָה אֶת־מֹשֶׁה׃ וַיִּקַּח מֹשֶׁה אֶת־שֶׁמֶן
הַמִּשְׁחָה וַיִּמְשַׁח אֶת־הַמִּשְׁכָּן וְאֶת־כָּל־אֲשֶׁר־בּוֹ וַיְקַדֵּשׁ אֹתָם׃
יא וַיַּז מִמֶּנּוּ עַל־הַמִּזְבֵּחַ שֶׁבַע פְּעָמִים וַיִּמְשַׁח אֶת־הַמִּזְבֵּחַ וְאֶת־
יב כָּל־כֵּלָיו וְאֶת־הַכִּיֹּר וְאֶת־כַּנּוֹ לְקַדְּשָׁם׃ וַיִּצֹק מִשֶּׁמֶן הַמִּשְׁחָה
יג עַל רֹאשׁ אַהֲרֹן וַיִּמְשַׁח אֹתוֹ לְקַדְּשׁוֹ׃ וַיַּקְרֵב מֹשֶׁה אֶת־בְּנֵי
אַהֲרֹן וַיַּלְבִּשֵׁם כֻּתֳּנֹת וַיַּחְגֹּר אֹתָם אַבְנֵט וַיַּחֲבֹשׁ לָהֶם מִגְבָּעוֹת
יד כַּאֲשֶׁר צִוָּה יְהוָה אֶת־מֹשֶׁה׃ וַיַּגֵּשׁ אֵת פַּר הַחַטָּאת וַיִּסְמֹךְ חמישי
טו אַהֲרֹן וּבָנָיו אֶת־יְדֵיהֶם עַל־רֹאשׁ פַּר הַחַטָּאת׃ וַיִּשְׁחָט וַיִּקַּח
מֹשֶׁה אֶת־הַדָּם וַיִּתֵּן עַל־קַרְנוֹת הַמִּזְבֵּחַ סָבִיב בְּאֶצְבָּעוֹ וַיְחַטֵּא
אֶת־הַמִּזְבֵּחַ וְאֶת־הַדָּם יָצַק אֶל־יְסוֹד הַמִּזְבֵּחַ וַיְקַדְּשֵׁהוּ לְכַפֵּר
טז עָלָיו׃ וַיִּקַּח אֶת־כָּל־הַחֵלֶב אֲשֶׁר עַל־הַקֶּרֶב וְאֵת יֹתֶרֶת הַכָּבֵד
יז וְאֶת־שְׁתֵּי הַכְּלָיֹת וְאֶת־חֶלְבְּהֶן וַיַּקְטֵר מֹשֶׁה הַמִּזְבֵּחָה׃ וְאֶת־
הַפָּר וְאֶת־עֹרוֹ וְאֶת־בְּשָׂרוֹ וְאֶת־פִּרְשׁוֹ שָׂרַף בָּאֵשׁ מִחוּץ
יח לַמַּחֲנֶה כַּאֲשֶׁר צִוָּה יְהוָה אֶת־מֹשֶׁה׃ וַיַּקְרֵב אֵת אֵיל הָעֹלָה

יט וַיִּסְמְכוּ אַהֲרֹן וּבָנָיו אֶת־יְדֵיהֶם עַל־רֹאשׁ הָאָיִל׃ וַיִּשְׁחָט וַיִּזְרֹק
כ מֹשֶׁה אֶת־הַדָּם עַל־הַמִּזְבֵּחַ סָבִיב׃ וְאֶת־הָאַיִל נִתַּח לִנְתָחָיו
כא וַיַּקְטֵר מֹשֶׁה אֶת־הָרֹאשׁ וְאֶת־הַנְּתָחִים וְאֶת־הַפָּדֶר׃ וְאֶת־
הַקֶּרֶב וְאֶת־הַכְּרָעַיִם רָחַץ בַּמָּיִם וַיַּקְטֵר מֹשֶׁה אֶת־כָּל־הָאַיִל
הַמִּזְבֵּחָה עֹלָה הוּא לְרֵיחַ־נִיחֹחַ אִשֶּׁה הוּא לַיהוָה כַּאֲשֶׁר צִוָּה
ששי כב יְהוָה אֶת־מֹשֶׁה׃ וַיַּקְרֵב אֶת־הָאַיִל הַשֵּׁנִי אֵיל הַמִּלֻּאִים וַיִּסְמְכוּ
כג אַהֲרֹן וּבָנָיו אֶת־יְדֵיהֶם עַל־רֹאשׁ הָאָיִל׃ וַיִּשְׁחָט ׀ וַיִּקַּח מֹשֶׁה
מִדָּמוֹ וַיִּתֵּן עַל־תְּנוּךְ אֹזֶן־אַהֲרֹן הַיְמָנִית וְעַל־בֹּהֶן יָדוֹ הַיְמָנִית
כד וְעַל־בֹּהֶן רַגְלוֹ הַיְמָנִית׃ וַיַּקְרֵב אֶת־בְּנֵי אַהֲרֹן וַיִּתֵּן מֹשֶׁה מִן־
הַדָּם עַל־תְּנוּךְ אָזְנָם הַיְמָנִית וְעַל־בֹּהֶן יָדָם הַיְמָנִית וְעַל־בֹּהֶן
כה רַגְלָם הַיְמָנִית וַיִּזְרֹק מֹשֶׁה אֶת־הַדָּם עַל־הַמִּזְבֵּחַ סָבִיב׃ וַיִּקַּח
אֶת־הַחֵלֶב וְאֶת־הָאַלְיָה וְאֶת־כָּל־הַחֵלֶב אֲשֶׁר עַל־הַקֶּרֶב
וְאֵת יֹתֶרֶת הַכָּבֵד וְאֶת־שְׁתֵּי הַכְּלָיֹת וְאֶת־חֶלְבְּהֶן וְאֵת שׁוֹק
כו הַיָּמִין׃ וּמִסַּל הַמַּצּוֹת אֲשֶׁר ׀ לִפְנֵי יְהוָה לָקַח חַלַּת מַצָּה אַחַת
וְחַלַּת לֶחֶם שֶׁמֶן אַחַת וְרָקִיק אֶחָד וַיָּשֶׂם עַל־הַחֲלָבִים וְעַל
כז שׁוֹק הַיָּמִין׃ וַיִּתֵּן אֶת־הַכֹּל עַל כַּפֵּי אַהֲרֹן וְעַל כַּפֵּי בָנָיו וַיָּנֶף
כח אֹתָם תְּנוּפָה לִפְנֵי יְהוָה׃ וַיִּקַּח מֹשֶׁה אֹתָם מֵעַל כַּפֵּיהֶם וַיַּקְטֵר
הַמִּזְבֵּחָה עַל־הָעֹלָה מִלֻּאִים הֵם לְרֵיחַ נִיחֹחַ אִשֶּׁה הוּא לַיהוָה׃
כט וַיִּקַּח מֹשֶׁה אֶת־הֶחָזֶה וַיְנִיפֵהוּ תְנוּפָה לִפְנֵי יְהוָה מֵאֵיל הַמִּלֻּאִים
שביעי ל לְמֹשֶׁה הָיָה לְמָנָה כַּאֲשֶׁר צִוָּה יְהוָה אֶת־מֹשֶׁה׃ וַיִּקַּח מֹשֶׁה
מִשֶּׁמֶן הַמִּשְׁחָה וּמִן־הַדָּם אֲשֶׁר עַל־הַמִּזְבֵּחַ וַיַּז עַל־אַהֲרֹן
עַל־בְּגָדָיו וְעַל־בָּנָיו וְעַל־בִּגְדֵי בָנָיו אִתּוֹ וַיְקַדֵּשׁ אֶת־אַהֲרֹן
לא אֶת־בְּגָדָיו וְאֶת־בָּנָיו וְאֶת־בִּגְדֵי בָנָיו אִתּוֹ׃ וַיֹּאמֶר מֹשֶׁה אֶל־
אַהֲרֹן וְאֶל־בָּנָיו בַּשְּׁלוּ אֶת־הַבָּשָׂר פֶּתַח אֹהֶל מוֹעֵד וְשָׁם
תֹּאכְלוּ אֹתוֹ וְאֶת־הַלֶּחֶם אֲשֶׁר בְּסַל הַמִּלֻּאִים כַּאֲשֶׁר צִוֵּיתִי
לב לֵאמֹר אַהֲרֹן וּבָנָיו יֹאכְלֻהוּ׃ וְהַנּוֹתָר בַּבָּשָׂר וּבַלָּחֶם בָּאֵשׁ
מפטיר לג תִּשְׂרֹפוּ׃ וּמִפֶּתַח אֹהֶל מוֹעֵד לֹא תֵצְאוּ שִׁבְעַת יָמִים עַד יוֹם

לד מִלֹּאת יְמֵי מִלֻּאֵיכֶם כִּי שִׁבְעַת יָמִים יְמַלֵּא אֶת־יֶדְכֶם׃ כַּאֲשֶׁר
לה עָשָׂה בַּיּוֹם הַזֶּה צִוָּה יהוה לַעֲשֹׂת לְכַפֵּר עֲלֵיכֶם׃ וּפֶתַח אֹהֶל
מוֹעֵד תֵּשְׁבוּ יוֹמָם וָלַיְלָה שִׁבְעַת יָמִים וּשְׁמַרְתֶּם אֶת־מִשְׁמֶרֶת
לו יהוה וְלֹא תָמוּתוּ כִּי־כֵן צֻוֵּיתִי׃ וַיַּעַשׂ אַהֲרֹן וּבָנָיו אֵת כָּל־
ט א הַדְּבָרִים אֲשֶׁר־צִוָּה יהוה בְּיַד־מֹשֶׁה׃ וַיְהִי שמיני
ב בַּיּוֹם הַשְּׁמִינִי קָרָא מֹשֶׁה לְאַהֲרֹן וּלְבָנָיו וּלְזִקְנֵי יִשְׂרָאֵל׃ וַיֹּאמֶר
אֶל־אַהֲרֹן קַח־לְךָ עֵגֶל בֶּן־בָּקָר לְחַטָּאת וְאַיִל לְעֹלָה תְּמִימִם
ג וְהַקְרֵב לִפְנֵי יהוה׃ וְאֶל־בְּנֵי יִשְׂרָאֵל תְּדַבֵּר לֵאמֹר קְחוּ שְׂעִיר־
ד עִזִּים לְחַטָּאת וְעֵגֶל וָכֶבֶשׂ בְּנֵי־שָׁנָה תְּמִימִם לְעֹלָה׃ וְשׁוֹר
וָאַיִל לִשְׁלָמִים לִזְבֹּחַ לִפְנֵי יהוה וּמִנְחָה בְּלוּלָה בַשָּׁמֶן כִּי הַיּוֹם
ה יהוה נִרְאָה אֲלֵיכֶם׃ וַיִּקְחוּ אֵת אֲשֶׁר צִוָּה מֹשֶׁה אֶל־פְּנֵי אֹהֶל
ו מוֹעֵד וַיִּקְרְבוּ כָּל־הָעֵדָה וַיַּעַמְדוּ לִפְנֵי יהוה׃ וַיֹּאמֶר מֹשֶׁה זֶה
ז הַדָּבָר אֲשֶׁר־צִוָּה יהוה תַּעֲשׂוּ וְיֵרָא אֲלֵיכֶם כְּבוֹד יהוה׃ וַיֹּאמֶר
מֹשֶׁה אֶל־אַהֲרֹן קְרַב אֶל־הַמִּזְבֵּחַ וַעֲשֵׂה אֶת־חַטָּאתְךָ וְאֶת־
עֹלָתֶךָ וְכַפֵּר בַּעַדְךָ וּבְעַד הָעָם וַעֲשֵׂה אֶת־קָרְבַּן הָעָם וְכַפֵּר
ח בַּעֲדָם כַּאֲשֶׁר צִוָּה יהוה׃ וַיִּקְרַב אַהֲרֹן אֶל־הַמִּזְבֵּחַ וַיִּשְׁחַט
ט אֶת־עֵגֶל הַחַטָּאת אֲשֶׁר־לוֹ׃ וַיַּקְרִבוּ בְּנֵי אַהֲרֹן אֶת־הַדָּם אֵלָיו
וַיִּטְבֹּל אֶצְבָּעוֹ בַּדָּם וַיִּתֵּן עַל־קַרְנוֹת הַמִּזְבֵּחַ וְאֶת־הַדָּם יָצַק
י אֶל־יְסוֹד הַמִּזְבֵּחַ׃ וְאֶת־הַחֵלֶב וְאֶת־הַכְּלָיֹת וְאֶת־הַיֹּתֶרֶת מִן־
הַכָּבֵד מִן־הַחַטָּאת הִקְטִיר הַמִּזְבֵּחָה כַּאֲשֶׁר צִוָּה יהוה אֶת־
יא מֹשֶׁה׃ וְאֶת־הַבָּשָׂר וְאֶת־הָעוֹר שָׂרַף בָּאֵשׁ מִחוּץ לַמַּחֲנֶה׃
יב וַיִּשְׁחַט אֶת־הָעֹלָה וַיַּמְצִאוּ בְּנֵי אַהֲרֹן אֵלָיו אֶת־הַדָּם וַיִּזְרְקֵהוּ
יג עַל־הַמִּזְבֵּחַ סָבִיב׃ וְאֶת־הָעֹלָה הִמְצִיאוּ אֵלָיו לִנְתָחֶיהָ וְאֶת־
יד הָרֹאשׁ וַיַּקְטֵר עַל־הַמִּזְבֵּחַ׃ וַיִּרְחַץ אֶת־הַקֶּרֶב וְאֶת־הַכְּרָעָיִם
טו וַיַּקְטֵר עַל־הָעֹלָה הַמִּזְבֵּחָה׃ וַיַּקְרֵב אֵת קָרְבַּן הָעָם וַיִּקַּח אֶת־
טז שְׂעִיר הַחַטָּאת אֲשֶׁר לָעָם וַיִּשְׁחָטֵהוּ וַיְחַטְּאֵהוּ כָּרִאשׁוֹן׃ וַיַּקְרֵב
יז אֶת־הָעֹלָה וַיַּעֲשֶׂהָ כַּמִּשְׁפָּט׃ וַיַּקְרֵב אֶת־הַמִּנְחָה וַיְמַלֵּא כַפּוֹ שני

יח ממנה ויקטר על־המזבח מלבד עלת הבקר: וישחט את־
השור ואת־האיל זבח השלמים אשר לעם וימצאו בני אהרן
יט את־הדם אליו ויזרקהו על־המזבח סביב: ואת־החלבים
מן־השור ומן־האיל האליה והמכסה והכלית ויתרת הכבד:
כ וישימו את־החלבים על־החזות ויקטר החלבים המזבחה:
כא ואת החזות ואת שוק הימין הניף אהרן תנופה לפני יהוה
כב כאשר צוה משה: וישא אהרן את־ידו אל־העם ויברכם
כג וירד מעשת החטאת והעלה והשלמים: ויבא משה ואהרן
אל־אהל מועד ויצאו ויברכו את־העם וירא כבוד־יהוה אל־
כד כל־העם: ותצא אש מלפני יהוה ותאכל על־המזבח את־ שלישי
העלה ואת־החלבים וירא כל־העם וירנו ויפלו על־פניהם:
י א ויקחו בני־אהרן נדב ואביהוא איש מחתתו ויתנו בהן אש
וישימו עליה קטרת ויקריבו לפני יהוה אש זרה אשר לא
ב צוה אתם: ותצא אש מלפני יהוה ותאכל אותם וימתו לפני
ג יהוה: ויאמר משה אל־אהרן הוא אשר־דבר יהוה | לאמר
ד בקרבי אקדש ועל־פני כל־העם אכבד וידם אהרן: ויקרא
משה אל־מישאל ואל אלצפן בני עזיאל דד אהרן ויאמר
אלהם קרבו שאו את־אחיכם מאת פני־הקדש אל־מחוץ
ה למחנה: ויקרבו וישאם בכתנתם אל־מחוץ למחנה כאשר
ו דבר משה: ויאמר משה אל־אהרן ולאלעזר ולאיתמר | בניו
ראשיכם אל־תפרעו | ובגדיכם לא־תפרמו ולא תמתו ועל כל־
העדה יקצף ואחיכם כל־בית ישראל יבכו את־השרפה
ז אשר שרף יהוה: ומפתח אהל מועד לא תצאו פן־תמתו כי־
שמן משחת יהוה עליכם ויעשו כדבר משה:
ח ט וידבר יהוה אל־אהרן לאמר: יין ושכר אל־תשת | אתה | ה
ובניך אתך בבאכם אל־אהל מועד ולא תמתו חקת עולם
י לדרתיכם: ולהבדיל בין הקדש ובין החל ובין הטמא ובין

יא הַטָּהוֹר׃ וּלְהוֹרֹת אֶת־בְּנֵי יִשְׂרָאֵל אֵת כָּל־הַחֻקִּים אֲשֶׁר דִּבֶּר
יְהוָה אֲלֵיהֶם בְּיַד־מֹשֶׁה׃
יב וַיְדַבֵּר מֹשֶׁה אֶל־אַהֲרֹן וְאֶל אֶלְעָזָר וְאֶל־אִיתָמָר ׀ בָּנָיו הַנּוֹתָרִים רביעי
קְחוּ אֶת־הַמִּנְחָה הַנּוֹתֶרֶת מֵאִשֵּׁי יְהוָה וְאִכְלוּהָ מַצּוֹת אֵצֶל
יג הַמִּזְבֵּחַ כִּי קֹדֶשׁ קָדָשִׁים הִוא׃ וַאֲכַלְתֶּם אֹתָהּ בְּמָקוֹם קָדוֹשׁ
יד כִּי חָקְךָ וְחָק־בָּנֶיךָ הִוא מֵאִשֵּׁי יְהוָה כִּי־כֵן צֻוֵּיתִי׃ וְאֵת
חֲזֵה הַתְּנוּפָה וְאֵת ׀ שׁוֹק הַתְּרוּמָה תֹּאכְלוּ בְּמָקוֹם טָהוֹר
אַתָּה וּבָנֶיךָ וּבְנֹתֶיךָ אִתָּךְ כִּי־חָקְךָ וְחָק־בָּנֶיךָ נִתְּנוּ מִזִּבְחֵי
טו שַׁלְמֵי בְּנֵי יִשְׂרָאֵל׃ שׁוֹק הַתְּרוּמָה וַחֲזֵה הַתְּנוּפָה עַל אִשֵּׁי
הַחֲלָבִים יָבִיאוּ לְהָנִיף תְּנוּפָה לִפְנֵי יְהוָה וְהָיָה לְךָ וּלְבָנֶיךָ אִתְּךָ
טז לְחָק־עוֹלָם כַּאֲשֶׁר צִוָּה יְהוָה׃ וְאֵת ׀ שְׂעִיר הַחַטָּאת דָּרֹשׁ חמישי
דָּרַשׁ מֹשֶׁה וְהִנֵּה שֹׂרָף וַיִּקְצֹף עַל־אֶלְעָזָר וְעַל־אִיתָמָר בְּנֵי אַהֲרֹן
יז הַנּוֹתָרִם לֵאמֹר׃ מַדּוּעַ לֹא־אֲכַלְתֶּם אֶת־הַחַטָּאת בִּמְקוֹם
הַקֹּדֶשׁ כִּי קֹדֶשׁ קָדָשִׁים הִוא וְאֹתָהּ ׀ נָתַן לָכֶם לָשֵׂאת אֶת־
יח עֲוֹן הָעֵדָה לְכַפֵּר עֲלֵיהֶם לִפְנֵי יְהוָה׃ הֵן לֹא־הוּבָא אֶת־דָּמָהּ
אֶל־הַקֹּדֶשׁ פְּנִימָה אָכוֹל תֹּאכְלוּ אֹתָהּ בַּקֹּדֶשׁ כַּאֲשֶׁר צִוֵּיתִי׃
יט וַיְדַבֵּר אַהֲרֹן אֶל־מֹשֶׁה הֵן הַיּוֹם הִקְרִיבוּ אֶת־חַטָּאתָם וְאֶת־
עֹלָתָם לִפְנֵי יְהוָה וַתִּקְרֶאנָה אֹתִי כָּאֵלֶּה וְאָכַלְתִּי חַטָּאת הַיּוֹם
כ הַיִּיטַב בְּעֵינֵי יְהוָה׃ וַיִּשְׁמַע מֹשֶׁה וַיִּיטַב בְּעֵינָיו׃
יא א ב וַיְדַבֵּר יְהוָה אֶל־מֹשֶׁה וְאֶל־אַהֲרֹן לֵאמֹר אֲלֵהֶם׃ דַּבְּרוּ אֶל־ ו ששי
בְּנֵי יִשְׂרָאֵל לֵאמֹר זֹאת הַחַיָּה אֲשֶׁר תֹּאכְלוּ מִכָּל־הַבְּהֵמָה
ג אֲשֶׁר עַל־הָאָרֶץ׃ כֹּל ׀ מַפְרֶסֶת פַּרְסָה וְשֹׁסַעַת שֶׁסַע פְּרָסֹת
ד מַעֲלַת גֵּרָה בַּבְּהֵמָה אֹתָהּ תֹּאכֵלוּ׃ אַךְ אֶת־זֶה לֹא תֹאכְלוּ
מִמַּעֲלֵי הַגֵּרָה וּמִמַּפְרִסֵי הַפַּרְסָה אֶת־הַגָּמָל כִּי־מַעֲלֵה גֵרָה
ה הוּא וּפַרְסָה אֵינֶנּוּ מַפְרִיס טָמֵא הוּא לָכֶם׃ וְאֶת־הַשָּׁפָן כִּי־
ו מַעֲלֵה גֵרָה הוּא וּפַרְסָה לֹא יַפְרִיס טָמֵא הוּא לָכֶם׃ וְאֶת־
הָאַרְנֶבֶת כִּי־מַעֲלַת גֵּרָה הִוא וּפַרְסָה לֹא הִפְרִיסָה טְמֵאָה

ז הוּא לָכֶם: וְאֶת־הַחֲזִיר כִּי־מַפְרִיס פַּרְסָה הוּא וְשֹׁסַע שֶׁסַע
ח פַּרְסָה וְהוּא גֵּרָה לֹא־יִגָּר טָמֵא הוּא לָכֶם: מִבְּשָׂרָם לֹא
ט תֹאכֵלוּ וּבְנִבְלָתָם לֹא תִגָּעוּ טְמֵאִים הֵם לָכֶם: אֶת־זֶה תֹּאכְלוּ
מִכֹּל אֲשֶׁר בַּמָּיִם כֹּל אֲשֶׁר־לוֹ סְנַפִּיר וְקַשְׂקֶשֶׂת בַּמַּיִם בַּיַּמִּים
י וּבַנְּחָלִים אֹתָם תֹּאכֵלוּ: וְכֹל אֲשֶׁר אֵין־לוֹ סְנַפִּיר וְקַשְׂקֶשֶׂת
בַּיַּמִּים וּבַנְּחָלִים מִכֹּל שֶׁרֶץ הַמַּיִם וּמִכֹּל נֶפֶשׁ הַחַיָּה אֲשֶׁר
יא בַּמָּיִם שֶׁקֶץ הֵם לָכֶם: וְשֶׁקֶץ יִהְיוּ לָכֶם מִבְּשָׂרָם לֹא תֹאכֵלוּ
יב וְאֶת־נִבְלָתָם תְּשַׁקֵּצוּ: כֹּל אֲשֶׁר אֵין־לוֹ סְנַפִּיר וְקַשְׂקֶשֶׂת בַּמָּיִם
יג שֶׁקֶץ הוּא לָכֶם: וְאֶת־אֵלֶּה תְּשַׁקְּצוּ מִן־הָעוֹף לֹא יֵאָכְלוּ שֶׁקֶץ
יד הֵם אֶת־הַנֶּשֶׁר וְאֶת־הַפֶּרֶס וְאֵת הָעָזְנִיָּה: וְאֶת־הַדָּאָה וְאֶת־
טו טז הָאַיָּה לְמִינָהּ: אֵת כָּל־עֹרֵב לְמִינוֹ: וְאֵת בַּת הַיַּעֲנָה וְאֶת־
יז הַתַּחְמָס וְאֶת־הַשָּׁחַף וְאֶת־הַנֵּץ לְמִינֵהוּ: וְאֶת־הַכּוֹס וְאֶת־
יח הַשָּׁלָךְ וְאֶת־הַיַּנְשׁוּף: וְאֶת־הַתִּנְשֶׁמֶת וְאֶת־הַקָּאָת וְאֶת־
יט הָרָחָם: וְאֵת הַחֲסִידָה הָאֲנָפָה לְמִינָהּ וְאֶת־הַדּוּכִיפַת וְאֶת־
כ הָעֲטַלֵּף: כֹּל שֶׁרֶץ הָעוֹף הַהֹלֵךְ עַל־אַרְבַּע שֶׁקֶץ הוּא לָכֶם:
כא אַךְ אֶת־זֶה תֹּאכְלוּ מִכֹּל שֶׁרֶץ הָעוֹף הַהֹלֵךְ עַל־אַרְבַּע אֲשֶׁר־
כב לֹא כְרָעַיִם מִמַּעַל לְרַגְלָיו לְנַתֵּר בָּהֵן עַל־הָאָרֶץ: אֶת־אֵלֶּה לוֹ
מֵהֶם תֹּאכֵלוּ אֶת־הָאַרְבֶּה לְמִינוֹ וְאֶת־הַסָּלְעָם לְמִינֵהוּ וְאֶת־
כג הַחַרְגֹּל לְמִינֵהוּ וְאֶת־הֶחָגָב לְמִינֵהוּ: וְכֹל שֶׁרֶץ הָעוֹף אֲשֶׁר־
כד לוֹ אַרְבַּע רַגְלָיִם שֶׁקֶץ הוּא לָכֶם: וּלְאֵלֶּה תִּטַּמָּאוּ כָּל־הַנֹּגֵעַ
כה בְּנִבְלָתָם יִטְמָא עַד־הָעָרֶב: וְכָל־הַנֹּשֵׂא מִנִּבְלָתָם יְכַבֵּס בְּגָדָיו
כו וְטָמֵא עַד־הָעָרֶב: לְכָל־הַבְּהֵמָה אֲשֶׁר הִוא מַפְרֶסֶת פַּרְסָה
וְשֶׁסַע ׀ אֵינֶנָּה שֹׁסַעַת וְגֵרָה אֵינֶנָּה מַעֲלָה טְמֵאִים הֵם לָכֶם
כז כָּל־הַנֹּגֵעַ בָּהֶם יִטְמָא: וְכֹל ׀ הוֹלֵךְ עַל־כַּפָּיו בְּכָל־הַחַיָּה
הַהֹלֶכֶת עַל־אַרְבַּע טְמֵאִים הֵם לָכֶם כָּל־הַנֹּגֵעַ בְּנִבְלָתָם
כח יִטְמָא עַד־הָעָרֶב: וְהַנֹּשֵׂא אֶת־נִבְלָתָם יְכַבֵּס בְּגָדָיו וְטָמֵא
כט עַד־הָעָרֶב טְמֵאִים הֵמָּה לָכֶם: וְזֶה לָכֶם הַטָּמֵא

בַּשֶּׁ֖רֶץ הַשֹּׁרֵ֣ץ עַל־הָאָ֑רֶץ הַחֹ֥לֶד וְהָעַכְבָּ֖ר וְהַצָּ֥ב לְמִינֵֽהוּ׃
ל לא וְהָאֲנָקָ֥ה וְהַכֹּ֖חַ וְהַלְּטָאָ֑ה וְהַחֹ֖מֶט וְהַתִּנְשָֽׁמֶת׃ אֵ֚לֶּה הַטְּמֵאִ֣ים
לב לָכֶ֖ם בְּכָל־הַשָּׁ֑רֶץ כָּל־הַנֹּגֵ֧עַ בָּהֶ֛ם בְּמֹתָ֖ם יִטְמָ֥א עַד־הָעָֽרֶב׃ וְכֹ֣ל
אֲשֶׁר־יִפֹּל־עָלָיו֩ מֵהֶ֨ם ׀ בְּמֹתָ֜ם יִטְמָ֗א מִכָּל־כְּלִי־עֵץ֙ א֣וֹ בֶ֔גֶד אוֹ־
ע֣וֹר א֣וֹ שָׂ֔ק כָּל־כְּלִ֕י אֲשֶׁר־יֵעָשֶׂ֥ה מְלָאכָ֖ה בָּהֶ֑ם בַּמַּ֧יִם יוּבָ֛א וְטָמֵ֥א
לג עַד־הָעֶ֖רֶב וְטָהֵֽר׃ וְכָל־כְּלִי־חֶ֕רֶשׂ אֲשֶׁר־יִפֹּ֥ל מֵהֶ֖ם אֶל־תּוֹכ֑וֹ שביעי
לד כֹּ֣ל אֲשֶׁ֧ר בְּתוֹכ֛וֹ יִטְמָ֖א וְאֹת֥וֹ תִשְׁבֹּֽרוּ׃ מִכָּל־הָאֹ֜כֶל אֲשֶׁ֣ר
יֵאָכֵ֗ל אֲשֶׁ֨ר יָב֥וֹא עָלָ֛יו מַ֖יִם יִטְמָ֑א וְכָל־מַשְׁקֶה֙ אֲשֶׁ֣ר יִשָּׁתֶ֔ה
לה בְּכָל־כְּלִ֖י יִטְמָֽא׃ וְ֠כֹל אֲשֶׁר־יִפֹּ֨ל מִנִּבְלָתָ֥ם ׀ עָלָיו֮ יִטְמָא֒ תַּנּ֥וּר
לו וְכִירַ֛יִם יֻתָּ֖ץ טְמֵאִ֣ים הֵ֑ם וּטְמֵאִ֖ים יִהְי֥וּ לָכֶֽם׃ אַ֣ךְ מַעְיָ֥ן וּב֛וֹר
לז מִקְוֵה־מַ֖יִם יִהְיֶ֣ה טָה֑וֹר וְנֹגֵ֥עַ בְּנִבְלָתָ֖ם יִטְמָֽא׃ וְכִ֤י יִפֹּל֙ מִנִּבְלָתָ֔ם
לח עַל־כָּל־זֶ֥רַע זֵר֖וּעַ אֲשֶׁ֣ר יִזָּרֵ֑עַ טָה֖וֹר הֽוּא׃ וְכִ֤י יֻתַּן־מַ֙יִם֙ עַל־
לט זֶ֔רַע וְנָפַ֥ל מִנִּבְלָתָ֖ם עָלָ֑יו טָמֵ֥א ה֖וּא לָכֶֽם׃ וְכִ֤י
יָמוּת֙ מִן־הַבְּהֵמָ֔ה אֲשֶׁר־הִ֥יא לָכֶ֖ם לְאָכְלָ֑ה הַנֹּגֵ֥עַ בְּנִבְלָתָ֖הּ
מ יִטְמָ֥א עַד־הָעָֽרֶב׃ וְהָֽאֹכֵל֙ מִנִּבְלָתָ֔הּ יְכַבֵּ֥ס בְּגָדָ֖יו וְטָמֵ֣א עַד־
הָעָ֑רֶב וְהַנֹּשֵׂא֙ אֶת־נִבְלָתָ֔הּ יְכַבֵּ֥ס בְּגָדָ֖יו וְטָמֵ֥א עַד־הָעָֽרֶב׃
מא מב וְכָל־הַשֶּׁ֖רֶץ הַשֹּׁרֵ֣ץ עַל־הָאָ֑רֶץ שֶׁ֥קֶץ ה֖וּא לֹ֥א יֵאָכֵֽל׃ כֹּל֩ הוֹלֵ֨ךְ
עַל־גָּח֜וֹן וְכֹ֣ל ׀ הוֹלֵ֣ךְ עַל־אַרְבַּ֗ע עַ֚ד כָּל־מַרְבֵּ֣ה רַגְלַ֔יִם לְכָל־
מג הַשֶּׁ֖רֶץ הַשֹּׁרֵ֣ץ עַל־הָאָ֑רֶץ לֹ֥א תֹאכְל֖וּם כִּי־שֶׁ֥קֶץ הֵֽם׃ אַל־
תְּשַׁקְּצוּ֙ אֶת־נַפְשֹׁ֣תֵיכֶ֔ם בְּכָל־הַשֶּׁ֖רֶץ הַשֹּׁרֵ֑ץ וְלֹ֤א תִֽטַּמְּאוּ֙ בָּהֶ֔ם
מד וְנִטְמֵתֶ֖ם בָּֽם׃ כִּ֣י אֲנִ֣י יהוה֮ אֱלֹֽהֵיכֶם֒ וְהִתְקַדִּשְׁתֶּם֙ וִהְיִיתֶ֣ם
קְדֹשִׁ֔ים כִּ֥י קָד֖וֹשׁ אָ֑נִי וְלֹ֤א תְטַמְּאוּ֙ אֶת־נַפְשֹׁ֣תֵיכֶ֔ם בְּכָל־הַשֶּׁ֖רֶץ
מה הָֽרֹמֵ֥שׂ עַל־הָאָֽרֶץ׃ כִּ֣י ׀ אֲנִ֣י יהוה הַֽמַּעֲלֶ֤ה אֶתְכֶם֙ מֵאֶ֣רֶץ מִצְרַ֔יִם מפטיר
מו לִהְיֹ֥ת לָכֶ֖ם לֵאלֹהִ֑ים וִהְיִיתֶ֣ם קְדֹשִׁ֔ים כִּ֥י קָד֖וֹשׁ אָֽנִי׃ זֹ֣את
תּוֹרַ֤ת הַבְּהֵמָה֙ וְהָע֔וֹף וְכֹל֙ נֶ֣פֶשׁ הַֽחַיָּ֔ה הָֽרֹמֶ֖שֶׂת בַּמָּ֑יִם וּלְכָל־
מז נֶ֖פֶשׁ הַשֹּׁרֶ֥צֶת עַל־הָאָֽרֶץ׃ לְהַבְדִּ֕יל בֵּ֥ין הַטָּמֵ֖א וּבֵ֣ין הַטָּהֹ֑ר וּבֵ֤ין
הַֽחַיָּה֙ הַנֶּֽאֱכֶ֔לֶת וּבֵ֣ין הַֽחַיָּ֔ה אֲשֶׁ֖ר לֹ֥א תֵאָכֵֽל׃

תזריע ז א ב וידבר יהוה אל־משה לאמר: דבר אל־בני ישראל לאמר
אשה כי תזריע וילדה זכר וטמאה שבעת ימים כימי נדת
ג ד דותה תטמא: וביום השמיני ימול בשר ערלתו: ושלשים
יום ושלשת ימים תשב בדמי טהרה בכל־קדש לא־תגע
ה ואל־המקדש לא תבא עד־מלאת ימי טהרה: ואם־נקבה
תלד וטמאה שבעים כנדתה וששים יום וששת ימים תשב
ו על־דמי טהרה: ובמלאת ׀ ימי טהרה לבן או לבת תביא
כבש בן־שנתו לעלה ובן־יונה או־תר לחטאת אל־פתח אהל־
ז מועד אל־הכהן: והקריבו לפני יהוה וכפר עליה וטהרה
ח ממקר דמיה זאת תורת הילדת לזכר או לנקבה: ואם־לא
תמצא ידה די שה ולקחה שתי־תרים או שני בני יונה אחד
לעלה ואחד לחטאת וכפר עליה הכהן וטהרה:

יג א ב וידבר יהוה אל־משה ואל־אהרן לאמר: אדם כי־יהיה
בעור־בשרו שאת או־ספחת או בהרת והיה בעור־בשרו
לנגע צרעת והובא אל־אהרן הכהן או אל־אחד מבניו
ג הכהנים: וראה הכהן את־הנגע בעור־הבשר ושער בנגע
הפך ׀ לבן ומראה הנגע עמק מעור בשרו נגע צרעת הוא
ד וראהו הכהן וטמא אתו: ואם־בהרת לבנה הוא בעור בשרו
ועמק אין־מראה מן־העור ושערה לא־הפך לבן והסגיר
ה הכהן את־הנגע שבעת ימים: וראהו הכהן ביום השביעי
והנה הנגע עמד בעיניו לא־פשה הנגע בעור והסגירו הכהן
ו שבעת ימים שנית: וראה הכהן אתו ביום השביעי שנית שני
והנה כהה הנגע ולא־פשה הנגע בעור וטהרו הכהן מספחת
ז הוא וכבס בגדיו וטהר: ואם־פשה תפשה המספחת בעור
אחרי הראתו אל־הכהן לטהרתו ונראה שנית אל־הכהן:
ח וראה הכהן והנה פשתה המספחת בעור וטמאו הכהן
צרעת הוא:

יג ט נֶגַע צָרַעַת כִּי תִהְיֶה בְּאָדָם וְהוּבָא אֶל־הַכֹּהֵן׃ וְרָאָה הַכֹּהֵן
וְהִנֵּה שְׂאֵת־לְבָנָה בָּעוֹר וְהִיא הָפְכָה שֵׂעָר לָבָן וּמִחְיַת בָּשָׂר
יא חַי בַּשְׂאֵת׃ צָרַעַת נוֹשֶׁנֶת הִוא בְּעוֹר בְּשָׂרוֹ וְטִמְּאוֹ הַכֹּהֵן
יב לֹא יַסְגִּרֶנּוּ כִּי טָמֵא הוּא׃ וְאִם־פָּרוֹחַ תִּפְרַח הַצָּרַעַת בָּעוֹר
וְכִסְּתָה הַצָּרַעַת אֵת כָּל־עוֹר הַנֶּגַע מֵרֹאשׁוֹ וְעַד־רַגְלָיו לְכָל־
יג מַרְאֵה עֵינֵי הַכֹּהֵן׃ וְרָאָה הַכֹּהֵן וְהִנֵּה כִסְּתָה הַצָּרַעַת אֶת־
יד כָּל־בְּשָׂרוֹ וְטִהַר אֶת־הַנָּגַע כֻּלּוֹ הָפַךְ לָבָן טָהוֹר הוּא׃ וּבְיוֹם
טו הֵרָאוֹת בּוֹ בָּשָׂר חַי יִטְמָא׃ וְרָאָה הַכֹּהֵן אֶת־הַבָּשָׂר הַחַי
טז וְטִמְּאוֹ הַבָּשָׂר הַחַי טָמֵא הוּא צָרַעַת הוּא׃ אוֹ כִי יָשׁוּב הַבָּשָׂר
יז הַחַי וְנֶהְפַּךְ לְלָבָן וּבָא אֶל־הַכֹּהֵן׃ וְרָאָהוּ הַכֹּהֵן וְהִנֵּה נֶהְפַּךְ
הַנֶּגַע לְלָבָן וְטִהַר הַכֹּהֵן אֶת־הַנֶּגַע טָהוֹר הוּא׃
יח יט וּבָשָׂר כִּי־יִהְיֶה בוֹ־בְעֹרוֹ שְׁחִין וְנִרְפָּא׃ וְהָיָה בִּמְקוֹם הַשְּׁחִין שְׂאֵת שלישי
כ לְבָנָה אוֹ בַהֶרֶת לְבָנָה אֲדַמְדָּמֶת וְנִרְאָה אֶל־הַכֹּהֵן׃ וְרָאָה
הַכֹּהֵן וְהִנֵּה מַרְאֶהָ שָׁפָל מִן־הָעוֹר וּשְׂעָרָהּ הָפַךְ לָבָן וְטִמְּאוֹ
כא הַכֹּהֵן נֶגַע־צָרַעַת הִוא בַּשְּׁחִין פָּרָחָה׃ וְאִם ׀ יִרְאֶנָּה הַכֹּהֵן וְהִנֵּה
אֵין־בָּהּ שֵׂעָר לָבָן וּשְׁפָלָה אֵינֶנָּה מִן־הָעוֹר וְהִיא כֵהָה וְהִסְגִּירוֹ
כב הַכֹּהֵן שִׁבְעַת יָמִים׃ וְאִם־פָּשֹׂה תִפְשֶׂה בָּעוֹר וְטִמֵּא הַכֹּהֵן אֹתוֹ
כג נֶגַע הִוא׃ וְאִם־תַּחְתֶּיהָ תַּעֲמֹד הַבַּהֶרֶת לֹא פָשָׂתָה צָרֶבֶת
כד הַשְּׁחִין הִוא וְטִהֲרוֹ הַכֹּהֵן׃ אוֹ בָשָׂר כִּי־יִהְיֶה רביעי /שני/
בְעֹרוֹ מִכְוַת־אֵשׁ וְהָיְתָה מִחְיַת הַמִּכְוָה בַּהֶרֶת לְבָנָה אֲדַמְדֶּמֶת
כה אוֹ לְבָנָה׃ וְרָאָה אֹתָהּ הַכֹּהֵן וְהִנֵּה נֶהְפַּךְ שֵׂעָר לָבָן בַּבַּהֶרֶת
וּמַרְאֶהָ עָמֹק מִן־הָעוֹר צָרַעַת הִוא בַּמִּכְוָה פָּרָחָה וְטִמֵּא אֹתוֹ
כו הַכֹּהֵן נֶגַע צָרַעַת הִוא׃ וְאִם ׀ יִרְאֶנָּה הַכֹּהֵן וְהִנֵּה אֵין־בַּבַּהֶרֶת
שֵׂעָר לָבָן וּשְׁפָלָה אֵינֶנָּה מִן־הָעוֹר וְהִוא כֵהָה וְהִסְגִּירוֹ הַכֹּהֵן
כז שִׁבְעַת יָמִים׃ וְרָאָהוּ הַכֹּהֵן בַּיּוֹם הַשְּׁבִיעִי אִם־פָּשֹׂה תִפְשֶׂה
כח בָּעוֹר וְטִמֵּא הַכֹּהֵן אֹתוֹ נֶגַע צָרַעַת הִוא׃ וְאִם־תַּחְתֶּיהָ תַעֲמֹד
הַבַּהֶרֶת לֹא־פָשְׂתָה בָעוֹר וְהִוא כֵהָה שְׂאֵת הַמִּכְוָה הִוא

וטהרו הכהן כי־צרבת המכוה הוא׃
כט ל ואיש או אשה כי־יהיה בו נגע בראש או בזקן׃ וראה הכהן חמישי ח
את־הנגע והנה מראהו עמק מן־העור ובו שער צהב דק
וטמא אתו הכהן נתק הוא צרעת הראש או הזקן הוא׃
לא וכי־יראה הכהן את־נגע הנתק והנה אין־מראהו עמק מן־
העור ושער שחר אין בו והסגיר הכהן את־נגע הנתק שבעת
לב ימים׃ וראה הכהן את־הנגע ביום השביעי והנה לא־פשה
הנתק ולא־היה בו שער צהב ומראה הנתק אין עמק מן־
לג העור׃ והתגלח ואת־הנתק לא יגלח והסגיר הכהן את־הנתק
לד שבעת ימים שנית׃ וראה הכהן את־הנתק ביום השביעי
והנה לא־פשה הנתק בעור ומראהו איננו עמק מן־העור
לה וטהר אתו הכהן וכבס בגדיו וטהר׃ ואם־פשה יפשה הנתק
לו בעור אחרי טהרתו׃ וראהו הכהן והנה פשה הנתק בעור
לז לא־יבקר הכהן לשער הצהב טמא הוא׃ ואם־בעיניו עמד
הנתק ושער שחר צמח־בו נרפא הנתק טהור הוא וטהרו
לח הכהן׃ ואיש או־אשה כי־יהיה בעור־בשרם בהרת
לט בהרת לבנת׃ וראה הכהן והנה בעור־בשרם בהרת כהות
מ לבנת בהק הוא פרח בעור טהור הוא׃ ואיש ששי ושלישי
מא כי ימרט ראשו קרח הוא טהור הוא׃ ואם מפאת פניו ימרט
מב ראשו גבח הוא טהור הוא׃ וכי־יהיה בקרחת או בגבחת
נגע לבן אדמדם צרעת פרחת הוא בקרחתו או בגבחתו׃
מג וראה אתו הכהן והנה שאת־הנגע לבנה אדמדמת בקרחתו
מד או בגבחתו כמראה צרעת עור בשר׃ איש־צרוע הוא טמא
מה הוא טמא יטמאנו הכהן בראשו נגעו׃ והצרוע אשר־בו הנגע
בגדיו יהיו פרמים וראשו יהיה פרוע ועל־שפם יעטה וטמא
מו טמא יקרא׃ כל־ימי אשר הנגע בו יטמא טמא הוא בדד
מז ישב מחוץ למחנה מושבו׃ והבגד כי־יהיה בו

מח נֶגַע צָרַעַת בְּבֶגֶד צֶמֶר אוֹ בְּבֶגֶד פִּשְׁתִּים׃ אוֹ בִשְׁתִי אוֹ בְעֵרֶב
מט לַפִּשְׁתִּים וְלַצָּמֶר אוֹ בְעוֹר אוֹ בְּכָל־מְלֶאכֶת עוֹר׃ וְהָיָה הַנֶּגַע
יְרַקְרַק ׀ אוֹ אֲדַמְדָּם בַּבֶּגֶד אוֹ בָעוֹר אוֹ־בַשְּׁתִי אוֹ־בָעֵרֶב אוֹ
נ בְכָל־כְּלִי־עוֹר נֶגַע צָרַעַת הוּא וְהָרְאָה אֶת־הַכֹּהֵן׃ וְרָאָה
נא הַכֹּהֵן אֶת־הַנָּגַע וְהִסְגִּיר אֶת־הַנֶּגַע שִׁבְעַת יָמִים׃ וְרָאָה אֶת־
הַנֶּגַע בַּיּוֹם הַשְּׁבִיעִי כִּי־פָשָׂה הַנֶּגַע בַּבֶּגֶד אוֹ־בַשְּׁתִי אוֹ־בָעֵרֶב
אוֹ בָעוֹר לְכֹל אֲשֶׁר־יֵעָשֶׂה הָעוֹר לִמְלָאכָה צָרַעַת מַמְאֶרֶת
נב הַנֶּגַע טָמֵא הוּא׃ וְשָׂרַף אֶת־הַבֶּגֶד אוֹ אֶת־הַשְּׁתִי ׀ אוֹ אֶת־
הָעֵרֶב בַּצֶּמֶר אוֹ בַפִּשְׁתִּים אוֹ אֶת־כָּל־כְּלִי הָעוֹר אֲשֶׁר־
נג יִהְיֶה בוֹ הַנָּגַע כִּי־צָרַעַת מַמְאֶרֶת הִוא בָּאֵשׁ תִּשָּׂרֵף׃ וְאִם
יִרְאֶה הַכֹּהֵן וְהִנֵּה לֹא־פָשָׂה הַנֶּגַע בַּבֶּגֶד אוֹ בַשְּׁתִי אוֹ בָעֵרֶב
נד אוֹ בְּכָל־כְּלִי־עוֹר׃ וְצִוָּה הַכֹּהֵן וְכִבְּסוּ אֵת אֲשֶׁר־בּוֹ הַנָּגַע
נה וְהִסְגִּירוֹ שִׁבְעַת־יָמִים שֵׁנִית׃ וְרָאָה הַכֹּהֵן אַחֲרֵי ׀ הֻכַּבֵּס שביעי /רביעי/
אֶת־הַנֶּגַע וְהִנֵּה לֹא־הָפַךְ הַנֶּגַע אֶת־עֵינוֹ וְהַנֶּגַע לֹא־פָשָׂה
טָמֵא הוּא בָּאֵשׁ תִּשְׂרְפֶנּוּ פְּחֶתֶת הִוא בְּקָרַחְתּוֹ אוֹ בְגַבַּחְתּוֹ׃
נו וְאִם רָאָה הַכֹּהֵן וְהִנֵּה כֵּהָה הַנֶּגַע אַחֲרֵי הֻכַּבֵּס אֹתוֹ וְקָרַע
אֹתוֹ מִן־הַבֶּגֶד אוֹ מִן־הָעוֹר אוֹ מִן־הַשְּׁתִי אוֹ מִן־הָעֵרֶב׃
נז וְאִם־תֵּרָאֶה עוֹד בַּבֶּגֶד אוֹ־בַשְּׁתִי אוֹ־בָעֵרֶב אוֹ בְכָל־כְּלִי־ מפטיר
נח עוֹר פֹּרַחַת הִוא בָּאֵשׁ תִּשְׂרְפֶנּוּ אֵת אֲשֶׁר־בּוֹ הַנָּגַע׃ וְהַבֶּגֶד
אוֹ־הַשְּׁתִי אוֹ־הָעֵרֶב אוֹ־כָל־כְּלִי הָעוֹר אֲשֶׁר תְּכַבֵּס וְסָר
נט מֵהֶם הַנָּגַע וְכֻבַּס שֵׁנִית וְטָהֵר׃ זֹאת תּוֹרַת נֶגַע־צָרַעַת בֶּגֶד
הַצֶּמֶר ׀ אוֹ הַפִּשְׁתִּים אוֹ הַשְּׁתִי אוֹ הָעֵרֶב אוֹ כָּל־כְּלִי־עוֹר
לְטַהֲרוֹ אוֹ לְטַמְּאוֹ׃

יד א ב וַיְדַבֵּר יְהוָה אֶל־מֹשֶׁה לֵּאמֹר׃ זֹאת תִּהְיֶה תּוֹרַת הַמְּצֹרָע ט מצרע
ג בְּיוֹם טָהֳרָתוֹ וְהוּבָא אֶל־הַכֹּהֵן׃ וְיָצָא הַכֹּהֵן אֶל־מִחוּץ לַמַּחֲנֶה
ד וְרָאָה הַכֹּהֵן וְהִנֵּה נִרְפָּא נֶגַע־הַצָּרַעַת מִן־הַצָּרוּעַ׃ וְצִוָּה הַכֹּהֵן
וְלָקַח לַמִּטַּהֵר שְׁתֵּי־צִפֳּרִים חַיּוֹת טְהֹרוֹת וְעֵץ אֶרֶז וּשְׁנִי תוֹלַעַת

וְאֵזֹב: וְצִוָּה הַכֹּהֵן וְשָׁחַט אֶת־הַצִּפּוֹר הָאֶחָת אֶל־כְּלִי־חֶרֶשׂ ה
עַל־מַיִם חַיִּים: אֶת־הַצִּפֹּר הַחַיָּה יִקַּח אֹתָהּ וְאֶת־עֵץ הָאֶרֶז ו
וְאֶת־שְׁנִי הַתּוֹלַעַת וְאֶת־הָאֵזֹב וְטָבַל אוֹתָם וְאֵת ׀ הַצִּפֹּר הַחַיָּה
בְּדַם הַצִּפֹּר הַשְּׁחֻטָה עַל הַמַּיִם הַחַיִּים: וְהִזָּה עַל הַמִּטַּהֵר ז
מִן־הַצָּרַעַת שֶׁבַע פְּעָמִים וְטִהֲרוֹ וְשִׁלַּח אֶת־הַצִּפֹּר הַחַיָּה
עַל־פְּנֵי הַשָּׂדֶה: וְכִבֶּס הַמִּטַּהֵר אֶת־בְּגָדָיו וְגִלַּח אֶת־כָּל־ ח
שְׂעָרוֹ וְרָחַץ בַּמַּיִם וְטָהֵר וְאַחַר יָבוֹא אֶל־הַמַּחֲנֶה וְיָשַׁב
מִחוּץ לְאָהֳלוֹ שִׁבְעַת יָמִים: וְהָיָה בַיּוֹם הַשְּׁבִיעִי יְגַלַּח אֶת־ ט
כָּל־שְׂעָרוֹ אֶת־רֹאשׁוֹ וְאֶת־זְקָנוֹ וְאֵת גַּבֹּת עֵינָיו וְאֶת־כָּל־
שְׂעָרוֹ יְגַלֵּחַ וְכִבֶּס אֶת־בְּגָדָיו וְרָחַץ אֶת־בְּשָׂרוֹ בַּמַּיִם וְטָהֵר:
וּבַיּוֹם הַשְּׁמִינִי יִקַּח שְׁנֵי־כְבָשִׂים תְּמִימִם וְכַבְשָׂה אַחַת בַּת־ י
שְׁנָתָהּ תְּמִימָה וּשְׁלֹשָׁה עֶשְׂרֹנִים סֹלֶת מִנְחָה בְּלוּלָה בַשֶּׁמֶן
וְלֹג אֶחָד שָׁמֶן: וְהֶעֱמִיד הַכֹּהֵן הַמְטַהֵר אֵת הָאִישׁ הַמִּטַּהֵר יא
וְאֹתָם לִפְנֵי יהוה פֶּתַח אֹהֶל מוֹעֵד: וְלָקַח הַכֹּהֵן אֶת־הַכֶּבֶשׂ יב
הָאֶחָד וְהִקְרִיב אֹתוֹ לְאָשָׁם וְאֶת־לֹג הַשָּׁמֶן וְהֵנִיף אֹתָם תְּנוּפָה
שני לִפְנֵי יהוה: וְשָׁחַט אֶת־הַכֶּבֶשׂ בִּמְקוֹם אֲשֶׁר יִשְׁחַט אֶת־ יג
הַחַטָּאת וְאֶת־הָעֹלָה בִּמְקוֹם הַקֹּדֶשׁ כִּי כַּחַטָּאת הָאָשָׁם הוּא
לַכֹּהֵן קֹדֶשׁ קָדָשִׁים הוּא: וְלָקַח הַכֹּהֵן מִדַּם הָאָשָׁם וְנָתַן יד
הַכֹּהֵן עַל־תְּנוּךְ אֹזֶן הַמִּטַּהֵר הַיְמָנִית וְעַל־בֹּהֶן יָדוֹ הַיְמָנִית
וְעַל־בֹּהֶן רַגְלוֹ הַיְמָנִית: וְלָקַח הַכֹּהֵן מִלֹּג הַשָּׁמֶן וְיָצַק עַל־ טו
כַּף הַכֹּהֵן הַשְּׂמָאלִית: וְטָבַל הַכֹּהֵן אֶת־אֶצְבָּעוֹ הַיְמָנִית מִן־ טז
הַשֶּׁמֶן אֲשֶׁר עַל־כַּפּוֹ הַשְּׂמָאלִית וְהִזָּה מִן־הַשֶּׁמֶן בְּאֶצְבָּעוֹ
שֶׁבַע פְּעָמִים לִפְנֵי יהוה: וּמִיֶּתֶר הַשֶּׁמֶן אֲשֶׁר עַל־כַּפּוֹ יִתֵּן יז
הַכֹּהֵן עַל־תְּנוּךְ אֹזֶן הַמִּטַּהֵר הַיְמָנִית וְעַל־בֹּהֶן יָדוֹ הַיְמָנִית
וְעַל־בֹּהֶן רַגְלוֹ הַיְמָנִית עַל דַּם הָאָשָׁם: וְהַנּוֹתָר בַּשֶּׁמֶן אֲשֶׁר יח
עַל־כַּף הַכֹּהֵן יִתֵּן עַל־רֹאשׁ הַמִּטַּהֵר וְכִפֶּר עָלָיו הַכֹּהֵן לִפְנֵי
יהוה: וְעָשָׂה הַכֹּהֵן אֶת־הַחַטָּאת וְכִפֶּר עַל־הַמִּטַּהֵר מִטֻּמְאָתוֹ יט

כ וְאַחַר יִשְׁחַט אֶת־הָעֹלָה׃ וְהֶעֱלָה הַכֹּהֵן אֶת־הָעֹלָה וְאֶת־
כא הַמִּנְחָה הַמִּזְבֵּחָה וְכִפֶּר עָלָיו הַכֹּהֵן וְטָהֵר׃ וְאִם־ שלישי /חמישי/
דַּל הוּא וְאֵין יָדוֹ מַשֶּׂגֶת וְלָקַח כֶּבֶשׂ אֶחָד אָשָׁם לִתְנוּפָה לְכַפֵּר
כב עָלָיו וְעִשָּׂרוֹן סֹלֶת אֶחָד בָּלוּל בַּשֶּׁמֶן לְמִנְחָה וְלֹג שָׁמֶן׃ וּשְׁתֵּי
תֹרִים אוֹ שְׁנֵי בְּנֵי יוֹנָה אֲשֶׁר תַּשִּׂיג יָדוֹ וְהָיָה אֶחָד חַטָּאת
כג וְהָאֶחָד עֹלָה׃ וְהֵבִיא אֹתָם בַּיּוֹם הַשְּׁמִינִי לְטָהֳרָתוֹ אֶל־הַכֹּהֵן
כד אֶל־פֶּתַח אֹהֶל־מוֹעֵד לִפְנֵי יְהוָה׃ וְלָקַח הַכֹּהֵן אֶת־כֶּבֶשׂ
הָאָשָׁם וְאֶת־לֹג הַשָּׁמֶן וְהֵנִיף אֹתָם הַכֹּהֵן תְּנוּפָה לִפְנֵי יְהוָה׃
כה וְשָׁחַט אֶת־כֶּבֶשׂ הָאָשָׁם וְלָקַח הַכֹּהֵן מִדַּם הָאָשָׁם וְנָתַן עַל־
תְּנוּךְ אֹזֶן־הַמִּטַּהֵר הַיְמָנִית וְעַל־בֹּהֶן יָדוֹ הַיְמָנִית וְעַל־בֹּהֶן
כו רַגְלוֹ הַיְמָנִית׃ וּמִן־הַשֶּׁמֶן יִצֹק הַכֹּהֵן עַל־כַּף הַכֹּהֵן הַשְּׂמָאלִית׃
כז וְהִזָּה הַכֹּהֵן בְּאֶצְבָּעוֹ הַיְמָנִית מִן־הַשֶּׁמֶן אֲשֶׁר עַל־כַּפּוֹ
כח הַשְּׂמָאלִית שֶׁבַע פְּעָמִים לִפְנֵי יְהוָה׃ וְנָתַן הַכֹּהֵן מִן־הַשֶּׁמֶן
אֲשֶׁר עַל־כַּפּוֹ עַל־תְּנוּךְ אֹזֶן הַמִּטַּהֵר הַיְמָנִית וְעַל־בֹּהֶן יָדוֹ
כט הַיְמָנִית וְעַל־בֹּהֶן רַגְלוֹ הַיְמָנִית עַל־מְקוֹם דַּם הָאָשָׁם׃ וְהַנּוֹתָר
מִן־הַשֶּׁמֶן אֲשֶׁר עַל־כַּף הַכֹּהֵן יִתֵּן עַל־רֹאשׁ הַמִּטַּהֵר לְכַפֵּר
ל עָלָיו לִפְנֵי יְהוָה׃ וְעָשָׂה אֶת־הָאֶחָד מִן־הַתֹּרִים אוֹ מִן־בְּנֵי
לא הַיּוֹנָה מֵאֲשֶׁר תַּשִּׂיג יָדוֹ׃ אֵת אֲשֶׁר־תַּשִּׂיג יָדוֹ אֶת־הָאֶחָד
חַטָּאת וְאֶת־הָאֶחָד עֹלָה עַל־הַמִּנְחָה וְכִפֶּר הַכֹּהֵן עַל הַמִּטַּהֵר
לב לִפְנֵי יְהוָה׃ זֹאת תּוֹרַת אֲשֶׁר־בּוֹ נֶגַע צָרָעַת אֲשֶׁר לֹא־תַשִּׂיג
יָדוֹ בְּטָהֳרָתוֹ׃
לג לד וַיְדַבֵּר יְהוָה אֶל־מֹשֶׁה וְאֶל־אַהֲרֹן לֵאמֹר׃ כִּי תָבֹאוּ אֶל־אֶרֶץ י רביעי /ששי/
כְּנַעַן אֲשֶׁר אֲנִי נֹתֵן לָכֶם לַאֲחֻזָּה וְנָתַתִּי נֶגַע צָרַעַת בְּבֵית
לה אֶרֶץ אֲחֻזַּתְכֶם׃ וּבָא אֲשֶׁר־לוֹ הַבַּיִת וְהִגִּיד לַכֹּהֵן לֵאמֹר
לו כְּנֶגַע נִרְאָה לִי בַּבָּיִת׃ וְצִוָּה הַכֹּהֵן וּפִנּוּ אֶת־הַבַּיִת בְּטֶרֶם
יָבֹא הַכֹּהֵן לִרְאוֹת אֶת־הַנֶּגַע וְלֹא יִטְמָא כָּל־אֲשֶׁר בַּבָּיִת וְאַחַר
לז כֵּן יָבֹא הַכֹּהֵן לִרְאוֹת אֶת־הַבָּיִת׃ וְרָאָה אֶת־הַנֶּגַע וְהִנֵּה

הַנֶּגַע בְּקִירֹת הַבַּיִת שְׁקַעֲרוּרֹת יְרַקְרַקֹּת אוֹ אֲדַמְדַּמֹּת וּמַרְאֵיהֶן
לח שָׁפָל מִן־הַקִּיר׃ וְיָצָא הַכֹּהֵן מִן־הַבַּיִת אֶל־פֶּתַח הַבָּיִת וְהִסְגִּיר
לט אֶת־הַבַּיִת שִׁבְעַת יָמִים׃ וְשָׁב הַכֹּהֵן בַּיּוֹם הַשְּׁבִיעִי וְרָאָה וְהִנֵּה
מ פָּשָׂה הַנֶּגַע בְּקִירֹת הַבָּיִת׃ וְצִוָּה הַכֹּהֵן וְחִלְּצוּ אֶת־הָאֲבָנִים
אֲשֶׁר בָּהֵן הַנָּגַע וְהִשְׁלִיכוּ אֶתְהֶן אֶל־מִחוּץ לָעִיר אֶל־מָקוֹם
מא טָמֵא׃ וְאֶת־הַבַּיִת יַקְצִעַ מִבַּיִת סָבִיב וְשָׁפְכוּ אֶת־הֶעָפָר אֲשֶׁר
מב הִקְצוּ אֶל־מִחוּץ לָעִיר אֶל־מָקוֹם טָמֵא׃ וְלָקְחוּ אֲבָנִים אֲחֵרוֹת
וְהֵבִיאוּ אֶל־תַּחַת הָאֲבָנִים וְעָפָר אַחֵר יִקַּח וְטָח אֶת־הַבָּיִת׃
מג וְאִם־יָשׁוּב הַנֶּגַע וּפָרַח בַּבַּיִת אַחַר חִלֵּץ אֶת־הָאֲבָנִים וְאַחֲרֵי
מד הִקְצוֹת אֶת־הַבַּיִת וְאַחֲרֵי הִטּוֹחַ׃ וּבָא הַכֹּהֵן וְרָאָה וְהִנֵּה פָּשָׂה
מה הַנֶּגַע בַּבָּיִת צָרַעַת מַמְאֶרֶת הִוא בַּבַּיִת טָמֵא הוּא׃ וְנָתַץ
אֶת־הַבַּיִת אֶת־אֲבָנָיו וְאֶת־עֵצָיו וְאֵת כָּל־עֲפַר הַבָּיִת וְהוֹצִיא
מו אֶל־מִחוּץ לָעִיר אֶל־מָקוֹם טָמֵא׃ וְהַבָּא אֶל־הַבַּיִת כָּל־יְמֵי
מז הִסְגִּיר אֹתוֹ יִטְמָא עַד־הָעָרֶב׃ וְהַשֹּׁכֵב בַּבַּיִת יְכַבֵּס אֶת־בְּגָדָיו
מח וְהָאֹכֵל בַּבַּיִת יְכַבֵּס אֶת־בְּגָדָיו׃ וְאִם־בֹּא יָבֹא הַכֹּהֵן וְרָאָה
וְהִנֵּה לֹא־פָשָׂה הַנֶּגַע בַּבַּיִת אַחֲרֵי הִטֹּחַ אֶת־הַבָּיִת וְטִהַר
מט הַכֹּהֵן אֶת־הַבַּיִת כִּי נִרְפָּא הַנָּגַע׃ וְלָקַח לְחַטֵּא אֶת־הַבַּיִת
נ שְׁתֵּי צִפֳּרִים וְעֵץ אֶרֶז וּשְׁנִי תוֹלַעַת וְאֵזֹב׃ וְשָׁחַט אֶת־הַצִּפֹּר
נא הָאֶחָת אֶל־כְּלִי־חֶרֶשׂ עַל־מַיִם חַיִּים׃ וְלָקַח אֶת־עֵץ־הָאֶרֶז
וְאֶת־הָאֵזֹב וְאֵת ׀ שְׁנִי הַתּוֹלַעַת וְאֵת הַצִּפֹּר הַחַיָּה וְטָבַל אֹתָם
בְּדַם הַצִּפֹּר הַשְּׁחוּטָה וּבַמַּיִם הַחַיִּים וְהִזָּה אֶל־הַבַּיִת שֶׁבַע
נב פְּעָמִים׃ וְחִטֵּא אֶת־הַבַּיִת בְּדַם הַצִּפּוֹר וּבַמַּיִם הַחַיִּים וּבַצִּפֹּר
נג הַחַיָּה וּבְעֵץ הָאֶרֶז וּבָאֵזֹב וּבִשְׁנִי הַתּוֹלָעַת׃ וְשִׁלַּח אֶת־הַצִּפֹּר
הַחַיָּה אֶל־מִחוּץ לָעִיר אֶל־פְּנֵי הַשָּׂדֶה וְכִפֶּר עַל־הַבַּיִת וְטָהֵר׃
חמישי נד נה זֹאת הַתּוֹרָה לְכָל־נֶגַע הַצָּרַעַת וְלַנָּתֶק׃ וּלְצָרַעַת הַבֶּגֶד וְלַבָּיִת׃
נו נז וְלַשְׂאֵת וְלַסַּפַּחַת וְלַבֶּהָרֶת׃ לְהוֹרֹת בְּיוֹם הַטָּמֵא וּבְיוֹם הַטָּהֹר
זֹאת תּוֹרַת הַצָּרָעַת׃

א ב וַיְדַבֵּר יְהוָה אֶל־מֹשֶׁה וְאֶל־אַהֲרֹן לֵאמֹר׃ דַּבְּרוּ אֶל־בְּנֵי יִשְׂרָאֵל יא
וַאֲמַרְתֶּם אֲלֵהֶם אִישׁ אִישׁ כִּי יִהְיֶה זָב מִבְּשָׂרוֹ זוֹבוֹ טָמֵא הוּא׃
ג וְזֹאת תִּהְיֶה טֻמְאָתוֹ בְּזוֹבוֹ רָר בְּשָׂרוֹ אֶת־זוֹבוֹ אוֹ־הֶחְתִּים
ד בְּשָׂרוֹ מִזּוֹבוֹ טֻמְאָתוֹ הִוא׃ כָּל־הַמִּשְׁכָּב אֲשֶׁר יִשְׁכַּב עָלָיו
ה הַזָּב יִטְמָא וְכָל־הַכְּלִי אֲשֶׁר־יֵשֵׁב עָלָיו יִטְמָא׃ וְאִישׁ אֲשֶׁר יִגַּע
ו בְּמִשְׁכָּבוֹ יְכַבֵּס בְּגָדָיו וְרָחַץ בַּמַּיִם וְטָמֵא עַד־הָעָרֶב׃ וְהַיֹּשֵׁב
עַל־הַכְּלִי אֲשֶׁר־יֵשֵׁב עָלָיו הַזָּב יְכַבֵּס בְּגָדָיו וְרָחַץ בַּמַּיִם וְטָמֵא
ז עַד־הָעָרֶב׃ וְהַנֹּגֵעַ בִּבְשַׂר הַזָּב יְכַבֵּס בְּגָדָיו וְרָחַץ בַּמַּיִם וְטָמֵא
ח עַד־הָעָרֶב׃ וְכִי־יָרֹק הַזָּב בַּטָּהוֹר וְכִבֶּס בְּגָדָיו וְרָחַץ בַּמַּיִם
ט וְטָמֵא עַד־הָעָרֶב׃ וְכָל־הַמֶּרְכָּב אֲשֶׁר יִרְכַּב עָלָיו הַזָּב יִטְמָא׃
י וְכָל־הַנֹּגֵעַ בְּכֹל אֲשֶׁר יִהְיֶה תַחְתָּיו יִטְמָא עַד־הָעָרֶב וְהַנּוֹשֵׂא
יא אוֹתָם יְכַבֵּס בְּגָדָיו וְרָחַץ בַּמַּיִם וְטָמֵא עַד־הָעָרֶב׃ וְכֹל אֲשֶׁר
יִגַּע־בּוֹ הַזָּב וְיָדָיו לֹא־שָׁטַף בַּמָּיִם וְכִבֶּס בְּגָדָיו וְרָחַץ בַּמַּיִם
יב וְטָמֵא עַד־הָעָרֶב׃ וּכְלִי־חֶרֶשׂ אֲשֶׁר־יִגַּע־בּוֹ הַזָּב יִשָּׁבֵר וְכָל־
יג כְּלִי־עֵץ יִשָּׁטֵף בַּמָּיִם׃ וְכִי־יִטְהַר הַזָּב מִזּוֹבוֹ וְסָפַר לוֹ שִׁבְעַת
יָמִים לְטָהֳרָתוֹ וְכִבֶּס בְּגָדָיו וְרָחַץ בְּשָׂרוֹ בְּמַיִם חַיִּים וְטָהֵר׃
יד וּבַיּוֹם הַשְּׁמִינִי יִקַּח־לוֹ שְׁתֵּי תֹרִים אוֹ שְׁנֵי בְּנֵי יוֹנָה וּבָא ׀ לִפְנֵי
טו יְהוָה אֶל־פֶּתַח אֹהֶל מוֹעֵד וּנְתָנָם אֶל־הַכֹּהֵן׃ וְעָשָׂה אֹתָם
הַכֹּהֵן אֶחָד חַטָּאת וְהָאֶחָד עֹלָה וְכִפֶּר עָלָיו הַכֹּהֵן לִפְנֵי יְהוָה
טז מִזּוֹבוֹ׃ וְאִישׁ כִּי־תֵצֵא מִמֶּנּוּ שִׁכְבַת־זֶרַע וְרָחַץ ששי /שביעי/
יז בַּמַּיִם אֶת־כָּל־בְּשָׂרוֹ וְטָמֵא עַד־הָעָרֶב׃ וְכָל־בֶּגֶד וְכָל־עוֹר
אֲשֶׁר־יִהְיֶה עָלָיו שִׁכְבַת־זָרַע וְכֻבַּס בַּמַּיִם וְטָמֵא עַד־הָעָרֶב׃
יח וְאִשָּׁה אֲשֶׁר יִשְׁכַּב אִישׁ אֹתָהּ שִׁכְבַת־זָרַע וְרָחֲצוּ בַמַּיִם וְטָמְאוּ
עַד־הָעָרֶב׃
יט וְאִשָּׁה כִּי־תִהְיֶה זָבָה דָּם יִהְיֶה זֹבָהּ בִּבְשָׂרָהּ שִׁבְעַת יָמִים
כ תִּהְיֶה בְנִדָּתָהּ וְכָל־הַנֹּגֵעַ בָּהּ יִטְמָא עַד־הָעָרֶב׃ וְכֹל אֲשֶׁר
כא תִּשְׁכַּב עָלָיו בְּנִדָּתָהּ יִטְמָא וְכֹל אֲשֶׁר־תֵּשֵׁב עָלָיו יִטְמָא׃ וְכָל־

הַנֹּגֵעַ בְּמִשְׁכָּבָהּ יְכַבֵּס בְּגָדָיו וְרָחַץ בַּמַּיִם וְטָמֵא עַד־הָעָרֶב׃
כב וְכָל־הַנֹּגֵעַ בְּכָל־כְּלִי אֲשֶׁר־תֵּשֵׁב עָלָיו יְכַבֵּס בְּגָדָיו וְרָחַץ בַּמַּיִם
כג וְטָמֵא עַד־הָעָרֶב׃ וְאִם עַל־הַמִּשְׁכָּב הוּא אוֹ עַל־הַכְּלִי אֲשֶׁר־
כד הִוא יֹשֶׁבֶת־עָלָיו בְּנָגְעוֹ־בוֹ יִטְמָא עַד־הָעָרֶב׃ וְאִם שָׁכֹב יִשְׁכַּב
אִישׁ אֹתָהּ וּתְהִי נִדָּתָהּ עָלָיו וְטָמֵא שִׁבְעַת יָמִים וְכָל־הַמִּשְׁכָּב
יב כה אֲשֶׁר־יִשְׁכַּב עָלָיו יִטְמָא׃ וְאִשָּׁה כִּי־יָזוּב זוֹב
דָּמָהּ יָמִים רַבִּים בְּלֹא עֶת־נִדָּתָהּ אוֹ כִי־תָזוּב עַל־נִדָּתָהּ כָּל־
כו יְמֵי זוֹב טֻמְאָתָהּ כִּימֵי נִדָּתָהּ תִּהְיֶה טְמֵאָה הִוא׃ כָּל־הַמִּשְׁכָּב
אֲשֶׁר־תִּשְׁכַּב עָלָיו כָּל־יְמֵי זוֹבָהּ כְּמִשְׁכַּב נִדָּתָהּ יִהְיֶה־לָּהּ
וְכָל־הַכְּלִי אֲשֶׁר תֵּשֵׁב עָלָיו טָמֵא יִהְיֶה כְּטֻמְאַת נִדָּתָהּ׃
כז וְכָל־הַנּוֹגֵעַ בָּם יִטְמָא וְכִבֶּס בְּגָדָיו וְרָחַץ בַּמַּיִם וְטָמֵא עַד־
כח הָעָרֶב׃ וְאִם־טָהֲרָה מִזּוֹבָהּ וְסָפְרָה לָּהּ שִׁבְעַת יָמִים וְאַחַר
שביעי כט תִּטְהָר׃ וּבַיּוֹם הַשְּׁמִינִי תִּקַּח־לָהּ שְׁתֵּי תֹרִים אוֹ שְׁנֵי בְּנֵי יוֹנָה
ל וְהֵבִיאָה אוֹתָם אֶל־הַכֹּהֵן אֶל־פֶּתַח אֹהֶל מוֹעֵד׃ וְעָשָׂה הַכֹּהֵן
אֶת־הָאֶחָד חַטָּאת וְאֶת־הָאֶחָד עֹלָה וְכִפֶּר עָלֶיהָ הַכֹּהֵן לִפְנֵי
מפטיר לא יְהוָה מִזּוֹב טֻמְאָתָהּ׃ וְהִזַּרְתֶּם אֶת־בְּנֵי־יִשְׂרָאֵל מִטֻּמְאָתָם
לב וְלֹא יָמֻתוּ בְּטֻמְאָתָם בְּטַמְּאָם אֶת־מִשְׁכָּנִי אֲשֶׁר בְּתוֹכָם׃ זֹאת
לג תּוֹרַת הַזָּב וַאֲשֶׁר תֵּצֵא מִמֶּנּוּ שִׁכְבַת־זֶרַע לְטָמְאָה־בָהּ׃ וְהַדָּוָה
בְּנִדָּתָהּ וְהַזָּב אֶת־זוֹבוֹ לַזָּכָר וְלַנְּקֵבָה וּלְאִישׁ אֲשֶׁר יִשְׁכַּב עִם־
טְמֵאָה׃

אחרי מות טז א וַיְדַבֵּר יְהוָה אֶל־מֹשֶׁה אַחֲרֵי מוֹת שְׁנֵי בְּנֵי אַהֲרֹן בְּקָרְבָתָם
ב לִפְנֵי־יְהוָה וַיָּמֻתוּ׃ וַיֹּאמֶר יְהוָה אֶל־מֹשֶׁה דַּבֵּר אֶל־אַהֲרֹן אָחִיךָ
וְאַל־יָבֹא בְכָל־עֵת אֶל־הַקֹּדֶשׁ מִבֵּית לַפָּרֹכֶת אֶל־פְּנֵי הַכַּפֹּרֶת
ג אֲשֶׁר עַל־הָאָרֹן וְלֹא יָמוּת כִּי בֶּעָנָן אֵרָאֶה עַל־הַכַּפֹּרֶת׃ בְּזֹאת
יָבֹא אַהֲרֹן אֶל־הַקֹּדֶשׁ בְּפַר בֶּן־בָּקָר לְחַטָּאת וְאַיִל לְעֹלָה׃
ד כְּתֹנֶת־בַּד קֹדֶשׁ יִלְבָּשׁ וּמִכְנְסֵי־בַד יִהְיוּ עַל־בְּשָׂרוֹ וּבְאַבְנֵט
בַּד יַחְגֹּר וּבְמִצְנֶפֶת בַּד יִצְנֹף בִּגְדֵי־קֹדֶשׁ הֵם וְרָחַץ בַּמַּיִם אֶת־

ה בְּשָׂרוֹ וּלְבֵשָׁם: וּמֵאֵת עֲדַת בְּנֵי יִשְׂרָאֵל יִקַּח שְׁנֵי־שְׂעִירֵי עִזִּים
ו לְחַטָּאת וְאַיִל אֶחָד לְעֹלָה: וְהִקְרִיב אַהֲרֹן אֶת־פַּר הַחַטָּאת
ז אֲשֶׁר־לוֹ וְכִפֶּר בַּעֲדוֹ וּבְעַד בֵּיתוֹ: וְלָקַח אֶת־שְׁנֵי הַשְּׂעִירִם
ח וְהֶעֱמִיד אֹתָם לִפְנֵי יהוה פֶּתַח אֹהֶל מוֹעֵד: וְנָתַן אַהֲרֹן עַל־
שְׁנֵי הַשְּׂעִירִם גֹּרָלוֹת גּוֹרָל אֶחָד לַיהוה וְגוֹרָל אֶחָד לַעֲזָאזֵל:
ט וְהִקְרִיב אַהֲרֹן אֶת־הַשָּׂעִיר אֲשֶׁר עָלָה עָלָיו הַגּוֹרָל לַיהוה
י וְעָשָׂהוּ חַטָּאת: וְהַשָּׂעִיר אֲשֶׁר עָלָה עָלָיו הַגּוֹרָל לַעֲזָאזֵל יָעֳמַד־
חַי לִפְנֵי יהוה לְכַפֵּר עָלָיו לְשַׁלַּח אֹתוֹ לַעֲזָאזֵל הַמִּדְבָּרָה:
יא וְהִקְרִיב אַהֲרֹן אֶת־פַּר הַחַטָּאת אֲשֶׁר־לוֹ וְכִפֶּר בַּעֲדוֹ וּבְעַד
יב בֵּיתוֹ וְשָׁחַט אֶת־פַּר הַחַטָּאת אֲשֶׁר־לוֹ: וְלָקַח מְלֹא־הַמַּחְתָּה
גַּחֲלֵי־אֵשׁ מֵעַל הַמִּזְבֵּחַ מִלִּפְנֵי יהוה וּמְלֹא חָפְנָיו קְטֹרֶת סַמִּים
יג דַּקָּה וְהֵבִיא מִבֵּית לַפָּרֹכֶת: וְנָתַן אֶת־הַקְּטֹרֶת עַל־הָאֵשׁ לִפְנֵי
יהוה וְכִסָּה | עֲנַן הַקְּטֹרֶת אֶת־הַכַּפֹּרֶת אֲשֶׁר עַל־הָעֵדוּת וְלֹא
יד יָמוּת: וְלָקַח מִדַּם הַפָּר וְהִזָּה בְאֶצְבָּעוֹ עַל־פְּנֵי הַכַּפֹּרֶת קֵדְמָה
טו וְלִפְנֵי הַכַּפֹּרֶת יַזֶּה שֶׁבַע־פְּעָמִים מִן־הַדָּם בְּאֶצְבָּעוֹ: וְשָׁחַט
אֶת־שְׂעִיר הַחַטָּאת אֲשֶׁר לָעָם וְהֵבִיא אֶת־דָּמוֹ אֶל־מִבֵּית
לַפָּרֹכֶת וְעָשָׂה אֶת־דָּמוֹ כַּאֲשֶׁר עָשָׂה לְדַם הַפָּר וְהִזָּה אֹתוֹ עַל־
טז הַכַּפֹּרֶת וְלִפְנֵי הַכַּפֹּרֶת: וְכִפֶּר עַל־הַקֹּדֶשׁ מִטֻּמְאֹת בְּנֵי יִשְׂרָאֵל
וּמִפִּשְׁעֵיהֶם לְכָל־חַטֹּאתָם וְכֵן יַעֲשֶׂה לְאֹהֶל מוֹעֵד הַשֹּׁכֵן אִתָּם
יז בְּתוֹךְ טֻמְאֹתָם: וְכָל־אָדָם לֹא־יִהְיֶה | בְּאֹהֶל מוֹעֵד בְּבֹאוֹ
לְכַפֵּר בַּקֹּדֶשׁ עַד־צֵאתוֹ וְכִפֶּר בַּעֲדוֹ וּבְעַד בֵּיתוֹ וּבְעַד כָּל־
יח קְהַל יִשְׂרָאֵל: וְיָצָא אֶל־הַמִּזְבֵּחַ אֲשֶׁר לִפְנֵי־יהוה וְכִפֶּר עָלָיו שני
וְלָקַח מִדַּם הַפָּר וּמִדַּם הַשָּׂעִיר וְנָתַן עַל־קַרְנוֹת הַמִּזְבֵּחַ סָבִיב:
יט וְהִזָּה עָלָיו מִן־הַדָּם בְּאֶצְבָּעוֹ שֶׁבַע פְּעָמִים וְטִהֲרוֹ וְקִדְּשׁוֹ
כ מִטֻּמְאֹת בְּנֵי יִשְׂרָאֵל: וְכִלָּה מִכַּפֵּר אֶת־הַקֹּדֶשׁ וְאֶת־אֹהֶל
כא מוֹעֵד וְאֶת־הַמִּזְבֵּחַ וְהִקְרִיב אֶת־הַשָּׂעִיר הֶחָי: וְסָמַךְ אַהֲרֹן
אֶת־שְׁתֵּי יָדָו עַל־רֹאשׁ הַשָּׂעִיר הַחַי וְהִתְוַדָּה עָלָיו אֶת־כָּל־

עֲוֺנֹת בְּנֵי יִשְׂרָאֵל וְאֶת־כָּל־פִּשְׁעֵיהֶם לְכָל־חַטֹּאתָם וְנָתַן אֹתָם
עַל־רֹאשׁ הַשָּׂעִיר וְשִׁלַּח בְּיַד־אִישׁ עִתִּי הַמִּדְבָּרָה׃ וְנָשָׂא כב
הַשָּׂעִיר עָלָיו אֶת־כָּל־עֲוֺנֹתָם אֶל־אֶרֶץ גְּזֵרָה וְשִׁלַּח אֶת־הַשָּׂעִיר
בַּמִּדְבָּר׃ וּבָא אַהֲרֹן אֶל־אֹהֶל מוֹעֵד וּפָשַׁט אֶת־בִּגְדֵי הַבָּד כג
אֲשֶׁר לָבַשׁ בְּבֹאוֹ אֶל־הַקֹּדֶשׁ וְהִנִּיחָם שָׁם׃ וְרָחַץ אֶת־בְּשָׂרוֹ כד
בַמַּיִם בְּמָקוֹם קָדוֹשׁ וְלָבַשׁ אֶת־בְּגָדָיו וְיָצָא וְעָשָׂה אֶת־עֹלָתוֹ
שלישי /שני/ וְאֶת־עֹלַת הָעָם וְכִפֶּר בַּעֲדוֹ וּבְעַד הָעָם׃ וְאֵת חֵלֶב הַחַטָּאת כה
יַקְטִיר הַמִּזְבֵּחָה׃ וְהַמְשַׁלֵּחַ אֶת־הַשָּׂעִיר לַעֲזָאזֵל יְכַבֵּס בְּגָדָיו כו
וְרָחַץ אֶת־בְּשָׂרוֹ בַּמָּיִם וְאַחֲרֵי־כֵן יָבוֹא אֶל־הַמַּחֲנֶה׃ וְאֵת כז
פַּר הַחַטָּאת וְאֵת ׀ שְׂעִיר הַחַטָּאת אֲשֶׁר הוּבָא אֶת־דָּמָם לְכַפֵּר
בַּקֹּדֶשׁ יוֹצִיא אֶל־מִחוּץ לַמַּחֲנֶה וְשָׂרְפוּ בָאֵשׁ אֶת־עֹרֹתָם וְאֶת־
בְּשָׂרָם וְאֶת־פִּרְשָׁם׃ וְהַשֹּׂרֵף אֹתָם יְכַבֵּס בְּגָדָיו וְרָחַץ אֶת־ כח
בְּשָׂרוֹ בַּמָּיִם וְאַחֲרֵי־כֵן יָבוֹא אֶל־הַמַּחֲנֶה׃ וְהָיְתָה לָכֶם לְחֻקַּת כט
עוֹלָם בַּחֹדֶשׁ הַשְּׁבִיעִי בֶּעָשׂוֹר לַחֹדֶשׁ תְּעַנּוּ אֶת־נַפְשֹׁתֵיכֶם
וְכָל־מְלָאכָה לֹא תַעֲשׂוּ הָאֶזְרָח וְהַגֵּר הַגָּר בְּתוֹכְכֶם׃ כִּי־בַיּוֹם ל
הַזֶּה יְכַפֵּר עֲלֵיכֶם לְטַהֵר אֶתְכֶם מִכֹּל חַטֹּאתֵיכֶם לִפְנֵי יהוה
תִּטְהָרוּ׃ שַׁבַּת שַׁבָּתוֹן הִיא לָכֶם וְעִנִּיתֶם אֶת־נַפְשֹׁתֵיכֶם חֻקַּת לא
עוֹלָם׃ וְכִפֶּר הַכֹּהֵן אֲשֶׁר־יִמְשַׁח אֹתוֹ וַאֲשֶׁר יְמַלֵּא אֶת־יָדוֹ לב
לְכַהֵן תַּחַת אָבִיו וְלָבַשׁ אֶת־בִּגְדֵי הַבָּד בִּגְדֵי הַקֹּדֶשׁ׃ וְכִפֶּר לג
אֶת־מִקְדַּשׁ הַקֹּדֶשׁ וְאֶת־אֹהֶל מוֹעֵד וְאֶת־הַמִּזְבֵּחַ יְכַפֵּר וְעַל
הַכֹּהֲנִים וְעַל־כָּל־עַם הַקָּהָל יְכַפֵּר׃ וְהָיְתָה־זֹּאת לָכֶם לְחֻקַּת לד
עוֹלָם לְכַפֵּר עַל־בְּנֵי יִשְׂרָאֵל מִכָּל־חַטֹּאתָם אַחַת בַּשָּׁנָה וַיַּעַשׂ
כַּאֲשֶׁר צִוָּה יהוה אֶת־מֹשֶׁה׃

רביעי יג וַיְדַבֵּר יהוה אֶל־מֹשֶׁה לֵּאמֹר׃ דַּבֵּר אֶל־אַהֲרֹן וְאֶל־בָּנָיו וְאֶל יז א ב
כָּל־בְּנֵי יִשְׂרָאֵל וְאָמַרְתָּ אֲלֵיהֶם זֶה הַדָּבָר אֲשֶׁר־צִוָּה יהוה
לֵאמֹר׃ אִישׁ אִישׁ מִבֵּית יִשְׂרָאֵל אֲשֶׁר יִשְׁחַט שׁוֹר אוֹ־כֶשֶׂב ג
אוֹ־עֵז בַּמַּחֲנֶה אוֹ אֲשֶׁר יִשְׁחַט מִחוּץ לַמַּחֲנֶה׃ וְאֶל־פֶּתַח ד

אֹהֶל מוֹעֵד לֹא הֱבִיאוֹ לְהַקְרִיב קָרְבָּן לַיהוָה לִפְנֵי מִשְׁכַּן יְהוָה
דָּם יֵחָשֵׁב לָאִישׁ הַהוּא דָּם שָׁפָךְ וְנִכְרַת הָאִישׁ הַהוּא מִקֶּרֶב
ה עַמּוֹ׃ לְמַעַן אֲשֶׁר יָבִיאוּ בְּנֵי יִשְׂרָאֵל אֶת־זִבְחֵיהֶם אֲשֶׁר הֵם
זֹבְחִים עַל־פְּנֵי הַשָּׂדֶה וֶהֱבִיאֻם לַיהוָה אֶל־פֶּתַח אֹהֶל מוֹעֵד
ו אֶל־הַכֹּהֵן וְזָבְחוּ זִבְחֵי שְׁלָמִים לַיהוָה אוֹתָם׃ וְזָרַק הַכֹּהֵן אֶת־
הַדָּם עַל־מִזְבַּח יְהוָה פֶּתַח אֹהֶל מוֹעֵד וְהִקְטִיר הַחֵלֶב לְרֵיחַ
ז נִיחֹחַ לַיהוָה׃ וְלֹא־יִזְבְּחוּ עוֹד אֶת־זִבְחֵיהֶם לַשְּׂעִירִם אֲשֶׁר הֵם
ח זֹנִים אַחֲרֵיהֶם חֻקַּת עוֹלָם תִּהְיֶה־זֹּאת לָהֶם לְדֹרֹתָם׃ וַאֲלֵהֶם חמישי (שלישי)
תֹּאמַר אִישׁ אִישׁ מִבֵּית יִשְׂרָאֵל וּמִן־הַגֵּר אֲשֶׁר־יָגוּר בְּתוֹכָם
ט אֲשֶׁר־יַעֲלֶה עֹלָה אוֹ־זָבַח׃ וְאֶל־פֶּתַח אֹהֶל מוֹעֵד לֹא יְבִיאֶנּוּ
י לַעֲשׂוֹת אֹתוֹ לַיהוָה וְנִכְרַת הָאִישׁ הַהוּא מֵעַמָּיו׃ וְאִישׁ אִישׁ
מִבֵּית יִשְׂרָאֵל וּמִן־הַגֵּר הַגָּר בְּתוֹכָם אֲשֶׁר יֹאכַל כָּל־דָּם
וְנָתַתִּי פָנַי בַּנֶּפֶשׁ הָאֹכֶלֶת אֶת־הַדָּם וְהִכְרַתִּי אֹתָהּ מִקֶּרֶב
יא עַמָּהּ׃ כִּי־נֶפֶשׁ הַבָּשָׂר בַּדָּם הִוא וַאֲנִי נְתַתִּיו לָכֶם עַל־הַמִּזְבֵּחַ
יב לְכַפֵּר עַל־נַפְשֹׁתֵיכֶם כִּי־הַדָּם הוּא בַּנֶּפֶשׁ יְכַפֵּר׃ עַל־כֵּן
אָמַרְתִּי לִבְנֵי יִשְׂרָאֵל כָּל־נֶפֶשׁ מִכֶּם לֹא־תֹאכַל דָּם וְהַגֵּר
יג הַגָּר בְּתוֹכְכֶם לֹא־יֹאכַל דָּם׃ וְאִישׁ אִישׁ מִבְּנֵי יִשְׂרָאֵל וּמִן־
הַגֵּר הַגָּר בְּתוֹכָם אֲשֶׁר יָצוּד צֵיד חַיָּה אוֹ־עוֹף אֲשֶׁר יֵאָכֵל
יד וְשָׁפַךְ אֶת־דָּמוֹ וְכִסָּהוּ בֶּעָפָר׃ כִּי־נֶפֶשׁ כָּל־בָּשָׂר דָּמוֹ בְנַפְשׁוֹ
הוּא וָאֹמַר לִבְנֵי יִשְׂרָאֵל דַּם כָּל־בָּשָׂר לֹא תֹאכֵלוּ כִּי נֶפֶשׁ
טו כָּל־בָּשָׂר דָּמוֹ הִוא כָּל־אֹכְלָיו יִכָּרֵת׃ וְכָל־נֶפֶשׁ אֲשֶׁר תֹּאכַל
נְבֵלָה וּטְרֵפָה בָּאֶזְרָח וּבַגֵּר וְכִבֶּס בְּגָדָיו וְרָחַץ בַּמַּיִם וְטָמֵא
טז עַד־הָעֶרֶב וְטָהֵר׃ וְאִם לֹא יְכַבֵּס וּבְשָׂרוֹ לֹא יִרְחָץ וְנָשָׂא
עֲוֺנוֹ׃
יח א וַיְדַבֵּר יְהוָה אֶל־מֹשֶׁה לֵּאמֹר׃ דַּבֵּר אֶל־בְּנֵי יִשְׂרָאֵל וְאָמַרְתָּ יד
ג אֲלֵהֶם אֲנִי יְהוָה אֱלֹהֵיכֶם׃ כְּמַעֲשֵׂה אֶרֶץ־מִצְרַיִם אֲשֶׁר יְשַׁבְתֶּם־
בָּהּ לֹא תַעֲשׂוּ וּכְמַעֲשֵׂה אֶרֶץ־כְּנַעַן אֲשֶׁר אֲנִי מֵבִיא אֶתְכֶם

ד שמה לא תעשו ובחקתיהם לא תלכו: את־משפטי תעשו
ה ואת־חקתי תשמרו ללכת בהם אני יהוה אלהיכם: ושמרתם
את־חקתי ואת־משפטי אשר יעשה אתם האדם וחי בהם אני
ששי ו יהוה: איש איש אל־כל־שאר בשרו לא תקרבו
ז לגלות ערוה אני יהוה: ערות אביך וערות אמך
ח לא תגלה אמך הוא לא תגלה ערותה: ערות
ט אשת־אביך לא תגלה ערות אביך הוא: ערות
אחותך בת־אביך או בת־אמך מולדת בית או מולדת חוץ
י לא תגלה ערותן: ערות בת־בנך או בת־
יא בתך לא תגלה ערותן כי ערותך הנה: ערות
בת־אשת אביך מולדת אביך אחותך הוא לא תגלה
יב ערותה: ערות אחות־אביך לא תגלה שאר
יג אביך הוא: ערות אחות־אמך לא תגלה כי־
יד שאר אמך הוא: ערות אחי־אביך לא תגלה אל־
טו אשתו לא תקרב דדתך הוא: ערות כלתך לא
טז תגלה אשת בנך הוא לא תגלה ערותה: ערות
יז אשת־אחיך לא תגלה ערות אחיך הוא: ערות
אשה ובתה לא תגלה את־בת־בנה ואת־בת־בתה לא
יח תקח לגלות ערותה שארה הנה זמה הוא: ואשה אל־
יט אחתה לא תקח לצרר לגלות ערותה עליה בחייה: ואל־
כ אשה בנדת טמאתה לא תקרב לגלות ערותה: ואל־אשת
כא עמיתך לא־תתן שכבתך לזרע לטמאה־בה: ומזרעך לא־
תתן להעביר למלך ולא תחלל את־שם אלהיך אני יהוה:
שביעי/רביעי כב כג ואת־זכר לא תשכב משכבי אשה תועבה הוא: ובכל־בהמה
לא־תתן שכבתך לטמאה־בה ואשה לא־תעמד לפני בהמה
כד לרבעה תבל הוא: אל־תטמאו בכל־אלה כי בכל־אלה
כה נטמאו הגוים אשר־אני משלח מפניכם: ותטמא הארץ

כו וָאֶפְקֹד עֲוֺנָהּ עָלֶיהָ וַתָּקִא הָאָרֶץ אֶת־יֹשְׁבֶיהָ׃ וּשְׁמַרְתֶּם אַתֶּם
אֶת־חֻקֹּתַי וְאֶת־מִשְׁפָּטַי וְלֹא תַעֲשׂוּ מִכֹּל הַתּוֹעֵבֹת הָאֵלֶּה
כז הָאֶזְרָח וְהַגֵּר הַגָּר בְּתוֹכְכֶם׃ כִּי אֶת־כָּל־הַתּוֹעֵבֹת הָאֵל עָשׂוּ
כח אַנְשֵׁי־הָאָרֶץ אֲשֶׁר לִפְנֵיכֶם וַתִּטְמָא הָאָרֶץ׃ וְלֹא־תָקִיא הָאָרֶץ מפטיר
אֶתְכֶם בְּטַמַּאֲכֶם אֹתָהּ כַּאֲשֶׁר קָאָה אֶת־הַגּוֹי אֲשֶׁר לִפְנֵיכֶם׃
כט כִּי כָּל־אֲשֶׁר יַעֲשֶׂה מִכֹּל הַתּוֹעֵבוֹת הָאֵלֶּה וְנִכְרְתוּ הַנְּפָשׁוֹת
ל הָעֹשֹׂת מִקֶּרֶב עַמָּם׃ וּשְׁמַרְתֶּם אֶת־מִשְׁמַרְתִּי לְבִלְתִּי עֲשׂוֹת
מֵחֻקּוֹת הַתּוֹעֵבֹת אֲשֶׁר נַעֲשׂוּ לִפְנֵיכֶם וְלֹא תִטַּמְּאוּ בָּהֶם אֲנִי
יְהוָה אֱלֹהֵיכֶם׃

יט א ב וַיְדַבֵּר יְהוָה אֶל־מֹשֶׁה לֵּאמֹר׃ דַּבֵּר אֶל־כָּל־עֲדַת בְּנֵי־יִשְׂרָאֵל טו קדשים
וְאָמַרְתָּ אֲלֵהֶם קְדֹשִׁים תִּהְיוּ כִּי קָדוֹשׁ אֲנִי יְהוָה אֱלֹהֵיכֶם׃
ג אִישׁ אִמּוֹ וְאָבִיו תִּירָאוּ וְאֶת־שַׁבְּתֹתַי תִּשְׁמֹרוּ אֲנִי יְהוָה
ד אֱלֹהֵיכֶם׃ אַל־תִּפְנוּ אֶל־הָאֱלִילִם וֵאלֹהֵי מַסֵּכָה לֹא תַעֲשׂוּ
ה לָכֶם אֲנִי יְהוָה אֱלֹהֵיכֶם׃ וְכִי תִזְבְּחוּ זֶבַח שְׁלָמִים לַיהוָה
ו לִרְצֹנְכֶם תִּזְבָּחֻהוּ׃ בְּיוֹם זִבְחֲכֶם יֵאָכֵל וּמִמָּחֳרָת וְהַנּוֹתָר עַד־
ז יוֹם הַשְּׁלִישִׁי בָּאֵשׁ יִשָּׂרֵף׃ וְאִם הֵאָכֹל יֵאָכֵל בַּיּוֹם הַשְּׁלִישִׁי
ח פִּגּוּל הוּא לֹא יֵרָצֶה׃ וְאֹכְלָיו עֲוֺנוֹ יִשָּׂא כִּי־אֶת־קֹדֶשׁ יְהוָה
ט חִלֵּל וְנִכְרְתָה הַנֶּפֶשׁ הַהִוא מֵעַמֶּיהָ׃ וּבְקֻצְרְכֶם אֶת־קְצִיר
אַרְצְכֶם לֹא תְכַלֶּה פְּאַת שָׂדְךָ לִקְצֹר וְלֶקֶט קְצִירְךָ לֹא תְלַקֵּט׃
י וְכַרְמְךָ לֹא תְעוֹלֵל וּפֶרֶט כַּרְמְךָ לֹא תְלַקֵּט לֶעָנִי וְלַגֵּר תַּעֲזֹב
יא אֹתָם אֲנִי יְהוָה אֱלֹהֵיכֶם׃ לֹא תִּגְנֹבוּ וְלֹא־תְכַחֲשׁוּ וְלֹא־תְשַׁקְּרוּ
יב אִישׁ בַּעֲמִיתוֹ׃ וְלֹא־תִשָּׁבְעוּ בִשְׁמִי לַשָּׁקֶר וְחִלַּלְתָּ אֶת־שֵׁם
יג אֱלֹהֶיךָ אֲנִי יְהוָה׃ לֹא־תַעֲשֹׁק אֶת־רֵעֲךָ וְלֹא תִגְזֹל לֹא־תָלִין
יד פְּעֻלַּת שָׂכִיר אִתְּךָ עַד־בֹּקֶר׃ לֹא־תְקַלֵּל חֵרֵשׁ וְלִפְנֵי עִוֵּר לֹא
טו תִתֵּן מִכְשֹׁל וְיָרֵאתָ מֵּאֱלֹהֶיךָ אֲנִי יְהוָה׃ לֹא־תַעֲשׂוּ עָוֶל בַּמִּשְׁפָּט שני /חמישי/
לֹא־תִשָּׂא פְנֵי־דָל וְלֹא תֶהְדַּר פְּנֵי גָדוֹל בְּצֶדֶק תִּשְׁפֹּט עֲמִיתֶךָ׃
טז לֹא־תֵלֵךְ רָכִיל בְּעַמֶּיךָ לֹא תַעֲמֹד עַל־דַּם רֵעֶךָ אֲנִי יְהוָה׃

יז לא־תשנא את־אחיך בלבבך הוכח תוכיח את־עמיתך ולא־
יח תשא עליו חטא: לא־תקם ולא־תטר את־בני עמך ואהבת
יט לרעך כמוך אני יהוה: את־חקתי תשמרו בהמתך לא־תרביע
כלאים שדך לא־תזרע כלאים ובגד כלאים שעטנז לא יעלה
כ עליך: ואיש כי־ישכב את־אשה שכבת־זרע והוא שפחה
נחרפת לאיש והפדה לא נפדתה או חפשה לא נתן־לה
כא בקרת תהיה לא יומתו כי־לא חפשה: והביא את־אשמו
כב ליהוה אל־פתח אהל מועד איל אשם: וכפר עליו הכהן
באיל האשם לפני יהוה על־חטאתו אשר חטא ונסלח לו
מחטאתו אשר חטא:

שלישי טז
כג וכי־תבאו אל־הארץ ונטעתם כל־עץ מאכל וערלתם ערלתו
כד את־פריו שלש שנים יהיה לכם ערלים לא יאכל: ובשנה
כה הרביעת יהיה כל־פריו קדש הלולים ליהוה: ובשנה החמישת
תאכלו את־פריו להוסיף לכם תבואתו אני יהוה אלהיכם:
כו כז לא תאכלו על־הדם לא תנחשו ולא תעוננו: לא תקפו
כח פאת ראשכם ולא תשחית את פאת זקנך: ושרט לנפש
לא תתנו בבשרכם וכתבת קעקע לא תתנו בכם אני יהוה:
כט אל־תחלל את־בתך להזנותה ולא־תזנה הארץ ומלאה
ל הארץ זמה: את־שבתתי תשמרו ומקדשי תיראו אני יהוה:
לא אל־תפנו אל־האבת ואל־הידענים אל־תבקשו לטמאה
לב בהם אני יהוה אלהיכם: מפני שיבה תקום והדרת פני זקן
רביעי (ששי)
לג ויראת מאלהיך אני יהוה: וכי־יגור אתך גר
לד בארצכם לא תונו אתו: כאזרח מכם יהיה לכם הגר ׀ הגר
אתכם ואהבת לו כמוך כי־גרים הייתם בארץ מצרים אני
לה יהוה אלהיכם: לא־תעשו עול במשפט במדה במשקל
לו ובמשורה: מאזני צדק אבני־צדק איפת צדק והין צדק יהיה
לכם אני יהוה אלהיכם אשר־הוצאתי אתכם מארץ מצרים:

לז וּשְׁמַרְתֶּם אֶת־כָּל־חֻקֹּתַי וְאֶת־כָּל־מִשְׁפָּטַי וַעֲשִׂיתֶם אֹתָם
אֲנִי יְהוָה׃

כ א ב וַיְדַבֵּר יְהוָה אֶל־מֹשֶׁה לֵּאמֹר׃ וְאֶל־בְּנֵי יִשְׂרָאֵל תֹּאמַר אִישׁ חמישי
אִישׁ מִבְּנֵי יִשְׂרָאֵל וּמִן־הַגֵּר ׀ הַגָּר בְּיִשְׂרָאֵל אֲשֶׁר יִתֵּן מִזַּרְעוֹ
ג לַמֹּלֶךְ מוֹת יוּמָת עַם הָאָרֶץ יִרְגְּמֻהוּ בָאָבֶן׃ וַאֲנִי אֶתֵּן אֶת־
פָּנַי בָּאִישׁ הַהוּא וְהִכְרַתִּי אֹתוֹ מִקֶּרֶב עַמּוֹ כִּי מִזַּרְעוֹ נָתַן
ד לַמֹּלֶךְ לְמַעַן טַמֵּא אֶת־מִקְדָּשִׁי וּלְחַלֵּל אֶת־שֵׁם קָדְשִׁי׃ וְאִם
הַעְלֵם יַעְלִימוּ עַם הָאָרֶץ אֶת־עֵינֵיהֶם מִן־הָאִישׁ הַהוּא בְּתִתּוֹ
ה מִזַּרְעוֹ לַמֹּלֶךְ לְבִלְתִּי הָמִית אֹתוֹ׃ וְשַׂמְתִּי אֲנִי אֶת־פָּנַי בָּאִישׁ
הַהוּא וּבְמִשְׁפַּחְתּוֹ וְהִכְרַתִּי אֹתוֹ וְאֵת ׀ כָּל־הַזֹּנִים אַחֲרָיו לִזְנוֹת
ו אַחֲרֵי הַמֹּלֶךְ מִקֶּרֶב עַמָּם׃ וְהַנֶּפֶשׁ אֲשֶׁר תִּפְנֶה אֶל־הָאֹבֹת
וְאֶל־הַיִּדְּעֹנִים לִזְנֹת אַחֲרֵיהֶם וְנָתַתִּי אֶת־פָּנַי בַּנֶּפֶשׁ הַהִוא
ז וְהִכְרַתִּי אֹתוֹ מִקֶּרֶב עַמּוֹ׃ וְהִתְקַדִּשְׁתֶּם וִהְיִיתֶם קְדֹשִׁים כִּי
ח אֲנִי יְהוָה אֱלֹהֵיכֶם׃ וּשְׁמַרְתֶּם אֶת־חֻקֹּתַי וַעֲשִׂיתֶם אֹתָם אֲנִי ששי /שביעי/
ט יְהוָה מְקַדִּשְׁכֶם׃ כִּי־אִישׁ אִישׁ אֲשֶׁר יְקַלֵּל אֶת־אָבִיו וְאֶת־
י אִמּוֹ מוֹת יוּמָת אָבִיו וְאִמּוֹ קִלֵּל דָּמָיו בּוֹ׃ וְאִישׁ אֲשֶׁר יִנְאַף
אֶת־אֵשֶׁת אִישׁ אֲשֶׁר יִנְאַף אֶת־אֵשֶׁת רֵעֵהוּ מוֹת־יוּמַת הַנֹּאֵף
יא וְהַנֹּאָפֶת׃ וְאִישׁ אֲשֶׁר יִשְׁכַּב אֶת־אֵשֶׁת אָבִיו עֶרְוַת אָבִיו גִּלָּה
יב מוֹת־יוּמְתוּ שְׁנֵיהֶם דְּמֵיהֶם בָּם׃ וְאִישׁ אֲשֶׁר יִשְׁכַּב אֶת־כַּלָּתוֹ
יג מוֹת יוּמְתוּ שְׁנֵיהֶם תֶּבֶל עָשׂוּ דְּמֵיהֶם בָּם׃ וְאִישׁ אֲשֶׁר יִשְׁכַּב
אֶת־זָכָר מִשְׁכְּבֵי אִשָּׁה תּוֹעֵבָה עָשׂוּ שְׁנֵיהֶם מוֹת יוּמָתוּ דְּמֵיהֶם
יד בָּם׃ וְאִישׁ אֲשֶׁר יִקַּח אֶת־אִשָּׁה וְאֶת־אִמָּהּ זִמָּה הִוא בָּאֵשׁ
טו יִשְׂרְפוּ אֹתוֹ וְאֶתְהֶן וְלֹא־תִהְיֶה זִמָּה בְּתוֹכְכֶם׃ וְאִישׁ אֲשֶׁר
טז יִתֵּן שְׁכָבְתּוֹ בִּבְהֵמָה מוֹת יוּמָת וְאֶת־הַבְּהֵמָה תַּהֲרֹגוּ׃ וְאִשָּׁה
אֲשֶׁר תִּקְרַב אֶל־כָּל־בְּהֵמָה לְרִבְעָה אֹתָהּ וְהָרַגְתָּ אֶת־הָאִשָּׁה
יז וְאֶת־הַבְּהֵמָה מוֹת יוּמָתוּ דְּמֵיהֶם בָּם׃ וְאִישׁ אֲשֶׁר־יִקַּח אֶת־
אֲחֹתוֹ בַּת־אָבִיו אוֹ בַת־אִמּוֹ וְרָאָה אֶת־עֶרְוָתָהּ וְהִיא־תִרְאֶה

אֶת־עֶרְוָתוֹ חֶסֶד הוּא וְנִכְרְתוּ לְעֵינֵי בְּנֵי עַמָּם עֶרְוַת אֲחֹתוֹ
יח גִּלָּה עֲוֺנוֹ יִשָּׂא: וְאִישׁ אֲשֶׁר־יִשְׁכַּב אֶת־אִשָּׁה דָּוָה וְגִלָּה אֶת־
עֶרְוָתָהּ אֶת־מְקֹרָהּ הֶעֱרָה וְהִוא גִּלְּתָה אֶת־מְקוֹר דָּמֶיהָ וְנִכְרְתוּ
יט שְׁנֵיהֶם מִקֶּרֶב עַמָּם: וְעֶרְוַת אֲחוֹת אִמְּךָ וַאֲחוֹת אָבִיךָ לֹא
כ תְגַלֵּה כִּי אֶת־שְׁאֵרוֹ הֶעֱרָה עֲוֺנָם יִשָּׂאוּ: וְאִישׁ אֲשֶׁר יִשְׁכַּב
כא אֶת־דֹּדָתוֹ עֶרְוַת דֹּדוֹ גִּלָּה חֶטְאָם יִשָּׂאוּ עֲרִירִים יָמֻתוּ: וְאִישׁ
אֲשֶׁר יִקַּח אֶת־אֵשֶׁת אָחִיו נִדָּה הִוא עֶרְוַת אָחִיו גִּלָּה עֲרִירִים
כב יִהְיוּ: וּשְׁמַרְתֶּם אֶת־כָּל־חֻקֹּתַי וְאֶת־כָּל־מִשְׁפָּטַי וַעֲשִׂיתֶם
אֹתָם וְלֹא־תָקִיא אֶתְכֶם הָאָרֶץ אֲשֶׁר אֲנִי מֵבִיא אֶתְכֶם שָׁמָּה
כג לָשֶׁבֶת בָּהּ: וְלֹא תֵלְכוּ בְּחֻקֹּת הַגּוֹי אֲשֶׁר־אֲנִי מְשַׁלֵּחַ מִפְּנֵיכֶם שביעי
כד כִּי אֶת־כָּל־אֵלֶּה עָשׂוּ וָאָקֻץ בָּם: וָאֹמַר לָכֶם אַתֶּם תִּירְשׁוּ
אֶת־אַדְמָתָם וַאֲנִי אֶתְּנֶנָּה לָכֶם לָרֶשֶׁת אֹתָהּ אֶרֶץ זָבַת חָלָב
וּדְבָשׁ אֲנִי יהוה אֱלֹהֵיכֶם אֲשֶׁר־הִבְדַּלְתִּי אֶתְכֶם מִן־הָעַמִּים:
כה וְהִבְדַּלְתֶּם בֵּין־הַבְּהֵמָה הַטְּהֹרָה לַטְּמֵאָה וּבֵין־הָעוֹף הַטָּמֵא מפטיר
לַטָּהֹר וְלֹא־תְשַׁקְּצוּ אֶת־נַפְשֹׁתֵיכֶם בַּבְּהֵמָה וּבָעוֹף וּבְכֹל
כו אֲשֶׁר תִּרְמֹשׂ הָאֲדָמָה אֲשֶׁר־הִבְדַּלְתִּי לָכֶם לְטַמֵּא: וִהְיִיתֶם לִי
קְדֹשִׁים כִּי קָדוֹשׁ אֲנִי יהוה וָאַבְדִּל אֶתְכֶם מִן־הָעַמִּים לִהְיוֹת
כז לִי: וְאִישׁ אוֹ־אִשָּׁה כִּי־יִהְיֶה בָהֶם אוֹב אוֹ יִדְּעֹנִי מוֹת יוּמָתוּ
בָּאֶבֶן יִרְגְּמוּ אֹתָם דְּמֵיהֶם בָּם:

כא א וַיֹּאמֶר יהוה אֶל־מֹשֶׁה אֱמֹר אֶל־הַכֹּהֲנִים בְּנֵי אַהֲרֹן וְאָמַרְתָּ אמר יז
ב אֲלֵהֶם לְנֶפֶשׁ לֹא־יִטַּמָּא בְּעַמָּיו: כִּי אִם־לִשְׁאֵרוֹ הַקָּרֹב אֵלָיו
ג לְאִמּוֹ וּלְאָבִיו וְלִבְנוֹ וּלְבִתּוֹ וּלְאָחִיו: וְלַאֲחֹתוֹ הַבְּתוּלָה הַקְּרוֹבָה
ד אֵלָיו אֲשֶׁר לֹא־הָיְתָה לְאִישׁ לָהּ יִטַּמָּא: לֹא יִטַּמָּא בַּעַל בְּעַמָּיו
ה לְהֵחַלּוֹ: לֹא־יקרחה קָרְחָה בְּרֹאשָׁם וּפְאַת זְקָנָם לֹא יְגַלֵּחוּ יִקְרְחוּ
ו וּבִבְשָׂרָם לֹא יִשְׂרְטוּ שָׂרָטֶת: קְדֹשִׁים יִהְיוּ לֵאלֹהֵיהֶם וְלֹא
יְחַלְּלוּ שֵׁם אֱלֹהֵיהֶם כִּי אֶת־אִשֵּׁי יהוה לֶחֶם אֱלֹהֵיהֶם הֵם
ז מַקְרִיבִם וְהָיוּ קֹדֶשׁ: אִשָּׁה זֹנָה וַחֲלָלָה לֹא יִקָּחוּ וְאִשָּׁה גְּרוּשָׁה

ח מֵאִישָׁהּ לֹא יִקָּחוּ כִּי־קָדֹשׁ הוּא לֵאלֹהָיו: וְקִדַּשְׁתּוֹ כִּי־אֶת־
לֶחֶם אֱלֹהֶיךָ הוּא מַקְרִיב קָדֹשׁ יִהְיֶה־לָּךְ כִּי קָדוֹשׁ אֲנִי יְהוָה
ט מְקַדִּשְׁכֶם: וּבַת אִישׁ כֹּהֵן כִּי תֵחֵל לִזְנוֹת אֶת־אָבִיהָ הִיא
י מְחַלֶּלֶת בָּאֵשׁ תִּשָּׂרֵף: וְהַכֹּהֵן הַגָּדוֹל מֵאֶחָיו
אֲשֶׁר־יוּצַק עַל־רֹאשׁוֹ ׀ שֶׁמֶן הַמִּשְׁחָה וּמִלֵּא אֶת־יָדוֹ לִלְבֹּשׁ
יא אֶת־הַבְּגָדִים אֶת־רֹאשׁוֹ לֹא יִפְרָע וּבְגָדָיו לֹא יִפְרֹם: וְעַל כָּל־
יב נַפְשֹׁת מֵת לֹא יָבֹא לְאָבִיו וּלְאִמּוֹ לֹא יִטַּמָּא: וּמִן־הַמִּקְדָּשׁ
לֹא יֵצֵא וְלֹא יְחַלֵּל אֵת מִקְדַּשׁ אֱלֹהָיו כִּי נֵזֶר שֶׁמֶן מִשְׁחַת
יג יד אֱלֹהָיו עָלָיו אֲנִי יְהוָה: וְהוּא אִשָּׁה בִבְתוּלֶיהָ יִקָּח: אַלְמָנָה
וּגְרוּשָׁה וַחֲלָלָה זֹנָה אֶת־אֵלֶּה לֹא יִקָּח כִּי אִם־בְּתוּלָה
טו מֵעַמָּיו יִקַּח אִשָּׁה: וְלֹא־יְחַלֵּל זַרְעוֹ בְּעַמָּיו כִּי אֲנִי יְהוָה
טז יז מְקַדְּשׁוֹ: וַיְדַבֵּר יְהוָה אֶל־מֹשֶׁה לֵּאמֹר: דַּבֵּר שני
אֶל־אַהֲרֹן לֵאמֹר אִישׁ מִזַּרְעֲךָ לְדֹרֹתָם אֲשֶׁר יִהְיֶה בוֹ מוּם לֹא
יח יִקְרַב לְהַקְרִיב לֶחֶם אֱלֹהָיו: כִּי כָל־אִישׁ אֲשֶׁר־בּוֹ מוּם לֹא
יט יִקְרָב אִישׁ עִוֵּר אוֹ פִסֵּחַ אוֹ חָרֻם אוֹ שָׂרוּעַ: אוֹ אִישׁ אֲשֶׁר־
כ יִהְיֶה בוֹ שֶׁבֶר רָגֶל אוֹ שֶׁבֶר יָד: אוֹ־גִבֵּן אוֹ־דַק אוֹ תְּבַלֻּל בְּעֵינוֹ
כא אוֹ גָרָב אוֹ יַלֶּפֶת אוֹ מְרוֹחַ אָשֶׁךְ: כָּל־אִישׁ אֲשֶׁר־בּוֹ מוּם
מִזֶּרַע אַהֲרֹן הַכֹּהֵן לֹא יִגַּשׁ לְהַקְרִיב אֶת־אִשֵּׁי יְהוָה מוּם בּוֹ
כב אֵת לֶחֶם אֱלֹהָיו לֹא יִגַּשׁ לְהַקְרִיב: לֶחֶם אֱלֹהָיו מִקָּדְשֵׁי
כג הַקֳּדָשִׁים וּמִן־הַקֳּדָשִׁים יֹאכֵל: אַךְ אֶל־הַפָּרֹכֶת לֹא יָבֹא וְאֶל־
הַמִּזְבֵּחַ לֹא יִגַּשׁ כִּי־מוּם בּוֹ וְלֹא יְחַלֵּל אֶת־מִקְדָּשַׁי כִּי אֲנִי
כד יְהוָה מְקַדְּשָׁם: וַיְדַבֵּר מֹשֶׁה אֶל־אַהֲרֹן וְאֶל־בָּנָיו וְאֶל־כָּל־
בְּנֵי יִשְׂרָאֵל:

כב א ב וַיְדַבֵּר יְהוָה אֶל־מֹשֶׁה לֵּאמֹר: דַּבֵּר אֶל־אַהֲרֹן וְאֶל־בָּנָיו וְיִנָּזְרוּ
מִקָּדְשֵׁי בְנֵי־יִשְׂרָאֵל וְלֹא יְחַלְּלוּ אֶת־שֵׁם קָדְשִׁי אֲשֶׁר הֵם
ג מַקְדִּשִׁים לִי אֲנִי יְהוָה: אֱמֹר אֲלֵהֶם לְדֹרֹתֵיכֶם כָּל־אִישׁ ׀ אֲשֶׁר־
יִקְרַב מִכָּל־זַרְעֲכֶם אֶל־הַקֳּדָשִׁים אֲשֶׁר יַקְדִּישׁוּ בְנֵי־יִשְׂרָאֵל

ליהוה וטמאתו עליו ונכרתה הנפש ההוא מלפני אני יהוה:
ד איש איש מזרע אהרן והוא צרוע או זב בקדשים לא יאכל
עד אשר יטהר והנגע בכל־טמא־נפש או איש אשר־תצא
ה ממנו שכבת־זרע: או־איש אשר יגע בכל־שרץ אשר יטמא־
ו לו או באדם אשר יטמא־לו לכל טמאתו: נפש אשר תגע־
בו וטמאה עד־הערב ולא יאכל מן־הקדשים כי אם־רחץ
ז בשרו במים: ובא השמש וטהר ואחר יאכל מן־הקדשים
ח כי לחמו הוא: נבלה וטרפה לא יאכל לטמאה־בה אני יהוה:
ט ושמרו את־משמרתי ולא־ישאו עליו חטא ומתו בו כי יחללהו
י אני יהוה מקדשם: וכל־זר לא־יאכל קדש תושב כהן ושכיר
יא לא־יאכל קדש: וכהן כי־יקנה נפש קנין כספו הוא יאכל
יב בו ויליד ביתו הם יאכלו בלחמו: ובת־כהן כי תהיה לאיש
יג זר הוא בתרומת הקדשים לא תאכל: ובת־כהן כי תהיה
אלמנה וגרושה וזרע אין לה ושבה אל־בית אביה כנעוריה
יד מלחם אביה תאכל וכל־זר לא־יאכל בו: ואיש כי־יאכל
קדש בשגגה ויסף חמשיתו עליו ונתן לכהן את־הקדש:
טו ולא יחללו את־קדשי בני ישראל את אשר־ירימו ליהוה:
טז והשיאו אותם עון אשמה באכלם את־קדשיהם כי אני יהוה
מקדשם:

שלישי יח יז יח וידבר יהוה אל־משה לאמר: דבר אל־אהרן ואל־בניו ואל
כל־בני ישראל ואמרת אלהם איש איש מבית ישראל ומן־
הגר בישראל אשר יקריב קרבנו לכל־נדריהם ולכל־נדבותם
יט אשר־יקריבו ליהוה לעלה: לרצנכם תמים זכר בבקר
כ בכשבים ובעזים: כל אשר־בו מום לא תקריבו כי־לא לרצון
כא יהיה לכם: ואיש כי־יקריב זבח־שלמים ליהוה לפלא־נדר
או לנדבה בבקר או בצאן תמים יהיה לרצון כל־מום לא
כב יהיה־בו: עורת או שבור או־חרוץ או־יבלת או גרב או

יַלֶּפֶת לֹא־תַקְרִיבוּ אֵלֶּה לַיהוָה וְאִשֶּׁה לֹא־תִתְּנוּ מֵהֶם עַל־
כג הַמִּזְבֵּחַ לַיהוָה׃ וְשׁוֹר וָשֶׂה שָׂרוּעַ וְקָלוּט נְדָבָה תַּעֲשֶׂה אֹתוֹ
כד וּלְנֵדֶר לֹא יֵרָצֶה׃ וּמָעוּךְ וְכָתוּת וְנָתוּק וְכָרוּת לֹא תַקְרִיבוּ
כה לַיהוָה וּבְאַרְצְכֶם לֹא תַעֲשׂוּ׃ וּמִיַּד בֶּן־נֵכָר לֹא תַקְרִיבוּ אֶת־
לֶחֶם אֱלֹהֵיכֶם מִכָּל־אֵלֶּה כִּי מָשְׁחָתָם בָּהֶם מוּם בָּם לֹא יֵרָצוּ
כו כז לָכֶם׃ וַיְדַבֵּר יְהוָה אֶל־מֹשֶׁה לֵּאמֹר׃ שׁוֹר אוֹ־
כֶשֶׂב אוֹ־עֵז כִּי יִוָּלֵד וְהָיָה שִׁבְעַת יָמִים תַּחַת אִמּוֹ וּמִיּוֹם הַשְּׁמִינִי
כח וָהָלְאָה יֵרָצֶה לְקָרְבַּן אִשֶּׁה לַיהוָה׃ וְשׁוֹר אוֹ־שֶׂה אֹתוֹ וְאֶת־
כט בְּנוֹ לֹא תִשְׁחֲטוּ בְּיוֹם אֶחָד׃ וְכִי־תִזְבְּחוּ זֶבַח־תּוֹדָה לַיהוָה
ל לִרְצֹנְכֶם תִּזְבָּחוּ׃ בַּיּוֹם הַהוּא יֵאָכֵל לֹא־תוֹתִירוּ מִמֶּנּוּ עַד־
לא בֹּקֶר אֲנִי יְהוָה׃ וּשְׁמַרְתֶּם מִצְוֹתַי וַעֲשִׂיתֶם אֹתָם אֲנִי יְהוָה׃
לב וְלֹא תְחַלְּלוּ אֶת־שֵׁם קָדְשִׁי וְנִקְדַּשְׁתִּי בְּתוֹךְ בְּנֵי יִשְׂרָאֵל אֲנִי
לג יְהוָה מְקַדִּשְׁכֶם׃ הַמּוֹצִיא אֶתְכֶם מֵאֶרֶץ מִצְרַיִם לִהְיוֹת לָכֶם
לֵאלֹהִים אֲנִי יְהוָה׃

כג א ב וַיְדַבֵּר יְהוָה אֶל־מֹשֶׁה לֵּאמֹר׃ דַּבֵּר אֶל־בְּנֵי יִשְׂרָאֵל וְאָמַרְתָּ רביעי
אֲלֵהֶם מוֹעֲדֵי יְהוָה אֲשֶׁר־תִּקְרְאוּ אֹתָם מִקְרָאֵי קֹדֶשׁ אֵלֶּה
ג הֵם מוֹעֲדָי׃ שֵׁשֶׁת יָמִים תֵּעָשֶׂה מְלָאכָה וּבַיּוֹם הַשְּׁבִיעִי שַׁבַּת
שַׁבָּתוֹן מִקְרָא־קֹדֶשׁ כָּל־מְלָאכָה לֹא תַעֲשׂוּ שַׁבָּת הִוא לַיהוָה
בְּכֹל מוֹשְׁבֹתֵיכֶם׃

ד אֵלֶּה מוֹעֲדֵי יְהוָה מִקְרָאֵי קֹדֶשׁ אֲשֶׁר־תִּקְרְאוּ אֹתָם בְּמוֹעֲדָם׃
ה בַּחֹדֶשׁ הָרִאשׁוֹן בְּאַרְבָּעָה עָשָׂר לַחֹדֶשׁ בֵּין הָעַרְבָּיִם פֶּסַח
ו לַיהוָה׃ וּבַחֲמִשָּׁה עָשָׂר יוֹם לַחֹדֶשׁ הַזֶּה חַג הַמַּצּוֹת לַיהוָה
ז שִׁבְעַת יָמִים מַצּוֹת תֹּאכֵלוּ׃ בַּיּוֹם הָרִאשׁוֹן מִקְרָא־קֹדֶשׁ יִהְיֶה
ח לָכֶם כָּל־מְלֶאכֶת עֲבֹדָה לֹא תַעֲשׂוּ׃ וְהִקְרַבְתֶּם אִשֶּׁה לַיהוָה
שִׁבְעַת יָמִים בַּיּוֹם הַשְּׁבִיעִי מִקְרָא־קֹדֶשׁ כָּל־מְלֶאכֶת עֲבֹדָה
לֹא תַעֲשׂוּ׃

ט וַיְדַבֵּר יְהוָה אֶל־מֹשֶׁה לֵּאמֹר׃ דַּבֵּר אֶל־בְּנֵי יִשְׂרָאֵל וְאָמַרְתָּ

אֲלֵהֶם כִּי־תָבֹאוּ אֶל־הָאָרֶץ אֲשֶׁר אֲנִי נֹתֵן לָכֶם וּקְצַרְתֶּם
אֶת־קְצִירָהּ וַהֲבֵאתֶם אֶת־עֹמֶר רֵאשִׁית קְצִירְכֶם אֶל־הַכֹּהֵן:
יא וְהֵנִיף אֶת־הָעֹמֶר לִפְנֵי יְהוָה לִרְצֹנְכֶם מִמָּחֳרַת הַשַּׁבָּת יְנִיפֶנּוּ
יב הַכֹּהֵן: וַעֲשִׂיתֶם בְּיוֹם הֲנִיפְכֶם אֶת־הָעֹמֶר כֶּבֶשׂ תָּמִים בֶּן־
יג שְׁנָתוֹ לְעֹלָה לַיהוָה: וּמִנְחָתוֹ שְׁנֵי עֶשְׂרֹנִים סֹלֶת בְּלוּלָה
בַשֶּׁמֶן אִשֶּׁה לַיהוָה רֵיחַ נִיחֹחַ וְנִסְכֹּה יַיִן רְבִיעִת הַהִין:
יד וְלֶחֶם וְקָלִי וְכַרְמֶל לֹא תֹאכְלוּ עַד־עֶצֶם הַיּוֹם הַזֶּה עַד
הֲבִיאֲכֶם אֶת־קָרְבַּן אֱלֹהֵיכֶם חֻקַּת עוֹלָם לְדֹרֹתֵיכֶם בְּכֹל
טו מֹשְׁבֹתֵיכֶם: וּסְפַרְתֶּם לָכֶם מִמָּחֳרַת הַשַּׁבָּת יט
מִיּוֹם הֲבִיאֲכֶם אֶת־עֹמֶר הַתְּנוּפָה שֶׁבַע שַׁבָּתוֹת תְּמִימֹת
טז תִּהְיֶינָה: עַד מִמָּחֳרַת הַשַּׁבָּת הַשְּׁבִיעִת תִּסְפְּרוּ חֲמִשִּׁים יוֹם
יז וְהִקְרַבְתֶּם מִנְחָה חֲדָשָׁה לַיהוָה: מִמּוֹשְׁבֹתֵיכֶם תָּבִיאוּ ׀ לֶחֶם
תְּנוּפָה שְׁתַּיִם שְׁנֵי עֶשְׂרֹנִים סֹלֶת תִּהְיֶינָה חָמֵץ תֵּאָפֶינָה בִּכּוּרִים
יח לַיהוָה: וְהִקְרַבְתֶּם עַל־הַלֶּחֶם שִׁבְעַת כְּבָשִׂים תְּמִימִם בְּנֵי
שָׁנָה וּפַר בֶּן־בָּקָר אֶחָד וְאֵילִם שְׁנָיִם יִהְיוּ עֹלָה לַיהוָה וּמִנְחָתָם
יט וְנִסְכֵּיהֶם אִשֵּׁה רֵיחַ־נִיחֹחַ לַיהוָה: וַעֲשִׂיתֶם שְׂעִיר־עִזִּים אֶחָד
כ לְחַטָּאת וּשְׁנֵי כְבָשִׂים בְּנֵי שָׁנָה לְזֶבַח שְׁלָמִים: וְהֵנִיף הַכֹּהֵן ׀
אֹתָם עַל לֶחֶם הַבִּכֻּרִים תְּנוּפָה לִפְנֵי יְהוָה עַל־שְׁנֵי כְּבָשִׂים
כא קֹדֶשׁ יִהְיוּ לַיהוָה לַכֹּהֵן: וּקְרָאתֶם בְּעֶצֶם ׀ הַיּוֹם הַזֶּה מִקְרָא־
קֹדֶשׁ יִהְיֶה לָכֶם כָּל־מְלֶאכֶת עֲבֹדָה לֹא תַעֲשׂוּ חֻקַּת עוֹלָם
כב בְּכָל־מוֹשְׁבֹתֵיכֶם לְדֹרֹתֵיכֶם: וּבְקֻצְרְכֶם אֶת־קְצִיר אַרְצְכֶם
לֹא־תְכַלֶּה פְּאַת שָׂדְךָ בְּקֻצְרֶךָ וְלֶקֶט קְצִירְךָ לֹא תְלַקֵּט לֶעָנִי
וְלַגֵּר תַּעֲזֹב אֹתָם אֲנִי יְהוָה אֱלֹהֵיכֶם:
כג כד וַיְדַבֵּר יְהוָה אֶל־מֹשֶׁה לֵּאמֹר: דַּבֵּר אֶל־בְּנֵי יִשְׂרָאֵל לֵאמֹר חמישי
בַּחֹדֶשׁ הַשְּׁבִיעִי בְּאֶחָד לַחֹדֶשׁ יִהְיֶה לָכֶם שַׁבָּתוֹן זִכְרוֹן תְּרוּעָה
כה מִקְרָא־קֹדֶשׁ: כָּל־מְלֶאכֶת עֲבֹדָה לֹא תַעֲשׂוּ וְהִקְרַבְתֶּם אִשֶּׁה
כו כז לַיהוָה: וַיְדַבֵּר יְהוָה אֶל־מֹשֶׁה לֵּאמֹר: אַךְ

בֶּעָשׂוֹר לַחֹדֶשׁ הַשְּׁבִיעִי הַזֶּה יוֹם הַכִּפֻּרִים הוּא מִקְרָא־קֹדֶשׁ
יִהְיֶה לָכֶם וְעִנִּיתֶם אֶת־נַפְשֹׁתֵיכֶם וְהִקְרַבְתֶּם אִשֶּׁה לַיהוָה׃
כח וְכָל־מְלָאכָה לֹא תַעֲשׂוּ בְּעֶצֶם הַיּוֹם הַזֶּה כִּי יוֹם כִּפֻּרִים הוּא
כט לְכַפֵּר עֲלֵיכֶם לִפְנֵי יְהוָה אֱלֹהֵיכֶם׃ כִּי כָל־הַנֶּפֶשׁ אֲשֶׁר לֹא־
ל תְעֻנֶּה בְּעֶצֶם הַיּוֹם הַזֶּה וְנִכְרְתָה מֵעַמֶּיהָ׃ וְכָל־הַנֶּפֶשׁ אֲשֶׁר
תַּעֲשֶׂה כָּל־מְלָאכָה בְּעֶצֶם הַיּוֹם הַזֶּה וְהַאֲבַדְתִּי אֶת־הַנֶּפֶשׁ
לא הַהִוא מִקֶּרֶב עַמָּהּ׃ כָּל־מְלָאכָה לֹא תַעֲשׂוּ חֻקַּת עוֹלָם
לב לְדֹרֹתֵיכֶם בְּכֹל מֹשְׁבֹתֵיכֶם׃ שַׁבַּת שַׁבָּתוֹן הוּא לָכֶם וְעִנִּיתֶם
אֶת־נַפְשֹׁתֵיכֶם בְּתִשְׁעָה לַחֹדֶשׁ בָּעֶרֶב מֵעֶרֶב עַד־עֶרֶב תִּשְׁבְּתוּ
שַׁבַּתְּכֶם׃
לג לד וַיְדַבֵּר יְהוָה אֶל־מֹשֶׁה לֵּאמֹר׃ דַּבֵּר אֶל־בְּנֵי יִשְׂרָאֵל לֵאמֹר ששי
בַּחֲמִשָּׁה עָשָׂר יוֹם לַחֹדֶשׁ הַשְּׁבִיעִי הַזֶּה חַג הַסֻּכּוֹת שִׁבְעַת
לה יָמִים לַיהוָה׃ בַּיּוֹם הָרִאשׁוֹן מִקְרָא־קֹדֶשׁ כָּל־מְלֶאכֶת עֲבֹדָה
לו לֹא תַעֲשׂוּ׃ שִׁבְעַת יָמִים תַּקְרִיבוּ אִשֶּׁה לַיהוָה בַּיּוֹם הַשְּׁמִינִי
מִקְרָא־קֹדֶשׁ יִהְיֶה לָכֶם וְהִקְרַבְתֶּם אִשֶּׁה לַיהוָה עֲצֶרֶת הִוא
לז כָּל־מְלֶאכֶת עֲבֹדָה לֹא תַעֲשׂוּ׃ אֵלֶּה מוֹעֲדֵי יְהוָה אֲשֶׁר־
תִּקְרְאוּ אֹתָם מִקְרָאֵי קֹדֶשׁ לְהַקְרִיב אִשֶּׁה לַיהוָה עֹלָה וּמִנְחָה
לח זֶבַח וּנְסָכִים דְּבַר־יוֹם בְּיוֹמוֹ׃ מִלְּבַד שַׁבְּתֹת יְהוָה וּמִלְּבַד
מַתְּנוֹתֵיכֶם וּמִלְּבַד כָּל־נִדְרֵיכֶם וּמִלְּבַד כָּל־נִדְבֹתֵיכֶם אֲשֶׁר
לט תִּתְּנוּ לַיהוָה׃ אַךְ בַּחֲמִשָּׁה עָשָׂר יוֹם לַחֹדֶשׁ הַשְּׁבִיעִי בְּאָסְפְּכֶם
אֶת־תְּבוּאַת הָאָרֶץ תָּחֹגּוּ אֶת־חַג־יְהוָה שִׁבְעַת יָמִים בַּיּוֹם
מ הָרִאשׁוֹן שַׁבָּתוֹן וּבַיּוֹם הַשְּׁמִינִי שַׁבָּתוֹן׃ וּלְקַחְתֶּם לָכֶם בַּיּוֹם
הָרִאשׁוֹן פְּרִי עֵץ הָדָר כַּפֹּת תְּמָרִים וַעֲנַף עֵץ־עָבֹת וְעַרְבֵי־
מא נָחַל וּשְׂמַחְתֶּם לִפְנֵי יְהוָה אֱלֹהֵיכֶם שִׁבְעַת יָמִים׃ וְחַגֹּתֶם
אֹתוֹ חַג לַיהוָה שִׁבְעַת יָמִים בַּשָּׁנָה חֻקַּת עוֹלָם לְדֹרֹתֵיכֶם
מב בַּחֹדֶשׁ הַשְּׁבִיעִי תָּחֹגּוּ אֹתוֹ׃ בַּסֻּכֹּת תֵּשְׁבוּ שִׁבְעַת יָמִים כָּל־
מג הָאֶזְרָח בְּיִשְׂרָאֵל יֵשְׁבוּ בַּסֻּכֹּת׃ לְמַעַן יֵדְעוּ דֹרֹתֵיכֶם כִּי בַסֻּכּוֹת

הוֹשַׁבְתִּי אֶת־בְּנֵי יִשְׂרָאֵל בְּהוֹצִיאִי אוֹתָם מֵאֶרֶץ מִצְרָיִם
אֲנִי יְהוָה אֱלֹהֵיכֶם׃ וַיְדַבֵּר מֹשֶׁה אֶת־מֹעֲדֵי יְהוָה אֶל־בְּנֵי מד
יִשְׂרָאֵל׃

שביעי וַיְדַבֵּר יְהוָה אֶל־מֹשֶׁה לֵּאמֹר׃ צַו אֶת־בְּנֵי יִשְׂרָאֵל וְיִקְחוּ אֵלֶיךָ כד א ב
שֶׁמֶן זַיִת זָךְ כָּתִית לַמָּאוֹר לְהַעֲלֹת נֵר תָּמִיד׃ מִחוּץ לְפָרֹכֶת ג
הָעֵדֻת בְּאֹהֶל מוֹעֵד יַעֲרֹךְ אֹתוֹ אַהֲרֹן מֵעֶרֶב עַד־בֹּקֶר לִפְנֵי
יְהוָה תָּמִיד חֻקַּת עוֹלָם לְדֹרֹתֵיכֶם׃ עַל הַמְּנֹרָה הַטְּהֹרָה יַעֲרֹךְ ד
אֶת־הַנֵּרוֹת לִפְנֵי יְהוָה תָּמִיד׃

וְלָקַחְתָּ סֹלֶת וְאָפִיתָ אֹתָהּ שְׁתֵּים עֶשְׂרֵה חַלּוֹת שְׁנֵי עֶשְׂרֹנִים יִהְיֶה ה
הַחַלָּה הָאֶחָת׃ וְשַׂמְתָּ אוֹתָם שְׁתַּיִם מַעֲרָכוֹת שֵׁשׁ הַמַּעֲרָכֶת ו
עַל הַשֻּׁלְחָן הַטָּהֹר לִפְנֵי יְהוָה׃ וְנָתַתָּ עַל־הַמַּעֲרֶכֶת לְבֹנָה ז
זַכָּה וְהָיְתָה לַלֶּחֶם לְאַזְכָּרָה אִשֶּׁה לַיהוָה׃ בְּיוֹם הַשַּׁבָּת בְּיוֹם ח
הַשַּׁבָּת יַעַרְכֶנּוּ לִפְנֵי יְהוָה תָּמִיד מֵאֵת בְּנֵי־יִשְׂרָאֵל בְּרִית עוֹלָם׃
וְהָיְתָה לְאַהֲרֹן וּלְבָנָיו וַאֲכָלֻהוּ בְּמָקוֹם קָדֹשׁ כִּי קֹדֶשׁ קָדָשִׁים ט
הוּא לוֹ מֵאִשֵּׁי יְהוָה חָק־עוֹלָם׃ וַיֵּצֵא בֶּן־אִשָּׁה י
יִשְׂרְאֵלִית וְהוּא בֶּן־אִישׁ מִצְרִי בְּתוֹךְ בְּנֵי יִשְׂרָאֵל וַיִּנָּצוּ בַּמַּחֲנֶה
בֶּן הַיִּשְׂרְאֵלִית וְאִישׁ הַיִּשְׂרְאֵלִי׃ וַיִּקֹּב בֶּן־הָאִשָּׁה הַיִּשְׂרְאֵלִית יא
אֶת־הַשֵּׁם וַיְקַלֵּל וַיָּבִיאוּ אֹתוֹ אֶל־מֹשֶׁה וְשֵׁם אִמּוֹ שְׁלֹמִית
בַּת־דִּבְרִי לְמַטֵּה־דָן׃ וַיַּנִּיחֻהוּ בַּמִּשְׁמָר לִפְרֹשׁ לָהֶם עַל־פִּי יב
יְהוָה׃

וַיְדַבֵּר יְהוָה אֶל־מֹשֶׁה לֵּאמֹר׃ הוֹצֵא אֶת־הַמְקַלֵּל אֶל־מִחוּץ יג יד
לַמַּחֲנֶה וְסָמְכוּ כָל־הַשֹּׁמְעִים אֶת־יְדֵיהֶם עַל־רֹאשׁוֹ וְרָגְמוּ אֹתוֹ
כָּל־הָעֵדָה׃ וְאֶל־בְּנֵי יִשְׂרָאֵל תְּדַבֵּר לֵאמֹר אִישׁ אִישׁ כִּי־ טו
יְקַלֵּל אֱלֹהָיו וְנָשָׂא חֶטְאוֹ׃ וְנֹקֵב שֵׁם־יְהוָה מוֹת יוּמָת רָגוֹם טז
יִרְגְּמוּ־בוֹ כָּל־הָעֵדָה כַּגֵּר כָּאֶזְרָח בְּנָקְבוֹ־שֵׁם יוּמָת׃ וְאִישׁ כִּי יז
יַכֶּה כָּל־נֶפֶשׁ אָדָם מוֹת יוּמָת׃ וּמַכֵּה נֶפֶשׁ־בְּהֵמָה יְשַׁלְּמֶנָּה יח
נֶפֶשׁ תַּחַת נָפֶשׁ׃ וְאִישׁ כִּי־יִתֵּן מוּם בַּעֲמִיתוֹ כַּאֲשֶׁר עָשָׂה כֵּן יט

כ יַעֲשֶׂה לּוֹ׃ שֶׁבֶר תַּחַת שֶׁבֶר עַיִן תַּחַת עַיִן שֵׁן תַּחַת שֵׁן כַּאֲשֶׁר
כא יִתֵּן מוּם בָּאָדָם כֵּן יִנָּתֶן בּוֹ׃ וּמַכֵּה בְהֵמָה יְשַׁלְּמֶנָּה וּמַכֵּה מפטיר
כב אָדָם יוּמָת׃ מִשְׁפַּט אֶחָד יִהְיֶה לָכֶם כַּגֵּר כָּאֶזְרָח יִהְיֶה כִּי אֲנִי
כג יְהוָה אֱלֹהֵיכֶם׃ וַיְדַבֵּר מֹשֶׁה אֶל־בְּנֵי יִשְׂרָאֵל וַיּוֹצִיאוּ אֶת־
הַמְקַלֵּל אֶל־מִחוּץ לַמַּחֲנֶה וַיִּרְגְּמוּ אֹתוֹ אָבֶן וּבְנֵי־יִשְׂרָאֵל עָשׂוּ
כַּאֲשֶׁר צִוָּה יְהוָה אֶת־מֹשֶׁה׃

כה א ב וַיְדַבֵּר יְהוָה אֶל־מֹשֶׁה בְּהַר סִינַי לֵאמֹר׃ דַּבֵּר אֶל־בְּנֵי יִשְׂרָאֵל בהר סיני
וְאָמַרְתָּ אֲלֵהֶם כִּי תָבֹאוּ אֶל־הָאָרֶץ אֲשֶׁר אֲנִי נֹתֵן לָכֶם
ג וְשָׁבְתָה הָאָרֶץ שַׁבָּת לַיהוָה׃ שֵׁשׁ שָׁנִים תִּזְרַע שָׂדֶךָ וְשֵׁשׁ
ד שָׁנִים תִּזְמֹר כַּרְמֶךָ וְאָסַפְתָּ אֶת־תְּבוּאָתָהּ׃ וּבַשָּׁנָה הַשְּׁבִיעִת
שַׁבַּת שַׁבָּתוֹן יִהְיֶה לָאָרֶץ שַׁבָּת לַיהוָה שָׂדְךָ לֹא תִזְרָע וְכַרְמְךָ
ה לֹא תִזְמֹר׃ אֵת סְפִיחַ קְצִירְךָ לֹא תִקְצוֹר וְאֶת־עִנְּבֵי נְזִירֶךָ
ו לֹא תִבְצֹר שְׁנַת שַׁבָּתוֹן יִהְיֶה לָאָרֶץ׃ וְהָיְתָה שַׁבַּת הָאָרֶץ
לָכֶם לְאָכְלָה לְךָ וּלְעַבְדְּךָ וְלַאֲמָתֶךָ וְלִשְׂכִירְךָ וּלְתוֹשָׁבְךָ הַגָּרִים
ז עִמָּךְ׃ וְלִבְהֶמְתְּךָ וְלַחַיָּה אֲשֶׁר בְּאַרְצֶךָ תִּהְיֶה כָל־תְּבוּאָתָהּ
ח לֶאֱכֹל׃ וְסָפַרְתָּ לְךָ שֶׁבַע שַׁבְּתֹת שָׁנִים שֶׁבַע
שָׁנִים שֶׁבַע פְּעָמִים וְהָיוּ לְךָ יְמֵי שֶׁבַע שַׁבְּתֹת הַשָּׁנִים תֵּשַׁע
ט וְאַרְבָּעִים שָׁנָה׃ וְהַעֲבַרְתָּ שׁוֹפַר תְּרוּעָה בַּחֹדֶשׁ הַשְּׁבִעִי בֶּעָשׂוֹר
י לַחֹדֶשׁ בְּיוֹם הַכִּפֻּרִים תַּעֲבִירוּ שׁוֹפָר בְּכָל־אַרְצְכֶם׃ וְקִדַּשְׁתֶּם
אֵת שְׁנַת הַחֲמִשִּׁים שָׁנָה וּקְרָאתֶם דְּרוֹר בָּאָרֶץ לְכָל־יֹשְׁבֶיהָ
יוֹבֵל הִוא תִּהְיֶה לָכֶם וְשַׁבְתֶּם אִישׁ אֶל־אֲחֻזָּתוֹ וְאִישׁ אֶל־
יא מִשְׁפַּחְתּוֹ תָּשֻׁבוּ׃ יוֹבֵל הִוא שְׁנַת הַחֲמִשִּׁים שָׁנָה תִּהְיֶה לָכֶם
לֹא תִזְרָעוּ וְלֹא תִקְצְרוּ אֶת־סְפִיחֶיהָ וְלֹא תִבְצְרוּ אֶת־נְזִרֶיהָ׃
יב כִּי יוֹבֵל הִוא קֹדֶשׁ תִּהְיֶה לָכֶם מִן־הַשָּׂדֶה תֹּאכְלוּ אֶת־תְּבוּאָתָהּ׃
יג יד בִּשְׁנַת הַיּוֹבֵל הַזֹּאת תָּשֻׁבוּ אִישׁ אֶל־אֲחֻזָּתוֹ׃ וְכִי־תִמְכְּרוּ כ שני
מִמְכָּר לַעֲמִיתֶךָ אוֹ קָנֹה מִיַּד עֲמִיתֶךָ אַל־תּוֹנוּ אִישׁ אֶת־
טו אָחִיו׃ בְּמִסְפַּר שָׁנִים אַחַר הַיּוֹבֵל תִּקְנֶה מֵאֵת עֲמִיתֶךָ בְּמִסְפַּר

טז שְׁנֵֽי־תְבוּאֹ֖ת יִמְכָּר־לָֽךְ׃ לְפִ֣י ׀ רֹ֣ב הַשָּׁנִ֗ים תַּרְבֶּה֙ מִקְנָת֔וֹ
וּלְפִי֙ מְעֹ֣ט הַשָּׁנִ֔ים תַּמְעִ֖יט מִקְנָת֑וֹ כִּ֚י מִסְפַּ֣ר תְּבוּאֹ֔ת ה֖וּא
יז מֹכֵ֥ר לָֽךְ׃ וְלֹ֤א תוֹנוּ֙ אִ֣ישׁ אֶת־עֲמִית֔וֹ וְיָרֵ֖אתָ מֵֽאֱלֹהֶ֑יךָ כִּ֛י
יח אֲנִ֥י יְהוָ֖ה אֱלֹהֵיכֶֽם׃ וַעֲשִׂיתֶם֙ אֶת־חֻקֹּתַ֔י וְאֶת־מִשְׁפָּטַ֥י תִּשְׁמְר֖וּ
יט וַעֲשִׂיתֶ֣ם אֹתָ֑ם וִישַׁבְתֶּ֥ם עַל־הָאָ֖רֶץ לָבֶֽטַח׃ וְנָתְנָ֤ה הָאָ֙רֶץ֙ שלישי /שני/
כ פִּרְיָ֔הּ וַאֲכַלְתֶּ֖ם לָשֹׂ֑בַע וִישַׁבְתֶּ֥ם לָבֶ֖טַח עָלֶֽיהָ׃ וְכִ֣י תֹאמְר֔וּ
מַה־נֹּאכַ֖ל בַּשָּׁנָ֣ה הַשְּׁבִיעִ֑ת הֵ֚ן לֹ֣א נִזְרָ֔ע וְלֹ֥א נֶאֱסֹ֖ף אֶת־
כא תְּבוּאָתֵֽנוּ׃ וְצִוִּ֤יתִי אֶת־בִּרְכָתִי֙ לָכֶ֔ם בַּשָּׁנָ֖ה הַשִּׁשִּׁ֑ית וְעָשָׂת֙
כב אֶת־הַתְּבוּאָ֔ה לִשְׁלֹ֖שׁ הַשָּׁנִֽים׃ וּזְרַעְתֶּ֗ם אֵ֚ת הַשָּׁנָ֣ה הַשְּׁמִינִ֔ת
וַאֲכַלְתֶּ֖ם מִן־הַתְּבוּאָ֣ה יָשָׁ֑ן עַ֣ד ׀ הַשָּׁנָ֣ה הַתְּשִׁיעִ֗ת עַד־בּוֹא֙
כג תְּב֣וּאָתָ֔הּ תֹּאכְל֖וּ יָשָֽׁן׃ וְהָאָ֗רֶץ לֹ֤א תִמָּכֵר֙ לִצְמִתֻ֔ת כִּי־לִ֖י
כד הָאָ֑רֶץ כִּֽי־גֵרִ֧ים וְתוֹשָׁבִ֛ים אַתֶּ֖ם עִמָּדִֽי׃ וּבְכֹ֖ל אֶ֣רֶץ אֲחֻזַּתְכֶ֑ם
כה גְּאֻלָּ֖ה תִּתְּנ֥וּ לָאָֽרֶץ׃ כִּֽי־יָמ֣וּךְ אָחִ֔יךָ וּמָכַ֖ר רביעי
מֵאֲחֻזָּת֑וֹ וּבָ֤א גֹֽאֲלוֹ֙ הַקָּרֹ֣ב אֵלָ֔יו וְגָאַ֕ל אֵ֖ת מִמְכַּ֥ר אָחִֽיו׃
כו וְאִ֕ישׁ כִּ֛י לֹ֥א יִֽהְיֶה־לּ֖וֹ גֹּאֵ֑ל וְהִשִּׂ֣יגָה יָד֔וֹ וּמָצָ֖א כְּדֵ֥י גְאֻלָּתֽוֹ׃
כז וְחִשַּׁב֙ אֶת־שְׁנֵ֣י מִמְכָּר֔וֹ וְהֵשִׁיב֙ אֶת־הָ֣עֹדֵ֔ף לָאִ֖ישׁ אֲשֶׁ֣ר מָֽכַר־
כח ל֑וֹ וְשָׁ֖ב לַאֲחֻזָּתֽוֹ׃ וְאִ֨ם לֹא־מָֽצְאָ֜ה יָד֗וֹ דֵּי֮ הָשִׁ֣יב לוֹ֒ וְהָיָ֣ה
מִמְכָּר֗וֹ בְּיַד֙ הַקֹּנֶ֣ה אֹת֔וֹ עַ֖ד שְׁנַ֣ת הַיּוֹבֵ֑ל וְיָצָא֙ בַּיֹּבֵ֔ל וְשָׁ֖ב
כט לַאֲחֻזָּתֽוֹ׃ וְאִ֗ישׁ כִּֽי־יִמְכֹּ֤ר בֵּית־מוֹשַׁב֙ עִ֣יר חמישי /שלישי/
חוֹמָ֔ה וְהָיְתָה֙ גְּאֻלָּת֔וֹ עַד־תֹּ֖ם שְׁנַ֣ת מִמְכָּר֑וֹ יָמִ֖ים תִּהְיֶ֥ה
ל גְאֻלָּתֽוֹ׃ וְאִ֣ם לֹֽא־יִגָּאֵ֗ל עַד־מְלֹ֣את ל֮וֹ שָׁנָ֣ה תְמִימָה֒ וְ֠קָם
הַבַּ֨יִת אֲשֶׁר־בָּעִ֜יר אֲשֶׁר־לֹ֣א חֹמָ֗ה לַצְּמִיתֻ֛ת לַקֹּנֶ֥ה אֹת֖וֹ לו
לא לְדֹרֹתָ֑יו לֹ֥א יֵצֵ֖א בַּיֹּבֵֽל׃ וּבָתֵּ֣י הַחֲצֵרִ֗ים אֲשֶׁ֨ר אֵין־לָהֶ֤ם
חֹמָה֙ סָבִ֔יב עַל־שְׂדֵ֥ה הָאָ֖רֶץ יֵחָשֵׁ֑ב גְּאֻלָּה֙ תִּהְיֶה־לּ֔וֹ וּבַיֹּבֵ֖ל
לב יֵצֵֽא׃ וְעָרֵי֙ הַלְוִיִּ֔ם בָּתֵּ֖י עָרֵ֣י אֲחֻזָּתָ֑ם גְּאֻלַּ֥ת עוֹלָ֖ם תִּהְיֶ֥ה
לג לַלְוִיִּֽם׃ וַאֲשֶׁ֤ר יִגְאַל֙ מִן־הַלְוִיִּ֔ם וְיָצָ֧א מִמְכַּר־בַּ֛יִת וְעִ֥יר
אֲחֻזָּת֖וֹ בַּיֹּבֵ֑ל כִּ֣י בָתֵּ֞י עָרֵ֣י הַלְוִיִּ֗ם הִ֚וא אֲחֻזָּתָ֔ם בְּת֖וֹךְ בְּנֵ֥י

לד יִשְׂרָאֵל׃ וּשְׂדֵה מִגְרַשׁ עָרֵיהֶם לֹא יִמָּכֵר כִּי־אֲחֻזַּת עוֹלָם הוּא
לה לָהֶם׃ וְכִי־יָמוּךְ אָחִיךָ וּמָטָה יָדוֹ עִמָּךְ וְהֶחֱזַקְתָּ כא
לו בּוֹ גֵּר וְתוֹשָׁב וָחַי עִמָּךְ׃ אַל־תִּקַּח מֵאִתּוֹ נֶשֶׁךְ וְתַרְבִּית וְיָרֵאתָ
לז מֵאֱלֹהֶיךָ וְחֵי אָחִיךָ עִמָּךְ׃ אֶת־כַּסְפְּךָ לֹא־תִתֵּן לוֹ בְּנֶשֶׁךְ
לח וּבְמַרְבִּית לֹא־תִתֵּן אָכְלֶךָ׃ אֲנִי יהוה אֱלֹהֵיכֶם אֲשֶׁר־הוֹצֵאתִי
אֶתְכֶם מֵאֶרֶץ מִצְרָיִם לָתֵת לָכֶם אֶת־אֶרֶץ כְּנַעַן לִהְיוֹת לָכֶם
לט לֵאלֹהִים׃ וְכִי־יָמוּךְ אָחִיךָ עִמָּךְ וְנִמְכַּר־לָךְ לֹא־ ששי /רביעי
מ תַעֲבֹד בּוֹ עֲבֹדַת עָבֶד׃ כְּשָׂכִיר כְּתוֹשָׁב יִהְיֶה עִמָּךְ עַד־שְׁנַת
מא הַיֹּבֵל יַעֲבֹד עִמָּךְ׃ וְיָצָא מֵעִמָּךְ הוּא וּבָנָיו עִמּוֹ וְשָׁב אֶל־
מב מִשְׁפַּחְתּוֹ וְאֶל־אֲחֻזַּת אֲבֹתָיו יָשׁוּב׃ כִּי־עֲבָדַי הֵם אֲשֶׁר־
מג הוֹצֵאתִי אֹתָם מֵאֶרֶץ מִצְרָיִם לֹא יִמָּכְרוּ מִמְכֶּרֶת עָבֶד׃ לֹא־
מד תִרְדֶּה בוֹ בְּפָרֶךְ וְיָרֵאתָ מֵאֱלֹהֶיךָ׃ וְעַבְדְּךָ וַאֲמָתְךָ אֲשֶׁר יִהְיוּ־
לָךְ מֵאֵת הַגּוֹיִם אֲשֶׁר סְבִיבֹתֵיכֶם מֵהֶם תִּקְנוּ עֶבֶד וְאָמָה׃
מה וְגַם מִבְּנֵי הַתּוֹשָׁבִים הַגָּרִים עִמָּכֶם מֵהֶם תִּקְנוּ וּמִמִּשְׁפַּחְתָּם
אֲשֶׁר עִמָּכֶם אֲשֶׁר הוֹלִידוּ בְּאַרְצְכֶם וְהָיוּ לָכֶם לַאֲחֻזָּה׃
מו וְהִתְנַחַלְתֶּם אֹתָם לִבְנֵיכֶם אַחֲרֵיכֶם לָרֶשֶׁת אֲחֻזָּה לְעֹלָם בָּהֶם
תַּעֲבֹדוּ וּבְאַחֵיכֶם בְּנֵי־יִשְׂרָאֵל אִישׁ בְּאָחִיו לֹא־תִרְדֶּה בוֹ
מז בְּפָרֶךְ׃ וְכִי תַשִּׂיג יַד גֵּר וְתוֹשָׁב עִמָּךְ וּמָךְ אָחִיךָ שביעי
מח עִמּוֹ וְנִמְכַּר לְגֵר תּוֹשָׁב עִמָּךְ אוֹ לְעֵקֶר מִשְׁפַּחַת גֵּר׃ אַחֲרֵי
מט נִמְכַּר גְּאֻלָּה תִּהְיֶה־לּוֹ אֶחָד מֵאֶחָיו יִגְאָלֶנּוּ׃ אוֹ־דֹדוֹ אוֹ בֶן־
דֹּדוֹ יִגְאָלֶנּוּ אוֹ־מִשְּׁאֵר בְּשָׂרוֹ מִמִּשְׁפַּחְתּוֹ יִגְאָלֶנּוּ אוֹ־הִשִּׂיגָה
נ יָדוֹ וְנִגְאָל׃ וְחִשַּׁב עִם־קֹנֵהוּ מִשְּׁנַת הִמָּכְרוֹ לוֹ עַד שְׁנַת הַיֹּבֵל
נא וְהָיָה כֶּסֶף מִמְכָּרוֹ בְּמִסְפַּר שָׁנִים כִּימֵי שָׂכִיר יִהְיֶה עִמּוֹ׃ אִם־
נב עוֹד רַבּוֹת בַּשָּׁנִים לְפִיהֶן יָשִׁיב גְּאֻלָּתוֹ מִכֶּסֶף מִקְנָתוֹ׃ וְאִם־
מְעַט נִשְׁאַר בַּשָּׁנִים עַד־שְׁנַת הַיֹּבֵל וְחִשַּׁב־לוֹ כְּפִי שָׁנָיו יָשִׁיב
נג אֶת־גְּאֻלָּתוֹ׃ כִּשְׂכִיר שָׁנָה בְּשָׁנָה יִהְיֶה עִמּוֹ לֹא־יִרְדֶּנּוּ בְּפֶרֶךְ
נד לְעֵינֶיךָ׃ וְאִם־לֹא יִגָּאֵל בְּאֵלֶּה וְיָצָא בִּשְׁנַת הַיֹּבֵל הוּא וּבָנָיו

נה עַמּוֹ: כִּי־לִי בְנֵי־יִשְׂרָאֵל עֲבָדִים עֲבָדַי הֵם אֲשֶׁר־הוֹצֵאתִי מפטיר
כו א אוֹתָם מֵאֶרֶץ מִצְרָיִם אֲנִי יְהוָה אֱלֹהֵיכֶם: לֹא־תַעֲשׂוּ לָכֶם
אֱלִילִם וּפֶסֶל וּמַצֵּבָה לֹא־תָקִימוּ לָכֶם וְאֶבֶן מַשְׂכִּית לֹא תִתְּנוּ
ב בְּאַרְצְכֶם לְהִשְׁתַּחֲוֹת עָלֶיהָ כִּי אֲנִי יְהוָה אֱלֹהֵיכֶם: אֶת־שַׁבְּתֹתַי
תִּשְׁמֹרוּ וּמִקְדָּשִׁי תִּירָאוּ אֲנִי יְהוָה:
ג ד אִם־בְּחֻקֹּתַי תֵּלֵכוּ וְאֶת־מִצְוֹתַי תִּשְׁמְרוּ וַעֲשִׂיתֶם אֹתָם: וְנָתַתִּי בחקתי כב
גִשְׁמֵיכֶם בְּעִתָּם וְנָתְנָה הָאָרֶץ יְבוּלָהּ וְעֵץ הַשָּׂדֶה יִתֵּן פִּרְיוֹ:
ה וְהִשִּׂיג לָכֶם דַּיִשׁ אֶת־בָּצִיר וּבָצִיר יַשִּׂיג אֶת־זָרַע וַאֲכַלְתֶּם
ו לַחְמְכֶם לָשֹׂבַע וִישַׁבְתֶּם לָבֶטַח בְּאַרְצְכֶם: וְנָתַתִּי שָׁלוֹם בָּאָרֶץ שני
וּשְׁכַבְתֶּם וְאֵין מַחֲרִיד וְהִשְׁבַּתִּי חַיָּה רָעָה מִן־הָאָרֶץ וְחֶרֶב
ז לֹא־תַעֲבֹר בְּאַרְצְכֶם: וּרְדַפְתֶּם אֶת־אֹיְבֵיכֶם וְנָפְלוּ לִפְנֵיכֶם
ח לֶחָרֶב: וְרָדְפוּ מִכֶּם חֲמִשָּׁה מֵאָה וּמֵאָה מִכֶּם רְבָבָה יִרְדֹּפוּ
ט וְנָפְלוּ אֹיְבֵיכֶם לִפְנֵיכֶם לֶחָרֶב: וּפָנִיתִי אֲלֵיכֶם וְהִפְרֵיתִי אֶתְכֶם
י וְהִרְבֵּיתִי אֶתְכֶם וַהֲקִימֹתִי אֶת־בְּרִיתִי אִתְּכֶם: וַאֲכַלְתֶּם יָשָׁן שלישי/חמישי
יא נוֹשָׁן וְיָשָׁן מִפְּנֵי חָדָשׁ תּוֹצִיאוּ: וְנָתַתִּי מִשְׁכָּנִי בְּתוֹכְכֶם וְלֹא־
יב תִגְעַל נַפְשִׁי אֶתְכֶם: וְהִתְהַלַּכְתִּי בְּתוֹכְכֶם וְהָיִיתִי לָכֶם לֵאלֹהִים
יג וְאַתֶּם תִּהְיוּ־לִי לְעָם: אֲנִי יְהוָה אֱלֹהֵיכֶם אֲשֶׁר הוֹצֵאתִי אֶתְכֶם
מֵאֶרֶץ מִצְרַיִם מִהְיֹת לָהֶם עֲבָדִים וָאֶשְׁבֹּר מֹטֹת עֻלְּכֶם וָאוֹלֵךְ
אֶתְכֶם קוֹמְמִיּוּת:
יד טו וְאִם־לֹא תִשְׁמְעוּ לִי וְלֹא תַעֲשׂוּ אֵת כָּל־הַמִּצְוֹת הָאֵלֶּה: וְאִם־
בְּחֻקֹּתַי תִּמְאָסוּ וְאִם אֶת־מִשְׁפָּטַי תִּגְעַל נַפְשְׁכֶם לְבִלְתִּי עֲשׂוֹת
טז אֶת־כָּל־מִצְוֹתַי לְהַפְרְכֶם אֶת־בְּרִיתִי: אַף־אֲנִי אֶעֱשֶׂה־זֹּאת
לָכֶם וְהִפְקַדְתִּי עֲלֵיכֶם בֶּהָלָה אֶת־הַשַּׁחֶפֶת וְאֶת־הַקַּדַּחַת
מְכַלּוֹת עֵינַיִם וּמְדִיבֹת נָפֶשׁ וּזְרַעְתֶּם לָרִיק זַרְעֲכֶם וַאֲכָלֻהוּ
יז אֹיְבֵיכֶם: וְנָתַתִּי פָנַי בָּכֶם וְנִגַּפְתֶּם לִפְנֵי אֹיְבֵיכֶם וְרָדוּ בָכֶם
יח שֹׂנְאֵיכֶם וְנַסְתֶּם וְאֵין־רֹדֵף אֶתְכֶם: וְאִם־עַד־אֵלֶּה לֹא תִשְׁמְעוּ
יט לִי וְיָסַפְתִּי לְיַסְּרָה אֶתְכֶם שֶׁבַע עַל־חַטֹּאתֵיכֶם: וְשָׁבַרְתִּי אֶת־

גְּאוֹן עֻזְּכֶם וְנָתַתִּי אֶת־שְׁמֵיכֶם כַּבַּרְזֶל וְאֶת־אַרְצְכֶם כַּנְּחֻשָׁה׃
כ וְתַם לָרִיק כֹּחֲכֶם וְלֹא־תִתֵּן אַרְצְכֶם אֶת־יְבוּלָהּ וְעֵץ הָאָרֶץ
כא לֹא יִתֵּן פִּרְיוֹ׃ וְאִם־תֵּלְכוּ עִמִּי קֶרִי וְלֹא תֹאבוּ לִשְׁמֹעַ לִי
כב וְיָסַפְתִּי עֲלֵיכֶם מַכָּה שֶׁבַע כְּחַטֹּאתֵיכֶם׃ וְהִשְׁלַחְתִּי בָכֶם אֶת־
חַיַּת הַשָּׂדֶה וְשִׁכְּלָה אֶתְכֶם וְהִכְרִיתָה אֶת־בְּהֶמְתְּכֶם וְהִמְעִיטָה
כג אֶתְכֶם וְנָשַׁמּוּ דַּרְכֵיכֶם׃ וְאִם־בְּאֵלֶּה לֹא תִוָּסְרוּ לִי וַהֲלַכְתֶּם
כד עִמִּי קֶרִי׃ וְהָלַכְתִּי אַף־אֲנִי עִמָּכֶם בְּקֶרִי וְהִכֵּיתִי אֶתְכֶם גַּם־
כה אָנִי שֶׁבַע עַל־חַטֹּאתֵיכֶם׃ וְהֵבֵאתִי עֲלֵיכֶם חֶרֶב נֹקֶמֶת
נְקַם־בְּרִית וְנֶאֱסַפְתֶּם אֶל־עָרֵיכֶם וְשִׁלַּחְתִּי דֶבֶר בְּתוֹכְכֶם
כו וְנִתַּתֶּם בְּיַד־אוֹיֵב׃ בְּשִׁבְרִי לָכֶם מַטֵּה־לֶחֶם וְאָפוּ עֶשֶׂר נָשִׁים
לַחְמְכֶם בְּתַנּוּר אֶחָד וְהֵשִׁיבוּ לַחְמְכֶם בַּמִּשְׁקָל וַאֲכַלְתֶּם וְלֹא
כז תִשְׂבָּעוּ׃ וְאִם־בְּזֹאת לֹא תִשְׁמְעוּ לִי וַהֲלַכְתֶּם
כח עִמִּי בְּקֶרִי׃ וְהָלַכְתִּי עִמָּכֶם בַּחֲמַת־קֶרִי וְיִסַּרְתִּי אֶתְכֶם אַף־
כט אָנִי שֶׁבַע עַל־חַטֹּאתֵיכֶם׃ וַאֲכַלְתֶּם בְּשַׂר בְּנֵיכֶם וּבְשַׂר בְּנֹתֵיכֶם
ל תֹּאכֵלוּ׃ וְהִשְׁמַדְתִּי אֶת־בָּמֹתֵיכֶם וְהִכְרַתִּי אֶת־חַמָּנֵיכֶם וְנָתַתִּי
לא אֶת־פִּגְרֵיכֶם עַל־פִּגְרֵי גִּלּוּלֵיכֶם וְגָעֲלָה נַפְשִׁי אֶתְכֶם׃ וְנָתַתִּי
אֶת־עָרֵיכֶם חָרְבָּה וַהֲשִׁמּוֹתִי אֶת־מִקְדְּשֵׁיכֶם וְלֹא אָרִיחַ בְּרֵיחַ
לב נִיחֹחֲכֶם׃ וַהֲשִׁמֹּתִי אֲנִי אֶת־הָאָרֶץ וְשָׁמְמוּ עָלֶיהָ אֹיְבֵיכֶם
לג הַיֹּשְׁבִים בָּהּ׃ וְאֶתְכֶם אֱזָרֶה בַגּוֹיִם וַהֲרִיקֹתִי אַחֲרֵיכֶם חָרֶב
לד וְהָיְתָה אַרְצְכֶם שְׁמָמָה וְעָרֵיכֶם יִהְיוּ חָרְבָּה׃ אָז תִּרְצֶה הָאָרֶץ
אֶת־שַׁבְּתֹתֶיהָ כֹּל יְמֵי הָשַּׁמָּה וְאַתֶּם בְּאֶרֶץ אֹיְבֵיכֶם אָז תִּשְׁבַּת
לה הָאָרֶץ וְהִרְצָת אֶת־שַׁבְּתֹתֶיהָ׃ כָּל־יְמֵי הָשַּׁמָּה תִּשְׁבֹּת אֵת
לו אֲשֶׁר לֹא־שָׁבְתָה בְּשַׁבְּתֹתֵיכֶם בְּשִׁבְתְּכֶם עָלֶיהָ׃ וְהַנִּשְׁאָרִים
בָּכֶם וְהֵבֵאתִי מֹרֶךְ בִּלְבָבָם בְּאַרְצֹת אֹיְבֵיהֶם וְרָדַף אֹתָם קוֹל
לז עָלֶה נִדָּף וְנָסוּ מְנֻסַת־חֶרֶב וְנָפְלוּ וְאֵין רֹדֵף׃ וְכָשְׁלוּ אִישׁ־
בְּאָחִיו כְּמִפְּנֵי־חֶרֶב וְרֹדֵף אָיִן וְלֹא־תִהְיֶה לָכֶם תְּקוּמָה לִפְנֵי
לח אֹיְבֵיכֶם׃ וַאֲבַדְתֶּם בַּגּוֹיִם וְאָכְלָה אֶתְכֶם אֶרֶץ אֹיְבֵיכֶם׃

לט וְהַנִּשְׁאָרִים בָּכֶם יִמַּקּוּ בַּעֲוֺנָם בְּאַרְצֹת אֹיְבֵיכֶם וְאַף בַּעֲוֺנֹת
מ אֲבֹתָם אִתָּם יִמָּקּוּ׃ וְהִתְוַדּוּ אֶת־עֲוֺנָם וְאֶת־עֲוֺן אֲבֹתָם בְּמַעֲלָם
מא אֲשֶׁר מָעֲלוּ־בִי וְאַף אֲשֶׁר־הָלְכוּ עִמִּי בְּקֶרִי׃ אַף־אֲנִי אֵלֵךְ
עִמָּם בְּקֶרִי וְהֵבֵאתִי אֹתָם בְּאֶרֶץ אֹיְבֵיהֶם אוֹ־אָז יִכָּנַע לְבָבָם
מב הֶעָרֵל וְאָז יִרְצוּ אֶת־עֲוֺנָם׃ וְזָכַרְתִּי אֶת־בְּרִיתִי יַעֲקוֹב וְאַף
אֶת־בְּרִיתִי יִצְחָק וְאַף אֶת־בְּרִיתִי אַבְרָהָם אֶזְכֹּר וְהָאָרֶץ אֶזְכֹּר׃
מג וְהָאָרֶץ תֵּעָזֵב מֵהֶם וְתִרֶץ אֶת־שַׁבְּתֹתֶיהָ בָּהְשַׁמָּה מֵהֶם וְהֵם
יִרְצוּ אֶת־עֲוֺנָם יַעַן וּבְיַעַן בְּמִשְׁפָּטַי מָאָסוּ וְאֶת־חֻקֹּתַי גָּעֲלָה
מד נַפְשָׁם׃ וְאַף גַּם־זֹאת בִּהְיוֹתָם בְּאֶרֶץ אֹיְבֵיהֶם לֹא־מְאַסְתִּים
וְלֹא־גְעַלְתִּים לְכַלֹּתָם לְהָפֵר בְּרִיתִי אִתָּם כִּי אֲנִי יהוה אֱלֹהֵיהֶם׃
מה וְזָכַרְתִּי לָהֶם בְּרִית רִאשֹׁנִים אֲשֶׁר הוֹצֵאתִי־אֹתָם מֵאֶרֶץ מִצְרַיִם
מו לְעֵינֵי הַגּוֹיִם לִהְיוֹת לָהֶם לֵאלֹהִים אֲנִי יהוה׃ אֵלֶּה הַחֻקִּים
וְהַמִּשְׁפָּטִים וְהַתּוֹרֹת אֲשֶׁר נָתַן יהוה בֵּינוֹ וּבֵין בְּנֵי יִשְׂרָאֵל
בְּהַר סִינַי בְּיַד־מֹשֶׁה׃
כז א ב וַיְדַבֵּר יהוה אֶל־מֹשֶׁה לֵּאמֹר׃ דַּבֵּר אֶל־בְּנֵי יִשְׂרָאֵל וְאָמַרְתָּ כג רביעי (ששי)
ג אֲלֵהֶם אִישׁ כִּי יַפְלִא נֶדֶר בְּעֶרְכְּךָ נְפָשֹׁת לַיהוה׃ וְהָיָה עֶרְכְּךָ
הַזָּכָר מִבֶּן עֶשְׂרִים שָׁנָה וְעַד בֶּן־שִׁשִּׁים שָׁנָה וְהָיָה עֶרְכְּךָ
ד חֲמִשִּׁים שֶׁקֶל כֶּסֶף בְּשֶׁקֶל הַקֹּדֶשׁ׃ וְאִם־נְקֵבָה הִוא וְהָיָה
ה עֶרְכְּךָ שְׁלֹשִׁים שָׁקֶל׃ וְאִם מִבֶּן־חָמֵשׁ שָׁנִים וְעַד בֶּן־עֶשְׂרִים
שָׁנָה וְהָיָה עֶרְכְּךָ הַזָּכָר עֶשְׂרִים שְׁקָלִים וְלַנְּקֵבָה עֲשֶׂרֶת שְׁקָלִים׃
ו וְאִם מִבֶּן־חֹדֶשׁ וְעַד בֶּן־חָמֵשׁ שָׁנִים וְהָיָה עֶרְכְּךָ הַזָּכָר חֲמִשָּׁה
ז שְׁקָלִים כָּסֶף וְלַנְּקֵבָה עֶרְכְּךָ שְׁלֹשֶׁת שְׁקָלִים כָּסֶף׃ וְאִם מִבֶּן־
שִׁשִּׁים שָׁנָה וָמַעְלָה אִם־זָכָר וְהָיָה עֶרְכְּךָ חֲמִשָּׁה עָשָׂר שָׁקֶל
ח וְלַנְּקֵבָה עֲשָׂרָה שְׁקָלִים׃ וְאִם־מָךְ הוּא מֵעֶרְכֶּךָ וְהֶעֱמִידוֹ לִפְנֵי
הַכֹּהֵן וְהֶעֱרִיךְ אֹתוֹ הַכֹּהֵן עַל־פִּי אֲשֶׁר תַּשִּׂיג יַד הַנֹּדֵר יַעֲרִיכֶנּוּ
ט הַכֹּהֵן׃ וְאִם־בְּהֵמָה אֲשֶׁר יַקְרִיבוּ מִמֶּנָּה קָרְבָּן
י לַיהוה כֹּל אֲשֶׁר יִתֵּן מִמֶּנּוּ לַיהוה יִהְיֶה־קֹּדֶשׁ׃ לֹא יַחֲלִיפֶנּוּ

וְלֹא־יָמִיר אֹתוֹ טוֹב בְּרָע אוֹ־רַע בְּטוֹב וְאִם־הָמֵר יָמִיר בְּהֵמָה
יא בִּבְהֵמָה וְהָיָה־הוּא וּתְמוּרָתוֹ יִהְיֶה־קֹּדֶשׁ׃ וְאִם כָּל־בְּהֵמָה
טְמֵאָה אֲשֶׁר לֹא־יַקְרִיבוּ מִמֶּנָּה קָרְבָּן לַיהוָה וְהֶעֱמִיד אֶת־
יב הַבְּהֵמָה לִפְנֵי הַכֹּהֵן׃ וְהֶעֱרִיךְ הַכֹּהֵן אֹתָהּ בֵּין טוֹב וּבֵין רָע
יג כְּעֶרְכְּךָ הַכֹּהֵן כֵּן יִהְיֶה׃ וְאִם־גָּאֹל יִגְאָלֶנָּה וְיָסַף חֲמִישִׁתוֹ עַל־
יד עֶרְכֶּךָ׃ וְאִישׁ כִּי־יַקְדִּשׁ אֶת־בֵּיתוֹ קֹדֶשׁ לַיהוָה וְהֶעֱרִיכוֹ הַכֹּהֵן
טו בֵּין טוֹב וּבֵין רָע כַּאֲשֶׁר יַעֲרִיךְ אֹתוֹ הַכֹּהֵן כֵּן יָקוּם׃ וְאִם־
הַמַּקְדִּישׁ יִגְאַל אֶת־בֵּיתוֹ וְיָסַף חֲמִישִׁית כֶּסֶף־עֶרְכְּךָ עָלָיו
טז וְהָיָה לוֹ׃ וְאִם ׀ מִשְּׂדֵה אֲחֻזָּתוֹ יַקְדִּישׁ אִישׁ לַיהוָה וְהָיָה עֶרְכְּךָ חמישי /שביעי/
יז לְפִי זַרְעוֹ זֶרַע חֹמֶר שְׂעֹרִים בַּחֲמִשִּׁים שֶׁקֶל כָּסֶף׃ אִם־מִשְּׁנַת
יח הַיֹּבֵל יַקְדִּישׁ שָׂדֵהוּ כְּעֶרְכְּךָ יָקוּם׃ וְאִם־אַחַר הַיֹּבֵל יַקְדִּישׁ
שָׂדֵהוּ וְחִשַּׁב־לוֹ הַכֹּהֵן אֶת־הַכֶּסֶף עַל־פִּי הַשָּׁנִים הַנּוֹתָרֹת
יט עַד שְׁנַת הַיֹּבֵל וְנִגְרַע מֵעֶרְכֶּךָ׃ וְאִם־גָּאֹל יִגְאַל אֶת־הַשָּׂדֶה
כ הַמַּקְדִּישׁ אֹתוֹ וְיָסַף חֲמִשִׁית כֶּסֶף־עֶרְכְּךָ עָלָיו וְקָם לוֹ׃ וְאִם־
לֹא יִגְאַל אֶת־הַשָּׂדֶה וְאִם־מָכַר אֶת־הַשָּׂדֶה לְאִישׁ אַחֵר לֹא־
כא יִגָּאֵל עוֹד׃ וְהָיָה הַשָּׂדֶה בְּצֵאתוֹ בַיֹּבֵל קֹדֶשׁ לַיהוָה כִּשְׂדֵה
כב הַחֵרֶם לַכֹּהֵן תִּהְיֶה אֲחֻזָּתוֹ׃ וְאִם אֶת־שְׂדֵה מִקְנָתוֹ אֲשֶׁר לֹא ששי
כג מִשְּׂדֵה אֲחֻזָּתוֹ יַקְדִּישׁ לַיהוָה׃ וְחִשַּׁב־לוֹ הַכֹּהֵן אֵת מִכְסַת
הָעֶרְכְּךָ עַד שְׁנַת הַיֹּבֵל וְנָתַן אֶת־הָעֶרְכְּךָ בַּיּוֹם הַהוּא קֹדֶשׁ
כד לַיהוָה׃ בִּשְׁנַת הַיּוֹבֵל יָשׁוּב הַשָּׂדֶה לַאֲשֶׁר קָנָהוּ מֵאִתּוֹ
כה לַאֲשֶׁר־לוֹ אֲחֻזַּת הָאָרֶץ׃ וְכָל־עֶרְכְּךָ יִהְיֶה בְּשֶׁקֶל הַקֹּדֶשׁ
כו עֶשְׂרִים גֵּרָה יִהְיֶה הַשָּׁקֶל׃ אַךְ־בְּכוֹר אֲשֶׁר יְבֻכַּר לַיהוָה
בִּבְהֵמָה לֹא־יַקְדִּישׁ אִישׁ אֹתוֹ אִם־שׁוֹר אִם־שֶׂה לַיהוָה
כז הוּא׃ וְאִם בַּבְּהֵמָה הַטְּמֵאָה וּפָדָה בְעֶרְכֶּךָ וְיָסַף חֲמִשִׁתוֹ עָלָיו
כח וְאִם־לֹא יִגָּאֵל וְנִמְכַּר בְּעֶרְכֶּךָ׃ אַךְ כָּל־חֵרֶם אֲשֶׁר יַחֲרִם אִישׁ
לַיהוָה מִכָּל־אֲשֶׁר־לוֹ מֵאָדָם וּבְהֵמָה וּמִשְּׂדֵה אֲחֻזָּתוֹ לֹא יִמָּכֵר
כט וְלֹא יִגָּאֵל כָּל־חֵרֶם קֹדֶשׁ־קָדָשִׁים הוּא לַיהוָה׃ כָּל־חֵרֶם שביעי

ל אֲשֶׁר יָחֳרַם מִן־הָאָדָם לֹא יִפָּדֶה מוֹת יוּמָת׃ וְכָל־מַעְשַׂר
הָאָרֶץ מִזֶּרַע הָאָרֶץ מִפְּרִי הָעֵץ לַיהוָה הוּא קֹדֶשׁ לַיהוָה׃
מפטיר לא וְאִם־גָּאֹל יִגְאַל אִישׁ מִמַּעַשְׂרוֹ חֲמִשִׁיתוֹ יֹסֵף עָלָיו׃ לב וְכָל־
מַעְשַׂר בָּקָר וָצֹאן כֹּל אֲשֶׁר־יַעֲבֹר תַּחַת הַשָּׁבֶט הָעֲשִׂירִי יִהְיֶה־
לג קֹּדֶשׁ לַיהוָה׃ לֹא יְבַקֵּר בֵּין־טוֹב לָרַע וְלֹא יְמִירֶנּוּ וְאִם־הָמֵר
לד יְמִירֶנּוּ וְהָיָה־הוּא וּתְמוּרָתוֹ יִהְיֶה־קֹּדֶשׁ לֹא יִגָּאֵל׃ אֵלֶּה
הַמִּצְוֺת אֲשֶׁר צִוָּה יְהוָה אֶת־מֹשֶׁה אֶל־בְּנֵי יִשְׂרָאֵל בְּהַר סִינָי׃

במדבר

א

א וַיְדַבֵּר יְהוָה אֶל־מֹשֶׁה בְּמִדְבַּר סִינַי בְּאֹהֶל מוֹעֵד בְּאֶחָד לַחֹדֶשׁ
ב הַשֵּׁנִי בַּשָּׁנָה הַשֵּׁנִית לְצֵאתָם מֵאֶרֶץ מִצְרַיִם לֵאמֹר׃ שְׂאוּ אֶת־
רֹאשׁ כָּל־עֲדַת בְּנֵי־יִשְׂרָאֵל לְמִשְׁפְּחֹתָם לְבֵית אֲבֹתָם בְּמִסְפַּר
ג שֵׁמוֹת כָּל־זָכָר לְגֻלְגְּלֹתָם׃ מִבֶּן עֶשְׂרִים שָׁנָה וָמַעְלָה כָּל־יֹצֵא
ד צָבָא בְּיִשְׂרָאֵל תִּפְקְדוּ אֹתָם לְצִבְאֹתָם אַתָּה וְאַהֲרֹן׃ וְאִתְּכֶם
ה יִהְיוּ אִישׁ אִישׁ לַמַּטֶּה אִישׁ רֹאשׁ לְבֵית־אֲבֹתָיו הוּא׃ וְאֵלֶּה
שְׁמוֹת הָאֲנָשִׁים אֲשֶׁר יַעַמְדוּ אִתְּכֶם לִרְאוּבֵן אֱלִיצוּר בֶּן־
ו ז שְׁדֵיאוּר׃ לְשִׁמְעוֹן שְׁלֻמִיאֵל בֶּן־צוּרִישַׁדָּי׃ לִיהוּדָה נַחְשׁוֹן בֶּן־
ח ט עַמִּינָדָב׃ לְיִשָּׂשכָר נְתַנְאֵל בֶּן־צוּעָר׃ לִזְבוּלֻן אֱלִיאָב בֶּן־חֵלֹן׃
י לִבְנֵי יוֹסֵף לְאֶפְרַיִם אֱלִישָׁמָע בֶּן־עַמִּיהוּד לִמְנַשֶּׁה גַּמְלִיאֵל בֶּן־
יא יב פְּדָהצוּר׃ לְבִנְיָמִן אֲבִידָן בֶּן־גִּדְעֹנִי׃ לְדָן אֲחִיעֶזֶר בֶּן־עַמִּישַׁדָּי׃
יג יד טו לְאָשֵׁר פַּגְעִיאֵל בֶּן־עָכְרָן׃ לְגָד אֶלְיָסָף בֶּן־דְּעוּאֵל׃ לְנַפְתָּלִי
טז אֲחִירַע בֶּן־עֵינָן׃ אֵלֶּה קריאי הָעֵדָה נְשִׂיאֵי מַטּוֹת אֲבוֹתָם רָאשֵׁי קְרוּאֵי
יז אַלְפֵי יִשְׂרָאֵל הֵם׃ וַיִּקַּח מֹשֶׁה וְאַהֲרֹן אֵת הָאֲנָשִׁים הָאֵלֶּה
יח אֲשֶׁר נִקְּבוּ בְּשֵׁמוֹת׃ וְאֵת כָּל־הָעֵדָה הִקְהִילוּ בְּאֶחָד לַחֹדֶשׁ
הַשֵּׁנִי וַיִּתְיַלְדוּ עַל־מִשְׁפְּחֹתָם לְבֵית אֲבֹתָם בְּמִסְפַּר שֵׁמוֹת
יט מִבֶּן עֶשְׂרִים שָׁנָה וָמַעְלָה לְגֻלְגְּלֹתָם׃ כַּאֲשֶׁר צִוָּה יְהוָה אֶת־
כ מֹשֶׁה וַיִּפְקְדֵם בְּמִדְבַּר סִינָי׃ וַיִּהְיוּ בְנֵי־רְאוּבֵן שני
בְּכֹר יִשְׂרָאֵל תּוֹלְדֹתָם לְמִשְׁפְּחֹתָם לְבֵית אֲבֹתָם בְּמִסְפַּר
שֵׁמוֹת לְגֻלְגְּלֹתָם כָּל־זָכָר מִבֶּן עֶשְׂרִים שָׁנָה וָמַעְלָה כֹּל יֹצֵא
כא צָבָא׃ פְּקֻדֵיהֶם לְמַטֵּה רְאוּבֵן שִׁשָּׁה וְאַרְבָּעִים אֶלֶף וַחֲמֵשׁ
מֵאוֹת׃

כב לִבְנֵי שִׁמְעוֹן תּוֹלְדֹתָם לְמִשְׁפְּחֹתָם לְבֵית אֲבֹתָם פְּקֻדָיו בְּמִסְפַּר
שֵׁמוֹת לְגֻלְגְּלֹתָם כָּל־זָכָר מִבֶּן עֶשְׂרִים שָׁנָה וָמַעְלָה כֹּל יֹצֵא
כג צָבָא׃ פְּקֻדֵיהֶם לְמַטֵּה שִׁמְעוֹן תִּשְׁעָה וַחֲמִשִּׁים אֶלֶף וּשְׁלֹשׁ
מֵאוֹת׃

כד לִבְנֵי גָד תּוֹלְדֹתָם לְמִשְׁפְּחֹתָם לְבֵית אֲבֹתָם בְּמִסְפַּר שֵׁמוֹת

כה מִבֶּן עֶשְׂרִים שָׁנָה וָמַעְלָה כֹּל יֹצֵא צָבָא׃ פְּקֻדֵיהֶם לְמַטֵּה גָד
חֲמִשָּׁה וְאַרְבָּעִים אֶלֶף וְשֵׁשׁ מֵאוֹת וַחֲמִשִּׁים׃
כו לִבְנֵי יְהוּדָה תּוֹלְדֹתָם לְמִשְׁפְּחֹתָם לְבֵית אֲבֹתָם בְּמִסְפַּר שֵׁמֹת
כז מִבֶּן עֶשְׂרִים שָׁנָה וָמַעְלָה כֹּל יֹצֵא צָבָא׃ פְּקֻדֵיהֶם לְמַטֵּה יְהוּדָה
אַרְבָּעָה וְשִׁבְעִים אֶלֶף וְשֵׁשׁ מֵאוֹת׃
כח לִבְנֵי יִשָּׂשכָר תּוֹלְדֹתָם לְמִשְׁפְּחֹתָם לְבֵית אֲבֹתָם בְּמִסְפַּר
כט שֵׁמֹת מִבֶּן עֶשְׂרִים שָׁנָה וָמַעְלָה כֹּל יֹצֵא צָבָא׃ פְּקֻדֵיהֶם לְמַטֵּה
יִשָּׂשכָר אַרְבָּעָה וַחֲמִשִּׁים אֶלֶף וְאַרְבַּע מֵאוֹת׃
ל לִבְנֵי זְבוּלֻן תּוֹלְדֹתָם לְמִשְׁפְּחֹתָם לְבֵית אֲבֹתָם בְּמִסְפַּר שֵׁמֹת
לא מִבֶּן עֶשְׂרִים שָׁנָה וָמַעְלָה כֹּל יֹצֵא צָבָא׃ פְּקֻדֵיהֶם לְמַטֵּה זְבוּלֻן
שִׁבְעָה וַחֲמִשִּׁים אֶלֶף וְאַרְבַּע מֵאוֹת׃
לב לִבְנֵי יוֹסֵף לִבְנֵי אֶפְרַיִם תּוֹלְדֹתָם לְמִשְׁפְּחֹתָם לְבֵית אֲבֹתָם
לג בְּמִסְפַּר שֵׁמֹת מִבֶּן עֶשְׂרִים שָׁנָה וָמַעְלָה כֹּל יֹצֵא צָבָא׃ פְּקֻדֵיהֶם
לְמַטֵּה אֶפְרָיִם אַרְבָּעִים אֶלֶף וַחֲמֵשׁ מֵאוֹת׃
לד לִבְנֵי מְנַשֶּׁה תּוֹלְדֹתָם לְמִשְׁפְּחֹתָם לְבֵית אֲבֹתָם בְּמִסְפַּר שֵׁמוֹת
לה מִבֶּן עֶשְׂרִים שָׁנָה וָמַעְלָה כֹּל יֹצֵא צָבָא׃ פְּקֻדֵיהֶם לְמַטֵּה מְנַשֶּׁה
שְׁנַיִם וּשְׁלֹשִׁים אֶלֶף וּמָאתָיִם׃
לו לִבְנֵי בִנְיָמִן תּוֹלְדֹתָם לְמִשְׁפְּחֹתָם לְבֵית אֲבֹתָם בְּמִסְפַּר שֵׁמֹת
לז מִבֶּן עֶשְׂרִים שָׁנָה וָמַעְלָה כֹּל יֹצֵא צָבָא׃ פְּקֻדֵיהֶם לְמַטֵּה בִנְיָמִן
חֲמִשָּׁה וּשְׁלֹשִׁים אֶלֶף וְאַרְבַּע מֵאוֹת׃
לח לִבְנֵי דָן תּוֹלְדֹתָם לְמִשְׁפְּחֹתָם לְבֵית אֲבֹתָם בְּמִסְפַּר שֵׁמֹת מִבֶּן
לט עֶשְׂרִים שָׁנָה וָמַעְלָה כֹּל יֹצֵא צָבָא׃ פְּקֻדֵיהֶם לְמַטֵּה דָן שְׁנַיִם
וְשִׁשִּׁים אֶלֶף וּשְׁבַע מֵאוֹת׃
מ לִבְנֵי אָשֵׁר תּוֹלְדֹתָם לְמִשְׁפְּחֹתָם לְבֵית אֲבֹתָם בְּמִסְפַּר שֵׁמֹת
מא מִבֶּן עֶשְׂרִים שָׁנָה וָמַעְלָה כֹּל יֹצֵא צָבָא׃ פְּקֻדֵיהֶם לְמַטֵּה אָשֵׁר
אֶחָד וְאַרְבָּעִים אֶלֶף וַחֲמֵשׁ מֵאוֹת׃
מב בְּנֵי נַפְתָּלִי תּוֹלְדֹתָם לְמִשְׁפְּחֹתָם לְבֵית אֲבֹתָם בְּמִסְפַּר שֵׁמֹת

מג מִבֶּן עֶשְׂרִים שָׁנָה וָמַעְלָה כֹּל יֹצֵא צָבָא׃ פְּקֻדֵיהֶם לְמַטֵּה נַפְתָּלִי
שְׁלֹשָׁה וַחֲמִשִּׁים אֶלֶף וְאַרְבַּע מֵאוֹת׃
מד אֵלֶּה הַפְּקֻדִים אֲשֶׁר פָּקַד מֹשֶׁה וְאַהֲרֹן וּנְשִׂיאֵי יִשְׂרָאֵל שְׁנֵים
מה עָשָׂר אִישׁ אִישׁ־אֶחָד לְבֵית־אֲבֹתָיו הָיוּ׃ וַיִּהְיוּ כָּל־פְּקוּדֵי בְנֵי־
יִשְׂרָאֵל לְבֵית אֲבֹתָם מִבֶּן עֶשְׂרִים שָׁנָה וָמַעְלָה כָּל־יֹצֵא צָבָא
מו בְּיִשְׂרָאֵל׃ וַיִּהְיוּ כָּל־הַפְּקֻדִים שֵׁשׁ־מֵאוֹת אֶלֶף וּשְׁלֹשֶׁת אֲלָפִים
מז וַחֲמֵשׁ מֵאוֹת וַחֲמִשִּׁים׃ וְהַלְוִיִּם לְמַטֵּה אֲבֹתָם לֹא הָתְפָּקְדוּ
בְּתוֹכָם׃
מח מט וַיְדַבֵּר יְהוָה אֶל־מֹשֶׁה לֵּאמֹר׃ אַךְ אֶת־מַטֵּה לֵוִי לֹא תִפְקֹד
נ וְאֶת־רֹאשָׁם לֹא תִשָּׂא בְּתוֹךְ בְּנֵי יִשְׂרָאֵל׃ וְאַתָּה הַפְקֵד אֶת־
הַלְוִיִּם עַל־מִשְׁכַּן הָעֵדֻת וְעַל כָּל־כֵּלָיו וְעַל כָּל־אֲשֶׁר־לוֹ הֵמָּה
יִשְׂאוּ אֶת־הַמִּשְׁכָּן וְאֶת־כָּל־כֵּלָיו וְהֵם יְשָׁרְתֻהוּ וְסָבִיב לַמִּשְׁכָּן
נא יַחֲנוּ׃ וּבִנְסֹעַ הַמִּשְׁכָּן יוֹרִידוּ אֹתוֹ הַלְוִיִּם וּבַחֲנֹת הַמִּשְׁכָּן יָקִימוּ
נב אֹתוֹ הַלְוִיִּם וְהַזָּר הַקָּרֵב יוּמָת׃ וְחָנוּ בְּנֵי יִשְׂרָאֵל אִישׁ עַל־
נג מַחֲנֵהוּ וְאִישׁ עַל־דִּגְלוֹ לְצִבְאֹתָם׃ וְהַלְוִיִּם יַחֲנוּ סָבִיב לְמִשְׁכַּן
הָעֵדֻת וְלֹא־יִהְיֶה קֶצֶף עַל־עֲדַת בְּנֵי יִשְׂרָאֵל וְשָׁמְרוּ הַלְוִיִּם
נד אֶת־מִשְׁמֶרֶת מִשְׁכַּן הָעֵדוּת׃ וַיַּעֲשׂוּ בְּנֵי יִשְׂרָאֵל כְּכֹל אֲשֶׁר
צִוָּה יְהוָה אֶת־מֹשֶׁה כֵּן עָשׂוּ׃
ב א ב וַיְדַבֵּר יְהוָה אֶל־מֹשֶׁה וְאֶל־אַהֲרֹן לֵאמֹר׃ אִישׁ עַל־דִּגְלוֹ ב שלישי
בְאֹתֹת לְבֵית אֲבֹתָם יַחֲנוּ בְּנֵי יִשְׂרָאֵל מִנֶּגֶד סָבִיב לְאֹהֶל־
ג מוֹעֵד יַחֲנוּ׃ וְהַחֹנִים קֵדְמָה מִזְרָחָה דֶּגֶל מַחֲנֵה יְהוּדָה לְצִבְאֹתָם
ד וְנָשִׂיא לִבְנֵי יְהוּדָה נַחְשׁוֹן בֶּן־עַמִּינָדָב׃ וּצְבָאוֹ וּפְקֻדֵיהֶם
ה אַרְבָּעָה וְשִׁבְעִים אֶלֶף וְשֵׁשׁ מֵאוֹת׃ וְהַחֹנִים עָלָיו מַטֵּה
ו יִשָּׂשכָר וְנָשִׂיא לִבְנֵי יִשָּׂשכָר נְתַנְאֵל בֶּן־צוּעָר׃ וּצְבָאוֹ וּפְקֻדָיו
ז אַרְבָּעָה וַחֲמִשִּׁים אֶלֶף וְאַרְבַּע מֵאוֹת׃ מַטֵּה זְבוּלֻן וְנָשִׂיא
ח לִבְנֵי זְבוּלֻן אֱלִיאָב בֶּן־חֵלֹן׃ וּצְבָאוֹ וּפְקֻדָיו שִׁבְעָה וַחֲמִשִּׁים
ט אֶלֶף וְאַרְבַּע מֵאוֹת׃ כָּל־הַפְּקֻדִים לְמַחֲנֵה יְהוּדָה מְאַת אֶלֶף

וּשְׁמֹנִים אֶלֶף וְשֵׁשֶׁת־אֲלָפִים וְאַרְבַּע־מֵאוֹת לְצִבְאֹתָם רִאשֹׁנָה
י יִסָּעוּ: דֶּגֶל מַחֲנֵה רְאוּבֵן תֵּימָנָה לְצִבְאֹתָם
יא וְנָשִׂיא לִבְנֵי רְאוּבֵן אֱלִיצוּר בֶּן־שְׁדֵיאוּר: וּצְבָאוֹ וּפְקֻדָיו
יב שִׁשָּׁה וְאַרְבָּעִים אֶלֶף וַחֲמֵשׁ מֵאוֹת: וְהַחוֹנִם עָלָיו מַטֵּה שִׁמְעוֹן
יג וְנָשִׂיא לִבְנֵי שִׁמְעוֹן שְׁלֻמִיאֵל בֶּן־צוּרִישַׁדָּי: וּצְבָאוֹ וּפְקֻדֵיהֶם
יד תִּשְׁעָה וַחֲמִשִּׁים אֶלֶף וּשְׁלֹשׁ מֵאוֹת: וּמַטֵּה גָּד וְנָשִׂיא לִבְנֵי גָד
טו אֶלְיָסָף בֶּן־רְעוּאֵל: וּצְבָאוֹ וּפְקֻדֵיהֶם חֲמִשָּׁה וְאַרְבָּעִים אֶלֶף
טז וְשֵׁשׁ מֵאוֹת וַחֲמִשִּׁים: כָּל־הַפְּקֻדִים לְמַחֲנֵה רְאוּבֵן מְאַת
אֶלֶף וְאֶחָד וַחֲמִשִּׁים אֶלֶף וְאַרְבַּע־מֵאוֹת וַחֲמִשִּׁים לְצִבְאֹתָם
יז וּשְׁנִיִּם יִסָּעוּ: וְנָסַע אֹהֶל־מוֹעֵד מַחֲנֵה
הַלְוִיִּם בְּתוֹךְ הַמַּחֲנֹת כַּאֲשֶׁר יַחֲנוּ כֵּן יִסָּעוּ אִישׁ עַל־יָדוֹ
יח לְדִגְלֵיהֶם: דֶּגֶל מַחֲנֵה אֶפְרַיִם לְצִבְאֹתָם
יט יָמָּה וְנָשִׂיא לִבְנֵי אֶפְרַיִם אֱלִישָׁמָע בֶּן־עַמִּיהוּד: וּצְבָאוֹ וּפְקֻדֵיהֶם
כ אַרְבָּעִים אֶלֶף וַחֲמֵשׁ מֵאוֹת: וְעָלָיו מַטֵּה מְנַשֶּׁה וְנָשִׂיא לִבְנֵי
כא מְנַשֶּׁה גַּמְלִיאֵל בֶּן־פְּדָהצוּר: וּצְבָאוֹ וּפְקֻדֵיהֶם שְׁנַיִם וּשְׁלֹשִׁים
כב אֶלֶף וּמָאתָיִם: וּמַטֵּה בִּנְיָמִן וְנָשִׂיא לִבְנֵי בִנְיָמִן אֲבִידָן בֶּן־
כג גִּדְעֹנִי: וּצְבָאוֹ וּפְקֻדֵיהֶם חֲמִשָּׁה וּשְׁלֹשִׁים אֶלֶף וְאַרְבַּע מֵאוֹת:
כד כָּל־הַפְּקֻדִים לְמַחֲנֵה אֶפְרַיִם מְאַת אֶלֶף וּשְׁמֹנַת־אֲלָפִים וּמֵאָה
כה לְצִבְאֹתָם וּשְׁלִשִׁים יִסָּעוּ: דֶּגֶל מַחֲנֵה דָן צָפֹנָה
כו לְצִבְאֹתָם וְנָשִׂיא לִבְנֵי דָן אֲחִיעֶזֶר בֶּן־עַמִּישַׁדָּי: וּצְבָאוֹ וּפְקֻדֵיהֶם
כז שְׁנַיִם וְשִׁשִּׁים אֶלֶף וּשְׁבַע מֵאוֹת: וְהַחֹנִים עָלָיו מַטֵּה אָשֵׁר
כח וְנָשִׂיא לִבְנֵי אָשֵׁר פַּגְעִיאֵל בֶּן־עָכְרָן: וּצְבָאוֹ וּפְקֻדֵיהֶם אֶחָד
כט וְאַרְבָּעִים אֶלֶף וַחֲמֵשׁ מֵאוֹת: וּמַטֵּה נַפְתָּלִי וְנָשִׂיא לִבְנֵי נַפְתָּלִי
ל אֲחִירַע בֶּן־עֵינָן: וּצְבָאוֹ וּפְקֻדֵיהֶם שְׁלֹשָׁה וַחֲמִשִּׁים אֶלֶף וְאַרְבַּע
לא מֵאוֹת: כָּל־הַפְּקֻדִים לְמַחֲנֵה דָן מְאַת אֶלֶף וְשִׁבְעָה וַחֲמִשִּׁים
אֶלֶף וְשֵׁשׁ מֵאוֹת לָאַחֲרֹנָה יִסְעוּ לְדִגְלֵיהֶם:
לב אֵלֶּה פְּקוּדֵי בְנֵי־יִשְׂרָאֵל לְבֵית אֲבֹתָם כָּל־פְּקוּדֵי הַמַּחֲנֹת

לְצִבְאֹתָם שֵׁשׁ־מֵאוֹת אֶלֶף וּשְׁלֹשֶׁת אֲלָפִים וַחֲמֵשׁ מֵאוֹת
לג וַחֲמִשִּׁים׃ וְהַלְוִיִּם לֹא הָתְפָּקְדוּ בְּתוֹךְ בְּנֵי יִשְׂרָאֵל כַּאֲשֶׁר צִוָּה
לד יהוה אֶת־מֹשֶׁה׃ וַיַּעֲשׂוּ בְּנֵי יִשְׂרָאֵל כְּכֹל אֲשֶׁר־צִוָּה יהוה
אֶת־מֹשֶׁה כֵּן־חָנוּ לְדִגְלֵיהֶם וְכֵן נָסָעוּ אִישׁ לְמִשְׁפְּחֹתָיו עַל־
בֵּית אֲבֹתָיו׃
ג א וְאֵלֶּה תּוֹלְדֹת אַהֲרֹן וּמֹשֶׁה בְּיוֹם דִּבֶּר יהוה אֶת־מֹשֶׁה בְּהַר ג רביעי
ב סִינָי׃ וְאֵלֶּה שְׁמוֹת בְּנֵי־אַהֲרֹן הַבְּכֹר ׀ נָדָב וַאֲבִיהוּא אֶלְעָזָר
ג וְאִיתָמָר׃ אֵלֶּה שְׁמוֹת בְּנֵי אַהֲרֹן הַכֹּהֲנִים הַמְּשֻׁחִים אֲשֶׁר־מִלֵּא
ד יָדָם לְכַהֵן׃ וַיָּמָת נָדָב וַאֲבִיהוּא לִפְנֵי יהוה בְּהַקְרִבָם אֵשׁ זָרָה
לִפְנֵי יהוה בְּמִדְבַּר סִינַי וּבָנִים לֹא־הָיוּ לָהֶם וַיְכַהֵן אֶלְעָזָר
וְאִיתָמָר עַל־פְּנֵי אַהֲרֹן אֲבִיהֶם׃
ה ו וַיְדַבֵּר יהוה אֶל־מֹשֶׁה לֵּאמֹר׃ הַקְרֵב אֶת־מַטֵּה לֵוִי וְהַעֲמַדְתָּ
ז אֹתוֹ לִפְנֵי אַהֲרֹן הַכֹּהֵן וְשֵׁרְתוּ אֹתוֹ׃ וְשָׁמְרוּ אֶת־מִשְׁמַרְתּוֹ
וְאֶת־מִשְׁמֶרֶת כָּל־הָעֵדָה לִפְנֵי אֹהֶל מוֹעֵד לַעֲבֹד אֶת־עֲבֹדַת
ח הַמִּשְׁכָּן׃ וְשָׁמְרוּ אֶת־כָּל־כְּלֵי אֹהֶל מוֹעֵד וְאֶת־מִשְׁמֶרֶת
ט בְּנֵי יִשְׂרָאֵל לַעֲבֹד אֶת־עֲבֹדַת הַמִּשְׁכָּן׃ וְנָתַתָּה אֶת־הַלְוִיִּם
לְאַהֲרֹן וּלְבָנָיו נְתוּנִם נְתוּנִם הֵמָּה לוֹ מֵאֵת בְּנֵי יִשְׂרָאֵל׃
י וְאֶת־אַהֲרֹן וְאֶת־בָּנָיו תִּפְקֹד וְשָׁמְרוּ אֶת־כְּהֻנָּתָם וְהַזָּר הַקָּרֵב
יוּמָת׃
יא יב וַיְדַבֵּר יהוה אֶל־מֹשֶׁה לֵּאמֹר׃ וַאֲנִי הִנֵּה לָקַחְתִּי אֶת־הַלְוִיִּם
מִתּוֹךְ בְּנֵי יִשְׂרָאֵל תַּחַת כָּל־בְּכוֹר פֶּטֶר רֶחֶם מִבְּנֵי יִשְׂרָאֵל
יג וְהָיוּ לִי הַלְוִיִּם׃ כִּי לִי כָּל־בְּכוֹר בְּיוֹם הַכֹּתִי כָל־בְּכוֹר בְּאֶרֶץ
מִצְרַיִם הִקְדַּשְׁתִּי לִי כָל־בְּכוֹר בְּיִשְׂרָאֵל מֵאָדָם עַד־בְּהֵמָה
לִי יִהְיוּ אֲנִי יהוה׃
יד טו וַיְדַבֵּר יהוה אֶל־מֹשֶׁה בְּמִדְבַּר סִינַי לֵאמֹר׃ פְּקֹד אֶת־בְּנֵי לֵוִי חמישי
לְבֵית אֲבֹתָם לְמִשְׁפְּחֹתָם כָּל־זָכָר מִבֶּן־חֹדֶשׁ וָמַעְלָה תִּפְקְדֵם׃
טז יז וַיִּפְקֹד אֹתָם מֹשֶׁה עַל־פִּי יהוה כַּאֲשֶׁר צֻוָּה׃ וַיִּהְיוּ־אֵלֶּה בְנֵי־

לוי בשמתם גרשון וקהת ומררי: ואלה שמות בני־גרשון יח
למשפחתם לבני ושמעי: ובני קהת למשפחתם עמרם ויצהר יט
חברון ועזיאל: ובני מררי למשפחתם מחלי ומושי אלה הם כ
משפחת הלוי לבית אבתם: לגרשון משפחת הלבני ומשפחת כא
השמעי אלה הם משפחת הגרשני: פקדיהם במספר כל־זכר כב
מבן־חדש ומעלה פקדיהם שבעת אלפים וחמש מאות:
משפחת הגרשני אחרי המשכן יחנו ימה: ונשיא בית־אב כג כד
לגרשני אליסף בן־לאל: ומשמרת בני־גרשון באהל מועד כה
המשכן והאהל מכסהו ומסך פתח אהל מועד: וקלעי החצר כו
ואת־מסך פתח החצר אשר על־המשכן ועל־המזבח סביב
ואת מיתריו לכל עבדתו: ולקהת משפחת כז
העמרמי ומשפחת היצהרי ומשפחת החברני ומשפחת
העזיאלי אלה הם משפחת הקהתי: במספר כל־זכר מבן־ כח
חדש ומעלה שמנת אלפים ושש מאות שמרי משמרת
הקדש: משפחת בני־קהת יחנו על ירך המשכן תימנה: ונשיא כט ל
בית־אב למשפחת הקהתי אליצפן בן־עזיאל: ומשמרתם לא
הארן והשלחן והמנרה והמזבחת וכלי הקדש אשר ישרתו
בהם והמסך וכל עבדתו: ונשיא נשיאי הלוי אלעזר בן־ לב
אהרן הכהן פקדת שמרי משמרת הקדש: למררי משפחת לג
המחלי ומשפחת המושי אלה הם משפחת מררי: ופקדיהם לד
במספר כל־זכר מבן־חדש ומעלה ששת אלפים ומאתים:
ונשיא בית־אב למשפחת מררי צוריאל בן־אביחיל על ירך לה
המשכן יחנו צפנה: ופקדת משמרת בני מררי קרשי המשכן לו
ובריחיו ועמדיו ואדניו וכל־כליו וכל עבדתו: ועמדי החצר לז
סביב ואדניהם ויתדתם ומיתריהם: והחנים לפני המשכן לח
קדמה לפני אהל־מועד | מזרחה משה | ואהרן ובניו שמרים
משמרת המקדש למשמרת בני ישראל והזר הקרב יומת:

ג לט כָּל־פְּקוּדֵי הַלְוִיִּם אֲשֶׁר פָּקַד מֹשֶׁה וְאַהֲרֹן עַל־פִּי יְהוָה
לְמִשְׁפְּחֹתָם כָּל־זָכָר מִבֶּן־חֹדֶשׁ וָמַעְלָה שְׁנַיִם וְעֶשְׂרִים
מ אָלֶף׃ וַיֹּאמֶר יְהוָה אֶל־מֹשֶׁה פְּקֹד כָּל־בְּכֹר ששי
זָכָר לִבְנֵי יִשְׂרָאֵל מִבֶּן־חֹדֶשׁ וָמָעְלָה וְשָׂא אֵת מִסְפַּר שְׁמֹתָם׃
מא וְלָקַחְתָּ אֶת־הַלְוִיִּם לִי אֲנִי יְהוָה תַּחַת כָּל־בְּכֹר בִּבְנֵי יִשְׂרָאֵל
וְאֵת בֶּהֱמַת הַלְוִיִּם תַּחַת כָּל־בְּכוֹר בְּבֶהֱמַת בְּנֵי יִשְׂרָאֵל׃
מב וַיִּפְקֹד מֹשֶׁה כַּאֲשֶׁר צִוָּה יְהוָה אֹתוֹ אֶת־כָּל־בְּכוֹר בִּבְנֵי יִשְׂרָאֵל׃
מג וַיְהִי כָל־בְּכוֹר זָכָר בְּמִסְפַּר שֵׁמֹת מִבֶּן־חֹדֶשׁ וָמַעְלָה לִפְקֻדֵיהֶם
שְׁנַיִם וְעֶשְׂרִים אֶלֶף שְׁלֹשָׁה וְשִׁבְעִים וּמָאתָיִם׃
מד מה וַיְדַבֵּר יְהוָה אֶל־מֹשֶׁה לֵּאמֹר׃ קַח אֶת־הַלְוִיִּם תַּחַת כָּל־בְּכוֹר
בִּבְנֵי יִשְׂרָאֵל וְאֶת־בֶּהֱמַת הַלְוִיִּם תַּחַת בְּהֶמְתָּם וְהָיוּ־לִי
מו הַלְוִיִּם אֲנִי יְהוָה׃ וְאֵת פְּדוּיֵי הַשְּׁלֹשָׁה וְהַשִּׁבְעִים וְהַמָּאתָיִם
מז הָעֹדְפִים עַל־הַלְוִיִּם מִבְּכוֹר בְּנֵי יִשְׂרָאֵל׃ וְלָקַחְתָּ חֲמֵשֶׁת
חֲמֵשֶׁת שְׁקָלִים לַגֻּלְגֹּלֶת בְּשֶׁקֶל הַקֹּדֶשׁ תִּקָּח עֶשְׂרִים גֵּרָה
מח הַשָּׁקֶל׃ וְנָתַתָּה הַכֶּסֶף לְאַהֲרֹן וּלְבָנָיו פְּדוּיֵי הָעֹדְפִים בָּהֶם׃
מט וַיִּקַּח מֹשֶׁה אֵת כֶּסֶף הַפִּדְיוֹם מֵאֵת הָעֹדְפִים עַל פְּדוּיֵי הַלְוִיִּם׃
נ מֵאֵת בְּכוֹר בְּנֵי יִשְׂרָאֵל לָקַח אֶת־הַכָּסֶף חֲמִשָּׁה וְשִׁשִּׁים
נא וּשְׁלֹשׁ מֵאוֹת וָאֶלֶף בְּשֶׁקֶל הַקֹּדֶשׁ׃ וַיִּתֵּן מֹשֶׁה אֶת־כֶּסֶף
הַפְּדֻיִם לְאַהֲרֹן וּלְבָנָיו עַל־פִּי יְהוָה כַּאֲשֶׁר צִוָּה יְהוָה אֶת־
מֹשֶׁה׃

ד א ב וַיְדַבֵּר יְהוָה אֶל־מֹשֶׁה וְאֶל־אַהֲרֹן לֵאמֹר׃ נָשֹׂא אֶת־רֹאשׁ בְּנֵי שביעי
ג קְהָת מִתּוֹךְ בְּנֵי לֵוִי לְמִשְׁפְּחֹתָם לְבֵית אֲבֹתָם׃ מִבֶּן שְׁלֹשִׁים
שָׁנָה וָמַעְלָה וְעַד בֶּן־חֲמִשִּׁים שָׁנָה כָּל־בָּא לַצָּבָא לַעֲשׂוֹת
ד מְלָאכָה בְּאֹהֶל מוֹעֵד׃ זֹאת עֲבֹדַת בְּנֵי־קְהָת בְּאֹהֶל מוֹעֵד
ה קֹדֶשׁ הַקֳּדָשִׁים׃ וּבָא אַהֲרֹן וּבָנָיו בִּנְסֹעַ הַמַּחֲנֶה וְהוֹרִדוּ אֵת
ו פָּרֹכֶת הַמָּסָךְ וְכִסּוּ־בָהּ אֵת אֲרֹן הָעֵדֻת׃ וְנָתְנוּ עָלָיו כְּסוּי
עוֹר תַּחַשׁ וּפָרְשׂוּ בֶגֶד־כְּלִיל תְּכֵלֶת מִלְמַעְלָה וְשָׂמוּ בַּדָּיו׃

וְעַל שֻׁלְחַן הַפָּנִים יִפְרְשׂוּ בֶּגֶד תְּכֵלֶת וְנָתְנוּ עָלָיו אֶת־הַקְּעָרֹת ז
וְאֶת־הַכַּפֹּת וְאֶת־הַמְּנַקִּיֹּת וְאֵת קְשׂוֹת הַנָּסֶךְ וְלֶחֶם הַתָּמִיד
עָלָיו יִהְיֶה׃ וּפָרְשׂוּ עֲלֵיהֶם בֶּגֶד תּוֹלַעַת שָׁנִי וְכִסּוּ אֹתוֹ בְּמִכְסֵה ח
עוֹר תָּחַשׁ וְשָׂמוּ אֶת־בַּדָּיו׃ וְלָקְחוּ בֶּגֶד תְּכֵלֶת וְכִסּוּ אֶת־ ט
מְנֹרַת הַמָּאוֹר וְאֶת־נֵרֹתֶיהָ וְאֶת־מַלְקָחֶיהָ וְאֶת־מַחְתֹּתֶיהָ
וְאֵת כָּל־כְּלֵי שַׁמְנָהּ אֲשֶׁר יְשָׁרְתוּ־לָהּ בָּהֶם׃ וְנָתְנוּ אֹתָהּ וְאֶת־ י
כָּל־כֵּלֶיהָ אֶל־מִכְסֵה עוֹר תָּחַשׁ וְנָתְנוּ עַל־הַמּוֹט׃ וְעַל מִזְבַּח יא
הַזָּהָב יִפְרְשׂוּ בֶּגֶד תְּכֵלֶת וְכִסּוּ אֹתוֹ בְּמִכְסֵה עוֹר תָּחַשׁ וְשָׂמוּ
אֶת־בַּדָּיו׃ וְלָקְחוּ אֶת־כָּל־כְּלֵי הַשָּׁרֵת אֲשֶׁר יְשָׁרְתוּ־בָם בַּקֹּדֶשׁ יב
וְנָתְנוּ אֶל־בֶּגֶד תְּכֵלֶת וְכִסּוּ אוֹתָם בְּמִכְסֵה עוֹר תָּחַשׁ וְנָתְנוּ
עַל־הַמּוֹט׃ וְדִשְּׁנוּ אֶת־הַמִּזְבֵּחַ וּפָרְשׂוּ עָלָיו בֶּגֶד אַרְגָּמָן׃ וְנָתְנוּ יג יד
עָלָיו אֶת־כָּל־כֵּלָיו אֲשֶׁר יְשָׁרְתוּ עָלָיו בָּהֶם אֶת־הַמַּחְתֹּת אֶת־
הַמִּזְלָגֹת וְאֶת־הַיָּעִים וְאֶת־הַמִּזְרָקֹת כֹּל כְּלֵי הַמִּזְבֵּחַ וּפָרְשׂוּ
עָלָיו כְּסוּי עוֹר תַּחַשׁ וְשָׂמוּ בַדָּיו׃ וְכִלָּה אַהֲרֹן־וּבָנָיו לְכַסֹּת אֶת־ טו
הַקֹּדֶשׁ וְאֶת־כָּל־כְּלֵי הַקֹּדֶשׁ בִּנְסֹעַ הַמַּחֲנֶה וְאַחֲרֵי־כֵן יָבֹאוּ בְנֵי־
קְהָת לָשֵׂאת וְלֹא־יִגְּעוּ אֶל־הַקֹּדֶשׁ וָמֵתוּ אֵלֶּה מַשָּׂא בְנֵי־קְהָת
בְּאֹהֶל מוֹעֵד׃ וּפְקֻדַּת אֶלְעָזָר בֶּן־אַהֲרֹן הַכֹּהֵן שֶׁמֶן הַמָּאוֹר טז
וּקְטֹרֶת הַסַּמִּים וּמִנְחַת הַתָּמִיד וְשֶׁמֶן הַמִּשְׁחָה פְּקֻדַּת כָּל־
הַמִּשְׁכָּן וְכָל־אֲשֶׁר־בּוֹ בְּקֹדֶשׁ וּבְכֵלָיו׃

מפטיר ד וַיְדַבֵּר יְהוָה אֶל־מֹשֶׁה וְאֶל־אַהֲרֹן לֵאמֹר׃ אַל־תַּכְרִיתוּ אֶת־ יז יח
שֵׁבֶט מִשְׁפְּחֹת הַקְּהָתִי מִתּוֹךְ הַלְוִיִּם׃ וְזֹאת עֲשׂוּ לָהֶם וְחָיוּ יט
וְלֹא יָמֻתוּ בְּגִשְׁתָּם אֶת־קֹדֶשׁ הַקֳּדָשִׁים אַהֲרֹן וּבָנָיו יָבֹאוּ וְשָׂמוּ
אוֹתָם אִישׁ אִישׁ עַל־עֲבֹדָתוֹ וְאֶל־מַשָּׂאוֹ׃ וְלֹא־יָבֹאוּ לִרְאוֹת כ
כְּבַלַּע אֶת־הַקֹּדֶשׁ וָמֵתוּ׃

נשא וַיְדַבֵּר יְהוָה אֶל־מֹשֶׁה לֵּאמֹר׃ נָשֹׂא אֶת־רֹאשׁ בְּנֵי גֵרְשׁוֹן גַּם־ כא כב
הֵם לְבֵית אֲבֹתָם לְמִשְׁפְּחֹתָם׃ מִבֶּן שְׁלֹשִׁים שָׁנָה וָמַעְלָה עַד כג
בֶּן־חֲמִשִּׁים שָׁנָה תִּפְקֹד אוֹתָם כָּל־הַבָּא לִצְבֹא צָבָא לַעֲבֹד

כד עֲבֹדָה בְּאֹהֶל מוֹעֵד: זֹאת עֲבֹדַת מִשְׁפְּחֹת הַגֵּרְשֻׁנִּי לַעֲבֹד
כה וּלְמַשָּׂא: וְנָשְׂאוּ אֶת־יְרִיעֹת הַמִּשְׁכָּן וְאֶת־אֹהֶל מוֹעֵד מִכְסֵהוּ
וּמִכְסֵה הַתַּחַשׁ אֲשֶׁר־עָלָיו מִלְמָעְלָה וְאֶת־מָסַךְ פֶּתַח אֹהֶל
כו מוֹעֵד: וְאֵת קַלְעֵי הֶחָצֵר וְאֶת־מָסַךְ ׀ פֶּתַח ׀ שַׁעַר הֶחָצֵר אֲשֶׁר
עַל־הַמִּשְׁכָּן וְעַל־הַמִּזְבֵּחַ סָבִיב וְאֵת מֵיתְרֵיהֶם וְאֶת־כָּל־כְּלֵי
כז עֲבֹדָתָם וְאֵת כָּל־אֲשֶׁר יֵעָשֶׂה לָהֶם וְעָבָדוּ: עַל־פִּי אַהֲרֹן וּבָנָיו
תִּהְיֶה כָּל־עֲבֹדַת בְּנֵי הַגֵּרְשֻׁנִּי לְכָל־מַשָּׂאָם וּלְכֹל עֲבֹדָתָם
כח וּפְקַדְתֶּם עֲלֵהֶם בְּמִשְׁמֶרֶת אֵת כָּל־מַשָּׂאָם: זֹאת עֲבֹדַת
מִשְׁפְּחֹת בְּנֵי הַגֵּרְשֻׁנִּי בְּאֹהֶל מוֹעֵד וּמִשְׁמַרְתָּם בְּיַד אִיתָמָר בֶּן־
כט אַהֲרֹן הַכֹּהֵן: בְּנֵי מְרָרִי לְמִשְׁפְּחֹתָם לְבֵית־
ל אֲבֹתָם תִּפְקֹד אֹתָם: מִבֶּן שְׁלֹשִׁים שָׁנָה וָמַעְלָה וְעַד בֶּן־חֲמִשִּׁים
שָׁנָה תִּפְקְדֵם כָּל־הַבָּא לַצָּבָא לַעֲבֹד אֶת־עֲבֹדַת אֹהֶל מוֹעֵד:
לא וְזֹאת מִשְׁמֶרֶת מַשָּׂאָם לְכָל־עֲבֹדָתָם בְּאֹהֶל מוֹעֵד קַרְשֵׁי הַמִּשְׁכָּן
לב וּבְרִיחָיו וְעַמּוּדָיו וַאֲדָנָיו: וְעַמּוּדֵי הֶחָצֵר סָבִיב וְאַדְנֵיהֶם וִיתֵדֹתָם
וּמֵיתְרֵיהֶם לְכָל־כְּלֵיהֶם וּלְכֹל עֲבֹדָתָם וּבְשֵׁמֹת תִּפְקְדוּ אֶת־
לג כְּלֵי מִשְׁמֶרֶת מַשָּׂאָם: זֹאת עֲבֹדַת מִשְׁפְּחֹת בְּנֵי מְרָרִי לְכָל־
לד עֲבֹדָתָם בְּאֹהֶל מוֹעֵד בְּיַד אִיתָמָר בֶּן־אַהֲרֹן הַכֹּהֵן: וַיִּפְקֹד
מֹשֶׁה וְאַהֲרֹן וּנְשִׂיאֵי הָעֵדָה אֶת־בְּנֵי הַקְּהָתִי לְמִשְׁפְּחֹתָם וּלְבֵית
לה אֲבֹתָם: מִבֶּן שְׁלֹשִׁים שָׁנָה וָמַעְלָה וְעַד בֶּן־חֲמִשִּׁים שָׁנָה כָּל־
לו הַבָּא לַצָּבָא לַעֲבֹדָה בְּאֹהֶל מוֹעֵד: וַיִּהְיוּ פְקֻדֵיהֶם לְמִשְׁפְּחֹתָם
לז אַלְפַּיִם שְׁבַע מֵאוֹת וַחֲמִשִּׁים: אֵלֶּה פְקוּדֵי מִשְׁפְּחֹת הַקְּהָתִי
כָּל־הָעֹבֵד בְּאֹהֶל מוֹעֵד אֲשֶׁר פָּקַד מֹשֶׁה וְאַהֲרֹן עַל־פִּי יהוה
לח בְּיַד־מֹשֶׁה: וּפְקוּדֵי בְּנֵי גֵּרְשׁוֹן לְמִשְׁפְּחוֹתָם שני
לט וּלְבֵית אֲבֹתָם: מִבֶּן שְׁלֹשִׁים שָׁנָה וָמַעְלָה וְעַד בֶּן־חֲמִשִּׁים
מ שָׁנָה כָּל־הַבָּא לַצָּבָא לַעֲבֹדָה בְּאֹהֶל מוֹעֵד: וַיִּהְיוּ פְּקֻדֵיהֶם
מא לְמִשְׁפְּחֹתָם לְבֵית אֲבֹתָם אַלְפַּיִם וְשֵׁשׁ מֵאוֹת וּשְׁלֹשִׁים: אֵלֶּה
פְּקוּדֵי מִשְׁפְּחֹת בְּנֵי גֵרְשׁוֹן כָּל־הָעֹבֵד בְּאֹהֶל מוֹעֵד אֲשֶׁר פָּקַד

מב מֹשֶׁה וְאַהֲרֹן עַל־פִּי יְהוָה׃ וּפְקוּדֵי מִשְׁפְּחֹת בְּנֵי מְרָרִי לְמִשְׁפְּחֹתָם
מג לְבֵית אֲבֹתָם׃ מִבֶּן שְׁלֹשִׁים שָׁנָה וָמַעְלָה וְעַד בֶּן־חֲמִשִּׁים
מד שָׁנָה כָּל־הַבָּא לַצָּבָא לַעֲבֹדָה בְּאֹהֶל מוֹעֵד׃ וַיִּהְיוּ פְקֻדֵיהֶם
מה לְמִשְׁפְּחֹתָם שְׁלֹשֶׁת אֲלָפִים וּמָאתָיִם׃ אֵלֶּה פְּקוּדֵי מִשְׁפְּחֹת
בְּנֵי מְרָרִי אֲשֶׁר פָּקַד מֹשֶׁה וְאַהֲרֹן עַל־פִּי יְהוָה בְּיַד־מֹשֶׁה׃
מו כָּל־הַפְּקֻדִים אֲשֶׁר פָּקַד מֹשֶׁה וְאַהֲרֹן וּנְשִׂיאֵי יִשְׂרָאֵל אֶת־
מז הַלְוִיִּם לְמִשְׁפְּחֹתָם וּלְבֵית אֲבֹתָם׃ מִבֶּן שְׁלֹשִׁים שָׁנָה וָמַעְלָה
וְעַד בֶּן־חֲמִשִּׁים שָׁנָה כָּל־הַבָּא לַעֲבֹד עֲבֹדַת עֲבֹדָה וַעֲבֹדַת
מח מַשָּׂא בְּאֹהֶל מוֹעֵד׃ וַיִּהְיוּ פְּקֻדֵיהֶם שְׁמֹנַת אֲלָפִים וַחֲמֵשׁ מֵאוֹת
מט וּשְׁמֹנִים׃ עַל־פִּי יְהוָה פָּקַד אוֹתָם בְּיַד־מֹשֶׁה אִישׁ אִישׁ עַל־עֲבֹדָתוֹ
וְעַל־מַשָּׂאוֹ וּפְקֻדָיו אֲשֶׁר־צִוָּה יְהוָה אֶת־מֹשֶׁה׃
ה א ב וַיְדַבֵּר יְהוָה אֶל־מֹשֶׁה לֵּאמֹר׃ צַו אֶת־בְּנֵי יִשְׂרָאֵל וִישַׁלְּחוּ מִן־ שלישי
ג הַמַּחֲנֶה כָּל־צָרוּעַ וְכָל־זָב וְכֹל טָמֵא לָנָפֶשׁ׃ מִזָּכָר עַד־נְקֵבָה
תְּשַׁלֵּחוּ אֶל־מִחוּץ לַמַּחֲנֶה תְּשַׁלְּחוּם וְלֹא יְטַמְּאוּ אֶת־מַחֲנֵיהֶם
ד אֲשֶׁר אֲנִי שֹׁכֵן בְּתוֹכָם׃ וַיַּעֲשׂוּ־כֵן בְּנֵי יִשְׂרָאֵל וַיְשַׁלְּחוּ אוֹתָם
אֶל־מִחוּץ לַמַּחֲנֶה כַּאֲשֶׁר דִּבֶּר יְהוָה אֶל־מֹשֶׁה כֵּן עָשׂוּ בְּנֵי
יִשְׂרָאֵל׃
ה ו וַיְדַבֵּר יְהוָה אֶל־מֹשֶׁה לֵּאמֹר׃ דַּבֵּר אֶל־בְּנֵי יִשְׂרָאֵל אִישׁ אוֹ־
אִשָּׁה כִּי יַעֲשׂוּ מִכָּל־חַטֹּאת הָאָדָם לִמְעֹל מַעַל בַּיהוָה
ז וְאָשְׁמָה הַנֶּפֶשׁ הַהִוא׃ וְהִתְוַדּוּ אֶת־חַטָּאתָם אֲשֶׁר עָשׂוּ וְהֵשִׁיב
אֶת־אֲשָׁמוֹ בְּרֹאשׁוֹ וַחֲמִישִׁתוֹ יֹסֵף עָלָיו וְנָתַן לַאֲשֶׁר אָשַׁם
ח לוֹ׃ וְאִם־אֵין לָאִישׁ גֹּאֵל לְהָשִׁיב הָאָשָׁם אֵלָיו הָאָשָׁם הַמּוּשָׁב
ט לַיהוָה לַכֹּהֵן מִלְּבַד אֵיל הַכִּפֻּרִים אֲשֶׁר יְכַפֶּר־בּוֹ עָלָיו׃ וְכָל־
תְּרוּמָה לְכָל־קָדְשֵׁי בְנֵי־יִשְׂרָאֵל אֲשֶׁר־יַקְרִיבוּ לַכֹּהֵן לוֹ
י יִהְיֶה׃ וְאִישׁ אֶת־קֳדָשָׁיו לוֹ יִהְיוּ אִישׁ אֲשֶׁר־יִתֵּן לַכֹּהֵן לוֹ
יִהְיֶה׃
יא יב וַיְדַבֵּר יְהוָה אֶל־מֹשֶׁה לֵּאמֹר׃ דַּבֵּר אֶל־בְּנֵי יִשְׂרָאֵל וְאָמַרְתָּ ה רביעי

יג אֲלֵהֶם אִישׁ אִישׁ כִּי־תִשְׂטֶה אִשְׁתּוֹ וּמָעֲלָה בוֹ מָעַל׃ וְשָׁכַב
אִישׁ אֹתָהּ שִׁכְבַת־זֶרַע וְנֶעְלַם מֵעֵינֵי אִישָׁהּ וְנִסְתְּרָה וְהִיא
יד נִטְמָאָה וְעֵד אֵין בָּהּ וְהִוא לֹא נִתְפָּשָׂה׃ וְעָבַר עָלָיו רוּחַ־
קִנְאָה וְקִנֵּא אֶת־אִשְׁתּוֹ וְהִוא נִטְמָאָה אוֹ־עָבַר עָלָיו רוּחַ־
טו קִנְאָה וְקִנֵּא אֶת־אִשְׁתּוֹ וְהִיא לֹא נִטְמָאָה׃ וְהֵבִיא הָאִישׁ
אֶת־אִשְׁתּוֹ אֶל־הַכֹּהֵן וְהֵבִיא אֶת־קָרְבָּנָהּ עָלֶיהָ עֲשִׂירִת הָאֵיפָה
קֶמַח שְׂעֹרִים לֹא־יִצֹק עָלָיו שֶׁמֶן וְלֹא־יִתֵּן עָלָיו לְבֹנָה כִּי־
טז מִנְחַת קְנָאֹת הוּא מִנְחַת זִכָּרוֹן מַזְכֶּרֶת עָוֺן׃ וְהִקְרִיב אֹתָהּ
יז הַכֹּהֵן וְהֶעֱמִדָהּ לִפְנֵי יְהוָה׃ וְלָקַח הַכֹּהֵן מַיִם קְדֹשִׁים בִּכְלִי־
חָרֶשׂ וּמִן־הֶעָפָר אֲשֶׁר יִהְיֶה בְּקַרְקַע הַמִּשְׁכָּן יִקַּח הַכֹּהֵן וְנָתַן
יח אֶל־הַמָּיִם׃ וְהֶעֱמִיד הַכֹּהֵן אֶת־הָאִשָּׁה לִפְנֵי יְהוָה וּפָרַע אֶת־
רֹאשׁ הָאִשָּׁה וְנָתַן עַל־כַּפֶּיהָ אֵת מִנְחַת הַזִּכָּרוֹן מִנְחַת קְנָאֹת
יט הִוא וּבְיַד הַכֹּהֵן יִהְיוּ מֵי הַמָּרִים הַמְאָרְרִים׃ וְהִשְׁבִּיעַ אֹתָהּ
הַכֹּהֵן וְאָמַר אֶל־הָאִשָּׁה אִם־לֹא שָׁכַב אִישׁ אֹתָךְ וְאִם־לֹא
שָׂטִית טֻמְאָה תַּחַת אִישֵׁךְ הִנָּקִי מִמֵּי הַמָּרִים הַמְאָרְרִים הָאֵלֶּה׃
כ וְאַתְּ כִּי שָׂטִית תַּחַת אִישֵׁךְ וְכִי נִטְמֵאת וַיִּתֵּן אִישׁ בָּךְ אֶת־
כא שְׁכָבְתּוֹ מִבַּלְעֲדֵי אִישֵׁךְ׃ וְהִשְׁבִּיעַ הַכֹּהֵן אֶת־הָאִשָּׁה בִּשְׁבֻעַת
הָאָלָה וְאָמַר הַכֹּהֵן לָאִשָּׁה יִתֵּן יְהוָה אוֹתָךְ לְאָלָה וְלִשְׁבֻעָה
בְּתוֹךְ עַמֵּךְ בְּתֵת יְהוָה אֶת־יְרֵכֵךְ נֹפֶלֶת וְאֶת־בִּטְנֵךְ צָבָה׃
כב וּבָאוּ הַמַּיִם הַמְאָרְרִים הָאֵלֶּה בְּמֵעַיִךְ לַצְבּוֹת בֶּטֶן וְלַנְפִּל יָרֵךְ
כג וְאָמְרָה הָאִשָּׁה אָמֵן ׀ אָמֵן׃ וְכָתַב אֶת־הָאָלֹת הָאֵלֶּה הַכֹּהֵן
כד בַּסֵּפֶר וּמָחָה אֶל־מֵי הַמָּרִים׃ וְהִשְׁקָה אֶת־הָאִשָּׁה אֶת־מֵי
כה הַמָּרִים הַמְאָרְרִים וּבָאוּ בָהּ הַמַּיִם הַמְאָרְרִים לְמָרִים׃ וְלָקַח
הַכֹּהֵן מִיַּד הָאִשָּׁה אֵת מִנְחַת הַקְּנָאֹת וְהֵנִיף אֶת־הַמִּנְחָה
כו לִפְנֵי יְהוָה וְהִקְרִיב אֹתָהּ אֶל־הַמִּזְבֵּחַ׃ וְקָמַץ הַכֹּהֵן מִן־הַמִּנְחָה
אֶת־אַזְכָּרָתָהּ וְהִקְטִיר הַמִּזְבֵּחָה וְאַחַר יַשְׁקֶה אֶת־הָאִשָּׁה אֶת־
כז הַמָּיִם׃ וְהִשְׁקָהּ אֶת־הַמַּיִם וְהָיְתָה אִם־נִטְמְאָה וַתִּמְעֹל מַעַל

בָּאִשָּׁה וּבָאוּ בָהּ הַמַּיִם הַמְאָרְרִים לְמָרִים וְצָבְתָה בִטְנָהּ
כח וְנָפְלָה יְרֵכָהּ וְהָיְתָה הָאִשָּׁה לְאָלָה בְּקֶרֶב עַמָּהּ׃ וְאִם־לֹא
כט נִטְמְאָה הָאִשָּׁה וּטְהֹרָה הִוא וְנִקְּתָה וְנִזְרְעָה זָרַע׃ זֹאת
תּוֹרַת הַקְּנָאֹת אֲשֶׁר תִּשְׂטֶה אִשָּׁה תַּחַת אִישָׁהּ וְנִטְמָאָה׃
ל אוֹ אִישׁ אֲשֶׁר תַּעֲבֹר עָלָיו רוּחַ קִנְאָה וְקִנֵּא אֶת־אִשְׁתּוֹ
וְהֶעֱמִיד אֶת־הָאִשָּׁה לִפְנֵי יהוה וְעָשָׂה לָהּ הַכֹּהֵן אֵת כָּל־
לא הַתּוֹרָה הַזֹּאת׃ וְנִקָּה הָאִישׁ מֵעָוֺן וְהָאִשָּׁה הַהִוא תִּשָּׂא אֶת־
עֲוֺנָהּ׃

ו א ב וַיְדַבֵּר יהוה אֶל־מֹשֶׁה לֵּאמֹר׃ דַּבֵּר אֶל־בְּנֵי יִשְׂרָאֵל וְאָמַרְתָּ
אֲלֵהֶם אִישׁ אוֹ־אִשָּׁה כִּי יַפְלִא לִנְדֹּר נֶדֶר נָזִיר לְהַזִּיר לַיהוה׃
ג מִיַּיִן וְשֵׁכָר יַזִּיר חֹמֶץ יַיִן וְחֹמֶץ שֵׁכָר לֹא יִשְׁתֶּה וְכָל־מִשְׁרַת
ד עֲנָבִים לֹא יִשְׁתֶּה וַעֲנָבִים לַחִים וִיבֵשִׁים לֹא יֹאכֵל׃ כֹּל יְמֵי
נִזְרוֹ מִכֹּל אֲשֶׁר יֵעָשֶׂה מִגֶּפֶן הַיַּיִן מֵחַרְצַנִּים וְעַד־זָג לֹא יֹאכֵל׃
ה כָּל־יְמֵי נֶדֶר נִזְרוֹ תַּעַר לֹא־יַעֲבֹר עַל־רֹאשׁוֹ עַד־מְלֹאת הַיָּמִם
ו אֲשֶׁר־יַזִּיר לַיהוה קָדֹשׁ יִהְיֶה גַּדֵּל פֶּרַע שְׂעַר רֹאשׁוֹ׃ כָּל־יְמֵי
ז הַזִּירוֹ לַיהוה עַל־נֶפֶשׁ מֵת לֹא יָבֹא׃ לְאָבִיו וּלְאִמּוֹ לְאָחִיו
וּלְאַחֹתוֹ לֹא־יִטַּמָּא לָהֶם בְּמֹתָם כִּי נֵזֶר אֱלֹהָיו עַל־רֹאשׁוֹ׃
ח ט כֹּל יְמֵי נִזְרוֹ קָדֹשׁ הוּא לַיהוה׃ וְכִי־יָמוּת מֵת עָלָיו בְּפֶתַע
פִּתְאֹם וְטִמֵּא רֹאשׁ נִזְרוֹ וְגִלַּח רֹאשׁוֹ בְּיוֹם טָהֳרָתוֹ בַּיּוֹם הַשְּׁבִיעִי
י יְגַלְּחֶנּוּ׃ וּבַיּוֹם הַשְּׁמִינִי יָבִא שְׁתֵּי תֹרִים אוֹ שְׁנֵי בְּנֵי יוֹנָה אֶל־
יא הַכֹּהֵן אֶל־פֶּתַח אֹהֶל מוֹעֵד׃ וְעָשָׂה הַכֹּהֵן אֶחָד לְחַטָּאת וְאֶחָד
לְעֹלָה וְכִפֶּר עָלָיו מֵאֲשֶׁר חָטָא עַל־הַנָּפֶשׁ וְקִדַּשׁ אֶת־רֹאשׁוֹ
יב בַּיּוֹם הַהוּא׃ וְהִזִּיר לַיהוה אֶת־יְמֵי נִזְרוֹ וְהֵבִיא כֶּבֶשׂ בֶּן־שְׁנָתוֹ
יג לְאָשָׁם וְהַיָּמִים הָרִאשֹׁנִים יִפְּלוּ כִּי טָמֵא נִזְרוֹ׃ וְזֹאת תּוֹרַת
הַנָּזִיר בְּיוֹם מְלֹאת יְמֵי נִזְרוֹ יָבִיא אֹתוֹ אֶל־פֶּתַח אֹהֶל מוֹעֵד׃
יד וְהִקְרִיב אֶת־קָרְבָּנוֹ לַיהוה כֶּבֶשׂ בֶּן־שְׁנָתוֹ תָמִים אֶחָד לְעֹלָה
וְכַבְשָׂה אַחַת בַּת־שְׁנָתָהּ תְּמִימָה לְחַטָּאת וְאַיִל־אֶחָד תָּמִים

טו לִשְׁלָמִים: וְסַל מַצּוֹת סֹלֶת חַלֹּת בְּלוּלֹת בַּשֶּׁמֶן וּרְקִיקֵי מַצּוֹת
טז מְשֻׁחִים בַּשָּׁמֶן וּמִנְחָתָם וְנִסְכֵּיהֶם: וְהִקְרִיב הַכֹּהֵן לִפְנֵי יְהוָה
יז וְעָשָׂה אֶת־חַטָּאתוֹ וְאֶת־עֹלָתוֹ: וְאֶת־הָאַיִל יַעֲשֶׂה זֶבַח
שְׁלָמִים לַיהוָה עַל סַל הַמַּצּוֹת וְעָשָׂה הַכֹּהֵן אֶת־מִנְחָתוֹ וְאֶת־
יח נִסְכּוֹ: וְגִלַּח הַנָּזִיר פֶּתַח אֹהֶל מוֹעֵד אֶת־רֹאשׁ נִזְרוֹ וְלָקַח
אֶת־שְׂעַר רֹאשׁ נִזְרוֹ וְנָתַן עַל־הָאֵשׁ אֲשֶׁר־תַּחַת זֶבַח הַשְּׁלָמִים:
יט וְלָקַח הַכֹּהֵן אֶת־הַזְּרֹעַ בְּשֵׁלָה מִן־הָאַיִל וְחַלַּת מַצָּה אַחַת
מִן־הַסַּל וּרְקִיק מַצָּה אֶחָד וְנָתַן עַל־כַּפֵּי הַנָּזִיר אַחַר הִתְגַּלְּחוֹ
כ אֶת־נִזְרוֹ: וְהֵנִיף אוֹתָם הַכֹּהֵן ׀ תְּנוּפָה לִפְנֵי יְהוָה קֹדֶשׁ הוּא
לַכֹּהֵן עַל חֲזֵה הַתְּנוּפָה וְעַל שׁוֹק הַתְּרוּמָה וְאַחַר יִשְׁתֶּה הַנָּזִיר
כא יָיִן: זֹאת תּוֹרַת הַנָּזִיר אֲשֶׁר יִדֹּר קָרְבָּנוֹ לַיהוָה עַל־נִזְרוֹ מִלְּבַד
אֲשֶׁר־תַּשִּׂיג יָדוֹ כְּפִי נִדְרוֹ אֲשֶׁר יִדֹּר כֵּן יַעֲשֶׂה עַל תּוֹרַת
נִזְרוֹ:

כב כג וַיְדַבֵּר יְהוָה אֶל־מֹשֶׁה לֵּאמֹר: דַּבֵּר אֶל־אַהֲרֹן וְאֶל־בָּנָיו לֵאמֹר כֹּה ו
כד תְבָרֲכוּ אֶת־בְּנֵי יִשְׂרָאֵל אָמוֹר לָהֶם: יְבָרֶכְךָ יְהוָה
כה כו וְיִשְׁמְרֶךָ: יָאֵר יְהוָה ׀ פָּנָיו אֵלֶיךָ וִיחֻנֶּךָּ: יִשָּׂא
כז יְהוָה ׀ פָּנָיו אֵלֶיךָ וְיָשֵׂם לְךָ שָׁלוֹם: וְשָׂמוּ אֶת־שְׁמִי
ז א עַל־בְּנֵי יִשְׂרָאֵל וַאֲנִי אֲבָרְכֵם: וַיְהִי בְּיוֹם כַּלּוֹת מֹשֶׁה חמישי
לְהָקִים אֶת־הַמִּשְׁכָּן וַיִּמְשַׁח אֹתוֹ וַיְקַדֵּשׁ אֹתוֹ וְאֶת־כָּל־כֵּלָיו
ב וְאֶת־הַמִּזְבֵּחַ וְאֶת־כָּל־כֵּלָיו וַיִּמְשָׁחֵם וַיְקַדֵּשׁ אֹתָם: וַיַּקְרִיבוּ
נְשִׂיאֵי יִשְׂרָאֵל רָאשֵׁי בֵּית אֲבֹתָם הֵם נְשִׂיאֵי הַמַּטֹּת הֵם
ג הָעֹמְדִים עַל־הַפְּקֻדִים: וַיָּבִיאוּ אֶת־קָרְבָּנָם לִפְנֵי יְהוָה שֵׁשׁ־
עֶגְלֹת צָב וּשְׁנֵי־עָשָׂר בָּקָר עֲגָלָה עַל־שְׁנֵי הַנְּשִׂאִים וְשׁוֹר
ד לְאֶחָד וַיַּקְרִיבוּ אוֹתָם לִפְנֵי הַמִּשְׁכָּן: וַיֹּאמֶר יְהוָה אֶל־מֹשֶׁה
ה לֵּאמֹר: קַח מֵאִתָּם וְהָיוּ לַעֲבֹד אֶת־עֲבֹדַת אֹהֶל מוֹעֵד וְנָתַתָּה
ו אוֹתָם אֶל־הַלְוִיִּם אִישׁ כְּפִי עֲבֹדָתוֹ: וַיִּקַּח מֹשֶׁה אֶת־הָעֲגָלֹת
ז וְאֶת־הַבָּקָר וַיִּתֵּן אוֹתָם אֶל־הַלְוִיִּם: אֵת ׀ שְׁתֵּי הָעֲגָלוֹת וְאֵת

ח אַרְבַּעַת הַבָּקָר נָתַן לִבְנֵי גֵרְשׁוֹן כְּפִי עֲבֹדָתָם׃ וְאֵת ׀ אַרְבַּע
הָעֲגָלֹת וְאֵת שְׁמֹנַת הַבָּקָר נָתַן לִבְנֵי מְרָרִי כְּפִי עֲבֹדָתָם בְּיַד
ט אִיתָמָר בֶּן־אַהֲרֹן הַכֹּהֵן׃ וְלִבְנֵי קְהָת לֹא נָתָן כִּי־עֲבֹדַת הַקֹּדֶשׁ
י עֲלֵהֶם בַּכָּתֵף יִשָּׂאוּ׃ וַיַּקְרִיבוּ הַנְּשִׂאִים אֵת חֲנֻכַּת הַמִּזְבֵּחַ בְּיוֹם
יא הִמָּשַׁח אֹתוֹ וַיַּקְרִיבוּ הַנְּשִׂיאִם אֶת־קָרְבָּנָם לִפְנֵי הַמִּזְבֵּחַ׃ וַיֹּאמֶר
יְהוָה אֶל־מֹשֶׁה נָשִׂיא אֶחָד לַיּוֹם נָשִׂיא אֶחָד לַיּוֹם יַקְרִיבוּ
יב אֶת־קָרְבָּנָם לַחֲנֻכַּת הַמִּזְבֵּחַ׃ וַיְהִי הַמַּקְרִיב בַּיּוֹם
יג הָרִאשׁוֹן אֶת־קָרְבָּנוֹ נַחְשׁוֹן בֶּן־עַמִּינָדָב לְמַטֵּה יְהוּדָה׃ וְקָרְבָּנוֹ
קַעֲרַת־כֶּסֶף אַחַת שְׁלֹשִׁים וּמֵאָה מִשְׁקָלָהּ מִזְרָק אֶחָד כֶּסֶף
שִׁבְעִים שֶׁקֶל בְּשֶׁקֶל הַקֹּדֶשׁ שְׁנֵיהֶם ׀ מְלֵאִים סֹלֶת בְּלוּלָה
יד טו בַשֶּׁמֶן לְמִנְחָה׃ כַּף אַחַת עֲשָׂרָה זָהָב מְלֵאָה קְטֹרֶת׃ פַּר אֶחָד
טז בֶּן־בָּקָר אַיִל אֶחָד כֶּבֶשׂ־אֶחָד בֶּן־שְׁנָתוֹ לְעֹלָה׃ שְׂעִיר־עִזִּים
יז אֶחָד לְחַטָּאת׃ וּלְזֶבַח הַשְּׁלָמִים בָּקָר שְׁנַיִם אֵילִם חֲמִשָּׁה
עַתֻּדִים חֲמִשָּׁה כְּבָשִׂים בְּנֵי־שָׁנָה חֲמִשָּׁה זֶה קָרְבַּן נַחְשׁוֹן
בֶּן־עַמִּינָדָב׃

יח יט בַּיּוֹם הַשֵּׁנִי הִקְרִיב נְתַנְאֵל בֶּן־צוּעָר נְשִׂיא יִשָּׂשכָר׃ הִקְרִב
אֶת־קָרְבָּנוֹ קַעֲרַת־כֶּסֶף אַחַת שְׁלֹשִׁים וּמֵאָה מִשְׁקָלָהּ מִזְרָק
אֶחָד כֶּסֶף שִׁבְעִים שֶׁקֶל בְּשֶׁקֶל הַקֹּדֶשׁ שְׁנֵיהֶם ׀ מְלֵאִים סֹלֶת
כ בְּלוּלָה בַשֶּׁמֶן לְמִנְחָה׃ כַּף אַחַת עֲשָׂרָה זָהָב מְלֵאָה קְטֹרֶת׃
כא פַּר אֶחָד בֶּן־בָּקָר אַיִל אֶחָד כֶּבֶשׂ־אֶחָד בֶּן־שְׁנָתוֹ לְעֹלָה׃
כב כג שְׂעִיר־עִזִּים אֶחָד לְחַטָּאת׃ וּלְזֶבַח הַשְּׁלָמִים בָּקָר שְׁנַיִם אֵילִם
חֲמִשָּׁה עַתֻּדִים חֲמִשָּׁה כְּבָשִׂים בְּנֵי־שָׁנָה חֲמִשָּׁה זֶה קָרְבַּן
נְתַנְאֵל בֶּן־צוּעָר׃

כד כה בַּיּוֹם הַשְּׁלִישִׁי נָשִׂיא לִבְנֵי זְבוּלֻן אֱלִיאָב בֶּן־חֵלֹן׃ קָרְבָּנוֹ
קַעֲרַת־כֶּסֶף אַחַת שְׁלֹשִׁים וּמֵאָה מִשְׁקָלָהּ מִזְרָק אֶחָד כֶּסֶף
שִׁבְעִים שֶׁקֶל בְּשֶׁקֶל הַקֹּדֶשׁ שְׁנֵיהֶם ׀ מְלֵאִים סֹלֶת בְּלוּלָה
כו כז בַשֶּׁמֶן לְמִנְחָה׃ כַּף אַחַת עֲשָׂרָה זָהָב מְלֵאָה קְטֹרֶת׃ פַּר אֶחָד

כח בֶּן־בָּקָר אַיִל אֶחָד כֶּבֶשׂ־אֶחָד בֶּן־שְׁנָתוֹ לְעֹלָה׃ שְׂעִיר־עִזִּים
כט אֶחָד לְחַטָּאת׃ וּלְזֶבַח הַשְּׁלָמִים בָּקָר שְׁנַיִם אֵילִם חֲמִשָּׁה
עַתֻּדִים חֲמִשָּׁה כְּבָשִׂים בְּנֵי־שָׁנָה חֲמִשָּׁה זֶה קָרְבַּן אֱלִיאָב
בֶּן־חֵלֹן׃
ל לא בַּיּוֹם הָרְבִיעִי נָשִׂיא לִבְנֵי רְאוּבֵן אֱלִיצוּר בֶּן־שְׁדֵיאוּר׃ קָרְבָּנוֹ
קַעֲרַת־כֶּסֶף אַחַת שְׁלֹשִׁים וּמֵאָה מִשְׁקָלָהּ מִזְרָק אֶחָד כֶּסֶף
שִׁבְעִים שֶׁקֶל בְּשֶׁקֶל הַקֹּדֶשׁ שְׁנֵיהֶם ׀ מְלֵאִים סֹלֶת בְּלוּלָה
לב לג בַשֶּׁמֶן לְמִנְחָה׃ כַּף אַחַת עֲשָׂרָה זָהָב מְלֵאָה קְטֹרֶת׃ פַּר
לד אֶחָד בֶּן־בָּקָר אַיִל אֶחָד כֶּבֶשׂ־אֶחָד בֶּן־שְׁנָתוֹ לְעֹלָה׃ שְׂעִיר־
לה עִזִּים אֶחָד לְחַטָּאת׃ וּלְזֶבַח הַשְּׁלָמִים בָּקָר שְׁנַיִם אֵילִם חֲמִשָּׁה
עַתֻּדִים חֲמִשָּׁה כְּבָשִׂים בְּנֵי־שָׁנָה חֲמִשָּׁה זֶה קָרְבַּן אֱלִיצוּר
בֶּן־שְׁדֵיאוּר׃
לו בַּיּוֹם הַחֲמִישִׁי נָשִׂיא לִבְנֵי שִׁמְעוֹן שְׁלֻמִיאֵל בֶּן־צוּרִישַׁדָּי׃
לז קָרְבָּנוֹ קַעֲרַת־כֶּסֶף אַחַת שְׁלֹשִׁים וּמֵאָה מִשְׁקָלָהּ מִזְרָק אֶחָד
כֶּסֶף שִׁבְעִים שֶׁקֶל בְּשֶׁקֶל הַקֹּדֶשׁ שְׁנֵיהֶם ׀ מְלֵאִים סֹלֶת בְּלוּלָה
לח לט בַשֶּׁמֶן לְמִנְחָה׃ כַּף אַחַת עֲשָׂרָה זָהָב מְלֵאָה קְטֹרֶת׃ פַּר
מ אֶחָד בֶּן־בָּקָר אַיִל אֶחָד כֶּבֶשׂ־אֶחָד בֶּן־שְׁנָתוֹ לְעֹלָה׃ שְׂעִיר־
מא עִזִּים אֶחָד לְחַטָּאת׃ וּלְזֶבַח הַשְּׁלָמִים בָּקָר שְׁנַיִם אֵילִם חֲמִשָּׁה
עַתֻּדִים חֲמִשָּׁה כְּבָשִׂים בְּנֵי־שָׁנָה חֲמִשָּׁה זֶה קָרְבַּן שְׁלֻמִיאֵל
בֶּן־צוּרִישַׁדָּי׃
מב מג בַּיּוֹם הַשִּׁשִּׁי נָשִׂיא לִבְנֵי גָד אֶלְיָסָף בֶּן־דְּעוּאֵל׃ קָרְבָּנוֹ קַעֲרַת־ ששי
כֶּסֶף אַחַת שְׁלֹשִׁים וּמֵאָה מִשְׁקָלָהּ מִזְרָק אֶחָד כֶּסֶף שִׁבְעִים
שֶׁקֶל בְּשֶׁקֶל הַקֹּדֶשׁ שְׁנֵיהֶם ׀ מְלֵאִים סֹלֶת בְּלוּלָה בַשֶּׁמֶן
מד מה לְמִנְחָה׃ כַּף אַחַת עֲשָׂרָה זָהָב מְלֵאָה קְטֹרֶת׃ פַּר אֶחָד בֶּן־
מו בָּקָר אַיִל אֶחָד כֶּבֶשׂ־אֶחָד בֶּן־שְׁנָתוֹ לְעֹלָה׃ שְׂעִיר־עִזִּים
מז אֶחָד לְחַטָּאת׃ וּלְזֶבַח הַשְּׁלָמִים בָּקָר שְׁנַיִם אֵילִם חֲמִשָּׁה
עַתֻּדִים חֲמִשָּׁה כְּבָשִׂים בְּנֵי־שָׁנָה חֲמִשָּׁה זֶה קָרְבַּן אֶלְיָסָף

בֶּן־דְּעוּאֵל׃
ז בַּיּוֹם הַשְּׁבִיעִי נָשִׂיא לִבְנֵי אֶפְרָיִם אֱלִישָׁמָע בֶּן־עַמִּיהוּד׃ קָרְבָּנוֹ מח מט
קַעֲרַת־כֶּסֶף אַחַת שְׁלֹשִׁים וּמֵאָה מִשְׁקָלָהּ מִזְרָק אֶחָד כֶּסֶף
שִׁבְעִים שֶׁקֶל בְּשֶׁקֶל הַקֹּדֶשׁ שְׁנֵיהֶם ׀ מְלֵאִים סֹלֶת בְּלוּלָה
בַשֶּׁמֶן לְמִנְחָה׃ כַּף אַחַת עֲשָׂרָה זָהָב מְלֵאָה קְטֹרֶת׃ פַּר אֶחָד נ נא
בֶּן־בָּקָר אַיִל אֶחָד כֶּבֶשׂ־אֶחָד בֶּן־שְׁנָתוֹ לְעֹלָה׃ שְׂעִיר־עִזִּים נב
אֶחָד לְחַטָּאת׃ וּלְזֶבַח הַשְּׁלָמִים בָּקָר שְׁנַיִם אֵילִם חֲמִשָּׁה נג
עַתֻּדִים חֲמִשָּׁה כְּבָשִׂים בְּנֵי־שָׁנָה חֲמִשָּׁה זֶה קָרְבַּן אֱלִישָׁמָע
בֶּן־עַמִּיהוּד׃

בַּיּוֹם הַשְּׁמִינִי נָשִׂיא לִבְנֵי מְנַשֶּׁה גַּמְלִיאֵל בֶּן־פְּדָהצוּר׃ קָרְבָּנוֹ נד נה
קַעֲרַת־כֶּסֶף אַחַת שְׁלֹשִׁים וּמֵאָה מִשְׁקָלָהּ מִזְרָק אֶחָד כֶּסֶף
שִׁבְעִים שֶׁקֶל בְּשֶׁקֶל הַקֹּדֶשׁ שְׁנֵיהֶם ׀ מְלֵאִים סֹלֶת בְּלוּלָה
בַשֶּׁמֶן לְמִנְחָה׃ כַּף אַחַת עֲשָׂרָה זָהָב מְלֵאָה קְטֹרֶת׃ פַּר אֶחָד נו נז
בֶּן־בָּקָר אַיִל אֶחָד כֶּבֶשׂ־אֶחָד בֶּן־שְׁנָתוֹ לְעֹלָה׃ שְׂעִיר־עִזִּים נח
אֶחָד לְחַטָּאת׃ וּלְזֶבַח הַשְּׁלָמִים בָּקָר שְׁנַיִם אֵילִם חֲמִשָּׁה נט
עַתֻּדִים חֲמִשָּׁה כְּבָשִׂים בְּנֵי־שָׁנָה חֲמִשָּׁה זֶה קָרְבַּן גַּמְלִיאֵל
בֶּן־פְּדָהצוּר׃

בַּיּוֹם הַתְּשִׁיעִי נָשִׂיא לִבְנֵי בִנְיָמִן אֲבִידָן בֶּן־גִּדְעֹנִי׃ קָרְבָּנוֹ ס סא
קַעֲרַת־כֶּסֶף אַחַת שְׁלֹשִׁים וּמֵאָה מִשְׁקָלָהּ מִזְרָק אֶחָד כֶּסֶף
שִׁבְעִים שֶׁקֶל בְּשֶׁקֶל הַקֹּדֶשׁ שְׁנֵיהֶם ׀ מְלֵאִים סֹלֶת בְּלוּלָה
בַשֶּׁמֶן לְמִנְחָה׃ כַּף אַחַת עֲשָׂרָה זָהָב מְלֵאָה קְטֹרֶת׃ פַּר אֶחָד סב סג
בֶּן־בָּקָר אַיִל אֶחָד כֶּבֶשׂ־אֶחָד בֶּן־שְׁנָתוֹ לְעֹלָה׃ שְׂעִיר־עִזִּים סד
אֶחָד לְחַטָּאת׃ וּלְזֶבַח הַשְּׁלָמִים בָּקָר שְׁנַיִם אֵילִם חֲמִשָּׁה סה
עַתֻּדִים חֲמִשָּׁה כְּבָשִׂים בְּנֵי־שָׁנָה חֲמִשָּׁה זֶה קָרְבַּן אֲבִידָן
בֶּן־גִּדְעֹנִי׃

בַּיּוֹם הָעֲשִׂירִי נָשִׂיא לִבְנֵי דָן אֲחִיעֶזֶר בֶּן־עַמִּישַׁדָּי׃ קָרְבָּנוֹ סו סז
קַעֲרַת־כֶּסֶף אַחַת שְׁלֹשִׁים וּמֵאָה מִשְׁקָלָהּ מִזְרָק אֶחָד כֶּסֶף

שִׁבְעִים שֶׁקֶל בְּשֶׁקֶל הַקֹּדֶשׁ שְׁנֵיהֶם ׀ מְלֵאִים סֹלֶת בְּלוּלָה
סח סט בַשֶּׁמֶן לְמִנְחָה: כַּף אַחַת עֲשָׂרָה זָהָב מְלֵאָה קְטֹרֶת: פַּר
ע אֶחָד בֶּן־בָּקָר אַיִל אֶחָד כֶּבֶשׂ־אֶחָד בֶּן־שְׁנָתוֹ לְעֹלָה: שְׂעִיר־
עא עִזִּים אֶחָד לְחַטָּאת: וּלְזֶבַח הַשְּׁלָמִים בָּקָר שְׁנַיִם אֵילִם חֲמִשָּׁה
עַתֻּדִים חֲמִשָּׁה כְּבָשִׂים בְּנֵי־שָׁנָה חֲמִשָּׁה זֶה קָרְבַּן אֲחִיעֶזֶר
בֶּן־עַמִּישַׁדָּי:

עב עג בְּיוֹם עַשְׁתֵּי עָשָׂר יוֹם נָשִׂיא לִבְנֵי אָשֵׁר פַּגְעִיאֵל בֶּן־עָכְרָן: קָרְבָּנוֹ שביעי
קַעֲרַת־כֶּסֶף אַחַת שְׁלֹשִׁים וּמֵאָה מִשְׁקָלָהּ מִזְרָק אֶחָד כֶּסֶף
שִׁבְעִים שֶׁקֶל בְּשֶׁקֶל הַקֹּדֶשׁ שְׁנֵיהֶם ׀ מְלֵאִים סֹלֶת בְּלוּלָה
עד עה בַשֶּׁמֶן לְמִנְחָה: כַּף אַחַת עֲשָׂרָה זָהָב מְלֵאָה קְטֹרֶת: פַּר אֶחָד
עו בֶּן־בָּקָר אַיִל אֶחָד כֶּבֶשׂ־אֶחָד בֶּן־שְׁנָתוֹ לְעֹלָה: שְׂעִיר־עִזִּים
עז אֶחָד לְחַטָּאת: וּלְזֶבַח הַשְּׁלָמִים בָּקָר שְׁנַיִם אֵילִם חֲמִשָּׁה
עַתֻּדִים חֲמִשָּׁה כְּבָשִׂים בְּנֵי־שָׁנָה חֲמִשָּׁה זֶה קָרְבַּן פַּגְעִיאֵל
בֶּן־עָכְרָן:

עח עט בְּיוֹם שְׁנֵים עָשָׂר יוֹם נָשִׂיא לִבְנֵי נַפְתָּלִי אֲחִירַע בֶּן־עֵינָן: קָרְבָּנוֹ
קַעֲרַת־כֶּסֶף אַחַת שְׁלֹשִׁים וּמֵאָה מִשְׁקָלָהּ מִזְרָק אֶחָד כֶּסֶף
שִׁבְעִים שֶׁקֶל בְּשֶׁקֶל הַקֹּדֶשׁ שְׁנֵיהֶם ׀ מְלֵאִים סֹלֶת בְּלוּלָה
פ פא בַשֶּׁמֶן לְמִנְחָה: כַּף אַחַת עֲשָׂרָה זָהָב מְלֵאָה קְטֹרֶת: פַּר אֶחָד
פב בֶּן־בָּקָר אַיִל אֶחָד כֶּבֶשׂ־אֶחָד בֶּן־שְׁנָתוֹ לְעֹלָה: שְׂעִיר־עִזִּים
פג אֶחָד לְחַטָּאת: וּלְזֶבַח הַשְּׁלָמִים בָּקָר שְׁנַיִם אֵילִם חֲמִשָּׁה
עַתֻּדִים חֲמִשָּׁה כְּבָשִׂים בְּנֵי־שָׁנָה חֲמִשָּׁה זֶה קָרְבַּן אֲחִירַע
בֶּן־עֵינָן:

פד זֹאת ׀ חֲנֻכַּת הַמִּזְבֵּחַ בְּיוֹם הִמָּשַׁח אֹתוֹ מֵאֵת נְשִׂיאֵי יִשְׂרָאֵל
קַעֲרֹת כֶּסֶף שְׁתֵּים עֶשְׂרֵה מִזְרְקֵי־כֶסֶף שְׁנֵים עָשָׂר כַּפּוֹת זָהָב
פה שְׁתֵּים עֶשְׂרֵה: שְׁלֹשִׁים וּמֵאָה הַקְּעָרָה הָאַחַת כֶּסֶף וְשִׁבְעִים
הַמִּזְרָק הָאֶחָד כֹּל כֶּסֶף הַכֵּלִים אַלְפַּיִם וְאַרְבַּע־מֵאוֹת בְּשֶׁקֶל
פו הַקֹּדֶשׁ: כַּפּוֹת זָהָב שְׁתֵּים־עֶשְׂרֵה מְלֵאֹת קְטֹרֶת עֲשָׂרָה

מפטיר פז הַכַּף בְּשֶׁקֶל הַקֹּדֶשׁ כָּל־זְהַב הַכַּפּוֹת עֶשְׂרִים וּמֵאָה: כָּל־הַבָּקָר
לָעֹלָה שְׁנֵים עָשָׂר פָּרִים אֵילִם שְׁנֵים־עָשָׂר כְּבָשִׂים בְּנֵי־שָׁנָה
פח שְׁנֵים עָשָׂר וּמִנְחָתָם וּשְׂעִירֵי עִזִּים שְׁנֵים עָשָׂר לְחַטָּאת: וְכֹל
בְּקַר ׀ זֶבַח הַשְּׁלָמִים עֶשְׂרִים וְאַרְבָּעָה פָּרִים אֵילִם שִׁשִּׁים
עַתֻּדִים שִׁשִּׁים כְּבָשִׂים בְּנֵי־שָׁנָה שִׁשִּׁים זֹאת חֲנֻכַּת הַמִּזְבֵּחַ
פט אַחֲרֵי הִמָּשַׁח אֹתוֹ: וּבְבֹא מֹשֶׁה אֶל־אֹהֶל מוֹעֵד לְדַבֵּר אִתּוֹ
וַיִּשְׁמַע אֶת־הַקּוֹל מִדַּבֵּר אֵלָיו מֵעַל הַכַּפֹּרֶת אֲשֶׁר עַל־אֲרֹן
הָעֵדֻת מִבֵּין שְׁנֵי הַכְּרֻבִים וַיְדַבֵּר אֵלָיו:

בהעלתך ח א ב וַיְדַבֵּר יְהוָה אֶל־מֹשֶׁה לֵּאמֹר: דַּבֵּר אֶל־אַהֲרֹן וְאָמַרְתָּ אֵלָיו
בְּהַעֲלֹתְךָ אֶת־הַנֵּרֹת אֶל־מוּל פְּנֵי הַמְּנוֹרָה יָאִירוּ שִׁבְעַת הַנֵּרוֹת:
ג וַיַּעַשׂ כֵּן אַהֲרֹן אֶל־מוּל פְּנֵי הַמְּנוֹרָה הֶעֱלָה נֵרֹתֶיהָ כַּאֲשֶׁר
ד צִוָּה יְהוָה אֶת־מֹשֶׁה: וְזֶה מַעֲשֵׂה הַמְּנֹרָה מִקְשָׁה זָהָב עַד־
יְרֵכָהּ עַד־פִּרְחָהּ מִקְשָׁה הִוא כַּמַּרְאֶה אֲשֶׁר הֶרְאָה יְהוָה אֶת־
מֹשֶׁה כֵּן עָשָׂה אֶת־הַמְּנֹרָה:

ה ו וַיְדַבֵּר יְהוָה אֶל־מֹשֶׁה לֵּאמֹר: קַח אֶת־הַלְוִיִּם מִתּוֹךְ בְּנֵי יִשְׂרָאֵל
ז וְטִהַרְתָּ אֹתָם: וְכֹה־תַעֲשֶׂה לָהֶם לְטַהֲרָם הַזֵּה עֲלֵיהֶם מֵי
חַטָּאת וְהֶעֱבִירוּ תַעַר עַל־כָּל־בְּשָׂרָם וְכִבְּסוּ בִגְדֵיהֶם וְהִטֶּהָרוּ:
ח וְלָקְחוּ פַּר בֶּן־בָּקָר וּמִנְחָתוֹ סֹלֶת בְּלוּלָה בַשָּׁמֶן וּפַר־שֵׁנִי בֶן־
ט בָּקָר תִּקַּח לְחַטָּאת: וְהִקְרַבְתָּ אֶת־הַלְוִיִּם לִפְנֵי אֹהֶל מוֹעֵד
י וְהִקְהַלְתָּ אֶת־כָּל־עֲדַת בְּנֵי יִשְׂרָאֵל: וְהִקְרַבְתָּ אֶת־הַלְוִיִּם
יא לִפְנֵי יְהוָה וְסָמְכוּ בְנֵי־יִשְׂרָאֵל אֶת־יְדֵיהֶם עַל־הַלְוִיִּם: וְהֵנִיף
אַהֲרֹן אֶת־הַלְוִיִּם תְּנוּפָה לִפְנֵי יְהוָה מֵאֵת בְּנֵי יִשְׂרָאֵל וְהָיוּ
יב לַעֲבֹד אֶת־עֲבֹדַת יְהוָה: וְהַלְוִיִּם יִסְמְכוּ אֶת־יְדֵיהֶם עַל רֹאשׁ
הַפָּרִים וַעֲשֵׂה אֶת־הָאֶחָד חַטָּאת וְאֶת־הָאֶחָד עֹלָה לַיהוָה
יג לְכַפֵּר עַל־הַלְוִיִּם: וְהַעֲמַדְתָּ אֶת־הַלְוִיִּם לִפְנֵי אַהֲרֹן וְלִפְנֵי בָנָיו
יד וְהֵנַפְתָּ אֹתָם תְּנוּפָה לַיהוָה: וְהִבְדַּלְתָּ אֶת־הַלְוִיִּם מִתּוֹךְ בְּנֵי
שני טו יִשְׂרָאֵל וְהָיוּ לִי הַלְוִיִּם: וְאַחֲרֵי־כֵן יָבֹאוּ הַלְוִיִּם לַעֲבֹד אֶת־

טו אֹהֶל מוֹעֵד וְטִהַרְתָּ אֹתָם וְהֵנַפְתָּ אֹתָם תְּנוּפָה: כִּי נְתֻנִים
נְתֻנִים הֵמָּה לִי מִתּוֹךְ בְּנֵי יִשְׂרָאֵל תַּחַת פִּטְרַת כָּל־רֶחֶם בְּכוֹר
יז כֹּל מִבְּנֵי יִשְׂרָאֵל לָקַחְתִּי אֹתָם לִי: כִּי לִי כָל־בְּכוֹר בִּבְנֵי יִשְׂרָאֵל
בָּאָדָם וּבַבְּהֵמָה בְּיוֹם הַכֹּתִי כָל־בְּכוֹר בְּאֶרֶץ מִצְרַיִם הִקְדַּשְׁתִּי
יח אֹתָם לִי: וָאֶקַּח אֶת־הַלְוִיִּם תַּחַת כָּל־בְּכוֹר בִּבְנֵי יִשְׂרָאֵל:
יט וָאֶתְּנָה אֶת־הַלְוִיִּם נְתֻנִים ׀ לְאַהֲרֹן וּלְבָנָיו מִתּוֹךְ בְּנֵי יִשְׂרָאֵל
לַעֲבֹד אֶת־עֲבֹדַת בְּנֵי־יִשְׂרָאֵל בְּאֹהֶל מוֹעֵד וּלְכַפֵּר עַל־בְּנֵי
יִשְׂרָאֵל וְלֹא יִהְיֶה בִּבְנֵי יִשְׂרָאֵל נֶגֶף בְּגֶשֶׁת בְּנֵי־יִשְׂרָאֵל אֶל־
כ הַקֹּדֶשׁ: וַיַּעַשׂ מֹשֶׁה וְאַהֲרֹן וְכָל־עֲדַת בְּנֵי־יִשְׂרָאֵל לַלְוִיִּם
כְּכֹל אֲשֶׁר־צִוָּה יְהוָה אֶת־מֹשֶׁה לַלְוִיִּם כֵּן־עָשׂוּ לָהֶם בְּנֵי
כא יִשְׂרָאֵל: וַיִּתְחַטְּאוּ הַלְוִיִּם וַיְכַבְּסוּ בִּגְדֵיהֶם וַיָּנֶף אַהֲרֹן אֹתָם
כב תְּנוּפָה לִפְנֵי יְהוָה וַיְכַפֵּר עֲלֵיהֶם אַהֲרֹן לְטַהֲרָם: וְאַחֲרֵי־כֵן
בָּאוּ הַלְוִיִּם לַעֲבֹד אֶת־עֲבֹדָתָם בְּאֹהֶל מוֹעֵד לִפְנֵי אַהֲרֹן
וְלִפְנֵי בָנָיו כַּאֲשֶׁר צִוָּה יְהוָה אֶת־מֹשֶׁה עַל־הַלְוִיִּם כֵּן עָשׂוּ
כג כד לָהֶם: וַיְדַבֵּר יְהוָה אֶל־מֹשֶׁה לֵּאמֹר: זֹאת אֲשֶׁר
לַלְוִיִּם מִבֶּן חָמֵשׁ וְעֶשְׂרִים שָׁנָה וָמַעְלָה יָבוֹא לִצְבֹא צָבָא בַּעֲבֹדַת
כה אֹהֶל מוֹעֵד: וּמִבֶּן חֲמִשִּׁים שָׁנָה יָשׁוּב מִצְּבָא הָעֲבֹדָה וְלֹא יַעֲבֹד
כו עוֹד: וְשֵׁרֵת אֶת־אֶחָיו בְּאֹהֶל מוֹעֵד לִשְׁמֹר מִשְׁמֶרֶת וַעֲבֹדָה
לֹא יַעֲבֹד כָּכָה תַּעֲשֶׂה לַלְוִיִּם בְּמִשְׁמְרֹתָם:
ט א וַיְדַבֵּר יְהוָה אֶל־מֹשֶׁה בְמִדְבַּר־סִינַי בַּשָּׁנָה הַשֵּׁנִית לְצֵאתָם שלישי
ב מֵאֶרֶץ מִצְרַיִם בַּחֹדֶשׁ הָרִאשׁוֹן לֵאמֹר: וְיַעֲשׂוּ בְנֵי־יִשְׂרָאֵל
ג אֶת־הַפָּסַח בְּמוֹעֲדוֹ: בְּאַרְבָּעָה עָשָׂר־יוֹם בַּחֹדֶשׁ הַזֶּה בֵּין
הָעַרְבַּיִם תַּעֲשׂוּ אֹתוֹ בְּמֹעֲדוֹ כְּכָל־חֻקֹּתָיו וּכְכָל־מִשְׁפָּטָיו
ד תַּעֲשׂוּ אֹתוֹ: וַיְדַבֵּר מֹשֶׁה אֶל־בְּנֵי יִשְׂרָאֵל לַעֲשֹׂת הַפָּסַח:
ה וַיַּעֲשׂוּ אֶת־הַפֶּסַח בָּרִאשׁוֹן בְּאַרְבָּעָה עָשָׂר יוֹם לַחֹדֶשׁ בֵּין
הָעַרְבַּיִם בְּמִדְבַּר סִינָי כְּכֹל אֲשֶׁר צִוָּה יְהוָה אֶת־מֹשֶׁה כֵּן עָשׂוּ
ו בְּנֵי יִשְׂרָאֵל: וַיְהִי אֲנָשִׁים אֲשֶׁר הָיוּ טְמֵאִים לְנֶפֶשׁ אָדָם וְלֹא־

יָכְלוּ לַעֲשֹׂת־הַפֶּסַח בַּיּוֹם הַהוּא וַיִּקְרְבוּ לִפְנֵי מֹשֶׁה וְלִפְנֵי
ז אַהֲרֹן בַּיּוֹם הַהוּא׃ וַיֹּאמְרוּ הָאֲנָשִׁים הָהֵמָּה אֵלָיו אֲנַחְנוּ
טְמֵאִים לְנֶפֶשׁ אָדָם לָמָּה נִגָּרַע לְבִלְתִּי הַקְרִב אֶת־קָרְבַּן יהוה
ח בְּמֹעֲדוֹ בְּתוֹךְ בְּנֵי יִשְׂרָאֵל׃ וַיֹּאמֶר אֲלֵהֶם מֹשֶׁה עִמְדוּ וְאֶשְׁמְעָה
מַה־יְצַוֶּה יהוה לָכֶם׃
ט וַיְדַבֵּר יהוה אֶל־מֹשֶׁה לֵּאמֹר׃ דַּבֵּר אֶל־בְּנֵי יִשְׂרָאֵל לֵאמֹר
אִישׁ אִישׁ כִּי־יִהְיֶה טָמֵא ׀ לָנֶפֶשׁ אוֹ בְדֶרֶךְ רְחֹקָה לָכֶם אוֹ
יא לְדֹרֹתֵיכֶם וְעָשָׂה פֶסַח לַיהוה׃ בַּחֹדֶשׁ הַשֵּׁנִי בְּאַרְבָּעָה עָשָׂר
יוֹם בֵּין הָעַרְבַּיִם יַעֲשׂוּ אֹתוֹ עַל־מַצּוֹת וּמְרֹרִים יֹאכְלֻהוּ׃
יב לֹא־יַשְׁאִירוּ מִמֶּנּוּ עַד־בֹּקֶר וְעֶצֶם לֹא יִשְׁבְּרוּ־בוֹ כְּכָל־חֻקַּת
יג הַפֶּסַח יַעֲשׂוּ אֹתוֹ׃ וְהָאִישׁ אֲשֶׁר־הוּא טָהוֹר וּבְדֶרֶךְ לֹא־
הָיָה וְחָדַל לַעֲשׂוֹת הַפֶּסַח וְנִכְרְתָה הַנֶּפֶשׁ הַהִוא מֵעַמֶּיהָ
כִּי ׀ קָרְבַּן יהוה לֹא הִקְרִיב בְּמֹעֲדוֹ חֶטְאוֹ יִשָּׂא הָאִישׁ הַהוּא׃
יד וְכִי־יָגוּר אִתְּכֶם גֵּר וְעָשָׂה פֶסַח לַיהוה כְּחֻקַּת הַפֶּסַח
וּכְמִשְׁפָּטוֹ כֵּן יַעֲשֶׂה חֻקָּה אַחַת יִהְיֶה לָכֶם וְלַגֵּר וּלְאֶזְרַח
רביעי טו הָאָרֶץ׃ וּבְיוֹם הָקִים אֶת־הַמִּשְׁכָּן כִּסָּה הֶעָנָן
אֶת־הַמִּשְׁכָּן לְאֹהֶל הָעֵדֻת וּבָעֶרֶב יִהְיֶה עַל־הַמִּשְׁכָּן כְּמַרְאֵה־
טז אֵשׁ עַד־בֹּקֶר׃ כֵּן יִהְיֶה תָמִיד הֶעָנָן יְכַסֶּנּוּ וּמַרְאֵה־אֵשׁ לָיְלָה׃
יז וּלְפִי הֵעָלוֹת הֶעָנָן מֵעַל הָאֹהֶל וְאַחֲרֵי כֵן יִסְעוּ בְּנֵי יִשְׂרָאֵל
יח וּבִמְקוֹם אֲשֶׁר יִשְׁכָּן־שָׁם הֶעָנָן שָׁם יַחֲנוּ בְּנֵי יִשְׂרָאֵל׃ עַל־
פִּי יהוה יִסְעוּ בְּנֵי יִשְׂרָאֵל וְעַל־פִּי יהוה יַחֲנוּ כָּל־יְמֵי אֲשֶׁר
יט יִשְׁכֹּן הֶעָנָן עַל־הַמִּשְׁכָּן יַחֲנוּ׃ וּבְהַאֲרִיךְ הֶעָנָן עַל־הַמִּשְׁכָּן
יָמִים רַבִּים וְשָׁמְרוּ בְנֵי־יִשְׂרָאֵל אֶת־מִשְׁמֶרֶת יהוה וְלֹא יִסָּעוּ׃
כ וְיֵשׁ אֲשֶׁר יִהְיֶה הֶעָנָן יָמִים מִסְפָּר עַל־הַמִּשְׁכָּן עַל־פִּי יהוה
כא יַחֲנוּ וְעַל־פִּי יהוה יִסָּעוּ׃ וְיֵשׁ אֲשֶׁר יִהְיֶה הֶעָנָן מֵעֶרֶב עַד־
בֹּקֶר וְנַעֲלָה הֶעָנָן בַּבֹּקֶר וְנָסָעוּ אוֹ יוֹמָם וָלַיְלָה וְנַעֲלָה הֶעָנָן
כב וְנָסָעוּ׃ אוֹ־יֹמַיִם אוֹ־חֹדֶשׁ אוֹ־יָמִים בְּהַאֲרִיךְ הֶעָנָן עַל־הַמִּשְׁכָּן

כג לִשְׁכֹּן עָלָיו יַחֲנוּ בְנֵי־יִשְׂרָאֵל וְלֹא יִסָּעוּ וּבְהֵעָלֹתוֹ יִסָּעוּ׃ עַל־
פִּי יְהוָה יַחֲנוּ וְעַל־פִּי יְהוָה יִסָּעוּ אֶת־מִשְׁמֶרֶת יְהוָה שָׁמָרוּ עַל־
פִּי יְהוָה בְּיַד־מֹשֶׁה׃

י א ב וַיְדַבֵּר יְהוָה אֶל־מֹשֶׁה לֵּאמֹר׃ עֲשֵׂה לְךָ שְׁתֵּי חֲצוֹצְרֹת כֶּסֶף ט
מִקְשָׁה תַּעֲשֶׂה אֹתָם וְהָיוּ לְךָ לְמִקְרָא הָעֵדָה וּלְמַסַּע אֶת־
ג הַמַּחֲנוֹת׃ וְתָקְעוּ בָּהֵן וְנוֹעֲדוּ אֵלֶיךָ כָּל־הָעֵדָה אֶל־פֶּתַח אֹהֶל
ד מוֹעֵד׃ וְאִם־בְּאַחַת יִתְקָעוּ וְנוֹעֲדוּ אֵלֶיךָ הַנְּשִׂיאִים רָאשֵׁי
ה אַלְפֵי יִשְׂרָאֵל׃ וּתְקַעְתֶּם תְּרוּעָה וְנָסְעוּ הַמַּחֲנוֹת הַחֹנִים קֵדְמָה׃
ו וּתְקַעְתֶּם תְּרוּעָה שֵׁנִית וְנָסְעוּ הַמַּחֲנוֹת הַחֹנִים תֵּימָנָה תְּרוּעָה
ז יִתְקְעוּ לְמַסְעֵיהֶם׃ וּבְהַקְהִיל אֶת־הַקָּהָל תִּתְקְעוּ וְלֹא תָרִיעוּ׃
ח וּבְנֵי אַהֲרֹן הַכֹּהֲנִים יִתְקְעוּ בַּחֲצֹצְרוֹת וְהָיוּ לָכֶם לְחֻקַּת עוֹלָם
ט לְדֹרֹתֵיכֶם׃ וְכִי־תָבֹאוּ מִלְחָמָה בְּאַרְצְכֶם עַל־הַצַּר הַצֹּרֵר אֶתְכֶם
וַהֲרֵעֹתֶם בַּחֲצֹצְרֹת וְנִזְכַּרְתֶּם לִפְנֵי יְהוָה אֱלֹהֵיכֶם וְנוֹשַׁעְתֶּם
י מֵאֹיְבֵיכֶם׃ וּבְיוֹם שִׂמְחַתְכֶם וּבְמוֹעֲדֵיכֶם וּבְרָאשֵׁי חָדְשֵׁכֶם
וּתְקַעְתֶּם בַּחֲצֹצְרֹת עַל עֹלֹתֵיכֶם וְעַל זִבְחֵי שַׁלְמֵיכֶם וְהָיוּ לָכֶם
לְזִכָּרוֹן לִפְנֵי אֱלֹהֵיכֶם אֲנִי יְהוָה אֱלֹהֵיכֶם׃

יא וַיְהִי בַּשָּׁנָה הַשֵּׁנִית בַּחֹדֶשׁ הַשֵּׁנִי בְּעֶשְׂרִים בַּחֹדֶשׁ נַעֲלָה הֶעָנָן חמישי
יב מֵעַל מִשְׁכַּן הָעֵדֻת׃ וַיִּסְעוּ בְנֵי־יִשְׂרָאֵל לְמַסְעֵיהֶם מִמִּדְבַּר סִינָי
יג וַיִּשְׁכֹּן הֶעָנָן בְּמִדְבַּר פָּארָן׃ וַיִּסְעוּ בָּרִאשֹׁנָה עַל־פִּי יְהוָה בְּיַד־
יד מֹשֶׁה׃ וַיִּסַּע דֶּגֶל מַחֲנֵה בְנֵי־יְהוּדָה בָּרִאשֹׁנָה לְצִבְאֹתָם וְעַל־
טו צְבָאוֹ נַחְשׁוֹן בֶּן־עַמִּינָדָב׃ וְעַל־צְבָא מַטֵּה בְּנֵי יִשָּׂשכָר נְתַנְאֵל
טז יז בֶּן־צוּעָר׃ וְעַל־צְבָא מַטֵּה בְּנֵי זְבוּלֻן אֱלִיאָב בֶּן־חֵלֹן׃ וְהוּרַד
יח הַמִּשְׁכָּן וְנָסְעוּ בְנֵי־גֵרְשׁוֹן וּבְנֵי מְרָרִי נֹשְׂאֵי הַמִּשְׁכָּן׃ וְנָסַע דֶּגֶל
יט מַחֲנֵה רְאוּבֵן לְצִבְאֹתָם וְעַל־צְבָאוֹ אֱלִיצוּר בֶּן־שְׁדֵיאוּר׃ וְעַל־
כ צְבָא מַטֵּה בְּנֵי שִׁמְעוֹן שְׁלֻמִיאֵל בֶּן־צוּרִישַׁדָּי׃ וְעַל־צְבָא מַטֵּה
כא בְנֵי־גָד אֶלְיָסָף בֶּן־דְּעוּאֵל׃ וְנָסְעוּ הַקְּהָתִים נֹשְׂאֵי הַמִּקְדָּשׁ
כב וְהֵקִימוּ אֶת־הַמִּשְׁכָּן עַד־בֹּאָם׃ וְנָסַע דֶּגֶל מַחֲנֵה בְנֵי־אֶפְרַיִם

י

כג לצבאתם ועל־צבאו אלישמע בן־עמיהוד׃ ועל־צבא מטה
כד בני מנשה גמליאל בן־פדהצור׃ ועל־צבא מטה בני בנימן
כה אבידן בן־גדעוני׃ ונסע דגל מחנה בני־דן מאסף לכל־
כו המחנת לצבאתם ועל־צבאו אחיעזר בן־עמישדי׃ ועל־
כז צבא מטה בני אשר פגעיאל בן־עכרן׃ ועל־צבא מטה
כח בני נפתלי אחירע בן־עינן׃ אלה מסעי בני־ישראל לצבאתם
כט ויסעו׃ ויאמר משה לחבב בן־רעואל המדיני
חתן משה נסעים ׀ אנחנו אל־המקום אשר אמר יהוה אתו
אתן לכם לכה אתנו והטבנו לך כי־יהוה דבר־טוב על־ישראל׃
ל ויאמר אליו לא אלך כי אם־אל־ארצי ואל־מולדתי אלך׃
לא ויאמר אל־נא תעזב אתנו כי ׀ על־כן ידעת חנתנו במדבר
לב והיית לנו לעינים׃ והיה כי־תלך עמנו והיה ׀ הטוב ההוא
לג אשר ייטיב יהוה עמנו והטבנו לך׃ ויסעו מהר יהוה דרך
שלשת ימים וארון ברית־יהוה נסע לפניהם דרך שלשת
לד ימים לתור להם מנוחה׃ וענן יהוה עליהם יומם בנסעם מן־
ששי לה המחנה׃ ויהי בנסע הארן ויאמר משה קומה ׀
לו יהוה ויפצו איביך וינסו משנאיך מפניך׃ ובנחה יאמר שובה
יהוה רבבות אלפי ישראל׃

יא א ויהי העם כמתאננים רע באזני יהוה וישמע יהוה ויחר אפו
ב ותבער־בם אש יהוה ותאכל בקצה המחנה׃ ויצעק העם
ג אל־משה ויתפלל משה אל־יהוה ותשקע האש׃ ויקרא שם־
ד המקום ההוא תבערה כי־בערה בם אש יהוה׃ והאספסף
אשר בקרבו התאוו תאוה וישבו ויבכו גם בני ישראל ויאמרו
ה מי יאכלנו בשר׃ זכרנו את־הדגה אשר־נאכל במצרים חנם
את הקשאים ואת האבטחים ואת־החציר ואת־הבצלים
ו ואת־השומים׃ ועתה נפשנו יבשה אין כל בלתי אל־המן
ז עינינו׃ והמן כזרע־גד הוא ועינו כעין הבדלח׃ שטו העם ח

וְלָקְטוּ וְטָחֲנוּ בָרֵחַיִם אוֹ דָכוּ בַּמְּדֹכָה וּבִשְּׁלוּ בַּפָּרוּר וְעָשׂוּ אֹתוֹ
ט עֻגוֹת וְהָיָה טַעְמוֹ כְּטַעַם לְשַׁד הַשָּׁמֶן: וּבְרֶדֶת הַטַּל עַל־הַמַּחֲנֶה
י לָיְלָה יֵרֵד הַמָּן עָלָיו: וַיִּשְׁמַע מֹשֶׁה אֶת־הָעָם בֹּכֶה לְמִשְׁפְּחֹתָיו
יא אִישׁ לְפֶתַח אָהֳלוֹ וַיִּחַר־אַף יְהוָה מְאֹד וּבְעֵינֵי מֹשֶׁה רָע: וַיֹּאמֶר
מֹשֶׁה אֶל־יְהוָה לָמָה הֲרֵעֹתָ לְעַבְדֶּךָ וְלָמָּה לֹא־מָצָתִי חֵן בְּעֵינֶיךָ
יב לָשׂוּם אֶת־מַשָּׂא כָּל־הָעָם הַזֶּה עָלָי: הֶאָנֹכִי הָרִיתִי אֵת כָּל־הָעָם
הַזֶּה אִם־אָנֹכִי יְלִדְתִּיהוּ כִּי־תֹאמַר אֵלַי שָׂאֵהוּ בְחֵיקֶךָ כַּאֲשֶׁר
יִשָּׂא הָאֹמֵן אֶת־הַיֹּנֵק עַל הָאֲדָמָה אֲשֶׁר נִשְׁבַּעְתָּ לַאֲבֹתָיו:
יג מֵאַיִן לִי בָּשָׂר לָתֵת לְכָל־הָעָם הַזֶּה כִּי־יִבְכּוּ עָלַי לֵאמֹר תְּנָה־
יד לָּנוּ בָשָׂר וְנֹאכֵלָה: לֹא־אוּכַל אָנֹכִי לְבַדִּי לָשֵׂאת אֶת־כָּל־הָעָם
טו הַזֶּה כִּי כָבֵד מִמֶּנִּי: וְאִם־כָּכָה ׀ אַתְּ־עֹשֶׂה לִּי הָרְגֵנִי נָא הָרֹג אִם־
מָצָאתִי חֵן בְּעֵינֶיךָ וְאַל־אֶרְאֶה בְּרָעָתִי:
טז וַיֹּאמֶר יְהוָה אֶל־מֹשֶׁה אֶסְפָה־לִּי שִׁבְעִים אִישׁ מִזִּקְנֵי יִשְׂרָאֵל י
אֲשֶׁר יָדַעְתָּ כִּי־הֵם זִקְנֵי הָעָם וְשֹׁטְרָיו וְלָקַחְתָּ אֹתָם אֶל־אֹהֶל
יז מוֹעֵד וְהִתְיַצְּבוּ שָׁם עִמָּךְ: וְיָרַדְתִּי וְדִבַּרְתִּי עִמְּךָ שָׁם וְאָצַלְתִּי
מִן־הָרוּחַ אֲשֶׁר עָלֶיךָ וְשַׂמְתִּי עֲלֵיהֶם וְנָשְׂאוּ אִתְּךָ בְּמַשָּׂא
יח הָעָם וְלֹא־תִשָּׂא אַתָּה לְבַדֶּךָ: וְאֶל־הָעָם תֹּאמַר הִתְקַדְּשׁוּ
לְמָחָר וַאֲכַלְתֶּם בָּשָׂר כִּי בְּכִיתֶם בְּאָזְנֵי יְהוָה לֵאמֹר מִי יַאֲכִלֵנוּ
בָּשָׂר כִּי־טוֹב לָנוּ בְּמִצְרָיִם וְנָתַן יְהוָה לָכֶם בָּשָׂר וַאֲכַלְתֶּם:
יט לֹא יוֹם אֶחָד תֹּאכְלוּן וְלֹא יוֹמָיִם וְלֹא ׀ חֲמִשָּׁה יָמִים וְלֹא
כ עֲשָׂרָה יָמִים וְלֹא עֶשְׂרִים יוֹם: עַד ׀ חֹדֶשׁ יָמִים עַד אֲשֶׁר־
יֵצֵא מֵאַפְּכֶם וְהָיָה לָכֶם לְזָרָא יַעַן כִּי־מְאַסְתֶּם אֶת־יְהוָה
אֲשֶׁר בְּקִרְבְּכֶם וַתִּבְכּוּ לְפָנָיו לֵאמֹר לָמָּה זֶּה יָצָאנוּ מִמִּצְרָיִם:
כא וַיֹּאמֶר מֹשֶׁה שֵׁשׁ־מֵאוֹת אֶלֶף רַגְלִי הָעָם אֲשֶׁר אָנֹכִי בְּקִרְבּוֹ
כב וְאַתָּה אָמַרְתָּ בָּשָׂר אֶתֵּן לָהֶם וְאָכְלוּ חֹדֶשׁ יָמִים: הֲצֹאן וּבָקָר
יִשָּׁחֵט לָהֶם וּמָצָא לָהֶם אִם אֶת־כָּל־דְּגֵי הַיָּם יֵאָסֵף לָהֶם וּמָצָא
לָהֶם:

יא כג וַיֹּאמֶר יְהוָה אֶל־מֹשֶׁה הֲיַד יְהוָה תִּקְצָר עַתָּה תִרְאֶה הֲיִקְרְךָ
כד דְבָרִי אִם־לֹא׃ וַיֵּצֵא מֹשֶׁה וַיְדַבֵּר אֶל־הָעָם אֵת דִּבְרֵי יְהוָה
וַיֶּאֱסֹף שִׁבְעִים אִישׁ מִזִּקְנֵי הָעָם וַיַּעֲמֵד אֹתָם סְבִיבֹת הָאֹהֶל׃
כה וַיֵּרֶד יְהוָה ׀ בֶּעָנָן וַיְדַבֵּר אֵלָיו וַיָּאצֶל מִן־הָרוּחַ אֲשֶׁר עָלָיו וַיִּתֵּן
עַל־שִׁבְעִים אִישׁ הַזְּקֵנִים וַיְהִי כְּנוֹחַ עֲלֵיהֶם הָרוּחַ וַיִּתְנַבְּאוּ
כו וְלֹא יָסָפוּ׃ וַיִּשָּׁאֲרוּ שְׁנֵי־אֲנָשִׁים ׀ בַּמַּחֲנֶה שֵׁם הָאֶחָד ׀ אֶלְדָּד
וְשֵׁם הַשֵּׁנִי מֵידָד וַתָּנַח עֲלֵהֶם הָרוּחַ וְהֵמָּה בַּכְּתֻבִים וְלֹא יָצְאוּ
כז הָאֹהֱלָה וַיִּתְנַבְּאוּ בַּמַּחֲנֶה׃ וַיָּרָץ הַנַּעַר וַיַּגֵּד לְמֹשֶׁה וַיֹּאמַר
כח אֶלְדָּד וּמֵידָד מִתְנַבְּאִים בַּמַּחֲנֶה׃ וַיַּעַן יְהוֹשֻׁעַ בִּן־נוּן מְשָׁרֵת
כט מֹשֶׁה מִבְּחֻרָיו וַיֹּאמַר אֲדֹנִי מֹשֶׁה כְּלָאֵם׃ וַיֹּאמֶר לוֹ מֹשֶׁה
הַמְקַנֵּא אַתָּה לִי וּמִי יִתֵּן כָּל־עַם יְהוָה נְבִיאִים כִּי־יִתֵּן יְהוָה
שביעי ל אֶת־רוּחוֹ עֲלֵיהֶם׃ וַיֵּאָסֵף מֹשֶׁה אֶל־הַמַּחֲנֶה הוּא וְזִקְנֵי יִשְׂרָאֵל׃
לא וְרוּחַ נָסַע ׀ מֵאֵת יְהוָה וַיָּגָז שַׂלְוִים מִן־הַיָּם וַיִּטֹּשׁ עַל־הַמַּחֲנֶה
כְּדֶרֶךְ יוֹם כֹּה וּכְדֶרֶךְ יוֹם כֹּה סְבִיבוֹת הַמַּחֲנֶה וּכְאַמָּתַיִם עַל־
לב פְּנֵי הָאָרֶץ׃ וַיָּקָם הָעָם כָּל־הַיּוֹם הַהוּא וְכָל־הַלַּיְלָה וְכֹל ׀ יוֹם
הַמָּחֳרָת וַיַּאַסְפוּ אֶת־הַשְּׂלָו הַמַּמְעִיט אָסַף עֲשָׂרָה חֳמָרִים
לג וַיִּשְׁטְחוּ לָהֶם שָׁטוֹחַ סְבִיבוֹת הַמַּחֲנֶה׃ הַבָּשָׂר עוֹדֶנּוּ בֵּין שִׁנֵּיהֶם
טֶרֶם יִכָּרֵת וְאַף יְהוָה חָרָה בָעָם וַיַּךְ יְהוָה בָּעָם מַכָּה רַבָּה
לד מְאֹד׃ וַיִּקְרָא אֶת־שֵׁם־הַמָּקוֹם הַהוּא קִבְרוֹת הַתַּאֲוָה כִּי־
לה שָׁם קָבְרוּ אֶת־הָעָם הַמִּתְאַוִּים׃ מִקִּבְרוֹת הַתַּאֲוָה נָסְעוּ הָעָם
חֲצֵרוֹת וַיִּהְיוּ בַּחֲצֵרוֹת׃

יב א וַתְּדַבֵּר מִרְיָם וְאַהֲרֹן בְּמֹשֶׁה עַל־אֹדוֹת הָאִשָּׁה הַכֻּשִׁית אֲשֶׁר
ב לָקָח כִּי־אִשָּׁה כֻשִׁית לָקָח׃ וַיֹּאמְרוּ הֲרַק אַךְ־בְּמֹשֶׁה דִּבֶּר יְהוָה
ג הֲלֹא גַּם־בָּנוּ דִבֵּר וַיִּשְׁמַע יְהוָה׃ וְהָאִישׁ מֹשֶׁה עָנָו מְאֹד מִכֹּל
ד הָאָדָם אֲשֶׁר עַל־פְּנֵי הָאֲדָמָה׃ וַיֹּאמֶר יְהוָה
פִּתְאֹם אֶל־מֹשֶׁה וְאֶל־אַהֲרֹן וְאֶל־מִרְיָם צְאוּ שְׁלָשְׁתְּכֶם אֶל־
ה אֹהֶל מוֹעֵד וַיֵּצְאוּ שְׁלָשְׁתָּם׃ וַיֵּרֶד יְהוָה בְּעַמּוּד עָנָן וַיַּעֲמֹד

ו פֶּתַח הָאֹהֶל וַיִּקְרָא אַהֲרֹן וּמִרְיָם וַיֵּצְאוּ שְׁנֵיהֶם: וַיֹּאמֶר שִׁמְעוּ־
נָא דְבָרָי אִם־יִהְיֶה נְבִיאֲכֶם יהוה בַּמַּרְאָה אֵלָיו אֶתְוַדָּע בַּחֲלוֹם
ז ח אֲדַבֶּר־בּוֹ: לֹא־כֵן עַבְדִּי מֹשֶׁה בְּכָל־בֵּיתִי נֶאֱמָן הוּא: פֶּה
אֶל־פֶּה אֲדַבֶּר־בּוֹ וּמַרְאֶה וְלֹא בְחִידֹת וּתְמֻנַת יהוה יַבִּיט
ט וּמַדּוּעַ לֹא יְרֵאתֶם לְדַבֵּר בְּעַבְדִּי בְמֹשֶׁה: וַיִּחַר־אַף יהוה בָּם
י וַיֵּלַךְ: וְהֶעָנָן סָר מֵעַל הָאֹהֶל וְהִנֵּה מִרְיָם מְצֹרַעַת כַּשָּׁלֶג
יא וַיִּפֶן אַהֲרֹן אֶל־מִרְיָם וְהִנֵּה מְצֹרָעַת: וַיֹּאמֶר אַהֲרֹן אֶל־
מֹשֶׁה בִּי אֲדֹנִי אַל־נָא תָשֵׁת עָלֵינוּ חַטָּאת אֲשֶׁר נוֹאַלְנוּ וַאֲשֶׁר
יב חָטָאנוּ: אַל־נָא תְהִי כַּמֵּת אֲשֶׁר בְּצֵאתוֹ מֵרֶחֶם אִמּוֹ וַיֵּאָכֵל
יג חֲצִי בְשָׂרוֹ: וַיִּצְעַק מֹשֶׁה אֶל־יהוה לֵאמֹר אֵל נָא רְפָא נָא
לָהּ:
יד וַיֹּאמֶר יהוה אֶל־מֹשֶׁה וְאָבִיהָ יָרֹק יָרַק בְּפָנֶיהָ הֲלֹא תִכָּלֵם מפטיר
שִׁבְעַת יָמִים תִּסָּגֵר שִׁבְעַת יָמִים מִחוּץ לַמַּחֲנֶה וְאַחַר תֵּאָסֵף:
טו וַתִּסָּגֵר מִרְיָם מִחוּץ לַמַּחֲנֶה שִׁבְעַת יָמִים וְהָעָם לֹא נָסַע
טז עַד הֵאָסֵף מִרְיָם: וְאַחַר נָסְעוּ הָעָם מֵחֲצֵרוֹת וַיַּחֲנוּ בְּמִדְבַּר
פָּארָן:

יג א ב וַיְדַבֵּר יהוה אֶל־מֹשֶׁה לֵּאמֹר: שְׁלַח־לְךָ אֲנָשִׁים וְיָתֻרוּ אֶת־ יב שלח
אֶרֶץ כְּנַעַן אֲשֶׁר־אֲנִי נֹתֵן לִבְנֵי יִשְׂרָאֵל אִישׁ אֶחָד אִישׁ אֶחָד
ג לְמַטֵּה אֲבֹתָיו תִּשְׁלָחוּ כֹּל נָשִׂיא בָהֶם: וַיִּשְׁלַח אֹתָם מֹשֶׁה
מִמִּדְבַּר פָּארָן עַל־פִּי יהוה כֻּלָּם אֲנָשִׁים רָאשֵׁי בְנֵי־יִשְׂרָאֵל
ד ה הֵמָּה: וְאֵלֶּה שְׁמוֹתָם לְמַטֵּה רְאוּבֵן שַׁמּוּעַ בֶּן־זַכּוּר: לְמַטֵּה
ו ז שִׁמְעוֹן שָׁפָט בֶּן־חוֹרִי: לְמַטֵּה יְהוּדָה כָּלֵב בֶּן־יְפֻנֶּה: לְמַטֵּה
ח ט יִשָּׂשכָר יִגְאָל בֶּן־יוֹסֵף: לְמַטֵּה אֶפְרָיִם הוֹשֵׁעַ בִּן־נוּן: לְמַטֵּה
י יא בִנְיָמִן פַּלְטִי בֶּן־רָפוּא: לְמַטֵּה זְבוּלֻן גַּדִּיאֵל בֶּן־סוֹדִי: לְמַטֵּה
יב יוֹסֵף לְמַטֵּה מְנַשֶּׁה גַּדִּי בֶּן־סוּסִי: לְמַטֵּה דָן עַמִּיאֵל בֶּן־גְּמַלִּי:
יג יד לְמַטֵּה אָשֵׁר סְתוּר בֶּן־מִיכָאֵל: לְמַטֵּה נַפְתָּלִי נַחְבִּי בֶּן־וָפְסִי:
טו טז לְמַטֵּה גָד גְּאוּאֵל בֶּן־מָכִי: אֵלֶּה שְׁמוֹת הָאֲנָשִׁים אֲשֶׁר־שָׁלַח

מֹשֶׁה לָתוּר אֶת־הָאָרֶץ וַיִּקְרָא מֹשֶׁה לְהוֹשֵׁעַ בִּן־נוּן יְהוֹשֻׁעַ׃
וַיִּשְׁלַח אֹתָם מֹשֶׁה לָתוּר אֶת־אֶרֶץ כְּנָעַן וַיֹּאמֶר אֲלֵהֶם עֲלוּ יז
זֶה בַּנֶּגֶב וַעֲלִיתֶם אֶת־הָהָר׃ וּרְאִיתֶם אֶת־הָאָרֶץ מַה־הִוא יח
וְאֶת־הָעָם הַיֹּשֵׁב עָלֶיהָ הֶחָזָק הוּא הֲרָפֶה הַמְעַט הוּא אִם־
רָב׃ וּמָה הָאָרֶץ אֲשֶׁר־הוּא יֹשֵׁב בָּהּ הֲטוֹבָה הִוא אִם־רָעָה יט
וּמָה הֶעָרִים אֲשֶׁר־הוּא יוֹשֵׁב בָּהֵנָּה הַבְּמַחֲנִים אִם בְּמִבְצָרִים׃
וּמָה הָאָרֶץ הַשְּׁמֵנָה הִוא אִם־רָזָה הֲיֵשׁ־בָּהּ עֵץ אִם־אַיִן כ
וְהִתְחַזַּקְתֶּם וּלְקַחְתֶּם מִפְּרִי הָאָרֶץ וְהַיָּמִים יְמֵי בִּכּוּרֵי עֲנָבִים׃
שני וַיַּעֲלוּ וַיָּתֻרוּ אֶת־הָאָרֶץ מִמִּדְבַּר־צִן עַד־רְחֹב לְבֹא חֲמָת׃ כא
וַיַּעֲלוּ בַנֶּגֶב וַיָּבֹא עַד־חֶבְרוֹן וְשָׁם אֲחִימַן שֵׁשַׁי וְתַלְמַי יְלִידֵי כב
הָעֲנָק וְחֶבְרוֹן שֶׁבַע שָׁנִים נִבְנְתָה לִפְנֵי צֹעַן מִצְרָיִם׃ וַיָּבֹאוּ כג
עַד־נַחַל אֶשְׁכֹּל וַיִּכְרְתוּ מִשָּׁם זְמוֹרָה וְאֶשְׁכּוֹל עֲנָבִים אֶחָד
וַיִּשָּׂאֻהוּ בַמּוֹט בִּשְׁנָיִם וּמִן־הָרִמֹּנִים וּמִן־הַתְּאֵנִים׃ לַמָּקוֹם כד
הַהוּא קָרָא נַחַל אֶשְׁכּוֹל עַל אֹדוֹת הָאֶשְׁכּוֹל אֲשֶׁר־כָּרְתוּ מִשָּׁם
בְּנֵי יִשְׂרָאֵל׃ וַיָּשֻׁבוּ מִתּוּר הָאָרֶץ מִקֵּץ אַרְבָּעִים יוֹם׃ וַיֵּלְכוּ כה כו
וַיָּבֹאוּ אֶל־מֹשֶׁה וְאֶל־אַהֲרֹן וְאֶל־כָּל־עֲדַת בְּנֵי־יִשְׂרָאֵל אֶל־
מִדְבַּר פָּארָן קָדֵשָׁה וַיָּשִׁיבוּ אֹתָם דָּבָר וְאֶת־כָּל־הָעֵדָה וַיַּרְאוּם
אֶת־פְּרִי הָאָרֶץ׃ וַיְסַפְּרוּ־לוֹ וַיֹּאמְרוּ בָּאנוּ אֶל־הָאָרֶץ אֲשֶׁר כז
שְׁלַחְתָּנוּ וְגַם זָבַת חָלָב וּדְבַשׁ הִוא וְזֶה־פִּרְיָהּ׃ אֶפֶס כִּי־עַז כח
הָעָם הַיֹּשֵׁב בָּאָרֶץ וְהֶעָרִים בְּצֻרוֹת גְּדֹלֹת מְאֹד וְגַם־יְלִדֵי
הָעֲנָק רָאִינוּ שָׁם׃ עֲמָלֵק יוֹשֵׁב בְּאֶרֶץ הַנֶּגֶב וְהַחִתִּי וְהַיְבוּסִי כט
וְהָאֱמֹרִי יוֹשֵׁב בָּהָר וְהַכְּנַעֲנִי יֹשֵׁב עַל־הַיָּם וְעַל יַד הַיַּרְדֵּן׃
וַיַּהַס כָּלֵב אֶת־הָעָם אֶל־מֹשֶׁה וַיֹּאמֶר עָלֹה נַעֲלֶה וְיָרַשְׁנוּ ל
אֹתָהּ כִּי־יָכוֹל נוּכַל לָהּ׃ וְהָאֲנָשִׁים אֲשֶׁר עָלוּ עִמּוֹ אָמְרוּ לֹא לא
נוּכַל לַעֲלוֹת אֶל־הָעָם כִּי־חָזָק הוּא מִמֶּנּוּ׃ וַיֹּצִיאוּ דִּבַּת הָאָרֶץ לב
אֲשֶׁר תָּרוּ אֹתָהּ אֶל־בְּנֵי יִשְׂרָאֵל לֵאמֹר הָאָרֶץ אֲשֶׁר עָבַרְנוּ
בָהּ לָתוּר אֹתָהּ אֶרֶץ אֹכֶלֶת יוֹשְׁבֶיהָ הִוא וְכָל־הָעָם אֲשֶׁר־

יג
לג רָאִינוּ בְתוֹכָהּ אַנְשֵׁי מִדּוֹת׃ וְשָׁם רָאִינוּ אֶת־הַנְּפִילִים בְּנֵי
עֲנָק מִן־הַנְּפִלִים וַנְּהִי בְעֵינֵינוּ כַּחֲגָבִים וְכֵן הָיִינוּ בְּעֵינֵיהֶם׃
יד א וַתִּשָּׂא כָּל־הָעֵדָה וַיִּתְּנוּ אֶת־קוֹלָם וַיִּבְכּוּ הָעָם בַּלַּיְלָה הַהוּא׃
ב וַיִּלֹּנוּ עַל־מֹשֶׁה וְעַל־אַהֲרֹן כֹּל בְּנֵי יִשְׂרָאֵל וַיֹּאמְרוּ אֲלֵהֶם כָּל־
הָעֵדָה לוּ־מַתְנוּ בְּאֶרֶץ מִצְרַיִם אוֹ בַּמִּדְבָּר הַזֶּה לוּ־מָתְנוּ׃
ג וְלָמָה יְהוָה מֵבִיא אֹתָנוּ אֶל־הָאָרֶץ הַזֹּאת לִנְפֹּל בַּחֶרֶב נָשֵׁינוּ
ד וְטַפֵּנוּ יִהְיוּ לָבַז הֲלוֹא טוֹב לָנוּ שׁוּב מִצְרָיְמָה׃ וַיֹּאמְרוּ אִישׁ
ה אֶל־אָחִיו נִתְּנָה רֹאשׁ וְנָשׁוּבָה מִצְרָיְמָה׃ וַיִּפֹּל מֹשֶׁה וְאַהֲרֹן
ו עַל־פְּנֵיהֶם לִפְנֵי כָּל־קְהַל עֲדַת בְּנֵי יִשְׂרָאֵל׃ וִיהוֹשֻׁעַ בִּן־נוּן
ז וְכָלֵב בֶּן־יְפֻנֶּה מִן־הַתָּרִים אֶת־הָאָרֶץ קָרְעוּ בִּגְדֵיהֶם׃ וַיֹּאמְרוּ
אֶל־כָּל־עֲדַת בְּנֵי־יִשְׂרָאֵל לֵאמֹר הָאָרֶץ אֲשֶׁר עָבַרְנוּ בָהּ לָתוּר
ח אֹתָהּ טוֹבָה הָאָרֶץ מְאֹד מְאֹד׃ אִם־חָפֵץ בָּנוּ יְהוָה וְהֵבִיא שלישי
אֹתָנוּ אֶל־הָאָרֶץ הַזֹּאת וּנְתָנָהּ לָנוּ אֶרֶץ אֲשֶׁר־הִוא זָבַת חָלָב
ט וּדְבָשׁ׃ אַךְ בַּיהוָה אַל־תִּמְרֹדוּ וְאַתֶּם אַל־תִּירְאוּ אֶת־עַם הָאָרֶץ
כִּי לַחְמֵנוּ הֵם סָר צִלָּם מֵעֲלֵיהֶם וַיהוָה אִתָּנוּ אַל־תִּירָאֻם׃
י וַיֹּאמְרוּ כָּל־הָעֵדָה לִרְגּוֹם אֹתָם בָּאֲבָנִים וּכְבוֹד יְהוָה נִרְאָה
בְּאֹהֶל מוֹעֵד אֶל־כָּל־בְּנֵי יִשְׂרָאֵל׃
יג יא וַיֹּאמֶר יְהוָה אֶל־מֹשֶׁה עַד־אָנָה יְנַאֲצֻנִי הָעָם הַזֶּה וְעַד־אָנָה
יב לֹא־יַאֲמִינוּ בִי בְּכֹל הָאֹתוֹת אֲשֶׁר עָשִׂיתִי בְּקִרְבּוֹ׃ אַכֶּנּוּ בַדֶּבֶר
יג וְאוֹרִשֶׁנּוּ וְאֶעֱשֶׂה אֹתְךָ לְגוֹי־גָּדוֹל וְעָצוּם מִמֶּנּוּ׃ וַיֹּאמֶר מֹשֶׁה
אֶל־יְהוָה וְשָׁמְעוּ מִצְרַיִם כִּי־הֶעֱלִיתָ בְכֹחֲךָ אֶת־הָעָם הַזֶּה
יד מִקִּרְבּוֹ׃ וְאָמְרוּ אֶל־יוֹשֵׁב הָאָרֶץ הַזֹּאת שָׁמְעוּ כִּי־אַתָּה יְהוָה
בְּקֶרֶב הָעָם הַזֶּה אֲשֶׁר־עַיִן בְּעַיִן נִרְאָה ׀ אַתָּה יְהוָה וַעֲנָנְךָ
עֹמֵד עֲלֵהֶם וּבְעַמֻּד עָנָן אַתָּה הֹלֵךְ לִפְנֵיהֶם יוֹמָם וּבְעַמּוּד אֵשׁ
טו לָיְלָה׃ וְהֵמַתָּה אֶת־הָעָם הַזֶּה כְּאִישׁ אֶחָד וְאָמְרוּ הַגּוֹיִם אֲשֶׁר־
טז שָׁמְעוּ אֶת־שִׁמְעֲךָ לֵאמֹר׃ מִבִּלְתִּי יְכֹלֶת יְהוָה לְהָבִיא אֶת־
יז הָעָם הַזֶּה אֶל־הָאָרֶץ אֲשֶׁר־נִשְׁבַּע לָהֶם וַיִּשְׁחָטֵם בַּמִּדְבָּר׃ וְעַתָּה

יח יִגְדַּל־נָא כֹּחַ אֲדֹנָי כַּאֲשֶׁר דִּבַּרְתָּ לֵאמֹר׃ יְהוָה אֶרֶךְ אַפַּיִם
וְרַב־חֶסֶד נֹשֵׂא עָוֺן וָפָשַׁע וְנַקֵּה לֹא יְנַקֶּה פֹּקֵד עֲוֺן אָבוֹת עַל־
יט בָּנִים עַל־שִׁלֵּשִׁים וְעַל־רִבֵּעִים׃ סְלַח־נָא לַעֲוֺן הָעָם הַזֶּה כְּגֹדֶל
כ חַסְדֶּךָ וְכַאֲשֶׁר נָשָׂאתָה לָעָם הַזֶּה מִמִּצְרַיִם וְעַד־הֵנָּה׃ וַיֹּאמֶר
כא יְהוָה סָלַחְתִּי כִּדְבָרֶךָ׃ וְאוּלָם חַי־אָנִי וְיִמָּלֵא כְבוֹד־יְהוָה אֶת־
כב כָּל־הָאָרֶץ׃ כִּי כָל־הָאֲנָשִׁים הָרֹאִים אֶת־כְּבֹדִי וְאֶת־אֹתֹתַי
אֲשֶׁר־עָשִׂיתִי בְמִצְרַיִם וּבַמִּדְבָּר וַיְנַסּוּ אֹתִי זֶה עֶשֶׂר פְּעָמִים
כג וְלֹא שָׁמְעוּ בְּקוֹלִי׃ אִם־יִרְאוּ אֶת־הָאָרֶץ אֲשֶׁר נִשְׁבַּעְתִּי לַאֲבֹתָם
כד וְכָל־מְנַאֲצַי לֹא יִרְאוּהָ׃ וְעַבְדִּי כָלֵב עֵקֶב הָיְתָה רוּחַ אַחֶרֶת
עִמּוֹ וַיְמַלֵּא אַחֲרָי וַהֲבִיאֹתִיו אֶל־הָאָרֶץ אֲשֶׁר־בָּא שָׁמָּה וְזַרְעוֹ
כה יוֹרִשֶׁנָּה׃ וְהָעֲמָלֵקִי וְהַכְּנַעֲנִי יוֹשֵׁב בָּעֵמֶק מָחָר פְּנוּ וּסְעוּ לָכֶם
הַמִּדְבָּר דֶּרֶךְ יַם־סוּף׃

רביעי כו כז וַיְדַבֵּר יְהוָה אֶל־מֹשֶׁה וְאֶל־אַהֲרֹן לֵאמֹר׃ עַד־מָתַי לָעֵדָה
הָרָעָה הַזֹּאת אֲשֶׁר הֵמָּה מַלִּינִים עָלָי אֶת־תְּלֻנּוֹת בְּנֵי יִשְׂרָאֵל
כח אֲשֶׁר הֵמָּה מַלִּינִים עָלַי שָׁמָעְתִּי׃ אֱמֹר אֲלֵהֶם חַי־אָנִי נְאֻם־
כט יְהוָה אִם־לֹא כַּאֲשֶׁר דִּבַּרְתֶּם בְּאָזְנָי כֵּן אֶעֱשֶׂה לָכֶם׃ בַּמִּדְבָּר
הַזֶּה יִפְּלוּ פִגְרֵיכֶם וְכָל־פְּקֻדֵיכֶם לְכָל־מִסְפַּרְכֶם מִבֶּן עֶשְׂרִים
ל שָׁנָה וָמָעְלָה אֲשֶׁר הֲלִינֹתֶם עָלָי׃ אִם־אַתֶּם תָּבֹאוּ אֶל־הָאָרֶץ
אֲשֶׁר נָשָׂאתִי אֶת־יָדִי לְשַׁכֵּן אֶתְכֶם בָּהּ כִּי אִם־כָּלֵב בֶּן־יְפֻנֶּה
לא וִיהוֹשֻׁעַ בִּן־נוּן׃ וְטַפְּכֶם אֲשֶׁר אֲמַרְתֶּם לָבַז יִהְיֶה וְהֵבֵיאתִי
לב אֹתָם וְיָדְעוּ אֶת־הָאָרֶץ אֲשֶׁר מְאַסְתֶּם בָּהּ׃ וּפִגְרֵיכֶם אַתֶּם
לג יִפְּלוּ בַּמִּדְבָּר הַזֶּה׃ וּבְנֵיכֶם יִהְיוּ רֹעִים בַּמִּדְבָּר אַרְבָּעִים שָׁנָה
לד וְנָשְׂאוּ אֶת־זְנוּתֵיכֶם עַד־תֹּם פִּגְרֵיכֶם בַּמִּדְבָּר׃ בְּמִסְפַּר הַיָּמִים
אֲשֶׁר־תַּרְתֶּם אֶת־הָאָרֶץ אַרְבָּעִים יוֹם יוֹם לַשָּׁנָה יוֹם לַשָּׁנָה
תִּשְׂאוּ אֶת־עֲוֺנֹתֵיכֶם אַרְבָּעִים שָׁנָה וִידַעְתֶּם אֶת־תְּנוּאָתִי׃
לה אֲנִי יְהוָה דִּבַּרְתִּי אִם־לֹא ׀ זֹאת אֶעֱשֶׂה לְכָל־הָעֵדָה הָרָעָה
לו הַזֹּאת הַנּוֹעָדִים עָלָי בַּמִּדְבָּר הַזֶּה יִתַּמּוּ וְשָׁם יָמֻתוּ׃ וְהָאֲנָשִׁים

אֲשֶׁר־שָׁלַח מֹשֶׁה לָתוּר אֶת־הָאָרֶץ וַיָּשֻׁבוּ וילונו עָלָיו אֶת־ וַיַּלִּינוּ
לז כָּל־הָעֵדָה לְהוֹצִיא דִבָּה עַל־הָאָרֶץ׃ וַיָּמֻתוּ הָאֲנָשִׁים מוֹצִאֵי
לח דִבַּת־הָאָרֶץ רָעָה בַּמַּגֵּפָה לִפְנֵי יְהוָה׃ וִיהוֹשֻׁעַ בִּן־נוּן וְכָלֵב
בֶּן־יְפֻנֶּה חָיוּ מִן־הָאֲנָשִׁים הָהֵם הַהֹלְכִים לָתוּר אֶת־הָאָרֶץ׃
לט וַיְדַבֵּר מֹשֶׁה אֶת־הַדְּבָרִים הָאֵלֶּה אֶל־כָּל־בְּנֵי יִשְׂרָאֵל וַיִּתְאַבְּלוּ
מ הָעָם מְאֹד׃ וַיַּשְׁכִּמוּ בַבֹּקֶר וַיַּעֲלוּ אֶל־רֹאשׁ־הָהָר לֵאמֹר
מא הִנֶּנּוּ וְעָלִינוּ אֶל־הַמָּקוֹם אֲשֶׁר־אָמַר יְהוָה כִּי חָטָאנוּ׃ וַיֹּאמֶר
מֹשֶׁה לָמָּה זֶּה אַתֶּם עֹבְרִים אֶת־פִּי יְהוָה וְהִוא לֹא תִצְלָח׃
מב אַל־תַּעֲלוּ כִּי אֵין יְהוָה בְּקִרְבְּכֶם וְלֹא תִּנָּגְפוּ לִפְנֵי אֹיְבֵיכֶם׃
מג כִּי הָעֲמָלֵקִי וְהַכְּנַעֲנִי שָׁם לִפְנֵיכֶם וּנְפַלְתֶּם בֶּחָרֶב כִּי־עַל־כֵּן
מד שַׁבְתֶּם מֵאַחֲרֵי יְהוָה וְלֹא־יִהְיֶה יְהוָה עִמָּכֶם׃ וַיַּעְפִּלוּ לַעֲלוֹת
אֶל־רֹאשׁ הָהָר וַאֲרוֹן בְּרִית־יְהוָה וּמֹשֶׁה לֹא־מָשׁוּ מִקֶּרֶב
מה הַמַּחֲנֶה׃ וַיֵּרֶד הָעֲמָלֵקִי וְהַכְּנַעֲנִי הַיֹּשֵׁב בָּהָר הַהוּא וַיַּכּוּם
וַיַּכְּתוּם עַד־הַחָרְמָה׃
טו א ב וַיְדַבֵּר יְהוָה אֶל־מֹשֶׁה לֵּאמֹר׃ דַּבֵּר אֶל־בְּנֵי יִשְׂרָאֵל וְאָמַרְתָּ יד
אֲלֵהֶם כִּי תָבֹאוּ אֶל־אֶרֶץ מוֹשְׁבֹתֵיכֶם אֲשֶׁר אֲנִי נֹתֵן לָכֶם׃
ג וַעֲשִׂיתֶם אִשֶּׁה לַיהוָה עֹלָה אוֹ־זֶבַח לְפַלֵּא־נֶדֶר אוֹ בִנְדָבָה
אוֹ בְּמֹעֲדֵיכֶם לַעֲשׂוֹת רֵיחַ נִיחֹחַ לַיהוָה מִן־הַבָּקָר אוֹ מִן־
ד הַצֹּאן׃ וְהִקְרִיב הַמַּקְרִיב קָרְבָּנוֹ לַיהוָה מִנְחָה סֹלֶת עִשָּׂרוֹן
ה בָּלוּל בִּרְבִעִית הַהִין שָׁמֶן׃ וְיַיִן לַנֶּסֶךְ רְבִיעִית הַהִין תַּעֲשֶׂה
ו עַל־הָעֹלָה אוֹ לַזָּבַח לַכֶּבֶשׂ הָאֶחָד׃ אוֹ לָאַיִל תַּעֲשֶׂה מִנְחָה
ז סֹלֶת שְׁנֵי עֶשְׂרֹנִים בְּלוּלָה בַשֶּׁמֶן שְׁלִשִׁית הַהִין׃ וְיַיִן לַנֶּסֶךְ
ח שְׁלִשִׁית הַהִין תַּקְרִיב רֵיחַ־נִיחֹחַ לַיהוָה׃ וְכִי־תַעֲשֶׂה בֶן־בָּקָר חמישי
ט עֹלָה אוֹ־זָבַח לְפַלֵּא־נֶדֶר אוֹ־שְׁלָמִים לַיהוָה׃ וְהִקְרִיב עַל־
בֶּן־הַבָּקָר מִנְחָה סֹלֶת שְׁלֹשָׁה עֶשְׂרֹנִים בָּלוּל בַּשֶּׁמֶן חֲצִי הַהִין׃
י יא וְיַיִן תַּקְרִיב לַנֶּסֶךְ חֲצִי הַהִין אִשֵּׁה רֵיחַ־נִיחֹחַ לַיהוָה׃ כָּכָה
יֵעָשֶׂה לַשּׁוֹר הָאֶחָד אוֹ לָאַיִל הָאֶחָד אוֹ־לַשֶּׂה בַכְּבָשִׂים אוֹ

יב בָּעִזִּים׃ כַּמִּסְפָּר אֲשֶׁר תַּעֲשׂוּ כָּכָה תַּעֲשׂוּ לָאֶחָד כְּמִסְפָּרָם׃
יג כָּל־הָאֶזְרָח יַעֲשֶׂה־כָּכָה אֶת־אֵלֶּה לְהַקְרִיב אִשֵּׁה רֵיחַ־נִיחֹחַ
יד לַיהוה׃ וְכִי־יָגוּר אִתְּכֶם גֵּר אוֹ אֲשֶׁר־בְּתוֹכְכֶם לְדֹרֹתֵיכֶם וְעָשָׂה
טו אִשֵּׁה רֵיחַ־נִיחֹחַ לַיהוה כַּאֲשֶׁר תַּעֲשׂוּ כֵּן יַעֲשֶׂה׃ הַקָּהָל חֻקָּה
אַחַת לָכֶם וְלַגֵּר הַגָּר חֻקַּת עוֹלָם לְדֹרֹתֵיכֶם כָּכֶם כַּגֵּר יִהְיֶה
טז לִפְנֵי יהוה׃ תּוֹרָה אַחַת וּמִשְׁפָּט אֶחָד יִהְיֶה לָכֶם וְלַגֵּר הַגָּר
אִתְּכֶם׃
ששי יז יח וַיְדַבֵּר יהוה אֶל־מֹשֶׁה לֵּאמֹר׃ דַּבֵּר אֶל־בְּנֵי יִשְׂרָאֵל וְאָמַרְתָּ
יט אֲלֵהֶם בְּבֹאֲכֶם אֶל־הָאָרֶץ אֲשֶׁר אֲנִי מֵבִיא אֶתְכֶם שָׁמָּה׃ וְהָיָה
כ בַּאֲכָלְכֶם מִלֶּחֶם הָאָרֶץ תָּרִימוּ תְרוּמָה לַיהוה׃ רֵאשִׁית עֲרִסֹתֵכֶם
כא חַלָּה תָּרִימוּ תְרוּמָה כִּתְרוּמַת גֹּרֶן כֵּן תָּרִימוּ אֹתָהּ׃ מֵרֵאשִׁית
כב עֲרִסֹתֵיכֶם תִּתְּנוּ לַיהוה תְּרוּמָה לְדֹרֹתֵיכֶם׃ וְכִי
תִשְׁגּוּ וְלֹא תַעֲשׂוּ אֵת כָּל־הַמִּצְוֹת הָאֵלֶּה אֲשֶׁר־דִּבֶּר יהוה
כג אֶל־מֹשֶׁה׃ אֵת כָּל־אֲשֶׁר צִוָּה יהוה אֲלֵיכֶם בְּיַד־מֹשֶׁה מִן־
כד הַיּוֹם אֲשֶׁר צִוָּה יהוה וָהָלְאָה לְדֹרֹתֵיכֶם׃ וְהָיָה אִם מֵעֵינֵי
הָעֵדָה נֶעֶשְׂתָה לִשְׁגָגָה וְעָשׂוּ כָל־הָעֵדָה פַּר בֶּן־בָּקָר אֶחָד
לְעֹלָה לְרֵיחַ נִיחֹחַ לַיהוה וּמִנְחָתוֹ וְנִסְכּוֹ כַּמִּשְׁפָּט וּשְׂעִיר־עִזִּים
כה אֶחָד לְחַטָּת׃ וְכִפֶּר הַכֹּהֵן עַל־כָּל־עֲדַת בְּנֵי יִשְׂרָאֵל וְנִסְלַח
לָהֶם כִּי־שְׁגָגָה הִוא וְהֵם הֵבִיאוּ אֶת־קָרְבָּנָם אִשֶּׁה לַיהוה
כו וְחַטָּאתָם לִפְנֵי יהוה עַל־שִׁגְגָתָם׃ וְנִסְלַח לְכָל־עֲדַת בְּנֵי יִשְׂרָאֵל
שביעי כז וְלַגֵּר הַגָּר בְּתוֹכָם כִּי לְכָל־הָעָם בִּשְׁגָגָה׃ וְאִם־
נֶפֶשׁ אַחַת תֶּחֱטָא בִשְׁגָגָה וְהִקְרִיבָה עֵז בַּת־שְׁנָתָהּ לְחַטָּאת׃
כח וְכִפֶּר הַכֹּהֵן עַל־הַנֶּפֶשׁ הַשֹּׁגֶגֶת בְּחֶטְאָה בִשְׁגָגָה לִפְנֵי יהוה
כט לְכַפֵּר עָלָיו וְנִסְלַח לוֹ׃ הָאֶזְרָח בִּבְנֵי יִשְׂרָאֵל וְלַגֵּר הַגָּר בְּתוֹכָם
ל תּוֹרָה אַחַת יִהְיֶה לָכֶם לָעֹשֶׂה בִּשְׁגָגָה׃ וְהַנֶּפֶשׁ אֲשֶׁר־תַּעֲשֶׂה
בְּיָד רָמָה מִן־הָאֶזְרָח וּמִן־הַגֵּר אֶת־יהוה הוּא מְגַדֵּף וְנִכְרְתָה
לא הַנֶּפֶשׁ הַהִוא מִקֶּרֶב עַמָּהּ׃ כִּי דְבַר־יהוה בָּזָה וְאֶת־מִצְוָתוֹ

הֵפַר הִכָּרֵת ׀ תִּכָּרֵת הַנֶּפֶשׁ הַהִוא עֲוֺנָהּ בָהּ׃
לב וַיִּהְיוּ בְנֵי־יִשְׂרָאֵל בַּמִּדְבָּר וַיִּמְצְאוּ אִישׁ מְקֹשֵׁשׁ עֵצִים בְּיוֹם
לג הַשַּׁבָּת׃ וַיַּקְרִיבוּ אֹתוֹ הַמֹּצְאִים אֹתוֹ מְקֹשֵׁשׁ עֵצִים אֶל־מֹשֶׁה
לד וְאֶל־אַהֲרֹן וְאֶל כָּל־הָעֵדָה׃ וַיַּנִּיחוּ אֹתוֹ בַּמִּשְׁמָר כִּי לֹא פֹרַשׁ
לה מַה־יֵּעָשֶׂה לוֹ׃ וַיֹּאמֶר יהוה אֶל־מֹשֶׁה מוֹת
יוּמַת הָאִישׁ רָגוֹם אֹתוֹ בָאֲבָנִים כָּל־הָעֵדָה מִחוּץ לַמַּחֲנֶה׃
לו וַיֹּצִיאוּ אֹתוֹ כָּל־הָעֵדָה אֶל־מִחוּץ לַמַּחֲנֶה וַיִּרְגְּמוּ אֹתוֹ בָּאֲבָנִים
וַיָּמֹת כַּאֲשֶׁר צִוָּה יהוה אֶת־מֹשֶׁה׃
לז לח וַיֹּאמֶר יהוה אֶל־מֹשֶׁה לֵּאמֹר׃ דַּבֵּר אֶל־בְּנֵי יִשְׂרָאֵל וְאָמַרְתָּ מפטיר
אֲלֵהֶם וְעָשׂוּ לָהֶם צִיצִת עַל־כַּנְפֵי בִגְדֵיהֶם לְדֹרֹתָם וְנָתְנוּ עַל־
לט צִיצִת הַכָּנָף פְּתִיל תְּכֵלֶת׃ וְהָיָה לָכֶם לְצִיצִת וּרְאִיתֶם אֹתוֹ
וּזְכַרְתֶּם אֶת־כָּל־מִצְוֺת יהוה וַעֲשִׂיתֶם אֹתָם וְלֹא תָתֻרוּ אַחֲרֵי
מ לְבַבְכֶם וְאַחֲרֵי עֵינֵיכֶם אֲשֶׁר־אַתֶּם זֹנִים אַחֲרֵיהֶם׃ לְמַעַן תִּזְכְּרוּ
מא וַעֲשִׂיתֶם אֶת־כָּל־מִצְוֺתָי וִהְיִיתֶם קְדֹשִׁים לֵאלֹהֵיכֶם׃ אֲנִי יהוה
אֱלֹהֵיכֶם אֲשֶׁר הוֹצֵאתִי אֶתְכֶם מֵאֶרֶץ מִצְרַיִם לִהְיוֹת לָכֶם
לֵאלֹהִים אֲנִי יהוה אֱלֹהֵיכֶם׃

טז א וַיִּקַּח קֹרַח בֶּן־יִצְהָר בֶּן־קְהָת בֶּן־לֵוִי וְדָתָן וַאֲבִירָם בְּנֵי אֱלִיאָב טו קרח
ב וְאוֹן בֶּן־פֶּלֶת בְּנֵי רְאוּבֵן׃ וַיָּקֻמוּ לִפְנֵי מֹשֶׁה וַאֲנָשִׁים מִבְּנֵי־
יִשְׂרָאֵל חֲמִשִּׁים וּמָאתָיִם נְשִׂיאֵי עֵדָה קְרִאֵי מוֹעֵד אַנְשֵׁי־שֵׁם׃
ג וַיִּקָּהֲלוּ עַל־מֹשֶׁה וְעַל־אַהֲרֹן וַיֹּאמְרוּ אֲלֵהֶם רַב־לָכֶם כִּי כָל־
הָעֵדָה כֻּלָּם קְדֹשִׁים וּבְתוֹכָם יהוה וּמַדּוּעַ תִּתְנַשְּׂאוּ עַל־קְהַל
ד ה יהוה׃ וַיִּשְׁמַע מֹשֶׁה וַיִּפֹּל עַל־פָּנָיו׃ וַיְדַבֵּר אֶל־קֹרַח וְאֶל־כָּל־
עֲדָתוֹ לֵאמֹר בֹּקֶר וְיֹדַע יהוה אֶת־אֲשֶׁר־לוֹ וְאֶת־הַקָּדוֹשׁ וְהִקְרִיב
ו אֵלָיו וְאֵת אֲשֶׁר יִבְחַר־בּוֹ יַקְרִיב אֵלָיו׃ זֹאת עֲשׂוּ קְחוּ־לָכֶם
ז מַחְתּוֹת קֹרַח וְכָל־עֲדָתוֹ׃ וּתְנוּ־בָהֵן ׀ אֵשׁ וְשִׂימוּ עֲלֵיהֶן ׀ קְטֹרֶת
לִפְנֵי יהוה מָחָר וְהָיָה הָאִישׁ אֲשֶׁר־יִבְחַר יהוה הוּא הַקָּדוֹשׁ
ח רַב־לָכֶם בְּנֵי לֵוִי׃ וַיֹּאמֶר מֹשֶׁה אֶל־קֹרַח שִׁמְעוּ־נָא בְּנֵי לֵוִי׃

ט הַמְעַט מִכֶּם כִּי־הִבְדִּיל אֱלֹהֵי יִשְׂרָאֵל אֶתְכֶם מֵעֲדַת יִשְׂרָאֵל
לְהַקְרִיב אֶתְכֶם אֵלָיו לַעֲבֹד אֶת־עֲבֹדַת מִשְׁכַּן יְהוָה וְלַעֲמֹד
י לִפְנֵי הָעֵדָה לְשָׁרְתָם׃ וַיַּקְרֵב אֹתְךָ וְאֶת־כָּל־אַחֶיךָ בְנֵי־לֵוִי אִתָּךְ
יא וּבִקַּשְׁתֶּם גַּם־כְּהֻנָּה׃ לָכֵן אַתָּה וְכָל־עֲדָתְךָ הַנֹּעָדִים עַל־יְהוָה
יב וְאַהֲרֹן מַה־הוּא כִּי תלונו עָלָיו׃ וַיִּשְׁלַח מֹשֶׁה לִקְרֹא לְדָתָן תַּלִּינוּ
יג וְלַאֲבִירָם בְּנֵי אֱלִיאָב וַיֹּאמְרוּ לֹא נַעֲלֶה׃ הַמְעַט כִּי הֶעֱלִיתָנוּ
מֵאֶרֶץ זָבַת חָלָב וּדְבַשׁ לַהֲמִיתֵנוּ בַּמִּדְבָּר כִּי־תִשְׂתָּרֵר עָלֵינוּ
יד גַּם־הִשְׂתָּרֵר׃ אַף לֹא אֶל־אֶרֶץ זָבַת חָלָב וּדְבַשׁ הֲבִיאֹתָנוּ שני
וַתִּתֶּן־לָנוּ נַחֲלַת שָׂדֶה וָכָרֶם הַעֵינֵי הָאֲנָשִׁים הָהֵם תְּנַקֵּר לֹא
טו נַעֲלֶה׃ וַיִּחַר לְמֹשֶׁה מְאֹד וַיֹּאמֶר אֶל־יְהוָה אַל־תֵּפֶן אֶל־
מִנְחָתָם לֹא חֲמוֹר אֶחָד מֵהֶם נָשָׂאתִי וְלֹא הֲרֵעֹתִי אֶת־אַחַד
טז מֵהֶם׃ וַיֹּאמֶר מֹשֶׁה אֶל־קֹרַח אַתָּה וְכָל־עֲדָתְךָ הֱיוּ לִפְנֵי יְהוָה
יז אַתָּה וָהֵם וְאַהֲרֹן מָחָר׃ וּקְחוּ ׀ אִישׁ מַחְתָּתוֹ וּנְתַתֶּם עֲלֵיהֶם
קְטֹרֶת וְהִקְרַבְתֶּם לִפְנֵי יְהוָה אִישׁ מַחְתָּתוֹ חֲמִשִּׁים וּמָאתַיִם
יח מַחְתֹּת וְאַתָּה וְאַהֲרֹן אִישׁ מַחְתָּתוֹ׃ וַיִּקְחוּ אִישׁ מַחְתָּתוֹ וַיִּתְּנוּ
עֲלֵיהֶם אֵשׁ וַיָּשִׂימוּ עֲלֵיהֶם קְטֹרֶת וַיַּעַמְדוּ פֶּתַח אֹהֶל מוֹעֵד
יט וּמֹשֶׁה וְאַהֲרֹן׃ וַיַּקְהֵל עֲלֵיהֶם קֹרַח אֶת־כָּל־הָעֵדָה אֶל־פֶּתַח אֹהֶל
כ מוֹעֵד וַיֵּרָא כְבוֹד־יְהוָה אֶל־כָּל־הָעֵדָה׃ וַיְדַבֵּר שלישי
כא יְהוָה אֶל־מֹשֶׁה וְאֶל־אַהֲרֹן לֵאמֹר׃ הִבָּדְלוּ מִתּוֹךְ הָעֵדָה
כב הַזֹּאת וַאֲכַלֶּה אֹתָם כְּרָגַע׃ וַיִּפְּלוּ עַל־פְּנֵיהֶם וַיֹּאמְרוּ אֵל
אֱלֹהֵי הָרוּחֹת לְכָל־בָּשָׂר הָאִישׁ אֶחָד יֶחֱטָא וְעַל כָּל־הָעֵדָה
כג כד תִּקְצֹף׃ וַיְדַבֵּר יְהוָה אֶל־מֹשֶׁה לֵּאמֹר׃ דַּבֵּר
אֶל־הָעֵדָה לֵאמֹר הֵעָלוּ מִסָּבִיב לְמִשְׁכַּן־קֹרַח דָּתָן וַאֲבִירָם׃
כה וַיָּקָם מֹשֶׁה וַיֵּלֶךְ אֶל־דָּתָן וַאֲבִירָם וַיֵּלְכוּ אַחֲרָיו זִקְנֵי יִשְׂרָאֵל׃
כו וַיְדַבֵּר אֶל־הָעֵדָה לֵאמֹר סוּרוּ נָא מֵעַל אָהֳלֵי הָאֲנָשִׁים הָרְשָׁעִים
הָאֵלֶּה וְאַל־תִּגְּעוּ בְּכָל־אֲשֶׁר לָהֶם פֶּן־תִּסָּפוּ בְּכָל־חַטֹּאתָם׃
כז וַיֵּעָלוּ מֵעַל מִשְׁכַּן־קֹרַח דָּתָן וַאֲבִירָם מִסָּבִיב וְדָתָן וַאֲבִירָם

כח יָצְאוּ נִצָּבִים פֶּתַח אָהֳלֵיהֶם וּנְשֵׁיהֶם וּבְנֵיהֶם וְטַפָּם׃ וַיֹּאמֶר
מֹשֶׁה בְּזֹאת תֵּדְעוּן כִּי־יְהוָה שְׁלָחַנִי לַעֲשׂוֹת אֵת כָּל־הַמַּעֲשִׂים
כט הָאֵלֶּה כִּי־לֹא מִלִּבִּי׃ אִם־כְּמוֹת כָּל־הָאָדָם יְמֻתוּן אֵלֶּה וּפְקֻדַּת
ל כָּל־הָאָדָם יִפָּקֵד עֲלֵיהֶם לֹא יְהוָה שְׁלָחָנִי׃ וְאִם־בְּרִיאָה יִבְרָא
יְהוָה וּפָצְתָה הָאֲדָמָה אֶת־פִּיהָ וּבָלְעָה אֹתָם וְאֶת־כָּל־אֲשֶׁר
לָהֶם וְיָרְדוּ חַיִּים שְׁאֹלָה וִידַעְתֶּם כִּי נִאֲצוּ הָאֲנָשִׁים הָאֵלֶּה
לא אֶת־יְהוָה׃ וַיְהִי כְּכַלֹּתוֹ לְדַבֵּר אֵת כָּל־הַדְּבָרִים הָאֵלֶּה וַתִּבָּקַע
לב הָאֲדָמָה אֲשֶׁר תַּחְתֵּיהֶם׃ וַתִּפְתַּח הָאָרֶץ אֶת־פִּיהָ וַתִּבְלַע אֹתָם
לג וְאֶת־בָּתֵּיהֶם וְאֵת כָּל־הָאָדָם אֲשֶׁר לְקֹרַח וְאֵת כָּל־הָרְכוּשׁ׃ וַיֵּרְדוּ
הֵם וְכָל־אֲשֶׁר לָהֶם חַיִּים שְׁאֹלָה וַתְּכַס עֲלֵיהֶם הָאָרֶץ וַיֹּאבְדוּ
לד מִתּוֹךְ הַקָּהָל׃ וְכָל־יִשְׂרָאֵל אֲשֶׁר סְבִיבֹתֵיהֶם נָסוּ לְקֹלָם כִּי
לה אָמְרוּ פֶּן־תִּבְלָעֵנוּ הָאָרֶץ׃ וְאֵשׁ יָצְאָה מֵאֵת יְהוָה וַתֹּאכַל אֵת
יז א הַחֲמִשִּׁים וּמָאתַיִם אִישׁ מַקְרִיבֵי הַקְּטֹרֶת׃ וַיְדַבֵּר
ב יְהוָה אֶל־מֹשֶׁה לֵּאמֹר׃ אֱמֹר אֶל־אֶלְעָזָר בֶּן־אַהֲרֹן הַכֹּהֵן וְיָרֵם
אֶת־הַמַּחְתֹּת מִבֵּין הַשְּׂרֵפָה וְאֶת־הָאֵשׁ זְרֵה־הָלְאָה כִּי קָדֵשׁוּ׃
ג אֵת מַחְתּוֹת הַחַטָּאִים הָאֵלֶּה בְּנַפְשֹׁתָם וְעָשׂוּ אֹתָם רִקֻּעֵי
פַחִים צִפּוּי לַמִּזְבֵּחַ כִּי־הִקְרִיבֻם לִפְנֵי־יְהוָה וַיִּקְדָּשׁוּ וְיִהְיוּ לְאוֹת
ד לִבְנֵי יִשְׂרָאֵל׃ וַיִּקַּח אֶלְעָזָר הַכֹּהֵן אֵת מַחְתּוֹת הַנְּחֹשֶׁת אֲשֶׁר
ה הִקְרִיבוּ הַשְּׂרֻפִים וַיְרַקְּעוּם צִפּוּי לַמִּזְבֵּחַ׃ זִכָּרוֹן לִבְנֵי יִשְׂרָאֵל
לְמַעַן אֲשֶׁר לֹא־יִקְרַב אִישׁ זָר אֲשֶׁר לֹא מִזֶּרַע אַהֲרֹן הוּא
לְהַקְטִיר קְטֹרֶת לִפְנֵי יְהוָה וְלֹא־יִהְיֶה כְקֹרַח וְכַעֲדָתוֹ כַּאֲשֶׁר
דִּבֶּר יְהוָה בְּיַד־מֹשֶׁה לוֹ׃
ו וַיִּלֹּנוּ כָּל־עֲדַת בְּנֵי־יִשְׂרָאֵל מִמָּחֳרָת עַל־מֹשֶׁה וְעַל־אַהֲרֹן
ז לֵאמֹר אַתֶּם הֲמִתֶּם אֶת־עַם יְהוָה׃ וַיְהִי בְּהִקָּהֵל הָעֵדָה
עַל־מֹשֶׁה וְעַל־אַהֲרֹן וַיִּפְנוּ אֶל־אֹהֶל מוֹעֵד וְהִנֵּה כִסָּהוּ
ח הֶעָנָן וַיֵּרָא כְּבוֹד יְהוָה׃ וַיָּבֹא מֹשֶׁה וְאַהֲרֹן אֶל־פְּנֵי אֹהֶל
ט מוֹעֵד׃ וַיְדַבֵּר יְהוָה אֶל־מֹשֶׁה לֵּאמֹר׃ הֵרֹמּוּ רביעי

מִתּוֹךְ הָעֵדָה הַזֹּאת וַאֲכַלֶּה אֹתָם כְּרָגַע וַיִּפְּלוּ עַל־פְּנֵיהֶם׃
יא וַיֹּאמֶר מֹשֶׁה אֶל־אַהֲרֹן קַח אֶת־הַמַּחְתָּה וְתֶן־עָלֶיהָ אֵשׁ
מֵעַל הַמִּזְבֵּחַ וְשִׂים קְטֹרֶת וְהוֹלֵךְ מְהֵרָה אֶל־הָעֵדָה וְכַפֵּר
יב עֲלֵיהֶם כִּי־יָצָא הַקֶּצֶף מִלִּפְנֵי יְהוָה הֵחֵל הַנָּגֶף׃ וַיִּקַּח אַהֲרֹן
כַּאֲשֶׁר ׀ דִּבֶּר מֹשֶׁה וַיָּרָץ אֶל־תּוֹךְ הַקָּהָל וְהִנֵּה הֵחֵל הַנֶּגֶף בָּעָם
יג וַיִּתֵּן אֶת־הַקְּטֹרֶת וַיְכַפֵּר עַל־הָעָם׃ וַיַּעֲמֹד בֵּין־הַמֵּתִים וּבֵין
יד הַחַיִּים וַתֵּעָצַר הַמַּגֵּפָה׃ וַיִּהְיוּ הַמֵּתִים בַּמַּגֵּפָה אַרְבָּעָה עָשָׂר
טו אֶלֶף וּשְׁבַע מֵאוֹת מִלְּבַד הַמֵּתִים עַל־דְּבַר־קֹרַח׃ וַיָּשָׁב אַהֲרֹן
אֶל־מֹשֶׁה אֶל־פֶּתַח אֹהֶל מוֹעֵד וְהַמַּגֵּפָה נֶעֱצָרָה׃
טז יז וַיְדַבֵּר יְהוָה אֶל־מֹשֶׁה לֵּאמֹר׃ דַּבֵּר ׀ אֶל־בְּנֵי יִשְׂרָאֵל וְקַח חמישי טז
מֵאִתָּם מַטֶּה מַטֶּה לְבֵית אָב מֵאֵת כָּל־נְשִׂיאֵהֶם לְבֵית אֲבֹתָם
יח שְׁנֵים עָשָׂר מַטּוֹת אִישׁ אֶת־שְׁמוֹ תִּכְתֹּב עַל־מַטֵּהוּ׃ וְאֵת שֵׁם
אַהֲרֹן תִּכְתֹּב עַל־מַטֵּה לֵוִי כִּי מַטֶּה אֶחָד לְרֹאשׁ בֵּית אֲבוֹתָם׃
יט וְהִנַּחְתָּם בְּאֹהֶל מוֹעֵד לִפְנֵי הָעֵדוּת אֲשֶׁר אִוָּעֵד לָכֶם שָׁמָּה׃
כ וְהָיָה הָאִישׁ אֲשֶׁר אֶבְחַר־בּוֹ מַטֵּהוּ יִפְרָח וַהֲשִׁכֹּתִי מֵעָלַי אֶת־
כא תְּלֻנּוֹת בְּנֵי יִשְׂרָאֵל אֲשֶׁר הֵם מַלִּינִם עֲלֵיכֶם׃ וַיְדַבֵּר מֹשֶׁה
אֶל־בְּנֵי יִשְׂרָאֵל וַיִּתְּנוּ אֵלָיו ׀ כָּל־נְשִׂיאֵיהֶם מַטֶּה לְנָשִׂיא אֶחָד
מַטֶּה לְנָשִׂיא אֶחָד לְבֵית אֲבֹתָם שְׁנֵים עָשָׂר מַטּוֹת וּמַטֵּה
כב אַהֲרֹן בְּתוֹךְ מַטּוֹתָם׃ וַיַּנַּח מֹשֶׁה אֶת־הַמַּטֹּת לִפְנֵי יְהוָה בְּאֹהֶל
כג הָעֵדֻת׃ וַיְהִי מִמָּחֳרָת וַיָּבֹא מֹשֶׁה אֶל־אֹהֶל הָעֵדוּת וְהִנֵּה פָּרַח
מַטֵּה־אַהֲרֹן לְבֵית לֵוִי וַיֹּצֵא פֶרַח וַיָּצֵץ צִיץ וַיִּגְמֹל שְׁקֵדִים׃
כד וַיֹּצֵא מֹשֶׁה אֶת־כָּל־הַמַּטֹּת מִלִּפְנֵי יְהוָה אֶל־כָּל־בְּנֵי יִשְׂרָאֵל
וַיִּרְאוּ וַיִּקְחוּ אִישׁ מַטֵּהוּ׃
כה וַיֹּאמֶר יְהוָה אֶל־מֹשֶׁה הָשֵׁב אֶת־מַטֵּה אַהֲרֹן לִפְנֵי הָעֵדוּת ששי
לְמִשְׁמֶרֶת לְאוֹת לִבְנֵי־מֶרִי וּתְכַל תְּלוּנֹּתָם מֵעָלַי וְלֹא יָמֻתוּ׃
כו וַיַּעַשׂ מֹשֶׁה כַּאֲשֶׁר צִוָּה יְהוָה אֹתוֹ כֵּן עָשָׂה׃
כז וַיֹּאמְרוּ בְּנֵי יִשְׂרָאֵל אֶל־מֹשֶׁה לֵּאמֹר הֵן גָּוַעְנוּ אָבַדְנוּ כֻּלָּנוּ

כח אָבַדְנוּ: כֹּל הַקָּרֵב ׀ הַקָּרֵב אֶל־מִשְׁכַּן יְהוָה יָמוּת הַאִם תַּמְנוּ
יח א לִגְוֹעַ: וַיֹּאמֶר יְהוָה אֶל־אַהֲרֹן אַתָּה וּבָנֶיךָ וּבֵית־
אָבִיךָ אִתָּךְ תִּשְׂאוּ אֶת־עֲוֺן הַמִּקְדָּשׁ וְאַתָּה וּבָנֶיךָ אִתָּךְ תִּשְׂאוּ
ב אֶת־עֲוֺן כְּהֻנַּתְכֶם: וְגַם אֶת־אַחֶיךָ מַטֵּה לֵוִי שֵׁבֶט אָבִיךָ הַקְרֵב
אִתָּךְ וְיִלָּווּ עָלֶיךָ וִישָׁרְתוּךָ וְאַתָּה וּבָנֶיךָ אִתָּךְ לִפְנֵי אֹהֶל הָעֵדֻת:
ג וְשָׁמְרוּ מִשְׁמַרְתְּךָ וּמִשְׁמֶרֶת כָּל־הָאֹהֶל אַךְ אֶל־כְּלֵי הַקֹּדֶשׁ
ד וְאֶל־הַמִּזְבֵּחַ לֹא יִקְרָבוּ וְלֹא־יָמֻתוּ גַם־הֵם גַּם־אַתֶּם: וְנִלְווּ
עָלֶיךָ וְשָׁמְרוּ אֶת־מִשְׁמֶרֶת אֹהֶל מוֹעֵד לְכֹל עֲבֹדַת הָאֹהֶל
ה וְזָר לֹא־יִקְרַב אֲלֵיכֶם: וּשְׁמַרְתֶּם אֵת מִשְׁמֶרֶת הַקֹּדֶשׁ וְאֵת
ו מִשְׁמֶרֶת הַמִּזְבֵּחַ וְלֹא־יִהְיֶה עוֹד קֶצֶף עַל־בְּנֵי יִשְׂרָאֵל: וַאֲנִי
הִנֵּה לָקַחְתִּי אֶת־אֲחֵיכֶם הַלְוִיִּם מִתּוֹךְ בְּנֵי יִשְׂרָאֵל לָכֶם
ז מַתָּנָה נְתֻנִים לַיהוָה לַעֲבֹד אֶת־עֲבֹדַת אֹהֶל מוֹעֵד: וְאַתָּה
וּבָנֶיךָ אִתְּךָ תִּשְׁמְרוּ אֶת־כְּהֻנַּתְכֶם לְכָל־דְּבַר הַמִּזְבֵּחַ וּלְמִבֵּית
לַפָּרֹכֶת וַעֲבַדְתֶּם עֲבֹדַת מַתָּנָה אֶתֵּן אֶת־כְּהֻנַּתְכֶם וְהַזָּר הַקָּרֵב
יוּמָת:
ח וַיְדַבֵּר יְהוָה אֶל־אַהֲרֹן וַאֲנִי הִנֵּה נָתַתִּי לְךָ אֶת־מִשְׁמֶרֶת
תְּרוּמֹתָי לְכָל־קָדְשֵׁי בְנֵי־יִשְׂרָאֵל לְךָ נְתַתִּים לְמָשְׁחָה וּלְבָנֶיךָ
ט לְחָק־עוֹלָם: זֶה יִהְיֶה לְךָ מִקֹּדֶשׁ הַקֳּדָשִׁים מִן־הָאֵשׁ כָּל־קָרְבָּנָם
לְכָל־מִנְחָתָם וּלְכָל־חַטָּאתָם וּלְכָל־אֲשָׁמָם אֲשֶׁר יָשִׁיבוּ לִי
י קֹדֶשׁ קָדָשִׁים לְךָ הוּא וּלְבָנֶיךָ: בְּקֹדֶשׁ הַקֳּדָשִׁים תֹּאכְלֶנּוּ כָּל־
יא זָכָר יֹאכַל אֹתוֹ קֹדֶשׁ יִהְיֶה־לָּךְ: וְזֶה־לְּךָ תְּרוּמַת מַתָּנָם לְכָל־
תְּנוּפֹת בְּנֵי יִשְׂרָאֵל לְךָ נְתַתִּים וּלְבָנֶיךָ וְלִבְנֹתֶיךָ אִתְּךָ לְחָק־
יב עוֹלָם כָּל־טָהוֹר בְּבֵיתְךָ יֹאכַל אֹתוֹ: כֹּל חֵלֶב יִצְהָר וְכָל־חֵלֶב
יג תִּירוֹשׁ וְדָגָן רֵאשִׁיתָם אֲשֶׁר־יִתְּנוּ לַיהוָה לְךָ נְתַתִּים: בִּכּוּרֵי
כָּל־אֲשֶׁר בְּאַרְצָם אֲשֶׁר־יָבִיאוּ לַיהוָה לְךָ יִהְיֶה כָּל־טָהוֹר בְּבֵיתְךָ
יד טו יֹאכְלֶנּוּ: כָּל־חֵרֶם בְּיִשְׂרָאֵל לְךָ יִהְיֶה: כָּל־פֶּטֶר רֶחֶם לְכָל־
בָּשָׂר אֲשֶׁר־יַקְרִיבוּ לַיהוָה בָּאָדָם וּבַבְּהֵמָה יִהְיֶה־לָּךְ אַךְ ׀ פָּדֹה

תִּפְדֶּה אֵת בְּכוֹר הָאָדָם וְאֵת בְּכוֹר־הַבְּהֵמָה הַטְּמֵאָה תִּפְדֶּה׃
טז וּפְדוּיָו מִבֶּן־חֹדֶשׁ תִּפְדֶּה בְּעֶרְכְּךָ כֶּסֶף חֲמֵשֶׁת שְׁקָלִים בְּשֶׁקֶל
יז הַקֹּדֶשׁ עֶשְׂרִים גֵּרָה הוּא׃ אַךְ בְּכוֹר־שׁוֹר אוֹ־בְכוֹר כֶּשֶׂב אוֹ־
בְכוֹר עֵז לֹא תִפְדֶּה קֹדֶשׁ הֵם אֶת־דָּמָם תִּזְרֹק עַל־הַמִּזְבֵּחַ
יח וְאֶת־חֶלְבָּם תַּקְטִיר אִשֶּׁה לְרֵיחַ נִיחֹחַ לַיהוָה׃ וּבְשָׂרָם יִהְיֶה־
יט לְּךָ כַּחֲזֵה הַתְּנוּפָה וּכְשׁוֹק הַיָּמִין לְךָ יִהְיֶה׃ כֹּל ׀ תְּרוּמֹת
הַקֳּדָשִׁים אֲשֶׁר יָרִימוּ בְנֵי־יִשְׂרָאֵל לַיהוָה נָתַתִּי לְךָ וּלְבָנֶיךָ
וְלִבְנֹתֶיךָ אִתְּךָ לְחָק־עוֹלָם בְּרִית מֶלַח עוֹלָם הִוא לִפְנֵי יְהוָה
כ לְךָ וּלְזַרְעֲךָ אִתָּךְ׃ וַיֹּאמֶר יְהוָה אֶל־אַהֲרֹן בְּאַרְצָם לֹא תִנְחָל
וְחֵלֶק לֹא־יִהְיֶה לְךָ בְּתוֹכָם אֲנִי חֶלְקְךָ וְנַחֲלָתְךָ בְּתוֹךְ בְּנֵי
כא שביעי יִשְׂרָאֵל׃ וְלִבְנֵי לֵוִי הִנֵּה נָתַתִּי כָּל־מַעֲשֵׂר בְּיִשְׂרָאֵל
לְנַחֲלָה חֵלֶף עֲבֹדָתָם אֲשֶׁר־הֵם עֹבְדִים אֶת־עֲבֹדַת אֹהֶל מוֹעֵד׃
כב וְלֹא־יִקְרְבוּ עוֹד בְּנֵי יִשְׂרָאֵל אֶל־אֹהֶל מוֹעֵד לָשֵׂאת חֵטְא
כג לָמוּת׃ וְעָבַד הַלֵּוִי הוּא אֶת־עֲבֹדַת אֹהֶל מוֹעֵד וְהֵם יִשְׂאוּ
עֲוֹנָם חֻקַּת עוֹלָם לְדֹרֹתֵיכֶם וּבְתוֹךְ בְּנֵי יִשְׂרָאֵל לֹא יִנְחֲלוּ
כד נַחֲלָה׃ כִּי אֶת־מַעְשַׂר בְּנֵי־יִשְׂרָאֵל אֲשֶׁר יָרִימוּ לַיהוָה תְּרוּמָה
נָתַתִּי לַלְוִיִּם לְנַחֲלָה עַל־כֵּן אָמַרְתִּי לָהֶם בְּתוֹךְ בְּנֵי יִשְׂרָאֵל
לֹא יִנְחֲלוּ נַחֲלָה׃

כה כו יז וַיְדַבֵּר יְהוָה אֶל־מֹשֶׁה לֵּאמֹר׃ וְאֶל־הַלְוִיִּם תְּדַבֵּר וְאָמַרְתָּ
אֲלֵהֶם כִּי־תִקְחוּ מֵאֵת בְּנֵי־יִשְׂרָאֵל אֶת־הַמַּעֲשֵׂר אֲשֶׁר נָתַתִּי
לָכֶם מֵאִתָּם בְּנַחֲלַתְכֶם וַהֲרֵמֹתֶם מִמֶּנּוּ תְּרוּמַת יְהוָה מַעֲשֵׂר
כז מִן־הַמַּעֲשֵׂר׃ וְנֶחְשַׁב לָכֶם תְּרוּמַתְכֶם כַּדָּגָן מִן־הַגֹּרֶן וְכַמְלֵאָה
כח מִן־הַיָּקֶב׃ כֵּן תָּרִימוּ גַם־אַתֶּם תְּרוּמַת יְהוָה מִכֹּל מַעְשְׂרֹתֵיכֶם
אֲשֶׁר תִּקְחוּ מֵאֵת בְּנֵי יִשְׂרָאֵל וּנְתַתֶּם מִמֶּנּוּ אֶת־תְּרוּמַת יְהוָה
כט לְאַהֲרֹן הַכֹּהֵן׃ מִכֹּל מַתְּנֹתֵיכֶם תָּרִימוּ אֵת כָּל־תְּרוּמַת יְהוָה
ל מפטיר מִכָּל־חֶלְבּוֹ אֶת־מִקְדְּשׁוֹ מִמֶּנּוּ׃ וְאָמַרְתָּ אֲלֵהֶם בַּהֲרִימְכֶם
אֶת־חֶלְבּוֹ מִמֶּנּוּ וְנֶחְשַׁב לַלְוִיִּם כִּתְבוּאַת גֹּרֶן וְכִתְבוּאַת יָקֶב׃

לא וַאֲכַלְתֶּם אֹתוֹ בְּכָל־מָקוֹם אַתֶּם וּבֵיתְכֶם כִּי־שָׂכָר הוּא לָכֶם
לב חֵלֶף עֲבֹדַתְכֶם בְּאֹהֶל מוֹעֵד׃ וְלֹא־תִשְׂאוּ עָלָיו חֵטְא בַּהֲרִימְכֶם
אֶת־חֶלְבּוֹ מִמֶּנּוּ וְאֶת־קָדְשֵׁי בְנֵי־יִשְׂרָאֵל לֹא תְחַלְּלוּ וְלֹא
תָמוּתוּ׃

יט א ב וַיְדַבֵּר יהוה אֶל־מֹשֶׁה וְאֶל־אַהֲרֹן לֵאמֹר׃ זֹאת חֻקַּת הַתּוֹרָה חקת
אֲשֶׁר־צִוָּה יהוה לֵאמֹר דַּבֵּר ׀ אֶל־בְּנֵי יִשְׂרָאֵל וְיִקְחוּ אֵלֶיךָ פָרָה
אֲדֻמָּה תְּמִימָה אֲשֶׁר אֵין־בָּהּ מוּם אֲשֶׁר לֹא־עָלָה עָלֶיהָ עֹל׃
ג וּנְתַתֶּם אֹתָהּ אֶל־אֶלְעָזָר הַכֹּהֵן וְהוֹצִיא אֹתָהּ אֶל־מִחוּץ לַמַּחֲנֶה
ד וְשָׁחַט אֹתָהּ לְפָנָיו׃ וְלָקַח אֶלְעָזָר הַכֹּהֵן מִדָּמָהּ בְּאֶצְבָּעוֹ וְהִזָּה
ה אֶל־נֹכַח פְּנֵי אֹהֶל־מוֹעֵד מִדָּמָהּ שֶׁבַע פְּעָמִים׃ וְשָׂרַף אֶת־
הַפָּרָה לְעֵינָיו אֶת־עֹרָהּ וְאֶת־בְּשָׂרָהּ וְאֶת־דָּמָהּ עַל־פִּרְשָׁהּ
ו יִשְׂרֹף׃ וְלָקַח הַכֹּהֵן עֵץ אֶרֶז וְאֵזוֹב וּשְׁנִי תוֹלָעַת וְהִשְׁלִיךְ אֶל־
ז תּוֹךְ שְׂרֵפַת הַפָּרָה׃ וְכִבֶּס בְּגָדָיו הַכֹּהֵן וְרָחַץ בְּשָׂרוֹ בַּמַּיִם
ח וְאַחַר יָבֹא אֶל־הַמַּחֲנֶה וְטָמֵא הַכֹּהֵן עַד־הָעָרֶב׃ וְהַשֹּׂרֵף אֹתָהּ
יְכַבֵּס בְּגָדָיו בַּמַּיִם וְרָחַץ בְּשָׂרוֹ בַּמָּיִם וְטָמֵא עַד־הָעָרֶב׃
ט וְאָסַף ׀ אִישׁ טָהוֹר אֵת אֵפֶר הַפָּרָה וְהִנִּיחַ מִחוּץ לַמַּחֲנֶה בְּמָקוֹם
טָהוֹר וְהָיְתָה לַעֲדַת בְּנֵי־יִשְׂרָאֵל לְמִשְׁמֶרֶת לְמֵי נִדָּה חַטָּאת
י הִוא׃ וְכִבֶּס הָאֹסֵף אֶת־אֵפֶר הַפָּרָה אֶת־בְּגָדָיו וְטָמֵא עַד־
הָעָרֶב וְהָיְתָה לִבְנֵי יִשְׂרָאֵל וְלַגֵּר הַגָּר בְּתוֹכָם לְחֻקַּת עוֹלָם׃
יא יב הַנֹּגֵעַ בְּמֵת לְכָל־נֶפֶשׁ אָדָם וְטָמֵא שִׁבְעַת יָמִים׃ הוּא יִתְחַטָּא־
בוֹ בַּיּוֹם הַשְּׁלִישִׁי וּבַיּוֹם הַשְּׁבִיעִי יִטְהָר וְאִם־לֹא יִתְחַטָּא בַּיּוֹם
יג הַשְּׁלִישִׁי וּבַיּוֹם הַשְּׁבִיעִי לֹא יִטְהָר׃ כָּל־הַנֹּגֵעַ בְּמֵת בְּנֶפֶשׁ
הָאָדָם אֲשֶׁר־יָמוּת וְלֹא יִתְחַטָּא אֶת־מִשְׁכַּן יהוה טִמֵּא וְנִכְרְתָה
הַנֶּפֶשׁ הַהִוא מִיִּשְׂרָאֵל כִּי מֵי נִדָּה לֹא־זֹרַק עָלָיו טָמֵא יִהְיֶה
יד עוֹד טֻמְאָתוֹ בוֹ׃ זֹאת הַתּוֹרָה אָדָם כִּי־יָמוּת בְּאֹהֶל כָּל־
טו הַבָּא אֶל־הָאֹהֶל וְכָל־אֲשֶׁר בָּאֹהֶל יִטְמָא שִׁבְעַת יָמִים׃ וְכֹל
טז כְּלִי פָתוּחַ אֲשֶׁר אֵין־צָמִיד פָּתִיל עָלָיו טָמֵא הוּא׃ וְכֹל אֲשֶׁר־

יִגַּע עַל־פְּנֵי הַשָּׂדֶה בַּחֲלַל־חֶרֶב אוֹ בְמֵת אוֹ־בְעֶצֶם אָדָם אוֹ
יז בְקָבֶר יִטְמָא שִׁבְעַת יָמִים׃ וְלָקְחוּ לַטָּמֵא מֵעֲפַר שְׂרֵפַת
שני יח הַחַטָּאת וְנָתַן עָלָיו מַיִם חַיִּים אֶל־כֶּלִי׃ וְלָקַח אֵזוֹב וְטָבַל בַּמַּיִם
אִישׁ טָהוֹר וְהִזָּה עַל־הָאֹהֶל וְעַל־כָּל־הַכֵּלִים וְעַל־הַנְּפָשׁוֹת
אֲשֶׁר הָיוּ־שָׁם וְעַל־הַנֹּגֵעַ בַּעֶצֶם אוֹ בֶחָלָל אוֹ בַמֵּת אוֹ בַקָּבֶר׃
יט וְהִזָּה הַטָּהֹר עַל־הַטָּמֵא בַּיּוֹם הַשְּׁלִישִׁי וּבַיּוֹם הַשְּׁבִיעִי וְחִטְּאוֹ
כ בַּיּוֹם הַשְּׁבִיעִי וְכִבֶּס בְּגָדָיו וְרָחַץ בַּמַּיִם וְטָהֵר בָּעָרֶב׃ וְאִישׁ
אֲשֶׁר־יִטְמָא וְלֹא יִתְחַטָּא וְנִכְרְתָה הַנֶּפֶשׁ הַהִוא מִתּוֹךְ הַקָּהָל
כִּי אֶת־מִקְדַּשׁ יְהוָה טִמֵּא מֵי נִדָּה לֹא־זֹרַק עָלָיו טָמֵא הוּא׃
כא וְהָיְתָה לָהֶם לְחֻקַּת עוֹלָם וּמַזֵּה מֵי־הַנִּדָּה יְכַבֵּס בְּגָדָיו וְהַנֹּגֵעַ
כב בְּמֵי הַנִּדָּה יִטְמָא עַד־הָעָרֶב׃ וְכֹל אֲשֶׁר־יִגַּע־בּוֹ הַטָּמֵא יִטְמָא
וְהַנֶּפֶשׁ הַנֹּגַעַת תִּטְמָא עַד־הָעָרֶב׃

כ א וַיָּבֹאוּ בְנֵי־יִשְׂרָאֵל כָּל־הָעֵדָה מִדְבַּר־צִן בַּחֹדֶשׁ הָרִאשׁוֹן וַיֵּשֶׁב
ב הָעָם בְּקָדֵשׁ וַתָּמָת שָׁם מִרְיָם וַתִּקָּבֵר שָׁם׃ וְלֹא־הָיָה מַיִם
ג לָעֵדָה וַיִּקָּהֲלוּ עַל־מֹשֶׁה וְעַל־אַהֲרֹן׃ וַיָּרֶב הָעָם עִם־מֹשֶׁה
ד וַיֹּאמְרוּ לֵאמֹר וְלוּ גָוַעְנוּ בִּגְוַע אַחֵינוּ לִפְנֵי יְהוָה׃ וְלָמָה הֲבֵאתֶם
אֶת־קְהַל יְהוָה אֶל־הַמִּדְבָּר הַזֶּה לָמוּת שָׁם אֲנַחְנוּ וּבְעִירֵנוּ׃
ה וְלָמָה הֶעֱלִיתֻנוּ מִמִּצְרַיִם לְהָבִיא אֹתָנוּ אֶל־הַמָּקוֹם הָרָע הַזֶּה
ו לֹא ׀ מְקוֹם זֶרַע וּתְאֵנָה וְגֶפֶן וְרִמּוֹן וּמַיִם אַיִן לִשְׁתּוֹת׃ וַיָּבֹא
מֹשֶׁה וְאַהֲרֹן מִפְּנֵי הַקָּהָל אֶל־פֶּתַח אֹהֶל מוֹעֵד וַיִּפְּלוּ עַל־פְּנֵיהֶם
וַיֵּרָא כְבוֹד־יְהוָה אֲלֵיהֶם׃

שלישי / שני / ז ח וַיְדַבֵּר יְהוָה אֶל־מֹשֶׁה לֵּאמֹר׃ קַח אֶת־הַמַּטֶּה וְהַקְהֵל אֶת־
הָעֵדָה אַתָּה וְאַהֲרֹן אָחִיךָ וְדִבַּרְתֶּם אֶל־הַסֶּלַע לְעֵינֵיהֶם
וְנָתַן מֵימָיו וְהוֹצֵאתָ לָהֶם מַיִם מִן־הַסֶּלַע וְהִשְׁקִיתָ אֶת־הָעֵדָה
ט וְאֶת־בְּעִירָם׃ וַיִּקַּח מֹשֶׁה אֶת־הַמַּטֶּה מִלִּפְנֵי יְהוָה כַּאֲשֶׁר
י צִוָּהוּ׃ וַיַּקְהִלוּ מֹשֶׁה וְאַהֲרֹן אֶת־הַקָּהָל אֶל־פְּנֵי הַסָּלַע וַיֹּאמֶר
לָהֶם שִׁמְעוּ־נָא הַמֹּרִים הֲמִן־הַסֶּלַע הַזֶּה נוֹצִיא לָכֶם מָיִם׃

כ
יא וַיָּרֶם מֹשֶׁה אֶת־יָדוֹ וַיַּךְ אֶת־הַסֶּלַע בְּמַטֵּהוּ פַּעֲמָיִם וַיֵּצְאוּ
יב מַיִם רַבִּים וַתֵּשְׁתְּ הָעֵדָה וּבְעִירָם׃ וַיֹּאמֶר יְהוָה
אֶל־מֹשֶׁה וְאֶל־אַהֲרֹן יַעַן לֹא־הֶאֱמַנְתֶּם בִּי לְהַקְדִּישֵׁנִי לְעֵינֵי
בְּנֵי יִשְׂרָאֵל לָכֵן לֹא תָבִיאוּ אֶת־הַקָּהָל הַזֶּה אֶל־הָאָרֶץ אֲשֶׁר־
יג נָתַתִּי לָהֶם׃ הֵמָּה מֵי מְרִיבָה אֲשֶׁר־רָבוּ בְנֵי־יִשְׂרָאֵל אֶת־
יד יְהוָה וַיִּקָּדֵשׁ בָּם׃ וַיִּשְׁלַח מֹשֶׁה מַלְאָכִים מִקָּדֵשׁ יח רביעי
אֶל־מֶלֶךְ אֱדוֹם כֹּה אָמַר אָחִיךָ יִשְׂרָאֵל אַתָּה יָדַעְתָּ אֵת כָּל־
טו הַתְּלָאָה אֲשֶׁר מְצָאָתְנוּ׃ וַיֵּרְדוּ אֲבֹתֵינוּ מִצְרַיְמָה וַנֵּשֶׁב בְּמִצְרַיִם
טז יָמִים רַבִּים וַיָּרֵעוּ לָנוּ מִצְרַיִם וְלַאֲבֹתֵינוּ׃ וַנִּצְעַק אֶל־יְהוָה
וַיִּשְׁמַע קֹלֵנוּ וַיִּשְׁלַח מַלְאָךְ וַיֹּצִאֵנוּ מִמִּצְרָיִם וְהִנֵּה אֲנַחְנוּ בְקָדֵשׁ
יז עִיר קְצֵה גְבוּלֶךָ׃ נַעְבְּרָה־נָּא בְאַרְצֶךָ לֹא נַעֲבֹר בְּשָׂדֶה וּבְכֶרֶם
וְלֹא נִשְׁתֶּה מֵי בְאֵר דֶּרֶךְ הַמֶּלֶךְ נֵלֵךְ לֹא נִטֶּה יָמִין וּשְׂמֹאול
יח עַד אֲשֶׁר־נַעֲבֹר גְּבֻלֶךָ׃ וַיֹּאמֶר אֵלָיו אֱדוֹם לֹא תַעֲבֹר בִּי פֶּן־
יט בַּחֶרֶב אֵצֵא לִקְרָאתֶךָ׃ וַיֹּאמְרוּ אֵלָיו בְּנֵי־יִשְׂרָאֵל בַּמְסִלָּה נַעֲלֶה
וְאִם־מֵימֶיךָ נִשְׁתֶּה אֲנִי וּמִקְנַי וְנָתַתִּי מִכְרָם רַק אֵין־דָּבָר בְּרַגְלַי
כ אֶעֱבֹרָה׃ וַיֹּאמֶר לֹא תַעֲבֹר וַיֵּצֵא אֱדוֹם לִקְרָאתוֹ בְּעַם כָּבֵד
כא וּבְיָד חֲזָקָה׃ וַיְמָאֵן ׀ אֱדוֹם נְתֹן אֶת־יִשְׂרָאֵל עֲבֹר בִּגְבֻלוֹ וַיֵּט
יִשְׂרָאֵל מֵעָלָיו׃
כב כג וַיִּסְעוּ מִקָּדֵשׁ וַיָּבֹאוּ בְנֵי־יִשְׂרָאֵל כָּל־הָעֵדָה הֹר הָהָר׃ וַיֹּאמֶר חמישי (שלישי)
יְהוָה אֶל־מֹשֶׁה וְאֶל־אַהֲרֹן בְּהֹר הָהָר עַל־גְּבוּל אֶרֶץ־אֱדוֹם
כד לֵאמֹר׃ יֵאָסֵף אַהֲרֹן אֶל־עַמָּיו כִּי לֹא יָבֹא אֶל־הָאָרֶץ אֲשֶׁר
נָתַתִּי לִבְנֵי יִשְׂרָאֵל עַל אֲשֶׁר־מְרִיתֶם אֶת־פִּי לְמֵי מְרִיבָה׃
כה כו קַח אֶת־אַהֲרֹן וְאֶת־אֶלְעָזָר בְּנוֹ וְהַעַל אֹתָם הֹר הָהָר׃ וְהַפְשֵׁט
אֶת־אַהֲרֹן אֶת־בְּגָדָיו וְהִלְבַּשְׁתָּם אֶת־אֶלְעָזָר בְּנוֹ וְאַהֲרֹן יֵאָסֵף
כז וּמֵת שָׁם׃ וַיַּעַשׂ מֹשֶׁה כַּאֲשֶׁר צִוָּה יְהוָה וַיַּעֲלוּ אֶל־הֹר הָהָר
כח לְעֵינֵי כָּל־הָעֵדָה׃ וַיַּפְשֵׁט מֹשֶׁה אֶת־אַהֲרֹן אֶת־בְּגָדָיו וַיַּלְבֵּשׁ
אֹתָם אֶת־אֶלְעָזָר בְּנוֹ וַיָּמָת אַהֲרֹן שָׁם בְּרֹאשׁ הָהָר וַיֵּרֶד מֹשֶׁה

כט וְאֶלְעָזָר מִן־הָהָר׃ וַיִּרְאוּ כָּל־הָעֵדָה כִּי גָוַע אַהֲרֹן וַיִּבְכּוּ אֶת־
כא א אַהֲרֹן שְׁלֹשִׁים יוֹם כֹּל בֵּית יִשְׂרָאֵל׃ וַיִּשְׁמַע
הַכְּנַעֲנִי מֶלֶךְ־עֲרָד יֹשֵׁב הַנֶּגֶב כִּי בָּא יִשְׂרָאֵל דֶּרֶךְ הָאֲתָרִים
ב וַיִּלָּחֶם בְּיִשְׂרָאֵל וַיִּשְׁבְּ ׀ מִמֶּנּוּ שֶׁבִי׃ וַיִּדַּר יִשְׂרָאֵל נֶדֶר לַיהוָה
וַיֹּאמַר אִם־נָתֹן תִּתֵּן אֶת־הָעָם הַזֶּה בְּיָדִי וְהַחֲרַמְתִּי אֶת־
ג עָרֵיהֶם׃ וַיִּשְׁמַע יְהוָה בְּקוֹל יִשְׂרָאֵל וַיִּתֵּן אֶת־הַכְּנַעֲנִי וַיַּחֲרֵם
אֶתְהֶם וְאֶת־עָרֵיהֶם וַיִּקְרָא שֵׁם־הַמָּקוֹם חָרְמָה׃
ד וַיִּסְעוּ מֵהֹר הָהָר דֶּרֶךְ יַם־סוּף לִסְבֹב אֶת־אֶרֶץ אֱדוֹם וַתִּקְצַר
ה נֶפֶשׁ־הָעָם בַּדָּרֶךְ׃ וַיְדַבֵּר הָעָם בֵּאלֹהִים וּבְמֹשֶׁה לָמָה הֶעֱלִיתֻנוּ
מִמִּצְרַיִם לָמוּת בַּמִּדְבָּר כִּי אֵין לֶחֶם וְאֵין מַיִם וְנַפְשֵׁנוּ קָצָה
ו בַּלֶּחֶם הַקְּלֹקֵל׃ וַיְשַׁלַּח יְהוָה בָּעָם אֵת הַנְּחָשִׁים הַשְּׂרָפִים
ז וַיְנַשְּׁכוּ אֶת־הָעָם וַיָּמָת עַם־רָב מִיִּשְׂרָאֵל׃ וַיָּבֹא הָעָם אֶל־
מֹשֶׁה וַיֹּאמְרוּ חָטָאנוּ כִּי־דִבַּרְנוּ בַיהוָה וָבָךְ הִתְפַּלֵּל אֶל־יְהוָה
ח וְיָסֵר מֵעָלֵינוּ אֶת־הַנָּחָשׁ וַיִּתְפַּלֵּל מֹשֶׁה בְּעַד הָעָם׃ וַיֹּאמֶר
יְהוָה אֶל־מֹשֶׁה עֲשֵׂה לְךָ שָׂרָף וְשִׂים אֹתוֹ עַל־נֵס וְהָיָה כָּל־
ט הַנָּשׁוּךְ וְרָאָה אֹתוֹ וָחָי׃ וַיַּעַשׂ מֹשֶׁה נְחַשׁ נְחֹשֶׁת וַיְשִׂמֵהוּ
עַל־הַנֵּס וְהָיָה אִם־נָשַׁךְ הַנָּחָשׁ אֶת־אִישׁ וְהִבִּיט אֶל־נְחַשׁ
ששי י יא הַנְּחֹשֶׁת וָחָי׃ וַיִּסְעוּ בְּנֵי יִשְׂרָאֵל וַיַּחֲנוּ בְּאֹבֹת׃ וַיִּסְעוּ מֵאֹבֹת
וַיַּחֲנוּ בְּעִיֵּי הָעֲבָרִים בַּמִּדְבָּר אֲשֶׁר עַל־פְּנֵי מוֹאָב מִמִּזְרַח
יב יג הַשָּׁמֶשׁ׃ מִשָּׁם נָסָעוּ וַיַּחֲנוּ בְּנַחַל זָרֶד׃ מִשָּׁם נָסָעוּ וַיַּחֲנוּ מֵעֵבֶר
אַרְנוֹן אֲשֶׁר בַּמִּדְבָּר הַיֹּצֵא מִגְּבֻל הָאֱמֹרִי כִּי אַרְנוֹן גְּבוּל מוֹאָב
יד בֵּין מוֹאָב וּבֵין הָאֱמֹרִי׃ עַל־כֵּן יֵאָמַר בְּסֵפֶר מִלְחֲמֹת יְהוָה
טו אֶת־וָהֵב בְּסוּפָה וְאֶת־הַנְּחָלִים אַרְנוֹן׃ וְאֶשֶׁד הַנְּחָלִים אֲשֶׁר
טז נָטָה לְשֶׁבֶת עָר וְנִשְׁעַן לִגְבוּל מוֹאָב׃ וּמִשָּׁם בְּאֵרָה הִוא
הַבְּאֵר אֲשֶׁר אָמַר יְהוָה לְמֹשֶׁה אֱסֹף אֶת־הָעָם וְאֶתְּנָה לָהֶם
יז מָיִם׃ אָז יָשִׁיר יִשְׂרָאֵל אֶת־הַשִּׁירָה הַזֹּאת עֲלִי
יח בְאֵר עֱנוּ־לָהּ׃ בְּאֵר חֲפָרוּהָ שָׂרִים כָּרוּהָ נְדִיבֵי הָעָם בִּמְחֹקֵק

יט וּמִמַּתָּנָה נַחֲלִיאֵל וּמִנַּחֲלִיאֵל
כ בָּמוֹת: וּמִבָּמוֹת הַגַּיְא אֲשֶׁר בִּשְׂדֵה מוֹאָב רֹאשׁ הַפִּסְגָּה וְנִשְׁקָפָה
עַל־פְּנֵי הַיְשִׁימֹן:
כא וַיִּשְׁלַח יִשְׂרָאֵל מַלְאָכִים אֶל־סִיחֹן מֶלֶךְ־הָאֱמֹרִי לֵאמֹר: שביעי (רביעי)
כב אֶעְבְּרָה בְאַרְצֶךָ לֹא נִטֶּה בְּשָׂדֶה וּבְכֶרֶם לֹא נִשְׁתֶּה מֵי בְאֵר
כג בְּדֶרֶךְ הַמֶּלֶךְ נֵלֵךְ עַד אֲשֶׁר־נַעֲבֹר גְּבֻלֶךָ: וְלֹא־נָתַן סִיחֹן אֶת־
יִשְׂרָאֵל עֲבֹר בִּגְבֻלוֹ וַיֶּאֱסֹף סִיחֹן אֶת־כָּל־עַמּוֹ וַיֵּצֵא לִקְרַאת
כד יִשְׂרָאֵל הַמִּדְבָּרָה וַיָּבֹא יָהְצָה וַיִּלָּחֶם בְּיִשְׂרָאֵל: וַיַּכֵּהוּ יִשְׂרָאֵל
לְפִי־חָרֶב וַיִּירַשׁ אֶת־אַרְצוֹ מֵאַרְנֹן עַד־יַבֹּק עַד־בְּנֵי עַמּוֹן כִּי
כה עַז גְּבוּל בְּנֵי עַמּוֹן: וַיִּקַּח יִשְׂרָאֵל אֵת כָּל־הֶעָרִים הָאֵלֶּה וַיֵּשֶׁב
כו יִשְׂרָאֵל בְּכָל־עָרֵי הָאֱמֹרִי בְּחֶשְׁבּוֹן וּבְכָל־בְּנֹתֶיהָ: כִּי חֶשְׁבּוֹן
עִיר סִיחֹן מֶלֶךְ הָאֱמֹרִי הִוא וְהוּא נִלְחַם בְּמֶלֶךְ מוֹאָב הָרִאשׁוֹן
כז וַיִּקַּח אֶת־כָּל־אַרְצוֹ מִיָּדוֹ עַד־אַרְנֹן: עַל־כֵּן יֹאמְרוּ הַמֹּשְׁלִים
כח בֹּאוּ חֶשְׁבּוֹן תִּבָּנֶה וְתִכּוֹנֵן עִיר סִיחוֹן: כִּי־אֵשׁ יָצְאָה מֵחֶשְׁבּוֹן
כט לֶהָבָה מִקִּרְיַת סִיחֹן אָכְלָה עָר מוֹאָב בַּעֲלֵי בָּמוֹת אַרְנֹן: אוֹי־
לְךָ מוֹאָב אָבַדְתָּ עַם־כְּמוֹשׁ נָתַן בָּנָיו פְּלֵיטִם וּבְנֹתָיו בַּשְּׁבִית
ל לְמֶלֶךְ אֱמֹרִי סִיחוֹן: וַנִּירָם אָבַד חֶשְׁבּוֹן עַד־דִּיבֹן וַנַּשִּׁים עַד־
לא לב נֹפַח אֲשֶׁר עַד־מֵידְבָא: וַיֵּשֶׁב יִשְׂרָאֵל בְּאֶרֶץ הָאֱמֹרִי: וַיִּשְׁלַח
מֹשֶׁה לְרַגֵּל אֶת־יַעְזֵר וַיִּלְכְּדוּ בְּנֹתֶיהָ וַיִּירֶשׁ אֶת־הָאֱמֹרִי אֲשֶׁר־ וַיּוֹרֶשׁ
לג שָׁם: וַיִּפְנוּ וַיַּעֲלוּ דֶּרֶךְ הַבָּשָׁן וַיֵּצֵא עוֹג מֶלֶךְ־הַבָּשָׁן לִקְרָאתָם
לד הוּא וְכָל־עַמּוֹ לַמִּלְחָמָה אֶדְרֶעִי: וַיֹּאמֶר יְהוָה אֶל־מֹשֶׁה אַל־ מפטיר
תִּירָא אֹתוֹ כִּי בְיָדְךָ נָתַתִּי אֹתוֹ וְאֶת־כָּל־עַמּוֹ וְאֶת־אַרְצוֹ וְעָשִׂיתָ
לּוֹ כַּאֲשֶׁר עָשִׂיתָ לְסִיחֹן מֶלֶךְ הָאֱמֹרִי אֲשֶׁר יוֹשֵׁב בְּחֶשְׁבּוֹן:
לה וַיַּכּוּ אֹתוֹ וְאֶת־בָּנָיו וְאֶת־כָּל־עַמּוֹ עַד־בִּלְתִּי הִשְׁאִיר־לוֹ שָׂרִיד
כב א וַיִּירְשׁוּ אֶת־אַרְצוֹ: וַיִּסְעוּ בְּנֵי יִשְׂרָאֵל וַיַּחֲנוּ בְּעַרְבוֹת מוֹאָב
ב מֵעֵבֶר לְיַרְדֵּן יְרֵחוֹ: וַיַּרְא בָּלָק בֶּן־צִפּוֹר אֵת יט בלק
ג כָּל־אֲשֶׁר־עָשָׂה יִשְׂרָאֵל לָאֱמֹרִי: וַיָּגָר מוֹאָב מִפְּנֵי הָעָם מְאֹד

ד כִּי רַב־הוּא וַיָּקָץ מוֹאָב מִפְּנֵי בְּנֵי יִשְׂרָאֵל׃ וַיֹּאמֶר מוֹאָב אֶל־
זִקְנֵי מִדְיָן עַתָּה יְלַחֲכוּ הַקָּהָל אֶת־כָּל־סְבִיבֹתֵינוּ כִּלְחֹךְ הַשּׁוֹר
אֵת יֶרֶק הַשָּׂדֶה וּבָלָק בֶּן־צִפּוֹר מֶלֶךְ לְמוֹאָב בָּעֵת הַהִוא׃
ה וַיִּשְׁלַח מַלְאָכִים אֶל־בִּלְעָם בֶּן־בְּעֹר פְּתוֹרָה אֲשֶׁר עַל־הַנָּהָר
אֶרֶץ בְּנֵי־עַמּוֹ לִקְרֹא־לוֹ לֵאמֹר הִנֵּה עַם יָצָא מִמִּצְרַיִם הִנֵּה
ו כִסָּה אֶת־עֵין הָאָרֶץ וְהוּא יֹשֵׁב מִמֻּלִי׃ וְעַתָּה לְכָה־נָּא אָרָה־
לִּי אֶת־הָעָם הַזֶּה כִּי־עָצוּם הוּא מִמֶּנִּי אוּלַי אוּכַל נַכֶּה־בּוֹ
וַאֲגָרְשֶׁנּוּ מִן־הָאָרֶץ כִּי יָדַעְתִּי אֵת אֲשֶׁר־תְּבָרֵךְ מְבֹרָךְ וַאֲשֶׁר
ז תָּאֹר יוּאָר׃ וַיֵּלְכוּ זִקְנֵי מוֹאָב וְזִקְנֵי מִדְיָן וּקְסָמִים בְּיָדָם וַיָּבֹאוּ
ח אֶל־בִּלְעָם וַיְדַבְּרוּ אֵלָיו דִּבְרֵי בָלָק׃ וַיֹּאמֶר אֲלֵיהֶם לִינוּ פֹה
הַלַּיְלָה וַהֲשִׁבֹתִי אֶתְכֶם דָּבָר כַּאֲשֶׁר יְדַבֵּר יְהוָה אֵלָי וַיֵּשְׁבוּ
ט שָׂרֵי־מוֹאָב עִם־בִּלְעָם׃ וַיָּבֹא אֱלֹהִים אֶל־בִּלְעָם וַיֹּאמֶר מִי
י הָאֲנָשִׁים הָאֵלֶּה עִמָּךְ׃ וַיֹּאמֶר בִּלְעָם אֶל־הָאֱלֹהִים בָּלָק בֶּן־
יא צִפֹּר מֶלֶךְ מוֹאָב שָׁלַח אֵלָי׃ הִנֵּה הָעָם הַיֹּצֵא מִמִּצְרַיִם וַיְכַס
אֶת־עֵין הָאָרֶץ עַתָּה לְכָה קָבָה־לִּי אֹתוֹ אוּלַי אוּכַל לְהִלָּחֶם
יב בּוֹ וְגֵרַשְׁתִּיו׃ וַיֹּאמֶר אֱלֹהִים אֶל־בִּלְעָם לֹא תֵלֵךְ עִמָּהֶם לֹא
יג תָאֹר אֶת־הָעָם כִּי בָרוּךְ הוּא׃ וַיָּקָם בִּלְעָם בַּבֹּקֶר וַיֹּאמֶר שני /חמישי/
אֶל־שָׂרֵי בָלָק לְכוּ אֶל־אַרְצְכֶם כִּי מֵאֵן יְהוָה לְתִתִּי לַהֲלֹךְ
יד עִמָּכֶם׃ וַיָּקוּמוּ שָׂרֵי מוֹאָב וַיָּבֹאוּ אֶל־בָּלָק וַיֹּאמְרוּ מֵאֵן בִּלְעָם
טו הֲלֹךְ עִמָּנוּ׃ וַיֹּסֶף עוֹד בָּלָק שְׁלֹחַ שָׂרִים רַבִּים וְנִכְבָּדִים מֵאֵלֶּה׃
טז וַיָּבֹאוּ אֶל־בִּלְעָם וַיֹּאמְרוּ לוֹ כֹּה אָמַר בָּלָק בֶּן־צִפּוֹר אַל־
יז נָא תִמָּנַע מֵהֲלֹךְ אֵלָי׃ כִּי־כַבֵּד אֲכַבֶּדְךָ מְאֹד וְכֹל אֲשֶׁר־
יח תֹּאמַר אֵלַי אֶעֱשֶׂה וּלְכָה־נָּא קָבָה לִּי אֵת הָעָם הַזֶּה׃ וַיַּעַן
בִּלְעָם וַיֹּאמֶר אֶל־עַבְדֵי בָלָק אִם־יִתֶּן־לִי בָלָק מְלֹא בֵיתוֹ
כֶּסֶף וְזָהָב לֹא אוּכַל לַעֲבֹר אֶת־פִּי יְהוָה אֱלֹהָי לַעֲשׂוֹת קְטַנָּה
יט אוֹ גְדוֹלָה׃ וְעַתָּה שְׁבוּ נָא בָזֶה גַּם־אַתֶּם הַלָּיְלָה וְאֵדְעָה מַה־
כ יֹּסֵף יְהוָה דַּבֵּר עִמִּי׃ וַיָּבֹא אֱלֹהִים ׀ אֶל־בִּלְעָם לַיְלָה וַיֹּאמֶר

לוֹ אִם־לִקְרֹא לְךָ בָּאוּ הָאֲנָשִׁים קוּם לֵךְ אִתָּם וְאַךְ אֶת־הַדָּבָר
כא אֲשֶׁר־אֲדַבֵּר אֵלֶיךָ אֹתוֹ תַעֲשֶׂה׃ וַיָּקָם בִּלְעָם בַּבֹּקֶר וַיַּחֲבֹשׁ שלישי
כב אֶת־אֲתֹנוֹ וַיֵּלֶךְ עִם־שָׂרֵי מוֹאָב׃ וַיִּחַר־אַף אֱלֹהִים כִּי־הוֹלֵךְ
הוּא וַיִּתְיַצֵּב מַלְאַךְ יהוה בַּדֶּרֶךְ לְשָׂטָן לוֹ וְהוּא רֹכֵב עַל־אֲתֹנוֹ
כג וּשְׁנֵי נְעָרָיו עִמּוֹ׃ וַתֵּרֶא הָאָתוֹן אֶת־מַלְאַךְ יהוה נִצָּב בַּדֶּרֶךְ
וְחַרְבּוֹ שְׁלוּפָה בְּיָדוֹ וַתֵּט הָאָתוֹן מִן־הַדֶּרֶךְ וַתֵּלֶךְ בַּשָּׂדֶה וַיַּךְ
כד בִּלְעָם אֶת־הָאָתוֹן לְהַטֹּתָהּ הַדָּרֶךְ׃ וַיַּעֲמֹד מַלְאַךְ יהוה בְּמִשְׁעוֹל
כה הַכְּרָמִים גָּדֵר מִזֶּה וְגָדֵר מִזֶּה׃ וַתֵּרֶא הָאָתוֹן אֶת־מַלְאַךְ יהוה
וַתִּלָּחֵץ אֶל־הַקִּיר וַתִּלְחַץ אֶת־רֶגֶל בִּלְעָם אֶל־הַקִּיר וַיֹּסֶף
כו לְהַכֹּתָהּ׃ וַיּוֹסֶף מַלְאַךְ־יהוה עֲבוֹר וַיַּעֲמֹד בְּמָקוֹם צָר אֲשֶׁר
כז אֵין־דֶּרֶךְ לִנְטוֹת יָמִין וּשְׂמֹאול׃ וַתֵּרֶא הָאָתוֹן אֶת־מַלְאַךְ יהוה
וַתִּרְבַּץ תַּחַת בִּלְעָם וַיִּחַר־אַף בִּלְעָם וַיַּךְ אֶת־הָאָתוֹן בַּמַּקֵּל׃
כח וַיִּפְתַּח יהוה אֶת־פִּי הָאָתוֹן וַתֹּאמֶר לְבִלְעָם מֶה־עָשִׂיתִי לְךָ
כט כִּי הִכִּיתַנִי זֶה שָׁלֹשׁ רְגָלִים׃ וַיֹּאמֶר בִּלְעָם לָאָתוֹן כִּי הִתְעַלַּלְתְּ
ל בִּי לוּ יֶשׁ־חֶרֶב בְּיָדִי כִּי עַתָּה הֲרַגְתִּיךְ׃ וַתֹּאמֶר הָאָתוֹן אֶל־
בִּלְעָם הֲלוֹא אָנֹכִי אֲתֹנְךָ אֲשֶׁר־רָכַבְתָּ עָלַי מֵעוֹדְךָ עַד־הַיּוֹם
לא הַזֶּה הַהַסְכֵּן הִסְכַּנְתִּי לַעֲשׂוֹת לְךָ כֹּה וַיֹּאמֶר לֹא׃ וַיְגַל יהוה
אֶת־עֵינֵי בִלְעָם וַיַּרְא אֶת־מַלְאַךְ יהוה נִצָּב בַּדֶּרֶךְ וְחַרְבּוֹ
לב שְׁלֻפָה בְּיָדוֹ וַיִּקֹּד וַיִּשְׁתַּחוּ לְאַפָּיו׃ וַיֹּאמֶר אֵלָיו מַלְאַךְ יהוה
עַל־מָה הִכִּיתָ אֶת־אֲתֹנְךָ זֶה שָׁלוֹשׁ רְגָלִים הִנֵּה אָנֹכִי יָצָאתִי
לג לְשָׂטָן כִּי־יָרַט הַדֶּרֶךְ לְנֶגְדִּי׃ וַתִּרְאַנִי הָאָתוֹן וַתֵּט לְפָנַי זֶה שָׁלֹשׁ
רְגָלִים אוּלַי נָטְתָה מִפָּנַי כִּי עַתָּה גַּם־אֹתְכָה הָרַגְתִּי וְאוֹתָהּ
לד הֶחֱיֵיתִי׃ וַיֹּאמֶר בִּלְעָם אֶל־מַלְאַךְ יהוה חָטָאתִי כִּי לֹא יָדַעְתִּי
כִּי אַתָּה נִצָּב לִקְרָאתִי בַּדָּרֶךְ וְעַתָּה אִם־רַע בְּעֵינֶיךָ אָשׁוּבָה
לה לִּי׃ וַיֹּאמֶר מַלְאַךְ יהוה אֶל־בִּלְעָם לֵךְ עִם־הָאֲנָשִׁים וְאֶפֶס
אֶת־הַדָּבָר אֲשֶׁר־אֲדַבֵּר אֵלֶיךָ אֹתוֹ תְדַבֵּר וַיֵּלֶךְ בִּלְעָם עִם־
לו שָׂרֵי בָלָק׃ וַיִּשְׁמַע בָּלָק כִּי־בָא בִלְעָם וַיֵּצֵא לִקְרָאתוֹ אֶל־

לז עיר מואב אשר על־גבול ארנן אשר בקצה הגבול: ויאמר
בלק אל־בלעם הלא שלח שלחתי אליך לקרא־לך למה
לח לא־הלכת אלי האמנם לא אוכל כבדך: ויאמר בלעם אל־
בלק הנה־באתי אליך עתה היכל אוכל דבר מאומה הדבר
לט אשר ישים אלהים בפי אתו אדבר: וילך בלעם עם־בלק רביעי וששי
מ ויבאו קרית חצות: ויזבח בלק בקר וצאן וישלח לבלעם
מא ולשרים אשר אתו: ויהי בבקר ויקח בלק את־בלעם ויעלהו
כג א במות בעל וירא משם קצה העם: ויאמר בלעם אל־בלק
בנה־לי בזה שבעה מזבחת והכן לי בזה שבעה פרים ושבעה
ב אילים: ויעש בלק כאשר דבר בלעם ויעל בלק ובלעם פר
ג ואיל במזבח: ויאמר בלעם לבלק התיצב על־עלתך ואלכה
אולי יקרה יהוה לקראתי ודבר מה־יראני והגדתי לך וילך
ד שפי: ויקר אלהים אל־בלעם ויאמר אליו את־שבעת המזבחת
ה ערכתי ואעל פר ואיל במזבח: וישם יהוה דבר בפי בלעם
ו ויאמר שוב אל־בלק וכה תדבר: וישב אליו והנה נצב על־
ז עלתו הוא וכל־שרי מואב: וישא משלו ויאמר מן־ארם
ינחני בלק מלך־מואב מהררי־קדם לכה ארה־לי יעקב ולכה
ח זעמה ישראל: מה אקב לא קבה אל ומה אזעם לא זעם
ט יהוה: כי־מראש צרים אראנו ומגבעות אשורנו הן־עם
י לבדד ישכן ובגוים לא יתחשב: מי מנה עפר יעקב ומספר כ
את־רבע ישראל תמת נפשי מות ישרים ותהי אחריתי
יא כמהו: ויאמר בלק אל־בלעם מה עשית לי לקב איבי
יב לקחתיך והנה ברכת ברך: ויען ויאמר הלא את אשר ישים
יג יהוה בפי אתו אשמר לדבר: ויאמר אליו בלק לך־נא אתי חמישי
אל־מקום אחר אשר תראנו משם אפס קצהו תראה וכלו
יד לא תראה וקבנו־לי משם: ויקחהו שדה צפים אל־ראש
טו הפסגה ויבן שבעה מזבחת ויעל פר ואיל במזבח: ויאמר

טז אֶל־בָּלָק הִתְיַצֵּב כֹּה עַל־עֹלָתֶךָ וְאָנֹכִי אִקָּרֶה כֹּה׃ וַיִּקָּר יְהוָה
אֶל־בִּלְעָם וַיָּשֶׂם דָּבָר בְּפִיו וַיֹּאמֶר שׁוּב אֶל־בָּלָק וְכֹה תְדַבֵּר׃
יז וַיָּבֹא אֵלָיו וְהִנּוֹ נִצָּב עַל־עֹלָתוֹ וְשָׂרֵי מוֹאָב אִתּוֹ וַיֹּאמֶר לוֹ
יח בָּלָק מַה־דִּבֶּר יְהוָה׃ וַיִּשָּׂא מְשָׁלוֹ וַיֹּאמַר קוּם בָּלָק וּשֲׁמָע
יט הַאֲזִינָה עָדַי בְּנוֹ צִפֹּר׃ לֹא אִישׁ אֵל וִיכַזֵּב וּבֶן־אָדָם וְיִתְנֶחָם
כ הַהוּא אָמַר וְלֹא יַעֲשֶׂה וְדִבֶּר וְלֹא יְקִימֶנָּה׃ הִנֵּה בָרֵךְ לָקָחְתִּי
כא וּבֵרֵךְ וְלֹא אֲשִׁיבֶנָּה׃ לֹא־הִבִּיט אָוֶן בְּיַעֲקֹב וְלֹא־רָאָה עָמָל
כב בְּיִשְׂרָאֵל יְהוָה אֱלֹהָיו עִמּוֹ וּתְרוּעַת מֶלֶךְ בּוֹ׃ אֵל מוֹצִיאָם
כג מִמִּצְרָיִם כְּתוֹעֲפֹת רְאֵם לוֹ׃ כִּי לֹא־נַחַשׁ בְּיַעֲקֹב וְלֹא־קֶסֶם
כד בְּיִשְׂרָאֵל כָּעֵת יֵאָמֵר לְיַעֲקֹב וּלְיִשְׂרָאֵל מַה־פָּעַל אֵל׃ הֶן־עָם
כְּלָבִיא יָקוּם וְכַאֲרִי יִתְנַשָּׂא לֹא יִשְׁכַּב עַד־יֹאכַל טֶרֶף וְדַם־
כה חֲלָלִים יִשְׁתֶּה׃ וַיֹּאמֶר בָּלָק אֶל־בִּלְעָם גַּם־קֹב לֹא תִקֳּבֶנּוּ
כו גַּם־בָּרֵךְ לֹא תְבָרְכֶנּוּ׃ וַיַּעַן בִּלְעָם וַיֹּאמֶר אֶל־בָּלָק הֲלֹא
כז דִּבַּרְתִּי אֵלֶיךָ לֵאמֹר כֹּל אֲשֶׁר־יְדַבֵּר יְהוָה אֹתוֹ אֶעֱשֶׂה׃ וַיֹּאמֶר ששי (שביעי)
בָּלָק אֶל־בִּלְעָם לְכָה־נָּא אֶקָּחֲךָ אֶל־מָקוֹם אַחֵר אוּלַי יִישַׁר בְּעֵינֵי
כח הָאֱלֹהִים וְקַבֹּתוֹ לִי מִשָּׁם׃ וַיִּקַּח בָּלָק אֶת־בִּלְעָם רֹאשׁ הַפְּעוֹר
כט הַנִּשְׁקָף עַל־פְּנֵי הַיְשִׁימֹן׃ וַיֹּאמֶר בִּלְעָם אֶל־בָּלָק בְּנֵה־לִי בָזֶה
ל שִׁבְעָה מִזְבְּחֹת וְהָכֵן לִי בָּזֶה שִׁבְעָה פָרִים וְשִׁבְעָה אֵילִם׃ וַיַּעַשׂ
כד א בָּלָק כַּאֲשֶׁר אָמַר בִּלְעָם וַיַּעַל פָּר וָאַיִל בַּמִּזְבֵּחַ׃ וַיַּרְא בִּלְעָם
כִּי טוֹב בְּעֵינֵי יְהוָה לְבָרֵךְ אֶת־יִשְׂרָאֵל וְלֹא־הָלַךְ כְּפַעַם־בְּפַעַם
ב לִקְרַאת נְחָשִׁים וַיָּשֶׁת אֶל־הַמִּדְבָּר פָּנָיו׃ וַיִּשָּׂא בִלְעָם אֶת־עֵינָיו
ג וַיַּרְא אֶת־יִשְׂרָאֵל שֹׁכֵן לִשְׁבָטָיו וַתְּהִי עָלָיו רוּחַ אֱלֹהִים׃ וַיִּשָּׂא
מְשָׁלוֹ וַיֹּאמַר נְאֻם בִּלְעָם בְּנוֹ בְעֹר וּנְאֻם הַגֶּבֶר שְׁתֻם הָעָיִן׃
ד נְאֻם שֹׁמֵעַ אִמְרֵי־אֵל אֲשֶׁר מַחֲזֵה שַׁדַּי יֶחֱזֶה נֹפֵל וּגְלוּי עֵינָיִם׃
ה ו מַה־טֹּבוּ אֹהָלֶיךָ יַעֲקֹב מִשְׁכְּנֹתֶיךָ יִשְׂרָאֵל׃ כִּנְחָלִים נִטָּיוּ כְּגַנֹּת
ז עֲלֵי נָהָר כַּאֲהָלִים נָטַע יְהוָה כַּאֲרָזִים עֲלֵי־מָיִם׃ יִזַּל־מַיִם
מִדָּלְיָו וְזַרְעוֹ בְּמַיִם רַבִּים וְיָרֹם מֵאֲגַג מַלְכּוֹ וְתִנַּשֵּׂא מַלְכֻתוֹ׃

אֵל מוֹצִיאוֹ מִמִּצְרַיִם כְּתוֹעֲפֹת רְאֵם לוֹ יֹאכַל גּוֹיִם צָרָיו ח
וְעַצְמֹתֵיהֶם יְגָרֵם וְחִצָּיו יִמְחָץ׃ כָּרַע שָׁכַב כַּאֲרִי וּכְלָבִיא מִי ט
יְקִימֶנּוּ מְבָרְכֶיךָ בָרוּךְ וְאֹרְרֶיךָ אָרוּר׃ וַיִּחַר־אַף בָּלָק אֶל־ י
בִּלְעָם וַיִּסְפֹּק אֶת־כַּפָּיו וַיֹּאמֶר בָּלָק אֶל־בִּלְעָם לָקֹב אֹיְבַי
קְרָאתִיךָ וְהִנֵּה בֵּרַכְתָּ בָרֵךְ זֶה שָׁלֹשׁ פְּעָמִים׃ וְעַתָּה בְּרַח־לְךָ יא
אֶל־מְקוֹמֶךָ אָמַרְתִּי כַּבֵּד אֲכַבֶּדְךָ וְהִנֵּה מְנָעֲךָ יהוה מִכָּבוֹד׃
וַיֹּאמֶר בִּלְעָם אֶל־בָּלָק הֲלֹא גַּם אֶל־מַלְאָכֶיךָ אֲשֶׁר־שָׁלַחְתָּ יב
אֵלַי דִּבַּרְתִּי לֵאמֹר׃ אִם־יִתֶּן־לִי בָלָק מְלֹא בֵיתוֹ כֶּסֶף וְזָהָב יג
לֹא אוּכַל לַעֲבֹר אֶת־פִּי יהוה לַעֲשׂוֹת טוֹבָה אוֹ רָעָה מִלִּבִּי
שביעי אֲשֶׁר־יְדַבֵּר יהוה אֹתוֹ אֲדַבֵּר׃ וְעַתָּה הִנְנִי הוֹלֵךְ לְעַמִּי לְכָה יד
אִיעָצְךָ אֲשֶׁר יַעֲשֶׂה הָעָם הַזֶּה לְעַמְּךָ בְּאַחֲרִית הַיָּמִים׃ וַיִּשָּׂא טו
מְשָׁלוֹ וַיֹּאמַר נְאֻם בִּלְעָם בְּנוֹ בְעֹר וּנְאֻם הַגֶּבֶר שְׁתֻם הָעָיִן׃
נְאֻם שֹׁמֵעַ אִמְרֵי־אֵל וְיֹדֵעַ דַּעַת עֶלְיוֹן מַחֲזֵה שַׁדַּי יֶחֱזֶה נֹפֵל טז
וּגְלוּי עֵינָיִם׃ אֶרְאֶנּוּ וְלֹא עַתָּה אֲשׁוּרֶנּוּ וְלֹא קָרוֹב דָּרַךְ כּוֹכָב יז
מִיַּעֲקֹב וְקָם שֵׁבֶט מִיִּשְׂרָאֵל וּמָחַץ פַּאֲתֵי מוֹאָב וְקַרְקַר כָּל־
בְּנֵי־שֵׁת׃ וְהָיָה אֱדוֹם יְרֵשָׁה וְהָיָה יְרֵשָׁה שֵׂעִיר אֹיְבָיו וְיִשְׂרָאֵל יח
עֹשֶׂה חָיִל׃ וְיֵרְדְּ מִיַּעֲקֹב וְהֶאֱבִיד שָׂרִיד מֵעִיר׃ וַיַּרְא אֶת־ יט כ
עֲמָלֵק וַיִּשָּׂא מְשָׁלוֹ וַיֹּאמַר רֵאשִׁית גּוֹיִם עֲמָלֵק וְאַחֲרִיתוֹ עֲדֵי
אֹבֵד׃ וַיַּרְא אֶת־הַקֵּינִי וַיִּשָּׂא מְשָׁלוֹ וַיֹּאמַר אֵיתָן מוֹשָׁבֶךָ וְשִׂים כא
בַּסֶּלַע קִנֶּךָ׃ כִּי אִם־יִהְיֶה לְבָעֵר קָיִן עַד־מָה אַשּׁוּר תִּשְׁבֶּךָּ׃ כב
וַיִּשָּׂא מְשָׁלוֹ וַיֹּאמַר אוֹי מִי יִחְיֶה מִשֻּׂמוֹ אֵל׃ וְצִים מִיַּד כִּתִּים כג כד
וְעִנּוּ אַשּׁוּר וְעִנּוּ־עֵבֶר וְגַם־הוּא עֲדֵי אֹבֵד׃ וַיָּקָם בִּלְעָם וַיֵּלֶךְ כה
וַיָּשָׁב לִמְקֹמוֹ וְגַם־בָּלָק הָלַךְ לְדַרְכּוֹ׃

כא וַיֵּשֶׁב יִשְׂרָאֵל בַּשִּׁטִּים וַיָּחֶל הָעָם לִזְנוֹת אֶל־בְּנוֹת מוֹאָב׃ א כה
וַתִּקְרֶאןָ לָעָם לְזִבְחֵי אֱלֹהֵיהֶן וַיֹּאכַל הָעָם וַיִּשְׁתַּחֲווּ לֵאלֹהֵיהֶן׃ ב
וַיִּצָּמֶד יִשְׂרָאֵל לְבַעַל פְּעוֹר וַיִּחַר־אַף יהוה בְּיִשְׂרָאֵל׃ וַיֹּאמֶר ג ד
יהוה אֶל־מֹשֶׁה קַח אֶת־כָּל־רָאשֵׁי הָעָם וְהוֹקַע אוֹתָם לַיהוה

ה נֶ֣גֶד הַשָּׁ֑מֶשׁ וְיָשֹׁ֛ב חֲר֥וֹן אַף־יְהוָ֖ה מִיִּשְׂרָאֵֽל׃ וַיֹּ֣אמֶר מֹשֶׁ֔ה אֶל־
ו שֹׁפְטֵ֖י יִשְׂרָאֵ֑ל הִרְגוּ֙ אִ֣ישׁ אֲנָשָׁ֔יו הַנִּצְמָדִ֖ים לְבַ֥עַל פְּעֽוֹר׃ וְהִנֵּ֡ה
אִישׁ֩ מִבְּנֵ֨י יִשְׂרָאֵ֜ל בָּ֗א וַיַּקְרֵ֤ב אֶל־אֶחָיו֙ אֶת־הַמִּדְיָנִ֔ית לְעֵינֵ֣י
מֹשֶׁ֔ה וּלְעֵינֵ֖י כָּל־עֲדַ֣ת בְּנֵֽי־יִשְׂרָאֵ֑ל וְהֵ֣מָּה בֹכִ֔ים פֶּ֖תַח אֹ֥הֶל
ז מוֹעֵֽד׃ וַיַּ֗רְא פִּֽינְחָס֙ בֶּן־אֶלְעָזָ֔ר בֶּן־אַהֲרֹ֖ן הַכֹּהֵ֑ן וַיָּ֙קָם֙ מִתּ֣וֹךְ מפטיר
ח הָֽעֵדָ֔ה וַיִּקַּ֥ח רֹ֖מַח בְּיָדֽוֹ׃ וַ֠יָּבֹא אַחַ֨ר אִֽישׁ־יִשְׂרָאֵ֜ל אֶל־הַקֻּבָּ֗ה
וַיִּדְקֹר֙ אֶת־שְׁנֵיהֶ֔ם אֵ֚ת אִ֣ישׁ יִשְׂרָאֵ֔ל וְאֶת־הָאִשָּׁ֖ה אֶל־קֳבָתָ֑הּ
ט וַתֵּֽעָצַר֙ הַמַּגֵּפָ֔ה מֵעַ֖ל בְּנֵ֥י יִשְׂרָאֵֽל׃ וַיִּהְי֕וּ הַמֵּתִ֖ים בַּמַּגֵּפָ֑ה אַרְבָּעָ֥ה
וְעֶשְׂרִ֖ים אָֽלֶף׃

י יא וַיְדַבֵּ֥ר יְהוָ֖ה אֶל־מֹשֶׁ֥ה לֵּאמֹֽר׃ פִּֽינְחָ֨ס בֶּן־אֶלְעָזָ֜ר בֶּן־אַהֲרֹ֣ן הַכֹּהֵ֗ן כב פינחס
הֵשִׁ֤יב אֶת־חֲמָתִי֙ מֵעַ֣ל בְּנֵֽי־יִשְׂרָאֵ֔ל בְּקַנְא֥וֹ אֶת־קִנְאָתִ֖י בְּתוֹכָ֑ם
יב וְלֹא־כִלִּ֥יתִי אֶת־בְּנֵֽי־יִשְׂרָאֵ֖ל בְּקִנְאָתִֽי׃ לָכֵ֖ן אֱמֹ֑ר הִנְנִ֨י נֹתֵ֥ן ל֛וֹ
יג אֶת־בְּרִיתִ֖י שָׁלֽוֹם׃ וְהָ֤יְתָה לּוֹ֙ וּלְזַרְע֣וֹ אַחֲרָ֔יו בְּרִ֖ית כְּהֻנַּ֣ת עוֹלָ֑ם
יד תַּ֗חַת אֲשֶׁ֤ר קִנֵּא֙ לֵֽאלֹהָ֔יו וַיְכַפֵּ֖ר עַל־בְּנֵ֥י יִשְׂרָאֵֽל׃ וְשֵׁ֨ם אִ֜ישׁ
יִשְׂרָאֵ֣ל הַמֻּכֶּ֗ה אֲשֶׁ֤ר הֻכָּה֙ אֶת־הַמִּדְיָנִ֔ית זִמְרִ֖י בֶּן־סָל֑וּא נְשִׂ֥יא
טו בֵֽית־אָ֖ב לַשִּׁמְעֹנִֽי׃ וְשֵׁ֨ם הָאִשָּׁ֧ה הַמֻּכָּ֛ה הַמִּדְיָנִ֖ית כָּזְבִּ֣י בַת־
צ֑וּר רֹ֣אשׁ אֻמּ֥וֹת בֵּֽית־אָ֛ב בְּמִדְיָ֖ן הֽוּא׃
טז יז וַיְדַבֵּ֥ר יְהוָ֖ה אֶל־מֹשֶׁ֥ה לֵּאמֹֽר׃ צָר֖וֹר אֶת־הַמִּדְיָנִ֑ים וְהִכִּיתֶ֖ם
יח אוֹתָֽם׃ כִּ֣י צֹרְרִ֥ים הֵם֙ לָכֶ֔ם בְּנִכְלֵיהֶ֛ם אֲשֶׁר־נִכְּל֥וּ לָכֶ֖ם עַל־דְּבַ֣ר
פְּע֑וֹר וְעַל־דְּבַ֞ר כָּזְבִּ֨י בַת־נְשִׂ֤יא מִדְיָן֙ אֲחֹתָ֔ם הַמֻּכָּ֥ה בְיוֹם־
כו א הַמַּגֵּפָ֖ה עַל־דְּבַ֥ר פְּעֽוֹר׃ וַיְהִ֖י אַחֲרֵ֣י הַמַּגֵּפָ֑ה
וַיֹּ֤אמֶר יְהוָה֙ אֶל־מֹשֶׁ֔ה וְאֶ֧ל אֶלְעָזָ֛ר בֶּן־אַהֲרֹ֥ן הַכֹּהֵ֖ן לֵאמֹֽר׃
ב שְׂא֞וּ אֶת־רֹ֣אשׁ ׀ כָּל־עֲדַ֣ת בְּנֵֽי־יִשְׂרָאֵ֗ל מִבֶּ֨ן עֶשְׂרִ֥ים שָׁנָ֛ה וָמַ֖עְלָה
ג לְבֵ֣ית אֲבֹתָ֑ם כָּל־יֹצֵ֥א צָבָ֖א בְּיִשְׂרָאֵֽל׃ וַיְדַבֵּ֨ר מֹשֶׁ֜ה וְאֶלְעָזָ֧ר
ד הַכֹּהֵ֛ן אֹתָ֖ם בְּעַֽרְבֹ֣ת מוֹאָ֑ב עַל־יַרְדֵּ֥ן יְרֵח֖וֹ לֵאמֹֽר׃ מִבֶּ֛ן עֶשְׂרִ֥ים
שָׁנָ֖ה וָמָ֑עְלָה כַּאֲשֶׁ֨ר צִוָּ֤ה יְהוָה֙ אֶת־מֹשֶׁ֔ה וּבְנֵ֣י יִשְׂרָאֵ֔ל הַיֹּצְאִ֖ים
ה מֵאֶ֥רֶץ מִצְרָֽיִם׃ רְאוּבֵ֖ן בְּכ֣וֹר יִשְׂרָאֵ֑ל בְּנֵ֣י רְאוּבֵ֗ן חֲנוֹךְ֙ מִשְׁפַּ֣חַת שני

ו הַחֲנֹכִי לְפַלּוּא מִשְׁפַּחַת הַפַּלֻּאִי׃ לְחֶצְרֹן מִשְׁפַּחַת הַחֶצְרוֹנִי
ז לְכַרְמִי מִשְׁפַּחַת הַכַּרְמִי׃ אֵלֶּה מִשְׁפְּחֹת הָרֻאוּבֵנִי וַיִּהְיוּ פְקֻדֵיהֶם
ח שְׁלֹשָׁה וְאַרְבָּעִים אֶלֶף וּשְׁבַע מֵאוֹת וּשְׁלֹשִׁים׃ וּבְנֵי פַלּוּא
ט אֱלִיאָב׃ וּבְנֵי אֱלִיאָב נְמוּאֵל וְדָתָן וַאֲבִירָם הוּא־דָתָן וַאֲבִירָם
קרואי הָעֵדָה אֲשֶׁר הִצּוּ עַל־מֹשֶׁה וְעַל־אַהֲרֹן בַּעֲדַת־קֹרַח — קְרִיאֵי
י בְּהַצֹּתָם עַל־יְהוָה׃ וַתִּפְתַּח הָאָרֶץ אֶת־פִּיהָ וַתִּבְלַע אֹתָם
וְאֶת־קֹרַח בְּמוֹת הָעֵדָה בַּאֲכֹל הָאֵשׁ אֵת חֲמִשִּׁים וּמָאתַיִם
יא יב אִישׁ וַיִּהְיוּ לְנֵס׃ וּבְנֵי־קֹרַח לֹא־מֵתוּ׃ בְּנֵי
שִׁמְעוֹן לְמִשְׁפְּחֹתָם לִנְמוּאֵל מִשְׁפַּחַת הַנְּמוּאֵלִי לְיָמִין מִשְׁפַּחַת
יג הַיָּמִינִי לְיָכִין מִשְׁפַּחַת הַיָּכִינִי׃ לְזֶרַח מִשְׁפַּחַת הַזַּרְחִי לְשָׁאוּל
יד מִשְׁפַּחַת הַשָּׁאוּלִי׃ אֵלֶּה מִשְׁפְּחֹת הַשִּׁמְעֹנִי שְׁנַיִם וְעֶשְׂרִים
טו אֶלֶף וּמָאתָיִם׃ בְּנֵי גָד לְמִשְׁפְּחֹתָם לִצְפוֹן מִשְׁפַּחַת
טז הַצְּפוֹנִי לְחַגִּי מִשְׁפַּחַת הַחַגִּי לְשׁוּנִי מִשְׁפַּחַת הַשּׁוּנִי׃ לְאָזְנִי מִשְׁפַּחַת
יז הָאָזְנִי לְעֵרִי מִשְׁפַּחַת הָעֵרִי׃ לַאֲרוֹד מִשְׁפַּחַת הָאֲרוֹדִי לְאַרְאֵלִי
יח מִשְׁפַּחַת הָאַרְאֵלִי׃ אֵלֶּה מִשְׁפְּחֹת בְּנֵי־גָד לִפְקֻדֵיהֶם אַרְבָּעִים
יט אֶלֶף וַחֲמֵשׁ מֵאוֹת׃ בְּנֵי יְהוּדָה עֵר וְאוֹנָן וַיָּמָת
כ עֵר וְאוֹנָן בְּאֶרֶץ כְּנָעַן׃ וַיִּהְיוּ בְנֵי־יְהוּדָה לְמִשְׁפְּחֹתָם לְשֵׁלָה
מִשְׁפַּחַת הַשֵּׁלָנִי לְפֶרֶץ מִשְׁפַּחַת הַפַּרְצִי לְזֶרַח מִשְׁפַּחַת הַזַּרְחִי׃
כא וַיִּהְיוּ בְנֵי־פֶרֶץ לְחֶצְרֹן מִשְׁפַּחַת הַחֶצְרֹנִי לְחָמוּל מִשְׁפַּחַת הֶחָמוּלִי׃
כב אֵלֶּה מִשְׁפְּחֹת יְהוּדָה לִפְקֻדֵיהֶם שִׁשָּׁה וְשִׁבְעִים אֶלֶף וַחֲמֵשׁ
כג מֵאוֹת׃ בְּנֵי יִשָּׂשכָר לְמִשְׁפְּחֹתָם תּוֹלָע מִשְׁפַּחַת
כד הַתּוֹלָעִי לְפֻוָה מִשְׁפַּחַת הַפּוּנִי׃ לְיָשׁוּב מִשְׁפַּחַת הַיָּשֻׁבִי לְשִׁמְרֹן
כה מִשְׁפַּחַת הַשִּׁמְרֹנִי׃ אֵלֶּה מִשְׁפְּחֹת יִשָּׂשכָר לִפְקֻדֵיהֶם אַרְבָּעָה
כו וְשִׁשִּׁים אֶלֶף וּשְׁלֹשׁ מֵאוֹת׃ בְּנֵי זְבוּלֻן לְמִשְׁפְּחֹתָם
לְסֶרֶד מִשְׁפַּחַת הַסַּרְדִּי לְאֵלוֹן מִשְׁפַּחַת הָאֵלֹנִי לְיַחְלְאֵל מִשְׁפַּחַת
כז הַיַּחְלְאֵלִי׃ אֵלֶּה מִשְׁפְּחֹת הַזְּבוּלֹנִי לִפְקֻדֵיהֶם שִׁשִּׁים אֶלֶף וַחֲמֵשׁ
כח מֵאוֹת׃ בְּנֵי יוֹסֵף לְמִשְׁפְּחֹתָם מְנַשֶּׁה וְאֶפְרָיִם׃

כט בְּנֵי מְנַשֶּׁה לְמָכִיר מִשְׁפַּחַת הַמָּכִירִי וּמָכִיר הוֹלִיד אֶת־גִּלְעָד
ל לְגִלְעָד מִשְׁפַּחַת הַגִּלְעָדִי: אֵלֶּה בְּנֵי גִלְעָד אִיעֶזֶר מִשְׁפַּחַת
לא הָאִיעֶזְרִי לְחֵלֶק מִשְׁפַּחַת הַחֶלְקִי: וְאַשְׂרִיאֵל מִשְׁפַּחַת הָאַשְׂרִאֵלִי
לב וְשֶׁכֶם מִשְׁפַּחַת הַשִּׁכְמִי: וּשְׁמִידָע מִשְׁפַּחַת הַשְּׁמִידָעִי וְחֵפֶר
לג מִשְׁפַּחַת הַחֶפְרִי: וּצְלָפְחָד בֶּן־חֵפֶר לֹא־הָיוּ לוֹ בָּנִים כִּי אִם־
בָּנוֹת וְשֵׁם בְּנוֹת צְלָפְחָד מַחְלָה וְנֹעָה חָגְלָה מִלְכָּה וְתִרְצָה:
לד אֵלֶּה מִשְׁפְּחֹת מְנַשֶּׁה וּפְקֻדֵיהֶם שְׁנַיִם וַחֲמִשִּׁים אֶלֶף וּשְׁבַע
לה מֵאוֹת: אֵלֶּה בְנֵי־אֶפְרַיִם לְמִשְׁפְּחֹתָם לְשׁוּתֶלַח
מִשְׁפַּחַת הַשֻּׁתַלְחִי לְבֶכֶר מִשְׁפַּחַת הַבַּכְרִי לְתַחַן מִשְׁפַּחַת
לו לז הַתַּחֲנִי: וְאֵלֶּה בְּנֵי שׁוּתָלַח לְעֵרָן מִשְׁפַּחַת הָעֵרָנִי: אֵלֶּה מִשְׁפְּחֹת
בְּנֵי־אֶפְרַיִם לִפְקֻדֵיהֶם שְׁנַיִם וּשְׁלֹשִׁים אֶלֶף וַחֲמֵשׁ מֵאוֹת אֵלֶּה
לח בְנֵי־יוֹסֵף לְמִשְׁפְּחֹתָם: בְּנֵי בִנְיָמִן לְמִשְׁפְּחֹתָם
לְבֶלַע מִשְׁפַּחַת הַבַּלְעִי לְאַשְׁבֵּל מִשְׁפַּחַת הָאַשְׁבֵּלִי לַאֲחִירָם
לט מִשְׁפַּחַת הָאֲחִירָמִי: לִשְׁפוּפָם מִשְׁפַּחַת הַשּׁוּפָמִי לְחוּפָם מִשְׁפַּחַת
מ הַחוּפָמִי: וַיִּהְיוּ בְנֵי־בֶלַע אַרְדְּ וְנַעֲמָן מִשְׁפַּחַת הָאַרְדִּי לְנַעֲמָן
מא מִשְׁפַּחַת הַנַּעֲמִי: אֵלֶּה בְנֵי־בִנְיָמִן לְמִשְׁפְּחֹתָם וּפְקֻדֵיהֶם חֲמִשָּׁה
מב וְאַרְבָּעִים אֶלֶף וְשֵׁשׁ מֵאוֹת: אֵלֶּה בְנֵי־
דָן לְמִשְׁפְּחֹתָם לְשׁוּחָם מִשְׁפַּחַת הַשּׁוּחָמִי אֵלֶּה מִשְׁפְּחֹת דָּן
מג לְמִשְׁפְּחֹתָם: כָּל־מִשְׁפְּחֹת הַשּׁוּחָמִי לִפְקֻדֵיהֶם אַרְבָּעָה וְשִׁשִּׁים
מד אֶלֶף וְאַרְבַּע מֵאוֹת: בְּנֵי אָשֵׁר לְמִשְׁפְּחֹתָם
לְיִמְנָה מִשְׁפַּחַת הַיִּמְנָה לְיִשְׁוִי מִשְׁפַּחַת הַיִּשְׁוִי לִבְרִיעָה
מה מִשְׁפַּחַת הַבְּרִיעִי: לִבְנֵי בְרִיעָה לְחֶבֶר מִשְׁפַּחַת הַחֶבְרִי
מו מז לְמַלְכִּיאֵל מִשְׁפַּחַת הַמַּלְכִּיאֵלִי: וְשֵׁם בַּת־אָשֵׁר שָׂרַח: אֵלֶּה
מִשְׁפְּחֹת בְּנֵי־אָשֵׁר לִפְקֻדֵיהֶם שְׁלֹשָׁה וַחֲמִשִּׁים אֶלֶף וְאַרְבַּע
מח מֵאוֹת: בְּנֵי נַפְתָּלִי לְמִשְׁפְּחֹתָם לְיַחְצְאֵל מִשְׁפַּחַת
מט הַיַּחְצְאֵלִי לְגוּנִי מִשְׁפַּחַת הַגּוּנִי: לְיֵצֶר מִשְׁפַּחַת הַיִּצְרִי לְשִׁלֵּם
נ מִשְׁפַּחַת הַשִּׁלֵּמִי: אֵלֶּה מִשְׁפְּחֹת נַפְתָּלִי לְמִשְׁפְּחֹתָם וּפְקֻדֵיהֶם

נא חֲמִשָּׁה וְאַרְבָּעִים אֶלֶף וְאַרְבַּע מֵאוֹת׃ אֵלֶּה פְּקוּדֵי בְּנֵי יִשְׂרָאֵל
שֵׁשׁ־מֵאוֹת אֶלֶף וָאָלֶף שְׁבַע מֵאוֹת וּשְׁלֹשִׁים׃
שלישי כג נב נג וַיְדַבֵּר יהוה אֶל־מֹשֶׁה לֵּאמֹר׃ לָאֵלֶּה תֵּחָלֵק הָאָרֶץ בְּנַחֲלָה
נד בְּמִסְפַּר שֵׁמוֹת׃ לָרַב תַּרְבֶּה נַחֲלָתוֹ וְלַמְעַט תַּמְעִיט נַחֲלָתוֹ
נה אִישׁ לְפִי פְקֻדָיו יֻתַּן נַחֲלָתוֹ׃ אַךְ־בְּגוֹרָל יֵחָלֵק אֶת־הָאָרֶץ
נו לִשְׁמוֹת מַטּוֹת־אֲבֹתָם יִנְחָלוּ׃ עַל־פִּי הַגּוֹרָל תֵּחָלֵק נַחֲלָתוֹ
נז בֵּין רַב לִמְעָט׃ וְאֵלֶּה פְקוּדֵי הַלֵּוִי לְמִשְׁפְּחֹתָם
לְגֵרְשׁוֹן מִשְׁפַּחַת הַגֵּרְשֻׁנִּי לִקְהָת מִשְׁפַּחַת הַקְּהָתִי לִמְרָרִי
נח מִשְׁפַּחַת הַמְּרָרִי׃ אֵלֶּה ׀ מִשְׁפְּחֹת לֵוִי מִשְׁפַּחַת הַלִּבְנִי מִשְׁפַּחַת
הַחֶבְרֹנִי מִשְׁפַּחַת הַמַּחְלִי מִשְׁפַּחַת הַמּוּשִׁי מִשְׁפַּחַת הַקָּרְחִי
נט וּקְהָת הוֹלִד אֶת־עַמְרָם׃ וְשֵׁם ׀ אֵשֶׁת עַמְרָם יוֹכֶבֶד בַּת־לֵוִי
אֲשֶׁר יָלְדָה אֹתָהּ לְלֵוִי בְּמִצְרָיִם וַתֵּלֶד לְעַמְרָם אֶת־אַהֲרֹן וְאֶת־
ס מֹשֶׁה וְאֵת מִרְיָם אֲחֹתָם׃ וַיִּוָּלֵד לְאַהֲרֹן אֶת־נָדָב וְאֶת־אֲבִיהוּא
סא אֶת־אֶלְעָזָר וְאֶת־אִיתָמָר׃ וַיָּמָת נָדָב וַאֲבִיהוּא בְּהַקְרִיבָם
סב אֵשׁ־זָרָה לִפְנֵי יהוה׃ וַיִּהְיוּ פְקֻדֵיהֶם שְׁלֹשָׁה וְעֶשְׂרִים אֶלֶף כָּל־
זָכָר מִבֶּן־חֹדֶשׁ וָמָעְלָה כִּי ׀ לֹא הָתְפָּקְדוּ בְּתוֹךְ בְּנֵי יִשְׂרָאֵל כִּי
סג לֹא־נִתַּן לָהֶם נַחֲלָה בְּתוֹךְ בְּנֵי יִשְׂרָאֵל׃ אֵלֶּה פְּקוּדֵי מֹשֶׁה
וְאֶלְעָזָר הַכֹּהֵן אֲשֶׁר פָּקְדוּ אֶת־בְּנֵי יִשְׂרָאֵל בְּעַרְבֹת מוֹאָב
סד עַל יַרְדֵּן יְרֵחוֹ׃ וּבְאֵלֶּה לֹא־הָיָה אִישׁ מִפְּקוּדֵי מֹשֶׁה וְאַהֲרֹן
סה הַכֹּהֵן אֲשֶׁר פָּקְדוּ אֶת־בְּנֵי יִשְׂרָאֵל בְּמִדְבַּר סִינָי׃ כִּי־אָמַר יהוה
לָהֶם מוֹת יָמֻתוּ בַּמִּדְבָּר וְלֹא־נוֹתַר מֵהֶם אִישׁ כִּי אִם־כָּלֵב
כז א בֶּן־יְפֻנֶּה וִיהוֹשֻׁעַ בִּן־נוּן׃ וַתִּקְרַבְנָה בְּנוֹת צְלָפְחָד
בֶּן־חֵפֶר בֶּן־גִּלְעָד בֶּן־מָכִיר בֶּן־מְנַשֶּׁה לְמִשְׁפְּחֹת מְנַשֶּׁה בֶן־
יוֹסֵף וְאֵלֶּה שְׁמוֹת בְּנֹתָיו מַחְלָה נֹעָה וְחָגְלָה וּמִלְכָּה וְתִרְצָה׃
ב וַתַּעֲמֹדְנָה לִפְנֵי מֹשֶׁה וְלִפְנֵי אֶלְעָזָר הַכֹּהֵן וְלִפְנֵי הַנְּשִׂיאִם וְכָל־
ג הָעֵדָה פֶּתַח אֹהֶל־מוֹעֵד לֵאמֹר׃ אָבִינוּ מֵת בַּמִּדְבָּר וְהוּא לֹא־
הָיָה בְּתוֹךְ הָעֵדָה הַנּוֹעָדִים עַל־יהוה בַּעֲדַת־קֹרַח כִּי־בְחֶטְאוֹ

ד מֵת וּבָנִים לֹא־הָיוּ לוֹ׃ לָמָּה יִגָּרַע שֵׁם־אָבִינוּ מִתּוֹךְ מִשְׁפַּחְתּוֹ
ה כִּי אֵין לוֹ בֵּן תְּנָה־לָּנוּ אֲחֻזָּה בְּתוֹךְ אֲחֵי אָבִינוּ׃ וַיַּקְרֵב מֹשֶׁה
אֶת־מִשְׁפָּטָן לִפְנֵי יְהוָה׃
ו ז וַיֹּאמֶר יְהוָה אֶל־מֹשֶׁה לֵּאמֹר׃ כֵּן בְּנוֹת צְלָפְחָד דֹּבְרֹת נָתֹן תִּתֵּן רביעי
לָהֶם אֲחֻזַּת נַחֲלָה בְּתוֹךְ אֲחֵי אֲבִיהֶם וְהַעֲבַרְתָּ אֶת־נַחֲלַת
ח אֲבִיהֶן לָהֶן׃ וְאֶל־בְּנֵי יִשְׂרָאֵל תְּדַבֵּר לֵאמֹר אִישׁ כִּי־יָמוּת וּבֵן
ט אֵין לוֹ וְהַעֲבַרְתֶּם אֶת־נַחֲלָתוֹ לְבִתּוֹ׃ וְאִם־אֵין לוֹ בַּת וּנְתַתֶּם
י אֶת־נַחֲלָתוֹ לְאֶחָיו׃ וְאִם־אֵין לוֹ אַחִים וּנְתַתֶּם אֶת־נַחֲלָתוֹ
יא לַאֲחֵי אָבִיו׃ וְאִם־אֵין אַחִים לְאָבִיו וּנְתַתֶּם אֶת־נַחֲלָתוֹ לִשְׁאֵרוֹ
הַקָּרֹב אֵלָיו מִמִּשְׁפַּחְתּוֹ וְיָרַשׁ אֹתָהּ וְהָיְתָה לִבְנֵי יִשְׂרָאֵל לְחֻקַּת
מִשְׁפָּט כַּאֲשֶׁר צִוָּה יְהוָה אֶת־מֹשֶׁה׃
יב וַיֹּאמֶר יְהוָה אֶל־מֹשֶׁה עֲלֵה אֶל־הַר הָעֲבָרִים הַזֶּה וּרְאֵה אֶת־
יג הָאָרֶץ אֲשֶׁר נָתַתִּי לִבְנֵי יִשְׂרָאֵל׃ וְרָאִיתָה אֹתָהּ וְנֶאֱסַפְתָּ אֶל־
יד עַמֶּיךָ גַּם־אָתָּה כַּאֲשֶׁר נֶאֱסַף אַהֲרֹן אָחִיךָ׃ כַּאֲשֶׁר מְרִיתֶם פִּי
בְּמִדְבַּר־צִן בִּמְרִיבַת הָעֵדָה לְהַקְדִּישֵׁנִי בַמַּיִם לְעֵינֵיהֶם הֵם מֵי־
טו מְרִיבַת קָדֵשׁ מִדְבַּר־צִן׃ וַיְדַבֵּר מֹשֶׁה אֶל־יְהוָה כד
טז לֵאמֹר׃ יִפְקֹד יְהוָה אֱלֹהֵי הָרוּחֹת לְכָל־בָּשָׂר אִישׁ עַל־הָעֵדָה׃
יז אֲשֶׁר־יֵצֵא לִפְנֵיהֶם וַאֲשֶׁר יָבֹא לִפְנֵיהֶם וַאֲשֶׁר יוֹצִיאֵם וַאֲשֶׁר
יְבִיאֵם וְלֹא תִהְיֶה עֲדַת יְהוָה כַּצֹּאן אֲשֶׁר אֵין־לָהֶם רֹעֶה׃
יח וַיֹּאמֶר יְהוָה אֶל־מֹשֶׁה קַח־לְךָ אֶת־יְהוֹשֻׁעַ בִּן־נוּן אִישׁ אֲשֶׁר־
יט רוּחַ בּוֹ וְסָמַכְתָּ אֶת־יָדְךָ עָלָיו׃ וְהַעֲמַדְתָּ אֹתוֹ לִפְנֵי אֶלְעָזָר
כ הַכֹּהֵן וְלִפְנֵי כָּל־הָעֵדָה וְצִוִּיתָה אֹתוֹ לְעֵינֵיהֶם׃ וְנָתַתָּה מֵהוֹדְךָ
כא עָלָיו לְמַעַן יִשְׁמְעוּ כָּל־עֲדַת בְּנֵי יִשְׂרָאֵל׃ וְלִפְנֵי אֶלְעָזָר הַכֹּהֵן
יַעֲמֹד וְשָׁאַל לוֹ בְּמִשְׁפַּט הָאוּרִים לִפְנֵי יְהוָה עַל־פִּיו יֵצְאוּ וְעַל־
כב פִּיו יָבֹאוּ הוּא וְכָל־בְּנֵי־יִשְׂרָאֵל אִתּוֹ וְכָל־הָעֵדָה׃ וַיַּעַשׂ מֹשֶׁה
כַּאֲשֶׁר צִוָּה יְהוָה אֹתוֹ וַיִּקַּח אֶת־יְהוֹשֻׁעַ וַיַּעֲמִדֵהוּ לִפְנֵי אֶלְעָזָר
כג הַכֹּהֵן וְלִפְנֵי כָּל־הָעֵדָה׃ וַיִּסְמֹךְ אֶת־יָדָיו עָלָיו וַיְצַוֵּהוּ כַּאֲשֶׁר

דִּבֶּר יְהוָה בְּיַד־מֹשֶׁה׃

כח א וַיְדַבֵּר יְהוָה אֶל־מֹשֶׁה לֵּאמֹר׃ ב צַו אֶת־בְּנֵי יִשְׂרָאֵל וְאָמַרְתָּ חמישי
אֲלֵהֶם אֶת־קָרְבָּנִי לַחְמִי לְאִשַּׁי רֵיחַ נִיחֹחִי תִּשְׁמְרוּ לְהַקְרִיב
ג לִי בְּמוֹעֲדוֹ׃ וְאָמַרְתָּ לָהֶם זֶה הָאִשֶּׁה אֲשֶׁר תַּקְרִיבוּ לַיהוָה
ד כְּבָשִׂים בְּנֵי־שָׁנָה תְמִימִם שְׁנַיִם לַיּוֹם עֹלָה תָמִיד׃ אֶת־הַכֶּבֶשׂ
אֶחָד תַּעֲשֶׂה בַבֹּקֶר וְאֵת הַכֶּבֶשׂ הַשֵּׁנִי תַּעֲשֶׂה בֵּין הָעַרְבָּיִם׃
ה וַעֲשִׂירִית הָאֵיפָה סֹלֶת לְמִנְחָה בְּלוּלָה בְּשֶׁמֶן כָּתִית רְבִיעִת
ו הַהִין׃ עֹלַת תָּמִיד הָעֲשֻׂיָה בְּהַר סִינַי לְרֵיחַ נִיחֹחַ אִשֶּׁה לַיהוָה׃
ז וְנִסְכּוֹ רְבִיעִת הַהִין לַכֶּבֶשׂ הָאֶחָד בַּקֹּדֶשׁ הַסֵּךְ נֶסֶךְ שֵׁכָר לַיהוָה׃
ח וְאֵת הַכֶּבֶשׂ הַשֵּׁנִי תַּעֲשֶׂה בֵּין הָעַרְבָּיִם כְּמִנְחַת הַבֹּקֶר וּכְנִסְכּוֹ
תַּעֲשֶׂה אִשֵּׁה רֵיחַ נִיחֹחַ לַיהוָה׃

ט וּבְיוֹם הַשַּׁבָּת שְׁנֵי־כְבָשִׂים בְּנֵי־שָׁנָה תְּמִימִם וּשְׁנֵי עֶשְׂרֹנִים סֹלֶת
י מִנְחָה בְּלוּלָה בַשֶּׁמֶן וְנִסְכּוֹ׃ עֹלַת שַׁבַּת בְּשַׁבַּתּוֹ עַל־עֹלַת
הַתָּמִיד וְנִסְכָּהּ׃

יא וּבְרָאשֵׁי חָדְשֵׁיכֶם תַּקְרִיבוּ עֹלָה לַיהוָה פָּרִים בְּנֵי־בָקָר שְׁנַיִם
יב וְאַיִל אֶחָד כְּבָשִׂים בְּנֵי־שָׁנָה שִׁבְעָה תְּמִימִם׃ וּשְׁלֹשָׁה עֶשְׂרֹנִים
סֹלֶת מִנְחָה בְּלוּלָה בַשֶּׁמֶן לַפָּר הָאֶחָד וּשְׁנֵי עֶשְׂרֹנִים סֹלֶת
יג מִנְחָה בְּלוּלָה בַשֶּׁמֶן לָאַיִל הָאֶחָד׃ וְעִשָּׂרֹן עִשָּׂרוֹן סֹלֶת
מִנְחָה בְּלוּלָה בַשֶּׁמֶן לַכֶּבֶשׂ הָאֶחָד עֹלָה רֵיחַ נִיחֹחַ אִשֶּׁה
יד לַיהוָה׃ וְנִסְכֵּיהֶם חֲצִי הַהִין יִהְיֶה לַפָּר וּשְׁלִישִׁת הַהִין לָאַיִל
וּרְבִיעִת הַהִין לַכֶּבֶשׂ יָיִן זֹאת עֹלַת חֹדֶשׁ בְּחָדְשׁוֹ לְחָדְשֵׁי הַשָּׁנָה׃
טו וּשְׂעִיר עִזִּים אֶחָד לְחַטָּאת לַיהוָה עַל־עֹלַת הַתָּמִיד יֵעָשֶׂה
טז וְנִסְכּוֹ׃ וּבַחֹדֶשׁ הָרִאשׁוֹן בְּאַרְבָּעָה עָשָׂר יוֹם ששי
יז לַחֹדֶשׁ פֶּסַח לַיהוָה׃ וּבַחֲמִשָּׁה עָשָׂר יוֹם לַחֹדֶשׁ הַזֶּה חָג שִׁבְעַת
יח יָמִים מַצּוֹת יֵאָכֵל׃ בַּיּוֹם הָרִאשׁוֹן מִקְרָא־קֹדֶשׁ כָּל־מְלֶאכֶת
יט עֲבֹדָה לֹא תַעֲשׂוּ׃ וְהִקְרַבְתֶּם אִשֶּׁה עֹלָה לַיהוָה פָּרִים בְּנֵי־
בָקָר שְׁנַיִם וְאַיִל אֶחָד וְשִׁבְעָה כְבָשִׂים בְּנֵי שָׁנָה תְּמִימִם יִהְיוּ

כ לָכֶם׃ וּמִנְחָתָם סֹלֶת בְּלוּלָה בַשָּׁמֶן שְׁלֹשָׁה עֶשְׂרֹנִים לַפָּר וּשְׁנֵי
כא עֶשְׂרֹנִים לָאַיִל תַּעֲשׂוּ׃ עִשָּׂרוֹן עִשָּׂרוֹן תַּעֲשֶׂה לַכֶּבֶשׂ הָאֶחָד
כב כג לְשִׁבְעַת הַכְּבָשִׂים׃ וּשְׂעִיר חַטָּאת אֶחָד לְכַפֵּר עֲלֵיכֶם׃ מִלְּבַד
כד עֹלַת הַבֹּקֶר אֲשֶׁר לְעֹלַת הַתָּמִיד תַּעֲשׂוּ אֶת־אֵלֶּה׃ כָּאֵלֶּה
תַּעֲשׂוּ לַיּוֹם שִׁבְעַת יָמִים לֶחֶם אִשֵּׁה רֵיחַ־נִיחֹחַ לַיהוָה עַל־
כה עוֹלַת הַתָּמִיד יֵעָשֶׂה וְנִסְכּוֹ׃ וּבַיּוֹם הַשְּׁבִיעִי מִקְרָא־קֹדֶשׁ יִהְיֶה
כו לָכֶם כָּל־מְלֶאכֶת עֲבֹדָה לֹא תַעֲשׂוּ׃ וּבְיוֹם כה
הַבִּכּוּרִים בְּהַקְרִיבְכֶם מִנְחָה חֲדָשָׁה לַיהוָה בְּשָׁבֻעֹתֵיכֶם
מִקְרָא־קֹדֶשׁ יִהְיֶה לָכֶם כָּל־מְלֶאכֶת עֲבֹדָה לֹא תַעֲשׂוּ׃
כז וְהִקְרַבְתֶּם עוֹלָה לְרֵיחַ נִיחֹחַ לַיהוָה פָּרִים בְּנֵי־בָקָר שְׁנַיִם אַיִל
כח אֶחָד שִׁבְעָה כְבָשִׂים בְּנֵי שָׁנָה׃ וּמִנְחָתָם סֹלֶת בְּלוּלָה בַשָּׁמֶן
כט שְׁלֹשָׁה עֶשְׂרֹנִים לַפָּר הָאֶחָד שְׁנֵי עֶשְׂרֹנִים לָאַיִל הָאֶחָד׃ עִשָּׂרוֹן
ל עִשָּׂרוֹן לַכֶּבֶשׂ הָאֶחָד לְשִׁבְעַת הַכְּבָשִׂים׃ שְׂעִיר עִזִּים אֶחָד
לא לְכַפֵּר עֲלֵיכֶם׃ מִלְּבַד עֹלַת הַתָּמִיד וּמִנְחָתוֹ תַּעֲשׂוּ תְּמִימִם
יִהְיוּ־לָכֶם וְנִסְכֵּיהֶם׃

כט א וּבַחֹדֶשׁ הַשְּׁבִיעִי בְּאֶחָד לַחֹדֶשׁ מִקְרָא־קֹדֶשׁ יִהְיֶה לָכֶם כָּל־
ב מְלֶאכֶת עֲבֹדָה לֹא תַעֲשׂוּ יוֹם תְּרוּעָה יִהְיֶה לָכֶם׃ וַעֲשִׂיתֶם
עֹלָה לְרֵיחַ נִיחֹחַ לַיהוָה פַּר בֶּן־בָּקָר אֶחָד אַיִל אֶחָד כְּבָשִׂים
ג בְּנֵי־שָׁנָה שִׁבְעָה תְּמִימִם׃ וּמִנְחָתָם סֹלֶת בְּלוּלָה בַשָּׁמֶן שְׁלֹשָׁה
ד עֶשְׂרֹנִים לַפָּר שְׁנֵי עֶשְׂרֹנִים לָאָיִל׃ וְעִשָּׂרוֹן אֶחָד לַכֶּבֶשׂ הָאֶחָד
ה לְשִׁבְעַת הַכְּבָשִׂים׃ וּשְׂעִיר־עִזִּים אֶחָד חַטָּאת לְכַפֵּר עֲלֵיכֶם׃
ו מִלְּבַד עֹלַת הַחֹדֶשׁ וּמִנְחָתָהּ וְעֹלַת הַתָּמִיד וּמִנְחָתָהּ וְנִסְכֵּיהֶם
ז כְּמִשְׁפָּטָם לְרֵיחַ נִיחֹחַ אִשֶּׁה לַיהוָה׃ וּבֶעָשׂוֹר
לַחֹדֶשׁ הַשְּׁבִיעִי הַזֶּה מִקְרָא־קֹדֶשׁ יִהְיֶה לָכֶם וְעִנִּיתֶם אֶת־
ח נַפְשֹׁתֵיכֶם כָּל־מְלָאכָה לֹא תַעֲשׂוּ׃ וְהִקְרַבְתֶּם עֹלָה לַיהוָה רֵיחַ
נִיחֹחַ פַּר בֶּן־בָּקָר אֶחָד אַיִל אֶחָד כְּבָשִׂים בְּנֵי־שָׁנָה שִׁבְעָה תְּמִימִם
ט יִהְיוּ לָכֶם׃ וּמִנְחָתָם סֹלֶת בְּלוּלָה בַשָּׁמֶן שְׁלֹשָׁה עֶשְׂרֹנִים לַפָּר

י שְׁנֵי עֶשְׂרֹנִים לָאַיִל הָאֶחָד׃ עִשָּׂרוֹן עִשָּׂרוֹן לַכֶּבֶשׂ הָאֶחָד לְשִׁבְעַת
יא הַכְּבָשִׂים׃ שְׂעִיר־עִזִּים אֶחָד חַטָּאת מִלְּבַד חַטַּאת הַכִּפֻּרִים
יב וְעֹלַת הַתָּמִיד וּמִנְחָתָהּ וְנִסְכֵּיהֶם׃ וּבַחֲמִשָּׁה שביעי
עָשָׂר יוֹם לַחֹדֶשׁ הַשְּׁבִיעִי מִקְרָא־קֹדֶשׁ יִהְיֶה לָכֶם כָּל־מְלֶאכֶת
יג עֲבֹדָה לֹא תַעֲשׂוּ וְחַגֹּתֶם חַג לַיהוָה שִׁבְעַת יָמִים׃ וְהִקְרַבְתֶּם
עֹלָה אִשֵּׁה רֵיחַ נִיחֹחַ לַיהוָה פָּרִים בְּנֵי־בָקָר שְׁלֹשָׁה עָשָׂר אֵילִם
יד שְׁנָיִם כְּבָשִׂים בְּנֵי־שָׁנָה אַרְבָּעָה עָשָׂר תְּמִימִם יִהְיוּ׃ וּמִנְחָתָם
סֹלֶת בְּלוּלָה בַשָּׁמֶן שְׁלֹשָׁה עֶשְׂרֹנִים לַפָּר הָאֶחָד לִשְׁלֹשָׁה עָשָׂר
טו פָּרִים שְׁנֵי עֶשְׂרֹנִים לָאַיִל הָאֶחָד לִשְׁנֵי הָאֵילִם׃ וְעִשָּׂרוֹן עִשָּׂרוֹן
טז לַכֶּבֶשׂ הָאֶחָד לְאַרְבָּעָה עָשָׂר כְּבָשִׂים׃ וּשְׂעִיר־עִזִּים אֶחָד חַטָּאת
יז מִלְּבַד עֹלַת הַתָּמִיד מִנְחָתָהּ וְנִסְכָּהּ׃ וּבַיּוֹם
הַשֵּׁנִי פָּרִים בְּנֵי־בָקָר שְׁנֵים עָשָׂר אֵילִם שְׁנָיִם כְּבָשִׂים בְּנֵי־שָׁנָה
יח אַרְבָּעָה עָשָׂר תְּמִימִם׃ וּמִנְחָתָם וְנִסְכֵּיהֶם לַפָּרִים לָאֵילִם
יט וְלַכְּבָשִׂים בְּמִסְפָּרָם כַּמִּשְׁפָּט׃ וּשְׂעִיר־עִזִּים אֶחָד חַטָּאת מִלְּבַד
כ עֹלַת הַתָּמִיד וּמִנְחָתָהּ וְנִסְכֵּיהֶם׃ וּבַיּוֹם הַשְּׁלִישִׁי
פָּרִים עַשְׁתֵּי־עָשָׂר אֵילִם שְׁנָיִם כְּבָשִׂים בְּנֵי־שָׁנָה אַרְבָּעָה
כא עָשָׂר תְּמִימִם׃ וּמִנְחָתָם וְנִסְכֵּיהֶם לַפָּרִים לָאֵילִם וְלַכְּבָשִׂים
כב בְּמִסְפָּרָם כַּמִּשְׁפָּט׃ וּשְׂעִיר חַטָּאת אֶחָד מִלְּבַד עֹלַת הַתָּמִיד
כג וּמִנְחָתָהּ וְנִסְכָּהּ׃ וּבַיּוֹם הָרְבִיעִי פָּרִים עֲשָׂרָה
כד אֵילִם שְׁנָיִם כְּבָשִׂים בְּנֵי־שָׁנָה אַרְבָּעָה עָשָׂר תְּמִימִם׃ מִנְחָתָם
וְנִסְכֵּיהֶם לַפָּרִים לָאֵילִם וְלַכְּבָשִׂים בְּמִסְפָּרָם כַּמִּשְׁפָּט׃
כה וּשְׂעִיר־עִזִּים אֶחָד חַטָּאת מִלְּבַד עֹלַת הַתָּמִיד מִנְחָתָהּ
כו וְנִסְכָּהּ׃ וּבַיּוֹם הַחֲמִישִׁי פָּרִים תִּשְׁעָה אֵילִם שְׁנָיִם
כז כְּבָשִׂים בְּנֵי־שָׁנָה אַרְבָּעָה עָשָׂר תְּמִימִם׃ וּמִנְחָתָם וְנִסְכֵּיהֶם
כח לַפָּרִים לָאֵילִם וְלַכְּבָשִׂים בְּמִסְפָּרָם כַּמִּשְׁפָּט׃ וּשְׂעִיר חַטָּאת
כט אֶחָד מִלְּבַד עֹלַת הַתָּמִיד וּמִנְחָתָהּ וְנִסְכָּהּ׃ וּבַיּוֹם
הַשִּׁשִּׁי פָּרִים שְׁמֹנָה אֵילִם שְׁנָיִם כְּבָשִׂים בְּנֵי־שָׁנָה אַרְבָּעָה

ל עשר תמימם: ומנחתם ונסכיהם לפרים לאילם ולכבשים
לא במספרם כמשפט: ושעיר חטאת אחד מלבד עלת התמיד
לב מנחתה ונסכיה: וביום השביעי פרים שבעה
לג אילם שנים כבשים בני־שנה ארבעה עשר תמימם: ומנחתם
לד ונסכהם לפרים לאילם ולכבשים במספרם כמשפטם: ושעיר
לה חטאת אחד מלבד עלת התמיד מנחתה ונסכה: ביום מפטיר
השמיני עצרת תהיה לכם כל־מלאכת עבדה לא תעשו:
לו והקרבתם עלה אשה ריח ניחח ליהוה פר אחד איל אחד
לז כבשים בני־שנה שבעה תמימם: מנחתם ונסכיהם לפר
לח לאיל ולכבשים במספרם כמשפט: ושעיר חטאת אחד
לט מלבד עלת התמיד ומנחתה ונסכה: אלה תעשו ליהוה
במועדיכם לבד מנדריכם ונדבתיכם לעלתיכם ולמנחתיכם
ל א ולנסכיכם ולשלמיכם: ויאמר משה אל־בני ישראל ככל
אשר־צוה יהוה את־משה:
ב וידבר משה אל־ראשי המטות לבני ישראל לאמר זה הדבר כו מטות
ג אשר צוה יהוה: איש כי־ידר נדר ליהוה או־השבע שבעה
לאסר אסר על־נפשו לא יחל דברו ככל־היצא מפיו יעשה:
ד ואשה כי־תדר נדר ליהוה ואסרה אסר בבית אביה בנעריה:
ה ושמע אביה את־נדרה ואסרה אשר אסרה על־נפשה והחריש
לה אביה וקמו כל־נדריה וכל־אסר אשר־אסרה על־נפשה
ו יקום: ואם־הניא אביה אתה ביום שמעו כל־נדריה ואסריה
אשר־אסרה על־נפשה לא יקום ויהוה יסלח־לה כי־הניא
ז אביה אתה: ואם־היו תהיה לאיש ונדריה עליה או מבטא
ח שפתיה אשר אסרה על־נפשה: ושמע אישה ביום שמעו
והחריש לה וקמו נדריה ואסרה אשר־אסרה על־נפשה
ט יקמו: ואם ביום שמע אישה יניא אותה והפר את־נדרה
אשר עליה ואת מבטא שפתיה אשר אסרה על־נפשה ויהוה

י יסלח-לה: ונדר אלמנה וגרושה כל אשר-אסרה על-נפשה
יא יקום עליה: ואם-בית אישה נדרה או-אסרה אסר על-נפשה
יב בשבעה: ושמע אישה והחרש לה לא הניא אתה וקמו כל-
יג נדריה וכל-אסר אשר-אסרה על-נפשה יקום: ואם-הפר
יפר אתם | אישה ביום שמעו כל-מוצא שפתיה לנדריה
יד ולאסר נפשה לא יקום אישה הפרם ויהוה יסלח-לה: כל-
נדר וכל-שבעת אסר לענת נפש אישה יקימנו ואישה יפרנו:
טו ואם-החרש יחריש לה אישה מיום אל-יום והקים את-כל-
נדריה או את-כל-אסריה אשר עליה הקים אתם כי-החרש
טז לה ביום שמעו: ואם-הפר יפר אתם אחרי שמעו ונשא את-
יז עונה: אלה החקים אשר צוה יהוה את-משה בין איש
לאשתו בין-אב לבתו בנעריה בית אביה:

לא א ב וידבר יהוה אל-משה לאמר: נקם נקמת בני ישראל מאת שני כז
ג המדינים אחר תאסף אל-עמיך: וידבר משה אל-העם לאמר
החלצו מאתכם אנשים לצבא ויהיו על-מדין לתת נקמת-
ד יהוה במדין: אלף למטה אלף למטה לכל מטות ישראל
ה תשלחו לצבא: וימסרו מאלפי ישראל אלף למטה שנים-
ו עשר אלף חלוצי צבא: וישלח אתם משה אלף למטה לצבא
אתם ואת-פינחס בן-אלעזר הכהן לצבא וכלי הקדש וחצצרות
ז התרועה בידו: ויצבאו על-מדין כאשר צוה יהוה את-משה
ח ויהרגו כל-זכר: ואת-מלכי מדין הרגו על-חלליהם את-אוי
ואת-רקם ואת-צור ואת-חור ואת-רבע חמשת מלכי מדין
ט ואת בלעם בן-בעור הרגו בחרב: וישבו בני-ישראל את-
נשי מדין ואת-טפם ואת כל-בהמתם ואת-כל-מקנהם ואת-
י כל-חילם בזזו: ואת כל-עריהם במושבתם ואת כל-טירתם
יא שרפו באש: ויקחו את-כל-השלל ואת כל-המלקוח באדם
יב ובבהמה: ויבאו אל-משה ואל-אלעזר הכהן ואל-עדת בני-

יִשְׂרָאֵל אֶת־הַשְּׁבִי וְאֶת־הַמַּלְקוֹחַ וְאֶת־הַשָּׁלָל אֶל־הַמַּחֲנֶה
יג אֶל־עַרְבֹת מוֹאָב אֲשֶׁר עַל־יַרְדֵּן יְרֵחוֹ׃ וַיֵּצְאוּ שלישי (ששי)
מֹשֶׁה וְאֶלְעָזָר הַכֹּהֵן וְכָל־נְשִׂיאֵי הָעֵדָה לִקְרָאתָם אֶל־מִחוּץ
יד לַמַּחֲנֶה׃ וַיִּקְצֹף מֹשֶׁה עַל פְּקוּדֵי הֶחָיִל שָׂרֵי הָאֲלָפִים וְשָׂרֵי
טו הַמֵּאוֹת הַבָּאִים מִצְּבָא הַמִּלְחָמָה׃ וַיֹּאמֶר אֲלֵיהֶם מֹשֶׁה
טז הַחִיִּיתֶם כָּל־נְקֵבָה׃ הֵן הֵנָּה הָיוּ לִבְנֵי יִשְׂרָאֵל בִּדְבַר בִּלְעָם
לִמְסָר־מַעַל בַּיהוָה עַל־דְּבַר פְּעוֹר וַתְּהִי הַמַּגֵּפָה בַּעֲדַת יְהוָה׃
יז וְעַתָּה הִרְגוּ כָל־זָכָר בַּטָּף וְכָל־אִשָּׁה יֹדַעַת אִישׁ לְמִשְׁכַּב
יח זָכָר הֲרֹגוּ׃ וְכֹל הַטַּף בַּנָּשִׁים אֲשֶׁר לֹא־יָדְעוּ מִשְׁכַּב זָכָר הַחֲיוּ
יט לָכֶם׃ וְאַתֶּם חֲנוּ מִחוּץ לַמַּחֲנֶה שִׁבְעַת יָמִים כֹּל הֹרֵג נֶפֶשׁ
וְכֹל ׀ נֹגֵעַ בֶּחָלָל תִּתְחַטְּאוּ בַּיּוֹם הַשְּׁלִישִׁי וּבַיּוֹם הַשְּׁבִיעִי אַתֶּם
כ וּשְׁבִיכֶם׃ וְכָל־בֶּגֶד וְכָל־כְּלִי־עוֹר וְכָל־מַעֲשֵׂה עִזִּים וְכָל־כְּלִי־
כא עֵץ תִּתְחַטָּאוּ׃ וַיֹּאמֶר אֶלְעָזָר הַכֹּהֵן אֶל־אַנְשֵׁי
הַצָּבָא הַבָּאִים לַמִּלְחָמָה זֹאת חֻקַּת הַתּוֹרָה אֲשֶׁר־צִוָּה יְהוָה
כב אֶת־מֹשֶׁה׃ אַךְ אֶת־הַזָּהָב וְאֶת־הַכָּסֶף אֶת־הַנְּחֹשֶׁת אֶת־הַבַּרְזֶל
כג אֶת־הַבְּדִיל וְאֶת־הָעֹפָרֶת׃ כָּל־דָּבָר אֲשֶׁר־יָבֹא בָאֵשׁ תַּעֲבִירוּ
בָאֵשׁ וְטָהֵר אַךְ בְּמֵי נִדָּה יִתְחַטָּא וְכֹל אֲשֶׁר לֹא־יָבֹא בָּאֵשׁ
כד תַּעֲבִירוּ בַמָּיִם׃ וְכִבַּסְתֶּם בִּגְדֵיכֶם בַּיּוֹם הַשְּׁבִיעִי וּטְהַרְתֶּם
כה וְאַחַר תָּבֹאוּ אֶל־הַמַּחֲנֶה׃ וַיֹּאמֶר יְהוָה אֶל־ כח רביעי
כו מֹשֶׁה לֵּאמֹר׃ שָׂא אֵת רֹאשׁ מַלְקוֹחַ הַשְּׁבִי בָּאָדָם וּבַבְּהֵמָה
כז אַתָּה וְאֶלְעָזָר הַכֹּהֵן וְרָאשֵׁי אֲבוֹת הָעֵדָה׃ וְחָצִיתָ אֶת־הַמַּלְקוֹחַ
כח בֵּין תֹּפְשֵׂי הַמִּלְחָמָה הַיֹּצְאִים לַצָּבָא וּבֵין כָּל־הָעֵדָה׃ וַהֲרֵמֹתָ
מֶכֶס לַיהוָה מֵאֵת אַנְשֵׁי הַמִּלְחָמָה הַיֹּצְאִים לַצָּבָא אֶחָד נֶפֶשׁ
מֵחֲמֵשׁ הַמֵּאוֹת מִן־הָאָדָם וּמִן־הַבָּקָר וּמִן־הַחֲמֹרִים וּמִן־הַצֹּאן׃
כט מִמַּחֲצִיתָם תִּקָּחוּ וְנָתַתָּה לְאֶלְעָזָר הַכֹּהֵן תְּרוּמַת יְהוָה׃
ל וּמִמַּחֲצִת בְּנֵי־יִשְׂרָאֵל תִּקַּח ׀ אֶחָד ׀ אָחֻז מִן־הַחֲמִשִּׁים מִן־הָאָדָם
מִן־הַבָּקָר מִן־הַחֲמֹרִים וּמִן־הַצֹּאן מִכָּל־הַבְּהֵמָה וְנָתַתָּה אֹתָם

לא לַלְוִיִּם שֹׁמְרֵי מִשְׁמֶרֶת מִשְׁכַּן יְהוָה׃ וַיַּעַשׂ מֹשֶׁה וְאֶלְעָזָר הַכֹּהֵן
לב כַּאֲשֶׁר צִוָּה יְהוָה אֶת־מֹשֶׁה׃ וַיְהִי הַמַּלְקוֹחַ יֶתֶר הַבָּז אֲשֶׁר בָּזְזוּ
עַם הַצָּבָא צֹאן שֵׁשׁ־מֵאוֹת אֶלֶף וְשִׁבְעִים אֶלֶף וַחֲמֵשֶׁת אֲלָפִים׃
לג לד לה וּבָקָר שְׁנַיִם וְשִׁבְעִים אָלֶף׃ וַחֲמֹרִים אֶחָד וְשִׁשִּׁים אָלֶף׃ וְנֶפֶשׁ
אָדָם מִן־הַנָּשִׁים אֲשֶׁר לֹא־יָדְעוּ מִשְׁכַּב זָכָר כָּל־נֶפֶשׁ שְׁנַיִם
לו וּשְׁלֹשִׁים אָלֶף׃ וַתְּהִי הַמֶּחֱצָה חֵלֶק הַיֹּצְאִים בַּצָּבָא מִסְפַּר
הַצֹּאן שְׁלֹשׁ־מֵאוֹת אֶלֶף וּשְׁלֹשִׁים אֶלֶף וְשִׁבְעַת אֲלָפִים וַחֲמֵשׁ
לז מֵאוֹת׃ וַיְהִי הַמֶּכֶס לַיהוָה מִן־הַצֹּאן שֵׁשׁ מֵאוֹת חָמֵשׁ וְשִׁבְעִים׃
לח וְהַבָּקָר שִׁשָּׁה וּשְׁלֹשִׁים אָלֶף וּמִכְסָם לַיהוָה שְׁנַיִם וְשִׁבְעִים׃
לט וַחֲמֹרִים שְׁלֹשִׁים אֶלֶף וַחֲמֵשׁ מֵאוֹת וּמִכְסָם לַיהוָה אֶחָד וְשִׁשִּׁים׃
מ וְנֶפֶשׁ אָדָם שִׁשָּׁה עָשָׂר אָלֶף וּמִכְסָם לַיהוָה שְׁנַיִם וּשְׁלֹשִׁים נָפֶשׁ׃
מא וַיִּתֵּן מֹשֶׁה אֶת־מֶכֶס תְּרוּמַת יְהוָה לְאֶלְעָזָר הַכֹּהֵן כַּאֲשֶׁר צִוָּה
מב יְהוָה אֶת־מֹשֶׁה׃ וּמִמַּחֲצִית בְּנֵי יִשְׂרָאֵל אֲשֶׁר חָצָה מֹשֶׁה מִן־ חמישי
מג הָאֲנָשִׁים הַצֹּבְאִים׃ וַתְּהִי מֶחֱצַת הָעֵדָה מִן־הַצֹּאן שְׁלֹשׁ־מֵאוֹת
מד אֶלֶף וּשְׁלֹשִׁים אֶלֶף שִׁבְעַת אֲלָפִים וַחֲמֵשׁ מֵאוֹת׃ וּבָקָר שִׁשָּׁה
מה מו וּשְׁלֹשִׁים אָלֶף׃ וַחֲמֹרִים שְׁלֹשִׁים אֶלֶף וַחֲמֵשׁ מֵאוֹת׃ וְנֶפֶשׁ אָדָם
מז שִׁשָּׁה עָשָׂר אָלֶף׃ וַיִּקַּח מֹשֶׁה מִמַּחֲצִת בְּנֵי־יִשְׂרָאֵל אֶת־הָאָחֻז
אֶחָד מִן־הַחֲמִשִּׁים מִן־הָאָדָם וּמִן־הַבְּהֵמָה וַיִּתֵּן אֹתָם לַלְוִיִּם
שֹׁמְרֵי מִשְׁמֶרֶת מִשְׁכַּן יְהוָה כַּאֲשֶׁר צִוָּה יְהוָה אֶת־מֹשֶׁה׃
מח וַיִּקְרְבוּ אֶל־מֹשֶׁה הַפְּקֻדִים אֲשֶׁר לְאַלְפֵי הַצָּבָא שָׂרֵי הָאֲלָפִים
מט וְשָׂרֵי הַמֵּאוֹת׃ וַיֹּאמְרוּ אֶל־מֹשֶׁה עֲבָדֶיךָ נָשְׂאוּ אֶת־רֹאשׁ
נ אַנְשֵׁי הַמִּלְחָמָה אֲשֶׁר בְּיָדֵנוּ וְלֹא־נִפְקַד מִמֶּנּוּ אִישׁ׃ וַנַּקְרֵב
אֶת־קָרְבַּן יְהוָה אִישׁ אֲשֶׁר מָצָא כְלִי־זָהָב אֶצְעָדָה וְצָמִיד
נא טַבַּעַת עָגִיל וְכוּמָז לְכַפֵּר עַל־נַפְשֹׁתֵינוּ לִפְנֵי יְהוָה׃ וַיִּקַּח מֹשֶׁה
נב וְאֶלְעָזָר הַכֹּהֵן אֶת־הַזָּהָב מֵאִתָּם כֹּל כְּלִי מַעֲשֶׂה׃ וַיְהִי ׀ כָּל־
זְהַב הַתְּרוּמָה אֲשֶׁר הֵרִימוּ לַיהוָה שִׁשָּׁה עָשָׂר אֶלֶף שְׁבַע־
מֵאוֹת וַחֲמִשִּׁים שָׁקֶל מֵאֵת שָׂרֵי הָאֲלָפִים וּמֵאֵת שָׂרֵי הַמֵּאוֹת׃

נג נד אַנְשֵׁי הַצָּבָא בָּזְזוּ אִישׁ לוֹ׃ וַיִּקַּח מֹשֶׁה וְאֶלְעָזָר הַכֹּהֵן אֶת־הַזָּהָב
מֵאֵת שָׂרֵי הָאֲלָפִים וְהַמֵּאוֹת וַיָּבִאוּ אֹתוֹ אֶל־אֹהֶל מוֹעֵד זִכָּרוֹן
לִבְנֵי־יִשְׂרָאֵל לִפְנֵי יְהוָה׃

לב א וּמִקְנֶה ׀ רַב הָיָה לִבְנֵי רְאוּבֵן וְלִבְנֵי־גָד עָצוּם מְאֹד וַיִּרְאוּ אֶת־ כט ששי (שלישי)
ב אֶרֶץ יַעְזֵר וְאֶת־אֶרֶץ גִּלְעָד וְהִנֵּה הַמָּקוֹם מְקוֹם מִקְנֶה׃ וַיָּבֹאוּ
בְנֵי־גָד וּבְנֵי רְאוּבֵן וַיֹּאמְרוּ אֶל־מֹשֶׁה וְאֶל־אֶלְעָזָר הַכֹּהֵן וְאֶל־
ג נְשִׂיאֵי הָעֵדָה לֵאמֹר׃ עֲטָרוֹת וְדִיבֹן וְיַעְזֵר וְנִמְרָה וְחֶשְׁבּוֹן
ד וְאֶלְעָלֵה וּשְׂבָם וּנְבוֹ וּבְעֹן׃ הָאָרֶץ אֲשֶׁר הִכָּה יְהוָה לִפְנֵי עֲדַת
ה יִשְׂרָאֵל אֶרֶץ מִקְנֶה הִוא וְלַעֲבָדֶיךָ מִקְנֶה׃ וַיֹּאמְרוּ
אִם־מָצָאנוּ חֵן בְּעֵינֶיךָ יֻתַּן אֶת־הָאָרֶץ הַזֹּאת לַעֲבָדֶיךָ לַאֲחֻזָּה
ו אַל־תַּעֲבִרֵנוּ אֶת־הַיַּרְדֵּן׃ וַיֹּאמֶר מֹשֶׁה לִבְנֵי־גָד וְלִבְנֵי רְאוּבֵן
ז הַאַחֵיכֶם יָבֹאוּ לַמִּלְחָמָה וְאַתֶּם תֵּשְׁבוּ פֹה׃ וְלָמָּה תנואון אֶת־ תְנִיאוּן
ח לֵב בְּנֵי יִשְׂרָאֵל מֵעֲבֹר אֶל־הָאָרֶץ אֲשֶׁר־נָתַן לָהֶם יְהוָה׃ כֹּה
עָשׂוּ אֲבֹתֵיכֶם בְּשָׁלְחִי אֹתָם מִקָּדֵשׁ בַּרְנֵעַ לִרְאוֹת אֶת־הָאָרֶץ׃
ט וַיַּעֲלוּ עַד־נַחַל אֶשְׁכּוֹל וַיִּרְאוּ אֶת־הָאָרֶץ וַיָּנִיאוּ אֶת־לֵב בְּנֵי
י יִשְׂרָאֵל לְבִלְתִּי־בֹא אֶל־הָאָרֶץ אֲשֶׁר־נָתַן לָהֶם יְהוָה׃ וַיִּחַר־אַף
יא יְהוָה בַּיּוֹם הַהוּא וַיִּשָּׁבַע לֵאמֹר׃ אִם־יִרְאוּ הָאֲנָשִׁים הָעֹלִים
מִמִּצְרַיִם מִבֶּן עֶשְׂרִים שָׁנָה וָמַעְלָה אֵת הָאֲדָמָה אֲשֶׁר נִשְׁבַּעְתִּי
יב לְאַבְרָהָם לְיִצְחָק וּלְיַעֲקֹב כִּי לֹא־מִלְאוּ אַחֲרָי׃ בִּלְתִּי כָּלֵב
יג בֶּן־יְפֻנֶּה הַקְּנִזִּי וִיהוֹשֻׁעַ בִּן־נוּן כִּי מִלְאוּ אַחֲרֵי יְהוָה׃ וַיִּחַר־
אַף יְהוָה בְּיִשְׂרָאֵל וַיְנִעֵם בַּמִּדְבָּר אַרְבָּעִים שָׁנָה עַד־תֹּם כָּל־
יד הַדּוֹר הָעֹשֶׂה הָרַע בְּעֵינֵי יְהוָה׃ וְהִנֵּה קַמְתֶּם תַּחַת אֲבֹתֵיכֶם
תַּרְבּוּת אֲנָשִׁים חַטָּאִים לִסְפּוֹת עוֹד עַל חֲרוֹן אַף־יְהוָה אֶל־
טו יִשְׂרָאֵל׃ כִּי תְשׁוּבֻן מֵאַחֲרָיו וְיָסַף עוֹד לְהַנִּיחוֹ בַּמִּדְבָּר וְשִׁחַתֶּם
טז לְכָל־הָעָם הַזֶּה׃ וַיִּגְּשׁוּ אֵלָיו וַיֹּאמְרוּ גִּדְרֹת צֹאן
יז נִבְנֶה לְמִקְנֵנוּ פֹּה וְעָרִים לְטַפֵּנוּ׃ וַאֲנַחְנוּ נֵחָלֵץ חֻשִׁים לִפְנֵי בְּנֵי
יִשְׂרָאֵל עַד אֲשֶׁר אִם־הֲבִיאֹנֻם אֶל־מְקוֹמָם וְיָשַׁב טַפֵּנוּ בְּעָרֵי

יח הַמִּבְצָר מִפְּנֵי יֹשְׁבֵי הָאָרֶץ: לֹא נָשׁוּב אֶל־בָּתֵּינוּ עַד הִתְנַחֵל בְּנֵי
יט יִשְׂרָאֵל אִישׁ נַחֲלָתוֹ: כִּי לֹא נִנְחַל אִתָּם מֵעֵבֶר לַיַּרְדֵּן וָהָלְאָה
כִּי בָאָה נַחֲלָתֵנוּ אֵלֵינוּ מֵעֵבֶר הַיַּרְדֵּן מִזְרָחָה:
שביעי /רביעי/
כ וַיֹּאמֶר אֲלֵיהֶם מֹשֶׁה אִם־תַּעֲשׂוּן אֶת־הַדָּבָר הַזֶּה אִם־תֵּחָלְצוּ
כא לִפְנֵי יְהוָה לַמִּלְחָמָה: וְעָבַר לָכֶם כָּל־חָלוּץ אֶת־הַיַּרְדֵּן לִפְנֵי
כב יְהוָה עַד הוֹרִישׁוֹ אֶת־אֹיְבָיו מִפָּנָיו: וְנִכְבְּשָׁה הָאָרֶץ לִפְנֵי יְהוָה
וְאַחַר תָּשֻׁבוּ וִהְיִיתֶם נְקִיִּם מֵיְהוָה וּמִיִּשְׂרָאֵל וְהָיְתָה הָאָרֶץ
כג הַזֹּאת לָכֶם לַאֲחֻזָּה לִפְנֵי יְהוָה: וְאִם־לֹא תַעֲשׂוּן כֵּן הִנֵּה חֲטָאתֶם
כד לַיהוָה וּדְעוּ חַטַּאתְכֶם אֲשֶׁר תִּמְצָא אֶתְכֶם: בְּנוּ־לָכֶם עָרִים
כה לְטַפְּכֶם וּגְדֵרֹת לְצֹנַאֲכֶם וְהַיֹּצֵא מִפִּיכֶם תַּעֲשׂוּ: וַיֹּאמֶר בְּנֵי־
גָד וּבְנֵי רְאוּבֵן אֶל־מֹשֶׁה לֵאמֹר עֲבָדֶיךָ יַעֲשׂוּ כַּאֲשֶׁר אֲדֹנִי
כו מְצַוֶּה: טַפֵּנוּ נָשֵׁינוּ מִקְנֵנוּ וְכָל־בְּהֶמְתֵּנוּ יִהְיוּ־שָׁם בְּעָרֵי הַגִּלְעָד:
כז וַעֲבָדֶיךָ יַעַבְרוּ כָּל־חֲלוּץ צָבָא לִפְנֵי יְהוָה לַמִּלְחָמָה כַּאֲשֶׁר
כח אֲדֹנִי דֹּבֵר: וַיְצַו לָהֶם מֹשֶׁה אֵת אֶלְעָזָר הַכֹּהֵן וְאֵת יְהוֹשֻׁעַ
כט בִּן־נוּן וְאֶת־רָאשֵׁי אֲבוֹת הַמַּטּוֹת לִבְנֵי יִשְׂרָאֵל: וַיֹּאמֶר מֹשֶׁה
אֲלֵהֶם אִם־יַעַבְרוּ בְנֵי־גָד וּבְנֵי־רְאוּבֵן ׀ אִתְּכֶם אֶת־הַיַּרְדֵּן כָּל־
חָלוּץ לַמִּלְחָמָה לִפְנֵי יְהוָה וְנִכְבְּשָׁה הָאָרֶץ לִפְנֵיכֶם וּנְתַתֶּם
ל לָהֶם אֶת־אֶרֶץ הַגִּלְעָד לַאֲחֻזָּה: וְאִם־לֹא יַעַבְרוּ חֲלוּצִים אִתְּכֶם
לא וְנֹאחֲזוּ בְתֹכְכֶם בְּאֶרֶץ כְּנָעַן: וַיַּעֲנוּ בְנֵי־גָד וּבְנֵי רְאוּבֵן לֵאמֹר
לב אֵת אֲשֶׁר דִּבֶּר יְהוָה אֶל־עֲבָדֶיךָ כֵּן נַעֲשֶׂה: נַחְנוּ נַעֲבֹר חֲלוּצִים
לִפְנֵי יְהוָה אֶרֶץ כְּנָעַן וְאִתָּנוּ אֲחֻזַּת נַחֲלָתֵנוּ מֵעֵבֶר לַיַּרְדֵּן:
לג וַיִּתֵּן לָהֶם ׀ מֹשֶׁה לִבְנֵי־גָד וְלִבְנֵי רְאוּבֵן וְלַחֲצִי ׀ שֵׁבֶט ׀ מְנַשֶּׁה
בֶן־יוֹסֵף אֶת־מַמְלֶכֶת סִיחֹן מֶלֶךְ הָאֱמֹרִי וְאֶת־מַמְלֶכֶת עוֹג
לד מֶלֶךְ הַבָּשָׁן הָאָרֶץ לְעָרֶיהָ בִּגְבֻלֹת עָרֵי הָאָרֶץ סָבִיב: וַיִּבְנוּ
לה בְנֵי־גָד אֶת־דִּיבֹן וְאֶת־עֲטָרֹת וְאֵת עֲרֹעֵר: וְאֶת־עַטְרֹת שׁוֹפָן
לו וְאֶת־יַעְזֵר וְיָגְבְּהָה: וְאֶת־בֵּית נִמְרָה וְאֶת־בֵּית הָרָן עָרֵי מִבְצָר
לז וְגִדְרֹת צֹאן: וּבְנֵי רְאוּבֵן בָּנוּ אֶת־חֶשְׁבּוֹן וְאֶת־אֶלְעָלֵא וְאֶת

לח קִרְיָתָיִם: וְאֶת־נְבוֹ וְאֶת־בַּעַל מְעוֹן מוּסַבֹּת שֵׁם וְאֶת־שִׂבְמָה
לט וַיִּקְרְאוּ בְשֵׁמֹת אֶת־שְׁמוֹת הֶעָרִים אֲשֶׁר בָּנוּ: וַיֵּלְכוּ בְּנֵי
מָכִיר בֶּן־מְנַשֶּׁה גִּלְעָדָה וַיִּלְכְּדֻהָ וַיּוֹרֶשׁ אֶת־הָאֱמֹרִי אֲשֶׁר־
מ בָּהּ: וַיִּתֵּן מֹשֶׁה אֶת־הַגִּלְעָד לְמָכִיר בֶּן־מְנַשֶּׁה וַיֵּשֶׁב בָּהּ: מפטיר
מא וְיָאִיר בֶּן־מְנַשֶּׁה הָלַךְ וַיִּלְכֹּד אֶת־חַוֹּתֵיהֶם וַיִּקְרָא אֶתְהֶן חַוֹּת
מב יָאִיר: וְנֹבַח הָלַךְ וַיִּלְכֹּד אֶת־קְנָת וְאֶת־בְּנֹתֶיהָ וַיִּקְרָא לָה
נֹבַח בִּשְׁמוֹ:

לג א אֵלֶּה מַסְעֵי בְנֵי־יִשְׂרָאֵל אֲשֶׁר יָצְאוּ מֵאֶרֶץ מִצְרַיִם לְצִבְאֹתָם ל מסעי
ב בְּיַד־מֹשֶׁה וְאַהֲרֹן: וַיִּכְתֹּב מֹשֶׁה אֶת־מוֹצָאֵיהֶם לְמַסְעֵיהֶם
ג עַל־פִּי יְהוָה וְאֵלֶּה מַסְעֵיהֶם לְמוֹצָאֵיהֶם: וַיִּסְעוּ מֵרַעְמְסֵס
בַּחֹדֶשׁ הָרִאשׁוֹן בַּחֲמִשָּׁה עָשָׂר יוֹם לַחֹדֶשׁ הָרִאשׁוֹן מִמָּחֳרַת
ד הַפֶּסַח יָצְאוּ בְנֵי־יִשְׂרָאֵל בְּיָד רָמָה לְעֵינֵי כָּל־מִצְרָיִם: וּמִצְרַיִם
מְקַבְּרִים אֵת אֲשֶׁר הִכָּה יְהוָה בָּהֶם כָּל־בְּכוֹר וּבֵאלֹהֵיהֶם
ה עָשָׂה יְהוָה שְׁפָטִים: וַיִּסְעוּ בְנֵי־יִשְׂרָאֵל מֵרַעְמְסֵס וַיַּחֲנוּ בְּסֻכֹּת:
ו ז וַיִּסְעוּ מִסֻּכֹּת וַיַּחֲנוּ בְאֵתָם אֲשֶׁר בִּקְצֵה הַמִּדְבָּר: וַיִּסְעוּ מֵאֵתָם
וַיָּשָׁב עַל־פִּי הַחִירֹת אֲשֶׁר עַל־פְּנֵי בַּעַל צְפוֹן וַיַּחֲנוּ לִפְנֵי מִגְדֹּל:
ח וַיִּסְעוּ מִפְּנֵי הַחִירֹת וַיַּעַבְרוּ בְתוֹךְ־הַיָּם הַמִּדְבָּרָה וַיֵּלְכוּ דֶּרֶךְ
ט שְׁלֹשֶׁת יָמִים בְּמִדְבַּר אֵתָם וַיַּחֲנוּ בְּמָרָה: וַיִּסְעוּ מִמָּרָה וַיָּבֹאוּ
אֵילִמָה וּבְאֵילִם שְׁתֵּים עֶשְׂרֵה עֵינֹת מַיִם וְשִׁבְעִים תְּמָרִים
י יא וַיַּחֲנוּ־שָׁם: וַיִּסְעוּ מֵאֵילִם וַיַּחֲנוּ עַל־יַם־סוּף: וַיִּסְעוּ מִיַּם־סוּף שני
יב יג וַיַּחֲנוּ בְּמִדְבַּר־סִין: וַיִּסְעוּ מִמִּדְבַּר־סִין וַיַּחֲנוּ בְּדָפְקָה: וַיִּסְעוּ
יד מִדָּפְקָה וַיַּחֲנוּ בְּאָלוּשׁ: וַיִּסְעוּ מֵאָלוּשׁ וַיַּחֲנוּ בִּרְפִידִם וְלֹא־
טו הָיָה שָׁם מַיִם לָעָם לִשְׁתּוֹת: וַיִּסְעוּ מֵרְפִידִם וַיַּחֲנוּ בְּמִדְבַּר
טז יז סִינָי: וַיִּסְעוּ מִמִּדְבַּר סִינָי וַיַּחֲנוּ בְּקִבְרֹת הַתַּאֲוָה: וַיִּסְעוּ מִקִּבְרֹת
יח יט הַתַּאֲוָה וַיַּחֲנוּ בַּחֲצֵרֹת: וַיִּסְעוּ מֵחֲצֵרֹת וַיַּחֲנוּ בְּרִתְמָה: וַיִּסְעוּ
כ מֵרִתְמָה וַיַּחֲנוּ בְּרִמֹּן פָּרֶץ: וַיִּסְעוּ מֵרִמֹּן פָּרֶץ וַיַּחֲנוּ בְּלִבְנָה:
כא כב וַיִּסְעוּ מִלִּבְנָה וַיַּחֲנוּ בְּרִסָּה: וַיִּסְעוּ מֵרִסָּה וַיַּחֲנוּ בִּקְהֵלָתָה:

כג כד ויסעו מקהלתה ויחנו בהר־שפר: ויסעו מהר־שפר ויחנו
כה כו בחרדה: ויסעו מחרדה ויחנו במקהלת: ויסעו ממקהלת
כז כח ויחנו בתחת: ויסעו מתחת ויחנו בתרח: ויסעו מתרח ויחנו
כט ל במתקה: ויסעו ממתקה ויחנו בחשמנה: ויסעו מחשמנה
לא לב ויחנו במסרות: ויסעו ממסרות ויחנו בבני יעקן: ויסעו מבני
לג יעקן ויחנו בחר הגדגד: ויסעו מחר הגדגד ויחנו ביטבתה:
לד לה ויסעו מיטבתה ויחנו בעברנה: ויסעו מעברנה ויחנו בעצין
לו לז גבר: ויסעו מעצין גבר ויחנו במדבר־צן הוא קדש: ויסעו
לח מקדש ויחנו בהר ההר בקצה ארץ אדום: ויעל אהרן
הכהן אל־הר ההר על־פי יהוה וימת שם בשנת הארבעים
לצאת בני־ישראל מארץ מצרים בחדש החמישי באחד
לט לחדש: ואהרן בן־שלש ועשרים ומאת שנה במתו בהר
מ ההר: וישמע הכנעני מלך ערד והוא־ישב
מא בנגב בארץ כנען בבא בני ישראל: ויסעו מהר ההר ויחנו
מב מג בצלמנה: ויסעו מצלמנה ויחנו בפונן: ויסעו מפונן ויחנו
מד באבת: ויסעו מאבת ויחנו בעיי העברים בגבול מואב:
מה מו ויסעו מעיים ויחנו בדיבן גד: ויסעו מדיבן גד ויחנו בעלמן
מז דבלתימה: ויסעו מעלמן דבלתימה ויחנו בהרי העברים
מח לפני נבו: ויסעו מהרי העברים ויחנו בערבת מואב על ירדן
מט ירחו: ויחנו על־הירדן מבית הישמת עד אבל השטים בערבת
נ מואב: וידבר יהוה אל־משה בערבת מואב שלישי /חמישי
נא על־ירדן ירחו לאמר: דבר אל־בני ישראל ואמרת אלהם
נב כי אתם עברים את־הירדן אל־ארץ כנען: והורשתם את־
כל־ישבי הארץ מפניכם ואבדתם את כל־משכיתם ואת
נג כל־צלמי מסכתם תאבדו ואת כל־במותם תשמידו: והורשתם
את־הארץ וישבתם־בה כי לכם נתתי את־הארץ לרשת
נד אתה: והתנחלתם את־הארץ בגורל למשפחתיכם לרב

תַּרְבּוּ אֶת־נַחֲלָתוֹ וְלַמְעַט תַּמְעִיט אֶת־נַחֲלָתוֹ אֶל אֲשֶׁר־יֵצֵא
נה לוֹ שָׁמָּה הַגּוֹרָל לוֹ יִהְיֶה לְמַטּוֹת אֲבֹתֵיכֶם תִּתְנֶחָלוּ׃ וְאִם־
לֹא תוֹרִישׁוּ אֶת־יֹשְׁבֵי הָאָרֶץ מִפְּנֵיכֶם וְהָיָה אֲשֶׁר תּוֹתִירוּ
מֵהֶם לְשִׂכִּים בְּעֵינֵיכֶם וְלִצְנִינִם בְּצִדֵּיכֶם וְצָרְרוּ אֶתְכֶם עַל־
נו הָאָרֶץ אֲשֶׁר אַתֶּם יֹשְׁבִים בָּהּ׃ וְהָיָה כַּאֲשֶׁר דִּמִּיתִי לַעֲשׂוֹת
לָהֶם אֶעֱשֶׂה לָכֶם׃
לד א ב וַיְדַבֵּר יְהוָה אֶל־מֹשֶׁה לֵּאמֹר׃ צַו אֶת־בְּנֵי יִשְׂרָאֵל וְאָמַרְתָּ לא
אֲלֵהֶם כִּי־אַתֶּם בָּאִים אֶל־הָאָרֶץ כְּנָעַן זֹאת הָאָרֶץ אֲשֶׁר
ג תִּפֹּל לָכֶם בְּנַחֲלָה אֶרֶץ כְּנַעַן לִגְבֻלֹתֶיהָ׃ וְהָיָה לָכֶם פְּאַת־
נֶגֶב מִמִּדְבַּר־צִן עַל־יְדֵי אֱדוֹם וְהָיָה לָכֶם גְּבוּל נֶגֶב מִקְצֵה יָם־
ד הַמֶּלַח קֵדְמָה׃ וְנָסַב לָכֶם הַגְּבוּל מִנֶּגֶב לְמַעֲלֵה עַקְרַבִּים וְעָבַר
צִנָה והיה תּוֹצְאֹתָיו מִנֶּגֶב לְקָדֵשׁ בַּרְנֵעַ וְיָצָא חֲצַר־אַדָּר וְעָבַר וְהָיוּ
ה עַצְמֹנָה׃ וְנָסַב הַגְּבוּל מֵעַצְמוֹן נַחְלָה מִצְרָיִם וְהָיוּ תוֹצְאֹתָיו
ו הַיָּמָּה׃ וּגְבוּל יָם וְהָיָה לָכֶם הַיָּם הַגָּדוֹל וּגְבוּל זֶה־יִהְיֶה לָכֶם
ז גְּבוּל יָם׃ וְזֶה־יִהְיֶה לָכֶם גְּבוּל צָפוֹן מִן־הַיָּם הַגָּדֹל תְּתָאוּ לָכֶם
ח הֹר הָהָר׃ מֵהֹר הָהָר תְּתָאוּ לְבֹא חֲמָת וְהָיוּ תּוֹצְאֹת הַגְּבֻל
ט צְדָדָה׃ וְיָצָא הַגְּבֻל זִפְרֹנָה וְהָיוּ תוֹצְאֹתָיו חֲצַר עֵינָן זֶה־יִהְיֶה
י לָכֶם גְּבוּל צָפוֹן׃ וְהִתְאַוִּיתֶם לָכֶם לִגְבוּל קֵדְמָה מֵחֲצַר עֵינָן
יא שְׁפָמָה׃ וְיָרַד הַגְּבֻל מִשְּׁפָם הָרִבְלָה מִקֶּדֶם לָעָיִן וְיָרַד הַגְּבֻל וּמָחָה
יב עַל־כֶּתֶף יָם־כִּנֶּרֶת קֵדְמָה׃ וְיָרַד הַגְּבוּל הַיַּרְדֵּנָה וְהָיוּ תוֹצְאֹתָיו
יג יָם הַמֶּלַח זֹאת תִּהְיֶה לָכֶם הָאָרֶץ לִגְבֻלֹתֶיהָ סָבִיב׃ וַיְצַו מֹשֶׁה
אֶת־בְּנֵי יִשְׂרָאֵל לֵאמֹר זֹאת הָאָרֶץ אֲשֶׁר תִּתְנַחֲלוּ אֹתָהּ בְּגוֹרָל
יד אֲשֶׁר צִוָּה יְהוָה לָתֵת לְתִשְׁעַת הַמַּטּוֹת וַחֲצִי הַמַּטֶּה׃ כִּי לָקְחוּ
מַטֵּה בְנֵי הָראוּבֵנִי לְבֵית אֲבֹתָם וּמַטֵּה בְנֵי־הַגָּדִי לְבֵית אֲבֹתָם
טו וַחֲצִי מַטֵּה מְנַשֶּׁה לָקְחוּ נַחֲלָתָם׃ שְׁנֵי הַמַּטּוֹת וַחֲצִי הַמַּטֶּה לָקְחוּ
נַחֲלָתָם מֵעֵבֶר לְיַרְדֵּן יְרֵחוֹ קֵדְמָה מִזְרָחָה׃
טז יז וַיְדַבֵּר יְהוָה אֶל־מֹשֶׁה לֵּאמֹר׃ אֵלֶּה שְׁמוֹת הָאֲנָשִׁים אֲשֶׁר־ רביעי /ששי/

יח ינחלו לכם את־הארץ אלעזר הכהן ויהושע בן־נון: ונשיא
יט אחד נשיא אחד ממטה תקחו לנחל את־הארץ: ואלה שמות
כ האנשים למטה יהודה כלב בן־יפנה: ולמטה בני שמעון
כא כב שמואל בן־עמיהוד: למטה בנימן אלידד בן־כסלון: ולמטה
כג בני־דן נשיא בקי בן־יגלי: לבני יוסף למטה בני־מנשה נשיא
כד חניאל בן־אפד: ולמטה בני־אפרים נשיא קמואל בן־שפטן:
כה כו ולמטה בני־זבולן נשיא אליצפן בן־פרנך: ולמטה בני־יששכר
כז נשיא פלטיאל בן־עזן: ולמטה בני־אשר נשיא אחיהוד בן־שלמי:
כח כט ולמטה בני־נפתלי נשיא פדהאל בן־עמיהוד: אלה אשר צוה
יהוה לנחל את־בני־ישראל בארץ כנען:

חמישי לה א וידבר יהוה אל־משה בערבת מואב על־ירדן ירחו לאמר:
ב צו את־בני ישראל ונתנו ללוים מנחלת אחזתם ערים לשבת
ג ומגרש לערים סביבתיהם תתנו ללוים: והיו הערים להם
לשבת ומגרשיהם יהיו לבהמתם ולרכשם ולכל חיתם:
ד ומגרשי הערים אשר תתנו ללוים מקיר העיר וחוצה אלף אמה
ה סביב: ומדתם מחוץ לעיר את־פאת־קדמה אלפים באמה
ואת־פאת־נגב אלפים באמה ואת־פאת־ים | אלפים באמה
ואת פאת צפון אלפים באמה והעיר בתוך זה יהיה להם
ו מגרשי הערים: ואת הערים אשר תתנו ללוים את שש־ערי
המקלט אשר תתנו לנס שמה הרצח ועליהם תתנו ארבעים
ז ושתים עיר: כל־הערים אשר תתנו ללוים ארבעים ושמנה עיר
ח אתהן ואת־מגרשיהן: והערים אשר תתנו מאחזת בני־ישראל
מאת הרב תרבו ומאת המעט תמעיטו איש כפי נחלתו אשר
ינחלו יתן מעריו ללוים:

ששי /שביעי/ לב ט וידבר יהוה אל־משה לאמר: דבר אל־בני ישראל ואמרת
יא אלהם כי אתם עברים את־הירדן ארצה כנען: והקריתם
לכם ערים ערי מקלט תהיינה לכם ונס שמה רצח מכה־

יב נֶפֶשׁ בִּשְׁגָגָה׃ וְהָיוּ לָכֶם הֶעָרִים לְמִקְלָט מִגֹּאֵל וְלֹא יָמוּת הָרֹצֵחַ
יג עַד־עָמְדוֹ לִפְנֵי הָעֵדָה לַמִּשְׁפָּט׃ וְהֶעָרִים אֲשֶׁר תִּתֵּנוּ שֵׁשׁ־
יד עָרֵי מִקְלָט תִּהְיֶינָה לָכֶם׃ אֵת ׀ שְׁלֹשׁ הֶעָרִים תִּתְּנוּ מֵעֵבֶר
לַיַּרְדֵּן וְאֵת שְׁלֹשׁ הֶעָרִים תִּתְּנוּ בְּאֶרֶץ כְּנָעַן עָרֵי מִקְלָט תִּהְיֶינָה׃
טו לִבְנֵי יִשְׂרָאֵל וְלַגֵּר וְלַתּוֹשָׁב בְּתוֹכָם תִּהְיֶינָה שֵׁשׁ־הֶעָרִים הָאֵלֶּה
טז לְמִקְלָט לָנוּס שָׁמָּה כָּל־מַכֵּה־נֶפֶשׁ בִּשְׁגָגָה׃ וְאִם־בִּכְלִי בַרְזֶל ׀
יז הִכָּהוּ וַיָּמֹת רֹצֵחַ הוּא מוֹת יוּמַת הָרֹצֵחַ׃ וְאִם בְּאֶבֶן יָד אֲשֶׁר־
יח יָמוּת בָּהּ הִכָּהוּ וַיָּמֹת רֹצֵחַ הוּא מוֹת יוּמַת הָרֹצֵחַ׃ אוֹ בִּכְלִי
עֵץ־יָד אֲשֶׁר־יָמוּת בּוֹ הִכָּהוּ וַיָּמֹת רֹצֵחַ הוּא מוֹת יוּמַת הָרֹצֵחַ׃
יט כ גֹּאֵל הַדָּם הוּא יָמִית אֶת־הָרֹצֵחַ בְּפִגְעוֹ־בוֹ הוּא יְמִתֶנּוּ׃ וְאִם־
כא בְּשִׂנְאָה יֶהְדֳּפֶנּוּ אוֹ־הִשְׁלִיךְ עָלָיו בִּצְדִיָּה וַיָּמֹת׃ אוֹ בְאֵיבָה
הִכָּהוּ בְיָדוֹ וַיָּמֹת מוֹת־יוּמַת הַמַּכֶּה רֹצֵחַ הוּא גֹּאֵל הַדָּם יָמִית
כב אֶת־הָרֹצֵחַ בְּפִגְעוֹ־בוֹ׃ וְאִם־בְּפֶתַע בְּלֹא־אֵיבָה הֲדָפוֹ אוֹ־
כג הִשְׁלִיךְ עָלָיו כָּל־כְּלִי בְּלֹא צְדִיָּה׃ אוֹ בְכָל־אֶבֶן אֲשֶׁר־יָמוּת
בָּהּ בְּלֹא רְאוֹת וַיַּפֵּל עָלָיו וַיָּמֹת וְהוּא לֹא־אוֹיֵב לוֹ וְלֹא מְבַקֵּשׁ
כד רָעָתוֹ׃ וְשָׁפְטוּ הָעֵדָה בֵּין הַמַּכֶּה וּבֵין גֹּאֵל הַדָּם עַל הַמִּשְׁפָּטִים
כה הָאֵלֶּה׃ וְהִצִּילוּ הָעֵדָה אֶת־הָרֹצֵחַ מִיַּד גֹּאֵל הַדָּם וְהֵשִׁיבוּ אֹתוֹ
הָעֵדָה אֶל־עִיר מִקְלָטוֹ אֲשֶׁר־נָס שָׁמָּה וְיָשַׁב בָּהּ עַד־מוֹת
כו הַכֹּהֵן הַגָּדֹל אֲשֶׁר־מָשַׁח אֹתוֹ בְּשֶׁמֶן הַקֹּדֶשׁ׃ וְאִם־יָצֹא יֵצֵא
כז הָרֹצֵחַ אֶת־גְּבוּל עִיר מִקְלָטוֹ אֲשֶׁר יָנוּס שָׁמָּה׃ וּמָצָא אֹתוֹ
גֹּאֵל הַדָּם מִחוּץ לִגְבוּל עִיר מִקְלָטוֹ וְרָצַח גֹּאֵל הַדָּם אֶת־הָרֹצֵחַ
כח אֵין לוֹ דָּם׃ כִּי בְעִיר מִקְלָטוֹ יֵשֵׁב עַד־מוֹת הַכֹּהֵן הַגָּדֹל וְאַחֲרֵי־
כט מוֹת הַכֹּהֵן הַגָּדֹל יָשׁוּב הָרֹצֵחַ אֶל־אֶרֶץ אֲחֻזָּתוֹ׃ וְהָיוּ אֵלֶּה
ל לָכֶם לְחֻקַּת מִשְׁפָּט לְדֹרֹתֵיכֶם בְּכֹל מוֹשְׁבֹתֵיכֶם׃ כָּל־מַכֵּה־
נֶפֶשׁ לְפִי עֵדִים יִרְצַח אֶת־הָרֹצֵחַ וְעֵד אֶחָד לֹא־יַעֲנֶה בְנֶפֶשׁ
לא לָמוּת׃ וְלֹא־תִקְחוּ כֹפֶר לְנֶפֶשׁ רֹצֵחַ אֲשֶׁר־הוּא רָשָׁע לָמוּת
לב כִּי־מוֹת יוּמָת׃ וְלֹא־תִקְחוּ כֹפֶר לָנוּס אֶל־עִיר מִקְלָטוֹ לָשׁוּב

לג לָשֶׁבֶת בָּאָרֶץ עַד־מוֹת הַכֹּהֵן׃ וְלֹא־תַחֲנִיפוּ אֶת־הָאָרֶץ אֲשֶׁר
אַתֶּם בָּהּ כִּי הַדָּם הוּא יַחֲנִיף אֶת־הָאָרֶץ וְלָאָרֶץ לֹא־יְכֻפַּר
לד לַדָּם אֲשֶׁר שֻׁפַּךְ־בָּהּ כִּי־אִם בְּדַם שֹׁפְכוֹ׃ וְלֹא תְטַמֵּא אֶת־
הָאָרֶץ אֲשֶׁר אַתֶּם יֹשְׁבִים בָּהּ אֲשֶׁר אֲנִי שֹׁכֵן בְּתוֹכָהּ כִּי אֲנִי
יהוה שֹׁכֵן בְּתוֹךְ בְּנֵי יִשְׂרָאֵל׃

לו א וַיִּקְרְבוּ רָאשֵׁי הָאָבוֹת לְמִשְׁפַּחַת בְּנֵי־גִלְעָד בֶּן־מָכִיר בֶּן־מְנַשֶּׁה שביעי
מִמִּשְׁפְּחֹת בְּנֵי יוֹסֵף וַיְדַבְּרוּ לִפְנֵי מֹשֶׁה וְלִפְנֵי הַנְּשִׂאִים רָאשֵׁי
ב אָבוֹת לִבְנֵי יִשְׂרָאֵל׃ וַיֹּאמְרוּ אֶת־אֲדֹנִי צִוָּה יהוה לָתֵת אֶת־הָאָרֶץ
בְּנַחֲלָה בְּגוֹרָל לִבְנֵי יִשְׂרָאֵל וַאדֹנִי צֻוָּה בַיהוה לָתֵת אֶת־נַחֲלַת
ג צְלָפְחָד אָחִינוּ לִבְנֹתָיו׃ וְהָיוּ לְאֶחָד מִבְּנֵי שִׁבְטֵי בְנֵי־יִשְׂרָאֵל
לְנָשִׁים וְנִגְרְעָה נַחֲלָתָן מִנַּחֲלַת אֲבֹתֵינוּ וְנוֹסַף עַל נַחֲלַת הַמַּטֶּה
ד אֲשֶׁר תִּהְיֶינָה לָהֶם וּמִגֹּרַל נַחֲלָתֵנוּ יִגָּרֵעַ׃ וְאִם־יִהְיֶה הַיֹּבֵל לִבְנֵי
יִשְׂרָאֵל וְנוֹסְפָה נַחֲלָתָן עַל נַחֲלַת הַמַּטֶּה אֲשֶׁר תִּהְיֶינָה לָהֶם
ה וּמִנַּחֲלַת מַטֵּה אֲבֹתֵינוּ יִגָּרַע נַחֲלָתָן׃ וַיְצַו מֹשֶׁה אֶת־בְּנֵי יִשְׂרָאֵל
ו עַל־פִּי יהוה לֵאמֹר כֵּן מַטֵּה בְנֵי־יוֹסֵף דֹּבְרִים׃ זֶה הַדָּבָר אֲשֶׁר־צִוָּה
יהוה לִבְנוֹת צְלָפְחָד לֵאמֹר לַטּוֹב בְּעֵינֵיהֶם תִּהְיֶינָה לְנָשִׁים אַךְ
ז לְמִשְׁפַּחַת מַטֵּה אֲבִיהֶם תִּהְיֶינָה לְנָשִׁים׃ וְלֹא־תִסֹּב נַחֲלָה
לִבְנֵי יִשְׂרָאֵל מִמַּטֶּה אֶל־מַטֶּה כִּי אִישׁ בְּנַחֲלַת מַטֵּה אֲבֹתָיו
ח יִדְבְּקוּ בְּנֵי יִשְׂרָאֵל׃ וְכָל־בַּת יֹרֶשֶׁת נַחֲלָה מִמַּטּוֹת בְּנֵי יִשְׂרָאֵל
לְאֶחָד מִמִּשְׁפַּחַת מַטֵּה אָבִיהָ תִּהְיֶה לְאִשָּׁה לְמַעַן יִירְשׁוּ
ט בְּנֵי יִשְׂרָאֵל אִישׁ נַחֲלַת אֲבֹתָיו׃ וְלֹא־תִסֹּב נַחֲלָה מִמַּטֶּה
י לְמַטֶּה אַחֵר כִּי־אִישׁ בְּנַחֲלָתוֹ יִדְבְּקוּ מַטּוֹת בְּנֵי יִשְׂרָאֵל׃ כַּאֲשֶׁר
יא צִוָּה יהוה אֶת־מֹשֶׁה כֵּן עָשׂוּ בְּנוֹת צְלָפְחָד׃ וַתִּהְיֶינָה מַחְלָה מפטיר
תִרְצָה וְחָגְלָה וּמִלְכָּה וְנֹעָה בְּנוֹת צְלָפְחָד לִבְנֵי דֹדֵיהֶן לְנָשִׁים׃
יב מִמִּשְׁפְּחֹת בְּנֵי־מְנַשֶּׁה בֶן־יוֹסֵף הָיוּ לְנָשִׁים וַתְּהִי נַחֲלָתָן עַל־
יג מַטֵּה מִשְׁפַּחַת אֲבִיהֶן׃ אֵלֶּה הַמִּצְוֹת וְהַמִּשְׁפָּטִים אֲשֶׁר צִוָּה
יהוה בְּיַד־מֹשֶׁה אֶל־בְּנֵי יִשְׂרָאֵל בְּעַרְבֹת מוֹאָב עַל יַרְדֵּן יְרֵחוֹ׃

דברים

א אֵלֶּה הַדְּבָרִים אֲשֶׁר דִּבֶּר מֹשֶׁה אֶל־כָּל־יִשְׂרָאֵל בְּעֵבֶר הַיַּרְדֵּן א
בַּמִּדְבָּר בָּעֲרָבָה מוֹל סוּף בֵּין־פָּארָן וּבֵין־תֹּפֶל וְלָבָן וַחֲצֵרֹת
ב וְדִי זָהָב: אַחַד עָשָׂר יוֹם מֵחֹרֵב דֶּרֶךְ הַר־שֵׂעִיר עַד קָדֵשׁ בַּרְנֵעַ:
ג וַיְהִי בְּאַרְבָּעִים שָׁנָה בְּעַשְׁתֵּי־עָשָׂר חֹדֶשׁ בְּאֶחָד לַחֹדֶשׁ דִּבֶּר
ד מֹשֶׁה אֶל־בְּנֵי יִשְׂרָאֵל כְּכֹל אֲשֶׁר צִוָּה יְהוָה אֹתוֹ אֲלֵהֶם: אַחֲרֵי
הַכֹּתוֹ אֵת סִיחֹן מֶלֶךְ הָאֱמֹרִי אֲשֶׁר יוֹשֵׁב בְּחֶשְׁבּוֹן וְאֵת עוֹג
ה מֶלֶךְ הַבָּשָׁן אֲשֶׁר־יוֹשֵׁב בְּעַשְׁתָּרֹת בְּאֶדְרֶעִי: בְּעֵבֶר הַיַּרְדֵּן
בְּאֶרֶץ מוֹאָב הוֹאִיל מֹשֶׁה בֵּאֵר אֶת־הַתּוֹרָה הַזֹּאת לֵאמֹר:
ו יְהוָה אֱלֹהֵינוּ דִּבֶּר אֵלֵינוּ בְּחֹרֵב לֵאמֹר רַב־לָכֶם שֶׁבֶת בָּהָר
ז הַזֶּה: פְּנוּ ׀ וּסְעוּ לָכֶם וּבֹאוּ הַר הָאֱמֹרִי וְאֶל־כָּל־שְׁכֵנָיו בָּעֲרָבָה
בָהָר וּבַשְּׁפֵלָה וּבַנֶּגֶב וּבְחוֹף הַיָּם אֶרֶץ הַכְּנַעֲנִי וְהַלְּבָנוֹן עַד־
ח הַנָּהָר הַגָּדֹל נְהַר־פְּרָת: רְאֵה נָתַתִּי לִפְנֵיכֶם אֶת־הָאָרֶץ בֹּאוּ
וּרְשׁוּ אֶת־הָאָרֶץ אֲשֶׁר נִשְׁבַּע יְהוָה לַאֲבֹתֵיכֶם לְאַבְרָהָם לְיִצְחָק
ט וּלְיַעֲקֹב לָתֵת לָהֶם וּלְזַרְעָם אַחֲרֵיהֶם: וָאֹמַר אֲלֵכֶם בָּעֵת הַהִוא
י לֵאמֹר לֹא־אוּכַל לְבַדִּי שְׂאֵת אֶתְכֶם: יְהוָה אֱלֹהֵיכֶם הִרְבָּה
יא אֶתְכֶם וְהִנְּכֶם הַיּוֹם כְּכוֹכְבֵי הַשָּׁמַיִם לָרֹב: יְהוָה אֱלֹהֵי אֲבוֹתֵכֶם שני
יֹסֵף עֲלֵיכֶם כָּכֶם אֶלֶף פְּעָמִים וִיבָרֵךְ אֶתְכֶם כַּאֲשֶׁר דִּבֶּר לָכֶם:
יב יג אֵיכָה אֶשָּׂא לְבַדִּי טָרְחֲכֶם וּמַשַּׂאֲכֶם וְרִיבְכֶם: הָבוּ לָכֶם אֲנָשִׁים
יד חֲכָמִים וּנְבֹנִים וִידֻעִים לְשִׁבְטֵיכֶם וַאֲשִׂימֵם בְּרָאשֵׁיכֶם: וַתַּעֲנוּ
טו אֹתִי וַתֹּאמְרוּ טוֹב־הַדָּבָר אֲשֶׁר־דִּבַּרְתָּ לַעֲשׂוֹת: וָאֶקַּח אֶת־
רָאשֵׁי שִׁבְטֵיכֶם אֲנָשִׁים חֲכָמִים וִידֻעִים וָאֶתֵּן אֹתָם רָאשִׁים
עֲלֵיכֶם שָׂרֵי אֲלָפִים וְשָׂרֵי מֵאוֹת וְשָׂרֵי חֲמִשִּׁים וְשָׂרֵי עֲשָׂרֹת
טז וְשֹׁטְרִים לְשִׁבְטֵיכֶם: וָאֲצַוֶּה אֶת־שֹׁפְטֵיכֶם בָּעֵת הַהִוא לֵאמֹר
שָׁמֹעַ בֵּין־אֲחֵיכֶם וּשְׁפַטְתֶּם צֶדֶק בֵּין־אִישׁ וּבֵין־אָחִיו וּבֵין גֵּרוֹ:
יז לֹא־תַכִּירוּ פָנִים בַּמִּשְׁפָּט כַּקָּטֹן כַּגָּדֹל תִּשְׁמָעוּן לֹא תָגוּרוּ
מִפְּנֵי־אִישׁ כִּי הַמִּשְׁפָּט לֵאלֹהִים הוּא וְהַדָּבָר אֲשֶׁר יִקְשֶׁה מִכֶּם
יח תַּקְרִבוּן אֵלַי וּשְׁמַעְתִּיו: וָאֲצַוֶּה אֶתְכֶם בָּעֵת הַהִוא אֵת כָּל־

יט הַדְּבָרִים אֲשֶׁר תַּעֲשׂוּן: וַנִּסַּע מֵחֹרֵב וַנֵּלֶךְ אֵת כָּל־הַמִּדְבָּר
הַגָּדוֹל וְהַנּוֹרָא הַהוּא אֲשֶׁר רְאִיתֶם דֶּרֶךְ הַר הָאֱמֹרִי כַּאֲשֶׁר
כ צִוָּה יְהוָה אֱלֹהֵינוּ אֹתָנוּ וַנָּבֹא עַד קָדֵשׁ בַּרְנֵעַ: וָאֹמַר אֲלֵכֶם
כא בָּאתֶם עַד־הַר הָאֱמֹרִי אֲשֶׁר־יְהוָה אֱלֹהֵינוּ נֹתֵן לָנוּ: רְאֵה נָתַן
יְהוָה אֱלֹהֶיךָ לְפָנֶיךָ אֶת־הָאָרֶץ עֲלֵה רֵשׁ כַּאֲשֶׁר דִּבֶּר יְהוָה
כב אֱלֹהֵי אֲבֹתֶיךָ לָךְ אַל־תִּירָא וְאַל־תֵּחָת: וַתִּקְרְבוּן אֵלַי כֻּלְּכֶם שלישי
וַתֹּאמְרוּ נִשְׁלְחָה אֲנָשִׁים לְפָנֵינוּ וְיַחְפְּרוּ־לָנוּ אֶת־הָאָרֶץ וְיָשִׁבוּ
אֹתָנוּ דָּבָר אֶת־הַדֶּרֶךְ אֲשֶׁר נַעֲלֶה־בָּהּ וְאֵת הֶעָרִים אֲשֶׁר נָבֹא
כג אֲלֵיהֶן: וַיִּיטַב בְּעֵינַי הַדָּבָר וָאֶקַּח מִכֶּם שְׁנֵים עָשָׂר אֲנָשִׁים אִישׁ
כד אֶחָד לַשָּׁבֶט: וַיִּפְנוּ וַיַּעֲלוּ הָהָרָה וַיָּבֹאוּ עַד־נַחַל אֶשְׁכֹּל וַיְרַגְּלוּ
כה אֹתָהּ: וַיִּקְחוּ בְיָדָם מִפְּרִי הָאָרֶץ וַיּוֹרִדוּ אֵלֵינוּ וַיָּשִׁבוּ אֹתָנוּ
כו דָבָר וַיֹּאמְרוּ טוֹבָה הָאָרֶץ אֲשֶׁר־יְהוָה אֱלֹהֵינוּ נֹתֵן לָנוּ: וְלֹא
כז אֲבִיתֶם לַעֲלֹת וַתַּמְרוּ אֶת־פִּי יְהוָה אֱלֹהֵיכֶם: וַתֵּרָגְנוּ בְאָהֳלֵיכֶם
וַתֹּאמְרוּ בְּשִׂנְאַת יְהוָה אֹתָנוּ הוֹצִיאָנוּ מֵאֶרֶץ מִצְרָיִם לָתֵת
כח אֹתָנוּ בְּיַד הָאֱמֹרִי לְהַשְׁמִידֵנוּ: אָנָה ׀ אֲנַחְנוּ עֹלִים אַחֵינוּ הֵמַסּוּ
אֶת־לְבָבֵנוּ לֵאמֹר עַם גָּדוֹל וָרָם מִמֶּנּוּ עָרִים גְּדֹלֹת וּבְצוּרֹת
כט בַּשָּׁמָיִם וְגַם־בְּנֵי עֲנָקִים רָאִינוּ שָׁם: וָאֹמַר אֲלֵכֶם לֹא־תַעַרְצוּן
ל וְלֹא־תִירְאוּן מֵהֶם: יְהוָה אֱלֹהֵיכֶם הַהֹלֵךְ לִפְנֵיכֶם הוּא יִלָּחֵם
לא לָכֶם כְּכֹל אֲשֶׁר עָשָׂה אִתְּכֶם בְּמִצְרַיִם לְעֵינֵיכֶם: וּבַמִּדְבָּר
אֲשֶׁר רָאִיתָ אֲשֶׁר נְשָׂאֲךָ יְהוָה אֱלֹהֶיךָ כַּאֲשֶׁר יִשָּׂא־אִישׁ אֶת־
בְּנוֹ בְּכָל־הַדֶּרֶךְ אֲשֶׁר הֲלַכְתֶּם עַד־בֹּאֲכֶם עַד־הַמָּקוֹם הַזֶּה:
לב לג וּבַדָּבָר הַזֶּה אֵינְכֶם מַאֲמִינִם בַּיהוָה אֱלֹהֵיכֶם: הַהֹלֵךְ לִפְנֵיכֶם
בַּדֶּרֶךְ לָתוּר לָכֶם מָקוֹם לַחֲנֹתְכֶם בָּאֵשׁ ׀ לַיְלָה לַרְאֹתְכֶם בַּדֶּרֶךְ
לד אֲשֶׁר תֵּלְכוּ־בָהּ וּבֶעָנָן יוֹמָם: וַיִּשְׁמַע יְהוָה אֶת־קוֹל דִּבְרֵיכֶם
לה וַיִּקְצֹף וַיִּשָּׁבַע לֵאמֹר: אִם־יִרְאֶה אִישׁ בָּאֲנָשִׁים הָאֵלֶּה הַדּוֹר
הָרָע הַזֶּה אֵת הָאָרֶץ הַטּוֹבָה אֲשֶׁר נִשְׁבַּעְתִּי לָתֵת לַאֲבֹתֵיכֶם:
לו זוּלָתִי כָּלֵב בֶּן־יְפֻנֶּה הוּא יִרְאֶנָּה וְלוֹ־אֶתֵּן אֶת־הָאָרֶץ אֲשֶׁר

לז דֶּרֶךְ־בָּהּ וּלְבָנָיו יַעַן אֲשֶׁר מִלֵּא אַחֲרֵי יְהוָה׃ גַּם־בִּי הִתְאַנַּף
לח יְהוָה בִּגְלַלְכֶם לֵאמֹר גַּם־אַתָּה לֹא־תָבֹא שָׁם׃ יְהוֹשֻׁעַ בִּן־נוּן
הָעֹמֵד לְפָנֶיךָ הוּא יָבֹא שָׁמָּה אֹתוֹ חַזֵּק כִּי־הוּא יַנְחִלֶנָּה אֶת־
לט יִשְׂרָאֵל׃ וְטַפְּכֶם אֲשֶׁר אֲמַרְתֶּם לָבַז יִהְיֶה וּבְנֵיכֶם אֲשֶׁר לֹא־ רביעי
יָדְעוּ הַיּוֹם טוֹב וָרָע הֵמָּה יָבֹאוּ שָׁמָּה וְלָהֶם אֶתְּנֶנָּה וְהֵם
מ מא יִירָשׁוּהָ׃ וְאַתֶּם פְּנוּ לָכֶם וּסְעוּ הַמִּדְבָּרָה דֶּרֶךְ יַם־סוּף׃ וַתַּעֲנוּ
וַתֹּאמְרוּ אֵלַי חָטָאנוּ לַיהוָה אֲנַחְנוּ נַעֲלֶה וְנִלְחַמְנוּ כְּכֹל אֲשֶׁר־
צִוָּנוּ יְהוָה אֱלֹהֵינוּ וַתַּחְגְּרוּ אִישׁ אֶת־כְּלֵי מִלְחַמְתּוֹ וַתָּהִינוּ
מב לַעֲלֹת הָהָרָה׃ וַיֹּאמֶר יְהוָה אֵלַי אֱמֹר לָהֶם לֹא תַעֲלוּ וְלֹא
מג תִלָּחֲמוּ כִּי אֵינֶנִּי בְּקִרְבְּכֶם וְלֹא תִּנָּגְפוּ לִפְנֵי אֹיְבֵיכֶם׃ וָאֲדַבֵּר
אֲלֵיכֶם וְלֹא שְׁמַעְתֶּם וַתַּמְרוּ אֶת־פִּי יְהוָה וַתָּזִדוּ וַתַּעֲלוּ הָהָרָה׃
מד וַיֵּצֵא הָאֱמֹרִי הַיֹּשֵׁב בָּהָר הַהוּא לִקְרַאתְכֶם וַיִּרְדְּפוּ אֶתְכֶם
כַּאֲשֶׁר תַּעֲשֶׂינָה הַדְּבֹרִים וַיַּכְּתוּ אֶתְכֶם בְּשֵׂעִיר עַד־חָרְמָה׃
מה וַתָּשֻׁבוּ וַתִּבְכּוּ לִפְנֵי יְהוָה וְלֹא־שָׁמַע יְהוָה בְּקֹלְכֶם וְלֹא הֶאֱזִין
מו אֲלֵיכֶם׃ וַתֵּשְׁבוּ בְקָדֵשׁ יָמִים רַבִּים כַּיָּמִים אֲשֶׁר יְשַׁבְתֶּם׃
ב א וַנֵּפֶן וַנִּסַּע הַמִּדְבָּרָה דֶּרֶךְ יַם־סוּף כַּאֲשֶׁר דִּבֶּר יְהוָה אֵלָי וַנָּסָב
ב אֶת־הַר־שֵׂעִיר יָמִים רַבִּים׃ וַיֹּאמֶר יְהוָה אֵלַי ב חמישי
ג ד לֵאמֹר׃ רַב־לָכֶם סֹב אֶת־הָהָר הַזֶּה פְּנוּ לָכֶם צָפֹנָה׃ וְאֶת־הָעָם
צַו לֵאמֹר אַתֶּם עֹבְרִים בִּגְבוּל אֲחֵיכֶם בְּנֵי־עֵשָׂו הַיֹּשְׁבִים
ה בְּשֵׂעִיר וְיִירְאוּ מִכֶּם וְנִשְׁמַרְתֶּם מְאֹד׃ אַל־תִּתְגָּרוּ בָם כִּי לֹא־
אֶתֵּן לָכֶם מֵאַרְצָם עַד מִדְרַךְ כַּף־רָגֶל כִּי־יְרֻשָּׁה לְעֵשָׂו נָתַתִּי
ו אֶת־הַר שֵׂעִיר׃ אֹכֶל תִּשְׁבְּרוּ מֵאִתָּם בַּכֶּסֶף וַאֲכַלְתֶּם וְגַם־
ז מַיִם תִּכְרוּ מֵאִתָּם בַּכֶּסֶף וּשְׁתִיתֶם׃ כִּי יְהוָה אֱלֹהֶיךָ בֵּרַכְךָ
בְּכֹל מַעֲשֵׂה יָדֶךָ יָדַע לֶכְתְּךָ אֶת־הַמִּדְבָּר הַגָּדֹל הַזֶּה זֶה ׀ אַרְבָּעִים
ח שָׁנָה יְהוָה אֱלֹהֶיךָ עִמָּךְ לֹא חָסַרְתָּ דָּבָר׃ וַנַּעֲבֹר מֵאֵת אַחֵינוּ
בְנֵי־עֵשָׂו הַיֹּשְׁבִים בְּשֵׂעִיר מִדֶּרֶךְ הָעֲרָבָה מֵאֵילַת וּמֵעֶצְיֹן
ט גָּבֶר וַנֵּפֶן וַנַּעֲבֹר דֶּרֶךְ מִדְבַּר מוֹאָב׃ וַיֹּאמֶר

יהוה אלי אל־תצר את־מואב ואל־תתגר בם מלחמה כי
לא־אתן לך מארצו ירשה כי לבני־לוט נתתי את־ער ירשה:
האמים לפנים ישבו בה עם גדול ורב ורם כענקים: רפאים יא
יחשבו אף־הם כענקים והמאבים יקראו להם אמים: ובשעיר יב
ישבו החרים לפנים ובני עשו יירשום וישמידום מפניהם וישבו
תחתם כאשר עשה ישראל לארץ ירשתו אשר־נתן יהוה
להם: עתה קמו ועברו לכם את־נחל זרד ונעבר את־נחל זרד: יג
והימים אשר־הלכנו ׀ מקדש ברנע עד אשר־עברנו את־נחל יד
זרד שלשים ושמנה שנה עד־תם כל־הדור אנשי המלחמה
מקרב המחנה כאשר נשבע יהוה להם: וגם יד־יהוה היתה בם טו
להמם מקרב המחנה עד תמם: ויהי כאשר־תמו כל־אנשי טז
המלחמה למות מקרב העם: וידבר יהוה אלי יז
לאמר: אתה עבר היום את־גבול מואב את־ער: וקרבת יח יט
מול בני עמון אל־תצרם ואל־תתגר בם כי לא־אתן מארץ
בני־עמון לך ירשה כי לבני־לוט נתתיה ירשה: ארץ־רפאים כ
תחשב אף־הוא רפאים ישבו־בה לפנים והעמנים יקראו להם
זמזמים: עם גדול ורב ורם כענקים וישמידם יהוה מפניהם כא
ויירשם וישבו תחתם: כאשר עשה לבני עשו הישבים בשעיר כב
אשר השמיד את־החרי מפניהם ויירשם וישבו תחתם עד היום
הזה: והעוים הישבים בחצרים עד־עזה כפתרים היצאים כג
מכפתור השמידם וישבו תחתם: קומו סעו ועברו את־נחל כד
ארנן ראה נתתי בידך את־סיחן מלך־חשבון האמרי ואת־
ארצו החל רש והתגר בו מלחמה: היום הזה אחל תת פחדך כה
ויראתך על־פני העמים תחת כל־השמים אשר ישמעון שמעך
ורגזו וחלו מפניך: ואשלח מלאכים ממדבר קדמות אל־ כו
סיחון מלך חשבון דברי שלום לאמר: אעברה בארצך בדרך כז
בדרך אלך לא אסור ימין ושמאול: אכל בכסף תשברני כח

וְאָכַלְתִּי וּמַיִם בַּכֶּסֶף תִּתֶּן־לִי וְשָׁתִיתִי רַק אֶעְבְּרָה בְרַגְלָי׃
כט כַּאֲשֶׁר עָשׂוּ־לִי בְּנֵי עֵשָׂו הַיֹּשְׁבִים בְּשֵׂעִיר וְהַמּוֹאָבִים הַיֹּשְׁבִים
בְּעָר עַד אֲשֶׁר־אֶעֱבֹר אֶת־הַיַּרְדֵּן אֶל־הָאָרֶץ אֲשֶׁר־יְהוָה
ל אֱלֹהֵינוּ נֹתֵן לָנוּ׃ וְלֹא אָבָה סִיחֹן מֶלֶךְ חֶשְׁבּוֹן הַעֲבִרֵנוּ בּוֹ
כִּי־הִקְשָׁה יְהוָה אֱלֹהֶיךָ אֶת־רוּחוֹ וְאִמֵּץ אֶת־לְבָבוֹ לְמַעַן תִּתּוֹ
לא בְיָדְךָ כַּיּוֹם הַזֶּה׃ וַיֹּאמֶר יְהוָה אֵלַי רְאֵה הַחִלֹּתִי ג ששי
תֵּת לְפָנֶיךָ אֶת־סִיחֹן וְאֶת־אַרְצוֹ הָחֵל רָשׁ לָרֶשֶׁת אֶת־אַרְצוֹ׃
לב לג וַיֵּצֵא סִיחֹן לִקְרָאתֵנוּ הוּא וְכָל־עַמּוֹ לַמִּלְחָמָה יָהְצָה׃ וַיִּתְּנֵהוּ
לד יְהוָה אֱלֹהֵינוּ לְפָנֵינוּ וַנַּךְ אֹתוֹ וְאֶת־בָּנָו וְאֶת־כָּל־עַמּוֹ׃ וַנִּלְכֹּד
אֶת־כָּל־עָרָיו בָּעֵת הַהִוא וַנַּחֲרֵם אֶת־כָּל־עִיר מְתִם וְהַנָּשִׁים
לה וְהַטָּף לֹא הִשְׁאַרְנוּ שָׂרִיד׃ רַק הַבְּהֵמָה בָּזַזְנוּ לָנוּ וּשְׁלַל הֶעָרִים
לו אֲשֶׁר לָכָדְנוּ׃ מֵעֲרֹעֵר אֲשֶׁר עַל־שְׂפַת־נַחַל אַרְנֹן וְהָעִיר אֲשֶׁר
בַּנַּחַל וְעַד־הַגִּלְעָד לֹא הָיְתָה קִרְיָה אֲשֶׁר שָׂגְבָה מִמֶּנּוּ אֶת־
לז הַכֹּל נָתַן יְהוָה אֱלֹהֵינוּ לְפָנֵינוּ׃ רַק אֶל־אֶרֶץ בְּנֵי־עַמּוֹן לֹא
קָרָבְתָּ כָּל־יַד נַחַל יַבֹּק וְעָרֵי הָהָר וְכֹל אֲשֶׁר־צִוָּה יְהוָה אֱלֹהֵינוּ׃
ג א וַנֵּפֶן וַנַּעַל דֶּרֶךְ הַבָּשָׁן וַיֵּצֵא עוֹג מֶלֶךְ־הַבָּשָׁן לִקְרָאתֵנוּ הוּא
ב וְכָל־עַמּוֹ לַמִּלְחָמָה אֶדְרֶעִי׃ וַיֹּאמֶר יְהוָה אֵלַי אַל־תִּירָא אֹתוֹ
כִּי בְיָדְךָ נָתַתִּי אֹתוֹ וְאֶת־כָּל־עַמּוֹ וְאֶת־אַרְצוֹ וְעָשִׂיתָ לּוֹ כַּאֲשֶׁר
ג עָשִׂיתָ לְסִיחֹן מֶלֶךְ הָאֱמֹרִי אֲשֶׁר יוֹשֵׁב בְּחֶשְׁבּוֹן׃ וַיִּתֵּן יְהוָה
אֱלֹהֵינוּ בְּיָדֵנוּ גַּם אֶת־עוֹג מֶלֶךְ־הַבָּשָׁן וְאֶת־כָּל־עַמּוֹ וַנַּכֵּהוּ
ד עַד־בִּלְתִּי הִשְׁאִיר־לוֹ שָׂרִיד׃ וַנִּלְכֹּד אֶת־כָּל־עָרָיו בָּעֵת הַהִוא
לֹא הָיְתָה קִרְיָה אֲשֶׁר לֹא־לָקַחְנוּ מֵאִתָּם שִׁשִּׁים עִיר כָּל־חֶבֶל
ה אַרְגֹּב מַמְלֶכֶת עוֹג בַּבָּשָׁן׃ כָּל־אֵלֶּה עָרִים בְּצֻרֹת חוֹמָה גְבֹהָה
ו דְּלָתַיִם וּבְרִיחַ לְבַד מֵעָרֵי הַפְּרָזִי הַרְבֵּה מְאֹד׃ וַנַּחֲרֵם אוֹתָם
כַּאֲשֶׁר עָשִׂינוּ לְסִיחֹן מֶלֶךְ חֶשְׁבּוֹן הַחֲרֵם כָּל־עִיר מְתִם הַנָּשִׁים
ז ח וְהַטָּף׃ וְכָל־הַבְּהֵמָה וּשְׁלַל הֶעָרִים בַּזּוֹנוּ לָנוּ׃ וַנִּקַּח בָּעֵת הַהִוא
אֶת־הָאָרֶץ מִיַּד שְׁנֵי מַלְכֵי הָאֱמֹרִי אֲשֶׁר בְּעֵבֶר הַיַּרְדֵּן מִנַּחַל

ט אַרְנֹן עַד־הַר חֶרְמוֹן׃ צִידֹנִים יִקְרְאוּ לְחֶרְמוֹן שִׂרְיֹן וְהָאֱמֹרִי
י יִקְרְאוּ־לוֹ שְׂנִיר׃ כֹּל ׀ עָרֵי הַמִּישֹׁר וְכָל־הַגִּלְעָד וְכָל־הַבָּשָׁן עַד־
יא סַלְכָה וְאֶדְרֶעִי עָרֵי מַמְלֶכֶת עוֹג בַּבָּשָׁן׃ כִּי רַק־עוֹג מֶלֶךְ הַבָּשָׁן
נִשְׁאַר מִיֶּתֶר הָרְפָאִים הִנֵּה עַרְשׂוֹ עֶרֶשׂ בַּרְזֶל הֲלֹה הִוא בְּרַבַּת
בְּנֵי עַמּוֹן תֵּשַׁע אַמּוֹת אָרְכָּהּ וְאַרְבַּע אַמּוֹת רָחְבָּהּ בְּאַמַּת־
יב אִישׁ׃ וְאֶת־הָאָרֶץ הַזֹּאת יָרַשְׁנוּ בָּעֵת הַהִוא מֵעֲרֹעֵר אֲשֶׁר־עַל־
יג נַחַל אַרְנֹן וַחֲצִי הַר־הַגִּלְעָד וְעָרָיו נָתַתִּי לָראוּבֵנִי וְלַגָּדִי׃ וְיֶתֶר
הַגִּלְעָד וְכָל־הַבָּשָׁן מַמְלֶכֶת עוֹג נָתַתִּי לַחֲצִי שֵׁבֶט הַמְנַשֶּׁה
יד כֹּל חֶבֶל הָאַרְגֹּב לְכָל־הַבָּשָׁן הַהוּא יִקָּרֵא אֶרֶץ רְפָאִים׃ יָאִיר
בֶּן־מְנַשֶּׁה לָקַח אֶת־כָּל־חֶבֶל אַרְגֹּב עַד־גְּבוּל הַגְּשׁוּרִי וְהַמַּעֲכָתִי
וַיִּקְרָא אֹתָם עַל־שְׁמוֹ אֶת־הַבָּשָׁן חַוֺּת יָאִיר עַד הַיּוֹם הַזֶּה׃
טו טז וּלְמָכִיר נָתַתִּי אֶת־הַגִּלְעָד׃ וְלָראוּבֵנִי וְלַגָּדִי נָתַתִּי מִן־הַגִּלְעָד שביעי
וְעַד־נַחַל אַרְנֹן תּוֹךְ הַנַּחַל וּגְבֻל וְעַד יַבֹּק הַנַּחַל גְּבוּל בְּנֵי עַמּוֹן׃
יז וְהָעֲרָבָה וְהַיַּרְדֵּן וּגְבֻל מִכִּנֶּרֶת וְעַד יָם הָעֲרָבָה יָם הַמֶּלַח תַּחַת
יח אַשְׁדֹּת הַפִּסְגָּה מִזְרָחָה׃ וָאֲצַו אֶתְכֶם בָּעֵת הַהִוא לֵאמֹר יְהוָה
אֱלֹהֵיכֶם נָתַן לָכֶם אֶת־הָאָרֶץ הַזֹּאת לְרִשְׁתָּהּ חֲלוּצִים תַּעַבְרוּ
יט לִפְנֵי אֲחֵיכֶם בְּנֵי־יִשְׂרָאֵל כָּל־בְּנֵי־חָיִל׃ רַק נְשֵׁיכֶם וְטַפְּכֶם
וּמִקְנֵכֶם יָדַעְתִּי כִּי־מִקְנֶה רַב לָכֶם יֵשְׁבוּ בְּעָרֵיכֶם אֲשֶׁר נָתַתִּי
כ לָכֶם׃ עַד אֲשֶׁר־יָנִיחַ יְהוָה ׀ לַאֲחֵיכֶם כָּכֶם וְיָרְשׁוּ גַם־הֵם אֶת־ מפטיר
הָאָרֶץ אֲשֶׁר יְהוָה אֱלֹהֵיכֶם נֹתֵן לָהֶם בְּעֵבֶר הַיַּרְדֵּן וְשַׁבְתֶּם
כא אִישׁ לִירֻשָּׁתוֹ אֲשֶׁר נָתַתִּי לָכֶם׃ וְאֶת־יְהוֹשׁוּעַ צִוֵּיתִי בָּעֵת
הַהִוא לֵאמֹר עֵינֶיךָ הָרֹאֹת אֵת כָּל־אֲשֶׁר עָשָׂה יְהוָה אֱלֹהֵיכֶם
לִשְׁנֵי הַמְּלָכִים הָאֵלֶּה כֵּן־יַעֲשֶׂה יְהוָה לְכָל־הַמַּמְלָכוֹת אֲשֶׁר
כב אַתָּה עֹבֵר שָׁמָּה׃ לֹא תִּירָאוּם כִּי יְהוָה אֱלֹהֵיכֶם הוּא הַנִּלְחָם
כג לָכֶם׃ וָאֶתְחַנַּן אֶל־יְהוָה בָּעֵת הַהִוא לֵאמֹר׃ ואתחנן ד
כד אֲדֹנָי יְהוִה אַתָּה הַחִלּוֹתָ לְהַרְאוֹת אֶת־עַבְדְּךָ אֶת־גָּדְלְךָ וְאֶת־
יָדְךָ הַחֲזָקָה אֲשֶׁר מִי־אֵל בַּשָּׁמַיִם וּבָאָרֶץ אֲשֶׁר־יַעֲשֶׂה כְמַעֲשֶׂיךָ

כה וְכִגְבוּרֹתֶךָ: אֶעְבְּרָה־נָּא וְאֶרְאֶה אֶת־הָאָרֶץ הַטּוֹבָה אֲשֶׁר בְּעֵבֶר
כו הַיַּרְדֵּן הָהָר הַטּוֹב הַזֶּה וְהַלְּבָנֹן: וַיִּתְעַבֵּר יהוה בִּי לְמַעַנְכֶם
וְלֹא שָׁמַע אֵלָי וַיֹּאמֶר יהוה אֵלַי רַב־לָךְ אַל־תּוֹסֶף דַּבֵּר אֵלַי
כז עוֹד בַּדָּבָר הַזֶּה: עֲלֵה ׀ רֹאשׁ הַפִּסְגָּה וְשָׂא עֵינֶיךָ יָמָּה וְצָפֹנָה
וְתֵימָנָה וּמִזְרָחָה וּרְאֵה בְעֵינֶיךָ כִּי־לֹא תַעֲבֹר אֶת־הַיַּרְדֵּן הַזֶּה:
כח וְצַו אֶת־יְהוֹשֻׁעַ וְחַזְּקֵהוּ וְאַמְּצֵהוּ כִּי־הוּא יַעֲבֹר לִפְנֵי הָעָם הַזֶּה
כט וְהוּא יַנְחִיל אוֹתָם אֶת־הָאָרֶץ אֲשֶׁר תִּרְאֶה: וַנֵּשֶׁב בַּגָּיְא מוּל
בֵּית פְּעוֹר:

ד א וְעַתָּה יִשְׂרָאֵל שְׁמַע אֶל־הַחֻקִּים וְאֶל־הַמִּשְׁפָּטִים אֲשֶׁר אָנֹכִי
מְלַמֵּד אֶתְכֶם לַעֲשׂוֹת לְמַעַן תִּחְיוּ וּבָאתֶם וִירִשְׁתֶּם אֶת־הָאָרֶץ
ב אֲשֶׁר יהוה אֱלֹהֵי אֲבֹתֵיכֶם נֹתֵן לָכֶם: לֹא תֹסִפוּ עַל־הַדָּבָר
אֲשֶׁר אָנֹכִי מְצַוֶּה אֶתְכֶם וְלֹא תִגְרְעוּ מִמֶּנּוּ לִשְׁמֹר אֶת־מִצְוֹת
ג יהוה אֱלֹהֵיכֶם אֲשֶׁר אָנֹכִי מְצַוֶּה אֶתְכֶם: עֵינֵיכֶם הָרֹאוֹת אֵת
אֲשֶׁר־עָשָׂה יהוה בְּבַעַל פְּעוֹר כִּי כָל־הָאִישׁ אֲשֶׁר הָלַךְ אַחֲרֵי
ד בַעַל־פְּעוֹר הִשְׁמִידוֹ יהוה אֱלֹהֶיךָ מִקִּרְבֶּךָ: וְאַתֶּם הַדְּבֵקִים
ה בַּיהוה אֱלֹהֵיכֶם חַיִּים כֻּלְּכֶם הַיּוֹם: רְאֵה ׀ לִמַּדְתִּי אֶתְכֶם חֻקִּים שני
וּמִשְׁפָּטִים כַּאֲשֶׁר צִוַּנִי יהוה אֱלֹהָי לַעֲשׂוֹת כֵּן בְּקֶרֶב הָאָרֶץ
ו אֲשֶׁר אַתֶּם בָּאִים שָׁמָּה לְרִשְׁתָּהּ: וּשְׁמַרְתֶּם וַעֲשִׂיתֶם כִּי הִוא
חָכְמַתְכֶם וּבִינַתְכֶם לְעֵינֵי הָעַמִּים אֲשֶׁר יִשְׁמְעוּן אֵת כָּל־הַחֻקִּים
ז הָאֵלֶּה וְאָמְרוּ רַק עַם־חָכָם וְנָבוֹן הַגּוֹי הַגָּדוֹל הַזֶּה: כִּי מִי־
גוֹי גָדוֹל אֲשֶׁר־לוֹ אֱלֹהִים קְרֹבִים אֵלָיו כַּיהוה אֱלֹהֵינוּ בְּכָל־
ח קָרְאֵנוּ אֵלָיו: וּמִי גּוֹי גָּדוֹל אֲשֶׁר־לוֹ חֻקִּים וּמִשְׁפָּטִים צַדִּיקִם
ט כְּכֹל הַתּוֹרָה הַזֹּאת אֲשֶׁר אָנֹכִי נֹתֵן לִפְנֵיכֶם הַיּוֹם: רַק הִשָּׁמֶר
לְךָ וּשְׁמֹר נַפְשְׁךָ מְאֹד פֶּן־תִּשְׁכַּח אֶת־הַדְּבָרִים אֲשֶׁר־רָאוּ
עֵינֶיךָ וּפֶן־יָסוּרוּ מִלְּבָבְךָ כֹּל יְמֵי חַיֶּיךָ וְהוֹדַעְתָּם לְבָנֶיךָ וְלִבְנֵי
י בָנֶיךָ: יוֹם אֲשֶׁר עָמַדְתָּ לִפְנֵי יהוה אֱלֹהֶיךָ בְּחֹרֵב בֶּאֱמֹר יהוה
אֵלַי הַקְהֶל־לִי אֶת־הָעָם וְאַשְׁמִעֵם אֶת־דְּבָרָי אֲשֶׁר יִלְמְדוּן

לִֽירְאָה אֹתִי כָּל־הַיָּמִים אֲשֶׁר הֵם חַיִּים עַל־הָאֲדָמָה וְאֶת־
בְּנֵיהֶם יְלַמֵּדוּן׃ וַתִּקְרְבוּן וַתַּעַמְדוּן תַּחַת הָהָר וְהָהָר בֹּעֵר יא
בָּאֵשׁ עַד־לֵב הַשָּׁמַיִם חֹשֶׁךְ עָנָן וַעֲרָפֶל׃ וַיְדַבֵּר יְהוָה אֲלֵיכֶם יב
מִתּוֹךְ הָאֵשׁ קוֹל דְּבָרִים אַתֶּם שֹׁמְעִים וּתְמוּנָה אֵינְכֶם רֹאִים
זוּלָתִי קוֹל׃ וַיַּגֵּד לָכֶם אֶת־בְּרִיתוֹ אֲשֶׁר צִוָּה אֶתְכֶם לַעֲשׂוֹת יג
עֲשֶׂרֶת הַדְּבָרִים וַיִּכְתְּבֵם עַל־שְׁנֵי לֻחוֹת אֲבָנִים׃ וְאֹתִי צִוָּה יד
יְהוָה בָּעֵת הַהִוא לְלַמֵּד אֶתְכֶם חֻקִּים וּמִשְׁפָּטִים לַעֲשֹׂתְכֶם
אֹתָם בָּאָרֶץ אֲשֶׁר אַתֶּם עֹבְרִים שָׁמָּה לְרִשְׁתָּהּ׃ וְנִשְׁמַרְתֶּם טו
מְאֹד לְנַפְשֹׁתֵיכֶם כִּי לֹא רְאִיתֶם כָּל־תְּמוּנָה בְּיוֹם דִּבֶּר יְהוָה
אֲלֵיכֶם בְּחֹרֵב מִתּוֹךְ הָאֵשׁ׃ פֶּן־תַּשְׁחִתוּן וַעֲשִׂיתֶם לָכֶם פֶּסֶל טז
תְּמוּנַת כָּל־סָמֶל תַּבְנִית זָכָר אוֹ נְקֵבָה׃ תַּבְנִית כָּל־בְּהֵמָה אֲשֶׁר יז
בָּאָרֶץ תַּבְנִית כָּל־צִפּוֹר כָּנָף אֲשֶׁר תָּעוּף בַּשָּׁמָיִם׃ תַּבְנִית כָּל־ יח
רֹמֵשׂ בָּאֲדָמָה תַּבְנִית כָּל־דָּגָה אֲשֶׁר־בַּמַּיִם מִתַּחַת לָאָרֶץ׃
וּפֶן־תִּשָּׂא עֵינֶיךָ הַשָּׁמַיְמָה וְרָאִיתָ אֶת־הַשֶּׁמֶשׁ וְאֶת־הַיָּרֵחַ יט
וְאֶת־הַכּוֹכָבִים כֹּל צְבָא הַשָּׁמַיִם וְנִדַּחְתָּ וְהִשְׁתַּחֲוִיתָ לָהֶם
וַעֲבַדְתָּם אֲשֶׁר חָלַק יְהוָה אֱלֹהֶיךָ אֹתָם לְכֹל הָעַמִּים תַּחַת
כָּל־הַשָּׁמָיִם׃ וְאֶתְכֶם לָקַח יְהוָה וַיּוֹצִא אֶתְכֶם מִכּוּר הַבַּרְזֶל כ
מִמִּצְרָיִם לִהְיוֹת לוֹ לְעַם נַחֲלָה כַּיּוֹם הַזֶּה׃ וַיהוָה הִתְאַנַּף־ כא
בִּי עַל־דִּבְרֵיכֶם וַיִּשָּׁבַע לְבִלְתִּי עָבְרִי אֶת־הַיַּרְדֵּן וּלְבִלְתִּי־בֹא
אֶל־הָאָרֶץ הַטּוֹבָה אֲשֶׁר יְהוָה אֱלֹהֶיךָ נֹתֵן לְךָ נַחֲלָה׃ כִּי אָנֹכִי כב
מֵת בָּאָרֶץ הַזֹּאת אֵינֶנִּי עֹבֵר אֶת־הַיַּרְדֵּן וְאַתֶּם עֹבְרִים וִירִשְׁתֶּם
אֶת־הָאָרֶץ הַטּוֹבָה הַזֹּאת׃ הִשָּׁמְרוּ לָכֶם פֶּן־תִּשְׁכְּחוּ אֶת־בְּרִית כג
יְהוָה אֱלֹהֵיכֶם אֲשֶׁר כָּרַת עִמָּכֶם וַעֲשִׂיתֶם לָכֶם פֶּסֶל תְּמוּנַת
כֹּל אֲשֶׁר צִוְּךָ יְהוָה אֱלֹהֶיךָ׃ כִּי יְהוָה אֱלֹהֶיךָ אֵשׁ אֹכְלָה הוּא כד
אֵל קַנָּא׃

כִּי־תוֹלִיד בָּנִים וּבְנֵי בָנִים וְנוֹשַׁנְתֶּם בָּאָרֶץ וְהִשְׁחַתֶּם וַעֲשִׂיתֶם כה
פֶּסֶל תְּמוּנַת כֹּל וַעֲשִׂיתֶם הָרַע בְּעֵינֵי־יְהוָה־אֱלֹהֶיךָ לְהַכְעִיסוֹ׃

כו הַעִידֹתִי בָכֶם הַיּוֹם אֶת־הַשָּׁמַיִם וְאֶת־הָאָרֶץ כִּי־אָבֹד תֹּאבֵדוּן
מַהֵר מֵעַל הָאָרֶץ אֲשֶׁר אַתֶּם עֹבְרִים אֶת־הַיַּרְדֵּן שָׁמָּה לְרִשְׁתָּהּ
כז לֹא־תַאֲרִיכֻן יָמִים עָלֶיהָ כִּי הִשָּׁמֵד תִּשָּׁמֵדוּן׃ וְהֵפִיץ יְהוָה אֶתְכֶם
בָּעַמִּים וְנִשְׁאַרְתֶּם מְתֵי מִסְפָּר בַּגּוֹיִם אֲשֶׁר יְנַהֵג יְהוָה אֶתְכֶם
כח שָׁמָּה׃ וַעֲבַדְתֶּם־שָׁם אֱלֹהִים מַעֲשֵׂה יְדֵי אָדָם עֵץ וָאֶבֶן אֲשֶׁר
כט לֹא־יִרְאוּן וְלֹא יִשְׁמְעוּן וְלֹא יֹאכְלוּן וְלֹא יְרִיחֻן׃ וּבִקַּשְׁתֶּם מִשָּׁם
אֶת־יְהוָה אֱלֹהֶיךָ וּמָצָאתָ כִּי תִדְרְשֶׁנּוּ בְּכָל־לְבָבְךָ וּבְכָל־
ל נַפְשֶׁךָ׃ בַּצַּר לְךָ וּמְצָאוּךָ כֹּל הַדְּבָרִים הָאֵלֶּה בְּאַחֲרִית הַיָּמִים
לא וְשַׁבְתָּ עַד־יְהוָה אֱלֹהֶיךָ וְשָׁמַעְתָּ בְּקֹלוֹ׃ כִּי אֵל רַחוּם יְהוָה
אֱלֹהֶיךָ לֹא יַרְפְּךָ וְלֹא יַשְׁחִיתֶךָ וְלֹא יִשְׁכַּח אֶת־בְּרִית אֲבֹתֶיךָ
לב אֲשֶׁר נִשְׁבַּע לָהֶם׃ כִּי שְׁאַל־נָא לְיָמִים רִאשֹׁנִים אֲשֶׁר־הָיוּ לְפָנֶיךָ
לְמִן־הַיּוֹם אֲשֶׁר בָּרָא אֱלֹהִים ׀ אָדָם עַל־הָאָרֶץ וּלְמִקְצֵה הַשָּׁמַיִם
וְעַד־קְצֵה הַשָּׁמָיִם הֲנִהְיָה כַּדָּבָר הַגָּדוֹל הַזֶּה אוֹ הֲנִשְׁמַע כָּמֹהוּ׃
לג הֲשָׁמַע עָם קוֹל אֱלֹהִים מְדַבֵּר מִתּוֹךְ־הָאֵשׁ כַּאֲשֶׁר־שָׁמַעְתָּ
לד אַתָּה וַיֶּחִי׃ אוֹ ׀ הֲנִסָּה אֱלֹהִים לָבוֹא לָקַחַת לוֹ גוֹי מִקֶּרֶב גּוֹי
בְּמַסֹּת בְּאֹתֹת וּבְמוֹפְתִים וּבְמִלְחָמָה וּבְיָד חֲזָקָה וּבִזְרוֹעַ נְטוּיָה
וּבְמוֹרָאִים גְּדֹלִים כְּכֹל אֲשֶׁר־עָשָׂה לָכֶם יְהוָה אֱלֹהֵיכֶם בְּמִצְרַיִם
לה לְעֵינֶיךָ׃ אַתָּה הָרְאֵתָ לָדַעַת כִּי יְהוָה הוּא הָאֱלֹהִים אֵין עוֹד
לו מִלְבַדּוֹ׃ מִן־הַשָּׁמַיִם הִשְׁמִיעֲךָ אֶת־קֹלוֹ לְיַסְּרֶךָּ וְעַל־הָאָרֶץ
לז הֶרְאֲךָ אֶת־אִשּׁוֹ הַגְּדוֹלָה וּדְבָרָיו שָׁמַעְתָּ מִתּוֹךְ הָאֵשׁ׃ וְתַחַת
כִּי אָהַב אֶת־אֲבֹתֶיךָ וַיִּבְחַר בְּזַרְעוֹ אַחֲרָיו וַיּוֹצִאֲךָ בְּפָנָיו בְּכֹחוֹ
לח הַגָּדֹל מִמִּצְרָיִם׃ לְהוֹרִישׁ גּוֹיִם גְּדֹלִים וַעֲצֻמִים מִמְּךָ מִפָּנֶיךָ
לט לַהֲבִיאֲךָ לָתֶת־לְךָ אֶת־אַרְצָם נַחֲלָה כַּיּוֹם הַזֶּה׃ וְיָדַעְתָּ הַיּוֹם
וַהֲשֵׁבֹתָ אֶל־לְבָבֶךָ כִּי יְהוָה הוּא הָאֱלֹהִים בַּשָּׁמַיִם מִמַּעַל וְעַל־
מ הָאָרֶץ מִתָּחַת אֵין עוֹד׃ וְשָׁמַרְתָּ אֶת־חֻקָּיו וְאֶת־מִצְוֺתָיו אֲשֶׁר אָנֹכִי
מְצַוְּךָ הַיּוֹם אֲשֶׁר יִיטַב לְךָ וּלְבָנֶיךָ אַחֲרֶיךָ וּלְמַעַן תַּאֲרִיךְ יָמִים עַל־
הָאֲדָמָה אֲשֶׁר יְהוָה אֱלֹהֶיךָ נֹתֵן לְךָ כָּל־הַיָּמִים׃

שלישי ה אָז יַבְדִּיל מֹשֶׁה שָׁלֹשׁ עָרִים בְּעֵבֶר הַיַּרְדֵּן מִזְרְחָה שָׁמֶשׁ׃ לָנֻס מא מב
שָׁמָּה רוֹצֵחַ אֲשֶׁר יִרְצַח אֶת־רֵעֵהוּ בִּבְלִי־דַעַת וְהוּא לֹא־שֹׂנֵא
לוֹ מִתְּמֹל שִׁלְשֹׁם וְנָס אֶל־אַחַת מִן־הֶעָרִים הָאֵל וָחָי׃ אֶת־בֶּצֶר מג
בַּמִּדְבָּר בְּאֶרֶץ הַמִּישֹׁר לָראוּבֵנִי וְאֶת־רָאמֹת בַּגִּלְעָד לַגָּדִי
וְאֶת־גּוֹלָן בַּבָּשָׁן לַמְנַשִּׁי׃ וְזֹאת הַתּוֹרָה אֲשֶׁר־שָׂם מֹשֶׁה לִפְנֵי מד
בְּנֵי יִשְׂרָאֵל׃ אֵלֶּה הָעֵדֹת וְהַחֻקִּים וְהַמִּשְׁפָּטִים אֲשֶׁר דִּבֶּר מֹשֶׁה מה
אֶל־בְּנֵי יִשְׂרָאֵל בְּצֵאתָם מִמִּצְרָיִם׃ בְּעֵבֶר הַיַּרְדֵּן בַּגַּיְא מוּל מו
בֵּית פְּעוֹר בְּאֶרֶץ סִיחֹן מֶלֶךְ הָאֱמֹרִי אֲשֶׁר יוֹשֵׁב בְּחֶשְׁבּוֹן אֲשֶׁר
הִכָּה מֹשֶׁה וּבְנֵי יִשְׂרָאֵל בְּצֵאתָם מִמִּצְרָיִם׃ וַיִּירְשׁוּ אֶת־אַרְצוֹ מז
וְאֶת־אֶרֶץ ׀ עוֹג מֶלֶךְ־הַבָּשָׁן שְׁנֵי מַלְכֵי הָאֱמֹרִי אֲשֶׁר בְּעֵבֶר
הַיַּרְדֵּן מִזְרַח שָׁמֶשׁ׃ מֵעֲרֹעֵר אֲשֶׁר עַל־שְׂפַת־נַחַל אַרְנֹן וְעַד־הַר מח
שִׂיאֹן הוּא חֶרְמוֹן׃ וְכָל־הָעֲרָבָה עֵבֶר הַיַּרְדֵּן מִזְרָחָה וְעַד יָם מט
הָעֲרָבָה תַּחַת אַשְׁדֹּת הַפִּסְגָּה׃

רביעי וַיִּקְרָא מֹשֶׁה אֶל־כָּל־יִשְׂרָאֵל וַיֹּאמֶר אֲלֵהֶם שְׁמַע יִשְׂרָאֵל א ה
אֶת־הַחֻקִּים וְאֶת־הַמִּשְׁפָּטִים אֲשֶׁר אָנֹכִי דֹּבֵר בְּאָזְנֵיכֶם הַיּוֹם
וּלְמַדְתֶּם אֹתָם וּשְׁמַרְתֶּם לַעֲשֹׂתָם׃ יְהוָה אֱלֹהֵינוּ כָּרַת עִמָּנוּ ב
בְּרִית בְּחֹרֵב׃ לֹא אֶת־אֲבֹתֵינוּ כָּרַת יְהוָה אֶת־הַבְּרִית הַזֹּאת ג
כִּי אִתָּנוּ אֲנַחְנוּ אֵלֶּה פֹה הַיּוֹם כֻּלָּנוּ חַיִּים׃ פָּנִים ׀ בְּפָנִים דִּבֶּר ד
יְהוָה עִמָּכֶם בָּהָר מִתּוֹךְ הָאֵשׁ׃ אָנֹכִי עֹמֵד בֵּין־יְהוָה וּבֵינֵיכֶם ה
בָּעֵת הַהִוא לְהַגִּיד לָכֶם אֶת־דְּבַר יְהוָה כִּי יְרֵאתֶם מִפְּנֵי הָאֵשׁ
וְלֹא־עֲלִיתֶם בָּהָר לֵאמֹר׃ אָנֹכִי יְהוָה אֱלֹהֶיךָ ו
אֲשֶׁר הוֹצֵאתִיךָ מֵאֶרֶץ מִצְרַיִם מִבֵּית עֲבָדִים׃ לֹא־יִהְיֶה לְךָ ז
אֱלֹהִים אֲחֵרִים עַל־פָּנָי׃ לֹא־תַעֲשֶׂה לְךָ פֶסֶל כָּל־תְּמוּנָה ח
אֲשֶׁר בַּשָּׁמַיִם מִמַּעַל וַאֲשֶׁר בָּאָרֶץ מִתָּחַת וַאֲשֶׁר בַּמַּיִם
מִתַּחַת לָאָרֶץ׃ לֹא־תִשְׁתַּחֲוֶה לָהֶם וְלֹא תָעָבְדֵם כִּי אָנֹכִי יְהוָה ט
אֱלֹהֶיךָ אֵל קַנָּא פֹּקֵד עֲוֺן אָבוֹת עַל־בָּנִים וְעַל־שִׁלֵּשִׁים
וְעַל־רִבֵּעִים לְשֹׂנְאָי׃ וְעֹשֶׂה חֶסֶד לַאֲלָפִים לְאֹהֲבַי וּלְשֹׁמְרֵי י

יא מִצְוֺתָו: לֹא תִשָּׂא אֶת־שֵׁם־יְהוָה אֱלֹהֶיךָ לַשָּׁוְא כִּי לֹא מִצְוֺתָי
יב יְנַקֶּה יְהוָה אֵת אֲשֶׁר־יִשָּׂא אֶת־שְׁמוֹ לַשָּׁוְא: שָׁמוֹר
יג אֶת־יוֹם הַשַּׁבָּת לְקַדְּשׁוֹ כַּאֲשֶׁר צִוְּךָ יְהוָה אֱלֹהֶיךָ: שֵׁשֶׁת יָמִים
יד תַּעֲבֹד וְעָשִׂיתָ כָּל־מְלַאכְתֶּךָ: וְיוֹם הַשְּׁבִיעִי שַׁבָּת לַיהוָה
אֱלֹהֶיךָ לֹא־תַעֲשֶׂה כָל־מְלָאכָה אַתָּה ׀ וּבִנְךָ־וּבִתֶּךָ וְעַבְדְּךָ־
וַאֲמָתֶךָ וְשׁוֹרְךָ וַחֲמֹרְךָ וְכָל־בְּהֶמְתֶּךָ וְגֵרְךָ אֲשֶׁר בִּשְׁעָרֶיךָ לְמַעַן
טו יָנוּחַ עַבְדְּךָ וַאֲמָתְךָ כָּמוֹךָ: וְזָכַרְתָּ כִּי עֶבֶד הָיִיתָ בְּאֶרֶץ מִצְרַיִם
וַיֹּצִאֲךָ יְהוָה אֱלֹהֶיךָ מִשָּׁם בְּיָד חֲזָקָה וּבִזְרֹעַ נְטוּיָה עַל־כֵּן צִוְּךָ
טז יְהוָה אֱלֹהֶיךָ לַעֲשׂוֹת אֶת־יוֹם הַשַּׁבָּת: כַּבֵּד
אֶת־אָבִיךָ וְאֶת־אִמֶּךָ כַּאֲשֶׁר צִוְּךָ יְהוָה אֱלֹהֶיךָ לְמַעַן ׀ יַאֲרִיכֻן
יָמֶיךָ וּלְמַעַן יִיטַב לָךְ עַל הָאֲדָמָה אֲשֶׁר־יְהוָה אֱלֹהֶיךָ נֹתֵן
יז לָךְ: לֹא תִרְצָח וְלֹא
תִנְאָף וְלֹא תִגְנֹב וְלֹא
יח תַעֲנֶה בְרֵעֲךָ עֵד שָׁוְא: וְלֹא
תַחְמֹד אֵשֶׁת רֵעֶךָ וְלֹא
תִתְאַוֶּה בֵּית רֵעֶךָ שָׂדֵהוּ וְעַבְדּוֹ וַאֲמָתוֹ שׁוֹרוֹ וַחֲמֹרוֹ וְכֹל אֲשֶׁר
יט לְרֵעֶךָ: אֶת־הַדְּבָרִים הָאֵלֶּה דִּבֶּר יְהוָה אֶל־כָּל־ חמישי
קְהַלְכֶם בָּהָר מִתּוֹךְ הָאֵשׁ הֶעָנָן וְהָעֲרָפֶל קוֹל גָּדוֹל וְלֹא יָסָף
כ וַיִּכְתְּבֵם עַל־שְׁנֵי לֻחֹת אֲבָנִים וַיִּתְּנֵם אֵלָי: וַיְהִי כְּשָׁמְעֲכֶם אֶת־
הַקּוֹל מִתּוֹךְ הַחֹשֶׁךְ וְהָהָר בֹּעֵר בָּאֵשׁ וַתִּקְרְבוּן אֵלַי כָּל־רָאשֵׁי
כא שִׁבְטֵיכֶם וְזִקְנֵיכֶם: וַתֹּאמְרוּ הֵן הֶרְאָנוּ יְהוָה אֱלֹהֵינוּ אֶת־כְּבֹדוֹ
וְאֶת־גָּדְלוֹ וְאֶת־קֹלוֹ שָׁמַעְנוּ מִתּוֹךְ הָאֵשׁ הַיּוֹם הַזֶּה רָאִינוּ כִּי־
כב יְדַבֵּר אֱלֹהִים אֶת־הָאָדָם וָחָי: וְעַתָּה לָמָּה נָמוּת כִּי תֹאכְלֵנוּ
הָאֵשׁ הַגְּדֹלָה הַזֹּאת אִם־יֹסְפִים ׀ אֲנַחְנוּ לִשְׁמֹעַ אֶת־קוֹל יְהוָה
כג אֱלֹהֵינוּ עוֹד וָמָתְנוּ: כִּי מִי כָל־בָּשָׂר אֲשֶׁר שָׁמַע קוֹל אֱלֹהִים
כד חַיִּים מְדַבֵּר מִתּוֹךְ־הָאֵשׁ כָּמֹנוּ וַיֶּחִי: קְרַב אַתָּה וּשְׁמָע אֵת כָּל־
אֲשֶׁר יֹאמַר יְהוָה אֱלֹהֵינוּ וְאַתְּ ׀ תְּדַבֵּר אֵלֵינוּ אֵת כָּל־אֲשֶׁר

כה יְדַבֵּר יְהוָה אֱלֹהֵינוּ אֵלֶיךָ וְשָׁמַעְנוּ וְעָשִׂינוּ׃ וַיִּשְׁמַע יְהוָה אֶת־
קוֹל דִּבְרֵיכֶם בְּדַבֶּרְכֶם אֵלָי וַיֹּאמֶר יְהוָה אֵלַי שָׁמַעְתִּי אֶת־קוֹל
כו דִּבְרֵי הָעָם הַזֶּה אֲשֶׁר דִּבְּרוּ אֵלֶיךָ הֵיטִיבוּ כָּל־אֲשֶׁר דִּבֵּרוּ׃ מִי־
יִתֵּן וְהָיָה לְבָבָם זֶה לָהֶם לְיִרְאָה אֹתִי וְלִשְׁמֹר אֶת־כָּל־מִצְוֺתַי
כז כָּל־הַיָּמִים לְמַעַן יִיטַב לָהֶם וְלִבְנֵיהֶם לְעֹלָם׃ לֵךְ אֱמֹר לָהֶם שׁוּבוּ
כח לָכֶם לְאָהֳלֵיכֶם׃ וְאַתָּה פֹּה עֲמֹד עִמָּדִי וַאֲדַבְּרָה אֵלֶיךָ אֵת כָּל־
הַמִּצְוָה וְהַחֻקִּים וְהַמִּשְׁפָּטִים אֲשֶׁר תְּלַמְּדֵם וְעָשׂוּ בָאָרֶץ אֲשֶׁר
כט אָנֹכִי נֹתֵן לָהֶם לְרִשְׁתָּהּ׃ וּשְׁמַרְתֶּם לַעֲשׂוֹת כַּאֲשֶׁר צִוָּה יְהוָה
ל אֱלֹהֵיכֶם אֶתְכֶם לֹא תָסֻרוּ יָמִין וּשְׂמֹאל׃ בְּכָל־הַדֶּרֶךְ אֲשֶׁר צִוָּה
יְהוָה אֱלֹהֵיכֶם אֶתְכֶם תֵּלֵכוּ לְמַעַן תִּחְיוּן וְטוֹב לָכֶם וְהַאֲרַכְתֶּם
ו א יָמִים בָּאָרֶץ אֲשֶׁר תִּירָשׁוּן׃ וְזֹאת הַמִּצְוָה הַחֻקִּים וְהַמִּשְׁפָּטִים
אֲשֶׁר צִוָּה יְהוָה אֱלֹהֵיכֶם לְלַמֵּד אֶתְכֶם לַעֲשׂוֹת בָּאָרֶץ אֲשֶׁר
ב אַתֶּם עֹבְרִים שָׁמָּה לְרִשְׁתָּהּ׃ לְמַעַן תִּירָא אֶת־יְהוָה אֱלֹהֶיךָ
לִשְׁמֹר אֶת־כָּל־חֻקֹּתָיו וּמִצְוֺתָיו אֲשֶׁר אָנֹכִי מְצַוֶּךָ אַתָּה וּבִנְךָ
ג וּבֶן־בִּנְךָ כֹּל יְמֵי חַיֶּיךָ וּלְמַעַן יַאֲרִכֻן יָמֶיךָ׃ וְשָׁמַעְתָּ יִשְׂרָאֵל
וְשָׁמַרְתָּ לַעֲשׂוֹת אֲשֶׁר יִיטַב לְךָ וַאֲשֶׁר תִּרְבּוּן מְאֹד כַּאֲשֶׁר דִּבֶּר
יְהוָה אֱלֹהֵי אֲבֹתֶיךָ לָךְ אֶרֶץ זָבַת חָלָב וּדְבָשׁ׃

ששי ו ד ה שְׁמַע יִשְׂרָאֵל יְהוָה אֱלֹהֵינוּ יְהוָה ׀ אֶחָד׃ וְאָהַבְתָּ אֵת יְהוָה
ו אֱלֹהֶיךָ בְּכָל־לְבָבְךָ וּבְכָל־נַפְשְׁךָ וּבְכָל־מְאֹדֶךָ׃ וְהָיוּ הַדְּבָרִים
ז הָאֵלֶּה אֲשֶׁר אָנֹכִי מְצַוְּךָ הַיּוֹם עַל־לְבָבֶךָ׃ וְשִׁנַּנְתָּם לְבָנֶיךָ
וְדִבַּרְתָּ בָּם בְּשִׁבְתְּךָ בְּבֵיתֶךָ וּבְלֶכְתְּךָ בַדֶּרֶךְ וּבְשָׁכְבְּךָ וּבְקוּמֶךָ׃
ח ט וּקְשַׁרְתָּם לְאוֹת עַל־יָדֶךָ וְהָיוּ לְטֹטָפֹת בֵּין עֵינֶיךָ׃ וּכְתַבְתָּם
י עַל־מְזֻזוֹת בֵּיתֶךָ וּבִשְׁעָרֶיךָ׃ וְהָיָה כִּי־יְבִיאֲךָ ׀ יְהוָה
אֱלֹהֶיךָ אֶל־הָאָרֶץ אֲשֶׁר נִשְׁבַּע לַאֲבֹתֶיךָ לְאַבְרָהָם לְיִצְחָק
יא וּלְיַעֲקֹב לָתֶת לָךְ עָרִים גְּדֹלֹת וְטֹבֹת אֲשֶׁר לֹא־בָנִיתָ׃ וּבָתִּים
מְלֵאִים כָּל־טוּב אֲשֶׁר לֹא־מִלֵּאתָ וּבֹרֹת חֲצוּבִים אֲשֶׁר לֹא־
יב חָצַבְתָּ כְּרָמִים וְזֵיתִים אֲשֶׁר לֹא־נָטָעְתָּ וְאָכַלְתָּ וְשָׂבָעְתָּ׃ הִשָּׁמֶר

לְךָ פֶּן־תִּשְׁכַּח אֶת־יְהוָה אֲשֶׁר הוֹצִיאֲךָ מֵאֶרֶץ מִצְרַיִם מִבֵּית
יג יד עֲבָדִים׃ אֶת־יְהוָה אֱלֹהֶיךָ תִּירָא וְאֹתוֹ תַעֲבֹד וּבִשְׁמוֹ תִּשָּׁבֵעַ׃ לֹא
תֵלְכוּן אַחֲרֵי אֱלֹהִים אֲחֵרִים מֵאֱלֹהֵי הָעַמִּים אֲשֶׁר סְבִיבוֹתֵיכֶם׃
טו כִּי אֵל קַנָּא יְהוָה אֱלֹהֶיךָ בְּקִרְבֶּךָ פֶּן־יֶחֱרֶה אַף־יְהוָה אֱלֹהֶיךָ
טז בָּךְ וְהִשְׁמִידְךָ מֵעַל פְּנֵי הָאֲדָמָה׃ לֹא תְנַסּוּ אֶת־
יז יְהוָה אֱלֹהֵיכֶם כַּאֲשֶׁר נִסִּיתֶם בַּמַּסָּה׃ שָׁמוֹר תִּשְׁמְרוּן אֶת־
יח מִצְוֹת יְהוָה אֱלֹהֵיכֶם וְעֵדֹתָיו וְחֻקָּיו אֲשֶׁר צִוָּךְ׃ וְעָשִׂיתָ הַיָּשָׁר
וְהַטּוֹב בְּעֵינֵי יְהוָה לְמַעַן יִיטַב לָךְ וּבָאתָ וְיָרַשְׁתָּ אֶת־הָאָרֶץ
יט הַטֹּבָה אֲשֶׁר־נִשְׁבַּע יְהוָה לַאֲבֹתֶיךָ׃ לַהֲדֹף אֶת־כָּל־אֹיְבֶיךָ
כ מִפָּנֶיךָ כַּאֲשֶׁר דִּבֶּר יְהוָה׃ כִּי־יִשְׁאָלְךָ בִנְךָ מָחָר
לֵאמֹר מָה הָעֵדֹת וְהַחֻקִּים וְהַמִּשְׁפָּטִים אֲשֶׁר צִוָּה יְהוָה אֱלֹהֵינוּ
כא אֶתְכֶם׃ וְאָמַרְתָּ לְבִנְךָ עֲבָדִים הָיִינוּ לְפַרְעֹה בְּמִצְרָיִם וַיֹּצִיאֵנוּ
כב יְהוָה מִמִּצְרַיִם בְּיָד חֲזָקָה׃ וַיִּתֵּן יְהוָה אוֹתֹת וּמֹפְתִים גְּדֹלִים
כג וְרָעִים ׀ בְּמִצְרַיִם בְּפַרְעֹה וּבְכָל־בֵּיתוֹ לְעֵינֵינוּ׃ וְאוֹתָנוּ הוֹצִיא
מִשָּׁם לְמַעַן הָבִיא אֹתָנוּ לָתֶת לָנוּ אֶת־הָאָרֶץ אֲשֶׁר נִשְׁבַּע
כד לַאֲבֹתֵינוּ׃ וַיְצַוֵּנוּ יְהוָה לַעֲשׂוֹת אֶת־כָּל־הַחֻקִּים הָאֵלֶּה לְיִרְאָה
אֶת־יְהוָה אֱלֹהֵינוּ לְטוֹב לָנוּ כָּל־הַיָּמִים לְחַיֹּתֵנוּ כְּהַיּוֹם הַזֶּה׃
כה וּצְדָקָה תִּהְיֶה־לָּנוּ כִּי־נִשְׁמֹר לַעֲשׂוֹת אֶת־כָּל־הַמִּצְוָה הַזֹּאת
ז א לִפְנֵי יְהוָה אֱלֹהֵינוּ כַּאֲשֶׁר צִוָּנוּ׃ כִּי יְבִיאֲךָ יְהוָה שביעי
אֱלֹהֶיךָ אֶל־הָאָרֶץ אֲשֶׁר־אַתָּה בָא־שָׁמָּה לְרִשְׁתָּהּ וְנָשַׁל גּוֹיִם־
רַבִּים ׀ מִפָּנֶיךָ הַחִתִּי וְהַגִּרְגָּשִׁי וְהָאֱמֹרִי וְהַכְּנַעֲנִי וְהַפְּרִזִּי וְהַחִוִּי
ב וְהַיְבוּסִי שִׁבְעָה גוֹיִם רַבִּים וַעֲצוּמִים מִמֶּךָּ׃ וּנְתָנָם יְהוָה אֱלֹהֶיךָ
לְפָנֶיךָ וְהִכִּיתָם הַחֲרֵם תַּחֲרִים אֹתָם לֹא־תִכְרֹת לָהֶם בְּרִית
ג וְלֹא תְחָנֵּם׃ וְלֹא תִתְחַתֵּן בָּם בִּתְּךָ לֹא־תִתֵּן לִבְנוֹ וּבִתּוֹ לֹא־
ד תִקַּח לִבְנֶךָ׃ כִּי־יָסִיר אֶת־בִּנְךָ מֵאַחֲרַי וְעָבְדוּ אֱלֹהִים אֲחֵרִים
ה וְחָרָה אַף־יְהוָה בָּכֶם וְהִשְׁמִידְךָ מַהֵר׃ כִּי אִם־כֹּה תַעֲשׂוּ
לָהֶם מִזְבְּחֹתֵיהֶם תִּתֹּצוּ וּמַצֵּבֹתָם תְּשַׁבֵּרוּ וַאֲשֵׁירֵהֶם תְּגַדֵּעוּן

ו וּפְסִילֵיהֶם תִּשְׂרְפוּן בָּאֵשׁ׃ כִּי עַם קָדוֹשׁ אַתָּה לַיהוָה אֱלֹהֶיךָ
בְּךָ בָּחַר ׀ יְהוָה אֱלֹהֶיךָ לִהְיוֹת לוֹ לְעַם סְגֻלָּה מִכֹּל הָעַמִּים
ז אֲשֶׁר עַל־פְּנֵי הָאֲדָמָה׃ לֹא מֵרֻבְּכֶם מִכָּל־הָעַמִּים חָשַׁק יְהוָה
ח בָּכֶם וַיִּבְחַר בָּכֶם כִּי־אַתֶּם הַמְעַט מִכָּל־הָעַמִּים׃ כִּי מֵאַהֲבַת
יְהוָה אֶתְכֶם וּמִשָּׁמְרוֹ אֶת־הַשְּׁבֻעָה אֲשֶׁר נִשְׁבַּע לַאֲבֹתֵיכֶם
הוֹצִיא יְהוָה אֶתְכֶם בְּיָד חֲזָקָה וַיִּפְדְּךָ מִבֵּית עֲבָדִים מִיַּד פַּרְעֹה
מפטיר ט מֶלֶךְ־מִצְרָיִם׃ וְיָדַעְתָּ כִּי־יְהוָה אֱלֹהֶיךָ הוּא הָאֱלֹהִים הָאֵל
הַנֶּאֱמָן שֹׁמֵר הַבְּרִית וְהַחֶסֶד לְאֹהֲבָיו וּלְשֹׁמְרֵי מִצְוֹתָו לְאֶלֶף
י דּוֹר׃ וּמְשַׁלֵּם לְשֹׂנְאָיו אֶל־פָּנָיו לְהַאֲבִידוֹ לֹא יְאַחֵר לְשֹׂנְאוֹ אֶל־
יא פָּנָיו יְשַׁלֶּם־לוֹ׃ וְשָׁמַרְתָּ אֶת־הַמִּצְוָה וְאֶת־הַחֻקִּים וְאֶת־הַמִּשְׁפָּטִים
אֲשֶׁר אָנֹכִי מְצַוְּךָ הַיּוֹם לַעֲשׂוֹתָם׃
עקב ז יב וְהָיָה ׀ עֵקֶב תִּשְׁמְעוּן אֵת הַמִּשְׁפָּטִים הָאֵלֶּה וּשְׁמַרְתֶּם וַעֲשִׂיתֶם
אֹתָם וְשָׁמַר יְהוָה אֱלֹהֶיךָ לְךָ אֶת־הַבְּרִית וְאֶת־הַחֶסֶד אֲשֶׁר
יג נִשְׁבַּע לַאֲבֹתֶיךָ׃ וַאֲהֵבְךָ וּבֵרַכְךָ וְהִרְבֶּךָ וּבֵרַךְ פְּרִי־בִטְנְךָ וּפְרִי־
אַדְמָתֶךָ דְּגָנְךָ וְתִירֹשְׁךָ וְיִצְהָרֶךָ שְׁגַר־אֲלָפֶיךָ וְעַשְׁתְּרֹת צֹאנֶךָ
יד עַל הָאֲדָמָה אֲשֶׁר־נִשְׁבַּע לַאֲבֹתֶיךָ לָתֶת לָךְ׃ בָּרוּךְ תִּהְיֶה מִכָּל־
טו הָעַמִּים לֹא־יִהְיֶה בְךָ עָקָר וַעֲקָרָה וּבִבְהֶמְתֶּךָ׃ וְהֵסִיר יְהוָה
מִמְּךָ כָּל־חֹלִי וְכָל־מַדְוֵי מִצְרַיִם הָרָעִים אֲשֶׁר יָדַעְתָּ לֹא יְשִׂימָם
טז בָּךְ וּנְתָנָם בְּכָל־שֹׂנְאֶיךָ׃ וְאָכַלְתָּ אֶת־כָּל־הָעַמִּים אֲשֶׁר יְהוָה
אֱלֹהֶיךָ נֹתֵן לָךְ לֹא־תָחוֹס עֵינְךָ עֲלֵיהֶם וְלֹא תַעֲבֹד אֶת־אֱלֹהֵיהֶם
יז כִּי־מוֹקֵשׁ הוּא לָךְ׃ כִּי תֹאמַר בִּלְבָבְךָ רַבִּים
יח הַגּוֹיִם הָאֵלֶּה מִמֶּנִּי אֵיכָה אוּכַל לְהוֹרִישָׁם׃ לֹא תִירָא מֵהֶם
זָכֹר תִּזְכֹּר אֵת אֲשֶׁר־עָשָׂה יְהוָה אֱלֹהֶיךָ לְפַרְעֹה וּלְכָל־מִצְרָיִם׃
יט הַמַּסֹּת הַגְּדֹלֹת אֲשֶׁר־רָאוּ עֵינֶיךָ וְהָאֹתֹת וְהַמֹּפְתִים וְהַיָּד הַחֲזָקָה
וְהַזְּרֹעַ הַנְּטוּיָה אֲשֶׁר הוֹצִאֲךָ יְהוָה אֱלֹהֶיךָ כֵּן־יַעֲשֶׂה יְהוָה אֱלֹהֶיךָ
כ לְכָל־הָעַמִּים אֲשֶׁר־אַתָּה יָרֵא מִפְּנֵיהֶם׃ וְגַם אֶת־הַצִּרְעָה
יְשַׁלַּח יְהוָה אֱלֹהֶיךָ בָּם עַד־אֲבֹד הַנִּשְׁאָרִים וְהַנִּסְתָּרִים מִפָּנֶיךָ׃

כא לֹא תַעֲרֹץ מִפְּנֵיהֶם כִּי־יְהוָה אֱלֹהֶיךָ בְּקִרְבֶּךָ אֵל גָּדוֹל וְנוֹרָא׃
כב וְנָשַׁל יְהוָה אֱלֹהֶיךָ אֶת־הַגּוֹיִם הָאֵל מִפָּנֶיךָ מְעַט מְעָט לֹא
כג תוּכַל כַּלֹּתָם מַהֵר פֶּן־תִּרְבֶּה עָלֶיךָ חַיַּת הַשָּׂדֶה׃ וּנְתָנָם יְהוָה
כד אֱלֹהֶיךָ לְפָנֶיךָ וְהָמָם מְהוּמָה גְדֹלָה עַד הִשָּׁמְדָם׃ וְנָתַן מַלְכֵיהֶם
בְּיָדֶךָ וְהַאֲבַדְתָּ אֶת־שְׁמָם מִתַּחַת הַשָּׁמָיִם לֹא־יִתְיַצֵּב אִישׁ בְּפָנֶיךָ
כה עַד הִשְׁמִדְךָ אֹתָם׃ פְּסִילֵי אֱלֹהֵיהֶם תִּשְׂרְפוּן בָּאֵשׁ לֹא־תַחְמֹד
כֶּסֶף וְזָהָב עֲלֵיהֶם וְלָקַחְתָּ לָךְ פֶּן תִּוָּקֵשׁ בּוֹ כִּי תוֹעֲבַת יְהוָה
כו אֱלֹהֶיךָ הוּא׃ וְלֹא־תָבִיא תוֹעֵבָה אֶל־בֵּיתֶךָ וְהָיִיתָ חֵרֶם כָּמֹהוּ
שַׁקֵּץ ׀ תְּשַׁקְּצֶנּוּ וְתַעֵב ׀ תְּתַעֲבֶנּוּ כִּי־חֵרֶם הוּא׃

ח א כָּל־הַמִּצְוָה אֲשֶׁר אָנֹכִי מְצַוְּךָ הַיּוֹם תִּשְׁמְרוּן לַעֲשׂוֹת לְמַעַן
תִּחְיוּן וּרְבִיתֶם וּבָאתֶם וִירִשְׁתֶּם אֶת־הָאָרֶץ אֲשֶׁר־נִשְׁבַּע יְהוָה
ב לַאֲבֹתֵיכֶם׃ וְזָכַרְתָּ אֶת־כָּל־הַדֶּרֶךְ אֲשֶׁר הוֹלִיכְךָ יְהוָה אֱלֹהֶיךָ
זֶה אַרְבָּעִים שָׁנָה בַּמִּדְבָּר לְמַעַן עַנֹּתְךָ לְנַסֹּתְךָ לָדַעַת אֶת־
ג אֲשֶׁר בִּלְבָבְךָ הֲתִשְׁמֹר מִצְוֺתָו אִם־לֹא׃ וַיְעַנְּךָ וַיַּרְעִבֶךָ וַיַּאֲכִלְךָ
אֶת־הַמָּן אֲשֶׁר לֹא־יָדַעְתָּ וְלֹא יָדְעוּן אֲבֹתֶיךָ לְמַעַן הוֹדִיעֲךָ
כִּי לֹא עַל־הַלֶּחֶם לְבַדּוֹ יִחְיֶה הָאָדָם כִּי עַל־כָּל־מוֹצָא פִי־
ד יְהוָה יִחְיֶה הָאָדָם׃ שִׂמְלָתְךָ לֹא בָלְתָה מֵעָלֶיךָ וְרַגְלְךָ לֹא
ה בָצֵקָה זֶה אַרְבָּעִים שָׁנָה׃ וְיָדַעְתָּ עִם־לְבָבֶךָ כִּי כַּאֲשֶׁר יְיַסֵּר
ו אִישׁ אֶת־בְּנוֹ יְהוָה אֱלֹהֶיךָ מְיַסְּרֶךָּ׃ וְשָׁמַרְתָּ אֶת־מִצְוֺת יְהוָה
ז אֱלֹהֶיךָ לָלֶכֶת בִּדְרָכָיו וּלְיִרְאָה אֹתוֹ׃ כִּי יְהוָה אֱלֹהֶיךָ מְבִיאֲךָ
אֶל־אֶרֶץ טוֹבָה אֶרֶץ נַחֲלֵי מָיִם עֲיָנֹת וּתְהֹמֹת יֹצְאִים בַּבִּקְעָה
ח וּבָהָר׃ אֶרֶץ חִטָּה וּשְׂעֹרָה וְגֶפֶן וּתְאֵנָה וְרִמּוֹן אֶרֶץ־זֵית שֶׁמֶן
ט וּדְבָשׁ׃ אֶרֶץ אֲשֶׁר לֹא בְמִסְכֵּנֻת תֹּאכַל־בָּהּ לֶחֶם לֹא־תֶחְסַר
כֹּל בָּהּ אֶרֶץ אֲשֶׁר אֲבָנֶיהָ בַרְזֶל וּמֵהֲרָרֶיהָ תַּחְצֹב נְחֹשֶׁת׃
י וְאָכַלְתָּ וְשָׂבָעְתָּ וּבֵרַכְתָּ אֶת־יְהוָה אֱלֹהֶיךָ עַל־הָאָרֶץ הַטֹּבָה
יא אֲשֶׁר נָתַן־לָךְ׃ הִשָּׁמֶר לְךָ פֶּן־תִּשְׁכַּח אֶת־יְהוָה אֱלֹהֶיךָ לְבִלְתִּי שני
יב שְׁמֹר מִצְוֺתָיו וּמִשְׁפָּטָיו וְחֻקֹּתָיו אֲשֶׁר אָנֹכִי מְצַוְּךָ הַיּוֹם׃ פֶּן־

יג תֹּאכַל וְשָׂבָעְתָּ וּבָתִּים טֹבִים תִּבְנֶה וְיָשָׁבְתָּ׃ וּבְקָרְךָ וְצֹאנְךָ
יד יִרְבְּיֻן וְכֶסֶף וְזָהָב יִרְבֶּה־לָּךְ וְכֹל אֲשֶׁר־לְךָ יִרְבֶּה׃ וְרָם לְבָבֶךָ
וְשָׁכַחְתָּ אֶת־יהוה אֱלֹהֶיךָ הַמּוֹצִיאֲךָ מֵאֶרֶץ מִצְרַיִם מִבֵּית
טו עֲבָדִים׃ הַמּוֹלִיכְךָ בַּמִּדְבָּר ׀ הַגָּדֹל וְהַנּוֹרָא נָחָשׁ ׀ שָׂרָף וְעַקְרָב
וְצִמָּאוֹן אֲשֶׁר אֵין־מָיִם הַמּוֹצִיא לְךָ מַיִם מִצּוּר הַחַלָּמִישׁ׃
טז הַמַּאֲכִלְךָ מָן בַּמִּדְבָּר אֲשֶׁר לֹא־יָדְעוּן אֲבֹתֶיךָ לְמַעַן עַנֹּתְךָ
יז וּלְמַעַן נַסֹּתֶךָ לְהֵיטִבְךָ בְּאַחֲרִיתֶךָ׃ וְאָמַרְתָּ בִּלְבָבֶךָ כֹּחִי וְעֹצֶם
יח יָדִי עָשָׂה לִי אֶת־הַחַיִל הַזֶּה׃ וְזָכַרְתָּ אֶת־יהוה אֱלֹהֶיךָ כִּי הוּא
הַנֹּתֵן לְךָ כֹּחַ לַעֲשׂוֹת חָיִל לְמַעַן הָקִים אֶת־בְּרִיתוֹ אֲשֶׁר־נִשְׁבַּע
לַאֲבֹתֶיךָ כַּיּוֹם הַזֶּה׃

יט וְהָיָה אִם־שָׁכֹחַ תִּשְׁכַּח אֶת־יהוה אֱלֹהֶיךָ וְהָלַכְתָּ אַחֲרֵי אֱלֹהִים
אֲחֵרִים וַעֲבַדְתָּם וְהִשְׁתַּחֲוִיתָ לָהֶם הַעִדֹתִי בָכֶם הַיּוֹם כִּי אָבֹד
כ תֹּאבֵדוּן׃ כַּגּוֹיִם אֲשֶׁר יהוה מַאֲבִיד מִפְּנֵיכֶם כֵּן תֹּאבֵדוּן עֵקֶב
לֹא תִשְׁמְעוּן בְּקוֹל יהוה אֱלֹהֵיכֶם׃

ט א שְׁמַע יִשְׂרָאֵל אַתָּה עֹבֵר הַיּוֹם אֶת־הַיַּרְדֵּן לָבֹא לָרֶשֶׁת גּוֹיִם ח
ב גְּדֹלִים וַעֲצֻמִים מִמֶּךָּ עָרִים גְּדֹלֹת וּבְצֻרֹת בַּשָּׁמָיִם׃ עַם־גָּדוֹל
וָרָם בְּנֵי עֲנָקִים אֲשֶׁר אַתָּה יָדַעְתָּ וְאַתָּה שָׁמַעְתָּ מִי יִתְיַצֵּב לִפְנֵי
ג בְּנֵי עֲנָק׃ וְיָדַעְתָּ הַיּוֹם כִּי יהוה אֱלֹהֶיךָ הוּא־הָעֹבֵר לְפָנֶיךָ אֵשׁ
אֹכְלָה הוּא יַשְׁמִידֵם וְהוּא יַכְנִיעֵם לְפָנֶיךָ וְהוֹרַשְׁתָּם וְהַאֲבַדְתָּם
ד מַהֵר כַּאֲשֶׁר דִּבֶּר יהוה לָךְ׃ אַל־תֹּאמַר בִּלְבָבְךָ בַּהֲדֹף יהוה שלישי
אֱלֹהֶיךָ אֹתָם ׀ מִלְּפָנֶיךָ לֵאמֹר בְּצִדְקָתִי הֱבִיאַנִי יהוה לָרֶשֶׁת
אֶת־הָאָרֶץ הַזֹּאת וּבְרִשְׁעַת הַגּוֹיִם הָאֵלֶּה יהוה מוֹרִישָׁם מִפָּנֶיךָ׃
ה לֹא בְצִדְקָתְךָ וּבְיֹשֶׁר לְבָבְךָ אַתָּה בָא לָרֶשֶׁת אֶת־אַרְצָם כִּי
בְּרִשְׁעַת ׀ הַגּוֹיִם הָאֵלֶּה יהוה אֱלֹהֶיךָ מוֹרִישָׁם מִפָּנֶיךָ וּלְמַעַן
הָקִים אֶת־הַדָּבָר אֲשֶׁר נִשְׁבַּע יהוה לַאֲבֹתֶיךָ לְאַבְרָהָם לְיִצְחָק
ו וּלְיַעֲקֹב׃ וְיָדַעְתָּ כִּי לֹא בְצִדְקָתְךָ יהוה אֱלֹהֶיךָ נֹתֵן לְךָ אֶת־
ז הָאָרֶץ הַטּוֹבָה הַזֹּאת לְרִשְׁתָּהּ כִּי עַם־קְשֵׁה־עֹרֶף אָתָּה׃ זְכֹר

אַל־תִּשְׁכַּח אֵת אֲשֶׁר־הִקְצַפְתָּ אֶת־יְהוָה אֱלֹהֶיךָ בַּמִּדְבָּר לְמִן־
הַיּוֹם אֲשֶׁר־יָצָאתָ ׀ מֵאֶרֶץ מִצְרַיִם עַד־בֹּאֲכֶם עַד־הַמָּקוֹם הַזֶּה
ח מַמְרִים הֱיִיתֶם עִם־יְהוָה׃ וּבְחֹרֵב הִקְצַפְתֶּם אֶת־יְהוָה וַיִּתְאַנַּף
ט יְהוָה בָּכֶם לְהַשְׁמִיד אֶתְכֶם׃ בַּעֲלֹתִי הָהָרָה לָקַחַת לוּחֹת
הָאֲבָנִים לוּחֹת הַבְּרִית אֲשֶׁר־כָּרַת יְהוָה עִמָּכֶם וָאֵשֵׁב בָּהָר
אַרְבָּעִים יוֹם וְאַרְבָּעִים לַיְלָה לֶחֶם לֹא אָכַלְתִּי וּמַיִם לֹא שָׁתִיתִי׃
י וַיִּתֵּן יְהוָה אֵלַי אֶת־שְׁנֵי לוּחֹת הָאֲבָנִים כְּתֻבִים בְּאֶצְבַּע אֱלֹהִים
וַעֲלֵיהֶם כְּכָל־הַדְּבָרִים אֲשֶׁר דִּבֶּר יְהוָה עִמָּכֶם בָּהָר מִתּוֹךְ הָאֵשׁ
יא בְּיוֹם הַקָּהָל׃ וַיְהִי מִקֵּץ אַרְבָּעִים יוֹם וְאַרְבָּעִים לָיְלָה נָתַן יְהוָה
יב אֵלַי אֶת־שְׁנֵי לֻחֹת הָאֲבָנִים לֻחוֹת הַבְּרִית׃ וַיֹּאמֶר יְהוָה אֵלַי קוּם
רֵד מַהֵר מִזֶּה כִּי שִׁחֵת עַמְּךָ אֲשֶׁר הוֹצֵאתָ מִמִּצְרָיִם סָרוּ מַהֵר
יג מִן־הַדֶּרֶךְ אֲשֶׁר צִוִּיתִם עָשׂוּ לָהֶם מַסֵּכָה׃ וַיֹּאמֶר יְהוָה אֵלַי
יד לֵאמֹר רָאִיתִי אֶת־הָעָם הַזֶּה וְהִנֵּה עַם־קְשֵׁה־עֹרֶף הוּא׃ הֶרֶף
מִמֶּנִּי וְאַשְׁמִידֵם וְאֶמְחֶה אֶת־שְׁמָם מִתַּחַת הַשָּׁמָיִם וְאֶעֱשֶׂה
טו אוֹתְךָ לְגוֹי־עָצוּם וָרָב מִמֶּנּוּ׃ וָאֵפֶן וָאֵרֵד מִן־הָהָר וְהָהָר בֹּעֵר
טז בָּאֵשׁ וּשְׁנֵי לוּחֹת הַבְּרִית עַל שְׁתֵּי יָדָי׃ וָאֵרֶא וְהִנֵּה חֲטָאתֶם
לַיהוָה אֱלֹהֵיכֶם עֲשִׂיתֶם לָכֶם עֵגֶל מַסֵּכָה סַרְתֶּם מַהֵר מִן־
יז הַדֶּרֶךְ אֲשֶׁר־צִוָּה יְהוָה אֶתְכֶם׃ וָאֶתְפֹּשׂ בִּשְׁנֵי הַלֻּחֹת וָאַשְׁלִכֵם
יח מֵעַל שְׁתֵּי יָדָי וָאֲשַׁבְּרֵם לְעֵינֵיכֶם׃ וָאֶתְנַפַּל לִפְנֵי יְהוָה כָּרִאשֹׁנָה
אַרְבָּעִים יוֹם וְאַרְבָּעִים לַיְלָה לֶחֶם לֹא אָכַלְתִּי וּמַיִם לֹא שָׁתִיתִי
עַל כָּל־חַטַּאתְכֶם אֲשֶׁר חֲטָאתֶם לַעֲשׂוֹת הָרַע בְּעֵינֵי יְהוָה
יט לְהַכְעִיסוֹ׃ כִּי יָגֹרְתִּי מִפְּנֵי הָאַף וְהַחֵמָה אֲשֶׁר קָצַף יְהוָה עֲלֵיכֶם
כ לְהַשְׁמִיד אֶתְכֶם וַיִּשְׁמַע יְהוָה אֵלַי גַּם בַּפַּעַם הַהִוא׃ וּבְאַהֲרֹן
הִתְאַנַּף יְהוָה מְאֹד לְהַשְׁמִידוֹ וָאֶתְפַּלֵּל גַּם־בְּעַד אַהֲרֹן בָּעֵת
כא הַהִוא׃ וְאֶת־חַטַּאתְכֶם אֲשֶׁר־עֲשִׂיתֶם אֶת־הָעֵגֶל לָקַחְתִּי וָאֶשְׂרֹף
אֹתוֹ ׀ בָּאֵשׁ וָאֶכֹּת אֹתוֹ טָחוֹן הֵיטֵב עַד אֲשֶׁר־דַּק לְעָפָר וָאַשְׁלִךְ
כב אֶת־עֲפָרוֹ אֶל־הַנַּחַל הַיֹּרֵד מִן־הָהָר׃ וּבְתַבְעֵרָה וּבְמַסָּה

כג וּבְקִבְרֹת הַתַּאֲוָה מַקְצִפִים הֱיִיתֶם אֶת־יְהוָה: וּבִשְׁלֹחַ יְהוָה
אֶתְכֶם מִקָּדֵשׁ בַּרְנֵעַ לֵאמֹר עֲלוּ וּרְשׁוּ אֶת־הָאָרֶץ אֲשֶׁר נָתַתִּי
לָכֶם וַתַּמְרוּ אֶת־פִּי יְהוָה אֱלֹהֵיכֶם וְלֹא הֶאֱמַנְתֶּם לוֹ וְלֹא
כד שְׁמַעְתֶּם בְּקֹלוֹ: מַמְרִים הֱיִיתֶם עִם־יְהוָה מִיּוֹם דַּעְתִּי אֶתְכֶם:
כה וָאֶתְנַפַּל לִפְנֵי יְהוָה אֶת־אַרְבָּעִים הַיּוֹם וְאֶת־אַרְבָּעִים הַלַּיְלָה
כו אֲשֶׁר הִתְנַפָּלְתִּי כִּי־אָמַר יְהוָה לְהַשְׁמִיד אֶתְכֶם: וָאֶתְפַּלֵּל
אֶל־יְהוָה וָאֹמַר אֲדֹנָי יְהוִה אַל־תַּשְׁחֵת עַמְּךָ וְנַחֲלָתְךָ אֲשֶׁר
כז פָּדִיתָ בְּגָדְלֶךָ אֲשֶׁר־הוֹצֵאתָ מִמִּצְרַיִם בְּיָד חֲזָקָה: זְכֹר לַעֲבָדֶיךָ
לְאַבְרָהָם לְיִצְחָק וּלְיַעֲקֹב אַל־תֵּפֶן אֶל־קְשִׁי הָעָם הַזֶּה וְאֶל־
כח רִשְׁעוֹ וְאֶל־חַטָּאתוֹ: פֶּן־יֹאמְרוּ הָאָרֶץ אֲשֶׁר הוֹצֵאתָנוּ מִשָּׁם
מִבְּלִי יְכֹלֶת יְהוָה לַהֲבִיאָם אֶל־הָאָרֶץ אֲשֶׁר־דִּבֶּר לָהֶם וּמִשִּׂנְאָתוֹ
כט אוֹתָם הוֹצִיאָם לַהֲמִתָם בַּמִּדְבָּר: וְהֵם עַמְּךָ וְנַחֲלָתֶךָ אֲשֶׁר
הוֹצֵאתָ בְּכֹחֲךָ הַגָּדֹל וּבִזְרֹעֲךָ הַנְּטוּיָה:

י א בָּעֵת הַהִוא אָמַר יְהוָה אֵלַי פְּסָל־לְךָ שְׁנֵי־לוּחֹת אֲבָנִים כָּרִאשֹׁנִים רביעי ט
ב וַעֲלֵה אֵלַי הָהָרָה וְעָשִׂיתָ לְּךָ אֲרוֹן עֵץ: וְאֶכְתֹּב עַל־הַלֻּחֹת אֶת־
הַדְּבָרִים אֲשֶׁר הָיוּ עַל־הַלֻּחֹת הָרִאשֹׁנִים אֲשֶׁר שִׁבַּרְתָּ וְשַׂמְתָּם
ג בָּאָרוֹן: וָאַעַשׂ אֲרוֹן עֲצֵי שִׁטִּים וָאֶפְסֹל שְׁנֵי־לֻחֹת אֲבָנִים
ד כָּרִאשֹׁנִים וָאַעַל הָהָרָה וּשְׁנֵי הַלֻּחֹת בְּיָדִי: וַיִּכְתֹּב עַל־הַלֻּחֹת
כַּמִּכְתָּב הָרִאשׁוֹן אֵת עֲשֶׂרֶת הַדְּבָרִים אֲשֶׁר דִּבֶּר יְהוָה אֲלֵיכֶם
ה בָּהָר מִתּוֹךְ הָאֵשׁ בְּיוֹם הַקָּהָל וַיִּתְּנֵם יְהוָה אֵלָי: וָאֵפֶן וָאֵרֵד
מִן־הָהָר וָאָשִׂם אֶת־הַלֻּחֹת בָּאָרוֹן אֲשֶׁר עָשִׂיתִי וַיִּהְיוּ שָׁם כַּאֲשֶׁר
ו צִוַּנִי יְהוָה: וּבְנֵי יִשְׂרָאֵל נָסְעוּ מִבְּאֵרֹת בְּנֵי־יַעֲקָן מוֹסֵרָה שָׁם
ז מֵת אַהֲרֹן וַיִּקָּבֵר שָׁם וַיְכַהֵן אֶלְעָזָר בְּנוֹ תַּחְתָּיו: מִשָּׁם נָסְעוּ
ח הַגֻּדְגֹּדָה וּמִן־הַגֻּדְגֹּדָה יָטְבָתָה אֶרֶץ נַחֲלֵי־מָיִם: בָּעֵת הַהִוא
הִבְדִּיל יְהוָה אֶת־שֵׁבֶט הַלֵּוִי לָשֵׂאת אֶת־אֲרוֹן בְּרִית־יְהוָה
ט לַעֲמֹד לִפְנֵי יְהוָה לְשָׁרְתוֹ וּלְבָרֵךְ בִּשְׁמוֹ עַד הַיּוֹם הַזֶּה: עַל־
כֵּן לֹא־הָיָה לְלֵוִי חֵלֶק וְנַחֲלָה עִם־אֶחָיו יְהוָה הוּא נַחֲלָתוֹ

י כַּאֲשֶׁר דִּבֶּר יְהוָה אֱלֹהֶיךָ לוֹ׃ וְאָנֹכִי עָמַדְתִּי בָהָר כַּיָּמִים
הָרִאשֹׁנִים אַרְבָּעִים יוֹם וְאַרְבָּעִים לָיְלָה וַיִּשְׁמַע יְהוָה אֵלַי גַּם
יא בַּפַּעַם הַהִוא לֹא־אָבָה יְהוָה הַשְׁחִיתֶךָ׃ וַיֹּאמֶר יְהוָה אֵלַי קוּם
לֵךְ לְמַסַּע לִפְנֵי הָעָם וְיָבֹאוּ וְיִירְשׁוּ אֶת־הָאָרֶץ אֲשֶׁר־נִשְׁבַּעְתִּי
לַאֲבֹתָם לָתֵת לָהֶם׃
יב וְעַתָּה יִשְׂרָאֵל מָה יְהוָה אֱלֹהֶיךָ שֹׁאֵל מֵעִמָּךְ כִּי אִם־לְיִרְאָה חמישי
אֶת־יְהוָה אֱלֹהֶיךָ לָלֶכֶת בְּכָל־דְּרָכָיו וּלְאַהֲבָה אֹתוֹ וְלַעֲבֹד
יג אֶת־יְהוָה אֱלֹהֶיךָ בְּכָל־לְבָבְךָ וּבְכָל־נַפְשֶׁךָ׃ לִשְׁמֹר אֶת־מִצְוֺת
יד יְהוָה וְאֶת־חֻקֹּתָיו אֲשֶׁר אָנֹכִי מְצַוְּךָ הַיּוֹם לְטוֹב לָךְ׃ הֵן לַיהוָה
טו אֱלֹהֶיךָ הַשָּׁמַיִם וּשְׁמֵי הַשָּׁמָיִם הָאָרֶץ וְכָל־אֲשֶׁר־בָּהּ׃ רַק
בַּאֲבֹתֶיךָ חָשַׁק יְהוָה לְאַהֲבָה אוֹתָם וַיִּבְחַר בְּזַרְעָם אַחֲרֵיהֶם
טז בָּכֶם מִכָּל־הָעַמִּים כַּיּוֹם הַזֶּה׃ וּמַלְתֶּם אֵת עָרְלַת לְבַבְכֶם
יז וְעָרְפְּכֶם לֹא תַקְשׁוּ עוֹד׃ כִּי יְהוָה אֱלֹהֵיכֶם הוּא אֱלֹהֵי הָאֱלֹהִים
וַאֲדֹנֵי הָאֲדֹנִים הָאֵל הַגָּדֹל הַגִּבֹּר וְהַנּוֹרָא אֲשֶׁר לֹא־יִשָּׂא פָנִים
יח וְלֹא יִקַּח שֹׁחַד׃ עֹשֶׂה מִשְׁפַּט יָתוֹם וְאַלְמָנָה וְאֹהֵב גֵּר לָתֶת לוֹ
יט לֶחֶם וְשִׂמְלָה׃ וַאֲהַבְתֶּם אֶת־הַגֵּר כִּי־גֵרִים הֱיִיתֶם בְּאֶרֶץ מִצְרָיִם׃
כ אֶת־יְהוָה אֱלֹהֶיךָ תִּירָא אֹתוֹ תַעֲבֹד וּבוֹ תִדְבָּק וּבִשְׁמוֹ תִּשָּׁבֵעַ׃
כא הוּא תְהִלָּתְךָ וְהוּא אֱלֹהֶיךָ אֲשֶׁר־עָשָׂה אִתְּךָ אֶת־הַגְּדֹלֹת
כב וְאֶת־הַנּוֹרָאֹת הָאֵלֶּה אֲשֶׁר רָאוּ עֵינֶיךָ׃ בְּשִׁבְעִים נֶפֶשׁ יָרְדוּ
אֲבֹתֶיךָ מִצְרָיְמָה וְעַתָּה שָׂמְךָ יְהוָה אֱלֹהֶיךָ כְּכוֹכְבֵי הַשָּׁמַיִם
יא א לָרֹב׃ וְאָהַבְתָּ אֵת יְהוָה אֱלֹהֶיךָ וְשָׁמַרְתָּ מִשְׁמַרְתּוֹ וְחֻקֹּתָיו
ב וּמִשְׁפָּטָיו וּמִצְוֺתָיו כָּל־הַיָּמִים׃ וִידַעְתֶּם הַיּוֹם כִּי לֹא אֶת־בְּנֵיכֶם
אֲשֶׁר לֹא־יָדְעוּ וַאֲשֶׁר לֹא־רָאוּ אֶת־מוּסַר יְהוָה אֱלֹהֵיכֶם אֶת־
ג גָּדְלוֹ אֶת־יָדוֹ הַחֲזָקָה וּזְרֹעוֹ הַנְּטוּיָה׃ וְאֶת־אֹתֹתָיו וְאֶת־מַעֲשָׂיו
אֲשֶׁר עָשָׂה בְּתוֹךְ מִצְרָיִם לְפַרְעֹה מֶלֶךְ־מִצְרַיִם וּלְכָל־אַרְצוֹ׃
ד וַאֲשֶׁר עָשָׂה לְחֵיל מִצְרַיִם לְסוּסָיו וּלְרִכְבּוֹ אֲשֶׁר הֵצִיף אֶת־מֵי
יַם־סוּף עַל־פְּנֵיהֶם בְּרָדְפָם אַחֲרֵיכֶם וַיְאַבְּדֵם יְהוָה עַד הַיּוֹם

ה הַזֶּה: וַאֲשֶׁר עָשָׂה לָכֶם בַּמִּדְבָּר עַד־בֹּאֲכֶם עַד־הַמָּקוֹם הַזֶּה:
ו וַאֲשֶׁר עָשָׂה לְדָתָן וְלַאֲבִירָם בְּנֵי אֱלִיאָב בֶּן־רְאוּבֵן אֲשֶׁר פָּצְתָה
הָאָרֶץ אֶת־פִּיהָ וַתִּבְלָעֵם וְאֶת־בָּתֵּיהֶם וְאֶת־אָהֳלֵיהֶם וְאֵת כָּל־
ז הַיְקוּם אֲשֶׁר בְּרַגְלֵיהֶם בְּקֶרֶב כָּל־יִשְׂרָאֵל: כִּי עֵינֵיכֶם הָרֹאֹת
ח אֶת כָּל־מַעֲשֵׂה יְהוָה הַגָּדֹל אֲשֶׁר עָשָׂה: וּשְׁמַרְתֶּם אֶת־כָּל־
הַמִּצְוָה אֲשֶׁר אָנֹכִי מְצַוְּךָ הַיּוֹם לְמַעַן תֶּחֶזְקוּ וּבָאתֶם וִירִשְׁתֶּם
ט אֶת־הָאָרֶץ אֲשֶׁר אַתֶּם עֹבְרִים שָׁמָּה לְרִשְׁתָּהּ: וּלְמַעַן תַּאֲרִיכוּ
יָמִים עַל־הָאֲדָמָה אֲשֶׁר נִשְׁבַּע יְהוָה לַאֲבֹתֵיכֶם לָתֵת לָהֶם
ששי י וּלְזַרְעָם אֶרֶץ זָבַת חָלָב וּדְבָשׁ: כִּי הָאָרֶץ אֲשֶׁר
אַתָּה בָא־שָׁמָּה לְרִשְׁתָּהּ לֹא כְאֶרֶץ מִצְרַיִם הִוא אֲשֶׁר יְצָאתֶם
יא מִשָּׁם אֲשֶׁר תִּזְרַע אֶת־זַרְעֲךָ וְהִשְׁקִיתָ בְרַגְלְךָ כְּגַן הַיָּרָק: וְהָאָרֶץ
אֲשֶׁר אַתֶּם עֹבְרִים שָׁמָּה לְרִשְׁתָּהּ אֶרֶץ הָרִים וּבְקָעֹת לִמְטַר
יב הַשָּׁמַיִם תִּשְׁתֶּה־מָּיִם: אֶרֶץ אֲשֶׁר־יְהוָה אֱלֹהֶיךָ דֹּרֵשׁ אֹתָהּ
תָּמִיד עֵינֵי יְהוָה אֱלֹהֶיךָ בָּהּ מֵרֵשִׁית הַשָּׁנָה וְעַד אַחֲרִית
יג שָׁנָה: וְהָיָה אִם־שָׁמֹעַ תִּשְׁמְעוּ אֶל־מִצְוֹתַי אֲשֶׁר
אָנֹכִי מְצַוֶּה אֶתְכֶם הַיּוֹם לְאַהֲבָה אֶת־יְהוָה אֱלֹהֵיכֶם וּלְעָבְדוֹ
יד בְּכָל־לְבַבְכֶם וּבְכָל־נַפְשְׁכֶם: וְנָתַתִּי מְטַר־אַרְצְכֶם בְּעִתּוֹ יוֹרֶה
טו וּמַלְקוֹשׁ וְאָסַפְתָּ דְגָנֶךָ וְתִירֹשְׁךָ וְיִצְהָרֶךָ: וְנָתַתִּי עֵשֶׂב בְּשָׂדְךָ
טז לִבְהֶמְתֶּךָ וְאָכַלְתָּ וְשָׂבָעְתָּ: הִשָּׁמְרוּ לָכֶם פֶּן־יִפְתֶּה לְבַבְכֶם
יז וְסַרְתֶּם וַעֲבַדְתֶּם אֱלֹהִים אֲחֵרִים וְהִשְׁתַּחֲוִיתֶם לָהֶם: וְחָרָה
אַף־יְהוָה בָּכֶם וְעָצַר אֶת־הַשָּׁמַיִם וְלֹא־יִהְיֶה מָטָר וְהָאֲדָמָה
לֹא תִתֵּן אֶת־יְבוּלָהּ וַאֲבַדְתֶּם מְהֵרָה מֵעַל הָאָרֶץ הַטֹּבָה אֲשֶׁר
יח יְהוָה נֹתֵן לָכֶם: וְשַׂמְתֶּם אֶת־דְּבָרַי אֵלֶּה עַל־לְבַבְכֶם וְעַל־
נַפְשְׁכֶם וּקְשַׁרְתֶּם אֹתָם לְאוֹת עַל־יֶדְכֶם וְהָיוּ לְטוֹטָפֹת בֵּין
יט עֵינֵיכֶם: וְלִמַּדְתֶּם אֹתָם אֶת־בְּנֵיכֶם לְדַבֵּר בָּם בְּשִׁבְתְּךָ בְּבֵיתֶךָ
כ וּבְלֶכְתְּךָ בַדֶּרֶךְ וּבְשָׁכְבְּךָ וּבְקוּמֶךָ: וּכְתַבְתָּם עַל־מְזוּזוֹת
כא בֵּיתֶךָ וּבִשְׁעָרֶיךָ: לְמַעַן יִרְבּוּ יְמֵיכֶם וִימֵי בְנֵיכֶם עַל הָאֲדָמָה

אֲשֶׁר נִשְׁבַּע יְהוָה לַאֲבֹתֵיכֶם לָתֵת לָהֶם כִּימֵי הַשָּׁמַיִם עַל־
כב הָאָרֶץ׃ כִּי אִם־שָׁמֹר תִּשְׁמְרוּן אֶת־כָּל־ שביעי ומפטיר
הַמִּצְוָה הַזֹּאת אֲשֶׁר אָנֹכִי מְצַוֶּה אֶתְכֶם לַעֲשֹׂתָהּ לְאַהֲבָה
כג אֶת־יְהוָה אֱלֹהֵיכֶם לָלֶכֶת בְּכָל־דְּרָכָיו וּלְדָבְקָה־בוֹ׃ וְהוֹרִישׁ
יְהוָה אֶת־כָּל־הַגּוֹיִם הָאֵלֶּה מִלִּפְנֵיכֶם וִירִשְׁתֶּם גּוֹיִם גְּדֹלִים
כד וַעֲצֻמִים מִכֶּם׃ כָּל־הַמָּקוֹם אֲשֶׁר תִּדְרֹךְ כַּף־רַגְלְכֶם בּוֹ לָכֶם
יִהְיֶה מִן־הַמִּדְבָּר וְהַלְּבָנוֹן מִן־הַנָּהָר נְהַר־פְּרָת וְעַד הַיָּם הָאַחֲרוֹן
כה יִהְיֶה גְּבֻלְכֶם׃ לֹא־יִתְיַצֵּב אִישׁ בִּפְנֵיכֶם פַּחְדְּכֶם וּמוֹרַאֲכֶם יִתֵּן ׀
יְהוָה אֱלֹהֵיכֶם עַל־פְּנֵי כָל־הָאָרֶץ אֲשֶׁר תִּדְרְכוּ־בָהּ כַּאֲשֶׁר דִּבֶּר
כו לָכֶם׃ רְאֵה אָנֹכִי נֹתֵן לִפְנֵיכֶם הַיּוֹם בְּרָכָה ראה
כז וּקְלָלָה׃ אֶת־הַבְּרָכָה אֲשֶׁר תִּשְׁמְעוּ אֶל־מִצְוֹת יְהוָה אֱלֹהֵיכֶם
כח אֲשֶׁר אָנֹכִי מְצַוֶּה אֶתְכֶם הַיּוֹם׃ וְהַקְּלָלָה אִם־לֹא תִשְׁמְעוּ
אֶל־מִצְוֹת יְהוָה אֱלֹהֵיכֶם וְסַרְתֶּם מִן־הַדֶּרֶךְ אֲשֶׁר אָנֹכִי
מְצַוֶּה אֶתְכֶם הַיּוֹם לָלֶכֶת אַחֲרֵי אֱלֹהִים אֲחֵרִים אֲשֶׁר לֹא־
כט יְדַעְתֶּם׃ וְהָיָה כִּי יְבִיאֲךָ יְהוָה אֱלֹהֶיךָ אֶל־
הָאָרֶץ אֲשֶׁר־אַתָּה בָא־שָׁמָּה לְרִשְׁתָּהּ וְנָתַתָּה אֶת־הַבְּרָכָה
ל עַל־הַר גְּרִזִים וְאֶת־הַקְּלָלָה עַל־הַר עֵיבָל׃ הֲלֹא־הֵמָּה בְּעֵבֶר
הַיַּרְדֵּן אַחֲרֵי דֶּרֶךְ מְבוֹא הַשֶּׁמֶשׁ בְּאֶרֶץ הַכְּנַעֲנִי הַיֹּשֵׁב בָּעֲרָבָה
לא מוּל הַגִּלְגָּל אֵצֶל אֵלוֹנֵי מֹרֶה׃ כִּי אַתֶּם עֹבְרִים אֶת־הַיַּרְדֵּן
לָבֹא לָרֶשֶׁת אֶת־הָאָרֶץ אֲשֶׁר־יְהוָה אֱלֹהֵיכֶם נֹתֵן לָכֶם וִירִשְׁתֶּם
לב אֹתָהּ וִישַׁבְתֶּם־בָּהּ׃ וּשְׁמַרְתֶּם לַעֲשׂוֹת אֵת כָּל־הַחֻקִּים וְאֶת־
יב א הַמִּשְׁפָּטִים אֲשֶׁר אָנֹכִי נֹתֵן לִפְנֵיכֶם הַיּוֹם׃ אֵלֶּה הַחֻקִּים
וְהַמִּשְׁפָּטִים אֲשֶׁר תִּשְׁמְרוּן לַעֲשׂוֹת בָּאָרֶץ אֲשֶׁר נָתַן יְהוָה
אֱלֹהֵי אֲבֹתֶיךָ לְךָ לְרִשְׁתָּהּ כָּל־הַיָּמִים אֲשֶׁר־אַתֶּם חַיִּים עַל־
ב הָאֲדָמָה׃ אַבֵּד תְּאַבְּדוּן אֶת־כָּל־הַמְּקֹמוֹת אֲשֶׁר עָבְדוּ־שָׁם
הַגּוֹיִם אֲשֶׁר אַתֶּם יֹרְשִׁים אֹתָם אֶת־אֱלֹהֵיהֶם עַל־הֶהָרִים
ג הָרָמִים וְעַל־הַגְּבָעוֹת וְתַחַת כָּל־עֵץ רַעֲנָן׃ וְנִתַּצְתֶּם אֶת־

מִזְבְּחֹתָם וְשִׁבַּרְתֶּם אֶת־מַצֵּבֹתָם וַאֲשֵׁרֵיהֶם תִּשְׂרְפוּן בָּאֵשׁ
וּפְסִילֵי אֱלֹהֵיהֶם תְּגַדֵּעוּן וְאִבַּדְתֶּם אֶת־שְׁמָם מִן־הַמָּקוֹם הַהוּא׃
ד ה לֹא־תַעֲשׂוּן כֵּן לַיהוָה אֱלֹהֵיכֶם׃ כִּי אִם־אֶל־הַמָּקוֹם אֲשֶׁר־יִבְחַר
יְהוָה אֱלֹהֵיכֶם מִכָּל־שִׁבְטֵיכֶם לָשׂוּם אֶת־שְׁמוֹ שָׁם לְשִׁכְנוֹ
ו תִדְרְשׁוּ וּבָאתָ שָׁמָּה׃ וַהֲבֵאתֶם שָׁמָּה עֹלֹתֵיכֶם וְזִבְחֵיכֶם וְאֵת
מַעְשְׂרֹתֵיכֶם וְאֵת תְּרוּמַת יֶדְכֶם וְנִדְרֵיכֶם וְנִדְבֹתֵיכֶם וּבְכֹרֹת
ז בְּקַרְכֶם וְצֹאנְכֶם׃ וַאֲכַלְתֶּם־שָׁם לִפְנֵי יְהוָה אֱלֹהֵיכֶם וּשְׂמַחְתֶּם
בְּכֹל מִשְׁלַח יֶדְכֶם אַתֶּם וּבָתֵּיכֶם אֲשֶׁר בֵּרַכְךָ יְהוָה אֱלֹהֶיךָ׃
ח לֹא תַעֲשׂוּן כְּכֹל אֲשֶׁר אֲנַחְנוּ עֹשִׂים פֹּה הַיּוֹם אִישׁ כָּל־הַיָּשָׁר
ט בְּעֵינָיו׃ כִּי לֹא־בָאתֶם עַד־עָתָּה אֶל־הַמְּנוּחָה וְאֶל־הַנַּחֲלָה
י אֲשֶׁר־יְהוָה אֱלֹהֶיךָ נֹתֵן לָךְ׃ וַעֲבַרְתֶּם אֶת־הַיַּרְדֵּן וִישַׁבְתֶּם
בָּאָרֶץ אֲשֶׁר־יְהוָה אֱלֹהֵיכֶם מַנְחִיל אֶתְכֶם וְהֵנִיחַ לָכֶם מִכָּל־
שני יא אֹיְבֵיכֶם מִסָּבִיב וִישַׁבְתֶּם־בֶּטַח׃ וְהָיָה הַמָּקוֹם אֲשֶׁר־יִבְחַר יְהוָה
אֱלֹהֵיכֶם בּוֹ לְשַׁכֵּן שְׁמוֹ שָׁם שָׁמָּה תָבִיאוּ אֵת כָּל־אֲשֶׁר אָנֹכִי
מְצַוֶּה אֶתְכֶם עוֹלֹתֵיכֶם וְזִבְחֵיכֶם מַעְשְׂרֹתֵיכֶם וּתְרֻמַת יֶדְכֶם
יב וְכֹל מִבְחַר נִדְרֵיכֶם אֲשֶׁר תִּדְּרוּ לַיהוָה׃ וּשְׂמַחְתֶּם לִפְנֵי יְהוָה
אֱלֹהֵיכֶם אַתֶּם וּבְנֵיכֶם וּבְנֹתֵיכֶם וְעַבְדֵיכֶם וְאַמְהֹתֵיכֶם וְהַלֵּוִי
יג אֲשֶׁר בְּשַׁעֲרֵיכֶם כִּי אֵין לוֹ חֵלֶק וְנַחֲלָה אִתְּכֶם׃ הִשָּׁמֶר לְךָ פֶּן־
יד תַּעֲלֶה עֹלֹתֶיךָ בְּכָל־מָקוֹם אֲשֶׁר תִּרְאֶה׃ כִּי אִם־בַּמָּקוֹם אֲשֶׁר־
יִבְחַר יְהוָה בְּאַחַד שְׁבָטֶיךָ שָׁם תַּעֲלֶה עֹלֹתֶיךָ וְשָׁם תַּעֲשֶׂה כֹּל
טו אֲשֶׁר אָנֹכִי מְצַוֶּךָּ׃ רַק בְּכָל־אַוַּת נַפְשְׁךָ תִּזְבַּח ׀ וְאָכַלְתָּ בָשָׂר
כְּבִרְכַּת יְהוָה אֱלֹהֶיךָ אֲשֶׁר נָתַן־לְךָ בְּכָל־שְׁעָרֶיךָ הַטָּמֵא וְהַטָּהוֹר
טז יֹאכְלֶנּוּ כַּצְּבִי וְכָאַיָּל׃ רַק הַדָּם לֹא תֹאכֵלוּ עַל־הָאָרֶץ תִּשְׁפְּכֶנּוּ
יז כַּמָּיִם׃ לֹא־תוּכַל לֶאֱכֹל בִּשְׁעָרֶיךָ מַעְשַׂר דְּגָנְךָ וְתִירֹשְׁךָ וְיִצְהָרֶךָ
וּבְכֹרֹת בְּקָרְךָ וְצֹאנֶךָ וְכָל־נְדָרֶיךָ אֲשֶׁר תִּדֹּר וְנִדְבֹתֶיךָ וּתְרוּמַת
יח יָדֶךָ׃ כִּי אִם־לִפְנֵי יְהוָה אֱלֹהֶיךָ תֹּאכְלֶנּוּ בַּמָּקוֹם אֲשֶׁר יִבְחַר
יְהוָה אֱלֹהֶיךָ בּוֹ אַתָּה וּבִנְךָ וּבִתֶּךָ וְעַבְדְּךָ וַאֲמָתֶךָ וְהַלֵּוִי אֲשֶׁר

יט בִּשְׁעָרֶיךָ וְשָׂמַחְתָּ לִפְנֵי יְהוָה אֱלֹהֶיךָ בְּכֹל מִשְׁלַח יָדֶךָ: הִשָּׁמֶר
כ לְךָ פֶּן־תַּעֲזֹב אֶת־הַלֵּוִי כָּל־יָמֶיךָ עַל־אַדְמָתֶךָ: כִּי־ יא
יַרְחִיב יְהוָה אֱלֹהֶיךָ אֶת־גְּבֻלְךָ כַּאֲשֶׁר דִּבֶּר־לָךְ וְאָמַרְתָּ אֹכְלָה
בָשָׂר כִּי־תְאַוֶּה נַפְשְׁךָ לֶאֱכֹל בָּשָׂר בְּכָל־אַוַּת נַפְשְׁךָ תֹּאכַל
כא בָּשָׂר: כִּי־יִרְחַק מִמְּךָ הַמָּקוֹם אֲשֶׁר יִבְחַר יְהוָה אֱלֹהֶיךָ לָשׂוּם
שְׁמוֹ שָׁם וְזָבַחְתָּ מִבְּקָרְךָ וּמִצֹּאנְךָ אֲשֶׁר נָתַן יְהוָה לְךָ כַּאֲשֶׁר
כב צִוִּיתִךָ וְאָכַלְתָּ בִּשְׁעָרֶיךָ בְּכֹל אַוַּת נַפְשֶׁךָ: אַךְ כַּאֲשֶׁר יֵאָכֵל
אֶת־הַצְּבִי וְאֶת־הָאַיָּל כֵּן תֹּאכְלֶנּוּ הַטָּמֵא וְהַטָּהוֹר יַחְדָּו
כג יֹאכְלֶנּוּ: רַק חֲזַק לְבִלְתִּי אֲכֹל הַדָּם כִּי הַדָּם הוּא הַנָּפֶשׁ וְלֹא־
כד תֹאכַל הַנֶּפֶשׁ עִם־הַבָּשָׂר: לֹא תֹּאכְלֶנּוּ עַל־הָאָרֶץ תִּשְׁפְּכֶנּוּ
כה כַּמָּיִם: לֹא תֹּאכְלֶנּוּ לְמַעַן יִיטַב לְךָ וּלְבָנֶיךָ אַחֲרֶיךָ כִּי־תַעֲשֶׂה
כו הַיָּשָׁר בְּעֵינֵי יְהוָה: רַק קָדָשֶׁיךָ אֲשֶׁר־יִהְיוּ לְךָ וּנְדָרֶיךָ תִּשָּׂא וּבָאתָ
כז אֶל־הַמָּקוֹם אֲשֶׁר־יִבְחַר יְהוָה: וְעָשִׂיתָ עֹלֹתֶיךָ הַבָּשָׂר וְהַדָּם עַל־
מִזְבַּח יְהוָה אֱלֹהֶיךָ וְדַם־זְבָחֶיךָ יִשָּׁפֵךְ עַל־מִזְבַּח יְהוָה אֱלֹהֶיךָ
כח וְהַבָּשָׂר תֹּאכֵל: שְׁמֹר וְשָׁמַעְתָּ אֵת כָּל־הַדְּבָרִים הָאֵלֶּה אֲשֶׁר
אָנֹכִי מְצַוֶּךָּ לְמַעַן יִיטַב לְךָ וּלְבָנֶיךָ אַחֲרֶיךָ עַד־עוֹלָם כִּי תַעֲשֶׂה
כט הַטּוֹב וְהַיָּשָׁר בְּעֵינֵי יְהוָה אֱלֹהֶיךָ: כִּי־יַכְרִית שלישי
יְהוָה אֱלֹהֶיךָ אֶת־הַגּוֹיִם אֲשֶׁר אַתָּה בָא־שָׁמָּה לָרֶשֶׁת אוֹתָם
ל מִפָּנֶיךָ וְיָרַשְׁתָּ אֹתָם וְיָשַׁבְתָּ בְּאַרְצָם: הִשָּׁמֶר לְךָ פֶּן־תִּנָּקֵשׁ
אַחֲרֵיהֶם אַחֲרֵי הִשָּׁמְדָם מִפָּנֶיךָ וּפֶן־תִּדְרֹשׁ לֵאלֹהֵיהֶם לֵאמֹר
אֵיכָה יַעַבְדוּ הַגּוֹיִם הָאֵלֶּה אֶת־אֱלֹהֵיהֶם וְאֶעֱשֶׂה־כֵּן גַּם־אָנִי:
לא לֹא־תַעֲשֶׂה כֵן לַיהוָה אֱלֹהֶיךָ כִּי כָל־תּוֹעֲבַת יְהוָה אֲשֶׁר שָׂנֵא
עָשׂוּ לֵאלֹהֵיהֶם כִּי גַם אֶת־בְּנֵיהֶם וְאֶת־בְּנֹתֵיהֶם יִשְׂרְפוּ בָאֵשׁ
יג א לֵאלֹהֵיהֶם: אֵת כָּל־הַדָּבָר אֲשֶׁר אָנֹכִי מְצַוֶּה אֶתְכֶם אֹתוֹ תִשְׁמְרוּ
לַעֲשׂוֹת לֹא־תֹסֵף עָלָיו וְלֹא תִגְרַע מִמֶּנּוּ:
ב כִּי־יָקוּם בְּקִרְבְּךָ נָבִיא אוֹ חֹלֵם חֲלוֹם וְנָתַן אֵלֶיךָ אוֹת אוֹ
ג מוֹפֵת: וּבָא הָאוֹת וְהַמּוֹפֵת אֲשֶׁר־דִּבֶּר אֵלֶיךָ לֵאמֹר נֵלְכָה

ד אַחֲרֵי אֱלֹהִים אֲחֵרִים אֲשֶׁר לֹא־יְדַעְתָּם וְנָעָבְדֵם׃ לֹא תִשְׁמַע
אֶל־דִּבְרֵי הַנָּבִיא הַהוּא אוֹ אֶל־חוֹלֵם הַחֲלוֹם הַהוּא כִּי מְנַסֶּה
יְהוָה אֱלֹהֵיכֶם אֶתְכֶם לָדַעַת הֲיִשְׁכֶם אֹהֲבִים אֶת־יְהוָה
ה אֱלֹהֵיכֶם בְּכָל־לְבַבְכֶם וּבְכָל־נַפְשְׁכֶם׃ אַחֲרֵי יְהוָה אֱלֹהֵיכֶם
תֵּלֵכוּ וְאֹתוֹ תִירָאוּ וְאֶת־מִצְוֺתָיו תִּשְׁמֹרוּ וּבְקֹלוֹ תִשְׁמָעוּ וְאֹתוֹ
ו תַעֲבֹדוּ וּבוֹ תִדְבָּקוּן׃ וְהַנָּבִיא הַהוּא אוֹ חֹלֵם הַחֲלוֹם הַהוּא
יוּמָת כִּי דִבֶּר־סָרָה עַל־יְהוָה אֱלֹהֵיכֶם הַמּוֹצִיא אֶתְכֶם ׀ מֵאֶרֶץ
מִצְרַיִם וְהַפֹּדְךָ מִבֵּית עֲבָדִים לְהַדִּיחֲךָ מִן־הַדֶּרֶךְ אֲשֶׁר צִוְּךָ יְהוָה
ז אֱלֹהֶיךָ לָלֶכֶת בָּהּ וּבִעַרְתָּ הָרָע מִקִּרְבֶּךָ׃ כִּי
יְסִיתְךָ אָחִיךָ בֶן־אִמֶּךָ אוֹ־בִנְךָ אוֹ־בִתְּךָ אוֹ ׀ אֵשֶׁת חֵיקֶךָ אוֹ
רֵעֲךָ אֲשֶׁר כְּנַפְשְׁךָ בַּסֵּתֶר לֵאמֹר נֵלְכָה וְנַעַבְדָה אֱלֹהִים אֲחֵרִים
ח אֲשֶׁר לֹא יָדַעְתָּ אַתָּה וַאֲבֹתֶיךָ׃ מֵאֱלֹהֵי הָעַמִּים אֲשֶׁר סְבִיבֹתֵיכֶם
הַקְּרֹבִים אֵלֶיךָ אוֹ הָרְחֹקִים מִמֶּךָּ מִקְצֵה הָאָרֶץ וְעַד־קְצֵה
ט הָאָרֶץ׃ לֹא־תֹאבֶה לוֹ וְלֹא תִשְׁמַע אֵלָיו וְלֹא־תָחוֹס עֵינְךָ עָלָיו
י וְלֹא־תַחְמֹל וְלֹא־תְכַסֶּה עָלָיו׃ כִּי הָרֹג תַּהַרְגֶנּוּ יָדְךָ תִּהְיֶה־בּוֹ
יא בָרִאשׁוֹנָה לַהֲמִיתוֹ וְיַד כָּל־הָעָם בָּאַחֲרֹנָה׃ וּסְקַלְתּוֹ בָאֲבָנִים
וָמֵת כִּי בִקֵּשׁ לְהַדִּיחֲךָ מֵעַל יְהוָה אֱלֹהֶיךָ הַמּוֹצִיאֲךָ מֵאֶרֶץ
יב מִצְרַיִם מִבֵּית עֲבָדִים׃ וְכָל־יִשְׂרָאֵל יִשְׁמְעוּ וְיִרָאוּן וְלֹא־יוֹסִפוּ
יג לַעֲשׂוֹת כַּדָּבָר הָרָע הַזֶּה בְּקִרְבֶּךָ׃ כִּי־תִשְׁמַע
בְּאַחַת עָרֶיךָ אֲשֶׁר יְהוָה אֱלֹהֶיךָ נֹתֵן לְךָ לָשֶׁבֶת שָׁם לֵאמֹר׃
יד יָצְאוּ אֲנָשִׁים בְּנֵי־בְלִיַּעַל מִקִּרְבֶּךָ וַיַּדִּיחוּ אֶת־יֹשְׁבֵי עִירָם לֵאמֹר
טו נֵלְכָה וְנַעַבְדָה אֱלֹהִים אֲחֵרִים אֲשֶׁר לֹא־יְדַעְתֶּם׃ וְדָרַשְׁתָּ
וְחָקַרְתָּ וְשָׁאַלְתָּ הֵיטֵב וְהִנֵּה אֱמֶת נָכוֹן הַדָּבָר נֶעֶשְׂתָה הַתּוֹעֵבָה
טז הַזֹּאת בְּקִרְבֶּךָ׃ הַכֵּה תַכֶּה אֶת־יֹשְׁבֵי הָעִיר הַהִוא לְפִי־חָרֶב
הַחֲרֵם אֹתָהּ וְאֶת־כָּל־אֲשֶׁר־בָּהּ וְאֶת־בְּהֶמְתָּהּ לְפִי־חָרֶב׃
יז וְאֶת־כָּל־שְׁלָלָהּ תִּקְבֹּץ אֶל־תּוֹךְ רְחֹבָהּ וְשָׂרַפְתָּ בָאֵשׁ אֶת־
הָעִיר וְאֶת־כָּל־שְׁלָלָהּ כָּלִיל לַיהוָה אֱלֹהֶיךָ וְהָיְתָה תֵּל עוֹלָם

יח לֹא תִבָּנֶה עוֹד: וְלֹא־יִדְבַּק בְּיָדְךָ מְאוּמָה מִן־הַחֵרֶם לְמַעַן יָשׁוּב
יְהוָה מֵחֲרוֹן אַפּוֹ וְנָתַן־לְךָ רַחֲמִים וְרִחַמְךָ וְהִרְבֶּךָ כַּאֲשֶׁר
יט נִשְׁבַּע לַאֲבֹתֶיךָ: כִּי תִשְׁמַע בְּקוֹל יְהוָה אֱלֹהֶיךָ לִשְׁמֹר אֶת־
כָּל־מִצְוֹתָיו אֲשֶׁר אָנֹכִי מְצַוְּךָ הַיּוֹם לַעֲשׂוֹת הַיָּשָׁר בְּעֵינֵי יְהוָה
יד א אֱלֹהֶיךָ: בָּנִים אַתֶּם לַיהוָה אֱלֹהֵיכֶם לֹא תִתְגֹּדְדוּ יב רביעי
ב וְלֹא־תָשִׂימוּ קָרְחָה בֵּין עֵינֵיכֶם לָמֵת: כִּי עַם קָדוֹשׁ אַתָּה
לַיהוָה אֱלֹהֶיךָ וּבְךָ בָּחַר יְהוָה לִהְיוֹת לוֹ לְעַם סְגֻלָּה מִכֹּל
ג הָעַמִּים אֲשֶׁר עַל־פְּנֵי הָאֲדָמָה: לֹא תֹאכַל כָּל־
ד תּוֹעֵבָה: זֹאת הַבְּהֵמָה אֲשֶׁר תֹּאכֵלוּ שׁוֹר שֵׂה כְשָׂבִים וְשֵׂה
ה ו עִזִּים: אַיָּל וּצְבִי וְיַחְמוּר וְאַקּוֹ וְדִישֹׁן וּתְאוֹ וָזָמֶר: וְכָל־בְּהֵמָה
מַפְרֶסֶת פַּרְסָה וְשֹׁסַעַת שֶׁסַע שְׁתֵּי פְרָסוֹת מַעֲלַת גֵּרָה בַּבְּהֵמָה
ז אֹתָהּ תֹּאכֵלוּ: אַךְ אֶת־זֶה לֹא תֹאכְלוּ מִמַּעֲלֵי הַגֵּרָה וּמִמַּפְרִיסֵי
הַפַּרְסָה הַשְּׁסוּעָה אֶת־הַגָּמָל וְאֶת־הָאַרְנֶבֶת וְאֶת־הַשָּׁפָן כִּי־
ח מַעֲלֵה גֵרָה הֵמָּה וּפַרְסָה לֹא הִפְרִיסוּ טְמֵאִים הֵם לָכֶם: וְאֶת־
הַחֲזִיר כִּי־מַפְרִיס פַּרְסָה הוּא וְלֹא גֵרָה טָמֵא הוּא לָכֶם מִבְּשָׂרָם
ט לֹא תֹאכֵלוּ וּבְנִבְלָתָם לֹא תִגָּעוּ: אֶת־זֶה
תֹּאכְלוּ מִכֹּל אֲשֶׁר בַּמָּיִם כֹּל אֲשֶׁר־לוֹ סְנַפִּיר וְקַשְׂקֶשֶׂת תֹּאכֵלוּ:
י וְכֹל אֲשֶׁר אֵין־לוֹ סְנַפִּיר וְקַשְׂקֶשֶׂת לֹא תֹאכֵלוּ טָמֵא הוּא
יא יב לָכֶם: כָּל־צִפּוֹר טְהֹרָה תֹּאכֵלוּ: וְזֶה אֲשֶׁר לֹא־
יג תֹאכְלוּ מֵהֶם הַנֶּשֶׁר וְהַפֶּרֶס וְהָעָזְנִיָּה: וְהָרָאָה וְאֶת־הָאַיָּה וְהַדַּיָּה
יד טו לְמִינָהּ: וְאֵת כָּל־עֹרֵב לְמִינוֹ: וְאֵת בַּת הַיַּעֲנָה וְאֶת־הַתַּחְמָס וְאֶת־
טז הַשָּׁחַף וְאֶת־הַנֵּץ לְמִינֵהוּ: אֶת־הַכּוֹס וְאֶת־הַיַּנְשׁוּף וְהַתִּנְשָׁמֶת:
יז יח וְהַקָּאָת וְאֶת־הָרָחָמָה וְאֶת־הַשָּׁלָךְ: וְהַחֲסִידָה וְהָאֲנָפָה לְמִינָהּ
יט וְהַדּוּכִיפַת וְהָעֲטַלֵּף: וְכֹל שֶׁרֶץ הָעוֹף טָמֵא הוּא לָכֶם לֹא יֵאָכֵלוּ:
כ כא כָּל־עוֹף טָהוֹר תֹּאכֵלוּ: לֹא תֹאכְלוּ כָל־נְבֵלָה לַגֵּר אֲשֶׁר־בִּשְׁעָרֶיךָ
תִּתְּנֶנָּה וַאֲכָלָהּ אוֹ מָכֹר לְנָכְרִי כִּי עַם קָדוֹשׁ אַתָּה לַיהוָה אֱלֹהֶיךָ
לֹא־תְבַשֵּׁל גְּדִי בַּחֲלֵב אִמּוֹ:

חמישי כב עַשֵּׂר תְּעַשֵּׂר אֵת כָּל־תְּבוּאַת זַרְעֶךָ הַיֹּצֵא הַשָּׂדֶה שָׁנָה שָׁנָה׃
כג וְאָכַלְתָּ לִפְנֵי ׀ יְהוָה אֱלֹהֶיךָ בַּמָּקוֹם אֲשֶׁר־יִבְחַר לְשַׁכֵּן שְׁמוֹ
שָׁם מַעְשַׂר דְּגָנְךָ תִּירֹשְׁךָ וְיִצְהָרֶךָ וּבְכֹרֹת בְּקָרְךָ וְצֹאנֶךָ לְמַעַן
כד תִּלְמַד לְיִרְאָה אֶת־יְהוָה אֱלֹהֶיךָ כָּל־הַיָּמִים׃ וְכִי־יִרְבֶּה
מִמְּךָ הַדֶּרֶךְ כִּי לֹא תוּכַל שְׂאֵתוֹ כִּי־יִרְחַק מִמְּךָ הַמָּקוֹם אֲשֶׁר
יִבְחַר יְהוָה אֱלֹהֶיךָ לָשׂוּם שְׁמוֹ שָׁם כִּי יְבָרֶכְךָ יְהוָה אֱלֹהֶיךָ׃
כה וְנָתַתָּה בַּכָּסֶף וְצַרְתָּ הַכֶּסֶף בְּיָדְךָ וְהָלַכְתָּ אֶל־הַמָּקוֹם אֲשֶׁר
כו יִבְחַר יְהוָה אֱלֹהֶיךָ בּוֹ׃ וְנָתַתָּה הַכֶּסֶף בְּכֹל אֲשֶׁר־תְּאַוֶּה
נַפְשְׁךָ בַּבָּקָר וּבַצֹּאן וּבַיַּיִן וּבַשֵּׁכָר וּבְכֹל אֲשֶׁר תִּשְׁאָלְךָ
נַפְשֶׁךָ וְאָכַלְתָּ שָׁם לִפְנֵי יְהוָה אֱלֹהֶיךָ וְשָׂמַחְתָּ אַתָּה וּבֵיתֶךָ׃
כז וְהַלֵּוִי אֲשֶׁר־בִּשְׁעָרֶיךָ לֹא תַעַזְבֶנּוּ כִּי אֵין לוֹ חֵלֶק וְנַחֲלָה
כח עִמָּךְ׃ מִקְצֵה ׀ שָׁלֹשׁ שָׁנִים תּוֹצִיא אֶת־כָּל־מַעְשַׂר
כט תְּבוּאָתְךָ בַּשָּׁנָה הַהִוא וְהִנַּחְתָּ בִּשְׁעָרֶיךָ׃ וּבָא הַלֵּוִי כִּי אֵין־
לוֹ חֵלֶק וְנַחֲלָה עִמָּךְ וְהַגֵּר וְהַיָּתוֹם וְהָאַלְמָנָה אֲשֶׁר בִּשְׁעָרֶיךָ
וְאָכְלוּ וְשָׂבֵעוּ לְמַעַן יְבָרֶכְךָ יְהוָה אֱלֹהֶיךָ בְּכָל־מַעֲשֵׂה יָדְךָ
ששי טו א אֲשֶׁר תַּעֲשֶׂה׃ מִקֵּץ שֶׁבַע־שָׁנִים תַּעֲשֶׂה שְׁמִטָּה׃
ב וְזֶה דְּבַר הַשְּׁמִטָּה שָׁמוֹט כָּל־בַּעַל מַשֵּׁה יָדוֹ אֲשֶׁר יַשֶּׁה בְּרֵעֵהוּ
ג לֹא־יִגֹּשׂ אֶת־רֵעֵהוּ וְאֶת־אָחִיו כִּי־קָרָא שְׁמִטָּה לַיהוָה׃ אֶת־
ד הַנָּכְרִי תִּגֹּשׂ וַאֲשֶׁר יִהְיֶה לְךָ אֶת־אָחִיךָ תַּשְׁמֵט יָדֶךָ׃ אֶפֶס
כִּי לֹא יִהְיֶה־בְּךָ אֶבְיוֹן כִּי־בָרֵךְ יְבָרֶכְךָ יְהוָה בָּאָרֶץ אֲשֶׁר יְהוָה
ה אֱלֹהֶיךָ נֹתֵן־לְךָ נַחֲלָה לְרִשְׁתָּהּ׃ רַק אִם־שָׁמוֹעַ תִּשְׁמַע בְּקוֹל
יְהוָה אֱלֹהֶיךָ לִשְׁמֹר לַעֲשׂוֹת אֶת־כָּל־הַמִּצְוָה הַזֹּאת אֲשֶׁר
ו אָנֹכִי מְצַוְּךָ הַיּוֹם׃ כִּי־יְהוָה אֱלֹהֶיךָ בֵּרַכְךָ כַּאֲשֶׁר דִּבֶּר־לָךְ
וְהַעֲבַטְתָּ גּוֹיִם רַבִּים וְאַתָּה לֹא תַעֲבֹט וּמָשַׁלְתָּ בְּגוֹיִם רַבִּים
יג ז וּבְךָ לֹא יִמְשֹׁלוּ׃ כִּי־יִהְיֶה בְךָ אֶבְיוֹן מֵאַחַד
אַחֶיךָ בְּאַחַד שְׁעָרֶיךָ בְּאַרְצְךָ אֲשֶׁר־יְהוָה אֱלֹהֶיךָ נֹתֵן לָךְ לֹא
ח תְאַמֵּץ אֶת־לְבָבְךָ וְלֹא תִקְפֹּץ אֶת־יָדְךָ מֵאָחִיךָ הָאֶבְיוֹן׃ כִּי־

פָּתֹחַ תִּפְתַּח אֶת־יָדְךָ לוֹ וְהַעֲבֵט תַּעֲבִיטֶנּוּ דֵּי מַחְסֹרוֹ אֲשֶׁר
ט יֶחְסַר לוֹ׃ הִשָּׁמֶר לְךָ פֶּן־יִהְיֶה דָבָר עִם־לְבָבְךָ בְלִיַּעַל לֵאמֹר
קָרְבָה שְׁנַת־הַשֶּׁבַע שְׁנַת הַשְּׁמִטָּה וְרָעָה עֵינְךָ בְּאָחִיךָ הָאֶבְיוֹן
י וְלֹא תִתֵּן לוֹ וְקָרָא עָלֶיךָ אֶל־יְהוָה וְהָיָה בְךָ חֵטְא׃ נָתוֹן תִּתֵּן
לוֹ וְלֹא־יֵרַע לְבָבְךָ בְּתִתְּךָ לוֹ כִּי בִּגְלַל ׀ הַדָּבָר הַזֶּה יְבָרֶכְךָ יְהוָה
יא אֱלֹהֶיךָ בְּכָל־מַעֲשֶׂךָ וּבְכֹל מִשְׁלַח יָדֶךָ׃ כִּי לֹא־יֶחְדַּל אֶבְיוֹן
מִקֶּרֶב הָאָרֶץ עַל־כֵּן אָנֹכִי מְצַוְּךָ לֵאמֹר פָּתֹחַ תִּפְתַּח אֶת־
יב יָדְךָ לְאָחִיךָ לַעֲנִיֶּךָ וּלְאֶבְיֹנְךָ בְּאַרְצֶךָ׃ כִּי־יִמָּכֵר
לְךָ אָחִיךָ הָעִבְרִי אוֹ הָעִבְרִיָּה וַעֲבָדְךָ שֵׁשׁ שָׁנִים וּבַשָּׁנָה הַשְּׁבִיעִת
יג תְּשַׁלְּחֶנּוּ חָפְשִׁי מֵעִמָּךְ׃ וְכִי־תְשַׁלְּחֶנּוּ חָפְשִׁי מֵעִמָּךְ לֹא תְשַׁלְּחֶנּוּ
יד רֵיקָם׃ הַעֲנֵיק תַּעֲנִיק לוֹ מִצֹּאנְךָ וּמִגָּרְנְךָ וּמִיִּקְבֶךָ אֲשֶׁר בֵּרַכְךָ
טו יְהוָה אֱלֹהֶיךָ תִּתֶּן־לוֹ׃ וְזָכַרְתָּ כִּי עֶבֶד הָיִיתָ בְּאֶרֶץ מִצְרַיִם
וַיִּפְדְּךָ יְהוָה אֱלֹהֶיךָ עַל־כֵּן אָנֹכִי מְצַוְּךָ אֶת־הַדָּבָר הַזֶּה הַיּוֹם׃
טז וְהָיָה כִּי־יֹאמַר אֵלֶיךָ לֹא אֵצֵא מֵעִמָּךְ כִּי אֲהֵבְךָ וְאֶת־בֵּיתֶךָ
יז כִּי־טוֹב לוֹ עִמָּךְ׃ וְלָקַחְתָּ אֶת־הַמַּרְצֵעַ וְנָתַתָּה בְאָזְנוֹ וּבַדֶּלֶת
יח וְהָיָה לְךָ עֶבֶד עוֹלָם וְאַף לַאֲמָתְךָ תַּעֲשֶׂה־כֵּן׃ לֹא־יִקְשֶׁה בְעֵינֶךָ
בְּשַׁלֵּחֲךָ אֹתוֹ חָפְשִׁי מֵעִמָּךְ כִּי מִשְׁנֶה שְׂכַר שָׂכִיר עֲבָדְךָ שֵׁשׁ
שָׁנִים וּבֵרַכְךָ יְהוָה אֱלֹהֶיךָ בְּכֹל אֲשֶׁר תַּעֲשֶׂה׃
יט כָּל־הַבְּכוֹר אֲשֶׁר יִוָּלֵד בִּבְקָרְךָ וּבְצֹאנְךָ הַזָּכָר תַּקְדִּישׁ לַיהוָה שביעי
כ אֱלֹהֶיךָ לֹא תַעֲבֹד בִּבְכֹר שׁוֹרֶךָ וְלֹא תָגֹז בְּכוֹר צֹאנֶךָ׃ לִפְנֵי
יְהוָה אֱלֹהֶיךָ תֹאכְלֶנּוּ שָׁנָה בְשָׁנָה בַּמָּקוֹם אֲשֶׁר־יִבְחַר יְהוָה
כא אַתָּה וּבֵיתֶךָ׃ וְכִי־יִהְיֶה בוֹ מוּם פִּסֵּחַ אוֹ עִוֵּר כֹּל מוּם רָע
כב לֹא תִזְבָּחֶנּוּ לַיהוָה אֱלֹהֶיךָ׃ בִּשְׁעָרֶיךָ תֹּאכְלֶנּוּ הַטָּמֵא וְהַטָּהוֹר
כג יַחְדָּו כַּצְּבִי וְכָאַיָּל׃ רַק אֶת־דָּמוֹ לֹא תֹאכֵל עַל־הָאָרֶץ תִּשְׁפְּכֶנּוּ
כַּמָּיִם׃

טז א שָׁמוֹר אֶת־חֹדֶשׁ הָאָבִיב וְעָשִׂיתָ פֶּסַח לַיהוָה אֱלֹהֶיךָ כִּי בְּחֹדֶשׁ
ב הָאָבִיב הוֹצִיאֲךָ יְהוָה אֱלֹהֶיךָ מִמִּצְרָיִם לָיְלָה׃ וְזָבַחְתָּ פֶּסַח

לַיהוָה אֱלֹהֶיךָ צֹאן וּבָקָר בַּמָּקוֹם אֲשֶׁר יִבְחַר יְהוָה לְשַׁכֵּן
שְׁמוֹ שָׁם׃ לֹא־תֹאכַל עָלָיו חָמֵץ שִׁבְעַת יָמִים תֹּאכַל־עָלָיו מַצּוֹת ג
לֶחֶם עֹנִי כִּי בְחִפָּזוֹן יָצָאתָ מֵאֶרֶץ מִצְרַיִם לְמַעַן תִּזְכֹּר אֶת־יוֹם
צֵאתְךָ מֵאֶרֶץ מִצְרַיִם כֹּל יְמֵי חַיֶּיךָ׃ וְלֹא־יֵרָאֶה לְךָ שְׂאֹר בְּכָל־ ד
גְּבֻלְךָ שִׁבְעַת יָמִים וְלֹא־יָלִין מִן־הַבָּשָׂר אֲשֶׁר תִּזְבַּח בָּעֶרֶב
בַּיּוֹם הָרִאשׁוֹן לַבֹּקֶר׃ לֹא תוּכַל לִזְבֹּחַ אֶת־הַפָּסַח בְּאַחַד ה
שְׁעָרֶיךָ אֲשֶׁר־יְהוָה אֱלֹהֶיךָ נֹתֵן לָךְ׃ כִּי אִם־אֶל־הַמָּקוֹם אֲשֶׁר־ ו
יִבְחַר יְהוָה אֱלֹהֶיךָ לְשַׁכֵּן שְׁמוֹ שָׁם תִּזְבַּח אֶת־הַפֶּסַח בָּעָרֶב
כְּבוֹא הַשֶּׁמֶשׁ מוֹעֵד צֵאתְךָ מִמִּצְרָיִם׃ וּבִשַּׁלְתָּ וְאָכַלְתָּ בַּמָּקוֹם ז
אֲשֶׁר יִבְחַר יְהוָה אֱלֹהֶיךָ בּוֹ וּפָנִיתָ בַבֹּקֶר וְהָלַכְתָּ לְאֹהָלֶיךָ׃
שֵׁשֶׁת יָמִים תֹּאכַל מַצּוֹת וּבַיּוֹם הַשְּׁבִיעִי עֲצֶרֶת לַיהוָה אֱלֹהֶיךָ ח
לֹא תַעֲשֶׂה מְלָאכָה׃ שִׁבְעָה שָׁבֻעֹת תִּסְפָּר־לָךְ ט
מֵהָחֵל חֶרְמֵשׁ בַּקָּמָה תָּחֵל לִסְפֹּר שִׁבְעָה שָׁבֻעוֹת׃ וְעָשִׂיתָ חַג י
שָׁבֻעוֹת לַיהוָה אֱלֹהֶיךָ מִסַּת נִדְבַת יָדְךָ אֲשֶׁר תִּתֵּן כַּאֲשֶׁר
יְבָרֶכְךָ יְהוָה אֱלֹהֶיךָ׃ וְשָׂמַחְתָּ לִפְנֵי ׀ יְהוָה אֱלֹהֶיךָ אַתָּה וּבִנְךָ יא
וּבִתֶּךָ וְעַבְדְּךָ וַאֲמָתֶךָ וְהַלֵּוִי אֲשֶׁר בִּשְׁעָרֶיךָ וְהַגֵּר וְהַיָּתוֹם
וְהָאַלְמָנָה אֲשֶׁר בְּקִרְבֶּךָ בַּמָּקוֹם אֲשֶׁר יִבְחַר יְהוָה אֱלֹהֶיךָ
לְשַׁכֵּן שְׁמוֹ שָׁם׃ וְזָכַרְתָּ כִּי־עֶבֶד הָיִיתָ בְּמִצְרָיִם וְשָׁמַרְתָּ וְעָשִׂיתָ יב
אֶת־הַחֻקִּים הָאֵלֶּה׃

מפטיר חַג הַסֻּכֹּת תַּעֲשֶׂה לְךָ שִׁבְעַת יָמִים בְּאָסְפְּךָ מִגָּרְנְךָ וּמִיִּקְבֶךָ׃ יג
וְשָׂמַחְתָּ בְּחַגֶּךָ אַתָּה וּבִנְךָ וּבִתֶּךָ וְעַבְדְּךָ וַאֲמָתֶךָ וְהַלֵּוִי וְהַגֵּר יד
וְהַיָּתוֹם וְהָאַלְמָנָה אֲשֶׁר בִּשְׁעָרֶיךָ׃ שִׁבְעַת יָמִים תָּחֹג לַיהוָה טו
אֱלֹהֶיךָ בַּמָּקוֹם אֲשֶׁר־יִבְחַר יְהוָה כִּי יְבָרֶכְךָ יְהוָה אֱלֹהֶיךָ בְּכֹל־
תְּבוּאָתְךָ וּבְכֹל מַעֲשֵׂה יָדֶיךָ וְהָיִיתָ אַךְ שָׂמֵחַ׃ שָׁלוֹשׁ פְּעָמִים ׀ טז
בַּשָּׁנָה יֵרָאֶה כָל־זְכוּרְךָ אֶת־פְּנֵי ׀ יְהוָה אֱלֹהֶיךָ בַּמָּקוֹם אֲשֶׁר
יִבְחָר בְּחַג הַמַּצּוֹת וּבְחַג הַשָּׁבֻעוֹת וּבְחַג הַסֻּכּוֹת וְלֹא יֵרָאֶה
אֶת־פְּנֵי יְהוָה רֵיקָם׃ אִישׁ כְּמַתְּנַת יָדוֹ כְּבִרְכַּת יְהוָה אֱלֹהֶיךָ יז

יח אֲשֶׁר נָתַן־לָךְ׃ שֹׁפְטִים וְשֹׁטְרִים תִּתֶּן־לְךָ בְּכָל־ יד
שְׁעָרֶיךָ אֲשֶׁר יְהוָה אֱלֹהֶיךָ נֹתֵן לְךָ לִשְׁבָטֶיךָ וְשָׁפְטוּ אֶת־הָעָם
יט מִשְׁפַּט־צֶדֶק׃ לֹא־תַטֶּה מִשְׁפָּט לֹא תַכִּיר פָּנִים וְלֹא־תִקַּח
כ שֹׁחַד כִּי הַשֹּׁחַד יְעַוֵּר עֵינֵי חֲכָמִים וִיסַלֵּף דִּבְרֵי צַדִּיקִם׃ צֶדֶק
צֶדֶק תִּרְדֹּף לְמַעַן תִּחְיֶה וְיָרַשְׁתָּ אֶת־הָאָרֶץ אֲשֶׁר־יְהוָה אֱלֹהֶיךָ
כא נֹתֵן לָךְ׃ לֹא־תִטַּע לְךָ אֲשֵׁרָה כָּל־עֵץ אֵצֶל
כב מִזְבַּח יְהוָה אֱלֹהֶיךָ אֲשֶׁר תַּעֲשֶׂה־לָּךְ׃ וְלֹא־תָקִים לְךָ מַצֵּבָה
יז א אֲשֶׁר שָׂנֵא יְהוָה אֱלֹהֶיךָ׃ לֹא־תִזְבַּח לַיהוָה
אֱלֹהֶיךָ שׁוֹר וָשֶׂה אֲשֶׁר יִהְיֶה בוֹ מוּם כֹּל דָּבָר רָע כִּי תוֹעֲבַת
ב יְהוָה אֱלֹהֶיךָ הוּא׃ כִּי־יִמָּצֵא בְקִרְבְּךָ בְּאַחַד
שְׁעָרֶיךָ אֲשֶׁר־יְהוָה אֱלֹהֶיךָ נֹתֵן לָךְ אִישׁ אוֹ־אִשָּׁה אֲשֶׁר יַעֲשֶׂה
ג אֶת־הָרַע בְּעֵינֵי יְהוָה־אֱלֹהֶיךָ לַעֲבֹר בְּרִיתוֹ׃ וַיֵּלֶךְ וַיַּעֲבֹד אֱלֹהִים
אֲחֵרִים וַיִּשְׁתַּחוּ לָהֶם וְלַשֶּׁמֶשׁ ׀ אוֹ לַיָּרֵחַ אוֹ לְכָל־צְבָא הַשָּׁמַיִם
ד אֲשֶׁר לֹא־צִוִּיתִי׃ וְהֻגַּד־לְךָ וְשָׁמָעְתָּ וְדָרַשְׁתָּ הֵיטֵב וְהִנֵּה אֱמֶת
ה נָכוֹן הַדָּבָר נֶעֶשְׂתָה הַתּוֹעֵבָה הַזֹּאת בְּיִשְׂרָאֵל׃ וְהוֹצֵאתָ אֶת־
הָאִישׁ הַהוּא אוֹ אֶת־הָאִשָּׁה הַהִוא אֲשֶׁר עָשׂוּ אֶת־הַדָּבָר הָרָע
הַזֶּה אֶל־שְׁעָרֶיךָ אֶת־הָאִישׁ אוֹ אֶת־הָאִשָּׁה וּסְקַלְתָּם בָּאֲבָנִים
ו וָמֵתוּ׃ עַל־פִּי ׀ שְׁנַיִם עֵדִים אוֹ שְׁלֹשָׁה עֵדִים יוּמַת הַמֵּת לֹא יוּמַת
ז עַל־פִּי עֵד אֶחָד׃ יַד הָעֵדִים תִּהְיֶה־בּוֹ בָרִאשֹׁנָה לַהֲמִיתוֹ וְיַד כָּל־
הָעָם בָּאַחֲרֹנָה וּבִעַרְתָּ הָרָע מִקִּרְבֶּךָ׃
ח כִּי יִפָּלֵא מִמְּךָ דָבָר לַמִּשְׁפָּט בֵּין־דָּם ׀ לְדָם בֵּין־דִּין לְדִין וּבֵין
נֶגַע לָנֶגַע דִּבְרֵי רִיבֹת בִּשְׁעָרֶיךָ וְקַמְתָּ וְעָלִיתָ אֶל־הַמָּקוֹם
ט אֲשֶׁר יִבְחַר יְהוָה אֱלֹהֶיךָ בּוֹ׃ וּבָאתָ אֶל־הַכֹּהֲנִים הַלְוִיִּם וְאֶל־
הַשֹּׁפֵט אֲשֶׁר יִהְיֶה בַּיָּמִים הָהֵם וְדָרַשְׁתָּ וְהִגִּידוּ לְךָ אֵת דְּבַר
י הַמִּשְׁפָּט׃ וְעָשִׂיתָ עַל־פִּי הַדָּבָר אֲשֶׁר יַגִּידוּ לְךָ מִן־הַמָּקוֹם
הַהוּא אֲשֶׁר יִבְחַר יְהוָה וְשָׁמַרְתָּ לַעֲשׂוֹת כְּכֹל אֲשֶׁר יוֹרוּךָ׃
יא עַל־פִּי הַתּוֹרָה אֲשֶׁר יוֹרוּךָ וְעַל־הַמִּשְׁפָּט אֲשֶׁר־יֹאמְרוּ לְךָ

תַּעֲשֶׂה לֹא תָסוּר מִן־הַדָּבָר אֲשֶׁר־יַגִּידוּ לְךָ יָמִין וּשְׂמֹאל׃
יב וְהָאִישׁ אֲשֶׁר־יַעֲשֶׂה בְזָדוֹן לְבִלְתִּי שְׁמֹעַ אֶל־הַכֹּהֵן הָעֹמֵד
לְשָׁרֶת שָׁם אֶת־יהוה אֱלֹהֶיךָ אוֹ אֶל־הַשֹּׁפֵט וּמֵת הָאִישׁ הַהוּא
יג וּבִעַרְתָּ הָרָע מִיִּשְׂרָאֵל׃ וְכָל־הָעָם יִשְׁמְעוּ וְיִרָאוּ וְלֹא יְזִידוּן
שני טו יד עוֹד׃ כִּי־תָבֹא אֶל־הָאָרֶץ אֲשֶׁר יהוה אֱלֹהֶיךָ
נֹתֵן לָךְ וִירִשְׁתָּהּ וְיָשַׁבְתָּה בָּהּ וְאָמַרְתָּ אָשִׂימָה עָלַי מֶלֶךְ כְּכָל־
טו הַגּוֹיִם אֲשֶׁר סְבִיבֹתָי׃ שׂוֹם תָּשִׂים עָלֶיךָ מֶלֶךְ אֲשֶׁר יִבְחַר יהוה
אֱלֹהֶיךָ בּוֹ מִקֶּרֶב אַחֶיךָ תָּשִׂים עָלֶיךָ מֶלֶךְ לֹא תוּכַל לָתֵת
טז עָלֶיךָ אִישׁ נָכְרִי אֲשֶׁר לֹא־אָחִיךָ הוּא׃ רַק לֹא־יַרְבֶּה־לּוֹ סוּסִים
וְלֹא־יָשִׁיב אֶת־הָעָם מִצְרַיְמָה לְמַעַן הַרְבּוֹת סוּס וַיהוה אָמַר
יז לָכֶם לֹא תֹסִפוּן לָשׁוּב בַּדֶּרֶךְ הַזֶּה עוֹד׃ וְלֹא יַרְבֶּה־לּוֹ נָשִׁים
יח וְלֹא יָסוּר לְבָבוֹ וְכֶסֶף וְזָהָב לֹא יַרְבֶּה־לּוֹ מְאֹד׃ וְהָיָה כְשִׁבְתּוֹ
עַל כִּסֵּא מַמְלַכְתּוֹ וְכָתַב לוֹ אֶת־מִשְׁנֵה הַתּוֹרָה הַזֹּאת עַל־
יט סֵפֶר מִלִּפְנֵי הַכֹּהֲנִים הַלְוִיִּם׃ וְהָיְתָה עִמּוֹ וְקָרָא בוֹ כָּל־יְמֵי
חַיָּיו לְמַעַן יִלְמַד לְיִרְאָה אֶת־יהוה אֱלֹהָיו לִשְׁמֹר אֶת־כָּל־דִּבְרֵי
כ הַתּוֹרָה הַזֹּאת וְאֶת־הַחֻקִּים הָאֵלֶּה לַעֲשֹׂתָם׃ לְבִלְתִּי רוּם־לְבָבוֹ
מֵאֶחָיו וּלְבִלְתִּי סוּר מִן־הַמִּצְוָה יָמִין וּשְׂמֹאול לְמַעַן יַאֲרִיךְ
שלישי יח א יָמִים עַל־מַמְלַכְתּוֹ הוּא וּבָנָיו בְּקֶרֶב יִשְׂרָאֵל׃ לֹא־
יִהְיֶה לַכֹּהֲנִים הַלְוִיִּם כָּל־שֵׁבֶט לֵוִי חֵלֶק וְנַחֲלָה עִם־יִשְׂרָאֵל
ב אִשֵּׁי יהוה וְנַחֲלָתוֹ יֹאכֵלוּן׃ וְנַחֲלָה לֹא־יִהְיֶה־לּוֹ בְּקֶרֶב אֶחָיו
ג יהוה הוּא נַחֲלָתוֹ כַּאֲשֶׁר דִּבֶּר־לוֹ׃ וְזֶה יִהְיֶה
מִשְׁפַּט הַכֹּהֲנִים מֵאֵת הָעָם מֵאֵת זֹבְחֵי הַזֶּבַח אִם־שׁוֹר אִם־
ד שֶׂה וְנָתַן לַכֹּהֵן הַזְּרֹעַ וְהַלְּחָיַיִם וְהַקֵּבָה׃ רֵאשִׁית דְּגָנְךָ תִּירֹשְׁךָ
ה וְיִצְהָרֶךָ וְרֵאשִׁית גֵּז צֹאנְךָ תִּתֶּן־לּוֹ׃ כִּי בוֹ בָּחַר יהוה אֱלֹהֶיךָ
מִכָּל־שְׁבָטֶיךָ לַעֲמֹד לְשָׁרֵת בְּשֵׁם־יהוה הוּא וּבָנָיו כָּל־
רביעי ו הַיָּמִים׃ וְכִי־יָבֹא הַלֵּוִי מֵאַחַד שְׁעָרֶיךָ מִכָּל־
יִשְׂרָאֵל אֲשֶׁר־הוּא גָּר שָׁם וּבָא בְּכָל־אַוַּת נַפְשׁוֹ אֶל־הַמָּקוֹם

ז אֲשֶׁר־יִבְחַר יְהוָה: וְשֵׁרֵת בְּשֵׁם יְהוָה אֱלֹהָיו כְּכָל־אֶחָיו הַלְוִיִּם
ח הָעֹמְדִים שָׁם לִפְנֵי יְהוָה: חֵלֶק כְּחֵלֶק יֹאכֵלוּ לְבַד מִמְכָּרָיו
ט עַל־הָאָבוֹת: כִּי אַתָּה בָּא אֶל־הָאָרֶץ אֲשֶׁר־
יְהוָה אֱלֹהֶיךָ נֹתֵן לָךְ לֹא־תִלְמַד לַעֲשׂוֹת כְּתוֹעֲבֹת הַגּוֹיִם הָהֵם:
י לֹא־יִמָּצֵא בְךָ מַעֲבִיר בְּנוֹ־וּבִתּוֹ בָּאֵשׁ קֹסֵם קְסָמִים מְעוֹנֵן
יא וּמְנַחֵשׁ וּמְכַשֵּׁף: וְחֹבֵר חָבֶר וְשֹׁאֵל אוֹב וְיִדְּעֹנִי וְדֹרֵשׁ אֶל־
יב הַמֵּתִים: כִּי־תוֹעֲבַת יְהוָה כָּל־עֹשֵׂה אֵלֶּה וּבִגְלַל הַתּוֹעֵבֹת
יג הָאֵלֶּה יְהוָה אֱלֹהֶיךָ מוֹרִישׁ אוֹתָם מִפָּנֶיךָ: תָּמִים תִּהְיֶה עִם
יד יְהוָה אֱלֹהֶיךָ: כִּי ׀ הַגּוֹיִם הָאֵלֶּה אֲשֶׁר אַתָּה יוֹרֵשׁ אוֹתָם אֶל־ חמישי
מְעֹנְנִים וְאֶל־קֹסְמִים יִשְׁמָעוּ וְאַתָּה לֹא כֵן נָתַן לְךָ יְהוָה אֱלֹהֶיךָ:
טו נָבִיא מִקִּרְבְּךָ מֵאַחֶיךָ כָּמֹנִי יָקִים לְךָ יְהוָה אֱלֹהֶיךָ אֵלָיו תִּשְׁמָעוּן:
טז כְּכֹל אֲשֶׁר־שָׁאַלְתָּ מֵעִם יְהוָה אֱלֹהֶיךָ בְּחֹרֵב בְּיוֹם הַקָּהָל לֵאמֹר
לֹא אֹסֵף לִשְׁמֹעַ אֶת־קוֹל יְהוָה אֱלֹהָי וְאֶת־הָאֵשׁ הַגְּדֹלָה הַזֹּאת
יז לֹא־אֶרְאֶה עוֹד וְלֹא אָמוּת: וַיֹּאמֶר יְהוָה אֵלָי הֵיטִיבוּ אֲשֶׁר
יח דִּבֵּרוּ: נָבִיא אָקִים לָהֶם מִקֶּרֶב אֲחֵיהֶם כָּמוֹךָ וְנָתַתִּי דְבָרַי
יט בְּפִיו וְדִבֶּר אֲלֵיהֶם אֵת כָּל־אֲשֶׁר אֲצַוֶּנּוּ: וְהָיָה הָאִישׁ אֲשֶׁר
לֹא־יִשְׁמַע אֶל־דְּבָרַי אֲשֶׁר יְדַבֵּר בִּשְׁמִי אָנֹכִי אֶדְרֹשׁ מֵעִמּוֹ:
כ אַךְ הַנָּבִיא אֲשֶׁר יָזִיד לְדַבֵּר דָּבָר בִּשְׁמִי אֵת אֲשֶׁר לֹא־צִוִּיתִיו
לְדַבֵּר וַאֲשֶׁר יְדַבֵּר בְּשֵׁם אֱלֹהִים אֲחֵרִים וּמֵת הַנָּבִיא הַהוּא:
כא וְכִי תֹאמַר בִּלְבָבֶךָ אֵיכָה נֵדַע אֶת־הַדָּבָר אֲשֶׁר לֹא־דִבְּרוֹ
כב יְהוָה: אֲשֶׁר יְדַבֵּר הַנָּבִיא בְּשֵׁם יְהוָה וְלֹא־יִהְיֶה הַדָּבָר וְלֹא
יָבֹא הוּא הַדָּבָר אֲשֶׁר לֹא־דִבְּרוֹ יְהוָה בְּזָדוֹן דִּבְּרוֹ הַנָּבִיא לֹא
יט א תָגוּר מִמֶּנּוּ: כִּי־יַכְרִית יְהוָה אֱלֹהֶיךָ אֶת־הַגּוֹיִם
אֲשֶׁר יְהוָה אֱלֹהֶיךָ נֹתֵן לְךָ אֶת־אַרְצָם וִירִשְׁתָּם וְיָשַׁבְתָּ בְעָרֵיהֶם
ב וּבְבָתֵּיהֶם: שָׁלוֹשׁ עָרִים תַּבְדִּיל לָךְ בְּתוֹךְ אַרְצְךָ אֲשֶׁר יְהוָה
ג אֱלֹהֶיךָ נֹתֵן לְךָ לְרִשְׁתָּהּ: תָּכִין לְךָ הַדֶּרֶךְ וְשִׁלַּשְׁתָּ אֶת־גְּבוּל
אַרְצְךָ אֲשֶׁר יַנְחִילְךָ יְהוָה אֱלֹהֶיךָ וְהָיָה לָנוּס שָׁמָּה כָּל־רֹצֵחַ:

ד וְזֶה דְּבַר הָרֹצֵחַ אֲשֶׁר־יָנוּס שָׁמָּה וָחָי אֲשֶׁר יַכֶּה אֶת־רֵעֵהוּ
ה בִּבְלִי־דַעַת וְהוּא לֹא־שֹׂנֵא לוֹ מִתְּמֹל שִׁלְשֹׁם׃ וַאֲשֶׁר יָבֹא אֶת־
רֵעֵהוּ בַיַּעַר לַחְטֹב עֵצִים וְנִדְּחָה יָדוֹ בַגַּרְזֶן לִכְרֹת הָעֵץ וְנָשַׁל
הַבַּרְזֶל מִן־הָעֵץ וּמָצָא אֶת־רֵעֵהוּ וָמֵת הוּא יָנוּס אֶל־אַחַת
ו הֶעָרִים־הָאֵלֶּה וָחָי׃ פֶּן־יִרְדֹּף גֹּאֵל הַדָּם אַחֲרֵי הָרֹצֵחַ כִּי יֵחַם
לְבָבוֹ וְהִשִּׂיגוֹ כִּי־יִרְבֶּה הַדֶּרֶךְ וְהִכָּהוּ נָפֶשׁ וְלוֹ אֵין מִשְׁפַּט־
ז מָוֶת כִּי לֹא־שֹׂנֵא הוּא לוֹ מִתְּמוֹל שִׁלְשׁוֹם׃ עַל־כֵּן אָנֹכִי מְצַוְּךָ
ח לֵאמֹר שָׁלֹשׁ עָרִים תַּבְדִּיל לָךְ׃ וְאִם־יַרְחִיב יְהוָה אֱלֹהֶיךָ אֶת־
גְּבֻלְךָ כַּאֲשֶׁר נִשְׁבַּע לַאֲבֹתֶיךָ וְנָתַן לְךָ אֶת־כָּל־הָאָרֶץ אֲשֶׁר
ט דִּבֶּר לָתֵת לַאֲבֹתֶיךָ׃ כִּי־תִשְׁמֹר אֶת־כָּל־הַמִּצְוָה הַזֹּאת לַעֲשֹׂתָהּ
אֲשֶׁר אָנֹכִי מְצַוְּךָ הַיּוֹם לְאַהֲבָה אֶת־יְהוָה אֱלֹהֶיךָ וְלָלֶכֶת בִּדְרָכָיו
י כָּל־הַיָּמִים וְיָסַפְתָּ לְךָ עוֹד שָׁלֹשׁ עָרִים עַל הַשָּׁלֹשׁ הָאֵלֶּה׃ וְלֹא
יִשָּׁפֵךְ דָּם נָקִי בְּקֶרֶב אַרְצְךָ אֲשֶׁר יְהוָה אֱלֹהֶיךָ נֹתֵן לְךָ נַחֲלָה
וְהָיָה עָלֶיךָ דָּמִים׃

יא וְכִי־יִהְיֶה אִישׁ שֹׂנֵא לְרֵעֵהוּ וְאָרַב לוֹ וְקָם עָלָיו וְהִכָּהוּ נֶפֶשׁ וָמֵת
יב וְנָס אֶל־אַחַת הֶעָרִים הָאֵל׃ וְשָׁלְחוּ זִקְנֵי עִירוֹ וְלָקְחוּ אֹתוֹ מִשָּׁם
יג וְנָתְנוּ אֹתוֹ בְּיַד גֹּאֵל הַדָּם וָמֵת׃ לֹא־תָחוֹס עֵינְךָ עָלָיו וּבִעַרְתָּ דַם־
ששי יד הַנָּקִי מִיִּשְׂרָאֵל וְטוֹב לָךְ׃ לֹא תַסִּיג גְּבוּל רֵעֲךָ
אֲשֶׁר גָּבְלוּ רִאשֹׁנִים בְּנַחֲלָתְךָ אֲשֶׁר תִּנְחַל בָּאָרֶץ אֲשֶׁר יְהוָה
טו אֱלֹהֶיךָ נֹתֵן לְךָ לְרִשְׁתָּהּ׃ לֹא־יָקוּם עֵד אֶחָד
בְּאִישׁ לְכָל־עָוֹן וּלְכָל־חַטָּאת בְּכָל־חֵטְא אֲשֶׁר יֶחֱטָא עַל־
טז פִּי ׀ שְׁנֵי עֵדִים אוֹ עַל־פִּי שְׁלֹשָׁה־עֵדִים יָקוּם דָּבָר׃ כִּי־יָקוּם עֵד־
יז חָמָס בְּאִישׁ לַעֲנוֹת בּוֹ סָרָה׃ וְעָמְדוּ שְׁנֵי־הָאֲנָשִׁים אֲשֶׁר־לָהֶם
הָרִיב לִפְנֵי יְהוָה לִפְנֵי הַכֹּהֲנִים וְהַשֹּׁפְטִים אֲשֶׁר יִהְיוּ בַּיָּמִים
יח הָהֵם׃ וְדָרְשׁוּ הַשֹּׁפְטִים הֵיטֵב וְהִנֵּה עֵד־שֶׁקֶר הָעֵד שֶׁקֶר עָנָה
יט בְאָחִיו׃ וַעֲשִׂיתֶם לוֹ כַּאֲשֶׁר זָמַם לַעֲשׂוֹת לְאָחִיו וּבִעַרְתָּ הָרָע
כ מִקִּרְבֶּךָ׃ וְהַנִּשְׁאָרִים יִשְׁמְעוּ וְיִרָאוּ וְלֹא־יֹסִפוּ לַעֲשׂוֹת עוֹד כַּדָּבָר

כא הרע הזה בקרבך: ולא תחוס עינך נפש בנפש עין בעין שן
כ א בשן יד ביד רגל ברגל: כי־תצא למלחמה על־
איבך וראית סוס ורכב עם רב ממך לא תירא מהם כי־יהוה
ב אלהיך עמך המעלך מארץ מצרים: והיה כקרבכם אל־
ג המלחמה ונגש הכהן ודבר אל־העם: ואמר אלהם שמע
ישראל אתם קרבים היום למלחמה על־איביכם אל־ירך
ד לבבכם אל־תיראו ואל־תחפזו ואל־תערצו מפניהם: כי יהוה
אלהיכם ההלך עמכם להלחם לכם עם־איביכם להושיע
ה אתכם: ודברו השטרים אל־העם לאמר מי־האיש אשר בנה
בית־חדש ולא חנכו ילך וישב לביתו פן־ימות במלחמה
ו ואיש אחר יחנכנו: ומי־האיש אשר נטע כרם ולא חללו ילך
ז וישב לביתו פן־ימות במלחמה ואיש אחר יחללנו: ומי־
האיש אשר ארש אשה ולא לקחה ילך וישב לביתו פן־ימות
ח במלחמה ואיש אחר יקחנה: ויספו השטרים לדבר אל־העם
ואמרו מי־האיש הירא ורך הלבב ילך וישב לביתו ולא ימס
ט את־לבב אחיו כלבבו: והיה ככלת השטרים לדבר אל־העם
י ופקדו שרי צבאות בראש העם: כי־תקרב אל־ טז שביעי
יא עיר להלחם עליה וקראת אליה לשלום: והיה אם־שלום
תענך ופתחה לך והיה כל־העם הנמצא־בה יהיו לך למס
יב ועבדוך: ואם־לא תשלים עמך ועשתה עמך מלחמה וצרת
יג עליה: ונתנה יהוה אלהיך בידך והכית את־כל־זכורה לפי־
יד חרב: רק הנשים והטף והבהמה וכל אשר יהיה בעיר כל־
שללה תבז לך ואכלת את־שלל איביך אשר נתן יהוה אלהיך
טו לך: כן תעשה לכל־הערים הרחקת ממך מאד אשר לא־מערי
טז הגוים־האלה הנה: רק מערי העמים האלה אשר יהוה אלהיך
יז נתן לך נחלה לא תחיה כל־נשמה: כי־החרם תחרימם החתי
והאמרי הכנעני והפרזי החוי והיבוסי כאשר צוך יהוה אלהיך:

יח לְמַעַן אֲשֶׁר לֹא־יְלַמְּדוּ אֶתְכֶם לַעֲשׂוֹת כְּכֹל תּוֹעֲבֹתָם אֲשֶׁר
יט עָשׂוּ לֵאלֹהֵיהֶם וַחֲטָאתֶם לַיהוָה אֱלֹהֵיכֶם׃ כִּי־
תָצוּר אֶל־עִיר יָמִים רַבִּים לְהִלָּחֵם עָלֶיהָ לְתָפְשָׂהּ לֹא־תַשְׁחִית
אֶת־עֵצָהּ לִנְדֹּחַ עָלָיו גַּרְזֶן כִּי מִמֶּנּוּ תֹאכֵל וְאֹתוֹ לֹא תִכְרֹת כִּי
כ הָאָדָם עֵץ הַשָּׂדֶה לָבֹא מִפָּנֶיךָ בַּמָּצוֹר׃ רַק עֵץ אֲשֶׁר־תֵּדַע כִּי־לֹא־
עֵץ מַאֲכָל הוּא אֹתוֹ תַשְׁחִית וְכָרָתָּ וּבָנִיתָ מָצוֹר עַל־הָעִיר
אֲשֶׁר־הִוא עֹשָׂה עִמְּךָ מִלְחָמָה עַד רִדְתָּהּ׃
כא א כִּי־יִמָּצֵא חָלָל בָּאֲדָמָה אֲשֶׁר יְהוָה אֱלֹהֶיךָ נֹתֵן לְךָ לְרִשְׁתָּהּ נֹפֵל
ב בַּשָּׂדֶה לֹא נוֹדַע מִי הִכָּהוּ׃ וְיָצְאוּ זְקֵנֶיךָ וְשֹׁפְטֶיךָ וּמָדְדוּ אֶל־
ג הֶעָרִים אֲשֶׁר סְבִיבֹת הֶחָלָל׃ וְהָיָה הָעִיר הַקְּרֹבָה אֶל־הֶחָלָל
וְלָקְחוּ זִקְנֵי הָעִיר הַהִוא עֶגְלַת בָּקָר אֲשֶׁר לֹא־עֻבַּד בָּהּ אֲשֶׁר
ד לֹא־מָשְׁכָה בְּעֹל׃ וְהוֹרִדוּ זִקְנֵי הָעִיר הַהִוא אֶת־הָעֶגְלָה אֶל־
נַחַל אֵיתָן אֲשֶׁר לֹא־יֵעָבֵד בּוֹ וְלֹא יִזָּרֵעַ וְעָרְפוּ־שָׁם אֶת־הָעֶגְלָה
ה בַּנָּחַל׃ וְנִגְּשׁוּ הַכֹּהֲנִים בְּנֵי לֵוִי כִּי בָם בָּחַר יְהוָה אֱלֹהֶיךָ לְשָׁרְתוֹ
ו וּלְבָרֵךְ בְּשֵׁם יְהוָה וְעַל־פִּיהֶם יִהְיֶה כָּל־רִיב וְכָל־נָגַע׃ וְכֹל
זִקְנֵי הָעִיר הַהִוא הַקְּרֹבִים אֶל־הֶחָלָל יִרְחֲצוּ אֶת־יְדֵיהֶם עַל־
מפטיר
ז הָעֶגְלָה הָעֲרוּפָה בַנָּחַל׃ וְעָנוּ וְאָמְרוּ יָדֵינוּ לֹא שפכה אֶת־ שָׁפְכוּ
ח הַדָּם הַזֶּה וְעֵינֵינוּ לֹא רָאוּ׃ כַּפֵּר לְעַמְּךָ יִשְׂרָאֵל אֲשֶׁר־פָּדִיתָ
יְהוָה וְאַל־תִּתֵּן דָּם נָקִי בְּקֶרֶב עַמְּךָ יִשְׂרָאֵל וְנִכַּפֵּר לָהֶם
ט הַדָּם׃ וְאַתָּה תְּבַעֵר הַדָּם הַנָּקִי מִקִּרְבֶּךָ כִּי־תַעֲשֶׂה הַיָּשָׁר
י בְּעֵינֵי יְהוָה׃ כִּי־תֵצֵא לַמִּלְחָמָה עַל־אֹיְבֶיךָ כי תצא
יא וּנְתָנוֹ יְהוָה אֱלֹהֶיךָ בְּיָדֶךָ וְשָׁבִיתָ שִׁבְיוֹ׃ וְרָאִיתָ בַּשִּׁבְיָה אֵשֶׁת
יב יְפַת־תֹּאַר וְחָשַׁקְתָּ בָהּ וְלָקַחְתָּ לְךָ לְאִשָּׁה׃ וַהֲבֵאתָהּ אֶל־
יג תּוֹךְ בֵּיתֶךָ וְגִלְּחָה אֶת־רֹאשָׁהּ וְעָשְׂתָה אֶת־צִפָּרְנֶיהָ׃ וְהֵסִירָה
אֶת־שִׂמְלַת שִׁבְיָהּ מֵעָלֶיהָ וְיָשְׁבָה בְּבֵיתֶךָ וּבָכְתָה אֶת־אָבִיהָ
וְאֶת־אִמָּהּ יֶרַח יָמִים וְאַחַר כֵּן תָּבוֹא אֵלֶיהָ וּבְעַלְתָּהּ וְהָיְתָה
יד לְךָ לְאִשָּׁה׃ וְהָיָה אִם־לֹא חָפַצְתָּ בָּהּ וְשִׁלַּחְתָּהּ לְנַפְשָׁהּ

וּמָכֹר לֹא־תִמְכְּרֶנָּה בַּכָּסֶף לֹא־תִתְעַמֵּר בָּהּ תַּחַת אֲשֶׁר
טו עִנִּיתָהּ׃ כִּי־תִהְיֶיןָ לְאִישׁ שְׁתֵּי נָשִׁים הָאַחַת
אֲהוּבָה וְהָאַחַת שְׂנוּאָה וְיָלְדוּ־לוֹ בָנִים הָאֲהוּבָה וְהַשְּׂנוּאָה
טז וְהָיָה הַבֵּן הַבְּכֹר לַשְּׂנִיאָה׃ וְהָיָה בְּיוֹם הַנְחִילוֹ אֶת־בָּנָיו אֵת
אֲשֶׁר־יִהְיֶה לוֹ לֹא יוּכַל לְבַכֵּר אֶת־בֶּן־הָאֲהוּבָה עַל־פְּנֵי בֶן־
יז הַשְּׂנוּאָה הַבְּכֹר׃ כִּי אֶת־הַבְּכֹר בֶּן־הַשְּׂנוּאָה יַכִּיר לָתֶת לוֹ
פִּי שְׁנַיִם בְּכֹל אֲשֶׁר־יִמָּצֵא לוֹ כִּי־הוּא רֵאשִׁית אֹנוֹ לוֹ מִשְׁפַּט
יח הַבְּכֹרָה׃ כִּי־יִהְיֶה לְאִישׁ בֵּן סוֹרֵר וּמוֹרֶה אֵינֶנּוּ
שֹׁמֵעַ בְּקוֹל אָבִיו וּבְקוֹל אִמּוֹ וְיִסְּרוּ אֹתוֹ וְלֹא יִשְׁמַע אֲלֵיהֶם׃
יט וְתָפְשׂוּ בוֹ אָבִיו וְאִמּוֹ וְהוֹצִיאוּ אֹתוֹ אֶל־זִקְנֵי עִירוֹ וְאֶל־שַׁעַר
כ מְקֹמוֹ׃ וְאָמְרוּ אֶל־זִקְנֵי עִירוֹ בְּנֵנוּ זֶה סוֹרֵר וּמֹרֶה אֵינֶנּוּ שֹׁמֵעַ
כא בְּקֹלֵנוּ זוֹלֵל וְסֹבֵא׃ וּרְגָמֻהוּ כָּל־אַנְשֵׁי עִירוֹ בָאֲבָנִים וָמֵת וּבִעַרְתָּ
כב הָרָע מִקִּרְבֶּךָ וְכָל־יִשְׂרָאֵל יִשְׁמְעוּ וְיִרָאוּ׃ וְכִי־ שני
יִהְיֶה בְאִישׁ חֵטְא מִשְׁפַּט־מָוֶת וְהוּמָת וְתָלִיתָ אֹתוֹ עַל־עֵץ׃
כג לֹא־תָלִין נִבְלָתוֹ עַל־הָעֵץ כִּי־קָבוֹר תִּקְבְּרֶנּוּ בַּיּוֹם הַהוּא כִּי־
קִלְלַת אֱלֹהִים תָּלוּי וְלֹא תְטַמֵּא אֶת־אַדְמָתְךָ אֲשֶׁר יְהוָה אֱלֹהֶיךָ
כב א נֹתֵן לְךָ נַחֲלָה׃ לֹא־תִרְאֶה אֶת־שׁוֹר אָחִיךָ אוֹ
ב אֶת־שֵׂיוֹ נִדָּחִים וְהִתְעַלַּמְתָּ מֵהֶם הָשֵׁב תְּשִׁיבֵם לְאָחִיךָ׃ וְאִם־
לֹא קָרוֹב אָחִיךָ אֵלֶיךָ וְלֹא יְדַעְתּוֹ וַאֲסַפְתּוֹ אֶל־תּוֹךְ בֵּיתֶךָ וְהָיָה
ג עִמְּךָ עַד דְּרֹשׁ אָחִיךָ אֹתוֹ וַהֲשֵׁבֹתוֹ לוֹ׃ וְכֵן תַּעֲשֶׂה לַחֲמֹרוֹ וְכֵן
תַּעֲשֶׂה לְשִׂמְלָתוֹ וְכֵן תַּעֲשֶׂה לְכָל־אֲבֵדַת אָחִיךָ אֲשֶׁר־תֹּאבַד
ד מִמֶּנּוּ וּמְצָאתָהּ לֹא תוּכַל לְהִתְעַלֵּם׃ לֹא־תִרְאֶה
אֶת־חֲמוֹר אָחִיךָ אוֹ שׁוֹרוֹ נֹפְלִים בַּדֶּרֶךְ וְהִתְעַלַּמְתָּ מֵהֶם הָקֵם
ה תָּקִים עִמּוֹ׃ לֹא־יִהְיֶה כְלִי־גֶבֶר עַל־אִשָּׁה וְלֹא־
יִלְבַּשׁ גֶּבֶר שִׂמְלַת אִשָּׁה כִּי תוֹעֲבַת יְהוָה אֱלֹהֶיךָ כָּל־עֹשֵׂה
אֵלֶּה׃
ו כִּי יִקָּרֵא קַן־צִפּוֹר ׀ לְפָנֶיךָ בַּדֶּרֶךְ בְּכָל־עֵץ ׀ אוֹ עַל־הָאָרֶץ יז

אֶפְרֹחִים אוֹ בֵיצִים וְהָאֵם רֹבֶצֶת עַל־הָאֶפְרֹחִים אוֹ עַל־הַבֵּיצִים
ז לֹא־תִקַּח הָאֵם עַל־הַבָּנִים׃ שַׁלֵּחַ תְּשַׁלַּח אֶת־הָאֵם וְאֶת־הַבָּנִים
ח תִּקַּח־לָךְ לְמַעַן יִיטַב לָךְ וְהַאֲרַכְתָּ יָמִים׃ כִּי שלישי
תִבְנֶה בַּיִת חָדָשׁ וְעָשִׂיתָ מַעֲקֶה לְגַגֶּךָ וְלֹא־תָשִׂים דָּמִים בְּבֵיתֶךָ
ט כִּי־יִפֹּל הַנֹּפֵל מִמֶּנּוּ׃ לֹא־תִזְרַע כַּרְמְךָ כִּלְאָיִם פֶּן־תִּקְדַּשׁ
י הַמְלֵאָה הַזֶּרַע אֲשֶׁר תִּזְרָע וּתְבוּאַת הַכָּרֶם׃ לֹא־
יא תַחֲרֹשׁ בְּשׁוֹר־וּבַחֲמֹר יַחְדָּו׃ לֹא תִלְבַּשׁ שַׁעַטְנֵז צֶמֶר וּפִשְׁתִּים
יב יַחְדָּו׃ גְּדִלִים תַּעֲשֶׂה־לָּךְ עַל־אַרְבַּע כַּנְפוֹת
יג כְּסוּתְךָ אֲשֶׁר תְּכַסֶּה־בָּהּ׃ כִּי־יִקַּח אִישׁ אִשָּׁה
יד וּבָא אֵלֶיהָ וּשְׂנֵאָהּ׃ וְשָׂם לָהּ עֲלִילֹת דְּבָרִים וְהוֹצִא עָלֶיהָ
שֵׁם רָע וְאָמַר אֶת־הָאִשָּׁה הַזֹּאת לָקַחְתִּי וָאֶקְרַב אֵלֶיהָ וְלֹא־
טו מָצָאתִי לָהּ בְּתוּלִים׃ וְלָקַח אֲבִי הַנַּעֲרָ וְאִמָּהּ וְהוֹצִיאוּ אֶת־
טז בְּתוּלֵי הַנַּעֲרָ אֶל־זִקְנֵי הָעִיר הַשָּׁעְרָה׃ וְאָמַר אֲבִי הַנַּעֲרָ אֶל־
יז הַזְּקֵנִים אֶת־בִּתִּי נָתַתִּי לָאִישׁ הַזֶּה לְאִשָּׁה וַיִּשְׂנָאֶהָ׃ וְהִנֵּה־הוּא
שָׂם עֲלִילֹת דְּבָרִים לֵאמֹר לֹא־מָצָאתִי לְבִתְּךָ בְּתוּלִים וְאֵלֶּה
יח בְּתוּלֵי בִתִּי וּפָרְשׂוּ הַשִּׂמְלָה לִפְנֵי זִקְנֵי הָעִיר׃ וְלָקְחוּ זִקְנֵי הָעִיר־
יט הַהִוא אֶת־הָאִישׁ וְיִסְּרוּ אֹתוֹ׃ וְעָנְשׁוּ אֹתוֹ מֵאָה כֶסֶף וְנָתְנוּ
לַאֲבִי הַנַּעֲרָה כִּי הוֹצִיא שֵׁם רָע עַל בְּתוּלַת יִשְׂרָאֵל וְלוֹ־תִהְיֶה
כ לְאִשָּׁה לֹא־יוּכַל לְשַׁלְּחָהּ כָּל־יָמָיו׃ וְאִם־אֱמֶת הָיָה
כא הַדָּבָר הַזֶּה לֹא־נִמְצְאוּ בְתוּלִים לַנַּעֲרָ׃ וְהוֹצִיאוּ אֶת־הַנַּעֲרָ
אֶל־פֶּתַח בֵּית־אָבִיהָ וּסְקָלוּהָ אַנְשֵׁי עִירָהּ בָּאֲבָנִים וָמֵתָה
כִּי־עָשְׂתָה נְבָלָה בְּיִשְׂרָאֵל לִזְנוֹת בֵּית אָבִיהָ וּבִעַרְתָּ הָרָע
כב מִקִּרְבֶּךָ׃ כִּי־יִמָּצֵא אִישׁ שֹׁכֵב ׀ עִם־אִשָּׁה בְעֻלַת־
בַּעַל וּמֵתוּ גַּם־שְׁנֵיהֶם הָאִישׁ הַשֹּׁכֵב עִם־הָאִשָּׁה וְהָאִשָּׁה וּבִעַרְתָּ
כג הָרָע מִיִּשְׂרָאֵל׃ כִּי יִהְיֶה נַעֲרָ בְתוּלָה מְאֹרָשָׂה
כד לְאִישׁ וּמְצָאָהּ אִישׁ בָּעִיר וְשָׁכַב עִמָּהּ׃ וְהוֹצֵאתֶם אֶת־שְׁנֵיהֶם אֶל־
שַׁעַר ׀ הָעִיר הַהִוא וּסְקַלְתֶּם אֹתָם בָּאֲבָנִים וָמֵתוּ אֶת־הַנַּעֲרָ עַל־

דְּבַר אֲשֶׁר לֹא־צָעֲקָה בָעִיר וְאֶת־הָאִישׁ עַל־דְּבַר אֲשֶׁר־עִנָּה אֶת־
כה אֵשֶׁת רֵעֵהוּ וּבִעַרְתָּ הָרָע מִקִּרְבֶּךָ׃ וְאִם־בַּשָּׂדֶה
יִמְצָא הָאִישׁ אֶת־הַנַּעֲרָ הַמְאֹרָשָׂה וְהֶחֱזִיק־בָּהּ הָאִישׁ וְשָׁכַב
כו עִמָּהּ וּמֵת הָאִישׁ אֲשֶׁר־שָׁכַב עִמָּהּ לְבַדּוֹ׃ וְלַנַּעֲרָ לֹא־תַעֲשֶׂה
דָבָר אֵין לַנַּעֲרָ חֵטְא מָוֶת כִּי כַּאֲשֶׁר יָקוּם אִישׁ עַל־רֵעֵהוּ וּרְצָחוֹ
כז נֶפֶשׁ כֵּן הַדָּבָר הַזֶּה׃ כִּי בַשָּׂדֶה מְצָאָהּ צָעֲקָה הַנַּעֲרָ הַמְאֹרָשָׂה
כח וְאֵין מוֹשִׁיעַ לָהּ׃ כִּי־יִמְצָא אִישׁ נַעֲרָ בְתוּלָה
כט אֲשֶׁר לֹא־אֹרָשָׂה וּתְפָשָׂהּ וְשָׁכַב עִמָּהּ וְנִמְצָאוּ׃ וְנָתַן הָאִישׁ
הַשֹּׁכֵב עִמָּהּ לַאֲבִי הַנַּעֲרָ חֲמִשִּׁים כָּסֶף וְלוֹ־תִהְיֶה לְאִשָּׁה תַּחַת
כג א אֲשֶׁר עִנָּהּ לֹא־יוּכַל שַׁלְּחָהּ כָּל־יָמָיו׃ לֹא־יִקַּח
ב אִישׁ אֶת־אֵשֶׁת אָבִיו וְלֹא יְגַלֶּה כְּנַף אָבִיו׃ לֹא־
ג יָבֹא פְצוּעַ־דַּכָּה וּכְרוּת שָׁפְכָה בִּקְהַל יְהוָה׃ לֹא־
יָבֹא מַמְזֵר בִּקְהַל יְהוָה גַּם דּוֹר עֲשִׂירִי לֹא־יָבֹא לוֹ בִּקְהַל
ד יְהוָה׃ לֹא־יָבֹא עַמּוֹנִי וּמוֹאָבִי בִּקְהַל יְהוָה גַּם
ה דּוֹר עֲשִׂירִי לֹא־יָבֹא לָהֶם בִּקְהַל יְהוָה עַד־עוֹלָם׃ עַל־דְּבַר אֲשֶׁר
לֹא־קִדְּמוּ אֶתְכֶם בַּלֶּחֶם וּבַמַּיִם בַּדֶּרֶךְ בְּצֵאתְכֶם מִמִּצְרָיִם
וַאֲשֶׁר שָׂכַר עָלֶיךָ אֶת־בִּלְעָם בֶּן־בְּעוֹר מִפְּתוֹר אֲרַם נַהֲרַיִם
ו לְקַלְלֶךָּ׃ וְלֹא־אָבָה יְהוָה אֱלֹהֶיךָ לִשְׁמֹעַ אֶל־בִּלְעָם וַיַּהֲפֹךְ יְהוָה
ז אֱלֹהֶיךָ לְּךָ אֶת־הַקְּלָלָה לִבְרָכָה כִּי אֲהֵבְךָ יְהוָה אֱלֹהֶיךָ׃ לֹא־
ח תִדְרֹשׁ שְׁלֹמָם וְטֹבָתָם כָּל־יָמֶיךָ לְעוֹלָם׃ לֹא־ רביעי
תְתַעֵב אֲדֹמִי כִּי אָחִיךָ הוּא לֹא־תְתַעֵב מִצְרִי כִּי־גֵר הָיִיתָ
ט בְאַרְצוֹ׃ בָּנִים אֲשֶׁר־יִוָּלְדוּ לָהֶם דּוֹר שְׁלִישִׁי יָבֹא לָהֶם בִּקְהַל
י יְהוָה׃ כִּי־תֵצֵא מַחֲנֶה עַל־אֹיְבֶיךָ וְנִשְׁמַרְתָּ יח
יא מִכֹּל דָּבָר רָע׃ כִּי־יִהְיֶה בְךָ אִישׁ אֲשֶׁר לֹא־יִהְיֶה טָהוֹר מִקְּרֵה־
יב לָיְלָה וְיָצָא אֶל־מִחוּץ לַמַּחֲנֶה לֹא יָבֹא אֶל־תּוֹךְ הַמַּחֲנֶה׃ וְהָיָה
לִפְנוֹת־עֶרֶב יִרְחַץ בַּמָּיִם וּכְבֹא הַשֶּׁמֶשׁ יָבֹא אֶל־תּוֹךְ הַמַּחֲנֶה׃
יג יד וְיָד תִּהְיֶה לְךָ מִחוּץ לַמַּחֲנֶה וְיָצָאתָ שָׁמָּה חוּץ׃ וְיָתֵד תִּהְיֶה לְךָ

עַל־אֲזֵנֶךָ וְהָיָה בְּשִׁבְתְּךָ חוּץ וְחָפַרְתָּה בָהּ וְשַׁבְתָּ וְכִסִּיתָ אֶת־
טו צֵאָתֶךָ׃ כִּי יְהוָה אֱלֹהֶיךָ מִתְהַלֵּךְ ׀ בְּקֶרֶב מַחֲנֶךָ לְהַצִּילְךָ וְלָתֵת
אֹיְבֶיךָ לְפָנֶיךָ וְהָיָה מַחֲנֶיךָ קָדוֹשׁ וְלֹא־יִרְאֶה בְךָ עֶרְוַת דָּבָר
טז וְשָׁב מֵאַחֲרֶיךָ׃ לֹא־תַסְגִּיר עֶבֶד אֶל־אֲדֹנָיו אֲשֶׁר־
יז יִנָּצֵל אֵלֶיךָ מֵעִם אֲדֹנָיו׃ עִמְּךָ יֵשֵׁב בְּקִרְבְּךָ בַּמָּקוֹם אֲשֶׁר־יִבְחַר
יח בְּאַחַד שְׁעָרֶיךָ בַּטּוֹב לוֹ לֹא תּוֹנֶנּוּ׃ לֹא־תִהְיֶה
יט קְדֵשָׁה מִבְּנוֹת יִשְׂרָאֵל וְלֹא־יִהְיֶה קָדֵשׁ מִבְּנֵי יִשְׂרָאֵל׃ לֹא־תָבִיא
אֶתְנַן זוֹנָה וּמְחִיר כֶּלֶב בֵּית יְהוָה אֱלֹהֶיךָ לְכָל־נֶדֶר כִּי תוֹעֲבַת
כ יְהוָה אֱלֹהֶיךָ גַּם־שְׁנֵיהֶם׃ לֹא־תַשִּׁיךְ לְאָחִיךָ נֶשֶׁךְ
כא כֶּסֶף נֶשֶׁךְ אֹכֶל נֶשֶׁךְ כָּל־דָּבָר אֲשֶׁר יִשָּׁךְ׃ לַנָּכְרִי תַשִּׁיךְ וּלְאָחִיךָ
לֹא תַשִּׁיךְ לְמַעַן יְבָרֶכְךָ יְהוָה אֱלֹהֶיךָ בְּכֹל מִשְׁלַח יָדֶךָ עַל־הָאָרֶץ
כב אֲשֶׁר־אַתָּה בָא־שָׁמָּה לְרִשְׁתָּהּ׃ כִּי־תִדֹּר נֶדֶר יט
לַיהוָה אֱלֹהֶיךָ לֹא תְאַחֵר לְשַׁלְּמוֹ כִּי־דָרֹשׁ יִדְרְשֶׁנּוּ יְהוָה אֱלֹהֶיךָ
כג מֵעִמָּךְ וְהָיָה בְךָ חֵטְא׃ וְכִי תֶחְדַּל לִנְדֹּר לֹא־יִהְיֶה בְךָ חֵטְא׃
כד מוֹצָא שְׂפָתֶיךָ תִּשְׁמֹר וְעָשִׂיתָ כַּאֲשֶׁר נָדַרְתָּ לַיהוָה אֱלֹהֶיךָ נְדָבָה
כה אֲשֶׁר דִּבַּרְתָּ בְּפִיךָ׃ כִּי תָבֹא בְּכֶרֶם רֵעֶךָ וְאָכַלְתָּ חמישי
כו עֲנָבִים כְּנַפְשְׁךָ שָׂבְעֶךָ וְאֶל־כֶּלְיְךָ לֹא תִתֵּן׃ כִּי
תָבֹא בְּקָמַת רֵעֶךָ וְקָטַפְתָּ מְלִילֹת בְּיָדֶךָ וְחֶרְמֵשׁ לֹא תָנִיף עַל
כד א קָמַת רֵעֶךָ׃ כִּי־יִקַּח אִישׁ אִשָּׁה וּבְעָלָהּ וְהָיָה אִם־לֹא
תִמְצָא־חֵן בְּעֵינָיו כִּי־מָצָא בָהּ עֶרְוַת דָּבָר וְכָתַב לָהּ סֵפֶר כְּרִיתֻת
ב וְנָתַן בְּיָדָהּ וְשִׁלְּחָהּ מִבֵּיתוֹ׃ וְיָצְאָה מִבֵּיתוֹ וְהָלְכָה וְהָיְתָה
ג לְאִישׁ־אַחֵר׃ וּשְׂנֵאָהּ הָאִישׁ הָאַחֲרוֹן וְכָתַב לָהּ סֵפֶר כְּרִיתֻת
וְנָתַן בְּיָדָהּ וְשִׁלְּחָהּ מִבֵּיתוֹ אוֹ כִי יָמוּת הָאִישׁ הָאַחֲרוֹן אֲשֶׁר־
ד לְקָחָהּ לוֹ לְאִשָּׁה׃ לֹא־יוּכַל בַּעְלָהּ הָרִאשׁוֹן אֲשֶׁר־שִׁלְּחָהּ לָשׁוּב
לְקַחְתָּהּ לִהְיוֹת לוֹ לְאִשָּׁה אַחֲרֵי אֲשֶׁר הֻטַּמָּאָה כִּי־תוֹעֵבָה
הִוא לִפְנֵי יְהוָה וְלֹא תַחֲטִיא אֶת־הָאָרֶץ אֲשֶׁר יְהוָה אֱלֹהֶיךָ נֹתֵן
ה לְךָ נַחֲלָה׃ כִּי־יִקַּח אִישׁ אִשָּׁה חֲדָשָׁה לֹא יֵצֵא ששי

בַּצָּבָא וְלֹא־יַעֲבֹר עָלָיו לְכָל־דָּבָר נָקִי יִהְיֶה לְבֵיתוֹ שָׁנָה אֶחָת
ו וְשִׂמַּח אֶת־אִשְׁתּוֹ אֲשֶׁר־לָקָח: לֹא־יַחֲבֹל רֵחַיִם וָרָכֶב כִּי־נֶפֶשׁ
ז הוּא חֹבֵל: כִּי־יִמָּצֵא אִישׁ גֹּנֵב נֶפֶשׁ מֵאֶחָיו מִבְּנֵי
יִשְׂרָאֵל וְהִתְעַמֶּר־בּוֹ וּמְכָרוֹ וּמֵת הַגַּנָּב הַהוּא וּבִעַרְתָּ הָרָע
ח מִקִּרְבֶּךָ: הִשָּׁמֶר בְּנֶגַע־הַצָּרַעַת לִשְׁמֹר מְאֹד
וְלַעֲשׂוֹת כְּכֹל אֲשֶׁר־יוֹרוּ אֶתְכֶם הַכֹּהֲנִים הַלְוִיִּם כַּאֲשֶׁר צִוִּיתִם
ט תִּשְׁמְרוּ לַעֲשׂוֹת: זָכוֹר אֵת אֲשֶׁר־עָשָׂה יְהוָה אֱלֹהֶיךָ לְמִרְיָם
י בַּדֶּרֶךְ בְּצֵאתְכֶם מִמִּצְרָיִם: כִּי־תַשֶּׁה בְרֵעֲךָ
יא מַשַּׁאת מְאוּמָה לֹא־תָבֹא אֶל־בֵּיתוֹ לַעֲבֹט עֲבֹטוֹ: בַּחוּץ
תַּעֲמֹד וְהָאִישׁ אֲשֶׁר אַתָּה נֹשֶׁה בוֹ יוֹצִיא אֵלֶיךָ אֶת־הַעֲבוֹט
יב יג הַחוּצָה: וְאִם־אִישׁ עָנִי הוּא לֹא תִשְׁכַּב בַּעֲבֹטוֹ: הָשֵׁב תָּשִׁיב
לוֹ אֶת־הַעֲבוֹט כְּבוֹא הַשֶּׁמֶשׁ וְשָׁכַב בְּשַׂלְמָתוֹ וּבֵרְכֶךָּ וּלְךָ
יד תִּהְיֶה צְדָקָה לִפְנֵי יְהוָה אֱלֹהֶיךָ: לֹא־תַעֲשֹׁק שביעי
שָׂכִיר עָנִי וְאֶבְיוֹן מֵאַחֶיךָ אוֹ מִגֵּרְךָ אֲשֶׁר בְּאַרְצְךָ בִּשְׁעָרֶיךָ:
טו בְּיוֹמוֹ תִתֵּן שְׂכָרוֹ וְלֹא־תָבוֹא עָלָיו הַשֶּׁמֶשׁ כִּי עָנִי הוּא וְאֵלָיו
הוּא נֹשֵׂא אֶת־נַפְשׁוֹ וְלֹא־יִקְרָא עָלֶיךָ אֶל־יְהוָה וְהָיָה בְךָ
טז חֵטְא: לֹא־יוּמְתוּ אָבוֹת עַל־בָּנִים וּבָנִים לֹא־
יז יוּמְתוּ עַל־אָבוֹת אִישׁ בְּחֶטְאוֹ יוּמָתוּ: לֹא תַטֶּה
יח מִשְׁפַּט גֵּר יָתוֹם וְלֹא תַחֲבֹל בֶּגֶד אַלְמָנָה: וְזָכַרְתָּ כִּי עֶבֶד הָיִיתָ
בְּמִצְרַיִם וַיִּפְדְּךָ יְהוָה אֱלֹהֶיךָ מִשָּׁם עַל־כֵּן אָנֹכִי מְצַוְּךָ לַעֲשׂוֹת
יט אֶת־הַדָּבָר הַזֶּה: כִּי תִקְצֹר קְצִירְךָ בְשָׂדֶךָ וְשָׁכַחְתָּ כ
עֹמֶר בַּשָּׂדֶה לֹא תָשׁוּב לְקַחְתּוֹ לַגֵּר לַיָּתוֹם וְלָאַלְמָנָה יִהְיֶה
כ לְמַעַן יְבָרֶכְךָ יְהוָה אֱלֹהֶיךָ בְּכֹל מַעֲשֵׂה יָדֶיךָ: כִּי
תַחְבֹּט זֵיתְךָ לֹא תְפָאֵר אַחֲרֶיךָ לַגֵּר לַיָּתוֹם וְלָאַלְמָנָה יִהְיֶה:
כא כִּי תִבְצֹר כַּרְמְךָ לֹא תְעוֹלֵל אַחֲרֶיךָ לַגֵּר לַיָּתוֹם וְלָאַלְמָנָה יִהְיֶה:
כב וְזָכַרְתָּ כִּי־עֶבֶד הָיִיתָ בְּאֶרֶץ מִצְרָיִם עַל־כֵּן אָנֹכִי מְצַוְּךָ לַעֲשׂוֹת
כה א אֶת־הַדָּבָר הַזֶּה: כִּי־יִהְיֶה רִיב בֵּין אֲנָשִׁים וְנִגְּשׁוּ

אֶל־הַמִּשְׁפָּט וּשְׁפָטוּם וְהִצְדִּיקוּ אֶת־הַצַּדִּיק וְהִרְשִׁיעוּ אֶת־
הָרָשָׁע׃ וְהָיָה אִם־בִּן הַכּוֹת הָרָשָׁע וְהִפִּילוֹ הַשֹּׁפֵט וְהִכָּהוּ ב
לְפָנָיו כְּדֵי רִשְׁעָתוֹ בְּמִסְפָּר׃ אַרְבָּעִים יַכֶּנּוּ לֹא יֹסִיף פֶּן־יֹסִיף ג
לְהַכֹּתוֹ עַל־אֵלֶּה מַכָּה רַבָּה וְנִקְלָה אָחִיךָ לְעֵינֶיךָ׃ לֹא־תַחְסֹם ד
שׁוֹר בְּדִישׁוֹ׃ כִּי־יֵשְׁבוּ אַחִים יַחְדָּו וּמֵת אַחַד ה
מֵהֶם וּבֵן אֵין־לוֹ לֹא־תִהְיֶה אֵשֶׁת־הַמֵּת הַחוּצָה לְאִישׁ זָר יְבָמָהּ
יָבֹא עָלֶיהָ וּלְקָחָהּ לוֹ לְאִשָּׁה וְיִבְּמָהּ׃ וְהָיָה הַבְּכוֹר אֲשֶׁר תֵּלֵד ו
יָקוּם עַל־שֵׁם אָחִיו הַמֵּת וְלֹא־יִמָּחֶה שְׁמוֹ מִיִּשְׂרָאֵל׃ וְאִם־ ז
לֹא יַחְפֹּץ הָאִישׁ לָקַחַת אֶת־יְבִמְתּוֹ וְעָלְתָה יְבִמְתּוֹ הַשַּׁעְרָה
אֶל־הַזְּקֵנִים וְאָמְרָה מֵאֵן יְבָמִי לְהָקִים לְאָחִיו שֵׁם בְּיִשְׂרָאֵל
לֹא אָבָה יַבְּמִי׃ וְקָרְאוּ־לוֹ זִקְנֵי־עִירוֹ וְדִבְּרוּ אֵלָיו וְעָמַד וְאָמַר ח
לֹא חָפַצְתִּי לְקַחְתָּהּ׃ וְנִגְּשָׁה יְבִמְתּוֹ אֵלָיו לְעֵינֵי הַזְּקֵנִים וְחָלְצָה ט
נַעֲלוֹ מֵעַל רַגְלוֹ וְיָרְקָה בְּפָנָיו וְעָנְתָה וְאָמְרָה כָּכָה יֵעָשֶׂה לָאִישׁ
אֲשֶׁר לֹא־יִבְנֶה אֶת־בֵּית אָחִיו׃ וְנִקְרָא שְׁמוֹ בְּיִשְׂרָאֵל בֵּית חֲלוּץ י
הַנָּעַל׃ כִּי־יִנָּצוּ אֲנָשִׁים יַחְדָּו אִישׁ וְאָחִיו וְקָרְבָה יא
אֵשֶׁת הָאֶחָד לְהַצִּיל אֶת־אִישָׁהּ מִיַּד מַכֵּהוּ וְשָׁלְחָה יָדָהּ וְהֶחֱזִיקָה
בִּמְבֻשָׁיו׃ וְקַצֹּתָה אֶת־כַּפָּהּ לֹא תָחוֹס עֵינֶךָ׃ לֹא־ יב יג
יִהְיֶה לְךָ בְּכִיסְךָ אֶבֶן וָאָבֶן גְּדוֹלָה וּקְטַנָּה׃ לֹא־יִהְיֶה לְךָ בְּבֵיתְךָ יד
אֵיפָה וְאֵיפָה גְּדוֹלָה וּקְטַנָּה׃ אֶבֶן שְׁלֵמָה וָצֶדֶק יִהְיֶה־לָּךְ אֵיפָה טו
שְׁלֵמָה וָצֶדֶק יִהְיֶה־לָּךְ לְמַעַן יַאֲרִיכוּ יָמֶיךָ עַל הָאֲדָמָה אֲשֶׁר־
יְהוָה אֱלֹהֶיךָ נֹתֵן לָךְ׃ כִּי תוֹעֲבַת יְהוָה אֱלֹהֶיךָ כָּל־עֹשֵׂה אֵלֶּה טז
כֹּל עֹשֵׂה עָוֶל׃

מפטיר זָכוֹר אֵת אֲשֶׁר־עָשָׂה לְךָ עֲמָלֵק בַּדֶּרֶךְ בְּצֵאתְכֶם מִמִּצְרָיִם׃ אֲשֶׁר יז יח
קָרְךָ בַּדֶּרֶךְ וַיְזַנֵּב בְּךָ כָּל־הַנֶּחֱשָׁלִים אַחֲרֶיךָ וְאַתָּה עָיֵף וְיָגֵעַ וְלֹא
יָרֵא אֱלֹהִים׃ וְהָיָה בְּהָנִיחַ יְהוָה אֱלֹהֶיךָ לְךָ מִכָּל־אֹיְבֶיךָ מִסָּבִיב יט
בָּאָרֶץ אֲשֶׁר־יְהוָה אֱלֹהֶיךָ נֹתֵן לְךָ נַחֲלָה לְרִשְׁתָּהּ תִּמְחֶה אֶת־
זֵכֶר עֲמָלֵק מִתַּחַת הַשָּׁמָיִם לֹא תִּשְׁכָּח׃

א וְהָיָה כִּי־תָבוֹא אֶל־הָאָרֶץ אֲשֶׁר יְהוָה אֱלֹהֶיךָ נֹתֵן לְךָ נַחֲלָה כא
ב וִירִשְׁתָּהּ וְיָשַׁבְתָּ בָּהּ׃ וְלָקַחְתָּ מֵרֵאשִׁית ׀ כָּל־פְּרִי הָאֲדָמָה אֲשֶׁר
תָּבִיא מֵאַרְצְךָ אֲשֶׁר יְהוָה אֱלֹהֶיךָ נֹתֵן לָךְ וְשַׂמְתָּ בַטֶּנֶא וְהָלַכְתָּ
ג אֶל־הַמָּקוֹם אֲשֶׁר יִבְחַר יְהוָה אֱלֹהֶיךָ לְשַׁכֵּן שְׁמוֹ שָׁם׃ וּבָאתָ
אֶל־הַכֹּהֵן אֲשֶׁר יִהְיֶה בַּיָּמִים הָהֵם וְאָמַרְתָּ אֵלָיו הִגַּדְתִּי הַיּוֹם
לַיהוָה אֱלֹהֶיךָ כִּי־בָאתִי אֶל־הָאָרֶץ אֲשֶׁר נִשְׁבַּע יְהוָה לַאֲבֹתֵינוּ
ד לָתֶת לָנוּ׃ וְלָקַח הַכֹּהֵן הַטֶּנֶא מִיָּדֶךָ וְהִנִּיחוֹ לִפְנֵי מִזְבַּח יְהוָה
ה אֱלֹהֶיךָ׃ וְעָנִיתָ וְאָמַרְתָּ לִפְנֵי ׀ יְהוָה אֱלֹהֶיךָ אֲרַמִּי אֹבֵד אָבִי וַיֵּרֶד
מִצְרַיְמָה וַיָּגָר שָׁם בִּמְתֵי מְעָט וַיְהִי־שָׁם לְגוֹי גָּדוֹל עָצוּם וָרָב׃
ו ז וַיָּרֵעוּ אֹתָנוּ הַמִּצְרִים וַיְעַנּוּנוּ וַיִּתְּנוּ עָלֵינוּ עֲבֹדָה קָשָׁה׃ וַנִּצְעַק
אֶל־יְהוָה אֱלֹהֵי אֲבֹתֵינוּ וַיִּשְׁמַע יְהוָה אֶת־קֹלֵנוּ וַיַּרְא אֶת־
ח עָנְיֵנוּ וְאֶת־עֲמָלֵנוּ וְאֶת־לַחֲצֵנוּ׃ וַיּוֹצִאֵנוּ יְהוָה מִמִּצְרַיִם בְּיָד חֲזָקָה
ט וּבִזְרֹעַ נְטוּיָה וּבְמֹרָא גָּדֹל וּבְאֹתוֹת וּבְמֹפְתִים׃ וַיְבִאֵנוּ אֶל־
הַמָּקוֹם הַזֶּה וַיִּתֶּן־לָנוּ אֶת־הָאָרֶץ הַזֹּאת אֶרֶץ זָבַת חָלָב וּדְבָשׁ׃
י וְעַתָּה הִנֵּה הֵבֵאתִי אֶת־רֵאשִׁית פְּרִי הָאֲדָמָה אֲשֶׁר־נָתַתָּה לִּי
יְהוָה וְהִנַּחְתּוֹ לִפְנֵי יְהוָה אֱלֹהֶיךָ וְהִשְׁתַּחֲוִיתָ לִפְנֵי יְהוָה אֱלֹהֶיךָ׃
יא וְשָׂמַחְתָּ בְכָל־הַטּוֹב אֲשֶׁר נָתַן־לְךָ יְהוָה אֱלֹהֶיךָ וּלְבֵיתֶךָ אַתָּה
יב וְהַלֵּוִי וְהַגֵּר אֲשֶׁר בְּקִרְבֶּךָ׃ כִּי תְכַלֶּה לַעְשֵׂר אֶת־ שני
כָּל־מַעְשַׂר תְּבוּאָתְךָ בַּשָּׁנָה הַשְּׁלִישִׁת שְׁנַת הַמַּעֲשֵׂר וְנָתַתָּה
יג לַלֵּוִי לַגֵּר לַיָּתוֹם וְלָאַלְמָנָה וְאָכְלוּ בִשְׁעָרֶיךָ וְשָׂבֵעוּ׃ וְאָמַרְתָּ
לִפְנֵי יְהוָה אֱלֹהֶיךָ בִּעַרְתִּי הַקֹּדֶשׁ מִן־הַבַּיִת וְגַם נְתַתִּיו לַלֵּוִי
וְלַגֵּר לַיָּתוֹם וְלָאַלְמָנָה כְּכָל־מִצְוָתְךָ אֲשֶׁר צִוִּיתָנִי לֹא־עָבַרְתִּי
יד מִמִּצְוֺתֶיךָ וְלֹא שָׁכָחְתִּי׃ לֹא־אָכַלְתִּי בְאֹנִי מִמֶּנּוּ וְלֹא־בִעַרְתִּי
מִמֶּנּוּ בְּטָמֵא וְלֹא־נָתַתִּי מִמֶּנּוּ לְמֵת שָׁמַעְתִּי בְּקוֹל יְהוָה אֱלֹהָי
טו עָשִׂיתִי כְּכֹל אֲשֶׁר צִוִּיתָנִי׃ הַשְׁקִיפָה מִמְּעוֹן קָדְשְׁךָ מִן־הַשָּׁמַיִם
וּבָרֵךְ אֶת־עַמְּךָ אֶת־יִשְׂרָאֵל וְאֵת הָאֲדָמָה אֲשֶׁר נָתַתָּה לָנוּ כַּאֲשֶׁר
טז נִשְׁבַּעְתָּ לַאֲבֹתֵינוּ אֶרֶץ זָבַת חָלָב וּדְבָשׁ׃ הַיּוֹם שלישי

הַזֶּה יְהוָה אֱלֹהֶיךָ מְצַוְּךָ לַעֲשׂוֹת אֶת־הַחֻקִּים הָאֵלֶּה וְאֶת־
הַמִּשְׁפָּטִים וְשָׁמַרְתָּ וְעָשִׂיתָ אוֹתָם בְּכָל־לְבָבְךָ וּבְכָל־נַפְשֶׁךָ׃
אֶת־יְהוָה הֶאֱמַרְתָּ הַיּוֹם לִהְיוֹת לְךָ לֵאלֹהִים וְלָלֶכֶת בִּדְרָכָיו יז
וְלִשְׁמֹר חֻקָּיו וּמִצְוֺתָיו וּמִשְׁפָּטָיו וְלִשְׁמֹעַ בְּקֹלוֹ׃ וַיהוָה הֶאֱמִירְךָ יח
הַיּוֹם לִהְיוֹת לוֹ לְעַם סְגֻלָּה כַּאֲשֶׁר דִּבֶּר־לָךְ וְלִשְׁמֹר כָּל־מִצְוֺתָיו׃
וּלְתִתְּךָ עֶלְיוֹן עַל כָּל־הַגּוֹיִם אֲשֶׁר עָשָׂה לִתְהִלָּה וּלְשֵׁם וּלְתִפְאָרֶת יט
וְלִהְיֹתְךָ עַם־קָדֹשׁ לַיהוָה אֱלֹהֶיךָ כַּאֲשֶׁר דִּבֵּר׃
רביעי וַיְצַו מֹשֶׁה וְזִקְנֵי יִשְׂרָאֵל אֶת־הָעָם לֵאמֹר שָׁמֹר אֶת־כָּל־הַמִּצְוָה א כז
אֲשֶׁר אָנֹכִי מְצַוֶּה אֶתְכֶם הַיּוֹם׃ וְהָיָה בַּיּוֹם אֲשֶׁר תַּעַבְרוּ אֶת־ ב
הַיַּרְדֵּן אֶל־הָאָרֶץ אֲשֶׁר־יְהוָה אֱלֹהֶיךָ נֹתֵן לָךְ וַהֲקֵמֹתָ לְךָ אֲבָנִים
גְּדֹלוֹת וְשַׂדְתָּ אֹתָם בַּשִּׂיד׃ וְכָתַבְתָּ עֲלֵיהֶן אֶת־כָּל־דִּבְרֵי הַתּוֹרָה ג
הַזֹּאת בְּעָבְרֶךָ לְמַעַן אֲשֶׁר תָּבֹא אֶל־הָאָרֶץ אֲשֶׁר־יְהוָה אֱלֹהֶיךָ
נֹתֵן לְךָ אֶרֶץ זָבַת חָלָב וּדְבַשׁ כַּאֲשֶׁר דִּבֶּר יְהוָה אֱלֹהֵי־אֲבֹתֶיךָ
לָךְ׃ וְהָיָה בְּעָבְרְכֶם אֶת־הַיַּרְדֵּן תָּקִימוּ אֶת־הָאֲבָנִים הָאֵלֶּה ד
אֲשֶׁר אָנֹכִי מְצַוֶּה אֶתְכֶם הַיּוֹם בְּהַר עֵיבָל וְשַׂדְתָּ אוֹתָם בַּשִּׂיד׃
וּבָנִיתָ שָּׁם מִזְבֵּחַ לַיהוָה אֱלֹהֶיךָ מִזְבַּח אֲבָנִים לֹא־תָנִיף עֲלֵיהֶם ה
בַּרְזֶל׃ אֲבָנִים שְׁלֵמוֹת תִּבְנֶה אֶת־מִזְבַּח יְהוָה אֱלֹהֶיךָ וְהַעֲלִיתָ ו
עָלָיו עוֹלֹת לַיהוָה אֱלֹהֶיךָ׃ וְזָבַחְתָּ שְׁלָמִים וְאָכַלְתָּ שָּׁם וְשָׂמַחְתָּ ז
לִפְנֵי יְהוָה אֱלֹהֶיךָ׃ וְכָתַבְתָּ עַל־הָאֲבָנִים אֶת־כָּל־דִּבְרֵי הַתּוֹרָה ח
הַזֹּאת בַּאֵר הֵיטֵב׃ וַיְדַבֵּר מֹשֶׁה וְהַכֹּהֲנִים הַלְוִיִּם ט
אֶל־כָּל־יִשְׂרָאֵל לֵאמֹר הַסְכֵּת ׀ וּשְׁמַע יִשְׂרָאֵל הַיּוֹם הַזֶּה נִהְיֵיתָ
לְעָם לַיהוָה אֱלֹהֶיךָ׃ וְשָׁמַעְתָּ בְּקוֹל יְהוָה אֱלֹהֶיךָ וְעָשִׂיתָ אֶת־ י
חמישי מִצְוֺתָו וְאֶת־חֻקָּיו אֲשֶׁר אָנֹכִי מְצַוְּךָ הַיּוֹם׃ וַיְצַו יא
מֹשֶׁה אֶת־הָעָם בַּיּוֹם הַהוּא לֵאמֹר׃ אֵלֶּה יַעַמְדוּ לְבָרֵךְ אֶת־ יב
הָעָם עַל־הַר גְּרִזִים בְּעָבְרְכֶם אֶת־הַיַּרְדֵּן שִׁמְעוֹן וְלֵוִי וִיהוּדָה
וְיִשָּׂשכָר וְיוֹסֵף וּבִנְיָמִן׃ וְאֵלֶּה יַעַמְדוּ עַל־הַקְּלָלָה בְּהַר עֵיבָל יג
רְאוּבֵן גָּד וְאָשֵׁר וּזְבוּלֻן דָּן וְנַפְתָּלִי׃ וְעָנוּ הַלְוִיִּם וְאָמְרוּ אֶל־כָּל־ יד

טו אִישׁ יִשְׂרָאֵל קוֹל רָם׃ אָרוּר הָאִישׁ אֲשֶׁר יַעֲשֶׂה
פֶסֶל וּמַסֵּכָה תּוֹעֲבַת יְהוָה מַעֲשֵׂה יְדֵי חָרָשׁ וְשָׂם בַּסָּתֶר וְעָנוּ
טז כָל־הָעָם וְאָמְרוּ אָמֵן׃ אָרוּר מַקְלֶה אָבִיו וְאִמּוֹ
יז וְאָמַר כָּל־הָעָם אָמֵן׃ אָרוּר מַסִּיג גְּבוּל רֵעֵהוּ
יח וְאָמַר כָּל־הָעָם אָמֵן׃ אָרוּר מַשְׁגֶּה עִוֵּר בַּדָּרֶךְ
יט וְאָמַר כָּל־הָעָם אָמֵן׃ אָרוּר מַטֶּה מִשְׁפַּט גֵּר־
כ יָתוֹם וְאַלְמָנָה וְאָמַר כָּל־הָעָם אָמֵן׃ אָרוּר שֹׁכֵב עִם־אֵשֶׁת
כא אָבִיו כִּי גִלָּה כְּנַף אָבִיו וְאָמַר כָּל־הָעָם אָמֵן׃ אָרוּר
כב שֹׁכֵב עִם־כָּל־בְּהֵמָה וְאָמַר כָּל־הָעָם אָמֵן׃ אָרוּר
שֹׁכֵב עִם־אֲחֹתוֹ בַּת־אָבִיו אוֹ בַת־אִמּוֹ וְאָמַר כָּל־הָעָם
כג אָמֵן׃ אָרוּר שֹׁכֵב עִם־חֹתַנְתּוֹ וְאָמַר כָּל־הָעָם
כד אָמֵן׃ אָרוּר מַכֵּה רֵעֵהוּ בַּסָּתֶר וְאָמַר כָּל־הָעָם
כה אָמֵן׃ אָרוּר לֹקֵחַ שֹׁחַד לְהַכּוֹת נֶפֶשׁ דָּם נָקִי
כו וְאָמַר כָּל־הָעָם אָמֵן׃ אָרוּר אֲשֶׁר לֹא־יָקִים
אֶת־דִּבְרֵי הַתּוֹרָה־הַזֹּאת לַעֲשׂוֹת אוֹתָם וְאָמַר כָּל־הָעָם
אָמֵן׃

כח א וְהָיָה אִם־שָׁמוֹעַ תִּשְׁמַע בְּקוֹל יְהוָה אֱלֹהֶיךָ לִשְׁמֹר לַעֲשׂוֹת אֶת־ כב
כָּל־מִצְוֺתָיו אֲשֶׁר אָנֹכִי מְצַוְּךָ הַיּוֹם וּנְתָנְךָ יְהוָה אֱלֹהֶיךָ עֶלְיוֹן
ב עַל כָּל־גּוֹיֵי הָאָרֶץ׃ וּבָאוּ עָלֶיךָ כָּל־הַבְּרָכוֹת הָאֵלֶּה וְהִשִּׂיגֻךָ
ג כִּי תִשְׁמַע בְּקוֹל יְהוָה אֱלֹהֶיךָ׃ בָּרוּךְ אַתָּה בָּעִיר וּבָרוּךְ אַתָּה
ד בַּשָּׂדֶה׃ בָּרוּךְ פְּרִי־בִטְנְךָ וּפְרִי אַדְמָתְךָ וּפְרִי בְהֶמְתֶּךָ שְׁגַר
ה ו אֲלָפֶיךָ וְעַשְׁתְּרוֹת צֹאנֶךָ׃ בָּרוּךְ טַנְאֲךָ וּמִשְׁאַרְתֶּךָ׃ בָּרוּךְ אַתָּה
ז בְּבֹאֶךָ וּבָרוּךְ אַתָּה בְּצֵאתֶךָ׃ יִתֵּן יְהוָה אֶת־אֹיְבֶיךָ הַקָּמִים ששי
עָלֶיךָ נִגָּפִים לְפָנֶיךָ בְּדֶרֶךְ אֶחָד יֵצְאוּ אֵלֶיךָ וּבְשִׁבְעָה דְרָכִים
ח יָנוּסוּ לְפָנֶיךָ׃ יְצַו יְהוָה אִתְּךָ אֶת־הַבְּרָכָה בַּאֲסָמֶיךָ וּבְכֹל
ט מִשְׁלַח יָדֶךָ וּבֵרַכְךָ בָּאָרֶץ אֲשֶׁר־יְהוָה אֱלֹהֶיךָ נֹתֵן לָךְ׃ יְקִימְךָ
יְהוָה לוֹ לְעַם קָדוֹשׁ כַּאֲשֶׁר נִשְׁבַּע־לָךְ כִּי תִשְׁמֹר אֶת־מִצְוֺת

י יהוה אלהיך והלכת בדרכיו: וראו כל־עמי הארץ כי שם
יא יהוה נקרא עליך ויראו ממך: והותרך יהוה לטובה בפרי
בטנך ובפרי בהמתך ובפרי אדמתך על האדמה אשר נשבע
יב יהוה לאבתיך לתת לך: יפתח יהוה לך את־אוצרו הטוב
את־השמים לתת מטר־ארצך בעתו ולברך את כל־מעשה
יג ידך והלוית גוים רבים ואתה לא תלוה: ונתנך יהוה לראש
ולא לזנב והיית רק למעלה ולא תהיה למטה כי־תשמע אל־
מצות יהוה אלהיך אשר אנכי מצוך היום לשמר ולעשות:
יד ולא תסור מכל־הדברים אשר אנכי מצוה אתכם היום ימין
ושמאול ללכת אחרי אלהים אחרים לעבדם:
טו והיה אם־לא תשמע בקול יהוה אלהיך לשמר לעשות את־כל־
מצותיו וחקתיו אשר אנכי מצוך היום ובאו עליך כל־הקללות
טז יז האלה והשיגוך: ארור אתה בעיר וארור אתה בשדה: ארור
יח טנאך ומשארתך: ארור פרי־בטנך ופרי אדמתך שגר אלפיך
יט ועשתרת צאנך: ארור אתה בבאך וארור אתה בצאתך:
כ ישלח יהוה בך את־המארה את־המהומה ואת־המגערת
בכל־משלח ידך אשר תעשה עד השמדך ועד־אבדך מהר
כא מפני רע מעלליך אשר עזבתני: ידבק יהוה בך את־הדבר עד
כלתו אתך מעל האדמה אשר־אתה בא־שמה לרשתה:
כב יככה יהוה בשחפת ובקדחת ובדלקת ובחרחר ובחרב
כג ובשדפון ובירקון ורדפוך עד אבדך: והיו שמיך אשר על־
כד ראשך נחשת והארץ אשר־תחתיך ברזל: יתן יהוה את־
מטר ארצך אבק ועפר מן־השמים ירד עליך עד השמדך:
כה יתנך יהוה נגף לפני איביך בדרך אחד תצא אליו ובשבעה
כו דרכים תנוס לפניו והיית לזעוה לכל ממלכות הארץ: והיתה
נבלתך למאכל לכל־עוף השמים ולבהמת הארץ ואין מחריד:
כז יככה יהוה בשחין מצרים ובעפלים ובגרב ובחרס אשר לא־ ובטחורים

כח תּוּכַל לְהֵרָפֵא: יַכְּכָה יְהוָה בְּשִׁגָּעוֹן וּבְעִוָּרוֹן וּבְתִמְהוֹן לֵבָב:
כט וְהָיִיתָ מְמַשֵּׁשׁ בַּצָּהֳרַיִם כַּאֲשֶׁר יְמַשֵּׁשׁ הָעִוֵּר בָּאֲפֵלָה וְלֹא תַצְלִיחַ
אֶת־דְּרָכֶיךָ וְהָיִיתָ אַךְ עָשׁוּק וְגָזוּל כָּל־הַיָּמִים וְאֵין מוֹשִׁיעַ:
ל אִשָּׁה תְאָרֵשׂ וְאִישׁ אַחֵר ישגלנה בַּיִת תִּבְנֶה וְלֹא־תֵשֵׁב בּוֹ יִשְׁכָּבֶנָּה
לא כֶּרֶם תִּטַּע וְלֹא תְחַלְּלֶנּוּ: שׁוֹרְךָ טָבוּחַ לְעֵינֶיךָ וְלֹא תֹאכַל מִמֶּנּוּ
חֲמֹרְךָ גָּזוּל מִלְּפָנֶיךָ וְלֹא יָשׁוּב לָךְ צֹאנְךָ נְתֻנוֹת לְאֹיְבֶיךָ וְאֵין לְךָ
לב מוֹשִׁיעַ: בָּנֶיךָ וּבְנֹתֶיךָ נְתֻנִים לְעַם אַחֵר וְעֵינֶיךָ רֹאוֹת וְכָלוֹת
לג אֲלֵיהֶם כָּל־הַיּוֹם וְאֵין לְאֵל יָדֶךָ: פְּרִי אַדְמָתְךָ וְכָל־יְגִיעֲךָ יֹאכַל
לד עַם אֲשֶׁר לֹא־יָדָעְתָּ וְהָיִיתָ רַק עָשׁוּק וְרָצוּץ כָּל־הַיָּמִים: וְהָיִיתָ
לה מְשֻׁגָּע מִמַּרְאֵה עֵינֶיךָ אֲשֶׁר תִּרְאֶה: יַכְּכָה יְהוָה בִּשְׁחִין רָע
עַל־הַבִּרְכַּיִם וְעַל־הַשֹּׁקַיִם אֲשֶׁר לֹא־תוּכַל לְהֵרָפֵא מִכַּף רַגְלְךָ
לו וְעַד קָדְקֳדֶךָ: יוֹלֵךְ יְהוָה אֹתְךָ וְאֶת־מַלְכְּךָ אֲשֶׁר תָּקִים עָלֶיךָ
אֶל־גּוֹי אֲשֶׁר לֹא־יָדַעְתָּ אַתָּה וַאֲבֹתֶיךָ וְעָבַדְתָּ שָּׁם אֱלֹהִים
לז אֲחֵרִים עֵץ וָאָבֶן: וְהָיִיתָ לְשַׁמָּה לְמָשָׁל וְלִשְׁנִינָה בְּכֹל הָעַמִּים
לח אֲשֶׁר־יְנַהֶגְךָ יְהוָה שָׁמָּה: זֶרַע רַב תּוֹצִיא הַשָּׂדֶה וּמְעַט תֶּאֱסֹף
לט כִּי יַחְסְלֶנּוּ הָאַרְבֶּה: כְּרָמִים תִּטַּע וְעָבָדְתָּ וְיַיִן לֹא־תִשְׁתֶּה וְלֹא
מ תֶאֱגֹר כִּי תֹאכְלֶנּוּ הַתֹּלָעַת: זֵיתִים יִהְיוּ לְךָ בְּכָל־גְּבוּלֶךָ וְשֶׁמֶן
מא לֹא תָסוּךְ כִּי יִשַּׁל זֵיתֶךָ: בָּנִים וּבָנוֹת תּוֹלִיד וְלֹא־יִהְיוּ לָךְ כִּי
מב מג יֵלְכוּ בַּשֶּׁבִי: כָּל־עֵצְךָ וּפְרִי אַדְמָתֶךָ יְיָרֵשׁ הַצְּלָצַל: הַגֵּר אֲשֶׁר
בְּקִרְבְּךָ יַעֲלֶה עָלֶיךָ מַעְלָה מָּעְלָה וְאַתָּה תֵרֵד מַטָּה מָּטָּה:
מד הוּא יַלְוְךָ וְאַתָּה לֹא תַלְוֶנּוּ הוּא יִהְיֶה לְרֹאשׁ וְאַתָּה תִּהְיֶה לְזָנָב:
מה וּבָאוּ עָלֶיךָ כָּל־הַקְּלָלוֹת הָאֵלֶּה וּרְדָפוּךָ וְהִשִּׂיגוּךָ עַד הִשָּׁמְדָךְ
כִּי־לֹא שָׁמַעְתָּ בְּקוֹל יְהוָה אֱלֹהֶיךָ לִשְׁמֹר מִצְוֺתָיו וְחֻקֹּתָיו אֲשֶׁר
מו מז צִוָּךְ: וְהָיוּ בְךָ לְאוֹת וּלְמוֹפֵת וּבְזַרְעֲךָ עַד־עוֹלָם: תַּחַת אֲשֶׁר
לֹא־עָבַדְתָּ אֶת־יְהוָה אֱלֹהֶיךָ בְּשִׂמְחָה וּבְטוּב לֵבָב מֵרֹב כֹּל:
מח וְעָבַדְתָּ אֶת־אֹיְבֶיךָ אֲשֶׁר יְשַׁלְּחֶנּוּ יְהוָה בָּךְ בְּרָעָב וּבְצָמָא
וּבְעֵירֹם וּבְחֹסֶר כֹּל וְנָתַן עֹל בַּרְזֶל עַל־צַוָּארֶךָ עַד הִשְׁמִידוֹ

מט אתך: ישא יהוה עליך גוי מרחק מקצה הארץ כאשר ידאה
נ הנשר גוי אשר לא־תשמע לשנו: גוי עז פנים אשר לא־ישא
נא פנים לזקן ונער לא יחן: ואכל פרי בהמתך ופרי־אדמתך
עד השמדך אשר לא־ישאיר לך דגן תירוש ויצהר שגר אלפיך
נב ועשתרת צאנך עד האבידו אתך: והצר לך בכל־שעריך עד
רדת חמתיך הגבהת והבצרות אשר אתה בטח בהן בכל־
ארצך והצר לך בכל־שעריך בכל־ארצך אשר נתן יהוה
נג אלהיך לך: ואכלת פרי־בטנך בשר בניך ובנתיך אשר נתן־
נד לך יהוה אלהיך במצור ובמצוק אשר־יציק לך איבך: האיש
הרך בך והענג מאד תרע עינו באחיו ובאשת חיקו וביתר
נה בניו אשר יותיר: מתת ׀ לאחד מהם מבשר בניו אשר יאכל
מבלי השאיר־לו כל במצור ובמצוק אשר יציק לך איבך
נו בכל־שעריך: הרכה בך והענגה אשר לא־נסתה כף־רגלה
הצג על־הארץ מהתענג ומרך תרע עינה באיש חיקה ובבנה
נז ובבתה: ובשליתה היוצת ׀ מבין רגליה ובבניה אשר תלד
כי־תאכלם בחסר־כל בסתר במצור ובמצוק אשר יציק לך
נח איבך בשעריך: אם־לא תשמר לעשות את־כל־דברי התורה
הזאת הכתבים בספר הזה ליראה את־השם הנכבד והנורא
נט הזה את יהוה אלהיך: והפלא יהוה את־מכתך ואת מכות
ס זרעך מכות גדלת ונאמנות וחלים רעים ונאמנים: והשיב
בך את כל־מדוה מצרים אשר יגרת מפניהם ודבקו בך:
סא גם כל־חלי וכל־מכה אשר לא כתוב בספר התורה הזאת יעלם
סב יהוה עליך עד השמדך: ונשארתם במתי מעט תחת אשר
הייתם ככוכבי השמים לרב כי־לא שמעת בקול יהוה אלהיך:
סג והיה כאשר־שש יהוה עליכם להיטיב אתכם ולהרבות אתכם
כן ישיש יהוה עליכם להאביד אתכם ולהשמיד אתכם
סד ונסחתם מעל האדמה אשר־אתה בא־שמה לרשתה: והפיצך

יְהוָה בְּכָל־הָעַמִּים מִקְצֵה הָאָרֶץ וְעַד־קְצֵה הָאָרֶץ וְעָבַדְתָּ שָּׁם
סה אֱלֹהִים אֲחֵרִים אֲשֶׁר לֹא־יָדַעְתָּ אַתָּה וַאֲבֹתֶיךָ עֵץ וָאָבֶן׃ וּבַגּוֹיִם
הָהֵם לֹא תַרְגִּיעַ וְלֹא־יִהְיֶה מָנוֹחַ לְכַף־רַגְלֶךָ וְנָתַן יְהוָה לְךָ
סו שָׁם לֵב רַגָּז וְכִלְיוֹן עֵינַיִם וְדַאֲבוֹן נָפֶשׁ׃ וְהָיוּ חַיֶּיךָ תְּלֻאִים לְךָ
סז מִנֶּגֶד וּפָחַדְתָּ לַיְלָה וְיוֹמָם וְלֹא תַאֲמִין בְּחַיֶּיךָ׃ בַּבֹּקֶר תֹּאמַר מִי־
יִתֵּן עֶרֶב וּבָעֶרֶב תֹּאמַר מִי־יִתֵּן בֹּקֶר מִפַּחַד לְבָבְךָ אֲשֶׁר תִּפְחָד
סח וּמִמַּרְאֵה עֵינֶיךָ אֲשֶׁר תִּרְאֶה׃ וֶהֱשִׁיבְךָ יְהוָה ׀ מִצְרַיִם בָּאֳנִיּוֹת
בַּדֶּרֶךְ אֲשֶׁר אָמַרְתִּי לְךָ לֹא־תֹסִיף עוֹד לִרְאֹתָהּ וְהִתְמַכַּרְתֶּם
סט שָׁם לְאֹיְבֶיךָ לַעֲבָדִים וְלִשְׁפָחוֹת וְאֵין קֹנֶה׃ אֵלֶּה
דִבְרֵי הַבְּרִית אֲשֶׁר־צִוָּה יְהוָה אֶת־מֹשֶׁה לִכְרֹת אֶת־בְּנֵי יִשְׂרָאֵל
בְּאֶרֶץ מוֹאָב מִלְּבַד הַבְּרִית אֲשֶׁר־כָּרַת אִתָּם בְּחֹרֵב׃
כט א וַיִּקְרָא מֹשֶׁה אֶל־כָּל־יִשְׂרָאֵל וַיֹּאמֶר אֲלֵהֶם אַתֶּם רְאִיתֶם אֵת שביעי
כָּל־אֲשֶׁר עָשָׂה יְהוָה לְעֵינֵיכֶם בְּאֶרֶץ מִצְרַיִם לְפַרְעֹה וּלְכָל־
ב עֲבָדָיו וּלְכָל־אַרְצוֹ׃ הַמַּסּוֹת הַגְּדֹלֹת אֲשֶׁר רָאוּ עֵינֶיךָ הָאֹתֹת
ג וְהַמֹּפְתִים הַגְּדֹלִים הָהֵם׃ וְלֹא־נָתַן יְהוָה לָכֶם לֵב לָדַעַת
ד וְעֵינַיִם לִרְאוֹת וְאָזְנַיִם לִשְׁמֹעַ עַד הַיּוֹם הַזֶּה׃ וָאוֹלֵךְ אֶתְכֶם
אַרְבָּעִים שָׁנָה בַּמִּדְבָּר לֹא־בָלוּ שַׂלְמֹתֵיכֶם מֵעֲלֵיכֶם וְנַעַלְךָ לֹא־
ה בָלְתָה מֵעַל רַגְלֶךָ׃ לֶחֶם לֹא אֲכַלְתֶּם וְיַיִן וְשֵׁכָר לֹא שְׁתִיתֶם
ו לְמַעַן תֵּדְעוּ כִּי אֲנִי יְהוָה אֱלֹהֵיכֶם׃ וַתָּבֹאוּ אֶל־הַמָּקוֹם הַזֶּה מפטיר
וַיֵּצֵא סִיחֹן מֶלֶךְ־חֶשְׁבּוֹן וְעוֹג מֶלֶךְ־הַבָּשָׁן לִקְרָאתֵנוּ לַמִּלְחָמָה
ז וַנַּכֵּם׃ וַנִּקַּח אֶת־אַרְצָם וַנִּתְּנָהּ לְנַחֲלָה לָראוּבֵנִי וְלַגָּדִי וְלַחֲצִי
ח שֵׁבֶט הַמְנַשִּׁי׃ וּשְׁמַרְתֶּם אֶת־דִּבְרֵי הַבְּרִית הַזֹּאת וַעֲשִׂיתֶם
אֹתָם לְמַעַן תַּשְׂכִּילוּ אֵת כָּל־אֲשֶׁר תַּעֲשׂוּן׃
ט אַתֶּם נִצָּבִים הַיּוֹם כֻּלְּכֶם לִפְנֵי יְהוָה אֱלֹהֵיכֶם רָאשֵׁיכֶם שִׁבְטֵיכֶם כג נצבים
י זִקְנֵיכֶם וְשֹׁטְרֵיכֶם כֹּל אִישׁ יִשְׂרָאֵל׃ טַפְּכֶם נְשֵׁיכֶם וְגֵרְךָ אֲשֶׁר
יא בְּקֶרֶב מַחֲנֶיךָ מֵחֹטֵב עֵצֶיךָ עַד שֹׁאֵב מֵימֶיךָ׃ לְעָבְרְךָ בִּבְרִית
יְהוָה אֱלֹהֶיךָ וּבְאָלָתוֹ אֲשֶׁר יְהוָה אֱלֹהֶיךָ כֹּרֵת עִמְּךָ הַיּוֹם׃

שני יב לְמַעַן הָקִים־אֹתְךָ הַיּוֹם ׀ לוֹ לְעָם וְהוּא יִהְיֶה־לְּךָ לֵאלֹהִים כַּאֲשֶׁר
דִּבֶּר־לָךְ וְכַאֲשֶׁר נִשְׁבַּע לַאֲבֹתֶיךָ לְאַבְרָהָם לְיִצְחָק וּלְיַעֲקֹב׃
יג וְלֹא אִתְּכֶם לְבַדְּכֶם אָנֹכִי כֹּרֵת אֶת־הַבְּרִית הַזֹּאת וְאֶת־הָאָלָה
יד הַזֹּאת׃ כִּי אֶת־אֲשֶׁר יֶשְׁנוֹ פֹּה עִמָּנוּ עֹמֵד הַיּוֹם לִפְנֵי יְהוָה אֱלֹהֵינוּ
שלישי טו וְאֵת אֲשֶׁר אֵינֶנּוּ פֹּה עִמָּנוּ הַיּוֹם׃ כִּי־אַתֶּם יְדַעְתֶּם אֵת אֲשֶׁר־
יָשַׁבְנוּ בְּאֶרֶץ מִצְרָיִם וְאֵת אֲשֶׁר־עָבַרְנוּ בְּקֶרֶב הַגּוֹיִם אֲשֶׁר
טז עֲבַרְתֶּם׃ וַתִּרְאוּ אֶת־שִׁקּוּצֵיהֶם וְאֵת גִּלֻּלֵיהֶם עֵץ וָאֶבֶן כֶּסֶף
יז וְזָהָב אֲשֶׁר עִמָּהֶם׃ פֶּן־יֵשׁ בָּכֶם אִישׁ אוֹ־אִשָּׁה אוֹ מִשְׁפָּחָה אוֹ־
שֵׁבֶט אֲשֶׁר לְבָבוֹ פֹנֶה הַיּוֹם מֵעִם יְהוָה אֱלֹהֵינוּ לָלֶכֶת לַעֲבֹד
אֶת־אֱלֹהֵי הַגּוֹיִם הָהֵם פֶּן־יֵשׁ בָּכֶם שֹׁרֶשׁ פֹּרֶה רֹאשׁ וְלַעֲנָה׃
יח וְהָיָה בְּשָׁמְעוֹ אֶת־דִּבְרֵי הָאָלָה הַזֹּאת וְהִתְבָּרֵךְ בִּלְבָבוֹ לֵאמֹר
שָׁלוֹם יִהְיֶה־לִּי כִּי בִּשְׁרִרוּת לִבִּי אֵלֵךְ לְמַעַן סְפוֹת הָרָוָה אֶת־
יט הַצְּמֵאָה׃ לֹא־יֹאבֶה יְהוָה סְלֹחַ לוֹ כִּי אָז יֶעְשַׁן אַף־יְהוָה וְקִנְאָתוֹ
בָּאִישׁ הַהוּא וְרָבְצָה בּוֹ כָּל־הָאָלָה הַכְּתוּבָה בַּסֵּפֶר הַזֶּה וּמָחָה
כ יְהוָה אֶת־שְׁמוֹ מִתַּחַת הַשָּׁמָיִם׃ וְהִבְדִּילוֹ יְהוָה לְרָעָה מִכֹּל
שִׁבְטֵי יִשְׂרָאֵל כְּכֹל אָלוֹת הַבְּרִית הַכְּתוּבָה בְּסֵפֶר הַתּוֹרָה
כא הַזֶּה׃ וְאָמַר הַדּוֹר הָאַחֲרוֹן בְּנֵיכֶם אֲשֶׁר יָקוּמוּ מֵאַחֲרֵיכֶם
וְהַנָּכְרִי אֲשֶׁר יָבֹא מֵאֶרֶץ רְחוֹקָה וְרָאוּ אֶת־מַכּוֹת הָאָרֶץ הַהִוא
כב וְאֶת־תַּחֲלֻאֶיהָ אֲשֶׁר־חִלָּה יְהוָה בָּהּ׃ גָּפְרִית וָמֶלַח שְׂרֵפָה
כָל־אַרְצָהּ לֹא תִזָּרַע וְלֹא תַצְמִחַ וְלֹא־יַעֲלֶה בָהּ כָּל־עֵשֶׂב
וּצְבוֹיִם כְּמַהְפֵּכַת סְדֹם וַעֲמֹרָה אַדְמָה וּצְבֹיִים אֲשֶׁר הָפַךְ יְהוָה בְּאַפּוֹ
כג וּבַחֲמָתוֹ׃ וְאָמְרוּ כָּל־הַגּוֹיִם עַל־מֶה עָשָׂה יְהוָה כָּכָה לָאָרֶץ
כד הַזֹּאת מֶה חֳרִי הָאַף הַגָּדוֹל הַזֶּה׃ וְאָמְרוּ עַל אֲשֶׁר עָזְבוּ אֶת־
בְּרִית יְהוָה אֱלֹהֵי אֲבֹתָם אֲשֶׁר כָּרַת עִמָּם בְּהוֹצִיאוֹ אֹתָם
כה מֵאֶרֶץ מִצְרָיִם׃ וַיֵּלְכוּ וַיַּעַבְדוּ אֱלֹהִים אֲחֵרִים וַיִּשְׁתַּחֲווּ לָהֶם
כו אֱלֹהִים אֲשֶׁר לֹא־יְדָעוּם וְלֹא חָלַק לָהֶם׃ וַיִּחַר־אַף יְהוָה
בָּאָרֶץ הַהִוא לְהָבִיא עָלֶיהָ אֶת־כָּל־הַקְּלָלָה הַכְּתוּבָה בַּסֵּפֶר

כז הַזֶּה: וַיִּתְּשֵׁם יְהוָה מֵעַל אַדְמָתָם בְּאַף וּבְחֵמָה וּבְקֶצֶף גָּדוֹל
כח וַיַּשְׁלִכֵם אֶל־אֶרֶץ אַחֶרֶת כַּיּוֹם הַזֶּה: הַנִּסְתָּרֹת לַיהוָה אֱלֹהֵינוּ
וְהַנִּגְלֹת לָנוּ וּלְבָנֵינוּ עַד־עוֹלָם לַעֲשׂוֹת אֶת־כָּל־דִּבְרֵי הַתּוֹרָה
ל א הַזֹּאת: וְהָיָה כִי־יָבֹאוּ עָלֶיךָ כָּל־הַדְּבָרִים הָאֵלֶּה רביעי /שני/
הַבְּרָכָה וְהַקְּלָלָה אֲשֶׁר נָתַתִּי לְפָנֶיךָ וַהֲשֵׁבֹתָ אֶל־לְבָבֶךָ בְּכָל־
ב הַגּוֹיִם אֲשֶׁר הִדִּיחֲךָ יְהוָה אֱלֹהֶיךָ שָׁמָּה: וְשַׁבְתָּ עַד־יְהוָה
אֱלֹהֶיךָ וְשָׁמַעְתָּ בְקֹלוֹ כְּכֹל אֲשֶׁר־אָנֹכִי מְצַוְּךָ הַיּוֹם אַתָּה
ג וּבָנֶיךָ בְּכָל־לְבָבְךָ וּבְכָל־נַפְשֶׁךָ: וְשָׁב יְהוָה אֱלֹהֶיךָ אֶת־שְׁבוּתְךָ
וְרִחֲמֶךָ וְשָׁב וְקִבֶּצְךָ מִכָּל־הָעַמִּים אֲשֶׁר הֱפִיצְךָ יְהוָה אֱלֹהֶיךָ
ד שָׁמָּה: אִם־יִהְיֶה נִדַּחֲךָ בִּקְצֵה הַשָּׁמָיִם מִשָּׁם יְקַבֶּצְךָ יְהוָה
ה אֱלֹהֶיךָ וּמִשָּׁם יִקָּחֶךָ: וֶהֱבִיאֲךָ יְהוָה אֱלֹהֶיךָ אֶל־הָאָרֶץ אֲשֶׁר־
ו יָרְשׁוּ אֲבֹתֶיךָ וִירִשְׁתָּהּ וְהֵיטִבְךָ וְהִרְבְּךָ מֵאֲבֹתֶיךָ: וּמָל יְהוָה
אֱלֹהֶיךָ אֶת־לְבָבְךָ וְאֶת־לְבַב זַרְעֶךָ לְאַהֲבָה אֶת־יְהוָה אֱלֹהֶיךָ
ז בְּכָל־לְבָבְךָ וּבְכָל־נַפְשְׁךָ לְמַעַן חַיֶּיךָ: וְנָתַן יְהוָה אֱלֹהֶיךָ אֵת חמישי /שלישי/
ח כָּל־הָאָלוֹת הָאֵלֶּה עַל־אֹיְבֶיךָ וְעַל־שֹׂנְאֶיךָ אֲשֶׁר רְדָפוּךָ: וְאַתָּה
תָשׁוּב וְשָׁמַעְתָּ בְּקוֹל יְהוָה וְעָשִׂיתָ אֶת־כָּל־מִצְוֺתָיו אֲשֶׁר אָנֹכִי
ט מְצַוְּךָ הַיּוֹם: וְהוֹתִירְךָ יְהוָה אֱלֹהֶיךָ בְּכֹל | מַעֲשֵׂה יָדֶךָ בִּפְרִי
בִטְנְךָ וּבִפְרִי בְהֶמְתְּךָ וּבִפְרִי אַדְמָתְךָ לְטֹבָה כִּי | יָשׁוּב יְהוָה
י לָשׂוּשׂ עָלֶיךָ לְטוֹב כַּאֲשֶׁר־שָׂשׂ עַל־אֲבֹתֶיךָ: כִּי תִשְׁמַע
בְּקוֹל יְהוָה אֱלֹהֶיךָ לִשְׁמֹר מִצְוֺתָיו וְחֻקֹּתָיו הַכְּתוּבָה בְּסֵפֶר
הַתּוֹרָה הַזֶּה כִּי תָשׁוּב אֶל־יְהוָה אֱלֹהֶיךָ בְּכָל־לְבָבְךָ וּבְכָל־
יא נַפְשֶׁךָ: כִּי הַמִּצְוָה הַזֹּאת אֲשֶׁר אָנֹכִי מְצַוְּךָ הַיּוֹם כד ששי
יב לֹא־נִפְלֵאת הִוא מִמְּךָ וְלֹא־רְחֹקָה הִוא: לֹא בַשָּׁמַיִם הִוא
לֵאמֹר מִי יַעֲלֶה־לָּנוּ הַשָּׁמַיְמָה וְיִקָּחֶהָ לָּנוּ וְיַשְׁמִעֵנוּ אֹתָהּ
יג וְנַעֲשֶׂנָּה: וְלֹא־מֵעֵבֶר לַיָּם הִוא לֵאמֹר מִי יַעֲבָר־לָנוּ אֶל־עֵבֶר
יד הַיָּם וְיִקָּחֶהָ לָּנוּ וְיַשְׁמִעֵנוּ אֹתָהּ וְנַעֲשֶׂנָּה: כִּי־קָרוֹב אֵלֶיךָ הַדָּבָר
טו מְאֹד בְּפִיךָ וּבִלְבָבְךָ לַעֲשֹׂתוֹ: רְאֵה נָתַתִּי לְפָנֶיךָ שביעי ומפטיר /רביעי/

טו הַיּוֹם אֶת־הַחַיִּים וְאֶת־הַטּוֹב וְאֶת־הַמָּוֶת וְאֶת־הָרָע׃ אֲשֶׁר
אָנֹכִי מְצַוְּךָ הַיּוֹם לְאַהֲבָה אֶת־יְהוָה אֱלֹהֶיךָ לָלֶכֶת בִּדְרָכָיו
וְלִשְׁמֹר מִצְוֺתָיו וְחֻקֹּתָיו וּמִשְׁפָּטָיו וְחָיִיתָ וְרָבִיתָ וּבֵרַכְךָ יְהוָה
יז אֱלֹהֶיךָ בָּאָרֶץ אֲשֶׁר־אַתָּה בָא־שָׁמָּה לְרִשְׁתָּהּ׃ וְאִם־יִפְנֶה
לְבָבְךָ וְלֹא תִשְׁמָע וְנִדַּחְתָּ וְהִשְׁתַּחֲוִיתָ לֵאלֹהִים אֲחֵרִים
יח וַעֲבַדְתָּם׃ הִגַּדְתִּי לָכֶם הַיּוֹם כִּי אָבֹד תֹּאבֵדוּן לֹא־תַאֲרִיכֻן
יָמִים עַל־הָאֲדָמָה אֲשֶׁר אַתָּה עֹבֵר אֶת־הַיַּרְדֵּן לָבוֹא שָׁמָּה
יט לְרִשְׁתָּהּ׃ הַעִדֹתִי בָכֶם הַיּוֹם אֶת־הַשָּׁמַיִם וְאֶת־הָאָרֶץ הַחַיִּים
וְהַמָּוֶת נָתַתִּי לְפָנֶיךָ הַבְּרָכָה וְהַקְּלָלָה וּבָחַרְתָּ בַּחַיִּים לְמַעַן
כ תִּחְיֶה אַתָּה וְזַרְעֶךָ׃ לְאַהֲבָה אֶת־יְהוָה אֱלֹהֶיךָ לִשְׁמֹעַ בְּקֹלוֹ
וּלְדָבְקָה־בוֹ כִּי הוּא חַיֶּיךָ וְאֹרֶךְ יָמֶיךָ לָשֶׁבֶת עַל־הָאֲדָמָה
אֲשֶׁר נִשְׁבַּע יְהוָה לַאֲבֹתֶיךָ לְאַבְרָהָם לְיִצְחָק וּלְיַעֲקֹב לָתֵת
לָהֶם׃

לא א ב וַיֵּלֶךְ מֹשֶׁה וַיְדַבֵּר אֶת־הַדְּבָרִים הָאֵלֶּה אֶל־כָּל־יִשְׂרָאֵל׃ וַיֹּאמֶר וילך
אֲלֵהֶם בֶּן־מֵאָה וְעֶשְׂרִים שָׁנָה אָנֹכִי הַיּוֹם לֹא־אוּכַל עוֹד
לָצֵאת וְלָבוֹא וַיהוָה אָמַר אֵלַי לֹא תַעֲבֹר אֶת־הַיַּרְדֵּן הַזֶּה׃
ג יְהוָה אֱלֹהֶיךָ הוּא ׀ עֹבֵר לְפָנֶיךָ הוּא־יַשְׁמִיד אֶת־הַגּוֹיִם הָאֵלֶּה
מִלְּפָנֶיךָ וִירִשְׁתָּם יְהוֹשֻׁעַ הוּא עֹבֵר לְפָנֶיךָ כַּאֲשֶׁר דִּבֶּר יְהוָה׃
ד וְעָשָׂה יְהוָה לָהֶם כַּאֲשֶׁר עָשָׂה לְסִיחוֹן וּלְעוֹג מַלְכֵי הָאֱמֹרִי שני
ה וּלְאַרְצָם אֲשֶׁר הִשְׁמִיד אֹתָם׃ וּנְתָנָם יְהוָה לִפְנֵיכֶם וַעֲשִׂיתֶם
ו לָהֶם כְּכָל־הַמִּצְוָה אֲשֶׁר צִוִּיתִי אֶתְכֶם׃ חִזְקוּ וְאִמְצוּ אַל־תִּירְאוּ
וְאַל־תַּעַרְצוּ מִפְּנֵיהֶם כִּי ׀ יְהוָה אֱלֹהֶיךָ הוּא הַהֹלֵךְ עִמָּךְ לֹא
ז יַרְפְּךָ וְלֹא יַעַזְבֶךָּ׃ וַיִּקְרָא מֹשֶׁה לִיהוֹשֻׁעַ וַיֹּאמֶר שלישי (וחמישי)
אֵלָיו לְעֵינֵי כָל־יִשְׂרָאֵל חֲזַק וֶאֱמָץ כִּי אַתָּה תָּבוֹא אֶת־הָעָם
הַזֶּה אֶל־הָאָרֶץ אֲשֶׁר נִשְׁבַּע יְהוָה לַאֲבֹתָם לָתֵת לָהֶם וְאַתָּה
ח תַּנְחִילֶנָּה אוֹתָם׃ וַיהוָה הוּא ׀ הַהֹלֵךְ לְפָנֶיךָ הוּא יִהְיֶה עִמָּךְ
ט לֹא יַרְפְּךָ וְלֹא יַעַזְבֶךָּ לֹא תִירָא וְלֹא תֵחָת׃ וַיִּכְתֹּב מֹשֶׁה אֶת־

הַתּוֹרָה הַזֹּאת וַיִּתְּנָהּ אֶל־הַכֹּהֲנִים בְּנֵי לֵוִי הַנֹּשְׂאִים אֶת־אֲרוֹן
י בְּרִית יְהוָה וְאֶל־כָּל־זִקְנֵי יִשְׂרָאֵל׃ וַיְצַו מֹשֶׁה אוֹתָם לֵאמֹר רביעי
יא מִקֵּץ ׀ שֶׁבַע שָׁנִים בְּמֹעֵד שְׁנַת הַשְּׁמִטָּה בְּחַג הַסֻּכּוֹת׃ בְּבוֹא
כָל־יִשְׂרָאֵל לֵרָאוֹת אֶת־פְּנֵי יְהוָה אֱלֹהֶיךָ בַּמָּקוֹם אֲשֶׁר יִבְחָר
יב תִּקְרָא אֶת־הַתּוֹרָה הַזֹּאת נֶגֶד כָּל־יִשְׂרָאֵל בְּאָזְנֵיהֶם׃ הַקְהֵל
אֶת־הָעָם הָאֲנָשִׁים וְהַנָּשִׁים וְהַטַּף וְגֵרְךָ אֲשֶׁר בִּשְׁעָרֶיךָ לְמַעַן
יִשְׁמְעוּ וּלְמַעַן יִלְמְדוּ וְיָרְאוּ אֶת־יְהוָה אֱלֹהֵיכֶם וְשָׁמְרוּ לַעֲשׂוֹת
יג אֶת־כָּל־דִּבְרֵי הַתּוֹרָה הַזֹּאת׃ וּבְנֵיהֶם אֲשֶׁר לֹא־יָדְעוּ יִשְׁמְעוּ
וְלָמְדוּ לְיִרְאָה אֶת־יְהוָה אֱלֹהֵיכֶם כָּל־הַיָּמִים אֲשֶׁר אַתֶּם
חַיִּים עַל־הָאֲדָמָה אֲשֶׁר אַתֶּם עֹבְרִים אֶת־הַיַּרְדֵּן שָׁמָּה
לְרִשְׁתָּהּ׃

יד וַיֹּאמֶר יְהוָה אֶל־מֹשֶׁה הֵן קָרְבוּ יָמֶיךָ לָמוּת קְרָא אֶת־יְהוֹשֻׁעַ כה חמישי (ששי)
וְהִתְיַצְּבוּ בְּאֹהֶל מוֹעֵד וַאֲצַוֶּנּוּ וַיֵּלֶךְ מֹשֶׁה וִיהוֹשֻׁעַ וַיִּתְיַצְּבוּ בְּאֹהֶל
טו מוֹעֵד׃ וַיֵּרָא יְהוָה בָּאֹהֶל בְּעַמּוּד עָנָן וַיַּעֲמֹד עַמּוּד הֶעָנָן עַל־
טז פֶּתַח הָאֹהֶל׃ וַיֹּאמֶר יְהוָה אֶל־מֹשֶׁה הִנְּךָ שֹׁכֵב עִם־אֲבֹתֶיךָ
וְקָם הָעָם הַזֶּה וְזָנָה ׀ אַחֲרֵי ׀ אֱלֹהֵי נֵכַר־הָאָרֶץ אֲשֶׁר הוּא בָא־
יז שָׁמָּה בְּקִרְבּוֹ וַעֲזָבַנִי וְהֵפֵר אֶת־בְּרִיתִי אֲשֶׁר כָּרַתִּי אִתּוֹ׃ וְחָרָה
אַפִּי בוֹ בַיּוֹם־הַהוּא וַעֲזַבְתִּים וְהִסְתַּרְתִּי פָנַי מֵהֶם וְהָיָה לֶאֱכֹל
וּמְצָאֻהוּ רָעוֹת רַבּוֹת וְצָרוֹת וְאָמַר בַּיּוֹם הַהוּא הֲלֹא עַל כִּי־
יח אֵין אֱלֹהַי בְּקִרְבִּי מְצָאוּנִי הָרָעוֹת הָאֵלֶּה׃ וְאָנֹכִי הַסְתֵּר אַסְתִּיר
פָּנַי בַּיּוֹם הַהוּא עַל כָּל־הָרָעָה אֲשֶׁר עָשָׂה כִּי פָנָה אֶל־אֱלֹהִים
יט אֲחֵרִים׃ וְעַתָּה כִּתְבוּ לָכֶם אֶת־הַשִּׁירָה הַזֹּאת וְלַמְּדָהּ אֶת־בְּנֵי־
יִשְׂרָאֵל שִׂימָהּ בְּפִיהֶם לְמַעַן תִּהְיֶה־לִּי הַשִּׁירָה הַזֹּאת לְעֵד בִּבְנֵי
כ יִשְׂרָאֵל׃ כִּי־אֲבִיאֶנּוּ אֶל־הָאֲדָמָה ׀ אֲשֶׁר־נִשְׁבַּעְתִּי לַאֲבֹתָיו זָבַת ששי (שביעי)
חָלָב וּדְבַשׁ וְאָכַל וְשָׂבַע וְדָשֵׁן וּפָנָה אֶל־אֱלֹהִים אֲחֵרִים וַעֲבָדוּם
כא וְנִאֲצוּנִי וְהֵפֵר אֶת־בְּרִיתִי׃ וְהָיָה כִּי־תִמְצֶאןָ אֹתוֹ רָעוֹת רַבּוֹת
וְצָרוֹת וְעָנְתָה הַשִּׁירָה הַזֹּאת לְפָנָיו לְעֵד כִּי לֹא תִשָּׁכַח מִפִּי

זַרְעוֹ כִּי יָדַעְתִּי אֶת־יִצְרוֹ אֲשֶׁר הוּא עֹשֶׂה הַיּוֹם בְּטֶרֶם אֲבִיאֶנּוּ
אֶל־הָאָרֶץ אֲשֶׁר נִשְׁבָּעְתִּי: וַיִּכְתֹּב מֹשֶׁה אֶת־הַשִּׁירָה הַזֹּאת כב
בַּיּוֹם הַהוּא וַיְלַמְּדָהּ אֶת־בְּנֵי יִשְׂרָאֵל: וַיְצַו אֶת־יְהוֹשֻׁעַ בִּן־ כג
נוּן וַיֹּאמֶר חֲזַק וֶאֱמָץ כִּי אַתָּה תָּבִיא אֶת־בְּנֵי יִשְׂרָאֵל אֶל־
הָאָרֶץ אֲשֶׁר־נִשְׁבַּעְתִּי לָהֶם וְאָנֹכִי אֶהְיֶה עִמָּךְ: וַיְהִי׀ כְּכַלּוֹת כד
מֹשֶׁה לִכְתֹּב אֶת־דִּבְרֵי הַתּוֹרָה־הַזֹּאת עַל־סֵפֶר עַד תֻּמָּם:
שביעי וַיְצַו מֹשֶׁה אֶת־הַלְוִיִּם נֹשְׂאֵי אֲרוֹן בְּרִית־יְהוָה לֵאמֹר: לָקֹחַ כה כו
אֵת סֵפֶר הַתּוֹרָה הַזֶּה וְשַׂמְתֶּם אֹתוֹ מִצַּד אֲרוֹן בְּרִית־יְהוָה
אֱלֹהֵיכֶם וְהָיָה־שָׁם בְּךָ לְעֵד: כִּי אָנֹכִי יָדַעְתִּי אֶת־מֶרְיְךָ כז
וְאֶת־עָרְפְּךָ הַקָּשֶׁה הֵן בְּעוֹדֶנִּי חַי עִמָּכֶם הַיּוֹם מַמְרִים הֱיִתֶם
מפטיר עִם־יְהוָה וְאַף כִּי־אַחֲרֵי מוֹתִי: הַקְהִילוּ אֵלַי אֶת־כָּל־זִקְנֵי כח
שִׁבְטֵיכֶם וְשֹׁטְרֵיכֶם וַאֲדַבְּרָה בְאָזְנֵיהֶם אֵת הַדְּבָרִים הָאֵלֶּה
וְאָעִידָה בָּם אֶת־הַשָּׁמַיִם וְאֶת־הָאָרֶץ: כִּי יָדַעְתִּי אַחֲרֵי מוֹתִי כט
כִּי־הַשְׁחֵת תַּשְׁחִתוּן וְסַרְתֶּם מִן־הַדֶּרֶךְ אֲשֶׁר צִוִּיתִי אֶתְכֶם וְקָרָאת
אֶתְכֶם הָרָעָה בְּאַחֲרִית הַיָּמִים כִּי־תַעֲשׂוּ אֶת־הָרַע בְּעֵינֵי יְהוָה
לְהַכְעִיסוֹ בְּמַעֲשֵׂה יְדֵיכֶם: וַיְדַבֵּר מֹשֶׁה בְּאָזְנֵי כָּל־קְהַל יִשְׂרָאֵל ל
אֶת־דִּבְרֵי הַשִּׁירָה הַזֹּאת עַד תֻּמָּם:

האזינו כו הַאֲזִינוּ הַשָּׁמַיִם וַאֲדַבֵּרָה וְתִשְׁמַע הָאָרֶץ אִמְרֵי־פִי: א לב
יַעֲרֹף כַּמָּטָר לִקְחִי תִּזַּל כַּטַּל אִמְרָתִי ב
כִּשְׂעִירִם עֲלֵי־דֶשֶׁא וְכִרְבִיבִים עֲלֵי־עֵשֶׂב:
כִּי שֵׁם יְהוָה אֶקְרָא הָבוּ גֹדֶל לֵאלֹהֵינוּ: ג
הַצּוּר תָּמִים פָּעֳלוֹ כִּי כָל־דְּרָכָיו מִשְׁפָּט ד
אֵל אֱמוּנָה וְאֵין עָוֶל צַדִּיק וְיָשָׁר הוּא:
שִׁחֵת לוֹ לֹא בָּנָיו מוּמָם דּוֹר עִקֵּשׁ וּפְתַלְתֹּל: ה
הַ לַיהוָה תִּגְמְלוּ־זֹאת עַם נָבָל וְלֹא חָכָם ו
הֲלוֹא־הוּא אָבִיךָ קָּנֶךָ הוּא עָשְׂךָ וַיְכֹנְנֶךָ:

ז זְכֹר יְמוֹת עוֹלָם   בִּינוּ שְׁנוֹת דֹּר־וָדֹר שני
שְׁאַל אָבִיךָ וְיַגֵּדְךָ   זְקֵנֶיךָ וְיֹאמְרוּ לָךְ׃
ח בְּהַנְחֵל עֶלְיוֹן גּוֹיִם   בְּהַפְרִידוֹ בְּנֵי אָדָם
יַצֵּב גְּבֻלֹת עַמִּים   לְמִסְפַּר בְּנֵי יִשְׂרָאֵל׃
ט כִּי חֵלֶק יְהוָה עַמּוֹ   יַעֲקֹב חֶבֶל נַחֲלָתוֹ׃
י יִמְצָאֵהוּ בְּאֶרֶץ מִדְבָּר   וּבְתֹהוּ יְלֵל יְשִׁמֹן
יְסֹבְבֶנְהוּ יְבוֹנְנֵהוּ   יִצְּרֶנְהוּ כְּאִישׁוֹן עֵינוֹ׃
יא כְּנֶשֶׁר יָעִיר קִנּוֹ   עַל־גּוֹזָלָיו יְרַחֵף
יִפְרֹשׂ כְּנָפָיו יִקָּחֵהוּ   יִשָּׂאֵהוּ עַל־אֶבְרָתוֹ׃
יב יְהוָה בָּדָד יַנְחֶנּוּ   וְאֵין עִמּוֹ אֵל נֵכָר׃ שלישי
יג יַרְכִּבֵהוּ עַל־בָּמוֹתֵי אָרֶץ   וַיֹּאכַל תְּנוּבֹת שָׂדָי בָּמֳתֵי
וַיֵּנִקֵהוּ דְבַשׁ מִסֶּלַע   וְשֶׁמֶן מֵחַלְמִישׁ צוּר׃
יד חֶמְאַת בָּקָר וַחֲלֵב צֹאן   עִם־חֵלֶב כָּרִים
וְאֵילִים בְּנֵי־בָשָׁן וְעַתּוּדִים   עִם־חֵלֶב כִּלְיוֹת חִטָּה
טו וְדַם־עֵנָב תִּשְׁתֶּה־חָמֶר׃   וַיִּשְׁמַן יְשֻׁרוּן וַיִּבְעָט
שָׁמַנְתָּ עָבִיתָ כָּשִׂיתָ   וַיִּטֹּשׁ אֱלוֹהַּ עָשָׂהוּ
טז וַיְנַבֵּל צוּר יְשֻׁעָתוֹ׃   יַקְנִאֻהוּ בְּזָרִים
יז בְּתוֹעֵבֹת יַכְעִיסֻהוּ׃   יִזְבְּחוּ לַשֵּׁדִים לֹא אֱלֹהַּ
אֱלֹהִים לֹא יְדָעוּם   חֲדָשִׁים מִקָּרֹב בָּאוּ
יח לֹא שְׂעָרוּם אֲבֹתֵיכֶם׃   צוּר יְלָדְךָ תֶּשִׁי
יט וַתִּשְׁכַּח אֵל מְחֹלְלֶךָ׃   וַיַּרְא יְהוָה וַיִּנְאָץ רביעי
כ מִכַּעַס בָּנָיו וּבְנֹתָיו׃   וַיֹּאמֶר אַסְתִּירָה פָנַי מֵהֶם
אֶרְאֶה מָה אַחֲרִיתָם   כִּי דוֹר תַּהְפֻּכֹת הֵמָּה
כא בָּנִים לֹא־אֵמֻן בָּם׃   הֵם קִנְאוּנִי בְלֹא־אֵל
כִּעֲסוּנִי בְּהַבְלֵיהֶם   וַאֲנִי אַקְנִיאֵם בְּלֹא־עָם
כב בְּגוֹי נָבָל אַכְעִיסֵם׃   כִּי־אֵשׁ קָדְחָה בְאַפִּי
וַתִּיקַד עַד־שְׁאוֹל תַּחְתִּית   וַתֹּאכַל אֶרֶץ וִיבֻלָהּ

וַתְּלַהֵט מוֹסְדֵי הָרִים׃   כג אַסְפֶּה עָלֵימוֹ רָעוֹת
חִצַּי אֲכַלֶּה־בָּם׃   כד מְזֵי רָעָב וּלְחֻמֵי רֶשֶׁף
וְקֶטֶב מְרִירִי   וְשֶׁן־בְּהֵמֹת אֲשַׁלַּח־בָּם
עִם־חֲמַת זֹחֲלֵי עָפָר׃   כה מִחוּץ תְּשַׁכֶּל־חֶרֶב
וּמֵחֲדָרִים אֵימָה   גַּם־בָּחוּר גַּם־בְּתוּלָה
יוֹנֵק עִם־אִישׁ שֵׂיבָה׃   כו אָמַרְתִּי אַפְאֵיהֶם
אַשְׁבִּיתָה מֵאֱנוֹשׁ זִכְרָם׃   כז לוּלֵי כַּעַס אוֹיֵב אָגוּר
פֶּן־יְנַכְּרוּ צָרֵימוֹ   פֶּן־יֹאמְרוּ יָדֵנוּ רָמָה
וְלֹא יהוה פָּעַל כָּל־זֹאת׃   כח כִּי־גוֹי אֹבַד עֵצוֹת הֵמָּה
חמישי וְאֵין בָּהֶם תְּבוּנָה׃   כט לוּ חָכְמוּ יַשְׂכִּילוּ זֹאת
יָבִינוּ לְאַחֲרִיתָם׃   ל אֵיכָה יִרְדֹּף אֶחָד אֶלֶף
וּשְׁנַיִם יָנִיסוּ רְבָבָה   אִם־לֹא כִּי־צוּרָם מְכָרָם
וַיהוה הִסְגִּירָם׃   לא כִּי לֹא כְצוּרֵנוּ צוּרָם
וְאֹיְבֵינוּ פְּלִילִים׃   לב כִּי־מִגֶּפֶן סְדֹם גַּפְנָם
וּמִשַּׁדְמֹת עֲמֹרָה   עֲנָבֵמוֹ עִנְּבֵי־רוֹשׁ
אַשְׁכְּלֹת מְרֹרֹת לָמוֹ׃   לג חֲמַת תַּנִּינִם יֵינָם
וְרֹאשׁ פְּתָנִים אַכְזָר׃   לד הֲלֹא־הוּא כָּמֻס עִמָּדִי
חָתוּם בְּאוֹצְרֹתָי׃   לה לִי נָקָם וְשִׁלֵּם
לְעֵת תָּמוּט רַגְלָם   כִּי קָרוֹב יוֹם אֵידָם
וְחָשׁ עֲתִדֹת לָמוֹ׃   לו כִּי־יָדִין יהוה עַמּוֹ
וְעַל־עֲבָדָיו יִתְנֶחָם   כִּי יִרְאֶה כִּי־אָזְלַת יָד
וְאֶפֶס עָצוּר וְעָזוּב׃   לז וְאָמַר אֵי אֱלֹהֵימוֹ
צוּר חָסָיוּ בוֹ׃   לח אֲשֶׁר חֵלֶב זְבָחֵימוֹ יֹאכֵלוּ
יִשְׁתּוּ יֵין נְסִיכָם   יָקוּמוּ וְיַעְזְרֻכֶם
יְהִי עֲלֵיכֶם סִתְרָה׃   לט רְאוּ ׀ עַתָּה כִּי אֲנִי אֲנִי הוּא
וְאֵין אֱלֹהִים עִמָּדִי   אֲנִי אָמִית וַאֲחַיֶּה
מָחַצְתִּי וַאֲנִי אֶרְפָּא   וְאֵין מִיָּדִי מַצִּיל׃

מ כִּי־אֶשָּׂא אֶל־שָׁמַיִם יָדִי וְאָמַרְתִּי חַי אָנֹכִי לְעֹלָם׃ ששי
מא אִם־שַׁנּוֹתִי בְּרַק חַרְבִּי וְתֹאחֵז בְּמִשְׁפָּט יָדִי
אָשִׁיב נָקָם לְצָרָי וְלִמְשַׂנְאַי אֲשַׁלֵּם׃
מב אַשְׁכִּיר חִצַּי מִדָּם וְחַרְבִּי תֹּאכַל בָּשָׂר
מִדַּם חָלָל וְשִׁבְיָה מֵרֹאשׁ פַּרְעוֹת אוֹיֵב׃
מג הַרְנִינוּ גוֹיִם עַמּוֹ כִּי דַם־עֲבָדָיו יִקּוֹם
וְנָקָם יָשִׁיב לְצָרָיו וְכִפֶּר אַדְמָתוֹ עַמּוֹ׃

מד וַיָּבֹא מֹשֶׁה וַיְדַבֵּר אֶת־כָּל־דִּבְרֵי הַשִּׁירָה־הַזֹּאת בְּאָזְנֵי הָעָם הוּא שביעי
מה וְהוֹשֵׁעַ בִּן־נוּן׃ וַיְכַל מֹשֶׁה לְדַבֵּר אֶת־כָּל־הַדְּבָרִים הָאֵלֶּה אֶל־
מו כָּל־יִשְׂרָאֵל׃ וַיֹּאמֶר אֲלֵהֶם שִׂימוּ לְבַבְכֶם לְכָל־הַדְּבָרִים אֲשֶׁר
אָנֹכִי מֵעִיד בָּכֶם הַיּוֹם אֲשֶׁר תְּצַוֻּם אֶת־בְּנֵיכֶם לִשְׁמֹר לַעֲשׂוֹת
מז אֶת־כָּל־דִּבְרֵי הַתּוֹרָה הַזֹּאת׃ כִּי לֹא־דָבָר רֵק הוּא מִכֶּם כִּי־הוּא
חַיֵּיכֶם וּבַדָּבָר הַזֶּה תַּאֲרִיכוּ יָמִים עַל־הָאֲדָמָה אֲשֶׁר אַתֶּם עֹבְרִים
אֶת־הַיַּרְדֵּן שָׁמָּה לְרִשְׁתָּהּ׃
מח מט וַיְדַבֵּר יהוה אֶל־מֹשֶׁה בְּעֶצֶם הַיּוֹם הַזֶּה לֵאמֹר׃ עֲלֵה אֶל־ מפטיר
הַר הָעֲבָרִים הַזֶּה הַר־נְבוֹ אֲשֶׁר בְּאֶרֶץ מוֹאָב אֲשֶׁר עַל־פְּנֵי
יְרֵחוֹ וּרְאֵה אֶת־אֶרֶץ כְּנַעַן אֲשֶׁר אֲנִי נֹתֵן לִבְנֵי יִשְׂרָאֵל
נ לַאֲחֻזָּה׃ וּמֻת בָּהָר אֲשֶׁר אַתָּה עֹלֶה שָׁמָּה וְהֵאָסֵף אֶל־עַמֶּיךָ
נא כַּאֲשֶׁר־מֵת אַהֲרֹן אָחִיךָ בְּהֹר הָהָר וַיֵּאָסֶף אֶל־עַמָּיו׃ עַל אֲשֶׁר
מְעַלְתֶּם בִּי בְּתוֹךְ בְּנֵי יִשְׂרָאֵל בְּמֵי־מְרִיבַת קָדֵשׁ מִדְבַּר־צִן
נב עַל אֲשֶׁר לֹא־קִדַּשְׁתֶּם אוֹתִי בְּתוֹךְ בְּנֵי יִשְׂרָאֵל׃ כִּי מִנֶּגֶד תִּרְאֶה
אֶת־הָאָרֶץ וְשָׁמָּה לֹא תָבוֹא אֶל־הָאָרֶץ אֲשֶׁר־אֲנִי נֹתֵן לִבְנֵי
יִשְׂרָאֵל׃

כז
לג א וְזֹאת הַבְּרָכָה אֲשֶׁר בֵּרַךְ מֹשֶׁה אִישׁ הָאֱלֹהִים אֶת־בְּנֵי יִשְׂרָאֵל וזאת הברכה
ב לִפְנֵי מוֹתוֹ׃ וַיֹּאמַר יהוה מִסִּינַי בָּא וְזָרַח מִשֵּׂעִיר לָמוֹ הוֹפִיעַ
ג מֵהַר פָּארָן וְאָתָה מֵרִבְבֹת קֹדֶשׁ מִימִינוֹ אֵשְׁדָּת לָמוֹ׃ אַף חֹבֵב אֵשׁ דָּת

עַמִּים כָּל־קְדֹשָׁיו בְּיָדֶךָ וְהֵם תֻּכּוּ לְרַגְלֶךָ יִשָּׂא מִדַּבְּרֹתֶיךָ׃
ד ה תּוֹרָה צִוָּה־לָנוּ מֹשֶׁה מוֹרָשָׁה קְהִלַּת יַעֲקֹב׃ וַיְהִי בִישֻׁרוּן מֶלֶךְ
ו בְּהִתְאַסֵּף רָאשֵׁי עָם יַחַד שִׁבְטֵי יִשְׂרָאֵל׃ יְחִי רְאוּבֵן וְאַל־יָמֹת
ז וִיהִי מְתָיו מִסְפָּר׃ וְזֹאת לִיהוּדָה וַיֹּאמַר שְׁמַע
יהוה קוֹל יְהוּדָה וְאֶל־עַמּוֹ תְּבִיאֶנּוּ יָדָיו רָב לוֹ וְעֵזֶר מִצָּרָיו
תִּהְיֶה׃
ח וּלְלֵוִי אָמַר תֻּמֶּיךָ וְאוּרֶיךָ לְאִישׁ חֲסִידֶךָ אֲשֶׁר נִסִּיתוֹ בְּמַסָּה שני
ט תְּרִיבֵהוּ עַל־מֵי מְרִיבָה׃ הָאֹמֵר לְאָבִיו וּלְאִמּוֹ לֹא רְאִיתִיו וְאֶת־
אֶחָיו לֹא הִכִּיר וְאֶת־בָּנָו לֹא יָדָע כִּי שָׁמְרוּ אִמְרָתֶךָ וּבְרִיתְךָ
י יִנְצֹרוּ׃ יוֹרוּ מִשְׁפָּטֶיךָ לְיַעֲקֹב וְתוֹרָתְךָ לְיִשְׂרָאֵל יָשִׂימוּ קְטוֹרָה
יא בְּאַפֶּךָ וְכָלִיל עַל־מִזְבְּחֶךָ׃ בָּרֵךְ יהוה חֵילוֹ וּפֹעַל יָדָיו תִּרְצֶה
יב מְחַץ מָתְנַיִם קָמָיו וּמְשַׂנְאָיו מִן־יְקוּמוּן׃ לְבִנְיָמִן
אָמַר יְדִיד יהוה יִשְׁכֹּן לָבֶטַח עָלָיו חֹפֵף עָלָיו כָּל־הַיּוֹם וּבֵין
יג כְּתֵפָיו שָׁכֵן׃ וּלְיוֹסֵף אָמַר מְבֹרֶכֶת יהוה אַרְצוֹ שלישי
יד מִמֶּגֶד שָׁמַיִם מִטָּל וּמִתְּהוֹם רֹבֶצֶת תָּחַת׃ וּמִמֶּגֶד תְּבוּאֹת שָׁמֶשׁ
טו וּמִמֶּגֶד גֶּרֶשׁ יְרָחִים׃ וּמֵרֹאשׁ הַרְרֵי־קֶדֶם וּמִמֶּגֶד גִּבְעוֹת עוֹלָם׃
טז וּמִמֶּגֶד אֶרֶץ וּמְלֹאָהּ וּרְצוֹן שֹׁכְנִי סְנֶה תָּבוֹאתָה לְרֹאשׁ יוֹסֵף
יז וּלְקָדְקֹד נְזִיר אֶחָיו׃ בְּכוֹר שׁוֹרוֹ הָדָר לוֹ וְקַרְנֵי רְאֵם קַרְנָיו בָּהֶם
עַמִּים יְנַגַּח יַחְדָּו אַפְסֵי־אָרֶץ וְהֵם רִבְבוֹת אֶפְרַיִם וְהֵם אַלְפֵי
יח מְנַשֶּׁה׃ וְלִזְבוּלֻן אָמַר שְׂמַח זְבוּלֻן בְּצֵאתֶךָ רביעי
יט וְיִשָּׂשכָר בְּאֹהָלֶיךָ׃ עַמִּים הַר־יִקְרָאוּ שָׁם יִזְבְּחוּ זִבְחֵי־צֶדֶק כִּי
כ שֶׁפַע יַמִּים יִינָקוּ וּשְׂפֻנֵי טְמוּנֵי חוֹל׃ וּלְגָד אָמַר
כא בָּרוּךְ מַרְחִיב גָּד כְּלָבִיא שָׁכֵן וְטָרַף זְרוֹעַ אַף־קָדְקֹד׃ וַיַּרְא
רֵאשִׁית לוֹ כִּי־שָׁם חֶלְקַת מְחֹקֵק סָפוּן וַיֵּתֵא רָאשֵׁי עָם צִדְקַת
כב יהוה עָשָׂה וּמִשְׁפָּטָיו עִם־יִשְׂרָאֵל׃ וּלְדָן אָמַר חמישי
כג דָּן גּוּר אַרְיֵה יְזַנֵּק מִן־הַבָּשָׁן׃ וּלְנַפְתָּלִי אָמַר נַפְתָּלִי שְׂבַע רָצוֹן
כד וּמָלֵא בִּרְכַּת יהוה יָם וְדָרוֹם יְרָשָׁה׃ וּלְאָשֵׁר

אָמַר בָּרוּךְ מִבָּנִים אָשֵׁר יְהִי רְצוּי אֶחָיו וְטֹבֵל בַּשֶּׁמֶן רַגְלוֹ׃
כה כו בַּרְזֶל וּנְחֹשֶׁת מִנְעָלֶךָ וּכְיָמֶיךָ דָּבְאֶךָ׃ אֵין כָּאֵל יְשֻׁרוּן רֹכֵב
כז שָׁמַיִם בְּעֶזְרֶךָ וּבְגַאֲוָתוֹ שְׁחָקִים׃ מְעֹנָה אֱלֹהֵי קֶדֶם וּמִתַּחַת חתן התורה
כח זְרֹעֹת עוֹלָם וַיְגָרֶשׁ מִפָּנֶיךָ אוֹיֵב וַיֹּאמֶר הַשְׁמֵד׃ וַיִּשְׁכֹּן יִשְׂרָאֵל
בֶּטַח בָּדָד עֵין יַעֲקֹב אֶל־אֶרֶץ דָּגָן וְתִירוֹשׁ אַף־שָׁמָיו יַעַרְפוּ־
כט טָל׃ אַשְׁרֶיךָ יִשְׂרָאֵל מִי כָמוֹךָ עַם נוֹשַׁע בַּיהוה מָגֵן עֶזְרֶךָ
וַאֲשֶׁר־חֶרֶב גַּאֲוָתֶךָ וְיִכָּחֲשׁוּ אֹיְבֶיךָ לָךְ וְאַתָּה עַל־בָּמוֹתֵימוֹ
לד א תִדְרֹךְ׃ וַיַּעַל מֹשֶׁה מֵעַרְבֹת מוֹאָב אֶל־הַר נְבוֹ
רֹאשׁ הַפִּסְגָּה אֲשֶׁר עַל־פְּנֵי יְרֵחוֹ וַיַּרְאֵהוּ יהוה אֶת־כָּל־הָאָרֶץ
ב אֶת־הַגִּלְעָד עַד־דָּן׃ וְאֵת כָּל־נַפְתָּלִי וְאֶת־אֶרֶץ אֶפְרַיִם וּמְנַשֶּׁה
ג וְאֵת כָּל־אֶרֶץ יְהוּדָה עַד הַיָּם הָאַחֲרוֹן׃ וְאֶת־הַנֶּגֶב וְאֶת־הַכִּכָּר
ד בִּקְעַת יְרֵחוֹ עִיר הַתְּמָרִים עַד־צֹעַר׃ וַיֹּאמֶר יהוה אֵלָיו זֹאת
הָאָרֶץ אֲשֶׁר נִשְׁבַּעְתִּי לְאַבְרָהָם לְיִצְחָק וּלְיַעֲקֹב לֵאמֹר לְזַרְעֲךָ
ה אֶתְּנֶנָּה הֶרְאִיתִיךָ בְעֵינֶיךָ וְשָׁמָּה לֹא תַעֲבֹר׃ וַיָּמָת שָׁם מֹשֶׁה
ו עֶבֶד־יהוה בְּאֶרֶץ מוֹאָב עַל־פִּי יהוה׃ וַיִּקְבֹּר אֹתוֹ בַגַּי בְּאֶרֶץ
מוֹאָב מוּל בֵּית פְּעוֹר וְלֹא־יָדַע אִישׁ אֶת־קְבֻרָתוֹ עַד הַיּוֹם הַזֶּה׃
ז וּמֹשֶׁה בֶּן־מֵאָה וְעֶשְׂרִים שָׁנָה בְּמֹתוֹ לֹא־כָהֲתָה עֵינוֹ וְלֹא־
ח נָס לֵחֹה׃ וַיִּבְכּוּ בְנֵי יִשְׂרָאֵל אֶת־מֹשֶׁה בְּעַרְבֹת מוֹאָב שְׁלֹשִׁים
ט יוֹם וַיִּתְּמוּ יְמֵי בְכִי אֵבֶל מֹשֶׁה׃ וִיהוֹשֻׁעַ בִּן־נוּן מָלֵא רוּחַ חָכְמָה
כִּי־סָמַךְ מֹשֶׁה אֶת־יָדָיו עָלָיו וַיִּשְׁמְעוּ אֵלָיו בְּנֵי־יִשְׂרָאֵל וַיַּעֲשׂוּ
י כַּאֲשֶׁר צִוָּה יהוה אֶת־מֹשֶׁה׃ וְלֹא־קָם נָבִיא עוֹד בְּיִשְׂרָאֵל
יא כְּמֹשֶׁה אֲשֶׁר יְדָעוֹ יהוה פָּנִים אֶל־פָּנִים׃ לְכָל־הָאֹתֹת וְהַמּוֹפְתִים
אֲשֶׁר שְׁלָחוֹ יהוה לַעֲשׂוֹת בְּאֶרֶץ מִצְרָיִם לְפַרְעֹה וּלְכָל־עֲבָדָיו
יב וּלְכָל־אַרְצוֹ׃ וּלְכֹל הַיָּד הַחֲזָקָה וּלְכֹל הַמּוֹרָא הַגָּדוֹל אֲשֶׁר
עָשָׂה מֹשֶׁה לְעֵינֵי כָּל־יִשְׂרָאֵל׃

נביאים

יהושע
שופטים
שמואל
מלכים
ישעיה
ירמיה
יחזקאל
שנים עשר
הושע
יואל
עמוס
עובדיה
יונה
מיכה
נחום
חבקוק
צפניה
חגי
זכריה
מלאכי

יהושע

א וַיְהִי אַחֲרֵי מוֹת מֹשֶׁה עֶבֶד יהוה וַיֹּאמֶר יהוה אֶל־יְהוֹשֻׁעַ בִּן־ א
ב נוּן מְשָׁרֵת מֹשֶׁה לֵאמֹר׃ מֹשֶׁה עַבְדִּי מֵת וְעַתָּה קוּם עֲבֹר אֶת־
הַיַּרְדֵּן הַזֶּה אַתָּה וְכָל־הָעָם הַזֶּה אֶל־הָאָרֶץ אֲשֶׁר אָנֹכִי נֹתֵן
ג לָהֶם לִבְנֵי יִשְׂרָאֵל׃ כָּל־מָקוֹם אֲשֶׁר תִּדְרֹךְ כַּף־רַגְלְכֶם בּוֹ
ד לָכֶם נְתַתִּיו כַּאֲשֶׁר דִּבַּרְתִּי אֶל־מֹשֶׁה׃ מֵהַמִּדְבָּר וְהַלְּבָנוֹן הַזֶּה
וְעַד־הַנָּהָר הַגָּדוֹל נְהַר־פְּרָת כֹּל אֶרֶץ הַחִתִּים וְעַד־הַיָּם
ה הַגָּדוֹל מְבוֹא הַשָּׁמֶשׁ יִהְיֶה גְּבוּלְכֶם׃ לֹא־יִתְיַצֵּב אִישׁ לְפָנֶיךָ
כֹּל יְמֵי חַיֶּיךָ כַּאֲשֶׁר הָיִיתִי עִם־מֹשֶׁה אֶהְיֶה עִמָּךְ לֹא אַרְפְּךָ
ו וְלֹא אֶעֶזְבֶךָּ׃ חֲזַק וֶאֱמָץ כִּי אַתָּה תַּנְחִיל אֶת־הָעָם הַזֶּה אֶת־
ז הָאָרֶץ אֲשֶׁר־נִשְׁבַּעְתִּי לַאֲבוֹתָם לָתֵת לָהֶם׃ רַק חֲזַק וֶאֱמַץ
מְאֹד לִשְׁמֹר לַעֲשׂוֹת כְּכָל־הַתּוֹרָה אֲשֶׁר צִוְּךָ מֹשֶׁה עַבְדִּי אַל־
תָּסוּר מִמֶּנּוּ יָמִין וּשְׂמֹאול לְמַעַן תַּשְׂכִּיל בְּכֹל אֲשֶׁר תֵּלֵךְ׃
ח לֹא־יָמוּשׁ סֵפֶר הַתּוֹרָה הַזֶּה מִפִּיךָ וְהָגִיתָ בּוֹ יוֹמָם וָלַיְלָה לְמַעַן
תִּשְׁמֹר לַעֲשׂוֹת כְּכָל־הַכָּתוּב בּוֹ כִּי־אָז תַּצְלִיחַ אֶת־דְּרָכֶךָ וְאָז
ט תַּשְׂכִּיל׃ הֲלוֹא צִוִּיתִיךָ חֲזַק וֶאֱמָץ אַל־תַּעֲרֹץ וְאַל־תֵּחָת כִּי
י עִמְּךָ יהוה אֱלֹהֶיךָ בְּכֹל אֲשֶׁר תֵּלֵךְ׃ וַיְצַו יְהוֹשֻׁעַ
יא אֶת־שֹׁטְרֵי הָעָם לֵאמֹר׃ עִבְרוּ ׀ בְּקֶרֶב הַמַּחֲנֶה וְצַוּוּ אֶת־
הָעָם לֵאמֹר הָכִינוּ לָכֶם צֵידָה כִּי בְּעוֹד ׀ שְׁלֹשֶׁת יָמִים אַתֶּם
עֹבְרִים אֶת־הַיַּרְדֵּן הַזֶּה לָבוֹא לָרֶשֶׁת אֶת־הָאָרֶץ אֲשֶׁר יהוה
יב אֱלֹהֵיכֶם נֹתֵן לָכֶם לְרִשְׁתָּהּ׃ וְלָרְאוּבֵנִי וְלַגָּדִי
יג וְלַחֲצִי שֵׁבֶט הַמְנַשֶּׁה אָמַר יְהוֹשֻׁעַ לֵאמֹר׃ זָכוֹר אֶת־הַדָּבָר
אֲשֶׁר צִוָּה אֶתְכֶם מֹשֶׁה עֶבֶד־יהוה לֵאמֹר יהוה אֱלֹהֵיכֶם מֵנִיחַ
יד לָכֶם וְנָתַן לָכֶם אֶת־הָאָרֶץ הַזֹּאת׃ נְשֵׁיכֶם טַפְּכֶם וּמִקְנֵיכֶם
יֵשְׁבוּ בָּאָרֶץ אֲשֶׁר נָתַן לָכֶם מֹשֶׁה בְּעֵבֶר הַיַּרְדֵּן וְאַתֶּם תַּעַבְרוּ
טו חֲמֻשִׁים לִפְנֵי אֲחֵיכֶם כֹּל גִּבּוֹרֵי הַחַיִל וַעֲזַרְתֶּם אוֹתָם׃ עַד
אֲשֶׁר־יָנִיחַ יהוה ׀ לַאֲחֵיכֶם כָּכֶם וְיָרְשׁוּ גַם־הֵמָּה אֶת־הָאָרֶץ
אֲשֶׁר־יהוה אֱלֹהֵיכֶם נֹתֵן לָהֶם וְשַׁבְתֶּם לְאֶרֶץ יְרֻשַּׁתְכֶם

וִֽירִשְׁתֶּם אוֹתָהּ אֲשֶׁר ׀ נָתַן לָכֶם מֹשֶׁה עֶבֶד יְהוָה בְּעֵבֶר הַיַּרְדֵּן
טז מִזְרַח הַשָּׁמֶשׁ׃ וַיַּעֲנוּ אֶת־יְהוֹשֻׁעַ לֵאמֹר כֹּל אֲשֶׁר־צִוִּיתָנוּ
יז נַעֲשֶׂה וְאֶל־כָּל־אֲשֶׁר תִּשְׁלָחֵנוּ נֵלֵךְ׃ כְּכֹל אֲשֶׁר־שָׁמַעְנוּ אֶל־
מֹשֶׁה כֵּן נִשְׁמַע אֵלֶיךָ רַק יִהְיֶה יְהוָה אֱלֹהֶיךָ עִמָּךְ כַּאֲשֶׁר הָיָה
יח עִם־מֹשֶׁה׃ כָּל־אִישׁ אֲשֶׁר־יַמְרֶה אֶת־פִּיךָ וְלֹא־יִשְׁמַע אֶת־
דְּבָרֶיךָ לְכֹל אֲשֶׁר־תְּצַוֶּנּוּ יוּמָת רַק חֲזַק וֶאֱמָץ׃
ב א וַיִּשְׁלַח יְהוֹשֻׁעַ בִּן־נוּן מִן־הַשִּׁטִּים שְׁנַיִם אֲנָשִׁים מְרַגְּלִים חֶרֶשׁ
לֵאמֹר לְכוּ רְאוּ אֶת־הָאָרֶץ וְאֶת־יְרִיחוֹ וַיֵּלְכוּ וַיָּבֹאוּ בֵּית אִשָּׁה
ב זוֹנָה וּשְׁמָהּ רָחָב וַיִּשְׁכְּבוּ־שָׁמָּה׃ וַיֵּאָמַר לְמֶלֶךְ יְרִיחוֹ לֵאמֹר
הִנֵּה אֲנָשִׁים בָּאוּ הֵנָּה הַלַּיְלָה מִבְּנֵי יִשְׂרָאֵל לַחְפֹּר אֶת־הָאָרֶץ׃
ג וַיִּשְׁלַח מֶלֶךְ יְרִיחוֹ אֶל־רָחָב לֵאמֹר הוֹצִיאִי הָאֲנָשִׁים הַבָּאִים
ד אֵלַיִךְ אֲשֶׁר־בָּאוּ לְבֵיתֵךְ כִּי לַחְפֹּר אֶת־כָּל־הָאָרֶץ בָּאוּ׃ וַתִּקַּח
הָאִשָּׁה אֶת־שְׁנֵי הָאֲנָשִׁים וַתִּצְפְּנוֹ וַתֹּאמֶר כֵּן בָּאוּ אֵלַי
ה הָאֲנָשִׁים וְלֹא יָדַעְתִּי מֵאַיִן הֵמָּה׃ וַיְהִי הַשַּׁעַר לִסְגּוֹר בַּחֹשֶׁךְ
וְהָאֲנָשִׁים יָצָאוּ לֹא יָדַעְתִּי אָנָה הָלְכוּ הָאֲנָשִׁים רִדְפוּ מַהֵר
ו אַחֲרֵיהֶם כִּי תַשִּׂיגוּם׃ וְהִיא הֶעֱלָתַם הַגָּגָה וַתִּטְמְנֵם בְּפִשְׁתֵּי
ז הָעֵץ הָעֲרֻכוֹת לָהּ עַל־הַגָּג׃ וְהָאֲנָשִׁים רָדְפוּ אַחֲרֵיהֶם דֶּרֶךְ
הַיַּרְדֵּן עַל הַמַּעְבְּרוֹת וְהַשַּׁעַר סָגָרוּ אַחֲרֵי כַּאֲשֶׁר יָצְאוּ
ח הָרֹדְפִים אַחֲרֵיהֶם׃ וְהֵמָּה טֶרֶם יִשְׁכָּבוּן וְהִיא עָלְתָה עֲלֵיהֶם
ט עַל־הַגָּג׃ וַתֹּאמֶר אֶל־הָאֲנָשִׁים יָדַעְתִּי כִּי־נָתַן יְהוָה לָכֶם
אֶת־הָאָרֶץ וְכִי־נָפְלָה אֵימַתְכֶם עָלֵינוּ וְכִי נָמֹגוּ כָּל־יֹשְׁבֵי
י הָאָרֶץ מִפְּנֵיכֶם׃ כִּי שָׁמַעְנוּ אֵת אֲשֶׁר־הוֹבִישׁ יְהוָה אֶת־מֵי
יַם־סוּף מִפְּנֵיכֶם בְּצֵאתְכֶם מִמִּצְרָיִם וַאֲשֶׁר עֲשִׂיתֶם לִשְׁנֵי מַלְכֵי
הָאֱמֹרִי אֲשֶׁר בְּעֵבֶר הַיַּרְדֵּן לְסִיחֹן וּלְעוֹג אֲשֶׁר הֶחֱרַמְתֶּם
יא אוֹתָם׃ וַנִּשְׁמַע וַיִּמַּס לְבָבֵנוּ וְלֹא־קָמָה עוֹד רוּחַ בְּאִישׁ
מִפְּנֵיכֶם כִּי יְהוָה אֱלֹהֵיכֶם הוּא אֱלֹהִים בַּשָּׁמַיִם מִמַּעַל וְעַל־
יב הָאָרֶץ מִתָּחַת׃ וְעַתָּה הִשָּׁבְעוּ־נָא לִי בַּיהוָה כִּי־עָשִׂיתִי עִמָּכֶם

חֶסֶד וַעֲשִׂיתֶם גַּם־אַתֶּם עִם־בֵּית אָבִי חֶסֶד וּנְתַתֶּם לִי אוֹת
יג אֱמֶת׃ וְהַחֲיִתֶם אֶת־אָבִי וְאֶת־אִמִּי וְאֶת־אַחַי וְאֶת־אחותי אַחְיוֹתַי
יד וְאֵת כָּל־אֲשֶׁר לָהֶם וְהִצַּלְתֶּם אֶת־נַפְשֹׁתֵינוּ מִמָּוֶת׃ וַיֹּאמְרוּ
לָהּ הָאֲנָשִׁים נַפְשֵׁנוּ תַחְתֵּיכֶם לָמוּת אִם לֹא תַגִּידוּ אֶת־
דְּבָרֵנוּ זֶה וְהָיָה בְּתֵת־יְהוָה לָנוּ אֶת־הָאָרֶץ וְעָשִׂינוּ עִמָּךְ חֶסֶד
טו וֶאֱמֶת׃ וַתּוֹרִדֵם בַּחֶבֶל בְּעַד הַחַלּוֹן כִּי בֵיתָהּ בְּקִיר הַחוֹמָה
טז וּבַחוֹמָה הִיא יוֹשָׁבֶת׃ וַתֹּאמֶר לָהֶם הָהָרָה לֵּכוּ פֶּן־יִפְגְּעוּ
בָכֶם הָרֹדְפִים וְנַחְבֵּתֶם שָׁמָּה שְׁלֹשֶׁת יָמִים עַד שׁוֹב הָרֹדְפִים
יז וְאַחַר תֵּלְכוּ לְדַרְכְּכֶם׃ וַיֹּאמְרוּ אֵלֶיהָ הָאֲנָשִׁים נְקִיִּם אֲנַחְנוּ
יח מִשְּׁבֻעָתֵךְ הַזֶּה אֲשֶׁר הִשְׁבַּעְתָּנוּ׃ הִנֵּה אֲנַחְנוּ בָאִים בָּאָרֶץ
אֶת־תִּקְוַת חוּט הַשָּׁנִי הַזֶּה תִּקְשְׁרִי בַּחַלּוֹן אֲשֶׁר הוֹרַדְתֵּנוּ
בוֹ וְאֶת־אָבִיךְ וְאֶת־אִמֵּךְ וְאֶת־אַחַיִךְ וְאֵת כָּל־בֵּית אָבִיךְ
יט תַּאַסְפִי אֵלַיִךְ הַבָּיְתָה׃ וְהָיָה כֹּל אֲשֶׁר־יֵצֵא מִדַּלְתֵי בֵיתֵךְ ׀
הַחוּצָה דָּמוֹ בְרֹאשׁוֹ וַאֲנַחְנוּ נְקִיִּם וְכֹל אֲשֶׁר יִהְיֶה אִתָּךְ בַּבַּיִת
כ דָּמוֹ בְרֹאשֵׁנוּ אִם־יָד תִּהְיֶה־בּוֹ׃ וְאִם־תַּגִּידִי אֶת־דְּבָרֵנוּ זֶה
כא וְהָיִינוּ נְקִיִּם מִשְּׁבֻעָתֵךְ אֲשֶׁר הִשְׁבַּעְתָּנוּ׃ וַתֹּאמֶר כְּדִבְרֵיכֶם
כֶּן־הוּא וַתְּשַׁלְּחֵם וַיֵּלֵכוּ וַתִּקְשֹׁר אֶת־תִּקְוַת הַשָּׁנִי בַּחַלּוֹן׃
כב וַיֵּלְכוּ וַיָּבֹאוּ הָהָרָה וַיֵּשְׁבוּ שָׁם שְׁלֹשֶׁת יָמִים עַד־שָׁבוּ הָרֹדְפִים
כג וַיְבַקְשׁוּ הָרֹדְפִים בְּכָל־הַדֶּרֶךְ וְלֹא מָצָאוּ׃ וַיָּשֻׁבוּ שְׁנֵי הָאֲנָשִׁים
וַיֵּרְדוּ מֵהָהָר וַיַּעַבְרוּ וַיָּבֹאוּ אֶל־יְהוֹשֻׁעַ בִּן־נוּן וַיְסַפְּרוּ־
כד לוֹ אֵת כָּל־הַמֹּצְאוֹת אוֹתָם׃ וַיֹּאמְרוּ אֶל־יְהוֹשֻׁעַ כִּי־נָתַן
יְהוָה בְּיָדֵנוּ אֶת־כָּל־הָאָרֶץ וְגַם־נָמֹגוּ כָּל־יֹשְׁבֵי הָאָרֶץ
ג א מִפָּנֵינוּ׃ וַיַּשְׁכֵּם יְהוֹשֻׁעַ בַּבֹּקֶר וַיִּסְעוּ מֵהַשִּׁטִּים
וַיָּבֹאוּ עַד־הַיַּרְדֵּן הוּא וְכָל־בְּנֵי יִשְׂרָאֵל וַיָּלִנוּ שָׁם טֶרֶם יַעֲבֹרוּ׃
ב וַיְהִי מִקְצֵה שְׁלֹשֶׁת יָמִים וַיַּעַבְרוּ הַשֹּׁטְרִים בְּקֶרֶב הַמַּחֲנֶה׃
ג וַיְצַוּוּ אֶת־הָעָם לֵאמֹר כִּרְאֹתְכֶם אֵת אֲרוֹן בְּרִית־יְהוָה
אֱלֹהֵיכֶם וְהַכֹּהֲנִים הַלְוִיִּם נֹשְׂאִים אֹתוֹ וְאַתֶּם תִּסְעוּ מִמְּקוֹמְכֶם

ד וַהֲלַכְתֶּם אַחֲרָיו׃ אַךְ ׀ רָחוֹק יִהְיֶה בֵּינֵיכֶם וּבֵינָו כְּאַלְפַּיִם אַמָּה
בַּמִּדָּה אַל־תִּקְרְבוּ אֵלָיו לְמַעַן אֲשֶׁר־תֵּדְעוּ אֶת־הַדֶּרֶךְ אֲשֶׁר תֵּלְכוּ־
ה בָהּ כִּי לֹא עֲבַרְתֶּם בַּדֶּרֶךְ מִתְּמוֹל שִׁלְשׁוֹם׃ וַיֹּאמֶר
יְהוֹשֻׁעַ אֶל־הָעָם הִתְקַדָּשׁוּ כִּי מָחָר יַעֲשֶׂה יְהוָה בְּקִרְבְּכֶם
ו נִפְלָאוֹת׃ וַיֹּאמֶר יְהוֹשֻׁעַ אֶל־הַכֹּהֲנִים לֵאמֹר שְׂאוּ אֶת־אֲרוֹן
הַבְּרִית וְעִבְרוּ לִפְנֵי הָעָם וַיִּשְׂאוּ אֶת־אֲרוֹן הַבְּרִית וַיֵּלְכוּ
ז לִפְנֵי הָעָם׃ וַיֹּאמֶר יְהוָה אֶל־יְהוֹשֻׁעַ הַיּוֹם הַזֶּה ב
אָחֵל גַּדֶּלְךָ בְּעֵינֵי כָּל־יִשְׂרָאֵל אֲשֶׁר יֵדְעוּן כִּי כַּאֲשֶׁר הָיִיתִי
ח עִם־מֹשֶׁה אֶהְיֶה עִמָּךְ׃ וְאַתָּה תְּצַוֶּה אֶת־הַכֹּהֲנִים נֹשְׂאֵי
אֲרוֹן־הַבְּרִית לֵאמֹר כְּבֹאֲכֶם עַד־קְצֵה מֵי הַיַּרְדֵּן בַּיַּרְדֵּן
ט תַּעֲמֹדוּ׃ וַיֹּאמֶר יְהוֹשֻׁעַ אֶל־בְּנֵי יִשְׂרָאֵל גֹּשׁוּ הֵנָּה
י וְשִׁמְעוּ אֶת־דִּבְרֵי יְהוָה אֱלֹהֵיכֶם׃ וַיֹּאמֶר יְהוֹשֻׁעַ בְּזֹאת
תֵּדְעוּן כִּי אֵל חַי בְּקִרְבְּכֶם וְהוֹרֵשׁ יוֹרִישׁ מִפְּנֵיכֶם אֶת־הַכְּנַעֲנִי
וְאֶת־הַחִתִּי וְאֶת־הַחִוִּי וְאֶת־הַפְּרִזִּי וְאֶת־הַגִּרְגָּשִׁי וְהָאֱמֹרִי
יא וְהַיְבוּסִי׃ הִנֵּה אֲרוֹן הַבְּרִית אֲדוֹן כָּל־הָאָרֶץ עֹבֵר לִפְנֵיכֶם
יב בַּיַּרְדֵּן׃ וְעַתָּה קְחוּ לָכֶם שְׁנֵי עָשָׂר אִישׁ מִשִּׁבְטֵי יִשְׂרָאֵל אִישׁ־
יג אֶחָד אִישׁ־אֶחָד לַשָּׁבֶט׃ וְהָיָה כְּנוֹחַ כַּפּוֹת רַגְלֵי הַכֹּהֲנִים נֹשְׂאֵי
אֲרוֹן יְהוָה אֲדוֹן כָּל־הָאָרֶץ בְּמֵי הַיַּרְדֵּן מֵי הַיַּרְדֵּן יִכָּרֵתוּן
יד הַמַּיִם הַיֹּרְדִים מִלְמָעְלָה וְיַעַמְדוּ נֵד אֶחָד׃ וַיְהִי בִּנְסֹעַ הָעָם
מֵאָהֳלֵיהֶם לַעֲבֹר אֶת־הַיַּרְדֵּן וְהַכֹּהֲנִים נֹשְׂאֵי הָאָרוֹן הַבְּרִית
טו לִפְנֵי הָעָם׃ וּכְבוֹא נֹשְׂאֵי הָאָרוֹן עַד־הַיַּרְדֵּן וְרַגְלֵי הַכֹּהֲנִים
נֹשְׂאֵי הָאָרוֹן נִטְבְּלוּ בִּקְצֵה הַמָּיִם וְהַיַּרְדֵּן מָלֵא עַל־כָּל־גְּדוֹתָיו
טז כֹּל יְמֵי קָצִיר׃ וַיַּעַמְדוּ הַמַּיִם הַיֹּרְדִים מִלְמַעְלָה קָמוּ נֵד־אֶחָד
הַרְחֵק מְאֹד בָאָדָם הָעִיר אֲשֶׁר מִצַּד צָרְתָן וְהַיֹּרְדִים עַל יָם מאדם
יז הָעֲרָבָה יָם־הַמֶּלַח תַּמּוּ נִכְרָתוּ וְהָעָם עָבְרוּ נֶגֶד יְרִיחוֹ׃ וַיַּעַמְדוּ
הַכֹּהֲנִים נֹשְׂאֵי הָאָרוֹן בְּרִית־יְהוָה בֶּחָרָבָה בְּתוֹךְ הַיַּרְדֵּן
הָכֵן וְכָל־יִשְׂרָאֵל עֹבְרִים בֶּחָרָבָה עַד אֲשֶׁר־תַּמּוּ כָּל־הַגּוֹי

א לַעֲבוֹר אֶת־הַיַּרְדֵּן: וַיְהִי כַּאֲשֶׁר־תַּמּוּ כָל־הַגּוֹי לַעֲבוֹר אֶת־
ב הַיַּרְדֵּן   וַיֹּאמֶר יהוה אֶל־יְהוֹשֻׁעַ לֵאמֹר: קְחוּ
לָכֶם מִן־הָעָם שְׁנֵים עָשָׂר אֲנָשִׁים אִישׁ־אֶחָד אִישׁ־אֶחָד
ג מִשָּׁבֶט: וְצַוּוּ אוֹתָם לֵאמֹר שְׂאוּ־לָכֶם מִזֶּה מִתּוֹךְ הַיַּרְדֵּן
מִמַּצַּב רַגְלֵי הַכֹּהֲנִים הָכִין שְׁתֵּים־עֶשְׂרֵה אֲבָנִים וְהַעֲבַרְתֶּם
אוֹתָם עִמָּכֶם וְהִנַּחְתֶּם אוֹתָם בַּמָּלוֹן אֲשֶׁר־תָּלִינוּ בוֹ
ד הַלָּיְלָה: וַיִּקְרָא יְהוֹשֻׁעַ אֶל־שְׁנֵים הֶעָשָׂר אִישׁ
ה אֲשֶׁר הֵכִין מִבְּנֵי יִשְׂרָאֵל אִישׁ־אֶחָד אִישׁ־אֶחָד מִשָּׁבֶט: וַיֹּאמֶר
לָהֶם יְהוֹשֻׁעַ עִבְרוּ לִפְנֵי אֲרוֹן יהוה אֱלֹהֵיכֶם אֶל־תּוֹךְ הַיַּרְדֵּן
וְהָרִימוּ לָכֶם אִישׁ אֶבֶן אַחַת עַל־שִׁכְמוֹ לְמִסְפַּר שִׁבְטֵי בְנֵי־
ו יִשְׂרָאֵל: לְמַעַן תִּהְיֶה זֹאת אוֹת בְּקִרְבְּכֶם כִּי־יִשְׁאָלוּן בְּנֵיכֶם
ז מָחָר לֵאמֹר מָה הָאֲבָנִים הָאֵלֶּה לָכֶם: וַאֲמַרְתֶּם לָהֶם אֲשֶׁר
נִכְרְתוּ מֵימֵי הַיַּרְדֵּן מִפְּנֵי אֲרוֹן בְּרִית־יהוה בְּעָבְרוֹ בַּיַּרְדֵּן
נִכְרְתוּ מֵי הַיַּרְדֵּן וְהָיוּ הָאֲבָנִים הָאֵלֶּה לְזִכָּרוֹן לִבְנֵי יִשְׂרָאֵל
ח עַד־עוֹלָם: וַיַּעֲשׂוּ־כֵן בְּנֵי־יִשְׂרָאֵל כַּאֲשֶׁר צִוָּה יְהוֹשֻׁעַ וַיִּשְׂאוּ
שְׁתֵּי־עֶשְׂרֵה אֲבָנִים מִתּוֹךְ הַיַּרְדֵּן כַּאֲשֶׁר דִּבֶּר יהוה אֶל־יְהוֹשֻׁעַ
לְמִסְפַּר שִׁבְטֵי בְנֵי־יִשְׂרָאֵל וַיַּעֲבִרוּם עִמָּם אֶל־הַמָּלוֹן וַיַּנִּחוּם
ט שָׁם: וּשְׁתֵּים עֶשְׂרֵה אֲבָנִים הֵקִים יְהוֹשֻׁעַ בְּתוֹךְ הַיַּרְדֵּן תַּחַת
מַצַּב רַגְלֵי הַכֹּהֲנִים נֹשְׂאֵי אֲרוֹן הַבְּרִית וַיִּהְיוּ שָׁם עַד הַיּוֹם
י הַזֶּה: וְהַכֹּהֲנִים נֹשְׂאֵי הָאָרוֹן עֹמְדִים בְּתוֹךְ הַיַּרְדֵּן עַד־תֹּם
כָּל־הַדָּבָר אֲשֶׁר־צִוָּה יהוה אֶת־יְהוֹשֻׁעַ לְדַבֵּר אֶל־הָעָם כְּכֹל
יא אֲשֶׁר־צִוָּה מֹשֶׁה אֶת־יְהוֹשֻׁעַ וַיְמַהֲרוּ הָעָם וַיַּעֲבֹרוּ: וַיְהִי
כַּאֲשֶׁר־תַּם כָּל־הָעָם לַעֲבוֹר וַיַּעֲבֹר אֲרוֹן־יהוה וְהַכֹּהֲנִים לִפְנֵי
יב הָעָם: וַיַּעַבְרוּ בְּנֵי־רְאוּבֵן וּבְנֵי־גָד וַחֲצִי שֵׁבֶט הַמְנַשֶּׁה חֲמֻשִׁים
יג לִפְנֵי בְּנֵי יִשְׂרָאֵל כַּאֲשֶׁר דִּבֶּר אֲלֵיהֶם מֹשֶׁה: כְּאַרְבָּעִים
אֶלֶף חֲלוּצֵי הַצָּבָא עָבְרוּ לִפְנֵי יהוה לַמִּלְחָמָה אֶל עַרְבוֹת
יד יְרִיחוֹ:   בַּיּוֹם הַהוּא גִּדַּל יהוה אֶת־יְהוֹשֻׁעַ בְּעֵינֵי

כל־ישראל ויראו אתו כאשר יראו את־משה כל־ימי
טו טז חייו: ויאמר יהוה אל־יהושע לאמר: צוה
יז את־הכהנים נשאי ארון העדות ויעלו מן־הירדן: ויצו יהושע
יח את־הכהנים לאמר עלו מן־הירדן: ויהי בעלות הכהנים כעלות
נשאי ארון ברית־יהוה מתוך הירדן נתקו כפות רגלי
הכהנים אל החרבה וישבו מי־הירדן למקומם וילכו כתמול־
יט שלשום על־כל־גדותיו: והעם עלו מן־הירדן בעשור לחדש
כ הראשון ויחנו בגלגל בקצה מזרח יריחו: ואת שתים עשרה
האבנים האלה אשר לקחו מן־הירדן הקים יהושע בגלגל:
כא ויאמר אל־בני ישראל לאמר אשר ישאלון בניכם מחר את־
כב אבותם לאמר מה האבנים האלה: והודעתם את־בניכם
כג לאמר ביבשה עבר ישראל את־הירדן הזה: אשר־הוביש
יהוה אלהיכם את־מי הירדן מפניכם עד־עברכם כאשר עשה
יהוה אלהיכם לים־סוף אשר־הוביש מפנינו עד־עברנו:
כד ג למען דעת כל־עמי הארץ את־יד יהוה כי חזקה היא למען
ה א יראתם את־יהוה אלהיכם כל־הימים: ויהי
כשמע כל־מלכי האמרי אשר בעבר הירדן ימה וכל־מלכי
הכנעני אשר על־הים את אשר־הוביש יהוה את־מי הירדן
מפני בני־ישראל עד־עברנו וימס לבבם ולא־היה בם עוד עברם
ב רוח מפני בני־ישראל: בעת ההיא אמר יהוה
אל־יהושע עשה לך חרבות צרים ושוב מל את־בני־ישראל
ג שנית: ויעש־לו יהושע חרבות צרים וימל את־בני ישראל
ד אל־גבעת הערלות: וזה הדבר אשר־מל יהושע כל־העם
היצא ממצרים הזכרים כל | אנשי המלחמה מתו במדבר
ה בדרך בצאתם ממצרים: כי־מלים היו כל־העם היצאים
וכל־העם הילדים במדבר בדרך בצאתם ממצרים לא־מלו:
ו כי | ארבעים שנה הלכו בני־ישראל במדבר עד־תם כל־

הַגּוֹי אַנְשֵׁי הַמִּלְחָמָה הַיֹּצְאִים מִמִּצְרַיִם אֲשֶׁר לֹא־שָׁמְעוּ בְּקוֹל
יְהוָה אֲשֶׁר נִשְׁבַּע יְהוָה לָהֶם לְבִלְתִּי הַרְאוֹתָם אֶת־הָאָרֶץ
אֲשֶׁר נִשְׁבַּע יְהוָה לַאֲבוֹתָם לָתֶת לָנוּ אֶרֶץ זָבַת חָלָב וּדְבָשׁ׃
ז וְאֶת־בְּנֵיהֶם הֵקִים תַּחְתָּם אֹתָם מָל יְהוֹשֻׁעַ כִּי־עֲרֵלִים הָיוּ כִּי
ח לֹא־מָלוּ אוֹתָם בַּדָּרֶךְ׃ וַיְהִי כַּאֲשֶׁר־תַּמּוּ כָל־הַגּוֹי לְהִמּוֹל
ט וַיֵּשְׁבוּ תַחְתָּם בַּמַּחֲנֶה עַד חֲיוֹתָם׃ וַיֹּאמֶר יְהוָה
אֶל־יְהוֹשֻׁעַ הַיּוֹם גַּלּוֹתִי אֶת־חֶרְפַּת מִצְרַיִם מֵעֲלֵיכֶם וַיִּקְרָא
י שֵׁם הַמָּקוֹם הַהוּא גִּלְגָּל עַד הַיּוֹם הַזֶּה׃ וַיַּחֲנוּ בְנֵי־יִשְׂרָאֵל
בַּגִּלְגָּל וַיַּעֲשׂוּ אֶת־הַפֶּסַח בְּאַרְבָּעָה עָשָׂר יוֹם לַחֹדֶשׁ בָּעֶרֶב
יא בְּעַרְבוֹת יְרִיחוֹ׃ וַיֹּאכְלוּ מֵעֲבוּר הָאָרֶץ מִמָּחֳרַת הַפֶּסַח מַצּוֹת
יב וְקָלוּי בְּעֶצֶם הַיּוֹם הַזֶּה׃ וַיִּשְׁבֹּת הַמָּן מִמָּחֳרָת בְּאָכְלָם מֵעֲבוּר
הָאָרֶץ וְלֹא־הָיָה עוֹד לִבְנֵי יִשְׂרָאֵל מָן וַיֹּאכְלוּ מִתְּבוּאַת אֶרֶץ
יג כְּנַעַן בַּשָּׁנָה הַהִיא׃ וַיְהִי בִּהְיוֹת יְהוֹשֻׁעַ בִּירִיחוֹ
וַיִּשָּׂא עֵינָיו וַיַּרְא וְהִנֵּה־אִישׁ עֹמֵד לְנֶגְדּוֹ וְחַרְבּוֹ שְׁלוּפָה בְּיָדוֹ
יד וַיֵּלֶךְ יְהוֹשֻׁעַ אֵלָיו וַיֹּאמֶר לוֹ הֲלָנוּ אַתָּה אִם־לְצָרֵינוּ׃ וַיֹּאמֶר ׀
לֹא כִּי אֲנִי שַׂר־צְבָא־יְהוָה עַתָּה בָאתִי וַיִּפֹּל יְהוֹשֻׁעַ אֶל־
פָּנָיו אַרְצָה וַיִּשְׁתָּחוּ וַיֹּאמֶר לוֹ מָה אֲדֹנִי מְדַבֵּר אֶל־עַבְדּוֹ׃
טו וַיֹּאמֶר שַׂר־צְבָא יְהוָה אֶל־יְהוֹשֻׁעַ שַׁל־נַעַלְךָ מֵעַל רַגְלֶךָ כִּי
הַמָּקוֹם אֲשֶׁר אַתָּה עֹמֵד עָלָיו קֹדֶשׁ הוּא וַיַּעַשׂ יְהוֹשֻׁעַ כֵּן׃
ו א וִירִיחוֹ סֹגֶרֶת וּמְסֻגֶּרֶת מִפְּנֵי בְּנֵי יִשְׂרָאֵל אֵין יוֹצֵא וְאֵין
ב בָּא׃ וַיֹּאמֶר יְהוָה אֶל־יְהוֹשֻׁעַ רְאֵה נָתַתִּי בְיָדְךָ
ג אֶת־יְרִיחוֹ וְאֶת־מַלְכָּהּ גִּבּוֹרֵי הֶחָיִל׃ וְסַבֹּתֶם אֶת־הָעִיר כֹּל
אַנְשֵׁי הַמִּלְחָמָה הַקֵּיף אֶת־הָעִיר פַּעַם אֶחָת כֹּה תַעֲשֶׂה שֵׁשֶׁת
ד יָמִים׃ וְשִׁבְעָה כֹהֲנִים יִשְׂאוּ שִׁבְעָה שׁוֹפְרוֹת הַיּוֹבְלִים לִפְנֵי
הָאָרוֹן וּבַיּוֹם הַשְּׁבִיעִי תָּסֹבּוּ אֶת־הָעִיר שֶׁבַע פְּעָמִים וְהַכֹּהֲנִים
ה יִתְקְעוּ בַּשּׁוֹפָרוֹת׃ וְהָיָה בִּמְשֹׁךְ ׀ בְּקֶרֶן הַיּוֹבֵל בשמעכם אֶת־ כְּשָׁמְעֲכֶם
קוֹל הַשּׁוֹפָר יָרִיעוּ כָל־הָעָם תְּרוּעָה גְדוֹלָה וְנָפְלָה חוֹמַת הָעִיר

ו תַחְתֶּיהָ וְעָלוּ הָעָם אִישׁ נֶגְדּוֹ: וַיִּקְרָא יְהוֹשֻׁעַ בִּן־נוּן אֶל־
הַכֹּהֲנִים וַיֹּאמֶר אֲלֵהֶם שְׂאוּ אֶת־אֲרוֹן הַבְּרִית וְשִׁבְעָה כֹהֲנִים
ז יִשְׂאוּ שִׁבְעָה שׁוֹפְרוֹת יוֹבְלִים לִפְנֵי אֲרוֹן יְהוָה: וַיֹּאמְרוּ אֶל־ וַיֹּאמֶר
הָעָם עִבְרוּ וְסֹבּוּ אֶת־הָעִיר וְהֶחָלוּץ יַעֲבֹר לִפְנֵי אֲרוֹן יְהוָה:
ח וַיְהִי כֶּאֱמֹר יְהוֹשֻׁעַ אֶל־הָעָם וְשִׁבְעָה הַכֹּהֲנִים נֹשְׂאִים שִׁבְעָה
שׁוֹפְרוֹת הַיּוֹבְלִים לִפְנֵי יְהוָה עָבְרוּ וְתָקְעוּ בַּשּׁוֹפָרוֹת וַאֲרוֹן
ט בְּרִית יְהוָה הֹלֵךְ אַחֲרֵיהֶם: וְהֶחָלוּץ הֹלֵךְ לִפְנֵי הַכֹּהֲנִים תקעו תֹּקְעֵי
הַשּׁוֹפָרוֹת וְהַמְאַסֵּף הֹלֵךְ אַחֲרֵי הָאָרוֹן הָלוֹךְ וְתָקוֹעַ בַּשּׁוֹפָרוֹת:
י וְאֶת־הָעָם צִוָּה יְהוֹשֻׁעַ לֵאמֹר לֹא תָרִיעוּ וְלֹא־תַשְׁמִיעוּ אֶת־
קוֹלְכֶם וְלֹא־יֵצֵא מִפִּיכֶם דָּבָר עַד יוֹם אָמְרִי אֲלֵיכֶם הָרִיעוּ
יא וַהֲרֵיעֹתֶם: וַיַּסֵּב אֲרוֹן־יְהוָה אֶת־הָעִיר הַקֵּף פַּעַם אֶחָת וַיָּבֹאוּ
יב הַמַּחֲנֶה וַיָּלִינוּ בַּמַּחֲנֶה: וַיַּשְׁכֵּם יְהוֹשֻׁעַ בַּבֹּקֶר
יג וַיִּשְׂאוּ הַכֹּהֲנִים אֶת־אֲרוֹן יְהוָה: וְשִׁבְעָה הַכֹּהֲנִים נֹשְׂאִים
שִׁבְעָה שׁוֹפְרוֹת הַיֹּבְלִים לִפְנֵי אֲרוֹן יְהוָה הֹלְכִים הָלוֹךְ וְתָקְעוּ
בַּשּׁוֹפָרוֹת וְהֶחָלוּץ הֹלֵךְ לִפְנֵיהֶם וְהַמְאַסֵּף הֹלֵךְ אַחֲרֵי אֲרוֹן
יד יְהוָה הולך וְתָקוֹעַ בַּשּׁוֹפָרוֹת: וַיָּסֹבּוּ אֶת־הָעִיר בַּיּוֹם הַשֵּׁנִי הָלוֹךְ
טו פַּעַם אַחַת וַיָּשֻׁבוּ הַמַּחֲנֶה כֹּה עָשׂוּ שֵׁשֶׁת יָמִים: וַיְהִי ׀ בַּיּוֹם
הַשְּׁבִיעִי וַיַּשְׁכִּמוּ כַּעֲלוֹת הַשַּׁחַר וַיָּסֹבּוּ אֶת־הָעִיר כַּמִּשְׁפָּט הַזֶּה
שֶׁבַע פְּעָמִים רַק בַּיּוֹם הַהוּא סָבְבוּ אֶת־הָעִיר שֶׁבַע פְּעָמִים:
טז וַיְהִי בַּפַּעַם הַשְּׁבִיעִית תָּקְעוּ הַכֹּהֲנִים בַּשּׁוֹפָרוֹת וַיֹּאמֶר יְהוֹשֻׁעַ
יז אֶל־הָעָם הָרִיעוּ כִּי־נָתַן יְהוָה לָכֶם אֶת־הָעִיר: וְהָיְתָה הָעִיר
חֵרֶם הִיא וְכָל־אֲשֶׁר־בָּהּ לַיהוָה רַק רָחָב הַזּוֹנָה תִּחְיֶה הִיא
וְכָל־אֲשֶׁר אִתָּהּ בַּבַּיִת כִּי הֶחְבְּאַתָה אֶת־הַמַּלְאָכִים אֲשֶׁר
יח שָׁלָחְנוּ: וְרַק־אַתֶּם שִׁמְרוּ מִן־הַחֵרֶם פֶּן־תַּחֲרִימוּ וּלְקַחְתֶּם מִן־
יט הַחֵרֶם וְשַׂמְתֶּם אֶת־מַחֲנֵה יִשְׂרָאֵל לְחֵרֶם וַעֲכַרְתֶּם אוֹתוֹ: וְכֹל ׀
כֶּסֶף וְזָהָב וּכְלֵי נְחֹשֶׁת וּבַרְזֶל קֹדֶשׁ הוּא לַיהוָה אוֹצַר יְהוָה
כ יָבוֹא: וַיָּרַע הָעָם וַיִּתְקְעוּ בַּשֹּׁפָרוֹת וַיְהִי כִשְׁמֹעַ הָעָם אֶת־

קוֹל הַשּׁוֹפָר וַיָּרִיעוּ הָעָם תְּרוּעָה גְדוֹלָה וַתִּפֹּל הַחוֹמָה תַּחְתֶּיהָ
כא וַיַּעַל הָעָם הָעִירָה אִישׁ נֶגְדּוֹ וַיִּלְכְּדוּ אֶת־הָעִיר׃ וַיַּחֲרִימוּ אֶת־
כָּל־אֲשֶׁר בָּעִיר מֵאִישׁ וְעַד־אִשָּׁה מִנַּעַר וְעַד־זָקֵן וְעַד שׁוֹר
כב וָשֶׂה וַחֲמוֹר לְפִי־חָרֶב׃ וְלִשְׁנַיִם הָאֲנָשִׁים הַמְרַגְּלִים אֶת־הָאָרֶץ
אָמַר יְהוֹשֻׁעַ בֹּאוּ בֵּית־הָאִשָּׁה הַזּוֹנָה וְהוֹצִיאוּ מִשָּׁם אֶת־
כג הָאִשָּׁה וְאֶת־כָּל־אֲשֶׁר־לָהּ כַּאֲשֶׁר נִשְׁבַּעְתֶּם לָהּ׃ וַיָּבֹאוּ
הַנְּעָרִים הַמְרַגְּלִים וַיֹּצִיאוּ אֶת־רָחָב וְאֶת־אָבִיהָ וְאֶת־אִמָּהּ
וְאֶת־אַחֶיהָ וְאֶת־כָּל־אֲשֶׁר־לָהּ וְאֵת כָּל־מִשְׁפְּחוֹתֶיהָ הוֹצִיאוּ
כד וַיַּנִּיחוּם מִחוּץ לְמַחֲנֵה יִשְׂרָאֵל׃ וְהָעִיר שָׂרְפוּ בָאֵשׁ וְכָל־אֲשֶׁר־
בָּהּ רַק ׀ הַכֶּסֶף וְהַזָּהָב וּכְלֵי הַנְּחֹשֶׁת וְהַבַּרְזֶל נָתְנוּ אוֹצַר
כה בֵּית־יְהוָה׃ וְאֶת־רָחָב הַזּוֹנָה וְאֶת־בֵּית אָבִיהָ וְאֶת־כָּל־
אֲשֶׁר־לָהּ הֶחֱיָה יְהוֹשֻׁעַ וַתֵּשֶׁב בְּקֶרֶב יִשְׂרָאֵל עַד הַיּוֹם הַזֶּה
כִּי הֶחְבִּיאָה אֶת־הַמַּלְאָכִים אֲשֶׁר־שָׁלַח יְהוֹשֻׁעַ לְרַגֵּל אֶת־
כו יְרִיחוֹ׃ וַיַּשְׁבַּע יְהוֹשֻׁעַ בָּעֵת הַהִיא לֵאמֹר אָרוּר
הָאִישׁ לִפְנֵי יְהוָה אֲשֶׁר יָקוּם וּבָנָה אֶת־הָעִיר הַזֹּאת אֶת־יְרִיחוֹ
כז בִּבְכֹרוֹ יְיַסְּדֶנָּה וּבִצְעִירוֹ יַצִּיב דְּלָתֶיהָ׃ וַיְהִי ד
ז א יְהוָה אֶת־יְהוֹשֻׁעַ וַיְהִי שָׁמְעוֹ בְּכָל־הָאָרֶץ׃ וַיִּמְעֲלוּ בְנֵי־יִשְׂרָאֵל
מַעַל בַּחֵרֶם וַיִּקַּח עָכָן בֶּן־כַּרְמִי בֶן־זַבְדִּי בֶן־זֶרַח לְמַטֵּה יְהוּדָה
ב מִן־הַחֵרֶם וַיִּחַר־אַף יְהוָה בִּבְנֵי יִשְׂרָאֵל׃ וַיִּשְׁלַח
יְהוֹשֻׁעַ אֲנָשִׁים מִירִיחוֹ הָעַי אֲשֶׁר עִם־בֵּית אָוֶן מִקֶּדֶם לְבֵית־
אֵל וַיֹּאמֶר אֲלֵיהֶם לֵאמֹר עֲלוּ וְרַגְּלוּ אֶת־הָאָרֶץ וַיַּעֲלוּ
ג הָאֲנָשִׁים וַיְרַגְּלוּ אֶת־הָעָי׃ וַיָּשֻׁבוּ אֶל־יְהוֹשֻׁעַ וַיֹּאמְרוּ אֵלָיו
אַל־יַעַל כָּל־הָעָם כְּאַלְפַּיִם אִישׁ אוֹ כִּשְׁלֹשֶׁת אֲלָפִים אִישׁ
יַעֲלוּ וְיַכּוּ אֶת־הָעָי אַל־תְּיַגַּע שָׁמָּה אֶת־כָּל־הָעָם כִּי מְעַט
ד הֵמָּה׃ וַיַּעֲלוּ מִן־הָעָם שָׁמָּה כִּשְׁלֹשֶׁת אֲלָפִים אִישׁ וַיָּנֻסוּ לִפְנֵי
ה אַנְשֵׁי הָעָי׃ וַיַּכּוּ מֵהֶם אַנְשֵׁי הָעַי כִּשְׁלֹשִׁים וְשִׁשָּׁה אִישׁ
וַיִּרְדְּפוּם לִפְנֵי הַשַּׁעַר עַד־הַשְּׁבָרִים וַיַּכּוּם בַּמּוֹרָד וַיִּמַּס לְבַב־

ו הָעָם וַיְהִי לְמָיִם׃ וַיִּקְרַע יְהוֹשֻׁעַ שִׂמְלֹתָיו וַיִּפֹּל עַל־פָּנָיו אַרְצָה
לִפְנֵי אֲרוֹן יְהוָה עַד־הָעֶרֶב הוּא וְזִקְנֵי יִשְׂרָאֵל וַיַּעֲלוּ עָפָר עַל־
ז רֹאשָׁם׃ וַיֹּאמֶר יְהוֹשֻׁעַ אֲהָהּ ׀ אֲדֹנָי יֱהֹוִה לָמָה הֵעֲבַרְתָּ
הַעֲבִיר אֶת־הָעָם הַזֶּה אֶת־הַיַּרְדֵּן לָתֵת אֹתָנוּ בְּיַד הָאֱמֹרִי
ח לְהַאֲבִידֵנוּ וְלוּ הוֹאַלְנוּ וַנֵּשֶׁב בְּעֵבֶר הַיַּרְדֵּן׃ בִּי אֲדֹנָי מָה אֹמַר
ט אַחֲרֵי אֲשֶׁר הָפַךְ יִשְׂרָאֵל עֹרֶף לִפְנֵי אֹיְבָיו׃ וְיִשְׁמְעוּ הַכְּנַעֲנִי
וְכֹל יֹשְׁבֵי הָאָרֶץ וְנָסַבּוּ עָלֵינוּ וְהִכְרִיתוּ אֶת־שְׁמֵנוּ מִן־הָאָרֶץ
י וּמַה־תַּעֲשֶׂה לְשִׁמְךָ הַגָּדוֹל׃ וַיֹּאמֶר יְהוָה אֶל־
יא יְהוֹשֻׁעַ קֻם לָךְ לָמָּה זֶּה אַתָּה נֹפֵל עַל־פָּנֶיךָ׃ חָטָא יִשְׂרָאֵל
וְגַם עָבְרוּ אֶת־בְּרִיתִי אֲשֶׁר צִוִּיתִי אוֹתָם וְגַם לָקְחוּ מִן־הַחֵרֶם
יב וְגַם גָּנְבוּ וְגַם כִּחֲשׁוּ וְגַם שָׂמוּ בִכְלֵיהֶם׃ וְלֹא יֻכְלוּ בְּנֵי יִשְׂרָאֵל
לָקוּם לִפְנֵי אֹיְבֵיהֶם עֹרֶף יִפְנוּ לִפְנֵי אֹיְבֵיהֶם כִּי הָיוּ לְחֵרֶם לֹא
יג אוֹסִיף לִהְיוֹת עִמָּכֶם אִם־לֹא תַשְׁמִידוּ הַחֵרֶם מִקִּרְבְּכֶם׃ קֻם
קַדֵּשׁ אֶת־הָעָם וְאָמַרְתָּ הִתְקַדְּשׁוּ לְמָחָר כִּי כֹה אָמַר יְהוָה
אֱלֹהֵי יִשְׂרָאֵל חֵרֶם בְּקִרְבְּךָ יִשְׂרָאֵל לֹא תוּכַל לָקוּם לִפְנֵי
יד אֹיְבֶיךָ עַד־הֲסִירְכֶם הַחֵרֶם מִקִּרְבְּכֶם׃ וְנִקְרַבְתֶּם בַּבֹּקֶר
לְשִׁבְטֵיכֶם וְהָיָה הַשֵּׁבֶט אֲשֶׁר־יִלְכְּדֶנּוּ יְהוָה יִקְרַב לַמִּשְׁפָּחוֹת
וְהַמִּשְׁפָּחָה אֲשֶׁר־יִלְכְּדֶנָּה יְהוָה תִּקְרַב לַבָּתִּים וְהַבַּיִת אֲשֶׁר
טו יִלְכְּדֶנּוּ יְהוָה יִקְרַב לַגְּבָרִים׃ וְהָיָה הַנִּלְכָּד בַּחֵרֶם יִשָּׂרֵף בָּאֵשׁ
אֹתוֹ וְאֶת־כָּל־אֲשֶׁר־לוֹ כִּי עָבַר אֶת־בְּרִית יְהוָה וְכִי־עָשָׂה
טז נְבָלָה בְּיִשְׂרָאֵל׃ וַיַּשְׁכֵּם יְהוֹשֻׁעַ בַּבֹּקֶר וַיַּקְרֵב אֶת־יִשְׂרָאֵל
יז לִשְׁבָטָיו וַיִּלָּכֵד שֵׁבֶט יְהוּדָה׃ וַיַּקְרֵב אֶת־מִשְׁפַּחַת יְהוּדָה
וַיִּלְכֹּד אֵת מִשְׁפַּחַת הַזַּרְחִי וַיַּקְרֵב אֶת־מִשְׁפַּחַת הַזַּרְחִי
יח לַגְּבָרִים וַיִּלָּכֵד זַבְדִּי׃ וַיַּקְרֵב אֶת־בֵּיתוֹ לַגְּבָרִים וַיִּלָּכֵד עָכָן
יט בֶּן־כַּרְמִי בֶן־זַבְדִּי בֶן־זֶרַח לְמַטֵּה יְהוּדָה׃ וַיֹּאמֶר יְהוֹשֻׁעַ אֶל־
עָכָן בְּנִי שִׂים־נָא כָבוֹד לַיהוָה אֱלֹהֵי יִשְׂרָאֵל וְתֶן־לוֹ תוֹדָה
כ וְהַגֶּד־נָא לִי מֶה עָשִׂיתָ אַל־תְּכַחֵד מִמֶּנִּי׃ וַיַּעַן עָכָן אֶת־יְהוֹשֻׁעַ

וַיֹּאמֶר אָמְנָה אָנֹכִי חָטָאתִי לַיהוָה אֱלֹהֵי יִשְׂרָאֵל וְכָזֹאת
כא וְכָזֹאת עָשִׂיתִי׃ וארא בַשָּׁלָל אַדֶּרֶת שִׁנְעָר אַחַת טוֹבָה ואֶרא
וּמָאתַיִם שְׁקָלִים כֶּסֶף וּלְשׁוֹן זָהָב אֶחָד חֲמִשִּׁים שְׁקָלִים
מִשְׁקָלוֹ וָאֶחְמְדֵם וָאֶקָּחֵם וְהִנָּם טְמוּנִים בָּאָרֶץ בְּתוֹךְ הָאָהֳלִי
כב וְהַכֶּסֶף תַּחְתֶּיהָ׃ וַיִּשְׁלַח יְהוֹשֻׁעַ מַלְאָכִים וַיָּרֻצוּ הָאֹהֱלָה וְהִנֵּה
כג טְמוּנָה בְּאָהֳלוֹ וְהַכֶּסֶף תַּחְתֶּיהָ׃ וַיִּקָּחוּם מִתּוֹךְ הָאֹהֶל וַיְבִאוּם
כד אֶל־יְהוֹשֻׁעַ וְאֶל כָּל־בְּנֵי יִשְׂרָאֵל וַיַּצִּקֻם לִפְנֵי יְהוָה׃ וַיִּקַּח
יְהוֹשֻׁעַ אֶת־עָכָן בֶּן־זֶרַח וְאֶת־הַכֶּסֶף וְאֶת־הָאַדֶּרֶת וְאֶת־
לְשׁוֹן הַזָּהָב וְאֶת־בָּנָיו וְאֶת־בְּנֹתָיו וְאֶת־שׁוֹרוֹ וְאֶת־חֲמֹרוֹ
וְאֶת־צֹאנוֹ וְאֶת־אָהֳלוֹ וְאֶת־כָּל־אֲשֶׁר־לוֹ וְכָל־יִשְׂרָאֵל עִמּוֹ
כה וַיַּעֲלוּ אֹתָם עֵמֶק עָכוֹר׃ וַיֹּאמֶר יְהוֹשֻׁעַ מֶה עֲכַרְתָּנוּ יַעְכָּרְךָ
יְהוָה בַּיּוֹם הַזֶּה וַיִּרְגְּמוּ אֹתוֹ כָל־יִשְׂרָאֵל אֶבֶן וַיִּשְׂרְפוּ אֹתָם
כו בָּאֵשׁ וַיִּסְקְלוּ אֹתָם בָּאֲבָנִים׃ וַיָּקִימוּ עָלָיו גַּל־אֲבָנִים גָּדוֹל עַד
הַיּוֹם הַזֶּה וַיָּשָׁב יְהוָה מֵחֲרוֹן אַפּוֹ עַל־כֵּן קָרָא שֵׁם הַמָּקוֹם
הַהוּא עֵמֶק עָכוֹר עַד הַיּוֹם הַזֶּה׃

ח א וַיֹּאמֶר יְהוָה אֶל־יְהוֹשֻׁעַ אַל־תִּירָא וְאַל־תֵּחָת קַח עִמְּךָ אֵת
כָּל־עַם הַמִּלְחָמָה וְקוּם עֲלֵה הָעָי רְאֵה ׀ נָתַתִּי בְיָדְךָ אֶת־
ב מֶלֶךְ הָעַי וְאֶת־עַמּוֹ וְאֶת־עִירוֹ וְאֶת־אַרְצוֹ׃ וְעָשִׂיתָ לָעַי
וּלְמַלְכָּהּ כַּאֲשֶׁר עָשִׂיתָ לִירִיחוֹ וּלְמַלְכָּהּ רַק־שְׁלָלָהּ וּבְהֶמְתָּהּ
ג תָּבֹזּוּ לָכֶם שִׂים־לְךָ אֹרֵב לָעִיר מֵאַחֲרֶיהָ׃ וַיָּקָם יְהוֹשֻׁעַ וְכָל־
עַם הַמִּלְחָמָה לַעֲלוֹת הָעָי וַיִּבְחַר יְהוֹשֻׁעַ שְׁלֹשִׁים אֶלֶף אִישׁ
ד גִּבּוֹרֵי הַחַיִל וַיִּשְׁלָחֵם לָיְלָה׃ וַיְצַו אֹתָם לֵאמֹר רְאוּ אַתֶּם
אֹרְבִים לָעִיר מֵאַחֲרֵי הָעִיר אַל־תַּרְחִיקוּ מִן־הָעִיר מְאֹד
ה וִהְיִיתֶם כֻּלְּכֶם נְכֹנִים׃ וַאֲנִי וְכָל־הָעָם אֲשֶׁר אִתִּי נִקְרַב אֶל־
הָעִיר וְהָיָה כִּי־יֵצְאוּ לִקְרָאתֵנוּ כַּאֲשֶׁר בָּרִאשֹׁנָה וְנַסְנוּ
ו לִפְנֵיהֶם׃ וְיָצְאוּ אַחֲרֵינוּ עַד הַתִּיקֵנוּ אוֹתָם מִן־הָעִיר כִּי יֹאמְרוּ
ז נָסִים לְפָנֵינוּ כַּאֲשֶׁר בָּרִאשֹׁנָה וְנַסְנוּ לִפְנֵיהֶם׃ וְאַתֶּם תָּקֻמוּ

מֵהָאוֹרֵב וְהוֹרַשְׁתֶּם אֶת־הָעִיר וּנְתָנָהּ יְהוָה אֱלֹהֵיכֶם בְּיֶדְכֶם׃
ח וְהָיָה כְּתָפְשְׂכֶם אֶת־הָעִיר תַּצִּיתוּ אֶת־הָעִיר בָּאֵשׁ כִּדְבַר יְהוָה
ט תַּעֲשׂוּ רְאוּ צִוִּיתִי אֶתְכֶם׃ וַיִּשְׁלָחֵם יְהוֹשֻׁעַ וַיֵּלְכוּ אֶל־הַמַּאְרָב
וַיֵּשְׁבוּ בֵּין בֵּית־אֵל וּבֵין הָעַי מִיָּם לָעָי וַיָּלֶן יְהוֹשֻׁעַ בַּלַּיְלָה
י הַהוּא בְּתוֹךְ הָעָם׃ וַיַּשְׁכֵּם יְהוֹשֻׁעַ בַּבֹּקֶר וַיִּפְקֹד אֶת־הָעָם
יא וַיַּעַל הוּא וְזִקְנֵי יִשְׂרָאֵל לִפְנֵי הָעָם הָעָי׃ וְכָל־הָעָם הַמִּלְחָמָה
אֲשֶׁר אִתּוֹ עָלוּ וַיִּגְּשׁוּ וַיָּבֹאוּ נֶגֶד הָעִיר וַיַּחֲנוּ מִצְּפוֹן לָעַי וְהַגַּי
יב בֵּינוֹ וּבֵין הָעָי׃ וַיִּקַּח כַּחֲמֵשֶׁת אֲלָפִים אִישׁ וַיָּשֶׂם אוֹתָם אֹרֵב
יג לָעָי בֵּין בֵּית־אֵל וּבֵין הָעַי מִיָּם לעיר׃ וַיָּשִׂימוּ הָעָם אֶת־כָּל־
הַמַּחֲנֶה אֲשֶׁר מִצְּפוֹן לָעִיר וְאֶת־עֲקֵבוֹ מִיָּם לָעִיר וַיֵּלֶךְ יְהוֹשֻׁעַ
יד בַּלַּיְלָה הַהוּא בְּתוֹךְ הָעֵמֶק׃ וַיְהִי כִּרְאוֹת מֶלֶךְ־הָעַי וַיְמַהֲרוּ
וַיַּשְׁכִּימוּ וַיֵּצְאוּ אַנְשֵׁי־הָעִיר לִקְרַאת־יִשְׂרָאֵל לַמִּלְחָמָה הוּא
וְכָל־עַמּוֹ לַמּוֹעֵד לִפְנֵי הָעֲרָבָה וְהוּא לֹא יָדַע כִּי־אֹרֵב לוֹ
טו מֵאַחֲרֵי הָעִיר׃ וַיִּנָּגְעוּ יְהוֹשֻׁעַ וְכָל־יִשְׂרָאֵל לִפְנֵיהֶם וַיָּנֻסוּ דֶּרֶךְ
טז בָּעַי הַמִּדְבָּר׃ וַיִּזָּעֲקוּ כָּל־הָעָם אֲשֶׁר בעיר לִרְדֹּף אַחֲרֵיהֶם וַיִּרְדְּפוּ
יז אַחֲרֵי יְהוֹשֻׁעַ וַיִּנָּתְקוּ מִן־הָעִיר׃ וְלֹא־נִשְׁאַר אִישׁ בָּעַי וּבֵית
אֵל אֲשֶׁר לֹא־יָצְאוּ אַחֲרֵי יִשְׂרָאֵל וַיַּעַזְבוּ אֶת־הָעִיר פְּתוּחָה
יח וַיִּרְדְּפוּ אַחֲרֵי יִשְׂרָאֵל׃ וַיֹּאמֶר יְהוָה אֶל־יְהוֹשֻׁעַ
נְטֵה בַּכִּידוֹן אֲשֶׁר־בְּיָדְךָ אֶל־הָעַי כִּי בְיָדְךָ אֶתְּנֶנָּה וַיֵּט יְהוֹשֻׁעַ
יט בַּכִּידוֹן אֲשֶׁר־בְּיָדוֹ אֶל־הָעִיר׃ וְהָאוֹרֵב קָם מְהֵרָה מִמְּקוֹמוֹ
וַיָּרוּצוּ כִּנְטוֹת יָדוֹ וַיָּבֹאוּ הָעִיר וַיִּלְכְּדוּהָ וַיְמַהֲרוּ וַיַּצִּיתוּ אֶת־
כ הָעִיר בָּאֵשׁ׃ וַיִּפְנוּ אַנְשֵׁי הָעַי אַחֲרֵיהֶם וַיִּרְאוּ וְהִנֵּה עָלָה עֲשַׁן
הָעִיר הַשָּׁמַיְמָה וְלֹא־הָיָה בָהֶם יָדַיִם לָנוּס הֵנָּה וָהֵנָּה וְהָעָם
כא הַנָּס הַמִּדְבָּר נֶהְפַּךְ אֶל־הָרוֹדֵף׃ וִיהוֹשֻׁעַ וְכָל־יִשְׂרָאֵל רָאוּ כִּי־
לָכַד הָאֹרֵב אֶת־הָעִיר וְכִי עָלָה עֲשַׁן הָעִיר וַיָּשֻׁבוּ וַיַּכּוּ אֶת־
כב אַנְשֵׁי הָעָי׃ וְאֵלֶּה יָצְאוּ מִן־הָעִיר לִקְרָאתָם וַיִּהְיוּ לְיִשְׂרָאֵל
בַּתָּוֶךְ אֵלֶּה מִזֶּה וְאֵלֶּה מִזֶּה וַיַּכּוּ אוֹתָם עַד־בִּלְתִּי הִשְׁאִיר־

כג לוֹ שָׂרִיד וּפָלִיט׃ וְאֶת־מֶלֶךְ הָעַי תָּפְשׂוּ חָי וַיַּקְרִבוּ אֹתוֹ
כד אֶל־יְהוֹשֻׁעַ׃ וַיְהִי כְּכַלּוֹת יִשְׂרָאֵל לַהֲרֹג אֶת־כָּל־יֹשְׁבֵי הָעַי
בַּשָּׂדֶה בַּמִּדְבָּר אֲשֶׁר רְדָפוּם בּוֹ וַיִּפְּלוּ כֻלָּם לְפִי־חֶרֶב עַד־
תֻּמָּם וַיָּשֻׁבוּ כָל־יִשְׂרָאֵל הָעַי וַיַּכּוּ אֹתָהּ לְפִי־
כה חָרֶב׃ וַיְהִי כָל־הַנֹּפְלִים בַּיּוֹם הַהוּא מֵאִישׁ וְעַד־אִשָּׁה שְׁנֵים
כו עָשָׂר אָלֶף כֹּל אַנְשֵׁי הָעָי׃ וִיהוֹשֻׁעַ לֹא־הֵשִׁיב יָדוֹ אֲשֶׁר נָטָה
כז בַּכִּידוֹן עַד אֲשֶׁר הֶחֱרִים אֵת כָּל־יֹשְׁבֵי הָעָי׃ רַק הַבְּהֵמָה
וּשְׁלַל הָעִיר הַהִיא בָּזְזוּ לָהֶם יִשְׂרָאֵל כִּדְבַר יהוה אֲשֶׁר צִוָּה
כח אֶת־יְהוֹשֻׁעַ׃ וַיִּשְׂרֹף יְהוֹשֻׁעַ אֶת־הָעָי וַיְשִׂימֶהָ תֵּל־עוֹלָם
כט שְׁמָמָה עַד הַיּוֹם הַזֶּה׃ וְאֶת־מֶלֶךְ הָעַי תָּלָה עַל־הָעֵץ עַד־
עֵת הָעָרֶב וּכְבוֹא הַשֶּׁמֶשׁ צִוָּה יְהוֹשֻׁעַ וַיֹּרִידוּ אֶת־נִבְלָתוֹ מִן־
הָעֵץ וַיַּשְׁלִיכוּ אוֹתָהּ אֶל־פֶּתַח שַׁעַר הָעִיר וַיָּקִימוּ עָלָיו גַּל־
אֲבָנִים גָּדוֹל עַד הַיּוֹם הַזֶּה׃
ל אָז יִבְנֶה יְהוֹשֻׁעַ מִזְבֵּחַ לַיהוה אֱלֹהֵי יִשְׂרָאֵל בְּהַר עֵיבָל׃
לא כַּאֲשֶׁר צִוָּה מֹשֶׁה עֶבֶד־יהוה אֶת־בְּנֵי יִשְׂרָאֵל כַּכָּתוּב בְּסֵפֶר
תּוֹרַת מֹשֶׁה מִזְבַּח אֲבָנִים שְׁלֵמוֹת אֲשֶׁר לֹא־הֵנִיף עֲלֵיהֶן
לב בַּרְזֶל וַיַּעֲלוּ עָלָיו עֹלוֹת לַיהוה וַיִּזְבְּחוּ שְׁלָמִים׃ וַיִּכְתָּב־שָׁם
עַל־הָאֲבָנִים אֵת מִשְׁנֵה תּוֹרַת מֹשֶׁה אֲשֶׁר כָּתַב לִפְנֵי בְּנֵי
לג יִשְׂרָאֵל׃ וְכָל־יִשְׂרָאֵל וּזְקֵנָיו וְשֹׁטְרִים ׀ וְשֹׁפְטָיו עֹמְדִים מִזֶּה ׀ ה
וּמִזֶּה ׀ לָאָרוֹן נֶגֶד הַכֹּהֲנִים הַלְוִיִּם נֹשְׂאֵי ׀ אֲרוֹן בְּרִית־יהוה כַּגֵּר
כָּאֶזְרָח חֶצְיוֹ אֶל־מוּל הַר־גְּרִזִים וְהַחֶצְיוֹ אֶל־מוּל הַר־עֵיבָל
כַּאֲשֶׁר צִוָּה מֹשֶׁה עֶבֶד־יהוה לְבָרֵךְ אֶת־הָעָם יִשְׂרָאֵל
לד בָּרִאשֹׁנָה׃ וְאַחֲרֵי־כֵן קָרָא אֶת־כָּל־דִּבְרֵי הַתּוֹרָה הַבְּרָכָה
לה וְהַקְּלָלָה כְּכָל־הַכָּתוּב בְּסֵפֶר הַתּוֹרָה׃ לֹא־הָיָה דָבָר מִכֹּל
אֲשֶׁר־צִוָּה מֹשֶׁה אֲשֶׁר לֹא־קָרָא יְהוֹשֻׁעַ נֶגֶד כָּל־קְהַל יִשְׂרָאֵל
ט א וְהַנָּשִׁים וְהַטַּף וְהַגֵּר הַהֹלֵךְ בְּקִרְבָּם׃ וַיְהִי כִשְׁמֹעַ
כָּל־הַמְּלָכִים אֲשֶׁר בְּעֵבֶר הַיַּרְדֵּן בָּהָר וּבַשְּׁפֵלָה וּבְכֹל חוֹף הַיָּם

הַגָּדוֹל אֶל־מוּל הַלְּבָנוֹן הַחִתִּי וְהָאֱמֹרִי הַכְּנַעֲנִי הַפְּרִזִּי הַחִוִּי
ב וְהַיְבוּסִי: וַיִּתְקַבְּצוּ יַחְדָּו לְהִלָּחֵם עִם־יְהוֹשֻׁעַ וְעִם־יִשְׂרָאֵל פֶּה
ג אֶחָד: וְיֹשְׁבֵי גִבְעוֹן שָׁמְעוּ אֵת אֲשֶׁר עָשָׂה
ד יְהוֹשֻׁעַ לִירִיחוֹ וְלָעָי: וַיַּעֲשׂוּ גַם־הֵמָּה בְּעָרְמָה וַיֵּלְכוּ וַיִּצְטַיָּרוּ
וַיִּקְחוּ שַׂקִּים בָּלִים לַחֲמוֹרֵיהֶם וְנֹאדוֹת יַיִן בָּלִים וּמְבֻקָּעִים
ה וּמְצֹרָרִים: וּנְעָלוֹת בָּלוֹת וּמְטֻלָּאוֹת בְּרַגְלֵיהֶם וּשְׂלָמוֹת בָּלוֹת
ו עֲלֵיהֶם וְכֹל לֶחֶם צֵידָם יָבֵשׁ הָיָה נִקֻּדִים: וַיֵּלְכוּ אֶל־יְהוֹשֻׁעַ
אֶל־הַמַּחֲנֶה הַגִּלְגָּל וַיֹּאמְרוּ אֵלָיו וְאֶל־אִישׁ יִשְׂרָאֵל מֵאֶרֶץ
ז רְחוֹקָה בָּאנוּ וְעַתָּה כִּרְתוּ־לָנוּ בְרִית: וַיֹּאמרו אִישׁ־יִשְׂרָאֵל | וַיֹּאמֶר
אֶל־הַחִוִּי אוּלַי בְּקִרְבִּי אַתָּה יוֹשֵׁב וְאֵיךְ אכרות־לְךָ בְרִית: | אֶכְרָת־
ח וַיֹּאמְרוּ אֶל־יְהוֹשֻׁעַ עֲבָדֶיךָ אֲנָחְנוּ וַיֹּאמֶר אֲלֵיהֶם יְהוֹשֻׁעַ מִי
ט אַתֶּם וּמֵאַיִן תָּבֹאוּ: וַיֹּאמְרוּ אֵלָיו מֵאֶרֶץ רְחוֹקָה מְאֹד בָּאוּ
עֲבָדֶיךָ לְשֵׁם יְהוָה אֱלֹהֶיךָ כִּי־שָׁמַעְנוּ שָׁמְעוֹ וְאֵת כָּל־אֲשֶׁר
י עָשָׂה בְּמִצְרָיִם: וְאֵת | כָּל־אֲשֶׁר עָשָׂה לִשְׁנֵי מַלְכֵי הָאֱמֹרִי
אֲשֶׁר בְּעֵבֶר הַיַּרְדֵּן לְסִיחוֹן מֶלֶךְ חֶשְׁבּוֹן וּלְעוֹג מֶלֶךְ־הַבָּשָׁן
יא אֲשֶׁר בְּעַשְׁתָּרוֹת: וַיֹּאמְרוּ אֵלֵינוּ זְקֵינֵינוּ וְכָל־יֹשְׁבֵי אַרְצֵנוּ
לֵאמֹר קְחוּ בְיֶדְכֶם צֵידָה לַדֶּרֶךְ וּלְכוּ לִקְרָאתָם וַאֲמַרְתֶּם
יב אֲלֵיהֶם עַבְדֵיכֶם אֲנַחְנוּ וְעַתָּה כִּרְתוּ־לָנוּ בְרִית: זֶה | לַחְמֵנוּ
חָם הִצְטַיַּדְנוּ אֹתוֹ מִבָּתֵּינוּ בְּיוֹם צֵאתֵנוּ לָלֶכֶת אֲלֵיכֶם וְעַתָּה
יג הִנֵּה יָבֵשׁ וְהָיָה נִקֻּדִים: וְאֵלֶּה נֹאדוֹת הַיַּיִן אֲשֶׁר מִלֵּאנוּ
חֲדָשִׁים וְהִנֵּה הִתְבַּקָּעוּ וְאֵלֶּה שַׂלְמוֹתֵינוּ וּנְעָלֵינוּ בָּלוּ מֵרֹב
יד הַדֶּרֶךְ מְאֹד: וַיִּקְחוּ הָאֲנָשִׁים מִצֵּידָם וְאֶת־פִּי יְהוָה לֹא שָׁאָלוּ:
טו וַיַּעַשׂ לָהֶם יְהוֹשֻׁעַ שָׁלוֹם וַיִּכְרֹת לָהֶם בְּרִית לְחַיּוֹתָם וַיִּשָּׁבְעוּ
טז לָהֶם נְשִׂיאֵי הָעֵדָה: וַיְהִי מִקְצֵה שְׁלֹשֶׁת יָמִים אַחֲרֵי אֲשֶׁר־
כָּרְתוּ לָהֶם בְּרִית וַיִּשְׁמְעוּ כִּי־קְרֹבִים הֵם אֵלָיו וּבְקִרְבּוֹ הֵם
יז יֹשְׁבִים: וַיִּסְעוּ בְנֵי־יִשְׂרָאֵל וַיָּבֹאוּ אֶל־עָרֵיהֶם בַּיּוֹם הַשְּׁלִישִׁי
יח וְעָרֵיהֶם גִּבְעוֹן וְהַכְּפִירָה וּבְאֵרוֹת וְקִרְיַת יְעָרִים: וְלֹא הִכּוּם

בְּנֵי יִשְׂרָאֵל כִּי־נִשְׁבְּעוּ לָהֶם נְשִׂיאֵי הָעֵדָה בַּיהוָה אֱלֹהֵי
יט יִשְׂרָאֵל וַיִּלֹּנוּ כָל־הָעֵדָה עַל־הַנְּשִׂיאִים׃ וַיֹּאמְרוּ כָל־הַנְּשִׂיאִים
אֶל־כָּל־הָעֵדָה אֲנַחְנוּ נִשְׁבַּעְנוּ לָהֶם בַּיהוָה אֱלֹהֵי יִשְׂרָאֵל
כ וְעַתָּה לֹא נוּכַל לִנְגֹּעַ בָּהֶם׃ זֹאת נַעֲשֶׂה לָהֶם וְהַחֲיֵה אוֹתָם
וְלֹא־יִהְיֶה עָלֵינוּ קֶצֶף עַל־הַשְּׁבוּעָה אֲשֶׁר־נִשְׁבַּעְנוּ לָהֶם׃
כא וַיֹּאמְרוּ אֲלֵיהֶם הַנְּשִׂיאִים יִחְיוּ וַיִּהְיוּ חֹטְבֵי עֵצִים וְשֹׁאֲבֵי־
כב מַיִם לְכָל־הָעֵדָה כַּאֲשֶׁר דִּבְּרוּ לָהֶם הַנְּשִׂיאִים׃ וַיִּקְרָא לָהֶם
יְהוֹשֻׁעַ וַיְדַבֵּר אֲלֵיהֶם לֵאמֹר לָמָּה רִמִּיתֶם אֹתָנוּ לֵאמֹר
כג רְחוֹקִים אֲנַחְנוּ מִכֶּם מְאֹד וְאַתֶּם בְּקִרְבֵּנוּ יֹשְׁבִים׃ וְעַתָּה
אֲרוּרִים אַתֶּם וְלֹא־יִכָּרֵת מִכֶּם עֶבֶד וְחֹטְבֵי עֵצִים וְשֹׁאֲבֵי מַיִם
כד לְבֵית אֱלֹהָי׃ וַיַּעֲנוּ אֶת־יְהוֹשֻׁעַ וַיֹּאמְרוּ כִּי הֻגֵּד הֻגַּד לַעֲבָדֶיךָ
אֵת אֲשֶׁר צִוָּה יְהוָה אֱלֹהֶיךָ אֶת־מֹשֶׁה עַבְדּוֹ לָתֵת לָכֶם אֶת־
כָּל־הָאָרֶץ וּלְהַשְׁמִיד אֶת־כָּל־יֹשְׁבֵי הָאָרֶץ מִפְּנֵיכֶם וַנִּירָא
כה מְאֹד לְנַפְשֹׁתֵינוּ מִפְּנֵיכֶם וַנַּעֲשֵׂה אֶת־הַדָּבָר הַזֶּה׃ וְעַתָּה הִנְנוּ
כו בְיָדֶךָ כַּטּוֹב וְכַיָּשָׁר בְּעֵינֶיךָ לַעֲשׂוֹת לָנוּ עֲשֵׂה׃ וַיַּעַשׂ לָהֶם כֵּן
כז וַיַּצֵּל אוֹתָם מִיַּד בְּנֵי־יִשְׂרָאֵל וְלֹא הֲרָגוּם׃ וַיִּתְּנֵם יְהוֹשֻׁעַ בַּיּוֹם
הַהוּא חֹטְבֵי עֵצִים וְשֹׁאֲבֵי מַיִם לָעֵדָה וּלְמִזְבַּח יְהוָה עַד־
י א הַיּוֹם הַזֶּה אֶל־הַמָּקוֹם אֲשֶׁר יִבְחָר׃ וַיְהִי כִשְׁמֹעַ
אֲדֹנִי־צֶדֶק מֶלֶךְ יְרוּשָׁלִַם כִּי־לָכַד יְהוֹשֻׁעַ אֶת־הָעַי וַיַּחֲרִימָהּ
כַּאֲשֶׁר עָשָׂה לִירִיחוֹ וּלְמַלְכָּהּ כֵּן־עָשָׂה לָעַי וּלְמַלְכָּהּ וְכִי
ב הִשְׁלִימוּ יֹשְׁבֵי גִבְעוֹן אֶת־יִשְׂרָאֵל וַיִּהְיוּ בְּקִרְבָּם׃ וַיִּירְאוּ מְאֹד
כִּי עִיר גְּדוֹלָה גִּבְעוֹן כְּאַחַת עָרֵי הַמַּמְלָכָה וְכִי הִיא גְדוֹלָה
ג מִן־הָעַי וְכָל־אֲנָשֶׁיהָ גִּבֹּרִים׃ וַיִּשְׁלַח אֲדֹנִי־צֶדֶק מֶלֶךְ יְרוּשָׁלִַם
אֶל־הוֹהָם מֶלֶךְ־חֶבְרוֹן וְאֶל־פִּרְאָם מֶלֶךְ־יַרְמוּת וְאֶל־יָפִיעַ
ד מֶלֶךְ־לָכִישׁ וְאֶל־דְּבִיר מֶלֶךְ־עֶגְלוֹן לֵאמֹר׃ עֲלוּ־אֵלַי וְעִזְרֻנִי
וְנַכֶּה אֶת־גִּבְעוֹן כִּי־הִשְׁלִימָה אֶת־יְהוֹשֻׁעַ וְאֶת־בְּנֵי יִשְׂרָאֵל׃
ה וַיֵּאָסְפוּ וַיַּעֲלוּ חֲמֵשֶׁת ׀ מַלְכֵי הָאֱמֹרִי מֶלֶךְ יְרוּשָׁלִַם מֶלֶךְ־

חברון מלך־ירמות מלך־לכיש מלך־עגלון הם וכל־מחניהם
ו ויחנו על־גבעון וילחמו עליה: וישלחו אנשי גבעון אל־
יהושע אל־המחנה הגלגלה לאמר אל־תרף ידיך מעבדיך
עלה אלינו מהרה והושיעה לנו ועזרנו כי נקבצו אלינו כל־
ז מלכי האמרי ישבי ההר: ויעל יהושע מן־הגלגל הוא וכל־
ח עם המלחמה עמו וכל גבורי החיל: ויאמר ו
יהוה אל־יהושע אל־תירא מהם כי בידך נתתים לא־יעמד
ט איש מהם בפניך: ויבא אליהם יהושע פתאם כל־הלילה
י עלה מן־הגלגל: ויהמם יהוה לפני ישראל ויכם מכה־גדולה
בגבעון וירדפם דרך מעלה בית־חורן ויכם עד־עזקה ועד־
יא מקדה: ויהי בנסם ׀ מפני ישראל הם במורד בית־חורן ויהוה
השליך עליהם אבנים גדלות מן־השמים עד־עזקה וימתו
רבים אשר־מתו באבני הברד מאשר הרגו בני ישראל
יב בחרב: אז ידבר יהושע ליהוה ביום תת יהוה
את־האמרי לפני בני ישראל ויאמר ׀ לעיני ישראל שמש
יג בגבעון דום וירח בעמק אילון: וידם השמש וירח עמד עד־
יקם גוי איביו הלא־היא כתובה על־ספר הישר ויעמד
יד השמש בחצי השמים ולא־אץ לבוא כיום תמים: ולא היה
כיום ההוא לפניו ואחריו לשמע יהוה בקול איש כי יהוה
טו נלחם לישראל: וישב יהושע וכל־ישראל עמו
טז אל־המחנה הגלגלה: וינסו חמשת המלכים האלה ויחבאו
יז במערה במקדה: ויגד ליהושע לאמר נמצאו חמשת
יח המלכים נחבאים במערה במקדה: ויאמר יהושע גלו אבנים
יט גדלות אל־פי המערה והפקידו עליה אנשים לשמרם: ואתם
אל־תעמדו רדפו אחרי איביכם וזנבתם אותם אל־תתנום
כ לבוא אל־עריהם כי נתנם יהוה אלהיכם בידכם: ויהי
ככלות יהושע ובני ישראל להכותם מכה גדלה־מאד עד־

כא תֻּמָּם וְהַשְּׂרִידִים שָׂרְדוּ מֵהֶם וַיָּבֹאוּ אֶל־עָרֵי הַמִּבְצָר׃ וַיָּשֻׁבוּ
כָל־הָעָם אֶל־הַמַּחֲנֶה אֶל־יְהוֹשֻׁעַ מַקֵּדָה בְּשָׁלוֹם לֹא־חָרַץ
כב לִבְנֵי יִשְׂרָאֵל לְאִישׁ אֶת־לְשֹׁנוֹ׃ וַיֹּאמֶר יְהוֹשֻׁעַ פִּתְחוּ אֶת־פִּי
הַמְּעָרָה וְהוֹצִיאוּ אֵלַי אֶת־חֲמֵשֶׁת הַמְּלָכִים הָאֵלֶּה מִן־
כג הַמְּעָרָה׃ וַיַּעֲשׂוּ כֵן וַיֹּצִיאוּ אֵלָיו אֶת־חֲמֵשֶׁת הַמְּלָכִים הָאֵלֶּה
מִן־הַמְּעָרָה אֵת ׀ מֶלֶךְ יְרוּשָׁלִַם אֶת־מֶלֶךְ חֶבְרוֹן אֶת־מֶלֶךְ
כד יַרְמוּת אֶת־מֶלֶךְ לָכִישׁ אֶת־מֶלֶךְ עֶגְלוֹן׃ וַיְהִי כְּהוֹצִיאָם אֶת־
הַמְּלָכִים הָאֵלֶּה אֶל־יְהוֹשֻׁעַ וַיִּקְרָא יְהוֹשֻׁעַ אֶל־כָּל־אִישׁ
יִשְׂרָאֵל וַיֹּאמֶר אֶל־קְצִינֵי אַנְשֵׁי הַמִּלְחָמָה הֶהָלְכוּא אִתּוֹ
קִרְבוּ שִׂימוּ אֶת־רַגְלֵיכֶם עַל־צַוְּארֵי הַמְּלָכִים הָאֵלֶּה וַיִּקְרְבוּ
כה וַיָּשִׂימוּ אֶת־רַגְלֵיהֶם עַל־צַוְּארֵיהֶם׃ וַיֹּאמֶר אֲלֵיהֶם יְהוֹשֻׁעַ אַל־
תִּירְאוּ וְאַל־תֵּחָתּוּ חִזְקוּ וְאִמְצוּ כִּי כָכָה יַעֲשֶׂה יְהוָה לְכָל־
כו אֹיְבֵיכֶם אֲשֶׁר אַתֶּם נִלְחָמִים אוֹתָם׃ וַיַּכֵּם יְהוֹשֻׁעַ אַחֲרֵי־כֵן
וַיְמִיתֵם וַיִּתְלֵם עַל חֲמִשָּׁה עֵצִים וַיִּהְיוּ תְּלוּיִם עַל־הָעֵצִים
כז עַד־הָעָרֶב׃ וַיְהִי לְעֵת ׀ בּוֹא הַשֶּׁמֶשׁ צִוָּה יְהוֹשֻׁעַ וַיֹּרִידוּם מֵעַל
הָעֵצִים וַיַּשְׁלִכֻם אֶל־הַמְּעָרָה אֲשֶׁר נֶחְבְּאוּ־שָׁם וַיָּשִׂמוּ אֲבָנִים
כח גְּדֹלוֹת עַל־פִּי הַמְּעָרָה עַד־עֶצֶם הַיּוֹם הַזֶּה׃ וְאֶת־
מַקֵּדָה לָכַד יְהוֹשֻׁעַ בַּיּוֹם הַהוּא וַיַּכֶּהָ לְפִי־חֶרֶב וְאֶת־מַלְכָּהּ
הֶחֱרִם אוֹתָם וְאֶת־כָּל־הַנֶּפֶשׁ אֲשֶׁר־בָּהּ לֹא הִשְׁאִיר שָׂרִיד וַיַּעַשׂ
כט לְמֶלֶךְ מַקֵּדָה כַּאֲשֶׁר עָשָׂה לְמֶלֶךְ יְרִיחוֹ׃ וַיַּעֲבֹר
יְהוֹשֻׁעַ וְכָל־יִשְׂרָאֵל עִמּוֹ מִמַּקֵּדָה לִבְנָה וַיִּלָּחֶם עִם־לִבְנָה׃
ל וַיִּתֵּן יְהוָה גַּם־אוֹתָהּ בְּיַד יִשְׂרָאֵל וְאֶת־מַלְכָּהּ וַיַּכֶּהָ לְפִי־חֶרֶב
וְאֶת־כָּל־הַנֶּפֶשׁ אֲשֶׁר־בָּהּ לֹא־הִשְׁאִיר בָּהּ שָׂרִיד וַיַּעַשׂ
לא לְמַלְכָּהּ כַּאֲשֶׁר עָשָׂה לְמֶלֶךְ יְרִיחוֹ׃ וַיַּעֲבֹר יְהוֹשֻׁעַ
וְכָל־יִשְׂרָאֵל עִמּוֹ מִלִּבְנָה לָכִישָׁה וַיִּחַן עָלֶיהָ וַיִּלָּחֶם בָּהּ׃
לב וַיִּתֵּן יְהוָה אֶת־לָכִישׁ בְּיַד יִשְׂרָאֵל וַיִּלְכְּדָהּ בַּיּוֹם הַשֵּׁנִי
וַיַּכֶּהָ לְפִי־חֶרֶב וְאֶת־כָּל־הַנֶּפֶשׁ אֲשֶׁר־בָּהּ כְּכֹל אֲשֶׁר־עָשָׂה

לג ללבנה: אז עלה הרם מלך גזר לעזר
את־לכיש ויכהו יהושע ואת־עמו עד־בלתי השאיר־לו
לד שריד: ויעבר יהושע וכל־ישראל עמו
לה מלכיש עגלנה ויחנו עליה וילחמו עליה: וילכדוה ביום ההוא
ויכוה לפי־חרב ואת כל־הנפש אשר־בה ביום ההוא החרים
לו ככל אשר־עשה ללכיש: ויעל יהושע וכל־
לז ישראל עמו מעגלונה חברונה וילחמו עליה: וילכדוה ויכוה־
לפי־חרב ואת־מלכה ואת־כל־עריה ואת־כל־הנפש אשר־
בה לא־השאיר שריד ככל אשר־עשה לעגלון ויחרם אותה
לח ואת־כל־הנפש אשר־בה: וישב יהושע
לט וכל־ישראל עמו דברה וילחם עליה: וילכדה ואת־מלכה
ואת־כל־עריה ויכום לפי־חרב ויחרימו את־כל־נפש אשר־
בה לא השאיר שריד כאשר עשה לחברון כן־עשה לדברה
מ ולמלכה וכאשר עשה ללבנה ולמלכה: ויכה יהושע את־
כל־הארץ ההר והנגב והשפלה והאשדות ואת כל־מלכיהם
לא השאיר שריד ואת כל־הנשמה החרים כאשר צוה יהוה
מא אלהי ישראל: ויכם יהושע מקדש ברנע ועד־עזה ואת כל־
מב ארץ גשן ועד־גבעון: ואת כל־המלכים האלה ואת־ארצם ז
לכד יהושע פעם אחת כי יהוה אלהי ישראל נלחם
מג לישראל: וישב יהושע וכל־ישראל עמו אל־המחנה
יא א הגלגלה: ויהי כשמע יבין מלך־חצור וישלח
אל־יובב מלך מדון ואל־מלך שמרון ואל־מלך אכשף:
ב ואל־המלכים אשר מצפון בהר ובערבה נגב כנרות ובשפלה
ג ובנפות דור מים: הכנעני ממזרח ומים והאמרי והחתי והפרזי
ד והיבוסי בהר והחוי תחת חרמון בארץ המצפה: ויצאו הם
וכל־מחניהם עמם עם־רב כחול אשר על־שפת־הים לרב
ה וסוס ורכב רב־מאד: ויועדו כל המלכים האלה ויבאו ויחנו

ו יַחְדָּו אֶל־מֵי מֵרוֹם לְהִלָּחֵם עִם־יִשְׂרָאֵל׃ וַיֹּאמֶר
יְהוָה אֶל־יְהוֹשֻׁעַ אַל־תִּירָא מִפְּנֵיהֶם כִּי מָחָר כָּעֵת הַזֹּאת
אָנֹכִי נֹתֵן אֶת־כֻּלָּם חֲלָלִים לִפְנֵי יִשְׂרָאֵל אֶת־סוּסֵיהֶם תְּעַקֵּר
ז וְאֶת־מַרְכְּבֹתֵיהֶם תִּשְׂרֹף בָּאֵשׁ׃ וַיָּבֹא יְהוֹשֻׁעַ וְכָל־עַם הַמִּלְחָמָה
ח עִמּוֹ עֲלֵיהֶם עַל־מֵי מֵרוֹם פִּתְאֹם וַיִּפְּלוּ בָּהֶם׃ וַיִּתְּנֵם יְהוָה
בְּיַד־יִשְׂרָאֵל וַיַּכּוּם וַיִּרְדְּפוּם עַד־צִידוֹן רַבָּה וְעַד מִשְׂרְפוֹת מַיִם
וְעַד־בִּקְעַת מִצְפֶּה מִזְרָחָה וַיַּכֻּם עַד־בִּלְתִּי הִשְׁאִיר־לָהֶם
ט שָׂרִיד׃ וַיַּעַשׂ לָהֶם יְהוֹשֻׁעַ כַּאֲשֶׁר אָמַר־לוֹ יְהוָה אֶת־סוּסֵיהֶם
י עִקֵּר וְאֶת־מַרְכְּבֹתֵיהֶם שָׂרַף בָּאֵשׁ׃ וַיָּשָׁב יְהוֹשֻׁעַ
בָּעֵת הַהִיא וַיִּלְכֹּד אֶת־חָצוֹר וְאֶת־מַלְכָּהּ הִכָּה בֶחָרֶב כִּי־
יא חָצוֹר לְפָנִים הִיא רֹאשׁ כָּל־הַמַּמְלָכוֹת הָאֵלֶּה׃ וַיַּכּוּ אֶת־כָּל־
הַנֶּפֶשׁ אֲשֶׁר־בָּהּ לְפִי־חֶרֶב הַחֲרֵם לֹא נוֹתַר כָּל־נְשָׁמָה וְאֶת־
יב חָצוֹר שָׂרַף בָּאֵשׁ׃ וְאֶת־כָּל־עָרֵי הַמְּלָכִים־הָאֵלֶּה וְאֶת־כָּל־
מַלְכֵיהֶם לָכַד יְהוֹשֻׁעַ וַיַּכֵּם לְפִי־חֶרֶב הֶחֱרִים אוֹתָם כַּאֲשֶׁר
יג צִוָּה מֹשֶׁה עֶבֶד יְהוָה׃ רַק כָּל־הֶעָרִים הָעֹמְדוֹת עַל־תִּלָּם
יד לֹא־שְׂרָפָם יִשְׂרָאֵל זוּלָתִי אֶת־חָצוֹר לְבַדָּהּ שָׂרַף יְהוֹשֻׁעַ׃ וְכֹל
שְׁלַל הֶעָרִים הָאֵלֶּה וְהַבְּהֵמָה בָּזְזוּ לָהֶם בְּנֵי יִשְׂרָאֵל רַק אֶת־
כָּל־הָאָדָם הִכּוּ לְפִי־חֶרֶב עַד־הִשְׁמִדָם אוֹתָם לֹא הִשְׁאִירוּ
טו כָּל־נְשָׁמָה׃ כַּאֲשֶׁר צִוָּה יְהוָה אֶת־מֹשֶׁה עַבְדּוֹ כֵּן־צִוָּה מֹשֶׁה
אֶת־יְהוֹשֻׁעַ וְכֵן עָשָׂה יְהוֹשֻׁעַ לֹא־הֵסִיר דָּבָר מִכֹּל אֲשֶׁר־צִוָּה
טז יְהוָה אֶת־מֹשֶׁה׃ וַיִּקַּח יְהוֹשֻׁעַ אֶת־כָּל־הָאָרֶץ הַזֹּאת הָהָר
וְאֶת־כָּל־הַנֶּגֶב וְאֵת כָּל־אֶרֶץ הַגֹּשֶׁן וְאֶת־הַשְּׁפֵלָה וְאֶת־
יז הָעֲרָבָה וְאֶת־הַר יִשְׂרָאֵל וּשְׁפֵלָתֹה׃ מִן־הָהָר הֶחָלָק הָעוֹלֶה
שֵׂעִיר וְעַד־בַּעַל גָּד בְּבִקְעַת הַלְּבָנוֹן תַּחַת הַר־חֶרְמוֹן וְאֵת
יח כָּל־מַלְכֵיהֶם לָכַד וַיַּכֵּם וַיְמִיתֵם׃ יָמִים רַבִּים עָשָׂה יְהוֹשֻׁעַ
יט אֶת־כָּל־הַמְּלָכִים הָאֵלֶּה מִלְחָמָה׃ לֹא־הָיְתָה עִיר אֲשֶׁר
הִשְׁלִימָה אֶל־בְּנֵי יִשְׂרָאֵל בִּלְתִּי הַחִוִּי יֹשְׁבֵי גִבְעוֹן אֶת־הַכֹּל

כ לְקָחוּ בַּמִּלְחָמָה: כִּי־מֵאֵת יְהוָה ׀ הָיְתָה לְחַזֵּק אֶת־לִבָּם
לִקְרַאת הַמִּלְחָמָה אֶת־יִשְׂרָאֵל לְמַעַן הַחֲרִימָם לְבִלְתִּי הֱיוֹת־
לָהֶם תְּחִנָּה כִּי לְמַעַן הַשְׁמִידָם כַּאֲשֶׁר צִוָּה יְהוָה אֶת־
כא מֹשֶׁה: וַיָּבֹא יְהוֹשֻׁעַ בָּעֵת הַהִיא וַיַּכְרֵת אֶת־
הָעֲנָקִים מִן־הָהָר מִן־חֶבְרוֹן מִן־דְּבִר מִן־עֲנָב וּמִכֹּל הַר
כב יְהוּדָה וּמִכֹּל הַר יִשְׂרָאֵל עִם־עָרֵיהֶם הֶחֱרִימָם יְהוֹשֻׁעַ: לֹא־
נוֹתַר עֲנָקִים בְּאֶרֶץ בְּנֵי יִשְׂרָאֵל רַק בְּעַזָּה בְּגַת וּבְאַשְׁדּוֹד
כג נִשְׁאָרוּ: וַיִּקַּח יְהוֹשֻׁעַ אֶת־כָּל־הָאָרֶץ כְּכֹל אֲשֶׁר דִּבֶּר יְהוָה אֶל־
מֹשֶׁה וַיִּתְּנָהּ יְהוֹשֻׁעַ לְנַחֲלָה לְיִשְׂרָאֵל כְּמַחְלְקֹתָם לְשִׁבְטֵיהֶם
יב א וְהָאָרֶץ שָׁקְטָה מִמִּלְחָמָה: וְאֵלֶּה ׀ מַלְכֵי הָאָרֶץ
אֲשֶׁר הִכּוּ בְנֵי־יִשְׂרָאֵל וַיִּרְשׁוּ אֶת־אַרְצָם בְּעֵבֶר הַיַּרְדֵּן מִזְרְחָה
הַשָּׁמֶשׁ מִנַּחַל אַרְנוֹן עַד־הַר חֶרְמוֹן וְכָל־הָעֲרָבָה מִזְרָחָה:
ב סִיחוֹן מֶלֶךְ הָאֱמֹרִי הַיּוֹשֵׁב בְּחֶשְׁבּוֹן מֹשֵׁל מֵעֲרוֹעֵר אֲשֶׁר
עַל־שְׂפַת־נַחַל אַרְנוֹן וְתוֹךְ הַנַּחַל וַחֲצִי הַגִּלְעָד וְעַד יַבֹּק
ג הַנַּחַל גְּבוּל בְּנֵי עַמּוֹן: וְהָעֲרָבָה עַד־יָם כִּנְרוֹת מִזְרָחָה
וְעַד יָם הָעֲרָבָה יָם־הַמֶּלַח מִזְרָחָה דֶּרֶךְ בֵּית הַיְשִׁמוֹת
ד וּמִתֵּימָן תַּחַת אַשְׁדּוֹת הַפִּסְגָּה: וּגְבוּל עוֹג מֶלֶךְ הַבָּשָׁן מִיֶּתֶר
ה הָרְפָאִים הַיּוֹשֵׁב בְּעַשְׁתָּרוֹת וּבְאֶדְרֶעִי: וּמֹשֵׁל בְּהַר חֶרְמוֹן
וּבְסַלְכָה וּבְכָל־הַבָּשָׁן עַד־גְּבוּל הַגְּשׁוּרִי וְהַמַּעֲכָתִי וַחֲצִי
ו הַגִּלְעָד גְּבוּל סִיחוֹן מֶלֶךְ־חֶשְׁבּוֹן: מֹשֶׁה עֶבֶד־יְהוָה וּבְנֵי
יִשְׂרָאֵל הִכּוּם וַיִּתְּנָהּ מֹשֶׁה עֶבֶד־יְהוָה יְרֻשָּׁה לָרְאוּבֵנִי וְלַגָּדִי
ז וְלַחֲצִי שֵׁבֶט הַמְנַשֶּׁה: וְאֵלֶּה מַלְכֵי הָאָרֶץ
אֲשֶׁר הִכָּה יְהוֹשֻׁעַ וּבְנֵי יִשְׂרָאֵל בְּעֵבֶר הַיַּרְדֵּן יָמָּה מִבַּעַל גָּד
בְּבִקְעַת הַלְּבָנוֹן וְעַד־הָהָר הֶחָלָק הָעֹלֶה שֵׂעִירָה וַיִּתְּנָהּ
ח יְהוֹשֻׁעַ לְשִׁבְטֵי יִשְׂרָאֵל יְרֻשָּׁה כְּמַחְלְקֹתָם: בָּהָר וּבַשְּׁפֵלָה
וּבָעֲרָבָה וּבָאֲשֵׁדוֹת וּבַמִּדְבָּר וּבַנֶּגֶב הַחִתִּי הָאֱמֹרִי וְהַכְּנַעֲנִי
הַפְּרִזִּי הַחִוִּי וְהַיְבוּסִי:

ט מֶלֶךְ יְרִיחוֹ אֶחָד
מֶלֶךְ הָעַי אֲשֶׁר־מִצַּד בֵּית־אֵל אֶחָד׃
י מֶלֶךְ יְרוּשָׁלִַם אֶחָד
מֶלֶךְ חֶבְרוֹן אֶחָד׃
יא מֶלֶךְ יַרְמוּת אֶחָד
מֶלֶךְ לָכִישׁ אֶחָד׃
יב מֶלֶךְ עֶגְלוֹן אֶחָד
מֶלֶךְ גֶּזֶר אֶחָד׃
יג מֶלֶךְ דְּבִר אֶחָד
מֶלֶךְ גֶּדֶר אֶחָד׃
יד מֶלֶךְ חָרְמָה אֶחָד
מֶלֶךְ עֲרָד אֶחָד׃
טו מֶלֶךְ לִבְנָה אֶחָד
מֶלֶךְ עֲדֻלָּם אֶחָד׃
טז מֶלֶךְ מַקֵּדָה אֶחָד
מֶלֶךְ בֵּית־אֵל אֶחָד׃
יז מֶלֶךְ תַּפּוּחַ אֶחָד
מֶלֶךְ חֵפֶר אֶחָד׃
יח מֶלֶךְ אֲפֵק אֶחָד
מֶלֶךְ לַשָּׁרוֹן אֶחָד׃
יט מֶלֶךְ מָדוֹן אֶחָד
מֶלֶךְ חָצוֹר אֶחָד׃
כ מֶלֶךְ שִׁמְרוֹן מְרֹאון אֶחָד
מֶלֶךְ אַכְשָׁף אֶחָד׃
כא מֶלֶךְ תַּעְנַךְ אֶחָד
מֶלֶךְ מְגִדּוֹ אֶחָד׃
כב מֶלֶךְ קֶדֶשׁ אֶחָד

מֶלֶךְ־יָקְנְעָם לַכַּרְמֶל אֶחָד:
מֶלֶךְ דּוֹר לְנָפַת דּוֹר אֶחָד כג
מֶלֶךְ־גּוֹיִם לְגִלְגָּל אֶחָד:
מֶלֶךְ תִּרְצָה אֶחָד כד
כָּל־מְלָכִים שְׁלֹשִׁים וְאֶחָד:

ח וִיהוֹשֻׁעַ זָקֵן בָּא בַּיָּמִים וַיֹּאמֶר יְהוָה אֵלָיו אַתָּה זָקַנְתָּה בָּאתָ א יג
בַיָּמִים וְהָאָרֶץ נִשְׁאֲרָה הַרְבֵּה־מְאֹד לְרִשְׁתָּהּ: זֹאת הָאָרֶץ ב
הַנִּשְׁאָרֶת כָּל־גְּלִילוֹת הַפְּלִשְׁתִּים וְכָל־הַגְּשׁוּרִי: מִן־הַשִּׁיחוֹר ג
אֲשֶׁר ׀ עַל־פְּנֵי מִצְרַיִם וְעַד גְּבוּל עֶקְרוֹן צָפוֹנָה לַכְּנַעֲנִי תֵּחָשֵׁב
חֲמֵשֶׁת ׀ סַרְנֵי פְלִשְׁתִּים הָעַזָּתִי וְהָאַשְׁדּוֹדִי הָאֶשְׁקְלוֹנִי הַגִּתִּי
וְהָעֶקְרוֹנִי וְהָעַוִּים: מִתֵּימָן כָּל־אֶרֶץ הַכְּנַעֲנִי וּמְעָרָה אֲשֶׁר ד
לַצִּידֹנִים עַד־אֲפֵקָה עַד גְּבוּל הָאֱמֹרִי: וְהָאָרֶץ הַגִּבְלִי וְכָל־ ה
הַלְּבָנוֹן מִזְרַח הַשֶּׁמֶשׁ מִבַּעַל גָּד תַּחַת הַר־חֶרְמוֹן עַד לְבוֹא
חֲמָת: כָּל־יֹשְׁבֵי הָהָר מִן־הַלְּבָנוֹן עַד־מִשְׂרְפֹת מַיִם כָּל־ ו
צִידֹנִים אָנֹכִי אוֹרִישֵׁם מִפְּנֵי בְּנֵי יִשְׂרָאֵל רַק הַפִּלֶהָ לְיִשְׂרָאֵל
בְּנַחֲלָה כַּאֲשֶׁר צִוִּיתִיךָ: וְעַתָּה חַלֵּק אֶת־הָאָרֶץ הַזֹּאת בְּנַחֲלָה ז
לְתִשְׁעַת הַשְּׁבָטִים וַחֲצִי הַשֵּׁבֶט הַמְנַשֶּׁה: עִמּוֹ הָראוּבֵנִי וְהַגָּדִי ח
לָקְחוּ נַחֲלָתָם אֲשֶׁר נָתַן לָהֶם מֹשֶׁה בְּעֵבֶר הַיַּרְדֵּן מִזְרָחָה
כַּאֲשֶׁר נָתַן לָהֶם מֹשֶׁה עֶבֶד יְהוָה: מֵעֲרוֹעֵר אֲשֶׁר עַל־שְׂפַת־ ט
נַחַל אַרְנוֹן וְהָעִיר אֲשֶׁר בְּתוֹךְ־הַנַּחַל וְכָל־הַמִּישֹׁר מֵידְבָא
עַד־דִּיבוֹן: וְכֹל עָרֵי סִיחוֹן מֶלֶךְ הָאֱמֹרִי אֲשֶׁר מָלַךְ בְּחֶשְׁבּוֹן י
עַד־גְּבוּל בְּנֵי עַמּוֹן: וְהַגִּלְעָד וּגְבוּל הַגְּשׁוּרִי וְהַמַּעֲכָתִי וְכֹל הַר יא
חֶרְמוֹן וְכָל־הַבָּשָׁן עַד־סַלְכָה: כָּל־מַמְלְכוּת עוֹג בַּבָּשָׁן אֲשֶׁר־ יב
מָלַךְ בְּעַשְׁתָּרוֹת וּבְאֶדְרֶעִי הוּא נִשְׁאַר מִיֶּתֶר הָרְפָאִים וַיַּכֵּם
מֹשֶׁה וַיֹּרִשֵׁם: וְלֹא הוֹרִישׁוּ בְּנֵי יִשְׂרָאֵל אֶת־הַגְּשׁוּרִי וְאֶת־ יג
הַמַּעֲכָתִי וַיֵּשֶׁב גְּשׁוּר וּמַעֲכָת בְּקֶרֶב יִשְׂרָאֵל עַד הַיּוֹם הַזֶּה:
רַק לְשֵׁבֶט הַלֵּוִי לֹא נָתַן נַחֲלָה אִשֵּׁי יְהוָה אֱלֹהֵי יִשְׂרָאֵל הוּא יד

טו נַחֲלָתוֹ כַּאֲשֶׁר דִּבֶּר־לוֹ׃ וַיִּתֵּן מֹשֶׁה לְמַטֵּה בְנֵי־
טז רְאוּבֵן לְמִשְׁפְּחֹתָם׃ וַיְהִי לָהֶם הַגְּבוּל מֵעֲרוֹעֵר אֲשֶׁר עַל־
שְׂפַת־נַחַל אַרְנוֹן וְהָעִיר אֲשֶׁר בְּתוֹךְ־הַנַּחַל וְכָל־הַמִּישֹׁר עַל־
יז מֵידְבָא׃ חֶשְׁבּוֹן וְכָל־עָרֶיהָ אֲשֶׁר בַּמִּישֹׁר דִּיבוֹן וּבָמוֹת בַּעַל
יח יט וּבֵית בַּעַל מְעוֹן׃ וְיַהְצָה וּקְדֵמֹת וּמֵפָעַת׃ וְקִרְיָתַיִם וְשִׂבְמָה
כ וְצֶרֶת הַשַּׁחַר בְּהַר הָעֵמֶק׃ וּבֵית פְּעוֹר וְאַשְׁדּוֹת הַפִּסְגָּה וּבֵית
כא הַיְשִׁמוֹת׃ וְכֹל עָרֵי הַמִּישֹׁר וְכָל־מַמְלְכוּת סִיחוֹן מֶלֶךְ הָאֱמֹרִי
אֲשֶׁר מָלַךְ בְּחֶשְׁבּוֹן אֲשֶׁר הִכָּה מֹשֶׁה אֹתוֹ ׀ וְאֶת־נְשִׂיאֵי
מִדְיָן אֶת־אֱוִי וְאֶת־רֶקֶם וְאֶת־צוּר וְאֶת־חוּר וְאֶת־רֶבַע
כב נְסִיכֵי סִיחוֹן יֹשְׁבֵי הָאָרֶץ׃ וְאֶת־בִּלְעָם בֶּן־בְּעוֹר הַקּוֹסֵם
כג הָרְגוּ בְנֵי־יִשְׂרָאֵל בַּחֶרֶב אֶל־חַלְלֵיהֶם׃ וַיְהִי גְּבוּל בְּנֵי רְאוּבֵן
הַיַּרְדֵּן וּגְבוּל זֹאת נַחֲלַת בְּנֵי־רְאוּבֵן לְמִשְׁפְּחוֹתָם הֶעָרִים
כד וְחַצְרֵיהֶן׃ וַיִּתֵּן מֹשֶׁה לְמַטֵּה גָד לִבְנֵי גָד
כה לְמִשְׁפְּחֹתָם׃ וַיְהִי לָהֶם הַגְּבוּל יַעְזֵר וְכָל־עָרֵי הַגִּלְעָד וַחֲצִי
כו אֶרֶץ בְּנֵי עַמּוֹן עַד־עֲרוֹעֵר אֲשֶׁר עַל־פְּנֵי רַבָּה׃ וּמֵחֶשְׁבּוֹן
עַד־רָמַת הַמִּצְפֶּה וּבְטֹנִים וּמִמַּחֲנַיִם עַד־גְּבוּל לִדְבִר׃
כז וּבָעֵמֶק בֵּית הָרָם וּבֵית נִמְרָה וְסֻכּוֹת וְצָפוֹן יֶתֶר מַמְלְכוּת
סִיחוֹן מֶלֶךְ חֶשְׁבּוֹן הַיַּרְדֵּן וּגְבֻל עַד־קְצֵה יָם־כִּנֶּרֶת עֵבֶר
כח הַיַּרְדֵּן מִזְרָחָה׃ זֹאת נַחֲלַת בְּנֵי־גָד לְמִשְׁפְּחֹתָם הֶעָרִים
כט וְחַצְרֵיהֶם׃ וַיִּתֵּן מֹשֶׁה לַחֲצִי שֵׁבֶט מְנַשֶּׁה וַיְהִי
ל לַחֲצִי מַטֵּה בְנֵי־מְנַשֶּׁה לְמִשְׁפְּחוֹתָם׃ וַיְהִי גְבוּלָם מִמַּחֲנַיִם
כָּל־הַבָּשָׁן כָּל־מַמְלְכוּת ׀ עוֹג מֶלֶךְ־הַבָּשָׁן וְכָל־חַוֺּת יָאִיר
לא אֲשֶׁר בַּבָּשָׁן שִׁשִּׁים עִיר׃ וַחֲצִי הַגִּלְעָד וְעַשְׁתָּרוֹת וְאֶדְרֶעִי עָרֵי
מַמְלְכוּת עוֹג בַּבָּשָׁן לִבְנֵי מָכִיר בֶּן־מְנַשֶּׁה לַחֲצִי בְנֵי־מָכִיר
לב לְמִשְׁפְּחוֹתָם׃ אֵלֶּה אֲשֶׁר־נִחַל מֹשֶׁה בְּעַרְבוֹת מוֹאָב מֵעֵבֶר
לג לְיַרְדֵּן יְרִיחוֹ מִזְרָחָה׃ וּלְשֵׁבֶט הַלֵּוִי לֹא־נָתַן מֹשֶׁה נַחֲלָה יְהוָה
יד א אֱלֹהֵי יִשְׂרָאֵל הוּא נַחֲלָתָם כַּאֲשֶׁר דִּבֶּר לָהֶם׃ וְאֵלֶּה אֲשֶׁר־

נחלו בני־ישראל בארץ כנען אשר נחלו אותם אלעזר הכהן
ב ויהושע בן־נון וראשי אבות המטות לבני ישראל: בגורל
נחלתם כאשר צוה יהוה ביד־משה לתשעת המטות וחצי
ג המטה: כי־נתן משה נחלת שני המטות וחצי המטה מעבר
ד לירדן וללוים לא־נתן נחלה בתוכם: כי־היו בני־יוסף שני
מטות מנשה ואפרים ולא־נתנו חלק ללוים בארץ כי
ה אם־ערים לשבת ומגרשיהם למקניהם ולקנינם: כאשר
צוה יהוה את־משה כן עשו בני ישראל ויחלקו את־
ו הארץ: ויגשו בני־יהודה אל־יהושע בגלגל
ויאמר אליו כלב בן־יפנה הקנזי אתה ידעת את־הדבר
אשר־דבר יהוה אל־משה איש־האלהים על אדותי ועל־
ז אדותיך בקדש ברנע: בן־ארבעים שנה אנכי בשלח משה
עבד־יהוה אתי מקדש ברנע לרגל את־הארץ ואשב אותו
ח דבר כאשר עם־לבבי: ואחי אשר עלו עמי המסיו את־לב
ט העם ואנכי מלאתי אחרי יהוה אלהי: וישבע משה ביום
ההוא לאמר אם־לא הארץ אשר דרכה רגלך בה לך תהיה
י לנחלה ולבניך עד־עולם כי מלאת אחרי יהוה אלהי: ועתה
הנה החיה יהוה ׀ אותי כאשר דבר זה ארבעים וחמש שנה
מאז דבר יהוה את־הדבר הזה אל־משה אשר־הלך ישראל
יא במדבר ועתה הנה אנכי היום בן־חמש ושמונים שנה: עודני
היום חזק כאשר ביום שלח אותי משה ככחי אז וככחי עתה
יב למלחמה ולצאת ולבוא: ועתה תנה־לי את־ההר הזה
אשר־דבר יהוה ביום ההוא כי־אתה שמעת ביום ההוא כי־
ענקים שם וערים גדלות בצרות אולי יהוה אותי והורשתים
יג כאשר דבר יהוה: ויברכהו יהושע ויתן את־חברון לכלב
יד בן־יפנה לנחלה: על־כן היתה־חברון לכלב בן־יפנה הקנזי
לנחלה עד היום הזה יען אשר מלא אחרי יהוה אלהי

טו יִשְׂרָאֵל: וְשֵׁם חֶבְרוֹן לְפָנִים קִרְיַת אַרְבַּע הָאָדָם הַגָּדוֹל ט
טו א בָּעֲנָקִים הוּא וְהָאָרֶץ שָׁקְטָה מִמִּלְחָמָה: וַיְהִי
הַגּוֹרָל לְמַטֵּה בְּנֵי יְהוּדָה לְמִשְׁפְּחֹתָם אֶל־גְּבוּל אֱדוֹם מִדְבַּר־
ב צִן נֶגְבָּה מִקְצֵה תֵימָן: וַיְהִי לָהֶם גְּבוּל נֶגֶב מִקְצֵה יָם הַמֶּלַח
ג מִן־הַלָּשֹׁן הַפֹּנֶה נֶגְבָּה: וְיָצָא אֶל־מִנֶּגֶב לְמַעֲלֵה עַקְרַבִּים
וְעָבַר צִנָה וְעָלָה מִנֶּגֶב לְקָדֵשׁ בַּרְנֵעַ וְעָבַר חֶצְרוֹן וְעָלָה
ד אַדָּרָה וְנָסַב הַקַּרְקָעָה: וְעָבַר עַצְמוֹנָה וְיָצָא נַחַל מִצְרַיִם והיה וְהָיוּ
ה תֹּצְאוֹת הַגְּבוּל יָמָּה זֶה־יִהְיֶה לָכֶם גְּבוּל נֶגֶב: וּגְבוּל קֵדְמָה
יָם הַמֶּלַח עַד־קְצֵה הַיַּרְדֵּן וּגְבוּל לִפְאַת צָפוֹנָה מִלְּשׁוֹן הַיָּם
ו מִקְצֵה הַיַּרְדֵּן: וְעָלָה הַגְּבוּל בֵּית חָגְלָה וְעָבַר מִצְּפוֹן לְבֵית
ז הָעֲרָבָה וְעָלָה הַגְּבוּל אֶבֶן בֹּהַן בֶּן־רְאוּבֵן: וְעָלָה הַגְּבוּל ׀
דְּבִרָה מֵעֵמֶק עָכוֹר וְצָפוֹנָה פֹּנֶה אֶל־הַגִּלְגָּל אֲשֶׁר־נֹכַח
לְמַעֲלֵה אֲדֻמִּים אֲשֶׁר מִנֶּגֶב לַנָּחַל וְעָבַר הַגְּבוּל אֶל־מֵי עֵין־
ח שֶׁמֶשׁ וְהָיוּ תֹצְאֹתָיו אֶל־עֵין רֹגֵל: וְעָלָה הַגְּבוּל גֵּי בֶן־הִנֹּם
אֶל־כֶּתֶף הַיְבוּסִי מִנֶּגֶב הִיא יְרוּשָׁלִָם וְעָלָה הַגְּבוּל אֶל־רֹאשׁ
הָהָר אֲשֶׁר עַל־פְּנֵי גֵי־הִנֹּם יָמָּה אֲשֶׁר בִּקְצֵה עֵמֶק־רְפָאִים
ט צָפוֹנָה: וְתָאַר הַגְּבוּל מֵרֹאשׁ הָהָר אֶל־מַעְיַן מֵי נֶפְתּוֹחַ וְיָצָא
אֶל־עָרֵי הַר־עֶפְרוֹן וְתָאַר הַגְּבוּל בַּעֲלָה הִיא קִרְיַת יְעָרִים:
י וְנָסַב הַגְּבוּל מִבַּעֲלָה יָמָּה אֶל־הַר שֵׂעִיר וְעָבַר אֶל־כֶּתֶף הַר־
יְעָרִים מִצָּפוֹנָה הִיא כְסָלוֹן וְיָרַד בֵּית־שֶׁמֶשׁ וְעָבַר תִּמְנָה:
יא וְיָצָא הַגְּבוּל אֶל־כֶּתֶף עֶקְרוֹן צָפוֹנָה וְתָאַר הַגְּבוּל שִׁכְּרוֹנָה
וְעָבַר הַר־הַבַּעֲלָה וְיָצָא יַבְנְאֵל וְהָיוּ תֹּצְאוֹת הַגְּבוּל יָמָּה:
יב וּגְבוּל יָם הַיָּמָּה הַגָּדוֹל וּגְבוּל זֶה גְּבוּל בְּנֵי־יְהוּדָה סָבִיב
יג לְמִשְׁפְּחֹתָם: וּלְכָלֵב בֶּן־יְפֻנֶּה נָתַן חֵלֶק בְּתוֹךְ בְּנֵי־יְהוּדָה אֶל־
פִּי יְהוָה לִיהוֹשֻׁעַ אֶת־קִרְיַת אַרְבַּע אֲבִי הָעֲנָק הִיא חֶבְרוֹן:
יד וַיֹּרֶשׁ מִשָּׁם כָּלֵב אֶת־שְׁלוֹשָׁה בְּנֵי הָעֲנָק אֶת־שֵׁשַׁי וְאֶת־אֲחִימַן
טו וְאֶת־תַּלְמַי יְלִידֵי הָעֲנָק: וַיַּעַל מִשָּׁם אֶל־יֹשְׁבֵי דְּבִר וְשֵׁם־

טז דבר לפנים קרית־ספר: ויאמר כלב אשר־יכה את־קרית־
יז ספר ולכדה ונתתי לו את־עכסה בתי לאשה: וילכדה
עתניאל בן־קנז אחי כלב ויתן־לו את־עכסה בתו לאשה:
יח ויהי בבואה ותסיתהו לשאול מאת־אביה שדה ותצנח מעל
יט החמור ויאמר־לה כלב מה־לך: ותאמר תנה־לי ברכה כי
ארץ הנגב נתתני ונתתה לי גלת מים ויתן־לה את גלת
כ עליות ואת גלת תחתיות: זאת נחלת מטה
כא בני־יהודה למשפחתם: ויהיו הערים מקצה למטה בני־
כב יהודה אל־גבול אדום בנגבה קבצאל ועדר ויגור: וקינה
כג כד ודימונה ועדעדה: וקדש וחצור ויתנן: זיף וטלם ובעלות:
כה כו וחצור חדתה וקריות חצרון היא חצור: אמם ושמע ומולדה:
כז כח וחצר גדה וחשמון ובית פלט: וחצר שועל ובאר שבע
כט ל לא ובזיותיה: בעלה ועיים ועצם: ואלתולד וכסיל וחרמה: וצקלג
לב ומדמנה וסנסנה: ולבאות ושלחים ועין ורמון כל־ערים
לג עשרים ותשע וחצריהן: בשפלה אשתאול
לד לה וצרעה ואשנה: וזנוח ועין גנים תפוח והעינם: ירמות
לו ועדלם שוכה ועזקה: ושערים ועדיתים והגדרה וגדרתים
לז ערים ארבע־עשרה וחצריהן: צנן וחדשה
לח לט ומגדל־גד: ודלען והמצפה ויקתאל: לכיש ובצקת ועגלון:
מ מא וכבון ולחמס וכתליש: וגדרות בית־דגון ונעמה ומקדה
מב ערים שש־עשרה וחצריהן: לבנה ועתר ועשן:
מג מד ויפתח ואשנה ונציב: וקעילה ואכזיב ומראשה ערים תשע
מה מו וחצריהן: עקרון ובנתיה וחצריה: מעקרון
מז וימה כל אשר־על־יד אשדוד וחצריהן: אשדוד
בנותיה וחצריה עזה בנותיה וחצריה עד־נחל מצרים והים
מח מט הגבול וגבול: ובהר שמיר ויתיר ושוכה: ודנה וקרית־סנה הגדול
נ נא היא דבר: וענב ואשתמה וענים: וגשן וחלן וגלה ערים

נב אַחַת־עֶשְׂרֵה וְחַצְרֵיהֶן׃ אֲרַב וְדוּמָה וְאֶשְׁעָן׃
נג נד וְיָנִים וּבֵית־תַּפּוּחַ וַאֲפֵקָה׃ וְחֻמְטָה וְקִרְיַת אַרְבַּע הִיא וְיָנוּם
נה חֶבְרוֹן וְצִיעֹר עָרִים תֵּשַׁע וְחַצְרֵיהֶן׃ מָעוֹן ׀
נו נז כַּרְמֶל וָזִיף וְיוּטָּה׃ וְיִזְרְעֶאל וְיָקְדְעָם וְזָנוֹחַ׃ הַקַּיִן גִּבְעָה
נח וְתִמְנָה עָרִים עֶשֶׂר וְחַצְרֵיהֶן׃ חַלְחוּל
נט בֵּית־צוּר וּגְדוֹר׃ וּמַעֲרָת וּבֵית־עֲנוֹת וְאֶלְתְּקֹן עָרִים שֵׁשׁ
ס וְחַצְרֵיהֶן׃ קִרְיַת־בַּעַל הִיא קִרְיַת יְעָרִים
סא וְהָרַבָּה עָרִים שְׁתַּיִם וְחַצְרֵיהֶן׃ בַּמִּדְבָּר
סב בֵּית הָעֲרָבָה מִדִּין וּסְכָכָה׃ וְהַנִּבְשָׁן וְעִיר־הַמֶּלַח וְעֵין
סג גֶּדִי עָרִים שֵׁשׁ וְחַצְרֵיהֶן׃ וְאֶת־הַיְבוּסִי יוֹשְׁבֵי
יְרוּשָׁלִַם לֹא־יוכלו בְנֵי־יְהוּדָה לְהוֹרִישָׁם וַיֵּשֶׁב הַיְבוּסִי אֶת־ יָכְלוּ
טז א בְּנֵי יְהוּדָה בִּירוּשָׁלִַם עַד הַיּוֹם הַזֶּה׃ וַיֵּצֵא הַגּוֹרָל
לִבְנֵי יוֹסֵף מִיַּרְדֵּן יְרִיחוֹ לְמֵי יְרִיחוֹ מִזְרָחָה הַמִּדְבָּר עֹלֶה
ב מִירִיחוֹ בָּהָר בֵּית־אֵל׃ וְיָצָא מִבֵּית־אֵל לוּזָה וְעָבַר אֶל־גְּבוּל
ג הָאַרְכִּי עֲטָרוֹת׃ וְיָרַד יָמָּה אֶל־גְּבוּל הַיַּפְלֵטִי עַד־גְּבוּל בֵּית־
ד חוֹרֹן תַּחְתּוֹן וְעַד־גָּזֶר וְהָיוּ תֹצְאֹתָו יָמָּה׃ וַיִּנְחֲלוּ בְנֵי־יוֹסֵף
ה מְנַשֶּׁה וְאֶפְרָיִם׃ וַיְהִי גְּבוּל בְּנֵי־אֶפְרַיִם לְמִשְׁפְּחֹתָם וַיְהִי גְּבוּל
ו נַחֲלָתָם מִזְרָחָה עַטְרוֹת אַדָּר עַד־בֵּית חוֹרֹן עֶלְיוֹן׃ וְיָצָא
הַגְּבוּל הַיָּמָּה הַמִּכְמְתָת מִצָּפוֹן וְנָסַב הַגְּבוּל מִזְרָחָה תַּאֲנַת
ז שִׁלֹה וְעָבַר אוֹתוֹ מִמִּזְרַח יָנוֹחָה׃ וְיָרַד מִיָּנוֹחָה עֲטָרוֹת
ח וְנַעֲרָתָה וּפָגַע בִּירִיחוֹ וְיָצָא הַיַּרְדֵּן׃ מִתַּפּוּחַ יֵלֵךְ הַגְּבוּל יָמָּה
נַחַל קָנָה וְהָיוּ תֹצְאֹתָיו הַיָּמָּה זֹאת נַחֲלַת מַטֵּה בְנֵי־אֶפְרַיִם
ט לְמִשְׁפְּחֹתָם׃ וְהֶעָרִים הַמִּבְדָּלוֹת לִבְנֵי אֶפְרַיִם בְּתוֹךְ נַחֲלַת
י בְּנֵי־מְנַשֶּׁה כָּל־הֶעָרִים וְחַצְרֵיהֶן׃ וְלֹא הוֹרִישׁוּ אֶת־הַכְּנַעֲנִי
הַיּוֹשֵׁב בְּגָזֶר וַיֵּשֶׁב הַכְּנַעֲנִי בְּקֶרֶב אֶפְרַיִם עַד־הַיּוֹם הַזֶּה וַיְהִי
יז א לְמַס־עֹבֵד׃ וַיְהִי הַגּוֹרָל לְמַטֵּה מְנַשֶּׁה כִּי־הוּא
בְּכוֹר יוֹסֵף לְמָכִיר בְּכוֹר מְנַשֶּׁה אֲבִי הַגִּלְעָד כִּי הוּא הָיָה אִישׁ

ב מִלְחָמָה וַיְהִי־לוֹ הַגִּלְעָד וְהַבָּשָׁן׃ וַיְהִי לִבְנֵי מְנַשֶּׁה הַנּוֹתָרִים
לְמִשְׁפְּחֹתָם לִבְנֵי אֲבִיעֶזֶר וְלִבְנֵי־חֵלֶק וְלִבְנֵי אַשְׂרִיאֵל וְלִבְנֵי־
שֶׁכֶם וְלִבְנֵי־חֵפֶר וְלִבְנֵי שְׁמִידָע אֵלֶּה בְּנֵי מְנַשֶּׁה בֶּן־יוֹסֵף
ג הַזְּכָרִים לְמִשְׁפְּחֹתָם׃ וְלִצְלָפְחָד בֶּן־חֵפֶר בֶּן־גִּלְעָד בֶּן־מָכִיר
בֶּן־מְנַשֶּׁה לֹא־הָיוּ לוֹ בָּנִים כִּי אִם־בָּנוֹת וְאֵלֶּה שְׁמוֹת בְּנֹתָיו
ד מַחְלָה וְנֹעָה חָגְלָה מִלְכָּה וְתִרְצָה׃ וַתִּקְרַבְנָה לִפְנֵי אֶלְעָזָר י
הַכֹּהֵן וְלִפְנֵי יְהוֹשֻׁעַ בִּן־נוּן וְלִפְנֵי הַנְּשִׂיאִים לֵאמֹר יהוה צִוָּה
אֶת־מֹשֶׁה לָתֶת־לָנוּ נַחֲלָה בְּתוֹךְ אַחֵינוּ וַיִּתֵּן לָהֶם אֶל־פִּי
ה יהוה נַחֲלָה בְּתוֹךְ אֲחֵי אֲבִיהֶן׃ וַיִּפְּלוּ חַבְלֵי־מְנַשֶּׁה עֲשָׂרָה
ו לְבַד מֵאֶרֶץ הַגִּלְעָד וְהַבָּשָׁן אֲשֶׁר מֵעֵבֶר לַיַּרְדֵּן׃ כִּי בְּנוֹת
מְנַשֶּׁה נָחֲלוּ נַחֲלָה בְּתוֹךְ בָּנָיו וְאֶרֶץ הַגִּלְעָד הָיְתָה לִבְנֵי־
ז מְנַשֶּׁה הַנּוֹתָרִים׃ וַיְהִי גְבוּל־מְנַשֶּׁה מֵאָשֵׁר הַמִּכְמְתָת אֲשֶׁר
עַל־פְּנֵי שְׁכֶם וְהָלַךְ הַגְּבוּל אֶל־הַיָּמִין אֶל־יֹשְׁבֵי עֵין תַּפּוּחַ׃
ח לִמְנַשֶּׁה הָיְתָה אֶרֶץ תַּפּוּחַ וְתַפּוּחַ אֶל־גְּבוּל מְנַשֶּׁה לִבְנֵי
ט אֶפְרָיִם׃ וְיָרַד הַגְּבוּל נַחַל קָנָה נֶגְבָּה לַנַּחַל עָרִים הָאֵלֶּה
לְאֶפְרַיִם בְּתוֹךְ עָרֵי מְנַשֶּׁה וּגְבוּל מְנַשֶּׁה מִצְּפוֹן לַנַּחַל וַיְהִי
י תֹצְאֹתָיו הַיָּמָּה׃ נֶגְבָּה לְאֶפְרַיִם וְצָפוֹנָה לִמְנַשֶּׁה וַיְהִי הַיָּם
יא גְּבוּלוֹ וּבְאָשֵׁר יִפְגְּעוּן מִצָּפוֹן וּבְיִשָּׂשכָר מִמִּזְרָח׃ וַיְהִי לִמְנַשֶּׁה
בְּיִשָּׂשכָר וּבְאָשֵׁר בֵּית־שְׁאָן וּבְנוֹתֶיהָ וְיִבְלְעָם וּבְנוֹתֶיהָ וְאֶת־
יֹשְׁבֵי דֹאר וּבְנוֹתֶיהָ וְיֹשְׁבֵי עֵין־דֹּר וּבְנֹתֶיהָ וְיֹשְׁבֵי תַעְנַךְ
יב וּבְנֹתֶיהָ וְיֹשְׁבֵי מְגִדּוֹ וּבְנוֹתֶיהָ שְׁלֹשֶׁת הַנָּפֶת׃ וְלֹא יָכְלוּ בְּנֵי
מְנַשֶּׁה לְהוֹרִישׁ אֶת־הֶעָרִים הָאֵלֶּה וַיּוֹאֶל הַכְּנַעֲנִי לָשֶׁבֶת
יג בָּאָרֶץ הַזֹּאת׃ וַיְהִי כִּי חָזְקוּ בְּנֵי יִשְׂרָאֵל וַיִּתְּנוּ אֶת־הַכְּנַעֲנִי
יד לָמַס וְהוֹרֵשׁ לֹא הוֹרִישׁוֹ׃ וַיְדַבְּרוּ בְּנֵי יוֹסֵף אֶת־
יְהוֹשֻׁעַ לֵאמֹר מַדּוּעַ נָתַתָּה לִּי נַחֲלָה גּוֹרָל אֶחָד וְחֶבֶל אֶחָד
טו וַאֲנִי עַם רָב עַד אֲשֶׁר־עַד־כֹּה בֵּרְכַנִי יהוה׃ וַיֹּאמֶר אֲלֵיהֶם
יְהוֹשֻׁעַ אִם־עַם־רַב אַתָּה עֲלֵה לְךָ הַיַּעְרָה וּבֵרֵאתָ לְךָ שָׁם

טז בְּאֶרֶץ הַפְּרִזִּי וְהָרְפָאִים כִּי־אָץ לְךָ הַר־אֶפְרָיִם׃ וַיֹּאמְרוּ בְּנֵי
יוֹסֵף לֹא־יִמָּצֵא לָנוּ הָהָר וְרֶכֶב בַּרְזֶל בְּכָל־הַכְּנַעֲנִי הַיֹּשֵׁב
בְּאֶרֶץ־הָעֵמֶק לַאֲשֶׁר בְּבֵית־שְׁאָן וּבְנוֹתֶיהָ וְלַאֲשֶׁר בְּעֵמֶק
יז יִזְרְעֶאל׃ וַיֹּאמֶר יְהוֹשֻׁעַ אֶל־בֵּית יוֹסֵף לְאֶפְרַיִם וְלִמְנַשֶּׁה
לֵאמֹר עַם־רַב אַתָּה וְכֹחַ גָּדוֹל לָךְ לֹא־יִהְיֶה לְךָ גּוֹרָל
יח אֶחָד׃ כִּי הַר יִהְיֶה־לָּךְ כִּי־יַעַר הוּא וּבֵרֵאתוֹ וְהָיָה לְךָ
תֹּצְאֹתָיו כִּי־תוֹרִישׁ אֶת־הַכְּנַעֲנִי כִּי רֶכֶב בַּרְזֶל לוֹ כִּי
יח א חָזָק הוּא׃ וַיִּקָּהֲלוּ כָּל־עֲדַת בְּנֵי־יִשְׂרָאֵל שִׁלֹה
ב וַיַּשְׁכִּינוּ שָׁם אֶת־אֹהֶל מוֹעֵד וְהָאָרֶץ נִכְבְּשָׁה לִפְנֵיהֶם׃ וַיִּוָּתְרוּ
בִּבְנֵי יִשְׂרָאֵל אֲשֶׁר לֹא־חָלְקוּ אֶת־נַחֲלָתָם שִׁבְעָה שְׁבָטִים׃
ג וַיֹּאמֶר יְהוֹשֻׁעַ אֶל־בְּנֵי יִשְׂרָאֵל עַד־אָנָה אַתֶּם מִתְרַפִּים לָבוֹא
ד לָרֶשֶׁת אֶת־הָאָרֶץ אֲשֶׁר נָתַן לָכֶם יהוה אֱלֹהֵי אֲבוֹתֵיכֶם׃ הָבוּ
לָכֶם שְׁלֹשָׁה אֲנָשִׁים לַשָּׁבֶט וְאֶשְׁלָחֵם וְיָקֻמוּ וְיִתְהַלְּכוּ בָאָרֶץ
ה וְיִכְתְּבוּ אוֹתָהּ לְפִי נַחֲלָתָם וְיָבֹאוּ אֵלָי׃ וְהִתְחַלְּקוּ אֹתָהּ
לְשִׁבְעָה חֲלָקִים יְהוּדָה יַעֲמֹד עַל־גְּבוּלוֹ מִנֶּגֶב וּבֵית יוֹסֵף
ו יַעַמְדוּ עַל־גְּבוּלָם מִצָּפוֹן׃ וְאַתֶּם תִּכְתְּבוּ אֶת־הָאָרֶץ שִׁבְעָה
חֲלָקִים וַהֲבֵאתֶם אֵלַי הֵנָּה וְיָרִיתִי לָכֶם גּוֹרָל פֹּה לִפְנֵי יהוה
ז אֱלֹהֵינוּ׃ כִּי אֵין־חֵלֶק לַלְוִיִּם בְּקִרְבְּכֶם כִּי־כְהֻנַּת יהוה
נַחֲלָתוֹ וְגָד וּרְאוּבֵן וַחֲצִי שֵׁבֶט הַמְנַשֶּׁה לָקְחוּ נַחֲלָתָם מֵעֵבֶר
ח לַיַּרְדֵּן מִזְרָחָה אֲשֶׁר נָתַן לָהֶם מֹשֶׁה עֶבֶד יהוה׃ וַיָּקֻמוּ
הָאֲנָשִׁים וַיֵּלֵכוּ וַיְצַו יְהוֹשֻׁעַ אֶת־הַהֹלְכִים לִכְתֹּב אֶת־הָאָרֶץ
לֵאמֹר לְכוּ וְהִתְהַלְּכוּ בָאָרֶץ וְכִתְבוּ אוֹתָהּ וְשׁוּבוּ אֵלַי וּפֹה
ט אַשְׁלִיךְ לָכֶם גּוֹרָל לִפְנֵי יהוה בְּשִׁלֹה׃ וַיֵּלְכוּ הָאֲנָשִׁים וַיַּעַבְרוּ
בָאָרֶץ וַיִּכְתְּבוּהָ לֶעָרִים לְשִׁבְעָה חֲלָקִים עַל־סֵפֶר וַיָּבֹאוּ
י אֶל־יְהוֹשֻׁעַ אֶל־הַמַּחֲנֶה שִׁלֹה׃ וַיַּשְׁלֵךְ לָהֶם יְהוֹשֻׁעַ גּוֹרָל
בְּשִׁלֹה לִפְנֵי יהוה וַיְחַלֶּק־שָׁם יְהוֹשֻׁעַ אֶת־הָאָרֶץ לִבְנֵי
יא יִשְׂרָאֵל כְּמַחְלְקֹתָם׃ וַיַּעַל גּוֹרַל מַטֵּה בְנֵי־בִנְיָמִן

למשפחתם ויצא גבול גורלם בין בני יהודה ובין בני יוסף:
ויהי להם הגבול לפאת צפונה מן־הירדן ועלה הגבול אל־ יב
והיו כתף יריחו מצפון ועלה בהר ימה והיה תצאתיו מדברה
בית און: ועבר משם הגבול לוזה אל־כתף לוזה נגבה היא יג
בית־אל וירד הגבול עטרות אדר על־ההר אשר מנגב
לבית־חרון תחתון: ותאר הגבול ונסב לפאת־ים נגבה מן־ יד
והיו ההר אשר על־פני בית־חרון נגבה והיה תצאתיו אל־קרית־
בעל היא קרית יערים עיר בני יהודה זאת פאת־ים: ופאת־ טו
נגבה מקצה קרית יערים ויצא הגבול ימה ויצא אל־מעין
מי נפתוח: וירד הגבול אל־קצה ההר אשר על־פני גי בן־ טז
הנם אשר בעמק רפאים צפונה וירד גי הנם אל־כתף
היבוסי נגבה וירד עין רגל: ותאר מצפון ויצא עין שמש יז
ויצא אל־גלילות אשר־נכח מעלה אדמים וירד אבן
בהן בן־ראובן: ועבר אל־כתף מול־הערבה צפונה וירד יח
והיו הערבתה: ועבר הגבול אל־כתף בית־חגלה צפונה והיה | יט
תוצאות תוצאותיו הגבול אל־לשון ים־המלח צפונה אל־קצה הירדן
נגבה זה גבול נגב: והירדן יגבל־אתו לפאת־קדמה זאת כ
נחלת בני בנימן לגבולתיה סביב למשפחתם: והיו הערים כא
למטה בני בנימן למשפחותיהם יריחו ובית־חגלה ועמק
קציץ: ובית הערבה וצמרים ובית־אל: והעוים והפרה כב כג
העמונה ועפרה: וכפר העמני והעפני וגבע ערים שתים־עשרה כד
וחצריהן: גבעון והרמה ובארות: והמצפה והכפירה והמצה: כה כו
יא ורקם וירפאל ותראלה: וצלע האלף והיבוסי היא ירושלם כז כח
גבעת קרית ערים ארבע־עשרה וחצריהן זאת נחלת בני־
בנימן למשפחתם: ויצא הגורל השני לשמעון יט א
למטה בני־שמעון למשפחותם ויהי נחלתם בתוך נחלת
בני־יהודה: ויהי להם בנחלתם באר־שבע ושבע ומולדה: ב

ג ד ה וַחֲצַר שׁוּעָל וּבָלָה וָעָצֶם: וְאֶלְתּוֹלַד וּבְתוּל וְחָרְמָה: וְצִקְלַג
ו וּבֵית־הַמַּרְכָּבוֹת וַחֲצַר סוּסָה: וּבֵית לְבָאוֹת וְשָׁרוּחֶן עָרִים
ז שְׁלֹשׁ־עֶשְׂרֵה וְחַצְרֵיהֶן: עַיִן רִמּוֹן וָעֶתֶר וְעָשָׁן עָרִים אַרְבַּע
ח וְחַצְרֵיהֶן: וְכָל־הַחֲצֵרִים אֲשֶׁר סְבִיבוֹת הֶעָרִים הָאֵלֶּה עַד־
בַּעֲלַת בְּאֵר רָאמַת נֶגֶב זֹאת נַחֲלַת מַטֵּה בְנֵי־שִׁמְעוֹן
ט לְמִשְׁפְּחֹתָם: מֵחֶבֶל בְּנֵי יְהוּדָה נַחֲלַת בְּנֵי שִׁמְעוֹן כִּי־
הָיָה חֵלֶק בְּנֵי־יְהוּדָה רַב מֵהֶם וַיִּנְחֲלוּ בְנֵי־שִׁמְעוֹן בְּתוֹךְ
י נַחֲלָתָם: וַיַּעַל הַגּוֹרָל הַשְּׁלִישִׁי לִבְנֵי זְבוּלֻן
יא לְמִשְׁפְּחוֹתָם וַיְהִי גְּבוּל נַחֲלָתָם עַד־שָׂרִיד: וְעָלָה גְבוּלָם ׀ לַיָּמָּה
וּמַרְעֲלָה וּפָגַע בְּדַבָּשֶׁת וּפָגַע אֶל־הַנַּחַל אֲשֶׁר עַל־פְּנֵי יָקְנְעָם:
יב וְשָׁב מִשָּׂרִיד קֵדְמָה מִזְרַח הַשֶּׁמֶשׁ עַל־גְּבוּל כִּסְלֹת תָּבֹר
יג וְיָצָא אֶל־הַדָּבְרַת וְעָלָה יָפִיעַ: וּמִשָּׁם עָבַר קֵדְמָה מִזְרָחָה
יד גִּתָּה חֵפֶר עִתָּה קָצִין וְיָצָא רִמּוֹן הַמְּתֹאָר הַנֵּעָה: וְנָסַב אֹתוֹ
טו הַגְּבוּל מִצְּפוֹן חַנָּתֹן וְהָיוּ תֹּצְאֹתָיו גֵּי יִפְתַּח־אֵל: וְקַטָּת
וְנַהֲלָל וְשִׁמְרוֹן וְיִדְאֲלָה וּבֵית לָחֶם עָרִים שְׁתֵּים־עֶשְׂרֵה
טז וְחַצְרֵיהֶן: זֹאת נַחֲלַת בְּנֵי־זְבוּלֻן לְמִשְׁפְּחוֹתָם הֶעָרִים הָאֵלֶּה
יז וְחַצְרֵיהֶן: לְיִשָּׂשכָר יָצָא הַגּוֹרָל הָרְבִיעִי לִבְנֵי
יח יִשָּׂשכָר לְמִשְׁפְּחוֹתָם: וַיְהִי גְּבוּלָם יִזְרְעֶאלָה וְהַכְּסֻלּוֹת וְשׁוּנֵם:
יט כ כא וַחֲפָרַיִם וְשִׁיאֹן וַאֲנָחֲרַת: וְהָרַבִּית וְקִשְׁיוֹן וָאָבֶץ: וְרֶמֶת וְעֵין־
כב גַּנִּים וְעֵין חַדָּה וּבֵית פַּצֵּץ: וּפָגַע הַגְּבוּל בְּתָבוֹר ושחצומה וּבֵית שֶׁמֶשׁ וְהָיוּ תֹּצְאוֹת גְּבוּלָם הַיַּרְדֵּן עָרִים שֵׁשׁ־עֶשְׂרֵה
כג וְחַצְרֵיהֶן: זֹאת נַחֲלַת מַטֵּה בְנֵי־יִשָּׂשכָר לְמִשְׁפְּחֹתָם הֶעָרִים
כד וְחַצְרֵיהֶן: וַיֵּצֵא הַגּוֹרָל הַחֲמִישִׁי לְמַטֵּה בְנֵי־
כה אָשֵׁר לְמִשְׁפְּחוֹתָם: וַיְהִי גְּבוּלָם חֶלְקַת וַחֲלִי וָבֶטֶן וְאַכְשָׁף:
כו וְאַלַּמֶּלֶךְ וְעַמְעָד וּמִשְׁאָל וּפָגַע בְּכַרְמֶל הַיָּמָּה וּבְשִׁיחוֹר לִבְנָת:
כז וְשָׁב מִזְרַח הַשֶּׁמֶשׁ בֵּית דָּגֹן וּפָגַע בִּזְבֻלוּן וּבְגֵי יִפְתַּח־אֵל
כח צָפוֹנָה בֵּית הָעֵמֶק וּנְעִיאֵל וְיָצָא אֶל־כָּבוּל מִשְּׂמֹאל: וְעֶבְרֹן

וְשַׁחֲצִימָה

ורחב וחמון וקנה עד צידון רבה: ושב הגבול הרמה ועד־ כט
והיו עיר מבצר־צר ושב הגבול חסה ויהיו תצאתיו הימה מחבל
אכזיבה: ועמה ואפק ורחב ערים עשרים ושתים וחצריהן: ל
זאת נחלת מטה בני־אשר למשפחתם הערים האלה לא
וחצריהן: לבני נפתלי יצא הגורל הששי לבני לב
נפתלי למשפחתם: ויהי גבולם מחלף מאלון בצעננים ואדמי לג
הנקב ויבנאל עד־לקום ויהי תצאתיו הירדן: ושב הגבול לד
ימה אזנות תבור ויצא משם חוקקה ופגע בזבלון מנגב
ובאשר פגע מים וביהודה הירדן מזרח השמש: וערי מבצר לה
הצדים צר וחמת רקת וכנרת: ואדמה והרמה וחצור: וקדש לו לז
ואדרעי ועין חצור: ויראון ומגדל־אל חרם ובית־ענת ובית לח
שמש ערים תשע־עשרה וחצריהן: זאת נחלת מטה בני־ לט
נפתלי למשפחתם הערים וחצריהן: למטה מ
בני־דן למשפחתם יצא הגורל השביעי: ויהי גבול נחלתם מא
צרעה ואשתאול ועיר שמש: ושעלבין ואילון ויתלה: ואילון מב מג
ותמנתה ועקרון: ואלתקה וגבתון ובעלת: ויהד ובני־ברק מד מה
וגת־רמון: ומי הירקון והרקון עם־הגבול מול יפו: ויצא מו מז
גבול בני־דן מהם ויעלו בני־דן וילחמו עם־לשם וילכדו
אותה | ויכו אותה לפי־חרב וירשו אותה וישבו בה ויקראו
ללשם דן כשם דן אביהם: זאת נחלת מטה בני־דן מח
למשפחתם הערים האלה וחצריהן: ויכלו מט
לנחל את־הארץ לגבולתיה ויתנו בני־ישראל נחלה
ליהושע בן־נון בתוכם: על־פי יהוה נתנו לו את־העיר נ
אשר שאל את־תמנת־סרח בהר אפרים ויבנה את־
יב העיר וישב בה: אלה הנחלת אשר־נחלו נא
אלעזר הכהן | ויהושע בן־נון וראשי האבות למטות בני־
ישראל | בגורל | בשלה לפני יהוה פתח אהל מועד ויכלו

מְחַלֵּק אֶת־הָאָרֶץ׃
כ א ב וַיְדַבֵּר יהוה אֶל־יְהוֹשֻׁעַ לֵאמֹר׃ דַּבֵּר אֶל־בְּנֵי יִשְׂרָאֵל לֵאמֹר
תְּנוּ לָכֶם אֶת־עָרֵי הַמִּקְלָט אֲשֶׁר־דִּבַּרְתִּי אֲלֵיכֶם בְּיַד־מֹשֶׁה׃
ג לָנוּס שָׁמָּה רוֹצֵחַ מַכֵּה־נֶפֶשׁ בִּשְׁגָגָה בִּבְלִי־דָעַת וְהָיוּ לָכֶם
ד לְמִקְלָט מִגֹּאֵל הַדָּם׃ וְנָס אֶל־אַחַת ׀ מֵהֶעָרִים הָאֵלֶּה וְעָמַד
פֶּתַח שַׁעַר הָעִיר וְדִבֶּר בְּאָזְנֵי זִקְנֵי הָעִיר־הַהִיא אֶת־דְּבָרָיו
ה וְאָסְפוּ אֹתוֹ הָעִירָה אֲלֵיהֶם וְנָתְנוּ־לוֹ מָקוֹם וְיָשַׁב עִמָּם׃ וְכִי
יִרְדֹּף גֹּאֵל הַדָּם אַחֲרָיו וְלֹא־יַסְגִּרוּ אֶת־הָרֹצֵחַ בְּיָדוֹ כִּי בִבְלִי־
דַעַת הִכָּה אֶת־רֵעֵהוּ וְלֹא־שֹׂנֵא הוּא לוֹ מִתְּמוֹל שִׁלְשׁוֹם׃
ו וְיָשַׁב ׀ בָּעִיר הַהִיא עַד־עָמְדוֹ לִפְנֵי הָעֵדָה לַמִּשְׁפָּט עַד־מוֹת
הַכֹּהֵן הַגָּדוֹל אֲשֶׁר יִהְיֶה בַּיָּמִים הָהֵם אָז ׀ יָשׁוּב הָרוֹצֵחַ וּבָא
ז אֶל־עִירוֹ וְאֶל־בֵּיתוֹ אֶל־הָעִיר אֲשֶׁר־נָס מִשָּׁם׃ וַיַּקְדִּשׁוּ אֶת־
קֶדֶשׁ בַּגָּלִיל בְּהַר נַפְתָּלִי וְאֶת־שְׁכֶם בְּהַר אֶפְרָיִם וְאֶת־קִרְיַת
ח אַרְבַּע הִיא חֶבְרוֹן בְּהַר יְהוּדָה׃ וּמֵעֵבֶר לְיַרְדֵּן יְרִיחוֹ מִזְרָחָה
נָתְנוּ אֶת־בֶּצֶר בַּמִּדְבָּר בַּמִּישֹׁר מִמַּטֵּה רְאוּבֵן וְאֶת־רָאמוֹת
ט בַּגִּלְעָד מִמַּטֵּה גָד וְאֶת־גלון בַּבָּשָׁן מִמַּטֵּה מְנַשֶּׁה׃ אֵלֶּה הָיוּ גּוֹלָן
עָרֵי הַמּוּעָדָה לְכֹל ׀ בְּנֵי יִשְׂרָאֵל וְלַגֵּר הַגָּר בְּתוֹכָם לָנוּס שָׁמָּה
כָּל־מַכֵּה־נֶפֶשׁ בִּשְׁגָגָה וְלֹא יָמוּת בְּיַד גֹּאֵל הַדָּם עַד־עָמְדוֹ לִפְנֵי
כא א הָעֵדָה׃ וַיִּגְּשׁוּ רָאשֵׁי אֲבוֹת הַלְוִיִּם אֶל־אֶלְעָזָר
הַכֹּהֵן וְאֶל־יְהוֹשֻׁעַ בִּן־נוּן וְאֶל־רָאשֵׁי אֲבוֹת הַמַּטּוֹת לִבְנֵי
ב יִשְׂרָאֵל׃ וַיְדַבְּרוּ אֲלֵיהֶם בְּשִׁלֹה בְּאֶרֶץ כְּנַעַן לֵאמֹר יהוה צִוָּה בְיַד־
ג מֹשֶׁה לָתֶת־לָנוּ עָרִים לָשָׁבֶת וּמִגְרְשֵׁיהֶן לִבְהֶמְתֵּנוּ׃ וַיִּתְּנוּ בְנֵי־
יִשְׂרָאֵל לַלְוִיִּם מִנַּחֲלָתָם אֶל־פִּי יהוה אֶת־הֶעָרִים הָאֵלֶּה וְאֶת־
ד מִגְרְשֵׁיהֶן׃ וַיֵּצֵא הַגּוֹרָל לְמִשְׁפְּחֹת הַקְּהָתִי וַיְהִי
לִבְנֵי אַהֲרֹן הַכֹּהֵן מִן־הַלְוִיִּם מִמַּטֵּה יְהוּדָה וּמִמַּטֵּה הַשִּׁמְעֹנִי
ה וּמִמַּטֵּה בִנְיָמִן בַּגּוֹרָל עָרִים שְׁלֹשׁ עֶשְׂרֵה׃ וְלִבְנֵי
קְהָת הַנּוֹתָרִים מִמִּשְׁפְּחֹת מַטֵּה־אֶפְרַיִם וּמִמַּטֵּה־דָן וּמֵחֲצִי

מטה מנשה בגורל ערים עשר: ולבני ו
גרשון ממשפחות מטה־יששכר וממטה־אשר וממטה
נפתלי ומחצי מטה מנשה בבשן בגורל ערים שלש
עשרה: לבני מררי למשפחתם ממטה ראובן וממטה ז
גד וממטה זבולן ערים שתים עשרה: ויתנו בני־ ח
ישראל ללוים את־הערים האלה ואת־מגרשיהן כאשר
צוה יהוה ביד־משה בגורל: ויתנו ממטה בני ט
יהודה וממטה בני שמעון את הערים האלה אשר־יקרא
אתהן בשם: ויהי לבני אהרן ממשפחות הקהתי מבני י
לוי כי להם היה הגורל ראישנה: ויתנו להם את־קרית יא
ארבע אבי הענוק היא חברון בהר יהודה ואת־מגרשה
סביבתיה: ואת־שדה העיר ואת־חצריה נתנו לכלב בן־יפנה יב
באחזתו: ולבני אהרן הכהן נתנו את־עיר מקלט יג
הרצח את־חברון ואת־מגרשיה ואת־לבנה ואת־מגרשיה:
ואת־יתר ואת־מגרשה ואת־אשתמע ואת־מגרשה: ואת־ יד טו
חלן ואת־מגרשה ואת־דבר ואת־מגרשה: ואת־עין ואת־ טז
מגרשה ואת־יטה ואת־מגרשה את־בית שמש ואת־מגרשה
ערים תשע מאת שני השבטים האלה: וממטה יז
בנימין את־גבעון ואת־מגרשה את־גבע ואת־מגרשה:
את־ענתות ואת־מגרשה ואת־עלמון ואת־מגרשה ערים יח
ארבע: כל־ערי בני־אהרן הכהנים שלש־עשרה ערים יט
ומגרשיהן: ולמשפחות בני־קהת הלוים הנותרים כ
מבני קהת ויהי ערי גורלם ממטה אפרים: ויתנו להם את־ כא
עיר מקלט הרצח את־שכם ואת־מגרשה בהר אפרים ואת־
גזר ואת־מגרשה: ואת־קבצים ואת־מגרשה ואת־בית חרון כב
ואת־מגרשה ערים ארבע: וממטה־דן את־אלתקא כג
ואת־מגרשה את־גבתון ואת־מגרשה: את־אילון ואת־מגרשה כד

כה אֶת־גַּת־רִמּוֹן וְאֶת־מִגְרָשֶׁהָ עָרִים אַרְבַּע׃ וּמִמַּחֲצִית
מַטֵּה מְנַשֶּׁה אֶת־תַּעְנַךְ וְאֶת־מִגְרָשֶׁהָ וְאֶת־גַּת רִמּוֹן וְאֶת־
כו מִגְרָשֶׁהָ עָרִים שְׁתָּיִם׃ כָּל־עָרִים עֶשֶׂר וּמִגְרְשֵׁיהֶן לְמִשְׁפְּחוֹת
כז בְּנֵי־קְהָת הַנּוֹתָרִים׃ וְלִבְנֵי גֵרְשׁוֹן מִמִּשְׁפְּחֹת
הַלְוִיִּם מֵחֲצִי מַטֵּה מְנַשֶּׁה אֶת־עִיר מִקְלַט הָרֹצֵחַ אֶת־גלון גּוֹלָן
בַּבָּשָׁן וְאֶת־מִגְרָשֶׁהָ וְאֶת־בְּעֶשְׁתְּרָה וְאֶת־מִגְרָשֶׁהָ עָרִים
כח שְׁתָּיִם׃ וּמִמַּטֵּה יִשָּׂשכָר אֶת־קִשְׁיוֹן וְאֶת־
כט מִגְרָשֶׁהָ אֶת־דָּבְרַת וְאֶת־מִגְרָשֶׁהָ׃ אֶת־יַרְמוּת וְאֶת־מִגְרָשֶׁהָ
ל אֶת־עֵין גַּנִּים וְאֶת־מִגְרָשֶׁהָ עָרִים אַרְבַּע׃ וּמִמַּטֵּה
אָשֵׁר אֶת־מִשְׁאָל וְאֶת־מִגְרָשֶׁהָ אֶת־עַבְדּוֹן וְאֶת־מִגְרָשֶׁהָ׃
לא אֶת־חֶלְקָת וְאֶת־מִגְרָשֶׁהָ וְאֶת־רְחֹב וְאֶת־מִגְרָשֶׁהָ עָרִים
לב אַרְבַּע׃ וּמִמַּטֵּה נַפְתָּלִי אֶת־עִיר ׀ מִקְלַט הָרֹצֵחַ
אֶת־קֶדֶשׁ בַּגָּלִיל וְאֶת־מִגְרָשֶׁהָ וְאֶת־חַמֹּת דֹּאר וְאֶת־מִגְרָשֶׁהָ
לג וְאֶת־קַרְתָּן וְאֶת־מִגְרָשֶׁהָ עָרִים שָׁלֹשׁ׃ כָּל־עָרֵי הַגֵּרְשֻׁנִּי
לד לְמִשְׁפְּחֹתָם שְׁלֹשׁ־עֶשְׂרֵה עִיר וּמִגְרְשֵׁיהֶן׃ וּלְמִשְׁפְּחוֹת
בְּנֵי־מְרָרִי הַלְוִיִּם הַנּוֹתָרִים מֵאֵת מַטֵּה זְבוּלֻן אֶת־יָקְנְעָם וְאֶת־
לה מִגְרָשֶׁהָ אֶת־קַרְתָּה וְאֶת־מִגְרָשֶׁהָ׃ אֶת־דִּמְנָה וְאֶת־מִגְרָשֶׁהָ
לו אֶת־נַהֲלָל וְאֶת־מִגְרָשֶׁהָ עָרִים אַרְבַּע׃ וּמִמַּטֵּה־
גָד אֶת־עִיר מִקְלַט הָרֹצֵחַ אֶת־רָמֹת בַּגִּלְעָד וְאֶת־מִגְרָשֶׁהָ
לז וְאֶת־מַחֲנַיִם וְאֶת־מִגְרָשֶׁהָ׃ אֶת־חֶשְׁבּוֹן וְאֶת־מִגְרָשֶׁהָ אֶת־
לח יַעְזֵר וְאֶת־מִגְרָשֶׁהָ כָּל־עָרִים אַרְבַּע׃ כָּל־
הֶעָרִים לִבְנֵי מְרָרִי לְמִשְׁפְּחֹתָם הַנּוֹתָרִים מִמִּשְׁפְּחוֹת הַלְוִיִּם
לט וַיְהִי גּוֹרָלָם עָרִים שְׁתֵּים עֶשְׂרֵה׃ כֹּל עָרֵי הַלְוִיִּם בְּתוֹךְ אֲחֻזַּת
מ בְּנֵי־יִשְׂרָאֵל עָרִים אַרְבָּעִים וּשְׁמֹנֶה וּמִגְרְשֵׁיהֶן׃ תִּהְיֶינָה

בקצת ספרים אחר פסוק לה

וּמִמַּטֵּה רְאוּבֵן אֶת־בֶּצֶר וְאֶת־מִגְרָשֶׁהָ וְאֶת־יַהְצָה וְאֶת־מִגְרָשֶׁהָ׃
אֶת־קְדֵמוֹת וְאֶת־מִגְרָשֶׁהָ וְאֶת־מֵיפַעַת וְאֶת־מִגְרָשֶׁהָ עָרִים אַרְבַּע׃

הערים האלה עיר עיר ומגרשיה סביבתיה כן לכל־הערים
יג האלה: ויתן יהוה לישראל את־כל־הארץ מא
אשר נשבע לתת לאבותם וירשוה וישבו בה: וינח יהוה מב
להם מסביב ככל אשר־נשבע לאבותם ולא־עמד איש
בפניהם מכל־איביהם את כל־איביהם נתן יהוה בידם:
לא־נפל דבר מכל הדבר הטוב אשר־דבר יהוה אל־בית מג
ישראל הכל בא: אז יקרא יהושע לראובני א כב
ולגדי ולחצי מטה מנשה: ויאמר אליהם אתם שמרתם את ב
כל־אשר צוה אתכם משה עבד יהוה ותשמעו בקולי לכל
אשר־צויתי אתכם: לא־עזבתם את־אחיכם זה ימים רבים ג
עד היום הזה ושמרתם את־משמרת מצות יהוה אלהיכם:
ועתה הניח יהוה אלהיכם לאחיכם כאשר דבר להם ועתה ד
פנו ולכו לכם לאהליכם אל־ארץ אחזתכם אשר | נתן לכם
משה עבד יהוה בעבר הירדן: רק | שמרו מאד לעשות את־ ה
המצוה ואת־התורה אשר צוה אתכם משה עבד־יהוה
לאהבה את־יהוה אלהיכם וללכת בכל־דרכיו ולשמר מצותיו
ולדבקה־בו ולעבדו בכל־לבבכם ובכל־נפשכם: ויברכם ו
יהושע וישלחם וילכו אל־אהליהם: ולחצי | ז
שבט המנשה נתן משה בבשן ולחציו נתן יהושע עם־
בעבר אחיהם מעבר הירדן ימה וגם כי שלחם יהושע אל־
אהליהם ויברכם: ויאמר אליהם לאמר בנכסים רבים שובו ח
אל־אהליכם ובמקנה רב־מאד בכסף ובזהב ובנחשת
ובברזל ובשלמות הרבה מאד חלקו שלל־איביכם עם־
אחיכם: וישבו וילכו בני־ראובן ובני־גד וחצי | ט
שבט המנשה מאת בני ישראל משלה אשר־בארץ כנען
ללכת אל־ארץ הגלעד אל־ארץ אחזתם אשר נאחזו־בה
על־פי יהוה ביד־משה: ויבאו אל־גלילות הירדן אשר בארץ י

כְּנַעַן וַיִּבְנוּ בְנֵי־רְאוּבֵן וּבְנֵי־גָד וַחֲצִי שֵׁבֶט הַמְנַשֶּׁה שָׁם מִזְבֵּחַ
יא עַל־הַיַּרְדֵּן מִזְבֵּחַ גָּדוֹל לְמַרְאֶה׃ וַיִּשְׁמְעוּ בְנֵי־יִשְׂרָאֵל לֵאמֹר
הִנֵּה־בָנוּ בְנֵי־רְאוּבֵן וּבְנֵי־גָד וַחֲצִי שֵׁבֶט הַמְנַשֶּׁה אֶת־הַמִּזְבֵּחַ
אֶל־מוּל אֶרֶץ כְּנַעַן אֶל־גְּלִילוֹת הַיַּרְדֵּן אֶל־עֵבֶר בְּנֵי יִשְׂרָאֵל׃
יב וַיִּשְׁמְעוּ בְּנֵי יִשְׂרָאֵל וַיִּקָּהֲלוּ כָּל־עֲדַת בְּנֵי־יִשְׂרָאֵל שִׁלֹה
יג לַעֲלוֹת עֲלֵיהֶם לַצָּבָא׃ וַיִּשְׁלְחוּ בְנֵי־יִשְׂרָאֵל
אֶל־בְּנֵי־רְאוּבֵן וְאֶל־בְּנֵי־גָד וְאֶל־חֲצִי שֵׁבֶט־מְנַשֶּׁה אֶל־אֶרֶץ
יד הַגִּלְעָד אֶת־פִּינְחָס בֶּן־אֶלְעָזָר הַכֹּהֵן׃ וַעֲשָׂרָה נְשִׂאִים עִמּוֹ
נָשִׂיא אֶחָד נָשִׂיא אֶחָד לְבֵית אָב לְכֹל מַטּוֹת יִשְׂרָאֵל וְאִישׁ
טו רֹאשׁ בֵּית־אֲבוֹתָם הֵמָּה לְאַלְפֵי יִשְׂרָאֵל׃ וַיָּבֹאוּ אֶל־בְּנֵי־
רְאוּבֵן וְאֶל־בְּנֵי־גָד וְאֶל־חֲצִי שֵׁבֶט־מְנַשֶּׁה אֶל־אֶרֶץ הַגִּלְעָד
טז וַיְדַבְּרוּ אִתָּם לֵאמֹר׃ כֹּה אָמְרוּ כֹּל ׀ עֲדַת יְהוָה מָה־הַמַּעַל
הַזֶּה אֲשֶׁר מְעַלְתֶּם בֵּאלֹהֵי יִשְׂרָאֵל לָשׁוּב הַיּוֹם מֵאַחֲרֵי יְהוָה
יז בִּבְנוֹתְכֶם לָכֶם מִזְבֵּחַ לִמְרָדְכֶם הַיּוֹם בַּיהוָה׃ הַמְעַט־לָנוּ אֶת־
עֲוֺן פְּעוֹר אֲשֶׁר לֹא־הִטַּהַרְנוּ מִמֶּנּוּ עַד הַיּוֹם הַזֶּה וַיְהִי הַנֶּגֶף
יח בַּעֲדַת יְהוָה׃ וְאַתֶּם תָּשֻׁבוּ הַיּוֹם מֵאַחֲרֵי יְהוָה וְהָיָה אַתֶּם
יט תִּמְרְדוּ הַיּוֹם בַּיהוָה וּמָחָר אֶל־כָּל־עֲדַת יִשְׂרָאֵל יִקְצֹף׃ וְאַךְ
אִם־טְמֵאָה אֶרֶץ אֲחֻזַּתְכֶם עִבְרוּ לָכֶם אֶל־אֶרֶץ אֲחֻזַּת יְהוָה
אֲשֶׁר שָׁכַן־שָׁם מִשְׁכַּן יְהוָה וְהֵאָחֲזוּ בְּתוֹכֵנוּ וּבַיהוָה אַל־
תִּמְרֹדוּ וְאֹתָנוּ אַל־תִּמְרֹדוּ בִּבְנֹתְכֶם לָכֶם מִזְבֵּחַ מִבַּלְעֲדֵי
כ מִזְבַּח יְהוָה אֱלֹהֵינוּ׃ הֲלוֹא ׀ עָכָן בֶּן־זֶרַח מָעַל מַעַל בַּחֵרֶם
וְעַל־כָּל־עֲדַת יִשְׂרָאֵל הָיָה קָצֶף וְהוּא אִישׁ אֶחָד לֹא גָוַע
כא בַּעֲוֺנוֹ׃ וַיַּעֲנוּ בְּנֵי־רְאוּבֵן וּבְנֵי־גָד וַחֲצִי שֵׁבֶט
כב הַמְנַשֶּׁה וַיְדַבְּרוּ אֶת־רָאשֵׁי אַלְפֵי יִשְׂרָאֵל׃ אֵל ׀ אֱלֹהִים ׀ יְהוָה
אֵל ׀ אֱלֹהִים ׀ יְהוָה הוּא יֹדֵעַ וְיִשְׂרָאֵל הוּא יֵדָע אִם־בְּמֶרֶד
כג וְאִם־בְּמַעַל בַּיהוָה אַל־תּוֹשִׁיעֵנוּ הַיּוֹם הַזֶּה׃ לִבְנוֹת לָנוּ מִזְבֵּחַ
לָשׁוּב מֵאַחֲרֵי יְהוָה וְאִם־לְהַעֲלוֹת עָלָיו עוֹלָה וּמִנְחָה וְאִם־

לַעֲשׂוֹת עָלָיו זִבְחֵי שְׁלָמִים יְהוָה הוּא יְבַקֵּשׁ: וְאִם־לֹא מִדְּאָגָה כד
מִדָּבָר עָשִׂינוּ אֶת־זֹאת לֵאמֹר מָחָר יֹאמְרוּ בְנֵיכֶם לְבָנֵינוּ
לֵאמֹר מַה־לָּכֶם וְלַיהוָה אֱלֹהֵי יִשְׂרָאֵל: וּגְבוּל נָתַן־יְהוָה בֵּינֵנוּ כה
וּבֵינֵיכֶם בְּנֵי־רְאוּבֵן וּבְנֵי־גָד אֶת־הַיַּרְדֵּן אֵין־לָכֶם חֵלֶק בַּיהוָה
וְהִשְׁבִּיתוּ בְנֵיכֶם אֶת־בָּנֵינוּ לְבִלְתִּי יְרֹא אֶת־יְהוָה: וַנֹּאמֶר כו
נַעֲשֶׂה־נָּא לָנוּ לִבְנוֹת אֶת־הַמִּזְבֵּחַ לֹא לְעוֹלָה וְלֹא לְזָבַח: כִּי כז
עֵד הוּא בֵּינֵינוּ וּבֵינֵיכֶם וּבֵין דֹּרוֹתֵינוּ אַחֲרֵינוּ לַעֲבֹד אֶת־
עֲבֹדַת יְהוָה לְפָנָיו בְּעֹלוֹתֵינוּ וּבִזְבָחֵינוּ וּבִשְׁלָמֵינוּ וְלֹא־יֹאמְרוּ
בְנֵיכֶם מָחָר לְבָנֵינוּ אֵין־לָכֶם חֵלֶק בַּיהוָה: וַנֹּאמֶר וְהָיָה כִּי־ כח
יֹאמְרוּ אֵלֵינוּ וְאֶל־דֹּרֹתֵינוּ מָחָר וְאָמַרְנוּ רְאוּ אֶת־תַּבְנִית
מִזְבַּח יְהוָה אֲשֶׁר־עָשׂוּ אֲבוֹתֵינוּ לֹא לְעוֹלָה וְלֹא לְזֶבַח כִּי־
עֵד הוּא בֵּינֵינוּ וּבֵינֵיכֶם: חָלִילָה לָּנוּ מִמֶּנּוּ לִמְרֹד בַּיהוָה וְלָשׁוּב כט
הַיּוֹם מֵאַחֲרֵי יְהוָה לִבְנוֹת מִזְבֵּחַ לְעֹלָה לְמִנְחָה וּלְזָבַח מִלְּבַד
מִזְבַּח יְהוָה אֱלֹהֵינוּ אֲשֶׁר לִפְנֵי מִשְׁכָּנוֹ: וַיִּשְׁמַע ל
פִּינְחָס הַכֹּהֵן וּנְשִׂיאֵי הָעֵדָה וְרָאשֵׁי אַלְפֵי יִשְׂרָאֵל אֲשֶׁר אִתּוֹ
אֶת־הַדְּבָרִים אֲשֶׁר דִּבְּרוּ בְּנֵי־רְאוּבֵן וּבְנֵי־גָד וּבְנֵי מְנַשֶּׁה וַיִּיטַב
בְּעֵינֵיהֶם: וַיֹּאמֶר פִּינְחָס בֶּן־אֶלְעָזָר הַכֹּהֵן אֶל־בְּנֵי־רְאוּבֵן לא
וְאֶל־בְּנֵי־גָד וְאֶל־בְּנֵי מְנַשֶּׁה הַיּוֹם יָדַעְנוּ כִּי־בְתוֹכֵנוּ יְהוָה
אֲשֶׁר לֹא־מְעַלְתֶּם בַּיהוָה הַמַּעַל הַזֶּה אָז הִצַּלְתֶּם אֶת־בְּנֵי
יִשְׂרָאֵל מִיַּד יְהוָה: וַיָּשָׁב פִּינְחָס בֶּן־אֶלְעָזָר הַכֹּהֵן ׀ וְהַנְּשִׂיאִים לב
מֵאֵת בְּנֵי־רְאוּבֵן וּמֵאֵת בְּנֵי־גָד מֵאֶרֶץ הַגִּלְעָד אֶל־אֶרֶץ כְּנַעַן
אֶל־בְּנֵי יִשְׂרָאֵל וַיָּשִׁבוּ אוֹתָם דָּבָר: וַיִּיטַב הַדָּבָר בְּעֵינֵי בְּנֵי לג
יִשְׂרָאֵל וַיְבָרְכוּ אֱלֹהִים בְּנֵי יִשְׂרָאֵל וְלֹא אָמְרוּ לַעֲלוֹת עֲלֵיהֶם
לַצָּבָא לְשַׁחֵת אֶת־הָאָרֶץ אֲשֶׁר בְּנֵי־רְאוּבֵן וּבְנֵי־גָד יֹשְׁבִים
יד בָּהּ: וַיִּקְרְאוּ בְּנֵי־רְאוּבֵן וּבְנֵי־גָד לַמִּזְבֵּחַ כִּי עֵד הוּא בֵּינֹתֵינוּ לד
כִּי יְהוָה הָאֱלֹהִים:

וַיְהִי מִיָּמִים רַבִּים אַחֲרֵי אֲשֶׁר־הֵנִיחַ יְהוָה לְיִשְׂרָאֵל מִכָּל־ א כג

ב אֹיְבֵיהֶם מִסָּבִיב וִיהוֹשֻׁעַ זָקֵן בָּא בַּיָּמִים׃ וַיִּקְרָא יְהוֹשֻׁעַ לְכָל־
יִשְׂרָאֵל לִזְקֵנָיו וּלְרָאשָׁיו וּלְשֹׁפְטָיו וּלְשֹׁטְרָיו וַיֹּאמֶר אֲלֵהֶם
ג אֲנִי זָקַנְתִּי בָּאתִי בַּיָּמִים׃ וְאַתֶּם רְאִיתֶם אֵת כָּל־אֲשֶׁר עָשָׂה
יְהוָה אֱלֹהֵיכֶם לְכָל־הַגּוֹיִם הָאֵלֶּה מִפְּנֵיכֶם כִּי יְהוָה אֱלֹהֵיכֶם
ד הוּא הַנִּלְחָם לָכֶם׃ רְאוּ הִפַּלְתִּי לָכֶם אֶת־הַגּוֹיִם הַנִּשְׁאָרִים
הָאֵלֶּה בְּנַחֲלָה לְשִׁבְטֵיכֶם מִן־הַיַּרְדֵּן וְכָל־הַגּוֹיִם אֲשֶׁר הִכְרַתִּי
ה וְהַיָּם הַגָּדוֹל מְבוֹא הַשָּׁמֶשׁ׃ וַיהוָה אֱלֹהֵיכֶם הוּא יֶהְדֳּפֵם
מִפְּנֵיכֶם וְהוֹרִישׁ אֹתָם מִלִּפְנֵיכֶם וִירִשְׁתֶּם אֶת־אַרְצָם כַּאֲשֶׁר
ו דִּבֶּר יְהוָה אֱלֹהֵיכֶם לָכֶם׃ וַחֲזַקְתֶּם מְאֹד לִשְׁמֹר וְלַעֲשׂוֹת אֵת
כָּל־הַכָּתוּב בְּסֵפֶר תּוֹרַת מֹשֶׁה לְבִלְתִּי סוּר־מִמֶּנּוּ יָמִין
ז וּשְׂמֹאול׃ לְבִלְתִּי־בוֹא בַּגּוֹיִם הָאֵלֶּה הַנִּשְׁאָרִים הָאֵלֶּה אִתְּכֶם
וּבְשֵׁם אֱלֹהֵיהֶם לֹא־תַזְכִּירוּ וְלֹא תַשְׁבִּיעוּ וְלֹא תַעַבְדוּם וְלֹא
ח תִשְׁתַּחֲווּ לָהֶם׃ כִּי אִם־בַּיהוָה אֱלֹהֵיכֶם תִּדְבָּקוּ כַּאֲשֶׁר עֲשִׂיתֶם
ט עַד הַיּוֹם הַזֶּה׃ וַיּוֹרֶשׁ יְהוָה מִפְּנֵיכֶם גּוֹיִם גְּדֹלִים וַעֲצוּמִים
י וְאַתֶּם לֹא־עָמַד אִישׁ בִּפְנֵיכֶם עַד הַיּוֹם הַזֶּה׃ אִישׁ־אֶחָד מִכֶּם
יִרְדָּף־אָלֶף כִּי יְהוָה אֱלֹהֵיכֶם הוּא הַנִּלְחָם לָכֶם כַּאֲשֶׁר דִּבֶּר
יא לָכֶם׃ וְנִשְׁמַרְתֶּם מְאֹד לְנַפְשֹׁתֵיכֶם לְאַהֲבָה אֶת־יְהוָה אֱלֹהֵיכֶם׃
יב כִּי אִם־שׁוֹב תָּשׁוּבוּ וּדְבַקְתֶּם בְּיֶתֶר הַגּוֹיִם הָאֵלֶּה הַנִּשְׁאָרִים
יג הָאֵלֶּה אִתְּכֶם וְהִתְחַתַּנְתֶּם בָּהֶם וּבָאתֶם בָּהֶם וְהֵם בָּכֶם׃ יָדוֹעַ
תֵּדְעוּ כִּי לֹא יוֹסִיף יְהוָה אֱלֹהֵיכֶם לְהוֹרִישׁ אֶת־הַגּוֹיִם הָאֵלֶּה
מִלִּפְנֵיכֶם וְהָיוּ לָכֶם לְפַח וּלְמוֹקֵשׁ וּלְשֹׁטֵט בְּצִדֵּיכֶם וְלִצְנִנִים
בְּעֵינֵיכֶם עַד אֲבָדְכֶם מֵעַל הָאֲדָמָה הַטּוֹבָה הַזֹּאת אֲשֶׁר נָתַן
יד לָכֶם יְהוָה אֱלֹהֵיכֶם׃ וְהִנֵּה אָנֹכִי הוֹלֵךְ הַיּוֹם בְּדֶרֶךְ כָּל־הָאָרֶץ
וִידַעְתֶּם בְּכָל־לְבַבְכֶם וּבְכָל־נַפְשְׁכֶם כִּי לֹא־נָפַל דָּבָר אֶחָד
מִכֹּל הַדְּבָרִים הַטּוֹבִים אֲשֶׁר דִּבֶּר יְהוָה אֱלֹהֵיכֶם עֲלֵיכֶם הַכֹּל
טו בָּאוּ לָכֶם לֹא־נָפַל מִמֶּנּוּ דָּבָר אֶחָד׃ וְהָיָה כַּאֲשֶׁר־בָּא עֲלֵיכֶם
כָּל־הַדָּבָר הַטּוֹב אֲשֶׁר דִּבֶּר יְהוָה אֱלֹהֵיכֶם אֲלֵיכֶם כֵּן יָבִיא

יְהוָה עֲלֵיכֶם אֵת כָּל־הַדָּבָר הָרָע עַד־הַשְׁמִידוֹ אוֹתְכֶם מֵעַל
הָאֲדָמָה הַטּוֹבָה הַזֹּאת אֲשֶׁר נָתַן לָכֶם יְהוָה אֱלֹהֵיכֶם׃
טז בְּעָבְרְכֶם אֶת־בְּרִית יְהוָה אֱלֹהֵיכֶם אֲשֶׁר צִוָּה אֶתְכֶם וַהֲלַכְתֶּם
וַעֲבַדְתֶּם אֱלֹהִים אֲחֵרִים וְהִשְׁתַּחֲוִיתֶם לָהֶם וְחָרָה אַף־
יְהוָה בָּכֶם וַאֲבַדְתֶּם מְהֵרָה מֵעַל הָאָרֶץ הַטּוֹבָה אֲשֶׁר נָתַן
כד א לָכֶם׃ וַיֶּאֱסֹף יְהוֹשֻׁעַ אֶת־כָּל־שִׁבְטֵי יִשְׂרָאֵל
שְׁכֶמָה וַיִּקְרָא לְזִקְנֵי יִשְׂרָאֵל וּלְרָאשָׁיו וּלְשֹׁפְטָיו וּלְשֹׁטְרָיו
ב וַיִּתְיַצְּבוּ לִפְנֵי הָאֱלֹהִים׃ וַיֹּאמֶר יְהוֹשֻׁעַ אֶל־כָּל־הָעָם כֹּה־אָמַר
יְהוָה אֱלֹהֵי יִשְׂרָאֵל בְּעֵבֶר הַנָּהָר יָשְׁבוּ אֲבוֹתֵיכֶם מֵעוֹלָם תֶּרַח
ג אֲבִי אַבְרָהָם וַאֲבִי נָחוֹר וַיַּעַבְדוּ אֱלֹהִים אֲחֵרִים׃ וָאֶקַּח אֶת־
אֲבִיכֶם אֶת־אַבְרָהָם מֵעֵבֶר הַנָּהָר וָאוֹלֵךְ אוֹתוֹ בְּכָל־אֶרֶץ
ד כְּנָעַן וָאַרְבֶּ אֶת־זַרְעוֹ וָאֶתֶּן־לוֹ אֶת־יִצְחָק׃ וָאֶתֵּן לְיִצְחָק אֶת־
יַעֲקֹב וְאֶת־עֵשָׂו וָאֶתֵּן לְעֵשָׂו אֶת־הַר שֵׂעִיר לָרֶשֶׁת אוֹתוֹ
ה וְיַעֲקֹב וּבָנָיו יָרְדוּ מִצְרָיִם׃ וָאֶשְׁלַח אֶת־מֹשֶׁה וְאֶת־אַהֲרֹן וָאֶגֹּף
אֶת־מִצְרַיִם כַּאֲשֶׁר עָשִׂיתִי בְּקִרְבּוֹ וְאַחַר הוֹצֵאתִי אֶתְכֶם׃
ו וָאוֹצִיא אֶת־אֲבוֹתֵיכֶם מִמִּצְרַיִם וַתָּבֹאוּ הַיָּמָּה וַיִּרְדְּפוּ מִצְרַיִם
ז אַחֲרֵי אֲבוֹתֵיכֶם בְּרֶכֶב וּבְפָרָשִׁים יַם־סוּף׃ וַיִּצְעֲקוּ אֶל־יְהוָה
וַיָּשֶׂם מַאֲפֵל בֵּינֵיכֶם ׀ וּבֵין הַמִּצְרִים וַיָּבֵא עָלָיו אֶת־הַיָּם
וַיְכַסֵּהוּ וַתִּרְאֶינָה עֵינֵיכֶם אֵת אֲשֶׁר־עָשִׂיתִי בְּמִצְרָיִם וַתֵּשְׁבוּ
וָאָבִיא
ח בַּמִּדְבָּר יָמִים רַבִּים׃ ואביאה אֶתְכֶם אֶל־אֶרֶץ הָאֱמֹרִי הַיּוֹשֵׁב
בְּעֵבֶר הַיַּרְדֵּן וַיִּלָּחֲמוּ אִתְּכֶם וָאֶתֵּן אוֹתָם בְּיֶדְכֶם וַתִּירְשׁוּ אֶת־
ט אַרְצָם וָאַשְׁמִידֵם מִפְּנֵיכֶם׃ וַיָּקָם בָּלָק בֶּן־צִפּוֹר מֶלֶךְ מוֹאָב
וַיִּלָּחֶם בְּיִשְׂרָאֵל וַיִּשְׁלַח וַיִּקְרָא לְבִלְעָם בֶּן־בְּעוֹר לְקַלֵּל אֶתְכֶם׃
י וְלֹא אָבִיתִי לִשְׁמֹעַ לְבִלְעָם וַיְבָרֶךְ בָּרוֹךְ אֶתְכֶם וָאַצִּל אֶתְכֶם
יא מִיָּדוֹ׃ וַתַּעַבְרוּ אֶת־הַיַּרְדֵּן וַתָּבֹאוּ אֶל־יְרִיחוֹ וַיִּלָּחֲמוּ בָכֶם
בַעֲלֵי־יְרִיחוֹ הָאֱמֹרִי וְהַפְּרִזִּי וְהַכְּנַעֲנִי וְהַחִתִּי וְהַגִּרְגָּשִׁי הַחִוִּי
יב וְהַיְבוּסִי וָאֶתֵּן אוֹתָם בְּיֶדְכֶם׃ וָאֶשְׁלַח לִפְנֵיכֶם אֶת־הַצִּרְעָה

ותגרש אותם מפניכם שני מלכי האמרי לא בחרבך ולא
יג בקשתך: ואתן לכם ארץ ׀ אשר לא־יגעת בה וערים אשר
לא־בניתם ותשבו בהם כרמים וזיתים אשר לא־נטעתם
יד אתם אכלים: ועתה יראו את־יהוה ועבדו אתו בתמים
ובאמת והסירו את־אלהים אשר עבדו אבותיכם בעבר
טו הנהר ובמצרים ועבדו את־יהוה: ואם רע בעיניכם לעבד
את־יהוה בחרו לכם היום את־מי תעבדון אם את־אלהים
אשר־עבדו אבותיכם אשר בעבר הנהר ואם את־אלהי מעבר
האמרי אשר אתם ישבים בארצם ואנכי וביתי נעבד את־
טז יהוה: ויען העם ויאמר חלילה לנו מעזב את־
יז יהוה לעבד אלהים אחרים: כי יהוה אלהינו הוא המעלה
אתנו ואת־אבותינו מארץ מצרים מבית עבדים ואשר עשה
לעינינו את־האתות הגדלות האלה וישמרנו בכל־הדרך
יח אשר הלכנו בה ובכל העמים אשר עברנו בקרבם: ויגרש
יהוה את־כל־העמים ואת־האמרי ישב הארץ מפנינו גם־
יט אנחנו נעבד את־יהוה כי־הוא אלהינו: ויאמר
יהושע אל־העם לא תוכלו לעבד את־יהוה כי־אלהים
קדשים הוא אל־קנוא הוא לא־ישא לפשעכם ולחטאותיכם:
כ כי תעזבו את־יהוה ועבדתם אלהי נכר ושב והרע לכם
כא וכלה אתכם אחרי אשר־היטיב לכם: ויאמר העם אל־
כב יהושע לא כי את־יהוה נעבד: ויאמר יהושע אל־העם עדים
אתם בכם כי־אתם בחרתם לכם את־יהוה לעבד אותו
כג ויאמרו עדים: ועתה הסירו את־אלהי הנכר אשר בקרבכם
כד והטו את־לבבכם אל־יהוה אלהי ישראל: ויאמרו העם
כה אל־יהושע את־יהוה אלהינו נעבד ובקולו נשמע: ויכרת
יהושע ברית לעם ביום ההוא וישם לו חק ומשפט בשכם:
כו ויכתב יהושע את־הדברים האלה בספר תורת אלהים

ויקח אבן גדולה ויקימה שם תחת האלה אשר במקדש
כז יהוה: ויאמר יהושע אל־כל־העם הנה האבן
הזאת תהיה־בנו לעדה כי־היא שמעה את כל־אמרי יהוה
אשר דבר עמנו והיתה בכם לעדה פן־תכחשון באלהיכם:
כח כט וישלח יהושע את־העם איש לנחלתו: ויהי
אחרי הדברים האלה וימת יהושע בן־נון עבד יהוה בן־
ל מאה ועשר שנים: ויקברו אותו בגבול נחלתו בתמנת־סרח
לא אשר בהר־אפרים מצפון להר־געש: ויעבד ישראל את־
יהוה כל ימי יהושע וכל ימי הזקנים אשר האריכו ימים
אחרי יהושע ואשר ידעו את כל־מעשה יהוה אשר עשה
לב לישראל: ואת־עצמות יוסף אשר־העלו בני־ישראל
ממצרים קברו בשכם בחלקת השדה אשר קנה יעקב מאת
בני־חמור אבי־שכם במאה קשיטה ויהיו לבני־יוסף לנחלה:
לג ואלעזר בן־אהרן מת ויקברו אתו בגבעת פינחס בנו אשר
נתן־לו בהר אפרים:

שופטים

א וַיְהִי אַחֲרֵי מוֹת יְהוֹשֻׁעַ וַיִּשְׁאֲלוּ בְּנֵי יִשְׂרָאֵל בַּיהוָה לֵאמֹר מִי א
ב יַעֲלֶה־לָּנוּ אֶל־הַכְּנַעֲנִי בַּתְּחִלָּה לְהִלָּחֶם בּוֹ: וַיֹּאמֶר יְהוָה
ג יְהוּדָה יַעֲלֶה הִנֵּה נָתַתִּי אֶת־הָאָרֶץ בְּיָדוֹ: וַיֹּאמֶר יְהוּדָה
לְשִׁמְעוֹן אָחִיו עֲלֵה אִתִּי בְגוֹרָלִי וְנִלָּחֲמָה בַּכְּנַעֲנִי וְהָלַכְתִּי גַם־
ד אֲנִי אִתְּךָ בְּגוֹרָלֶךָ וַיֵּלֶךְ אִתּוֹ שִׁמְעוֹן: וַיַּעַל יְהוּדָה וַיִּתֵּן יְהוָה אֶת־
ה הַכְּנַעֲנִי וְהַפְּרִזִּי בְּיָדָם וַיַּכּוּם בְּבֶזֶק עֲשֶׂרֶת אֲלָפִים אִישׁ: וַיִּמְצְאוּ
אֶת־אֲדֹנִי בֶזֶק בְּבֶזֶק וַיִּלָּחֲמוּ בּוֹ וַיַּכּוּ אֶת־הַכְּנַעֲנִי וְאֶת־הַפְּרִזִּי:
ו וַיָּנָס אֲדֹנִי בֶזֶק וַיִּרְדְּפוּ אַחֲרָיו וַיֹּאחֲזוּ אוֹתוֹ וַיְקַצְּצוּ אֶת־בְּהֹנוֹת
ז יָדָיו וְרַגְלָיו: וַיֹּאמֶר אֲדֹנִי־בֶזֶק שִׁבְעִים ׀ מְלָכִים בְּהֹנוֹת יְדֵיהֶם
וְרַגְלֵיהֶם מְקֻצָּצִים הָיוּ מְלַקְּטִים תַּחַת שֻׁלְחָנִי כַּאֲשֶׁר עָשִׂיתִי
כֵּן שִׁלַּם־לִי אֱלֹהִים וַיְבִיאֻהוּ יְרוּשָׁלִַם וַיָּמָת שָׁם:
ח וַיִּלָּחֲמוּ בְנֵי־יְהוּדָה בִּירוּשָׁלִַם וַיִּלְכְּדוּ אוֹתָהּ וַיַּכּוּהָ לְפִי־חָרֶב
ט וְאֶת־הָעִיר שִׁלְּחוּ בָאֵשׁ: וְאַחַר יָרְדוּ בְּנֵי יְהוּדָה לְהִלָּחֵם בַּכְּנַעֲנִי
י יוֹשֵׁב הָהָר וְהַנֶּגֶב וְהַשְּׁפֵלָה: וַיֵּלֶךְ יְהוּדָה אֶל־הַכְּנַעֲנִי הַיּוֹשֵׁב
בְּחֶבְרוֹן וְשֵׁם־חֶבְרוֹן לְפָנִים קִרְיַת אַרְבַּע וַיַּכּוּ אֶת־שֵׁשַׁי וְאֶת־
יא אֲחִימַן וְאֶת־תַּלְמָי: וַיֵּלֶךְ מִשָּׁם אֶל־יוֹשְׁבֵי דְּבִיר וְשֵׁם־דְּבִיר
יב לְפָנִים קִרְיַת־סֵפֶר: וַיֹּאמֶר כָּלֵב אֲשֶׁר־יַכֶּה אֶת־קִרְיַת־סֵפֶר
יג וּלְכָדָהּ וְנָתַתִּי לוֹ אֶת־עַכְסָה בִתִּי לְאִשָּׁה: וַיִּלְכְּדָהּ עָתְנִיאֵל
בֶּן־קְנַז אֲחִי כָלֵב הַקָּטֹן מִמֶּנּוּ וַיִּתֶּן־לוֹ אֶת־עַכְסָה בִתּוֹ לְאִשָּׁה:
יד וַיְהִי בְּבוֹאָהּ וַתְּסִיתֵהוּ לִשְׁאוֹל מֵאֵת־אָבִיהָ הַשָּׂדֶה וַתִּצְנַח מֵעַל
טו הַחֲמוֹר וַיֹּאמֶר־לָהּ כָּלֵב מַה־לָּךְ: וַתֹּאמֶר לוֹ הָבָה־לִּי בְרָכָה
כִּי אֶרֶץ הַנֶּגֶב נְתַתָּנִי וְנָתַתָּה לִי גֻּלֹּת מָיִם וַיִּתֶּן־לָהּ כָּלֵב אֵת
טז גֻּלֹּת עִלִּית וְאֵת גֻּלֹּת תַּחְתִּית: וּבְנֵי קֵינִי חֹתֵן
מֹשֶׁה עָלוּ מֵעִיר הַתְּמָרִים אֶת־בְּנֵי יְהוּדָה מִדְבַּר יְהוּדָה אֲשֶׁר
יז בְּנֶגֶב עֲרָד וַיֵּלֶךְ וַיֵּשֶׁב אֶת־הָעָם: וַיֵּלֶךְ יְהוּדָה אֶת־שִׁמְעוֹן
אָחִיו וַיַּכּוּ אֶת־הַכְּנַעֲנִי יוֹשֵׁב צְפַת וַיַּחֲרִימוּ אוֹתָהּ וַיִּקְרָא אֶת־
יח שֵׁם־הָעִיר חָרְמָה: וַיִּלְכֹּד יְהוּדָה אֶת־עַזָּה וְאֶת־גְּבוּלָהּ וְאֶת־

אַשְׁקְלוֹן וְאֶת־גְּבוּלָהּ וְאֶת־עֶקְרוֹן וְאֶת־גְּבוּלָהּ׃ וַיְהִי יְהוָה יט
אֶת־יְהוּדָה וַיֹּרֶשׁ אֶת־הָהָר כִּי לֹא לְהוֹרִישׁ אֶת־יֹשְׁבֵי הָעֵמֶק
כִּי־רֶכֶב בַּרְזֶל לָהֶם׃ וַיִּתְּנוּ לְכָלֵב אֶת־חֶבְרוֹן כַּאֲשֶׁר דִּבֶּר כ
מֹשֶׁה וַיּוֹרֶשׁ מִשָּׁם אֶת־שְׁלֹשָׁה בְּנֵי הָעֲנָק׃ וְאֶת־הַיְבוּסִי יֹשֵׁב כא
יְרוּשָׁלִַם לֹא הוֹרִישׁוּ בְּנֵי בִנְיָמִן וַיֵּשֶׁב הַיְבוּסִי אֶת־בְּנֵי בִנְיָמִן
בִּירוּשָׁלִַם עַד הַיּוֹם הַזֶּה׃ וַיַּעֲלוּ בֵית־יוֹסֵף גַּם־ כב
הֵם בֵּית־אֵל וַיהוָה עִמָּם׃ וַיָּתִירוּ בֵית־יוֹסֵף בְּבֵית־אֵל וְשֵׁם־ כג
הָעִיר לְפָנִים לוּז׃ וַיִּרְאוּ הַשֹּׁמְרִים אִישׁ יוֹצֵא מִן־הָעִיר וַיֹּאמְרוּ כד
לוֹ הַרְאֵנוּ נָא אֶת־מְבוֹא הָעִיר וְעָשִׂינוּ עִמְּךָ חָסֶד׃ וַיַּרְאֵם אֶת־ כה
מְבוֹא הָעִיר וַיַּכּוּ אֶת־הָעִיר לְפִי־חָרֶב וְאֶת־הָאִישׁ וְאֶת־כָּל־
מִשְׁפַּחְתּוֹ שִׁלֵּחוּ׃ וַיֵּלֶךְ הָאִישׁ אֶרֶץ הַחִתִּים וַיִּבֶן עִיר וַיִּקְרָא כו
שְׁמָהּ לוּז הוּא שְׁמָהּ עַד הַיּוֹם הַזֶּה׃ וְלֹא־הוֹרִישׁ כז
מְנַשֶּׁה אֶת־בֵּית־שְׁאָן וְאֶת־בְּנוֹתֶיהָ וְאֶת־תַּעְנַךְ וְאֶת־בְּנֹתֶיהָ
וְאֶת־יֹשֵׁב דּוֹר וְאֶת־בְּנוֹתֶיהָ וְאֶת־יוֹשְׁבֵי יִבְלְעָם וְאֶת־בְּנֹתֶיהָ
וְאֶת־יוֹשְׁבֵי מְגִדּוֹ וְאֶת־בְּנוֹתֶיהָ וַיּוֹאֶל הַכְּנַעֲנִי לָשֶׁבֶת בָּאָרֶץ
הַזֹּאת׃ וַיְהִי כִּי־חָזַק יִשְׂרָאֵל וַיָּשֶׂם אֶת־הַכְּנַעֲנִי לָמַס וְהוֹרֵישׁ כח
לֹא הוֹרִישׁוֹ׃ וְאֶפְרַיִם לֹא הוֹרִישׁ אֶת־הַכְּנַעֲנִי כט
הַיּוֹשֵׁב בְּגָזֶר וַיֵּשֶׁב הַכְּנַעֲנִי בְּקִרְבּוֹ בְּגָזֶר׃ זְבוּלֻן ל
לֹא הוֹרִישׁ אֶת־יוֹשְׁבֵי קִטְרוֹן וְאֶת־יוֹשְׁבֵי נַהֲלֹל וַיֵּשֶׁב הַכְּנַעֲנִי
בְּקִרְבּוֹ וַיִּהְיוּ לָמַס׃ אָשֵׁר לֹא הוֹרִישׁ אֶת־יֹשְׁבֵי לא
עַכּוֹ וְאֶת־יוֹשְׁבֵי צִידוֹן וְאֶת־אַחְלָב וְאֶת־אַכְזִיב וְאֶת־חֶלְבָּה
וְאֶת־אֲפִיק וְאֶת־רְחֹב׃ וַיֵּשֶׁב הָאָשֵׁרִי בְּקֶרֶב הַכְּנַעֲנִי יֹשְׁבֵי לב
הָאָרֶץ כִּי לֹא הוֹרִישׁוֹ׃ נַפְתָּלִי לֹא־הוֹרִישׁ אֶת־ לג
יֹשְׁבֵי בֵית־שֶׁמֶשׁ וְאֶת־יֹשְׁבֵי בֵית־עֲנָת וַיֵּשֶׁב בְּקֶרֶב הַכְּנַעֲנִי
יֹשְׁבֵי הָאָרֶץ וְיֹשְׁבֵי בֵית־שֶׁמֶשׁ וּבֵית עֲנָת הָיוּ לָהֶם לָמַס׃
וַיִּלְחֲצוּ הָאֱמֹרִי אֶת־בְּנֵי־דָן הָהָרָה כִּי־לֹא נְתָנוֹ לָרֶדֶת לָעֵמֶק׃ לד
וַיּוֹאֶל הָאֱמֹרִי לָשֶׁבֶת בְּהַר־חֶרֶס בְּאַיָּלוֹן וּבְשַׁעַלְבִים וַתִּכְבַּד לה

לו יַד בֵּית־יוֹסֵף וַיִּהְיוּ לָמַס׃ וּגְבוּל הָאֱמֹרִי מִמַּעֲלֵה עַקְרַבִּים
ב א מֵהַסֶּלַע וָמָעְלָה׃ וַיַּעַל מַלְאַךְ־יְהוָה מִן־הַגִּלְגָּל
אֶל־הַבֹּכִים וַיֹּאמֶר אַעֲלֶה אֶתְכֶם מִמִּצְרַיִם
וָאָבִיא אֶתְכֶם אֶל־הָאָרֶץ אֲשֶׁר נִשְׁבַּעְתִּי לַאֲבֹתֵיכֶם וָאֹמַר
ב לֹא־אָפֵר בְּרִיתִי אִתְּכֶם לְעוֹלָם׃ וְאַתֶּם לֹא־תִכְרְתוּ בְרִית
לְיוֹשְׁבֵי הָאָרֶץ הַזֹּאת מִזְבְּחוֹתֵיהֶם תִּתֹּצוּן וְלֹא־שְׁמַעְתֶּם בְּקוֹלִי
ג מַה־זֹּאת עֲשִׂיתֶם׃ וְגַם אָמַרְתִּי לֹא־אֲגָרֵשׁ אוֹתָם מִפְּנֵיכֶם וְהָיוּ
ד לָכֶם לְצִדִּים וֵאלֹהֵיהֶם יִהְיוּ לָכֶם לְמוֹקֵשׁ׃ וַיְהִי כְּדַבֵּר מַלְאַךְ
יְהוָה אֶת־הַדְּבָרִים הָאֵלֶּה אֶל־כָּל־בְּנֵי יִשְׂרָאֵל וַיִּשְׂאוּ הָעָם
ה אֶת־קוֹלָם וַיִּבְכּוּ׃ וַיִּקְרְאוּ שֵׁם־הַמָּקוֹם הַהוּא בֹּכִים וַיִּזְבְּחוּ־שָׁם
ו לַיהוָה׃ וַיְשַׁלַּח יְהוֹשֻׁעַ אֶת־הָעָם וַיֵּלְכוּ בְנֵי־
ז יִשְׂרָאֵל אִישׁ לְנַחֲלָתוֹ לָרֶשֶׁת אֶת־הָאָרֶץ׃ וַיַּעַבְדוּ הָעָם אֶת־ ב
יְהוָה כֹּל יְמֵי יְהוֹשֻׁעַ וְכֹל ׀ יְמֵי הַזְּקֵנִים אֲשֶׁר הֶאֱרִיכוּ יָמִים
אַחֲרֵי יְהוֹשׁוּעַ אֲשֶׁר רָאוּ אֵת כָּל־מַעֲשֵׂה יְהוָה הַגָּדוֹל אֲשֶׁר
ח עָשָׂה לְיִשְׂרָאֵל׃ וַיָּמָת יְהוֹשֻׁעַ בִּן־נוּן עֶבֶד יְהוָה בֶּן־מֵאָה
ט וָעֶשֶׂר שָׁנִים׃ וַיִּקְבְּרוּ אוֹתוֹ בִּגְבוּל נַחֲלָתוֹ בְּתִמְנַת־חֶרֶס בְּהַר
י אֶפְרָיִם מִצְּפוֹן לְהַר־גָּעַשׁ׃ וְגַם כָּל־הַדּוֹר הַהוּא נֶאֶסְפוּ אֶל־
אֲבוֹתָיו וַיָּקָם דּוֹר אַחֵר אַחֲרֵיהֶם אֲשֶׁר לֹא־יָדְעוּ אֶת־יְהוָה
יא וְגַם אֶת־הַמַּעֲשֶׂה אֲשֶׁר עָשָׂה לְיִשְׂרָאֵל׃ וַיַּעֲשׂוּ
בְנֵי־יִשְׂרָאֵל אֶת־הָרַע בְּעֵינֵי יְהוָה וַיַּעַבְדוּ אֶת־הַבְּעָלִים׃
יב וַיַּעַזְבוּ אֶת־יְהוָה ׀ אֱלֹהֵי אֲבוֹתָם הַמּוֹצִיא אוֹתָם מֵאֶרֶץ
מִצְרַיִם וַיֵּלְכוּ אַחֲרֵי ׀ אֱלֹהִים אֲחֵרִים מֵאֱלֹהֵי הָעַמִּים אֲשֶׁר
יג סְבִיבוֹתֵיהֶם וַיִּשְׁתַּחֲווּ לָהֶם וַיַּכְעִסוּ אֶת־יְהוָה׃ וַיַּעַזְבוּ אֶת־
יד יְהוָה וַיַּעַבְדוּ לַבַּעַל וְלָעַשְׁתָּרוֹת׃ וַיִּחַר־אַף יְהוָה בְּיִשְׂרָאֵל
וַיִּתְּנֵם בְּיַד שֹׁסִים וַיָּשֹׁסּוּ אוֹתָם וַיִּמְכְּרֵם בְּיַד אוֹיְבֵיהֶם מִסָּבִיב
טו וְלֹא־יָכְלוּ עוֹד לַעֲמֹד לִפְנֵי אוֹיְבֵיהֶם׃ בְּכֹל ׀ אֲשֶׁר יָצְאוּ יַד־
יְהוָה הָיְתָה־בָּם לְרָעָה כַּאֲשֶׁר דִּבֶּר יְהוָה וְכַאֲשֶׁר נִשְׁבַּע יְהוָה

לָהֶם וַיֵּצֶר לָהֶם מְאֹד׃ וַיָּקֶם יְהוָה שֹׁפְטִים וַיּוֹשִׁיעוּם מִיַּד טז
שֹׁסֵיהֶם׃ וְגַם אֶל־שֹׁפְטֵיהֶם לֹא שָׁמֵעוּ כִּי זָנוּ אַחֲרֵי אֱלֹהִים יז
אֲחֵרִים וַיִּשְׁתַּחֲווּ לָהֶם סָרוּ מַהֵר מִן־הַדֶּרֶךְ אֲשֶׁר הָלְכוּ אֲבוֹתָם
לִשְׁמֹעַ מִצְוֺת־יְהוָה לֹא־עָשׂוּ כֵן׃ וְכִי־הֵקִים יְהוָה ׀ לָהֶם יח
שֹׁפְטִים וְהָיָה יְהוָה עִם־הַשֹּׁפֵט וְהוֹשִׁיעָם מִיַּד אֹיְבֵיהֶם כֹּל יְמֵי
הַשּׁוֹפֵט כִּי־יִנָּחֵם יְהוָה מִנַּאֲקָתָם מִפְּנֵי לֹחֲצֵיהֶם וְדֹחֲקֵיהֶם׃ וְהָיָה יט
בְּמוֹת הַשּׁוֹפֵט יָשֻׁבוּ וְהִשְׁחִיתוּ מֵאֲבוֹתָם לָלֶכֶת אַחֲרֵי אֱלֹהִים
אֲחֵרִים לְעָבְדָם וּלְהִשְׁתַּחֲוֺת לָהֶם לֹא הִפִּילוּ מִמַּעַלְלֵיהֶם
וּמִדַּרְכָּם הַקָּשָׁה׃ וַיִּחַר־אַף יְהוָה בְּיִשְׂרָאֵל וַיֹּאמֶר יַעַן אֲשֶׁר כ
עָבְרוּ הַגּוֹי הַזֶּה אֶת־בְּרִיתִי אֲשֶׁר צִוִּיתִי אֶת־אֲבוֹתָם וְלֹא
שָׁמְעוּ לְקוֹלִי׃ גַּם־אֲנִי לֹא אוֹסִיף לְהוֹרִישׁ אִישׁ מִפְּנֵיהֶם מִן־ כא
הַגּוֹיִם אֲשֶׁר־עָזַב יְהוֹשֻׁעַ וַיָּמֹת׃ לְמַעַן נַסּוֹת בָּם אֶת־יִשְׂרָאֵל כב
הֲשֹׁמְרִים הֵם אֶת־דֶּרֶךְ יְהוָה לָלֶכֶת בָּם כַּאֲשֶׁר שָׁמְרוּ אֲבוֹתָם
אִם־לֹא׃ וַיַּנַּח יְהוָה אֶת־הַגּוֹיִם הָאֵלֶּה לְבִלְתִּי הוֹרִישָׁם מַהֵר כג
וְלֹא נְתָנָם בְּיַד יְהוֹשֻׁעַ׃ וְאֵלֶּה הַגּוֹיִם אֲשֶׁר הִנִּיחַ א ג
יְהוָה לְנַסּוֹת בָּם אֶת־יִשְׂרָאֵל אֵת כָּל־אֲשֶׁר לֹא־יָדְעוּ אֵת כָּל־
מִלְחֲמוֹת כְּנָעַן׃ רַק לְמַעַן דַּעַת דֹּרוֹת בְּנֵי־יִשְׂרָאֵל לְלַמְּדָם ב
מִלְחָמָה רַק אֲשֶׁר־לְפָנִים לֹא יְדָעוּם׃ חֲמֵשֶׁת ׀ סַרְנֵי פְלִשְׁתִּים ג
וְכָל־הַכְּנַעֲנִי וְהַצִּידֹנִי וְהַחִוִּי יֹשֵׁב הַר הַלְּבָנוֹן מֵהַר בַּעַל חֶרְמוֹן
עַד לְבוֹא חֲמָת׃ וַיִּהְיוּ לְנַסּוֹת בָּם אֶת־יִשְׂרָאֵל לָדַעַת הֲיִשְׁמְעוּ ד
אֶת־מִצְוֺת יְהוָה אֲשֶׁר־צִוָּה אֶת־אֲבוֹתָם בְּיַד־מֹשֶׁה׃ וּבְנֵי ה
יִשְׂרָאֵל יָשְׁבוּ בְּקֶרֶב הַכְּנַעֲנִי הַחִתִּי וְהָאֱמֹרִי וְהַפְּרִזִּי וְהַחִוִּי
וְהַיְבוּסִי׃ וַיִּקְחוּ אֶת־בְּנוֹתֵיהֶם לָהֶם לְנָשִׁים וְאֶת־בְּנוֹתֵיהֶם ו
נָתְנוּ לִבְנֵיהֶם וַיַּעַבְדוּ אֶת־אֱלֹהֵיהֶם׃ וַיַּעֲשׂוּ ז
בְנֵי־יִשְׂרָאֵל אֶת־הָרַע בְּעֵינֵי יְהוָה וַיִּשְׁכְּחוּ אֶת־יְהוָה אֱלֹהֵיהֶם
וַיַּעַבְדוּ אֶת־הַבְּעָלִים וְאֶת־הָאֲשֵׁרוֹת׃ וַיִּחַר־אַף יְהוָה בְּיִשְׂרָאֵל ח
וַיִּמְכְּרֵם בְּיַד כּוּשַׁן רִשְׁעָתַיִם מֶלֶךְ אֲרַם נַהֲרָיִם וַיַּעַבְדוּ בְנֵי־

ט יִשְׂרָאֵל אֶת־כּוּשַׁן רִשְׁעָתַיִם שְׁמֹנֶה שָׁנִים׃ וַיִּזְעֲקוּ בְנֵי־יִשְׂרָאֵל
אֶל־יְהוָה וַיָּקֶם יְהוָה מוֹשִׁיעַ לִבְנֵי יִשְׂרָאֵל וַיּוֹשִׁיעֵם אֵת עָתְנִיאֵל
י בֶּן־קְנַז אֲחִי כָלֵב הַקָּטֹן מִמֶּנּוּ׃ וַתְּהִי עָלָיו רוּחַ־יְהוָה וַיִּשְׁפֹּט
אֶת־יִשְׂרָאֵל וַיֵּצֵא לַמִּלְחָמָה וַיִּתֵּן יְהוָה בְּיָדוֹ אֶת־כּוּשַׁן רִשְׁעָתַיִם
יא מֶלֶךְ אֲרָם וַתָּעָז יָדוֹ עַל כּוּשַׁן רִשְׁעָתָיִם׃ וַתִּשְׁקֹט הָאָרֶץ
יב אַרְבָּעִים שָׁנָה וַיָּמָת עָתְנִיאֵל בֶּן־קְנַז׃ וַיֹּסִפוּ בְּנֵי
יִשְׂרָאֵל לַעֲשׂוֹת הָרַע בְּעֵינֵי יְהוָה וַיְחַזֵּק יְהוָה אֶת־עֶגְלוֹן מֶלֶךְ־
יג מוֹאָב עַל־יִשְׂרָאֵל עַל כִּי־עָשׂוּ אֶת־הָרַע בְּעֵינֵי יְהוָה׃ וַיֶּאֱסֹף
אֵלָיו אֶת־בְּנֵי עַמּוֹן וַעֲמָלֵק וַיֵּלֶךְ וַיַּךְ אֶת־יִשְׂרָאֵל וַיִּירְשׁוּ אֶת־
יד עִיר הַתְּמָרִים׃ וַיַּעַבְדוּ בְנֵי־יִשְׂרָאֵל אֶת־עֶגְלוֹן מֶלֶךְ־מוֹאָב
טו שְׁמוֹנֶה עֶשְׂרֵה שָׁנָה׃ וַיִּזְעֲקוּ בְנֵי־יִשְׂרָאֵל אֶל־יְהוָה וַיָּקֶם יְהוָה
לָהֶם מוֹשִׁיעַ אֶת־אֵהוּד בֶּן־גֵּרָא בֶּן־הַיְמִינִי אִישׁ אִטֵּר יַד־
יְמִינוֹ וַיִּשְׁלְחוּ בְנֵי־יִשְׂרָאֵל בְּיָדוֹ מִנְחָה לְעֶגְלוֹן מֶלֶךְ מוֹאָב׃
טז וַיַּעַשׂ לוֹ אֵהוּד חֶרֶב וְלָהּ שְׁנֵי פֵיוֹת גֹּמֶד אָרְכָּהּ וַיַּחְגֹּר אוֹתָהּ
יז מִתַּחַת לְמַדָּיו עַל יֶרֶךְ יְמִינוֹ׃ וַיַּקְרֵב אֶת־הַמִּנְחָה לְעֶגְלוֹן מֶלֶךְ
יח מוֹאָב וְעֶגְלוֹן אִישׁ בָּרִיא מְאֹד׃ וַיְהִי כַּאֲשֶׁר כִּלָּה לְהַקְרִיב
יט אֶת־הַמִּנְחָה וַיְשַׁלַּח אֶת־הָעָם נֹשְׂאֵי הַמִּנְחָה׃ וְהוּא שָׁב מִן־
הַפְּסִילִים אֲשֶׁר אֶת־הַגִּלְגָּל וַיֹּאמֶר דְּבַר־סֵתֶר לִי אֵלֶיךָ הַמֶּלֶךְ
כ וַיֹּאמֶר הָס וַיֵּצְאוּ מֵעָלָיו כָּל־הָעֹמְדִים עָלָיו׃ וְאֵהוּד ׀ בָּא אֵלָיו
וְהוּא יֹשֵׁב בַּעֲלִיַּת הַמְּקֵרָה אֲשֶׁר־לוֹ לְבַדּוֹ וַיֹּאמֶר אֵהוּד דְּבַר־
כא אֱלֹהִים לִי אֵלֶיךָ וַיָּקָם מֵעַל הַכִּסֵּא׃ וַיִּשְׁלַח אֵהוּד אֶת־יַד
שְׂמֹאלוֹ וַיִּקַּח אֶת־הַחֶרֶב מֵעַל יֶרֶךְ יְמִינוֹ וַיִּתְקָעֶהָ בְּבִטְנוֹ׃
כב וַיָּבֹא גַם־הַנִּצָּב אַחַר הַלַּהַב וַיִּסְגֹּר הַחֵלֶב בְּעַד הַלַּהַב כִּי לֹא
כג שָׁלַף הַחֶרֶב מִבִּטְנוֹ וַיֵּצֵא הַפַּרְשְׁדֹנָה׃ וַיֵּצֵא אֵהוּד הַמִּסְדְּרוֹנָה
כד וַיִּסְגֹּר דַּלְתוֹת הָעֲלִיָּה בַּעֲדוֹ וְנָעָל׃ וְהוּא יָצָא וַעֲבָדָיו בָּאוּ
וַיִּרְאוּ וְהִנֵּה דַּלְתוֹת הָעֲלִיָּה נְעֻלוֹת וַיֹּאמְרוּ אַךְ מֵסִיךְ הוּא
כה אֶת־רַגְלָיו בַּחֲדַר הַמְּקֵרָה׃ וַיָּחִילוּ עַד־בּוֹשׁ וְהִנֵּה אֵינֶנּוּ פֹּתֵחַ

דַּלְתוֹת הָעֲלִיָּה וַיִּקְחוּ אֶת־הַמַּפְתֵּחַ וַיִּפְתָּחוּ וְהִנֵּה אֲדֹנֵיהֶם נֹפֵל
(כו) אַרְצָה מֵת׃ וְאֵהוּד נִמְלַט עַד הִתְמַהְמְהָם וְהוּא עָבַר אֶת־
(כז) הַפְּסִילִים וַיִּמָּלֵט הַשְּׂעִירָתָה׃ וַיְהִי בְּבוֹאוֹ וַיִּתְקַע בַּשּׁוֹפָר
בְּהַר אֶפְרָיִם וַיֵּרְדוּ עִמּוֹ בְנֵי־יִשְׂרָאֵל מִן־הָהָר וְהוּא לִפְנֵיהֶם׃
(כח) וַיֹּאמֶר אֲלֵהֶם רִדְפוּ אַחֲרַי כִּי־נָתַן יְהוָה אֶת־אֹיְבֵיכֶם אֶת־
מוֹאָב בְּיֶדְכֶם וַיֵּרְדוּ אַחֲרָיו וַיִּלְכְּדוּ אֶת־מַעְבְּרוֹת הַיַּרְדֵּן
(כט) לְמוֹאָב וְלֹא־נָתְנוּ אִישׁ לַעֲבֹר׃ וַיַּכּוּ אֶת־מוֹאָב בָּעֵת הַהִיא
כַּעֲשֶׂרֶת אֲלָפִים אִישׁ כָּל־שָׁמֵן וְכָל־אִישׁ חָיִל וְלֹא נִמְלַט אִישׁ׃
(ל) וַתִּכָּנַע מוֹאָב בַּיּוֹם הַהוּא תַּחַת יַד יִשְׂרָאֵל וַתִּשְׁקֹט הָאָרֶץ
(ג לא) שְׁמוֹנִים שָׁנָה׃ וְאַחֲרָיו הָיָה שַׁמְגַּר בֶּן־עֲנָת וַיַּךְ
אֶת־פְּלִשְׁתִּים שֵׁשׁ־מֵאוֹת אִישׁ בְּמַלְמַד הַבָּקָר וַיּוֹשַׁע גַּם־הוּא
(ד א) אֶת־יִשְׂרָאֵל׃ וַיֹּסִפוּ בְּנֵי יִשְׂרָאֵל לַעֲשׂוֹת הָרַע
(ב) בְּעֵינֵי יְהוָה וְאֵהוּד מֵת׃ וַיִּמְכְּרֵם יְהוָה בְּיַד יָבִין מֶלֶךְ־כְּנַעַן אֲשֶׁר
מָלַךְ בְּחָצוֹר וְשַׂר־צְבָאוֹ סִיסְרָא וְהוּא יוֹשֵׁב בַּחֲרֹשֶׁת הַגּוֹיִם׃
(ג) וַיִּצְעֲקוּ בְנֵי־יִשְׂרָאֵל אֶל־יְהוָה כִּי תְּשַׁע מֵאוֹת רֶכֶב־בַּרְזֶל לוֹ
וְהוּא לָחַץ אֶת־בְּנֵי יִשְׂרָאֵל בְּחָזְקָה עֶשְׂרִים שָׁנָה׃
(ד) וּדְבוֹרָה אִשָּׁה נְבִיאָה אֵשֶׁת לַפִּידוֹת הִיא שֹׁפְטָה אֶת־יִשְׂרָאֵל
(ה) בָּעֵת הַהִיא׃ וְהִיא יוֹשֶׁבֶת תַּחַת־תֹּמֶר דְּבוֹרָה בֵּין הָרָמָה וּבֵין
בֵּית־אֵל בְּהַר אֶפְרָיִם וַיַּעֲלוּ אֵלֶיהָ בְּנֵי יִשְׂרָאֵל לַמִּשְׁפָּט׃
(ו) וַתִּשְׁלַח וַתִּקְרָא לְבָרָק בֶּן־אֲבִינֹעַם מִקֶּדֶשׁ נַפְתָּלִי וַתֹּאמֶר
אֵלָיו הֲלֹא־צִוָּה ׀ יְהוָה אֱלֹהֵי־יִשְׂרָאֵל לֵךְ וּמָשַׁכְתָּ בְּהַר תָּבוֹר
וְלָקַחְתָּ עִמְּךָ עֲשֶׂרֶת אֲלָפִים אִישׁ מִבְּנֵי נַפְתָּלִי וּמִבְּנֵי זְבֻלוּן׃
(ז) וּמָשַׁכְתִּי אֵלֶיךָ אֶל־נַחַל קִישׁוֹן אֶת־סִיסְרָא שַׂר־צְבָא יָבִין
(ח) וְאֶת־רִכְבּוֹ וְאֶת־הֲמוֹנוֹ וּנְתַתִּיהוּ בְּיָדֶךָ׃ וַיֹּאמֶר אֵלֶיהָ בָּרָק
(ט) אִם־תֵּלְכִי עִמִּי וְהָלָכְתִּי וְאִם־לֹא תֵלְכִי עִמִּי לֹא אֵלֵךְ׃ וַתֹּאמֶר
הָלֹךְ אֵלֵךְ עִמָּךְ אֶפֶס כִּי לֹא תִהְיֶה תִּפְאַרְתְּךָ עַל־הַדֶּרֶךְ אֲשֶׁר
אַתָּה הוֹלֵךְ כִּי בְיַד־אִשָּׁה יִמְכֹּר יְהוָה אֶת־סִיסְרָא וַתָּקָם

י דְּבוֹרָה וַתֵּלֶךְ עִם־בָּרָק קֶדְשָׁה׃ וַיַּזְעֵק בָּרָק אֶת־זְבוּלֻן וְאֶת־
נַפְתָּלִי קֶדְשָׁה וַיַּעַל בְּרַגְלָיו עֲשֶׂרֶת אַלְפֵי אִישׁ וַתַּעַל עִמּוֹ
יא דְּבוֹרָה׃ וְחֶבֶר הַקֵּינִי נִפְרָד מִקַּיִן מִבְּנֵי חֹבָב חֹתֵן מֹשֶׁה וַיֵּט
יב אָהֳלוֹ עַד־אֵלוֹן בצענים אֲשֶׁר אֶת־קֶדֶשׁ׃ וַיַּגִּדוּ לְסִיסְרָא כִּי בְּצַעֲנַנִּים
יג עָלָה בָּרָק בֶּן־אֲבִינֹעַם הַר־תָּבוֹר׃ וַיַּזְעֵק סִיסְרָא אֶת־כָּל־
רִכְבּוֹ תְּשַׁע מֵאוֹת רֶכֶב בַּרְזֶל וְאֶת־כָּל־הָעָם אֲשֶׁר אִתּוֹ
יד מֵחֲרֹשֶׁת הַגּוֹיִם אֶל־נַחַל קִישׁוֹן׃ וַתֹּאמֶר דְּבֹרָה אֶל־בָּרָק קוּם
כִּי זֶה הַיּוֹם אֲשֶׁר נָתַן יהוה אֶת־סִיסְרָא בְּיָדֶךָ הֲלֹא יהוה יָצָא
לְפָנֶיךָ וַיֵּרֶד בָּרָק מֵהַר תָּבוֹר וַעֲשֶׂרֶת אֲלָפִים אִישׁ אַחֲרָיו׃
טו וַיָּהָם יהוה אֶת־סִיסְרָא וְאֶת־כָּל־הָרֶכֶב וְאֶת־כָּל־הַמַּחֲנֶה
לְפִי־חֶרֶב לִפְנֵי בָרָק וַיֵּרֶד סִיסְרָא מֵעַל הַמֶּרְכָּבָה וַיָּנָס בְּרַגְלָיו׃
טז וּבָרָק רָדַף אַחֲרֵי הָרֶכֶב וְאַחֲרֵי הַמַּחֲנֶה עַד חֲרֹשֶׁת הַגּוֹיִם וַיִּפֹּל
יז כָּל־מַחֲנֵה סִיסְרָא לְפִי־חֶרֶב לֹא נִשְׁאַר עַד־אֶחָד׃ וְסִיסְרָא נָס
בְּרַגְלָיו אֶל־אֹהֶל יָעֵל אֵשֶׁת חֶבֶר הַקֵּינִי כִּי שָׁלוֹם בֵּין יָבִין
יח מֶלֶךְ־חָצוֹר וּבֵין בֵּית חֶבֶר הַקֵּינִי׃ וַתֵּצֵא יָעֵל לִקְרַאת סִיסְרָא
וַתֹּאמֶר אֵלָיו סוּרָה אֲדֹנִי סוּרָה אֵלַי אַל־תִּירָא וַיָּסַר אֵלֶיהָ
יט הָאֹהֱלָה וַתְּכַסֵּהוּ בַּשְּׂמִיכָה׃ וַיֹּאמֶר אֵלֶיהָ הַשְׁקִינִי־נָא מְעַט־
מַיִם כִּי צָמֵאתִי וַתִּפְתַּח אֶת־נֹאוד הֶחָלָב וַתַּשְׁקֵהוּ וַתְּכַסֵּהוּ׃
כ וַיֹּאמֶר אֵלֶיהָ עֲמֹד פֶּתַח הָאֹהֶל וְהָיָה אִם־אִישׁ יָבֹא וּשְׁאֵלֵךְ
כא וְאָמַר הֲיֵשׁ־פֹּה אִישׁ וְאָמַרְתְּ אָיִן׃ וַתִּקַּח יָעֵל אֵשֶׁת־חֶבֶר
אֶת־יְתַד הָאֹהֶל וַתָּשֶׂם אֶת־הַמַּקֶּבֶת בְּיָדָהּ וַתָּבוֹא אֵלָיו
בַּלָּאט וַתִּתְקַע אֶת־הַיָּתֵד בְּרַקָּתוֹ וַתִּצְנַח בָּאָרֶץ וְהוּא־
כב נִרְדָּם וַיָּעַף וַיָּמֹת׃ וְהִנֵּה בָרָק רֹדֵף אֶת־סִיסְרָא וַתֵּצֵא
יָעֵל לִקְרָאתוֹ וַתֹּאמֶר לוֹ לֵךְ וְאַרְאֶךָּ אֶת־הָאִישׁ אֲשֶׁר־
אַתָּה מְבַקֵּשׁ וַיָּבֹא אֵלֶיהָ וְהִנֵּה סִיסְרָא נֹפֵל מֵת וְהַיָּתֵד
כג בְּרַקָּתוֹ׃ וַיַּכְנַע אֱלֹהִים בַּיּוֹם הַהוּא אֵת יָבִין מֶלֶךְ־כְּנָעַן
כד לִפְנֵי בְּנֵי יִשְׂרָאֵל׃ וַתֵּלֶךְ יַד בְּנֵי־יִשְׂרָאֵל הָלוֹךְ וְקָשָׁה עַל

יָבִין מֶלֶךְ־כְּנָעַן עַד אֲשֶׁר הִכְרִיתוּ אֵת יָבִין מֶלֶךְ־כְּנָעַן׃

ה א וַתָּשַׁר דְּבוֹרָה וּבָרָק בֶּן־אֲבִינֹעַם בַּיּוֹם הַהוּא
ב לֵאמֹר׃ בִּפְרֹעַ פְּרָעוֹת בְּיִשְׂרָאֵל בְּהִתְנַדֵּב
ג עָם בָּרְכוּ יְהוָה׃ שִׁמְעוּ מְלָכִים הַאֲזִינוּ
רֹזְנִים אָנֹכִי לַיהוָה אָנֹכִי אָשִׁירָה אֲזַמֵּר
ד לַיהוָה אֱלֹהֵי יִשְׂרָאֵל׃ יְהוָה בְּצֵאתְךָ
מִשֵּׂעִיר בְּצַעְדְּךָ מִשְּׂדֵה אֱדוֹם אֶרֶץ
רָעָשָׁה גַּם־שָׁמַיִם נָטָפוּ גַּם־עָבִים נָטְפוּ
ה מָיִם׃ הָרִים נָזְלוּ מִפְּנֵי יְהוָה זֶה
ו סִינַי מִפְּנֵי יְהוָה אֱלֹהֵי יִשְׂרָאֵל׃ בִּימֵי שַׁמְגַּר בֶּן־
עֲנָת בִּימֵי יָעֵל חָדְלוּ אֳרָחוֹת וְהֹלְכֵי
ז נְתִיבוֹת יֵלְכוּ אֳרָחוֹת עֲקַלְקַלּוֹת׃ חָדְלוּ פְרָזוֹן בְּיִשְׂרָאֵל
חָדֵלּוּ עַד שַׁקַּמְתִּי דְּבוֹרָה שַׁקַּמְתִּי
ח אֵם בְּיִשְׂרָאֵל׃ יִבְחַר אֱלֹהִים
חֲדָשִׁים אָז לָחֶם שְׁעָרִים מָגֵן
אִם־יֵרָאֶה וָרֹמַח בְּאַרְבָּעִים אֶלֶף
ט בְּיִשְׂרָאֵל׃ לִבִּי לְחוֹקְקֵי יִשְׂרָאֵל הַמִּתְנַדְּבִים
י בָּעָם בָּרְכוּ יְהוָה׃ רֹכְבֵי אֲתֹנוֹת
צְחֹרוֹת יֹשְׁבֵי עַל־מִדִּין וְהֹלְכֵי
יא עַל־דֶּרֶךְ שִׂיחוּ׃ מִקּוֹל מְחַצְצִים בֵּין
מַשְׁאַבִּים שָׁם יְתַנּוּ צִדְקוֹת יְהוָה צִדְקֹת
פִּרְזוֹנוֹ בְּיִשְׂרָאֵל אָז יָרְדוּ לַשְּׁעָרִים עַם־
יב יְהוָה׃ עוּרִי עוּרִי דְּבוֹרָה עוּרִי
עוּרִי דַּבְּרִי־שִׁיר קוּם בָּרָק וּשֲׁבֵה שֶׁבְיְךָ בֶּן־
יג אֲבִינֹעַם׃ אָז יְרַד שָׂרִיד לְאַדִּירִים עָם יְהוָה
יד יְרַד־לִי בַּגִּבּוֹרִים׃ מִנִּי אֶפְרַיִם שָׁרְשָׁם

בַּעֲמָלֵק   אַחֲרֶיךָ בִנְיָמִין בַּעֲמָמֶיךָ   מִנִּי

מָכִיר יָרְדוּ מְחֹקְקִים   וּמִזְּבוּלֻן מֹשְׁכִים בְּשֵׁבֶט

טו סֹפֵר׃   וְשָׂרַי בְּיִשָּׂשכָר עִם־דְּבֹרָה   וְיִשָּׂשכָר

כֵּן בָּרָק   בָּעֵמֶק שֻׁלַּח

בְּרַגְלָיו   בִּפְלַגּוֹת רְאוּבֵן   גְּדֹלִים

טז חִקְקֵי־לֵב׃   לָמָּה יָשַׁבְתָּ בֵּין

הַמִּשְׁפְּתַיִם   לִשְׁמֹעַ שְׁרִקוֹת עֲדָרִים   לִפְלַגּוֹת

יז רְאוּבֵן גְּדוֹלִים חִקְרֵי־לֵב׃   גִּלְעָד בְּעֵבֶר הַיַּרְדֵּן

שָׁכֵן   וְדָן לָמָּה יָגוּר אֳנִיּוֹת   אָשֵׁר

יָשַׁב לְחוֹף יַמִּים   וְעַל מִפְרָצָיו

יח יִשְׁכּוֹן׃   זְבֻלוּן עַם חֵרֵף נַפְשׁוֹ לָמוּת   וְנַפְתָּלִי

יט עַל מְרוֹמֵי שָׂדֶה׃   בָּאוּ מְלָכִים

נִלְחָמוּ   אָז נִלְחֲמוּ מַלְכֵי כְנַעַן   בְּתַעְנַךְ

עַל־מֵי מְגִדּוֹ   בֶּצַע כֶּסֶף לֹא

כ לָקָחוּ׃   מִן־שָׁמַיִם נִלְחָמוּ   הַכּוֹכָבִים

כא מִמְּסִלּוֹתָם נִלְחֲמוּ עִם סִיסְרָא׃   נַחַל קִישׁוֹן

גְּרָפָם   נַחַל קְדוּמִים נַחַל קִישׁוֹן   תִּדְרְכִי

כב נַפְשִׁי עֹז׃   אָז הָלְמוּ עִקְּבֵי־

כג סוּס   מִדַּהֲרוֹת דַּהֲרוֹת אַבִּירָיו׃   אוֹרוּ

מֵרוֹז אָמַר מַלְאַךְ יְהוָה   אֹרוּ אָרוֹר

יֹשְׁבֶיהָ   כִּי לֹא־בָאוּ לְעֶזְרַת יְהוָה   לְעֶזְרַת

כד יְהוָה בַּגִּבּוֹרִים׃   תְּבֹרַךְ מִנָּשִׁים

יָעֵל   אֵשֶׁת חֶבֶר הַקֵּינִי   מִנָּשִׁים

כה בָּאֹהֶל תְּבֹרָךְ׃   מַיִם שָׁאַל חָלָב

כו נָתָנָה   בְּסֵפֶל אַדִּירִים הִקְרִיבָה חֶמְאָה׃   יָדָהּ

לַיָּתֵד תִּשְׁלַחְנָה   וִימִינָהּ לְהַלְמוּת

עֲמֵלִים   וְהָלְמָה סִיסְרָא מָחֲקָה רֹאשׁוֹ   וּמָחֲצָה

ה

כז וְחֶלְפָה רַקָּתוֹ׃ בֵּין רַגְלֶיהָ כָּרַע נָפַל

שָׁכָב בֵּין רַגְלֶיהָ כָּרַע נָפַל בַּאֲשֶׁר

כח כָּרַע שָׁם נָפַל שָׁדוּד׃ בְּעַד הַחַלּוֹן נִשְׁקְפָה

וַתְּיַבֵּב אֵם סִיסְרָא בְּעַד הָאֶשְׁנָב מַדּוּעַ

בֹּשֵׁשׁ רִכְבּוֹ לָבוֹא מַדּוּעַ אֶחֱרוּ פַּעֲמֵי

כט מַרְכְּבוֹתָיו׃ חַכְמוֹת שָׂרוֹתֶיהָ תַּעֲנֶינָּה אַף־

ל הִיא תָּשִׁיב אֲמָרֶיהָ לָהּ׃ הֲלֹא יִמְצְאוּ יְחַלְּקוּ

שָׁלָל רַחַם רַחֲמָתַיִם לְרֹאשׁ גֶּבֶר שְׁלַל

צְבָעִים לְסִיסְרָא שְׁלַל צְבָעִים

לא ד רִקְמָה צֶבַע רִקְמָתַיִם לְצַוְּארֵי שָׁלָל׃ כֵּן

יֹאבְדוּ כָל־אוֹיְבֶיךָ יְהוָה וְאֹהֲבָיו כְּצֵאת הַשֶּׁמֶשׁ

בִּגְבֻרָתוֹ וַתִּשְׁקֹט הָאָרֶץ אַרְבָּעִים שָׁנָה׃

ו א וַיַּעֲשׂוּ בְנֵי־יִשְׂרָאֵל הָרַע בְּעֵינֵי יְהוָה וַיִּתְּנֵם יְהוָה בְּיַד־מִדְיָן

ב שֶׁבַע שָׁנִים׃ וַתָּעָז יַד־מִדְיָן עַל־יִשְׂרָאֵל מִפְּנֵי מִדְיָן עָשׂוּ לָהֶם ׀

בְּנֵי יִשְׂרָאֵל אֶת־הַמִּנְהָרוֹת אֲשֶׁר בֶּהָרִים וְאֶת־הַמְּעָרוֹת וְאֶת־

ג הַמְּצָדוֹת׃ וְהָיָה אִם־זָרַע יִשְׂרָאֵל וְעָלָה מִדְיָן וַעֲמָלֵק וּבְנֵי־

ד קֶדֶם וְעָלוּ עָלָיו׃ וַיַּחֲנוּ עֲלֵיהֶם וַיַּשְׁחִיתוּ אֶת־יְבוּל הָאָרֶץ עַד־

ה בּוֹאֲךָ עַזָּה וְלֹא־יַשְׁאִירוּ מִחְיָה בְּיִשְׂרָאֵל וְשֶׂה וָשׁוֹר וַחֲמוֹר׃ כִּי

הֵם וּמִקְנֵיהֶם יַעֲלוּ וְאָהֳלֵיהֶם יבאו כְדֵי־אַרְבֶּה לָרֹב וְלָהֶם וּבָאוּ

ו וְלִגְמַלֵּיהֶם אֵין מִסְפָּר וַיָּבֹאוּ בָאָרֶץ לְשַׁחֲתָהּ׃ וַיִּדַּל יִשְׂרָאֵל

ז מְאֹד מִפְּנֵי מִדְיָן וַיִּזְעֲקוּ בְנֵי־יִשְׂרָאֵל אֶל־יְהוָה׃ וַיְהִי כִּי־זָעֲקוּ

ח בְנֵי־יִשְׂרָאֵל אֶל־יְהוָה עַל אֹדוֹת מִדְיָן׃ וַיִּשְׁלַח יְהוָה אִישׁ נָבִיא

אֶל־בְּנֵי יִשְׂרָאֵל וַיֹּאמֶר לָהֶם כֹּה־אָמַר יְהוָה ׀ אֱלֹהֵי יִשְׂרָאֵל

אָנֹכִי הֶעֱלֵיתִי אֶתְכֶם מִמִּצְרַיִם וָאֹצִיא אֶתְכֶם מִבֵּית עֲבָדִים׃

ט וָאַצִּל אֶתְכֶם מִיַּד מִצְרַיִם וּמִיַּד כָּל־לֹחֲצֵיכֶם וָאֲגָרֵשׁ אוֹתָם

י מִפְּנֵיכֶם וָאֶתְּנָה לָכֶם אֶת־אַרְצָם׃ וָאֹמְרָה לָכֶם אֲנִי יְהוָה

אֱלֹהֵיכֶם לֹא תִירְאוּ אֶת־אֱלֹהֵי הָאֱמֹרִי אֲשֶׁר אַתֶּם יוֹשְׁבִים
יא בְּאַרְצָם וְלֹא שְׁמַעְתֶּם בְּקוֹלִי׃ וַיָּבֹא מַלְאַךְ יהוה
וַיֵּשֶׁב תַּחַת הָאֵלָה אֲשֶׁר בְּעָפְרָה אֲשֶׁר לְיוֹאָשׁ אֲבִי הָעֶזְרִי
יב וְגִדְעוֹן בְּנוֹ חֹבֵט חִטִּים בַּגַּת לְהָנִיס מִפְּנֵי מִדְיָן׃ וַיֵּרָא אֵלָיו
יג מַלְאַךְ יהוה וַיֹּאמֶר אֵלָיו יהוה עִמְּךָ גִּבּוֹר הֶחָיִל׃ וַיֹּאמֶר אֵלָיו
גִּדְעוֹן בִּי אֲדֹנִי וְיֵשׁ יהוה עִמָּנוּ וְלָמָּה מְצָאַתְנוּ כָּל־זֹאת וְאַיֵּה
כָל־נִפְלְאֹתָיו אֲשֶׁר סִפְּרוּ־לָנוּ אֲבוֹתֵינוּ לֵאמֹר הֲלֹא מִמִּצְרַיִם
יד הֶעֱלָנוּ יהוה וְעַתָּה נְטָשָׁנוּ יהוה וַיִּתְּנֵנוּ בְּכַף מִדְיָן׃ וַיִּפֶן אֵלָיו
יהוה וַיֹּאמֶר לֵךְ בְּכֹחֲךָ זֶה וְהוֹשַׁעְתָּ אֶת־יִשְׂרָאֵל מִכַּף מִדְיָן
טו הֲלֹא שְׁלַחְתִּיךָ׃ וַיֹּאמֶר אֵלָיו בִּי אֲדֹנָי בַּמָּה אוֹשִׁיעַ אֶת־
יִשְׂרָאֵל הִנֵּה אַלְפִּי הַדַּל בִּמְנַשֶּׁה וְאָנֹכִי הַצָּעִיר בְּבֵית אָבִי׃
טז וַיֹּאמֶר אֵלָיו יהוה כִּי אֶהְיֶה עִמָּךְ וְהִכִּיתָ אֶת־מִדְיָן כְּאִישׁ
יז אֶחָד׃ וַיֹּאמֶר אֵלָיו אִם־נָא מָצָאתִי חֵן בְּעֵינֶיךָ וְעָשִׂיתָ לִּי אוֹת
יח שָׁאַתָּה מְדַבֵּר עִמִּי׃ אַל־נָא תָמֻשׁ מִזֶּה עַד־בֹּאִי אֵלֶיךָ
וְהֹצֵאתִי אֶת־מִנְחָתִי וְהִנַּחְתִּי לְפָנֶיךָ וַיֹּאמַר אָנֹכִי אֵשֵׁב עַד
יט שׁוּבֶךָ׃ וְגִדְעוֹן בָּא וַיַּעַשׂ גְּדִי־עִזִּים וְאֵיפַת־קֶמַח מַצּוֹת הַבָּשָׂר
שָׂם בַּסַּל וְהַמָּרַק שָׂם בַּפָּרוּר וַיּוֹצֵא אֵלָיו אֶל־תַּחַת הָאֵלָה
כ וַיַּגַּשׁ׃ וַיֹּאמֶר אֵלָיו מַלְאַךְ הָאֱלֹהִים קַח אֶת־
הַבָּשָׂר וְאֶת־הַמַּצּוֹת וְהַנַּח אֶל־הַסֶּלַע הַלָּז וְאֶת־הַמָּרַק שְׁפוֹךְ
כא וַיַּעַשׂ כֵּן׃ וַיִּשְׁלַח מַלְאַךְ יהוה אֶת־קְצֵה הַמִּשְׁעֶנֶת אֲשֶׁר בְּיָדוֹ
וַיִּגַּע בַּבָּשָׂר וּבַמַּצּוֹת וַתַּעַל הָאֵשׁ מִן־הַצּוּר וַתֹּאכַל אֶת־
כב הַבָּשָׂר וְאֶת־הַמַּצּוֹת וּמַלְאַךְ יהוה הָלַךְ מֵעֵינָיו׃ וַיַּרְא גִּדְעוֹן
כִּי־מַלְאַךְ יהוה הוּא וַיֹּאמֶר גִּדְעוֹן אֲהָהּ אֲדֹנָי יהוה כִּי־
כג עַל־כֵּן רָאִיתִי מַלְאַךְ יהוה פָּנִים אֶל־פָּנִים׃ וַיֹּאמֶר לוֹ יהוה
כד שָׁלוֹם לְךָ אַל־תִּירָא לֹא תָּמוּת׃ וַיִּבֶן שָׁם גִּדְעוֹן מִזְבֵּחַ לַיהוה
וַיִּקְרָא־לוֹ יהוה שָׁלוֹם עַד הַיּוֹם הַזֶּה עוֹדֶנּוּ בְּעָפְרַת אֲבִי
כה הָעֶזְרִי׃ וַיְהִי בַּלַּיְלָה הַהוּא וַיֹּאמֶר לוֹ יהוה קַח

אֶת־פַּר־הַשּׁוֹר אֲשֶׁר לְאָבִיךָ וּפַר הַשֵּׁנִי שֶׁבַע שָׁנִים וְהָרַסְתָּ
אֶת־מִזְבַּח הַבַּעַל אֲשֶׁר לְאָבִיךָ וְאֶת־הָאֲשֵׁרָה אֲשֶׁר־עָלָיו
כו תִּכְרֹת: וּבָנִיתָ מִזְבֵּחַ לַיהוָה אֱלֹהֶיךָ עַל רֹאשׁ הַמָּעוֹז הַזֶּה
בַּמַּעֲרָכָה וְלָקַחְתָּ אֶת־הַפָּר הַשֵּׁנִי וְהַעֲלִיתָ עוֹלָה בַּעֲצֵי
כז הָאֲשֵׁרָה אֲשֶׁר תִּכְרֹת: וַיִּקַּח גִּדְעוֹן עֲשָׂרָה אֲנָשִׁים מֵעֲבָדָיו
וַיַּעַשׂ כַּאֲשֶׁר דִּבֶּר אֵלָיו יְהוָה וַיְהִי כַּאֲשֶׁר יָרֵא אֶת־בֵּית אָבִיו
כח וְאֶת־אַנְשֵׁי הָעִיר מֵעֲשׂוֹת יוֹמָם וַיַּעַשׂ לָיְלָה: וַיַּשְׁכִּימוּ אַנְשֵׁי
הָעִיר בַּבֹּקֶר וְהִנֵּה נֻתַּץ מִזְבַּח הַבַּעַל וְהָאֲשֵׁרָה אֲשֶׁר־עָלָיו
כט כֹּרָתָה וְאֵת הַפָּר הַשֵּׁנִי הֹעֲלָה עַל־הַמִּזְבֵּחַ הַבָּנוּי: וַיֹּאמְרוּ אִישׁ
אֶל־רֵעֵהוּ מִי עָשָׂה הַדָּבָר הַזֶּה וַיִּדְרְשׁוּ וַיְבַקְשׁוּ וַיֹּאמְרוּ גִּדְעוֹן
ל בֶּן־יוֹאָשׁ עָשָׂה הַדָּבָר הַזֶּה: וַיֹּאמְרוּ אַנְשֵׁי הָעִיר אֶל־יוֹאָשׁ
הוֹצֵא אֶת־בִּנְךָ וְיָמֹת כִּי נָתַץ אֶת־מִזְבַּח הַבַּעַל וְכִי כָרַת
לא הָאֲשֵׁרָה אֲשֶׁר־עָלָיו: וַיֹּאמֶר יוֹאָשׁ לְכֹל אֲשֶׁר־עָמְדוּ עָלָיו
הַאַתֶּם ׀ תְּרִיבוּן לַבַּעַל אִם־אַתֶּם תּוֹשִׁיעוּן אוֹתוֹ אֲשֶׁר יָרִיב
לוֹ יוּמַת עַד־הַבֹּקֶר אִם־אֱלֹהִים הוּא יָרֶב לוֹ כִּי נָתַץ אֶת־
לב מִזְבְּחוֹ: וַיִּקְרָא־לוֹ בַיּוֹם־הַהוּא יְרֻבַּעַל לֵאמֹר יָרֶב בּוֹ הַבַּעַל כִּי
לג נָתַץ אֶת־מִזְבְּחוֹ: וְכָל־מִדְיָן וַעֲמָלֵק וּבְנֵי־קֶדֶם
לד נֶאֶסְפוּ יַחְדָּו וַיַּעַבְרוּ וַיַּחֲנוּ בְּעֵמֶק יִזְרְעֶאל: וְרוּחַ יְהוָה לָבְשָׁה
לה אֶת־גִּדְעוֹן וַיִּתְקַע בַּשּׁוֹפָר וַיִּזָּעֵק אֲבִיעֶזֶר אַחֲרָיו: וּמַלְאָכִים
שָׁלַח בְּכָל־מְנַשֶּׁה וַיִּזָּעֵק גַּם־הוּא אַחֲרָיו וּמַלְאָכִים שָׁלַח
לו בְּאָשֵׁר וּבִזְבֻלוּן וּבְנַפְתָּלִי וַיַּעֲלוּ לִקְרָאתָם: וַיֹּאמֶר גִּדְעוֹן אֶל־
הָאֱלֹהִים אִם־יֶשְׁךָ מוֹשִׁיעַ בְּיָדִי אֶת־יִשְׂרָאֵל כַּאֲשֶׁר דִּבַּרְתָּ:
לז הִנֵּה אָנֹכִי מַצִּיג אֶת־גִּזַּת הַצֶּמֶר בַּגֹּרֶן אִם טַל יִהְיֶה עַל־הַגִּזָּה
לְבַדָּהּ וְעַל כָּל־הָאָרֶץ חֹרֶב וְיָדַעְתִּי כִּי־תוֹשִׁיעַ בְּיָדִי אֶת־
לח יִשְׂרָאֵל כַּאֲשֶׁר דִּבַּרְתָּ: וַיְהִי־כֵן וַיַּשְׁכֵּם מִמָּחֳרָת וַיָּזַר אֶת־
לט הַגִּזָּה וַיִּמֶץ טַל מִן־הַגִּזָּה מְלוֹא הַסֵּפֶל מָיִם: וַיֹּאמֶר גִּדְעוֹן אֶל־
הָאֱלֹהִים אַל־יִחַר אַפְּךָ בִּי וַאֲדַבְּרָה אַךְ הַפָּעַם אֲנַסֶּה נָּא־רַק־

הַפַּעַם בַּגִּזָּה יְהִי־נָא חֹרֶב אֶל־הַגִּזָּה לְבַדָּהּ וְעַל־כָּל־הָאָרֶץ
מ יִהְיֶה־טָּל׃ וַיַּעַשׂ אֱלֹהִים כֵּן בַּלַּיְלָה הַהוּא וַיְהִי־חֹרֶב אֶל־הַגִּזָּה ה
ז א לְבַדָּהּ וְעַל־כָּל־הָאָרֶץ הָיָה טָל׃ וַיַּשְׁכֵּם יְרֻבַּעַל הוּא גִדְעוֹן
וְכָל־הָעָם אֲשֶׁר אִתּוֹ וַיַּחֲנוּ עַל־עֵין חֲרֹד וּמַחֲנֵה מִדְיָן הָיָה־לוֹ
ב מִצָּפוֹן מִגִּבְעַת הַמּוֹרֶה בָּעֵמֶק׃ וַיֹּאמֶר יְהוָה
אֶל־גִּדְעוֹן רַב הָעָם אֲשֶׁר אִתָּךְ מִתִּתִּי אֶת־מִדְיָן בְּיָדָם פֶּן־
ג יִתְפָּאֵר עָלַי יִשְׂרָאֵל לֵאמֹר יָדִי הוֹשִׁיעָה לִּי׃ וְעַתָּה קְרָא
נָא בְּאָזְנֵי הָעָם לֵאמֹר מִי־יָרֵא וְחָרֵד יָשֹׁב וְיִצְפֹּר מֵהַר
הַגִּלְעָד וַיָּשָׁב מִן־הָעָם עֶשְׂרִים וּשְׁנַיִם אֶלֶף וַעֲשֶׂרֶת אֲלָפִים
ד נִשְׁאָרוּ׃ וַיֹּאמֶר יְהוָה אֶל־גִּדְעוֹן עוֹד הָעָם רָב
הוֹרֵד אוֹתָם אֶל־הַמַּיִם וְאֶצְרְפֶנּוּ לְךָ שָׁם וְהָיָה אֲשֶׁר אֹמַר אֵלֶיךָ
זֶה ׀ יֵלֵךְ אִתָּךְ הוּא יֵלֵךְ אִתָּךְ וְכֹל אֲשֶׁר־אֹמַר אֵלֶיךָ זֶה לֹא־
ה יֵלֵךְ עִמָּךְ הוּא לֹא יֵלֵךְ׃ וַיּוֹרֶד אֶת־הָעָם אֶל־הַמָּיִם וַיֹּאמֶר יְהוָה
אֶל־גִּדְעוֹן כֹּל אֲשֶׁר־יָלֹק בִּלְשׁוֹנוֹ מִן־הַמַּיִם כַּאֲשֶׁר יָלֹק הַכֶּלֶב
ו תַּצִּיג אוֹתוֹ לְבָד וְכֹל אֲשֶׁר־יִכְרַע עַל־בִּרְכָּיו לִשְׁתּוֹת׃ וַיְהִי
מִסְפַּר הַמְלַקְקִים בְּיָדָם אֶל־פִּיהֶם שְׁלֹשׁ מֵאוֹת אִישׁ וְכֹל יֶתֶר
ז הָעָם כָּרְעוּ עַל־בִּרְכֵיהֶם לִשְׁתּוֹת מָיִם׃ וַיֹּאמֶר
יְהוָה אֶל־גִּדְעוֹן בִּשְׁלֹשׁ מֵאוֹת הָאִישׁ הַמְלַקְקִים אוֹשִׁיעַ אֶתְכֶם
ח וְנָתַתִּי אֶת־מִדְיָן בְּיָדֶךָ וְכָל־הָעָם יֵלְכוּ אִישׁ לִמְקֹמוֹ׃ וַיִּקְחוּ
אֶת־צֵדָה הָעָם בְּיָדָם וְאֵת שׁוֹפְרֹתֵיהֶם וְאֵת כָּל־אִישׁ יִשְׂרָאֵל
שִׁלַּח אִישׁ לְאֹהָלָיו וּבִשְׁלֹשׁ־מֵאוֹת הָאִישׁ הֶחֱזִיק וּמַחֲנֵה מִדְיָן
ט הָיָה לוֹ מִתַּחַת בָּעֵמֶק׃ וַיְהִי בַּלַּיְלָה הַהוּא
י וַיֹּאמֶר אֵלָיו יְהוָה קוּם רֵד בַּמַּחֲנֶה כִּי נְתַתִּיו בְּיָדֶךָ׃ וְאִם־יָרֵא
יא אַתָּה לָרֶדֶת רֵד אַתָּה וּפֻרָה נַעַרְךָ אֶל־הַמַּחֲנֶה׃ וְשָׁמַעְתָּ מַה־
יְדַבֵּרוּ וְאַחַר תֶּחֱזַקְנָה יָדֶיךָ וְיָרַדְתָּ בַּמַּחֲנֶה וַיֵּרֶד הוּא וּפֻרָה
יב נַעֲרוֹ אֶל־קְצֵה הַחֲמֻשִׁים אֲשֶׁר בַּמַּחֲנֶה׃ וּמִדְיָן וַעֲמָלֵק וְכָל־
בְּנֵי־קֶדֶם נֹפְלִים בָּעֵמֶק כָּאַרְבֶּה לָרֹב וְלִגְמַלֵּיהֶם אֵין מִסְפָּר

כחול שעל־שפת הים לרב: ויבא גדעון והנה־איש מספר יג
צליל לרעהו חלום ויאמר הנה חלום חלמתי והנה צלול לחם
שערים מתהפך במחנה מדין ויבא עד־האהל ויכהו ויפל
ויהפכהו למעלה ונפל האהל: ויען רעהו ויאמר אין זאת יד
בלתי אם־חרב גדעון בן־יואש איש ישראל נתן האלהים
בידו את־מדין ואת־כל־המחנה: ויהי כשמע טו
גדעון את־מספר החלום ואת־שברו וישתחו וישב אל־
מחנה ישראל ויאמר קומו כי־נתן יהוה בידכם את־מחנה
מדין: ויחץ את־שלש־מאות האיש שלשה ראשים ויתן טז
שופרות ביד־כלם וכדים ריקים ולפדים בתוך הכדים: ויאמר יז
אליהם ממני תראו וכן תעשו והנה אנכי בא בקצה המחנה
והיה כאשר אעשה כן תעשון: ותקעתי בשופר אנכי וכל־ יח
אשר אתי ותקעתם בשופרות גם־אתם סביבות כל־המחנה
ואמרתם ליהוה ולגדעון: ויבא גדעון ומאה־ יט
איש אשר־אתו בקצה המחנה ראש האשמרת התיכונה אך
הקם הקימו את־השמרים ויתקעו בשופרות ונפוץ הכדים
אשר בידם: ויתקעו שלשת הראשים בשופרות וישברו כ
הכדים ויחזיקו ביד־שמאולם בלפדים וביד־ימינם השופרות
לתקוע ויקראו חרב ליהוה ולגדעון: ויעמדו איש תחתיו כא
וינוסו סביב למחנה וירץ כל־המחנה ויריעו ויניסו: ויתקעו שלש־ כב
מאות השופרות וישם יהוה את־חרב איש ברעהו ובכל־
המחנה וינס המחנה עד־בית השטה צררתה עד שפת־אבל
מחולה על־טבת: ויצעק איש־ישראל מנפתלי ומן־אשר כג
ומן־כל־מנשה וירדפו אחרי מדין: ומלאכים שלח גדעון כד
בכל־הר אפרים לאמר רדו לקראת מדין ולכדו להם את־
המים עד בית ברה ואת־הירדן ויצעק כל־איש אפרים
וילכדו את־המים עד בית ברה ואת־הירדן: וילכדו שני־שרי כה

מדין את־ערב ואת־זאב ויהרגו את־עורב בצור־עורב ואת־
זאב הרגו ביקב־זאב וירדפו אל־מדין וראש־ערב וזאב
ח א הביאו אל־גדעון מעבר לירדן: ויאמרו אליו איש אפרים
מה־הדבר הזה עשית לנו לבלתי קראות לנו כי הלכת
ב להלחם במדין ויריבון אתו בחזקה: ויאמר אליהם מה־
עשיתי עתה ככם הלא טוב עללות אפרים מבציר אביעזר:
ג בידכם נתן אלהים את־שרי מדין את־ערב ואת־זאב ומה־ ו
יכלתי עשות ככם אז רפתה רוחם מעליו בדברו הדבר הזה:
ד ויבא גדעון הירדנה עבר הוא ושלש־מאות האיש אשר אתו
ה עיפים ורדפים: ויאמר לאנשי סכות תנו־נא ככרות לחם לעם
אשר ברגלי כי־עיפים הם ואנכי רדף אחרי זבח וצלמנע
ו מלכי מדין: ויאמר שרי סכות הכף זבח וצלמנע עתה בידך
ז כי־נתן לצבאך לחם: ויאמר גדעון לכן בתת יהוה את־זבח
ואת־צלמנע בידי ודשתי את־בשרכם את־קוצי המדבר
ח ואת־הברקנים: ויעל משם פנואל וידבר אליהם כזאת
ט ויענו אותו אנשי פנואל כאשר ענו אנשי סכות: ויאמר
גם־לאנשי פנואל לאמר בשובי בשלום אתץ את־המגדל
י הזה: וזבח וצלמנע בקרקר ומחניהם עמם
כחמשת עשר אלף כל הנותרים מכל מחנה בני־קדם
יא והנפלים מאה ועשרים אלף איש שלף חרב: ויעל גדעון דרך
השכוני באהלים מקדם לנבח ויגבהה ויך את־המחנה
יב והמחנה היה בטח: וינסו זבח וצלמנע וירדף אחריהם וילכד
את־שני | מלכי מדין את־זבח ואת־צלמנע וכל־המחנה
יג החריד: וישב גדעון בן־יואש מן־המלחמה מלמעלה החרס:
יד וילכד־נער מאנשי סכות וישאלהו ויכתב אליו את־שרי
טו סכות ואת־זקניה שבעים ושבעה איש: ויבא אל־אנשי סכות
ויאמר הנה זבח וצלמנע אשר חרפתם אותי לאמר הכף זבח

טז וְצַלְמֻנָּע עַתָּה בְּיָדֶךָ כִּי נִתֵּן לַאֲנָשֶׁיךָ הַיְּעֵפִים לָחֶם׃ וַיִּקַּח אֶת־
זִקְנֵי הָעִיר וְאֶת־קוֹצֵי הַמִּדְבָּר וְאֶת־הַבַּרְקֳנִים וַיֹּדַע בָּהֶם אֵת
יז אַנְשֵׁי סֻכּוֹת׃ וְאֶת־מִגְדַּל פְּנוּאֵל נָתָץ וַיַּהֲרֹג אֶת־אַנְשֵׁי הָעִיר׃
יח וַיֹּאמֶר אֶל־זֶבַח וְאֶל־צַלְמֻנָּע אֵיפֹה הָאֲנָשִׁים אֲשֶׁר הֲרַגְתֶּם
יט בְּתָבוֹר וַיֹּאמְרוּ כָּמוֹךָ כְמוֹהֶם אֶחָד כְּתֹאַר בְּנֵי הַמֶּלֶךְ׃ וַיֹּאמַר
אַחַי בְּנֵי־אִמִּי הֵם חַי־יְהוָה לוּ הַחֲיִתֶם אוֹתָם לֹא הָרַגְתִּי
כ אֶתְכֶם׃ וַיֹּאמֶר לְיֶתֶר בְּכוֹרוֹ קוּם הֲרֹג אוֹתָם וְלֹא־שָׁלַף
כא הַנַּעַר חַרְבּוֹ כִּי יָרֵא כִּי עוֹדֶנּוּ נָעַר׃ וַיֹּאמֶר זֶבַח וְצַלְמֻנָּע
קוּם אַתָּה וּפְגַע־בָּנוּ כִּי כָאִישׁ גְּבוּרָתוֹ וַיָּקָם גִּדְעוֹן וַיַּהֲרֹג
אֶת־זֶבַח וְאֶת־צַלְמֻנָּע וַיִּקַּח אֶת־הַשַּׂהֲרֹנִים אֲשֶׁר בְּצַוְּארֵי
כב גְמַלֵּיהֶם׃ וַיֹּאמְרוּ אִישׁ־יִשְׂרָאֵל אֶל־גִּדְעוֹן
מְשָׁל־בָּנוּ גַּם־אַתָּה גַּם־בִּנְךָ גַּם בֶּן־בְּנֶךָ כִּי הוֹשַׁעְתָּנוּ מִיַּד
כג מִדְיָן׃ וַיֹּאמֶר אֲלֵהֶם גִּדְעוֹן לֹא־אֶמְשֹׁל אֲנִי בָּכֶם וְלֹא־יִמְשֹׁל
כד בְּנִי בָּכֶם יְהוָה יִמְשֹׁל בָּכֶם׃ וַיֹּאמֶר אֲלֵהֶם גִּדְעוֹן אֶשְׁאֲלָה מִכֶּם
שְׁאֵלָה וּתְנוּ־לִי אִישׁ נֶזֶם שְׁלָלוֹ כִּי־נִזְמֵי זָהָב לָהֶם כִּי
כה יִשְׁמְעֵאלִים הֵם׃ וַיֹּאמְרוּ נָתוֹן נִתֵּן וַיִּפְרְשׂוּ אֶת־הַשִּׂמְלָה
כו וַיַּשְׁלִיכוּ שָׁמָּה אִישׁ נֶזֶם שְׁלָלוֹ׃ וַיְהִי מִשְׁקַל נִזְמֵי הַזָּהָב אֲשֶׁר
שָׁאָל אֶלֶף וּשְׁבַע־מֵאוֹת זָהָב לְבַד מִן־הַשַּׂהֲרֹנִים וְהַנְּטִיפוֹת
וּבִגְדֵי הָאַרְגָּמָן שֶׁעַל מַלְכֵי מִדְיָן וּלְבַד מִן־הָעֲנָקוֹת אֲשֶׁר
כז בְּצַוְּארֵי גְמַלֵּיהֶם׃ וַיַּעַשׂ אוֹתוֹ גִדְעוֹן לְאֵפוֹד וַיַּצֵּג אוֹתוֹ בְעִירוֹ
בְּעָפְרָה וַיִּזְנוּ כָל־יִשְׂרָאֵל אַחֲרָיו שָׁם וַיְהִי לְגִדְעוֹן וּלְבֵיתוֹ
כח לְמוֹקֵשׁ׃ וַיִּכָּנַע מִדְיָן לִפְנֵי בְּנֵי יִשְׂרָאֵל וְלֹא יָסְפוּ לָשֵׂאת רֹאשָׁם
כט וַתִּשְׁקֹט הָאָרֶץ אַרְבָּעִים שָׁנָה בִּימֵי גִדְעוֹן׃ וַיֵּלֶךְ
ל יְרֻבַּעַל בֶּן־יוֹאָשׁ וַיֵּשֶׁב בְּבֵיתוֹ׃ וּלְגִדְעוֹן הָיוּ שִׁבְעִים בָּנִים יֹצְאֵי
לא יְרֵכוֹ כִּי־נָשִׁים רַבּוֹת הָיוּ לוֹ׃ וּפִילַגְשׁוֹ אֲשֶׁר בִּשְׁכֶם יָלְדָה־לּוֹ
לב גַם־הִיא בֵּן וַיָּשֶׂם אֶת־שְׁמוֹ אֲבִימֶלֶךְ׃ וַיָּמָת גִּדְעוֹן בֶּן־
יוֹאָשׁ בְּשֵׂיבָה טוֹבָה וַיִּקָּבֵר בְּקֶבֶר יוֹאָשׁ אָבִיו בְּעָפְרָה אֲבִי

לג הָעֶזְרִי׃ וַיְהִי כַּאֲשֶׁר מֵת גִּדְעוֹן וַיָּשׁוּבוּ בְּנֵי
יִשְׂרָאֵל וַיִּזְנוּ אַחֲרֵי הַבְּעָלִים וַיָּשִׂימוּ לָהֶם בַּעַל בְּרִית לֵאלֹהִים׃
לד וְלֹא זָכְרוּ בְּנֵי יִשְׂרָאֵל אֶת־יְהוָה אֱלֹהֵיהֶם הַמַּצִּיל אוֹתָם מִיַּד
לה כָּל־אֹיְבֵיהֶם מִסָּבִיב׃ וְלֹא־עָשׂוּ חֶסֶד עִם־בֵּית יְרֻבַּעַל גִּדְעוֹן
ט א כְּכָל־הַטּוֹבָה אֲשֶׁר עָשָׂה עִם־יִשְׂרָאֵל׃ וַיֵּלֶךְ
אֲבִימֶלֶךְ בֶּן־יְרֻבַּעַל שְׁכֶמָה אֶל־אֲחֵי אִמּוֹ וַיְדַבֵּר אֲלֵיהֶם וְאֶל־
ב כָּל־מִשְׁפַּחַת בֵּית־אֲבִי אִמּוֹ לֵאמֹר׃ דַּבְּרוּ־נָא בְּאָזְנֵי כָל־בַּעֲלֵי
שְׁכֶם מַה־טּוֹב לָכֶם הַמְשֹׁל בָּכֶם שִׁבְעִים אִישׁ כֹּל בְּנֵי יְרֻבַּעַל
אִם־מְשֹׁל בָּכֶם אִישׁ אֶחָד וּזְכַרְתֶּם כִּי־עַצְמְכֶם וּבְשַׂרְכֶם אָנִי׃
ג וַיְדַבְּרוּ אֲחֵי־אִמּוֹ עָלָיו בְּאָזְנֵי כָּל־בַּעֲלֵי שְׁכֶם אֵת כָּל־הַדְּבָרִים
ד הָאֵלֶּה וַיֵּט לִבָּם אַחֲרֵי אֲבִימֶלֶךְ כִּי אָמְרוּ אָחִינוּ הוּא׃ וַיִּתְּנוּ־
לוֹ שִׁבְעִים כֶּסֶף מִבֵּית בַּעַל בְּרִית וַיִּשְׂכֹּר בָּהֶם אֲבִימֶלֶךְ
ה אֲנָשִׁים רֵיקִים וּפֹחֲזִים וַיֵּלְכוּ אַחֲרָיו׃ וַיָּבֹא בֵית־אָבִיו עָפְרָתָה
וַיַּהֲרֹג אֶת־אֶחָיו בְּנֵי־יְרֻבַּעַל שִׁבְעִים אִישׁ עַל־אֶבֶן אֶחָת וַיִּוָּתֵר
ו יוֹתָם בֶּן־יְרֻבַּעַל הַקָּטֹן כִּי נֶחְבָּא׃ וַיֵּאָסְפוּ כָּל־
בַּעֲלֵי שְׁכֶם וְכָל־בֵּית מִלּוֹא וַיֵּלְכוּ וַיַּמְלִיכוּ אֶת־אֲבִימֶלֶךְ
ז לְמֶלֶךְ עִם־אֵלוֹן מֻצָּב אֲשֶׁר בִּשְׁכֶם׃ וַיַּגִּדוּ לְיוֹתָם וַיֵּלֶךְ וַיַּעֲמֹד ז
בְּרֹאשׁ הַר־גְּרִזִּים וַיִּשָּׂא קוֹלוֹ וַיִּקְרָא וַיֹּאמֶר לָהֶם שִׁמְעוּ אֵלַי
ח בַּעֲלֵי שְׁכֶם וְיִשְׁמַע אֲלֵיכֶם אֱלֹהִים׃ הָלוֹךְ הָלְכוּ הָעֵצִים לִמְשֹׁחַ
ט עֲלֵיהֶם מֶלֶךְ וַיֹּאמְרוּ לַזַּיִת מלוכה עָלֵינוּ׃ וַיֹּאמֶר לָהֶם הַזַּיִת מָלְכָה
הֶחֳדַלְתִּי אֶת־דִּשְׁנִי אֲשֶׁר־בִּי יְכַבְּדוּ אֱלֹהִים וַאֲנָשִׁים וְהָלַכְתִּי
י לָנוּעַ עַל־הָעֵצִים׃ וַיֹּאמְרוּ הָעֵצִים לַתְּאֵנָה לְכִי־אַתְּ מָלְכִי
יא עָלֵינוּ׃ וַתֹּאמֶר לָהֶם הַתְּאֵנָה הֶחֳדַלְתִּי אֶת־מָתְקִי וְאֶת־
יב תְּנוּבָתִי הַטּוֹבָה וְהָלַכְתִּי לָנוּעַ עַל־הָעֵצִים׃ וַיֹּאמְרוּ הָעֵצִים
יג לַגֶּפֶן לְכִי־אַתְּ מלוכי עָלֵינוּ׃ וַתֹּאמֶר לָהֶם הַגֶּפֶן הֶחֳדַלְתִּי אֶת־ מָלְכִי
תִּירוֹשִׁי הַמְשַׂמֵּחַ אֱלֹהִים וַאֲנָשִׁים וְהָלַכְתִּי לָנוּעַ עַל־הָעֵצִים׃
יד טו וַיֹּאמְרוּ כָל־הָעֵצִים אֶל־הָאָטָד לֵךְ אַתָּה מְלָךְ־עָלֵינוּ׃ וַיֹּאמֶר

האטד אל־העצים אם באמת אתם משחים אתי למלך
עליכם באו חסו בצלי ואם־אין תצא אש מן־האטד ותאכל
טז את־ארזי הלבנון: ועתה אם־באמת ובתמים עשיתם
ותמליכו את־אבימלך ואם־טובה עשיתם עם־ירבעל ועם־
יז ביתו ואם־כגמול ידיו עשיתם לו: אשר־נלחם אבי עליכם
יח וישלך את־נפשו מנגד ויצל אתכם מיד מדין: ואתם קמתם
על־בית אבי היום ותהרגו את־בניו שבעים איש על־אבן
אחת ותמליכו את־אבימלך בן־אמתו על־בעלי שכם כי
יט אחיכם הוא: ואם־באמת ובתמים עשיתם עם־ירבעל ועם־
כ ביתו היום הזה שמחו באבימלך וישמח גם־הוא בכם: ואם־
אין תצא אש מאבימלך ותאכל את־בעלי שכם ואת־בית
מלוא ותצא אש מבעלי שכם ומבית מלוא ותאכל את־
כא אבימלך: וינס יותם ויברח וילך בארה וישב שם מפני
כב אבימלך אחיו: וישר אבימלך על־ישראל
כג שלש שנים: וישלח אלהים רוח רעה בין אבימלך ובין בעלי
כד שכם ויבגדו בעלי־שכם באבימלך: לבוא חמס שבעים
בני־ירבעל ודמם לשום על־אבימלך אחיהם אשר הרג אותם
כה ועל בעלי שכם אשר־חזקו את־ידיו להרג את־אחיו: וישימו
לו בעלי שכם מארבים על ראשי ההרים ויגזלו את כל־
כו אשר־יעבר עליהם בדרך ויגד לאבימלך: ויבא
געל בן־עבד ואחיו ויעברו בשכם ויבטחו־בו בעלי שכם:
כז ויצאו השדה ויבצרו את־כרמיהם וידרכו ויעשו הלולים
ויבאו בית אלהיהם ויאכלו וישתו ויקללו את־אבימלך:
כח ויאמר | געל בן־עבד מי־אבימלך ומי־שכם כי נעבדנו הלא
בן־ירבעל וזבל פקידו עבדו את־אנשי חמור אבי שכם
כט ומדוע נעבדנו אנחנו: ומי יתן את־העם הזה בידי ואסירה
ל את־אבימלך ויאמר לאבימלך רבה צבאך וצאה: וישמע

לא זבל שר העיר את־דברי געל בן־עבד ויחר אפו: וישלח
מלאכים אל־אבימלך בתרמה לאמר הנה געל בן־עבד
לב ואחיו באים שכמה והנם צרים את־העיר עליך: ועתה קום
לג לילה אתה והעם אשר־אתך וארב בשדה: והיה בבקר
כזרח השמש תשכים ופשטת על־העיר והנה־הוא והעם
לד אשר־אתו יצאים אליך ועשית לו כאשר תמצא ידך: ויקם
אבימלך וכל־העם אשר־עמו לילה ויארבו על־שכם
לה ארבעה ראשים: ויצא געל בן־עבד ויעמד פתח שער העיר
לו ויקם אבימלך והעם אשר־אתו מן־המארב: וירא־געל את־
העם ויאמר אל־זבל הנה־עם יורד מראשי ההרים ויאמר
לז אליו זבל את צל ההרים אתה ראה כאנשים: ויסף עוד
געל לדבר ויאמר הנה־עם יורדים מעם טבור הארץ וראש־
לח אחד בא מדרך אלון מעוננים: ויאמר אליו זבל איה אפוא
פיך אשר תאמר מי אבימלך כי נעבדנו הלא זה העם אשר־
לט מאסתה בו צא־נא עתה והלחם בו: ויצא געל לפני בעלי
מ שכם וילחם באבימלך: וירדפהו אבימלך וינס מפניו ויפלו
מא חללים רבים עד־פתח השער: וישב אבימלך בארומה ויגרש
מב זבל את־געל ואת־אחיו משבת בשכם: ויהי
מג ממחרת ויצא העם השדה ויגדו לאבימלך: ויקח את־העם
ויחצם לשלשה ראשים ויארב בשדה וירא והנה העם יצא
מד מן־העיר ויקם עליהם ויכם: ואבימלך והראשים אשר עמו
פשטו ויעמדו פתח שער העיר ושני הראשים פשטו על־כל־
מה אשר בשדה ויכום: ואבימלך נלחם בעיר כל היום ההוא
וילכד את־העיר ואת־העם אשר־בה הרג ויתץ את־העיר
מו ויזרעה מלח: וישמעו כל־בעלי מגדל־שכם
מז ויבאו אל־צריח בית אל ברית: ויגד לאבימלך כי התקבצו
מח כל־בעלי מגדל־שכם: ויעל אבימלך הר־צלמון הוא וכל־

העם אשר־אתו ויקח אבימלך את־הקרדמות בידו ויכרת
שוכת עצים וישאה וישם על־שכמו ויאמר אל־העם אשר־
מט עמו מה ראיתם עשיתי מהרו עשו כמוני: ויכרתו גם־כל־
העם איש שוכה וילכו אחרי אבימלך וישימו על־הצריח
ויציתו עליהם את־הצריח באש וימתו גם כל־אנשי מגדל־
נ שכם כאלף איש ואשה: וילך אבימלך אל־
נא תבץ ויחן בתבץ וילכדה: ומגדל־עז היה בתוך־העיר וינסו
שמה כל־האנשים והנשים וכל בעלי העיר ויסגרו בעדם
נב ויעלו על־גג המגדל: ויבא אבימלך עד־המגדל וילחם בו
נג ויגש עד־פתח המגדל לשרפו באש: ותשלך אשה אחת פלח
נד רכב על־ראש אבימלך ותרץ את־גלגלתו: ויקרא מהרה
אל־הנער | נשא כליו ויאמר לו שלף חרבך ומותתני פן־
נה יאמרו לי אשה הרגתהו וידקרהו נערו וימת: ויראו איש־
נו ישראל כי־מת אבימלך וילכו איש למקמו: וישב אלהים את
רעת אבימלך אשר עשה לאביו להרג את־שבעים אחיו:
נז ואת כל־רעת אנשי שכם השיב אלהים בראשם ותבא
י א ח אליהם קללת יותם בן־ירבעל: ויקם אחרי
אבימלך להושיע את־ישראל תולע בן־פואה בן־דודו איש
ב יששכר והוא־ישב בשמיר בהר אפרים: וישפט את־ישראל
ג עשרים ושלש שנה וימת ויקבר בשמיר: ויקם
אחריו יאיר הגלעדי וישפט את־ישראל עשרים ושתים
ד שנה: ויהי־לו שלשים בנים רכבים על־שלשים עירים
ושלשים עירים להם להם יקראו | חות יאיר עד היום הזה
ה אשר בארץ הגלעד: וימת יאיר ויקבר בקמון:
ו ויסיפו | בני ישראל לעשות הרע בעיני יהוה ויעבדו את־
הבעלים ואת־העשתרות ואת־אלהי ארם ואת־אלהי צידון
ואת | אלהי מואב ואת אלהי בני־עמון ואת אלהי פלשתים

ז ויעזבו את־יהוה ולא עבדוהו: ויחר־אף יהוה בישראל
ח וימכרם ביד־פלשתים וביד בני עמון: וירעצו וירצצו את־
בני ישראל בשנה ההיא שמנה עשרה שנה את־כל־בני
ישראל אשר בעבר הירדן בארץ האמרי אשר בגלעד:
ט ויעברו בני־עמון את־הירדן להלחם גם־ביהודה ובבנימין
י ובבית אפרים ותצר לישראל מאד: ויזעקו בני ישראל אל־
יהוה לאמר חטאנו לך וכי עזבנו את־אלהינו ונעבד את־
יא הבעלים: ויאמר יהוה אל־בני ישראל הלא
יב ממצרים ומן־האמרי ומן־בני עמון ומן־פלשתים: וצידונים
ועמלק ומעון לחצו אתכם ותצעקו אלי ואושיעה אתכם
יג מידם: ואתם עזבתם אותי ותעבדו אלהים אחרים לכן לא־
יד אוסיף להושיע אתכם: לכו וזעקו אל־האלהים אשר בחרתם
טו בם המה יושיעו לכם בעת צרתכם: ויאמרו בני־ישראל אל־
יהוה חטאנו עשה־אתה לנו ככל־הטוב בעיניך אך הצילנו נא
טז היום הזה: ויסירו את־אלהי הנכר מקרבם ויעבדו את־יהוה
יז ותקצר נפשו בעמל ישראל: ויצעקו בני עמון
יח ויחנו בגלעד ויאספו בני ישראל ויחנו במצפה: ויאמרו העם
שרי גלעד איש אל־רעהו מי האיש אשר יחל להלחם בבני
יא א עמון יהיה לראש לכל ישבי גלעד: ויפתח
הגלעדי היה גבור חיל והוא בן־אשה זונה ויולד גלעד את־
ב יפתח: ותלד אשת־גלעד לו בנים ויגדלו בני־האשה ויגרשו
את־יפתח ויאמרו לו לא־תנחל בבית־אבינו כי בן־אשה אחרת
ג אתה: ויברח יפתח מפני אחיו וישב בארץ טוב ויתלקטו
ד אל־יפתח אנשים ריקים ויצאו עמו: ויהי
ה מימים וילחמו בני־עמון עם־ישראל: ויהי כאשר־נלחמו
בני־עמון עם־ישראל וילכו זקני גלעד לקחת את־יפתח
ו מארץ טוב: ויאמרו ליפתח לכה והייתה לנו לקצין ונלחמה

בִּבְנֵי עַמּוֹן׃ וַיֹּאמֶר יִפְתָּח לְזִקְנֵי גִלְעָד הֲלֹא אַתֶּם שְׂנֵאתֶם ז
אוֹתִי וַתְּגָרְשׁוּנִי מִבֵּית אָבִי וּמַדּוּעַ בָּאתֶם אֵלַי עַתָּה כַּאֲשֶׁר
צַר לָכֶם׃ וַיֹּאמְרוּ זִקְנֵי גִלְעָד אֶל־יִפְתָּח לָכֵן עַתָּה שַׁבְנוּ אֵלֶיךָ ח
וְהָלַכְתָּ עִמָּנוּ וְנִלְחַמְתָּ בִּבְנֵי עַמּוֹן וְהָיִיתָ לָּנוּ לְרֹאשׁ לְכֹל יֹשְׁבֵי
גִלְעָד׃ וַיֹּאמֶר יִפְתָּח אֶל־זִקְנֵי גִלְעָד אִם־מְשִׁיבִים אַתֶּם אוֹתִי ט
לְהִלָּחֵם בִּבְנֵי עַמּוֹן וְנָתַן יְהוָה אוֹתָם לְפָנָי אָנֹכִי אֶהְיֶה לָכֶם
לְרֹאשׁ׃ וַיֹּאמְרוּ זִקְנֵי־גִלְעָד אֶל־יִפְתָּח יְהוָה יִהְיֶה שֹׁמֵעַ י
בֵּינוֹתֵינוּ אִם־לֹא כִדְבָרְךָ כֵּן נַעֲשֶׂה׃ וַיֵּלֶךְ יִפְתָּח עִם־זִקְנֵי יא
גִלְעָד וַיָּשִׂימוּ הָעָם אוֹתוֹ עֲלֵיהֶם לְרֹאשׁ וּלְקָצִין וַיְדַבֵּר יִפְתָּח
אֶת־כָּל־דְּבָרָיו לִפְנֵי יְהוָה בַּמִּצְפָּה׃ וַיִּשְׁלַח יב
יִפְתָּח מַלְאָכִים אֶל־מֶלֶךְ בְּנֵי־עַמּוֹן לֵאמֹר מַה־לִּי וָלָךְ כִּי־
בָאתָ אֵלַי לְהִלָּחֵם בְּאַרְצִי׃ וַיֹּאמֶר מֶלֶךְ בְּנֵי־עַמּוֹן אֶל־מַלְאֲכֵי יג
יִפְתָּח כִּי־לָקַח יִשְׂרָאֵל אֶת־אַרְצִי בַּעֲלוֹתוֹ מִמִּצְרַיִם מֵאַרְנוֹן
וְעַד־הַיַּבֹּק וְעַד־הַיַּרְדֵּן וְעַתָּה הָשִׁיבָה אֶתְהֶן בְּשָׁלוֹם׃ וַיּוֹסֶף יד
עוֹד יִפְתָּח וַיִּשְׁלַח מַלְאָכִים אֶל־מֶלֶךְ בְּנֵי עַמּוֹן׃ וַיֹּאמֶר לוֹ כֹּה טו
אָמַר יִפְתָּח לֹא־לָקַח יִשְׂרָאֵל אֶת־אֶרֶץ מוֹאָב וְאֶת־אֶרֶץ
בְּנֵי עַמּוֹן׃ כִּי בַּעֲלוֹתָם מִמִּצְרָיִם וַיֵּלֶךְ יִשְׂרָאֵל בַּמִּדְבָּר עַד־ טז
יַם־סוּף וַיָּבֹא קָדֵשָׁה׃ וַיִּשְׁלַח יִשְׂרָאֵל מַלְאָכִים ׀ אֶל־מֶלֶךְ יז
אֱדוֹם לֵאמֹר אֶעְבְּרָה־נָּא בְאַרְצֶךָ וְלֹא שָׁמַע מֶלֶךְ אֱדוֹם וְגַם
אֶל־מֶלֶךְ מוֹאָב שָׁלַח וְלֹא אָבָה וַיֵּשֶׁב יִשְׂרָאֵל בְּקָדֵשׁ׃ וַיֵּלֶךְ יח
בַּמִּדְבָּר וַיָּסָב אֶת־אֶרֶץ אֱדוֹם וְאֶת־אֶרֶץ מוֹאָב וַיָּבֹא מִמִּזְרַח־
שֶׁמֶשׁ לְאֶרֶץ מוֹאָב וַיַּחֲנוּן בְּעֵבֶר אַרְנוֹן וְלֹא־בָאוּ בִּגְבוּל מוֹאָב
כִּי אַרְנוֹן גְּבוּל מוֹאָב׃ וַיִּשְׁלַח יִשְׂרָאֵל מַלְאָכִים אֶל־סִיחוֹן יט
מֶלֶךְ־הָאֱמֹרִי מֶלֶךְ חֶשְׁבּוֹן וַיֹּאמֶר לוֹ יִשְׂרָאֵל נַעְבְּרָה־נָּא
בְאַרְצְךָ עַד־מְקוֹמִי׃ וְלֹא־הֶאֱמִין סִיחוֹן אֶת־יִשְׂרָאֵל עֲבֹר כ
בִּגְבֻלוֹ וַיֶּאֱסֹף סִיחוֹן אֶת־כָּל־עַמּוֹ וַיַּחֲנוּ בְּיָהְצָה וַיִּלָּחֶם עִם־
יִשְׂרָאֵל׃ וַיִּתֵּן יְהוָה אֱלֹהֵי־יִשְׂרָאֵל אֶת־סִיחוֹן וְאֶת־כָּל־עַמּוֹ כא

בְּיַד יִשְׂרָאֵל וַיַּכּוּם וַיִּירַשׁ יִשְׂרָאֵל אֵת כׇּל־אֶרֶץ הָאֱמֹרִי יוֹשֵׁב
כב הָאָרֶץ הַהִיא: וַיִּירְשׁוּ אֵת כׇּל־גְּבוּל הָאֱמֹרִי מֵאַרְנוֹן וְעַד־הַיַּבֹּק
כג וּמִן־הַמִּדְבָּר וְעַד־הַיַּרְדֵּן: וְעַתָּה יהוה ׀ אֱלֹהֵי יִשְׂרָאֵל הוֹרִישׁ
כד אֶת־הָאֱמֹרִי מִפְּנֵי עַמּוֹ יִשְׂרָאֵל וְאַתָּה תִּירָשֶׁנּוּ: הֲלֹא אֵת אֲשֶׁר
יוֹרִישְׁךָ כְּמוֹשׁ אֱלֹהֶיךָ אוֹתוֹ תִירָשׁ וְאֵת כׇּל־אֲשֶׁר הוֹרִישׁ יהוה
כה אֱלֹהֵינוּ מִפָּנֵינוּ אוֹתוֹ נִירָשׁ: וְעַתָּה הֲטוֹב טוֹב אַתָּה מִבָּלָק בֶּן־
צִפּוֹר מֶלֶךְ מוֹאָב הֲרוֹב רָב עִם־יִשְׂרָאֵל אִם־נִלְחֹם נִלְחַם בָּם:
כו בְּשֶׁבֶת יִשְׂרָאֵל בְּחֶשְׁבּוֹן וּבִבְנוֹתֶיהָ וּבְעַרְעוֹר וּבִבְנוֹתֶיהָ וּבְכׇל־
הֶעָרִים אֲשֶׁר עַל־יְדֵי אַרְנוֹן שְׁלֹשׁ מֵאוֹת שָׁנָה וּמַדּוּעַ לֹא־
כז הִצַּלְתֶּם בָּעֵת הַהִיא: וְאָנֹכִי לֹא־חָטָאתִי לָךְ וְאַתָּה עֹשֶׂה אִתִּי
רָעָה לְהִלָּחֶם בִּי יִשְׁפֹּט יהוה הַשֹּׁפֵט הַיּוֹם בֵּין בְּנֵי יִשְׂרָאֵל וּבֵין
כח בְּנֵי עַמּוֹן: וְלֹא שָׁמַע מֶלֶךְ בְּנֵי עַמּוֹן אֶל־דִּבְרֵי יִפְתָּח אֲשֶׁר
כט שָׁלַח אֵלָיו: וַתְּהִי עַל־יִפְתָּח רוּחַ יהוה וַיַּעֲבֹר
אֶת־הַגִּלְעָד וְאֶת־מְנַשֶּׁה וַיַּעֲבֹר אֶת־מִצְפֵּה גִלְעָד וּמִמִּצְפֵּה
ל גִלְעָד עָבַר בְּנֵי עַמּוֹן: וַיִּדַּר יִפְתָּח נֶדֶר לַיהוה וַיֹּאמַר אִם־
לא נָתוֹן תִּתֵּן אֶת־בְּנֵי עַמּוֹן בְּיָדִי: וְהָיָה הַיּוֹצֵא אֲשֶׁר יֵצֵא
מִדַּלְתֵי בֵיתִי לִקְרָאתִי בְּשׁוּבִי בְשָׁלוֹם מִבְּנֵי עַמּוֹן וְהָיָה
לַיהוה וְהַעֲלִיתִהוּ עוֹלָה:
לב וַיַּעֲבֹר יִפְתָּח אֶל־בְּנֵי עַמּוֹן לְהִלָּחֶם בָּם וַיִּתְּנֵם יהוה בְּיָדוֹ: ט
לג וַיַּכֵּם מֵעֲרוֹעֵר וְעַד־בֹּאֲךָ מִנִּית עֶשְׂרִים עִיר וְעַד אָבֵל
כְּרָמִים מַכָּה גְּדוֹלָה מְאֹד וַיִּכָּנְעוּ בְּנֵי עַמּוֹן מִפְּנֵי בְּנֵי
לד יִשְׂרָאֵל: וַיָּבֹא יִפְתָּח הַמִּצְפָּה אֶל־בֵּיתוֹ וְהִנֵּה
בִתּוֹ יֹצֵאת לִקְרָאתוֹ בְּתֻפִּים וּבִמְחֹלוֹת וְרַק הִיא יְחִידָה אֵין־
לה לוֹ מִמֶּנּוּ בֵּן אוֹ־בַת: וַיְהִי כִרְאוֹתוֹ אוֹתָהּ וַיִּקְרַע אֶת־בְּגָדָיו
וַיֹּאמֶר אֲהָהּ בִּתִּי הַכְרֵעַ הִכְרַעְתִּנִי וְאַתְּ הָיִית בְּעֹכְרָי וְאָנֹכִי
לו פָּצִיתִי פִי אֶל־יהוה וְלֹא אוּכַל לָשׁוּב: וַתֹּאמֶר אֵלָיו אָבִי
פָּצִיתָה אֶת־פִּיךָ אֶל־יהוה עֲשֵׂה לִי כַּאֲשֶׁר יָצָא מִפִּיךָ אַחֲרֵי

יא

לז אֲשֶׁר עָשָׂה לְךָ יהוה נְקָמוֹת מֵאֹיְבֶיךָ מִבְּנֵי עַמּוֹן: וַתֹּאמֶר אֶל־
אָבִיהָ יֵעָשֶׂה לִּי הַדָּבָר הַזֶּה הַרְפֵּה מִמֶּנִּי שְׁנַיִם חֳדָשִׁים וְאֵלְכָה
לח וְיָרַדְתִּי עַל־הֶהָרִים וְאֶבְכֶּה עַל־בְּתוּלַי אָנֹכִי ורעיתי: וַיֹּאמֶר
וְרֵעוֹתָי
לֵכִי וַיִּשְׁלַח אוֹתָהּ שְׁנֵי חֳדָשִׁים וַתֵּלֶךְ הִיא וְרֵעוֹתֶיהָ וַתֵּבְךְּ עַל־
לט בְּתוּלֶיהָ עַל־הֶהָרִים: וַיְהִי מִקֵּץ ׀ שְׁנַיִם חֳדָשִׁים וַתָּשָׁב אֶל־אָבִיהָ
וַיַּעַשׂ לָהּ אֶת־נִדְרוֹ אֲשֶׁר נָדָר וְהִיא לֹא־יָדְעָה אִישׁ וַתְּהִי־חֹק
מ בְּיִשְׂרָאֵל: מִיָּמִים ׀ יָמִימָה תֵּלַכְנָה בְּנוֹת יִשְׂרָאֵל לְתַנּוֹת לְבַת־
יב א יִפְתָּח הַגִּלְעָדִי אַרְבַּעַת יָמִים בַּשָּׁנָה: וַיִּצָּעֵק
אִישׁ אֶפְרַיִם וַיַּעֲבֹר צָפוֹנָה וַיֹּאמְרוּ לְיִפְתָּח מַדּוּעַ ׀ עָבַרְתָּ ׀
לְהִלָּחֵם בִּבְנֵי־עַמּוֹן וְלָנוּ לֹא קָרָאתָ לָלֶכֶת עִמָּךְ בֵּיתְךָ נִשְׂרֹף
ב עָלֶיךָ בָּאֵשׁ: וַיֹּאמֶר יִפְתָּח אֲלֵיהֶם אִישׁ רִיב הָיִיתִי אֲנִי וְעַמִּי
וּבְנֵי־עַמּוֹן מְאֹד וָאֶזְעַק אֶתְכֶם וְלֹא־הוֹשַׁעְתֶּם אוֹתִי מִיָּדָם:
ג וָאֶרְאֶה כִּי־אֵינְךָ מוֹשִׁיעַ וָאָשִׂימָה נַפְשִׁי בְכַפִּי וָאֶעְבְּרָה אֶל־
בְּנֵי עַמּוֹן וַיִּתְּנֵם יהוה בְּיָדִי וְלָמָּה עֲלִיתֶם אֵלַי הַיּוֹם הַזֶּה
ד לְהִלָּחֶם בִּי: וַיִּקְבֹּץ יִפְתָּח אֶת־כָּל־אַנְשֵׁי גִלְעָד וַיִּלָּחֶם אֶת־
אֶפְרָיִם וַיַּכּוּ אַנְשֵׁי גִלְעָד אֶת־אֶפְרַיִם כִּי אָמְרוּ פְּלִיטֵי אֶפְרַיִם
ה אַתֶּם גִּלְעָד בְּתוֹךְ אֶפְרַיִם בְּתוֹךְ מְנַשֶּׁה: וַיִּלְכֹּד גִּלְעָד אֶת־
מַעְבְּרוֹת הַיַּרְדֵּן לְאֶפְרָיִם וְהָיָה כִּי יֹאמְרוּ פְּלִיטֵי אֶפְרַיִם
אֶעֱבֹרָה וַיֹּאמְרוּ לוֹ אַנְשֵׁי־גִלְעָד הַאֶפְרָתִי אַתָּה וַיֹּאמֶר ׀
ו לֹא: וַיֹּאמְרוּ לוֹ אֱמָר־נָא שִׁבֹּלֶת וַיֹּאמֶר סִבֹּלֶת וְלֹא יָכִין
לְדַבֵּר כֵּן וַיֹּאחֲזוּ אוֹתוֹ וַיִּשְׁחָטוּהוּ אֶל־מַעְבְּרוֹת הַיַּרְדֵּן וַיִּפֹּל
ז בָּעֵת הַהִיא מֵאֶפְרַיִם אַרְבָּעִים וּשְׁנַיִם אָלֶף: וַיִּשְׁפֹּט יִפְתָּח
אֶת־יִשְׂרָאֵל שֵׁשׁ שָׁנִים וַיָּמָת יִפְתָּח הַגִּלְעָדִי וַיִּקָּבֵר בְּעָרֵי
ח גִלְעָד: וַיִּשְׁפֹּט אַחֲרָיו אֶת־יִשְׂרָאֵל אִבְצָן מִבֵּית
ט לָחֶם: וַיְהִי־לוֹ שְׁלֹשִׁים בָּנִים וּשְׁלֹשִׁים בָּנוֹת שִׁלַּח הַחוּצָה
וּשְׁלֹשִׁים בָּנוֹת הֵבִיא לְבָנָיו מִן־הַחוּץ וַיִּשְׁפֹּט אֶת־יִשְׂרָאֵל שֶׁבַע
י שָׁנִים: וַיָּמָת אִבְצָן וַיִּקָּבֵר בְּבֵית לָחֶם: וַיִּשְׁפֹּט
יא

אַחֲרָיו אֶת־יִשְׂרָאֵל אֵילוֹן הַזְּבוּלֹנִי וַיִּשְׁפֹּט אֶת־יִשְׂרָאֵל
יב עֶשֶׂר שָׁנִים: וַיָּמָת אֵילוֹן הַזְּבוּלֹנִי וַיִּקָּבֵר בְּאַיָּלוֹן בְּאֶרֶץ
יג זְבוּלֻן: וַיִּשְׁפֹּט אַחֲרָיו אֶת־יִשְׂרָאֵל עַבְדּוֹן בֶּן־
יד הִלֵּל הַפִּרְעָתוֹנִי: וַיְהִי־לוֹ אַרְבָּעִים בָּנִים וּשְׁלֹשִׁים בְּנֵי בָנִים
רֹכְבִים עַל־שִׁבְעִים עֲיָרִם וַיִּשְׁפֹּט אֶת־יִשְׂרָאֵל שְׁמֹנֶה שָׁנִים:
טו וַיָּמָת עַבְדּוֹן בֶּן־הִלֵּל הַפִּרְעָתוֹנִי וַיִּקָּבֵר בְּפִרְעָתוֹן בְּאֶרֶץ
יג א אֶפְרַיִם בְּהַר הָעֲמָלֵקִי: וַיֹּסִפוּ בְּנֵי יִשְׂרָאֵל
לַעֲשׂוֹת הָרַע בְּעֵינֵי יהוה וַיִּתְּנֵם יהוה בְּיַד־פְּלִשְׁתִּים אַרְבָּעִים
ב שָׁנָה: וַיְהִי אִישׁ אֶחָד מִצָּרְעָה מִמִּשְׁפַּחַת הַדָּנִי
ג וּשְׁמוֹ מָנוֹחַ וְאִשְׁתּוֹ עֲקָרָה וְלֹא יָלָדָה: וַיֵּרָא מַלְאַךְ־יהוה אֶל־
הָאִשָּׁה וַיֹּאמֶר אֵלֶיהָ הִנֵּה־נָא אַתְּ־עֲקָרָה וְלֹא יָלַדְתְּ וְהָרִית
ד וְיָלַדְתְּ בֵּן: וְעַתָּה הִשָּׁמְרִי נָא וְאַל־תִּשְׁתִּי יַיִן וְשֵׁכָר וְאַל־
ה תֹּאכְלִי כָּל־טָמֵא: כִּי הִנָּךְ הָרָה וְיֹלַדְתְּ בֵּן וּמוֹרָה לֹא־יַעֲלֶה
עַל־רֹאשׁוֹ כִּי־נְזִיר אֱלֹהִים יִהְיֶה הַנַּעַר מִן־הַבָּטֶן וְהוּא יָחֵל
ו לְהוֹשִׁיעַ אֶת־יִשְׂרָאֵל מִיַּד פְּלִשְׁתִּים: וַתָּבֹא הָאִשָּׁה וַתֹּאמֶר
לְאִישָׁהּ לֵאמֹר אִישׁ הָאֱלֹהִים בָּא אֵלַי וּמַרְאֵהוּ כְּמַרְאֵה מַלְאַךְ
הָאֱלֹהִים נוֹרָא מְאֹד וְלֹא שְׁאִלְתִּיהוּ אֵי־מִזֶּה הוּא וְאֶת־שְׁמוֹ
ז לֹא־הִגִּיד לִי: וַיֹּאמֶר לִי הִנָּךְ הָרָה וְיֹלַדְתְּ בֵּן וְעַתָּה אַל־תִּשְׁתִּי
יַיִן וְשֵׁכָר וְאַל־תֹּאכְלִי כָּל־טֻמְאָה כִּי־נְזִיר אֱלֹהִים יִהְיֶה הַנַּעַר
מִן־הַבֶּטֶן עַד־יוֹם מוֹתוֹ:
ח וַיֶּעְתַּר מָנוֹחַ אֶל־יהוה וַיֹּאמַר בִּי אֲדוֹנָי אִישׁ הָאֱלֹהִים אֲשֶׁר
שָׁלַחְתָּ יָבוֹא־נָא עוֹד אֵלֵינוּ וְיוֹרֵנוּ מַה־נַּעֲשֶׂה לַנַּעַר הַיּוּלָּד:
ט וַיִּשְׁמַע הָאֱלֹהִים בְּקוֹל מָנוֹחַ וַיָּבֹא מַלְאַךְ הָאֱלֹהִים עוֹד אֶל־
י הָאִשָּׁה וְהִיא יוֹשֶׁבֶת בַּשָּׂדֶה וּמָנוֹחַ אִישָׁהּ אֵין עִמָּהּ: וַתְּמַהֵר
הָאִשָּׁה וַתָּרָץ וַתַּגֵּד לְאִישָׁהּ וַתֹּאמֶר אֵלָיו הִנֵּה נִרְאָה אֵלַי
יא הָאִישׁ אֲשֶׁר־בָּא בַיּוֹם אֵלָי: וַיָּקָם וַיֵּלֶךְ מָנוֹחַ אַחֲרֵי אִשְׁתּוֹ
וַיָּבֹא אֶל־הָאִישׁ וַיֹּאמֶר לוֹ הַאַתָּה הָאִישׁ אֲשֶׁר־דִּבַּרְתָּ אֶל־

יב הָאִשָּׁה וַיֹּאמֶר אָנִי׃ וַיֹּאמֶר מָנוֹחַ עַתָּה יָבֹא דְבָרֶיךָ מַה־יִּהְיֶה
יג מִשְׁפַּט־הַנַּעַר וּמַעֲשֵׂהוּ׃ וַיֹּאמֶר מַלְאַךְ יְהוָה אֶל־מָנוֹחַ מִכֹּל
יד אֲשֶׁר־אָמַרְתִּי אֶל־הָאִשָּׁה תִּשָּׁמֵר׃ מִכֹּל אֲשֶׁר־יֵצֵא מִגֶּפֶן הַיַּיִן
לֹא תֹאכַל וְיַיִן וְשֵׁכָר אַל־תֵּשְׁתְּ וְכָל־טֻמְאָה אַל־תֹּאכַל כֹּל
טו אֲשֶׁר־צִוִּיתִיהָ תִּשְׁמֹר׃ וַיֹּאמֶר מָנוֹחַ אֶל־מַלְאַךְ יְהוָה נַעְצְרָה־
טז נָּא אוֹתָךְ וְנַעֲשֶׂה לְפָנֶיךָ גְּדִי עִזִּים׃ וַיֹּאמֶר מַלְאַךְ יְהוָה אֶל־
מָנוֹחַ אִם־תַּעְצְרֵנִי לֹא־אֹכַל בְּלַחְמֶךָ וְאִם־תַּעֲשֶׂה עֹלָה לַיהוָה
יז תַּעֲלֶנָּה כִּי לֹא־יָדַע מָנוֹחַ כִּי־מַלְאַךְ יְהוָה הוּא׃ וַיֹּאמֶר מָנוֹחַ
יח אֶל־מַלְאַךְ יְהוָה מִי שְׁמֶךָ כִּי־יָבֹא דבריך וְכִבַּדְנוּךָ׃ וַיֹּאמֶר דְבָרְךָ
יט לוֹ מַלְאַךְ יְהוָה לָמָּה זֶּה תִּשְׁאַל לִשְׁמִי וְהוּא־פֶלִאי׃ וַיִּקַּח מָנוֹחַ
אֶת־גְּדִי הָעִזִּים וְאֶת־הַמִּנְחָה וַיַּעַל עַל־הַצּוּר לַיהוָה וּמַפְלִא
כ לַעֲשׂוֹת וּמָנוֹחַ וְאִשְׁתּוֹ רֹאִים׃ וַיְהִי בַעֲלוֹת הַלַּהַב מֵעַל הַמִּזְבֵּחַ
הַשָּׁמַיְמָה וַיַּעַל מַלְאַךְ־יְהוָה בְּלַהַב הַמִּזְבֵּחַ וּמָנוֹחַ וְאִשְׁתּוֹ
כא רֹאִים וַיִּפְּלוּ עַל־פְּנֵיהֶם אָרְצָה׃ וְלֹא־יָסַף עוֹד מַלְאַךְ יְהוָה
לְהֵרָאֹה אֶל־מָנוֹחַ וְאֶל־אִשְׁתּוֹ אָז יָדַע מָנוֹחַ כִּי־מַלְאַךְ יְהוָה
כב הוּא׃ וַיֹּאמֶר מָנוֹחַ אֶל־אִשְׁתּוֹ מוֹת נָמוּת כִּי אֱלֹהִים רָאִינוּ׃
כג וַתֹּאמֶר לוֹ אִשְׁתּוֹ לוּ חָפֵץ יְהוָה לַהֲמִיתֵנוּ לֹא־לָקַח מִיָּדֵנוּ
עֹלָה וּמִנְחָה וְלֹא הֶרְאָנוּ אֶת־כָּל־אֵלֶּה וְכָעֵת לֹא הִשְׁמִיעָנוּ
כד כָּזֹאת׃ וַתֵּלֶד הָאִשָּׁה בֵּן וַתִּקְרָא אֶת־שְׁמוֹ שִׁמְשׁוֹן וַיִּגְדַּל הַנַּעַר י
כה וַיְבָרְכֵהוּ יְהוָה׃ וַתָּחֶל רוּחַ יְהוָה לְפַעֲמוֹ בְּמַחֲנֵה־דָן בֵּין צָרְעָה
יד א וּבֵין אֶשְׁתָּאֹל׃ וַיֵּרֶד שִׁמְשׁוֹן תִּמְנָתָה וַיַּרְא
ב אִשָּׁה בְּתִמְנָתָה מִבְּנוֹת פְּלִשְׁתִּים׃ וַיַּעַל וַיַּגֵּד לְאָבִיו וּלְאִמּוֹ
וַיֹּאמֶר אִשָּׁה רָאִיתִי בְתִמְנָתָה מִבְּנוֹת פְּלִשְׁתִּים וְעַתָּה קְחוּ־
ג אוֹתָהּ לִי לְאִשָּׁה׃ וַיֹּאמֶר לוֹ אָבִיו וְאִמּוֹ הַאֵין בִּבְנוֹת אַחֶיךָ
וּבְכָל־עַמִּי אִשָּׁה כִּי־אַתָּה הוֹלֵךְ לָקַחַת אִשָּׁה מִפְּלִשְׁתִּים
הָעֲרֵלִים וַיֹּאמֶר שִׁמְשׁוֹן אֶל־אָבִיו אוֹתָהּ קַח־לִי כִּי־הִיא יָשְׁרָה
ד בְעֵינָי׃ וְאָבִיו וְאִמּוֹ לֹא יָדְעוּ כִּי מֵיְהוָה הִיא כִּי־תֹאֲנָה הוּא־

מְבַקֵּשׁ מִפְּלִשְׁתִּים וּבָעֵת הַהִיא פְּלִשְׁתִּים מֹשְׁלִים בְּיִשְׂרָאֵל׃
ה וַיֵּרֶד שִׁמְשׁוֹן וְאָבִיו וְאִמּוֹ תִּמְנָתָה וַיָּבֹאוּ עַד־כַּרְמֵי תִמְנָתָה
ו וְהִנֵּה כְּפִיר אֲרָיוֹת שֹׁאֵג לִקְרָאתוֹ׃ וַתִּצְלַח עָלָיו רוּחַ יהוה
וַיְשַׁסְּעֵהוּ כְּשַׁסַּע הַגְּדִי וּמְאוּמָה אֵין בְּיָדוֹ וְלֹא הִגִּיד לְאָבִיו
ז וּלְאִמּוֹ אֵת אֲשֶׁר עָשָׂה׃ וַיֵּרֶד וַיְדַבֵּר לָאִשָּׁה וַתִּישַׁר בְּעֵינֵי
ח שִׁמְשׁוֹן׃ וַיָּשָׁב מִיָּמִים לְקַחְתָּהּ וַיָּסַר לִרְאוֹת אֵת מַפֶּלֶת
ט הָאַרְיֵה וְהִנֵּה עֲדַת דְּבוֹרִים בִּגְוִיַּת הָאַרְיֵה וּדְבָשׁ׃ וַיִּרְדֵּהוּ אֶל־
כַּפָּיו וַיֵּלֶךְ הָלוֹךְ וְאָכֹל וַיֵּלֶךְ אֶל־אָבִיו וְאֶל־אִמּוֹ וַיִּתֵּן לָהֶם
י וַיֹּאכֵלוּ וְלֹא־הִגִּיד לָהֶם כִּי מִגְּוִיַּת הָאַרְיֵה רָדָה הַדְּבָשׁ׃ וַיֵּרֶד
אָבִיהוּ אֶל־הָאִשָּׁה וַיַּעַשׂ שָׁם שִׁמְשׁוֹן מִשְׁתֶּה כִּי כֵּן יַעֲשׂוּ
יא הַבַּחוּרִים׃ וַיְהִי כִּרְאוֹתָם אוֹתוֹ וַיִּקְחוּ שְׁלֹשִׁים מֵרֵעִים וַיִּהְיוּ
יב אִתּוֹ׃ וַיֹּאמֶר לָהֶם שִׁמְשׁוֹן אָחוּדָה־נָּא לָכֶם חִידָה אִם־הַגֵּד
תַּגִּידוּ אוֹתָהּ לִי שִׁבְעַת יְמֵי הַמִּשְׁתֶּה וּמְצָאתֶם וְנָתַתִּי לָכֶם
יג שְׁלֹשִׁים סְדִינִים וּשְׁלֹשִׁים חֲלִפֹת בְּגָדִים׃ וְאִם־לֹא תוּכְלוּ לְהַגִּיד
לִי וּנְתַתֶּם אַתֶּם לִי שְׁלֹשִׁים סְדִינִים וּשְׁלֹשִׁים חֲלִיפוֹת בְּגָדִים
יד וַיֹּאמְרוּ לוֹ חוּדָה חִידָתְךָ וְנִשְׁמָעֶנָּה׃ וַיֹּאמֶר לָהֶם מֵהָאֹכֵל יָצָא
מַאֲכָל וּמֵעַז יָצָא מָתוֹק וְלֹא יָכְלוּ לְהַגִּיד הַחִידָה שְׁלֹשֶׁת
טו יָמִים׃ וַיְהִי ׀ בַּיּוֹם הַשְּׁבִיעִי וַיֹּאמְרוּ לְאֵשֶׁת־שִׁמְשׁוֹן פַּתִּי אֶת־
אִישֵׁךְ וְיַגֶּד־לָנוּ אֶת־הַחִידָה פֶּן־נִשְׂרֹף אוֹתָךְ וְאֶת־בֵּית אָבִיךְ
טז בָּאֵשׁ הַלְיָרְשֵׁנוּ קְרָאתֶם לָנוּ הֲלֹא׃ וַתֵּבְךְּ אֵשֶׁת שִׁמְשׁוֹן עָלָיו
וַתֹּאמֶר רַק־שְׂנֵאתַנִי וְלֹא אֲהַבְתָּנִי הַחִידָה חַדְתָּ לִבְנֵי עַמִּי
וְלִי לֹא הִגַּדְתָּה וַיֹּאמֶר לָהּ הִנֵּה לְאָבִי וּלְאִמִּי לֹא הִגַּדְתִּי וְלָךְ
יז אַגִּיד׃ וַתֵּבְךְּ עָלָיו שִׁבְעַת הַיָּמִים אֲשֶׁר־הָיָה לָהֶם הַמִּשְׁתֶּה
וַיְהִי ׀ בַּיּוֹם הַשְּׁבִיעִי וַיַּגֶּד־לָהּ כִּי הֱצִיקַתְהוּ וַתַּגֵּד הַחִידָה לִבְנֵי
יח עַמָּהּ׃ וַיֹּאמְרוּ לוֹ אַנְשֵׁי הָעִיר בַּיּוֹם הַשְּׁבִיעִי בְּטֶרֶם יָבֹא
הַחַרְסָה מַה־מָּתוֹק מִדְּבַשׁ וּמֶה עַז מֵאֲרִי וַיֹּאמֶר לָהֶם לוּלֵא
יט חֲרַשְׁתֶּם בְּעֶגְלָתִי לֹא מְצָאתֶם חִידָתִי׃ וַתִּצְלַח עָלָיו רוּחַ יהוה

וירד אשקלון ויך מהם ׀ שלשים איש ויקח את־חליצותם
ויתן החליפות למגידי החידה ויחר אפו ויעל בית אביהו:
כ טו א ותהי אשת שמשון למרעהו אשר רעה לו: ויהי
מימים בימי קציר־חטים ויפקד שמשון את־אשתו בגדי
עזים ויאמר אבאה אל־אשתי החדרה ולא־נתנו אביה
ב לבוא: ויאמר אביה אמר אמרתי כי־שנא שנאתה ואתננה
למרעך הלא אחותה הקטנה טובה ממנה תהי־נא לך
ג תחתיה: ויאמר להם שמשון נקיתי הפעם מפלשתים כי־
ד עשה אני עמם רעה: וילך שמשון וילכד שלש־מאות
שועלים ויקח לפדים ויפן זנב אל־זנב וישם לפיד אחד בין־
ה שני הזנבות בתוך: ויבער־אש בלפידים וישלח בקמות
ו פלשתים ויבער מגדיש ועד־קמה ועד־כרם זית: ויאמרו
פלשתים מי עשה זאת ויאמרו שמשון חתן התמני כי לקח
את־אשתו ויתנה למרעהו ויעלו פלשתים וישרפו אותה
ז ואת־אביה באש: ויאמר להם שמשון אם־תעשון כזאת כי
ח אם־נקמתי בכם ואחר אחדל: ויך אותם שוק על־ירך מכה
ט גדולה וירד וישב בסעיף סלע עיטם: ויעלו
י פלשתים ויחנו ביהודה וינטשו בלחי: ויאמרו איש יהודה
למה עליתם עלינו ויאמרו לאסור את־שמשון עלינו לעשות
יא לו כאשר עשה לנו: וירדו שלשת אלפים איש מיהודה אל־
סעיף סלע עיטם ויאמרו לשמשון הלא ידעת כי־משלים בנו
פלשתים ומה־זאת עשית לנו ויאמר להם כאשר עשו לי כן
יב עשיתי להם: ויאמרו לו לאסרך ירדנו לתתך ביד־פלשתים
יג ויאמר להם שמשון השבעו לי פן־תפגעון בי אתם: ויאמרו
לו לאמר לא כי־אסר נאסרך ונתנוך בידם והמת לא נמיתך
יד ויאסרהו בשנים עבתים חדשים ויעלוהו מן־הסלע: הוא־בא
עד־לחי ופלשתים הריעו לקראתו ותצלח עליו רוח יהוה

ותהיינה העבתים אשר־על־זרועותיו כפשתים אשר בערו
טו באש וימסו אסוריו מעל ידיו: וימצא לחי־חמור טריה וישלח
טז ידו ויקחה ויך־בה אלף איש: ויאמר שמשון בלחי החמור
יז חמור חמרתים בלחי החמור הכיתי אלף איש: ויהי ככלתו
לדבר וישלך הלחי מידו ויקרא למקום ההוא רמת לחי:
יח ויצמא מאד ויקרא אל־יהוה ויאמר אתה נתת ביד־עבדך
את־התשועה הגדלה הזאת ועתה אמות בצמא ונפלתי ביד
יט הערלים: ויבקע אלהים את־המכתש אשר־בלחי ויצאו ממנו
מים וישת ותשב רוחו ויחי על־כן | קרא שמה עין הקורא
כ אשר בלחי עד היום הזה: וישפט את־ישראל בימי פלשתים
טז א עשרים שנה: וילך שמשון עזתה וירא־שם
ב אשה זונה ויבא אליה: לעזתים | לאמר בא שמשון הנה
ויסבו ויארבו־לו כל־הלילה בשער העיר ויתחרשו כל־
יא ג הלילה לאמר עד־אור הבקר והרגנהו: וישכב שמשון עד־
חצי הלילה ויקם | בחצי הלילה ויאחז בדלתות שער־העיר
ובשתי המזוזות ויסעם עם־הבריח וישם על־כתפיו ויעלם
ד אל־ראש ההר אשר על־פני חברון: ויהי
ה אחרי־כן ויאהב אשה בנחל שורק ושמה דלילה: ויעלו
אליה סרני פלשתים ויאמרו לה פתי אותו וראי במה כחו
גדול ובמה נוכל לו ואסרנוהו לענותו ואנחנו נתן־לך איש
ו אלף ומאה כסף: ותאמר דלילה אל־שמשון הגידה־נא
ז לי במה כחך גדול ובמה תאסר לענותך: ויאמר אליה
שמשון אם־יאסרני בשבעה יתרים לחים אשר לא־חרבו
ח וחליתי והייתי כאחד האדם: ויעלו־לה סרני פלשתים שבעה
ט יתרים לחים אשר לא־חרבו ותאסרהו בהם: והארב ישב
לה בחדר ותאמר אליו פלשתים עליך שמשון וינתק את־
היתרים כאשר ינתק פתיל־הנערת בהריחו אש ולא נודע

כֹּחוֹ׃ וַתֹּאמֶר דְּלִילָה אֶל־שִׁמְשׁוֹן הִנֵּה הֵתַלְתָּ בִּי וַתְּדַבֵּר אֵלַי י
כְּזָבִים עַתָּה הַגִּידָה־נָּא לִי בַּמֶּה תֵּאָסֵר׃ וַיֹּאמֶר אֵלֶיהָ אִם־ יא
אָסוֹר יַאַסְרוּנִי בַּעֲבֹתִים חֲדָשִׁים אֲשֶׁר לֹא־נַעֲשָׂה בָהֶם מְלָאכָה
וְחָלִיתִי וְהָיִיתִי כְּאַחַד הָאָדָם׃ וַתִּקַּח דְּלִילָה עֲבֹתִים חֲדָשִׁים יב
וַתַּאַסְרֵהוּ בָהֶם וַתֹּאמֶר אֵלָיו פְּלִשְׁתִּים עָלֶיךָ שִׁמְשׁוֹן וְהָאֹרֵב
יֹשֵׁב בֶּחָדֶר וַיְנַתְּקֵם מֵעַל זְרֹעֹתָיו כַּחוּט׃ וַתֹּאמֶר דְּלִילָה אֶל־ יג
שִׁמְשׁוֹן עַד־הֵנָּה הֵתַלְתָּ בִּי וַתְּדַבֵּר אֵלַי כְּזָבִים הַגִּידָה לִּי בַּמֶּה
תֵּאָסֵר וַיֹּאמֶר אֵלֶיהָ אִם־תַּאַרְגִי אֶת־שֶׁבַע מַחְלְפוֹת רֹאשִׁי
עִם־הַמַּסָּכֶת׃ וַתִּתְקַע בַּיָּתֵד וַתֹּאמֶר אֵלָיו פְּלִשְׁתִּים עָלֶיךָ יד
שִׁמְשׁוֹן וַיִּיקַץ מִשְּׁנָתוֹ וַיִּסַּע אֶת־הַיְתַד הָאֶרֶג וְאֶת־הַמַּסָּכֶת׃
וַתֹּאמֶר אֵלָיו אֵיךְ תֹּאמַר אֲהַבְתִּיךְ וְלִבְּךָ אֵין אִתִּי זֶה שָׁלֹשׁ טו
פְּעָמִים הֵתַלְתָּ בִּי וְלֹא־הִגַּדְתָּ לִּי בַּמֶּה כֹּחֲךָ גָדוֹל׃ וַיְהִי כִּי־ טז
הֵצִיקָה לּוֹ בִדְבָרֶיהָ כָּל־הַיָּמִים וַתְּאַלֲצֵהוּ וַתִּקְצַר נַפְשׁוֹ לָמוּת׃
וַיַּגֶּד־לָהּ אֶת־כָּל־לִבּוֹ וַיֹּאמֶר לָהּ מוֹרָה לֹא־עָלָה עַל־רֹאשִׁי יז
כִּי־נְזִיר אֱלֹהִים אֲנִי מִבֶּטֶן אִמִּי אִם־גֻּלַּחְתִּי וְסָר מִמֶּנִּי כֹחִי
וְחָלִיתִי וְהָיִיתִי כְּכָל־הָאָדָם׃ וַתֵּרֶא דְלִילָה כִּי־הִגִּיד לָהּ אֶת־ יח
כָּל־לִבּוֹ וַתִּשְׁלַח וַתִּקְרָא לְסַרְנֵי פְלִשְׁתִּים לֵאמֹר עֲלוּ הַפַּעַם
לִי כִּי־הִגִּיד לָה אֶת־כָּל־לִבּוֹ וְעָלוּ אֵלֶיהָ סַרְנֵי פְלִשְׁתִּים וַיַּעֲלוּ
הַכֶּסֶף בְּיָדָם׃ וַתְּיַשְּׁנֵהוּ עַל־בִּרְכֶּיהָ וַתִּקְרָא לָאִישׁ וַתְּגַלַּח אֶת־ יט
שֶׁבַע מַחְלְפוֹת רֹאשׁוֹ וַתָּחֶל לְעַנּוֹתוֹ וַיָּסַר כֹּחוֹ מֵעָלָיו׃ וַתֹּאמֶר כ
פְּלִשְׁתִּים עָלֶיךָ שִׁמְשׁוֹן וַיִּקַץ מִשְּׁנָתוֹ וַיֹּאמֶר אֵצֵא כְּפַעַם
בְּפַעַם וְאִנָּעֵר וְהוּא לֹא יָדַע כִּי יְהוָה סָר מֵעָלָיו׃ וַיֹּאחֲזוּהוּ כא
פְלִשְׁתִּים וַיְנַקְּרוּ אֶת־עֵינָיו וַיּוֹרִידוּ אוֹתוֹ עַזָּתָה וַיַּאַסְרוּהוּ
הָאֲסוּרִים בַּנְחֻשְׁתַּיִם וַיְהִי טוֹחֵן בְּבֵית הָאֲסִירִים׃ וַיָּחֶל שְׂעַר־רֹאשׁוֹ כב
לְצַמֵּחַ כַּאֲשֶׁר גֻּלָּח׃ וְסַרְנֵי פְלִשְׁתִּים נֶאֱסְפוּ לִזְבֹּחַ כג
זֶבַח־גָּדוֹל לְדָגוֹן אֱלֹהֵיהֶם וּלְשִׂמְחָה וַיֹּאמְרוּ נָתַן אֱלֹהֵינוּ בְּיָדֵנוּ
אֵת שִׁמְשׁוֹן אוֹיְבֵנוּ׃ וַיִּרְאוּ אֹתוֹ הָעָם וַיְהַלְלוּ אֶת־אֱלֹהֵיהֶם כד

כִּי אָמְרוּ נָתַן אֱלֹהֵינוּ בְיָדֵנוּ אֶת־אוֹיְבֵנוּ וְאֵת מַחֲרִיב אַרְצֵנוּ
כה וַאֲשֶׁר הִרְבָּה אֶת־חֲלָלֵינוּ: וַיְהִי כִּי טוֹב לִבָּם וַיֹּאמְרוּ קִרְאוּ כְּטוֹב
לְשִׁמְשׁוֹן וִישַׂחֶק־לָנוּ וַיִּקְרְאוּ לְשִׁמְשׁוֹן מִבֵּית האסירים וַיְצַחֵק הָאֲסוּרִים
כו לִפְנֵיהֶם וַיַּעֲמִידוּ אוֹתוֹ בֵּין הָעַמּוּדִים: וַיֹּאמֶר שִׁמְשׁוֹן אֶל־
הַנַּעַר הַמַּחֲזִיק בְּיָדוֹ הַנִּיחָה אוֹתִי והימשני אֶת־הָעַמֻּדִים אֲשֶׁר וַהֲמִשֵׁנִי
כז הַבַּיִת נָכוֹן עֲלֵיהֶם וְאֶשָּׁעֵן עֲלֵיהֶם: וְהַבַּיִת מָלֵא הָאֲנָשִׁים
וְהַנָּשִׁים וְשָׁמָּה כֹּל סַרְנֵי פְלִשְׁתִּים וְעַל־הַגָּג כִּשְׁלֹשֶׁת אֲלָפִים
כח אִישׁ וְאִשָּׁה הָרֹאִים בִּשְׂחוֹק שִׁמְשׁוֹן: וַיִּקְרָא שִׁמְשׁוֹן אֶל־יהוה
וַיֹּאמַר אֲדֹנָי יֱהֹוִה זָכְרֵנִי נָא וְחַזְּקֵנִי נָא אַךְ הַפַּעַם הַזֶּה הָאֱלֹהִים
כט וְאִנָּקְמָה נְקַם־אַחַת מִשְּׁתֵי עֵינַי מִפְּלִשְׁתִּים: וַיִּלְפֹּת שִׁמְשׁוֹן
אֶת־שְׁנֵי ׀ עַמּוּדֵי הַתָּוֶךְ אֲשֶׁר הַבַּיִת נָכוֹן עֲלֵיהֶם וַיִּסָּמֵךְ עֲלֵיהֶם
ל אֶחָד בִּימִינוֹ וְאֶחָד בִּשְׂמֹאלוֹ: וַיֹּאמֶר שִׁמְשׁוֹן תָּמוֹת נַפְשִׁי עִם־
פְּלִשְׁתִּים וַיֵּט בְּכֹחַ וַיִּפֹּל הַבַּיִת עַל־הַסְּרָנִים וְעַל־כָּל־הָעָם
אֲשֶׁר־בּוֹ וַיִּהְיוּ הַמֵּתִים אֲשֶׁר הֵמִית בְּמוֹתוֹ רַבִּים מֵאֲשֶׁר
לא הֵמִית בְּחַיָּיו: וַיֵּרְדוּ אֶחָיו וְכָל־בֵּית אָבִיהוּ וַיִּשְׂאוּ אֹתוֹ וַיַּעֲלוּ ׀
וַיִּקְבְּרוּ אוֹתוֹ בֵּין צָרְעָה וּבֵין אֶשְׁתָּאֹל בְּקֶבֶר מָנוֹחַ אָבִיו וְהוּא
יז א שָׁפַט אֶת־יִשְׂרָאֵל עֶשְׂרִים שָׁנָה: וַיְהִי־אִישׁ
ב מֵהַר־אֶפְרָיִם וּשְׁמוֹ מִיכָיְהוּ: וַיֹּאמֶר לְאִמּוֹ אֶלֶף וּמֵאָה הַכֶּסֶף
אֲשֶׁר לֻקַּח־לָךְ ואתי אָלִית וְגַם אָמַרְתְּ בְּאָזְנַי הִנֵּה־הַכֶּסֶף אִתִּי וְאַתְּ
ג אֲנִי לְקַחְתִּיו וַתֹּאמֶר אִמּוֹ בָּרוּךְ בְּנִי לַיהוה: וַיָּשֶׁב אֶת־אֶלֶף־
וּמֵאָה הַכֶּסֶף לְאִמּוֹ וַתֹּאמֶר אִמּוֹ הַקְדֵּשׁ הִקְדַּשְׁתִּי אֶת־הַכֶּסֶף
לַיהוה מִיָּדִי לִבְנִי לַעֲשׂוֹת פֶּסֶל וּמַסֵּכָה וְעַתָּה אֲשִׁיבֶנּוּ לָךְ:
ד וַיָּשֶׁב אֶת־הַכֶּסֶף לְאִמּוֹ וַתִּקַּח אִמּוֹ מָאתַיִם כֶּסֶף וַתִּתְּנֵהוּ
ה לַצּוֹרֵף וַיַּעֲשֵׂהוּ פֶּסֶל וּמַסֵּכָה וַיְהִי בְּבֵית מִיכָיְהוּ: וְהָאִישׁ מִיכָה
לוֹ בֵּית אֱלֹהִים וַיַּעַשׂ אֵפוֹד וּתְרָפִים וַיְמַלֵּא אֶת־יַד אַחַד
ו מִבָּנָיו וַיְהִי־לוֹ לְכֹהֵן: בַּיָּמִים הָהֵם אֵין מֶלֶךְ בְּיִשְׂרָאֵל אִישׁ
ז הַיָּשָׁר בְּעֵינָיו יַעֲשֶׂה: וַיְהִי־נַעַר מִבֵּית לֶחֶם

ח יהודה ממשפחת יהודה והוא לוי והוא גר־שם: וילך האיש
מהעיר מבית לחם יהודה לגור באשר ימצא ויבא הר־
ט אפרים עד־בית מיכה לעשות דרכו: ויאמר־לו מיכה מאין
תבוא ויאמר אליו לוי אנכי מבית לחם יהודה ואנכי הלך
י לגור באשר אמצא: ויאמר לו מיכה שבה עמדי והיה־לי
לאב ולכהן ואנכי אתן־לך עשרת כסף לימים וערך בגדים
יא ומחיתך וילך הלוי: ויואל הלוי לשבת את־האיש ויהי הנער
יב לו כאחד מבניו: וימלא מיכה את־יד הלוי ויהי־לו הנער
יג לכהן ויהי בבית מיכה: ויאמר מיכה עתה ידעתי כי־ייטיב
א יהוה לי כי היה־לי הלוי לכהן: בימים ההם אין מלך יח
בישראל ובימים ההם שבט הדני מבקש־לו נחלה לשבת
כי לא־נפלה לו עד־היום ההוא בתוך־שבטי ישראל
ב בנחלה: וישלחו בני־דן ׀ ממשפחתם חמשה
אנשים מקצותם אנשים בני־חיל מצרעה ומאשתאל לרגל
את־הארץ ולחקרה ויאמרו אלהם לכו חקרו את־הארץ
ג ויבאו הר־אפרים עד־בית מיכה וילינו שם: המה עם־בית
מיכה והמה הכירו את־קול הנער הלוי ויסורו שם ויאמרו
ד לו מי־הביאך הלם ומה־אתה עשה בזה ומה־לך פה: ויאמר
אלהם כזה וכזה עשה לי מיכה וישכרני ואהי־לו לכהן:
ה ויאמרו לו שאל־נא באלהים ונדעה התצלח דרכנו אשר
ו אנחנו הלכים עליה: ויאמר להם הכהן לכו לשלום נכח יב
ז יהוה דרככם אשר תלכו־בה: וילכו חמשת
האנשים ויבאו לישה ויראו את־העם אשר־בקרבה יושבת
לבטח כמשפט צדנים שקט ׀ ובטח ואין־מכלים דבר בארץ
יורש עצר ורחוקים המה מצידנים ודבר אין־להם עם־אדם:
ח ויבאו אל־אחיהם צרעה ואשתאל ויאמרו להם אחיהם מה
ט אתם: ויאמרו קומה ונעלה עליהם כי ראינו את־הארץ והנה

טוֹבָה מְאֹד וְאַתֶּם מַחְשִׁים אַל־תֵּעָצְלוּ לָלֶכֶת לָבֹא לָרֶשֶׁת
י אֶת־הָאָרֶץ׃ כְּבֹאֲכֶם תָּבֹאוּ ׀ אֶל־עַם בֹּטֵחַ וְהָאָרֶץ רַחֲבַת
יָדַיִם כִּֽי־נְתָנָהּ אֱלֹהִים בְּיֶדְכֶם מָקוֹם אֲשֶׁר אֵֽין־שָׁם מַחְסוֹר
יא כָּל־דָּבָר אֲשֶׁר בָּאָרֶץ׃ וַיִּסְעוּ מִשָּׁם מִמִּשְׁפַּחַת הַדָּנִי מִצָּרְעָה
יב וּמֵאֶשְׁתָּאֹל שֵׁשׁ־מֵאוֹת אִישׁ חָגוּר כְּלֵי מִלְחָמָה׃ וַיַּעֲלוּ וַיַּחֲנוּ
בְּקִרְיַת יְעָרִים בִּיהוּדָה עַל־כֵּן קָרְאוּ לַמָּקוֹם הַהוּא מַחֲנֵה־דָן
יג עַד הַיּוֹם הַזֶּה הִנֵּה אַחֲרֵי קִרְיַת יְעָרִים׃ וַיַּעַבְרוּ מִשָּׁם הַר־
יד אֶפְרָיִם וַיָּבֹאוּ עַד־בֵּית מִיכָה׃ וַיַּעֲנוּ חֲמֵשֶׁת הָאֲנָשִׁים הַהֹלְכִים
לְרַגֵּל אֶת־הָאָרֶץ לַיִשׁ וַיֹּאמְרוּ אֶל־אֲחֵיהֶם הַיְדַעְתֶּם כִּי יֵשׁ
בַּבָּתִּים הָאֵלֶּה אֵפוֹד וּתְרָפִים וּפֶסֶל וּמַסֵּכָה וְעַתָּה דְּעוּ מַה־
טו תַּעֲשׂוּ׃ וַיָּסוּרוּ שָׁמָּה וַיָּבֹאוּ אֶל־בֵּית־הַנַּעַר הַלֵּוִי בֵּית מִיכָה
טז וַיִּשְׁאֲלוּ־לוֹ לְשָׁלוֹם׃ וְשֵׁשׁ־מֵאוֹת אִישׁ חֲגוּרִים כְּלֵי מִלְחַמְתָּם
יז נִצָּבִים פֶּתַח הַשָּׁעַר אֲשֶׁר מִבְּנֵי־דָן׃ וַיַּעֲלוּ חֲמֵשֶׁת הָאֲנָשִׁים
הַהֹלְכִים לְרַגֵּל אֶת־הָאָרֶץ בָּאוּ שָׁמָּה לָקְחוּ אֶת־הַפֶּסֶל וְאֶת־
הָאֵפוֹד וְאֶת־הַתְּרָפִים וְאֶת־הַמַּסֵּכָה וְהַכֹּהֵן נִצָּב פֶּתַח הַשַּׁעַר
יח וְשֵׁשׁ־מֵאוֹת הָאִישׁ הֶחָגוּר כְּלֵי הַמִּלְחָמָה׃ וְאֵלֶּה בָּאוּ בֵּית
מִיכָה וַיִּקְחוּ אֶת־פֶּסֶל הָאֵפוֹד וְאֶת־הַתְּרָפִים וְאֶת־הַמַּסֵּכָה
יט וַיֹּאמֶר אֲלֵיהֶם הַכֹּהֵן מָה אַתֶּם עֹשִׂים׃ וַיֹּאמְרוּ לוֹ הַחֲרֵשׁ שִׂים־
יָדְךָ עַל־פִּיךָ וְלֵךְ עִמָּנוּ וֶהְיֵה־לָנוּ לְאָב וּלְכֹהֵן הֲטוֹב ׀ הֱיוֹתְךָ
כֹהֵן לְבֵית אִישׁ אֶחָד אוֹ הֱיוֹתְךָ כֹהֵן לְשֵׁבֶט וּלְמִשְׁפָּחָה
כ בְּיִשְׂרָאֵל׃ וַיִּיטַב לֵב הַכֹּהֵן וַיִּקַּח אֶת־הָאֵפוֹד וְאֶת־הַתְּרָפִים
כא וְאֶת־הַפָּסֶל וַיָּבֹא בְּקֶרֶב הָעָם׃ וַיִּפְנוּ וַיֵּלֵכוּ וַיָּשִׂימוּ אֶת־הַטַּף
כב וְאֶת־הַמִּקְנֶה וְאֶת־הַכְּבוּדָּה לִפְנֵיהֶם׃ הֵמָּה הִרְחִיקוּ מִבֵּית
מִיכָה וְהָאֲנָשִׁים אֲשֶׁר בַּבָּתִּים אֲשֶׁר עִם־בֵּית מִיכָה נִזְעֲקוּ
כג וַיַּדְבִּיקוּ אֶת־בְּנֵי־דָן׃ וַיִּקְרְאוּ אֶל־בְּנֵי־דָן וַיַּסֵּבּוּ פְּנֵיהֶם וַיֹּאמְרוּ
כד לְמִיכָה מַה־לְּךָ כִּי נִזְעָקְתָּ׃ וַיֹּאמֶר אֶת־אֱלֹהַי אֲשֶׁר־עָשִׂיתִי
לְקַחְתֶּם וְאֶת־הַכֹּהֵן וַתֵּלְכוּ וּמַה־לִּי עוֹד וּמַה־זֶּה תֹּאמְרוּ אֵלַי

כה מה־לך: ויאמרו אליו בני־דן אל־תשמע קולך עמנו פן־
יפגעו בכם אנשים מרי נפש ואספתה נפשך ונפש ביתך:
כו וילכו בני־דן לדרכם וירא מיכה כי־חזקים המה ממנו ויפן
כז וישב אל־ביתו: והמה לקחו את אשר־עשה מיכה ואת־
הכהן אשר היה־לו ויבאו על־ליש על־עם שקט ובטח ויכו
כח אותם לפי־חרב ואת־העיר שרפו באש: ואין מציל כי
רחוקה־היא מצידון ודבר אין־להם עם־אדם והיא בעמק
כט אשר לבית־רחוב ויבנו את־העיר וישבו בה: ויקראו שם־
העיר דן בשם דן אביהם אשר יולד לישראל ואולם ליש
ל שם־העיר לראשנה: ויקימו להם בני־דן את־הפסל ויהונתן
בן־גרשם בן־מנשה הוא ובניו היו כהנים לשבט הדני עד־
לא יום גלות הארץ: וישימו להם את־פסל מיכה אשר עשה
יט א כל־ימי היות בית־האלהים בשלה: ויהי
בימים ההם ומלך אין בישראל ויהי ׀ איש לוי גר בירכתי
ב הר־אפרים ויקח־לו אשה פילגש מבית לחם יהודה: ותזנה
עליו פילגשו ותלך מאתו אל־בית אביה אל־בית לחם
ג יהודה ותהי־שם ימים ארבעה חדשים: ויקם אישה וילך
אחריה לדבר על־לבה להשיבו ונערו עמו וצמד חמרים להשיבה
ותביאהו בית אביה ויראהו אבי הנערה וישמח לקראתו:
ד ויחזק־בו חתנו אבי הנערה וישב אתו שלשת ימים ויאכלו
ה וישתו וילינו שם: ויהי ביום הרביעי וישכימו בבקר ויקם
ללכת ויאמר אבי הנערה אל־חתנו סעד לבך פת־לחם
ו ואחר תלכו: וישבו ויאכלו שניהם יחדו וישתו ויאמר אבי
ז הנערה אל־האיש הואל־נא ולין ויטב לבך: ויקם האיש
ח ללכת ויפצר־בו חתנו וישב וילן שם: וישכם בבקר ביום
החמישי ללכת ויאמר ׀ אבי הנערה סעד־נא לבבך
ט והתמהמהו עד־נטות היום ויאכלו שניהם: ויקם האיש ללכת

הוּא וּפִילַגְשׁוֹ וְנַעֲרוֹ וַיֹּאמֶר לוֹ חֹתְנוֹ אֲבִי הַנַּעֲרָה הִנֵּה נָא
רָפָה הַיּוֹם לַעֲרוֹב לִינוּ־נָא הִנֵּה חֲנוֹת הַיּוֹם לִין פֹּה וְיִיטַב
י לְבָבֶךָ וְהִשְׁכַּמְתֶּם מָחָר לְדַרְכְּכֶם וְהָלַכְתָּ לְאֹהָלֶךָ׃ וְלֹא־אָבָה
הָאִישׁ לָלוּן וַיָּקָם וַיֵּלֶךְ וַיָּבֹא עַד־נֹכַח יְבוּס הִיא יְרוּשָׁלִָם וְעִמּוֹ
יא צֶמֶד חֲמוֹרִים חֲבוּשִׁים וּפִילַגְשׁוֹ עִמּוֹ׃ הֵם עִם־יְבוּס וְהַיּוֹם רַד
מְאֹד וַיֹּאמֶר הַנַּעַר אֶל־אֲדֹנָיו לְכָה־נָּא וְנָסוּרָה אֶל־עִיר־
יב הַיְבוּסִי הַזֹּאת וְנָלִין בָּהּ׃ וַיֹּאמֶר אֵלָיו אֲדֹנָיו לֹא נָסוּר אֶל־
עִיר נָכְרִי אֲשֶׁר לֹא־מִבְּנֵי יִשְׂרָאֵל הֵנָּה וְעָבַרְנוּ עַד־גִּבְעָה׃
יג וַיֹּאמֶר לְנַעֲרוֹ לְךָ וְנִקְרְבָה בְּאַחַד הַמְּקֹמוֹת וְלַנּוּ בַגִּבְעָה אוֹ
יד בָרָמָה׃ וַיַּעַבְרוּ וַיֵּלֵכוּ וַתָּבֹא לָהֶם הַשֶּׁמֶשׁ אֵצֶל הַגִּבְעָה אֲשֶׁר
טו לְבִנְיָמִן׃ וַיָּסֻרוּ שָׁם לָבוֹא לָלוּן בַּגִּבְעָה וַיָּבֹא וַיֵּשֶׁב בִּרְחוֹב
טז הָעִיר וְאֵין אִישׁ מְאַסֵּף־אוֹתָם הַבַּיְתָה לָלוּן׃ וְהִנֵּה ׀ אִישׁ זָקֵן
בָּא מִן־מַעֲשֵׂהוּ מִן־הַשָּׂדֶה בָּעֶרֶב וְהָאִישׁ מֵהַר אֶפְרַיִם וְהוּא־
יז גָר בַּגִּבְעָה וְאַנְשֵׁי הַמָּקוֹם בְּנֵי יְמִינִי׃ וַיִּשָּׂא עֵינָיו וַיַּרְא אֶת־
הָאִישׁ הָאֹרֵחַ בִּרְחוֹב הָעִיר וַיֹּאמֶר הָאִישׁ הַזָּקֵן אָנָה תֵלֵךְ
יח וּמֵאַיִן תָּבוֹא׃ וַיֹּאמֶר אֵלָיו עֹבְרִים אֲנַחְנוּ מִבֵּית־לֶחֶם יְהוּדָה
עַד־יַרְכְּתֵי הַר־אֶפְרַיִם מִשָּׁם אָנֹכִי וָאֵלֵךְ עַד־בֵּית לֶחֶם
יְהוּדָה וְאֶת־בֵּית יְהוָה אֲנִי הֹלֵךְ וְאֵין אִישׁ מְאַסֵּף אוֹתִי
יט הַבָּיְתָה׃ וְגַם־תֶּבֶן גַּם־מִסְפּוֹא יֵשׁ לַחֲמוֹרֵינוּ וְגַם לֶחֶם וָיַיִן יֶשׁ־
כ לִי וְלַאֲמָתֶךָ וְלַנַּעַר עִם־עֲבָדֶיךָ אֵין מַחְסוֹר כָּל־דָּבָר׃ וַיֹּאמֶר יג
הָאִישׁ הַזָּקֵן שָׁלוֹם לָךְ רַק כָּל־מַחְסוֹרְךָ עָלָי רַק בָּרְחוֹב אַל־
כא תָּלַן׃ וַיְבִיאֵהוּ לְבֵיתוֹ ויבול לַחֲמוֹרִים וַיִּרְחֲצוּ רַגְלֵיהֶם וַיֹּאכְלוּ וַיָּבָל
כב וַיִּשְׁתּוּ׃ הֵמָּה מֵיטִיבִים אֶת־לִבָּם וְהִנֵּה אַנְשֵׁי הָעִיר אַנְשֵׁי בְנֵי־
בְלִיַּעַל נָסַבּוּ אֶת־הַבַּיִת מִתְדַּפְּקִים עַל־הַדָּלֶת וַיֹּאמְרוּ אֶל־
הָאִישׁ בַּעַל הַבַּיִת הַזָּקֵן לֵאמֹר הוֹצֵא אֶת־הָאִישׁ אֲשֶׁר־בָּא
כג אֶל־בֵּיתְךָ וְנֵדָעֶנּוּ׃ וַיֵּצֵא אֲלֵיהֶם הָאִישׁ בַּעַל הַבַּיִת וַיֹּאמֶר
אֲלֵהֶם אַל־אַחַי אַל־תָּרֵעוּ נָא אַחֲרֵי אֲשֶׁר־בָּא הָאִישׁ הַזֶּה

כד אל־ביתי אל־תעשו את־הנבלה הזאת: הנה בתי הבתולה
ופילגשהו אוציאה־נא אותם וענו אותם ועשו להם הטוב
כה בעיניכם ולאיש הזה לא תעשו דבר הנבלה הזאת: ולא־
אבו האנשים לשמע לו ויחזק האיש בפילגשו ויצא אליהם
החוץ וידעו אותה ויתעללו־בה כל־הלילה עד־הבקר
כו וישלחוה בעלות השחר: ותבא האשה לפנות הבקר ותפל כעלות
כז פתח בית־האיש אשר־אדוניה שם עד־האור: ויקם אדניה
בבקר ויפתח דלתות הבית ויצא ללכת לדרכו והנה האשה
כח פילגשו נפלת פתח הבית וידיה על־הסף: ויאמר אליה קומי
ונלכה ואין ענה ויקחה על־החמור ויקם האיש וילך למקמו:
כט ויבא אל־ביתו ויקח את־המאכלת ויחזק בפילגשו וינתחה
לעצמיה לשנים עשר נתחים וישלחה בכל גבול ישראל:
ל והיה כל־הראה ואמר לא־נהיתה ולא־נראתה כזאת למיום
עלות בני־ישראל מארץ מצרים עד היום הזה שימו־לכם
כ א עליה עצו ודברו: ויצאו כל־בני ישראל ותקהל
העדה כאיש אחד למדן ועד־באר שבע וארץ הגלעד אל־
ב יהוה המצפה: ויתיצבו פנות כל־העם כל שבטי ישראל
בקהל עם האלהים ארבע מאות אלף איש רגלי שלף
ג חרב: וישמעו בני בנימן כי־עלו בני־ישראל
המצפה ויאמרו בני ישראל דברו איכה נהיתה הרעה הזאת:
ד ויען האיש הלוי איש האשה הנרצחה ויאמר הגבעתה אשר
ה לבנימן באתי אני ופילגשי ללון: ויקמו עלי בעלי הגבעה
ויסבו עלי את־הבית לילה אותי דמו להרג ואת־פילגשי ענו
ו ותמת: ואחז בפילגשי ואנתחה ואשלחה בכל־שדה נחלת
ז ישראל כי עשו זמה ונבלה בישראל: הנה כלכם בני ישראל
ח הבו לכם דבר ועצה הלם: ויקם כל־העם כאיש אחד לאמר
ט לא נלך איש לאהלו ולא נסור איש לביתו: ועתה זה הדבר

י אשר נעשה לגבעה עליה בגורל: ולקחנו עשרה אנשים
למאה לכל ׀ שבטי ישראל ומאה לאלף ואלף לרבבה לקחת
צדה לעם לעשות לבואם לגבע בנימן ככל־הנבלה אשר
יא עשה בישראל: ויאסף כל־איש ישראל אל־העיר כאיש
יב אחד חברים: וישלחו שבטי ישראל אנשים
בכל־שבטי בנימן לאמר מה הרעה הזאת אשר נהיתה
יג בכם: ועתה תנו את־האנשים בני־בליעל אשר בגבעה
ונמיתם ונבערה רעה מישראל ולא אבו בנימן לשמע בני
יד בקול אחיהם בני־ישראל: ויאספו בני־בנימן מן־הערים
טו הגבעתה לצאת למלחמה עם־בני ישראל: ויתפקדו בני
בנימן ביום ההוא מהערים עשרים וששה אלף איש שלף
חרב לבד מישבי הגבעה התפקדו שבע מאות איש בחור:
טז מכל ׀ העם הזה שבע מאות איש בחור אטר יד־ימינו כל־זה
יז קלע באבן אל־השערה ולא יחטא: ואיש
ישראל התפקדו לבד מבנימן ארבע מאות אלף איש שלף
יח חרב כל־זה איש מלחמה: ויקמו ויעלו בית־אל וישאלו
באלהים ויאמרו בני ישראל מי יעלה־לנו בתחלה למלחמה
יט עם־בני בנימן ויאמר יהוה יהודה בתחלה: ויקומו בני־
כ ישראל בבקר ויחנו על־הגבעה: ויצא איש ישראל למלחמה
עם־בנימן ויערכו אתם איש־ישראל מלחמה אל־הגבעה:
כא ויצאו בני־בנימן מן־הגבעה וישחיתו בישראל ביום ההוא
כב שנים ועשרים אלף איש ארצה: ויתחזק העם איש ישראל
ויספו לערך מלחמה במקום אשר־ערכו שם ביום הראשון:
כג ויעלו בני־ישראל ויבכו לפני־יהוה עד־הערב וישאלו ביהוה
לאמר האוסיף לגשת למלחמה עם־בני בנימן אחי ויאמר
כד יהוה עלו אליו: ויקרבו בני־ישראל אל־בני
כה בנימן ביום השני: ויצא בנימן ׀ לקראתם ׀ מן־הגבעה ביום

השני וישחיתו בבני ישראל עוד שמנת עשר אלף איש ארצה
כל־אלה שלפי חרב: ויעלו כל־בני ישראל וכל־העם ויבאו כו
בית־אל ויבכו וישבו שם לפני יהוה ויצומו ביום־ההוא עד־
יד הערב ויעלו עלות ושלמים לפני יהוה: וישאלו בני־ישראל כז
ביהוה ושם ארון ברית האלהים בימים ההם: ופינחס בן־ כח
אלעזר בן־אהרן עמד ׀ לפניו בימים ההם לאמר האוסף עוד
לצאת למלחמה עם־בני־בנימן אחי אם־אחדל ויאמר יהוה
עלו כי מחר אתננו בידך: וישם ישראל ארבים אל־הגבעה כט
סביב: ויעלו בני־ישראל אל־בני בנימן ביום ל
השלישי ויערכו אל־הגבעה כפעם בפעם: ויצאו בני־בנימן לא
לקראת העם הנתקו מן־העיר ויחלו להכות מהעם חללים
כפעם ׀ בפעם במסלות אשר אחת עלה בית־אל ואחת
גבעתה בשדה כשלשים איש בישראל: ויאמרו בני בנימן לב
נגפים הם לפנינו כבראשנה ובני ישראל אמרו ננוסה
ונתקנוהו מן־העיר אל־המסלות: וכל ׀ איש ישראל קמו לג
ממקומו ויערכו בבעל תמר וארב ישראל מגיח ממקמו
ממערה־גבע: ויבאו מנגד לגבעה עשרת אלפים איש בחור לד
מכל־ישראל והמלחמה כבדה והם לא ידעו כי־נגעת
עליהם הרעה: ויגף יהוה ׀ את־בנימן לפני לה
ישראל וישחיתו בני ישראל בבנימן ביום ההוא עשרים
וחמשה אלף ומאה איש כל־אלה שלף חרב: ויראו בני־ לו
בנימן כי נגפו ויתנו איש־ישראל מקום לבנימן כי בטחו אל־
הארב אשר שמו אל־הגבעה: והארב החישו ויפשטו אל־ לז
הגבעה וימשך הארב ויך את־כל־העיר לפי־חרב: והמועד לח
היה לאיש ישראל עם־הארב הרב להעלותם משאת העשן
מן־העיר: ויהפך איש־ישראל במלחמה ובנימן החל להכות לט
חללים באיש־ישראל כשלשים איש כי אמרו אך נגוף נגף

מ הוּא לְפָנֵינוּ כַּמִּלְחָמָה הָרִאשֹׁנָה׃ וְהַמַּשְׂאֵת הֵחֵלָּה לַעֲלוֹת מִן־
הָעִיר עַמּוּד עָשָׁן וַיִּפֶן בִּנְיָמִן אַחֲרָיו וְהִנֵּה עָלָה כְלִיל־הָעִיר
מא הַשָּׁמָיְמָה׃ וְאִישׁ יִשְׂרָאֵל הָפַךְ וַיִּבָּהֵל אִישׁ בִּנְיָמִן כִּי רָאָה כִּי־
מב נָגְעָה עָלָיו הָרָעָה׃ וַיִּפְנוּ לִפְנֵי אִישׁ יִשְׂרָאֵל אֶל־דֶּרֶךְ הַמִּדְבָּר
וְהַמִּלְחָמָה הִדְבִּיקָתְהוּ וַאֲשֶׁר מֵהֶעָרִים מַשְׁחִיתִים אוֹתוֹ
מג בְּתוֹכוֹ׃ כִּתְּרוּ אֶת־בִּנְיָמִן הִרְדִיפֻהוּ מְנוּחָה הִדְרִיכֻהוּ עַד נֹכַח
מד הַגִּבְעָה מִמִּזְרַח־שָׁמֶשׁ׃ וַיִּפְּלוּ מִבִּנְיָמִן שְׁמֹנָה־עָשָׂר אֶלֶף אִישׁ
מה אֶת־כָּל־אֵלֶּה אַנְשֵׁי־חָיִל׃ וַיִּפְנוּ וַיָּנֻסוּ הַמִּדְבָּרָה אֶל־סֶלַע
הָרִמּוֹן וַיְעֹלְלֻהוּ בַּמְסִלּוֹת חֲמֵשֶׁת אֲלָפִים אִישׁ וַיַּדְבִּיקוּ אַחֲרָיו
מו עַד־גִּדְעֹם וַיַּכּוּ מִמֶּנּוּ אַלְפַּיִם אִישׁ׃ וַיְהִי כָל־הַנֹּפְלִים מִבִּנְיָמִן
עֶשְׂרִים וַחֲמִשָּׁה אֶלֶף אִישׁ שֹׁלֵף חֶרֶב בַּיּוֹם הַהוּא אֶת־כָּל־
מז אֵלֶּה אַנְשֵׁי־חָיִל׃ וַיִּפְנוּ וַיָּנֻסוּ הַמִּדְבָּרָה אֶל־סֶלַע הָרִמּוֹן שֵׁשׁ
מח מֵאוֹת אִישׁ וַיֵּשְׁבוּ בְּסֶלַע רִמּוֹן אַרְבָּעָה חֳדָשִׁים׃ וְאִישׁ יִשְׂרָאֵל
שָׁבוּ אֶל־בְּנֵי בִנְיָמִן וַיַּכּוּם לְפִי־חֶרֶב מֵעִיר מְתֹם עַד־
בְּהֵמָה עַד כָּל־הַנִּמְצָא גַּם כָּל־הֶעָרִים הַנִּמְצָאוֹת שִׁלְּחוּ
כא א בָאֵשׁ׃ וְאִישׁ יִשְׂרָאֵל נִשְׁבַּע בַּמִּצְפָּה לֵאמֹר אִישׁ
ב מִמֶּנּוּ לֹא־יִתֵּן בִּתּוֹ לְבִנְיָמִן לְאִשָּׁה׃ וַיָּבֹא הָעָם בֵּית־אֵל וַיֵּשְׁבוּ
שָׁם עַד־הָעֶרֶב לִפְנֵי הָאֱלֹהִים וַיִּשְׂאוּ קוֹלָם וַיִּבְכּוּ בְּכִי גָדוֹל׃
ג וַיֹּאמְרוּ לָמָה יהוה אֱלֹהֵי יִשְׂרָאֵל הָיְתָה זֹּאת בְּיִשְׂרָאֵל
ד לְהִפָּקֵד הַיּוֹם מִיִּשְׂרָאֵל שֵׁבֶט אֶחָד׃ וַיְהִי מִמָּחֳרָת וַיַּשְׁכִּימוּ הָעָם
ה וַיִּבְנוּ־שָׁם מִזְבֵּחַ וַיַּעֲלוּ עֹלוֹת וּשְׁלָמִים׃ וַיֹּאמְרוּ
בְּנֵי יִשְׂרָאֵל מִי אֲשֶׁר לֹא־עָלָה בַקָּהָל מִכָּל־שִׁבְטֵי יִשְׂרָאֵל
אֶל־יהוה כִּי הַשְּׁבוּעָה הַגְּדוֹלָה הָיְתָה לַאֲשֶׁר לֹא־עָלָה אֶל־
ו יהוה הַמִּצְפָּה לֵאמֹר מוֹת יוּמָת׃ וַיִּנָּחֲמוּ בְּנֵי יִשְׂרָאֵל אֶל־
ז בִּנְיָמִן אָחִיו וַיֹּאמְרוּ נִגְדַּע הַיּוֹם שֵׁבֶט אֶחָד מִיִּשְׂרָאֵל׃ מַה־
נַּעֲשֶׂה לָהֶם לַנּוֹתָרִים לְנָשִׁים וַאֲנַחְנוּ נִשְׁבַּעְנוּ בַיהוה לְבִלְתִּי
ח תֵּת־לָהֶם מִבְּנוֹתֵינוּ לְנָשִׁים׃ וַיֹּאמְרוּ מִי אֶחָד מִשִּׁבְטֵי יִשְׂרָאֵל

אשר לא־עלה אל־יהוה המצפה והנה לא בא־איש אל־
ט המחנה מיביש גלעד אל־הקהל: ויתפקד העם והנה אין־
י שם איש מיושבי יבש גלעד: וישלחו־שם העדה שנים־עשר
אלף איש מבני החיל ויצוו אותם לאמר לכו והכיתם את־
יא יושבי יבש גלעד לפי־חרב והנשים והטף: וזה הדבר אשר
תעשו כל־זכר וכל־אשה ידעת משכב־זכר תחרימו:
יב וימצאו מיושבי ׀ יביש גלעד ארבע מאות נערה בתולה אשר
לא־ידעה איש למשכב זכר ויביאו אותם אל־המחנה שלה
יג אשר בארץ כנען: וישלחו כל־העדה וידברו
אל־בני בנימן אשר בסלע רמון ויקראו להם שלום:
יד וישב בנימן בעת ההיא ויתנו להם הנשים אשר חיו מנשי
טו יבש גלעד ולא־מצאו להם כן: והעם נחם לבנימן כי־עשה
טז יהוה פרץ בשבטי ישראל: ויאמרו זקני העדה מה־נעשה
יז לנותרים לנשים כי־נשמדה מבנימן אשה: ויאמרו ירשת
יח פליטה לבנימן ולא־ימחה שבט מישראל: ואנחנו לא נוכל
לתת־להם נשים מבנותינו כי־נשבעו בני־ישראל לאמר
יט ארור נתן אשה לבנימן: ויאמרו הנה חג־יהוה בשלו מימים ׀
ימימה אשר מצפונה לבית־אל מזרחה השמש למסלה
כ העלה מבית־אל שכמה ומנגב ללבונה: ויצו את־בני בנימן
כא לאמר לכו וארבתם בכרמים: וראיתם והנה אם־יצאו בנות־
שילו לחול במחלות ויצאתם מן־הכרמים וחטפתם לכם איש
כב אשתו מבנות שילו והלכתם ארץ בנימן: והיה כי־יבאו
אבותם או אחיהם לרוב ׀ אלינו ואמרנו אליהם חנונו אותם לריב
כי לא לקחנו איש אשתו במלחמה כי לא אתם נתתם להם
כג כעת תאשמו: ויעשו־כן בני בנימן וישאו נשים למספרם מן־
המחללות אשר גזלו וילכו וישובו אל־נחלתם ויבנו את־
כד הערים וישבו בהם: ויתהלכו משם בני־ישראל בעת ההיא

כה אִ֛ישׁ לְשִׁבְט֖וֹ וּלְמִשְׁפַּחְתּ֑וֹ וַיֵּצְא֣וּ מִשָּׁ֔ם אִ֖ישׁ לְנַחֲלָתֽוֹ׃ בַּיָּמִ֣ים
הָהֵ֔ם אֵ֥ין מֶ֖לֶךְ בְּיִשְׂרָאֵ֑ל אִ֛ישׁ הַיָּשָׁ֥ר בְּעֵינָ֖יו יַעֲשֶֽׂה׃

שמואל

א וַיְהִי אִישׁ אֶחָד מִן־הָרָמָתַיִם צוֹפִים מֵהַר אֶפְרָיִם וּשְׁמוֹ אֶלְקָנָה א
ב בֶּן־יְרֹחָם בֶּן־אֱלִיהוּא בֶּן־תֹּחוּ בֶן־צוּף אֶפְרָתִי׃ וְלוֹ שְׁתֵּי נָשִׁים
שֵׁם אַחַת חַנָּה וְשֵׁם הַשֵּׁנִית פְּנִנָּה וַיְהִי לִפְנִנָּה יְלָדִים וּלְחַנָּה
ג אֵין יְלָדִים׃ וְעָלָה הָאִישׁ הַהוּא מֵעִירוֹ מִיָּמִים ׀ יָמִימָה
לְהִשְׁתַּחֲוֺת וְלִזְבֹּחַ לַיהוָה צְבָאוֹת בְּשִׁלֹה וְשָׁם שְׁנֵי בְנֵי־עֵלִי
ד חָפְנִי וּפִנְחָס כֹּהֲנִים לַיהוָה׃ וַיְהִי הַיּוֹם וַיִּזְבַּח אֶלְקָנָה וְנָתַן
ה לִפְנִנָּה אִשְׁתּוֹ וּלְכָל־בָּנֶיהָ וּבְנוֹתֶיהָ מָנוֹת׃ וּלְחַנָּה יִתֵּן מָנָה
ו אַחַת אַפָּיִם כִּי אֶת־חַנָּה אָהֵב וַיהוָה סָגַר רַחְמָהּ׃ וְכִעֲסַתָּה
צָרָתָהּ גַּם־כַּעַס בַּעֲבוּר הַרְּעִמָהּ כִּי־סָגַר יְהוָה בְּעַד רַחְמָהּ׃
ז וְכֵן יַעֲשֶׂה שָׁנָה בְשָׁנָה מִדֵּי עֲלֹתָהּ בְּבֵית יְהוָה כֵּן תַּכְעִסֶנָּה
ח וַתִּבְכֶּה וְלֹא תֹאכַל׃ וַיֹּאמֶר לָהּ אֶלְקָנָה אִישָׁהּ חַנָּה לָמֶה
תִבְכִּי וְלָמֶה לֹא תֹאכְלִי וְלָמֶה יֵרַע לְבָבֵךְ הֲלוֹא אָנֹכִי טוֹב
ט לָךְ מֵעֲשָׂרָה בָּנִים׃ וַתָּקָם חַנָּה אַחֲרֵי אָכְלָה בְשִׁלֹה וְאַחֲרֵי
י שָׁתֹה וְעֵלִי הַכֹּהֵן יֹשֵׁב עַל־הַכִּסֵּא עַל־מְזוּזַת הֵיכַל יְהוָה׃ וְהִיא
יא מָרַת נָפֶשׁ וַתִּתְפַּלֵּל עַל־יְהוָה וּבָכֹה תִבְכֶּה׃ וַתִּדֹּר נֶדֶר וַתֹּאמַר
יְהוָה צְבָאוֹת אִם־רָאֹה תִרְאֶה ׀ בָּעֳנִי אֲמָתֶךָ וּזְכַרְתַּנִי וְלֹא־
תִשְׁכַּח אֶת־אֲמָתֶךָ וְנָתַתָּה לַאֲמָתְךָ זֶרַע אֲנָשִׁים וּנְתַתִּיו
יב לַיהוָה כָּל־יְמֵי חַיָּיו וּמוֹרָה לֹא־יַעֲלֶה עַל־רֹאשׁוֹ׃ וְהָיָה כִּי
יג הִרְבְּתָה לְהִתְפַּלֵּל לִפְנֵי יְהוָה וְעֵלִי שֹׁמֵר אֶת־פִּיהָ׃ וְחַנָּה הִיא
מְדַבֶּרֶת עַל־לִבָּהּ רַק שְׂפָתֶיהָ נָּעוֹת וְקוֹלָהּ לֹא יִשָּׁמֵעַ וַיַּחְשְׁבֶהָ
יד עֵלִי לְשִׁכֹּרָה׃ וַיֹּאמֶר אֵלֶיהָ עֵלִי עַד־מָתַי תִּשְׁתַּכָּרִין הָסִירִי
טו אֶת־יֵינֵךְ מֵעָלָיִךְ׃ וַתַּעַן חַנָּה וַתֹּאמֶר לֹא אֲדֹנִי אִשָּׁה קְשַׁת־
רוּחַ אָנֹכִי וְיַיִן וְשֵׁכָר לֹא שָׁתִיתִי וָאֶשְׁפֹּךְ אֶת־נַפְשִׁי לִפְנֵי יְהוָה׃
טז אַל־תִּתֵּן אֶת־אֲמָתְךָ לִפְנֵי בַּת־בְּלִיָּעַל כִּי־מֵרֹב שִׂיחִי וְכַעְסִי
יז דִּבַּרְתִּי עַד־הֵנָּה׃ וַיַּעַן עֵלִי וַיֹּאמֶר לְכִי לְשָׁלוֹם וֵאלֹהֵי יִשְׂרָאֵל
יח יִתֵּן אֶת־שֵׁלָתֵךְ אֲשֶׁר שָׁאַלְתְּ מֵעִמּוֹ׃ וַתֹּאמֶר תִּמְצָא שִׁפְחָתְךָ
חֵן בְּעֵינֶיךָ וַתֵּלֶךְ הָאִשָּׁה לְדַרְכָּהּ וַתֹּאכַל וּפָנֶיהָ לֹא־הָיוּ־לָהּ

עוד: וישכמו בבקר וישתחוו לפני יהוה וישבו ויבאו אל־ יט
ביתם הרמתה וידע אלקנה את־חנה אשתו ויזכרה יהוה:
ויהי לתקפות הימים ותהר חנה ותלד בן ותקרא את־שמו כ
שמואל כי מיהוה שאלתיו: ויעל האיש אלקנה וכל־ביתו כא
לזבח ליהוה את־זבח הימים ואת־נדרו: וחנה לא עלתה כי־ כב
אמרה לאישה עד יגמל הנער והבאתיו ונראה את־פני יהוה
וישב שם עד־עולם: ויאמר לה אלקנה אישה עשי הטוב כג
בעיניך שבי עד־גמלך אתו אך יקם יהוה את־דברו ותשב
האשה ותינק את־בנה עד־גמלה אתו: ותעלהו עמה כאשר כד
גמלתו בפרים שלשה ואיפה אחת קמח ונבל יין ותבאהו
בית־יהוה שלו והנער נער: וישחטו את־הפר ויבאו את־ כה
הנער אל־עלי: ותאמר בי אדני חי נפשך אדני אני האשה כו
הנצבת עמכה בזה להתפלל אל־יהוה: אל־הנער הזה כז
התפללתי ויתן יהוה לי את־שאלתי אשר שאלתי מעמו:
וגם אנכי השאלתהו ליהוה כל־הימים אשר היה הוא שאול כח
ליהוה וישתחו שם ליהוה: ותתפלל חנה א ב
ותאמר עלץ לבי ביהוה רמה קרני ביהוה רחב פי על־אויבי
כי שמחתי בישועתך: אין־קדוש כיהוה כי־אין בלתך ואין ב
צור כאלהינו: אל־תרבו תדברו גבהה גבהה יצא עתק ג
ולו מפיכם כי אל דעות יהוה ולא נתכנו עללות: קשת גברים ד
חתים ונכשלים אזרו חיל: שבעים בלחם נשכרו ורעבים חדלו ה
עד־עקרה ילדה שבעה ורבת בנים אמללה: יהוה ממית ו
ומחיה מוריד שאול ויעל: יהוה מוריש ומעשיר משפיל ז
אף־מרומם: מקים מעפר דל מאשפת ירים אביון להושיב ח
עם־נדיבים וכסא כבוד ינחלם כי ליהוה מצקי ארץ וישת
עליהם תבל: רגלי חסידו ישמר ורשעים בחשך ידמו כי־לא ט
ב בכח יגבר־איש: יהוה יחתו מריבו עלו בשמים ירעם יהוה י

יָדִין אַפְסֵי־אָרֶץ וְיִתֶּן־עֹז לְמַלְכּוֹ וְיָרֵם קֶרֶן מְשִׁיחוֹ׃
יא וַיֵּלֶךְ אֶלְקָנָה הָרָמָתָה עַל־בֵּיתוֹ וְהַנַּעַר הָיָה מְשָׁרֵת אֶת־יְהוָה
יב אֶת־פְּנֵי עֵלִי הַכֹּהֵן׃ וּבְנֵי עֵלִי בְּנֵי בְלִיָּעַל לֹא יָדְעוּ אֶת־יְהוָה׃
יג וּמִשְׁפַּט הַכֹּהֲנִים אֶת־הָעָם כָּל־אִישׁ זֹבֵחַ זֶבַח וּבָא נַעַר הַכֹּהֵן
יד כְּבַשֵּׁל הַבָּשָׂר וְהַמַּזְלֵג שְׁלֹשׁ הַשִּׁנַּיִם בְּיָדוֹ׃ וְהִכָּה בַכִּיּוֹר אוֹ
בַדּוּד אוֹ בַקַּלַּחַת אוֹ בַפָּרוּר כֹּל אֲשֶׁר יַעֲלֶה הַמַּזְלֵג יִקַּח הַכֹּהֵן
טו בּוֹ כָּכָה יַעֲשׂוּ לְכָל־יִשְׂרָאֵל הַבָּאִים שָׁם בְּשִׁלֹה׃ גַּם בְּטֶרֶם
יַקְטִרוּן אֶת־הַחֵלֶב וּבָא ׀ נַעַר הַכֹּהֵן וְאָמַר לָאִישׁ הַזֹּבֵחַ תְּנָה
בָשָׂר לִצְלוֹת לַכֹּהֵן וְלֹא־יִקַּח מִמְּךָ בָּשָׂר מְבֻשָּׁל כִּי אִם־חָי׃
טז וַיֹּאמֶר אֵלָיו הָאִישׁ קַטֵּר יַקְטִירוּן כַּיּוֹם הַחֵלֶב וְקַח־לְךָ כַּאֲשֶׁר
תְּאַוֶּה נַפְשֶׁךָ וְאָמַר ׀ לוֹ כִּי עַתָּה תִתֵּן וְאִם־לֹא לָקַחְתִּי לֹא
יז בְחָזְקָה׃ וַתְּהִי חַטַּאת הַנְּעָרִים גְּדוֹלָה מְאֹד אֶת־פְּנֵי יְהוָה כִּי
יח נִאֲצוּ הָאֲנָשִׁים אֵת מִנְחַת יְהוָה׃ וּשְׁמוּאֵל מְשָׁרֵת אֶת־פְּנֵי
יט יְהוָה נַעַר חָגוּר אֵפוֹד בָּד׃ וּמְעִיל קָטֹן תַּעֲשֶׂה־לּוֹ אִמּוֹ
וְהַעַלְתָה לוֹ מִיָּמִים ׀ יָמִימָה בַּעֲלוֹתָהּ אֶת־אִישָׁהּ לִזְבֹּחַ אֶת־
כ זֶבַח הַיָּמִים׃ וּבֵרַךְ עֵלִי אֶת־אֶלְקָנָה וְאֶת־אִשְׁתּוֹ וְאָמַר
יָשֵׂם יְהוָה לְךָ זֶרַע מִן־הָאִשָּׁה הַזֹּאת תַּחַת הַשְּׁאֵלָה אֲשֶׁר
כא שָׁאַל לַיהוָה וְהָלְכוּ לִמְקֹמוֹ׃ כִּי־פָקַד יְהוָה אֶת־חַנָּה וַתַּהַר
וַתֵּלֶד שְׁלֹשָׁה־בָנִים וּשְׁתֵּי בָנוֹת וַיִּגְדַּל הַנַּעַר שְׁמוּאֵל עִם־
כב יְהוָה׃ וְעֵלִי זָקֵן מְאֹד וְשָׁמַע אֵת כָּל־אֲשֶׁר
יַעֲשׂוּן בָּנָיו לְכָל־יִשְׂרָאֵל וְאֵת אֲשֶׁר־יִשְׁכְּבֻן אֶת־הַנָּשִׁים
כג הַצֹּבְאוֹת פֶּתַח אֹהֶל מוֹעֵד׃ וַיֹּאמֶר לָהֶם לָמָּה תַעֲשׂוּן כַּדְּבָרִים
הָאֵלֶּה אֲשֶׁר אָנֹכִי שֹׁמֵעַ אֶת־דִּבְרֵיכֶם רָעִים מֵאֵת כָּל־הָעָם
כד אֵלֶּה׃ אַל בָּנָי כִּי לוֹא־טוֹבָה הַשְּׁמֻעָה אֲשֶׁר אָנֹכִי שֹׁמֵעַ
כה מַעֲבִרִים עַם־יְהוָה׃ אִם־יֶחֱטָא אִישׁ לְאִישׁ וּפִלְלוֹ אֱלֹהִים
וְאִם לַיהוָה יֶחֱטָא־אִישׁ מִי יִתְפַּלֶּל־לוֹ וְלֹא יִשְׁמְעוּ לְקוֹל
כו אֲבִיהֶם כִּי־חָפֵץ יְהוָה לַהֲמִיתָם׃ וְהַנַּעַר שְׁמוּאֵל הֹלֵךְ וְגָדֵל

וטוב גם עם־יהוה וגם עם־אנשים׃
כז ויבא איש־אלהים אל־עלי ויאמר אליו כה אמר יהוה הנגלה
כח נגליתי אל־בית אביך בהיותם במצרים לבית פרעה׃ ובחר
אתו מכל־שבטי ישראל לי לכהן לעלות על־מזבחי להקטיר
קטרת לשאת אפוד לפני ואתנה לבית אביך את־כל־אשי
כט בני ישראל׃ למה תבעטו בזבחי ובמנחתי אשר צויתי מעון
ותכבד את־בניך ממני להבריאכם מראשית כל־מנחת
ל ישראל לעמי׃ לכן נאם יהוה אלהי ישראל אמור אמרתי
ביתך ובית אביך יתהלכו לפני עד־עולם ועתה נאם־יהוה
לא חלילה לי כי־מכבדי אכבד ובזי יקלו׃ הנה ימים באים
וגדעתי את־זרעך ואת־זרע בית אביך מהיות זקן בביתך׃
לב והבטת צר מעון בכל אשר־ייטיב את־ישראל ולא־יהיה
לג זקן בביתך כל־הימים׃ ואיש לא־אכרית לך מעם מזבחי
לכלות את־עיניך ולאדיב את־נפשך וכל־מרבית ביתך
לד ימותו אנשים׃ וזה־לך האות אשר יבא אל־שני בניך אל־
לה חפני ופינחס ביום אחד ימותו שניהם׃ והקימתי לי כהן נאמן
כאשר בלבבי ובנפשי יעשה ובניתי לו בית נאמן והתהלך
לו לפני־משיחי כל־הימים׃ והיה כל־הנותר בביתך יבוא
להשתחות לו לאגורת כסף וככר־לחם ואמר ספחני נא אל־
ג א אחת הכהנות לאכל פת־לחם׃ והנער שמואל
משרת את־יהוה לפני עלי ודבר יהוה היה יקר בימים ההם
ב אין חזון נפרץ׃ ויהי ביום ההוא ועלי שכב במקומו ועינו החלו
ג כהות לא יוכל לראות׃ ונר אלהים טרם יכבה ושמואל שכב
ד בהיכל יהוה אשר־שם ארון אלהים׃ ויקרא
ה יהוה אל־שמואל ויאמר הנני׃ וירץ אל־עלי ויאמר הנני כי־
ו קראת לי ויאמר לא־קראתי שוב שכב וילך וישכב׃ ויסף
יהוה קרא עוד שמואל ויקם שמואל וילך אל־עלי ויאמר

ז הִנְנִי כִּי קָרָאתָ לִי וַיֹּאמֶר לֹא־קָרָאתִי בְנִי שׁוּב שְׁכָב׃ וּשְׁמוּאֵל
ח טֶרֶם יָדַע אֶת־יְהוָה וְטֶרֶם יִגָּלֶה אֵלָיו דְּבַר־יְהוָה׃ וַיֹּסֶף יְהוָה
קְרֹא־שְׁמוּאֵל בַּשְּׁלִשִׁית וַיָּקָם וַיֵּלֶךְ אֶל־עֵלִי וַיֹּאמֶר הִנְנִי כִּי
ט קָרָאתָ לִי וַיָּבֶן עֵלִי כִּי יְהוָה קֹרֵא לַנָּעַר׃ וַיֹּאמֶר עֵלִי לִשְׁמוּאֵל
לֵךְ שְׁכָב וְהָיָה אִם־יִקְרָא אֵלֶיךָ וְאָמַרְתָּ דַּבֵּר יְהוָה כִּי שֹׁמֵעַ
י עַבְדֶּךָ וַיֵּלֶךְ שְׁמוּאֵל וַיִּשְׁכַּב בִּמְקוֹמוֹ׃ וַיָּבֹא יְהוָה וַיִּתְיַצַּב וַיִּקְרָא
כְפַעַם־בְּפַעַם שְׁמוּאֵל ׀ שְׁמוּאֵל וַיֹּאמֶר שְׁמוּאֵל דַּבֵּר כִּי שֹׁמֵעַ
יא עַבְדֶּךָ׃ וַיֹּאמֶר יְהוָה אֶל־שְׁמוּאֵל הִנֵּה אָנֹכִי
יב עֹשֶׂה דָבָר בְּיִשְׂרָאֵל אֲשֶׁר כָּל־שֹׁמְעוֹ תְּצִלֶּינָה שְׁתֵּי אָזְנָיו׃ בַּיּוֹם
הַהוּא אָקִים אֶל־עֵלִי אֵת כָּל־אֲשֶׁר דִּבַּרְתִּי אֶל־בֵּיתוֹ הָחֵל
יג וְכַלֵּה׃ וְהִגַּדְתִּי לוֹ כִּי־שֹׁפֵט אֲנִי אֶת־בֵּיתוֹ עַד־עוֹלָם בַּעֲוֺן
יד אֲשֶׁר־יָדַע כִּי־מְקַלְלִים לָהֶם בָּנָיו וְלֹא כִהָה בָּם׃ וְלָכֵן נִשְׁבַּעְתִּי
לְבֵית עֵלִי אִם־יִתְכַּפֵּר עֲוֺן בֵּית־עֵלִי בְּזֶבַח וּבְמִנְחָה עַד־עוֹלָם׃
טו וַיִּשְׁכַּב שְׁמוּאֵל עַד־הַבֹּקֶר וַיִּפְתַּח אֶת־דַּלְתוֹת בֵּית־יְהוָה
טז וּשְׁמוּאֵל יָרֵא מֵהַגִּיד אֶת־הַמַּרְאָה אֶל־עֵלִי׃ וַיִּקְרָא עֵלִי אֶת־
יז שְׁמוּאֵל וַיֹּאמֶר שְׁמוּאֵל בְּנִי וַיֹּאמֶר הִנֵּנִי׃ וַיֹּאמֶר מָה הַדָּבָר
אֲשֶׁר דִּבֶּר אֵלֶיךָ אַל־נָא תְכַחֵד מִמֶּנִּי כֹּה יַעֲשֶׂה־לְּךָ אֱלֹהִים
וְכֹה יוֹסִיף אִם־תְּכַחֵד מִמֶּנִּי דָּבָר מִכָּל־הַדָּבָר אֲשֶׁר־דִּבֶּר
יח אֵלֶיךָ׃ וַיַּגֶּד־לוֹ שְׁמוּאֵל אֶת־כָּל־הַדְּבָרִים וְלֹא כִחֵד מִמֶּנּוּ
יט וַיֹּאמַר יְהוָה הוּא הַטּוֹב בְּעֵינָו יַעֲשֶׂה׃ וַיִּגְדַּל
כ שְׁמוּאֵל וַיהוָה הָיָה עִמּוֹ וְלֹא־הִפִּיל מִכָּל־דְּבָרָיו אָרְצָה׃ וַיֵּדַע ג
כָּל־יִשְׂרָאֵל מִדָּן וְעַד־בְּאֵר שָׁבַע כִּי נֶאֱמָן שְׁמוּאֵל לְנָבִיא
כא לַיהוָה׃ וַיֹּסֶף יְהוָה לְהֵרָאֹה בְשִׁלֹה כִּי־נִגְלָה
ד א יְהוָה אֶל־שְׁמוּאֵל בְּשִׁלוֹ בִּדְבַר יְהוָה׃ וַיְהִי
דְבַר־שְׁמוּאֵל לְכָל־יִשְׂרָאֵל וַיֵּצֵא יִשְׂרָאֵל
לִקְרַאת פְּלִשְׁתִּים לַמִּלְחָמָה וַיַּחֲנוּ עַל־הָאֶבֶן הָעֵזֶר וּפְלִשְׁתִּים
ב חָנוּ בַאֲפֵק׃ וַיַּעַרְכוּ פְלִשְׁתִּים לִקְרַאת יִשְׂרָאֵל וַתִּטֹּשׁ הַמִּלְחָמָה

וינגף ישראל לפני פלשתים ויכו במערכה בשדה כארבעת
ג אלפים איש: ויבא העם אל־המחנה ויאמרו זקני ישראל
למה נגפנו יהוה היום לפני פלשתים נקחה אלינו משלה את־
ד ארון ברית יהוה ויבא בקרבנו וישענו מכף איבינו: וישלח
העם שלה וישאו משם את ארון ברית־יהוה צבאות ישב
הכרבים ושם שני בני־עלי עם־ארון ברית האלהים חפני
ה ופינחס: ויהי כבוא ארון ברית־יהוה אל־המחנה וירעו כל־
ו ישראל תרועה גדולה ותהם הארץ: וישמעו פלשתים את־
קול התרועה ויאמרו מה קול התרועה הגדולה הזאת
ז במחנה העברים וידעו כי ארון יהוה בא אל־המחנה: ויראו
הפלשתים כי אמרו בא אלהים אל־המחנה ויאמרו אוי לנו
ח כי לא היתה כזאת אתמול שלשם: אוי לנו מי יצילנו מיד
האלהים האדירים האלה אלה הם האלהים המכים את־
ט מצרים בכל־מכה במדבר: התחזקו והיו לאנשים פלשתים
פן תעבדו לעברים כאשר עבדו לכם והייתם לאנשים
י ונלחמתם: וילחמו פלשתים וינגף ישראל וינסו איש לאהליו
ותהי המכה גדולה מאד ויפל מישראל שלשים אלף רגלי:
יא יב וארון אלהים נלקח ושני בני־עלי מתו חפני ופינחס: וירץ
איש־בנימן מהמערכה ויבא שלה ביום ההוא ומדיו קרעים
יג ואדמה על־ראשו: ויבוא והנה עלי ישב על־הכסא יך דרך יד
מצפה כי־היה לבו חרד על ארון האלהים והאיש בא להגיד
יד בעיר ותזעק כל־העיר: וישמע עלי את־קול הצעקה ויאמר
טו מה קול ההמון הזה והאיש מהר ויבא ויגד לעלי: ועלי בן־
טז תשעים ושמנה שנה ועיניו קמה ולא יכול לראות: ויאמר
האיש אל־עלי אנכי הבא מן־המערכה ואני מן־המערכה
יז נסתי היום ויאמר מה־היה הדבר בני: ויען המבשר ויאמר
נס ישראל לפני פלשתים וגם מגפה גדולה היתה בעם וגם־

יח שני בניך מתו חפני ופינחס וארון האלהים נלקחה: ויהי
כהזכירו | את־ארון האלהים ויפל מעל־הכסא אחרנית בעד |
יד השער ותשבר מפרקתו וימת כי־זקן האיש וכבד והוא
יט שפט את־ישראל ארבעים שנה: וכלתו אשת־פינחס הרה
ללת ותשמע את־השמועה אל־הלקח ארון האלהים ומת
כ חמיה ואישה ותכרע ותלד כי־נהפכו עליה צריה: וכעת
מותה ותדברנה הנצבות עליה אל־תיראי כי־בן ילדת ולא
כא ענתה ולא־שתה לבה: ותקרא לנער אי כבוד לאמר גלה
כבוד מישראל אל־הלקח ארון האלהים ואל־חמיה ואישה:
כב ותאמר גלה כבוד מישראל כי נלקח ארון האלהים:
ה א ופלשתים לקחו את ארון האלהים ויבאהו מאבן העזר
ב אשדודה: ויקחו פלשתים את־ארון האלהים ויביאו אתו בית
ג דגון ויציגו אתו אצל דגון: וישכמו אשדודים ממחרת והנה
דגון נפל לפניו ארצה לפני ארון יהוה ויקחו את־דגון וישבו
ד אתו למקומו: וישכמו בבקר ממחרת והנה דגון נפל לפניו
ארצה לפני ארון יהוה וראש דגון ושתי | כפות ידיו כרתות
ה אל־המפתן רק דגון נשאר עליו: על־כן לא־ידרכו כהני דגון
וכל־הבאים בית־דגון על־מפתן דגון באשדוד עד היום
ו הזה: ותכבד יד־יהוה אל־האשדודים וישמם
ז ויך אתם בעפלים את־אשדוד ואת־גבוליה: ויראו אנשי־ בטחרים
אשדוד כי־כן ואמרו לא־ישב ארון אלהי ישראל עמנו כי־
ח קשתה ידו עלינו ועל דגון אלהינו: וישלחו ויאספו את־כל־
סרני פלשתים אליהם ויאמרו מה־נעשה לארון אלהי
ישראל ויאמרו גת יסב ארון אלהי ישראל ויסבו את־ארון
ט אלהי ישראל: ויהי אחרי | הסבו אתו ותהי יד־יהוה בעיר
מהומה גדולה מאד ויך את־אנשי העיר מקטן ועד־גדול
י וישתרו להם עפלים: וישלחו את־ארון האלהים עקרון ויהי טחרים

כְּבוֹא אֲרוֹן הָאֱלֹהִים עֶקְרוֹן וַיִּזְעֲקוּ הָעֶקְרֹנִים לֵאמֹר הֵסַבּוּ
יא אֵלַי אֶת־אֲרוֹן אֱלֹהֵי יִשְׂרָאֵל לַהֲמִיתֵנִי וְאֶת־עַמִּי׃ וַיִּשְׁלְחוּ
וַיַּאַסְפוּ אֶת־כָּל־סַרְנֵי פְלִשְׁתִּים וַיֹּאמְרוּ שַׁלְּחוּ אֶת־אֲרוֹן אֱלֹהֵי
יִשְׂרָאֵל וְיָשֹׁב לִמְקֹמוֹ וְלֹא־יָמִית אֹתִי וְאֶת־עַמִּי כִּי־הָיְתָה
מְהוּמַת־מָוֶת בְּכָל־הָעִיר כָּבְדָה מְאֹד יַד הָאֱלֹהִים שָׁם׃
יב וְהָאֲנָשִׁים אֲשֶׁר לֹא־מֵתוּ הֻכּוּ בַּעֳפָלִים וַתַּעַל שַׁוְעַת הָעִיר בַּטְּחֹרִים
ו א הַשָּׁמָיִם׃ וַיְהִי אֲרוֹן־יְהוָה בִּשְׂדֵה פְלִשְׁתִּים
ב שִׁבְעָה חֳדָשִׁים׃ וַיִּקְרְאוּ פְלִשְׁתִּים לַכֹּהֲנִים וְלַקֹּסְמִים לֵאמֹר
מַה־נַּעֲשֶׂה לַאֲרוֹן יְהוָה הוֹדִעֻנוּ בַּמֶּה נְשַׁלְּחֶנּוּ לִמְקוֹמוֹ׃
ג וַיֹּאמְרוּ אִם־מְשַׁלְּחִים אֶת־אֲרוֹן אֱלֹהֵי יִשְׂרָאֵל אַל־תְּשַׁלְּחוּ
אֹתוֹ רֵיקָם כִּי־הָשֵׁב תָּשִׁיבוּ לוֹ אָשָׁם אָז תֵּרָפְאוּ וְנוֹדַע לָכֶם
ד לָמָּה לֹא־תָסוּר יָדוֹ מִכֶּם׃ וַיֹּאמְרוּ מָה הָאָשָׁם אֲשֶׁר נָשִׁיב לוֹ
וַיֹּאמְרוּ מִסְפַּר סַרְנֵי פְלִשְׁתִּים חֲמִשָּׁה עָפְלֵי זָהָב וַחֲמִשָּׁה טְחֹרֵי
ה עַכְבְּרֵי זָהָב כִּי־מַגֵּפָה אַחַת לְכֻלָּם וּלְסַרְנֵיכֶם׃ וַעֲשִׂיתֶם צַלְמֵי
עָפְלֵיכֶם וְצַלְמֵי עַכְבְּרֵיכֶם הַמַּשְׁחִתִם אֶת־הָאָרֶץ וּנְתַתֶּם טְחֹרֵיכֶם
לֵאלֹהֵי יִשְׂרָאֵל כָּבוֹד אוּלַי יָקֵל אֶת־יָדוֹ מֵעֲלֵיכֶם וּמֵעַל
ו אֱלֹהֵיכֶם וּמֵעַל אַרְצְכֶם׃ וְלָמָּה תְכַבְּדוּ אֶת־לְבַבְכֶם כַּאֲשֶׁר
כִּבְּדוּ מִצְרַיִם וּפַרְעֹה אֶת־לִבָּם הֲלוֹא כַּאֲשֶׁר הִתְעַלֵּל בָּהֶם
ז וַיְשַׁלְּחוּם וַיֵּלֵכוּ׃ וְעַתָּה קְחוּ וַעֲשׂוּ עֲגָלָה חֲדָשָׁה אֶחָת וּשְׁתֵּי
פָרוֹת עָלוֹת אֲשֶׁר לֹא־עָלָה עֲלֵיהֶם עֹל וַאֲסַרְתֶּם אֶת־הַפָּרוֹת
ח בָּעֲגָלָה וַהֲשֵׁיבֹתֶם בְּנֵיהֶם מֵאַחֲרֵיהֶם הַבָּיְתָה׃ וּלְקַחְתֶּם אֶת־
אֲרוֹן יְהוָה וּנְתַתֶּם אֹתוֹ אֶל־הָעֲגָלָה וְאֵת ׀ כְּלֵי הַזָּהָב אֲשֶׁר
הֲשֵׁבֹתֶם לוֹ אָשָׁם תָּשִׂימוּ בָאַרְגַּז מִצִּדּוֹ וְשִׁלַּחְתֶּם אֹתוֹ וְהָלָךְ׃
ט וּרְאִיתֶם אִם־דֶּרֶךְ גְּבוּלוֹ יַעֲלֶה בֵּית שֶׁמֶשׁ הוּא עָשָׂה לָנוּ אֶת־
הָרָעָה הַגְּדוֹלָה הַזֹּאת וְאִם־לֹא וְיָדַעְנוּ כִּי לֹא יָדוֹ נָגְעָה
י בָּנוּ מִקְרֶה הוּא הָיָה לָנוּ׃ וַיַּעֲשׂוּ הָאֲנָשִׁים כֵּן וַיִּקְחוּ שְׁתֵּי
יא פָרוֹת עָלוֹת וַיַּאַסְרוּם בָּעֲגָלָה וְאֶת־בְּנֵיהֶם כָּלוּ בַבָּיִת׃ וַיָּשִׂמוּ

את־ארון יהוה אל־העגלה ואת הארגז ואת עכברי הזהב
יב ואת צלמי טחריהם: וישרנה הפרות בדרך על־דרך בית
שמש במסלה אחת הלכו הלך וגעו ולא־סרו ימין ושמאול
יג וסרני פלשתים הלכים אחריהם עד־גבול בית שמש: ובית
שמש קצרים קציר־חטים בעמק וישאו את־עיניהם ויראו
יד את־הארון וישמחו לראות: והעגלה באה אל־שדה יהושע ד
בית־השמשי ותעמד שם ושם אבן גדולה ויבקעו את־עצי
טו העגלה ואת־הפרות העלו עלה ליהוה: והלוים
הורידו | את־ארון יהוה ואת־הארגז אשר־אתו אשר־בו
כלי־זהב וישמו אל־האבן הגדולה ואנשי בית־שמש העלו
טז עלות ויזבחו זבחים ביום ההוא ליהוה: וחמשה סרני־
יז פלשתים ראו וישבו עקרון ביום ההוא: ואלה
טחרי הזהב אשר השיבו פלשתים אשם ליהוה לאשדוד
אחד לעזה אחד לאשקלון אחד לגת אחד לעקרון
יח אחד: ועכברי הזהב מספר כל־ערי פלשתים
לחמשת הסרנים מעיר מבצר ועד כפר הפרזי ועד | אבל
הגדולה אשר הניחו עליה את ארון יהוה עד היום הזה בשדה
יט יהושע בית־השמשי: ויך באנשי בית־שמש כי ראו בארון
יהוה ויך בעם שבעים איש חמשים אלף איש ויתאבלו העם
כ כי־הכה יהוה בעם מכה גדולה: ויאמרו אנשי בית־שמש
מי יוכל לעמד לפני יהוה האלהים הקדוש הזה ואל־מי
כא יעלה מעלינו: וישלחו מלאכים אל־יושבי קרית־יערים
לאמר השבו פלשתים את־ארון יהוה רדו העלו אתו
ז א אליכם: ויבאו אנשי | קרית יערים ויעלו את־ארון יהוה
ויבאו אתו אל־בית אבינדב בגבעה ואת־אלעזר בנו קדשו
ב לשמר את־ארון יהוה: ויהי מיום שבת הארון
בקרית יערים וירבו הימים ויהיו עשרים שנה וינהו כל־בית

ג יִשְׂרָאֵל אַחֲרֵי יְהוָה: וַיֹּאמֶר שְׁמוּאֵל אֶל־כָּל־
בֵּית יִשְׂרָאֵל לֵאמֹר אִם־בְּכָל־לְבַבְכֶם אַתֶּם שָׁבִים אֶל־יְהוָה
הָסִירוּ אֶת־אֱלֹהֵי הַנֵּכָר מִתּוֹכְכֶם וְהָעַשְׁתָּרוֹת וְהָכִינוּ לְבַבְכֶם
ד אֶל־יְהוָה וְעִבְדֻהוּ לְבַדּוֹ וְיַצֵּל אֶתְכֶם מִיַּד פְּלִשְׁתִּים: וַיָּסִירוּ בְּנֵי
יִשְׂרָאֵל אֶת־הַבְּעָלִים וְאֶת־הָעַשְׁתָּרֹת וַיַּעַבְדוּ אֶת־יְהוָה
ה לְבַדּוֹ: וַיֹּאמֶר שְׁמוּאֵל קִבְצוּ אֶת־כָּל־יִשְׂרָאֵל
ו הַמִּצְפָּתָה וְאֶתְפַּלֵּל בַּעַדְכֶם אֶל־יְהוָה: וַיִּקָּבְצוּ הַמִּצְפָּתָה
וַיִּשְׁאֲבוּ־מַיִם וַיִּשְׁפְּכוּ ׀ לִפְנֵי יְהוָה וַיָּצוּמוּ בַּיּוֹם הַהוּא וַיֹּאמְרוּ
שָׁם חָטָאנוּ לַיהוָה וַיִּשְׁפֹּט שְׁמוּאֵל אֶת־בְּנֵי יִשְׂרָאֵל בַּמִּצְפָּה:
ז וַיִּשְׁמְעוּ פְלִשְׁתִּים כִּי־הִתְקַבְּצוּ בְנֵי־יִשְׂרָאֵל הַמִּצְפָּתָה וַיַּעֲלוּ
סַרְנֵי־פְלִשְׁתִּים אֶל־יִשְׂרָאֵל וַיִּשְׁמְעוּ בְּנֵי יִשְׂרָאֵל וַיִּרְאוּ מִפְּנֵי
ח פְּלִשְׁתִּים: וַיֹּאמְרוּ בְנֵי־יִשְׂרָאֵל אֶל־שְׁמוּאֵל אַל־תַּחֲרֵשׁ מִמֶּנּוּ
ט מִזְּעֹק אֶל־יְהוָה אֱלֹהֵינוּ וְיֹשִׁעֵנוּ מִיַּד פְּלִשְׁתִּים: וַיִּקַּח שְׁמוּאֵל
טְלֵה חָלָב אֶחָד וַיַּעֲלֵה עוֹלָה כָּלִיל לַיהוָה וַיִּזְעַק שְׁמוּאֵל אֶל־
י יְהוָה בְּעַד יִשְׂרָאֵל וַיַּעֲנֵהוּ יְהוָה: וַיְהִי שְׁמוּאֵל מַעֲלֶה הָעוֹלָה
וּפְלִשְׁתִּים נִגְּשׁוּ לַמִּלְחָמָה בְּיִשְׂרָאֵל וַיַּרְעֵם יְהוָה ׀ בְּקוֹל־גָּדוֹל
יא בַּיּוֹם הַהוּא עַל־פְּלִשְׁתִּים וַיְהֻמֵּם וַיִּנָּגְפוּ לִפְנֵי יִשְׂרָאֵל: וַיֵּצְאוּ
אַנְשֵׁי יִשְׂרָאֵל מִן־הַמִּצְפָּה וַיִּרְדְּפוּ אֶת־פְּלִשְׁתִּים וַיַּכּוּם עַד־
יב מִתַּחַת לְבֵית כָּר: וַיִּקַּח שְׁמוּאֵל אֶבֶן אַחַת וַיָּשֶׂם בֵּין־הַמִּצְפָּה
וּבֵין הַשֵּׁן וַיִּקְרָא אֶת־שְׁמָהּ אֶבֶן הָעָזֶר וַיֹּאמַר עַד־הֵנָּה עֲזָרָנוּ
יג יְהוָה: וַיִּכָּנְעוּ הַפְּלִשְׁתִּים וְלֹא־יָסְפוּ עוֹד לָבוֹא בִּגְבוּל יִשְׂרָאֵל
יד וַתְּהִי יַד־יְהוָה בַּפְּלִשְׁתִּים כֹּל יְמֵי שְׁמוּאֵל: וַתָּשֹׁבְנָה הֶעָרִים
אֲשֶׁר לָקְחוּ־פְלִשְׁתִּים מֵאֵת יִשְׂרָאֵל ׀ לְיִשְׂרָאֵל מֵעֶקְרוֹן וְעַד־
גַּת וְאֶת־גְּבוּלָן הִצִּיל יִשְׂרָאֵל מִיַּד פְּלִשְׁתִּים וַיְהִי שָׁלוֹם
טו בֵּין יִשְׂרָאֵל וּבֵין הָאֱמֹרִי: וַיִּשְׁפֹּט שְׁמוּאֵל אֶת־יִשְׂרָאֵל כֹּל
טז יְמֵי חַיָּיו: וְהָלַךְ מִדֵּי שָׁנָה בְּשָׁנָה וְסָבַב בֵּית־אֵל וְהַגִּלְגָּל
וְהַמִּצְפָּה וְשָׁפַט אֶת־יִשְׂרָאֵל אֵת כָּל־הַמְּקוֹמוֹת הָאֵלֶּה:

יז וּתְשֻׁבָתוֹ הָרָמָתָה כִּי־שָׁם בֵּיתוֹ וְשָׁם שָׁפָט אֶת־יִשְׂרָאֵל
וַיִּבֶן־שָׁם מִזְבֵּחַ לַיהוָה:
ח א וַיְהִי כַּאֲשֶׁר זָקֵן שְׁמוּאֵל וַיָּשֶׂם אֶת־בָּנָיו שֹׁפְטִים לְיִשְׂרָאֵל:
ב וַיְהִי שֶׁם־בְּנוֹ הַבְּכוֹר יוֹאֵל וְשֵׁם מִשְׁנֵהוּ אֲבִיָּה שֹׁפְטִים בִּבְאֵר
ג שָׁבַע: וְלֹא־הָלְכוּ בָנָיו בִּדְרָכָו וַיִּטּוּ אַחֲרֵי הַבָּצַע וַיִּקְחוּ־שֹׁחַד
ד וַיַּטּוּ מִשְׁפָּט: וַיִּתְקַבְּצוּ כֹּל זִקְנֵי יִשְׂרָאֵל וַיָּבֹאוּ
ה אֶל־שְׁמוּאֵל הָרָמָתָה: וַיֹּאמְרוּ אֵלָיו הִנֵּה אַתָּה זָקַנְתָּ וּבָנֶיךָ לֹא
הָלְכוּ בִּדְרָכֶיךָ עַתָּה שִׂימָה־לָּנוּ מֶלֶךְ לְשָׁפְטֵנוּ כְּכָל־הַגּוֹיִם:
ו וַיֵּרַע הַדָּבָר בְּעֵינֵי שְׁמוּאֵל כַּאֲשֶׁר אָמְרוּ תְּנָה־לָּנוּ מֶלֶךְ
ז לְשָׁפְטֵנוּ וַיִּתְפַּלֵּל שְׁמוּאֵל אֶל־יְהוָה: וַיֹּאמֶר
יְהוָה אֶל־שְׁמוּאֵל שְׁמַע בְּקוֹל הָעָם לְכֹל אֲשֶׁר־יֹאמְרוּ אֵלֶיךָ
ח כִּי לֹא אֹתְךָ מָאָסוּ כִּי־אֹתִי מָאֲסוּ מִמְּלֹךְ עֲלֵיהֶם: כְּכָל־
הַמַּעֲשִׂים אֲשֶׁר־עָשׂוּ מִיּוֹם הַעֲלֹתִי אוֹתָם מִמִּצְרַיִם וְעַד־הַיּוֹם
הַזֶּה וַיַּעַזְבֻנִי וַיַּעַבְדוּ אֱלֹהִים אֲחֵרִים כֵּן הֵמָּה עֹשִׂים גַּם־לָךְ:
ט וְעַתָּה שְׁמַע בְּקוֹלָם אַךְ כִּי־הָעֵד תָּעִיד בָּהֶם וְהִגַּדְתָּ לָהֶם
י מִשְׁפַּט הַמֶּלֶךְ אֲשֶׁר יִמְלֹךְ עֲלֵיהֶם: וַיֹּאמֶר
שְׁמוּאֵל אֵת כָּל־דִּבְרֵי יְהוָה אֶל־הָעָם הַשֹּׁאֲלִים מֵאִתּוֹ
יא מֶלֶךְ: וַיֹּאמֶר זֶה יִהְיֶה מִשְׁפַּט הַמֶּלֶךְ אֲשֶׁר יִמְלֹךְ
עֲלֵיכֶם אֶת־בְּנֵיכֶם יִקָּח וְשָׂם לוֹ בְּמֶרְכַּבְתּוֹ וּבְפָרָשָׁיו וְרָצוּ לִפְנֵי
יב מֶרְכַּבְתּוֹ: וְלָשׂוּם לוֹ שָׂרֵי אֲלָפִים וְשָׂרֵי חֲמִשִּׁים וְלַחֲרֹשׁ חֲרִישׁוֹ
יג וְלִקְצֹר קְצִירוֹ וְלַעֲשׂוֹת כְּלֵי־מִלְחַמְתּוֹ וּכְלֵי רִכְבּוֹ: וְאֶת־
יד בְּנוֹתֵיכֶם יִקָּח לְרַקָּחוֹת וּלְטַבָּחוֹת וּלְאֹפוֹת: וְאֶת־שְׂדוֹתֵיכֶם
טו וְאֶת־כַּרְמֵיכֶם וְזֵיתֵיכֶם הַטּוֹבִים יִקָּח וְנָתַן לַעֲבָדָיו: וְזַרְעֵיכֶם
טז וְכַרְמֵיכֶם יַעְשֹׂר וְנָתַן לְסָרִיסָיו וְלַעֲבָדָיו: וְאֶת־עַבְדֵיכֶם וְאֶת־
שִׁפְחוֹתֵיכֶם וְאֶת־בַּחוּרֵיכֶם הַטּוֹבִים וְאֶת־חֲמוֹרֵיכֶם יִקָּח
יז וְעָשָׂה לִמְלַאכְתּוֹ: צֹאנְכֶם יַעְשֹׂר וְאַתֶּם תִּהְיוּ־לוֹ לַעֲבָדִים:
יח וּזְעַקְתֶּם בַּיּוֹם הַהוּא מִלִּפְנֵי מַלְכְּכֶם אֲשֶׁר בְּחַרְתֶּם לָכֶם וְלֹא־

יט יענה יהוה אתכם ביום ההוא: וימאנו העם לשמע בקול
כ שמואל ויאמרו לא כי אם־מלך יהיה עלינו: והיינו גם־
אנחנו ככל־הגוים ושפטנו מלכנו ויצא לפנינו ונלחם את־
כא מלחמתנו: וישמע שמואל את כל־דברי העם וידברם באזני
כב יהוה: ויאמר יהוה אל־שמואל שמע בקולם
והמלכת להם מלך ויאמר שמואל אל־אנשי ישראל לכו
ט א איש לעירו: ויהי־איש מבן ימין ושמו קיש בן־ מבנימין
אביאל בן־צרור בן־בכורת בן־אפיח בן־איש ימיני גבור
ב חיל: ולו־היה בן ושמו שאול בחור וטוב ואין איש מבני ה
ג ישראל טוב ממנו משכמו ומעלה גבה מכל־העם: ותאבדנה
האתנות לקיש אבי שאול ויאמר קיש אל־שאול בנו קח־נא
ד אתך את־אחד מהנערים וקום לך בקש את־האתנת: ויעבר
בהר־אפרים ויעבר בארץ־שלשה ולא מצאו ויעברו בארץ־
ה שעלים ואין ויעבר בארץ־ימיני ולא מצאו: המה באו בארץ
צוף ושאול אמר לנערו אשר־עמו לכה ונשובה פן־יחדל אבי
ו מן־האתנות ודאג לנו: ויאמר לו הנה־נא איש־אלהים בעיר
הזאת והאיש נכבד כל אשר־ידבר בוא יבוא עתה נלכה שם
ז אולי יגיד לנו את־דרכנו אשר־הלכנו עליה: ויאמר שאול
לנערו והנה נלך ומה־נביא לאיש כי הלחם אזל מכלינו
ח ותשורה אין־להביא לאיש האלהים מה אתנו: ויסף הנער
לענות את־שאול ויאמר הנה נמצא בידי רבע שקל כסף
ט ונתתי לאיש האלהים והגיד לנו את־דרכנו: לפנים בישראל
כה־אמר האיש בלכתו לדרוש אלהים לכו ונלכה עד־הראה
י כי לנביא היום יקרא לפנים הראה: ויאמר שאול לנערו טוב
דברך לכה נלכה וילכו אל־העיר אשר־שם איש האלהים:
יא המה עלים במעלה העיר והמה מצאו נערות יצאות לשאב
יב מים ויאמרו להן היש בזה הראה: ותענינה אותם ותאמרנה

יֵשׁ הִנֵּה לְפָנֶיךָ מַהֵר ׀ עַתָּה כִּי הַיּוֹם בָּא לָעִיר כִּי זֶבַח הַיּוֹם
יג לָעָם בַּבָּמָה׃ כְּבֹאֲכֶם הָעִיר כֵּן תִּמְצְאוּן אֹתוֹ בְּטֶרֶם יַעֲלֶה
הַבָּמָתָה לֶאֱכֹל כִּי לֹא־יֹאכַל הָעָם עַד־בֹּאוֹ כִּי־הוּא יְבָרֵךְ
הַזֶּבַח אַחֲרֵי־כֵן יֹאכְלוּ הַקְּרֻאִים וְעַתָּה עֲלוּ כִּי־אֹתוֹ כְהַיּוֹם
יד תִּמְצְאוּן אֹתוֹ׃ וַיַּעֲלוּ הָעִיר הֵמָּה בָּאִים בְּתוֹךְ הָעִיר וְהִנֵּה
טו שְׁמוּאֵל יֹצֵא לִקְרָאתָם לַעֲלוֹת הַבָּמָה׃ וַיהוָה
טז גָּלָה אֶת־אֹזֶן שְׁמוּאֵל יוֹם אֶחָד לִפְנֵי בוֹא־שָׁאוּל לֵאמֹר׃ כָּעֵת ׀
מָחָר אֶשְׁלַח אֵלֶיךָ אִישׁ מֵאֶרֶץ בִּנְיָמִן וּמְשַׁחְתּוֹ לְנָגִיד עַל־עַמִּי
יִשְׂרָאֵל וְהוֹשִׁיעַ אֶת־עַמִּי מִיַּד פְּלִשְׁתִּים כִּי רָאִיתִי אֶת־עַמִּי
יז כִּי בָּאָה צַעֲקָתוֹ אֵלָי׃ וּשְׁמוּאֵל רָאָה אֶת־שָׁאוּל וַיהוָה עָנָהוּ
יח הִנֵּה הָאִישׁ אֲשֶׁר אָמַרְתִּי אֵלֶיךָ זֶה יַעְצֹר בְּעַמִּי׃ וַיִּגַּשׁ שָׁאוּל
אֶת־שְׁמוּאֵל בְּתוֹךְ הַשָּׁעַר וַיֹּאמֶר הַגִּידָה־נָּא לִי אֵי־זֶה בֵּית
יט הָרֹאֶה׃ וַיַּעַן שְׁמוּאֵל אֶת־שָׁאוּל וַיֹּאמֶר אָנֹכִי הָרֹאֶה עֲלֵה
לְפָנַי הַבָּמָה וַאֲכַלְתֶּם עִמִּי הַיּוֹם וְשִׁלַּחְתִּיךָ בַבֹּקֶר וְכֹל אֲשֶׁר
כ בִּלְבָבְךָ אַגִּיד לָךְ׃ וְלָאֲתֹנוֹת הָאֹבְדוֹת לְךָ הַיּוֹם שְׁלֹשֶׁת הַיָּמִים
אַל־תָּשֶׂם אֶת־לִבְּךָ לָהֶם כִּי נִמְצָאוּ וּלְמִי כָּל־חֶמְדַּת יִשְׂרָאֵל
כא הֲלוֹא לְךָ וּלְכֹל בֵּית אָבִיךָ׃ וַיַּעַן שָׁאוּל וַיֹּאמֶר
הֲלוֹא בֶן־יְמִינִי אָנֹכִי מִקַּטַנֵּי שִׁבְטֵי יִשְׂרָאֵל וּמִשְׁפַּחְתִּי הַצְּעִרָה
מִכָּל־מִשְׁפְּחוֹת שִׁבְטֵי בִנְיָמִן וְלָמָּה דִּבַּרְתָּ אֵלַי כַּדָּבָר
כב הַזֶּה׃ וַיִּקַּח שְׁמוּאֵל אֶת־שָׁאוּל וְאֶת־נַעֲרוֹ
וַיְבִיאֵם לִשְׁכָּתָה וַיִּתֵּן לָהֶם מָקוֹם בְּרֹאשׁ הַקְּרוּאִים וְהֵמָּה
כג כִּשְׁלֹשִׁים אִישׁ׃ וַיֹּאמֶר שְׁמוּאֵל לַטַּבָּח תְּנָה אֶת־הַמָּנָה אֲשֶׁר
כד נָתַתִּי לָךְ אֲשֶׁר אָמַרְתִּי אֵלֶיךָ שִׂים אֹתָהּ עִמָּךְ׃ וַיָּרֶם הַטַּבָּח
אֶת־הַשּׁוֹק וְהֶעָלֶיהָ וַיָּשֶׂם ׀ לִפְנֵי שָׁאוּל וַיֹּאמֶר הִנֵּה הַנִּשְׁאָר
שִׂים־לְפָנֶיךָ אֱכֹל כִּי לַמּוֹעֵד שָׁמוּר־לְךָ לֵאמֹר הָעָם קָרָאתִי
כה וַיֹּאכַל שָׁאוּל עִם־שְׁמוּאֵל בַּיּוֹם הַהוּא׃ וַיֵּרְדוּ מֵהַבָּמָה הָעִיר
כו וַיְדַבֵּר עִם־שָׁאוּל עַל־הַגָּג׃ וַיַּשְׁכִּמוּ וַיְהִי כַּעֲלוֹת הַשַּׁחַר וַיִּקְרָא

שְׁמוּאֵל אֶל־שָׁאוּל הַגָּג לֵאמֹר קוּמָה וַאֲשַׁלְּחֶךָּ וַיָּקָם שָׁאוּל
כז וַיֵּצְאוּ שְׁנֵיהֶם הוּא וּשְׁמוּאֵל הַחוּצָה׃ הֵמָּה יוֹרְדִים בִּקְצֵה הָעִיר
וּשְׁמוּאֵל אָמַר אֶל־שָׁאוּל אֱמֹר לַנַּעַר וְיַעֲבֹר לְפָנֵינוּ וַיַּעֲבֹר וְאַתָּה
א י עֲמֹד כַּיּוֹם וְאַשְׁמִיעֲךָ אֶת־דְּבַר אֱלֹהִים׃ וַיִּקַּח
שְׁמוּאֵל אֶת־פַּךְ הַשֶּׁמֶן וַיִּצֹק עַל־רֹאשׁוֹ וַיִּשָּׁקֵהוּ וַיֹּאמֶר הֲלוֹא
ב כִּי־מְשָׁחֲךָ יְהוָה עַל־נַחֲלָתוֹ לְנָגִיד׃ בְּלֶכְתְּךָ הַיּוֹם מֵעִמָּדִי
וּמָצָאתָ שְׁנֵי אֲנָשִׁים עִם־קְבֻרַת רָחֵל בִּגְבוּל בִּנְיָמִן בְּצֶלְצַח
וְאָמְרוּ אֵלֶיךָ נִמְצְאוּ הָאֲתֹנוֹת אֲשֶׁר הָלַכְתָּ לְבַקֵּשׁ וְהִנֵּה נָטַשׁ
אָבִיךָ אֶת־דִּבְרֵי הָאֲתֹנוֹת וְדָאַג לָכֶם לֵאמֹר מָה אֶעֱשֶׂה לִבְנִי׃
ג וְחָלַפְתָּ מִשָּׁם וָהָלְאָה וּבָאתָ עַד־אֵלוֹן תָּבוֹר וּמְצָאוּךָ שָּׁם
שְׁלֹשָׁה אֲנָשִׁים עֹלִים אֶל־הָאֱלֹהִים בֵּית־אֵל אֶחָד נֹשֵׂא
שְׁלֹשָׁה גְדָיִים וְאֶחָד נֹשֵׂא שְׁלֹשֶׁת כִּכְּרוֹת לֶחֶם וְאֶחָד נֹשֵׂא
ד נֵבֶל־יָיִן׃ וְשָׁאֲלוּ לְךָ לְשָׁלוֹם וְנָתְנוּ לְךָ שְׁתֵּי־לֶחֶם וְלָקַחְתָּ
ה מִיָּדָם׃ אַחַר כֵּן תָּבוֹא גִּבְעַת הָאֱלֹהִים אֲשֶׁר־שָׁם נְצִבֵי
פְלִשְׁתִּים וִיהִי כְבֹאֲךָ שָׁם הָעִיר וּפָגַעְתָּ חֶבֶל נְבִאִים יֹרְדִים
מֵהַבָּמָה וְלִפְנֵיהֶם נֵבֶל וְתֹף וְחָלִיל וְכִנּוֹר וְהֵמָּה מִתְנַבְּאִים׃
ו וְצָלְחָה עָלֶיךָ רוּחַ יְהוָה וְהִתְנַבִּיתָ עִמָּם וְנֶהְפַּכְתָּ לְאִישׁ אַחֵר׃
ז וְהָיָה כִּי תבאינה הָאֹתוֹת הָאֵלֶּה לָךְ עֲשֵׂה לְךָ אֲשֶׁר תִּמְצָא תָּבֹאנָה
ח יָדֶךָ כִּי הָאֱלֹהִים עִמָּךְ׃ וְיָרַדְתָּ לְפָנַי הַגִּלְגָּל וְהִנֵּה אָנֹכִי יֹרֵד
אֵלֶיךָ לְהַעֲלוֹת עֹלוֹת לִזְבֹּחַ זִבְחֵי שְׁלָמִים שִׁבְעַת יָמִים תּוֹחֵל
ט עַד־בּוֹאִי אֵלֶיךָ וְהוֹדַעְתִּי לְךָ אֵת אֲשֶׁר תַּעֲשֶׂה׃ וְהָיָה כְּהַפְנֹתוֹ
שִׁכְמוֹ לָלֶכֶת מֵעִם שְׁמוּאֵל וַיַּהֲפָךְ־לוֹ אֱלֹהִים לֵב אַחֵר וַיָּבֹאוּ
י כָּל־הָאֹתוֹת הָאֵלֶּה בַּיּוֹם הַהוּא׃ וַיָּבֹאוּ שָׁם
הַגִּבְעָתָה וְהִנֵּה חֶבֶל־נְבִאִים לִקְרָאתוֹ וַתִּצְלַח עָלָיו רוּחַ אֱלֹהִים
יא וַיִּתְנַבֵּא בְּתוֹכָם׃ וַיְהִי כָּל־יוֹדְעוֹ מֵאִתְּמוֹל שִׁלְשֹׁם וַיִּרְאוּ
וְהִנֵּה עִם־נְבִאִים נִבָּא וַיֹּאמֶר הָעָם אִישׁ אֶל־
יב רֵעֵהוּ מַה־זֶּה הָיָה לְבֶן־קִישׁ הֲגַם שָׁאוּל בַּנְּבִיאִם׃ וַיַּעַן אִישׁ

י
מִשָּׁם וַיֹּאמֶר וּמִי אֲבִיהֶם עַל־כֵּן הָיְתָה לְמָשָׁל הֲגַם שָׁאוּל
יג יד בַּנְּבִאִים׃ וַיְכַל מֵהִתְנַבּוֹת וַיָּבֹא הַבָּמָה׃ וַיֹּאמֶר דּוֹד שָׁאוּל
אֵלָיו וְאֶל־נַעֲרוֹ אָן הֲלַכְתֶּם וַיֹּאמֶר לְבַקֵּשׁ אֶת־הָאֲתֹנוֹת
טו וַנִּרְאֶה כִּי־אַיִן וַנָּבוֹא אֶל־שְׁמוּאֵל׃ וַיֹּאמֶר דּוֹד שָׁאוּל הַגִּידָה־
טז נָּא לִי מָה־אָמַר לָכֶם שְׁמוּאֵל׃ וַיֹּאמֶר שָׁאוּל אֶל־דּוֹדוֹ הַגֵּד
הִגִּיד לָנוּ כִּי נִמְצְאוּ הָאֲתֹנוֹת וְאֶת־דְּבַר הַמְּלוּכָה לֹא־הִגִּיד לוֹ
יז אֲשֶׁר אָמַר שְׁמוּאֵל׃ וַיַּצְעֵק שְׁמוּאֵל אֶת־הָעָם
יח אֶל־יְהוָה הַמִּצְפָּה׃ וַיֹּאמֶר ׀ אֶל־בְּנֵי יִשְׂרָאֵל כֹּה־אָמַר יְהוָה
אֱלֹהֵי יִשְׂרָאֵל אָנֹכִי הֶעֱלֵיתִי אֶת־יִשְׂרָאֵל מִמִּצְרָיִם וָאַצִּיל
אֶתְכֶם מִיַּד מִצְרַיִם וּמִיַּד כָּל־הַמַּמְלָכוֹת הַלֹּחֲצִים אֶתְכֶם׃
יט וְאַתֶּם הַיּוֹם מְאַסְתֶּם אֶת־אֱלֹהֵיכֶם אֲשֶׁר־הוּא מוֹשִׁיעַ לָכֶם
מִכָּל־רָעוֹתֵיכֶם וְצָרֹתֵיכֶם וַתֹּאמְרוּ לוֹ כִּי־מֶלֶךְ תָּשִׂים עָלֵינוּ
כ וְעַתָּה הִתְיַצְּבוּ לִפְנֵי יְהוָה לְשִׁבְטֵיכֶם וּלְאַלְפֵיכֶם׃ וַיַּקְרֵב
כא שְׁמוּאֵל אֵת כָּל־שִׁבְטֵי יִשְׂרָאֵל וַיִּלָּכֵד שֵׁבֶט בִּנְיָמִן׃ וַיַּקְרֵב
אֶת־שֵׁבֶט בִּנְיָמִן לְמִשְׁפְּחֹתָו וַתִּלָּכֵד מִשְׁפַּחַת הַמַּטְרִי וַיִּלָּכֵד
כב שָׁאוּל בֶּן־קִישׁ וַיְבַקְשֻׁהוּ וְלֹא נִמְצָא׃ וַיִּשְׁאֲלוּ־עוֹד בַּיהוָה
הֲבָא עוֹד הֲלֹם אִישׁ וַיֹּאמֶר יְהוָה הִנֵּה־הוּא
כג נֶחְבָּא אֶל־הַכֵּלִים׃ וַיָּרֻצוּ וַיִּקָּחֻהוּ מִשָּׁם וַיִּתְיַצֵּב בְּתוֹךְ הָעָם
כד וַיִּגְבַּהּ מִכָּל־הָעָם מִשִּׁכְמוֹ וָמָעְלָה׃ וַיֹּאמֶר שְׁמוּאֵל אֶל־כָּל־ ו
הָעָם הַרְּאִיתֶם אֲשֶׁר בָּחַר־בּוֹ יְהוָה כִּי אֵין כָּמֹהוּ בְּכָל־הָעָם
כה וַיָּרִעוּ כָל־הָעָם וַיֹּאמְרוּ יְחִי הַמֶּלֶךְ׃ וַיְדַבֵּר שְׁמוּאֵל
אֶל־הָעָם אֵת מִשְׁפַּט הַמְּלֻכָה וַיִּכְתֹּב בַּסֵּפֶר וַיַּנַּח לִפְנֵי
כו יְהוָה וַיְשַׁלַּח שְׁמוּאֵל אֶת־כָּל־הָעָם אִישׁ לְבֵיתוֹ׃ וְגַם־שָׁאוּל
הָלַךְ לְבֵיתוֹ גִּבְעָתָה וַיֵּלְכוּ עִמּוֹ הַחַיִל אֲשֶׁר־נָגַע אֱלֹהִים
כז בְּלִבָּם׃ וּבְנֵי בְלִיַּעַל אָמְרוּ מַה־יֹּשִׁעֵנוּ זֶה וַיִּבְזֻהוּ וְלֹא־הֵבִיאוּ
יא א לוֹ מִנְחָה וַיְהִי כְּמַחֲרִישׁ׃ וַיַּעַל נָחָשׁ הָעַמּוֹנִי וַיִּחַן
עַל־יָבֵישׁ גִּלְעָד וַיֹּאמְרוּ כָּל־אַנְשֵׁי יָבֵישׁ אֶל־נָחָשׁ כְּרָת־לָנוּ

ב ברית ונעבדך: ויאמר אליהם נחש העמוני בזאת אכרת
לכם בנקור לכם כל־עין ימין ושמתיה חרפה על־כל־
ג ישראל: ויאמרו אליו זקני יביש הרף לנו שבעת ימים
ונשלחה מלאכים בכל גבול ישראל ואם־אין מושיע אתנו
ד ויצאנו אליך: ויבאו המלאכים גבעת שאול וידברו הדברים
ה באזני העם וישאו כל־העם את־קולם ויבכו: והנה שאול בא
אחרי הבקר מן־השדה ויאמר שאול מה־לעם כי יבכו
ו ויספרו־לו את־דברי אנשי יביש: ותצלח רוח־אלהים על־
ז שאול בשמעו את־הדברים האלה ויחר אפו מאד: ויקח כשמעו
צמד בקר וינתחהו וישלח בכל־גבול ישראל ביד המלאכים
לאמר אשר איננו יצא אחרי שאול ואחר שמואל כה יעשה
ח לבקרו ויפל פחד־יהוה על־העם ויצאו כאיש אחד: ויפקדם
בבזק ויהיו בני־ישראל שלש מאות אלף ואיש יהודה שלשים
ט אלף: ויאמרו למלאכים הבאים כה תאמרון לאיש יביש
גלעד מחר תהיה־לכם תשועה בחם השמש ויבאו המלאכים כחם
י ויגידו לאנשי יביש וישמחו: ויאמרו אנשי יביש מחר נצא
יא אליכם ועשיתם לנו ככל־הטוב בעיניכם: ויהי
ממחרת וישם שאול את־העם שלשה ראשים ויבאו בתוך־
המחנה באשמרת הבקר ויכו את־עמון עד־חם היום ויהי
יב הנשארים ויפצו ולא נשארו־בם שנים יחד: ויאמר העם אל־
שמואל מי האמר שאול ימלך עלינו תנו האנשים ונמיתם:
יג ויאמר שאול לא־יומת איש ביום הזה כי היום עשה־יהוה
יד תשועה בישראל: ויאמר שמואל אל־העם
טו לכו ונלכה הגלגל ונחדש שם המלוכה: וילכו כל־העם
הגלגל וימלכו שם את־שאול לפני יהוה בגלגל ויזבחו־שם
זבחים שלמים לפני יהוה וישמח שם שאול וכל־אנשי
יב א ישראל עד־מאד: ויאמר שמואל אל־כל־

יִשְׂרָאֵל הִנֵּה שָׁמַעְתִּי בְקֹלְכֶם לְכֹל אֲשֶׁר־אֲמַרְתֶּם לִי וָאַמְלִיךְ
ב עֲלֵיכֶם מֶלֶךְ: וְעַתָּה הִנֵּה הַמֶּלֶךְ ׀ מִתְהַלֵּךְ לִפְנֵיכֶם וַאֲנִי זָקַנְתִּי
וָשַׂבְתִּי וּבָנַי הִנָּם אִתְּכֶם וַאֲנִי הִתְהַלַּכְתִּי לִפְנֵיכֶם מִנְּעֻרַי עַד־
ג הַיּוֹם הַזֶּה: הִנְנִי עֲנוּ בִי נֶגֶד יְהוָה וְנֶגֶד מְשִׁיחוֹ אֶת־שׁוֹר ׀ מִי
לָקַחְתִּי וַחֲמוֹר מִי לָקַחְתִּי וְאֶת־מִי עָשַׁקְתִּי אֶת־מִי רַצּוֹתִי
ד וּמִיַּד־מִי לָקַחְתִּי כֹפֶר וְאַעְלִים עֵינַי בּוֹ וְאָשִׁיב לָכֶם: וַיֹּאמְרוּ
לֹא עֲשַׁקְתָּנוּ וְלֹא רַצּוֹתָנוּ וְלֹא־לָקַחְתָּ מִיַּד־אִישׁ מְאוּמָה:
ה וַיֹּאמֶר אֲלֵיהֶם עֵד יְהוָה בָּכֶם וְעֵד מְשִׁיחוֹ הַיּוֹם הַזֶּה כִּי לֹא
ו מְצָאתֶם בְּיָדִי מְאוּמָה וַיֹּאמֶר עֵד: וַיֹּאמֶר
שְׁמוּאֵל אֶל־הָעָם יְהוָה אֲשֶׁר עָשָׂה אֶת־מֹשֶׁה וְאֶת־אַהֲרֹן
ז וַאֲשֶׁר הֶעֱלָה אֶת־אֲבֹתֵיכֶם מֵאֶרֶץ מִצְרָיִם: וְעַתָּה הִתְיַצְּבוּ
וְאִשָּׁפְטָה אִתְּכֶם לִפְנֵי יְהוָה אֵת כָּל־צִדְקוֹת יְהוָה אֲשֶׁר־עָשָׂה
ח אִתְּכֶם וְאֶת־אֲבוֹתֵיכֶם: כַּאֲשֶׁר־בָּא יַעֲקֹב מִצְרָיִם וַיִּזְעֲקוּ
אֲבֹתֵיכֶם אֶל־יְהוָה וַיִּשְׁלַח יְהוָה אֶת־מֹשֶׁה וְאֶת־אַהֲרֹן
ט וַיּוֹצִיאוּ אֶת־אֲבֹתֵיכֶם מִמִּצְרַיִם וַיֹּשִׁבוּם בַּמָּקוֹם הַזֶּה: וַיִּשְׁכְּחוּ
אֶת־יְהוָה אֱלֹהֵיהֶם וַיִּמְכֹּר אֹתָם בְּיַד סִיסְרָא שַׂר־צְבָא חָצוֹר
י וּבְיַד־פְּלִשְׁתִּים וּבְיַד מֶלֶךְ מוֹאָב וַיִּלָּחֲמוּ בָּם: וַיִּזְעֲקוּ אֶל־יְהוָה
וַיֹּאמֶר חָטָאנוּ כִּי עָזַבְנוּ אֶת־יְהוָה וַנַּעֲבֹד אֶת־הַבְּעָלִים וְאֶת־
יא הָעַשְׁתָּרוֹת וְעַתָּה הַצִּילֵנוּ מִיַּד אֹיְבֵינוּ וְנַעַבְדֶךָּ: וַיִּשְׁלַח יְהוָה
אֶת־יְרֻבַּעַל וְאֶת־בְּדָן וְאֶת־יִפְתָּח וְאֶת־שְׁמוּאֵל וַיַּצֵּל אֶתְכֶם
יב מִיַּד אֹיְבֵיכֶם מִסָּבִיב וַתֵּשְׁבוּ בֶּטַח: וַתִּרְאוּ כִּי נָחָשׁ מֶלֶךְ בְּנֵי־
עַמּוֹן בָּא עֲלֵיכֶם וַתֹּאמְרוּ לִי לֹא כִּי־מֶלֶךְ יִמְלֹךְ עָלֵינוּ וַיהוָה
יג אֱלֹהֵיכֶם מַלְכְּכֶם: וְעַתָּה הִנֵּה הַמֶּלֶךְ אֲשֶׁר בְּחַרְתֶּם אֲשֶׁר
יד שְׁאֶלְתֶּם וְהִנֵּה נָתַן יְהוָה עֲלֵיכֶם מֶלֶךְ: אִם־תִּירְאוּ אֶת־יְהוָה
וַעֲבַדְתֶּם אֹתוֹ וּשְׁמַעְתֶּם בְּקוֹלוֹ וְלֹא תַמְרוּ אֶת־פִּי יְהוָה וִהְיִתֶם
גַּם־אַתֶּם וְגַם־הַמֶּלֶךְ אֲשֶׁר מָלַךְ עֲלֵיכֶם אַחַר יְהוָה אֱלֹהֵיכֶם:
טו וְאִם־לֹא תִשְׁמְעוּ בְּקוֹל יְהוָה וּמְרִיתֶם אֶת־פִּי יְהוָה וְהָיְתָה

טז יַד־יְהוָה בָּכֶם וּבַאֲבֹתֵיכֶם: גַּם־עַתָּה הִתְיַצְּבוּ וּרְאוּ אֶת־
יז הַדָּבָר הַגָּדוֹל הַזֶּה אֲשֶׁר יְהוָה עֹשֶׂה לְעֵינֵיכֶם: הֲלוֹא קְצִיר־
חִטִּים הַיּוֹם אֶקְרָא אֶל־יְהוָה וְיִתֵּן קֹלוֹת וּמָטָר וּדְעוּ וּרְאוּ
כִּי־רָעַתְכֶם רַבָּה אֲשֶׁר עֲשִׂיתֶם בְּעֵינֵי יְהוָה לִשְׁאוֹל לָכֶם
יח מֶלֶךְ: וַיִּקְרָא שְׁמוּאֵל אֶל־יְהוָה וַיִּתֵּן יְהוָה קֹלֹת
וּמָטָר בַּיּוֹם הַהוּא וַיִּירָא כָל־הָעָם מְאֹד אֶת־יְהוָה וְאֶת־
יט שְׁמוּאֵל: וַיֹּאמְרוּ כָל־הָעָם אֶל־שְׁמוּאֵל הִתְפַּלֵּל בְּעַד־עֲבָדֶיךָ
אֶל־יְהוָה אֱלֹהֶיךָ וְאַל־נָמוּת כִּי־יָסַפְנוּ עַל־כָּל־חַטֹּאתֵינוּ
כ רָעָה לִשְׁאֹל לָנוּ מֶלֶךְ: וַיֹּאמֶר שְׁמוּאֵל אֶל־הָעָם
אַל־תִּירָאוּ אַתֶּם עֲשִׂיתֶם אֵת כָּל־הָרָעָה הַזֹּאת אַךְ אַל־
כא תָּסוּרוּ מֵאַחֲרֵי יְהוָה וַעֲבַדְתֶּם אֶת־יְהוָה בְּכָל־לְבַבְכֶם: וְלֹא
תָּסוּרוּ כִּי ׀ אַחֲרֵי הַתֹּהוּ אֲשֶׁר לֹא־יוֹעִילוּ וְלֹא יַצִּילוּ כִּי־תֹהוּ
כב הֵמָּה: כִּי לֹא־יִטֹּשׁ יְהוָה אֶת־עַמּוֹ בַּעֲבוּר שְׁמוֹ הַגָּדוֹל כִּי ז
כג הוֹאִיל יְהוָה לַעֲשׂוֹת אֶתְכֶם לוֹ לְעָם: גַּם אָנֹכִי חָלִילָה לִּי
מֵחֲטֹא לַיהוָה מֵחֲדֹל לְהִתְפַּלֵּל בַּעַדְכֶם וְהוֹרֵיתִי אֶתְכֶם בְּדֶרֶךְ
כד הַטּוֹבָה וְהַיְשָׁרָה: אַךְ ׀ יְראוּ אֶת־יְהוָה וַעֲבַדְתֶּם אֹתוֹ בֶּאֱמֶת
כה בְּכָל־לְבַבְכֶם כִּי רְאוּ אֵת אֲשֶׁר־הִגְדִּל עִמָּכֶם: וְאִם־הָרֵעַ
תָּרֵעוּ גַּם־אַתֶּם גַּם־מַלְכְּכֶם תִּסָּפוּ:

יג א בֶּן־שָׁנָה שָׁאוּל בְּמָלְכוֹ וּשְׁתֵּי שָׁנִים מָלַךְ עַל־יִשְׂרָאֵל: וַיִּבְחַר־
ב לוֹ שָׁאוּל שְׁלֹשֶׁת אֲלָפִים מִיִּשְׂרָאֵל וַיִּהְיוּ עִם־שָׁאוּל אַלְפַּיִם
בְּמִכְמָשׂ וּבְהַר בֵּית־אֵל וְאֶלֶף הָיוּ עִם־יוֹנָתָן בְּגִבְעַת בִּנְיָמִין
ג וְיֶתֶר הָעָם שִׁלַּח אִישׁ לְאֹהָלָיו: וַיַּךְ יוֹנָתָן אֵת נְצִיב פְּלִשְׁתִּים
אֲשֶׁר בְּגֶבַע וַיִּשְׁמְעוּ פְּלִשְׁתִּים וְשָׁאוּל תָּקַע בַּשּׁוֹפָר בְּכָל־
ד הָאָרֶץ לֵאמֹר יִשְׁמְעוּ הָעִבְרִים: וְכָל־יִשְׂרָאֵל שָׁמְעוּ לֵאמֹר
הִכָּה שָׁאוּל אֶת־נְצִיב פְּלִשְׁתִּים וְגַם־נִבְאַשׁ יִשְׂרָאֵל בַּפְּלִשְׁתִּים
ה וַיִּצָּעֲקוּ הָעָם אַחֲרֵי שָׁאוּל הַגִּלְגָּל: וּפְלִשְׁתִּים נֶאֶסְפוּ ׀ לְהִלָּחֵם
עִם־יִשְׂרָאֵל שְׁלֹשִׁים אֶלֶף רֶכֶב וְשֵׁשֶׁת אֲלָפִים פָּרָשִׁים וְעָם

כַּחוֹל אֲשֶׁר עַל־שְׂפַת־הַיָּם לָרֹב וַיַּעֲלוּ וַיַּחֲנוּ בְמִכְמָשׂ קִדְמַת
ו בֵּית אָוֶן׃ וְאִישׁ יִשְׂרָאֵל רָאוּ כִּי צַר־לוֹ כִּי נִגַּשׂ הָעָם וַיִּתְחַבְּאוּ
ז הָעָם בַּמְּעָרוֹת וּבַחֲוָחִים וּבַסְּלָעִים וּבַצְּרִחִים וּבַבֹּרוֹת׃ וְעִבְרִים
עָבְרוּ אֶת־הַיַּרְדֵּן אֶרֶץ גָּד וְגִלְעָד וְשָׁאוּל עוֹדֶנּוּ בַגִּלְגָּל וְכָל־
ח הָעָם חָרְדוּ אַחֲרָיו׃ וייחל ׀ שִׁבְעַת יָמִים לַמּוֹעֵד אֲשֶׁר שְׁמוּאֵל וַיּוֹחֶל
ט וְלֹא־בָא שְׁמוּאֵל הַגִּלְגָּל וַיָּפֶץ הָעָם מֵעָלָיו׃ וַיֹּאמֶר שָׁאוּל הַגִּשׁוּ
י אֵלַי הָעֹלָה וְהַשְּׁלָמִים וַיַּעַל הָעֹלָה׃ וַיְהִי כְּכַלֹּתוֹ לְהַעֲלוֹת
יא הָעֹלָה וְהִנֵּה שְׁמוּאֵל בָּא וַיֵּצֵא שָׁאוּל לִקְרָאתוֹ לְבָרְכוֹ׃ וַיֹּאמֶר
שְׁמוּאֵל מֶה עָשִׂיתָ וַיֹּאמֶר שָׁאוּל כִּי־רָאִיתִי כִי־נָפַץ הָעָם
מֵעָלַי וְאַתָּה לֹא־בָאתָ לְמוֹעֵד הַיָּמִים וּפְלִשְׁתִּים נֶאֱסָפִים
יב מִכְמָשׂ׃ וָאֹמַר עַתָּה יֵרְדוּ פְלִשְׁתִּים אֵלַי הַגִּלְגָּל וּפְנֵי יְהוָה לֹא
יג חִלִּיתִי וָאֶתְאַפַּק וָאַעֲלֶה הָעֹלָה׃ וַיֹּאמֶר שְׁמוּאֵל
אֶל־שָׁאוּל נִסְכָּלְתָּ לֹא שָׁמַרְתָּ אֶת־מִצְוַת יְהוָה אֱלֹהֶיךָ אֲשֶׁר
צִוָּךְ כִּי עַתָּה הֵכִין יְהוָה אֶת־מַמְלַכְתְּךָ אֶל־יִשְׂרָאֵל עַד־
יד עוֹלָם׃ וְעַתָּה מַמְלַכְתְּךָ לֹא־תָקוּם בִּקֵּשׁ יְהוָה לוֹ אִישׁ כִּלְבָבוֹ
וַיְצַוֵּהוּ יְהוָה לְנָגִיד עַל־עַמּוֹ כִּי לֹא שָׁמַרְתָּ אֵת אֲשֶׁר־צִוְּךָ
טו יְהוָה׃ וַיָּקָם שְׁמוּאֵל וַיַּעַל מִן־הַגִּלְגָּל גִּבְעַת
בִּנְיָמִן וַיִּפְקֹד שָׁאוּל אֶת־הָעָם הַנִּמְצְאִים עִמּוֹ כְּשֵׁשׁ מֵאוֹת
טז אִישׁ׃ וְשָׁאוּל וְיוֹנָתָן בְּנוֹ וְהָעָם הַנִּמְצָא עִמָּם יֹשְׁבִים בְּגֶבַע
יז בִּנְיָמִן וּפְלִשְׁתִּים חָנוּ בְמִכְמָשׂ׃ וַיֵּצֵא הַמַּשְׁחִית מִמַּחֲנֵה
פְלִשְׁתִּים שְׁלֹשָׁה רָאשִׁים הָרֹאשׁ אֶחָד יִפְנֶה אֶל־דֶּרֶךְ
יח עָפְרָה אֶל־אֶרֶץ שׁוּעָל׃ וְהָרֹאשׁ אֶחָד יִפְנֶה דֶּרֶךְ בֵּית חֹרוֹן
וְהָרֹאשׁ אֶחָד יִפְנֶה דֶּרֶךְ הַגְּבוּל הַנִּשְׁקָף עַל־גֵּי הַצְּבֹעִים
יט הַמִּדְבָּרָה׃ וְחָרָשׁ לֹא יִמָּצֵא בְּכֹל אֶרֶץ יִשְׂרָאֵל
כ כִּי־אָמַר פְלִשְׁתִּים פֶּן יַעֲשׂוּ הָעִבְרִים חֶרֶב אוֹ חֲנִית׃ וַיֵּרְדוּ
כָל־יִשְׂרָאֵל הַפְּלִשְׁתִּים לִלְטוֹשׁ אִישׁ אֶת־מַחֲרַשְׁתּוֹ וְאֶת־אֵתוֹ
כא וְאֶת־קַרְדֻּמּוֹ וְאֵת מַחֲרֵשָׁתוֹ׃ וְהָיְתָה הַפְּצִירָה פִים לַמַּחֲרֵשֹׁת

כב ולאתים ולשלש קלשון ולהציב הדרבן: והיה
ביום מלחמת ולא נמצא חרב וחנית ביד כל־העם אשר
כג את־שאול ואת־יונתן ותמצא לשאול וליונתן בנו: ויצא
יד א מצב פלשתים אל־מעבר מכמש: ויהי היום
ויאמר יונתן בן־שאול אל־הנער נשא כליו לכה ונעברה
ב אל־מצב פלשתים אשר מעבר הלז ולאביו לא הגיד: ושאול
יושב בקצה הגבעה תחת הרמון אשר במגרון והעם אשר
ג עמו כשש מאות איש: ואחיה בן־אחטוב אחי איכבוד בן־
פינחס בן־עלי כהן יהוה בשלו נשא אפוד והעם לא ידע כי
ד הלך יונתן: ובין המעברות אשר בקש יונתן לעבר על־מצב
פלשתים שן־הסלע מהעבר מזה ושן־הסלע מהעבר מזה
ה ושם האחד בוצץ ושם האחד סנה: השן האחד מצוק מצפון
ו מול מכמש והאחד מנגב מול גבע: ויאמר
יהונתן אל־הנער נשא כליו לכה ונעברה אל־מצב הערלים
האלה אולי יעשה יהוה לנו כי אין ליהוה מעצור להושיע
ז ברב או במעט: ויאמר לו נשא כליו עשה כל־אשר בלבבך
ח נטה לך הנני עמך כלבבך: ויאמר יהונתן הנה
ט אנחנו עברים אל־האנשים ונגלינו אליהם: אם־כה יאמרו
אלינו דמו עד־הגיענו אליכם ועמדנו תחתינו ולא נעלה
י אליהם: ואם־כה יאמרו עלו עלינו ועלינו כי־נתנם יהוה
יא בידנו וזה־לנו האות: ויגלו שניהם אל־מצב פלשתים ויאמרו
פלשתים הנה עברים יצאים מן־החרים אשר התחבאו־שם:
יב ויענו אנשי המצבה את־יונתן ואת־נשא כליו ויאמרו עלו
אלינו ונודיעה אתכם דבר ויאמר יונתן אל־
יג נשא כליו עלה אחרי כי־נתנם יהוה ביד ישראל: ויעל יונתן
על־ידיו ועל־רגליו ונשא כליו אחריו ויפלו לפני יונתן ונשא
יד כליו ממותת אחריו: ותהי המכה הראשנה אשר הכה יונתן

ונשא כליו כעשרים איש כבחצי מענה צמד שדה:
טו ותהי חרדה במחנה בשדה ובכל-העם המצב והמשחית
טז חרדו גם-המה ותרגז הארץ ותהי לחרדת אלהים: ויראו
הצפים לשאול בגבעת בנימן והנה ההמון נמוג וילך
יז והלם: ויאמר שאול לעם אשר אתו פקדו-
נא וראו מי הלך מעמנו ויפקדו והנה אין יונתן ונשא
יח כליו: ויאמר שאול לאחיה הגישה ארון האלהים כי-
יט היה ארון האלהים ביום ההוא ובני ישראל: ויהי עד דבר
שאול אל-הכהן וההמון אשר במחנה פלשתים וילך הלוך
כ ורב ויאמר שאול אל-הכהן אסף ידך: ויזעק
שאול וכל-העם אשר אתו ויבאו עד-המלחמה והנה היתה
כא חרב איש ברעהו מהומה גדולה מאד: והעברים היו
לפלשתים כאתמול שלשום אשר עלו עמם במחנה סביב
כב וגם-המה להיות עם-ישראל אשר עם-שאול ויונתן: וכל
איש ישראל המתחבאים בהר-אפרים שמעו כי-נסו
כג פלשתים וידבקו גם-המה אחריהם במלחמה: ויושע יהוה ח
ביום ההוא את-ישראל והמלחמה עברה את-בית און:
כד ואיש-ישראל נגש ביום ההוא ויאל שאול את-העם לאמר
ארור האיש אשר-יאכל לחם עד-הערב ונקמתי מאיבי ולא-
כה טעם כל-העם לחם: וכל-הארץ באו ביער ויהי דבש על-
כו פני השדה: ויבא העם אל-היער והנה הלך דבש ואין-משיג
כז ידו אל-פיו כי-ירא העם את-השבעה: ויונתן לא-שמע
בהשביע אביו את-העם וישלח את-קצה המטה אשר בידו
ויטבל אותה ביערת הדבש וישב ידו אל-פיו ותראנה עיניו: ותארנה
כח ויען איש מהעם ויאמר השבע השביע אביך את-העם
כט לאמר ארור האיש אשר-יאכל לחם היום ויעף העם: ויאמר
יונתן עכר אבי את-הארץ ראו-נא כי-ארו עיני כי טעמתי

ל מְעַט דְּבַשׁ הַזֶּה׃ אַף כִּי לוּא אָכֹל אָכַל הַיּוֹם הָעָם מִשְּׁלַל
לא אֹיְבָיו אֲשֶׁר מָצָא כִּי עַתָּה לֹא־רָבְתָה מַכָּה בַּפְּלִשְׁתִּים׃ וַיַּכּוּ
לב בַּיּוֹם הַהוּא בַּפְּלִשְׁתִּים מִמִּכְמָשׂ אַיָּלֹנָה וַיָּעַף הָעָם מְאֹד׃ ויעש
הָעָם אֶל־שָׁלָל וַיִּקְחוּ צֹאן וּבָקָר וּבְנֵי בָקָר וַיִּשְׁחֲטוּ אָרְצָה

וַיַּעַט הַשָּׁלָל

לג וַיֹּאכַל הָעָם עַל־הַדָּם׃ וַיַּגִּידוּ לְשָׁאוּל לֵאמֹר הִנֵּה הָעָם חֹטְאִים
לַיהוָה לֶאֱכֹל עַל־הַדָּם וַיֹּאמֶר בְּגַדְתֶּם גֹּלּוּ אֵלַי הַיּוֹם אֶבֶן
לד גְּדוֹלָה׃ וַיֹּאמֶר שָׁאוּל פֻּצוּ בָעָם וַאֲמַרְתֶּם לָהֶם הַגִּישׁוּ אֵלַי אִישׁ
שׁוֹרוֹ וְאִישׁ שְׂיֵהוּ וּשְׁחַטְתֶּם בָּזֶה וַאֲכַלְתֶּם וְלֹא־תֶחֶטְאוּ לַיהוָה
לֶאֱכֹל אֶל־הַדָּם וַיַּגִּשׁוּ כָל־הָעָם אִישׁ שׁוֹרוֹ בְיָדוֹ הַלַּיְלָה
לה וַיִּשְׁחֲטוּ־שָׁם׃ וַיִּבֶן שָׁאוּל מִזְבֵּחַ לַיהוָה אֹתוֹ הֵחֵל לִבְנוֹת מִזְבֵּחַ
לו לַיהוָה׃ וַיֹּאמֶר שָׁאוּל נֵרְדָה אַחֲרֵי פְלִשְׁתִּים
לַיְלָה וְנָבֹזָּה בָהֶם ׀ עַד־אוֹר הַבֹּקֶר וְלֹא־נַשְׁאֵר בָּהֶם אִישׁ
וַיֹּאמְרוּ כָּל־הַטּוֹב בְּעֵינֶיךָ עֲשֵׂה וַיֹּאמֶר הַכֹּהֵן
לז נִקְרְבָה הֲלֹם אֶל־הָאֱלֹהִים׃ וַיִּשְׁאַל שָׁאוּל בֵּאלֹהִים הַאֵרֵד
אַחֲרֵי פְלִשְׁתִּים הֲתִתְּנֵם בְּיַד יִשְׂרָאֵל וְלֹא עָנָהוּ בַּיּוֹם הַהוּא׃
לח וַיֹּאמֶר שָׁאוּל גֹּשׁוּ הֲלֹם כֹּל פִּנּוֹת הָעָם וּדְעוּ וּרְאוּ בַּמָּה הָיְתָה
לט הַחַטָּאת הַזֹּאת הַיּוֹם׃ כִּי חַי־יְהוָה הַמּוֹשִׁיעַ אֶת־יִשְׂרָאֵל כִּי
אִם־יֶשְׁנוֹ בְּיוֹנָתָן בְּנִי כִּי מוֹת יָמוּת וְאֵין עֹנֵהוּ מִכָּל־הָעָם׃
מ וַיֹּאמֶר אֶל־כָּל־יִשְׂרָאֵל אַתֶּם תִּהְיוּ לְעֵבֶר אֶחָד וַאֲנִי וְיוֹנָתָן
בְּנִי נִהְיֶה לְעֵבֶר אֶחָד וַיֹּאמְרוּ הָעָם אֶל־שָׁאוּל הַטּוֹב בְּעֵינֶיךָ
מא עֲשֵׂה׃ וַיֹּאמֶר שָׁאוּל אֶל־יְהוָה אֱלֹהֵי יִשְׂרָאֵל
מב הָבָה תָמִים וַיִּלָּכֵד יוֹנָתָן וְשָׁאוּל וְהָעָם יָצָאוּ׃ וַיֹּאמֶר שָׁאוּל
מג הַפִּילוּ בֵּינִי וּבֵין יוֹנָתָן בְּנִי וַיִּלָּכֵד יוֹנָתָן׃ וַיֹּאמֶר שָׁאוּל אֶל־
יוֹנָתָן הַגִּידָה לִּי מֶה עָשִׂיתָה וַיַּגֶּד־לוֹ יוֹנָתָן וַיֹּאמֶר טָעֹם
טָעַמְתִּי בִּקְצֵה הַמַּטֶּה אֲשֶׁר־בְּיָדִי מְעַט דְּבַשׁ הִנְנִי אָמוּת׃
מד וַיֹּאמֶר שָׁאוּל כֹּה־יַעֲשֶׂה אֱלֹהִים וְכֹה יוֹסִף כִּי־מוֹת תָּמוּת
מה יוֹנָתָן׃ וַיֹּאמֶר הָעָם אֶל־שָׁאוּל הֲיוֹנָתָן יָמוּת אֲשֶׁר עָשָׂה

הַיְשׁוּעָה הַגְּדוֹלָה הַזֹּאת בְּיִשְׂרָאֵל חָלִילָה חַי־יְהוָה אִם־יִפֹּל
מִשַּׂעֲרַת רֹאשׁוֹ אַרְצָה כִּי־עִם־אֱלֹהִים עָשָׂה הַיּוֹם הַזֶּה וַיִּפְדּוּ
מו הָעָם אֶת־יוֹנָתָן וְלֹא־מֵת׃ וַיַּעַל שָׁאוּל מֵאַחֲרֵי
מז פְּלִשְׁתִּים וּפְלִשְׁתִּים הָלְכוּ לִמְקוֹמָם׃ וְשָׁאוּל לָכַד הַמְּלוּכָה
עַל־יִשְׂרָאֵל וַיִּלָּחֶם סָבִיב ׀ בְּכָל־אֹיְבָיו בְּמוֹאָב ׀ וּבִבְנֵי־
עַמּוֹן וּבֶאֱדוֹם וּבְמַלְכֵי צוֹבָה וּבַפְּלִשְׁתִּים וּבְכֹל אֲשֶׁר־יִפְנֶה
מח יַרְשִׁיעַ׃ וַיַּעַשׂ חַיִל וַיַּךְ אֶת־עֲמָלֵק וַיַּצֵּל אֶת־יִשְׂרָאֵל מִיַּד
מט שֹׁסֵהוּ׃ וַיִּהְיוּ בְּנֵי שָׁאוּל יוֹנָתָן וְיִשְׁוִי וּמַלְכִּי־שׁוּעַ
נ וְשֵׁם שְׁתֵּי בְנֹתָיו שֵׁם הַבְּכִירָה מֵרַב וְשֵׁם הַקְּטַנָּה מִיכַל׃ וְשֵׁם
אֵשֶׁת שָׁאוּל אֲחִינֹעַם בַּת־אֲחִימָעַץ וְשֵׁם שַׂר־צְבָאוֹ אֲבִינֵר
נא בֶּן־נֵר דּוֹד שָׁאוּל׃ וְקִישׁ אֲבִי־שָׁאוּל וְנֵר אֲבִי־אַבְנֵר בֶּן־
נב אֲבִיאֵל׃ וַתְּהִי הַמִּלְחָמָה חֲזָקָה עַל־פְּלִשְׁתִּים
כֹּל יְמֵי שָׁאוּל וְרָאָה שָׁאוּל כָּל־אִישׁ גִּבּוֹר וְכָל־בֶּן־חַיִל
טו א וַיַּאַסְפֵהוּ אֵלָיו׃ וַיֹּאמֶר שְׁמוּאֵל אֶל־שָׁאוּל אֹתִי
שָׁלַח יְהוָה לִמְשָׁחֳךָ לְמֶלֶךְ עַל־עַמּוֹ עַל־יִשְׂרָאֵל וְעַתָּה
ב שְׁמַע לְקוֹל דִּבְרֵי יְהוָה׃ כֹּה אָמַר יְהוָה צְבָאוֹת
פָּקַדְתִּי אֵת אֲשֶׁר־עָשָׂה עֲמָלֵק לְיִשְׂרָאֵל אֲשֶׁר־שָׂם לוֹ
ג בַּדֶּרֶךְ בַּעֲלֹתוֹ מִמִּצְרָיִם׃ עַתָּה לֵךְ וְהִכִּיתָה אֶת־עֲמָלֵק
וְהַחֲרַמְתֶּם אֶת־כָּל־אֲשֶׁר־לוֹ וְלֹא תַחְמֹל עָלָיו וְהֵמַתָּה מֵאִישׁ
עַד־אִשָּׁה מֵעֹלֵל וְעַד־יוֹנֵק מִשּׁוֹר וְעַד־שֶׂה מִגָּמָל וְעַד־
ד חֲמוֹר׃ וַיְשַׁמַּע שָׁאוּל אֶת־הָעָם וַיִּפְקְדֵם בַּטְּלָאִים
ה מָאתַיִם אֶלֶף רַגְלִי וַעֲשֶׂרֶת אֲלָפִים אֶת־אִישׁ יְהוּדָה׃ וַיָּבֹא
ו שָׁאוּל עַד־עִיר עֲמָלֵק וַיָּרֶב בַּנָּחַל׃ וַיֹּאמֶר שָׁאוּל אֶל־הַקֵּינִי
לְכוּ סֻּרוּ רְדוּ מִתּוֹךְ עֲמָלֵקִי פֶּן־אֹסִפְךָ עִמּוֹ וְאַתָּה עָשִׂיתָה
חֶסֶד עִם־כָּל־בְּנֵי יִשְׂרָאֵל בַּעֲלוֹתָם מִמִּצְרָיִם וַיָּסַר קֵינִי מִתּוֹךְ
ז עֲמָלֵק׃ וַיַּךְ שָׁאוּל אֶת־עֲמָלֵק מֵחֲוִילָה בּוֹאֲךָ שׁוּר אֲשֶׁר עַל־
ח פְּנֵי מִצְרָיִם׃ וַיִּתְפֹּשׂ אֶת־אֲגַג מֶלֶךְ־עֲמָלֵק חָי וְאֶת־כָּל־הָעָם

ט הַחֲרִ֥ים לְפִי־חָֽרֶב׃ וַיַּחְמֹל֩ שָׁא֨וּל וְהָעָ֜ם עַל־אֲגָ֗ג וְעַל־
מֵיטַ֣ב הַצֹּ֡אן וְהַבָּקָר֩ וְהַמִּשְׁנִ֨ים וְעַל־הַכָּרִ֜ים וְעַל־כָּל־הַטּ֗וֹב
וְלֹ֥א אָב֖וּ הַחֲרִימָ֑ם וְכָל־הַמְּלָאכָ֛ה נְמִבְזָ֥ה וְנָמֵ֖ס אֹתָ֥הּ
י הֶחֱרִֽימוּ׃ וַֽיְהִי֙ דְּבַר־יְהוָ֔ה אֶל־שְׁמוּאֵ֖ל לֵאמֹֽר׃
יא נִחַ֗מְתִּי כִּֽי־הִמְלַ֤כְתִּי אֶת־שָׁאוּל֙ לְמֶ֔לֶךְ כִּֽי־שָׁב֙ מֵאַחֲרַ֔י
וְאֶת־דְּבָרַ֖י לֹ֣א הֵקִ֑ים וַיִּ֙חַר֙ לִשְׁמוּאֵ֔ל וַיִּזְעַ֥ק אֶל־יְהוָ֖ה
יב כָּל־הַלָּֽיְלָה׃ וַיַּשְׁכֵּ֧ם שְׁמוּאֵ֛ל לִקְרַ֥את שָׁא֖וּל בַּבֹּ֑קֶר וַיֻּגַּ֨ד
לִשְׁמוּאֵ֜ל לֵאמֹ֗ר בָּֽא־שָׁא֤וּל הַכַּרְמֶ֙לָה֙ וְהִנֵּ֨ה מַצִּ֥יב לוֹ֙ יָ֔ד וַיִּסֹּב֙
יג וַֽיַּעֲבֹ֔ר וַיֵּ֖רֶד הַגִּלְגָּֽל׃ וַיָּבֹ֥א שְׁמוּאֵ֖ל אֶל־שָׁא֑וּל וַיֹּ֧אמֶר ל֣וֹ
יד שָׁא֗וּל בָּר֤וּךְ אַתָּה֙ לַֽיהוָ֔ה הֲקִימֹ֖תִי אֶת־דְּבַ֥ר יְהוָֽה׃ וַיֹּ֣אמֶר
שְׁמוּאֵ֔ל וּמֶ֧ה קוֹל־הַצֹּ֛אן הַזֶּ֖ה בְּאָזְנָ֑י וְק֣וֹל הַבָּקָ֔ר אֲשֶׁ֥ר אָנֹכִ֖י
טו שֹׁמֵֽעַ׃ וַיֹּ֨אמֶר שָׁא֜וּל מֵעֲמָלֵקִ֣י הֱבִיא֗וּם אֲשֶׁ֨ר חָמַ֤ל הָעָם֙
עַל־מֵיטַ֤ב הַצֹּאן֙ וְהַבָּקָ֔ר לְמַ֥עַן זְבֹ֖חַ לַיהוָ֣ה אֱלֹהֶ֑יךָ וְאֶת־
טז הַיּוֹתֵ֖ר הֶחֱרַֽמְנוּ׃ וַיֹּ֤אמֶר שְׁמוּאֵל֙ אֶל־שָׁא֔וּל הֶ֚רֶף
וַיֹּ֥אמֶר וְאַגִּ֣ידָה לְּךָ֔ אֵת֩ אֲשֶׁ֨ר דִּבֶּ֧ר יְהוָ֛ה אֵלַ֖י הַלָּ֑יְלָה ויאמרו ל֖וֹ
ט יז דַּבֵּֽר׃ וַיֹּ֣אמֶר שְׁמוּאֵ֗ל הֲלוֹא֙ אִם־קָטֹ֤ן אַתָּה֙
בְּעֵינֶ֔יךָ רֹ֛אשׁ שִׁבְטֵ֥י יִשְׂרָאֵ֖ל אָ֑תָּה וַיִּמְשָׁחֲךָ֧ יְהוָ֛ה לְמֶ֖לֶךְ עַל־
יח יִשְׂרָאֵֽל׃ וַיִּשְׁלָחֲךָ֥ יְהוָ֖ה בְּדָ֑רֶךְ וַיֹּ֡אמֶר לֵ֣ךְ וְהַחֲרַמְתָּ֞ה אֶת־
יט הַֽחַטָּאִים֙ אֶת־עֲמָלֵ֔ק וְנִלְחַמְתָּ֣ ב֔וֹ עַ֖ד כַּלּוֹתָ֥ם אֹתָֽם׃ וְלָ֥מָּה
לֹא־שָׁמַ֖עְתָּ בְּק֣וֹל יְהוָ֑ה וַתַּ֙עַט֙ אֶל־הַשָּׁלָ֔ל וַתַּ֥עַשׂ הָרַ֖ע
כ בְּעֵינֵ֥י יְהוָֽה׃ וַיֹּאמֶר֩ שָׁא֨וּל אֶל־שְׁמוּאֵ֜ל אֲשֶׁ֤ר
שָׁמַ֙עְתִּי֙ בְּק֣וֹל יְהוָ֔ה וָאֵלֵ֕ךְ בַּדֶּ֖רֶךְ אֲשֶׁר־שְׁלָחַ֣נִי יְהוָ֑ה וָאָבִ֗יא
כא אֶת־אֲגַג֙ מֶ֣לֶךְ עֲמָלֵ֔ק וְאֶת־עֲמָלֵ֖ק הֶחֱרַֽמְתִּי׃ וַיִּקַּ֨ח הָעָ֧ם
מֵהַשָּׁלָ֛ל צֹ֥אן וּבָקָ֖ר רֵאשִׁ֣ית הַחֵ֑רֶם לִזְבֹּ֛חַ לַיהוָ֥ה אֱלֹהֶ֖יךָ
כב בַּגִּלְגָּֽל׃ וַיֹּ֣אמֶר שְׁמוּאֵ֗ל הַחֵ֤פֶץ לַֽיהוָה֙ בְּעֹל֣וֹת
וּזְבָחִ֔ים כִּשְׁמֹ֖עַ בְּק֣וֹל יְהוָ֑ה הִנֵּ֤ה שְׁמֹ֙עַ֙ מִזֶּ֣בַח ט֔וֹב לְהַקְשִׁ֖יב
כג מֵחֵ֥לֶב אֵילִֽים׃ כִּ֤י חַטַּאת־קֶ֙סֶם֙ מֶ֔רִי וְאָ֖וֶן וּתְרָפִ֣ים הַפְצַ֑ר יַ֗עַן

כד מָאַסְתָּ אֶת־דְּבַר יהוה וַיִּמְאָסְךָ מִמֶּלֶךְ׃ וַיֹּאמֶר
שָׁאוּל אֶל־שְׁמוּאֵל חָטָאתִי כִּי־עָבַרְתִּי אֶת־פִּי־יהוה וְאֶת־
כה דְּבָרֶיךָ כִּי יָרֵאתִי אֶת־הָעָם וָאֶשְׁמַע בְּקוֹלָם׃ וְעַתָּה שָׂא נָא
כו אֶת־חַטָּאתִי וְשׁוּב עִמִּי וְאֶשְׁתַּחֲוֶה ליהוה׃ וַיֹּאמֶר שְׁמוּאֵל אֶל־
שָׁאוּל לֹא אָשׁוּב עִמָּךְ כִּי מָאַסְתָּה אֶת־דְּבַר יהוה וַיִּמְאָסְךָ
כז יהוה מִהְיוֹת מֶלֶךְ עַל־יִשְׂרָאֵל׃ וַיִּסֹּב שְׁמוּאֵל לָלֶכֶת וַיַּחֲזֵק
כח בִּכְנַף־מְעִילוֹ וַיִּקָּרַע׃ וַיֹּאמֶר אֵלָיו שְׁמוּאֵל קָרַע יהוה אֶת־
כט מַמְלְכוּת יִשְׂרָאֵל מֵעָלֶיךָ הַיּוֹם וּנְתָנָהּ לְרֵעֲךָ הַטּוֹב מִמֶּךָּ׃ וְגַם
נֵצַח יִשְׂרָאֵל לֹא יְשַׁקֵּר וְלֹא יִנָּחֵם כִּי לֹא אָדָם הוּא לְהִנָּחֵם׃
ל וַיֹּאמֶר חָטָאתִי עַתָּה כַּבְּדֵנִי נָא נֶגֶד זִקְנֵי־עַמִּי וְנֶגֶד יִשְׂרָאֵל
לא וְשׁוּב עִמִּי וְהִשְׁתַּחֲוֵיתִי ליהוה אֱלֹהֶיךָ׃ וַיָּשָׁב שְׁמוּאֵל אַחֲרֵי
לב שָׁאוּל וַיִּשְׁתַּחוּ שָׁאוּל ליהוה׃ וַיֹּאמֶר שְׁמוּאֵל
הַגִּישׁוּ אֵלַי אֶת־אֲגַג מֶלֶךְ עֲמָלֵק וַיֵּלֶךְ אֵלָיו אֲגַג מַעֲדַנֹּת
לג וַיֹּאמֶר אֲגָג אָכֵן סָר מַר־הַמָּוֶת׃ וַיֹּאמֶר שְׁמוּאֵל כַּאֲשֶׁר שִׁכְּלָה
נָשִׁים חַרְבֶּךָ כֵּן־תִּשְׁכַּל מִנָּשִׁים אִמֶּךָ וַיְשַׁסֵּף שְׁמוּאֵל אֶת־אֲגָג
לד לִפְנֵי יהוה בַּגִּלְגָּל׃ וַיֵּלֶךְ שְׁמוּאֵל הָרָמָתָה וְשָׁאוּל
לה עָלָה אֶל־בֵּיתוֹ גִּבְעַת שָׁאוּל׃ וְלֹא־יָסַף שְׁמוּאֵל לִרְאוֹת אֶת־
שָׁאוּל עַד־יוֹם מוֹתוֹ כִּי־הִתְאַבֵּל שְׁמוּאֵל אֶל־שָׁאוּל וַיהוה נִחָם
טז א כִּי־הִמְלִיךְ אֶת־שָׁאוּל עַל־יִשְׂרָאֵל׃ וַיֹּאמֶר
יהוה אֶל־שְׁמוּאֵל עַד־מָתַי אַתָּה מִתְאַבֵּל אֶל־שָׁאוּל וַאֲנִי
מְאַסְתִּיו מִמְּלֹךְ עַל־יִשְׂרָאֵל מַלֵּא קַרְנְךָ שֶׁמֶן וְלֵךְ אֶשְׁלָחֲךָ
ב אֶל־יִשַׁי בֵּית־הַלַּחְמִי כִּי־רָאִיתִי בְּבָנָיו לִי מֶלֶךְ׃ וַיֹּאמֶר
שְׁמוּאֵל אֵיךְ אֵלֵךְ וְשָׁמַע שָׁאוּל וַהֲרָגָנִי וַיֹּאמֶר
יהוה עֶגְלַת בָּקָר תִּקַּח בְּיָדֶךָ וְאָמַרְתָּ לִזְבֹּחַ ליהוה בָּאתִי׃
ג וְקָרָאתָ לְיִשַׁי בַּזָּבַח וְאָנֹכִי אוֹדִיעֲךָ אֵת אֲשֶׁר־תַּעֲשֶׂה וּמָשַׁחְתָּ
ד לִי אֵת אֲשֶׁר־אֹמַר אֵלֶיךָ׃ וַיַּעַשׂ שְׁמוּאֵל אֵת אֲשֶׁר דִּבֶּר יהוה
וַיָּבֹא בֵּית לָחֶם וַיֶּחֶרְדוּ זִקְנֵי הָעִיר לִקְרָאתוֹ וַיֹּאמֶר שָׁלֹם

ה בואך: ויאמר | שלום לזבח ליהוה באתי התקדשו ובאתם
אתי בזבח ויקדש את־ישי ואת־בניו ויקרא להם לזבח:
ו ויהי בבואם וירא את־אליאב ויאמר אך נגד יהוה
ז משיחו: ויאמר יהוה אל־שמואל אל־תבט
אל־מראהו ואל־גבה קומתו כי מאסתיהו כי | לא אשר
יראה האדם כי האדם יראה לעינים ויהוה יראה ללבב:
ח ויקרא ישי אל־אבינדב ויעברהו לפני שמואל ויאמר
ט גם־בזה לא־בחר יהוה: ויעבר ישי שמה ויאמר גם־בזה
י לא־בחר יהוה: ויעבר ישי שבעת בניו לפני שמואל
יא ויאמר שמואל אל־ישי לא־בחר יהוה באלה: ויאמר
שמואל אל־ישי התמו הנערים ויאמר עוד שאר הקטן והנה
רעה בצאן ויאמר שמואל אל־ישי שלחה וקחנו כי לא־נסב
יב עד־באו פה: וישלח ויביאהו והוא אדמוני עם־יפה עינים
וטוב ראי ויאמר יהוה קום משחהו כי־זה הוא:
יג ויקח שמואל את־קרן השמן וימשח אתו בקרב אחיו ותצלח
רוח־יהוה אל־דוד מהיום ההוא ומעלה ויקם שמואל וילך
יד הרמתה: ורוח יהוה סרה מעם שאול ובעתתו רוח־רעה מאת
טו יהוה: ויאמרו עבדי־שאול אליו הנה־נא רוח־אלהים רעה
טז מבעתך: יאמר־נא אדננו עבדיך לפניך יבקשו איש ידע
מנגן בכנור והיה בהיות עליך רוח־אלהים רעה ונגן בידו
יז וטוב לך: ויאמר שאול אל־עבדיו ראו־נא לי איש מיטיב
יח לנגן והביאותם אלי: ויען אחד מהנערים ויאמר הנה ראיתי י
בן לישי בית הלחמי ידע נגן וגבור חיל ואיש מלחמה ונבון
יט דבר ואיש תאר ויהוה עמו: וישלח שאול מלאכים אל־ישי
כ ויאמר שלחה אלי את־דוד בנך אשר בצאן: ויקח ישי חמור
לחם ונאד יין וגדי עזים אחד וישלח ביד־דוד בנו אל־שאול:
כא ויבא דוד אל־שאול ויעמד לפניו ויאהבהו מאד ויהי־לו נשא

כב כֵלִֽים׃ וַיִּשְׁלַח שָׁאוּל אֶל־יִשַׁי לֵאמֹר יַעֲמָד־נָא דָוִד לְפָנַי כִּֽי־
כג מָצָא חֵן בְּעֵינָֽי׃ וְהָיָה בִּהְיוֹת רֽוּחַ־אֱלֹהִים אֶל־שָׁאוּל וְלָקַח
דָּוִד אֶת־הַכִּנּוֹר וְנִגֵּן בְּיָדוֹ וְרָוַח לְשָׁאוּל וְטוֹב לוֹ וְסָרָה מֵעָלָיו
יז א רוּחַ הָרָעָֽה׃ וַיַּאַסְפוּ פְלִשְׁתִּים אֶת־מַחֲנֵיהֶם
לַמִּלְחָמָה וַיֵּאָסְפוּ שֹׂכֹה אֲשֶׁר לִיהוּדָה וַֽיַּחֲנוּ בֵּין־שׂוֹכֹה וּבֵין־
ב עֲזֵקָה בְּאֶפֶס דַּמִּֽים׃ וְשָׁאוּל וְאִישׁ־יִשְׂרָאֵל נֶאֶסְפוּ וַֽיַּחֲנוּ בְּעֵמֶק
ג הָאֵלָה וַיַּעַרְכוּ מִלְחָמָה לִקְרַאת פְּלִשְׁתִּֽים׃ וּפְלִשְׁתִּים עֹמְדִים
אֶל־הָהָר מִזֶּה וְיִשְׂרָאֵל עֹמְדִים אֶל־הָהָר מִזֶּה וְהַגַּיְא בֵּינֵיהֶֽם׃
ד וַיֵּצֵא אִֽישׁ־הַבֵּנַיִם מִמַּחֲנוֹת פְּלִשְׁתִּים גָּלְיָת שְׁמוֹ מִגַּת גָּבְהוֹ
ה שֵׁשׁ אַמּוֹת וָזָֽרֶת׃ וְכוֹבַע נְחֹשֶׁת עַל־רֹאשׁוֹ וְשִׁרְיוֹן קַשְׂקַשִּׂים
הוּא לָבוּשׁ וּמִשְׁקַל הַשִּׁרְיוֹן חֲמֵשֶׁת־אֲלָפִים שְׁקָלִים נְחֹֽשֶׁת׃
ו ז וּמִצְחַת נְחֹשֶׁת עַל־רַגְלָיו וְכִידוֹן נְחֹשֶׁת בֵּין כְּתֵפָֽיו׃ וחץ חֲנִיתוֹ וְעֵץ
כִּמְנוֹר אֹרְגִים וְלַהֶבֶת חֲנִיתוֹ שֵׁשׁ־מֵאוֹת שְׁקָלִים בַּרְזֶל וְנֹשֵׂא
ח הַצִּנָּה הֹלֵךְ לְפָנָֽיו׃ וַֽיַּעֲמֹד וַיִּקְרָא אֶל־מַעַרְכֹת יִשְׂרָאֵל וַיֹּאמֶר
לָהֶם לָמָּה תֵצְאוּ לַעֲרֹךְ מִלְחָמָה הֲלוֹא אָנֹכִי הַפְּלִשְׁתִּי וְאַתֶּם
ט עֲבָדִים לְשָׁאוּל בְּרוּ־לָכֶם אִישׁ וְיֵרֵד אֵלָֽי׃ אִם־יוּכַל לְהִלָּחֵם
אִתִּי וְהִכָּנִי וְהָיִינוּ לָכֶם לַעֲבָדִים וְאִם־אֲנִי אֽוּכַל־לוֹ וְהִכִּיתִיו
י וִהְיִיתֶם לָנוּ לַעֲבָדִים וַעֲבַדְתֶּם אֹתָֽנוּ׃ וַיֹּאמֶר הַפְּלִשְׁתִּי אֲנִי
חֵרַפְתִּי אֶת־מַעַרְכוֹת יִשְׂרָאֵל הַיּוֹם הַזֶּה תְּנוּ־לִי אִישׁ וְנִֽלָּחֲמָה
יא יָֽחַד׃ וַיִּשְׁמַע שָׁאוּל וְכָל־יִשְׂרָאֵל אֶת־דִּבְרֵי הַפְּלִשְׁתִּי הָאֵלֶּה
יב וַיֵּחַתּוּ וַיִּרְאוּ מְאֹֽד׃ וְדָוִד בֶּן־אִישׁ אֶפְרָתִי הַזֶּה
מִבֵּית לֶחֶם יְהוּדָה וּשְׁמוֹ יִשַׁי וְלוֹ שְׁמֹנָה בָנִים וְהָאִישׁ
יג בִּימֵי שָׁאוּל זָקֵן בָּא בַאֲנָשִֽׁים׃ וַיֵּלְכוּ שְׁלֹשֶׁת בְּנֵֽי־יִשַׁי הַגְּדֹלִים
הָלְכוּ אַחֲרֵי־שָׁאוּל לַמִּלְחָמָה וְשֵׁם ׀ שְׁלֹשֶׁת בָּנָיו אֲשֶׁר
הָלְכוּ בַּמִּלְחָמָה אֱלִיאָב הַבְּכוֹר וּמִשְׁנֵהוּ אֲבִֽינָדָב וְהַשְּׁלִשִׁי
יד שַׁמָּֽה׃ וְדָוִד הוּא הַקָּטָן וּשְׁלֹשָׁה הַגְּדֹלִים הָלְכוּ אַחֲרֵי
טו שָׁאֽוּל׃ וְדָוִד הֹלֵךְ וָשָׁב מֵעַל שָׁאוּל לִרְעוֹת אֶת־צֹאן אָבִיו

טז בֵּית־לָחֶם׃ וַיִּגַּשׁ הַפְּלִשְׁתִּי הַשְׁכֵּם וְהַעֲרֵב וַיִּתְיַצֵּב אַרְבָּעִים
יז יוֹם׃ וַיֹּאמֶר יִשַׁי לְדָוִד בְּנוֹ קַח־נָא לְאַחֶיךָ אֵיפַת
יח הַקָּלִיא הַזֶּה וַעֲשָׂרָה לֶחֶם הַזֶּה וְהָרֵץ הַמַּחֲנֶה לְאַחֶיךָ׃ וְאֵת
עֲשֶׂרֶת חֲרִיצֵי הֶחָלָב הָאֵלֶּה תָּבִיא לְשַׂר הָאָלֶף וְאֶת־אַחֶיךָ תִּפְקֹד
יט לְשָׁלוֹם וְאֶת־עֲרֻבָּתָם תִּקָּח׃ וְשָׁאוּל וְהֵמָּה וְכָל־אִישׁ יִשְׂרָאֵל
כ בְּעֵמֶק הָאֵלָה נִלְחָמִים עִם־פְּלִשְׁתִּים׃ וַיַּשְׁכֵּם
דָּוִד בַּבֹּקֶר וַיִּטֹּשׁ אֶת־הַצֹּאן עַל־שֹׁמֵר וַיִּשָּׂא וַיֵּלֶךְ כַּאֲשֶׁר צִוָּהוּ
יִשָׁי וַיָּבֹא הַמַּעְגָּלָה וְהַחַיִל הַיֹּצֵא אֶל־הַמַּעֲרָכָה וְהֵרֵעוּ
כא בַּמִּלְחָמָה׃ וַתַּעֲרֹךְ יִשְׂרָאֵל וּפְלִשְׁתִּים מַעֲרָכָה לִקְרַאת
כב מַעֲרָכָה׃ וַיִּטֹּשׁ דָּוִד אֶת־הַכֵּלִים מֵעָלָיו עַל־יַד שׁוֹמֵר הַכֵּלִים
כג וַיָּרָץ הַמַּעֲרָכָה וַיָּבֹא וַיִּשְׁאַל לְאֶחָיו לְשָׁלוֹם׃ וְהוּא ׀ מְדַבֵּר עִמָּם
וְהִנֵּה אִישׁ הַבֵּנַיִם עוֹלֶה גָּלְיָת הַפְּלִשְׁתִּי שְׁמוֹ מִגַּת ממערות מִמַּעַרְכוֹת
כד פְּלִשְׁתִּים וַיְדַבֵּר כַּדְּבָרִים הָאֵלֶּה וַיִּשְׁמַע דָּוִד׃ וְכֹל אִישׁ
יִשְׂרָאֵל בִּרְאוֹתָם אֶת־הָאִישׁ וַיָּנֻסוּ מִפָּנָיו וַיִּירְאוּ מְאֹד׃
כה וַיֹּאמֶר ׀ אִישׁ יִשְׂרָאֵל הַרְּאִיתֶם הָאִישׁ הָעֹלֶה הַזֶּה כִּי לְחָרֵף
אֶת־יִשְׂרָאֵל עֹלֶה וְהָיָה הָאִישׁ אֲשֶׁר־יַכֶּנּוּ יַעְשְׁרֶנּוּ הַמֶּלֶךְ ׀
עֹשֶׁר גָּדוֹל וְאֶת־בִּתּוֹ יִתֶּן־לוֹ וְאֵת בֵּית אָבִיו יַעֲשֶׂה חָפְשִׁי
כו בְּיִשְׂרָאֵל׃ וַיֹּאמֶר דָּוִד אֶל־הָאֲנָשִׁים הָעֹמְדִים
עִמּוֹ לֵאמֹר מַה־יֵּעָשֶׂה לָאִישׁ אֲשֶׁר יַכֶּה אֶת־הַפְּלִשְׁתִּי הַלָּז
וְהֵסִיר חֶרְפָּה מֵעַל יִשְׂרָאֵל כִּי מִי הַפְּלִשְׁתִּי הֶעָרֵל הַזֶּה כִּי
כז חֵרֵף מַעַרְכוֹת אֱלֹהִים חַיִּים׃ וַיֹּאמֶר לוֹ הָעָם כַּדָּבָר הַזֶּה לֵאמֹר
כח כֹּה יֵעָשֶׂה לָאִישׁ אֲשֶׁר יַכֶּנּוּ׃ וַיִּשְׁמַע אֱלִיאָב אָחִיו הַגָּדוֹל
בְּדַבְּרוֹ אֶל־הָאֲנָשִׁים וַיִּחַר־אַף אֱלִיאָב בְּדָוִד וַיֹּאמֶר ׀ לָמָּה־זֶּה
יָרַדְתָּ וְעַל־מִי נָטַשְׁתָּ מְעַט הַצֹּאן הָהֵנָּה בַּמִּדְבָּר אֲנִי יָדַעְתִּי
אֶת־זְדֹנְךָ וְאֵת רֹעַ לְבָבֶךָ כִּי לְמַעַן רְאוֹת הַמִּלְחָמָה יָרָדְתָּ׃
כט ל וַיֹּאמֶר דָּוִד מֶה עָשִׂיתִי עָתָּה הֲלוֹא דָּבָר הוּא׃ וַיִּסֹּב מֵאֶצְלוֹ
אֶל־מוּל אַחֵר וַיֹּאמֶר כַּדָּבָר הַזֶּה וַיְשִׁבֻהוּ הָעָם דָּבָר כַּדָּבָר

יז

לא הראשון: וישמעו הדברים אשר דבר דוד ויגדו לפני־שאול
לב ויקחהו: ויאמר דוד אל־שאול אל־יפל לב־אדם עליו עבדך
לג ילך ונלחם עם־הפלשתי הזה: ויאמר שאול אל־דוד לא
תוכל ללכת אל־הפלשתי הזה להלחם עמו כי־נער אתה
לד והוא איש מלחמה מנעריו: ויאמר דוד אל־
שאול רעה היה עבדך לאביו בצאן ובא הארי ואת־הדוב
לה ונשא שה מהעדר: ויצאתי אחריו והכתיו והצלתי מפיו ויקם
לו עלי והחזקתי בזקנו והכתיו והמיתיו: גם את־הארי גם־הדוב
הכה עבדך והיה הפלשתי הערל הזה כאחד מהם כי חרף
לז מערכת אלהים חיים: ויאמר דוד יהוה אשר יא
הצלני מיד הארי ומיד הדב הוא יצילני מיד הפלשתי
הזה ויאמר שאול אל־דוד לך ויהוה יהיה
לח עמך: וילבש שאול את־דוד מדיו ונתן קובע נחשת על־
לט ראשו וילבש אתו שריון: ויחגר דוד את־חרבו מעל למדיו
ויאל ללכת כי לא־נסה ויאמר דוד אל־שאול לא אוכל
מ ללכת באלה כי לא נסיתי ויסרם דוד מעליו: ויקח מקלו
בידו ויבחר־לו חמשה חלקי אבנים | מן־הנחל וישם אתם
בכלי הרעים אשר־לו ובילקוט וקלעו בידו ויגש אל־
מא הפלשתי: וילך הפלשתי הלך וקרב אל־דוד והאיש נשא
מב הצנה לפניו: ויבט הפלשתי ויראה את־דוד ויבזהו כי־היה
מג נער ואדמני עם־יפה מראה: ויאמר הפלשתי אל־דוד הכלב
אנכי כי־אתה בא־אלי במקלות ויקלל הפלשתי את־דוד
מד באלהיו: ויאמר הפלשתי אל־דוד לכה אלי ואתנה את־
מה בשרך לעוף השמים ולבהמת השדה: ויאמר
דוד אל־הפלשתי אתה בא אלי בחרב ובחנית ובכידון ואנכי
בא־אליך בשם יהוה צבאות אלהי מערכות ישראל אשר
מו חרפת: היום הזה יסגרך יהוה בידי והכיתיך והסרתי את־

ראשך מעליך ונתתי פגר מחנה פלשתים היום הזה לעוף
השמים ולחית הארץ וידעו כל־הארץ כי יש אלהים
מז לישראל: וידעו כל־הקהל הזה כי־לא בחרב ובחנית יהושיע
מח יהוה כי ליהוה המלחמה ונתן אתכם בידנו: והיה כי־קם
הפלשתי וילך ויקרב לקראת דוד וימהר דוד וירץ המערכה
מט לקראת הפלשתי: וישלח דוד את־ידו אל־הכלי ויקח משם
אבן ויקלע ויך את־הפלשתי אל־מצחו ותטבע האבן במצחו
נ ויפל על־פניו ארצה: ויחזק דוד מן־הפלשתי בקלע ובאבן
נא ויך את־הפלשתי וימיתהו וחרב אין ביד־דוד: וירץ דוד
ויעמד אל־הפלשתי ויקח את־חרבו וישלפה מתערה
וימתתהו ויכרת־בה את־ראשו ויראו הפלשתים כי־מת
נב גבורם וינסו: ויקמו אנשי ישראל ויהודה וירעו וירדפו את־
הפלשתים עד־בואך גיא ועד שערי עקרון ויפלו חללי
נג פלשתים בדרך שערים ועד־גת ועד־עקרון: וישבו בני
נד ישראל מדלק אחרי פלשתים וישסו את־מחניהם: ויקח
דוד את־ראש הפלשתי ויבאהו ירושלם ואת־כליו שם
נה באהלו: וכראות שאול את־דוד יצא לקראת
הפלשתי אמר אל־אבנר שר הצבא בן־מי־זה הנער אבנר
נו ויאמר אבנר חי־נפשך המלך אם־ידעתי: ויאמר המלך שאל
נז אתה בן־מי־זה העלם: וכשוב דוד מהכות
את־הפלשתי ויקח אתו אבנר ויבאהו לפני שאול וראש
נח הפלשתי בידו: ויאמר אליו שאול בן־מי אתה הנער ויאמר
א יח דוד בן־עבדך ישי בית הלחמי: ויהי ככלתו לדבר אל־שאול
ונפש יהונתן נקשרה בנפש דוד ויאהבו יהונתן כנפשו: ויאהבהו
ב ג ויקחהו שאול ביום ההוא ולא נתנו לשוב בית אביו: ויכרת
ד יהונתן ודוד ברית באהבתו אתו כנפשו: ויתפשט יהונתן
את־המעיל אשר עליו ויתנהו לדוד ומדיו ועד־חרבו ועד־

ה קַשְׁתּוֹ וְעַד־חֲגֹרוֹ׃ וַיֵּצֵא דָוִד בְּכֹל אֲשֶׁר יִשְׁלָחֶנּוּ שָׁאוּל יַשְׂכִּיל
וַיְשִׂמֵהוּ שָׁאוּל עַל אַנְשֵׁי הַמִּלְחָמָה וַיִּיטַב בְּעֵינֵי כָל־הָעָם וְגַם
ו בְּעֵינֵי עַבְדֵי שָׁאוּל׃ וַיְהִי בְּבוֹאָם בְּשׁוּב דָּוִד
מֵהַכּוֹת אֶת־הַפְּלִשְׁתִּי וַתֵּצֶאנָה הַנָּשִׁים מִכָּל־עָרֵי יִשְׂרָאֵל
לשור וְהַמְּחֹלוֹת לִקְרַאת שָׁאוּל הַמֶּלֶךְ בְּתֻפִּים בְּשִׂמְחָה לָשִׁיר
ז וּבְשָׁלִשִׁים׃ וַתַּעֲנֶינָה הַנָּשִׁים הַמְשַׂחֲקוֹת וַתֹּאמַרְןָ הִכָּה שָׁאוּל
ח בַּאֲלָפוֹ וְדָוִד בְּרִבְבֹתָיו׃ וַיִּחַר לְשָׁאוּל מְאֹד וַיֵּרַע בְּעֵינָיו הַדָּבָר
הַזֶּה וַיֹּאמֶר נָתְנוּ לְדָוִד רְבָבוֹת וְלִי נָתְנוּ הָאֲלָפִים וְעוֹד
ט לוֹ אַךְ הַמְּלוּכָה׃ וַיְהִי שָׁאוּל עון אֶת־דָּוִד מֵהַיּוֹם הַהוּא עוֹיֵן
י וָהָלְאָה׃ וַיְהִי מִמָּחֳרָת וַתִּצְלַח רוּחַ אֱלֹהִים ׀
רָעָה ׀ אֶל־שָׁאוּל וַיִּתְנַבֵּא בְתוֹךְ־הַבַּיִת וְדָוִד מְנַגֵּן בְּיָדוֹ כְּיוֹם ׀
יא בְּיוֹם וְהַחֲנִית בְּיַד־שָׁאוּל׃ וַיָּטֶל שָׁאוּל אֶת־הַחֲנִית וַיֹּאמֶר אַכֶּה
יב בְדָוִד וּבַקִּיר וַיִּסֹּב דָּוִד מִפָּנָיו פַּעֲמָיִם׃ וַיִּרָא שָׁאוּל מִלִּפְנֵי דָוִד
יג כִּי־הָיָה יְהוָה עִמּוֹ וּמֵעִם שָׁאוּל סָר׃ וַיְסִרֵהוּ שָׁאוּל מֵעִמּוֹ
יד וַיְשִׂמֵהוּ לוֹ שַׂר־אָלֶף וַיֵּצֵא וַיָּבֹא לִפְנֵי הָעָם׃ וַיְהִי יב
טו דָוִד לְכָל־דְּרָכָו מַשְׂכִּיל וַיהוָה עִמּוֹ׃ וַיַּרְא שָׁאוּל אֲשֶׁר־הוּא
טז מַשְׂכִּיל מְאֹד וַיָּגָר מִפָּנָיו׃ וְכָל־יִשְׂרָאֵל וִיהוּדָה אֹהֵב אֶת־דָּוִד
יז כִּי־הוּא יוֹצֵא וָבָא לִפְנֵיהֶם׃ וַיֹּאמֶר שָׁאוּל אֶל־
דָּוִד הִנֵּה בִתִּי הַגְּדוֹלָה מֵרַב אֹתָהּ אֶתֶּן־לְךָ לְאִשָּׁה אַךְ הֱיֵה־לִי
לְבֶן־חַיִל וְהִלָּחֵם מִלְחֲמוֹת יְהוָה וְשָׁאוּל אָמַר אַל־תְּהִי יָדִי בּוֹ
יח וּתְהִי־בוֹ יַד־פְּלִשְׁתִּים׃ וַיֹּאמֶר דָּוִד אֶל־שָׁאוּל
מִי אָנֹכִי וּמִי חַיַּי מִשְׁפַּחַת אָבִי בְּיִשְׂרָאֵל כִּי־אֶהְיֶה חָתָן לַמֶּלֶךְ׃
יט וַיְהִי בְּעֵת תֵּת אֶת־מֵרַב בַּת־שָׁאוּל לְדָוִד וְהִיא נִתְּנָה
כ לְעַדְרִיאֵל הַמְּחֹלָתִי לְאִשָּׁה׃ וַתֶּאֱהַב מִיכַל בַּת־שָׁאוּל אֶת־
כא דָּוִד וַיַּגִּדוּ לְשָׁאוּל וַיִּשַׁר הַדָּבָר בְּעֵינָיו׃ וַיֹּאמֶר שָׁאוּל אֶתְּנֶנָּה לּוֹ
וּתְהִי־לוֹ לְמוֹקֵשׁ וּתְהִי־בוֹ יַד־פְּלִשְׁתִּים וַיֹּאמֶר שָׁאוּל אֶל־דָּוִד
כב בִּשְׁתַּיִם תִּתְחַתֵּן בִּי הַיּוֹם׃ וַיְצַו שָׁאוּל אֶת־עֲבָדָו דַּבְּרוּ אֶל־

דָּוִד בַּלָּט לֵאמֹר הִנֵּה חָפֵץ בְּךָ הַמֶּלֶךְ וְכָל־עֲבָדָיו אֲהֵבוּךָ
כג וְעַתָּה הִתְחַתֵּן בַּמֶּלֶךְ׃ וַיְדַבְּרוּ עַבְדֵי שָׁאוּל בְּאָזְנֵי דָוִד אֶת־
הַדְּבָרִים הָאֵלֶּה וַיֹּאמֶר דָּוִד הַנְקַלָּה בְעֵינֵיכֶם הִתְחַתֵּן בַּמֶּלֶךְ
כד וְאָנֹכִי אִישׁ־רָשׁ וְנִקְלֶה׃ וַיַּגִּדוּ עַבְדֵי שָׁאוּל לוֹ לֵאמֹר כַּדְּבָרִים
כה הָאֵלֶּה דִּבֶּר דָּוִד׃ וַיֹּאמֶר שָׁאוּל כֹּה־תֹאמְרוּ
לְדָוִד אֵין־חֵפֶץ לַמֶּלֶךְ בְּמֹהַר כִּי בְּמֵאָה עָרְלוֹת פְּלִשְׁתִּים
לְהִנָּקֵם בְּאֹיְבֵי הַמֶּלֶךְ וְשָׁאוּל חָשַׁב לְהַפִּיל אֶת־דָּוִד בְּיַד־
כו פְּלִשְׁתִּים׃ וַיַּגִּדוּ עֲבָדָיו לְדָוִד אֶת־הַדְּבָרִים הָאֵלֶּה וַיִּשַׁר הַדָּבָר
כז בְּעֵינֵי דָוִד לְהִתְחַתֵּן בַּמֶּלֶךְ וְלֹא מָלְאוּ הַיָּמִים׃ וַיָּקָם דָּוִד וַיֵּלֶךְ ׀
הוּא וַאֲנָשָׁיו וַיַּךְ בַּפְּלִשְׁתִּים מָאתַיִם אִישׁ וַיָּבֵא דָוִד אֶת־
עָרְלֹתֵיהֶם וַיְמַלְאוּם לַמֶּלֶךְ לְהִתְחַתֵּן בַּמֶּלֶךְ וַיִּתֶּן־לוֹ שָׁאוּל
כח אֶת־מִיכַל בִּתּוֹ לְאִשָּׁה׃ וַיַּרְא שָׁאוּל וַיֵּדַע כִּי יְהוָה עִם־דָּוִד
כט וּמִיכַל בַּת־שָׁאוּל אֲהֵבַתְהוּ׃ וַיֹּאסֶף שָׁאוּל לֵרֹא מִפְּנֵי דָוִד עוֹד
ל וַיְהִי שָׁאוּל אֹיֵב אֶת־דָּוִד כָּל־הַיָּמִים׃ וַיֵּצְאוּ
שָׂרֵי פְלִשְׁתִּים וַיְהִי ׀ מִדֵּי צֵאתָם שָׂכַל דָּוִד מִכֹּל עַבְדֵי שָׁאוּל
יט א וַיִּיקַר שְׁמוֹ מְאֹד׃ וַיְדַבֵּר שָׁאוּל אֶל־יוֹנָתָן בְּנוֹ
וְאֶל־כָּל־עֲבָדָיו לְהָמִית אֶת־דָּוִד וִיהוֹנָתָן בֶּן־שָׁאוּל חָפֵץ
ב בְּדָוִד מְאֹד׃ וַיַּגֵּד יְהוֹנָתָן לְדָוִד לֵאמֹר מְבַקֵּשׁ שָׁאוּל אָבִי
לַהֲמִיתֶךָ וְעַתָּה הִשָּׁמֶר־נָא בַבֹּקֶר וְיָשַׁבְתָּ בַסֵּתֶר וְנַחְבֵּאתָ׃
ג וַאֲנִי אֵצֵא וְעָמַדְתִּי לְיַד־אָבִי בַּשָּׂדֶה אֲשֶׁר אַתָּה שָׁם וַאֲנִי אֲדַבֵּר
ד בְּךָ אֶל־אָבִי וְרָאִיתִי מָה וְהִגַּדְתִּי לָךְ׃ וַיְדַבֵּר
יְהוֹנָתָן בְּדָוִד טוֹב אֶל־שָׁאוּל אָבִיו וַיֹּאמֶר אֵלָיו אַל־יֶחֱטָא
הַמֶּלֶךְ בְּעַבְדּוֹ בְדָוִד כִּי לוֹא חָטָא לָךְ וְכִי מַעֲשָׂיו טוֹב־לְךָ
ה מְאֹד׃ וַיָּשֶׂם אֶת־נַפְשׁוֹ בְכַפּוֹ וַיַּךְ אֶת־הַפְּלִשְׁתִּי וַיַּעַשׂ יְהוָה
תְּשׁוּעָה גְדוֹלָה לְכָל־יִשְׂרָאֵל רָאִיתָ וַתִּשְׂמָח וְלָמָּה תֶחֱטָא בְּדָם
ו נָקִי לְהָמִית אֶת־דָּוִד חִנָּם׃ וַיִּשְׁמַע שָׁאוּל בְּקוֹל יְהוֹנָתָן וַיִּשָּׁבַע
ז שָׁאוּל חַי־יְהוָה אִם־יוּמָת׃ וַיִּקְרָא יְהוֹנָתָן לְדָוִד וַיַּגֶּד־לוֹ יְהוֹנָתָן

את כל־הדברים האלה ויבא יהונתן את־דוד אל־שאול
ח ויהי לפניו כאתמול שלשום: ותוסף המלחמה
להיות ויצא דוד וילחם בפלשתים ויך בהם מכה גדולה וינסו
ט מפניו: ותהי רוח יהוה רעה אל־שאול והוא בביתו יושב
י וחניתו בידו ודוד מנגן ביד: ויבקש שאול להכות בחנית בדוד
ובקיר ויפטר מפני שאול ויך את־החנית בקיר ודוד נס וימלט
יא בלילה הוא: וישלח שאול מלאכים אל־בית
דוד לשמרו ולהמיתו בבקר ותגד לדוד מיכל אשתו לאמר
יב אם־אינך ממלט את־נפשך הלילה מחר אתה מומת: ותרד
יג מיכל את־דוד בעד החלון וילך ויברח וימלט: ותקח מיכל
את־התרפים ותשם אל־המטה ואת כביר העזים שמה
יד מראשתיו ותכס בבגד: וישלח שאול מלאכים
טו לקחת את־דוד ותאמר חלה הוא: וישלח
שאול את־המלאכים לראות את־דוד לאמר העלו אתו
טז במטה אלי להמתו: ויבאו המלאכים והנה התרפים אל־
יז המטה וכביר העזים מראשתיו: ויאמר שאול
אל־מיכל למה ככה רמיתני ותשלחי את־איבי וימלט
ותאמר מיכל אל־שאול הוא־אמר אלי שלחני למה אמיתך:
יח ודוד ברח וימלט ויבא אל־שמואל הרמתה ויגד־לו את כל־
יט אשר עשה־לו שאול וילך הוא ושמואל וישבו בנוית: ויגד בניות
כ לשאול לאמר הנה דוד בנוית ברמה: וישלח שאול מלאכים בניות
לקחת את־דוד וירא את־להקת הנביאים נבאים ושמואל
עמד נצב עליהם ותהי על־מלאכי שאול רוח אלהים
כא ויתנבאו גם־המה: ויגדו לשאול וישלח מלאכים אחרים
ויתנבאו גם־המה ויסף שאול וישלח מלאכים שלשים
כב ויתנבאו גם־המה: וילך גם־הוא הרמתה ויבא עד־בור
הגדול אשר בשכו וישאל ויאמר איפה שמואל ודוד ויאמר

כג הנה בנוית ברמה: וילך שם אל־נוית ברמה ותהי עליו גם־ בְּנָיוֹת נָיוֹת
הוא רוח אלהים וילך הלוך ויתנבא עד־באו בנוית ברמה: בְּנָיוֹת
כד ויפשט גם־הוא בגדיו ויתנבא גם־הוא לפני שמואל ויפל
ערם כל־היום ההוא וכל־הלילה על־כן יאמרו הגם שאול
כ א בנביאם: ויברח דוד מנוית ברמה ויבא ויאמר מְנָיוֹת
לפני יהונתן מה עשיתי מה־עוני ומה־חטאתי לפני אביך כי
ב מבקש את־נפשי: ויאמר לו חלילה לא תמות הנה לו עשה לֹא־יַעֲשֶׂה
אבי דבר גדול או דבר קטן ולא יגלה את־אזני ומדוע יסתיר
ג אבי ממני את־הדבר הזה אין זאת: וישבע עוד דוד ויאמר
ידע ידע אביך כי־מצאתי חן בעיניך ויאמר אל־ידע־זאת
יהונתן פן־יעצב ואולם חי־יהוה וחי נפשך כי כפשע ביני ובין
ד המות: ויאמר יהונתן אל־דוד מה־תאמר נפשך ואעשה־ יג
ה לך: ויאמר דוד אל־יהונתן הנה־חדש מחר
ואנכי ישב־אשב עם־המלך לאכול ושלחתני ונסתרתי בשדה
ו עד הערב השלשית: אם־פקד יפקדני אביך ואמרת נשאל
נשאל ממני דוד לרוץ בית־לחם עירו כי זבח הימים שם לכל־
ז המשפחה: אם־כה יאמר טוב שלום לעבדך ואם־חרה יחרה
ח לו דע כי־כלתה הרעה מעמו: ועשית חסד על־עבדך כי
בברית יהוה הבאת את־עבדך עמך ואם־יש־בי עון המיתני
ט אתה ועד־אביך למה־זה תביאני: ויאמר
יהונתן חלילה לך כי ׀ אם־ידע אדע כי־כלתה הרעה מעם
י אבי לבוא עליך ולא אתה אגיד לך: ויאמר
דוד אל־יהונתן מי יגיד לי או מה־יענך אביך קשה:
יא ויאמר יהונתן אל־דוד לכה ונצא השדה ויצאו שניהם
יב השדה: ויאמר יהונתן אל־דוד יהוה אלהי
ישראל כי־אחקר את־אבי כעת ׀ מחר השלשית והנה־טוב
יג אל־דוד ולא־אז אשלח אליך וגליתי את־אזנך: כה־יעשה

יהוה לִיהוֹנָתָן וְכֹה יֹסִיף כִּי־יֵיטִב אֶל־אָבִי אֶת־הָרָעָה עָלֶיךָ
וְגָלִיתִי אֶת־אָזְנֶךָ וְשִׁלַּחְתִּיךָ וְהָלַכְתָּ לְשָׁלוֹם וִיהִי יהוה עִמָּךְ
יד כַּאֲשֶׁר הָיָה עִם־אָבִי: וְלֹא אִם־עוֹדֶנִּי חָי וְלֹא־תַעֲשֶׂה עִמָּדִי
טו חֶסֶד יהוה וְלֹא אָמוּת: וְלֹא־תַכְרִית אֶת־חַסְדְּךָ מֵעִם בֵּיתִי
עַד־עוֹלָם וְלֹא בְּהַכְרִת יהוה אֶת־אֹיְבֵי דָוִד אִישׁ מֵעַל פְּנֵי
טז הָאֲדָמָה: וַיִּכְרֹת יְהוֹנָתָן עִם־בֵּית דָּוִד וּבִקֵּשׁ יהוה מִיַּד אֹיְבֵי
יז דָוִד: וַיּוֹסֶף יְהוֹנָתָן לְהַשְׁבִּיעַ אֶת־דָּוִד בְּאַהֲבָתוֹ אֹתוֹ כִּי־
יח אַהֲבַת נַפְשׁוֹ אֲהֵבוֹ: וַיֹּאמֶר־לוֹ יְהוֹנָתָן מָחָר
יט חֹדֶשׁ וְנִפְקַדְתָּ כִּי יִפָּקֵד מוֹשָׁבֶךָ: וְשִׁלַּשְׁתָּ תֵּרֵד מְאֹד וּבָאתָ
אֶל־הַמָּקוֹם אֲשֶׁר־נִסְתַּרְתָּ שָּׁם בְּיוֹם הַמַּעֲשֶׂה וְיָשַׁבְתָּ אֵצֶל
כ הָאֶבֶן הָאָזֶל: וַאֲנִי שְׁלֹשֶׁת הַחִצִּים צִדָּה אוֹרֶה לְשַׁלַּח־לִי
כא לְמַטָּרָה: וְהִנֵּה אֶשְׁלַח אֶת־הַנַּעַר לֵךְ מְצָא אֶת־הַחִצִּים אִם־
אָמֹר אֹמַר לַנַּעַר הִנֵּה הַחִצִּים ׀ מִמְּךָ וָהֵנָּה קָחֶנּוּ וָבֹאָה כִּי־
כב שָׁלוֹם לְךָ וְאֵין דָּבָר חַי־יהוה: וְאִם־כֹּה אֹמַר לָעֶלֶם הִנֵּה הַחִצִּים
כג מִמְּךָ וָהָלְאָה לֵךְ כִּי שִׁלַּחֲךָ יהוה: וְהַדָּבָר אֲשֶׁר דִּבַּרְנוּ אֲנִי
כד וָאָתָּה הִנֵּה יהוה בֵּינִי וּבֵינְךָ עַד־עוֹלָם: וַיִּסָּתֵר
כה דָּוִד בַּשָּׂדֶה וַיְהִי הַחֹדֶשׁ וַיֵּשֶׁב הַמֶּלֶךְ עַל־הַלֶּחֶם לֶאֱכוֹל: וַיֵּשֶׁב אֶל־
הַמֶּלֶךְ עַל־מוֹשָׁבוֹ כְּפַעַם ׀ בְּפַעַם אֶל־מוֹשַׁב הַקִּיר וַיָּקָם יְהוֹנָתָן
כו וַיֵּשֶׁב אַבְנֵר מִצַּד שָׁאוּל וַיִּפָּקֵד מְקוֹם דָּוִד: וְלֹא־דִבֶּר שָׁאוּל
מְאוּמָה בַּיּוֹם הַהוּא כִּי אָמַר מִקְרֶה הוּא בִּלְתִּי טָהוֹר הוּא כִּי־
כז לֹא טָהוֹר: וַיְהִי מִמָּחֳרַת הַחֹדֶשׁ הַשֵּׁנִי וַיִּפָּקֵד
מְקוֹם דָּוִד וַיֹּאמֶר שָׁאוּל אֶל־יְהוֹנָתָן בְּנוֹ מַדּוּעַ לֹא־בָא בֶן־יִשַׁי
כח גַּם־תְּמוֹל גַּם־הַיּוֹם אֶל־הַלָּחֶם: וַיַּעַן יְהוֹנָתָן אֶת־שָׁאוּל נִשְׁאֹל
כט נִשְׁאַל דָּוִד מֵעִמָּדִי עַד־בֵּית לָחֶם: וַיֹּאמֶר שַׁלְּחֵנִי נָא כִּי זֶבַח
מִשְׁפָּחָה לָנוּ בָּעִיר וְהוּא צִוָּה־לִי אָחִי וְעַתָּה אִם־מָצָאתִי חֵן
בְּעֵינֶיךָ אִמָּלְטָה נָּא וְאֶרְאֶה אֶת־אֶחָי עַל־כֵּן לֹא־בָא אֶל־
ל שֻׁלְחַן הַמֶּלֶךְ: וַיִּחַר־אַף שָׁאוּל בִּיהוֹנָתָן וַיֹּאמֶר

לוֹ בֶּן־נַעֲוַת הַמַּרְדּוּת הֲלוֹא יָדַעְתִּי כִּי־בֹחֵר אַתָּה לְבֶן־יִשַׁי
לא לְבָשְׁתְּךָ וּלְבֹשֶׁת עֶרְוַת אִמֶּךָ׃ כִּי כָל־הַיָּמִים אֲשֶׁר בֶּן־יִשַׁי חַי
עַל־הָאֲדָמָה לֹא תִכּוֹן אַתָּה וּמַלְכוּתֶךָ וְעַתָּה שְׁלַח וְקַח אֹתוֹ
לב אֵלַי כִּי בֶן־מָוֶת הוּא׃ וַיַּעַן יְהוֹנָתָן אֶת־שָׁאוּל
לג אָבִיו וַיֹּאמֶר אֵלָיו לָמָּה יוּמַת מֶה עָשָׂה׃ וַיָּטֶל שָׁאוּל אֶת־
הַחֲנִית עָלָיו לְהַכֹּתוֹ וַיֵּדַע יְהוֹנָתָן כִּי־כָלָה הִיא מֵעִם אָבִיו
לד לְהָמִית אֶת־דָּוִד׃ וַיָּקָם יְהוֹנָתָן מֵעִם הַשֻּׁלְחָן
בָּחֳרִי־אָף וְלֹא־אָכַל בְּיוֹם־הַחֹדֶשׁ הַשֵּׁנִי לֶחֶם כִּי נֶעְצַב
לה אֶל־דָּוִד כִּי הִכְלִמוֹ אָבִיו׃ וַיְהִי בַבֹּקֶר וַיֵּצֵא
לו יְהוֹנָתָן הַשָּׂדֶה לְמוֹעֵד דָּוִד וְנַעַר קָטֹן עִמּוֹ׃ וַיֹּאמֶר לְנַעֲרוֹ רֻץ
מְצָא־נָא אֶת־הַחִצִּים אֲשֶׁר אָנֹכִי מוֹרֶה הַנַּעַר רָץ וְהוּא־יָרָה
לז הַחֵצִי לְהַעֲבִרוֹ׃ וַיָּבֹא הַנַּעַר עַד־מְקוֹם הַחֵצִי אֲשֶׁר יָרָה יְהוֹנָתָן
וַיִּקְרָא יְהוֹנָתָן אַחֲרֵי הַנַּעַר וַיֹּאמֶר הֲלוֹא הַחֵצִי מִמְּךָ וָהָלְאָה׃
לח וַיִּקְרָא יְהוֹנָתָן אַחֲרֵי הַנַּעַר מְהֵרָה חוּשָׁה אַל־תַּעֲמֹד וַיְלַקֵּט
החִצִּים לט נַעַר יְהוֹנָתָן אֶת־הַחִצִּי וַיָּבֹא אֶל־אֲדֹנָיו׃ וְהַנַּעַר לֹא־יָדַע
מ מְאוּמָה אַךְ יְהוֹנָתָן וְדָוִד יָדְעוּ אֶת־הַדָּבָר׃ וַיִּתֵּן יְהוֹנָתָן אֶת־
מא כֵּלָיו אֶל־הַנַּעַר אֲשֶׁר־לוֹ וַיֹּאמֶר לוֹ לֵךְ הָבֵיא הָעִיר׃ הַנַּעַר
בָּא וְדָוִד קָם מֵאֵצֶל הַנֶּגֶב וַיִּפֹּל לְאַפָּיו אַרְצָה וַיִּשְׁתַּחוּ שָׁלֹשׁ
פְּעָמִים וַיִּשְּׁקוּ ׀ אִישׁ אֶת־רֵעֵהוּ וַיִּבְכּוּ אִישׁ אֶת־רֵעֵהוּ עַד־
יד מב דָּוִד הִגְדִּיל׃ וַיֹּאמֶר יְהוֹנָתָן לְדָוִד לֵךְ לְשָׁלוֹם אֲשֶׁר נִשְׁבַּעְנוּ
שְׁנֵינוּ אֲנַחְנוּ בְּשֵׁם יְהוָה לֵאמֹר יְהוָה יִהְיֶה ׀ בֵּינִי וּבֵינֶךָ וּבֵין
כא א זַרְעִי וּבֵין זַרְעֲךָ עַד־עוֹלָם׃ וַיָּקָם וַיֵּלַךְ וִיהוֹנָתָן
ב בָּא הָעִיר׃ וַיָּבֹא דָוִד נֹבֶה אֶל־אֲחִימֶלֶךְ הַכֹּהֵן וַיֶּחֱרַד אֲחִימֶלֶךְ
לִקְרַאת דָּוִד וַיֹּאמֶר לוֹ מַדּוּעַ אַתָּה לְבַדֶּךָ וְאִישׁ אֵין אִתָּךְ׃
ג וַיֹּאמֶר דָּוִד לַאֲחִימֶלֶךְ הַכֹּהֵן הַמֶּלֶךְ צִוַּנִי דָבָר וַיֹּאמֶר אֵלַי אִישׁ
אַל־יֵדַע מְאוּמָה אֶת־הַדָּבָר אֲשֶׁר־אָנֹכִי שֹׁלֵחֲךָ וַאֲשֶׁר צִוִּיתִךָ
ד וְאֶת־הַנְּעָרִים יוֹדַעְתִּי אֶל־מְקוֹם פְּלֹנִי אַלְמוֹנִי׃ וְעַתָּה מַה־יֵּשׁ

ה תַּחַת־יָדְךָ חֲמִשָּׁה־לֶחֶם תְּנָה בְיָדִי אוֹ הַנִּמְצָא׃ וַיַּעַן הַכֹּהֵן אֶת־
דָּוִד וַיֹּאמֶר אֵין־לֶחֶם חֹל אֶל־תַּחַת יָדִי כִּי־אִם־לֶחֶם קֹדֶשׁ יֵשׁ
ו אִם־נִשְׁמְרוּ הַנְּעָרִים אַךְ מֵאִשָּׁה׃ וַיַּעַן דָּוִד אֶת־
הַכֹּהֵן וַיֹּאמֶר לוֹ כִּי אִם־אִשָּׁה עֲצֻרָה־לָנוּ כִּתְמוֹל שִׁלְשֹׁם
בְּצֵאתִי וַיִּהְיוּ כְלֵי־הַנְּעָרִים קֹדֶשׁ וְהוּא דֶּרֶךְ חֹל וְאַף כִּי הַיּוֹם
ז יִקְדַּשׁ בַּכֶּלִי׃ וַיִּתֶּן־לוֹ הַכֹּהֵן קֹדֶשׁ כִּי לֹא־הָיָה שָׁם לֶחֶם כִּי־
אִם־לֶחֶם הַפָּנִים הַמּוּסָרִים מִלִּפְנֵי יְהוָה לָשׂוּם לֶחֶם חֹם בְּיוֹם
ח הִלָּקְחוֹ׃ וְשָׁם אִישׁ מֵעַבְדֵי שָׁאוּל בַּיּוֹם הַהוּא נֶעְצָר לִפְנֵי יְהוָה
ט וּשְׁמוֹ דֹּאֵג הָאֲדֹמִי אַבִּיר הָרֹעִים אֲשֶׁר לְשָׁאוּל׃ וַיֹּאמֶר
דָּוִד לַאֲחִימֶלֶךְ וְאִין יֶשׁ־פֹּה תַחַת־יָדְךָ חֲנִית אוֹ־חָרֶב כִּי
גַם־חַרְבִּי וְגַם־כֵּלַי לֹא־לָקַחְתִּי בְיָדִי כִּי־הָיָה דְבַר־הַמֶּלֶךְ
י נָחוּץ׃ וַיֹּאמֶר הַכֹּהֵן חֶרֶב גָּלְיָת הַפְּלִשְׁתִּי אֲשֶׁר־
הִכִּיתָ ׀ בְּעֵמֶק הָאֵלָה הִנֵּה־הִיא לוּטָה בַשִּׂמְלָה אַחֲרֵי
הָאֵפוֹד אִם־אֹתָהּ תִּקַּח־לְךָ קָח כִּי אֵין אַחֶרֶת זוּלָתָהּ
יא בָּזֶה וַיֹּאמֶר דָּוִד אֵין כָּמוֹהָ תְּנֶנָּה לִּי׃ וַיָּקָם דָּוִד
וַיִּבְרַח בַּיּוֹם־הַהוּא מִפְּנֵי שָׁאוּל וַיָּבֹא אֶל־אָכִישׁ מֶלֶךְ גַּת׃
יב וַיֹּאמְרוּ עַבְדֵי אָכִישׁ אֵלָיו הֲלוֹא־זֶה דָוִד מֶלֶךְ הָאָרֶץ הֲלוֹא לָזֶה
יג יַעֲנוּ בַמְּחֹלוֹת לֵאמֹר הִכָּה שָׁאוּל בַּאֲלָפָו וְדָוִד בְּרִבְבֹתָו׃ וַיָּשֶׂם
דָּוִד אֶת־הַדְּבָרִים הָאֵלֶּה בִּלְבָבוֹ וַיִּרָא מְאֹד מִפְּנֵי אָכִישׁ מֶלֶךְ־
יד גַּת׃ וַיְשַׁנּוֹ אֶת־טַעְמוֹ בְּעֵינֵיהֶם וַיִּתְהֹלֵל בְּיָדָם וַיְתָו עַל־דַּלְתוֹת
טו הַשַּׁעַר וַיּוֹרֶד רִירוֹ אֶל־זְקָנוֹ׃ וַיֹּאמֶר אָכִישׁ אֶל־
טז עֲבָדָיו הִנֵּה תִרְאוּ אִישׁ מִשְׁתַּגֵּעַ לָמָּה תָּבִיאוּ אֹתוֹ אֵלָי׃ חֲסַר
מְשֻׁגָּעִים אָנִי כִּי־הֲבֵאתֶם אֶת־זֶה לְהִשְׁתַּגֵּעַ עָלָי הֲזֶה יָבוֹא
כב א אֶל־בֵּיתִי׃ וַיֵּלֶךְ דָּוִד מִשָּׁם וַיִּמָּלֵט אֶל־מְעָרַת
עֲדֻלָּם וַיִּשְׁמְעוּ אֶחָיו וְכָל־בֵּית אָבִיו וַיֵּרְדוּ אֵלָיו שָׁמָּה׃
ב וַיִּתְקַבְּצוּ אֵלָיו כָּל־אִישׁ מָצוֹק וְכָל־אִישׁ אֲשֶׁר־לוֹ נֹשֶׁא וְכָל־
אִישׁ מַר־נֶפֶשׁ וַיְהִי עֲלֵיהֶם לְשָׂר וַיִּהְיוּ עִמּוֹ כְּאַרְבַּע מֵאוֹת

ג איש: וילך דוד משם מצפה מואב ויאמר | אל־מלך מואב
יצא־נא אבי ואמי אתכם עד אשר אדע מה־יעשה־לי
ד אלהים: וינחם את־פני מלך מואב וישבו עמו כל־ימי היות־
ה דוד במצודה: ויאמר גד הנביא אל־דוד לא
תשב במצודה לך ובאת־לך ארץ יהודה וילך דוד ויבא יער
ו חרת: וישמע שאול כי נודע דוד ואנשים אשר
אתו ושאול יושב בגבעה תחת־האשל ברמה וחניתו בידו
ז וכל־עבדיו נצבים עליו: ויאמר שאול לעבדיו הנצבים עליו
שמעו־נא בני ימיני גם־לכלכם יתן בן־ישי שדות וכרמים
ח לכלכם ישים שרי אלפים ושרי מאות: כי קשרתם כלכם
עלי ואין־גלה את־אזני בכרת־בני עם־בן־ישי ואין־חלה
מכם עלי וגלה את־אזני כי הקים בני את־עבדי עלי
ט לארב כיום הזה: ויען דאג האדמי והוא נצב
על־עבדי־שאול ויאמר ראיתי את־בן־ישי בא נבה אל־
י אחימלך בן־אחטוב: וישאל־לו ביהוה וצידה נתן לו ואת
יא חרב גלית הפלשתי נתן לו: וישלח המלך לקרא את־
אחימלך בן־אחיטוב הכהן ואת כל־בית אביו הכהנים אשר
יב בנב ויבאו כלם אל־המלך: ויאמר שאול
יג שמע־נא בן־אחיטוב ויאמר הנני אדני: ויאמר אלו שאול
למה קשרתם עלי אתה ובן־ישי בתתך לו לחם וחרב ושאול
יד לו באלהים לקום אלי לארב כיום הזה: ויען
אחימלך את־המלך ויאמר ומי בכל־עבדיך כדוד נאמן
טו וחתן המלך וסר אל־משמעתך ונכבד בביתך: היום החלתי
לשאול־לו באלהים חלילה לי אל־ישם המלך בעבדו דבר לשאל־
בכל־בית אבי כי לא־ידע עבדך בכל־זאת דבר קטן או גדול:
טז ויאמר המלך מות תמות אחימלך אתה וכל־בית אביך:
יז ויאמר המלך לרצים הנצבים עליו סבו והמיתו | כהני יהוה

כִּי גַם־יָדָם עִם־דָּוִד וְכִי יָדְעוּ כִּי־בֹרֵחַ הוּא וְלֹא גָלוּ אֶת־
אָזְנוֹ וְלֹא־אָבוּ עַבְדֵי הַמֶּלֶךְ לִשְׁלֹחַ אֶת־יָדָם לִפְגֹעַ בְּכֹהֲנֵי אָזְנִי
יח יְהוָה: וַיֹּאמֶר הַמֶּלֶךְ לְדוֹיג סֹב אַתָּה וּפְגַע לְדוֹאֵג
בַּכֹּהֲנִים וַיִּסֹּב דּוֹיג הָאֲדֹמִי וַיִּפְגַּע־הוּא בַּכֹּהֲנִים וַיָּמֶת ׀ בַּיּוֹם דּוֹאֵג
יט הַהוּא שְׁמֹנִים וַחֲמִשָּׁה אִישׁ נֹשֵׂא אֵפוֹד בָּד: וְאֵת נֹב עִיר־
הַכֹּהֲנִים הִכָּה לְפִי־חֶרֶב מֵאִישׁ וְעַד־אִשָּׁה מֵעוֹלֵל וְעַד־יוֹנֵק
כ וְשׁוֹר וַחֲמוֹר וָשֶׂה לְפִי־חָרֶב: וַיִּמָּלֵט בֵּן־אֶחָד לַאֲחִימֶלֶךְ בֶּן־
כא אֲחִטוּב וּשְׁמוֹ אֶבְיָתָר וַיִּבְרַח אַחֲרֵי דָוִד: וַיַּגֵּד אֶבְיָתָר לְדָוִד
כב כִּי הָרַג שָׁאוּל אֵת כֹּהֲנֵי יְהוָה: וַיֹּאמֶר דָּוִד לְאֶבְיָתָר יָדַעְתִּי
בַּיּוֹם הַהוּא כִּי־שָׁם דּוֹיג הָאֲדֹמִי כִּי־הַגֵּד יַגִּיד לְשָׁאוּל אָנֹכִי דּוֹאֵג
כג סַבֹּתִי בְּכָל־נֶפֶשׁ בֵּית אָבִיךָ: שְׁבָה אִתִּי אַל־תִּירָא כִּי אֲשֶׁר־
יְבַקֵּשׁ אֶת־נַפְשִׁי יְבַקֵּשׁ אֶת־נַפְשֶׁךָ כִּי־מִשְׁמֶרֶת אַתָּה עִמָּדִי:
כג א וַיַּגִּדוּ לְדָוִד לֵאמֹר הִנֵּה פְלִשְׁתִּים נִלְחָמִים בִּקְעִילָה וְהֵמָּה
ב שֹׁסִים אֶת־הַגֳּרָנוֹת: וַיִּשְׁאַל דָּוִד בַּיהוָה לֵאמֹר הַאֵלֵךְ וְהִכֵּיתִי
בַּפְּלִשְׁתִּים הָאֵלֶּה וַיֹּאמֶר יְהוָה אֶל־דָּוִד לֵךְ
ג וְהִכִּיתָ בַפְּלִשְׁתִּים וְהוֹשַׁעְתָּ אֶת־קְעִילָה: וַיֹּאמְרוּ אַנְשֵׁי דָוִד
אֵלָיו הִנֵּה אֲנַחְנוּ פֹה בִּיהוּדָה יְרֵאִים וְאַף כִּי־נֵלֵךְ קְעִלָה אֶל־
ד מַעַרְכוֹת פְּלִשְׁתִּים: וַיּוֹסֶף עוֹד דָּוִד לִשְׁאוֹל טו
בַּיהוָה וַיַּעֲנֵהוּ יְהוָה וַיֹּאמֶר קוּם רֵד קְעִילָה כִּי־
ה אֲנִי נֹתֵן אֶת־פְּלִשְׁתִּים בְּיָדֶךָ: וַיֵּלֶךְ דָּוִד וַאֲנָשָׁו קְעִילָה וַיִּלָּחֶם
בַּפְּלִשְׁתִּים וַיִּנְהַג אֶת־מִקְנֵיהֶם וַיַּךְ בָּהֶם מַכָּה גְדוֹלָה וַיֹּשַׁע
ו דָּוִד אֵת יֹשְׁבֵי קְעִילָה: וַיְהִי בִּבְרֹחַ אֶבְיָתָר בֶּן־
ז אֲחִימֶלֶךְ אֶל־דָּוִד קְעִילָה אֵפוֹד יָרַד בְּיָדוֹ: וַיֻּגַּד לְשָׁאוּל כִּי־בָא
דָוִד קְעִילָה וַיֹּאמֶר שָׁאוּל נִכַּר אֹתוֹ אֱלֹהִים בְּיָדִי כִּי נִסְגַּר
ח לָבוֹא בְּעִיר דְּלָתַיִם וּבְרִיחַ: וַיְשַׁמַּע שָׁאוּל אֶת־כָּל־הָעָם
ט לַמִּלְחָמָה לָרֶדֶת קְעִילָה לָצוּר אֶל־דָּוִד וְאֶל־אֲנָשָׁיו: וַיֵּדַע דָּוִד
כִּי עָלָיו שָׁאוּל מַחֲרִישׁ הָרָעָה וַיֹּאמֶר אֶל־אֶבְיָתָר הַכֹּהֵן

י הגישה האפוד: ויאמר דוד יהוה אלהי ישראל
שמע שמע עבדך כי־מבקש שאול לבוא אל־קעילה
יא לשחת לעיר בעבורי: היסגרני בעלי קעילה בידו הירד
שאול כאשר שמע עבדך יהוה אלהי ישראל הגד־נא
יב לעבדך ויאמר יהוה ירד: ויאמר דוד היסגרו
בעלי קעילה אתי ואת־אנשי ביד שאול ויאמר יהוה
יג יסגירו: ויקם דוד ואנשיו כשש־מאות איש
ויצאו מקעלה ויתהלכו באשר יתהלכו ולשאול הגד כי־נמלט
יד דוד מקעילה ויחדל לצאת: וישב דוד במדבר במצדות וישב
בהר במדבר־זיף ויבקשהו שאול כל־הימים ולא־נתנו אלהים
טו בידו: וירא דוד כי־יצא שאול לבקש את־נפשו ודוד במדבר־
טז זיף בחרשה: ויקם יהונתן בן־שאול וילך אל־
יז דוד חרשה ויחזק את־ידו באלהים: ויאמר אליו אל־תירא
כי לא תמצאך יד־שאול אבי ואתה תמלך על־ישראל
יח ואנכי אהיה־לך למשנה וגם־שאול אבי ידע כן: ויכרתו
שניהם ברית לפני יהוה וישב דוד בחרשה ויהונתן הלך
יט לביתו: ויעלו זפים אל־שאול הגבעתה לאמר
הלוא דוד מסתתר עמנו במצדות בחרשה בגבעת החכילה
כ אשר מימין הישימון: ועתה לכל־אות נפשך המלך לרדת
כא רד ולנו הסגירו ביד המלך: ויאמר שאול ברוכים אתם
כב ליהוה כי חמלתם עלי: לכו־נא הכינו עוד ודעו וראו את־
מקומו אשר תהיה רגלו מי ראהו שם כי אמר אלי ערם
כג יערם הוא: וראו ודעו מכל המחבאים אשר יתחבא שם
ושבתם אלי אל־נכון והלכתי אתכם והיה אם־ישנו בארץ
כד וחפשתי אתו בכל אלפי יהודה: ויקומו וילכו זיפה לפני
שאול ודוד ואנשיו במדבר מעון בערבה אל ימין הישימון:
כה וילך שאול ואנשיו לבקש ויגדו לדוד וירד הסלע וישב

במדבר מעון וישמע שאול וירדף אחרי־דוד מדבר מעון:
כו וילך שאול מצד ההר מזה ודוד ואנשיו מצד ההר מזה ויהי
דוד נחפז ללכת מפני שאול ושאול ואנשיו עטרים אל־דוד
כז ואל־אנשיו לתפשם: ומלאך בא אל־שאול לאמר מהרה
כח ולכה כי־פשטו פלשתים על־הארץ: וישב שאול מרדף
אחרי דוד וילך לקראת פלשתים על־כן קראו למקום
כט ההוא סלע המחלקות: ויעל דוד משם וישב במצדות עין
כד א גדי: ויהי כאשר שב שאול מאחרי פלשתים
ב ויגדו לו לאמר הנה דוד במדבר עין גדי: ויקח
שאול שלשת אלפים איש בחור מכל־ישראל וילך לבקש
ג את־דוד ואנשיו על־פני צורי היעלים: ויבא אל־גדרות הצאן
על־הדרך ושם מערה ויבא שאול להסך את־רגליו ודוד
ד ואנשיו בירכתי המערה ישבים: ויאמרו אנשי דוד אליו הנה
היום אשר־אמר יהוה אליך הנה אנכי נתן את־איביך בידך איבך
ועשית לו כאשר יטב בעיניך ויקם דוד ויכרת את־כנף־
ה המעיל אשר־לשאול בלט: ויהי אחרי־כן ויך לב־דוד אתו
ו על אשר כרת את־כנף אשר לשאול: ויאמר לאנשיו חלילה
לי מיהוה אם־אעשה את־הדבר הזה לאדני למשיח יהוה
ז לשלח ידי בו כי־משיח יהוה הוא: וישסע דוד את־אנשיו
בדברים ולא נתנם לקום אל־שאול ושאול קם מהמערה
ח וילך בדרך: ויקם דוד אחרי־כן ויצא מן המערה מהמערה
ויקרא אחרי־שאול לאמר אדני המלך ויבט שאול אחריו
ט ויקד דוד אפים ארצה וישתחו: ויאמר דוד לשאול למה
י תשמע את־דברי אדם לאמר הנה דוד מבקש רעתך: הנה
היום הזה ראו עיניך את אשר־נתנך יהוה ׀ היום ׀ בידי
במערה ואמר להרגך ותחס עליך ואמר לא־אשלח ידי באדני
יא כי־משיח יהוה הוא: ואבי ראה גם ראה את־כנף מעילך בידי

כי בכרתי את-כנף מעילך ולא הרגתיך דע וראה כי אין בידי
רעה ופשע ולא-חטאתי לך ואתה צדה את-נפשי לקחתה:
יב ישפט יהוה ביני ובינך ונקמני יהוה ממך וידי לא תהיה-בך:
יג כאשר יאמר משל הקדמני מרשעים יצא רשע וידי לא
יד תהיה-בך: אחרי מי יצא מלך ישראל אחרי מי אתה רדף
טו אחרי כלב מת אחרי פרעש אחד: והיה יהוה לדין ושפט ביני
טז ובינך וירא וירב את-ריבי וישפטני מידך: ויהי
ככלות דוד לדבר את-הדברים האלה אל-שאול ויאמר
יז שאול הקלך זה בני דוד וישא שאול קלו ויבך: ויאמר אל-
דוד צדיק אתה ממני כי אתה גמלתני הטובה ואני גמלתיך
יח הרעה: ואת הגדת היום את אשר-עשיתה אתי טובה את
יט אשר סגרני יהוה בידך ולא הרגתני: וכי-ימצא איש את-
איבו ושלחו בדרך טובה ויהוה ישלמך טובה תחת היום הזה
כ אשר עשיתה לי: ועתה הנה ידעתי כי מלך תמלוך וקמה טז
כא בידך ממלכת ישראל: ועתה השבעה לי ביהוה אם-תכרית
כב את-זרעי אחרי ואם-תשמיד את-שמי מבית אבי: וישבע
דוד לשאול וילך שאול אל-ביתו ודוד ואנשיו עלו על-
כד א המצודה: וימת שמואל ויקבצו כל-ישראל
ויספדו-לו ויקברהו בביתו ברמה ויקם דוד וירד אל-מדבר
ב פארן: ואיש במעון ומעשהו בכרמל והאיש
גדול מאד ולו צאן שלשת-אלפים ואלף עזים ויהי בגזז את-
ג צאנו בכרמל: ושם האיש נבל ושם אשתו אבגיל והאשה
טובת-שכל ויפת תאר והאיש קשה ורע מעללים והוא
ד ה כלבו: וישמע דוד במדבר כי-גזז נבל את-צאנו: וישלח דוד כלבי
עשרה נערים ויאמר דוד לנערים עלו כרמלה ובאתם אל-
ו נבל ושאלתם-לו בשמי לשלום: ואמרתם כה לחי ואתה
ז שלום וביתך שלום וכל אשר-לך שלום: ועתה שמעתי כי

גזזים לך עתה הרעים אשר־לך היו עמנו לא הכלמנום ולא־
ח נפקד להם מאומה כל־ימי היותם בכרמל: שאל את־
נעריך ויגידו לך וימצאו הנערים חן בעיניך כי־על־יום טוב
בנו תנה־נא את אשר תמצא ידך לעבדיך ולבנך לדוד: [באנו]
ט ויבאו נערי דוד וידברו אל־נבל ככל־הדברים האלה בשם
י דוד וינוחו: ויען נבל את־עבדי דוד ויאמר מי דוד ומי בן־
יא ישי היום רבו עבדים המתפרצים איש מפני אדניו: ולקחתי
את־לחמי ואת־מימי ואת טבחתי אשר טבחתי לגזזי ונתתי
יב לאנשים אשר לא ידעתי אי מזה המה: ויהפכו נערי־דוד
יג לדרכם וישבו ויבאו ויגדו לו ככל הדברים האלה: ויאמר
דוד לאנשיו חגרו ׀ איש את־חרבו ויחגרו איש את־חרבו
ויחגר גם־דוד את־חרבו ויעלו ׀ אחרי דוד כארבע מאות
יד איש ומאתים ישבו על־הכלים: ולאביגיל אשת נבל הגיד
נער־אחד מהנערים לאמר הנה שלח דוד מלאכים ׀
טו מהמדבר לברך את־אדנינו ויעט בהם: והאנשים טבים לנו
מאד ולא הכלמנו ולא־פקדנו מאומה כל־ימי התהלכנו
טז אתם בהיותנו בשדה: חומה היו עלינו גם־לילה גם־יומם
יז כל־ימי היותנו עמם רעים הצאן: ועתה דעי וראי מה־תעשי
כי־כלתה הרעה אל־אדנינו ועל־כל־ביתו והוא בן־בליעל
יח מדבר אליו: ותמהר אבוגיל ותקח מאתים לחם ושנים נבלי־ [אביגיל]
יין וחמש צאן עשוות וחמש סאים קלי ומאה צמקים [עשויות]
יט ומאתים דבלים ותשם על־החמרים: ותאמר לנעריה עברו
כ לפני הנני אחריכם באה ולאישה נבל לא הגידה: והיה היא ׀
רכבת על־החמור וירדת בסתר ההר והנה דוד ואנשיו
כא ירדים לקראתה ותפגש אתם: ודוד אמר אך לשקר שמרתי
את־כל־אשר לזה במדבר ולא־נפקד מכל־אשר־לו מאומה
כב וישב־לי רעה תחת טובה: כה־יעשה אלהים לאיבי דוד וכה

יסיף אם־אשאיר מכל־אשר־לו עד־אור הבקר משתין
כג בקיר: ותרא אביגיל את־דוד ותמהר ותרד מעל החמור
כד ותפל לאפי דוד על־פניה ותשתחו ארץ: ותפל על־רגליו
ותאמר בי־אני אדני העון ותדבר־נא אמתך באזניך ושמע
כה את דברי אמתך: אל־נא ישים אדני ׀ את־לבו אל־איש
הבליעל הזה על־נבל כי כשמו כן־הוא נבל שמו ונבלה
עמו ואני אמתך לא ראיתי את־נערי אדני אשר שלחת:
כו ועתה אדני חי־יהוה וחי־נפשך אשר מנעך יהוה מבוא
בדמים והושע ידך לך ועתה יהיו כנבל איביך והמבקשים
כז אל־אדני רעה: ועתה הברכה הזאת אשר־הביא שפחתך
כח לאדני ונתנה לנערים המתהלכים ברגלי אדני: שא נא
לפשע אמתך כי־עשה יעשה יהוה לאדני בית נאמן כי־
כט מלחמות יהוה אדני נלחם ורעה לא־תמצא בך מימיך: ויקם
אדם לרדפך ולבקש את־נפשך והיתה נפש אדני צרורה ׀
בצרור החיים את יהוה אלהיך ואת נפש איביך יקלענה
ל בתוך כף הקלע: והיה כי־יעשה יהוה לאדני ככל אשר־
לא דבר את־הטובה עליך וצוך לנגיד על־ישראל: ולא
תהיה זאת ׀ לך לפוקה ולמכשול לב לאדני ולשפך־דם
חנם ולהושיע אדני לו והיטב יהוה לאדני וזכרת את־
לב אמתך: ויאמר דוד לאביגל ברוך יהוה אלהי
לג ישראל אשר שלחך היום הזה לקראתי: וברוך טעמך יז
וברוכה את אשר כלתני היום הזה מבוא בדמים והשע ידי
לד לי: ואולם חי־יהוה אלהי ישראל אשר מנעני מהרע אתך
כי ׀ לולי מהרת ותבאתי לקראתי כי אם־נותר לנבל עד־ ותבאת
לה אור הבקר משתין בקיר: ויקח דוד מידה את אשר־הביאה
לו ולה אמר עלי לשלום לביתך ראי שמעתי בקולך ואשא
לו פניך: ותבא אביגיל ׀ אל־נבל והנה־לו משתה בביתו

כְּמִשְׁתֵּה הַמֶּלֶךְ וְלֵב נָבָל טוֹב עָלָיו וְהוּא שִׁכֹּר עַד־מְאֹד וְלֹא־
לז הִגִּידָה לּוֹ דָּבָר קָטֹן וְגָדוֹל עַד־אוֹר הַבֹּקֶר׃ וַיְהִי בַבֹּקֶר בְּצֵאת
הַיַּיִן מִנָּבָל וַתַּגֶּד־לוֹ אִשְׁתּוֹ אֶת־הַדְּבָרִים הָאֵלֶּה וַיָּמָת לִבּוֹ
לח בְּקִרְבּוֹ וְהוּא הָיָה לְאָבֶן׃ וַיְהִי כַּעֲשֶׂרֶת הַיָּמִים וַיִּגֹּף יְהוָה אֶת־
לט נָבָל וַיָּמֹת׃ וַיִּשְׁמַע דָּוִד כִּי מֵת נָבָל וַיֹּאמֶר בָּרוּךְ יְהוָה אֲשֶׁר
רָב אֶת־רִיב חֶרְפָּתִי מִיַּד נָבָל וְאֶת־עַבְדּוֹ חָשַׂךְ מֵרָעָה וְאֵת
רָעַת נָבָל הֵשִׁיב יְהוָה בְּרֹאשׁוֹ וַיִּשְׁלַח דָּוִד וַיְדַבֵּר בַּאֲבִיגַיִל
מ לְקַחְתָּהּ לוֹ לְאִשָּׁה׃ וַיָּבֹאוּ עַבְדֵי דָוִד אֶל־אֲבִיגַיִל הַכַּרְמֶלָה
וַיְדַבְּרוּ אֵלֶיהָ לֵאמֹר דָּוִד שְׁלָחָנוּ אֵלַיִךְ לְקַחְתֵּךְ לוֹ לְאִשָּׁה׃
מא וַתָּקָם וַתִּשְׁתַּחוּ אַפַּיִם אָרְצָה וַתֹּאמֶר הִנֵּה אֲמָתְךָ לְשִׁפְחָה
מב לִרְחֹץ רַגְלֵי עַבְדֵי אֲדֹנִי׃ וַתְּמַהֵר וַתָּקָם אֲבִיגַיִל וַתִּרְכַּב עַל־
הַחֲמוֹר וְחָמֵשׁ נַעֲרֹתֶיהָ הַהֹלְכוֹת לְרַגְלָהּ וַתֵּלֶךְ אַחֲרֵי מַלְאֲכֵי
מג דָוִד וַתְּהִי־לוֹ לְאִשָּׁה׃ וְאֶת־אֲחִינֹעַם לָקַח דָּוִד מִיִּזְרְעֶאל
מד וַתִּהְיֶיןָ גַּם־שְׁתֵּיהֶן לוֹ לְנָשִׁים׃ וְשָׁאוּל נָתַן אֶת־
כו א מִיכַל בִּתּוֹ אֵשֶׁת דָּוִד לְפַלְטִי בֶן־לַיִשׁ אֲשֶׁר מִגַּלִּים׃ וַיָּבֹאוּ
הַזִּפִים אֶל־שָׁאוּל הַגִּבְעָתָה לֵאמֹר הֲלוֹא דָוִד מִסְתַּתֵּר בְּגִבְעַת
ב הַחֲכִילָה עַל פְּנֵי הַיְשִׁימֹן׃ וַיָּקָם שָׁאוּל וַיֵּרֶד אֶל־מִדְבַּר־זִיף
וְאִתּוֹ שְׁלֹשֶׁת־אֲלָפִים אִישׁ בְּחוּרֵי יִשְׂרָאֵל לְבַקֵּשׁ אֶת־דָּוִד
ג בְּמִדְבַּר־זִיף׃ וַיִּחַן שָׁאוּל בְּגִבְעַת הַחֲכִילָה אֲשֶׁר עַל־פְּנֵי
הַיְשִׁימֹן עַל־הַדָּרֶךְ וְדָוִד יֹשֵׁב בַּמִּדְבָּר וַיַּרְא כִּי בָא שָׁאוּל
ד אַחֲרָיו הַמִּדְבָּרָה׃ וַיִּשְׁלַח דָּוִד מְרַגְּלִים וַיֵּדַע כִּי־בָא שָׁאוּל אֶל־
ה נָכוֹן׃ וַיָּקָם דָּוִד וַיָּבֹא אֶל־הַמָּקוֹם אֲשֶׁר חָנָה־שָׁם שָׁאוּל וַיַּרְא
דָּוִד אֶת־הַמָּקוֹם אֲשֶׁר שָׁכַב־שָׁם שָׁאוּל וְאַבְנֵר בֶּן־נֵר שַׂר־
ו צְבָאוֹ וְשָׁאוּל שֹׁכֵב בַּמַּעְגָּל וְהָעָם חֹנִים סְבִיבֹתָו׃ וַיַּעַן דָּוִד
וַיֹּאמֶר ׀ אֶל־אֲחִימֶלֶךְ הַחִתִּי וְאֶל־אֲבִישַׁי בֶּן־צְרוּיָה אֲחִי יוֹאָב
לֵאמֹר מִי־יֵרֵד אִתִּי אֶל־שָׁאוּל אֶל־הַמַּחֲנֶה וַיֹּאמֶר אֲבִישַׁי אֲנִי
ז אֵרֵד עִמָּךְ׃ וַיָּבֹא דָוִד וַאֲבִישַׁי ׀ אֶל־הָעָם לַיְלָה וְהִנֵּה שָׁאוּל

שכב ישן במעגל וחניתו מעוכה־בארץ מראשתו ואבנר
ח והעם שכבים סביבתו: ויאמר אבישי אל־דוד
סגר אלהים היום את־איבך בידך ועתה אכנו נא בחנית
ט ובארץ פעם אחת ולא אשנה לו: ויאמר דוד אל־אבישי אל־
י תשחיתהו כי מי שלח ידו במשיח יהוה ונקה: ויאמר דוד חי־
יהוה כי אם־יהוה יגפנו או־יומו יבוא ומת או במלחמה ירד
יא ונספה: חלילה לי מיהוה משלח ידי במשיח יהוה ועתה קח־
נא את־החנית אשר מראשתו ואת־צפחת המים ונלכה־
יב לנו: ויקח דוד את־החנית ואת־צפחת המים מראשתי
שאול וילכו להם ואין ראה ואין יודע ואין מקיץ כי כלם
יג ישנים כי תרדמת יהוה נפלה עליהם: ויעבר דוד העבר
יד ויעמד על־ראש־ההר מרחק רב המקום ביניהם: ויקרא דוד
אל־העם ואל־אבנר בן־נר לאמר הלוא תענה אבנר ויען
טו אבנר ויאמר מי אתה קראת אל־המלך: ויאמר דוד אל־
אבנר הלוא־איש אתה ומי כמוך בישראל ולמה לא שמרת
אל־אדניך המלך כי־בא אחד העם להשחית את־המלך
טז אדניך: לא־טוב הדבר הזה אשר עשית חי־יהוה כי בני־מות
אתם אשר לא־שמרתם על־אדניכם על־משיח יהוה ועתה ׀
יז ראה אי־חנית המלך ואת־צפחת המים אשר מראשתו: ויכר
שאול את־קול דוד ויאמר הקולך זה בני דוד ויאמר דוד
יח קולי אדני המלך: ויאמר למה זה אדני רדף אחרי עבדו כי
יט מה עשיתי ומה־בידי רעה: ועתה ישמע־נא אדני המלך את
דברי עבדו אם־יהוה הסיתך בי ירח מנחה ואם ׀ בני האדם
ארורים הם לפני יהוה כי־גרשוני היום מהסתפח בנחלת יהוה
כ לאמר לך עבד אלהים אחרים: ועתה אל־יפל דמי ארצה
מנגד פני יהוה כי־יצא מלך ישראל לבקש את־פרעש אחד
כא כאשר ירדף הקרא בהרים: ויאמר שאול חטאתי שוב בני־

דָּוִד כִּי לֹא־אָרַע לְךָ עוֹד תַּחַת אֲשֶׁר יָקְרָה נַפְשִׁי בְּעֵינֶיךָ הַיּוֹם
כב הַזֶּה הִנֵּה הִסְכַּלְתִּי וָאֶשְׁגֶּה הַרְבֵּה מְאֹד: וַיַּעַן דָּוִד וַיֹּאמֶר הִנֵּה
כג החנית הַמֶּלֶךְ וְיַעֲבֹר אֶחָד מֵהַנְּעָרִים וְיִקָּחֶהָ: וַיהוָה יָשִׁיב לָאִישׁ חֲנִית
אֶת־צִדְקָתוֹ וְאֶת־אֱמֻנָתוֹ אֲשֶׁר נְתָנְךָ יְהוָה ׀ הַיּוֹם בְּיָד וְלֹא
כד אָבִיתִי לִשְׁלֹחַ יָדִי בִּמְשִׁיחַ יְהוָה: וְהִנֵּה כַּאֲשֶׁר גָּדְלָה נַפְשְׁךָ
הַיּוֹם הַזֶּה בְּעֵינָי כֵּן תִּגְדַּל נַפְשִׁי בְּעֵינֵי יְהוָה וְיַצִּלֵנִי מִכָּל־
כה צָרָה: וַיֹּאמֶר שָׁאוּל אֶל־דָּוִד בָּרוּךְ אַתָּה בְּנִי דָוִד גַּם יח
עָשֹׂה תַעֲשֶׂה וְגַם יָכֹל תּוּכָל וַיֵּלֶךְ דָּוִד לְדַרְכּוֹ וְשָׁאוּל שָׁב
כז א לִמְקוֹמוֹ: וַיֹּאמֶר דָּוִד אֶל־לִבּוֹ עַתָּה אֶסָּפֶה יוֹם־
אֶחָד בְּיַד־שָׁאוּל אֵין־לִי טוֹב כִּי הִמָּלֵט אִמָּלֵט ׀ אֶל־אֶרֶץ
פְּלִשְׁתִּים וְנוֹאַשׁ מִמֶּנִּי שָׁאוּל לְבַקְשֵׁנִי עוֹד בְּכָל־גְּבוּל יִשְׂרָאֵל
ב וְנִמְלַטְתִּי מִיָּדוֹ: וַיָּקָם דָּוִד וַיַּעֲבֹר הוּא וְשֵׁשׁ־מֵאוֹת אִישׁ אֲשֶׁר
ג עִמּוֹ אֶל־אָכִישׁ בֶּן־מָעוֹךְ מֶלֶךְ גַּת: וַיֵּשֶׁב דָּוִד עִם־אָכִישׁ בְּגַת
הוּא וַאֲנָשָׁיו אִישׁ וּבֵיתוֹ דָּוִד וּשְׁתֵּי נָשָׁיו אֲחִינֹעַם הַיִּזְרְעֵאלִת
ד וַאֲבִיגַיִל אֵשֶׁת־נָבָל הַכַּרְמְלִית: וַיֻּגַּד לְשָׁאוּל כִּי־בָרַח דָּוִד גַּת
ה וְלֹא־יוסף עוֹד לְבַקְשׁוֹ: וַיֹּאמֶר דָּוִד אֶל־אָכִישׁ יָסַף
אִם־נָא מָצָאתִי חֵן בְּעֵינֶיךָ יִתְּנוּ־לִי מָקוֹם בְּאַחַת עָרֵי הַשָּׂדֶה
ו וְאֵשְׁבָה שָּׁם וְלָמָּה יֵשֵׁב עַבְדְּךָ בְּעִיר הַמַּמְלָכָה עִמָּךְ: וַיִּתֶּן־לוֹ
אָכִישׁ בַּיּוֹם הַהוּא אֶת־צִקְלָג לָכֵן הָיְתָה צִקְלַג לְמַלְכֵי יְהוּדָה
ז עַד הַיּוֹם הַזֶּה: וַיְהִי מִסְפַּר הַיָּמִים אֲשֶׁר־יָשַׁב
ח דָּוִד בִּשְׂדֵה פְלִשְׁתִּים יָמִים וְאַרְבָּעָה חֳדָשִׁים: וַיַּעַל דָּוִד וַאֲנָשָׁיו
וַיִּפְשְׁטוּ אֶל־הַגְּשׁוּרִי והגרזי וְהָעֲמָלֵקִי כִּי הֵנָּה יֹשְׁבוֹת הָאָרֶץ וְהַגִּזְרִי
ט אֲשֶׁר מֵעוֹלָם בּוֹאֲךָ שׁוּרָה וְעַד־אֶרֶץ מִצְרָיִם: וְהִכָּה דָוִד אֶת־
הָאָרֶץ וְלֹא יְחַיֶּה אִישׁ וְאִשָּׁה וְלָקַח צֹאן וּבָקָר וַחֲמֹרִים וּגְמַלִּים
י וּבְגָדִים וַיָּשָׁב וַיָּבֹא אֶל־אָכִישׁ: וַיֹּאמֶר אָכִישׁ אַל־פְּשַׁטְתֶּם
הַיּוֹם וַיֹּאמֶר דָּוִד עַל־נֶגֶב יְהוּדָה וְעַל־נֶגֶב הַיְּרַחְמְאֵלִי וְאֶל־
יא נֶגֶב הַקֵּינִי: וְאִישׁ וְאִשָּׁה לֹא־יְחַיֶּה דָוִד לְהָבִיא גַת לֵאמֹר פֶּן־

יגדו עלינו לאמר כה־עשה דוד וכה משפטו כל־הימים אשר
יב ישב בשדה פלשתים: ויאמן אכיש בדוד לאמר הבאש
כח א הבאיש בעמו בישראל והיה לי לעבד עולם: ויהי
בימים ההם ויקבצו פלשתים את־מחניהם לצבא להלחם
בישראל ויאמר אכיש אל־דוד ידע תדע כי אתי תצא
ב במחנה אתה ואנשיך: ויאמר דוד אל־אכיש לכן אתה
תדע את אשר־יעשה עבדך ויאמר אכיש אל־דוד לכן
שמר לראשי אשימך כל־הימים:
ג ושמואל מת ויספדו־לו כל־ישראל ויקברהו ברמה ובעירו
ד ושאול הסיר האבות ואת־הידענים מהארץ: ויקבצו
פלשתים ויבאו ויחנו בשונם ויקבץ שאול את־כל־ישראל
ה ויחנו בגלבע: וירא שאול את־מחנה פלשתים ויירא ויחרד
ו לבו מאד: וישאל שאול ביהוה ולא ענהו יהוה גם בחלמות
ז גם באורים גם בנביאם: ויאמר שאול לעבדיו בקשו־לי אשת
בעלת־אוב ואלכה אליה ואדרשה־בה ויאמרו עבדיו אליו
ח הנה אשת בעלת־אוב בעין דור: ויתחפש שאול וילבש
בגדים אחרים וילך הוא ושני אנשים עמו ויבאו אל־האשה
לילה ויאמר קסומי־נא לי באוב והעלי לי את אשר־אמר קסמי
ט אליך: ותאמר האשה אליו הנה אתה ידעת את אשר־עשה
שאול אשר הכרית את־האבות ואת־הידעני מן־הארץ
י ולמה אתה מתנקש בנפשי להמיתני: וישבע לה שאול
יא ביהוה לאמר חי־יהוה אם־יקרך עון בדבר הזה: ותאמר
האשה את־מי אעלה־לך ויאמר את־שמואל העלי־לי:
יב ותרא האשה את־שמואל ותזעק בקול גדול ותאמר האשה
יג אל־שאול ׀ לאמר למה רמיתני ואתה שאול: ויאמר לה
המלך אל־תיראי כי מה ראית ותאמר האשה אל־שאול
יד אלהים ראיתי עלים מן־הארץ: ויאמר לה מה־תארו ותאמר

אִישׁ זָקֵן עֹלֶה וְהוּא עֹטֶה מְעִיל וַיֵּדַע שָׁאוּל כִּי־שְׁמוּאֵל הוּא
טו וַיִּקֹּד אַפַּיִם אַרְצָה וַיִּשְׁתָּחוּ׃ וַיֹּאמֶר שְׁמוּאֵל
אֶל־שָׁאוּל לָמָּה הִרְגַּזְתַּנִי לְהַעֲלוֹת אֹתִי וַיֹּאמֶר שָׁאוּל צַר־לִי
מְאֹד וּפְלִשְׁתִּים ׀ נִלְחָמִים בִּי וֵאלֹהִים סָר מֵעָלַי וְלֹא־עָנָנִי עוֹד
גַּם בְּיַד הַנְּבִיאִים גַּם בַּחֲלֹמוֹת וָאֶקְרָאֶה לְךָ לְהוֹדִיעֵנִי מָה
טז אֶעֱשֶׂה׃ וַיֹּאמֶר שְׁמוּאֵל וְלָמָּה תִּשְׁאָלֵנִי וַיהוָה סָר מֵעָלֶיךָ וַיְהִי
יז עָרֶךָ׃ וַיַּעַשׂ יְהוָה לוֹ כַּאֲשֶׁר דִּבֶּר בְּיָדִי וַיִּקְרַע יְהוָה אֶת־
יח הַמַּמְלָכָה מִיָּדֶךָ וַיִּתְּנָהּ לְרֵעֲךָ לְדָוִד׃ כַּאֲשֶׁר לֹא־שָׁמַעְתָּ בְּקוֹל
יְהוָה וְלֹא־עָשִׂיתָ חֲרוֹן־אַפּוֹ בַּעֲמָלֵק עַל־כֵּן הַדָּבָר הַזֶּה עָשָׂה־
יט לְךָ יְהוָה הַיּוֹם הַזֶּה׃ וְיִתֵּן יְהוָה גַּם אֶת־יִשְׂרָאֵל עִמְּךָ בְּיַד־
פְּלִשְׁתִּים וּמָחָר אַתָּה וּבָנֶיךָ עִמִּי גַּם אֶת־מַחֲנֵה יִשְׂרָאֵל יִתֵּן
כ יְהוָה בְּיַד־פְּלִשְׁתִּים׃ וַיְמַהֵר שָׁאוּל וַיִּפֹּל מְלֹא־קוֹמָתוֹ אַרְצָה
וַיִּרָא מְאֹד מִדִּבְרֵי שְׁמוּאֵל גַּם־כֹּחַ לֹא־הָיָה בוֹ כִּי לֹא אָכַל
כא לֶחֶם כָּל־הַיּוֹם וְכָל־הַלָּיְלָה׃ וַתָּבוֹא הָאִשָּׁה אֶל־שָׁאוּל וַתֵּרֶא
כִּי־נִבְהַל מְאֹד וַתֹּאמֶר אֵלָיו הִנֵּה שָׁמְעָה שִׁפְחָתְךָ בְּקוֹלֶךָ
וָאָשִׂים נַפְשִׁי בְּכַפִּי וָאֶשְׁמַע אֶת־דְּבָרֶיךָ אֲשֶׁר דִּבַּרְתָּ אֵלָי׃
כב וְעַתָּה שְׁמַע־נָא גַם־אַתָּה בְּקוֹל שִׁפְחָתֶךָ וְאָשִׂמָה לְפָנֶיךָ
כג פַּת־לֶחֶם וֶאֱכוֹל וִיהִי בְךָ כֹּחַ כִּי תֵלֵךְ בַּדָּרֶךְ׃ וַיְמָאֵן
וַיֹּאמֶר לֹא אֹכַל וַיִּפְרְצוּ־בוֹ עֲבָדָיו וְגַם־הָאִשָּׁה וַיִּשְׁמַע
כד לְקֹלָם וַיָּקָם מֵהָאָרֶץ וַיֵּשֶׁב אֶל־הַמִּטָּה׃ וְלָאִשָּׁה עֵגֶל־מַרְבֵּק יט
בַּבַּיִת וַתְּמַהֵר וַתִּזְבָּחֵהוּ וַתִּקַּח־קֶמַח וַתָּלָשׁ וַתֹּפֵהוּ מַצּוֹת׃
כה וַתַּגֵּשׁ לִפְנֵי־שָׁאוּל וְלִפְנֵי עֲבָדָיו וַיֹּאכֵלוּ וַיָּקֻמוּ וַיֵּלְכוּ בַּלַּיְלָה
כט א הַהוּא׃ וַיִּקְבְּצוּ פְלִשְׁתִּים אֶת־כָּל־מַחֲנֵיהֶם
ב אֲפֵקָה וְיִשְׂרָאֵל חֹנִים בַּעַיִן אֲשֶׁר בְּיִזְרְעֶאל׃ וְסַרְנֵי פְלִשְׁתִּים
עֹבְרִים לְמֵאוֹת וְלַאֲלָפִים וְדָוִד וַאֲנָשָׁיו עֹבְרִים בָּאַחֲרֹנָה
ג עִם־אָכִישׁ׃ וַיֹּאמְרוּ שָׂרֵי פְלִשְׁתִּים מָה הָעִבְרִים הָאֵלֶּה וַיֹּאמֶר
אָכִישׁ אֶל־שָׂרֵי פְלִשְׁתִּים הֲלוֹא־זֶה דָוִד עֶבֶד ׀ שָׁאוּל מֶלֶךְ־

ישראל אשר היה אתי זה ימים או־זה שנים ולא־מצאתי
ד בו מאומה מיום נפלו עד־היום הזה: ויקצפו
עליו שרי פלשתים ויאמרו לו שרי פלשתים השב את־
האיש וישב אל־מקומו אשר הפקדתו שם ולא־ירד עמנו
במלחמה ולא־יהיה־לנו לשטן במלחמה ובמה יתרצה זה
ה אל־אדניו הלוא בראשי האנשים ההם: הלוא־זה דוד
אשר יענו־לו במחלות לאמר הכה שאול באלפו ודוד
ו ברבבתו: ויקרא אכיש אל־דוד ויאמר אליו
חי־יהוה כי־ישר אתה וטוב בעיני צאתך ובאך אתי במחנה
כי לא־מצאתי בך רעה מיום באך אלי עד־היום הזה ובעיני
ז הסרנים לא־טוב אתה: ועתה שוב ולך בשלום ולא־תעשה
ח רע בעיני סרני פלשתים: ויאמר דוד אל־אכיש
כי מה עשיתי ומה־מצאת בעבדך מיום אשר הייתי לפניך
עד היום הזה כי לא אבוא ונלחמתי באיבי אדני המלך:
ט ויען אכיש ויאמר אל־דוד ידעתי כי טוב אתה בעיני
כמלאך אלהים אך שרי פלשתים אמרו לא־יעלה עמנו
י במלחמה: ועתה השכם בבקר ועבדי אדניך אשר־באו אתך
יא והשכמתם בבקר ואור לכם ולכו: וישכם דוד הוא ואנשיו
ללכת בבקר לשוב אל־ארץ פלשתים ופלשתים עלו
ל א יזרעאל: ויהי בבא דוד ואנשיו צקלג ביום
השלישי ועמלקי פשטו אל־נגב ואל־צקלג ויכו את־צקלג
ב וישרפו אתה באש: וישבו את־הנשים אשר־בה מקטן ועד־
ג גדול לא המיתו איש וינהגו וילכו לדרכם: ויבא דוד ואנשיו
אל־העיר והנה שרופה באש ונשיהם ובניהם ובנתיהם נשבו:
ד וישא דוד והעם אשר־אתו את־קולם ויבכו עד אשר אין־
ה בהם כח לבכות: ושתי נשי־דוד נשבו אחינעם היזרעלית
ו ואביגיל אשת נבל הכרמלי: ותצר לדוד מאד כי־אמרו העם

לְסָקְלוֹ כִּי־מָרָה נֶפֶשׁ כָּל־הָעָם אִישׁ עַל־בָּנָו וְעַל־בְּנֹתָיו
ז וַיִּתְחַזֵּק דָּוִד בַּיהוָה אֱלֹהָיו׃ וַיֹּאמֶר דָּוִד אֶל־
אֶבְיָתָר הַכֹּהֵן בֶּן־אֲחִימֶלֶךְ הַגִּישָׁה־נָּא לִי הָאֵפוֹד וַיַּגֵּשׁ אֶבְיָתָר
ח אֶת־הָאֵפוֹד אֶל־דָּוִד׃ וַיִּשְׁאַל דָּוִד בַּיהוָה לֵאמֹר אֶרְדֹּף אַחֲרֵי
הַגְּדוּד־הַזֶּה הַאַשִּׂגֶנּוּ וַיֹּאמֶר לוֹ רְדֹף כִּי־הַשֵּׂג תַּשִּׂיג וְהַצֵּל
ט תַּצִּיל׃ וַיֵּלֶךְ דָּוִד הוּא וְשֵׁשׁ־מֵאוֹת אִישׁ אֲשֶׁר אִתּוֹ וַיָּבֹאוּ עַד־
י נַחַל הַבְּשׂוֹר וְהַנּוֹתָרִים עָמָדוּ׃ וַיִּרְדֹּף דָּוִד הוּא וְאַרְבַּע־מֵאוֹת
אִישׁ וַיַּעַמְדוּ מָאתַיִם אִישׁ אֲשֶׁר פִּגְּרוּ מֵעֲבֹר אֶת־נַחַל הַבְּשׂוֹר׃
יא וַיִּמְצְאוּ אִישׁ־מִצְרִי בַּשָּׂדֶה וַיִּקְחוּ אֹתוֹ אֶל־דָּוִד וַיִּתְּנוּ־לוֹ לֶחֶם
יב וַיֹּאכַל וַיַּשְׁקֻהוּ מָיִם׃ וַיִּתְּנוּ־לוֹ פֶלַח דְּבֵלָה וּשְׁנֵי צִמֻּקִים וַיֹּאכַל
וַתָּשָׁב רוּחוֹ אֵלָיו כִּי לֹא־אָכַל לֶחֶם וְלֹא־שָׁתָה מַיִם שְׁלֹשָׁה
יג יָמִים וּשְׁלֹשָׁה לֵילוֹת׃ וַיֹּאמֶר לוֹ דָוִד לְמִי־אַתָּה
וְאֵי מִזֶּה אָתָּה וַיֹּאמֶר נַעַר מִצְרִי אָנֹכִי עֶבֶד לְאִישׁ עֲמָלֵקִי
יד וַיַּעַזְבֵנִי אֲדֹנִי כִּי חָלִיתִי הַיּוֹם שְׁלֹשָׁה׃ אֲנַחְנוּ פָּשַׁטְנוּ נֶגֶב
הַכְּרֵתִי וְעַל־אֲשֶׁר לִיהוּדָה וְעַל־נֶגֶב כָּלֵב וְאֶת־צִקְלַג שָׂרַפְנוּ
טו בָאֵשׁ׃ וַיֹּאמֶר אֵלָיו דָּוִד הֲתוֹרִדֵנִי אֶל־הַגְּדוּד הַזֶּה וַיֹּאמֶר
הִשָּׁבְעָה לִּי בֵאלֹהִים אִם־תְּמִיתֵנִי וְאִם־תַּסְגִּרֵנִי בְּיַד־אֲדֹנִי
טז וְאוֹרִדְךָ אֶל־הַגְּדוּד הַזֶּה׃ וַיֹּרִדֵהוּ וְהִנֵּה נְטֻשִׁים עַל־פְּנֵי כָל־
הָאָרֶץ אֹכְלִים וְשֹׁתִים וְחֹגְגִים בְּכֹל הַשָּׁלָל הַגָּדוֹל אֲשֶׁר לָקְחוּ
יז מֵאֶרֶץ פְּלִשְׁתִּים וּמֵאֶרֶץ יְהוּדָה׃ וַיַּכֵּם דָּוִד מֵהַנֶּשֶׁף וְעַד־הָעֶרֶב
לְמָחֳרָתָם וְלֹא־נִמְלַט מֵהֶם אִישׁ כִּי אִם־אַרְבַּע מֵאוֹת אִישׁ־
יח נַעַר אֲשֶׁר־רָכְבוּ עַל־הַגְּמַלִּים וַיָּנֻסוּ׃ וַיַּצֵּל דָּוִד אֵת כָּל־אֲשֶׁר
יט לָקְחוּ עֲמָלֵק וְאֶת־שְׁתֵּי נָשָׁיו הִצִּיל דָּוִד׃ וְלֹא נֶעְדַּר־לָהֶם מִן־
הַקָּטֹן וְעַד־הַגָּדוֹל וְעַד־בָּנִים וּבָנוֹת וּמִשָּׁלָל וְעַד כָּל־אֲשֶׁר
כ לָקְחוּ לָהֶם הַכֹּל הֵשִׁיב דָּוִד׃ וַיִּקַּח דָּוִד אֶת־כָּל־הַצֹּאן וְהַבָּקָר
כא נָהֲגוּ לִפְנֵי הַמִּקְנֶה הַהוּא וַיֹּאמְרוּ זֶה שְׁלַל דָּוִד׃ וַיָּבֹא דָוִד אֶל־
מָאתַיִם הָאֲנָשִׁים אֲשֶׁר־פִּגְּרוּ ׀ מִלֶּכֶת ׀ אַחֲרֵי דָוִד וַיֹּשִׁיבֻם בְּנַחַל

הבשור ויצאו לקראת דוד ולקראת העם אשר אתו ויגש דוד
כב את־העם וישאל להם לשלום: ויען כל־איש
רע ובליעל מהאנשים אשר הלכו עם־דוד ויאמרו יען אשר
לא־הלכו עמי לא־נתן להם מהשלל אשר הצלנו כי אם־
כג איש את־אשתו ואת־בניו וינהגו וילכו: ויאמר
דוד לא־תעשו כן אחי את אשר־נתן יהוה לנו וישמר אתנו
כד ויתן את־הגדוד הבא עלינו בידנו: ומי ישמע לכם לדבר
הזה כי כחלק | הורד במלחמה וכחלק הישב על־הכלים הירד
כה יחדו יחלקו: ויהי מהיום ההוא ומעלה וישמה כ
כו לחק ולמשפט לישראל עד היום הזה: ויבא
דוד אל־צקלג וישלח מהשלל לזקני יהודה לרעהו לאמר
כז הנה לכם ברכה משלל איבי יהוה: לאשר בבית־אל ולאשר
כח ברמות־נגב ולאשר ביתר: ולאשר בערער ולאשר בשפמות
כט ולאשר באשתמע: ולאשר ברכל ולאשר בערי הירחמאלי
ל ולאשר בערי הקיני: ולאשר בחרמה ולאשר בכור־עשן
לא ולאשר בעתך: ולאשר בחברון ולכל־המקמות אשר־
התהלך־שם דוד הוא ואנשיו:
לא א ופלשתים נלחמים בישראל וינסו אנשי ישראל מפני
ב פלשתים ויפלו חללים בהר הגלבע: וידבקו פלשתים את־
שאול ואת־בניו ויכו פלשתים את־יהונתן ואת־אבינדב
ג ואת־מלכי־שוע בני שאול: ותכבד המלחמה אל־שאול
ד וימצאהו המורים אנשים בקשת ויחל מאד מהמורים: ויאמר
שאול לנשא כליו שלף חרבך | ודקרני בה פן־יבואו הערלים
האלה ודקרני והתעללו־בי ולא אבה נשא כליו כי ירא מאד
ה ויקח שאול את־החרב ויפל עליה: וירא נשא־כליו כי־מת
ו שאול ויפל גם־הוא על־חרבו וימת עמו: וימת שאול ושלשת
ז בניו ונשא כליו גם כל־אנשיו ביום ההוא יחדו: ויראו אנשי־

ישראל אשר־בעבר העמק ואשר ׀ בעבר הירדן כי־נסו אנשי
ישראל וכי־מתו שאול ובניו ויעזבו את־הערים וינסו ויבאו
ח פלשתים וישבו בהן: ויהי ממחרת ויבאו
פלשתים לפשט את־החללים וימצאו את־שאול ואת־
ט שלשת בניו נפלים בהר הגלבע: ויכרתו את־ראשו ויפשטו
את־כליו וישלחו בארץ־פלשתים סביב לבשר בית עצביהם
י ואת־העם: וישימו את־כליו בית עשתרות ואת־גויתו תקעו
יא בחומת בית שן: וישמעו אליו ישבי יביש גלעד את אשר־
יב עשו פלשתים לשאול: ויקומו כל־איש חיל וילכו כל־הלילה
ויקחו את־גוית שאול ואת גוית בניו מחומת בית שן ויבאו
יג יבשה וישרפו אתם שם: ויקחו את־עצמתיהם ויקברו תחת־
א א האשל ביבשה ויצמו שבעת ימים: ויהי אחרי שמואל ב
מות שאול ודוד שב מהכות את־העמלק וישב דוד
ב בצקלג ימים שנים: ויהי ׀ ביום השלישי והנה איש בא
מן־המחנה מעם שאול ובגדיו קרעים ואדמה על־ראשו ויהי
ג בבאו אל־דוד ויפל ארצה וישתחו: ויאמר לו דוד אי מזה
ד תבוא ויאמר אליו ממחנה ישראל נמלטתי: ויאמר אליו
דוד מה־היה הדבר הגד־נא לי ויאמר אשר־נס העם מן־
המלחמה וגם־הרבה נפל מן־העם וימתו וגם שאול ויהונתן
ה בנו מתו: ויאמר דוד אל־הנער המגיד לו איך ידעת כי־
ו מת שאול ויהונתן בנו: ויאמר הנער ׀ המגיד לו נקרא
נקריתי בהר הגלבע והנה שאול נשען על־חניתו והנה
ז הרכב ובעלי הפרשים הדבקהו: ויפן אחריו ויראני ויקרא
ח אלי ואמר הנני: ויאמר לי מי־אתה ויאמר אליו עמלקי ואמר
ט אנכי: ויאמר אלי עמד־נא עלי ומתתני כי אחזני השבץ כי־
י כל־עוד נפשי בי: ואעמד עליו ואמתתהו כי ידעתי כי לא
יחיה אחרי נפלו ואקח הנזר ׀ אשר על־ראשו ואצעדה אשר

יא על־זרעו ואביאם אל־אדני הנה: ויחזק דוד בבגדו ויקרעם
יב וגם כל־האנשים אשר אתו: ויספדו ויבכו ויצמו עד־הערב
על־שאול ועל־יהונתן בנו ועל־עם יהוה ועל־בית ישראל
יג כי נפלו בחרב: ויאמר דוד אל־הנער המגיד
יד לו אי מזה אתה ויאמר בן־איש גר עמלקי אנכי: ויאמר
אליו דוד איך לא יראת לשלח ידך לשחת את־משיח יהוה:
טו ויקרא דוד לאחד מהנערים ויאמר גש פגע־בו ויכהו וימת:
טז ויאמר אליו דוד דמיך על־ראשך כי פיך ענה בך לאמר דמך
יז אנכי מתתי את־משיח יהוה: ויקנן דוד את־
יח הקינה הזאת על־שאול ועל־יהונתן בנו: ויאמר ללמד בני־
יט יהודה קשת הנה כתובה על־ספר הישר: הצבי ישראל על־
כ במותיך חלל איך נפלו גבורים: אל־תגידו בגת אל־תבשרו
בחוצת אשקלון פן־תשמחנה בנות פלשתים פן־תעלזנה
כא בנות הערלים: הרי בגלבע אל־טל ואל־מטר עליכם ושדי
תרומת כי שם נגעל מגן גבורים מגן שאול בלי משיח בשמן:
כב מדם חללים מחלב גבורים קשת יהונתן לא נשוג אחור
כג וחרב שאול לא תשוב ריקם: שאול ויהונתן הנאהבים
והנעימם בחייהם ובמותם לא נפרדו מנשרים קלו מאריות
כד גברו: בנות ישראל אל־שאול בכינה המלבשכם שני עם־
כה עדנים המעלה עדי זהב על לבושכן: איך נפלו גברים בתוך
כו המלחמה יהונתן על־במותיך חלל: צר־לי עליך אחי יהונתן
כז נעמת לי מאד נפלאתה אהבתך לי מאהבת נשים: איך
ב א נפלו גבורים ויאבדו כלי מלחמה: ויהי אחרי־
כן וישאל דוד ביהוה | לאמר האעלה באחת ערי יהודה
ויאמר יהוה אליו עלה ויאמר דוד אנה אעלה ויאמר חברנה:
ב ויעל שם דוד וגם שתי נשיו אחינעם היזרעלית ואביגיל אשת
ג נבל הכרמלי: ואנשיו אשר־עמו העלה דוד איש וביתו וישבו

ד בְּעָרֵי חֶבְרוֹן׃ וַיָּבֹאוּ אַנְשֵׁי יְהוּדָה וַיִּמְשְׁחוּ־שָׁם אֶת־דָּוִד לְמֶלֶךְ
עַל־בֵּית יְהוּדָה וַיַּגִּדוּ לְדָוִד לֵאמֹר אַנְשֵׁי יָבֵישׁ גִּלְעָד אֲשֶׁר
ה קָבְרוּ אֶת־שָׁאוּל׃ וַיִּשְׁלַח דָּוִד מַלְאָכִים אֶל־
אַנְשֵׁי יָבֵישׁ גִּלְעָד וַיֹּאמֶר אֲלֵיהֶם בְּרֻכִים אַתֶּם לַיהוָה אֲשֶׁר
עֲשִׂיתֶם הַחֶסֶד הַזֶּה עִם־אֲדֹנֵיכֶם עִם־שָׁאוּל וַתִּקְבְּרוּ אֹתוֹ׃
ו וְעַתָּה יַעַשׂ־יְהוָה עִמָּכֶם חֶסֶד וֶאֱמֶת וְגַם אָנֹכִי אֶעֱשֶׂה אִתְּכֶם
ז הַטּוֹבָה הַזֹּאת אֲשֶׁר עֲשִׂיתֶם הַדָּבָר הַזֶּה׃ וְעַתָּה ׀ תֶּחֱזַקְנָה כא
יְדֵיכֶם וִהְיוּ לִבְנֵי־חַיִל כִּי־מֵת אֲדֹנֵיכֶם שָׁאוּל וְגַם אֹתִי מָשְׁחוּ
ח בֵית־יְהוּדָה לְמֶלֶךְ עֲלֵיהֶם׃ וְאַבְנֵר בֶּן־נֵר שַׂר־
צָבָא אֲשֶׁר לְשָׁאוּל לָקַח אֶת־אִישׁ בֹּשֶׁת בֶּן־שָׁאוּל וַיַּעֲבִרֵהוּ
ט מַחֲנָיִם׃ וַיַּמְלִכֵהוּ אֶל־הַגִּלְעָד וְאֶל־הָאֲשׁוּרִי וְאֶל־יִזְרְעֶאל
י וְעַל־אֶפְרַיִם וְעַל־בִּנְיָמִן וְעַל־יִשְׂרָאֵל כֻּלֹּה׃ בֶּן־
אַרְבָּעִים שָׁנָה אִישׁ־בֹּשֶׁת בֶּן־שָׁאוּל בְּמָלְכוֹ עַל־יִשְׂרָאֵל
יא וּשְׁתַּיִם שָׁנִים מָלָךְ אַךְ בֵּית יְהוּדָה הָיוּ אַחֲרֵי דָוִד׃ וַיְהִי מִסְפַּר
הַיָּמִים אֲשֶׁר הָיָה דָוִד מֶלֶךְ בְּחֶבְרוֹן עַל־בֵּית יְהוּדָה שֶׁבַע
יב שָׁנִים וְשִׁשָּׁה חֳדָשִׁים׃ וַיֵּצֵא אַבְנֵר בֶּן־נֵר וְעַבְדֵי
יג אִישׁ־בֹּשֶׁת בֶּן־שָׁאוּל מִמַּחֲנַיִם גִּבְעוֹנָה׃ וְיוֹאָב בֶּן־צְרוּיָה
וְעַבְדֵי דָוִד יָצְאוּ וַיִּפְגְּשׁוּם עַל־בְּרֵכַת גִּבְעוֹן יַחְדָּו וַיֵּשְׁבוּ אֵלֶּה
יד עַל־הַבְּרֵכָה מִזֶּה וְאֵלֶּה עַל־הַבְּרֵכָה מִזֶּה׃ וַיֹּאמֶר אַבְנֵר אֶל־
יוֹאָב יָקוּמוּ נָא הַנְּעָרִים וִישַׂחֲקוּ לְפָנֵינוּ וַיֹּאמֶר יוֹאָב יָקֻמוּ׃
טו וַיָּקֻמוּ וַיַּעַבְרוּ בְמִסְפָּר שְׁנֵים עָשָׂר לְבִנְיָמִן וּלְאִישׁ בֹּשֶׁת בֶּן־
טז שָׁאוּל וּשְׁנֵים עָשָׂר מֵעַבְדֵי דָוִד׃ וַיַּחֲזִקוּ אִישׁ ׀ בְּרֹאשׁ רֵעֵהוּ
וְחַרְבּוֹ בְּצַד רֵעֵהוּ וַיִּפְּלוּ יַחְדָּו וַיִּקְרָא לַמָּקוֹם הַהוּא חֶלְקַת
יז הַצֻּרִים אֲשֶׁר בְּגִבְעוֹן׃ וַתְּהִי הַמִּלְחָמָה קָשָׁה עַד־מְאֹד בַּיּוֹם
יח הַהוּא וַיִּנָּגֶף אַבְנֵר וְאַנְשֵׁי יִשְׂרָאֵל לִפְנֵי עַבְדֵי דָוִד׃ וַיִּהְיוּ שָׁם
שְׁלֹשָׁה בְּנֵי צְרוּיָה יוֹאָב וַאֲבִישַׁי וַעֲשָׂהאֵל וַעֲשָׂהאֵל קַל
יט בְּרַגְלָיו כְּאַחַד הַצְּבָיִם אֲשֶׁר בַּשָּׂדֶה׃ וַיִּרְדֹּף עֲשָׂהאֵל אַחֲרֵי

אבנר ולא־נטה ללכת על־הימין ועל־השמאול מאחרי
כ אבנר: ויפן אבנר אחריו ויאמר האתה זה עשהאל ויאמר
כא אנכי: ויאמר לו אבנר נטה לך על־ימינך או על־שמאלך
ואחז לך אחד מהנערים וקח־לך את־חלצתו ולא־אבה
כב עשהאל לסור מאחריו: ויסף עוד אבנר לאמר אל־עשהאל
סור לך מאחרי למה אככה ארצה ואיך אשא פני אל־יואב
כג אחיך: וימאן לסור ויכהו אבנר באחרי החנית אל־החמש
ותצא החנית מאחריו ויפל־שם וימת תחתו ויהי כל־הבא
כד אל־המקום אשר־נפל שם עשהאל וימת ויעמדו: וירדפו
יואב ואבישי אחרי אבנר והשמש באה והמה באו עד־
כה גבעת אמה אשר על־פני־גיח דרך מדבר גבעון: ויתקבצו
בני־בנימן אחרי אבנר ויהיו לאגדה אחת ויעמדו על ראש־
כו גבעה אחת: ויקרא אבנר אל־יואב ויאמר הלנצח תאכל
חרב הלוא ידעתה כי־מרה תהיה באחרונה ועד־מתי לא־
כז תאמר לעם לשוב מאחרי אחיהם: ויאמר יואב חי האלהים
כי לולא דברת כי אז מהבקר נעלה העם איש מאחרי אחיו:
כח ויתקע יואב בשופר ויעמדו כל־העם ולא־ירדפו עוד אחרי
כט ישראל ולא־יספו עוד להלחם: ואבנר ואנשיו הלכו בערבה
כל הלילה ההוא ויעברו את־הירדן וילכו כל־הבתרון ויבאו
ל מחנים: ויואב שב מאחרי אבנר ויקבץ את־כל־העם ויפקדו
לא מעבדי דוד תשעה־עשר איש ועשהאל: ועבדי דוד הכו
לב מבנימן ובאנשי אבנר שלש־מאות וששים איש מתו: וישאו
את־עשהאל ויקברהו בקבר אביו אשר בית לחם וילכו כל־
ג א הלילה יואב ואנשיו ויאר להם בחברון: ותהי המלחמה
ארכה בין בית שאול ובין בית דוד ודוד הלך וחזק ובית
ב שאול הלכים ודלים: וילדו לדוד בנים בחברון ויולדו
ג ויהי בכורו אמנון לאחינעם היזרעאלת: ומשנהו כלאב

ג לאביגל אשת נבל הכרמלי והשלשי אבשלום בן־מעכה לאביגיל
ד בת־תלמי מלך גשור: והרביעי אדניה בן־חגית והחמישי
ה שפטיה בן־אביטל: והששי יתרעם לעגלה אשת דוד אלה
ו ילדו לדוד בחברון: ויהי בהיות המלחמה בין
בית שאול ובין בית דוד ואבנר היה מתחזק בבית שאול:
ז ולשאול פלגש ושמה רצפה בת־איה ויאמר אל־אבנר מדוע
ח באתה אל־פילגש אבי: ויחר לאבנר מאד על־דברי איש־
בשת ויאמר הראש כלב אנכי אשר ליהודה היום אעשה־
חסד עם־בית ׀ שאול אביך אל־אחיו ואל־מרעהו ולא
ט המציתך ביד דוד ותפקד עלי עון האשה היום: כה־יעשה
אלהים לאבנר וכה יסיף לו כי כאשר נשבע יהוה לדוד כי־
י כן אעשה־לו: להעביר הממלכה מבית שאול ולהקים
את־כסא דוד על־ישראל ועל־יהודה מדן ועד־באר
יא שבע: ולא־יכל עוד להשיב את־אבנר דבר מיראתו
יב אתו: וישלח אבנר מלאכים ׀ אל־דוד תחתו
לאמר למי־ארץ לאמר כרתה בריתך אתי והנה ידי עמך
יג להסב אליך את־כל־ישראל: ויאמר טוב אני אכרת אתך
ברית אך דבר אחד אנכי שאל מאתך לאמר לא־תראה את־
פני כי ׀ אם־לפני הביאך את מיכל בת־שאול בבואך לראות
יד את־פני: וישלח דוד מלאכים אל־איש־בשת
בן־שאול לאמר תנה את־אשתי את־מיכל אשר ארשתי לי
טו במאה ערלות פלשתים: וישלח איש בשת ויקחה מעם איש
טז מעם פלטיאל בן־לוש: וילך אתה אישה הלוך ובכה אחריה ליש
יז עד־בחרים ויאמר אליו אבנר לך שוב וישב: ודבר־אבנר
היה עם־זקני ישראל לאמר גם־תמול גם־שלשם הייתם
יח מבקשים את־דוד למלך עליכם: ועתה עשו כי יהוה אמר
אל־דוד לאמר ביד ׀ דוד עבדי הושיע את־עמי ישראל מיד

פְּלִשְׁתִּים וּמִיַּד כָּל־אֹיְבֵיהֶם׃ וַיְדַבֵּר גַּם־אַבְנֵר בְּאָזְנֵי בִנְיָמִין יט
וַיֵּלֶךְ גַּם־אַבְנֵר לְדַבֵּר בְּאָזְנֵי דָוִד בְּחֶבְרוֹן אֵת כָּל־אֲשֶׁר־טוֹב
בְּעֵינֵי יִשְׂרָאֵל וּבְעֵינֵי כָּל־בֵּית בִּנְיָמִן׃ וַיָּבֹא אַבְנֵר אֶל־דָּוִד כ
חֶבְרוֹן וְאִתּוֹ עֶשְׂרִים אֲנָשִׁים וַיַּעַשׂ דָּוִד לְאַבְנֵר וְלַאֲנָשִׁים אֲשֶׁר־
כב אִתּוֹ מִשְׁתֶּה׃ וַיֹּאמֶר אַבְנֵר אֶל־דָּוִד אָקוּמָה ׀ וְאֵלֵכָה וְאֶקְבְּצָה כא
אֶל־אֲדֹנִי הַמֶּלֶךְ אֶת־כָּל־יִשְׂרָאֵל וְיִכְרְתוּ אִתְּךָ בְּרִית וּמָלַכְתָּ
בְּכֹל אֲשֶׁר־תְּאַוֶּה נַפְשֶׁךָ וַיְשַׁלַּח דָּוִד אֶת־אַבְנֵר וַיֵּלֶךְ בְּשָׁלוֹם׃
וְהִנֵּה עַבְדֵי דָוִד וְיוֹאָב בָּא מֵהַגְּדוּד וְשָׁלָל רָב עִמָּם הֵבִיאוּ כב
וְאַבְנֵר אֵינֶנּוּ עִם־דָּוִד בְּחֶבְרוֹן כִּי שִׁלְּחוֹ וַיֵּלֶךְ בְּשָׁלוֹם׃ וְיוֹאָב כג
וְכָל־הַצָּבָא אֲשֶׁר־אִתּוֹ בָּאוּ וַיַּגִּדוּ לְיוֹאָב לֵאמֹר בָּא־אַבְנֵר בֶּן־
נֵר אֶל־הַמֶּלֶךְ וַיְשַׁלְּחֵהוּ וַיֵּלֶךְ בְּשָׁלוֹם׃ וַיָּבֹא יוֹאָב אֶל־הַמֶּלֶךְ כד
וַיֹּאמֶר מֶה עָשִׂיתָה הִנֵּה־בָא אַבְנֵר אֵלֶיךָ לָמָּה־זֶּה שִׁלַּחְתּוֹ
וַיֵּלֶךְ הָלוֹךְ׃ יָדַעְתָּ אֶת־אַבְנֵר בֶּן־נֵר כִּי לְפַתֹּתְךָ בָּא וְלָדַעַת כה
מוֹבָאֶךָ אֶת־מוֹצָאֲךָ וְאֶת־מבואך וְלָדַעַת אֵת כָּל־אֲשֶׁר אַתָּה עֹשֶׂה׃
וַיֵּצֵא יוֹאָב מֵעִם דָּוִד וַיִּשְׁלַח מַלְאָכִים אַחֲרֵי אַבְנֵר וַיָּשִׁבוּ אֹתוֹ כו
מִבּוֹר הַסִּרָה וְדָוִד לֹא יָדָע׃ וַיָּשָׁב אַבְנֵר חֶבְרוֹן וַיַּטֵּהוּ יוֹאָב כז
אֶל־תּוֹךְ הַשַּׁעַר לְדַבֵּר אִתּוֹ בַּשֶּׁלִי וַיַּכֵּהוּ שָׁם הַחֹמֶשׁ וַיָּמָת
בְּדַם עֲשָׂהאֵל אָחִיו׃ וַיִּשְׁמַע דָּוִד מֵאַחֲרֵי כֵן וַיֹּאמֶר נָקִי אָנֹכִי כח
וּמַמְלַכְתִּי מֵעִם יְהוָה עַד־עוֹלָם מִדְּמֵי אַבְנֵר בֶּן־נֵר׃ יָחֻלוּ עַל־ כט
רֹאשׁ יוֹאָב וְאֶל כָּל־בֵּית אָבִיו וְאַל־יִכָּרֵת מִבֵּית יוֹאָב זָב
וּמְצֹרָע וּמַחֲזִיק בַּפֶּלֶךְ וְנֹפֵל בַּחֶרֶב וַחֲסַר־לָחֶם׃ וְיוֹאָב וַאֲבִישַׁי ל
אָחִיו הָרְגוּ לְאַבְנֵר עַל אֲשֶׁר הֵמִית אֶת־עֲשָׂהאֵל אֲחִיהֶם
בְּגִבְעוֹן בַּמִּלְחָמָה׃ וַיֹּאמֶר דָּוִד אֶל־יוֹאָב וְאֶל־ לא
כָּל־הָעָם אֲשֶׁר־אִתּוֹ קִרְעוּ בִגְדֵיכֶם וְחִגְרוּ שַׂקִּים וְסִפְדוּ לִפְנֵי
אַבְנֵר וְהַמֶּלֶךְ דָּוִד הֹלֵךְ אַחֲרֵי הַמִּטָּה׃ וַיִּקְבְּרוּ אֶת־אַבְנֵר לב
בְּחֶבְרוֹן וַיִּשָּׂא הַמֶּלֶךְ אֶת־קוֹלוֹ וַיֵּבְךְּ אֶל־קֶבֶר אַבְנֵר וַיִּבְכּוּ כָּל־
הָעָם׃ וַיְקֹנֵן הַמֶּלֶךְ אֶל־אַבְנֵר וַיֹּאמַר הַכְּמוֹת לג

לד נבל ימות אבנר: ידך לא־אסרות ורגליך לא־לנחשתים
הגשו כנפול לפני בני־עולה נפלת ויספו כל־העם לבכות
לה עליו: ויבא כל־העם להברות את־דוד לחם בעוד היום
וישבע דוד לאמר כה יעשה־לי אלהים וכה יסיף כי אם־
לו לפני בוא־השמש אטעם־לחם או כל־מאומה: וכל־העם
הכירו וייטב בעיניהם ככל אשר עשה המלך בעיני כל־העם
לז טוב: וידעו כל־העם וכל־ישראל ביום ההוא כי לא היתה
לח מהמלך להמית את־אבנר בן־נר: ויאמר
המלך אל־עבדיו הלוא תדעו כי־שר וגדול נפל היום
לט הזה בישראל: ואנכי היום רך ומשוח מלך והאנשים
האלה בני צרויה קשים ממני ישלם יהוה לעשה הרעה
ד א כרעתו: וישמע בן־שאול כי מת אבנר בחברון
ב וירפו ידיו וכל־ישראל נבהלו: ושני אנשים שרי־גדודים היו
בן־שאול שם האחד בענה ושם השני רכב בני רמון הבארתי
ג מבני בנימן כי גם־בארות תחשב על־בנימן: ויברחו הבארתים
ד גתימה ויהיו־שם גרים עד היום הזה: וליהונתן
בן־שאול בן נכה רגלים בן־חמש שנים היה בבא שמעת
שאול ויהונתן מיזרעאל ותשאהו אמנתו ותנס ויהי בחפזה
ה לנוס ויפל ויפסח ושמו מפיבשת: וילכו בני־רמון הבארתי
רכב ובענה ויבאו כחם היום אל־בית איש בשת והוא שכב
ו את משכב הצהרים: והנה באו עד־תוך הבית לקחי חטים
ז ויכהו אל־החמש ורכב ובענה אחיו נמלטו: ויבאו הבית
והוא־שכב על־מטתו בחדר משכבו ויכהו וימתהו ויסרו את־
ח ראשו ויקחו את־ראשו וילכו דרך הערבה כל־הלילה: ויבאו
את־ראש איש־בשת אל־דוד חברון ויאמרו אל־המלך
הנה־ראש איש־בשת בן־שאול איבך אשר בקש את־נפשך
ויתן יהוה לאדני המלך נקמות היום הזה משאול ומזרעו:

ט ויען דוד את־רכב ׀ ואת־בענה אחיו בני רמון הבארתי
י ויאמר להם חי־יהוה אשר־פדה את־נפשי מכל־צרה: כי
המגיד לי לאמר הנה־מת שאול והוא־היה כמבשר בעיניו
יא ואחזה בו ואהרגהו בצקלג אשר לתתי־לו בשרה: אף כי־
אנשים רשעים הרגו את־איש־צדיק בביתו על־משכבו
ועתה הלוא אבקש את־דמו מידכם ובערתי אתכם מן־
יב הארץ: ויצו דוד את־הנערים ויהרגום ויקצצו את־ידיהם
ואת־רגליהם ויתלו על־הברכה בחברון ואת ראש איש־
ה א בשת לקחו ויקברו בקבר־אבנר בחברון: ויבאו
כל־שבטי ישראל אל־דוד חברונה ויאמרו לאמר הננו
ב עצמך ובשרך אנחנו: גם־אתמול גם־שלשום בהיות
שאול מלך עלינו אתה הייתה מוציא והמבי את־ המוציא
ישראל ויאמר יהוה לך אתה תרעה את־עמי
ג את־ישראל ואתה תהיה לנגיד על־ישראל: ויבאו כל־
זקני ישראל אל־המלך חברונה ויכרת להם המלך דוד
ברית בחברון לפני יהוה וימשחו את־דוד למלך על־
ד ישראל: בן־שלשים שנה דוד במלכו ארבעים
ה שנה מלך: בחברון מלך על־יהודה שבע שנים וששה חדשים
ובירושלם מלך שלשים ושלש שנה על כל־ישראל ויהודה:
ו וילך המלך ואנשיו ירושלם אל־היבסי יושב הארץ ויאמר
לדוד לאמר לא־תבוא הנה כי אם־הסירך העורים והפסחים
ז לאמר לא־יבוא דוד הנה: וילכד דוד את מצדת ציון היא
ח עיר דוד: ויאמר דוד ביום ההוא כל־מכה יבסי ויגע בצנור
ואת־הפסחים ואת־העורים שנאו נפש דוד על־כן יאמרו שנאי
ט עור ופסח לא יבוא אל־הבית: וישב דוד במצדה ויקרא־לה
י עיר דוד ויבן דוד סביב מן־המלוא וביתה: וילך דוד הלוך כג
יא וגדול ויהוה אלהי צבאות עמו: וישלח חירם

מֶלֶךְ־צֹר מַלְאָכִים אֶל־דָּוִד וַעֲצֵי אֲרָזִים וְחָרָשֵׁי עֵץ וְחָרָשֵׁי אֶבֶן
יב קִיר וַיִּבְנוּ־בַיִת לְדָוִד׃ וַיֵּדַע דָּוִד כִּי־הֱכִינוֹ יְהוָה לְמֶלֶךְ עַל־יִשְׂרָאֵל
יג וְכִי נִשֵּׂא מַמְלַכְתּוֹ בַּעֲבוּר עַמּוֹ יִשְׂרָאֵל׃ וַיִּקַּח
דָּוִד עוֹד פִּלַגְשִׁים וְנָשִׁים מִירוּשָׁלַםִ אַחֲרֵי בֹּאוֹ מֵחֶבְרוֹן וַיִּוָּלְדוּ
יד עוֹד לְדָוִד בָּנִים וּבָנוֹת׃ וְאֵלֶּה שְׁמוֹת הַיִּלֹּדִים לוֹ בִּירוּשָׁלָםִ
טו שַׁמּוּעַ וְשׁוֹבָב וְנָתָן וּשְׁלֹמֹה׃ וְיִבְחָר וֶאֱלִישׁוּעַ וְנֶפֶג וְיָפִיעַ׃
טז יז וֶאֱלִישָׁמָע וְאֶלְיָדָע וֶאֱלִיפָלֶט׃ וַיִּשְׁמְעוּ פְלִשְׁתִּים
כִּי־מָשְׁחוּ אֶת־דָּוִד לְמֶלֶךְ עַל־יִשְׂרָאֵל וַיַּעֲלוּ כָל־פְּלִשְׁתִּים
יח לְבַקֵּשׁ אֶת־דָּוִד וַיִּשְׁמַע דָּוִד וַיֵּרֶד אֶל־הַמְּצוּדָה׃ וּפְלִשְׁתִּים
יט בָּאוּ וַיִּנָּטְשׁוּ בְּעֵמֶק רְפָאִים׃ וַיִּשְׁאַל דָּוִד בַּיהוָה לֵאמֹר הַאֶעֱלֶה
אֶל־פְּלִשְׁתִּים הֲתִתְּנֵם בְּיָדִי וַיֹּאמֶר יְהוָה אֶל־
כ דָּוִד עֲלֵה כִּי־נָתֹן אֶתֵּן אֶת־הַפְּלִשְׁתִּים בְּיָדֶךָ׃ וַיָּבֹא דָוִד
בְּבַעַל־פְּרָצִים וַיַּכֵּם שָׁם דָּוִד וַיֹּאמֶר פָּרַץ יְהוָה אֶת־אֹיְבַי לְפָנַי
כא כְּפֶרֶץ מָיִם עַל־כֵּן קָרָא שֵׁם־הַמָּקוֹם הַהוּא בַּעַל פְּרָצִים׃ וַיַּעַזְבוּ־
כב שָׁם אֶת־עֲצַבֵּיהֶם וַיִּשָּׂאֵם דָּוִד וַאֲנָשָׁיו׃ וַיֹּסִפוּ
כג עוֹד פְּלִשְׁתִּים לַעֲלוֹת וַיִּנָּטְשׁוּ בְּעֵמֶק רְפָאִים׃ וַיִּשְׁאַל דָּוִד
בַּיהוָה וַיֹּאמֶר לֹא תַעֲלֶה הָסֵב אֶל־אַחֲרֵיהֶם וּבָאתָ לָהֶם מִמּוּל
כד בְּכָאִים׃ וִיהִי בשמעך אֶת־קוֹל צְעָדָה בְּרָאשֵׁי הַבְּכָאִים אָז כְּשָׁמְעֲךָ
כה תֶּחֱרָץ כִּי אָז יָצָא יְהוָה לְפָנֶיךָ לְהַכּוֹת בְּמַחֲנֵה פְלִשְׁתִּים׃ וַיַּעַשׂ
דָּוִד כֵּן כַּאֲשֶׁר צִוָּהוּ יְהוָה וַיַּךְ אֶת־פְּלִשְׁתִּים מִגֶּבַע עַד־בֹּאֲךָ
ו א גָזֶר׃ וַיֹּסֶף עוֹד דָּוִד אֶת־כָּל־בָּחוּר בְּיִשְׂרָאֵל
ב שְׁלֹשִׁים אָלֶף׃ וַיָּקָם ׀ וַיֵּלֶךְ דָּוִד וְכָל־הָעָם אֲשֶׁר אִתּוֹ מִבַּעֲלֵי
יְהוּדָה לְהַעֲלוֹת מִשָּׁם אֵת אֲרוֹן הָאֱלֹהִים אֲשֶׁר־נִקְרָא שֵׁם שֵׁם
ג יְהוָה צְבָאוֹת יֹשֵׁב הַכְּרֻבִים עָלָיו׃ וַיַּרְכִּבוּ אֶת־אֲרוֹן הָאֱלֹהִים
אֶל־עֲגָלָה חֲדָשָׁה וַיִּשָּׂאֻהוּ מִבֵּית אֲבִינָדָב אֲשֶׁר בַּגִּבְעָה וְעֻזָּא
ד וְאַחְיוֹ בְּנֵי אֲבִינָדָב נֹהֲגִים אֶת־הָעֲגָלָה חֲדָשָׁה׃ וַיִּשָּׂאֻהוּ מִבֵּית
אֲבִינָדָב אֲשֶׁר בַּגִּבְעָה עִם אֲרוֹן הָאֱלֹהִים וְאַחְיוֹ הֹלֵךְ לִפְנֵי

ה הארון: ודוד וכל-בית ישראל משחקים לפני יהוה בכל עצי
ברושים ובכנרות ובנבלים ובתפים ובמנענעים ובצלצלים:
ו ויבאו עד-גרן נכון וישלח עזה אל-ארון האלהים ויאחז בו
ז כי שמטו הבקר: ויחר-אף יהוה בעזה ויכהו שם האלהים
ח על-השל וימת שם עם ארון האלהים: ויחר לדוד על אשר
פרץ יהוה פרץ בעזה ויקרא למקום ההוא פרץ עזה עד
ט היום הזה: ויירא דוד את-יהוה ביום ההוא ויאמר איך יבוא
י אלי ארון יהוה: ולא-אבה דוד להסיר אליו את-ארון יהוה
יא על-עיר דוד ויטהו דוד בית עבד-אדם הגתי: וישב ארון
יהוה בית עבד אדם הגתי שלשה חדשים ויברך יהוה את-
יב עבד אדם ואת-כל-ביתו: ויגד למלך דוד לאמר ברך יהוה
את-בית עבד אדם ואת-כל-אשר-לו בעבור ארון האלהים
וילך דוד ויעל את-ארון האלהים מבית עבד אדם עיר דוד
יג בשמחה: ויהי כי צעדו נשאי ארון-יהוה ששה צעדים ויזבח
יד שור ומריא: ודוד מכרכר בכל-עז לפני יהוה ודוד חגור
טו אפוד בד: ודוד וכל-בית ישראל מעלים את-ארון יהוה
טז בתרועה ובקול שופר: והיה ארון יהוה בא עיר דוד ומיכל
בת-שאול נשקפה בעד החלון ותרא את-המלך דוד מפזז
יז ומכרכר לפני יהוה ותבז לו בלבה: ויבאו את-ארון יהוה
ויצגו אתו במקומו בתוך האהל אשר נטה-לו דוד ויעל דוד
יח עלות לפני יהוה ושלמים: ויכל דוד מהעלות העולה
יט והשלמים ויברך את-העם בשם יהוה צבאות: ויחלק לכל-
העם לכל-המון ישראל למאיש ועד-אשה לאיש חלת לחם
אחת ואשפר אחד ואשישה אחת וילך כל-העם איש לביתו:
כ וישב דוד לברך את-ביתו ותצא מיכל בת-שאול לקראת
דוד ותאמר מה-נכבד היום מלך ישראל אשר נגלה היום
כא לעיני אמהות עבדיו כהגלות נגלות אחד הרקים: ויאמר דוד

ו אֶל־מִיכַל לִפְנֵי יְהוָה אֲשֶׁר בָּחַר־בִּי מֵאָבִיךְ וּמִכָּל־בֵּיתוֹ לְצַוֹּת
כב אֹתִי נָגִיד עַל־עַם יְהוָה עַל־יִשְׂרָאֵל וְשִׂחַקְתִּי לִפְנֵי יְהוָה׃ וּנְקַלֹּתִי
עוֹד מִזֹּאת וְהָיִיתִי שָׁפָל בְּעֵינָי וְעִם־הָאֲמָהוֹת אֲשֶׁר אָמַרְתְּ
כג עִמָּם אִכָּבֵדָה׃ וּלְמִיכַל בַּת־שָׁאוּל לֹא־הָיָה לָהּ יָלֶד עַד יוֹם
ז א מוֹתָהּ׃ וַיְהִי כִּי־יָשַׁב הַמֶּלֶךְ בְּבֵיתוֹ וַיהוָה הֵנִיחַ
ב לוֹ מִסָּבִיב מִכָּל־אֹיְבָיו׃ וַיֹּאמֶר הַמֶּלֶךְ אֶל־נָתָן הַנָּבִיא רְאֵה נָא
אָנֹכִי יוֹשֵׁב בְּבֵית אֲרָזִים וַאֲרוֹן הָאֱלֹהִים יֹשֵׁב בְּתוֹךְ הַיְרִיעָה׃
ג וַיֹּאמֶר נָתָן אֶל־הַמֶּלֶךְ כֹּל אֲשֶׁר בִּלְבָבְךָ לֵךְ עֲשֵׂה כִּי יְהוָה
ד עִמָּךְ׃ וַיְהִי בַּלַּיְלָה הַהוּא וַיְהִי
ה דְּבַר־יְהוָה אֶל־נָתָן לֵאמֹר׃ לֵךְ וְאָמַרְתָּ אֶל־עַבְדִּי אֶל־דָּוִד
ו כֹּה אָמַר יְהוָה הַאַתָּה תִּבְנֶה־לִּי בַיִת לְשִׁבְתִּי׃ כִּי לֹא יָשַׁבְתִּי
בְּבַיִת לְמִיּוֹם הַעֲלֹתִי אֶת־בְּנֵי יִשְׂרָאֵל מִמִּצְרַיִם וְעַד הַיּוֹם הַזֶּה
ז וָאֶהְיֶה מִתְהַלֵּךְ בְּאֹהֶל וּבְמִשְׁכָּן׃ בְּכֹל אֲשֶׁר־הִתְהַלַּכְתִּי בְּכָל־
בְּנֵי יִשְׂרָאֵל הֲדָבָר דִּבַּרְתִּי אֶת־אַחַד שִׁבְטֵי יִשְׂרָאֵל אֲשֶׁר
צִוִּיתִי לִרְעוֹת אֶת־עַמִּי אֶת־יִשְׂרָאֵל לֵאמֹר לָמָּה לֹא־בְנִיתֶם
ח לִי בֵּית אֲרָזִים׃ וְעַתָּה כֹּה־תֹאמַר לְעַבְדִּי לְדָוִד כֹּה אָמַר יְהוָה
צְבָאוֹת אֲנִי לְקַחְתִּיךָ מִן־הַנָּוֶה מֵאַחַר הַצֹּאן לִהְיוֹת נָגִיד עַל־
ט עַמִּי עַל־יִשְׂרָאֵל׃ וָאֶהְיֶה עִמְּךָ בְּכֹל אֲשֶׁר הָלַכְתָּ וָאַכְרִתָה
אֶת־כָּל־אֹיְבֶיךָ מִפָּנֶיךָ וְעָשִׂתִי לְךָ שֵׁם גָּדוֹל כְּשֵׁם הַגְּדֹלִים
י אֲשֶׁר בָּאָרֶץ׃ וְשַׂמְתִּי מָקוֹם לְעַמִּי לְיִשְׂרָאֵל וּנְטַעְתִּיו וְשָׁכַן
תַּחְתָּיו וְלֹא יִרְגַּז עוֹד וְלֹא־יֹסִיפוּ בְנֵי־עַוְלָה לְעַנּוֹתוֹ כַּאֲשֶׁר
יא בָּרִאשׁוֹנָה׃ וּלְמִן־הַיּוֹם אֲשֶׁר צִוִּיתִי שֹׁפְטִים עַל־עַמִּי יִשְׂרָאֵל
וַהֲנִיחֹתִי לְךָ מִכָּל־אֹיְבֶיךָ וְהִגִּיד לְךָ יְהוָה כִּי־בַיִת יַעֲשֶׂה־לְּךָ
יב יְהוָה׃ כִּי ׀ יִמְלְאוּ יָמֶיךָ וְשָׁכַבְתָּ אֶת־אֲבֹתֶיךָ וַהֲקִימֹתִי אֶת־
יג זַרְעֲךָ אַחֲרֶיךָ אֲשֶׁר יֵצֵא מִמֵּעֶיךָ וַהֲכִינֹתִי אֶת־מַמְלַכְתּוֹ׃ הוּא
יד יִבְנֶה־בַּיִת לִשְׁמִי וְכֹנַנְתִּי אֶת־כִּסֵּא מַמְלַכְתּוֹ עַד־עוֹלָם׃ אֲנִי
אֶהְיֶה־לּוֹ לְאָב וְהוּא יִהְיֶה־לִּי לְבֵן אֲשֶׁר בְּהַעֲוֺתוֹ וְהֹכַחְתִּיו

בשבט אנשים ובנגעי בני אדם: וחסדי לא־יסור ממנו כאשר טו
כד הסרתי מעם שאול אשר הסרתי מלפניך: ונאמן ביתך טז
וממלכתך עד־עולם לפניך כסאך יהיה נכון עד־עולם: ככל יז
הדברים האלה וככל החזיון הזה כן דבר נתן אל־דוד:
ויבא המלך דוד וישב לפני יהוה ויאמר מי אנכי אדני יהוה יח
ומי ביתי כי הביאתני עד־הלם: ותקטן עוד זאת בעיניך אדני יט
יהוה ותדבר גם אל־בית־עבדך למרחוק וזאת תורת האדם
אדני יהוה: ומה־יוסיף דוד עוד לדבר אליך ואתה ידעת כ
את־עבדך אדני יהוה: בעבור דברך וכלבך עשית את כל־ כא
הגדולה הזאת להודיע את־עבדך: על־כן גדלת יהוה אלהים כב
כי־אין כמוך ואין אלהים זולתך בכל אשר־שמענו באזנינו:
ומי כעמך כישראל גוי אחד בארץ אשר הלכו־אלהים כג
לפדות־לו לעם ולשום לו שם ולעשות לכם הגדולה ונראות
לארצך מפני עמך אשר פדית לך ממצרים גוים ואלהיו:
ותכונן לך את־עמך ישראל | לך לעם עד־עולם ואתה יהוה כד
היית להם לאלהים: ועתה יהוה אלהים הדבר אשר דברת כה
על־עבדך ועל־ביתו הקם עד־עולם ועשה כאשר דברת:
ויגדל שמך עד־עולם לאמר יהוה צבאות אלהים על־ישראל כו
ובית עבדך דוד יהיה נכון לפניך: כי־אתה יהוה צבאות כז
אלהי ישראל גליתה את־אזן עבדך לאמר בית אבנה־
לך על־כן מצא עבדך את־לבו להתפלל אליך את־
התפלה הזאת: ועתה | אדני יהוה אתה־הוא האלהים כח
ודבריך יהיו אמת ותדבר אל־עבדך את־הטובה הזאת:
ועתה הואל וברך את־בית עבדך להיות לעולם לפניך כט
כי־אתה אדני יהוה דברת ומברכתך יברך בית־עבדך
לעולם: ויהי אחרי־כן ויך דוד את־פלשתים א ח
ויכניעם ויקח דוד את־מתג האמה מיד פלשתים: ויך את־ ב

ח
מוֹאָב וַיְמַדְּדֵם בַּחֶבֶל הַשְׁכֵּב אוֹתָם אַרְצָה וַיְמַדֵּד שְׁנֵי־חֲבָלִים
לְהָמִית וּמְלֹא הַחֶבֶל לְהַחֲיוֹת וַתְּהִי מוֹאָב לְדָוִד לַעֲבָדִים נֹשְׂאֵי
ג מִנְחָה׃ וַיַּךְ דָּוִד אֶת־הֲדַדְעֶזֶר בֶּן־רְחֹב מֶלֶךְ צוֹבָה בְּלֶכְתּוֹ
ד לְהָשִׁיב יָדוֹ בִּנְהַר־ ׃ וַיִּלְכֹּד דָּוִד מִמֶּנּוּ אֶלֶף וּשְׁבַע־מֵאוֹת פְּרָת
פָּרָשִׁים וְעֶשְׂרִים אֶלֶף אִישׁ רַגְלִי וַיְעַקֵּר דָּוִד אֶת־כָּל־הָרֶכֶב
ה וַיּוֹתֵר מִמֶּנּוּ מֵאָה רָכֶב׃ וַתָּבֹא אֲרַם דַּמֶּשֶׂק לַעְזֹר לַהֲדַדְעֶזֶר
ו מֶלֶךְ צוֹבָה וַיַּךְ דָּוִד בַּאֲרָם עֶשְׂרִים־וּשְׁנַיִם אֶלֶף אִישׁ׃ וַיָּשֶׂם
דָּוִד נְצִבִים בַּאֲרַם דַּמֶּשֶׂק וַתְּהִי אֲרָם לְדָוִד לַעֲבָדִים נוֹשְׂאֵי
ז מִנְחָה וַיֹּשַׁע יְהוָה אֶת־דָּוִד בְּכֹל אֲשֶׁר הָלָךְ׃ וַיִּקַּח דָּוִד אֵת
שִׁלְטֵי הַזָּהָב אֲשֶׁר הָיוּ אֶל עַבְדֵי הֲדַדְעָזֶר וַיְבִיאֵם יְרוּשָׁלִָם׃
ח וּמִבֶּטַח וּמִבֵּרֹתַי עָרֵי הֲדַדְעָזֶר לָקַח הַמֶּלֶךְ דָּוִד נְחֹשֶׁת הַרְבֵּה
ט מְאֹד׃ וַיִּשְׁמַע תֹּעִי מֶלֶךְ חֲמָת כִּי הִכָּה דָוִד אֵת
י כָּל־חֵיל הֲדַדְעָזֶר׃ וַיִּשְׁלַח תֹּעִי אֶת־יוֹרָם־בְּנוֹ אֶל־הַמֶּלֶךְ דָּוִד
לִשְׁאָל־לוֹ לְשָׁלוֹם וּלְבָרְכוֹ עַל אֲשֶׁר נִלְחַם בַּהֲדַדְעֶזֶר וַיַּכֵּהוּ כִּי־
אִישׁ מִלְחֲמוֹת תֹּעִי הָיָה הֲדַדְעָזֶר וּבְיָדוֹ הָיוּ כְּלֵי־כֶסֶף וּכְלֵי־
יא זָהָב וּכְלֵי נְחֹשֶׁת׃ גַּם־אֹתָם הִקְדִּישׁ הַמֶּלֶךְ דָּוִד לַיהוָה עִם־
יב הַכֶּסֶף וְהַזָּהָב אֲשֶׁר הִקְדִּישׁ מִכָּל־הַגּוֹיִם אֲשֶׁר כִּבֵּשׁ׃ מֵאֲרָם
וּמִמּוֹאָב וּמִבְּנֵי עַמּוֹן וּמִפְּלִשְׁתִּים וּמֵעֲמָלֵק וּמִשְּׁלַל הֲדַדְעֶזֶר
יג בֶּן־רְחֹב מֶלֶךְ צוֹבָה׃ וַיַּעַשׂ דָּוִד שֵׁם בְּשֻׁבוֹ מֵהַכּוֹתוֹ אֶת־אֲרָם
יד בְּגֵיא־מֶלַח שְׁמוֹנָה עָשָׂר אָלֶף׃ וַיָּשֶׂם בֶּאֱדוֹם נְצִבִים בְּכָל־
אֱדוֹם שָׂם נְצִבִים וַיְהִי כָל־אֱדוֹם עֲבָדִים לְדָוִד וַיּוֹשַׁע יְהוָה אֶת־
טו דָּוִד בְּכֹל אֲשֶׁר הָלָךְ׃ וַיִּמְלֹךְ דָּוִד עַל־כָּל־יִשְׂרָאֵל וַיְהִי דָוִד עֹשֶׂה
טז מִשְׁפָּט וּצְדָקָה לְכָל־עַמּוֹ׃ וְיוֹאָב בֶּן־צְרוּיָה עַל־הַצָּבָא וִיהוֹשָׁפָט
יז בֶּן־אֲחִילוּד מַזְכִּיר׃ וְצָדוֹק בֶּן־אֲחִיטוּב וַאֲחִימֶלֶךְ בֶּן־אֶבְיָתָר
יח כֹּהֲנִים וּשְׂרָיָה סוֹפֵר׃ וּבְנָיָהוּ בֶּן־יְהוֹיָדָע וְהַכְּרֵתִי וְהַפְּלֵתִי וּבְנֵי
ט א דָוִד כֹּהֲנִים הָיוּ׃ וַיֹּאמֶר דָּוִד הֲכִי יֶשׁ־עוֹד אֲשֶׁר
ב נוֹתַר לְבֵית שָׁאוּל וְאֶעֱשֶׂה עִמּוֹ חֶסֶד בַּעֲבוּר יְהוֹנָתָן׃ וּלְבֵית

שאול עבד ושמו ציבא ויקראו־לו אל־דוד ויאמר המלך
אליו האתה ציבא ויאמר עבדך: ויאמר המלך האפס עוד ג
איש לבית שאול ואעשה עמו חסד אלהים ויאמר ציבא אל־
המלך עוד בן ליהונתן נכה רגלים: ויאמר־לו המלך איפה ד
הוא ויאמר ציבא אל־המלך הנה־הוא בית מכיר בן־עמיאל
בלו דבר: וישלח המלך דוד ויקחהו מבית מכיר בן־עמיאל ה
מלו דבר: ויבא מפיבשת בן־יהונתן בן־שאול אל־דוד ויפל ו
על־פניו וישתחו ויאמר דוד מפיבשת ויאמר הנה עבדך:
ויאמר לו דוד אל־תירא כי עשה אעשה עמך חסד בעבור ז
יהונתן אביך והשבתי לך את־כל־שדה שאול אביך
ואתה תאכל לחם על־שלחני תמיד: וישתחו ויאמר מה ח
עבדך כי פנית אל־הכלב המת אשר כמוני: ויקרא המלך ט
אל־ציבא נער שאול ויאמר אליו כל אשר היה לשאול
ולכל־ביתו נתתי לבן־אדניך: ועבדת לו את־האדמה אתה י
ובניך ועבדיך והבאת והיה לבן־אדניך לחם ואכלו ומפיבשת
בן־אדניך יאכל תמיד לחם על־שלחני ולציבא חמשה עשר
בנים ועשרים עבדים: ויאמר ציבא אל־המלך ככל אשר יא
יצוה אדני המלך את־עבדו כן יעשה עבדך ומפיבשת אכל
על־שלחני כאחד מבני המלך: ולמפיבשת בן־קטן ושמו יב
מיכא וכל מושב בית־ציבא עבדים למפיבשת: ומפיבשת יג
ישב בירושלם כי על־שלחן המלך תמיד הוא אכל והוא
פסח שתי רגליו: ויהי אחרי־כן וימת מלך בני י א
עמון וימלך חנון בנו תחתיו: ויאמר דוד אעשה־חסד | עם־ ב
חנון בן־נחש כאשר עשה אביו עמדי חסד וישלח דוד
לנחמו ביד־עבדיו אל־אביו ויבאו עבדי דוד ארץ בני עמון:
ויאמרו שרי בני־עמון אל־חנון אדניהם המכבד דוד את־ ג
אביך בעיניך כי־שלח לך מנחמים הלוא בעבור חקר את־

ד העיר ולרגלה ולהפכה שלח דוד את־עבדיו אליך: ויקח חנון
את־עבדי דוד ויגלח את־חצי זקנם ויכרת את־מדויהם
ה בחצי עד־שתותיהם וישלחם: ויגדו לדוד וישלח לקראתם
כי־היו האנשים נכלמים מאד ויאמר המלך שבו בירחו עד־
ו יצמח זקנכם ושבתם: ויראו בני עמון כי נבאשו בדוד
וישלחו בני־עמון וישכרו את־ארם בית־רחוב ואת־ארם
צובא עשרים אלף רגלי ואת־מלך מעכה אלף איש ואיש
ז טוב שנים־עשר אלף איש: וישמע דוד וישלח את־יואב
ח ואת כל־הצבא הגברים: ויצאו בני עמון ויערכו מלחמה
פתח השער וארם צובא ורחוב ואיש־טוב ומעכה לבדם
ט בשדה: וירא יואב כי־היתה אליו פני המלחמה מפנים
ומאחור ויבחר מכל בחורי בישראל ויערך לקראת ארם: ישראל
י ואת יתר העם נתן ביד אבשי אחיו ויערך לקראת בני עמון:
יא ויאמר אם־תחזק ארם ממני והיתה לי לישועה ואם־בני עמון
יב יחזקו ממך והלכתי להושיע לך: חזק ונתחזק בעד עמנו
יג ובעד ערי אלהינו ויהוה יעשה הטוב בעיניו: ויגש יואב כה
יד והעם אשר עמו למלחמה בארם וינסו מפניו: ובני עמון ראו
כי־נס ארם וינסו מפני אבישי ויבאו העיר וישב יואב מעל
טו בני עמון ויבא ירושלם: וירא ארם כי נגף לפני ישראל
טז ויאספו יחד: וישלח הדדעזר ויצא את־ארם אשר מעבר
יז הנהר ויבאו חילם ושובך שר־צבא הדדעזר לפניהם: ויגד
לדוד ויאסף את־כל־ישראל ויעבר את־הירדן ויבא
יח חלאמה ויערכו ארם לקראת דוד וילחמו עמו: וינס ארם
מפני ישראל ויהרג דוד מארם שבע מאות רכב וארבעים
יט אלף פרשים ואת שובך שר־צבאו הכה וימת שם: ויראו
כל־המלכים עבדי הדדעזר כי נגפו לפני ישראל וישלמו
את־ישראל ויעבדום ויראו ארם להושיע עוד את־בני

א עַמּוֹן׃ וַיְהִי לִתְשׁוּבַת הַשָּׁנָה לְעֵת ׀ צֵאת
הַמְּלָאכִים וַיִּשְׁלַח דָּוִד אֶת־יוֹאָב וְאֶת־עֲבָדָיו עִמּוֹ וְאֶת־כָּל־
יִשְׂרָאֵל וַיַּשְׁחִתוּ אֶת־בְּנֵי עַמּוֹן וַיָּצֻרוּ עַל־רַבָּה וְדָוִד יוֹשֵׁב
ב בִּירוּשָׁלָם׃ וַיְהִי ׀ לְעֵת הָעֶרֶב וַיָּקָם דָּוִד מֵעַל
מִשְׁכָּבוֹ וַיִּתְהַלֵּךְ עַל־גַּג בֵּית־הַמֶּלֶךְ וַיַּרְא אִשָּׁה רֹחֶצֶת מֵעַל
ג הַגָּג וְהָאִשָּׁה טוֹבַת מַרְאֶה מְאֹד׃ וַיִּשְׁלַח דָּוִד וַיִּדְרֹשׁ לָאִשָּׁה
וַיֹּאמֶר הֲלוֹא־זֹאת בַּת־שֶׁבַע בַּת־אֱלִיעָם אֵשֶׁת אוּרִיָּה הַחִתִּי׃
ד וַיִּשְׁלַח דָּוִד מַלְאָכִים וַיִּקָּחֶהָ וַתָּבוֹא אֵלָיו וַיִּשְׁכַּב עִמָּהּ
ה וְהִיא מִתְקַדֶּשֶׁת מִטֻּמְאָתָהּ וַתָּשָׁב אֶל־בֵּיתָהּ׃ וַתַּהַר הָאִשָּׁה
ו וַתִּשְׁלַח וַתַּגֵּד לְדָוִד וַתֹּאמֶר הָרָה אָנֹכִי׃ וַיִּשְׁלַח דָּוִד אֶל־יוֹאָב
שְׁלַח אֵלַי אֶת־אוּרִיָּה הַחִתִּי וַיִּשְׁלַח יוֹאָב אֶת־אוּרִיָּה אֶל־
ז דָּוִד׃ וַיָּבֹא אוּרִיָּה אֵלָיו וַיִּשְׁאַל דָּוִד לִשְׁלוֹם יוֹאָב וְלִשְׁלוֹם
ח הָעָם וְלִשְׁלוֹם הַמִּלְחָמָה׃ וַיֹּאמֶר דָּוִד לְאוּרִיָּה רֵד לְבֵיתְךָ וּרְחַץ
רַגְלֶיךָ וַיֵּצֵא אוּרִיָּה מִבֵּית הַמֶּלֶךְ וַתֵּצֵא אַחֲרָיו מַשְׂאַת הַמֶּלֶךְ׃
ט וַיִּשְׁכַּב אוּרִיָּה פֶּתַח בֵּית הַמֶּלֶךְ אֵת כָּל־עַבְדֵי אֲדֹנָיו וְלֹא יָרַד
י אֶל־בֵּיתוֹ׃ וַיַּגִּדוּ לְדָוִד לֵאמֹר לֹא־יָרַד אוּרִיָּה אֶל־בֵּיתוֹ וַיֹּאמֶר
דָּוִד אֶל־אוּרִיָּה הֲלוֹא מִדֶּרֶךְ אַתָּה בָא מַדּוּעַ לֹא־יָרַדְתָּ אֶל־
יא בֵּיתֶךָ׃ וַיֹּאמֶר אוּרִיָּה אֶל־דָּוִד הָאָרוֹן וְיִשְׂרָאֵל וִיהוּדָה יֹשְׁבִים
בַּסֻּכּוֹת וַאדֹנִי יוֹאָב וְעַבְדֵי אֲדֹנִי עַל־פְּנֵי הַשָּׂדֶה חֹנִים וַאֲנִי
אָבוֹא אֶל־בֵּיתִי לֶאֱכֹל וְלִשְׁתּוֹת וְלִשְׁכַּב עִם־אִשְׁתִּי חַיֶּךָ וְחֵי
יב נַפְשֶׁךָ אִם־אֶעֱשֶׂה אֶת־הַדָּבָר הַזֶּה׃ וַיֹּאמֶר דָּוִד אֶל־אוּרִיָּה
שֵׁב בָּזֶה גַּם־הַיּוֹם וּמָחָר אֲשַׁלְּחֶךָּ וַיֵּשֶׁב אוּרִיָּה בִירוּשָׁלַםִ בַּיּוֹם
יג הַהוּא וּמִמָּחֳרָת׃ וַיִּקְרָא־לוֹ דָוִד וַיֹּאכַל לְפָנָיו וַיֵּשְׁתְּ וַיְשַׁכְּרֵהוּ
וַיֵּצֵא בָעֶרֶב לִשְׁכַּב בְּמִשְׁכָּבוֹ עִם־עַבְדֵי אֲדֹנָיו וְאֶל־בֵּיתוֹ לֹא
יד יָרָד׃ וַיְהִי בַבֹּקֶר וַיִּכְתֹּב דָּוִד סֵפֶר אֶל־יוֹאָב וַיִּשְׁלַח בְּיַד אוּרִיָּה׃
טו וַיִּכְתֹּב בַּסֵּפֶר לֵאמֹר הָבוּ אֶת־אוּרִיָּה אֶל־מוּל פְּנֵי הַמִּלְחָמָה
טז הַחֲזָקָה וְשַׁבְתֶּם מֵאַחֲרָיו וְנִכָּה וָמֵת׃ וַיְהִי

בִּשְׁמ֥וֹר יוֹאָ֖ב אֶל־הָעִ֑יר וַיִּתֵּן֙ אֶת־אֽוּרִיָּ֔ה אֶל־הַמָּקוֹם֙ אֲשֶׁ֣ר
יז יָדַ֔ע כִּ֥י אַנְשֵׁי־חַ֖יִל שָֽׁם׃ וַיֵּ֨צְא֜וּ אַנְשֵׁ֤י הָעִיר֙ וַיִּלָּחֲמ֣וּ אֶת־יוֹאָ֔ב
יח וַיִּפֹּ֥ל מִן־הָעָ֖ם מֵֽעַבְדֵ֣י דָוִ֑ד וַיָּ֕מָת גַּ֖ם אוּרִיָּ֥ה הַחִתִּֽי׃ וַיִּשְׁלַ֖ח
יט יוֹאָ֑ב וַיַּגֵּ֣ד לְדָוִ֔ד אֶֽת־כָּל־דִּבְרֵ֖י הַמִּלְחָמָֽה׃ וַיְצַ֥ו אֶת־הַמַּלְאָ֖ךְ
לֵאמֹ֑ר כְּכַלּוֹתְךָ֗ אֵ֛ת כָּל־דִּבְרֵ֥י הַמִּלְחָמָ֖ה לְדַבֵּ֥ר אֶל־הַמֶּֽלֶךְ׃
כ וְהָיָ֗ה אִם־תַּעֲלֶה֙ חֲמַ֣ת הַמֶּ֔לֶךְ וְאָמַ֣ר לְךָ֔ מַדּ֛וּעַ נִגַּשְׁתֶּ֥ם אֶל־
כא הָעִ֖יר לְהִלָּחֵ֑ם הֲל֣וֹא יְדַעְתֶּ֔ם אֵ֥ת אֲשֶׁר־יֹר֖וּ מֵעַ֥ל הַחוֹמָֽה׃ מִֽי־
הִכָּ֞ה אֶת־אֲבִימֶ֣לֶךְ בֶּן־יְרֻבֶּ֗שֶׁת הֲלֽוֹא אִשָּׁ֡ה הִשְׁלִ֣יכָה עָלָיו֩
פֶּ֣לַח רֶ֗כֶב מֵעַ֤ל הַחוֹמָה֙ וַיָּ֣מָת בְּתֵבֵ֔ץ לָ֥מָּה נִגַּשְׁתֶּ֖ם אֶל־הַחוֹמָ֑ה
כב וְאָמַרְתָּ֗ גַּ֛ם עַבְדְּךָ֛ אוּרִיָּ֥ה הַחִתִּ֖י מֵֽת׃ וַיֵּ֖לֶךְ הַמַּלְאָ֑ךְ וַיָּבֹא֙
כג וַיַּגֵּ֣ד לְדָוִ֔ד אֵ֛ת כָּל־אֲשֶׁ֥ר שְׁלָח֖וֹ יוֹאָֽב׃ וַיֹּ֨אמֶר הַמַּלְאָ֜ךְ אֶל־
דָּוִ֗ד כִּֽי־גָבְר֤וּ עָלֵ֙ינוּ֙ הָֽאֲנָשִׁ֔ים וַיֵּצְא֥וּ אֵלֵ֖ינוּ הַשָּׂדֶ֑ה וַנִּהְיֶ֥ה
כד עֲלֵיהֶ֖ם עַד־פֶּ֥תַח הַשָּֽׁעַר׃ וַיֹּר֨אוּ הַמּוֹרְאִ֤ים אֶל־עֲבָדֶ֙יךָ֙ מֵעַ֣ל
הַֽחוֹמָ֔ה וַיָּמ֖וּתוּ מֵעַבְדֵ֣י הַמֶּ֑לֶךְ וְגַ֗ם עַבְדְּךָ֛ אוּרִיָּ֥ה הַחִתִּ֖י
כה מֵֽת׃ וַיֹּ֨אמֶר דָּוִ֜ד אֶל־הַמַּלְאָ֗ךְ כֹּֽה־תֹאמַ֤ר אֶל־
יוֹאָב֙ אַל־יֵרַ֤ע בְּעֵינֶ֙יךָ֙ אֶת־הַדָּבָ֣ר הַזֶּ֔ה כִּֽי־כָזֹ֥ה וְכָזֶ֖ה תֹּאכַ֣ל
כו הֶחָ֑רֶב הַחֲזֵ֨ק מִלְחַמְתְּךָ֧ אֶל־הָעִ֛יר וְהָרְסָ֖הּ וְחַזְּקֵֽהוּ׃ וַתִּשְׁמַע֙
אֵ֣שֶׁת אֽוּרִיָּ֔ה כִּי־מֵ֖ת אוּרִיָּ֣ה אִישָׁ֑הּ וַתִּסְפֹּ֖ד עַל־בַּעְלָֽהּ׃
כז וַיַּעֲבֹ֣ר הָאֵ֗בֶל וַיִּשְׁלַ֨ח דָּוִ֜ד וַיַּאַסְפָ֤הּ אֶל־בֵּיתוֹ֙ וַתְּהִי־ל֣וֹ
לְאִשָּׁ֔ה וַתֵּ֥לֶד ל֖וֹ בֵּ֑ן וַיֵּ֧רַע הַדָּבָ֛ר אֲשֶׁר־עָשָׂ֥ה דָוִ֖ד בְּעֵינֵ֥י
יב א יְהוָֽה׃ וַיִּשְׁלַ֧ח יְהוָ֛ה אֶת־נָתָ֖ן אֶל־דָּוִ֑ד וַיָּבֹ֣א אֵלָ֗יו
וַיֹּ֤אמֶר לוֹ֙ שְׁנֵ֣י אֲנָשִׁ֗ים הָיוּ֙ בְּעִ֣יר אֶחָ֔ת אֶחָ֥ד עָשִׁ֖יר וְאֶחָ֥ד רָֽאשׁ׃
ב ג לְעָשִׁ֗יר הָיָ֛ה צֹ֥אן וּבָקָ֖ר הַרְבֵּ֥ה מְאֹֽד׃ וְלָרָ֣שׁ אֵֽין־כֹּ֗ל כִּ֣י אִם־
כִּבְשָׂ֨ה אַחַ֤ת קְטַנָּה֙ אֲשֶׁ֣ר קָנָ֔ה וַיְחַיֶּ֕הָ וַתִּגְדַּ֥ל עִמּ֛וֹ וְעִם־בָּנָ֖יו
יַחְדָּ֑ו מִפִּתּ֨וֹ תֹאכַ֜ל וּמִכֹּס֤וֹ תִשְׁתֶּה֙ וּבְחֵיק֣וֹ תִשְׁכָּ֔ב וַתְּהִי־ל֖וֹ
ד כְּבַֽת׃ וַיָּ֣בֹא הֵלֶךְ֮ לְאִ֣ישׁ הֶֽעָשִׁיר֒ וַיַּחְמֹ֗ל לָקַ֤חַת מִצֹּאנוֹ֙ וּמִבְּקָר֔וֹ
לַעֲשׂ֕וֹת לָאֹרֵ֖חַ הַבָּא־ל֑וֹ וַיִּקַּ֗ח אֶת־כִּבְשַׂת֙ הָאִ֣ישׁ הָרָ֔אשׁ וַֽיַּעֲשֶׂ֔הָ

ה לָאִישׁ הַבָּא אֵלָיו׃ וַיִּחַר־אַף דָּוִד בָּאִישׁ מְאֹד וַיֹּאמֶר אֶל־נָתָן
ו חַי־יְהוָה כִּי בֶן־מָוֶת הָאִישׁ הָעֹשֶׂה זֹאת׃ וְאֶת־הַכִּבְשָׂה יְשַׁלֵּם
אַרְבַּעְתָּיִם עֵקֶב אֲשֶׁר עָשָׂה אֶת־הַדָּבָר הַזֶּה וְעַל אֲשֶׁר לֹא־
ז חָמָל׃ וַיֹּאמֶר נָתָן אֶל־דָּוִד אַתָּה הָאִישׁ כֹּה־
אָמַר יְהוָה אֱלֹהֵי יִשְׂרָאֵל אָנֹכִי מְשַׁחְתִּיךָ לְמֶלֶךְ עַל־יִשְׂרָאֵל
ח וְאָנֹכִי הִצַּלְתִּיךָ מִיַּד שָׁאוּל׃ וָאֶתְּנָה לְךָ אֶת־בֵּית אֲדֹנֶיךָ וְאֶת־
נְשֵׁי אֲדֹנֶיךָ בְּחֵיקֶךָ וָאֶתְּנָה לְךָ אֶת־בֵּית יִשְׂרָאֵל וִיהוּדָה וְאִם־
ט מְעָט וְאֹסִפָה לְּךָ כָּהֵנָּה וְכָהֵנָּה׃ מַדּוּעַ בָּזִיתָ ׀ אֶת־דְּבַר יְהוָה
לַעֲשׂוֹת הָרַע בעינו אֵת אוּרִיָּה הַחִתִּי הִכִּיתָ בַחֶרֶב וְאֶת־ בְּעֵינַי
י אִשְׁתּוֹ לָקַחְתָּ לְּךָ לְאִשָּׁה וְאֹתוֹ הָרַגְתָּ בְּחֶרֶב בְּנֵי עַמּוֹן׃ וְעַתָּה
לֹא־תָסוּר חֶרֶב מִבֵּיתְךָ עַד־עוֹלָם עֵקֶב כִּי בְזִתָנִי וַתִּקַּח אֶת־
יא אֵשֶׁת אוּרִיָּה הַחִתִּי לִהְיוֹת לְךָ לְאִשָּׁה׃ כֹּה ׀
אָמַר יְהוָה הִנְנִי מֵקִים עָלֶיךָ רָעָה מִבֵּיתֶךָ וְלָקַחְתִּי אֶת־נָשֶׁיךָ
לְעֵינֶיךָ וְנָתַתִּי לְרֵעֶיךָ וְשָׁכַב עִם־נָשֶׁיךָ לְעֵינֵי הַשֶּׁמֶשׁ הַזֹּאת׃
יב כִּי אַתָּה עָשִׂיתָ בַסָּתֶר וַאֲנִי אֶעֱשֶׂה אֶת־הַדָּבָר הַזֶּה נֶגֶד כָּל־
יג יִשְׂרָאֵל וְנֶגֶד הַשָּׁמֶשׁ׃ וַיֹּאמֶר דָּוִד אֶל־נָתָן כו
חָטָאתִי לַיהוָה וַיֹּאמֶר נָתָן אֶל־דָּוִד גַּם־יְהוָה
יד הֶעֱבִיר חַטָּאתְךָ לֹא תָמוּת׃ אֶפֶס כִּי־נִאֵץ נִאַצְתָּ אֶת־אֹיְבֵי
טו יְהוָה בַּדָּבָר הַזֶּה גַּם הַבֵּן הַיִּלּוֹד לְךָ מוֹת יָמוּת׃ וַיֵּלֶךְ נָתָן אֶל־
בֵּיתוֹ וַיִּגֹּף יְהוָה אֶת־הַיֶּלֶד אֲשֶׁר יָלְדָה אֵשֶׁת־אוּרִיָּה לְדָוִד
טז וַיֵּאָנַשׁ׃ וַיְבַקֵּשׁ דָּוִד אֶת־הָאֱלֹהִים בְּעַד הַנָּעַר וַיָּצָם דָּוִד צוֹם
יז וּבָא וְלָן וְשָׁכַב אָרְצָה׃ וַיָּקֻמוּ זִקְנֵי בֵיתוֹ עָלָיו לַהֲקִימוֹ מִן־
יח הָאָרֶץ וְלֹא אָבָה וְלֹא־בָרָא אִתָּם לָחֶם׃ וַיְהִי בַּיּוֹם הַשְּׁבִיעִי
וַיָּמָת הַיָּלֶד וַיִּרְאוּ עַבְדֵי דָוִד לְהַגִּיד לוֹ ׀ כִּי־מֵת הַיֶּלֶד כִּי
אָמְרוּ הִנֵּה בִהְיוֹת הַיֶּלֶד חַי דִּבַּרְנוּ אֵלָיו וְלֹא־שָׁמַע בְּקוֹלֵנוּ
יט וְאֵיךְ נֹאמַר אֵלָיו מֵת הַיֶּלֶד וְעָשָׂה רָעָה׃ וַיַּרְא דָּוִד כִּי עֲבָדָיו
מִתְלַחֲשִׁים וַיָּבֶן דָּוִד כִּי מֵת הַיֶּלֶד וַיֹּאמֶר דָּוִד אֶל־עֲבָדָיו הֲמֵת

כ הַיֶּלֶד וַיֹּאמְרוּ מֵת׃ וַיָּקָם דָּוִד מֵהָאָרֶץ וַיִּרְחַץ וַיָּסֶךְ וַיְחַלֵּף
שִׂמְלֹתָו וַיָּבֹא בֵית־יְהוָה וַיִּשְׁתָּחוּ וַיָּבֹא אֶל־בֵּיתוֹ וַיִּשְׁאַל
כא וַיָּשִׂימוּ לוֹ לֶחֶם וַיֹּאכַל׃ וַיֹּאמְרוּ עֲבָדָיו אֵלָיו מָה־הַדָּבָר הַזֶּה
אֲשֶׁר עָשִׂיתָה בַּעֲבוּר הַיֶּלֶד חַי צַמְתָּ וַתֵּבְךְּ וְכַאֲשֶׁר מֵת הַיֶּלֶד
כב קַמְתָּ וַתֹּאכַל לָחֶם׃ וַיֹּאמֶר בְּעוֹד הַיֶּלֶד חַי צַמְתִּי וָאֶבְכֶּה כִּי
כג אָמַרְתִּי מִי יוֹדֵעַ יחנני יְהוָה וְחַי הַיָּלֶד׃ וְעַתָּה ׀ מֵת לָמָּה זֶּה וְחַנַּנִי
אֲנִי צָם הַאוּכַל לַהֲשִׁיבוֹ עוֹד אֲנִי הֹלֵךְ אֵלָיו וְהוּא לֹא־יָשׁוּב
כד אֵלָי׃ וַיְנַחֵם דָּוִד אֵת בַּת־שֶׁבַע אִשְׁתּוֹ וַיָּבֹא אֵלֶיהָ וַיִּשְׁכַּב
עִמָּהּ וַתֵּלֶד בֵּן ויקרא אֶת־שְׁמוֹ שְׁלֹמֹה וַיהוָה אֲהֵבוֹ׃ וַתִּקְרָא
כה וַיִּשְׁלַח בְּיַד נָתָן הַנָּבִיא וַיִּקְרָא אֶת־שְׁמוֹ יְדִידְיָהּ בַּעֲבוּר
כו יְהוָה׃ וַיִּלָּחֶם יוֹאָב בְּרַבַּת בְּנֵי עַמּוֹן וַיִּלְכֹּד אֶת־
כז עִיר הַמְּלוּכָה׃ וַיִּשְׁלַח יוֹאָב מַלְאָכִים אֶל־דָּוִד וַיֹּאמֶר נִלְחַמְתִּי
כח בְרַבָּה גַּם־לָכַדְתִּי אֶת־עִיר הַמָּיִם׃ וְעַתָּה אֱסֹף אֶת־יֶתֶר הָעָם
וַחֲנֵה עַל־הָעִיר וְלָכְדָהּ פֶּן־אֶלְכֹּד אֲנִי אֶת־הָעִיר וְנִקְרָא
כט שְׁמִי עָלֶיהָ׃ וַיֶּאֱסֹף דָּוִד אֶת־כָּל־הָעָם וַיֵּלֶךְ רַבָּתָה וַיִּלָּחֶם בָּהּ
ל וַיִּלְכְּדָהּ׃ וַיִּקַּח אֶת־עֲטֶרֶת־מַלְכָּם מֵעַל רֹאשׁוֹ וּמִשְׁקָלָהּ כִּכַּר
זָהָב וְאֶבֶן יְקָרָה וַתְּהִי עַל־רֹאשׁ דָּוִד וּשְׁלַל הָעִיר הוֹצִיא הַרְבֵּה
לא מְאֹד׃ וְאֶת־הָעָם אֲשֶׁר־בָּהּ הוֹצִיא וַיָּשֶׂם בַּמְּגֵרָה וּבַחֲרִצֵי הַבַּרְזֶל
וּבְמַגְזְרֹת הַבַּרְזֶל וְהֶעֱבִיר אוֹתָם במלכן וְכֵן יַעֲשֶׂה לְכֹל עָרֵי בַּמַּלְבֵּן
יג א בְּנֵי־עַמּוֹן וַיָּשָׁב דָּוִד וְכָל־הָעָם יְרוּשָׁלָםִ׃ וַיְהִי
אַחֲרֵי־כֵן וּלְאַבְשָׁלוֹם בֶּן־דָּוִד אָחוֹת יָפָה וּשְׁמָהּ תָּמָר וַיֶּאֱהָבֶהָ
ב אַמְנוֹן בֶּן־דָּוִד׃ וַיֵּצֶר לְאַמְנוֹן לְהִתְחַלּוֹת בַּעֲבוּר תָּמָר אֲחֹתוֹ
כִּי בְתוּלָה הִיא וַיִּפָּלֵא בְּעֵינֵי אַמְנוֹן לַעֲשׂוֹת לָהּ מְאוּמָה׃
ג וּלְאַמְנוֹן רֵעַ וּשְׁמוֹ יוֹנָדָב בֶּן־שִׁמְעָה אֲחִי דָוִד וְיוֹנָדָב אִישׁ
ד חָכָם מְאֹד׃ וַיֹּאמֶר לוֹ מַדּוּעַ אַתָּה כָּכָה דַּל בֶּן־הַמֶּלֶךְ בַּבֹּקֶר
בַּבֹּקֶר הֲלוֹא תַּגִּיד לִי וַיֹּאמֶר לוֹ אַמְנוֹן אֶת־תָּמָר אֲחוֹת
ה אַבְשָׁלֹם אָחִי אֲנִי אֹהֵב׃ וַיֹּאמֶר לוֹ יְהוֹנָדָב שְׁכַב עַל־מִשְׁכָּבְךָ

והתחל ובא אביך לראותך ואמרת אליו תבא נא תמר
אחותי ותברני לחם ועשתה לעיני את־הבריה למען אשר
אראה ואכלתי מידה: וישכב אמנון ויתחל ויבא המלך ו
לראותו ויאמר אמנון אל־המלך תבוא־נא תמר אחתי
ותלבב לעיני שתי לבבות ואברה מידה: וישלח דוד אל־ ז
תמר הביתה לאמר לכי נא בית אמנון אחיך ועשי־לו
הבריה: ותלך תמר בית אמנון אחיה והוא שכב ותקח את־ ח
הבצק ותלוש ותלבב לעיניו ותבשל את־הלבבות: ותקח ט
ותלש
את־המשרת ותצק לפניו וימאן לאכול ויאמר אמנון הוציאו
כל־איש מעלי ויצאו כל־איש מעליו: ויאמר אמנון אל־תמר י
הביאי הבריה החדר ואברה מידך ותקח תמר את־הלבבות
אשר עשתה ותבא לאמנון אחיה החדרה: ותגש אליו לאכל יא
ויחזק־בה ויאמר לה בואי שכבי עמי אחותי: ותאמר לו אל־ יב
אחי אל־תענני כי לא־יעשה כן בישראל אל־תעשה את־
הנבלה הזאת: ואני אנה אוליך את־חרפתי ואתה תהיה יג
כאחד הנבלים בישראל ועתה דבר־נא אל־המלך כי לא
ימנעני ממך: ולא אבה לשמע בקולה ויחזק ממנה ויענה יד
וישכב אתה: וישנאה אמנון שנאה גדולה מאד כי גדולה טו
השנאה אשר שנאה מאהבה אשר אהבה ויאמר־לה אמנון
קומי לכי: ותאמר לו אל־אודת הרעה הגדולה הזאת טז
מאחרת אשר־עשית עמי לשלחני ולא אבה לשמע לה:
ויקרא את־נערו משרתו ויאמר שלחו־נא את־זאת מעלי יז
החוצה ונעל הדלת אחריה: ועליה כתנת פסים כי כן יח
תלבשן בנות־המלך הבתולת מעילים ויצא אותה משרתו
החוץ ונעל הדלת אחריה: ותקח תמר אפר על־ראשה יט
וכתנת הפסים אשר עליה קרעה ותשם ידה על־ראשה
ותלך הלוך וזעקה: ויאמר אליה אבשלום אחיה האמינון כ

אֲחִיךְ הָיָה עִמָּךְ וְעַתָּה אֲחוֹתִי הַחֲרִישִׁי אָחִיךְ הוּא אַל־תָּשִׁיתִי
אֶת־לִבֵּךְ לַדָּבָר הַזֶּה וַתֵּשֶׁב תָּמָר וְשֹׁמֵמָה בֵּית אַבְשָׁלוֹם
כא אָחִיהָ׃ וְהַמֶּלֶךְ דָּוִד שָׁמַע אֵת כָּל־הַדְּבָרִים הָאֵלֶּה וַיִּחַר לוֹ
כב מְאֹד׃ וְלֹא־דִבֶּר אַבְשָׁלוֹם עִם־אַמְנוֹן לְמֵרָע וְעַד־טוֹב כִּי־
שָׂנֵא אַבְשָׁלוֹם אֶת־אַמְנוֹן עַל־דְּבַר אֲשֶׁר עִנָּה אֵת תָּמָר
כג אֲחֹתוֹ׃ וַיְהִי לִשְׁנָתַיִם יָמִים וַיִּהְיוּ גֹזְזִים לְאַבְשָׁלוֹם
בְּבַעַל חָצוֹר אֲשֶׁר עִם־אֶפְרָיִם וַיִּקְרָא אַבְשָׁלוֹם לְכָל־בְּנֵי
כד הַמֶּלֶךְ׃ וַיָּבֹא אַבְשָׁלוֹם אֶל־הַמֶּלֶךְ וַיֹּאמֶר הִנֵּה־נָא גֹזְזִים
כה לְעַבְדֶּךָ יֵלֶךְ־נָא הַמֶּלֶךְ וַעֲבָדָיו עִם־עַבְדֶּךָ׃ וַיֹּאמֶר הַמֶּלֶךְ אֶל־ כז
אַבְשָׁלוֹם אַל־בְּנִי אַל־נָא נֵלֵךְ כֻּלָּנוּ וְלֹא נִכְבַּד עָלֶיךָ וַיִּפְרָץ־
כו בּוֹ וְלֹא־אָבָה לָלֶכֶת וַיְבָרְכֵהוּ׃ וַיֹּאמֶר אַבְשָׁלוֹם וָלֹא יֵלֶךְ־
נָא אִתָּנוּ אַמְנוֹן אָחִי וַיֹּאמֶר לוֹ הַמֶּלֶךְ לָמָּה יֵלֵךְ עִמָּךְ׃
כז וַיִּפְרָץ־בּוֹ אַבְשָׁלוֹם וַיִּשְׁלַח אִתּוֹ אֶת־אַמְנוֹן וְאֵת כָּל־בְּנֵי
כח הַמֶּלֶךְ׃ וַיְצַו אַבְשָׁלוֹם אֶת־נְעָרָיו לֵאמֹר רְאוּ־
נָא כְּטוֹב לֵב־אַמְנוֹן בַּיַּיִן וְאָמַרְתִּי אֲלֵיכֶם הַכּוּ אֶת־אַמְנוֹן
וַהֲמִתֶּם אֹתוֹ אַל־תִּירָאוּ הֲלוֹא כִּי אָנֹכִי צִוִּיתִי אֶתְכֶם
כט חִזְקוּ וִהְיוּ לִבְנֵי־חָיִל׃ וַיַּעֲשׂוּ נַעֲרֵי אַבְשָׁלוֹם לְאַמְנוֹן כַּאֲשֶׁר
צִוָּה אַבְשָׁלוֹם וַיָּקֻמוּ ׀ כָּל־בְּנֵי הַמֶּלֶךְ וַיִּרְכְּבוּ אִישׁ עַל־
ל פִּרְדּוֹ וַיָּנֻסוּ׃ וַיְהִי הֵמָּה בַדֶּרֶךְ וְהַשְּׁמֻעָה בָּאָה אֶל־דָּוִד
לֵאמֹר הִכָּה אַבְשָׁלוֹם אֶת־כָּל־בְּנֵי הַמֶּלֶךְ וְלֹא־נוֹתַר מֵהֶם
לא אֶחָד׃ וַיָּקָם הַמֶּלֶךְ וַיִּקְרַע אֶת־בְּגָדָיו וַיִּשְׁכַּב
לב אָרְצָה וְכָל־עֲבָדָיו נִצָּבִים קְרֻעֵי בְגָדִים׃ וַיַּעַן
יוֹנָדָב ׀ בֶּן־שִׁמְעָה אֲחִי־דָוִד וַיֹּאמֶר אַל־יֹאמַר אֲדֹנִי אֵת כָּל־
הַנְּעָרִים בְּנֵי־הַמֶּלֶךְ הֵמִיתוּ כִּי־אַמְנוֹן לְבַדּוֹ מֵת כִּי־עַל־פִּי
לג אַבְשָׁלוֹם הָיְתָה שׂימָה מִיּוֹם עַנֹּתוֹ אֵת תָּמָר אֲחֹתוֹ׃ וְעַתָּה שׂוּמָה
אַל־יָשֵׂם אֲדֹנִי הַמֶּלֶךְ אֶל־לִבּוֹ דָּבָר לֵאמֹר כָּל־בְּנֵי הַמֶּלֶךְ מֵתוּ
לד כִּי־אִם אַמְנוֹן לְבַדּוֹ מֵת׃ וַיִּבְרַח אַבְשָׁלוֹם וַיִּשָּׂא

הנער הצפה את־עינו וירא והנה עם־רב הלכים מדרך
אחריו מצד ההר: ויאמר יונדב אל־המלך הנה בני־המלך לה
באו כדבר עבדך כן היה: ויהי׀ ככלתו לדבר והנה בני־ לו
המלך באו וישאו קולם ויבכו וגם־המלך וכל־עבדיו בכו בכי
עמיהוד גדול מאד: ואבשלום ברח וילך אל־תלמי בן־עמיחור מלך לז
גשור ויתאבל על־בנו כל־הימים: ואבשלום ברח וילך גשור לח
ויהי־שם שלש שנים: ותכל דוד המלך לצאת אל־אבשלום לט
כי־נחם על־אמנון כי־מת: וידע יואב בן־ א יד
צריה כי־לב המלך על־אבשלום: וישלח יואב תקועה ויקח ב
משם אשה חכמה ויאמר אליה התאבלי־נא ולבשי־נא
בגדי־אבל ואל־תסוכי שמן והיית כאשה זה ימים רבים
מתאבלת על־מת: ובאת אל־המלך ודברת אליו כדבר ג
הזה וישם יואב את־הדברים בפיה: ותאמר האשה התקעית ד
אל־המלך ותפל על־אפיה ארצה ותשתחו ותאמר הושעה
המלך: ויאמר־לה המלך מה־לך ותאמר ה
אבל אשה־אלמנה אני וימת אישי: ולשפחתך שני בנים ו
וינצו שניהם בשדה ואין מציל ביניהם ויכו האחד את־האחד
וימת אתו: והנה קמה כל־המשפחה על־שפחתך ויאמרו ז
תני׀ את־מכה אחיו ונמתהו בנפש אחיו אשר הרג ונשמידה
שים גם את־היורש וכבו את־גחלתי אשר נשארה לבלתי שום־
לאישי שם ושארית על־פני האדמה: ויאמר ח
המלך אל־האשה לכי לביתך ואני אצוה עליך: ותאמר ט
האשה התקועית אל־המלך עלי אדני המלך העון ועל־בית
אבי והמלך וכסאו נקי: ויאמר המלך המדבר י
אליך והבאתו אלי ולא־יסיף עוד לגעת בך: ותאמר יזכר־ יא
מהרבת נא המלך את־יהוה אלהיך מהרבית גאל הדם לשחת ולא
ישמידו את־בני ויאמר חי־יהוה אם־יפל משערת בנך

יב ארצה: ותאמר האשה תדבר־נא שפחתך אל־אדני המלך
יג דבר ויאמר דברי: ותאמר האשה ולמה
חשבתה כזאת על־עם אלהים ומדבר המלך הדבר הזה
יד כאשם לבלתי השיב המלך את־נדחו: כי־מות נמות וכמים
הנגרים ארצה אשר לא יאספו ולא־ישא אלהים נפש וחשב
טו מחשבות לבלתי ידח ממנו נדח: ועתה אשר־באתי לדבר
אל־המלך אדני את־הדבר הזה כי יראני העם ותאמר
שפחתך אדברה־נא אל־המלך אולי יעשה המלך את־דבר
טז אמתו: כי ישמע המלך להציל את־אמתו מכף האיש
יז להשמיד אתי ואת־בני יחד מנחלת אלהים: ותאמר שפחתך
יהיה־נא דבר־אדני המלך למנחה כי | כמלאך האלהים
כן אדני המלך לשמע הטוב והרע ויהוה אלהיך יהי
יח עמך: ויען המלך ויאמר אל־האשה אל־נא
תכחדי ממני דבר אשר אנכי שאל אתך ותאמר האשה
יט ידבר־נא אדני המלך: ויאמר המלך היד יואב אתך בכל־
זאת ותען האשה ותאמר חי־נפשך אדני המלך אם־אש |
להמין ולהשמיל מכל אשר־דבר אדני המלך כי־עבדך יואב
הוא צוני והוא שם בפי שפחתך את כל־הדברים האלה:
כ לבעבור סבב את־פני הדבר עשה עבדך יואב את־הדבר
הזה ואדני חכם כחכמת מלאך האלהים לדעת את־כל־
כא אשר בארץ: ויאמר המלך אל־יואב הנה־נא
עשיתי את־הדבר הזה ולך השב את־הנער את־אבשלום:
כב ויפל יואב אל־פניו ארצה וישתחו ויברך את־המלך ויאמר
יואב היום ידע עבדך כי־מצאתי חן בעיניך אדני המלך
כג אשר־עשה המלך את־דבר עבדו: ויקם יואב וילך גשורה עבדך
כד ויבא את־אבשלום ירושלם: ויאמר המלך
יסב אל־ביתו ופני לא יראה ויסב אבשלום אל־ביתו ופני

הַמֶּלֶךְ לֹא רָאָה׃ וּכְאַבְשָׁלוֹם לֹא־הָיָה אִישׁ־ כה
יָפֶה בְּכָל־יִשְׂרָאֵל לְהַלֵּל מְאֹד מִכַּף רַגְלוֹ וְעַד קָדְקֳדוֹ לֹא־
הָיָה בוֹ מוּם׃ וּבְגַלְּחוֹ אֶת־רֹאשׁוֹ וְהָיָה מִקֵּץ יָמִים ׀ לַיָּמִים כו
אֲשֶׁר יְגַלֵּחַ כִּי־כָבֵד עָלָיו וְגִלְּחוֹ וְשָׁקַל אֶת־שְׂעַר רֹאשׁוֹ
מָאתַיִם שְׁקָלִים בְּאֶבֶן הַמֶּלֶךְ׃ וַיִּוָּלְדוּ לְאַבְשָׁלוֹם שְׁלוֹשָׁה כז
בָנִים וּבַת אַחַת וּשְׁמָהּ תָּמָר הִיא הָיְתָה אִשָּׁה יְפַת
מַרְאֶה׃ וַיֵּשֶׁב אַבְשָׁלוֹם בִּירוּשָׁלַ͏ִם שְׁנָתַיִם יָמִים כח
וּפְנֵי הַמֶּלֶךְ לֹא רָאָה׃ וַיִּשְׁלַח אַבְשָׁלוֹם אֶל־יוֹאָב לִשְׁלֹחַ אֹתוֹ כט
אֶל־הַמֶּלֶךְ וְלֹא אָבָה לָבוֹא אֵלָיו וַיִּשְׁלַח עוֹד שֵׁנִית וְלֹא אָבָה
לָבוֹא׃ וַיֹּאמֶר אֶל־עֲבָדָיו רְאוּ חֶלְקַת יוֹאָב אֶל־יָדִי וְלוֹ־שָׁם ל
וְהִצִּיתוּהָ שְׂעֹרִים לְכוּ והוצתיה בָאֵשׁ וַיַּצִּתוּ עַבְדֵי אַבְשָׁלוֹם אֶת־
הַחֶלְקָה בָּאֵשׁ׃ וַיָּקָם יוֹאָב וַיָּבֹא אֶל־אַבְשָׁלוֹם לא
הַבָּיְתָה וַיֹּאמֶר אֵלָיו לָמָּה הִצִּיתוּ עֲבָדֶיךָ אֶת־הַחֶלְקָה אֲשֶׁר־
לִי בָּאֵשׁ׃ וַיֹּאמֶר אַבְשָׁלוֹם אֶל־יוֹאָב הִנֵּה שָׁלַחְתִּי אֵלֶיךָ ׀ לב
לֵאמֹר בֹּא הֵנָּה וְאֶשְׁלְחָה אֹתְךָ אֶל־הַמֶּלֶךְ לֵאמֹר לָמָּה בָּאתִי
מִגְּשׁוּר טוֹב לִי עֹד אֲנִי־שָׁם וְעַתָּה אֶרְאֶה פְּנֵי הַמֶּלֶךְ וְאִם־יֶשׁ־
כח בִּי עָוֺן וֶהֱמִתָנִי׃ וַיָּבֹא יוֹאָב אֶל־הַמֶּלֶךְ וַיַּגֶּד־לוֹ וַיִּקְרָא אֶל־ לג
אַבְשָׁלוֹם וַיָּבֹא אֶל־הַמֶּלֶךְ וַיִּשְׁתַּחוּ לוֹ עַל־אַפָּיו אַרְצָה לִפְנֵי
הַמֶּלֶךְ וַיִּשַּׁק הַמֶּלֶךְ לְאַבְשָׁלוֹם׃ וַיְהִי מֵאַחֲרֵי כֵן א טו
וַיַּעַשׂ לוֹ אַבְשָׁלוֹם מֶרְכָּבָה וְסֻסִים וַחֲמִשִּׁים אִישׁ רָצִים לְפָנָיו׃
וְהִשְׁכִּים אַבְשָׁלוֹם וְעָמַד עַל־יַד דֶּרֶךְ הַשָּׁעַר וַיְהִי כָּל־הָאִישׁ ב
אֲשֶׁר־יִהְיֶה־לּוֹ־רִיב לָבוֹא אֶל־הַמֶּלֶךְ לַמִּשְׁפָּט וַיִּקְרָא אַבְשָׁלוֹם
אֵלָיו וַיֹּאמֶר אֵי־מִזֶּה עִיר אַתָּה וַיֹּאמֶר מֵאַחַד שִׁבְטֵי־יִשְׂרָאֵל
עַבְדֶּךָ׃ וַיֹּאמֶר אֵלָיו אַבְשָׁלוֹם רְאֵה דְבָרֶךָ טוֹבִים וּנְכֹחִים ג
וְשֹׁמֵעַ אֵין־לְךָ מֵאֵת הַמֶּלֶךְ׃ וַיֹּאמֶר אַבְשָׁלוֹם מִי־יְשִׂמֵנִי שֹׁפֵט ד
בָּאָרֶץ וְעָלַי יָבוֹא כָּל־אִישׁ אֲשֶׁר־יִהְיֶה־לּוֹ־רִיב וּמִשְׁפָּט
וְהִצְדַּקְתִּיו׃ וְהָיָה בִּקְרָב־אִישׁ לְהִשְׁתַּחֲוֺת לוֹ וְשָׁלַח אֶת־יָדוֹ ה

ו וְהֶחֱזִיק לוֹ וְנָשַׁק לוֹ׃ וַיַּעַשׂ אַבְשָׁלוֹם כַּדָּבָר הַזֶּה לְכָל־
יִשְׂרָאֵל אֲשֶׁר־יָבֹאוּ לַמִּשְׁפָּט אֶל־הַמֶּלֶךְ וַיְגַנֵּב אַבְשָׁלוֹם אֶת־
ז לֵב אַנְשֵׁי יִשְׂרָאֵל׃ וַיְהִי מִקֵּץ אַרְבָּעִים שָׁנָה
וַיֹּאמֶר אַבְשָׁלוֹם אֶל־הַמֶּלֶךְ אֵלְכָה נָּא וַאֲשַׁלֵּם אֶת־נִדְרִי
ח אֲשֶׁר־נָדַרְתִּי לַיהוָה בְּחֶבְרוֹן׃ כִּי־נֵדֶר נָדַר עַבְדְּךָ בְּשִׁבְתִּי
בִגְשׁוּר בַּאֲרָם לֵאמֹר אִם־ישיב יְשִׁיבֵנִי יְהוָה יְרוּשָׁלִַם יָשׁוּב
ט וְעָבַדְתִּי אֶת־יְהוָה׃ וַיֹּאמֶר־לוֹ הַמֶּלֶךְ לֵךְ בְּשָׁלוֹם וַיָּקָם וַיֵּלֶךְ
י חֶבְרוֹנָה׃ וַיִּשְׁלַח אַבְשָׁלוֹם מְרַגְּלִים בְּכָל־שִׁבְטֵי
יִשְׂרָאֵל לֵאמֹר כְּשָׁמְעֲכֶם אֶת־קוֹל הַשֹּׁפָר וַאֲמַרְתֶּם מָלַךְ
יא אַבְשָׁלוֹם בְּחֶבְרוֹן׃ וְאֶת־אַבְשָׁלוֹם הָלְכוּ מָאתַיִם אִישׁ
יב מִירוּשָׁלִַם קְרֻאִים וְהֹלְכִים לְתֻמָּם וְלֹא יָדְעוּ כָּל־דָּבָר׃ וַיִּשְׁלַח
אַבְשָׁלוֹם אֶת־אֲחִיתֹפֶל הַגִּילֹנִי יוֹעֵץ דָּוִד מֵעִירוֹ מִגִּלֹה בְּזָבְחוֹ
אֶת־הַזְּבָחִים וַיְהִי הַקֶּשֶׁר אַמִּץ וְהָעָם הוֹלֵךְ וָרָב אֶת־
יג אַבְשָׁלוֹם׃ וַיָּבֹא הַמַּגִּיד אֶל־דָּוִד לֵאמֹר הָיָה לֶב־אִישׁ יִשְׂרָאֵל
יד אַחֲרֵי אַבְשָׁלוֹם׃ וַיֹּאמֶר דָּוִד לְכָל־עֲבָדָיו אֲשֶׁר־אִתּוֹ בִירוּשָׁלִַם
קוּמוּ וְנִבְרָחָה כִּי לֹא־תִהְיֶה־לָּנוּ פְלֵיטָה מִפְּנֵי אַבְשָׁלֹם מַהֲרוּ
לָלֶכֶת פֶּן־יְמַהֵר וְהִשִּׂגְנוּ וְהִדִּיחַ עָלֵינוּ אֶת־הָרָעָה וְהִכָּה הָעִיר
טו לְפִי־חָרֶב׃ וַיֹּאמְרוּ עַבְדֵי־הַמֶּלֶךְ אֶל־הַמֶּלֶךְ כְּכֹל אֲשֶׁר־יִבְחַר
טז אֲדֹנִי הַמֶּלֶךְ הִנֵּה עֲבָדֶיךָ׃ וַיֵּצֵא הַמֶּלֶךְ וְכָל־בֵּיתוֹ בְּרַגְלָיו וַיַּעֲזֹב
יז הַמֶּלֶךְ אֵת עֶשֶׂר נָשִׁים פִּלַגְשִׁים לִשְׁמֹר הַבָּיִת׃ וַיֵּצֵא הַמֶּלֶךְ וְכָל־
יח הָעָם בְּרַגְלָיו וַיַּעַמְדוּ בֵּית הַמֶּרְחָק׃ וְכָל־עֲבָדָיו עֹבְרִים עַל־יָדוֹ
וְכָל־הַכְּרֵתִי וְכָל־הַפְּלֵתִי וְכָל־הַגִּתִּים שֵׁשׁ־מֵאוֹת אִישׁ אֲשֶׁר־
יט בָּאוּ בְרַגְלוֹ מִגַּת עֹבְרִים עַל־פְּנֵי הַמֶּלֶךְ׃ וַיֹּאמֶר
הַמֶּלֶךְ אֶל־אִתַּי הַגִּתִּי לָמָּה תֵלֵךְ גַּם־אַתָּה אִתָּנוּ שׁוּב וְשֵׁב
כ עִם־הַמֶּלֶךְ כִּי־נָכְרִי אַתָּה וְגַם־גֹּלֶה אַתָּה לִמְקוֹמֶךָ׃ תְּמוֹל ׀
בּוֹאֶךָ וְהַיּוֹם אנועךָ עִמָּנוּ לָלֶכֶת וַאֲנִי הוֹלֵךְ עַל אֲשֶׁר־אֲנִי הוֹלֵךְ אֲנִיעֲךָ
כא שׁוּב וְהָשֵׁב אֶת־אַחֶיךָ עִמָּךְ חֶסֶד וֶאֱמֶת׃ וַיַּעַן אִתַּי אֶת־הַמֶּלֶךְ

וַיֹּאמֶר חַי־יְהוָה וְחֵי אֲדֹנִי הַמֶּלֶךְ כִּי אם בִּמְקוֹם אֲשֶׁר יִהְיֶה־
שָּׁם ׀ אֲדֹנִי הַמֶּלֶךְ אִם־לְמָוֶת אִם־לְחַיִּים כִּי־שָׁם יִהְיֶה עַבְדֶּךָ׃
כב וַיֹּאמֶר דָּוִד אֶל־אִתַּי לֵךְ וַעֲבֹר וַיַּעֲבֹר אִתַּי הַגִּתִּי וְכָל־אֲנָשָׁיו
כג וְכָל־הַטַּף אֲשֶׁר אִתּוֹ׃ וְכָל־הָאָרֶץ בּוֹכִים קוֹל גָּדוֹל וְכָל־הָעָם
עֹבְרִים וְהַמֶּלֶךְ עֹבֵר בְּנַחַל קִדְרוֹן וְכָל־הָעָם עֹבְרִים עַל־פְּנֵי־דֶרֶךְ
כד אֶת־הַמִּדְבָּר׃ וְהִנֵּה גַם־צָדוֹק וְכָל־הַלְוִיִּם אִתּוֹ נֹשְׂאִים אֶת־
אֲרוֹן בְּרִית הָאֱלֹהִים וַיַּצִּקוּ אֶת־אֲרוֹן הָאֱלֹהִים וַיַּעַל אֶבְיָתָר
כה עַד־תֹּם כָּל־הָעָם לַעֲבוֹר מִן־הָעִיר׃ וַיֹּאמֶר
הַמֶּלֶךְ לְצָדוֹק הָשֵׁב אֶת־אֲרוֹן הָאֱלֹהִים הָעִיר אִם־אֶמְצָא
כו חֵן בְּעֵינֵי יְהוָה וֶהֱשִׁבַנִי וְהִרְאַנִי אֹתוֹ וְאֶת־נָוֵהוּ׃ וְאִם
כֹּה יֹאמַר לֹא חָפַצְתִּי בָּךְ הִנְנִי יַעֲשֶׂה־לִּי כַּאֲשֶׁר טוֹב
כז בְּעֵינָיו׃ וַיֹּאמֶר הַמֶּלֶךְ אֶל־צָדוֹק הַכֹּהֵן הֲרוֹאֶה
אַתָּה שֻׁבָה הָעִיר בְּשָׁלוֹם וַאֲחִימַעַץ בִּנְךָ וִיהוֹנָתָן בֶּן־אֶבְיָתָר
כח שְׁנֵי בְנֵיכֶם אִתְּכֶם׃ רְאוּ אָנֹכִי מִתְמַהְמֵהַּ בְּעברות הַמִּדְבָּר בְּעַרְבוֹת
כט עַד בּוֹא דָבָר מֵעִמָּכֶם לְהַגִּיד לִי׃ וַיָּשֶׁב צָדוֹק וְאֶבְיָתָר אֶת־
ל אֲרוֹן הָאֱלֹהִים יְרוּשָׁלָםִ וַיֵּשְׁבוּ שָׁם׃ וְדָוִד עֹלֶה בְמַעֲלֵה הַזֵּיתִים
עֹלֶה ׀ וּבוֹכֶה וְרֹאשׁ לוֹ חָפוּי וְהוּא הֹלֵךְ יָחֵף וְכָל־הָעָם אֲשֶׁר־
לא אִתּוֹ חָפוּ אִישׁ רֹאשׁוֹ וְעָלוּ עָלֹה וּבָכֹה׃ וְדָוִד הִגִּיד לֵאמֹר
אֲחִיתֹפֶל בַּקֹּשְׁרִים עִם־אַבְשָׁלוֹם וַיֹּאמֶר דָּוִד סַכֶּל־נָא אֶת־
לב עֲצַת אֲחִיתֹפֶל יְהוָה׃ וַיְהִי דָוִד בָּא עַד־הָרֹאשׁ אֲשֶׁר־יִשְׁתַּחֲוֶה
שָׁם לֵאלֹהִים וְהִנֵּה לִקְרָאתוֹ חוּשַׁי הָאַרְכִּי קָרוּעַ כֻּתָּנְתּוֹ
לג וַאֲדָמָה עַל־רֹאשׁוֹ׃ וַיֹּאמֶר לוֹ דָּוִד אִם עָבַרְתָּ אִתִּי וְהָיִתָ עָלַי
לד לְמַשָּׂא׃ וְאִם־הָעִיר תָּשׁוּב וְאָמַרְתָּ לְאַבְשָׁלוֹם עַבְדְּךָ אֲנִי
הַמֶּלֶךְ אֶהְיֶה עֶבֶד אָבִיךָ וַאֲנִי מֵאָז וְעַתָּה וַאֲנִי עַבְדֶּךָ וְהֵפַרְתָּה
לה לִי אֵת עֲצַת אֲחִיתֹפֶל׃ וַהֲלוֹא עִמְּךָ שָׁם צָדוֹק וְאֶבְיָתָר
הַכֹּהֲנִים וְהָיָה כָּל־הַדָּבָר אֲשֶׁר תִּשְׁמַע מִבֵּית הַמֶּלֶךְ תַּגִּיד
לו לְצָדוֹק וּלְאֶבְיָתָר הַכֹּהֲנִים׃ הִנֵּה־שָׁם עִמָּם שְׁנֵי בְנֵיהֶם אֲחִימַעַץ

לְצָדוֹק וִיהוֹנָתָן לַאֲבִיָתָר וּשְׁלַחְתֶּם בְּיָדָם אֵלַי כָּל־דָּבָר
לז אֲשֶׁר תִּשְׁמָעוּ: וַיָּבֹא חוּשַׁי רֵעֶה דָוִד הָעִיר וְאַבְשָׁלוֹם יָבוֹא כט
טז א יְרוּשָׁלִָם: וְדָוִד עָבַר מְעַט מֵהָרֹאשׁ וְהִנֵּה צִיבָא
נַעַר מְפִיבֹשֶׁת לִקְרָאתוֹ וְצֶמֶד חֲמֹרִים חֲבֻשִׁים וַעֲלֵיהֶם מָאתַיִם
ב לֶחֶם וּמֵאָה צִמּוּקִים וּמֵאָה קַיִץ וְנֵבֶל יָיִן: וַיֹּאמֶר הַמֶּלֶךְ אֶל־
צִיבָא מָה־אֵלֶּה לָּךְ וַיֹּאמֶר צִיבָא הַחֲמוֹרִים לְבֵית־הַמֶּלֶךְ
לִרְכֹּב ולהלחם וְהַקַּיִץ לֶאֱכוֹל הַנְּעָרִים וְהַיַּיִן לִשְׁתּוֹת הַיָּעֵף וְהַלֶּחֶם
ג בַּמִּדְבָּר: וַיֹּאמֶר הַמֶּלֶךְ וְאַיֵּה בֶּן־אֲדֹנֶיךָ וַיֹּאמֶר צִיבָא אֶל־
הַמֶּלֶךְ הִנֵּה יוֹשֵׁב בִּירוּשָׁלִַם כִּי אָמַר הַיּוֹם יָשִׁיבוּ לִי בֵּית יִשְׂרָאֵל
ד אֵת מַמְלְכוּת אָבִי: וַיֹּאמֶר הַמֶּלֶךְ לְצִבָא הִנֵּה לְךָ כֹּל אֲשֶׁר
לִמְפִיבֹשֶׁת וַיֹּאמֶר צִיבָא הִשְׁתַּחֲוֵיתִי אֶמְצָא־חֵן בְּעֵינֶיךָ אֲדֹנִי
ה הַמֶּלֶךְ: וּבָא הַמֶּלֶךְ דָּוִד עַד־בַּחוּרִים וְהִנֵּה מִשָּׁם אִישׁ יוֹצֵא
מִמִּשְׁפַּחַת בֵּית־שָׁאוּל וּשְׁמוֹ שִׁמְעִי בֶן־גֵּרָא יֹצֵא יָצוֹא
ו וּמְקַלֵּל: וַיְסַקֵּל בָּאֲבָנִים אֶת־דָּוִד וְאֶת־כָּל־עַבְדֵי הַמֶּלֶךְ דָּוִד
ז וְכָל־הָעָם וְכָל־הַגִּבֹּרִים מִימִינוֹ וּמִשְּׂמֹאלוֹ: וְכֹה־אָמַר שִׁמְעִי
ח בְּקַלְלוֹ צֵא צֵא אִישׁ הַדָּמִים וְאִישׁ הַבְּלִיָּעַל: הֵשִׁיב עָלֶיךָ יְהוָה
כֹּל | דְּמֵי בֵית־שָׁאוּל אֲשֶׁר מָלַכְתָּ תַּחְתָּו וַיִּתֵּן יְהוָה אֶת־
הַמְּלוּכָה בְּיַד אַבְשָׁלוֹם בְּנֶךָ וְהִנְּךָ בְּרָעָתֶךָ כִּי אִישׁ דָּמִים
ט אָתָּה: וַיֹּאמֶר אֲבִישַׁי בֶּן־צְרוּיָה אֶל־הַמֶּלֶךְ לָמָּה יְקַלֵּל
הַכֶּלֶב הַמֵּת הַזֶּה אֶת־אֲדֹנִי הַמֶּלֶךְ אֶעְבְּרָה־נָּא וְאָסִירָה אֶת־
י רֹאשׁוֹ: וַיֹּאמֶר הַמֶּלֶךְ מַה־לִּי וְלָכֶם בְּנֵי צְרֻיָה
כי יְקַלֵּל וכי יְהוָה אָמַר לוֹ קַלֵּל אֶת־דָּוִד וּמִי יֹאמַר מַדּוּעַ כֹּה כִּי
יא עָשִׂיתָה כֵּן: וַיֹּאמֶר דָּוִד אֶל־אֲבִישַׁי וְאֶל־כָּל־
עֲבָדָיו הִנֵּה בְנִי אֲשֶׁר־יָצָא מִמֵּעַי מְבַקֵּשׁ אֶת־נַפְשִׁי וְאַף כִּי־
יב עַתָּה בֶּן־הַיְמִינִי הַנִּחוּ לוֹ וִיקַלֵּל כִּי־אָמַר לוֹ יְהוָה: אוּלַי יִרְאֶה
יְהוָה בעוני וְהֵשִׁיב יְהוָה לִי טוֹבָה תַּחַת קִלְלָתוֹ הַיּוֹם הַזֶּה: בְּעֵינִי
יג וַיֵּלֶךְ דָּוִד וַאֲנָשָׁיו בַּדָּרֶךְ וְשִׁמְעִי הֹלֵךְ בְּצֵלַע

הָהָר לְעֻמָּתוֹ הָלוֹךְ וַיְקַלֵּל וַיְסַקֵּל בָּאֲבָנִים לְעֻמָּתוֹ וְעִפַּר
בֶּעָפָר׃ וַיָּבֹא הַמֶּלֶךְ וְכָל־הָעָם אֲשֶׁר־אִתּוֹ יד
עֲיֵפִים וַיִּנָּפֵשׁ שָׁם׃ וְאַבְשָׁלוֹם וְכָל־הָעָם אִישׁ יִשְׂרָאֵל בָּאוּ טו
יְרוּשָׁלָ͏ִם וַאֲחִיתֹפֶל אִתּוֹ׃ וַיְהִי כַּאֲשֶׁר־בָּא חוּשַׁי הָאַרְכִּי רֵעֶה טז
דָוִד אֶל־אַבְשָׁלוֹם וַיֹּאמֶר חוּשַׁי אֶל־אַבְשָׁלוֹם יְחִי הַמֶּלֶךְ יְחִי
הַמֶּלֶךְ׃ וַיֹּאמֶר אַבְשָׁלוֹם אֶל־חוּשַׁי זֶה חַסְדְּךָ אֶת־רֵעֶךָ לָמָּה יז
לֹא־הָלַכְתָּ אֶת־רֵעֶךָ׃ וַיֹּאמֶר חוּשַׁי אֶל־אַבְשָׁלֹם לֹא כִּי אֲשֶׁר יח
לו בָּחַר יְהוָה וְהָעָם הַזֶּה וְכָל־אִישׁ יִשְׂרָאֵל לֹא אֶהְיֶה וְאִתּוֹ
אֵשֵׁב׃ וְהַשֵּׁנִית לְמִי אֲנִי אֶעֱבֹד הֲלוֹא לִפְנֵי בְנוֹ כַּאֲשֶׁר עָבַדְתִּי יט
לִפְנֵי אָבִיךָ כֵּן אֶהְיֶה לְפָנֶיךָ׃ וַיֹּאמֶר אַבְשָׁלוֹם כ
אֶל־אֲחִיתֹפֶל הָבוּ לָכֶם עֵצָה מַה־נַּעֲשֶׂה׃ וַיֹּאמֶר אֲחִיתֹפֶל כא
אֶל־אַבְשָׁלֹם בּוֹא אֶל־פִּלַגְשֵׁי אָבִיךָ אֲשֶׁר הִנִּיחַ לִשְׁמוֹר הַבָּיִת
וְשָׁמַע כָּל־יִשְׂרָאֵל כִּי־נִבְאַשְׁתָּ אֶת־אָבִיךָ וְחָזְקוּ יְדֵי כָּל־אֲשֶׁר
אִתָּךְ׃ וַיַּטּוּ לְאַבְשָׁלוֹם הָאֹהֶל עַל־הַגָּג וַיָּבֹא אַבְשָׁלוֹם אֶל־ כב
פִּלַגְשֵׁי אָבִיו לְעֵינֵי כָּל־יִשְׂרָאֵל׃ וַעֲצַת אֲחִיתֹפֶל אֲשֶׁר יָעַץ כג
איש בַּיָּמִים הָהֵם כַּאֲשֶׁר יִשְׁאַל־ בִּדְבַר הָאֱלֹהִים כֵּן כָּל־עֲצַת
אֲחִיתֹפֶל גַּם־לְדָוִד גַּם־לְאַבְשָׁלֹם׃ וַיֹּאמֶר א יז
אֲחִיתֹפֶל אֶל־אַבְשָׁלֹם אֶבְחֲרָה נָּא שְׁנֵים־עָשָׂר אֶלֶף אִישׁ
וְאָקוּמָה וְאֶרְדְּפָה אַחֲרֵי־דָוִד הַלָּיְלָה׃ וְאָבוֹא עָלָיו וְהוּא יָגֵעַ ב
וּרְפֵה יָדַיִם וְהַחֲרַדְתִּי אֹתוֹ וְנָס כָּל־הָעָם אֲשֶׁר־אִתּוֹ וְהִכֵּיתִי
אֶת־הַמֶּלֶךְ לְבַדּוֹ׃ וְאָשִׁיבָה כָל־הָעָם אֵלֶיךָ כְּשׁוּב הַכֹּל הָאִישׁ ג
אֲשֶׁר אַתָּה מְבַקֵּשׁ כָּל־הָעָם יִהְיֶה שָׁלוֹם׃ וַיִּישַׁר הַדָּבָר בְּעֵינֵי ד
אַבְשָׁלֹם וּבְעֵינֵי כָּל־זִקְנֵי יִשְׂרָאֵל׃ וַיֹּאמֶר ה
אַבְשָׁלוֹם קְרָא נָא גַּם לְחוּשַׁי הָאַרְכִּי וְנִשְׁמְעָה מַה־בְּפִיו גַּם־
הוּא׃ וַיָּבֹא חוּשַׁי אֶל־אַבְשָׁלוֹם וַיֹּאמֶר אַבְשָׁלוֹם אֵלָיו לֵאמֹר ו
כַּדָּבָר הַזֶּה דִּבֶּר אֲחִיתֹפֶל הֲנַעֲשֶׂה אֶת־דְּבָרוֹ אִם־אַיִן אַתָּה
דַבֵּר׃ וַיֹּאמֶר חוּשַׁי אֶל־אַבְשָׁלוֹם לֹא־טוֹבָה ז

ח העצה אשר־יעץ אחיתפל בפעם הזאת: ויאמר חושי אתה
ידעת את־אביך ואת־אנשיו כי גברים המה ומרי נפש המה
כדב שכול בשדה ואביך איש מלחמה ולא ילין את־העם:
ט הנה עתה הוא־נחבא באחת הפחתים או באחד המקומת
והיה כנפל בהם בתחלה ושמע השמע ואמר היתה מגפה
י בעם אשר אחרי אבשלם: והוא גם־בן־חיל אשר לבו כלב
האריה המס ימס כי־ידע כל־ישראל כי־גבור אביך ובני־
יא חיל אשר אתו: כי יעצתי האסף יאסף עליך כל־ישראל מדן
ועד־באר שבע כחול אשר־על־הים לרב ופניך הלכים
יב בקרב: ובאנו אליו באחת המקומת אשר נמצא שם ונחנו באחד
עליו כאשר יפל הטל על־האדמה ולא־נותר בו ובכל־
יג האנשים אשר־אתו גם־אחד: ואם־אל־עיר יאסף והשיאו
כל־ישראל אל־העיר ההיא חבלים וסחבנו אתו עד־הנחל
יד עד אשר־לא־נמצא שם גם־צרור: ויאמר
אבשלום וכל־איש ישראל טובה עצת חושי הארכי
מעצת אחיתפל ויהוה צוה להפר את־עצת
אחיתפל הטובה לבעבור הביא יהוה אל־אבשלום את־
טו הרעה: ויאמר חושי אל־צדוק ואל־אביתר
הכהנים כזאת וכזאת יעץ אחיתפל את־אבשלם ואת זקני
טז ישראל וכזאת וכזאת יעצתי אני: ועתה שלחו מהרה והגידו
לדוד לאמר אל־תלן הלילה בערבות המדבר וגם עבור
יז תעבור פן יבלע למלך ולכל־העם אשר אתו: ויהונתן
ואחימעץ עמדים בעין־רגל והלכה השפחה והגידה להם והם
ילכו והגידו למלך דוד כי לא יוכלו להראות לבוא העירה:
יח וירא אתם נער ויגד לאבשלם וילכו שניהם מהרה ויבאו
יט אל־בית־איש בבחרים ולו באר בחצרו וירדו שם: ותקח
האשה ותפרש את־המסך על־פני הבאר ותשטח עליו

הרפות ולא נודע דבר: ויבאו עבדי אבשלום אל־ ל כ
האשה הביתה ויאמרו איה אחימעץ ויהונתן ותאמר להם
האשה עברו מיכל המים ויבקשו ולא מצאו וישבו
ירושלם: ויהי ׀ אחרי לכתם ויעלו מהבאר כא
וילכו ויגדו למלך דוד ויאמרו אל־דוד קומו ועברו מהרה
את־המים כי־ככה יעץ עליכם אחיתפל: ויקם דוד וכל־העם כב
אשר אתו ויעברו את־הירדן עד־אור הבקר עד־אחד
לא נעדר אשר לא־עבר את־הירדן: ואחיתפל ראה כי כג
לא נעשתה עצתו ויחבש את־החמור ויקם וילך אל־
ביתו אל־עירו ויצו אל־ביתו ויחנק וימת ויקבר בקבר
אביו: ודוד בא מחנימה ואבשלם עבר את־ כד
הירדן הוא וכל־איש ישראל עמו: ואת־עמשא שם אבשלם כה
תחת יואב על־הצבא ועמשא בן־איש ושמו יתרא הישראלי
אשר־בא אל־אביגל בת־נחש אחות צרויה אם יואב: ויחן כו
ישראל ואבשלם ארץ הגלעד: ויהי כבוא דוד כז
מחנימה ושבי בן־נחש מרבת בני־עמון ומכיר בן־עמיאל
מלא דבר וברזלי הגלעדי מרגלים: משכב וספות וכלי יוצר כח
וחטים ושערים וקמח וקלי ופול ועדשים וקלי: ודבש וחמאה כט
וצאן ושפות בקר הגישו לדוד ולעם אשר־אתו לאכול כי
אמרו העם רעב ועיף וצמא במדבר: ויפקד דוד את־העם יח א
אשר אתו וישם עליהם שרי אלפים ושרי מאות: וישלח דוד ב
את־העם השלשית ביד־יואב והשלשית ביד אבישי בן־צרויה
אחי יואב והשלשת ביד אתי הגתי ויאמר
המלך אל־העם יצא אצא גם־אני עמכם: ויאמר העם לא ג
תצא כי אם־נס ננוס לא־ישימו אלינו לב ואם־ימתו חצינו
לא־ישימו אלינו לב כי־עתה כמנו עשרה אלפים ועתה טוב
כי־תהיה־לנו מעיר לעזיר: ויאמר אליהם ד לעזור

המלך אשר־ייטב בעיניכם אעשה ויעמד המלך אל־יד
ה השער וכל־העם יצאו למאות ולאלפים: ויצו המלך את־
יואב ואת־אבישי ואת־אתי לאמר לאט־לי לנער לאבשלום
וכל־העם שמעו בצות המלך את־כל־השרים על־דבר
ו אבשלום: ויצא העם השדה לקראת ישראל ותהי המלחמה
ז ביער אפרים: וינגפו שם עם ישראל לפני עבדי דוד ותהי־
ח שם המגפה גדולה ביום ההוא עשרים אלף: ותהי־שם
המלחמה נפצות על־פני כל־הארץ וירב היער לאכל בעם נפוצת
ט מאשר אכלה החרב ביום ההוא: ויקרא אבשלום לפני עבדי
דוד ואבשלום רכב על־הפרד ויבא הפרד תחת שובך האלה
הגדולה ויחזק ראשו באלה ויתן בין השמים ובין הארץ
י והפרד אשר־תחתיו עבר: וירא איש אחד ויגד ליואב ויאמר
יא הנה ראיתי את־אבשלם תלוי באלה: ויאמר יואב לאיש
המגיד לו והנה ראית ומדוע לא־הכיתו שם ארצה ועלי
יב לתת לך עשרה כסף וחגרה אחת: ויאמר האיש אל־יואב
ולא אנכי שקל על־כפי אלף כסף לא־אשלח ידי אל־בן־ ולו
המלך כי באזנינו צוה המלך אתך ואת־אבישי ואת־אתי
יג לאמר שמרו־מי בנער באבשלום: או־עשיתי בנפשו שקר בנפשי
יד וכל־דבר לא־יכחד מן־המלך ואתה תתיצב מנגד: ויאמר
יואב לא־כן אחילה לפניך ויקח שלשה שבטים בכפו
טו ויתקעם בלב אבשלום עודנו חי בלב האלה: ויסבו עשרה
טז נערים נשאי כלי יואב ויכו את־אבשלום וימתהו: ויתקע
יואב בשפר וישב העם מרדף אחרי ישראל כי־חשך יואב
יז את־העם: ויקחו את־אבשלום וישלכו אתו ביער אל־הפחת
הגדול ויצבו עליו גל־אבנים גדול מאד וכל־ישראל נסו איש
יח לאהלו: ואבשלם לקח ויצב־לו בחיו את־מצבת אשר
בעמק־המלך כי אמר אין־לי בן בעבור הזכיר שמי

ויקרא למצבת על־שמו ויקרא לה יד אבשלום עד היום
יט הזה: ואחימעץ בן־צדוק אמר ארוצה נא
כ ואבשרה את־המלך כי־שפטו יהוה מיד איביו: ויאמר לו
יואב לא איש בשרה אתה היום הזה ובשרת ביום אחר
כא והיום הזה לא תבשר כי על־ בן־המלך מת: ויאמר יואב כן
לכושי לך הגד למלך אשר ראיתה וישתחו כושי ליואב
כב וירץ: ויסף עוד אחימעץ בן־צדוק ויאמר אל־יואב ויהי מה
ארצה־נא גם־אני אחרי הכושי ויאמר יואב למה זה אתה
כג רץ בני ולכה אין־בשורה מצאת: ויהי־מה ארוץ ויאמר לו
כד רוץ וירץ אחימעץ דרך הככר ויעבר את־הכושי: ודוד יושב
בין־שני השערים וילך הצפה אל־גג השער אל־החומה
כה וישא את־עיניו וירא והנה־איש רץ לבדו: ויקרא הצפה ויגד
למלך ויאמר המלך אם־לבדו בשורה בפיו וילך הלוך וקרב:
כו וירא הצפה איש־אחר רץ ויקרא הצפה אל־השער ויאמר
כז הנה־איש רץ לבדו ויאמר המלך גם־זה מבשר: ויאמר לא
הצפה אני ראה את־מרוצת הראשון כמרצת אחימעץ בן־
צדוק ויאמר המלך איש־טוב זה ואל־בשורה טובה יבוא:
כח ויקרא אחימעץ ויאמר אל־המלך שלום וישתחו למלך לאפיו
ארצה ויאמר ברוך יהוה אלהיך אשר סגר את־האנשים
כט אשר־נשאו את־ידם באדני המלך: ויאמר
המלך שלום לנער לאבשלום ויאמר אחימעץ ראיתי ההמון
הגדול לשלח את־עבד המלך יואב ואת־עבדך ולא ידעתי
ל לא מה: ויאמר המלך סב התיצב כה ויסב ויעמד: והנה הכושי
בא ויאמר הכושי יתבשר אדני המלך כי־שפטך יהוה היום
לב מיד כל־הקמים עליך: ויאמר המלך אל־
הכושי השלום לנער לאבשלום ויאמר הכושי יהיו כנער איבי
א יט אדני המלך וכל אשר־קמו עליך לרעה: וירגז

המלך ויעל על-עלית השער ויבך וכה | אמר בלכתו בני
אבשלום בני בני אבשלום מי-יתן מותי אני תחתיך אבשלום
ב בני בני: ויגד ליואב הנה המלך בכה ויתאבל על-אבשלום:
ג ותהי התשעה ביום ההוא לאבל לכל-העם כי-שמע העם
ד ביום ההוא לאמר נעצב המלך על-בנו: ויתגנב העם ביום
ההוא לבוא העיר כאשר יתגנב העם הנכלמים בנוסם
ה במלחמה: והמלך לאט את-פניו ויזעק המלך קול גדול בני
ו אבשלום אבשלום בני בני: ויבא יואב אל-המלך
הבית ויאמר הבשת היום את-פני כל-עבדיך הממלטים
את-נפשך היום ואת נפש בניך ובנתיך ונפש נשיך ונפש
ז פלגשיך: לאהבה את-שנאיך ולשנא את-אהביך כי | הגדת
היום כי אין לך שרים ועבדים כי | ידעתי היום כי לא אבשלום לו
ח חי וכלנו היום מתים כי-אז ישר בעיניך: ועתה קום צא ודבר
על-לב עבדיך כי ביהוה נשבעתי כי-אינך יוצא אם-ילין
איש אתך הלילה ורעה לך זאת מכל-הרעה אשר-באה עליך
ט מנעריך עד-עתה: ויקם המלך וישב בשער
ולכל-העם הגידו לאמר הנה המלך יושב בשער ויבא כל-
י העם לפני המלך וישראל נס איש לאהליו: ויהי
כל-העם נדון בכל-שבטי ישראל לאמר המלך הצילנו | מכף
איבינו והוא מלטנו מכף פלשתים ועתה ברח מן-הארץ מעל
יא אבשלום: ואבשלום אשר משחנו עלינו מת במלחמה ועתה
יב למה אתם מחרשים להשיב את-המלך: והמלך
דוד שלח אל-צדוק ואל-אביתר הכהנים לאמר דברו אל-
זקני יהודה לאמר למה תהיו אחרנים להשיב את-המלך אל-
יג ביתו ודבר כל-ישראל בא אל-המלך אל-ביתו: אחי אתם
עצמי ובשרי אתם ולמה תהיו אחרנים להשיב את-המלך:
יד ולעמשא תמרו הלוא עצמי ובשרי אתה כה יעשה-לי

אֱלֹהִים וְכֹה יוֹסִיף אִם־לֹא שַׂר־צָבָא תִּהְיֶה לְפָנַי כָּל־הַיָּמִים
תַּחַת יוֹאָב׃ וַיֵּט אֶת־לְבַב כָּל־אִישׁ־יְהוּדָה כְּאִישׁ אֶחָד טו
וַיִּשְׁלְחוּ אֶל־הַמֶּלֶךְ שׁוּב אַתָּה וְכָל־עֲבָדֶיךָ׃ וַיָּשָׁב הַמֶּלֶךְ וַיָּבֹא טז
עַד־הַיַּרְדֵּן וִיהוּדָה בָּא הַגִּלְגָּלָה לָלֶכֶת לִקְרַאת הַמֶּלֶךְ
לְהַעֲבִיר אֶת־הַמֶּלֶךְ אֶת־הַיַּרְדֵּן׃ וַיְמַהֵר שִׁמְעִי בֶן־גֵּרָא בֶּן־ יז
הַיְמִינִי אֲשֶׁר מִבַּחוּרִים וַיֵּרֶד עִם־אִישׁ יְהוּדָה לִקְרַאת הַמֶּלֶךְ
דָּוִד׃ וְאֶלֶף אִישׁ עִמּוֹ מִבִּנְיָמִן וְצִיבָא נַעַר בֵּית שָׁאוּל וַחֲמֵשֶׁת יח
עָשָׂר בָּנָיו וְעֶשְׂרִים עֲבָדָיו אִתּוֹ וְצָלְחוּ הַיַּרְדֵּן לִפְנֵי הַמֶּלֶךְ׃
וְעָבְרָה הָעֲבָרָה לַעֲבִיר אֶת־בֵּית הַמֶּלֶךְ וְלַעֲשׂוֹת הַטּוֹב בְּעֵינָו יט
וְשִׁמְעִי בֶן־גֵּרָא נָפַל לִפְנֵי הַמֶּלֶךְ בְּעָבְרוֹ בַּיַּרְדֵּן׃ וַיֹּאמֶר כ
אֶל־הַמֶּלֶךְ אַל־יַחֲשָׁב־לִי אֲדֹנִי עָוֺן וְאַל־תִּזְכֹּר אֵת אֲשֶׁר
הֶעֱוָה עַבְדְּךָ בַּיּוֹם אֲשֶׁר־יָצָא אֲדֹנִי־הַמֶּלֶךְ מִירוּשָׁלִָם לָשׂוּם
הַמֶּלֶךְ אֶל־לִבּוֹ׃ כִּי יָדַע עַבְדְּךָ כִּי אֲנִי חָטָאתִי וְהִנֵּה־ כא
בָאתִי הַיּוֹם רִאשׁוֹן לְכָל־בֵּית יוֹסֵף לָרֶדֶת לִקְרַאת אֲדֹנִי
הַמֶּלֶךְ׃ וַיַּעַן אֲבִישַׁי בֶּן־צְרוּיָה וַיֹּאמֶר הֲתַחַת זֹאת כב
לֹא יוּמַת שִׁמְעִי כִּי קִלֵּל אֶת־מְשִׁיחַ יְהוָה׃ וַיֹּאמֶר כג
דָּוִד מַה־לִּי וְלָכֶם בְּנֵי צְרוּיָה כִּי־תִהְיוּ־לִי הַיּוֹם לְשָׂטָן הַיּוֹם
יוּמַת אִישׁ בְּיִשְׂרָאֵל כִּי הֲלוֹא יָדַעְתִּי כִּי הַיּוֹם אֲנִי־מֶלֶךְ עַל־
יִשְׂרָאֵל׃ וַיֹּאמֶר הַמֶּלֶךְ אֶל־שִׁמְעִי לֹא תָמוּת וַיִּשָּׁבַע לוֹ כד
הַמֶּלֶךְ׃ וּמְפִבֹשֶׁת בֶּן־שָׁאוּל יָרַד לִקְרַאת הַמֶּלֶךְ כה
וְלֹא־עָשָׂה רַגְלָיו וְלֹא־עָשָׂה שְׂפָמוֹ וְאֶת־בְּגָדָיו לֹא כִבֵּס לְמִן־
הַיּוֹם לֶכֶת הַמֶּלֶךְ עַד־הַיּוֹם אֲשֶׁר־בָּא בְשָׁלוֹם׃ וַיְהִי כִּי־בָא כו
יְרוּשָׁלִַם לִקְרַאת הַמֶּלֶךְ וַיֹּאמֶר לוֹ הַמֶּלֶךְ לָמָּה לֹא־הָלַכְתָּ
עִמִּי מְפִיבֹשֶׁת׃ וַיֹּאמַר אֲדֹנִי הַמֶּלֶךְ עַבְדִּי רִמָּנִי כִּי־אָמַר עַבְדְּךָ כז
אֶחְבְּשָׁה־לִּי הַחֲמוֹר וְאֶרְכַּב עָלֶיהָ וְאֵלֵךְ אֶת־הַמֶּלֶךְ כִּי
פִסֵּחַ עַבְדֶּךָ׃ וַיְרַגֵּל בְּעַבְדְּךָ אֶל־אֲדֹנִי הַמֶּלֶךְ וַאדֹנִי הַמֶּלֶךְ כח
כְּמַלְאַךְ הָאֱלֹהִים וַעֲשֵׂה הַטּוֹב בְּעֵינֶיךָ׃ כִּי לֹא הָיָה כָּל־ כט

בֵּית אָבִי כִּי אִם־אַנְשֵׁי־מָוֶת לַאדֹנִי הַמֶּלֶךְ וַתָּשֶׁת אֶת־עַבְדְּךָ
בְּאֹכְלֵי שֻׁלְחָנֶךָ וּמַה־יֶּשׁ־לִי עוֹד צְדָקָה וְלִזְעֹק עוֹד אֶל־
ל הַמֶּלֶךְ׃ וַיֹּאמֶר לוֹ הַמֶּלֶךְ לָמָּה תְּדַבֵּר עוֹד
לא דְּבָרֶיךָ אָמַרְתִּי אַתָּה וְצִיבָא תַּחְלְקוּ אֶת־הַשָּׂדֶה׃ וַיֹּאמֶר
מְפִיבֹשֶׁת אֶל־הַמֶּלֶךְ גַּם אֶת־הַכֹּל יִקָּח אַחֲרֵי אֲשֶׁר־בָּא אֲדֹנִי
לב הַמֶּלֶךְ בְּשָׁלוֹם אֶל־בֵּיתוֹ׃ וּבַרְזִלַּי הַגִּלְעָדִי יָרַד
לג מֵרֹגְלִים וַיַּעֲבֹר אֶת־הַמֶּלֶךְ הַיַּרְדֵּן לְשַׁלְּחוֹ אֶת־בירדן׃ וּבַרְזִלַּי הַיַּרְדֵּן
זָקֵן מְאֹד בֶּן־שְׁמֹנִים שָׁנָה וְהוּא־כִלְכַּל אֶת־הַמֶּלֶךְ בְּשִׁיבָתוֹ
לד בְמַחֲנַיִם כִּי־אִישׁ גָּדוֹל הוּא מְאֹד׃ וַיֹּאמֶר הַמֶּלֶךְ אֶל־בַּרְזִלָּי
לה אַתָּה עֲבֹר אִתִּי וְכִלְכַּלְתִּי אֹתְךָ עִמָּדִי בִּירוּשָׁלִָם׃ וַיֹּאמֶר
בַּרְזִלַּי אֶל־הַמֶּלֶךְ כַּמָּה יְמֵי שְׁנֵי חַיַּי כִּי־אֶעֱלֶה אֶת־הַמֶּלֶךְ
לו יְרוּשָׁלִָם׃ בֶּן־שְׁמֹנִים שָׁנָה אָנֹכִי הַיּוֹם הַאֵדַע ׀ בֵּין־טוֹב לְרָע
אִם־יִטְעַם עַבְדְּךָ אֶת־אֲשֶׁר אֹכַל וְאֶת־אֲשֶׁר אֶשְׁתֶּה אִם־
אֶשְׁמַע עוֹד בְּקוֹל שָׁרִים וְשָׁרוֹת וְלָמָּה יִהְיֶה עַבְדְּךָ עוֹד לְמַשָּׂא
לז אֶל־אֲדֹנִי הַמֶּלֶךְ׃ כִּמְעַט יַעֲבֹר עַבְדְּךָ אֶת־הַיַּרְדֵּן אֶת־הַמֶּלֶךְ
לח וְלָמָּה יִגְמְלֵנִי הַמֶּלֶךְ הַגְּמוּלָה הַזֹּאת׃ יָשָׁב־נָא עַבְדְּךָ וְאָמֻת
בְּעִירִי עִם קֶבֶר אָבִי וְאִמִּי וְהִנֵּה ׀ עַבְדְּךָ כִמְהָם יַעֲבֹר עִם־אֲדֹנִי
לט הַמֶּלֶךְ וַעֲשֵׂה־לוֹ אֵת אֲשֶׁר־טוֹב בְּעֵינֶיךָ׃ וַיֹּאמֶר
הַמֶּלֶךְ אִתִּי יַעֲבֹר כִּמְהָם וַאֲנִי אֶעֱשֶׂה־לּוֹ אֶת־הַטּוֹב בְּעֵינֶיךָ
מ וְכֹל אֲשֶׁר־תִּבְחַר עָלַי אֶעֱשֶׂה־לָּךְ׃ וַיַּעֲבֹר כָּל־הָעָם אֶת־ לב
הַיַּרְדֵּן וְהַמֶּלֶךְ עָבָר וַיִּשַּׁק הַמֶּלֶךְ לְבַרְזִלַּי וַיְבָרְכֵהוּ וַיָּשָׁב
מא לִמְקֹמוֹ׃ וַיַּעֲבֹר הַמֶּלֶךְ הַגִּלְגָּלָה וְכִמְהָן עָבַר עִמּוֹ
וְכָל־עַם יְהוּדָה ויעבירו אֶת־הַמֶּלֶךְ וְגַם חֲצִי עַם יִשְׂרָאֵל׃ הֶעֱבִירוּ
מב וְהִנֵּה כָל־אִישׁ יִשְׂרָאֵל בָּאִים אֶל־הַמֶּלֶךְ וַיֹּאמְרוּ אֶל־הַמֶּלֶךְ
מַדּוּעַ גְּנָבוּךָ אַחֵינוּ אִישׁ יְהוּדָה וַיַּעֲבִרוּ אֶת־הַמֶּלֶךְ וְאֶת־בֵּיתוֹ
מג אֶת־הַיַּרְדֵּן וְכָל־אַנְשֵׁי דָוִד עִמּוֹ׃ וַיַּעַן כָּל־אִישׁ
יְהוּדָה עַל־אִישׁ יִשְׂרָאֵל כִּי־קָרוֹב הַמֶּלֶךְ אֵלַי וְלָמָּה זֶּה חָרָה

לְךָ עַל־הַדָּבָר הַזֶּה הֶאָכוֹל אָכַלְנוּ מִן־הַמֶּלֶךְ אִם־נִשֵּׂאת נִשָּׂא
מד לָנוּ: וַיַּעַן אִישׁ־יִשְׂרָאֵל אֶת־אִישׁ יְהוּדָה וַיֹּאמֶר
עֶשֶׂר־יָדוֹת לִי בַמֶּלֶךְ וְגַם־בְּדָוִד אֲנִי מִמְּךָ וּמַדּוּעַ הֱקִלֹּתַנִי וְלֹא־
הָיָה דְבָרִי רִאשׁוֹן לִי לְהָשִׁיב אֶת־מַלְכִּי וַיִּקֶשׁ דְּבַר־אִישׁ
כ א יְהוּדָה מִדְּבַר אִישׁ יִשְׂרָאֵל: וְשָׁם נִקְרָא אִישׁ בְּלִיַּעַל וּשְׁמוֹ
שֶׁבַע בֶּן־בִּכְרִי אִישׁ יְמִינִי וַיִּתְקַע בַּשֹּׁפָר וַיֹּאמֶר אֵין־לָנוּ חֵלֶק
ב בְּדָוִד וְלֹא נַחֲלָה־לָנוּ בְּבֶן־יִשַׁי אִישׁ לְאֹהָלָיו יִשְׂרָאֵל: וַיַּעַל
כָּל־אִישׁ יִשְׂרָאֵל מֵאַחֲרֵי דָוִד אַחֲרֵי שֶׁבַע בֶּן־בִּכְרִי וְאִישׁ
ג יְהוּדָה דָּבְקוּ בְמַלְכָּם מִן־הַיַּרְדֵּן וְעַד־יְרוּשָׁלִָם: וַיָּבֹא דָוִד
אֶל־בֵּיתוֹ יְרוּשָׁלִַם וַיִּקַּח הַמֶּלֶךְ אֵת עֶשֶׂר־נָשִׁים ׀ פִּלַגְשִׁים
אֲשֶׁר הִנִּיחַ לִשְׁמֹר הַבַּיִת וַיִּתְּנֵם בֵּית־מִשְׁמֶרֶת וַיְכַלְכְּלֵם
וַאֲלֵיהֶם לֹא־בָא וַתִּהְיֶינָה צְרֻרוֹת עַד־יוֹם מֻתָן אַלְמְנוּת
ד חַיּוּת: וַיֹּאמֶר הַמֶּלֶךְ אֶל־עֲמָשָׂא הַזְעֶק־לִי אֶת־
ה אִישׁ־יְהוּדָה שְׁלֹשֶׁת יָמִים וְאַתָּה פֹּה עֲמֹד: וַיֵּלֶךְ עֲמָשָׂא לְהַזְעִיק
ו אֶת־יְהוּדָה וייחר מִן־הַמּוֹעֵד אֲשֶׁר יְעָדוֹ: וַיֹּאמֶר וַיּוֹחֶר
דָּוִד אֶל־אֲבִישַׁי עַתָּה יֵרַע לָנוּ שֶׁבַע בֶּן־בִּכְרִי מִן־אַבְשָׁלוֹם
אַתָּה קַח אֶת־עַבְדֵי אֲדֹנֶיךָ וּרְדֹף אַחֲרָיו פֶּן־מָצָא לוֹ עָרִים
ז בְּצֻרוֹת וְהִצִּיל עֵינֵנוּ: וַיֵּצְאוּ אַחֲרָיו אַנְשֵׁי יוֹאָב וְהַכְּרֵתִי
וְהַפְּלֵתִי וְכָל־הַגִּבֹּרִים וַיֵּצְאוּ מִירוּשָׁלִַם לִרְדֹּף אַחֲרֵי שֶׁבַע בֶּן־
ח בִּכְרִי: הֵם עִם־הָאֶבֶן הַגְּדוֹלָה אֲשֶׁר בְּגִבְעוֹן וַעֲמָשָׂא בָּא
לִפְנֵיהֶם וְיוֹאָב חָגוּר ׀ מִדּוֹ לְבֻשׁוֹ וְעָלָו חֲגוֹר חֶרֶב מְצֻמֶּדֶת עַל־
ט מָתְנָיו בְּתַעְרָהּ וְהוּא יָצָא וַתִּפֹּל: וַיֹּאמֶר יוֹאָב
לַעֲמָשָׂא הֲשָׁלוֹם אַתָּה אָחִי וַתֹּחֶז יַד־יְמִין יוֹאָב בִּזְקַן עֲמָשָׂא
י לִנְשָׁק־לוֹ: וַעֲמָשָׂא לֹא־נִשְׁמַר בַּחֶרֶב ׀ אֲשֶׁר בְּיַד־יוֹאָב
וַיַּכֵּהוּ בָהּ אֶל־הַחֹמֶשׁ וַיִּשְׁפֹּךְ מֵעָיו אַרְצָה וְלֹא־שָׁנָה לוֹ
וַיָּמֹת וְיוֹאָב וַאֲבִישַׁי אָחִיו רָדַף אַחֲרֵי שֶׁבַע בֶּן־
יא בִּכְרִי: וְאִישׁ עָמַד עָלָיו מִנַּעֲרֵי יוֹאָב וַיֹּאמֶר מִי אֲשֶׁר חָפֵץ

יב ביואב ומי אשר־לדוד אחרי יואב: ועמשא מתגלל בדם
בתוך המסלה וירא האיש כי־עמד כל־העם ויסב את־
עמשא מן־המסלה השדה וישלך עליו בגד כאשר ראה כל־
יג הבא עליו ועמד: כאשר הגה מן־המסלה עבר כל־איש
יד אחרי יואב לרדף אחרי שבע בן־בכרי: ויעבר בכל־שבטי
ישראל אבלה ובית מעכה וכל־הברים ויקלהו ויבאו אף־ ויקהלו
טו אחריו: ויבאו ויצרו עליו באבלה בית המעכה וישפכו סללה
אל־העיר ותעמד בחל וכל־העם אשר את־יואב משחיתם
טז להפיל החומה: ותקרא אשה חכמה מן־העיר שמעו שמעו
יז אמרו־נא אל־יואב קרב עד־הנה ואדברה אליך: ויקרב
אליה ותאמר האשה האתה יואב ויאמר אני ותאמר לו
יח שמע דברי אמתך ויאמר שמע אנכי: ותאמר לאמר דבר
יט ידברו בראשנה לאמר שאול ישאלו באבל וכן התמו: אנכי
שלמי אמוני ישראל אתה מבקש להמית עיר ואם בישראל
כ למה תבלע נחלת יהוה: ויען יואב ויאמר
כא חלילה חלילה לי אם־אבלע ואם־אשחית: לא־כן הדבר כי
איש מהר אפרים שבע בן־בכרי שמו נשא ידו במלך בדוד
תנו־אתו לבדו ואלכה מעל העיר ותאמר האשה אל־יואב
כב הנה ראשו משלך אליך בעד החומה: ותבוא האשה אל־כל־
העם בחכמתה ויכרתו את־ראש שבע בן־בכרי וישלכו אל־
יואב ויתקע בשפר ויפצו מעל־העיר איש לאהליו ויואב
כג שב ירושלם אל־המלך: ויואב אל כל־הצבא
כד ישראל ובניה בן־יהוידע על־הכרי ועל־הפלתי: ואדרם על־ הכרתי
כה המס ויהושפט בן־אחילוד המזכיר: ושיא ספר וצדוק ואביתר ושוא
כו כהנים: וגם עירא היארי היה כהן לדוד: ויהי
כא א רעב בימי דוד שלש שנים שנה אחרי שנה ויבקש דוד את־
פני יהוה ויאמר יהוה אל־שאול ואל־בית

ב הַדָּמִים עַל אֲשֶׁר־הֵמִית אֶת־הַגִּבְעֹנִים׃ וַיִּקְרָא הַמֶּלֶךְ
לַגִּבְעֹנִים וַיֹּאמֶר אֲלֵיהֶם וְהַגִּבְעֹנִים לֹא מִבְּנֵי יִשְׂרָאֵל הֵמָּה כִּי
אִם־מִיֶּתֶר הָאֱמֹרִי וּבְנֵי יִשְׂרָאֵל נִשְׁבְּעוּ לָהֶם וַיְבַקֵּשׁ שָׁאוּל
ג לְהַכֹּתָם בְּקַנֹּאתוֹ לִבְנֵי־יִשְׂרָאֵל וִיהוּדָה׃ וַיֹּאמֶר דָּוִד אֶל־
הַגִּבְעֹנִים מָה אֶעֱשֶׂה לָכֶם וּבַמָּה אֲכַפֵּר וּבָרְכוּ אֶת־נַחֲלַת
ד יהוה׃ וַיֹּאמְרוּ לוֹ הַגִּבְעֹנִים אֵין־לי כֶּסֶף וְזָהָב עִם־שָׁאוּל וְעִם־ לָנוּ
בֵּיתוֹ וְאֵין־לָנוּ אִישׁ לְהָמִית בְּיִשְׂרָאֵל וַיֹּאמֶר מָה־אַתֶּם
ה אֹמְרִים אֶעֱשֶׂה לָכֶם׃ וַיֹּאמְרוּ אֶל־הַמֶּלֶךְ הָאִישׁ אֲשֶׁר כִּלָּנוּ
ו וַאֲשֶׁר דִּמָּה־לָנוּ נִשְׁמַדְנוּ מֵהִתְיַצֵּב בְּכָל־גְּבֻל יִשְׂרָאֵל׃ ינתן־ יֻתַּן
לָנוּ שִׁבְעָה אֲנָשִׁים מִבָּנָיו וְהוֹקַעֲנוּם לַיהוה בְּגִבְעַת שָׁאוּל בְּחִיר
ז יהוה ס וַיֹּאמֶר הַמֶּלֶךְ אֲנִי אֶתֵּן׃ וַיַּחְמֹל הַמֶּלֶךְ עַל־ לג
מְפִיבֹשֶׁת בֶּן־יְהוֹנָתָן בֶּן־שָׁאוּל עַל־שְׁבֻעַת יהוה אֲשֶׁר בֵּינֹתָם
ח בֵּין דָּוִד וּבֵין יְהוֹנָתָן בֶּן־שָׁאוּל׃ וַיִּקַּח הַמֶּלֶךְ אֶת־שְׁנֵי בְּנֵי
רִצְפָּה בַת־אַיָּה אֲשֶׁר יָלְדָה לְשָׁאוּל אֶת־אַרְמֹנִי וְאֶת־
מְפִבֹשֶׁת וְאֶת־חֲמֵשֶׁת בְּנֵי מִיכַל בַּת־שָׁאוּל אֲשֶׁר יָלְדָה
ט לְעַדְרִיאֵל בֶּן־בַּרְזִלַּי הַמְּחֹלָתִי׃ וַיִּתְּנֵם בְּיַד הַגִּבְעֹנִים וַיֹּקִיעֻם
בָּהָר לִפְנֵי יהוה וַיִּפְּלוּ שבעתים יַחַד והם הֻמְתוּ בִּימֵי קָצִיר שִׁבְעָתָּם וְהֵמָּה
י בראשנים תחלת קְצִיר שְׂעֹרִים׃ וַתִּקַּח רִצְפָּה בַת־אַיָּה אֶת־ בִּתְחִלַּת
הַשַּׂק וַתַּטֵּהוּ לָהּ אֶל־הַצּוּר מִתְּחִלַּת קָצִיר עַד נִתַּךְ־מַיִם
עֲלֵיהֶם מִן־הַשָּׁמָיִם וְלֹא־נָתְנָה עוֹף הַשָּׁמַיִם לָנוּחַ עֲלֵיהֶם יוֹמָם
יא וְאֶת־חַיַּת הַשָּׂדֶה לָיְלָה׃ וַיֻּגַּד לְדָוִד אֵת אֲשֶׁר־עָשְׂתָה רִצְפָּה
יב בַת־אַיָּה פִּלֶגֶשׁ שָׁאוּל׃ וַיֵּלֶךְ דָּוִד וַיִּקַּח אֶת־עַצְמוֹת שָׁאוּל
וְאֶת־עַצְמוֹת יְהוֹנָתָן בְּנוֹ מֵאֵת בַּעֲלֵי יָבֵישׁ גִּלְעָד אֲשֶׁר
גָּנְבוּ אֹתָם מֵרְחֹב בֵּית־שַׁן אֲשֶׁר תלום שם הפלשתים תְּלָאוּם שָׁמָּה פְּלִשְׁתִּים
יג בְּיוֹם הַכּוֹת פְּלִשְׁתִּים אֶת־שָׁאוּל בַּגִּלְבֹּעַ׃ וַיַּעַל מִשָּׁם אֶת־
עַצְמוֹת שָׁאוּל וְאֶת־עַצְמוֹת יְהוֹנָתָן בְּנוֹ וַיַּאַסְפוּ אֶת־עַצְמוֹת
יד הַמּוּקָעִים׃ וַיִּקְבְּרוּ אֶת־עַצְמוֹת־שָׁאוּל וִיהוֹנָתָן בְּנוֹ בְּאֶרֶץ

בִנְיָמִן בְּצֵלָע בְּקֶבֶר קִישׁ אָבִיו וַיַּעֲשׂוּ כֹּל אֲשֶׁר־צִוָּה הַמֶּלֶךְ
טו וַיֵּעָתֵר אֱלֹהִים לָאָרֶץ אַחֲרֵי־כֵן׃ וַתְּהִי־עוֹד
מִלְחָמָה לַפְּלִשְׁתִּים אֶת־יִשְׂרָאֵל וַיֵּרֶד דָּוִד וַעֲבָדָיו עִמּוֹ
טז וַיִּלָּחֲמוּ אֶת־פְּלִשְׁתִּים וַיָּעַף דָּוִד׃ וישבו בְּנֹב אֲשֶׁר ׀ בִּילִידֵי וְיִשְׁבִּי
הָרָפָה וּמִשְׁקַל קֵינוֹ שְׁלֹשׁ מֵאוֹת מִשְׁקַל נְחֹשֶׁת וְהוּא
יז חָגוּר חֲדָשָׁה וַיֹּאמֶר לְהַכּוֹת אֶת־דָּוִד׃ וַיַּעֲזָר־לוֹ אֲבִישַׁי בֶּן־
צְרוּיָה וַיַּךְ אֶת־הַפְּלִשְׁתִּי וַיְמִיתֵהוּ אָז נִשְׁבְּעוּ אַנְשֵׁי־דָוִד לוֹ
לֵאמֹר לֹא־תֵצֵא עוֹד אִתָּנוּ לַמִּלְחָמָה וְלֹא תְכַבֶּה אֶת־נֵר
יח יִשְׂרָאֵל׃ וַיְהִי אַחֲרֵי־כֵן וַתְּהִי־עוֹד הַמִּלְחָמָה
בְּגוֹב עִם־פְּלִשְׁתִּים אָז הִכָּה סִבְּכַי הַחֻשָׁתִי אֶת־סַף אֲשֶׁר בִּילִדֵי
יט הָרָפָה׃ וַתְּהִי־עוֹד הַמִּלְחָמָה בְּגוֹב עִם־פְּלִשְׁתִּים
וַיַּךְ אֶלְחָנָן בֶּן־יַעְרֵי אֹרְגִים בֵּית הַלַּחְמִי אֵת גָּלְיָת הַגִּתִּי
כ וְעֵץ חֲנִיתוֹ כִּמְנוֹר אֹרְגִים׃ וַתְּהִי־עוֹד מִלְחָמָה
בְּגַת וַיְהִי ׀ איש מדין וְאֶצְבְּעֹת יָדָיו וְאֶצְבְּעֹת רַגְלָיו שֵׁשׁ וָשֵׁשׁ מָדוֹן
כא עֶשְׂרִים וְאַרְבַּע מִסְפָּר וְגַם־הוּא יֻלַּד לְהָרָפָה׃ וַיְחָרֵף אֶת־
כב יִשְׂרָאֵל וַיַּכֵּהוּ יְהוֹנָתָן בֶּן־שמעי אֲחִי דָוִד׃ אֶת־אַרְבַּעַת שִׁמְעָה
אֵלֶּה יֻלְּדוּ לְהָרָפָה בְּגַת וַיִּפְּלוּ בְיַד־דָּוִד וּבְיַד עֲבָדָיו׃

כב א וַיְדַבֵּר דָּוִד לַיהוָה אֶת־דִּבְרֵי הַשִּׁירָה הַזֹּאת בְּיוֹם
הִצִּיל יְהוָה אֹתוֹ מִכַּף כָּל־אֹיְבָיו וּמִכַּף שָׁאוּל׃
ב ג וַיֹּאמַר יְהוָה סַלְעִי וּמְצֻדָתִי וּמְפַלְטִי־לִי׃ אֱלֹהֵי
צוּרִי אֶחֱסֶה־בּוֹ מָגִנִּי וְקֶרֶן יִשְׁעִי מִשְׂגַּבִּי
ד וּמְנוּסִי מֹשִׁעִי מֵחָמָס תֹּשִׁעֵנִי׃ מְהֻלָּל
ה אֶקְרָא יְהוָה וּמֵאֹיְבַי אִוָּשֵׁעַ׃ כִּי אֲפָפֻנִי מִשְׁבְּרֵי־
ו מָוֶת נַחֲלֵי בְלִיַּעַל יְבַעֲתֻנִי׃ חֶבְלֵי
שְׁאוֹל סַבֻּנִי קִדְּמֻנִי מֹקְשֵׁי־
ז מָוֶת׃ בַּצַּר־לִי אֶקְרָא יְהוָה וְאֶל־

אלהי אקרא   וישמע מהיכלו
קולי   ושועתי באזניו: ותגעש ח   ויתגעש
ותרעש הארץ   מוסדות השמים
ירגזו   ויתגעשו כי־חרה לו: עלה ט
עשן באפו   ואש מפיו
תאכל   גחלים בערו ממנו: ויט י
שמים וירד   וערפל תחת
רגליו: וירכב על־כרוב ויעף   וירא יא
על־כנפי־רוח: וישת חשך סביבתיו יב
סכות   חשרת־מים עבי שחקים: מנגה יג
נגדו בערו גחלי־אש: ירעם מן־שמים יד
יהוה   ועליון יתן קולו: וישלח טו
חצים ויפיצם ברק ויהמם: ויראו אפקי טז   ויהם
ים   יגלו מסדות תבל   בגערת
יהוה מנשמת רוח אפו: ישלח ממרום יז
יקחני   ימשני ממים רבים: יצילני יח
מאיבי עז   משנאי כי אמצו
ממני: יקדמני ביום אידי   ויהי יט
יהוה משען לי: ויצא למרחב כ
אתי   יחלצני כי־חפץ בי: יגמלני כא
יהוה כצדקתי   כבר ידי ישיב
לי: כי שמרתי דרכי יהוה   ולא כב
רשעתי מאלהי: כי כל־משפטו כג
לנגדי   וחקתיו לא־אסור ממנה: ואהיה כד
תמים לו ואשתמרה מעוני: וישב יהוה לי כה
כצדקתי   כברי לנגד עיניו: עם־ כו
חסיד תתחסד   עם־גבור תמים

כז תִּתַּמָּם׃ עִם־נָבָר תִּתָּבָר וְעִם־
כח עִקֵּשׁ תִּתַּפָּל׃ וְאֶת־עַם עָנִי
כט תּוֹשִׁיעַ וְעֵינֶיךָ עַל־רָמִים תַּשְׁפִּיל׃ כִּי־
אַתָּה נֵירִי יְהוָה וַיהוָה יַגִּיהַּ
ל חָשְׁכִּי׃ כִּי בְכָה אָרוּץ גְּדוּד בֵּאלֹהַי
לא אֲדַלֶּג־שׁוּר׃ הָאֵל תָּמִים
דַּרְכּוֹ אִמְרַת יְהוָה צְרוּפָה מָגֵן
לב הוּא לְכֹל הַחֹסִים בּוֹ׃ כִּי מִי־אֵל מִבַּלְעֲדֵי
לג יְהוָה וּמִי צוּר מִבַּלְעֲדֵי אֱלֹהֵינוּ׃ הָאֵל
מָעוּזִּי חָיִל וַיַּתֵּר תָּמִים
לד דרכו׃ מְשַׁוֶּה רגליו כָּאַיָּלוֹת וְעַל־ דַּרְכִּי רַגְלַי
לה בָּמֹתַי יַעֲמִידֵנִי׃ מְלַמֵּד יָדַי
לו לַמִּלְחָמָה וְנִחַת קֶשֶׁת־נְחוּשָׁה זְרֹעֹתָי׃ וַתִּתֶּן־
לז לִי מָגֵן יִשְׁעֶךָ וַעֲנֹתְךָ תַּרְבֵּנִי׃ תַּרְחִיב צַעֲדִי
לח תַּחְתֵּנִי וְלֹא מָעֲדוּ קַרְסֻלָּי׃ אֶרְדְּפָה
אֹיְבַי וָאַשְׁמִידֵם וְלֹא אָשׁוּב עַד־
לט כַּלּוֹתָם׃ וָאֲכַלֵּם וָאֶמְחָצֵם וְלֹא יְקוּמוּן וַיִּפְּלוּ
מ תַּחַת רַגְלָי׃ וַתַּזְרֵנִי חַיִל
מא לַמִּלְחָמָה תַּכְרִיעַ קָמַי תַּחְתֵּנִי׃ וְאֹיְבַי
מב תַּתָּה לִּי עֹרֶף מְשַׂנְאַי וָאַצְמִיתֵם׃ יִשְׁעוּ וְאֵין
מג מֹשִׁיעַ אֶל־יְהוָה וְלֹא עָנָם׃ וְאֶשְׁחָקֵם
כַּעֲפַר־אָרֶץ כְּטִיט־חוּצוֹת אֲדִקֵּם
מד אֶרְקָעֵם׃ וַתְּפַלְּטֵנִי מֵרִיבֵי עַמִּי תִּשְׁמְרֵנִי
לְרֹאשׁ גּוֹיִם עַם לֹא־יָדַעְתִּי
מה יַעַבְדֻנִי׃ בְּנֵי נֵכָר יִתְכַּחֲשׁוּ־לִי לִשְׁמוֹעַ
מו אֹזֶן יִשָּׁמְעוּ לִי׃ בְּנֵי נֵכָר יִבֹּלוּ וְיַחְגְּרוּ
מז מִמִּסְגְּרוֹתָם׃ חַי־יְהוָה וּבָרוּךְ צוּרִי וְיָרֻם

אֱלֹהֵי צוּר יִשְׁעִי׃ הָאֵל הַנֹּתֵן נְקָמֹת מח
לִי וּמוֹרִיד עַמִּים תַּחְתֵּנִי׃ וּמוֹצִיאִי מט
מֵאֹיְבָי וּמִקָּמַי תְּרוֹמְמֵנִי מֵאִישׁ חֲמָסִים
תַּצִּילֵנִי׃ עַל־כֵּן אוֹדְךָ יְהוָה בַּגּוֹיִם וּלְשִׁמְךָ נ
מִגְדּוֹל לד אֲזַמֵּר׃ מגדיל יְשׁוּעוֹת נא
מַלְכּוֹ וְעֹשֶׂה־חֶסֶד לִמְשִׁיחוֹ
לְדָוִד וּלְזַרְעוֹ עַד־עוֹלָם׃

וְאֵלֶּה דִּבְרֵי דָוִד הָאַחֲרֹנִים נְאֻם דָּוִד בֶּן־יִשַׁי וּנְאֻם הַגֶּבֶר הֻקַם א כג
עַל מְשִׁיחַ אֱלֹהֵי יַעֲקֹב וּנְעִים זְמִרוֹת יִשְׂרָאֵל׃ רוּחַ יְהוָה דִּבֶּר־ ב
בִּי וּמִלָּתוֹ עַל־לְשׁוֹנִי׃ אָמַר אֱלֹהֵי יִשְׂרָאֵל לִי דִבֶּר צוּר יִשְׂרָאֵל ג
מוֹשֵׁל בָּאָדָם צַדִּיק מוֹשֵׁל יִרְאַת אֱלֹהִים׃ וּכְאוֹר בֹּקֶר יִזְרַח־ ד
שָׁמֶשׁ בֹּקֶר לֹא עָבוֹת מִנֹּגַהּ מִמָּטָר דֶּשֶׁא מֵאָרֶץ׃ כִּי־לֹא־כֵן ה
בֵּיתִי עִם־אֵל כִּי בְרִית עוֹלָם שָׂם לִי עֲרוּכָה בַכֹּל וּשְׁמֻרָה כִּי־
כָל־יִשְׁעִי וְכָל־חֵפֶץ כִּי־לֹא יַצְמִיחַ׃ וּבְלִיַּעַל כְּקוֹץ מֻנָד כֻּלָּהַם ו
כִּי־לֹא בְיָד יִקָּחוּ׃ וְאִישׁ יִגַּע בָּהֶם יִמָּלֵא בַרְזֶל וְעֵץ חֲנִית ז
וּבָאֵשׁ שָׂרוֹף יִשָּׂרְפוּ בַּשָּׁבֶת׃
אֵלֶּה שְׁמוֹת הַגִּבֹּרִים אֲשֶׁר לְדָוִד יֹשֵׁב בַּשֶּׁבֶת תַּחְכְּמֹנִי ׀ רֹאשׁ ח
הָעֶצְנִי הַשָּׁלִשִׁי הוּא עֲדִינוֹ העצנו עַל־שְׁמֹנֶה מֵאוֹת חָלָל בְּפַעַם
אַחַת דֹּדוֹ הַגִּבֹּרִים אחד׃ וְאַחֲרוֹ אֶלְעָזָר בֶּן־דדי בֶּן־אֲחֹחִי בִּשְׁלֹשָׁה גברים ט
עִם־דָּוִד בְּחָרְפָם בַּפְּלִשְׁתִּים נֶאֶסְפוּ־שָׁם לַמִּלְחָמָה וַיַּעֲלוּ אִישׁ
יִשְׂרָאֵל׃ הוּא קָם וַיַּךְ בַּפְּלִשְׁתִּים עַד ׀ כִּי־יָגְעָה יָדוֹ וַתִּדְבַּק יָדוֹ י
אֶל־הַחֶרֶב וַיַּעַשׂ יְהוָה תְּשׁוּעָה גְדוֹלָה בַּיּוֹם הַהוּא וְהָעָם יָשֻׁבוּ
אַחֲרָיו אַךְ לְפַשֵּׁט׃ וְאַחֲרָיו שַׁמָּא בֶן־אָגֵא הָרָרִי וַיֵּאָסְפוּ יא
פְלִשְׁתִּים לַחַיָּה וַתְּהִי־שָׁם חֶלְקַת הַשָּׂדֶה מְלֵאָה עֲדָשִׁים וְהָעָם
נָס מִפְּנֵי פְלִשְׁתִּים׃ וַיִּתְיַצֵּב בְּתוֹךְ־הַחֶלְקָה וַיַּצִּילֶהָ וַיַּךְ אֶת־ יב
שְׁלֹשָׁה פְּלִשְׁתִּים וַיַּעַשׂ יְהוָה תְּשׁוּעָה גְדוֹלָה׃ וַיֵּרְדוּ שלשים יג

מֵהַשְּׁלֹשִׁים רֹאשׁ וַיָּבֹאוּ אֶל־קָצִיר אֶל־דָּוִד אֶל־מְעָרַת עֲדֻלָּם
יד וְחַיַּת פְּלִשְׁתִּים חֹנָה בְּעֵמֶק רְפָאִים׃ וְדָוִד אָז בַּמְּצוּדָה וּמַצַּב
טו פְּלִשְׁתִּים אָז בֵּית לָחֶם׃ וַיִּתְאַוֶּה דָוִד וַיֹּאמַר מִי יַשְׁקֵנִי מַיִם
טז מִבֹּאר בֵּית־לֶחֶם אֲשֶׁר בַּשָּׁעַר׃ וַיִּבְקְעוּ שְׁלֹשֶׁת הַגִּבֹּרִים
בְּמַחֲנֵה פְלִשְׁתִּים וַיִּשְׁאֲבוּ־מַיִם מִבֹּאר בֵּית־לֶחֶם אֲשֶׁר בַּשַּׁעַר
וַיִּשְׂאוּ וַיָּבִאוּ אֶל־דָּוִד וְלֹא אָבָה לִשְׁתּוֹתָם וַיַּסֵּךְ אֹתָם
יז לַיהוָה׃ וַיֹּאמֶר חָלִילָה לִּי יְהוָה מֵעֲשֹׂתִי זֹאת הֲדַם הָאֲנָשִׁים
הַהֹלְכִים בְּנַפְשׁוֹתָם וְלֹא אָבָה לִשְׁתּוֹתָם אֵלֶּה עָשׂוּ שְׁלֹשֶׁת
יח הַגִּבֹּרִים׃ וַאֲבִישַׁי אֲחִי ׀ יוֹאָב בֶּן־צְרוּיָה הוּא רֹאשׁ
השלשי וְהוּא עוֹרֵר אֶת־חֲנִיתוֹ עַל־שְׁלֹשׁ מֵאוֹת חָלָל וְלוֹ־שֵׁם הַשְּׁלֹשָׁה
יט בַּשְּׁלֹשָׁה׃ מִן־הַשְּׁלֹשָׁה הֲכִי נִכְבָּד וַיְהִי לָהֶם לְשָׂר וְעַד־
כ הַשְּׁלֹשָׁה לֹא־בָא׃ וּבְנָיָהוּ בֶן־יְהוֹיָדָע בֶּן־אִישׁ־חי רַב־ חַיִל
פְּעָלִים מִקַּבְצְאֵל הוּא הִכָּה אֵת שְׁנֵי אֲרִאֵל מוֹאָב וְהוּא יָרַד
כא וְהִכָּה אֶת־הארִיה בְּתוֹךְ הַבֹּאר בְּיוֹם הַשָּׁלֶג׃ וְהוּא הִכָּה הָאֲרִי
אֶת־אִישׁ מִצְרִי אֲשֶׁר מַרְאֶה וּבְיַד הַמִּצְרִי חֲנִית וַיֵּרֶד אֵלָיו אִיש
בַּשָּׁבֶט וַיִּגְזֹל אֶת־הַחֲנִית מִיַּד הַמִּצְרִי וַיַּהַרְגֵהוּ בַּחֲנִיתוֹ׃
כב אֵלֶּה עָשָׂה בְּנָיָהוּ בֶּן־יְהוֹיָדָע וְלוֹ־שֵׁם בִּשְׁלֹשָׁה הַגִּבֹּרִים׃
כג מִן־הַשְּׁלֹשִׁים נִכְבָּד וְאֶל־הַשְּׁלֹשָׁה לֹא־בָא וַיְשִׂמֵהוּ דָוִד
כד אֶל־מִשְׁמַעְתּוֹ׃ עֲשָׂהאֵל אֲחִי־יוֹאָב בַּשְּׁלֹשִׁים אֶלְחָנָן
כה כו בֶּן־דדו בֵּית לָחֶם׃ שַׁמָּה הַחֲרֹדִי אֱלִיקָא הַחֲרֹדִי׃ חֶלֶץ דֹּדוֹ
כז הַפַּלְטִי עִירָא בֶן־עִקֵּשׁ הַתְּקוֹעִי׃ אֲבִיעֶזֶר הָעַנְּתֹתִי מְבֻנַּי
כח כט הַחֻשָׁתִי׃ צַלְמוֹן הָאֲחֹחִי מַהְרַי הַנְּטֹפָתִי׃ חֵלֶב בֶּן־
ל בַּעֲנָה הַנְּטֹפָתִי אִתַּי בֶּן־רִיבַי מִגִּבְעַת בְּנֵי בִנְיָמִן׃ בְּנָיָהוּ
לא פִּרְעָתֹנִי הִדַּי מִנַּחֲלֵי גָעַשׁ׃ אֲבִי־עַלְבוֹן הָעַרְבָתִי עַזְמָוֶת
לב לג הַבַּרְחֻמִי׃ אֶלְיַחְבָּא הַשַּׁעַלְבֹנִי בְּנֵי יָשֵׁן יְהוֹנָתָן׃ שַׁמָּה
לד הַהֲרָרִי אֲחִיאָם בֶּן־שָׁרָר הָאֲרָרִי׃ אֱלִיפֶלֶט בֶּן־אֲחַסְבַּי
לה בֶּן־הַמַּעֲכָתִי אֱלִיעָם בֶּן־אֲחִיתֹפֶל הַגִּלֹנִי׃ חצרו הַכַּרְמְלִי חֶצְרַי

לו לז פערי הארבי: יגאל בן־נתן מצבה בני הגדי: צלק
לח העמוני נחרי הבארתי נשאי כלי יואב בן־צריה: עירא — נשא
לט היתרי גרב היתרי: אוריה החתי כל שלשים
כד א ושבעה: ויסף אף־יהוה לחרות בישראל ויסת
את־דוד בהם לאמר לך מנה את־ישראל ואת־יהודה:
ב ויאמר המלך אל־יואב ׀ שר־החיל אשר־אתו שוט־נא בכל־
שבטי ישראל מדן ועד־באר שבע ופקדו את־העם וידעתי
ג את מספר העם: ויאמר יואב אל־המלך ויוסף
יהוה אלהיך אל־העם כהם ׀ וכהם מאה פעמים ועיני אדני־
ד המלך ראות ואדני המלך למה חפץ בדבר הזה: ויחזק דבר־
המלך אל־יואב ועל שרי החיל ויצא יואב ושרי החיל לפני
ה המלך לפקד את־העם את־ישראל: ויעברו את־הירדן
ויחנו בערוער ימין העיר אשר בתוך־הנחל הגד ואל־יעזר:
ו ויבאו הגלעדה ואל־ארץ תחתים חדשי ויבאו דנה יען
ז וסביב אל־צידון: ויבאו מבצר־צר וכל־ערי החוי והכנעני
ח ויצאו אל־נגב יהודה באר שבע: וישטו בכל־הארץ
ט ויבאו מקצה תשעה חדשים ועשרים יום ירושלם: ויתן
יואב את־מספר מפקד־העם אל־המלך ותהי ישראל
שמנה מאות אלף איש־חיל שלף חרב ואיש יהודה חמש־
י מאות אלף איש: ויך לב־דוד אתו אחרי־כן ספר את־
העם ויאמר דוד אל־יהוה חטאתי מאד אשר
עשיתי ועתה יהוה העבר־נא את־עון עבדך כי נסכלתי
יא מאד: ויקם דוד בבקר ודבר־יהוה היה אל־גד
יב הנביא חזה דוד לאמר: הלוך ודברת אל־דוד כה אמר יהוה
שלש אנכי נוטל עליך בחר־לך אחת־מהם ואעשה־לך:
יג ויבא־גד אל־דוד ויגד־לו ויאמר לו התבוא לך שבע־שנים ׀
רעב ׀ בארצך ואם־שלשה חדשים נסך לפני־צריך והוא

רדפך ואם־היות שלשת ימים דבר בארצך עתה דע וראה
יד מה־אשיב שלחי דבר: ויאמר דוד אל־גד צר־
לי מאד נפלה־נא ביד־יהוה כי־רבים רחמו וביד־אדם אל־
טו אפלה: ויתן יהוה דבר בישראל מהבקר ועד־עת מועד וימת
טז מן־העם מדן ועד־באר שבע שבעים אלף איש: וישלח ידו
המלאך ׀ ירושלם לשחתה וינחם יהוה אל־הרעה ויאמר
למלאך המשחית בעם רב עתה הרף ידך ומלאך יהוה היה
יז עם־גרן האורנה היבסי: ויאמר דוד אל־יהוה הארונה
בראתו ׀ את־המלאך ׀ המכה בעם ויאמר הנה אנכי חטאתי
ואנכי העויתי ואלה הצאן מה עשו תהי נא ידך בי ובבית
יח אבי: ויבא־גד אל־דוד ביום ההוא ויאמר לו
יט עלה הקם ליהוה מזבח בגרן ארניה היבסי: ויעל דוד כדבר־ ארונה
כ גד כאשר צוה יהוה: וישקף ארונה וירא את־המלך ואת־
עבדיו עברים עליו ויצא ארונה וישתחו למלך אפיו ארצה:
כא ויאמר ארונה מדוע בא אדני־המלך אל־עבדו ויאמר דוד
לקנות מעמך את־הגרן לבנות מזבח ליהוה ותעצר המגפה
כב מעל העם: ויאמר ארונה אל־דוד יקח ויעל אדני המלך
הטוב בעינו ראה הבקר לעלה והמרגים וכלי הבקר לעצים:
כג הכל נתן ארונה המלך למלך ויאמר ארונה
כד אל־המלך יהוה אלהיך ירצך: ויאמר המלך אל־ארונה לא
כי־קנו אקנה מאותך במחיר ולא אעלה ליהוה אלהי עלות
חנם ויקן דוד את־הגרן ואת־הבקר בכסף שקלים חמשים:
כה ויבן שם דוד מזבח ליהוה ויעל עלות ושלמים ויעתר יהוה
לארץ ותעצר המגפה מעל ישראל:

מלכים

א וְהַמֶּלֶךְ דָּוִד זָקֵן בָּא בַּיָּמִים וַיְכַסֻּהוּ בַּבְּגָדִים וְלֹא יִחַם לוֹ׃ א
ב וַיֹּאמְרוּ לוֹ עֲבָדָיו יְבַקְשׁוּ לַאדֹנִי הַמֶּלֶךְ נַעֲרָה בְתוּלָה וְעָמְדָה
לִפְנֵי הַמֶּלֶךְ וּתְהִי־לוֹ סֹכֶנֶת וְשָׁכְבָה בְחֵיקֶךָ וְחַם לַאדֹנִי הַמֶּלֶךְ׃
ג וַיְבַקְשׁוּ נַעֲרָה יָפָה בְּכֹל גְּבוּל יִשְׂרָאֵל וַיִּמְצְאוּ אֶת־אֲבִישַׁג
ד הַשּׁוּנַמִּית וַיָּבִאוּ אֹתָהּ לַמֶּלֶךְ׃ וְהַנַּעֲרָה יָפָה עַד־מְאֹד וַתְּהִי
ה לַמֶּלֶךְ סֹכֶנֶת וַתְּשָׁרְתֵהוּ וְהַמֶּלֶךְ לֹא יְדָעָהּ׃ וַאֲדֹנִיָּה בֶן־חַגִּית
מִתְנַשֵּׂא לֵאמֹר אֲנִי אֶמְלֹךְ וַיַּעַשׂ לוֹ רֶכֶב וּפָרָשִׁים וַחֲמִשִּׁים
ו אִישׁ רָצִים לְפָנָיו׃ וְלֹא־עֲצָבוֹ אָבִיו מִיָּמָיו לֵאמֹר מַדּוּעַ כָּכָה
עָשִׂיתָ וְגַם־הוּא טוֹב־תֹּאַר מְאֹד וְאֹתוֹ יָלְדָה אַחֲרֵי אַבְשָׁלוֹם׃
ז וַיִּהְיוּ דְבָרָיו עִם יוֹאָב בֶּן־צְרוּיָה וְעִם אֶבְיָתָר הַכֹּהֵן וַיַּעְזְרוּ
ח אַחֲרֵי אֲדֹנִיָּה׃ וְצָדוֹק הַכֹּהֵן וּבְנָיָהוּ בֶן־יְהוֹיָדָע וְנָתָן הַנָּבִיא
ט וְשִׁמְעִי וְרֵעִי וְהַגִּבּוֹרִים אֲשֶׁר לְדָוִד לֹא הָיוּ עִם־אֲדֹנִיָּהוּ׃ וַיִּזְבַּח
אֲדֹנִיָּהוּ צֹאן וּבָקָר וּמְרִיא עִם אֶבֶן הַזֹּחֶלֶת אֲשֶׁר־אֵצֶל עֵין
רֹגֵל וַיִּקְרָא אֶת־כָּל־אֶחָיו בְּנֵי הַמֶּלֶךְ וּלְכָל־אַנְשֵׁי יְהוּדָה עַבְדֵי
י הַמֶּלֶךְ׃ וְאֶת־נָתָן הַנָּבִיא וּבְנָיָהוּ וְאֶת־הַגִּבּוֹרִים וְאֶת־שְׁלֹמֹה
יא אָחִיו לֹא קָרָא׃ וַיֹּאמֶר נָתָן אֶל־בַּת־שֶׁבַע אֵם־שְׁלֹמֹה לֵאמֹר
הֲלוֹא שָׁמַעַתְּ כִּי מָלַךְ אֲדֹנִיָּהוּ בֶן־חַגִּית וַאֲדֹנֵינוּ דָוִד לֹא יָדָע׃
יב וְעַתָּה לְכִי אִיעָצֵךְ נָא עֵצָה וּמַלְּטִי אֶת־נַפְשֵׁךְ וְאֶת־נֶפֶשׁ בְּנֵךְ
יג שְׁלֹמֹה׃ לְכִי וּבֹאִי ׀ אֶל־הַמֶּלֶךְ דָּוִד וְאָמַרְתְּ אֵלָיו הֲלֹא־אַתָּה
אֲדֹנִי הַמֶּלֶךְ נִשְׁבַּעְתָּ לַאֲמָתְךָ לֵאמֹר כִּי־שְׁלֹמֹה בְנֵךְ יִמְלֹךְ
יד אַחֲרַי וְהוּא יֵשֵׁב עַל־כִּסְאִי וּמַדּוּעַ מָלַךְ אֲדֹנִיָּהוּ׃ הִנֵּה עוֹדָךְ
מְדַבֶּרֶת שָׁם עִם־הַמֶּלֶךְ וַאֲנִי אָבוֹא אַחֲרַיִךְ וּמִלֵּאתִי אֶת־
טו דְּבָרָיִךְ׃ וַתָּבֹא בַת־שֶׁבַע אֶל־הַמֶּלֶךְ הַחַדְרָה וְהַמֶּלֶךְ זָקֵן מְאֹד
טז וַאֲבִישַׁג הַשּׁוּנַמִּית מְשָׁרַת אֶת־הַמֶּלֶךְ׃ וַתִּקֹּד בַּת־שֶׁבַע
יז וַתִּשְׁתַּחוּ לַמֶּלֶךְ וַיֹּאמֶר הַמֶּלֶךְ מַה־לָּךְ׃ וַתֹּאמֶר לוֹ אֲדֹנִי אַתָּה
נִשְׁבַּעְתָּ בַּיהוָה אֱלֹהֶיךָ לַאֲמָתֶךָ כִּי־שְׁלֹמֹה בְנֵךְ יִמְלֹךְ אַחֲרָי
יח וְהוּא יֵשֵׁב עַל־כִּסְאִי׃ וְעַתָּה הִנֵּה אֲדֹנִיָּה מָלָךְ וְעַתָּה אֲדֹנִי

א

יט המלך לא ידעת: ויזבח שור ומריא־וצאן לרב ויקרא לכל־
בני המלך ולאביתר הכהן וליאב שר הצבא ולשלמה עבדך
כ לא קרא: ואתה אדני המלך עיני כל־ישראל עליך להגיד
כא להם מי ישב על־כסא אדני־המלך אחריו: והיה כשכב
כב אדני־המלך עם־אבתיו והייתי אני ובני שלמה חטאים: והנה
כג עודנה מדברת עם־המלך ונתן הנביא בא: ויגידו למלך
לאמר הנה נתן הנביא ויבא לפני המלך וישתחו למלך על־
כד אפיו ארצה: ויאמר נתן אדני המלך אתה אמרת אדניהו
כה ימלך אחרי והוא ישב על־כסאי: כי ׀ ירד היום ויזבח שור
ומריא־וצאן לרב ויקרא לכל־בני המלך ולשרי הצבא
ולאביתר הכהן והנם אכלים ושתים לפניו ויאמרו יחי המלך
כו אדניהו: ולי אני־עבדך ולצדק הכהן ולבניהו בן־יהוידע
כז ולשלמה עבדך לא קרא: אם מאת אדני המלך נהיה הדבר
הזה ולא הודעת את־עבדיך מי ישב על־כסא אדני־המלך עבדך
כח אחריו: ויען המלך דוד ויאמר קראו־לי לבת־שבע ותבא
כט לפני המלך ותעמד לפני המלך: וישבע המלך ויאמר חי־
ל יהוה אשר־פדה את־נפשי מכל־צרה: כי כאשר נשבעתי
לך ביהוה אלהי ישראל לאמר כי־שלמה בנך ימלך אחרי
לא והוא ישב על־כסאי תחתי כי כן אעשה היום הזה: ותקד
בת־שבע אפים ארץ ותשתחו למלך ותאמר יחי אדני המלך
לב דוד לעלם: ויאמר ׀ המלך דוד קראו־לי לצדוק
הכהן ולנתן הנביא ולבניהו בן־יהוידע ויבאו לפני המלך:
לג ויאמר המלך להם קחו עמכם את־עבדי אדניכם והרכבתם
את־שלמה בני על־הפרדה אשר־לי והורדתם אתו אל־
לד גחון: ומשח אתו שם צדוק הכהן ונתן הנביא למלך על־
לה ישראל ותקעתם בשופר ואמרתם יחי המלך שלמה: ועליתם
אחריו ובא וישב על־כסאי והוא ימלך תחתי ואתו צויתי

לו להיות נגיד על־ישראל ועל־יהודה: ויען בניהו בן־יהוידע
את־המלך ויאמר ׀ אמן כן יאמר יהוה אלהי אדני המלך:
לז כאשר היה יהוה עם־אדני המלך כן יהי עם־שלמה ויגדל
לח את־כסאו מכסא אדני המלך דוד: וירד צדוק הכהן ונתן
הנביא ובניהו בן־יהוידע והכרתי והפלתי וירכבו את־
לט שלמה על־פרדת המלך דוד וילכו אתו על־גחון: ויקח צדוק
הכהן את־קרן השמן מן־האהל וימשח את־שלמה ויתקעו
מ בשופר ויאמרו כל־העם יחי המלך שלמה: ויעלו כל־העם
אחריו והעם מחללים בחללים ושמחים שמחה גדולה ותבקע
מא הארץ בקולם: וישמע אדניהו וכל־הקראים אשר אתו והם
כלו לאכל וישמע יואב את־קול השופר ויאמר מדוע קול־
מב הקריה הומה: עודנו מדבר והנה יונתן בן־אביתר הכהן בא
מג ויאמר אדניהו בא כי איש חיל אתה וטוב תבשר: ויען יונתן
ויאמר לאדניהו אבל אדנינו המלך־דוד המליך את־שלמה:
מד וישלח אתו המלך את־צדוק הכהן ואת־נתן הנביא ובניהו
בן־יהוידע והכרתי והפלתי וירכבו אתו על פרדת המלך:
מה וימשחו אתו צדוק הכהן ונתן הנביא ׀ למלך בגחון ויעלו
מו משם שמחים ותהם הקריה הוא הקול אשר שמעתם: וגם
מז ישב שלמה על כסא המלוכה: וגם־באו עבדי המלך לברך
את־אדנינו המלך דוד לאמר ייטב אלהיך את־שם שלמה אלהים
משמך ויגדל את־כסאו מכסאך וישתחו המלך על־
מח המשכב: וגם־ככה אמר המלך ברוך יהוה אלהי ישראל ב
מט אשר נתן היום ישב על־כסאי ועיני ראות: ויחרדו ויקמו כל־
נ הקראים אשר לאדניהו וילכו איש לדרכו: ואדניהו ירא מפני
נא שלמה ויקם וילך ויחזק בקרנות המזבח: ויגד לשלמה לאמר
הנה אדניהו ירא את־המלך שלמה והנה אחז בקרנות
המזבח לאמר ישבע־לי כיום המלך שלמה אם־ימית את־

נב עבדו בחרב: ויאמר שלמה אם יהיה לבן־חיל לא־יפל
נג משערתו ארצה ואם־רעה תמצא־בו ומת: וישלח המלך
שלמה וירדהו מעל המזבח ויבא וישתחו למלך שלמה
ויאמר־לו שלמה לך לביתך: ויקרבו ימי־דוד
א ב
ב למות ויצו את־שלמה בנו לאמר: אנכי הלך בדרך כל־
ג הארץ וחזקת והיית לאיש: ושמרת את־משמרת ׀ יהוה
אלהיך ללכת בדרכיו לשמר חקתיו מצותיו ומשפטיו
ועדותיו ככתוב בתורת משה למען תשכיל את כל־אשר
ד תעשה ואת כל־אשר תפנה שם: למען יקים יהוה את־דברו
אשר דבר עלי לאמר אם־ישמרו בניך את־דרכם ללכת
לפני באמת בכל־לבבם ובכל־נפשם לאמר לא־יכרת לך
ה איש מעל כסא ישראל: וגם אתה ידעת את אשר־עשה לי
יואב בן־צרויה אשר עשה לשני־שרי צבאות ישראל
לאבנר בן־נר ולעמשא בן־יתר ויהרגם וישם דמי־מלחמה
בשלם ויתן דמי מלחמה בחגרתו אשר במתניו ובנעלו
ו אשר ברגליו: ועשית כחכמתך ולא־תורד שיבתו בשלם
ז שאל: ולבני ברזלי הגלעדי תעשה־חסד והיו
באכלי שלחנך כי־כן קרבו אלי בברחי מפני אבשלום אחיך:
ח והנה עמך שמעי בן־גרא בן־הימיני מבחרים והוא קללני
קללה נמרצת ביום לכתי מחנים והוא־ירד לקראתי הירדן
ט ואשבע לו ביהוה לאמר אם־אמיתך בחרב: ועתה אל־
תנקהו כי איש חכם אתה וידעת את אשר תעשה־לו
י והורדת את־שיבתו בדם שאול: וישכב דוד עם־אבתיו
יא ויקבר בעיר דוד: והימים אשר מלך דוד על־
ישראל ארבעים שנה בחברון מלך שבע שנים ובירושלם
יב מלך שלשים ושלש שנים: ושלמה ישב על־כסא דוד אביו
יג ותכן מלכתו מאד: ויבא אדניהו בן־חגית

אל-בת-שבע אם-שלמה ותאמר השלום באך ויאמר שלום:
יד טו ויאמר דבר לי אליך ותאמר דבר: ויאמר את ידעת כי-לי
היתה המלוכה ועלי שמו כל-ישראל פניהם למלך ותסב
טז המלוכה ותהי לאחי כי מיהוה היתה לו: ועתה שאלה אחת
אנכי שאל מאתך אל-תשבי את-פני ותאמר אליו דבר:
יז ויאמר אמרי-נא לשלמה המלך כי לא-ישיב את-פניך
יח ויתן-לי את-אבישג השונמית לאשה: ותאמר בת-שבע
יט טוב אנכי אדבר עליך אל-המלך: ותבא בת-שבע אל-
המלך שלמה לדבר-לו על-אדניהו ויקם המלך לקראתה
וישתחו לה וישב על-כסאו וישם כסא לאם המלך ותשב
כ לימינו: ותאמר שאלה אחת קטנה אנכי שאלת מאתך אל-
תשב את-פני ויאמר לה המלך שאלי אמי כי לא-אשיב
כא את-פניך: ותאמר יתן את-אבישג השנמית לאדניהו אחיך
כב לאשה: ויען המלך שלמה ויאמר לאמו ולמה את שאלת
את-אבישג השנמית לאדניהו ושאלי-לו את-המלוכה כי
הוא אחי הגדול ממני ולו ולאביתר הכהן וליואב בן-
כג צרויה: וישבע המלך שלמה ביהוה לאמר כה
יעשה-לי אלהים וכה יוסיף כי בנפשו דבר אדניהו את-
כד הדבר הזה: ועתה חי-יהוה אשר הכינני וושיביני על-כסא ויושיבני
דוד אבי ואשר עשה-לי בית כאשר דבר כי היום יומת
כה אדניהו: וישלח המלך שלמה ביד בניהו בן-יהוידע ויפגע-
כו בו וימת: ולאביתר הכהן אמר המלך ענתת
לך על-שדיך כי איש מות אתה וביום הזה לא אמיתך כי-
נשאת את-ארון אדני יהוה לפני דוד אבי וכי התענית בכל
כז אשר-התענה אבי: ויגרש שלמה את-אביתר מהיות כהן
ליהוה למלא את-דבר יהוה אשר דבר על-בית עלי
כח בשלה: והשמעה באה עד-יואב כי יואב נטה

אַחֲרֵי אֲדֹנִיָּה וְאַחֲרֵי אַבְשָׁלוֹם לֹא נָטָה וַיָּנָס יוֹאָב אֶל־אֹהֶל
כט יְהוָה וַיַּחֲזֵק בְּקַרְנוֹת הַמִּזְבֵּחַ׃ וַיֻּגַּד לַמֶּלֶךְ שְׁלֹמֹה כִּי נָס יוֹאָב
אֶל־אֹהֶל יְהוָה וְהִנֵּה אֵצֶל הַמִּזְבֵּחַ וַיִּשְׁלַח שְׁלֹמֹה אֶת־בְּנָיָהוּ
ל בֶן־יְהוֹיָדָע לֵאמֹר לֵךְ פְּגַע־בּוֹ׃ וַיָּבֹא בְנָיָהוּ אֶל־אֹהֶל יְהוָה
וַיֹּאמֶר אֵלָיו כֹּה־אָמַר הַמֶּלֶךְ צֵא וַיֹּאמֶר ׀ לֹא כִּי פֹה אָמוּת
וַיָּשֶׁב בְּנָיָהוּ אֶת־הַמֶּלֶךְ דָּבָר לֵאמֹר כֹּה־דִבֶּר יוֹאָב וְכֹה עָנָנִי׃
לא וַיֹּאמֶר לוֹ הַמֶּלֶךְ עֲשֵׂה כַּאֲשֶׁר דִּבֶּר וּפְגַע־בּוֹ וּקְבַרְתּוֹ וַהֲסִירֹתָ ׀
לב דְּמֵי חִנָּם אֲשֶׁר שָׁפַךְ יוֹאָב מֵעָלַי וּמֵעַל בֵּית אָבִי׃ וְהֵשִׁיב יְהוָה
אֶת־דָּמוֹ עַל־רֹאשׁוֹ אֲשֶׁר פָּגַע בִּשְׁנֵי־אֲנָשִׁים צַדִּקִים וְטֹבִים
מִמֶּנּוּ וַיַּהַרְגֵם בַּחֶרֶב וְאָבִי דָוִד לֹא יָדָע אֶת־אַבְנֵר בֶּן־נֵר שַׂר־
לג צְבָא יִשְׂרָאֵל וְאֶת־עֲמָשָׂא בֶן־יֶתֶר שַׂר־צְבָא יְהוּדָה׃ וְשָׁבוּ
דְמֵיהֶם בְּרֹאשׁ יוֹאָב וּבְרֹאשׁ זַרְעוֹ לְעֹלָם וּלְדָוִד וּלְזַרְעוֹ וּלְבֵיתוֹ
לד וּלְכִסְאוֹ יִהְיֶה שָׁלוֹם עַד־עוֹלָם מֵעִם יְהוָה׃ וַיַּעַל בְּנָיָהוּ בֶּן־
לה יְהוֹיָדָע וַיִּפְגַּע־בּוֹ וַיְמִתֵהוּ וַיִּקָּבֵר בְּבֵיתוֹ בַּמִּדְבָּר׃ וַיִּתֵּן הַמֶּלֶךְ
אֶת־בְּנָיָהוּ בֶן־יְהוֹיָדָע תַּחְתָּיו עַל־הַצָּבָא וְאֶת־צָדוֹק הַכֹּהֵן
לו נָתַן הַמֶּלֶךְ תַּחַת אֶבְיָתָר׃ וַיִּשְׁלַח הַמֶּלֶךְ וַיִּקְרָא לְשִׁמְעִי וַיֹּאמֶר
לוֹ בְּנֵה־לְךָ בַיִת בִּירוּשָׁלִַם וְיָשַׁבְתָּ שָׁם וְלֹא־תֵצֵא מִשָּׁם אָנֶה
לז וָאָנָה׃ וְהָיָה ׀ בְּיוֹם צֵאתְךָ וְעָבַרְתָּ אֶת־נַחַל קִדְרוֹן יָדֹעַ תֵּדַע
לח כִּי מוֹת תָּמוּת דָּמְךָ יִהְיֶה בְרֹאשֶׁךָ׃ וַיֹּאמֶר שִׁמְעִי לַמֶּלֶךְ טוֹב
הַדָּבָר כַּאֲשֶׁר דִּבֶּר אֲדֹנִי הַמֶּלֶךְ כֵּן יַעֲשֶׂה עַבְדֶּךָ וַיֵּשֶׁב שִׁמְעִי
לט בִּירוּשָׁלִַם יָמִים רַבִּים׃ וַיְהִי מִקֵּץ שָׁלֹשׁ שָׁנִים
וַיִּבְרְחוּ שְׁנֵי־עֲבָדִים לְשִׁמְעִי אֶל־אָכִישׁ בֶּן־מַעֲכָה מֶלֶךְ גַּת
מ וַיַּגִּידוּ לְשִׁמְעִי לֵאמֹר הִנֵּה עֲבָדֶיךָ בְּגַת׃ וַיָּקָם שִׁמְעִי וַיַּחֲבֹשׁ
אֶת־חֲמֹרוֹ וַיֵּלֶךְ גַּתָה אֶל־אָכִישׁ לְבַקֵּשׁ אֶת־עֲבָדָיו וַיֵּלֶךְ
מא שִׁמְעִי וַיָּבֵא אֶת־עֲבָדָיו מִגַּת׃ וַיֻּגַּד לִשְׁלֹמֹה
מב כִּי־הָלַךְ שִׁמְעִי מִירוּשָׁלִַם גַּת וַיָּשֹׁב׃ וַיִּשְׁלַח הַמֶּלֶךְ וַיִּקְרָא
לְשִׁמְעִי וַיֹּאמֶר אֵלָיו הֲלוֹא הִשְׁבַּעְתִּיךָ בַיהוָה וָאָעִד בְּךָ לֵאמֹר

בְּיוֹם צֵאתְךָ וְהָלַכְתָּ אָנֶה וָאָנָה יָדֹעַ תֵּדַע כִּי מוֹת תָּמוּת
מג וַתֹּאמֶר אֵלַי טוֹב הַדָּבָר שָׁמָעְתִּי: וּמַדּוּעַ לֹא שָׁמַרְתָּ אֵת
מד שְׁבֻעַת יְהוָה וְאֶת־הַמִּצְוָה אֲשֶׁר־צִוִּיתִי עָלֶיךָ: וַיֹּאמֶר הַמֶּלֶךְ
אֶל־שִׁמְעִי אַתָּה יָדַעְתָּ אֵת כָּל־הָרָעָה אֲשֶׁר יָדַע לְבָבְךָ אֲשֶׁר
מה עָשִׂיתָ לְדָוִד אָבִי וְהֵשִׁיב יְהוָה אֶת־רָעָתְךָ בְּרֹאשֶׁךָ: וְהַמֶּלֶךְ ג
מו שְׁלֹמֹה בָּרוּךְ וְכִסֵּא דָוִד יִהְיֶה נָכוֹן לִפְנֵי יְהוָה עַד־עוֹלָם: וַיְצַו
הַמֶּלֶךְ אֶת־בְּנָיָהוּ בֶּן־יְהוֹיָדָע וַיֵּצֵא וַיִּפְגַּע־בּוֹ וַיָּמֹת וְהַמַּמְלָכָה
א נָכוֹנָה בְּיַד־שְׁלֹמֹה: וַיִּתְחַתֵּן שְׁלֹמֹה אֶת־פַּרְעֹה ג
מֶלֶךְ מִצְרָיִם וַיִּקַּח אֶת־בַּת־פַּרְעֹה וַיְבִיאֶהָ אֶל־עִיר דָּוִד עַד
כַּלֹּתוֹ לִבְנוֹת אֶת־בֵּיתוֹ וְאֶת־בֵּית יְהוָה וְאֶת־חוֹמַת יְרוּשָׁלִַם
ב סָבִיב: רַק הָעָם מְזַבְּחִים בַּבָּמוֹת כִּי לֹא־נִבְנָה בַיִת לְשֵׁם יְהוָה
ג עַד הַיָּמִים הָהֵם: וַיֶּאֱהַב שְׁלֹמֹה אֶת־יְהוָה
לָלֶכֶת בְּחֻקּוֹת דָּוִד אָבִיו רַק בַּבָּמוֹת הוּא מְזַבֵּחַ וּמַקְטִיר:
ד וַיֵּלֶךְ הַמֶּלֶךְ גִּבְעֹנָה לִזְבֹּחַ שָׁם כִּי־הִיא הַבָּמָה הַגְּדוֹלָה אֶלֶף
ה עֹלוֹת יַעֲלֶה שְׁלֹמֹה עַל הַמִּזְבֵּחַ הַהוּא: בְּגִבְעוֹן
נִרְאָה יְהוָה אֶל־שְׁלֹמֹה בַּחֲלוֹם הַלָּיְלָה וַיֹּאמֶר אֱלֹהִים שְׁאַל
ו מָה אֶתֶּן־לָךְ: וַיֹּאמֶר שְׁלֹמֹה אַתָּה עָשִׂיתָ עִם־עַבְדְּךָ דָוִד אָבִי
חֶסֶד גָּדוֹל כַּאֲשֶׁר הָלַךְ לְפָנֶיךָ בֶּאֱמֶת וּבִצְדָקָה וּבְיִשְׁרַת לֵבָב
עִמָּךְ וַתִּשְׁמָר־לוֹ אֶת־הַחֶסֶד הַגָּדוֹל הַזֶּה וַתִּתֶּן־לוֹ בֵן יֹשֵׁב
ז עַל־כִּסְאוֹ כַּיּוֹם הַזֶּה: וְעַתָּה יְהוָה אֱלֹהָי אַתָּה הִמְלַכְתָּ אֶת־
עַבְדְּךָ תַּחַת דָּוִד אָבִי וְאָנֹכִי נַעַר קָטֹן לֹא אֵדַע צֵאת וָבֹא:
ח וְעַבְדְּךָ בְּתוֹךְ עַמְּךָ אֲשֶׁר בָּחָרְתָּ עַם־רָב אֲשֶׁר לֹא־יִמָּנֶה וְלֹא
ט יִסָּפֵר מֵרֹב: וְנָתַתָּ לְעַבְדְּךָ לֵב שֹׁמֵעַ לִשְׁפֹּט אֶת־עַמְּךָ לְהָבִין
י בֵּין־טוֹב לְרָע כִּי מִי יוּכַל לִשְׁפֹּט אֶת־עַמְּךָ הַכָּבֵד הַזֶּה: וַיִּיטַב
יא הַדָּבָר בְּעֵינֵי אֲדֹנָי כִּי שָׁאַל שְׁלֹמֹה אֶת־הַדָּבָר הַזֶּה: וַיֹּאמֶר
אֱלֹהִים אֵלָיו יַעַן אֲשֶׁר שָׁאַלְתָּ אֶת־הַדָּבָר הַזֶּה וְלֹא־שָׁאַלְתָּ
לְּךָ יָמִים רַבִּים וְלֹא־שָׁאַלְתָּ לְּךָ עֹשֶׁר וְלֹא שָׁאַלְתָּ נֶפֶשׁ אֹיְבֶיךָ

וְשָׁאַלְתָּ לְךָ הָבִין לִשְׁמֹעַ מִשְׁפָּט: הִנֵּה עָשִׂיתִי כִּדְבָרֶיךָ הִנֵּה׀ יב
נָתַתִּי לְךָ לֵב חָכָם וְנָבוֹן אֲשֶׁר כָּמוֹךָ לֹא־הָיָה לְפָנֶיךָ וְאַחֲרֶיךָ
לֹא־יָקוּם כָּמוֹךָ: וְגַם אֲשֶׁר לֹא־שָׁאַלְתָּ נָתַתִּי לָךְ גַּם־עֹשֶׁר גַּם־ יג
כָּבוֹד אֲשֶׁר לֹא־הָיָה כָמוֹךָ אִישׁ בַּמְּלָכִים כָּל־יָמֶיךָ: וְאִם׀ יד
תֵּלֵךְ בִּדְרָכַי לִשְׁמֹר חֻקַּי וּמִצְוֺתַי כַּאֲשֶׁר הָלַךְ דָּוִיד אָבִיךָ
וְהַאֲרַכְתִּי אֶת־יָמֶיךָ: וַיִּקַץ שְׁלֹמֹה וְהִנֵּה חֲלוֹם טו
וַיָּבוֹא יְרוּשָׁלִַם וַיַּעֲמֹד׀ לִפְנֵי׀ אֲרוֹן בְּרִית־אֲדֹנָי וַיַּעַל עֹלוֹת וַיַּעַשׂ
שְׁלָמִים וַיַּעַשׂ מִשְׁתֶּה לְכָל־עֲבָדָיו: אָז תָּבֹאנָה טז
שְׁתַּיִם נָשִׁים זֹנוֹת אֶל־הַמֶּלֶךְ וַתַּעֲמֹדְנָה לְפָנָיו: וַתֹּאמֶר הָאִשָּׁה יז
הָאַחַת בִּי אֲדֹנִי אֲנִי וְהָאִשָּׁה הַזֹּאת יֹשְׁבֹת בְּבַיִת אֶחָד וָאֵלֵד
עִמָּהּ בַּבָּיִת: וַיְהִי בַּיּוֹם הַשְּׁלִישִׁי לְלִדְתִּי וַתֵּלֶד גַּם־הָאִשָּׁה יח
הַזֹּאת וַאֲנַחְנוּ יַחְדָּו אֵין־זָר אִתָּנוּ בַּבַּיִת זוּלָתִי שְׁתַּיִם־אֲנַחְנוּ
בַּבָּיִת: וַיָּמָת בֶּן־הָאִשָּׁה הַזֹּאת לָיְלָה אֲשֶׁר שָׁכְבָה עָלָיו: וַתָּקָם יט כ
בְּתוֹךְ הַלַּיְלָה וַתִּקַּח אֶת־בְּנִי מֵאֶצְלִי וַאֲמָתְךָ יְשֵׁנָה וַתַּשְׁכִּיבֵהוּ
בְּחֵיקָהּ וְאֶת־בְּנָהּ הַמֵּת הִשְׁכִּיבָה בְחֵיקִי: וָאָקֻם בַּבֹּקֶר כא
לְהֵינִיק אֶת־בְּנִי וְהִנֵּה־מֵת וָאֶתְבּוֹנֵן אֵלָיו בַּבֹּקֶר וְהִנֵּה לֹא־
הָיָה בְנִי אֲשֶׁר יָלָדְתִּי: וַתֹּאמֶר הָאִשָּׁה הָאַחֶרֶת לֹא כִי בְּנִי הַחַי כב
וּבְנֵךְ הַמֵּת וְזֹאת אֹמֶרֶת לֹא כִּי בְּנֵךְ הַמֵּת וּבְנִי הֶחָי וַתְּדַבֵּרְנָה
לִפְנֵי הַמֶּלֶךְ: וַיֹּאמֶר הַמֶּלֶךְ זֹאת אֹמֶרֶת זֶה־בְּנִי הַחַי וּבְנֵךְ הַמֵּת כג
וְזֹאת אֹמֶרֶת לֹא כִּי בְּנֵךְ הַמֵּת וּבְנִי הֶחָי: וַיֹּאמֶר כד
הַמֶּלֶךְ קְחוּ לִי־חָרֶב וַיָּבִאוּ הַחֶרֶב לִפְנֵי הַמֶּלֶךְ: וַיֹּאמֶר הַמֶּלֶךְ כה
גִּזְרוּ אֶת־הַיֶּלֶד הַחַי לִשְׁנָיִם וּתְנוּ אֶת־הַחֲצִי לְאַחַת וְאֶת־
הַחֲצִי לְאֶחָת: וַתֹּאמֶר הָאִשָּׁה אֲשֶׁר־בְּנָהּ הַחַי אֶל־הַמֶּלֶךְ כִּי־ כו
נִכְמְרוּ רַחֲמֶיהָ עַל־בְּנָהּ וַתֹּאמֶר׀ בִּי אֲדֹנִי תְּנוּ־לָהּ אֶת־הַיָּלוּד
הַחַי וְהָמֵת אַל־תְּמִיתֻהוּ וְזֹאת אֹמֶרֶת גַּם־לִי גַם־לָךְ לֹא יִהְיֶה
גְּזֹרוּ: וַיַּעַן הַמֶּלֶךְ וַיֹּאמֶר תְּנוּ־לָהּ אֶת־הַיָּלוּד הַחַי וְהָמֵת לֹא כז
תְמִיתֻהוּ הִיא אִמּוֹ: וַיִּשְׁמְעוּ כָל־יִשְׂרָאֵל אֶת־הַמִּשְׁפָּט אֲשֶׁר כח

שפט המלך ויראו מפני המלך כי ראו כי־חכמת אלהים
ד א בקרבו לעשות משפט: ויהי המלך שלמה מלך על־כל־
ב ישראל: ואלה השרים אשר־לו עזריהו בן־צדוק
ג הכהן: אליחרף ואחיה בני שישא ספרים יהושפט בן־
ד אחילוד המזכיר: ובניהו בן־יהוידע על־הצבא וצדוק
ה ואביתר כהנים: ועזריהו בן־נתן על־הנצבים וזבוד בן־נתן
ו כהן רעה המלך: ואחישר על־הבית ואדנירם בן־עבדא
ז על־המס: ולשלמה שנים־עשר נצבים על־כל־
ישראל וכלכלו את־המלך ואת־ביתו חדש בשנה יהיה על־
ח ט אחד לכלכל: ואלה שמותם בן־חור בהר אפרים: בן־דקר האחד
י במקץ ובשעלבים ובית שמש ואילון בית חנן: בן־חסד
יא בארבות לו שכה וכל־ארץ חפר: בן־אבינדב כל־נפת דאר
יב טפת בת־שלמה היתה לו לאשה: בענא בן־
אחילוד תענך ומגדו וכל־בית שאן אשר אצל צרתנה
מתחת ליזרעאל מבית שאן עד אבל מחולה עד מעבר
יג ליקמעם: בן־גבר ברמת גלעד לו חות יאיר
בן־מנשה אשר בגלעד לו חבל ארגב אשר בבשן ששים
יד ערים גדלות חומה ובריח נחשת: אחינדב
טו בן־עדא מחנימה: אחימעץ בנפתלי גם־הוא
טז לקח את־בשמת בת־שלמה לאשה: בענא
יז בן־חושי באשר ובעלות: יהושפט בן־פרוח
יח יט בישׂשכר: שמעי בן־אלא בבנימן: גבר
בן־ארי בארץ גלעד ארץ סיחון | מלך האמרי ועג מלך
כ הבשן ונציב אחד אשר בארץ: יהודה וישראל רבים ד
ה א כחול אשר־על־הים לרב אכלים ושתים ושמחים: ושלמה
היה מושל בכל־הממלכות מן־הנהר ארץ פלשתים ועד
גבול מצרים מגשים מנחה ועבדים את־שלמה כל־ימי

ב חייו: ויהי לחם־שלמה ליום אחד שלשים כר
ג סלת וששים כר קמח: עשרה בקר בראים ועשרים בקר
רעי ומאה צאן לבד מאיל וצבי ויחמור וברברים אבוסים:
ד כי־הוא רדה בכל־עבר הנהר מתפסח ועד־עזה בכל־מלכי
ה עבר הנהר ושלום היה לו מכל־עבריו מסביב: וישב יהודה
וישראל לבטח איש תחת גפנו ותחת תאנתו מדן ועד־באר
ו שבע כל ימי שלמה: ויהי לשלמה ארבעים
ז אלף ארות סוסים למרכבו ושנים־עשר אלף פרשים: וכלכלו
הנצבים האלה את־המלך שלמה ואת כל־הקרב אל־שלחן
ח המלך־שלמה איש חדשו לא יעדרו דבר: והשערים והתבן
לסוסים ולרכש יבאו אל־המקום אשר יהיה־שם איש
ט כמשפטו: ויתן אלהים חכמה לשלמה ותבונה
י הרבה מאד ורחב לב כחול אשר על־שפת הים: ותרב
חכמת שלמה מחכמת כל־בני־קדם ומכל חכמת מצרים:
יא ויחכם מכל־האדם מאיתן האזרחי והימן וכלכל ודרדע בני
יב מחול ויהי־שמו בכל־הגוים סביב: וידבר שלשת אלפים
יג משל ויהי שירו חמשה ואלף: וידבר על־העצים מן־הארז
אשר בלבנון ועד האזוב אשר יצא בקיר וידבר על־הבהמה
יד ועל־העוף ועל־הרמש ועל־הדגים: ויבאו מכל־העמים
לשמע את חכמת שלמה מאת כל־מלכי הארץ אשר שמעו
טו את־חכמתו: וישלח חירם מלך־צור את־
עבדיו אל־שלמה כי שמע כי אתו משחו למלך תחת אביהו
טז כי אהב היה חירם לדוד כל־הימים: וישלח
יז שלמה אל־חירם לאמר: אתה ידעת את־דוד אבי כי לא
יכל לבנות בית לשם יהוה אלהיו מפני המלחמה אשר
יח סבבהו עד תת־יהוה אתם תחת כפות רגלו: ועתה הניח רגלי
יט יהוה אלהי לי מסביב אין שטן ואין פגע רע: והנני אמר

לבנות בית לשם יהוה אלהי כאשר ׀ דבר יהוה אל־דוד אבי
לאמר בנך אשר אתן תחתיך על־כסאך הוא־יבנה הבית
כ לשמי: ועתה צוה ויכרתו־לי ארזים מן־הלבנון ועבדי
יהיו עם־עבדיך ושכר עבדיך אתן לך ככל אשר תאמר
כי ׀ אתה ידעת כי אין בנו איש ידע לכרת־עצים
כא כצדנים: ויהי כשמע חירם את־דברי שלמה
וישמח מאד ויאמר ברוך יהוה היום אשר נתן לדוד בן
כב חכם על־העם הרב הזה: וישלח חירם אל־שלמה לאמר
שמעתי את אשר־שלחת אלי אני אעשה את־כל־חפצך
כג בעצי ארזים ובעצי ברושים: עבדי ירדו מן־הלבנון ימה
ואני אשימם דברות בים עד־המקום אשר־תשלח אלי
ונפצתים שם ואתה תשא ואתה תעשה את־חפצי לתת
כד לחם ביתי: ויהי חירום נתן לשלמה עצי ארזים ועצי
כה ברושים כל־חפצו: ושלמה נתן לחירם עשרים אלף כר
חטים מכלת לביתו ועשרים כר שמן כתית כה־יתן
שלמה לחירם שנה בשנה:
כו ויהוה נתן חכמה לשלמה כאשר דבר־לו ויהי שלם בין
כז חירם ובין שלמה ויכרתו ברית שניהם: ויעל המלך שלמה
כח מס מכל־ישראל ויהי המס שלשים אלף איש: וישלחם
לבנונה עשרת אלפים בחדש חליפות חדש יהיו בלבנון
כט שנים חדשים בביתו ואדנירם על־המס: ויהי
לשלמה שבעים אלף נשא סבל ושמנים אלף חצב בהר:
ל לבד משרי הנצבים לשלמה אשר על־המלאכה שלשת
לא אלפים ושלש מאות הרדים בעם העשים במלאכה: ויצו
המלך ויסעו אבנים גדלות אבנים יקרות ליסד הבית אבני
לב גזית: ויפסלו בני שלמה ובני חירום והגבלים ויכינו העצים
ו א והאבנים לבנות הבית: ויהי בשמונים שנה

וְאַרְבַּע מֵאוֹת שָׁנָה לְצֵאת בְּנֵי־יִשְׂרָאֵל מֵאֶרֶץ־מִצְרַיִם בַּשָּׁנָה
הָרְבִיעִית בְּחֹדֶשׁ זִו הוּא הַחֹדֶשׁ הַשֵּׁנִי לִמְלֹךְ שְׁלֹמֹה עַל־
ב יִשְׂרָאֵל וַיִּבֶן הַבַּיִת לַיהוָה׃ וְהַבַּיִת אֲשֶׁר בָּנָה הַמֶּלֶךְ שְׁלֹמֹה
לַיהוָה שִׁשִּׁים־אַמָּה אָרְכּוֹ וְעֶשְׂרִים רָחְבּוֹ וּשְׁלֹשִׁים אַמָּה
ג קוֹמָתוֹ׃ וְהָאוּלָם עַל־פְּנֵי הֵיכַל הַבַּיִת עֶשְׂרִים אַמָּה אָרְכּוֹ עַל־
ד פְּנֵי רֹחַב הַבָּיִת עֶשֶׂר בָּאַמָּה רָחְבּוֹ עַל־פְּנֵי הַבָּיִת׃ וַיַּעַשׂ לַבָּיִת
ה חַלּוֹנֵי שְׁקֻפִים אֲטֻמִים׃ וַיִּבֶן עַל־קִיר הַבַּיִת יצוע סָבִיב אֶת־ יָצִיעַ
ו קִירוֹת הַבַּיִת סָבִיב לַהֵיכָל וְלַדְּבִיר וַיַּעַשׂ צְלָעוֹת סָבִיב׃ היצוע הַיָּצִיעַ
הַתַּחְתֹּנָה חָמֵשׁ בָּאַמָּה רָחְבָּהּ וְהַתִּיכֹנָה שֵׁשׁ בָּאַמָּה רָחְבָּהּ
וְהַשְּׁלִישִׁית שֶׁבַע בָּאַמָּה רָחְבָּהּ כִּי מִגְרָעוֹת נָתַן לַבַּיִת סָבִיב
ז חוּצָה לְבִלְתִּי אֲחֹז בְּקִירוֹת הַבָּיִת׃ וְהַבַּיִת בְּהִבָּנֹתוֹ אֶבֶן־
שְׁלֵמָה מַסָּע נִבְנָה וּמַקָּבוֹת וְהַגַּרְזֶן כָּל־כְּלִי בַרְזֶל לֹא־נִשְׁמַע
ח בַּבַּיִת בְּהִבָּנֹתוֹ׃ פֶּתַח הַצֵּלָע הַתִּיכֹנָה אֶל־כֶּתֶף הַבַּיִת הַיְמָנִית
וּבְלוּלִּים יַעֲלוּ עַל־הַתִּיכֹנָה וּמִן־הַתִּיכֹנָה אֶל־הַשְּׁלִשִׁים׃
ט וַיִּבֶן אֶת־הַבַּיִת וַיְכַלֵּהוּ וַיִּסְפֹּן אֶת־הַבַּיִת גֵּבִים וּשְׂדֵרֹת
י בָּאֲרָזִים׃ וַיִּבֶן אֶת־היצוע עַל־כָּל־הַבַּיִת חָמֵשׁ אַמּוֹת קוֹמָתוֹ הַיָּצִיעַ
יא וַיֶּאֱחֹז אֶת־הַבַּיִת בַּעֲצֵי אֲרָזִים׃ וַיְהִי דְּבַר־
יב יְהוָה אֶל־שְׁלֹמֹה לֵאמֹר׃ הַבַּיִת הַזֶּה אֲשֶׁר־אַתָּה בֹנֶה אִם־
תֵּלֵךְ בְּחֻקֹּתַי וְאֶת־מִשְׁפָּטַי תַּעֲשֶׂה וְשָׁמַרְתָּ אֶת־כָּל־מִצְוֺתַי
לָלֶכֶת בָּהֶם וַהֲקִמֹתִי אֶת־דְּבָרִי אִתָּךְ אֲשֶׁר דִּבַּרְתִּי אֶל־דָּוִד
יג אָבִיךָ׃ וְשָׁכַנְתִּי בְּתוֹךְ בְּנֵי יִשְׂרָאֵל וְלֹא אֶעֱזֹב אֶת־עַמִּי ה
יד טו יִשְׂרָאֵל׃ וַיִּבֶן שְׁלֹמֹה אֶת־הַבַּיִת וַיְכַלֵּהוּ׃ וַיִּבֶן
אֶת־קִירוֹת הַבַּיִת מִבַּיְתָה בְּצַלְעוֹת אֲרָזִים מִקַּרְקַע הַבַּיִת עַד־
קִירוֹת הַסִּפֻּן צִפָּה עֵץ מִבָּיִת וַיְצַף אֶת־קַרְקַע הַבַּיִת בְּצַלְעוֹת
טז בְּרוֹשִׁים׃ וַיִּבֶן אֶת־עֶשְׂרִים אַמָּה מירכותי הַבַּיִת בְּצַלְעוֹת מִיַּרְכְּתֵי
אֲרָזִים מִן־הַקַּרְקַע עַד־הַקִּירוֹת וַיִּבֶן לוֹ מִבַּיִת לִדְבִיר לְקֹדֶשׁ
יז הַקֳּדָשִׁים׃ וְאַרְבָּעִים בָּאַמָּה הָיָה הַבָּיִת הוּא הַהֵיכָל לִפְנָי׃

ו

יח וְאֶרֶז אֶל־הַבַּיִת פְּנִימָה מִקְלַעַת פְּקָעִים וּפְטוּרֵי צִצִּים הַכֹּל אֶרֶז
יט אֵין אֶבֶן נִרְאָה׃ וּדְבִיר בְּתוֹךְ־הַבַּיִת מִפְּנִימָה הֵכִין לְתִתֵּן שָׁם
כ אֶת־אֲרוֹן בְּרִית יְהוָה׃ וְלִפְנֵי הַדְּבִיר עֶשְׂרִים אַמָּה אֹרֶךְ
וְעֶשְׂרִים אַמָּה רֹחַב וְעֶשְׂרִים אַמָּה קוֹמָתוֹ וַיְצַפֵּהוּ זָהָב סָגוּר
כא וַיְצַף מִזְבֵּחַ אָרֶז׃ וַיְצַף שְׁלֹמֹה אֶת־הַבַּיִת מִפְּנִימָה זָהָב סָגוּר
כב וַיְעַבֵּר ברתיקות זָהָב לִפְנֵי הַדְּבִיר וַיְצַפֵּהוּ זָהָב׃ וְאֶת־כָּל־הַבַּיִת בְּרַתּוּקוֹת
צִפָּה זָהָב עַד־תֹּם כָּל־הַבָּיִת וְכָל־הַמִּזְבֵּחַ אֲשֶׁר־לַדְּבִיר צִפָּה
כג זָהָב׃ וַיַּעַשׂ בַּדְּבִיר שְׁנֵי כְרוּבִים עֲצֵי־שָׁמֶן עֶשֶׂר אַמּוֹת קוֹמָתוֹ׃
כד וְחָמֵשׁ אַמּוֹת כְּנַף הַכְּרוּב הָאֶחָת וְחָמֵשׁ אַמּוֹת כְּנַף הַכְּרוּב
כה הַשֵּׁנִית עֶשֶׂר אַמּוֹת מִקְצוֹת כְּנָפָיו וְעַד־קְצוֹת כְּנָפָיו׃ וְעֶשֶׂר
בָּאַמָּה הַכְּרוּב הַשֵּׁנִי מִדָּה אַחַת וְקֶצֶב אֶחָד לִשְׁנֵי הַכְּרֻבִים׃
כו כז קוֹמַת הַכְּרוּב הָאֶחָד עֶשֶׂר בָּאַמָּה וְכֵן הַכְּרוּב הַשֵּׁנִי׃ וַיִּתֵּן אֶת־
הַכְּרוּבִים בְּתוֹךְ ׀ הַבַּיִת הַפְּנִימִי וַיִּפְרְשׂוּ אֶת־כַּנְפֵי הַכְּרֻבִים
וַתִּגַּע כְּנַף־הָאֶחָד בַּקִּיר וּכְנַף הַכְּרוּב הַשֵּׁנִי נֹגַעַת בַּקִּיר הַשֵּׁנִי
כח וְכַנְפֵיהֶם אֶל־תּוֹךְ הַבַּיִת נֹגְעֹת כָּנָף אֶל־כָּנָף׃ וַיְצַף אֶת־
כט הַכְּרוּבִים זָהָב׃ וְאֵת כָּל־קִירוֹת הַבַּיִת מֵסַב ׀ קָלַע פִּתּוּחֵי
ל מִקְלְעוֹת כְּרוּבִים וְתִמֹרֹת וּפְטוּרֵי צִצִּים מִלִּפְנִים וְלַחִיצוֹן׃ וְאֶת־
לא קַרְקַע הַבַּיִת צִפָּה זָהָב לִפְנִימָה וְלַחִיצוֹן׃ וְאֵת פֶּתַח הַדְּבִיר
לב עָשָׂה דַּלְתוֹת עֲצֵי־שָׁמֶן הָאַיִל מְזוּזוֹת חֲמִשִׁית׃ וּשְׁתֵּי דַּלְתוֹת
עֲצֵי־שֶׁמֶן וְקָלַע עֲלֵיהֶם מִקְלְעוֹת כְּרוּבִים וְתִמֹרוֹת וּפְטוּרֵי צִצִּים
לג וְצִפָּה זָהָב וַיָּרֶד עַל־הַכְּרוּבִים וְעַל־הַתִּמֹרוֹת אֶת־הַזָּהָב׃ וְכֵן
לד עָשָׂה לְפֶתַח הַהֵיכָל מְזוּזוֹת עֲצֵי־שָׁמֶן מֵאֵת רְבִעִית׃ וּשְׁתֵּי
דַלְתוֹת עֲצֵי בְרוֹשִׁים שְׁנֵי צְלָעִים הַדֶּלֶת הָאַחַת גְּלִילִים וּשְׁנֵי
לה קְלָעִים הַדֶּלֶת הַשֵּׁנִית גְּלִילִים׃ וְקָלַע כְּרוּבִים וְתִמֹרוֹת וּפְטֻרֵי
לו צִצִּים וְצִפָּה זָהָב מְיֻשָּׁר עַל־הַמְּחֻקֶּה׃ וַיִּבֶן אֶת־הֶחָצֵר הַפְּנִימִית
לז שְׁלֹשָׁה טוּרֵי גָזִית וְטוּר כְּרֻתֹת אֲרָזִים׃ בַּשָּׁנָה הָרְבִיעִית יֻסַּד בֵּית
לח יְהוָה בְּיֶרַח זִו׃ וּבַשָּׁנָה הָאַחַת עֶשְׂרֵה בְּיֶרַח בּוּל הוּא הַחֹדֶשׁ

השמיני כלה הבית לכל־דבריו ולכל־משפטו ויבנהו שבע
שנים: ואת־ביתו בנה שלמה שלש עשרה שנה ויכל את־כל־ א ז
ביתו: ויבן את־בית ׀ יער הלבנון מאה אמה ארכו וחמשים ב
אמה רחבו ושלשים אמה קומתו על ארבעה טורי עמודי
ארזים וכרתות ארזים על־העמודים: וספן בארז ממעל על־ ג
הצלעת אשר על־העמודים ארבעים וחמשה חמשה עשר
הטור: ושקפים שלשה טורים ומחזה אל־מחזה שלש פעמים: ד
וכל־הפתחים והמזוזת רבעים שקף ומול מחזה אל־מחזה ה
שלש פעמים: ואת אולם העמודים עשה חמשים אמה ארכו ו
ושלשים אמה רחבו ואולם על־פניהם ועמדים ועב על־פניהם:
ואולם הכסא אשר ישפט־שם אלם המשפט עשה וספון בארז ז
מהקרקע עד־הקרקע: וביתו אשר־ישב שם חצר האחרת ח
מבית לאולם כמעשה הזה היה ובית יעשה לבת־פרעה
אשר לקח שלמה כאולם הזה: כל־אלה אבנים יקרת כמדות ט
גזית מגררות במגרה מבית ומחוץ וממסד עד־הטפחות
ומחוץ עד־החצר הגדולה: ומיסד אבנים יקרות אבנים גדלות י
אבני עשר אמות ואבני שמנה אמות: ומלמעלה אבנים יא
יקרות כמדות גזית וארז: וחצר הגדולה סביב שלשה טורים יב
גזית וטור כרתת ארזים ולחצר בית־יהוה הפנימית ולאלם
הבית: וישלח המלך שלמה ויקח את־חירם יג
מצר: בן־אשה אלמנה הוא ממטה נפתלי ואביו איש־צרי יד
חרש נחשת וימלא את־החכמה ואת־התבונה ואת־הדעת
לעשות כל־מלאכה בנחשת ויבוא אל־המלך שלמה ויעש
את־כל־מלאכתו: ויצר את־שני העמודים נחשת שמנה טו
עשרה אמה קומת העמוד האחד וחוט שתים־עשרה אמה
יסב את־העמוד השני: ושתי כתרת עשה לתת על־ראשי טז
העמודים מצק נחשת חמש אמות קומת הכתרת האחת

יז וחמש אמות קומת הכתרת השנית: שבכים מעשה שבכה
גדלים מעשה שרשרות לכתרת אשר על־ראש העמודים
יח שבעה לכתרת האחת ושבעה לכתרת השנית: ויעש את־
העמודים ושני טורים סביב על־השבכה האחת לכסות את־
הכתרת אשר על־ראש הרמנים וכן עשה לכתרת השנית:
יט וכתרת אשר על־ראש העמודים מעשה שושן באולם
כ ארבע אמות: וכתרת על־שני העמודים גם־ממעל מלעמת
הבטן אשר לעבר שבכה והרמונים מאתים טרים סביב על השבכה
כא הכתרת השנית: ויקם את־העמדים לאלם ההיכל ויקם ו
את־העמוד הימני ויקרא את־שמו יכין ויקם את־העמוד
כב השמאלי ויקרא את־שמו בעז: ועל ראש העמודים מעשה
כג שושן ותתם מלאכת העמודים: ויעש את־
הים מוצק עשר באמה משפתו עד־שפתו עגל | סביב וחמש
כד באמה קומתו וקוה שלשים באמה יסב אתו סביב: ופקעים וקו
מתחת לשפתו | סביב סבבים אתו עשר באמה מקפים את־
כה הים סביב שני טורים הפקעים יצקים ביצקתו: עמד על־שני
עשר בקר שלשה פנים | צפונה ושלשה פנים | ימה ושלשה |
פנים נגבה ושלשה פנים מזרחה והים עליהם מלמעלה וכל־
כו אחריהם ביתה: ועביו טפח ושפתו כמעשה שפת־כוס פרח
כז שושן אלפים בת יכיל: ויעש את־המכנות
עשר נחשת ארבע באמה ארך המכונה האחת וארבע
כח באמה רחבה ושלש באמה קומתה: וזה מעשה המכונה
כט מסגרת להם ומסגרת בין השלבים: ועל־המסגרות אשר |
בין השלבים אריות | בקר וכרובים ועל־השלבים כן ממעל
ל ומתחת לאריות ולבקר ליות מעשה מורד: וארבעה אופני
נחשת למכונה האחת וסרני נחשת וארבעה פעמתיו כתפת
לא להם מתחת לכיר הכתפת יצקות מעבר איש ליות: ופיהו

מִבֵּית לַכֹּתֶרֶת וָמַעְלָה בָּאַמָּה וּפִיהָ עָגֹל מַעֲשֵׂה־כֵן אַמָּה וַחֲצִי
הָאַמָּה וְגַם־עַל־פִּיהָ מִקְלָעוֹת וּמִסְגְּרֹתֵיהֶם מְרֻבָּעוֹת לֹא
לב עֲגֻלּוֹת׃ וְאַרְבַּעַת הָאוֹפַנִּים לְמִתַּחַת לַמִּסְגְּרוֹת וִידוֹת הָאוֹפַנִּים
לג בַּמְּכוֹנָה וְקוֹמַת הָאוֹפַן הָאֶחָד אַמָּה וַחֲצִי הָאַמָּה׃ וּמַעֲשֵׂה
הָאוֹפַנִּים כְּמַעֲשֵׂה אוֹפַן הַמֶּרְכָּבָה יְדוֹתָם וְגַבֵּיהֶם וְחִשֻּׁקֵיהֶם
לד וְחִשֻּׁרֵיהֶם הַכֹּל מוּצָק׃ וְאַרְבַּע כְּתֵפוֹת אֶל אַרְבַּע פִּנּוֹת
לה הַמְּכֹנָה הָאֶחָת מִן־הַמְּכֹנָה כְּתֵפֶיהָ׃ וּבְרֹאשׁ הַמְּכוֹנָה חֲצִי
הָאַמָּה קוֹמָה עָגֹל ׀ סָבִיב וְעַל רֹאשׁ הַמְּכֹנָה יְדֹתֶיהָ וּמִסְגְּרֹתֶיהָ
לו מִמֶּנָּה׃ וַיְפַתַּח עַל־הַלֻּחֹת יְדֹתֶיהָ וְעַל וּמִסְגְּרֹתֶיהָ כְּרוּבִים מִסְגְּרֹתֶיהָ
לז אֲרָיוֹת וְתִמֹרֹת כְּמַעַר־אִישׁ וְלֹיוֹת סָבִיב׃ כָּזֹאת עָשָׂה
אֵת עֶשֶׂר הַמְּכֹנוֹת מוּצָק אֶחָד מִדָּה אַחַת קֶצֶב אֶחָד
לח לְכֻלָּהְנָה׃ וַיַּעַשׂ עֲשָׂרָה כִיֹּרוֹת נְחֹשֶׁת אַרְבָּעִים
בַּת יָכִיל ׀ הַכִּיּוֹר הָאֶחָד אַרְבַּע בָּאַמָּה הַכִּיּוֹר הָאֶחָד כִּיּוֹר
לט אֶחָד עַל־הַמְּכוֹנָה הָאַחַת לְעֶשֶׂר הַמְּכֹנוֹת׃ וַיִּתֵּן אֶת־
הַמְּכֹנוֹת חָמֵשׁ עַל־כֶּתֶף הַבַּיִת מִיָּמִין וְחָמֵשׁ עַל־כֶּתֶף הַבַּיִת
מִשְּׂמֹאלוֹ וְאֶת־הַיָּם נָתַן מִכֶּתֶף הַבַּיִת הַיְמָנִית קֵדְמָה מִמּוּל
מ נֶגֶב׃ וַיַּעַשׂ חִירוֹם אֶת־הַכִּיֹּרוֹת וְאֶת־הַיָּעִים
וְאֶת־הַמִּזְרָקוֹת וַיְכַל חִירָם לַעֲשׂוֹת אֶת־כָּל־הַמְּלָאכָה אֲשֶׁר
מא עָשָׂה לַמֶּלֶךְ שְׁלֹמֹה בֵּית יְהוָה׃ עַמֻּדִים שְׁנַיִם וְגֻלֹּת הַכֹּתָרֹת
אֲשֶׁר־עַל־רֹאשׁ הָעַמֻּדִים שְׁתָּיִם וְהַשְּׂבָכוֹת שְׁתַּיִם לְכַסּוֹת
מב אֶת־שְׁתֵּי גֻּלּוֹת הַכֹּתָרֹת אֲשֶׁר עַל־רֹאשׁ הָעַמּוּדִים׃ וְאֶת־
הָרִמֹּנִים אַרְבַּע מֵאוֹת לִשְׁתֵּי הַשְּׂבָכוֹת שְׁנֵי־טוּרִים רִמֹּנִים
לַשְּׂבָכָה הָאֶחָת לְכַסּוֹת אֶת־שְׁתֵּי גֻּלֹּת הַכֹּתָרֹת אֲשֶׁר עַל־
מג פְּנֵי הָעַמּוּדִים׃ וְאֶת־הַמְּכֹנוֹת עָשֶׂר וְאֶת־הַכִּיֹּרֹת עֲשָׂרָה עַל־
מד הַמְּכֹנוֹת׃ וְאֶת־הַיָּם הָאֶחָד וְאֶת־הַבָּקָר שְׁנֵים־עָשָׂר תַּחַת
מה הַיָּם׃ וְאֶת־הַסִּירוֹת וְאֶת־הַיָּעִים וְאֶת־הַמִּזְרָקוֹת וְאֵת כָּל־
הַכֵּלִים הָאֹהֶל אֲשֶׁר עָשָׂה חִירָם לַמֶּלֶךְ שְׁלֹמֹה בֵּית יְהוָה הָאֵלֶּה

מו נחשת ממרט: בככר הירדן יצקם המלך במעבה האדמה
מז בין סכות ובין צרתן: וינח שלמה את-כל-הכלים מרב מאד
מח מאד לא נחקר משקל הנחשת: ויעש שלמה את כל-
הכלים אשר בית יהוה את מזבח הזהב ואת-השלחן אשר
מט עליו לחם הפנים זהב: ואת-המנרות חמש מימין וחמש
משמאל לפני הדביר זהב סגור והפרח והנרת והמלקחים
נ זהב: והספות והמזמרות והמזרקות והכפות והמחתות זהב
סגור והפתות לדלתות הבית הפנימי לקדש הקדשים לדלתי
נא הבית להיכל זהב: ותשלם כל-המלאכה אשר
עשה המלך שלמה בית יהוה ויבא שלמה את-קדשי | דוד
אביו את-הכסף ואת-הזהב ואת-הכלים נתן באצרות בית
ח א יהוה: אז יקהל שלמה את-זקני ישראל את-
כל-ראשי המטות נשיאי האבות לבני ישראל אל-המלך
שלמה ירושלם להעלות את-ארון ברית-יהוה מעיר דוד
ב היא ציון: ויקהלו אל-המלך שלמה כל-איש ישראל בירח
ג האתנים בחג הוא החדש השביעי: ויבאו כל זקני ישראל
ד וישאו הכהנים את-הארון: ויעלו את-ארון יהוה ואת-אהל
מועד ואת-כל-כלי הקדש אשר באהל ויעלו אתם הכהנים
ה והלוים: והמלך שלמה וכל-עדת ישראל הנועדים עליו אתו
לפני הארון מזבחים צאן ובקר אשר לא-יספרו ולא ימנו מרב:
ו ויבאו הכהנים את-ארון ברית-יהוה אל-מקומו אל-דביר
ז הבית אל-קדש הקדשים אל-תחת כנפי הכרובים: כי הכרובים
פרשים כנפים אל-מקום הארון ויסכו הכרבים על-הארון ועל-
ח בדיו מלמעלה: ויארכו הבדים ויראו ראשי הבדים מן-הקדש
על-פני הדביר ולא יראו החוצה ויהיו שם עד היום הזה:
ט אין בארון רק שני לחות האבנים אשר הנח שם משה בחרב
י אשר כרת יהוה עם-בני ישראל בצאתם מארץ מצרים: ויהי

ז בְּצֵאת הַכֹּהֲנִים מִן־הַקֹּדֶשׁ וְהֶעָנָן מָלֵא אֶת־בֵּית יְהוָה׃ וְלֹא־ יא
יָכְלוּ הַכֹּהֲנִים לַעֲמֹד לְשָׁרֵת מִפְּנֵי הֶעָנָן כִּי־מָלֵא כְבוֹד־יְהוָה
אֶת־בֵּית יְהוָה׃ אָז אָמַר שְׁלֹמֹה יְהוָה אָמַר יב
לִשְׁכֹּן בָּעֲרָפֶל׃ בָּנֹה בָנִיתִי בֵּית זְבֻל לָךְ מָכוֹן לְשִׁבְתְּךָ עוֹלָמִים׃ יג
וַיַּסֵּב הַמֶּלֶךְ אֶת־פָּנָיו וַיְבָרֶךְ אֵת כָּל־קְהַל יִשְׂרָאֵל וְכָל־קְהַל יד
יִשְׂרָאֵל עֹמֵד׃ וַיֹּאמֶר בָּרוּךְ יְהוָה אֱלֹהֵי יִשְׂרָאֵל אֲשֶׁר דִּבֶּר טו
בְּפִיו אֵת דָּוִד אָבִי וּבְיָדוֹ מִלֵּא לֵאמֹר׃ מִן־הַיּוֹם אֲשֶׁר הוֹצֵאתִי טז
אֶת־עַמִּי אֶת־יִשְׂרָאֵל מִמִּצְרַיִם לֹא־בָחַרְתִּי בְעִיר מִכֹּל שִׁבְטֵי
יִשְׂרָאֵל לִבְנוֹת בַּיִת לִהְיוֹת שְׁמִי שָׁם וָאֶבְחַר בְּדָוִד לִהְיוֹת עַל־
עַמִּי יִשְׂרָאֵל׃ וַיְהִי עִם־לְבַב דָּוִד אָבִי לִבְנוֹת בַּיִת לְשֵׁם יְהוָה יז
אֱלֹהֵי יִשְׂרָאֵל׃ וַיֹּאמֶר יְהוָה אֶל־דָּוִד אָבִי יַעַן אֲשֶׁר הָיָה עִם־ יח
לְבָבְךָ לִבְנוֹת בַּיִת לִשְׁמִי הֱטִיבֹתָ כִּי הָיָה עִם־לְבָבֶךָ׃ רַק אַתָּה יט
לֹא תִבְנֶה הַבָּיִת כִּי אִם־בִּנְךָ הַיֹּצֵא מֵחֲלָצֶיךָ הוּא־יִבְנֶה הַבַּיִת
לִשְׁמִי׃ וַיָּקֶם יְהוָה אֶת־דְּבָרוֹ אֲשֶׁר דִּבֵּר וָאָקֻם תַּחַת דָּוִד אָבִי כ
וָאֵשֵׁב ׀ עַל־כִּסֵּא יִשְׂרָאֵל כַּאֲשֶׁר דִּבֶּר יְהוָה וָאֶבְנֶה הַבַּיִת לְשֵׁם
יְהוָה אֱלֹהֵי יִשְׂרָאֵל׃ וָאָשִׂם שָׁם מָקוֹם לָאָרוֹן אֲשֶׁר־שָׁם כא
בְּרִית יְהוָה אֲשֶׁר כָּרַת עִם־אֲבֹתֵינוּ בְּהוֹצִיאוֹ אֹתָם מֵאֶרֶץ
מִצְרָיִם׃ וַיַּעֲמֹד שְׁלֹמֹה לִפְנֵי מִזְבַּח יְהוָה נֶגֶד כב
כָּל־קְהַל יִשְׂרָאֵל וַיִּפְרֹשׂ כַּפָּיו הַשָּׁמָיִם׃ וַיֹּאמַר יְהוָה אֱלֹהֵי כג
יִשְׂרָאֵל אֵין־כָּמוֹךָ אֱלֹהִים בַּשָּׁמַיִם מִמַּעַל וְעַל־הָאָרֶץ מִתָּחַת
שֹׁמֵר הַבְּרִית וְהַחֶסֶד לַעֲבָדֶיךָ הַהֹלְכִים לְפָנֶיךָ בְּכָל־לִבָּם׃
אֲשֶׁר שָׁמַרְתָּ לְעַבְדְּךָ דָּוִד אָבִי אֵת אֲשֶׁר־דִּבַּרְתָּ לוֹ וַתְּדַבֵּר כד
בְּפִיךָ וּבְיָדְךָ מִלֵּאתָ כַּיּוֹם הַזֶּה׃ וְעַתָּה יְהוָה ׀ אֱלֹהֵי יִשְׂרָאֵל כה
שְׁמֹר לְעַבְדְּךָ דָוִד אָבִי אֵת אֲשֶׁר דִּבַּרְתָּ לּוֹ לֵאמֹר לֹא־יִכָּרֵת
לְךָ אִישׁ מִלְּפָנַי יֹשֵׁב עַל־כִּסֵּא יִשְׂרָאֵל רַק אִם־יִשְׁמְרוּ בָנֶיךָ
אֶת־דַּרְכָּם לָלֶכֶת לְפָנַי כַּאֲשֶׁר הָלַכְתָּ לְפָנָי׃ וְעַתָּה אֱלֹהֵי כו
דְּבָרְךָ יִשְׂרָאֵל יֵאָמֶן נָא דבריך אֲשֶׁר דִּבַּרְתָּ לְעַבְדְּךָ דָּוִד אָבִי׃ כִּי כז

האמנם ישב אלהים על־הארץ הנה השמים ושמי השמים
כח לא יכלכלוך אף כי־הבית הזה אשר בניתי: ופנית אל־תפלת
עבדך ואל־תחנתו יהוה אלהי לשמע אל־הרנה ואל־
כט התפלה אשר עבדך מתפלל לפניך היום: להיות עינך פתחת
אל־הבית הזה לילה ויום אל־המקום אשר אמרת יהיה שמי
שם לשמע אל־התפלה אשר יתפלל עבדך אל־המקום הזה:
ל ושמעת אל־תחנת עבדך ועמך ישראל אשר יתפללו
אל־המקום הזה ואתה תשמע אל־מקום שבתך אל־
לא השמים ושמעת וסלחת: את אשר יחטא איש לרעהו
ונשא־בו אלה להאלתו ובא אלה לפני מזבחך בבית
לב הזה: ואתה ׀ תשמע השמים ועשית ושפטת את־עבדיך
להרשיע רשע לתת דרכו בראשו ולהצדיק צדיק לתת
לג לו כצדקתו: בהנגף עמך ישראל לפני אויב
אשר יחטאו־לך ושבו אליך והודו את־שמך והתפללו
לד והתחננו אליך בבית הזה: ואתה תשמע השמים וסלחת
לחטאת עמך ישראל והשבתם אל־האדמה אשר נתת
לה לאבותם: בהעצר שמים ולא־יהיה מטר כי
יחטאו־לך והתפללו אל־המקום הזה והודו את־שמך
לו ומחטאתם ישובון כי תענם: ואתה ׀ תשמע השמים וסלחת
לחטאת עבדיך ועמך ישראל כי תורם את־הדרך הטובה
אשר ילכו־בה ונתתה מטר על־ארצך אשר־נתתה לעמך
לז לנחלה: רעב כי־יהיה בארץ דבר כי־יהיה
שדפון ירקון ארבה חסיל כי יהיה כי יצר־לו איבו בארץ
לח שעריו כל־נגע כל־מחלה: כל־תפלה כל־תחנה אשר תהיה
לכל־האדם לכל עמך ישראל אשר ידעון איש נגע לבבו
לט ופרש כפיו אל־הבית הזה: ואתה תשמע השמים מכון
שבתך וסלחת ועשית ונתת לאיש ככל־דרכיו אשר תדע

את־לבבו כי־אתה ידעת לבדך את־לבב כל־בני האדם:
מ למען יראוך כל־הימים אשר־הם חיים על־פני האדמה אשר
מא נתתה לאבתינו: וגם אל־הנכרי אשר לא־
מב מעמך ישראל הוא ובא מארץ רחוקה למען שמך: כי
ישמעון את־שמך הגדול ואת־ידך החזקה וזרעך הנטויה
מג ובא והתפלל אל־הבית הזה: אתה תשמע השמים מכון
שבתך ועשית ככל אשר־יקרא אליך הנכרי למען ידעון כל־
עמי הארץ את־שמך ליראה אתך כעמך ישראל ולדעת כי־
מד שמך נקרא על־הבית הזה אשר בניתי: כי־
יצא עמך למלחמה על־איבו בדרך אשר תשלחם והתפללו
אל־יהוה דרך העיר אשר בחרת בה והבית אשר־בנתי
מה לשמך: ושמעת השמים את־תפלתם ואת־תחנתם ועשית
מו משפטם: כי יחטאו־לך כי אין אדם אשר לא־יחטא ואנפת
בם ונתתם לפני אויב ושבום שביהם אל־ארץ האויב
מז רחוקה או קרובה: והשיבו אל־לבם בארץ אשר נשבו־שם
ושבו | והתחננו אליך בארץ שביהם לאמר חטאנו והעוינו
מח רשענו: ושבו אליך בכל־לבבם ובכל־נפשם בארץ איביהם
אשר־שבו אתם והתפללו אליך דרך ארצם אשר־נתתה
לאבותם העיר אשר בחרת והבית אשר־בנית לשמך:
מט ושמעת השמים מכון שבתך את־תפלתם ואת־תחנתם
נ ועשית משפטם: וסלחת לעמך אשר חטאו־לך ולכל־
פשעיהם אשר פשעו־בך ונתתם לרחמים לפני שביהם
נא ורחמום: כי־עמך ונחלתך הם אשר הוצאת ממצרים מתוך
נב כור הברזל: להיות עיניך פתחת אל־תחנת עבדך ואל־
נג תחנת עמך ישראל לשמע אליהם בכל קראם אליך: כי־
אתה הבדלתם לך לנחלה מכל עמי הארץ כאשר דברת
ביד | משה עבדך בהוציאך את־אבתינו ממצרים אדני

נד יְהוָה׃ וַיְהִי׀ כְּכַלּוֹת שְׁלֹמֹה לְהִתְפַּלֵּל אֶל־יְהוָה
אֵת כָּל־הַתְּפִלָּה וְהַתְּחִנָּה הַזֹּאת קָם מִלִּפְנֵי מִזְבַּח יְהוָה מִכְּרֹעַ
נה עַל־בִּרְכָּיו וְכַפָּיו פְּרֻשׂוֹת הַשָּׁמָיִם׃ וַיַּעֲמֹד וַיְבָרֶךְ אֵת כָּל־קְהַל
נו יִשְׂרָאֵל קוֹל גָּדוֹל לֵאמֹר׃ בָּרוּךְ יְהוָה אֲשֶׁר נָתַן מְנוּחָה לְעַמּוֹ
יִשְׂרָאֵל כְּכֹל אֲשֶׁר דִּבֵּר לֹא־נָפַל דָּבָר אֶחָד מִכֹּל דְּבָרוֹ הַטּוֹב
נז אֲשֶׁר דִּבֶּר בְּיַד מֹשֶׁה עַבְדּוֹ׃ יְהִי יְהוָה אֱלֹהֵינוּ עִמָּנוּ כַּאֲשֶׁר
נח הָיָה עִם־אֲבֹתֵינוּ אַל־יַעַזְבֵנוּ וְאַל־יִטְּשֵׁנוּ׃ לְהַטּוֹת לְבָבֵנוּ אֵלָיו ח
לָלֶכֶת בְּכָל־דְּרָכָיו וְלִשְׁמֹר מִצְוֺתָיו וְחֻקָּיו וּמִשְׁפָּטָיו אֲשֶׁר צִוָּה
נט אֶת־אֲבֹתֵינוּ׃ וְיִהְיוּ דְבָרַי אֵלֶּה אֲשֶׁר הִתְחַנַּנְתִּי לִפְנֵי יְהוָה
קְרֹבִים אֶל־יְהוָה אֱלֹהֵינוּ יוֹמָם וָלָיְלָה לַעֲשׂוֹת׀ מִשְׁפַּט עַבְדּוֹ
ס וּמִשְׁפַּט עַמּוֹ יִשְׂרָאֵל דְּבַר־יוֹם בְּיוֹמוֹ׃ לְמַעַן דַּעַת כָּל־עַמֵּי
סא הָאָרֶץ כִּי יְהוָה הוּא הָאֱלֹהִים אֵין עוֹד׃ וְהָיָה לְבַבְכֶם שָׁלֵם
עִם יְהוָה אֱלֹהֵינוּ לָלֶכֶת בְּחֻקָּיו וְלִשְׁמֹר מִצְוֺתָיו כַּיּוֹם הַזֶּה׃
סב סג וְהַמֶּלֶךְ וְכָל־יִשְׂרָאֵל עִמּוֹ זֹבְחִים זֶבַח לִפְנֵי יְהוָה׃ וַיִּזְבַּח שְׁלֹמֹה
אֵת זֶבַח הַשְּׁלָמִים אֲשֶׁר זָבַח לַיהוָה בָּקָר עֶשְׂרִים וּשְׁנַיִם אֶלֶף
וְצֹאן מֵאָה וְעֶשְׂרִים אָלֶף וַיַּחְנְכוּ אֶת־בֵּית יְהוָה הַמֶּלֶךְ וְכָל־
סד בְּנֵי יִשְׂרָאֵל׃ בַּיּוֹם הַהוּא קִדַּשׁ הַמֶּלֶךְ אֶת־תּוֹךְ הֶחָצֵר אֲשֶׁר
לִפְנֵי בֵית־יְהוָה כִּי־עָשָׂה שָׁם אֶת־הָעֹלָה וְאֶת־הַמִּנְחָה וְאֵת
חֶלְבֵי הַשְּׁלָמִים כִּי־מִזְבַּח הַנְּחֹשֶׁת אֲשֶׁר לִפְנֵי יְהוָה קָטֹן
סה מֵהָכִיל אֶת־הָעֹלָה וְאֶת־הַמִּנְחָה וְאֵת חֶלְבֵי הַשְּׁלָמִים׃ וַיַּעַשׂ
שְׁלֹמֹה בָעֵת־הַהִיא׀ אֶת־הֶחָג וְכָל־יִשְׂרָאֵל עִמּוֹ קָהָל גָּדוֹל
מִלְּבוֹא חֲמָת׀ עַד־נַחַל מִצְרַיִם לִפְנֵי יְהוָה אֱלֹהֵינוּ שִׁבְעַת
סו יָמִים וְשִׁבְעַת יָמִים אַרְבָּעָה עָשָׂר יוֹם׃ בַּיּוֹם הַשְּׁמִינִי שִׁלַּח
אֶת־הָעָם וַיְבָרְכוּ אֶת־הַמֶּלֶךְ וַיֵּלְכוּ לְאָהֳלֵיהֶם שְׂמֵחִים וְטוֹבֵי
לֵב עַל כָּל־הַטּוֹבָה אֲשֶׁר עָשָׂה יְהוָה לְדָוִד עַבְדּוֹ וּלְיִשְׂרָאֵל
ט א עַמּוֹ׃ וַיְהִי כְּכַלּוֹת שְׁלֹמֹה לִבְנוֹת אֶת־בֵּית־
יְהוָה וְאֶת־בֵּית הַמֶּלֶךְ וְאֵת כָּל־חֵשֶׁק שְׁלֹמֹה אֲשֶׁר חָפֵץ

ב לעשות: וירא יהוה אל־שלמה שנית כאשר
ג נראה אליו בגבעון: ויאמר יהוה אליו שמעתי את־תפלתך
ואת־תחנתך אשר התחננתה לפני הקדשתי את־הבית הזה
אשר בנתה לשום־שמי שם עד־עולם והיו עיני ולבי שם כל־
ד הימים: ואתה אם־תלך לפני כאשר הלך דוד אביך בתם־
לבב ובישר לעשות ככל אשר צויתיך חקי ומשפטי תשמר:
ה והקמתי את־כסא ממלכתך על־ישראל לעלם כאשר
דברתי על־דוד אביך לאמר לא־יכרת לך איש מעל כסא
ו ישראל: אם־שוב תשבון אתם ובניכם מאחרי ולא תשמרו
מצותי חקתי אשר נתתי לפניכם והלכתם ועבדתם אלהים
ז אחרים והשתחויתם להם: והכרתי את־ישראל מעל פני
האדמה אשר נתתי להם ואת־הבית אשר הקדשתי לשמי
אשלח מעל פני והיה ישראל למשל ולשנינה בכל־העמים:
ח והבית הזה יהיה עליון כל־עבר עליו ישם ושרק ואמרו על־
ט מה עשה יהוה ככה לארץ הזאת ולבית הזה: ואמרו על אשר
עזבו את־יהוה אלהיהם אשר הוציא את־אבתם מארץ
מצרים ויחזקו באלהים אחרים וישתחו להם ויעבדם על־כן
י הביא יהוה עליהם את כל־הרעה הזאת: ויהי
מקצה עשרים שנה אשר־בנה שלמה את־שני הבתים את־
יא בית יהוה ואת־בית המלך: חירם מלך־צר נשא את־שלמה
בעצי ארזים ובעצי ברושים ובזהב לכל־חפצו אז יתן המלך
יב שלמה לחירם עשרים עיר בארץ הגליל: ויצא חירם מצר
לראות את־הערים אשר נתן־לו שלמה ולא ישרו בעיניו:
יג ויאמר מה הערים האלה אשר־נתתה לי אחי ויקרא להם
יד ארץ כבול עד היום הזה: וישלח חירם למלך
טו מאה ועשרים ככר זהב: וזה דבר־המס אשר־העלה ׀ המלך
שלמה לבנות את־בית יהוה ואת־ביתו ואת־המלוא ואת

טז חומת ירושלם ואת־חצר ואת־מגדו ואת־גזר׃ פרעה מלך־
מצרים עלה וילכד את־גזר וישרפה באש ואת־הכנעני
יז הישב בעיר הרג ויתנה שלחים לבתו אשת שלמה׃ ויבן
יח שלמה את־גזר ואת־בית חרן תחתון׃ ואת־בעלת ואת־
יט תמר במדבר בארץ׃ ואת כל־ערי המסכנות אשר היו תדמר
לשלמה ואת ערי הרכב ואת ערי הפרשים ואת ׀ חשק
שלמה אשר חשק לבנות בירושלם ובלבנון ובכל ארץ
כ ממשלתו׃ כל־העם הנותר מן־האמרי החתי הפרזי החוי
כא והיבוסי אשר לא־מבני ישראל המה׃ בניהם אשר נתרו
אחריהם בארץ אשר לא־יכלו בני ישראל להחרימם ויעלם
כב שלמה למס־עבד עד היום הזה׃ ומבני ישראל לא־נתן
שלמה עבד כי־הם אנשי המלחמה ועבדיו ושריו ושלישיו
כג ושרי רכבו ופרשיו׃ אלה ׀ שרי הנצבים אשר
על־המלאכה לשלמה חמשים וחמש מאות הרדים בעם
כד העשים במלאכה׃ אך בת־פרעה עלתה מעיר דוד אל־
כה ביתה אשר בנה־לה אז בנה את־המלוא׃ והעלה שלמה
שלש פעמים בשנה עלות ושלמים על־המזבח אשר בנה
כו ליהוה והקטיר אתו אשר לפני יהוה ושלם את־הבית׃ ואני
עשה המלך שלמה בעציון־גבר אשר את־אלות על־שפת
כז ים־סוף בארץ אדום׃ וישלח חירם באני את־עבדיו אנשי
כח אניות ידעי הים עם עבדי שלמה׃ ויבאו אופירה ויקחו
משם זהב ארבע־מאות ועשרים ככר ויבאו אל־המלך
י א שלמה׃ ומלכת־שבא שמעת את־שמע שלמה
ב לשם יהוה ותבא לנסתו בחידות׃ ותבא ירושלמה בחיל
כבד מאד גמלים נשאים בשמים וזהב רב־מאד ואבן יקרה
ותבא אל־שלמה ותדבר אליו את כל־אשר היה עם־לבבה׃
ג ויגד־לה שלמה את־כל־דבריה לא־היה דבר נעלם מן־

ד המלך אשר לא הגיד לה: ותרא מלכת־שבא את כל־חכמת
ה שלמה והבית אשר בנה: ומאכל שלחנו ומושב עבדיו
ומעמד משרתו ומלבשיהם ומשקיו ועלתו אשר יעלה בית
ו יהוה ולא־היה בה עוד רוח: ותאמר אל־המלך אמת היה הדבר
ז אשר שמעתי בארצי על־דבריך ועל־חכמתך: ולא־האמנתי
לדברים עד אשר־באתי ותראינה עיני והנה לא־הגד־לי
ח החצי הוספת חכמה וטוב אל־השמועה אשר שמעתי: אשרי
אנשיך אשרי עבדיך אלה העמדים לפניך תמיד השמעים
ט את־חכמתך: יהי יהוה אלהיך ברוך אשר חפץ בך לתתך ט
על־כסא ישראל באהבת יהוה את־ישראל לעלם וישימך
י למלך לעשות משפט וצדקה: ותתן למלך מאה ועשרים
ככר זהב ובשמים הרבה מאד ואבן יקרה לא בא כבשם
יא ההוא עוד לרב אשר־נתנה מלכת־שבא למלך שלמה: וגם
אני חירם אשר־נשא זהב מאופיר הביא מאפיר עצי אלמגים
יב הרבה מאד ואבן יקרה: ויעש המלך את־עצי האלמגים
מסעד לבית־יהוה ולבית המלך וכנרות ונבלים לשרים לא
יג בא־כן עצי אלמגים ולא נראה עד היום הזה: והמלך שלמה
נתן למלכת־שבא את־כל־חפצה אשר שאלה מלבד
אשר נתן־לה כיד המלך שלמה ותפן ותלך לארצה היא
יד ועבדיה: ויהי משקל הזהב אשר־בא לשלמה
טו בשנה אחת שש מאות ששים ושש ככר זהב: לבד מאנשי
התרים ומסחר הרכלים וכל־מלכי הערב ופחות הארץ:
טז ויעש המלך שלמה מאתים צנה זהב שחוט שש־מאות זהב
יז יעלה על־הצנה האחת: ושלש־מאות מגנים זהב שחוט
שלשת מנים זהב יעלה על־המגן האחת ויתנם המלך בית
יח יער הלבנון: ויעש המלך כסא־שן גדול ויצפהו
יט זהב מופז: שש מעלות לכסה וראש עגול לכסה מאחריו

וידת מזה ומזה אל־מקום השבת ושנים אריות עמדים אצל
כ הידות: ושנים עשר אריים עמדים שם על־שש המעלות מזה
כא ומזה לא־נעשה כן לכל־ממלכות: וכל כלי משקה המלך
שלמה זהב וכל כלי בית־יער הלבנון זהב סגור אין כסף לא
כב נחשב בימי שלמה למאומה: כי אני תרשיש למלך בים עם
אני חירם אחת לשלש שנים תבוא | אני תרשיש נשאת זהב
כג וכסף שנהבים וקפים ותכיים: ויגדל המלך שלמה מכל מלכי
כד הארץ לעשר ולחכמה: וכל־הארץ מבקשים את־פני שלמה
כה לשמע את־חכמתו אשר־נתן אלהים בלבו: והמה מביאים
איש מנחתו כלי־כסף וכלי זהב ושלמות ונשק ובשמים סוסים
כו ופרדים דבר־שנה בשנה: ויאסף שלמה רכב
ופרשים ויהי־לו אלף וארבע־מאות רכב ושנים־עשר אלף
כז פרשים וינחם בערי הרכב ועם־המלך בירושלם: ויתן המלך
את־הכסף בירושלם כאבנים ואת הארזים נתן כשקמים
כח אשר־בשפלה לרב: ומוצא הסוסים אשר לשלמה ממצרים
כט ומקוה סחרי המלך יקחו מקוה במחיר: ותעלה ותצא מרכבה
ממצרים בשש מאות כסף וסוס בחמשים ומאה וכן לכל־
יא א מלכי החתים ולמלכי ארם בידם יצאו: והמלך
שלמה אהב נשים נכריות רבות ואת־בת־פרעה מואביות
ב עמניות אדמית צדנית חתית: מן־הגוים אשר אמר־יהוה
אל־בני ישראל לא־תבאו בהם והם לא־יבאו בכם אכן יטו
ג את־לבבכם אחרי אלהיהם בהם דבק שלמה לאהבה: ויהי־
לו נשים שרות שבע מאות ופילגשים שלש מאות ויטו נשיו
ד את־לבו: ויהי לעת זקנת שלמה נשיו הטו את־לבבו אחרי
אלהים אחרים ולא־היה לבבו שלם עם־יהוה אלהיו כלבב
ה דויד אביו: וילך שלמה אחרי עשתרת אלהי צדנים ואחרי
ו מלכם שקץ עמנים: ויעש שלמה הרע בעיני יהוה ולא מלא

אחרי יהוה כדוד אביו: ז אז יבנה שלמה במה
לכמוש שקץ מואב בהר אשר על־פני ירושלם ולמלך שקץ
ח בני עמון: וכן עשה לכל־נשיו הנכריות מקטירות ומזבחות
ט לאלהיהן: ויתאנף יהוה בשלמה כי־נטה לבבו מעם יהוה
י אלהי ישראל הנראה אליו פעמים: וצוה אליו על־הדבר הזה
לבלתי־לכת אחרי אלהים אחרים ולא שמר את אשר־צוה
יא יהוה: ויאמר יהוה לשלמה יען אשר היתה־
זאת עמך ולא שמרת בריתי וחקתי אשר צויתי עליך קרע
יב אקרע את־הממלכה מעליך ונתתיה לעבדך: אך־בימיך
יג לא אעשנה למען דוד אביך מיד בנך אקרענה: רק את־
כל־הממלכה לא אקרע שבט אחד אתן לבנך למען דוד
יד עבדי ולמען ירושלם אשר בחרתי: ויקם יהוה
שטן לשלמה את הדד האדמי מזרע המלך הוא באדום:
טו ויהי בהיות דוד את־אדום בעלות יואב שר הצבא לקבר
טז את־החללים ויך כל־זכר באדום: כי ששת חדשים ישב־שם
יז יואב וכל־ישראל עד־הכרית כל־זכר באדום: ויברח אדד
הוא ואנשים אדמיים מעבדי אביו אתו לבוא מצרים והדד
יח נער קטן: ויקמו ממדין ויבאו פארן ויקחו אנשים עמם
מפארן ויבאו מצרים אל־פרעה מלך־מצרים ויתן־לו בית
יט ולחם אמר לו וארץ נתן לו: וימצא הדד חן בעיני פרעה
מאד ויתן־לו אשה את־אחות אשתו אחות תחפניס הגבירה:
כ ותלד לו אחות תחפניס את גנבת בנו ותגמלהו תחפנס בתוך
כא בית פרעה ויהי גנבת בית פרעה בתוך בני פרעה: והדד
שמע במצרים כי־שכב דוד עם־אבתיו וכי־מת יואב שר־
כב הצבא ויאמר הדד אל־פרעה שלחני ואלך אל־ארצי: ויאמר
לו פרעה כי מה־אתה חסר עמי והנך מבקש ללכת אל־
כג ארצך ויאמר ׀ לא כי שלח תשלחני: ויקם אלהים לו שטן

אֶת־רְזוֹן בֶּן־אֶלְיָדָע אֲשֶׁר בָּרַח מֵאֵת הֲדַדְעֶזֶר מֶלֶךְ־צוֹבָה
כד אֲדֹנָיו: וַיִּקְבֹּץ עָלָיו אֲנָשִׁים וַיְהִי שַׂר־גְּדוּד בַּהֲרֹג דָּוִד אֹתָם
כה וַיֵּלְכוּ דַמֶּשֶׂק וַיֵּשְׁבוּ בָהּ וַיִּמְלְכוּ בְּדַמָּשֶׂק: וַיְהִי שָׂטָן לְיִשְׂרָאֵל
כָּל־יְמֵי שְׁלֹמֹה וְאֶת־הָרָעָה אֲשֶׁר הֲדָד וַיָּקָץ בְּיִשְׂרָאֵל וַיִּמְלֹךְ
כו עַל־אֲרָם: וְיָרָבְעָם בֶּן־נְבָט אֶפְרָתִי מִן־הַצְּרֵדָה
וְשֵׁם אִמּוֹ צְרוּעָה אִשָּׁה אַלְמָנָה עֶבֶד לִשְׁלֹמֹה וַיָּרֶם יָד בַּמֶּלֶךְ:
כז וְזֶה הַדָּבָר אֲשֶׁר־הֵרִים יָד בַּמֶּלֶךְ שְׁלֹמֹה בָּנָה אֶת־הַמִּלּוֹא
כח סָגַר אֶת־פֶּרֶץ עִיר דָּוִד אָבִיו: וְהָאִישׁ יָרָבְעָם גִּבּוֹר חָיִל וַיַּרְא י
שְׁלֹמֹה אֶת־הַנַּעַר כִּי־עֹשֵׂה מְלָאכָה הוּא וַיַּפְקֵד אֹתוֹ לְכָל־
כט סֵבֶל בֵּית יוֹסֵף: וַיְהִי בָּעֵת הַהִיא וְיָרָבְעָם יָצָא
מִירוּשָׁלִָם וַיִּמְצָא אֹתוֹ אֲחִיָּה הַשִּׁילֹנִי הַנָּבִיא בַּדֶּרֶךְ וְהוּא
ל מִתְכַּסֶּה בְּשַׂלְמָה חֲדָשָׁה וּשְׁנֵיהֶם לְבַדָּם בַּשָּׂדֶה: וַיִּתְפֹּשׂ אֲחִיָּה
בַּשַּׂלְמָה הַחֲדָשָׁה אֲשֶׁר עָלָיו וַיִּקְרָעֶהָ שְׁנֵים עָשָׂר קְרָעִים:
לא וַיֹּאמֶר לְיָרָבְעָם קַח־לְךָ עֲשָׂרָה קְרָעִים כִּי כֹה אָמַר יְהוָה
אֱלֹהֵי יִשְׂרָאֵל הִנְנִי קֹרֵעַ אֶת־הַמַּמְלָכָה מִיַּד שְׁלֹמֹה וְנָתַתִּי לְךָ
לב אֵת עֲשָׂרָה הַשְּׁבָטִים: וְהַשֵּׁבֶט הָאֶחָד יִהְיֶה־לּוֹ לְמַעַן ׀ עַבְדִּי
דָוִד וּלְמַעַן יְרוּשָׁלִַם הָעִיר אֲשֶׁר בָּחַרְתִּי בָהּ מִכֹּל שִׁבְטֵי
לג יִשְׂרָאֵל: יַעַן ׀ אֲשֶׁר עֲזָבוּנִי וַיִּשְׁתַּחֲווּ לְעַשְׁתֹּרֶת אֱלֹהֵי צִדֹנִין
לִכְמוֹשׁ אֱלֹהֵי מוֹאָב וּלְמִלְכֹּם אֱלֹהֵי בְנֵי־עַמּוֹן וְלֹא־הָלְכוּ
לד בִדְרָכַי לַעֲשׂוֹת הַיָּשָׁר בְּעֵינַי וְחֻקֹּתַי וּמִשְׁפָּטַי כְּדָוִד אָבִיו: וְלֹא־
אֶקַּח אֶת־כָּל־הַמַּמְלָכָה מִיָּדוֹ כִּי ׀ נָשִׂיא אֲשִׁתֶנּוּ כֹּל יְמֵי חַיָּיו
לְמַעַן דָּוִד עַבְדִּי אֲשֶׁר בָּחַרְתִּי אֹתוֹ אֲשֶׁר שָׁמַר מִצְוֺתַי וְחֻקֹּתָי:
לה וְלָקַחְתִּי הַמְּלוּכָה מִיַּד בְּנוֹ וּנְתַתִּיהָ לְּךָ אֵת עֲשֶׂרֶת הַשְּׁבָטִים:
לו וְלִבְנוֹ אֶתֵּן שֵׁבֶט־אֶחָד לְמַעַן הֱיוֹת־נִיר לְדָוִיד־עַבְדִּי כָּל־
הַיָּמִים ׀ לְפָנַי בִּירוּשָׁלִַם הָעִיר אֲשֶׁר בָּחַרְתִּי לִי לָשׂוּם שְׁמִי
לז שָׁם: וְאֹתְךָ אֶקַּח וּמָלַכְתָּ בְּכֹל אֲשֶׁר־תְּאַוֶּה נַפְשֶׁךָ וְהָיִיתָ מֶּלֶךְ
לח עַל־יִשְׂרָאֵל: וְהָיָה אִם־תִּשְׁמַע אֶת־כָּל־אֲשֶׁר אֲצַוֶּךָ וְהָלַכְתָּ

בדרכי ועשית הישר בעיני לשמור חקותי ומצותי כאשר עשה
דוד עבדי והייתי עמך ובניתי לך בית־נאמן כאשר בניתי
לדוד ונתתי לך את־ישראל: ואענה את־זרע דוד למען לט
זאת אך לא כל־הימים: ויבקש שלמה להמית את־ירבעם מ
ויקם ירבעם ויברח מצרים אל־שישק מלך־מצרים ויהי
במצרים עד־מות שלמה: ויתר דברי שלמה וכל־אשר עשה מא
וחכמתו הלוא־הם כתבים על־ספר דברי שלמה: והימים מב
אשר מלך שלמה בירושלם על־כל־ישראל ארבעים שנה:
וישכב שלמה עם־אבתיו ויקבר בעיר דוד אביו וימלך מג
רחבעם בנו תחתיו: וילך רחבעם שכם כי שכם יב א
בא כל־ישראל להמליך אתו: ויהי כשמע ירבעם בן־נבט ב
והוא עודנו במצרים אשר ברח מפני המלך שלמה וישב
ויבא ירבעם במצרים: וישלחו ויקראו־לו ויבאו ירבעם וכל־קהל ג
ישראל וידברו אל־רחבעם לאמר: אביך הקשה את־עלנו ד
ואתה עתה הקל מעבדת אביך הקשה ומעלו הכבד אשר־
נתן עלינו ונעבדך: ויאמר אליהם לכו־עד שלשה ימים ושובו ה
אלי וילכו העם: ויועץ המלך רחבעם את־הזקנים אשר־היו ו
עמדים את־פני שלמה אביו בהיתו חי לאמר איך אתם
נועצים להשיב את־העם־הזה דבר: וידבר אליו לאמר אם־ ז
היום תהיה־עבד לעם הזה ועבדתם ועניתם ודברת אליהם
דברים טובים והיו לך עבדים כל־הימים: ויעזב את־עצת ח
הזקנים אשר יעצהו ויועץ את־הילדים אשר גדלו אתו אשר
העמדים לפניו: ויאמר אליהם מה אתם נועצים ונשיב דבר ט
את־העם הזה אשר דברו אלי לאמר הקל מן־העל אשר־
נתן אביך עלינו: וידברו אליו הילדים אשר גדלו אתו לאמר י
כה־תאמר לעם הזה אשר דברו אליך לאמר אביך הכביד
את־עלנו ואתה הקל מעלינו כה תדבר אליהם קטני עבה

יא מִמָּתְנֵי אָבִי׃ וְעַתָּה אָבִי הֶעְמִיס עֲלֵיכֶם עֹל כָּבֵד וַאֲנִי אֹסִיף
עַל־עֻלְּכֶם אָבִי יִסַּר אֶתְכֶם בַּשּׁוֹטִים וַאֲנִי אֲיַסֵּר אֶתְכֶם
יב בָּעַקְרַבִּים׃ וַיָּבוֹ יָרָבְעָם וְכָל־הָעָם אֶל־רְחַבְעָם בַּיּוֹם הַשְּׁלִישִׁי
יג כַּאֲשֶׁר דִּבֶּר הַמֶּלֶךְ לֵאמֹר שׁוּבוּ אֵלַי בַּיּוֹם הַשְּׁלִישִׁי׃ וַיַּעַן
הַמֶּלֶךְ אֶת־הָעָם קָשָׁה וַיַּעֲזֹב אֶת־עֲצַת הַזְּקֵנִים אֲשֶׁר יְעָצֻהוּ׃
יד וַיְדַבֵּר אֲלֵיהֶם כַּעֲצַת הַיְלָדִים לֵאמֹר אָבִי הִכְבִּיד אֶת־עֻלְּכֶם
וַאֲנִי אֹסִיף עַל־עֻלְּכֶם אָבִי יִסַּר אֶתְכֶם בַּשּׁוֹטִים וַאֲנִי אֲיַסֵּר
טו אֶתְכֶם בָּעַקְרַבִּים׃ וְלֹא־שָׁמַע הַמֶּלֶךְ אֶל־הָעָם כִּי־הָיְתָה סִבָּה
מֵעִם יהוה לְמַעַן הָקִים אֶת־דְּבָרוֹ אֲשֶׁר דִּבֶּר יהוה בְּיַד אֲחִיָּה
טז הַשִּׁילֹנִי אֶל־יָרָבְעָם בֶּן־נְבָט׃ וַיַּרְא כָּל־יִשְׂרָאֵל כִּי לֹא־שָׁמַע
הַמֶּלֶךְ אֲלֵהֶם וַיָּשִׁבוּ הָעָם אֶת־הַמֶּלֶךְ ׀ דָּבָר ׀ לֵאמֹר מַה־לָּנוּ
חֵלֶק בְּדָוִד וְלֹא־נַחֲלָה בְּבֶן־יִשַׁי לְאֹהָלֶיךָ יִשְׂרָאֵל עַתָּה רְאֵה
יז בֵיתְךָ דָּוִד וַיֵּלֶךְ יִשְׂרָאֵל לְאֹהָלָיו׃ וּבְנֵי יִשְׂרָאֵל הַיֹּשְׁבִים בְּעָרֵי
יְהוּדָה וַיִּמְלֹךְ עֲלֵיהֶם רְחַבְעָם׃
יח וַיִּשְׁלַח הַמֶּלֶךְ רְחַבְעָם אֶת־אֲדֹרָם אֲשֶׁר עַל־הַמַּס וַיִּרְגְּמוּ כָל־
יִשְׂרָאֵל בּוֹ אֶבֶן וַיָּמֹת וְהַמֶּלֶךְ רְחַבְעָם הִתְאַמֵּץ לַעֲלוֹת
יט בַּמֶּרְכָּבָה לָנוּס יְרוּשָׁלִָם׃ וַיִּפְשְׁעוּ יִשְׂרָאֵל בְּבֵית דָּוִד עַד הַיּוֹם
כ הַזֶּה׃ וַיְהִי כִּשְׁמֹעַ כָּל־יִשְׂרָאֵל כִּי־שָׁב יָרָבְעָם
וַיִּשְׁלְחוּ וַיִּקְרְאוּ אֹתוֹ אֶל־הָעֵדָה וַיַּמְלִיכוּ אֹתוֹ עַל־כָּל־
יִשְׂרָאֵל לֹא הָיָה אַחֲרֵי בֵית־דָּוִד זוּלָתִי שֵׁבֶט־יְהוּדָה לְבַדּוֹ׃
כא ויבאו רְחַבְעָם יְרוּשָׁלִַם וַיַּקְהֵל אֶת־כָּל־בֵּית יְהוּדָה וְאֶת־ וַיָּבֹא
שֵׁבֶט בִּנְיָמִן מֵאָה וּשְׁמֹנִים אֶלֶף בָּחוּר עֹשֵׂה מִלְחָמָה
לְהִלָּחֵם עִם־בֵּית יִשְׂרָאֵל לְהָשִׁיב אֶת־הַמְּלוּכָה לִרְחַבְעָם
כב בֶּן־שְׁלֹמֹה׃ וַיְהִי דְּבַר הָאֱלֹהִים אֶל־שְׁמַעְיָה
כג אִישׁ־הָאֱלֹהִים לֵאמֹר׃ אֱמֹר אֶל־רְחַבְעָם בֶּן־שְׁלֹמֹה מֶלֶךְ
כד יְהוּדָה וְאֶל־כָּל־בֵּית יְהוּדָה וּבִנְיָמִין וְיֶתֶר הָעָם לֵאמֹר׃ כֹּה יא
אָמַר יהוה לֹא־תַעֲלוּ וְלֹא־תִלָּחֲמוּן עִם־אֲחֵיכֶם בְּנֵי־יִשְׂרָאֵל

שובו איש לביתו כי מאתי נהיה הדבר הזה וישמעו את־
כה דבר יהוה וישבו ללכת כדבר יהוה: ויבן
ירבעם את־שכם בהר אפרים וישב בה ויצא משם ויבן את־
כו פנואל: ויאמר ירבעם בלבו עתה תשוב הממלכה לבית־
כז דוד: אם־יעלה | העם הזה לעשות זבחים בבית־יהוה
בירושלם ושב לב העם הזה אל־אדניהם אל־רחבעם מלך
כח יהודה והרגני ושבו אל־רחבעם מלך־יהודה: ויועץ המלך
ויעש שני עגלי זהב ויאמר אלהם רב־לכם מעלות ירושלם
כט הנה אלהיך ישראל אשר העלוך מארץ מצרים: וישם את־
ל האחד בבית־אל ואת־האחד נתן בדן: ויהי הדבר הזה
לא לחטאת וילכו העם לפני האחד עד־דן: ויעש את־בית במות
לב ויעש כהנים מקצות העם אשר לא־היו מבני לוי: ויעש
ירבעם | חג בחדש השמיני בחמשה־עשר יום | לחדש כחג |
אשר ביהודה ויעל על־המזבח כן עשה בבית־אל לזבח
לעגלים אשר־עשה והעמיד בבית אל את־כהני הבמות
לג אשר עשה: ויעל על־המזבח | אשר־עשה בבית־אל בחמשה
עשר יום בחדש השמיני בחדש אשר־בדא מלבד ויעש חג מלבו
יג א לבני ישראל ויעל על־המזבח להקטיר: והנה |
איש אלהים בא מיהודה בדבר יהוה אל־בית־אל וירבעם
ב עמד על־המזבח להקטיר: ויקרא על־המזבח בדבר יהוה
ויאמר מזבח מזבח כה אמר יהוה הנה־בן נולד לבית־דוד
יאשיהו שמו וזבח עליך את־כהני הבמות המקטרים עליך
ג ועצמות אדם ישרפו עליך: ונתן ביום ההוא מופת לאמר זה
המופת אשר דבר יהוה הנה המזבח נקרע ונשפך הדשן
ד אשר־עליו: ויהי כשמע המלך את־דבר איש־האלהים אשר
קרא על־המזבח בבית־אל וישלח ירבעם את־ידו מעל
המזבח לאמר | תפשהו ותיבש ידו אשר שלח עליו ולא יכל

ה להשיבה אליו: והמזבח נקרע וישפך הדשן מן־המזבח
ו כמופת אשר נתן איש האלהים בדבר יהוה: ויען המלך
ויאמר ׀ אל־איש האלהים חל־נא את־פני יהוה אלהיך
והתפלל בעדי ותשב ידי אלי ויחל איש־האלהים את־פני
ז יהוה ותשב יד־המלך אליו ותהי כבראשנה: וידבר המלך
אל־איש האלהים באה־אתי הביתה וסעדה ואתנה לך
ח מתת: ויאמר איש־האלהים אל־המלך אם־תתן־לי את־
חצי ביתך לא אבא עמך ולא־אכל לחם ולא אשתה־מים
ט במקום הזה: כי־כן ׀ צוה אתי בדבר יהוה לאמר לא־תאכל
לחם ולא תשתה־מים ולא תשוב בדרך אשר הלכת:
י וילך בדרך אחר ולא־שב בדרך אשר בא בה אל־בית־
יא אל: ונביא אחד זקן ישב בבית־אל ויבוא בנו
ויספר־לו את־כל־המעשה אשר־עשה איש־האלהים ׀ היום
בבית־אל את־הדברים אשר דבר אל־המלך ויספרום
יב לאביהם: וידבר אלהם אביהם אי־זה הדרך הלך ויראו בניו
את־הדרך אשר הלך איש האלהים אשר־בא מיהודה:
יג ויאמר אל־בניו חבשו־לי החמור ויחבשו־לו החמור וירכב
יד עליו: וילך אחרי איש האלהים וימצאהו ישב תחת האלה
ויאמר אליו האתה איש־האלהים אשר־באת מיהודה
טו טז ויאמר אני: ויאמר אליו לך אתי הביתה ואכל לחם: ויאמר
לא אוכל לשוב אתך ולבוא אתך ולא־אכל לחם ולא־אשתה
יז אתך מים במקום הזה: כי־דבר אלי בדבר יהוה לא־תאכל
לחם ולא־תשתה שם מים לא־תשוב ללכת בדרך אשר־
יח הלכת בה: ויאמר לו גם־אני נביא כמוך ומלאך דבר אלי
בדבר יהוה לאמר השבהו אתך אל־ביתך ויאכל לחם וישת
יט כ מים כחש לו: וישב אתו ויאכל לחם בביתו וישת מים: ויהי
הם ישבים אל־השלחן ויהי דבר־יהוה אל־הנביא אשר

כא השיבו: ויקרא אל־איש האלהים אשר־בא מיהודה לאמר
כה אמר יהוה יען כי מרית פי יהוה ולא שמרת את־המצוה
כב אשר צוך יהוה אלהיך: ותשב ותאכל לחם ותשת מים
במקום אשר דבר אליך אל־תאכל לחם ואל־תשת מים לא־
כג תבוא נבלתך אל־קבר אבתיך: ויהי אחרי אכלו לחם ואחרי
כד שתותו ויחבש־לו החמור לנביא אשר השיבו: וילך וימצאהו
אריה בדרך וימיתהו ותהי נבלתו משלכת בדרך והחמור
כה עמד אצלה והאריה עמד אצל הנבלה: והנה אנשים עברים
ויראו את־הנבלה משלכת בדרך ואת־האריה עמד אצל
הנבלה ויבאו וידברו בעיר אשר הנביא הזקן ישב בה:
כו וישמע הנביא אשר השיבו מן־הדרך ויאמר איש האלהים
הוא אשר מרה את־פי יהוה ויתנהו יהוה לאריה וישברהו
כז וימתהו כדבר יהוה אשר דבר־לו: וידבר אל־בניו לאמר
כח חבשו־לי את־החמור ויחבשו: וילך וימצא את־נבלתו
משלכת בדרך וחמור והאריה עמדים אצל הנבלה לא־אכל
כט האריה את־הנבלה ולא שבר את־החמור: וישא הנביא
את־נבלת איש־האלהים ויניחהו אל־החמור וישיבהו ויבא
ל אל־עיר הנביא הזקן לספד ולקברו: וינח את־נבלתו בקברו
לא ויספדו עליו הוי אחי: ויהי אחרי קברו אתו ויאמר אל־בניו יב
לאמר במותי וקברתם אתי בקבר אשר איש האלהים קבור
לב בו אצל עצמתיו הניחו את־עצמתי: כי היה יהיה הדבר
אשר קרא בדבר יהוה על־המזבח אשר בבית־אל ועל כל־
לג בתי הבמות אשר בערי שמרון: אחר הדבר
הזה לא־שב ירבעם מדרכו הרעה וישב ויעש מקצות העם
לד כהני במות החפץ ימלא את־ידו ויהי כהני במות: ויהי
בדבר הזה לחטאת בית ירבעם ולהכחיד ולהשמיד מעל פני
יד א האדמה: בעת ההיא חלה אביה בן־ירבעם:

ב וַיֹּאמֶר יָרָבְעָם לְאִשְׁתּוֹ קוּמִי נָא וְהִשְׁתַּנִּית וְלֹא יֵדְעוּ כִּי־אַתְּי
אֵשֶׁת יָרָבְעָם וְהָלַכְתְּ שִׁלֹה הִנֵּה־שָׁם אֲחִיָּה הַנָּבִיא הוּא־דִבֶּר
ג עָלַי לְמֶלֶךְ עַל־הָעָם הַזֶּה: וְלָקַחַתְּ בְּיָדֵךְ עֲשָׂרָה לֶחֶם וְנִקֻּדִים
ד וּבַקְבֻּק דְּבַשׁ וּבָאת אֵלָיו הוּא יַגִּיד לָךְ מַה־יִּהְיֶה לַנָּעַר: וַתַּעַשׂ
כֵּן אֵשֶׁת יָרָבְעָם וַתָּקָם וַתֵּלֶךְ שִׁלֹה וַתָּבֹא בֵּית אֲחִיָּה וַאֲחִיָּהוּ
ה לֹא־יָכֹל לִרְאוֹת כִּי קָמוּ עֵינָיו מִשֵּׂיבוֹ: וַיהוָה
אָמַר אֶל־אֲחִיָּהוּ הִנֵּה אֵשֶׁת יָרָבְעָם בָּאָה לִדְרֹשׁ דָּבָר מֵעִמְּךָ
אֶל־בְּנָהּ כִּי־חֹלֶה הוּא כָּזֹה וְכָזֶה תְּדַבֵּר אֵלֶיהָ וִיהִי כְבֹאָהּ
ו וְהִיא מִתְנַכֵּרָה: וַיְהִי כִשְׁמֹעַ אֲחִיָּהוּ אֶת־קוֹל רַגְלֶיהָ בָּאָה
בַפֶּתַח וַיֹּאמֶר בֹּאִי אֵשֶׁת יָרָבְעָם לָמָּה זֶּה אַתְּ מִתְנַכֵּרָה וְאָנֹכִי
ז שָׁלוּחַ אֵלַיִךְ קָשָׁה: לְכִי אִמְרִי לְיָרָבְעָם כֹּה־אָמַר יְהוָה אֱלֹהֵי
יִשְׂרָאֵל יַעַן אֲשֶׁר הֲרִימֹתִיךָ מִתּוֹךְ הָעָם וָאֶתֶּנְךָ נָגִיד עַל עַמִּי
ח יִשְׂרָאֵל: וָאֶקְרַע אֶת־הַמַּמְלָכָה מִבֵּית דָּוִד וָאֶתְּנֶהָ לָךְ וְלֹא־
הָיִיתָ כְּעַבְדִּי דָוִד אֲשֶׁר שָׁמַר מִצְוֹתַי וַאֲשֶׁר־הָלַךְ אַחֲרַי בְּכָל־
ט לְבָבוֹ לַעֲשׂוֹת רַק הַיָּשָׁר בְּעֵינָי: וַתָּרַע לַעֲשׂוֹת מִכֹּל אֲשֶׁר־הָיוּ
לְפָנֶיךָ וַתֵּלֶךְ וַתַּעֲשֶׂה־לְּךָ אֱלֹהִים אֲחֵרִים וּמַסֵּכוֹת לְהַכְעִיסֵנִי
י וְאֹתִי הִשְׁלַכְתָּ אַחֲרֵי גַוֶּךָ: לָכֵן הִנְנִי מֵבִיא רָעָה אֶל־בֵּית
יָרָבְעָם וְהִכְרַתִּי לְיָרָבְעָם מַשְׁתִּין בְּקִיר עָצוּר וְעָזוּב בְּיִשְׂרָאֵל
וּבִעַרְתִּי אַחֲרֵי בֵית־יָרָבְעָם כַּאֲשֶׁר יְבַעֵר הַגָּלָל עַד־תֻּמּוֹ:
יא הַמֵּת לְיָרָבְעָם בָּעִיר יֹאכְלוּ הַכְּלָבִים וְהַמֵּת בַּשָּׂדֶה יֹאכְלוּ עוֹף
יב הַשָּׁמָיִם כִּי יְהוָה דִּבֵּר: וְאַתְּ קוּמִי לְכִי לְבֵיתֵךְ בְּבֹאָה רַגְלַיִךְ
יג הָעִירָה וּמֵת הַיָּלֶד: וְסָפְדוּ־לוֹ כָל־יִשְׂרָאֵל וְקָבְרוּ אֹתוֹ כִּי־זֶה
לְבַדּוֹ יָבֹא לְיָרָבְעָם אֶל־קָבֶר יַעַן נִמְצָא־בוֹ דָּבָר טוֹב אֶל־יְהוָה
יד אֱלֹהֵי יִשְׂרָאֵל בְּבֵית יָרָבְעָם: וְהֵקִים יְהוָה לוֹ מֶלֶךְ עַל־יִשְׂרָאֵל
טו אֲשֶׁר יַכְרִית אֶת־בֵּית יָרָבְעָם זֶה הַיּוֹם וּמֶה גַּם־עָתָּה: וְהִכָּה
יְהוָה אֶת־יִשְׂרָאֵל כַּאֲשֶׁר יָנוּד הַקָּנֶה בַּמַּיִם וְנָתַשׁ אֶת־יִשְׂרָאֵל
מֵעַל הָאֲדָמָה הַטּוֹבָה הַזֹּאת אֲשֶׁר נָתַן לַאֲבוֹתֵיהֶם וְזֵרָם

מעבר לנהר יען אשר עשו את־אשריהם מכעיסים את־
טז יהוה: ויתן את־ישראל בגלל חטאות ירבעם אשר חטא
יז ואשר החטיא את־ישראל: ותקם אשת ירבעם ותלך ותבא
יח תרצתה היא באה בסף־הבית והנער מת: ויקברו אתו
ויספדו־לו כל־ישראל כדבר יהוה אשר דבר ביד־עבדו
יט אחיהו הנביא: ויתר דברי ירבעם אשר נלחם ואשר מלך
כ הנם כתובים על־ספר דברי הימים למלכי ישראל: והימים
אשר מלך ירבעם עשרים ושתים שנה וישכב עם־אבתיו
כא וימלך נדב בנו תחתיו: ורחבעם בן־שלמה
מלך ביהודה בן־ארבעים ואחת שנה רחבעם במלכו ושבע
עשרה שנה | מלך בירושלם העיר אשר־בחר יהוה לשום
את־שמו שם מכל שבטי ישראל ושם אמו נעמה העמנית:
כב ויעש יהודה הרע בעיני יהוה ויקנאו אתו מכל אשר עשו
כג אבתם בחטאתם אשר חטאו: ויבנו גם־המה להם במות
ומצבות ואשרים על כל־גבעה גבהה ותחת כל־עץ רענן:
כד וגם־קדש היה בארץ עשו ככל התועבת הגוים אשר הוריש
כה יהוה מפני בני ישראל: ויהי בשנה החמישית
כו למלך רחבעם עלה שושק מלך־מצרים על־ירושלם: ויקח (שישק)
את־אצרות בית־יהוה ואת־אוצרות בית המלך ואת־הכל
כז לקח ויקח את־כל־מגני הזהב אשר עשה שלמה: ויעש
המלך רחבעם תחתם מגני נחשת והפקיד על־יד שרי
כח הרצים השמרים פתח בית המלך: ויהי מדי־בא המלך בית
כט יהוה ישאום הרצים והשיבום אל־תא הרצים: ויתר דברי
רחבעם וכל־אשר עשה הלא־המה כתובים על־ספר דברי
ל הימים למלכי יהודה: ומלחמה היתה בין־רחבעם ובין
לא ירבעם כל־הימים: וישכב רחבעם עם־אבתיו ויקבר עם־
אבתיו בעיר דוד ושם אמו נעמה העמנית וימלך אבים בנו

טו א תַּחְתָּיו׃ וּבִשְׁנַת שְׁמֹנֶה עֶשְׂרֵה לַמֶּלֶךְ יָרָבְעָם
ב בֶּן־נְבָט מָלַךְ אֲבִיָּם עַל־יְהוּדָה׃ שָׁלֹשׁ שָׁנִים מָלַךְ בִּירוּשָׁלָ͏ִם
ג וְשֵׁם אִמּוֹ מַעֲכָה בַּת־אֲבִישָׁלוֹם׃ וַיֵּלֶךְ בְּכָל־חַטֹּאות אָבִיו
אֲשֶׁר־עָשָׂה לְפָנָיו וְלֹא־הָיָה לְבָבוֹ שָׁלֵם עִם־יְהוָה אֱלֹהָיו
ד כִּלְבַב דָּוִד אָבִיו׃ כִּי לְמַעַן דָּוִד נָתַן יְהוָה אֱלֹהָיו לוֹ נִיר
בִּירוּשָׁלָ͏ִם לְהָקִים אֶת־בְּנוֹ אַחֲרָיו וּלְהַעֲמִיד אֶת־יְרוּשָׁלָ͏ִם׃
ה אֲשֶׁר עָשָׂה דָוִד אֶת־הַיָּשָׁר בְּעֵינֵי יְהוָה וְלֹא־סָר מִכֹּל ׀ אֲשֶׁר
ו צִוָּהוּ כֹּל יְמֵי חַיָּיו רַק בִּדְבַר אוּרִיָּה הַחִתִּי׃ וּמִלְחָמָה הָיְתָה
ז בֵין־רְחַבְעָם וּבֵין יָרָבְעָם כָּל־יְמֵי חַיָּיו׃ וְיֶתֶר דִּבְרֵי אֲבִיָּם וְכָל־
אֲשֶׁר עָשָׂה הֲלוֹא־הֵם כְּתוּבִים עַל־סֵפֶר דִּבְרֵי הַיָּמִים לְמַלְכֵי
ח יְהוּדָה וּמִלְחָמָה הָיְתָה בֵּין אֲבִיָּם וּבֵין יָרָבְעָם׃ וַיִּשְׁכַּב יג
אֲבִיָּם עִם־אֲבֹתָיו וַיִּקְבְּרוּ אֹתוֹ בְּעִיר דָּוִד וַיִּמְלֹךְ אָסָא בְנוֹ
ט תַּחְתָּיו׃ וּבִשְׁנַת עֶשְׂרִים לְיָרָבְעָם מֶלֶךְ יִשְׂרָאֵל
י מָלַךְ אָסָא עַל־יְהוּדָה׃ וְאַרְבָּעִים וְאַחַת שָׁנָה מָלַךְ בִּירוּשָׁלָ͏ִם
יא וְשֵׁם אִמּוֹ מַעֲכָה בַּת־אֲבִישָׁלוֹם׃ וַיַּעַשׂ אָסָא הַיָּשָׁר בְּעֵינֵי
יב יְהוָה כְּדָוִד אָבִיו׃ וַיַּעֲבֵר הַקְּדֵשִׁים מִן־הָאָרֶץ וַיָּסַר אֶת־כָּל־
יג הַגִּלֻּלִים אֲשֶׁר עָשׂוּ אֲבֹתָיו׃ וְגַם ׀ אֶת־מַעֲכָה אִמּוֹ וַיְסִרֶהָ
מִגְּבִירָה אֲשֶׁר־עָשְׂתָה מִפְלֶצֶת לָאֲשֵׁרָה וַיִּכְרֹת אָסָא אֶת־
יד מִפְלַצְתָּהּ וַיִּשְׂרֹף בְּנַחַל קִדְרוֹן׃ וְהַבָּמוֹת לֹא־סָרוּ רַק לְבַב־
טו אָסָא הָיָה שָׁלֵם עִם־יְהוָה כָּל־יָמָיו׃ וַיָּבֵא אֶת־קָדְשֵׁי אָבִיו
טז וקדשו בֵּית יְהוָה כֶּסֶף וְזָהָב וְכֵלִים׃ וּמִלְחָמָה הָיְתָה בֵּין אָסָא וְקָדְשֵׁי
יז וּבֵין בַּעְשָׁא מֶלֶךְ־יִשְׂרָאֵל כָּל־יְמֵיהֶם׃ וַיַּעַל בַּעְשָׁא מֶלֶךְ־
יִשְׂרָאֵל עַל־יְהוּדָה וַיִּבֶן אֶת־הָרָמָה לְבִלְתִּי תֵּת יֹצֵא וָבָא
יח לְאָסָא מֶלֶךְ יְהוּדָה׃ וַיִּקַּח אָסָא אֶת־כָּל־הַכֶּסֶף וְהַזָּהָב
הַנּוֹתָרִים ׀ בְּאוֹצְרוֹת בֵּית־יְהוָה וְאֶת־אוֹצְרוֹת בֵּית מלך וַיִּתְּנֵם הַמֶּלֶךְ
בְּיַד עֲבָדָיו וַיִּשְׁלָחֵם הַמֶּלֶךְ אָסָא אֶל־בֶּן־הֲדַד בֶּן־טַבְרִמֹּן בֶּן־
יט חֶזְיוֹן מֶלֶךְ אֲרָם הַיֹּשֵׁב בְּדַמֶּשֶׂק לֵאמֹר׃ בְּרִית בֵּינִי וּבֵינֶךָ בֵּין

אבי ובין אביך הנה שלחתי לך שחד כסף וזהב לך הפרה
כ את־בריתך את־בעשא מלך־ישראל ויעלה מעלי: וישמע
בן־הדד אל־המלך אסא וישלח את־שרי החילים אשר־לו
על־ערי ישראל ויך את־עיון ואת־דן ואת אבל בית־מעכה
כא ואת כל־כנרות על כל־ארץ נפתלי: ויהי כשמע בעשא
כב ויחדל מבנות את־הרמה וישב בתרצה: והמלך אסא
השמיע את־כל־יהודה אין נקי וישאו את־אבני הרמה ואת־
עציה אשר בנה בעשא ויבן בם המלך אסא את־גבע בנימן
כג ואת־המצפה: ויתר כל־דברי אסא וכל־גבורתו וכל־אשר
עשה והערים אשר בנה הלא־המה כתובים על־ספר דברי
כד הימים למלכי יהודה רק לעת זקנתו חלה את־רגליו: וישכב
אסא עם־אבתיו ויקבר עם־אבתיו בעיר דוד אביו וימלך
כה יהושפט בנו תחתיו: ונדב בן־ירבעם מלך על־
ישראל בשנת שתים לאסא מלך יהודה וימלך על־ישראל
כו שנתים: ויעש הרע בעיני יהוה וילך בדרך אביו ובחטאתו
כז אשר החטיא את־ישראל: ויקשר עליו בעשא בן־אחיה לבית
יששכר ויכהו בעשא בגבתון אשר לפלשתים ונדב וכל־
כח ישראל צרים על־גבתון: וימתהו בעשא בשנת שלש לאסא
כט מלך יהודה וימלך תחתיו: ויהי כמלכו הכה את־כל־בית
ירבעם לא־השאיר כל־נשמה לירבעם עד־השמדו כדבר
ל יהוה אשר דבר ביד־עבדו אחיה השילני: על־חטאות ירבעם
אשר חטא ואשר החטיא את־ישראל בכעסו אשר הכעיס
לא את־יהוה אלהי ישראל: ויתר דברי נדב וכל־אשר עשה
הלא־הם כתובים על־ספר דברי הימים למלכי ישראל:
לב ומלחמה היתה בין אסא ובין בעשא מלך־ישראל כל־
לג ימיהם: בשנת שלש לאסא מלך יהודה מלך
בעשא בן־אחיה על־כל־ישראל בתרצה עשרים וארבע

לד שנה: ויעש הרע בעיני יהוה וילך בדרך ירבעם ובחטאתו
טז א אשר החטיא את־ישראל: ויהי דבר־יהוה
ב אל־יהוא בן־חנני על־בעשא לאמר: יען אשר הרימתיך מן־
העפר ואתנך נגיד על עמי ישראל ותלך | בדרך ירבעם
ג ותחטא את־עמי ישראל להכעיסני בחטאתם: הנני מבעיר
אחרי בעשא ואחרי ביתו ונתתי את־ביתך כבית ירבעם בן־
ד נבט: המת לבעשא בעיר יאכלו הכלבים והמת לו בשדה
ה יאכלו עוף השמים: ויתר דברי בעשא ואשר עשה וגבורתו
הלא־הם כתובים על־ספר דברי הימים למלכי ישראל:
ו וישכב בעשא עם־אבתיו ויקבר בתרצה וימלך אלה בנו
ז תחתיו: וגם ביד יהוא בן־חנני הנביא דבר־יהוה היה אל־
בעשא ואל־ביתו ועל כל־הרעה | אשר־עשה | בעיני יהוה
להכעיסו במעשה ידיו להיות כבית ירבעם ועל אשר־הכה
ח אתו: בשנת עשרים ושש שנה לאסא מלך
יהודה מלך אלה בן־בעשא על־ישראל בתרצה שנתים:
ט ויקשר עליו עבדו זמרי שר מחצית הרכב והוא בתרצה
י שתה שכור בית ארצא אשר על־הבית בתרצה: ויבא זמרי
ויכהו וימיתהו בשנת עשרים ושבע לאסא מלך יהודה וימלך
יא תחתיו: ויהי במלכו כשבתו על־כסאו הכה את־כל־בית
יב בעשא לא־השאיר לו משתין בקיר וגאליו ורעהו: וישמד
זמרי את כל־בית בעשא כדבר יהוה אשר דבר אל־בעשא
יג ביד יהוא הנביא: אל כל־חטאות בעשא וחטאות אלה בנו
אשר חטאו ואשר החטיאו את־ישראל להכעיס את־יהוה
יד אלהי ישראל בהבליהם: ויתר דברי אלה וכל־אשר
עשה הלוא־הם כתובים על־ספר דברי הימים למלכי
טו ישראל: בשנת עשרים ושבע שנה לאסא מלך יד
יהודה מלך זמרי שבעת ימים בתרצה והעם חנים על־גבתון

טו אשר לפלשתים: וישמע העם החנים לאמר קשר זמרי וגם
הכה את־המלך וימלכו כל־ישראל את־עמרי שר־צבא
יז על־ישראל ביום ההוא במחנה: ויעלה עמרי וכל־ישראל
יח עמו מגבתון ויצרו על־תרצה: ויהי כראות זמרי כי־נלכדה
העיר ויבא אל־ארמון בית־המלך וישרף עליו את־בית־
יט מלך באש וימת: על־חטאתיו אשר חטא לעשות הרע בעיני
יהוה ללכת בדרך ירבעם ובחטאתו אשר עשה להחטיא את־
כ ישראל: ויתר דברי זמרי וקשרו אשר קשר הלא־הם כתובים
כא על־ספר דברי הימים למלכי ישראל: אז
יחלק העם ישראל לחצי חצי העם היה אחרי תבני
כב בן־גינת להמליכו והחצי אחרי עמרי: ויחזק העם אשר
אחרי עמרי את־העם אשר אחרי תבני בן־גינת וימת
תבני וימלך עמרי:
כג בשנת שלשים ואחת שנה לאסא מלך יהודה מלך עמרי
כד על־ישראל שתים עשרה שנה בתרצה מלך שש־שנים: ויקן
את־ההר שמרון מאת שמר בככרים כסף ויבן את־ההר
ויקרא את־שם העיר אשר בנה על שם־שמר אדני
כה ההר שמרון: ויעשה עמרי הרע בעיני יהוה וירע מכל
כו אשר לפניו: וילך בכל־דרך ירבעם בן־נבט ובחטאתיו (ובחטאתו)
אשר החטיא את־ישראל להכעיס את־יהוה אלהי ישראל
כז בהבליהם: ויתר דברי עמרי אשר עשה וגבורתו אשר עשה
הלא־הם כתובים על־ספר דברי הימים למלכי ישראל:
כח וישכב עמרי עם־אבתיו ויקבר בשמרון וימלך אחאב בנו
כט תחתיו: ואחאב בן־עמרי מלך על־ישראל
בשנת שלשים ושמנה שנה לאסא מלך יהודה וימלך אחאב
ל בן־עמרי על־ישראל בשמרון עשרים ושתים שנה: ויעש
לא אחאב בן־עמרי הרע בעיני יהוה מכל אשר לפניו: ויהי

הַנָּקֵל לֶכְתּוֹ בְּחַטֹּאות יָרָבְעָם בֶּן־נְבָט וַיִּקַּח אִשָּׁה אֶת־אִיזֶבֶל
בַּת־אֶתְבַּעַל מֶלֶךְ צִידֹנִים וַיֵּלֶךְ וַיַּעֲבֹד אֶת־הַבַּעַל וַיִּשְׁתַּחוּ לוֹ׃
לב לג וַיָּקֶם מִזְבֵּחַ לַבַּעַל בֵּית הַבַּעַל אֲשֶׁר בָּנָה בְּשֹׁמְרוֹן׃ וַיַּעַשׂ
אַחְאָב אֶת־הָאֲשֵׁרָה וַיּוֹסֶף אַחְאָב לַעֲשׂוֹת לְהַכְעִיס אֶת־יהוה
לד אֱלֹהֵי יִשְׂרָאֵל מִכֹּל מַלְכֵי יִשְׂרָאֵל אֲשֶׁר הָיוּ לְפָנָיו׃ בְּיָמָיו בָּנָה
חִיאֵל בֵּית הָאֱלִי אֶת־יְרִיחֹה בַּאֲבִירָם בְּכֹרוֹ יִסְּדָהּ ובשגיב וּבִשְׂגוּב
צְעִירוֹ הִצִּיב דְּלָתֶיהָ כִּדְבַר יהוה אֲשֶׁר דִּבֶּר בְּיַד יְהוֹשֻׁעַ בִּן־
יז א נוּן׃ וַיֹּאמֶר אֵלִיָּהוּ הַתִּשְׁבִּי מִתֹּשָׁבֵי גִלְעָד אֶל־
אַחְאָב חַי־יהוה אֱלֹהֵי יִשְׂרָאֵל אֲשֶׁר עָמַדְתִּי לְפָנָיו אִם־יִהְיֶה
ב הַשָּׁנִים הָאֵלֶּה טַל וּמָטָר כִּי אִם־לְפִי דְבָרִי׃ וַיְהִי
ג דְבַר־יהוה אֵלָיו לֵאמֹר׃ לֵךְ מִזֶּה וּפָנִיתָ לְּךָ קֵדְמָה וְנִסְתַּרְתָּ
ד בְּנַחַל כְּרִית אֲשֶׁר עַל־פְּנֵי הַיַּרְדֵּן׃ וְהָיָה מֵהַנַּחַל תִּשְׁתֶּה וְאֶת־
ה הָעֹרְבִים צִוִּיתִי לְכַלְכֶּלְךָ שָׁם׃ וַיֵּלֶךְ וַיַּעַשׂ כִּדְבַר יהוה וַיֵּלֶךְ וַיֵּשֶׁב
ו בְּנַחַל כְּרִית אֲשֶׁר עַל־פְּנֵי הַיַּרְדֵּן׃ וְהָעֹרְבִים מְבִיאִים לוֹ לֶחֶם
ז וּבָשָׂר בַּבֹּקֶר וְלֶחֶם וּבָשָׂר בָּעָרֶב וּמִן־הַנַּחַל יִשְׁתֶּה׃ וַיְהִי מִקֵּץ
ח יָמִים וַיִּיבַשׁ הַנָּחַל כִּי לֹא־הָיָה גֶשֶׁם בָּאָרֶץ׃ וַיְהִי
ט דְבַר־יהוה אֵלָיו לֵאמֹר׃ קוּם לֵךְ צָרְפַתָה אֲשֶׁר לְצִידוֹן וְיָשַׁבְתָּ
י שָׁם הִנֵּה צִוִּיתִי שָׁם אִשָּׁה אַלְמָנָה לְכַלְכְּלֶךָ׃ וַיָּקָם וַיֵּלֶךְ צָרְפַתָה
וַיָּבֹא אֶל־פֶּתַח הָעִיר וְהִנֵּה־שָׁם אִשָּׁה אַלְמָנָה מְקֹשֶׁשֶׁת עֵצִים
וַיִּקְרָא אֵלֶיהָ וַיֹּאמַר קְחִי־נָא לִי מְעַט־מַיִם בַּכְּלִי וְאֶשְׁתֶּה׃
יא וַתֵּלֶךְ לָקַחַת וַיִּקְרָא אֵלֶיהָ וַיֹּאמַר לִקְחִי־נָא לִי פַּת־לֶחֶם בְּיָדֵךְ׃
יב וַתֹּאמֶר חַי־יהוה אֱלֹהֶיךָ אִם־יֶשׁ־לִי מָעוֹג כִּי אִם־מְלֹא
כַף־קֶמַח בַּכַּד וּמְעַט־שֶׁמֶן בַּצַּפָּחַת וְהִנְנִי מְקֹשֶׁשֶׁת שְׁנַיִם
יג עֵצִים וּבָאתִי וַעֲשִׂיתִיהוּ לִי וְלִבְנִי וַאֲכַלְנֻהוּ וָמָתְנוּ׃ וַיֹּאמֶר
אֵלֶיהָ אֵלִיָּהוּ אַל־תִּירְאִי בֹּאִי עֲשִׂי כִדְבָרֵךְ אַךְ עֲשִׂי־לִי
מִשָּׁם עֻגָה קְטַנָּה בָרִאשֹׁנָה וְהוֹצֵאת לִי וְלָךְ וְלִבְנֵךְ תַּעֲשִׂי
יד בָּאַחֲרֹנָה׃ כִּי כֹה אָמַר יהוה אֱלֹהֵי יִשְׂרָאֵל כַּד

תֵּת הַקֶּמַח לֹא תִכְלָה וְצַפַּחַת הַשֶּׁמֶן לֹא תֶחְסָר עַד יוֹם תתן־יְהוָה
גֶּשֶׁם עַל־פְּנֵי הָאֲדָמָה׃ וַתֵּלֶךְ וַתַּעֲשֶׂה כִּדְבַר אֵלִיָּהוּ וַתֹּאכַל טו
הִיא־וָהוּא הוא־והיא וּבֵיתָהּ יָמִים׃ כַּד הַקֶּמַח לֹא כָלָתָה וְצַפַּחַת הַשֶּׁמֶן טז
לֹא חָסֵר כִּדְבַר יְהוָה אֲשֶׁר דִּבֶּר בְּיַד אֵלִיָּהוּ׃ וַיְהִי יז
אַחַר הַדְּבָרִים הָאֵלֶּה חָלָה בֶּן־הָאִשָּׁה בַּעֲלַת הַבָּיִת וַיְהִי חָלְיוֹ
חָזָק מְאֹד עַד אֲשֶׁר לֹא־נוֹתְרָה־בּוֹ נְשָׁמָה׃ וַתֹּאמֶר אֶל־אֵלִיָּהוּ יח
מַה־לִּי וָלָךְ אִישׁ הָאֱלֹהִים בָּאתָ אֵלַי לְהַזְכִּיר אֶת־עֲוֺנִי
וּלְהָמִית אֶת־בְּנִי׃ וַיֹּאמֶר אֵלֶיהָ תְּנִי־לִי אֶת־בְּנֵךְ וַיִּקָּחֵהוּ יט
מֵחֵיקָהּ וַיַּעֲלֵהוּ אֶל־הָעֲלִיָּה אֲשֶׁר־הוּא יֹשֵׁב שָׁם וַיַּשְׁכִּבֵהוּ עַל־
מִטָּתוֹ׃ וַיִּקְרָא אֶל־יְהוָה וַיֹּאמַר יְהוָה אֱלֹהָי הֲגַם עַל־הָאַלְמָנָה כ
אֲשֶׁר־אֲנִי מִתְגּוֹרֵר עִמָּהּ הֲרֵעוֹתָ לְהָמִית אֶת־בְּנָהּ׃ וַיִּתְמֹדֵד כא
עַל־הַיֶּלֶד שָׁלֹשׁ פְּעָמִים וַיִּקְרָא אֶל־יְהוָה וַיֹּאמַר יְהוָה אֱלֹהָי
תָּשָׁב נָא נֶפֶשׁ־הַיֶּלֶד הַזֶּה עַל־קִרְבּוֹ׃ וַיִּשְׁמַע יְהוָה בְּקוֹל כב
אֵלִיָּהוּ וַתָּשָׁב נֶפֶשׁ־הַיֶּלֶד עַל־קִרְבּוֹ וַיֶּחִי׃ וַיִּקַּח אֵלִיָּהוּ אֶת־ כג
הַיֶּלֶד וַיֹּרִדֵהוּ מִן־הָעֲלִיָּה הַבַּיְתָה וַיִּתְּנֵהוּ לְאִמּוֹ וַיֹּאמֶר אֵלִיָּהוּ
טו רְאִי חַי בְּנֵךְ׃ וַתֹּאמֶר הָאִשָּׁה אֶל־אֵלִיָּהוּ עַתָּה זֶה יָדַעְתִּי כִּי כד
אִישׁ אֱלֹהִים אָתָּה וּדְבַר־יְהוָה בְּפִיךָ אֱמֶת׃ וַיְהִי יח א
יָמִים רַבִּים וּדְבַר־יְהוָה הָיָה אֶל־אֵלִיָּהוּ בַּשָּׁנָה הַשְּׁלִישִׁית
לֵאמֹר לֵךְ הֵרָאֵה אֶל־אַחְאָב וְאֶתְּנָה מָטָר עַל־פְּנֵי הָאֲדָמָה׃
וַיֵּלֶךְ אֵלִיָּהוּ לְהֵרָאוֹת אֶל־אַחְאָב וְהָרָעָב חָזָק בְּשֹׁמְרוֹן׃ וַיִּקְרָא ב ג
אַחְאָב אֶל־עֹבַדְיָהוּ אֲשֶׁר עַל־הַבָּיִת וְעֹבַדְיָהוּ הָיָה יָרֵא אֶת־
יְהוָה מְאֹד׃ וַיְהִי בְּהַכְרִית אִיזֶבֶל אֵת נְבִיאֵי יְהוָה וַיִּקַּח ד
עֹבַדְיָהוּ מֵאָה נְבִאִים וַיַּחְבִּיאֵם חֲמִשִּׁים אִישׁ בַּמְּעָרָה וְכִלְכְּלָם
לֶחֶם וָמָיִם׃ וַיֹּאמֶר אַחְאָב אֶל־עֹבַדְיָהוּ לֵךְ בָּאָרֶץ אֶל־כָּל־ ה
מַעְיְנֵי הַמַּיִם וְאֶל כָּל־הַנְּחָלִים אוּלַי ׀ נִמְצָא חָצִיר וּנְחַיֶּה סוּס
וָפֶרֶד וְלוֹא נַכְרִית מֵהַבְּהֵמָה׃ וַיְחַלְּקוּ לָהֶם אֶת־הָאָרֶץ לַעֲבָר־ ו
בָּהּ אַחְאָב הָלַךְ בְּדֶרֶךְ אֶחָד לְבַדּוֹ וְעֹבַדְיָהוּ הָלַךְ בְּדֶרֶךְ־אֶחָד

ז לְבַדּוֹ: וַיְהִי עֹבַדְיָהוּ בַּדֶּרֶךְ וְהִנֵּה אֵלִיָּהוּ לִקְרָאתוֹ וַיַּכִּרֵהוּ וַיִּפֹּל
ח עַל־פָּנָיו וַיֹּאמֶר הַאַתָּה זֶה אֲדֹנִי אֵלִיָּהוּ: וַיֹּאמֶר לוֹ אָנִי לֵךְ
ט אֱמֹר לַאדֹנֶיךָ הִנֵּה אֵלִיָּהוּ: וַיֹּאמֶר מֶה חָטָאתִי כִּי־אַתָּה נֹתֵן
י אֶת־עַבְדְּךָ בְּיַד־אַחְאָב לַהֲמִיתֵנִי: חַי ׀ יְהוָה אֱלֹהֶיךָ אִם־יֶשׁ־
גּוֹי וּמַמְלָכָה אֲשֶׁר לֹא־שָׁלַח אֲדֹנִי שָׁם לְבַקֶּשְׁךָ וְאָמְרוּ אָיִן
יא וְהִשְׁבִּיעַ אֶת־הַמַּמְלָכָה וְאֶת־הַגּוֹי כִּי לֹא יִמְצָאֶכָּה: וְעַתָּה
יב אַתָּה אֹמֵר לֵךְ אֱמֹר לַאדֹנֶיךָ הִנֵּה אֵלִיָּהוּ: וְהָיָה אֲנִי ׀ אֵלֵךְ
מֵאִתָּךְ וְרוּחַ יְהוָה ׀ יִשָּׂאֲךָ עַל אֲשֶׁר לֹא־אֵדָע וּבָאתִי לְהַגִּיד
לְאַחְאָב וְלֹא יִמְצָאֲךָ וַהֲרָגָנִי וְעַבְדְּךָ יָרֵא אֶת־יְהוָה מִנְּעֻרָי:
יג הֲלֹא־הֻגַּד לַאדֹנִי אֵת אֲשֶׁר־עָשִׂיתִי בַּהֲרֹג אִיזֶבֶל אֵת נְבִיאֵי
יְהוָה וָאַחְבִּא מִנְּבִיאֵי יְהוָה מֵאָה אִישׁ חֲמִשִּׁים חֲמִשִּׁים אִישׁ
יד בַּמְּעָרָה וָאֲכַלְכְּלֵם לֶחֶם וָמָיִם: וְעַתָּה אַתָּה אֹמֵר לֵךְ אֱמֹר
טו לַאדֹנֶיךָ הִנֵּה אֵלִיָּהוּ וַהֲרָגָנִי: וַיֹּאמֶר אֵלִיָּהוּ חַי יְהוָה צְבָאוֹת
טז אֲשֶׁר עָמַדְתִּי לְפָנָיו כִּי הַיּוֹם אֵרָאֶה אֵלָיו: וַיֵּלֶךְ עֹבַדְיָהוּ
יז לִקְרַאת אַחְאָב וַיַּגֶּד־לוֹ וַיֵּלֶךְ אַחְאָב לִקְרַאת אֵלִיָּהוּ: וַיְהִי
כִּרְאוֹת אַחְאָב אֶת־אֵלִיָּהוּ וַיֹּאמֶר אַחְאָב אֵלָיו הַאַתָּה זֶה עֹכֵר
יח יִשְׂרָאֵל: וַיֹּאמֶר לֹא עָכַרְתִּי אֶת־יִשְׂרָאֵל כִּי אִם־אַתָּה וּבֵית
יט אָבִיךָ בַּעֲזָבְכֶם אֶת־מִצְוֺת יְהוָה וַתֵּלֶךְ אַחֲרֵי הַבְּעָלִים: וְעַתָּה
שְׁלַח קְבֹץ אֵלַי אֶת־כָּל־יִשְׂרָאֵל אֶל־הַר הַכַּרְמֶל וְאֶת־נְבִיאֵי
הַבַּעַל אַרְבַּע מֵאוֹת וַחֲמִשִּׁים וּנְבִיאֵי הָאֲשֵׁרָה אַרְבַּע מֵאוֹת
כ אֹכְלֵי שֻׁלְחַן אִיזָבֶל: וַיִּשְׁלַח אַחְאָב בְּכָל־בְּנֵי יִשְׂרָאֵל וַיִּקְבֹּץ
כא אֶת־הַנְּבִיאִים אֶל־הַר הַכַּרְמֶל: וַיִּגַּשׁ אֵלִיָּהוּ אֶל־כָּל־הָעָם
וַיֹּאמֶר עַד־מָתַי אַתֶּם פֹּסְחִים עַל־שְׁתֵּי הַסְּעִפִּים אִם־יְהוָה
הָאֱלֹהִים לְכוּ אַחֲרָיו וְאִם־הַבַּעַל לְכוּ אַחֲרָיו וְלֹא־עָנוּ הָעָם
כב אֹתוֹ דָּבָר: וַיֹּאמֶר אֵלִיָּהוּ אֶל־הָעָם אֲנִי נוֹתַרְתִּי נָבִיא לַיהוָה
כג לְבַדִּי וּנְבִיאֵי הַבַּעַל אַרְבַּע־מֵאוֹת וַחֲמִשִּׁים אִישׁ: וְיִתְּנוּ־לָנוּ
שְׁנַיִם פָּרִים וְיִבְחֲרוּ לָהֶם הַפָּר הָאֶחָד וִינַתְּחֻהוּ וְיָשִׂימוּ עַל־

הָעֵצִים וְאֵשׁ לֹא יָשִׂימוּ וַאֲנִי אֶעֱשֶׂה | אֶת־הַפָּר הָאֶחָד וְנָתַתִּי
כד עַל־הָעֵצִים וְאֵשׁ לֹא אָשִׂים׃ וּקְרָאתֶם בְּשֵׁם אֱלֹהֵיכֶם וַאֲנִי
אֶקְרָא בְשֵׁם־יהוה וְהָיָה הָאֱלֹהִים אֲשֶׁר־יַעֲנֶה בָאֵשׁ הוּא
כה הָאֱלֹהִים וַיַּעַן כָּל־הָעָם וַיֹּאמְרוּ טוֹב הַדָּבָר׃ וַיֹּאמֶר אֵלִיָּהוּ
לִנְבִיאֵי הַבַּעַל בַּחֲרוּ לָכֶם הַפָּר הָאֶחָד וַעֲשׂוּ רִאשֹׁנָה כִּי אַתֶּם
כו הָרַבִּים וְקִרְאוּ בְּשֵׁם אֱלֹהֵיכֶם וְאֵשׁ לֹא תָשִׂימוּ׃ וַיִּקְחוּ אֶת־
הַפָּר אֲשֶׁר־נָתַן לָהֶם וַיַּעֲשׂוּ וַיִּקְרְאוּ בְשֵׁם־הַבַּעַל מֵהַבֹּקֶר
וְעַד־הַצָּהֳרַיִם לֵאמֹר הַבַּעַל עֲנֵנוּ וְאֵין קוֹל וְאֵין עֹנֶה וַיְפַסְּחוּ
כז עַל־הַמִּזְבֵּחַ אֲשֶׁר עָשָׂה׃ וַיְהִי בַצָּהֳרַיִם וַיְהַתֵּל בָּהֶם אֵלִיָּהוּ
וַיֹּאמֶר קִרְאוּ בְקוֹל־גָּדוֹל כִּי־אֱלֹהִים הוּא כִּי־שִׂיחַ וְכִי־שִׂיג לוֹ
כח וְכִי־דֶרֶךְ לוֹ אוּלַי יָשֵׁן הוּא וְיִקָץ׃ וַיִּקְרְאוּ בְּקוֹל גָּדוֹל וַיִּתְגֹּדְדוּ
כט כְּמִשְׁפָּטָם בַּחֲרָבוֹת וּבָרְמָחִים עַד־שְׁפָךְ־דָּם עֲלֵיהֶם׃ וַיְהִי
כַּעֲבֹר הַצָּהֳרַיִם וַיִּתְנַבְּאוּ עַד לַעֲלוֹת הַמִּנְחָה וְאֵין־קוֹל וְאֵין־
ל עֹנֶה וְאֵין קָשֶׁב׃ וַיֹּאמֶר אֵלִיָּהוּ לְכָל־הָעָם גְּשׁוּ אֵלַי וַיִּגְּשׁוּ כָל־
לא הָעָם אֵלָיו וַיְרַפֵּא אֶת־מִזְבַּח יהוה הֶהָרוּס׃ וַיִּקַּח אֵלִיָּהוּ שְׁתֵּים
עֶשְׂרֵה אֲבָנִים כְּמִסְפַּר שִׁבְטֵי בְנֵי־יַעֲקֹב אֲשֶׁר הָיָה דְבַר־יהוה
לב אֵלָיו לֵאמֹר יִשְׂרָאֵל יִהְיֶה שְׁמֶךָ׃ וַיִּבְנֶה אֶת־הָאֲבָנִים מִזְבֵּחַ
בְּשֵׁם יהוה וַיַּעַשׂ תְּעָלָה כְּבֵית סָאתַיִם זֶרַע סָבִיב לַמִּזְבֵּחַ׃
לג לד וַיַּעֲרֹךְ אֶת־הָעֵצִים וַיְנַתַּח אֶת־הַפָּר וַיָּשֶׂם עַל־הָעֵצִים׃ וַיֹּאמֶר
מִלְאוּ אַרְבָּעָה כַדִּים מַיִם וְיִצְקוּ עַל־הָעֹלָה וְעַל־הָעֵצִים וַיֹּאמֶר
לה שְׁנוּ וַיִּשְׁנוּ וַיֹּאמֶר שַׁלֵּשׁוּ וַיְשַׁלֵּשׁוּ׃ וַיֵּלְכוּ הַמַּיִם סָבִיב לַמִּזְבֵּחַ
לו וְגַם אֶת־הַתְּעָלָה מִלֵּא־מָיִם׃ וַיְהִי | בַּעֲלוֹת הַמִּנְחָה וַיִּגַּשׁ
אֵלִיָּהוּ הַנָּבִיא וַיֹּאמַר יהוה אֱלֹהֵי אַבְרָהָם יִצְחָק וְיִשְׂרָאֵל הַיּוֹם
יִוָּדַע כִּי־אַתָּה אֱלֹהִים בְּיִשְׂרָאֵל וַאֲנִי עַבְדֶּךָ ובדבריך עָשִׂיתִי וּבִדְבָרְךָ
לז אֵת כָּל־הַדְּבָרִים הָאֵלֶּה׃ עֲנֵנִי יהוה עֲנֵנִי וְיֵדְעוּ הָעָם הַזֶּה כִּי־
לח אַתָּה יהוה הָאֱלֹהִים וְאַתָּה הֲסִבֹּתָ אֶת־לִבָּם אֲחֹרַנִּית׃ וַתִּפֹּל
אֵשׁ־יהוה וַתֹּאכַל אֶת־הָעֹלָה וְאֶת־הָעֵצִים וְאֶת־הָאֲבָנִים

טז

לט וְאֶת־הֶעָפָר וְאֶת־הַמַּיִם אֲשֶׁר־בַּתְּעָלָה לִחֵכָה: וַיַּרְא כָּל־
הָעָם וַיִּפְּלוּ עַל־פְּנֵיהֶם וַיֹּאמְרוּ יְהוָה הוּא הָאֱלֹהִים יְהוָה הוּא
מ הָאֱלֹהִים: וַיֹּאמֶר אֵלִיָּהוּ לָהֶם תִּפְשׂוּ ׀ אֶת־נְבִיאֵי הַבַּעַל אִישׁ
אַל־יִמָּלֵט מֵהֶם וַיִּתְפְּשׂוּם וַיּוֹרִדֵם אֵלִיָּהוּ אֶל־נַחַל קִישׁוֹן
מא וַיִּשְׁחָטֵם שָׁם: וַיֹּאמֶר אֵלִיָּהוּ לְאַחְאָב עֲלֵה אֱכֹל וּשְׁתֵה כִּי־
מב קוֹל הֲמוֹן הַגָּשֶׁם: וַיַּעֲלֶה אַחְאָב לֶאֱכֹל וְלִשְׁתּוֹת וְאֵלִיָּהוּ עָלָה
מג אֶל־רֹאשׁ הַכַּרְמֶל וַיִּגְהַר אַרְצָה וַיָּשֶׂם פָּנָיו בֵּין בִּרְכָו: וַיֹּאמֶר
אֶל־נַעֲרוֹ עֲלֵה־נָא הַבֵּט דֶּרֶךְ־יָם וַיַּעַל וַיַּבֵּט וַיֹּאמֶר אֵין
מד מְאוּמָה וַיֹּאמֶר שֻׁב שֶׁבַע פְּעָמִים: וַיְהִי בַּשְּׁבִעִית וַיֹּאמֶר הִנֵּה־
עָב קְטַנָּה כְּכַף־אִישׁ עֹלָה מִיָּם וַיֹּאמֶר עֲלֵה אֱמֹר אֶל־אַחְאָב
מה אֱסֹר וָרֵד וְלֹא יַעַצָרְכָה הַגָּשֶׁם: וַיְהִי ׀ עַד־כֹּה וְעַד־כֹּה וְהַשָּׁמַיִם
הִתְקַדְּרוּ עָבִים וְרוּחַ וַיְהִי גֶּשֶׁם גָּדוֹל וַיִּרְכַּב אַחְאָב וַיֵּלֶךְ
מו יִזְרְעֶאלָה: וְיַד־יְהוָה הָיְתָה אֶל־אֵלִיָּהוּ וַיְשַׁנֵּס
יט א מָתְנָיו וַיָּרָץ לִפְנֵי אַחְאָב עַד־בֹּאֲכָה יִזְרְעֶאלָה: וַיַּגֵּד אַחְאָב
לְאִיזֶבֶל אֵת כָּל־אֲשֶׁר עָשָׂה אֵלִיָּהוּ וְאֵת כָּל־אֲשֶׁר הָרַג אֶת־
ב כָּל־הַנְּבִיאִים בֶּחָרֶב: וַתִּשְׁלַח אִיזֶבֶל מַלְאָךְ אֶל־אֵלִיָּהוּ לֵאמֹר
כֹּה־יַעֲשׂוּן אֱלֹהִים וְכֹה יוֹסִפוּן כִּי־כָעֵת מָחָר אָשִׂים אֶת־נַפְשְׁךָ
ג כְּנֶפֶשׁ אַחַד מֵהֶם: וַיַּרְא וַיָּקָם וַיֵּלֶךְ אֶל־נַפְשׁוֹ וַיָּבֹא בְּאֵר שֶׁבַע
ד אֲשֶׁר לִיהוּדָה וַיַּנַּח אֶת־נַעֲרוֹ שָׁם: וְהוּא־הָלַךְ בַּמִּדְבָּר דֶּרֶךְ יוֹם
וַיָּבֹא וַיֵּשֶׁב תַּחַת רֹתֶם אחת וַיִּשְׁאַל אֶת־נַפְשׁוֹ לָמוּת וַיֹּאמֶר ׀ אֶחָד
ה רַב עַתָּה יְהוָה קַח נַפְשִׁי כִּי לֹא־טוֹב אָנֹכִי מֵאֲבֹתָי: וַיִּשְׁכַּב
וַיִּישַׁן תַּחַת רֹתֶם אֶחָד וְהִנֵּה־זֶה מַלְאָךְ נֹגֵעַ בּוֹ וַיֹּאמֶר לוֹ קוּם
ו אֱכוֹל: וַיַּבֵּט וְהִנֵּה מְרַאֲשֹׁתָיו עֻגַת רְצָפִים וְצַפַּחַת מָיִם וַיֹּאכַל
ז וַיֵּשְׁתְּ וַיָּשָׁב וַיִּשְׁכָּב: וַיָּשָׁב מַלְאַךְ יְהוָה ׀ שֵׁנִית וַיִּגַּע־בּוֹ וַיֹּאמֶר
ח קוּם אֱכֹל כִּי רַב מִמְּךָ הַדָּרֶךְ: וַיָּקָם וַיֹּאכַל וַיִּשְׁתֶּה וַיֵּלֶךְ
בְּכֹחַ ׀ הָאֲכִילָה הַהִיא אַרְבָּעִים יוֹם וְאַרְבָּעִים לַיְלָה עַד הַר
ט הָאֱלֹהִים חֹרֵב: וַיָּבֹא־שָׁם אֶל־הַמְּעָרָה וַיָּלֶן שָׁם וְהִנֵּה דְבַר־

י יְהוָה אֵלָיו וַיֹּאמֶר לוֹ מַה־לְּךָ פֹה אֵלִיָּהוּ׃ וַיֹּאמֶר קַנֹּא קִנֵּאתִי
לַיהוָה ׀ אֱלֹהֵי צְבָאוֹת כִּי־עָזְבוּ בְרִיתְךָ בְּנֵי יִשְׂרָאֵל אֶת־
מִזְבְּחֹתֶיךָ הָרָסוּ וְאֶת־נְבִיאֶיךָ הָרְגוּ בֶחָרֶב וָאִוָּתֵר אֲנִי לְבַדִּי
יא וַיְבַקְשׁוּ אֶת־נַפְשִׁי לְקַחְתָּהּ׃ וַיֹּאמֶר צֵא וְעָמַדְתָּ בָהָר לִפְנֵי
יְהוָה וְהִנֵּה יְהוָה עֹבֵר וְרוּחַ גְּדוֹלָה וְחָזָק מְפָרֵק הָרִים וּמְשַׁבֵּר
סְלָעִים לִפְנֵי יְהוָה לֹא בָרוּחַ יְהוָה וְאַחַר הָרוּחַ רַעַשׁ לֹא בָרַעַשׁ
יב יְהוָה׃ וְאַחַר הָרַעַשׁ אֵשׁ לֹא בָאֵשׁ יְהוָה וְאַחַר הָאֵשׁ קוֹל
יג דְּמָמָה דַקָּה׃ וַיְהִי ׀ כִּשְׁמֹעַ אֵלִיָּהוּ וַיָּלֶט פָּנָיו בְּאַדַּרְתּוֹ
וַיֵּצֵא וַיַּעֲמֹד פֶּתַח הַמְּעָרָה וְהִנֵּה אֵלָיו קוֹל וַיֹּאמֶר מַה־לְּךָ
יד פֹה אֵלִיָּהוּ׃ וַיֹּאמֶר קַנֹּא קִנֵּאתִי לַיהוָה ׀ אֱלֹהֵי צְבָאוֹת
כִּי־עָזְבוּ בְרִיתְךָ בְּנֵי יִשְׂרָאֵל אֶת־מִזְבְּחֹתֶיךָ הָרָסוּ וְאֶת־
נְבִיאֶיךָ הָרְגוּ בֶחָרֶב וָאִוָּתֵר אֲנִי לְבַדִּי וַיְבַקְשׁוּ אֶת־נַפְשִׁי
טו לְקַחְתָּהּ׃ וַיֹּאמֶר יְהוָה אֵלָיו לֵךְ שׁוּב לְדַרְכְּךָ
מִדְבַּרָה דַמָּשֶׂק וּבָאתָ וּמָשַׁחְתָּ אֶת־חֲזָאֵל לְמֶלֶךְ עַל־אֲרָם׃
טז וְאֵת יֵהוּא בֶן־נִמְשִׁי תִּמְשַׁח לְמֶלֶךְ עַל־יִשְׂרָאֵל וְאֶת־אֱלִישָׁע
יז בֶּן־שָׁפָט מֵאָבֵל מְחוֹלָה תִּמְשַׁח לְנָבִיא תַּחְתֶּיךָ׃ וְהָיָה הַנִּמְלָט
מֵחֶרֶב חֲזָאֵל יָמִית יֵהוּא וְהַנִּמְלָט מֵחֶרֶב יֵהוּא יָמִית אֱלִישָׁע׃
יח וְהִשְׁאַרְתִּי בְיִשְׂרָאֵל שִׁבְעַת אֲלָפִים כָּל־הַבִּרְכַּיִם אֲשֶׁר לֹא־
יט כָרְעוּ לַבַּעַל וְכָל־הַפֶּה אֲשֶׁר לֹא־נָשַׁק לוֹ׃ וַיֵּלֶךְ מִשָּׁם וַיִּמְצָא
אֶת־אֱלִישָׁע בֶּן־שָׁפָט וְהוּא חֹרֵשׁ שְׁנֵים־עָשָׂר צְמָדִים לְפָנָיו
וְהוּא בִּשְׁנֵים הֶעָשָׂר וַיַּעֲבֹר אֵלִיָּהוּ אֵלָיו וַיַּשְׁלֵךְ אַדַּרְתּוֹ אֵלָיו׃
כ וַיַּעֲזֹב אֶת־הַבָּקָר וַיָּרָץ אַחֲרֵי אֵלִיָּהוּ וַיֹּאמֶר אֶשְּׁקָה־נָּא לְאָבִי
וּלְאִמִּי וְאֵלְכָה אַחֲרֶיךָ וַיֹּאמֶר לוֹ לֵךְ שׁוּב כִּי מֶה־עָשִׂיתִי לָךְ׃
כא וַיָּשָׁב מֵאַחֲרָיו וַיִּקַּח אֶת־צֶמֶד הַבָּקָר וַיִּזְבָּחֵהוּ וּבִכְלִי הַבָּקָר
בִּשְּׁלָם הַבָּשָׂר וַיִּתֵּן לָעָם וַיֹּאכֵלוּ וַיָּקָם וַיֵּלֶךְ אַחֲרֵי אֵלִיָּהוּ
כ א וַיְשָׁרְתֵהוּ׃ וּבֶן־הֲדַד מֶלֶךְ־אֲרָם קָבַץ אֶת־כָּל־
חֵילוֹ וּשְׁלֹשִׁים וּשְׁנַיִם מֶלֶךְ אִתּוֹ וְסוּס וָרָכֶב וַיַּעַל וַיָּצַר עַל־

ב שֹׁמְרוֹן וַיִּלָּחֶם בָּהּ׃ וַיִּשְׁלַח מַלְאָכִים אֶל־אַחְאָב מֶלֶךְ־יִשְׂרָאֵל
ג הָעִירָה׃ וַיֹּאמֶר לוֹ כֹּה אָמַר בֶּן־הֲדַד כַּסְפְּךָ וּזְהָבְךָ לִי־הוּא
ד וְנָשֶׁיךָ וּבָנֶיךָ הַטּוֹבִים לִי־הֵם׃ וַיַּעַן מֶלֶךְ־יִשְׂרָאֵל וַיֹּאמֶר
ה כִּדְבָרְךָ אֲדֹנִי הַמֶּלֶךְ לְךָ אֲנִי וְכָל־אֲשֶׁר־לִי׃ וַיָּשֻׁבוּ הַמַּלְאָכִים
וַיֹּאמְרוּ כֹּה־אָמַר בֶּן־הֲדַד לֵאמֹר כִּי־שָׁלַחְתִּי אֵלֶיךָ לֵאמֹר
ו כַּסְפְּךָ וּזְהָבְךָ וְנָשֶׁיךָ וּבָנֶיךָ לִי תִתֵּן׃ כִּי ׀ אִם־כָּעֵת מָחָר אֶשְׁלַח
אֶת־עֲבָדַי אֵלֶיךָ וְחִפְּשׂוּ אֶת־בֵּיתְךָ וְאֵת בָּתֵּי עֲבָדֶיךָ וְהָיָה
ז כָּל־מַחְמַד עֵינֶיךָ יָשִׂימוּ בְיָדָם וְלָקָחוּ׃ וַיִּקְרָא מֶלֶךְ־יִשְׂרָאֵל
לְכָל־זִקְנֵי הָאָרֶץ וַיֹּאמֶר דְּעוּ־נָא וּרְאוּ כִּי רָעָה זֶה מְבַקֵּשׁ כִּי־
שָׁלַח אֵלַי לְנָשַׁי וּלְבָנַי וּלְכַסְפִּי וְלִזְהָבִי וְלֹא מָנַעְתִּי מִמֶּנּוּ׃
ח וַיֹּאמְרוּ אֵלָיו כָּל־הַזְּקֵנִים וְכָל־הָעָם אַל־תִּשְׁמַע וְלוֹא תֹאבֶה׃
ט וַיֹּאמֶר לְמַלְאֲכֵי בֶן־הֲדַד אִמְרוּ לַאדֹנִי הַמֶּלֶךְ כֹּל אֲשֶׁר־שָׁלַחְתָּ
אֶל־עַבְדְּךָ בָרִאשֹׁנָה אֶעֱשֶׂה וְהַדָּבָר הַזֶּה לֹא אוּכַל לַעֲשׂוֹת
י וַיֵּלְכוּ הַמַּלְאָכִים וַיְשִׁבֻהוּ דָּבָר׃ וַיִּשְׁלַח אֵלָיו בֶּן־הֲדַד וַיֹּאמֶר
כֹּה־יַעֲשׂוּן לִי אֱלֹהִים וְכֹה יוֹסִפוּ אִם־יִשְׂפֹּק עֲפַר שֹׁמְרוֹן
יא לִשְׁעָלִים לְכָל־הָעָם אֲשֶׁר בְּרַגְלָי׃ וַיַּעַן מֶלֶךְ־יִשְׂרָאֵל וַיֹּאמֶר
יב דַּבְּרוּ אַל־יִתְהַלֵּל חֹגֵר כִּמְפַתֵּחַ׃ וַיְהִי כִּשְׁמֹעַ אֶת־הַדָּבָר הַזֶּה
וְהוּא שֹׁתֶה הוּא וְהַמְּלָכִים בַּסֻּכּוֹת וַיֹּאמֶר אֶל־עֲבָדָיו שִׂימוּ
יג וַיָּשִׂימוּ עַל־הָעִיר׃ וְהִנֵּה ׀ נָבִיא אֶחָד נִגַּשׁ אֶל־אַחְאָב מֶלֶךְ־ יז
יִשְׂרָאֵל וַיֹּאמֶר כֹּה אָמַר יְהוָה הֲרָאִיתָ אֵת כָּל־הֶהָמוֹן הַגָּדוֹל
יד הַזֶּה הִנְנִי נֹתְנוֹ בְיָדְךָ הַיּוֹם וְיָדַעְתָּ כִּי־אֲנִי יְהוָה׃ וַיֹּאמֶר אַחְאָב
בְּמִי וַיֹּאמֶר כֹּה־אָמַר יְהוָה בְּנַעֲרֵי שָׂרֵי הַמְּדִינוֹת וַיֹּאמֶר מִי־
טו יֶאְסֹר הַמִּלְחָמָה וַיֹּאמֶר אָתָּה׃ וַיִּפְקֹד אֶת־נַעֲרֵי שָׂרֵי הַמְּדִינוֹת
וַיִּהְיוּ מָאתַיִם שְׁנַיִם וּשְׁלֹשִׁים וְאַחֲרֵיהֶם פָּקַד אֶת־כָּל־הָעָם
טז כָּל־בְּנֵי יִשְׂרָאֵל שִׁבְעַת אֲלָפִים׃ וַיֵּצְאוּ בַּצָּהֳרָיִם וּבֶן־הֲדַד
שֹׁתֶה שִׁכּוֹר בַּסֻּכּוֹת הוּא וְהַמְּלָכִים שְׁלֹשִׁים־וּשְׁנַיִם מֶלֶךְ עֹזֵר
יז אֹתוֹ׃ וַיֵּצְאוּ נַעֲרֵי שָׂרֵי הַמְּדִינוֹת בָּרִאשֹׁנָה וַיִּשְׁלַח בֶּן־הֲדַד

כ

יח ויגידו לו לאמר אנשים יצאו משמרון: ויאמר אם־לשלום
יט יצאו תפשום חיים ואם למלחמה יצאו חיים תפשום: ואלה
יצאו מן־העיר נערי שרי המדינות והחיל אשר אחריהם:
כ ויכו איש אישו וינסו ארם וירדפם ישראל וימלט בן־הדד
כא מלך ארם על־סוס ופרשים: ויצא מלך ישראל ויך את־
כב הסוס ואת־הרכב והכה בארם מכה גדולה: ויגש הנביא אל־
מלך ישראל ויאמר לו לך התחזק ודע וראה את אשר־
תעשה כי לתשובת השנה מלך ארם עלה עליך:
כג ועבדי מלך־ארם אמרו אליו אלהי הרים אלהיהם על־כן
חזקו ממנו ואולם נלחם אתם במישור אם־לא נחזק מהם:
כד ואת־הדבר הזה עשה הסר המלכים איש ממקמו ושים
כה פחות תחתיהם: ואתה תמנה־לך | חיל כחיל הנפל מאותך
וסוס כסוס ורכב כרכב ונלחמה אותם במישור אם־לא נחזק
כו מהם וישמע לקלם ויעש כן: ויהי לתשובת
השנה ויפקד בן־הדד את־ארם ויעל אפקה למלחמה עם־
כז ישראל: ובני ישראל התפקדו וכלכלו וילכו לקראתם ויחנו
בני־ישראל נגדם כשני חשפי עזים וארם מלאו את־הארץ:
כח ויגש איש האלהים ויאמר אל־מלך ישראל ויאמר כה־אמר
יהוה יען אשר אמרו ארם אלהי הרים יהוה ולא־אלהי
עמקים הוא ונתתי את־כל־ההמון הגדול הזה בידך וידעתם
כט כי־אני יהוה: ויחנו אלה נכח־אלה שבעת ימים ויהי | ביום
השביעי ותקרב המלחמה ויכו בני־ישראל את־ארם מאה־
ל אלף רגלי ביום אחד: וינסו הנותרים | אפקה אל־העיר ותפל
החומה על־עשרים ושבעה אלף איש הנותרים ובן־הדד נס
לא ויבא אל־העיר חדר בחדר: ויאמרו אליו עבדיו הנה־נא
שמענו כי מלכי בית ישראל כי־מלכי חסד הם נשימה נא
שקים במתנינו וחבלים בראשנו ונצא אל־מלך ישראל אולי

לב יְחַיֶּה אֶת־נַפְשֶׁךָ׃ וַיַּחְגְּרוּ שַׂקִּים בְּמָתְנֵיהֶם וַחֲבָלִים בְּרָאשֵׁיהֶם
וַיָּבֹאוּ אֶל־מֶלֶךְ יִשְׂרָאֵל וַיֹּאמְרוּ עַבְדְּךָ בֶן־הֲדַד אָמַר תְּחִי־נָא
לג נַפְשִׁי וַיֹּאמֶר הַעוֹדֶנּוּ חַי אָחִי הוּא׃ וְהָאֲנָשִׁים יְנַחֲשׁוּ וַיְמַהֲרוּ
וַיַּחְלְטוּ הֲמִמֶּנּוּ וַיֹּאמְרוּ אָחִיךָ בֶן־הֲדַד וַיֹּאמֶר בֹּאוּ קָחֻהוּ וַיֵּצֵא
לד אֵלָיו בֶּן־הֲדַד וַיַּעֲלֵהוּ עַל־הַמֶּרְכָּבָה׃ וַיֹּאמֶר אֵלָיו הֶעָרִים
אֲשֶׁר־לָקַח־אָבִי מֵאֵת אָבִיךָ אָשִׁיב וְחוּצוֹת תָּשִׂים לְךָ בְדַמֶּשֶׂק
כַּאֲשֶׁר־שָׂם אָבִי בְּשֹׁמְרוֹן וַאֲנִי בַּבְּרִית אֲשַׁלְּחֶךָּ וַיִּכְרָת־לוֹ
לה בְרִית וַיְשַׁלְּחֵהוּ׃ וְאִישׁ אֶחָד מִבְּנֵי הַנְּבִיאִים
אָמַר אֶל־רֵעֵהוּ בִּדְבַר יְהוָה הַכֵּינִי נָא וַיְמָאֵן הָאִישׁ לְהַכֹּתוֹ׃
לו וַיֹּאמֶר לוֹ יַעַן אֲשֶׁר לֹא־שָׁמַעְתָּ בְּקוֹל יְהוָה הִנְּךָ הוֹלֵךְ מֵאִתִּי
לז וְהִכְּךָ הָאַרְיֵה וַיֵּלֶךְ מֵאֶצְלוֹ וַיִּמְצָאֵהוּ הָאַרְיֵה וַיַּכֵּהוּ׃ וַיִּמְצָא
לח אִישׁ אַחֵר וַיֹּאמֶר הַכֵּינִי נָא וַיַּכֵּהוּ הָאִישׁ הַכֵּה וּפָצֹעַ׃ וַיֵּלֶךְ
הַנָּבִיא וַיַּעֲמֹד לַמֶּלֶךְ עַל־הַדָּרֶךְ וַיִּתְחַפֵּשׂ בָּאֲפֵר עַל־עֵינָיו׃
לט וַיְהִי הַמֶּלֶךְ עֹבֵר וְהוּא צָעַק אֶל־הַמֶּלֶךְ וַיֹּאמֶר עַבְדְּךָ ׀ יָצָא
בְקֶרֶב־הַמִּלְחָמָה וְהִנֵּה־אִישׁ סָר וַיָּבֵא אֵלַי אִישׁ וַיֹּאמֶר שְׁמֹר
אֶת־הָאִישׁ הַזֶּה אִם־הִפָּקֵד יִפָּקֵד וְהָיְתָה נַפְשְׁךָ תַּחַת נַפְשׁוֹ אוֹ
מ כִכַּר־כֶּסֶף תִּשְׁקוֹל׃ וַיְהִי עַבְדְּךָ עֹשֶׂה הֵנָּה וָהֵנָּה וְהוּא אֵינֶנּוּ
מא וַיֹּאמֶר אֵלָיו מֶלֶךְ־יִשְׂרָאֵל כֵּן מִשְׁפָּטֶךָ אַתָּה חָרָצְתָּ׃ וַיְמַהֵר
וַיָּסַר אֶת־הָאֲפֵר מֵעַל עֵינָיו וַיַּכֵּר אֹתוֹ מֶלֶךְ יִשְׂרָאֵל כִּי
מב מֵהַנְּבִאִים הוּא׃ וַיֹּאמֶר אֵלָיו כֹּה אָמַר יְהוָה יַעַן שִׁלַּחְתָּ
אֶת־אִישׁ־חֶרְמִי מִיָּד וְהָיְתָה נַפְשְׁךָ תַּחַת נַפְשׁוֹ וְעַמְּךָ
מג תַּחַת עַמּוֹ׃ וַיֵּלֶךְ מֶלֶךְ־יִשְׂרָאֵל עַל־בֵּיתוֹ סַר וְזָעֵף וַיָּבֹא
כא א שֹׁמְרוֹנָה׃ וַיְהִי אַחַר הַדְּבָרִים הָאֵלֶּה כֶּרֶם הָיָה
לְנָבוֹת הַיִּזְרְעֵאלִי אֲשֶׁר בְּיִזְרְעֶאל אֵצֶל הֵיכַל אַחְאָב מֶלֶךְ
ב שֹׁמְרוֹן׃ וַיְדַבֵּר אַחְאָב אֶל־נָבוֹת ׀ לֵאמֹר ׀ תְּנָה־לִּי אֶת־כַּרְמְךָ
וִיהִי־לִי לְגַן־יָרָק כִּי הוּא קָרוֹב אֵצֶל בֵּיתִי וְאֶתְּנָה לְךָ תַּחְתָּיו
כֶּרֶם טוֹב מִמֶּנּוּ אִם טוֹב בְּעֵינֶיךָ אֶתְּנָה־לְךָ כֶסֶף מְחִיר זֶה׃

ג וַיֹּאמֶר נָבוֹת אֶל־אַחְאָב חָלִילָה לִּי מֵיהוָה מִתִּתִי אֶת־נַחֲלַת
ד אֲבֹתַי לָךְ׃ וַיָּבֹא אַחְאָב אֶל־בֵּיתוֹ סַר וְזָעֵף עַל־הַדָּבָר אֲשֶׁר־
דִּבֶּר אֵלָיו נָבוֹת הַיִּזְרְעֵאלִי וַיֹּאמֶר לֹא־אֶתֵּן לְךָ אֶת־נַחֲלַת
אֲבוֹתָי וַיִּשְׁכַּב עַל־מִטָּתוֹ וַיַּסֵּב אֶת־פָּנָיו וְלֹא־אָכַל לָחֶם׃
ה וַתָּבֹא אֵלָיו אִיזֶבֶל אִשְׁתּוֹ וַתְּדַבֵּר אֵלָיו מַה־זֶּה רוּחֲךָ סָרָה
ו וְאֵינְךָ אֹכֵל לָחֶם׃ וַיְדַבֵּר אֵלֶיהָ כִּי־אֲדַבֵּר אֶל־נָבוֹת הַיִּזְרְעֵאלִי
וָאֹמַר לוֹ תְּנָה־לִּי אֶת־כַּרְמְךָ בְּכֶסֶף אוֹ אִם־חָפֵץ אַתָּה אֶתְּנָה־
ז לְךָ כֶרֶם תַּחְתָּיו וַיֹּאמֶר לֹא־אֶתֵּן לְךָ אֶת־כַּרְמִי׃ וַתֹּאמֶר אֵלָיו
אִיזֶבֶל אִשְׁתּוֹ אַתָּה עַתָּה תַּעֲשֶׂה מְלוּכָה עַל־יִשְׂרָאֵל קוּם
אֱכָל־לֶחֶם וְיִטַב לִבֶּךָ אֲנִי אֶתֵּן לְךָ אֶת־כֶּרֶם נָבוֹת הַיִּזְרְעֵאלִי׃
ח וַתִּכְתֹּב סְפָרִים בְּשֵׁם אַחְאָב וַתַּחְתֹּם בְּחֹתָמוֹ וַתִּשְׁלַח הספרים סְפָרִים
אֶל־הַזְּקֵנִים וְאֶל־הַחֹרִים אֲשֶׁר בְּעִירוֹ הַיֹּשְׁבִים אֶת־נָבוֹת׃
ט וַתִּכְתֹּב בַּסְּפָרִים לֵאמֹר קִרְאוּ־צוֹם וְהוֹשִׁיבוּ אֶת־נָבוֹת בְּרֹאשׁ
י הָעָם׃ וְהוֹשִׁיבוּ שְׁנַיִם אֲנָשִׁים בְּנֵי־בְלִיַּעַל נֶגְדּוֹ וִיעִדֻהוּ לֵאמֹר
יא בֵּרַכְתָּ אֱלֹהִים וָמֶלֶךְ וְהוֹצִיאֻהוּ וְסִקְלֻהוּ וְיָמֹת׃ וַיַּעֲשׂוּ אַנְשֵׁי
עִירוֹ הַזְּקֵנִים וְהַחֹרִים אֲשֶׁר הַיֹּשְׁבִים בְּעִירוֹ כַּאֲשֶׁר שָׁלְחָה
אֲלֵיהֶם אִיזָבֶל כַּאֲשֶׁר כָּתוּב בַּסְּפָרִים אֲשֶׁר שָׁלְחָה אֲלֵיהֶם׃
יב יג קָרְאוּ צוֹם וְהֹשִׁיבוּ אֶת־נָבוֹת בְּרֹאשׁ הָעָם׃ וַיָּבֹאוּ שְׁנֵי הָאֲנָשִׁים
בְּנֵי־בְלִיַּעַל וַיֵּשְׁבוּ נֶגְדּוֹ וַיְעִדֻהוּ אַנְשֵׁי הַבְּלִיַּעַל אֶת־נָבוֹת נֶגֶד
הָעָם לֵאמֹר בֵּרַךְ נָבוֹת אֱלֹהִים וָמֶלֶךְ וַיֹּצִאֻהוּ מִחוּץ לָעִיר
יד וַיִּסְקְלֻהוּ בָאֲבָנִים וַיָּמֹת׃ וַיִּשְׁלְחוּ אֶל־אִיזֶבֶל לֵאמֹר סֻקַּל נָבוֹת
טו וַיָּמֹת׃ וַיְהִי כִּשְׁמֹעַ אִיזֶבֶל כִּי־סֻקַּל נָבוֹת וַיָּמֹת וַתֹּאמֶר אִיזֶבֶל
אֶל־אַחְאָב קוּם רֵשׁ אֶת־כֶּרֶם ׀ נָבוֹת הַיִּזְרְעֵאלִי אֲשֶׁר מֵאֵן
טז לָתֶת־לְךָ בְכֶסֶף כִּי אֵין נָבוֹת חַי כִּי־מֵת׃ וַיְהִי כִשְׁמֹעַ אַחְאָב
כִּי מֵת נָבוֹת וַיָּקָם אַחְאָב לָרֶדֶת אֶל־כֶּרֶם נָבוֹת הַיִּזְרְעֵאלִי
יז לְרִשְׁתּוֹ׃ וַיְהִי דְּבַר־יְהוָה אֶל־אֵלִיָּהוּ הַתִּשְׁבִּי
יח לֵאמֹר׃ קוּם רֵד לִקְרַאת אַחְאָב מֶלֶךְ־יִשְׂרָאֵל אֲשֶׁר בְּשֹׁמְרוֹן יח

יט הִנֵּה בְּכֶרֶם נָבוֹת אֲשֶׁר־יָרַד שָׁם לְרִשְׁתּוֹ׃ וְדִבַּרְתָּ אֵלָיו לֵאמֹר
כֹּה אָמַר יְהוָה הֲרָצַחְתָּ וְגַם־יָרָשְׁתָּ וְדִבַּרְתָּ אֵלָיו לֵאמֹר כֹּה
אָמַר יְהוָה בִּמְקוֹם אֲשֶׁר לָקְקוּ הַכְּלָבִים אֶת־דַּם נָבוֹת יָלֹקּוּ
כ הַכְּלָבִים אֶת־דָּמְךָ גַּם־אָתָּה׃ וַיֹּאמֶר אַחְאָב אֶל־אֵלִיָּהוּ
הַמְצָאתַנִי אֹיְבִי וַיֹּאמֶר מָצָאתִי יַעַן הִתְמַכֶּרְךָ לַעֲשׂוֹת הָרַע
כא בְּעֵינֵי יְהוָה׃ הִנְנִי מֵבִי אֵלֶיךָ רָעָה וּבִעַרְתִּי אַחֲרֶיךָ וְהִכְרַתִּי
כב לְאַחְאָב מַשְׁתִּין בְּקִיר וְעָצוּר וְעָזוּב בְּיִשְׂרָאֵל׃ וְנָתַתִּי אֶת־
בֵּיתְךָ כְּבֵית יָרָבְעָם בֶּן־נְבָט וּכְבֵית בַּעְשָׁא בֶן־אֲחִיָּה אֶל־
כג הַכַּעַס אֲשֶׁר הִכְעַסְתָּ וַתַּחֲטִא אֶת־יִשְׂרָאֵל׃ וְגַם־לְאִיזֶבֶל דִּבֶּר
כד יְהוָה לֵאמֹר הַכְּלָבִים יֹאכְלוּ אֶת־אִיזֶבֶל בְּחֵל יִזְרְעֶאל׃ הַמֵּת
לְאַחְאָב בָּעִיר יֹאכְלוּ הַכְּלָבִים וְהַמֵּת בַּשָּׂדֶה יֹאכְלוּ עוֹף
כה הַשָּׁמָיִם׃ רַק לֹא־הָיָה כְאַחְאָב אֲשֶׁר הִתְמַכֵּר לַעֲשׂוֹת הָרַע
כו בְּעֵינֵי יְהוָה אֲשֶׁר־הֵסַתָּה אֹתוֹ אִיזֶבֶל אִשְׁתּוֹ׃ וַיַּתְעֵב מְאֹד
לָלֶכֶת אַחֲרֵי הַגִּלֻּלִים כְּכֹל אֲשֶׁר עָשׂוּ הָאֱמֹרִי אֲשֶׁר הוֹרִישׁ
כז יְהוָה מִפְּנֵי בְּנֵי יִשְׂרָאֵל׃ וַיְהִי כִשְׁמֹעַ אַחְאָב אֶת־הַדְּבָרִים
הָאֵלֶּה וַיִּקְרַע בְּגָדָיו וַיָּשֶׂם־שַׂק עַל־בְּשָׂרוֹ וַיָּצוֹם וַיִּשְׁכַּב בַּשָּׂק
כח וַיְהַלֵּךְ אַט׃ וַיְהִי דְּבַר־יְהוָה אֶל־אֵלִיָּהוּ הַתִּשְׁבִּי
כט לֵאמֹר׃ הֲרָאִיתָ כִּי־נִכְנַע אַחְאָב מִלְּפָנָי יַעַן כִּי־נִכְנַע מִפָּנַי לֹא־
כב א אָבִי הָרָעָה בְּיָמָיו בִּימֵי בְנוֹ אָבִיא הָרָעָה עַל־בֵּיתוֹ׃ וַיֵּשְׁבוּ
אָבִיא
שָׁלֹשׁ שָׁנִים אֵין מִלְחָמָה בֵּין אֲרָם וּבֵין יִשְׂרָאֵל׃
ב וַיְהִי בַּשָּׁנָה הַשְּׁלִישִׁית וַיֵּרֶד יְהוֹשָׁפָט מֶלֶךְ־יְהוּדָה אֶל־מֶלֶךְ
ג יִשְׂרָאֵל׃ וַיֹּאמֶר מֶלֶךְ־יִשְׂרָאֵל אֶל־עֲבָדָיו הַיְדַעְתֶּם כִּי־לָנוּ רָמֹת
ד גִּלְעָד וַאֲנַחְנוּ מַחְשִׁים מִקַּחַת אֹתָהּ מִיַּד מֶלֶךְ אֲרָם׃ וַיֹּאמֶר
אֶל־יְהוֹשָׁפָט הֲתֵלֵךְ אִתִּי לַמִּלְחָמָה רָמֹת גִּלְעָד וַיֹּאמֶר יְהוֹשָׁפָט
אֶל־מֶלֶךְ יִשְׂרָאֵל כָּמוֹנִי כָמוֹךָ כְּעַמִּי כְעַמֶּךָ כְּסוּסַי כְּסוּסֶיךָ׃
ה וַיֹּאמֶר יְהוֹשָׁפָט אֶל־מֶלֶךְ יִשְׂרָאֵל דְּרָשׁ־נָא כַיּוֹם אֶת־דְּבַר
ו יְהוָה׃ וַיִּקְבֹּץ מֶלֶךְ־יִשְׂרָאֵל אֶת־הַנְּבִיאִים כְּאַרְבַּע מֵאוֹת אִישׁ

וַיֹּאמֶר אֲלֵהֶם הַאֵלֵךְ עַל־רָמֹת גִּלְעָד לַמִּלְחָמָה אִם־אֶחְדָּל
ז וַיֹּאמְרוּ עֲלֵה וְיִתֵּן אֲדֹנָי בְּיַד הַמֶּלֶךְ׃ וַיֹּאמֶר יְהוֹשָׁפָט הַאֵין פֹּה
ח נָבִיא לַיהוה עוֹד וְנִדְרְשָׁה מֵאוֹתוֹ׃ וַיֹּאמֶר מֶלֶךְ־יִשְׂרָאֵל ׀ אֶל־
יְהוֹשָׁפָט עוֹד אִישׁ־אֶחָד לִדְרֹשׁ אֶת־יהוה מֵאֹתוֹ וַאֲנִי שְׂנֵאתִיו
כִּי לֹא־יִתְנַבֵּא עָלַי טוֹב כִּי אִם־רָע מִיכָיְהוּ בֶּן־יִמְלָה וַיֹּאמֶר
ט יְהוֹשָׁפָט אַל־יֹאמַר הַמֶּלֶךְ כֵּן׃ וַיִּקְרָא מֶלֶךְ יִשְׂרָאֵל אֶל־סָרִיס
י אֶחָד וַיֹּאמֶר מַהֲרָה מִיכָיְהוּ בֶן־יִמְלָה׃ וּמֶלֶךְ יִשְׂרָאֵל וִיהוֹשָׁפָט
מֶלֶךְ־יְהוּדָה יֹשְׁבִים אִישׁ עַל־כִּסְאוֹ מְלֻבָּשִׁים בְּגָדִים בְּגֹרֶן
יא פֶּתַח שַׁעַר שֹׁמְרוֹן וְכָל־הַנְּבִיאִים מִתְנַבְּאִים לִפְנֵיהֶם׃ וַיַּעַשׂ לוֹ
צִדְקִיָּה בֶן־כְּנַעֲנָה קַרְנֵי בַרְזֶל וַיֹּאמֶר כֹּה־אָמַר יהוה בְּאֵלֶּה
יב תְּנַגַּח אֶת־אֲרָם עַד־כַּלֹּתָם׃ וְכָל־הַנְּבִאִים נִבְּאִים כֵּן לֵאמֹר
יג עֲלֵה רָמֹת גִּלְעָד וְהַצְלַח וְנָתַן יהוה בְּיַד הַמֶּלֶךְ׃ וְהַמַּלְאָךְ
אֲשֶׁר־הָלַךְ ׀ לִקְרֹא מִיכָיְהוּ דִּבֶּר אֵלָיו לֵאמֹר הִנֵּה־נָא דִּבְרֵי
הַנְּבִיאִים פֶּה־אֶחָד טוֹב אֶל־הַמֶּלֶךְ יְהִי־נָא דבריך כִּדְבַר אַחַד דְּבָרְךָ
יד מֵהֶם וְדִבַּרְתָּ טּוֹב׃ וַיֹּאמֶר מִיכָיְהוּ חַי־יהוה כִּי אֶת־אֲשֶׁר יֹאמַר
טו יהוה אֵלַי אֹתוֹ אֲדַבֵּר׃ וַיָּבוֹא אֶל־הַמֶּלֶךְ וַיֹּאמֶר הַמֶּלֶךְ אֵלָיו
מִיכָיְהוּ הֲנֵלֵךְ אֶל־רָמֹת גִּלְעָד לַמִּלְחָמָה אִם־נֶחְדָּל וַיֹּאמֶר
טז אֵלָיו עֲלֵה וְהַצְלַח וְנָתַן יהוה בְּיַד הַמֶּלֶךְ׃ וַיֹּאמֶר אֵלָיו הַמֶּלֶךְ
עַד־כַּמֶּה פְעָמִים אֲנִי מַשְׁבִּעֶךָ אֲשֶׁר לֹא־תְדַבֵּר אֵלַי רַק־
יז אֱמֶת בְּשֵׁם יהוה׃ וַיֹּאמֶר רָאִיתִי אֶת־כָּל־יִשְׂרָאֵל נְפֹצִים אֶל־
הֶהָרִים כַּצֹּאן אֲשֶׁר אֵין־לָהֶם רֹעֶה וַיֹּאמֶר יהוה לֹא־אֲדֹנִים
יח לָאֵלֶּה יָשׁוּבוּ אִישׁ־לְבֵיתוֹ בְּשָׁלוֹם׃ וַיֹּאמֶר מֶלֶךְ־יִשְׂרָאֵל אֶל־
יְהוֹשָׁפָט הֲלוֹא אָמַרְתִּי אֵלֶיךָ לוֹא־יִתְנַבֵּא עָלַי טוֹב כִּי אִם־רָע׃
יט וַיֹּאמֶר לָכֵן שְׁמַע דְּבַר־יהוה רָאִיתִי אֶת־יהוה יֹשֵׁב עַל־כִּסְאוֹ
כ וְכָל־צְבָא הַשָּׁמַיִם עֹמֵד עָלָיו מִימִינוֹ וּמִשְּׂמֹאלוֹ׃ וַיֹּאמֶר יהוה
מִי יְפַתֶּה אֶת־אַחְאָב וְיַעַל וְיִפֹּל בְּרָמֹת גִּלְעָד וַיֹּאמֶר זֶה בְּכֹה
כא וְזֶה אֹמֵר בְּכֹה׃ וַיֵּצֵא הָרוּחַ וַיַּעֲמֹד לִפְנֵי יהוה וַיֹּאמֶר אֲנִי

כב אֲפַתֶּנּוּ וַיֹּאמֶר יהוה אֵלָיו בַּמָּה: וַיֹּאמֶר אֵצֵא וְהָיִיתִי רוּחַ שֶׁקֶר
כג בְּפִי כָּל־נְבִיאָיו וַיֹּאמֶר תְּפַתֶּה וְגַם־תּוּכָל צֵא וַעֲשֵׂה־כֵן: וְעַתָּה
הִנֵּה נָתַן יהוה רוּחַ שֶׁקֶר בְּפִי כָּל־נְבִיאֶיךָ אֵלֶּה וַיהוה דִּבֶּר
כד עָלֶיךָ רָעָה: וַיִּגַּשׁ צִדְקִיָּהוּ בֶן־כְּנַעֲנָה וַיַּכֶּה אֶת־מִיכָיְהוּ עַל־
הַלֶּחִי וַיֹּאמֶר אֵי־זֶה עָבַר רוּחַ־יהוה מֵאִתִּי לְדַבֵּר אוֹתָךְ:
כה וַיֹּאמֶר מִיכָיְהוּ הִנְּךָ רֹאֶה בַּיּוֹם הַהוּא אֲשֶׁר תָּבֹא חֶדֶר בְּחֶדֶר
כו לְהֵחָבֵה: וַיֹּאמֶר מֶלֶךְ יִשְׂרָאֵל קַח אֶת־מִיכָיְהוּ וַהֲשִׁיבֵהוּ אֶל־
כז אָמֹן שַׂר־הָעִיר וְאֶל־יוֹאָשׁ בֶּן־הַמֶּלֶךְ: וְאָמַרְתָּ כֹּה אָמַר
הַמֶּלֶךְ שִׂימוּ אֶת־זֶה בֵּית הַכֶּלֶא וְהַאֲכִלֻהוּ לֶחֶם לַחַץ וּמַיִם
כח לַחַץ עַד בֹּאִי בְשָׁלוֹם: וַיֹּאמֶר מִיכָיְהוּ אִם־שׁוֹב תָּשׁוּב בְּשָׁלוֹם
כט לֹא־דִבֶּר יהוה בִּי וַיֹּאמֶר שִׁמְעוּ עַמִּים כֻּלָּם: וַיַּעַל מֶלֶךְ־
ל יִשְׂרָאֵל וִיהוֹשָׁפָט מֶלֶךְ־יְהוּדָה רָמֹת גִּלְעָד: וַיֹּאמֶר מֶלֶךְ
יִשְׂרָאֵל אֶל־יְהוֹשָׁפָט הִתְחַפֵּשׂ וָבֹא בַמִּלְחָמָה וְאַתָּה לְבַשׁ
לא בְּגָדֶיךָ וַיִּתְחַפֵּשׂ מֶלֶךְ יִשְׂרָאֵל וַיָּבוֹא בַּמִּלְחָמָה: וּמֶלֶךְ אֲרָם
צִוָּה אֶת־שָׂרֵי הָרֶכֶב אֲשֶׁר־לוֹ שְׁלֹשִׁים וּשְׁנַיִם לֵאמֹר לֹא
תִּלָּחֲמוּ אֶת־קָטֹן וְאֶת־גָּדוֹל כִּי אִם־אֶת־מֶלֶךְ יִשְׂרָאֵל לְבַדּוֹ:
לב וַיְהִי כִּרְאוֹת שָׂרֵי הָרֶכֶב אֶת־יְהוֹשָׁפָט וְהֵמָּה אָמְרוּ אַךְ מֶלֶךְ־
לג יִשְׂרָאֵל הוּא וַיָּסֻרוּ עָלָיו לְהִלָּחֵם וַיִּזְעַק יְהוֹשָׁפָט: וַיְהִי כִּרְאוֹת
לד שָׂרֵי הָרֶכֶב כִּי־לֹא־מֶלֶךְ יִשְׂרָאֵל הוּא וַיָּשׁוּבוּ מֵאַחֲרָיו: וְאִישׁ
מָשַׁךְ בַּקֶּשֶׁת לְתֻמּוֹ וַיַּכֶּה אֶת־מֶלֶךְ יִשְׂרָאֵל בֵּין הַדְּבָקִים וּבֵין
הַשִּׁרְיָן וַיֹּאמֶר לְרַכָּבוֹ הֲפֹךְ יָדְךָ וְהוֹצִיאֵנִי מִן־הַמַּחֲנֶה כִּי
לה הָחֳלֵיתִי: וַתַּעֲלֶה הַמִּלְחָמָה בַּיּוֹם הַהוּא וְהַמֶּלֶךְ הָיָה מָעֳמָד
בַּמֶּרְכָּבָה נֹכַח אֲרָם וַיָּמָת בָּעֶרֶב וַיִּצֶק דַּם־הַמַּכָּה אֶל־חֵיק
לו הָרֶכֶב: וַיַּעֲבֹר הָרִנָּה בַּמַּחֲנֶה כְּבֹא הַשֶּׁמֶשׁ לֵאמֹר אִישׁ אֶל־עִירוֹ
לז וְאִישׁ אֶל־אַרְצוֹ: וַיָּמָת הַמֶּלֶךְ וַיָּבוֹא שֹׁמְרוֹן וַיִּקְבְּרוּ אֶת־הַמֶּלֶךְ
לח בְּשֹׁמְרוֹן: וַיִּשְׁטֹף אֶת־הָרֶכֶב עַל ׀ בְּרֵכַת שֹׁמְרוֹן וַיָּלֹקּוּ הַכְּלָבִים
לט אֶת־דָּמוֹ וְהַזֹּנוֹת רָחָצוּ כִּדְבַר יהוה אֲשֶׁר דִּבֵּר: וְיֶתֶר דִּבְרֵי

אַחְאָב וְכָל־אֲשֶׁר עָשָׂה וּבֵית הַשֵּׁן אֲשֶׁר בָּנָה וְכָל־הֶעָרִים
אֲשֶׁר בָּנָה הֲלוֹא־הֵם כְּתוּבִים עַל־סֵפֶר דִּבְרֵי הַיָּמִים לְמַלְכֵי
יִשְׂרָאֵל׃ וַיִּשְׁכַּב אַחְאָב עִם־אֲבֹתָיו וַיִּמְלֹךְ אֲחַזְיָהוּ בְנוֹ מ
תַּחְתָּיו׃ וִיהוֹשָׁפָט בֶּן־אָסָא מָלַךְ עַל־יְהוּדָה מא
בִּשְׁנַת אַרְבַּע לְאַחְאָב מֶלֶךְ יִשְׂרָאֵל׃ יְהוֹשָׁפָט בֶּן־שְׁלֹשִׁים מב
וְחָמֵשׁ שָׁנָה בְּמָלְכוֹ וְעֶשְׂרִים וְחָמֵשׁ שָׁנָה מָלַךְ בִּירוּשָׁלִָם וְשֵׁם
יט אִמּוֹ עֲזוּבָה בַּת־שִׁלְחִי׃ וַיֵּלֶךְ בְּכָל־דֶּרֶךְ אָסָא אָבִיו לֹא־סָר מג
מִמֶּנּוּ לַעֲשׂוֹת הַיָּשָׁר בְּעֵינֵי יְהוָה׃ אַךְ הַבָּמוֹת לֹא־סָרוּ עוֹד מד
הָעָם מְזַבְּחִים וּמְקַטְּרִים בַּבָּמוֹת׃ וַיַּשְׁלֵם יְהוֹשָׁפָט עִם־מֶלֶךְ מה
יִשְׂרָאֵל׃ וְיֶתֶר דִּבְרֵי יְהוֹשָׁפָט וּגְבוּרָתוֹ אֲשֶׁר־עָשָׂה וַאֲשֶׁר מו
נִלְחָם הֲלֹא־הֵם כְּתוּבִים עַל־סֵפֶר דִּבְרֵי הַיָּמִים לְמַלְכֵי יְהוּדָה׃
וְיֶתֶר הַקָּדֵשׁ אֲשֶׁר נִשְׁאַר בִּימֵי אָסָא אָבִיו בִּעֵר מִן־הָאָרֶץ׃ מז
עֲשָׂה וּמֶלֶךְ אֵין בֶּאֱדוֹם נִצָּב מֶלֶךְ׃ יְהוֹשָׁפָט עשר אֳנִיּוֹת תַּרְשִׁישׁ מח מט
נִשְׁבְּרוּ לָלֶכֶת אוֹפִירָה לַזָּהָב וְלֹא הָלָךְ כִּי־נשברה אֳנִיּוֹת בְּעֶצְיוֹן
גָּבֶר׃ אָז אָמַר אֲחַזְיָהוּ בֶן־אַחְאָב אֶל־יְהוֹשָׁפָט יֵלְכוּ עֲבָדַי נ
עִם־עֲבָדֶיךָ בָּאֳנִיּוֹת וְלֹא אָבָה יְהוֹשָׁפָט׃ וַיִּשְׁכַּב יְהוֹשָׁפָט עִם־ נא
אֲבֹתָיו וַיִּקָּבֵר עִם־אֲבֹתָיו בְּעִיר דָּוִד אָבִיו וַיִּמְלֹךְ יְהוֹרָם בְּנוֹ
תַּחְתָּיו׃ אֲחַזְיָהוּ בֶן־אַחְאָב מָלַךְ עַל־יִשְׂרָאֵל נב
בְּשֹׁמְרוֹן בִּשְׁנַת שְׁבַע עֶשְׂרֵה לִיהוֹשָׁפָט מֶלֶךְ יְהוּדָה וַיִּמְלֹךְ
עַל־יִשְׂרָאֵל שְׁנָתָיִם׃ וַיַּעַשׂ הָרַע בְּעֵינֵי יְהוָה וַיֵּלֶךְ בְּדֶרֶךְ אָבִיו נג
וּבְדֶרֶךְ אִמּוֹ וּבְדֶרֶךְ יָרָבְעָם בֶּן־נְבָט אֲשֶׁר הֶחֱטִיא אֶת־
יִשְׂרָאֵל׃ וַיַּעֲבֹד אֶת־הַבַּעַל וַיִּשְׁתַּחֲוֶה לוֹ וַיַּכְעֵס אֶת־יְהוָה נד
מלכים ב אֱלֹהֵי יִשְׂרָאֵל כְּכֹל אֲשֶׁר־עָשָׂה אָבִיו׃ וַיִּפְשַׁע מוֹאָב בְּיִשְׂרָאֵל א א
אַחֲרֵי מוֹת אַחְאָב׃ וַיִּפֹּל אֲחַזְיָה בְּעַד הַשְּׂבָכָה בַּעֲלִיָּתוֹ אֲשֶׁר ב
בְּשֹׁמְרוֹן וַיָּחַל וַיִּשְׁלַח מַלְאָכִים וַיֹּאמֶר אֲלֵהֶם לְכוּ דִרְשׁוּ בְּבַעַל
זְבוּב אֱלֹהֵי עֶקְרוֹן אִם־אֶחְיֶה מֵחֳלִי זֶה׃ וּמַלְאַךְ ג
יְהוָה דִּבֶּר אֶל־אֵלִיָּה הַתִּשְׁבִּי קוּם עֲלֵה לִקְרַאת מַלְאֲכֵי

מֶלֶךְ־שֹׁמְרוֹן וְדַבֵּר אֲלֵהֶם הֲמִבְּלִי אֵין־אֱלֹהִים בְּיִשְׂרָאֵל
ד אַתֶּם הֹלְכִים לִדְרֹשׁ בְּבַעַל זְבוּב אֱלֹהֵי עֶקְרוֹן׃ וְלָכֵן כֹּה־
אָמַר יְהוָה הַמִּטָּה אֲשֶׁר־עָלִיתָ שָּׁם לֹא־תֵרֵד מִמֶּנָּה כִּי מוֹת
ה תָּמוּת וַיֵּלֶךְ אֵלִיָּה׃ וַיָּשׁוּבוּ הַמַּלְאָכִים אֵלָיו וַיֹּאמֶר אֲלֵיהֶם מַה־
ו זֶּה שַׁבְתֶּם׃ וַיֹּאמְרוּ אֵלָיו אִישׁ ׀ עָלָה לִקְרָאתֵנוּ וַיֹּאמֶר אֵלֵינוּ
לְכוּ שׁוּבוּ אֶל־הַמֶּלֶךְ אֲשֶׁר־שָׁלַח אֶתְכֶם וְדִבַּרְתֶּם אֵלָיו כֹּה
אָמַר יְהוָה הֲמִבְּלִי אֵין־אֱלֹהִים בְּיִשְׂרָאֵל אַתָּה שֹׁלֵחַ לִדְרֹשׁ
בְּבַעַל זְבוּב אֱלֹהֵי עֶקְרוֹן לָכֵן הַמִּטָּה אֲשֶׁר־עָלִיתָ שָּׁם לֹא־
ז תֵרֵד מִמֶּנָּה כִּי־מוֹת תָּמוּת׃ וַיְדַבֵּר אֲלֵהֶם מֶה מִשְׁפַּט הָאִישׁ
אֲשֶׁר עָלָה לִקְרַאתְכֶם וַיְדַבֵּר אֲלֵיכֶם אֶת־הַדְּבָרִים הָאֵלֶּה׃
ח וַיֹּאמְרוּ אֵלָיו אִישׁ בַּעַל שֵׂעָר וְאֵזוֹר עוֹר אָזוּר בְּמָתְנָיו וַיֹּאמַר
ט אֵלִיָּה הַתִּשְׁבִּי הוּא׃ וַיִּשְׁלַח אֵלָיו שַׂר־חֲמִשִּׁים וַחֲמִשָּׁיו וַיַּעַל
אֵלָיו וְהִנֵּה יֹשֵׁב עַל־רֹאשׁ הָהָר וַיְדַבֵּר אֵלָיו אִישׁ הָאֱלֹהִים
י הַמֶּלֶךְ דִּבֶּר רֵדָה׃ וַיַּעֲנֶה אֵלִיָּהוּ וַיְדַבֵּר אֶל־שַׂר הַחֲמִשִּׁים וְאִם־
אִישׁ אֱלֹהִים אָנִי תֵּרֶד אֵשׁ מִן־הַשָּׁמַיִם וְתֹאכַל אֹתְךָ וְאֶת־
חֲמִשֶּׁיךָ וַתֵּרֶד אֵשׁ מִן־הַשָּׁמַיִם וַתֹּאכַל אֹתוֹ וְאֶת־חֲמִשָּׁיו׃
יא וַיָּשָׁב וַיִּשְׁלַח אֵלָיו שַׂר־חֲמִשִּׁים אַחֵר וַחֲמִשָּׁיו וַיַּעַן וַיְדַבֵּר אֵלָיו
יב אִישׁ הָאֱלֹהִים כֹּה־אָמַר הַמֶּלֶךְ מְהֵרָה רֵדָה׃ וַיַּעַן אֵלִיָּה וַיְדַבֵּר
אֲלֵיהֶם אִם־אִישׁ הָאֱלֹהִים אָנִי תֵּרֶד אֵשׁ מִן־הַשָּׁמַיִם וְתֹאכַל
אֹתְךָ וְאֶת־חֲמִשֶּׁיךָ וַתֵּרֶד אֵשׁ־אֱלֹהִים מִן־הַשָּׁמַיִם וַתֹּאכַל
יג אֹתוֹ וְאֶת־חֲמִשָּׁיו׃ וַיָּשָׁב וַיִּשְׁלַח שַׂר־חֲמִשִּׁים שְׁלִשִׁים וַחֲמִשָּׁיו
וַיַּעַל וַיָּבֹא שַׂר־הַחֲמִשִּׁים הַשְּׁלִישִׁי וַיִּכְרַע עַל־בִּרְכָּיו ׀ לְנֶגֶד
אֵלִיָּהוּ וַיִּתְחַנֵּן אֵלָיו וַיְדַבֵּר אֵלָיו אִישׁ הָאֱלֹהִים תִּיקַר־נָא נַפְשִׁי
יד וְנֶפֶשׁ עֲבָדֶיךָ אֵלֶּה חֲמִשִּׁים בְּעֵינֶיךָ׃ הִנֵּה יָרְדָה אֵשׁ מִן־הַשָּׁמַיִם
וַתֹּאכַל אֶת־שְׁנֵי שָׂרֵי הַחֲמִשִּׁים הָרִאשֹׁנִים וְאֶת־חֲמִשֵּׁיהֶם
טו וְעַתָּה תִּיקַר נַפְשִׁי בְּעֵינֶיךָ׃ וַיְדַבֵּר מַלְאַךְ יְהוָה
אֶל־אֵלִיָּהוּ רֵד אוֹתוֹ אַל־תִּירָא מִפָּנָיו וַיָּקָם וַיֵּרֶד אוֹתוֹ אֶל־

טז הַמֶּלֶךְ׃ וַיְדַבֵּר אֵלָיו כֹּה־אָמַר יְהוָה יַעַן אֲשֶׁר־שָׁלַחְתָּ מַלְאָכִים
לִדְרֹשׁ בְּבַעַל זְבוּב אֱלֹהֵי עֶקְרוֹן הֲמִבְּלִי אֵין־אֱלֹהִים בְּיִשְׂרָאֵל
לִדְרֹשׁ בִּדְבָרוֹ לָכֵן הַמִּטָּה אֲשֶׁר־עָלִיתָ שָּׁם לֹא־תֵרֵד מִמֶּנָּה
יז כִּי־מוֹת תָּמוּת׃ וַיָּמָת כִּדְבַר יְהוָה ׀ אֲשֶׁר־דִּבֶּר אֵלִיָּהוּ וַיִּמְלֹךְ
יְהוֹרָם תַּחְתָּיו בִּשְׁנַת שְׁתַּיִם לִיהוֹרָם בֶּן־יְהוֹשָׁפָט
יח מֶלֶךְ יְהוּדָה כִּי לֹא־הָיָה לוֹ בֵּן׃ וְיֶתֶר דִּבְרֵי אֲחַזְיָהוּ אֲשֶׁר
עָשָׂה הֲלוֹא־הֵמָּה כְתוּבִים עַל־סֵפֶר דִּבְרֵי הַיָּמִים לְמַלְכֵי
ב א יִשְׂרָאֵל׃ וַיְהִי בְּהַעֲלוֹת יְהוָה אֶת־אֵלִיָּהוּ בִּסְעָרָה
ב הַשָּׁמָיִם וַיֵּלֶךְ אֵלִיָּהוּ וֶאֱלִישָׁע מִן־הַגִּלְגָּל׃ וַיֹּאמֶר אֵלִיָּהוּ אֶל־
אֱלִישָׁע שֵׁב־נָא פֹה כִּי יְהוָה שְׁלָחַנִי עַד־בֵּית־אֵל וַיֹּאמֶר
אֱלִישָׁע חַי־יְהוָה וְחֵי־נַפְשְׁךָ אִם־אֶעֶזְבֶךָּ וַיֵּרְדוּ בֵּית־אֵל׃
ג וַיֵּצְאוּ בְנֵי־הַנְּבִיאִים אֲשֶׁר־בֵּית־אֵל אֶל־אֱלִישָׁע וַיֹּאמְרוּ אֵלָיו
הֲיָדַעְתָּ כִּי הַיּוֹם יְהוָה לֹקֵחַ אֶת־אֲדֹנֶיךָ מֵעַל רֹאשֶׁךָ וַיֹּאמֶר
ד גַּם־אֲנִי יָדַעְתִּי הֶחֱשׁוּ׃ וַיֹּאמֶר לוֹ אֵלִיָּהוּ אֱלִישָׁע ׀ שֵׁב־נָא פֹה
כִּי יְהוָה שְׁלָחַנִי יְרִיחוֹ וַיֹּאמֶר חַי־יְהוָה וְחֵי־נַפְשְׁךָ אִם־אֶעֶזְבֶךָּ
ה וַיָּבֹאוּ יְרִיחוֹ׃ וַיִּגְּשׁוּ בְנֵי־הַנְּבִיאִים ׀ אֲשֶׁר־בִּירִיחוֹ אֶל־אֱלִישָׁע
וַיֹּאמְרוּ אֵלָיו הֲיָדַעְתָּ כִּי הַיּוֹם יְהוָה לֹקֵחַ אֶת־אֲדֹנֶיךָ מֵעַל
ו רֹאשֶׁךָ וַיֹּאמֶר גַּם־אֲנִי יָדַעְתִּי הֶחֱשׁוּ׃ וַיֹּאמֶר לוֹ אֵלִיָּהוּ שֵׁב־
נָא פֹה כִּי יְהוָה שְׁלָחַנִי הַיַּרְדֵּנָה וַיֹּאמֶר חַי־יְהוָה וְחֵי־נַפְשְׁךָ
ז אִם־אֶעֶזְבֶךָּ וַיֵּלְכוּ שְׁנֵיהֶם׃ וַחֲמִשִּׁים אִישׁ מִבְּנֵי הַנְּבִיאִים הָלְכוּ
ח וַיַּעַמְדוּ מִנֶּגֶד מֵרָחוֹק וּשְׁנֵיהֶם עָמְדוּ עַל־הַיַּרְדֵּן׃ וַיִּקַּח אֵלִיָּהוּ
אֶת־אַדַּרְתּוֹ וַיִּגְלֹם וַיַּכֶּה אֶת־הַמַּיִם וַיֵּחָצוּ הֵנָּה וָהֵנָּה וַיַּעַבְרוּ
ט שְׁנֵיהֶם בֶּחָרָבָה׃ וַיְהִי כְעָבְרָם וְאֵלִיָּהוּ אָמַר אֶל־אֱלִישָׁע שְׁאַל
מָה אֶעֱשֶׂה־לָּךְ בְּטֶרֶם אֶלָּקַח מֵעִמָּךְ וַיֹּאמֶר אֱלִישָׁע וִיהִי־נָא
י פִּי־שְׁנַיִם בְּרוּחֲךָ אֵלָי׃ וַיֹּאמֶר הִקְשִׁיתָ לִשְׁאוֹל אִם־תִּרְאֶה
יא אֹתִי לֻקָּח מֵאִתָּךְ יְהִי־לְךָ כֵן וְאִם־אַיִן לֹא יִהְיֶה׃ וַיְהִי הֵמָּה
הֹלְכִים הָלוֹךְ וְדַבֵּר וְהִנֵּה רֶכֶב־אֵשׁ וְסוּסֵי אֵשׁ וַיַּפְרִדוּ בֵּין

יב שְׁנֵיהֶם וַיַּעַל אֵלִיָּהוּ בַּסְּעָרָה הַשָּׁמָיִם: וֶאֱלִישָׁע רֹאֶה וְהוּא
מְצַעֵק אָבִי ׀ אָבִי רֶכֶב יִשְׂרָאֵל וּפָרָשָׁיו וְלֹא רָאָהוּ עוֹד וַיַּחֲזֵק
יג בִּבְגָדָיו וַיִּקְרָעֵם לִשְׁנַיִם קְרָעִים: וַיָּרֶם אֶת־אַדֶּרֶת אֵלִיָּהוּ אֲשֶׁר
יד נָפְלָה מֵעָלָיו וַיָּשָׁב וַיַּעֲמֹד עַל־שְׂפַת הַיַּרְדֵּן: וַיִּקַּח אֶת־אַדֶּרֶת
אֵלִיָּהוּ אֲשֶׁר־נָפְלָה מֵעָלָיו וַיַּכֶּה אֶת־הַמַּיִם וַיֹּאמַר אַיֵּה יְהוָה
אֱלֹהֵי אֵלִיָּהוּ אַף־הוּא ׀ וַיַּכֶּה אֶת־הַמַּיִם וַיֵּחָצוּ הֵנָּה וָהֵנָּה
טו וַיַּעֲבֹר אֱלִישָׁע: וַיִּרְאֻהוּ בְנֵי־הַנְּבִיאִים אֲשֶׁר־בִּירִיחוֹ מִנֶּגֶד כ
וַיֹּאמְרוּ נָחָה רוּחַ אֵלִיָּהוּ עַל־אֱלִישָׁע וַיָּבֹאוּ לִקְרָאתוֹ וַיִּשְׁתַּחֲווּ־
טז לוֹ אָרְצָה: וַיֹּאמְרוּ אֵלָיו הִנֵּה־נָא יֵשׁ־אֶת־עֲבָדֶיךָ חֲמִשִּׁים
אֲנָשִׁים בְּנֵי־חַיִל יֵלְכוּ־נָא וִיבַקְשׁוּ אֶת־אֲדֹנֶיךָ פֶּן־נְשָׂאוֹ רוּחַ
יְהוָה וַיַּשְׁלִכֵהוּ בְּאַחַד הֶהָרִים אוֹ בְּאַחַת הגיאות וַיֹּאמֶר לֹא הַגֵּאָיוֹת
יז תִשְׁלָחוּ: וַיִּפְצְרוּ־בוֹ עַד־בֹּשׁ וַיֹּאמֶר שְׁלָחוּ וַיִּשְׁלְחוּ חֲמִשִּׁים
יח אִישׁ וַיְבַקְשׁוּ שְׁלֹשָׁה־יָמִים וְלֹא מְצָאֻהוּ: וַיָּשֻׁבוּ אֵלָיו וְהוּא
יֹשֵׁב בִּירִיחוֹ וַיֹּאמֶר אֲלֵהֶם הֲלוֹא־אָמַרְתִּי אֲלֵיכֶם אַל־תֵּלֵכוּ:
יט וַיֹּאמְרוּ אַנְשֵׁי הָעִיר אֶל־אֱלִישָׁע הִנֵּה־נָא מוֹשַׁב הָעִיר טוֹב
כ כַּאֲשֶׁר אֲדֹנִי רֹאֶה וְהַמַּיִם רָעִים וְהָאָרֶץ מְשַׁכָּלֶת: וַיֹּאמֶר קְחוּ־
כא לִי צְלֹחִית חֲדָשָׁה וְשִׂימוּ שָׁם מֶלַח וַיִּקְחוּ אֵלָיו: וַיֵּצֵא אֶל־
מוֹצָא הַמַּיִם וַיַּשְׁלֶךְ־שָׁם מֶלַח וַיֹּאמֶר כֹּה־אָמַר יְהוָה רִפִּאתִי
כב לַמַּיִם הָאֵלֶּה לֹא־יִהְיֶה מִשָּׁם עוֹד מָוֶת וּמְשַׁכָּלֶת: וַיֵּרָפוּ הַמַּיִם
כג עַד הַיּוֹם הַזֶּה כִּדְבַר אֱלִישָׁע אֲשֶׁר דִּבֵּר: וַיַּעַל
מִשָּׁם בֵּית־אֵל וְהוּא ׀ עֹלֶה בַדֶּרֶךְ וּנְעָרִים קְטַנִּים יָצְאוּ מִן־
כד הָעִיר וַיִּתְקַלְּסוּ־בוֹ וַיֹּאמְרוּ לוֹ עֲלֵה קֵרֵחַ עֲלֵה קֵרֵחַ: וַיִּפֶן
אַחֲרָיו וַיִּרְאֵם וַיְקַלְלֵם בְּשֵׁם יְהוָה וַתֵּצֶאנָה שְׁתַּיִם דֻּבִּים מִן־
כה הַיַּעַר וַתְּבַקַּעְנָה מֵהֶם אַרְבָּעִים וּשְׁנֵי יְלָדִים: וַיֵּלֶךְ מִשָּׁם אֶל־
ג א הַר הַכַּרְמֶל וּמִשָּׁם שָׁב שֹׁמְרוֹן: וִיהוֹרָם בֶּן־
אַחְאָב מָלַךְ עַל־יִשְׂרָאֵל בְּשֹׁמְרוֹן בִּשְׁנַת שְׁמֹנֶה עֶשְׂרֵה
ב לִיהוֹשָׁפָט מֶלֶךְ יְהוּדָה וַיִּמְלֹךְ שְׁתֵּים־עֶשְׂרֵה שָׁנָה: וַיַּעֲשֶׂה

הרע בעיני יהוה רק לא כאביו וכאמו ויסר את־מצבת הבעל
ג אשר עשה אביו: רק בחטאות ירבעם בן־נבט אשר־החטיא
ד את־ישראל דבק לא־סר ממנה: ומישע מלך־
מואב היה נקד והשיב למלך־ישראל מאה־אלף כרים
ה ומאה אלף אילים צמר: ויהי כמות אחאב ויפשע מלך־
ו מואב במלך ישראל: ויצא המלך יהורם ביום ההוא משמרון
ז ויפקד את־כל־ישראל: וילך וישלח אל־יהושפט מלך־
יהודה לאמר מלך מואב פשע בי התלך אתי אל־מואב
למלחמה ויאמר אעלה כמוני כמוך כעמי כעמך כסוסי
ח כסוסיך: ויאמר אי־זה הדרך נעלה ויאמר דרך מדבר אדום:
ט וילך מלך ישראל ומלך־יהודה ומלך אדום ויסבו דרך שבעת
י ימים ולא־היה מים למחנה ולבהמה אשר ברגליהם: ויאמר
מלך ישראל אהה כי־קרא יהוה לשלשת המלכים האלה
יא לתת אותם ביד־מואב: ויאמר יהושפט האין פה נביא ליהוה
ונדרשה את־יהוה מאותו ויען אחד מעבדי מלך־ישראל
ויאמר פה אלישע בן־שפט אשר־יצק מים על־ידי אליהו:
יב ויאמר יהושפט יש אותו דבר־יהוה וירדו אליו מלך ישראל
יג ויהושפט ומלך אדום: ויאמר אלישע אל־מלך ישראל מה־
לי ולך לך אל־נביאי אביך ואל־נביאי אמך ויאמר לו מלך
ישראל אל כי־קרא יהוה לשלשת המלכים האלה לתת
יד אותם ביד מואב: ויאמר אלישע חי־יהוה צבאות אשר
עמדתי לפניו כי לולי פני־יהושפט מלך־יהודה אני נשא אם־
טו אביט אליך ואם־אראך: ועתה קחו־לי מנגן והיה כנגן
טז המנגן ותהי עליו יד יהוה: ויאמר כה אמר יהוה עשה הנחל
יז הזה גבים ׀ גבים: כי־כה ׀ אמר יהוה לא־תראו רוח ולא־
תראו גשם והנחל ההוא ימלא מים ושתיתם אתם ומקניכם
יח ובהמתכם: ונקל זאת בעיני יהוה ונתן את־מואב בידכם:

יט וְהִכִּיתֶם כָּל־עִיר מִבְצָר וְכָל־עִיר מִבְחוֹר וְכָל־עֵץ טוֹב תַּפִּילוּ
וְכָל־מַעַיְנֵי־מַיִם תִּסְתֹּמוּ וְכֹל הַחֶלְקָה הַטּוֹבָה תַּכְאִבוּ
כ בָּאֲבָנִים: וַיְהִי בַבֹּקֶר כַּעֲלוֹת הַמִּנְחָה וְהִנֵּה־מַיִם בָּאִים מִדֶּרֶךְ
כא אֱדוֹם וַתִּמָּלֵא הָאָרֶץ אֶת־הַמָּיִם: וְכָל־מוֹאָב שָׁמְעוּ כִּי־עָלוּ
הַמְּלָכִים לְהִלָּחֶם בָּם וַיִּצָּעֲקוּ מִכֹּל חֹגֵר חֲגֹרָה וָמַעְלָה וַיַּעַמְדוּ
כב עַל־הַגְּבוּל: וַיַּשְׁכִּימוּ בַבֹּקֶר וְהַשֶּׁמֶשׁ זָרְחָה עַל־הַמָּיִם וַיִּרְאוּ
כג מוֹאָב מִנֶּגֶד אֶת־הַמַּיִם אֲדֻמִּים כַּדָּם: וַיֹּאמְרוּ דָּם זֶה הָחֳרֵב
נֶחֶרְבוּ הַמְּלָכִים וַיַּכּוּ אִישׁ אֶת־רֵעֵהוּ וְעַתָּה לַשָּׁלָל מוֹאָב:
כד וַיָּבֹאוּ אֶל־מַחֲנֵה יִשְׂרָאֵל וַיָּקֻמוּ יִשְׂרָאֵל וַיַּכּוּ אֶת־מוֹאָב וַיָּנֻסוּ
כה מִפְּנֵיהֶם וַיַּבּוּ־בָהּ וְהַכּוֹת אֶת־מוֹאָב: וְהֶעָרִים יַהֲרֹסוּ וְכָל־ וַיַּכּוּ־
חֶלְקָה טוֹבָה יַשְׁלִיכוּ אִישׁ־אַבְנוֹ וּמִלְאוּהָ וְכָל־מַעְיַן־מַיִם
יִסְתְּמוּ וְכָל־עֵץ־טוֹב יַפִּילוּ עַד־הִשְׁאִיר אֲבָנֶיהָ בַּקִּיר חֲרָשֶׂת
כו וַיָּסֹבּוּ הַקַּלָּעִים וַיַּכּוּהָ: וַיַּרְא מֶלֶךְ מוֹאָב כִּי־חָזַק מִמֶּנּוּ
הַמִּלְחָמָה וַיִּקַּח אוֹתוֹ שְׁבַע־מֵאוֹת אִישׁ שֹׁלֵף חֶרֶב לְהַבְקִיעַ
כז אֶל־מֶלֶךְ אֱדוֹם וְלֹא יָכֹלוּ: וַיִּקַּח אֶת־בְּנוֹ הַבְּכוֹר אֲשֶׁר־יִמְלֹךְ
תַּחְתָּיו וַיַּעֲלֵהוּ עֹלָה עַל־הַחֹמָה וַיְהִי קֶצֶף־גָּדוֹל עַל־יִשְׂרָאֵל
ד א וַיִּסְעוּ מֵעָלָיו וַיָּשֻׁבוּ לָאָרֶץ: וְאִשָּׁה אַחַת מִנְּשֵׁי
בְנֵי־הַנְּבִיאִים צָעֲקָה אֶל־אֱלִישָׁע לֵאמֹר עַבְדְּךָ אִישִׁי מֵת
וְאַתָּה יָדַעְתָּ כִּי עַבְדְּךָ הָיָה יָרֵא אֶת־יְהוָה וְהַנֹּשֶׁה בָּא לָקַחַת
ב אֶת־שְׁנֵי יְלָדַי לוֹ לַעֲבָדִים: וַיֹּאמֶר אֵלֶיהָ אֱלִישָׁע מָה אֶעֱשֶׂה־
לָּךְ הַגִּידִי לִי מַה־יֶּשׁ־לכי בַּבָּיִת וַתֹּאמֶר אֵין לְשִׁפְחָתְךָ כֹל לָךְ
ג בַּבַּיִת כִּי אִם־אָסוּךְ שָׁמֶן: וַיֹּאמֶר לְכִי שַׁאֲלִי־לָךְ כֵּלִים מִן־
ד הַחוּץ מֵאֵת כָּל־שכנכי כֵּלִים רֵקִים אַל־תַּמְעִיטִי: וּבָאת שְׁכֵנָיִךְ
וְסָגַרְתְּ הַדֶּלֶת בַּעֲדֵךְ וּבְעַד־בָּנַיִךְ וְיָצַקְתְּ עַל כָּל־הַכֵּלִים הָאֵלֶּה
ה וְהַמָּלֵא תַּסִּיעִי: וַתֵּלֶךְ מֵאִתּוֹ וַתִּסְגֹּר הַדֶּלֶת בַּעֲדָהּ וּבְעַד בָּנֶיהָ
ו הֵם מַגִּישִׁים אֵלֶיהָ וְהִיא מיצקת: וַיְהִי ׀ כִּמְלֹאת הַכֵּלִים מוֹצָקֶת
וַתֹּאמֶר אֶל־בְּנָהּ הַגִּישָׁה אֵלַי עוֹד כֶּלִי וַיֹּאמֶר אֵלֶיהָ אֵין עוֹד

ז כְּלִי וַיַּעֲמֹד הַשָּׁמֶן׃ וַתָּבֹא וַתַּגֵּד לְאִישׁ הָאֱלֹהִים וַיֹּאמֶר
לְכִי מִכְרִי אֶת־הַשֶּׁמֶן וְשַׁלְּמִי אֶת־נשיכי וְאַתְּ בניכי תִּחְיִי נְשֵׁיִךְ | וּבָנַיִךְ
ח בַּנּוֹתָר׃ וַיְהִי הַיּוֹם וַיַּעֲבֹר אֱלִישָׁע אֶל־שׁוּנֵם
וְשָׁם אִשָּׁה גְדוֹלָה וַתַּחֲזֶק־בּוֹ לֶאֱכָל־לָחֶם וַיְהִי מִדֵּי עָבְרוֹ יָסֻר
ט שָׁמָּה לֶאֱכָל־לָחֶם׃ וַתֹּאמֶר אֶל־אִישָׁהּ הִנֵּה־נָא יָדַעְתִּי כִּי
י אִישׁ אֱלֹהִים קָדוֹשׁ הוּא עֹבֵר עָלֵינוּ תָּמִיד׃ נַעֲשֶׂה־נָּא עֲלִיַּת־
קִיר קְטַנָּה וְנָשִׂים לוֹ שָׁם מִטָּה וְשֻׁלְחָן וְכִסֵּא וּמְנוֹרָה וְהָיָה
יא בְּבֹאוֹ אֵלֵינוּ יָסוּר שָׁמָּה׃ וַיְהִי הַיּוֹם וַיָּבֹא שָׁמָּה וַיָּסַר אֶל־
יב הָעֲלִיָּה וַיִּשְׁכַּב־שָׁמָּה׃ וַיֹּאמֶר אֶל־גֵּיחֲזִי נַעֲרוֹ קְרָא לַשּׁוּנַמִּית
יג הַזֹּאת וַיִּקְרָא־לָהּ וַתַּעֲמֹד לְפָנָיו׃ וַיֹּאמֶר לוֹ אֱמָר־נָא אֵלֶיהָ
הִנֵּה חָרַדְתְּ ׀ אֵלֵינוּ אֶת־כָּל־הַחֲרָדָה הַזֹּאת מֶה לַעֲשׂוֹת לָךְ
הֲיֵשׁ לְדַבֶּר־לָךְ אֶל־הַמֶּלֶךְ אוֹ אֶל־שַׂר הַצָּבָא וַתֹּאמֶר בְּתוֹךְ
יד עַמִּי אָנֹכִי יֹשָׁבֶת׃ וַיֹּאמֶר וּמֶה לַעֲשׂוֹת לָהּ וַיֹּאמֶר גֵּיחֲזִי אֲבָל
טו בֵּן אֵין־לָהּ וְאִישָׁהּ זָקֵן׃ וַיֹּאמֶר קְרָא־לָהּ וַיִּקְרָא־לָהּ וַתַּעֲמֹד
טז בַּפָּתַח׃ וַיֹּאמֶר לַמּוֹעֵד הַזֶּה כָּעֵת חַיָּה אתי חֹבֶקֶת בֵּן וַתֹּאמֶר אַתְּ
יז אַל־אֲדֹנִי אִישׁ הָאֱלֹהִים אַל־תְּכַזֵּב בְּשִׁפְחָתֶךָ׃ וַתַּהַר הָאִשָּׁה
וַתֵּלֶד בֵּן לַמּוֹעֵד הַזֶּה כָּעֵת חַיָּה אֲשֶׁר־דִּבֶּר אֵלֶיהָ אֱלִישָׁע׃
יח יט וַיִּגְדַּל הַיָּלֶד וַיְהִי הַיּוֹם וַיֵּצֵא אֶל־אָבִיו אֶל־הַקֹּצְרִים׃ וַיֹּאמֶר
אֶל־אָבִיו רֹאשִׁי ׀ רֹאשִׁי וַיֹּאמֶר אֶל־הַנַּעַר שָׂאֵהוּ אֶל־אִמּוֹ׃
כ וַיִּשָּׂאֵהוּ וַיְבִיאֵהוּ אֶל־אִמּוֹ וַיֵּשֶׁב עַל־בִּרְכֶּיהָ עַד־הַצָּהֳרַיִם
כא וַיָּמֹת׃ וַתַּעַל וַתַּשְׁכִּבֵהוּ עַל־מִטַּת אִישׁ הָאֱלֹהִים וַתִּסְגֹּר בַּעֲדוֹ
כב וַתֵּצֵא׃ וַתִּקְרָא אֶל־אִישָׁהּ וַתֹּאמֶר שִׁלְחָה נָא לִי אֶחָד מִן־
הַנְּעָרִים וְאַחַת הָאֲתֹנוֹת וְאָרוּצָה עַד־אִישׁ הָאֱלֹהִים וְאָשׁוּבָה׃
כג וַיֹּאמֶר מַדּוּעַ אתי הלכתי אֵלָיו הַיּוֹם לֹא־חֹדֶשׁ וְלֹא שַׁבָּת אַתְּ הֹלֶכֶת
כד וַתֹּאמֶר שָׁלוֹם׃ וַתַּחֲבֹשׁ הָאָתוֹן וַתֹּאמֶר אֶל־נַעֲרָהּ נְהַג וָלֵךְ
כה אַל־תַּעֲצָר־לִי לִרְכֹּב כִּי אִם־אָמַרְתִּי לָךְ׃ וַתֵּלֶךְ וַתָּבוֹא אֶל־
אִישׁ הָאֱלֹהִים אֶל־הַר הַכַּרְמֶל וַיְהִי כִּרְאוֹת אִישׁ־הָאֱלֹהִים

אתה מנגד ויאמר אל־גיחזי נערו הנה השונמית הלז: עתה כו
רוץ־נא לקראתה ואמר־לה השלום לך השלום לאישך
השלום לילד ותאמר שלום: ותבא אל־איש האלהים אל־ כז
ההר ותחזק ברגליו ויגש גיחזי להדפה ויאמר איש האלהים
הרפה־לה כי־נפשה מרה־לה ויהוה העלים ממני ולא הגיד
לי: ותאמר השאלתי בן מאת אדני הלא אמרתי לא תשלה כח
אתי: ויאמר לגיחזי חגר מתניך וקח משענתי בידך ולך כי־ כט
תמצא איש לא תברכנו וכי־יברכך איש לא תעננו ושמת
משענתי על־פני הנער: ותאמר אם הנער חי־יהוה וחי־נפשך ל
אם־אעזבך ויקם וילך אחריה: וגחזי עבר לפניהם וישם את־ לא
המשענת על־פני הנער ואין קול ואין קשב וישב לקראתו
ויגד־לו לאמר לא הקיץ הנער: ויבא אלישע הביתה והנה לב
הנער מת משכב על־מטתו: ויבא ויסגר הדלת בעד שניהם לג
ויתפלל אל־יהוה: ויעל וישכב על־הילד וישם פיו על־פיו לד
ועיניו על־עיניו וכפיו על־כפו ויגהר עליו ויחם בשר הילד:
וישב וילך בבית אחת הנה ואחת הנה ויעל ויגהר עליו ויזורר לה
הנער עד־שבע פעמים ויפקח הנער את־עיניו: ויקרא אל־ לו
גיחזי ויאמר קרא אל־השנמית הזאת ויקראה ותבא אליו
ויאמר שאי בנך: ותבא ותפל על־רגליו ותשתחו ארצה לז
ותשא את־בנה ותצא: ואלישע שב הגלגלה לח
והרעב בארץ ובני הנביאים ישבים לפניו ויאמר לנערו שפת
הסיר הגדולה ובשל נזיד לבני הנביאים: ויצא אחד אל־ לט
השדה ללקט ארת וימצא גפן שדה וילקט ממנו פקעת שדה
מלא בגדו ויבא ויפלח אל־סיר הנזיד כי־לא ידעו: ויצקו מ
לאנשים לאכול ויהי כאכלם מהנזיד והמה צעקו ויאמרו מות
בסיר איש האלהים ולא יכלו לאכל: ויאמר וקחו־קמח מא
וישלך אל־הסיר ויאמר צק לעם ויאכלו ולא היה דבר רע

מב פָּסִיר׃ וְאִישׁ בָּא מִבַּעַל שָׁלִשָׁה וַיָּבֵא לְאִישׁ
הָאֱלֹהִים לֶחֶם בִּכּוּרִים עֶשְׂרִים־לֶחֶם שְׂעֹרִים וְכַרְמֶל בְּצִקְלֹנוֹ
מג וַיֹּאמֶר תֵּן לָעָם וְיֹאכֵלוּ׃ וַיֹּאמֶר מְשָׁרְתוֹ מָה אֶתֵּן זֶה לִפְנֵי מֵאָה
אִישׁ וַיֹּאמֶר תֵּן לָעָם וְיֹאכֵלוּ כִּי כֹה אָמַר יְהוָה אָכֹל וְהוֹתֵר׃
מד וַיִּתֵּן לִפְנֵיהֶם וַיֹּאכְלוּ וַיּוֹתִרוּ כִּדְבַר יְהוָה׃

ה

א וְנַעֲמָן
שַׂר־צְבָא מֶלֶךְ־אֲרָם הָיָה אִישׁ גָּדוֹל לִפְנֵי אֲדֹנָיו וּנְשֻׂא פָנִים
כִּי־בוֹ נָתַן־יְהוָה תְּשׁוּעָה לַאֲרָם וְהָאִישׁ הָיָה גִּבּוֹר חַיִל מְצֹרָע׃
ב וַאֲרָם יָצְאוּ גְדוּדִים וַיִּשְׁבּוּ מֵאֶרֶץ יִשְׂרָאֵל נַעֲרָה קְטַנָּה וַתְּהִי
ג לִפְנֵי אֵשֶׁת נַעֲמָן׃ וַתֹּאמֶר אֶל־גְּבִרְתָּהּ אַחֲלֵי אֲדֹנִי לִפְנֵי
ד הַנָּבִיא אֲשֶׁר בְּשֹׁמְרוֹן אָז יֶאֱסֹף אֹתוֹ מִצָּרַעְתּוֹ׃ וַיָּבֹא וַיַּגֵּד
לַאדֹנָיו לֵאמֹר כָּזֹאת וְכָזֹאת דִּבְּרָה הַנַּעֲרָה אֲשֶׁר מֵאֶרֶץ
ה יִשְׂרָאֵל׃ וַיֹּאמֶר מֶלֶךְ־אֲרָם לֶךְ־בֹּא וְאֶשְׁלְחָה סֵפֶר אֶל־מֶלֶךְ
יִשְׂרָאֵל וַיֵּלֶךְ וַיִּקַּח בְּיָדוֹ עֶשֶׂר כִּכְּרֵי־כֶסֶף וְשֵׁשֶׁת אֲלָפִים זָהָב
ו וְעֶשֶׂר חֲלִיפוֹת בְּגָדִים׃ וַיָּבֵא הַסֵּפֶר אֶל־מֶלֶךְ יִשְׂרָאֵל לֵאמֹר
וְעַתָּה כְּבוֹא הַסֵּפֶר הַזֶּה אֵלֶיךָ הִנֵּה שָׁלַחְתִּי אֵלֶיךָ אֶת־
ז נַעֲמָן עַבְדִּי וַאֲסַפְתּוֹ מִצָּרַעְתּוֹ׃ וַיְהִי כִּקְרֹא מֶלֶךְ־יִשְׂרָאֵל אֶת־
הַסֵּפֶר וַיִּקְרַע בְּגָדָיו וַיֹּאמֶר הַאֱלֹהִים אָנִי לְהָמִית וּלְהַחֲיוֹת כִּי־
זֶה שֹׁלֵחַ אֵלַי לֶאֱסֹף אִישׁ מִצָּרַעְתּוֹ כִּי אַךְ־דְּעוּ־נָא וּרְאוּ כִּי־
ח מִתְאַנֶּה הוּא לִי׃ וַיְהִי כִּשְׁמֹעַ ׀ אֱלִישָׁע אִישׁ־הָאֱלֹהִים כִּי־
קָרַע מֶלֶךְ־יִשְׂרָאֵל אֶת־בְּגָדָיו וַיִּשְׁלַח אֶל־הַמֶּלֶךְ לֵאמֹר לָמָּה
ט קָרַעְתָּ בְּגָדֶיךָ יָבֹא־נָא אֵלַי וְיֵדַע כִּי יֵשׁ נָבִיא בְּיִשְׂרָאֵל׃ וַיָּבֹא
י נַעֲמָן בְּסוּסָו וּבְרִכְבּוֹ וַיַּעֲמֹד פֶּתַח־הַבַּיִת לֶאֱלִישָׁע׃ וַיִּשְׁלַח
אֵלָיו אֱלִישָׁע מַלְאָךְ לֵאמֹר הָלוֹךְ וְרָחַצְתָּ שֶׁבַע־פְּעָמִים בַּיַּרְדֵּן
יא וְיָשֹׁב בְּשָׂרְךָ לְךָ וּטְהָר׃ וַיִּקְצֹף נַעֲמָן וַיֵּלַךְ וַיֹּאמֶר הִנֵּה אָמַרְתִּי
אֵלַי ׀ יֵצֵא יָצוֹא וְעָמַד וְקָרָא בְּשֵׁם־יְהוָה אֱלֹהָיו וְהֵנִיף יָדוֹ אֶל־
יב הַמָּקוֹם וְאָסַף הַמְּצֹרָע׃ הֲלֹא טוֹב אבנה וּפַרְפַּר נַהֲרוֹת דַּמֶּשֶׂק אֲמָנָה
מִכֹּל מֵימֵי יִשְׂרָאֵל הֲלֹא־אֶרְחַץ בָּהֶם וְטָהָרְתִּי וַיִּפֶן וַיֵּלֶךְ

יג בְּחֵמָה: וַיִּגְּשׁוּ עֲבָדָיו וַיְדַבְּרוּ אֵלָיו וַיֹּאמְרוּ אָבִי דָּבָר גָּדוֹל
הַנָּבִיא דִּבֶּר אֵלֶיךָ הֲלוֹא תַעֲשֶׂה וְאַף כִּי־אָמַר אֵלֶיךָ רְחַץ
יד וּטְהָר: וַיֵּרֶד וַיִּטְבֹּל בַּיַּרְדֵּן שֶׁבַע פְּעָמִים כִּדְבַר אִישׁ הָאֱלֹהִים
טו וַיָּשָׁב בְּשָׂרוֹ כִּבְשַׂר נַעַר קָטֹן וַיִּטְהָר: וַיָּשָׁב אֶל־אִישׁ הָאֱלֹהִים
הוּא וְכָל־מַחֲנֵהוּ וַיָּבֹא וַיַּעֲמֹד לְפָנָיו וַיֹּאמֶר הִנֵּה־נָא יָדַעְתִּי כִּי
אֵין אֱלֹהִים בְּכָל־הָאָרֶץ כִּי אִם־בְּיִשְׂרָאֵל וְעַתָּה קַח־נָא
טז בְרָכָה מֵאֵת עַבְדֶּךָ: וַיֹּאמֶר חַי־יְהוָה אֲשֶׁר־עָמַדְתִּי לְפָנָיו אִם־
יז אֶקָּח וַיִּפְצַר־בּוֹ לָקַחַת וַיְמָאֵן: וַיֹּאמֶר נַעֲמָן וָלֹא יֻתַּן־נָא
לְעַבְדְּךָ מַשָּׂא צֶמֶד־פְּרָדִים אֲדָמָה כִּי לוֹא־יַעֲשֶׂה עוֹד עַבְדְּךָ
יח עֹלָה וָזֶבַח לֵאלֹהִים אֲחֵרִים כִּי אִם־לַיהוָה: לַדָּבָר הַזֶּה יִסְלַח
יְהוָה לְעַבְדֶּךָ בְּבוֹא אֲדֹנִי בֵית־רִמּוֹן לְהִשְׁתַּחֲוֺת שָׁמָּה וְהוּא ׀
נִשְׁעָן עַל־יָדִי וְהִשְׁתַּחֲוֵיתִי בֵּית רִמֹּן בְּהִשְׁתַּחֲוָיָתִי בֵּית רִמֹּן
יט יִסְלַח־נָא־יְהוָה לְעַבְדְּךָ בַּדָּבָר הַזֶּה: וַיֹּאמֶר לוֹ לֵךְ לְשָׁלוֹם
כ וַיֵּלֶךְ מֵאִתּוֹ כִּבְרַת אָרֶץ: וַיֹּאמֶר גֵּיחֲזִי נַעַר
אֱלִישָׁע אִישׁ־הָאֱלֹהִים הִנֵּה ׀ חָשַׂךְ אֲדֹנִי אֶת נַעֲמָן הָאֲרַמִּי
הַזֶּה מִקַּחַת מִיָּדוֹ אֵת אֲשֶׁר־הֵבִיא חַי־יְהוָה כִּי־אִם־רַצְתִּי
כא אַחֲרָיו וְלָקַחְתִּי מֵאִתּוֹ מְאוּמָה: וַיִּרְדֹּף גֵּיחֲזִי אַחֲרֵי נַעֲמָן
וַיִּרְאֶה נַעֲמָן רָץ אַחֲרָיו וַיִּפֹּל מֵעַל הַמֶּרְכָּבָה לִקְרָאתוֹ וַיֹּאמֶר
כב הֲשָׁלוֹם: וַיֹּאמֶר ׀ שָׁלוֹם אֲדֹנִי שִׁלְּחַנִי לֵאמֹר הִנֵּה עַתָּה זֶה בָּאוּ
אֵלַי שְׁנֵי־נְעָרִים מֵהַר אֶפְרַיִם מִבְּנֵי הַנְּבִיאִים תְּנָה־נָּא לָהֶם
כג כִּכַּר־כֶּסֶף וּשְׁתֵּי חֲלִפוֹת בְּגָדִים: וַיֹּאמֶר נַעֲמָן הוֹאֵל קַח
כִּכָּרָיִם וַיִּפְרָץ־בּוֹ וַיָּצַר כִּכְּרַיִם כֶּסֶף בִּשְׁנֵי חֲרִטִים וּשְׁתֵּי חֲלִפוֹת
כד בְּגָדִים וַיִּתֵּן אֶל־שְׁנֵי נְעָרָיו וַיִּשְׂאוּ לְפָנָיו: וַיָּבֹא אֶל־הָעֹפֶל וַיִּקַּח
כה מִיָּדָם וַיִּפְקֹד בַּבָּיִת וַיְשַׁלַּח אֶת־הָאֲנָשִׁים וַיֵּלֵכוּ: וְהוּא־בָא
וַיַּעֲמֹד אֶל־אֲדֹנָיו וַיֹּאמֶר אֵלָיו אֱלִישָׁע מֵאן גֵּחֲזִי וַיֹּאמֶר לֹא־ מֵאַיִן
כו הָלַךְ עַבְדְּךָ אָנֶה וָאָנָה: וַיֹּאמֶר אֵלָיו לֹא־לִבִּי הָלַךְ כַּאֲשֶׁר
הָפַךְ־אִישׁ מֵעַל מֶרְכַּבְתּוֹ לִקְרָאתֶךָ הַעֵת לָקַחַת אֶת־הַכֶּסֶף

ולקחת בגדים וזיתים וכרמים וצאן ובקר ועבדים ושפחות:
כו וצרעת נעמן תדבק־בך ובזרעך לעולם ויצא מלפניו מצרע
א ו כשלג: ויאמרו בני־הנביאים אל־אלישע הנה־
ב נא המקום אשר אנחנו ישבים שם לפניך צר ממנו: נלכה־
נא עד־הירדן ונקחה משם איש קורה אחת ונעשה־לנו שם
ג מקום לשבת שם ויאמר לכו: ויאמר האחד הואל נא ולך
ד את־עבדיך ויאמר אני אלך: וילך אתם ויבאו הירדנה
ה ויגזרו העצים: ויהי האחד מפיל הקורה ואת־הברזל נפל
ו אל־המים ויצעק ויאמר אהה אדני והוא שאול: ויאמר
איש־האלהים אנה נפל ויראהו את־המקום ויקצב־עץ
ז וישלך־שמה ויצף הברזל: ויאמר הרם לך וישלח ידו
ח ויקחהו: ומלך ארם היה נלחם בישראל ויועץ
ט אל־עבדיו לאמר אל־מקום פלני אלמני תחנתי: וישלח איש
האלהים אל־מלך ישראל לאמר השמר מעבר המקום הזה
י כי־שם ארם נחתים: וישלח מלך ישראל אל־המקום אשר
אמר־לו איש־האלהים והזהירה ונשמר־שם לא־אחת ולא
יא שתים: ויסער לב מלך־ארם על־הדבר הזה ויקרא אל־
עבדיו ויאמר אליהם הלוא תגידו לי מי משלנו אל־מלך
יב ישראל: ויאמר אחד מעבדיו לוא אדני המלך כי־אלישע
הנביא אשר בישראל יגיד למלך ישראל את־הדברים אשר
יג תדבר בחדר משכבך: ויאמר לכו וראו איכה הוא ואשלח
יד ואקחהו ויגד־לו לאמר הנה בדתן: וישלח שמה סוסים ורכב
טו וחיל כבד ויבאו לילה ויקפו על־העיר: וישכם משרת איש
האלהים לקום ויצא והנה־חיל סובב את־העיר וסוס ורכב
טז ויאמר נערו אליו אהה אדני איכה נעשה: ויאמר אל־תירא
יז כי רבים אשר אתנו מאשר אותם: ויתפלל אלישע ויאמר
יהוה פקח־נא את־עיניו ויראה ויפקח יהוה את־עיני הנער

וַיַּרְא וְהִנֵּה הָהָר מָלֵא סוּסִים וְרֶכֶב אֵשׁ סְבִיבֹת אֱלִישָׁע׃
יח וַיֵּרְדוּ אֵלָיו וַיִּתְפַּלֵּל אֱלִישָׁע אֶל־יהוה וַיֹּאמַר הַךְ־נָא אֶת־
יט הַגּוֹי־הַזֶּה בַּסַּנְוֵרִים וַיַּכֵּם בַּסַּנְוֵרִים כִּדְבַר אֱלִישָׁע׃ וַיֹּאמֶר
אֲלֵהֶם אֱלִישָׁע לֹא־זֶה הַדֶּרֶךְ וְלֹא־זֹה הָעִיר לְכוּ אַחֲרַי
וְאוֹלִיכָה אֶתְכֶם אֶל־הָאִישׁ אֲשֶׁר תְּבַקֵּשׁוּן וַיֹּלֶךְ אוֹתָם
כ שֹׁמְרוֹנָה׃ וַיְהִי כְּבֹאָם שֹׁמְרוֹן וַיֹּאמֶר אֱלִישָׁע יהוה פְּקַח אֶת־
עֵינֵי־אֵלֶּה וְיִרְאוּ וַיִּפְקַח יהוה אֶת־עֵינֵיהֶם וַיִּרְאוּ וְהִנֵּה בְּתוֹךְ
כא שֹׁמְרוֹן׃ וַיֹּאמֶר מֶלֶךְ־יִשְׂרָאֵל אֶל־אֱלִישָׁע כִּרְאֹתוֹ אוֹתָם
כב הַאַכֶּה אַכֶּה אָבִי׃ וַיֹּאמֶר לֹא תַכֶּה הַאֲשֶׁר שָׁבִיתָ בְּחַרְבְּךָ
וּבְקַשְׁתְּךָ אַתָּה מַכֶּה שִׂים לֶחֶם וָמַיִם לִפְנֵיהֶם וְיֹאכְלוּ וְיִשְׁתּוּ
כג וְיֵלְכוּ אֶל־אֲדֹנֵיהֶם׃ וַיִּכְרֶה לָהֶם כֵּרָה גְדוֹלָה וַיֹּאכְלוּ וַיִּשְׁתּוּ כב
וַיְשַׁלְּחֵם וַיֵּלְכוּ אֶל־אֲדֹנֵיהֶם וְלֹא־יָסְפוּ עוֹד גְּדוּדֵי אֲרָם לָבוֹא
כד בְּאֶרֶץ יִשְׂרָאֵל׃ וַיְהִי אַחֲרֵי־כֵן וַיִּקְבֹּץ בֶּן־הֲדַד
כה מֶלֶךְ־אֲרָם אֶת־כָּל־מַחֲנֵהוּ וַיַּעַל וַיָּצַר עַל־שֹׁמְרוֹן׃ וַיְהִי רָעָב
גָּדוֹל בְּשֹׁמְרוֹן וְהִנֵּה צָרִים עָלֶיהָ עַד הֱיוֹת רֹאשׁ־חֲמוֹר בִּשְׁמֹנִים
כו כֶּסֶף וְרֹבַע הַקַּב חרייונים בַּחֲמִשָּׁה כָסֶף׃ וַיְהִי מֶלֶךְ יִשְׂרָאֵל דִּבְיוֹנִים
עֹבֵר עַל־הַחֹמָה וְאִשָּׁה צָעֲקָה אֵלָיו לֵאמֹר הוֹשִׁיעָה אֲדֹנִי
כז הַמֶּלֶךְ׃ וַיֹּאמֶר אַל־יוֹשִׁעֵךְ יהוה מֵאַיִן אוֹשִׁיעֵךְ הֲמִן־הַגֹּרֶן אוֹ
כח מִן־הַיָּקֶב׃ וַיֹּאמֶר־לָהּ הַמֶּלֶךְ מַה־לָּךְ וַתֹּאמֶר הָאִשָּׁה הַזֹּאת
אָמְרָה אֵלַי תְּנִי אֶת־בְּנֵךְ וְנֹאכְלֶנּוּ הַיּוֹם וְאֶת־בְּנִי נֹאכַל מָחָר׃
כט וַנְּבַשֵּׁל אֶת־בְּנִי וַנֹּאכְלֵהוּ וָאֹמַר אֵלֶיהָ בַּיּוֹם הָאַחֵר תְּנִי אֶת־
ל בְּנֵךְ וְנֹאכְלֶנּוּ וַתַּחְבִּא אֶת־בְּנָהּ׃ וַיְהִי כִשְׁמֹעַ הַמֶּלֶךְ אֶת־דִּבְרֵי
הָאִשָּׁה וַיִּקְרַע אֶת־בְּגָדָיו וְהוּא עֹבֵר עַל־הַחֹמָה וַיַּרְא הָעָם
לא וְהִנֵּה הַשַּׂק עַל־בְּשָׂרוֹ מִבָּיִת׃ וַיֹּאמֶר כֹּה־יַעֲשֶׂה־לִּי אֱלֹהִים
וְכֹה יוֹסִף אִם־יַעֲמֹד רֹאשׁ אֱלִישָׁע בֶּן־שָׁפָט עָלָיו הַיּוֹם׃
לב וֶאֱלִישָׁע יֹשֵׁב בְּבֵיתוֹ וְהַזְּקֵנִים יֹשְׁבִים אִתּוֹ וַיִּשְׁלַח אִישׁ מִלְּפָנָיו
בְּטֶרֶם יָבֹא הַמַּלְאָךְ אֵלָיו וְהוּא ׀ אָמַר אֶל־הַזְּקֵנִים הַרְאִיתֶם

כי־שלח בן־המרצח הזה להסיר את־ראשי ראו ׀ כבא
המלאך סגרו הדלת ולחצתם אתו בדלת הלוא קול רגלי
לג אדניו אחריו: עודנו מדבר עמם והנה המלאך ירד אליו
ויאמר הנה־זאת הרעה מאת יהוה מה־אוחיל ליהוה
ז א עוד: ויאמר אלישע שמעו דבר־יהוה כה ׀
אמר יהוה כעת ׀ מחר סאה־סלת בשקל וסאתים שערים
ב בשקל בשער שמרון: ויען השליש אשר למלך נשען על־
ידו את־איש האלהים ויאמר הנה יהוה עשה ארבות בשמים
היהיה הדבר הזה ויאמר הנכה ראה בעיניך ומשם לא
ג תאכל: וארבעה אנשים היו מצרעים פתח
השער ויאמרו איש אל־רעהו מה אנחנו ישבים פה עד־
ד מתנו: אם־אמרנו נבוא העיר והרעב בעיר ומתנו שם ואם־
ישבנו פה ומתנו ועתה לכו ונפלה אל־מחנה ארם אם־יחינו
ה נחיה ואם־ימיתנו ומתנו: ויקמו בנשף לבוא אל־מחנה ארם
ו ויבאו עד־קצה מחנה ארם והנה אין־שם איש: ואדני
השמיע ׀ את־מחנה ארם קול רכב קול סוס קול חיל גדול
ויאמרו איש אל־אחיו הנה שכר־עלינו מלך ישראל את־
ז מלכי החתים ואת־מלכי מצרים לבוא עלינו: ויקומו וינוסו
בנשף ויעזבו את־אהליהם ואת־סוסיהם ואת־חמריהם
ח המחנה כאשר היא וינסו אל־נפשם: ויבאו המצרעים האלה
עד־קצה המחנה ויבאו אל־אהל אחד ויאכלו וישתו וישאו
משם כסף וזהב ובגדים וילכו ויטמנו וישבו ויבאו אל־אהל
ט אחר וישאו משם וילכו ויטמנו: ויאמרו איש אל־רעהו לא־
כן ׀ אנחנו עשים היום הזה יום־בשרה הוא ואנחנו מחשים
וחכינו עד־אור הבקר ומצאנו עוון ועתה לכו ונבאה ונגידה
י בית המלך: ויבאו ויקראו אל־שער העיר ויגידו להם לאמר
באנו אל־מחנה ארם והנה אין־שם איש וקול אדם כי אם־

יא הַסּוּס אָסוּר וְהַחֲמוֹר אָסוּר וְאֹהָלִים כַּאֲשֶׁר הֵמָּה: וַיִּקְרָא
יב הַשֹּׁעֲרִים וַיַּגִּידוּ בֵּית הַמֶּלֶךְ פְּנִימָה: וַיָּקָם הַמֶּלֶךְ לַיְלָה וַיֹּאמֶר
אֶל־עֲבָדָיו אַגִּידָה־נָּא לָכֶם אֵת אֲשֶׁר־עָשׂוּ לָנוּ אֲרָם יָדְעוּ
כִּי־רְעֵבִים אֲנַחְנוּ וַיֵּצְאוּ מִן־הַמַּחֲנֶה לְהֵחָבֵה בהשדה לֵאמֹר בַּשָּׂדֶה
יג כִּי־יֵצְאוּ מִן־הָעִיר וְנִתְפְּשֵׂם חַיִּים וְאֶל־הָעִיר נָבֹא: וַיַּעַן אֶחָד
מֵעֲבָדָיו וַיֹּאמֶר וְיִקְחוּ־נָא חֲמִשָּׁה מִן־הַסּוּסִים הַנִּשְׁאָרִים
אֲשֶׁר נִשְׁאֲרוּ־בָהּ הִנָּם כְּכָל־ההמון יִשְׂרָאֵל אֲשֶׁר נִשְׁאֲרוּ־בָהּ הֶהָמוֹן
יד הִנָּם כְּכָל־הֲמוֹן יִשְׂרָאֵל אֲשֶׁר־תָּמּוּ וְנִשְׁלְחָה וְנִרְאֶה: וַיִּקְחוּ
שְׁנֵי רֶכֶב סוּסִים וַיִּשְׁלַח הַמֶּלֶךְ אַחֲרֵי מַחֲנֵה־אֲרָם לֵאמֹר לְכוּ
טו וּרְאוּ: וַיֵּלְכוּ אַחֲרֵיהֶם עַד־הַיַּרְדֵּן וְהִנֵּה כָל־הַדֶּרֶךְ מְלֵאָה
בְגָדִים וְכֵלִים אֲשֶׁר־הִשְׁלִיכוּ אֲרָם בהחפזם וַיָּשֻׁבוּ הַמַּלְאָכִים בְּחָפְזָם
טז וַיַּגִּדוּ לַמֶּלֶךְ: וַיֵּצֵא הָעָם וַיָּבֹזּוּ אֵת מַחֲנֵה אֲרָם וַיְהִי סְאָה־סֹלֶת כג
יז בְּשֶׁקֶל וְסָאתַיִם שְׂעֹרִים בְּשֶׁקֶל כִּדְבַר יהוה: וְהַמֶּלֶךְ הִפְקִיד
אֶת־הַשָּׁלִישׁ אֲשֶׁר־נִשְׁעָן עַל־יָדוֹ עַל־הַשַּׁעַר וַיִּרְמְסֻהוּ הָעָם
בַּשַּׁעַר וַיָּמֹת כַּאֲשֶׁר דִּבֶּר אִישׁ הָאֱלֹהִים אֲשֶׁר דִּבֶּר בְּרֶדֶת
יח הַמֶּלֶךְ אֵלָיו: וַיְהִי כְּדַבֵּר אִישׁ הָאֱלֹהִים אֶל־הַמֶּלֶךְ לֵאמֹר
סָאתַיִם שְׂעֹרִים בְּשֶׁקֶל וּסְאָה־סֹלֶת בְּשֶׁקֶל יִהְיֶה כָּעֵת מָחָר
יט בְּשַׁעַר שֹׁמְרוֹן: וַיַּעַן הַשָּׁלִישׁ אֶת־אִישׁ הָאֱלֹהִים וַיֹּאמַר וְהִנֵּה
יהוה עֹשֶׂה אֲרֻבּוֹת בַּשָּׁמַיִם הֲיִהְיֶה כַּדָּבָר הַזֶּה וַיֹּאמֶר הִנְּךָ
כ רֹאֶה בְּעֵינֶיךָ וּמִשָּׁם לֹא תֹאכֵל: וַיְהִי־לוֹ כֵּן וַיִּרְמְסוּ אֹתוֹ הָעָם
ח א בַּשַּׁעַר וַיָּמֹת: וֶאֱלִישָׁע דִּבֶּר אֶל־הָאִשָּׁה אֲשֶׁר־
הֶחֱיָה אֶת־בְּנָהּ לֵאמֹר קוּמִי וּלְכִי אתי וּבֵיתֵךְ וְגוּרִי בַּאֲשֶׁר אַתְּ
תָּגוּרִי כִּי־קָרָא יהוה לָרָעָב וְגַם־בָּא אֶל־הָאָרֶץ שֶׁבַע שָׁנִים:
ב וַתָּקָם הָאִשָּׁה וַתַּעַשׂ כִּדְבַר אִישׁ הָאֱלֹהִים וַתֵּלֶךְ הִיא וּבֵיתָהּ
ג וַתָּגָר בְּאֶרֶץ־פְּלִשְׁתִּים שֶׁבַע שָׁנִים: וַיְהִי מִקְצֵה שֶׁבַע שָׁנִים
וַתָּשָׁב הָאִשָּׁה מֵאֶרֶץ פְּלִשְׁתִּים וַתֵּצֵא לִצְעֹק אֶל־הַמֶּלֶךְ אֶל־
ד בֵּיתָהּ וְאֶל־שָׂדָהּ: וְהַמֶּלֶךְ מְדַבֵּר אֶל־גֵּחֲזִי נַעַר אִישׁ־הָאֱלֹהִים

לאמר ספרה־נא לי את כל־הגדלות אשר־עשה אלישע:
ה ויהי הוא מספר למלך את אשר־החיה את־המת והנה
האשה אשר־החיה את־בנה צעקת אל־המלך על־ביתה
ועל־שדה ויאמר גחזי אדני המלך זאת האשה וזה־
ו בנה אשר־החיה אלישע: וישאל המלך לאשה ותספר־
לו ויתן־לה המלך סריס אחד לאמר השיב את־כל־
אשר־לה ואת כל־תבואת השדה מיום עזבה את־
הארץ ועד־עתה:
ז ויבא אלישע דמשק ובן־הדד מלך־ארם חלה ויגד־לו לאמר
ח בא איש האלהים עד־הנה: ויאמר המלך אל־חזהאל קח
בידך מנחה ולך לקראת איש האלהים ודרשת את־יהוה
ט מאותו לאמר האחיה מחלי זה: וילך חזאל לקראתו ויקח
מנחה בידו וכל־טוב דמשק משא ארבעים גמל ויבא ויעמד
לפניו ויאמר בנך בן־הדד מלך־ארם שלחני אליך לאמר
י האחיה מחלי זה: ויאמר אליו אלישע לך אמר־לא חיה לו
יא תחיה והראני יהוה כי־מות ימות: ויעמד את־פניו וישם עד־
יב בש ויבך איש האלהים: ויאמר חזאל מדוע אדני בכה ויאמר
כי ידעתי את אשר־תעשה לבני ישראל רעה מבצריהם
תשלח באש ובחריהם בחרב תהרג ועלליהם תרטש
יג והרתיהם תבקע: ויאמר חזהאל כי מה עבדך הכלב כי
יעשה הדבר הגדול הזה ויאמר אלישע הראני יהוה אתך
יד מלך על־ארם: וילך ׀ מאת אלישע ויבא אל־אדניו ויאמר
טו לו מה־אמר לך אלישע ויאמר אמר לי חיה תחיה: ויהי
ממחרת ויקח המכבר ויטבל במים ויפרש על־פניו וימת
טז וימלך חזהאל תחתיו: ובשנת חמש ליורם בן־
אחאב מלך ישראל ויהושפט מלך יהודה מלך יהורם בן־
יז יהושפט מלך יהודה: בן־שלשים ושתים שנה היה במלכו

שנים

יח ושמנה שנה מלך בירושלם: וילך בדרך ׀ מלכי ישראל
כאשר עשו בית אחאב כי בת-אחאב היתה-לו לאשה ויעש
יט הרע בעיני יהוה: ולא-אבה יהוה להשחית את-יהודה למען
דוד עבדו כאשר אמר-לו לתת לו ניר ולבניו כל-הימים:
כ בימיו פשע אדום מתחת יד-יהודה וימלכו עליהם מלך:
כא ויעבר יורם צעירה וכל-הרכב עמו ויהי-הוא קם לילה ויכה
את-אדום הסביב אליו ואת שרי הרכב וינס העם לאהליו:
כב ויפשע אדום מתחת יד-יהודה עד היום הזה אז תפשע לבנה
כג בעת ההיא: ויתר דברי יורם וכל-אשר עשה הלא-הם
כד כתובים על-ספר דברי הימים למלכי יהודה: וישכב יורם
עם-אבתיו ויקבר עם-אבתיו בעיר דוד וימלך אחזיהו בנו
כה תחתיו: בשנת שתים-עשרה שנה ליורם בן-
כו אחאב מלך ישראל מלך אחזיהו בן-יהורם מלך יהודה: בן-
עשרים ושתים שנה אחזיהו במלכו ושנה אחת מלך
כז בירושלם ושם אמו עתליהו בת-עמרי מלך ישראל: וילך
בדרך בית אחאב ויעש הרע בעיני יהוה כבית אחאב כי
כח חתן בית-אחאב הוא: וילך את-יורם בן-אחאב למלחמה
עם-חזאל מלך-ארם ברמת גלעד ויכו ארמים את-יורם:
כט וישב יורם המלך להתרפא ביזרעאל מן-המכים אשר יכהו
ארמים ברמה בהלחמו את-חזהאל מלך ארם ואחזיהו בן-
יהורם מלך יהודה ירד לראות את-יורם בן-אחאב ביזרעאל
ט א כי-חלה הוא: ואלישע הנביא קרא לאחד
מבני הנביאים ויאמר לו חגר מתניך וקח פך השמן הזה
ב בידך ולך רמת גלעד: ובאת שמה וראה-שם יהוא בן-
יהושפט בן-נמשי ובאת והקמתו מתוך אחיו והביאת אתו
ג חדר בחדר: ולקחת פך-השמן ויצקת על-ראשו ואמרת
כה-אמר יהוה משחתיך למלך אל-ישראל ופתחת הדלת

ונסתה ולא תחכה: וילך הנער הנער הנביא רמת גלעד: ד
ויבא והנה שרי החיל ישבים ויאמר דבר לי אליך השר ה
ויאמר יהוא אל־מי מכלנו ויאמר אליך השר: ויקם ויבא ו
הביתה ויצק השמן אל־ראשו ויאמר לו כה־אמר יהוה
אלהי ישראל משחתיך למלך אל־עם יהוה אל־ישראל:
והכיתה את־בית אחאב אדניך ונקמתי דמי ׀ עבדי הנביאים ז
ודמי כל־עבדי יהוה מיד איזבל: ואבד כל־בית אחאב ח
והכרתי לאחאב משתין בקיר ועצור ועזוב בישראל: ונתתי ט
את־בית אחאב כבית ירבעם בן־נבט וכבית בעשא בן־
אחיה: ואת־איזבל יאכלו הכלבים בחלק יזרעאל ואין קבר י
ויפתח הדלת וינס: ויהוא יצא אל־עבדי אדניו ויאמר לו יא
השלום מדוע בא־המשגע הזה אליך ויאמר אליהם אתם
ידעתם את־האיש ואת־שיחו: ויאמרו שקר הגד־נא לנו יב
ויאמר כזאת וכזאת אמר אלי לאמר כה אמר יהוה משחתיך
כד למלך אל־ישראל: וימהרו ויקחו איש בגדו וישימו תחתיו יג
אל־גרם המעלות ויתקעו בשופר ויאמרו מלך יהוא:
ויתקשר יהוא בן־יהושפט בן־נמשי אל־יורם ויורם היה יד
שמר ברמת גלעד הוא וכל־ישראל מפני חזאל מלך ארם:
וישב יהורם המלך להתרפא ביזרעאל מן־המכים אשר יכהו טו
ארמים בהלחמו את־חזאל מלך ארם ויאמר יהוא אם־יש
לְהַגִּיד נפשכם אל־יצא פליט מן־העיר ללכת לגיד ביזרעאל:
וירכב יהוא וילך יזרעאלה כי יורם שכב שמה ואחזיה מלך טז
יהודה ירד לראות את־יורם: והצפה עמד על־המגדל יז
ביזרעאל וירא את־שפעת יהוא בבאו ויאמר שפעת אני
ראה ויאמר יהורם קח רכב ושלח לקראתם ויאמר השלום:
וילך רכב הסוס לקראתו ויאמר כה־אמר המלך השלום יח
ויאמר יהוא מה־לך ולשלום סב אל־אחרי ויגד הצפה לאמר

יט בָּא־הַמַּלְאָךְ עַד־הֵם וְלֹא־שָׁב׃ וַיִּשְׁלַח רֹכֵב סוּס שֵׁנִי וַיָּבֹא
אֲלֵהֶם וַיֹּאמֶר כֹּה־אָמַר הַמֶּלֶךְ שָׁלוֹם וַיֹּאמֶר יֵהוּא מַה־לְּךָ
כ וּלְשָׁלוֹם סֹב אֶל־אַחֲרָי׃ וַיַּגֵּד הַצֹּפֶה לֵאמֹר בָּא עַד־אֲלֵיהֶם
וְלֹא־שָׁב וְהַמִּנְהָג כְּמִנְהַג יֵהוּא בֶן־נִמְשִׁי כִּי בְשִׁגָּעוֹן יִנְהָג׃
כא וַיֹּאמֶר יְהוֹרָם אֱסֹר וַיֶּאְסֹר רִכְבּוֹ וַיֵּצֵא יְהוֹרָם מֶלֶךְ־יִשְׂרָאֵל
וַאֲחַזְיָהוּ מֶלֶךְ־יְהוּדָה אִישׁ בְּרִכְבּוֹ וַיֵּצְאוּ לִקְרַאת יֵהוּא
כב וַיִּמְצָאֻהוּ בְּחֶלְקַת נָבוֹת הַיִּזְרְעֵאלִי׃ וַיְהִי כִּרְאוֹת יְהוֹרָם אֶת־
יֵהוּא וַיֹּאמֶר הֲשָׁלוֹם יֵהוּא וַיֹּאמֶר מָה הַשָּׁלוֹם עַד־זְנוּנֵי אִיזֶבֶל
כג אִמְּךָ וּכְשָׁפֶיהָ הָרַבִּים׃ וַיַּהֲפֹךְ יְהוֹרָם יָדָיו וַיָּנֹס וַיֹּאמֶר אֶל־
כד אֲחַזְיָהוּ מִרְמָה אֲחַזְיָה׃ וְיֵהוּא מִלֵּא יָדוֹ בַקֶּשֶׁת וַיַּךְ אֶת־יְהוֹרָם
כה בֵּין זְרֹעָיו וַיֵּצֵא הַחֵצִי מִלִּבּוֹ וַיִּכְרַע בְּרִכְבּוֹ׃ וַיֹּאמֶר אֶל־בִּדְקַר
שָׁלִשֹׁה שָׂא הַשְׁלִכֵהוּ בְּחֶלְקַת שְׂדֵה נָבוֹת הַיִּזְרְעֵאלִי כִּי־זְכֹר
אֲנִי וָאַתָּה אֵת רֹכְבִים צְמָדִים אַחֲרֵי אַחְאָב אָבִיו וַיהוָה נָשָׂא
כו עָלָיו אֶת־הַמַּשָּׂא הַזֶּה׃ אִם־לֹא אֶת־דְּמֵי נָבוֹת וְאֶת־דְּמֵי בָנָיו
רָאִיתִי אֶמֶשׁ נְאֻם־יְהוָה וְשִׁלַּמְתִּי לְךָ בַּחֶלְקָה הַזֹּאת נְאֻם־
כז יְהוָה וְעַתָּה שָׂא הַשְׁלִכֵהוּ בַּחֶלְקָה כִּדְבַר יְהוָה׃ וַאֲחַזְיָה מֶלֶךְ־
יְהוּדָה רָאָה וַיָּנָס דֶּרֶךְ בֵּית הַגָּן וַיִּרְדֹּף אַחֲרָיו יֵהוּא וַיֹּאמֶר
גַּם־אֹתוֹ הַכֻּהוּ אֶל־הַמֶּרְכָּבָה בְּמַעֲלֵה־גוּר אֲשֶׁר אֶת־יִבְלְעָם
כח וַיָּנָס מְגִדּוֹ וַיָּמָת שָׁם׃ וַיַּרְכִּבוּ אֹתוֹ עֲבָדָיו יְרוּשָׁלְָמָה וַיִּקְבְּרוּ
כט אֹתוֹ בִקְבֻרָתוֹ עִם־אֲבֹתָיו בְּעִיר דָּוִד׃ וּבִשְׁנַת
אַחַת־עֶשְׂרֵה שָׁנָה לְיוֹרָם בֶּן־אַחְאָב מָלַךְ אֲחַזְיָה עַל־יְהוּדָה׃
ל וַיָּבוֹא יֵהוּא יִזְרְעֶאלָה וְאִיזֶבֶל שָׁמְעָה וַתָּשֶׂם בַּפּוּךְ עֵינֶיהָ
לא וַתֵּיטֶב אֶת־רֹאשָׁהּ וַתַּשְׁקֵף בְּעַד הַחַלּוֹן׃ וְיֵהוּא בָּא בַשָּׁעַר
לב וַתֹּאמֶר הֲשָׁלוֹם זִמְרִי הֹרֵג אֲדֹנָיו׃ וַיִּשָּׂא פָנָיו אֶל־הַחַלּוֹן וַיֹּאמֶר
לג מִי אִתִּי מִי וַיַּשְׁקִיפוּ אֵלָיו שְׁנַיִם שְׁלֹשָׁה סָרִיסִים׃ וַיֹּאמֶר
שמטוהו וַיִּשְׁמְטוּהָ וַיִּז מִדָּמָהּ אֶל־הַקִּיר וְאֶל־הַסּוּסִים שִׁמְטֻהוּ
לד וַתִּרְמְסֶנָּה׃ וַיָּבֹא וַיֹּאכַל וַיֵּשְׁתְּ וַיֹּאמֶר פִּקְדוּ־נָא אֶת־הָאֲרוּרָה

לה הַזֹּאת וְקִבְרוּהָ כִּי בַת־מֶלֶךְ הִיא׃ וַיֵּלְכוּ לְקָבְרָהּ וְלֹא־מָצְאוּ
לו בָהּ כִּי אִם־הַגֻּלְגֹּלֶת וְהָרַגְלַיִם וְכַפּוֹת הַיָּדָיִם׃ וַיָּשֻׁבוּ וַיַּגִּידוּ לוֹ
וַיֹּאמֶר דְּבַר־יְהוָה הוּא אֲשֶׁר דִּבֶּר בְּיַד־עַבְדּוֹ אֵלִיָּהוּ הַתִּשְׁבִּי
לז לֵאמֹר בְּחֵלֶק יִזְרְעֶאל יֹאכְלוּ הַכְּלָבִים אֶת־בְּשַׂר אִיזָבֶל׃ וְהָיְתָ
נִבְלַת אִיזֶבֶל כְּדֹמֶן עַל־פְּנֵי הַשָּׂדֶה בְּחֵלֶק יִזְרְעֶאל אֲשֶׁר לֹא־
יא יֹאמְרוּ זֹאת אִיזָבֶל׃ וּלְאַחְאָב שִׁבְעִים בָּנִים
בְּשֹׁמְרוֹן וַיִּכְתֹּב יֵהוּא סְפָרִים וַיִּשְׁלַח שֹׁמְרוֹן אֶל־שָׂרֵי יִזְרְעֶאל
ב הַזְּקֵנִים וְאֶל־הָאֹמְנִים אַחְאָב לֵאמֹר׃ וְעַתָּה כְּבֹא הַסֵּפֶר הַזֶּה
אֲלֵיכֶם וְאִתְּכֶם בְּנֵי אֲדֹנֵיכֶם וְאִתְּכֶם הָרֶכֶב וְהַסּוּסִים וְעִיר
ג מִבְצָר וְהַנָּשֶׁק׃ וּרְאִיתֶם הַטּוֹב וְהַיָּשָׁר מִבְּנֵי אֲדֹנֵיכֶם וְשַׂמְתֶּם
ד עַל־כִּסֵּא אָבִיו וְהִלָּחֲמוּ עַל־בֵּית אֲדֹנֵיכֶם׃ וַיִּרְאוּ מְאֹד מְאֹד
וַיֹּאמְרוּ הִנֵּה שְׁנֵי הַמְּלָכִים לֹא עָמְדוּ לְפָנָיו וְאֵיךְ נַעֲמֹד אֲנָחְנוּ׃
ה וַיִּשְׁלַח אֲשֶׁר־עַל־הַבַּיִת וַאֲשֶׁר עַל־הָעִיר וְהַזְּקֵנִים וְהָאֹמְנִים
אֶל־יֵהוּא ׀ לֵאמֹר עֲבָדֶיךָ אֲנַחְנוּ וְכֹל אֲשֶׁר־תֹּאמַר אֵלֵינוּ
ו נַעֲשֶׂה לֹא־נַמְלִיךְ אִישׁ הַטּוֹב בְּעֵינֶיךָ עֲשֵׂה׃ וַיִּכְתֹּב אֲלֵיהֶם
סֵפֶר ׀ שֵׁנִית לֵאמֹר אִם־לִי אַתֶּם וּלְקֹלִי ׀ אַתֶּם שֹׁמְעִים קְחוּ
אֶת־רָאשֵׁי אַנְשֵׁי בְנֵי־אֲדֹנֵיכֶם וּבֹאוּ אֵלַי כָּעֵת מָחָר יִזְרְעֶאלָה
ז וּבְנֵי הַמֶּלֶךְ שִׁבְעִים אִישׁ אֶת־גְּדֹלֵי הָעִיר מְגַדְּלִים אוֹתָם׃ וַיְהִי
כְּבֹא הַסֵּפֶר אֲלֵיהֶם וַיִּקְחוּ אֶת־בְּנֵי הַמֶּלֶךְ וַיִּשְׁחֲטוּ שִׁבְעִים
אִישׁ וַיָּשִׂימוּ אֶת־רָאשֵׁיהֶם בַּדּוּדִים וַיִּשְׁלְחוּ אֵלָיו יִזְרְעֶאלָה׃
ח וַיָּבֹא הַמַּלְאָךְ וַיַּגֶּד־לוֹ לֵאמֹר הֵבִיאוּ רָאשֵׁי בְנֵי־הַמֶּלֶךְ וַיֹּאמֶר
ט שִׂימוּ אֹתָם שְׁנֵי צִבֻּרִים פֶּתַח הַשַּׁעַר עַד־הַבֹּקֶר׃ וַיְהִי בַבֹּקֶר
וַיֵּצֵא וַיַּעֲמֹד וַיֹּאמֶר אֶל־כָּל־הָעָם צַדִּקִים אַתֶּם הִנֵּה אֲנִי
י קָשַׁרְתִּי עַל־אֲדֹנִי וָאֶהֶרְגֵהוּ וּמִי הִכָּה אֶת־כָּל־אֵלֶּה׃ דְּעוּ
אֵפוֹא כִּי לֹא יִפֹּל מִדְּבַר יְהוָה אַרְצָה אֲשֶׁר־דִּבֶּר יְהוָה עַל־
יא בֵּית אַחְאָב וַיהוָה עָשָׂה אֵת אֲשֶׁר דִּבֶּר בְּיַד עַבְדּוֹ אֵלִיָּהוּ׃ וַיַּךְ
יֵהוּא אֵת כָּל־הַנִּשְׁאָרִים לְבֵית־אַחְאָב בְּיִזְרְעֶאל וְכָל־גְּדֹלָיו

יב וּמְיֻדָּעָיו וְכֹהֲנָיו עַד־בִּלְתִּי הִשְׁאִיר־לוֹ שָׂרִיד׃ וַיָּקָם וַיָּבֹא וַיֵּלֶךְ
יג שֹׁמְרוֹן הוּא בֵּית־עֵקֶד הָרֹעִים בַּדָּרֶךְ׃ וְיֵהוּא מָצָא אֶת־אֲחֵי
אֲחַזְיָהוּ מֶלֶךְ־יְהוּדָה וַיֹּאמֶר מִי אַתֶּם וַיֹּאמְרוּ אֲחֵי אֲחַזְיָהוּ
יד אֲנַחְנוּ וַנֵּרֶד לִשְׁלוֹם בְּנֵי־הַמֶּלֶךְ וּבְנֵי הַגְּבִירָה׃ וַיֹּאמֶר תִּפְשׂוּם
חַיִּים וַיִּתְפְּשׂוּם חַיִּים וַיִּשְׁחָטוּם אֶל־בּוֹר בֵּית־עֵקֶד אַרְבָּעִים
טו וּשְׁנַיִם אִישׁ וְלֹא־הִשְׁאִיר אִישׁ מֵהֶם׃ וַיֵּלֶךְ כה
מִשָּׁם וַיִּמְצָא אֶת־יְהוֹנָדָב בֶּן־רֵכָב לִקְרָאתוֹ וַיְבָרְכֵהוּ וַיֹּאמֶר
אֵלָיו הֲיֵשׁ אֶת־לְבָבְךָ יָשָׁר כַּאֲשֶׁר לְבָבִי עִם־לְבָבֶךָ וַיֹּאמֶר
יְהוֹנָדָב יֵשׁ וָיֵשׁ תְּנָה אֶת־יָדֶךָ וַיִּתֵּן יָדוֹ וַיַּעֲלֵהוּ אֵלָיו
טז אֶל־הַמֶּרְכָּבָה׃ וַיֹּאמֶר לְכָה אִתִּי וּרְאֵה בְּקִנְאָתִי לַיהוָה
יז וַיַּרְכִּבוּ אֹתוֹ בְּרִכְבּוֹ׃ וַיָּבֹא שֹׁמְרוֹן וַיַּךְ אֶת־כָּל־הַנִּשְׁאָרִים
לְאַחְאָב בְּשֹׁמְרוֹן עַד־הִשְׁמִדוֹ כִּדְבַר יְהוָה אֲשֶׁר דִּבֶּר אֶל־
יח אֵלִיָּהוּ׃ וַיִּקְבֹּץ יֵהוּא אֶת־כָּל־הָעָם וַיֹּאמֶר
אֲלֵהֶם אַחְאָב עָבַד אֶת־הַבַּעַל מְעָט יֵהוּא יַעַבְדֶנּוּ הַרְבֵּה׃
יט וְעַתָּה כָל־נְבִיאֵי הַבַּעַל כָּל־עֹבְדָיו וְכָל־כֹּהֲנָיו קִרְאוּ אֵלַי אִישׁ
אַל־יִפָּקֵד כִּי זֶבַח גָּדוֹל לִי לַבַּעַל כֹּל אֲשֶׁר־יִפָּקֵד לֹא יִחְיֶה וְיֵהוּא
כ עָשָׂה בְעָקְבָּה לְמַעַן הַאֲבִיד אֶת־עֹבְדֵי הַבָּעַל׃ וַיֹּאמֶר יֵהוּא
כא קַדְּשׁוּ עֲצָרָה לַבַּעַל וַיִּקְרָאוּ׃ וַיִּשְׁלַח יֵהוּא בְּכָל־יִשְׂרָאֵל וַיָּבֹאוּ
כָּל־עֹבְדֵי הַבַּעַל וְלֹא־נִשְׁאַר אִישׁ אֲשֶׁר לֹא־בָא וַיָּבֹאוּ בֵּית
כב הַבַּעַל וַיִּמָּלֵא בֵית־הַבַּעַל פֶּה לָפֶה׃ וַיֹּאמֶר לַאֲשֶׁר עַל־
הַמֶּלְתָּחָה הוֹצֵא לְבוּשׁ לְכֹל עֹבְדֵי הַבָּעַל וַיֹּצֵא לָהֶם הַמַּלְבּוּשׁ׃
כג וַיָּבֹא יֵהוּא וִיהוֹנָדָב בֶּן־רֵכָב בֵּית הַבָּעַל וַיֹּאמֶר לְעֹבְדֵי הַבַּעַל
חַפְּשׂוּ וּרְאוּ פֶּן־יֶשׁ־פֹּה עִמָּכֶם מֵעַבְדֵי יְהוָה כִּי אִם־עֹבְדֵי
כד הַבַּעַל לְבַדָּם׃ וַיָּבֹאוּ לַעֲשׂוֹת זְבָחִים וְעֹלוֹת וְיֵהוּא שָׂם־לוֹ בַחוּץ
שְׁמֹנִים אִישׁ וַיֹּאמֶר הָאִישׁ אֲשֶׁר־יִמָּלֵט מִן־הָאֲנָשִׁים אֲשֶׁר אֲנִי
כה מֵבִיא עַל־יְדֵיכֶם נַפְשׁוֹ תַּחַת נַפְשׁוֹ׃ וַיְהִי כְּכַלֹּתוֹ ׀ לַעֲשׂוֹת
הָעֹלָה וַיֹּאמֶר יֵהוּא לָרָצִים וְלַשָּׁלִשִׁים בֹּאוּ הַכּוּם אִישׁ אַל־יֵצֵא

ויכום לפי־חרב וישלכו הרצים והשלשים וילכו עד־עיר
כו בית־הבעל: ויצאו את־מצבות בית־הבעל וישרפוה:
כז ויתצו את מצבת הבעל ויתצו את־בית הבעל וישמהו
כח כט למחראות עד־היום: וישמד יהוא את־הבעל מישראל: רק   למוצאות
חטאי ירבעם בן־נבט אשר החטיא את־ישראל לא־
סר יהוא מאחריהם עגלי הזהב אשר בית־אל ואשר
ל בדן: ויאמר יהוה אל־יהוא יען אשר־הטיבת
לעשות הישר בעיני ככל אשר בלבבי עשית לבית אחאב
לא בני רבעים ישבו לך על־כסא ישראל: ויהוא לא שמר ללכת
בתורת־יהוה אלהי־ישראל בכל־לבבו לא סר מעל חטאות
לב ירבעם אשר החטיא את־ישראל: בימים ההם החל יהוה
לג לקצות בישראל ויכם חזאל בכל־גבול ישראל: מן־הירדן
מזרח השמש את כל־ארץ הגלעד הגדי והראובני והמנשי
לד מערער אשר על־נחל ארנן והגלעד והבשן: ויתר דברי
יהוא וכל־אשר עשה וכל־גבורתו הלוא־הם כתובים
לה על־ספר דברי הימים למלכי ישראל: וישכב יהוא עם־
אבתיו ויקברו אתו בשמרון וימלך יהואחז בנו תחתיו:
לו והימים אשר מלך יהוא על־ישראל עשרים־ושמנה שנה
יא א בשמרון: ועתליה אם אחזיהו וראתה כי מת   ראתה
ב בנה ותקם ותאבד את כל־זרע הממלכה: ותקח יהושבע
בת־המלך־יורם אחות אחזיהו את־יואש בן־אחזיה ותגנב
אתו מתוך בני־המלך הממותתים אתו ואת־מינקתו בחדר   המומתים
ג המטות ויסתרו אתו מפני עתליהו ולא הומת: ויהי
אתה בית יהוה מתחבא שש שנים ועתליה מלכת על־
ד הארץ: ובשנה השביעית שלח יהוידע ויקח
את־שרי המאיות לכרי ולרצים ויבא אתם אליו בית יהוה   המאות
ויכרת להם ברית וישבע אתם בבית יהוה וירא אתם את־

ה בֶּן־הַמֶּלֶךְ: וַיְצַוֵּם לֵאמֹר זֶה הַדָּבָר אֲשֶׁר תַּעֲשׂוּן הַשְּׁלִשִׁית
ו מִכֶּם בָּאֵי הַשַּׁבָּת וְשֹׁמְרֵי מִשְׁמֶרֶת בֵּית הַמֶּלֶךְ: וְהַשְּׁלִשִׁית
בְּשַׁעַר סוּר וְהַשְּׁלִשִׁית בַּשַּׁעַר אַחַר הָרָצִים וּשְׁמַרְתֶּם אֶת־
ז מִשְׁמֶרֶת הַבַּיִת מַסָּח: וּשְׁתֵּי הַיָּדוֹת בָּכֶם כֹּל יֹצְאֵי הַשַּׁבָּת
ח וְשָׁמְרוּ אֶת־מִשְׁמֶרֶת בֵּית־יְהוָה אֶל־הַמֶּלֶךְ: וְהִקַּפְתֶּם עַל־
הַמֶּלֶךְ סָבִיב אִישׁ וְכֵלָיו בְּיָדוֹ וְהַבָּא אֶל־הַשְּׂדֵרוֹת יוּמָת וִהְיוּ
ט אֶת־הַמֶּלֶךְ בְּצֵאתוֹ וּבְבֹאוֹ: וַיַּעֲשׂוּ שָׂרֵי הַמֵּאיוֹת כְּכֹל אֲשֶׁר־ הַמֵּאוֹת
צִוָּה יְהוֹיָדָע הַכֹּהֵן וַיִּקְחוּ אִישׁ אֶת־אֲנָשָׁיו בָּאֵי הַשַּׁבָּת עִם
י יֹצְאֵי הַשַּׁבָּת וַיָּבֹאוּ אֶל־יְהוֹיָדָע הַכֹּהֵן: וַיִּתֵּן הַכֹּהֵן לְשָׂרֵי
הַמֵּאיוֹת אֶת־הַחֲנִית וְאֶת־הַשְּׁלָטִים אֲשֶׁר לַמֶּלֶךְ דָּוִד אֲשֶׁר הַמֵּאוֹת
יא בְּבֵית יְהוָה: וַיַּעַמְדוּ הָרָצִים אִישׁ ׀ וְכֵלָיו בְּיָדוֹ מִכֶּתֶף הַבַּיִת
הַיְמָנִית עַד־כֶּתֶף הַבַּיִת הַשְּׂמָאלִית לַמִּזְבֵּחַ וְלַבָּיִת עַל־
יב הַמֶּלֶךְ סָבִיב: וַיּוֹצִא אֶת־בֶּן־הַמֶּלֶךְ וַיִּתֵּן עָלָיו אֶת־הַנֵּזֶר
וְאֶת־הָעֵדוּת וַיַּמְלִכוּ אֹתוֹ וַיִּמְשָׁחֻהוּ וַיַּכּוּ־כָף וַיֹּאמְרוּ יְחִי
יג הַמֶּלֶךְ: וַתִּשְׁמַע עֲתַלְיָה אֶת־קוֹל הָרָצִין הָעָם
יד וַתָּבֹא אֶל־הָעָם בֵּית יְהוָה: וַתֵּרֶא וְהִנֵּה הַמֶּלֶךְ עֹמֵד עַל־
הָעַמּוּד כַּמִּשְׁפָּט וְהַשָּׂרִים וְהַחֲצֹצְרוֹת אֶל־הַמֶּלֶךְ וְכָל־עַם
הָאָרֶץ שָׂמֵחַ וְתֹקֵעַ בַּחֲצֹצְרוֹת וַתִּקְרַע עֲתַלְיָה אֶת־בְּגָדֶיהָ
טו וַתִּקְרָא קֶשֶׁר קָשֶׁר: וַיְצַו יְהוֹיָדָע הַכֹּהֵן אֶת־שָׂרֵי הַמֵּאיוֹת ׀ הַמֵּאוֹת ׀
פְּקֻדֵי הַחַיִל וַיֹּאמֶר אֲלֵיהֶם הוֹצִיאוּ אֹתָהּ אֶל־מִבֵּית לַשְּׂדֵרֹת
וְהַבָּא אַחֲרֶיהָ הָמֵת בֶּחָרֶב כִּי אָמַר הַכֹּהֵן אַל־תּוּמַת בֵּית
טז יְהוָה: וַיָּשִׂמוּ לָהּ יָדַיִם וַתָּבוֹא דֶּרֶךְ־מְבוֹא הַסּוּסִים בֵּית הַמֶּלֶךְ
יז וַתּוּמַת שָׁם: וַיִּכְרֹת יְהוֹיָדָע אֶת־הַבְּרִית בֵּין
יְהוָה וּבֵין הַמֶּלֶךְ וּבֵין הָעָם לִהְיוֹת לְעָם לַיהוָה וּבֵין הַמֶּלֶךְ וּבֵין
יח הָעָם: וַיָּבֹאוּ כָל־עַם הָאָרֶץ בֵּית־הַבַּעַל וַיִּתְּצֻהוּ אֶת־מִזְבְּחֹתָו
וְאֶת־צְלָמָיו שִׁבְּרוּ הֵיטֵב וְאֵת מַתָּן כֹּהֵן הַבַּעַל הָרְגוּ לִפְנֵי
יט הַמִּזְבְּחוֹת וַיָּשֶׂם הַכֹּהֵן פְּקֻדֹּת עַל־בֵּית יְהוָה: וַיִּקַּח אֶת־שָׂרֵי

הַמֵּאוֹת וְאֶת־הַכָּרִי וְאֶת־הָרָצִים וְאֵת ׀ כָּל־עַם הָאָרֶץ
וַיֹּרִידוּ אֶת־הַמֶּלֶךְ מִבֵּית יְהוָה וַיָּבוֹאוּ דֶּרֶךְ־שַׁעַר הָרָצִים
כ בֵּית הַמֶּלֶךְ וַיֵּשֶׁב עַל־כִּסֵּא הַמְּלָכִים׃ וַיִּשְׂמַח כָּל־עַם־
הָאָרֶץ וְהָעִיר שָׁקָטָה וְאֶת־עֲתַלְיָהוּ הֵמִיתוּ בַחֶרֶב בֵּית
יב א ב מלך׃ בֶּן־שֶׁבַע שָׁנִים יְהוֹאָשׁ בְּמָלְכוֹ׃ בִּשְׁנַת־ הַמֶּלֶךְ
שֶׁבַע לְיֵהוּא מָלַךְ יְהוֹאָשׁ וְאַרְבָּעִים שָׁנָה מָלַךְ בִּירוּשָׁלָ͏ִם וְשֵׁם
ג אִמּוֹ צִבְיָה מִבְּאֵר שָׁבַע׃ וַיַּעַשׂ יְהוֹאָשׁ הַיָּשָׁר בְּעֵינֵי יְהוָה כָּל־ כו
ד יָמָיו אֲשֶׁר הוֹרָהוּ יְהוֹיָדָע הַכֹּהֵן׃ רַק הַבָּמוֹת לֹא־סָרוּ עוֹד הָעָם
ה מְזַבְּחִים וּמְקַטְּרִים בַּבָּמוֹת׃ וַיֹּאמֶר יְהוֹאָשׁ אֶל־הַכֹּהֲנִים כֹּל
כֶּסֶף הַקֳּדָשִׁים אֲשֶׁר יוּבָא בֵית־יְהוָה כֶּסֶף עוֹבֵר אִישׁ כֶּסֶף
נַפְשׁוֹת עֶרְכּוֹ כָּל־כֶּסֶף אֲשֶׁר יַעֲלֶה עַל לֶב־אִישׁ לְהָבִיא בֵּית
ו יְהוָה׃ יִקְחוּ לָהֶם הַכֹּהֲנִים אִישׁ מֵאֵת מַכָּרוֹ וְהֵם יְחַזְּקוּ אֶת־
ז בֶּדֶק הַבַּיִת לְכֹל אֲשֶׁר־יִמָּצֵא שָׁם בָּדֶק׃ וַיְהִי
בִּשְׁנַת עֶשְׂרִים וְשָׁלֹשׁ שָׁנָה לַמֶּלֶךְ יְהוֹאָשׁ לֹא־חִזְּקוּ הַכֹּהֲנִים
ח אֶת־בֶּדֶק הַבָּיִת׃ וַיִּקְרָא הַמֶּלֶךְ יְהוֹאָשׁ לִיהוֹיָדָע הַכֹּהֵן
וְלַכֹּהֲנִים וַיֹּאמֶר אֲלֵהֶם מַדּוּעַ אֵינְכֶם מְחַזְּקִים אֶת־בֶּדֶק הַבָּיִת
וְעַתָּה אַל־תִּקְחוּ־כֶסֶף מֵאֵת מַכָּרֵיכֶם כִּי־לְבֶדֶק הַבַּיִת
ט תִּתְּנֻהוּ׃ וַיֵּאֹתוּ הַכֹּהֲנִים לְבִלְתִּי קְחַת־כֶּסֶף מֵאֵת הָעָם וּלְבִלְתִּי
י חַזֵּק אֶת־בֶּדֶק הַבָּיִת׃ וַיִּקַּח יְהוֹיָדָע הַכֹּהֵן אֲרוֹן אֶחָד וַיִּקֹּב
חֹר בְּדַלְתּוֹ וַיִּתֵּן אֹתוֹ אֵצֶל הַמִּזְבֵּחַ בימין בְּבוֹא־אִישׁ בֵּית מִיָּמִין
יְהוָה וְנָתְנוּ־שָׁמָּה הַכֹּהֲנִים שֹׁמְרֵי הַסַּף אֶת־כָּל־הַכֶּסֶף הַמּוּבָא
יא בֵית־יְהוָה׃ וַיְהִי כִּרְאוֹתָם כִּי־רַב הַכֶּסֶף בָּאָרוֹן וַיַּעַל סֹפֵר
הַמֶּלֶךְ וְהַכֹּהֵן הַגָּדוֹל וַיָּצֻרוּ וַיִּמְנוּ אֶת־הַכֶּסֶף הַנִּמְצָא בֵית־
יב יְהוָה׃ וְנָתְנוּ אֶת־הַכֶּסֶף הַמְתֻכָּן עַל־יַד עֹשֵׂי הַמְּלָאכָה
הפקדים בֵּית יְהוָה וַיּוֹצִיאֻהוּ לְחָרָשֵׁי הָעֵץ וְלַבֹּנִים הָעֹשִׂים הַמֻּפְקָדִים
יג בֵּית יְהוָה׃ וְלַגֹּדְרִים וּלְחֹצְבֵי הָאֶבֶן וְלִקְנוֹת עֵצִים וְאַבְנֵי מַחְצֵב
לְחַזֵּק אֶת־בֶּדֶק בֵּית־יְהוָה וּלְכֹל אֲשֶׁר־יֵצֵא עַל־הַבַּיִת

יד לחזקה: אך לא יעשה בית יהוה ספות כסף מזמרות מזרקות
חצצרות כל־כלי זהב וכלי־כסף מן־הכסף המובא בית־
טו יהוה: כי־לעשי המלאכה יתנהו וחזקו־בו את־בית יהוה:
טז ולא יחשבו את־האנשים אשר יתנו את־הכסף על־ידם
יז לתת לעשי המלאכה כי באמנה הם עשים: כסף אשם וכסף
יח חטאות לא יובא בית יהוה לכהנים יהיו: אז
יעלה חזאל מלך ארם וילחם על־גת וילכדה וישם חזאל
יט פניו לעלות על־ירושלם: ויקח יהואש מלך־יהודה את כל־
הקדשים אשר־הקדישו יהושפט ויהורם ואחזיהו אבתיו
מלכי יהודה ואת־קדשיו ואת כל־הזהב הנמצא באצרות
בית־יהוה ובית המלך וישלח לחזאל מלך ארם ויעל מעל
כ ירושלם: ויתר דברי יואש וכל־אשר עשה הלוא־הם כתובים
כא על־ספר דברי הימים למלכי יהודה: ויקמו עבדיו ויקשרו־
כב קשר ויכו את־יואש בית מלא היורד סלא: ויוזכר בן־שמעת
ויהוזבד בן־שמר | עבדיו הכהו וימת ויקברו אתו עם־אבתיו
יג א בעיר דוד וימלך אמציה בנו תחתיו: בשנת
עשרים ושלש שנה ליואש בן־אחזיהו מלך יהודה מלך
יהואחז בן־יהוא על־ישראל בשמרון שבע עשרה שנה:
ב ויעש הרע בעיני יהוה וילך אחר חטאת ירבעם בן־נבט
ג אשר־החטיא את־ישראל לא־סר ממנה: ויחר־אף יהוה
בישראל ויתנם ביד | חזאל מלך־ארם וביד בן־הדד בן־
ד חזאל כל־הימים: ויחל יהואחז את־פני יהוה וישמע אליו
יהוה כי ראה את־לחץ ישראל כי־לחץ אתם מלך ארם:
ה ויתן יהוה לישראל מושיע ויצאו מתחת יד־ארם וישבו בני־
ו ישראל באהליהם כתמול שלשום: אך לא־סרו מחטאת
בית־ירבעם אשר־החטי את־ישראל בה הלך וגם האשרה
ז עמדה בשמרון: כי לא השאיר ליהואחז עם כי אם־חמשים

פרשים ועשרה רכב ועשרת אלפים רגלי כי אבדם מלך
ח ארם וישמם כעפר לדש: ויתר דברי יהואחז וכל־אשר עשה
וגבורתו הלוא־הם כתובים על־ספר דברי הימים למלכי
ט ישראל: וישכב יהואחז עם־אבתיו ויקברהו בשמרון וימלך
יואש בנו תחתיו:
י בשנת שלשים ושבע שנה ליואש מלך יהודה מלך יהואש
יא בן־יהואחז על־ישראל בשמרון שש עשרה שנה: ויעשה
הרע בעיני יהוה לא סר מכל־חטאות ירבעם בן־נבט אשר־
יב החטיא את־ישראל בה הלך: ויתר דברי יואש וכל־אשר
עשה וגבורתו אשר נלחם עם אמציה מלך־יהודה הלא־הם
יג כתובים על־ספר דברי הימים למלכי ישראל: וישכב יואש
עם־אבתיו וירבעם ישב על־כסאו ויקבר יואש בשמרון עם
יד מלכי ישראל: ואלישע חלה את־חליו אשר
ימות בו וירד אליו יואש מלך־ישראל ויבך על־פניו ויאמר
טו אבי ׀ אבי רכב ישראל ופרשיו: ויאמר לו אלישע קח קשת
טז וחצים ויקח אליו קשת וחצים: ויאמר ׀ למלך ישראל הרכב
ידך על־הקשת וירכב ידו וישם אלישע ידיו על־ידי המלך:
יז ויאמר פתח החלון קדמה ויפתח ויאמר אלישע ירה ויור
ויאמר חץ־תשועה ליהוה וחץ־תשועה בארם והכית את־
יח ארם באפק עד־כלה: ויאמר קח החצים ויקח ויאמר למלך־
יט ישראל הך ארצה ויך שלש־פעמים ויעמד: ויקצף עליו
איש האלהים ויאמר להכות חמש או־שש פעמים אז
הכית את־ארם עד־כלה ועתה שלש פעמים תכה את־
כ ארם: וימת אלישע ויקברהו וגדודי מואב
כא יבאו בארץ בא שנה: ויהי הם ׀ קברים איש והנה ראו את־
הגדוד וישליכו את־האיש בקבר אלישע וילך ויגע האיש
כב בעצמות אלישע ויחי ויקם על־רגליו: וחזאל מלך ארם לחץ

כג את־ישראל כל ימי יהואחז: ויחן יהוה אתם וירחמם ויפן כז
אליהם למען בריתו את־אברהם יצחק ויעקב ולא אבה
כד השחיתם ולא־השליכם מעל־פניו עד־עתה: וימת חזאל
כה מלך־ארם וימלך בן־הדד בנו תחתיו: וישב יהואש בן־
יהואחז ויקח את־הערים מיד בן־הדד בן־חזאל אשר לקח
מיד יהואחז אביו במלחמה שלש פעמים הכהו יואש וישב
יד א את־ערי ישראל: בשנת שתים ליואש בן־
ב יואחז מלך ישראל מלך אמציהו בן־יואש מלך יהודה: בן־
עשרים וחמש שנה היה במלכו ועשרים ותשע שנה מלך
ג בירושלם ושם אמו יהועדין מן־ירושלם: ויעש הישר בעיני יהועדן
יהוה רק לא כדוד אביו ככל אשר־עשה יואש אביו עשה:
ד רק הבמות לא־סרו עוד העם מזבחים ומקטרים בבמות:
ה ויהי כאשר חזקה הממלכה בידו ויך את־עבדיו המכים את־
ו המלך אביו: ואת־בני המכים לא המית ככתוב בספר תורת־
משה אשר־צוה יהוה לאמר לא־יומתו אבות על־בנים
ובנים לא־יומתו על־אבות כי אם־איש בחטאו ימות: יומת
ז הוא־הכה את־אדום בגי־המלח עשרת אלפים ותפש מלח
את־הסלע במלחמה ויקרא את־שמה יקתאל עד היום
ח הזה: אז שלח אמציה מלאכים אל־יהואש
בן־יהואחז בן־יהוא מלך ישראל לאמר לכה נתראה פנים:
ט וישלח יהואש מלך־ישראל אל־אמציהו מלך־יהודה לאמר
החוח אשר בלבנון שלח אל־הארז אשר בלבנון לאמר תנה
את־בתך לבני לאשה ותעבר חית השדה אשר בלבנון
י ותרמס את־החוח: הכה הכית את־אדום ונשאך לבך הכבד
ושב בביתך ולמה תתגרה ברעה ונפלתה אתה ויהודה
יא עמך: ולא־שמע אמציהו ויעל יהואש מלך־ישראל ויתראו
פנים הוא ואמציהו מלך־יהודה בבית שמש אשר ליהודה:

יב ויגף יהודה לפני ישראל וינסו איש לאהלו: יג ואת אמציהו
מלך־יהודה בן־יהואש בן־אחזיהו תפש יהואש מלך־
ישראל בבית שמש ויבאו ירושלם ויפרץ בחומת ירושלם ויבא
יד בשער אפרים עד־שער הפנה ארבע מאות אמה: ולקח את־
כל־הזהב והכסף ואת כל־הכלים הנמצאים בית־יהוה
ובאוצרות בית המלך ואת בני התערבות וישב שמרונה:
טו ויתר דברי יהואש אשר עשה וגבורתו ואשר נלחם עם
אמציהו מלך־יהודה הלא־הם כתובים על־ספר דברי הימים
טז למלכי ישראל: וישכב יהואש עם־אבתיו ויקבר בשמרון עם
יז מלכי ישראל וימלך ירבעם בנו תחתיו: ויחי
אמציהו בן־יואש מלך יהודה אחרי מות יהואש בן־יהואחז
יח מלך ישראל חמש עשרה שנה: ויתר דברי אמציהו הלא־הם
יט כתבים על־ספר דברי הימים למלכי יהודה: ויקשרו עליו
קשר בירושלם וינס לכישה וישלחו אחריו לכישה וימתהו
כ שם: וישאו אתו על־הסוסים ויקבר בירושלם עם־אבתיו
כא בעיר דוד: ויקחו כל־עם יהודה את־עזריה והוא בן־
כב שש עשרה שנה וימלכו אתו תחת אביו אמציהו: הוא
בנה את־אילת וישבה ליהודה אחרי שכב־המלך עם־
כג אבתיו: בשנת חמש־עשרה שנה לאמציהו
בן־יואש מלך יהודה מלך ירבעם בן־יואש מלך־ישראל
כד בשמרון ארבעים ואחת שנה: ויעש הרע בעיני יהוה לא סר
מכל־חטאות ירבעם בן־נבט אשר החטיא את־ישראל:
כה הוא השיב את־גבול ישראל מלבוא חמת עד־ים הערבה
כדבר יהוה אלהי ישראל אשר דבר ביד־עבדו יונה בן־
כו אמתי הנביא אשר מגת החפר: כי־ראה יהוה את־עני
ישראל מרה מאד ואפס עצור ואפס עזוב ואין עזר לישראל:
כז ולא־דבר יהוה למחות את־שם ישראל מתחת השמים

כח וַיּוֹשִׁיעֵם בְּיַד יָרָבְעָם בֶּן־יוֹאָשׁ׃ וְיֶתֶר דִּבְרֵי יָרָבְעָם וְכָל־אֲשֶׁר
עָשָׂה וּגְבוּרָתוֹ אֲשֶׁר־נִלְחָם וַאֲשֶׁר הֵשִׁיב אֶת־דַּמֶּשֶׂק וְאֶת־
חֲמָת לִיהוּדָה בְּיִשְׂרָאֵל הֲלֹא־הֵם כְּתוּבִים עַל־סֵפֶר דִּבְרֵי
כט הַיָּמִים לְמַלְכֵי יִשְׂרָאֵל׃ וַיִּשְׁכַּב יָרָבְעָם עִם־אֲבֹתָיו עִם מַלְכֵי
טו א יִשְׂרָאֵל וַיִּמְלֹךְ זְכַרְיָה בְנוֹ תַּחְתָּיו׃ בִּשְׁנַת
עֶשְׂרִים וָשֶׁבַע שָׁנָה לְיָרָבְעָם מֶלֶךְ יִשְׂרָאֵל מָלַךְ עֲזַרְיָה בֶן־
ב אֲמַצְיָה מֶלֶךְ יְהוּדָה׃ בֶּן־שֵׁשׁ עֶשְׂרֵה שָׁנָה הָיָה בְמָלְכוֹ
וַחֲמִשִּׁים וּשְׁתַּיִם שָׁנָה מָלַךְ בִּירוּשָׁלִָם וְשֵׁם אִמּוֹ יְכָלְיָהוּ
ג מִירוּשָׁלִָם׃ וַיַּעַשׂ הַיָּשָׁר בְּעֵינֵי יהוה כְּכֹל אֲשֶׁר־עָשָׂה אֲמַצְיָהוּ
ד אָבִיו׃ רַק הַבָּמוֹת לֹא־סָרוּ עוֹד הָעָם מְזַבְּחִים וּמְקַטְּרִים
ה בַּבָּמוֹת׃ וַיְנַגַּע יהוה אֶת־הַמֶּלֶךְ וַיְהִי מְצֹרָע עַד־יוֹם מֹתוֹ
וַיֵּשֶׁב בְּבֵית הַחָפְשִׁית וְיוֹתָם בֶּן־הַמֶּלֶךְ עַל־הַבַּיִת שֹׁפֵט אֶת־
ו עַם הָאָרֶץ׃ וְיֶתֶר דִּבְרֵי עֲזַרְיָהוּ וְכָל־אֲשֶׁר עָשָׂה הֲלֹא־הֵם
ז כְּתוּבִים עַל־סֵפֶר דִּבְרֵי הַיָּמִים לְמַלְכֵי יְהוּדָה׃ וַיִּשְׁכַּב עֲזַרְיָה כח
עִם־אֲבֹתָיו וַיִּקְבְּרוּ אֹתוֹ עִם־אֲבֹתָיו בְּעִיר דָּוִד וַיִּמְלֹךְ יוֹתָם בְּנוֹ
ח תַּחְתָּיו׃ בִּשְׁנַת שְׁלֹשִׁים וּשְׁמֹנֶה שָׁנָה לַעֲזַרְיָהוּ
מֶלֶךְ יְהוּדָה מָלַךְ זְכַרְיָהוּ בֶן־יָרָבְעָם עַל־יִשְׂרָאֵל בְּשֹׁמְרוֹן
ט שִׁשָּׁה חֳדָשִׁים׃ וַיַּעַשׂ הָרַע בְּעֵינֵי יהוה כַּאֲשֶׁר עָשׂוּ אֲבֹתָיו לֹא
סָר מֵחַטֹּאות יָרָבְעָם בֶּן־נְבָט אֲשֶׁר הֶחֱטִיא אֶת־יִשְׂרָאֵל׃
י וַיִּקְשֹׁר עָלָיו שַׁלֻּם בֶּן־יָבֵשׁ וַיַּכֵּהוּ קָבָל־עָם וַיְמִיתֵהוּ וַיִּמְלֹךְ
יא תַּחְתָּיו׃ וְיֶתֶר דִּבְרֵי זְכַרְיָה הִנָּם כְּתוּבִים עַל־סֵפֶר דִּבְרֵי הַיָּמִים
יב לְמַלְכֵי יִשְׂרָאֵל׃ הוּא דְבַר־יהוה אֲשֶׁר דִּבֶּר אֶל־יֵהוּא
לֵאמֹר בְּנֵי רְבִיעִים יֵשְׁבוּ לְךָ עַל־כִּסֵּא יִשְׂרָאֵל וַיְהִי־
יג כֵן׃ שַׁלּוּם בֶּן־יָבֵישׁ מָלַךְ בִּשְׁנַת שְׁלֹשִׁים וָתֵשַׁע
יד שָׁנָה לְעֻזִּיָּה מֶלֶךְ יְהוּדָה וַיִּמְלֹךְ יֶרַח־יָמִים בְּשֹׁמְרוֹן׃ וַיַּעַל
מְנַחֵם בֶּן־גָּדִי מִתִּרְצָה וַיָּבֹא שֹׁמְרוֹן וַיַּךְ אֶת־שַׁלּוּם בֶּן־יָבֵישׁ
טו בְּשֹׁמְרוֹן וַיְמִיתֵהוּ וַיִּמְלֹךְ תַּחְתָּיו׃ וְיֶתֶר דִּבְרֵי שַׁלּוּם וְקִשְׁרוֹ

אשר קשר הנם כתובים על־ספר דברי הימים למלכי
טז ישראל: אז יכה־מנחם את־תפסח ואת־כל־אשר־בה
ואת־גבוליה מתרצה כי לא פתח ויך את כל־ההרותיה
יז בקע: בשנת שלשים ותשע שנה לעזריה מלך
יהודה מלך מנחם בן־גדי על־ישראל עשר שנים בשמרון:
יח ויעש הרע בעיני יהוה לא סר מעל חטאות ירבעם בן־נבט
יט אשר־החטיא את־ישראל כל־ימיו: בא פול מלך־אשור על־
הארץ ויתן מנחם לפול אלף ככר־כסף להיות ידיו אתו
כ להחזיק הממלכה בידו: ויצא מנחם את־הכסף על־ישראל
על כל־גבורי החיל לתת למלך אשור חמשים שקלים כסף
כא לאיש אחד וישב מלך אשור ולא־עמד שם בארץ: ויתר
דברי מנחם וכל־אשר עשה הלוא־הם כתובים על־ספר
כב דברי הימים למלכי ישראל: וישכב מנחם עם־אבתיו וימלך
כג פקחיה בנו תחתיו: בשנת חמשים שנה לעזריה
מלך יהודה מלך פקחיה בן־מנחם על־ישראל בשמרון
כד שנתים: ויעש הרע בעיני יהוה לא סר מחטאות ירבעם בן־
כה נבט אשר החטיא את־ישראל: ויקשר עליו פקח בן־רמליהו
שלישו ויכהו בשמרון בארמון בית־מלך את־ארגב ואת־ המלך
האריה ועמו חמשים איש מבני גלעדים וימתהו וימלך
כו תחתיו: ויתר דברי פקחיה וכל־אשר עשה הנם כתובים
כז על־ספר דברי הימים למלכי ישראל: בשנת
חמשים ושתים שנה לעזריה מלך יהודה מלך פקח בן־
כח רמליהו על־ישראל בשמרון עשרים שנה: ויעש הרע בעיני
יהוה לא סר מן־חטאות ירבעם בן־נבט אשר החטיא את־
כט ישראל: בימי פקח מלך־ישראל בא תגלת פלאסר מלך
אשור ויקח את־עיון ואת־אבל בית־מעכה ואת־ינוח ואת־
קדש ואת־חצור ואת־הגלעד ואת־הגלילה כל ארץ נפתלי

ל וַיַּגְלֵם אַשּׁוּרָה׃ וַיִּקְשָׁר־קֶשֶׁר הוֹשֵׁעַ בֶּן־אֵלָה עַל־פֶּקַח בֶּן־
רְמַלְיָהוּ וַיַּכֵּהוּ וַיְמִיתֵהוּ וַיִּמְלֹךְ תַּחְתָּיו בִּשְׁנַת עֶשְׂרִים לְיוֹתָם
לא בֶּן־עֻזִּיָּה׃ וְיֶתֶר דִּבְרֵי־פֶקַח וְכָל־אֲשֶׁר עָשָׂה הִנָּם כְּתוּבִים
לב עַל־סֵפֶר דִּבְרֵי הַיָּמִים לְמַלְכֵי יִשְׂרָאֵל׃ בִּשְׁנַת
שְׁתַּיִם לְפֶקַח בֶּן־רְמַלְיָהוּ מֶלֶךְ יִשְׂרָאֵל מָלַךְ יוֹתָם בֶּן־עֻזִּיָּהוּ
לג מֶלֶךְ יְהוּדָה׃ בֶּן־עֶשְׂרִים וְחָמֵשׁ שָׁנָה הָיָה בְמָלְכוֹ וְשֵׁשׁ־עֶשְׂרֵה
לד שָׁנָה מָלַךְ בִּירוּשָׁלָ͏ִם וְשֵׁם אִמּוֹ יְרוּשָׁא בַּת־צָדוֹק׃ וַיַּעַשׂ הַיָּשָׁר
לה בְּעֵינֵי יְהוָה כְּכֹל אֲשֶׁר־עָשָׂה עֻזִּיָּהוּ אָבִיו עָשָׂה׃ רַק הַבָּמוֹת
לֹא סָרוּ עוֹד הָעָם מְזַבְּחִים וּמְקַטְּרִים בַּבָּמוֹת הוּא בָּנָה אֶת־
לו שַׁעַר בֵּית־יְהוָה הָעֶלְיוֹן׃ וְיֶתֶר דִּבְרֵי יוֹתָם וְכָל־אֲשֶׁר עָשָׂה
לז הֲלֹא־הֵם כְּתוּבִים עַל־סֵפֶר דִּבְרֵי הַיָּמִים לְמַלְכֵי יְהוּדָה׃ בַּיָּמִים
הָהֵם הֵחֵל יְהוָה לְהַשְׁלִיחַ בִּיהוּדָה רְצִין מֶלֶךְ אֲרָם וְאֵת פֶּקַח
לח בֶּן־רְמַלְיָהוּ׃ וַיִּשְׁכַּב יוֹתָם עִם־אֲבֹתָיו וַיִּקָּבֵר עִם־אֲבֹתָיו בְּעִיר
טז א דָּוִד אָבִיו וַיִּמְלֹךְ אָחָז בְּנוֹ תַּחְתָּיו׃ בִּשְׁנַת שְׁבַע־
עֶשְׂרֵה שָׁנָה לְפֶקַח בֶּן־רְמַלְיָהוּ מָלַךְ אָחָז בֶּן־יוֹתָם מֶלֶךְ
ב יְהוּדָה׃ בֶּן־עֶשְׂרִים שָׁנָה אָחָז בְּמָלְכוֹ וְשֵׁשׁ־עֶשְׂרֵה שָׁנָה מָלַךְ
בִּירוּשָׁלָ͏ִם וְלֹא־עָשָׂה הַיָּשָׁר בְּעֵינֵי יְהוָה אֱלֹהָיו כְּדָוִד אָבִיו׃
ג וַיֵּלֶךְ בְּדֶרֶךְ מַלְכֵי יִשְׂרָאֵל וְגַם אֶת־בְּנוֹ הֶעֱבִיר בָּאֵשׁ כְּתֹעֲבוֹת
ד הַגּוֹיִם אֲשֶׁר הוֹרִישׁ יְהוָה אֹתָם מִפְּנֵי בְּנֵי יִשְׂרָאֵל׃ וַיְזַבֵּחַ וַיְקַטֵּר
ה בַּבָּמוֹת וְעַל־הַגְּבָעוֹת וְתַחַת כָּל־עֵץ רַעֲנָן׃ אָז יַעֲלֶה רְצִין
מֶלֶךְ־אֲרָם וּפֶקַח בֶּן־רְמַלְיָהוּ מֶלֶךְ־יִשְׂרָאֵל יְרוּשָׁלַ͏ִם לַמִּלְחָמָה
ו וַיָּצֻרוּ עַל־אָחָז וְלֹא יָכְלוּ לְהִלָּחֵם׃ בָּעֵת הַהִיא הֵשִׁיב רְצִין
מֶלֶךְ־אֲרָם אֶת־אֵילַת לַאֲרָם וַיְנַשֵּׁל אֶת־הַיְּהוּדִים מֵאֵילוֹת
ז וארומים בָּאוּ אֵילַת וַיֵּשְׁבוּ שָׁם עַד הַיּוֹם הַזֶּה׃ וַיִּשְׁלַח אָחָז וַאֲדוֹמִים
מַלְאָכִים אֶל־תִּגְלַת פְּלֶסֶר מֶלֶךְ־אַשּׁוּר לֵאמֹר עַבְדְּךָ וּבִנְךָ אָנִי
עֲלֵה וְהוֹשִׁעֵנִי מִכַּף מֶלֶךְ־אֲרָם וּמִכַּף מֶלֶךְ יִשְׂרָאֵל הַקּוֹמִים
ח עָלָי׃ וַיִּקַּח אָחָז אֶת־הַכֶּסֶף וְאֶת־הַזָּהָב הַנִּמְצָא בֵּית יְהוָה

ט וּבְאֹצְרוֹת בֵּית הַמֶּלֶךְ וַיִּשְׁלַח לְמֶלֶךְ אַשּׁוּר שֹׁחַד׃ וַיִּשְׁמַע אֵלָיו
מֶלֶךְ אַשּׁוּר וַיַּעַל מֶלֶךְ אַשּׁוּר אֶל־דַּמֶּשֶׂק וַיִּתְפְּשֶׂהָ וַיַּגְלֶהָ קִירָה
י וְאֶת־רְצִין הֵמִית׃ וַיֵּלֶךְ הַמֶּלֶךְ אָחָז לִקְרַאת תִּגְלַת פִּלְאֶסֶר
מֶלֶךְ־אַשּׁוּר דּוּמֶּשֶׂק וַיַּרְא אֶת־הַמִּזְבֵּחַ אֲשֶׁר בְּדַמָּשֶׂק וַיִּשְׁלַח
הַמֶּלֶךְ אָחָז אֶל־אוּרִיָּה הַכֹּהֵן אֶת־דְּמוּת הַמִּזְבֵּחַ וְאֶת־תַּבְנִיתוֹ
יא לְכָל־מַעֲשֵׂהוּ׃ וַיִּבֶן אוּרִיָּה הַכֹּהֵן אֶת־הַמִּזְבֵּחַ כְּכֹל אֲשֶׁר־שָׁלַח
הַמֶּלֶךְ אָחָז מִדַּמֶּשֶׂק כֵּן עָשָׂה אוּרִיָּה הַכֹּהֵן עַד־בּוֹא הַמֶּלֶךְ־
יב אָחָז מִדַּמָּשֶׂק׃ וַיָּבֹא הַמֶּלֶךְ מִדַּמֶּשֶׂק וַיַּרְא הַמֶּלֶךְ אֶת־הַמִּזְבֵּחַ
יג וַיִּקְרַב הַמֶּלֶךְ עַל־הַמִּזְבֵּחַ וַיַּעַל עָלָיו׃ וַיַּקְטֵר אֶת־עֹלָתוֹ וְאֶת־
מִנְחָתוֹ וַיַּסֵּךְ אֶת־נִסְכּוֹ וַיִּזְרֹק אֶת־דַּם־הַשְּׁלָמִים אֲשֶׁר־לוֹ
יד עַל־הַמִּזְבֵּחַ׃ וְאֵת הַמִּזְבַּח הַנְּחֹשֶׁת אֲשֶׁר לִפְנֵי יְהוָה וַיַּקְרֵב
מֵאֵת פְּנֵי הַבַּיִת מִבֵּין הַמִּזְבֵּחַ וּמִבֵּין בֵּית יְהוָה וַיִּתֵּן אֹתוֹ עַל־
טו יֶרֶךְ הַמִּזְבֵּחַ צָפוֹנָה׃ וַיְצַוֵּהוּ הַמֶּלֶךְ אָחָז אֶת־אוּרִיָּה הַכֹּהֵן ויְצַוֶּה
לֵאמֹר עַל הַמִּזְבֵּחַ הַגָּדוֹל הַקְטֵר אֶת־עֹלַת־הַבֹּקֶר וְאֶת־
מִנְחַת הָעֶרֶב וְאֶת־עֹלַת הַמֶּלֶךְ וְאֶת־מִנְחָתוֹ וְאֵת עֹלַת כָּל־
עַם הָאָרֶץ וּמִנְחָתָם וְנִסְכֵּיהֶם וְכָל־דַּם עֹלָה וְכָל־דַּם־זֶבַח עָלָיו
טז תִּזְרֹק וּמִזְבַּח הַנְּחֹשֶׁת יִהְיֶה־לִּי לְבַקֵּר׃ וַיַּעַשׂ אוּרִיָּה הַכֹּהֵן
יז כְּכֹל אֲשֶׁר־צִוָּה הַמֶּלֶךְ אָחָז׃ וַיְקַצֵּץ הַמֶּלֶךְ אָחָז אֶת־הַמִּסְגְּרוֹת
הַמְּכֹנוֹת וַיָּסַר מֵעֲלֵיהֶם וְאֶת־הַכִּיֹּר וְאֶת־הַיָּם הוֹרִד מֵעַל אֶת
הַבָּקָר הַנְּחֹשֶׁת אֲשֶׁר תַּחְתֶּיהָ וַיִּתֵּן אֹתוֹ עַל מַרְצֶפֶת אֲבָנִים׃
יח וְאֶת־מֵיסַךְ הַשַּׁבָּת אֲשֶׁר־בָּנוּ בַבַּיִת וְאֶת־מְבוֹא הַמֶּלֶךְ מוּסַךְ
יט הַחִיצוֹנָה הֵסֵב בֵּית יְהוָה מִפְּנֵי מֶלֶךְ אַשּׁוּר׃ וְיֶתֶר דִּבְרֵי אָחָז
אֲשֶׁר עָשָׂה הֲלֹא־הֵם כְּתוּבִים עַל־סֵפֶר דִּבְרֵי הַיָּמִים לְמַלְכֵי
כ יְהוּדָה׃ וַיִּשְׁכַּב אָחָז עִם־אֲבֹתָיו וַיִּקָּבֵר עִם־אֲבֹתָיו בְּעִיר דָּוִד כט
א יז וַיִּמְלֹךְ חִזְקִיָּהוּ בְנוֹ תַּחְתָּיו׃ בִּשְׁנַת שְׁתֵּים עֶשְׂרֵה
לְאָחָז מֶלֶךְ יְהוּדָה מָלַךְ הוֹשֵׁעַ בֶּן־אֵלָה בְשֹׁמְרוֹן עַל־יִשְׂרָאֵל
ב תֵּשַׁע שָׁנִים׃ וַיַּעַשׂ הָרַע בְּעֵינֵי יְהוָה רַק לֹא כְּמַלְכֵי יִשְׂרָאֵל

ג אשר היו לפניו: עליו עלה שלמנאסר מלך אשור ויהי־לו
ד הושע עבד וישב לו מנחה: וימצא מלך־אשור בהושע קשר
אשר שלח מלאכים אל־סוא מלך־מצרים ולא־העלה מנחה
למלך אשור כשנה בשנה ויעצרהו מלך אשור ויאסרהו בית
ה כלא: ויעל מלך־אשור בכל־הארץ ויעל שמרון ויצר עליה
ו שלש שנים: בשנת התשיעית להושע לכד מלך־אשור את־
שמרון ויגל את־ישראל אשורה וישב אתם בחלח ובחבור
ז נהר גוזן וערי מדי: ויהי כי־חטאו בני־ישראל
ליהוה אלהיהם המעלה אתם מארץ מצרים מתחת יד
ח פרעה מלך־מצרים וייראו אלהים אחרים: וילכו בחקות
הגוים אשר הוריש יהוה מפני בני ישראל ומלכי ישראל אשר
ט עשו: ויחפאו בני־ישראל דברים אשר לא־כן על־יהוה
אלהיהם ויבנו להם במות בכל־עריהם ממגדל נוצרים עד־
י עיר מבצר: ויצבו להם מצבות ואשרים על כל־גבעה גבהה
יא ותחת כל־עץ רענן: ויקטרו־שם בכל־במות כגוים אשר־
הגלה יהוה מפניהם ויעשו דברים רעים להכעיס את־יהוה:
יב ויעבדו הגללים אשר אמר יהוה להם לא תעשו את־הדבר
יג הזה: ויעד יהוה בישראל וביהודה ביד כל־נביאו כל־חזה נביאי
לאמר שבו מדרכיכם הרעים ושמרו מצותי חקותי ככל־
התורה אשר צויתי את־אבתיכם ואשר שלחתי אליכם ביד
יד עבדי הנביאים: ולא שמעו ויקשו את־ערפם כערף אבותם
טו אשר לא האמינו ביהוה אלהיהם: וימאסו את־חקיו ואת־
בריתו אשר כרת את־אבותם ואת עדותיו אשר העיד בם
וילכו אחרי ההבל ויהבלו ואחרי הגוים אשר סביבתם אשר
טז צוה יהוה אתם לבלתי עשות כהם: ויעזבו את־כל־מצות
יהוה אלהיהם ויעשו להם מסכה שנים עגלים ויעשו אשירה שני
יז וישתחוו לכל־צבא השמים ויעבדו את־הבעל: ויעבירו את־

בניהם ואת־בנותיהם באש ויקסמו קסמים וינחשו ויתמכרו
יח לעשות הרע בעיני יהוה להכעיסו: ויתאנף יהוה מאד
בישראל ויסרם מעל פניו לא נשאר רק שבט יהודה לבדו:
יט גם־יהודה לא שמר את־מצות יהוה אלהיהם וילכו בחקות
כ ישראל אשר עשו: וימאס יהוה בכל־זרע ישראל ויענם
כא ויתנם ביד־שסים עד אשר השליכם מפניו: כי־קרע ישראל
מעל בית דוד וימליכו את־ירבעם בן־נבט וידא ירבעם את־ וידח
כב ישראל מאחרי יהוה והחטיאם חטאה גדולה: וילכו בני
כג ישראל בכל־חטאות ירבעם אשר עשה לא־סרו ממנה: עד
אשר־הסיר יהוה את־ישראל מעל פניו כאשר דבר ביד כל־
עבדיו הנביאים ויגל ישראל מעל אדמתו אשורה עד היום
כד הזה: ויבא מלך־אשור מבבל ומכותה ומעוא
ומחמת וספרוים וישב בערי שמרון תחת בני ישראל וירשו ומספרוים
כה את־שמרון וישבו בעריה: ויהי בתחלת שבתם שם לא יראו
את־יהוה וישלח יהוה בהם את־האריות ויהיו הרגים בהם:
כו ויאמרו למלך אשור לאמר הגוים אשר הגלית ותושב בערי
שמרון לא ידעו את־משפט אלהי הארץ וישלח־בם את־
האריות והנם ממיתים אותם כאשר אינם ידעים את־משפט
כז אלהי הארץ: ויצו מלך־אשור לאמר הליכו שמה אחד
מהכהנים אשר הגליתם משם וילכו וישבו שם וירם את־
כח משפט אלהי הארץ: ויבא אחד מהכהנים אשר הגלו
משמרון וישב בבית־אל ויהי מורה אתם איך ייראו את־
כט יהוה: ויהיו עשים גוי גוי אלהיו ויניחו | בבית הבמות אשר
ל עשו השמרנים גוי גוי בעריהם אשר הם ישבים שם: ואנשי
בבל עשו את־סכות בנות ואנשי־כות עשו את־נרגל ואנשי
לא חמת עשו את־אשימא: והעוים עשו נבחז ואת־תרתק
והספרוים שרפים את־בניהם באש לאדרמלך וענמלך אלה

לב ספרים: וַיִּהְיוּ יְרֵאִים אֶת־יְהוָה וַיַּעֲשׂוּ לָהֶם מִקְצוֹתָם כֹּהֲנֵי ספרוים
לג בָמוֹת וַיִּהְיוּ עֹשִׂים לָהֶם בְּבֵית הַבָּמוֹת: אֶת־יְהוָה הָיוּ יְרֵאִים
וְאֶת־אֱלֹהֵיהֶם הָיוּ עֹבְדִים כְּמִשְׁפַּט הַגּוֹיִם אֲשֶׁר־הִגְלוּ אֹתָם
לד מִשָּׁם: עַד הַיּוֹם הַזֶּה הֵם עֹשִׂים כַּמִּשְׁפָּטִים הָרִאשֹׁנִים אֵינָם
יְרֵאִים אֶת־יְהוָה וְאֵינָם עֹשִׂים כְּחֻקֹּתָם וּכְמִשְׁפָּטָם וְכַתּוֹרָה
וְכַמִּצְוָה אֲשֶׁר צִוָּה יְהוָה אֶת־בְּנֵי יַעֲקֹב אֲשֶׁר־שָׂם שְׁמוֹ
לה יִשְׂרָאֵל: וַיִּכְרֹת יְהוָה אִתָּם בְּרִית וַיְצַוֵּם לֵאמֹר לֹא תִירְאוּ
אֱלֹהִים אֲחֵרִים וְלֹא־תִשְׁתַּחֲווּ לָהֶם וְלֹא תַעַבְדוּם וְלֹא תִזְבְּחוּ
לו לָהֶם: כִּי ׀ אִם־אֶת־יְהוָה אֲשֶׁר הֶעֱלָה אֶתְכֶם מֵאֶרֶץ מִצְרַיִם
בְּכֹחַ גָּדוֹל וּבִזְרוֹעַ נְטוּיָה אֹתוֹ תִירָאוּ וְלוֹ תִשְׁתַּחֲווּ וְלוֹ תִזְבָּחוּ:
לז וְאֶת־הַחֻקִּים וְאֶת־הַמִּשְׁפָּטִים וְהַתּוֹרָה וְהַמִּצְוָה אֲשֶׁר כָּתַב
לָכֶם תִּשְׁמְרוּן לַעֲשׂוֹת כָּל־הַיָּמִים וְלֹא תִירְאוּ אֱלֹהִים אֲחֵרִים:
לח וְהַבְּרִית אֲשֶׁר־כָּרַתִּי אִתְּכֶם לֹא תִשְׁכָּחוּ וְלֹא תִירְאוּ אֱלֹהִים
לט אֲחֵרִים: כִּי אִם־אֶת־יְהוָה אֱלֹהֵיכֶם תִּירָאוּ וְהוּא יַצִּיל אֶתְכֶם
מ מִיַּד כָּל־אֹיְבֵיכֶם: וְלֹא שָׁמֵעוּ כִּי אִם־כְּמִשְׁפָּטָם הָרִאשׁוֹן הֵם
מא עֹשִׂים: וַיִּהְיוּ ׀ הַגּוֹיִם הָאֵלֶּה יְרֵאִים אֶת־יְהוָה וְאֶת־פְּסִילֵיהֶם
הָיוּ עֹבְדִים גַּם־בְּנֵיהֶם ׀ וּבְנֵי בְנֵיהֶם כַּאֲשֶׁר עָשׂוּ אֲבֹתָם הֵם
ח א עֹשִׂים עַד הַיּוֹם הַזֶּה: וַיְהִי בִּשְׁנַת שָׁלֹשׁ לְהוֹשֵׁעַ
ב בֶּן־אֵלָה מֶלֶךְ יִשְׂרָאֵל מָלַךְ חִזְקִיָּה בֶן־אָחָז מֶלֶךְ יְהוּדָה: בֶּן־
עֶשְׂרִים וְחָמֵשׁ שָׁנָה הָיָה בְמָלְכוֹ וְעֶשְׂרִים וָתֵשַׁע שָׁנָה מָלַךְ
ג בִּירוּשָׁלִָם וְשֵׁם אִמּוֹ אֲבִי בַּת־זְכַרְיָה: וַיַּעַשׂ הַיָּשָׁר בְּעֵינֵי יְהוָה
ד כְּכֹל אֲשֶׁר־עָשָׂה דָּוִד אָבִיו: הוּא ׀ הֵסִיר אֶת־הַבָּמוֹת וְשִׁבַּר
אֶת־הַמַּצֵּבֹת וְכָרַת אֶת־הָאֲשֵׁרָה וְכִתַּת נְחַשׁ הַנְּחֹשֶׁת אֲשֶׁר־
עָשָׂה מֹשֶׁה כִּי עַד־הַיָּמִים הָהֵמָּה הָיוּ בְנֵי־יִשְׂרָאֵל מְקַטְּרִים
ה לוֹ וַיִּקְרָא־לוֹ נְחֻשְׁתָּן: בַּיהוָה אֱלֹהֵי־יִשְׂרָאֵל בָּטָח וְאַחֲרָיו לֹא־
ו הָיָה כָמֹהוּ בְּכֹל מַלְכֵי יְהוּדָה וַאֲשֶׁר הָיוּ לְפָנָיו: וַיִּדְבַּק בַּיהוָה ל
לֹא־סָר מֵאַחֲרָיו וַיִּשְׁמֹר מִצְוֹתָיו אֲשֶׁר־צִוָּה יְהוָה אֶת־מֹשֶׁה:

ז והיה יהוה עמו בכל אשר־יצא ישכיל וימרד במלך־אשור
ח ולא עבדו: הוא־הכה את־פלשתים עד־עזה ואת־גבוליה
ט ממגדל נוצרים עד־עיר מבצר: ויהי בשנה
הרביעית למלך חזקיהו היא השנה השביעית להושע בן־
אלה מלך ישראל עלה שלמנאסר מלך־אשור על־שמרון
י ויצר עליה: וילכדה מקצה שלש שנים בשנת־שש לחזקיה
יא היא שנת־תשע להושע מלך ישראל נלכדה שמרון: ויגל
מלך־אשור את־ישראל אשורה וינחם בחלח ובחבור נהר
יב גוזן וערי מדי: על ׀ אשר לא־שמעו בקול יהוה אלהיהם
ויעברו את־בריתו את כל־אשר צוה משה עבד יהוה
ולא שמעו ולא עשו:
יג ובארבע עשרה שנה למלך חזקיה עלה סנחריב מלך־אשור
יד על כל־ערי יהודה הבצרות ויתפשם: וישלח חזקיה מלך־
יהודה אל־מלך־אשור ׀ לכישה ׀ לאמר ׀ חטאתי שוב מעלי
את אשר־תתן עלי אשא וישם מלך־אשור על־חזקיה מלך־
טו יהודה שלש מאות ככר־כסף ושלשים ככר זהב: ויתן חזקיה
את־כל־הכסף הנמצא בית־יהוה ובאוצרות בית המלך:
טז בעת ההיא קצץ חזקיה את־דלתות היכל יהוה ואת־
האמנות אשר צפה חזקיה מלך יהודה ויתנם למלך
יז אשור: וישלח מלך־אשור את־תרתן ואת־
רב־סריס ׀ ואת־רבשקה מן־לכיש אל־המלך חזקיהו בחיל
כבד ירושלם ויעלו ויבאו ירושלם ויעלו ויבאו ויעמדו
יח בתעלת הברכה העליונה אשר במסלת שדה כובס: ויקראו
אל־המלך ויצא אלהם אליקים בן־חלקיהו אשר על־הבית
יט ושבנה הספר ויואח בן־אסף המזכיר: ויאמר אליהם רבשקה
אמרו־נא אל־חזקיהו כה־אמר המלך הגדול מלך אשור מה
כ הבטחון הזה אשר בטחת: אמרת אך־דבר שפתים עצה

כא וגבורה למלחמה עתה על־מי בטחת כי מרדת בי: עתה
הנה בטחת לך על־משענת הקנה הרצוץ הזה על־מצרים
אשר יסמך איש עליו ובא בכפו ונקבה כן פרעה מלך־
כב מצרים לכל־הבטחים עליו: וכי־תאמרון אלי אל־יהוה
אלהינו בטחנו הלוא־הוא אשר הסיר חזקיהו את־במתיו
ואת־מזבחתיו ויאמר ליהודה ולירושלם לפני המזבח הזה
כג תשתחוו בירושלם: ועתה התערב נא את־אדני את־מלך
אשור ואתנה לך אלפים סוסים אם־תוכל לתת לך רכבים
כד עליהם: ואיך תשיב את פני פחת אחד עבדי אדני הקטנים
כה ותבטח לך על־מצרים לרכב ולפרשים: עתה המבלעדי
יהוה עליתי על־המקום הזה להשחתו יהוה אמר אלי עלה
כו על־הארץ הזאת והשחיתה: ויאמר אליקים בן־חלקיהו
ושבנה ויואח אל־רבשקה דבר־נא אל־עבדיך ארמית כי
שמעים אנחנו ואל־תדבר עמנו יהודית באזני העם אשר
כז על־החמה: ויאמר אליהם רבשקה העל אדניך ואליך שלחני
אדני לדבר את־הדברים האלה הלא על־האנשים הישבים
על־החמה לאכל את־חריהם ולשתות את־שיניהם עמכם: צואתם מימי רגליהם
כח ויעמד רבשקה ויקרא בקול־גדול יהודית וידבר ויאמר
כט שמעו דבר־המלך הגדול מלך אשור: כה אמר המלך אל־
ל ישא לכם חזקיהו כי־לא יוכל להציל אתכם מידו: ואל־
יבטח אתכם חזקיהו אל־יהוה לאמר הצל יצילנו יהוה ולא
לא תנתן את־העיר הזאת ביד מלך אשור: אל־תשמעו אל־
חזקיהו כי כה אמר מלך אשור עשו אתי ברכה וצאו אלי
לב ואכלו איש־גפנו ואיש תאנתו ושתו איש מי־ברו: עד־באי
ולקחתי אתכם אל־ארץ כארצכם ארץ דגן ותירוש ארץ
לחם וכרמים ארץ זית יצהר ודבש וחיו ולא תמתו ואל־
תשמעו אל־חזקיהו כי־יסית אתכם לאמר יהוה יצילנו:

ההצל הצילו אלהי הגוים איש את־ארצו מיד מלך אשור: לג
איה אלהי חמת וארפד איה אלהי ספרוים הנע ועוה כי־ לד
הצילו את־שמרון מידי: מי בכל־אלהי הארצות אשר־ לה
הצילו את־ארצם מידי כי־יציל יהוה את־ירושלם מידי:
והחרישו העם ולא־ענו אתו דבר כי־מצות המלך היא לו
לאמר לא תענהו: ויבא אליקים בן־חלקיה אשר־על־הבית לז
ושבנא הספר ויואח בן־אסף המזכיר אל־חזקיהו קרועי
בגדים ויגדו לו דברי רבשקה: ויהי כשמע המלך חזקיהו א יט
ויקרע את־בגדיו ויתכס בשק ויבא בית יהוה: וישלח את־ ב
אליקים אשר־על־הבית ושבנא הספר ואת זקני הכהנים
מתכסים בשקים אל־ישעיהו הנביא בן־אמוץ: ויאמרו אליו ג
כה אמר חזקיהו יום־צרה ותוכחה ונאצה היום הזה כי־באו
בנים עד־משבר וכח אין ללדה: אולי ישמע יהוה אלהיך ד
את ׀ כל־דברי רבשקה אשר שלחו מלך־אשור ׀ אדניו לחרף
אלהים חי והוכיח בדברים אשר שמע יהוה אלהיך ונשאת
תפלה בעד השארית הנמצאה: ויבאו עבדי המלך חזקיהו ה
אל־ישעיהו: ויאמר להם ישעיהו כה תאמרון אל־אדניכם ו
כה ׀ אמר יהוה אל־תירא מפני הדברים אשר שמעת אשר
גדפו נערי מלך־אשור אתי: הנני נתן בו רוח ושמע שמועה ז
ושב לארצו והפלתיו בחרב בארצו: וישב רבשקה וימצא ח
את־מלך אשור נלחם על־לבנה כי שמע כי נסע מלכיש:
וישמע אל־תרהקה מלך־כוש לאמר הנה יצא להלחם אתך ט
וישב וישלח מלאכים אל־חזקיהו לאמר: כה תאמרון אל־ י
חזקיהו מלך־יהודה לאמר אל־ישאך אלהיך אשר אתה
בטח בו לאמר לא תנתן ירושלם ביד מלך אשור: הנה ׀ אתה יא
שמעת את אשר עשו מלכי אשור לכל־הארצות להחרימם
ואתה תנצל: ההצילו אתם אלהי הגוים אשר שחתו אבותי יב

יג אֶת־גּוֹזָן וְאֶת־חָרָן וְרֶצֶף וּבְנֵי־עֶדֶן אֲשֶׁר בִּתְלַאשָּׂר׃ אַיּוֹ מֶלֶךְ־
יד חֲמָת וּמֶלֶךְ אַרְפָּד וּמֶלֶךְ לָעִיר סְפַרְוָיִם הֵנַע וְעִוָּה׃ וַיִּקַּח
חִזְקִיָּהוּ אֶת־הַסְּפָרִים מִיַּד הַמַּלְאָכִים וַיִּקְרָאֵם וַיַּעַל בֵּית יְהוָה
וַיִּפְרְשֵׂהוּ חִזְקִיָּהוּ לִפְנֵי יְהוָה׃
טו וַיִּתְפַּלֵּל חִזְקִיָּהוּ לִפְנֵי יְהוָה וַיֹּאמַר יְהוָה אֱלֹהֵי יִשְׂרָאֵל יֹשֵׁב
הַכְּרֻבִים אַתָּה־הוּא הָאֱלֹהִים לְבַדְּךָ לְכֹל מַמְלְכוֹת הָאָרֶץ
טז אַתָּה עָשִׂיתָ אֶת־הַשָּׁמַיִם וְאֶת־הָאָרֶץ׃ הַטֵּה יְהוָה ׀ אָזְנְךָ
וּשְׁמָע פְּקַח יְהוָה עֵינֶיךָ וּרְאֵה וּשְׁמַע אֵת דִּבְרֵי סַנְחֵרִיב אֲשֶׁר
יז שְׁלָחוֹ לְחָרֵף אֱלֹהִים חָי׃ אָמְנָם יְהוָה הֶחֱרִיבוּ מַלְכֵי אַשּׁוּר אֶת־
יח הַגּוֹיִם וְאֶת־אַרְצָם׃ וְנָתְנוּ אֶת־אֱלֹהֵיהֶם בָּאֵשׁ כִּי לֹא אֱלֹהִים
יט הֵמָּה כִּי אִם־מַעֲשֵׂה יְדֵי־אָדָם עֵץ וָאֶבֶן וַיְאַבְּדוּם׃ וְעַתָּה יְהוָה לא
אֱלֹהֵינוּ הוֹשִׁיעֵנוּ נָא מִיָּדוֹ וְיֵדְעוּ כָּל־מַמְלְכוֹת הָאָרֶץ כִּי אַתָּה
כ יְהוָה אֱלֹהִים לְבַדֶּךָ׃ וַיִּשְׁלַח יְשַׁעְיָהוּ בֶן־אָמוֹץ
אֶל־חִזְקִיָּהוּ לֵאמֹר כֹּה־אָמַר יְהוָה אֱלֹהֵי יִשְׂרָאֵל אֲשֶׁר
כא הִתְפַּלַּלְתָּ אֵלַי אֶל־סַנְחֵרִב מֶלֶךְ־אַשּׁוּר שָׁמָעְתִּי׃ זֶה הַדָּבָר
אֲשֶׁר־דִּבֶּר יְהוָה עָלָיו בָּזָה לְךָ לָעֲגָה לְךָ בְּתוּלַת בַּת־צִיּוֹן
כב אַחֲרֶיךָ רֹאשׁ הֵנִיעָה בַּת יְרוּשָׁלִָם׃ אֶת־מִי חֵרַפְתָּ וְגִדַּפְתָּ וְעַל־
כג מִי הֲרִימוֹתָ קּוֹל וַתִּשָּׂא מָרוֹם עֵינֶיךָ עַל־קְדוֹשׁ יִשְׂרָאֵל׃ בְּיַד
מַלְאָכֶיךָ חֵרַפְתָּ ׀ אֲדֹנָי וַתֹּאמֶר בְּרֶכֶב רִכְבִּי אֲנִי עָלִיתִי מְרוֹם בְּרֹב
הָרִים יַרְכְּתֵי לְבָנוֹן וְאֶכְרֹת קוֹמַת אֲרָזָיו מִבְחוֹר בְּרֹשָׁיו
כד וְאָבוֹאָה מְלוֹן קִצֹּה יַעַר כַּרְמִלּוֹ׃ אֲנִי קַרְתִּי וְשָׁתִיתִי מַיִם זָרִים
כה וְאַחְרִב בְּכַף־פְּעָמַי כֹּל יְאֹרֵי מָצוֹר׃ הֲלֹא־שָׁמַעְתָּ לְמֵרָחוֹק
אֹתָהּ עָשִׂיתִי לְמִימֵי קֶדֶם וִיצַרְתִּיהָ עַתָּה הֲבֵיאתִיהָ וּתְהִי
כו לְהַשְׁאוֹת גַּלִּים נִצִּים עָרִים בְּצֻרוֹת׃ וְיֹשְׁבֵיהֶן קִצְרֵי־יָד חַתּוּ
וַיֵּבֹשׁוּ הָיוּ עֵשֶׂב שָׂדֶה וִירַק דֶּשֶׁא חֲצִיר גַּגּוֹת וּשְׁדֵפָה לִפְנֵי
כז כח קָמָה׃ וְשִׁבְתְּךָ וְצֵאתְךָ וּבֹאֲךָ יָדָעְתִּי וְאֵת הִתְרַגֶּזְךָ אֵלָי׃ יַעַן
הִתְרַגֶּזְךָ אֵלַי וְשַׁאֲנַנְךָ עָלָה בְאָזְנָי וְשַׂמְתִּי חַחִי בְּאַפֶּךָ וּמִתְגִּי

כט בשפתיך והשבתיך בדרך אשר־באת בה: וזה־לך האות
אכול השנה ספיח ובשנה השנית סחיש ובשנה השלישית
ל זרעו וקצרו ונטעו כרמים ואכלו פרים: ויספה פליטת בית־
לא יהודה הנשארה שרש למטה ועשה פרי למעלה: כי
מירושלם תצא שארית ופליטה מהר ציון קנאת יהוה צבאות
לב תעשה־זאת: לכן כה־אמר יהוה אל־מלך
אשור לא יבא אל־העיר הזאת ולא־יורה שם חץ ולא־
לג יקדמנה מגן ולא־ישפך עליה סללה: בדרך אשר־יבא בה
לד ישוב ואל־העיר הזאת לא יבא נאם־יהוה: וגנותי אל־העיר
לה הזאת להושיעה למעני ולמען דוד עבדי: ויהי
בלילה ההוא ויצא ׀ מלאך יהוה ויך במחנה אשור מאה
שמונים וחמשה אלף וישכימו בבקר והנה כלם פגרים מתים:
לו לז ויסע וילך וישב סנחריב מלך־אשור וישב בנינוה: ויהי
הוא משתחוה בית ׀ נסרך אלהיו ואדרמלך ושראצר בניו
הכהו בחרב והמה נמלטו ארץ אררט וימלך אסר־חדן
כ א בנו תחתיו: בימים ההם חלה חזקיהו למות ויבא
אליו ישעיהו בן־אמוץ הנביא ויאמר אליו כה־אמר יהוה
ב צו לביתך כי מת אתה ולא תחיה: ויסב את־פניו אל־הקיר
ג ויתפלל אל־יהוה לאמר: אנה יהוה זכר־נא את אשר
התהלכתי לפניך באמת ובלבב שלם והטוב בעיניך עשיתי
ד ויבך חזקיהו בכי גדול: ויהי ישעיהו לא יצא
ה העיר התיכנה ודבר־יהוה היה אליו לאמר: שוב ואמרת חצר
אל־חזקיהו נגיד־עמי כה־אמר יהוה אלהי דוד אביך
שמעתי את־תפלתך ראיתי את־דמעתך הנני רפא לך ביום
ו השלישי תעלה בית יהוה: והספתי על־ימיך חמש עשרה
שנה ומכף מלך־אשור אצילך ואת העיר הזאת וגנותי על־
ז העיר הזאת למעני ולמען דוד עבדי: ויאמר ישעיהו קחו

ח דבלת תאנים ויקחו וישימו על-השחין ויחי: ויאמר חזקיהו לב
אל-ישעיהו מה אות כי-ירפא יהוה לי ועליתי ביום השלישי
ט בית יהוה: ויאמר ישעיהו זה-לך האות מאת יהוה כי יעשה
יהוה את-הדבר אשר דבר הלך הצל עשר מעלות אם-ישוב
י עשר מעלות: ויאמר יחזקיהו נקל לצל לנטות עשר מעלות
יא לא כי ישוב הצל אחרנית עשר מעלות: ויקרא ישעיהו
הנביא אל-יהוה וישב את-הצל במעלות אשר ירדה
יב במעלות אחז אחרנית עשר מעלות: בעת
ההיא שלח בראדך בלאדן בן-בלאדן מלך-בבל ספרים
יג ומנחה אל-חזקיהו כי שמע כי חלה חזקיהו: וישמע עליהם
חזקיהו ויראם את-כל-בית נכתה את-הכסף ואת-הזהב
ואת-הבשמים ואת | שמן הטוב ואת בית כליו ואת כל-אשר
נמצא באוצרתיו לא-היה דבר אשר לא-הראם חזקיהו
יד בביתו ובכל-ממשלתו: ויבא ישעיהו הנביא אל-המלך
חזקיהו ויאמר אליו מה-אמרו | האנשים האלה ומאין יבאו
טו אליך ויאמר חזקיהו מארץ רחוקה באו מבבל: ויאמר מה
ראו בביתך ויאמר חזקיהו את כל-אשר בביתי ראו לא-
טז היה דבר אשר לא-הראיתם באצרתי: ויאמר ישעיהו אל-
יז חזקיהו שמע דבר-יהוה: הנה ימים באים ונשא | כל-אשר
בביתך ואשר אצרו אבתיך עד-היום הזה בבלה לא-יותר
יח דבר אמר יהוה: ומבניך אשר יצאו ממך אשר תוליד יקח והיו
יט סריסים בהיכל מלך בבל: ויאמר חזקיהו אל-ישעיהו טוב
דבר-יהוה אשר דברת ויאמר הלוא אם-שלום ואמת יהיה
כ בימי: ויתר דברי חזקיהו וכל-גבורתו ואשר עשה את-
הברכה ואת-התעלה ויבא את-המים העירה הלא-הם
כא כתובים על-ספר דברי הימים למלכי יהודה: וישכב חזקיהו
א א עם-אבתיו וימלך מנשה בנו תחתיו: בן-

שתים עשרה שנה מנשה במלכו וחמשים וחמש שנה מלך
בירושלם ושם אמו חפצי־בה: ויעש הרע בעיני יהוה ב
כתועבת הגוים אשר הוריש יהוה מפני בני ישראל: וישב ג
ויבן את־הבמות אשר אבד חזקיהו אביו ויקם מזבחת
לבעל ויעש אשרה כאשר עשה אחאב מלך ישראל וישתחו
לכל־צבא השמים ויעבד אתם: ובנה מזבחת בבית יהוה ד
אשר אמר יהוה בירושלם אשים את־שמי: ויבן מזבחות ה
לכל־צבא השמים בשתי חצרות בית־יהוה: והעביר את־ ו
בנו באש ועונן ונחש ועשה אוב וידענים הרבה לעשות הרע
בעיני יהוה להכעיס: וישם את־פסל האשרה אשר עשה ז
בבית אשר אמר יהוה אל־דוד ואל־שלמה בנו בבית הזה
ובירושלם אשר בחרתי מכל שבטי ישראל אשים את־שמי
לעולם: ולא אסיף להניד רגל ישראל מן־האדמה אשר ח
נתתי לאבותם רק | אם־ישמרו לעשות ככל אשר צויתים
ולכל־התורה אשר־צוה אתם עבדי משה: ולא שמעו ויתעם ט
מנשה לעשות את־הרע מן־הגוים אשר השמיד יהוה מפני
בני ישראל: וידבר יהוה ביד־עבדיו הנביאים לאמר: יען י יא
אשר עשה מנשה מלך־יהודה התעבות האלה הרע מכל
אשר־עשו האמרי אשר לפניו ויחטא גם־את־יהודה
בגלוליו: לכן כה־אמר יהוה אלהי ישראל יב
שמעה הנני מביא רעה על־ירושלם ויהודה אשר כל־שמעיו
תצלנה שתי אזניו: ונטיתי על־ירושלם את קו שמרון ואת־ יג
משקלת בית אחאב ומחיתי את־ירושלם כאשר־ימחה
את־הצלחת מחה והפך על־פניה: ונטשתי את שארית יד
נחלתי ונתתים ביד איביהם והיו לבז ולמשסה לכל־
איביהם: יען אשר עשו את־הרע בעיני ויהיו מכעסים אתי טו
מן־היום אשר יצאו אבותם ממצרים ועד היום הזה: וגם טז

דם נקי שפך מנשה הרבה מאד עד אשר־מלא את־ירושלם
פה לפה לבד מחטאתו אשר החטיא את־יהודה לעשות
יז הרע בעיני יהוה׃ ויתר דברי מנשה וכל־אשר עשה וחטאתו
אשר חטא הלא־הם כתובים על־ספר דברי הימים למלכי
יח יהודה׃ וישכב מנשה עם־אבתיו ויקבר בגן־ביתו בגן־עזא
יט וימלך אמון בנו תחתיו׃ בן־עשרים ושתים
שנה אמון במלכו ושתים שנים מלך בירושלם ושם אמו
כ משלמת בת־חרוץ מן־יטבה׃ ויעש הרע בעיני יהוה כאשר
כא עשה מנשה אביו׃ וילך בכל־הדרך אשר־הלך אביו ויעבד
כב את־הגללים אשר עבד אביו וישתחו להם׃ ויעזב את־יהוה
כג אלהי אבתיו ולא־הלך בדרך יהוה׃ ויקשרו עבדי־אמון עליו
כד וימיתו את־המלך בביתו׃ ויך עם־הארץ את כל־הקשרים
על־המלך אמון וימליכו עם־הארץ את־יאשיהו בנו תחתיו׃
כה ויתר דברי אמון אשר עשה הלא־הם כתובים על־ספר דברי
כו הימים למלכי יהודה׃ ויקבר אתו בקברתו בגן־עזא וימלך
כב א יאשיהו בנו תחתיו׃ בן־שמנה שנה יאשיהו
במלכו ושלשים ואחת שנה מלך בירושלם ושם אמו ידידה
ב בת־עדיה מבצקת׃ ויעש הישר בעיני יהוה וילך בכל־דרך לג
ג דוד אביו ולא־סר ימין ושמאול׃ ויהי בשמנה עשרה שנה
למלך יאשיהו שלח המלך את־שפן בן־אצליהו בן־משלם
ד הספר בית יהוה לאמר׃ עלה אל־חלקיהו הכהן הגדול ויתם
את־הכסף המובא בית יהוה אשר אספו שמרי הסף מאת
ה העם׃ ויתנה על־יד עשי המלאכה המפקדים בבית יהוה בית
ויתנו אתו לעשי המלאכה אשר בבית יהוה לחזק בדק
ו הבית׃ לחרשים ולבנים ולגדרים ולקנות עצים ואבני מחצב
ז לחזק את־הבית׃ אך לא־יחשב אתם הכסף הנתן על־ידם
ח כי באמונה הם עשים׃ ויאמר חלקיהו הכהן הגדול על־שפן

הספר ספר התורה מצאתי בבית יהוה ויתן חלקיה את־
הספר אל־שפן ויקראהו׃ ויבא שפן הספר אל־המלך וישב ט
את־המלך דבר ויאמר התיכו עבדיך את־הכסף הנמצא
בבית ויתנהו על־יד עשי המלאכה המפקדים בית יהוה׃
ויגד שפן הספר למלך לאמר ספר נתן לי חלקיה הכהן י
ויקראהו שפן לפני המלך׃ ויהי כשמע המלך את־דברי יא
ספר התורה ויקרע את־בגדיו׃ ויצו המלך את־חלקיה הכהן יב
ואת־אחיקם בן־שפן ואת־עכבור בן־מיכיה ואת ׀ שפן הספר
ואת עשיה עבד־המלך לאמר׃ לכו דרשו את־יהוה בעדי יג
ובעד־העם ובעד כל־יהודה על־דברי הספר הנמצא הזה
כי־גדולה חמת יהוה אשר־היא נצתה בנו על אשר לא־
שמעו אבתינו על־דברי הספר הזה לעשות ככל־הכתוב
עלינו׃ וילך חלקיהו הכהן ואחיקם ועכבור ושפן ועשיה אל־ יד
חלדה הנביאה אשת ׀ שלם בן־תקוה בן־חרחס שמר הבגדים
והיא ישבת בירושלם במשנה וידברו אליה׃ ותאמר אליהם טו
כה־אמר יהוה אלהי ישראל אמרו לאיש אשר־שלח אתכם
אלי׃ כה אמר יהוה הנני מביא רעה אל־המקום הזה ועל־ טז
ישביו את כל־דברי הספר אשר קרא מלך יהודה׃ תחת ׀ יז
אשר עזבוני ויקטרו לאלהים אחרים למען הכעיסני בכל
מעשה ידיהם ונצתה חמתי במקום הזה ולא תכבה׃ ואל־ יח
מלך יהודה השלח אתכם לדרש את־יהוה כה תאמרו אליו
כה־אמר יהוה אלהי ישראל הדברים אשר שמעת׃ יען רך־ יט
לבבך ותכנע ׀ מפני יהוה בשמעך אשר דברתי על־המקום
הזה ועל־ישביו להיות לשמה ולקללה ותקרע את־בגדיך
ותבכה לפני וגם אנכי שמעתי נאם־יהוה׃ לכן הנני אספך כ
על־אבתיך ונאספת אל־קברתיך בשלום ולא־תראינה
עיניך בכל הרעה אשר־אני מביא על־המקום הזה וישבו

א את-המלך דבר: וישלח המלך ויאספו אליו כל-זקני יהודה
ב וירושלם: ויעל המלך בית-יהוה וכל-איש יהודה וכל-ישבי
ירושלם אתו והכהנים והנביאים וכל-העם למקטן ועד-גדול
ויקרא באזניהם את-כל-דברי ספר הברית הנמצא בבית
ג יהוה: ויעמד המלך על-העמוד ויכרת את-הברית ׀ לפני
יהוה ללכת אחר יהוה ולשמר מצותיו ואת-עדותיו ואת-
חקתיו בכל-לב ובכל-נפש להקים את-דברי הברית הזאת
ד הכתבים על-הספר הזה ויעמד כל-העם בברית: ויצו
המלך את-חלקיהו הכהן הגדול ואת-כהני המשנה ואת-
שמרי הסף להוציא מהיכל יהוה את כל-הכלים העשוים
לבעל ולאשרה ולכל צבא השמים וישרפם מחוץ לירושלם
ה בשדמות קדרון ונשא את עפרם בית-אל: והשבית את-
הכמרים אשר נתנו מלכי יהודה ויקטר בבמות בערי
יהודה ומסבי ירושלם ואת-המקטרים לבעל לשמש ולירח
ו ולמזלות ולכל צבא השמים: ויצא את-האשרה מבית יהוה
מחוץ לירושלם אל-נחל קדרון וישרף אתה בנחל קדרון
ז וידק לעפר וישלך את-עפרה על-קבר בני העם: ויתץ את-
בתי הקדשים אשר בבית יהוה אשר הנשים ארגות שם
ח בתים לאשרה: ויבא את-כל-הכהנים מערי יהודה ויטמא
את-הבמות אשר קטרו-שמה הכהנים מגבע עד-באר שבע
ונתץ את-במות השערים אשר-פתח שער יהושע שר-העיר
ט אשר-על-שמאול איש בשער העיר: אך לא יעלו כהני
הבמות אל-מזבח יהוה בירושלם כי אם-אכלו מצות בתוך
י אחיהם: וטמא את-התפת אשר בגי בני-הנם לבלתי בן
יא להעביר איש את-בנו ואת-בתו באש למלך: וישבת את-
הסוסים אשר נתנו מלכי יהודה לשמש מבא בית-יהוה אל-
לשכת נתן-מלך הסריס אשר בפרורים ואת-מרכבות

יב השמש שרף באש: ואת־המזבחות אשר על־הגג עלית אחז
אשר־עשו ׀ מלכי יהודה ואת־המזבחות אשר עשה מנשה
בשתי חצרות בית־יהוה נתץ המלך וירץ משם והשליך
יג את־עפרם אל־נחל קדרון: ואת־הבמות אשר ׀ על־פני
ירושלם אשר מימין להר־המשחית אשר בנה שלמה מלך־
ישראל לעשתרת ׀ שקץ צידנים ולכמוש שקץ מואב
יד ולמלכם תועבת בני־עמון טמא המלך: ושבר את־המצבות
טו ויכרת את־האשרים וימלא את־מקומם עצמות אדם: וגם
את־המזבח אשר בבית־אל הבמה אשר עשה ירבעם בן־
נבט אשר החטיא את־ישראל גם את־המזבח ההוא ואת־
טז הבמה נתץ וישרף את־הבמה הדק לעפר ושרף אשרה: ויפן
יאשיהו וירא את־הקברים אשר־שם בהר וישלח ויקח את־
העצמות מן־הקברים וישרף על־המזבח ויטמאהו כדבר
יהוה אשר קרא איש האלהים אשר קרא את־הדברים
יז האלה: ויאמר מה הציון הלז אשר אני ראה ויאמרו אליו
אנשי העיר הקבר איש־האלהים אשר־בא מיהודה ויקרא
יח את־הדברים האלה אשר עשית על המזבח בית־אל: ויאמר
הניחו לו איש אל־ינע עצמתיו וימלטו עצמתיו את עצמות
יט הנביא אשר־בא משמרון: וגם את־כל־בתי הבמות אשר ׀
בערי שמרון אשר עשו מלכי ישראל להכעיס הסיר יאשיהו
כ ויעש להם ככל־המעשים אשר עשה בבית־אל: ויזבח
את־כל־כהני הבמות אשר־שם על־המזבחות וישרף את־
כא עצמות אדם עליהם וישב ירושלם: ויצו המלך את־כל־העם
לאמר עשו פסח ליהוה אלהיכם ככתוב על ספר הברית
כב הזה: כי לא נעשה כפסח הזה מימי השפטים אשר שפטו
כג את־ישראל וכל ימי מלכי ישראל ומלכי יהודה: כי אם־
בשמנה עשרה שנה למלך יאשיהו נעשה הפסח הזה ליהוה

כד בירושלם: וגם את־האבות ואת־הידענים ואת־התרפים
ואת־הגללים ואת כל־השקצים אשר נראו בארץ יהודה
ובירושלם בער יאשיהו למען הקים את־דברי התורה
הכתבים על־הספר אשר מצא חלקיהו הכהן בית יהוה:
כה וכמהו לא־היה לפניו מלך אשר־שב אל־יהוה בכל־לבבו לד
ובכל־נפשו ובכל־מאדו ככל תורת משה ואחריו לא־קם
כו כמהו: אך לא־שב יהוה מחרון אפו הגדול אשר־חרה אפו
כז ביהודה על כל־הכעסים אשר הכעיסו מנשה: ויאמר יהוה גם
את־יהודה אסיר מעל פני כאשר הסרתי את־ישראל ומאסתי
את־העיר הזאת אשר־בחרתי את־ירושלם ואת־הבית
כח אשר אמרתי יהיה שמי שם: ויתר דברי יאשיהו וכל־אשר
עשה הלא־הם כתובים על־ספר דברי הימים למלכי יהודה:
כט בימיו עלה פרעה נכה מלך־מצרים על־מלך אשור על־נהר
פרת וילך המלך יאשיהו לקראתו וימיתהו במגדו כראתו
ל אתו: וירכבהו עבדיו מת ממגדו ויבאהו ירושלם ויקברהו
בקברתו ויקח עם־הארץ את־יהואחז בן־יאשיהו וימשחו
לא אתו וימליכו אתו תחת אביו: בן־עשרים
ושלש שנה יהואחז במלכו ושלשה חדשים מלך בירושלם
לב ושם אמו חמוטל בת־ירמיהו מלבנה: ויעש הרע בעיני יהוה
לג ככל אשר־עשו אבתיו: ויאסרהו פרעה נכה ברבלה בארץ
חמת במלך בירושלם ויתן־ענש על־הארץ מאה ככר־ ממלך
לד כסף וככר זהב: וימלך פרעה נכה את־אליקים בן־יאשיהו
תחת יאשיהו אביו ויסב את־שמו יהויקים ואת־יהואחז לקח
לה ויבא מצרים וימת שם: והכסף והזהב נתן יהויקים לפרעה
אך העריך את־הארץ לתת את־הכסף על־פי פרעה איש
כערכו נגש את־הכסף ואת־הזהב את־עם הארץ לתת
לו לפרעה נכה: בן־עשרים וחמש שנה יהויקים

זבודה במלכו ואחת עשרה שנה מלך בירושלם ושם אמו זבידה
בת־פדיה מן־רומה: ויעש הרע בעיני יהוה ככל אשר־עשו לז
אבתיו: בימיו עלה נבכדנאצר מלך בבל ויהי־לו יהויקים א כד
עבד שלש שנים וישב וימרד־בו: וישלח יהוה ׀ בו את־גדודי ב
כשדים ואת־גדודי ארם ואת ׀ גדודי מואב ואת גדודי בני־
עמון וישלחם ביהודה להאבידו כדבר יהוה אשר דבר ביד
עבדיו הנביאים: אך ׀ על־פי יהוה היתה ביהודה להסיר ג
מעל פניו בחטאת מנשה ככל אשר עשה: וגם דם־הנקי ד
אשר שפך וימלא את־ירושלם דם נקי ולא־אבה יהוה
לסלח: ויתר דברי יהויקים וכל־אשר עשה הלא־הם כתובים ה
על־ספר דברי הימים למלכי יהודה: וישכב יהויקים עם־ ו
אבתיו וימלך יהויכין בנו תחתיו: ולא־הסיף עוד מלך ז
מצרים לצאת מארצו כי־לקח מלך בבל מנחל מצרים עד־
נהר פרת כל אשר היתה למלך מצרים: בן־ ח
שמנה עשרה שנה יהויכין במלכו ושלשה חדשים מלך
בירושלם ושם אמו נחשתא בת־אלנתן מירושלם: ויעש ט
עלו הרע בעיני יהוה ככל אשר־עשה אביו: בעת ההיא עלה י
עבדי נבכדנאצר מלך־בבל ירושלם ותבא העיר במצור:
ויבא נבכדנאצר מלך־בבל על־העיר ועבדיו צרים עליה: יא
ויצא יהויכין מלך־יהודה על־מלך בבל הוא ואמו ועבדיו יב
ושריו וסריסיו ויקח אתו מלך בבל בשנת שמנה למלכו:
ויוצא משם את־כל־אוצרות בית יהוה ואוצרות בית המלך יג
ויקצץ את־כל־כלי הזהב אשר עשה שלמה מלך־ישראל
בהיכל יהוה כאשר דבר יהוה: והגלה את־כל־ירושלם ואת־ יד
עשרת כל־השרים ואת ׀ כל־גבורי החיל עשרה אלפים גולה וכל־
החרש והמסגר לא נשאר זולת דלת עם־הארץ: ויגל את־ טו
יהויכין בבלה ואת־אם המלך ואת־נשי המלך ואת־סריסיו

טו וְאֵת אוּלֵי הָאָרֶץ הוֹלִיךְ גּוֹלָה מִירוּשָׁלִַם בָּבֶלָה׃ וְאֵת כָּל־ אילי
אַנְשֵׁי הַחַיִל שִׁבְעַת אֲלָפִים וְהֶחָרָשׁ וְהַמַּסְגֵּר אֶלֶף הַכֹּל
גִּבּוֹרִים עֹשֵׂי מִלְחָמָה וַיְבִיאֵם מֶלֶךְ־בָּבֶל גּוֹלָה בָּבֶלָה׃
יז וַיַּמְלֵךְ מֶלֶךְ־בָּבֶל אֶת־מַתַּנְיָה דֹדוֹ תַּחְתָּיו וַיַּסֵּב אֶת־
יח שְׁמוֹ צִדְקִיָּהוּ׃ בֶּן־עֶשְׂרִים וְאַחַת שָׁנָה צִדְקִיָּהוּ לה
בְמָלְכוֹ וְאַחַת עֶשְׂרֵה שָׁנָה מָלַךְ בִּירוּשָׁלִָם וְשֵׁם אִמּוֹ
יט חמיטל בַּת־יִרְמְיָהוּ מִלִּבְנָה׃ וַיַּעַשׂ הָרַע בְּעֵינֵי יְהוָה כְּכֹל חֲמוּטַל
כ אֲשֶׁר־עָשָׂה יְהוֹיָקִים׃ כִּי ׀ עַל־אַף יְהוָה הָיְתָה בִירוּשָׁלִַם
וּבִיהוּדָה עַד־הִשְׁלִכוֹ אֹתָם מֵעַל פָּנָיו וַיִּמְרֹד צִדְקִיָּהוּ בְּמֶלֶךְ
כה א בָּבֶל׃ וַיְהִי בִשְׁנַת הַתְּשִׁיעִית לְמָלְכוֹ בַּחֹדֶשׁ
הָעֲשִׂירִי בֶּעָשׂוֹר לַחֹדֶשׁ בָּא נְבֻכַדְנֶאצַּר מֶלֶךְ־בָּבֶל הוּא וְכָל־
ב חֵילוֹ עַל־יְרוּשָׁלִַם וַיִּחַן עָלֶיהָ וַיִּבְנוּ עָלֶיהָ דָּיֵק סָבִיב׃ וַתָּבֹא
ג הָעִיר בַּמָּצוֹר עַד עַשְׁתֵּי עֶשְׂרֵה שָׁנָה לַמֶּלֶךְ צִדְקִיָּהוּ׃ בְּתִשְׁעָה
ד לַחֹדֶשׁ וַיֶּחֱזַק הָרָעָב בָּעִיר וְלֹא־הָיָה לֶחֶם לְעַם הָאָרֶץ׃ וַתִּבָּקַע
הָעִיר וְכָל־אַנְשֵׁי הַמִּלְחָמָה ׀ הַלַּיְלָה דֶּרֶךְ שַׁעַר ׀ בֵּין הַחֹמֹתַיִם
אֲשֶׁר עַל־גַּן הַמֶּלֶךְ וְכַשְׂדִּים עַל־הָעִיר סָבִיב וַיֵּלֶךְ דֶּרֶךְ
ה הָעֲרָבָה׃ וַיִּרְדְּפוּ חֵיל־כַּשְׂדִּים אַחַר הַמֶּלֶךְ וַיַּשִּׂגוּ אֹתוֹ בְּעַרְבוֹת
ו יְרֵחוֹ וְכָל־חֵילוֹ נָפֹצוּ מֵעָלָיו׃ וַיִּתְפְּשׂוּ אֶת־הַמֶּלֶךְ וַיַּעֲלוּ אֹתוֹ
ז אֶל־מֶלֶךְ בָּבֶל רִבְלָתָה וַיְדַבְּרוּ אִתּוֹ מִשְׁפָּט׃ וְאֶת־בְּנֵי צִדְקִיָּהוּ
שָׁחֲטוּ לְעֵינָיו וְאֶת־עֵינֵי צִדְקִיָּהוּ עִוֵּר וַיַּאַסְרֵהוּ בַנְחֻשְׁתַּיִם
ח וַיְבִאֵהוּ בָּבֶל׃ וּבַחֹדֶשׁ הַחֲמִישִׁי בְּשִׁבְעָה לַחֹדֶשׁ
הִיא שְׁנַת תְּשַׁע־עֶשְׂרֵה שָׁנָה לַמֶּלֶךְ נְבֻכַדְנֶאצַּר מֶלֶךְ־בָּבֶל
ט בָּא נְבוּזַרְאֲדָן רַב־טַבָּחִים עֶבֶד מֶלֶךְ־בָּבֶל יְרוּשָׁלִָם׃ וַיִּשְׂרֹף
אֶת־בֵּית יְהוָה וְאֶת־בֵּית הַמֶּלֶךְ וְאֵת כָּל־בָּתֵּי יְרוּשָׁלִַם וְאֶת־
י כָּל־בֵּית גָּדוֹל שָׂרַף בָּאֵשׁ׃ וְאֶת־חוֹמֹת יְרוּשָׁלִַם סָבִיב נָתְצוּ
יא כָּל־חֵיל כַּשְׂדִּים אֲשֶׁר רַב־טַבָּחִים׃ וְאֵת יֶתֶר הָעָם הַנִּשְׁאָרִים
בָּעִיר וְאֶת־הַנֹּפְלִים אֲשֶׁר נָפְלוּ עַל־הַמֶּלֶךְ בָּבֶל וְאֵת יֶתֶר

יב הֶהָמוֹן הֶגְלָה נְבוּזַרְאֲדָן רַב־טַבָּחִים׃ וּמִדַּלַּת הָאָרֶץ הִשְׁאִיר
יג רַב־טַבָּחִים לְכֹרְמִים וּלְגֹבִים׃ וְאֶת־עַמּוּדֵי הַנְּחֹשֶׁת אֲשֶׁר וּלְיֹגְבִים
בֵית־יְהוָה וְאֶת־הַמְּכֹנוֹת וְאֶת־יָם הַנְּחֹשֶׁת אֲשֶׁר בְּבֵית־יְהוָה
יד שִׁבְּרוּ כַשְׂדִּים וַיִּשְׂאוּ אֶת־נְחֻשְׁתָּם בָּבֶלָה׃ וְאֶת־הַסִּירֹת
וְאֶת־הַיָּעִים וְאֶת־הַמְזַמְּרוֹת וְאֶת־הַכַּפּוֹת וְאֵת כָּל־כְּלֵי
טו הַנְּחֹשֶׁת אֲשֶׁר יְשָׁרְתוּ־בָם לָקָחוּ׃ וְאֶת־הַמַּחְתּוֹת וְאֶת־
הַמִּזְרָקוֹת אֲשֶׁר זָהָב זָהָב וַאֲשֶׁר־כֶּסֶף כָּסֶף לָקַח רַב־טַבָּחִים׃
טז הָעַמּוּדִים ׀ שְׁנַיִם הַיָּם הָאֶחָד וְהַמְּכֹנוֹת אֲשֶׁר־עָשָׂה שְׁלֹמֹה
לְבֵית יְהוָה לֹא־הָיָה מִשְׁקָל לִנְחֹשֶׁת כָּל־הַכֵּלִים הָאֵלֶּה׃
יז שְׁמֹנֶה עֶשְׂרֵה אַמָּה קוֹמַת ׀ הָעַמּוּד הָאֶחָד וְכֹתֶרֶת עָלָיו ׀
נְחֹשֶׁת וְקוֹמַת הַכֹּתֶרֶת שָׁלֹשׁ אמה וּשְׂבָכָה וְרִמֹּנִים עַל־ אַמּוֹת
הַכֹּתֶרֶת סָבִיב הַכֹּל נְחֹשֶׁת וְכָאֵלֶּה לַעַמּוּד הַשֵּׁנִי עַל־הַשְּׂבָכָה׃
יח וַיִּקַּח רַב־טַבָּחִים אֶת־שְׂרָיָה כֹּהֵן הָרֹאשׁ וְאֶת־צְפַנְיָהוּ כֹּהֵן
יט מִשְׁנֶה וְאֶת־שְׁלֹשֶׁת שֹׁמְרֵי הַסַּף׃ וּמִן־הָעִיר לָקַח סָרִיס אֶחָד
אֲשֶׁר־הוּא פָקִיד ׀ עַל־אַנְשֵׁי הַמִּלְחָמָה וַחֲמִשָּׁה אֲנָשִׁים מֵרֹאֵי
פְנֵי־הַמֶּלֶךְ אֲשֶׁר נִמְצְאוּ בָעִיר וְאֵת הַסֹּפֵר שַׂר הַצָּבָא הַמַּצְבִּא
אֶת־עַם הָאָרֶץ וְשִׁשִּׁים אִישׁ מֵעַם הָאָרֶץ הַנִּמְצְאִים בָּעִיר׃
כ וַיִּקַּח אֹתָם נְבוּזַרְאֲדָן רַב־טַבָּחִים וַיֹּלֶךְ אֹתָם עַל־מֶלֶךְ בָּבֶל
כא רִבְלָתָה׃ וַיַּךְ אֹתָם מֶלֶךְ בָּבֶל וַיְמִיתֵם בְּרִבְלָה בְּאֶרֶץ חֲמָת
כב וַיִּגֶל יְהוּדָה מֵעַל אַדְמָתוֹ׃ וְהָעָם הַנִּשְׁאָר בְּאֶרֶץ יְהוּדָה אֲשֶׁר
הִשְׁאִיר נְבוּכַדְנֶאצַּר מֶלֶךְ בָּבֶל וַיַּפְקֵד עֲלֵיהֶם אֶת־גְּדַלְיָהוּ
כג בֶּן־אֲחִיקָם בֶּן־שָׁפָן׃ וַיִּשְׁמְעוּ כָל־שָׂרֵי הַחֲיָלִים הֵמָּה וְהָאֲנָשִׁים
כִּי־הִפְקִיד מֶלֶךְ־בָּבֶל אֶת־גְּדַלְיָהוּ וַיָּבֹאוּ אֶל־גְּדַלְיָהוּ הַמִּצְפָּה
וְיִשְׁמָעֵאל בֶּן־נְתַנְיָה וְיוֹחָנָן בֶּן־קָרֵחַ וּשְׂרָיָה בֶן־תַּנְחֻמֶת
כד הַנְּטֹפָתִי וְיַאֲזַנְיָהוּ בֶּן־הַמַּעֲכָתִי הֵמָּה וְאַנְשֵׁיהֶם׃ וַיִּשָּׁבַע לָהֶם
גְּדַלְיָהוּ וּלְאַנְשֵׁיהֶם וַיֹּאמֶר לָהֶם אַל־תִּירְאוּ מֵעַבְדֵי הַכַּשְׂדִּים
כה שְׁבוּ בָאָרֶץ וְעִבְדוּ אֶת־מֶלֶךְ בָּבֶל וְיִטַב לָכֶם׃ וַיְהִי

בַּחֹדֶשׁ הַשְּׁבִיעִי בָּא יִשְׁמָעֵאל בֶּן־נְתַנְיָה בֶּן־אֱלִישָׁמָע מִזֶּרַע
הַמְּלוּכָה וַעֲשָׂרָה אֲנָשִׁים אִתּוֹ וַיַּכּוּ אֶת־גְּדַלְיָהוּ וַיָּמֹת וְאֶת־
הַיְּהוּדִים וְאֶת־הַכַּשְׂדִּים אֲשֶׁר־הָיוּ אִתּוֹ בַּמִּצְפָּה׃ וַיָּקֻמוּ כָל־ כו
הָעָם מִקָּטֹן וְעַד־גָּדוֹל וְשָׂרֵי הַחֲיָלִים וַיָּבֹאוּ מִצְרָיִם כִּי יָרְאוּ
מִפְּנֵי כַשְׂדִּים׃ וַיְהִי בִשְׁלֹשִׁים וָשֶׁבַע שָׁנָה לְגָלוּת כז
יְהוֹיָכִין מֶלֶךְ־יְהוּדָה בִּשְׁנֵים עָשָׂר חֹדֶשׁ בְּעֶשְׂרִים וְשִׁבְעָה
לַחֹדֶשׁ נָשָׂא אֱוִיל מְרֹדַךְ מֶלֶךְ בָּבֶל בִּשְׁנַת מָלְכוֹ אֶת־רֹאשׁ
יְהוֹיָכִין מֶלֶךְ־יְהוּדָה מִבֵּית כֶּלֶא׃ וַיְדַבֵּר אִתּוֹ טֹבוֹת וַיִּתֵּן אֶת־ כח
כִּסְאוֹ מֵעַל כִּסֵּא הַמְּלָכִים אֲשֶׁר אִתּוֹ בְּבָבֶל׃ וְשִׁנָּא אֵת בִּגְדֵי כט
כִלְאוֹ וְאָכַל לֶחֶם תָּמִיד לְפָנָיו כָּל־יְמֵי חַיָּו׃ וַאֲרֻחָתוֹ אֲרֻחַת ל
תָּמִיד נִתְּנָה־לּוֹ מֵאֵת הַמֶּלֶךְ דְּבַר־יוֹם בְּיוֹמוֹ כֹּל יְמֵי חַיָּו׃

ישעיה

א

א חֲזוֹן יְשַׁעְיָהוּ בֶן־אָמוֹץ אֲשֶׁר חָזָה עַל־יְהוּדָה וִירוּשָׁלִָם בִּימֵי
ב עֻזִּיָּהוּ יוֹתָם אָחָז יְחִזְקִיָּהוּ מַלְכֵי יְהוּדָה: שִׁמְעוּ שָׁמַיִם וְהַאֲזִינִי
ג אֶרֶץ כִּי יְהוָה דִּבֵּר בָּנִים גִּדַּלְתִּי וְרוֹמַמְתִּי וְהֵם פָּשְׁעוּ בִי: יָדַע
שׁוֹר קֹנֵהוּ וַחֲמוֹר אֵבוּס בְּעָלָיו יִשְׂרָאֵל לֹא יָדַע עַמִּי לֹא
ד הִתְבּוֹנָן: הוֹי גּוֹי חֹטֵא עַם כֶּבֶד עָוֺן זֶרַע מְרֵעִים בָּנִים מַשְׁחִיתִים
ה עָזְבוּ אֶת־יְהוָה נִאֲצוּ אֶת־קְדוֹשׁ יִשְׂרָאֵל נָזֹרוּ אָחוֹר: עַל מֶה
ו תֻכּוּ עוֹד תּוֹסִיפוּ סָרָה כָּל־רֹאשׁ לָחֳלִי וְכָל־לֵבָב דַּוָּי: מִכַּף־רֶגֶל
וְעַד־רֹאשׁ אֵין־בּוֹ מְתֹם פֶּצַע וְחַבּוּרָה וּמַכָּה טְרִיָּה לֹא־זֹרוּ
ז וְלֹא חֻבָּשׁוּ וְלֹא רֻכְּכָה בַּשָּׁמֶן: אַרְצְכֶם שְׁמָמָה עָרֵיכֶם שְׂרֻפוֹת
אֵשׁ אַדְמַתְכֶם לְנֶגְדְּכֶם זָרִים אֹכְלִים אֹתָהּ וּשְׁמָמָה כְּמַהְפֵּכַת
ח זָרִים: וְנוֹתְרָה בַת־צִיּוֹן כְּסֻכָּה בְכָרֶם כִּמְלוּנָה בְמִקְשָׁה כְּעִיר
ט נְצוּרָה: לוּלֵי יְהוָה צְבָאוֹת הוֹתִיר לָנוּ שָׂרִיד כִּמְעָט כִּסְדֹם
י הָיִינוּ לַעֲמֹרָה דָּמִינוּ: שִׁמְעוּ דְבַר־יְהוָה קְצִינֵי
יא סְדֹם הַאֲזִינוּ תּוֹרַת אֱלֹהֵינוּ עַם עֲמֹרָה: לָמָּה לִּי רֹב־זִבְחֵיכֶם
יֹאמַר יְהוָה שָׂבַעְתִּי עֹלוֹת אֵילִים וְחֵלֶב מְרִיאִים וְדַם פָּרִים
יב וּכְבָשִׂים וְעַתּוּדִים לֹא חָפָצְתִּי: כִּי תָבֹאוּ לֵרָאוֹת פָּנָי מִי־בִקֵּשׁ
יג זֹאת מִיֶּדְכֶם רְמֹס חֲצֵרָי: לֹא תוֹסִיפוּ הָבִיא מִנְחַת־שָׁוְא
קְטֹרֶת תּוֹעֵבָה הִיא לִי חֹדֶשׁ וְשַׁבָּת קְרֹא מִקְרָא לֹא־אוּכַל
יד אָוֶן וַעֲצָרָה: חָדְשֵׁיכֶם וּמוֹעֲדֵיכֶם שָׂנְאָה נַפְשִׁי הָיוּ עָלַי
טו לָטֹרַח נִלְאֵיתִי נְשֹׂא: וּבְפָרִשְׂכֶם כַּפֵּיכֶם אַעְלִים עֵינַי מִכֶּם
גַּם כִּי־תַרְבּוּ תְפִלָּה אֵינֶנִּי שֹׁמֵעַ יְדֵיכֶם דָּמִים מָלֵאוּ:
טז רַחֲצוּ הִזַּכּוּ הָסִירוּ רֹעַ מַעַלְלֵיכֶם מִנֶּגֶד עֵינָי חִדְלוּ הָרֵעַ:
יז לִמְדוּ הֵיטֵב דִּרְשׁוּ מִשְׁפָּט אַשְּׁרוּ חָמוֹץ שִׁפְטוּ יָתוֹם רִיבוּ
יח אַלְמָנָה: לְכוּ־נָא וְנִוָּכְחָה יֹאמַר יְהוָה אִם־יִהְיוּ
חֲטָאֵיכֶם כַּשָּׁנִים כַּשֶּׁלֶג יַלְבִּינוּ אִם־יַאְדִּימוּ כַתּוֹלָע כַּצֶּמֶר יִהְיוּ:
יט כ אִם־תֹּאבוּ וּשְׁמַעְתֶּם טוּב הָאָרֶץ תֹּאכֵלוּ: וְאִם־תְּמָאֲנוּ
כא וּמְרִיתֶם חֶרֶב תְּאֻכְּלוּ כִּי פִּי יְהוָה דִּבֵּר: אֵיכָה

היתה לזונה קריה נאמנה מלאתי משפט צדק ילין בה ועתה
מרצחים: כספך היה לסיגים סבאך מהול במים: שריך כב כג
סוררים וחברי גנבים כלו אהב שחד ורדף שלמנים יתום לא
ישפטו וריב אלמנה לא־יבוא אליהם: לכן כד
נאם האדון יהוה צבאות אביר ישראל הוי אנחם מצרי
ואנקמה מאויבי: ואשיבה ידי עליך ואצרף כבר סיגיך כה
ואסירה כל־בדיליך: ואשיבה שפטיך כבראשנה ויעציך כו
כבתחלה אחרי־כן יקרא לך עיר הצדק קריה נאמנה: ציון כז
במשפט תפדה ושביה בצדקה: ושבר פשעים וחטאים יחדו כח
ועזבי יהוה יכלו: כי יבשו מאילים אשר חמדתם ותחפרו כט
מהגנות אשר בחרתם: כי תהיו כאלה נבלת עלה וכגנה ל
אשר־מים אין לה: והיה החסן לנערת ופעלו לניצוץ ובערו לא
שניהם יחדו ואין מכבה: הדבר אשר חזה א ב
ישעיהו בן־אמוץ על־יהודה וירושלם: והיה | באחרית ב
הימים נכון יהיה הר בית־יהוה בראש ההרים ונשא מגבעות
ונהרו אליו כל־הגוים: והלכו עמים רבים ואמרו לכו | ונעלה ג
אל־הר־יהוה אל־בית אלהי יעקב וירנו מדרכיו ונלכה
בארחתיו כי מציון תצא תורה ודבר־יהוה מירושלם: ושפט ד
בין הגוים והוכיח לעמים רבים וכתתו חרבותם לאתים
וחניתותיהם למזמרות לא־ישא גוי אל־גוי חרב ולא־ילמדו
עוד מלחמה: בית יעקב לכו ונלכה באור ה
יהוה: כי נטשתה עמך בית יעקב כי מלאו מקדם ועננים ו
כפלשתים ובילדי נכרים ישפיקו: ותמלא ארצו כסף ז
וזהב ואין קצה לאצרתיו ותמלא ארצו סוסים ואין קצה
למרכבתיו: ותמלא ארצו אלילים למעשה ידיו ישתחוו ח
לאשר עשו אצבעתיו: וישח אדם וישפל־איש ואל־תשא ט
להם: בוא בצור והטמן בעפר מפני פחד יהוה ומהדר גאנו: י

יא עיני גבהות אדם שפל ושח רום אנשים ונשגב יהוה לבדו
יב ביום ההוא: כי יום ליהוה צבאות על כל־גאה
יג ורם ועל כל־נשא ושפל: ועל כל־ארזי הלבנון הרמים
יד והנשאים ועל כל־אלוני הבשן: ועל כל־ההרים הרמים ועל
טו כל־הגבעות הנשאות: ועל כל־מגדל גבה ועל כל־חומה
טז בצורה: ועל כל־אניות תרשיש ועל כל־שכיות החמדה:
יז ושח גבהות האדם ושפל רום אנשים ונשגב יהוה לבדו ביום
יח יט ההוא: והאלילים כליל יחלף: ובאו במערות צרים ובמחלות
כ עפר מפני פחד יהוה ומהדר גאונו בקומו לערץ הארץ: ביום
ההוא ישליך האדם את אלילי כספו ואת אלילי זהבו אשר
כא עשו־לו להשתחות לחפר פרות ולעטלפים: לבוא בנקרות
הצרים ובסעפי הסלעים מפני פחד יהוה ומהדר גאונו בקומו
כב לערץ הארץ: חדלו לכם מן־האדם אשר נשמה באפו כי
ג א במה נחשב הוא: כי הנה האדון יהוה צבאות
מסיר מירושלם ומיהודה משען ומשענה כל משען־לחם
ב וכל משען־מים: גבור ואיש מלחמה שופט ונביא וקסם וזקן:
ג שר־חמשים ונשוא פנים ויועץ וחכם חרשים ונבון לחש:
ד ה ונתתי נערים שריהם ותעלולים ימשלו־בם: ונגש העם איש
ו באיש ואיש ברעהו ירהבו הנער בזקן והנקלה בנכבד: כי־
יתפש איש באחיו בית אביו שמלה לכה קצין תהיה־לנו
ז והמכשלה הזאת תחת ידך: ישא ביום ההוא | לאמר לא־
אהיה חבש ובביתי אין לחם ואין שמלה לא תשימני קצין
ח עם: כי כשלה ירושלם ויהודה נפל כי־לשונם ומעלליהם
ט אל־יהוה למרות עני כבודו: הכרת פניהם ענתה בם וחטאתם
כסדם הגידו לא כחדו אוי לנפשם כי־גמלו להם רעה:
י יא אמרו צדיק כי־טוב כי־פרי מעלליהם יאכלו: אוי לרשע רע
יב כי־גמול ידיו יעשה לו: עמי נגשיו מעולל ונשים משלו בו עמי

יג מְאַשְּׁרֶיךָ מַתְעִים וְדֶרֶךְ אֹרְחֹתֶיךָ בִּלֵּעוּ׃ נִצָּב
יד לָרִיב יְהוָה וְעֹמֵד לָדִין עַמִּים׃ יְהוָה בְּמִשְׁפָּט יָבוֹא עִם־זִקְנֵי
עַמּוֹ וְשָׂרָיו וְאַתֶּם בִּעַרְתֶּם הַכֶּרֶם גְּזֵלַת הֶעָנִי בְּבָתֵּיכֶם׃
טו מלכם תְּדַכְּאוּ עַמִּי וּפְנֵי עֲנִיִּים תִּטְחָנוּ נְאֻם־אֲדֹנָי יְהוִה מַה־לָּכֶם
טז צְבָאוֹת׃ וַיֹּאמֶר יְהוָה יַעַן כִּי גָבְהוּ בְּנוֹת צִיּוֹן
וַתֵּלַכְנָה נטוות גָּרוֹן וּמְשַׂקְּרוֹת עֵינָיִם הָלוֹךְ וְטָפֹף תֵּלַכְנָה נְטוּיוֹת
יז וּבְרַגְלֵיהֶם תְּעַכַּסְנָה׃ וְשִׂפַּח אֲדֹנָי קָדְקֹד בְּנוֹת צִיּוֹן וַיהוָה פָּתְהֵן
יח יְעָרֶה׃ בַּיּוֹם הַהוּא יָסִיר אֲדֹנָי אֵת תִּפְאֶרֶת
יט הָעֲכָסִים וְהַשְּׁבִיסִים וְהַשַּׂהֲרֹנִים׃ הַנְּטִפוֹת וְהַשֵּׁירוֹת וְהָרְעָלוֹת׃
כ כא הַפְּאֵרִים וְהַצְּעָדוֹת וְהַקִּשֻּׁרִים וּבָתֵּי הַנֶּפֶשׁ וְהַלְּחָשִׁים׃ הַטַּבָּעוֹת
כב וְנִזְמֵי הָאָף׃ הַמַּחֲלָצוֹת וְהַמַּעֲטָפוֹת וְהַמִּטְפָּחוֹת וְהָחֲרִיטִים׃
כג כד הַגִּלְיֹנִים וְהַסְּדִינִים וְהַצְּנִיפוֹת וְהָרְדִידִים׃ וְהָיָה תַחַת בֹּשֶׂם מַק
יִהְיֶה וְתַחַת חֲגוֹרָה נִקְפָּה וְתַחַת מַעֲשֶׂה מִקְשֶׁה קָרְחָה
כה וְתַחַת פְּתִיגִיל מַחֲגֹרֶת שָׂק כִּי־תַחַת יֹפִי׃ מְתַיִךְ בַּחֶרֶב יִפֹּלוּ
כו וּגְבוּרָתֵךְ בַּמִּלְחָמָה׃ וְאָנוּ וְאָבְלוּ פְּתָחֶיהָ וְנִקָּתָה לָאָרֶץ
ד א תֵּשֵׁב׃ וְהֶחֱזִיקוּ שֶׁבַע נָשִׁים בְּאִישׁ אֶחָד בַּיּוֹם הַהוּא לֵאמֹר
לַחְמֵנוּ נֹאכֵל וְשִׂמְלָתֵנוּ נִלְבָּשׁ רַק יִקָּרֵא שִׁמְךָ עָלֵינוּ אֱסֹף
ב חֶרְפָּתֵנוּ׃ בַּיּוֹם הַהוּא יִהְיֶה צֶמַח יְהוָה לִצְבִי
ג וּלְכָבוֹד וּפְרִי הָאָרֶץ לְגָאוֹן וּלְתִפְאֶרֶת לִפְלֵיטַת יִשְׂרָאֵל׃ וְהָיָה׀ ב
הַנִּשְׁאָר בְּצִיּוֹן וְהַנּוֹתָר בִּירוּשָׁלַםִ קָדוֹשׁ יֵאָמֶר לוֹ כָּל־הַכָּתוּב
ד לַחַיִּים בִּירוּשָׁלָםִ׃ אִם׀ רָחַץ אֲדֹנָי אֵת צֹאַת בְּנוֹת־צִיּוֹן וְאֶת־
ה דְּמֵי יְרוּשָׁלַםִ יָדִיחַ מִקִּרְבָּהּ בְּרוּחַ מִשְׁפָּט וּבְרוּחַ בָּעֵר׃ וּבָרָא
יְהוָה עַל כָּל־מְכוֹן הַר־צִיּוֹן וְעַל־מִקְרָאֶהָ עָנָן׀ יוֹמָם
וְעָשָׁן וְנֹגַהּ אֵשׁ לֶהָבָה לָיְלָה כִּי עַל־כָּל־כָּבוֹד חֻפָּה׃
ו וְסֻכָּה תִּהְיֶה לְצֵל־יוֹמָם מֵחֹרֶב וּלְמַחְסֶה וּלְמִסְתּוֹר מִזֶּרֶם
ה א וּמִמָּטָר׃ אָשִׁירָה נָּא לִידִידִי שִׁירַת דּוֹדִי לְכַרְמוֹ
ב כֶּרֶם הָיָה לִידִידִי בְּקֶרֶן בֶּן־שָׁמֶן׃ וַיְעַזְּקֵהוּ וַיְסַקְּלֵהוּ וַיִּטָּעֵהוּ

שֹׂרֵק וַיִּבֶן מִגְדָּל בְּתוֹכוֹ וְגַם־יֶקֶב חָצֵב בּוֹ וַיְקַו לַעֲשׂוֹת עֲנָבִים
ג וַיַּעַשׂ בְּאֻשִׁים׃ וְעַתָּה יוֹשֵׁב יְרוּשָׁלִַם וְאִישׁ יְהוּדָה שִׁפְטוּ־נָא
ד בֵּינִי וּבֵין כַּרְמִי׃ מַה־לַּעֲשׂוֹת עוֹד לְכַרְמִי וְלֹא עָשִׂיתִי בּוֹ
ה מַדּוּעַ קִוֵּיתִי לַעֲשׂוֹת עֲנָבִים וַיַּעַשׂ בְּאֻשִׁים׃ וְעַתָּה אוֹדִיעָה־נָּא
אֶתְכֶם אֵת אֲשֶׁר־אֲנִי עֹשֶׂה לְכַרְמִי הָסֵר מְשׂוּכָּתוֹ וְהָיָה לְבָעֵר
ו פָּרֹץ גְּדֵרוֹ וְהָיָה לְמִרְמָס׃ וַאֲשִׁיתֵהוּ בָתָה לֹא יִזָּמֵר וְלֹא
יֵעָדֵר וְעָלָה שָׁמִיר וָשָׁיִת וְעַל הֶעָבִים אֲצַוֶּה מֵהַמְטִיר עָלָיו
ז מָטָר׃ כִּי כֶרֶם יְהוָה צְבָאוֹת בֵּית יִשְׂרָאֵל וְאִישׁ יְהוּדָה
נְטַע שַׁעֲשׁוּעָיו וַיְקַו לְמִשְׁפָּט וְהִנֵּה מִשְׂפָּח לִצְדָקָה וְהִנֵּה
ח צְעָקָה׃ הוֹי מַגִּיעֵי בַיִת בְּבַיִת שָׂדֶה בְשָׂדֶה
יַקְרִיבוּ עַד אֶפֶס מָקוֹם וְהוּשַׁבְתֶּם לְבַדְּכֶם בְּקֶרֶב הָאָרֶץ׃
ט בְּאָזְנָי יְהוָה צְבָאוֹת אִם־לֹא בָּתִּים רַבִּים לְשַׁמָּה יִהְיוּ גְּדֹלִים
י וְטוֹבִים מֵאֵין יוֹשֵׁב׃ כִּי עֲשֶׂרֶת צִמְדֵּי־כֶרֶם יַעֲשׂוּ בַּת אֶחָת
יא וְזֶרַע חֹמֶר יַעֲשֶׂה אֵיפָה׃ הוֹי מַשְׁכִּימֵי בַבֹּקֶר
יב שֵׁכָר יִרְדֹּפוּ מְאַחֲרֵי בַנֶּשֶׁף יַיִן יַדְלִיקֵם׃ וְהָיָה כִנּוֹר וָנֶבֶל תֹּף
וְחָלִיל וָיַיִן מִשְׁתֵּיהֶם וְאֵת פֹּעַל יְהוָה לֹא יַבִּיטוּ וּמַעֲשֵׂה יָדָיו
יג לֹא רָאוּ׃ לָכֵן גָּלָה עַמִּי מִבְּלִי־דָעַת וּכְבוֹדוֹ מְתֵי רָעָב וַהֲמוֹנוֹ
יד צִחֵה צָמָא׃ לָכֵן הִרְחִיבָה שְּׁאוֹל נַפְשָׁהּ וּפָעֲרָה פִיהָ לִבְלִי־
טו חֹק וְיָרַד הֲדָרָהּ וַהֲמוֹנָהּ וּשְׁאוֹנָהּ וְעָלֵז בָּהּ׃ וַיִּשַּׁח אָדָם
טז וַיִּשְׁפַּל־אִישׁ וְעֵינֵי גְבֹהִים תִּשְׁפַּלְנָה׃ וַיִּגְבַּהּ יְהוָה צְבָאוֹת
יז בַּמִּשְׁפָּט וְהָאֵל הַקָּדוֹשׁ נִקְדָּשׁ בִּצְדָקָה׃ וְרָעוּ כְבָשִׂים כְּדָבְרָם
יח וְחָרְבוֹת מֵחִים גָּרִים יֹאכֵלוּ׃ הוֹי מֹשְׁכֵי הֶעָוֹן
יט בְּחַבְלֵי הַשָּׁוְא וְכַעֲבוֹת הָעֲגָלָה חַטָּאָה׃ הָאֹמְרִים יְמַהֵר ׀
יָחִישָׁה מַעֲשֵׂהוּ לְמַעַן נִרְאֶה וְתִקְרַב וְתָבוֹאָה עֲצַת קְדוֹשׁ
כ יִשְׂרָאֵל וְנֵדָעָה׃ הוֹי הָאֹמְרִים לָרַע טוֹב וְלַטּוֹב
רָע שָׂמִים חֹשֶׁךְ לְאוֹר וְאוֹר לְחֹשֶׁךְ שָׂמִים מַר לְמָתוֹק
כא וּמָתוֹק לְמָר׃ הוֹי חֲכָמִים בְּעֵינֵיהֶם וְנֶגֶד פְּנֵיהֶם

כב נבונים: הוי גבורים לשתות יין ואנשי־חיל
כג למסך שכר: מצדיקי רשע עקב שחד וצדקת צדיקים יסירו
כד ממנו: לכן כאכל קש לשון אש וחשש להבה
ירפה שרשם כמק יהיה ופרחם כאבק יעלה כי מאסו את
כה תורת יהוה צבאות ואת אמרת קדוש־ישראל נאצו: על־כן
חרה אף־יהוה בעמו ויט ידו עליו ויכהו וירגזו ההרים ותהי
נבלתם כסוחה בקרב חוצות בכל־זאת לא־שב אפו ועוד
כו ידו נטויה: ונשא־נס לגוים מרחוק ושרק לו מקצה הארץ
כז והנה מהרה קל יבוא: אין־עיף ואין־כושל בו לא ינום ולא
כח יישן ולא נפתח אזור חלציו ולא נתק שרוך נעליו: אשר
חציו שנונים וכל־קשתתיו דרכות פרסות סוסיו כצר
כט נחשבו וגלגליו כסופה: שאגה לו כלביא ושאג כפירים ישאג
ל ינהם ויאחז טרף ויפליט ואין מציל: וינהם עליו ביום
ההוא כנהמת־ים ונבט לארץ והנה־חשך צר ואור חשך
ו א בעריפיה: בשנת־מות המלך עזיהו ואראה
את־אדני ישב על־כסא רם ונשא ושוליו מלאים את־
ב ההיכל: שרפים עמדים ׀ ממעל לו שש כנפים שש כנפים
לאחד בשתים ׀ יכסה פניו ובשתים יכסה רגליו ובשתים
ג יעופף: וקרא זה אל־זה ואמר קדוש ׀ קדוש קדוש יהוה ג
ד צבאות מלא כל־הארץ כבודו: וינעו אמות הספים מקול
ה הקורא והבית ימלא עשן: ואמר אוי־לי כי־נדמיתי כי איש
טמא־שפתים אנכי ובתוך עם־טמא שפתים אנכי ישב כי
ו את־המלך יהוה צבאות ראו עיני: ויעף אלי אחד מן־
ז השרפים ובידו רצפה במלקחים לקח מעל המזבח: ויגע על־
פי ויאמר הנה נגע זה על־שפתיך וסר עונך וחטאתך
ח תכפר: ואשמע את־קול אדני אמר את־מי אשלח ומי ילך־
ט לנו ואמר הנני שלחני: ויאמר לך ואמרת לעם הזה שמעו

י שָׁמוֹעַ וְאַל־תָּבִינוּ וּרְאוּ רָאוֹ וְאַל־תֵּדָעוּ׃ הַשְׁמֵן לֵב־הָעָם הַזֶּה
וְאָזְנָיו הַכְבֵּד וְעֵינָיו הָשַׁע פֶּן־יִרְאֶה בְעֵינָיו וּבְאָזְנָיו יִשְׁמָע וּלְבָבוֹ
יא יָבִין וָשָׁב וְרָפָא לוֹ׃ וָאֹמַר עַד־מָתַי אֲדֹנָי וַיֹּאמֶר עַד אֲשֶׁר
אִם־שָׁאוּ עָרִים מֵאֵין יוֹשֵׁב וּבָתִּים מֵאֵין אָדָם וְהָאֲדָמָה תִּשָּׁאֶה
יב שְׁמָמָה׃ וְרִחַק יְהוָה אֶת־הָאָדָם וְרַבָּה הָעֲזוּבָה בְּקֶרֶב הָאָרֶץ׃
יג וְעוֹד בָּהּ עֲשִׂירִיָּה וְשָׁבָה וְהָיְתָה לְבָעֵר כָּאֵלָה וְכָאַלּוֹן אֲשֶׁר
ז א בְּשַׁלֶּכֶת מַצֶּבֶת בָּם זֶרַע קֹדֶשׁ מַצַּבְתָּהּ׃ וַיְהִי
בִּימֵי אָחָז בֶּן־יוֹתָם בֶּן־עֻזִּיָּהוּ מֶלֶךְ יְהוּדָה עָלָה רְצִין מֶלֶךְ־
אֲרָם וּפֶקַח בֶּן־רְמַלְיָהוּ מֶלֶךְ־יִשְׂרָאֵל יְרוּשָׁלַםִ לַמִּלְחָמָה עָלֶיהָ
ב וְלֹא יָכֹל לְהִלָּחֵם עָלֶיהָ׃ וַיֻּגַּד לְבֵית דָּוִד לֵאמֹר נָחָה אֲרָם
עַל־אֶפְרָיִם וַיָּנַע לְבָבוֹ וּלְבַב עַמּוֹ כְּנוֹעַ עֲצֵי־יַעַר מִפְּנֵי־
ג רוּחַ׃ וַיֹּאמֶר יְהוָה אֶל־יְשַׁעְיָהוּ צֵא־נָא לִקְרַאת
אָחָז אַתָּה וּשְׁאָר יָשׁוּב בְּנֶךָ אֶל־קְצֵה תְּעָלַת הַבְּרֵכָה הָעֶלְיוֹנָה
ד אֶל־מְסִלַּת שְׂדֵה כוֹבֵס׃ וְאָמַרְתָּ אֵלָיו הִשָּׁמֵר וְהַשְׁקֵט אַל־
תִּירָא וּלְבָבְךָ אַל־יֵרַךְ מִשְּׁנֵי זַנְבוֹת הָאוּדִים הָעֲשֵׁנִים הָאֵלֶּה
ה בָּחֳרִי־אַף רְצִין וַאֲרָם וּבֶן־רְמַלְיָהוּ׃ יַעַן כִּי־יָעַץ עָלֶיךָ
ו אֲרָם רָעָה אֶפְרַיִם וּבֶן־רְמַלְיָהוּ לֵאמֹר׃ נַעֲלֶה בִיהוּדָה
וּנְקִיצֶנָּה וְנַבְקִעֶנָּה אֵלֵינוּ וְנַמְלִיךְ מֶלֶךְ בְּתוֹכָהּ אֵת בֶּן־
ז טָבְאַל׃ כֹּה אָמַר אֲדֹנָי יְהוִה לֹא תָקוּם וְלֹא
ח תִהְיֶה׃ כִּי רֹאשׁ אֲרָם דַּמֶּשֶׂק וְרֹאשׁ דַּמֶּשֶׂק רְצִין וּבְעוֹד
ט שִׁשִּׁים וְחָמֵשׁ שָׁנָה יֵחַת אֶפְרַיִם מֵעָם׃ וְרֹאשׁ אֶפְרַיִם
שֹׁמְרוֹן וְרֹאשׁ שֹׁמְרוֹן בֶּן־רְמַלְיָהוּ אִם לֹא תַאֲמִינוּ כִּי לֹא
י תֵאָמֵנוּ׃ וַיּוֹסֶף יְהוָה דַּבֵּר אֶל־אָחָז לֵאמֹר׃
יא שְׁאַל־לְךָ אוֹת מֵעִם יְהוָה אֱלֹהֶיךָ הַעְמֵק שְׁאָלָה אוֹ הַגְבֵּהַּ
יב לְמָעְלָה׃ וַיֹּאמֶר אָחָז לֹא־אֶשְׁאַל וְלֹא־אֲנַסֶּה אֶת־יְהוָה׃
יג וַיֹּאמֶר שִׁמְעוּ־נָא בֵּית דָּוִד הַמְעַט מִכֶּם הַלְאוֹת אֲנָשִׁים כִּי
יד תַלְאוּ גַּם אֶת־אֱלֹהָי׃ לָכֵן יִתֵּן אֲדֹנָי הוּא לָכֶם אוֹת הִנֵּה

הָעַלְמָה הָרָה וְיֹלֶדֶת בֵּן וְקָרָאת שְׁמוֹ עִמָּנוּאֵל׃ חֶמְאָה וּדְבַשׁ טו
יֹאכֵל לְדַעְתּוֹ מָאוֹס בָּרָע וּבָחוֹר בַּטּוֹב׃ כִּי בְּטֶרֶם יֵדַע הַנַּעַר טז
מָאֹס בָּרָע וּבָחֹר בַּטּוֹב תֵּעָזֵב הָאֲדָמָה אֲשֶׁר־אַתָּה קָץ מִפְּנֵי
שְׁנֵי מְלָכֶיהָ׃ יָבִיא יְהוָה עָלֶיךָ וְעַל־עַמְּךָ וְעַל־בֵּית אָבִיךָ יָמִים יז
אֲשֶׁר לֹא־בָאוּ לְמִיּוֹם סוּר־אֶפְרַיִם מֵעַל יְהוּדָה אֵת מֶלֶךְ
אַשּׁוּר׃ וְהָיָה ׀ בַּיּוֹם הַהוּא יִשְׁרֹק יְהוָה לַזְּבוּב יח
אֲשֶׁר בִּקְצֵה יְאֹרֵי מִצְרָיִם וְלַדְּבוֹרָה אֲשֶׁר בְּאֶרֶץ אַשּׁוּר׃ וּבָאוּ יט
וְנָחוּ כֻלָּם בְּנַחֲלֵי הַבַּתּוֹת וּבִנְקִיקֵי הַסְּלָעִים וּבְכֹל הַנַּעֲצוּצִים
וּבְכֹל הַנַּהֲלֹלִים׃ בַּיּוֹם הַהוּא יְגַלַּח אֲדֹנָי בְּתַעַר הַשְּׂכִירָה כ
בְּעֶבְרֵי נָהָר בְּמֶלֶךְ אַשּׁוּר אֶת־הָרֹאשׁ וְשַׂעַר הָרַגְלָיִם וְגַם אֶת־
הַזָּקָן תִּסְפֶּה׃ וְהָיָה בַּיּוֹם הַהוּא יְחַיֶּה־אִישׁ כא
עֶגְלַת בָּקָר וּשְׁתֵּי־צֹאן׃ וְהָיָה מֵרֹב עֲשׂוֹת חָלָב יֹאכַל חֶמְאָה כב
כִּי־חֶמְאָה וּדְבַשׁ יֹאכֵל כָּל־הַנּוֹתָר בְּקֶרֶב הָאָרֶץ׃ וְהָיָה בַּיּוֹם כג
הַהוּא יִהְיֶה כָל־מָקוֹם אֲשֶׁר יִהְיֶה־שָּׁם אֶלֶף גֶּפֶן בְּאֶלֶף כָּסֶף
לַשָּׁמִיר וְלַשַּׁיִת יִהְיֶה׃ בַּחִצִּים וּבַקֶּשֶׁת יָבוֹא שָׁמָּה כִּי־שָׁמִיר כד
וָשַׁיִת תִּהְיֶה כָל־הָאָרֶץ׃ וְכֹל הֶהָרִים אֲשֶׁר בַּמַּעְדֵּר יֵעָדֵרוּן כה
לֹא־תָבוֹא שָׁמָּה יִרְאַת שָׁמִיר וָשָׁיִת וְהָיָה לְמִשְׁלַח שׁוֹר
וּלְמִרְמַס שֶׂה׃ וַיֹּאמֶר יְהוָה אֵלַי קַח־לְךָ גִּלָּיוֹן ח א
גָּדוֹל וּכְתֹב עָלָיו בְּחֶרֶט אֱנוֹשׁ לְמַהֵר שָׁלָל חָשׁ בַּז׃ וְאָעִידָה ב
לִּי עֵדִים נֶאֱמָנִים אֵת אוּרִיָּה הַכֹּהֵן וְאֶת־זְכַרְיָהוּ בֶּן יְבֶרֶכְיָהוּ׃
וָאֶקְרַב אֶל־הַנְּבִיאָה וַתַּהַר וַתֵּלֶד בֵּן וַיֹּאמֶר יְהוָה אֵלַי קְרָא ג
שְׁמוֹ מַהֵר שָׁלָל חָשׁ בַּז׃ כִּי בְּטֶרֶם יֵדַע הַנַּעַר קְרֹא אָבִי ד
וְאִמִּי יִשָּׂא ׀ אֶת־חֵיל דַּמֶּשֶׂק וְאֵת שְׁלַל שֹׁמְרוֹן לִפְנֵי מֶלֶךְ
אַשּׁוּר׃ וַיֹּסֶף יְהוָה דַּבֵּר אֵלַי עוֹד לֵאמֹר׃ יַעַן ה ו
כִּי מָאַס הָעָם הַזֶּה אֵת מֵי הַשִּׁלֹחַ הַהֹלְכִים לְאַט וּמְשׂוֹשׂ אֶת־
רְצִין וּבֶן־רְמַלְיָהוּ׃ וְלָכֵן הִנֵּה אֲדֹנָי מַעֲלֶה עֲלֵיהֶם אֶת־מֵי ז
הַנָּהָר הָעֲצוּמִים וְהָרַבִּים אֶת־מֶלֶךְ אַשּׁוּר וְאֶת־כָּל־כְּבוֹדוֹ

ח וְעָלָה עַל־כָּל־אֲפִיקָיו וְהָלַךְ עַל־כָּל־גְּדוֹתָיו׃ וְחָלַף בִּיהוּדָה
שָׁטַף וְעָבַר עַד־צַוָּאר יַגִּיעַ וְהָיָה מֻטּוֹת כְּנָפָיו מְלֹא רֹחַב־
ט אַרְצְךָ עִמָּנוּ אֵל׃ רֹעוּ עַמִּים וָחֹתּוּ וְהַאֲזִינוּ כֹּל
י מֶרְחַקֵּי־אָרֶץ הִתְאַזְּרוּ וָחֹתּוּ הִתְאַזְּרוּ וָחֹתּוּ׃ עֻצוּ עֵצָה וְתֻפָר
יא דַּבְּרוּ דָבָר וְלֹא יָקוּם כִּי עִמָּנוּ אֵל׃ כִּי כֹה אָמַר
יְהוָה אֵלַי כְּחֶזְקַת הַיָּד וְיִסְּרֵנִי מִלֶּכֶת בְּדֶרֶךְ הָעָם־הַזֶּה לֵאמֹר׃
יב לֹא־תֹאמְרוּן קֶשֶׁר לְכֹל אֲשֶׁר־יֹאמַר הָעָם הַזֶּה קָשֶׁר וְאֶת־
יג מוֹרָאוֹ לֹא־תִירְאוּ וְלֹא תַעֲרִיצוּ׃ אֶת־יְהוָה צְבָאוֹת אֹתוֹ
יד תַקְדִּישׁוּ וְהוּא מוֹרַאֲכֶם וְהוּא מַעֲרִצְכֶם׃ וְהָיָה לְמִקְדָּשׁ
וּלְאֶבֶן נֶגֶף וּלְצוּר מִכְשׁוֹל לִשְׁנֵי בָתֵּי יִשְׂרָאֵל לְפַח וּלְמוֹקֵשׁ
טו לְיוֹשֵׁב יְרוּשָׁלִָם׃ וְכָשְׁלוּ בָם רַבִּים וְנָפְלוּ וְנִשְׁבָּרוּ וְנוֹקְשׁוּ
טז וְנִלְכָּדוּ׃ צוֹר תְּעוּדָה חֲתוֹם תּוֹרָה בְּלִמֻּדָי׃
יז יח וְחִכִּיתִי לַיהוָה הַמַּסְתִּיר פָּנָיו מִבֵּית יַעֲקֹב וְקִוֵּיתִי־לוֹ׃ הִנֵּה
אָנֹכִי וְהַיְלָדִים אֲשֶׁר נָתַן־לִי יְהוָה לְאֹתוֹת וּלְמוֹפְתִים בְּיִשְׂרָאֵל
יט מֵעִם יְהוָה צְבָאוֹת הַשֹּׁכֵן בְּהַר צִיּוֹן׃ וְכִי־
יֹאמְרוּ אֲלֵיכֶם דִּרְשׁוּ אֶל־הָאֹבוֹת וְאֶל־הַיִּדְּעֹנִים הַמְצַפְצְפִים
וְהַמַּהְגִּים הֲלוֹא־עַם אֶל־אֱלֹהָיו יִדְרֹשׁ בְּעַד הַחַיִּים אֶל־
כ הַמֵּתִים׃ לְתוֹרָה וְלִתְעוּדָה אִם־לֹא יֹאמְרוּ כַּדָּבָר הַזֶּה אֲשֶׁר
כא אֵין־לוֹ שָׁחַר׃ וְעָבַר בָּהּ נִקְשֶׁה וְרָעֵב וְהָיָה כִי־יִרְעַב וְהִתְקַצַּף
כב וְקִלֵּל בְּמַלְכּוֹ וּבֵאלֹהָיו וּפָנָה לְמָעְלָה׃ וְאֶל־אֶרֶץ יַבִּיט וְהִנֵּה
כג צָרָה וַחֲשֵׁכָה מְעוּף צוּקָה וַאֲפֵלָה מְנֻדָּח׃ כִּי לֹא מוּעָף לַאֲשֶׁר
מוּצָק לָהּ כָּעֵת הָרִאשׁוֹן הֵקַל אַרְצָה זְבֻלוּן וְאַרְצָה נַפְתָּלִי
ט א וְהָאַחֲרוֹן הִכְבִּיד דֶּרֶךְ הַיָּם עֵבֶר הַיַּרְדֵּן גְּלִיל הַגּוֹיִם׃ הָעָם
הַהֹלְכִים בַּחֹשֶׁךְ רָאוּ אוֹר גָּדוֹל יֹשְׁבֵי בְּאֶרֶץ צַלְמָוֶת אוֹר נָגַהּ
ב עֲלֵיהֶם׃ הִרְבִּיתָ הַגּוֹי לֹא הִגְדַּלְתָּ הַשִּׂמְחָה שָׂמְחוּ לְפָנֶיךָ לוֹ
ג כְּשִׂמְחַת בַּקָּצִיר כַּאֲשֶׁר יָגִילוּ בְּחַלְּקָם שָׁלָל׃ כִּי ׀ אֶת־עֹל
סֻבֳּלוֹ וְאֵת מַטֵּה שִׁכְמוֹ שֵׁבֶט הַנֹּגֵשׂ בּוֹ הַחִתֹּתָ כְּיוֹם מִדְיָן׃

ד כִּי כָל־סְאוֹן סֹאֵן בְּרַעַשׁ וְשִׂמְלָה מְגוֹלָלָה בְדָמִים וְהָיְתָה
ה לִשְׂרֵפָה מַאֲכֹלֶת אֵשׁ׃ כִּי־יֶלֶד יֻלַּד־לָנוּ בֵּן נִתַּן־לָנוּ וַתְּהִי
הַמִּשְׂרָה עַל־שִׁכְמוֹ וַיִּקְרָא שְׁמוֹ פֶּלֶא יוֹעֵץ אֵל גִּבּוֹר אֲבִי־
ו עַד שַׂר־שָׁלוֹם׃ לםרבה הַמִּשְׂרָה וּלְשָׁלוֹם אֵין־קֵץ עַל־   לְמַרְבֵּה ד
כִּסֵּא דָוִד וְעַל־מַמְלַכְתּוֹ לְהָכִין אֹתָהּ וּלְסַעֲדָהּ בְּמִשְׁפָּט
וּבִצְדָקָה מֵעַתָּה וְעַד־עוֹלָם קִנְאַת יְהוָה צְבָאוֹת תַּעֲשֶׂה־
ז זֹּאת׃ דָּבָר שָׁלַח אֲדֹנָי בְּיַעֲקֹב וְנָפַל בְּיִשְׂרָאֵל׃
ח וְיָדְעוּ הָעָם כֻּלּוֹ אֶפְרַיִם וְיוֹשֵׁב שֹׁמְרוֹן בְּגַאֲוָה וּבְגֹדֶל לֵבָב
ט לֵאמֹר׃ לְבֵנִים נָפָלוּ וְגָזִית נִבְנֶה שִׁקְמִים גֻּדָּעוּ וַאֲרָזִים נַחֲלִיף׃
י יא וַיְשַׂגֵּב יְהוָה אֶת־צָרֵי רְצִין עָלָיו וְאֶת־אֹיְבָיו יְסַכְסֵךְ׃ אֲרָם
מִקֶּדֶם וּפְלִשְׁתִּים מֵאָחוֹר וַיֹּאכְלוּ אֶת־יִשְׂרָאֵל בְּכָל־פֶּה בְּכָל־
יב זֹאת לֹא־שָׁב אַפּוֹ וְעוֹד יָדוֹ נְטוּיָה׃ וְהָעָם לֹא־שָׁב עַד־הַמַּכֵּהוּ
יג וְאֶת־יְהוָה צְבָאוֹת לֹא דָרָשׁוּ׃ וַיַּכְרֵת יְהוָה
יד מִיִּשְׂרָאֵל רֹאשׁ וְזָנָב כִּפָּה וְאַגְמוֹן יוֹם אֶחָד׃ זָקֵן וּנְשׂוּא־פָנִים
טו הוּא הָרֹאשׁ וְנָבִיא מוֹרֶה־שֶּׁקֶר הוּא הַזָּנָב׃ וַיִּהְיוּ מְאַשְּׁרֵי
טז הָעָם־הַזֶּה מַתְעִים וּמְאֻשָּׁרָיו מְבֻלָּעִים׃ עַל־כֵּן עַל־בַּחוּרָיו
לֹא־יִשְׂמַח ׀ אֲדֹנָי וְאֶת־יְתֹמָיו וְאֶת־אַלְמְנֹתָיו לֹא יְרַחֵם כִּי
כֻלּוֹ חָנֵף וּמֵרַע וְכָל־פֶּה דֹּבֵר נְבָלָה בְּכָל־זֹאת לֹא־שָׁב אַפּוֹ
יז וְעוֹד יָדוֹ נְטוּיָה׃ כִּי־בָעֲרָה כָאֵשׁ רִשְׁעָה שָׁמִיר וָשַׁיִת תֹּאכֵל
יח וַתִּצַּת בְּסִבְכֵי הַיַּעַר וַיִּתְאַבְּכוּ גֵּאוּת עָשָׁן׃ בְּעֶבְרַת יְהוָה
צְבָאוֹת נֶעְתַּם אָרֶץ וַיְהִי הָעָם כְּמַאֲכֹלֶת אֵשׁ אִישׁ אֶל־אָחִיו
יט לֹא יַחְמֹלוּ׃ וַיִּגְזֹר עַל־יָמִין וְרָעֵב וַיֹּאכַל עַל־שְׂמֹאול וְלֹא שָׂבֵעוּ
כ אִישׁ בְּשַׂר־זְרֹעוֹ יֹאכֵלוּ׃ מְנַשֶּׁה אֶת־אֶפְרַיִם וְאֶפְרַיִם אֶת־
מְנַשֶּׁה יַחְדָּו הֵמָּה עַל־יְהוּדָה בְּכָל־זֹאת לֹא־שָׁב אַפּוֹ וְעוֹד יָדוֹ
י א נְטוּיָה׃ הוֹי הַחֹקְקִים חִקְקֵי־אָוֶן וּמְכַתְּבִים עָמָל
ב כִּתֵּבוּ׃ לְהַטּוֹת מִדִּין דַּלִּים וְלִגְזֹל מִשְׁפַּט עֲנִיֵּי עַמִּי לִהְיוֹת
ג אַלְמָנוֹת שְׁלָלָם וְאֶת־יְתוֹמִים יָבֹזּוּ׃ וּמַה־תַּעֲשׂוּ לְיוֹם פְּקֻדָּה

וְלַשּׁוֹאָה מִמֶּרְחָק תָּבוֹא עַל־מִי תָּנוּסוּ לְעֶזְרָה וְאָנָה תַעַזְבוּ
ד כְּבוֹדְכֶם׃ בִּלְתִּי כָרַע תַּחַת אַסִּיר וְתַחַת הֲרוּגִים יִפֹּלוּ בְּכָל־
ה זֹאת לֹא־שָׁב אַפּוֹ וְעוֹד יָדוֹ נְטוּיָה׃ הוֹי אַשּׁוּר
ו שֵׁבֶט אַפִּי וּמַטֶּה־הוּא בְיָדָם זַעְמִי׃ בְּגוֹי חָנֵף אֲשַׁלְּחֶנּוּ וְעַל־עַם
עֶבְרָתִי אֲצַוֶּנּוּ לִשְׁלֹל שָׁלָל וְלָבֹז בַּז ולשימו מִרְמָס כְּחֹמֶר וּלְשׂוּמוֹ
ז חוּצוֹת׃ וְהוּא לֹא־כֵן יְדַמֶּה וּלְבָבוֹ לֹא־כֵן יַחְשֹׁב כִּי לְהַשְׁמִיד
ח בִּלְבָבוֹ וּלְהַכְרִית גּוֹיִם לֹא מְעָט׃ כִּי יֹאמַר הֲלֹא שָׂרַי יַחְדָּו
ט מְלָכִים׃ הֲלֹא כְּכַרְכְּמִישׁ כַּלְנוֹ אִם־לֹא כְאַרְפַּד חֲמָת אִם־
י לֹא כְדַמֶּשֶׂק שֹׁמְרוֹן׃ כַּאֲשֶׁר מָצְאָה יָדִי לְמַמְלְכֹת הָאֱלִיל
יא וּפְסִילֵיהֶם מִירוּשָׁלִַם וּמִשֹּׁמְרוֹן׃ הֲלֹא כַּאֲשֶׁר עָשִׂיתִי לְשֹׁמְרוֹן
יב וְלֶאֱלִילֶיהָ כֵּן אֶעֱשֶׂה לִירוּשָׁלִַם וְלַעֲצַבֶּיהָ׃ וְהָיָה
כִּי־יְבַצַּע אֲדֹנָי אֶת־כָּל־מַעֲשֵׂהוּ בְּהַר צִיּוֹן וּבִירוּשָׁלִָם אֶפְקֹד
יג עַל־פְּרִי־גֹדֶל לְבַב מֶלֶךְ־אַשּׁוּר וְעַל־תִּפְאֶרֶת רוּם עֵינָיו׃ כִּי
אָמַר בְּכֹחַ יָדִי עָשִׂיתִי וּבְחָכְמָתִי כִּי נְבֻנוֹתִי וְאָסִיר ׀ גְּבוּלֹת
יד עַמִּים ועתידתיהם שׁוֹשֵׂתִי וְאוֹרִיד כַּאבִּיר יוֹשְׁבִים׃ וַתִּמְצָא וַעֲתוּדֹתֵיהֶם
כַקֵּן ׀ יָדִי לְחֵיל הָעַמִּים וְכֶאֱסֹף בֵּיצִים עֲזֻבוֹת כָּל־הָאָרֶץ אֲנִי
טו אָסָפְתִּי וְלֹא הָיָה נֹדֵד כָּנָף וּפֹצֶה פֶה וּמְצַפְצֵף׃ הֲיִתְפָּאֵר הַגַּרְזֶן
עַל הַחֹצֵב בּוֹ אִם־יִתְגַּדֵּל הַמַּשּׂוֹר עַל־מְנִיפוֹ כְּהָנִיף שֵׁבֶט
טז וְאֶת־מְרִימָיו כְּהָרִים מַטֶּה לֹא־עֵץ׃ לָכֵן יְשַׁלַּח
הָאָדוֹן יהוה צְבָאוֹת בְּמִשְׁמַנָּיו רָזוֹן וְתַחַת כְּבֹדוֹ יֵקַד יְקֹד
יז כִּיקוֹד אֵשׁ׃ וְהָיָה אוֹר־יִשְׂרָאֵל לְאֵשׁ וּקְדוֹשׁוֹ לְלֶהָבָה וּבָעֲרָה
יח וְאָכְלָה שִׁיתוֹ וּשְׁמִירוֹ בְּיוֹם אֶחָד׃ וּכְבוֹד יַעְרוֹ וְכַרְמִלּוֹ מִנֶּפֶשׁ
יט וְעַד־בָּשָׂר יְכַלֶּה וְהָיָה כִּמְסֹס נֹסֵס׃ וּשְׁאָר עֵץ יַעְרוֹ מִסְפָּר יִהְיוּ
כ וְנַעַר יִכְתְּבֵם׃ וְהָיָה ׀ בַּיּוֹם הַהוּא לֹא־יוֹסִיף עוֹד
שְׁאָר יִשְׂרָאֵל וּפְלֵיטַת בֵּית־יַעֲקֹב לְהִשָּׁעֵן עַל־מַכֵּהוּ וְנִשְׁעַן
כא עַל־יְהוָה קְדוֹשׁ יִשְׂרָאֵל בֶּאֱמֶת׃ שְׁאָר יָשׁוּב שְׁאָר יַעֲקֹב אֶל־
כב אֵל גִּבּוֹר׃ כִּי אִם־יִהְיֶה עַמְּךָ יִשְׂרָאֵל כְּחוֹל הַיָּם שְׁאָר יָשׁוּב

כג בו כליון חרוץ שוטף צדקה: כי כלה ונחרצה אדני יהוה
כד צבאות עשה בקרב כל־הארץ: לכן כה־אמר
אדני יהוה צבאות אל־תירא עמי ישב ציון מאשור בשבט
כה יככה ומטהו ישא־עליך בדרך מצרים: כי־עוד מעט מזער
כו וכלה זעם ואפי על־תבליתם: ועורר עליו יהוה צבאות שוט
כמכת מדין בצור עורב ומטהו על־הים ונשאו בדרך
כז מצרים: והיה ביום ההוא יסור סבלו מעל שכמך ועלו מעל
כח צוארך וחבל על מפני־שמן: בא על־עית עבר במגרון
כט למכמש יפקיד כליו: עברו מעברה גבע מלון לנו חרדה
ל הרמה גבעת שאול נסה: צהלי קולך בת־גלים הקשיבי
לא לישה עניה ענתות: נדדה מדמנה ישבי הגבים העיזו:
לב עוד היום בנב לעמד ינפף ידו הר בית־ציון גבעת בת־
לג ירושלם: הנה האדון יהוה צבאות מסעף
לד פארה במערצה ורמי הקומה גדעים והגבהים ישפלו: ונקף
יא א סבכי היער בברזל והלבנון באדיר יפול: ויצא
ב חטר מגזע ישי ונצר משרשיו יפרה: ונחה עליו רוח יהוה ה
רוח חכמה ובינה רוח עצה וגבורה רוח דעת ויראת יהוה:
ג והריחו ביראת יהוה ולא־למראה עיניו ישפוט ולא־למשמע
ד אזניו יוכיח: ושפט בצדק דלים והוכיח במישור לענוי־ארץ
ה והכה־ארץ בשבט פיו וברוח שפתיו ימית רשע: והיה
ו צדק אזור מתניו והאמונה אזור חלציו: וגר זאב עם־
כבש ונמר עם־גדי ירבץ ועגל וכפיר ומריא יחדו ונער
ז קטן נהג בם: ופרה ודב תרעינה יחדו ירבצו ילדיהן
ח ואריה כבקר יאכל־תבן: ושעשע יונק על־חר פתן ועל
ט מאורת צפעוני גמול ידו הדה: לא־ירעו ולא־ישחיתו
בכל־הר קדשי כי־מלאה הארץ דעה את־יהוה כמים
י לים מכסים: והיה ביום ההוא שרש ישי

אשר עמד לנס עמים אליו גוים ידרשו והיתה מנחתו
יא כבוד: והיה | ביום ההוא יוסיף אדני | שנית
ידו לקנות את־שאר עמו אשר ישאר מאשור וממצרים
יב ומפתרוס ומכוש ומעילם ומשנער ומחמת ומאיי הים: ונשא
נס לגוים ואסף נדחי ישראל ונפצות יהודה יקבץ מארבע
יג כנפות הארץ: וסרה קנאת אפרים וצררי יהודה יכרתו
אפרים לא־יקנא את־יהודה ויהודה לא־יצר את־אפרים:
יד ועפו בכתף פלשתים ימה יחדו יבזו את־בני־קדם אדום
טו ומואב משלוח ידם ובני עמון משמעתם: והחרים יהוה את
לשון ים־מצרים והניף ידו על־הנהר בעים רוחו והכהו
טז לשבעה נחלים והדריך בנעלים: והיתה מסלה לשאר עמו
אשר ישאר מאשור כאשר היתה לישראל ביום עלתו מארץ
יב א מצרים: ואמרת ביום ההוא אודך יהוה כי אנפת בי ישב אפך
ב ותנחמני: הנה אל ישועתי אבטח ולא אפחד כי־עזי וזמרת
ג יה יהוה ויהי־לי לישועה: ושאבתם־מים בששון ממעיני
ד הישועה: ואמרתם ביום ההוא הודו ליהוה קראו בשמו
ה הודיעו בעמים עלילתיו הזכירו כי נשגב שמו: זמרו יהוה
ו כי גאות עשה מידעת זאת בכל־הארץ: צהלי ורני יושבת מודעת
יג א ציון כי־גדול בקרבך קדוש ישראל: משא
ב בבל אשר חזה ישעיהו בן־אמוץ: על הר־נשפה שאו־נס
ג הרימו קול להם הניפו יד ויבאו פתחי נדיבים: אני צויתי
ד למקדשי גם קראתי גבורי לאפי עליזי גאותי: קול המון
בהרים דמות עם־רב קול שאון ממלכות גוים נאספים יהוה
ה צבאות מפקד צבא מלחמה: באים מארץ מרחק מקצה
ו השמים יהוה וכלי זעמו לחבל כל־הארץ: הילילו כי קרוב
ז יום יהוה כשד משדי יבוא: על־כן כל־ידים תרפינה וכל־
ח לבב אנוש ימס: ונבהלו | צירים וחבלים יאחזון כיולדה

ט יחילון איש אל־רעהו יתמהו פני להבים פניהם: הנה יום־
יהוה בא אכזרי ועברה וחרון אף לשום הארץ לשמה
י וחטאיה ישמיד ממנה: כי־כוכבי השמים וכסיליהם לא יהלו
יא אורם חשך השמש בצאתו וירח לא־יגיה אורו: ופקדתי על־
תבל רעה ועל־רשעים עונם והשבתי גאון זדים וגאות
יב יג עריצים אשפיל: אוקיר אנוש מפז ואדם מכתם אופיר: על־
כן שמים ארגיז ותרעש הארץ ממקומה בעברת יהוה
יד צבאות וביום חרון אפו: והיה כצבי מדח וכצאן ואין מקבץ
טו איש אל־עמו יפנו ואיש אל־ארצו ינוסו: כל־הנמצא ידקר
טז וכל־הנספה יפול בחרב: ועלליהם ירטשו לעיניהם ישסו
יז בתיהם ונשיהם תשגלנה: הנני מעיר עליהם את־מדי אשר־ תשכבנה
יח כסף לא יחשבו וזהב לא יחפצו־בו: וקשתות נערים תרטשנה
יט ופרי־בטן לא ירחמו על־בנים לא־תחוס עינם: והיתה בבל
צבי ממלכות תפארת גאון כשדים כמהפכת אלהים את־
כ סדם ואת־עמרה: לא־תשב לנצח ולא תשכן עד־דור ודור
כא ולא־יהל שם ערבי ורעים לא־ירבצו שם: ורבצו־שם ציים
ומלאו בתיהם אחים ושכנו שם בנות יענה ושעירים ירקדו־
כב שם: וענה איים באלמנותיו ותנים בהיכלי ענג וקרוב לבוא
יד א עתה וימיה לא ימשכו: כי ירחם יהוה את־יעקב ובחר עוד
בישראל והניחם על־אדמתם ונלוה הגר עליהם ונספחו על־
ב בית יעקב: ולקחום עמים והביאום אל־מקומם והתנחלום ו
בית־ישראל על אדמת יהוה לעבדים ולשפחות והיו שבים
ג לשביהם ורדו בנגשיהם: והיה ביום הניח יהוה
לך מעצבך ומרגזך ומן־העבדה הקשה אשר עבד־בך:
ד ונשאת המשל הזה על־מלך בבל ואמרת איך שבת נגש
ה ו שבתה מדהבה: שבר יהוה מטה רשעים שבט משלים: מכה
עמים בעברה מכת בלתי סרה רדה באף גוים מרדף בלי

ז ח חָשָׂךְ: נָחָה שָׁקְטָה כָּל־הָאָרֶץ פָּצְחוּ רִנָּה: גַּם־בְּרוֹשִׁים שָׂמְחוּ
ט לְךָ אַרְזֵי לְבָנוֹן מֵאָז שָׁכַבְתָּ לֹא־יַעֲלֶה הַכֹּרֵת עָלֵינוּ: שְׁאוֹל
מִתַּחַת רָגְזָה לְךָ לִקְרַאת בּוֹאֶךָ עוֹרֵר לְךָ רְפָאִים כָּל־עַתּוּדֵי
י אָרֶץ הֵקִים מִכִּסְאוֹתָם כֹּל מַלְכֵי גוֹיִם: כֻּלָּם יַעֲנוּ וְיֹאמְרוּ
יא אֵלֶיךָ גַּם־אַתָּה חֻלֵּיתָ כָמוֹנוּ אֵלֵינוּ נִמְשָׁלְתָּ: הוּרַד שְׁאוֹל
יב גְּאוֹנֶךָ הֶמְיַת נְבָלֶיךָ תַּחְתֶּיךָ יֻצַּע רִמָּה וּמְכַסֶּיךָ תּוֹלֵעָה: אֵיךְ
נָפַלְתָּ מִשָּׁמַיִם הֵילֵל בֶּן־שָׁחַר נִגְדַּעְתָּ לָאָרֶץ חוֹלֵשׁ עַל־גּוֹיִם:
יג וְאַתָּה אָמַרְתָּ בִלְבָבְךָ הַשָּׁמַיִם אֶעֱלֶה מִמַּעַל לְכוֹכְבֵי־אֵל
יד אָרִים כִּסְאִי וְאֵשֵׁב בְּהַר־מוֹעֵד בְּיַרְכְּתֵי צָפוֹן: אֶעֱלֶה עַל־
טו בָּמֳתֵי עָב אֶדַּמֶּה לְעֶלְיוֹן: אַךְ אֶל־שְׁאוֹל תּוּרָד אֶל־יַרְכְּתֵי־
טז בוֹר: רֹאֶיךָ אֵלֶיךָ יַשְׁגִּיחוּ אֵלֶיךָ יִתְבּוֹנָנוּ הֲזֶה הָאִישׁ מַרְגִּיז
יז הָאָרֶץ מַרְעִישׁ מַמְלָכוֹת: שָׂם תֵּבֵל כַּמִּדְבָּר וְעָרָיו הָרָס
יח אֲסִירָיו לֹא־פָתַח בָּיְתָה: כָּל־מַלְכֵי גוֹיִם כֻּלָּם שָׁכְבוּ בְכָבוֹד
יט אִישׁ בְּבֵיתוֹ: וְאַתָּה הָשְׁלַכְתָּ מִקִּבְרְךָ כְּנֵצֶר נִתְעָב לְבֻשׁ הֲרֻגִים
כ מְטֹעֲנֵי חָרֶב יוֹרְדֵי אֶל־אַבְנֵי־בוֹר כְּפֶגֶר מוּבָס: לֹא־תֵחַד אִתָּם
בִּקְבוּרָה כִּי־אַרְצְךָ שִׁחַתָּ עַמְּךָ הָרָגְתָּ לֹא־יִקָּרֵא לְעוֹלָם זֶרַע
כא מְרֵעִים: הָכִינוּ לְבָנָיו מַטְבֵּחַ בַּעֲוֺן אֲבוֹתָם בַּל־יָקֻמוּ וְיָרְשׁוּ
כב אָרֶץ וּמָלְאוּ פְנֵי־תֵבֵל עָרִים: וְקַמְתִּי עֲלֵיהֶם נְאֻם יְהוָה צְבָאוֹת
כג וְהִכְרַתִּי לְבָבֶל שֵׁם וּשְׁאָר וְנִין וָנֶכֶד נְאֻם־יְהוָה: וְשַׂמְתִּיהָ
לְמוֹרַשׁ קִפֹּד וְאַגְמֵי־מָיִם וְטֵאטֵאתִיהָ בְּמַטְאֲטֵא הַשְׁמֵד נְאֻם
כד יְהוָה צְבָאוֹת: נִשְׁבַּע יְהוָה צְבָאוֹת לֵאמֹר אִם־
כה לֹא כַּאֲשֶׁר דִּמִּיתִי כֵּן הָיָתָה וְכַאֲשֶׁר יָעַצְתִּי הִיא תָקוּם: לִשְׁבֹּר
אַשּׁוּר בְּאַרְצִי וְעַל־הָרַי אֲבוּסֶנּוּ וְסָר מֵעֲלֵיהֶם עֻלּוֹ וְסֻבֳּלוֹ מֵעַל
כו שִׁכְמוֹ יָסוּר: זֹאת הָעֵצָה הַיְּעוּצָה עַל־כָּל־הָאָרֶץ וְזֹאת הַיָּד
כז הַנְּטוּיָה עַל־כָּל־הַגּוֹיִם: כִּי־יְהוָה צְבָאוֹת יָעָץ וּמִי יָפֵר וְיָדוֹ
כח הַנְּטוּיָה וּמִי יְשִׁיבֶנָּה: בִּשְׁנַת־מוֹת הַמֶּלֶךְ אָחָז
כט הָיָה הַמַּשָּׂא הַזֶּה: אַל־תִּשְׂמְחִי פְלֶשֶׁת כֻּלֵּךְ כִּי נִשְׁבַּר שֵׁבֶט

ל מכך כי־משרש נחש יצא צפע ופריו שרף מעופף: ורעו
בכורי דלים ואביונים לבטח ירבצו והמתי ברעב שרשך
לא ושאריתך יהרג: הילילי שער זעקי־עיר נמוג פלשת כלך כי
לב מצפון עשן בא ואין בודד במועדיו: ומה־יענה מלאכי־גוי כי
טו א יהוה יסד ציון ובה יחסו עניי עמו: משא מואב
כי בליל שדד ער מואב נדמה כי בליל שדד קיר־מואב
ב נדמה: עלה הבית ודיבן הבמות לבכי על־נבו ועל מידבא
ג מואב ייליל בכל־ראשיו קרחה כל־זקן גרועה: בחוצתיו
חגרו שק על גגותיה וברחבתיה כלה ייליל ירד בבכי:
ד ותזעק חשבון ואלעלה עד־יהץ נשמע קולם על־כן חלצי
ה מואב יריעו נפשו ירעה לו: לבי למואב יזעק בריחה עד־
צער עגלת שלשיה כי מעלה הלוחית בבכי יעלה־בו כי
ו דרך חרנים זעקת־שבר יעערו: כי־מי נמרים משמות יהיו
ז כי־יבש חציר כלה דשא ירק לא היה: על־כן יתרה עשה
ח ופקדתם על נחל הערבים ישאום: כי־הקיפה הזעקה את־
ט גבול מואב עד־אגלים יללתה ובאר אילים יללתה: כי מי
דימון מלאו דם כי־אשית על־דימון נוספות לפליטת מואב
טז א אריה ולשארית אדמה: שלחו־כר מושל־ארץ מסלע
ב מדברה אל־הר בת־ציון: והיה כעוף־נודד קן משלח תהיינה
ג בנות מואב מעברת לארנון: הביאו עצה עשו פלילה שיתי הביאי | עשי
ד כליל צלך בתוך צהרים סתרי נדחים נדד אל־תגלי: יגורו
בך נדחי מואב הוי־סתר למו מפני שודד כי־אפס המץ כלה
ה שד תמו רמס מן־הארץ: והוכן בחסד כסא ז
וישב עליו באמת באהל דוד שפט ודרש משפט ומהר צדק:
ו שמענו גאון־מואב גא מאד גאותו וגאונו ועברתו לא־כן
ז בדיו: לכן ייליל מואב למואב כלה ייליל לאשישי קיר־
ח חרשת תהגו אך־נכאים: כי שדמות חשבון אמלל גפן

שבמה בעלי גוים הלמו שרוקיה עד־יעזר נגעו תעו מדבר
ט שלחותיה נטשו עברו ים: על־כן אבכה בבכי יעזר גפן
שבמה אריוך דמעתי חשבון ואלעלה כי על־קיצך ועל־
י קצירך הידד נפל: ונאסף שמחה וגיל מן־הכרמל ובכרמים
לא־ירנן לא ירעע יין ביקבים לא־ידרך הדרך הידד
יא השבתי: על־כן מעי למואב ככנור יהמו וקרבי לקיר חרש:
יב והיה כי־נראה כי־נלאה מואב על־הבמה ובא אל־מקדשו
יג להתפלל ולא יוכל: זה הדבר אשר דבר יהוה
יד אל־מואב מאז: ועתה דבר יהוה לאמר בשלש שנים כשני
שכיר ונקלה כבוד מואב בכל ההמון הרב ושאר מעט מזער
יז א לוא כביר: משא דמשק הנה דמשק מוסר
ב מעיר והיתה מעי מפלה: עזבות ערי ערער לעדרים תהיינה
ג ורבצו ואין מחריד: ונשבת מבצר מאפרים וממלכה
מדמשק ושאר ארם ככבוד בני־ישראל יהיו נאם יהוה
ד צבאות: והיה ביום ההוא ידל כבוד יעקב
ה ומשמן בשרו ירזה: והיה כאסף קציר קמה וזרעו שבלים
ו יקצור והיה כמלקט שבלים בעמק רפאים: ונשאר־בו עוללות
כנקף זית שנים שלשה גרגרים בראש אמיר ארבעה חמשה
ז בסעפיה פריה נאם־יהוה אלהי ישראל: ביום
ההוא ישעה האדם על־עשהו ועיניו אל־קדוש ישראל
ח תראינה: ולא ישעה אל־המזבחות מעשה ידיו ואשר עשו
ט אצבעתיו לא יראה והאשרים והחמנים: ביום
ההוא יהיו ׀ ערי מעזו כעזובת החרש והאמיר אשר עזבו
י מפני בני ישראל והיתה שממה: כי שכחת אלהי ישעך וצור
מעזך לא זכרת על־כן תטעי נטעי נעמנים וזמרת זר
יא תזרענו: ביום נטעך תשגשגי ובבקר זרעך תפריחי נד קציר
יב ביום נחלה וכאב אנוש: הוי המון עמים רבים

כהמות ימים יהמיון ושאון לאמים כשאון מים כבירים
יג ישאון: לאמים כשאון מים רבים ישאון וגער בו ונס ממרחק
יד ורדף כמץ הרים לפני־רוח וכגלגל לפני סופה: לעת ערב
והנה בלהה בטרם בקר איננו זה חלק שוסינו וגורל
יח א לבזזינו: הוי ארץ צלצל כנפים אשר מעבר
ב לנהרי־כוש: השלח בים צירים ובכלי־גמא על־פני־מים לכו
מלאכים קלים אל־גוי ממשך ומורט אל־עם נורא מן־הוא
ג והלאה גוי קו־קו ומבוסה אשר־בזאו נהרים ארצו: כל־
ישבי תבל ושכני ארץ כנשא־נס הרים תראו וכתקע שופר
ד תשמעו: כי כה אמר יהוה אלי אשקוטה אשקטה
ה ואביטה במכוני כחם צח עלי־אור כעב טל בחם קציר: כי־
לפני קציר כתם־פרח ובסר גמל יהיה נצה וכרת הזלזלים
ו במזמרות ואת־הנטישות הסיר התז: יעזבו יחדו לעיט הרים
ולבהמת הארץ וקץ עליו העיט וכל־בהמת הארץ עליו
ז תחרף: בעת ההיא יובל־שי ליהוה צבאות עם
ממשך ומורט ומעם נורא מן־הוא והלאה גוי קו־קו ומבוסה
אשר בזאו נהרים ארצו אל־מקום שם־יהוה צבאות הר־
יט א ציון: משא מצרים הנה יהוה רכב על־עב קל
ובא מצרים ונעו אלילי מצרים מפניו ולבב מצרים ימס
ב בקרבו: וסכסכתי מצרים במצרים ונלחמו איש באחיו ואיש
ג ברעהו עיר בעיר ממלכה בממלכה: ונבקה רוח־מצרים
בקרבו ועצתו אבלע ודרשו אל־האלילים ואל־האטים ואל־
ד האבות ואל־הידענים: וסכרתי את־מצרים ביד אדנים קשה
ה ומלך עז ימשל־בם נאם האדון יהוה צבאות: ונשתו־מים
ו מהים ונהר יחרב ויבש: והאזניחו נהרות דללו וחרבו יארי
ז מצור קנה וסוף קמלו: ערות על־יאור על־פי יאור וכל
ח מזרע יאור ייבש נדף ואיננו: ואנו הדיגים ואבלו כל־משליכי

ט ביאור חכה ופרשי מכמרת על-פני-מים אמללו: ובשו עבדי
י פשתים שריקות וארגים חורי: והיו שתתיה מדכאים כל-
יא עשי שכר אגמי-נפש: אך-אולים שרי צען חכמי יעצי פרעה
עצה נבערה איך תאמרו אל-פרעה בן-חכמים אני בן-
יב מלכי-קדם: איים אפוא חכמיך ויגידו נא לך וידעו מה-יעץ
יג יהוה צבאות על-מצרים: נואלו שרי צען נשאו שרי נף
יד התעו את-מצרים פנת שבטיה: יהוה מסך בקרבה רוח
עועים והתעו את-מצרים בכל-מעשהו כהתעות שכור
טו בקיאו: ולא-יהיה למצרים מעשה אשר יעשה ראש וזנב
טז כפה ואגמון: ביום ההוא יהיה מצרים כנשים
וחרד ׀ ופחד מפני תנופת יד-יהוה צבאות אשר-הוא מניף
יז עליו: והיתה אדמת יהודה למצרים לחגא כל אשר יזכיר
אתה אליו יפחד מפני עצת יהוה צבאות אשר-הוא יועץ
יח עליו: ביום ההוא יהיו חמש ערים בארץ
מצרים מדברות שפת כנען ונשבעות ליהוה צבאות עיר
יט ההרס יאמר לאחת: ביום ההוא יהיה מזבח
כ ליהוה בתוך ארץ מצרים ומצבה אצל-גבולה ליהוה: והיה
לאות ולעד ליהוה צבאות בארץ מצרים כי-יצעקו אל-יהוה
כא מפני לחצים וישלח להם מושיע ורב והצילם: ונודע יהוה
למצרים וידעו מצרים את-יהוה ביום ההוא ועבדו זבח ומנחה
כב ונדרו-נדר ליהוה ושלמו: ונגף יהוה את-מצרים נגף ורפוא
כג ושבו עד-יהוה ונעתר להם ורפאם: ביום ההוא
תהיה מסלה ממצרים אשורה ובא-אשור במצרים ומצרים
כד באשור ועבדו מצרים את-אשור: ביום ההוא
יהיה ישראל שלישיה למצרים ולאשור ברכה בקרב הארץ:
כה אשר ברכו יהוה צבאות לאמר ברוך עמי מצרים ומעשה ח
כ א ידי אשור ונחלתי ישראל: בשנת בא תרתן

אַשְׁדּוֹדָה בִּשְׁלֹחַ אֹתוֹ סַרְגוֹן מֶלֶךְ אַשּׁוּר וַיִּלָּחֶם בְּאַשְׁדּוֹד
ב וַיִּלְכְּדָהּ׃ בָּעֵת הַהִיא דִּבֶּר יְהוָה בְּיַד יְשַׁעְיָהוּ בֶן־אָמוֹץ לֵאמֹר
לֵךְ וּפִתַּחְתָּ הַשַּׂק מֵעַל מָתְנֶיךָ וְנַעַלְךָ תַחֲלֹץ מֵעַל רַגְלֶךָ וַיַּעַשׂ
ג כֵּן הָלֹךְ עָרוֹם וְיָחֵף׃ וַיֹּאמֶר יְהוָה כַּאֲשֶׁר הָלַךְ
עַבְדִּי יְשַׁעְיָהוּ עָרוֹם וְיָחֵף שָׁלֹשׁ שָׁנִים אוֹת וּמוֹפֵת עַל־מִצְרַיִם
ד וְעַל־כּוּשׁ׃ כֵּן יִנְהַג מֶלֶךְ־אַשּׁוּר אֶת־שְׁבִי מִצְרַיִם וְאֶת־גָּלוּת
ה כּוּשׁ נְעָרִים וּזְקֵנִים עָרוֹם וְיָחֵף וַחֲשׂוּפַי שֵׁת עֶרְוַת מִצְרָיִם׃ וְחַתּוּ
ו וָבֹשׁוּ מִכּוּשׁ מַבָּטָם וּמִן־מִצְרַיִם תִּפְאַרְתָּם׃ וְאָמַר יֹשֵׁב הָאִי
הַזֶּה בַּיּוֹם הַהוּא הִנֵּה־כֹה מַבָּטֵנוּ אֲשֶׁר נַסְנוּ שָׁם לְעֶזְרָה לְהִנָּצֵל
כא א מִפְּנֵי מֶלֶךְ אַשּׁוּר וְאֵיךְ נִמָּלֵט אֲנָחְנוּ׃ מַשָּׂא
מִדְבַּר־יָם כְּסוּפוֹת בַּנֶּגֶב לַחֲלֹף מִמִּדְבָּר בָּא מֵאֶרֶץ נוֹרָאָה׃
ב חָזוּת קָשָׁה הֻגַּד־לִי הַבּוֹגֵד ׀ בּוֹגֵד וְהַשּׁוֹדֵד ׀ שׁוֹדֵד עֲלִי עֵילָם
ג צוּרִי מָדַי כָּל־אַנְחָתָה הִשְׁבַּתִּי׃ עַל־כֵּן מָלְאוּ מָתְנַי חַלְחָלָה
צִירִים אֲחָזוּנִי כְּצִירֵי יוֹלֵדָה נַעֲוֵיתִי מִשְּׁמֹעַ נִבְהַלְתִּי מֵרְאוֹת׃
ד תָּעָה לְבָבִי פַּלָּצוּת בִּעֲתָתְנִי אֵת נֶשֶׁף חִשְׁקִי שָׂם לִי לַחֲרָדָה׃
ה עָרֹךְ הַשֻּׁלְחָן צָפֹה הַצָּפִית אָכוֹל שָׁתֹה קוּמוּ הַשָּׂרִים מִשְׁחוּ
ו מָגֵן׃ כִּי כֹה אָמַר אֵלַי אֲדֹנָי לֵךְ הַעֲמֵד הַמְצַפֶּה
ז אֲשֶׁר יִרְאֶה יַגִּיד׃ וְרָאָה רֶכֶב צֶמֶד פָּרָשִׁים רֶכֶב חֲמוֹר רֶכֶב
ח גָּמָל וְהִקְשִׁיב קֶשֶׁב רַב־קָשֶׁב׃ וַיִּקְרָא אַרְיֵה עַל־מִצְפֶּה ׀ אֲדֹנָי
אָנֹכִי עֹמֵד תָּמִיד יוֹמָם וְעַל־מִשְׁמַרְתִּי אָנֹכִי נִצָּב כָּל־הַלֵּילוֹת׃
ט וְהִנֵּה־זֶה בָא רֶכֶב אִישׁ צֶמֶד פָּרָשִׁים וַיַּעַן וַיֹּאמֶר נָפְלָה נָפְלָה
י בָּבֶל וְכָל־פְּסִילֵי אֱלֹהֶיהָ שִׁבַּר לָאָרֶץ׃ מְדֻשָׁתִי וּבֶן־גָּרְנִי
אֲשֶׁר שָׁמַעְתִּי מֵאֵת יְהוָה צְבָאוֹת אֱלֹהֵי יִשְׂרָאֵל הִגַּדְתִּי
יא לָכֶם׃ מַשָּׂא דּוּמָה אֵלַי קֹרֵא מִשֵּׂעִיר שֹׁמֵר מַה־
יב מִלַּיְלָה שֹׁמֵר מַה־מִּלֵּיל׃ אָמַר שֹׁמֵר אָתָא בֹקֶר וְגַם־לָיְלָה
יג אִם־תִּבְעָיוּן בְּעָיוּ שֻׁבוּ אֵתָיוּ׃ מַשָּׂא בַּעְרָב
יד בַּיַּעַר בַּעְרַב תָּלִינוּ אֹרְחוֹת דְּדָנִים׃ לִקְרַאת צָמֵא הֵתָיוּ

טו מים ישבי ארץ תימא בלחמו קדמו נדד: כי־מפני חרבות
נדדו מפני ׀ חרב נטושה ומפני קשת דרוכה ומפני כבד
טז מלחמה: כי־כה אמר אדני אלי בעוד שנה כשני
יז שכיר וכלה כל־כבוד קדר: ושאר מספר־קשת גבורי בני־
כב א קדר ימעטו כי יהוה אלהי־ישראל דבר: משא
ב גיא חזיון מה־לך אפוא כי־עלית כלך לגגות: תשאות ׀
מלאה עיר הומיה קריה עליזה חלליך לא חללי־חרב ולא
ג מתי מלחמה: כל־קציניך נדדו יחד מקשת אסרו כל־
ד נמצאיך אסרו יחדו מרחוק ברחו: על־כן אמרתי שעו מני
ה אמרר בבכי אל־תאיצו לנחמני על־שד בת־עמי: כי יום
מהומה ומבוסה ומבוכה לאדני יהוה צבאות בגי חזיון
ו מקרקר קר ושוע אל־ההר: ועילם נשא אשפה ברכב אדם
ז פרשים וקיר ערה מגן: ויהי מבחר־עמקיך מלאו רכב
ח והפרשים שת שתו השערה: ויגל את מסך יהודה ותבט
ט ביום ההוא אל־נשק בית היער: ואת בקיעי עיר־דוד ראיתם
י כי־רבו ותקבצו את־מי הברכה התחתונה: ואת־בתי
יא ירושלם ספרתם ותתצו הבתים לבצר החומה: ומקוה
עשיתם בין החמתים למי הברכה הישנה ולא הבטתם אל־
יב עשיה ויצרה מרחוק לא ראיתם: ויקרא אדני יהוה צבאות
יג ביום ההוא לבכי ולמספד ולקרחה ולחגר שק: והנה ׀ ששון
ושמחה הרג ׀ בקר ושחט צאן אכל בשר ושתות יין
יד אכול ושתו כי מחר נמות: ונגלה באזני יהוה צבאות
אם־יכפר העון הזה לכם עד־תמתון אמר אדני יהוה
טו צבאות: כה אמר אדני יהוה צבאות לך־בא
טז אל־הסכן הזה על־שבנא אשר על־הבית: מה־לך פה ומי
לך פה כי־חצבת לך פה קבר חצבי מרום קברו חקקי בסלע
יז משכן לו: הנה יהוה מטלטלך טלטלה גבר ועטך עטה:

יח צנוף יצנפך צנפה כדור אל־ארץ רחבת ידים שמה תמות
יט ושמה מרכבות כבודך קלון בית אדניך: והדפתיך ממצבך
כ וממעמדך יהרסך: והיה ביום ההוא וקראתי לעבדי לאליקים
כא בן־חלקיהו: והלבשתיו כתנתך ואבנטך אחזקנו וממשלתך
כב אתן בידו והיה לאב ליושב ירושלם ולבית יהודה: ונתתי
מפתח בית־דוד על־שכמו ופתח ואין סגר וסגר ואין פתח:
ט כג ותקעתיו יתד במקום נאמן והיה לכסא כבוד לבית אביו:
כד ותלו עליו כל ׀ כבוד בית־אביו הצאצאים והצפעות כל
כה כלי הקטן מכלי האגנות ועד כל־כלי הנבלים: ביום
ההוא נאם יהוה צבאות תמוש היתד התקועה במקום
נאמן ונגדעה ונפלה ונכרת המשא אשר־עליה כי יהוה
כג א דבר: משא צר הילילו ׀ אניות תרשיש כי־שדד
ב מבית מבוא מארץ כתים נגלה־למו: דמו ישבי אי סחר
ג צידון עבר ים מלאוך: ובמים רבים זרע שחר קציר יאור
ד תבואתה ותהי סחר גוים: בושי צידון כי־אמר ים מעוז הים
לאמר לא־חלתי ולא־ילדתי ולא גדלתי בחורים רוממתי
ה ו בתולות: כאשר־שמע למצרים יחילו כשמע צר: עברו
ז תרשישה הילילו ישבי אי: הזאת לכם עליזה מימי־קדם
ח קדמתה יבלוה רגליה מרחוק לגור: מי יעץ זאת על־צר
ט המעטירה אשר סחריה שרים כנעניה נכבדי־ארץ: יהוה
צבאות יעצה לחלל גאון כל־צבי להקל כל־נכבדי־ארץ:
י יא עברי ארצך כיאר בת־תרשיש אין מזח עוד: ידו נטה על־
הים הרגיז ממלכות יהוה צוה אל־כנען לשמד מעזניה:
יב ויאמר לא־תוסיפי עוד לעלוז המעשקה בתולת בת־צידון
כתים יג כתיים קומי עברי גם־שם לא־ינוח לך: הן ׀ ארץ כשדים זה
בחוניו העם לא היה אשור יסדה לציים הקימו בחיניו עוררו
יד ארמנותיה שמה למפלה: הילילו אניות תרשיש כי שדד

טו מעזניה: והיה ביום ההוא ונשכחת צר שבעים
שנה כימי מלך אחד מקץ שבעים שנה יהיה לצר כשירת
טז הזונה: קחי כנור סבי עיר זונה נשכחה היטיבי נגן הרבי־
יז שיר למען תזכרי: והיה מקץ ׀ שבעים שנה יפקד יהוה את־
צר ושבה לאתננה וזנתה את־כל־ממלכות הארץ על־פני
יח האדמה: והיה סחרה ואתננה קדש ליהוה לא יאצר ולא יחסן
כי לישבים לפני יהוה יהיה סחרה לאכל לשבעה ולמכסה
כד א עתיק: הנה יהוה בוקק הארץ ובולקה ועוה
ב פניה והפיץ ישביה: והיה כעם ככהן כעבד כאדניו כשפחה
כגברתה כקונה כמוכר כמלוה כלוה כנשה כאשר נשא בו:
ג הבוק ׀ תבוק הארץ והבוז ׀ תבוז כי יהוה דבר את־הדבר
ד הזה: אבלה נבלה הארץ אמללה נבלה תבל אמללו מרום
ה עם־הארץ: והארץ חנפה תחת ישביה כי־עברו תורת חלפו
ו חק הפרו ברית עולם: על־כן אלה אכלה ארץ ויאשמו ישבי
ז בה על־כן חרו ישבי ארץ ונשאר אנוש מזער: אבל תירוש
ח אמללה־גפן נאנחו כל־שמחי־לב: שבת משוש תפים חדל
ט שאון עליזים שבת משוש כנור: בשיר לא ישתו־יין ימר
י יא שכר לשתיו: נשברה קרית־תהו סגר כל־בית מבוא: צוחה
יב על־היין בחוצות ערבה כל־שמחה גלה משוש הארץ: נשאר
יג בעיר שמה ושאיה יכת־שער: כי כה יהיה בקרב הארץ
יד בתוך העמים כנקף זית כעוללת אם־כלה בציר: המה ישאו
טו קולם ירנו בגאון יהוה צהלו מים: על־כן באורים כבדו יהוה
טז באיי הים שם יהוה אלהי ישראל: מכנף
הארץ זמרת שמענו צבי לצדיק ואמר רזי־לי רזי־לי אוי לי
יז בגדים בגדו ובגד בוגדים בגדו: פחד ופחת ופח עליך יושב
יח הארץ: והיה הנס מקול הפחד יפל אל־הפחת והעולה מתוך
הפחת ילכד בפח כי־ארבות ממרום נפתחו וירעשו מוסדי

יט ארץ: רעה התרעעה הארץ פור התפוררה ארץ מוט
כ התמוטטה ארץ: נוע תנוע ארץ כשכור והתנודדה כמלונה
כא וכבד עליה פשעה ונפלה ולא־תסיף קום: והיה
ביום ההוא יפקד יהוה על־צבא המרום במרום ועל־מלכי
כב האדמה על־האדמה: ואספו אספה אסיר על־בור וסגרו על־
כג מסגר ומרב ימים יפקדו: וחפרה הלבנה ובושה החמה (י)
כי־מלך יהוה צבאות בהר ציון ובירושלם ונגד זקניו
כד א כבוד: יהוה אלהי אתה ארוממך אודה שמך
ב כי עשית פלא עצות מרחק אמונה אמן: כי שמת מעיר לגל
קריה בצורה למפלה ארמון זרים מעיר לעולם לא יבנה:
ג ד על־כן יכבדוך עם־עז קרית גוים עריצים ייראוך: כי־היית
מעוז לדל מעוז לאביון בצר־לו מחסה מזרם צל מחרב כי
ה רוח עריצים כזרם קיר: כחרב בציון שאון זרים תכניע חרב
ו בצל עב זמיר עריצים יענה: ועשה יהוה
צבאות לכל־העמים בהר הזה משתה שמנים משתה שמרים
ז שמנים ממחים שמרים מזקקים: ובלע בהר הזה פני־הלוט
ח הלוט על־כל־העמים והמסכה הנסוכה על־כל־הגוים: בלע
המות לנצח ומחה אדני יהוה דמעה מעל כל־פנים וחרפת
ט עמו יסיר מעל כל־הארץ כי יהוה דבר: ואמר
ביום ההוא הנה אלהינו זה קוינו לו ויושיענו זה יהוה קוינו
י לו נגילה ונשמחה בישועתו: כי־תנוח יד־יהוה בהר הזה
יא ונדוש מואב תחתיו כהדוש מתבן במי מדמנה: ופרש ידיו (במו)
בקרבו כאשר יפרש השחה לשחות והשפיל גאותו עם
יב ארבות ידיו: ומבצר משגב חומתיך השח השפיל הגיע
כו א לארץ עד־עפר: ביום ההוא יושר השיר־הזה
ב בארץ יהודה עיר עז־לנו ישועה ישית חומות וחל: פתחו
ג שערים ויבא גוי־צדיק שמר אמנים: יצר סמוך תצר שלום

ד שָׁלוֹם כִּי בְךָ בָּטוּחַ׃ בִּטְחוּ בַיהוָה עֲדֵי־עַד כִּי בְּיָהּ יְהוָה צוּר
ה עוֹלָמִים׃ כִּי הֵשַׁח יֹשְׁבֵי מָרוֹם קִרְיָה נִשְׂגָּבָה יַשְׁפִּילֶנָּה יַשְׁפִּילָהּ
ו עַד־אֶרֶץ יַגִּיעֶנָּה עַד־עָפָר׃ תִּרְמְסֶנָּה רָגֶל רַגְלֵי עָנִי פַּעֲמֵי
ז ח דַלִּים׃ אֹרַח לַצַּדִּיק מֵישָׁרִים יָשָׁר מַעְגַּל צַדִּיק תְּפַלֵּס׃ אַף
ט אֹרַח מִשְׁפָּטֶיךָ יְהוָה קִוִּינוּךָ לְשִׁמְךָ וּלְזִכְרְךָ תַּאֲוַת־נָפֶשׁ׃ נַפְשִׁי
אִוִּיתִךָ בַּלַּיְלָה אַף־רוּחִי בְקִרְבִּי אֲשַׁחֲרֶךָּ כִּי כַּאֲשֶׁר מִשְׁפָּטֶיךָ
י לָאָרֶץ צֶדֶק לָמְדוּ יֹשְׁבֵי תֵבֵל׃ יֻחַן רָשָׁע בַּל־לָמַד צֶדֶק בְּאֶרֶץ
יא נְכֹחוֹת יְעַוֵּל וּבַל־יִרְאֶה גֵּאוּת יְהוָה׃ יְהוָה רָמָה
יָדְךָ בַּל־יֶחֱזָיוּן יֶחֱזוּ וְיֵבֹשׁוּ קִנְאַת־עָם אַף־אֵשׁ צָרֶיךָ תֹאכְלֵם׃
יב יג יְהוָה תִּשְׁפֹּת שָׁלוֹם לָנוּ כִּי גַּם כָּל־מַעֲשֵׂינוּ פָּעַלְתָּ לָּנוּ׃ יְהוָה
יד אֱלֹהֵינוּ בְּעָלוּנוּ אֲדֹנִים זוּלָתֶךָ לְבַד־בְּךָ נַזְכִּיר שְׁמֶךָ׃ מֵתִים
בַּל־יִחְיוּ רְפָאִים בַּל־יָקֻמוּ לָכֵן פָּקַדְתָּ וַתַּשְׁמִידֵם וַתְּאַבֵּד כָּל־
טו זֵכֶר לָמוֹ׃ יָסַפְתָּ לַגּוֹי יְהוָה יָסַפְתָּ לַגּוֹי נִכְבָּדְתָּ רִחַקְתָּ כָּל־
טז קַצְוֵי־אָרֶץ׃ יְהוָה בַּצַּר פְּקָדוּךָ צָקוּן לַחַשׁ
יז מוּסָרְךָ לָמוֹ׃ כְּמוֹ הָרָה תַּקְרִיב לָלֶדֶת תָּחִיל תִּזְעַק בַּחֲבָלֶיהָ
יח כֵּן הָיִינוּ מִפָּנֶיךָ יְהוָה׃ הָרִינוּ חַלְנוּ כְּמוֹ יָלַדְנוּ רוּחַ יְשׁוּעֹת בַּל־
יט נַעֲשֶׂה אֶרֶץ וּבַל־יִפְּלוּ יֹשְׁבֵי תֵבֵל׃ יִחְיוּ מֵתֶיךָ נְבֵלָתִי יְקוּמוּן
הָקִיצוּ וְרַנְּנוּ שֹׁכְנֵי עָפָר כִּי טַל אוֹרֹת טַלֶּךָ וָאָרֶץ רְפָאִים
כ תַּפִּיל׃ לֵךְ עַמִּי בֹּא בַחֲדָרֶיךָ וּסְגֹר דלתיך בַּעֲדֶךָ דְּלָתְךָ
כא חֲבִי כִמְעַט־רֶגַע עַד־יעבור־זָעַם׃ כִּי־הִנֵּה יְהוָה יֹצֵא מִמְּקוֹמוֹ יַעֲבָר־
לִפְקֹד עֲוֹן יֹשֵׁב־הָאָרֶץ עָלָיו וְגִלְּתָה הָאָרֶץ אֶת־דָּמֶיהָ
כז א וְלֹא־תְכַסֶּה עוֹד עַל־הֲרוּגֶיהָ׃ בַּיּוֹם הַהוּא יִפְקֹד
יְהוָה בְּחַרְבּוֹ הַקָּשָׁה וְהַגְּדוֹלָה וְהַחֲזָקָה עַל לִוְיָתָן נָחָשׁ
בָּרִחַ וְעַל לִוְיָתָן נָחָשׁ עֲקַלָּתוֹן וְהָרַג אֶת־הַתַּנִּין אֲשֶׁר
ב ג בַּיָּם׃ בַּיּוֹם הַהוּא כֶּרֶם חֶמֶר עַנּוּ־לָהּ׃ אֲנִי יְהוָה
נֹצְרָהּ לִרְגָעִים אַשְׁקֶנָּה פֶּן יִפְקֹד עָלֶיהָ לַיְלָה וָיוֹם אֶצֳּרֶנָּה׃
ד חֵמָה אֵין לִי מִי־יִתְּנֵנִי שָׁמִיר שַׁיִת בַּמִּלְחָמָה אֶפְשְׂעָה בָהּ

אציתנה יחד: או יחזק במעזי יעשה שלום לי שלום יעשה־ ה
לי: הבאים ישרש יעקב יציץ ופרח ישראל ומלאו פני־תבל ו
תנובה: הכמכת מכהו הכהו אם־כהרג הרגיו ז
הרג: בסאסאה בשלחה תריבנה הגה ברוחו הקשה ביום ח
קדים: לכן בזאת יכפר עון־יעקב וזה כל־פרי הסר חטאתו ט
בשומו | כל־אבני מזבח כאבני־גר מנפצות לא־יקמו אשרים
וחמנים: כי עיר בצורה בדד נוה משלח ונעזב כמדבר שם י
ירעה עגל ושם ירבץ וכלה סעפיה: ביבש קצירה תשברנה יא
נשים באות מאירות אותה כי לא עם־בינות הוא על־כן
יא לא־ירחמנו עשהו ויצרו לא יחננו: והיה ביום יב
ההוא יחבט יהוה משבלת הנהר עד־נחל מצרים ואתם
תלקטו לאחד אחד בני ישראל: והיה | ביום יג
ההוא יתקע בשופר גדול ובאו האבדים בארץ אשור
והנדחים בארץ מצרים והשתחוו ליהוה בהר הקדש
כח בירושלם: הוי עטרת גאות שכרי אפרים וציץ א
נבל צבי תפארתו אשר על־ראש גיא־שמנים הלומי יין: הנה ב
חזק ואמץ לאדני כזרם ברד שער קטב כזרם מים כבירים
שטפים הניח לארץ ביד: ברגלים תרמסנה עטרת גאות ג
שכורי אפרים: והיתה ציצת נבל צבי תפארתו אשר על־ ד
ראש גיא שמנים כבכורה בטרם קיץ אשר יראה הראה
אותה בעודה בכפו יבלענה: ביום ההוא יהיה ה
יהוה צבאות לעטרת צבי ולצפירת תפארה לשאר עמו:
ולרוח משפט ליושב על־המשפט ולגבורה משיבי מלחמה ו
שערה: וגם־אלה ביין שגו ובשכר תעו כהן ונביא שגו בשכר ז
נבלעו מן־היין תעו מן־השכר שגו בראה פקו פליליה: כי ח
כל־שלחנות מלאו קיא צאה בלי מקום: את־ ט
מי יורה דעה ואת־מי יבין שמועה גמולי מחלב עתיקי

י יא מְשֻׁדָּיִם׃ כִּי צַו לָצָו צַו לָצָו קַו לָקָו קַו לָקָו זְעֵיר שָׁם זְעֵיר שָׁם׃ כִּי
יב בְּלַעֲגֵי שָׂפָה וּבְלָשׁוֹן אַחֶרֶת יְדַבֵּר אֶל־הָעָם הַזֶּה׃ אֲשֶׁר ׀ אָמַר
אֲלֵיהֶם זֹאת הַמְּנוּחָה הָנִיחוּ לֶעָיֵף וְזֹאת הַמַּרְגֵּעָה וְלֹא אָבוּא
יג שְׁמוֹעַ׃ וְהָיָה לָהֶם דְּבַר־יְהוָה צַו לָצָו צַו לָצָו קַו לָקָו קַו לָקָו
זְעֵיר שָׁם זְעֵיר שָׁם לְמַעַן יֵלְכוּ וְכָשְׁלוּ אָחוֹר וְנִשְׁבָּרוּ וְנוֹקְשׁוּ
יד וְנִלְכָּדוּ׃ לָכֵן שִׁמְעוּ דְבַר־יְהוָה אַנְשֵׁי לָצוֹן
טו מֹשְׁלֵי הָעָם הַזֶּה אֲשֶׁר בִּירוּשָׁלָ͏ִם׃ כִּי אֲמַרְתֶּם כָּרַתְנוּ בְרִית
אֶת־מָוֶת וְעִם־שְׁאוֹל עָשִׂינוּ חֹזֶה שִׁיט שׁוֹטֵף כִּי־עבר לֹא יְבוֹאֵנוּ שׁוֹט | יַעֲבֹר
טז כִּי שַׂמְנוּ כָזָב מַחְסֵנוּ וּבַשֶּׁקֶר נִסְתָּרְנוּ׃ לָכֵן כֹּה
אָמַר אֲדֹנָי יְהוִה הִנְנִי יִסַּד בְּצִיּוֹן אָבֶן אֶבֶן בֹּחַן פִּנַּת יִקְרַת
יז מוּסָד מוּסָּד הַמַּאֲמִין לֹא יָחִישׁ׃ וְשַׂמְתִּי מִשְׁפָּט לְקָו וּצְדָקָה
יח לְמִשְׁקָלֶת וְיָעָה בָרָד מַחְסֵה כָזָב וְסֵתֶר מַיִם יִשְׁטֹפוּ׃ וְכֻפַּר
בְּרִיתְכֶם אֶת־מָוֶת וְחָזוּתְכֶם אֶת־שְׁאוֹל לֹא תָקוּם שׁוֹט שׁוֹטֵף
יט כִּי יַעֲבֹר וִהְיִיתֶם לוֹ לְמִרְמָס׃ מִדֵּי עָבְרוֹ יִקַּח אֶתְכֶם כִּי־בַבֹּקֶר
כ בַּבֹּקֶר יַעֲבֹר בַּיּוֹם וּבַלָּיְלָה וְהָיָה רַק־זְוָעָה הָבִין שְׁמוּעָה׃ כִּי־
כא קָצַר הַמַּצָּע מֵהִשְׂתָּרֵעַ וְהַמַּסֵּכָה צָרָה כְּהִתְכַּנֵּס׃ כִּי כְהַר־
פְּרָצִים יָקוּם יְהוָה כְּעֵמֶק בְּגִבְעוֹן יִרְגָּז לַעֲשׂוֹת מַעֲשֵׂהוּ זָר
כב מַעֲשֵׂהוּ וְלַעֲבֹד עֲבֹדָתוֹ נָכְרִיָּה עֲבֹדָתוֹ׃ וְעַתָּה אַל־תִּתְלוֹצָצוּ
פֶּן־יֶחְזְקוּ מוֹסְרֵיכֶם כִּי־כָלָה וְנֶחֱרָצָה שָׁמַעְתִּי מֵאֵת אֲדֹנָי יְהוִה
כג צְבָאוֹת עַל־כָּל־הָאָרֶץ׃ הַאֲזִינוּ וְשִׁמְעוּ קוֹלִי
כד הַקְשִׁיבוּ וְשִׁמְעוּ אִמְרָתִי׃ הֲכֹל הַיּוֹם יַחֲרֹשׁ הַחֹרֵשׁ לִזְרֹעַ יְפַתַּח
כה וִישַׂדֵּד אַדְמָתוֹ׃ הֲלוֹא אִם־שִׁוָּה פָנֶיהָ וְהֵפִיץ קֶצַח וְכַמֹּן יִזְרֹק
כו וְשָׂם חִטָּה שׂוֹרָה וּשְׂעֹרָה נִסְמָן וְכֻסֶּמֶת גְּבֻלָתוֹ׃ וְיִסְּרוֹ לַמִּשְׁפָּט
כז אֱלֹהָיו יוֹרֶנּוּ׃ כִּי לֹא בֶחָרוּץ יוּדַשׁ קֶצַח וְאוֹפַן עֲגָלָה עַל־כַּמֹּן
כח יוּסָּב כִּי בַמַּטֶּה יֵחָבֶט קֶצַח וְכַמֹּן בַּשָּׁבֶט׃ לֶחֶם יוּדָק כִּי
לֹא לָנֶצַח אָדוֹשׁ יְדוּשֶׁנּוּ וְהָמַם גִּלְגַּל עֶגְלָתוֹ וּפָרָשָׁיו לֹא
כט יְדֻקֶּנּוּ׃ גַּם־זֹאת מֵעִם יְהוָה צְבָאוֹת יָצָאָה הִפְלִא עֵצָה הִגְדִּיל

א תושיה: הוי אריאל אריאל קרית חנה דוד ספו
ב שנה על־שנה חגים ינקפו: והציקותי לאריאל והיתה תאניה
ג ואניה והיתה לי כאריאל: וחניתי כדור עליך וצרתי עליך
ד מצב והקימתי עליך מצרת: ושפלת מארץ תדברי ומעפר
תשח אמרתך והיה כאוב מארץ קולך ומעפר אמרתך
ה תצפצף: והיה כאבק דק המון זריך וכמץ עבר המון עריצים
ו והיה לפתע פתאם: מעם יהוה צבאות תפקד ברעם וברעש
ז וקול גדול סופה וסערה ולהב אש אוכלה: והיה כחלום חזון
לילה המון כל־הגוים הצבאים על־אריאל וכל־צביה
ח ומצדתה והמציקים לה: והיה כאשר יחלם הרעב והנה אוכל
והקיץ וריקה נפשו וכאשר יחלם הצמא והנה שתה והקיץ
והנה עיף ונפשו שוקקה כן יהיה המון כל־הגוים הצבאים
ט על־הר ציון: התמהמהו ותמהו השתעשעו
י ושעו שכרו ולא־יין נעו ולא שכר: כי־נסך עליכם יהוה רוח
תרדמה ויעצם את־עיניכם את־הנביאים ואת־ראשיכם
יא החזים כסה: ותהי לכם חזות הכל כדברי הספר החתום
אשר־יתנו אתו אל־יודע הספר לאמר קרא נא־זה ואמר לא ספר
יב אוכל כי חתום הוא: ונתן הספר על אשר לא־ידע ספר לאמר
יג קרא נא־זה ואמר לא ידעתי ספר: ויאמר
אדני יען כי נגש העם הזה בפיו ובשפתיו כבדוני ולבו רחק
יד ממני ותהי יראתם אתי מצות אנשים מלמדה: לכן הנני
יוסף להפליא את־העם־הזה הפלא ופלא ואבדה חכמת
טו חכמיו ובינת נבניו תסתתר: הוי המעמיקים
מיהוה לסתר עצה והיה במחשך מעשיהם ויאמרו מי ראנו
טז ומי ידענו: הפככם אם־כחמר היצר יחשב כי־יאמר מעשה
יז לעשהו לא עשני ויצר אמר ליצרו לא הבין: הלא־עוד מעט
יח מזער ושב לבנון לכרמל והכרמל ליער יחשב: ושמעו ביום־

ההוא החרשים דברי־ספר ומאפל ומחשך עיני עורים
יט תראינה: ויספו ענוים ביהוה שמחה ואביוני אדם בקדוש
כ ישראל יגילו: כי־אפס עריץ וכלה לץ ונכרתו כל־שקדי
כא און: מחטיאי אדם בדבר ולמוכיח בשער יקשון ויטו בתהו
כב צדיק: לכן כה־אמר יהוה אל־בית יעקב אשר
פדה את־אברהם לא־עתה יבוש יעקב ולא עתה פניו יחורו:
כג כי בראותו ילדיו מעשה ידי בקרבו יקדישו שמי והקדישו יב
כד את־קדוש יעקב ואת־אלהי ישראל יעריצו: וידעו תעי־רוח
ל א בינה ורוגנים ילמדו־לקח: הוי בנים סוררים
נאם־יהוה לעשות עצה ולא מני ולנסך מסכה ולא רוחי
ב למען ספות חטאת על־חטאת: ההלכים לרדת מצרים ופי
ג לא שאלו לעוז במעוז פרעה ולחסות בצל מצרים: והיה
ד לכם מעוז פרעה לבשת והחסות בצל־מצרים לכלמה: כי־
ה היו בצען שריו ומלאכיו חנס יגיעו: כל הבאיש על־עם
לא־יועילו למו לא לעזר ולא להועיל כי לבשת וגם־
ו לחרפה: משא בהמות נגב בארץ צרה וצוקה
לביא וליש מהם אפעה ושרף מעופף ישאו על־כתף עורים עירים
חיליהם ועל־דבשת גמלים אוצרתם על־עם לא יועילו:
ז ומצרים הבל וריק יעזרו לכן קראתי לזאת רהב הם שבת:
ח עתה בוא כתבה על־לוח אתם ועל־ספר חקה ותהי ליום
ט אחרון לעד עד־עולם: כי עם מרי הוא בנים כחשים בנים
י לא־אבו שמוע תורת יהוה: אשר אמרו לראים לא תראו
ולחזים לא־תחזו־לנו נכחות דברו־לנו חלקות חזו מהתלות:
יא סורו מני־דרך הטו מני־ארח השביתו מפנינו את־קדוש
יב ישראל: לכן כה אמר קדוש ישראל יען
יג מאסכם בדבר הזה ותבטחו בעשק ונלוז ותשענו עליו: לכן
יהיה לכם העון הזה כפרץ נפל נבעה בחומה נשגבה אשר־

יד פִּתְאֹם לְפֶתַע יָבוֹא שִׁבְרָהּ׃ וּשְׁבָרָהּ כְּשֵׁבֶר נֵבֶל יוֹצְרִים כָּתוּת
לֹא יַחְמֹל וְלֹא־יִמָּצֵא בִמְכִתָּתוֹ חֶרֶשׂ לַחְתּוֹת אֵשׁ מִיָּקוּד
טו וְלַחְשֹׂף מַיִם מִגֶּבֶא׃ כִּי כֹה־אָמַר אֲדֹנָי יֱהֹוִה
קְדוֹשׁ יִשְׂרָאֵל בְּשׁוּבָה וָנַחַת תִּוָּשֵׁעוּן בְּהַשְׁקֵט וּבְבִטְחָה תִּהְיֶה
טז גְּבוּרַתְכֶם וְלֹא אֲבִיתֶם׃ וַתֹּאמְרוּ לֹא־כִי עַל־סוּס נָנוּס עַל־כֵּן
יז תְּנוּסוּן וְעַל־קַל נִרְכָּב עַל־כֵּן יִקַּלּוּ רֹדְפֵיכֶם׃ אֶלֶף אֶחָד מִפְּנֵי
גַּעֲרַת אֶחָד מִפְּנֵי גַּעֲרַת חֲמִשָּׁה תָּנֻסוּ עַד אִם־נוֹתַרְתֶּם כַּתֹּרֶן
יח עַל־רֹאשׁ הָהָר וְכַנֵּס עַל־הַגִּבְעָה׃ וְלָכֵן יְחַכֶּה יְהוָה לַחֲנַנְכֶם
וְלָכֵן יָרוּם לְרַחֶמְכֶם כִּי־אֱלֹהֵי מִשְׁפָּט יְהוָה אַשְׁרֵי כָּל־חוֹכֵי
יט לוֹ׃ כִּי־עַם בְּצִיּוֹן יֵשֵׁב בִּירוּשָׁלִָם בָּכוֹ לֹא־
כ תִבְכֶּה חָנוֹן יָחְנְךָ לְקוֹל זַעֲקֶךָ כְּשָׁמְעָתוֹ עָנָךְ׃ וְנָתַן לָכֶם אֲדֹנָי
לֶחֶם צָר וּמַיִם לָחַץ וְלֹא־יִכָּנֵף עוֹד מוֹרֶיךָ וְהָיוּ עֵינֶיךָ רֹאוֹת
כא אֶת־מוֹרֶיךָ׃ וְאָזְנֶיךָ תִּשְׁמַעְנָה דָבָר מֵאַחֲרֶיךָ לֵאמֹר זֶה הַדֶּרֶךְ
כב לְכוּ בוֹ כִּי תַאֲמִינוּ וְכִי תַשְׂמְאִילוּ׃ וְטִמֵּאתֶם אֶת־צִפּוּי פְּסִילֵי
כַסְפֶּךָ וְאֶת־אֲפֻדַּת מַסֵּכַת זְהָבֶךָ תִּזְרֵם כְּמוֹ דָוָה צֵא תֹּאמַר
כג לוֹ׃ וְנָתַן מְטַר זַרְעֲךָ אֲשֶׁר־תִּזְרַע אֶת־הָאֲדָמָה וְלֶחֶם תְּבוּאַת
הָאֲדָמָה וְהָיָה דָשֵׁן וְשָׁמֵן יִרְעֶה מִקְנֶיךָ בַּיּוֹם הַהוּא כַּר נִרְחָב׃
כד וְהָאֲלָפִים וְהָעֲיָרִים עֹבְדֵי הָאֲדָמָה בְּלִיל חָמִיץ יֹאכֵלוּ אֲשֶׁר־
כה זֹרֶה בָרַחַת וּבַמִּזְרֶה׃ וְהָיָה ׀ עַל־כָּל־הַר גָּבֹהַּ וְעַל כָּל־גִּבְעָה
כו נִשָּׂאָה פְּלָגִים יִבְלֵי־מָיִם בְּיוֹם הֶרֶג רָב בִּנְפֹל מִגְדָּלִים׃ וְהָיָה
אוֹר־הַלְּבָנָה כְּאוֹר הַחַמָּה וְאוֹר הַחַמָּה יִהְיֶה שִׁבְעָתַיִם כְּאוֹר
שִׁבְעַת הַיָּמִים בְּיוֹם חֲבֹשׁ יְהוָה אֶת־שֶׁבֶר עַמּוֹ וּמַחַץ מַכָּתוֹ
כז יִרְפָּא׃ הִנֵּה שֵׁם־יְהוָה בָּא מִמֶּרְחָק בֹּעֵר אַפּוֹ
כח וְכֹבֶד מַשָּׂאָה שְׂפָתָיו מָלְאוּ זַעַם וּלְשׁוֹנוֹ כְּאֵשׁ אֹכָלֶת׃ וְרוּחוֹ
כְּנַחַל שׁוֹטֵף עַד־צַוָּאר יֶחֱצֶה לַהֲנָפָה גוֹיִם בְּנָפַת שָׁוְא וְרֶסֶן
כט מַתְעֶה עַל לְחָיֵי עַמִּים׃ הַשִּׁיר יִהְיֶה לָכֶם כְּלֵיל הִתְקַדֶּשׁ־חָג
וְשִׂמְחַת לֵבָב כַּהוֹלֵךְ בֶּחָלִיל לָבוֹא בְהַר־יְהוָה אֶל־צוּר

ל ישראל: והשמיע יהוה את־הוד קולו ונחת זרועו יראה
לא בזעף אף ולהב אש אוכלה נפץ וזרם ואבן ברד: כי־מקול
לב יהוה יחת אשור בשבט יכה: והיה כל מעבר מטה מוסדה
אשר יניח יהוה עליו בתפים ובכנרות ובמלחמות תנופה
לג נלחם־בה: כי־ערוך מאתמול תפתה גם־הוא למלך הוכן בם היא
העמיק הרחב מדרתה אש ועצים הרבה נשמת יהוה כנחל
לא א גפרית בערה בה: הוי הירדים מצרים לעזרה
על־סוסים ישענו ויבטחו על־רכב כי רב ועל פרשים כי־
עצמו מאד ולא שעו על־קדוש ישראל ואת־יהוה לא דרשו:
ב וגם־הוא חכם ויבא רע ואת־דבריו לא הסיר וקם על־בית
ג מרעים ועל־עזרת פעלי און: ומצרים אדם ולא־אל וסוסיהם
בשר ולא־רוח ויהוה יטה ידו וכשל עוזר ונפל עזר ויחדו
ד כלם יכליון: כי כה אמר־יהוה ׀ אלי כאשר
יהגה האריה והכפיר על־טרפו אשר יקרא עליו מלא רעים
מקולם לא יחת ומהמונם לא יענה כן ירד יהוה צבאות
ה לצבא על־הר־ציון ועל־גבעתה: כצפרים עפות כן יגן יהוה
ו צבאות על־ירושלם גנון והציל פסח והמליט: שובו לאשר
ז העמיקו סרה בני ישראל: כי ביום ההוא ימאסון איש אלילי
ח כספו ואלילי זהבו אשר עשו לכם ידיכם חטא: ונפל אשור
בחרב לא־איש וחרב לא־אדם תאכלנו ונס לו מפני־חרב
ט ובחוריו למס יהיו: וסלעו ממגור יעבור וחתו מנס שריו נאם־
לב א יהוה אשר־אור לו בציון ותנור לו בירושלם: הן
ב לצדק ימלך־מלך ולשרים למשפט ישרו: והיה־איש
כמחבא־רוח וסתר זרם כפלגי־מים בציון כצל סלע־כבד
ג בארץ עיפה: ולא תשעינה עיני ראים ואזני שמעים
ד תקשבנה: ולבב נמהרים יבין לדעת ולשון עלגים תמהר
ה לדבר צחות: לא־יקרא עוד לנבל נדיב ולכילי לא יאמר

ו שוע: כי נבל נבלה ידבר ולבו יעשה־און לעשות חנף
ולדבר אל־יהוה תועה להריק נפש רעב ומשקה צמא
ז יחסיר: וכלי כליו רעים הוא זמות יעץ לחבל ענוים באמרי־ עניים
ח שקר ובדבר אביון משפט: ונדיב נדיבות יעץ והוא על־
ט נדיבות יקום: נשים שאננות קמנה שמענה
י קולי בנות בטחות האזנה אמרתי: ימים על־שנה תרגזנה
יא בטחות כי כלה בציר אסף בלי יבוא: חרדו שאננות רגזה
יב בטחות פשטה וערה וחגורה על־חלצים: על־שדים ספדים
יג על־שדי־חמד על־גפן פריה: על אדמת עמי קוץ שמיר
יד תעלה כי על־כל־בתי משוש קריה עליזה: כי־ארמון נטש
המון עיר עזב עפל ובחן היה בעד מערות עד־עולם משוש
טו פראים מרעה עדרים: עד־יערה עלינו רוח ממרום והיה
טז מדבר לכרמל וכרמל ליער יחשב: ושכן במדבר משפט והכרמל
יז וצדקה בכרמל תשב: והיה מעשה הצדקה שלום ועבדת
יח הצדקה השקט ובטח עד־עולם: וישב עמי בנוה שלום יג
יט ובמשכנות מבטחים ובמנוחת שאננות: וברד ברדת היער
כ ובשפלה תשפל העיר: אשריכם זרעי על־כל־מים משלחי
לג א רגל־השור והחמור: הוי שודד ואתה לא שדוד
ובוגד ולא־בגדו בו כהתמך שודד תושד כנלתך לבגד
ב יבגדו־בך: יהוה חננו לך קוינו היה זרעם
ג לבקרים אף־ישועתנו בעת צרה: מקול המון נדדו עמים
ד מרוממתך נפצו גוים: ואסף שללכם אסף החסיל כמשק
ה גבים שקק בו: נשגב יהוה כי שכן מרום מלא ציון משפט
ו וצדקה: והיה אמונת עתיך חסן ישועת חכמת ודעת יראת
ז יהוה היא אוצרו: הן אראלם צעקו חצה
ח מלאכי שלום מר יבכיון: נשמו מסלות שבת עבר ארח הפר
ט ברית מאס ערים לא חשב אנוש: אבל אמללה ארץ החפיר

י לבנון קמל היה השרון כערבה ונער בשן וכרמל: עתה
יא אקום יאמר יהוה עתה ארומם עתה אנשא: תהרו חשש
יב תלדו קש רוחכם אש תאכלכם: והיו עמים משרפות שיד
יג קוצים כסוחים באש יצתו: שמעו רחוקים
יד אשר עשיתי ודעו קרובים גברתי: פחדו בציון חטאים אחזה
רעדה חנפים מי ׀ יגור לנו אש אוכלה מי־יגור לנו מוקדי
טו עולם: הלך צדקות ודבר מישרים מאס בבצע מעשקות נער
כפיו מתמך בשחד אטם אזנו משמע דמים ועצם עיניו
טז מראות ברע: הוא מרומים ישכן מצדות סלעים משגבו
יז לחמו נתן מימיו נאמנים: מלך ביפיו תחזינה עיניך תראינה
יח ארץ מרחקים: לבך יהגה אימה איה ספר איה שקל איה
יט ספר את־המגדלים: את־עם נועז לא תראה עם עמקי שפה
כ משמוע נלעג לשון אין בינה: חזה ציון קרית מועדנו עיניך
תראינה ירושלם נוה שאנן אהל בל־יצען בל־יסע יתדתיו
כא לנצח וכל־חבליו בל־ינתקו: כי אם־שם אדיר יהוה לנו
מקום־נהרים יארים רחבי ידים בל־תלך בו אני־שיט וצי
כב אדיר לא יעברנו: כי יהוה שפטנו יהוה מחקקנו יהוה מלכנו
כג הוא יושיענו: נטשו חבליך בל־יחזקו כן־תרנם בל־פרשו
כד נס אז חלק עד־שלל מרבה פסחים בזזו בז: ובל־יאמר שכן
לד א חליתי העם הישב בה נשא עון: קרבו גוים
לשמע ולאמים הקשיבו תשמע הארץ ומלאה תבל וכל־
ב צאצאיה: כי קצף ליהוה על־כל־הגוים וחמה על־כל־צבאם
ג החרימם נתנם לטבח: וחלליהם ישלכו ופגריהם יעלה באשם
ד ונמסו הרים מדמם: ונמקו כל־צבא השמים ונגלו כספר
השמים וכל־צבאם יבול כנבל עלה מגפן וכנבלת מתאנה:
ה כי־רותה בשמים חרבי הנה על־אדום תרד ועל־עם חרמי
ו למשפט: חרב ליהוה מלאה דם הדשנה מחלב מדם כרים

ועתודים מחלב כליות אילים כי זבח ליהוה בבצרה וטבח
גדול בארץ אדום: וירדו ראמים עמם ופרים עם־אבירים ז
ורותה ארצם מדם ועפרם מחלב ידשן: כי יום נקם ליהוה ח
שנת שלומים לריב ציון: ונהפכו נחליה לזפת ועפרה ט
לגפרית והיתה ארצה לזפת בערה: לילה ויומם לא תכבה י
לעולם יעלה עשנה מדור לדור תחרב לנצח נצחים אין עבר
בה: וירשוה קאת וקפד וינשוף וערב ישכנו־בה ונטה עליה יא
קו־תהו ואבני־בהו: חריה ואין־שם מלוכה יקראו וכל־ יב
שריה יהיו אפס: ועלתה ארמנתיה סירים קמוש וחוח יג
במבצריה והיתה נוה תנים חציר לבנות יענה: ופגשו ציים יד
את־איים ושעיר על־רעהו יקרא אך־שם הרגיעה לילית
ומצאה לה מנוח: שמה קננה קפוז ותמלט ובקעה ודגרה טו
בצלה אך־שם נקבצו דיות אשה רעותה: דרשו מעל־ספר טז
יהוה וקראו אחת מהנה לא נעדרה אשה רעותה לא פקדו
כי־פי הוא צוה ורוחו הוא קבצן: והוא־הפיל להן גורל וידו יז
חלקתה להם בקו עד־עולם יירשוה לדור ודור ישכנו־
בה: ישושום מדבר וציה ותגל ערבה ותפרח א לה
כחבצלת: פרח תפרח ותגל אף גילת ורנן כבוד הלבנון ב
נתן־לה הדר הכרמל והשרון המה יראו כבוד־יהוה הדר
אלהינו: חזקו ידים רפות וברכים כשלות ג
אמצו: אמרו לנמהרי־לב חזקו אל־תיראו הנה אלהיכם ד
נקם יבוא גמול אלהים הוא יבוא וישעכם: אז תפקחנה עיני ה
עורים ואזני חרשים תפתחנה: אז ידלג כאיל פסח ותרן לשון ו
אלם כי־נבקעו במדבר מים ונחלים בערבה: והיה השרב ז
לאגם וצמאון למבועי מים בנוה תנים רבצה חציר לקנה
וגמא: והיה־שם מסלול ודרך ודרך הקדש יקרא לה לא־ ח
יעברנו טמא והוא־למו הלך דרך ואוילים לא יתעו: לא־ ט

יִהְיֶה שָׁם אַרְיֵה וּפְרִיץ חַיּוֹת בַּל־יַעֲלֶנָּה לֹא תִמָּצֵא שָׁם וְהָלְכוּ
י גְּאוּלִים׃ וּפְדוּיֵי יְהוָה יְשֻׁבוּן וּבָאוּ צִיּוֹן בְּרִנָּה וְשִׂמְחַת עוֹלָם עַל־ יד
רֹאשָׁם שָׂשׂוֹן וְשִׂמְחָה יַשִּׂיגוּ וְנָסוּ יָגוֹן וַאֲנָחָה׃
לו א וַיְהִי בְּאַרְבַּע עֶשְׂרֵה שָׁנָה לַמֶּלֶךְ חִזְקִיָּהוּ עָלָה סַנְחֵרִיב מֶלֶךְ־
ב אַשּׁוּר עַל כָּל־עָרֵי יְהוּדָה הַבְּצֻרוֹת וַיִּתְפְּשֵׂם׃ וַיִּשְׁלַח מֶלֶךְ־
אַשּׁוּר ׀ אֶת־רַבְשָׁקֵה מִלָּכִישׁ יְרוּשָׁלַיְמָה אֶל־הַמֶּלֶךְ חִזְקִיָּהוּ
בְּחֵיל כָּבֵד וַיַּעֲמֹד בִּתְעָלַת הַבְּרֵכָה הָעֶלְיוֹנָה בִּמְסִלַּת שְׂדֵה
ג כוֹבֵס׃ וַיֵּצֵא אֵלָיו אֶלְיָקִים בֶּן־חִלְקִיָּהוּ אֲשֶׁר עַל־הַבָּיִת וְשֶׁבְנָא
ד הַסֹּפֵר וְיוֹאָח בֶּן־אָסָף הַמַּזְכִּיר׃ וַיֹּאמֶר אֲלֵיהֶם רַבְשָׁקֵה אִמְרוּ־
נָא אֶל־חִזְקִיָּהוּ כֹּה־אָמַר הַמֶּלֶךְ הַגָּדוֹל מֶלֶךְ אַשּׁוּר מָה
ה הַבִּטָּחוֹן הַזֶּה אֲשֶׁר בָּטָחְתָּ׃ אָמַרְתִּי אַךְ־דְּבַר־שְׂפָתַיִם עֵצָה
ו וּגְבוּרָה לַמִּלְחָמָה עַתָּה עַל־מִי בָטַחְתָּ כִּי מָרַדְתָּ בִּי׃ הִנֵּה
בָטַחְתָּ עַל־מִשְׁעֶנֶת הַקָּנֶה הָרָצוּץ הַזֶּה עַל־מִצְרַיִם אֲשֶׁר
יִסָּמֵךְ אִישׁ עָלָיו וּבָא בְכַפּוֹ וּנְקָבָהּ כֵּן פַּרְעֹה מֶלֶךְ־מִצְרַיִם
ז לְכָל־הַבֹּטְחִים עָלָיו׃ וְכִי־תֹאמַר אֵלַי אֶל־יְהוָה אֱלֹהֵינוּ
בָּטָחְנוּ הֲלוֹא הוּא אֲשֶׁר הֵסִיר חִזְקִיָּהוּ אֶת־בָּמֹתָיו וְאֶת־
מִזְבְּחֹתָיו וַיֹּאמֶר לִיהוּדָה וְלִירוּשָׁלַםִ לִפְנֵי הַמִּזְבֵּחַ הַזֶּה
ח תִּשְׁתַּחֲווּ׃ וְעַתָּה הִתְעָרֶב נָא אֶת־אֲדֹנִי הַמֶּלֶךְ אַשּׁוּר וְאֶתְּנָה
ט לְךָ אַלְפַּיִם סוּסִים אִם־תּוּכַל לָתֶת לְךָ רֹכְבִים עֲלֵיהֶם׃ וְאֵיךְ
תָּשִׁיב אֵת פְּנֵי פַחַת אַחַד עַבְדֵי אֲדֹנִי הַקְּטַנִּים וַתִּבְטַח לְךָ
י עַל־מִצְרַיִם לְרֶכֶב וּלְפָרָשִׁים׃ וְעַתָּה הֲמִבַּלְעֲדֵי יְהוָה עָלִיתִי
עַל־הָאָרֶץ הַזֹּאת לְהַשְׁחִיתָהּ יְהוָה אָמַר אֵלַי עֲלֵה אֶל־הָאָרֶץ
יא הַזֹּאת וְהַשְׁחִיתָהּ׃ וַיֹּאמֶר אֶלְיָקִים וְשֶׁבְנָא וְיוֹאָח אֶל־רַבְשָׁקֵה
דַּבֶּר־נָא אֶל־עֲבָדֶיךָ אֲרָמִית כִּי שֹׁמְעִים אֲנָחְנוּ וְאַל־תְּדַבֵּר
יב אֵלֵינוּ יְהוּדִית בְּאָזְנֵי הָעָם אֲשֶׁר עַל־הַחוֹמָה׃ וַיֹּאמֶר רַבְשָׁקֵה
הַאֶל אֲדֹנֶיךָ וְאֵלֶיךָ שְׁלָחַנִי אֲדֹנִי לְדַבֵּר אֶת־הַדְּבָרִים הָאֵלֶּה
הֲלֹא עַל־הָאֲנָשִׁים הַיֹּשְׁבִים עַל־הַחוֹמָה לֶאֱכֹל אֶת־חראיהם צוֹאָתָם

יג וְלִשְׁתּוֹת אֶת־שיניהם עִמָּכֶם׃ וַיַּעֲמֹד רַבְשָׁקֵה וַיִּקְרָא בְקוֹל־ מימי רַגְלֵיהֶם
גָּדוֹל יְהוּדִית וַיֹּאמֶר שִׁמְעוּ אֶת־דִּבְרֵי הַמֶּלֶךְ הַגָּדוֹל מֶלֶךְ
יד אַשּׁוּר׃ כֹּה אָמַר הַמֶּלֶךְ אַל־יַשִּׁא לָכֶם חִזְקִיָּהוּ כִּי לֹא־יוּכַל
טו לְהַצִּיל אֶתְכֶם׃ וְאַל־יַבְטַח אֶתְכֶם חִזְקִיָּהוּ אֶל־יְהוָה לֵאמֹר
הַצֵּל יַצִּילֵנוּ יְהוָה לֹא תִנָּתֵן הָעִיר הַזֹּאת בְּיַד מֶלֶךְ אַשּׁוּר׃
טז אַל־תִּשְׁמְעוּ אֶל־חִזְקִיָּהוּ כִּי כֹה אָמַר הַמֶּלֶךְ אַשּׁוּר עֲשׂוּ אִתִּי
בְרָכָה וּצְאוּ אֵלַי וְאִכְלוּ אִישׁ־גַּפְנוֹ וְאִישׁ תְּאֵנָתוֹ וּשְׁתוּ אִישׁ
יז מֵי־בוֹרוֹ׃ עַד־בֹּאִי וְלָקַחְתִּי אֶתְכֶם אֶל־אֶרֶץ כְּאַרְצְכֶם אֶרֶץ
יח דָּגָן וְתִירוֹשׁ אֶרֶץ לֶחֶם וּכְרָמִים׃ פֶּן־יַסִּית אֶתְכֶם חִזְקִיָּהוּ
לֵאמֹר יְהוָה יַצִּילֵנוּ הַהִצִּילוּ אֱלֹהֵי הַגּוֹיִם אִישׁ אֶת־אַרְצוֹ מִיַּד
יט מֶלֶךְ אַשּׁוּר׃ אַיֵּה אֱלֹהֵי חֲמָת וְאַרְפָּד אַיֵּה אֱלֹהֵי סְפַרְוָיִם וְכִי־
כ הִצִּילוּ אֶת־שֹׁמְרוֹן מִיָּדִי׃ מִי בְּכָל־אֱלֹהֵי הָאֲרָצוֹת הָאֵלֶּה
אֲשֶׁר־הִצִּילוּ אֶת־אַרְצָם מִיָּדִי כִּי־יַצִּיל יְהוָה אֶת־יְרוּשָׁלִַם
כא מִיָּדִי׃ וַיַּחֲרִישׁוּ וְלֹא־עָנוּ אֹתוֹ דָּבָר כִּי־מִצְוַת הַמֶּלֶךְ הִיא
כב לֵאמֹר לֹא תַעֲנֻהוּ׃ וַיָּבֹא אֶלְיָקִים בֶּן־חִלְקִיָּהוּ אֲשֶׁר־עַל־הַבַּיִת
וְשֶׁבְנָא הַסֹּפֵר וְיוֹאָח בֶּן־אָסָף הַמַּזְכִּיר אֶל־חִזְקִיָּהוּ קְרוּעֵי
לז א בְגָדִים וַיַּגִּידוּ לוֹ אֵת דִּבְרֵי רַבְשָׁקֵה׃ וַיְהִי כִּשְׁמֹעַ
הַמֶּלֶךְ חִזְקִיָּהוּ וַיִּקְרַע אֶת־בְּגָדָיו וַיִּתְכַּס בַּשָּׂק וַיָּבֹא בֵּית יְהוָה׃
ב וַיִּשְׁלַח אֶת־אֶלְיָקִים אֲשֶׁר־עַל־הַבַּיִת וְאֵת ׀ שֶׁבְנָא הַסּוֹפֵר
וְאֵת זִקְנֵי הַכֹּהֲנִים מִתְכַּסִּים בַּשַּׂקִּים אֶל־יְשַׁעְיָהוּ בֶן־אָמוֹץ
ג הַנָּבִיא׃ וַיֹּאמְרוּ אֵלָיו כֹּה אָמַר חִזְקִיָּהוּ יוֹם־צָרָה וְתוֹכֵחָה
וּנְאָצָה הַיּוֹם הַזֶּה כִּי בָאוּ בָנִים עַד־מַשְׁבֵּר וְכֹחַ אַיִן לְלֵדָה׃
ד אוּלַי יִשְׁמַע יְהוָה אֱלֹהֶיךָ אֵת ׀ דִּבְרֵי רַבְשָׁקֵה אֲשֶׁר שְׁלָחוֹ
מֶלֶךְ־אַשּׁוּר ׀ אֲדֹנָיו לְחָרֵף אֱלֹהִים חַי וְהוֹכִיחַ בַּדְּבָרִים אֲשֶׁר
שָׁמַע יְהוָה אֱלֹהֶיךָ וְנָשָׂאתָ תְפִלָּה בְּעַד הַשְּׁאֵרִית הַנִּמְצָאָה׃
ה ו וַיָּבֹאוּ עַבְדֵי הַמֶּלֶךְ חִזְקִיָּהוּ אֶל־יְשַׁעְיָהוּ׃ וַיֹּאמֶר אֲלֵיהֶם
יְשַׁעְיָהוּ כֹּה תֹאמְרוּן אֶל־אֲדֹנֵיכֶם כֹּה ׀ אָמַר יְהוָה אַל־תִּירָא

מפני הדברים אשר שמעת אשר גדפו נערי מלך־אשור
ז אותי: הנני נותן בו רוח ושמע שמועה ושב אל־ארצו
ח והפלתיו בחרב בארצו: וישב רבשקה וימצא את־מלך
ט אשור נלחם על־לבנה כי שמע כי נסע מלכיש: וישמע על־
תרהקה מלך־כוש לאמר יצא להלחם אתך וישמע וישלח
י מלאכים אל־חזקיהו לאמר: כה תאמרון אל־חזקיהו מלך־
יהודה לאמר אל־ישאך אלהיך אשר אתה בוטח בו לאמר
יא לא תנתן ירושלם ביד מלך אשור: הנה | אתה שמעת אשר
עשו מלכי אשור לכל־הארצות להחרימם ואתה תנצל:
יב ההצילו אותם אלהי הגוים אשר השחיתו אבותי את־גוזן
יג ואת־חרן ורצף ובני־עדן אשר בתלשר: איה מלך־חמת
יד ומלך ארפד ומלך לעיר ספרוים הנע ועוה: ויקח חזקיהו
את־הספרים מיד המלאכים ויקראהו ויעל בית יהוה
טו ויפרשהו חזקיהו לפני יהוה: ויתפלל חזקיהו אל־יהוה לאמר:
טז יהוה צבאות אלהי ישראל ישב הכרבים אתה־הוא האלהים
לבדך לכל ממלכות הארץ אתה עשית את־השמים ואת־
יז הארץ: הטה יהוה | אזנך ושמע פקח יהוה עינך וראה ושמע
יח את כל־דברי סנחריב אשר שלח לחרף אלהים חי: אמנם
יהוה החריבו מלכי אשור את־כל־הארצות ואת־ארצם:
יט ונתן את־אלהיהם באש כי לא אלהים המה כי אם־מעשה
כ ידי־אדם עץ ואבן ויאבדום: ועתה יהוה אלהינו הושיענו טו
כא מידו וידעו כל־ממלכות הארץ כי־אתה יהוה לבדך: וישלח
ישעיהו בן־אמוץ אל־חזקיהו לאמר כה־אמר יהוה אלהי
כב ישראל אשר התפללת אלי אל־סנחריב מלך אשור: זה
הדבר אשר־דבר יהוה עליו בזה לך לעגה לך בתולת בת־
כג ציון אחריך ראש הניעה בת ירושלם: את־מי חרפת וגדפת
ועל־מי הרימותה קול ותשא מרום עיניך אל־קדוש ישראל:

כד ביד עבדיך חרפת ׀ אדני ותאמר ברב רכבי אני עליתי מרום
הרים ירכתי לבנון ואכרת קומת ארזיו מבחר ברשיו ואבוא
כה מרום קצו יער כרמלו: אני קרתי ושתיתי מים ואחרב בכף־
כו פעמי כל יארי מצור: הלוא־שמעת למרחוק אותה עשיתי
מימי קדם ויצרתיה עתה הבאתיה ותהי להשאות גלים נצים
כז ערים בצרות: וישביהן קצרי־יד חתו ובשו היו עשב שדה
כח וירק דשא חציר גגות ושדמה לפני קמה: ושבתך וצאתך
כט ובואך ידעתי ואת התרגזך אלי: יען התרגזך אלי ושאננך
עלה באזני ושמתי חחי באפך ומתגי בשפתיך והשיבתיך
ל בדרך אשר־באת בה: וזה־לך האות אכול השנה ספיח
ובשנה השנית שחיס ובשנה השלישית זרעו וקצרו ונטעו
לא כרמים ואכול פרים: ויספה פליטת בית־יהודה הנשארה — ואכלו
לב שרש למטה ועשה פרי למעלה: כי מירושלם תצא
שארית ופליטה מהר ציון קנאת יהוה צבאות תעשה־
לג זאת: לכן כה־אמר יהוה אל־מלך אשור לא
יבוא אל־העיר הזאת ולא־יורה שם חץ ולא־יקדמנה מגן
לד ולא־ישפך עליה סללה: בדרך אשר־בא בה ישוב ואל־
לה העיר הזאת לא יבוא נאם־יהוה: וגנותי על־העיר הזאת
לו להושיעה למעני ולמען דוד עבדי: ויצא ׀
מלאך יהוה ויכה במחנה אשור מאה ושמנים וחמשה
לז אלף וישכימו בבקר והנה כלם פגרים מתים: ויסע
לח וילך וישב סנחריב מלך־אשור וישב בנינוה: ויהי הוא
משתחוה בית ׀ נסרך אלהיו ואדרמלך ושראצר בניו הכהו
בחרב והמה נמלטו ארץ אררט וימלך אסר־חדן בנו
ל א תחתיו: בימים ההם חלה חזקיהו למות ויבוא
אליו ישעיהו בן־אמוץ הנביא ויאמר אליו כה־אמר יהוה צו
ב לביתך כי מת אתה ולא תחיה: ויסב חזקיהו פניו אל־הקיר

ג וַיִּתְפַּלֵּל אֶל־יְהוָה׃ וַיֹּאמַר אָנָּה יְהוָה זְכָר־נָא אֵת אֲשֶׁר
הִתְהַלַּכְתִּי לְפָנֶיךָ בֶּאֱמֶת וּבְלֵב שָׁלֵם וְהַטּוֹב בְּעֵינֶיךָ עָשִׂיתִי
ד וַיֵּבְךְּ חִזְקִיָּהוּ בְּכִי גָדוֹל׃ וַיְהִי דְּבַר־יְהוָה אֶל־
ה יְשַׁעְיָהוּ לֵאמֹר׃ הָלוֹךְ וְאָמַרְתָּ אֶל־חִזְקִיָּהוּ כֹּה־אָמַר יְהוָה
אֱלֹהֵי דָּוִד אָבִיךָ שָׁמַעְתִּי אֶת־תְּפִלָּתֶךָ רָאִיתִי אֶת־דִּמְעָתֶךָ
ו הִנְנִי יוֹסִף עַל־יָמֶיךָ חֲמֵשׁ עֶשְׂרֵה שָׁנָה׃ וּמִכַּף מֶלֶךְ־אַשּׁוּר
ז אַצִּילְךָ וְאֵת הָעִיר הַזֹּאת וְגַנּוֹתִי עַל־הָעִיר הַזֹּאת׃ וְזֶה־לְּךָ
הָאוֹת מֵאֵת יְהוָה אֲשֶׁר יַעֲשֶׂה יְהוָה אֶת־הַדָּבָר הַזֶּה אֲשֶׁר
ח דִּבֵּר׃ הִנְנִי מֵשִׁיב אֶת־צֵל הַמַּעֲלוֹת אֲשֶׁר יָרְדָה בְמַעֲלוֹת אָחָז
בַּשֶּׁמֶשׁ אֲחֹרַנִּית עֶשֶׂר מַעֲלוֹת וַתָּשָׁב הַשֶּׁמֶשׁ עֶשֶׂר מַעֲלוֹת
ט בַּמַּעֲלוֹת אֲשֶׁר יָרָדָה׃ מִכְתָּב לְחִזְקִיָּהוּ מֶלֶךְ־
י יְהוּדָה בַּחֲלֹתוֹ וַיְחִי מֵחָלְיוֹ׃ אֲנִי אָמַרְתִּי בִּדְמִי יָמַי אֵלֵכָה
יא בְּשַׁעֲרֵי שְׁאוֹל פֻּקַּדְתִּי יֶתֶר שְׁנוֹתָי׃ אָמַרְתִּי לֹא־אֶרְאֶה יָהּ יָהּ
יב בְּאֶרֶץ הַחַיִּים לֹא־אַבִּיט אָדָם עוֹד עִם־יוֹשְׁבֵי חָדֶל׃ דּוֹרִי נִסַּע
וְנִגְלָה מִנִּי כְּאֹהֶל רֹעִי קִפַּדְתִּי כָאֹרֵג חַיַּי מִדַּלָּה יְבַצְּעֵנִי מִיּוֹם
יג עַד־לַיְלָה תַּשְׁלִימֵנִי׃ שִׁוִּיתִי עַד־בֹּקֶר כָּאֲרִי כֵּן יְשַׁבֵּר כָּל־
יד עַצְמוֹתָי מִיּוֹם עַד־לַיְלָה תַּשְׁלִימֵנִי׃ כְּסוּס עָגוּר כֵּן אֲצַפְצֵף
טו אֶהְגֶּה כַּיּוֹנָה דַּלּוּ עֵינַי לַמָּרוֹם אֲדֹנָי עָשְׁקָה־לִּי עָרְבֵנִי׃ מָה־
אֲדַבֵּר וְאָמַר־לִי וְהוּא עָשָׂה אֶדַּדֶּה כָל־שְׁנוֹתַי עַל־מַר נַפְשִׁי׃
טז יז אֲדֹנָי עֲלֵיהֶם יִחְיוּ וּלְכָל־בָּהֶן חַיֵּי רוּחִי וְתַחֲלִימֵנִי וְהַחֲיֵנִי׃ הִנֵּה
לְשָׁלוֹם מַר־לִי מָר וְאַתָּה חָשַׁקְתָּ נַפְשִׁי מִשַּׁחַת בְּלִי כִּי
יח הִשְׁלַכְתָּ אַחֲרֵי גֵוְךָ כָּל־חֲטָאָי׃ כִּי לֹא שְׁאוֹל תּוֹדֶךָּ מָוֶת
יט יְהַלְלֶךָּ לֹא־יְשַׂבְּרוּ יוֹרְדֵי־בוֹר אֶל־אֲמִתֶּךָ׃ חַי חַי הוּא יוֹדֶךָ
כ כָּמוֹנִי הַיּוֹם אָב לְבָנִים יוֹדִיעַ אֶל־אֲמִתֶּךָ׃ יְהוָה לְהוֹשִׁיעֵנִי
כא וּנְגִנוֹתַי נְנַגֵּן כָּל־יְמֵי חַיֵּינוּ עַל־בֵּית יְהוָה׃ וַיֹּאמֶר יְשַׁעְיָהוּ
כב יִשְׂאוּ דְּבֶלֶת תְּאֵנִים וְיִמְרְחוּ עַל־הַשְּׁחִין וְיֶחִי׃ וַיֹּאמֶר חִזְקִיָּהוּ
לט א מָה אוֹת כִּי אֶעֱלֶה בֵּית יְהוָה׃ בָּעֵת הַהִוא שָׁלַח

מראדך בלאדן בן־בלאדן מלך־בבל ספרים ומנחה אל־
חזקיהו וישמע כי חלה ויחזק: וישמח עליהם חזקיהו ויראם ב
את־בית נכתה את־הכסף ואת־הזהב ואת־הבשמים ואת ׀
השמן הטוב ואת כל־בית כליו ואת כל־אשר נמצא
באוצרתיו לא־היה דבר אשר לא־הראם חזקיהו בביתו
ובכל־ממשלתו: ויבא ישעיהו הנביא אל־המלך חזקיהו ג
ויאמר אליו מה אמרו ׀ האנשים האלה ומאין יבאו אליך
ויאמר חזקיהו מארץ רחוקה באו אלי מבבל: ויאמר מה ד
ראו בביתך ויאמר חזקיהו את כל־אשר בביתי ראו לא־היה
דבר אשר לא־הראיתים באוצרתי: ויאמר ישעיהו אל־ ה
חזקיהו שמע דבר־יהוה צבאות: הנה ימים באים ונשא ׀ כל־ ו
אשר בביתך ואשר אצרו אבתיך עד־היום הזה בבל לא־
יותר דבר אמר יהוה: ומבניך אשר יצאו ממך אשר תוליד ז
יקחו והיו סריסים בהיכל מלך בבל: ויאמר חזקיהו אל־ ח
ישעיהו טוב דבר־יהוה אשר דברת ויאמר כי יהיה
טז שלום ואמת בימי: נחמו נחמו עמי יאמר א מ
אלהיכם: דברו על־לב ירושלם וקראו אליה כי מלאה ב
צבאה כי נרצה עונה כי לקחה מיד יהוה כפלים בכל־
חטאתיה: קול קורא במדבר פנו דרך יהוה ג
ישרו בערבה מסלה לאלהינו: כל־גיא ינשא וכל־הר וגבעה ד
ישפלו והיה העקב למישור והרכסים לבקעה: ונגלה כבוד ה
יהוה וראו כל־בשר יחדו כי פי יהוה דבר: קול ו
אמר קרא ואמר מה אקרא כל־הבשר חציר וכל־חסדו
כציץ השדה: יבש חציר נבל ציץ כי רוח יהוה נשבה בו ז
אכן חציר העם: יבש חציר נבל ציץ ודבר אלהינו יקום ח
לעולם: על הר־גבה עלי־לך מבשרת ציון ט
הרימי בכח קולך מבשרת ירושלם הרימי אל־תיראי

י אִמְרִי לְעָרֵי יְהוּדָה הִנֵּה אֱלֹהֵיכֶם: הִנֵּה אֲדֹנָי יְהוִה בְּחָזָק
יָבוֹא וּזְרֹעוֹ מֹשְׁלָה לוֹ הִנֵּה שְׂכָרוֹ אִתּוֹ וּפְעֻלָּתוֹ לְפָנָיו:
יא כְּרֹעֶה עֶדְרוֹ יִרְעֶה בִּזְרֹעוֹ יְקַבֵּץ טְלָאִים וּבְחֵיקוֹ יִשָּׂא עָלוֹת
יב יְנַהֵל: מִי־מָדַד בְּשָׁעֳלוֹ מַיִם וְשָׁמַיִם בַּזֶּרֶת תִּכֵּן
וְכָל בַּשָּׁלִשׁ עֲפַר הָאָרֶץ וְשָׁקַל בַּפֶּלֶס הָרִים וּגְבָעוֹת בְּמֹאזְנָיִם:
יג יד מִי־תִכֵּן אֶת־רוּחַ יְהוָה וְאִישׁ עֲצָתוֹ יוֹדִיעֶנּוּ: אֶת־מִי נוֹעָץ
וַיְבִינֵהוּ וַיְלַמְּדֵהוּ בְּאֹרַח מִשְׁפָּט וַיְלַמְּדֵהוּ דַעַת וְדֶרֶךְ תְּבוּנוֹת
טו יוֹדִיעֶנּוּ: הֵן גּוֹיִם כְּמַר מִדְּלִי וּכְשַׁחַק מֹאזְנַיִם נֶחְשָׁבוּ
טז הֵן אִיִּים כַּדַּק יִטּוֹל: וּלְבָנוֹן אֵין דֵּי בָּעֵר וְחַיָּתוֹ אֵין דֵּי
יז עוֹלָה: כָּל־הַגּוֹיִם כְּאַיִן נֶגְדּוֹ מֵאֶפֶס וָתֹהוּ
יח נֶחְשְׁבוּ־לוֹ: וְאֶל־מִי תְּדַמְּיוּן אֵל וּמַה־דְּמוּת תַּעַרְכוּ־לוֹ:
יט הַפֶּסֶל נָסַךְ חָרָשׁ וְצֹרֵף בַּזָּהָב יְרַקְּעֶנּוּ וּרְתֻקוֹת כֶּסֶף צוֹרֵף:
כ הַמְסֻכָּן תְּרוּמָה עֵץ לֹא־יִרְקַב יִבְחָר חָרָשׁ חָכָם יְבַקֶּשׁ־לוֹ
כא לְהָכִין פֶּסֶל לֹא יִמּוֹט: הֲלוֹא תֵדְעוּ הֲלוֹא תִשְׁמָעוּ הֲלוֹא הֻגַּד
כב מֵרֹאשׁ לָכֶם הֲלוֹא הֲבִינֹתֶם מוֹסְדוֹת הָאָרֶץ: הַיֹּשֵׁב עַל־חוּג
הָאָרֶץ וְיֹשְׁבֶיהָ כַּחֲגָבִים הַנּוֹטֶה כַדֹּק שָׁמַיִם וַיִּמְתָּחֵם כָּאֹהֶל
כג כד לָשָׁבֶת: הַנּוֹתֵן רוֹזְנִים לְאָיִן שֹׁפְטֵי אֶרֶץ כַּתֹּהוּ עָשָׂה: אַף בַּל־
נִטָּעוּ אַף בַּל־זֹרָעוּ אַף בַּל־שֹׁרֵשׁ בָּאָרֶץ גִּזְעָם וְגַם נָשַׁף בָּהֶם
כה וַיִּבָשׁוּ וּסְעָרָה כַּקַּשׁ תִּשָּׂאֵם: וְאֶל־מִי תְדַמְּיוּנִי
כו וְאֶשְׁוֶה יֹאמַר קָדוֹשׁ: שְׂאוּ־מָרוֹם עֵינֵיכֶם וּרְאוּ מִי־בָרָא אֵלֶּה
הַמּוֹצִיא בְמִסְפָּר צְבָאָם לְכֻלָּם בְּשֵׁם יִקְרָא מֵרֹב אוֹנִים וְאַמִּיץ
כז כֹּחַ אִישׁ לֹא נֶעְדָּר: לָמָּה תֹאמַר יַעֲקֹב וּתְדַבֵּר
כח יִשְׂרָאֵל נִסְתְּרָה דַרְכִּי מֵיְהוָה וּמֵאֱלֹהַי מִשְׁפָּטִי יַעֲבוֹר: הֲלוֹא
יָדַעְתָּ אִם־לֹא שָׁמַעְתָּ אֱלֹהֵי עוֹלָם ׀ יְהוָה בּוֹרֵא קְצוֹת הָאָרֶץ
כט לֹא יִיעַף וְלֹא יִיגָע אֵין חֵקֶר לִתְבוּנָתוֹ: נֹתֵן לַיָּעֵף כֹּחַ וּלְאֵין
ל אוֹנִים עָצְמָה יַרְבֶּה: וְיִעֲפוּ נְעָרִים וְיִגָעוּ וּבַחוּרִים כָּשׁוֹל יִכָּשֵׁלוּ:
לא וְקוֹיֵ יְהוָה יַחֲלִיפוּ כֹחַ יַעֲלוּ אֵבֶר כַּנְּשָׁרִים יָרוּצוּ וְלֹא יִיגָעוּ

ילכו ולא ייעפו׃ החרישו אלי איים ולאמים א
ב יחליפו כח יגשו אז ידברו יחדו למשפט נקרבה׃ מי העיר
ממזרח צדק יקראהו לרגלו יתן לפניו גוים ומלכים ירד יתן
ג כעפר חרבו כקש נדף קשתו׃ ירדפם יעבור שלום ארח
ד ברגליו לא יבוא׃ מי־פעל ועשה קרא הדרות מראש אני
ה יהוה ראשון ואת־אחרנים אני־הוא׃ ראו איים וייראו קצות
ו הארץ יחרדו קרבו ויאתיון׃ איש את־רעהו יעזרו ולאחיו
ז יאמר חזק׃ ויחזק חרש את־צרף מחליק פטיש את־
הולם פעם אמר לדבק טוב הוא ויחזקהו במסמרים לא
ח ימוט׃ ואתה ישראל עבדי יעקב אשר בחרתיך
ט זרע אברהם אהבי׃ אשר החזקתיך מקצות הארץ ומאציליה
י קראתיך ואמר לך עבדי־אתה בחרתיך ולא מאסתיך׃ אל־
תירא כי עמך־אני אל־תשתע כי־אני אלהיך אמצתיך אף־
יא עזרתיך אף־תמכתיך בימין צדקי׃ הן יבשו ויכלמו כל
יב הנחרים בך יהיו כאין ויאבדו אנשי ריבך׃ תבקשם ולא
יג תמצאם אנשי מצתך יהיו כאין וכאפס אנשי מלחמתך׃ כי
אני יהוה אלהיך מחזיק ימינך האמר לך אל־תירא אני
יד עזרתיך׃ אל־תיראי תולעת יעקב מתי ישראל
טו אני עזרתיך נאם־יהוה וגאלך קדוש ישראל׃ הנה שמתיך
למורג חרוץ חדש בעל פיפיות תדוש הרים ותדק וגבעות
טז כמץ תשים׃ תזרם ורוח תשאם וסערה תפיץ אותם ואתה
יז תגיל ביהוה בקדוש ישראל תתהלל׃ העניים
והאביונים מבקשים מים ואין לשונם בצמא נשתה אני יהוה
יח אענם אלהי ישראל לא אעזבם׃ אפתח על־שפיים נהרות
ובתוך בקעות מעינות אשים מדבר לאגם־מים וארץ ציה
יט למוצאי מים׃ אתן במדבר ארז שטה והדס ועץ שמן אשים
כ בערבה ברוש תדהר ותאשור יחדו׃ למען יראו וידעו וישימו

וישכילו יחדו כי יד־יהוה עשתה זאת וקדוש ישראל
כא בראה: קרבו ריבכם יאמר יהוה הגישו
כב עצמותיכם יאמר מלך יעקב: יגישו ויגידו לנו את אשר
תקרינה הראשנות ׀ מה הנה הגידו ונשימה לבנו ונדעה
כג אחריתן או הבאות השמיענו: הגידו האתיות לאחור
ונדעה כי אלהים אתם אף־תיטיבו ותרעו ונשתעה
כד ונרא יחדו: הן־אתם מאין ופעלכם מאפע תועבה יבחר
כה בכם: העירותי מצפון ויאת ממזרח־שמש
יקרא בשמי ויבא סגנים כמו־חמר וכמו יוצר ירמס־טיט:
כו מי־הגיד מראש ונדעה ומלפנים ונאמר צדיק אף אין־מגיד
כז אף אין משמיע אף אין־שמע אמריכם: ראשון לציון הנה יז
כח הנם ולירושלם מבשר אתן: וארא ואין איש ומאלה ואין
כט יועץ ואשאלם וישיבו דבר: הן כלם און אפס מעשיהם רוח
מב א ותהו נסכיהם: הן עבדי אתמך־בו בחירי
ב רצתה נפשי נתתי רוחי עליו משפט לגוים יוציא: לא
ג יצעק ולא ישא ולא־ישמיע בחוץ קולו: קנה רצוץ לא
ד ישבור ופשתה כהה לא יכבנה לאמת יוציא משפט: לא
יכהה ולא ירוץ עד־ישים בארץ משפט ולתורתו איים
ה ייחלו: כה־אמר האל ׀ יהוה בורא השמים
ונוטיהם רקע הארץ וצאצאיה נתן נשמה לעם עליה ורוח
ו להלכים בה: אני יהוה קראתיך בצדק ואחזק בידך ואצרך
ז ואתנך לברית עם לאור גוים: לפקח עינים עורות להוציא
ח ממסגר אסיר מבית כלא ישבי חשך: אני יהוה הוא
ט שמי וכבודי לאחר לא־אתן ותהלתי לפסילים: הראשנות
הנה־באו וחדשות אני מגיד בטרם תצמחנה אשמיע
י אתכם: שירו ליהוה שיר חדש תהלתו
יא מקצה הארץ יורדי הים ומלאו איים וישביהם: ישאו מדבר

וְעָרָיו חֲצֵרִים תֵּשֵׁב קֵדָר יָרֹנּוּ יֹשְׁבֵי סֶלַע מֵרֹאשׁ הָרִים יִצְוָחוּ׃
יב יג יָשִׂימוּ לַיהוָה כָּבוֹד וּתְהִלָּתוֹ בָּאִיִּים יַגִּידוּ׃ יְהוָה כַּגִּבּוֹר יֵצֵא
כְּאִישׁ מִלְחָמוֹת יָעִיר קִנְאָה יָרִיעַ אַף־יַצְרִיחַ עַל־אֹיְבָיו
יד יִתְגַּבָּר׃ הֶחֱשֵׁיתִי מֵעוֹלָם אַחֲרִישׁ אֶתְאַפָּק כַּיּוֹלֵדָה
טו אֶפְעֶה אֶשֹּׁם וְאֶשְׁאַף יָחַד׃ אַחֲרִיב הָרִים וּגְבָעוֹת וְכָל־עֶשְׂבָּם
טז אוֹבִישׁ וְשַׂמְתִּי נְהָרוֹת לָאִיִּים וַאֲגַמִּים אוֹבִישׁ׃ וְהוֹלַכְתִּי עִוְרִים
בְּדֶרֶךְ לֹא יָדָעוּ בִּנְתִיבוֹת לֹא־יָדְעוּ אַדְרִיכֵם אָשִׂים מַחְשָׁךְ
לִפְנֵיהֶם לָאוֹר וּמַעֲקַשִּׁים לְמִישׁוֹר אֵלֶּה הַדְּבָרִים עֲשִׂיתִם וְלֹא
יז עֲזַבְתִּים׃ נָסֹגוּ אָחוֹר יֵבֹשׁוּ בֹשֶׁת הַבֹּטְחִים בַּפָּסֶל הָאֹמְרִים
יח לְמַסֵּכָה אַתֶּם אֱלֹהֵינוּ׃ הַחֵרְשִׁים שְׁמָעוּ וְהַעִוְרִים
יט הַבִּיטוּ לִרְאוֹת׃ מִי עִוֵּר כִּי אִם־עַבְדִּי וְחֵרֵשׁ כְּמַלְאָכִי אֶשְׁלָח מִי
כ עִוֵּר כִּמְשֻׁלָּם וְעִוֵּר כְּעֶבֶד יְהוָה׃ רָאִית רַבּוֹת וְלֹא תִשְׁמֹר פָּקוֹחַ — ראות
כא אָזְנַיִם וְלֹא יִשְׁמָע׃ יְהוָה חָפֵץ לְמַעַן צִדְקוֹ יַגְדִּיל תּוֹרָה
כב וְיַאְדִּיר׃ וְהוּא עַם־בָּזוּז וְשָׁסוּי הָפֵחַ בַּחוּרִים כֻּלָּם וּבְבָתֵּי
כְלָאִים הָחְבָּאוּ הָיוּ לָבַז וְאֵין מַצִּיל מְשִׁסָּה וְאֵין־אֹמֵר הָשַׁב׃
כג כד מִי בָכֶם יַאֲזִין זֹאת יַקְשִׁב וְיִשְׁמַע לְאָחוֹר׃ מִי־נָתַן לִמְשׁוֹסָה — למשסה
יַעֲקֹב וְיִשְׂרָאֵל לְבֹזְזִים הֲלוֹא יְהוָה זוּ חָטָאנוּ לוֹ וְלֹא־אָבוּ
כה בִדְרָכָיו הָלוֹךְ וְלֹא שָׁמְעוּ בְּתוֹרָתוֹ׃ וַיִּשְׁפֹּךְ עָלָיו חֵמָה אַפּוֹ
וֶעֱזוּז מִלְחָמָה וַתְּלַהֲטֵהוּ מִסָּבִיב וְלֹא יָדָע וַתִּבְעַר־בּוֹ וְלֹא־
מג א יָשִׂים עַל־לֵב׃ וְעַתָּה כֹּה־אָמַר יְהוָה בֹּרַאֲךָ
יַעֲקֹב וְיֹצֶרְךָ יִשְׂרָאֵל אַל־תִּירָא כִּי גְאַלְתִּיךָ קָרָאתִי בְשִׁמְךָ
ב לִי־אָתָּה׃ כִּי־תַעֲבֹר בַּמַּיִם אִתְּךָ אָנִי וּבַנְּהָרוֹת לֹא יִשְׁטְפוּךָ
ג כִּי־תֵלֵךְ בְּמוֹ־אֵשׁ לֹא תִכָּוֶה וְלֶהָבָה לֹא תִבְעַר־בָּךְ׃ כִּי אֲנִי
יְהוָה אֱלֹהֶיךָ קְדוֹשׁ יִשְׂרָאֵל מוֹשִׁיעֶךָ נָתַתִּי כָפְרְךָ מִצְרַיִם כּוּשׁ
ד וּסְבָא תַּחְתֶּיךָ׃ מֵאֲשֶׁר יָקַרְתָּ בְעֵינַי נִכְבַּדְתָּ וַאֲנִי אֲהַבְתִּיךָ
ה וְאֶתֵּן אָדָם תַּחְתֶּיךָ וּלְאֻמִּים תַּחַת נַפְשֶׁךָ׃ אַל־תִּירָא כִּי אִתְּךָ־
ו אָנִי מִמִּזְרָח אָבִיא זַרְעֶךָ וּמִמַּעֲרָב אֲקַבְּצֶךָּ׃ אֹמַר לַצָּפוֹן תֵּנִי

וְלַתֵּימָן אַל־תִּכְלָאִי הָבִיאִי בָנַי מֵרָחוֹק וּבְנוֹתַי מִקְצֵה הָאָרֶץ׃
ז כֹּל הַנִּקְרָא בִשְׁמִי וְלִכְבוֹדִי בְּרָאתִיו יְצַרְתִּיו אַף־עֲשִׂיתִיו׃
ח ט הוֹצִיא עַם־עִוֵּר וְעֵינַיִם יֵשׁ וְחֵרְשִׁים וְאָזְנַיִם לָמוֹ׃ כָּל־הַגּוֹיִם
נִקְבְּצוּ יַחְדָּו וְיֵאָסְפוּ לְאֻמִּים מִי בָהֶם יַגִּיד זֹאת וְרִאשֹׁנוֹת
י יַשְׁמִיעֻנוּ יִתְּנוּ עֵדֵיהֶם וְיִצְדָּקוּ וְיִשְׁמְעוּ וְיֹאמְרוּ אֱמֶת׃ אַתֶּם
עֵדַי נְאֻם־יְהוָה וְעַבְדִּי אֲשֶׁר בָּחָרְתִּי לְמַעַן תֵּדְעוּ וְתַאֲמִינוּ
לִי וְתָבִינוּ כִּי־אֲנִי הוּא לְפָנַי לֹא־נוֹצַר אֵל וְאַחֲרַי לֹא
יא יִהְיֶה׃ אָנֹכִי אָנֹכִי יְהוָה וְאֵין מִבַּלְעָדַי מוֹשִׁיעַ׃
יב אָנֹכִי הִגַּדְתִּי וְהוֹשַׁעְתִּי וְהִשְׁמַעְתִּי וְאֵין בָּכֶם זָר וְאַתֶּם עֵדַי
יג נְאֻם־יְהוָה וַאֲנִי־אֵל׃ גַּם־מִיּוֹם אֲנִי הוּא וְאֵין מִיָּדִי מַצִּיל אֶפְעַל
יד וּמִי יְשִׁיבֶנָּה׃ כֹּה־אָמַר יְהוָה גֹּאַלְכֶם קְדוֹשׁ
יִשְׂרָאֵל לְמַעַנְכֶם שִׁלַּחְתִּי בָבֶלָה וְהוֹרַדְתִּי בָרִיחִים כֻּלָּם
טו וְכַשְׂדִּים בָּאֳנִיּוֹת רִנָּתָם׃ אֲנִי יְהוָה קְדוֹשְׁכֶם בּוֹרֵא יִשְׂרָאֵל
טז מַלְכְּכֶם׃ כֹּה אָמַר יְהוָה הַנּוֹתֵן בַּיָּם דָּרֶךְ וּבְמַיִם
יז עַזִּים נְתִיבָה׃ הַמּוֹצִיא רֶכֶב־וָסוּס חַיִל וְעִזּוּז יַחְדָּו יִשְׁכְּבוּ בַּל־
יח יָקוּמוּ דָּעֲכוּ כַּפִּשְׁתָּה כָבוּ׃ אַל־תִּזְכְּרוּ רִאשֹׁנוֹת וְקַדְמֹנִיּוֹת
יט אַל־תִּתְבֹּנָנוּ׃ הִנְנִי עֹשֶׂה חֲדָשָׁה עַתָּה תִצְמָח הֲלוֹא תֵדָעוּהָ
כ אַף אָשִׂים בַּמִּדְבָּר דֶּרֶךְ בִּישִׁמֹן נְהָרוֹת׃ תְּכַבְּדֵנִי חַיַּת הַשָּׂדֶה
תַּנִּים וּבְנוֹת יַעֲנָה כִּי־נָתַתִּי בַמִּדְבָּר מַיִם נְהָרוֹת בִּישִׁימֹן
כא כב לְהַשְׁקוֹת עַמִּי בְחִירִי׃ עַם־זוּ יָצַרְתִּי לִי תְּהִלָּתִי יְסַפֵּרוּ׃ וְלֹא־
כג אֹתִי קָרָאתָ יַעֲקֹב כִּי־יָגַעְתָּ בִּי יִשְׂרָאֵל׃ לֹא־הֵבֵיאתָ לִּי שֵׂה
עֹלֹתֶיךָ וּזְבָחֶיךָ לֹא כִבַּדְתָּנִי לֹא הֶעֱבַדְתִּיךָ בְּמִנְחָה וְלֹא
כד הוֹגַעְתִּיךָ בִּלְבוֹנָה׃ לֹא־קָנִיתָ לִּי בַכֶּסֶף קָנֶה וְחֵלֶב זְבָחֶיךָ לֹא
כה הִרְוִיתָנִי אַךְ הֶעֱבַדְתַּנִי בְּחַטֹּאותֶיךָ הוֹגַעְתַּנִי בַּעֲוֺנֹתֶיךָ׃ אָנֹכִי
כו אָנֹכִי הוּא מֹחֶה פְשָׁעֶיךָ לְמַעֲנִי וְחַטֹּאתֶיךָ לֹא אֶזְכֹּר׃ הַזְכִּירֵנִי
כז נִשָּׁפְטָה יָחַד סַפֵּר אַתָּה לְמַעַן תִּצְדָּק׃ אָבִיךָ הָרִאשׁוֹן חָטָא
כח וּמְלִיצֶיךָ פָּשְׁעוּ בִי׃ וַאֲחַלֵּל שָׂרֵי קֹדֶשׁ וְאֶתְּנָה לַחֵרֶם יַעֲקֹב

א וישראל לגדופים: ועתה שמע יעקב עבדי
ב וישראל בחרתי בו: כה־אמר יהוה עשך ויצרך מבטן יעזרך
ג אל־תירא עבדי יעקב וישרון בחרתי בו: כי אצק־מים על־
צמא ונזלים על־יבשה אצק רוחי על־זרעך וברכתי על־
ד ה צאצאיך: וצמחו בבין חציר כערבים על־יבלי־מים: זה
יאמר ליהוה אני וזה יקרא בשם־יעקב וזה יכתב ידו ליהוה
ו ובשם ישראל יכנה: כה־אמר יהוה מלך־ יח
ישראל וגאלו יהוה צבאות אני ראשון ואני אחרון ומבלעדי
ז אין אלהים: ומי־כמוני יקרא ויגידה ויערכה לי משומי עם־
ח עולם ואתיות ואשר תבאנה יגידו למו: אל־תפחדו ואל־
תרהו הלא מאז השמעתיך והגדתי ואתם עדי היש אלוה
ט מבלעדי ואין צור בל־ידעתי: יצרי־פסל כלם תהו וחמודיהם
י בל־יועילו ועדיהם המה בל־יראו ובל־ידעו למען יבשו: מי־
יא יצר אל ופסל נסך לבלתי הועיל: הן כל־חבריו יבשו וחרשים
יב המה מאדם יתקבצו כלם יעמדו יפחדו יבשו יחד: חרש
ברזל מעצד ופעל בפחם ובמקבות יצרהו ויפעלהו בזרוע
יג כחו גם־רעב ואין כח לא־שתה מים וייעף: חרש עצים נטה
קו יתארהו בשרד יעשהו במקצעות ובמחוגה יתארהו
יד ויעשהו כתבנית איש כתפארת אדם לשבת בית: לכרת־לו
ארזים ויקח תרזה ואלון ויאמץ־לו בעצי־יער נטע ארן וגשם
טו יגדל: והיה לאדם לבער ויקח מהם ויחם אף־ישיק ואפה
טז לחם אף־יפעל־אל וישתחו עשהו פסל ויסגד־למו: חציו
שרף במו־אש על־חציו בשר יאכל יצלה צלי וישבע אף־יחם
יז ויאמר האח חמותי ראיתי אור: ושאריתו לאל עשה לפסלו
יסגוד־לו וישתחו ויתפלל אליו ויאמר הצילני כי אלי אתה: יסגד־
יח לא ידעו ולא יבינו כי טח מראות עיניהם מהשכיל לבתם:
יט ולא־ישיב אל־לבו ולא דעת ולא־תבונה לאמר חציו

שָׂרַפְתִּי בְמוֹ־אֵשׁ וְאַף אָפִיתִי עַל־גֶּחָלָיו לֶחֶם אֶצְלֶה בָשָׂר
כ וְאֹכֵל וְיִתְרוֹ לְתוֹעֵבָה אֶעֱשֶׂה לְבוּל עֵץ אֶסְגּוֹד׃ רֹעֶה אֵפֶר לֵב
הוּתַל הִטָּהוּ וְלֹא־יַצִּיל אֶת־נַפְשׁוֹ וְלֹא יֹאמַר הֲלוֹא שֶׁקֶר
כא בִּימִינִי׃ זְכָר־אֵלֶּה יַעֲקֹב וְיִשְׂרָאֵל כִּי עַבְדִּי־
כב אָתָּה יְצַרְתִּיךָ עֶבֶד־לִי אַתָּה יִשְׂרָאֵל לֹא תִנָּשֵׁנִי׃ מָחִיתִי כָעָב
כג פְּשָׁעֶיךָ וְכֶעָנָן חַטֹּאותֶיךָ שׁוּבָה אֵלַי כִּי גְאַלְתִּיךָ׃ רָנּוּ שָׁמַיִם כִּי־
עָשָׂה יהוה הָרִיעוּ תַּחְתִּיּוֹת אָרֶץ פִּצְחוּ הָרִים רִנָּה יַעַר וְכָל־עֵץ
כד בּוֹ כִּי־גָאַל יהוה יַעֲקֹב וּבְיִשְׂרָאֵל יִתְפָּאָר׃ כֹּה־
אָמַר יהוה גֹּאֲלֶךָ וְיֹצֶרְךָ מִבָּטֶן אָנֹכִי יהוה עֹשֶׂה כֹּל נֹטֶה
כה שָׁמַיִם לְבַדִּי רֹקַע הָאָרֶץ מי אתי׃ מֵפֵר אֹתוֹת בַּדִּים וְקֹסְמִים מֵאִתִּי
כו יְהוֹלֵל מֵשִׁיב חֲכָמִים אָחוֹר וְדַעְתָּם יְסַכֵּל׃ מֵקִים דְּבַר עַבְדּוֹ
וַעֲצַת מַלְאָכָיו יַשְׁלִים הָאֹמֵר לִירוּשָׁלַםִ תּוּשָׁב וּלְעָרֵי יְהוּדָה
כז תִּבָּנֶינָה וְחָרְבוֹתֶיהָ אֲקוֹמֵם׃ הָאֹמֵר לַצּוּלָה חֳרָבִי וְנַהֲרֹתַיִךְ
כח אוֹבִישׁ׃ הָאֹמֵר לְכוֹרֶשׁ רֹעִי וְכָל־חֶפְצִי יַשְׁלִם וְלֵאמֹר לִירוּשָׁלַםִ
מה א תִּבָּנֶה וְהֵיכָל תִּוָּסֵד׃ כֹּה־אָמַר יהוה לִמְשִׁיחוֹ
לְכוֹרֶשׁ ׀ אֲשֶׁר־הֶחֱזַקְתִּי בִימִינוֹ לְרַד לְפָנָיו גּוֹיִם וּמָתְנֵי מְלָכִים
ב אֲפַתֵּחַ לִפְתֹּחַ לְפָנָיו דְּלָתַיִם וּשְׁעָרִים לֹא יִסָּגֵרוּ׃ אֲנִי לְפָנֶיךָ
אֵלֵךְ וַהֲדוּרִים אושר דַּלְתוֹת נְחוּשָׁה אֲשַׁבֵּר וּבְרִיחֵי בַרְזֶל אִישֵׁר
ג אֲגַדֵּעַ׃ וְנָתַתִּי לְךָ אוֹצְרוֹת חֹשֶׁךְ וּמַטְמֻנֵי מִסְתָּרִים לְמַעַן תֵּדַע
ד כִּי־אֲנִי יהוה הַקּוֹרֵא בְשִׁמְךָ אֱלֹהֵי יִשְׂרָאֵל׃ לְמַעַן עַבְדִּי יַעֲקֹב
ה וְיִשְׂרָאֵל בְּחִירִי וָאֶקְרָא לְךָ בִּשְׁמֶךָ אֲכַנְּךָ וְלֹא יְדַעְתָּנִי׃ אֲנִי
ו יהוה וְאֵין עוֹד זוּלָתִי אֵין אֱלֹהִים אֲאַזֶּרְךָ וְלֹא יְדַעְתָּנִי׃ לְמַעַן
יֵדְעוּ מִמִּזְרַח־שֶׁמֶשׁ וּמִמַּעֲרָבָהּ כִּי־אֶפֶס בִּלְעָדָי אֲנִי יהוה וְאֵין
ז עוֹד׃ יוֹצֵר אוֹר וּבוֹרֵא חֹשֶׁךְ עֹשֶׂה שָׁלוֹם וּבוֹרֵא רָע אֲנִי יהוה
ח עֹשֶׂה כָל־אֵלֶּה׃ הַרְעִיפוּ שָׁמַיִם מִמַּעַל וּשְׁחָקִים
יִזְּלוּ־צֶדֶק תִּפְתַּח־אֶרֶץ וְיִפְרוּ־יֶשַׁע וּצְדָקָה תַצְמִיחַ יַחַד אֲנִי
ט יהוה בְּרָאתִיו׃ הוֹי רָב אֶת־יֹצְרוֹ חֶרֶשׂ אֶת־

חרשי אדמה היאמר חמר ליצרו מה־תעשה ופעלך אין־
י ידים לו: הוי אמר לאב מה־תוליד ולאשה
יא מה־תחילין: כה־אמר יהוה קדוש ישראל
יב ויצרו האתיות שאלוני על־בני ועל־פעל ידי תצוני: אנכי
עשיתי ארץ ואדם עליה בראתי אני ידי נטו שמים וכל־
יג צבאם צויתי: אנכי העירתהו בצדק וכל־דרכיו אישר הוא־
יבנה עירי וגלותי ישלח לא במחיר ולא בשחד אמר יהוה
יד צבאות: כה ׀ אמר יהוה יגיע מצרים וסחר־
כוש וסבאים אנשי מדה עליך יעברו ולך יהיו אחריך ילכו
בזקים יעברו ואליך ישתחוו אליך יתפללו אך בך אל ואין
טו עוד אפס אלהים: אכן אתה אל מסתתר אלהי ישראל
טז מושיע: בושו וגם־נכלמו כלם יחדו הלכו בכלמה חרשי
יז צירים: ישראל נושע ביהוה תשועת עולמים לא־תבשו יט
יח ולא־תכלמו עד־עולמי עד: כי־כה אמר־
יהוה בורא השמים הוא האלהים יצר הארץ ועשה הוא
יט כוננה לא־תהו בראה לשבת יצרה אני יהוה ואין עוד: לא
בסתר דברתי במקום ארץ חשך לא אמרתי לזרע יעקב תהו
כ בקשוני אני יהוה דבר צדק מגיד מישרים: הקבצו ובאו
התנגשו יחדו פליטי הגוים לא ידעו הנשאים את־עץ פסלם
כא ומתפללים אל־אל לא יושיע: הגידו והגישו אף יועצו יחדו
מי השמיע זאת מקדם מאז הגידה הלוא אני יהוה ואין־עוד
כב אלהים מבלעדי אל־צדיק ומושיע אין זולתי: פנו־אלי
כג והושעו כל־אפסי־ארץ כי אני־אל ואין עוד: בי נשבעתי
יצא מפי צדקה דבר ולא ישוב כי־לי תכרע כל־ברך תשבע
כד כל־לשון: אך ביהוה לי אמר צדקות ועז עדיו יבוא ויבשו
כה כל הנחרים בו: ביהוה יצדקו ויתהללו כל־זרע ישראל: כרע מו
בל קרס נבו היו עצביהם לחיה ולבהמה נשאתיכם עמוסות

ב משא לעיפה: קרסו כרעו יחדו לא יכלו מלט משא ונפשם
ג בשבי הלכה: שמעו אלי בית יעקב וכל־
שארית בית ישראל העמסים מני־בטן הנשאים מני־רחם:
ד ועד־זקנה אני הוא ועד־שיבה אני אסבל אני עשיתי ואני
ה אשא ואני אסבל ואמלט: למי תדמיוני ותשוו
ו ותמשלוני ונדמה: הזלים זהב מכיס וכסף בקנה ישקלו
ז ישכרו צורף ויעשהו אל יסגדו אף־ישתחוו: ישאהו על־כתף
יסבלהו ויניחהו תחתיו ויעמד ממקומו לא ימיש אף־יצעק
ח אליו ולא יענה מצרתו לא יושיענו: זכרו־זאת
ט והתאששו השיבו פושעים על־לב: זכרו ראשנות מעולם כי
י אנכי אל ואין עוד אלהים ואפס כמוני: מגיד מראשית
אחרית ומקדם אשר לא־נעשו אמר עצתי תקום וכל־חפצי
יא אעשה: קרא ממזרח עיט מארץ מרחק איש עצתו אף־ עצתי
יב דברתי אף־אביאנה יצרתי אף אעשנה: שמעו
יג אלי אבירי לב הרחוקים מצדקה: קרבתי צדקתי לא
תרחק ותשועתי לא תאחר ונתתי בציון תשועה לישראל
מז א תפארתי: רדי ׀ ושבי על־עפר בתולת בת־
בבל שבי־לארץ אין־כסא בת־כשדים כי לא תוסיפי
ב יקראו־לך רכה וענגה: קחי רחים וטחני קמח גלי צמתך
ג חשפי־שבל גלי־שוק עברי נהרות: תגל ערותך גם תראה
ד חרפתך נקם אקח ולא אפגע אדם: גאלנו יהוה
ה צבאות שמו קדוש ישראל: שבי דומם ובאי בחשך בת־
ו כשדים כי לא תוסיפי יקראו־לך גברת ממלכות: קצפתי על־
עמי חללתי נחלתי ואתנם בידך לא־שמת להם רחמים על־
ז זקן הכבדת עלך מאד: ותאמרי לעולם אהיה גברת עד לא־
ח שמת אלה על־לבך לא זכרת אחריתה: ועתה
שמעי־זאת עדינה היושבת לבטח האמרה בלבבה אני

ט ואפסי עוד לא אשב אלמנה ולא אדע שכול: ותבאנה לך
שתי־אלה רגע ביום אחד שכול ואלמן כתמם באו עליך
י ברב כשפיך בעצמת חבריך מאד: ותבטחי ברעתך אמרת
אין ראני חכמתך ודעתך היא שובבתך ותאמרי בלבך אני
יא ואפסי עוד: ובא עליך רעה לא תדעי שחרה ותפל עליך הוה
יב לא תוכלי כפרה ותבא עליך פתאם שואה לא תדעי: עמדי־
נא בחבריך וברב כשפיך באשר יגעת מנעוריך אולי תוכלי
יג הועיל אולי תערוצי: נלאית ברב עצתיך יעמדו־נא ויושיעך
הברו שמים החזים בכוכבים מודיעים לחדשים מאשר יבאו הברי
יד עליך: הנה היו כקש אש שרפתם לא־יצילו את־נפשם
טו מיד להבה אין־גחלת לחמם אור לשבת נגדו: כן היו־
לך אשר יגעת סחריך מנעוריך איש לעברו תעו אין
מח א מושיעך: שמעו־זאת בית־יעקב הנקראים
בשם ישראל וממי יהודה יצאו הנשבעים | בשם יהוה
ב ובאלהי ישראל יזכירו לא באמת ולא בצדקה: כי־מעיר כ
הקדש נקראו ועל־אלהי ישראל נסמכו יהוה צבאות
ג שמו: הראשנות מאז הגדתי ומפי יצאו
ד ואשמיעם פתאם עשיתי ותבאנה: מדעתי כי קשה אתה
ה וגיד ברזל ערפך ומצחך נחושה: ואגיד לך מאז בטרם תבוא
ו השמעתיך פן־תאמר עצבי עשם ופסלי ונסכי צום: שמעת
חזה כלה ואתם הלוא תגידו השמעתיך חדשות מעתה
ז ונצרות ולא ידעתם: עתה נבראו ולא מאז ולפני־יום ולא
ח שמעתם פן־תאמר הנה ידעתין: גם לא־שמעת גם לא
ידעת גם מאז לא־פתחה אזנך כי ידעתי בגוד תבגוד ופשע
ט מבטן קרא לך: למען שמי אאריך אפי ותהלתי אחטם־לך
י לבלתי הכריתך: הנה צרפתיך ולא בכסף בחרתיך בכור
יא עני: למעני למעני אעשה כי איך יחל וכבודי לאחר לא־

יב אֶתֵּן׃ שְׁמַע אֵלַי יַעֲקֹב וְיִשְׂרָאֵל מְקֹרָאִי אֲנִי־
יג הוּא אֲנִי רִאשׁוֹן אַף אֲנִי אַחֲרוֹן׃ אַף־יָדִי יָסְדָה אֶרֶץ וִימִינִי
יד טִפְּחָה שָׁמָיִם קֹרֵא אֲנִי אֲלֵיהֶם יַעַמְדוּ יַחְדָּו׃ הִקָּבְצוּ כֻלְּכֶם
וּשְׁמָעוּ מִי בָהֶם הִגִּיד אֶת־אֵלֶּה יְהוָה אֲהֵבוֹ יַעֲשֶׂה חֶפְצוֹ
טו בְּבָבֶל וּזְרֹעוֹ כַּשְׂדִּים׃ אֲנִי אֲנִי דִּבַּרְתִּי אַף־קְרָאתִיו הֲבִיאֹתִיו
טז וְהִצְלִיחַ דַּרְכּוֹ׃ קִרְבוּ אֵלַי שִׁמְעוּ־זֹאת לֹא מֵרֹאשׁ בַּסֵּתֶר
דִּבַּרְתִּי מֵעֵת הֱיוֹתָהּ שָׁם אָנִי וְעַתָּה אֲדֹנָי יְהוִה שְׁלָחַנִי
יז וְרוּחוֹ׃ כֹּה־אָמַר יְהוָה גֹּאַלְךָ קְדוֹשׁ יִשְׂרָאֵל אֲנִי
יח יְהוָה אֱלֹהֶיךָ מְלַמֶּדְךָ לְהוֹעִיל מַדְרִיכְךָ בְּדֶרֶךְ תֵּלֵךְ׃ לוּא
יט הִקְשַׁבְתָּ לְמִצְוֺתָי וַיְהִי כַנָּהָר שְׁלוֹמֶךָ וְצִדְקָתְךָ כְּגַלֵּי הַיָּם׃ וַיְהִי
כַחוֹל זַרְעֶךָ וְצֶאֱצָאֵי מֵעֶיךָ כִּמְעֹתָיו לֹא־יִכָּרֵת וְלֹא־יִשָּׁמֵד
כ שְׁמוֹ מִלְּפָנָי׃ צְאוּ מִבָּבֶל בִּרְחוּ מִכַּשְׂדִּים בְּקוֹל
רִנָּה הַגִּידוּ הַשְׁמִיעוּ זֹאת הוֹצִיאוּהָ עַד־קְצֵה הָאָרֶץ אִמְרוּ
כא גָּאַל יְהוָה עַבְדּוֹ יַעֲקֹב׃ וְלֹא צָמְאוּ בָּחֳרָבוֹת הוֹלִיכָם מַיִם
כב מִצּוּר הִזִּיל לָמוֹ וַיִּבְקַע־צוּר וַיָּזֻבוּ מָיִם׃ אֵין שָׁלוֹם אָמַר יְהוָה
מט א לָרְשָׁעִים׃ שִׁמְעוּ אִיִּים אֵלַי וְהַקְשִׁיבוּ לְאֻמִּים
ב מֵרָחוֹק יְהוָה מִבֶּטֶן קְרָאָנִי מִמְּעֵי אִמִּי הִזְכִּיר שְׁמִי׃ וַיָּשֶׂם פִּי
כְּחֶרֶב חַדָּה בְּצֵל יָדוֹ הֶחְבִּיאָנִי וַיְשִׂימֵנִי לְחֵץ בָּרוּר בְּאַשְׁפָּתוֹ
ג הִסְתִּירָנִי׃ וַיֹּאמֶר לִי עַבְדִּי־אָתָּה יִשְׂרָאֵל אֲשֶׁר־בְּךָ אֶתְפָּאָר׃
ד וַאֲנִי אָמַרְתִּי לְרִיק יָגַעְתִּי לְתֹהוּ וְהֶבֶל כֹּחִי כִלֵּיתִי אָכֵן מִשְׁפָּטִי
ה אֶת־יְהוָה וּפְעֻלָּתִי אֶת־אֱלֹהָי׃ וְעַתָּה ׀ אָמַר
יְהוָה יֹצְרִי מִבֶּטֶן לְעֶבֶד לוֹ לְשׁוֹבֵב יַעֲקֹב אֵלָיו וְיִשְׂרָאֵל לא לוֹ
ו יֵאָסֵף וְאֶכָּבֵד בְּעֵינֵי יְהוָה וֵאלֹהַי הָיָה עֻזִּי׃ וַיֹּאמֶר נָקֵל
מִהְיוֹתְךָ לִי עֶבֶד לְהָקִים אֶת־שִׁבְטֵי יַעֲקֹב ונצירי יִשְׂרָאֵל וּנְצוּרֵי
לְהָשִׁיב וּנְתַתִּיךָ לְאוֹר גּוֹיִם לִהְיוֹת יְשׁוּעָתִי עַד־קְצֵה
ז הָאָרֶץ׃ כֹּה אָמַר־יְהוָה גֹּאֵל יִשְׂרָאֵל קְדוֹשׁוֹ
לִבְזֹה־נֶפֶשׁ לִמְתָעֵב גּוֹי לְעֶבֶד מֹשְׁלִים מְלָכִים יִרְאוּ וָקָמוּ

שרים וישתחוו למען יהוה אשר נאמן קדש ישראל
ח ויבחרך: כה ׀ אמר יהוה בעת רצון עניתיך
וביום ישועה עזרתיך ואצרך ואתנך לברית עם להקים ארץ
ט להנחיל נחלות שממות: לאמר לאסורים צאו לאשר בחשך
י הגלו על־דרכים ירעו ובכל־שפיים מרעיתם: לא ירעבו ולא
יצמאו ולא־יכם שרב ושמש כי־מרחמם ינהגם ועל־
יא מבועי מים ינהלם: ושמתי כל־הרי לדרך ומסלתי ירמון:
יב הנה־אלה מרחוק יבאו והנה־אלה מצפון ומים ואלה מארץ
יג סינים: רנו שמים וגילי ארץ יפצחו הרים רנה כי־נחם יהוה ופצחו
יד עמו ועניו ירחם: ותאמר ציון עזבני יהוה ואדני
טו שכחני: התשכח אשה עולה מרחם בן־בטנה גם־אלה
טז תשכחנה ואנכי לא אשכחך: הן על־כפים חקתיך חומתיך
יז יח נגדי תמיד: מהרו בניך מהרסיך ומחריביך ממך יצאו: שאי־
סביב עיניך וראי כלם נקבצו באו־לך חי־אני נאם־יהוה כי
יט כלם כעדי תלבשי ותקשרים ככלה: כי חרבתיך ושממתיך
כ וארץ הרסתך כי עתה תצרי מיושב ורחקו מבלעיך: עוד
יאמרו באזניך בני שכליך צר־לי המקום גשה־לי ואשבה:
כא ואמרת בלבבך מי ילד־לי את־אלה ואני שכולה וגלמודה
גלה ׀ וסורה ואלה מי גדל הן אני נשארתי לבדי אלה איפה
כב הם: כה־אמר אדני יהוה הנה אשא אל־גוים
ידי ואל־עמים ארים נסי והביאו בניך בחצן ובנתיך על־
כג כתף תנשאנה: והיו מלכים אמניך ושרותיהם מיניקתיך
אפים ארץ ישתחוו־לך ועפר רגליך ילחכו וידעת כי־אני
כד יהוה אשר לא־יבשו קוי: היקח מגבור מלקוח
כה ואם־שבי צדיק ימלט: כי־כה ׀ אמר יהוה גם־שבי גבור יקח
ומלקוח עריץ ימלט ואת־יריבך אנכי אריב ואת־בניך אנכי
כו אושיע: והאכלתי את־מוניך את־בשרם וכעסיס דמם כא

ישכרון וידעו כל־בשר כי אני יהוה מושיעך וגאלך אביר
נ א יעקב: כה ׀ אמר יהוה אי זה ספר כריתות
אמכם אשר שלחתיה או מי מנושי אשר־מכרתי אתכם לו
ב הן בעונתיכם נמכרתם ובפשעיכם שלחה אמכם: מדוע
באתי ואין איש קראתי ואין עונה הקצור קצרה ידי מפדות
ואם־אין־בי כח להציל הן בגערתי אחריב ים אשים נהרות
ג מדבר תבאש דגתם מאין מים ותמת בצמא: אלביש שמים
ד קדרות ושק אשים כסותם: אדני יהוה נתן לי
לשון למודים לדעת לעות את־יעף דבר יעיר ׀ בבקר בבקר
ה יעיר לי אזן לשמע כלמודים: אדני יהוה פתח־לי אזן ואנכי
ו לא מריתי אחור לא נסוגתי: גוי נתתי למכים ולחיי למרטים
ז פני לא הסתרתי מכלמות ורק: ואדני יהוה יעזר־לי על־כן
לא נכלמתי על־כן שמתי פני כחלמיש ואדע כי־לא אבוש:
ח קרוב מצדיקי מי־יריב אתי נעמדה יחד מי־בעל משפטי יגש
ט אלי: הן אדני יהוה יעזר־לי מי־הוא ירשיעני הן כלם כבגד
י יבלו עש יאכלם: מי בכם ירא יהוה שמע בקול
עבדו אשר ׀ הלך חשכים ואין נגה לו יבטח בשם יהוה וישען
יא באלהיו: הן כלכם קדחי אש מאזרי זיקות לכו ׀ באור
אשכם ובזיקות בערתם מידי היתה־זאת לכם למעצבה
נא א תשכבון: שמעו אלי רדפי צדק מבקשי יהוה
ב הביטו אל־צור חצבתם ואל־מקבת בור נקרתם: הביטו אל־
אברהם אביכם ואל־שרה תחוללכם כי־אחד קראתיו
ג ואברכהו וארבהו: כי־נחם יהוה ציון נחם כל־חרבתיה וישם
מדברה כעדן וערבתה כגן־יהוה ששון ושמחה ימצא בה
ד תודה וקול זמרה: הקשיבו אלי עמי ולאומי
אלי האזינו כי תורה מאתי תצא ומשפטי לאור עמים ארגיע:
ה קרוב צדקי יצא ישעי וזרעי עמים ישפטו אלי איים יקוו

ו ואל־זרעי ייחלון: שאו לשמים עיניכם והביטו אל־הארץ
מתחת כי־שמים כעשן נמלחו והארץ כבגד תבלה
וישביה כמו־כן ימותון וישועתי לעולם תהיה וצדקתי לא
ז תחת: שמעו אלי ידעי צדק עם תורתי בלבם
ח אל־תיראו חרפת אנוש ומגדפתם אל־תחתו: כי כבגד
יאכלם עש וכצמר יאכלם סס וצדקתי לעולם תהיה וישועתי
ט לדור דורים: עורי עורי לבשי־עז זרוע יהוה
עורי כימי קדם דורות עולמים הלוא את־היא המחצבת
י רהב מחוללת תנין: הלוא את־היא המחרבת ים מי תהום
יא רבה השמה מעמקי־ים דרך לעבר גאולים: ופדויי יהוה
ישובון ובאו ציון ברנה ושמחת עולם על־ראשם ששון
יב ושמחה ישיגון נסו יגון ואנחה: אנכי אנכי הוא
מנחמכם מי־את ותיראי מאנוש ימות ומבן־אדם חציר
יג ינתן: ותשכח יהוה עשך נוטה שמים ויסד ארץ ותפחד
תמיד כל־היום מפני חמת המציק כאשר כונן להשחית
יד ואיה חמת המציק: מהר צעה להפתח ולא־ימות לשחת ולא
טו יחסר לחמו: ואנכי יהוה אלהיך רגע הים ויהמו גליו יהוה
טז צבאות שמו: ואשם דברי בפיך ובצל ידי כסיתיך לנטע שמים
יז וליסד ארץ ולאמר לציון עמי־אתה: התעוררי
התעוררי קומי ירושלם אשר שתית מיד יהוה את־כוס חמתו
יח את־קבעת כוס התרעלה שתית מצית: אין־מנהל לה מכל־
יט בנים ילדה ואין מחזיק בידה מכל־בנים גדלה: שתים הנה
קראתיך מי ינוד לך השד והשבר והרעב והחרב מי אנחמך:
כ בניך עלפו שכבו בראש כל־חוצות כתוא מכמר המלאים
כא חמת־יהוה גערת אלהיך: לכן שמעי־נא זאת עניה ושכרת
כב ולא מיין: כה־אמר אדניך יהוה ואלהיך יריב
עמו הנה לקחתי מידך את־כוס התרעלה את־קבעת

כג כוס חמתי לא־תוסיפי לשתותה עוד: ושמתיה ביד־מוגיך
אשר־אמרו לנפשך שחי ונעברה ותשימי כארץ גוך וכחוץ
נב א לעברים: עורי עורי לבשי עזך ציון לבשי ׀ בגדי
תפארתך ירושלם עיר הקדש כי לא יוסיף יבא־בך עוד ערל
ב וטמא: התנערי מעפר קומי שבי ירושלם התפתחו מוסרי התפתחי
ג צוארך שביה בת־ציון: כי־כה אמר יהוה חנם
ד נמכרתם ולא בכסף תגאלו: כי כה אמר אדני
יהוה מצרים ירד־עמי בראשנה לגור שם ואשור באפס
ה עשקו: ועתה מה־לי־פה נאם־יהוה כי־לקח עמי חנם משלו
ו יהילילו נאם־יהוה ותמיד כל־היום שמי מנאץ: לכן
ידע עמי שמי לכן ביום ההוא כי־אני־הוא המדבר
ז הנני: מה־נאוו על־ההרים רגלי מבשר משמיע כב
שלום מבשר טוב משמיע ישועה אמר לציון מלך אלהיך:
ח קול צפיך נשאו קול יחדו ירננו כי עין בעין יראו בשוב יהוה
ט ציון: פצחו רננו יחדו חרבות ירושלם כי־נחם יהוה עמו גאל
י ירושלם: חשף יהוה את־זרוע קדשו לעיני כל־הגוים וראו
יא כל־אפסי־ארץ את ישועת אלהינו: סורו סורו
צאו משם טמא אל־תגעו צאו מתוכה הברו נשאי כלי יהוה:
יב כי לא בחפזון תצאו ובמנוסה לא תלכון כי־הלך לפניכם
יג יהוה ומאספכם אלהי ישראל: הנה ישכיל
יד עבדי ירום ונשא וגבה מאד: כאשר שממו עליך רבים כן־
טו משחת מאיש מראהו ותארו מבני אדם: כן יזה גוים רבים
עליו יקפצו מלכים פיהם כי אשר לא־ספר להם ראו ואשר
נג א לא־שמעו התבוננו: מי האמין לשמעתנו וזרוע יהוה על־מי
ב נגלתה: ויעל כיונק לפניו וכשרש מארץ ציה לא־תאר לו
ג ולא הדר ונראהו ולא־מראה ונחמדהו: נבזה וחדל אישים
איש מכאבות וידוע חלי וכמסתר פנים ממנו נבזה ולא

ד חֲשַׁבְנֻהוּ: אָכֵן חֳלָיֵנוּ הוּא נָשָׂא וּמַכְאֹבֵינוּ סְבָלָם וַאֲנַחְנוּ
ה חֲשַׁבְנֻהוּ נָגוּעַ מֻכֵּה אֱלֹהִים וּמְעֻנֶּה: וְהוּא מְחֹלָל מִפְּשָׁעֵנוּ
מְדֻכָּא מֵעֲוֺנֹתֵינוּ מוּסַר שְׁלוֹמֵנוּ עָלָיו וּבַחֲבֻרָתוֹ נִרְפָּא־לָנוּ:
ו כֻּלָּנוּ כַּצֹּאן תָּעִינוּ אִישׁ לְדַרְכּוֹ פָּנִינוּ וַיהוָה הִפְגִּיעַ בּוֹ אֵת עֲוֺן
ז כֻּלָּנוּ: נִגַּשׂ וְהוּא נַעֲנֶה וְלֹא יִפְתַּח־פִּיו כַּשֶּׂה לַטֶּבַח יוּבָל
ח וּכְרָחֵל לִפְנֵי גֹזְזֶיהָ נֶאֱלָמָה וְלֹא יִפְתַּח פִּיו: מֵעֹצֶר וּמִמִּשְׁפָּט
לֻקָּח וְאֶת־דּוֹרוֹ מִי יְשׂוֹחֵחַ כִּי נִגְזַר מֵאֶרֶץ חַיִּים מִפֶּשַׁע עַמִּי
ט נֶגַע לָמוֹ: וַיִּתֵּן אֶת־רְשָׁעִים קִבְרוֹ וְאֶת־עָשִׁיר בְּמֹתָיו עַל לֹא־
י חָמָס עָשָׂה וְלֹא מִרְמָה בְּפִיו: וַיהוָה חָפֵץ דַּכְּאוֹ הֶחֱלִי אִם־
תָּשִׂים אָשָׁם נַפְשׁוֹ יִרְאֶה זֶרַע יַאֲרִיךְ יָמִים וְחֵפֶץ יְהוָה
יא בְּיָדוֹ יִצְלָח: מֵעֲמַל נַפְשׁוֹ יִרְאֶה יִשְׂבָּע בְּדַעְתּוֹ יַצְדִּיק
יב צַדִּיק עַבְדִּי לָרַבִּים וַעֲוֺנֹתָם הוּא יִסְבֹּל: לָכֵן אֲחַלֶּק־לוֹ
בָרַבִּים וְאֶת־עֲצוּמִים יְחַלֵּק שָׁלָל תַּחַת אֲשֶׁר הֶעֱרָה לַמָּוֶת
נַפְשׁוֹ וְאֶת־פֹּשְׁעִים נִמְנָה וְהוּא חֵטְא־רַבִּים נָשָׂא וְלַפֹּשְׁעִים
נד א יַפְגִּיעַ: רָנִּי עֲקָרָה לֹא יָלָדָה פִּצְחִי רִנָּה וְצַהֲלִי
לֹא־חָלָה כִּי־רַבִּים בְּנֵי־שׁוֹמֵמָה מִבְּנֵי בְעוּלָה אָמַר יְהוָה:
ב הַרְחִיבִי ׀ מְקוֹם אָהֳלֵךְ וִירִיעוֹת מִשְׁכְּנוֹתַיִךְ יַטּוּ אַל־תַּחְשֹׂכִי
ג הַאֲרִיכִי מֵיתָרַיִךְ וִיתֵדֹתַיִךְ חַזֵּקִי: כִּי־יָמִין וּשְׂמֹאול תִּפְרֹצִי
ד וְזַרְעֵךְ גּוֹיִם יִירָשׁ וְעָרִים נְשַׁמּוֹת יוֹשִׁיבוּ: אַל־תִּירְאִי כִּי־לֹא
תֵבוֹשִׁי וְאַל־תִּכָּלְמִי כִּי לֹא תַחְפִּירִי כִּי בֹשֶׁת עֲלוּמַיִךְ תִּשְׁכָּחִי
ה וְחֶרְפַּת אַלְמְנוּתַיִךְ לֹא תִזְכְּרִי־עוֹד: כִּי בֹעֲלַיִךְ עֹשַׂיִךְ יְהוָה
צְבָאוֹת שְׁמוֹ וְגֹאֲלֵךְ קְדוֹשׁ יִשְׂרָאֵל אֱלֹהֵי כָל־הָאָרֶץ יִקָּרֵא:
ו כִּי־כְאִשָּׁה עֲזוּבָה וַעֲצוּבַת רוּחַ קְרָאָךְ יְהוָה וְאֵשֶׁת נְעוּרִים כִּי
ז תִמָּאֵס אָמַר אֱלֹהָיִךְ: בְּרֶגַע קָטֹן עֲזַבְתִּיךְ וּבְרַחֲמִים גְּדֹלִים
ח אֲקַבְּצֵךְ: בְּשֶׁצֶף קֶצֶף הִסְתַּרְתִּי פָנַי רֶגַע מִמֵּךְ וּבְחֶסֶד עוֹלָם
ט רִחַמְתִּיךְ אָמַר גֹּאֲלֵךְ יְהוָה: כִּי־מֵי נֹחַ זֹאת לִי
אֲשֶׁר נִשְׁבַּעְתִּי מֵעֲבֹר מֵי־נֹחַ עוֹד עַל־הָאָרֶץ כֵּן נִשְׁבַּעְתִּי

י מִקְּצֹף עָלַיִךְ וּמִגְּעָר־בָּךְ׃ כִּי הֶהָרִים יָמוּשׁוּ וְהַגְּבָעוֹת תְּמוּטֶינָה
וְחַסְדִּי מֵאִתֵּךְ לֹא־יָמוּשׁ וּבְרִית שְׁלוֹמִי לֹא תָמוּט אָמַר
יא מְרַחֲמֵךְ יְהוָה׃ עֲנִיָּה סֹעֲרָה לֹא נֻחָמָה הִנֵּה
יב אָנֹכִי מַרְבִּיץ בַּפּוּךְ אֲבָנַיִךְ וִיסַדְתִּיךְ בַּסַּפִּירִים׃ וְשַׂמְתִּי כַּדְכֹד
שִׁמְשֹׁתַיִךְ וּשְׁעָרַיִךְ לְאַבְנֵי אֶקְדָּח וְכָל־גְּבוּלֵךְ לְאַבְנֵי־חֵפֶץ׃
יג יד וְכָל־בָּנַיִךְ לִמּוּדֵי יְהוָה וְרַב שְׁלוֹם בָּנָיִךְ׃ בִּצְדָקָה תִּכּוֹנָנִי רַחֲקִי
טו מֵעֹשֶׁק כִּי־לֹא תִירָאִי וּמִמְּחִתָּה כִּי לֹא־תִקְרַב אֵלָיִךְ׃ הֵן גּוֹר
טז יָגוּר אֶפֶס מֵאוֹתִי מִי־גָר אִתָּךְ עָלַיִךְ יִפּוֹל׃ הֵן אָנֹכִי בָּרָאתִי הִנֵּה
חָרָשׁ נֹפֵחַ בְּאֵשׁ פֶּחָם וּמוֹצִיא כְלִי לְמַעֲשֵׂהוּ וְאָנֹכִי בָּרָאתִי
יז מַשְׁחִית לְחַבֵּל׃ כָּל־כְּלִי יוּצַר עָלַיִךְ לֹא יִצְלָח וְכָל־לָשׁוֹן
תָּקוּם־אִתָּךְ לַמִּשְׁפָּט תַּרְשִׁיעִי זֹאת נַחֲלַת עַבְדֵי יְהוָה וְצִדְקָתָם
נה א מֵאִתִּי נְאֻם־יְהוָה׃ הוֹי כָּל־צָמֵא לְכוּ לַמַּיִם
וַאֲשֶׁר אֵין־לוֹ כָּסֶף לְכוּ שִׁבְרוּ וֶאֱכֹלוּ וּלְכוּ שִׁבְרוּ בְּלוֹא־כֶסֶף
ב וּבְלוֹא מְחִיר יַיִן וְחָלָב׃ לָמָּה תִשְׁקְלוּ־כֶסֶף בְּלוֹא־לֶחֶם
וִיגִיעֲכֶם בְּלוֹא לְשָׂבְעָה שִׁמְעוּ שָׁמוֹעַ אֵלַי וְאִכְלוּ־טוֹב וְתִתְעַנַּג
ג בַּדֶּשֶׁן נַפְשְׁכֶם׃ הַטּוּ אָזְנְכֶם וּלְכוּ אֵלַי שִׁמְעוּ וּתְחִי נַפְשְׁכֶם
ד וְאֶכְרְתָה לָכֶם בְּרִית עוֹלָם חַסְדֵי דָוִד הַנֶּאֱמָנִים׃ הֵן עֵד
ה לְאוּמִּים נְתַתִּיו נָגִיד וּמְצַוֵּה לְאֻמִּים׃ הֵן גּוֹי לֹא־תֵדַע תִּקְרָא
וְגוֹי לֹא־יְדָעוּךָ אֵלֶיךָ יָרוּצוּ לְמַעַן יְהוָה אֱלֹהֶיךָ וְלִקְדוֹשׁ
ו יִשְׂרָאֵל כִּי פֵאֲרָךְ׃ דִּרְשׁוּ יְהוָה בְּהִמָּצְאוֹ קְרָאֻהוּ
ז בִּהְיוֹתוֹ קָרוֹב׃ יַעֲזֹב רָשָׁע דַּרְכּוֹ וְאִישׁ אָוֶן מַחְשְׁבֹתָיו וְיָשֹׁב
ח אֶל־יְהוָה וִירַחֲמֵהוּ וְאֶל־אֱלֹהֵינוּ כִּי־יַרְבֶּה לִסְלוֹחַ׃ כִּי לֹא
ט מַחְשְׁבוֹתַי מַחְשְׁבוֹתֵיכֶם וְלֹא דַרְכֵיכֶם דְּרָכָי נְאֻם יְהוָה׃ כִּי־
גָבְהוּ שָׁמַיִם מֵאָרֶץ כֵּן גָּבְהוּ דְרָכַי מִדַּרְכֵיכֶם וּמַחְשְׁבֹתַי
י מִמַּחְשְׁבֹתֵיכֶם׃ כִּי כַּאֲשֶׁר יֵרֵד הַגֶּשֶׁם וְהַשֶּׁלֶג מִן־הַשָּׁמַיִם
וְשָׁמָּה לֹא יָשׁוּב כִּי אִם־הִרְוָה אֶת־הָאָרֶץ וְהוֹלִידָהּ וְהִצְמִיחָהּ
יא וְנָתַן זֶרַע לַזֹּרֵעַ וְלֶחֶם לָאֹכֵל׃ כֵּן יִהְיֶה דְבָרִי אֲשֶׁר יֵצֵא מִפִּי

לא־ישוב אלי ריקם כי אם־עשה את־אשר חפצתי והצליח
יב אשר שלחתיו: כי־בשמחה תצאו ובשלום תובלון ההרים
והגבעות יפצחו לפניכם רנה וכל־עצי השדה ימחאו־כף:
יג תחת הנעצוץ יעלה ברוש תחת הסרפד יעלה הדס והיה ותחת כג
א נו ליהוה לשם לאות עולם לא יכרת: כה אמר
יהוה שמרו משפט ועשו צדקה כי־קרובה ישועתי לבוא
ב וצדקתי להגלות: אשרי אנוש יעשה־זאת ובן־אדם יחזיק
ג בה שמר שבת מחללו ושמר ידו מעשות כל־רע: ואל־יאמר
בן־הנכר הנלוה אל־יהוה לאמר הבדל יבדילני יהוה מעל
ד עמו ואל־יאמר הסריס הן אני עץ יבש: כי־
כה ׀ אמר יהוה לסריסים אשר ישמרו את־שבתותי ובחרו
ה באשר חפצתי ומחזיקים בבריתי: ונתתי להם בביתי
ובחומתי יד ושם טוב מבנים ומבנות שם עולם אתן־לו אשר
ו לא יכרת: ובני הנכר הנלוים על־יהוה לשרתו
ולאהבה את־שם יהוה להיות לו לעבדים כל־שמר שבת
ז מחללו ומחזיקים בבריתי: והביאותים אל־הר קדשי
ושמחתים בבית תפלתי עולתיהם וזבחיהם לרצון על־
ח מזבחי כי ביתי בית־תפלה יקרא לכל־העמים: נאם אדני
ט יהוה מקבץ נדחי ישראל עוד אקבץ עליו לנקבציו: כל חיתו
י שדי אתיו לאכל כל־חיתו ביער: צפו עורים
כלם לא ידעו כלם כלבים אלמים לא יוכלו לנבח הזים
יא שכבים אהבי לנום: והכלבים עזי־נפש לא ידעו שבעה והמה
רעים לא ידעו הבין כלם לדרכם פנו איש לבצעו מקצהו:
יב אתיו אקחה־יין ונסבאה שכר והיה כזה יום מחר גדול יתר
א נז מאד: הצדיק אבד ואין איש שם על־לב ואנשי־חסד
ב נאספים באין מבין כי־מפני הרעה נאסף הצדיק: יבוא שלום
ג ינוחו על־משכבותם הלך נכחו: ואתם קרבו־

ד הִנֵּה בְּנֵי עֹנְנָה זֶרַע מְנָאֵף וַתִּזְנֶה׃ עַל־מִי תִּתְעַנָּגוּ עַל־מִי
תַּרְחִיבוּ פֶה תַּאֲרִיכוּ לָשׁוֹן הֲלוֹא־אַתֶּם יִלְדֵי־פֶשַׁע זֶרַע שָׁקֶר׃
ה הַנֵּחָמִים בָּאֵלִים תַּחַת כָּל־עֵץ רַעֲנָן שֹׁחֲטֵי הַיְלָדִים בַּנְּחָלִים
ו תַּחַת סְעִפֵי הַסְּלָעִים׃ בְּחַלְּקֵי־נַחַל חֶלְקֵךְ הֵם הֵם גּוֹרָלֵךְ גַּם־
ז לָהֶם שָׁפַכְתְּ נֶסֶךְ הֶעֱלִית מִנְחָה הַעַל אֵלֶּה אֶנָּחֵם׃ עַל הַר־גָּבֹהַּ
ח וְנִשָּׂא שַׂמְתְּ מִשְׁכָּבֵךְ גַּם־שָׁם עָלִית לִזְבֹּחַ זָבַח׃ וְאַחַר הַדֶּלֶת
וְהַמְּזוּזָה שַׂמְתְּ זִכְרוֹנֵךְ כִּי מֵאִתִּי גִּלִּית וַתַּעֲלִי הִרְחַבְתְּ מִשְׁכָּבֵךְ
ט וַתִּכְרָת־לָךְ מֵהֶם אָהַבְתְּ מִשְׁכָּבָם יָד חָזִית׃ וַתָּשֻׁרִי לַמֶּלֶךְ
בַּשֶּׁמֶן וַתַּרְבִּי רִקֻּחָיִךְ וַתְּשַׁלְּחִי צִרַיִךְ עַד־מֵרָחֹק וַתַּשְׁפִּילִי עַד־
י שְׁאוֹל׃ בְּרֹב דַּרְכֵּךְ יָגַעַתְּ לֹא אָמַרְתְּ נוֹאָשׁ חַיַּת יָדֵךְ מָצָאת
יא עַל־כֵּן לֹא חָלִית׃ וְאֶת־מִי דָּאַגְתְּ וַתִּירְאִי כִּי תְכַזֵּבִי וְאוֹתִי לֹא
זָכַרְתְּ לֹא־שַׂמְתְּ עַל־לִבֵּךְ הֲלֹא אֲנִי מַחְשֶׁה וּמֵעֹלָם וְאוֹתִי לֹא
יב יג תִירָאִי׃ אֲנִי אַגִּיד צִדְקָתֵךְ וְאֶת־מַעֲשַׂיִךְ וְלֹא יוֹעִילוּךְ׃ בְּזַעֲקֵךְ
יַצִּילֻךְ קִבּוּצַיִךְ וְאֶת־כֻּלָּם יִשָּׂא־רוּחַ יִקַּח־הָבֶל וְהַחוֹסֶה בִי
יד יִנְחַל־אֶרֶץ וְיִירַשׁ הַר־קָדְשִׁי׃ וְאָמַר סֹלּוּ־סֹלּוּ פַּנּוּ־דָרֶךְ הָרִימוּ
טו מִכְשׁוֹל מִדֶּרֶךְ עַמִּי׃ כִּי כֹה אָמַר רָם וְנִשָּׂא שֹׁכֵן
עַד וְקָדוֹשׁ שְׁמוֹ מָרוֹם וְקָדוֹשׁ אֶשְׁכּוֹן וְאֶת־דַּכָּא וּשְׁפַל־רוּחַ
טז לְהַחֲיוֹת רוּחַ שְׁפָלִים וּלְהַחֲיוֹת לֵב נִדְכָּאִים׃ כִּי לֹא לְעוֹלָם
אָרִיב וְלֹא לָנֶצַח אֶקְּצוֹף כִּי־רוּחַ מִלְּפָנַי יַעֲטוֹף וּנְשָׁמוֹת אֲנִי
יז עָשִׂיתִי׃ בַּעֲוֹן בִּצְעוֹ קָצַפְתִּי וְאַכֵּהוּ הַסְתֵּר וְאֶקְצֹף וַיֵּלֶךְ שׁוֹבָב
יח בְּדֶרֶךְ לִבּוֹ׃ דְּרָכָיו רָאִיתִי וְאֶרְפָּאֵהוּ וְאַנְחֵהוּ וַאֲשַׁלֵּם נִחֻמִים
יט לוֹ וְלַאֲבֵלָיו׃ בּוֹרֵא נוּב שְׂפָתָיִם שָׁלוֹם ׀ שָׁלוֹם לָרָחוֹק וְלַקָּרוֹב ניב
כ אָמַר יְהוָה וּרְפָאתִיו׃ וְהָרְשָׁעִים כַּיָּם נִגְרָשׁ כִּי הַשְׁקֵט לֹא
כא יוּכָל וַיִּגְרְשׁוּ מֵימָיו רֶפֶשׁ וָטִיט׃ אֵין שָׁלוֹם אָמַר אֱלֹהַי
נח א לָרְשָׁעִים׃ קְרָא בְגָרוֹן אַל־תַּחְשֹׂךְ כַּשּׁוֹפָר הָרֵם
ב קוֹלֶךָ וְהַגֵּד לְעַמִּי פִּשְׁעָם וּלְבֵית יַעֲקֹב חַטֹּאתָם׃ וְאוֹתִי יוֹם יוֹם
יִדְרֹשׁוּן וְדַעַת דְּרָכַי יֶחְפָּצוּן כְּגוֹי אֲשֶׁר־צְדָקָה עָשָׂה וּמִשְׁפַּט

אלהיו לא עזב ישאלוני משפטי־צדק קרבת אלהים יחפצון:
ג למה צמנו ולא ראית ענינו נפשנו ולא תדע הן ביום צמכם
ד תמצאו־חפץ וכל־עצביכם תנגשו: הן לריב ומצה תצומו
ולהכות באגרף רשע לא־תצומו כיום להשמיע במרום
ה קולכם: הכזה יהיה צום אבחרהו יום ענות אדם נפשו הלכף
כאגמן ראשו ושק ואפר יציע הלזה תקרא־צום ויום רצון
ו ליהוה: הלוא זה צום אבחרהו פתח חרצבות רשע התר
ז אגדות מוטה ושלח רצוצים חפשים וכל־מוטה תנתקו: הלוא
פרס לרעב לחמך ועניים מרודים תביא בית כי־תראה ערם
ח וכסיתו ומבשרך לא תתעלם: אז יבקע כשחר אורך וארכתך
ט מהרה תצמח והלך לפניך צדקך כבוד יהוה יאספך: אז
תקרא ויהוה יענה תשוע ויאמר הנני אם־תסיר מתוכך
י מוטה שלח אצבע ודבר־און: ותפק לרעב נפשך ונפש נענה
יא תשביע וזרח בחשך אורך ואפלתך כצהרים: ונחך יהוה
תמיד והשביע בצחצחות נפשך ועצמתיך יחליץ והיית כגן
יב רוה וכמוצא מים אשר לא־יכזבו מימיו: ובנו ממך חרבות
עולם מוסדי דור־ודור תקומם וקרא לך גדר פרץ משובב
יג נתיבות לשבת: אם־תשיב משבת רגלך עשות חפצך ביום
קדשי וקראת לשבת ענג לקדוש יהוה מכבד וכבדתו
יד מעשות דרכיך ממצוא חפצך ודבר דבר: אז תתענג על־ כד
יהוה והרכבתיך על־במותי ארץ והאכלתיך נחלת יעקב במתי
נט א אביך כי פי יהוה דבר: הן לא־קצרה יד־יהוה
ב מהושיע ולא־כבדה אזנו משמוע: כי אם־עונתיכם היו
מבדלים בינכם לבין אלהיכם וחטאותיכם הסתירו פנים מכם
ג משמוע: כי כפיכם נגאלו בדם ואצבעותיכם בעון שפתותיכם
ד דברו־שקר לשונכם עולה תהגה: אין־קרא בצדק ואין נשפט
באמונה בטוח על־תהו ודבר־שוא הרו עמל והוליד און:

ה ביצי צפעוני בקעו וקורי עכביש יארגו האכל מביציהם ימות
ו והזורה תבקע אפעה: קוריהם לא־יהיו לבגד ולא יתכסו
ז במעשיהם מעשיהם מעשי־און ופעל חמס בכפיהם: רגליהם
לרע ירצו וימהרו לשפך דם נקי מחשבותיהם מחשבות און
ח שד ושבר במסלותם: דרך שלום לא ידעו ואין משפט
במעגלותם נתיבותיהם עקשו להם כל דרך בה לא ידע
ט שלום: על־כן רחק משפט ממנו ולא תשיגנו צדקה נקוה
י לאור והנה־חשך לנגהות באפלות נהלך: נגששה כעורים
קיר וכאין עינים נגששה כשלנו בצהרים כנשף באשמנים
יא כמתים: נהמה כדבים כלנו וכיונים הגה נהגה נקוה למשפט
יב ואין לישועה רחקה ממנו: כי־רבו פשעינו נגדך וחטאותינו
יג ענתה בנו כי־פשעינו אתנו ועונתינו ידענום: פשע וכחש
ביהוה ונסוג מאחר אלהינו דבר־עשק וסרה הרו והגו מלב
יד דברי־שקר: והסג אחור משפט וצדקה מרחוק תעמד כי־
טו כשלה ברחוב אמת ונכחה לא־תוכל לבוא: ותהי האמת
נעדרת וסר מרע משתולל וירא יהוה וירע בעיניו כי־אין
טז משפט: וירא כי־אין איש וישתומם כי אין מפגיע ותושע
יז לו זרעו וצדקתו היא סמכתהו: וילבש צדקה כשרין וכובע
ישועה בראשו וילבש בגדי נקם תלבשת ויעט כמעיל קנאה:
יח כעל גמלות כעל ישלם חמה לצריו גמול לאיביו לאיים גמול
יט ישלם: וייראו ממערב את־שם יהוה וממזרח־שמש את־
כ כבודו כי־יבא כנהר צר רוח יהוה נססה בו: ובא לציון גואל
כא ולשבי פשע ביעקב נאם יהוה: ואני זאת בריתי אותם אמר
יהוה רוחי אשר עליך ודברי אשר־שמתי בפיך לא־ימושו
מפיך ומפי זרעך ומפי זרע זרעך אמר יהוה מעתה ועד־
ס א עולם: קומי אורי כי בא אורך וכבוד יהוה
ב עליך זרח: כי־הנה החשך יכסה־ארץ וערפל לאמים ועליך

ג יזרח יהוה וכבודו עליך יראה: והלכו גוים לאורך ומלכים
ד לנגה זרחך: שאי־סביב עיניך וראי כלם נקבצו באו־
ה לך בניך מרחוק יבאו ובנתיך על־צד תאמנה: אז תראי
ונהרת ופחד ורחב לבבך כי־יהפך עליך המון ים חיל גוים
ו יבאו לך: שפעת גמלים תכסך בכרי מדין ועיפה כלם
ז משבא יבאו זהב ולבונה ישאו ותהלות יהוה יבשרו: כל־
צאן קדר יקבצו לך אילי נביות ישרתונך יעלו על־רצון
ח מזבחי ובית תפארתי אפאר: מי־אלה כעב תעופינה וכיונים
ט אל־ארבתיהם: כי־לי ׀ איים יקוו ואניות תרשיש בראשנה
להביא בניך מרחוק כספם וזהבם אתם לשם יהוה אלהיך
י ולקדוש ישראל כי פארך: ובנו בני־נכר חמתיך ומלכיהם
יא ישרתונך כי בקצפי הכיתיך וברצוני רחמתיך: ופתחו שעריך
תמיד יומם ולילה לא יסגרו להביא אליך חיל גוים ומלכיהם
יב נהוגים: כי־הגוי והממלכה אשר לא־יעבדוך יאבדו והגוים
יג חרב יחרבו: כבוד הלבנון אליך יבוא ברוש תדהר ותאשור
יד יחדו לפאר מקום מקדשי ומקום רגלי אכבד: והלכו אליך
שחוח בני מעניך והשתחוו על־כפות רגליך כל־מנאציך
טו וקראו לך עיר יהוה ציון קדוש ישראל: תחת היותך עזובה
ושנואה ואין עובר ושמתיך לגאון עולם משוש דור ודור:
טז וינקת חלב גוים ושד מלכים תינקי וידעת כי אני יהוה
יז מושיעך וגאלך אביר יעקב: תחת הנחשת אביא זהב ותחת
הברזל אביא כסף ותחת העצים נחשת ותחת האבנים ברזל
יח ושמתי פקדתך שלום ונגשיך צדקה: לא־ישמע עוד חמס
בארצך שד ושבר בגבוליך וקראת ישועה חומתיך ושעריך
יט תהלה: לא־יהיה־לך עוד השמש לאור יומם ולנגה הירח
לא־יאיר לך והיה־לך יהוה לאור עולם ואלהיך לתפארתך:
כ לא־יבוא עוד שמשך וירחך לא יאסף כי יהוה יהיה־לך

כא לְאוֹר עוֹלָם וְשָׁלְמוּ יְמֵי אֶבְלֵךְ׃ וְעַמֵּךְ כֻּלָּם צַדִּיקִים לְעוֹלָם
כב יִירְשׁוּ אָרֶץ נֵצֶר מַטָּעַו מַעֲשֵׂה יָדַי לְהִתְפָּאֵר׃ הַקָּטֹן יִהְיֶה לָאֶלֶף מַטָּעַי
סא א וְהַצָּעִיר לְגוֹי עָצוּם אֲנִי יְהוָה בְּעִתָּהּ אֲחִישֶׁנָּה׃ רוּחַ
אֲדֹנָי יֱהוִה עָלָי יַעַן מָשַׁח יְהוָה אֹתִי לְבַשֵּׂר עֲנָוִים שְׁלָחַנִי לַחֲבֹשׁ
לְנִשְׁבְּרֵי־לֵב לִקְרֹא לִשְׁבוּיִם דְּרוֹר וְלַאֲסוּרִים פְּקַח־קוֹחַ׃
ב לִקְרֹא שְׁנַת־רָצוֹן לַיהוָה וְיוֹם נָקָם לֵאלֹהֵינוּ לְנַחֵם כָּל־
ג אֲבֵלִים׃ לָשׂוּם ׀ לַאֲבֵלֵי צִיּוֹן לָתֵת לָהֶם פְּאֵר תַּחַת אֵפֶר שֶׁמֶן
שָׂשׂוֹן תַּחַת אֵבֶל מַעֲטֵה תְהִלָּה תַּחַת רוּחַ כֵּהָה וְקֹרָא לָהֶם
ד אֵילֵי הַצֶּדֶק מַטַּע יְהוָה לְהִתְפָּאֵר׃ וּבָנוּ חָרְבוֹת עוֹלָם שֹׁמְמוֹת
ה רִאשֹׁנִים יְקוֹמֵמוּ וְחִדְּשׁוּ עָרֵי חֹרֶב שֹׁמְמוֹת דּוֹר וָדוֹר׃ וְעָמְדוּ
ו זָרִים וְרָעוּ צֹאנְכֶם וּבְנֵי נֵכָר אִכָּרֵיכֶם וְכֹרְמֵיכֶם׃ וְאַתֶּם כֹּהֲנֵי
יְהוָה תִּקָּרֵאוּ מְשָׁרְתֵי אֱלֹהֵינוּ יֵאָמֵר לָכֶם חֵיל גּוֹיִם תֹּאכֵלוּ
ז וּבִכְבוֹדָם תִּתְיַמָּרוּ׃ תַּחַת בָּשְׁתְּכֶם מִשְׁנֶה וּכְלִמָּה יָרֹנּוּ חֶלְקָם
ח לָכֵן בְּאַרְצָם מִשְׁנֶה יִירָשׁוּ שִׂמְחַת עוֹלָם תִּהְיֶה לָהֶם׃ כִּי
אֲנִי יְהוָה אֹהֵב מִשְׁפָּט שֹׂנֵא גָזֵל בְּעוֹלָה וְנָתַתִּי פְעֻלָּתָם
ט בֶּאֱמֶת וּבְרִית עוֹלָם אֶכְרוֹת לָהֶם׃ וְנוֹדַע בַּגּוֹיִם זַרְעָם כה
וְצֶאֱצָאֵיהֶם בְּתוֹךְ הָעַמִּים כָּל־רֹאֵיהֶם יַכִּירוּם כִּי הֵם זֶרַע בֵּרַךְ
י יְהוָה׃ שׂוֹשׂ אָשִׂישׂ בַּיהוָה תָּגֵל נַפְשִׁי בֵּאלֹהַי כִּי
הִלְבִּישַׁנִי בִּגְדֵי־יֶשַׁע מְעִיל צְדָקָה יְעָטָנִי כֶּחָתָן יְכַהֵן פְּאֵר
יא וְכַכַּלָּה תַּעְדֶּה כֵלֶיהָ׃ כִּי כָאָרֶץ תּוֹצִיא צִמְחָהּ וּכְגַנָּה זֵרוּעֶיהָ
תַצְמִיחַ כֵּן ׀ אֲדֹנָי יְהוִה יַצְמִיחַ צְדָקָה וּתְהִלָּה נֶגֶד כָּל־הַגּוֹיִם׃
סב א לְמַעַן צִיּוֹן לֹא אֶחֱשֶׁה וּלְמַעַן יְרוּשָׁלִַם לֹא אֶשְׁקוֹט עַד־יֵצֵא
ב כַנֹּגַהּ צִדְקָהּ וִישׁוּעָתָהּ כְּלַפִּיד יִבְעָר׃ וְרָאוּ גוֹיִם צִדְקֵךְ וְכָל־
מְלָכִים כְּבוֹדֵךְ וְקֹרָא לָךְ שֵׁם חָדָשׁ אֲשֶׁר פִּי יְהוָה יִקֳּבֶנּוּ׃
ג וְהָיִית עֲטֶרֶת תִּפְאֶרֶת בְּיַד־יְהוָה וּצְנוּף מְלוּכָה בְּכַף־אֱלֹהָיִךְ׃ וּצְנִיף
ד לֹא־יֵאָמֵר לָךְ עוֹד עֲזוּבָה וּלְאַרְצֵךְ לֹא־יֵאָמֵר עוֹד שְׁמָמָה כִּי
לָךְ יִקָּרֵא חֶפְצִי־בָהּ וּלְאַרְצֵךְ בְּעוּלָה כִּי־חָפֵץ יְהוָה בָּךְ וְאַרְצֵךְ

שנה

תבעל: כי־יבעל בחור בתולה יבעלוך בניך ומשוש חתן על־ ה
כלה ישיש עליך אלהיך: על־חומתיך ירושלם הפקדתי ו
שמרים כל־היום וכל־הלילה תמיד לא יחשו המזכרים את־
יהוה אל־דמי לכם: ואל־תתנו דמי לו עד־יכונן ועד־ישים ז
את־ירושלם תהלה בארץ: נשבע יהוה בימינו ובזרוע עזו ח
אם־אתן את־דגנך עוד מאכל לאיביך ואם־ישתו בני־נכר
תירושך אשר יגעת בו: כי מאספיו יאכלהו והללו את־יהוה ט
ומקבציו ישתהו בחצרות קדשי: עברו עברו י
בשערים פנו דרך העם סלו סלו המסלה סקלו מאבן הרימו
נס על־העמים: הנה יהוה השמיע אל־קצה הארץ אמרו יא
לבת־ציון הנה ישעך בא הנה שכרו אתו ופעלתו לפניו:
וקראו להם עם־הקדש גאולי יהוה ולך יקרא דרושה עיר לא יב
נעזבה: מי־זה ׀ בא מאדום חמוץ בגדים א סג
מבצרה זה הדור בלבושו צעה ברב כחו אני מדבר בצדקה
רב להושיע: מדוע אדם ללבושך ובגדיך כדרך בגת: פורה ׀ ב ג
דרכתי לבדי ומעמים אין־איש אתי ואדרכם באפי וארמסם
בחמתי ויז נצחם על־בגדי וכל־מלבושי אגאלתי: כי יום נקם ד
בלבי ושנת גאולי באה: ואביט ואין עזר ואשתומם ואין ה
סומך ותושע לי זרעי וחמתי היא סמכתני: ואבוס עמים באפי ו
ואשכרם בחמתי ואוריד לארץ נצחם: חסדי ז
יהוה ׀ אזכיר תהלת יהוה כעל כל אשר־גמלנו יהוה ורב־
טוב לבית ישראל אשר־גמלם כרחמיו וכרב חסדיו: ויאמר ח
אך־עמי המה בנים לא ישקרו ויהי להם למושיע: בכל־ ט
לו צרתם ׀ לא צר ומלאך פניו הושיעם באהבתו ובחמלתו הוא
גאלם וינטלם וינשאם כל־ימי עולם: והמה מרו ועצבו את־ י
רוח קדשו ויהפך להם לאויב הוא נלחם־בם: ויזכר ימי־עולם יא
משה עמו איה ׀ המעלם מים את רעה צאנו איה השם בקרבו

יב אֶת־רוּחַ קָדְשׁוֹ: מוֹלִיךְ לִימִין מֹשֶׁה זְרוֹעַ תִּפְאַרְתּוֹ בּוֹקֵעַ מַיִם
יג מִפְּנֵיהֶם לַעֲשׂוֹת לוֹ שֵׁם עוֹלָם: מוֹלִיכָם בַּתְּהֹמוֹת כַּסּוּס
יד בַּמִּדְבָּר לֹא יִכָּשֵׁלוּ: כַּבְּהֵמָה בַּבִּקְעָה תֵרֵד רוּחַ יהוה תְּנִיחֶנּוּ
טו כֵּן נִהַגְתָּ עַמְּךָ לַעֲשׂוֹת לְךָ שֵׁם תִּפְאָרֶת: הַבֵּט מִשָּׁמַיִם וּרְאֵה
מִזְּבֻל קָדְשְׁךָ וְתִפְאַרְתֶּךָ אַיֵּה קִנְאָתְךָ וּגְבוּרֹתֶךָ הֲמוֹן מֵעֶיךָ
טז וְרַחֲמֶיךָ אֵלַי הִתְאַפָּקוּ: כִּי־אַתָּה אָבִינוּ כִּי אַבְרָהָם לֹא יְדָעָנוּ
וְיִשְׂרָאֵל לֹא יַכִּירָנוּ אַתָּה יהוה אָבִינוּ גֹּאֲלֵנוּ מֵעוֹלָם שְׁמֶךָ:
יז לָמָּה תַתְעֵנוּ יהוה מִדְּרָכֶיךָ תַּקְשִׁיחַ לִבֵּנוּ מִיִּרְאָתֶךָ שׁוּב לְמַעַן
יח עֲבָדֶיךָ שִׁבְטֵי נַחֲלָתֶךָ: לַמִּצְעָר יָרְשׁוּ עַם־קָדְשֶׁךָ צָרֵינוּ בּוֹסְסוּ
יט מִקְדָּשֶׁךָ: הָיִינוּ מֵעוֹלָם לֹא־מָשַׁלְתָּ בָּם לֹא־נִקְרָא שִׁמְךָ
סד א עֲלֵיהֶם לוּא־קָרַעְתָּ שָׁמַיִם יָרַדְתָּ מִפָּנֶיךָ הָרִים נָזֹלּוּ: כִּקְדֹחַ
אֵשׁ הֲמָסִים מַיִם תִּבְעֶה־אֵשׁ לְהוֹדִיעַ שִׁמְךָ לְצָרֶיךָ מִפָּנֶיךָ גּוֹיִם
ב יִרְגָּזוּ: בַּעֲשׂוֹתְךָ נוֹרָאוֹת לֹא נְקַוֶּה יָרַדְתָּ מִפָּנֶיךָ הָרִים נָזֹלּוּ:
ג וּמֵעוֹלָם לֹא־שָׁמְעוּ לֹא הֶאֱזִינוּ עַיִן לֹא־רָאָתָה אֱלֹהִים זוּלָתְךָ
ד יַעֲשֶׂה לִמְחַכֵּה־לוֹ: פָּגַעְתָּ אֶת־שָׂשׂ וְעֹשֵׂה צֶדֶק בִּדְרָכֶיךָ
ה יִזְכְּרוּךָ הֵן־אַתָּה קָצַפְתָּ וַנֶּחֱטָא בָּהֶם עוֹלָם וְנִוָּשֵׁעַ: וַנְּהִי כַטָּמֵא
כֻּלָּנוּ וּכְבֶגֶד עִדִּים כָּל־צִדְקֹתֵינוּ וַנָּבֶל כֶּעָלֶה כֻּלָּנוּ וַעֲוֹנֵנוּ כָּרוּחַ
ו יִשָּׂאֻנוּ: וְאֵין־קוֹרֵא בְשִׁמְךָ מִתְעוֹרֵר לְהַחֲזִיק בָּךְ כִּי־הִסְתַּרְתָּ
ז פָנֶיךָ מִמֶּנּוּ וַתְּמוּגֵנוּ בְּיַד־עֲוֹנֵנוּ: וְעַתָּה יהוה אָבִינוּ אָתָּה אֲנַחְנוּ
ח הַחֹמֶר וְאַתָּה יֹצְרֵנוּ וּמַעֲשֵׂה יָדְךָ כֻּלָּנוּ: אַל־תִּקְצֹף יהוה עַד־
ט מְאֹד וְאַל־לָעַד תִּזְכֹּר עָוֹן הֵן הַבֶּט־נָא עַמְּךָ כֻלָּנוּ: עָרֵי קָדְשְׁךָ
י הָיוּ מִדְבָּר צִיּוֹן מִדְבָּר הָיָתָה יְרוּשָׁלִַם שְׁמָמָה: בֵּית קָדְשֵׁנוּ
וְתִפְאַרְתֵּנוּ אֲשֶׁר הִלְלוּךָ אֲבֹתֵינוּ הָיָה לִשְׂרֵפַת אֵשׁ וְכָל־
יא מַחֲמַדֵּינוּ הָיָה לְחָרְבָּה: הַעַל־אֵלֶּה תִתְאַפַּק יהוה תֶּחֱשֶׁה
סה א וּתְעַנֵּנוּ עַד־מְאֹד: נִדְרַשְׁתִּי לְלוֹא שָׁאָלוּ נִמְצֵאתִי
לְלֹא בִקְשֻׁנִי אָמַרְתִּי הִנֵּנִי הִנֵּנִי אֶל־גּוֹי לֹא־קֹרָא בִשְׁמִי:
ב פֵּרַשְׂתִּי יָדַי כָּל־הַיּוֹם אֶל־עַם סוֹרֵר הַהֹלְכִים הַדֶּרֶךְ לֹא־טוֹב

ג אחר מחשבתיהם: העם המכעסים אתי על־פני תמיד
ד זבחים בגנות ומקטרים על־הלבנים: הישבים בקברים
ומרק ובנצורים ילינו האכלים בשר החזיר ופרק פגלים כליהם:
ה האמרים קרב אליך אל־תגש־בי כי קדשתיך אלה עשן
ו באפי אש יקדת כל־היום: הנה כתובה לפני לא אחשה כי
ז אם־שלמתי ושלמתי על־חיקם: עונתיכם ועונת אבותיכם
יחדו אמר יהוה אשר קטרו על־ההרים ועל־הגבעות חרפוני
ח אל־ ומדתי פעלתם ראשנה על־חיקם: כה | אמר
יהוה כאשר ימצא התירוש באשכול ואמר אל־תשחיתהו כי
ברכה בו כן אעשה למען עבדי לבלתי השחית הכל:
ט כו והוצאתי מיעקב זרע ומיהודה יורש הרי וירשוה בחירי
י ועבדי ישכנו־שמה: והיה השרון לנוה־צאן ועמק עכור
יא לרבץ בקר לעמי אשר דרשוני: ואתם עזבי יהוה השכחים
את־הר קדשי הערכים לגד שלחן והממלאים למני ממסך:
יב ומניתי אתכם לחרב וכלכם לטבח תכרעו יען קראתי ולא
עניתם דברתי ולא שמעתם ותעשו הרע בעיני ובאשר לא־
יג חפצתי בחרתם: לכן כה־אמר | אדני יהוה הנה
עבדי | יאכלו ואתם תרעבו הנה עבדי ישתו ואתם תצמאו
יד הנה עבדי ישמחו ואתם תבשו: הנה עבדי ירנו מטוב לב
טו ואתם תצעקו מכאב לב ומשבר רוח תילילו: והנחתם שמכם
לשבועה לבחירי והמיתך אדני יהוה ולעבדיו יקרא שם
טז אחר: אשר המתברך בארץ יתברך באלהי אמן והנשבע
בארץ ישבע באלהי אמן כי נשכחו הצרות הראשנות וכי
יז נסתרו מעיני: כי־הנני בורא שמים חדשים וארץ חדשה ולא
יח תזכרנה הראשנות ולא תעלינה על־לב: כי־אם־שישו וגילו
עדי־עד אשר אני בורא כי הנני בורא את־ירושלם גילה
יט ועמה משוש: וגלתי בירושלם וששתי בעמי ולא־ישמע בה

כ עוֹד קוֹל בְּכִי וְקוֹל זְעָקָה: לֹא־יִהְיֶה מִשָּׁם עוֹד עוּל יָמִים וְזָקֵן
אֲשֶׁר לֹא־יְמַלֵּא אֶת־יָמָיו כִּי הַנַּעַר בֶּן־מֵאָה שָׁנָה יָמוּת
כא וְהַחוֹטֶא בֶּן־מֵאָה שָׁנָה יְקֻלָּל: וּבָנוּ בָתִּים וְיָשָׁבוּ וְנָטְעוּ כְרָמִים
כב וְאָכְלוּ פִּרְיָם: לֹא יִבְנוּ וְאַחֵר יֵשֵׁב לֹא יִטְּעוּ וְאַחֵר יֹאכֵל כִּי־
כג כִימֵי הָעֵץ יְמֵי עַמִּי וּמַעֲשֵׂה יְדֵיהֶם יְבַלּוּ בְחִירָי: לֹא יִיגְעוּ
לָרִיק וְלֹא יֵלְדוּ לַבֶּהָלָה כִּי זֶרַע בְּרוּכֵי יְהוָה הֵמָּה וְצֶאֱצָאֵיהֶם
כד אִתָּם: וְהָיָה טֶרֶם יִקְרָאוּ וַאֲנִי אֶעֱנֶה עוֹד הֵם מְדַבְּרִים וַאֲנִי
כה אֶשְׁמָע: זְאֵב וְטָלֶה יִרְעוּ כְאֶחָד וְאַרְיֵה כַּבָּקָר יֹאכַל־תֶּבֶן וְנָחָשׁ
עָפָר לַחְמוֹ לֹא־יָרֵעוּ וְלֹא־יַשְׁחִיתוּ בְּכָל־הַר קָדְשִׁי אָמַר
סו א יְהוָה: כֹּה אָמַר יְהוָה הַשָּׁמַיִם כִּסְאִי וְהָאָרֶץ
הֲדֹם רַגְלָי אֵי־זֶה בַיִת אֲשֶׁר תִּבְנוּ־לִי וְאֵי־זֶה מָקוֹם מְנוּחָתִי:
ב וְאֶת־כָּל־אֵלֶּה יָדִי עָשָׂתָה וַיִּהְיוּ כָל־אֵלֶּה נְאֻם־יְהוָה וְאֶל־זֶה
ג אַבִּיט אֶל־עָנִי וּנְכֵה־רוּחַ וְחָרֵד עַל־דְּבָרִי: שׁוֹחֵט הַשּׁוֹר מַכֵּה־
אִישׁ זוֹבֵחַ הַשֶּׂה עֹרֵף כֶּלֶב מַעֲלֵה מִנְחָה דַּם־חֲזִיר מַזְכִּיר
לְבֹנָה מְבָרֵךְ אָוֶן גַּם־הֵמָּה בָּחֲרוּ בְּדַרְכֵיהֶם וּבְשִׁקּוּצֵיהֶם נַפְשָׁם
ד חָפֵצָה: גַּם־אֲנִי אֶבְחַר בְּתַעֲלֻלֵיהֶם וּמְגוּרֹתָם אָבִיא לָהֶם יַעַן
קָרָאתִי וְאֵין עוֹנֶה דִּבַּרְתִּי וְלֹא שָׁמֵעוּ וַיַּעֲשׂוּ הָרַע בְּעֵינַי
ה וּבַאֲשֶׁר לֹא־חָפַצְתִּי בָּחָרוּ: שִׁמְעוּ דְּבַר־יְהוָה
הַחֲרֵדִים אֶל־דְּבָרוֹ אָמְרוּ אֲחֵיכֶם שֹׂנְאֵיכֶם מְנַדֵּיכֶם לְמַעַן שְׁמִי
ו יִכְבַּד יְהוָה וְנִרְאֶה בְשִׂמְחַתְכֶם וְהֵם יֵבֹשׁוּ: קוֹל שָׁאוֹן מֵעִיר
ז קוֹל מֵהֵיכָל קוֹל יְהוָה מְשַׁלֵּם גְּמוּל לְאֹיְבָיו: בְּטֶרֶם תָּחִיל
ח יָלָדָה בְּטֶרֶם יָבוֹא חֵבֶל לָהּ וְהִמְלִיטָה זָכָר: מִי־שָׁמַע כָּזֹאת
מִי רָאָה כָּאֵלֶּה הֲיוּחַל אֶרֶץ בְּיוֹם אֶחָד אִם־יִוָּלֵד גּוֹי פַּעַם
ט אֶחָת כִּי־חָלָה גַּם־יָלְדָה צִיּוֹן אֶת־בָּנֶיהָ: הַאֲנִי אַשְׁבִּיר
וְלֹא אוֹלִיד יֹאמַר יְהוָה אִם־אֲנִי הַמּוֹלִיד וְעָצַרְתִּי אָמַר
י אֱלֹהָיִךְ: שִׂמְחוּ אֶת־יְרוּשָׁלַםִ וְגִילוּ בָהּ כָּל־
יא אֹהֲבֶיהָ שִׂישׂוּ אִתָּהּ מָשׂוֹשׂ כָּל־הַמִּתְאַבְּלִים עָלֶיהָ: לְמַעַן

תִּינְקוּ וּשְׂבַעְתֶּם מִשֹּׁד תַּנְחֻמֶיהָ לְמַעַן תָּמֹצּוּ וְהִתְעַנַּגְתֶּם מִזִּיז
יב כְּבוֹדָהּ׃ כִּי־כֹה ׀ אָמַר יְהוָה הִנְנִי נֹטֶה־אֵלֶיהָ
כְּנָהָר שָׁלוֹם וּכְנַחַל שׁוֹטֵף כְּבוֹד גּוֹיִם וִינַקְתֶּם עַל־צַד תִּנָּשֵׂאוּ
יג וְעַל־בִּרְכַּיִם תְּשָׁעֳשָׁעוּ׃ כְּאִישׁ אֲשֶׁר אִמּוֹ תְּנַחֲמֶנּוּ כֵּן אָנֹכִי
יד אֲנַחֶמְכֶם וּבִירוּשָׁלִַם תְּנֻחָמוּ׃ וּרְאִיתֶם וְשָׂשׂ לִבְּכֶם וְעַצְמוֹתֵיכֶם
כַּדֶּשֶׁא תִפְרַחְנָה וְנוֹדְעָה יַד־יְהוָה אֶת־עֲבָדָיו וְזָעַם אֶת־
טו אֹיְבָיו׃ כִּי־הִנֵּה יְהוָה בָּאֵשׁ יָבוֹא וְכַסּוּפָה מַרְכְּבֹתָיו לְהָשִׁיב
טז בְּחֵמָה אַפּוֹ וְגַעֲרָתוֹ בְּלַהֲבֵי־אֵשׁ׃ כִּי בָאֵשׁ יְהוָה נִשְׁפָּט וּבְחַרְבּוֹ
יז אֶת־כָּל־בָּשָׂר וְרַבּוּ חַלְלֵי יְהוָה׃ הַמִּתְקַדְּשִׁים וְהַמִּטַּהֲרִים אֶל־
הַגַּנּוֹת אַחַר אַחַד בַּתָּוֶךְ אֹכְלֵי בְּשַׂר הַחֲזִיר וְהַשֶּׁקֶץ וְהָעַכְבָּר אַחַת
יח יַחְדָּו יָסֻפוּ נְאֻם־יְהוָה׃ וְאָנֹכִי מַעֲשֵׂיהֶם וּמַחְשְׁבֹתֵיהֶם בָּאָה
לְקַבֵּץ אֶת־כָּל־הַגּוֹיִם וְהַלְּשֹׁנוֹת וּבָאוּ וְרָאוּ אֶת־כְּבוֹדִי׃
יט וְשַׂמְתִּי בָהֶם אוֹת וְשִׁלַּחְתִּי מֵהֶם ׀ פְּלֵיטִים אֶל־הַגּוֹיִם תַּרְשִׁישׁ
פּוּל וְלוּד מֹשְׁכֵי קֶשֶׁת תֻּבַל וְיָוָן הָאִיִּים הָרְחֹקִים אֲשֶׁר לֹא־
שָׁמְעוּ אֶת־שִׁמְעִי וְלֹא־רָאוּ אֶת־כְּבוֹדִי וְהִגִּידוּ אֶת־כְּבוֹדִי
כ בַּגּוֹיִם׃ וְהֵבִיאוּ אֶת־כָּל־אֲחֵיכֶם ׀ מִכָּל־הַגּוֹיִם ׀ מִנְחָה ׀ לַיהוָה
בַּסּוּסִים וּבָרֶכֶב וּבַצַּבִּים וּבַפְּרָדִים וּבַכִּרְכָּרוֹת עַל הַר קָדְשִׁי
יְרוּשָׁלִַם אָמַר יְהוָה כַּאֲשֶׁר יָבִיאוּ בְנֵי יִשְׂרָאֵל אֶת־הַמִּנְחָה
כא בִּכְלִי טָהוֹר בֵּית יְהוָה׃ וְגַם־מֵהֶם אֶקַּח לַכֹּהֲנִים לַלְוִיִּם אָמַר
כב יְהוָה׃ כִּי כַאֲשֶׁר הַשָּׁמַיִם הַחֲדָשִׁים וְהָאָרֶץ הַחֲדָשָׁה אֲשֶׁר אֲנִי
עֹשֶׂה עֹמְדִים לְפָנַי נְאֻם־יְהוָה כֵּן יַעֲמֹד זַרְעֲכֶם וְשִׁמְכֶם׃
כג וְהָיָה מִדֵּי־חֹדֶשׁ בְּחָדְשׁוֹ וּמִדֵּי שַׁבָּת בְּשַׁבַּתּוֹ יָבוֹא כָל־בָּשָׂר
כד לְהִשְׁתַּחֲוֹת לְפָנַי אָמַר יְהוָה׃ וְיָצְאוּ וְרָאוּ בְּפִגְרֵי הָאֲנָשִׁים
הַפֹּשְׁעִים בִּי כִּי תוֹלַעְתָּם לֹא תָמוּת וְאִשָּׁם לֹא תִכְבֶּה
וְהָיוּ דֵרָאוֹן לְכָל־בָּשָׂר׃

והיה מדי חדש בחדשו ומדי שבת בשבתו
יבוא כל בשר להשתחות לפני
אמר יהוה

ירמיה

א דברי ירמיהו בן־חלקיהו מן־הכהנים אשר בענתות בארץ א
ב בנימן: אשר היה דבר־יהוה אליו בימי יאשיהו בן־אמון
ג מלך יהודה בשלש־עשרה שנה למלכו: ויהי בימי יהויקים
בן־יאשיהו מלך יהודה עד־תם עשתי־עשרה שנה
לצדקיהו בן־יאשיהו מלך יהודה עד־גלות ירושלם בחדש
ד ה החמישי: ויהי דבר־יהוה אלי לאמר: בטרם
אצורך בבטן ידעתיך ובטרם תצא מרחם הקדשתיך נביא אֶצָּרְךָ
ו לגוים נתתיך: ואמר אהה אדני יהוה הנה לא־ידעתי דבר
ז כי־נער אנכי: ויאמר יהוה אלי אל־תאמר נער אנכי כי על־
ח כל־אשר אשלחך תלך ואת כל־אשר אצוך תדבר: אל־
ט תירא מפניהם כי־אתך אני להצלך נאם־יהוה: וישלח יהוה
את־ידו ויגע על־פי ויאמר יהוה אלי הנה נתתי דברי בפיך:
י ראה הפקדתיך | היום הזה על־הגוים ועל־הממלכות לנתוש
יא ולנתוץ ולהאביד ולהרוס לבנות ולנטוע: ויהי
דבר־יהוה אלי לאמר מה־אתה ראה ירמיהו ואמר מקל
יב שקד אני ראה: ויאמר יהוה אלי היטבת לראות כי־שקד
יג אני על־דברי לעשתו: ויהי דבר־יהוה | אלי
שנית לאמר מה אתה ראה ואמר סיר נפוח אני ראה ופניו
יד מפני צפונה: ויאמר יהוה אלי מצפון תפתח הרעה על כל־
טו ישבי הארץ: כי | הנני קרא לכל־משפחות ממלכות צפונה
נאם־יהוה ובאו ונתנו איש כסאו פתח | שערי ירושלם ועל
טז כל־חומתיה סביב ועל כל־ערי יהודה: ודברתי משפטי
אותם על כל־רעתם אשר עזבוני ויקטרו לאלהים אחרים
יז וישתחוו למעשי ידיהם: ואתה תאזר מתניך וקמת ודברת
אליהם את כל־אשר אנכי אצוך אל־תחת מפניהם פן־
יח אחתך לפניהם: ואני הנה נתתיך היום לעיר מבצר ולעמוד
ברזל ולחמות נחשת על־כל־הארץ למלכי יהודה לשריה

יט לכהניה ולעם הארץ: ונלחמו אליך ולא־יוכלו לך כי־אתך
א ב אני נאם־יהוה להצילך: ויהי דבר־יהוה אלי
ב לאמר: הלך וקראת באזני ירושלם לאמר כה אמר יהוה
זכרתי לך חסד נעוריך אהבת כלולתיך לכתך אחרי
ג במדבר בארץ לא זרועה: קדש ישראל ליהוה ראשית
תבואתה כל־אכליו יאשמו רעה תבא אליהם נאם־
ד יהוה: שמעו דבר־יהוה בית יעקב וכל־
ה משפחות בית ישראל: כה | אמר יהוה מה־מצאו אבותיכם
ו בי עול כי רחקו מעלי וילכו אחרי ההבל ויהבלו: ולא אמרו
איה יהוה המעלה אתנו מארץ מצרים המוליך אתנו
במדבר בארץ ערבה ושוחה בארץ ציה וצלמות בארץ לא־
ז עבר בה איש ולא־ישב אדם שם: ואביא אתכם אל־ארץ
הכרמל לאכל פריה וטובה ותבאו ותטמאו את־ארצי
ח ונחלתי שמתם לתועבה: הכהנים לא אמרו איה יהוה ותפשי
התורה לא ידעוני והרעים פשעו בי והנביאים נבאו בבעל
ט ואחרי לא־יועלו הלכו: לכן עד אריב אתכם נאם־יהוה
י ואת־בני בניכם אריב: כי עברו איי כתיים וראו וקדר שלחו
יא והתבוננו מאד וראו הן היתה כזאת: ההימיר גוי אלהים
יב והמה לא אלהים ועמי המיר כבודו בלוא יועיל: שמו שמים
יג על־זאת ושערו חרבו מאד נאם־יהוה: כי־שתים רעות עשה
עמי אתי עזבו מקור | מים חיים לחצב להם בארות בארת
יד נשברים אשר לא־יכלו המים: העבד ישראל אם־יליד בית
טו הוא מדוע היה לבז: עליו ישאגו כפרים נתנו קולם וישיתו
טז ארצו לשמה עריו נצתה מבלי ישב: גם־בני־נף ותחפנס נצתו | ותחפנחס
יז ירעוך קדקד: הלוא־זאת תעשה־לך עזבך את־יהוה אלהיך
יח בעת מולכך בדרך: ועתה מה־לך לדרך מצרים לשתות מי
יט שחור ומה־לך לדרך אשור לשתות מי נהר: תיסרך רעתך

וּמְשֻׁבוֹתַיִךְ תּוֹכִחֻךְ וּדְעִי וּרְאִי כִּי־רַע וָמָר עָזְבֵךְ אֶת־יְהוָה
כ אֱלֹהָיִךְ וְלֹא פַחְדָּתִי אֵלַיִךְ נְאֻם־אֲדֹנָי יֱהוִה צְבָאוֹת׃ כִּי מֵעוֹלָם
שָׁבַרְתִּי עֻלֵּךְ נִתַּקְתִּי מוֹסְרוֹתַיִךְ וַתֹּאמְרִי לֹא אעבוד כִּי עַל־ אֶעֱבוֹר
כא כָּל־גִּבְעָה גְּבֹהָה וְתַחַת כָּל־עֵץ רַעֲנָן אַתְּ צֹעָה זֹנָה׃ וְאָנֹכִי
נְטַעְתִּיךְ שֹׂרֵק כֻּלֹּה זֶרַע אֱמֶת וְאֵיךְ נֶהְפַּכְתְּ לִי סוּרֵי הַגֶּפֶן
כב נָכְרִיָּה׃ כִּי אִם־תְּכַבְּסִי בַּנֶּתֶר וְתַרְבִּי־לָךְ בֹּרִית נִכְתָּם עֲוֹנֵךְ
כג לְפָנַי נְאֻם אֲדֹנָי יֱהוִה׃ אֵיךְ תֹּאמְרִי לֹא נִטְמֵאתִי אַחֲרֵי
הַבְּעָלִים לֹא הָלַכְתִּי רְאִי דַרְכֵּךְ בַּגַּיְא דְּעִי מֶה עָשִׂית בִּכְרָה
כד קַלָּה מְשָׂרֶכֶת דְּרָכֶיהָ׃ פֶּרֶה ׀ לִמֻּד מִדְבָּר בְּאַוַּת נפשו שָׁאֲפָה נַפְשָׁהּ
רוּחַ תַּאֲנָתָהּ מִי יְשִׁיבֶנָּה כָּל־מְבַקְשֶׁיהָ לֹא יִיעָפוּ בְּחָדְשָׁהּ
כה יִמְצָאוּנְהָ׃ מִנְעִי רַגְלֵךְ מִיָּחֵף וגורנך מִצִּמְאָה וַתֹּאמְרִי נוֹאָשׁ וּגְרוֹנֵךְ
כו לוֹא כִּי־אָהַבְתִּי זָרִים וְאַחֲרֵיהֶם אֵלֵךְ׃ כְּבֹשֶׁת גַּנָּב כִּי יִמָּצֵא
כֵּן הֹבִישׁוּ בֵּית יִשְׂרָאֵל הֵמָּה מַלְכֵיהֶם שָׂרֵיהֶם וְכֹהֲנֵיהֶם
כז וּנְבִיאֵיהֶם׃ אֹמְרִים לָעֵץ אָבִי אַתָּה וְלָאֶבֶן אַתְּ ילדתני כִּי־פָנוּ יְלִדְתָּנוּ
אֵלַי עֹרֶף וְלֹא פָנִים וּבְעֵת רָעָתָם יֹאמְרוּ קוּמָה וְהוֹשִׁיעֵנוּ׃
כח וְאַיֵּה אֱלֹהֶיךָ אֲשֶׁר עָשִׂיתָ לָּךְ יָקוּמוּ אִם־יוֹשִׁיעוּךָ בְּעֵת רָעָתֶךָ
כט כִּי מִסְפַּר עָרֶיךָ הָיוּ אֱלֹהֶיךָ יְהוּדָה׃ לָמָּה תָרִיבוּ
ל אֵלָי כֻּלְּכֶם פְּשַׁעְתֶּם בִּי נְאֻם־יְהוָה׃ לַשָּׁוְא הִכֵּיתִי אֶת־בְּנֵיכֶם
מוּסָר לֹא לָקָחוּ אָכְלָה חַרְבְּכֶם נְבִיאֵיכֶם כְּאַרְיֵה מַשְׁחִית׃
לא הַדּוֹר אַתֶּם רְאוּ דְבַר־יְהוָה הֲמִדְבָּר הָיִיתִי לְיִשְׂרָאֵל אִם אֶרֶץ
מַאְפֵּלְיָה מַדּוּעַ אָמְרוּ עַמִּי רַדְנוּ לוֹא־נָבוֹא עוֹד אֵלֶיךָ׃
לב הֲתִשְׁכַּח בְּתוּלָה עֶדְיָהּ כַּלָּה קִשֻּׁרֶיהָ וְעַמִּי שְׁכֵחוּנִי יָמִים אֵין
לג מִסְפָּר׃ מַה־תֵּיטִבִי דַּרְכֵּךְ לְבַקֵּשׁ אַהֲבָה לָכֵן גַּם אֶת־הָרָעוֹת
לד למדתי אֶת־דְּרָכָיִךְ׃ גַּם בִּכְנָפַיִךְ נִמְצְאוּ דַּם נַפְשׁוֹת אֶבְיוֹנִים לִמַּדְתְּ
לה נְקִיִּים לֹא־בַמַּחְתֶּרֶת מְצָאתִים כִּי עַל־כָּל־אֵלֶּה׃ וַתֹּאמְרִי כִּי
נִקֵּיתִי אַךְ שָׁב אַפּוֹ מִמֶּנִּי הִנְנִי נִשְׁפָּט אוֹתָךְ עַל־אָמְרֵךְ לֹא
לו חָטָאתִי׃ מַה־תֵּזְלִי מְאֹד לְשַׁנּוֹת אֶת־דַּרְכֵּךְ גַּם מִמִּצְרַיִם

תבשי כאשר־בשת מאשור: גם מאת זה תצאי וידיך על־ לז
ראשך כי־מאס יהוה במבטחיך ולא תצליחי להם: לאמר הן א ג
ישלח איש את־אשתו והלכה מאתו והיתה לאיש־אחר
הישוב אליה עוד הלוא חנוף תחנף הארץ ההיא ואת זנית
רעים רבים ושוב אלי נאם־יהוה: שאי־עיניך על־שפים וראי ב
שכבת איפה לא שגלת על־דרכים ישבת להם כערבי במדבר ותחניפי
ארץ בזנותיך וברעתך: וימנעו רבבים ומלקוש לוא היה ג
קראת ב ומצח אשה זונה היה לך מאנת הכלם: הלוא מעתה קראתי ד
לי אבי אלוף נערי אתה: הינטר לעולם אם־ישמר לנצח ה
הנה דברת ותעשי הרעות ותוכל: ויאמר יהוה ו
אלי בימי יאשיהו המלך הראית אשר עשתה משבה ישראל
הלכה היא על־כל־הר גבה ואל־תחת כל־עץ רענן ותזני־
שם: ואמר אחרי עשותה את־כל־אלה אלי תשוב ולא־שבה ז
ותרא ותראה בגודה אחותה יהודה: וארא כי על־כל־אדות אשר ח
נאפה משבה ישראל שלחתיה ואתן את־ספר כריתתיה
אליה ולא יראה בגדה יהודה אחותה ותלך ותזן גם־היא:
והיה מקל זנותה ותחנף את־הארץ ותנאף את־האבן ואת־ ט
העץ: וגם־בכל־זאת לא־שבה אלי בגודה אחותה יהודה י
בכל־לבה כי אם־בשקר נאם־יהוה: ויאמר יא
יהוה אלי צדקה נפשה משבה ישראל מבגדה יהודה: הלך יב
וקראת את־הדברים האלה צפונה ואמרת שובה משבה
ישראל נאם־יהוה לוא־אפיל פני בכם כי־חסיד אני נאם־
יהוה לא אטור לעולם: אך דעי עונך כי ביהוה אלהיך יג
פשעת ותפזרי את־דרכיך לזרים תחת כל־עץ רענן ובקולי
לא־שמעתם נאם־יהוה: שובו בנים שובבים נאם־יהוה כי יד
אנכי בעלתי בכם ולקחתי אתכם אחד מעיר ושנים
ממשפחה והבאתי אתכם ציון: ונתתי לכם רעים כלבי ודעו טו

טו אֶתְכֶם דֵּעָה וְהַשְׂכֵּיל׃ וְהָיָה כִּי תִרְבּוּ וּפְרִיתֶם בָּאָרֶץ בַּיָּמִים
הָהֵמָּה נְאֻם־יְהוָה לֹא־יֹאמְרוּ עוֹד אֲרוֹן בְּרִית־יְהוָה וְלֹא יַעֲלֶה
יז עַל־לֵב וְלֹא יִזְכְּרוּ־בוֹ וְלֹא יִפְקֹדוּ וְלֹא יֵעָשֶׂה עוֹד׃ בָּעֵת
הַהִיא יִקְרְאוּ לִירוּשָׁלִַם כִּסֵּא יְהוָה וְנִקְווּ אֵלֶיהָ כָל־הַגּוֹיִם
לְשֵׁם יְהוָה לִירוּשָׁלִָם וְלֹא־יֵלְכוּ עוֹד אַחֲרֵי שְׁרִרוּת לִבָּם
יח הָרָע׃ בַּיָּמִים הָהֵמָּה יֵלְכוּ בֵית־יְהוּדָה עַל־בֵּית
יִשְׂרָאֵל וְיָבֹאוּ יַחְדָּו מֵאֶרֶץ צָפוֹן עַל־הָאָרֶץ אֲשֶׁר הִנְחַלְתִּי
יט אֶת־אֲבוֹתֵיכֶם׃ וְאָנֹכִי אָמַרְתִּי אֵיךְ אֲשִׁיתֵךְ בַּבָּנִים וְאֶתֶּן־לָךְ
אֶרֶץ חֶמְדָּה נַחֲלַת צְבִי צִבְאוֹת גּוֹיִם וָאֹמַר אָבִי תקראו־לִי תִּקְרְאִי־
כ וּמֵאַחֲרַי לֹא תשובו׃ אָכֵן בָּגְדָה אִשָּׁה מֵרֵעָהּ כֵּן בְּגַדְתֶּם בִּי תָשׁוּבִי
כא בֵּית יִשְׂרָאֵל נְאֻם־יְהוָה׃ קוֹל עַל־שְׁפָיִים נִשְׁמָע בְּכִי תַּחֲנוּנֵי
בְּנֵי יִשְׂרָאֵל כִּי הֶעֱווּ אֶת־דַּרְכָּם שָׁכְחוּ אֶת־יְהוָה אֱלֹהֵיהֶם׃
כב שׁוּבוּ בָּנִים שׁוֹבָבִים אֶרְפָּה מְשׁוּבֹתֵיכֶם הִנְנוּ אָתָנוּ לָךְ כִּי אַתָּה
כג יְהוָה אֱלֹהֵינוּ׃ אָכֵן לַשֶּׁקֶר מִגְּבָעוֹת הָמוֹן הָרִים אָכֵן בַּיהוָה
כד אֱלֹהֵינוּ תְּשׁוּעַת יִשְׂרָאֵל׃ וְהַבֹּשֶׁת אָכְלָה אֶת־יְגִיעַ אֲבוֹתֵינוּ
מִנְּעוּרֵינוּ אֶת־צֹאנָם וְאֶת־בְּקָרָם אֶת־בְּנֵיהֶם וְאֶת־בְּנוֹתֵיהֶם׃
כה נִשְׁכְּבָה בְּבָשְׁתֵּנוּ וּתְכַסֵּנוּ כְּלִמָּתֵנוּ כִּי לַיהוָה אֱלֹהֵינוּ חָטָאנוּ
אֲנַחְנוּ וַאֲבוֹתֵינוּ מִנְּעוּרֵינוּ וְעַד־הַיּוֹם הַזֶּה וְלֹא שָׁמַעְנוּ
ד א בְּקוֹל יְהוָה אֱלֹהֵינוּ׃ אִם־תָּשׁוּב יִשְׂרָאֵל ׀ נְאֻם־יְהוָה אֵלַי
ב תָּשׁוּב וְאִם־תָּסִיר שִׁקּוּצֶיךָ מִפָּנַי וְלֹא תָנוּד׃ וְנִשְׁבַּעְתָּ
חַי־יְהוָה בֶּאֱמֶת בְּמִשְׁפָּט וּבִצְדָקָה וְהִתְבָּרְכוּ בוֹ גּוֹיִם וּבוֹ
ג יִתְהַלָּלוּ׃ כִּי־כֹה ׀ אָמַר יְהוָה לְאִישׁ יְהוּדָה
ד וְלִירוּשָׁלִַם נִירוּ לָכֶם נִיר וְאַל־תִּזְרְעוּ אֶל־קֹצִים׃ הִמֹּלוּ לַיהוָה
וְהָסִרוּ עָרְלוֹת לְבַבְכֶם אִישׁ יְהוּדָה וְיֹשְׁבֵי יְרוּשָׁלִָם פֶּן־תֵּצֵא
ה כָאֵשׁ חֲמָתִי וּבָעֲרָה וְאֵין מְכַבֶּה מִפְּנֵי רֹעַ מַעַלְלֵיכֶם׃ הַגִּידוּ
בִיהוּדָה וּבִירוּשָׁלִַם הַשְׁמִיעוּ וְאִמְרוּ ותקעו שׁוֹפָר בָּאָרֶץ קִרְאוּ תִּקְעוּ
ו מַלְאוּ וְאִמְרוּ הֵאָסְפוּ וְנָבוֹאָה אֶל־עָרֵי הַמִּבְצָר׃ שְׂאוּ־נֵס

ציונה העיזו אל־תעמדו כי רעה אנכי מביא מצפון ושבר ו
גדול: עלה אריה מסבכו ומשחית גוים נסע יצא ממקמו ז
לשום ארצך לשמה עריך תצינה מאין יושב: על־זאת ח
חגרו שקים ספדו והילילו כי לא־שב חרון אף־יהוה
ממנו: והיה ביום־ההוא נאם־יהוה יאבד לב־ ט
המלך ולב השרים ונשמו הכהנים והנבאים יתמהו: ואמר י
אהה ׀ אדני יהוה אכן השא השאת לעם הזה ולירושלם
לאמר שלום יהיה לכם ונגעה חרב עד־הנפש: בעת ההיא יא
יאמר לעם־הזה ולירושלם רוח צח שפים במדבר דרך בת־
עמי לוא לזרות ולוא להבר: רוח מלא מאלה יבוא לי עתה יב
גם־אני אדבר משפטים אותם: הנה ׀ כעננים יעלה וכסופה יג
מרכבותיו קלו מנשרים סוסיו אוי לנו כי שדדנו: כבסי יד
מרעה לבך ירושלם למען תושעי עד־מתי תלין בקרבך
מחשבות אונך: כי קול מגיד מדן ומשמיע און מהר אפרים: טו
הזכירו לגוים הנה השמיעו על־ירושלם נצרים באים מארץ טז
המרחק ויתנו על־ערי יהודה קולם: כשמרי שדי היו עליה יז
מסביב כי־אתי מרתה נאם יהוה: דרכך ומעלליך עשו אלה יח
לך זאת רעתך כי מר כי נגע עד־לבך: מעי ׀ יט
אוחילה מעי ׀ אחולה קירות לבי המה־לי לבי לא אחרש כי קול
שמעת שופר שמעתי נפשי תרועת מלחמה: שבר על־שבר נקרא כ
כי־שדדה כל־הארץ פתאם שדדו אהלי רגע יריעתי: עד־ כא
מתי אראה־נס אשמעה קול שופר: כי ׀ אויל כב
עמי אותי לא ידעו בנים סכלים המה ולא נבונים המה
חכמים המה להרע ולהיטיב לא ידעו: ראיתי את־הארץ כג
והנה־תהו ובהו ואל־השמים ואין אורם: ראיתי ההרים והנה כד
רעשים וכל־הגבעות התקלקלו: ראיתי והנה אין האדם כה
וכל־עוף השמים נדדו: ראיתי והנה הכרמל המדבר וכל־ כו

ד

כז עָרָיו נִתְּצוּ מִפְּנֵי יְהוָה מִפְּנֵי חֲרוֹן אַפּוֹ׃ כִּי־כֹה
כח אָמַר יְהוָה שְׁמָמָה תִהְיֶה כָּל־הָאָרֶץ וְכָלָה לֹא אֶעֱשֶׂה׃ עַל־
זֹאת תֶּאֱבַל הָאָרֶץ וְקָדְרוּ הַשָּׁמַיִם מִמָּעַל עַל כִּי־דִבַּרְתִּי זַמֹּתִי
כט וְלֹא נִחַמְתִּי וְלֹא־אָשׁוּב מִמֶּנָּה׃ מִקּוֹל פָּרָשׁ וְרֹמֵה קֶשֶׁת
בֹּרַחַת כָּל־הָעִיר בָּאוּ בֶּעָבִים וּבַכֵּפִים עָלוּ כָּל־הָעִיר עֲזוּבָה
ל וְאֵין־יוֹשֵׁב בָּהֵן אִישׁ׃ ואתי שָׁדוּד מַה־תַּעֲשִׂי כִּי־תִלְבְּשִׁי שָׁנִי וְאַתְּ
כִּי־תַעְדִּי עֲדִי־זָהָב כִּי־תִקְרְעִי בַפּוּךְ עֵינַיִךְ לַשָּׁוְא תִּתְיַפִּי
לא מָאֲסוּ־בָךְ עֹגְבִים נַפְשֵׁךְ יְבַקֵּשׁוּ׃ כִּי קוֹל כְּחוֹלָה שָׁמַעְתִּי צָרָה
כְּמַבְכִּירָה קוֹל בַּת־צִיּוֹן תִּתְיַפֵּחַ תְּפָרֵשׂ כַּפֶּיהָ אוֹי־נָא לִי כִּי־
ה א עָיְפָה נַפְשִׁי לְהֹרְגִים׃ שׁוֹטְטוּ בְּחוּצוֹת יְרוּשָׁלִַם ג
וּרְאוּ־נָא וּדְעוּ וּבַקְשׁוּ בִרְחוֹבוֹתֶיהָ אִם־תִּמְצְאוּ אִישׁ אִם־יֵשׁ
ב עֹשֶׂה מִשְׁפָּט מְבַקֵּשׁ אֱמוּנָה וְאֶסְלַח לָהּ׃ וְאִם חַי־יְהוָה יֹאמֵרוּ
ג לָכֵן לַשֶּׁקֶר יִשָּׁבֵעוּ׃ יְהוָה עֵינֶיךָ הֲלוֹא לֶאֱמוּנָה הִכִּיתָה אֹתָם
וְלֹא־חָלוּ כִּלִּיתָם מֵאֲנוּ קַחַת מוּסָר חִזְּקוּ פְנֵיהֶם מִסֶּלַע מֵאֲנוּ
ד לָשׁוּב׃ וַאֲנִי אָמַרְתִּי אַךְ־דַּלִּים הֵם נוֹאֲלוּ כִּי לֹא יָדְעוּ דֶּרֶךְ
ה יְהוָה מִשְׁפַּט אֱלֹהֵיהֶם׃ אֵלֲכָה־לִּי אֶל־הַגְּדֹלִים וַאֲדַבְּרָה אוֹתָם
כִּי הֵמָּה יָדְעוּ דֶּרֶךְ יְהוָה מִשְׁפַּט אֱלֹהֵיהֶם אַךְ הֵמָּה יַחְדָּו שָׁבְרוּ
ו עֹל נִתְּקוּ מוֹסֵרוֹת׃ עַל־כֵּן הִכָּם אַרְיֵה מִיַּעַר זְאֵב עֲרָבוֹת
יְשָׁדְדֵם נָמֵר שֹׁקֵד עַל־עָרֵיהֶם כָּל־הַיּוֹצֵא מֵהֵנָּה יִטָּרֵף כִּי רַבּוּ
ז פִּשְׁעֵיהֶם עָצְמוּ מְשֻׁבוֹתֵיהֶם׃ אֵי לָזֹאת אסלוח־לָךְ בָּנַיִךְ אֶסְלַח־
עֲזָבוּנִי וַיִּשָּׁבְעוּ בְּלֹא אֱלֹהִים וָאַשְׂבִּעַ אוֹתָם וַיִּנְאָפוּ וּבֵית זוֹנָה
ח יִתְגּוֹדָדוּ׃ סוּסִים מוזנים מַשְׁכִּים הָיוּ אִישׁ אֶל־אֵשֶׁת רֵעֵהוּ מְיֻזָּנִים
ט יִצְהָלוּ׃ הַעַל־אֵלֶּה לוֹא־אֶפְקֹד נְאֻם־יְהוָה וְאִם בְּגוֹי אֲשֶׁר־
י כָּזֶה לֹא תִתְנַקֵּם נַפְשִׁי׃ עֲלוּ בְשָׁרוֹתֶיהָ וְשַׁחֵתוּ
יא וְכָלָה אַל־תַּעֲשׂוּ הָסִירוּ נְטִישׁוֹתֶיהָ כִּי לוֹא לַיהוָה הֵמָּה׃ כִּי
יב בָגוֹד בָּגְדוּ בִּי בֵּית יִשְׂרָאֵל וּבֵית יְהוּדָה נְאֻם־יְהוָה׃ כִּחֲשׁוּ
בַּיהוָה וַיֹּאמְרוּ לוֹא־הוּא וְלֹא־תָבוֹא עָלֵינוּ רָעָה וְחֶרֶב וְרָעָב

יג לוא נראה: והנביאים יהיו לרוח והדבר אין בהם כה יעשה
יד להם: לכן כה־אמר יהוה אלהי צבאות יען
דברכם את־הדבר הזה הנני נתן דברי בפיך לאש והעם הזה
טו עצים ואכלתם: הנני מביא עליכם גוי ממרחק בית ישראל
נאם־יהוה גוי איתן הוא גוי מעולם הוא גוי לא־תדע לשנו
טז ולא תשמע מה־ידבר: אשפתו כקבר פתוח כלם גבורים:
יז ואכל קצירך ולחמך יאכלו בניך ובנותיך יאכל צאנך ובקרך
יאכל גפנך ותאנתך ירשש ערי מבצריך אשר אתה בוטח
יח בהנה בחרב: וגם בימים ההמה נאם־יהוה לא־אעשה אתכם
יט כלה: והיה כי תאמרו תחת מה עשה יהוה אלהינו
לנו את־כל־אלה ואמרת אליהם כאשר עזבתם אותי
ותעבדו אלהי נכר בארצכם כן תעבדו זרים בארץ לא
כ לכם: הגידו זאת בבית יעקב והשמיעוה
כא ביהודה לאמר: שמעו־נא זאת עם סכל ואין לב עינים
כב להם ולא יראו אזנים להם ולא ישמעו: האותי לא־תיראו
נאם־יהוה אם מפני לא תחילו אשר־שמתי חול גבול לים
חק־עולם ולא יעברנהו ויתגעשו ולא יוכלו והמו גליו ולא־
כג כד יעברנהו: ולעם הזה היה לב סורר ומורה סרו וילכו: ולוא־
אמרו בלבבם נירא נא את־יהוה אלהינו הנתן גשם וירה יורה
כה ומלקוש בעתו שבעת חקות קציר ישמר־לנו: עונותיכם
כו הטו־אלה וחטאותיכם מנעו הטוב מכם: כי־נמצאו בעמי
רשעים ישור כשך יקושים הציבו משחית אנשים ילכדו:
כז ככלוב מלא עוף כן בתיהם מלאים מרמה על־כן גדלו
כח ויעשירו: שמנו עשתו גם עברו דברי־רע דין לא־דנו
כט דין יתום ויצליחו ומשפט אביונים לא שפטו: העל־אלה
לא־אפקד נאם־יהוה אם בגוי אשר־כזה לא תתנקם
ל לא נפשי: שמה ושערורה נהיתה בארץ: הנבאים

נִבְּאוּ בַשֶּׁקֶר וְהַכֹּהֲנִים יִרְדּוּ עַל־יְדֵיהֶם וְעַמִּי אָהֲבוּ כֵן וּמַה־
ו א תַּעֲשׂוּ לְאַחֲרִיתָהּ׃ הָעִזוּ ׀ בְּנֵי בִנְיָמִן מִקֶּרֶב יְרוּשָׁלִַם וּבִתְקוֹעַ
תִּקְעוּ שׁוֹפָר וְעַל־בֵּית הַכֶּרֶם שְׂאוּ מַשְׂאֵת כִּי רָעָה נִשְׁקְפָה
ב ג מִצָּפוֹן וְשֶׁבֶר גָּדוֹל׃ הַנָּוָה וְהַמְּעֻנָּגָה דָּמִיתִי בַּת־צִיּוֹן׃ אֵלֶיהָ ד
יָבֹאוּ רֹעִים וְעֶדְרֵיהֶם תָּקְעוּ עָלֶיהָ אֹהָלִים סָבִיב רָעוּ אִישׁ אֶת־
ד יָדוֹ׃ קַדְּשׁוּ עָלֶיהָ מִלְחָמָה קוּמוּ וְנַעֲלֶה בַצָּהֳרָיִם אוֹי לָנוּ כִּי־
ה פָנָה הַיּוֹם כִּי־יִנָּטוּ צִלְלֵי־עָרֶב׃ קוּמוּ וְנַעֲלֶה בַלָּיְלָה וְנַשְׁחִיתָה
ו אַרְמְנוֹתֶיהָ׃ כִּי כֹה אָמַר יְהוָה צְבָאוֹת כִּרְתוּ
עֵצָה וְשִׁפְכוּ עַל־יְרוּשָׁלִַם סֹלְלָה הִיא הָעִיר הָפְקַד כֻּלָּהּ עֹשֶׁק
ז בְּקִרְבָּהּ׃ כְּהָקִיר בּוֹר מֵימֶיהָ כֵּן הֵקֵרָה רָעָתָהּ חָמָס וָשֹׁד יִשָּׁמַע בַּיִר
ח בָּהּ עַל־פָּנַי תָּמִיד חֳלִי וּמַכָּה׃ הִוָּסְרִי יְרוּשָׁלִַם פֶּן־תֵּקַע נַפְשִׁי
ט מִמֵּךְ פֶּן־אֲשִׂימֵךְ שְׁמָמָה אֶרֶץ לוֹא נוֹשָׁבָה׃ כֹּה
אָמַר יְהוָה צְבָאוֹת עוֹלֵל יְעוֹלְלוּ כַגֶּפֶן שְׁאֵרִית יִשְׂרָאֵל הָשֵׁב
י יָדְךָ כְּבוֹצֵר עַל־סַלְסִלּוֹת׃ עַל־מִי אֲדַבְּרָה וְאָעִידָה וְיִשְׁמָעוּ
הִנֵּה עֲרֵלָה אָזְנָם וְלֹא יוּכְלוּ לְהַקְשִׁיב הִנֵּה דְבַר־יְהוָה הָיָה
יא לָהֶם לְחֶרְפָּה לֹא יַחְפְּצוּ־בוֹ׃ וְאֵת חֲמַת יְהוָה ׀ מָלֵאתִי נִלְאֵיתִי
הָכִיל שְׁפֹךְ עַל־עוֹלָל בַּחוּץ וְעַל סוֹד בַּחוּרִים יַחְדָּו כִּי־גַם־אִישׁ
יב עִם־אִשָּׁה יִלָּכֵדוּ זָקֵן עִם־מְלֵא יָמִים׃ וְנָסַבּוּ בָתֵּיהֶם לַאֲחֵרִים
שָׂדוֹת וְנָשִׁים יַחְדָּו כִּי־אַטֶּה אֶת־יָדִי עַל־יֹשְׁבֵי הָאָרֶץ נְאֻם־
יג יְהוָה׃ כִּי מִקְּטַנָּם וְעַד־גְּדוֹלָם כֻּלּוֹ בּוֹצֵעַ בָּצַע וּמִנָּבִיא וְעַד־
יד כֹּהֵן כֻּלּוֹ עֹשֶׂה שָּׁקֶר׃ וַיְרַפְּאוּ אֶת־שֶׁבֶר עַמִּי עַל־נְקַלָּה לֵאמֹר
טו שָׁלוֹם ׀ שָׁלוֹם וְאֵין שָׁלוֹם׃ הוֹבִשׁוּ כִּי־תוֹעֵבָה עָשׂוּ גַּם־בּוֹשׁ
לֹא־יֵבוֹשׁוּ גַּם־הַכְלִים לֹא יָדָעוּ לָכֵן יִפְּלוּ בַנֹּפְלִים בְּעֵת־
טז פְּקַדְתִּים יִכָּשְׁלוּ אָמַר יְהוָה׃ כֹּה אָמַר יְהוָה
עִמְדוּ עַל־דְּרָכִים וּרְאוּ וְשַׁאֲלוּ ׀ לִנְתִבוֹת עוֹלָם אֵי־זֶה דֶרֶךְ
הַטּוֹב וּלְכוּ־בָהּ וּמִצְאוּ מַרְגּוֹעַ לְנַפְשְׁכֶם וַיֹּאמְרוּ לֹא נֵלֵךְ׃
יז וַהֲקִמֹתִי עֲלֵיכֶם צֹפִים הַקְשִׁיבוּ לְקוֹל שׁוֹפָר וַיֹּאמְרוּ לֹא

יח יט נִקְשִׁיב: לָכֵן שִׁמְעוּ הַגּוֹיִם וּדְעִי עֵדָה אֶת־אֲשֶׁר־בָּם: שִׁמְעִי
הָאָרֶץ הִנֵּה אָנֹכִי מֵבִיא רָעָה אֶל־הָעָם הַזֶּה פְּרִי מַחְשְׁבוֹתָם
כ כִּי עַל־דְּבָרַי לֹא הִקְשִׁיבוּ וְתוֹרָתִי וַיִּמְאֲסוּ־בָהּ: לָמָּה־זֶּה לִי
לְבוֹנָה מִשְּׁבָא תָבוֹא וְקָנֶה הַטּוֹב מֵאֶרֶץ מֶרְחָק עֹלוֹתֵיכֶם לֹא
כא לְרָצוֹן וְזִבְחֵיכֶם לֹא־עָרְבוּ לִי: לָכֵן כֹּה אָמַר
יְהוָה הִנְנִי נֹתֵן אֶל־הָעָם הַזֶּה מִכְשֹׁלִים וְכָשְׁלוּ בָם אָבוֹת וּבָנִים
כב יַחְדָּו שָׁכֵן וְרֵעוֹ יאבדו: כֹּה אָמַר יְהוָה הִנֵּה עַם — וְאָבָדוּ
כג בָּא מֵאֶרֶץ צָפוֹן וְגוֹי גָּדוֹל יֵעוֹר מִיַּרְכְּתֵי־אָרֶץ: קֶשֶׁת וְכִידוֹן
יַחֲזִיקוּ אַכְזָרִי הוּא וְלֹא יְרַחֵמוּ קוֹלָם כַּיָּם יֶהֱמֶה וְעַל־סוּסִים
כד יִרְכָּבוּ עָרוּךְ כְּאִישׁ לַמִּלְחָמָה עָלַיִךְ בַּת־צִיּוֹן: שָׁמַעְנוּ אֶת־
כה שָׁמְעוֹ רָפוּ יָדֵינוּ צָרָה הֶחֱזִקַתְנוּ חִיל כַּיּוֹלֵדָה: אל־תצאי — תֵּצְאוּ
כו השדה ובדרך אל־תלכי כִּי חֶרֶב לְאֹיֵב מָגוֹר מִסָּבִיב: בַּת־ — תֵּלֵכוּ
עַמִּי חִגְרִי־שָׂק וְהִתְפַּלְּשִׁי בָאֵפֶר אֵבֶל יָחִיד עֲשִׂי־לָךְ מִסְפַּד
כז תַּמְרוּרִים כִּי פִתְאֹם יָבֹא הַשֹּׁדֵד עָלֵינוּ: בָּחוֹן נְתַתִּיךָ בְעַמִּי
כח מִבְצָר וְתֵדַע וּבָחַנְתָּ אֶת־דַּרְכָּם: כֻּלָּם סָרֵי סוֹרְרִים הֹלְכֵי רָכִיל
כט נְחֹשֶׁת וּבַרְזֶל כֻּלָּם מַשְׁחִיתִים הֵמָּה: נָחַר מַפֻּחַ מאשתם — מֵאֵשׁ תַּם
ל עֹפָרֶת לַשָּׁוְא צָרַף צָרוֹף וְרָעִים לֹא נִתָּקוּ: כֶּסֶף נִמְאָס קָרְאוּ
ז א לָהֶם כִּי־מָאַס יְהוָה בָּהֶם: הַדָּבָר אֲשֶׁר־הָיָה
ב אֶל־יִרְמְיָהוּ מֵאֵת יְהוָה לֵאמֹר: עֲמֹד בְּשַׁעַר בֵּית יְהוָה וְקָרָאתָ
שָּׁם אֶת־הַדָּבָר הַזֶּה וְאָמַרְתָּ שִׁמְעוּ דְבַר־יְהוָה כָּל־יְהוּדָה
ג הַבָּאִים בַּשְּׁעָרִים הָאֵלֶּה לְהִשְׁתַּחֲוֹת לַיהוָה: כֹּה־
אָמַר יְהוָה צְבָאוֹת אֱלֹהֵי יִשְׂרָאֵל הֵיטִיבוּ דַרְכֵיכֶם וּמַעַלְלֵיכֶם
ד וַאֲשַׁכְּנָה אֶתְכֶם בַּמָּקוֹם הַזֶּה: אַל־תִּבְטְחוּ לָכֶם אֶל־דִּבְרֵי
ה הַשֶּׁקֶר לֵאמֹר הֵיכַל יְהוָה הֵיכַל יְהוָה הֵיכַל יְהוָה הֵמָּה: כִּי אִם־
הֵיטֵיב תֵּיטִיבוּ אֶת־דַּרְכֵיכֶם וְאֶת־מַעַלְלֵיכֶם אִם־עָשׂוֹ תַעֲשׂוּ
ו מִשְׁפָּט בֵּין אִישׁ וּבֵין רֵעֵהוּ: גֵּר יָתוֹם וְאַלְמָנָה לֹא תַעֲשֹׁקוּ וְדָם
נָקִי אַל־תִּשְׁפְּכוּ בַּמָּקוֹם הַזֶּה וְאַחֲרֵי אֱלֹהִים אֲחֵרִים לֹא תֵלְכוּ

ז לרע לכם: ושכנתי אתכם במקום הזה בארץ אשר נתתי
ח לאבותיכם למן-עולם ועד-עולם: הנה אתם בטחים לכם
ט על-דברי השקר לבלתי הועיל: הגנב | רצח ונאף והשבע
לשקר וקטר לבעל והלך אחרי אלהים אחרים אשר לא-
י ידעתם: ובאתם ועמדתם לפני בבית הזה אשר נקרא-שמי
עליו ואמרתם נצלנו למען עשות את כל-התועבת האלה:
יא המערת פרצים היה הבית הזה אשר-נקרא-שמי עליו
יב בעיניכם גם אנכי הנה ראיתי נאם-יהוה: כי לכו-נא אל-
מקומי אשר בשילו אשר שכנתי שמי שם בראשונה וראו
יג את אשר-עשיתי לו מפני רעת עמי ישראל: ועתה יען
עשותכם את-כל-המעשים האלה נאם-יהוה ואדבר אליכם
השכם ודבר ולא שמעתם ואקרא אתכם ולא עניתם:
יד ועשיתי לבית | אשר נקרא-שמי עליו אשר אתם בטחים בו
ולמקום אשר-נתתי לכם ולאבותיכם כאשר עשיתי לשלו:
טו והשלכתי אתכם מעל פני כאשר השלכתי את-כל-אחיכם
טז את כל-זרע אפרים: ואתה אל-תתפלל | בעד-
העם הזה ואל-תשא בעדם רנה ותפלה ואל-תפגע-בי
יז כי-אינני שמע אתך: האינך ראה מה המה עשים בערי
יח יהודה ובחצות ירושלם: הבנים מלקטים עצים והאבות
מבערים את-האש והנשים לשות בצק לעשות כונים
למלכת השמים והסך נסכים לאלהים אחרים למען הכעסני:
יט האתי הם מכעסים נאם-יהוה הלוא אתם למען בשת
כ פניהם: לכן כה-אמר | אדני יהוה הנה אפי וחמתי
נתכת אל-המקום הזה על-האדם ועל-הבהמה ועל-עץ
כא השדה ועל-פרי האדמה ובערה ולא תכבה: כה
אמר יהוה צבאות אלהי ישראל עלותיכם ספו על-זבחיכם
כב ואכלו בשר: כי לא-דברתי את-אבותיכם ולא צויתים ביום

ה הוציא אותם מארץ מצרים על־דברי עולה וזבח: כי אם־ כג
את־הדבר הזה צויתי אותם לאמר שמעו בקולי והייתי לכם
לאלהים ואתם תהיו־לי לעם והלכתם בכל־הדרך אשר
אצוה אתכם למען ייטב לכם: ולא שמעו ולא־הטו את־ כד
אזנם וילכו במעצות בשררות לבם הרע ויהיו לאחור ולא
לפנים: למן־היום אשר יצאו אבותיכם מארץ מצרים עד כה
היום הזה ואשלח אליכם את־כל־עבדי הנביאים יום השכם
ושלח: ולוא שמעו אלי ולא הטו את־אזנם ויקשו את־ערפם כו
הרעו מאבותם: ודברת אליהם את־כל־הדברים האלה ולא כז
ישמעו אליך וקראת אליהם ולא יענוכה: ואמרת אליהם זה כח
הגוי אשר לוא־שמעו בקול יהוה אלהיו ולא לקחו מוסר
אבדה האמונה ונכרתה מפיהם: גזי נזרך כט
והשליכי ושאי על־שפים קינה כי מאס יהוה ויטש את־דור
עברתו: כי־עשו בני־יהודה הרע בעיני נאם־יהוה שמו ל
שקוציהם בבית אשר־נקרא־שמי עליו לטמאו: ובנו במות לא
התפת אשר בגיא בן־הנם לשרף את־בניהם ואת־בנתיהם
באש אשר לא צויתי ולא עלתה על־לבי: לכן לב
הנה ימים באים נאם־יהוה ולא־יאמר עוד התפת וגיא בן־
הנם כי אם־גיא ההרגה וקברו בתפת מאין מקום: והיתה לג
נבלת העם הזה למאכל לעוף השמים ולבהמת הארץ ואין
מחריד: והשבתי ׀ מערי יהודה ומחצות ירושלם קול ששון לד
וקול שמחה קול חתן וקול כלה כי לחרבה תהיה הארץ:
יוציאו ח בעת ההיא נאם־יהוה ויוציאו את־עצמות מלכי־יהודה א
ואת־עצמות שריו ואת־עצמות הכהנים ואת ׀ עצמות
הנביאים ואת עצמות יושבי־ירושלם מקבריהם: ושטחום ב
לשמש ולירח ולכל ׀ צבא השמים אשר אהבום ואשר עבדום
ואשר הלכו אחריהם ואשר דרשום ואשר השתחוו להם לא

ג יאספו ולא יקברו לדמן על־פני האדמה יהיו: ונבחר מות
מחיים לכל השארית הנשארים מן־המשפחה הרעה הזאת
בכל־המקמות הנשארים אשר הדחתים שם נאם יהוה
ד צבאות: ואמרת אליהם כה אמר יהוה היפלו
ה ולא יקומו אם־ישוב ולא ישוב: מדוע שובבה העם הזה
ירושלם משבה נצחת החזיקו בתרמת מאנו לשוב:
ו הקשבתי ואשמע לוא־כן ידברו אין איש נחם על־רעתו
לאמר מה עשיתי כלה שב במרצותם כסוס שוטף במלחמה: במרוצתם
ז גם־חסידה בשמים ידעה מועדיה ותר וסוס ועגור שמרו את־ וסיס
ח עת באנה ועמי לא ידעו את משפט יהוה: איכה תאמרו
חכמים אנחנו ותורת יהוה אתנו אכן הנה לשקר עשה עט
ט שקר ספרים: הבשו חכמים חתו וילכדו הנה בדבר־יהוה
י מאסו וחכמת־מה להם: לכן אתן את־נשיהם לאחרים
שדותיהם ליורשים כי מקטן ועד־גדול כלה בצע בצע מנביא
יא ועד־כהן כלה עשה שקר: וירפו את־שבר בת־עמי על־
יב נקלה לאמר שלום | שלום ואין שלום: הבשו כי תועבה עשו
גם־בוש לא־יבשו והכלם לא ידעו לכן יפלו בנפלים בעת
יג פקדתם יכשלו אמר יהוה: אסף אסיפם נאם־יהוה
אין ענבים בגפן ואין תאנים בתאנה והעלה נבל ואתן להם
יד יעברום: על־מה אנחנו ישבים האספו ונבוא אל־ערי
המבצר ונדמה־שם כי יהוה אלהינו הדמנו וישקנו מי־ראש
טו כי חטאנו ליהוה: קוה לשלום ואין טוב לעת מרפה והנה
טז בעתה: מדן נשמע נחרת סוסיו מקול מצהלות אביריו
רעשה כל־הארץ ויבואו ויאכלו ארץ ומלואה עיר וישבי
יז בה: כי הנני משלח בכם נחשים צפענים אשר אין־להם לחש
יח ונשכו אתכם נאם־יהוה: מבליגיתי עלי יגון
יט עלי לבי דוי: הנה־קול שועת בת־עמי מארץ מרחקים

היהוה אין בציון אם־מלכה אין בה מדוע הכעסוני בפסליהם
בהבלי נכר: עבר קציר כלה קיץ ואנחנו לוא נושענו: על־ כ כא
שבר בת־עמי השברתי קדרתי שמה החזקתני: הצרי אין כב
בגלעד אם־רפא אין שם כי מדוע לא עלתה ארכת בת־
עמי: מי־יתן ראשי מים ועיני מקור דמעה כג
ואבכה יומם ולילה את חללי בת־עמי: מי־יתנני במדבר ט א
מלון ארחים ואעזבה את־עמי ואלכה מאתם כי כלם
מנאפים עצרת בגדים: וידרכו את־לשונם קשתם שקר ולא ב
לאמונה גברו בארץ כי מרעה אל־רעה ׀ יצאו ואתי לא־
ידעו נאם־יהוה: איש מרעהו השמרו ועל־כל־אח אל־ ג
תבטחו כי כל־אח עקוב יעקב וכל־רע רכיל יהלך: ואיש ד
ברעהו יהתלו ואמת לא ידברו למדו לשונם דבר־שקר העוה
נלאו: שבתך בתוך מרמה במרמה מאנו דעת־אותי נאם־ ה
יהוה: לכן כה אמר יהוה צבאות הנני צורפם ו
ובחנתים כי־איך אעשה מפני בת־עמי: חץ שוחט לשונם ז שחוט
מרמה דבר בפיו שלום את־רעהו ידבר ובקרבו ישים ארבו:
העל־אלה לא־אפקד־בם נאם־יהוה אם בגוי אשר־כזה לא ח
תתנקם נפשי: על־ההרים אשא בכי ונהי ט
ועל־נאות מדבר קינה כי נצתו מבלי־איש עבר ולא שמעו
קול מקנה מעוף השמים ועד־בהמה נדדו הלכו: ונתתי את־ י
ירושלם לגלים מעון תנים ואת־ערי יהודה אתן שממה מבלי
יושב: מי־האיש החכם ויבן את־זאת ואשר יא
דבר פי־יהוה אליו ויגדה על־מה אבדה הארץ נצתה
כמדבר מבלי עבר: ויאמר יהוה על־עזבם יב
את־תורתי אשר נתתי לפניהם ולא־שמעו בקולי ולא־הלכו
בה: וילכו אחרי שררות לבם ואחרי הבעלים אשר למדום יג
אבותם: לכן כה־אמר יהוה צבאות אלהי יד

ישראל הנני מאכילם את־העם הזה לענה והשקיתים מי־
טו ראש: והפצותים בגוים אשר לא ידעו המה ואבותם ושלחתי
טז אחריהם את־החרב עד כלותי אותם: כה
אמר יהוה צבאות התבוננו וקראו למקוננות ותבואינה ואל־
יז החכמות שלחו ותבואנה: ותמהרנה ותשנה עלינו נהי
יח ותרדנה עינינו דמעה ועפעפינו יזלו־מים: כי קול נהי נשמע
מציון איך שדדנו בשנו מאד כי־עזבנו ארץ כי השליכו
יט משכנותינו: כי־שמענה נשים דבר־יהוה ותקח
אזנכם דבר־פיו ולמדנה בנתיכם נהי ואשה רעותה קינה:
כ כי־עלה מות בחלונינו בא בארמנותינו להכרית עולל
כא מחוץ בחורים מרחבות: דבר כה נאם־יהוה ונפלה נבלת
האדם כדמן על־פני השדה וכעמיר מאחרי הקוצר ואין
כב מאסף: כה ׀ אמר יהוה אל־יתהלל חכם
בחכמתו ואל־יתהלל הגבור בגבורתו אל־יתהלל עשיר
כג בעשרו: כי אם־בזאת יתהלל המתהלל השכל וידע אותי ו
כי אני יהוה עשה חסד משפט וצדקה בארץ כי־באלה
כד חפצתי נאם־יהוה: הנה ימים באים נאם־יהוה
כה ופקדתי על־כל־מול בערלה: על־מצרים ועל־יהודה ועל־
אדום ועל־בני עמון ועל־מואב ועל כל־קצוצי פאה הישבים
במדבר כי כל־הגוים ערלים וכל־בית ישראל ערלי־
י א לב: שמעו את־הדבר אשר דבר יהוה עליכם
ב בית ישראל: כה ׀ אמר יהוה אל־דרך הגוים אל־תלמדו
ג ומאתות השמים אל־תחתו כי־יחתו הגוים מהמה: כי־
חקות העמים הבל הוא כי־עץ מיער כרתו מעשה ידי־חרש
ד במעצד: בכסף ובזהב ייפהו במסמרות ובמקבות יחזקום
ה ולוא יפיק: כתמר מקשה המה ולא ידברו נשוא ינשוא
כי־לא יצעדו אל־תיראו מהם כי־לא ירעו וגם־היטב אין

ו אותם: מאין כמוך יהוה גדול אתה וגדול שמך
ז בגבורה: מי לא יראך מלך הגוים כי לך יאתה כי בכל־חכמי
ח הגוים ובכל־מלכותם מאין כמוך: ובאחת יבערו ויכסלו
ט מוסר הבלים עץ הוא: כסף מרקע מתרשיש יובא וזהב מאופז
מעשה חרש וידי צורף תכלת וארגמן לבושם מעשה חכמים
י כלם: ויהוה אלהים אמת הוא אלהים חיים ומלך עולם מקצפו
יא תרעש הארץ ולא־יכלו גוים זעמו: כדנה
תאמרון להום אלהיא די־שמיא וארקא לא עבדו יאבדו
יב מארעא ומן־תחות שמיא אלה: עשה ארץ
יג בכחו מכין תבל בחכמתו ובתבונתו נטה שמים: לקול
הָאָ֫רֶץ תתו המון מים בשמים ויעלה נשאים מקצה ארץ ברקים
יד למטר עשה ויוצא רוח מאצרתיו: נבער כל־אדם מדעת
טו הביש כל־צורף מפסל כי שקר נסכו ולא־רוח בם: הבל
טז המה מעשה תעתעים בעת פקדתם יאבדו: לא־כאלה
חלק יעקב כי־יוצר הכל הוא וישראל שבט נחלתו
יז יהוה צבאות שמו: אספי מארץ כנעתך
יח יֹשֶׁבֶת יושבתי במצור: כי־כה אמר יהוה הנני
קולע את־יושבי הארץ בפעם הזאת והצרותי להם למען
יט ימצאו: אוי לי על־שברי נחלה מכתי ואני
כ אמרתי אך זה חלי ואשאנו: אהלי שדד וכל־מיתרי נתקו
כא בני יצאני ואינם אין־נטה עוד אהלי ומקים יריעותי: כי
נבערו הרעים ואת־יהוה לא דרשו על־כן לא השכילו וכל־
כב מרעיתם נפוצה: קול שמועה הנה באה ורעש
גדול מארץ צפון לשום את־ערי יהודה שממה מעון תנים:
כג ידעתי יהוה כי לא לאדם דרכו לא־לאיש הלך והכין את־
כד כה צעדו: יסרני יהוה אך במשפט אל־באפך פן־תמעטני: שפך
חמתך על־הגוים אשר לא־ידעוך ועל משפחות אשר בשמך

לא קראו כי־אכלו את־יעקב ואכלהו ויכלהו ואת־נוהו
יא א השמו: הדבר אשר היה אל־ירמיהו מאת
ב יהוה לאמר: שמעו את־דברי הברית הזאת ודברתם אל־
ג איש יהודה ועל־ישבי ירושלם: ואמרת אליהם כה־אמר
יהוה אלהי ישראל ארור האיש אשר לא ישמע את־דברי
ד הברית הזאת: אשר צויתי את־אבותיכם ביום הוציאי־
אותם מארץ־מצרים מכור הברזל לאמר שמעו בקולי
ועשיתם אותם ככל אשר־אצוה אתכם והייתם לי לעם
ה ואנכי אהיה לכם לאלהים: למען הקים את־השבועה אשר־
נשבעתי לאבותיכם לתת להם ארץ זבת חלב ודבש כיום
ו הזה ואען ואמר אמן | יהוה: ויאמר יהוה אלי
קרא את־כל־הדברים האלה בערי יהודה ובחצות ירושלם
ז לאמר שמעו את־דברי הברית הזאת ועשיתם אותם: כי
העד העדתי באבותיכם ביום העלותי אותם מארץ מצרים
ח עד־היום הזה השכם והעד לאמר שמעו בקולי: ולא שמעו
ולא־הטו את־אזנם וילכו איש בשרירות לבם הרע ואביא
עליהם את־כל־דברי הברית־הזאת אשר־צויתי לעשות
ט ולא עשו: ויאמר יהוה אלי נמצא־קשר באיש
י יהודה ובישבי ירושלם: שבו על־עונת אבותם הראשנים
אשר מאנו לשמוע את־דברי והמה הלכו אחרי אלהים
אחרים לעבדם הפרו בית־ישראל ובית יהודה את־בריתי
יא אשר כרתי את־אבותם: לכן כה אמר יהוה
הנני מביא אליהם רעה אשר לא־יוכלו לצאת ממנה וזעקו
יב אלי ולא אשמע אליהם: והלכו ערי יהודה וישבי ירושלם
וזעקו אל־האלהים אשר הם מקטרים להם והושע לא־
יג יושיעו להם בעת רעתם: כי מספר עריך היו אלהיך יהודה
ומספר חצות ירושלם שמתם מזבחות לבשת מזבחות

יד לְקַטֵּר לַבָּעַל׃ וְאַתָּה אַל־תִּתְפַּלֵּל ׀ בְּעַד־הָעָם הַזֶּה
וְאַל־תִּשָּׂא בַעֲדָם רִנָּה וּתְפִלָּה כִּי ׀ אֵינֶנִּי שֹׁמֵעַ בְּעֵת קָרְאָם
טו אֵלַי בְּעַד רָעָתָם׃ מֶה לִידִידִי בְּבֵיתִי עֲשׂוֹתָהּ
הַמְזִמָּתָה הָרַבִּים וּבְשַׂר־קֹדֶשׁ יַעַבְרוּ מֵעָלָיִךְ כִּי רָעָתֵכִי אָז
טז תַּעֲלֹזִי׃ זַיִת רַעֲנָן יְפֵה פְרִי־תֹאַר קָרָא יְהוָה שְׁמֵךְ לְקוֹל ׀ הֲמוּלָּה
יז גְדֹלָה הִצִּית אֵשׁ עָלֶיהָ וְרָעוּ דָּלִיּוֹתָיו׃ וַיהוָה צְבָאוֹת הַנּוֹטֵעַ
אוֹתָךְ דִּבֶּר עָלַיִךְ רָעָה בִּגְלַל רָעַת בֵּית־יִשְׂרָאֵל וּבֵית יְהוּדָה
יח אֲשֶׁר עָשׂוּ לָהֶם לְהַכְעִסֵנִי לְקַטֵּר לַבָּעַל׃ וַיהוָה
יט הוֹדִיעַנִי וָאֵדָעָה אָז הִרְאִיתַנִי מַעַלְלֵיהֶם׃ וַאֲנִי כְּכֶבֶשׂ
אַלּוּף יוּבַל לִטְבוֹחַ וְלֹא־יָדַעְתִּי כִּי־עָלַי ׀ חָשְׁבוּ מַחֲשָׁבוֹת
נַשְׁחִיתָה עֵץ בְּלַחְמוֹ וְנִכְרְתֶנּוּ מֵאֶרֶץ חַיִּים וּשְׁמוֹ לֹא־
כ יִזָּכֵר עוֹד׃ וַיהוָה צְבָאוֹת שֹׁפֵט צֶדֶק בֹּחֵן
כְּלָיוֹת וָלֵב אֶרְאֶה נִקְמָתְךָ מֵהֶם כִּי אֵלֶיךָ גִּלִּיתִי אֶת־
כא רִיבִי׃ לָכֵן כֹּה־אָמַר יְהוָה עַל־אַנְשֵׁי עֲנָתוֹת
הַמְבַקְשִׁים אֶת־נַפְשְׁךָ לֵאמֹר לֹא תִנָּבֵא בְּשֵׁם יְהוָה וְלֹא
כב תָמוּת בְּיָדֵנוּ׃ לָכֵן כֹּה אָמַר יְהוָה צְבָאוֹת הִנְנִי
פֹקֵד עֲלֵיהֶם הַבַּחוּרִים יָמֻתוּ בַחֶרֶב בְּנֵיהֶם וּבְנוֹתֵיהֶם יָמֻתוּ
כג בָּרָעָב׃ וּשְׁאֵרִית לֹא תִהְיֶה לָהֶם כִּי־אָבִיא רָעָה אֶל־אַנְשֵׁי
יב א עֲנָתוֹת שְׁנַת פְּקֻדָּתָם׃ צַדִּיק אַתָּה יְהוָה כִּי
אָרִיב אֵלֶיךָ אַךְ מִשְׁפָּטִים אֲדַבֵּר אוֹתָךְ מַדּוּעַ דֶּרֶךְ רְשָׁעִים
ב צָלֵחָה שָׁלוּ כָּל־בֹּגְדֵי בָגֶד׃ נְטַעְתָּם גַּם־שֹׁרָשׁוּ יֵלְכוּ גַּם־עָשׂוּ
ג פֶרִי קָרוֹב אַתָּה בְּפִיהֶם וְרָחוֹק מִכִּלְיוֹתֵיהֶם׃ וְאַתָּה יְהוָה
יְדַעְתָּנִי תִּרְאֵנִי וּבָחַנְתָּ לִבִּי אִתָּךְ הַתִּקֵם כְּצֹאן לְטִבְחָה
ד וְהַקְדִּשֵׁם לְיוֹם הֲרֵגָה׃ עַד־מָתַי תֶּאֱבַל הָאָרֶץ
וְעֵשֶׂב כָּל־הַשָּׂדֶה יִיבָשׁ מֵרָעַת יֹשְׁבֵי־בָהּ סָפְתָה בְהֵמוֹת וָעוֹף
ה כִּי אָמְרוּ לֹא יִרְאֶה אֶת־אַחֲרִיתֵנוּ׃ כִּי אֶת־רַגְלִים ׀ רַצְתָּה וַיַּלְאוּךָ
וְאֵיךְ תְּתַחֲרֶה אֶת־הַסּוּסִים וּבְאֶרֶץ שָׁלוֹם אַתָּה בוֹטֵחַ וְאֵיךְ

ו תַּעֲשֶׂה בִּגְאוֹן הַיַּרְדֵּן׃ כִּי גַם־אַחֶיךָ וּבֵית־אָבִיךָ גַּם־הֵמָּה בָּגְדוּ
בָךְ גַּם־הֵמָּה קָרְאוּ אַחֲרֶיךָ מָלֵא אַל־תַּאֲמֵן בָּם כִּי־יְדַבְּרוּ
ז אֵלֶיךָ טוֹבוֹת׃ עָזַבְתִּי אֶת־בֵּיתִי נָטַשְׁתִּי אֶת־
ח נַחֲלָתִי נָתַתִּי אֶת־יְדִדוּת נַפְשִׁי בְּכַף אֹיְבֶיהָ׃ הָיְתָה־לִּי נַחֲלָתִי
ט כְּאַרְיֵה בַיָּעַר נָתְנָה עָלַי בְּקוֹלָהּ עַל־כֵּן שְׂנֵאתִיהָ׃ הַעַיִט צָבוּעַ
נַחֲלָתִי לִי הַעַיִט סָבִיב עָלֶיהָ לְכוּ אִסְפוּ כָּל־חַיַּת הַשָּׂדֶה הֵתָיוּ
י לְאָכְלָה׃ רֹעִים רַבִּים שִׁחֲתוּ כַרְמִי בֹּסְסוּ אֶת־חֶלְקָתִי נָתְנוּ
יא אֶת־חֶלְקַת חֶמְדָּתִי לְמִדְבַּר שְׁמָמָה׃ שָׂמָהּ לִשְׁמָמָה אָבְלָה
יב עָלַי שְׁמֵמָה נָשַׁמָּה כָּל־הָאָרֶץ כִּי אֵין אִישׁ שָׂם עַל־לֵב׃ עַל־
כָּל־שְׁפָיִם בַּמִּדְבָּר בָּאוּ שֹׁדְדִים כִּי חֶרֶב לַיהוָה אֹכְלָה מִקְצֵה
יג אֶרֶץ וְעַד־קְצֵה הָאָרֶץ אֵין שָׁלוֹם לְכָל־בָּשָׂר׃ זָרְעוּ חִטִּים
וְקֹצִים קָצָרוּ נֶחְלוּ לֹא יוֹעִלוּ וּבֹשׁוּ מִתְּבוּאֹתֵיכֶם מֵחֲרוֹן אַף־
יד יְהוָה׃ כֹּה ׀ אָמַר יְהוָה עַל־כָּל־שְׁכֵנַי הָרָעִים
הַנֹּגְעִים בַּנַּחֲלָה אֲשֶׁר־הִנְחַלְתִּי אֶת־עַמִּי אֶת־יִשְׂרָאֵל הִנְנִי
טו נֹתְשָׁם מֵעַל אַדְמָתָם וְאֶת־בֵּית יְהוּדָה אֶתּוֹשׁ מִתּוֹכָם׃ וְהָיָה ז
אַחֲרֵי נָתְשִׁי אוֹתָם אָשׁוּב וְרִחַמְתִּים וַהֲשִׁבֹתִים אִישׁ לְנַחֲלָתוֹ
טז וְאִישׁ לְאַרְצוֹ׃ וְהָיָה אִם־לָמֹד יִלְמְדוּ אֶת־דַּרְכֵי עַמִּי לְהִשָּׁבֵעַ
בִּשְׁמִי חַי־יְהוָה כַּאֲשֶׁר לִמְּדוּ אֶת־עַמִּי לְהִשָּׁבֵעַ בַּבָּעַל וְנִבְנוּ
יז בְּתוֹךְ עַמִּי׃ וְאִם לֹא יִשְׁמָעוּ וְנָתַשְׁתִּי אֶת־הַגּוֹי הַהוּא
יג א נָתוֹשׁ וְאַבֵּד נְאֻם־יְהוָה׃ כֹּה־אָמַר יְהוָה אֵלַי
הָלוֹךְ וְקָנִיתָ לְּךָ אֵזוֹר פִּשְׁתִּים וְשַׂמְתּוֹ עַל־מָתְנֶיךָ וּבַמַּיִם
ב לֹא תְבִאֵהוּ׃ וָאֶקְנֶה אֶת־הָאֵזוֹר כִּדְבַר יְהוָה וָאָשִׂם עַל־
ג ד מָתְנָי׃ וַיְהִי דְבַר־יְהוָה אֵלַי שֵׁנִית לֵאמֹר׃ קַח
אֶת־הָאֵזוֹר אֲשֶׁר קָנִיתָ אֲשֶׁר עַל־מָתְנֶיךָ וְקוּם לֵךְ פְּרָתָה
ה וְטָמְנֵהוּ שָׁם בִּנְקִיק הַסָּלַע׃ וָאֵלֵךְ וָאֶטְמְנֵהוּ בִּפְרָת כַּאֲשֶׁר צִוָּה
ו יְהוָה אוֹתִי׃ וַיְהִי מִקֵּץ יָמִים רַבִּים וַיֹּאמֶר יְהוָה אֵלַי קוּם לֵךְ
ז פְּרָתָה וְקַח מִשָּׁם אֶת־הָאֵזוֹר אֲשֶׁר צִוִּיתִיךָ לְטָמְנוֹ־שָׁם׃ וָאֵלֵךְ

פרתה ואחפר ואקח את־האזור מן־המקום אשר־טמנתיו
ח שמה והנה נשחת האזור לא יצלח לכל: ויהי
ט דבר־יהוה אלי לאמר: כה אמר יהוה ככה אשחית את־גאון
י יהודה ואת־גאון ירושלם הרב: העם הזה הרע המאנים
לשמוע את־דברי ההלכים בשררות לבם וילכו אחרי אלהים
אחרים לעבדם ולהשתחות להם ויהי כאזור הזה אשר לא־
יא יצלח לכל: כי כאשר ידבק האזור אל־מתני איש כן הדבקתי
אלי את־כל־בית ישראל ואת־כל־בית יהודה נאם־יהוה
יב להיות לי לעם ולשם ולתהלה ולתפארת ולא שמעו: ואמרת
אליהם את־הדבר הזה כה־אמר יהוה אלהי ישראל כל־
נבל ימלא יין ואמרו אליך הידע לא נדע כי־
יג כל־נבל ימלא יין: ואמרת אליהם כה־אמר יהוה הנני ממלא
את־כל־ישבי הארץ הזאת ואת־המלכים הישבים לדוד
על־כסאו ואת־הכהנים ואת־הנביאים ואת כל־ישבי
יד ירושלם שכרון: ונפצתים איש אל־אחיו והאבות והבנים
יחדו נאם־יהוה לא־אחמול ולא־אחוס ולא ארחם
טו מהשחיתם: שמעו והאזינו אל־תגבהו כי
טז יהוה דבר: תנו ליהוה אלהיכם כבוד בטרם יחשך ובטרם
יתנגפו רגליכם על־הרי נשף וקויתם לאור ושמה לצלמות
יז ישית לערפל: ואם לא תשמעוה במסתרים תבכה־נפשי ושית
מפני גוה ודמע תדמע ותרד עיני דמעה כי נשבה עדר
יח יהוה: אמר למלך ולגבירה השפילו שבו כי
יט ירד מראשותיכם עטרת תפארתכם: ערי הנגב סגרו ואין
כ פתח הגלת יהודה כלה הגלת שלומים: שאי שאו
עיניכם וראי הבאים מצפון איה העדר נתן־לך צאן וראו
כא תפארתך: מה־תאמרי כי־יפקד עליך ואת למדת אתם
עליך אלפים לראש הלוא חבלים יאחזוך כמו אשת לדה:

כב וְכִי תֹאמְרִי בִּלְבָבֵךְ מַדּוּעַ קְרָאֻנִי אֵלֶּה בְּרֹב עֲוֺנֵךְ נִגְלוּ שׁוּלַיִךְ
כג נֶחְמְסוּ עֲקֵבָיִךְ: הֲיַהֲפֹךְ כּוּשִׁי עוֹרוֹ וְנָמֵר חֲבַרְבֻּרֹתָיו גַּם־אַתֶּם
כד תּוּכְלוּ לְהֵיטִיב לִמֻּדֵי הָרֵעַ: וַאֲפִיצֵם כְּקַשׁ עוֹבֵר לְרוּחַ מִדְבָּר:
כה זֶה גוֹרָלֵךְ מְנָת־מִדַּיִךְ מֵאִתִּי נְאֻם־יהוה אֲשֶׁר שָׁכַחַתְּ אוֹתִי
כו וַתִּבְטְחִי בַּשָּׁקֶר: וְגַם־אֲנִי חָשַׂפְתִּי שׁוּלַיִךְ עַל־פָּנָיִךְ וְנִרְאָה
כז קְלוֹנֵךְ: נִאֻפַיִךְ וּמִצְהֲלוֹתַיִךְ זִמַּת זְנוּתֵךְ עַל־גְּבָעוֹת בַּשָּׂדֶה
רָאִיתִי שִׁקּוּצָיִךְ אוֹי לָךְ יְרוּשָׁלִַם לֹא תִטְהֲרִי אַחֲרֵי מָתַי
יד א עֹד: אֲשֶׁר הָיָה דְבַר־יהוה אֶל־יִרְמְיָהוּ עַל־
ב דִּבְרֵי הַבַּצָּרוֹת: אָבְלָה יְהוּדָה וּשְׁעָרֶיהָ אֻמְלְלוּ קָדְרוּ לָאָרֶץ
ג וְצִוְחַת יְרוּשָׁלִַם עָלָתָה: וְאַדִּרֵיהֶם שָׁלְחוּ צעוריהם לַמָּיִם בָּאוּ צְעִירֵיהֶם
עַל־גֵּבִים לֹא־מָצְאוּ מַיִם שָׁבוּ כְלֵיהֶם רֵיקָם בֹּשׁוּ וְהָכְלְמוּ וְחָפוּ
ד רֹאשָׁם: בַּעֲבוּר הָאֲדָמָה חַתָּה כִּי לֹא־הָיָה גֶשֶׁם בָּאָרֶץ בֹּשׁוּ
ה אִכָּרִים חָפוּ רֹאשָׁם: כִּי גַם־אַיֶּלֶת בַּשָּׂדֶה יָלְדָה וְעָזוֹב כִּי לֹא־
ו הָיָה דֶּשֶׁא: וּפְרָאִים עָמְדוּ עַל־שְׁפָיִם שָׁאֲפוּ רוּחַ כַּתַּנִּים כָּלוּ
ז עֵינֵיהֶם כִּי־אֵין עֵשֶׂב: אִם־עֲוֺנֵינוּ עָנוּ בָנוּ יהוה עֲשֵׂה לְמַעַן
ח שְׁמֶךָ כִּי־רַבּוּ מְשׁוּבֹתֵינוּ לְךָ חָטָאנוּ: מִקְוֵה יִשְׂרָאֵל מוֹשִׁיעוֹ
ט בְּעֵת צָרָה לָמָּה תִהְיֶה כְּגֵר בָּאָרֶץ וּכְאֹרֵחַ נָטָה לָלוּן: לָמָּה
תִהְיֶה כְּאִישׁ נִדְהָם כְּגִבּוֹר לֹא־יוּכַל לְהוֹשִׁיעַ וְאַתָּה בְקִרְבֵּנוּ
י יהוה וְשִׁמְךָ עָלֵינוּ נִקְרָא אַל־תַּנִּחֵנוּ: כֹּה־אָמַר
יהוה לָעָם הַזֶּה כֵּן אָהֲבוּ לָנוּעַ רַגְלֵיהֶם לֹא חָשָׂכוּ וַיהוה לֹא
יא רָצָם עַתָּה יִזְכֹּר עֲוֺנָם וְיִפְקֹד חַטֹּאתָם: וַיֹּאמֶר
יב יהוה אֵלַי אַל־תִּתְפַּלֵּל בְּעַד־הָעָם הַזֶּה לְטוֹבָה: כִּי יָצֻמוּ אֵינֶנִּי
שֹׁמֵעַ אֶל־רִנָּתָם וְכִי יַעֲלוּ עֹלָה וּמִנְחָה אֵינֶנִּי רֹצָם כִּי בַּחֶרֶב
יג וּבָרָעָב וּבַדֶּבֶר אָנֹכִי מְכַלֶּה אוֹתָם: וָאֹמַר אֲהָהּ ׀ אֲדֹנָי יהוה הִנֵּה
הַנְּבִאִים אֹמְרִים לָהֶם לֹא־תִרְאוּ חֶרֶב וְרָעָב לֹא־יִהְיֶה לָכֶם
יד כִּי־שְׁלוֹם אֱמֶת אֶתֵּן לָכֶם בַּמָּקוֹם הַזֶּה: וַיֹּאמֶר
יהוה אֵלַי שֶׁקֶר הַנְּבִאִים נִבְּאִים בִּשְׁמִי לֹא שְׁלַחְתִּים וְלֹא

צויתים ולא דברתי אליהם חזון שקר וקסם ואלול ותרמות (ואליל ותרמית)
לבם המה מתנבאים לכם: לכן כה־אמר יהוה טו
על־הנבאים הנבאים בשמי ואני לא־שלחתים והמה אמרים
חרב ורעב לא יהיה בארץ הזאת בחרב וברעב יתמו הנבאים
ההמה: והעם אשר־המה נבאים להם יהיו משלכים בחצות טז
ירושלם מפני ׀ הרעב והחרב ואין מקבר להמה המה נשיהם
ובניהם ובנתיהם ושפכתי עליהם את־רעתם: ואמרת אליהם יז
את־הדבר הזה תרדנה עיני דמעה לילה ויומם ואל־תדמינה
כי שבר גדול נשברה בתולת בת־עמי מכה נחלה מאד:
אם־יצאתי השדה והנה חללי־חרב ואם באתי העיר והנה יח
תחלואי רעב כי גם־נביא גם־כהן סחרו אל־ארץ ולא
ידעו: המאס מאסת את־יהודה אם־בציון יט
געלה נפשך מדוע הכיתנו ואין לנו מרפא קוה לשלום ואין
טוב ולעת מרפא והנה בעתה: ידענו יהוה רשענו עון כ
אבותינו כי חטאנו לך: אל־תנאץ למען שמך אל־תנבל כא
ח כסא כבודך זכר אל־תפר בריתך אתנו: היש בהבלי כב
הגוים מגשמים ואם־השמים יתנו רבבים הלא אתה
הוא יהוה אלהינו ונקוה־לך כי־אתה עשית את־כל־
אלה: ויאמר יהוה אלי אם־יעמד משה טו א
ושמואל לפני אין נפשי אל־העם הזה שלח מעל־פני ויצאו:
והיה כי־יאמרו אליך אנה נצא ואמרת אליהם כה־אמר ב
יהוה אשר למות למות ואשר לחרב לחרב ואשר לרעב
לרעב ואשר לשבי לשבי: ופקדתי עליהם ארבע משפחות ג
נאם־יהוה את־החרב להרג ואת־הכלבים לסחב ואת־עוף
השמים ואת־בהמת הארץ לאכל ולהשחית: ונתתים לזועה (לזעוה) ד
לכל ממלכות הארץ בגלל מנשה בן־יחזקיהו מלך יהודה
על אשר־עשה בירושלם: כי מי־יחמל עליך ירושלם ומי ה

ו יָנוּד לָךְ וּמִי יָסוּר לִשְׁאֹל לְשָׁלֹם לָךְ׃ אַתְּ נָטַשְׁתְּ אֹתִי נְאֻם־
יְהוָה אָחוֹר תֵּלֵכִי וָאַט אֶת־יָדִי עָלַיִךְ וָאַשְׁחִיתֵךְ נִלְאֵיתִי
ז הִנָּחֵם׃ וָאֶזְרֵם בְּמִזְרֶה בְּשַׁעֲרֵי הָאָרֶץ שִׁכַּלְתִּי אִבַּדְתִּי אֶת־עַמִּי
ח מִדַּרְכֵיהֶם לוֹא שָׁבוּ׃ עָצְמוּ־לִי אַלְמְנוֹתָו מֵחוֹל יַמִּים הֵבֵאתִי
לָהֶם עַל־אֵם בָּחוּר שֹׁדֵד בַּצָּהֳרָיִם הִפַּלְתִּי עָלֶיהָ פִּתְאֹם עִיר
ט וּבֶהָלוֹת׃ אֻמְלְלָה יֹלֶדֶת הַשִּׁבְעָה נָפְחָה נַפְשָׁהּ באה שִׁמְשָׁהּ בָּא
בְּעֹד יוֹמָם בּוֹשָׁה וְחָפֵרָה וּשְׁאֵרִיתָם לַחֶרֶב אֶתֵּן לִפְנֵי אֹיְבֵיהֶם
י נְאֻם־יְהוָה׃ אוֹי־לִי אִמִּי כִּי יְלִדְתִּנִי אִישׁ רִיב
וְאִישׁ מָדוֹן לְכָל־הָאָרֶץ לֹא־נָשִׁיתִי וְלֹא־נָשׁוּ־בִי כֻּלֹּה
יא מְקַלְלַוְנִי׃ אָמַר יְהוָה אִם־לֹא שרותך לְטוֹב אִם־לוֹא ׀ הִפְגַּעְתִּי שֵׁרִיתִיךָ
יב בְךָ בְּעֵת רָעָה וּבְעֵת צָרָה אֶת־הָאֹיֵב׃ הֲיָרֹעַ בַּרְזֶל ׀ בַּרְזֶל
יג מִצָּפוֹן וּנְחֹשֶׁת׃ חֵילְךָ וְאוֹצְרוֹתֶיךָ לָבַז אֶתֵּן לֹא בִמְחִיר וּבְכָל־
יד חַטֹּאותֶיךָ וּבְכָל־גְּבוּלֶיךָ׃ וְהַעֲבַרְתִּי אֶת־אֹיְבֶיךָ בְּאֶרֶץ לֹא
טו יָדָעְתָּ כִּי־אֵשׁ קָדְחָה בְאַפִּי עֲלֵיכֶם תּוּקָד׃ אַתָּה
יָדַעְתָּ יְהוָה זָכְרֵנִי וּפָקְדֵנִי וְהִנָּקֶם לִי מֵרֹדְפַי אַל־לְאֶרֶךְ אַפְּךָ
טז תִּקָּחֵנִי דַּע שְׂאֵתִי עָלֶיךָ חֶרְפָּה׃ נִמְצְאוּ דְבָרֶיךָ וָאֹכְלֵם וַיְהִי
דבריך לִי לְשָׂשׂוֹן וּלְשִׂמְחַת לְבָבִי כִּי־נִקְרָא שִׁמְךָ עָלַי יְהוָה דְּבָרְךָ
יז אֱלֹהֵי צְבָאוֹת׃ לֹא־יָשַׁבְתִּי בְסוֹד־מְשַׂחֲקִים וָאֶעְלֹז מִפְּנֵי
יח יָדְךָ בָּדָד יָשַׁבְתִּי כִּי־זַעַם מִלֵּאתָנִי׃ לָמָּה הָיָה כְאֵבִי נֶצַח
וּמַכָּתִי אֲנוּשָׁה מֵאֲנָה הֵרָפֵא הָיוֹ תִהְיֶה לִי כְּמוֹ אַכְזָב מַיִם לֹא
יט נֶאֱמָנוּ׃ לָכֵן כֹּה־אָמַר יְהוָה אִם־תָּשׁוּב וַאֲשִׁיבְךָ
לְפָנַי תַּעֲמֹד וְאִם־תּוֹצִיא יָקָר מִזּוֹלֵל כְּפִי תִהְיֶה יָשֻׁבוּ הֵמָּה
כ אֵלֶיךָ וְאַתָּה לֹא־תָשׁוּב אֲלֵיהֶם׃ וּנְתַתִּיךָ לָעָם הַזֶּה לְחוֹמַת
נְחֹשֶׁת בְּצוּרָה וְנִלְחֲמוּ אֵלֶיךָ וְלֹא־יוּכְלוּ לָךְ כִּי־אִתְּךָ אֲנִי
כא לְהוֹשִׁיעֲךָ וּלְהַצִּילֶךָ נְאֻם־יְהוָה׃ וְהִצַּלְתִּיךָ מִיַּד רָעִים וּפְדִתִיךָ
טז א מִכַּף עָרִצִים׃ וַיְהִי דְבַר־יְהוָה אֵלַי לֵאמֹר׃
ב לֹא־תִקַּח לְךָ אִשָּׁה וְלֹא־יִהְיוּ לְךָ בָּנִים וּבָנוֹת בַּמָּקוֹם

ג הזה: כי־כה ׀ אמר יהוה על־הבנים ועל־
הבנות הילודים במקום הזה ועל־אמתם הילדות אותם ועל־
ד אבותם המולדים אותם בארץ הזאת: ממותי תחלאים ימתו
לא יספדו ולא יקברו לדמן על־פני האדמה יהיו ובחרב
וברעב יכלו והיתה נבלתם למאכל לעוף השמים ולבהמת
ה הארץ: כי־כה ׀ אמר יהוה אל־תבוא בית
מרזח ואל־תלך לספוד ואל־תנד להם כי־אספתי את־
שלומי מאת העם הזה נאם־יהוה את־החסד ואת־הרחמים:
ו ומתו גדלים וקטנים בארץ הזאת לא יקברו ולא־יספדו להם
ז ולא יתגדד ולא יקרח להם: ולא־יפרסו להם על־אבל
לנחמו על־מת ולא־ישקו אותם כוס תנחומים על־אביו
ח ועל־אמו: ובית־משתה לא־תבוא לשבת אותם לאכל
ט ולשתות: כי כה אמר יהוה צבאות אלהי
ישראל הנני משבית מן־המקום הזה לעיניכם ובימיכם קול
י ששון וקול שמחה קול חתן וקול כלה: והיה כי תגיד לעם
הזה את כל־הדברים האלה ואמרו אליך על־מה דבר יהוה
עלינו את כל־הרעה הגדולה הזאת ומה עוננו ומה חטאתנו
יא אשר חטאנו ליהוה אלהינו: ואמרת אליהם על אשר־עזבו
אבותיכם אותי נאם־יהוה וילכו אחרי אלהים אחרים
ויעבדום וישתחוו להם ואתי עזבו ואת־תורתי לא שמרו:
יב ואתם הרעתם לעשות מאבותיכם והנכם הלכים איש אחרי
יג שררות לבו־הרע לבלתי שמע אלי: והטלתי אתכם מעל
הארץ הזאת על־הארץ אשר לא ידעתם אתם ואבותיכם
ועבדתם־שם את־אלהים אחרים יומם ולילה אשר לא־אתן
יד לכם חנינה: לכן הנה־ימים באים נאם־יהוה
ולא־יאמר עוד חי־יהוה אשר העלה את־בני ישראל מארץ
טו מצרים: כי אם־חי־יהוה אשר העלה את־בני ישראל מארץ

צָפוֹן וּמִכֹּל הָאֲרָצוֹת אֲשֶׁר הִדִּיחָם שָׁמָּה וַהֲשִׁבֹתִים עַל־
טו אַדְמָתָם אֲשֶׁר נָתַתִּי לַאֲבוֹתָם׃ הִנְנִי שֹׁלֵחַ
לדוגים רַבִּים נְאֻם־יְהוָה וְדִיגוּם וְאַחֲרֵי־כֵן אֶשְׁלַח לְרַבִּים לְדַיָּגִים
צַיָּדִים וְצָדוּם מֵעַל כָּל־הַר וּמֵעַל כָּל־גִּבְעָה וּמִנְּקִיקֵי הַסְּלָעִים׃
יז כִּי עֵינַי עַל־כָּל־דַּרְכֵיהֶם לֹא נִסְתְּרוּ מִלְּפָנָי וְלֹא־נִצְפַּן עֲוֺנָם
יח מִנֶּגֶד עֵינָי׃ וְשִׁלַּמְתִּי רִאשׁוֹנָה מִשְׁנֵה עֲוֺנָם וְחַטָּאתָם עַל
חַלְּלָם אֶת־אַרְצִי בְּנִבְלַת שִׁקּוּצֵיהֶם וְתוֹעֲבוֹתֵיהֶם מָלְאוּ אֶת־
יט נַחֲלָתִי׃ יְהוָה עֻזִּי וּמָעֻזִּי וּמְנוּסִי בְּיוֹם צָרָה אֵלֶיךָ
גּוֹיִם יָבֹאוּ מֵאַפְסֵי־אָרֶץ וְיֹאמְרוּ אַךְ־שֶׁקֶר נָחֲלוּ אֲבוֹתֵינוּ הֶבֶל
כ וְאֵין־בָּם מוֹעִיל׃ הֲיַעֲשֶׂה־לּוֹ אָדָם אֱלֹהִים וְהֵמָּה לֹא אֱלֹהִים׃
כא לָכֵן הִנְנִי מוֹדִיעָם בַּפַּעַם הַזֹּאת אוֹדִיעֵם אֶת־יָדִי וְאֶת־גְּבוּרָתִי
יז א וְיָדְעוּ כִּי־שְׁמִי יְהוָה׃ חַטַּאת יְהוּדָה כְּתוּבָה
בְּעֵט בַּרְזֶל בְּצִפֹּרֶן שָׁמִיר חֲרוּשָׁה עַל־לוּחַ לִבָּם וּלְקַרְנוֹת
ב מִזְבְּחוֹתֵיכֶם׃ כִּזְכֹּר בְּנֵיהֶם מִזְבְּחוֹתָם וַאֲשֵׁרֵיהֶם עַל־עֵץ רַעֲנָן
ג עַל גְּבָעוֹת הַגְּבֹהוֹת׃ הֲרָרִי בַּשָּׂדֶה חֵילְךָ כָל־אוֹצְרוֹתֶיךָ לָבַז
ד אֶתֵּן בָּמֹתֶיךָ בְּחַטָּאת בְּכָל־גְּבוּלֶיךָ׃ וְשָׁמַטְתָּה וּבְךָ מִנַּחֲלָתְךָ
אֲשֶׁר נָתַתִּי לָךְ וְהַעֲבַדְתִּיךָ אֶת־אֹיְבֶיךָ בָּאָרֶץ אֲשֶׁר לֹא־יָדָעְתָּ
ה כִּי־אֵשׁ קְדַחְתֶּם בְּאַפִּי עַד־עוֹלָם תּוּקָד׃ כֹּה ׀
אָמַר יְהוָה אָרוּר הַגֶּבֶר אֲשֶׁר יִבְטַח בָּאָדָם וְשָׂם בָּשָׂר זְרֹעוֹ
ו וּמִן־יְהוָה יָסוּר לִבּוֹ׃ וְהָיָה כְּעַרְעָר בָּעֲרָבָה וְלֹא יִרְאֶה
כִּי־יָבוֹא טוֹב וְשָׁכַן חֲרֵרִים בַּמִּדְבָּר אֶרֶץ מְלֵחָה וְלֹא
ז תֵשֵׁב׃ בָּרוּךְ הַגֶּבֶר אֲשֶׁר יִבְטַח בַּיהוָה וְהָיָה ט
ח יְהוָה מִבְטַחוֹ׃ וְהָיָה כְּעֵץ ׀ שָׁתוּל עַל־מַיִם וְעַל־יוּבַל יְשַׁלַּח
שָׁרָשָׁיו וְלֹא יִרְאֶ כִּי־יָבֹא חֹם וְהָיָה עָלֵהוּ רַעֲנָן וּבִשְׁנַת בַּצֹּרֶת
ט לֹא יִדְאָג וְלֹא יָמִישׁ מֵעֲשׂוֹת פֶּרִי׃ עָקֹב הַלֵּב מִכֹּל וְאָנֻשׁ הוּא
י מִי יֵדָעֶנּוּ׃ אֲנִי יְהוָה חֹקֵר לֵב בֹּחֵן כְּלָיוֹת וְלָתֵת לְאִישׁ כִּדְרָכוֹ
יא כִּפְרִי מַעֲלָלָיו׃ קֹרֵא דָגַר וְלֹא יָלָד עֹשֶׂה עֹשֶׁר

ולא במשפט בחצי ימו יעזבנו ובאחריתו יהיה נבל: כסא יב
כבוד מרום מראשון מקום מקדשנו: מקוה ישראל יהוה כל־ יג
וְסוּרַי עזביך יבשו יסורי בארץ יכתבו כי עזבו מקור מים־חיים את־
יהוה: רפאני יהוה וארפא הושיעני ואושעה כי יד
תהלתי אתה: הנה־המה אמרים אלי איה דבר־יהוה יבוא־ טו
נא: ואני לא־אצתי מרעה אחריך ויום אנוש לא התאויתי טז
אתה ידעת מוצא שפתי נכח פניך היה: אל־תהיה־לי יז
למחתה מחסי־אתה ביום רעה: יבשו רדפי ואל־אבשה אני יח
יחתו המה ואל־אחתה אני הביא עליהם יום רעה ומשנה
שברון שברם: כה־אמר יהוה אלי הלך יט
הָעָם ועמדת בשער בני־עם אשר יבאו בו מלכי יהודה ואשר
יצאו בו ובכל שערי ירושלם: ואמרת אליהם שמעו דבר־ כ
יהוה מלכי יהודה וכל־יהודה וכל ישבי ירושלם הבאים
בשערים האלה: כה אמר יהוה השמרו בנפשותיכם ואל־ כא
תשאו משא ביום השבת והבאתם בשערי ירושלם: ולא־ כב
תוציאו משא מבתיכם ביום השבת וכל־מלאכה לא תעשו
וקדשתם את־יום השבת כאשר צויתי את־אבותיכם: ולא כג
שְׁמוֹעַ שמעו ולא הטו את־אזנם ויקשו את־ערפם לבלתי שומע
ולבלתי קחת מוסר: והיה אם־שמע תשמעון אלי נאם־יהוה כד
לבלתי הביא משא בשערי העיר הזאת ביום השבת ולקדש
את־יום השבת לבלתי עשות־בה כל־מלאכה: ובאו בשערי כה
העיר הזאת מלכים ושרים ישבים על־כסא דוד רכבים
ברכב ובסוסים המה ושריהם איש יהודה וישבי ירושלם
וישבה העיר הזאת לעולם: ובאו מערי־יהודה ומסביבות כו
ירושלם ומארץ בנימן ומן־השפלה ומן־ההר ומן־הנגב
מבאים עולה וזבח ומנחה ולבונה ומבאי תודה בית יהוה:
ואם־לא תשמעו אלי לקדש את־יום השבת ולבלתי שאת כז

משא ובא בשערי ירושלם ביום השבת והצתי אש בשעריה
יח א ואכלה ארמנות ירושלם ולא תכבה: הדבר
ב אשר היה אל־ירמיהו מאת יהוה לאמר: קום וירדת בית
ג היוצר ושמה אשמיעך את־דברי: וארד בית היוצר והנהו
והנה־הוא
ד עשה מלאכה על־האבנים: ונשחת הכלי אשר הוא עשה
בחמר ביד היוצר ושב ויעשהו כלי אחר כאשר ישר
ה בעיני היוצר לעשות: ויהי דבר־יהוה אלי
ו לאמור: הכיוצר הזה לא־אוכל לעשות לכם בית ישראל
נאם־יהוה הנה כחמר ביד היוצר כן־אתם בידי בית
ז ישראל: רגע אדבר על־גוי ועל־ממלכה
ח לנתוש ולנתוץ ולהאביד: ושב הגוי ההוא מרעתו אשר
דברתי עליו ונחמתי על־הרעה אשר חשבתי לעשות
ט לו: ורגע אדבר על־גוי ועל־ממלכה לבנות
י ולנטוע: ועשה הרעה בעיני לבלתי שמע בקולי ונחמתי על־
הרע
יא הטובה אשר אמרתי להיטיב אותו: ועתה אמר־נא אל־
איש יהודה ועל־יושבי ירושלם לאמר כה אמר יהוה הנה
אנכי יוצר עליכם רעה וחשב עליכם מחשבה שובו נא
יב איש מדרכו הרעה והיטיבו דרכיכם ומעלליכם: ואמרו
נואש כי־אחרי מחשבותינו נלך ואיש שררות לבו־הרע
יג נעשה: לכן כה אמר יהוה שאלו־נא בגוים מי
יד שמע כאלה שעררת עשתה מאד בתולת ישראל: היעזב
טו מצור שדי שלג לבנון אם־ינתשו מים זרים קרים נוזלים: כי־
שכחני עמי לשוא יקטרו ויכשלום בדרכיהם שבולי עולם
שבילי
טז ללכת נתיבות דרך לא סלולה: לשום ארצם לשמה
יז שרוקת עולם כל עובר עליה ישם ויניד בראשו: כרוח־
שריקות
קדים אפיצם לפני אויב ערף ולא־פנים אראם ביום
יח אידם: ויאמרו לכו ונחשבה על־ירמיהו

מחשבות כי לא־תאבד תורה מכהן ועצה מחכם ודבר
מנביא לכו ונכהו בלשון ואל־נקשיבה אל־כל־דבריו:
יט הקשיבה יהוה אלי ושמע לקול יריבי: הישלם תחת־טובה
כ רעה כי־כרו שוחה לנפשי זכר | עמדי לפניך לדבר עליהם
כא טובה להשיב את־חמתך מהם: לכן תן את־בניהם לרעב
והגרם על־ידי־חרב ותהינה נשיהם שכלות ואלמנות
ואנשיהם יהיו הרגי מות בחוריהם מכי־חרב במלחמה:
כב תשמע זעקה מבתיהם כי־תביא עליהם גדוד פתאם כי־כרו
כג (שוחה) שיחה ללכדני ופחים טמנו לרגלי: ואתה יהוה ידעת את־כל־
עצתם עלי למות אל־תכפר על־עונם וחטאתם מלפניך אל־
יט א (ויהיו) תמחי והיו מכשלים לפניך בעת אפך עשה בהם: כה
אמר יהוה הלך וקנית בקבק יוצר חרש ומזקני העם
ב ומזקני הכהנים: ויצאת אל־גיא בן־הנם אשר פתח שער
(החרסית) החרסות וקראת שם את־הדברים אשר־אדבר אליך:
ג ואמרת שמעו דבר־יהוה מלכי יהודה וישבי ירושלם כה־
אמר יהוה צבאות אלהי ישראל הנני מביא רעה על־המקום
ד הזה אשר כל־שמעה תצלנה אזניו: יען | אשר עזבני וינכרו
את־המקום הזה ויקטרו־בו לאלהים אחרים אשר לא־
ידעום המה ואבותיהם ומלכי יהודה ומלאו את־המקום הזה
ה דם נקים: ובנו את־במות הבעל לשרף את־בניהם באש
עלות לבעל אשר לא־צויתי ולא דברתי ולא עלתה
ו על־לבי: לכן הנה־ימים באים נאם־יהוה ולא־
יקרא למקום הזה עוד התפת וגיא בן־הנם כי אם־גיא
ז ההרגה: ובקתי את־עצת יהודה וירושלם במקום הזה
והפלתים בחרב לפני איביהם וביד מבקשי נפשם ונתתי את־
ח נבלתם למאכל לעוף השמים ולבהמת הארץ: ושמתי את־
העיר הזאת לשמה ולשרקה כל עבר עליה ישם וישרק על־

ט כל-מכתה: והאכלתים את-בשר בניהם ואת בשר בנתיהם
ואיש בשר-רעהו יאכלו במצור ובמצוק אשר יציקו להם
י איביהם ומבקשי נפשם: ושברת הבקבק לעיני האנשים
יא ההלכים אותך: ואמרת אליהם כה-אמר יהוה צבאות ככה
אשבר את-העם הזה ואת-העיר הזאת כאשר ישבר את-
כלי היוצר אשר לא-יוכל להרפה עוד ובתפת יקברו מאין
יב מקום לקבור: כן-אעשה למקום הזה נאם-יהוה וליושביו
יג ולתת את-העיר הזאת כתפת: והיו בתי ירושלם ובתי
מלכי יהודה כמקום התפת הטמאים לכל הבתים אשר
קטרו על-גגתיהם לכל צבא השמים והסך נסכים לאלהים
יד אחרים: ויבא ירמיהו מהתפת אשר שלחו
יהוה שם להנבא ויעמד בחצר בית-יהוה ויאמר אל-כל-
טו העם: כה-אמר יהוה צבאות אלהי ישראל
הנני מבי אל-העיר הזאת ועל-כל-עריה את כל-הרעה
אשר דברתי עליה כי הקשו את-ערפם לבלתי שמוע את-
כ א דברי: וישמע פשחור בן-אמר הכהן והוא-פקיד נגיד בבית
ב יהוה את-ירמיהו נבא את-הדברים האלה: ויכה פשחור את
ירמיהו הנביא ויתן אתו על-המהפכת אשר בשער בנימן
ג העליון אשר בבית יהוה: ויהי ממחרת ויצא פשחור את-
ירמיהו מן-המהפכת ויאמר אליו ירמיהו לא פשחור קרא
ד יהוה שמך כי אם-מגור מסביב: כי כה
אמר יהוה הנני נתנך למגור לך ולכל-אהביך ונפלו בחרב
איביהם ועיניך ראות ואת-כל-יהודה אתן ביד מלך-בבל
ה והגלם בבלה והכם בחרב: ונתתי את-כל-חסן העיר
הזאת ואת-כל-יגיעה ואת-כל-יקרה ואת כל-אוצרות
מלכי יהודה אתן ביד איביהם ובזזום ולקחום והביאום
ו בבלה: ואתה פשחור וכל ישבי ביתך תלכו בשבי ובבל

תָּבוֹא וְשָׁם תָּמוּת וְשָׁם תִּקָּבֵר אַתָּה וְכָל־אֹהֲבֶיךָ אֲשֶׁר־נִבֵּאתָ
ז לָהֶם בַּשָּׁקֶר׃ פִּתִּיתַנִי יהוה וָאֶפָּת חֲזַקְתַּנִי וַתּוּכָל
ח הָיִיתִי לִשְׂחוֹק כָּל־הַיּוֹם כֻּלֹּה לֹעֵג לִי׃ כִּי־מִדֵּי אֲדַבֵּר אֶזְעָק
חָמָס וָשֹׁד אֶקְרָא כִּי־הָיָה דְבַר־יהוה לִי לְחֶרְפָּה וּלְקֶלֶס כָּל־
ט הַיּוֹם׃ וְאָמַרְתִּי לֹא־אֶזְכְּרֶנּוּ וְלֹא־אֲדַבֵּר עוֹד בִּשְׁמוֹ וְהָיָה בְלִבִּי
י כְּאֵשׁ בֹּעֶרֶת עָצֻר בְּעַצְמֹתָי וְנִלְאֵיתִי כַּלְכֵל וְלֹא אוּכָל׃ כִּי
שָׁמַעְתִּי דִּבַּת רַבִּים מָגוֹר מִסָּבִיב הַגִּידוּ וְנַגִּידֶנּוּ כֹּל אֱנוֹשׁ
שְׁלֹמִי שֹׁמְרֵי צַלְעִי אוּלַי יְפֻתֶּה וְנוּכְלָה לוֹ וְנִקְחָה נִקְמָתֵנוּ
יא מִמֶּנּוּ׃ וַיהוה אוֹתִי כְּגִבּוֹר עָרִיץ עַל־כֵּן רֹדְפַי יִכָּשְׁלוּ
וְלֹא יֻכָלוּ בֹּשׁוּ מְאֹד כִּי־לֹא הִשְׂכִּילוּ כְּלִמַּת עוֹלָם לֹא
יב תִשָּׁכֵחַ׃ וַיהוה צְבָאוֹת בֹּחֵן צַדִּיק רֹאֶה כְלָיוֹת וָלֵב אֶרְאֶה
יג נִקְמָתְךָ מֵהֶם כִּי אֵלֶיךָ גִּלִּיתִי אֶת־רִיבִי׃ שִׁירוּ יא
לַיהוה הַלְלוּ אֶת־יהוה כִּי הִצִּיל אֶת־נֶפֶשׁ אֶבְיוֹן מִיַּד
יד מְרֵעִים׃ אָרוּר הַיּוֹם אֲשֶׁר יֻלַּדְתִּי בּוֹ יוֹם אֲשֶׁר־
טו יְלָדַתְנִי אִמִּי אַל־יְהִי בָרוּךְ׃ אָרוּר הָאִישׁ אֲשֶׁר בִּשַּׂר אֶת־אָבִי
טז לֵאמֹר יֻלַּד־לְךָ בֵּן זָכָר שַׂמֵּחַ שִׂמְּחָהוּ׃ וְהָיָה הָאִישׁ הַהוּא
כֶּעָרִים אֲשֶׁר־הָפַךְ יהוה וְלֹא נִחָם וְשָׁמַע זְעָקָה בַּבֹּקֶר וּתְרוּעָה
יז בְּעֵת צָהֳרָיִם׃ אֲשֶׁר לֹא־מוֹתְתַנִי מֵרָחֶם וַתְּהִי־לִי אִמִּי קִבְרִי
יח וְרַחְמָה הֲרַת עוֹלָם׃ לָמָּה זֶּה מֵרֶחֶם יָצָאתִי לִרְאוֹת עָמָל
כא א וְיָגוֹן וַיִּכְלוּ בְּבֹשֶׁת יָמָי׃ הַדָּבָר אֲשֶׁר־הָיָה
אֶל־יִרְמְיָהוּ מֵאֵת יהוה בִּשְׁלֹחַ אֵלָיו הַמֶּלֶךְ צִדְקִיָּהוּ אֶת־
פַּשְׁחוּר בֶּן־מַלְכִּיָּה וְאֶת־צְפַנְיָה בֶן־מַעֲשֵׂיָה הַכֹּהֵן לֵאמֹר׃
ב דְּרָשׁ־נָא בַעֲדֵנוּ אֶת־יהוה כִּי נְבוּכַדְרֶאצַּר מֶלֶךְ־בָּבֶל
נִלְחָם עָלֵינוּ אוּלַי יַעֲשֶׂה יהוה אוֹתָנוּ כְּכָל־נִפְלְאֹתָיו וְיַעֲלֶה
ג מֵעָלֵינוּ׃ וַיֹּאמֶר יִרְמְיָהוּ אֲלֵיהֶם כֹּה תֹאמְרֻן
ד אֶל־צִדְקִיָּהוּ׃ כֹּה־אָמַר יהוה אֱלֹהֵי יִשְׂרָאֵל הִנְנִי מֵסֵב אֶת־
כְּלֵי הַמִּלְחָמָה אֲשֶׁר בְּיֶדְכֶם אֲשֶׁר אַתֶּם נִלְחָמִים בָּם אֶת־מֶלֶךְ

בבל ואת־הכשדים הצרים עליכם מחוץ לחומה ואספתי
ה אותם אל־תוך העיר הזאת: ונלחמתי אני אתכם ביד נטויה
ו ובזרוע חזקה ובאף ובחמה ובקצף גדול: והכיתי את־יושבי
העיר הזאת ואת־האדם ואת־הבהמה בדבר גדול ימתו:
ז ואחרי־כן נאם־יהוה אתן את־צדקיהו מלך־יהודה | ואת־
עבדיו | ואת־העם ואת־הנשארים בעיר הזאת מן־הדבר |
מן־החרב ומן־הרעב ביד נבוכדראצר מלך־בבל וביד
איביהם וביד מבקשי נפשם והכם לפי־חרב לא־יחוס עליהם
ח ולא יחמל ולא ירחם: ואל־העם הזה תאמר כה אמר יהוה
ט הנני נתן לפניכם את־דרך החיים ואת־דרך המות: הישב בעיר
הזאת ימות בחרב וברעב ובדבר והיוצא ונפל על־הכשדים
י הצרים עליכם יחיה והיתה־לו נפשו לשלל: כי־שמתי פני וחיה
בעיר הזאת לרעה ולא לטובה נאם־יהוה ביד מלך־בבל
יא תנתן ושרפה באש: ולבית מלך יהודה שמעו
יב דבר־יהוה: בית דוד כה אמר יהוה דינו לבקר משפט
והצילו גזול מיד עושק פן־תצא כאש חמתי ובערה ואין
יג מכבה מפני רע מעלליהם: הנני אליך ישבת העמק צור מעלליכם
המישר נאם־יהוה האמרים מי־יחת עלינו ומי יבוא
יד במעונותינו: ופקדתי עליכם כפרי מעלליכם נאם־יהוה
כב א והצתי אש ביערה ואכלה כל־סביביה: כה
אמר יהוה רד בית־מלך יהודה ודברת שם את־הדבר הזה:
ב ואמרת שמע דבר־יהוה מלך יהודה הישב על־כסא דוד
ג אתה ועבדיך ועמך הבאים בשערים האלה: כה | אמר יהוה
עשו משפט וצדקה והצילו גזול מיד עשוק וגר יתום ואלמנה
ד אל־תנו אל־תחמסו ודם נקי אל־תשפכו במקום הזה: כי אם־
עשו תעשו את־הדבר הזה ובאו בשערי הבית הזה מלכים
ישבים לדוד על־כסאו רכבים ברכב ובסוסים הוא ועבדו

ה ועמו: ואם לא תשמעו את־הדברים האלה בי נשבעתי
ו נאם־יהוה כי־לחרבה יהיה הבית הזה: כי־
כה ׀ אמר יהוה על־בית מלך יהודה גלעד אתה לי ראש
ז הלבנון אם־לא אשיתך מדבר ערים לא נושבה: וקדשתי
נושבו
עליך משחתים איש וכליו וכרתו מבחר ארזיך והפילו על־
ח האש: ועברו גוים רבים על העיר הזאת ואמרו איש אל־
ט רעהו על־מה עשה יהוה ככה לעיר הגדולה הזאת: ואמרו
על אשר עזבו את־ברית יהוה אלהיהם וישתחוו לאלהים
י אחרים ויעבדום: אל־תבכו למת ואל־תנדו
לו בכו בכו להלך כי לא ישוב עוד וראה את־ארץ
יא מולדתו: כי כה אמר־יהוה אל־שלם בן־
יאשיהו מלך יהודה המלך תחת יאשיהו אביו אשר יצא מן־
יב המקום הזה לא־ישוב שם עוד: כי במקום אשר־הגלו אתו
יג שם ימות ואת־הארץ הזאת לא־יראה עוד: הוי
בנה ביתו בלא־צדק ועליותיו בלא משפט ברעהו יעבד חנם
יד ופעלו לא יתן־לו: האמר אבנה־לי בית מדות ועליות
טו מרוחים וקרע לו חלוני וספון בארז ומשוח בששר: התמלך
כי אתה מתחרה בארז אביך הלוא אכל ושתה ועשה
טז משפט וצדקה אז טוב לו: דן דין־עני ואביון אז טוב הלוא־
יז היא הדעת אתי נאם־יהוה: כי אין עיניך ולבך כי אם־
על־בצעך ועל דם־הנקי לשפוך ועל־העשק ועל־המרוצה
יח לעשות: לכן כה־אמר יהוה אל־יהויקים בן־
יאשיהו מלך יהודה לא־יספדו לו הוי אחי והוי אחות לא־
יט יספדו לו הוי אדון והוי הדה: קבורת חמור יקבר סחוב
כ והשלך מהלאה לשערי ירושלם: עלי הלבנון
וצעקי ובבשן תני קולך וצעקי מעברים כי נשברו כל־
כא מאהביך: דברתי אליך בשלותיך אמרת לא אשמע זה

כב דַּרְכֵּךְ מִנְּעוּרַיִךְ כִּי לֹא־שָׁמַעַתְּ בְּקוֹלִי׃ כָּל־רֹעַיִךְ תִּרְעֶה־רוּחַ
וּמְאַהֲבַיִךְ בַּשְּׁבִי יֵלֵכוּ כִּי אָז תֵּבֹשִׁי וְנִכְלַמְתְּ מִכֹּל רָעָתֵךְ׃
כג יֹשַׁבְתִּי בַּלְּבָנוֹן מְקֻנַּנְתִּי בָּאֲרָזִים מַה־נֵּחַנְתְּ בְּבֹא־לָךְ חֲבָלִים ישבת|מקננת
כד חִיל כַּיֹּלֵדָה׃ חַי־אָנִי נְאֻם־יְהוָה כִּי אִם־יִהְיֶה כָּנְיָהוּ בֶן־
יְהוֹיָקִים מֶלֶךְ יְהוּדָה חוֹתָם עַל־יַד יְמִינִי כִּי מִשָּׁם אֶתְּקֶנְךָּ׃
כה וּנְתַתִּיךָ בְּיַד מְבַקְשֵׁי נַפְשֶׁךָ וּבְיַד אֲשֶׁר־אַתָּה יָגוֹר מִפְּנֵיהֶם
כו וּבְיַד נְבוּכַדְרֶאצַּר מֶלֶךְ־בָּבֶל וּבְיַד הַכַּשְׂדִּים׃ וְהֵטַלְתִּי אֹתְךָ
וְאֶת־אִמְּךָ אֲשֶׁר יְלָדַתְךָ עַל הָאָרֶץ אַחֶרֶת אֲשֶׁר לֹא־יֻלַּדְתֶּם
כז שָׁם וְשָׁם תָּמוּתוּ׃ וְעַל־הָאָרֶץ אֲשֶׁר הֵם מְנַשְּׂאִים אֶת־נַפְשָׁם
כח לָשׁוּב שָׁם שָׁמָּה לֹא יָשׁוּבוּ׃ הַעֶצֶב נִבְזֶה נָפוּץ
הָאִישׁ הַזֶּה כָּנְיָהוּ אִם־כְּלִי אֵין חֵפֶץ בּוֹ מַדּוּעַ הוּטְלוּ הוּא
כט וְזַרְעוֹ וְהֻשְׁלְכוּ עַל־הָאָרֶץ אֲשֶׁר לֹא־יָדָעוּ׃ אֶרֶץ אֶרֶץ אָרֶץ
ל שִׁמְעִי דְּבַר־יְהוָה׃ כֹּה ׀ אָמַר יְהוָה כִּתְבוּ אֶת־הָאִישׁ הַזֶּה
עֲרִירִי גֶּבֶר לֹא־יִצְלַח בְּיָמָיו כִּי לֹא יִצְלַח מִזַּרְעוֹ אִישׁ יֹשֵׁב
כג א עַל־כִּסֵּא דָוִד וּמֹשֵׁל עוֹד בִּיהוּדָה׃ הוֹי רֹעִים
ב מְאַבְּדִים וּמְפִצִים אֶת־צֹאן מַרְעִיתִי נְאֻם־יְהוָה׃ לָכֵן כֹּה־
אָמַר יְהוָה אֱלֹהֵי יִשְׂרָאֵל עַל־הָרֹעִים הָרֹעִים אֶת־עַמִּי אַתֶּם
הֲפִצֹתֶם אֶת־צֹאנִי וַתַּדִּחוּם וְלֹא פְקַדְתֶּם אֹתָם הִנְנִי פֹקֵד
ג עֲלֵיכֶם אֶת־רֹעַ מַעַלְלֵיכֶם נְאֻם־יְהוָה׃ וַאֲנִי אֲקַבֵּץ אֶת־
שְׁאֵרִית צֹאנִי מִכֹּל הָאֲרָצוֹת אֲשֶׁר־הִדַּחְתִּי אֹתָם שָׁם וַהֲשִׁבֹתִי
ד אֶתְהֶן עַל־נְוֵהֶן וּפָרוּ וְרָבוּ׃ וַהֲקִמֹתִי עֲלֵיהֶם רֹעִים וְרָעוּם וְלֹא־
ה יִירְאוּ עוֹד וְלֹא־יֵחַתּוּ וְלֹא יִפָּקֵדוּ נְאֻם־יְהוָה׃ הִנֵּה
יָמִים בָּאִים נְאֻם־יְהוָה וַהֲקִמֹתִי לְדָוִד צֶמַח צַדִּיק וּמָלַךְ
ו מֶלֶךְ וְהִשְׂכִּיל וְעָשָׂה מִשְׁפָּט וּצְדָקָה בָּאָרֶץ׃ בְּיָמָיו תִּוָּשַׁע יב
יְהוּדָה וְיִשְׂרָאֵל יִשְׁכֹּן לָבֶטַח וְזֶה־שְּׁמוֹ אֲשֶׁר־יִקְרְאוֹ יְהוָה ׀
ז צִדְקֵנוּ׃ לָכֵן הִנֵּה־יָמִים בָּאִים נְאֻם־יְהוָה וְלֹא־
יֹאמְרוּ עוֹד חַי־יְהוָה אֲשֶׁר הֶעֱלָה אֶת־בְּנֵי יִשְׂרָאֵל מֵאֶרֶץ

ח מצרים: כי אם־חי־יהוה אשר העלה ואשר הביא את־זרע
בית ישראל מארץ צפונה ומכל הארצות אשר הדחתים שם
ט וישבו על־אדמתם: לנבאים נשבר לבי בקרבי
רחפו כל־עצמותי הייתי כאיש שכור וכגבר עברו יין מפני
י יהוה ומפני דברי קדשו: כי מנאפים מלאה הארץ כי־מפני
אלה אבלה הארץ יבשו נאות מדבר ותהי מרוצתם רעה
יא וגבורתם לא־כן: כי־גם־נביא גם־כהן חנפו גם־בביתי
יב מצאתי רעתם נאם־יהוה: לכן יהיה דרכם להם כחלקלקות
באפלה ידחו ונפלו בה כי־אביא עליהם רעה שנת פקדתם
יג נאם־יהוה: ובנביאי שמרון ראיתי תפלה
יד הנבאו בבעל ויתעו את־עמי את־ישראל: ובנביאי ירושלם
ראיתי שערורה נאוף והלך בשקר וחזקו ידי מרעים
לבלתי־שבו איש מרעתו היו־לי כלם כסדם וישביה
טו כעמרה: לכן כה־אמר יהוה צבאות על־
הנבאים הנני מאכיל אותם לענה והשקתים מי־ראש כי מאת
טז נביאי ירושלם יצאה חנפה לכל־הארץ: כה־
אמר יהוה צבאות אל־תשמעו על־דברי הנבאים הנבאים
לכם מהבלים המה אתכם חזון לבם ידברו לא מפי יהוה:
יז אמרים אמור למנאצי דבר יהוה שלום יהיה לכם וכל
יח הלך בשררות לבו אמרו לא־תבוא עליכם רעה: כי מי
דברו
עמד בסוד יהוה וירא וישמע את־דברו מי־הקשיב דברי
יט וישמע: הנה ׀ סערת יהוה חמה יצאה וסער
כ מתחולל על ראש רשעים יחול: לא ישוב אף־יהוה עד־
עשתו ועד־הקימו מזמות לבו באחרית הימים תתבוננו בה
כא בינה: לא־שלחתי את־הנבאים והם רצו לא־דברתי אליהם
כב והם נבאו: ואם־עמדו בסודי וישמעו דברי את־עמי וישבום
כג מדרכם הרע ומרע מעלליהם: האלהי מקרב

כג

כד אני נאם־יהוה ולא אלהי מרחק: אם־יסתר איש במסתרים
ואני לא־אראנו נאם־יהוה הלוא את־השמים ואת־הארץ
כה אני מלא נאם־יהוה: שמעתי את אשר־אמרו הנבאים
כו הנבאים בשמי שקר לאמר חלמתי חלמתי: עד־מתי היש
כז בלב הנבאים נבאי השקר ונביאי תרמת לבם: החשבים
להשכיח את־עמי שמי בחלומתם אשר יספרו איש לרעהו
כח כאשר שכחו אבותם את־שמי בבעל: הנביא אשר־אתו
חלום יספר חלום ואשר דברי אתו ידבר דברי אמת מה־
כט לתבן את־הבר נאם־יהוה: הלוא כה דברי כאש נאם־יהוה
ל וכפטיש יפצץ סלע: לכן הנני על־הנבאים נאם־יהוה מגנבי
לא דברי איש מאת רעהו: הנני על־הנביאם נאם־יהוה הלקחים
לב לשונם וינאמו נאם: הנני על־נבאי חלמות שקר נאם־יהוה
ויספרום ויתעו את־עמי בשקריהם ובפחזותם ואנכי לא־
שלחתים ולא צויתים והועיל לא־יועילו לעם־הזה נאם־יהוה:
לג וכי־ישאלך העם הזה או־הנביא או־כהן לאמר מה־משא
יהוה ואמרת אליהם את־מה־משא ונטשתי אתכם נאם־
לד יהוה: והנביא והכהן והעם אשר יאמר משא יהוה ופקדתי
לה על־האיש ההוא ועל־ביתו: כה תאמרו איש על־רעהו ואיש
לו אל־אחיו מה־ענה יהוה ומה־דבר יהוה: ומשא יהוה לא
תזכרו־עוד כי המשא יהיה לאיש דברו והפכתם את־דברי
לז אלהים חיים יהוה צבאות אלהינו: כה תאמר אל־הנביא
לח מה־ענך יהוה ומה־דבר יהוה: ואם־משא יהוה תאמרו לכן
כה אמר יהוה יען אמרכם את־הדבר הזה משא יהוה
לט ואשלח אליכם לאמר לא תאמרו משא יהוה: לכן הנני
ונשיתי אתכם נשא ונטשתי אתכם ואת־העיר אשר נתתי
מ לכם ולאבותיכם מעל פני: ונתתי עליכם חרפת עולם וכלמות
כד א עולם אשר לא תשכח: הראני יהוה והנה שני

דודאי תאנים מועדים לפני היכל יהוה אחרי הגלות
נבוכדראצר מלך־בבל את־יכניהו בן־יהויקים מלך־יהודה
ואת־שרי יהודה ואת־החרש ואת־המסגר מירושלם
ב ויבאם בבל: הדוד אחד תאנים טבות מאד כתאני
הבכרות והדוד אחד תאנים רעות מאד אשר לא־תאכלנה
ג מרע: ויאמר יהוה אלי מה־אתה ראה ירמיהו
ואמר תאנים התאנים הטבות טבות מאד והרעות רעות
ד מאד אשר לא־תאכלנה מרע: ויהי דבר־
ה יהוה אלי לאמר: כה־אמר יהוה אלהי ישראל כתאנים
הטבות האלה כן אכיר את־גלות יהודה אשר שלחתי מן־
ו המקום הזה ארץ כשדים לטובה: ושמתי עיני עליהם לטובה
והשבתים על־הארץ הזאת ובניתים ולא אהרס ונטעתים
יג ז ולא אתוש: ונתתי להם לב לדעת אתי כי אני יהוה והיו־
לי לעם ואנכי אהיה להם לאלהים כי־ישבו אלי בכל־
ח לבם: וכתאנים הרעות אשר לא־תאכלנה
מרע כי־כה ׀ אמר יהוה כן אתן את־צדקיהו מלך־יהודה
ואת־שריו ואת ׀ שארית ירושלם הנשארים בארץ הזאת
ט והישבים בארץ מצרים: ונתתים לזועה לרעה לכל לזעוה
ממלכות הארץ לחרפה ולמשל לשנינה ולקללה בכל־
י המקמות אשר־אדיחם שם: ושלחתי בם את־החרב את־
הרעב ואת־הדבר עד־תמם מעל האדמה אשר־נתתי להם
כה א ולאבותיהם: הדבר אשר־היה על־ירמיהו
על־כל־עם יהודה בשנה הרבעית ליהויקים בן־יאשיהו
מלך יהודה היא השנה הראשנית לנבוכדראצר מלך בבל:
ב אשר דבר ירמיהו הנביא על־כל־עם יהודה ואל כל־ישבי
ג ירושלם לאמר: מן־שלש עשרה שנה ליאשיהו בן־אמון
מלך יהודה ועד ׀ היום הזה זה שלש ועשרים שנה היה

דְּבַר־יְהוָה אֵלָי וָאֲדַבֵּר אֲלֵיכֶם אַשְׁכֵּים וְדַבֵּר וְלֹא שְׁמַעְתֶּם׃
ד וְשָׁלַח יְהוָה אֲלֵיכֶם אֶת־כָּל־עֲבָדָיו הַנְּבִאִים הַשְׁכֵּם וְשָׁלֹחַ וְלֹא
ה שְׁמַעְתֶּם וְלֹא־הִטִּיתֶם אֶת־אָזְנְכֶם לִשְׁמֹעַ׃ לֵאמֹר שׁוּבוּ־נָא
אִישׁ מִדַּרְכּוֹ הָרָעָה וּמֵרֹעַ מַעַלְלֵיכֶם וּשְׁבוּ עַל־הָאֲדָמָה אֲשֶׁר
ו נָתַן יְהוָה לָכֶם וְלַאֲבוֹתֵיכֶם לְמִן־עוֹלָם וְעַד־עוֹלָם׃ וְאַל־
תֵּלְכוּ אַחֲרֵי אֱלֹהִים אֲחֵרִים לְעָבְדָם וּלְהִשְׁתַּחֲוֺת לָהֶם
ז וְלֹא־תַכְעִיסוּ אוֹתִי בְּמַעֲשֵׂה יְדֵיכֶם וְלֹא אָרַע לָכֶם׃ וְלֹא־
שְׁמַעְתֶּם אֵלַי נְאֻם־יְהוָה לְמַעַן הכעסוני בְּמַעֲשֵׂה יְדֵיכֶם לְרַע הַכְעִיסֵנִי
ח לָכֶם׃ לָכֵן כֹּה אָמַר יְהוָה צְבָאוֹת יַעַן אֲשֶׁר לֹא־
ט שְׁמַעְתֶּם אֶת־דְּבָרָי׃ הִנְנִי שֹׁלֵחַ וְלָקַחְתִּי אֶת־כָּל־מִשְׁפְּחוֹת
צָפוֹן נְאֻם־יְהוָה וְאֶל־נְבוּכַדְרֶאצַּר מֶלֶךְ־בָּבֶל עַבְדִּי וַהֲבִאֹתִים
עַל־הָאָרֶץ הַזֹּאת וְעַל־יֹשְׁבֶיהָ וְעַל כָּל־הַגּוֹיִם הָאֵלֶּה סָבִיב
וְהַחֲרַמְתִּים וְשַׂמְתִּים לְשַׁמָּה וְלִשְׁרֵקָה וּלְחָרְבוֹת עוֹלָם׃
י וְהַאֲבַדְתִּי מֵהֶם קוֹל שָׂשׂוֹן וְקוֹל שִׂמְחָה קוֹל חָתָן וְקוֹל כַּלָּה
יא קוֹל רֵחַיִם וְאוֹר נֵר׃ וְהָיְתָה כָּל־הָאָרֶץ הַזֹּאת לְחָרְבָּה לְשַׁמָּה
יב וְעָבְדוּ הַגּוֹיִם הָאֵלֶּה אֶת־מֶלֶךְ בָּבֶל שִׁבְעִים שָׁנָה׃ וְהָיָה
כִמְלֹאות שִׁבְעִים שָׁנָה אֶפְקֹד עַל־מֶלֶךְ־בָּבֶל וְעַל־הַגּוֹי הַהוּא
נְאֻם־יְהוָה אֶת־עֲוֺנָם וְעַל־אֶרֶץ כַּשְׂדִּים וְשַׂמְתִּי אֹתוֹ
יג לְשִׁמְמוֹת עוֹלָם׃ והבאותי עַל־הָאָרֶץ הַהִיא אֶת־כָּל־דְּבָרַי וְהֵבֵאתִי
אֲשֶׁר־דִּבַּרְתִּי עָלֶיהָ אֵת כָּל־הַכָּתוּב בַּסֵּפֶר הַזֶּה אֲשֶׁר־
יד נִבָּא יִרְמְיָהוּ עַל־כָּל־הַגּוֹיִם׃ כִּי עָבְדוּ־בָם גַּם־הֵמָּה גּוֹיִם
רַבִּים וּמְלָכִים גְּדוֹלִים וְשִׁלַּמְתִּי לָהֶם כְּפָעֳלָם וּכְמַעֲשֵׂה
טו יְדֵיהֶם׃ כִּי כֹה אָמַר יְהוָה אֱלֹהֵי יִשְׂרָאֵל אֵלַי
קַח אֶת־כּוֹס הַיַּיִן הַחֵמָה הַזֹּאת מִיָּדִי וְהִשְׁקִיתָה אֹתוֹ אֶת־
טז כָּל־הַגּוֹיִם אֲשֶׁר אָנֹכִי שֹׁלֵחַ אוֹתְךָ אֲלֵיהֶם׃ וְשָׁתוּ וְהִתְגֹּעֲשׁוּ
יז וְהִתְהֹלָלוּ מִפְּנֵי הַחֶרֶב אֲשֶׁר אָנֹכִי שֹׁלֵחַ בֵּינֹתָם׃ וָאֶקַּח אֶת־
הַכּוֹס מִיַּד יְהוָה וָאַשְׁקֶה אֶת־כָּל־הַגּוֹיִם אֲשֶׁר־שְׁלָחַנִי יְהוָה

יח אֲלֵיהֶם: אֶת־יְרוּשָׁלִַם וְאֶת־עָרֵי יְהוּדָה וְאֶת־מְלָכֶיהָ אֶת־
שָׂרֶיהָ לָתֵת אֹתָם לְחָרְבָּה לְשַׁמָּה לִשְׁרֵקָה וְלִקְלָלָה כַּיּוֹם הַזֶּה:
יט אֶת־פַּרְעֹה מֶלֶךְ־מִצְרַיִם וְאֶת־עֲבָדָיו וְאֶת־שָׂרָיו וְאֶת־כָּל־
כ עַמּוֹ: וְאֵת כָּל־הָעֶרֶב וְאֵת כָּל־מַלְכֵי אֶרֶץ הָעוּץ וְאֵת כָּל־
מַלְכֵי אֶרֶץ פְּלִשְׁתִּים וְאֶת־אַשְׁקְלוֹן וְאֶת־עַזָּה וְאֶת־עֶקְרוֹן
כא וְאֵת שְׁאֵרִית אַשְׁדּוֹד: אֶת־אֱדוֹם וְאֶת־מוֹאָב וְאֶת־בְּנֵי עַמּוֹן:
כב וְאֵת כָּל־מַלְכֵי צֹר וְאֵת כָּל־מַלְכֵי צִידוֹן וְאֵת מַלְכֵי הָאִי אֲשֶׁר
כג בְּעֵבֶר הַיָּם: וְאֶת־דְּדָן וְאֶת־תֵּימָא וְאֶת־בּוּז וְאֵת כָּל־קְצוּצֵי
כד פֵאָה: וְאֵת כָּל־מַלְכֵי עֲרָב וְאֵת כָּל־מַלְכֵי הָעֶרֶב הַשֹּׁכְנִים
כה בַּמִּדְבָּר: וְאֵת ׀ כָּל־מַלְכֵי זִמְרִי וְאֵת כָּל־מַלְכֵי עֵילָם וְאֵת כָּל־
כו מַלְכֵי מָדָי: וְאֵת ׀ כָּל־מַלְכֵי הַצָּפוֹן הַקְּרֹבִים וְהָרְחֹקִים אִישׁ
אֶל־אָחִיו וְאֵת כָּל־הַמַּמְלְכוֹת הָאָרֶץ אֲשֶׁר עַל־פְּנֵי הָאֲדָמָה
כז וּמֶלֶךְ שֵׁשַׁךְ יִשְׁתֶּה אַחֲרֵיהֶם: וְאָמַרְתָּ אֲלֵיהֶם כֹּה־אָמַר יְהוָה
צְבָאוֹת אֱלֹהֵי יִשְׂרָאֵל שְׁתוּ וְשִׁכְרוּ וּקְיוּ וְנִפְלוּ וְלֹא תָקוּמוּ מִפְּנֵי
כח הַחֶרֶב אֲשֶׁר אָנֹכִי שֹׁלֵחַ בֵּינֵיכֶם: וְהָיָה כִּי יְמָאֲנוּ לָקַחַת־הַכּוֹס
מִיָּדְךָ לִשְׁתּוֹת וְאָמַרְתָּ אֲלֵיהֶם כֹּה אָמַר יְהוָה צְבָאוֹת שָׁתוֹ
כט תִשְׁתּוּ: כִּי הִנֵּה בָעִיר אֲשֶׁר נִקְרָא־שְׁמִי עָלֶיהָ אָנֹכִי מֵחֵל
לְהָרַע וְאַתֶּם הִנָּקֵה תִנָּקוּ לֹא תִנָּקוּ כִּי חֶרֶב אֲנִי קֹרֵא עַל־
ל כָּל־יֹשְׁבֵי הָאָרֶץ נְאֻם יְהוָה צְבָאוֹת: וְאַתָּה תִּנָּבֵא אֲלֵיהֶם אֵת
כָּל־הַדְּבָרִים הָאֵלֶּה וְאָמַרְתָּ אֲלֵיהֶם יְהוָה מִמָּרוֹם יִשְׁאָג
וּמִמְּעוֹן קָדְשׁוֹ יִתֵּן קוֹלוֹ שָׁאֹג יִשְׁאַג עַל־נָוֵהוּ הֵידָד כְּדֹרְכִים
לא יַעֲנֶה אֶל כָּל־יֹשְׁבֵי הָאָרֶץ: בָּא שָׁאוֹן עַד־קְצֵה הָאָרֶץ כִּי רִיב
לַיהוָה בַּגּוֹיִם נִשְׁפָּט הוּא לְכָל־בָּשָׂר הָרְשָׁעִים נְתָנָם לַחֶרֶב
לב נְאֻם־יְהוָה: כֹּה אָמַר יְהוָה צְבָאוֹת הִנֵּה רָעָה
לג יֹצֵאת מִגּוֹי אֶל־גּוֹי וְסַעַר גָּדוֹל יֵעוֹר מִיַּרְכְּתֵי־אָרֶץ: וְהָיוּ חַלְלֵי
יְהוָה בַּיּוֹם הַהוּא מִקְצֵה הָאָרֶץ וְעַד־קְצֵה הָאָרֶץ לֹא יִסָּפְדוּ
לד וְלֹא יֵאָסְפוּ וְלֹא יִקָּבֵרוּ לְדֹמֶן עַל־פְּנֵי הָאֲדָמָה יִהְיוּ: הֵילִילוּ

הָרֹעִים וְזַעֲקוּ וְהִתְפַּלְּשׁוּ אַדִּירֵי הַצֹּאן כִּי־מָלְאוּ יְמֵיכֶם לִטְבוֹחַ
לה וּתְפוֹצוֹתִיכֶם וּנְפַלְתֶּם כִּכְלִי חֶמְדָּה: וְאָבַד מָנוֹס מִן־הָרֹעִים
לו וּפְלֵיטָה מֵאַדִּירֵי הַצֹּאן: קוֹל צַעֲקַת הָרֹעִים וִילְלַת אַדִּירֵי
לז הַצֹּאן כִּי־שֹׁדֵד יְהוָה אֶת־מַרְעִיתָם: וְנָדַמּוּ נְאוֹת הַשָּׁלוֹם מִפְּנֵי
לח חֲרוֹן אַף־יְהוָה: עָזַב כַּכְּפִיר סֻכּוֹ כִּי־הָיְתָה אַרְצָם לְשַׁמָּה מִפְּנֵי
כו א חֲרוֹן הַיּוֹנָה וּמִפְּנֵי חֲרוֹן אַפּוֹ: בְּרֵאשִׁית מַמְלְכוּת יד
יְהוֹיָקִים בֶּן־יֹאשִׁיָּהוּ מֶלֶךְ יְהוּדָה הָיָה הַדָּבָר הַזֶּה מֵאֵת יְהוָה
ב לֵאמֹר: כֹּה ׀ אָמַר יְהוָה עֲמֹד בַּחֲצַר בֵּית־יְהוָה וְדִבַּרְתָּ עַל־
כָּל־עָרֵי יְהוּדָה הַבָּאִים לְהִשְׁתַּחֲוֺת בֵּית־יְהוָה אֵת כָּל־
ג הַדְּבָרִים אֲשֶׁר צִוִּיתִיךָ לְדַבֵּר אֲלֵיהֶם אַל־תִּגְרַע דָּבָר: אוּלַי
יִשְׁמְעוּ וְיָשֻׁבוּ אִישׁ מִדַּרְכּוֹ הָרָעָה וְנִחַמְתִּי אֶל־הָרָעָה אֲשֶׁר
ד אָנֹכִי חֹשֵׁב לַעֲשׂוֹת לָהֶם מִפְּנֵי רֹעַ מַעַלְלֵיהֶם: וְאָמַרְתָּ אֲלֵיהֶם
כֹּה אָמַר יְהוָה אִם־לֹא תִשְׁמְעוּ אֵלַי לָלֶכֶת בְּתוֹרָתִי אֲשֶׁר
ה נָתַתִּי לִפְנֵיכֶם: לִשְׁמֹעַ עַל־דִּבְרֵי עֲבָדַי הַנְּבִאִים אֲשֶׁר אָנֹכִי
ו שֹׁלֵחַ אֲלֵיכֶם וְהַשְׁכֵּם וְשָׁלֹחַ וְלֹא שְׁמַעְתֶּם: וְנָתַתִּי אֶת־
הַבַּיִת הַזֶּה כְּשִׁלֹה וְאֶת־הָעִיר הזאתה אֶתֵּן לִקְלָלָה לְכֹל גּוֹיֵ הַזֹּאת
ז הָאָרֶץ: וַיִּשְׁמְעוּ הַכֹּהֲנִים וְהַנְּבִאִים וְכָל־הָעָם
ח אֶת־יִרְמְיָהוּ מְדַבֵּר אֶת־הַדְּבָרִים הָאֵלֶּה בְּבֵית יְהוָה: וַיְהִי ׀
כְּכַלּוֹת יִרְמְיָהוּ לְדַבֵּר אֵת כָּל־אֲשֶׁר־צִוָּה יְהוָה לְדַבֵּר אֶל־כָּל־
הָעָם וַיִּתְפְּשׂוּ אֹתוֹ הַכֹּהֲנִים וְהַנְּבִאִים וְכָל־הָעָם לֵאמֹר מוֹת
ט תָּמוּת: מַדּוּעַ נִבֵּיתָ בְשֵׁם־יְהוָה לֵאמֹר כְּשִׁלוֹ יִהְיֶה הַבַּיִת הַזֶּה
וְהָעִיר הַזֹּאת תֶּחֱרַב מֵאֵין יוֹשֵׁב וַיִּקָּהֵל כָּל־הָעָם אֶל־יִרְמְיָהוּ
י בְּבֵית יְהוָה: וַיִּשְׁמְעוּ ׀ שָׂרֵי יְהוּדָה אֵת הַדְּבָרִים הָאֵלֶּה וַיַּעֲלוּ
מִבֵּית־הַמֶּלֶךְ בֵּית יְהוָה וַיֵּשְׁבוּ בְּפֶתַח שַׁעַר־יְהוָה הֶחָדָשׁ:
יא וַיֹּאמְרוּ הַכֹּהֲנִים וְהַנְּבִאִים אֶל־הַשָּׂרִים וְאֶל־כָּל־הָעָם לֵאמֹר
מִשְׁפַּט־מָוֶת לָאִישׁ הַזֶּה כִּי נִבָּא אֶל־הָעִיר הַזֹּאת כַּאֲשֶׁר
יב שְׁמַעְתֶּם בְּאָזְנֵיכֶם: וַיֹּאמֶר יִרְמְיָהוּ אֶל־כָּל־הַשָּׂרִים וְאֶל־כָּל־

הָעָם לֵאמֹר יְהוָה שְׁלָחַנִי לְהִנָּבֵא אֶל־הַבַּיִת הַזֶּה וְאֶל־הָעִיר
יג הַזֹּאת אֵת כָּל־הַדְּבָרִים אֲשֶׁר שְׁמַעְתֶּם׃ וְעַתָּה הֵיטִיבוּ
דַרְכֵיכֶם וּמַעַלְלֵיכֶם וְשִׁמְעוּ בְּקוֹל יְהוָה אֱלֹהֵיכֶם וְיִנָּחֵם יְהוָה
יד אֶל־הָרָעָה אֲשֶׁר דִּבֶּר עֲלֵיכֶם׃ וַאֲנִי הִנְנִי בְיֶדְכֶם עֲשׂוּ־לִי כַּטּוֹב
טו וְכַיָּשָׁר בְּעֵינֵיכֶם׃ אַךְ ׀ יָדֹעַ תֵּדְעוּ כִּי אִם־מְמִתִים אַתֶּם אֹתִי
כִּי־דָם נָקִי אַתֶּם נֹתְנִים עֲלֵיכֶם וְאֶל־הָעִיר הַזֹּאת וְאֶל־יֹשְׁבֶיהָ
כִּי בֶאֱמֶת שְׁלָחַנִי יְהוָה עֲלֵיכֶם לְדַבֵּר בְּאָזְנֵיכֶם אֵת כָּל־
טז הַדְּבָרִים הָאֵלֶּה׃ וַיֹּאמְרוּ הַשָּׂרִים וְכָל־הָעָם
אֶל־הַכֹּהֲנִים וְאֶל־הַנְּבִיאִים אֵין־לָאִישׁ הַזֶּה מִשְׁפַּט־מָוֶת כִּי
יז בְּשֵׁם יְהוָה אֱלֹהֵינוּ דִּבֶּר אֵלֵינוּ׃ וַיָּקֻמוּ אֲנָשִׁים מִזִּקְנֵי הָאָרֶץ
יח וַיֹּאמְרוּ אֶל־כָּל־קְהַל הָעָם לֵאמֹר׃ מיכיה הַמּוֹרַשְׁתִּי הָיָה נִבָּא מִיכָה
בִּימֵי חִזְקִיָּהוּ מֶלֶךְ־יְהוּדָה וַיֹּאמֶר אֶל־כָּל־עַם יְהוּדָה לֵאמֹר
כֹּה־אָמַר ׀ יְהוָה צְבָאוֹת צִיּוֹן שָׂדֶה תֵחָרֵשׁ וִירוּשָׁלַיִם עִיִּים
יט תִּהְיֶה וְהַר הַבַּיִת לְבָמוֹת יָעַר׃ הֶהָמֵת הֱמִתֻהוּ חִזְקִיָּהוּ מֶלֶךְ־
יְהוּדָה וְכָל־יְהוּדָה הֲלֹא יָרֵא אֶת־יְהוָה וַיְחַל אֶת־פְּנֵי יְהוָה
וַיִּנָּחֶם יְהוָה אֶל־הָרָעָה אֲשֶׁר־דִּבֶּר עֲלֵיהֶם וַאֲנַחְנוּ עֹשִׂים רָעָה
כ גְדוֹלָה עַל־נַפְשׁוֹתֵינוּ׃ וְגַם־אִישׁ הָיָה מִתְנַבֵּא בְּשֵׁם יְהוָה
אוּרִיָּהוּ בֶּן־שְׁמַעְיָהוּ מִקִּרְיַת הַיְּעָרִים וַיִּנָּבֵא עַל־הָעִיר הַזֹּאת
כא וְעַל־הָאָרֶץ הַזֹּאת כְּכֹל דִּבְרֵי יִרְמְיָהוּ׃ וַיִּשְׁמַע הַמֶּלֶךְ יְהוֹיָקִים
וְכָל־גִּבּוֹרָיו וְכָל־הַשָּׂרִים אֶת־דְּבָרָיו וַיְבַקֵּשׁ הַמֶּלֶךְ הֲמִיתוֹ
כב וַיִּשְׁמַע אוּרִיָּהוּ וַיִּרָא וַיִּבְרַח וַיָּבֹא מִצְרָיִם׃ וַיִּשְׁלַח הַמֶּלֶךְ
יְהוֹיָקִים אֲנָשִׁים מִצְרָיִם אֵת־אֶלְנָתָן בֶּן־עַכְבּוֹר וַאֲנָשִׁים אִתּוֹ
כג אֶל־מִצְרָיִם׃ וַיּוֹצִיאוּ אֶת־אוּרִיָּהוּ מִמִּצְרַיִם וַיְבִאֻהוּ אֶל־הַמֶּלֶךְ
יְהוֹיָקִים וַיַּכֵּהוּ בֶּחָרֶב וַיַּשְׁלֵךְ אֶת־נִבְלָתוֹ אֶל־קִבְרֵי בְּנֵי הָעָם׃
כד אַךְ יַד אֲחִיקָם בֶּן־שָׁפָן הָיְתָה אֶת־יִרְמְיָהוּ לְבִלְתִּי תֵּת־אֹתוֹ
כז א בְּיַד־הָעָם לַהֲמִיתוֹ׃ בְּרֵאשִׁית מַמְלֶכֶת יְהוֹיָקִם
בֶּן־יֹאושִׁיָּהוּ מֶלֶךְ יְהוּדָה הָיָה הַדָּבָר הַזֶּה אֶל־יִרְמְיָה מֵאֵת

ב יהוה לאמר: כה־אמר יהוה אלי עשה לך מוסרות ומטות
ג ונתתם על־צוארך: ושלחתם אל־מלך אדום ואל־מלך
מואב ואל־מלך בני עמון ואל־מלך צר ואל־מלך צידון ביד
ד מלאכים הבאים ירושלם אל־צדקיהו מלך יהודה: וצוית
אתם אל־אדניהם לאמר כה־אמר יהוה צבאות אלהי
ה ישראל כה תאמרו אל־אדניכם: אנכי עשיתי את־הארץ טו
את־האדם ואת־הבהמה אשר על־פני הארץ בכחי הגדול
ו ובזרועי הנטויה ונתתיה לאשר ישר בעיני: ועתה אנכי נתתי
את־כל־הארצות האלה ביד נבוכדנאצר מלך־בבל עבדי
ז וגם את־חית השדה נתתי לו לעבדו: ועבדו אתו כל־הגוים
ואת־בנו ואת־בן־בנו עד בא־עת ארצו גם־הוא ועבדו בו
ח גוים רבים ומלכים גדלים: והיה הגוי והממלכה אשר לא־
יעבדו אתו את־נבוכדנאצר מלך־בבל ואת אשר לא־יתן
את־צוארו בעל מלך בבל בחרב וברעב ובדבר אפקד על־
ט הגוי ההוא נאם־יהוה עד־תמי אתם בידו: ואתם אל־
תשמעו אל־נביאיכם ואל־קסמיכם ואל חלמתיכם ואל־
ענניכם ואל־כשפיכם אשר־הם אמרים אליכם לאמר לא
י תעבדו את־מלך בבל: כי שקר הם נבאים לכם למען
יא הרחיק אתכם מעל אדמתכם והדחתי אתכם ואבדתם: והגוי
אשר יביא את־צוארו בעל מלך־בבל ועבדו והנחתיו על־
יב אדמתו נאם־יהוה ועבדה וישב בה: ואל־צדקיה מלך־
יהודה דברתי ככל־הדברים האלה לאמר הביאו את־
יג צואריכם בעל | מלך בבל ועבדו אתו ועמו וחיו: למה תמותו
אתה ועמך בחרב ברעב ובדבר כאשר דבר יהוה אל־הגוי
יד אשר לא־יעבד את־מלך בבל: ואל־תשמעו אל־דברי
הנבאים האמרים אליכם לאמר לא תעבדו את־מלך בבל
טו כי שקר הם נבאים לכם: כי לא שלחתים נאם־יהוה והם

נבאים בשמי לשקר למען הדיחי אתכם ואבדתם אתם
טו והנבאים הנבאים לכם: ואל־הכהנים ואל־כל־העם הזה
דברתי לאמר כה אמר יהוה אל־תשמעו אל־דברי נביאיכם
הנבאים לכם לאמר הנה כלי בית־יהוה מושבים מבבלה
יז עתה מהרה כי שקר המה נבאים לכם: אל־תשמעו אליהם
עבדו את־מלך בבל וחיו למה תהיה העיר הזאת חרבה:
יח ואם־נבאים הם ואם־יש דבר־יהוה אתם יפגעו־נא ביהוה
צבאות לבלתי־באו הכלים הנותרים בבית־יהוה ובית מלך
יט יהודה ובירושלם בבלה: כי כה אמר יהוה
צבאות אל־העמדים ועל־הים ועל־המכנות ועל יתר הכלים
כ הנותרים בעיר הזאת: אשר לא־לקחם נבוכדנאצר מלך
בבל בגלותו את־יכוניה בן־יהויקים מלך־יהודה מירושלם יכניה
כא בבלה ואת כל־חרי יהודה וירושלם: כי כה
אמר יהוה צבאות אלהי ישראל על־הכלים הנותרים בית
כב יהוה ובית מלך־יהודה וירושלם: בבלה יובאו ושמה יהיו עד
יום פקדי אתם נאם־יהוה והעליתים והשיבתים אל־המקום
כח א הזה: ויהי | בשנה ההיא בראשית ממלכת
צדקיה מלך־יהודה בשנת הרבעית בחדש החמישי אמר בשנה
אלי חנניה בן־עזור הנביא אשר מגבעון בבית יהוה לעיני
ב הכהנים וכל־העם לאמר: כה־אמר יהוה צבאות אלהי
ג ישראל לאמר שברתי את־על מלך בבל: בעוד | שנתים
ימים אני משיב אל־המקום הזה את־כל־כלי בית יהוה
אשר לקח נבוכדנאצר מלך־בבל מן־המקום הזה ויביאם
ד בבל: ואת־יכניה בן־יהויקים מלך־יהודה ואת־כל־גלות
יהודה הבאים בבלה אני משיב אל־המקום הזה נאם־יהוה
ה כי אשבר את־על מלך בבל: ויאמר ירמיה הנביא אל־
חנניה הנביא לעיני הכהנים ולעיני כל־העם העמדים בבית

ו יהוה: ויאמר ירמיה הנביא אמן כן יעשה יהוה יקם יהוה
את־דבריך אשר נבאת להשיב כלי בית־יהוה וכל־הגולה
ז מבבל אל־המקום הזה: אך שמע־נא הדבר הזה אשר אנכי
ח דבר באזניך ובאזני כל־העם: הנביאים אשר היו לפני ולפניך
מן־העולם וינבאו אל־ארצות רבות ועל־ממלכות גדלות
ט למלחמה ולרעה ולדבר: הנביא אשר ינבא לשלום בבא
י דבר הנביא יודע הנביא אשר־שלחו יהוה באמת: ויקח
חנניה הנביא את־המוטה מעל צואר ירמיה הנביא
יא וישברהו: ויאמר חנניה לעיני כל־העם לאמר כה אמר
יהוה ככה אשבר את־על | נבכדנאצר מלך־בבל בעוד
שנתים ימים מעל צואר כל־הגוים וילך ירמיה הנביא
יב לדרכו: ויהי דבר־יהוה אל־ירמיה אחרי
שבור חנניה הנביא את־המוטה מעל צואר ירמיה הנביא
יג לאמר: הלוך ואמרת אל־חנניה לאמר כה אמר יהוה מוטת
יד עץ שברת ועשית תחתיהן מטות ברזל: כי כה־אמר יהוה
צבאות אלהי ישראל על ברזל נתתי על־צואר | כל־
הגוים האלה לעבד את־נבכדנאצר מלך־בבל ועבדהו
טו וגם את־חית השדה נתתי לו: ויאמר ירמיה הנביא אל־
חנניה הנביא שמע־נא חנניה לא־שלחך יהוה ואתה
טז הבטחת את־העם הזה על־שקר: לכן כה אמר יהוה הנני
משלחך מעל פני האדמה השנה אתה מת כי־סרה
יז דברת אל־יהוה: וימת חנניה הנביא בשנה ההיא בחדש
כט א השביעי: ואלה דברי הספר אשר שלח ירמיה
הנביא מירושלם אל־יתר זקני הגולה ואל־הכהנים ואל־
הנביאים ואל־כל־העם אשר הגלה נבוכדנאצר מירושלם
ב בבלה: אחרי צאת יכניה המלך והגבירה והסריסים שרי
ג יהודה וירושלם והחרש והמסגר מירושלם: ביד אלעשה

בן־שפן וגמריה בן־חלקיה אשר שלח צדקיה מלך־יהודה
ד אל־נבוכדנאצר מלך בבל בבלה לאמר: כה אמר יהוה
צבאות אלהי ישראל לכל־הגולה אשר־הגליתי מירושלם
ה ו בבלה: בנו בתים ושבו ונטעו גנות ואכלו את־פרין: קחו נשים
והולידו בנים ובנות וקחו לבניכם נשים ואת־בנותיכם תנו
ז טז לאנשים ותלדנה בנים ובנות ורבו־שם ואל־תמעטו: ודרשו
את־שלום העיר אשר הגליתי אתכם שמה והתפללו בעדה
ח אל־יהוה כי בשלומה יהיה לכם שלום: כי כה
אמר יהוה צבאות אלהי ישראל אל־ישיאו לכם נביאיכם
אשר־בקרבכם וקסמיכם ואל־תשמעו אל־חלמתיכם אשר
ט אתם מחלמים: כי בשקר הם נבאים לכם בשמי לא
י שלחתים נאם־יהוה: כי־כה אמר יהוה כי לפי
מלאת לבבל שבעים שנה אפקד אתכם והקמתי עליכם
יא את־דברי הטוב להשיב אתכם אל־המקום הזה: כי אנכי
ידעתי את־המחשבת אשר אנכי חשב עליכם נאם־יהוה
מחשבות שלום ולא לרעה לתת לכם אחרית ותקוה:
יב וקראתם אתי והלכתם והתפללתם אלי ושמעתי אליכם:
יג יד ובקשתם אתי ומצאתם כי תדרשני בכל־לבבכם: ונמצאתי
שבותכם לכם נאם־יהוה ושבתי את־שביתכם וקבצתי אתכם מכל־
הגוים ומכל־המקומות אשר הדחתי אתכם שם נאם־יהוה
טו והשבתי אתכם אל־המקום אשר־הגליתי אתכם משם: כי
טז אמרתם הקים לנו יהוה נבאים בבלה: כי־
כה | אמר יהוה אל־המלך היושב אל־כסא דוד ואל־כל־
העם היושב בעיר הזאת אחיכם אשר לא־יצאו אתכם
יז בגולה: כה אמר יהוה צבאות הנני משלח בם
את־החרב את־הרעב ואת־הדבר ונתתי אותם כתאנים
יח השערים אשר לא־תאכלנה מרע: ורדפתי אחריהם בחרב

בָּרָעָב וּבַדָּבֶר וּנְתַתִּים לזועה לְכֹל ׀ מַמְלְכוֹת הָאָרֶץ לְאָלָה לְזַעֲוָה
וּלְשַׁמָּה וְלִשְׁרֵקָה וּלְחֶרְפָּה בְּכָל־הַגּוֹיִם אֲשֶׁר־הִדַּחְתִּים שָׁם׃
יט תַּחַת אֲשֶׁר־לֹא־שָׁמְעוּ אֶל־דְּבָרַי נְאֻם־יְהוָה אֲשֶׁר שָׁלַחְתִּי
אֲלֵיהֶם אֶת־עֲבָדַי הַנְּבִאִים הַשְׁכֵּם וְשָׁלֹחַ וְלֹא שְׁמַעְתֶּם נְאֻם־
כ יְהוָה׃ וְאַתֶּם שִׁמְעוּ דְבַר־יְהוָה כָּל־הַגּוֹלָה אֲשֶׁר־שִׁלַּחְתִּי
כא מִירוּשָׁלַ͏ִם בָּבֶלָה׃ כֹּה־אָמַר יְהוָה צְבָאוֹת אֱלֹהֵי
יִשְׂרָאֵל אֶל־אַחְאָב בֶּן־קוֹלָיָה וְאֶל־צִדְקִיָּהוּ בֶן־מַעֲשֵׂיָה
הַנִּבְּאִים לָכֶם בִּשְׁמִי שָׁקֶר הִנְנִי ׀ נֹתֵן אֹתָם בְּיַד נְבוּכַדְרֶאצַּר
כב מֶלֶךְ־בָּבֶל וְהִכָּם לְעֵינֵיכֶם׃ וְלֻקַּח מֵהֶם קְלָלָה לְכֹל גָּלוּת
יְהוּדָה אֲשֶׁר בְּבָבֶל לֵאמֹר יְשִׂמְךָ יְהוָה כְּצִדְקִיָּהוּ וּכְאֶחָב אֲשֶׁר־
כג קָלָם מֶלֶךְ־בָּבֶל בָּאֵשׁ׃ יַעַן אֲשֶׁר עָשׂוּ נְבָלָה בְּיִשְׂרָאֵל וַיְנַאֲפוּ
אֶת־נְשֵׁי רֵעֵיהֶם וַיְדַבְּרוּ דָבָר בִּשְׁמִי שֶׁקֶר אֲשֶׁר לוֹא צִוִּיתִם
כד וְאָנֹכִי הוידע וָעֵד נְאֻם־יְהוָה׃ וְאֶל־שְׁמַעְיָהוּ הַיּוֹדֵעַ
כה הַנֶּחֱלָמִי תֹּאמַר לֵאמֹר׃ כֹּה־אָמַר יְהוָה צְבָאוֹת אֱלֹהֵי יִשְׂרָאֵל
לֵאמֹר יַעַן אֲשֶׁר אַתָּה שָׁלַחְתָּ בְשִׁמְכָה סְפָרִים אֶל־כָּל־הָעָם
אֲשֶׁר בִּירוּשָׁלַ͏ִם וְאֶל־צְפַנְיָה בֶן־מַעֲשֵׂיָה הַכֹּהֵן וְאֶל־כָּל־
כו הַכֹּהֲנִים לֵאמֹר׃ יְהוָה נְתָנְךָ כֹהֵן תַּחַת יְהוֹיָדָע הַכֹּהֵן לִהְיוֹת
פְקִדִים בֵּית יְהוָה לְכָל־אִישׁ מְשֻׁגָּע וּמִתְנַבֵּא וְנָתַתָּה אֹתוֹ אֶל־
כז הַמַּהְפֶּכֶת וְאֶל־הַצִּינֹק׃ וְעַתָּה לָמָּה לֹא גָעַרְתָּ בְּיִרְמְיָהוּ
כח הָעֲנְּתֹתִי הַמִּתְנַבֵּא לָכֶם׃ כִּי עַל־כֵּן שָׁלַח אֵלֵינוּ בָּבֶל לֵאמֹר
אֲרֻכָּה הִיא בְּנוּ בָתִּים וְשֵׁבוּ וְנִטְעוּ גַנּוֹת וְאִכְלוּ אֶת־
כט פְּרִיהֶן׃ וַיִּקְרָא צְפַנְיָה הַכֹּהֵן אֶת־הַסֵּפֶר הַזֶּה בְּאָזְנֵי יִרְמְיָהוּ
ל הַנָּבִיא׃ וַיְהִי דְּבַר־יְהוָה אֶל־יִרְמְיָהוּ לֵאמֹר׃
לא שְׁלַח עַל־כָּל־הַגּוֹלָה לֵאמֹר כֹּה אָמַר יְהוָה אֶל־שְׁמַעְיָה
הַנֶּחֱלָמִי יַעַן אֲשֶׁר נִבָּא לָכֶם שְׁמַעְיָה וַאֲנִי לֹא שְׁלַחְתִּיו וַיַּבְטַח
לב אֶתְכֶם עַל־שָׁקֶר׃ לָכֵן כֹּה־אָמַר יְהוָה הִנְנִי פֹקֵד עַל־שְׁמַעְיָה
הַנֶּחֱלָמִי וְעַל־זַרְעוֹ לֹא־יִהְיֶה לוֹ אִישׁ ׀ יוֹשֵׁב ׀ בְּתוֹךְ־הָעָם הַזֶּה

ולא־יראה בטוב אשר־אני עשה־לעמי נאם־יהוה כי־סרה
ל א דבר על־יהוה: הדבר אשר היה אל־ירמיהו
ב מאת יהוה לאמר: כה־אמר יהוה אלהי ישראל לאמר
ג כתב־לך את כל־הדברים אשר־דברתי אליך אל־ספר: כי
הנה ימים באים נאם־יהוה ושבתי את־שבות עמי ישראל
ויהודה אמר יהוה והשבתים אל־הארץ אשר־נתתי לאבתם
ד וירשוה: ואלה הדברים אשר דבר יהוה אל־
ה ישראל ואל־יהודה: כי־כה אמר יהוה קול חרדה שמענו
ו פחד ואין שלום: שאלו־נא וראו אם־ילד זכר מדוע ראיתי
ז כל־גבר ידיו על־חלציו כיולדה ונהפכו כל־פנים לירקון: הוי
כי גדול היום ההוא מאין כמהו ועת־צרה היא ליעקב וממנה
ח יושע: והיה ביום ההוא נאם ׀ יהוה צבאות אשבר עלו
מעל צוארך ומוסרותיך אנתק ולא־יעבדו־בו עוד זרים:
ט ועבדו את יהוה אלהיהם ואת דוד מלכם אשר אקים יז
י להם: ואתה אל־תירא עבדי יעקב נאם־יהוה
ואל־תחת ישראל כי הנני מושיעך מרחוק ואת־זרעך מארץ
יא שבים ושב יעקב ושקט ושאנן ואין מחריד: כי־אתך אני
נאם־יהוה להושיעך כי אעשה כלה בכל־הגוים ׀ אשר
הפצותיך שם אך אתך לא־אעשה כלה ויסרתיך למשפט
יב ונקה לא אנקך: כי כה אמר יהוה אנוש
יג לשברך נחלה מכתך: אין־דן דינך למזור רפאות תעלה אין
יד לך: כל־מאהביך שכחוך אותך לא ידרשו כי מכת אויב
טו הכיתיך מוסר אכזרי על רב עונך עצמו חטאתיך: מה־
תזעק על־שברך אנוש מכאבך על ׀ רב עונך עצמו חטאתיך
טז עשיתי אלה לך: לכן כל־אכליך יאכלו וכל־צריך כלם
יז בשבי ילכו והיו שאסיך למשסה וכל־בזזיך אתן לבז: כי
אעלה ארכה לך וממכותיך ארפאך נאם־יהוה כי נדחה

יח קִרְאוּ לָךְ צִיּוֹן הִיא דֹּרֵשׁ אֵין לָהּ׃ כֹּה ׀ אָמַר
יְהוָה הִנְנִי־שָׁב שְׁבוּת אָהֳלֵי יַעֲקוֹב וּמִשְׁכְּנֹתָיו אֲרַחֵם וְנִבְנְתָה
יט עִיר עַל־תִּלָּהּ וְאַרְמוֹן עַל־מִשְׁפָּטוֹ יֵשֵׁב׃ וְיָצָא מֵהֶם תּוֹדָה וְקוֹל
כ מְשַׂחֲקִים וְהִרְבִּתִים וְלֹא יִמְעָטוּ וְהִכְבַּדְתִּים וְלֹא יִצְעָרוּ׃ וְהָיוּ
כא בָנָיו כְּקֶדֶם וַעֲדָתוֹ לְפָנַי תִּכּוֹן וּפָקַדְתִּי עַל כָּל־לֹחֲצָיו׃ וְהָיָה
אַדִּירוֹ מִמֶּנּוּ וּמֹשְׁלוֹ מִקִּרְבּוֹ יֵצֵא וְהִקְרַבְתִּיו וְנִגַּשׁ אֵלָי כִּי מִי
כב הוּא־זֶה עָרַב אֶת־לִבּוֹ לָגֶשֶׁת אֵלַי נְאֻם־יְהוָה׃ וִהְיִיתֶם
כג לִי לְעָם וְאָנֹכִי אֶהְיֶה לָכֶם לֵאלֹהִים׃ הִנֵּה ׀
סַעֲרַת יְהוָה חֵמָה יָצְאָה סַעַר מִתְגּוֹרֵר עַל רֹאשׁ רְשָׁעִים
כד יָחוּל׃ לֹא יָשׁוּב חֲרוֹן אַף־יְהוָה עַד־עֲשֹׂתוֹ וְעַד־הֲקִימוֹ
כה מְזִמּוֹת לִבּוֹ בְּאַחֲרִית הַיָּמִים תִּתְבּוֹנְנוּ בָהּ׃ בָּעֵת הַהִיא נְאֻם־
יְהוָה אֶהְיֶה לֵאלֹהִים לְכֹל מִשְׁפְּחוֹת יִשְׂרָאֵל וְהֵמָּה יִהְיוּ־לִי
לא א לְעָם׃ כֹּה אָמַר יְהוָה מָצָא חֵן בַּמִּדְבָּר עַם
ב שְׂרִידֵי חָרֶב הָלוֹךְ לְהַרְגִּיעוֹ יִשְׂרָאֵל׃ מֵרָחוֹק יְהוָה נִרְאָה לִי
ג וְאַהֲבַת עוֹלָם אֲהַבְתִּיךְ עַל־כֵּן מְשַׁכְתִּיךְ חָסֶד׃ עוֹד אֶבְנֵךְ
וְנִבְנֵית בְּתוּלַת יִשְׂרָאֵל עוֹד תַּעְדִּי תֻפַּיִךְ וְיָצָאת בִּמְחוֹל
ד מְשַׂחֲקִים׃ עוֹד תִּטְּעִי כְרָמִים בְּהָרֵי שֹׁמְרוֹן נָטְעוּ נֹטְעִים
ה וְחִלֵּלוּ׃ כִּי יֶשׁ־יוֹם קָרְאוּ נֹצְרִים בְּהַר אֶפְרָיִם קוּמוּ וְנַעֲלֶה צִיּוֹן
ו אֶל־יְהוָה אֱלֹהֵינוּ׃ כִּי־כֹה ׀ אָמַר יְהוָה רָנּוּ
לְיַעֲקֹב שִׂמְחָה וְצַהֲלוּ בְּרֹאשׁ הַגּוֹיִם הַשְׁמִיעוּ הַלְלוּ וְאִמְרוּ
ז הוֹשַׁע יְהוָה אֶת־עַמְּךָ אֵת שְׁאֵרִית יִשְׂרָאֵל׃ הִנְנִי מֵבִיא אוֹתָם
מֵאֶרֶץ צָפוֹן וְקִבַּצְתִּים מִיַּרְכְּתֵי־אָרֶץ בָּם עִוֵּר וּפִסֵּחַ הָרָה
ח וְיֹלֶדֶת יַחְדָּו קָהָל גָּדוֹל יָשׁוּבוּ הֵנָּה׃ בִּבְכִי יָבֹאוּ וּבְתַחֲנוּנִים
אוֹבִילֵם אוֹלִיכֵם אֶל־נַחֲלֵי מַיִם בְּדֶרֶךְ יָשָׁר לֹא יִכָּשְׁלוּ בָּהּ כִּי־
ט הָיִיתִי לְיִשְׂרָאֵל לְאָב וְאֶפְרַיִם בְּכֹרִי הוּא׃ שִׁמְעוּ
דְבַר־יְהוָה גּוֹיִם וְהַגִּידוּ בָאִיִּים מִמֶּרְחָק וְאִמְרוּ מְזָרֵה יִשְׂרָאֵל
י יְקַבְּצֶנּוּ וּשְׁמָרוֹ כְּרֹעֶה עֶדְרוֹ׃ כִּי־פָדָה יְהוָה אֶת־יַעֲקֹב וּגְאָלוֹ

יא מיד חזק ממנו: ובאו ורננו במרום־ציון ונהרו אל־טוב יהוה
על־דגן ועל־תירש ועל־יצהר ועל־בני־צאן ובקר והיתה
יב נפשם כגן רוה ולא־יוסיפו לדאבה עוד: אז תשמח בתולה
במחול ובחרים וזקנים יחדו והפכתי אבלם לששון ונחמתים
יג ושמחתים מיגונם: ורויתי נפש הכהנים דשן ועמי את־טובי
יד ישבעו נאם־יהוה: כה | אמר יהוה קול ברמה
נשמע נהי בכי תמרורים רחל מבכה על־בניה מאנה להנחם
טו על־בניה כי איננו: כה | אמר יהוה מנעי קולך
מבכי ועיניך מדמעה כי יש שכר לפעלתך נאם־יהוה ושבו
טז מארץ אויב: ויש־תקוה לאחריתך נאם־יהוה ושבו בנים
יז לגבולם: שמוע שמעתי אפרים מתנודד יסרתני ואוסר כעגל
יח לא למד השבני ואשובה כי אתה יהוה אלהי: כי־אחרי שובי
נחמתי ואחרי הודעי ספקתי על־ירך בשתי וגם־נכלמתי כי
יט נשאתי חרפת נעורי: הבן יקיר לי אפרים אם ילד שעשעים
כי־מדי דברי בו זכר אזכרנו עוד על־כן המו מעי לו רחם
כ ארחמנו נאם־יהוה: הציבי לך צינים שמי לך
תמרורים שתי לבך למסלה דרך הלכתי שובי בתולת הלכת
כא ישראל שבי אל־עריך אלה: עד־מתי תתחמקין הבת
השובבה כי־ברא יהוה חדשה בארץ נקבה תסובב
כב גבר: כה־אמר יהוה צבאות אלהי ישראל עוד
יאמרו את־הדבר הזה בארץ יהודה ובעריו בשובי את־
כג שבותם יברכך יהוה נוה־צדק הר הקדש: וישבו בה יהודה
כד וכל־עריו יחדו אכרים ונסעו בעדר: כי הרויתי נפש עיפה
כה וכל־נפש דאבה מלאתי: על־זאת הקיצתי ואראה ושנתי
כו ערבה לי: הנה ימים באים נאם־יהוה וזרעתי
את־בית ישראל ואת־בית יהודה זרע אדם וזרע בהמה:
כז והיה כאשר שקדתי עליהם לנתוש ולנתוץ ולהרס ולהאביד

כח ולהרע כן אשקד עליהם לבנות ולנטוע נאם־יהוה: בימים
ההם לא־יאמרו עוד אבות אכלו בסר ושני בנים תקהינה:
כט כי אם־איש בעונו ימות כל־האדם האכל הבסר תקהינה
ל שניו: הנה ימים באים נאם־יהוה וכרתי את־
לא בית ישראל ואת־בית יהודה ברית חדשה: לא כברית אשר
כרתי את־אבותם ביום החזיקי בידם להוציאם מארץ
מצרים אשר־המה הפרו את־בריתי ואנכי בעלתי בם נאם־
לב יהוה: כי זאת הברית אשר אכרת את־בית ישראל אחרי יח
הימים ההם נאם־יהוה נתתי את־תורתי בקרבם ועל־לבם
לג אכתבנה והייתי להם לאלהים והמה יהיו־לי לעם: ולא
ילמדו עוד איש את־רעהו ואיש את־אחיו לאמר דעו את־
יהוה כי כולם ידעו אותי למקטנם ועד־גדולם נאם־יהוה כי
לד אסלח לעונם ולחטאתם לא אזכר־עוד: כה ׀
אמר יהוה נתן שמש לאור יומם חקת ירח וכוכבים לאור
לה לילה רגע הים ויהמו גליו יהוה צבאות שמו: אם־ימשו
החקים האלה מלפני נאם־יהוה גם זרע ישראל ישבתו
לו מהיות גוי לפני כל־הימים: כה ׀ אמר יהוה
אם־ימדו שמים מלמעלה ויחקרו מוסדי־ארץ למטה גם־
אני אמאס בכל־זרע ישראל על־כל־אשר עשו נאם־
לז יהוה: הנה ימים נאם־יהוה ונבנתה העיר באים
לח ליהוה ממגדל חננאל עד־שער הפנה: ויצא עוד קוה המדה קו
לט נגדו על גבעת גרב ונסב געתה: וכל־העמק הפגרים ׀
והדשן וכל־השרמות עד־נחל קדרון עד־פנת שער השדמות
הסוסים מזרחה קדש ליהוה לא־ינתש ולא־יהרס עוד
לב א לעולם: הדבר אשר היה אל־ירמיהו מאת
יהוה בשנת העשרית לצדקיהו מלך יהודה היא השנה בשנה
ב שמנה־עשרה שנה לנבוכדראצר: ואז חיל מלך בבל צרים

על־ירושלם וירמיהו הנביא היה כלוא בחצר המטרה אשר
ג בית־מלך יהודה: אשר כלאו צדקיהו מלך־יהודה לאמר
מדוע אתה נבא לאמר כה אמר יהוה הנני נתן את־העיר
ד הזאת ביד מלך־בבל ולכדה: וצדקיהו מלך יהודה לא ימלט
מיד הכשדים כי־הנתן ינתן ביד מלך־בבל ודבר־פיו עם־
ה פיו ועיניו את־עינו תראינה: ובבל יולך את־צדקיהו ושם
יהיה עד־פקדי אתו נאם־יהוה כי תלחמו את־הכשדים לא
ו תצליחו: ויאמר ירמיהו היה דבר־יהוה אלי
ז לאמר: הנה חנמאל בן־שלם דדך בא אליך לאמר קנה לך
ח את־שדי אשר בענתות כי לך משפט הגאלה לקנות: ויבא
אלי חנמאל בן־דדי כדבר יהוה אל־חצר המטרה ויאמר
אלי קנה נא את־שדי אשר־בענתות אשר בארץ בנימין כי
לך משפט הירשה ולך הגאלה קנה־לך ואדע כי דבר־יהוה
ט הוא: ואקנה את־השדה מאת חנמאל בן־דדי אשר בענתות
ואשקלה־לו את־הכסף שבעה שקלים ועשרה הכסף:
י ואכתב בספר ואחתם ואעד עדים ואשקל הכסף במאזנים:
יא ואקח את־ספר המקנה את־החתום המצוה והחקים ואת־
יב הגלוי: ואתן את־הספר המקנה אל־ברוך בן־נריה בן־
מחסיה לעיני חנמאל דדי ולעיני העדים הכתבים בספר
יג המקנה לעיני כל־היהודים הישבים בחצר המטרה: ואצוה
יד את־ברוך לעיניהם לאמר: כה־אמר יהוה צבאות אלהי
ישראל לקוח את־הספרים האלה את ספר המקנה הזה ואת
החתום ואת ספר הגלוי הזה ונתתם בכלי־חרש למען
טו יעמדו ימים רבים: כי כה אמר יהוה צבאות
אלהי ישראל עוד יקנו בתים ושדות וכרמים בארץ
טז הזאת: ואתפלל אל־יהוה אחרי תתי את־
יז ספר המקנה אל־ברוך בן־נריה לאמר: אהה אדני יהוה

הנה | אתה עשית את־השמים ואת־הארץ בכחך הגדול
יח ובזרעך הנטויה לא־יפלא ממך כל־דבר: עשה חסד
לאלפים ומשלם עון אבות אל־חיק בניהם אחריהם האל
יט הגדול הגבור יהוה צבאות שמו: גדל העצה ורב העליליה
אשר־עיניך פקחות על־כל־דרכי בני אדם לתת לאיש
כ כדרכיו וכפרי מעלליו: אשר שמת אתות ומפתים בארץ
מצרים עד־היום הזה ובישראל ובאדם ותעשה־לך שם כיום
כא הזה: ותצא את־עמך את־ישראל מארץ מצרים באתות
כב ובמופתים וביד חזקה ובאזרוע נטויה ובמורא גדול: ותתן יט
להם את־הארץ הזאת אשר־נשבעת לאבותם לתת להם
כג ארץ זבת חלב ודבש: ויבאו וירשו אתה ולא־שמעו בקולך
ובתרותך לא־הלכו את כל־אשר צויתה להם לעשות לא ובתורתך
כד עשו ותקרא אתם את כל־הרעה הזאת: הנה הסללות באו
העיר ללכדה והעיר נתנה ביד הכשדים הנלחמים עליה
מפני החרב והרעב והדבר ואשר דברת היה והנך ראה:
כה ואתה אמרת אלי אדני יהוה קנה־לך השדה בכסף והעד
כו עדים והעיר נתנה ביד הכשדים: ויהי דבר־
כז יהוה אל־ירמיהו לאמר: הנה אני יהוה אלהי כל־בשר
כח הממני יפלא כל־דבר: לכן כה אמר יהוה הנני נתן את־העיר
הזאת ביד הכשדים וביד נבוכדראצר מלך־בבל ולכדה:
כט ובאו הכשדים הנלחמים על־העיר הזאת והציתו את־העיר
הזאת באש ושרפוה ואת הבתים אשר קטרו על־גגותיהם
ל לבעל והסכו נסכים לאלהים אחרים למען הכעסני: כי־היו
בני־ישראל ובני יהודה אך עשים הרע בעיני מנערתיהם כי
לא בני־ישראל אך מכעסים אתי במעשה ידיהם נאם־יהוה: כי
על־אפי ועל־חמתי היתה לי העיר הזאת למן־היום אשר
לב בנו אותה ועד היום הזה להסירה מעל פני: על כל־רעת

בני־ישראל ובני יהודה אשר עשו להכעסני המה מלכיהם
שריהם כהניהם ונביאיהם ואיש יהודה וישבי ירושלם: ויפנו לג
אלי ערף ולא פנים ולמד אתם השכם ולמד ואינם שמעים
לקחת מוסר: וישימו שקוציהם בבית אשר־נקרא־שמי עליו לד
לטמאו: ויבנו את־במות הבעל אשר ׀ בגיא בן־הנם להעביר לה
את־בניהם ואת־בנותיהם למלך אשר לא־צויתים ולא
עלתה על־לבי לעשות התועבה הזאת למען החטי את־
יהודה: ועתה לכן כה־אמר יהוה אלהי לו
ישראל אל־העיר הזאת אשר ׀ אתם אמרים נתנה ביד
מלך־בבל בחרב וברעב ובדבר: הנני מקבצם מכל־הארצות לז
אשר הדחתים שם באפי ובחמתי ובקצף גדול והשבתים אל־
המקום הזה והשבתים לבטח: והיו לי לעם ואני אהיה להם לח
לאלהים: ונתתי להם לב אחד ודרך אחד ליראה אותי כל־ לט
הימים לטוב להם ולבניהם אחריהם: וכרתי להם ברית עולם מ
אשר לא־אשוב מאחריהם להיטיבי אותם ואת־יראתי
אתן בלבבם לבלתי סור מעלי: וששתי עליהם להטיב מא
אותם ונטעתים בארץ הזאת באמת בכל־לבי ובכל־
נפשי: כי־כה אמר יהוה כאשר הבאתי אל־ מב
העם הזה את כל־הרעה הגדולה הזאת כן אנכי מביא
עליהם את־כל־הטובה אשר אנכי דבר עליהם: ונקנה מג
השדה בארץ הזאת אשר ׀ אתם אמרים שממה היא מאין
אדם ובהמה נתנה ביד הכשדים: שדות בכסף יקנו וכתוב מד
בספר ׀ וחתום והעד עדים בארץ בנימן ובסביבי ירושלם
ובערי יהודה ובערי ההר ובערי השפלה ובערי הנגב כי־
אשיב את־שבותם נאם־יהוה: ויהי דבר־ א לג
יהוה אל־ירמיהו שנית והוא עודנו עצור בחצר המטרה
לאמר: כה־אמר יהוה עשה יהוה יוצר אותה להכינה יהוה ב

ג שמו: קרא אלי ואענך ואגידה לך גדלות ובצרות לא
ד ידעתם: כי כה אמר יהוה אלהי ישראל על-
בתי העיר הזאת ועל-בתי מלכי יהודה הנתצים אל-
ה הסללות ואל-החרב: באים להלחם את-הכשדים ולמלאם
את-פגרי האדם אשר-הכיתי באפי ובחמתי ואשר הסתרתי
ו פני מהעיר הזאת על כל-רעתם: הנני מעלה-לה ארכה
ז ומרפא ורפאתים וגליתי להם עתרת שלום ואמת: והשבתי
את-שבות יהודה ואת שבות ישראל ובנתים כבראשנה:
ח וטהרתים מכל-עונם אשר חטאו-לי וסלחתי לכול- לכל-
ט עונותיהם אשר חטאו-לי ואשר פשעו בי: והיתה לי לשם
ששון לתהלה ולתפארת לכל גויי הארץ אשר ישמעו את-
כל-הטובה אשר אנכי עשה אותם ופחדו ורגזו על כל-הטובה
י ועל כל-השלום אשר אנכי עשה לה: כה
אמר יהוה עוד ישמע במקום-הזה אשר אתם אמרים חרב
הוא מאין אדם ומאין בהמה בערי יהודה ובחצות ירושלם
יא הנשמות מאין אדם ומאין יושב ומאין בהמה: קול ששון
וקול שמחה קול חתן וקול כלה קול אמרים הודו את-
יהוה צבאות כי-טוב יהוה כי-לעולם חסדו מבאים תודה
בית יהוה כי-אשיב את-שבות-הארץ כבראשנה אמר
יב יהוה: כה אמר יהוה צבאות עוד יהיה במקום
הזה החרב מאין-אדם ועד-בהמה ובכל-עריו נוה רעים
יג מרבצים צאן: בערי ההר בערי השפלה ובערי הנגב ובארץ
בנימן ובסביבי ירושלם ובערי יהודה עד תעברנה הצאן על-
יד ידי מונה אמר יהוה: הנה ימים באים נאם-
יהוה והקמתי את-הדבר הטוב אשר דברתי אל-בית
טו ישראל ועל-בית יהודה: בימים ההם ובעת ההיא אצמיח
טז לדוד צמח צדקה ועשה משפט וצדקה בארץ: בימים ההם כ

תִּוָּשַׁע יְהוּדָה וִירוּשָׁלַ͏ִם תִּשְׁכּוֹן לָבֶטַח וְזֶה אֲשֶׁר־יִקְרָא־לָהּ
יז יְהוָה ׀ צִדְקֵנוּ׃ כִּי־כֹה אָמַר יְהוָה לֹא־יִכָּרֵת
יח לְדָוִד אִישׁ יֹשֵׁב עַל־כִּסֵּא בֵית־יִשְׂרָאֵל׃ וְלַכֹּהֲנִים הַלְוִיִּם לֹא־
יִכָּרֵת אִישׁ מִלְּפָנָי מַעֲלֶה עוֹלָה וּמַקְטִיר מִנְחָה וְעֹשֶׂה זֶּבַח כָּל־
יט הַיָּמִים׃ וַיְהִי דְּבַר־יְהוָה אֶל־יִרְמְיָהוּ לֵאמוֹר׃
כ כֹּה אָמַר יְהוָה אִם־תָּפֵרוּ אֶת־בְּרִיתִי הַיּוֹם וְאֶת־בְּרִיתִי
כא הַלָּיְלָה וּלְבִלְתִּי הֱיוֹת יוֹמָם־וָלַיְלָה בְּעִתָּם׃ גַּם־בְּרִיתִי תֻפַר
אֶת־דָּוִד עַבְדִּי מִהְיוֹת־לוֹ בֵן מֹלֵךְ עַל־כִּסְאוֹ וְאֶת־הַלְוִיִּם
כב הַכֹּהֲנִים מְשָׁרְתָי׃ אֲשֶׁר לֹא־יִסָּפֵר צְבָא הַשָּׁמַיִם וְלֹא יִמַּד
חוֹל הַיָּם כֵּן אַרְבֶּה אֶת־זֶרַע דָּוִד עַבְדִּי וְאֶת־הַלְוִיִּם מְשָׁרְתֵי
כג אֹתִי׃ וַיְהִי דְּבַר־יְהוָה אֶל־יִרְמְיָהוּ לֵאמֹר׃
כד הֲלוֹא רָאִיתָ מָה־הָעָם הַזֶּה דִּבְּרוּ לֵאמֹר שְׁתֵּי הַמִּשְׁפָּחוֹת
אֲשֶׁר בָּחַר יְהוָה בָּהֶם וַיִּמְאָסֵם וְאֶת־עַמִּי יִנְאָצוּן מִהְיוֹת עוֹד
כה גּוֹי לִפְנֵיהֶם׃ כֹּה אָמַר יְהוָה אִם־לֹא בְרִיתִי יוֹמָם
כו וָלָיְלָה חֻקּוֹת שָׁמַיִם וָאָרֶץ לֹא־שָׂמְתִּי׃ גַּם־זֶרַע יַעֲקוֹב וְדָוִד
עַבְדִּי אֶמְאַס מִקַּחַת מִזַּרְעוֹ מֹשְׁלִים אֶל־זֶרַע אַבְרָהָם יִשְׂחָק
לד א וְיַעֲקֹב כִּי־אשוב אֶת־שְׁבוּתָם וְרִחַמְתִּים׃ הַדָּבָר אָשִׁיב
אֲשֶׁר־הָיָה אֶל־יִרְמְיָהוּ מֵאֵת יְהוָה וּנְבוּכַדְרֶאצַּר מֶלֶךְ־בָּבֶל
וְכָל־חֵילוֹ וְכָל־מַמְלְכוֹת אֶרֶץ מֶמְשֶׁלֶת יָדוֹ וְכָל־הָעַמִּים
ב נִלְחָמִים עַל־יְרוּשָׁלַ͏ִם וְעַל־כָּל־עָרֶיהָ לֵאמֹר׃ כֹּה־אָמַר יְהוָה
אֱלֹהֵי יִשְׂרָאֵל הָלֹךְ וְאָמַרְתָּ אֶל־צִדְקִיָּהוּ מֶלֶךְ יְהוּדָה וְאָמַרְתָּ
אֵלָיו כֹּה אָמַר יְהוָה הִנְנִי נֹתֵן אֶת־הָעִיר הַזֹּאת בְּיַד מֶלֶךְ־בָּבֶל
ג וּשְׂרָפָהּ בָּאֵשׁ׃ וְאַתָּה לֹא תִמָּלֵט מִיָּדוֹ כִּי תָּפֹשׂ תִּתָּפֵשׂ וּבְיָדוֹ
תִּנָּתֵן וְעֵינֶיךָ אֶת־עֵינֵי מֶלֶךְ־בָּבֶל תִּרְאֶינָה וּפִיהוּ אֶת־פִּיךָ
ד יְדַבֵּר וּבָבֶל תָּבוֹא׃ אַךְ שְׁמַע דְּבַר־יְהוָה צִדְקִיָּהוּ מֶלֶךְ יְהוּדָה
ה כֹּה־אָמַר יְהוָה עָלֶיךָ לֹא תָמוּת בֶּחָרֶב׃ בְּשָׁלוֹם תָּמוּת
וּבְמִשְׂרְפוֹת אֲבוֹתֶיךָ הַמְּלָכִים הָרִאשֹׁנִים אֲשֶׁר־הָיוּ לְפָנֶיךָ כֵּן

יִשְׂרְפוּ־לָךְ וְהוֹי אָדוֹן יִסְפְּדוּ־לָךְ כִּי־דָבָר אֲנִי־דִבַּרְתִּי נְאֻם־
ו יְהוָה׃ וַיְדַבֵּר יִרְמְיָהוּ הַנָּבִיא אֶל־צִדְקִיָּהוּ מֶלֶךְ
ז יְהוּדָה אֵת כָּל־הַדְּבָרִים הָאֵלֶּה בִּירוּשָׁלָםִ׃ וְחֵיל מֶלֶךְ־
בָּבֶל נִלְחָמִים עַל־יְרוּשָׁלַםִ וְעַל כָּל־עָרֵי יְהוּדָה הַנּוֹתָרוֹת
אֶל־לָכִישׁ וְאֶל־עֲזֵקָה כִּי הֵנָּה נִשְׁאֲרוּ בְּעָרֵי יְהוּדָה עָרֵי
ח מִבְצָר׃ הַדָּבָר אֲשֶׁר־הָיָה אֶל־יִרְמְיָהוּ מֵאֵת
יְהוָה אַחֲרֵי כְּרֹת הַמֶּלֶךְ צִדְקִיָּהוּ בְּרִית אֶת־כָּל־הָעָם אֲשֶׁר
ט בִּירוּשָׁלַםִ לִקְרֹא לָהֶם דְּרוֹר׃ לְשַׁלַּח אִישׁ אֶת־עַבְדּוֹ וְאִישׁ
אֶת־שִׁפְחָתוֹ הָעִבְרִי וְהָעִבְרִיָּה חָפְשִׁים לְבִלְתִּי עֲבָד־בָּם
י בִּיהוּדִי אָחִיהוּ אִישׁ׃ וַיִּשְׁמְעוּ כָל־הַשָּׂרִים וְכָל־הָעָם אֲשֶׁר־
בָּאוּ בַבְּרִית לְשַׁלַּח אִישׁ אֶת־עַבְדּוֹ וְאִישׁ אֶת־שִׁפְחָתוֹ חָפְשִׁים
יא לְבִלְתִּי עֲבָד־בָּם עוֹד וַיִּשְׁמְעוּ וַיְשַׁלֵּחוּ׃ וַיָּשׁוּבוּ אַחֲרֵי־כֵן וַיָּשִׁבוּ
אֶת־הָעֲבָדִים וְאֶת־הַשְּׁפָחוֹת אֲשֶׁר שִׁלְּחוּ חָפְשִׁים ויכבישום וַיִּכְבְּשׁוּם
יב לַעֲבָדִים וְלִשְׁפָחוֹת׃ וַיְהִי דְבַר־יְהוָה אֶל־
יג יִרְמְיָהוּ מֵאֵת יְהוָה לֵאמֹר׃ כֹּה־אָמַר יְהוָה אֱלֹהֵי יִשְׂרָאֵל אָנֹכִי
כָּרַתִּי בְרִית אֶת־אֲבוֹתֵיכֶם בְּיוֹם הוֹצִאִי אוֹתָם מֵאֶרֶץ מִצְרַיִם
יד מִבֵּית עֲבָדִים לֵאמֹר׃ מִקֵּץ שֶׁבַע שָׁנִים תְּשַׁלְּחוּ אִישׁ אֶת־
אָחִיו הָעִבְרִי אֲשֶׁר־יִמָּכֵר לְךָ וַעֲבָדְךָ שֵׁשׁ שָׁנִים וְשִׁלַּחְתּוֹ חָפְשִׁי
טו מֵעִמָּךְ וְלֹא־שָׁמְעוּ אֲבוֹתֵיכֶם אֵלַי וְלֹא הִטּוּ אֶת־אָזְנָם׃ וַתָּשֻׁבוּ
אַתֶּם הַיּוֹם וַתַּעֲשׂוּ אֶת־הַיָּשָׁר בְּעֵינַי לִקְרֹא דְרוֹר אִישׁ לְרֵעֵהוּ
טז וַתִּכְרְתוּ בְרִית לְפָנַי בַּבַּיִת אֲשֶׁר־נִקְרָא שְׁמִי עָלָיו׃ וַתָּשֻׁבוּ
וַתְּחַלְּלוּ אֶת־שְׁמִי וַתָּשִׁבוּ אִישׁ אֶת־עַבְדּוֹ וְאִישׁ אֶת־שִׁפְחָתוֹ
אֲשֶׁר־שִׁלַּחְתֶּם חָפְשִׁים לְנַפְשָׁם וַתִּכְבְּשׁוּ אֹתָם לִהְיוֹת לָכֶם
יז לַעֲבָדִים וְלִשְׁפָחוֹת׃ לָכֵן כֹּה־אָמַר יְהוָה אַתֶּם
לֹא־שְׁמַעְתֶּם אֵלַי לִקְרֹא דְרוֹר אִישׁ לְאָחִיו וְאִישׁ לְרֵעֵהוּ הִנְנִי
קֹרֵא לָכֶם דְּרוֹר נְאֻם־יְהוָה אֶל־הַחֶרֶב אֶל־הַדֶּבֶר וְאֶל־הָרָעָב
יח וְנָתַתִּי אֶתְכֶם לזועה לְכֹל מַמְלְכוֹת הָאָרֶץ׃ וְנָתַתִּי אֶת־ לְזַעֲוָה

האנשים העברים את־ברתי אשר לא־הקימו את־דברי
הברית אשר כרתו לפני העגל אשר כרתו לשנים ויעברו
יט בין בתריו: שרי יהודה ושרי ירושלם הסרסים והכהנים וכל
כ עם הארץ העברים בין בתרי העגל: ונתתי אותם ביד
איביהם וביד מבקשי נפשם והיתה נבלתם למאכל לעוף
כא השמים ולבהמת הארץ: ואת־צדקיהו מלך־יהודה ואת־
שריו אתן ביד איביהם וביד מבקשי נפשם וביד חיל מלך
כב בבל העלים מעליכם: הנני מצוה נאם־יהוה והשבתים אל־
העיר הזאת ונלחמו עליה ולכדוה ושרפה באש ואת־ערי
לה א יהודה אתן שממה מאין ישב: הדבר אשר־
היה אל־ירמיהו מאת יהוה בימי יהויקים בן־יאשיהו מלך
ב יהודה לאמר: הלוך אל־בית הרכבים ודברת אותם
והבאותם בית יהוה אל־אחת הלשכות והשקית אותם יין:
ג ואקח את־יאזניה בן־ירמיהו בן־חבצניה ואת־אחיו ואת־
ד כל־בניו ואת כל־בית הרכבים: ואבא אתם בית יהוה אל־
לשכת בני חנן בן־יגדליהו איש האלהים אשר־אצל לשכת
השרים אשר ממעל ללשכת מעשיהו בן־שלם שמר הסף:
ה ואתן לפני | בני בית־הרכבים גבעים מלאים יין וכסות ואמר
ו אליהם שתו־יין: ויאמרו לא נשתה־יין כי יונדב בן־רכב
אבינו צוה עלינו לאמר לא תשתו־יין אתם ובניכם עד־עולם:
ז ובית לא־תבנו וזרע לא־תזרעו וכרם לא־תטעו ולא יהיה
לכם כי באהלים תשבו כל־ימיכם למען תחיו ימים רבים
ח על־פני האדמה אשר אתם גרים שם: ונשמע בקול יהונדב
בן־רכב אבינו לכל אשר צונו לבלתי שתות־יין כל־ימינו
ט אנחנו נשינו בנינו ובנתינו: ולבלתי בנות בתים לשבתנו
י וכרם ושדה וזרע לא יהיה־לנו: ונשב באהלים ונשמע ונעש כא
יא ככל אשר־צונו יונדב אבינו: ויהי בעלות נבוכדראצר מלך־

בָבֶל אֶל־הָאָרֶץ וַנֹּאמֶר בֹּאוּ וְנָבוֹא יְרוּשָׁלִַם מִפְּנֵי חֵיל הַכַּשְׂדִּים
יב וּמִפְּנֵי חֵיל אֲרָם וַנֵּשֶׁב בִּירוּשָׁלִָם׃ וַיְהִי דְבַר־
יג יְהוָה אֶל־יִרְמְיָהוּ לֵאמֹר׃ כֹּה־אָמַר יְהוָה צְבָאוֹת אֱלֹהֵי
יִשְׂרָאֵל הָלֹךְ וְאָמַרְתָּ לְאִישׁ יְהוּדָה וּלְיוֹשְׁבֵי יְרוּשָׁלִָם הֲלוֹא
יד תִקְחוּ מוּסָר לִשְׁמֹעַ אֶל־דְּבָרַי נְאֻם־יְהוָה׃ הוּקַם אֶת־דִּבְרֵי
יְהוֹנָדָב בֶּן־רֵכָב אֲשֶׁר־צִוָּה אֶת־בָּנָיו לְבִלְתִּי שְׁתוֹת־יַיִן וְלֹא
שָׁתוּ עַד־הַיּוֹם הַזֶּה כִּי שָׁמְעוּ אֵת מִצְוַת אֲבִיהֶם וְאָנֹכִי דִּבַּרְתִּי
טו אֲלֵיכֶם הַשְׁכֵּם וְדַבֵּר וְלֹא שְׁמַעְתֶּם אֵלָי׃ וָאֶשְׁלַח אֲלֵיכֶם
אֶת־כָּל־עֲבָדַי הַנְּבִאִים ׀ הַשְׁכֵּים וְשָׁלֹחַ ׀ לֵאמֹר שֻׁבוּ־נָא
אִישׁ מִדַּרְכּוֹ הָרָעָה וְהֵיטִיבוּ מַעַלְלֵיכֶם וְאַל־תֵּלְכוּ אַחֲרֵי
אֱלֹהִים אֲחֵרִים לְעָבְדָם וּשְׁבוּ אֶל־הָאֲדָמָה אֲשֶׁר־נָתַתִּי לָכֶם
טז וְלַאֲבֹתֵיכֶם וְלֹא הִטִּיתֶם אֶת־אָזְנְכֶם וְלֹא שְׁמַעְתֶּם אֵלָי׃ כִּי
הֵקִימוּ בְּנֵי יְהוֹנָדָב בֶּן־רֵכָב אֶת־מִצְוַת אֲבִיהֶם אֲשֶׁר צִוָּם
יז וְהָעָם הַזֶּה לֹא שָׁמְעוּ אֵלָי׃ לָכֵן כֹּה־אָמַר יְהוָה
אֱלֹהֵי צְבָאוֹת אֱלֹהֵי יִשְׂרָאֵל הִנְנִי מֵבִיא אֶל־יְהוּדָה וְאֶל כָּל־
יוֹשְׁבֵי יְרוּשָׁלִַם אֵת כָּל־הָרָעָה אֲשֶׁר דִּבַּרְתִּי עֲלֵיהֶם יַעַן דִּבַּרְתִּי
יח אֲלֵיהֶם וְלֹא שָׁמֵעוּ וָאֶקְרָא לָהֶם וְלֹא עָנוּ׃ וּלְבֵית הָרֵכָבִים
אָמַר יִרְמְיָהוּ כֹּה־אָמַר יְהוָה צְבָאוֹת אֱלֹהֵי יִשְׂרָאֵל יַעַן אֲשֶׁר
שְׁמַעְתֶּם עַל־מִצְוַת יְהוֹנָדָב אֲבִיכֶם וַתִּשְׁמְרוּ אֶת־כָּל־מִצְוֺתָיו
יט וַתַּעֲשׂוּ כְּכֹל אֲשֶׁר־צִוָּה אֶתְכֶם׃ לָכֵן כֹּה אָמַר יְהוָה צְבָאוֹת
אֱלֹהֵי יִשְׂרָאֵל לֹא־יִכָּרֵת אִישׁ לְיוֹנָדָב בֶּן־רֵכָב עֹמֵד לְפָנַי כָּל־
לו א הַיָּמִים׃ וַיְהִי בַּשָּׁנָה הָרְבִיעִת לִיהוֹיָקִים בֶּן־
יֹאשִׁיָּהוּ מֶלֶךְ יְהוּדָה הָיָה הַדָּבָר הַזֶּה אֶל־יִרְמְיָהוּ מֵאֵת יְהוָה
ב לֵאמֹר׃ קַח־לְךָ מְגִלַּת־סֵפֶר וְכָתַבְתָּ אֵלֶיהָ אֵת כָּל־הַדְּבָרִים
אֲשֶׁר דִּבַּרְתִּי אֵלֶיךָ עַל־יִשְׂרָאֵל וְעַל־יְהוּדָה וְעַל־כָּל־הַגּוֹיִם
ג מִיּוֹם דִּבַּרְתִּי אֵלֶיךָ מִימֵי יֹאשִׁיָּהוּ וְעַד הַיּוֹם הַזֶּה׃ אוּלַי
יִשְׁמְעוּ בֵּית יְהוּדָה אֵת כָּל־הָרָעָה אֲשֶׁר אָנֹכִי חֹשֵׁב לַעֲשׂוֹת

לָהֶם לְמַעַן יָשׁוּבוּ אִישׁ מִדַּרְכּוֹ הָרָעָה וְסָלַחְתִּי לַעֲוֺנָם
ד וּלְחַטָּאתָם׃ וַיִּקְרָא יִרְמְיָהוּ אֶת־בָּרוּךְ בֶּן־נֵרִיָּה
וַיִּכְתֹּב בָּרוּךְ מִפִּי יִרְמְיָהוּ אֵת כָּל־דִּבְרֵי יְהוָה אֲשֶׁר־דִּבֶּר אֵלָיו
ה עַל־מְגִלַּת־סֵפֶר׃ וַיְצַוֶּה יִרְמְיָהוּ אֶת־בָּרוּךְ לֵאמֹר אֲנִי עָצוּר לֹא
ו אוּכַל לָבוֹא בֵּית יְהוָה׃ וּבָאתָ אַתָּה וְקָרָאתָ בַמְּגִלָּה אֲשֶׁר־
כָּתַבְתָּ מִפִּי אֶת־דִּבְרֵי יְהוָה בְּאָזְנֵי הָעָם בֵּית יְהוָה בְּיוֹם צוֹם
ז וְגַם בְּאָזְנֵי כָל־יְהוּדָה הַבָּאִים מֵעָרֵיהֶם תִּקְרָאֵם׃ אוּלַי תִּפֹּל
תְּחִנָּתָם לִפְנֵי יְהוָה וְיָשֻׁבוּ אִישׁ מִדַּרְכּוֹ הָרָעָה כִּי־גָדוֹל הָאַף
ח וְהַחֵמָה אֲשֶׁר־דִּבֶּר יְהוָה אֶל־הָעָם הַזֶּה׃ וַיַּעַשׂ בָּרוּךְ בֶּן־נֵרִיָּה
כְּכֹל אֲשֶׁר־צִוָּהוּ יִרְמְיָהוּ הַנָּבִיא לִקְרֹא בַסֵּפֶר דִּבְרֵי יְהוָה בֵּית
ט יְהוָה׃ וַיְהִי בַשָּׁנָה הַחֲמִשִׁית לִיהוֹיָקִים בֶּן־
יֹאשִׁיָּהוּ מֶלֶךְ־יְהוּדָה בַּחֹדֶשׁ הַתְּשִׁעִי קָרְאוּ צוֹם לִפְנֵי יְהוָה
כָּל־הָעָם בִּירוּשָׁלִָם וְכָל־הָעָם הַבָּאִים מֵעָרֵי יְהוּדָה בִּירוּשָׁלִָם׃
י וַיִּקְרָא בָרוּךְ בַּסֵּפֶר אֶת־דִּבְרֵי יִרְמְיָהוּ בֵּית יְהוָה בְּלִשְׁכַּת
גְּמַרְיָהוּ בֶן־שָׁפָן הַסֹּפֵר בֶּחָצֵר הָעֶלְיוֹן פֶּתַח שַׁעַר בֵּית־יְהוָה
יא הֶחָדָשׁ בְּאָזְנֵי כָּל־הָעָם׃ וַיִּשְׁמַע מִכָיְהוּ בֶן־גְּמַרְיָהוּ בֶן־שָׁפָן
יב אֶת־כָּל־דִּבְרֵי יְהוָה מֵעַל הַסֵּפֶר׃ וַיֵּרֶד בֵּית־הַמֶּלֶךְ עַל־
לִשְׁכַּת הַסֹּפֵר וְהִנֵּה־שָׁם כָּל־הַשָּׂרִים יוֹשְׁבִים אֱלִישָׁמָע הַסֹּפֵר
וּדְלָיָהוּ בֶן־שְׁמַעְיָהוּ וְאֶלְנָתָן בֶּן־עַכְבּוֹר וּגְמַרְיָהוּ בֶן־שָׁפָן
יג וְצִדְקִיָּהוּ בֶן־חֲנַנְיָהוּ וְכָל־הַשָּׂרִים׃ וַיַּגֵּד לָהֶם מִכָיְהוּ אֵת כָּל־
יד הַדְּבָרִים אֲשֶׁר שָׁמֵעַ בִּקְרֹא בָרוּךְ בַּסֵּפֶר בְּאָזְנֵי הָעָם׃ וַיִּשְׁלְחוּ
כָל־הַשָּׂרִים אֶל־בָּרוּךְ אֶת־יְהוּדִי בֶּן־נְתַנְיָהוּ בֶּן־שֶׁלֶמְיָהוּ בֶן־
כּוּשִׁי לֵאמֹר הַמְּגִלָּה אֲשֶׁר קָרָאתָ בָּהּ בְּאָזְנֵי הָעָם קָחֶנָּה בְיָדְךָ
וָלֵךְ וַיִּקַּח בָּרוּךְ בֶּן־נֵרִיָּהוּ אֶת־הַמְּגִלָּה בְּיָדוֹ וַיָּבֹא אֲלֵיהֶם׃
טו וַיֹּאמְרוּ אֵלָיו שֵׁב נָא וּקְרָאֶנָּה בְּאָזְנֵינוּ וַיִּקְרָא בָרוּךְ בְּאָזְנֵיהֶם׃
טז וַיְהִי כְּשָׁמְעָם אֶת־כָּל־הַדְּבָרִים פָּחֲדוּ אִישׁ אֶל־רֵעֵהוּ וַיֹּאמְרוּ
יז אֶל־בָּרוּךְ הַגֵּיד נַגִּיד לַמֶּלֶךְ אֵת כָּל־הַדְּבָרִים הָאֵלֶּה׃ וְאֶת־

בָּר֛וּךְ שָׁאֲל֖וּ לֵאמֹ֑ר הַגֶּד־נָ֣א לָ֔נוּ אֵ֗יךְ כָּתַ֛בְתָּ אֶת־כָּל־הַדְּבָרִ֥ים
יח הָאֵ֖לֶּה מִפִּֽיו׃ וַיֹּ֤אמֶר לָהֶם֙ בָּר֔וּךְ מִפִּיו֙ יִקְרָ֣א אֵלַ֔י אֵ֥ת כָּל־
יט הַדְּבָרִ֖ים הָאֵ֑לֶּה וַאֲנִ֛י כֹּתֵ֥ב עַל־הַסֵּ֖פֶר בַּדְּיֽוֹ׃ וַיֹּאמְר֤וּ
הַשָּׂרִים֙ אֶל־בָּר֔וּךְ לֵ֥ךְ הִסָּתֵ֖ר אַתָּ֣ה וְיִרְמְיָ֑הוּ וְאִ֥ישׁ אַל־יֵדַ֖ע
כ אֵיפֹ֥ה אַתֶּֽם׃ וַיָּבֹ֤אוּ אֶל־הַמֶּ֙לֶךְ֙ חָצֵ֔רָה וְאֶת־הַמְּגִלָּ֣ה הִפְקִ֔דוּ
בְּלִשְׁכַּ֖ת אֱלִישָׁמָ֣ע הַסֹּפֵ֑ר וַיַּגִּ֙ידוּ֙ בְּאָזְנֵ֣י הַמֶּ֔לֶךְ אֵ֖ת כָּל־
כא הַדְּבָרִֽים׃ וַיִּשְׁלַ֨ח הַמֶּ֜לֶךְ אֶת־יְהוּדִ֗י לָקַ֙חַת֙ אֶת־הַמְּגִלָּ֔ה
וַיִּקָּחֶ֕הָ מִלִּשְׁכַּ֖ת אֱלִישָׁמָ֣ע הַסֹּפֵ֑ר וַיִּקְרָאֶ֤הָ יְהוּדִי֙ בְּאָזְנֵ֣י הַמֶּ֔לֶךְ
כב וּבְאָזְנֵי֙ כָּל־הַשָּׂרִ֔ים הָעֹמְדִ֖ים מֵעַ֥ל הַמֶּֽלֶךְ׃ וְהַמֶּ֗לֶךְ יוֹשֵׁב֙ בֵּ֣ית
כג הַחֹ֔רֶף בַּחֹ֖דֶשׁ הַתְּשִׁיעִ֑י וְאֶת־הָאָ֖ח לְפָנָ֥יו מְבֹעָֽרֶת׃ וַיְהִ֣י ׀
כִּקְר֣וֹא יְהוּדִ֗י שָׁלֹ֤שׁ דְּלָתוֹת֙ וְאַרְבָּעָ֔ה יִקְרָעֶ֙הָ֙ בְּתַ֣עַר הַסֹּפֵ֔ר
וְהַשְׁלֵ֔ךְ אֶל־הָאֵ֖שׁ אֲשֶׁ֣ר אֶל־הָאָ֑ח עַד־תֹּם֙ כָּל־הַמְּגִלָּ֔ה עַל־
כד הָאֵ֖שׁ אֲשֶׁ֥ר עַל־הָאָֽח׃ וְלֹ֣א פָחֲד֔וּ וְלֹ֥א קָרְע֖וּ אֶת־בִּגְדֵיהֶ֑ם
כה הַמֶּ֙לֶךְ֙ וְכָל־עֲבָדָ֔יו הַשֹּׁ֣מְעִ֔ים אֵ֥ת כָּל־הַדְּבָרִ֖ים הָאֵֽלֶּה׃ וְגַ֡ם
אֶלְנָתָ֣ן וּדְלָיָ֣הוּ וּגְמַרְיָ֩הוּ֩ הִפְגִּ֨עוּ בַמֶּ֜לֶךְ לְבִלְתִּ֛י שְׂרֹ֥ף אֶת־
כו הַמְּגִלָּ֖ה וְלֹ֥א שָׁמַ֖ע אֲלֵיהֶֽם׃ וַיְצַוֶּ֣ה הַ֠מֶּלֶךְ אֶת־יְרַחְמְאֵ֨ל בֶּן־ כב
הַמֶּ֜לֶךְ וְאֶת־שְׂרָיָ֣הוּ בֶן־עַזְרִיאֵ֗ל וְאֶת־שֶֽׁלֶמְיָ֙הוּ֙ בֶּן־עַבְדְּאֵ֔ל
לָקַ֕חַת אֶת־בָּר֥וּךְ הַסֹּפֵ֖ר וְאֵ֣ת יִרְמְיָ֣הוּ הַנָּבִ֑יא וַיַּסְתִּרֵ֖ם
כז יְהוָֽה׃ וַיְהִ֥י דְבַר־יְהוָ֖ה אֶֽל־יִרְמְיָ֑הוּ אַחֲרֵ֣י ׀ שְׂרֹ֣ף
הַמֶּ֗לֶךְ אֶת־הַמְּגִלָּה֙ וְאֶת־הַדְּבָרִ֔ים אֲשֶׁ֨ר כָּתַ֥ב בָּר֛וּךְ מִפִּ֥י
כח יִרְמְיָ֖הוּ לֵאמֹֽר׃ שׁ֥וּב קַח־לְךָ֖ מְגִלָּ֣ה אַחֶ֑רֶת וּכְתֹ֣ב עָלֶ֗יהָ אֵ֣ת
כָּל־הַדְּבָרִים֙ הָרִ֣אשֹׁנִ֔ים אֲשֶׁ֣ר הָי֗וּ עַל־הַמְּגִלָּה֙ הָרִ֣אשֹׁנָ֔ה אֲשֶׁ֥ר
כט שָׂרַ֖ף יְהוֹיָקִ֥ים מֶלֶךְ־יְהוּדָֽה׃ וְעַל־יְהוֹיָקִ֤ים מֶֽלֶךְ־יְהוּדָה֙ תֹּאמַ֔ר
כֹּ֖ה אָמַ֣ר יְהוָ֑ה אַ֠תָּה שָׂרַ֜פְתָּ אֶת־הַמְּגִלָּ֤ה הַזֹּאת֙ לֵאמֹ֔ר מַדּוּעַ֩
כָּתַ֨בְתָּ עָלֶ֜יהָ לֵאמֹ֗ר בֹּֽא־יָב֤וֹא מֶֽלֶךְ־בָּבֶל֙ וְהִשְׁחִית֙ אֶת־
ל הָאָ֣רֶץ הַזֹּ֔את וְהִשְׁבִּ֥ית מִמֶּ֖נָּה אָדָ֥ם וּבְהֵמָֽה׃ לָכֵ֗ן
כֹּֽה־אָמַ֤ר יְהוָה֙ עַל־יְהוֹיָקִים֙ מֶ֣לֶךְ יְהוּדָ֔ה לֹא־יִהְיֶה־לּ֥וֹ יוֹשֵׁ֖ב

על־כסא דוד ונבלתו תהיה משלכת לחרב ביום ולקרח
לא בלילה: ופקדתי עליו ועל־זרעו ועל־עבדיו את־עונם
והבאתי עליהם ועל־ישבי ירושלם ואל־איש יהודה את כל־
לב הרעה אשר־דברתי אליהם ולא שמעו: וירמיהו
לקח | מגלה אחרת ויתנה אל־ברוך בן־נריהו הספר
ויכתב עליה מפי ירמיהו את כל־דברי הספר אשר שרף
יהויקים מלך־יהודה באש ועוד נוסף עליהם דברים רבים
לז א כהמה: וימלך־מלך צדקיהו בן־יאשיהו תחת
כניהו בן־יהויקים אשר המליך נבוכדראצר מלך־בבל
ב בארץ יהודה: ולא שמע הוא ועבדיו ועם הארץ אל־דברי
ג יהוה אשר דבר ביד ירמיהו הנביא: וישלח המלך צדקיהו
את־יהוכל בן־שלמיה ואת־צפניהו בן־מעשיה הכהן אל־
ירמיהו הנביא לאמר התפלל־נא בעדנו אל־יהוה אלהינו:
ד וירמיהו בא ויצא בתוך העם ולא־נתנו אתו בית הכליא: הכלוא
ה וחיל פרעה יצא ממצרים וישמעו הכשדים הצרים על־
ו ירושלם את־שמעם ויעלו מעל ירושלם: ויהי
ז דבר־יהוה אל־ירמיהו הנביא לאמר: כה־אמר יהוה אלהי
ישראל כה תאמרו אל־מלך יהודה השלח אתכם אלי
לדרשני הנה | חיל פרעה היצא לכם לעזרה שב לארצו
ח מצרים: ושבו הכשדים ונלחמו על־העיר הזאת ולכדה
ט ושרפה באש: כה | אמר יהוה אל־תשאו נפשתיכם
י לאמר הלך ילכו מעלינו הכשדים כי־לא ילכו: כי אם־
הכיתם כל־חיל כשדים הנלחמים אתכם ונשארו־בם
אנשים מדקרים איש באהלו יקומו ושרפו את־העיר הזאת
יא באש: והיה בהעלות חיל הכשדים מעל ירושלם מפני חיל
יב פרעה: ויצא ירמיהו מירושלם ללכת ארץ בנימן
יג לחלק משם בתוך העם: ויהי־הוא בשער בנימן ושם בעל

פְּקִדֻת וּשְׁמוֹ יִרְאִיָּיה בֶּן־שֶׁלֶמְיָה בֶּן־חֲנַנְיָה וַיִּתְפֹּשׂ אֶת־
יד יִרְמְיָהוּ הַנָּבִיא לֵאמֹר אֶל־הַכַּשְׂדִּים אַתָּה נֹפֵל׃ וַיֹּאמֶר
יִרְמְיָהוּ שֶׁקֶר אֵינֶנִּי נֹפֵל עַל־הַכַּשְׂדִּים וְלֹא שָׁמַע אֵלָיו וַיִּתְפֹּשׂ
טו יִרְאִיָּיה בְּיִרְמְיָהוּ וַיְבִאֵהוּ אֶל־הַשָּׂרִים׃ וַיִּקְצְפוּ הַשָּׂרִים עַל־
יִרְמְיָהוּ וְהִכּוּ אֹתוֹ וְנָתְנוּ אוֹתוֹ בֵּית הָאֵסוּר בֵּית יְהוֹנָתָן הַסֹּפֵר
טז כִּי־אֹתוֹ עָשׂוּ לְבֵית הַכֶּלֶא׃ כִּי בָא יִרְמְיָהוּ אֶל־בֵּית הַבּוֹר
יז וְאֶל־הַחֲנֻיוֹת וַיֵּשֶׁב־שָׁם יִרְמְיָהוּ יָמִים רַבִּים׃ וַיִּשְׁלַח הַמֶּלֶךְ
צִדְקִיָּהוּ וַיִּקָּחֵהוּ וַיִּשְׁאָלֵהוּ הַמֶּלֶךְ בְּבֵיתוֹ בַּסֵּתֶר וַיֹּאמֶר הֲיֵשׁ
דָּבָר מֵאֵת יהוה וַיֹּאמֶר יִרְמְיָהוּ יֵשׁ וַיֹּאמֶר בְּיַד מֶלֶךְ־בָּבֶל
יח תִּנָּתֵן׃ וַיֹּאמֶר יִרְמְיָהוּ אֶל־הַמֶּלֶךְ צִדְקִיָּהוּ מֶה חָטָאתִי לְךָ
יט וְלַעֲבָדֶיךָ וְלָעָם הַזֶּה כִּי־נְתַתֶּם אוֹתִי אֶל־בֵּית הַכֶּלֶא׃ ואיו וְאַיֵּה
נְבִיאֵיכֶם אֲשֶׁר־נִבְּאוּ לָכֶם לֵאמֹר לֹא־יָבֹא מֶלֶךְ־בָּבֶל עֲלֵיכֶם
כ וְעַל הָאָרֶץ הַזֹּאת׃ וְעַתָּה שְׁמַע־נָא אֲדֹנִי הַמֶּלֶךְ תִּפָּל־נָא
תְחִנָּתִי לְפָנֶיךָ וְאַל־תְּשִׁבֵנִי בֵּית יְהוֹנָתָן הַסֹּפֵר וְלֹא אָמוּת שָׁם׃
כא וַיְצַוֶּה הַמֶּלֶךְ צִדְקִיָּהוּ וַיַּפְקִדוּ אֶת־יִרְמְיָהוּ בַּחֲצַר הַמַּטָּרָה וְנָתֹן
לוֹ כִכַּר־לֶחֶם לַיּוֹם מִחוּץ הָאֹפִים עַד־תֹּם כָּל־הַלֶּחֶם מִן־הָעִיר
לח א וַיֵּשֶׁב יִרְמְיָהוּ בַּחֲצַר הַמַּטָּרָה׃ וַיִּשְׁמַע שְׁפַטְיָה בֶן־מַתָּן וּגְדַלְיָהוּ
בֶּן־פַּשְׁחוּר וְיוּכַל בֶּן־שֶׁלֶמְיָהוּ וּפַשְׁחוּר בֶּן־מַלְכִּיָּה אֶת־
ב הַדְּבָרִים אֲשֶׁר יִרְמְיָהוּ מְדַבֵּר אֶל־כָּל־הָעָם לֵאמֹר׃ כֹּה אָמַר
יהוה הַיֹּשֵׁב בָּעִיר הַזֹּאת יָמוּת בַּחֶרֶב בָּרָעָב וּבַדָּבֶר וְהַיֹּצֵא אֶל־
ג הַכַּשְׂדִּים יחיה וְהָיְתָה־לּוֹ נַפְשׁוֹ לְשָׁלָל וָחָי׃ כֹּה וְחָיָה
אָמַר יהוה הִנָּתֹן תִּנָּתֵן הָעִיר הַזֹּאת בְּיַד חֵיל מֶלֶךְ־בָּבֶל
ד וּלְכָדָהּ׃ וַיֹּאמְרוּ הַשָּׂרִים אֶל־הַמֶּלֶךְ יוּמַת נָא אֶת־הָאִישׁ הַזֶּה
כִּי עַל־כֵּן הוּא־מְרַפֵּא אֶת־יְדֵי אַנְשֵׁי הַמִּלְחָמָה הַנִּשְׁאָרִים ׀
בָּעִיר הַזֹּאת וְאֵת יְדֵי כָל־הָעָם לְדַבֵּר אֲלֵיהֶם כַּדְּבָרִים הָאֵלֶּה
כִּי ׀ הָאִישׁ הַזֶּה אֵינֶנּוּ דֹרֵשׁ לְשָׁלוֹם לָעָם הַזֶּה כִּי אִם־לְרָעָה׃
ה וַיֹּאמֶר הַמֶּלֶךְ צִדְקִיָּהוּ הִנֵּה־הוּא בְּיֶדְכֶם כִּי־אֵין הַמֶּלֶךְ יוּכַל

ו אתכם דבר: ויקחו את־ירמיהו וישלכו אתו אל־הבור |
מלכיהו בן־המלך אשר בחצר המטרה וישלחו את־ירמיהו
בחבלים ובבור אין־מים כי אם־טיט ויטבע ירמיהו בטיט:
ז וישמע עבד־מלך הכושי איש סריס והוא בבית המלך כי־
ח כג נתנו את־ירמיהו אל־הבור והמלך יושב בשער בנימן: ויצא
ט עבד־מלך מבית המלך וידבר אל־המלך לאמר: אדני המלך
הרעו האנשים האלה את כל־אשר עשו לירמיהו הנביא את
אשר־השליכו אל־הבור וימת תחתיו מפני הרעב כי אין
י הלחם עוד בעיר: ויצוה המלך את עבד־מלך הכושי לאמר
קח בידך מזה שלשים אנשים והעלית את־ירמיהו הנביא
יא מן־הבור בטרם ימות: ויקח | עבד־מלך את־האנשים בידו
ויבא בית־המלך אל־תחת האוצר ויקח משם בלוי הסחבות סחבות
יב ובלוי מלחים וישלחם אל־ירמיהו אל־הבור בחבלים: ויאמר
עבד־מלך הכושי אל־ירמיהו שים נא בלואי הסחבות
והמלחים תחת אצלות ידיך מתחת לחבלים ויעש ירמיהו
יג כן: וימשכו את־ירמיהו בחבלים ויעלו אתו מן־הבור וישב
יד ירמיהו בחצר המטרה: וישלח המלך צדקיהו
ויקח את־ירמיהו הנביא אליו אל־מבוא השלישי אשר
בבית יהוה ויאמר המלך אל־ירמיהו שאל אני אתך דבר
טו אל־תכחד ממני דבר: ויאמר ירמיהו אל־צדקיהו כי אגיד לך
טז הלוא המת תמיתני וכי איעצך לא תשמע אלי: וישבע המלך
צדקיהו אל־ירמיהו בסתר לאמר חי־יהוה את אשר עשה־
לנו את־הנפש הזאת אם־אמיתך ואם־אתנך ביד האנשים
יז האלה אשר מבקשים את־נפשך: ויאמר
ירמיהו אל־צדקיהו כה־אמר יהוה אלהי צבאות אלהי
ישראל אם־יצא תצא אל־שרי מלך־בבל וחיתה נפשך
יח והעיר הזאת לא תשרף באש וחיתה אתה וביתך: ואם לא־

תצא אל־שרי מלך בבל ונתנה העיר הזאת ביד הכשדים
יט ושרפוה באש ואתה לא־תמלט מידם: ויאמר
המלך צדקיהו אל־ירמיהו אני דאג את־היהודים אשר נפלו
כ אל־הכשדים פן־יתנו אתי בידם והתעללו־בי: ויאמר
ירמיהו לא יתנו שמע־נא ׀ בקול יהוה לאשר אני דבר אליך
כא וייטב לך ותחי נפשך: ואם־מאן אתה לצאת זה הדבר אשר
כב הראני יהוה: והנה כל־הנשים אשר נשארו בבית מלך־
יהודה מוצאות אל־שרי מלך בבל והנה אמרת הסיתוך
כג ויכלו לך אנשי שלמך הטבעו בבץ רגלך נסגו אחור: ואת־
כל־נשיך ואת־בניך מוצאים אל־הכשדים ואתה לא־תמלט
מידם כי ביד מלך־בבל תתפש ואת־העיר הזאת תשרף
כד באש: ויאמר צדקיהו אל־ירמיהו איש אל־ידע
כה בדברים־האלה ולא תמות: וכי־ישמעו השרים כי־דברתי
אתך ובאו אליך ואמרו אליך הגידה־נא לנו מה־דברת
אל־המלך אל־תכחד ממנו ולא נמיתך ומה־דבר אליך
כו המלך: ואמרת אליהם מפיל־אני תחנתי לפני המלך
כז לבלתי השיבני בית יהונתן למות שם: ויבאו כל־
השרים אל־ירמיהו וישאלו אתו ויגד להם ככל־הדברים
האלה אשר צוה המלך ויחרשו ממנו כי לא־נשמע
כח הדבר: וישב ירמיהו בחצר המטרה עד־יום אשר־
נלכדה ירושלם והיה כאשר נלכדה ירושלם:
לט א בשנה התשעית לצדקיהו מלך־יהודה בחדש העשרי בא
נבוכדראצר מלך־בבל וכל־חילו אל־ירושלם ויצרו עליה:
ב בעשתי־עשרה שנה לצדקיהו בחדש הרביעי בתשעה
ג לחדש הבקעה העיר: ויבאו כל שרי מלך־בבל וישבו בשער
התוך נרגל שראצר סמגר־נבו שרסכים רב־סריס נרגל
ד שראצר רב־מג וכל־שארית שרי מלך־בבל: ויהי כאשר

ראם צדקיהו מלך־יהודה וכל אנשי המלחמה ויברחו ויצאו
לילה מן־העיר דרך גן המלך בשער בין החמתים ויצא דרך
ה הערבה׃ וירדפו חיל־כשדים אחריהם וישגו את־צדקיהו
בערבות ירחו ויקחו אתו ויעלהו אל־נבוכדראצר מלך־בבל
ו רבלתה בארץ חמת וידבר אתו משפטים׃ וישחט מלך בבל
את־בני צדקיהו ברבלה לעיניו ואת כל־חרי יהודה שחט
ז מלך בבל׃ ואת־עיני צדקיהו עור ויאסרהו בנחשתים לביא
ח אתו בבלה׃ ואת־בית המלך ואת־בית העם שרפו הכשדים
ט באש ואת־חמות ירושלם נתצו׃ ואת יתר העם הנשארים
בעיר ואת־הנפלים אשר נפלו עליו ואת יתר העם הנשארים
י הגלה נבוזראדן רב־טבחים בבל׃ ומן־העם הדלים אשר אין־
להם מאומה השאיר נבוזראדן רב־טבחים בארץ יהודה ויתן
יא להם כרמים ויגבים ביום ההוא׃ ויצו נבוכדראצר מלך־בבל
יב על־ירמיהו ביד נבוזראדן רב־טבחים לאמר׃ קחנו ועיניך
שים עליו ואל־תעש לו מאומה רע כי אם כאשר ידבר
יג אליך כן עשה עמו׃ וישלח נבוזראדן רב־טבחים ונבושזבן
רב־סריס ונרגל שראצר רב־מג וכל רבי מלך־בבל׃
יד וישלחו ויקחו את־ירמיהו מחצר המטרה ויתנו אתו אל־
גדליהו בן־אחיקם בן־שפן להוצאהו אל־הבית וישב בתוך
טו העם׃ ואל־ירמיהו היה דבר־יהוה בהיתו
טז עצור בחצר המטרה לאמר׃ הלוך ואמרת לעבד־מלך
הכושי לאמר כה־אמר יהוה צבאות אלהי ישראל הנני מבי
את־דברי אל־העיר הזאת לרעה ולא לטובה והיו לפניך
יז ביום ההוא׃ והצלתיך ביום־ההוא נאם־יהוה ולא תנתן ביד
כד יח האנשים אשר־אתה יגור מפניהם׃ כי מלט אמלטך ובחרב
לא תפל והיתה לך נפשך לשלל כי־בטחת בי נאם־
מ א יהוה׃ הדבר אשר היה אל־ירמיהו מאת יהוה

אַחַר ׀ שַׁלַּח אֹתוֹ נְבוּזַרְאֲדָן רַב־טַבָּחִים מִן־הָרָמָה בְּקַחְתּוֹ
אֹתוֹ וְהוּא־אָסוּר בָּאזִקִּים בְּתוֹךְ כָּל־גָּלוּת יְרוּשָׁלִַם וִיהוּדָה
ב הַמֻּגְלִים בָּבֶלָה׃ וַיִּקַּח רַב־טַבָּחִים לְיִרְמְיָהוּ וַיֹּאמֶר אֵלָיו יְהוָה
ג אֱלֹהֶיךָ דִּבֶּר אֶת־הָרָעָה הַזֹּאת אֶל־הַמָּקוֹם הַזֶּה׃ וַיָּבֵא וַיַּעַשׂ
יְהוָה כַּאֲשֶׁר דִּבֵּר כִּי־חֲטָאתֶם לַיהוָה וְלֹא־שְׁמַעְתֶּם בְּקוֹלוֹ
ד וְהָיָה לָכֶם דבר הַזֶּה׃ וְעַתָּה הִנֵּה פִתַּחְתִּיךָ הַיּוֹם מִן־הָאזִקִּים הַדָּבָר
אֲשֶׁר עַל־יָדֶךָ אִם־טוֹב בְּעֵינֶיךָ לָבוֹא אִתִּי בָבֶל בֹּא וְאָשִׂים
אֶת־עֵינִי עָלֶיךָ וְאִם־רַע בְּעֵינֶיךָ לָבוֹא־אִתִּי בָבֶל חֲדָל רְאֵה
כָּל־הָאָרֶץ לְפָנֶיךָ אֶל־טוֹב וְאֶל־הַיָּשָׁר בְּעֵינֶיךָ לָלֶכֶת שָׁמָּה
ה לֵךְ׃ וְעוֹדֶנּוּ לֹא־יָשׁוּב וְשֻׁבָה אֶל־גְּדַלְיָה בֶן־אֲחִיקָם בֶּן־שָׁפָן
אֲשֶׁר הִפְקִיד מֶלֶךְ־בָּבֶל בְּעָרֵי יְהוּדָה וְשֵׁב אִתּוֹ בְּתוֹךְ
הָעָם אוֹ אֶל־כָּל־הַיָּשָׁר בְּעֵינֶיךָ לָלֶכֶת לֵךְ וַיִּתֶּן־לוֹ רַב־
ו טַבָּחִים אֲרֻחָה וּמַשְׂאֵת וַיְשַׁלְּחֵהוּ׃ וַיָּבֹא יִרְמְיָהוּ אֶל־גְּדַלְיָה
בֶן־אֲחִיקָם הַמִּצְפָּתָה וַיֵּשֶׁב אִתּוֹ בְּתוֹךְ הָעָם הַנִּשְׁאָרִים
ז בָּאָרֶץ׃ וַיִּשְׁמְעוּ כָל־שָׂרֵי הַחֲיָלִים אֲשֶׁר בַּשָּׂדֶה
הֵמָּה וְאַנְשֵׁיהֶם כִּי־הִפְקִיד מֶלֶךְ־בָּבֶל אֶת־גְּדַלְיָהוּ בֶן־
אֲחִיקָם בָּאָרֶץ וְכִי ׀ הִפְקִיד אִתּוֹ אֲנָשִׁים וְנָשִׁים וָטָף וּמִדַּלַּת
ח הָאָרֶץ מֵאֲשֶׁר לֹא־הָגְלוּ בָּבֶלָה׃ וַיָּבֹאוּ אֶל־גְּדַלְיָה הַמִּצְפָּתָה
וְיִשְׁמָעֵאל בֶּן־נְתַנְיָהוּ וְיוֹחָנָן וְיוֹנָתָן בְּנֵי־קָרֵחַ וּשְׂרָיָה בֶן־תַּנְחֻמֶת
וּבְנֵי ׀ עופי הַנְּטֹפָתִי וִיזַנְיָהוּ בֶּן־הַמַּעֲכָתִי הֵמָּה וְאַנְשֵׁיהֶם׃ עֵיפַי
ט וַיִּשָּׁבַע לָהֶם גְּדַלְיָהוּ בֶן־אֲחִיקָם בֶּן־שָׁפָן וּלְאַנְשֵׁיהֶם לֵאמֹר
אַל־תִּירְאוּ מֵעֲבוֹד הַכַּשְׂדִּים שְׁבוּ בָאָרֶץ וְעִבְדוּ אֶת־מֶלֶךְ
י בָּבֶל וְיִיטַב לָכֶם׃ וַאֲנִי הִנְנִי יֹשֵׁב בַּמִּצְפָּה לַעֲמֹד לִפְנֵי הַכַּשְׂדִּים
אֲשֶׁר יָבֹאוּ אֵלֵינוּ וְאַתֶּם אִסְפוּ יַיִן וְקַיִץ וְשֶׁמֶן וְשִׂמוּ בִּכְלֵיכֶם
יא וּשְׁבוּ בְּעָרֵיכֶם אֲשֶׁר־תְּפַשְׂתֶּם׃ וְגַם כָּל־הַיְּהוּדִים אֲשֶׁר־
בְּמוֹאָב ׀ וּבִבְנֵי־עַמּוֹן וּבֶאֱדוֹם וַאֲשֶׁר בְּכָל־הָאֲרָצוֹת שָׁמְעוּ
כִּי־נָתַן מֶלֶךְ־בָּבֶל שְׁאֵרִית לִיהוּדָה וְכִי הִפְקִיד עֲלֵיהֶם אֶת־

יב גְּדַלְיָהוּ בֶּן־אֲחִיקָם בֶּן־שָׁפָן׃ וַיָּשֻׁבוּ כָל־הַיְּהוּדִים מִכָּל־
הַמְּקֹמוֹת אֲשֶׁר נִדְּחוּ־שָׁם וַיָּבֹאוּ אֶרֶץ־יְהוּדָה אֶל־גְּדַלְיָהוּ
יג הַמִּצְפָּתָה וַיַּאַסְפוּ יַיִן וָקַיִץ הַרְבֵּה מְאֹד׃ וְיוֹחָנָן
בֶּן־קָרֵחַ וְכָל־שָׂרֵי הַחֲיָלִים אֲשֶׁר בַּשָּׂדֶה בָּאוּ אֶל־גְּדַלְיָהוּ
יד הַמִּצְפָּתָה׃ וַיֹּאמְרוּ אֵלָיו הֲיָדֹעַ תֵּדַע כִּי בַּעֲלִיס ׀ מֶלֶךְ בְּנֵי־עַמּוֹן
שָׁלַח אֶת־יִשְׁמָעֵאל בֶּן־נְתַנְיָה לְהַכֹּתְךָ נָפֶשׁ וְלֹא־הֶאֱמִין לָהֶם
טו גְּדַלְיָהוּ בֶּן־אֲחִיקָם׃ וְיוֹחָנָן בֶּן־קָרֵחַ אָמַר אֶל־גְּדַלְיָהוּ בַסֵּתֶר
בַּמִּצְפָּה לֵאמֹר אֵלְכָה נָּא וְאַכֶּה אֶת־יִשְׁמָעֵאל בֶּן־נְתַנְיָה
וְאִישׁ לֹא יֵדָע לָמָּה יַכֶּכָּה נֶּפֶשׁ וְנָפֹצוּ כָּל־יְהוּדָה הַנִּקְבָּצִים
טז אֵלֶיךָ וְאָבְדָה שְׁאֵרִית יְהוּדָה׃ וַיֹּאמֶר גְּדַלְיָהוּ בֶן־אֲחִיקָם אֶל־
יוֹחָנָן בֶּן־קָרֵחַ אַל־תַּעַשׂ אֶת־הַדָּבָר הַזֶּה כִּי־שֶׁקֶר אַתָּה
מא א דֹבֵר אֶל־יִשְׁמָעֵאל׃ וַיְהִי ׀ בַּחֹדֶשׁ הַשְּׁבִיעִי בָּא
יִשְׁמָעֵאל בֶּן־נְתַנְיָה בֶן־אֱלִישָׁמָע מִזֶּרַע הַמְּלוּכָה וְרַבֵּי הַמֶּלֶךְ
וַעֲשָׂרָה אֲנָשִׁים אִתּוֹ אֶל־גְּדַלְיָהוּ בֶן־אֲחִיקָם הַמִּצְפָּתָה וַיֹּאכְלוּ
ב שָׁם לֶחֶם יַחְדָּו בַּמִּצְפָּה׃ וַיָּקָם יִשְׁמָעֵאל בֶּן־נְתַנְיָה וַעֲשֶׂרֶת
הָאֲנָשִׁים ׀ אֲשֶׁר־הָיוּ אִתּוֹ וַיַּכּוּ אֶת־גְּדַלְיָהוּ בֶן־אֲחִיקָם בֶּן־שָׁפָן
ג בַּחֶרֶב וַיָּמֶת אֹתוֹ אֲשֶׁר־הִפְקִיד מֶלֶךְ־בָּבֶל בָּאָרֶץ׃ וְאֵת כָּל־
הַיְּהוּדִים אֲשֶׁר־הָיוּ אִתּוֹ אֶת־גְּדַלְיָהוּ בַּמִּצְפָּה וְאֶת־הַכַּשְׂדִּים
ד אֲשֶׁר נִמְצְאוּ־שָׁם אֵת אַנְשֵׁי הַמִּלְחָמָה הִכָּה יִשְׁמָעֵאל׃ וַיְהִי
ה בַּיּוֹם הַשֵּׁנִי לְהָמִית אֶת־גְּדַלְיָהוּ וְאִישׁ לֹא יָדָע׃ וַיָּבֹאוּ אֲנָשִׁים
מִשְּׁכֶם מִשִּׁלוֹ וּמִשֹּׁמְרוֹן שְׁמֹנִים אִישׁ מְגֻלְּחֵי זָקָן וּקְרֻעֵי בְגָדִים
ו וּמִתְגֹּדְדִים וּמִנְחָה וּלְבוֹנָה בְּיָדָם לְהָבִיא בֵּית יְהוָה׃ וַיֵּצֵא
יִשְׁמָעֵאל בֶּן־נְתַנְיָה לִקְרָאתָם מִן־הַמִּצְפָּה הֹלֵךְ הָלֹךְ וּבֹכֶה
וַיְהִי כִּפְגֹשׁ אֹתָם וַיֹּאמֶר אֲלֵיהֶם בֹּאוּ אֶל־גְּדַלְיָהוּ בֶן־אֲחִיקָם׃
ז וַיְהִי כְּבוֹאָם אֶל־תּוֹךְ הָעִיר וַיִּשְׁחָטֵם יִשְׁמָעֵאל בֶּן־נְתַנְיָה אֶל־
ח תּוֹךְ הַבּוֹר הוּא וְהָאֲנָשִׁים אֲשֶׁר־אִתּוֹ׃ וַעֲשָׂרָה אֲנָשִׁים נִמְצְאוּ־
בָם וַיֹּאמְרוּ אֶל־יִשְׁמָעֵאל אַל־תְּמִתֵנוּ כִּי־יֶשׁ־לָנוּ מַטְמֹנִים

בשדה חטים ושערים ושמן ודבש ויחדל ולא המיתם בתוך
ט אחיהם: והבור אשר השליך שם ישמעאל את | כל־פגרי
האנשים אשר הכה ביד־גדליהו הוא אשר עשה המלך
אסא מפני בעשא מלך־ישראל אתו מלא ישמעאל בן־
י נתניהו חללים: וישב | ישמעאל את־כל־שארית העם
אשר במצפה את־בנות המלך ואת־כל־העם הנשארים
במצפה אשר הפקיד נבוזראדן רב־טבחים את־גדליהו בן־
אחיקם וישבם ישמעאל בן־נתניה וילך לעבר אל־בני
יא עמון: וישמע יוחנן בן־קרח וכל־שרי החילים
אשר אתו את כל־הרעה אשר עשה ישמעאל בן־נתניה:
יב ויקחו את־כל־האנשים וילכו להלחם עם־ישמעאל בן־
יג נתניה וימצאו אתו אל־מים רבים אשר בגבעון: ויהי כראות
כל־העם אשר את־ישמעאל את־יוחנן בן־קרח ואת כל־
יד שרי החילים אשר אתו וישמחו: ויסבו כל־העם אשר־שבה
ישמעאל מן־המצפה וישבו וילכו אל־יוחנן בן־קרח:
טו וישמעאל בן־נתניה נמלט בשמנה אנשים מפני יוחנן וילך
טז אל־בני עמון: ויקח יוחנן בן־קרח וכל־שרי
החילים אשר־אתו את כל־שארית העם אשר השיב מאת
ישמעאל בן־נתניה מן־המצפה אחר הכה את־גדליה בן־
אחיקם גברים אנשי המלחמה ונשים וטף וסרסים אשר
יז השיב מגבעון: וילכו וישבו בגרות כמוהם אשר־אצל בית כמהם
יח לחם ללכת לבוא מצרים: מפני הכשדים כי יראו מפניהם
כי־הכה ישמעאל בן־נתניה את־גדליהו בן־אחיקם אשר־
מב א הפקיד מלך־בבל בארץ: ויגשו כל־שרי
החילים ויוחנן בן־קרח ויזניה בן־הושעיה וכל־העם מקטן
ב ועד־גדול: ויאמרו אל־ירמיהו הנביא תפל־נא תחנתנו
לפניך והתפלל בעדנו אל־יהוה אלהיך בעד כל־השארית

הזאת כי־נשארנו מעט מהרבה כאשר עיניך ראות אתנו:
ג ויגד־לנו יהוה אלהיך את־הדרך אשר נלך־בה ואת־הדבר
ד אשר נעשה: ויאמר אליהם ירמיהו הנביא שמעתי הנני
מתפלל אל־יהוה אלהיכם כדבריכם והיה כל־הדבר אשר־
ה יענה יהוה אתכם אגיד לכם לא־אמנע מכם דבר: והמה
אמרו אל־ירמיהו יהי יהוה בנו לעד אמת ונאמן אם־לא
ו ככל־הדבר אשר ישלחך יהוה אלהיך אלינו כן נעשה: אם־
טוב ואם־רע בקול ׀ יהוה אלהינו אשר אנו שלחים אתך אנחנו
אליו נשמע למען אשר ייטב־לנו כי נשמע בקול יהוה
ז אלהינו: ויהי מקץ עשרת ימים ויהי דבר־
ח יהוה אל־ירמיהו: ויקרא אל־יוחנן בן־קרח ואל כל־שרי
ט החילים אשר אתו ולכל־העם למקטן ועד־גדול: ויאמר
אליהם כה־אמר יהוה אלהי ישראל אשר שלחתם אתי
י אליו להפיל תחנתכם לפניו: אם־שוב תשבו בארץ הזאת
ובניתי אתכם ולא אהרס ונטעתי אתכם ולא אתוש כי
יא נחמתי אל־הרעה אשר עשיתי לכם: אל־תיראו מפני
מלך בבל אשר־אתם יראים מפניו אל־תיראו ממנו נאם־
יהוה כי־אתכם אני להושיע אתכם ולהציל אתכם מידו:
יב ואתן לכם רחמים ורחם אתכם והשיב אתכם אל־אדמתכם: כה
יג ואם־אמרים אתם לא נשב בארץ הזאת לבלתי שמע בקול
יד יהוה אלהיכם: לאמר לא כי ארץ מצרים נבוא אשר לא־
נראה מלחמה וקול שופר לא נשמע וללחם לא־נרעב ושם
טו נשב: ועתה לכן שמעו דבר־יהוה שארית יהודה כה־אמר
יהוה צבאות אלהי ישראל אם־אתם שום תשמון פניכם
טז לבא מצרים ובאתם לגור שם: והיתה החרב אשר אתם
יראים ממנה שם תשיג אתכם בארץ מצרים והרעב אשר־
אתם ׀ דאגים ממנו שם ידבק אחריכם מצרים ושם תמתו:

יז וְיִהְיוּ כָל־הָאֲנָשִׁים אֲשֶׁר־שָׂמוּ אֶת־פְּנֵיהֶם לָבוֹא מִצְרַיִם לָגוּר
שָׁם יָמוּתוּ בַּחֶרֶב בָּרָעָב וּבַדָּבֶר וְלֹא־יִהְיֶה לָהֶם שָׂרִיד וּפָלִיט
יח מִפְּנֵי הָרָעָה אֲשֶׁר אֲנִי מֵבִיא עֲלֵיהֶם׃ כִּי כֹה אָמַר יְהוָה צְבָאוֹת
אֱלֹהֵי יִשְׂרָאֵל כַּאֲשֶׁר נִתַּךְ אַפִּי וַחֲמָתִי עַל־יֹשְׁבֵי יְרוּשָׁלַםִ כֵּן
תִּתַּךְ חֲמָתִי עֲלֵיכֶם בְּבֹאֲכֶם מִצְרָיִם וִהְיִיתֶם לְאָלָה וּלְשַׁמָּה
יט וְלִקְלָלָה וּלְחֶרְפָּה וְלֹא־תִרְאוּ עוֹד אֶת־הַמָּקוֹם הַזֶּה׃ דִּבֶּר
יְהוָה עֲלֵיכֶם שְׁאֵרִית יְהוּדָה אַל־תָּבֹאוּ מִצְרָיִם יָדֹעַ תֵּדְעוּ
כ כִּי־הַעִידֹתִי בָכֶם הַיּוֹם׃ כִּי הִתְעֵתֶים בְּנַפְשׁוֹתֵיכֶם כִּי־אַתֶּם הִתְעֵיתֶם
שְׁלַחְתֶּם אֹתִי אֶל־יְהוָה אֱלֹהֵיכֶם לֵאמֹר הִתְפַּלֵּל בַּעֲדֵנוּ אֶל־
יְהוָה אֱלֹהֵינוּ וּכְכֹל אֲשֶׁר יֹאמַר יְהוָה אֱלֹהֵינוּ כֵּן הַגֶּד־לָנוּ
כא וְעָשִׂינוּ׃ וָאַגִּד לָכֶם הַיּוֹם וְלֹא שְׁמַעְתֶּם בְּקוֹל יְהוָה אֱלֹהֵיכֶם
כב וּלְכֹל אֲשֶׁר־שְׁלָחַנִי אֲלֵיכֶם׃ וְעַתָּה יָדֹעַ תֵּדְעוּ כִּי בַּחֶרֶב
בָּרָעָב וּבַדֶּבֶר תָּמוּתוּ בַּמָּקוֹם אֲשֶׁר חֲפַצְתֶּם לָבוֹא לָגוּר
מג א שָׁם׃ וַיְהִי כְּכַלּוֹת יִרְמְיָהוּ לְדַבֵּר אֶל־כָּל־הָעָם
אֶת־כָּל־דִּבְרֵי יְהוָה אֱלֹהֵיהֶם אֲשֶׁר שְׁלָחוֹ יְהוָה אֱלֹהֵיהֶם
ב אֲלֵיהֶם אֵת כָּל־הַדְּבָרִים הָאֵלֶּה׃ וַיֹּאמֶר עֲזַרְיָה
בֶן־הוֹשַׁעְיָה וְיוֹחָנָן בֶּן־קָרֵחַ וְכָל־הָאֲנָשִׁים הַזֵּדִים אֹמְרִים
אֶל־יִרְמְיָהוּ שֶׁקֶר אַתָּה מְדַבֵּר לֹא שְׁלָחֲךָ יְהוָה אֱלֹהֵינוּ לֵאמֹר
ג לֹא־תָבֹאוּ מִצְרַיִם לָגוּר שָׁם׃ כִּי בָּרוּךְ בֶּן־נֵרִיָּה מַסִּית אֹתְךָ
בָּנוּ לְמַעַן תֵּת אֹתָנוּ בְיַד־הַכַּשְׂדִּים לְהָמִית אֹתָנוּ וּלְהַגְלוֹת
ד אֹתָנוּ בָּבֶל׃ וְלֹא־שָׁמַע יוֹחָנָן בֶּן־קָרֵחַ וְכָל־שָׂרֵי הַחֲיָלִים וְכָל־
ה הָעָם בְּקוֹל יְהוָה לָשֶׁבֶת בְּאֶרֶץ יְהוּדָה׃ וַיִּקַּח יוֹחָנָן בֶּן־קָרֵחַ
וְכָל־שָׂרֵי הַחֲיָלִים אֵת כָּל־שְׁאֵרִית יְהוּדָה אֲשֶׁר־שָׁבוּ מִכָּל־
ו הַגּוֹיִם אֲשֶׁר נִדְּחוּ־שָׁם לָגוּר בְּאֶרֶץ יְהוּדָה׃ אֶת־הַגְּבָרִים וְאֶת־
הַנָּשִׁים וְאֶת־הַטַּף וְאֶת־בְּנוֹת הַמֶּלֶךְ וְאֵת כָּל־הַנֶּפֶשׁ אֲשֶׁר
הִנִּיחַ נְבוּזַרְאֲדָן רַב־טַבָּחִים אֶת־גְּדַלְיָהוּ בֶּן־אֲחִיקָם בֶּן־שָׁפָן
ז וְאֵת יִרְמְיָהוּ הַנָּבִיא וְאֶת־בָּרוּךְ בֶּן־נֵרִיָּהוּ׃ וַיָּבֹאוּ אֶרֶץ מִצְרַיִם

כי לא שמעו בקול יהוה ויבאו עד־תחפנחס: ויהי ח
דבר־יהוה אל־ירמיהו בתחפנחס לאמר: קח בידך אבנים ט
גדלות וטמנתם במלט במלבן אשר בפתח בית־פרעה
בתחפנחס לעיני אנשים יהודים: ואמרת אליהם כה־אמר י
יהוה צבאות אלהי ישראל הנני שלח ולקחתי את־
נבוכדראצר מלך־בבל עבדי ושמתי כסאו ממעל לאבנים
שפרירו | ובא האלה אשר טמנתי ונטה את־שפרורו עליהם: ובאה והכה יא
את־ארץ מצרים אשר למות למות ואשר לשבי לשבי ואשר
לחרב לחרב: והצתי אש בבתי אלהי מצרים ושרפם ושבם יב
ועטה את־ארץ מצרים כאשר־יעטה הרעה את־בגדו ויצא
משם בשלום: ושבר את־מצבות בית שמש אשר בארץ יג
מצרים ואת־בתי אלהי מצרים ישרף באש: הדבר א מד
אשר היה אל־ירמיהו אל כל־היהודים הישבים בארץ
מצרים הישבים במגדל ובתחפנחס ובנף ובארץ פתרוס
לאמר: כה־אמר יהוה צבאות אלהי ישראל אתם ראיתם ב
את כל־הרעה אשר הבאתי על־ירושלם ועל כל־ערי יהודה
והנם חרבה היום הזה ואין בהם יושב: מפני רעתם אשר עשו ג
להכעסני ללכת לקטר לעבד לאלהים אחרים אשר לא
ידעום המה אתם ואבתיכם: ואשלח אליכם את־כל־עבדי ד
הנביאים השכים ושלח לאמר אל־נא תעשו את דבר־
התעבה הזאת אשר שנאתי: ולא שמעו ולא־הטו את־אזנם ה
לשוב מרעתם לבלתי קטר לאלהים אחרים: ותתך חמתי ו
ואפי ותבער בערי יהודה ובחצות ירושלם ותהיינה לחרבה
לשממה כיום הזה: ועתה כה־אמר יהוה אלהי ז
צבאות אלהי ישראל למה אתם עשים רעה גדולה אל־
נפשתכם להכרית לכם איש־ואשה עולל ויונק מתוך יהודה
לבלתי הותיר לכם שארית: להכעסני במעשי ידיכם לקטר ח

לֵאלֹהִים אֲחֵרִים בְּאֶרֶץ מִצְרַיִם אֲשֶׁר־אַתֶּם בָּאִים לָגוּר שָׁם
לְמַעַן הַכְרִית לָכֶם וּלְמַעַן הֱיוֹתְכֶם לִקְלָלָה וּלְחֶרְפָּה בְּכֹל גּוֹיֵי
ט הָאָרֶץ׃ הֲשְׁכַחְתֶּם אֶת־רָעוֹת אֲבוֹתֵיכֶם וְאֶת־רָעוֹת ׀ מַלְכֵי
יְהוּדָה וְאֵת רָעוֹת נָשָׁיו וְאֵת רָעֹתֵכֶם וְאֵת רָעֹת נְשֵׁיכֶם אֲשֶׁר
י עָשׂוּ בְּאֶרֶץ יְהוּדָה וּבְחֻצוֹת יְרוּשָׁלִָם׃ לֹא דֻכְּאוּ עַד הַיּוֹם הַזֶּה
וְלֹא יָרְאוּ וְלֹא־הָלְכוּ בְתוֹרָתִי וּבְחֻקֹּתַי אֲשֶׁר־נָתַתִּי לִפְנֵיכֶם
יא וְלִפְנֵי אֲבוֹתֵיכֶם׃ לָכֵן כֹּה־אָמַר יְהוָה צְבָאוֹת
אֱלֹהֵי יִשְׂרָאֵל הִנְנִי שָׂם פָּנַי בָּכֶם לְרָעָה וּלְהַכְרִית אֶת־כָּל־
יב יְהוּדָה׃ וְלָקַחְתִּי אֶת־שְׁאֵרִית יְהוּדָה אֲשֶׁר־שָׂמוּ פְנֵיהֶם לָבוֹא
אֶרֶץ־מִצְרַיִם לָגוּר שָׁם וְתַמּוּ כֹל בְּאֶרֶץ מִצְרַיִם יִפֹּלוּ בַּחֶרֶב
בָּרָעָב יִתַּמּוּ מִקָּטֹן וְעַד־גָּדוֹל בַּחֶרֶב וּבָרָעָב יָמֻתוּ וְהָיוּ
יג לְאָלָה לְשַׁמָּה וְלִקְלָלָה וּלְחֶרְפָּה׃ וּפָקַדְתִּי עַל הַיּוֹשְׁבִים
בְּאֶרֶץ מִצְרַיִם כַּאֲשֶׁר פָּקַדְתִּי עַל־יְרוּשָׁלִָם בַּחֶרֶב בָּרָעָב
יד וּבַדָּבֶר׃ וְלֹא יִהְיֶה פָּלִיט וְשָׂרִיד לִשְׁאֵרִית יְהוּדָה הַבָּאִים
לָגוּר־שָׁם בְּאֶרֶץ מִצְרָיִם וְלָשׁוּב ׀ אֶרֶץ יְהוּדָה אֲשֶׁר־הֵמָּה
מְנַשְּׂאִים אֶת־נַפְשָׁם לָשׁוּב לָשֶׁבֶת שָׁם כִּי לֹא־יָשׁוּבוּ כִּי
טו אִם־פְּלֵטִים׃ וַיַּעֲנוּ אֶת־יִרְמְיָהוּ כָּל־הָאֲנָשִׁים
הַיֹּדְעִים כִּי־מְקַטְּרוֹת נְשֵׁיהֶם לֵאלֹהִים אֲחֵרִים וְכָל־הַנָּשִׁים
הָעֹמְדוֹת קָהָל גָּדוֹל וְכָל־הָעָם הַיֹּשְׁבִים בְּאֶרֶץ־מִצְרַיִם
טז בְּפַתְרוֹס לֵאמֹר׃ הַדָּבָר אֲשֶׁר־דִּבַּרְתָּ אֵלֵינוּ בְּשֵׁם יְהוָה אֵינֶנּוּ
יז שֹׁמְעִים אֵלֶיךָ׃ כִּי עָשֹׂה נַעֲשֶׂה אֶת־כָּל־הַדָּבָר ׀ אֲשֶׁר־יָצָא
מִפִּינוּ לְקַטֵּר לִמְלֶכֶת הַשָּׁמַיִם וְהַסֵּיךְ־לָהּ נְסָכִים כַּאֲשֶׁר עָשִׂינוּ
אֲנַחְנוּ וַאֲבֹתֵינוּ מְלָכֵינוּ וְשָׂרֵינוּ בְּעָרֵי יְהוּדָה וּבְחֻצוֹת יְרוּשָׁלִָם
יח וַנִּשְׂבַּע־לֶחֶם וַנִּהְיֶה טוֹבִים וְרָעָה לֹא רָאִינוּ׃ וּמִן־אָז חָדַלְנוּ
לְקַטֵּר לִמְלֶכֶת הַשָּׁמַיִם וְהַסֵּךְ־לָהּ נְסָכִים חָסַרְנוּ כֹל וּבַחֶרֶב
יט וּבָרָעָב תָּמְנוּ׃ וְכִי־אֲנַחְנוּ מְקַטְּרִים לִמְלֶכֶת הַשָּׁמַיִם וּלְהַסֵּךְ
לָהּ נְסָכִים הֲמִבַּלְעֲדֵי אֲנָשֵׁינוּ עָשִׂינוּ לָהּ כַּוָּנִים לְהַעֲצִבָהּ וְהַסֵּךְ

כו לה נסכים: ויאמר ירמיהו אל־כל־העם על־ כ
הגברים ועל־הנשים ועל־כל־העם הענים אתו דבר לאמר:
הלוא את־הקטר אשר קטרתם בערי יהודה ובחצות ירושלם כא
אתם ואבותיכם מלכיכם ושריכם ועם הארץ אתם זכר יהוה
ותעלה על־לבו: ולא־יוכל יהוה עוד לשאת מפני רע כב
מעלליכם מפני התועבת אשר עשיתם ותהי ארצכם לחרבה
ולשמה ולקללה מאין יושב כהיום הזה: מפני אשר קטרתם כג
ואשר חטאתם ליהוה ולא שמעתם בקול יהוה ובתרתו
ובחקתיו ובעדותיו לא הלכתם על־כן קראת אתכם הרעה
הזאת כיום הזה: ויאמר ירמיהו אל־כל־העם כד
ואל כל־הנשים שמעו דבר־יהוה כל־יהודה אשר בארץ
מצרים: כה־אמר יהוה־צבאות אלהי ישראל לאמר אתם כה
ונשיכם ותדברנה בפיכם ובידיכם מלאתם | לאמר עשה
נעשה את־נדרינו אשר נדרנו לקטר למלכת השמים ולהסך
לה נסכים הקים תקימנה את־נדריכם ועשה תעשינה את־
נדריכם: לכן שמעו דבר־יהוה כל־יהודה הישבים בארץ כו
מצרים הנני נשבעתי בשמי הגדול אמר יהוה אם־יהיה עוד
שמי נקרא | בפי | כל־איש יהודה אמר חי־אדני יהוה בכל־
ארץ מצרים: הנני שקד עליהם לרעה ולא לטובה ותמו כל־ כז
איש יהודה אשר בארץ־מצרים בחרב וברעב עד־כלותם:
ופליטי חרב ישבון מן־ארץ מצרים ארץ יהודה מתי מספר כח
וידעו כל־שארית יהודה הבאים לארץ־מצרים לגור שם
דבר־מי יקום ממני ומהם: וזאת לכם האות נאם־יהוה כי־ כט
פקד אני עליכם במקום הזה למען תדעו כי קום יקומו דברי
עליכם לרעה: כה | אמר יהוה הנני נתן את־ ל
פרעה חפרע מלך־מצרים ביד איביו וביד מבקשי נפשו
כאשר נתתי את־צדקיהו מלך־יהודה ביד נבוכדראצר

א מֶלֶךְ־בָּבֶל אֹיְבוֹ וּמְבַקֵּשׁ נַפְשׁוֹ׃ הַדָּבָר אֲשֶׁר
דִּבֶּר יִרְמְיָהוּ הַנָּבִיא אֶל־בָּרוּךְ בֶּן־נֵרִיָּה בְּכָתְבוֹ אֶת־הַדְּבָרִים
הָאֵלֶּה עַל־סֵפֶר מִפִּי יִרְמְיָהוּ בַּשָּׁנָה הָרְבִעִית לִיהוֹיָקִים בֶּן־
ב יֹאשִׁיָּהוּ מֶלֶךְ יְהוּדָה לֵאמֹר׃ כֹּה־אָמַר יְהוָה אֱלֹהֵי יִשְׂרָאֵל
ג עָלֶיךָ בָּרוּךְ׃ אָמַרְתָּ אוֹי־נָא לִי כִּי־יָסַף יְהוָה יָגוֹן עַל־מַכְאֹבִי
ד יָגַעְתִּי בְּאַנְחָתִי וּמְנוּחָה לֹא מָצָאתִי׃ כֹּה ׀ תֹּאמַר אֵלָיו כֹּה
אָמַר יְהוָה הִנֵּה אֲשֶׁר־בָּנִיתִי אֲנִי הֹרֵס וְאֵת אֲשֶׁר־נָטַעְתִּי
ה אֲנִי נֹתֵשׁ וְאֶת־כָּל־הָאָרֶץ הִיא׃ וְאַתָּה תְּבַקֶּשׁ־לְךָ גְדֹלוֹת
אַל־תְּבַקֵּשׁ כִּי הִנְנִי מֵבִיא רָעָה עַל־כָּל־בָּשָׂר נְאֻם־יְהוָה
וְנָתַתִּי לְךָ אֶת־נַפְשְׁךָ לְשָׁלָל עַל כָּל־הַמְּקֹמוֹת אֲשֶׁר תֵּלֶךְ־
מו א שָׁם׃ אֲשֶׁר הָיָה דְבַר־יְהוָה אֶל־יִרְמְיָהוּ הַנָּבִיא
ב עַל־הַגּוֹיִם׃ לְמִצְרַיִם עַל־חֵיל פַּרְעֹה נְכוֹ מֶלֶךְ מִצְרַיִם אֲשֶׁר־
הָיָה עַל־נְהַר־פְּרָת בְּכַרְכְּמִשׁ אֲשֶׁר הִכָּה נְבוּכַדְרֶאצַּר מֶלֶךְ
בָּבֶל בִּשְׁנַת הָרְבִיעִית לִיהוֹיָקִים בֶּן־יֹאשִׁיָּהוּ מֶלֶךְ יְהוּדָה׃
ג ד עִרְכוּ מָגֵן וְצִנָּה וּגְשׁוּ לַמִּלְחָמָה׃ אִסְרוּ הַסּוּסִים וַעֲלוּ הַפָּרָשִׁים
ה וְהִתְיַצְּבוּ בְּכוֹבָעִים מִרְקוּ הָרְמָחִים לִבְשׁוּ הַסִּרְיֹנֹת׃ מַדּוּעַ
רָאִיתִי הֵמָּה חַתִּים נְסֹגִים אָחוֹר וְגִבּוֹרֵיהֶם יֻכַּתּוּ וּמָנוֹס נָסוּ
ו וְלֹא הִפְנוּ מָגוֹר מִסָּבִיב נְאֻם־יְהוָה׃ אַל־יָנוּס הַקַּל וְאַל־יִמָּלֵט
ז הַגִּבּוֹר צָפוֹנָה עַל־יַד נְהַר־פְּרָת כָּשְׁלוּ וְנָפָלוּ׃ מִי־זֶה כַּיְאֹר
ח יַעֲלֶה כַּנְּהָרוֹת יִתְגָּעֲשׁוּ מֵימָיו׃ מִצְרַיִם כַּיְאֹר יַעֲלֶה וְכַנְּהָרוֹת
יִתְגֹּעֲשׁוּ מָיִם וַיֹּאמֶר אַעֲלֶה אֲכַסֶּה־אֶרֶץ אֹבִידָה עִיר וְיֹשְׁבֵי
ט בָהּ׃ עֲלוּ הַסּוּסִים וְהִתְהֹלְלוּ הָרֶכֶב וְיֵצְאוּ הַגִּבּוֹרִים כּוּשׁ וּפוּט
י תֹּפְשֵׂי מָגֵן וְלוּדִים תֹּפְשֵׂי דֹּרְכֵי קָשֶׁת׃ וְהַיּוֹם הַהוּא לַאדֹנָי יְהוִה
צְבָאוֹת יוֹם נְקָמָה לְהִנָּקֵם מִצָּרָיו וְאָכְלָה חֶרֶב וְשָׂבְעָה
וְרָוְתָה מִדָּמָם כִּי זֶבַח לַאדֹנָי יְהוִה צְבָאוֹת בְּאֶרֶץ צָפוֹן
יא אֶל־נְהַר־פְּרָת׃ עֲלִי גִלְעָד וּקְחִי צֳרִי בְּתוּלַת בַּת־מִצְרָיִם
יב לַשָּׁוְא הִרְבֵּיתִי רְפֻאוֹת תְּעָלָה אֵין לָךְ׃ שָׁמְעוּ גוֹיִם קְלוֹנֵךְ

הרבית

וצוחתך מלאה הארץ כי־גבור בגבור כשלו יחדיו נפלו
יג שניהם: הדבר אשר דבר יהוה אל־ירמיהו
הנביא לבוא נבוכדראצר מלך בבל להכות את־ארץ
יד מצרים: הגידו במצרים והשמיעו במגדול והשמיעו בנף
ובתחפנחס אמרו התיצב והכן לך כי־אכלה חרב סביביך:
טו טז מדוע נסחף אביריך לא עמד כי יהוה הדפו: הרבה כושל
גם־נפל איש אל־רעהו ויאמרו קומה ונשבה אל־עמנו ואל־
יז ארץ מולדתנו מפני חרב היונה: קראו שם פרעה מלך־
יח מצרים שאון העביר המועד: חי־אני נאם־המלך יהוה
יט צבאות שמו כי כתבור בהרים וככרמל בים יבוא: כלי גולה
עשי לך יושבת בת־מצרים כי־נף לשמה תהיה ונצתה מאין
כ יושב: עגלה יפה־פיה מצרים קרץ מצפון בא
כא בא: גם־שכריה בקרבה כעגלי מרבק כי־גם־המה הפנו נסו
כב יחדיו לא עמדו כי יום אידם בא עליהם עת פקדתם: קולה
כנחש ילך כי־בחיל ילכו ובקרדמות באו לה כחטבי עצים:
כג כרתו יערה נאם־יהוה כי לא יחקר כי רבו מארבה ואין
כד כה להם מספר: הבישה בת־מצרים נתנה ביד עם־צפון: אמר
יהוה צבאות אלהי ישראל הנני פוקד אל־אמון מנא ועל־
פרעה ועל־מצרים ועל־אלהיה ועל־מלכיה ועל־פרעה ועל
כו הבטחים בו: ונתתים ביד מבקשי נפשם וביד נבוכדראצר
מלך־בבל וביד עבדיו ואחרי־כן תשכן כימי־קדם נאם־
כז כז יהוה: ואתה אל־תירא עבדי יעקב ואל־תחת
ישראל כי הנני מושעך מרחוק ואת־זרעך מארץ שבים
כח ושב יעקוב ושקט ושאנן ואין מחריד: אתה אל־תירא עבדי
יעקב נאם־יהוה כי אתך אני כי אעשה כלה בכל־הגוים ׀
אשר הדחתיך שמה ואתך לא־אעשה כלה ויסרתיך למשפט
מז א ונקה לא אנקך: אשר היה דבר־יהוה אל־

יִרְמְיָהוּ הַנָּבִיא אֶל־פְּלִשְׁתִּים בְּטֶרֶם יַכֶּה פַרְעֹה אֶת־עַזָּה׃
ב כֹּה ׀ אָמַר יְהוָה הִנֵּה־מַיִם עֹלִים מִצָּפוֹן וְהָיוּ לְנַחַל שׁוֹטֵף
וְיִשְׁטְפוּ אֶרֶץ וּמְלוֹאָהּ עִיר וְיֹשְׁבֵי בָהּ וְזָעֲקוּ הָאָדָם וְהֵילִל כֹּל
ג יוֹשֵׁב הָאָרֶץ׃ מִקּוֹל שַׁעֲטַת פַּרְסוֹת אַבִּירָיו מֵרַעַשׁ לְרִכְבּוֹ
ד הֲמוֹן גַּלְגִּלָּיו לֹא־הִפְנוּ אָבוֹת אֶל־בָּנִים מֵרִפְיוֹן יָדָיִם׃ עַל־הַיּוֹם
הַבָּא לִשְׁדוֹד אֶת־כָּל־פְּלִשְׁתִּים לְהַכְרִית לְצֹר וּלְצִידוֹן כֹּל
שָׂרִיד עֹזֵר כִּי־שֹׁדֵד יְהוָה אֶת־פְּלִשְׁתִּים שְׁאֵרִית אִי כַפְתּוֹר׃
ה בָּאָה קָרְחָה אֶל־עַזָּה נִדְמְתָה אַשְׁקְלוֹן שְׁאֵרִית עִמְקָם עַד־
ו מָתַי תִּתְגּוֹדָדִי׃ הוֹי חֶרֶב לַיהוָה עַד־אָנָה לֹא תִשְׁקֹטִי הֵאָסְפִי
ז אֶל־תַּעְרֵךְ הֵרָגְעִי וָדֹמִּי׃ אֵיךְ תִּשְׁקֹטִי וַיהוָה צִוָּה־לָהּ אֶל־
מח א אַשְׁקְלוֹן וְאֶל־חוֹף הַיָּם שָׁם יְעָדָהּ׃ לְמוֹאָב כֹּה־
אָמַר יְהוָה צְבָאוֹת אֱלֹהֵי יִשְׂרָאֵל הוֹי אֶל־נְבוֹ כִּי שֻׁדָּדָה
ב הֹבִישָׁה נִלְכְּדָה קִרְיָתָיִם הֹבִישָׁה הַמִּשְׂגָּב וָחָתָּה׃ אֵין עוֹד
תְּהִלַּת מוֹאָב בְּחֶשְׁבּוֹן חָשְׁבוּ עָלֶיהָ רָעָה לְכוּ וְנַכְרִיתֶנָּה מִגּוֹי
ג גַּם־מַדְמֵן תִּדֹּמִּי אַחֲרַיִךְ תֵּלֶךְ חָרֶב׃ קוֹל צְעָקָה מֵחֹרוֹנָיִם שֹׁד
ד ה וָשֶׁבֶר גָּדוֹל׃ נִשְׁבְּרָה מוֹאָב הִשְׁמִיעוּ זְּעָקָה צעוריה׃ כִּי מַעֲלֵה צְעִירֶיהָ
הלחות בִּבְכִי יַעֲלֶה־בֶּכִי כִּי בְּמוֹרַד חֹרֹנַיִם צָרֵי צַעֲקַת־שֶׁבֶר הַלּוּחִית
ו ז שָׁמֵעוּ׃ נֻסוּ מַלְּטוּ נַפְשְׁכֶם וְתִהְיֶינָה כַּעֲרוֹעֵר בַּמִּדְבָּר׃ כִּי יַעַן
בִּטְחֵךְ בְּמַעֲשַׂיִךְ וּבְאוֹצְרוֹתַיִךְ גַּם־אַתְּ תִּלָּכֵדִי וְיָצָא כמיש כְּמוֹשׁ
ח בַּגּוֹלָה כֹּהֲנָיו וְשָׂרָיו יחד׃ וְיָבֹא שֹׁדֵד אֶל־כָּל־עִיר וְעִיר לֹא יַחְדָּו
ט תִמָּלֵט וְאָבַד הָעֵמֶק וְנִשְׁמַד הַמִּישֹׁר אֲשֶׁר אָמַר יְהוָה׃ תְּנוּ־
צִיץ לְמוֹאָב כִּי נָצֹא תֵּצֵא וְעָרֶיהָ לְשַׁמָּה תִהְיֶינָה מֵאֵין יוֹשֵׁב
י בָּהֵן׃ אָרוּר עֹשֶׂה מְלֶאכֶת יְהוָה רְמִיָּה וְאָרוּר מֹנֵעַ חַרְבּוֹ מִדָּם׃
יא שַׁאֲנַן מוֹאָב מִנְּעוּרָיו וְשֹׁקֵט הוּא אֶל־שְׁמָרָיו וְלֹא־הוּרַק מִכְּלִי
אֶל־כֶּלִי וּבַגּוֹלָה לֹא הָלָךְ עַל־כֵּן עָמַד טַעְמוֹ בּוֹ וְרֵיחוֹ
יב לֹא נָמָר׃ לָכֵן הִנֵּה־יָמִים בָּאִים נְאֻם־יְהוָה
יג וְשִׁלַּחְתִּי־לוֹ צֹעִים וְצֵעֻהוּ וְכֵלָיו יָרִיקוּ וְנִבְלֵיהֶם יְנַפֵּצוּ׃ וּבֹשׁ

מואב מכמוש כאשר־בשו בית ישראל מבית אל מבטחם:
יד טו איך תאמרו גבורים אנחנו ואנשי־חיל למלחמה: שדד מואב
ועריה עלה ומבחר בחוריו ירדו לטבח נאם־המלך יהוה
טז צבאות שמו: קרוב איד־מואב לבוא ורעתו מהרה מאד:
יז נדו לו כל־סביביו וכל ידעי שמו אמרו איכה נשבר מטה־עז
יח מקל תפארה: רדי מכבוד ישבי בצמא ישבת בת־דיבון כי־ ושְׁבִי
יט שדד מואב עלה בך שחת מבצריך: אל־דרך עמדי וצפי
כ יושבת ערוער שאלי־נס ונמלטה אמרי מה־נהיתה: הביש
מואב כי־חתה הילילי ׀ וזעקי הגידו בארנון כי שדד מואב: הֵילִילוּ ׀ וּזְעָקוּ
כא ומשפט בא אל־ארץ המישר אל־חלון ואל־יהצה ועל־
כב כג מופעת: ועל־דיבון ועל־נבו ועל־בית דבלתים: ועל קריתים מֵיפַעַת
כד ועל־בית גמול ועל־בית מעון: ועל־קריות ועל־בצרה ועל
כה כל־ערי ארץ מואב הרחקות והקרבות: נגדעה קרן מואב
כו וזרעו נשברה נאם יהוה: השכירהו כי על־יהוה הגדיל וספק
כז מואב בקיאו והיה לשחק גם־הוא: ואם ׀ לוא השחק היה
לך ישראל אם־בגנבים נמצאה כי־מדי דבריך בו תתנודד: נִמְצָא
כח עזבו ערים ושכנו בסלע ישבי מואב והיו כיונה תקנן בעברי
כט פי־פחת: שמענו גאון־מואב גאה מאד גבהו וגאונו וגאותו
ל ורם לבו: אני ידעתי נאם־יהוה עברתו ולא־כן בדיו לא־כן
לא עשו: על־כן על־מואב איליל ולמואב כלה אזעק אל־אנשי
לב קיר־חרש יהגה: מבכי יעזר אבכה־לך הגפן שבמה
נטישתיך עברו ים עד ים יעזר נגעו על־קיצך ועל־בצירך
לג שדד נפל: ונאספה שמחה וגיל מכרמל ומארץ מואב ויין
לד מיקבים השבתי לא־ידרך הידד הידד לא הידד: מזעקת
חשבון עד־אלעלה עד־יהץ נתנו קולם מצער עד־חרנים
לה עגלת שלשיה כי גם־מי נמרים למשמות יהיו: והשבתי
לו למואב נאם־יהוה מעלה במה ומקטיר לאלהיו: על־כן לבי

למואב כחללים יהמה ולבי אל־אנשי קיר־חרש כחלילים
לז יהמה על־כן יתרת עשה אבדו: כי כל־ראש קרחה וכל־זקן
לח גרעה על כל־ידים גדדת ועל־מתנים שק: על כל־גגות
מואב וברחבתיה כלה מספד כי־שברתי את־מואב ככלי
לט אין־חפץ בו נאם־יהוה: איך חתה הילילו איך הפנה־
ערף מואב בוש והיה מואב לשחק ולמחתה לכל־
מ סביביו: כי־כה אמר יהוה הנה כנשר ידאה
מא ופרש כנפיו אל־מואב: נלכדה הקריות והמצדות נתפשה
מב והיה לב גבורי מואב ביום ההוא כלב אשה מצרה: ונשמד
מג מואב מעם כי על־יהוה הגדיל: פחד ופחת ופח עליך יושב
מד מואב נאם־יהוה: הניס מפני הפחד יפל אל־הפחת והעלה הנס
מן־הפחת ילכד בפח כי־אביא אליה אל־מואב שנת
מה פקדתם נאם־יהוה: בצל חשבון עמדו מכח נסים כי־אש
יצא מחשבון ולהבה מבין סיחון ותאכל פאת מואב וקדקד
מו בני שאון: אוי־לך מואב אבד עם־כמוש כי־לקחו בניך בשבי
מז ובנתיך בשביה: ושבתי שבות־מואב באחרית הימים נאם־
מט א יהוה עד־הנה משפט מואב: לבני עמון כה
אמר יהוה הבנים אין לישראל אם־יורש אין לו מדוע ירש
ב מלכם את־גד ועמו בעריו ישב: לכן הנה ימים באים נאם־ כח
יהוה והשמעתי אל־רבת בני־עמון תרועת מלחמה והיתה
לתל שממה ובנתיה באש תצתנה וירש ישראל את־ירשיו
ג אמר יהוה: הילילי חשבון כי שדדה־עי צעקנה בנות רבה
חגרנה שקים ספדנה והתשוטטנה בגדרות כי מלכם בגולה
ד ילך כהניו ושריו יחדיו: מה־תתהללי בעמקים זב עמקך
ה הבת השובבה הבטחה באצרתיה מי יבוא אלי: הנני מביא
עליך פחד נאם־אדני יהוה צבאות מכל־סביביך ונדחתם
ו איש לפניו ואין מקבץ לנדד: ואחרי־כן אשיב את־שבות

ז בני־עמון נאם־יהוה: לאדום כה אמר יהוה
צבאות האין עוד חכמה בתימן אבדה עצה מבנים נסרחה
ח חכמתם: נסו הפנו העמיקו לשבת ישבי דדן כי איד עשו
ט הבאתי עליו עת פקדתיו: אם־בצרים באו לך לא ישארו
י עוללות אם־גנבים בלילה השחיתו דים: כי־אני חשפתי
את־עשו גליתי את־מסתריו ונחבה לא יוכל שדד זרעו
יא ואחיו ושכניו ואיננו: עזבה יתמיך אני אחיה ואלמנותיך עלי
יב תבטחו: כי־כה | אמר יהוה הנה אשר־אין
משפטם לשתות הכוס שתו ישתו ואתה הוא נקה תנקה לא
יג תנקה כי שתה תשתה: כי בי נשבעתי נאם־יהוה כי־לשמה
לחרפה לחרב ולקללה תהיה בצרה וכל־עריה תהיינה
יד לחרבות עולם: שמועה שמעתי מאת יהוה וציר בגוים שלוח
טו התקבצו ובאו עליה וקומו למלחמה: כי־הנה קטן נתתיך
טז בגוים בזוי באדם: תפלצתך השיא אתך זדון לבך שכני בחגוי
הסלע תפשי מרום גבעה כי־תגביה כנשר קנך משם אורידך
יז נאם־יהוה: והיתה אדום לשמה כל עבר עליה ישם וישרק
יח על־כל־מכותה: כמהפכת סדם ועמרה ושכניה אמר יהוה
יט לא־ישב שם איש ולא־יגור בה בן־אדם: הנה כאריה יעלה
מגאון הירדן אל־נוה איתן כי־ארגיעה אריצנו מעליה ומי
בחור אליה אפקד כי מי כמוני ומי יעידני ומי־זה רעה אשר
כ יעמד לפני: לכן שמעו עצת־יהוה אשר יעץ אל־אדום
ומחשבותיו אשר חשב אל־ישבי תימן אם־לא יסחבום
כא צעירי הצאן אם־לא ישים עליהם נוהם: מקול נפלם רעשה
כב הארץ צעקה בים־סוף נשמע קולה: הנה כנשר יעלה וידאה
ויפרש כנפיו על־בצרה והיה לב גבורי אדום ביום ההוא כלב
כג אשה מצרה: לדמשק בושה חמת וארפד כי־
כד שמעה רעה שמעו נמגו בים דאגה השקט לא יוכל: רפתה

דמשק הפנתה לנוס ורטט | החזיקה צרה וחבלים אחזתה
כה כו כיולדה: איך לא־עזבה עיר תהלה קרית משושי: לכן יפלו תְּהִלָּת
בחוריה ברחבתיה וכל־אנשי המלחמה ידמו ביום ההוא
כז נאם יהוה צבאות: והצתי אש בחומת דמשק ואכלה ארמנות
כח בן־הדד: לקדר | ולממלכות חצור אשר הכה
נבוכדראצור מלך־בבל כה אמר יהוה קומו עלו אל־קדר נְבוּכַדְרֶאצַּר
כט ושדדו את־בני־קדם: אהליהם וצאנם יקחו יריעותיהם וכל־
ל כליהם וגמליהם ישאו להם וקראו עליהם מגור מסביב: נסו
נדו מאד העמיקו לשבת ישבי חצור נאם־יהוה כי־יעץ
עליכם נבוכדראצר מלך־בבל עצה וחשב עליהם מחשבה: עֲלֵיכֶם
לא קומו עלו אל־גוי שליו יושב לבטח נאם־יהוה לא־דלתים
לב ולא־בריח לו בדד ישכנו: והיו גמליהם לבז והמון
מקניהם לשלל וזרתים לכל־רוח קצוצי פאה ומכל־עבריו
לג אביא את־אידם נאם־יהוה: והיתה חצור למעון תנים
שממה עד־עולם לא־ישב שם איש ולא־יגור בה בן־
לד אדם: אשר היה דבר־יהוה אל־ירמיהו הנביא
לה אל־עילם בראשית מלכות צדקיה מלך־יהודה לאמר: כה
אמר יהוה צבאות הנני שבר את־קשת עילם ראשית
לו גבורתם: והבאתי אל־עילם ארבע רוחות מארבע קצות
השמים וזרתים לכל הרחות האלה ולא־יהיה הגוי אשר לא־
לז יבוא שם נדחי עולם: והחתתי את־עילם לפני איביהם ולפני עֵילָם
מבקשי נפשם והבאתי עליהם | רעה את־חרון אפי נאם־
לח יהוה ושלחתי אחריהם את־החרב עד כלותי אותם: ושמתי
כסאי בעילם והאבדתי משם מלך ושרים נאם־יהוה:
לט והיה | באחרית הימים אשוב את־שבית עילם נאם־ אָשִׁיב שְׁבוּת
נ א יהוה: הדבר אשר דבר יהוה אל־בבל אל־
ב ארץ כשדים ביד ירמיהו הנביא: הגידו בגוים והשמיעו

ושאו־נס השמיעו אל־תכחדו אמרו נלכדה בבל הביש בל
חת מרדך הבישו עצביה חתו גלוליה: כי עלה עליה גוי ג
מצפון הוא־ישית את־ארצה לשמה ולא־יהיה יושב
בה מאדם ועד־בהמה נדו הלכו: בימים ההמה ובעת ד
ההיא נאם־יהוה יבאו בני־ישראל המה ובני־יהודה יחדו
כט הלוך ובכו ילכו ואת־יהוה אלהיהם יבקשו: ציון ישאלו ה
דרך הנה פניהם באו ונלוו אל־יהוה ברית עולם לא
היו תשכח: צאן אבדות היה עמי רעיהם התעום ו
שובבום הרים שובבים מהר אל־גבעה הלכו שכחו רבצם: כל־ ז
מוצאיהם אכלום וצריהם אמרו לא נאשם תחת אשר חטאו
ליהוה נוה־צדק ומקוה אבותיהם יהוה: נדו ח
צאו מתוך בבל ומארץ כשדים יצאו והיו כעתודים לפני־צאן:
כי הנה אנכי מעיר ומעלה על־בבל קהל־גוים גדלים מארץ ט
צפון וערכו לה משם תלכד חציו כגבור משכיל לא ישוב
ריקם: והיתה כשדים לשלל כל־שלליה ישבעו נאם־יהוה: י
תשמחו | תעלזו תפושו כי תשמחי כי תעלזי שסי נחלתי כי תפושי כעגלה דשה יא
ותצהלו ותצהלי כאבירים: בושה אמכם מאד חפרה יולדתכם הנה יב
אחרית גוים מדבר ציה וערבה: מקצף יהוה לא תשב והיתה יג
שממה כלה כל עבר על־בבל ישם וישרק על־כל־מכותיה:
ערכו על־בבל | סביב כל־דרכי קשת ידו אליה אל־תחמלו יד
אל־חץ כי ליהוה חטאה: הריעו עליה סביב נתנה ידה נפלו טו
אשיותיה אשויתיה נהרסו חומותיה כי נקמת יהוה היא הנקמו בה
כאשר עשתה עשו־לה: כרתו זורע מבבל ותפש מגל טז
בעת קציר מפני חרב היונה איש אל־עמו יפנו ואיש
לארצו ינוסו: שה פזורה ישראל אריות הדיחו יז
הראשון אכלו מלך אשור וזה האחרון עצמו נבוכדראצר
מלך בבל: לכן כה־אמר יהוה צבאות אלהי ישראל הנני יח

פקד אל־מלך בבל ואל־ארצו כאשר פקדתי אל־מלך
יט אשור: ושבבתי את־ישראל אל־נוהו ורעה הכרמל והבשן
כ ובהר אפרים והגלעד תשבע נפשו: בימים ההם ובעת ההיא
נאם־יהוה יבקש את־עון ישראל ואיננו ואת־חטאת יהודה
כא ולא תמצאינה כי אסלח לאשר אשאיר: על־
הארץ מרתים עלה עליה ואל־יושבי פקוד חרב והחרם
כב אחריהם נאם־יהוה ועשה ככל אשר צויתיך: קול מלחמה
כג בארץ ושבר גדול: איך נגדע וישבר פטיש כל־הארץ איך
כד היתה לשמה בבל בגוים: יקשתי לך וגם־נלכדת בבל ואת
כה לא ידעת נמצאת וגם־נתפשת כי ביהוה התגרית: פתח יהוה
את־אוצרו ויוצא את־כלי זעמו כי־מלאכה היא לאדני יהוה
כו צבאות בארץ כשדים: באו־לה מקץ פתחו מאבסיה סלוה
כז כמו־ערמים והחרימוה אל־תהי־לה שארית: חרבו כל־
כח פריה ירדו לטבח הוי עליהם כי־בא יומם עת פקדתם: קול
נסים ופלטים מארץ בבל להגיד בציון את־נקמת יהוה
כט אלהינו נקמת היכלו: השמיעו אל־בבל ׀ רבים כל־דרכי
קשת חנו עליה סביב אל־יהי־ פליטה שלמו־לה כפעלה לה
ככל אשר עשתה עשו־לה כי אל־יהוה זדה אל־קדוש
ל ישראל: לכן יפלו בחוריה ברחבתיה וכל־אנשי מלחמתה
לא ידמו ביום ההוא נאם־יהוה: הנני אליך זדון
לב נאם־אדני יהוה צבאות כי בא יומך עת פקדתיך: וכשל
זדון ונפל ואין לו מקים והצתי אש בעריו ואכלה כל־
לג סביבתיו: כה אמר יהוה צבאות עשוקים בני־
ישראל ובני־יהודה יחדו וכל־שביהם החזיקו בם מאנו
לד שלחם: גאלם ׀ חזק יהוה צבאות שמו ריב יריב את־ריבם
לה למען הרגיע את־הארץ והרגיז לישבי בבל: חרב על־
כשדים נאם־יהוה ואל־ישבי בבל ואל־שריה ואל־חכמיה:

נ

לו לז חרב אל־הבדים ונאלו חרב אל־גבוריה וחתו: חרב אל־
סוסיו ואל־רכבו ואל־כל־הערב אשר בתוכה והיו לנשים
לח חרב אל־אוצרתיה ובזזו: חרב אל־מימיה ויבשו כי ארץ
לט פסלים היא ובאימים יתהללו: לכן ישבו ציים את־איים
וישבו בה בנות יענה ולא־תשב עוד לנצח ולא תשכון עד־
מ דור ודר: כמהפכת אלהים את־סדם ואת־עמרה ואת־
שכניה נאם־יהוה לא־ישב שם איש ולא־יגור בה בן־אדם:
מא הנה עם בא מצפון וגוי גדול ומלכים רבים יערו מירכתי־
מב ארץ: קשת וכידן יחזיקו אכזרי המה ולא ירחמו קולם כים
יהמה ועל־סוסים ירכבו ערוך כאיש למלחמה עליך בת־
מג בבל: שמע מלך־בבל את־שמעם ורפו ידיו צרה החזיקתהו
מד חיל כיולדה: הנה כאריה יעלה מגאון הירדן אל־נוה איתן
כי־ארגעה ארוצם מעליה ומי בחור אליה אפקד כי מי כמוני אריצם
מה ומי יועדני ומי־זה רעה אשר יעמד לפני: לכן שמעו עצת־
יהוה אשר יעץ אל־בבל ומחשבותיו אשר חשב אל־ארץ
כשדים אם־לא יסחבום צעירי הצאן אם־לא ישים עליהם
מו נוה: מקול נתפשה בבל נרעשה הארץ וזעקה בגוים
נא א נשמע: כה אמר יהוה הנני מעיר על־בבל
ב ואל־ישבי לב קמי רוח משחית: ושלחתי לבבל זרים וזרוה
ג ויבקקו את־ארצה כי־היו עליה מסביב ביום רעה: אל־ידרך
ידרך הדרך קשתו ואל־יתעל בסרינו ואל־תחמלו אל־
ד בחריה החרימו כל־צבאה: ונפלו חללים בארץ כשדים
ה ומדקרים בחוצותיה: כי לא־אלמן ישראל ויהודה מאלהיו
ו מיהוה צבאות כי ארצם מלאה אשם מקדוש ישראל: נסו
מתוך בבל ומלטו איש נפשו אל־תדמו בעונה כי עת נקמה
ז היא ליהוה גמול הוא משלם לה: כוס־זהב בבל ביד־יהוה
משכרת כל־הארץ מיינה שתו גוים על־כן יתהללו גוים:

ח פִּתְאֹם נָפְלָה בָבֶל וַתִּשָּׁבֵר הֵילִילוּ עָלֶיהָ קְחוּ צֳרִי לְמַכְאוֹבָהּ
ט אוּלַי תֵּרָפֵא׃ רִפִּאנוּ אֶת־בָּבֶל וְלֹא נִרְפָּתָה עִזְבוּהָ וְנֵלֵךְ אִישׁ
לְאַרְצוֹ כִּי־נָגַע אֶל־הַשָּׁמַיִם מִשְׁפָּטָהּ וְנִשָּׂא עַד־שְׁחָקִים׃
י הוֹצִיא יְהוָה אֶת־צִדְקֹתֵינוּ בֹּאוּ וּנְסַפְּרָה בְצִיּוֹן אֶת־מַעֲשֵׂה ל
יא יְהוָה אֱלֹהֵינוּ׃ הָבֵרוּ הַחִצִּים מִלְאוּ הַשְּׁלָטִים הֵעִיר יְהוָה אֶת־
רוּחַ מַלְכֵי מָדַי כִּי־עַל־בָּבֶל מְזִמָּתוֹ לְהַשְׁחִיתָהּ כִּי־נִקְמַת
יב יְהוָה הִיא נִקְמַת הֵיכָלוֹ׃ אֶל־חוֹמֹת בָּבֶל שְׂאוּ־נֵס הַחֲזִיקוּ
הַמִּשְׁמָר הָקִימוּ שֹׁמְרִים הָכִינוּ הָאֹרְבִים כִּי גַּם־זָמַם יְהוָה
יג גַּם־עָשָׂה אֵת אֲשֶׁר־דִּבֶּר אֶל־יֹשְׁבֵי בָבֶל׃ שֹׁכַנְתְּי עַל־מַיִם שֹׁכַנְתְּ
יד רַבִּים רַבַּת אוֹצָרֹת בָּא קִצֵּךְ אַמַּת בִּצְעֵךְ׃ נִשְׁבַּע יְהוָה
צְבָאוֹת בְּנַפְשׁוֹ כִּי אִם־מִלֵּאתִיךְ אָדָם כַּיֶּלֶק וְעָנוּ עָלַיִךְ
טו הֵידָד׃ עֹשֵׂה אֶרֶץ בְּכֹחוֹ מֵכִין תֵּבֵל בְּחָכְמָתוֹ
טז וּבִתְבוּנָתוֹ נָטָה שָׁמָיִם׃ לְקוֹל תִּתּוֹ הֲמוֹן מַיִם בַּשָּׁמַיִם
וַיַּעַל נְשִׂאִים מִקְצֵה־אָרֶץ בְּרָקִים לַמָּטָר עָשָׂה וַיֹּצֵא רוּחַ
יז מֵאֹצְרֹתָיו׃ נִבְעַר כָּל־אָדָם מִדַּעַת הֹבִישׁ כָּל־צֹרֵף מִפָּסֶל כִּי
יח שֶׁקֶר נִסְכּוֹ וְלֹא־רוּחַ בָּם׃ הֶבֶל הֵמָּה מַעֲשֵׂה תַּעְתֻּעִים בְּעֵת
יט פְּקֻדָּתָם יֹאבֵדוּ׃ לֹא־כְאֵלֶּה חֵלֶק יַעֲקוֹב כִּי־יוֹצֵר הַכֹּל הוּא
כ וְשֵׁבֶט נַחֲלָתוֹ יְהוָה צְבָאוֹת שְׁמוֹ׃ מַפֵּץ־אַתָּה לִי
כא כְּלֵי מִלְחָמָה וְנִפַּצְתִּי בְךָ גּוֹיִם וְהִשְׁחַתִּי בְךָ מַמְלָכוֹת׃ וְנִפַּצְתִּי
כב בְךָ סוּס וְרֹכְבוֹ וְנִפַּצְתִּי בְךָ רֶכֶב וְרֹכְבוֹ׃ וְנִפַּצְתִּי בְךָ אִישׁ וְאִשָּׁה
כג וְנִפַּצְתִּי בְךָ זָקֵן וָנָעַר וְנִפַּצְתִּי בְךָ בָּחוּר וּבְתוּלָה׃ וְנִפַּצְתִּי בְךָ
רֹעֶה וְעֶדְרוֹ וְנִפַּצְתִּי בְךָ אִכָּר וְצִמְדּוֹ וְנִפַּצְתִּי בְךָ פַּחוֹת וּסְגָנִים׃
כד וְשִׁלַּמְתִּי לְבָבֶל וּלְכֹל ׀ יוֹשְׁבֵי כַשְׂדִּים אֵת כָּל־רָעָתָם אֲשֶׁר־
כה עָשׂוּ בְצִיּוֹן לְעֵינֵיכֶם נְאֻם יְהוָה׃ הִנְנִי אֵלֶיךָ הַר
הַמַּשְׁחִית נְאֻם־יְהוָה הַמַּשְׁחִית אֶת־כָּל־הָאָרֶץ וְנָטִיתִי אֶת־
כו יָדִי עָלֶיךָ וְגִלְגַּלְתִּיךָ מִן־הַסְּלָעִים וּנְתַתִּיךָ לְהַר שְׂרֵפָה׃ וְלֹא־
יִקְחוּ מִמְּךָ אֶבֶן לְפִנָּה וְאֶבֶן לְמוֹסָדוֹת כִּי־שִׁמְמוֹת עוֹלָם תִּהְיֶה

כז נאם־יהוה: שאו־נס בארץ תקעו שופר בגוים קדשו עליה
גוים השמיעו עליה ממלכות אררט מני ואשכנז פקדו עליה
כח טפסר העלו־סוס כילק סמר: קדשו עליה גוים את־מלכי
מדי את־פחותיה ואת־כל־סגניה ואת כל־ארץ ממשלתו:
כט ותרעש הארץ ותחל כי קמה על־בבל מחשבות יהוה
ל לשום את־ארץ בבל לשמה מאין יושב: חדלו גבורי בבל
להלחם ישבו במצדות נשתה גבורתם היו לנשים הציתו
לא משכנתיה נשברו בריחיה: רץ לקראת־רץ ירוץ ומגיד
לקראת מגיד להגיד למלך בבל כי־נלכדה עירו מקצה:
לב והמעברות נתפשו ואת־האגמים שרפו באש ואנשי המלחמה
לג נבהלו: כי כה אמר יהוה צבאות אלהי ישראל
בת־בבל כגרן עת הדריכה עוד מעט ובאה עת־הקציר
לד לה: אכלנו הממנו נבוכדראצר מלך בבל הציגנו כלי ריק
לה בלענו כתנין מלא כרשו מעדני הדיחנו: חמסי ושארי
על־בבל תאמר ישבת ציון ודמי אל־ישבי כשדים תאמר
לו ירושלם: לכן כה אמר יהוה הנני־רב את־
ריבך ונקמתי את־נקמתך והחרבתי את־ימה והובשתי
לז את־מקורה: והיתה בבל ׀ לגלים ׀ מעון־תנים שמה ושרקה
לח לט מאין יושב: יחדו ככפרים ישאגו נערו כגורי אריות: בחמם
אשית את־משתיהם והשכרתים למען יעלזו וישנו שנת־
מ עולם ולא יקיצו נאם יהוה: אורידם ככרים לטבוח כאילים
מא עם־עתודים: איך נלכדה ששך ותתפש תהלת כל־הארץ
מב איך היתה לשמה בבל בגוים: עלה על־בבל הים בהמון
מג גליו נכסתה: היו עריה לשמה ארץ ציה וערבה ארץ לא־
מד ישב בהן כל־איש ולא־יעבר בהן בן־אדם: ופקדתי על־בל
בבבל והצאתי את־בלעו מפיו ולא־ינהרו אליו עוד גוים גם־
מה חומת בבל נפלה: צאו מתוכה עמי ומלטו איש את־נפשו

אכלני הממני
הציגני
בלעני | הדיחני

מו מֵחֲרוֹן אַף־יְהוָה׃ וּפֶן־יֵרַךְ לְבַבְכֶם וְתִירְאוּ בַּשְּׁמוּעָה
הַנִּשְׁמַעַת בָּאָרֶץ וּבָא בַשָּׁנָה הַשְּׁמוּעָה וְאַחֲרָיו בַּשָּׁנָה
מז הַשְּׁמוּעָה וְחָמָס בָּאָרֶץ מֹשֵׁל עַל־מֹשֵׁל׃ לָכֵן הִנֵּה יָמִים
בָּאִים וּפָקַדְתִּי עַל־פְּסִילֵי בָבֶל וְכָל־אַרְצָהּ תֵּבוֹשׁ וְכָל־חֲלָלֶיהָ
מח יִפְּלוּ בְתוֹכָהּ׃ וְרִנְּנוּ עַל־בָּבֶל שָׁמַיִם וָאָרֶץ וְכֹל אֲשֶׁר בָּהֶם כִּי
מט מִצָּפוֹן יָבוֹא־לָהּ הַשּׁוֹדְדִים נְאֻם־יְהוָה׃ גַּם־בָּבֶל לִנְפֹּל חַלְלֵי
נ יִשְׂרָאֵל גַּם־לְבָבֶל נָפְלוּ חַלְלֵי כָל־הָאָרֶץ׃ פְּלֵטִים מֵחֶרֶב הִלְכוּ
אַל־תַּעֲמֹדוּ זִכְרוּ מֵרָחוֹק אֶת־יְהוָה וִירוּשָׁלַםִ תַּעֲלֶה עַל־
נא לְבַבְכֶם׃ בֹּשְׁנוּ כִּי־שָׁמַעְנוּ חֶרְפָּה כִּסְּתָה כְלִמָּה פָּנֵינוּ כִּי בָּאוּ
נב זָרִים עַל־מִקְדְּשֵׁי בֵּית יְהוָה׃ לָכֵן הִנֵּה־יָמִים
בָּאִים נְאֻם־יְהוָה וּפָקַדְתִּי עַל־פְּסִילֶיהָ וּבְכָל־אַרְצָהּ יֶאֱנֹק
נג חָלָל׃ כִּי־תַעֲלֶה בָבֶל הַשָּׁמַיִם וְכִי תְבַצֵּר מְרוֹם עֻזָּהּ מֵאִתִּי
נד יָבֹאוּ שֹׁדְדִים לָהּ נְאֻם־יְהוָה׃ קוֹל זְעָקָה מִבָּבֶל וְשֶׁבֶר גָּדוֹל
נה מֵאֶרֶץ כַּשְׂדִּים׃ כִּי־שֹׁדֵד יְהוָה אֶת־בָּבֶל וְאִבַּד מִמֶּנָּה קוֹל
נו גָּדוֹל וְהָמוּ גַלֵּיהֶם כְּמַיִם רַבִּים נִתַּן שְׁאוֹן קוֹלָם׃ כִּי בָא
עָלֶיהָ עַל־בָּבֶל שׁוֹדֵד וְנִלְכְּדוּ גִּבּוֹרֶיהָ חִתְּתָה קַשְּׁתוֹתָם כִּי
נז אֵל גְּמֻלוֹת יְהוָה שַׁלֵּם יְשַׁלֵּם׃ וְהִשְׁכַּרְתִּי שָׂרֶיהָ וַחֲכָמֶיהָ
פַּחוֹתֶיהָ וּסְגָנֶיהָ וְגִבּוֹרֶיהָ וְיָשְׁנוּ שְׁנַת־עוֹלָם וְלֹא יָקִיצוּ נְאֻם־
נח הַמֶּלֶךְ יְהוָה צְבָאוֹת שְׁמוֹ׃ כֹּה־אָמַר יְהוָה
צְבָאוֹת חֹמוֹת בָּבֶל הָרְחָבָה עַרְעֵר תִּתְעַרְעָר וּשְׁעָרֶיהָ
הַגְּבֹהִים בָּאֵשׁ יִצַּתּוּ וְיִגְעוּ עַמִּים בְּדֵי־רִיק וּלְאֻמִּים בְּדֵי־אֵשׁ
נט וְיָעֵפוּ׃ הַדָּבָר אֲשֶׁר־צִוָּה ׀ יִרְמְיָהוּ הַנָּבִיא אֶת־ לא
שְׂרָיָה בֶן־נֵרִיָּה בֶּן־מַחְסֵיָה בְּלֶכְתּוֹ אֶת־צִדְקִיָּהוּ מֶלֶךְ־יְהוּדָה
ס בָּבֶל בִּשְׁנַת הָרְבִעִית לְמָלְכוֹ וּשְׂרָיָה שַׂר־מְנוּחָה׃ וַיִּכְתֹּב
יִרְמְיָהוּ אֵת כָּל־הָרָעָה אֲשֶׁר־תָּבוֹא אֶל־בָּבֶל אֶל־סֵפֶר אֶחָד
סא אֵת כָּל־הַדְּבָרִים הָאֵלֶּה הַכְּתֻבִים אֶל־בָּבֶל׃ וַיֹּאמֶר יִרְמְיָהוּ
אֶל־שְׂרָיָה כְּבֹאֲךָ בָבֶל וְרָאִיתָ וְקָרָאתָ אֵת כָּל־הַדְּבָרִים

סב האלה: ואמרת יהוה אתה דברת אל־המקום הזה להכריתו
לבלתי היות־בו יושב למאדם ועד־בהמה כי־שממות עולם
סג תהיה: והיה ככלתך לקרא את־הספר הזה תקשר עליו אבן
סד והשלכתו אל־תוך פרת: ואמרת ככה תשקע בבל ולא־
תקום מפני הרעה אשר אנכי מביא עליה ויעפו עד־הנה
נב א דברי ירמיהו: בן־עשרים ואחת שנה צדקיהו
במלכו ואחת עשרה שנה מלך בירושלם ושם אמו
ב חמיטל בת־ירמיהו מלבנה: ויעש הרע בעיני יהוה ככל (חמוטל)
ג אשר־עשה יהויקים: כי ׀ על־אף יהוה היתה בירושלם
ויהודה עד־השליכו אותם מעל פניו וימרד צדקיהו במלך
ד בבל: ויהי בשנה התשעית למלכו בחדש
העשירי בעשור לחדש בא נבוכדראצר מלך־בבל הוא
וכל־חילו על־ירושלם ויחנו עליה ויבנו עליה דיק סביב:
ה ותבא העיר במצור עד עשתי עשרה שנה למלך צדקיהו:
ו בחדש הרביעי בתשעה לחדש ויחזק הרעב בעיר ולא־היה
ז לחם לעם הארץ: ותבקע העיר וכל־אנשי המלחמה יברחו
ויצאו מהעיר לילה דרך שער בין־החמתים אשר על־גן
ח המלך וכשדים על־העיר סביב וילכו דרך הערבה: וירדפו
חיל־כשדים אחרי המלך וישיגו את־צדקיהו בערבת ירחו
ט וכל־חילו נפצו מעליו: ויתפשו את־המלך ויעלו אתו אל־
י מלך בבל רבלתה בארץ חמת וידבר אתו משפטים: וישחט
מלך־בבל את־בני צדקיהו לעיניו וגם את־כל־שרי יהודה
יא שחט ברבלתה: ואת־עיני צדקיהו עור ויאסרהו בנחשתים
ויבאהו מלך־בבל בבלה ויתנהו בבית־הפקדת עד־יום (בית־)
יב מותו: ובחדש החמישי בעשור לחדש היא
שנת תשע־עשרה שנה למלך נבוכדראצר מלך־בבל בא
יג נבוזראדן רב־טבחים עמד לפני מלך־בבל בירושלם: וישרף

את־בית־יהוה ואת־בית המלך ואת כל־בתי ירושלם ואת־
יד כל־בית הגדול שרף באש: ואת־כל־חמות ירושלם סביב
טו נתצו כל־חיל כשדים אשר את־רב־טבחים: ומדלות העם
ואת־יתר העם ׀ הנשארים בעיר ואת־הנפלים אשר נפלו
אל־מלך בבל ואת יתר האמון הגלה נבוזראדן רב־טבחים:
טז ומדלות הארץ השאיר נבוזראדן רב־טבחים לכרמים
יז וליגבים: ואת־עמודי הנחשת אשר לבית־יהוה ואת־
המכנות ואת־ים הנחשת אשר בבית־יהוה שברו כשדים
יח וישאו את־כל־נחשתם בבלה: ואת־הסרות ואת־היעים ואת־
המזמרות ואת־המזרקת ואת־הכפות ואת כל־כלי הנחשת
יט אשר־ישרתו בהם לקחו: ואת־הספים ואת־המחתות ואת־
המזרקות ואת־הסירות ואת־המנרות ואת־הכפות ואת־
המנקיות אשר זהב זהב ואשר־כסף כסף לקח רב־טבחים:
כ העמודים ׀ שנים הים אחד והבקר שנים־עשר נחשת אשר־
תחת המכנות אשר עשה המלך שלמה לבית יהוה לא־היה
כא משקל לנחשתם כל־הכלים האלה: והעמודים שמנה עשרה
אמה קומה העמד האחד וחוט שתים־עשרה אמה יסבנו קומת
כב ועביו ארבע אצבעות נבוב: וכתרת עליו נחשת וקמת
הכתרת האחת חמש אמות ושבכה ורמונים על־הכותרת
כג סביב הכל נחשת וכאלה לעמוד השני ורמונים: ויהיו הרמנים
תשעים וששה רוחה כל־הרמונים מאה על־השבכה סביב:
כד ויקח רב־טבחים את־שריה כהן הראש ואת־צפניה כהן
כה המשנה ואת־שלשת שמרי הסף: ומן־העיר לקח סריס
אחד אשר־היה פקיד ׀ על־אנשי המלחמה ושבעה אנשים
מראי פני־המלך אשר נמצאו בעיר ואת ספר שר הצבא
המצבא את־עם הארץ וששים איש מעם הארץ הנמצאים
כו בתוך העיר: ויקח אותם נבוזראדן רב־טבחים וילך אותם

כז אל־מלך בבל רבלתה: ויכה אותם מלך בבל וימתם ברבלה
כח בארץ חמת ויגל יהודה מעל אדמתו: זה העם אשר הגלה
נבוכדראצר בשנת־שבע יהודים שלשת אלפים ועשרים
כט ושלשה: בשנת שמונה עשרה לנבוכדראצר מירושלם
ל נפש שמנה מאות שלשים ושנים: בשנת שלש ועשרים
לנבוכדראצר הגלה נבוזראדן רב־טבחים יהודים נפש שבע
מאות ארבעים וחמשה כל־נפש ארבעת אלפים ושש
לא מאות: ויהי בשלשים ושבע שנה לגלות יהויכן
מלך־יהודה בשנים עשר חדש בעשרים וחמשה לחדש נשא
אויל מרדך מלך בבל בשנת מלכתו את־ראש יהויכין מלך־
לב יהודה ויצא אתו מבית הכליא: וידבר אתו טבות ויתן את־ הכלוא
לג כסאו ממעל לכסא מלכים אשר אתו בבבל: ושנה את בגדי המלכים
לד כלאו ואכל לחם לפניו תמיד כל־ימי חיו: וארחתו ארחת
תמיד נתנה־לו מאת מלך־בבל דבר־יום ביומו עד־יום
מותו כל ימי חייו:

יחזקאל

א וַיְהִי ׀ בִּשְׁלֹשִׁים שָׁנָה בָּרְבִיעִי בַּחֲמִשָּׁה לַחֹדֶשׁ וַאֲנִי בְתוֹךְ־ א
הַגּוֹלָה עַל־נְהַר־כְּבָר נִפְתְּחוּ הַשָּׁמַיִם וָאֶרְאֶה מַרְאוֹת אֱלֹהִים׃
ב בַּחֲמִשָּׁה לַחֹדֶשׁ הִיא הַשָּׁנָה הַחֲמִישִׁית לְגָלוּת הַמֶּלֶךְ יוֹיָכִין׃
ג הָיֹה הָיָה דְבַר־יְהוָה אֶל־יְחֶזְקֵאל בֶּן־בּוּזִי הַכֹּהֵן בְּאֶרֶץ כַּשְׂדִּים
ד עַל־נְהַר־כְּבָר וַתְּהִי עָלָיו שָׁם יַד־יְהוָה׃ וָאֵרֶא וְהִנֵּה רוּחַ סְעָרָה
בָּאָה מִן־הַצָּפוֹן עָנָן גָּדוֹל וְאֵשׁ מִתְלַקַּחַת וְנֹגַהּ לוֹ סָבִיב
ה וּמִתּוֹכָהּ כְּעֵין הַחַשְׁמַל מִתּוֹךְ הָאֵשׁ׃ וּמִתּוֹכָהּ דְּמוּת אַרְבַּע
ו חַיּוֹת וְזֶה מַרְאֵיהֶן דְּמוּת אָדָם לָהֵנָּה׃ וְאַרְבָּעָה פָנִים לְאֶחָת
ז וְאַרְבַּע כְּנָפַיִם לְאַחַת לָהֶם׃ וְרַגְלֵיהֶם רֶגֶל יְשָׁרָה וְכַף רַגְלֵיהֶם
ח כְּכַף רֶגֶל עֵגֶל וְנֹצְצִים כְּעֵין נְחֹשֶׁת קָלָל׃ וידו אָדָם מִתַּחַת וִידֵי
כַּנְפֵיהֶם עַל אַרְבַּעַת רִבְעֵיהֶם וּפְנֵיהֶם וְכַנְפֵיהֶם לְאַרְבַּעְתָּם׃
ט חֹבְרֹת אִשָּׁה אֶל־אֲחוֹתָהּ כַּנְפֵיהֶם לֹא־יִסַּבּוּ בְלֶכְתָּן אִישׁ אֶל־
י עֵבֶר פָּנָיו יֵלֵכוּ׃ וּדְמוּת פְּנֵיהֶם פְּנֵי אָדָם וּפְנֵי אַרְיֵה אֶל־הַיָּמִין
לְאַרְבַּעְתָּם וּפְנֵי־שׁוֹר מֵהַשְּׂמֹאול לְאַרְבַּעְתָּן וּפְנֵי־נֶשֶׁר
יא לְאַרְבַּעְתָּן׃ וּפְנֵיהֶם וְכַנְפֵיהֶם פְּרֻדוֹת מִלְמָעְלָה לְאִישׁ שְׁתַּיִם
יב חֹבְרוֹת אִישׁ וּשְׁתַּיִם מְכַסּוֹת אֵת גְּוִיֹּתֵיהֶנָה׃ וְאִישׁ אֶל־עֵבֶר
פָּנָיו יֵלֵכוּ אֶל אֲשֶׁר יִהְיֶה־שָּׁמָּה הָרוּחַ לָלֶכֶת יֵלֵכוּ לֹא יִסַּבּוּ
יג בְּלֶכְתָּן׃ וּדְמוּת הַחַיּוֹת מַרְאֵיהֶם כְּגַחֲלֵי־אֵשׁ בֹּעֲרוֹת כְּמַרְאֵה
הַלַּפִּדִים הִיא מִתְהַלֶּכֶת בֵּין הַחַיּוֹת וְנֹגַהּ לָאֵשׁ וּמִן־הָאֵשׁ
יד טו יוֹצֵא בָרָק׃ וְהַחַיּוֹת רָצוֹא וָשׁוֹב כְּמַרְאֵה הַבָּזָק׃ וָאֵרֶא הַחַיּוֹת
טז וְהִנֵּה אוֹפַן אֶחָד בָּאָרֶץ אֵצֶל הַחַיּוֹת לְאַרְבַּעַת פָּנָיו׃ מַרְאֵה
הָאוֹפַנִּים וּמַעֲשֵׂיהֶם כְּעֵין תַּרְשִׁישׁ וּדְמוּת אֶחָד לְאַרְבַּעְתָּן
יז וּמַרְאֵיהֶם וּמַעֲשֵׂיהֶם כַּאֲשֶׁר יִהְיֶה הָאוֹפַן בְּתוֹךְ הָאוֹפָן׃ עַל־
יח אַרְבַּעַת רִבְעֵיהֶן בְּלֶכְתָּם יֵלֵכוּ לֹא יִסַּבּוּ בְּלֶכְתָּן׃ וְגַבֵּיהֶן וְגֹבַהּ
לָהֶם וְיִרְאָה לָהֶם וְגַבֹּתָם מְלֵאֹת עֵינַיִם סָבִיב לְאַרְבַּעְתָּן׃
יט וּבְלֶכֶת הַחַיּוֹת יֵלְכוּ הָאוֹפַנִּים אֶצְלָם וּבְהִנָּשֵׂא הַחַיּוֹת מֵעַל
כ הָאָרֶץ יִנָּשְׂאוּ הָאוֹפַנִּים׃ עַל אֲשֶׁר יִהְיֶה־שָּׁם הָרוּחַ לָלֶכֶת

יֵלֵכוּ שָׁמָּה הָרוּחַ לָלֶכֶת וְהָאוֹפַנִּים יִנָּשְׂאוּ לְעֻמָּתָם כִּי רוּחַ הַחַיָּה
כא בָּאוֹפַנִּים׃ בְּלֶכְתָּם יֵלֵכוּ וּבְעָמְדָם יַעֲמֹדוּ וּבְהִנָּשְׂאָם מֵעַל הָאָרֶץ
כב יִנָּשְׂאוּ הָאוֹפַנִּים לְעֻמָּתָם כִּי רוּחַ הַחַיָּה בָּאוֹפַנִּים׃ וּדְמוּת עַל־
רָאשֵׁי הַחַיָּה רָקִיעַ כְּעֵין הַקֶּרַח הַנּוֹרָא נָטוּי עַל־רָאשֵׁיהֶם
כג מִלְמָעְלָה׃ וְתַחַת הָרָקִיעַ כַּנְפֵיהֶם יְשָׁרוֹת אִשָּׁה אֶל־אֲחוֹתָהּ
לְאִישׁ שְׁתַּיִם מְכַסּוֹת לָהֵנָּה וּלְאִישׁ שְׁתַּיִם מְכַסּוֹת לָהֵנָּה אֵת
כד גְּוִיֹּתֵיהֶם׃ וָאֶשְׁמַע אֶת־קוֹל כַּנְפֵיהֶם כְּקוֹל מַיִם רַבִּים כְּקוֹל־
שַׁדַּי בְּלֶכְתָּם קוֹל הֲמֻלָּה כְּקוֹל מַחֲנֶה בְּעָמְדָם תְּרַפֶּינָה
כה כַנְפֵיהֶן׃ וַיְהִי־קוֹל מֵעַל לָרָקִיעַ אֲשֶׁר עַל־רֹאשָׁם בְּעָמְדָם
כו תְּרַפֶּינָה כַנְפֵיהֶן׃ וּמִמַּעַל לָרָקִיעַ אֲשֶׁר עַל־רֹאשָׁם כְּמַרְאֵה
אֶבֶן־סַפִּיר דְּמוּת כִּסֵּא וְעַל דְּמוּת הַכִּסֵּא דְּמוּת כְּמַרְאֵה אָדָם
כז עָלָיו מִלְמָעְלָה׃ וָאֵרֶא ׀ כְּעֵין חַשְׁמַל כְּמַרְאֵה־אֵשׁ בֵּית־לָהּ
סָבִיב מִמַּרְאֵה מָתְנָיו וּלְמָעְלָה וּמִמַּרְאֵה מָתְנָיו וּלְמַטָּה
כח רָאִיתִי כְּמַרְאֵה־אֵשׁ וְנֹגַהּ לוֹ סָבִיב׃ כְּמַרְאֵה הַקֶּשֶׁת אֲשֶׁר
יִהְיֶה בֶעָנָן בְּיוֹם הַגֶּשֶׁם כֵּן מַרְאֵה הַנֹּגַהּ סָבִיב הוּא מַרְאֵה
דְּמוּת כְּבוֹד־יהוה וָאֶרְאֶה וָאֶפֹּל עַל־פָּנַי וָאֶשְׁמַע קוֹל
ב א מְדַבֵּר׃ וַיֹּאמֶר אֵלָי בֶּן־אָדָם עֲמֹד עַל־רַגְלֶיךָ
ב וַאֲדַבֵּר אֹתָךְ׃ וַתָּבֹא בִי רוּחַ כַּאֲשֶׁר דִּבֶּר אֵלַי וַתַּעֲמִדֵנִי
ג עַל־רַגְלָי וָאֶשְׁמַע אֵת מִדַּבֵּר אֵלָי׃ וַיֹּאמֶר
אֵלַי בֶּן־אָדָם שׁוֹלֵחַ אֲנִי אוֹתְךָ אֶל־בְּנֵי יִשְׂרָאֵל אֶל־גּוֹיִם
הַמּוֹרְדִים אֲשֶׁר מָרְדוּ־בִי הֵמָּה וַאֲבוֹתָם פָּשְׁעוּ בִי עַד־עֶצֶם
ד הַיּוֹם הַזֶּה׃ וְהַבָּנִים קְשֵׁי פָנִים וְחִזְקֵי־לֵב אֲנִי שׁוֹלֵחַ אוֹתְךָ
ה אֲלֵיהֶם וְאָמַרְתָּ אֲלֵיהֶם כֹּה אָמַר אֲדֹנָי יהוה׃ וְהֵמָּה אִם־
יִשְׁמְעוּ וְאִם־יֶחְדָּלוּ כִּי בֵּית מְרִי הֵמָּה וְיָדְעוּ כִּי נָבִיא הָיָה
ו בְתוֹכָם׃ וְאַתָּה בֶן־אָדָם אַל־תִּירָא מֵהֶם
וּמִדִּבְרֵיהֶם אַל־תִּירָא כִּי סָרָבִים וְסַלּוֹנִים אוֹתָךְ וְאֶל־עַקְרַבִּים
אַתָּה יוֹשֵׁב מִדִּבְרֵיהֶם אַל־תִּירָא וּמִפְּנֵיהֶם אַל־תֵּחָת כִּי בֵּית

ז מְרִי הֵמָּה: וְדִבַּרְתָּ אֶת־דְּבָרַי אֲלֵיהֶם אִם־יִשְׁמְעוּ וְאִם־יֶחְדָּלוּ
ח כִּי מְרִי הֵמָּה: וְאַתָּה בֶן־אָדָם שְׁמַע אֵת אֲשֶׁר־
אֲנִי מְדַבֵּר אֵלֶיךָ אַל־תְּהִי־מֶרִי כְּבֵית הַמֶּרִי פְּצֵה פִיךָ וֶאֱכֹל
ט אֵת אֲשֶׁר־אֲנִי נֹתֵן אֵלֶיךָ: וָאֶרְאֶה וְהִנֵּה־יָד שְׁלוּחָה אֵלָי וְהִנֵּה־
י בוֹ מְגִלַּת־סֵפֶר: וַיִּפְרֹשׂ אוֹתָהּ לְפָנַי וְהִיא כְתוּבָה פָּנִים וְאָחוֹר
ג א וְכָתוּב אֵלֶיהָ קִנִים וָהֶגֶה וָהִי: וַיֹּאמֶר אֵלַי בֶּן־
אָדָם אֵת אֲשֶׁר־תִּמְצָא אֱכוֹל אֱכוֹל אֶת־הַמְּגִלָּה הַזֹּאת וְלֵךְ
ב דַּבֵּר אֶל־בֵּית יִשְׂרָאֵל: וָאֶפְתַּח אֶת־פִּי וַיַּאֲכִלֵנִי אֵת הַמְּגִלָּה
ג הַזֹּאת: וַיֹּאמֶר אֵלַי בֶּן־אָדָם בִּטְנְךָ תַאֲכֵל וּמֵעֶיךָ תְמַלֵּא אֵת
הַמְּגִלָּה הַזֹּאת אֲשֶׁר אֲנִי נֹתֵן אֵלֶיךָ וָאֹכְלָה וַתְּהִי בְּפִי כִּדְבַשׁ
ד לְמָתוֹק: וַיֹּאמֶר אֵלָי בֶּן־אָדָם לֶךְ־בֹּא אֶל־בֵּית
ה יִשְׂרָאֵל וְדִבַּרְתָּ בִדְבָרַי אֲלֵיהֶם: כִּי לֹא אֶל־עַם עִמְקֵי שָׂפָה
ו וְכִבְדֵי לָשׁוֹן אַתָּה שָׁלוּחַ אֶל־בֵּית יִשְׂרָאֵל: לֹא ׀ אֶל־עַמִּים
רַבִּים עִמְקֵי שָׂפָה וְכִבְדֵי לָשׁוֹן אֲשֶׁר לֹא־תִשְׁמַע דִּבְרֵיהֶם אִם־
ז לֹא אֲלֵיהֶם שְׁלַחְתִּיךָ הֵמָּה יִשְׁמְעוּ אֵלֶיךָ: וּבֵית יִשְׂרָאֵל לֹא
יֹאבוּ לִשְׁמֹעַ אֵלֶיךָ כִּי־אֵינָם אֹבִים לִשְׁמֹעַ אֵלָי כִּי כָּל־בֵּית
ח יִשְׂרָאֵל חִזְקֵי־מֵצַח וּקְשֵׁי־לֵב הֵמָּה: הִנֵּה נָתַתִּי אֶת־פָּנֶיךָ
ט חֲזָקִים לְעֻמַּת פְּנֵיהֶם וְאֶת־מִצְחֲךָ חָזָק לְעֻמַּת מִצְחָם: כְּשָׁמִיר
חָזָק מִצֹּר נָתַתִּי מִצְחֶךָ לֹא־תִירָא אוֹתָם וְלֹא־תֵחַת מִפְּנֵיהֶם
י כִּי בֵּית מְרִי הֵמָּה: וַיֹּאמֶר אֵלָי בֶּן־אָדָם אֶת־
יא כָּל־דְּבָרַי אֲשֶׁר אֲדַבֵּר אֵלֶיךָ קַח בִּלְבָבְךָ וּבְאָזְנֶיךָ שְׁמָע: וְלֵךְ
בֹּא אֶל־הַגּוֹלָה אֶל־בְּנֵי עַמֶּךָ וְדִבַּרְתָּ אֲלֵיהֶם וְאָמַרְתָּ אֲלֵיהֶם
יב כֹּה אָמַר אֲדֹנָי יֱהֹוִה אִם־יִשְׁמְעוּ וְאִם־יֶחְדָּלוּ: וַתִּשָּׂאֵנִי רוּחַ ב
וָאֶשְׁמַע אַחֲרַי קוֹל רַעַשׁ גָּדוֹל בָּרוּךְ כְּבוֹד־יְהוָה מִמְּקוֹמוֹ:
יג וְקוֹל ׀ כַּנְפֵי הַחַיּוֹת מַשִּׁיקוֹת אִשָּׁה אֶל־אֲחוֹתָהּ וְקוֹל הָאוֹפַנִּים
יד לְעֻמָּתָם וְקוֹל רַעַשׁ גָּדוֹל: וְרוּחַ נְשָׂאַתְנִי וַתִּקָּחֵנִי וָאֵלֵךְ מַר
טו בְּחֵמַת רוּחִי וְיַד־יְהוָה עָלַי חָזָקָה: וָאָבוֹא אֶל־הַגּוֹלָה תֵּל אָבִיב

ואשב הישבים אל־נהר־כבר ואשר המה יושבים שם ואשב שם
שבעת ימים משמים בתוכם: ויהי מקצה טז
שבעת ימים ויהי דבר־יהוה אלי לאמר: בן־ יז
אדם צפה נתתיך לבית ישראל ושמעת מפי דבר והזהרת
אותם ממני: באמרי לרשע מות תמות ולא הזהרתו ולא יח
דברת להזהיר רשע מדרכו הרשעה לחיתו הוא רשע בעונו
ימות ודמו מידך אבקש: ואתה כי־הזהרת רשע ולא־שב יט
מרשעו ומדרכו הרשעה הוא בעונו ימות ואתה את־נפשך
הצלת: ובשוב צדיק מצדקו ועשה עול ונתתי כ
מכשול לפניו הוא ימות כי לא הזהרתו בחטאתו ימות ולא
תזכרן צדקתו אשר עשה ודמו מידך אבקש: ואתה כי כא
הזהרתו צדיק לבלתי חטא צדיק והוא לא־חטא חיו יחיה
כי נזהר ואתה את־נפשך הצלת: ותהי עלי כב
שם יד־יהוה ויאמר אלי קום צא אל־הבקעה ושם אדבר
אותך: ואקום ואצא אל־הבקעה והנה־שם כבוד־יהוה עמד כג
ככבוד אשר ראיתי על־נהר־כבר ואפל על־פני: ותבא־בי כד
רוח ותעמדני על־רגלי וידבר אתי ויאמר אלי בא הסגר
בתוך ביתך: ואתה בן־אדם הנה נתנו עליך כה
עבותים ואסרוך בהם ולא תצא בתוכם: ולשונך אדביק אל־ כו
חכך ונאלמת ולא־תהיה להם לאיש מוכיח כי בית מרי
המה: ובדברי אותך אפתח את־פיך ואמרת אליהם כה כז
אמר אדני יהוה השמע ׀ ישמע והחדל ׀ יחדל כי בית מרי
המה: ואתה בן־אדם קח־לך לבנה ונתתה ד א
אותה לפניך וחקות עליה עיר את־ירושלם: ונתתה עליה ב
מצור ובנית עליה דיק ושפכת עליה סללה ונתתה עליה
מחנות ושים־עליה כרים סביב: ואתה קח־לך מחבת ברזל ג
ונתתה אותה קיר ברזל בינך ובין העיר והכינתה את־

פניך אליה והיתה במצור וצרת עליה אות היא לבית
ד ישראל: ואתה שכב על־צדך השמאלי ושמת
את־עון בית־ישראל עליו מספר הימים אשר תשכב עליו
ה תשא את־עונם: ואני נתתי לך את־שני עונם למספר ימים
ו שלש־מאות ותשעים יום ונשאת עון בית־ישראל: וכלית
את־אלה ושכבת על־צדך הימיני שנית ונשאת את־עון הימני
בית־יהודה ארבעים יום יום לשנה יום לשנה נתתיו לך:
ז ואל־מצור ירושלם תכין פניך וזרעך חשופה ונבאת עליה:
ח והנה נתתי עליך עבותים ולא־תהפך מצדך אל־צדך
ט עד־כלותך ימי מצוריך: ואתה קח־לך חטין ושערים
ופול ועדשים ודחן וכסמים ונתתה אותם בכלי אחד
ועשית אותם לך ללחם מספר הימים אשר־אתה ׀ שוכב
י על־צדך שלש־מאות ותשעים יום תאכלנו: ומאכלך
אשר תאכלנו במשקול עשרים שקל ליום מעת עד־עת
יא תאכלנו: ומים במשורה תשתה ששית ההין מעת עד־עת
יב תשתה: ועגת שערים תאכלנה והיא בגללי צאת האדם
יג תעגנה לעיניהם: ויאמר יהוה ככה יאכלו
בני־ישראל את־לחמם טמא בגוים אשר אדיחם שם:
יד ואמר אהה אדני יהוה הנה נפשי לא מטמאה ונבלה
וטרפה לא־אכלתי מנעורי ועד־עתה ולא־בא בפי בשר
טו פגול: ויאמר אלי ראה נתתי לך
את־צפועי הבקר תחת גללי האדם ועשית את־לחמך צפיעי
טז עליהם: ויאמר אלי בן־אדם הנני שבר מטה־
לחם בירושלם ואכלו־לחם במשקל ובדאגה ומים במשורה
יז ובשממון ישתו: למען יחסרו לחם ומים ונשמו איש ואחיו
ה א ונמקו בעונם: ואתה בן־אדם קח־לך ׀ חרב
חדה תער הגלבים תקחנה לך והעברת על־ראשך ועל־זקנך

ה

ולקחת לך מאזני משקל וחלקתם: שלשית באור תבעיר ב
בתוך העיר כמלאת ימי המצור ולקחת את־השלשית
תכה בחרב סביבותיה והשלשית תזרה לרוח וחרב אריק
אחריהם: ולקחת משם מעט במספר וצרת אותם בכנפיך: ג
ומהם עוד תקח והשלכת אותם אל־תוך האש ושרפת אתם ד
באש ממנו תצא־אש אל־כל־בית ישראל: כה ה
אמר אדני יהוה זאת ירושלם בתוך הגוים שמתיה וסביבותיה
ארצות: ותמר את־משפטי לרשעה מן־הגוים ואת־חקותי ו
מן־הארצות אשר סביבותיה כי במשפטי מאסו וחקותי
לא־הלכו בהם: לכן כה־אמר | אדני יהוה יען ז
המנכם מן־הגוים אשר סביבותיכם בחקותי לא הלכתם
ואת־משפטי לא עשיתם וכמשפטי הגוים אשר סביבותיכם
לא עשיתם: לכן כה אמר אדני יהוה הנני עליך ח
גם־אני ועשיתי בתוכך משפטים לעיני הגוים: ועשיתי בך ט
את אשר לא־עשיתי ואת אשר־לא־אעשה כמהו עוד יען
כל־תועבתיך: לכן אבות יאכלו בנים בתוכך י
ובנים יאכלו אבותם ועשיתי בך שפטים וזריתי את־כל־
שאריתך לכל־רוח: לכן חי־אני נאם אדני יהוה אם־לא יען יא
את־מקדשי טמאת בכל־שקוציך ובכל־תועבתיך וגם־אני
אגרע ולא־תחוס עיני וגם־אני לא אחמול: שלשתיך בדבר יב
ימותו וברעב יכלו בתוכך והשלשית בחרב יפלו סביבותיך
והשלישית לכל־רוח אזרה וחרב אריק אחריהם: וכלה אפי יג
והנחותי חמתי בם והנחמתי וידעו כי־אני יהוה דברתי
בקנאתי בכלותי חמתי בם: ואתנך לחרבה ולחרפה בגוים יד
אשר סביבותיך לעיני כל־עובר: והיתה חרפה וגדופה מוסר טו
ומשמה לגוים אשר סביבותיך בעשותי בך שפטים באף
ובחמה ובתכחות חמה אני יהוה דברתי: בשלחי את־חצי טז

הרעב הרעים בהם אשר היו למשחית אשר־אשלח אותם
לשחתכם ורעב אסף עליכם ושברתי לכם מטה־לחם:
יז ושלחתי עליכם רעב וחיה רעה ושכלך ודבר ודם יעבר־בך
ו א וחרב אביא עליך אני יהוה דברתי: ויהי דבר־ ג
ב יהוה אלי לאמר: בן־אדם שים פניך אל־הרי ישראל והנבא
ג אליהם: ואמרת הרי ישראל שמעו דבר־אדני יהוה כה־אמר
אדני יהוה להרים ולגבעות לאפיקים ולגאות הנני אני מביא ולגאיות
ד עליכם חרב ואבדתי במותיכם: ונשמו מזבחותיכם ונשברו
ה חמניכם והפלתי חלליכם לפני גלוליכם: ונתתי את־פגרי
בני ישראל לפני גלוליהם וזריתי את־עצמותיכם סביבות
ו מזבחותיכם: בכל מושבותיכם הערים תחרבנה והבמות
תישמנה למען יחרבו ויאשמו מזבחותיכם ונשברו ונשבתו
ז גלוליכם ונגדעו חמניכם ונמחו מעשיכם: ונפל חלל בתוככם
ח וידעתם כי־אני יהוה: והותרתי בהיות לכם פליטי חרב בגוים
ט בהזרותיכם בארצות: וזכרו פליטיכם אותי בגוים אשר נשבו־
שם אשר נשברתי את־לבם הזונה אשר־סר מעלי ואת
עיניהם הזנות אחרי גלוליהם ונקטו בפניהם אל־הרעות אשר
י עשו לכל תועבתיהם: וידעו כי־אני יהוה לא אל־חנם דברתי
יא לעשות להם הרעה הזאת: כה־אמר אדני יהוה
הכה בכפך ורקע ברגלך ואמר־אח אל כל־תועבות רעות
יב בית ישראל אשר בחרב ברעב ובדבר יפלו: הרחוק בדבר
ימות והקרוב בחרב יפול והנשאר והנצור ברעב ימות וכליתי
יג חמתי בם: וידעתם כי־אני יהוה בהיות חלליהם בתוך
גלוליהם סביבות מזבחותיהם אל כל־גבעה רמה בכל ראשי
ההרים ותחת כל־עץ רענן ותחת כל־אלה עבתה מקום
יד אשר נתנו־שם ריח ניחח לכל גלוליהם: ונטיתי את־ידי
עליהם ונתתי את־הארץ שממה ומשמה ממדבר דבלתה

ז

א בכל מושבותיהם וידעו כי־אני יהוה: ויהי
ב דבר־יהוה אלי לאמר: ואתה בן־אדם כה־אמר אדני יהוה
לאדמת ישראל קץ בא הקץ על־ארבעת כנפות הארץ: ארבע
ג עתה הקץ עליך ושלחתי אפי בך ושפטתיך כדרכיך ונתתי
ד עליך את כל־תועבותיך: ולא־תחוס עיני עליך ולא אחמול
כי דרכיך עליך אתן ותועבותיך בתוכך תהיין וידעתם כי־
ה אני יהוה: כה אמר אדני יהוה רעה אחת רעה
ו ז הנה באה: קץ בא בא הקץ הקיץ אליך הנה באה: באה
הצפירה אליך יושב הארץ בא העת קרוב היום מהומה ולא־
ח הד הרים: עתה מקרוב אשפוך חמתי עליך וכליתי אפי בך
ט ושפטתיך כדרכיך ונתתי עליך את כל־תועבותיך: ולא־
תחוס עיני ולא אחמול כדרכיך עליך אתן ותועבותיך בתוכך
י תהיין וידעתם כי אני יהוה מכה: הנה היום הנה באה יצאה
יא הצפרה צץ המטה פרח הזדון: החמס קם למטה־רשע לא־
יב מהם ולא מהמונם ולא מהמהם ולא־נה בהם: בא העת הגיע
היום הקונה אל־ישמח והמוכר אל־יתאבל כי חרון אל־כל־
יג המונה: כי המוכר אל־הממכר לא ישוב ועוד בחיים חיתם
כי־חזון אל־כל־המונה לא ישוב ואיש בעונו חיתו לא־
יד יתחזקו: תקעו בתקוע והכין הכל ואין הלך למלחמה כי
טו חרוני אל־כל־המונה: החרב בחוץ והדבר והרעב מבית
אשר בשדה בחרב ימות ואשר בעיר רעב ודבר יאכלנו:
טז ופלטו פליטיהם והיו אל־ההרים כיוני הגאיות כלם המות
יז איש בעונו: כל־הידים תרפינה וכל־ברכים תלכנה מים:
יח וחגרו שקים וכסתה אותם פלצות ואל כל־פנים בושה ובכל־
יט ראשיהם קרחה: כספם בחוצות ישליכו וזהבם לנדה יהיה
כספם וזהבם לא־יוכל להצילם ביום עברת יהוה נפשם לא
כ ישבעו ומעיהם לא ימלאו כי־מכשול עונם היה: וצבי עדיו

לִגְאוֹן שָׂמָהוּ וְצַלְמֵי תוֹעֲבֹתָם שִׁקּוּצֵיהֶם עָשׂוּ בוֹ עַל־כֵּן נְתַתִּיו
כא לָהֶם לְנִדָּה׃ וּנְתַתִּיו בְּיַד־הַזָּרִים לָבַז וּלְרִשְׁעֵי הָאָרֶץ לְשָׁלָל
כב וְחִלְּלוּהָ׃ וַהֲסִבּוֹתִי פָנַי מֵהֶם וְחִלְּלוּ אֶת־צְפוּנִי וּבָאוּ־בָהּ פָּרִיצִים
כג וְחִלְּלוּהָ׃ עֲשֵׂה הָרַתּוֹק כִּי הָאָרֶץ מָלְאָה מִשְׁפַּט
כד דָּמִים וְהָעִיר מָלְאָה חָמָס׃ וְהֵבֵאתִי רָעֵי גוֹיִם וְיָרְשׁוּ אֶת־
כה בָּתֵּיהֶם וְהִשְׁבַּתִּי גְּאוֹן עַזִּים וְנִחֲלוּ מְקַדְשֵׁיהֶם׃ קְפָדָה־בָא
כו וּבִקְשׁוּ שָׁלוֹם וָאָיִן׃ הֹוָה עַל־הֹוָה תָּבוֹא וּשְׁמֻעָה אֶל־שְׁמוּעָה
תִּהְיֶה וּבִקְשׁוּ חָזוֹן מִנָּבִיא וְתוֹרָה תֹּאבַד מִכֹּהֵן וְעֵצָה מִזְּקֵנִים׃
כז הַמֶּלֶךְ יִתְאַבָּל וְנָשִׂיא יִלְבַּשׁ שְׁמָמָה וִידֵי עַם־הָאָרֶץ תִּבָּהַלְנָה
מִדַּרְכָּם אֶעֱשֶׂה אוֹתָם וּבְמִשְׁפְּטֵיהֶם אֶשְׁפְּטֵם וְיָדְעוּ כִּי־אֲנִי
ח א יְהוָה׃ וַיְהִי ׀ בַּשָּׁנָה הַשִּׁשִּׁית בַּשִּׁשִּׁי בַּחֲמִשָּׁה ד
לַחֹדֶשׁ אֲנִי יוֹשֵׁב בְּבֵיתִי וְזִקְנֵי יְהוּדָה יוֹשְׁבִים לְפָנָי וַתִּפֹּל
ב עָלַי שָׁם יַד אֲדֹנָי יְהוִה׃ וָאֶרְאֶה וְהִנֵּה דְמוּת כְּמַרְאֵה־אֵשׁ
מִמַּרְאֵה מָתְנָיו וּלְמַטָּה אֵשׁ וּמִמָּתְנָיו וּלְמַעְלָה כְּמַרְאֵה־זֹהַר
ג כְּעֵין הַחַשְׁמַלָה׃ וַיִּשְׁלַח תַּבְנִית יָד וַיִּקָּחֵנִי בְּצִיצִת רֹאשִׁי
וַתִּשָּׂא אֹתִי רוּחַ ׀ בֵּין־הָאָרֶץ וּבֵין הַשָּׁמַיִם וַתָּבֵא אֹתִי
יְרוּשָׁלַמָה בְּמַרְאוֹת אֱלֹהִים אֶל־פֶּתַח שַׁעַר הַפְּנִימִית הַפּוֹנֶה
ד צָפוֹנָה אֲשֶׁר־שָׁם מוֹשַׁב סֵמֶל הַקִּנְאָה הַמַּקְנֶה׃ וְהִנֵּה־שָׁם
ה כְּבוֹד אֱלֹהֵי יִשְׂרָאֵל כַּמַּרְאֶה אֲשֶׁר רָאִיתִי בַּבִּקְעָה׃ וַיֹּאמֶר אֵלַי
בֶּן־אָדָם שָׂא־נָא עֵינֶיךָ דֶּרֶךְ צָפוֹנָה וָאֶשָּׂא עֵינַי דֶּרֶךְ צָפוֹנָה
ו וְהִנֵּה מִצָּפוֹן לְשַׁעַר הַמִּזְבֵּחַ סֵמֶל הַקִּנְאָה הַזֶּה בַּבִּאָה׃ וַיֹּאמֶר
אֵלַי בֶּן־אָדָם הֲרֹאֶה אַתָּה מהם עֹשִׂים תּוֹעֵבוֹת גְּדֹלוֹת אֲשֶׁר מָה הֵם
בֵּית־יִשְׂרָאֵל ׀ עֹשִׂים פֹּה לְרָחֳקָה מֵעַל מִקְדָּשִׁי וְעוֹד תָּשׁוּב
ז תִּרְאֶה תּוֹעֵבוֹת גְּדֹלוֹת׃ וַיָּבֵא אֹתִי אֶל־פֶּתַח הֶחָצֵר וָאֶרְאֶה
ח וְהִנֵּה חֹר־אֶחָד בַּקִּיר׃ וַיֹּאמֶר אֵלַי בֶּן־אָדָם חֲתָר־נָא בַקִּיר
ט וָאֶחְתֹּר בַּקִּיר וְהִנֵּה פֶּתַח אֶחָד׃ וַיֹּאמֶר אֵלַי בֹּא וּרְאֵה אֶת־
י הַתּוֹעֵבוֹת הָרָעוֹת אֲשֶׁר הֵם עֹשִׂים פֹּה׃ וָאָבוֹא וָאֶרְאֶה וְהִנֵּה

כל־תבנית רמש ובהמה שקץ וכל־גלולי בית ישראל מחקה
יא על־הקיר סביב | סביב: ושבעים איש מזקני בית־ישראל
ויאזניהו בן־שפן עמד בתוכם עמדים לפניהם ואיש מקטרתו
יב בידו ועתר ענן־הקטרת עלה: ויאמר אלי הראית בן־אדם
אשר זקני בית־ישראל עשים בחשך איש בחדרי משכיתו כי
יג אמרים אין יהוה ראה אתנו עזב יהוה את־הארץ: ויאמר אלי
יד עוד תשוב תראה תועבות גדלות אשר־המה עשים: ויבא
אתי אל־פתח שער בית־יהוה אשר אל־הצפונה והנה־שם
טו הנשים ישבות מבכות את־התמוז: ויאמר
אלי הראית בן־אדם עוד תשוב תראה תועבות גדלות
טז מאלה: ויבא אתי אל־חצר בית־יהוה הפנימית והנה־פתח
היכל יהוה בין האולם ובין המזבח כעשרים וחמשה איש
אחריהם אל־היכל יהוה ופניהם קדמה והמה משתחויתם
יז קדמה לשמש: ויאמר אלי הראית בן־אדם הנקל לבית
יהודה מעשות את־התועבות אשר עשו־פה כי־מלאו את־
הארץ חמס וישבו להכעיסני והנם שלחים את־הזמורה אל־
יח אפם: וגם־אני אעשה בחמה לא־תחוס עיני ולא אחמל
ט א וקראו באזני קול גדול ולא אשמע אותם: ויקרא באזני קול
ב גדול לאמר קרבו פקדות העיר ואיש כלי משחתו בידו: והנה
ששה אנשים באים | מדרך־שער העליון אשר | מפנה צפונה
ואיש כלי מפצו בידו ואיש־אחד בתוכם לבש בדים וקסת
ג הספר במתניו ויבאו ויעמדו אצל מזבח הנחשת: וכבוד |
אלהי ישראל נעלה מעל הכרוב אשר היה עליו אל מפתן
הבית ויקרא אל־האיש הלבש הבדים אשר קסת הספר
ד במתניו: ויאמר יהוה אלו עבר בתוך העיר
בתוך ירושלם והתוית תו על־מצחות האנשים הנאנחים
ה והנאנקים על כל־התועבות הנעשות בתוכה: ולאלה אמר

באזני עברו בעיר אחריו והכו על־תחס עיניכם ואל־תחמלו: אל־ | עינכם
ו זקן בחור ובתולה וטף ונשים תהרגו למשחית ועל־כל־איש
אשר־עליו התו אל־תגשו וממקדשי תחלו ויחלו באנשים
ז הזקנים אשר לפני הבית: ויאמר אליהם טמאו את־הבית
ח ומלאו את־החצרות חללים צאו ויצאו והכו בעיר: ויהי
כהכותם ונאשאר אני ואפלה על־פני ואזעק ואמר אהה אדני
יהוה המשחית אתה את כל־שארית ישראל בשפכך את־
ט חמתך על־ירושלם: ויאמר אלי עון בית־ישראל ויהודה
גדול במאד מאד ותמלא הארץ דמים והעיר מלאה מטה
י כי אמרו עזב יהוה את־הארץ ואין יהוה ראה: וגם־אני לא־
יא תחוס עיני ולא אחמל דרכם בראשם נתתי: והנה האיש
לבש הבדים אשר הקסת במתניו משיב דבר לאמר עשיתי
י א כאשר צויתני: וארא והנה אל־הרקיע אשר ה ככל אשר
על־ראש הכרבים כאבן ספיר כמראה דמות כסא נראה
ב עליהם: ויאמר אל־האיש לבש הבדים ויאמר בא אל־בינות
לגלגל אל־תחת לכרוב ומלא חפניך גחלי־אש מבינות
ג לכרבים וזרק על־העיר ויבא לעיני: והכרבים עמדים מימין
ד לבית בבאו האיש והענן מלא את־החצר הפנימית: וירם
כבוד־יהוה מעל הכרוב על מפתן הבית וימלא הבית את־
ה הענן והחצר מלאה את־נגה כבוד יהוה: וקול כנפי הכרובים
ו נשמע עד־החצר החיצנה כקול אל־שדי בדברו: ויהי בצותו
את־האיש לבש־הבדים לאמר קח אש מבינות לגלגל
ז מבינות לכרובים ויבא ויעמד אצל האופן: וישלח הכרוב
את־ידו מבינות לכרובים אל־האש אשר בינות הכרבים
ח וישא ויתן אל־חפני לבש הבדים ויקח ויצא: וירא לכרבים
ט תבנית יד־אדם תחת כנפיהם: ואראה והנה ארבעה אופנים
אצל הכרובים אופן אחד אצל הכרוב אחד ואופן אחד אצל

י

הַכְּרוּב אֶחָד וּמַרְאֵה הָאוֹפַנִּים כְּעֵין אֶבֶן תַּרְשִׁישׁ׃ וּמַרְאֵיהֶם י
דְּמוּת אֶחָד לְאַרְבַּעְתָּם כַּאֲשֶׁר יִהְיֶה הָאוֹפַן בְּתוֹךְ הָאוֹפָן׃
יא בְּלֶכְתָּם אֶל־אַרְבַּעַת רִבְעֵיהֶם יֵלֵכוּ לֹא יִסַּבּוּ בְּלֶכְתָּם כִּי
הַמָּקוֹם אֲשֶׁר־יִפְנֶה הָרֹאשׁ אַחֲרָיו יֵלֵכוּ לֹא יִסַּבּוּ בְּלֶכְתָּם׃
יב וְכָל־בְּשָׂרָם וְגַבֵּהֶם וִידֵיהֶם וְכַנְפֵיהֶם וְהָאוֹפַנִּים מְלֵאִים עֵינַיִם
יג סָבִיב לְאַרְבַּעְתָּם אוֹפַנֵּיהֶם׃ לָאוֹפַנִּים לָהֶם קוֹרָא הַגַּלְגַּל בְּאָזְנָי׃
יד וְאַרְבָּעָה פָנִים לְאֶחָד פְּנֵי הָאֶחָד פְּנֵי הַכְּרוּב וּפְנֵי הַשֵּׁנִי פְּנֵי אָדָם
טו וְהַשְּׁלִישִׁי פְּנֵי אַרְיֵה וְהָרְבִיעִי פְּנֵי־נָשֶׁר׃ וַיֵּרֹמּוּ הַכְּרוּבִים הִיא
טז הַחַיָּה אֲשֶׁר רָאִיתִי בִּנְהַר־כְּבָר׃ וּבְלֶכֶת הַכְּרוּבִים יֵלְכוּ
הָאוֹפַנִּים אֶצְלָם וּבִשְׂאֵת הַכְּרוּבִים אֶת־כַּנְפֵיהֶם לָרוּם מֵעַל
יז הָאָרֶץ לֹא־יִסַּבּוּ הָאוֹפַנִּים גַּם־הֵם מֵאֶצְלָם׃ בְּעָמְדָם יַעֲמֹדוּ
יח וּבְרוֹמָם יֵרוֹמּוּ אוֹתָם כִּי רוּחַ הַחַיָּה בָּהֶם׃ וַיֵּצֵא כְּבוֹד יְהוָה
יט מֵעַל מִפְתַּן הַבָּיִת וַיַּעֲמֹד עַל־הַכְּרוּבִים׃ וַיִּשְׂאוּ הַכְּרוּבִים אֶת־
כַּנְפֵיהֶם וַיֵּרוֹמּוּ מִן־הָאָרֶץ לְעֵינַי בְּצֵאתָם וְהָאוֹפַנִּים לְעֻמָּתָם
וַיַּעֲמֹד פֶּתַח שַׁעַר בֵּית־יְהוָה הַקַּדְמוֹנִי וּכְבוֹד אֱלֹהֵי־יִשְׂרָאֵל
כ עֲלֵיהֶם מִלְמָעְלָה׃ הִיא הַחַיָּה אֲשֶׁר רָאִיתִי תַּחַת אֱלֹהֵי־
כא יִשְׂרָאֵל בִּנְהַר־כְּבָר וָאֵדַע כִּי כְרוּבִים הֵמָּה׃ אַרְבָּעָה אַרְבָּעָה
פָנִים לְאֶחָד וְאַרְבַּע כְּנָפַיִם לְאֶחָד וּדְמוּת יְדֵי אָדָם תַּחַת
כב כַּנְפֵיהֶם׃ וּדְמוּת פְּנֵיהֶם הֵמָּה הַפָּנִים אֲשֶׁר רָאִיתִי עַל־נְהַר־
א יא כְּבָר מַרְאֵיהֶם וְאוֹתָם אִישׁ אֶל־עֵבֶר פָּנָיו יֵלֵכוּ׃ וַתִּשָּׂא אֹתִי
רוּחַ וַתָּבֵא אֹתִי אֶל־שַׁעַר בֵּית־יְהוָה הַקַּדְמוֹנִי הַפּוֹנֶה
קָדִימָה וְהִנֵּה בְּפֶתַח הַשַּׁעַר עֶשְׂרִים וַחֲמִשָּׁה אִישׁ וָאֶרְאֶה
בְתוֹכָם אֶת־יַאֲזַנְיָה בֶן־עַזֻּר וְאֶת־פְּלַטְיָהוּ בֶן־בְּנָיָהוּ שָׂרֵי
ב הָעָם׃ וַיֹּאמֶר אֵלָי בֶּן־אָדָם אֵלֶּה הָאֲנָשִׁים הַחֹשְׁבִים
ג אָוֶן וְהַיֹּעֲצִים עֲצַת־רָע בָּעִיר הַזֹּאת׃ הָאֹמְרִים לֹא בְקָרוֹב
ד בְּנוֹת בָּתִּים הִיא הַסִּיר וַאֲנַחְנוּ הַבָּשָׂר׃ לָכֵן הִנָּבֵא
ה עֲלֵיהֶם הִנָּבֵא בֶּן־אָדָם׃ וַתִּפֹּל עָלַי רוּחַ יְהוָה וַיֹּאמֶר אֵלַי אֱמֹר

כה-אמר יהוה כן אמרתם בית ישראל ומעלות רוחכם אני
ו ידעתיה: הרביתם חלליכם בעיר הזאת ומלאתם חוצתיה
ז חלל: לכן כה-אמר אדני יהוה חלליכם אשר
שמתם בתוכה המה הבשר והיא הסיר ואתכם הוציא
ח מתוכה: חרב יראתם וחרב אביא עליכם נאם אדני יהוה:
ט והוצאתי אתכם מתוכה ונתתי אתכם ביד-זרים ועשיתי
י בכם שפטים: בחרב תפלו על-גבול ישראל אשפוט אתכם
יא וידעתם כי-אני יהוה: היא לא-תהיה לכם לסיר ואתם
תהיו בתוכה לבשר אל-גבול ישראל אשפט אתכם:
יב וידעתם כי-אני יהוה אשר בחקי לא הלכתם ומשפטי לא
יג עשיתם וכמשפטי הגוים אשר סביבותיכם עשיתם: ויהי
כהנבאי ופלטיהו בן-בניה מת ואפל על-פני ואזעק | קול
גדול ואמר אהה אדני יהוה כלה אתה עשה את שארית
יד טו ישראל: ויהי דבר-יהוה אלי לאמר: בן-אדם
אחיך אחיך אנשי גאלתך וכל-בית ישראל כלה אשר אמרו
להם ישבי ירושלם רחקו מעל יהוה לנו היא נתנה הארץ
טז למורשה: לכן אמר כה אמר אדני יהוה כי
הרחקתים בגוים וכי הפיצותים בארצות ואהי להם למקדש
יז מעט בארצות אשר-באו שם: לכן אמר כה-
אמר אדני יהוה וקבצתי אתכם מן-העמים ואספתי אתכם
מן-הארצות אשר נפצותם בהם ונתתי לכם את-אדמת
יח ישראל: ובאו-שמה והסירו את-כל-שקוציה ואת-כל-
יט תועבותיה ממנה: ונתתי להם לב אחד ורוח חדשה אתן
בקרבכם והסרתי לב האבן מבשרם ונתתי להם לב בשר:
כ למען בחקתי ילכו ואת-משפטי ישמרו ועשו אתם והיו- ו
כא לי לעם ואני אהיה להם לאלהים: ואל-לב שקוציהם
ותועבותיהם לבם הלך דרכם בראשם נתתי נאם אדני יהוה:

כב וישאו הכרובים את־כנפיהם והאופנים לעמתם וכבוד
כג אלהי־ישראל עליהם מלמעלה: ויעל כבוד יהוה מעל תוך
כד העיר ויעמד על־ההר אשר מקדם לעיר: ורוח נשאתני
ותבאני כשדימה אל־הגולה במראה ברוח אלהים ויעל
כה מעלי המראה אשר ראיתי: ואדבר אל־הגולה את כל־דברי
יב א יהוה אשר הראני: ויהי דבר־יהוה אלי לאמר:
ב בן־אדם בתוך בית־המרי אתה ישב אשר עינים להם
לראות ולא ראו אזנים להם לשמע ולא שמעו כי בית מרי
ג הם: ואתה בן־אדם עשה לך כלי גולה וגלה
יומם לעיניהם וגלית ממקומך אל־מקום אחר לעיניהם אולי
ד יראו כי בית מרי המה: והוצאת כליך ככלי גולה יומם
ה לעיניהם ואתה תצא בערב לעיניהם כמוצאי גולה: לעיניהם
ו חתר־לך בקיר והוצאת בו: לעיניהם על־כתף תשא בעלטה
תוציא פניך תכסה ולא תראה את־הארץ כי־מופת נתתיך
ז לבית ישראל: ואעש כן כאשר צויתי כלי הוצאתי ככלי
גולה יומם ובערב חתרתי־לי בקיר ביד בעלטה הוצאתי
ח על־כתף נשאתי לעיניהם: ויהי דבר־יהוה
ט אלי בבקר לאמר: בן־אדם הלא אמרו אליך בית ישראל
י בית המרי מה אתה עשה: אמר אליהם כה אמר אדני יהוה
הנשיא המשא הזה בירושלם וכל־בית ישראל אשר־המה
יא בתוכם: אמר אני מופתכם כאשר עשיתי כן יעשה להם
יב בגולה בשבי ילכו: והנשיא אשר־בתוכם אל־כתף ישא
בעלטה ויצא בקיר יחתרו להוציא בו פניו יכסה יען אשר
יג לא־יראה לעין הוא את־הארץ: ופרשתי את־רשתי עליו
ונתפש במצודתי והבאתי אתו בבלה ארץ כשדים ואותה
יד לא־יראה ושם ימות: וכל אשר סביבתיו עזרה וכל־אגפיו
טו אזרה לכל־רוח וחרב אריק אחריהם: וידעו כי־אני יהוה

טו בַּהֲפִיצִי אוֹתָם בַּגּוֹיִם וְזֵרִיתִי אוֹתָם בָּאֲרָצוֹת׃ וְהוֹתַרְתִּי
מֵהֶם אַנְשֵׁי מִסְפָּר מֵחֶרֶב מֵרָעָב וּמִדָּבֶר לְמַעַן יְסַפְּרוּ
אֶת־כָּל־תּוֹעֲבוֹתֵיהֶם בַּגּוֹיִם אֲשֶׁר־בָּאוּ שָׁם וְיָדְעוּ כִּי־אֲנִי
יז יח יְהוָה׃ וַיְהִי דְבַר־יְהוָה אֵלַי לֵאמֹר׃ בֶּן־אָדָם
יט לַחְמְךָ בְּרַעַשׁ תֹּאכֵל וּמֵימֶיךָ בְּרָגְזָה וּבִדְאָגָה תִּשְׁתֶּה׃ וְאָמַרְתָּ
אֶל־עַם הָאָרֶץ כֹּה־אָמַר אֲדֹנָי יְהוִה לְיוֹשְׁבֵי יְרוּשָׁלִַם אֶל־
אַדְמַת יִשְׂרָאֵל לַחְמָם בִּדְאָגָה יֹאכֵלוּ וּמֵימֵיהֶם בְּשִׁמָּמוֹן יִשְׁתּוּ
כ לְמַעַן תֵּשַׁם אַרְצָהּ מִמְּלֹאָהּ מֵחֲמַס כָּל־הַיֹּשְׁבִים בָּהּ׃ וְהֶעָרִים
הַנּוֹשָׁבוֹת תֶּחֱרַבְנָה וְהָאָרֶץ שְׁמָמָה תִהְיֶה וִידַעְתֶּם כִּי־אֲנִי
כא כב יְהוָה׃ וַיְהִי דְבַר־יְהוָה אֵלַי לֵאמֹר׃ בֶּן־אָדָם
מָה־הַמָּשָׁל הַזֶּה לָכֶם עַל־אַדְמַת יִשְׂרָאֵל לֵאמֹר יַאַרְכוּ
כג הַיָּמִים וְאָבַד כָּל־חָזוֹן׃ לָכֵן אֱמֹר אֲלֵיהֶם כֹּה־אָמַר אֲדֹנָי יְהוִה
הִשְׁבַּתִּי אֶת־הַמָּשָׁל הַזֶּה וְלֹא־יִמְשְׁלוּ אֹתוֹ עוֹד בְּיִשְׂרָאֵל כִּי
כד אִם־דַּבֵּר אֲלֵיהֶם קָרְבוּ הַיָּמִים וּדְבַר כָּל־חָזוֹן׃ כִּי לֹא יִהְיֶה
כה עוֹד כָּל־חֲזוֹן שָׁוְא וּמִקְסַם חָלָק בְּתוֹךְ בֵּית יִשְׂרָאֵל׃ כִּי ׀ אֲנִי
יְהוָה אֲדַבֵּר אֵת אֲשֶׁר אֲדַבֵּר דָּבָר וְיֵעָשֶׂה לֹא תִמָּשֵׁךְ עוֹד
כִּי בִימֵיכֶם בֵּית הַמֶּרִי אֲדַבֵּר דָּבָר וַעֲשִׂיתִיו נְאֻם אֲדֹנָי
כו כז יְהוִה׃ וַיְהִי דְבַר־יְהוָה אֵלַי לֵאמֹר׃ בֶּן־אָדָם
הִנֵּה בֵית־יִשְׂרָאֵל אֹמְרִים הֶחָזוֹן אֲשֶׁר־הוּא חֹזֶה לְיָמִים רַבִּים
כח וּלְעִתִּים רְחוֹקוֹת הוּא נִבָּא׃ לָכֵן אֱמֹר אֲלֵיהֶם
כֹּה אָמַר אֲדֹנָי יְהוִה לֹא־תִמָּשֵׁךְ עוֹד כָּל־דְּבָרָי אֲשֶׁר אֲדַבֵּר
יג א דָּבָר וְיֵעָשֶׂה נְאֻם אֲדֹנָי יְהוִה׃ וַיְהִי דְבַר־יְהוָה
ב אֵלַי לֵאמֹר׃ בֶּן־אָדָם הִנָּבֵא אֶל־נְבִיאֵי יִשְׂרָאֵל הַנִּבָּאִים
ג וְאָמַרְתָּ לִנְבִיאֵי מִלִּבָּם שִׁמְעוּ דְּבַר־יְהוָה׃ כֹּה אָמַר אֲדֹנָי
יְהוִה הוֹי עַל־הַנְּבִיאִים הַנְּבָלִים אֲשֶׁר הֹלְכִים אַחַר רוּחָם
ד ה וּלְבִלְתִּי רָאוּ׃ כְּשֻׁעָלִים בָּחֳרָבוֹת נְבִיאֶיךָ יִשְׂרָאֵל הָיוּ׃ לֹא
עֲלִיתֶם בַּפְּרָצוֹת וַתִּגְדְּרוּ גָדֵר עַל־בֵּית יִשְׂרָאֵל לַעֲמֹד

ו במלחמה ביום יהוה: חזו שוא וקסם כזב האמרים נאם־
ז יהוה ויהוה לא שלחם ויחלו לקים דבר: הלוא מחזה־שוא
חזיתם ומקסם כזב אמרתם ואמרים נאם־יהוה ואני לא
ח דברתי: לכן כה אמר אדני יהוה יען דברכם
ט שוא וחזיתם כזב לכן הנני אליכם נאם אדני יהוה: והיתה
ידי אל־הנביאים החזים שוא והקסמים כזב בסוד עמי לא־
יהיו ובכתב בית־ישראל לא יכתבו ואל־אדמת ישראל
י לא יבאו וידעתם כי־אני אדני יהוה: יען וביען הטעו
את־עמי לאמר שלום ואין שלום והוא בנה חיץ והנם
יא טחים אתו תפל: אמר אל־טחי תפל ויפל היה | גשם
שוטף ואתנה אבני אלגביש תפלנה ורוח סערות תבקע:
יב והנה נפל הקיר הלוא יאמר אליכם איה הטיח אשר
יג טחתם: לכן כה אמר אדני יהוה ובקעתי רוח־
סערות בחמתי וגשם שטף באפי יהיה ואבני אלגביש בחמה
יד לכלה: והרסתי את־הקיר אשר־טחתם תפל והגעתיהו
אל־הארץ ונגלה יסדו ונפלה וכליתם בתוכה וידעתם כי־
טו אני יהוה: וכליתי את־חמתי בקיר ובטחים אתו תפל ואמר
טז לכם אין הקיר ואין הטחים אתו: נביאי ישראל הנבאים
אל־ירושלם והחזים לה חזון שלם ואין שלם נאם אדני
יז יהוה: ואתה בן־אדם שים פניך אל־בנות עמך
יח המתנבאות מלבהן והנבא עליהן: ואמרת כה־אמר | אדני
יהוה הוי למתפרות כסתות על | כל־אצילי ידי ועשות
המספחות על־ראש כל־קומה לצודד נפשות הנפשות
יט תצודדנה לעמי ונפשות לכנה תחיינה: ותחללנה אתי אל־
עמי בשעלי שערים ובפתותי לחם להמית נפשות אשר לא־
תמותנה ולחיות נפשות אשר לא־תחיינה בכזבכם לעמי
כ שמעי כזב: לכן כה־אמר | אדני יהוה הנני

אל־כסתותיכנה אשר אתנה מצדדות שם את־הנפשות
לפרחות וקרעתי אתם מעל זרועתיכם ושלחתי את־
כא הנפשות אשר אתם מצדדות את־נפשים לפרחת: וקרעתי
את־מספחתיכם והצלתי את־עמי מידכן ולא־יהיו עוד
כב בידכן למצודה וידעתן כי־אני יהוה: יען הכאות לב־צדיק
שקר ואני לא הכאבתיו ולחזק ידי רשע לבלתי־שוב מדרכו
כג הרע להחיתו: לכן שוא לא תחזינה וקסם לא־תקסמנה עוד
יד א והצלתי את־עמי מידכן וידעתן כי־אני יהוה: ויבוא אלי ז
ב אנשים מזקני ישראל וישבו לפני: ויהי דבר־יהוה אלי
ג לאמר: בן־אדם האנשים האלה העלו גלוליהם על־לבם
ד ומכשול עונם נתנו נכח פניהם האדרש אדרש להם: לכן דבר־
אותם ואמרת אליהם כה־אמר ׀ אדני יהוה איש איש מבית
ישראל אשר יעלה את־גלוליו אל־לבו ומכשול עונו ישים נכח
ה פניו ובא אל־הנביא אני יהוה נעניתי לו בה ברב גלוליו: למען בא
תפש את־בית־ישראל בלבם אשר נזרו מעלי בגלוליהם
ו כלם: לכן אמר ׀ אל־בית ישראל כה אמר אדני
יהוה שובו והשיבו מעל גלוליכם ומעל כל־תועבתיכם השיבו
ז פניכם: כי איש איש מבית ישראל ומהגר אשר־יגור בישראל
וינזר מאחרי ויעל גלוליו אל־לבו ומכשול עונו ישים נכח פניו
ח ובא אל־הנביא לדרש־לו בי אני יהוה נענה־לו בי: ונתתי
פני באיש ההוא והשמתיהו לאות ולמשלים והכרתיו מתוך
ט עמי וידעתם כי־אני יהוה: והנביא כי־יפתה ודבר
דבר אני יהוה פתיתי את הנביא ההוא ונטיתי את־ידי
י עליו והשמדתיו מתוך עמי ישראל: ונשאו עונם כעון הדרש
יא כעון הנביא יהיה: למען לא־יתעו עוד בית־ישראל מאחרי
ולא־יטמאו עוד בכל־פשעיהם והיו־לי לעם ואני אהיה
יב להם לאלהים נאם אדני יהוה: ויהי דבר־יהוה אלי

יג לאמר: בן־אדם ארץ כי תחטא־לי למעל־מעל ונטיתי ידי
עליה ושברתי לה מטה־לחם והשלחתי־בה רעב והכרתי
יד ממנה אדם ובהמה: והיו שלשת האנשים האלה בתוכה נח
טו דנאל ואיוב המה בצדקתם ינצלו נפשם נאם אדני יהוה: לו־ דניאל
חיה רעה אעביר בארץ ושכלתה והיתה שממה מבלי עובר
טז מפני החיה: שלשת האנשים האלה בתוכה חי־אני נאם אדני
יהוה אם־בנים ואם־בנות יצילו המה לבדם ינצלו והארץ
יז תהיה שממה: או חרב אביא על־הארץ ההיא ואמרתי חרב
יח תעבר בארץ והכרתי ממנה אדם ובהמה: ושלשת האנשים
האלה בתוכה חי־אני נאם אדני יהוה לא יצילו בנים ובנות כי
יט הם לבדם ינצלו: או דבר אשלח אל־הארץ ההיא ושפכתי
כ חמתי עליה בדם להכרית ממנה אדם ובהמה: ונח דנאל דניאל
ואיוב בתוכה חי־אני נאם אדני יהוה אם־בן אם־בת יצילו
כא המה בצדקתם יצילו נפשם: כי כה אמר אדני
יהוה אף כי־ארבעת שפטי ׀ הרעים חרב ורעב וחיה רעה
ודבר שלחתי אל־ירושלם להכרית ממנה אדם ובהמה:
כב והנה נותרה־בה פלטה המוצאים בנים ובנות הנם יוצאים
אליכם וראיתם את־דרכם ואת־עלילותם ונחמתם על־
הרעה אשר הבאתי על־ירושלם את כל־אשר הבאתי עליה:
כג ונחמו אתכם כי־תראו את־דרכם ואת־עלילותם וידעתם
כי לא חנם עשיתי את כל־אשר־עשיתי בה נאם אדני
טו א ב יהוה: ויהי דבר־יהוה אלי לאמר: בן־אדם
מה־יהיה עץ־הגפן מכל־עץ הזמורה אשר היה בעצי היער:
ג היקח ממנו עץ לעשות למלאכה אם־יקחו ממנו יתד לתלות
ד עליו כל־כלי: הנה לאש נתן לאכלה את שני קצותיו אכלה
ה האש ותוכו נחר היצלח למלאכה: הנה בהיותו תמים לא
יעשה למלאכה אף כי־אש אכלתהו ויחר ונעשה עוד

ו לַמְּלָאכָה׃ לָכֵן כֹּה אָמַר אֲדֹנָי יְהוִה כַּאֲשֶׁר
עֵץ־הַגֶּפֶן בְּעֵץ הַיַּעַר אֲשֶׁר־נְתַתִּיו לָאֵשׁ לְאָכְלָה כֵּן נָתַתִּי
ז אֶת־יֹשְׁבֵי יְרוּשָׁלִָם׃ וְנָתַתִּי אֶת־פָּנַי בָּהֶם מֵהָאֵשׁ יָצָאוּ
וְהָאֵשׁ תֹּאכְלֵם וִידַעְתֶּם כִּי־אֲנִי יְהוָה בְּשׂוּמִי אֶת־פָּנַי
ח בָּהֶם׃ וְנָתַתִּי אֶת־הָאָרֶץ שְׁמָמָה יַעַן מָעֲלוּ מַעַל נְאֻם אֲדֹנָי
טז א ב יְהוִה׃ וַיְהִי דְבַר־יְהוָה אֵלַי לֵאמֹר׃ בֶּן־אָדָם
ג הוֹדַע אֶת־יְרוּשָׁלִַם אֶת־תּוֹעֲבֹתֶיהָ׃ וְאָמַרְתָּ כֹּה־אָמַר אֲדֹנָי
יְהוִה לִירוּשָׁלִַם מְכֹרֹתַיִךְ וּמֹלְדֹתַיִךְ מֵאֶרֶץ הַכְּנַעֲנִי אָבִיךְ
ד הָאֱמֹרִי וְאִמֵּךְ חִתִּית׃ וּמוֹלְדוֹתַיִךְ בְּיוֹם הוּלֶּדֶת אֹתָךְ לֹא־
כָרַּת שָׁרֵּךְ וּבְמַיִם לֹא־רֻחַצְתְּ לְמִשְׁעִי וְהָמְלֵחַ לֹא הֻמְלַחַתְּ
ה וְהָחְתֵּל לֹא חֻתָּלְתְּ׃ לֹא־חָסָה עָלַיִךְ עַיִן לַעֲשׂוֹת לָךְ אַחַת
מֵאֵלֶּה לְחֻמְלָה עָלָיִךְ וַתֻּשְׁלְכִי אֶל־פְּנֵי הַשָּׂדֶה בְּגֹעַל נַפְשֵׁךְ
ו בְּיוֹם הֻלֶּדֶת אֹתָךְ׃ וָאֶעֱבֹר עָלַיִךְ וָאֶרְאֵךְ מִתְבּוֹסֶסֶת בְּדָמָיִךְ
ז וָאֹמַר לָךְ בְּדָמַיִךְ חֲיִי וָאֹמַר לָךְ בְּדָמַיִךְ חֲיִי׃ רְבָבָה כְּצֶמַח
הַשָּׂדֶה נְתַתִּיךְ וַתִּרְבִּי וַתִּגְדְּלִי וַתָּבֹאִי בַּעֲדִי עֲדָיִים שָׁדַיִם נָכֹנוּ
ח וּשְׂעָרֵךְ צִמֵּחַ וְאַתְּ עֵרֹם וְעֶרְיָה׃ וָאֶעֱבֹר עָלַיִךְ וָאֶרְאֵךְ וְהִנֵּה
עִתֵּךְ עֵת דֹּדִים וָאֶפְרֹשׂ כְּנָפִי עָלַיִךְ וָאֲכַסֶּה עֶרְוָתֵךְ וָאֶשָּׁבַע לָךְ
ט וָאָבוֹא בִבְרִית אֹתָךְ נְאֻם אֲדֹנָי יְהוִה וַתִּהְיִי־לִי׃ וָאֶרְחָצֵךְ בַּמַּיִם
י וָאֶשְׁטֹף דָּמַיִךְ מֵעָלָיִךְ וָאֲסֻכֵךְ בַּשָּׁמֶן׃ וָאַלְבִּישֵׁךְ רִקְמָה וָאֶנְעֲלֵךְ
יא תָּחַשׁ וָאֶחְבְּשֵׁךְ בַּשֵּׁשׁ וַאֲכַסֵּךְ מֶשִׁי׃ וָאֶעְדֵּךְ עֶדִי וָאֶתְּנָה
יב צְמִידִים עַל־יָדַיִךְ וְרָבִיד עַל־גְּרוֹנֵךְ׃ וָאֶתֵּן נֶזֶם עַל־אַפֵּךְ
יג וַעֲגִילִים עַל־אָזְנָיִךְ וַעֲטֶרֶת תִּפְאֶרֶת בְּרֹאשֵׁךְ׃ וַתַּעְדִּי זָהָב
וָכֶסֶף וּמַלְבּוּשֵׁךְ ששי וָמֶשִׁי וְרִקְמָה סֹלֶת וּדְבַשׁ וָשֶׁמֶן אכלתי שֵׁשׁ | אָכָלְתְּ
יד וַתִּיפִי בִּמְאֹד מְאֹד וַתִּצְלְחִי לִמְלוּכָה׃ וַיֵּצֵא לָךְ שֵׁם בַּגּוֹיִם ח
בְּיָפְיֵךְ כִּי ׀ כָּלִיל הוּא בַּהֲדָרִי אֲשֶׁר־שַׂמְתִּי עָלַיִךְ נְאֻם אֲדֹנָי
טו יְהוִה׃ וַתִּבְטְחִי בְיָפְיֵךְ וַתִּזְנִי עַל־שְׁמֵךְ וַתִּשְׁפְּכִי אֶת־תַּזְנוּתַיִךְ
טז עַל־כָּל־עוֹבֵר לוֹ־יֶהִי׃ וַתִּקְחִי מִבְּגָדַיִךְ וַתַּעֲשִׂי־לָךְ בָּמוֹת

יז טלאות ותזני עליהם לא באות ולא יהיה: ותקחי כלי
תפארתך מזהבי ומכספי אשר נתתי לך ותעשי־לך צלמי
יח זכר ותזני־בם: ותקחי את־בגדי רקמתך ותכסים ושמני
יט וקטרתי נתתי לפניהם: ולחמי אשר־נתתי לך סלת ושמן נתת
ודבש האכלתיך ונתתיהו לפניהם לריח ניחח ויהי נאם אדני
כ יהוה: ותקחי את־בניך ואת־בנותיך אשר ילדת לי ותזבחים
כא להם לאכול המעט מתזנותך: ותשחטי את־בני ותתנים מתזנותיך
כב בהעביר אותם להם: ואת כל־תועבתיך ותזנתיך לא זכרתי זכרת
את־ימי נעוריך בהיותך ערם ועריה מתבוססת בדמך
כג היית: ויהי אחרי כל־רעתך אוי אוי לך נאם אדני יהוה:
כד כה ותבני־לך גב ותעשי־לך רמה בכל־רחוב: אל־כל־ראש
דרך בנית רמתך ותתעבי את־יפיך ותפשקי את־רגליך
כו לכל־עובר ותרבי את־תזנותך: ותזני אל־בני־מצרים שכניך תזנותיך
כז גדלי בשר ותרבי את־תזנתך להכעיסני: והנה נטיתי ידי
עליך ואגרע חקך ואתנך בנפש שנאותיך בנות פלשתים
כח הנכלמות מדרכך זמה: ותזני אל־בני אשור מבלתי שבעתך
כט ותזנים וגם לא שבעת: ותרבי את־תזנותך אל־ארץ כנען
ל כשדימה וגם־בזאת לא שבעת: מה אמלה לבתך נאם אדני
יהוה בעשותך את־כל־אלה מעשה אשה זונה שלטת:
לא בבנותיך גבך בראש כל־דרך ורמתך עשיתי בכל־רחוב עשית
לב ולא־הייתי כזונה לקלס אתנן: האשה המנאפת תחת אישה היית
לג תקח את־זרים: לכל־זנות יתנו־נדה ואת נתת את־נדניך
לכל־מאהביך ותשחדי אותם לבוא אליך מסביב בתזנותיך:
לד ויהי־בך הפך מן־הנשים בתזנותיך ואחריך לא זונה ובתתך
לה אתנן ואתנן לא נתן־לך ותהי להפך: לכן זונה שמעי דבר־
לו יהוה: כה־אמר אדני יהוה יען השפך נחשתך
ותגלה ערותך בתזנותיך על־מאהביך ועל כל־גלולי

לז תּוֹעֲבוֹתַיִךְ וְכִדְמֵי בָנַיִךְ אֲשֶׁר נָתַתְּ לָהֶם׃ לָכֵן הִנְנִי מְקַבֵּץ אֶת־
כָּל־מְאַהֲבַיִךְ אֲשֶׁר עָרַבְתְּ עֲלֵיהֶם וְאֵת כָּל־אֲשֶׁר אָהַבְתְּ עַל
כָּל־אֲשֶׁר שָׂנֵאת וְקִבַּצְתִּי אֹתָם עָלַיִךְ מִסָּבִיב וְגִלֵּיתִי עֶרְוָתֵךְ
לח אֲלֵהֶם וְרָאוּ אֶת־כָּל־עֶרְוָתֵךְ׃ וּשְׁפַטְתִּיךְ מִשְׁפְּטֵי נֹאֲפוֹת
לט וְשֹׁפְכֹת דָּם וּנְתַתִּיךְ דַּם חֵמָה וְקִנְאָה׃ וְנָתַתִּי אוֹתָךְ בְּיָדָם
וְהָרְסוּ גַבֵּךְ וְנִתְּצוּ רָמֹתַיִךְ וְהִפְשִׁיטוּ אוֹתָךְ בְּגָדַיִךְ וְלָקְחוּ כְּלֵי
מ תִפְאַרְתֵּךְ וְהִנִּיחוּךְ עֵירֹם וְעֶרְיָה׃ וְהֶעֱלוּ עָלַיִךְ קָהָל וְרָגְמוּ
מא אוֹתָךְ בָּאָבֶן וּבִתְּקוּךְ בְּחַרְבוֹתָם׃ וְשָׂרְפוּ בָתַּיִךְ בָּאֵשׁ וְעָשׂוּ־בָךְ
שְׁפָטִים לְעֵינֵי נָשִׁים רַבּוֹת וְהִשְׁבַּתִּיךְ מִזּוֹנָה וְגַם־אֶתְנַן לֹא
מב תִתְּנִי־עוֹד׃ וַהֲנִחֹתִי חֲמָתִי בָּךְ וְסָרָה קִנְאָתִי מִמֵּךְ וְשָׁקַטְתִּי
מג וְלֹא אֶכְעַס עוֹד׃ יַעַן אֲשֶׁר לֹא־זָכַרְתִּי אֶת־יְמֵי נְעוּרַיִךְ זָכַרְתְּ
וַתִּרְגְּזִי־לִי בְּכָל־אֵלֶּה וְגַם־אֲנִי הֵא דַּרְכֵּךְ ׀ בְּרֹאשׁ נָתַתִּי נְאֻם
מד אֲדֹנָי יְהוִה וְלֹא עָשִׂיתִי אֶת־הַזִּמָּה עַל כָּל־תּוֹעֲבֹתָיִךְ׃ הִנֵּה עָשִׂית
מה כָּל־הַמֹּשֵׁל עָלַיִךְ יִמְשֹׁל לֵאמֹר כְּאִמָּה בִּתָּהּ׃ בַּת־אִמֵּךְ אַתְּ
גֹּעֶלֶת אִישָׁהּ וּבָנֶיהָ וַאֲחוֹת אֲחוֹתֵךְ אַתְּ אֲשֶׁר גָּעֲלוּ אַנְשֵׁיהֶן
מו וּבְנֵיהֶן אִמְּכֶן חִתִּית וַאֲבִיכֶן אֱמֹרִי׃ וַאֲחוֹתֵךְ הַגְּדוֹלָה שֹׁמְרוֹן
הִיא וּבְנוֹתֶיהָ הַיּוֹשֶׁבֶת עַל־שְׂמֹאולֵךְ וַאֲחוֹתֵךְ הַקְּטַנָּה מִמֵּךְ
מז הַיּוֹשֶׁבֶת מִימִינֵךְ סְדֹם וּבְנוֹתֶיהָ׃ וְלֹא בְדַרְכֵיהֶן הָלַכְתְּ
וּבְתוֹעֲבוֹתֵיהֶן עָשִׂיתִי כִּמְעַט קָט וַתַּשְׁחִתִי מֵהֵן בְּכָל־דְּרָכָיִךְ׃ עָשִׂית
מח חַי־אָנִי נְאֻם אֲדֹנָי יְהוִה אִם־עָשְׂתָה סְדֹם אֲחוֹתֵךְ הִיא וּבְנוֹתֶיהָ
מט כַּאֲשֶׁר עָשִׂית אַתְּ וּבְנוֹתָיִךְ׃ הִנֵּה־זֶה הָיָה עֲוֺן סְדֹם אֲחוֹתֵךְ
גָּאוֹן שִׂבְעַת־לֶחֶם וְשַׁלְוַת הַשְׁקֵט הָיָה לָהּ וְלִבְנוֹתֶיהָ וְיַד־עָנִי
נ וְאֶבְיוֹן לֹא הֶחֱזִיקָה׃ וַתִּגְבְּהֶינָה וַתַּעֲשֶׂינָה תוֹעֵבָה לְפָנָי וָאָסִיר
נא אֶתְהֶן כַּאֲשֶׁר רָאִיתִי׃ וְשֹׁמְרוֹן כַּחֲצִי חַטֹּאתַיִךְ
לֹא חָטָאָה וַתַּרְבִּי אֶת־תּוֹעֲבוֹתַיִךְ מֵהֵנָּה וַתְּצַדְּקִי אֶת־אֲחוֹתֵךְ אֲחוֹתַיִךְ
נב בְּכָל־תּוֹעֲבֹתַיִךְ אֲשֶׁר עָשִׂיתִי׃ גַּם־אַתְּ ׀ שְׂאִי כְלִמָּתֵךְ אֲשֶׁר עָשִׂית
פִּלַּלְתְּ לַאֲחוֹתֵךְ בְּחַטֹּאתַיִךְ אֲשֶׁר־הִתְעַבְתְּ מֵהֵן תִּצְדַּקְנָה

נג ממך וגם־את בושי ושאי כלמתך בצדקתך אחיותך: ושבתי
את־שביתהן את־שבית סדם ובנותיה ואת־שבית שמרון (שבות שבות)
נד ובנותיה ושבית שביתיך בתוכהנה: למען תשאי כלמתך (ושבות)
נה ונכלמת מכל אשר עשית בנחמך אתן: ואחותיך סדם
ובנותיה תשבן לקדמתן ושמרון ובנותיה תשבן לקדמתן
נו ואת ובנותיך תשבינה לקדמתכן: ולוא היתה סדם אחותך
נז לשמועה בפיך ביום גאוניך: בטרם תגלה רעתך כמו עת
חרפת בנות־ארם וכל־סביבותיה בנות פלשתים השאטות
נח אותך מסביב: את־זמתך ואת־תועבותיך את נשאתים
נט נאם יהוה: כי כה אמר אדני יהוה ועשית אותך
ס כאשר עשית אשר־בזית אלה להפר ברית: וזכרתי אני את־ ט
סא בריתי אותך בימי נעוריך והקימותי לך ברית עולם: וזכרת
את־דרכיך ונכלמת בקחתך את־אחותיך הגדלות ממך
אל־הקטנות ממך ונתתי אתהן לך לבנות ולא מבריתך:
סב סג והקימתי אני את־בריתי אתך וידעת כי־אני יהוה: למען
תזכרי ובשת ולא יהיה־לך עוד פתחון פה מפני כלמתך
יז א בכפרי־לך לכל־אשר עשית נאם אדני יהוה: ויהי
ב דבר־יהוה אלי לאמר: בן־אדם חוד חידה ומשל משל אל־
ג בית ישראל: ואמרת כה־אמר ׀ אדני יהוה הנשר הגדול גדול
הכנפים ארך האבר מלא הנוצה אשר־לו הרקמה בא אל־
ד הלבנון ויקח את־צמרת הארז: את ראש יניקותיו קטף
ה ויביאהו אל־ארץ כנען בעיר רכלים שמו: ויקח מזרע הארץ
ו ויתנהו בשדה־זרע קח על־מים רבים צפצפה שמו: ויצמח
ויהי לגפן סרחת שפלת קומה לפנות דליותיו אליו ושרשיו
ז תחתיו יהיו ותהי לגפן ותעש בדים ותשלח פראות: ויהי
נשר־אחד גדול גדול כנפים ורב נוצה והנה הגפן הזאת כפנה
שרשיה עליו ודליותיו שלחה־לו להשקות אותה מערגות

ח מֻטָּה: אֶל־שָׂדֶה טּוֹב אֶל־מַיִם רַבִּים הִיא שְׁתוּלָה לַעֲשׂוֹת
ט עָנָף וְלָשֵׂאת פֶּרִי לִהְיוֹת לְגֶפֶן אַדָּרֶת: אֱמֹר כֹּה אָמַר
אֲדֹנָי יֱהֹוִה תִּצְלָח הֲלוֹא אֶת־שָׁרָשֶׁיהָ יְנַתֵּק וְאֶת־פִּרְיָהּ ׀
יְקוֹסֵס וְיָבֵשׁ כָּל־טַרְפֵּי צִמְחָהּ תִּיבָשׁ וְלֹא־בִזְרֹעַ גְּדוֹלָה
י וּבְעַם־רָב לְמַשְׂאוֹת אוֹתָהּ מִשָּׁרָשֶׁיהָ: וְהִנֵּה שְׁתוּלָה הֲתִצְלָח
הֲלֹא כְגַעַת בָּהּ רוּחַ הַקָּדִים תִּיבַשׁ יָבֹשׁ עַל־עֲרֻגֹת צִמְחָהּ
יא יב תִּיבָשׁ: וַיְהִי דְבַר־יְהֹוָה אֵלַי לֵאמֹר: אֱמָר־נָא
לְבֵית הַמֶּרִי הֲלֹא יְדַעְתֶּם מָה־אֵלֶּה אֱמֹר הִנֵּה־בָא מֶלֶךְ־בָּבֶל
יְרוּשָׁלִַם וַיִּקַּח אֶת־מַלְכָּהּ וְאֶת־שָׂרֶיהָ וַיָּבֵא אוֹתָם אֵלָיו
יג בָּבֶלָה: וַיִּקַּח מִזֶּרַע הַמְּלוּכָה וַיִּכְרֹת אִתּוֹ בְּרִית וַיָּבֵא אֹתוֹ
יד בְּאָלָה וְאֶת־אֵילֵי הָאָרֶץ לָקָח: לִהְיוֹת מַמְלָכָה שְׁפָלָה לְבִלְתִּי
טו הִתְנַשֵּׂא לִשְׁמֹר אֶת־בְּרִיתוֹ לְעָמְדָהּ: וַיִּמְרָד־בּוֹ לִשְׁלֹחַ
מַלְאָכָיו מִצְרַיִם לָתֶת־לוֹ סוּסִים וְעַם־רָב הֲיִצְלָח הֲיִמָּלֵט
טז הָעֹשֵׂה אֵלֶּה וְהֵפֵר בְּרִית וְנִמְלָט: חַי־אָנִי נְאֻם אֲדֹנָי יֱהֹוִה אִם־
לֹא בִּמְקוֹם הַמֶּלֶךְ הַמַּמְלִיךְ אֹתוֹ אֲשֶׁר בָּזָה אֶת־אָלָתוֹ וַאֲשֶׁר
יז הֵפֵר אֶת־בְּרִיתוֹ אִתּוֹ בְתוֹךְ־בָּבֶל יָמוּת: וְלֹא בְחַיִל גָּדוֹל
וּבְקָהָל רָב יַעֲשֶׂה אוֹתוֹ פַרְעֹה בַּמִּלְחָמָה בִּשְׁפֹּךְ סֹלְלָה וּבִבְנוֹת
יח דָּיֵק לְהַכְרִית נְפָשׁוֹת רַבּוֹת: וּבָזָה אָלָה לְהָפֵר בְּרִית וְהִנֵּה נָתַן
יט יָדוֹ וְכָל־אֵלֶּה עָשָׂה לֹא יִמָּלֵט: לָכֵן כֹּה־אָמַר
אֲדֹנָי יֱהֹוִה חַי־אָנִי אִם־לֹא אָלָתִי אֲשֶׁר בָּזָה וּבְרִיתִי אֲשֶׁר הֵפִיר
כ וּנְתַתִּיו בְּרֹאשׁוֹ: וּפָרַשְׂתִּי עָלָיו רִשְׁתִּי וְנִתְפַּשׂ בִּמְצוּדָתִי
וַהֲבִיאוֹתִיהוּ בָבֶלָה וְנִשְׁפַּטְתִּי אִתּוֹ שָׁם מַעֲלוֹ אֲשֶׁר מָעַל־בִּי:
כא וְאֵת כָּל־מִבְרָחָו בְּכָל־אֲגַפָּיו בַּחֶרֶב יִפֹּלוּ וְהַנִּשְׁאָרִים לְכָל־
כב רוּחַ יִפָּרֵשׂוּ וִידַעְתֶּם כִּי אֲנִי יְהֹוָה דִּבַּרְתִּי: כֹּה
אָמַר אֲדֹנָי יֱהֹוִה וְלָקַחְתִּי אָנִי מִצַּמֶּרֶת הָאֶרֶז הָרָמָה וְנָתָתִּי
מֵרֹאשׁ יֹנְקוֹתָיו רַךְ אֶקְטֹף וְשָׁתַלְתִּי אָנִי עַל הַר־גָּבֹהַּ וְתָלוּל:
כג בְּהַר מְרוֹם יִשְׂרָאֵל אֶשְׁתֳּלֶנּוּ וְנָשָׂא עָנָף וְעָשָׂה פֶרִי וְהָיָה לְאֶרֶז

אַדִּיר וְשָׁכְנוּ תַחְתָּיו כֹּל צִפּוֹר כָּל־כָּנָף בְּצֵל דָּלִיּוֹתָיו תִּשְׁכֹּנָּה׃
כד וְיָדְעוּ כָּל־עֲצֵי הַשָּׂדֶה כִּי אֲנִי יהוה הִשְׁפַּלְתִּי ׀ עֵץ גָּבֹהַּ הִגְבַּהְתִּי
עֵץ שָׁפָל הוֹבַשְׁתִּי עֵץ לָח וְהִפְרַחְתִּי עֵץ יָבֵשׁ אֲנִי יהוה דִּבַּרְתִּי
יח א ב וְעָשִׂיתִי׃ וַיְהִי דְבַר־יהוה אֵלַי לֵאמֹר׃ מַה־לָּכֶם
אַתֶּם מֹשְׁלִים אֶת־הַמָּשָׁל הַזֶּה עַל־אַדְמַת יִשְׂרָאֵל לֵאמֹר
ג אָבוֹת יֹאכְלוּ בֹסֶר וְשִׁנֵּי הַבָּנִים תִּקְהֶינָה׃ חַי־אָנִי נְאֻם אֲדֹנָי
ד יֱהוִה אִם־יִהְיֶה לָכֶם עוֹד מְשֹׁל הַמָּשָׁל הַזֶּה בְּיִשְׂרָאֵל׃ הֵן כָּל־
הַנְּפָשׁוֹת לִי הֵנָּה כְּנֶפֶשׁ הָאָב וּכְנֶפֶשׁ הַבֵּן לִי־הֵנָּה הַנֶּפֶשׁ
ה הַחֹטֵאת הִיא תָמוּת׃ וְאִישׁ כִּי־יִהְיֶה צַדִּיק
ו וְעָשָׂה מִשְׁפָּט וּצְדָקָה׃ אֶל־הֶהָרִים לֹא אָכָל וְעֵינָיו לֹא נָשָׂא
אֶל־גִּלּוּלֵי בֵּית יִשְׂרָאֵל וְאֶת־אֵשֶׁת רֵעֵהוּ לֹא טִמֵּא וְאֶל־אִשָּׁה
ז נִדָּה לֹא יִקְרָב׃ וְאִישׁ לֹא יוֹנֶה חֲבֹלָתוֹ חוֹב יָשִׁיב גְּזֵלָה לֹא יִגְזֹל
ח לַחְמוֹ לְרָעֵב יִתֵּן וְעֵירֹם יְכַסֶּה־בָּגֶד׃ בַּנֶּשֶׁךְ לֹא־יִתֵּן וְתַרְבִּית
לֹא יִקָּח מֵעָוֶל יָשִׁיב יָדוֹ מִשְׁפַּט אֱמֶת יַעֲשֶׂה בֵּין אִישׁ לְאִישׁ׃
ט בְּחֻקּוֹתַי יְהַלֵּךְ וּמִשְׁפָּטַי שָׁמַר לַעֲשׂוֹת אֱמֶת צַדִּיק הוּא חָיֹה י
י יִחְיֶה נְאֻם אֲדֹנָי יֱהוִה׃ וְהוֹלִיד בֵּן־פָּרִיץ שֹׁפֵךְ דָּם וְעָשָׂה אָח
יא מֵאַחַד מֵאֵלֶּה׃ וְהוּא אֶת־כָּל־אֵלֶּה לֹא עָשָׂה כִּי גַם אֶל־
יב הֶהָרִים אָכַל וְאֶת־אֵשֶׁת רֵעֵהוּ טִמֵּא׃ עָנִי וְאֶבְיוֹן הוֹנָה גְּזֵלוֹת
גָּזָל חֲבֹל לֹא יָשִׁיב וְאֶל־הַגִּלּוּלִים נָשָׂא עֵינָיו תּוֹעֵבָה עָשָׂה׃
יג בַּנֶּשֶׁךְ נָתַן וְתַרְבִּית לָקַח וָחָי לֹא יִחְיֶה אֵת כָּל־הַתּוֹעֵבוֹת
יד הָאֵלֶּה עָשָׂה מוֹת יוּמָת דָּמָיו בּוֹ יִהְיֶה׃ וְהִנֵּה הוֹלִיד בֵּן וַיַּרְא
טו אֶת־כָּל־חַטֹּאת אָבִיו אֲשֶׁר עָשָׂה וַיִּרְאֶה וְלֹא יַעֲשֶׂה כָּהֵן׃ עַל־
הֶהָרִים לֹא אָכָל וְעֵינָיו לֹא נָשָׂא אֶל־גִּלּוּלֵי בֵּית יִשְׂרָאֵל אֶת־
טז אֵשֶׁת רֵעֵהוּ לֹא טִמֵּא׃ וְאִישׁ לֹא הוֹנָה חֲבֹל לֹא חָבָל וּגְזֵלָה
יז לֹא גָזָל לַחְמוֹ לְרָעֵב נָתָן וְעֵרוֹם כִּסָּה־בָגֶד׃ מֵעָנִי הֵשִׁיב יָדוֹ
נֶשֶׁךְ וְתַרְבִּית לֹא לָקָח מִשְׁפָּטַי עָשָׂה בְּחֻקּוֹתַי הָלָךְ הוּא לֹא
יח יָמוּת בַּעֲוֹן אָבִיו חָיֹה יִחְיֶה׃ אָבִיו כִּי־עָשַׁק עֹשֶׁק גָּזַל גֵּזֶל

אָח וַאֲשֶׁר לֹא־טוֹב עָשָׂה בְּתוֹךְ עַמָּיו וְהִנֵּה־מֵת בַּעֲוֺנוֹ:
יט וַאֲמַרְתֶּם מַדֻּעַ לֹא־נָשָׂא הַבֵּן בַּעֲוֺן הָאָב וְהַבֵּן מִשְׁפָּט וּצְדָקָה
כ עָשָׂה אֵת כָּל־חֻקּוֹתַי שָׁמַר וַיַּעֲשֶׂה אֹתָם חָיֹה יִחְיֶה: הַנֶּפֶשׁ
הַחֹטֵאת הִיא תָמוּת בֵּן לֹא־יִשָּׂא ׀ בַּעֲוֺן הָאָב וְאָב לֹא יִשָּׂא
בַּעֲוֺן הַבֵּן צִדְקַת הַצַּדִּיק עָלָיו תִּהְיֶה וְרִשְׁעַת רשע עָלָיו הָרָשָׁע
כא תִּהְיֶה: וְהָרָשָׁע כִּי יָשׁוּב מִכָּל־חַטֹּאתָו אֲשֶׁר
עָשָׂה וְשָׁמַר אֶת־כָּל־חֻקּוֹתַי וְעָשָׂה מִשְׁפָּט וּצְדָקָה חָיֹה יִחְיֶה
כב לֹא יָמוּת: כָּל־פְּשָׁעָיו אֲשֶׁר עָשָׂה לֹא יִזָּכְרוּ לוֹ בְּצִדְקָתוֹ אֲשֶׁר־
כג עָשָׂה יִחְיֶה: הֶחָפֹץ אֶחְפֹּץ מוֹת רָשָׁע נְאֻם אֲדֹנָי יְהוִה הֲלוֹא
כד בְּשׁוּבוֹ מִדְּרָכָיו וְחָיָה: וּבְשׁוּב צַדִּיק מִצִּדְקָתוֹ
וְעָשָׂה עָוֶל כְּכֹל הַתּוֹעֵבוֹת אֲשֶׁר־עָשָׂה הָרָשָׁע יַעֲשֶׂה וָחָי
כָּל־צִדְקֹתָו אֲשֶׁר־עָשָׂה לֹא תִזָּכַרְנָה בְּמַעֲלוֹ אֲשֶׁר־מָעַל
כה וּבְחַטָּאתוֹ אֲשֶׁר־חָטָא בָּם יָמוּת: וַאֲמַרְתֶּם לֹא יִתָּכֵן
דֶּרֶךְ אֲדֹנָי שִׁמְעוּ־נָא בֵּית יִשְׂרָאֵל הֲדַרְכִּי לֹא יִתָּכֵן הֲלֹא
כו דַרְכֵיכֶם לֹא יִתָּכֵנוּ: בְּשׁוּב־צַדִּיק מִצִּדְקָתוֹ וְעָשָׂה עָוֶל וּמֵת
כז עֲלֵיהֶם בְּעַוְלוֹ אֲשֶׁר־עָשָׂה יָמוּת: וּבְשׁוּב רָשָׁע
מֵרִשְׁעָתוֹ אֲשֶׁר עָשָׂה וַיַּעַשׂ מִשְׁפָּט וּצְדָקָה הוּא אֶת־נַפְשׁוֹ
כח יְחַיֶּה: וַיִּרְאֶה וישוב מִכָּל־פְּשָׁעָיו אֲשֶׁר עָשָׂה חָיוֹ יִחְיֶה לֹא וַיָּשָׁב
כט יָמוּת: וְאָמְרוּ בֵּית יִשְׂרָאֵל לֹא יִתָּכֵן דֶּרֶךְ אֲדֹנָי הַדְּרָכַי לֹא
ל יִתָּכְנוּ בֵּית יִשְׂרָאֵל הֲלֹא דַרְכֵיכֶם לֹא יִתָּכֵן: לָכֵן אִישׁ כִּדְרָכָיו
אֶשְׁפֹּט אֶתְכֶם בֵּית יִשְׂרָאֵל נְאֻם אֲדֹנָי יְהוִה שׁוּבוּ וְהָשִׁיבוּ
לא מִכָּל־פִּשְׁעֵיכֶם וְלֹא־יִהְיֶה לָכֶם לְמִכְשׁוֹל עָוֺן: הַשְׁלִיכוּ
מֵעֲלֵיכֶם אֶת־כָּל־פִּשְׁעֵיכֶם אֲשֶׁר פְּשַׁעְתֶּם בָּם וַעֲשׂוּ לָכֶם לֵב
לב חָדָשׁ וְרוּחַ חֲדָשָׁה וְלָמָּה תָמֻתוּ בֵּית יִשְׂרָאֵל: כִּי לֹא אֶחְפֹּץ
יט א בְּמוֹת הַמֵּת נְאֻם אֲדֹנָי יְהוִה וְהָשִׁיבוּ וִחְיוּ: וְאַתָּה
ב שָׂא קִינָה אֶל־נְשִׂיאֵי יִשְׂרָאֵל: וְאָמַרְתָּ מָה אִמְּךָ לְבִיָּא בֵּין
ג אֲרָיוֹת רָבָצָה בְּתוֹךְ כְּפִרִים רִבְּתָה גוּרֶיהָ: וַתַּעַל אֶחָד מִגֻּרֶיהָ

כְּפִיר הָיָה וַיִּלְמַד לִטְרָף־טֶרֶף אָדָם אָכָל׃ ד וַיִּשְׁמְעוּ אֵלָיו גּוֹיִם
ה בְּשַׁחְתָּם נִתְפָּשׂ וַיְבִאֻהוּ בַחַחִים אֶל־אֶרֶץ מִצְרָיִם׃ וַתֵּרֶא כִּי
נוֹחֲלָה אָבְדָה תִּקְוָתָהּ וַתִּקַּח אֶחָד מִגֻּרֶיהָ כְּפִיר שָׂמָתְהוּ׃
ו וַיִּתְהַלֵּךְ בְּתוֹךְ־אֲרָיוֹת כְּפִיר הָיָה וַיִּלְמַד לִטְרָף־טֶרֶף אָדָם
ז אָכָל׃ וַיֵּדַע אַלְמְנוֹתָיו וְעָרֵיהֶם הֶחֱרִיב וַתֵּשַׁם אֶרֶץ וּמְלֹאָהּ
ח מִקּוֹל שַׁאֲגָתוֹ׃ וַיִּתְּנוּ עָלָיו גּוֹיִם סָבִיב מִמְּדִינוֹת וַיִּפְרְשׂוּ עָלָיו
ט רִשְׁתָּם בְּשַׁחְתָּם נִתְפָּשׂ׃ וַיִּתְּנֻהוּ בַסּוּגַר בַּחַחִים וַיְבִאֻהוּ אֶל־
מֶלֶךְ בָּבֶל יְבִאֻהוּ בַּמְּצֹדוֹת לְמַעַן לֹא־יִשָּׁמַע קוֹלוֹ עוֹד אֶל־
י הָרֵי יִשְׂרָאֵל׃ אִמְּךָ כַגֶּפֶן בְּדָמְךָ עַל־מַיִם שְׁתוּלָה
יא פֹּרִיָּה וַעֲנֵפָה הָיְתָה מִמַּיִם רַבִּים׃ וַיִּהְיוּ־לָהּ מַטּוֹת עֹז אֶל־
שִׁבְטֵי מֹשְׁלִים וַתִּגְבַּהּ קוֹמָתוֹ עַל־בֵּין עֲבֹתִים וַיֵּרָא בְגָבְהוֹ
יב בְּרֹב דָּלִיֹּתָיו׃ וַתֻּתַּשׁ בְּחֵמָה לָאָרֶץ הֻשְׁלָכָה וְרוּחַ הַקָּדִים
הוֹבִישׁ פִּרְיָהּ הִתְפָּרְקוּ וְיָבֵשׁוּ מַטֵּה עֻזָּהּ אֵשׁ אֲכָלָתְהוּ׃
יג יד וְעַתָּה שְׁתוּלָה בַמִּדְבָּר בְּאֶרֶץ צִיָּה וְצָמָא׃ וַתֵּצֵא אֵשׁ מִמַּטֵּה
בַדֶּיהָ פִּרְיָהּ אָכָלָה וְלֹא־הָיָה בָהּ מַטֵּה־עֹז שֵׁבֶט לִמְשׁוֹל
קִינָה הִיא וַתְּהִי לְקִינָה׃

יא כ א וַיְהִי ׀ בַּשָּׁנָה הַשְּׁבִיעִית בַּחֲמִשִׁי בֶּעָשׂוֹר לַחֹדֶשׁ בָּאוּ אֲנָשִׁים
ב מִזִּקְנֵי יִשְׂרָאֵל לִדְרֹשׁ אֶת־יְהוָה וַיֵּשְׁבוּ לְפָנָי׃ וַיְהִי
ג דְבַר־יְהוָה אֵלַי לֵאמֹר׃ בֶּן־אָדָם דַּבֵּר אֶת־זִקְנֵי יִשְׂרָאֵל
וְאָמַרְתָּ אֲלֵהֶם כֹּה אָמַר אֲדֹנָי יְהוִה הֲלִדְרֹשׁ אֹתִי אַתֶּם בָּאִים
ד חַי־אָנִי אִם־אִדָּרֵשׁ לָכֶם נְאֻם אֲדֹנָי יְהוִה׃ הֲתִשְׁפֹּט אֹתָם
ה הֲתִשְׁפּוֹט בֶּן־אָדָם אֶת־תּוֹעֲבֹת אֲבוֹתָם הוֹדִיעֵם׃ וְאָמַרְתָּ
אֲלֵיהֶם כֹּה־אָמַר אֲדֹנָי יְהוִה בְּיוֹם בָּחֳרִי בְיִשְׂרָאֵל וָאֶשָּׂא יָדִי
לְזֶרַע בֵּית יַעֲקֹב וָאִוָּדַע לָהֶם בְּאֶרֶץ מִצְרָיִם וָאֶשָּׂא יָדִי לָהֶם
ו לֵאמֹר אֲנִי יְהוָה אֱלֹהֵיכֶם׃ בַּיּוֹם הַהוּא נָשָׂאתִי יָדִי לָהֶם
לְהוֹצִיאָם מֵאֶרֶץ מִצְרָיִם אֶל־אֶרֶץ אֲשֶׁר־תַּרְתִּי לָהֶם זָבַת
ז חָלָב וּדְבַשׁ צְבִי הִיא לְכָל־הָאֲרָצוֹת׃ וָאֹמַר אֲלֵהֶם אִישׁ שִׁקּוּצֵי

עֵינָיו הַשְׁלִיכוּ וּבְגִלּוּלֵי מִצְרַיִם אַל־תִּטַּמָּאוּ אֲנִי יְהוָה אֱלֹהֵיכֶם׃
ח וַיַּמְרוּ־בִי וְלֹא אָבוּ לִשְׁמֹעַ אֵלַי אִישׁ אֶת־שִׁקּוּצֵי עֵינֵיהֶם לֹא
הִשְׁלִיכוּ וְאֶת־גִּלּוּלֵי מִצְרַיִם לֹא עָזָבוּ וָאֹמַר לִשְׁפֹּךְ חֲמָתִי
ט עֲלֵיהֶם לְכַלּוֹת אַפִּי בָּהֶם בְּתוֹךְ אֶרֶץ מִצְרָיִם׃ וָאַעַשׂ לְמַעַן שְׁמִי
לְבִלְתִּי הֵחֵל לְעֵינֵי הַגּוֹיִם אֲשֶׁר־הֵמָּה בְתוֹכָם אֲשֶׁר נוֹדַעְתִּי
י אֲלֵיהֶם לְעֵינֵיהֶם לְהוֹצִיאָם מֵאֶרֶץ מִצְרָיִם׃ וָאוֹצִיאֵם מֵאֶרֶץ
יא מִצְרָיִם וָאֲבִאֵם אֶל־הַמִּדְבָּר׃ וָאֶתֵּן לָהֶם אֶת־חֻקּוֹתַי וְאֶת־
מִשְׁפָּטַי הוֹדַעְתִּי אוֹתָם אֲשֶׁר יַעֲשֶׂה אוֹתָם הָאָדָם וָחַי בָּהֶם׃
יב וְגַם אֶת־שַׁבְּתוֹתַי נָתַתִּי לָהֶם לִהְיוֹת לְאוֹת בֵּינִי וּבֵינֵיהֶם לָדַעַת
יג כִּי אֲנִי יְהוָה מְקַדְּשָׁם׃ וַיַּמְרוּ־בִי בֵית־יִשְׂרָאֵל בַּמִּדְבָּר בְּחֻקּוֹתַי
לֹא־הָלָכוּ וְאֶת־מִשְׁפָּטַי מָאָסוּ אֲשֶׁר יַעֲשֶׂה אֹתָם הָאָדָם וָחַי
בָּהֶם וְאֶת־שַׁבְּתֹתַי חִלְּלוּ מְאֹד וָאֹמַר לִשְׁפֹּךְ חֲמָתִי עֲלֵיהֶם
יד בַּמִּדְבָּר לְכַלּוֹתָם׃ וָאֶעֱשֶׂה לְמַעַן שְׁמִי לְבִלְתִּי הֵחֵל לְעֵינֵי הַגּוֹיִם
טו אֲשֶׁר הוֹצֵאתִים לְעֵינֵיהֶם׃ וְגַם־אֲנִי נָשָׂאתִי יָדִי לָהֶם בַּמִּדְבָּר
לְבִלְתִּי הָבִיא אוֹתָם אֶל־הָאָרֶץ אֲשֶׁר־נָתַתִּי זָבַת חָלָב וּדְבַשׁ
טז צְבִי הִיא לְכָל־הָאֲרָצוֹת׃ יַעַן בְּמִשְׁפָּטַי מָאָסוּ וְאֶת־חֻקּוֹתַי לֹא־
הָלְכוּ בָהֶם וְאֶת־שַׁבְּתוֹתַי חִלֵּלוּ כִּי אַחֲרֵי גִלּוּלֵיהֶם לִבָּם הֹלֵךְ׃
יז וַתָּחָס עֵינִי עֲלֵיהֶם מִשַּׁחֲתָם וְלֹא־עָשִׂיתִי אוֹתָם כָּלָה בַּמִּדְבָּר׃
יח וָאֹמַר אֶל־בְּנֵיהֶם בַּמִּדְבָּר בְּחוּקֵּי אֲבוֹתֵיכֶם אַל־תֵּלֵכוּ וְאֶת־
יט מִשְׁפְּטֵיהֶם אַל־תִּשְׁמֹרוּ וּבְגִלּוּלֵיהֶם אַל־תִּטַּמָּאוּ׃ אֲנִי יְהוָה
כ אֱלֹהֵיכֶם בְּחֻקּוֹתַי לֵכוּ וְאֶת־מִשְׁפָּטַי שִׁמְרוּ וַעֲשׂוּ אוֹתָם׃ וְאֶת־
שַׁבְּתוֹתַי קַדֵּשׁוּ וְהָיוּ לְאוֹת בֵּינִי וּבֵינֵיכֶם לָדַעַת כִּי אֲנִי יְהוָה
כא אֱלֹהֵיכֶם׃ וַיַּמְרוּ־בִי הַבָּנִים בְּחֻקּוֹתַי לֹא־הָלָכוּ וְאֶת־מִשְׁפָּטַי
לֹא־שָׁמְרוּ לַעֲשׂוֹת אוֹתָם אֲשֶׁר יַעֲשֶׂה אוֹתָם הָאָדָם וָחַי בָּהֶם
אֶת־שַׁבְּתוֹתַי חִלֵּלוּ וָאֹמַר לִשְׁפֹּךְ חֲמָתִי עֲלֵיהֶם לְכַלּוֹת אַפִּי בָּם
כב בַּמִּדְבָּר׃ וַהֲשִׁבֹתִי אֶת־יָדִי וָאַעַשׂ לְמַעַן שְׁמִי לְבִלְתִּי הֵחֵל
כג לְעֵינֵי הַגּוֹיִם אֲשֶׁר־הוֹצֵאתִי אוֹתָם לְעֵינֵיהֶם׃ גַּם־אֲנִי נָשָׂאתִי

אֶת־יָדִי לָהֶם בַּמִּדְבָּר לְהָפִיץ אֹתָם בַּגּוֹיִם וּלְזָרוֹת אוֹתָם
כד בָּאֲרָצוֹת׃ יַעַן מִשְׁפָּטַי לֹא־עָשׂוּ וְחֻקּוֹתַי מָאָסוּ וְאֶת־שַׁבְּתוֹתַי
כה חִלֵּלוּ וְאַחֲרֵי גִּלּוּלֵי אֲבוֹתָם הָיוּ עֵינֵיהֶם׃ וְגַם־אֲנִי נָתַתִּי לָהֶם
כו חֻקִּים לֹא טוֹבִים וּמִשְׁפָּטִים לֹא יִחְיוּ בָּהֶם׃ וָאֲטַמֵּא אוֹתָם
בְּמַתְּנוֹתָם בְּהַעֲבִיר כָּל־פֶּטֶר רָחַם לְמַעַן אֲשִׁמֵּם לְמַעַן אֲשֶׁר
כז יֵדְעוּ אֲשֶׁר אֲנִי יְהוָה׃ לָכֵן דַּבֵּר אֶל־בֵּית יִשְׂרָאֵל
בֶּן־אָדָם וְאָמַרְתָּ אֲלֵיהֶם כֹּה אָמַר אֲדֹנָי יְהוִה עוֹד זֹאת גִּדְּפוּ
כח אוֹתִי אֲבוֹתֵיכֶם בְּמַעֲלָם בִּי מָעַל׃ וָאֲבִיאֵם אֶל־הָאָרֶץ אֲשֶׁר
נָשָׂאתִי אֶת־יָדִי לָתֵת אוֹתָהּ לָהֶם וַיִּרְאוּ כָל־גִּבְעָה רָמָה וְכָל־
עֵץ עָבֹת וַיִּזְבְּחוּ־שָׁם אֶת־זִבְחֵיהֶם וַיִּתְּנוּ־שָׁם כַּעַס קָרְבָּנָם
כט וַיָּשִׂימוּ שָׁם רֵיחַ נִיחוֹחֵיהֶם וַיַּסִּיכוּ שָׁם אֶת־נִסְכֵּיהֶם׃ וָאֹמַר
אֲלֵהֶם מָה הַבָּמָה אֲשֶׁר־אַתֶּם הַבָּאִים שָׁם וַיִּקָּרֵא שְׁמָהּ בָּמָה
ל עַד הַיּוֹם הַזֶּה׃ לָכֵן אֱמֹר ׀ אֶל־בֵּית יִשְׂרָאֵל כֹּה
אָמַר אֲדֹנָי יְהוִה הַבְדֶרֶךְ אֲבוֹתֵיכֶם אַתֶּם נִטְמְאִים וְאַחֲרֵי
לא שִׁקּוּצֵיהֶם אַתֶּם זֹנִים׃ וּבִשְׂאֵת מַתְּנֹתֵיכֶם בְּהַעֲבִיר בְּנֵיכֶם בָּאֵשׁ
אַתֶּם נִטְמְאִים לְכָל־גִּלּוּלֵיכֶם עַד־הַיּוֹם וַאֲנִי אִדָּרֵשׁ לָכֶם בֵּית
לב יִשְׂרָאֵל חַי־אָנִי נְאֻם אֲדֹנָי יְהוִה אִם־אִדָּרֵשׁ לָכֶם׃ וְהָעֹלָה עַל־
רוּחֲכֶם הָיוֹ לֹא תִהְיֶה אֲשֶׁר ׀ אַתֶּם אֹמְרִים נִהְיֶה כַגּוֹיִם
לג כְּמִשְׁפְּחוֹת הָאֲרָצוֹת לְשָׁרֵת עֵץ וָאָבֶן׃ חַי־אָנִי נְאֻם אֲדֹנָי יְהוִה
אִם־לֹא בְּיָד חֲזָקָה וּבִזְרוֹעַ נְטוּיָה וּבְחֵמָה שְׁפוּכָה אֶמְלוֹךְ
לד עֲלֵיכֶם׃ וְהוֹצֵאתִי אֶתְכֶם מִן־הָעַמִּים וְקִבַּצְתִּי אֶתְכֶם מִן־
הָאֲרָצוֹת אֲשֶׁר נְפוֹצֹתֶם בָּם בְּיָד חֲזָקָה וּבִזְרוֹעַ נְטוּיָה וּבְחֵמָה
לה שְׁפוּכָה׃ וְהֵבֵאתִי אֶתְכֶם אֶל־מִדְבַּר הָעַמִּים וְנִשְׁפַּטְתִּי אִתְּכֶם
לו שָׁם פָּנִים אֶל־פָּנִים׃ כַּאֲשֶׁר נִשְׁפַּטְתִּי אֶת־אֲבוֹתֵיכֶם בְּמִדְבַּר
לז אֶרֶץ מִצְרָיִם כֵּן אִשָּׁפֵט אִתְּכֶם נְאֻם אֲדֹנָי יְהוִה׃ וְהַעֲבַרְתִּי
לח אֶתְכֶם תַּחַת הַשָּׁבֶט וְהֵבֵאתִי אֶתְכֶם בְּמָסֹרֶת הַבְּרִית׃ וּבָרוֹתִי
מִכֶּם הַמֹּרְדִים וְהַפּוֹשְׁעִים בִּי מֵאֶרֶץ מְגוּרֵיהֶם אוֹצִיא אוֹתָם

לט וְאֶל־אַדְמַת יִשְׂרָאֵל לֹא יָבוֹא וִידַעְתֶּם כִּי־אֲנִי יְהוָה׃ וְאַתֶּם
בֵּית־יִשְׂרָאֵל כֹּה־אָמַר ׀ אֲדֹנָי יְהוִה אִישׁ גִּלּוּלָיו לְכוּ עֲבֹדוּ
וְאַחַר אִם־אֵינְכֶם שֹׁמְעִים אֵלָי וְאֶת־שֵׁם קָדְשִׁי לֹא תְחַלְּלוּ־
מ עוֹד בְּמַתְּנוֹתֵיכֶם וּבְגִלּוּלֵיכֶם׃ כִּי בְהַר־קָדְשִׁי בְּהַר ׀ מְרוֹם
יִשְׂרָאֵל נְאֻם אֲדֹנָי יְהוִה שָׁם יַעַבְדֻנִי כָּל־בֵּית יִשְׂרָאֵל כֻּלֹּה
בָּאָרֶץ שָׁם אֶרְצֵם וְשָׁם אֶדְרוֹשׁ אֶת־תְּרוּמֹתֵיכֶם וְאֶת־רֵאשִׁית
מא מַשְׂאוֹתֵיכֶם בְּכָל־קָדְשֵׁיכֶם׃ בְּרֵיחַ נִיחֹחַ אֶרְצֶה אֶתְכֶם יב
בְּהוֹצִיאִי אֶתְכֶם מִן־הָעַמִּים וְקִבַּצְתִּי אֶתְכֶם מִן־הָאֲרָצוֹת
מב אֲשֶׁר נְפֹצֹתֶם בָּם וְנִקְדַּשְׁתִּי בָכֶם לְעֵינֵי הַגּוֹיִם׃ וִידַעְתֶּם כִּי־אֲנִי
יְהוָה בַּהֲבִיאִי אֶתְכֶם אֶל־אַדְמַת יִשְׂרָאֵל אֶל־הָאָרֶץ אֲשֶׁר
מג נָשָׂאתִי אֶת־יָדִי לָתֵת אוֹתָהּ לַאֲבוֹתֵיכֶם׃ וּזְכַרְתֶּם־שָׁם אֶת־
דַּרְכֵיכֶם וְאֵת כָּל־עֲלִילוֹתֵיכֶם אֲשֶׁר נִטְמֵאתֶם בָּם וּנְקֹטֹתֶם
מד בִּפְנֵיכֶם בְּכָל־רָעוֹתֵיכֶם אֲשֶׁר עֲשִׂיתֶם׃ וִידַעְתֶּם כִּי־אֲנִי יְהוָה
בַּעֲשׂוֹתִי אִתְּכֶם לְמַעַן שְׁמִי לֹא כְדַרְכֵיכֶם הָרָעִים וְכַעֲלִילוֹתֵיכֶם
כא א הַנִּשְׁחָתוֹת בֵּית יִשְׂרָאֵל נְאֻם אֲדֹנָי יְהוִה׃ וַיְהִי
ב דְבַר־יְהוָה אֵלַי לֵאמֹר׃ בֶּן־אָדָם שִׂים פָּנֶיךָ דֶּרֶךְ תֵּימָנָה וְהַטֵּף
ג אֶל־דָּרוֹם וְהִנָּבֵא אֶל־יַעַר הַשָּׂדֶה נֶגֶב׃ וְאָמַרְתָּ לְיַעַר הַנֶּגֶב
שְׁמַע דְּבַר־יְהוָה כֹּה־אָמַר אֲדֹנָי יְהוִה הִנְנִי מַצִּית־בְּךָ ׀ אֵשׁ
וְאָכְלָה בְךָ כָל־עֵץ־לַח וְכָל־עֵץ יָבֵשׁ לֹא־תִכְבֶּה לַהֶבֶת
ד שַׁלְהֶבֶת וְנִצְרְבוּ־בָהּ כָּל־פָּנִים מִנֶּגֶב צָפוֹנָה׃ וְרָאוּ כָּל־בָּשָׂר
ה כִּי אֲנִי יְהוָה בִּעַרְתִּיהָ לֹא תִּכְבֶּה׃ וָאֹמַר אֲהָהּ אֲדֹנָי יְהוִה הֵמָּה
ו אֹמְרִים לִי הֲלֹא מְמַשֵּׁל מְשָׁלִים הוּא׃ וַיְהִי דְבַר־
ז יְהוָה אֵלַי לֵאמֹר׃ בֶּן־אָדָם שִׂים פָּנֶיךָ אֶל־יְרוּשָׁלִַם וְהַטֵּף אֶל־
ח מִקְדָּשִׁים וְהִנָּבֵא אֶל־אַדְמַת יִשְׂרָאֵל׃ וְאָמַרְתָּ לְאַדְמַת יִשְׂרָאֵל
כֹּה אָמַר יְהוָה הִנְנִי אֵלַיִךְ וְהוֹצֵאתִי חַרְבִּי מִתַּעְרָהּ וְהִכְרַתִּי
ט מִמֵּךְ צַדִּיק וְרָשָׁע׃ יַעַן אֲשֶׁר־הִכְרַתִּי מִמֵּךְ צַדִּיק וְרָשָׁע לָכֵן
י תֵּצֵא חַרְבִּי מִתַּעְרָהּ אֶל־כָּל־בָּשָׂר מִנֶּגֶב צָפוֹן׃ וְיָדְעוּ

כל־בשר כי אני יהוה הוצאתי חרבי מתערה לא תשוב
יא עוד: ואתה בן־אדם האנח בשברון מתנים
יב ובמרירות תאנח לעיניהם: והיה כי־יאמרו אליך על־מה
אתה נאנח ואמרת אל־שמועה כי־באה ונמס כל־לב ורפו
כל־ידים וכהתה כל־רוח וכל־ברכים תלכנה מים הנה באה
יג ונהיתה נאם אדני יהוה: ויהי דבר־יהוה אלי
יד לאמר: בן־אדם הנבא ואמרת כה אמר אדני אמר חרב חרב
טו הוחדה וגם־מרוטה: למען טבח טבח הוחדה למען־היה־לה
טז ברק מרטה או נשיש שבט בני מאסת כל־עץ: ויתן אתה
למרטה לתפש בכף היא־הוחדה חרב והיא מרטה לתת
יז אותה ביד־הורג: זעק והילל בן־אדם כי־היא היתה בעמי
היא בכל־נשיאי ישראל מגורי אל־חרב היו את־עמי לכן
יח ספק אל־ירך: כי בחן ומה אם־גם־שבט מאסת לא יהיה
יט נאם אדני יהוה: ואתה בן־אדם הנבא והך כף
אל־כף ותכפל חרב שלישתה חרב חללים היא חרב חלל
כ הגדול החדרת להם: למען ׀ למוג לב והרבה המכשלים
על כל־שעריהם נתתי אבחת־חרב אח עשויה לברק
כא מעטה לטבח: התאחדי הימני השימי השמילי אנה פניך
כב מעדות: וגם־אני אכה כפי אל־כפי והנחתי חמתי אני יהוה
כג כד דברתי: ויהי דבר־יהוה אלי לאמר: ואתה בן־
אדם שים־לך ׀ שנים דרכים לבוא חרב מלך־בבל מארץ
כה אחד יצאו שניהם ויד ברא בראש דרך־עיר ברא: דרך תשים
לבוא חרב את רבת בני־עמון ואת־יהודה בירושלם בצורה:
כו כי־עמד מלך־בבל אל־אם הדרך בראש שני הדרכים לקסם־
כז קסם קלקל בחצים שאל בתרפים ראה בכבד: בימינו היה ׀
הקסם ירושלם לשום כרים לפתח פה ברצח להרים קול
בתרועה לשום כרים על־שערים לשפך סללה לבנות דיק:

כח וְהָיָה לָהֶם כקסום־שָׁוְא בְּעֵינֵיהֶם שְׁבֻעֵי שְׁבֻעוֹת לָהֶם וְהוּא־ כִּקְסָם־
כט מַזְכִּיר עָוֺן לְהִתָּפֵשׂ׃ לָכֵן כֹּה־אָמַר אֲדֹנָי יֱהֹוִה יַעַן
הַזְכַּרְכֶם עֲוֺנְכֶם בְּהִגָּלוֹת פִּשְׁעֵיכֶם לְהֵרָאוֹת חַטֹּאותֵיכֶם בְּכֹל
ל עֲלִילוֹתֵיכֶם יַעַן הִזָּכֶרְכֶם בַּכַּף תִּתָּפֵשׂוּ׃ וְאַתָּה חָלָל
לא רָשָׁע נְשִׂיא יִשְׂרָאֵל אֲשֶׁר־בָּא יוֹמוֹ בְּעֵת עֲוֺן קֵץ׃ כֹּה
אָמַר אֲדֹנָי יֱהֹוִה הָסִיר הַמִּצְנֶפֶת וְהָרִים הָעֲטָרָה זֹאת לֹא־זֹאת
לב הַשָּׁפָלָה הַגְבֵּהַ וְהַגָּבֹהַ הַשְׁפִּיל׃ עַוָּה עַוָּה עַוָּה אֲשִׂימֶנָּה גַּם־זֹאת
לג לֹא הָיָה עַד־בֹּא אֲשֶׁר־לוֹ הַמִּשְׁפָּט וּנְתַתִּיו׃ וְאַתָּה
בֶן־אָדָם הִנָּבֵא וְאָמַרְתָּ כֹּה אָמַר אֲדֹנָי יֱהֹוִה אֶל־בְּנֵי עַמּוֹן
וְאֶל־חֶרְפָּתָם וְאָמַרְתָּ חֶרֶב חֶרֶב פְּתוּחָה לְטֶבַח מְרוּטָה לְהָכִיל
לד לְמַעַן בָּרָק׃ בַּחֲזוֹת לָךְ שָׁוְא בִּקְסָם־לָךְ כָּזָב לָתֵת אוֹתָךְ אֶל־
לה צַוְּארֵי חַלְלֵי רְשָׁעִים אֲשֶׁר־בָּא יוֹמָם בְּעֵת עֲוֺן קֵץ׃ הָשַׁב אֶל־
תַּעְרָהּ בִּמְקוֹם אֲשֶׁר־נִבְרֵאת בְּאֶרֶץ מְכֻרוֹתַיִךְ אֶשְׁפֹּט אֹתָךְ׃
לו וְשָׁפַכְתִּי עָלַיִךְ זַעְמִי בְּאֵשׁ עֶבְרָתִי אָפִיחַ עָלָיִךְ וּנְתַתִּיךְ בְּיַד
לז אֲנָשִׁים בֹּעֲרִים חָרָשֵׁי מַשְׁחִית׃ לָאֵשׁ תִּהְיֶה לְאָכְלָה דָּמֵךְ יִהְיֶה
כב א בְּתוֹךְ הָאָרֶץ לֹא תִזָּכֵרִי כִּי אֲנִי יְהֹוָה דִּבַּרְתִּי׃ וַיְהִי
ב דְבַר־יְהֹוָה אֵלַי לֵאמֹר׃ וְאַתָּה בֶן־אָדָם הֲתִשְׁפֹּט הֲתִשְׁפֹּט אֶת־
ג עִיר הַדָּמִים וְהוֹדַעְתָּהּ אֵת כָּל־תּוֹעֲבוֹתֶיהָ׃ וְאָמַרְתָּ כֹּה אָמַר
אֲדֹנָי יֱהֹוִה עִיר שֹׁפֶכֶת דָּם בְּתוֹכָהּ לָבוֹא עִתָּהּ וְעָשְׂתָה גִלּוּלִים
ד עָלֶיהָ לְטָמְאָה׃ בְּדָמֵךְ אֲשֶׁר־שָׁפַכְתְּ אָשַׁמְתְּ וּבְגִלּוּלַיִךְ אֲשֶׁר־
עָשִׂית טָמֵאת וַתַּקְרִיבִי יָמַיִךְ וַתָּבוֹא עַד־שְׁנוֹתָיִךְ עַל־כֵּן
ה נְתַתִּיךְ חֶרְפָּה לַגּוֹיִם וְקַלָּסָה לְכָל־הָאֲרָצוֹת׃ הַקְּרֹבוֹת
וְהָרְחֹקוֹת מִמֵּךְ יִתְקַלְּסוּ־בָךְ טְמֵאַת הַשֵּׁם רַבַּת הַמְּהוּמָה׃
ו הִנֵּה נְשִׂיאֵי יִשְׂרָאֵל אִישׁ לִזְרֹעוֹ הָיוּ בָךְ לְמַעַן שְׁפָךְ־דָּם׃ אָב
ז וָאֵם הֵקַלּוּ בָךְ לַגֵּר עָשׂוּ בַעֹשֶׁק בְּתוֹכֵךְ יָתוֹם וְאַלְמָנָה הוֹנוּ בָךְ׃
ח ט קָדָשַׁי בָּזִית וְאֶת־שַׁבְּתֹתַי חִלָּלְתְּ׃ אַנְשֵׁי רָכִיל הָיוּ בָךְ לְמַעַן
י שְׁפָךְ־דָּם וְאֶל־הֶהָרִים אָכְלוּ בָךְ זִמָּה עָשׂוּ בְתוֹכֵךְ׃ עֶרְוַת־אָב

יא גִּלָּה־בָּךְ טְמֵאַת הַנִּדָּה עִנּוּ־בָךְ׃ וְאִישׁ ׀ אֶת־אֵשֶׁת רֵעֵהוּ עָשָׂה
תּוֹעֵבָה וְאִישׁ אֶת־כַּלָּתוֹ טִמֵּא בְזִמָּה וְאִישׁ אֶת־אֲחֹתוֹ בַת־
יב אָבִיו עִנָּה־בָךְ׃ שֹׁחַד לָקְחוּ־בָךְ לְמַעַן שְׁפָךְ־דָּם נֶשֶׁךְ וְתַרְבִּית
לָקַחַתְּ וַתְּבַצְּעִי רֵעַיִךְ בַּעֹשֶׁק וְאֹתִי שָׁכַחַתְּ נְאֻם אֲדֹנָי יְהוִה׃
יג וְהִנֵּה הִכֵּיתִי כַפִּי אֶל־בִּצְעֵךְ אֲשֶׁר עָשִׂית וְעַל־דָּמֵךְ אֲשֶׁר הָיוּ
יד בְּתוֹכֵךְ׃ הֲיַעֲמֹד לִבֵּךְ אִם־תֶּחֱזַקְנָה יָדַיִךְ לַיָּמִים אֲשֶׁר אֲנִי עֹשֶׂה
טו אוֹתָךְ אֲנִי יְהוָה דִּבַּרְתִּי וְעָשִׂיתִי׃ וַהֲפִיצוֹתִי אוֹתָךְ בַּגּוֹיִם וְזֵרִיתִיךְ
טז בָּאֲרָצוֹת וַהֲתִמֹּתִי טֻמְאָתֵךְ מִמֵּךְ׃ וְנִחַלְתְּ בָּךְ לְעֵינֵי גוֹיִם וְיָדַעַתְּ יג
יז יח כִּי־אֲנִי יְהוָה׃ וַיְהִי דְבַר־יְהוָה אֵלַי לֵאמֹר׃ בֶּן־
אָדָם הָיוּ־לִי בֵית־יִשְׂרָאֵל לסוג כֻּלָּם נְחֹשֶׁת וּבְדִיל וּבַרְזֶל לְסִיג
יט וְעוֹפֶרֶת בְּתוֹךְ כּוּר סִגִים כֶּסֶף הָיוּ׃ לָכֵן כֹּה
אָמַר אֲדֹנָי יְהוִה יַעַן הֱיוֹת כֻּלְּכֶם לְסִגִים לָכֵן הִנְנִי קֹבֵץ אֶתְכֶם
כ אֶל־תּוֹךְ יְרוּשָׁלִָם׃ קְבֻצַת כֶּסֶף וּנְחֹשֶׁת וּבַרְזֶל וְעוֹפֶרֶת וּבְדִיל
אֶל־תּוֹךְ כּוּר לָפַחַת־עָלָיו אֵשׁ לְהַנְתִּיךְ כֵּן אֶקְבֹּץ בְּאַפִּי וּבַחֲמָתִי
כא וְהִנַּחְתִּי וְהִתַּכְתִּי אֶתְכֶם׃ וְכִנַּסְתִּי אֶתְכֶם וְנָפַחְתִּי עֲלֵיכֶם
כב בְּאֵשׁ עֶבְרָתִי וְנִתַּכְתֶּם בְּתוֹכָהּ׃ כְּהִתּוּךְ כֶּסֶף בְּתוֹךְ כּוּר
כֵּן תֻּתְּכוּ בְּתוֹכָהּ וִידַעְתֶּם כִּי־אֲנִי יְהוָה שָׁפַכְתִּי חֲמָתִי
כג כד עֲלֵיכֶם׃ וַיְהִי דְבַר־יְהוָה אֵלַי לֵאמֹר׃ בֶּן־אָדָם
אֱמָר־לָהּ אַתְּ אֶרֶץ לֹא מְטֹהָרָה הִיא לֹא גֻשְׁמָהּ בְּיוֹם זָעַם׃
כה קֶשֶׁר נְבִיאֶיהָ בְּתוֹכָהּ כַּאֲרִי שׁוֹאֵג טֹרֵף טָרֶף נֶפֶשׁ אָכָלוּ חֹסֶן
כו וִיקָר יִקָּחוּ אַלְמְנוֹתֶיהָ הִרְבּוּ בְתוֹכָהּ׃ כֹּהֲנֶיהָ חָמְסוּ תוֹרָתִי
וַיְחַלְּלוּ קָדָשַׁי בֵּין־קֹדֶשׁ לְחֹל לֹא הִבְדִּילוּ וּבֵין־הַטָּמֵא לְטָהוֹר
כז לֹא הוֹדִיעוּ וּמִשַּׁבְּתוֹתַי הֶעְלִימוּ עֵינֵיהֶם וָאֵחַל בְּתוֹכָם׃ שָׂרֶיהָ
בְקִרְבָּהּ כִּזְאֵבִים טֹרְפֵי טָרֶף לִשְׁפָּךְ־דָּם לְאַבֵּד נְפָשׁוֹת לְמַעַן
כח בְּצֹעַ בָּצַע׃ וּנְבִיאֶיהָ טָחוּ לָהֶם תָּפֵל חֹזִים שָׁוְא וְקֹסְמִים לָהֶם
כט כָּזָב אֹמְרִים כֹּה אָמַר אֲדֹנָי יְהוִה וַיהוָה לֹא דִבֵּר׃ עַם הָאָרֶץ
עָשְׁקוּ עֹשֶׁק וְגָזְלוּ גָּזֵל וְעָנִי וְאֶבְיוֹן הוֹנוּ וְאֶת־הַגֵּר עָשְׁקוּ

ל בְּלֹא מִשְׁפָּט: וָאֲבַקֵּשׁ מֵהֶם אִישׁ גֹּדֵר־גָּדֵר וְעֹמֵד בַּפֶּרֶץ
לא לְפָנַי בְּעַד הָאָרֶץ לְבִלְתִּי שַׁחֲתָהּ וְלֹא מָצָאתִי: וָאֶשְׁפֹּךְ עֲלֵיהֶם
זַעְמִי בְּאֵשׁ עֶבְרָתִי כִּלִּיתִים דַּרְכָּם בְּרֹאשָׁם נָתַתִּי נְאֻם אֲדֹנָי
כג א ב יֱהוִה: וַיְהִי דְבַר־יְהוָה אֵלַי לֵאמֹר: בֶּן־אָדָם
ג שְׁתַּיִם נָשִׁים בְּנוֹת אֵם־אַחַת הָיוּ: וַתִּזְנֶינָה בְמִצְרַיִם בִּנְעוּרֵיהֶן
ד זָנוּ שָׁמָּה מֹעֲכוּ שְׁדֵיהֶן וְשָׁם עִשּׂוּ דַּדֵּי בְּתוּלֵיהֶן: וּשְׁמוֹתָן אָהֳלָה
הַגְּדוֹלָה וְאָהֳלִיבָה אֲחוֹתָהּ וַתִּהְיֶינָה לִי וַתֵּלַדְנָה בָּנִים וּבָנוֹת
ה וּשְׁמוֹתָן שֹׁמְרוֹן אָהֳלָה וִירוּשָׁלַם אָהֳלִיבָה: וַתִּזֶן אָהֳלָה תַּחְתָּי
ו וַתַּעְגַּב עַל־מְאַהֲבֶיהָ אֶל־אַשּׁוּר קְרוֹבִים: לְבֻשֵׁי תְכֵלֶת פַּחוֹת
ז וּסְגָנִים בַּחוּרֵי חֶמֶד כֻּלָּם פָּרָשִׁים רֹכְבֵי סוּסִים: וַתִּתֵּן תַּזְנוּתֶיהָ
עֲלֵיהֶם מִבְחַר בְּנֵי־אַשּׁוּר כֻּלָּם וּבְכֹל אֲשֶׁר־עָגְבָה בְּכָל־גִּלּוּלֵיהֶם
ח נִטְמָאָה: וְאֶת־תַּזְנוּתֶיהָ מִמִּצְרַיִם לֹא עָזָבָה כִּי אוֹתָהּ שָׁכְבוּ
ט בִנְעוּרֶיהָ וְהֵמָּה עִשּׂוּ דַּדֵּי בְתוּלֶיהָ וַיִּשְׁפְּכוּ תַזְנוּתָם עָלֶיהָ: לָכֵן
י נְתַתִּיהָ בְּיַד־מְאַהֲבֶיהָ בְּיַד בְּנֵי אַשּׁוּר אֲשֶׁר עָגְבָה עֲלֵיהֶם: הֵמָּה
גִּלּוּ עֶרְוָתָהּ בָּנֶיהָ וּבְנוֹתֶיהָ לָקָחוּ וְאוֹתָהּ בַּחֶרֶב הָרָגוּ וַתְּהִי־
יא שֵׁם לַנָּשִׁים וּשְׁפוּטִים עָשׂוּ בָהּ: וַתֵּרֶא אֲחוֹתָהּ
אָהֳלִיבָה וַתַּשְׁחֵת עַגְבָתָהּ מִמֶּנָּה וְאֶת־תַּזְנוּתֶיהָ מִזְּנוּנֵי
יב אֲחוֹתָהּ: אֶל־בְּנֵי אַשּׁוּר עָגָבָה פַּחוֹת וּסְגָנִים קְרֹבִים לְבֻשֵׁי
יג מִכְלוֹל פָּרָשִׁים רֹכְבֵי סוּסִים בַּחוּרֵי חֶמֶד כֻּלָּם: וָאֵרֶא כִּי
יד נִטְמָאָה דֶּרֶךְ אֶחָד לִשְׁתֵּיהֶן: וַתּוֹסֶף אֶל־תַּזְנוּתֶיהָ וַתֵּרֶא אַנְשֵׁי
טו מְחֻקֶּה עַל־הַקִּיר צַלְמֵי כשדיים חֲקֻקִים בַּשָּׁשַׁר: חֲגוֹרֵי אֵזוֹר כַּשְׂדִּים
בְּמָתְנֵיהֶם סְרוּחֵי טְבוּלִים בְּרָאשֵׁיהֶם מַרְאֵה שָׁלִשִׁים כֻּלָּם
טז דְּמוּת בְּנֵי־בָבֶל כַּשְׂדִּים אֶרֶץ מוֹלַדְתָּם: ותעגב עֲלֵיהֶם לְמַרְאֵה
יז עֵינֶיהָ וַתִּשְׁלַח מַלְאָכִים אֲלֵיהֶם כַּשְׂדִּימָה: וַיָּבֹאוּ אֵלֶיהָ בְנֵי־
בָבֶל לְמִשְׁכַּב דֹּדִים וַיְטַמְּאוּ אוֹתָהּ בְּתַזְנוּתָם וַתִּטְמָא־בָם
יח וַתֵּקַע נַפְשָׁהּ מֵהֶם: וַתְּגַל תַּזְנוּתֶיהָ וַתְּגַל אֶת־עֶרְוָתָהּ וַתֵּקַע
יט נַפְשִׁי מֵעָלֶיהָ כַּאֲשֶׁר נָקְעָה נַפְשִׁי מֵעַל אֲחוֹתָהּ: וַתַּרְבֶּה אֶת־

תַּזְנוּתֶ֑יהָ לִזְכֹּר֙ אֶת־יְמֵ֣י נְעוּרֶ֔יהָ אֲשֶׁ֥ר זָנְתָ֖ה בְּאֶ֥רֶץ מִצְרָֽיִם׃
כ וַֽתַּעְגְּבָ֔ה עַ֖ל פִּלַגְשֵׁיהֶ֑ם אֲשֶׁ֤ר בְּשַׂר־חֲמוֹרִים֙ בְּשָׂרָ֔ם וְזִרְמַ֥ת
כא סוּסִ֖ים זִרְמָתָֽם׃ וַֽתִּפְקְדִ֔י אֵ֖ת זִמַּ֣ת נְעוּרָ֑יִךְ בַּעְשׂ֤וֹת מִמִּצְרַ֙יִם֙
כב דַּדַּ֔יִךְ לְמַ֖עַן שְׁדֵ֥י נְעוּרָֽיִךְ׃ לָכֵ֣ן אָהֳלִיבָ֗ה כֹּֽה
אָמַר֮ אֲדֹנָ֣י יֱהֹוִה֒ הִנְנִ֨י מֵעִ֤יר אֶת־מְאַהֲבַ֙יִךְ֙ עָלַ֔יִךְ אֵ֛ת אֲשֶׁר־
כג נָקְעָ֥ה נַפְשֵׁ֖ךְ מֵהֶ֑ם וַהֲבֵאתִ֥ים עָלַ֖יִךְ מִסָּבִֽיב׃ בְּנֵ֨י בָבֶ֜ל וְכָל־
כַּשְׂדִּ֗ים פְּק֤וֹד וְשׁ֙וֹעַ֙ וְק֔וֹעַ כָּל־בְּנֵ֥י אַשּׁ֖וּר אוֹתָ֑ם בַּח֣וּרֵי חֶ֗מֶד
כד פַּח֤וֹת וּסְגָנִים֙ כֻּלָּ֔ם שָֽׁלִשִׁים֙ וּקְרוּאִ֔ים רֹכְבֵ֥י סוּסִ֖ים כֻּלָּֽם׃ וּבָ֣אוּ
עָ֠לַיִךְ הֹ֜צֶן רֶ֤כֶב וְגַלְגַּל֙ וּבִקְהַ֣ל עַמִּ֔ים צִנָּ֨ה וּמָגֵ֧ן וְקוֹבַ֛ע יָשִׂ֥ימוּ
עָלַ֖יִךְ סָבִ֑יב וְנָתַתִּ֤י לִפְנֵיהֶם֙ מִשְׁפָּ֔ט וּשְׁפָט֖וּךְ בְּמִשְׁפְּטֵיהֶֽם׃
כה וְנָתַתִּ֨י קִנְאָתִ֜י בָּ֗ךְ וְעָשׂ֤וּ אוֹתָךְ֙ בְּחֵמָ֔ה אַפֵּ֤ךְ וְאָזְנַ֙יִךְ֙ יָסִ֔ירוּ
וְאַחֲרִיתֵ֖ךְ בַּחֶ֣רֶב תִּפּ֑וֹל הֵ֗מָּה בָּנַ֤יִךְ וּבְנוֹתַ֙יִךְ֙ יִקָּ֔חוּ וְאַחֲרִיתֵ֖ךְ
כו תֵּאָכֵ֥ל בָּאֵֽשׁ׃ וְהִפְשִׁיט֖וּךְ אֶת־בְּגָדָ֑יִךְ וְלָקְח֖וּ כְּלֵ֥י תִפְאַרְתֵּֽךְ׃
יד כז וְהִשְׁבַּתִּ֤י זִמָּתֵךְ֙ מִמֵּ֔ךְ וְאֶת־זְנוּתֵ֖ךְ מֵאֶ֣רֶץ מִצְרָ֑יִם וְלֹֽא־תִשְׂאִ֤י
כח עֵינַ֙יִךְ֙ אֲלֵיהֶ֔ם וּמִצְרַ֖יִם לֹ֥א תִזְכְּרִי־עֽוֹד׃ כִּ֣י כֹ֤ה
אָמַר֙ אֲדֹנָ֣י יֱהֹוִ֔ה הִנְנִי֙ נֹתְנָ֔ךְ בְּיַ֖ד אֲשֶׁ֣ר שָׂנֵ֑את בְּיַ֖ד אֲשֶׁר־נָקְעָ֥ה
כט נַפְשֵׁ֖ךְ מֵהֶֽם׃ וְעָשׂ֨וּ אוֹתָ֜ךְ בְּשִׂנְאָ֗ה וְלָֽקְחוּ֙ כָּל־יְגִיעֵ֔ךְ וַעֲזָב֖וּךְ
ל עֵירֹ֣ם וְעֶרְיָ֑ה וְנִגְלָה֙ עֶרְוַ֣ת זְנוּנַ֔יִךְ וְזִמָּתֵ֖ךְ וְתַזְנוּתָֽיִךְ׃ עָשֹׂ֥ה אֵ֖לֶּה
לא לָ֑ךְ בִּזְנוֹתֵךְ֙ אַחֲרֵ֣י גוֹיִ֔ם עַ֥ל אֲשֶׁר־נִטְמֵ֖את בְּגִלּוּלֵיהֶֽם׃ בְּדֶ֥רֶךְ
לב אֲחוֹתֵ֖ךְ הָלָ֑כְתְּ וְנָתַתִּ֥י כוֹסָ֖הּ בְּיָדֵֽךְ׃ כֹּ֤ה אָמַר֙
אֲדֹנָ֣י יֱהֹוִ֔ה כּ֤וֹס אֲחוֹתֵךְ֙ תִּשְׁתִּ֔י הָעֲמֻקָּ֖ה וְהָרְחָבָ֑ה תִּהְיֶ֧ה לִצְחֹ֛ק
לג וּלְלַ֖עַג מִרְבָּ֥ה לְהָכִֽיל׃ שִׁכָּר֥וֹן וְיָג֖וֹן תִּמָּלֵ֑אִי כּ֚וֹס שַׁמָּ֣ה
לד וּשְׁמָמָ֔ה כּ֖וֹס אֲחוֹתֵ֥ךְ שֹׁמְרֽוֹן׃ וְשָׁתִ֨ית אוֹתָ֜הּ וּמָצִ֗ית וְאֶת־
חֲרָשֶׂ֛יהָ תְּגָרֵ֖מִי וְשָׁדַ֣יִךְ תְּנַתֵּ֑קִי כִּ֚י אֲנִ֣י דִבַּ֔רְתִּי נְאֻ֖ם אֲדֹנָ֥י
לה יֱהֹוִֽה׃ לָכֵ֗ן כֹּ֤ה אָמַר֙ אֲדֹנָ֣י יֱהֹוִ֔ה יַ֚עַן שָׁכַ֣חַתְּ
אוֹתִ֔י וַתַּשְׁלִ֥יכִי אוֹתִ֖י אַחֲרֵ֣י גַוֵּ֑ךְ וְגַם־אַ֛תְּ שְׂאִ֥י זִמָּתֵ֖ךְ וְאֶת־
לו תַּזְנוּתָֽיִךְ׃ וַיֹּ֣אמֶר יְהֹוָה֙ אֵלַ֔י בֶּן־אָדָ֕ם הֲתִשְׁפּ֥וֹט

לז אֶת־אָהֳלָה וְאֶת־אָהֳלִיבָה וְהַגֵּד לָהֶן אֵת תּוֹעֲבוֹתֵיהֶן׃ כִּי נִאֵפוּ
וְדָם בִּידֵיהֶן וְאֶת־גִּלּוּלֵיהֶן נִאֵפוּ וְגַם אֶת־בְּנֵיהֶן אֲשֶׁר יָלְדוּ־לִי
לח הֶעֱבִירוּ לָהֶם לְאָכְלָה׃ עוֹד זֹאת עָשׂוּ לִי טִמְּאוּ אֶת־מִקְדָּשִׁי
לט בַּיּוֹם הַהוּא וְאֶת־שַׁבְּתוֹתַי חִלֵּלוּ׃ וּבְשַׁחֲטָם אֶת־בְּנֵיהֶם
לְגִלּוּלֵיהֶם וַיָּבֹאוּ אֶל־מִקְדָּשִׁי בַּיּוֹם הַהוּא לְחַלְּלוֹ וְהִנֵּה־כֹה
מ עָשׂוּ בְּתוֹךְ בֵּיתִי׃ וְאַף כִּי תִשְׁלַחְנָה לַאֲנָשִׁים בָּאִים מִמֶּרְחָק
אֲשֶׁר מַלְאָךְ שָׁלוּחַ אֲלֵיהֶם וְהִנֵּה־בָאוּ לַאֲשֶׁר רָחַצְתְּ כָּחַלְתְּ
מא עֵינַיִךְ וְעָדִית עֶדִי׃ וְיָשַׁבְתְּ עַל־מִטָּה כְבוּדָּה וְשֻׁלְחָן עָרוּךְ
מב לְפָנֶיהָ וּקְטָרְתִּי וְשַׁמְנִי שַׂמְתְּ עָלֶיהָ׃ וְקוֹל הָמוֹן שָׁלֵו בָהּ וְאֶל־
אֲנָשִׁים מֵרֹב אָדָם מוּבָאִים סובאים מִמִּדְבָּר וַיִּתְּנוּ צְמִידִים סְבָאִים
מג אֶל־יְדֵיהֶן וַעֲטֶרֶת תִּפְאֶרֶת עַל־רָאשֵׁיהֶן׃ וָאֹמַר לַבָּלָה נִאוּפִים
מד עַתְּ יזנה תַזְנוּתֶהָ וָהִיא׃ וַיָּבוֹא אֵלֶיהָ כְּבוֹא אֶל־אִשָּׁה זוֹנָה יִזְנוּ
מה כֵּן בָּאוּ אֶל־אָהֳלָה וְאֶל־אָהֳלִיבָה אִשֹּׁת הַזִּמָּה׃ וַאֲנָשִׁים
צַדִּיקִם הֵמָּה יִשְׁפְּטוּ אוֹתְהֶם מִשְׁפַּט נֹאֲפוֹת וּמִשְׁפַּט שֹׁפְכוֹת
מו דָּם כִּי נֹאֲפֹת הֵנָּה וְדָם בִּידֵיהֶן׃ כִּי כֹה אָמַר
מז אֲדֹנָי יְהוִה הַעֲלֵה עֲלֵיהֶם קָהָל וְנָתֹן אֶתְהֶן לְזַעֲוָה וָלָבַז׃ וְרָגְמוּ
עֲלֵיהֶן אֶבֶן קָהָל וּבָרֵא אוֹתְהֶן בְּחַרְבוֹתָם בְּנֵיהֶם וּבְנוֹתֵיהֶם
מח יַהֲרֹגוּ וּבָתֵּיהֶן בָּאֵשׁ יִשְׂרֹפוּ׃ וְהִשְׁבַּתִּי זִמָּה מִן־הָאָרֶץ
מט וְנִוַּסְּרוּ כָּל־הַנָּשִׁים וְלֹא תַעֲשֶׂינָה כְּזִמַּתְכֶנָה׃ וְנָתְנוּ זִמַּתְכֶנָה
עֲלֵיכֶן וַחֲטָאֵי גִלּוּלֵיכֶן תִּשֶּׂאינָה וִידַעְתֶּם כִּי אֲנִי אֲדֹנָי
כד א יְהוִה׃ וַיְהִי דְבַר־יְהוָה אֵלַי בַּשָּׁנָה הַתְּשִׁיעִית
ב בַּחֹדֶשׁ הָעֲשִׂירִי בֶּעָשׂוֹר לַחֹדֶשׁ לֵאמֹר׃ בֶּן־אָדָם כתוב־לְךָ אֶת־ כְּתָב־
שֵׁם הַיּוֹם אֶת־עֶצֶם הַיּוֹם הַזֶּה סָמַךְ מֶלֶךְ־בָּבֶל אֶל־יְרוּשָׁלִַם
ג בְּעֶצֶם הַיּוֹם הַזֶּה׃ וּמְשֹׁל אֶל־בֵּית־הַמֶּרִי מָשָׁל וְאָמַרְתָּ אֲלֵיהֶם
ד כֹּה אָמַר אֲדֹנָי יְהוִה שְׁפֹת הַסִּיר שְׁפֹת וְגַם־יְצֹק בּוֹ מָיִם׃ אֱסֹף
נְתָחֶיהָ אֵלֶיהָ כָּל־נֵתַח טוֹב יָרֵךְ וְכָתֵף מִבְחַר עֲצָמִים מַלֵּא׃
ה מִבְחַר הַצֹּאן לָקוֹחַ וְגַם דּוּר הָעֲצָמִים תַּחְתֶּיהָ רַתַּח רְתָחֶיהָ

ו גם-בשלו עצמיה בתוכה: לכן כה-אמר | אדני
יהוה אוי עיר הדמים סיר אשר חלאתה בה וחלאתה לא
יצאה ממנה לנתחיה לנתחיה הוציאה לא-נפל עליה גורל:
ז כי דמה בתוכה היה על-צחיח סלע שמתהו לא שפכתהו
ח על-הארץ לכסות עליו עפר: להעלות חמה לנקם נקם נתתי
ט את-דמה על-צחיח סלע לבלתי הכסות: לכן
כה אמר אדני יהוה אוי עיר הדמים גם-אני אגדיל המדורה:
י הרבה העצים הדלק האש התם הבשר והרקח המרקחה
יא והעצמות יחרו: והעמידה על-גחליה רקה למען תחם וחרה
יב נחשתה ונתכה בתוכה טמאתה תתם חלאתה: תאנים
הלאת ולא-תצא ממנה רבת חלאתה באש חלאתה:
יג בטמאתך זמה יען טהרתיך ולא טהרת מטמאתך לא
יד תטהרי-עוד עד-הניחי את-חמתי בך: אני יהוה דברתי
באה ועשיתי לא-אפרע ולא-אחוס ולא אנחם כדרכיך
טו וכעלילותיך שפטוך נאם אדני יהוה: ויהי
טז דבר-יהוה אלי לאמר: בן-אדם הנני לקח ממך את-מחמד
עיניך במגפה ולא תספד ולא תבכה ולוא תבוא דמעתך:
יז האנק | דם מתים אבל לא-תעשה פארך חבוש עליך ונעליך
תשים ברגליך ולא תעטה על-שפם ולחם אנשים לא תאכל:
יח ואדבר אל-העם בבקר ותמת אשתי בערב ואעש בבקר
יט כאשר צויתי: ויאמרו אלי העם הלא-תגיד לנו מה-אלה לנו
כ כי אתה עשה: ואמר אליהם דבר-יהוה היה אלי לאמר:
כא אמר | לבית ישראל כה-אמר אדני יהוה הנני מחלל את-
מקדשי גאון עזכם מחמד עיניכם ומחמל נפשכם ובניכם
כב ובנותיכם אשר עזבתם בחרב יפלו: ועשיתם כאשר עשיתי
כג על-שפם לא תעטו ולחם אנשים לא תאכלו: ופארכם על-
ראשיכם ונעליכם ברגליכם לא תספדו ולא תבכו ונמקתם

כג בַּעֲוֺנֹתֵיכֶם וּנְהַמְתֶּם אִישׁ אֶל־אָחִיו׃ וְהָיָה יְחֶזְקֵאל לָכֶם טו
לְמוֹפֵת כְּכֹל אֲשֶׁר־עָשָׂה תַּעֲשׂוּ בְּבֹאָהּ וִידַעְתֶּם כִּי אֲנִי אֲדֹנָי
כה יְהוִה׃ וְאַתָּה בֶן־אָדָם הֲלוֹא בְּיוֹם קַחְתִּי מֵהֶם
אֶת־מָעֻזָּם מְשׂוֹשׂ תִּפְאַרְתָּם אֶת־מַחְמַד עֵינֵיהֶם וְאֶת־מַשָּׂא
כו נַפְשָׁם בְּנֵיהֶם וּבְנוֹתֵיהֶם׃ בַּיּוֹם הַהוּא יָבוֹא הַפָּלִיט אֵלֶיךָ
כז לְהַשְׁמָעוּת אָזְנָיִם׃ בַּיּוֹם הַהוּא יִפָּתַח פִּיךָ אֶת־הַפָּלִיט
וּתְדַבֵּר וְלֹא תֵאָלֵם עוֹד וְהָיִיתָ לָהֶם לְמוֹפֵת וְיָדְעוּ כִּי־אֲנִי
כה א ב יְהוָה׃ וַיְהִי דְבַר־יְהוָה אֵלַי לֵאמֹר׃ בֶּן־אָדָם שִׂים
ג פָּנֶיךָ אֶל־בְּנֵי עַמּוֹן וְהִנָּבֵא עֲלֵיהֶם׃ וְאָמַרְתָּ לִבְנֵי עַמּוֹן שִׁמְעוּ
דְּבַר־אֲדֹנָי יְהוִה כֹּה־אָמַר אֲדֹנָי יְהוִה יַעַן אָמְרֵךְ הֶאָח אֶל־
מִקְדָּשִׁי כִי־נִחָל וְאֶל־אַדְמַת יִשְׂרָאֵל כִּי נָשַׁמָּה וְאֶל־בֵּית
ד יְהוּדָה כִּי הָלְכוּ בַּגּוֹלָה׃ לָכֵן הִנְנִי נֹתְנָךְ לִבְנֵי־קֶדֶם לְמוֹרָשָׁה
וְיִשְּׁבוּ טִירוֹתֵיהֶם בָּךְ וְנָתְנוּ בָךְ מִשְׁכְּנֵיהֶם הֵמָּה יֹאכְלוּ פִרְיֵךְ
ה וְהֵמָּה יִשְׁתּוּ חֲלָבֵךְ׃ וְנָתַתִּי אֶת־רַבָּה לִנְוֵה גְמַלִּים וְאֶת־בְּנֵי
ו עַמּוֹן לְמִרְבַּץ־צֹאן וִידַעְתֶּם כִּי־אֲנִי יְהוָה׃ כִּי כֹה
אָמַר אֲדֹנָי יְהוִה יַעַן מַחְאֲךָ יָד וְרַקְעֲךָ בְּרָגֶל וַתִּשְׂמַח בְּכָל־
ז שָׁאטְךָ בְּנֶפֶשׁ אֶל־אַדְמַת יִשְׂרָאֵל׃ לָכֵן הִנְנִי נָטִיתִי אֶת־יָדִי
עָלֶיךָ וּנְתַתִּיךָ לבג לַגּוֹיִם וְהִכְרַתִּיךָ מִן־הָעַמִּים וְהַאֲבַדְתִּיךָ מִן־ לְבַז
ח הָאֲרָצוֹת אַשְׁמִידְךָ וְיָדַעְתָּ כִּי־אֲנִי יְהוָה׃ כֹּה
אָמַר אֲדֹנָי יְהוִה יַעַן אֲמֹר מוֹאָב וְשֵׂעִיר הִנֵּה כְּכָל־הַגּוֹיִם בֵּית
ט יְהוּדָה׃ לָכֵן הִנְנִי פֹתֵחַ אֶת־כֶּתֶף מוֹאָב מֵהֶעָרִים מֵעָרָיו
י מִקָּצֵהוּ צְבִי אֶרֶץ בֵּית הַיְשִׁימֹת בַּעַל מְעוֹן וקריתמה׃ לִבְנֵי־ וְקִרְיָתָיְמָה
קֶדֶם עַל־בְּנֵי עַמּוֹן וּנְתַתִּיהָ לְמוֹרָשָׁה לְמַעַן לֹא־תִזָּכֵר
יא בְּנֵי־עַמּוֹן בַּגּוֹיִם׃ וּבְמוֹאָב אֶעֱשֶׂה שְׁפָטִים וְיָדְעוּ כִּי־אֲנִי
יב יְהוָה׃ כֹּה אָמַר אֲדֹנָי יְהוִה יַעַן עֲשׂוֹת אֱדוֹם
יג בִּנְקֹם נָקָם לְבֵית יְהוּדָה וַיֶּאְשְׁמוּ אָשׁוֹם וְנִקְּמוּ בָהֶם׃ לָכֵן כֹּה
אָמַר אֲדֹנָי יְהוִה וְנָטִתִי יָדִי עַל־אֱדוֹם וְהִכְרַתִּי מִמֶּנָּה אָדָם

יד וּבְהֵמָה וּנְתַתִּיהָ חָרְבָּה מִתֵּימָן וּדְדָנֶה בַּחֶרֶב יִפֹּלוּ׃ וְנָתַתִּי אֶת־
נִקְמָתִי בֶּאֱדוֹם בְּיַד עַמִּי יִשְׂרָאֵל וְעָשׂוּ בֶאֱדוֹם כְּאַפִּי וְכַחֲמָתִי
טו וְיָדְעוּ אֶת־נִקְמָתִי נְאֻם אֲדֹנָי יְהוִה׃ כֹּה אָמַר
אֲדֹנָי יְהוִה יַעַן עֲשׂוֹת פְּלִשְׁתִּים בִּנְקָמָה וַיִּנָּקְמוּ נָקָם בִּשְׁאָט
טז בְּנֶפֶשׁ לְמַשְׁחִית אֵיבַת עוֹלָם׃ לָכֵן כֹּה אָמַר אֲדֹנָי יְהוִה הִנְנִי
נוֹטֶה יָדִי עַל־פְּלִשְׁתִּים וְהִכְרַתִּי אֶת־כְּרֵתִים וְהַאֲבַדְתִּי אֶת־
יז שְׁאֵרִית חוֹף הַיָּם׃ וְעָשִׂיתִי בָם נְקָמוֹת גְּדֹלוֹת בְּתוֹכְחוֹת חֵמָה
וְיָדְעוּ כִּי־אֲנִי יְהוָה בְּתִתִּי אֶת־נִקְמָתִי בָּם׃

כו א וַיְהִי בְּעַשְׁתֵּי־עֶשְׂרֵה שָׁנָה בְּאֶחָד לַחֹדֶשׁ הָיָה דְבַר־יְהוָה אֵלַי
ב לֵאמֹר׃ בֶּן־אָדָם יַעַן אֲשֶׁר־אָמְרָה צֹּר עַל־יְרוּשָׁלִַם הֶאָח
ג נִשְׁבְּרָה דַּלְתוֹת הָעַמִּים נָסֵבָּה אֵלָי אִמָּלְאָה הָחֳרָבָה׃ לָכֵן כֹּה
אָמַר אֲדֹנָי יְהוִה הִנְנִי עָלַיִךְ צֹר וְהַעֲלֵיתִי עָלַיִךְ גּוֹיִם רַבִּים
ד כְּהַעֲלוֹת הַיָּם לְגַלָּיו׃ וְשִׁחֲתוּ חֹמוֹת צֹר וְהָרְסוּ מִגְדָּלֶיהָ וְסִחֵיתִי
ה עֲפָרָהּ מִמֶּנָּה וְנָתַתִּי אוֹתָהּ לִצְחִיחַ סָלַע׃ מִשְׁטַח חֲרָמִים
תִּהְיֶה בְּתוֹךְ הַיָּם כִּי אֲנִי דִבַּרְתִּי נְאֻם אֲדֹנָי יְהוִה וְהָיְתָה לְבַז
ו לַגּוֹיִם׃ וּבְנוֹתֶיהָ אֲשֶׁר בַּשָּׂדֶה בַּחֶרֶב תֵּהָרַגְנָה וְיָדְעוּ כִּי־אֲנִי
ז יְהוָה׃ כִּי כֹה אָמַר אֲדֹנָי יְהוִה הִנְנִי מֵבִיא אֶל־
צֹר נְבוּכַדְרֶאצַּר מֶלֶךְ־בָּבֶל מִצָּפוֹן מֶלֶךְ מְלָכִים בְּסוּס וּבְרֶכֶב
ח וּבְפָרָשִׁים וְקָהָל וְעַם־רָב׃ בְּנוֹתַיִךְ בַּשָּׂדֶה בַּחֶרֶב יַהֲרֹג וְנָתַן
ט עָלַיִךְ דָּיֵק וְשָׁפַךְ עָלַיִךְ סֹלְלָה וְהֵקִים עָלַיִךְ צִנָּה׃ וּמְחִי קָבָלּוֹ
י יִתֵּן בְּחֹמוֹתָיִךְ וּמִגְדְּלֹתַיִךְ יִתֹּץ בְּחַרְבוֹתָיו׃ מִשִּׁפְעַת סוּסָיו
יְכַסֵּךְ אֲבָקָם מִקּוֹל פָּרַשׁ וְגַלְגַּל וָרֶכֶב תִּרְעַשְׁנָה חוֹמוֹתַיִךְ
יא בְּבֹאוֹ בִּשְׁעָרַיִךְ כִּמְבוֹאֵי עִיר מְבֻקָּעָה׃ בְּפַרְסוֹת סוּסָיו יִרְמֹס
אֶת־כָּל־חוּצוֹתָיִךְ עַמֵּךְ בַּחֶרֶב יַהֲרֹג וּמַצְּבוֹת עֻזֵּךְ לָאָרֶץ תֵּרֵד׃
יב וְשָׁלְלוּ חֵילֵךְ וּבָזְזוּ רְכֻלָּתֵךְ וְהָרְסוּ חוֹמוֹתַיִךְ וּבָתֵּי חֶמְדָּתֵךְ יִתֹּצוּ
יג וַאֲבָנַיִךְ וְעֵצַיִךְ וַעֲפָרֵךְ בְּתוֹךְ מַיִם יָשִׂימוּ׃ וְהִשְׁבַּתִּי הֲמוֹן שִׁירָיִךְ
יד וְקוֹל כִּנּוֹרַיִךְ לֹא יִשָּׁמַע עוֹד׃ וּנְתַתִּיךְ לִצְחִיחַ סֶלַע מִשְׁטַח

חֲרָמִים תִּהְיֶה לֹא תִבָּנֶה עוֹד כִּי אֲנִי יְהוָה דִּבַּרְתִּי נְאֻם אֲדֹנָי
טו יְהוִה: כֹּה אָמַר אֲדֹנָי יְהוִה לְצוֹר הֲלֹא ׀ מִקּוֹל
טז מַפַּלְתֵּךְ בֶּאֱנֹק חָלָל בֵּהָרֵג הֶרֶג בְּתוֹכֵךְ יִרְעֲשׁוּ הָאִיִּים: וְיָרְדוּ
מֵעַל כִּסְאוֹתָם כֹּל נְשִׂיאֵי הַיָּם וְהֵסִירוּ אֶת־מְעִילֵיהֶם וְאֶת־
בִּגְדֵי רִקְמָתָם יִפְשֹׁטוּ חֲרָדוֹת ׀ יִלְבָּשׁוּ עַל־הָאָרֶץ יֵשֵׁבוּ
יז וְחָרְדוּ לִרְגָעִים וְשָׁמְמוּ עָלָיִךְ: וְנָשְׂאוּ עָלַיִךְ קִינָה וְאָמְרוּ לָךְ
אֵיךְ אָבַדְתְּ נוֹשֶׁבֶת מִיַּמִּים הָעִיר הַהֻלָּלָה אֲשֶׁר הָיְתָה
חֲזָקָה בַיָּם הִיא וְיֹשְׁבֶיהָ אֲשֶׁר־נָתְנוּ חִתִּיתָם לְכָל־יוֹשְׁבֶיהָ:
יח עַתָּה יֶחֶרְדוּ הָאִיִּן יוֹם מַפַּלְתֵּךְ וְנִבְהֲלוּ הָאִיִּים אֲשֶׁר־בַּיָּם
יט מִצֵּאתֵךְ: כִּי כֹה אָמַר אֲדֹנָי יְהוִה בְּתִתִּי אֹתָךְ
עִיר נֶחֱרֶבֶת כֶּעָרִים אֲשֶׁר לֹא־נוֹשָׁבוּ בְּהַעֲלוֹת עָלַיִךְ אֶת־תְּהוֹם
כ וְכִסּוּךְ הַמַּיִם הָרַבִּים: וְהוֹרַדְתִּיךְ אֶת־יוֹרְדֵי בוֹר אֶל־עַם עוֹלָם טז
וְהוֹשַׁבְתִּיךְ בְּאֶרֶץ תַּחְתִּיּוֹת כָּחֳרָבוֹת מֵעוֹלָם אֶת־יוֹרְדֵי
כא בוֹר לְמַעַן לֹא תֵשֵׁבִי וְנָתַתִּי צְבִי בְּאֶרֶץ חַיִּים: בַּלָּהוֹת
אֶתְּנֵךְ וְאֵינֵךְ וּתְבֻקְשִׁי וְלֹא־תִמָּצְאִי עוֹד לְעוֹלָם נְאֻם אֲדֹנָי
כז א ב יְהוִה: וַיְהִי דְבַר־יְהוָה אֵלַי לֵאמֹר: וְאַתָּה בֶן־
ג אָדָם שָׂא עַל־צֹר קִינָה: וְאָמַרְתָּ לְצוֹר הַיֹּשַׁבְתִּי עַל־מְבוֹאֹת יָם הַיֹּשֶׁבֶת
רֹכֶלֶת הָעַמִּים אֶל־אִיִּים רַבִּים כֹּה אָמַר אֲדֹנָי יְהוִה צוֹר אַתְּ
ד אָמַרְתְּ אֲנִי כְּלִילַת יֹפִי: בְּלֶב יַמִּים גְּבוּלָיִךְ בֹּנַיִךְ כָּלְלוּ יָפְיֵךְ:
ה בְּרוֹשִׁים מִשְּׂנִיר בָּנוּ לָךְ אֵת כָּל־לֻחֹתָיִם אֶרֶז מִלְּבָנוֹן לָקָחוּ
ו לַעֲשׂוֹת תֹּרֶן עָלָיִךְ: אַלּוֹנִים מִבָּשָׁן עָשׂוּ מִשּׁוֹטָיִךְ קַרְשֵׁךְ עָשׂוּ־
ז שֵׁן בַּת־אֲשֻׁרִים מֵאִיֵּי כִּתִּים: שֵׁשׁ בְּרִקְמָה מִמִּצְרַיִם הָיָה
מִפְרָשֵׂךְ לִהְיוֹת לָךְ לְנֵס תְּכֵלֶת וְאַרְגָּמָן מֵאִיֵּי אֱלִישָׁה הָיָה
ח מְכַסֵּךְ: יֹשְׁבֵי צִידוֹן וְאַרְוַד הָיוּ שָׁטִים לָךְ חֲכָמַיִךְ צוֹר הָיוּ בָךְ
ט הֵמָּה חֹבְלָיִךְ: זִקְנֵי גְבַל וַחֲכָמֶיהָ הָיוּ בָךְ מַחֲזִיקֵי בִּדְקֵךְ כָּל־
י אֳנִיּוֹת הַיָּם וּמַלָּחֵיהֶם הָיוּ בָךְ לַעֲרֹב מַעֲרָבֵךְ: פָּרַס וְלוּד וּפוּט
הָיוּ בְחֵילֵךְ אַנְשֵׁי מִלְחַמְתֵּךְ מָגֵן וְכוֹבַע תִּלּוּ־בָךְ הֵמָּה נָתְנוּ

יא הַדָּרֵךְ׃ בְּנֵי אַרְוַד וְחֵילֵךְ עַל־חוֹמוֹתַיִךְ סָבִיב וְגַמָּדִים
בְּמִגְדְּלוֹתַיִךְ הָיוּ שִׁלְטֵיהֶם תִּלּוּ עַל־חוֹמוֹתַיִךְ סָבִיב הֵמָּה
יב כָּלְלוּ יָפְיֵךְ׃ תַּרְשִׁישׁ סֹחַרְתֵּךְ מֵרֹב כָּל־הוֹן בְּכֶסֶף בַּרְזֶל בְּדִיל
יג וְעוֹפֶרֶת נָתְנוּ עִזְבוֹנָיִךְ׃ יָוָן תֻּבַל וָמֶשֶׁךְ הֵמָּה רֹכְלָיִךְ בְּנֶפֶשׁ
יד אָדָם וּכְלֵי נְחֹשֶׁת נָתְנוּ מַעֲרָבֵךְ׃ מִבֵּית תּוֹגַרְמָה סוּסִים וּפָרָשִׁים
טו וּפְרָדִים נָתְנוּ עִזְבוֹנָיִךְ׃ בְּנֵי דְדָן רֹכְלַיִךְ אִיִּים רַבִּים סְחֹרַת יָדֵךְ
טז קַרְנוֹת שֵׁן והובנים הֵשִׁיבוּ אֶשְׁכָּרֵךְ׃ אֲרָם סֹחַרְתֵּךְ מֵרֹב וְהָבְנִים
מַעֲשָׂיִךְ בְּנֹפֶךְ אַרְגָּמָן וְרִקְמָה וּבוּץ וְרָאמֹת וְכַדְכֹּד נָתְנוּ
יז בְּעִזְבוֹנָיִךְ׃ יְהוּדָה וְאֶרֶץ יִשְׂרָאֵל הֵמָּה רֹכְלָיִךְ בְּחִטֵּי מִנִּית וּפַנַּג
יח וּדְבַשׁ וָשֶׁמֶן וָצֹרִי נָתְנוּ מַעֲרָבֵךְ׃ דַּמֶּשֶׂק סֹחַרְתֵּךְ בְּרֹב מַעֲשַׂיִךְ
יט מֵרֹב כָּל־הוֹן בְּיֵין חֶלְבּוֹן וְצֶמֶר צָחַר׃ וְדָן וְיָוָן מְאוּזָּל בְּעִזְבוֹנַיִךְ
כ נָתָנּוּ בַּרְזֶל עָשׁוֹת קִדָּה וְקָנֶה בְּמַעֲרָבֵךְ הָיָה׃ דְּדָן רֹכַלְתֵּךְ
כא בְּבִגְדֵי־חֹפֶשׁ לְרִכְבָּה׃ עֲרַב וְכָל־נְשִׂיאֵי קֵדָר הֵמָּה סֹחֲרֵי יָדֵךְ
כב בְּכָרִים וְאֵילִם וְעַתּוּדִים בָּם סֹחֲרָיִךְ׃ רֹכְלֵי שְׁבָא וְרַעְמָה הֵמָּה
רֹכְלָיִךְ בְּרֹאשׁ כָּל־בֹּשֶׂם וּבְכָל־אֶבֶן יְקָרָה וְזָהָב נָתְנוּ עִזְבוֹנָיִךְ׃
כג כד חָרָן וְכַנֵּה וָעֶדֶן רֹכְלֵי שְׁבָא אַשּׁוּר כִּלְמַד רֹכַלְתֵּךְ׃ הֵמָּה רֹכְלַיִךְ
בְמַכְלֻלִים בִּגְלוֹמֵי תְּכֵלֶת וְרִקְמָה וּבְגִנְזֵי בְּרֹמִים בַּחֲבָלִים
כה חֲבֻשִׁים וַאֲרֻזִים בְּמַרְכֻלְתֵּךְ׃ אֳנִיּוֹת תַּרְשִׁישׁ שָׁרוֹתַיִךְ מַעֲרָבֵךְ
כו וַתִּמָּלְאִי וַתִּכְבְּדִי מְאֹד בְּלֵב יַמִּים׃ בְּמַיִם רַבִּים הֱבִאוּךְ הַשָּׁטִים
כז אֹתָךְ רוּחַ הַקָּדִים שְׁבָרֵךְ בְּלֵב יַמִּים׃ הוֹנֵךְ וְעִזְבוֹנַיִךְ מַעֲרָבֵךְ
מַלָּחַיִךְ וְחֹבְלָיִךְ מַחֲזִיקֵי בִדְקֵךְ וְעֹרְבֵי מַעֲרָבֵךְ וְכָל־אַנְשֵׁי
מִלְחַמְתֵּךְ אֲשֶׁר־בָּךְ וּבְכָל־קְהָלֵךְ אֲשֶׁר בְּתוֹכֵךְ יִפְּלוּ בְּלֵב
כח יַמִּים בְּיוֹם מַפַּלְתֵּךְ׃ לְקוֹל זַעֲקַת חֹבְלָיִךְ יִרְעֲשׁוּ מִגְרֹשׁוֹת׃
כט וְיָרְדוּ מֵאֳנִיּוֹתֵיהֶם כֹּל תֹּפְשֵׂי מָשׁוֹט מַלָּחִים כֹּל חֹבְלֵי הַיָּם אֶל־
ל הָאָרֶץ יַעֲמֹדוּ׃ וְהִשְׁמִיעוּ עָלַיִךְ בְּקוֹלָם וְיִזְעֲקוּ מָרָה וְיַעֲלוּ עָפָר
לא עַל־רָאשֵׁיהֶם בָּאֵפֶר יִתְפַּלָּשׁוּ׃ וְהִקְרִיחוּ אֵלַיִךְ קָרְחָה וְחָגְרוּ
לב שַׂקִּים וּבָכוּ אֵלַיִךְ בְּמַר־נֶפֶשׁ מִסְפֵּד מָר׃ וְנָשְׂאוּ אֵלַיִךְ בְּנִיהֶם

לג קינה וקוננו עליך מי כצור כדמה בתוך הים: בצאת עזבוניך
מימים השבעת עמים רבים ברב הוניך ומערביך העשרת
לד מלכי־ארץ: עת נשברת מימים במעמקי־מים מערבך וכל־
לה קהלך בתוכך נפלו: כל ישבי האיים שממו עליך ומלכיהם
לו שערו שער רעמו פנים: סחרים בעמים שרקו עליך בלהות
כח א היית ואינך עד־עולם: ויהי דבר־יהוה אלי לאמר:
ב בן־אדם אמר לנגיד צר כה־אמר | אדני יהוה יען גבה
לבך ותאמר אל אני מושב אלהים ישבתי בלב ימים ואתה
ג אדם ולא־אל ותתן לבך כלב אלהים: הנה חכם אתה מדנאל מדניאל
ד כל־סתום לא עממוך: בחכמתך ובתבונתך עשית לך חיל
ה ותעש זהב וכסף באוצרותיך: ברב חכמתך ברכלתך הרבית
ו חילך ויגבה לבבך בחילך: לכן כה אמר אדני יהוה
ז יען תתך את־לבבך כלב אלהים: לכן הנני מביא עליך זרים
עריצי גוים והריקו חרבותם על־יפי חכמתך וחללו יפעתך:
ח ט לשחת יורדוך ומתה ממותי חלל בלב ימים: האמר תאמר
אלהים אני לפני הרגך ואתה אדם ולא־אל ביד מחלליך:
י מותי ערלים תמות ביד זרים כי אני דברתי נאם אדני
יא יב יהוה: ויהי דבר־יהוה אלי לאמר: בן־אדם שא
קינה על־מלך צור ואמרת לו כה אמר אדני יהוה אתה חותם
יג תכנית מלא חכמה וכליל יפי: בעדן גן־אלהים היית כל־אבן יז
יקרה מסכתך אדם פטדה ויהלם תרשיש שהם וישפה ספיר
נפך וברקת וזהב מלאכת תפיך ונקביך בך ביום הבראך
יד כוננו: את־כרוב ממשח הסוכך ונתתיך בהר קדש אלהים
טו היית בתוך אבני־אש התהלכת: תמים אתה בדרכיך מיום
טז הבראך עד־נמצא עולתה בך: ברב רכלתך מלו תוכך חמס
ותחטא ואחללך מהר אלהים ואבדך כרוב הסוכך מתוך
יז אבני־אש: גבה לבך ביפיך שחת חכמתך על־יפעתך על־

יח ארץ השלכתיך לפני מלכים נתתיך לראוה בך: מרב
עוניך בעול רכלתך חללת מקדשיך ואוצא־אש מתוכך
היא אכלתך ואתנך לאפר על־הארץ לעיני כל־ראיך:
יט כל־יודעיך בעמים שממו עליך בלהות היית ואינך עד־
כ כא עולם: ויהי דבר־יהוה אלי לאמר: בן־אדם
כב שים פניך אל־צידון והנבא עליה: ואמרת כה אמר אדני
יהוה הנני עליך צידון ונכבדתי בתוכך וידעו כי־אני יהוה
כג בעשותי בה שפטים ונקדשתי בה: ושלחתי־בה דבר ודם
בחוצותיה ונפלל חלל בתוכה בחרב עליה מסביב וידעו
כד כי־אני יהוה: ולא־יהיה עוד לבית ישראל סלון ממאיר
וקוץ מכאב מכל סביבתם השאטים אותם וידעו כי אני אדני
כה יהוה: כה־אמר אדני יהוה בקבצי | את־בית
ישראל מן־העמים אשר נפצו בם ונקדשתי בם לעיני הגוים
כו וישבו על־אדמתם אשר נתתי לעבדי ליעקב: וישבו עליה
לבטח ובנו בתים ונטעו כרמים וישבו לבטח בעשותי
שפטים בכל השאטים אתם מסביבותם וידעו כי אני יהוה
כט א אלהיהם: בשנה העשרית בעשרי בשנים עשר
ב לחדש היה דבר־יהוה אלי לאמר: בן־אדם שים פניך על־
ג פרעה מלך מצרים והנבא עליו ועל־מצרים כלה: דבר
ואמרת כה־אמר | אדני יהוה הנני עליך פרעה מלך־מצרים
התנים הגדול הרבץ בתוך יאריו אשר אמר לי יארי ואני
ד עשיתני: ונתתי חחיים בלחייך והדבקתי דגת־יאריך חחים
בקשקשתיך והעליתיך מתוך יאריך ואת כל־דגת יאריך
ה בקשקשתיך תדבק: ונטשתיך המדברה אותך ואת כל־דגת
יאריך על־פני השדה תפול לא תאסף ולא תקבץ לחית
ו הארץ ולעוף השמים נתתיך לאכלה: וידעו כל־ישבי מצרים
ז כי אני יהוה יען היותם משענת קנה לבית ישראל: בתפשם

בְךָ בַכַּפְּךָ תֵּרוֹץ וּבָקַעְתָּ לָהֶם כָּל־כָּתֵף וּבְהִשָּׁעֲנָם עָלֶיךָ תִּשָּׁבֵר בַּכַּף
ח וְהַעֲמַדְתָּ לָהֶם כָּל־מָתְנָיִם׃ לָכֵן כֹּה אָמַר אֲדֹנָי
יֱהוִה הִנְנִי מֵבִיא עָלַיִךְ חָרֶב וְהִכְרַתִּי מִמֵּךְ אָדָם וּבְהֵמָה׃
ט וְהָיְתָה אֶרֶץ־מִצְרַיִם לִשְׁמָמָה וְחָרְבָּה וְיָדְעוּ כִּי־אֲנִי יְהוָה יַעַן
י אָמַר יְאֹר לִי וַאֲנִי עָשִׂיתִי׃ לָכֵן הִנְנִי אֵלֶיךָ וְאֶל־יְאֹרֶיךָ וְנָתַתִּי
אֶת־אֶרֶץ מִצְרַיִם לְחָרְבוֹת חֹרֶב שְׁמָמָה מִמִּגְדֹּל סְוֵנֵה וְעַד־
יא גְּבוּל כּוּשׁ׃ לֹא תַעֲבָר־בָּהּ רֶגֶל אָדָם וְרֶגֶל בְּהֵמָה לֹא תַעֲבָר־
יב בָּהּ וְלֹא תֵשֵׁב אַרְבָּעִים שָׁנָה׃ וְנָתַתִּי אֶת־אֶרֶץ מִצְרַיִם שְׁמָמָה
בְּתוֹךְ ׀ אֲרָצוֹת נְשַׁמּוֹת וְעָרֶיהָ בְּתוֹךְ עָרִים מָחֳרָבוֹת תִּהְיֶיןָ
שְׁמָמָה אַרְבָּעִים שָׁנָה וַהֲפִצֹתִי אֶת־מִצְרַיִם בַּגּוֹיִם וְזֵרִיתִים
יג בָּאֲרָצוֹת׃ כִּי כֹּה אָמַר אֲדֹנָי יֱהוִה מִקֵּץ אַרְבָּעִים
יד שָׁנָה אֲקַבֵּץ אֶת־מִצְרַיִם מִן־הָעַמִּים אֲשֶׁר־נָפֹצוּ שָׁמָּה׃ וְשַׁבְתִּי
אֶת־שְׁבוּת מִצְרַיִם וַהֲשִׁבֹתִי אֹתָם אֶרֶץ פַּתְרוֹס עַל־אֶרֶץ
טו מְכוּרָתָם וְהָיוּ שָׁם מַמְלָכָה שְׁפָלָה׃ מִן־הַמַּמְלָכוֹת תִּהְיֶה
שְׁפָלָה וְלֹא־תִתְנַשֵּׂא עוֹד עַל־הַגּוֹיִם וְהִמְעַטְתִּים לְבִלְתִּי רְדוֹת
טז בַּגּוֹיִם׃ וְלֹא יִהְיֶה־עוֹד לְבֵית יִשְׂרָאֵל לְמִבְטָח מַזְכִּיר עָוֺן
יז בִּפְנוֹתָם אַחֲרֵיהֶם וְיָדְעוּ כִּי אֲנִי אֲדֹנָי יֱהוִה׃ וַיְהִי
בְּעֶשְׂרִים וָשֶׁבַע שָׁנָה בָּרִאשׁוֹן בְּאֶחָד לַחֹדֶשׁ הָיָה דְבַר־יְהוָה
יח אֵלַי לֵאמֹר׃ בֶּן־אָדָם נְבוּכַדְרֶאצַּר מֶלֶךְ־בָּבֶל הֶעֱבִיד אֶת־
חֵילוֹ עֲבֹדָה גְדוֹלָה אֶל־צֹר כָּל־רֹאשׁ מֻקְרָח וְכָל־כָּתֵף מְרוּטָה
וְשָׂכָר לֹא־הָיָה לוֹ וּלְחֵילוֹ מִצֹּר עַל־הָעֲבֹדָה אֲשֶׁר־עָבַד
יט עָלֶיהָ׃ לָכֵן כֹּה אָמַר אֲדֹנָי יֱהוִה הִנְנִי נֹתֵן
לִנְבוּכַדְרֶאצַּר מֶלֶךְ־בָּבֶל אֶת־אֶרֶץ מִצְרָיִם וְנָשָׂא הֲמֹנָהּ וְשָׁלַל
כ שְׁלָלָהּ וּבָזַז בִּזָּהּ וְהָיְתָה שָׂכָר לְחֵילוֹ׃ פְּעֻלָּתוֹ אֲשֶׁר־עָבַד בָּהּ
כא נָתַתִּי לוֹ אֶת־אֶרֶץ מִצְרָיִם אֲשֶׁר עָשׂוּ לִי נְאֻם אֲדֹנָי יֱהוִה׃ בַּיּוֹם יח
הַהוּא אַצְמִיחַ קֶרֶן לְבֵית יִשְׂרָאֵל וּלְךָ אֶתֵּן פִּתְחוֹן־פֶּה בְּתוֹכָם
ל א וְיָדְעוּ כִּי־אֲנִי יְהוָה׃ וַיְהִי דְבַר־יְהוָה אֵלַי לֵאמֹר׃

ב בן־אדם הנבא ואמרת כה אמר אדני יהוה הילילו הה ליום:
ג ד כי־קרוב יום וקרוב יום ליהוה יום ענן עת גוים יהיה: ובאה
חרב במצרים והיתה חלחלה בכוש בנפל חלל במצרים
ה ולקחו המונה ונהרסו יסדותיה: כוש ופוט ולוד וכל־הערב
ו וכוב ובני ארץ הברית אתם בחרב יפלו: כה
אמר יהוה ונפלו סמכי מצרים וירד גאון עזה ממגדל סונה
ז בחרב יפלו־בה נאם אדני יהוה: ונשמו בתוך ארצות נשמות
ח ועריו בתוך־ערים נחרבות תהיינה: וידעו כי־אני יהוה בתתי־
ט אש במצרים ונשברו כל־עזריה: ביום ההוא יצאו מלאכים
מלפני בצים להחריד את־כוש בטח והיתה חלחלה בהם
י כיום מצרים כי הנה באה: כה אמר אדני יהוה
יא והשבתי את־המון מצרים ביד נבוכדראצר מלך־בבל: הוא
ועמו אתו עריצי גוים מובאים לשחת הארץ והריקו חרבותם
יב על־מצרים ומלאו את־הארץ חלל: ונתתי יארים חרבה
ומכרתי את־הארץ ביד־רעים והשמתי ארץ ומלאה ביד־
יג זרים אני יהוה דברתי: כה־אמר אדני יהוה
והאבדתי גלולים והשבתי אלילים מנף ונשיא מארץ־מצרים
יד לא יהיה־עוד ונתתי יראה בארץ מצרים: והשמתי את־
טו פתרוס ונתתי אש בצען ועשיתי שפטים בנא: ושפכתי חמתי
טז על־סין מעוז מצרים והכרתי את־המון נא: ונתתי אש
במצרים חול תחיל סין ונא תהיה להבקע ונף צרי יומם: תחול
יז בחורי און ופי־בסת בחרב יפלו והנה בשבי תלכנה:
יח ובתחפנחס חשך היום בשברי־שם את־מטות מצרים
ונשבת־בה גאון עזה היא ענן יכסנה ובנותיה בשבי תלכנה:
יט כ ועשיתי שפטים במצרים וידעו כי־אני יהוה: ויהי
באחת עשרה שנה בראשון בשבעה לחדש היה דבר־
כא יהוה אלי לאמר: בן־אדם את־זרוע פרעה מלך־מצרים

שָׁבַרְתִּי וְהִנֵּה לֹא־חֻבְּשָׁה לָתֵת רְפֻאוֹת לָשׂוּם חִתּוּל לְחָבְשָׁהּ
כב לְחָזְקָהּ לִתְפֹּשׂ בֶּחָרֶב׃ לָכֵן כֹּה־אָמַר ׀ אֲדֹנָי יְהוִה
הִנְנִי אֶל־פַּרְעֹה מֶלֶךְ־מִצְרַיִם וְשָׁבַרְתִּי אֶת־זְרֹעֹתָיו אֶת־
כג הַחֲזָקָה וְאֶת־הַנִּשְׁבָּרֶת וְהִפַּלְתִּי אֶת־הַחֶרֶב מִיָּדוֹ׃ וַהֲפִצוֹתִי
כד אֶת־מִצְרַיִם בַּגּוֹיִם וְזֵרִיתִם בָּאֲרָצוֹת׃ וְחִזַּקְתִּי אֶת־זְרֹעוֹת מֶלֶךְ
בָּבֶל וְנָתַתִּי אֶת־חַרְבִּי בְּיָדוֹ וְשָׁבַרְתִּי אֶת־זְרֹעוֹת פַּרְעֹה
כה וְנָאַק נַאֲקוֹת חָלָל לְפָנָיו׃ וְהַחֲזַקְתִּי אֶת־זְרֹעוֹת מֶלֶךְ בָּבֶל
וּזְרֹעוֹת פַּרְעֹה תִּפֹּלְנָה וְיָדְעוּ כִּי־אֲנִי יְהוָה בְּתִתִּי חַרְבִּי
כו בְּיַד מֶלֶךְ־בָּבֶל וְנָטָה אוֹתָהּ אֶל־אֶרֶץ מִצְרָיִם׃ וַהֲפִצוֹתִי
אֶת־מִצְרַיִם בַּגּוֹיִם וְזֵרִיתִי אוֹתָם בָּאֲרָצוֹת וְיָדְעוּ כִּי־אֲנִי
לא א יְהוָה׃ וַיְהִי בְּאַחַת עֶשְׂרֵה שָׁנָה בַּשְּׁלִישִׁי בְּאֶחָד
ב לַחֹדֶשׁ הָיָה דְבַר־יְהוָה אֵלַי לֵאמֹר׃ בֶּן־אָדָם אֱמֹר אֶל־פַּרְעֹה
ג מֶלֶךְ־מִצְרַיִם וְאֶל־הֲמוֹנוֹ אֶל־מִי דָּמִיתָ בְגָדְלֶךָ׃ הִנֵּה אַשּׁוּר
אֶרֶז בַּלְּבָנוֹן יְפֵה עָנָף וְחֹרֶשׁ מֵצַל וּגְבַהּ קוֹמָה וּבֵין עֲבֹתִים
ד הָיְתָה צַמַּרְתּוֹ׃ מַיִם גִּדְּלוּהוּ תְּהוֹם רֹמְמָתְהוּ אֶת־נַהֲרֹתֶיהָ הֹלֵךְ
סְבִיבוֹת מַטָּעָהּ וְאֶת־תְּעָלֹתֶיהָ שִׁלְחָה אֶל כָּל־עֲצֵי הַשָּׂדֶה׃
ה עַל־כֵּן גָּבְהָא קֹמָתוֹ מִכֹּל עֲצֵי הַשָּׂדֶה וַתִּרְבֶּינָה סַרְעַפֹּתָיו
ו וַתֶּאֱרַכְנָה פֹארֹתָו מִמַּיִם רַבִּים בְּשַׁלְּחוֹ׃ בִּסְעַפֹּתָיו קִנְנוּ כָּל־
עוֹף הַשָּׁמַיִם וְתַחַת פֹּארֹתָיו יָלְדוּ כֹּל חַיַּת הַשָּׂדֶה וּבְצִלּוֹ יֵשְׁבוּ
ז כֹּל גּוֹיִם רַבִּים׃ וַיְּיִף בְּגָדְלוֹ בְּאֹרֶךְ דָּלִיּוֹתָיו כִּי־הָיָה שָׁרְשׁוֹ אֶל־
ח מַיִם רַבִּים׃ אֲרָזִים לֹא־עֲמָמֻהוּ בְּגַן־אֱלֹהִים בְּרוֹשִׁים לֹא דָמוּ
אֶל־סְעַפֹּתָיו וְעַרְמֹנִים לֹא־הָיוּ כְּפֹארֹתָיו כָּל־עֵץ בְּגַן־אֱלֹהִים
ט לֹא־דָמָה אֵלָיו בְּיָפְיוֹ׃ יָפֶה עֲשִׂיתִיו בְּרֹב דָּלִיּוֹתָיו וַיְקַנְאֻהוּ כָּל־
י עֲצֵי־עֵדֶן אֲשֶׁר בְּגַן הָאֱלֹהִים׃ לָכֵן כֹּה אָמַר
אֲדֹנָי יְהוִה יַעַן אֲשֶׁר גָּבַהְתָּ בְּקוֹמָה וַיִּתֵּן צַמַּרְתּוֹ אֶל־בֵּין
יא עֲבוֹתִים וְרָם לְבָבוֹ בְּגָבְהוֹ׃ וְאֶתְּנֵהוּ בְּיַד אֵיל גּוֹיִם עָשׂוֹ יַעֲשֶׂה
יב לוֹ כְּרִשְׁעוֹ גֵּרַשְׁתִּהוּ׃ וַיִּכְרְתֻהוּ זָרִים עָרִיצֵי גוֹיִם וַיִּטְּשֻׁהוּ אֶל־

ההרים ובכל־גאיות נפלו דליותיו ותשברנה פראתיו בכל־
יג אפיקי הארץ וירדו מצלו כל־עמי הארץ ויטשהו: על־מפלתו
ישכנו כל־עוף השמים ואל־פראתיו היו כל חית השדה:
יד למען אשר לא־יגבהו בקומתם כל־עצי־מים ולא־יתנו את־
צמרתם אל־בין עבתים ולא־יעמדו אליהם בגבהם כל־שתי
מים כי כלם נתנו למות אל־ארץ תחתית בתוך בני אדם אל־
טו יורדי בור: כה־אמר אדני יהוה ביום רדתו
שאלה האבלתי כסתי עליו את־תהום ואמנע נהרותיה
ויכלאו מים רבים ואקדר עליו לבנון וכל־עצי השדה עליו
טז עלפה: מקול מפלתו הרעשתי גוים בהורדי אתו שאלה את־
יורדי בור וינחמו בארץ תחתית כל־עצי־עדן מבחר וטוב־
יז לבנון כל־שתי מים: גם־הם אתו ירדו שאלה אל־חללי־חרב
יח וזרעו ישבו בצלו בתוך גוים: אל־מי דמית ככה בכבוד ובגדל
בעצי־עדן והורדת את־עצי־עדן אל־ארץ תחתית בתוך
ערלים תשכב את־חללי־חרב הוא פרעה וכל־המונה נאם
לב א אדני יהוה: ויהי בשתי עשרה שנה בשני־עשר יט
ב חדש באחד לחדש היה דבר־יהוה אלי לאמר: בן־אדם שא
קינה על־פרעה מלך־מצרים ואמרת אליו כפיר גוים נדמית
ואתה כתנים בימים ותגח בנהרותיך ותדלח־מים ברגליך
ג ותרפס נהרותם: כה אמר אדני יהוה ופרשתי
עליך את־רשתי בקהל עמים רבים והעלוך בחרמי:
ד ונטשתיך בארץ על־פני השדה אטילך והשכנתי עליך כל־
ה עוף השמים והשבעתי ממך חית כל־הארץ: ונתתי את־
ו בשרך על־ההרים ומלאתי הגאיות רמותך: והשקיתי ארץ
ז צפתך מדמך אל־ההרים ואפקים ימלאון ממך: וכביתי
בכבותך שמים והקדרתי את־ככביהם שמש בענן אכסנו
ח וירח לא־יאיר אורו: כל־מאורי אור בשמים אקדירם עליך

ט וְנָתַתִּי חֹשֶׁךְ עַל־אַרְצְךָ נְאֻם אֲדֹנָי יֱהֹוִה׃ וְהִכְעַסְתִּי לֵב עַמִּים
רַבִּים בַּהֲבִיאִי שִׁבְרְךָ בַּגּוֹיִם עַל־אֲרָצוֹת אֲשֶׁר לֹא־יְדַעְתָּם׃
י וַהֲשִׁמּוֹתִי עָלֶיךָ עַמִּים רַבִּים וּמַלְכֵיהֶם יִשְׂעֲרוּ עָלֶיךָ שַׂעַר
בְּעוֹפְפִי חַרְבִּי עַל־פְּנֵיהֶם וְחָרְדוּ לִרְגָעִים אִישׁ לְנַפְשׁוֹ בְּיוֹם
יא מַפַּלְתֶּךָ׃ כִּי כֹּה אָמַר אֲדֹנָי יֱהֹוִה חֶרֶב מֶלֶךְ־בָּבֶל
יב תְּבוֹאֶךָ׃ בְּחַרְבוֹת גִּבּוֹרִים אַפִּיל הֲמוֹנֶךָ עָרִיצֵי גוֹיִם כֻּלָּם
יג וְשָׁדְדוּ אֶת־גְּאוֹן מִצְרַיִם וְנִשְׁמַד כָּל־הֲמוֹנָהּ׃ וְהַאֲבַדְתִּי
אֶת־כָּל־בְּהֶמְתָּהּ מֵעַל מַיִם רַבִּים וְלֹא תִדְלָחֵם רֶגֶל־אָדָם
יד עוֹד וּפַרְסוֹת בְּהֵמָה לֹא תִדְלָחֵם׃ אָז אַשְׁקִיעַ מֵימֵיהֶם
טו וְנַהֲרוֹתָם כַּשֶּׁמֶן אוֹלִיךְ נְאֻם אֲדֹנָי יֱהֹוִה׃ בְּתִתִּי אֶת־אֶרֶץ
מִצְרַיִם שְׁמָמָה וּנְשַׁמָּה אֶרֶץ מִמְּלֹאָהּ בְּהַכּוֹתִי אֶת־כָּל־
טז יוֹשְׁבֵי בָהּ וְיָדְעוּ כִּי־אֲנִי יְהוָה׃ קִינָה הִיא וְקוֹנְנוּהָ בְּנוֹת
הַגּוֹיִם תְּקוֹנֵנָּה אוֹתָהּ עַל־מִצְרַיִם וְעַל־כָּל־הֲמוֹנָהּ תְּקוֹנֵנָּה
אוֹתָהּ נְאֻם אֲדֹנָי יֱהֹוִה׃

יז וַיְהִי בִּשְׁתֵּי עֶשְׂרֵה שָׁנָה בַּחֲמִשָּׁה עָשָׂר לַחֹדֶשׁ הָיָה דְבַר־יְהוָה
יח אֵלַי לֵאמֹר׃ בֶּן־אָדָם נְהֵה עַל־הֲמוֹן מִצְרַיִם וְהוֹרִדֵהוּ אוֹתָהּ
יט וּבְנוֹת גּוֹיִם אַדִּרִם אֶל־אֶרֶץ תַּחְתִּיּוֹת אֶת־יוֹרְדֵי בוֹר׃ מִמִּי
כ נָעָמְתָּ רְדָה וְהָשְׁכְּבָה אֶת־עֲרֵלִים׃ בְּתוֹךְ חַלְלֵי־חֶרֶב יִפֹּלוּ חֶרֶב
כא נִתָּנָה מָשְׁכוּ אוֹתָהּ וְכָל־הֲמוֹנֶיהָ׃ יְדַבְּרוּ־לוֹ אֵלֵי גִבּוֹרִים מִתּוֹךְ
כב שְׁאוֹל אֶת־עֹזְרָיו יָרְדוּ שָׁכְבוּ הָעֲרֵלִים חַלְלֵי חָרֶב׃ שָׁם אַשּׁוּר
וְכָל־קְהָלָהּ סְבִיבוֹתָיו קִבְרֹתָיו כֻּלָּם חֲלָלִים הַנֹּפְלִים בֶּחָרֶב׃
כג אֲשֶׁר נִתְּנוּ קִבְרֹתֶיהָ בְּיַרְכְּתֵי־בוֹר וַיְהִי קְהָלָהּ סְבִיבוֹת קְבֻרָתָהּ
כד כֻּלָּם חֲלָלִים נֹפְלִים בַּחֶרֶב אֲשֶׁר־נָתְנוּ חִתִּית בְּאֶרֶץ חַיִּים׃ שָׁם
עֵילָם וְכָל־הֲמוֹנָהּ סְבִיבוֹת קְבֻרָתָהּ כֻּלָּם חֲלָלִים הַנֹּפְלִים בַּחֶרֶב
אֲשֶׁר־יָרְדוּ עֲרֵלִים ׀ אֶל־אֶרֶץ תַּחְתִּיּוֹת אֲשֶׁר נָתְנוּ חִתִּיתָם
כה בְּאֶרֶץ חַיִּים וַיִּשְׂאוּ כְלִמָּתָם אֶת־יוֹרְדֵי בוֹר׃ בְּתוֹךְ חֲלָלִים נָתְנוּ
מִשְׁכָּב לָהּ בְּכָל־הֲמוֹנָהּ סְבִיבוֹתָיו קִבְרֹתֶהָ כֻּלָּם עֲרֵלִים חַלְלֵי־

חרב כי־נתן חתיתם בארץ חיים וישאו כלמתם את־יורדי
כו בור בתוך חללים נתן: שם משך תבל וכל־המונה סביבותיו
קברותיה כלם ערלים מחללי חרב כי־נתנו חתיתם בארץ
כז חיים: ולא ישכבו את־גבורים נפלים מערלים אשר ירדו־
שאול בכלי־מלחמתם ויתנו את־חרבותם תחת ראשיהם
ותהי עונותם על־עצמותם כי־חתית גבורים בארץ חיים:
כח כט ואתה בתוך ערלים תשבר ותשכב את־חללי־חרב: שמה
אדום מלכיה וכל־נשיאיה אשר־נתנו בגבורתם את־חללי־
ל חרב המה את־ערלים ישכבו ואת־ירדי בור: שמה נסיכי צפון
כלם וכל־צדני אשר־ירדו את־חללים בחתיתם מגבורתם
בושים וישכבו ערלים את־חללי־חרב וישאו כלמתם את־
לא יורדי בור: אותם יראה פרעה ונחם על־כל־המונה חללי־חרב
לב פרעה וכל־חילו נאם אדני יהוה: כי־נתתי את־חתיתו בארץ חתיתי
חיים והשכב בתוך ערלים את־חללי־חרב פרעה וכל־המונה
לג א נאם אדני יהוה: ויהי דבר־יהוה אלי לאמר:
ב בן־אדם דבר אל־בני־עמך ואמרת אליהם ארץ כי־אביא
עליה חרב ולקחו עם־הארץ איש אחד מקציהם ונתנו אתו
ג להם לצפה: וראה את־החרב באה על־הארץ ותקע בשופר
ד והזהיר את־העם: ושמע השמע את־קול השופר ולא נזהר
ה ותבוא חרב ותקחהו דמו בראשו יהיה: את קול השופר שמע
ו ולא נזהר דמו בו יהיה והוא נזהר נפשו מלט: והצפה כי־
יראה את־החרב באה ולא־תקע בשופר והעם לא־נזהר
ותבוא חרב ותקח מהם נפש הוא בעונו נלקח ודמו מיד־
ז הצפה אדרש: ואתה בן־אדם צפה נתתיך לבית
ח ישראל ושמעת מפי דבר והזהרת אתם ממני: באמרי
לרשע רשע מות תמות ולא דברת להזהיר רשע מדרכו
ט הוא רשע בעונו ימות ודמו מידך אבקש: ואתה כי־הזהרת

רָשָׁע מִדַּרְכּוֹ לָשׁוּב מִמֶּנָּה וְלֹא־שָׁב מִדַּרְכּוֹ הוּא בַּעֲוֺנוֹ יָמוּת
י וְאַתָּה נַפְשְׁךָ הִצַּלְתָּ׃ וְאַתָּה בֶן־אָדָם אֱמֹר אֶל־
בֵּית יִשְׂרָאֵל כֵּן אֲמַרְתֶּם לֵאמֹר כִּי־פְשָׁעֵינוּ וְחַטֹּאתֵינוּ עָלֵינוּ
יא וּבָם אֲנַחְנוּ נְמַקִּים וְאֵיךְ נִחְיֶה׃ אֱמֹר אֲלֵיהֶם חַי־אָנִי ׀ נְאֻם ׀
אֲדֹנָי יֱהֹוִה אִם־אֶחְפֹּץ בְּמוֹת הָרָשָׁע כִּי אִם־בְּשׁוּב רָשָׁע
מִדַּרְכּוֹ וְחָיָה שׁוּבוּ שׁוּבוּ מִדַּרְכֵיכֶם הָרָעִים וְלָמָּה תָמוּתוּ
יב בֵּית יִשְׂרָאֵל׃ וְאַתָּה בֶן־אָדָם אֱמֹר אֶל־בְּנֵי־עַמְּךָ
צִדְקַת הַצַּדִּיק לֹא תַצִּילֶנּוּ בְּיוֹם פִּשְׁעוֹ וְרִשְׁעַת הָרָשָׁע לֹא־
יִכָּשֶׁל בָּהּ בְּיוֹם שׁוּבוֹ מֵרִשְׁעוֹ וְצַדִּיק לֹא יוּכַל לִחְיוֹת בָּהּ בְּיוֹם
יג חֲטֹאתוֹ׃ בְּאָמְרִי לַצַּדִּיק חָיֹה יִחְיֶה וְהוּא־בָטַח עַל־צִדְקָתוֹ
וְעָשָׂה עָוֶל כָּל־צִדְקֹתָו לֹא תִזָּכַרְנָה וּבְעַוְלוֹ אֲשֶׁר־עָשָׂה
יד בּוֹ יָמוּת׃ וּבְאָמְרִי לָרָשָׁע מוֹת תָּמוּת וְשָׁב מֵחַטָּאתוֹ וְעָשָׂה
טו מִשְׁפָּט וּצְדָקָה׃ חֲבֹל יָשִׁיב רָשָׁע גְּזֵלָה יְשַׁלֵּם בְּחֻקּוֹת הַחַיִּים
טז הָלַךְ לְבִלְתִּי עֲשׂוֹת עָוֶל חָיוֹ יִחְיֶה לֹא יָמוּת׃ כָּל־חַטֹּאתָו אֲשֶׁר כ
יז חָטָא לֹא תִזָּכַרְנָה לוֹ מִשְׁפָּט וּצְדָקָה עָשָׂה חָיוֹ יִחְיֶה׃ וְאָמְרוּ
בְּנֵי עַמְּךָ לֹא יִתָּכֵן דֶּרֶךְ אֲדֹנָי וְהֵמָּה דַּרְכָּם לֹא־יִתָּכֵן׃
יח יט בְּשׁוּב־צַדִּיק מִצִּדְקָתוֹ וְעָשָׂה עָוֶל וּמֵת בָּהֶם׃ וּבְשׁוּב רָשָׁע
כ מֵרִשְׁעָתוֹ וְעָשָׂה מִשְׁפָּט וּצְדָקָה עֲלֵיהֶם הוּא יִחְיֶה׃ וַאֲמַרְתֶּם
לֹא יִתָּכֵן דֶּרֶךְ אֲדֹנָי אִישׁ כִּדְרָכָיו אֶשְׁפּוֹט אֶתְכֶם בֵּית
כא יִשְׂרָאֵל׃ וַיְהִי בִּשְׁתֵּי עֶשְׂרֵה שָׁנָה בָּעֲשִׂרִי
בַּחֲמִשָּׁה לַחֹדֶשׁ לְגָלוּתֵנוּ בָּא־אֵלַי הַפָּלִיט מִירוּשָׁלַם לֵאמֹר
כב הֻכְּתָה הָעִיר׃ וְיַד־יְהוָה הָיְתָה אֵלַי בָּעֶרֶב לִפְנֵי בּוֹא הַפָּלִיט
וַיִּפְתַּח אֶת־פִּי עַד־בּוֹא אֵלַי בַּבֹּקֶר וַיִּפָּתַח פִּי וְלֹא נֶאֱלַמְתִּי
כג כד עוֹד׃ וַיְהִי דְבַר־יְהוָה אֵלַי לֵאמֹר׃ בֶּן־אָדָם
יֹשְׁבֵי הֶחֳרָבוֹת הָאֵלֶּה עַל־אַדְמַת יִשְׂרָאֵל אֹמְרִים לֵאמֹר אֶחָד
הָיָה אַבְרָהָם וַיִּירַשׁ אֶת־הָאָרֶץ וַאֲנַחְנוּ רַבִּים לָנוּ נִתְּנָה הָאָרֶץ
כה לְמוֹרָשָׁה׃ לָכֵן אֱמֹר אֲלֵיהֶם כֹּה־אָמַר ׀ אֲדֹנָי

יהוה על־הדם ׀ תאכלו ועיניכם תשאו אל־גלוליכם ודם
כו תשפכו והארץ תירשו: עמדתם על־חרבכם עשיתן תועבה
כז ואיש את־אשת רעהו טמאתם והארץ תירשו: כה־תאמר
אלהם כה־אמר אדני יהוה חי־אני אם־לא אשר בחרבות
בחרב יפלו ואשר על־פני השדה לחיה נתתיו לאכלו ואשר
כח במצדות ובמערות בדבר ימותו: ונתתי את־הארץ שממה
ומשמה ונשבת גאון עזה ושממו הרי ישראל מאין עובר:
כט וידעו כי־אני יהוה בתתי את־הארץ שממה ומשמה על כל־
ל תועבתם אשר עשו: ואתה בן־אדם בני עמך
הנדברים בך אצל הקירות ובפתחי הבתים ודבר־חד את־
אחד איש את־אחיו לאמר באו־נא ושמעו מה הדבר היוצא
לא מאת יהוה: ויבואו אליך כמבוא־עם וישבו לפניך עמי ושמעו
את־דבריך ואותם לא יעשו כי־עגבים בפיהם המה עשים
לב אחרי בצעם לבם הלך: והנך להם כשיר עגבים יפה קול
לג ומטב נגן ושמעו את־דבריך ועשים אינם אותם: ובבאה הנה
לד א באה וידעו כי נביא היה בתוכם: ויהי דבר־
ב יהוה אלי לאמר: בן־אדם הנבא על־רועי ישראל הנבא
ואמרת אליהם לרעים כה־אמר ׀ אדני יהוה הוי רעי ישראל
ג אשר היו רעים אותם הלוא הצאן ירעו הרעים: את־החלב
תאכלו ואת־הצמר תלבשו הבריאה תזבחו הצאן לא תרעו:
ד את־הנחלות לא חזקתם ואת־החולה לא־רפאתם ולנשברת
לא חבשתם ואת־הנדחת לא השבתם ואת־האבדת לא
ה בקשתם ובחזקה רדיתם אתם ובפרך: ותפוצינה מבלי רעה
ו ותהיינה לאכלה לכל־חית השדה ותפוצינה: ישגו צאני בכל־
ההרים ועל כל־גבעה רמה ועל כל־פני הארץ נפצו צאני ואין
ז דורש ואין מבקש: לכן רעים שמעו את־דבר יהוה: חי־אני
ח נאם ׀ אדני יהוה אם־לא יען היות־צאני ׀ לבז ותהיינה צאני

לְאָכְלָה לְכָל־חַיַּת הַשָּׂדֶה מֵאֵין רֹעֶה וְלֹא־דָרְשׁוּ רֹעַי אֶת־צֹאנִי
ט וַיִּרְעוּ הָרֹעִים אוֹתָם וְאֶת־צֹאנִי לֹא רָעוּ׃ לָכֵן הָרֹעִים שִׁמְעוּ
י דְּבַר־יְהוָה׃ כֹּה־אָמַר אֲדֹנָי יֱהוִה הִנְנִי אֶל־
הָרֹעִים וְדָרַשְׁתִּי אֶת־צֹאנִי מִיָּדָם וְהִשְׁבַּתִּים מֵרְעוֹת צֹאן וְלֹא־
יִרְעוּ עוֹד הָרֹעִים אוֹתָם וְהִצַּלְתִּי צֹאנִי מִפִּיהֶם וְלֹא־תִהְיֶיןָ לָהֶם
יא לְאָכְלָה׃ כִּי כֹּה אָמַר אֲדֹנָי יֱהוִה הִנְנִי־אָנִי
יב וְדָרַשְׁתִּי אֶת־צֹאנִי וּבִקַּרְתִּים׃ כְּבַקָּרַת רֹעֶה עֶדְרוֹ בְּיוֹם־הֱיוֹתוֹ
בְתוֹךְ־צֹאנוֹ נִפְרָשׁוֹת כֵּן אֲבַקֵּר אֶת־צֹאנִי וְהִצַּלְתִּי אֶתְהֶם
יג מִכָּל־הַמְּקוֹמֹת אֲשֶׁר נָפֹצוּ שָׁם בְּיוֹם עָנָן וַעֲרָפֶל׃ וְהוֹצֵאתִים
מִן־הָעַמִּים וְקִבַּצְתִּים מִן־הָאֲרָצוֹת וַהֲבִיאוֹתִים אֶל־אַדְמָתָם
וּרְעִיתִים אֶל־הָרֵי יִשְׂרָאֵל בָּאֲפִיקִים וּבְכֹל מוֹשְׁבֵי הָאָרֶץ׃
יד בְּמִרְעֶה־טּוֹב אֶרְעֶה אֹתָם וּבְהָרֵי מְרוֹם־יִשְׂרָאֵל יִהְיֶה נְוֵהֶם שָׁם
טו תִּרְבַּצְנָה בְּנָוֶה טּוֹב וּמִרְעֶה שָׁמֵן תִּרְעֶינָה אֶל־הָרֵי יִשְׂרָאֵל׃ אֲנִי
טז אֶרְעֶה צֹאנִי וַאֲנִי אַרְבִּיצֵם נְאֻם אֲדֹנָי יֱהוִה׃ אֶת־הָאֹבֶדֶת
אֲבַקֵּשׁ וְאֶת־הַנִּדַּחַת אָשִׁיב וְלַנִּשְׁבֶּרֶת אֶחֱבֹשׁ וְאֶת־הַחוֹלָה
אֲחַזֵּק וְאֶת־הַשְּׁמֵנָה וְאֶת־הַחֲזָקָה אַשְׁמִיד אֶרְעֶנָּה בְמִשְׁפָּט׃
יז וְאַתֵּנָה צֹאנִי כֹּה אָמַר אֲדֹנָי יֱהוִה הִנְנִי שֹׁפֵט בֵּין־שֶׂה לָשֶׂה
יח לָאֵילִים וְלָעַתּוּדִים׃ הַמְעַט מִכֶּם הַמִּרְעֶה הַטּוֹב תִּרְעוּ וְיֶתֶר
מִרְעֵיכֶם תִּרְמְסוּ בְּרַגְלֵיכֶם וּמִשְׁקַע־מַיִם תִּשְׁתּוּ וְאֵת הַנּוֹתָרִים
יט בְּרַגְלֵיכֶם תִּרְפֹּשׂוּן׃ וְצֹאנִי מִרְמַס רַגְלֵיכֶם תִּרְעֶינָה וּמִרְפַּשׂ
כ רַגְלֵיכֶם תִּשְׁתֶּינָה׃ לָכֵן כֹּה אָמַר אֲדֹנָי יֱהוִה
כא אֲלֵיהֶם הִנְנִי־אָנִי וְשָׁפַטְתִּי בֵּין־שֶׂה בִרְיָה וּבֵין שֶׂה רָזָה׃ יַעַן
בְּצַד וּבְכָתֵף תֶּהְדֹּפוּ וּבְקַרְנֵיכֶם תְּנַגְּחוּ כָּל־הַנַּחְלוֹת עַד אֲשֶׁר
כב הֲפִיצוֹתֶם אוֹתָנָה אֶל־הַחוּצָה׃ וְהוֹשַׁעְתִּי לְצֹאנִי וְלֹא־תִהְיֶינָה
כג עוֹד לָבַז וְשָׁפַטְתִּי בֵּין שֶׂה לָשֶׂה׃ וַהֲקִמֹתִי עֲלֵיהֶם רֹעֶה אֶחָד
וְרָעָה אֶתְהֶן אֵת עַבְדִּי דָוִיד הוּא יִרְעֶה אֹתָם וְהוּא־יִהְיֶה לָהֶן
כד לְרֹעֶה׃ וַאֲנִי יְהוָה אֶהְיֶה לָהֶם לֵאלֹהִים וְעַבְדִּי דָוִד נָשִׂיא

כה בתוכם אני יהוה דברתי: וכרתי להם ברית שלום והשבתי
חיה־רעה מן־הארץ וישבו במדבר לבטח וישנו ביעורים: ביערים
כו ונתתי אותם וסביבות גבעתי ברכה והורדתי הגשם בעתו כא
גשמי ברכה יהיו: כז ונתן עץ השדה את־פריו והארץ תתן
יבולה והיו על־אדמתם לבטח וידעו כי־אני יהוה בשברי את־
מטות עלם והצלתים מיד העבדים בהם: כח ולא־יהיו עוד בז
לגוים וחית הארץ לא תאכלם וישבו לבטח ואין מחריד:
כט והקמתי להם מטע לשם ולא־יהיו עוד אספי רעב בארץ
ולא־ישאו עוד כלמת הגוים: ל וידעו כי־אני יהוה אלהיהם
אתם והמה עמי בית ישראל נאם אדני יהוה: לא ואתן
צאני צאן מרעיתי אדם אתם אני אלהיכם נאם אדני
יהוה: לה א ויהי דבר־יהוה אלי לאמר: ב בן־אדם שים
פניך על־הר שעיר והנבא עליו: ג ואמרת לו כה אמר אדני
יהוה הנני אליך הר־שעיר ונטיתי ידי עליך ונתתיך שממה
ומשמה: ד עריך חרבה אשים ואתה שממה תהיה וידעת כי־
אני יהוה: ה יען היות לך איבת עולם ותגר את־בני־ישראל
על־ידי חרב בעת אידם בעת עון קץ: ו לכן חי־אני נאם אדני
יהוה כי־לדם אעשך ודם ירדפך אם־לא דם שנאת ודם
ירדפך: ז ונתתי את־הר שעיר לשממה ושממה והכרתי ממנו
עבר ושב: ח ומלאתי את־הריו חלליו גבעותיך וגיאותיך וכל־
אפיקיך חללי־חרב יפלו בהם: ט שממות עולם אתנך ועריך
לא תישבנה וידעתם כי־אני יהוה: תשבנה י יען אמרך את־שני הגוים
ואת־שתי הארצות לי תהיינה וירשנוה ויהוה שם היה: יא לכן
חי־אני נאם אדני יהוה ועשיתי כאפך וכקנאתך אשר עשיתה
משנאתיך בם ונודעתי בם כאשר אשפטך: יב וידעת כי אני
יהוה שמעתי | את־כל־נאצותיך אשר אמרת על־הרי ישראל
לאמר | שממה לנו נתנו לאכלה: שממו יג ותגדילו עלי בפיכם

יד וְהַעְתַּרְתֶּם עָלַי דִּבְרֵיכֶם אֲנִי שָׁמָעְתִּי׃ כֹּה
אָמַר אֲדֹנָי יֱהֹוִה כִּשְׂמֹחַ כָּל־הָאָרֶץ שְׁמָמָה אֶעֱשֶׂה־לָּךְ׃
טו כְּשִׂמְחָתְךָ לְנַחֲלַת בֵּית־יִשְׂרָאֵל עַל אֲשֶׁר־שָׁמֵמָה כֵּן אֶעֱשֶׂה־
לָּךְ שְׁמָמָה תִהְיֶה הַר־שֵׂעִיר וְכָל־אֱדוֹם כֻּלָּהּ וְיָדְעוּ כִּי־אֲנִי
לו א יְהוָה׃ וְאַתָּה בֶן־אָדָם הִנָּבֵא אֶל־הָרֵי יִשְׂרָאֵל
ב וְאָמַרְתָּ הָרֵי יִשְׂרָאֵל שִׁמְעוּ דְּבַר־יְהוָה׃ כֹּה אָמַר אֲדֹנָי יֱהֹוִה
יַעַן אָמַר הָאוֹיֵב עֲלֵיכֶם הֶאָח וּבָמוֹת עוֹלָם לְמוֹרָשָׁה הָיְתָה
ג לָּנוּ׃ לָכֵן הִנָּבֵא וְאָמַרְתָּ כֹּה אָמַר אֲדֹנָי יֱהֹוִה יַעַן בְּיַעַן שַׁמּוֹת
וְשָׁאֹף אֶתְכֶם מִסָּבִיב לִהְיוֹתְכֶם מוֹרָשָׁה לִשְׁאֵרִית הַגּוֹיִם וַתַּעֲלוּ
ד עַל־שְׂפַת לָשׁוֹן וְדִבַּת־עָם׃ לָכֵן הָרֵי יִשְׂרָאֵל שִׁמְעוּ דְּבַר־אֲדֹנָי
יֱהֹוִה כֹּה־אָמַר אֲדֹנָי יֱהֹוִה לֶהָרִים וְלַגְּבָעוֹת לָאֲפִיקִים וְלַגֵּאָיוֹת
וְלֶחֳרָבוֹת הַשֹּׁמְמוֹת וְלֶעָרִים הַנֶּעֱזָבוֹת אֲשֶׁר הָיוּ לְבַז וּלְלַעַג
ה לִשְׁאֵרִית הַגּוֹיִם אֲשֶׁר מִסָּבִיב׃ לָכֵן כֹּה־אָמַר
אֲדֹנָי יֱהֹוִה אִם־לֹא בְּאֵשׁ קִנְאָתִי דִבַּרְתִּי עַל־שְׁאֵרִית הַגּוֹיִם
וְעַל־אֱדוֹם כֻּלָּא אֲשֶׁר נָתְנוּ־אֶת־אַרְצִי לָהֶם לְמוֹרָשָׁה בְּשִׂמְחַת
ו כָּל־לֵבָב בִּשְׁאָט נֶפֶשׁ לְמַעַן מִגְרָשָׁהּ לָבַז׃ לָכֵן הִנָּבֵא עַל־
אַדְמַת יִשְׂרָאֵל וְאָמַרְתָּ לֶהָרִים וְלַגְּבָעוֹת לָאֲפִיקִים וְלַגֵּאָיוֹת
כֹּה־אָמַר אֲדֹנָי יֱהֹוִה הִנְנִי בְקִנְאָתִי וּבַחֲמָתִי דִּבַּרְתִּי יַעַן כְּלִמַּת
ז גּוֹיִם נְשָׂאתֶם׃ לָכֵן כֹּה אָמַר אֲדֹנָי יֱהֹוִה אֲנִי נָשָׂאתִי אֶת־יָדִי
ח אִם־לֹא הַגּוֹיִם אֲשֶׁר לָכֶם מִסָּבִיב הֵמָּה כְּלִמָּתָם יִשָּׂאוּ׃ וְאַתֶּם
הָרֵי יִשְׂרָאֵל עַנְפְּכֶם תִּתֵּנוּ וּפֶרְיְכֶם תִּשְׂאוּ לְעַמִּי יִשְׂרָאֵל כִּי
ט קֵרְבוּ לָבוֹא׃ כִּי הִנְנִי אֲלֵיכֶם וּפָנִיתִי אֲלֵיכֶם וְנֶעֱבַדְתֶּם
י וְנִזְרַעְתֶּם׃ וְהִרְבֵּיתִי עֲלֵיכֶם אָדָם כָּל־בֵּית יִשְׂרָאֵל כֻּלֹּה
יא וְנֹשְׁבוּ הֶעָרִים וְהֶחֳרָבוֹת תִּבָּנֶינָה׃ וְהִרְבֵּיתִי עֲלֵיכֶם אָדָם
וּבְהֵמָה וְרָבוּ וּפָרוּ וְהוֹשַׁבְתִּי אֶתְכֶם כְּקַדְמוֹתֵיכֶם וְהֵטִבֹתִי
יב מֵרִאשֹׁתֵיכֶם וִידַעְתֶּם כִּי־אֲנִי יְהוָה׃ וְהוֹלַכְתִּי עֲלֵיכֶם אָדָם
אֶת־עַמִּי יִשְׂרָאֵל וִירֵשׁוּךָ וְהָיִיתָ לָהֶם לְנַחֲלָה וְלֹא־תוֹסִף עוֹד

יג לְשַׁכְּלָם: כֹּה אָמַר אֲדֹנָי יֱהוִה יַעַן אֹמְרִים לָכֶם
יד אֹכֶלֶת אָדָם אתי וּמְשַׁכֶּלֶת גויך הָיִית: לָכֵן אָדָם לֹא־תֹאכְלִי אַתְּ | גּוֹיַיִךְ
טו עוֹד וגויך לֹא תכשלי־עוֹד נְאֻם אֲדֹנָי יֱהוִה: וְלֹא־אַשְׁמִיעַ אֵלַיִךְ וְגוֹיַיִךְ | תְשַׁכְּלִי
עוֹד כְּלִמַּת הַגּוֹיִם וְחֶרְפַּת עַמִּים לֹא תִשְׂאִי־עוֹד וגויך לֹא־ וְגוֹיַיִךְ
טז תַכְשִׁלִי עוֹד נְאֻם אֲדֹנָי יֱהוִה: וַיְהִי דְבַר־יְהוָה
יז אֵלַי לֵאמֹר: בֶּן־אָדָם בֵּית יִשְׂרָאֵל יֹשְׁבִים עַל־אַדְמָתָם וַיְטַמְּאוּ
אוֹתָהּ בְּדַרְכָּם וּבַעֲלִילוֹתָם כְּטֻמְאַת הַנִּדָּה הָיְתָה דַרְכָּם לְפָנָי:
יח וָאֶשְׁפֹּךְ חֲמָתִי עֲלֵיהֶם עַל־הַדָּם אֲשֶׁר־שָׁפְכוּ עַל־הָאָרֶץ
יט וּבְגִלּוּלֵיהֶם טִמְּאוּהָ: וָאָפִיץ אֹתָם בַּגּוֹיִם וַיִּזָּרוּ בָּאֲרָצוֹת
כ כְּדַרְכָּם וְכַעֲלִילוֹתָם שְׁפַטְתִּים: וַיָּבוֹא אֶל־הַגּוֹיִם אֲשֶׁר־בָּאוּ
שָׁם וַיְחַלְּלוּ אֶת־שֵׁם קָדְשִׁי בֶּאֱמֹר לָהֶם עַם־יְהוָה אֵלֶּה וּמֵאַרְצוֹ
כא יָצָאוּ: וָאֶחְמֹל עַל־שֵׁם קָדְשִׁי אֲשֶׁר חִלְּלֻהוּ בֵּית יִשְׂרָאֵל בַּגּוֹיִם
כב אֲשֶׁר־בָּאוּ שָׁמָּה: לָכֵן אֱמֹר לְבֵית־יִשְׂרָאֵל כֹּה
אָמַר אֲדֹנָי יֱהוִה לֹא לְמַעַנְכֶם אֲנִי עֹשֶׂה בֵּית יִשְׂרָאֵל כִּי אִם־
כג לְשֵׁם־קָדְשִׁי אֲשֶׁר חִלַּלְתֶּם בַּגּוֹיִם אֲשֶׁר־בָּאתֶם שָׁם: וְקִדַּשְׁתִּי
אֶת־שְׁמִי הַגָּדוֹל הַמְחֻלָּל בַּגּוֹיִם אֲשֶׁר חִלַּלְתֶּם בְּתוֹכָם וְיָדְעוּ
הַגּוֹיִם כִּי־אֲנִי יְהוָה נְאֻם אֲדֹנָי יֱהוִה בְּהִקָּדְשִׁי בָכֶם לְעֵינֵיהֶם:
כד וְלָקַחְתִּי אֶתְכֶם מִן־הַגּוֹיִם וְקִבַּצְתִּי אֶתְכֶם מִכָּל־הָאֲרָצוֹת
כה וְהֵבֵאתִי אֶתְכֶם אֶל־אַדְמַתְכֶם: וְזָרַקְתִּי עֲלֵיכֶם מַיִם טְהוֹרִים כב
וּטְהַרְתֶּם מִכֹּל טֻמְאוֹתֵיכֶם וּמִכָּל־גִּלּוּלֵיכֶם אֲטַהֵר אֶתְכֶם:
כו וְנָתַתִּי לָכֶם לֵב חָדָשׁ וְרוּחַ חֲדָשָׁה אֶתֵּן בְּקִרְבְּכֶם וַהֲסִרֹתִי אֶת־
כז לֵב הָאֶבֶן מִבְּשַׂרְכֶם וְנָתַתִּי לָכֶם לֵב בָּשָׂר: וְאֶת־רוּחִי אֶתֵּן
בְּקִרְבְּכֶם וְעָשִׂיתִי אֵת אֲשֶׁר־בְּחֻקַּי תֵּלֵכוּ וּמִשְׁפָּטַי תִּשְׁמְרוּ
כח וַעֲשִׂיתֶם: וִישַׁבְתֶּם בָּאָרֶץ אֲשֶׁר נָתַתִּי לַאֲבֹתֵיכֶם וִהְיִיתֶם לִי
כט לְעָם וְאָנֹכִי אֶהְיֶה לָכֶם לֵאלֹהִים: וְהוֹשַׁעְתִּי אֶתְכֶם מִכֹּל
טֻמְאוֹתֵיכֶם וְקָרָאתִי אֶל־הַדָּגָן וְהִרְבֵּיתִי אֹתוֹ וְלֹא־אֶתֵּן עֲלֵיכֶם
ל רָעָב: וְהִרְבֵּיתִי אֶת־פְּרִי הָעֵץ וּתְנוּבַת הַשָּׂדֶה לְמַעַן אֲשֶׁר לֹא

לא תִּקְחוּ עוֹד חֶרְפַּת רָעָב בַּגּוֹיִם׃ וּזְכַרְתֶּם אֶת־דַּרְכֵיכֶם הָרָעִים
וּמַעַלְלֵיכֶם אֲשֶׁר לֹא־טוֹבִים וּנְקֹטֹתֶם בִּפְנֵיכֶם עַל עֲוֺנֹתֵיכֶם וְעַל
לב תּוֹעֲבוֹתֵיכֶם׃ לֹא לְמַעַנְכֶם אֲנִי־עֹשֶׂה נְאֻם אֲדֹנָי יְהוִה יִוָּדַע
לָכֶם בּוֹשׁוּ וְהִכָּלְמוּ מִדַּרְכֵיכֶם בֵּית יִשְׂרָאֵל׃
לג כֹּה אָמַר אֲדֹנָי יְהוִה בְּיוֹם טַהֲרִי אֶתְכֶם מִכֹּל עֲוֺנוֹתֵיכֶם
לד וְהוֹשַׁבְתִּי אֶת־הֶעָרִים וְנִבְנוּ הֶחֳרָבוֹת׃ וְהָאָרֶץ הַנְּשַׁמָּה
לה תֵּעָבֵד תַּחַת אֲשֶׁר הָיְתָה שְׁמָמָה לְעֵינֵי כָּל־עוֹבֵר׃ וְאָמְרוּ
הָאָרֶץ הַלֵּזוּ הַנְּשַׁמָּה הָיְתָה כְּגַן־עֵדֶן וְהֶעָרִים הֶחֳרֵבוֹת
לו וְהַנְשַׁמּוֹת וְהַנֶּהֱרָסוֹת בְּצוּרוֹת יָשָׁבוּ׃ וְיָדְעוּ הַגּוֹיִם אֲשֶׁר
יִשָּׁאֲרוּ סְבִיבוֹתֵיכֶם כִּי ׀ אֲנִי יְהוָה בָּנִיתִי הַנֶּהֱרָסוֹת נָטַעְתִּי
לז הַנְּשַׁמָּה אֲנִי יְהוָה דִּבַּרְתִּי וְעָשִׂיתִי׃ כֹּה אָמַר
אֲדֹנָי יְהוִה עוֹד זֹאת אִדָּרֵשׁ לְבֵית־יִשְׂרָאֵל לַעֲשׂוֹת לָהֶם
לח אַרְבֶּה אֹתָם כַּצֹּאן אָדָם׃ כְּצֹאן קָדָשִׁים כְּצֹאן יְרוּשָׁלַ͏ִם
בְּמוֹעֲדֶיהָ כֵּן תִּהְיֶינָה הֶעָרִים הֶחֳרֵבוֹת מְלֵאוֹת צֹאן אָדָם
וְיָדְעוּ כִּי־אֲנִי יְהוָה׃

לז א הָיְתָה עָלַי יַד־יְהוָה וַיּוֹצִאֵנִי בְרוּחַ יְהוָה וַיְנִיחֵנִי בְּתוֹךְ הַבִּקְעָה
ב וְהִיא מְלֵאָה עֲצָמוֹת׃ וְהֶעֱבִירַנִי עֲלֵיהֶם סָבִיב ׀ סָבִיב וְהִנֵּה
ג רַבּוֹת מְאֹד עַל־פְּנֵי הַבִּקְעָה וְהִנֵּה יְבֵשׁוֹת מְאֹד׃ וַיֹּאמֶר אֵלַי
בֶּן־אָדָם הֲתִחְיֶינָה הָעֲצָמוֹת הָאֵלֶּה וָאֹמַר אֲדֹנָי יְהוִה אַתָּה
ד יָדָעְתָּ׃ וַיֹּאמֶר אֵלַי הִנָּבֵא עַל־הָעֲצָמוֹת הָאֵלֶּה וְאָמַרְתָּ אֲלֵיהֶם
ה הָעֲצָמוֹת הַיְבֵשׁוֹת שִׁמְעוּ דְּבַר־יְהוָה׃ כֹּה אָמַר אֲדֹנָי יְהוִה
ו לָעֲצָמוֹת הָאֵלֶּה הִנֵּה אֲנִי מֵבִיא בָכֶם רוּחַ וִחְיִיתֶם׃ וְנָתַתִּי
עֲלֵיכֶם גִּידִים וְהַעֲלֵתִי עֲלֵיכֶם בָּשָׂר וְקָרַמְתִּי עֲלֵיכֶם עוֹר וְנָתַתִּי
ז בָכֶם רוּחַ וִחְיִיתֶם וִידַעְתֶּם כִּי־אֲנִי יְהוָה׃ וְנִבֵּאתִי כַּאֲשֶׁר צֻוֵּיתִי
וַיְהִי־קוֹל כְּהִנָּבְאִי וְהִנֵּה־רַעַשׁ וַתִּקְרְבוּ עֲצָמוֹת עֶצֶם אֶל־
ח עַצְמוֹ׃ וְרָאִיתִי וְהִנֵּה־עֲלֵיהֶם גִּדִים וּבָשָׂר עָלָה וַיִּקְרַם עֲלֵיהֶם
ט עוֹר מִלְמָעְלָה וְרוּחַ אֵין בָּהֶם׃ וַיֹּאמֶר אֵלַי הִנָּבֵא אֶל־הָרוּחַ

הִנָּבֵא בֶּן־אָדָם וְאָמַרְתָּ אֶל־הָרוּחַ כֹּה־אָמַר ׀ אֲדֹנָי יֱהוִה
מֵאַרְבַּע רוּחוֹת בֹּאִי הָרוּחַ וּפְחִי בַּהֲרוּגִים הָאֵלֶּה וְיִחְיוּ׃
וְהִנַּבֵּאתִי כַּאֲשֶׁר צִוָּנִי וַתָּבוֹא בָהֶם הָרוּחַ וַיִּחְיוּ וַיַּעַמְדוּ עַל־ י
רַגְלֵיהֶם חַיִל גָּדוֹל מְאֹד מְאֹד׃ וַיֹּאמֶר אֵלַי בֶּן־אָדָם הָעֲצָמוֹת יא
הָאֵלֶּה כָּל־בֵּית יִשְׂרָאֵל הֵמָּה הִנֵּה אֹמְרִים יָבְשׁוּ עַצְמוֹתֵינוּ
וְאָבְדָה תִקְוָתֵנוּ נִגְזַרְנוּ לָנוּ׃ לָכֵן הִנָּבֵא וְאָמַרְתָּ אֲלֵיהֶם כֹּה־ יב
אָמַר אֲדֹנָי יֱהוִה הִנֵּה אֲנִי פֹתֵחַ אֶת־קִבְרוֹתֵיכֶם וְהַעֲלֵיתִי
אֶתְכֶם מִקִּבְרוֹתֵיכֶם עַמִּי וְהֵבֵאתִי אֶתְכֶם אֶל־אַדְמַת יִשְׂרָאֵל׃
וִידַעְתֶּם כִּי־אֲנִי יְהוָה בְּפִתְחִי אֶת־קִבְרוֹתֵיכֶם וּבְהַעֲלוֹתִי אֶתְכֶם יג
מִקִּבְרוֹתֵיכֶם עַמִּי׃ וְנָתַתִּי רוּחִי בָכֶם וִחְיִיתֶם וְהִנַּחְתִּי אֶתְכֶם יד
עַל־אַדְמַתְכֶם וִידַעְתֶּם כִּי אֲנִי יְהוָה דִּבַּרְתִּי וְעָשִׂיתִי נְאֻם־
יְהוָה׃ וַיְהִי דְבַר־יְהוָה אֵלַי לֵאמֹר׃ וְאַתָּה בֶן־ טו טז
אָדָם קַח־לְךָ עֵץ אֶחָד וּכְתֹב עָלָיו לִיהוּדָה וְלִבְנֵי יִשְׂרָאֵל חֲבֵרָו
וּלְקַח עֵץ אֶחָד וּכְתוֹב עָלָיו לְיוֹסֵף עֵץ אֶפְרַיִם וְכָל־בֵּית יִשְׂרָאֵל
חֲבֵרָו׃ וְקָרַב אֹתָם אֶחָד אֶל־אֶחָד לְךָ לְעֵץ אֶחָד וְהָיוּ לַאֲחָדִים יז
בְּיָדֶךָ׃ וְכַאֲשֶׁר יֹאמְרוּ אֵלֶיךָ בְּנֵי עַמְּךָ לֵאמֹר הֲלוֹא־תַגִּיד לָנוּ יח
מָה־אֵלֶּה לָּךְ׃ דַּבֵּר אֲלֵהֶם כֹּה־אָמַר אֲדֹנָי יֱהוִה הִנֵּה אֲנִי לֹקֵחַ יט
אֶת־עֵץ יוֹסֵף אֲשֶׁר בְּיַד־אֶפְרַיִם וְשִׁבְטֵי יִשְׂרָאֵל חֲבֵרָו וְנָתַתִּי
אוֹתָם עָלָיו אֶת־עֵץ יְהוּדָה וַעֲשִׂיתִם לְעֵץ אֶחָד וְהָיוּ אֶחָד
בְּיָדִי׃ וְהָיוּ הָעֵצִים אֲשֶׁר־תִּכְתֹּב עֲלֵיהֶם בְּיָדְךָ לְעֵינֵיהֶם׃ וְדַבֵּר כ כא
אֲלֵיהֶם כֹּה־אָמַר אֲדֹנָי יֱהוִה הִנֵּה אֲנִי לֹקֵחַ אֶת־בְּנֵי יִשְׂרָאֵל
מִבֵּין הַגּוֹיִם אֲשֶׁר הָלְכוּ־שָׁם וְקִבַּצְתִּי אֹתָם מִסָּבִיב וְהֵבֵאתִי
אוֹתָם אֶל־אַדְמָתָם׃ וְעָשִׂיתִי אֹתָם לְגוֹי אֶחָד בָּאָרֶץ בְּהָרֵי כב
יִשְׂרָאֵל וּמֶלֶךְ אֶחָד יִהְיֶה לְכֻלָּם לְמֶלֶךְ וְלֹא יִהְיֶה־עוֹד לִשְׁנֵי יִהְיוּ־
גוֹיִם וְלֹא יֵחָצוּ עוֹד לִשְׁתֵּי מַמְלָכוֹת עוֹד׃ וְלֹא יִטַּמְּאוּ עוֹד כג
בְּגִלּוּלֵיהֶם וּבְשִׁקּוּצֵיהֶם וּבְכֹל פִּשְׁעֵיהֶם וְהוֹשַׁעְתִּי אֹתָם מִכֹּל
מוֹשְׁבֹתֵיהֶם אֲשֶׁר חָטְאוּ בָהֶם וְטִהַרְתִּי אוֹתָם וְהָיוּ־לִי לְעָם וַאֲנִי

כד אֶהְיֶה לָהֶם לֵאלֹהִים׃ וְעַבְדִּי דָוִד מֶלֶךְ עֲלֵיהֶם וְרוֹעֶה אֶחָד
כה יִהְיֶה לְכֻלָּם וּבְמִשְׁפָּטַי יֵלֵכוּ וְחֻקֹּתַי יִשְׁמְרוּ וְעָשׂוּ אוֹתָם׃ וְיָשְׁבוּ
עַל־הָאָרֶץ אֲשֶׁר נָתַתִּי לְעַבְדִּי לְיַעֲקֹב אֲשֶׁר יָשְׁבוּ־בָהּ אֲבוֹתֵיכֶם
וְיָשְׁבוּ עָלֶיהָ הֵמָּה וּבְנֵיהֶם וּבְנֵי בְנֵיהֶם עַד־עוֹלָם וְדָוִד עַבְדִּי
כו נָשִׂיא לָהֶם לְעוֹלָם׃ וְכָרַתִּי לָהֶם בְּרִית שָׁלוֹם בְּרִית עוֹלָם יִהְיֶה
אוֹתָם וּנְתַתִּים וְהִרְבֵּיתִי אוֹתָם וְנָתַתִּי אֶת־מִקְדָּשִׁי בְּתוֹכָם
כז לְעוֹלָם׃ וְהָיָה מִשְׁכָּנִי עֲלֵיהֶם וְהָיִיתִי לָהֶם לֵאלֹהִים וְהֵמָּה יִהְיוּ־
כח לִי לְעָם׃ וְיָדְעוּ הַגּוֹיִם כִּי אֲנִי יְהוָה מְקַדֵּשׁ אֶת־יִשְׂרָאֵל בִּהְיוֹת כג
לח א מִקְדָּשִׁי בְּתוֹכָם לְעוֹלָם׃ וַיְהִי דְבַר־יְהוָה אֵלַי
ב לֵאמֹר׃ בֶּן־אָדָם שִׂים פָּנֶיךָ אֶל־גּוֹג אֶרֶץ הַמָּגוֹג נְשִׂיא רֹאשׁ
ג מֶשֶׁךְ וְתֻבָל וְהִנָּבֵא עָלָיו׃ וְאָמַרְתָּ כֹּה אָמַר אֲדֹנָי יְהוִה הִנְנִי
ד אֵלֶיךָ גּוֹג נְשִׂיא רֹאשׁ מֶשֶׁךְ וְתֻבָל׃ וְשׁוֹבַבְתִּיךָ וְנָתַתִּי חַחִים
בִּלְחָיֶיךָ וְהוֹצֵאתִי אוֹתְךָ וְאֶת־כָּל־חֵילֶךָ סוּסִים וּפָרָשִׁים לְבֻשֵׁי
ה מִכְלוֹל כֻּלָּם קָהָל רָב צִנָּה וּמָגֵן תֹּפְשֵׂי חֲרָבוֹת כֻּלָּם׃ פָּרַס כּוּשׁ
ו וּפוּט אִתָּם כֻּלָּם מָגֵן וְכוֹבָע׃ גֹּמֶר וְכָל־אֲגַפֶּיהָ בֵּית תּוֹגַרְמָה
ז יַרְכְּתֵי צָפוֹן וְאֶת־כָּל־אֲגַפָּיו עַמִּים רַבִּים אִתָּךְ׃ הִכֹּן וְהָכֵן לְךָ
אַתָּה וְכָל־קְהָלֶךָ הַנִּקְהָלִים עָלֶיךָ וְהָיִיתָ לָהֶם לְמִשְׁמָר׃
ח מִיָּמִים רַבִּים תִּפָּקֵד בְּאַחֲרִית הַשָּׁנִים תָּבוֹא ׀ אֶל־אֶרֶץ ׀
מְשׁוֹבֶבֶת מֵחֶרֶב מְקֻבֶּצֶת מֵעַמִּים רַבִּים עַל הָרֵי יִשְׂרָאֵל
אֲשֶׁר־הָיוּ לְחָרְבָּה תָּמִיד וְהִיא מֵעַמִּים הוּצָאָה וְיָשְׁבוּ לָבֶטַח
ט כֻּלָּם׃ וְעָלִיתָ כַּשֹּׁאָה תָבוֹא כֶּעָנָן לְכַסּוֹת הָאָרֶץ תִּהְיֶה אַתָּה
י וְכָל־אֲגַפֶּיךָ וְעַמִּים רַבִּים אוֹתָךְ׃ כֹּה אָמַר אֲדֹנָי
יְהוִה וְהָיָה ׀ בַּיּוֹם הַהוּא יַעֲלוּ דְבָרִים עַל־לְבָבֶךָ וְחָשַׁבְתָּ
יא מַחֲשֶׁבֶת רָעָה׃ וְאָמַרְתָּ אֶעֱלֶה עַל־אֶרֶץ פְּרָזוֹת אָבוֹא
הַשֹּׁקְטִים יֹשְׁבֵי לָבֶטַח כֻּלָּם יֹשְׁבִים בְּאֵין חוֹמָה וּבְרִיחַ וּדְלָתַיִם
יב אֵין לָהֶם׃ לִשְׁלֹל שָׁלָל וְלָבֹז בַּז לְהָשִׁיב יָדְךָ עַל־חֳרָבוֹת
נוֹשָׁבוֹת וְאֶל־עַם מְאֻסָּף מִגּוֹיִם עֹשֶׂה מִקְנֶה וְקִנְיָן יֹשְׁבֵי

עַל־טַבּוּר הָאָרֶץ׃ שְׁבָא וּדְדָן וְסֹחֲרֵי תַרְשִׁישׁ וְכָל־כְּפִירֶיהָ יג
יֹאמְרוּ לְךָ הֲלִשְׁלֹל שָׁלָל אַתָּה בָא הֲלָבֹז בַּז הִקְהַלְתָּ
קְהָלֶךָ לָשֵׂאת ׀ כֶּסֶף וְזָהָב לָקַחַת מִקְנֶה וְקִנְיָן לִשְׁלֹל שָׁלָל
גָּדוֹל׃ לָכֵן הִנָּבֵא בֶן־אָדָם וְאָמַרְתָּ לְגוֹג כֹּה אָמַר יד
אֲדֹנָי יֱהֹוִה הֲלוֹא ׀ בַּיּוֹם הַהוּא בְּשֶׁבֶת עַמִּי יִשְׂרָאֵל לָבֶטַח
תֵּדָע׃ וּבָאתָ מִמְּקוֹמְךָ מִיַּרְכְּתֵי צָפוֹן אַתָּה וְעַמִּים רַבִּים טו
אִתָּךְ רֹכְבֵי סוּסִים כֻּלָּם קָהָל גָּדוֹל וְחַיִל רָב׃ וְעָלִיתָ עַל־עַמִּי טז
יִשְׂרָאֵל כֶּעָנָן לְכַסּוֹת הָאָרֶץ בְּאַחֲרִית הַיָּמִים תִּהְיֶה וַהֲבִאוֹתִיךָ
עַל־אַרְצִי לְמַעַן דַּעַת הַגּוֹיִם אֹתִי בְּהִקָּדְשִׁי בְךָ לְעֵינֵיהֶם
גּוֹג׃ כֹּה־אָמַר אֲדֹנָי יֱהֹוִה הַאַתָּה־הוּא אֲשֶׁר־ יז
דִּבַּרְתִּי בְּיָמִים קַדְמוֹנִים בְּיַד עֲבָדַי נְבִיאֵי יִשְׂרָאֵל הַנִּבְּאִים
בַּיָּמִים הָהֵם שָׁנִים לְהָבִיא אֹתְךָ עֲלֵיהֶם׃ וְהָיָה ׀ יח
בַּיּוֹם הַהוּא בְּיוֹם בּוֹא גוֹג עַל־אַדְמַת יִשְׂרָאֵל נְאֻם אֲדֹנָי יֱהֹוִה
תַּעֲלֶה חֲמָתִי בְּאַפִּי׃ וּבְקִנְאָתִי בְאֵשׁ־עֶבְרָתִי דִּבַּרְתִּי אִם־לֹא ׀ יט
בַּיּוֹם הַהוּא יִהְיֶה רַעַשׁ גָּדוֹל עַל אַדְמַת יִשְׂרָאֵל׃ וְרָעֲשׁוּ מִפָּנַי כ
דְּגֵי הַיָּם וְעוֹף הַשָּׁמַיִם וְחַיַּת הַשָּׂדֶה וְכָל־הָרֶמֶשׂ הָרֹמֵשׂ עַל־
הָאֲדָמָה וְכֹל הָאָדָם אֲשֶׁר עַל־פְּנֵי הָאֲדָמָה וְנֶהֶרְסוּ הֶהָרִים
וְנָפְלוּ הַמַּדְרֵגוֹת וְכָל־חוֹמָה לָאָרֶץ תִּפּוֹל׃ וְקָרָאתִי עָלָיו לְכָל־ כא
הָרַי חֶרֶב נְאֻם אֲדֹנָי יֱהֹוִה חֶרֶב אִישׁ בְּאָחִיו תִּהְיֶה׃ וְנִשְׁפַּטְתִּי כב
אִתּוֹ בְּדֶבֶר וּבְדָם וְגֶשֶׁם שׁוֹטֵף וְאַבְנֵי אֶלְגָּבִישׁ אֵשׁ וְגָפְרִית
אַמְטִיר עָלָיו וְעַל־אֲגַפָּיו וְעַל־עַמִּים רַבִּים אֲשֶׁר אִתּוֹ׃
וְהִתְגַּדִּלְתִּי וְהִתְקַדִּשְׁתִּי וְנוֹדַעְתִּי לְעֵינֵי גּוֹיִם רַבִּים וְיָדְעוּ כִּי־ כג
אֲנִי יְהֹוָה׃ וְאַתָּה בֶן־אָדָם הִנָּבֵא עַל־גּוֹג וְאָמַרְתָּ א לט
כֹּה אָמַר אֲדֹנָי יֱהֹוִה הִנְנִי אֵלֶיךָ גּוֹג נְשִׂיא רֹאשׁ מֶשֶׁךְ וְתֻבָל׃
וְשֹׁבַבְתִּיךָ וְשִׁשֵּׁאתִיךָ וְהַעֲלִיתִיךָ מִיַּרְכְּתֵי צָפוֹן וַהֲבֵאוֹתִךָ עַל־ ב
הָרֵי יִשְׂרָאֵל׃ וְהִכֵּיתִי קַשְׁתְּךָ מִיַּד שְׂמֹאולֶךָ וְחִצֶּיךָ מִיַּד יְמִינְךָ ג
אַפִּיל׃ עַל־הָרֵי יִשְׂרָאֵל תִּפּוֹל אַתָּה וְכָל־אֲגַפֶּיךָ וְעַמִּים אֲשֶׁר ד

ה אֹתְךָ לְעֵיט צִפּוֹר כָּל־כָּנָף וְחַיַּת הַשָּׂדֶה נְתַתִּיךָ לְאׇכְלָה׃ עַל־
ו פְּנֵי הַשָּׂדֶה תִּפּוֹל כִּי אֲנִי דִבַּרְתִּי נְאֻם אֲדֹנָי יֱהֹוִה׃ וְשִׁלַּחְתִּי־אֵשׁ
ז בְּמָגוֹג וּבְיֹשְׁבֵי הָאִיִּים לָבֶטַח וְיָדְעוּ כִּי־אֲנִי יְהֹוָה׃ וְאֶת־שֵׁם
קׇדְשִׁי אוֹדִיעַ בְּתוֹךְ עַמִּי יִשְׂרָאֵל וְלֹא־אַחֵל אֶת־שֵׁם־קׇדְשִׁי
ח עוֹד וְיָדְעוּ הַגּוֹיִם כִּי־אֲנִי יְהֹוָה קָדוֹשׁ בְּיִשְׂרָאֵל׃ הִנֵּה בָאָה
ט וְנִהְיָתָה נְאֻם אֲדֹנָי יֱהֹוִה הוּא הַיּוֹם אֲשֶׁר דִּבַּרְתִּי׃ וְיָצְאוּ יֹשְׁבֵי ׀
עָרֵי יִשְׂרָאֵל וּבִעֲרוּ וְהִשִּׂיקוּ בְּנֶשֶׁק וּמָגֵן וְצִנָּה בְּקֶשֶׁת וּבְחִצִּים
י וּבְמַקֵּל יָד וּבְרֹמַח וּבִעֲרוּ בָהֶם אֵשׁ שֶׁבַע שָׁנִים׃ וְלֹא־יִשְׂאוּ
עֵצִים מִן־הַשָּׂדֶה וְלֹא יַחְטְבוּ מִן־הַיְּעָרִים כִּי בַנֶּשֶׁק יְבַעֲרוּ־
אֵשׁ וְשָׁלְלוּ אֶת־שֹׁלְלֵיהֶם וּבָזְזוּ אֶת־בֹּזְזֵיהֶם נְאֻם אֲדֹנָי
יא יֱהֹוִה׃ וְהָיָה בַיּוֹם הַהוּא אֶתֵּן לְגוֹג ׀ מְקוֹם־שָׁם
קֶבֶר בְּיִשְׂרָאֵל גֵּי הָעֹבְרִים קִדְמַת הַיָּם וְחֹסֶמֶת הִיא אֶת־
הָעֹבְרִים וְקָבְרוּ שָׁם אֶת־גּוֹג וְאֶת־כׇּל־הֲמוֹנֹה וְקָרְאוּ גֵּיא הֲמוֹן
יב גּוֹג׃ וּקְבָרוּם בֵּית יִשְׂרָאֵל לְמַעַן טַהֵר אֶת־הָאָרֶץ שִׁבְעָה
יג חֳדָשִׁים׃ וְקָבְרוּ כׇּל־עַם הָאָרֶץ וְהָיָה לָהֶם לְשֵׁם יוֹם הִכָּבְדִי
יד נְאֻם אֲדֹנָי יֱהֹוִה׃ וְאַנְשֵׁי תָמִיד יַבְדִּילוּ עֹבְרִים בָּאָרֶץ מְקַבְּרִים
אֶת־הָעֹבְרִים אֶת־הַנּוֹתָרִים עַל־פְּנֵי הָאָרֶץ לְטַהֲרָהּ מִקְצֵה
טו שִׁבְעָה־חֳדָשִׁים יַחְקֹרוּ׃ וְעָבְרוּ הָעֹבְרִים בָּאָרֶץ וְרָאָה עֶצֶם אָדָם
וּבָנָה אֶצְלוֹ צִיּוּן עַד קָבְרוּ אֹתוֹ הַמְקַבְּרִים אֶל־גֵּיא הֲמוֹן גּוֹג׃
טז יז וְגַם שֶׁם־עִיר הֲמוֹנָה וְטִהֲרוּ הָאָרֶץ׃ וְאַתָּה בֶן־
אָדָם כֹּה־אָמַר ׀ אֲדֹנָי יֱהֹוִה אֱמֹר לְצִפּוֹר כׇּל־כָּנָף וּלְכֹל ׀ חַיַּת
הַשָּׂדֶה הִקָּבְצוּ וָבֹאוּ הֵאָסְפוּ מִסָּבִיב עַל־זִבְחִי אֲשֶׁר אֲנִי זֹבֵחַ
לָכֶם זֶבַח גָּדוֹל עַל הָרֵי יִשְׂרָאֵל וַאֲכַלְתֶּם בָּשָׂר וּשְׁתִיתֶם דָּם׃
יח בְּשַׂר גִּבּוֹרִים תֹּאכֵלוּ וְדַם־נְשִׂיאֵי הָאָרֶץ תִּשְׁתּוּ אֵילִים כָּרִים
יט וְעַתּוּדִים פָּרִים מְרִיאֵי בָשָׁן כֻּלָּם׃ וַאֲכַלְתֶּם־חֵלֶב לְשָׂבְעָה
כ וּשְׁתִיתֶם דָּם לְשִׁכָּרוֹן מִזִּבְחִי אֲשֶׁר־זָבַחְתִּי לָכֶם׃ וּשְׂבַעְתֶּם עַל־
שֻׁלְחָנִי סוּס וָרֶכֶב גִּבּוֹר וְכׇל־אִישׁ מִלְחָמָה נְאֻם אֲדֹנָי יֱהֹוִה׃

כא ונתתי את־כבודי בגוים וראו כל־הגוים את־משפטי אשר
כב עשיתי ואת־ידי אשר־שמתי בהם: וידעו בית ישראל כי אני כד
כג יהוה אלהיהם מן־היום ההוא והלאה: וידעו הגוים כי בעונם
גלו בית־ישראל על אשר מעלו־בי ואסתר פני מהם ואתנם
כד ביד צריהם ויפלו בחרב כלם: כטמאתם וכפשעיהם עשיתי
כה אתם ואסתר פני מהם: לכן כה אמר אדני יהוה
עתה אשיב את־שבית יעקב ורחמתי כל־בית ישראל שבות
כו וקנאתי לשם קדשי: ונשו את־כלמתם ואת־כל־מעלם אשר
כז מעלו־בי בשבתם על־אדמתם לבטח ואין מחריד: בשובבי
אותם מן־העמים וקבצתי אתם מארצות איביהם ונקדשתי
כח בם לעיני הגוים רבים: וידעו כי אני יהוה אלהיהם בהגלותי
אתם אל־הגוים וכנסתים אל־אדמתם ולא־אותיר עוד מהם
כט שם: ולא־אסתיר עוד פני מהם אשר שפכתי את־רוחי על־
מ א בית ישראל נאם אדני יהוה: בעשרים וחמש
שנה לגלותנו בראש השנה בעשור לחדש בארבע עשרה
שנה אחר אשר הכתה העיר בעצם | היום הזה היתה עלי יד־
ב יהוה ויבא אתי שמה: במראות אלהים הביאני אל־ארץ
ישראל ויניחני אל־הר גבה מאד ועליו כמבנה־עיר מנגב:
ג ויביא אותי שמה והנה־איש מראהו כמראה נחשת ופתיל־
ד פשתים בידו וקנה המדה והוא עמד בשער: וידבר אלי האיש
בן־אדם ראה בעיניך ובאזניך שמע ושים לבך לכל אשר־אני
מראה אותך כי למען הראותכה הבאתה הנה הגד את־כל־
ה אשר־אתה ראה לבית ישראל: והנה חומה מחוץ לבית
סביב | סביב וביד האיש קנה המדה שש־אמות באמה וטפח
ו וימד את־רחב הבנין קנה אחד וקומה קנה אחד: ויבוא אל־
שער אשר פניו דרך הקדימה ויעל במעלתו וימד | את־סף
ז השער קנה אחד רחב ואת סף אחד קנה אחד רחב: והתא

קָנֶה אֶחָד אֹרֶךְ וְקָנֶה אֶחָד רֹחַב וּבֵין הַתָּאִים חָמֵשׁ אַמּוֹת וְסַף
ח הַשַּׁעַר מֵאֵצֶל אֻלָם הַשַּׁעַר מֵהַבַּיִת קָנֶה אֶחָד׃ וַיָּמָד אֶת־אֻלָם
ט הַשַּׁעַר מֵהַבַּיִת קָנֶה אֶחָד׃ וַיָּמָד אֶת־אֻלָם הַשַּׁעַר שְׁמֹנֶה אַמּוֹת
י וְאֵילָו שְׁתַּיִם אַמּוֹת וְאֻלָם הַשַּׁעַר מֵהַבָּיִת׃ וְתָאֵי הַשַּׁעַר דֶּרֶךְ
הַקָּדִים שְׁלֹשָׁה מִפֹּה וּשְׁלֹשָׁה מִפֹּה מִדָּה אַחַת לִשְׁלָשְׁתָּם וּמִדָּה
יא אַחַת לָאֵילִם מִפֹּה וּמִפּוֹ׃ וַיָּמָד אֶת־רֹחַב פֶּתַח־הַשַּׁעַר עֶשֶׂר
יב אַמּוֹת אֹרֶךְ הַשַּׁעַר שְׁלוֹשׁ עֶשְׂרֵה אַמּוֹת׃ וּגְבוּל לִפְנֵי הַתָּאוֹת
אַמָּה אֶחָת וְאַמָּה־אַחַת גְּבוּל מִפֹּה וְהַתָּא שֵׁשׁ־אַמּוֹת מִפּוֹ וְשֵׁשׁ
יג אַמּוֹת מִפּוֹ׃ וַיָּמָד אֶת־הַשַּׁעַר מִגַּג הַתָּא לְגַגּוֹ רֹחַב עֶשְׂרִים
יד וְחָמֵשׁ אַמּוֹת פֶּתַח נֶגֶד פָּתַח׃ וַיַּעַשׂ אֶת־אֵילִים שִׁשִּׁים אַמָּה
טו וְאֶל־אֵיל הֶחָצֵר הַשַּׁעַר סָבִיב ׀ סָבִיב׃ וְעַל־פְּנֵי הַשַּׁעַר היאתון הָאִיתוֹן
טז עַל־לִפְנֵי אֻלָם הַשַּׁעַר הַפְּנִימִי חֲמִשִּׁים אַמָּה׃ וְחַלּוֹנוֹת אֲטֻמוֹת
אֶל־הַתָּאִים וְאֶל אֵלֵיהֵמָה לִפְנִימָה לַשַּׁעַר סָבִיב ׀ סָבִיב וְכֵן
לָאֵלַמּוֹת וְחַלּוֹנוֹת סָבִיב ׀ סָבִיב לִפְנִימָה וְאֶל־אַיִל תִּמֹרִים׃
יז וַיְבִיאֵנִי אֶל־הֶחָצֵר הַחִיצוֹנָה וְהִנֵּה לְשָׁכוֹת וְרִצְפָה עָשׂוּי לֶחָצֵר
יח סָבִיב ׀ סָבִיב שְׁלֹשִׁים לְשָׁכוֹת אֶל־הָרִצְפָה׃ וְהָרִצְפָה אֶל־כֶּתֶף
יט הַשְּׁעָרִים לְעֻמַּת אֹרֶךְ הַשְּׁעָרִים הָרִצְפָה הַתַּחְתּוֹנָה׃ וַיָּמָד רֹחַב
מִלִּפְנֵי הַשַּׁעַר הַתַּחְתּוֹנָה לִפְנֵי הֶחָצֵר הַפְּנִימִי מִחוּץ מֵאָה אַמָּה
כ הַקָּדִים וְהַצָּפוֹן׃ וְהַשַּׁעַר אֲשֶׁר פָּנָיו דֶּרֶךְ הַצָּפוֹן לֶחָצֵר הַחִיצוֹנָה
כא מָדַד אָרְכּוֹ וְרָחְבּוֹ׃ וְתָאָו שְׁלוֹשָׁה מִפּוֹ וּשְׁלֹשָׁה מִפּוֹ וְאֵילָו
וְאֵלַמָּו הָיָה כְּמִדַּת הַשַּׁעַר הָרִאשׁוֹן חֲמִשִּׁים אַמָּה אָרְכּוֹ וְרֹחַב
כב חָמֵשׁ וְעֶשְׂרִים בָּאַמָּה׃ וְחַלּוֹנָו וְאֵילַמָּו וְתִמֹרָו כְּמִדַּת הַשַּׁעַר
אֲשֶׁר פָּנָיו דֶּרֶךְ הַקָּדִים וּבְמַעֲלוֹת שֶׁבַע יַעֲלוּ־בוֹ וְאֵילַמָּו
כג לִפְנֵיהֶם׃ וְשַׁעַר לֶחָצֵר הַפְּנִימִי נֶגֶד הַשַּׁעַר לַצָּפוֹן וְלַקָּדִים וַיָּמָד
כד מִשַּׁעַר אֶל־שַׁעַר מֵאָה אַמָּה׃ וַיּוֹלִכֵנִי דֶּרֶךְ הַדָּרוֹם וְהִנֵּה־שַׁעַר
כה דֶּרֶךְ הַדָּרוֹם וּמָדַד אֵילָו וְאֵילַמָּו כַּמִּדּוֹת הָאֵלֶּה׃ וְחַלּוֹנִים לוֹ
וּלְאֵילַמָּו סָבִיב ׀ סָבִיב כְּהַחֲלֹנוֹת הָאֵלֶּה חֲמִשִּׁים אַמָּה אֹרֶךְ

כו וְרֹחַב חָמֵשׁ וְעֶשְׂרִים אַמָּה׃ וּמַעֲלוֹת שִׁבְעָה עֹלוֹתָו וְאֵלַמָּו
כז לִפְנֵיהֶם וְתִמֹּרִים לוֹ אֶחָד מִפּוֹ וְאֶחָד מִפּוֹ אֶל־אֵילָו׃ וְשַׁעַר
לֶחָצֵר הַפְּנִימִי דֶּרֶךְ הַדָּרוֹם וַיָּמָד מִשַּׁעַר אֶל־הַשַּׁעַר דֶּרֶךְ
כח הַדָּרוֹם מֵאָה אַמּוֹת׃ וַיְבִיאֵנִי אֶל־חָצֵר הַפְּנִימִי בְּשַׁעַר הַדָּרוֹם
כט וַיָּמָד אֶת־הַשַּׁעַר הַדָּרוֹם כַּמִּדּוֹת הָאֵלֶּה׃ וְתָאָו וְאֵלָו וְאֵלַמָּו
כַּמִּדּוֹת הָאֵלֶּה וְחַלּוֹנוֹת לוֹ וּלְאֵלַמָּו סָבִיב ׀ סָבִיב חֲמִשִּׁים אַמָּה
ל אֹרֶךְ וְרֹחַב עֶשְׂרִים וְחָמֵשׁ אַמּוֹת׃ וְאֵלַמּוֹת סָבִיב ׀ סָבִיב אֹרֶךְ
לא חָמֵשׁ וְעֶשְׂרִים אַמָּה וְרֹחַב חָמֵשׁ אַמּוֹת׃ וְאֵלַמָּו אֶל־חָצֵר
לב הַחִיצֹנָה וְתִמֹּרִים אֶל־אֵילָו וּמַעֲלוֹת שְׁמוֹנֶה מַעֲלָו׃ וַיְבִיאֵנִי אֶל־
הֶחָצֵר הַפְּנִימִי דֶּרֶךְ הַקָּדִים וַיָּמָד אֶת־הַשַּׁעַר כַּמִּדּוֹת הָאֵלֶּה׃
לג וְתָאָו וְאֵלָו וְאֵלַמָּו כַּמִּדּוֹת הָאֵלֶּה וְחַלּוֹנוֹת לוֹ וּלְאֵלַמָּו סָבִיב ׀
לד סָבִיב אֹרֶךְ חֲמִשִּׁים אַמָּה וְרֹחַב חָמֵשׁ וְעֶשְׂרִים אַמָּה׃ וְאֵלַמָּו
לֶחָצֵר הַחִיצוֹנָה וְתִמֹּרִים אֶל־אֵילָו מִפּוֹ וּמִפּוֹ וּשְׁמֹנֶה מַעֲלוֹת
לה לו מַעֲלָו׃ וַיְבִיאֵנִי אֶל־שַׁעַר הַצָּפוֹן וּמָדַד כַּמִּדּוֹת הָאֵלֶּה׃ תָּאָו
אֵלָו וְאֵלַמָּו וְחַלּוֹנוֹת לוֹ סָבִיב ׀ סָבִיב אֹרֶךְ חֲמִשִּׁים אַמָּה וְרֹחַב
לז חָמֵשׁ וְעֶשְׂרִים אַמָּה׃ וְאֵילָו לֶחָצֵר הַחִיצוֹנָה וְתִמֹּרִים אֶל־אֵילָו
לח מִפּוֹ וּמִפּוֹ וּשְׁמֹנֶה מַעֲלוֹת מַעֲלָו׃ וְלִשְׁכָּה וּפִתְחָהּ בְּאֵילִים
לט הַשְּׁעָרִים שָׁם יָדִיחוּ אֶת־הָעֹלָה׃ וּבְאֻלָם הַשַּׁעַר שְׁנַיִם שֻׁלְחָנוֹת
מִפּוֹ וּשְׁנַיִם שֻׁלְחָנוֹת מִפֹּה לִשְׁחוֹט אֲלֵיהֶם הָעוֹלָה וְהַחַטָּאת
מ וְהָאָשָׁם׃ וְאֶל־הַכָּתֵף מִחוּצָה לָעוֹלֶה לְפֶתַח הַשַּׁעַר הַצָּפוֹנָה
שְׁנַיִם שֻׁלְחָנוֹת וְאֶל־הַכָּתֵף הָאַחֶרֶת אֲשֶׁר לְאֻלָם הַשַּׁעַר שְׁנַיִם
מא שֻׁלְחָנוֹת׃ אַרְבָּעָה שֻׁלְחָנוֹת מִפֹּה וְאַרְבָּעָה שֻׁלְחָנוֹת מִפֹּה
מב לְכֶתֶף הַשָּׁעַר שְׁמוֹנָה שֻׁלְחָנוֹת אֲלֵיהֶם יִשְׁחָטוּ׃ וְאַרְבָּעָה
שֻׁלְחָנוֹת לָעוֹלָה אַבְנֵי גָזִית אֹרֶךְ אַמָּה אַחַת וָחֵצִי וְרֹחַב אַמָּה
אַחַת וָחֵצִי וְגֹבַהּ אַמָּה אֶחָת אֲלֵיהֶם וְיַנִּיחוּ אֶת־הַכֵּלִים אֲשֶׁר
מג יִשְׁחֲטוּ אֶת־הָעוֹלָה בָּם וְהַזָּבַח׃ וְהַשְׁפַתַּיִם טֹפַח אֶחָד מוּכָנִים
מד בַּבַּיִת סָבִיב ׀ סָבִיב וְאֶל־הַשֻּׁלְחָנוֹת בְּשַׂר הַקָּרְבָּן׃ וּמִחוּצָה

לַשַּׁעַר הַפְּנִימִי לִשְׁכוֹת שָׁרִים בֶּחָצֵר הַפְּנִימִי אֲשֶׁר אֶל־כֶּתֶף
שַׁעַר הַצָּפוֹן וּפְנֵיהֶם דֶּרֶךְ הַדָּרוֹם אֶחָד אֶל־כֶּתֶף שַׁעַר הַקָּדִים
מה פְּנֵי דֶּרֶךְ הַצָּפֹן: וַיְדַבֵּר אֵלָי זֹה הַלִּשְׁכָּה אֲשֶׁר פָּנֶיהָ דֶּרֶךְ הַדָּרוֹם כה
מו לַכֹּהֲנִים שֹׁמְרֵי מִשְׁמֶרֶת הַבָּיִת: וְהַלִּשְׁכָּה אֲשֶׁר פָּנֶיהָ דֶּרֶךְ
הַצָּפוֹן לַכֹּהֲנִים שֹׁמְרֵי מִשְׁמֶרֶת הַמִּזְבֵּחַ הֵמָּה בְנֵי־צָדוֹק
מז הַקְּרֵבִים מִבְּנֵי־לֵוִי אֶל־יְהוָה לְשָׁרְתוֹ: וַיָּמָד אֶת־הֶחָצֵר אֹרֶךְ ׀
מֵאָה אַמָּה וְרֹחַב מֵאָה אַמָּה מְרֻבָּעַת וְהַמִּזְבֵּחַ לִפְנֵי הַבָּיִת:
מח וַיְבִאֵנִי אֶל־אֻלָם הַבַּיִת וַיָּמָד אֵל אֻלָם חָמֵשׁ אַמּוֹת מִפֹּה וְחָמֵשׁ
אַמּוֹת מִפֹּה וְרֹחַב הַשַּׁעַר שָׁלֹשׁ אַמּוֹת מִפּוֹ וְשָׁלֹשׁ אַמּוֹת מִפּוֹ:
מט אֹרֶךְ הָאֻלָם עֶשְׂרִים אַמָּה וְרֹחַב עַשְׁתֵּי עֶשְׂרֵה אַמָּה וּבַמַּעֲלוֹת
אֲשֶׁר יַעֲלוּ אֵלָיו וְעַמֻּדִים אֶל־הָאֵילִים אֶחָד מִפֹּה וְאֶחָד מִפֹּה:
מא א וַיְבִיאֵנִי אֶל־הַהֵיכָל וַיָּמָד אֶת־הָאֵילִים שֵׁשׁ־אַמּוֹת רֹחַב מִפּוֹ
ב וְשֵׁשׁ־אַמּוֹת רֹחַב־מִפּוֹ רֹחַב הָאֹהֶל: וְרֹחַב הַפֶּתַח עֶשֶׂר אַמּוֹת
וְכִתְפוֹת הַפֶּתַח חָמֵשׁ אַמּוֹת מִפּוֹ וְחָמֵשׁ אַמּוֹת מִפּוֹ וַיָּמָד אָרְכּוֹ
ג אַרְבָּעִים אַמָּה וְרֹחַב עֶשְׂרִים אַמָּה: וּבָא לִפְנִימָה וַיָּמָד אֵיל־
הַפֶּתַח שְׁתַּיִם אַמּוֹת וְהַפֶּתַח שֵׁשׁ אַמּוֹת וְרֹחַב הַפֶּתַח שֶׁבַע
ד אַמּוֹת: וַיָּמָד אֶת־אָרְכּוֹ עֶשְׂרִים אַמָּה וְרֹחַב עֶשְׂרִים אַמָּה אֶל־
ה פְּנֵי הַהֵיכָל וַיֹּאמֶר אֵלַי זֶה קֹדֶשׁ הַקֳּדָשִׁים: וַיָּמָד קִיר־הַבַּיִת שֵׁשׁ
אַמּוֹת וְרֹחַב הַצֵּלָע אַרְבַּע אַמּוֹת סָבִיב ׀ סָבִיב לַבַּיִת סָבִיב:
ו וְהַצְּלָעוֹת צֵלָע אֶל־צֵלָע שָׁלוֹשׁ וּשְׁלֹשִׁים פְּעָמִים וּבָאוֹת בַּקִּיר
אֲשֶׁר־לַבַּיִת לַצְּלָעוֹת סָבִיב ׀ סָבִיב לִהְיוֹת אֲחוּזִים וְלֹא־יִהְיוּ
ז אֲחוּזִים בְּקִיר הַבָּיִת: וְרָחֲבָה וְנָסְבָה לְמַעְלָה לְמַעְלָה לַצְּלָעוֹת
כִּי מוּסַב־הַבַּיִת לְמַעְלָה לְמַעְלָה סָבִיב ׀ סָבִיב לַבַּיִת עַל־כֵּן
רֹחַב־לַבַּיִת לְמָעְלָה וְכֵן הַתַּחְתּוֹנָה יַעֲלֶה עַל־הָעֶלְיוֹנָה
ח לַתִּיכוֹנָה: וְרָאִיתִי לַבַּיִת גֹּבַהּ סָבִיב ׀ סָבִיב מיסדות הַצְּלָעוֹת מוּסְדוֹת
ט מְלוֹ הַקָּנֶה שֵׁשׁ אַמּוֹת אַצִּילָה: רֹחַב הַקִּיר אֲשֶׁר־לַצֵּלָע אֶל־
י הַחוּץ חָמֵשׁ אַמּוֹת וַאֲשֶׁר מֻנָּח בֵּית צְלָעוֹת אֲשֶׁר לַבָּיִת: וּבֵין

יא הַלִּשָׁכוֹת רֹחַב עֶשְׂרִים אַמָּה סָבִיב לַבַּיִת סָבִיב ׀ סָבִיב: וּפֶתַח
הַצֵּלָע לַמֻּנָּח פֶּתַח אֶחָד דֶּרֶךְ הַצָּפוֹן וּפֶתַח אֶחָד לַדָּרוֹם וְרֹחַב
יב מְקוֹם הַמֻּנָּח חָמֵשׁ אַמּוֹת סָבִיב ׀ סָבִיב: וְהַבִּנְיָן אֲשֶׁר אֶל־פְּנֵי
הַגִּזְרָה פְּאַת דֶּרֶךְ־הַיָּם רֹחַב שִׁבְעִים אַמָּה וְקִיר הַבִּנְיָן חָמֵשׁ־
יג אַמּוֹת רֹחַב סָבִיב ׀ סָבִיב וְאָרְכּוֹ תִּשְׁעִים אַמָּה: וּמָדַד אֶת־
הַבַּיִת אֹרֶךְ מֵאָה אַמָּה וְהַגִּזְרָה וְהַבִּנְיָה וְקִירוֹתֶיהָ אֹרֶךְ מֵאָה
יד טו אַמָּה: וְרֹחַב פְּנֵי הַבַּיִת וְהַגִּזְרָה לַקָּדִים מֵאָה אַמָּה: וּמָדַד אֹרֶךְ־
הַבִּנְיָן אֶל־פְּנֵי הַגִּזְרָה אֲשֶׁר עַל־אַחֲרֶיהָ ואתוקיהא מִפּוֹ וּמִפּוֹ וְאַתִּיקֶיהָ
טז מֵאָה אַמָּה וְהַהֵיכָל הַפְּנִימִי וְאֻלַמֵּי הֶחָצֵר: הַסִּפִּים וְהַחַלּוֹנִים
הָאֲטֻמוֹת וְהָאַתִּיקִים ׀ סָבִיב לִשְׁלָשְׁתָּם נֶגֶד הַסַּף שְׂחִיף עֵץ
יז סָבִיב ׀ סָבִיב וְהָאָרֶץ עַד־הַחַלֹּנוֹת וְהַחַלֹּנוֹת מְכֻסּוֹת: עַל־מֵעַל
הַפֶּתַח וְעַד־הַבַּיִת הַפְּנִימִי וְלַחוּץ וְאֶל־כָּל־הַקִּיר סָבִיב ׀ סָבִיב
יח בַּפְּנִימִי וּבַחִיצוֹן מִדּוֹת: וְעָשׂוּי כְּרוּבִים וְתִמֹרִים וְתִמֹרָה בֵּין־
יט כְּרוּב לִכְרוּב וּשְׁנַיִם פָּנִים לַכְּרוּב: וּפְנֵי אָדָם אֶל־הַתִּמֹרָה מִפּוֹ
וּפְנֵי־כְפִיר אֶל־הַתִּמֹרָה מִפּוֹ עָשׂוּי אֶל־כָּל־הַבַּיִת סָבִיב ׀ סָבִיב:
כ מֵהָאָרֶץ עַד־מֵעַל הַפֶּתַח הַכְּרוּבִים וְהַתִּמֹרִים עֲשׂוּיִם וְקִיר
כא הַהֵיכָל: הַהֵיכָל מְזוּזַת רְבֻעָה וּפְנֵי הַקֹּדֶשׁ הַמַּרְאֶה כַּמַּרְאֶה:
כב הַמִּזְבֵּחַ עֵץ שָׁלוֹשׁ אַמּוֹת גָּבֹהַּ וְאָרְכּוֹ שְׁתַּיִם־אַמּוֹת וּמִקְצֹעוֹתָיו
לוֹ וְאָרְכּוֹ וְקִירֹתָיו עֵץ וַיְדַבֵּר אֵלַי זֶה הַשֻּׁלְחָן אֲשֶׁר לִפְנֵי יְהוָה:
כג כד וּשְׁתַּיִם דְּלָתוֹת לַהֵיכָל וְלַקֹּדֶשׁ: וּשְׁתַּיִם דְּלָתוֹת לַדְּלָתוֹת שְׁתַּיִם
מוּסַבּוֹת דְּלָתוֹת שְׁתַּיִם לְדֶלֶת אֶחָת וּשְׁתֵּי דְלָתוֹת לָאַחֶרֶת:
כה וַעֲשׂוּיָה אֲלֵיהֶן אֶל־דַּלְתוֹת הַהֵיכָל כְּרוּבִים וְתִמֹרִים כַּאֲשֶׁר
כו עֲשׂוּיִם לַקִּירוֹת וְעָב עֵץ אֶל־פְּנֵי הָאוּלָם מֵהַחוּץ: וְחַלּוֹנִים
אֲטֻמוֹת וְתִמֹרִים מִפּוֹ וּמִפּוֹ אֶל־כִּתְפוֹת הָאוּלָם וְצַלְעוֹת הַבַּיִת
מב א וְהָעֻבִּים: וַיּוֹצִאֵנִי אֶל־הֶחָצֵר הַחִיצוֹנָה הַדֶּרֶךְ דֶּרֶךְ הַצָּפוֹן וַיְבִאֵנִי
אֶל־הַלִּשְׁכָּה אֲשֶׁר נֶגֶד הַגִּזְרָה וַאֲשֶׁר־נֶגֶד הַבִּנְיָן אֶל־הַצָּפוֹן:
ב אֶל־פְּנֵי אֹרֶךְ אַמּוֹת הַמֵּאָה פֶּתַח הַצָּפוֹן וְהָרֹחַב חֲמִשִּׁים אַמּוֹת:

ג נֶגֶד הָעֶשְׂרִים אֲשֶׁר לֶחָצֵר הַפְּנִימִי וְנֶגֶד רִצְפָה אֲשֶׁר לֶחָצֵר
ד הַחִיצוֹנָה אַתִּיק אֶל־פְּנֵי־אַתִּיק בַּשְּׁלִשִׁים׃ וְלִפְנֵי הַלְּשָׁכוֹת
מַהֲלַךְ עֶשֶׂר אַמּוֹת רֹחַב אֶל־הַפְּנִימִית דֶּרֶךְ אַמָּה אֶחָת
ה וּפִתְחֵיהֶם לַצָּפוֹן׃ וְהַלְּשָׁכוֹת הָעֶלְיוֹנֹת קְצֻרוֹת כִּי־יוֹכְלוּ
ו אַתִּיקִים מֵהֵנָּה מֵהַתַּחְתֹּנוֹת וּמֵהַתִּיכֹנוֹת בִּנְיָן׃ כִּי מְשֻׁלָּשׁוֹת
הֵנָּה וְאֵין לָהֶן עַמּוּדִים כְּעַמּוּדֵי הַחֲצֵרוֹת עַל־כֵּן נֶאֱצַל
ז מֵהַתַּחְתֹּנוֹת וּמֵהַתִּיכֹנוֹת מֵהָאָרֶץ׃ וְגָדֵר אֲשֶׁר־לַחוּץ לְעֻמַּת
הַלְּשָׁכוֹת דֶּרֶךְ הֶחָצֵר הַחִיצֹנָה אֶל־פְּנֵי הַלְּשָׁכוֹת אָרְכּוֹ חֲמִשִּׁים
ח אַמָּה׃ כִּי־אֹרֶךְ הַלְּשָׁכוֹת אֲשֶׁר לֶחָצֵר הַחִיצֹנָה חֲמִשִּׁים אַמָּה
ט וְהִנֵּה עַל־פְּנֵי הַהֵיכָל מֵאָה אַמָּה׃ ומתחתה לשכות הָאֵלֶּה וּמִתַּחַת הַלְּשָׁכוֹת
י המבוא מֵהַקָּדִים בְּבֹאוֹ לָהֵנָּה מֵהֶחָצֵר הַחִצֹנָה׃ בְּרֹחַב ׀ גֶּדֶר הַמֵּבִיא
יא הֶחָצֵר דֶּרֶךְ הַקָּדִים אֶל־פְּנֵי הַגִּזְרָה וְאֶל־פְּנֵי הַבִּנְיָן לְשָׁכוֹת׃ וְדֶרֶךְ
לִפְנֵיהֶם כְּמַרְאֵה הַלְּשָׁכוֹת אֲשֶׁר דֶּרֶךְ הַצָּפוֹן כְּאָרְכָּן כֵּן רָחְבָּן
יב וְכֹל מוֹצָאֵיהֶן וּכְמִשְׁפְּטֵיהֶן וּכְפִתְחֵיהֶן׃ וּכְפִתְחֵי הַלְּשָׁכוֹת אֲשֶׁר
דֶּרֶךְ הַדָּרוֹם פֶּתַח בְּרֹאשׁ דָּרֶךְ דֶּרֶךְ בִּפְנֵי הַגְּדֶרֶת הֲגִינָה דֶּרֶךְ
יג הַקָּדִים בְּבוֹאָן׃ וַיֹּאמֶר אֵלַי לִשְׁכוֹת הַצָּפוֹן לִשְׁכוֹת הַדָּרוֹם אֲשֶׁר כו
אֶל־פְּנֵי הַגִּזְרָה הֵנָּה ׀ לִשְׁכוֹת הַקֹּדֶשׁ אֲשֶׁר יֹאכְלוּ־שָׁם הַכֹּהֲנִים
אֲשֶׁר־קְרוֹבִים לַיהוָה קָדְשֵׁי הַקֳּדָשִׁים שָׁם יַנִּיחוּ ׀ קָדְשֵׁי
יד הַקֳּדָשִׁים וְהַמִּנְחָה וְהַחַטָּאת וְהָאָשָׁם כִּי הַמָּקוֹם קָדֹשׁ׃ בְּבֹאָם
הַכֹּהֲנִים וְלֹא־יֵצְאוּ מֵהַקֹּדֶשׁ אֶל־הֶחָצֵר הַחִיצוֹנָה וְשָׁם יַנִּיחוּ
בִגְדֵיהֶם אֲשֶׁר־יְשָׁרְתוּ בָהֶן כִּי־קֹדֶשׁ הֵנָּה ילבשו בְּגָדִים אֲחֵרִים וְלָבְשׁוּ
טו וְקָרְבוּ אֶל־אֲשֶׁר לָעָם׃ וְכִלָּה אֶת־מִדּוֹת הַבַּיִת הַפְּנִימִי וְהוֹצִיאַנִי
טז דֶּרֶךְ הַשַּׁעַר אֲשֶׁר פָּנָיו דֶּרֶךְ הַקָּדִים וּמְדָדוֹ סָבִיב ׀ סָבִיב׃ מָדַד רוּחַ
הַקָּדִים בִּקְנֵה הַמִּדָּה חֲמֵשׁ־אמות קָנִים בִּקְנֵה הַמִּדָּה סָבִיב׃ מֵאוֹת
יז יח מָדַד רוּחַ הַצָּפוֹן חֲמֵשׁ־מֵאוֹת קָנִים בִּקְנֵה הַמִּדָּה סָבִיב׃ אֵת
יט רוּחַ הַדָּרוֹם מָדָד חֲמֵשׁ־מֵאוֹת קָנִים בִּקְנֵה הַמִּדָּה׃ סָבַב אֶל־
כ רוּחַ הַיָּם מָדַד חֲמֵשׁ־מֵאוֹת קָנִים בִּקְנֵה הַמִּדָּה׃ לְאַרְבַּע רוּחוֹת

מִדְּדוֹ חוֹמָה לוֹ סָבִיב ׀ סָבִיב אֹרֶךְ חֲמֵשׁ מֵאוֹת וְרֹחַב חֲמֵשׁ
מג א מֵאוֹת לְהַבְדִּיל בֵּין הַקֹּדֶשׁ לְחֹל: וַיּוֹלִכֵנִי אֶל־הַשָּׁעַר שַׁעַר אֲשֶׁר
ב פֹּנֶה דֶּרֶךְ הַקָּדִים: וְהִנֵּה כְּבוֹד אֱלֹהֵי יִשְׂרָאֵל בָּא מִדֶּרֶךְ הַקָּדִים
ג וְקוֹלוֹ כְּקוֹל מַיִם רַבִּים וְהָאָרֶץ הֵאִירָה מִכְּבֹדוֹ: וּכְמַרְאֵה
הַמַּרְאֶה אֲשֶׁר רָאִיתִי כַּמַּרְאֶה אֲשֶׁר־רָאִיתִי בְּבֹאִי לְשַׁחֵת אֶת־
הָעִיר וּמַרְאוֹת כַּמַּרְאֶה אֲשֶׁר רָאִיתִי אֶל־נְהַר כְּבָר וָאֶפֹּל אֶל־
ד פָּנָי: וּכְבוֹד יְהוָה בָּא אֶל־הַבָּיִת דֶּרֶךְ שַׁעַר אֲשֶׁר פָּנָיו דֶּרֶךְ
ה הַקָּדִים: וַתִּשָּׂאֵנִי רוּחַ וַתְּבִאֵנִי אֶל־הֶחָצֵר הַפְּנִימִי וְהִנֵּה מָלֵא
ו כְבוֹד־יְהוָה הַבָּיִת: וָאֶשְׁמַע מִדַּבֵּר אֵלַי מֵהַבָּיִת וְאִישׁ הָיָה
ז עֹמֵד אֶצְלִי: וַיֹּאמֶר אֵלַי בֶּן־אָדָם אֶת־מְקוֹם כִּסְאִי וְאֶת־מְקוֹם
כַּפּוֹת רַגְלַי אֲשֶׁר אֶשְׁכָּן־שָׁם בְּתוֹךְ בְּנֵי־יִשְׂרָאֵל לְעוֹלָם וְלֹא
יְטַמְּאוּ עוֹד בֵּית־יִשְׂרָאֵל שֵׁם קָדְשִׁי הֵמָּה וּמַלְכֵיהֶם בִּזְנוּתָם
ח וּבְפִגְרֵי מַלְכֵיהֶם בָּמוֹתָם: בְּתִתָּם סִפָּם אֶת־סִפִּי וּמְזוּזָתָם אֵצֶל
מְזוּזָתִי וְהַקִּיר בֵּינִי וּבֵינֵיהֶם וְטִמְּאוּ ׀ אֶת־שֵׁם קָדְשִׁי בְּתוֹעֲבוֹתָם
ט אֲשֶׁר עָשׂוּ וָאֲכַל אֹתָם בְּאַפִּי: עַתָּה יְרַחֲקוּ אֶת־זְנוּתָם וּפִגְרֵי
י מַלְכֵיהֶם מִמֶּנִּי וְשָׁכַנְתִּי בְתוֹכָם לְעוֹלָם: אַתָּה
בֶן־אָדָם הַגֵּד אֶת־בֵּית־יִשְׂרָאֵל אֶת־הַבַּיִת וְיִכָּלְמוּ מֵעֲוֺנוֹתֵיהֶם
יא וּמָדְדוּ אֶת־תָּכְנִית: וְאִם־נִכְלְמוּ מִכֹּל אֲשֶׁר־עָשׂוּ צוּרַת הַבַּיִת
וּתְכוּנָתוֹ וּמוֹצָאָיו וּמוֹבָאָיו וְכָל־צוּרֹתָו וְאֵת כָּל־חֻקֹּתָיו וְכָל־
צוּרֹתָו וְכָל־תּוֹרֹתָו הוֹדַע אוֹתָם וּכְתֹב לְעֵינֵיהֶם וְיִשְׁמְרוּ אֶת־
יב כָּל־צוּרָתוֹ וְאֶת־כָּל־חֻקֹּתָיו וְעָשׂוּ אוֹתָם: זֹאת תּוֹרַת הַבָּיִת עַל־
רֹאשׁ הָהָר כָּל־גְּבֻלוֹ סָבִיב ׀ סָבִיב קֹדֶשׁ קָדָשִׁים הִנֵּה־זֹאת
יג תּוֹרַת הַבָּיִת: וְאֵלֶּה מִדּוֹת הַמִּזְבֵּחַ בָּאַמּוֹת אַמָּה אַמָּה וָטֹפַח
וְחֵיק הָאַמָּה וְאַמָּה־רֹחַב וּגְבוּלָהּ אֶל־שְׂפָתָהּ סָבִיב זֶרֶת הָאֶחָד
יד וְזֶה גַּב הַמִּזְבֵּחַ: וּמֵחֵיק הָאָרֶץ עַד־הָעֲזָרָה הַתַּחְתּוֹנָה שְׁתַּיִם
אַמּוֹת וְרֹחַב אַמָּה אֶחָת וּמֵהָעֲזָרָה הַקְּטַנָּה עַד־הָעֲזָרָה הַגְּדוֹלָה
טו אַרְבַּע אַמּוֹת וְרֹחַב הָאַמָּה: וְהַהַרְאֵל אַרְבַּע אַמּוֹת וּמֵהָאֲרִאֵיל

טז וְלַמַּעְלָה הַקְּרָנוֹת אַרְבַּע׃ וְהָאֲרִאֵיל שְׁתֵּים עֶשְׂרֵה אֹרֶךְ
יז בִּשְׁתֵּים עֶשְׂרֵה רֹחַב רָבוּעַ אֶל אַרְבַּעַת רְבָעָיו׃ וְהָעֲזָרָה אַרְבַּע
עֶשְׂרֵה אֹרֶךְ בְּאַרְבַּע עֶשְׂרֵה רֹחַב אֶל אַרְבַּעַת רְבָעֶיהָ וְהַגְּבוּל
סָבִיב אוֹתָהּ חֲצִי הָאַמָּה וְהַחֵיק־לָהּ אַמָּה סָבִיב וּמַעֲלֹתֵהוּ פְּנוֹת
יח קָדִים׃ וַיֹּאמֶר אֵלַי בֶּן־אָדָם כֹּה אָמַר אֲדֹנָי יֱהֹוִה אֵלֶּה חֻקּוֹת
הַמִּזְבֵּחַ בְּיוֹם הֵעָשׂוֹתוֹ לְהַעֲלוֹת עָלָיו עוֹלָה וְלִזְרֹק עָלָיו דָּם׃
יט וְנָתַתָּה אֶל־הַכֹּהֲנִים הַלְוִיִּם אֲשֶׁר הֵם מִזֶּרַע צָדוֹק הַקְּרֹבִים אֵלַי
כ נְאֻם אֲדֹנָי יֱהֹוִה לְשָׁרְתֵנִי פַּר בֶּן־בָּקָר לְחַטָּאת׃ וְלָקַחְתָּ מִדָּמוֹ
וְנָתַתָּה עַל־אַרְבַּע קַרְנֹתָיו וְאֶל־אַרְבַּע פִּנּוֹת הָעֲזָרָה וְאֶל־
כא הַגְּבוּל סָבִיב וְחִטֵּאתָ אוֹתוֹ וְכִפַּרְתָּהוּ׃ וְלָקַחְתָּ אֵת הַפָּר
כב הַחַטָּאת וּשְׂרָפוֹ בְּמִפְקַד הַבַּיִת מִחוּץ לַמִּקְדָּשׁ׃ וּבַיּוֹם הַשֵּׁנִי
תַּקְרִיב שְׂעִיר־עִזִּים תָּמִים לְחַטָּאת וְחִטְּאוּ אֶת־הַמִּזְבֵּחַ כַּאֲשֶׁר
כג חִטְּאוּ בַּפָּר׃ בְּכַלּוֹתְךָ מֵחַטֵּא תַּקְרִיב פַּר בֶּן־בָּקָר תָּמִים וְאַיִל
כד מִן־הַצֹּאן תָּמִים׃ וְהִקְרַבְתָּם לִפְנֵי יהוה וְהִשְׁלִיכוּ הַכֹּהֲנִים
כה עֲלֵיהֶם מֶלַח וְהֶעֱלוּ אוֹתָם עֹלָה לַיהוה׃ שִׁבְעַת יָמִים תַּעֲשֶׂה
שְׂעִיר־חַטָּאת לַיּוֹם וּפַר בֶּן־בָּקָר וְאַיִל מִן־הַצֹּאן תְּמִימִים יַעֲשׂוּ׃
כו כז שִׁבְעַת יָמִים יְכַפְּרוּ אֶת־הַמִּזְבֵּחַ וְטִהֲרוּ אֹתוֹ וּמִלְאוּ יָדוֹ׃ וִיכַלּוּ כז
אֶת־הַיָּמִים וְהָיָה בַיּוֹם הַשְּׁמִינִי וָהָלְאָה יַעֲשׂוּ הַכֹּהֲנִים עַל־
הַמִּזְבֵּחַ אֶת־עוֹלוֹתֵיכֶם וְאֶת־שַׁלְמֵיכֶם וְרָצָאתִי אֶתְכֶם נְאֻם
מד א אֲדֹנָי יֱהֹוִה׃ וַיָּשֶׁב אֹתִי דֶּרֶךְ שַׁעַר הַמִּקְדָּשׁ
ב הַחִיצוֹן הַפֹּנֶה קָדִים וְהוּא סָגוּר׃ וַיֹּאמֶר אֵלַי יהוה הַשַּׁעַר הַזֶּה
סָגוּר יִהְיֶה לֹא יִפָּתֵחַ וְאִישׁ לֹא־יָבֹא בוֹ כִּי יהוה אֱלֹהֵי־יִשְׂרָאֵל
ג בָּא בוֹ וְהָיָה סָגוּר׃ אֶת־הַנָּשִׂיא נָשִׂיא הוּא יֵשֶׁב־בּוֹ לאכול־ לֶאֱכָל־
ד לֶחֶם לִפְנֵי יהוה מִדֶּרֶךְ אוּלָם הַשַּׁעַר יָבוֹא וּמִדַּרְכּוֹ יֵצֵא׃ וַיְבִיאֵנִי
דֶּרֶךְ־שַׁעַר הַצָּפוֹן אֶל־פְּנֵי הַבַּיִת וָאֵרֶא וְהִנֵּה מָלֵא כְבוֹד־יהוה
ה אֶת־בֵּית יהוה וָאֶפֹּל אֶל־פָּנָי׃ וַיֹּאמֶר אֵלַי יהוה בֶּן־אָדָם שִׂים
לִבְּךָ וּרְאֵה בְעֵינֶיךָ וּבְאָזְנֶיךָ שְּׁמָע אֵת כָּל־אֲשֶׁר אֲנִי מְדַבֵּר אֹתָךְ

לְכָל־חֻקּוֹת בֵּית־יְהוָה וּלְכָל־תּוֹרֹתָו וְשַׂמְתָּ לִבְּךָ לִמְבוֹא הַבַּיִת
ו בְּכֹל מוֹצָאֵי הַמִּקְדָּשׁ׃ וְאָמַרְתָּ אֶל־מֶרִי אֶל־בֵּית יִשְׂרָאֵל כֹּה
אָמַר אֲדֹנָי יְהוִה רַב־לָכֶם מִכָּל־תּוֹעֲבוֹתֵיכֶם בֵּית יִשְׂרָאֵל׃
ז בַּהֲבִיאֲכֶם בְּנֵי־נֵכָר עַרְלֵי־לֵב וְעַרְלֵי בָשָׂר לִהְיוֹת בְּמִקְדָּשִׁי
לְחַלְּלוֹ אֶת־בֵּיתִי בְּהַקְרִיבְכֶם אֶת־לַחְמִי חֵלֶב וָדָם וַיָּפֵרוּ אֶת־
ח בְּרִיתִי אֶל כָּל־תּוֹעֲבוֹתֵיכֶם׃ וְלֹא שְׁמַרְתֶּם מִשְׁמֶרֶת קָדָשָׁי
ט וַתְּשִׂימוּן לְשֹׁמְרֵי מִשְׁמַרְתִּי בְּמִקְדָּשִׁי לָכֶם׃ כֹּה־
אָמַר אֲדֹנָי יְהוִה כָּל־בֶּן־נֵכָר עֶרֶל לֵב וְעֶרֶל בָּשָׂר לֹא יָבוֹא אֶל־
י מִקְדָּשִׁי לְכָל־בֶּן־נֵכָר אֲשֶׁר בְּתוֹךְ בְּנֵי יִשְׂרָאֵל׃ כִּי אִם־הַלְוִיִּם
אֲשֶׁר רָחֲקוּ מֵעָלַי בִּתְעוֹת יִשְׂרָאֵל אֲשֶׁר תָּעוּ מֵעָלַי אַחֲרֵי
יא גִּלּוּלֵיהֶם וְנָשְׂאוּ עֲוֺנָם׃ וְהָיוּ בְמִקְדָּשִׁי מְשָׁרְתִים פְּקֻדּוֹת אֶל־
שַׁעֲרֵי הַבַּיִת וּמְשָׁרְתִים אֶת־הַבָּיִת הֵמָּה יִשְׁחֲטוּ אֶת־הָעֹלָה
יב וְאֶת־הַזֶּבַח לָעָם וְהֵמָּה יַעַמְדוּ לִפְנֵיהֶם לְשָׁרְתָם׃ יַעַן אֲשֶׁר
יְשָׁרְתוּ אוֹתָם לִפְנֵי גִלּוּלֵיהֶם וְהָיוּ לְבֵית־יִשְׂרָאֵל לְמִכְשׁוֹל
עָוֺן עַל־כֵּן נָשָׂאתִי יָדִי עֲלֵיהֶם נְאֻם אֲדֹנָי יְהוִה וְנָשְׂאוּ עֲוֺנָם׃
יג וְלֹא־יִגְּשׁוּ אֵלַי לְכַהֵן לִי וְלָגֶשֶׁת עַל־כָּל־קָדָשַׁי אֶל־קָדְשֵׁי
יד הַקְּדָשִׁים וְנָשְׂאוּ כְּלִמָּתָם וְתוֹעֲבוֹתָם אֲשֶׁר עָשׂוּ׃ וְנָתַתִּי
אוֹתָם שֹׁמְרֵי מִשְׁמֶרֶת הַבָּיִת לְכֹל עֲבֹדָתוֹ וּלְכֹל אֲשֶׁר יֵעָשֶׂה
טו בּוֹ׃ וְהַכֹּהֲנִים הַלְוִיִּם בְּנֵי צָדוֹק אֲשֶׁר שָׁמְרוּ אֶת־
מִשְׁמֶרֶת מִקְדָּשִׁי בִּתְעוֹת בְּנֵי־יִשְׂרָאֵל מֵעָלַי הֵמָּה יִקְרְבוּ אֵלַי
לְשָׁרְתֵנִי וְעָמְדוּ לְפָנַי לְהַקְרִיב לִי חֵלֶב וָדָם נְאֻם אֲדֹנָי יְהוִה׃
טז הֵמָּה יָבֹאוּ אֶל־מִקְדָּשִׁי וְהֵמָּה יִקְרְבוּ אֶל־שֻׁלְחָנִי לְשָׁרְתֵנִי
יז וְשָׁמְרוּ אֶת־מִשְׁמַרְתִּי׃ וְהָיָה בְּבוֹאָם אֶל־שַׁעֲרֵי הֶחָצֵר
הַפְּנִימִית בִּגְדֵי פִשְׁתִּים יִלְבָּשׁוּ וְלֹא־יַעֲלֶה עֲלֵיהֶם צֶמֶר
יח בְּשָׁרְתָם בְּשַׁעֲרֵי הֶחָצֵר הַפְּנִימִית וָבָיְתָה׃ פַּאֲרֵי פִשְׁתִּים יִהְיוּ
עַל־רֹאשָׁם וּמִכְנְסֵי פִשְׁתִּים יִהְיוּ עַל־מָתְנֵיהֶם לֹא יַחְגְּרוּ בַּיָּזַע׃
יט וּבְצֵאתָם אֶל־הֶחָצֵר הַחִיצוֹנָה אֶל־הֶחָצֵר הַחִיצוֹנָה אֶל־הָעָם

יִפְשְׁטוּ אֶת־בִּגְדֵיהֶם אֲשֶׁר־הֵמָּה מְשָׁרְתִם בָּם וְהִנִּיחוּ אוֹתָם
בְּלִשְׁכֹת הַקֹּדֶשׁ וְלָבְשׁוּ בְּגָדִים אֲחֵרִים וְלֹא־יְקַדְּשׁוּ אֶת־הָעָם
כ בְּבִגְדֵיהֶם׃ וְרֹאשָׁם לֹא יְגַלֵּחוּ וּפֶרַע לֹא יְשַׁלֵּחוּ כָּסוֹם יִכְסְמוּ
כא אֶת־רָאשֵׁיהֶם׃ וְיַיִן לֹא־יִשְׁתּוּ כָּל־כֹּהֵן בְּבוֹאָם אֶל־הֶחָצֵר
כב הַפְּנִימִית׃ וְאַלְמָנָה וּגְרוּשָׁה לֹא־יִקְחוּ לָהֶם לְנָשִׁים כִּי אִם־
בְּתוּלֹת מִזֶּרַע בֵּית יִשְׂרָאֵל וְהָאַלְמָנָה אֲשֶׁר־תִּהְיֶה אַלְמָנָה
כג מִכֹּהֵן יִקָּחוּ׃ וְאֶת־עַמִּי יוֹרוּ בֵּין קֹדֶשׁ לְחֹל וּבֵין־טָמֵא לְטָהוֹר
כד יוֹדִעֻם׃ וְעַל־רִיב הֵמָּה יַעַמְדוּ לשפט בְּמִשְׁפָּטַי ושפטהו וְאֶת־ לְמִשְׁפָּט יִשְׁפְּטֻהוּ
תּוֹרֹתַי וְאֶת־חֻקֹּתַי בְּכָל־מוֹעֲדַי יִשְׁמֹרוּ וְאֶת־שַׁבְּתוֹתַי יְקַדֵּשׁוּ׃
כה וְאֶל־מֵת אָדָם לֹא יָבוֹא לְטָמְאָה כִּי אִם־לְאָב וּלְאֵם וּלְבֵן
כו וּלְבַת לְאָח וּלְאָחוֹת אֲשֶׁר־לֹא־הָיְתָה לְאִישׁ יִטַּמָּאוּ׃ וְאַחֲרֵי
כז טָהֳרָתוֹ שִׁבְעַת יָמִים יִסְפְּרוּ־לוֹ׃ וּבְיוֹם בֹּאוֹ אֶל־הַקֹּדֶשׁ אֶל־
הֶחָצֵר הַפְּנִימִית לְשָׁרֵת בַּקֹּדֶשׁ יַקְרִיב חַטָּאתוֹ נְאֻם אֲדֹנָי
כח יֱהוִה׃ וְהָיְתָה לָהֶם לְנַחֲלָה אֲנִי נַחֲלָתָם וַאֲחֻזָּה לֹא־תִתְּנוּ
כט לָהֶם בְּיִשְׂרָאֵל אֲנִי אֲחֻזָּתָם׃ הַמִּנְחָה וְהַחַטָּאת וְהָאָשָׁם
ל הֵמָּה יֹאכְלוּם וְכָל־חֵרֶם בְּיִשְׂרָאֵל לָהֶם יִהְיֶה׃ וְרֵאשִׁית
כָּל־בִּכּוּרֵי כֹל וְכָל־תְּרוּמַת כֹּל מִכֹּל תְּרוּמוֹתֵיכֶם לַכֹּהֲנִים
יִהְיֶה וְרֵאשִׁית עֲרִיסוֹתֵיכֶם תִּתְּנוּ לַכֹּהֵן לְהָנִיחַ בְּרָכָה אֶל־
לא בֵּיתֶךָ׃ כָּל־נְבֵלָה וּטְרֵפָה מִן־הָעוֹף וּמִן־הַבְּהֵמָה לֹא יֹאכְלוּ
מה א הַכֹּהֲנִים׃ וּבְהַפִּילְכֶם אֶת־הָאָרֶץ בְּנַחֲלָה תָּרִימוּ
תְרוּמָה לַיהוָה ׀ קֹדֶשׁ מִן־הָאָרֶץ אֹרֶךְ חֲמִשָּׁה וְעֶשְׂרִים אֶלֶף
ב אֹרֶךְ וְרֹחַב עֲשָׂרָה אָלֶף קֹדֶשׁ־הוּא בְכָל־גְּבוּלָהּ סָבִיב׃ יִהְיֶה
מִזֶּה אֶל־הַקֹּדֶשׁ חֲמֵשׁ מֵאוֹת בַּחֲמֵשׁ מֵאוֹת מְרֻבָּע סָבִיב
ג וַחֲמִשִּׁים אַמָּה מִגְרָשׁ לוֹ סָבִיב׃ וּמִן־הַמִּדָּה הַזֹּאת תָּמוֹד אֹרֶךְ
חֲמֵשׁ וְעֶשְׂרִים אֶלֶף וְרֹחַב עֲשֶׂרֶת אֲלָפִים וּבוֹ־יִהְיֶה הַמִּקְדָּשׁ
ד קֹדֶשׁ קָדָשִׁים׃ קֹדֶשׁ מִן־הָאָרֶץ הוּא לַכֹּהֲנִים מְשָׁרְתֵי הַמִּקְדָּשׁ
יִהְיֶה הַקְּרֵבִים לְשָׁרֵת אֶת־יְהוָה וְהָיָה לָהֶם מָקוֹם לְבָתִּים

ה וּמִקְדָּשׁ לַמִּקְדָּשׁ: וַחֲמִשָּׁה וְעֶשְׂרִים אֶלֶף אֹרֶךְ וַעֲשֶׂרֶת אֲלָפִים
רֹחַב יִהְיֶה לַלְוִיִּם מְשָׁרְתֵי הַבַּיִת לָהֶם לַאֲחֻזָּה עֶשְׂרִים לְשָׁכֹת: וְהָיָה
ו וַאֲחֻזַּת הָעִיר תִּתְּנוּ חֲמֵשֶׁת אֲלָפִים רֹחַב וְאֹרֶךְ חֲמִשָּׁה וְעֶשְׂרִים
ז אֶלֶף לְעֻמַּת תְּרוּמַת הַקֹּדֶשׁ לְכָל־בֵּית יִשְׂרָאֵל יִהְיֶה: וְלַנָּשִׂיא
מִזֶּה וּמִזֶּה לִתְרוּמַת הַקֹּדֶשׁ וְלַאֲחֻזַּת הָעִיר אֶל־פְּנֵי תְרוּמַת־
הַקֹּדֶשׁ וְאֶל־פְּנֵי אֲחֻזַּת הָעִיר מִפְּאַת יָם יָמָּה וּמִפְּאַת
קֵדְמָה קָדִימָה וְאֹרֶךְ לְעֻמּוֹת אַחַד הַחֲלָקִים מִגְּבוּל יָם
ח אֶל־גְּבוּל קָדִימָה: לָאָרֶץ יִהְיֶה־לּוֹ לַאֲחֻזָּה בְּיִשְׂרָאֵל וְלֹא־
יוֹנוּ עוֹד נְשִׂיאַי אֶת־עַמִּי וְהָאָרֶץ יִתְּנוּ לְבֵית־יִשְׂרָאֵל
ט לְשִׁבְטֵיהֶם: כֹּה־אָמַר אֲדֹנָי יֱהֹוִה רַב־לָכֶם
נְשִׂיאֵי יִשְׂרָאֵל חָמָס וָשֹׁד הָסִירוּ וּמִשְׁפָּט וּצְדָקָה עֲשׂוּ הָרִימוּ
י גְרֻשֹׁתֵיכֶם מֵעַל עַמִּי נְאֻם אֲדֹנָי יֱהֹוִה: מֹאזְנֵי־צֶדֶק וְאֵיפַת־צֶדֶק
יא וּבַת־צֶדֶק יְהִי לָכֶם: הָאֵיפָה וְהַבַּת תֹּכֶן אֶחָד יִהְיֶה לָשֵׂאת
מַעְשַׂר הַחֹמֶר הַבָּת וַעֲשִׂירִת הַחֹמֶר הָאֵיפָה אֶל־הַחֹמֶר יִהְיֶה
יב מַתְכֻּנְתּוֹ: וְהַשֶּׁקֶל עֶשְׂרִים גֵּרָה עֶשְׂרִים שְׁקָלִים חֲמִשָּׁה
יג וְעֶשְׂרִים שְׁקָלִים עֲשָׂרָה וַחֲמִשָּׁה שֶׁקֶל הַמָּנֶה יִהְיֶה לָכֶם: זֹאת
הַתְּרוּמָה אֲשֶׁר תָּרִימוּ שִׁשִּׁית הָאֵיפָה מֵחֹמֶר הַחִטִּים וְשִׁשִּׁיתֶם
יד הָאֵיפָה מֵחֹמֶר הַשְּׂעֹרִים: וְחֹק הַשֶּׁמֶן הַבַּת הַשֶּׁמֶן מַעְשַׂר הַבַּת
טו מִן־הַכֹּר עֲשֶׂרֶת הַבַּתִּים חֹמֶר כִּי־עֲשֶׂרֶת הַבַּתִּים חֹמֶר: וְשֶׂה־ כח
אַחַת מִן־הַצֹּאן מִן־הַמָּאתַיִם מִמַּשְׁקֵה יִשְׂרָאֵל לְמִנְחָה וּלְעוֹלָה
טז וְלִשְׁלָמִים לְכַפֵּר עֲלֵיהֶם נְאֻם אֲדֹנָי יֱהֹוִה: כֹּל
יז הָעָם הָאָרֶץ יִהְיוּ אֶל־הַתְּרוּמָה הַזֹּאת לַנָּשִׂיא בְּיִשְׂרָאֵל: וְעַל־
הַנָּשִׂיא יִהְיֶה הָעוֹלוֹת וְהַמִּנְחָה וְהַנֵּסֶךְ בַּחַגִּים וּבֶחֳדָשִׁים
וּבַשַּׁבָּתוֹת בְּכָל־מוֹעֲדֵי בֵּית יִשְׂרָאֵל הוּא־יַעֲשֶׂה אֶת־הַחַטָּאת
וְאֶת־הַמִּנְחָה וְאֶת־הָעוֹלָה וְאֶת־הַשְּׁלָמִים לְכַפֵּר בְּעַד בֵּית־
יח יִשְׂרָאֵל: כֹּה־אָמַר אֲדֹנָי יֱהֹוִה בָּרִאשׁוֹן בְּאֶחָד
יט לַחֹדֶשׁ תִּקַּח פַּר־בֶּן־בָּקָר תָּמִים וְחִטֵּאתָ אֶת־הַמִּקְדָּשׁ: וְלָקַח

הַכֹּהֵן מִדַּם הַחַטָּאת וְנָתַן אֶל־מְזוּזַת הַבַּיִת וְאֶל־אַרְבַּע פִּנּוֹת
כ הָעֲזָרָה לַמִּזְבֵּחַ וְעַל־מְזוּזַת שַׁעַר הֶחָצֵר הַפְּנִימִית׃ וְכֵן תַּעֲשֶׂה
בְּשִׁבְעָה בַחֹדֶשׁ מֵאִישׁ שֹׁגֶה וּמִפֶּתִי וְכִפַּרְתֶּם אֶת־הַבָּיִת׃
כא בָּרִאשׁוֹן בְּאַרְבָּעָה עָשָׂר יוֹם לַחֹדֶשׁ יִהְיֶה לָכֶם הַפָּסַח חָג
כב שְׁבֻעוֹת יָמִים מַצּוֹת יֵאָכֵל׃ וְעָשָׂה הַנָּשִׂיא בַּיּוֹם הַהוּא בַּעֲדוֹ
כג וּבְעַד כָּל־עַם הָאָרֶץ פַּר חַטָּאת׃ וְשִׁבְעַת יְמֵי־הֶחָג יַעֲשֶׂה
עוֹלָה לַיהוה שִׁבְעַת פָּרִים וְשִׁבְעַת אֵילִים תְּמִימִם לַיּוֹם שִׁבְעַת
כד הַיָּמִים וְחַטָּאת שְׂעִיר עִזִּים לַיּוֹם׃ וּמִנְחָה אֵיפָה לַפָּר וְאֵיפָה
כה לָאַיִל יַעֲשֶׂה וְשֶׁמֶן הִין לָאֵיפָה׃ בַּשְּׁבִיעִי בַּחֲמִשָּׁה עָשָׂר יוֹם
לַחֹדֶשׁ בֶּחָג יַעֲשֶׂה כָאֵלֶּה שִׁבְעַת הַיָּמִים כַּחַטָּאת כָּעֹלָה
מו א וְכַמִּנְחָה וְכַשָּׁמֶן׃ כֹּה־אָמַר אֲדֹנָי יֱהוִה שַׁעַר
הֶחָצֵר הַפְּנִימִית הַפֹּנָה קָדִים יִהְיֶה סָגוּר שֵׁשֶׁת יְמֵי הַמַּעֲשֶׂה
ב וּבְיוֹם הַשַּׁבָּת יִפָּתֵחַ וּבְיוֹם הַחֹדֶשׁ יִפָּתֵחַ׃ וּבָא הַנָּשִׂיא דֶּרֶךְ
אוּלָם הַשַּׁעַר מִחוּץ וְעָמַד עַל־מְזוּזַת הַשַּׁעַר וְעָשׂוּ הַכֹּהֲנִים אֶת־
עוֹלָתוֹ וְאֶת־שְׁלָמָיו וְהִשְׁתַּחֲוָה עַל־מִפְתַּן הַשַּׁעַר וְיָצָא וְהַשַּׁעַר
ג לֹא־יִסָּגֵר עַד־הָעָרֶב׃ וְהִשְׁתַּחֲווּ עַם־הָאָרֶץ פֶּתַח הַשַּׁעַר הַהוּא
ד בַּשַּׁבָּתוֹת וּבֶחֳדָשִׁים לִפְנֵי יהוה׃ וְהָעֹלָה אֲשֶׁר־יַקְרִב הַנָּשִׂיא
ה לַיהוה בְּיוֹם הַשַּׁבָּת שִׁשָּׁה כְבָשִׂים תְּמִימִם וְאַיִל תָּמִים׃ וּמִנְחָה
ו אֵיפָה לָאַיִל וְלַכְּבָשִׂים מִנְחָה מַתַּת יָדוֹ וְשֶׁמֶן הִין לָאֵיפָה׃ וּבְיוֹם
הַחֹדֶשׁ פַּר בֶּן־בָּקָר תְּמִימִם וְשֵׁשֶׁת כְּבָשִׂים וָאַיִל תְּמִימִם יִהְיוּ׃
ז וְאֵיפָה לַפָּר וְאֵיפָה לָאַיִל יַעֲשֶׂה מִנְחָה וְלַכְּבָשִׂים כַּאֲשֶׁר תַּשִּׂיג
ח יָדוֹ וְשֶׁמֶן הִין לָאֵיפָה׃ וּבְבוֹא הַנָּשִׂיא דֶּרֶךְ אוּלָם הַשַּׁעַר יָבוֹא
ט וּבְדַרְכּוֹ יֵצֵא׃ וּבְבוֹא עַם־הָאָרֶץ לִפְנֵי יהוה בַּמּוֹעֲדִים הַבָּא דֶּרֶךְ
שַׁעַר צָפוֹן לְהִשְׁתַּחֲוֹת יֵצֵא דֶּרֶךְ־שַׁעַר נֶגֶב וְהַבָּא דֶּרֶךְ־שַׁעַר
נֶגֶב יֵצֵא דֶּרֶךְ־שַׁעַר צָפוֹנָה לֹא יָשׁוּב דֶּרֶךְ הַשַּׁעַר אֲשֶׁר־בָּא בוֹ
י כִּי נִכְחוֹ יצאו׃ וְהַנָּשִׂיא בְּתוֹכָם בְּבוֹאָם יָבוֹא וּבְצֵאתָם יֵצֵאוּ׃ יֵצֵא
יא וּבַחַגִּים וּבַמּוֹעֲדִים תִּהְיֶה הַמִּנְחָה אֵיפָה לַפָּר וְאֵיפָה לָאַיִל

וְלַכְּבָשִׂים מַתַּת יָדוֹ וְשֶׁמֶן הִין לָאֵיפָה׃ וְכִֽי־ יב
יַעֲשֶׂה הַנָּשִׂיא נְדָבָה עוֹלָה אוֹ־שְׁלָמִים נְדָבָה לַיהוָה וּפָתַח לוֹ
אֶת־הַשַּׁעַר הַפֹּנֶה קָדִים וְעָשָׂה אֶת־עֹלָתוֹ וְאֶת־שְׁלָמָיו כַּאֲשֶׁר
יַעֲשֶׂה בְּיוֹם הַשַּׁבָּת וְיָצָא וְסָגַר אֶת־הַשַּׁעַר אַחֲרֵי צֵאתוֹ׃ וְכֶבֶשׂ יג
בֶּן־שְׁנָתוֹ תָּמִים תַּעֲשֶׂה עוֹלָה לַיּוֹם לַיהוָה בַּבֹּקֶר בַּבֹּקֶר תַּעֲשֶׂה
אֹתוֹ׃ וּמִנְחָה תַעֲשֶׂה עָלָיו בַּבֹּקֶר בַּבֹּקֶר שִׁשִּׁית הָאֵיפָה וְשֶׁמֶן יד
שְׁלִישִׁית הַהִין לָרֹס אֶת־הַסֹּלֶת מִנְחָה לַיהוָה חֻקּוֹת עוֹלָם
תָּמִיד׃ ועשו אֶת־הַכֶּבֶשׂ וְאֶת־הַמִּנְחָה וְאֶת־הַשֶּׁמֶן בַּבֹּקֶר טו יַעֲשׂוּ
בַּבֹּקֶר עוֹלַת תָּמִיד׃ כֹּה־אָמַר אֲדֹנָי יְהוִה כִּֽי־ טז
יִתֵּן הַנָּשִׂיא מַתָּנָה לְאִישׁ מִבָּנָיו נַחֲלָתוֹ הִיא לְבָנָיו תִּהְיֶה
אֲחֻזָּתָם הִיא בְּנַחֲלָה׃ וְכִֽי־יִתֵּן מַתָּנָה מִנַּחֲלָתוֹ לְאַחַד מֵעֲבָדָיו יז
וְהָיְתָה לּוֹ עַד־שְׁנַת הַדְּרוֹר וְשָׁבַת לַנָּשִׂיא אַךְ נַחֲלָתוֹ בָּנָיו לָהֶם
תִּהְיֶה׃ וְלֹא־יִקַּח הַנָּשִׂיא מִנַּחֲלַת הָעָם לְהוֹנֹתָם מֵאֲחֻזָּתָם יח
מֵאֲחֻזָּתוֹ יַנְחִל אֶת־בָּנָיו לְמַעַן אֲשֶׁר לֹא־יָפֻצוּ עַמִּי אִישׁ
מֵאֲחֻזָּתוֹ׃ וַיְבִיאֵנִי בַמָּבוֹא אֲשֶׁר עַל־כֶּתֶף הַשַּׁעַר אֶל־הַלְּשָׁכוֹת יט
הַקֹּדֶשׁ אֶל־הַכֹּהֲנִים הַפֹּנוֹת צָפוֹנָה וְהִנֵּה־שָׁם מָקוֹם בירכתם בַּיַּרְכָתַיִם
יָמָּה׃ וַיֹּאמֶר אֵלַי זֶה הַמָּקוֹם אֲשֶׁר יְבַשְּׁלוּ־שָׁם הַכֹּהֲנִים אֶת־ כ
הָאָשָׁם וְאֶת־הַחַטָּאת אֲשֶׁר יֹאפוּ אֶת־הַמִּנְחָה לְבִלְתִּי הוֹצִיא
אֶל־הֶחָצֵר הַחִיצוֹנָה לְקַדֵּשׁ אֶת־הָעָם׃ וַיּוֹצִיאֵנִי אֶל־הֶחָצֵר כא
הַחִיצֹנָה וַיַּעֲבִירֵנִי אֶל־אַרְבַּעַת מִקְצוֹעֵי הֶחָצֵר וְהִנֵּה חָצֵר
בְּמִקְצֹעַ הֶחָצֵר חָצֵר בְּמִקְצֹעַ הֶחָצֵר׃ בְּאַרְבַּעַת מִקְצֹעוֹת הֶחָצֵר כב
חֲצֵרוֹת קְטֻרוֹת אַרְבָּעִים אֹרֶךְ וּשְׁלֹשִׁים רֹחַב מִדָּה אַחַת
לְאַרְבַּעְתָּם מְהֻקְצָעוֹת׃ וְטוּר סָבִיב בָּהֶם סָבִיב לְאַרְבַּעְתָּם כג
וּמְבַשְּׁלוֹת עָשׂוּי מִתַּחַת הַטִּירוֹת סָבִיב׃ וַיֹּאמֶר אֵלַי אֵלֶּה בֵּית כד
הַמְבַשְּׁלִים אֲשֶׁר יְבַשְּׁלוּ־שָׁם מְשָׁרְתֵי הַבַּיִת אֶת־זֶבַח הָעָם׃
וַיְשִׁבֵנִי אֶל־פֶּתַח הַבַּיִת וְהִנֵּה־מַיִם יֹצְאִים מִתַּחַת מִפְתַּן הַבַּיִת מז א
קָדִימָה כִּי־פְנֵי הַבַּיִת קָדִים וְהַמַּיִם יֹרְדִים מִתַּחַת מִכֶּתֶף הַבַּיִת

ב הַיְמָנִית מִנֶּגֶב לַמִּזְבֵּחַ׃ וַיּוֹצִאֵנִי דֶּרֶךְ־שַׁעַר צָפוֹנָה וַיְסִבֵּנִי דֶּרֶךְ
חוּץ אֶל־שַׁעַר הַחוּץ דֶּרֶךְ הַפּוֹנֶה קָדִים וְהִנֵּה־מַיִם מְפַכִּים מִן־
ג הַכָּתֵף הַיְמָנִית׃ בְּצֵאת־הָאִישׁ קָדִים וְקָו בְּיָדוֹ וַיָּמָד אֶלֶף בָּאַמָּה
ד וַיַּעֲבִרֵנִי בַמַּיִם מֵי אָפְסָיִם׃ וַיָּמָד אֶלֶף וַיַּעֲבִרֵנִי בַמַּיִם מַיִם
ה בִּרְכָּיִם וַיָּמָד אֶלֶף וַיַּעֲבִרֵנִי מֵי מָתְנָיִם׃ וַיָּמָד אֶלֶף נַחַל אֲשֶׁר
לֹא־אוּכַל לַעֲבֹר כִּי־גָאוּ הַמַּיִם מֵי שָׂחוּ נַחַל אֲשֶׁר לֹא־יֵעָבֵר׃
ו ז וַיֹּאמֶר אֵלַי הֲרָאִיתָ בֶן־אָדָם וַיּוֹלִכֵנִי וַיְשִׁבֵנִי שְׂפַת הַנָּחַל׃ בְּשׁוּבֵנִי
ח וְהִנֵּה אֶל־שְׂפַת הַנַּחַל עֵץ רַב מְאֹד מִזֶּה וּמִזֶּה׃ וַיֹּאמֶר אֵלַי
הַמַּיִם הָאֵלֶּה יוֹצְאִים אֶל־הַגְּלִילָה הַקַּדְמוֹנָה וְיָרְדוּ עַל־הָעֲרָבָה
ט וּבָאוּ הַיָּמָּה אֶל־הַיָּמָּה הַמּוּצָאִים וְנִרְפְּאוּ הַמָּיִם׃ וְהָיָה כָל־נֶפֶשׁ
חַיָּה ׀ אֲשֶׁר־יִשְׁרֹץ אֶל כָּל־אֲשֶׁר יָבוֹא שָׁם נַחֲלַיִם יִחְיֶה וְהָיָה
הַדָּגָה רַבָּה מְאֹד כִּי בָאוּ שָׁמָּה הַמַּיִם הָאֵלֶּה וְיֵרָפְאוּ וָחָי כֹּל
י אֲשֶׁר־יָבוֹא שָׁמָּה הַנָּחַל׃ וְהָיָה יעמדו עָלָיו דַּוָּגִים מֵעֵין גֶּדִי וְעַד־ עָמְדוּ
עֵין עֶגְלַיִם מִשְׁטוֹחַ לַחֲרָמִים יִהְיוּ לְמִינָה תִּהְיֶה דְגָתָם כִּדְגַת הַיָּם
יא יב הַגָּדוֹל רַבָּה מְאֹד׃ בִּצֹּאתָו וּגְבָאָיו וְלֹא יֵרָפְאוּ לְמֶלַח נִתָּנוּ׃ וְעַל־ כט
הַנַּחַל יַעֲלֶה עַל־שְׂפָתוֹ מִזֶּה ׀ וּמִזֶּה ׀ כָּל־עֵץ־מַאֲכָל לֹא־יִבּוֹל
עָלֵהוּ וְלֹא־יִתֹּם פִּרְיוֹ לָחֳדָשָׁיו יְבַכֵּר כִּי מֵימָיו מִן־הַמִּקְדָּשׁ הֵמָּה
יג יוֹצְאִים והיו פִרְיוֹ לְמַאֲכָל וְעָלֵהוּ לִתְרוּפָה׃ כֹּה וְהָיָה
אָמַר אֲדֹנָי יֱהֹוִה גֵּה גְבוּל אֲשֶׁר תִּתְנַחֲלוּ אֶת־הָאָרֶץ לִשְׁנֵי עָשָׂר
יד שִׁבְטֵי יִשְׂרָאֵל יוֹסֵף חֲבָלִים׃ וּנְחַלְתֶּם אוֹתָהּ אִישׁ כְּאָחִיו אֲשֶׁר
נָשָׂאתִי אֶת־יָדִי לְתִתָּהּ לַאֲבֹתֵיכֶם וְנָפְלָה הָאָרֶץ הַזֹּאת לָכֶם
טו בְּנַחֲלָה׃ וְזֶה גְּבוּל הָאָרֶץ לִפְאַת צָפוֹנָה מִן־הַיָּם הַגָּדוֹל הַדֶּרֶךְ
טז חֶתְלֹן לְבוֹא צְדָדָה׃ חֲמָת ׀ בֵּרוֹתָה סִבְרַיִם אֲשֶׁר בֵּין־גְּבוּל
יז דַּמֶּשֶׂק וּבֵין גְּבוּל חֲמָת חֲצֵר הַתִּיכוֹן אֲשֶׁר אֶל־גְּבוּל חַוְרָן׃ וְהָיָה
גְבוּל מִן־הַיָּם חֲצַר עֵינוֹן גְּבוּל דַּמֶּשֶׂק וְצָפוֹן ׀ צָפוֹנָה וּגְבוּל חֲמָת
יח וְאֵת פְּאַת צָפוֹן׃ וּפְאַת קָדִים מִבֵּין חַוְרָן וּמִבֵּין דַּמֶּשֶׂק וּמִבֵּין
הַגִּלְעָד וּמִבֵּין אֶרֶץ יִשְׂרָאֵל הַיַּרְדֵּן מִגְּבוּל עַל־הַיָּם הַקַּדְמוֹנִי

יט תָּמֹדּוּ וְאֵת פְּאַת קָדִימָה: וּפְאַת נֶגֶב תֵּימָנָה מִתָּמָר עַד־מֵי
מְרִיבוֹת קָדֵשׁ נַחֲלָה אֶל־הַיָּם הַגָּדוֹל וְאֵת פְּאַת־תֵּימָנָה נֶגְבָּה:
כ וּפְאַת־יָם הַיָּם הַגָּדוֹל מִגְּבוּל עַד־נֹכַח לְבוֹא חֲמָת זֹאת פְּאַת־
כא כב יָם: וְחִלַּקְתֶּם אֶת־הָאָרֶץ הַזֹּאת לָכֶם לְשִׁבְטֵי יִשְׂרָאֵל: וְהָיָה
תַּפִּלוּ אוֹתָהּ בְּנַחֲלָה לָכֶם וּלְהַגֵּרִים הַגָּרִים בְּתוֹכְכֶם אֲשֶׁר־
הוֹלִדוּ בָנִים בְּתוֹכְכֶם וְהָיוּ לָכֶם כְּאֶזְרָח בִּבְנֵי יִשְׂרָאֵל אִתְּכֶם
כג יִפְּלוּ בְנַחֲלָה בְּתוֹךְ שִׁבְטֵי יִשְׂרָאֵל: וְהָיָה בַשֵּׁבֶט אֲשֶׁר־גָּר הַגֵּר
מח א אִתּוֹ שָׁם תִּתְּנוּ נַחֲלָתוֹ נְאֻם אֲדֹנָי יְהוִה: וְאֵלֶּה
שְׁמוֹת הַשְּׁבָטִים מִקְצֵה צָפוֹנָה אֶל־יַד דֶּרֶךְ־חֶתְלֹן ׀ לְבוֹא־חֲמָת
חֲצַר עֵינָן גְּבוּל דַּמֶּשֶׂק צָפוֹנָה אֶל־יַד חֲמָת וְהָיוּ־לוֹ פְאַת־קָדִים
ב הַיָּם דָּן אֶחָד: וְעַל ׀ גְּבוּל דָּן מִפְּאַת קָדִים עַד־פְּאַת יָמָּה אָשֵׁר
ג אֶחָד: וְעַל ׀ גְּבוּל אָשֵׁר מִפְּאַת קָדִמָה וְעַד־פְּאַת־יָמָּה נַפְתָּלִי
ד אֶחָד: וְעַל ׀ גְּבוּל נַפְתָּלִי מִפְּאַת קָדִמָה עַד־פְּאַת יָמָּה מְנַשֶּׁה
ה אֶחָד: וְעַל ׀ גְּבוּל מְנַשֶּׁה מִפְּאַת קָדִמָה עַד־פְּאַת יָמָּה אֶפְרַיִם
ו אֶחָד: וְעַל ׀ גְּבוּל אֶפְרַיִם מִפְּאַת קָדִים וְעַד־פְּאַת־יָמָּה רְאוּבֵן
ז אֶחָד: וְעַל ׀ גְּבוּל רְאוּבֵן מִפְּאַת קָדִים עַד־פְּאַת יָמָּה יְהוּדָה
ח אֶחָד: וְעַל גְּבוּל יְהוּדָה מִפְּאַת קָדִים עַד־פְּאַת יָמָּה תִּהְיֶה
הַתְּרוּמָה אֲשֶׁר־תָּרִימוּ חֲמִשָּׁה וְעֶשְׂרִים אֶלֶף רֹחַב וְאֹרֶךְ כְּאַחַד
הַחֲלָקִים מִפְּאַת קָדִימָה עַד־פְּאַת־יָמָּה וְהָיָה הַמִּקְדָּשׁ בְּתוֹכוֹ:
ט הַתְּרוּמָה אֲשֶׁר תָּרִימוּ לַיהוָה אֹרֶךְ חֲמִשָּׁה וְעֶשְׂרִים אֶלֶף וְרֹחַב
י עֲשֶׂרֶת אֲלָפִים: וּלְאֵלֶּה תִּהְיֶה תְרוּמַת־הַקֹּדֶשׁ לַכֹּהֲנִים צָפוֹנָה
חֲמִשָּׁה וְעֶשְׂרִים אֶלֶף וְיָמָּה רֹחַב עֲשֶׂרֶת אֲלָפִים וְקָדִימָה רֹחַב
עֲשֶׂרֶת אֲלָפִים וָנֶגְבָּה אֹרֶךְ חֲמִשָּׁה וְעֶשְׂרִים אָלֶף וְהָיָה מִקְדַּשׁ־
יא יְהוָה בְּתוֹכוֹ: לַכֹּהֲנִים הַמְקֻדָּשׁ מִבְּנֵי צָדוֹק אֲשֶׁר שָׁמְרוּ
מִשְׁמַרְתִּי אֲשֶׁר לֹא־תָעוּ בִּתְעוֹת בְּנֵי יִשְׂרָאֵל כַּאֲשֶׁר תָּעוּ
יב הַלְוִיִּם: וְהָיְתָה לָהֶם תְּרוּמִיָּה מִתְּרוּמַת הָאָרֶץ קֹדֶשׁ קָדָשִׁים
יג אֶל־גְּבוּל הַלְוִיִּם: וְהַלְוִיִּם לְעֻמַּת גְּבוּל הַכֹּהֲנִים חֲמִשָּׁה וְעֶשְׂרִים

אֶלֶף אֹרֶךְ וְרֹחַב עֲשֶׂרֶת אֲלָפִים כָּל־אֹרֶךְ חֲמִשָּׁה וְעֶשְׂרִים אֶלֶף
יד וְרֹחַב עֲשֶׂרֶת אֲלָפִים׃ וְלֹא־יִמְכְּרוּ מִמֶּנּוּ וְלֹא יָמֵר וְלֹא יעבור יַעֲבִיר
טו רֵאשִׁית הָאָרֶץ כִּי־קֹדֶשׁ לַיהוָה׃ וַחֲמֵשֶׁת אֲלָפִים הַנּוֹתָר בָּרֹחַב
עַל־פְּנֵי חֲמִשָּׁה וְעֶשְׂרִים אֶלֶף חֹל־הוּא לָעִיר לְמוֹשָׁב וּלְמִגְרָשׁ
טז וְהָיְתָה הָעִיר בְּתוֹכֹה׃ וְאֵלֶּה מִדּוֹתֶיהָ פְּאַת צָפוֹן חֲמֵשׁ מֵאוֹת
וְאַרְבַּעַת אֲלָפִים וּפְאַת־נֶגֶב חֲמֵשׁ חמש מֵאוֹת וְאַרְבַּעַת
אֲלָפִים וּמִפְּאַת קָדִים חֲמֵשׁ מֵאוֹת וְאַרְבַּעַת אֲלָפִים וּפְאַת־יָמָּה
יז חֲמֵשׁ מֵאוֹת וְאַרְבַּעַת אֲלָפִים׃ וְהָיָה מִגְרָשׁ לָעִיר צָפוֹנָה
חֲמִשִּׁים וּמָאתַיִם וְנֶגְבָּה חֲמִשִּׁים וּמָאתָיִם וְקָדִימָה חֲמִשִּׁים
יח וּמָאתַיִם וְיָמָּה חֲמִשִּׁים וּמָאתָיִם׃ וְהַנּוֹתָר בָּאֹרֶךְ לְעֻמַּת ׀
תְּרוּמַת הַקֹּדֶשׁ עֲשֶׂרֶת אֲלָפִים קָדִימָה וַעֲשֶׂרֶת אֲלָפִים יָמָּה
וְהָיָה לְעֻמַּת תְּרוּמַת הַקֹּדֶשׁ וְהָיְתָה תְבוּאָתֹה לְלֶחֶם לְעֹבְדֵי
יט כ הָעִיר׃ וְהָעֹבֵד הָעִיר יַעַבְדוּהוּ מִכֹּל שִׁבְטֵי יִשְׂרָאֵל׃ כָּל־
הַתְּרוּמָה חֲמִשָּׁה וְעֶשְׂרִים אֶלֶף בַּחֲמִשָּׁה וְעֶשְׂרִים אָלֶף רְבִיעִית
כא תָּרִימוּ אֶת־תְּרוּמַת הַקֹּדֶשׁ אֶל־אֲחֻזַּת הָעִיר׃ וְהַנּוֹתָר לַנָּשִׂיא
מִזֶּה ׀ וּמִזֶּה ׀ לִתְרוּמַת־הַקֹּדֶשׁ וְלַאֲחֻזַּת הָעִיר אֶל־פְּנֵי חֲמִשָּׁה
וְעֶשְׂרִים אֶלֶף ׀ תְּרוּמָה עַד־גְּבוּל קָדִימָה וְיָמָּה עַל־פְּנֵי חֲמִשָּׁה
וְעֶשְׂרִים אֶלֶף עַל־גְּבוּל יָמָּה לְעֻמַּת חֲלָקִים לַנָּשִׂיא וְהָיְתָה
כב תְּרוּמַת הַקֹּדֶשׁ וּמִקְדַּשׁ הַבַּיִת בְּתוֹכֹה׃ וּמֵאֲחֻזַּת הַלְוִיִּם
וּמֵאֲחֻזַּת הָעִיר בְּתוֹךְ אֲשֶׁר לַנָּשִׂיא יִהְיֶה בֵּין ׀ גְּבוּל יְהוּדָה
כג וּבֵין גְּבוּל בִּנְיָמִן לַנָּשִׂיא יִהְיֶה׃ וְיֶתֶר הַשְּׁבָטִים מִפְּאַת קָדִימָה
כד עַד־פְּאַת־יָמָּה בִּנְיָמִן אֶחָד׃ וְעַל ׀ גְּבוּל בִּנְיָמִן מִפְּאַת קָדִימָה
כה עַד־פְּאַת־יָמָּה שִׁמְעוֹן אֶחָד׃ וְעַל ׀ גְּבוּל שִׁמְעוֹן מִפְּאַת קָדִימָה
כו עַד־פְּאַת־יָמָּה יִשָּׂשכָר אֶחָד׃ וְעַל ׀ גְּבוּל יִשָּׂשכָר מִפְּאַת קָדִימָה
כז עַד־פְּאַת־יָמָּה זְבוּלֻן אֶחָד׃ וְעַל ׀ גְּבוּל זְבוּלֻן מִפְּאַת קָדִמָה
כח עַד־פְּאַת־יָמָּה גָּד אֶחָד׃ וְעַל גְּבוּל גָּד אֶל־פְּאַת נֶגֶב תֵּימָנָה
וְהָיָה גְבוּל מִתָּמָר מֵי מְרִיבַת קָדֵשׁ נַחֲלָה עַל־הַיָּם הַגָּדוֹל׃

כט זֹאת הָאָרֶץ אֲשֶׁר־תַּפִּילוּ מִנַּחֲלָה לְשִׁבְטֵי יִשְׂרָאֵל וְאֵלֶּה
ל מַחְלְקוֹתָם נְאֻם אֲדֹנָי יְהוִה׃ וְאֵלֶּה תּוֹצְאֹת הָעִיר
לא מִפְּאַת צָפוֹן חֲמֵשׁ מֵאוֹת וְאַרְבַּעַת אֲלָפִים מִדָּה׃ וְשַׁעֲרֵי הָעִיר
עַל־שְׁמוֹת שִׁבְטֵי יִשְׂרָאֵל שְׁעָרִים שְׁלוֹשָׁה צָפוֹנָה שַׁעַר רְאוּבֵן
לב אֶחָד שַׁעַר יְהוּדָה אֶחָד שַׁעַר לֵוִי אֶחָד׃ וְאֶל־פְּאַת קָדִימָה חֲמֵשׁ
מֵאוֹת וְאַרְבַּעַת אֲלָפִים וּשְׁעָרִים שְׁלֹשָׁה וְשַׁעַר יוֹסֵף אֶחָד שַׁעַר
לג בִּנְיָמִן אֶחָד שַׁעַר דָּן אֶחָד׃ וּפְאַת־נֶגְבָּה חֲמֵשׁ מֵאוֹת וְאַרְבַּעַת
אֲלָפִים מִדָּה וּשְׁעָרִים שְׁלֹשָׁה שַׁעַר שִׁמְעוֹן אֶחָד שַׁעַר יִשָּׂשכָר
לד אֶחָד שַׁעַר זְבוּלֻן אֶחָד׃ פְּאַת־יָמָּה חֲמֵשׁ מֵאוֹת וְאַרְבַּעַת
אֲלָפִים שַׁעֲרֵיהֶם שְׁלֹשָׁה שַׁעַר גָּד אֶחָד שַׁעַר אָשֵׁר אֶחָד
לה שַׁעַר נַפְתָּלִי אֶחָד׃ סָבִיב שְׁמֹנָה עָשָׂר אָלֶף וְשֵׁם־הָעִיר
מִיּוֹם יְהוָה ׀ שָׁמָּה׃

שנים עשר

הושע
יואל
עמוס
עובדיה
יונה
מיכה
נחום
חבקוק
צפניה
חגי
זכריה
מלאכי

א א דְּבַר־יְהוָה ׀ אֲשֶׁר הָיָה אֶל־הוֹשֵׁעַ בֶּן־בְּאֵרִי בִּימֵי עֻזִּיָּה
יוֹתָם אָחָז יְחִזְקִיָּה מַלְכֵי יְהוּדָה וּבִימֵי יָרָבְעָם בֶּן־יוֹאָשׁ
ב מֶלֶךְ יִשְׂרָאֵל׃ תְּחִלַּת דִּבֶּר־יְהוָה בְּהוֹשֵׁעַ וַיֹּאמֶר יְהוָה אֶל־
הוֹשֵׁעַ לֵךְ קַח־לְךָ אֵשֶׁת זְנוּנִים וְיַלְדֵי זְנוּנִים כִּי־זָנֹה תִזְנֶה
ג הָאָרֶץ מֵאַחֲרֵי יְהוָה׃ וַיֵּלֶךְ וַיִּקַּח אֶת־גֹּמֶר בַּת־דִּבְלָיִם
ד וַתַּהַר וַתֵּלֶד־לוֹ בֵּן׃ וַיֹּאמֶר יְהוָה אֵלָיו קְרָא שְׁמוֹ יִזְרְעֶאל
כִּי־עוֹד מְעַט וּפָקַדְתִּי אֶת־דְּמֵי יִזְרְעֶאל עַל־בֵּית יֵהוּא
ה וְהִשְׁבַּתִּי מַמְלְכוּת בֵּית יִשְׂרָאֵל׃ וְהָיָה בַּיּוֹם הַהוּא וְשָׁבַרְתִּי
ו אֶת־קֶשֶׁת יִשְׂרָאֵל בְּעֵמֶק יִזְרְעֶאל׃ וַתַּהַר עוֹד וַתֵּלֶד בַּת
וַיֹּאמֶר לוֹ קְרָא שְׁמָהּ לֹא רֻחָמָה כִּי לֹא אוֹסִיף עוֹד אֲרַחֵם
ז אֶת־בֵּית יִשְׂרָאֵל כִּי־נָשֹׂא אֶשָּׂא לָהֶם׃ וְאֶת־בֵּית יְהוּדָה
אֲרַחֵם וְהוֹשַׁעְתִּים בַּיהוָה אֱלֹהֵיהֶם וְלֹא אוֹשִׁיעֵם בְּקֶשֶׁת
ח וּבְחֶרֶב וּבְמִלְחָמָה בְּסוּסִים וּבְפָרָשִׁים׃ וַתִּגְמֹל אֶת־לֹא
ט רֻחָמָה וַתַּהַר וַתֵּלֶד בֵּן׃ וַיֹּאמֶר קְרָא שְׁמוֹ לֹא עַמִּי כִּי אַתֶּם
ב א לֹא עַמִּי וְאָנֹכִי לֹא־אֶהְיֶה לָכֶם׃ וְהָיָה מִסְפַּר
בְּנֵי־יִשְׂרָאֵל כְּחוֹל הַיָּם אֲשֶׁר לֹא־יִמַּד וְלֹא יִסָּפֵר וְהָיָה
בִּמְקוֹם אֲשֶׁר־יֵאָמֵר לָהֶם לֹא־עַמִּי אַתֶּם יֵאָמֵר לָהֶם בְּנֵי
ב אֵל־חָי׃ וְנִקְבְּצוּ בְּנֵי־יְהוּדָה וּבְנֵי־יִשְׂרָאֵל יַחְדָּו וְשָׂמוּ לָהֶם
ג רֹאשׁ אֶחָד וְעָלוּ מִן־הָאָרֶץ כִּי גָדוֹל יוֹם יִזְרְעֶאל׃ אִמְרוּ
ד לַאֲחֵיכֶם עַמִּי וְלַאֲחוֹתֵיכֶם רֻחָמָה׃ רִיבוּ בְאִמְּכֶם רִיבוּ
כִּי־הִיא לֹא אִשְׁתִּי וְאָנֹכִי לֹא אִישָׁהּ וְתָסֵר זְנוּנֶיהָ מִפָּנֶיהָ
ה וְנַאֲפוּפֶיהָ מִבֵּין שָׁדֶיהָ׃ פֶּן־אַפְשִׁיטֶנָּה עֲרֻמָּה וְהִצַּגְתִּיהָ
כְּיוֹם הִוָּלְדָהּ וְשַׂמְתִּיהָ כַמִּדְבָּר וְשַׁתִּהָ כְּאֶרֶץ צִיָּה וַהֲמִתִּיהָ
ו בַּצָּמָא׃ וְאֶת־בָּנֶיהָ לֹא אֲרַחֵם כִּי־בְנֵי זְנוּנִים הֵמָּה׃ כִּי
ז זָנְתָה אִמָּם הֹבִישָׁה הוֹרָתָם כִּי אָמְרָה אֵלְכָה אַחֲרֵי מְאַהֲבַי
ח נֹתְנֵי לַחְמִי וּמֵימַי צַמְרִי וּפִשְׁתִּי שַׁמְנִי וְשִׁקּוּיָי׃ לָכֵן הִנְנִי־
שָׂךְ אֶת־דַּרְכֵּךְ בַּסִּירִים וְגָדַרְתִּי אֶת־גְּדֵרָהּ וּנְתִיבוֹתֶיהָ לֹא

ט תמצא: ורדפה את־מאהביה ולא־תשיג אתם ובקשתם
ולא תמצא ואמרה אלכה ואשובה אל־אישי הראשון
י כי טוב לי אז מעתה: והיא לא ידעה כי אנכי נתתי
לה הדגן והתירוש והיצהר וכסף הרביתי לה וזהב עשו
יא לבעל: לכן אשוב ולקחתי דגני בעתו ותירושי במועדו
יב והצלתי צמרי ופשתי לכסות את־ערותה: ועתה אגלה
את־נבלתה לעיני מאהביה ואיש לא־יצילנה מידי:
יג והשבתי כל־משושה חגה חדשה ושבתה וכל מועדה:
יד והשמתי גפנה ותאנתה אשר אמרה אתנה המה לי אשר
נתנו־לי מאהבי ושמתים ליער ואכלתם חית השדה:
טו ופקדתי עליה את־ימי הבעלים אשר תקטיר להם ותעד
נזמה וחליתה ותלך אחרי מאהביה ואתי שכחה נאם־
טז יהוה: לכן הנה אנכי מפתיה והלכתיה
יז המדבר ודברתי על־לבה: ונתתי לה את־כרמיה משם
ואת־עמק עכור לפתח תקוה וענתה שמה כימי נעוריה
יח וכיום עלותה מארץ־מצרים: והיה ביום־
ההוא נאם־יהוה תקראי אישי ולא־תקראי־לי עוד בעלי:
יט והסרתי את־שמות הבעלים מפיה ולא־יזכרו עוד בשמם:
כ וכרתי להם ברית ביום ההוא עם־חית השדה ועם־עוף
השמים ורמש האדמה וקשת וחרב ומלחמה אשבור מן־
כא הארץ והשכבתים לבטח: וארשתיך לי לעולם וארשתיך
כב לי בצדק ובמשפט ובחסד וברחמים: וארשתיך לי באמונה
כג וידעת את־יהוה: והיה | ביום ההוא אענה
נאם־יהוה אענה את־השמים והם יענו את־הארץ:
כד והארץ תענה את־הדגן ואת־התירוש ואת־היצהר
כה והם יענו את־יזרעאל: וזרעתיה לי בארץ ורחמתי את־
לא רחמה ואמרתי ללא־עמי עמי־אתה והוא יאמר

א אֱלֹהָי: וַיֹּאמֶר יְהוָה אֵלַי עוֹד לֵךְ אֱהַב־אִשָּׁה
אֲהֻבַת רֵעַ וּמְנָאָפֶת כְּאַהֲבַת יְהוָה אֶת־בְּנֵי יִשְׂרָאֵל וְהֵם
ב פֹּנִים אֶל־אֱלֹהִים אֲחֵרִים וְאֹהֲבֵי אֲשִׁישֵׁי עֲנָבִים: וָאֶכְּרֶהָ
לִּי בַּחֲמִשָּׁה עָשָׂר כָּסֶף וְחֹמֶר שְׂעֹרִים וְלֶתֶךְ שְׂעֹרִים:
ג וָאֹמַר אֵלֶיהָ יָמִים רַבִּים תֵּשְׁבִי לִי לֹא תִזְנִי וְלֹא תִהְיִי
ד לְאִישׁ וְגַם־אֲנִי אֵלָיִךְ: כִּי ׀ יָמִים רַבִּים יֵשְׁבוּ בְּנֵי יִשְׂרָאֵל
אֵין מֶלֶךְ וְאֵין שָׂר וְאֵין זֶבַח וְאֵין מַצֵּבָה וְאֵין אֵפוֹד
ה וּתְרָפִים: אַחַר יָשֻׁבוּ בְּנֵי יִשְׂרָאֵל וּבִקְשׁוּ אֶת־יְהוָה אֱלֹהֵיהֶם
וְאֵת דָּוִיד מַלְכָּם וּפָחֲדוּ אֶל־יְהוָה וְאֶל־טוּבוֹ בְּאַחֲרִית
ד א הַיָּמִים: שִׁמְעוּ דְבַר־יְהוָה בְּנֵי יִשְׂרָאֵל כִּי רִיב
לַיהוָה עִם־יוֹשְׁבֵי הָאָרֶץ כִּי אֵין־אֱמֶת וְאֵין־חֶסֶד וְאֵין־דַּעַת
ב אֱלֹהִים בָּאָרֶץ: אָלֹה וְכַחֵשׁ וְרָצֹחַ וְגָנֹב וְנָאֹף פָּרָצוּ וְדָמִים
ג בְּדָמִים נָגָעוּ: עַל־כֵּן ׀ תֶּאֱבַל הָאָרֶץ וְאֻמְלַל כָּל־יוֹשֵׁב בָּהּ
ד בְּחַיַּת הַשָּׂדֶה וּבְעוֹף הַשָּׁמָיִם וְגַם־דְּגֵי הַיָּם יֵאָסֵפוּ: אַךְ
ה אִישׁ אַל־יָרֵב וְאַל־יוֹכַח אִישׁ וְעַמְּךָ כִּמְרִיבֵי כֹהֵן: וְכָשַׁלְתָּ
ו הַיּוֹם וְכָשַׁל גַּם־נָבִיא עִמְּךָ לָיְלָה וְדָמִיתִי אִמֶּךָ: נִדְמוּ עַמִּי
מִבְּלִי הַדָּעַת כִּי אַתָּה הַדַּעַת מָאַסְתָּ וְאֶמְאָסְאךָ מִכַּהֵן לִי וְאֶמְאָסְךָ
ז וַתִּשְׁכַּח תּוֹרַת אֱלֹהֶיךָ אֶשְׁכַּח בָּנֶיךָ גַּם־אָנִי: כְּרֻבָּם כֵּן
ח חָטְאוּ־לִי כְּבוֹדָם בְּקָלוֹן אָמִיר: חַטַּאת עַמִּי יֹאכֵלוּ וְאֶל־
ט עֲוֹנָם יִשְׂאוּ נַפְשׁוֹ: וְהָיָה כָעָם כַּכֹּהֵן וּפָקַדְתִּי עָלָיו דְּרָכָיו
י וּמַעֲלָלָיו אָשִׁיב לוֹ: וְאָכְלוּ וְלֹא יִשְׂבָּעוּ הִזְנוּ וְלֹא יִפְרֹצוּ
יא כִּי־אֶת־יְהוָה עָזְבוּ לִשְׁמֹר: זְנוּת וְיַיִן וְתִירוֹשׁ יִקַּח־לֵב:
יב עַמִּי בְּעֵצוֹ יִשְׁאָל וּמַקְלוֹ יַגִּיד לוֹ כִּי רוּחַ זְנוּנִים הִתְעָה
יג וַיִּזְנוּ מִתַּחַת אֱלֹהֵיהֶם: עַל־רָאשֵׁי הֶהָרִים יְזַבֵּחוּ וְעַל־
הַגְּבָעוֹת יְקַטֵּרוּ תַּחַת אַלּוֹן וְלִבְנֶה וְאֵלָה כִּי טוֹב צִלָּהּ
יד עַל־כֵּן תִּזְנֶינָה בְּנוֹתֵיכֶם וְכַלּוֹתֵיכֶם תְּנָאַפְנָה: לֹא־אֶפְקוֹד
עַל־בְּנוֹתֵיכֶם כִּי תִזְנֶינָה וְעַל־כַּלּוֹתֵיכֶם כִּי תְנָאַפְנָה כִּי־הֵם

עִם־הַזֹּנוֹת יְפָרֵדוּ וְעִם־הַקְּדֵשׁוֹת יְזַבֵּחוּ וְעָם לֹא־יָבִין
טו יִלָּבֵט׃ אִם־זֹנֶה אַתָּה יִשְׂרָאֵל אַל־יֶאְשַׁם יְהוּדָה וְאַל־
תָּבֹאוּ הַגִּלְגָּל וְאַל־תַּעֲלוּ בֵּית אָוֶן וְאַל־תִּשָּׁבְעוּ חַי־יְהוָה׃
טז כִּי כְּפָרָה סֹרֵרָה סָרַר יִשְׂרָאֵל עַתָּה יִרְעֵם יְהוָה כְּכֶבֶשׂ
יז יח בַּמֶּרְחָב׃ חֲבוּר עֲצַבִּים אֶפְרָיִם הַנַּח־לוֹ׃ סָר סָבְאָם הַזְנֵה הִזְנוּ
יט אָהֲבוּ הֵבוּ קָלוֹן מָגִנֶּיהָ׃ צָרַר רוּחַ אוֹתָהּ בִּכְנָפֶיהָ וְיֵבֹשׁוּ
ה א מִזִּבְחוֹתָם׃ שִׁמְעוּ־זֹאת הַכֹּהֲנִים וְהַקְשִׁיבוּ
בֵּית יִשְׂרָאֵל וּבֵית הַמֶּלֶךְ הַאֲזִינוּ כִּי לָכֶם הַמִּשְׁפָּט כִּי־פַח
ב הֱיִיתֶם לְמִצְפָּה וְרֶשֶׁת פְּרוּשָׂה עַל־תָּבוֹר׃ וְשַׁחֲטָה שֵׂטִים
ג הֶעְמִיקוּ וַאֲנִי מוּסָר לְכֻלָּם׃ אֲנִי יָדַעְתִּי אֶפְרַיִם וְיִשְׂרָאֵל
לֹא־נִכְחַד מִמֶּנִּי כִּי עַתָּה הִזְנֵיתָ אֶפְרַיִם נִטְמָא יִשְׂרָאֵל׃
ד לֹא יִתְּנוּ מַעַלְלֵיהֶם לָשׁוּב אֶל־אֱלֹהֵיהֶם כִּי רוּחַ זְנוּנִים
ה בְּקִרְבָּם וְאֶת־יְהוָה לֹא יָדָעוּ׃ וְעָנָה גְאוֹן־יִשְׂרָאֵל בְּפָנָיו
וְיִשְׂרָאֵל וְאֶפְרַיִם יִכָּשְׁלוּ בַּעֲוֺנָם כָּשַׁל גַּם־יְהוּדָה עִמָּם׃
ו בְּצֹאנָם וּבִבְקָרָם יֵלְכוּ לְבַקֵּשׁ אֶת־יְהוָה וְלֹא יִמְצָאוּ חָלַץ
ז מֵהֶם׃ בַּיהוָה בָּגָדוּ כִּי־בָנִים זָרִים יָלָדוּ עַתָּה יֹאכְלֵם חֹדֶשׁ
ח אֶת־חֶלְקֵיהֶם׃ תִּקְעוּ שׁוֹפָר בַּגִּבְעָה חֲצֹצְרָה
ט בָּרָמָה הָרִיעוּ בֵּית אָוֶן אַחֲרֶיךָ בִּנְיָמִין׃ אֶפְרַיִם לְשַׁמָּה תִהְיֶה
י בְּיוֹם תּוֹכֵחָה בְּשִׁבְטֵי יִשְׂרָאֵל הוֹדַעְתִּי נֶאֱמָנָה׃ הָיוּ שָׂרֵי
יא יְהוּדָה כְּמַסִּיגֵי גְּבוּל עֲלֵיהֶם אֶשְׁפּוֹךְ כַּמַּיִם עֶבְרָתִי׃ עָשׁוּק
יב אֶפְרַיִם רְצוּץ מִשְׁפָּט כִּי הוֹאִיל הָלַךְ אַחֲרֵי־צָו׃ וַאֲנִי כָעָשׁ
יג לְאֶפְרָיִם וְכָרָקָב לְבֵית יְהוּדָה׃ וַיַּרְא אֶפְרַיִם אֶת־חָלְיוֹ וִיהוּדָה
אֶת־מְזֹרוֹ וַיֵּלֶךְ אֶפְרַיִם אֶל־אַשּׁוּר וַיִּשְׁלַח אֶל־מֶלֶךְ יָרֵב
יד וְהוּא לֹא יוּכַל לִרְפֹּא לָכֶם וְלֹא־יִגְהֶה מִכֶּם מָזוֹר׃ כִּי אָנֹכִי
כַשַּׁחַל לְאֶפְרַיִם וְכַכְּפִיר לְבֵית יְהוּדָה אֲנִי אֲנִי אֶטְרֹף וְאֵלֵךְ
טו אֶשָּׂא וְאֵין מַצִּיל׃ אֵלֵךְ אָשׁוּבָה אֶל־מְקוֹמִי עַד אֲשֶׁר־
ו א יֶאְשְׁמוּ וּבִקְשׁוּ פָנָי בַּצַּר לָהֶם יְשַׁחֲרֻנְנִי׃ לְכוּ וְנָשׁוּבָה אֶל־

ב יְהוָה כִּי הוּא טָרָף וְיִרְפָּאֵנוּ יַךְ וְיַחְבְּשֵׁנוּ: יְחַיֵּנוּ מִיֹּמָיִם בַּיּוֹם ב
ג הַשְּׁלִישִׁי יְקִמֵנוּ וְנִחְיֶה לְפָנָיו: וְנֵדְעָה נִרְדְּפָה לָדַעַת אֶת־יְהוָה
כְּשַׁחַר נָכוֹן מֹצָאוֹ וְיָבוֹא כַגֶּשֶׁם לָנוּ כְּמַלְקוֹשׁ יוֹרֶה אָרֶץ:
ד מָה אֶעֱשֶׂה־לְּךָ אֶפְרַיִם מָה אֶעֱשֶׂה־לְּךָ יְהוּדָה וְחַסְדְּכֶם
ה כַּעֲנַן־בֹּקֶר וְכַטַּל מַשְׁכִּים הֹלֵךְ: עַל־כֵּן חָצַבְתִּי בַּנְּבִיאִים
ו הֲרַגְתִּים בְּאִמְרֵי־פִי וּמִשְׁפָּטֶיךָ אוֹר יֵצֵא: כִּי חֶסֶד חָפַצְתִּי
ז וְלֹא־זָבַח וְדַעַת אֱלֹהִים מֵעֹלוֹת: וְהֵמָּה כְּאָדָם עָבְרוּ בְרִית
ח ט שָׁם בָּגְדוּ בִי: גִּלְעָד קִרְיַת פֹּעֲלֵי אָוֶן עֲקֻבָּה מִדָּם: וּכְחַכֵּי אִישׁ
י גְּדוּדִים חֶבֶר כֹּהֲנִים דֶּרֶךְ יְרַצְּחוּ־שֶׁכְמָה כִּי זִמָּה עָשׂוּ: בְּבֵית
יִשְׂרָאֵל רָאִיתִי שעריריה שָׁם זְנוּת לְאֶפְרַיִם נִטְמָא יִשְׂרָאֵל: שַׁעֲרוּרִיָּה
יא ז א גַּם־יְהוּדָה שָׁת קָצִיר לָךְ בְּשׁוּבִי שְׁבוּת עַמִּי: כְּרָפְאִי
לְיִשְׂרָאֵל וְנִגְלָה עֲוֹן אֶפְרַיִם וְרָעוֹת שֹׁמְרוֹן כִּי פָעֲלוּ שָׁקֶר
ב וְגַנָּב יָבוֹא פָּשַׁט גְּדוּד בַּחוּץ: וּבַל־יֹאמְרוּ לִלְבָבָם כָּל־רָעָתָם
ג זָכָרְתִּי עַתָּה סְבָבוּם מַעַלְלֵיהֶם נֶגֶד פָּנַי הָיוּ: בְּרָעָתָם
ד יְשַׂמְּחוּ־מֶלֶךְ וּבְכַחֲשֵׁיהֶם שָׂרִים: כֻּלָּם מְנָאֲפִים כְּמוֹ תַנּוּר
ה בֹּעֵרָה מֵאֹפֶה יִשְׁבּוֹת מֵעִיר מִלּוּשׁ בָּצֵק עַד־חֻמְצָתוֹ: יוֹם
ו מַלְכֵּנוּ הֶחֱלוּ שָׂרִים חֲמַת מִיָּיִן מָשַׁךְ יָדוֹ אֶת־לֹצְצִים: כִּי־
קֵרְבוּ כַתַּנּוּר לִבָּם בְּאָרְבָּם כָּל־הַלַּיְלָה יָשֵׁן אֹפֵהֶם בֹּקֶר
ז הוּא בֹעֵר כְּאֵשׁ לֶהָבָה: כֻּלָּם יֵחַמּוּ כַּתַּנּוּר וְאָכְלוּ אֶת־
ח שֹׁפְטֵיהֶם כָּל־מַלְכֵיהֶם נָפָלוּ אֵין־קֹרֵא בָהֶם אֵלָי: אֶפְרַיִם
ט בָּעַמִּים הוּא יִתְבּוֹלָל אֶפְרַיִם הָיָה עֻגָה בְּלִי הֲפוּכָה: אָכְלוּ
זָרִים כֹּחוֹ וְהוּא לֹא יָדָע גַּם־שֵׂיבָה זָרְקָה בּוֹ וְהוּא לֹא יָדָע:
י וְעָנָה גְאוֹן־יִשְׂרָאֵל בְּפָנָיו וְלֹא־שָׁבוּ אֶל־יְהוָה אֱלֹהֵיהֶם
יא וְלֹא בִקְשֻׁהוּ בְּכָל־זֹאת: וַיְהִי אֶפְרַיִם כְּיוֹנָה פוֹתָה אֵין
יב לֵב מִצְרַיִם קָרָאוּ אַשּׁוּר הָלָכוּ: כַּאֲשֶׁר יֵלֵכוּ אֶפְרוֹשׂ
עֲלֵיהֶם רִשְׁתִּי כְּעוֹף הַשָּׁמַיִם אוֹרִידֵם אַיְסִרֵם כְּשֵׁמַע
יג לַעֲדָתָם: אוֹי לָהֶם כִּי־נָדְדוּ מִמֶּנִּי שֹׁד לָהֶם כִּי־

יד פשעו בי ואנכי אפדם והמה דברו עלי כזבים: ולא־זעקו
אלי בלבם כי יילילו על־משכבותם על־דגן ותירוש
טו יתגוררו יסורו בי: ואני יסרתי חזקתי זרועתם ואלי
טז יחשבו־רע: ישובו ׀ לא על היו כקשת רמיה יפלו בחרב
ח א שריהם מזעם לשונם זו לעגם בארץ מצרים: אל־חכך
שפר כנשר על־בית יהוה יען עברו בריתי ועל־תורתי
ב ג פשעו: לי יזעקו אלהי ידענוך ישראל: זנח ישראל טוב
ד אויב ירדפו: הם המליכו ולא ממני השירו ולא ידעתי
ה כספם וזהבם עשו להם עצבים למען יכרת: זנח עגלך
ו שמרון חרה אפי בם עד־מתי לא יוכלו נקין: כי מישראל
והוא חרש עשהו ולא אלהים הוא כי־שבבים יהיה עגל
ז שמרון: כי רוח יזרעו וסופתה יקצרו קמה אין־לו צמח
ח בלי יעשה־קמח אולי יעשה זרים יבלעהו: נבלע ישראל
ט עתה היו בגוים ככלי אין־חפץ בו: כי־המה עלו אשור
י פרא בודד לו אפרים התנו אהבים: גם כי־יתנו בגוים
יא עתה אקבצם ויחלו מעט ממשא מלך שרים: כי־הרבה
יב אפרים מזבחות לחטא היו־לו מזבחות לחטא: אכתוב־ אכתב
יג לו רבו תורתי כמו־זר נחשבו: זבחי הבהבי יזבחו בשר רבי
ויאכלו יהוה לא רצם עתה יזכר עונם ויפקד חטאתם
יד המה מצרים ישובו: וישכח ישראל את־עשהו ויבן היכלות
ויהודה הרבה ערים בצרות ושלחתי־אש בעריו ואכלה
ט א ארמנתיה: אל־תשמח ישראל ׀ אל־גיל
כעמים כי זנית מעל אלהיך אהבת אתנן על כל־גרנות
ב ג דגן: גרן ויקב לא ירעם ותירוש יכחש בה: לא ישבו
בארץ יהוה ושב אפרים מצרים ובאשור טמא יאכלו:
ד לא־יסכו ליהוה ׀ יין ולא יערבו־לו זבחיהם כלחם אונים
להם כל־אכליו יטמאו כי־לחמם לנפשם לא יבוא בית

ה ו יהוה: מה-תעשו ליום מועד וליום חג-יהוה: כי-הנה
הלכו משד מצרים תקבצם מף תקברם מחמד לכספם
ז קמוש יירשם חוח באהליהם: באו ׀ ימי הפקדה באו ימי
השלם ידעו ישראל אויל הנביא משגע איש הרוח על רב
ח עונך ורבה משטמה: צפה אפרים עם-אלהי נביא פח יקוש
ט על-כל-דרכיו משטמה בבית אלהיו: העמיקו שחתו כימי
י הגבעה יזכור עונם יפקוד חטאתם: כענבים
במדבר מצאתי ישראל כבכורה בתאנה בראשיתה ראיתי
אבותיכם המה באו בעל-פעור וינזרו לבשת ויהיו שקוצים
יא כאהבם: אפרים כעוף יתעופף כבודם מלדה ומבטן
יב ומהריון: כי אם-יגדלו את-בניהם ושכלתים מאדם כי-
יג גם-אוי להם בשורי מהם: אפרים כאשר-ראיתי לצור
יד שתולה בנוה ואפרים להוציא אל-הרג בניו: תן-להם
טו יהוה מה-תתן תן-להם רחם משכיל ושדים צמקים: כל-
רעתם בגלגל כי-שם שנאתים על רע מעלליהם מביתי
טז אגרשם לא אוסף אהבתם כל-שריהם סוררים: הכה
אפרים שרשם יבש פרי בלי-יעשון גם כי ילדון והמתי בל-
יז מחמדי בטנם: ימאסם אלהי כי לא שמעו לו ויהיו
י א נדדים בגוים: גפן בוקק ישראל פרי ישוה-לו
כרב לפריו הרבה למזבחות כטוב לארצו היטיבו מצבות:
ב חלק לבם עתה יאשמו הוא יערף מזבחותם ישדד מצבותם:
ג כי עתה יאמרו אין מלך לנו כי לא יראנו את-יהוה
ד והמלך מה-יעשה-לנו: דברו דברים אלות שוא כרת
ה ברית ופרח כראש משפט על תלמי שדי: לעגלות בית
און יגורו שכן שמרון כי-אבל עליו עמו וכמריו עליו יגילו
ו על-כבודו כי-גלה ממנו: גם-אותו לאשור יובל מנחה
ז למלך ירב בשנה אפרים יקח ויבוש ישראל מעצתו: נדמה

ח שמרון מלכה כקצף על־פני־מים: ונשמדו במות און
חטאת ישראל קוץ ודרדר יעלה על־מזבחותם ואמרו
ט להרים כסונו ולגבעות נפלו עלינו: מימי
הגבעה חטאת ישראל שם עמדו לא־תשיגם בגבעה
י מלחמה על־בני עלוה: באותי ואסרם ואספו עליהם עמים
יא באסרם לשתי עינתם: ואפרים עגלה מלמדה אהבתי עונותם
לדוש ואני עברתי על־טוב צוארה ארכיב אפרים יחרוש
יב יהודה ישדד־לו יעקב: זרעו לכם לצדקה קצרו לפי־חסד ג
נירו לכם ניר ועת לדרוש את־יהוה עד־יבוא וירה צדק
יג לכם: חרשתם־רשע עולתה קצרתם אכלתם פרי־כחש
יד כי־בטחת בדרכך ברב גבוריך: וקאם שאון בעמיך וכל־
מבצריך יושד כשד שלמן בית ארבאל ביום מלחמה אם
טו על־בנים רטשה: ככה עשה לכם בית־אל מפני רעת
יא א רעתכם בשחר נדמה נדמה מלך ישראל: כי נער ישראל
ב ואהבהו וממצרים קראתי לבני: קראו להם כן הלכו
ג מפניהם לבעלים יזבחו ולפסלים יקטרון: ואנכי תרגלתי
ד לאפרים קחם על־זרועתיו ולא ידעו כי רפאתים: בחבלי
אדם אמשכם בעבתות אהבה ואהיה להם כמרימי על
ה על לחיהם ואט אליו אוכיל: לא ישוב אל־ארץ מצרים
ו ואשור הוא מלכו כי מאנו לשוב: וחלה חרב בעריו וכלתה
ז בדיו ואכלה ממעצותיהם: ועמי תלואים למשובתי ואל־
ח על יקראהו יחד לא ירומם: איך אתנך אפרים אמגנך
ישראל איך אתנך כאדמה אשימך כצבאים נהפך עלי
ט לבי יחד נכמרו נחומי: לא אעשה חרון אפי לא אשוב
לשחת אפרים כי אל אנכי ולא־איש בקרבך קדוש ולא
י אבוא בעיר: אחרי יהוה ילכו כאריה ישאג כי־הוא ישאג
יא ויחרדו בנים מים: יחרדו כצפור ממצרים וכיונה מארץ

יב

א אַשּׁוּר וְהוֹשַׁבְתִּים עַל־בָּתֵּיהֶם נְאֻם־יְהוָה׃ סְבָבֻנִי
בְכַחַשׁ אֶפְרַיִם וּבְמִרְמָה בֵּית יִשְׂרָאֵל וִיהוּדָה עֹד רָד עִם־אֵל
ב וְעִם־קְדוֹשִׁים נֶאֱמָן׃ אֶפְרַיִם רֹעֶה רוּחַ וְרֹדֵף קָדִים כָּל־הַיּוֹם
כָּזָב וָשֹׁד יַרְבֶּה וּבְרִית עִם־אַשּׁוּר יִכְרֹתוּ וְשֶׁמֶן לְמִצְרַיִם
ג יוּבָל׃ וְרִיב לַיהוָה עִם־יְהוּדָה וְלִפְקֹד עַל־יַעֲקֹב כִּדְרָכָיו
ד כְּמַעֲלָלָיו יָשִׁיב לוֹ׃ בַּבֶּטֶן עָקַב אֶת־אָחִיו וּבְאוֹנוֹ שָׂרָה אֶת־
ה אֱלֹהִים׃ וַיָּשַׂר אֶל־מַלְאָךְ וַיֻּכָל בָּכָה וַיִּתְחַנֶּן־לוֹ בֵּית־אֵל
ו יִמְצָאֶנּוּ וְשָׁם יְדַבֵּר עִמָּנוּ׃ וַיהוָה אֱלֹהֵי הַצְּבָאוֹת יְהוָה זִכְרוֹ׃
ז וְאַתָּה בֵּאלֹהֶיךָ תָשׁוּב חֶסֶד וּמִשְׁפָּט שְׁמֹר וְקַוֵּה אֶל־אֱלֹהֶיךָ
ח ט תָּמִיד׃ כְּנַעַן בְּיָדוֹ מֹאזְנֵי מִרְמָה לַעֲשֹׁק אָהֵב׃ וַיֹּאמֶר אֶפְרַיִם
אַךְ עָשַׁרְתִּי מָצָאתִי אוֹן לִי כָּל־יְגִיעַי לֹא יִמְצְאוּ־לִי עָוֺן אֲשֶׁר־
י חֵטְא׃ וְאָנֹכִי יְהוָה אֱלֹהֶיךָ מֵאֶרֶץ מִצְרָיִם עֹד אוֹשִׁיבְךָ בָאֳהָלִים
יא כִּימֵי מוֹעֵד׃ וְדִבַּרְתִּי עַל־הַנְּבִיאִים וְאָנֹכִי חָזוֹן הִרְבֵּיתִי וּבְיַד
יב הַנְּבִיאִים אֲדַמֶּה׃ אִם־גִּלְעָד אָוֶן אַךְ־שָׁוְא הָיוּ בַּגִּלְגָּל שְׁוָרִים
יג זִבֵּחוּ גַּם מִזְבְּחוֹתָם כְּגַלִּים עַל תַּלְמֵי שָׂדָי׃ וַיִּבְרַח יַעֲקֹב שְׂדֵה
יד אֲרָם וַיַּעֲבֹד יִשְׂרָאֵל בְּאִשָּׁה וּבְאִשָּׁה שָׁמָר׃ וּבְנָבִיא הֶעֱלָה
טו יְהוָה אֶת־יִשְׂרָאֵל מִמִּצְרָיִם וּבְנָבִיא נִשְׁמָר׃ הִכְעִיס אֶפְרַיִם
יג א תַּמְרוּרִים וְדָמָיו עָלָיו יִטּוֹשׁ וְחֶרְפָּתוֹ יָשִׁיב לוֹ אֲדֹנָיו׃ כְּדַבֵּר
ב אֶפְרַיִם רְתֵת נָשָׂא הוּא בְּיִשְׂרָאֵל וַיֶּאְשַׁם בַּבַּעַל וַיָּמֹת׃ וְעַתָּה
יוֹסִפוּ לַחֲטֹא וַיַּעֲשׂוּ לָהֶם מַסֵּכָה מִכַּסְפָּם כִּתְבוּנָם עֲצַבִּים
מַעֲשֵׂה חָרָשִׁים כֻּלֹּה לָהֶם הֵם אֹמְרִים זֹבְחֵי אָדָם עֲגָלִים יִשָּׁקוּן׃
ג לָכֵן יִהְיוּ כַּעֲנַן־בֹּקֶר וְכַטַּל מַשְׁכִּים הֹלֵךְ כְּמֹץ יְסֹעֵר מִגֹּרֶן
ד וּכְעָשָׁן מֵאֲרֻבָּה׃ וְאָנֹכִי יְהוָה אֱלֹהֶיךָ מֵאֶרֶץ מִצְרָיִם וֵאלֹהִים
ה זוּלָתִי לֹא תֵדָע וּמוֹשִׁיעַ אַיִן בִּלְתִּי׃ אֲנִי יְדַעְתִּיךָ בַּמִּדְבָּר בְּאֶרֶץ
ו תַּלְאֻבוֹת׃ כְּמַרְעִיתָם וַיִּשְׂבָּעוּ שָׂבְעוּ וַיָּרָם לִבָּם עַל־כֵּן שְׁכֵחוּנִי׃
ז ח וָאֱהִי לָהֶם כְּמוֹ־שָׁחַל כְּנָמֵר עַל־דֶּרֶךְ אָשׁוּר׃ אֶפְגְּשֵׁם כְּדֹב
שַׁכּוּל וְאֶקְרַע סְגוֹר לִבָּם וְאֹכְלֵם שָׁם כְּלָבִיא חַיַּת הַשָּׂדֶה

ט תבקעם: שחתך ישראל כי־בי בעזרך: אהי מלכך אפוא
ויושיעך בכל־עריך ושפטיך אשר אמרת תנה־לי מלך ושרים:
יא יב אתן־לך מלך באפי ואקח בעברתי: צרור עון
יג אפרים צפונה חטאתו: חבלי יולדה יבאו לו הוא־בן לא חכם
יד כי־עת לא־יעמד במשבר בנים: מיד שאול אפדם ממות
אגאלם אהי דבריך מות אהי קטבך שאול נחם יסתר מעיני:
טו כי הוא בין אחים יפריא יבוא קדים רוח יהוה ממדבר עלה
ויבוש מקורו ויחרב מעינו הוא ישסה אוצר כל־כלי חמדה:
יד א תאשם שמרון כי מרתה באלהיה בחרב יפלו עלליהם
ב ירטשו והריותיו יבקעו: שובה ישראל עד יהוה
ג אלהיך כי כשלת בעונך: קחו עמכם דברים ושובו אל־יהוה
אמרו אליו כל־תשא עון וקח־טוב ונשלמה פרים שפתינו:
ד אשור לא יושיענו על־סוס לא נרכב ולא־נאמר עוד אלהינו
ה למעשה ידינו אשר־בך ירחם יתום: ארפא משובתם אהבם
ד ו נדבה כי שב אפי ממנו: אהיה כטל לישראל יפרח כשושנה
ז ויך שרשיו כלבנון: ילכו ינקותיו ויהי כזית הודו וריח לו
ח כלבנון: ישבו ישבי בצלו יחיו דגן ויפרחו כגפן זכרו כיין
ט לבנון: אפרים מה־לי עוד לעצבים אני עניתי ואשורנו אני
י כברוש רענן ממני פריך נמצא: מי חכם ויבן אלה נבון וידעם
כי־ישרים דרכי יהוה וצדקים ילכו בם ופשעים יכשלו בם:

יואל

א א ב דבר־יהוה אשר היה אל־יואל בן־פתואל: שמעו־זאת הזקנים
והאזינו כל יושבי הארץ ההיתה זאת בימיכם ואם בימי
ג אבתיכם: עליה לבניכם ספרו ובניכם לבניהם ובניהם לדור
ד אחר: יתר הגזם אכל הארבה ויתר הארבה אכל הילק ויתר

ה הַיֶּלֶק אָכַל הֶחָסִיל: הָקִיצוּ שִׁכּוֹרִים וּבְכוּ וְהֵילִלוּ כָּל־שֹׁתֵי יָיִן
ו עַל־עָסִיס כִּי נִכְרַת מִפִּיכֶם: כִּי־גוֹי עָלָה עַל־אַרְצִי עָצוּם וְאֵין
ז מִסְפָּר שִׁנָּיו שִׁנֵּי אַרְיֵה וּמְתַלְּעוֹת לָבִיא לוֹ: שָׂם גַּפְנִי לְשַׁמָּה
ח וּתְאֵנָתִי לִקְצָפָה חָשֹׂף חֲשָׂפָהּ וְהִשְׁלִיךְ הִלְבִּינוּ שָׂרִיגֶיהָ: אֱלִי
ט כִּבְתוּלָה חֲגֻרַת־שַׂק עַל־בַּעַל נְעוּרֶיהָ: הָכְרַת מִנְחָה וָנֶסֶךְ
י מִבֵּית יְהוָה אָבְלוּ הַכֹּהֲנִים מְשָׁרְתֵי יְהוָה: שֻׁדַּד שָׂדֶה אָבְלָה
יא אֲדָמָה כִּי שֻׁדַּד דָּגָן הוֹבִישׁ תִּירוֹשׁ אֻמְלַל יִצְהָר: הֹבִישׁוּ
אִכָּרִים הֵילִילוּ כֹּרְמִים עַל־חִטָּה וְעַל־שְׂעֹרָה כִּי אָבַד
יב קְצִיר שָׂדֶה: הַגֶּפֶן הוֹבִישָׁה וְהַתְּאֵנָה אֻמְלָלָה רִמּוֹן גַּם־
תָּמָר וְתַפּוּחַ כָּל־עֲצֵי הַשָּׂדֶה יָבֵשׁוּ כִּי־הֹבִישׁ שָׂשׂוֹן מִן־בְּנֵי
יג אָדָם: חִגְרוּ וְסִפְדוּ הַכֹּהֲנִים הֵילִילוּ מְשָׁרְתֵי
מִזְבֵּחַ בֹּאוּ לִינוּ בַשַּׂקִּים מְשָׁרְתֵי אֱלֹהָי כִּי נִמְנַע מִבֵּית
יד אֱלֹהֵיכֶם מִנְחָה וָנָסֶךְ: קַדְּשׁוּ־צוֹם קִרְאוּ עֲצָרָה אִסְפוּ זְקֵנִים
טו כֹּל יֹשְׁבֵי הָאָרֶץ בֵּית יְהוָה אֱלֹהֵיכֶם וְזַעֲקוּ אֶל־יְהוָה: אֲהָהּ
טז לַיּוֹם כִּי קָרוֹב יוֹם יְהוָה וּכְשֹׁד מִשַּׁדַּי יָבוֹא: הֲלוֹא נֶגֶד עֵינֵינוּ
יז אֹכֶל נִכְרָת מִבֵּית אֱלֹהֵינוּ שִׂמְחָה וָגִיל: עָבְשׁוּ פְרֻדוֹת תַּחַת
יח מֶגְרְפֹתֵיהֶם נָשַׁמּוּ אֹצָרוֹת נֶהֶרְסוּ מַמְּגֻרוֹת כִּי הֹבִישׁ דָּגָן: מַה־
נֶּאֶנְחָה בְהֵמָה נָבֹכוּ עֶדְרֵי בָקָר כִּי אֵין מִרְעֶה לָהֶם גַּם־עֶדְרֵי
יט הַצֹּאן נֶאְשָׁמוּ: אֵלֶיךָ יְהוָה אֶקְרָא כִּי־אֵשׁ אָכְלָה נְאוֹת
כ מִדְבָּר וְלֶהָבָה לִהֲטָה כָּל־עֲצֵי הַשָּׂדֶה: גַּם־בַּהֲמוֹת שָׂדֶה
תַּעֲרוֹג אֵלֶיךָ כִּי יָבְשׁוּ אֲפִיקֵי מָיִם וְאֵשׁ אָכְלָה נְאוֹת
ב א הַמִּדְבָּר: תִּקְעוּ שׁוֹפָר בְּצִיּוֹן וְהָרִיעוּ בְּהַר קָדְשִׁי
ב יִרְגְּזוּ כֹּל יֹשְׁבֵי הָאָרֶץ כִּי־בָא יוֹם־יְהוָה כִּי קָרוֹב: יוֹם חֹשֶׁךְ
וַאֲפֵלָה יוֹם עָנָן וַעֲרָפֶל כְּשַׁחַר פָּרֻשׂ עַל־הֶהָרִים עַם רַב וְעָצוּם
כָּמֹהוּ לֹא נִהְיָה מִן־הָעוֹלָם וְאַחֲרָיו לֹא יוֹסֵף עַד־שְׁנֵי דּוֹר וָדוֹר:
ג לְפָנָיו אָכְלָה אֵשׁ וְאַחֲרָיו תְּלַהֵט לֶהָבָה כְּגַן־עֵדֶן הָאָרֶץ לְפָנָיו
ד וְאַחֲרָיו מִדְבַּר שְׁמָמָה וְגַם־פְּלֵיטָה לֹא־הָיְתָה לּוֹ: כְּמַרְאֵה

ה סוּסִים מַרְאֵהוּ וּכְפָרָשִׁים כֵּן יְרוּצוּן: כְּקוֹל מַרְכָּבוֹת עַל־רָאשֵׁי
הֶהָרִים יְרַקֵּדוּן כְּקוֹל לַהַב אֵשׁ אֹכְלָה קָשׁ כְּעַם עָצוּם עֱרוּךְ
ו ז מִלְחָמָה: מִפָּנָיו יָחִילוּ עַמִּים כָּל־פָּנִים קִבְּצוּ פָארוּר: כְּגִבּוֹרִים
יְרֻצוּן כְּאַנְשֵׁי מִלְחָמָה יַעֲלוּ חוֹמָה וְאִישׁ בִּדְרָכָיו יֵלֵכוּן וְלֹא
ח יְעַבְּטוּן אֹרְחוֹתָם: וְאִישׁ אָחִיו לֹא יִדְחָקוּן גֶּבֶר בִּמְסִלָּתוֹ יֵלֵכוּן
ט וּבְעַד הַשֶּׁלַח יִפֹּלוּ לֹא יִבְצָעוּ: בָּעִיר יָשֹׁקּוּ בַּחוֹמָה יְרֻצוּן בַּבָּתִּים
י יַעֲלוּ בְּעַד הַחַלּוֹנִים יָבֹאוּ כַּגַּנָּב: לְפָנָיו רָגְזָה אֶרֶץ רָעֲשׁוּ שָׁמָיִם
יא שֶׁמֶשׁ וְיָרֵחַ קָדָרוּ וְכוֹכָבִים אָסְפוּ נָגְהָם: וַיהוה נָתַן קוֹלוֹ לִפְנֵי
חֵילוֹ כִּי רַב מְאֹד מַחֲנֵהוּ כִּי עָצוּם עֹשֵׂה דְבָרוֹ כִּי־גָדוֹל יוֹם־
יב יהוה וְנוֹרָא מְאֹד וּמִי יְכִילֶנּוּ: וְגַם־עַתָּה נְאֻם־יהוה שֻׁבוּ עָדַי
יג בְּכָל־לְבַבְכֶם וּבְצוֹם וּבִבְכִי וּבְמִסְפֵּד: וְקִרְעוּ לְבַבְכֶם וְאַל־
בִּגְדֵיכֶם וְשׁוּבוּ אֶל־יהוה אֱלֹהֵיכֶם כִּי־חַנּוּן וְרַחוּם הוּא אֶרֶךְ
יד אַפַּיִם וְרַב־חֶסֶד וְנִחָם עַל־הָרָעָה: מִי יוֹדֵעַ יָשׁוּב וְנִחָם וְהִשְׁאִיר
טו אַחֲרָיו בְּרָכָה מִנְחָה וָנֶסֶךְ לַיהוה אֱלֹהֵיכֶם: תִּקְעוּ
טז שׁוֹפָר בְּצִיּוֹן קַדְּשׁוּ־צוֹם קִרְאוּ עֲצָרָה: אִסְפוּ־עָם קַדְּשׁוּ קָהָל
קִבְצוּ זְקֵנִים אִסְפוּ עוֹלָלִים וְיֹנְקֵי שָׁדָיִם יֵצֵא חָתָן מֵחֶדְרוֹ וְכַלָּה
יז מֵחֻפָּתָהּ: בֵּין הָאוּלָם וְלַמִּזְבֵּחַ יִבְכּוּ הַכֹּהֲנִים מְשָׁרְתֵי יהוה
וְיֹאמְרוּ חוּסָה יהוה עַל־עַמֶּךָ וְאַל־תִּתֵּן נַחֲלָתְךָ לְחֶרְפָּה לִמְשָׁל־
יח בָּם גּוֹיִם לָמָּה יֹאמְרוּ בָעַמִּים אַיֵּה אֱלֹהֵיהֶם: וַיְקַנֵּא יהוה
יט לְאַרְצוֹ וַיַּחְמֹל עַל־עַמּוֹ: וַיַּעַן יהוה וַיֹּאמֶר לְעַמּוֹ הִנְנִי שֹׁלֵחַ
לָכֶם אֶת־הַדָּגָן וְהַתִּירוֹשׁ וְהַיִּצְהָר וּשְׂבַעְתֶּם אֹתוֹ וְלֹא־אֶתֵּן
כ אֶתְכֶם עוֹד חֶרְפָּה בַּגּוֹיִם: וְאֶת־הַצְּפוֹנִי אַרְחִיק מֵעֲלֵיכֶם
וְהִדַּחְתִּיו אֶל־אֶרֶץ צִיָּה וּשְׁמָמָה אֶת־פָּנָיו אֶל־הַיָּם הַקַּדְמֹנִי
וְסֹפוֹ אֶל־הַיָּם הָאַחֲרוֹן וְעָלָה בָאְשׁוֹ וְתַעַל צַחֲנָתוֹ כִּי הִגְדִּיל
כא לַעֲשׂוֹת: אַל־תִּירְאִי אֲדָמָה גִּילִי וּשְׂמָחִי כִּי־הִגְדִּיל יהוה
כב לַעֲשׂוֹת: אַל־תִּירְאוּ בַּהֲמוֹת שָׂדַי כִּי דָשְׁאוּ נְאוֹת מִדְבָּר כִּי־
כג עֵץ נָשָׂא פִרְיוֹ תְּאֵנָה וָגֶפֶן נָתְנוּ חֵילָם: וּבְנֵי צִיּוֹן גִּילוּ וְשִׂמְחוּ

בַּיהוָה אֱלֹהֵיכֶם כִּי־נָתַן לָכֶם אֶת־הַמּוֹרֶה לִצְדָקָה וַיּוֹרֶד לָכֶם
כד גֶּשֶׁם מוֹרֶה וּמַלְקוֹשׁ בָּרִאשׁוֹן׃ וּמָלְאוּ הַגֳּרָנוֹת בָּר וְהֵשִׁיקוּ
כה הַיְקָבִים תִּירוֹשׁ וְיִצְהָר׃ וְשִׁלַּמְתִּי לָכֶם אֶת־הַשָּׁנִים אֲשֶׁר אָכַל
הָאַרְבֶּה הַיֶּלֶק וְהֶחָסִיל וְהַגָּזָם חֵילִי הַגָּדוֹל אֲשֶׁר שִׁלַּחְתִּי בָּכֶם׃
כו וַאֲכַלְתֶּם אָכוֹל וְשָׂבוֹעַ וְהִלַּלְתֶּם אֶת־שֵׁם יְהוָה אֱלֹהֵיכֶם אֲשֶׁר־
ה כז עָשָׂה עִמָּכֶם לְהַפְלִיא וְלֹא־יֵבֹשׁוּ עַמִּי לְעוֹלָם׃ וִידַעְתֶּם כִּי
בְקֶרֶב יִשְׂרָאֵל אָנִי וַאֲנִי יְהוָה אֱלֹהֵיכֶם וְאֵין עוֹד וְלֹא־יֵבֹשׁוּ עַמִּי
ג א לְעוֹלָם׃ וְהָיָה אַחֲרֵי־כֵן אֶשְׁפּוֹךְ אֶת־רוּחִי עַל־
כָּל־בָּשָׂר וְנִבְּאוּ בְּנֵיכֶם וּבְנוֹתֵיכֶם זִקְנֵיכֶם חֲלֹמוֹת יַחֲלֹמוּן
ב בַּחוּרֵיכֶם חֶזְיֹנוֹת יִרְאוּ׃ וְגַם עַל־הָעֲבָדִים וְעַל־הַשְּׁפָחוֹת בַּיָּמִים
ג הָהֵמָּה אֶשְׁפּוֹךְ אֶת־רוּחִי׃ וְנָתַתִּי מוֹפְתִים בַּשָּׁמַיִם וּבָאָרֶץ דָּם
ד וָאֵשׁ וְתִימְרוֹת עָשָׁן׃ הַשֶּׁמֶשׁ יֵהָפֵךְ לְחֹשֶׁךְ וְהַיָּרֵחַ לְדָם לִפְנֵי בּוֹא
ה יוֹם יְהוָה הַגָּדוֹל וְהַנּוֹרָא׃ וְהָיָה כֹּל אֲשֶׁר־יִקְרָא בְּשֵׁם יְהוָה
יִמָּלֵט כִּי בְּהַר־צִיּוֹן וּבִירוּשָׁלִַם תִּהְיֶה פְלֵיטָה כַּאֲשֶׁר אָמַר יְהוָה
ד א וּבַשְּׂרִידִים אֲשֶׁר יְהוָה קֹרֵא׃ כִּי הִנֵּה בַּיָּמִים הָהֵמָּה וּבָעֵת הַהִיא
ב אֲשֶׁר אשוב אֶת־שְׁבוּת יְהוּדָה וִירוּשָׁלִָם׃ וְקִבַּצְתִּי אֶת־כָּל־ אָשִׁיב
הַגּוֹיִם וְהוֹרַדְתִּים אֶל־עֵמֶק יְהוֹשָׁפָט וְנִשְׁפַּטְתִּי עִמָּם שָׁם עַל־
ג עַמִּי וְנַחֲלָתִי יִשְׂרָאֵל אֲשֶׁר פִּזְּרוּ בַגּוֹיִם וְאֶת־אַרְצִי חִלֵּקוּ׃ וְאֶל־
ד עַמִּי יַדּוּ גוֹרָל וַיִּתְּנוּ הַיֶּלֶד בַּזּוֹנָה וְהַיַּלְדָּה מָכְרוּ בַיַּיִן וַיִּשְׁתּוּ׃ וְגַם
מָה־אַתֶּם לִי צֹר וְצִידוֹן וְכֹל גְּלִילוֹת פְּלָשֶׁת הַגְּמוּל אַתֶּם
מְשַׁלְּמִים עָלָי וְאִם־גֹּמְלִים אַתֶּם עָלַי קַל מְהֵרָה אָשִׁיב גְּמֻלְכֶם
ה בְּרֹאשְׁכֶם׃ אֲשֶׁר־כַּסְפִּי וּזְהָבִי לְקַחְתֶּם וּמַחֲמַדַּי הַטֹּבִים
ו הֲבֵאתֶם לְהֵיכְלֵיכֶם׃ וּבְנֵי יְהוּדָה וּבְנֵי יְרוּשָׁלִַם מְכַרְתֶּם לִבְנֵי
ז הַיְּוָנִים לְמַעַן הַרְחִיקָם מֵעַל גְּבוּלָם׃ הִנְנִי מְעִירָם מִן־הַמָּקוֹם
אֲשֶׁר־מְכַרְתֶּם אֹתָם שָׁמָּה וַהֲשִׁבֹתִי גְמֻלְכֶם בְּרֹאשְׁכֶם׃
ח וּמָכַרְתִּי אֶת־בְּנֵיכֶם וְאֶת־בְּנוֹתֵיכֶם בְּיַד בְּנֵי יְהוּדָה וּמְכָרוּם
ט לִשְׁבָאיִם אֶל־גּוֹי רָחוֹק כִּי יְהוָה דִּבֵּר׃ קִרְאוּ־

זֹאת בַּגּוֹיִם קַדְּשׁוּ מִלְחָמָה הָעִירוּ הַגִּבּוֹרִים יִגְּשׁוּ יַעֲלוּ כֹּל אַנְשֵׁי
י הַמִּלְחָמָה׃ כֹּתּוּ אִתֵּיכֶם לַחֲרָבוֹת וּמַזְמְרֹתֵיכֶם לִרְמָחִים הַחַלָּשׁ
יא יֹאמַר גִּבּוֹר אָנִי׃ עוּשׁוּ וָבֹאוּ כָל־הַגּוֹיִם מִסָּבִיב וְנִקְבָּצוּ שָׁמָּה
יב הַנְחַת יְהוָה גִּבּוֹרֶיךָ׃ יֵעוֹרוּ וְיַעֲלוּ הַגּוֹיִם אֶל־עֵמֶק יְהוֹשָׁפָט כִּי
יג שָׁם אֵשֵׁב לִשְׁפֹּט אֶת־כָּל־הַגּוֹיִם מִסָּבִיב׃ שִׁלְחוּ מַגָּל כִּי בָשַׁל
קָצִיר בֹּאוּ רְדוּ כִּי־מָלְאָה גַּת הֵשִׁיקוּ הַיְקָבִים כִּי רַבָּה רָעָתָם׃
יד הֲמוֹנִים הֲמוֹנִים בְּעֵמֶק הֶחָרוּץ כִּי קָרוֹב יוֹם יְהוָה בְּעֵמֶק
טו טז הֶחָרוּץ׃ שֶׁמֶשׁ וְיָרֵחַ קָדָרוּ וְכוֹכָבִים אָסְפוּ נָגְהָם׃ וַיהוָה מִצִּיּוֹן
יִשְׁאָג וּמִירוּשָׁלִַם יִתֵּן קוֹלוֹ וְרָעֲשׁוּ שָׁמַיִם וָאָרֶץ וַיהוָה מַחֲסֶה
יז לְעַמּוֹ וּמָעוֹז לִבְנֵי יִשְׂרָאֵל׃ וִידַעְתֶּם כִּי אֲנִי יְהוָה אֱלֹהֵיכֶם שֹׁכֵן
בְּצִיּוֹן הַר־קָדְשִׁי וְהָיְתָה יְרוּשָׁלִַם קֹדֶשׁ וְזָרִים לֹא־יַעַבְרוּ־בָהּ
יח עוֹד׃ וְהָיָה בַיּוֹם הַהוּא יִטְּפוּ הֶהָרִים עָסִיס
וְהַגְּבָעוֹת תֵּלַכְנָה חָלָב וְכָל־אֲפִיקֵי יְהוּדָה יֵלְכוּ מָיִם וּמַעְיָן
יט מִבֵּית יְהוָה יֵצֵא וְהִשְׁקָה אֶת־נַחַל הַשִּׁטִּים׃ מִצְרַיִם לִשְׁמָמָה
תִהְיֶה וֶאֱדוֹם לְמִדְבַּר שְׁמָמָה תִּהְיֶה מֵחֲמַס בְּנֵי יְהוּדָה אֲשֶׁר־
כ שָׁפְכוּ דָם־נָקִיא בְּאַרְצָם׃ וִיהוּדָה לְעוֹלָם תֵּשֵׁב וִירוּשָׁלִַם
כא לְדוֹר וָדוֹר׃ וְנִקֵּיתִי דָּמָם לֹא־נִקֵּיתִי וַיהוָה שֹׁכֵן בְּצִיּוֹן׃

עמוס

א א דִּבְרֵי עָמוֹס אֲשֶׁר־הָיָה בַנֹּקְדִים מִתְּקוֹעַ אֲשֶׁר חָזָה עַל־
יִשְׂרָאֵל בִּימֵי ׀ עֻזִּיָּה מֶלֶךְ־יְהוּדָה וּבִימֵי יָרָבְעָם בֶּן־יוֹאָשׁ
ב מֶלֶךְ יִשְׂרָאֵל שְׁנָתַיִם לִפְנֵי הָרָעַשׁ׃ וַיֹּאמַר ׀ יְהוָה מִצִּיּוֹן
יִשְׁאָג וּמִירוּשָׁלִַם יִתֵּן קוֹלוֹ וְאָבְלוּ נְאוֹת הָרֹעִים וְיָבֵשׁ רֹאשׁ
ג הַכַּרְמֶל׃ כֹּה אָמַר יְהוָה עַל־שְׁלֹשָׁה פִּשְׁעֵי
דַמֶּשֶׂק וְעַל־אַרְבָּעָה לֹא אֲשִׁיבֶנּוּ עַל־דּוּשָׁם בַּחֲרֻצוֹת הַבַּרְזֶל
ד אֶת־הַגִּלְעָד׃ וְשִׁלַּחְתִּי אֵשׁ בְּבֵית חֲזָאֵל וְאָכְלָה אַרְמְנוֹת

ה בֶּן־הֲדָד׃ וְשָׁבַרְתִּי בְּרִיחַ דַּמֶּשֶׂק וְהִכְרַתִּי יוֹשֵׁב מִבִּקְעַת־
אָוֶן וְתוֹמֵךְ שֵׁבֶט מִבֵּית עֶדֶן וְגָלוּ עַם־אֲרָם קִירָה אָמַר
ו יְהוָה׃ כֹּה אָמַר יְהוָה עַל־שְׁלֹשָׁה פִּשְׁעֵי עַזָּה
וְעַל־אַרְבָּעָה לֹא אֲשִׁיבֶנּוּ עַל־הַגְלוֹתָם גָּלוּת שְׁלֵמָה לְהַסְגִּיר
ז ח לֶאֱדוֹם׃ וְשִׁלַּחְתִּי אֵשׁ בְּחוֹמַת עַזָּה וְאָכְלָה אַרְמְנֹתֶיהָ׃ וְהִכְרַתִּי
יוֹשֵׁב מֵאַשְׁדּוֹד וְתוֹמֵךְ שֵׁבֶט מֵאַשְׁקְלוֹן וַהֲשִׁיבוֹתִי יָדִי עַל־עֶקְרוֹן
ט וְאָבְדוּ שְׁאֵרִית פְּלִשְׁתִּים אָמַר אֲדֹנָי יְהוִה׃ כֹּה
אָמַר יְהוָה עַל־שְׁלֹשָׁה פִּשְׁעֵי־צֹר וְעַל־אַרְבָּעָה לֹא אֲשִׁיבֶנּוּ
עַל־הַסְגִּירָם גָּלוּת שְׁלֵמָה לֶאֱדוֹם וְלֹא זָכְרוּ בְּרִית אַחִים׃
י יא וְשִׁלַּחְתִּי אֵשׁ בְּחוֹמַת צֹר וְאָכְלָה אַרְמְנוֹתֶיהָ׃ כֹּה
אָמַר יְהוָה עַל־שְׁלֹשָׁה פִּשְׁעֵי אֱדוֹם וְעַל־אַרְבָּעָה לֹא אֲשִׁיבֶנּוּ
עַל־רָדְפוֹ בַחֶרֶב אָחִיו וְשִׁחֵת רַחֲמָיו וַיִּטְרֹף לָעַד אַפּוֹ
יב וְעֶבְרָתוֹ שְׁמָרָה נֶצַח׃ וְשִׁלַּחְתִּי אֵשׁ בְּתֵימָן וְאָכְלָה אַרְמְנוֹת
יג בָּצְרָה׃ כֹּה אָמַר יְהוָה עַל־שְׁלֹשָׁה פִּשְׁעֵי בְנֵי־
עַמּוֹן וְעַל־אַרְבָּעָה לֹא אֲשִׁיבֶנּוּ עַל־בִּקְעָם הָרוֹת הַגִּלְעָד
יד לְמַעַן הַרְחִיב אֶת־גְּבוּלָם׃ וְהִצַּתִּי אֵשׁ בְּחוֹמַת רַבָּה וְאָכְלָה
טו אַרְמְנוֹתֶיהָ בִּתְרוּעָה בְּיוֹם מִלְחָמָה בְּסַעַר בְּיוֹם סוּפָה׃ וְהָלַךְ
ב א מַלְכָּם בַּגּוֹלָה הוּא וְשָׂרָיו יַחְדָּו אָמַר יְהוָה׃ כֹּה
אָמַר יְהוָה עַל־שְׁלֹשָׁה פִּשְׁעֵי מוֹאָב וְעַל־אַרְבָּעָה לֹא אֲשִׁיבֶנּוּ
ב עַל־שָׂרְפוֹ עַצְמוֹת מֶלֶךְ־אֱדוֹם לַשִּׂיד׃ וְשִׁלַּחְתִּי־אֵשׁ בְּמוֹאָב
וְאָכְלָה אַרְמְנוֹת הַקְּרִיּוֹת וּמֵת בְּשָׁאוֹן מוֹאָב בִּתְרוּעָה בְּקוֹל
ג שׁוֹפָר׃ וְהִכְרַתִּי שׁוֹפֵט מִקִּרְבָּהּ וְכָל־שָׂרֶיהָ אֶהֱרוֹג עִמּוֹ אָמַר
ד יְהוָה׃ כֹּה אָמַר יְהוָה עַל־שְׁלֹשָׁה פִּשְׁעֵי יְהוּדָה
וְעַל־אַרְבָּעָה לֹא אֲשִׁיבֶנּוּ עַל־מָאֳסָם אֶת־תּוֹרַת יְהוָה וְחֻקָּיו לֹא
ה שָׁמָרוּ וַיַּתְעוּם כִּזְבֵיהֶם אֲשֶׁר־הָלְכוּ אֲבוֹתָם אַחֲרֵיהֶם׃ וְשִׁלַּחְתִּי
ו אֵשׁ בִּיהוּדָה וְאָכְלָה אַרְמְנוֹת יְרוּשָׁלִָם׃ כֹּה
אָמַר יְהוָה עַל־שְׁלֹשָׁה פִּשְׁעֵי יִשְׂרָאֵל וְעַל־אַרְבָּעָה לֹא אֲשִׁיבֶנּוּ

ז עַל־מִכְרָם בַּכֶּסֶף צַדִּיק וְאֶבְיוֹן בַּעֲבוּר נַעֲלָיִם: הַשֹּׁאֲפִים
עַל־עֲפַר־אֶרֶץ בְּרֹאשׁ דַּלִּים וְדֶרֶךְ עֲנָוִים יַטּוּ וְאִישׁ וְאָבִיו
ח יֵלְכוּ אֶל־הַנַּעֲרָה לְמַעַן חַלֵּל אֶת־שֵׁם קָדְשִׁי: וְעַל־בְּגָדִים
חֲבֻלִים יַטּוּ אֵצֶל כָּל־מִזְבֵּחַ וְיֵין עֲנוּשִׁים יִשְׁתּוּ בֵּית אֱלֹהֵיהֶם:
ט וְאָנֹכִי הִשְׁמַדְתִּי אֶת־הָאֱמֹרִי מִפְּנֵיהֶם אֲשֶׁר כְּגֹבַהּ אֲרָזִים
גָּבְהוֹ וְחָסֹן הוּא כָּאַלּוֹנִים וָאַשְׁמִיד פִּרְיוֹ מִמַּעַל וְשָׁרָשָׁיו
י מִתָּחַת: וְאָנֹכִי הֶעֱלֵיתִי אֶתְכֶם מֵאֶרֶץ מִצְרָיִם וָאוֹלֵךְ אֶתְכֶם ו
יא בַּמִּדְבָּר אַרְבָּעִים שָׁנָה לָרֶשֶׁת אֶת־אֶרֶץ הָאֱמֹרִי: וָאָקִים
מִבְּנֵיכֶם לִנְבִיאִים וּמִבַּחוּרֵיכֶם לִנְזִרִים הַאַף אֵין־זֹאת בְּנֵי
יב יִשְׂרָאֵל נְאֻם־יְהוָה: וַתַּשְׁקוּ אֶת־הַנְּזִרִים יָיִן וְעַל־הַנְּבִיאִים
יג צִוִּיתֶם לֵאמֹר לֹא תִּנָּבְאוּ: הִנֵּה אָנֹכִי מֵעִיק תַּחְתֵּיכֶם כַּאֲשֶׁר
יד תָּעִיק הָעֲגָלָה הַמְלֵאָה לָהּ עָמִיר: וְאָבַד מָנוֹס מִקָּל
טו וְחָזָק לֹא־יְאַמֵּץ כֹּחוֹ וְגִבּוֹר לֹא־יְמַלֵּט נַפְשׁוֹ: וְתֹפֵשׂ הַקֶּשֶׁת
לֹא יַעֲמֹד וְקַל בְּרַגְלָיו לֹא יְמַלֵּט וְרֹכֵב הַסּוּס לֹא יְמַלֵּט
טז נַפְשׁוֹ: וְאַמִּיץ לִבּוֹ בַּגִּבּוֹרִים עָרוֹם יָנוּס בַּיּוֹם־הַהוּא נְאֻם־
ג א יְהוָה: שִׁמְעוּ אֶת־הַדָּבָר הַזֶּה אֲשֶׁר דִּבֶּר יְהוָה
עֲלֵיכֶם בְּנֵי יִשְׂרָאֵל עַל כָּל־הַמִּשְׁפָּחָה אֲשֶׁר הֶעֱלֵיתִי מֵאֶרֶץ
ב מִצְרַיִם לֵאמֹר: רַק אֶתְכֶם יָדַעְתִּי מִכֹּל מִשְׁפְּחוֹת הָאֲדָמָה
ג עַל־כֵּן אֶפְקֹד עֲלֵיכֶם אֵת כָּל־עֲוֺנֹתֵיכֶם: הֲיֵלְכוּ שְׁנַיִם יַחְדָּו
ד בִּלְתִּי אִם־נוֹעָדוּ: הֲיִשְׁאַג אַרְיֵה בַּיַּעַר וְטֶרֶף אֵין לוֹ הֲיִתֵּן
ה כְּפִיר קוֹלוֹ מִמְּעֹנָתוֹ בִּלְתִּי אִם־לָכָד: הֲתִפֹּל צִפּוֹר עַל־פַּח
הָאָרֶץ וּמוֹקֵשׁ אֵין לָהּ הֲיַעֲלֶה־פַּח מִן־הָאֲדָמָה וְלָכוֹד לֹא
ו יִלְכּוֹד: אִם־יִתָּקַע שׁוֹפָר בְּעִיר וְעָם לֹא יֶחֱרָדוּ אִם־תִּהְיֶה
ז רָעָה בְּעִיר וַיהוָה לֹא עָשָׂה: כִּי לֹא יַעֲשֶׂה אֲדֹנָי יְהוִה דָּבָר
ח כִּי אִם־גָּלָה סוֹדוֹ אֶל־עֲבָדָיו הַנְּבִיאִים: אַרְיֵה שָׁאָג מִי לֹא
ט יִירָא אֲדֹנָי יְהוִה דִּבֶּר מִי לֹא יִנָּבֵא: הַשְׁמִיעוּ עַל־אַרְמְנוֹת
בְּאַשְׁדּוֹד וְעַל־אַרְמְנוֹת בְּאֶרֶץ מִצְרָיִם וְאִמְרוּ הֵאָסְפוּ עַל־

הָרֵי שֹׁמְרוֹן וּרְאוּ מְהוּמֹת רַבּוֹת בְּתוֹכָהּ וַעֲשׁוּקִים בְּקִרְבָּהּ׃
י וְלֹא־יָדְעוּ עֲשׂוֹת־נְכֹחָה נְאֻם־יְהוָה הָאוֹצְרִים חָמָס וָשֹׁד
יא בְּאַרְמְנוֹתֵיהֶם׃ לָכֵן כֹּה אָמַר אֲדֹנָי יֱהוִה צַר
יב וּסְבִיב הָאָרֶץ וְהוֹרִד מִמֵּךְ עֻזֵּךְ וְנָבֹזּוּ אַרְמְנוֹתָיִךְ׃ כֹּה אָמַר
יְהוָה כַּאֲשֶׁר יַצִּיל הָרֹעֶה מִפִּי הָאֲרִי שְׁתֵּי כְרָעַיִם אוֹ בְדַל־
אֹזֶן כֵּן יִנָּצְלוּ בְּנֵי יִשְׂרָאֵל הַיֹּשְׁבִים בְּשֹׁמְרוֹן בִּפְאַת מִטָּה
יג וּבִדְמֶשֶׁק עָרֶשׂ׃ שִׁמְעוּ וְהָעִידוּ בְּבֵית יַעֲקֹב נְאֻם־אֲדֹנָי יֱהוִה
יד אֱלֹהֵי הַצְּבָאוֹת׃ כִּי בְּיוֹם פָּקְדִי פִשְׁעֵי־יִשְׂרָאֵל עָלָיו וּפָקַדְתִּי
עַל־מִזְבְּחוֹת בֵּית־אֵל וְנִגְדְּעוּ קַרְנוֹת הַמִּזְבֵּחַ וְנָפְלוּ לָאָרֶץ׃
טו וְהִכֵּיתִי בֵית־הַחֹרֶף עַל־בֵּית הַקָּיִץ וְאָבְדוּ בָּתֵּי הַשֵּׁן וְסָפוּ
ד א בָּתִּים רַבִּים נְאֻם־יְהוָה׃ שִׁמְעוּ הַדָּבָר הַזֶּה
פָּרוֹת הַבָּשָׁן אֲשֶׁר בְּהַר שֹׁמְרוֹן הָעֹשְׁקוֹת דַּלִּים הָרֹצְצוֹת
ב אֶבְיוֹנִים הָאֹמְרֹת לַאֲדֹנֵיהֶם הָבִיאָה וְנִשְׁתֶּה׃ נִשְׁבַּע אֲדֹנָי
יֱהוִה בְּקָדְשׁוֹ כִּי הִנֵּה יָמִים בָּאִים עֲלֵיכֶם וְנִשָּׂא אֶתְכֶם
ג בְּצִנּוֹת וְאַחֲרִיתְכֶן בְּסִירוֹת דּוּגָה׃ וּפְרָצִים תֵּצֶאנָה אִשָּׁה נֶגְדָּהּ
ד וְהִשְׁלַכְתֶּנָה הַהַרְמוֹנָה נְאֻם־יְהוָה׃ בֹּאוּ בֵית־אֵל וּפִשְׁעוּ
הַגִּלְגָּל הַרְבּוּ לִפְשֹׁעַ וְהָבִיאוּ לַבֹּקֶר זִבְחֵיכֶם לִשְׁלֹשֶׁת יָמִים
ה מַעְשְׂרֹתֵיכֶם׃ וְקַטֵּר מֵחָמֵץ תּוֹדָה וְקִרְאוּ נְדָבוֹת הַשְׁמִיעוּ כִּי
ו כֵן אֲהַבְתֶּם בְּנֵי יִשְׂרָאֵל נְאֻם אֲדֹנָי יֱהוִה׃ וְגַם אֲנִי נָתַתִּי לָכֶם
נִקְיוֹן שִׁנַּיִם בְּכָל־עָרֵיכֶם וְחֹסֶר לֶחֶם בְּכֹל מְקוֹמֹתֵיכֶם וְלֹא־
ז שַׁבְתֶּם עָדַי נְאֻם־יְהוָה׃ וְגַם אָנֹכִי מָנַעְתִּי מִכֶּם אֶת־הַגֶּשֶׁם
בְּעוֹד שְׁלֹשָׁה חֳדָשִׁים לַקָּצִיר וְהִמְטַרְתִּי עַל־עִיר אֶחָת וְעַל־
עִיר אַחַת לֹא אַמְטִיר חֶלְקָה אַחַת תִּמָּטֵר וְחֶלְקָה אֲשֶׁר־לֹא־
ח תַמְטִיר עָלֶיהָ תִּיבָשׁ׃ וְנָעוּ שְׁתַּיִם שָׁלֹשׁ עָרִים אֶל־עִיר אַחַת
ט לִשְׁתּוֹת מַיִם וְלֹא יִשְׂבָּעוּ וְלֹא־שַׁבְתֶּם עָדַי נְאֻם־יְהוָה׃ הִכֵּיתִי
אֶתְכֶם בַּשִּׁדָּפוֹן וּבַיֵּרָקוֹן הַרְבּוֹת גַּנּוֹתֵיכֶם וְכַרְמֵיכֶם וּתְאֵנֵיכֶם
י וְזֵיתֵיכֶם יֹאכַל הַגָּזָם וְלֹא־שַׁבְתֶּם עָדַי נְאֻם־יְהוָה׃ שִׁלַּחְתִּי

בָּכֶם דֶּבֶר בְּדֶרֶךְ מִצְרַיִם הָרַגְתִּי בַחֶרֶב בַּחוּרֵיכֶם עִם שְׁבִי
סוּסֵיכֶם וָאַעֲלֶה בְּאֹשׁ מַחֲנֵיכֶם וּבְאַפְּכֶם וְלֹא־שַׁבְתֶּם עָדַי
נְאֻם־יְהוָה׃ הָפַכְתִּי בָכֶם כְּמַהְפֵּכַת אֱלֹהִים אֶת־סְדֹם יא
וְאֶת־עֲמֹרָה וַתִּהְיוּ כְּאוּד מֻצָּל מִשְּׂרֵפָה וְלֹא־שַׁבְתֶּם עָדַי
נְאֻם־יְהוָה׃ לָכֵן כֹּה אֶעֱשֶׂה־לְּךָ יִשְׂרָאֵל עֵקֶב יב
כִּי־זֹאת אֶעֱשֶׂה־לָּךְ הִכּוֹן לִקְרַאת־אֱלֹהֶיךָ יִשְׂרָאֵל׃ כִּי יג
הִנֵּה יוֹצֵר הָרִים וּבֹרֵא רוּחַ וּמַגִּיד לְאָדָם מַה־שֵּׂחוֹ עֹשֵׂה
שַׁחַר עֵיפָה וְדֹרֵךְ עַל־בָּמֳתֵי אָרֶץ יְהוָה אֱלֹהֵי־צְבָאוֹת
שְׁמוֹ׃ שִׁמְעוּ אֶת־הַדָּבָר הַזֶּה אֲשֶׁר אָנֹכִי נֹשֵׂא א ה
עֲלֵיכֶם קִינָה בֵּית יִשְׂרָאֵל׃ נָפְלָה לֹא־תוֹסִיף קוּם בְּתוּלַת ב
יִשְׂרָאֵל נִטְּשָׁה עַל־אַדְמָתָהּ אֵין מְקִימָהּ׃ כִּי כֹה ג
אָמַר אֲדֹנָי יְהוִה הָעִיר הַיֹּצֵאת אֶלֶף תַּשְׁאִיר מֵאָה וְהַיּוֹצֵאת
מֵאָה תַּשְׁאִיר עֲשָׂרָה לְבֵית יִשְׂרָאֵל׃ כִּי כֹה ד
אָמַר יְהוָה לְבֵית יִשְׂרָאֵל דִּרְשׁוּנִי וִחְיוּ׃ וְאַל־תִּדְרְשׁוּ בֵּית־אֵל ה
וְהַגִּלְגָּל לֹא תָבֹאוּ וּבְאֵר שֶׁבַע לֹא תַעֲבֹרוּ כִּי הַגִּלְגָּל גָּלֹה
יִגְלֶה וּבֵית אֵל יִהְיֶה לְאָוֶן׃ דִּרְשׁוּ אֶת־יְהוָה וִחְיוּ פֶּן־יִצְלַח ו
כָּאֵשׁ בֵּית יוֹסֵף וְאָכְלָה וְאֵין־מְכַבֶּה לְבֵית־אֵל׃ הַהֹפְכִים ז
לְלַעֲנָה מִשְׁפָּט וּצְדָקָה לָאָרֶץ הִנִּיחוּ׃ עֹשֵׂה כִימָה וּכְסִיל ח
וְהֹפֵךְ לַבֹּקֶר צַלְמָוֶת וְיוֹם לַיְלָה הֶחְשִׁיךְ הַקּוֹרֵא לְמֵי־הַיָּם
וַיִּשְׁפְּכֵם עַל־פְּנֵי הָאָרֶץ יְהוָה שְׁמוֹ׃ הַמַּבְלִיג שֹׁד עַל־עָז וְשֹׁד ט
עַל־מִבְצָר יָבוֹא׃ שָׂנְאוּ בַשַּׁעַר מוֹכִיחַ וְדֹבֵר תָּמִים יְתָעֵבוּ׃ י
לָכֵן יַעַן בּוֹשַׁסְכֶם עַל־דָּל וּמַשְׂאַת־בַּר תִּקְחוּ מִמֶּנּוּ בָּתֵּי יא
גָזִית בְּנִיתֶם וְלֹא־תֵשְׁבוּ בָם כַּרְמֵי־חֶמֶד נְטַעְתֶּם וְלֹא תִשְׁתּוּ
אֶת־יֵינָם׃ כִּי יָדַעְתִּי רַבִּים פִּשְׁעֵיכֶם וַעֲצֻמִים חַטֹּאתֵיכֶם יב
צֹרְרֵי צַדִּיק לֹקְחֵי כֹפֶר וְאֶבְיוֹנִים בַּשַּׁעַר הִטּוּ׃ לָכֵן הַמַּשְׂכִּיל יג
ז בָּעֵת הַהִיא יִדֹּם כִּי עֵת רָעָה הִיא׃ דִּרְשׁוּ־טוֹב וְאַל־רָע לְמַעַן יד
תִּחְיוּ וִיהִי־כֵן יְהוָה אֱלֹהֵי־צְבָאוֹת אִתְּכֶם כַּאֲשֶׁר אֲמַרְתֶּם׃

טו שִׂנְאוּ־רָע וְאֶהֱבוּ טוֹב וְהַצִּיגוּ בַשַּׁעַר מִשְׁפָּט אוּלַי יֶחֱנַן
טז יְהוָה אֱלֹהֵי־צְבָאוֹת שְׁאֵרִית יוֹסֵף׃ לָכֵן כֹּה־
אָמַר יְהוָה אֱלֹהֵי צְבָאוֹת אֲדֹנָי בְּכָל־רְחֹבוֹת מִסְפֵּד
וּבְכָל־חוּצוֹת יֹאמְרוּ הוֹ־הוֹ וְקָרְאוּ אִכָּר אֶל־אֵבֶל וּמִסְפֵּד
יז אֶל־יוֹדְעֵי נֶהִי׃ וּבְכָל־כְּרָמִים מִסְפֵּד כִּי־אֶעֱבֹר בְּקִרְבְּךָ אָמַר
יח יְהוָה׃ הוֹי הַמִּתְאַוִּים אֶת־יוֹם יְהוָה לָמָּה־זֶּה
יט לָכֶם יוֹם יְהוָה הוּא־חֹשֶׁךְ וְלֹא־אוֹר׃ כַּאֲשֶׁר יָנוּס אִישׁ מִפְּנֵי
הָאֲרִי וּפְגָעוֹ הַדֹּב וּבָא הַבַּיִת וְסָמַךְ יָדוֹ עַל־הַקִּיר וּנְשָׁכוֹ
כ הַנָּחָשׁ׃ הֲלֹא־חֹשֶׁךְ יוֹם יְהוָה וְלֹא־אוֹר וְאָפֵל וְלֹא־נֹגַהּ לוֹ׃
כא כב שָׂנֵאתִי מָאַסְתִּי חַגֵּיכֶם וְלֹא אָרִיחַ בְּעַצְּרֹתֵיכֶם׃ כִּי אִם־תַּעֲלוּ־
לִי עֹלוֹת וּמִנְחֹתֵיכֶם לֹא אֶרְצֶה וְשֶׁלֶם מְרִיאֵיכֶם לֹא אַבִּיט׃
כג כד הָסֵר מֵעָלַי הֲמוֹן שִׁרֶיךָ וְזִמְרַת נְבָלֶיךָ לֹא אֶשְׁמָע׃ וְיִגַּל כַּמַּיִם
כה מִשְׁפָּט וּצְדָקָה כְּנַחַל אֵיתָן׃ הַזְּבָחִים וּמִנְחָה הִגַּשְׁתֶּם־לִי
כו בַמִּדְבָּר אַרְבָּעִים שָׁנָה בֵּית יִשְׂרָאֵל׃ וּנְשָׂאתֶם אֵת סִכּוּת
מַלְכְּכֶם וְאֵת כִּיּוּן צַלְמֵיכֶם כּוֹכַב אֱלֹהֵיכֶם אֲשֶׁר עֲשִׂיתֶם
כז לָכֶם׃ וְהִגְלֵיתִי אֶתְכֶם מֵהָלְאָה לְדַמָּשֶׂק אָמַר יְהוָה אֱלֹהֵי־
ו א צְבָאוֹת שְׁמוֹ׃ הוֹי הַשַּׁאֲנַנִּים בְּצִיּוֹן וְהַבֹּטְחִים
בְּהַר שֹׁמְרוֹן נְקֻבֵי רֵאשִׁית הַגּוֹיִם וּבָאוּ לָהֶם בֵּית יִשְׂרָאֵל׃
ב עִבְרוּ כַלְנֵה וּרְאוּ וּלְכוּ מִשָּׁם חֲמַת רַבָּה וּרְדוּ גַת־פְּלִשְׁתִּים
הֲטוֹבִים מִן־הַמַּמְלָכוֹת הָאֵלֶּה אִם־רַב גְּבוּלָם מִגְּבֻלְכֶם׃
ג ד הַמְנַדִּים לְיוֹם רָע וַתַּגִּשׁוּן שֶׁבֶת חָמָס׃ הַשֹּׁכְבִים עַל־מִטּוֹת
שֵׁן וּסְרֻחִים עַל־עַרְשׂוֹתָם וְאֹכְלִים כָּרִים מִצֹּאן וַעֲגָלִים מִתּוֹךְ
ה מַרְבֵּק׃ הַפֹּרְטִים עַל־פִּי הַנָּבֶל כְּדָוִיד חָשְׁבוּ לָהֶם כְּלֵי־שִׁיר׃
ו הַשֹּׁתִים בְּמִזְרְקֵי יַיִן וְרֵאשִׁית שְׁמָנִים יִמְשָׁחוּ וְלֹא נֶחְלוּ עַל־
ז שֵׁבֶר יוֹסֵף׃ לָכֵן עַתָּה יִגְלוּ בְּרֹאשׁ גֹּלִים וְסָר מִרְזַח סְרוּחִים׃
ח נִשְׁבַּע אֲדֹנָי יְהוִה בְּנַפְשׁוֹ נְאֻם־יְהוָה אֱלֹהֵי צְבָאוֹת מְתָאֵב
אָנֹכִי אֶת־גְּאוֹן יַעֲקֹב וְאַרְמְנֹתָיו שָׂנֵאתִי וְהִסְגַּרְתִּי עִיר

ט ומלאה: והיה אם־יותרו עשרה אנשים בבית אחד ומתו:
י ונשאו דודו ומסרפו להוציא עצמים מן־הבית ואמר לאשר
בירכתי הבית העוד עמך ואמר אפס ואמר הס כי לא להזכיר
יא בשם יהוה: כי־הנה יהוה מצוה והכה הבית
יב הגדול רסיסים והבית הקטן בקעים: הירצון בסלע סוסים
אם־יחרוש בבקרים כי־הפכתם לראש משפט ופרי צדקה
יג ללענה: השמחים ללא דבר האמרים הלוא בחזקנו לקחנו
יד לנו קרנים: כי הנני מקים עליכם בית ישראל נאם־יהוה
אלהי הצבאות גוי ולחצו אתכם מלבוא חמת עד־נחל
ז א הערבה: כה הראני אדני יהוה והנה יוצר גבי
ב בתחלת עלות הלקש והנה־לקש אחר גזי המלך: והיה אם־
כלה לאכול את־עשב הארץ ואמר אדני יהוה סלח־נא
ג מי יקום יעקב כי קטן הוא: נחם יהוה על־זאת לא תהיה
ד אמר יהוה: כה הראני אדני יהוה והנה קרא
לרב באש אדני יהוה ותאכל את־תהום רבה ואכלה את־
ה החלק: ואמר אדני יהוה חדל־נא מי יקום יעקב כי קטן
ו הוא: נחם יהוה על־זאת גם־היא לא תהיה אמר אדני
ז יהוה: כה הראני והנה אדני נצב על־חומת אנך
ח ובידו אנך: ויאמר יהוה אלי מה־אתה ראה עמוס ואמר
אנך ויאמר אדני הנני שם אנך בקרב עמי ישראל לא־אוסיף
ט עוד עבור לו: ונשמו במות ישחק ומקדשי ישראל יחרבו
י וקמתי על־בית ירבעם בחרב: וישלח אמציה
כהן בית־אל אל־ירבעם מלך־ישראל לאמר קשר עליך
עמוס בקרב בית ישראל לא־תוכל הארץ להכיל את־
יא כל־דבריו: כי־כה אמר עמוס בחרב ימות ירבעם וישראל
יב גלה יגלה מעל אדמתו: ויאמר אמציה אל־
עמוס חזה לך ברח־לך אל־ארץ יהודה ואכל־שם לחם ושם

יג תִּנָּבֵא: וּבֵית־אֵל לֹא־תוֹסִיף עוֹד לְהִנָּבֵא כִּי מִקְדַּשׁ־מֶלֶךְ הוּא
יד וּבֵית מַמְלָכָה הוּא: וַיַּעַן עָמוֹס וַיֹּאמֶר אֶל־אֲמַצְיָה לֹא־נָבִיא
אָנֹכִי וְלֹא בֶן־נָבִיא אָנֹכִי כִּי־בוֹקֵר אָנֹכִי וּבוֹלֵס שִׁקְמִים:
טו וַיִּקָּחֵנִי יהוה מֵאַחֲרֵי הַצֹּאן וַיֹּאמֶר אֵלַי יהוה לֵךְ הִנָּבֵא אֶל־עַמִּי ח
טז יִשְׂרָאֵל: וְעַתָּה שְׁמַע דְּבַר־יהוה אַתָּה אֹמֵר לֹא תִנָּבֵא עַל־
יז יִשְׂרָאֵל וְלֹא תַטִּיף עַל־בֵּית יִשְׂחָק: לָכֵן כֹּה־אָמַר יהוה
אִשְׁתְּךָ בָּעִיר תִּזְנֶה וּבָנֶיךָ וּבְנֹתֶיךָ בַּחֶרֶב יִפֹּלוּ וְאַדְמָתְךָ בַּחֶבֶל
תְּחֻלָּק וְאַתָּה עַל־אֲדָמָה טְמֵאָה תָּמוּת וְיִשְׂרָאֵל גָּלֹה יִגְלֶה
ח א מֵעַל אַדְמָתוֹ: כֹּה הִרְאַנִי אֲדֹנָי יֱהֹוִה וְהִנֵּה כְּלוּב
ב קָיִץ: וַיֹּאמֶר מָה־אַתָּה רֹאֶה עָמוֹס וָאֹמַר כְּלוּב קָיִץ וַיֹּאמֶר
יהוה אֵלַי בָּא הַקֵּץ אֶל־עַמִּי יִשְׂרָאֵל לֹא־אוֹסִיף עוֹד עֲבוֹר לוֹ:
ג וְהֵילִילוּ שִׁירוֹת הֵיכָל בַּיּוֹם הַהוּא נְאֻם אֲדֹנָי יֱהֹוִה רַב הַפֶּגֶר
ד בְּכָל־מָקוֹם הִשְׁלִיךְ הָס: שִׁמְעוּ־זֹאת הַשֹּׁאֲפִים
ה אֶבְיוֹן וְלַשְׁבִּית ענוי־אָרֶץ: לֵאמֹר מָתַי יַעֲבֹר הַחֹדֶשׁ וְנַשְׁבִּירָה עֲנִיֵּי־
שֶּׁבֶר וְהַשַּׁבָּת וְנִפְתְּחָה־בָּר לְהַקְטִין אֵיפָה וּלְהַגְדִּיל שֶׁקֶל
ו וּלְעַוֵּת מֹאזְנֵי מִרְמָה: לִקְנוֹת בַּכֶּסֶף דַּלִּים וְאֶבְיוֹן בַּעֲבוּר
ז נַעֲלָיִם וּמַפַּל בַּר נַשְׁבִּיר: נִשְׁבַּע יהוה בִּגְאוֹן יַעֲקֹב אִם־אֶשְׁכַּח
ח לָנֶצַח כָּל־מַעֲשֵׂיהֶם: הַעַל זֹאת לֹא־תִרְגַּז הָאָרֶץ וְאָבַל
כָּל־יוֹשֵׁב בָּהּ וְעָלְתָה כָאֹר כֻּלָּהּ וְנִגְרְשָׁה ונשקה כִּיאוֹר וְנִשְׁקְעָה
ט מִצְרָיִם: וְהָיָה ׀ בַּיּוֹם הַהוּא נְאֻם אֲדֹנָי יֱהֹוִה
וְהֵבֵאתִי הַשֶּׁמֶשׁ בַּצָּהֳרָיִם וְהַחֲשַׁכְתִּי לָאָרֶץ בְּיוֹם אוֹר:
י וְהָפַכְתִּי חַגֵּיכֶם לְאֵבֶל וְכָל־שִׁירֵיכֶם לְקִינָה וְהַעֲלֵיתִי עַל־
כָּל־מָתְנַיִם שָׂק וְעַל־כָּל־רֹאשׁ קָרְחָה וְשַׂמְתִּיהָ כְּאֵבֶל יָחִיד
יא וְאַחֲרִיתָהּ כְּיוֹם מָר: הִנֵּה ׀ יָמִים בָּאִים נְאֻם
אֲדֹנָי יֱהֹוִה וְהִשְׁלַחְתִּי רָעָב בָּאָרֶץ לֹא־רָעָב לַלֶּחֶם וְלֹא־
יב צָמָא לַמַּיִם כִּי אִם־לִשְׁמֹעַ אֵת דִּבְרֵי יהוה: וְנָעוּ מִיָּם
עַד־יָם וּמִצָּפוֹן וְעַד־מִזְרָח יְשׁוֹטְטוּ לְבַקֵּשׁ אֶת־דְּבַר־

יְהוָה וְלֹא יִמְצָאוּ: בַּיּוֹם הַהוּא תִּתְעַלַּפְנָה הַבְּתוּלֹת הַיָּפוֹת יג
וְהַבַּחוּרִים בַּצָּמָא: הַנִּשְׁבָּעִים בְּאַשְׁמַת שֹׁמְרוֹן וְאָמְרוּ יד
חֵי אֱלֹהֶיךָ דָּן וְחֵי דֶּרֶךְ בְּאֵר־שָׁבַע וְנָפְלוּ וְלֹא־יָקוּמוּ
עוֹד: רָאִיתִי אֶת־אֲדֹנָי נִצָּב עַל־הַמִּזְבֵּחַ וַיֹּאמֶר א ט
הַךְ הַכַּפְתּוֹר וְיִרְעֲשׁוּ הַסִּפִּים וּבְצַעַם בְּרֹאשׁ כֻּלָּם וְאַחֲרִיתָם
בַּחֶרֶב אֶהֱרֹג לֹא־יָנוּס לָהֶם נָס וְלֹא־יִמָּלֵט לָהֶם פָּלִיט: אִם־ ב
יַחְתְּרוּ בִשְׁאוֹל מִשָּׁם יָדִי תִקָּחֵם וְאִם־יַעֲלוּ הַשָּׁמַיִם מִשָּׁם
אוֹרִידֵם: וְאִם־יֵחָבְאוּ בְּרֹאשׁ הַכַּרְמֶל מִשָּׁם אֲחַפֵּשׂ וּלְקַחְתִּים ג
וְאִם־יִסָּתְרוּ מִנֶּגֶד עֵינַי בְּקַרְקַע הַיָּם מִשָּׁם אֲצַוֶּה אֶת־הַנָּחָשׁ
וּנְשָׁכָם: וְאִם־יֵלְכוּ בַשְּׁבִי לִפְנֵי אֹיְבֵיהֶם מִשָּׁם אֲצַוֶּה אֶת־ ד
הַחֶרֶב וַהֲרָגָתַם וְשַׂמְתִּי עֵינִי עֲלֵיהֶם לְרָעָה וְלֹא לְטוֹבָה: וַאדֹנָי ה
יֱהוִה הַצְּבָאוֹת הַנּוֹגֵעַ בָּאָרֶץ וַתָּמוֹג וְאָבְלוּ כָּל־יוֹשְׁבֵי בָהּ
וְעָלְתָה כַיְאֹר כֻּלָּהּ וְשָׁקְעָה כִּיאֹר מִצְרָיִם: הַבּוֹנֶה בַשָּׁמַיִם ו
מַעֲלוֹתָו וַאֲגֻדָּתוֹ עַל־אֶרֶץ יְסָדָהּ הַקֹּרֵא לְמֵי־הַיָּם וַיִּשְׁפְּכֵם
עַל־פְּנֵי הָאָרֶץ יְהוָה שְׁמוֹ: הֲלוֹא כִבְנֵי כֻשִׁיִּים ז
אַתֶּם לִי בְּנֵי יִשְׂרָאֵל נְאֻם־יְהוָה הֲלוֹא אֶת־יִשְׂרָאֵל הֶעֱלֵיתִי
מֵאֶרֶץ מִצְרַיִם וּפְלִשְׁתִּיִּים מִכַּפְתּוֹר וַאֲרָם מִקִּיר: הִנֵּה עֵינֵי ח
אֲדֹנָי יֱהוִה בַּמַּמְלָכָה הַחַטָּאָה וְהִשְׁמַדְתִּי אֹתָהּ מֵעַל פְּנֵי
הָאֲדָמָה אֶפֶס כִּי לֹא הַשְׁמֵיד אַשְׁמִיד אֶת־בֵּית יַעֲקֹב נְאֻם־
יְהוָה: כִּי־הִנֵּה אָנֹכִי מְצַוֶּה וַהֲנִעוֹתִי בְכָל־הַגּוֹיִם אֶת־בֵּית ט
יִשְׂרָאֵל כַּאֲשֶׁר יִנּוֹעַ בַּכְּבָרָה וְלֹא־יִפּוֹל צְרוֹר אָרֶץ: בַּחֶרֶב י
יָמוּתוּ כֹּל חַטָּאֵי עַמִּי הָאֹמְרִים לֹא־תַגִּישׁ וְתַקְדִּים בַּעֲדֵינוּ
הָרָעָה: בַּיּוֹם הַהוּא אָקִים אֶת־סֻכַּת דָּוִיד הַנֹּפֶלֶת וְגָדַרְתִּי אֶת־ יא
פִּרְצֵיהֶן וַהֲרִסֹתָיו אָקִים וּבְנִיתִיהָ כִּימֵי עוֹלָם: לְמַעַן יִירְשׁוּ אֶת־ יב
שְׁאֵרִית אֱדוֹם וְכָל־הַגּוֹיִם אֲשֶׁר־נִקְרָא שְׁמִי עֲלֵיהֶם נְאֻם־יְהוָה
עֹשֶׂה זֹּאת: הִנֵּה יָמִים בָּאִים נְאֻם־יְהוָה וְנִגַּשׁ יג
חוֹרֵשׁ בַּקֹּצֵר וְדֹרֵךְ עֲנָבִים בְּמֹשֵׁךְ הַזָּרַע וְהִטִּיפוּ הֶהָרִים עָסִיס

יד וְכָל־הַגְּבָעוֹת תִּתְמוֹגַגְנָה: וְשַׁבְתִּי אֶת־שְׁבוּת עַמִּי יִשְׂרָאֵל
וּבָנוּ עָרִים נְשַׁמּוֹת וְיָשָׁבוּ וְנָטְעוּ כְרָמִים וְשָׁתוּ אֶת־יֵינָם וְעָשׂוּ
טו גַנּוֹת וְאָכְלוּ אֶת־פְּרִיהֶם: וּנְטַעְתִּים עַל־אַדְמָתָם וְלֹא יִנָּתְשׁוּ
עוֹד מֵעַל אַדְמָתָם אֲשֶׁר נָתַתִּי לָהֶם אָמַר יְהוָה אֱלֹהֶיךָ:

עובדיה

א א חֲזוֹן עֹבַדְיָה כֹּה־אָמַר אֲדֹנָי יְהוִה לֶאֱדוֹם שְׁמוּעָה שָׁמַעְנוּ מֵאֵת
ב יְהוָה וְצִיר בַּגּוֹיִם שֻׁלָּח קוּמוּ וְנָקוּמָה עָלֶיהָ לַמִּלְחָמָה: הִנֵּה
ג קָטֹן נְתַתִּיךָ בַּגּוֹיִם בָּזוּי אַתָּה מְאֹד: זְדוֹן לִבְּךָ הִשִּׁיאֶךָ שֹׁכְנִי
ד בְחַגְוֵי־סֶלַע מְרוֹם שִׁבְתּוֹ אֹמֵר בְּלִבּוֹ מִי יוֹרִדֵנִי אָרֶץ: אִם־
תַּגְבִּיהַּ כַּנֶּשֶׁר וְאִם־בֵּין כּוֹכָבִים שִׂים קִנֶּךָ מִשָּׁם אוֹרִידְךָ נְאֻם־
ה יְהוָה: אִם־גַּנָּבִים בָּאוּ־לְךָ אִם־שׁוֹדְדֵי לַיְלָה אֵיךְ נִדְמֵיתָה
הֲלוֹא יִגְנְבוּ דַּיָּם אִם־בֹּצְרִים בָּאוּ לָךְ הֲלוֹא יַשְׁאִירוּ עֹלֵלוֹת:
ו ז אֵיךְ נֶחְפְּשׂוּ עֵשָׂו נִבְעוּ מַצְפֻּנָיו: עַד־הַגְּבוּל שִׁלְּחוּךָ כֹּל אַנְשֵׁי
בְרִיתֶךָ הִשִּׁיאוּךָ יָכְלוּ לְךָ אַנְשֵׁי שְׁלֹמֶךָ לַחְמְךָ יָשִׂימוּ מָזוֹר
ח תַּחְתֶּיךָ אֵין תְּבוּנָה בּוֹ: הֲלוֹא בַּיּוֹם הַהוּא נְאֻם־יְהוָה וְהַאֲבַדְתִּי
ט חֲכָמִים מֵאֱדוֹם וּתְבוּנָה מֵהַר עֵשָׂו: וְחַתּוּ גִבּוֹרֶיךָ תֵּימָן לְמַעַן
י יִכָּרֶת־אִישׁ מֵהַר עֵשָׂו מִקָּטֶל: מֵחֲמַס אָחִיךָ יַעֲקֹב תְּכַסְּךָ
יא בוּשָׁה וְנִכְרַתָּ לְעוֹלָם: בְּיוֹם עֲמָדְךָ מִנֶּגֶד בְּיוֹם שְׁבוֹת זָרִים
חֵילוֹ וְנָכְרִים בָּאוּ שְׁעָרָו וְעַל־יְרוּשָׁלַםִ יַדּוּ גוֹרָל גַּם־אַתָּה כְּאַחַד
יב מֵהֶם: וְאַל־תֵּרֶא בְיוֹם־אָחִיךָ בְּיוֹם נָכְרוֹ וְאַל־תִּשְׂמַח לִבְנֵי־
יג יְהוּדָה בְּיוֹם אָבְדָם וְאַל־תַּגְדֵּל פִּיךָ בְּיוֹם צָרָה: אַל־תָּבוֹא
בְשַׁעַר־עַמִּי בְּיוֹם אֵידָם אַל־תֵּרֶא גַם־אַתָּה בְּרָעָתוֹ בְּיוֹם אֵידוֹ
יד וְאַל־תִּשְׁלַחְנָה בְחֵילוֹ בְּיוֹם אֵידוֹ: וְאַל־תַּעֲמֹד עַל־הַפֶּרֶק
טו לְהַכְרִית אֶת־פְּלִיטָיו וְאַל־תַּסְגֵּר שְׂרִידָיו בְּיוֹם צָרָה: כִּי־קָרוֹב
יוֹם־יְהוָה עַל־כָּל־הַגּוֹיִם כַּאֲשֶׁר עָשִׂיתָ יֵעָשֶׂה לָּךְ גְּמֻלְךָ יָשׁוּב

טז בראשך: כי כאשר שתיתם על־הר קדשי ישתו כל־הגוים
יז תמיד ושתו ולעו והיו כלוא היו: ובהר ציון תהיה פליטה
יח והיה קדש וירשו בית יעקב את מורשיהם: והיה בית־
יעקב אש ובית יוסף להבה ובית עשו לקש ודלקו בהם
יט ואכלום ולא־יהיה שריד לבית עשו כי יהוה דבר: וירשו
הנגב את־הר עשו והשפלה את־פלשתים וירשו את־
כ שדה אפרים ואת שדה שמרון ובנימן את־הגלעד: וגלת
החל־הזה לבני ישראל אשר־כנענים עד־צרפת וגלת
כא ירושלם אשר בספרד ירשו את ערי הנגב: ועלו מושעים ט
בהר ציון לשפט את־הר עשו והיתה ליהוה המלוכה:

יונה

א א ב ויהי דבר־יהוה אל־יונה בן־אמתי לאמר: קום לך אל־נינוה
ג העיר הגדולה וקרא עליה כי־עלתה רעתם לפני: ויקם יונה
לברח תרשישה מלפני יהוה וירד יפו וימצא אניה ׀ באה
תרשיש ויתן שכרה וירד בה לבוא עמהם תרשישה מלפני
ד יהוה: ויהוה הטיל רוח־גדולה אל־הים ויהי סער־גדול בים
ה והאניה חשבה להשבר: וייראו המלחים ויזעקו איש אל־
אלהיו ויטלו את־הכלים אשר באניה אל־הים להקל
ו מעליהם ויונה ירד אל־ירכתי הספינה וישכב וירדם: ויקרב
אליו רב החבל ויאמר לו מה־לך נרדם קום קרא אל־אלהיך
ז אולי יתעשת האלהים לנו ולא נאבד: ויאמרו איש אל־רעהו
לכו ונפילה גורלות ונדעה בשלמי הרעה הזאת לנו ויפלו
ח גורלות ויפל הגורל על־יונה: ויאמרו אליו הגידה־נא לנו
באשר למי־הרעה הזאת לנו מה־מלאכתך ומאין תבוא מה
ט ארצך ואי־מזה עם אתה: ויאמר אליהם עברי אנכי ואת־

יְהוָה אֱלֹהֵי הַשָּׁמַיִם אֲנִי יָרֵא אֲשֶׁר־עָשָׂה אֶת־הַיָּם וְאֶת־
י הַיַּבָּשָׁה׃ וַיִּירְאוּ הָאֲנָשִׁים יִרְאָה גְדוֹלָה וַיֹּאמְרוּ אֵלָיו מַה־זֹּאת
עָשִׂיתָ כִּי־יָדְעוּ הָאֲנָשִׁים כִּי־מִלִּפְנֵי יְהוָה הוּא בֹרֵחַ כִּי הִגִּיד
יא לָהֶם׃ וַיֹּאמְרוּ אֵלָיו מַה־נַּעֲשֶׂה לָּךְ וְיִשְׁתֹּק הַיָּם מֵעָלֵינוּ כִּי הַיָּם
יב הוֹלֵךְ וְסֹעֵר׃ וַיֹּאמֶר אֲלֵיהֶם שָׂאוּנִי וַהֲטִילֻנִי אֶל־הַיָּם וְיִשְׁתֹּק
הַיָּם מֵעֲלֵיכֶם כִּי יוֹדֵעַ אָנִי כִּי בְשֶׁלִּי הַסַּעַר הַגָּדוֹל הַזֶּה עֲלֵיכֶם׃
יג וַיַּחְתְּרוּ הָאֲנָשִׁים לְהָשִׁיב אֶל־הַיַּבָּשָׁה וְלֹא יָכֹלוּ כִּי הַיָּם הוֹלֵךְ
יד וְסֹעֵר עֲלֵיהֶם׃ וַיִּקְרְאוּ אֶל־יְהוָה וַיֹּאמְרוּ אָנָּה יְהוָה אַל־נָא
נֹאבְדָה בְּנֶפֶשׁ הָאִישׁ הַזֶּה וְאַל־תִּתֵּן עָלֵינוּ דָּם נָקִיא כִּי־אַתָּה
טו יְהוָה כַּאֲשֶׁר חָפַצְתָּ עָשִׂיתָ׃ וַיִּשְׂאוּ אֶת־יוֹנָה וַיְטִלֻהוּ אֶל־הַיָּם
טז וַיַּעֲמֹד הַיָּם מִזַּעְפּוֹ׃ וַיִּירְאוּ הָאֲנָשִׁים יִרְאָה גְדוֹלָה אֶת־יְהוָה
ב א וַיִּזְבְּחוּ־זֶבַח לַיהוָה וַיִּדְּרוּ נְדָרִים׃ וַיְמַן יְהוָה דָּג גָּדוֹל לִבְלֹעַ אֶת־
ב יוֹנָה וַיְהִי יוֹנָה בִּמְעֵי הַדָּג שְׁלֹשָׁה יָמִים וּשְׁלֹשָׁה לֵילוֹת׃ וַיִּתְפַּלֵּל
ג יוֹנָה אֶל־יְהוָה אֱלֹהָיו מִמְּעֵי הַדָּגָה׃ וַיֹּאמֶר קָרָאתִי מִצָּרָה לִי
ד אֶל־יְהוָה וַיַּעֲנֵנִי מִבֶּטֶן שְׁאוֹל שִׁוַּעְתִּי שָׁמַעְתָּ קוֹלִי׃ וַתַּשְׁלִיכֵנִי
מְצוּלָה בִּלְבַב יַמִּים וְנָהָר יְסֹבְבֵנִי כָּל־מִשְׁבָּרֶיךָ וְגַלֶּיךָ עָלַי
ה עָבָרוּ׃ וַאֲנִי אָמַרְתִּי נִגְרַשְׁתִּי מִנֶּגֶד עֵינֶיךָ אַךְ אוֹסִיף לְהַבִּיט אֶל־
ו הֵיכַל קָדְשֶׁךָ׃ אֲפָפוּנִי מַיִם עַד־נֶפֶשׁ תְּהוֹם יְסֹבְבֵנִי סוּף חָבוּשׁ
ז לְרֹאשִׁי׃ לְקִצְבֵי הָרִים יָרַדְתִּי הָאָרֶץ בְּרִחֶיהָ בַעֲדִי לְעוֹלָם
ח וַתַּעַל מִשַּׁחַת חַיַּי יְהוָה אֱלֹהָי׃ בְּהִתְעַטֵּף עָלַי נַפְשִׁי אֶת־יְהוָה
ט זָכָרְתִּי וַתָּבוֹא אֵלֶיךָ תְּפִלָּתִי אֶל־הֵיכַל קָדְשֶׁךָ׃ מְשַׁמְּרִים הַבְלֵי־
י שָׁוְא חַסְדָּם יַעֲזֹבוּ׃ וַאֲנִי בְּקוֹל תּוֹדָה אֶזְבְּחָה־לָּךְ אֲשֶׁר נָדַרְתִּי
יא אֲשַׁלֵּמָה יְשׁוּעָתָה לַיהוָה׃ וַיֹּאמֶר יְהוָה לַדָּג וַיָּקֵא
ג א אֶת־יוֹנָה אֶל־הַיַּבָּשָׁה׃ וַיְהִי דְבַר־יְהוָה אֶל־יוֹנָה
ב שֵׁנִית לֵאמֹר׃ קוּם לֵךְ אֶל־נִינְוֵה הָעִיר הַגְּדוֹלָה וּקְרָא אֵלֶיהָ
ג אֶת־הַקְּרִיאָה אֲשֶׁר אָנֹכִי דֹּבֵר אֵלֶיךָ׃ וַיָּקָם יוֹנָה וַיֵּלֶךְ אֶל־נִינְוֵה
כִּדְבַר יְהוָה וְנִינְוֵה הָיְתָה עִיר־גְּדוֹלָה לֵאלֹהִים מַהֲלַךְ שְׁלֹשֶׁת

ד יָמִים: וַיָּחֶל יוֹנָה לָבוֹא בָעִיר מַהֲלַךְ יוֹם אֶחָד וַיִּקְרָא וַיֹּאמַר
ה עוֹד אַרְבָּעִים יוֹם וְנִינְוֵה נֶהְפָּכֶת: וַיַּאֲמִינוּ אַנְשֵׁי נִינְוֵה בֵּאלֹהִים
ו וַיִּקְרְאוּ־צוֹם וַיִּלְבְּשׁוּ שַׂקִּים מִגְּדוֹלָם וְעַד־קְטַנָּם: וַיִּגַּע הַדָּבָר
אֶל־מֶלֶךְ נִינְוֵה וַיָּקָם מִכִּסְאוֹ וַיַּעֲבֵר אַדַּרְתּוֹ מֵעָלָיו וַיְכַס שַׂק
ז וַיֵּשֶׁב עַל־הָאֵפֶר: וַיַּזְעֵק וַיֹּאמֶר בְּנִינְוֵה מִטַּעַם הַמֶּלֶךְ וּגְדֹלָיו
לֵאמֹר הָאָדָם וְהַבְּהֵמָה הַבָּקָר וְהַצֹּאן אַל־יִטְעֲמוּ מְאוּמָה אַל־
ח יִרְעוּ וּמַיִם אַל־יִשְׁתּוּ: וְיִתְכַּסּוּ שַׂקִּים הָאָדָם וְהַבְּהֵמָה וְיִקְרְאוּ
אֶל־אֱלֹהִים בְּחָזְקָה וְיָשֻׁבוּ אִישׁ מִדַּרְכּוֹ הָרָעָה וּמִן־הֶחָמָס אֲשֶׁר
ט בְּכַפֵּיהֶם: מִי־יוֹדֵעַ יָשׁוּב וְנִחַם הָאֱלֹהִים וְשָׁב מֵחֲרוֹן אַפּוֹ וְלֹא
י נֹאבֵד: וַיַּרְא הָאֱלֹהִים אֶת־מַעֲשֵׂיהֶם כִּי־שָׁבוּ מִדַּרְכָּם הָרָעָה
וַיִּנָּחֶם הָאֱלֹהִים עַל־הָרָעָה אֲשֶׁר־דִּבֶּר לַעֲשׂוֹת־לָהֶם וְלֹא
ד א ב עָשָׂה: וַיֵּרַע אֶל־יוֹנָה רָעָה גְדוֹלָה וַיִּחַר לוֹ: וַיִּתְפַּלֵּל אֶל־יְהוָה
וַיֹּאמַר אָנָּה יְהוָה הֲלוֹא־זֶה דְבָרִי עַד־הֱיוֹתִי עַל־אַדְמָתִי עַל־כֵּן
קִדַּמְתִּי לִבְרֹחַ תַּרְשִׁישָׁה כִּי יָדַעְתִּי כִּי אַתָּה אֵל־חַנּוּן וְרַחוּם
ג אֶרֶךְ אַפַּיִם וְרַב־חֶסֶד וְנִחָם עַל־הָרָעָה: וְעַתָּה יְהוָה קַח־נָא
ד אֶת־נַפְשִׁי מִמֶּנִּי כִּי טוֹב מוֹתִי מֵחַיָּי: וַיֹּאמֶר יְהוָה הַהֵיטֵב חָרָה
ה לָךְ: וַיֵּצֵא יוֹנָה מִן־הָעִיר וַיֵּשֶׁב מִקֶּדֶם לָעִיר וַיַּעַשׂ לוֹ שָׁם סֻכָּה
ו וַיֵּשֶׁב תַּחְתֶּיהָ בַּצֵּל עַד אֲשֶׁר יִרְאֶה מַה־יִּהְיֶה בָּעִיר: וַיְמַן יְהוָה־
אֱלֹהִים קִיקָיוֹן וַיַּעַל ׀ מֵעַל לְיוֹנָה לִהְיוֹת צֵל עַל־רֹאשׁוֹ לְהַצִּיל
ז לוֹ מֵרָעָתוֹ וַיִּשְׂמַח יוֹנָה עַל־הַקִּיקָיוֹן שִׂמְחָה גְדוֹלָה: וַיְמַן
הָאֱלֹהִים תּוֹלַעַת בַּעֲלוֹת הַשַּׁחַר לַמָּחֳרָת וַתַּךְ אֶת־הַקִּיקָיוֹן
ח וַיִּיבָשׁ: וַיְהִי ׀ כִּזְרֹחַ הַשֶּׁמֶשׁ וַיְמַן אֱלֹהִים רוּחַ קָדִים חֲרִישִׁית
וַתַּךְ הַשֶּׁמֶשׁ עַל־רֹאשׁ יוֹנָה וַיִּתְעַלָּף וַיִּשְׁאַל אֶת־נַפְשׁוֹ לָמוּת
ט וַיֹּאמֶר טוֹב מוֹתִי מֵחַיָּי: וַיֹּאמֶר אֱלֹהִים אֶל־יוֹנָה הַהֵיטֵב חָרָה־
י לְךָ עַל־הַקִּיקָיוֹן וַיֹּאמֶר הֵיטֵב חָרָה־לִי עַד־מָוֶת: וַיֹּאמֶר יְהוָה
אַתָּה חַסְתָּ עַל־הַקִּיקָיוֹן אֲשֶׁר לֹא־עָמַלְתָּ בּוֹ וְלֹא גִדַּלְתּוֹ
יא שֶׁבִּן־לַיְלָה הָיָה וּבִן־לַיְלָה אָבָד: וַאֲנִי לֹא אָחוּס עַל־נִינְוֵה

הָעִיר הַגְּדוֹלָה אֲשֶׁר יֶשׁ־בָּהּ הַרְבֵּה מִשְׁתֵּים־עֶשְׂרֵה רִבּוֹ
אָדָם אֲשֶׁר לֹא־יָדַע בֵּין־יְמִינוֹ לִשְׂמֹאלוֹ וּבְהֵמָה רַבָּה׃

מיכה

א א דְּבַר־יְהוָה ׀ אֲשֶׁר הָיָה אֶל־מִיכָה הַמֹּרַשְׁתִּי בִּימֵי יוֹתָם אָחָז י
ב יְחִזְקִיָּה מַלְכֵי יְהוּדָה אֲשֶׁר־חָזָה עַל־שֹׁמְרוֹן וִירוּשָׁלִָם׃ שִׁמְעוּ
עַמִּים כֻּלָּם הַקְשִׁיבִי אֶרֶץ וּמְלֹאָהּ וִיהִי אֲדֹנָי יְהוִה בָּכֶם לְעֵד
ג אֲדֹנָי מֵהֵיכַל קָדְשׁוֹ׃ כִּי־הִנֵּה יְהוָה יֹצֵא מִמְּקוֹמוֹ וְיָרַד וְדָרַךְ
ד עַל־במותי־אָרֶץ׃ וְנָמַסּוּ הֶהָרִים תַּחְתָּיו וְהָעֲמָקִים יִתְבַּקָּעוּ בָּמֳתֵי־
ה כַּדּוֹנַג מִפְּנֵי הָאֵשׁ כְּמַיִם מֻגָּרִים בְּמוֹרָד׃ בְּפֶשַׁע יַעֲקֹב כָּל־זֹאת
וּבְחַטֹּאות בֵּית יִשְׂרָאֵל מִי־פֶשַׁע יַעֲקֹב הֲלוֹא שֹׁמְרוֹן וּמִי בָּמוֹת
ו יְהוּדָה הֲלוֹא יְרוּשָׁלִָם׃ וְשַׂמְתִּי שֹׁמְרוֹן לְעִי הַשָּׂדֶה לְמַטָּעֵי כָרֶם
ז וְהִגַּרְתִּי לַגַּי אֲבָנֶיהָ וִיסֹדֶיהָ אֲגַלֶּה׃ וְכָל־פְּסִילֶיהָ יֻכַּתּוּ וְכָל־
אֶתְנַנֶּיהָ יִשָּׂרְפוּ בָאֵשׁ וְכָל־עֲצַבֶּיהָ אָשִׂים שְׁמָמָה כִּי מֵאֶתְנַן
ח זוֹנָה קִבָּצָה וְעַד־אֶתְנַן זוֹנָה יָשׁוּבוּ׃ עַל־זֹאת אֶסְפְּדָה וְאֵילִילָה
אֵילְכָה שילל וְעָרוֹם אֶעֱשֶׂה מִסְפֵּד כַּתַּנִּים וְאֵבֶל כִּבְנוֹת יַעֲנָה׃ שׁוֹלָל
ט כִּי אֲנוּשָׁה מַכּוֹתֶיהָ כִּי־בָאָה עַד־יְהוּדָה נָגַע עַד־שַׁעַר עַמִּי
י עַד־יְרוּשָׁלִָם׃ בְּגַת אַל־תַּגִּידוּ בָּכוֹ אַל־תִּבְכּוּ בְּבֵית לְעַפְרָה
יא עָפָר התפלשתי׃ עִבְרִי לָכֶם יוֹשֶׁבֶת שָׁפִיר עֶרְיָה־בֹשֶׁת לֹא הִתְפַּלָּשִׁי
יב יָצְאָה יוֹשֶׁבֶת צַאֲנָן מִסְפַּד בֵּית הָאֵצֶל יִקַּח מִכֶּם עֶמְדָּתוֹ׃ כִּי־
חָלָה לְטוֹב יוֹשֶׁבֶת מָרוֹת כִּי־יָרַד רָע מֵאֵת יְהוָה לְשַׁעַר
יג יְרוּשָׁלִָם׃ רְתֹם הַמֶּרְכָּבָה לָרֶכֶשׁ יוֹשֶׁבֶת לָכִישׁ רֵאשִׁית חַטָּאת
יד הִיא לְבַת־צִיּוֹן כִּי־בָךְ נִמְצְאוּ פִּשְׁעֵי יִשְׂרָאֵל׃ לָכֵן תִּתְּנִי
שִׁלּוּחִים עַל מוֹרֶשֶׁת גַּת בָּתֵּי אַכְזִיב לְאַכְזָב לְמַלְכֵי יִשְׂרָאֵל׃
טו עֹד הַיֹּרֵשׁ אָבִי לָךְ יוֹשֶׁבֶת מָרֵשָׁה עַד־עֲדֻלָּם יָבוֹא כְּבוֹד אָבִיא
טז יִשְׂרָאֵל׃ קָרְחִי וָגֹזִּי עַל־בְּנֵי תַּעֲנוּגָיִךְ הַרְחִבִי קָרְחָתֵךְ

כַּנֶּשֶׁר כִּי־גָלוּ מִמֵּךְ׃ הוֹי חֹשְׁבֵי־אָוֶן וּפֹעֲלֵי רָע א
עַל־מִשְׁכְּבוֹתָם בְּאוֹר הַבֹּקֶר יַעֲשׂוּהָ כִּי יֶשׁ־לְאֵל יָדָם׃
וְחָמְדוּ שָׂדוֹת וְגָזָלוּ וּבָתִּים וְנָשָׂאוּ וְעָשְׁקוּ גֶּבֶר וּבֵיתוֹ וְאִישׁ ב
וְנַחֲלָתוֹ׃ לָכֵן כֹּה אָמַר יְהוָה הִנְנִי חֹשֵׁב עַל־ ג
הַמִּשְׁפָּחָה הַזֹּאת רָעָה אֲשֶׁר לֹא־תָמִישׁוּ מִשָּׁם צַוְּארֹתֵיכֶם וְלֹא
תֵלְכוּ רוֹמָה כִּי עֵת רָעָה הִיא׃ בַּיּוֹם הַהוּא יִשָּׂא עֲלֵיכֶם מָשָׁל ד
וְנָהָה נְהִי נִהְיָה אָמַר שָׁדוֹד נְשַׁדֻּנוּ חֵלֶק עַמִּי יָמִיר אֵיךְ יָמִישׁ
לִי לְשׁוֹבֵב שָׂדֵינוּ יְחַלֵּק׃ לָכֵן לֹא־יִהְיֶה לְךָ מַשְׁלִיךְ חֶבֶל בְּגוֹרָל ה
בִּקְהַל יְהוָה׃ אַל־תַּטִּפוּ יַטִּיפוּן לֹא־יַטִּפוּ לָאֵלֶּה לֹא יִסַּג ו
כְּלִמּוֹת׃ הֶאָמוּר בֵּית־יַעֲקֹב הֲקָצַר רוּחַ יְהוָה אִם־אֵלֶּה מַעֲלָלָיו ז
הֲלוֹא דְבָרַי יֵיטִיבוּ עִם הַיָּשָׁר הוֹלֵךְ׃ וְאֶתְמוּל עַמִּי לְאוֹיֵב ח
יְקוֹמֵם מִמּוּל שַׂלְמָה אֶדֶר תַּפְשִׁטוּן מֵעֹבְרִים בֶּטַח שׁוּבֵי
מִלְחָמָה׃ נְשֵׁי עַמִּי תְּגָרְשׁוּן מִבֵּית תַּעֲנֻגֶיהָ מֵעַל עֹלָלֶיהָ תִּקְחוּ ט
הֲדָרִי לְעוֹלָם׃ קוּמוּ וּלְכוּ כִּי לֹא־זֹאת הַמְּנוּחָה בַּעֲבוּר טָמְאָה י
תְּחַבֵּל וְחֶבֶל נִמְרָץ׃ לוּ־אִישׁ הֹלֵךְ רוּחַ וָשֶׁקֶר כִּזֵּב אַטִּף לְךָ יא
לַיַּיִן וְלַשֵּׁכָר וְהָיָה מַטִּיף הָעָם הַזֶּה׃ אָסֹף אֶאֱסֹף יַעֲקֹב כֻּלָּךְ יב
קַבֵּץ אֲקַבֵּץ שְׁאֵרִית יִשְׂרָאֵל יַחַד אֲשִׂימֶנּוּ כְּצֹאן בָּצְרָה
כְּעֵדֶר בְּתוֹךְ הַדָּבְרוֹ תְּהִימֶנָה מֵאָדָם׃ עָלָה הַפֹּרֵץ לִפְנֵיהֶם יג
פָּרְצוּ וַיַּעֲבֹרוּ שַׁעַר וַיֵּצְאוּ בוֹ וַיַּעֲבֹר מַלְכָּם לִפְנֵיהֶם וַיהוָה
בְּרֹאשָׁם׃ וָאֹמַר שִׁמְעוּ־נָא רָאשֵׁי יַעֲקֹב וּקְצִינֵי א ג
בֵּית יִשְׂרָאֵל הֲלוֹא לָכֶם לָדַעַת אֶת־הַמִּשְׁפָּט׃ שֹׂנְאֵי טוֹב ב
(רָע) וְאֹהֲבֵי רעה גֹּזְלֵי עוֹרָם מֵעֲלֵיהֶם וּשְׁאֵרָם מֵעַל עַצְמוֹתָם׃ וַאֲשֶׁר ג
אָכְלוּ שְׁאֵר עַמִּי וְעוֹרָם מֵעֲלֵיהֶם הִפְשִׁיטוּ וְאֶת־עַצְמֹתֵיהֶם
פִּצֵּחוּ וּפָרְשׂוּ כַּאֲשֶׁר בַּסִּיר וּכְבָשָׂר בְּתוֹךְ קַלָּחַת׃ אָז יִזְעֲקוּ אֶל־ ד
יְהוָה וְלֹא יַעֲנֶה אוֹתָם וְיַסְתֵּר פָּנָיו מֵהֶם בָּעֵת הַהִיא כַּאֲשֶׁר
הֵרֵעוּ מַעַלְלֵיהֶם׃ כֹּה אָמַר יְהוָה עַל־הַנְּבִיאִים ה
הַמַּתְעִים אֶת־עַמִּי הַנֹּשְׁכִים בְּשִׁנֵּיהֶם וְקָרְאוּ שָׁלוֹם וַאֲשֶׁר לֹא־

ו יִתֵּן עַל־פִּיהֶם וְקִדְּשׁוּ עָלָיו מִלְחָמָה׃ לָכֵן לַיְלָה לָכֶם מֵחָזוֹן
וְחָשְׁכָה לָכֶם מִקְּסֹם וּבָאָה הַשֶּׁמֶשׁ עַל־הַנְּבִיאִים וְקָדַר
ז עֲלֵיהֶם הַיּוֹם׃ וּבֹשׁוּ הַחֹזִים וְחָפְרוּ הַקֹּסְמִים וְעָטוּ עַל־שָׂפָם
ח כֻּלָּם כִּי אֵין מַעֲנֵה אֱלֹהִים׃ וְאוּלָם אָנֹכִי מָלֵאתִי כֹחַ אֶת־
רוּחַ יהוה וּמִשְׁפָּט וּגְבוּרָה לְהַגִּיד לְיַעֲקֹב פִּשְׁעוֹ וּלְיִשְׂרָאֵל
ט חַטָּאתוֹ׃ שִׁמְעוּ־נָא זֹאת רָאשֵׁי בֵּית יַעֲקֹב
וּקְצִינֵי בֵּית יִשְׂרָאֵל הַמְתַעֲבִים מִשְׁפָּט וְאֵת כָּל־הַיְשָׁרָה
י יא יְעַקֵּשׁוּ׃ בֹּנֶה צִיּוֹן בְּדָמִים וִירוּשָׁלִַם בְּעַוְלָה׃ רָאשֶׁיהָ | בְּשֹׁחַד
יִשְׁפֹּטוּ וְכֹהֲנֶיהָ בִּמְחִיר יוֹרוּ וּנְבִיאֶיהָ בְּכֶסֶף יִקְסֹמוּ וְעַל־יהוה
יב יִשָּׁעֵנוּ לֵאמֹר הֲלוֹא יהוה בְּקִרְבֵּנוּ לֹא־תָבוֹא עָלֵינוּ רָעָה׃ לָכֵן
בִּגְלַלְכֶם צִיּוֹן שָׂדֶה תֵחָרֵשׁ וִירוּשָׁלִַם עִיִּין תִּהְיֶה וְהַר הַבַּיִת
ד א לְבָמוֹת יָעַר׃ וְהָיָה | בְּאַחֲרִית הַיָּמִים יִהְיֶה הַר
בֵּית־יהוה נָכוֹן בְּרֹאשׁ הֶהָרִים וְנִשָּׂא הוּא מִגְּבָעוֹת וְנָהֲרוּ עָלָיו
ב עַמִּים׃ וְהָלְכוּ גּוֹיִם רַבִּים וְאָמְרוּ לְכוּ | וְנַעֲלֶה אֶל־הַר־יהוה
וְאֶל־בֵּית אֱלֹהֵי יַעֲקֹב וְיוֹרֵנוּ מִדְּרָכָיו וְנֵלְכָה בְּאֹרְחֹתָיו כִּי מִצִּיּוֹן
ג תֵּצֵא תוֹרָה וּדְבַר־יהוה מִירוּשָׁלִָם׃ וְשָׁפַט בֵּין עַמִּים רַבִּים
וְהוֹכִיחַ לְגוֹיִם עֲצֻמִים עַד־רָחוֹק וְכִתְּתוּ חַרְבֹתֵיהֶם לְאִתִּים
וַחֲנִיתֹתֵיהֶם לְמַזְמֵרוֹת לֹא־יִשְׂאוּ גּוֹי אֶל־גּוֹי חֶרֶב וְלֹא־יִלְמְדוּן
ד עוֹד מִלְחָמָה׃ וְיָשְׁבוּ אִישׁ תַּחַת גַּפְנוֹ וְתַחַת תְּאֵנָתוֹ וְאֵין
ה מַחֲרִיד כִּי־פִי יהוה צְבָאוֹת דִּבֵּר׃ כִּי כָּל־הָעַמִּים יֵלְכוּ יא
אִישׁ בְּשֵׁם אֱלֹהָיו וַאֲנַחְנוּ נֵלֵךְ בְּשֵׁם־יהוה אֱלֹהֵינוּ לְעוֹלָם
ו וָעֶד׃ בַּיּוֹם הַהוּא נְאֻם־יהוה אֹסְפָה הַצֹּלֵעָה
ז וְהַנִּדָּחָה אֲקַבֵּצָה וַאֲשֶׁר הֲרֵעֹתִי׃ וְשַׂמְתִּי אֶת־הַצֹּלֵעָה לִשְׁאֵרִית
וְהַנַּהֲלָאָה לְגוֹי עָצוּם וּמָלַךְ יהוה עֲלֵיהֶם בְּהַר צִיּוֹן מֵעַתָּה וְעַד־
ח עוֹלָם׃ וְאַתָּה מִגְדַּל־עֵדֶר עֹפֶל בַּת־צִיּוֹן עָדֶיךָ
תֵּאתֶה וּבָאָה הַמֶּמְשָׁלָה הָרִאשֹׁנָה מַמְלֶכֶת לְבַת־יְרוּשָׁלִָם׃
ט עַתָּה לָמָּה תָרִיעִי רֵעַ הֲמֶלֶךְ אֵין־בָּךְ אִם־יוֹעֲצֵךְ אָבָד כִּי־

י הֶחֱזִיקֵךְ חִיל כַּיּוֹלֵדָה׃ חוּלִי וָגֹחִי בַּת־צִיּוֹן כַּיּוֹלֵדָה כִּי עַתָּה
תֵצְאִי מִקִּרְיָה וְשָׁכַנְתְּ בַּשָּׂדֶה וּבָאת עַד־בָּבֶל שָׁם תִּנָּצֵלִי שָׁם
יא יִגְאָלֵךְ יְהוָה מִכַּף אֹיְבָיִךְ׃ וְעַתָּה נֶאֶסְפוּ עָלַיִךְ גּוֹיִם רַבִּים
יב הָאֹמְרִים תֶּחֱנָף וְתַחַז בְּצִיּוֹן עֵינֵינוּ׃ וְהֵמָּה לֹא יָדְעוּ מַחְשְׁבוֹת
יג יְהוָה וְלֹא הֵבִינוּ עֲצָתוֹ כִּי קִבְּצָם כֶּעָמִיר גֹּרְנָה׃ קוּמִי וָדוֹשִׁי
בַת־צִיּוֹן כִּי קַרְנֵךְ אָשִׂים בַּרְזֶל וּפַרְסֹתַיִךְ אָשִׂים נְחוּשָׁה
וַהֲדִקּוֹת עַמִּים רַבִּים וְהַחֲרַמְתִּי לַיהוָה בִּצְעָם וְחֵילָם לַאֲדוֹן
יד כָּל־הָאָרֶץ׃ עַתָּה תִּתְגֹּדְדִי בַת־גְּדוּד מָצוֹר שָׂם עָלֵינוּ בַּשֵּׁבֶט
ה א יַכּוּ עַל־הַלְּחִי אֵת שֹׁפֵט יִשְׂרָאֵל׃ וְאַתָּה בֵּית־
לֶחֶם אֶפְרָתָה צָעִיר לִהְיוֹת בְּאַלְפֵי יְהוּדָה מִמְּךָ לִי יֵצֵא לִהְיוֹת
ב מוֹשֵׁל בְּיִשְׂרָאֵל וּמוֹצָאֹתָיו מִקֶּדֶם מִימֵי עוֹלָם׃ לָכֵן יִתְּנֵם עַד־
ג עֵת יוֹלֵדָה יָלָדָה וְיֶתֶר אֶחָיו יְשׁוּבוּן עַל־בְּנֵי יִשְׂרָאֵל׃ וְעָמַד
וְרָעָה בְּעֹז יְהוָה בִּגְאוֹן שֵׁם יְהוָה אֱלֹהָיו וְיָשָׁבוּ כִּי־עַתָּה
ד יִגְדַּל עַד־אַפְסֵי־אָרֶץ׃ וְהָיָה זֶה שָׁלוֹם אַשּׁוּר ׀ כִּי־יָבוֹא
בְאַרְצֵנוּ וְכִי יִדְרֹךְ בְּאַרְמְנֹתֵינוּ וַהֲקֵמֹנוּ עָלָיו שִׁבְעָה רֹעִים
ה וּשְׁמֹנָה נְסִיכֵי אָדָם׃ וְרָעוּ אֶת־אֶרֶץ אַשּׁוּר בַּחֶרֶב וְאֶת־אֶרֶץ
נִמְרֹד בִּפְתָחֶיהָ וְהִצִּיל מֵאַשּׁוּר כִּי־יָבוֹא בְאַרְצֵנוּ וְכִי יִדְרֹךְ
ו בִּגְבוּלֵנוּ׃ וְהָיָה ׀ שְׁאֵרִית יַעֲקֹב בְּקֶרֶב עַמִּים
רַבִּים כְּטַל מֵאֵת יְהוָה כִּרְבִיבִים עֲלֵי־עֵשֶׂב אֲשֶׁר לֹא־יְקַוֶּה
ז לְאִישׁ וְלֹא יְיַחֵל לִבְנֵי אָדָם׃ וְהָיָה שְׁאֵרִית יַעֲקֹב בַּגּוֹיִם בְּקֶרֶב
עַמִּים רַבִּים כְּאַרְיֵה בְּבַהֲמוֹת יַעַר כִּכְפִיר בְּעֶדְרֵי־צֹאן אֲשֶׁר
ח אִם־עָבַר וְרָמַס וְטָרַף וְאֵין מַצִּיל׃ תָּרֹם יָדְךָ עַל־צָרֶיךָ
ט וְכָל־אֹיְבֶיךָ יִכָּרֵתוּ׃ וְהָיָה בַיּוֹם־הַהוּא נְאֻם־
י יְהוָה וְהִכְרַתִּי סוּסֶיךָ מִקִּרְבֶּךָ וְהַאֲבַדְתִּי מַרְכְּבֹתֶיךָ׃ וְהִכְרַתִּי
יא עָרֵי אַרְצֶךָ וְהָרַסְתִּי כָּל־מִבְצָרֶיךָ׃ וְהִכְרַתִּי כְשָׁפִים מִיָּדֶךָ
יב וּמְעוֹנְנִים לֹא יִהְיוּ־לָךְ׃ וְהִכְרַתִּי פְסִילֶיךָ וּמַצֵּבוֹתֶיךָ מִקִּרְבֶּךָ
יג וְלֹא־תִשְׁתַּחֲוֶה עוֹד לְמַעֲשֵׂה יָדֶיךָ׃ וְנָתַשְׁתִּי אֲשֵׁירֶיךָ מִקִּרְבֶּךָ

יד וְהִשְׁמַדְתִּ֖י עָרֶֽיךָ׃ וְעָשִׂ֜יתִי בְּאַ֧ף וּבְחֵמָ֛ה נָקָ֖ם אֶת־הַגּוֹיִ֑ם אֲשֶׁ֖ר
ו א לֹ֥א שָׁמֵֽעוּ׃ שִׁמְעוּ־נָ֕א אֵ֥ת אֲשֶׁר־יהוה אֹמֵ֑ר ק֚וּם
ב רִ֣יב אֶת־הֶהָרִ֔ים וְתִשְׁמַ֥עְנָה הַגְּבָע֖וֹת קוֹלֶֽךָ׃ שִׁמְע֤וּ הָרִים֙ אֶת־
רִ֣יב יהוה וְהָאֵתָנִ֖ים מֹ֣סְדֵי אָ֑רֶץ כִּ֣י רִ֤יב לַֽיהוה֙ עִם־עַמּ֔וֹ וְעִם־
ג יִשְׂרָאֵ֖ל יִתְוַכָּֽח׃ עַמִּ֛י מֶה־עָשִׂ֥יתִי לְךָ֖ וּמָ֣ה הֶלְאֵתִ֑יךָ עֲנֵ֥ה בִֽי׃
ד כִּ֤י הֶֽעֱלִתִ֙יךָ֙ מֵאֶ֣רֶץ מִצְרַ֔יִם וּמִבֵּ֥ית עֲבָדִ֖ים פְּדִיתִ֑יךָ וָאֶשְׁלַ֣ח
ה לְפָנֶ֔יךָ אֶת־מֹשֶׁ֖ה אַהֲרֹ֥ן וּמִרְיָֽם׃ עַמִּ֗י זְכָר־נָא֙ מַה־יָּעַ֗ץ בָּלָק֙
מֶ֣לֶךְ מוֹאָ֔ב וּמֶה־עָנָ֥ה אֹת֖וֹ בִּלְעָ֣ם בֶּן־בְּע֑וֹר מִן־הַשִּׁטִּים֙ עַד־
ו הַגִּלְגָּ֔ל לְמַ֕עַן דַּ֖עַת צִדְק֥וֹת יהוה׃ בַּמָּה֙ אֲקַדֵּ֣ם יהוה אִכַּ֖ף
ז לֵאלֹהֵ֣י מָר֑וֹם הַאֲקַדְּמֶ֣נּוּ בְעוֹל֔וֹת בַּעֲגָלִ֖ים בְּנֵ֥י שָׁנָֽה׃ הֲיִרְצֶ֤ה
יהוה֙ בְּאַלְפֵ֣י אֵילִ֔ים בְּרִבְב֖וֹת נַֽחֲלֵי־שָׁ֑מֶן הַאֶתֵּ֤ן בְּכוֹרִי֙ פִּשְׁעִ֔י
ח פְּרִ֥י בִטְנִ֖י חַטַּ֥את נַפְשִֽׁי׃ הִגִּ֥יד לְךָ֛ אָדָ֖ם מַה־טּ֑וֹב וּמָֽה־יהוה
דּוֹרֵ֣שׁ מִמְּךָ֗ כִּ֣י אִם־עֲשׂ֤וֹת מִשְׁפָּט֙ וְאַ֣הֲבַת חֶ֔סֶד וְהַצְנֵ֥עַ לֶ֖כֶת
ט עִם־אֱלֹהֶֽיךָ׃ ק֤וֹל יהוה֙ לָעִ֣יר יִקְרָ֔א וְתוּשִׁיָּ֖ה יִרְאֶ֣ה
י שְׁמֶ֑ךָ שִׁמְע֥וּ מַטֶּ֖ה וּמִ֥י יְעָדָֽהּ׃ ע֗וֹד הַאִשׁ֙ בֵּ֣ית רָשָׁ֔ע אֹצְר֖וֹת
יא רֶ֑שַׁע וְאֵיפַ֥ת רָז֖וֹן זְעוּמָֽה׃ הַאֶזְכֶּ֖ה בְּמֹ֣אזְנֵי רֶ֑שַׁע וּבְכִ֖יס אַבְנֵ֥י
יב מִרְמָֽה׃ אֲשֶׁ֤ר עֲשִׁירֶ֙יהָ֙ מָלְא֣וּ חָמָ֔ס וְיֹשְׁבֶ֖יהָ דִּבְּרוּ־שָׁ֑קֶר וּלְשׁוֹנָ֖ם
יג רְמִיָּ֥ה בְּפִיהֶֽם׃ וְגַם־אֲנִ֖י הֶחֱלֵ֣יתִי הַכּוֹתֶ֑ךָ הַשְׁמֵ֖ם עַל־חַטֹּאתֶֽךָ׃
יד אַתָּ֤ה תֹאכַל֙ וְלֹ֣א תִשְׂבָּ֔ע וְיֶשְׁחֲךָ֖ בְּקִרְבֶּ֑ךָ וְתַסֵּג֙ וְלֹ֣א תַפְלִ֔יט
טו וַאֲשֶׁ֥ר תְּפַלֵּ֖ט לַחֶ֥רֶב אֶתֵּֽן׃ אַתָּ֥ה תִזְרַ֖ע וְלֹ֣א תִקְצ֑וֹר אַתָּ֤ה
טז תִדְרֹֽךְ־זַ֙יִת֙ וְלֹא־תָס֣וּךְ שֶׁ֔מֶן וְתִיר֖וֹשׁ וְלֹ֥א תִשְׁתֶּה־יָּֽיִן׃ וְיִשְׁתַּמֵּ֞ר
חֻקּ֣וֹת עָמְרִ֗י וְכֹל֙ מַעֲשֵׂ֣ה בֵית־אַחְאָ֔ב וַתֵּלְכ֖וּ בְּמֹעֲצוֹתָ֑ם
לְמַעַן֩ תִּתִּ֨י אֹתְךָ֜ לְשַׁמָּ֗ה וְיֹשְׁבֶ֙יהָ֙ לִשְׁרֵקָ֔ה וְחֶרְפַּ֥ת עַמִּ֖י
ז א תִּשָּֽׂאוּ׃ אַ֣לְלַי לִ֗י כִּ֤י הָיִ֙יתִי֙ כְּאָסְפֵּי־קַ֔יִץ כְּעֹלְלֹ֖ת
ב בָּצִ֑יר אֵין־אֶשְׁכּ֣וֹל לֶֽאֱכ֔וֹל בִּכּוּרָ֖ה אִוְּתָ֥ה נַפְשִֽׁי׃ אָבַ֤ד חָסִיד֙ מִן־
הָאָ֔רֶץ וְיָשָׁ֥ר בָּאָדָ֖ם אָ֑יִן כֻּלָּם֙ לְדָמִ֣ים יֶאֱרֹ֔בוּ אִ֥ישׁ אֶת־אָחִ֖יהוּ
ג יָצ֥וּדוּ חֵֽרֶם׃ עַל־הָרַ֤ע כַּפַּ֙יִם֙ לְהֵיטִ֔יב הַשַּׂ֣ר שֹׁאֵ֔ל וְהַשֹּׁפֵ֖ט

ד בַּשִּׁלּוּם וְהַגָּדוֹל דֹּבֵר הַוַּת נַפְשׁוֹ הוּא וַיְעַבְּתוּהָ׃ טוֹבָם כְּחֵדֶק
יָשָׁר מִמְּסוּכָה יוֹם מְצַפֶּיךָ פְּקֻדָּתְךָ בָאָה עַתָּה תִהְיֶה מְבוּכָתָם׃
ה אַל־תַּאֲמִינוּ בְרֵעַ אַל־תִּבְטְחוּ בְּאַלּוּף מִשֹּׁכֶבֶת חֵיקֶךָ שְׁמֹר
ו פִּתְחֵי־פִיךָ׃ כִּי־בֵן מְנַבֵּל אָב בַּת קָמָה בְאִמָּהּ כַּלָּה בַּחֲמֹתָהּ
ז אֹיְבֵי אִישׁ אַנְשֵׁי בֵיתוֹ׃ וַאֲנִי בַּיהוָה אֲצַפֶּה אוֹחִילָה לֵאלֹהֵי
ח יִשְׁעִי יִשְׁמָעֵנִי אֱלֹהָי׃ אַל־תִּשְׂמְחִי אֹיַבְתִּי לִי כִּי נָפַלְתִּי קָמְתִּי
ט כִּי־אֵשֵׁב בַּחֹשֶׁךְ יְהוָה אוֹר לִי׃ זַעַף יְהוָה אֶשָּׂא
כִּי חָטָאתִי לוֹ עַד אֲשֶׁר יָרִיב רִיבִי וְעָשָׂה מִשְׁפָּטִי יוֹצִיאֵנִי לָאוֹר
י אֶרְאֶה בְּצִדְקָתוֹ׃ וְתֵרֶא אֹיַבְתִּי וּתְכַסֶּהָ בוּשָׁה הָאֹמְרָה אֵלַי
אַיּוֹ יְהוָה אֱלֹהָיִךְ עֵינַי תִּרְאֶינָּה בָּהּ עַתָּה תִּהְיֶה לְמִרְמָס כְּטִיט
יא יב חוּצוֹת׃ יוֹם לִבְנוֹת גְּדֵרָיִךְ יוֹם הַהוּא יִרְחַק־חֹק׃ יוֹם הוּא וְעָדֶיךָ
יָבוֹא לְמִנִּי אַשּׁוּר וְעָרֵי מָצוֹר וּלְמִנִּי מָצוֹר וְעַד־נָהָר וְיָם
יג מִיָּם וְהַר הָהָר׃ וְהָיְתָה הָאָרֶץ לִשְׁמָמָה עַל־יֹשְׁבֶיהָ מִפְּרִי
יד מַעַלְלֵיהֶם׃ רְעֵה עַמְּךָ בְשִׁבְטֶךָ צֹאן נַחֲלָתֶךָ
שֹׁכְנִי לְבָדָד יַעַר בְּתוֹךְ כַּרְמֶל יִרְעוּ בָשָׁן וְגִלְעָד כִּימֵי עוֹלָם׃
טו טז כִּימֵי צֵאתְךָ מֵאֶרֶץ מִצְרָיִם אַרְאֶנּוּ נִפְלָאוֹת׃ יִרְאוּ גוֹיִם
וְיֵבֹשׁוּ מִכֹּל גְּבוּרָתָם יָשִׂימוּ יָד עַל־פֶּה אָזְנֵיהֶם תֶּחֱרַשְׁנָה׃
יז יְלַחֲכוּ עָפָר כַּנָּחָשׁ כְּזֹחֲלֵי אֶרֶץ יִרְגְּזוּ מִמִּסְגְּרֹתֵיהֶם אֶל־יְהוָה
יח אֱלֹהֵינוּ יִפְחָדוּ וְיִרְאוּ מִמֶּךָּ׃ מִי־אֵל כָּמוֹךָ נֹשֵׂא עָוֺן וְעֹבֵר עַל־
פֶּשַׁע לִשְׁאֵרִית נַחֲלָתוֹ לֹא־הֶחֱזִיק לָעַד אַפּוֹ כִּי־חָפֵץ חֶסֶד
יט הוּא׃ יָשׁוּב יְרַחֲמֵנוּ יִכְבֹּשׁ עֲוֺנֹתֵינוּ וְתַשְׁלִיךְ בִּמְצֻלוֹת יָם כָּל־
כ חַטֹּאתָם׃ תִּתֵּן אֱמֶת לְיַעֲקֹב חֶסֶד לְאַבְרָהָם אֲשֶׁר־נִשְׁבַּעְתָּ יב
לַאֲבֹתֵינוּ מִימֵי קֶדֶם׃

א

א ב מַשָּׂא נִינְוֵה סֵפֶר חֲזוֹן נַחוּם הָאֶלְקֹשִׁי: אֵל קַנּוֹא וְנֹקֵם יְהוָה
נֹקֵם יְהוָה וּבַעַל חֵמָה נֹקֵם יְהוָה לְצָרָיו וְנוֹטֵר הוּא לְאֹיְבָיו:
ג יְהוָה אֶרֶךְ אַפַּיִם וגדול־כֹּחַ וְנַקֵּה לֹא יְנַקֶּה יְהוָה בְּסוּפָה וּגְדָל־
ד וּבִשְׂעָרָה דַּרְכּוֹ וְעָנָן אֲבַק רַגְלָיו: גּוֹעֵר בַּיָּם וַיַּבְּשֵׁהוּ וְכָל־
ה הַנְּהָרוֹת הֶחֱרִיב אֻמְלַל בָּשָׁן וְכַרְמֶל וּפֶרַח לְבָנוֹן אֻמְלָל: הָרִים
רָעֲשׁוּ מִמֶּנּוּ וְהַגְּבָעוֹת הִתְמֹגָגוּ וַתִּשָּׂא הָאָרֶץ מִפָּנָיו וְתֵבֵל וְכָל־
ו יֹשְׁבֵי בָהּ: לִפְנֵי זַעְמוֹ מִי יַעֲמוֹד וּמִי יָקוּם בַּחֲרוֹן אַפּוֹ חֲמָתוֹ
ז נִתְּכָה כָאֵשׁ וְהַצֻּרִים נִתְּצוּ מִמֶּנּוּ: טוֹב יְהוָה לְמָעוֹז בְּיוֹם צָרָה
ח וְיֹדֵעַ חֹסֵי בוֹ: וּבְשֶׁטֶף עֹבֵר כָּלָה יַעֲשֶׂה מְקוֹמָהּ וְאֹיְבָיו יְרַדֶּף־
ט חֹשֶׁךְ: מַה־תְּחַשְּׁבוּן אֶל־יְהוָה כָּלָה הוּא עֹשֶׂה לֹא־תָקוּם
י פַּעֲמַיִם צָרָה: כִּי עַד־סִירִים סְבֻכִים וּכְסָבְאָם סְבוּאִים אֻכְּלוּ
יא כְּקַשׁ יָבֵשׁ מָלֵא: מִמֵּךְ יָצָא חֹשֵׁב עַל־יְהוָה רָעָה יֹעֵץ
יב בְּלִיָּעַל: כֹּה | אָמַר יְהוָה אִם־שְׁלֵמִים וְכֵן רַבִּים
יג וְכֵן נָגֹזּוּ וְעָבָר וְעִנִּתִךְ לֹא אֲעַנֵּךְ עוֹד: וְעַתָּה אֶשְׁבֹּר מֹטֵהוּ
יד מֵעָלָיִךְ וּמוֹסְרֹתַיִךְ אֲנַתֵּק: וְצִוָּה עָלֶיךָ יְהוָה לֹא־יִזָּרַע מִשִּׁמְךָ
עוֹד מִבֵּית אֱלֹהֶיךָ אַכְרִית פֶּסֶל וּמַסֵּכָה אָשִׂים קִבְרֶךָ כִּי

ב

א קַלּוֹתָ: הִנֵּה עַל־הֶהָרִים רַגְלֵי מְבַשֵּׂר מַשְׁמִיעַ
שָׁלוֹם חָגִּי יְהוּדָה חַגַּיִךְ שַׁלְּמִי נְדָרָיִךְ כִּי לֹא יוֹסִיף עוֹד לעבור־ לַעֲבָר־
ב בָּךְ בְּלִיַּעַל כֻּלֹּה נִכְרָת: עָלָה מֵפִיץ עַל־פָּנַיִךְ נָצוֹר מְצֻרָה
ג צַפֵּה־דֶרֶךְ חַזֵּק מָתְנַיִם אַמֵּץ כֹּחַ מְאֹד: כִּי שָׁב יְהוָה אֶת־גְּאוֹן
ד יַעֲקֹב כִּגְאוֹן יִשְׂרָאֵל כִּי בְקָקוּם בֹּקְקִים וּזְמֹרֵיהֶם שִׁחֵתוּ: מָגֵן
גִּבֹּרֵיהוּ מְאָדָּם אַנְשֵׁי־חַיִל מְתֻלָּעִים בְּאֵשׁ־פְּלָדוֹת הָרֶכֶב בְּיוֹם
ה הֲכִינוֹ וְהַבְּרֹשִׁים הָרְעָלוּ: בַּחוּצוֹת יִתְהוֹלְלוּ הָרֶכֶב יִשְׁתַּקְשְׁקוּן
ו בָּרְחֹבוֹת מַרְאֵיהֶן כַּלַּפִּידִים כַּבְּרָקִים יְרוֹצֵצוּ: יִזְכֹּר אַדִּירָיו
ז יִכָּשְׁלוּ בהלוכתם יְמַהֲרוּ חוֹמָתָהּ וְהֻכַן הַסֹּכֵךְ: שַׁעֲרֵי הַנְּהָרוֹת בַּהֲלִיכָתָם
ח נִפְתָּחוּ וְהַהֵיכָל נָמוֹג: וְהֻצַּב גֻּלְּתָה הֹעֲלָתָה וְאַמְהֹתֶיהָ מְנַהֲגוֹת
ט כְּקוֹל יוֹנִים מְתֹפְפוֹת עַל־לִבְבֵהֶן: וְנִינְוֵה כִבְרֵכַת־מַיִם מִימֵי

י הִיא וְהֵמָּה נָסִים עִמְדוּ עֲמֹדוּ וְאֵין מַפְנֶה׃ בֹּזּוּ כֶסֶף בֹּזּוּ זָהָב
יא וְאֵין קֵצֶה לַתְּכוּנָה כָּבֹד מִכֹּל כְּלִי חֶמְדָּה׃ בּוּקָה וּמְבוּקָה
וּמְבֻלָּקָה וְלֵב נָמֵס וּפַק בִּרְכַּיִם וְחַלְחָלָה בְּכָל־מָתְנַיִם וּפְנֵי
יב כֻלָּם קִבְּצוּ פָארוּר׃ אַיֵּה מְעוֹן אֲרָיוֹת וּמִרְעֶה הוּא לַכְּפִרִים
יג אֲשֶׁר הָלַךְ אַרְיֵה לָבִיא שָׁם גּוּר אַרְיֵה וְאֵין מַחֲרִיד׃ אַרְיֵה
טֹרֵף בְּדֵי גֹרוֹתָיו וּמְחַנֵּק לְלִבְאֹתָיו וַיְמַלֵּא־טֶרֶף חֹרָיו וּמְעֹנֹתָיו
יד טְרֵפָה׃ הִנְנִי אֵלַיִךְ נְאֻם יְהוָה צְבָאוֹת וְהִבְעַרְתִּי בֶעָשָׁן רִכְבָּהּ
וּכְפִירַיִךְ תֹּאכַל חָרֶב וְהִכְרַתִּי מֵאֶרֶץ טַרְפֵּךְ וְלֹא־יִשָּׁמַע עוֹד
ג א קוֹל מַלְאָכֵכֵה׃ הוֹי עִיר דָּמִים כֻּלָּהּ כַּחַשׁ פֶּרֶק
ב מְלֵאָה לֹא יָמִישׁ טָרֶף׃ קוֹל שׁוֹט וְקוֹל רַעַשׁ אוֹפָן וְסוּס דֹּהֵר
ג וּמֶרְכָּבָה מְרַקֵּדָה׃ פָּרָשׁ מַעֲלֶה וְלַהַב חֶרֶב וּבְרַק חֲנִית וְרֹב
ד חָלָל וְכֹבֶד פָּגֶר וְאֵין קֵצֶה לַגְּוִיָּה יִכְשְׁלוּ בִּגְוִיָּתָם׃ מֵרֹב זְנוּנֵי וְכָשְׁלוּ
זוֹנָה טוֹבַת חֵן בַּעֲלַת כְּשָׁפִים הַמֹּכֶרֶת גּוֹיִם בִּזְנוּנֶיהָ וּמִשְׁפָּחוֹת
ה בִּכְשָׁפֶיהָ׃ הִנְנִי אֵלַיִךְ נְאֻם יְהוָה צְבָאוֹת וְגִלֵּיתִי שׁוּלַיִךְ עַל־
ו פָּנָיִךְ וְהַרְאֵיתִי גוֹיִם מַעְרֵךְ וּמַמְלָכוֹת קְלוֹנֵךְ׃ וְהִשְׁלַכְתִּי עָלַיִךְ
ז שִׁקֻּצִים וְנִבַּלְתִּיךְ וְשַׂמְתִּיךְ כְּרֹאִי׃ וְהָיָה כָל־רֹאַיִךְ יִדּוֹד מִמֵּךְ
וְאָמַר שָׁדְּדָה נִינְוֵה מִי יָנוּד לָהּ מֵאַיִן אֲבַקֵּשׁ מְנַחֲמִים לָךְ׃
ח הֲתֵיטְבִי מִנֹּא אָמוֹן הַיֹּשְׁבָה בַּיְאֹרִים מַיִם סָבִיב לָהּ אֲשֶׁר־חֵיל
ט יָם מִיָּם חוֹמָתָהּ׃ כּוּשׁ עָצְמָה וּמִצְרַיִם וְאֵין קֵצֶה פּוּט וְלוּבִים
י הָיוּ בְּעֶזְרָתֵךְ׃ גַּם־הִיא לַגֹּלָה הָלְכָה בַשֶּׁבִי גַּם עֹלָלֶיהָ יְרֻטְּשׁוּ
בְּרֹאשׁ כָּל־חוּצוֹת וְעַל־נִכְבַּדֶּיהָ יַדּוּ גוֹרָל וְכָל־גְּדוֹלֶיהָ רֻתְּקוּ
יא בַזִּקִּים׃ גַּם־אַתְּ תִּשְׁכְּרִי תְּהִי נַעֲלָמָה גַּם־אַתְּ תְּבַקְשִׁי מָעוֹז
יב מֵאוֹיֵב׃ כָּל־מִבְצָרַיִךְ תְּאֵנִים עִם־בִּכּוּרִים אִם־יִנּוֹעוּ וְנָפְלוּ עַל־
יג פִּי אוֹכֵל׃ הִנֵּה עַמֵּךְ נָשִׁים בְּקִרְבֵּךְ לְאֹיְבַיִךְ פָּתוֹחַ נִפְתְּחוּ שַׁעֲרֵי
יד אַרְצֵךְ אָכְלָה אֵשׁ בְּרִיחָיִךְ׃ מֵי מָצוֹר שַׁאֲבִי־לָךְ חַזְּקִי מִבְצָרָיִךְ
טו בֹּאִי בַטִּיט וְרִמְסִי בַחֹמֶר הַחֲזִיקִי מַלְבֵּן׃ שָׁם תֹּאכְלֵךְ אֵשׁ
תַּכְרִיתֵךְ חֶרֶב תֹּאכְלֵךְ כַּיָּלֶק הִתְכַּבֵּד כַּיֶּלֶק הִתְכַּבְּדִי כָּאַרְבֶּה׃

טז יז הִרְבֵּית רֹכְלַיִךְ מִכּוֹכְבֵי הַשָּׁמָיִם יֶלֶק פָּשַׁט וַיָּעֹף׃ מִנְּזָרַיִךְ
כָּאַרְבֶּה וְטַפְסְרַיִךְ כְּגוֹב גֹּבָי הַחוֹנִים בַּגְּדֵרוֹת בְּיוֹם קָרָה
יח שֶׁמֶשׁ זָרְחָה וְנוֹדַד וְלֹא־נוֹדַע מְקוֹמוֹ אַיָּם׃ נָמוּ רֹעֶיךָ
מֶלֶךְ אַשּׁוּר יִשְׁכְּנוּ אַדִּירֶיךָ נָפֹשׁוּ עַמְּךָ עַל־הֶהָרִים וְאֵין
יט מְקַבֵּץ׃ אֵין־כֵּהָה לְשִׁבְרֶךָ נַחְלָה מַכָּתֶךָ כֹּל ׀ שֹׁמְעֵי שִׁמְעֲךָ
תָּקְעוּ כַף עָלֶיךָ כִּי עַל־מִי לֹא־עָבְרָה רָעָתְךָ תָּמִיד׃

חבקוק

א יג

א ב הַמַּשָּׂא אֲשֶׁר חָזָה חֲבַקּוּק הַנָּבִיא׃ עַד־אָנָה יְהוָה שִׁוַּעְתִּי וְלֹא
ג תִשְׁמָע אֶזְעַק אֵלֶיךָ חָמָס וְלֹא תוֹשִׁיעַ׃ לָמָּה תַרְאֵנִי אָוֶן וְעָמָל
ד תַּבִּיט וְשֹׁד וְחָמָס לְנֶגְדִּי וַיְהִי רִיב וּמָדוֹן יִשָּׂא׃ עַל־כֵּן תָּפוּג
תּוֹרָה וְלֹא־יֵצֵא לָנֶצַח מִשְׁפָּט כִּי רָשָׁע מַכְתִּיר אֶת־הַצַּדִּיק
ה עַל־כֵּן יֵצֵא מִשְׁפָּט מְעֻקָּל׃ רְאוּ בַגּוֹיִם וְהַבִּיטוּ וְהִתַּמְּהוּ תְּמָהוּ
ו כִּי־פֹעַל פֹּעֵל בִּימֵיכֶם לֹא תַאֲמִינוּ כִּי יְסֻפָּר׃ כִּי־הִנְנִי מֵקִים
אֶת־הַכַּשְׂדִּים הַגּוֹי הַמַּר וְהַנִּמְהָר הַהוֹלֵךְ לְמֶרְחֲבֵי־אֶרֶץ לָרֶשֶׁת
ז מִשְׁכָּנוֹת לֹּא־לוֹ׃ אָיֹם וְנוֹרָא הוּא מִמֶּנּוּ מִשְׁפָּטוֹ וּשְׂאֵתוֹ יֵצֵא׃
ח וְקַלּוּ מִנְּמֵרִים סוּסָיו וְחַדּוּ מִזְּאֵבֵי עֶרֶב וּפָשׁוּ פָּרָשָׁיו וּפָרָשָׁיו
ט מֵרָחוֹק יָבֹאוּ יָעֻפוּ כְּנֶשֶׁר חָשׁ לֶאֱכוֹל׃ כֻּלֹּה לְחָמָס יָבוֹא מְגַמַּת
י פְּנֵיהֶם קָדִימָה וַיֶּאֱסֹף כַּחוֹל שֶׁבִי׃ וְהוּא בַּמְּלָכִים יִתְקַלָּס וְרֹזְנִים
יא מִשְׂחָק לוֹ הוּא לְכָל־מִבְצָר יִשְׂחָק וַיִּצְבֹּר עָפָר וַיִּלְכְּדָהּ׃ אָז
יב חָלַף רוּחַ וַיַּעֲבֹר וְאָשֵׁם זוּ כֹחוֹ לֵאלֹהוֹ׃ הֲלוֹא אַתָּה מִקֶּדֶם
יְהוָה אֱלֹהַי קְדֹשִׁי לֹא נָמוּת יְהוָה לְמִשְׁפָּט שַׂמְתּוֹ וְצוּר לְהוֹכִיחַ
יג יְסַדְתּוֹ׃ טְהוֹר עֵינַיִם מֵרְאוֹת רָע וְהַבִּיט אֶל־עָמָל לֹא תוּכָל
יד לָמָּה תַבִּיט בּוֹגְדִים תַּחֲרִישׁ בְּבַלַּע רָשָׁע צַדִּיק מִמֶּנּוּ׃ וַתַּעֲשֶׂה
טו אָדָם כִּדְגֵי הַיָּם כְּרֶמֶשׂ לֹא־מֹשֵׁל בּוֹ׃ כֻּלֹּה בְּחַכָּה הֵעֲלָה
טז יְגֹרֵהוּ בְחֶרְמוֹ וְיַאַסְפֵהוּ בְּמִכְמַרְתּוֹ עַל־כֵּן יִשְׂמַח וְיָגִיל׃ עַל־

כֵּן יְזַבֵּחַ לְחֶרְמוֹ וִיקַטֵּר לְמִכְמַרְתּוֹ כִּי בָהֵמָּה שָׁמֵן חֶלְקוֹ
יז וּמַאֲכָלוֹ בְּרִאָה׃ הַעַל כֵּן יָרִיק חֶרְמוֹ וְתָמִיד לַהֲרֹג גּוֹיִם לֹא
ב א יַחְמוֹל׃ עַל־מִשְׁמַרְתִּי אֶעֱמֹדָה וְאֶתְיַצְּבָה עַל־
מָצוֹר וַאֲצַפֶּה לִרְאוֹת מַה־יְדַבֶּר־בִּי וּמָה אָשִׁיב עַל־תּוֹכַחְתִּי׃
ב וַיַּעֲנֵנִי יהוה וַיֹּאמֶר כְּתֹב חָזוֹן וּבָאֵר עַל־הַלֻּחוֹת לְמַעַן יָרוּץ
ג קוֹרֵא בוֹ׃ כִּי עוֹד חָזוֹן לַמּוֹעֵד וְיָפֵחַ לַקֵּץ וְלֹא יְכַזֵּב אִם־
ד יִתְמַהְמַהּ חַכֵּה־לוֹ כִּי־בֹא יָבֹא לֹא יְאַחֵר׃ הִנֵּה עֻפְּלָה לֹא־
ה יָשְׁרָה נַפְשׁוֹ בּוֹ וְצַדִּיק בֶּאֱמוּנָתוֹ יִחְיֶה׃ וְאַף כִּי־הַיַּיִן בּוֹגֵד גֶּבֶר
יָהִיר וְלֹא יִנְוֶה אֲשֶׁר הִרְחִיב כִּשְׁאוֹל נַפְשׁוֹ וְהוּא כַמָּוֶת וְלֹא
ו יִשְׂבָּע וַיֶּאֱסֹף אֵלָיו כָּל־הַגּוֹיִם וַיִּקְבֹּץ אֵלָיו כָּל־הָעַמִּים׃ הֲלוֹא־
אֵלֶּה כֻלָּם עָלָיו מָשָׁל יִשָּׂאוּ וּמְלִיצָה חִידוֹת לוֹ וְיֹאמַר הוֹי
ז הַמַּרְבֶּה לֹּא־לוֹ עַד־מָתַי וּמַכְבִּיד עָלָיו עַבְטִיט׃ הֲלוֹא פֶתַע
ח יָקוּמוּ נֹשְׁכֶיךָ וְיִקְצוּ מְזַעְזְעֶיךָ וְהָיִיתָ לִמְשִׁסּוֹת לָמוֹ׃ כִּי־אַתָּה
שַׁלּוֹתָ גּוֹיִם רַבִּים יְשָׁלּוּךָ כָּל־יֶתֶר עַמִּים מִדְּמֵי אָדָם וַחֲמַס־
ט אֶרֶץ קִרְיָה וְכָל־יֹשְׁבֵי בָהּ׃ הוֹי בֹּצֵעַ בֶּצַע רָע
י לְבֵיתוֹ לָשׂוּם בַּמָּרוֹם קִנּוֹ לְהִנָּצֵל מִכַּף־רָע׃ יָעַצְתָּ בֹּשֶׁת לְבֵיתֶךָ
יא קְצוֹת־עַמִּים רַבִּים וְחוֹטֵא נַפְשֶׁךָ׃ כִּי־אֶבֶן מִקִּיר תִּזְעָק וְכָפִיס
יב מֵעֵץ יַעֲנֶנָּה׃ הוֹי בֹּנֶה עִיר בְּדָמִים וְכוֹנֵן קִרְיָה
יג בְּעַוְלָה׃ הֲלוֹא הִנֵּה מֵאֵת יהוה צְבָאוֹת וְיִיגְעוּ עַמִּים בְּדֵי־
יד אֵשׁ וּלְאֻמִּים בְּדֵי־רִיק יִעָפוּ׃ כִּי תִּמָּלֵא הָאָרֶץ לָדַעַת אֶת־
טו כְּבוֹד יהוה כַּמַּיִם יְכַסּוּ עַל־יָם׃ הוֹי מַשְׁקֵה רֵעֵהוּ
טז מְסַפֵּחַ חֲמָתְךָ וְאַף שַׁכֵּר לְמַעַן הַבִּיט עַל־מְעוֹרֵיהֶם׃ שָׂבַעְתָּ
קָלוֹן מִכָּבוֹד שְׁתֵה גַם־אַתָּה וְהֵעָרֵל תִּסּוֹב עָלֶיךָ כּוֹס יְמִין יהוה
יז וְקִיקָלוֹן עַל־כְּבוֹדֶךָ׃ כִּי־חֲמַס לְבָנוֹן יְכַסֶּךָּ וְשֹׁד בְּהֵמוֹת יְחִיתַן
יח מִדְּמֵי אָדָם וַחֲמַס־אֶרֶץ קִרְיָה וְכָל־יֹשְׁבֵי בָהּ׃ מָה־
הוֹעִיל פֶּסֶל כִּי פְסָלוֹ יֹצְרוֹ מַסֵּכָה וּמוֹרֶה שָּׁקֶר כִּי־בָטַח יֹצֵר
יט יִצְרוֹ עָלָיו לַעֲשׂוֹת אֱלִילִים אִלְּמִים׃ הוֹי אֹמֵר לָעֵץ

הָקִיצָה עוּרִי לְאֶבֶן דּוּמָם הוּא יוֹרֶה הִנֵּה־הוּא תָּפוּשׂ זָהָב וָכֶסֶף
כ וְכָל־רוּחַ אֵין בְּקִרְבּוֹ: וַיהוָה בְּהֵיכַל קָדְשׁוֹ הַס מִפָּנָיו כָּל־
ג א הָאָרֶץ: תְּפִלָּה לַחֲבַקּוּק הַנָּבִיא עַל שִׁגְיֹנוֹת:
ב יהוה שָׁמַעְתִּי שִׁמְעֲךָ יָרֵאתִי יהוה פָּעָלְךָ בְּקֶרֶב שָׁנִים חַיֵּיהוּ
ג בְּקֶרֶב שָׁנִים תּוֹדִיעַ בְּרֹגֶז רַחֵם תִּזְכּוֹר: אֱלוֹהַּ מִתֵּימָן יָבוֹא
וְקָדוֹשׁ מֵהַר־פָּארָן סֶלָה כִּסָּה שָׁמַיִם הוֹדוֹ וּתְהִלָּתוֹ מָלְאָה
ד הָאָרֶץ: וְנֹגַהּ כָּאוֹר תִּהְיֶה קַרְנַיִם מִיָּדוֹ לוֹ וְשָׁם חֶבְיוֹן עֻזֹּה:
ה ו לְפָנָיו יֵלֶךְ דָּבֶר וְיֵצֵא רֶשֶׁף לְרַגְלָיו: עָמַד ׀ וַיְמֹדֶד אֶרֶץ רָאָה
וַיַּתֵּר גּוֹיִם וַיִּתְפֹּצְצוּ הַרְרֵי־עַד שַׁחוּ גִּבְעוֹת עוֹלָם הֲלִיכוֹת
ז עוֹלָם לוֹ: תַּחַת אָוֶן רָאִיתִי אָהֳלֵי כוּשָׁן יִרְגְּזוּן יְרִיעוֹת אֶרֶץ
ח מִדְיָן: הֲבִנְהָרִים חָרָה יהוה אִם בַּנְּהָרִים אַפֶּךָ
אִם־בַּיָּם עֶבְרָתֶךָ כִּי תִרְכַּב עַל־סוּסֶיךָ מַרְכְּבֹתֶיךָ יְשׁוּעָה:
ט עֶרְיָה תֵעוֹר קַשְׁתֶּךָ שְׁבֻעוֹת מַטּוֹת אֹמֶר סֶלָה נְהָרוֹת תְּבַקַּע־
י אָרֶץ: רָאוּךָ יָחִילוּ הָרִים זֶרֶם מַיִם עָבָר נָתַן תְּהוֹם קוֹלוֹ רוֹם
יא יָדֵיהוּ נָשָׂא: שֶׁמֶשׁ יָרֵחַ עָמַד זְבֻלָה לְאוֹר חִצֶּיךָ יְהַלֵּכוּ לְנֹגַהּ
יב יג בְּרַק חֲנִיתֶךָ: בְּזַעַם תִּצְעַד־אָרֶץ בְּאַף תָּדוּשׁ גּוֹיִם: יָצָאתָ לְיֵשַׁע
עַמֶּךָ לְיֵשַׁע אֶת־מְשִׁיחֶךָ מָחַצְתָּ רֹּאשׁ מִבֵּית רָשָׁע עָרוֹת יְסוֹד
יד עַד־צַוָּאר סֶלָה: נָקַבְתָּ בְמַטָּיו רֹאשׁ פְּרָזָו יִסְעֲרוּ
טו לַהֲפִיצֵנִי עֲלִיצֻתָם כְּמוֹ־לֶאֱכֹל עָנִי בַּמִּסְתָּר: דָּרַכְתָּ בַיָּם סוּסֶיךָ
טז חֹמֶר מַיִם רַבִּים: שָׁמַעְתִּי ׀ וַתִּרְגַּז בִּטְנִי לְקוֹל צָלֲלוּ שְׂפָתַי יָבוֹא
רָקָב בַּעֲצָמַי וְתַחְתַּי אֶרְגָּז אֲשֶׁר אָנוּחַ לְיוֹם צָרָה לַעֲלוֹת לְעַם
יז יְגוּדֶנּוּ: כִּי־תְאֵנָה לֹא־תִפְרָח וְאֵין יְבוּל בַּגְּפָנִים כִּחֵשׁ מַעֲשֵׂה־
זַיִת וּשְׁדֵמוֹת לֹא־עָשָׂה אֹכֶל גָּזַר מִמִּכְלָה צֹאן וְאֵין בָּקָר
יח יט בָּרְפָתִים: וַאֲנִי בַּיהוה אֶעְלוֹזָה אָגִילָה בֵּאלֹהֵי יִשְׁעִי: יֱהוִה אֲדֹנָי
חֵילִי וַיָּשֶׂם רַגְלַי כָּאַיָּלוֹת וְעַל־בָּמוֹתַי יַדְרִכֵנִי לַמְנַצֵּחַ בִּנְגִינוֹתָי:

יד
א דְּבַר־יְהוָה ׀ אֲשֶׁר הָיָה אֶל־צְפַנְיָה בֶּן־כּוּשִׁי בֶן־גְּדַלְיָה בֶּן־
ב אֲמַרְיָה בֶּן־חִזְקִיָּה בִּימֵי יֹאשִׁיָּהוּ בֶן־אָמוֹן מֶלֶךְ יְהוּדָה: אָסֹף
ג אָסֵף כֹּל מֵעַל פְּנֵי הָאֲדָמָה נְאֻם־יְהוָה: אָסֵף אָדָם וּבְהֵמָה אָסֵף
עוֹף־הַשָּׁמַיִם וּדְגֵי הַיָּם וְהַמַּכְשֵׁלוֹת אֶת־הָרְשָׁעִים וְהִכְרַתִּי
ד אֶת־הָאָדָם מֵעַל פְּנֵי הָאֲדָמָה נְאֻם־יְהוָה: וְנָטִיתִי יָדִי עַל־
יְהוּדָה וְעַל כָּל־יוֹשְׁבֵי יְרוּשָׁלָםִ וְהִכְרַתִּי מִן־הַמָּקוֹם הַזֶּה
ה אֶת־שְׁאָר הַבַּעַל אֶת־שֵׁם הַכְּמָרִים עִם־הַכֹּהֲנִים: וְאֶת־
הַמִּשְׁתַּחֲוִים עַל־הַגַּגּוֹת לִצְבָא הַשָּׁמָיִם וְאֶת־הַמִּשְׁתַּחֲוִים
ו הַנִּשְׁבָּעִים לַיהוָה וְהַנִּשְׁבָּעִים בְּמַלְכָּם: וְאֶת־הַנְּסוֹגִים מֵאַחֲרֵי
ז יְהוָה וַאֲשֶׁר לֹא־בִקְשׁוּ אֶת־יְהוָה וְלֹא דְרָשֻׁהוּ: הַס מִפְּנֵי
אֲדֹנָי יְהוִה כִּי קָרוֹב יוֹם יְהוָה כִּי־הֵכִין יְהוָה זֶבַח הִקְדִּישׁ
ח קְרֻאָיו: וְהָיָה בְּיוֹם זֶבַח יְהוָה וּפָקַדְתִּי עַל־
הַשָּׂרִים וְעַל־בְּנֵי הַמֶּלֶךְ וְעַל כָּל־הַלֹּבְשִׁים מַלְבּוּשׁ נָכְרִי:
ט וּפָקַדְתִּי עַל כָּל־הַדּוֹלֵג עַל־הַמִּפְתָּן בַּיּוֹם הַהוּא הַמְמַלְאִים
י בֵּית אֲדֹנֵיהֶם חָמָס וּמִרְמָה: וְהָיָה בַיּוֹם הַהוּא
נְאֻם־יְהוָה קוֹל צְעָקָה מִשַּׁעַר הַדָּגִים וִילָלָה מִן־הַמִּשְׁנֶה וְשֶׁבֶר
יא גָּדוֹל מֵהַגְּבָעוֹת: הֵילִילוּ יֹשְׁבֵי הַמַּכְתֵּשׁ כִּי נִדְמָה כָּל־עַם כְּנַעַן
יב נִכְרְתוּ כָּל־נְטִילֵי כָסֶף: וְהָיָה בָּעֵת הַהִיא אֲחַפֵּשׂ
אֶת־יְרוּשָׁלַםִ בַּנֵּרוֹת וּפָקַדְתִּי עַל־הָאֲנָשִׁים הַקֹּפְאִים עַל־
יג שִׁמְרֵיהֶם הָאֹמְרִים בִּלְבָבָם לֹא־יֵיטִיב יְהוָה וְלֹא יָרֵעַ: וְהָיָה
חֵילָם לִמְשִׁסָּה וּבָתֵּיהֶם לִשְׁמָמָה וּבָנוּ בָתִּים וְלֹא יֵשֵׁבוּ וְנָטְעוּ
יד כְרָמִים וְלֹא יִשְׁתּוּ אֶת־יֵינָם: קָרוֹב יוֹם־יְהוָה הַגָּדוֹל קָרוֹב
טו וּמַהֵר מְאֹד קוֹל יוֹם יְהוָה מַר צֹרֵחַ שָׁם גִּבּוֹר: יוֹם עֶבְרָה הַיּוֹם
הַהוּא יוֹם צָרָה וּמְצוּקָה יוֹם שֹׁאָה וּמְשׁוֹאָה יוֹם חֹשֶׁךְ וַאֲפֵלָה
טז יוֹם עָנָן וַעֲרָפֶל: יוֹם שׁוֹפָר וּתְרוּעָה עַל הֶעָרִים הַבְּצֻרוֹת וְעַל
יז הַפִּנּוֹת הַגְּבֹהוֹת: וַהֲצֵרֹתִי לָאָדָם וְהָלְכוּ כַּעִוְרִים כִּי לַיהוָה
יח חָטָאוּ וְשֻׁפַּךְ דָּמָם כֶּעָפָר וּלְחֻמָם כַּגְּלָלִים: גַּם־כַּסְפָּם גַּם־

זְהָבָם לֹא־יוּכַל לְהַצִּילָם בְּיוֹם עֶבְרַת יְהוָה וּבְאֵשׁ קִנְאָתוֹ
תֵּאָכֵל כָּל־הָאָרֶץ כִּי־כָלָה אַךְ־נִבְהָלָה יַעֲשֶׂה אֵת כָּל־יֹשְׁבֵי
ב א הָאָרֶץ: הִתְקוֹשְׁשׁוּ וָקוֹשּׁוּ הַגּוֹי לֹא נִכְסָף:
ב בְּטֶרֶם לֶדֶת חֹק כְּמוֹץ עָבַר יוֹם בְּטֶרֶם ׀ לֹא־יָבוֹא עֲלֵיכֶם
ג חֲרוֹן אַף־יְהוָה בְּטֶרֶם לֹא־יָבוֹא עֲלֵיכֶם יוֹם אַף־יְהוָה: בַּקְּשׁוּ
אֶת־יְהוָה כָּל־עַנְוֵי הָאָרֶץ אֲשֶׁר מִשְׁפָּטוֹ פָּעָלוּ בַּקְּשׁוּ־צֶדֶק
ד בַּקְּשׁוּ עֲנָוָה אוּלַי תִּסָּתְרוּ בְּיוֹם אַף־יְהוָה: כִּי עַזָּה עֲזוּבָה
תִהְיֶה וְאַשְׁקְלוֹן לִשְׁמָמָה אַשְׁדּוֹד בַּצָּהֳרַיִם יְגָרְשׁוּהָ וְעֶקְרוֹן
ה תֵּעָקֵר: הוֹי יֹשְׁבֵי חֶבֶל הַיָּם גּוֹי כְּרֵתִים דְּבַר־
יְהוָה עֲלֵיכֶם כְּנַעַן אֶרֶץ פְּלִשְׁתִּים וְהַאֲבַדְתִּיךְ מֵאֵין יוֹשֵׁב:
ו ז וְהָיְתָה חֶבֶל הַיָּם נְוֹת כְּרֹת רֹעִים וְגִדְרוֹת צֹאן: וְהָיָה חֶבֶל
לִשְׁאֵרִית בֵּית יְהוּדָה עֲלֵיהֶם יִרְעוּן בְּבָתֵּי אַשְׁקְלוֹן בָּעֶרֶב
ח יִרְבָּצוּן כִּי יִפְקְדֵם יְהוָה אֱלֹהֵיהֶם וְשָׁב שבותם: שָׁמַעְתִּי חֶרְפַּת שְׁבִיתָם
מוֹאָב וְגִדּוּפֵי בְּנֵי עַמּוֹן אֲשֶׁר חֵרְפוּ אֶת־עַמִּי וַיַּגְדִּילוּ עַל־גְּבוּלָם:
ט לָכֵן חַי־אָנִי נְאֻם יְהוָה צְבָאוֹת אֱלֹהֵי יִשְׂרָאֵל כִּי מוֹאָב כִּסְדֹם
תִּהְיֶה וּבְנֵי עַמּוֹן כַּעֲמֹרָה מִמְשַׁק חָרוּל וּמִכְרֵה־מֶלַח וּשְׁמָמָה
י עַד־עוֹלָם שְׁאֵרִית עַמִּי יְבָזּוּם וְיֶתֶר גּוֹי יִנְחָלוּם: זֹאת לָהֶם
יא תַּחַת גְּאוֹנָם כִּי חֵרְפוּ וַיַּגְדִּלוּ עַל־עַם יְהוָה צְבָאוֹת: נוֹרָא יְהוָה
עֲלֵיהֶם כִּי רָזָה אֵת כָּל־אֱלֹהֵי הָאָרֶץ וְיִשְׁתַּחֲווּ־לוֹ אִישׁ מִמְּקוֹמוֹ
יב יג כֹּל אִיֵּי הַגּוֹיִם: גַּם־אַתֶּם כּוּשִׁים חַלְלֵי חַרְבִּי הֵמָּה: וְיֵט יָדוֹ
עַל־צָפוֹן וִיאַבֵּד אֶת־אַשּׁוּר וְיָשֵׂם אֶת־נִינְוֵה לִשְׁמָמָה צִיָּה
יד כַּמִּדְבָּר: וְרָבְצוּ בְתוֹכָהּ עֲדָרִים כָּל־חַיְתוֹ־גוֹי גַּם־קָאַת גַּם־
קִפֹּד בְּכַפְתֹּרֶיהָ יָלִינוּ קוֹל יְשׁוֹרֵר בַּחַלּוֹן חֹרֶב בַּסַּף כִּי אַרְזָה
טו עֵרָה: זֹאת הָעִיר הָעַלִּיזָה הַיּוֹשֶׁבֶת לָבֶטַח הָאֹמְרָה בִּלְבָבָהּ
אֲנִי וְאַפְסִי עוֹד אֵיךְ ׀ הָיְתָה לְשַׁמָּה מַרְבֵּץ לַחַיָּה כֹּל עוֹבֵר
ג א עָלֶיהָ יִשְׁרֹק יָנִיעַ יָדוֹ: הוֹי מֹרְאָה וְנִגְאָלָה הָעִיר
ב הַיּוֹנָה: לֹא שָׁמְעָה בְּקוֹל לֹא לָקְחָה מוּסָר בַּיהוָה לֹא בָטָחָה

אֶל־אֱלֹהֶיהָ לֹא קָרֵבָה׃ שָׂרֶיהָ בְקִרְבָּהּ אֲרָיוֹת שֹׁאֲגִים שֹׁפְטֶיהָ ג
זְאֵבֵי עֶרֶב לֹא גָרְמוּ לַבֹּקֶר׃ נְבִיאֶיהָ פֹּחֲזִים אַנְשֵׁי בֹּגְדוֹת ד
כֹּהֲנֶיהָ חִלְּלוּ־קֹדֶשׁ חָמְסוּ תּוֹרָה׃ יְהוָה צַדִּיק בְּקִרְבָּהּ לֹא יַעֲשֶׂה ה
עַוְלָה בַּבֹּקֶר בַּבֹּקֶר מִשְׁפָּטוֹ יִתֵּן לָאוֹר לֹא נֶעְדָּר וְלֹא־יוֹדֵעַ עַוָּל
בֹּשֶׁת׃ הִכְרַתִּי גוֹיִם נָשַׁמּוּ פִּנּוֹתָם הֶחֱרַבְתִּי חוּצוֹתָם מִבְּלִי ו
עוֹבֵר נִצְדּוּ עָרֵיהֶם מִבְּלִי־אִישׁ מֵאֵין יוֹשֵׁב׃ אָמַרְתִּי אַךְ־תִּירְאִי ז
אוֹתִי תִּקְחִי מוּסָר וְלֹא־יִכָּרֵת מְעוֹנָהּ כֹּל אֲשֶׁר־פָּקַדְתִּי עָלֶיהָ
אָכֵן הִשְׁכִּימוּ הִשְׁחִיתוּ כֹּל עֲלִילוֹתָם׃ לָכֵן חַכּוּ־לִי נְאֻם־יְהוָה ח
לְיוֹם קוּמִי לְעַד כִּי מִשְׁפָּטִי לֶאֱסֹף גּוֹיִם לְקָבְצִי מַמְלָכוֹת לִשְׁפֹּךְ
עֲלֵיהֶם זַעְמִי כֹּל חֲרוֹן אַפִּי כִּי בְּאֵשׁ קִנְאָתִי תֵּאָכֵל כָּל־הָאָרֶץ׃
כִּי־אָז אֶהְפֹּךְ אֶל־עַמִּים שָׂפָה בְרוּרָה לִקְרֹא כֻלָּם בְּשֵׁם יְהוָה ט
לְעָבְדוֹ שְׁכֶם אֶחָד׃ מֵעֵבֶר לְנַהֲרֵי־כוּשׁ עֲתָרַי בַּת־פּוּצַי יוֹבִלוּן י
מִנְחָתִי׃ בַּיּוֹם הַהוּא לֹא תֵבוֹשִׁי מִכֹּל עֲלִילֹתַיִךְ אֲשֶׁר פָּשַׁעַתְּ בִּי יא
כִּי־אָז ׀ אָסִיר מִקִּרְבֵּךְ עַלִּיזֵי גַּאֲוָתֵךְ וְלֹא־תוֹסִפִי לְגָבְהָה עוֹד
בְּהַר קָדְשִׁי׃ וְהִשְׁאַרְתִּי בְקִרְבֵּךְ עַם עָנִי וָדָל וְחָסוּ בְּשֵׁם יב
יְהוָה׃ שְׁאֵרִית יִשְׂרָאֵל לֹא־יַעֲשׂוּ עַוְלָה וְלֹא־יְדַבְּרוּ כָזָב יג
וְלֹא־יִמָּצֵא בְּפִיהֶם לְשׁוֹן תַּרְמִית כִּי־הֵמָּה יִרְעוּ וְרָבְצוּ וְאֵין
מַחֲרִיד׃ רָנִּי בַּת־צִיּוֹן הָרִיעוּ יִשְׂרָאֵל שִׂמְחִי וְעָלְזִי יד
בְּכָל־לֵב בַּת יְרוּשָׁלִָם׃ הֵסִיר יְהוָה מִשְׁפָּטַיִךְ פִּנָּה אֹיְבֵךְ מֶלֶךְ טו
יִשְׂרָאֵל ׀ יְהוָה בְּקִרְבֵּךְ לֹא־תִירְאִי רָע עוֹד׃ בַּיּוֹם טז
הַהוּא יֵאָמֵר לִירוּשָׁלִַם אַל־תִּירָאִי צִיּוֹן אַל־יִרְפּוּ יָדָיִךְ׃ יְהוָה יז
אֱלֹהַיִךְ בְּקִרְבֵּךְ גִּבּוֹר יוֹשִׁיעַ יָשִׂישׂ עָלַיִךְ בְּשִׂמְחָה יַחֲרִישׁ
בְּאַהֲבָתוֹ יָגִיל עָלַיִךְ בְּרִנָּה׃ נוּגֵי מִמּוֹעֵד אָסַפְתִּי מִמֵּךְ הָיוּ יח
מַשְׂאֵת עָלֶיהָ חֶרְפָּה׃ הִנְנִי עֹשֶׂה אֶת־כָּל־מְעַנַּיִךְ בָּעֵת הַהִיא יט
וְהוֹשַׁעְתִּי אֶת־הַצֹּלֵעָה וְהַנִּדָּחָה אֲקַבֵּץ וְשַׂמְתִּים לִתְהִלָּה
טו וּלְשֵׁם בְּכָל־הָאָרֶץ בָּשְׁתָּם׃ בָּעֵת הַהִיא אָבִיא אֶתְכֶם כ
וּבָעֵת קַבְּצִי אֶתְכֶם כִּי־אֶתֵּן אֶתְכֶם לְשֵׁם וְלִתְהִלָּה בְּכֹל

עַמֵּ֥י הָאָ֖רֶץ בְּשׁוּבִ֧י אֶת־שְׁבוּתֵיכֶ֛ם לְעֵינֵיכֶ֖ם אָמַ֥ר יְהוָֽה׃

חגי

א א בִּשְׁנַ֤ת שְׁתַּ֙יִם֙ לְדָרְיָ֣וֶשׁ הַמֶּ֔לֶךְ בַּחֹ֙דֶשׁ֙ הַשִּׁשִּׁ֔י בְּי֥וֹם אֶחָ֖ד לַחֹ֑דֶשׁ
הָיָ֨ה דְבַר־יְהוָ֜ה בְּיַד־חַגַּ֣י הַנָּבִ֗יא אֶל־זְרֻבָּבֶ֤ל בֶּן־שְׁאַלְתִּיאֵל֙ פַּחַ֣ת
ב יְהוּדָ֔ה וְאֶל־יְהוֹשֻׁ֥עַ בֶּן־יְהוֹצָדָ֛ק הַכֹּהֵ֥ן הַגָּד֖וֹל לֵאמֹֽר׃ כֹּ֥ה אָמַ֛ר
יְהוָ֥ה צְבָא֖וֹת לֵאמֹ֑ר הָעָ֤ם הַזֶּה֙ אָֽמְר֔וּ לֹ֥א עֶת־בֹּ֛א עֶת־בֵּ֥ית
ג יְהוָ֖ה לְהִבָּנֽוֹת׃ וַֽיְהִי֙ דְּבַר־יְהוָ֔ה בְּיַד־חַגַּ֥י הַנָּבִ֖יא
ד לֵאמֹֽר׃ הַעֵ֤ת לָכֶם֙ אַתֶּ֔ם לָשֶׁ֖בֶת בְּבָתֵּיכֶ֣ם סְפוּנִ֑ים וְהַבַּ֥יִת הַזֶּ֖ה
ה חָרֵֽב׃ וְעַתָּ֕ה כֹּ֥ה אָמַ֖ר יְהוָ֣ה צְבָא֑וֹת שִׂ֥ימוּ לְבַבְכֶ֖ם עַל־דַּרְכֵיכֶֽם׃
ו זְרַעְתֶּ֨ם הַרְבֵּ֜ה וְהָבֵ֣א מְעָ֗ט אָכ֤וֹל וְאֵין־לְשָׂבְעָה֙ שָׁת֣וֹ וְאֵין־
לְשָׁכְרָ֔ה לָב֖וֹשׁ וְאֵין־לְחֹ֣ם ל֑וֹ וְהַמִּשְׂתַּכֵּ֕ר מִשְׂתַּכֵּ֖ר אֶל־צְר֥וֹר
ז נָקֽוּב׃ כֹּ֥ה אָמַ֖ר יְהוָ֣ה צְבָא֑וֹת שִׂ֥ימוּ לְבַבְכֶ֖ם עַל־
ח דַּרְכֵיכֶֽם׃ עֲל֥וּ הָהָ֛ר וַהֲבֵאתֶ֥ם עֵ֖ץ וּבְנ֣וּ הַבָּ֑יִת וְאֶרְצֶה־בּ֥וֹ וְאֶכָּבְדָ
ט אָמַ֥ר יְהוָֽה׃ פָּנֹ֤ה אֶל־הַרְבֵּה֙ וְהִנֵּ֣ה לִמְעָ֔ט וַהֲבֵאתֶ֥ם הַבַּ֖יִת
וְנָפַ֣חְתִּי ב֑וֹ יַ֣עַן מֶ֗ה נְאֻם֙ יְהוָ֣ה צְבָא֔וֹת יַ֗עַן בֵּיתִי֙ אֲשֶׁר־ה֣וּא
י חָרֵ֔ב וְאַתֶּ֥ם רָצִ֖ים אִ֥ישׁ לְבֵיתֽוֹ׃ עַל־כֵּ֣ן עֲלֵיכֶ֔ם כָּלְא֥וּ שָׁמַ֖יִם
יא מִטָּ֑ל וְהָאָ֖רֶץ כָּלְאָ֥ה יְבוּלָֽהּ׃ וָאֶקְרָ֨א חֹ֜רֶב עַל־הָאָ֣רֶץ וְעַל־
הֶהָרִ֗ים וְעַל־הַדָּגָן֙ וְעַל־הַתִּיר֣וֹשׁ וְעַל־הַיִּצְהָ֔ר וְעַ֛ל אֲשֶׁ֥ר
תּוֹצִ֖יא הָאֲדָמָ֑ה וְעַל־הָֽאָדָם֙ וְעַל־הַבְּהֵמָ֔ה וְעַ֖ל כָּל־יְגִ֥יעַ
יב כַּפָּֽיִם׃ וַיִּשְׁמַ֣ע זְרֻבָּבֶ֣ל ׀ בֶּֽן־שַׁלְתִּיאֵ֡ל וִיהוֹשֻׁ֣עַ
בֶּן־יְהוֹצָדָק֩ הַכֹּהֵ֨ן הַגָּד֜וֹל וְכֹ֣ל ׀ שְׁאֵרִ֣ית הָעָ֗ם בְּקוֹל֙ יְהוָ֣ה
אֱלֹֽהֵיהֶ֔ם וְעַל־דִּבְרֵי֙ חַגַּ֣י הַנָּבִ֔יא כַּאֲשֶׁ֥ר שְׁלָח֖וֹ יְהוָ֣ה אֱלֹהֵיהֶ֑ם
יג וַיִּֽירְא֥וּ הָעָ֖ם מִפְּנֵ֥י יְהוָֽה׃ וַ֠יֹּאמֶר חַגַּ֞י מַלְאַ֧ךְ
יְהוָ֛ה בְּמַלְאֲכ֥וּת יְהוָ֖ה לָעָ֣ם לֵאמֹ֑ר אֲנִ֥י אִתְּכֶ֖ם נְאֻם־יְהוָֽה׃
יד וַיָּ֣עַר יְהוָ֡ה אֶת־ר֩וּחַ֩ זְרֻבָּבֶ֨ל בֶּן־שַׁלְתִּיאֵ֜ל פַּחַ֣ת יְהוּדָ֗ה

וְאֶת־רוּחַ יְהוֹשֻׁעַ בֶּן־יְהוֹצָדָק הַכֹּהֵן הַגָּדוֹל וְאֶת־רוּחַ כֹּל
שְׁאֵרִית הָעָם וַיָּבֹאוּ וַיַּעֲשׂוּ מְלָאכָה בְּבֵית־יְהוָה צְבָאוֹת
אֱלֹהֵיהֶם׃ בְּיוֹם עֶשְׂרִים וְאַרְבָּעָה לַחֹדֶשׁ בַּשִּׁשִּׁי טו
ב בִּשְׁנַת שְׁתַּיִם לְדָרְיָוֶשׁ הַמֶּלֶךְ׃ בַּשְּׁבִיעִי בְּעֶשְׂרִים וְאֶחָד לַחֹדֶשׁ א
הָיָה דְּבַר־יְהוָה בְּיַד־חַגַּי הַנָּבִיא לֵאמֹר׃ אֱמָר־נָא אֶל־זְרֻבָּבֶל ב
בֶּן־שַׁלְתִּיאֵל פַּחַת יְהוּדָה וְאֶל־יְהוֹשֻׁעַ בֶּן־יְהוֹצָדָק הַכֹּהֵן הַגָּדוֹל
וְאֶל־שְׁאֵרִית הָעָם לֵאמֹר׃ מִי בָכֶם הַנִּשְׁאָר אֲשֶׁר רָאָה אֶת־ ג
הַבַּיִת הַזֶּה בִּכְבוֹדוֹ הָרִאשׁוֹן וּמָה אַתֶּם רֹאִים אֹתוֹ עַתָּה הֲלוֹא
כָמֹהוּ כְּאַיִן בְּעֵינֵיכֶם׃ וְעַתָּה חֲזַק זְרֻבָּבֶל ׀ נְאֻם־יְהוָה וַחֲזַק ד
יְהוֹשֻׁעַ בֶּן־יְהוֹצָדָק הַכֹּהֵן הַגָּדוֹל וַחֲזַק כָּל־עַם הָאָרֶץ נְאֻם־
יְהוָה וַעֲשׂוּ כִּי־אֲנִי אִתְּכֶם נְאֻם יְהוָה צְבָאוֹת׃ אֶת־הַדָּבָר אֲשֶׁר ה
כָּרַתִּי אִתְּכֶם בְּצֵאתְכֶם מִמִּצְרַיִם וְרוּחִי עֹמֶדֶת בְּתוֹכְכֶם אַל־
תִּירָאוּ׃ כִּי כֹה אָמַר יְהוָה צְבָאוֹת עוֹד אַחַת ו
מְעַט הִיא וַאֲנִי מַרְעִישׁ אֶת־הַשָּׁמַיִם וְאֶת־הָאָרֶץ וְאֶת־הַיָּם
וְאֶת־הֶחָרָבָה׃ וְהִרְעַשְׁתִּי אֶת־כָּל־הַגּוֹיִם וּבָאוּ חֶמְדַּת כָּל־ ז
הַגּוֹיִם וּמִלֵּאתִי אֶת־הַבַּיִת הַזֶּה כָּבוֹד אָמַר יְהוָה צְבָאוֹת׃
לִי הַכֶּסֶף וְלִי הַזָּהָב נְאֻם יְהוָה צְבָאוֹת׃ גָּדוֹל יִהְיֶה כְּבוֹד ח ט
הַבַּיִת הַזֶּה הָאַחֲרוֹן מִן־הָרִאשׁוֹן אָמַר יְהוָה צְבָאוֹת וּבַמָּקוֹם
הַזֶּה אֶתֵּן שָׁלוֹם נְאֻם יְהוָה צְבָאוֹת׃ בְּעֶשְׂרִים י
וְאַרְבָּעָה לַתְּשִׁיעִי בִּשְׁנַת שְׁתַּיִם לְדָרְיָוֶשׁ הָיָה דְּבַר־יְהוָה
בְּיַד־חַגַּי הַנָּבִיא לֵאמֹר׃ כֹּה אָמַר יְהוָה צְבָאוֹת שְׁאַל־נָא יא
אֶת־הַכֹּהֲנִים תּוֹרָה לֵאמֹר׃ הֵן ׀ יִשָּׂא־אִישׁ בְּשַׂר־קֹדֶשׁ בִּכְנַף יב
בִּגְדוֹ וְנָגַע בִּכְנָפוֹ אֶל־הַלֶּחֶם וְאֶל־הַנָּזִיד וְאֶל־הַיַּיִן וְאֶל־שֶׁמֶן
וְאֶל־כָּל־מַאֲכָל הֲיִקְדָּשׁ וַיַּעֲנוּ הַכֹּהֲנִים וַיֹּאמְרוּ לֹא׃ וַיֹּאמֶר חַגַּי יג
אִם־יִגַּע טְמֵא־נֶפֶשׁ בְּכָל־אֵלֶּה הֲיִטְמָא וַיַּעֲנוּ הַכֹּהֲנִים וַיֹּאמְרוּ
יִטְמָא׃ וַיַּעַן חַגַּי וַיֹּאמֶר כֵּן הָעָם־הַזֶּה וְכֵן־הַגּוֹי הַזֶּה לְפָנַי נְאֻם־ יד
יְהוָה וְכֵן כָּל־מַעֲשֵׂה יְדֵיהֶם וַאֲשֶׁר יַקְרִיבוּ שָׁם טָמֵא הוּא׃

טו וְעַתָּה שִׂימוּ־נָא לְבַבְכֶם מִן־הַיּוֹם הַזֶּה וָמָעְלָה מִטֶּרֶם שׂוּם־
טז אֶבֶן אֶל־אֶבֶן בְּהֵיכַל יְהוָה׃ מִהְיוֹתָם בָּא אֶל־עֲרֵמַת עֶשְׂרִים
וְהָיְתָה עֲשָׂרָה בָּא אֶל־הַיֶּקֶב לַחְשֹׂף חֲמִשִּׁים פּוּרָה וְהָיְתָה
יז עֶשְׂרִים׃ הִכֵּיתִי אֶתְכֶם בַּשִּׁדָּפוֹן וּבַיֵּרָקוֹן וּבַבָּרָד אֵת כָּל־
יח מַעֲשֵׂה יְדֵיכֶם וְאֵין־אֶתְכֶם אֵלַי נְאֻם־יְהוָה׃ שִׂימוּ־נָא לְבַבְכֶם
מִן־הַיּוֹם הַזֶּה וָמָעְלָה מִיּוֹם עֶשְׂרִים וְאַרְבָּעָה לַתְּשִׁיעִי לְמִן־
יט הַיּוֹם אֲשֶׁר־יֻסַּד הֵיכַל־יְהוָה שִׂימוּ לְבַבְכֶם׃ הַעוֹד הַזֶּרַע
בַּמְּגוּרָה וְעַד־הַגֶּפֶן וְהַתְּאֵנָה וְהָרִמּוֹן וְעֵץ הַזַּיִת לֹא נָשָׂא מִן־
כ הַיּוֹם הַזֶּה אֲבָרֵךְ׃ וַיְהִי דְבַר־יְהוָה ׀ שֵׁנִית אֶל־
כא חַגַּי בְּעֶשְׂרִים וְאַרְבָּעָה לַחֹדֶשׁ לֵאמֹר׃ אֱמֹר אֶל־זְרֻבָּבֶל פַּחַת־
כב יְהוּדָה לֵאמֹר אֲנִי מַרְעִישׁ אֶת־הַשָּׁמַיִם וְאֶת־הָאָרֶץ׃ וְהָפַכְתִּי
כִּסֵּא מַמְלָכוֹת וְהִשְׁמַדְתִּי חֹזֶק מַמְלְכוֹת הַגּוֹיִם וְהָפַכְתִּי
כג מֶרְכָּבָה וְרֹכְבֶיהָ וְיָרְדוּ סוּסִים וְרֹכְבֵיהֶם אִישׁ בְּחֶרֶב אָחִיו׃ בַּיּוֹם טז
הַהוּא נְאֻם־יְהוָה צְבָאוֹת אֶקָּחֲךָ זְרֻבָּבֶל בֶּן־שְׁאַלְתִּיאֵל עַבְדִּי
נְאֻם־יְהוָה וְשַׂמְתִּיךָ כַּחוֹתָם כִּי־בְךָ בָחַרְתִּי נְאֻם יְהוָה צְבָאוֹת׃

זכריה

א א בַּחֹדֶשׁ הַשְּׁמִינִי בִּשְׁנַת שְׁתַּיִם לְדָרְיָוֶשׁ הָיָה דְבַר־יְהוָה אֶל־
ב זְכַרְיָה בֶּן־בֶּרֶכְיָה בֶּן־עִדּוֹ הַנָּבִיא לֵאמֹר׃ קָצַף יְהוָה עַל־
ג אֲבוֹתֵיכֶם קָצֶף׃ וְאָמַרְתָּ אֲלֵהֶם כֹּה אָמַר יְהוָה צְבָאוֹת שׁוּבוּ
ד אֵלַי נְאֻם יְהוָה צְבָאוֹת וְאָשׁוּב אֲלֵיכֶם אָמַר יְהוָה צְבָאוֹת׃ אַל־
תִּהְיוּ כַאֲבֹתֵיכֶם אֲשֶׁר קָרְאוּ־אֲלֵיהֶם הַנְּבִיאִים הָרִאשֹׁנִים
לֵאמֹר כֹּה אָמַר יְהוָה צְבָאוֹת שׁוּבוּ נָא מִדַּרְכֵיכֶם הָרָעִים
ומעליליכם הָרָעִים וְלֹא שָׁמְעוּ וְלֹא־הִקְשִׁיבוּ אֵלַי נְאֻם־יְהוָה׃ וּמַעַלְלֵיכֶם
ה ו אֲבוֹתֵיכֶם אַיֵּה־הֵם וְהַנְּבִאִים הַלְעוֹלָם יִחְיוּ׃ אַךְ ׀ דְּבָרַי וְחֻקַּי
אֲשֶׁר צִוִּיתִי אֶת־עֲבָדַי הַנְּבִיאִים הֲלוֹא הִשִּׂיגוּ אֲבֹתֵיכֶם וַיָּשׁוּבוּ

וַיֹּאמְרוּ כַּאֲשֶׁר זָמַם יְהוָה צְבָאוֹת לַעֲשׂוֹת לָנוּ כִּדְרָכֵינוּ
וּכְמַעֲלָלֵינוּ כֵּן עָשָׂה אִתָּנוּ׃ בְּיוֹם עֶשְׂרִים ז
וְאַרְבָּעָה לְעַשְׁתֵּי־עָשָׂר חֹדֶשׁ הוּא־חֹדֶשׁ שְׁבָט בִּשְׁנַת שְׁתַּיִם
לְדָרְיָוֶשׁ הָיָה דְבַר־יְהוָה אֶל־זְכַרְיָה בֶּן־בֶּרֶכְיָהוּ בֶּן־עִדּוֹא
הַנָּבִיא לֵאמֹר׃ רָאִיתִי הַלַּיְלָה וְהִנֵּה־אִישׁ רֹכֵב עַל־סוּס אָדֹם ח
וְהוּא עֹמֵד בֵּין הַהֲדַסִּים אֲשֶׁר בַּמְּצֻלָה וְאַחֲרָיו סוּסִים אֲדֻמִּים
שְׂרֻקִּים וּלְבָנִים׃ וָאֹמַר מָה־אֵלֶּה אֲדֹנִי וַיֹּאמֶר אֵלַי הַמַּלְאָךְ ט
הַדֹּבֵר בִּי אֲנִי אַרְאֶךָּ מָה־הֵמָּה אֵלֶּה׃ וַיַּעַן הָאִישׁ הָעֹמֵד בֵּין־ י
הַהֲדַסִּים וַיֹּאמַר אֵלֶּה אֲשֶׁר שָׁלַח יְהוָה לְהִתְהַלֵּךְ בָּאָרֶץ׃ וַיַּעֲנוּ יא
אֶת־מַלְאַךְ יְהוָה הָעֹמֵד בֵּין הַהֲדַסִּים וַיֹּאמְרוּ הִתְהַלַּכְנוּ בָאָרֶץ
וְהִנֵּה כָל־הָאָרֶץ יֹשֶׁבֶת וְשֹׁקָטֶת׃ וַיַּעַן מַלְאַךְ־יְהוָה וַיֹּאמַר יְהוָה יב
צְבָאוֹת עַד־מָתַי אַתָּה לֹא־תְרַחֵם אֶת־יְרוּשָׁלִַם וְאֵת עָרֵי יְהוּדָה
אֲשֶׁר זָעַמְתָּה זֶה שִׁבְעִים שָׁנָה׃ וַיַּעַן יְהוָה אֶת־הַמַּלְאָךְ הַדֹּבֵר יג
בִּי דְּבָרִים טוֹבִים דְּבָרִים נִחֻמִים׃ וַיֹּאמֶר אֵלַי הַמַּלְאָךְ הַדֹּבֵר יד
בִּי קְרָא לֵאמֹר כֹּה אָמַר יְהוָה צְבָאוֹת קִנֵּאתִי לִירוּשָׁלִַם וּלְצִיּוֹן
קִנְאָה גְדוֹלָה׃ וְקֶצֶף גָּדוֹל אֲנִי קֹצֵף עַל־הַגּוֹיִם הַשַּׁאֲנַנִּים אֲשֶׁר טו
אֲנִי קָצַפְתִּי מְּעָט וְהֵמָּה עָזְרוּ לְרָעָה׃
לָכֵן כֹּה־אָמַר יְהוָה שַׁבְתִּי לִירוּשָׁלִַם בְּרַחֲמִים בֵּיתִי יִבָּנֶה בָּהּ טז
וְקָו נְאֻם יְהוָה צְבָאוֹת וקוה יִנָּטֶה עַל־יְרוּשָׁלִָם׃ עוֹד ׀ קְרָא לֵאמֹר יז
כֹּה אָמַר יְהוָה צְבָאוֹת עוֹד תְּפוּצֶנָה עָרַי מִטּוֹב וְנִחַם יְהוָה עוֹד
אֶת־צִיּוֹן וּבָחַר עוֹד בִּירוּשָׁלִָם׃ וָאֶשָּׂא אֶת־עֵינַי א ב
וָאֵרֶא וְהִנֵּה אַרְבַּע קְרָנוֹת׃ וָאֹמַר אֶל־הַמַּלְאָךְ הַדֹּבֵר בִּי ב
מָה־אֵלֶּה וַיֹּאמֶר אֵלַי אֵלֶּה הַקְּרָנוֹת אֲשֶׁר זֵרוּ אֶת־יְהוּדָה
אֶת־יִשְׂרָאֵל וִירוּשָׁלִָם׃ וַיַּרְאֵנִי יְהוָה אַרְבָּעָה ג
חָרָשִׁים׃ וָאֹמַר מָה אֵלֶּה בָאִים לַעֲשׂוֹת וַיֹּאמֶר לֵאמֹר אֵלֶּה ד
הַקְּרָנוֹת אֲשֶׁר־זֵרוּ אֶת־יְהוּדָה כְּפִי־אִישׁ לֹא־נָשָׂא רֹאשׁוֹ וַיָּבֹאוּ
אֵלֶּה לְהַחֲרִיד אֹתָם לְיַדּוֹת אֶת־קַרְנוֹת הַגּוֹיִם הַנֹּשְׂאִים קֶרֶן

ה אֶל־אֶרֶץ יְהוּדָה לְזָרוֹתָהּ׃ וָאֶשָּׂא עֵינַי וָאֵרֶא
ו וְהִנֵּה־אִישׁ וּבְיָדוֹ חֶבֶל מִדָּה׃ וָאֹמַר אָנָה אַתָּה הֹלֵךְ וַיֹּאמֶר אֵלַי
ז לָמֹד אֶת־יְרוּשָׁלִַם לִרְאוֹת כַּמָּה־רָחְבָּהּ וְכַמָּה אָרְכָּהּ׃ וְהִנֵּה
ח הַמַּלְאָךְ הַדֹּבֵר בִּי יֹצֵא וּמַלְאָךְ אַחֵר יֹצֵא לִקְרָאתוֹ׃ וַיֹּאמֶר אֵלָו
רֻץ דַּבֵּר אֶל־הַנַּעַר הַלָּז לֵאמֹר פְּרָזוֹת תֵּשֵׁב יְרוּשָׁלִַם מֵרֹב אָדָם
ט וּבְהֵמָה בְּתוֹכָהּ׃ וַאֲנִי אֶהְיֶה־לָּהּ נְאֻם־יְהוָה חוֹמַת אֵשׁ סָבִיב
י וּלְכָבוֹד אֶהְיֶה בְתוֹכָהּ׃ הוֹי הוֹי וְנֻסוּ מֵאֶרֶץ צָפוֹן
נְאֻם־יְהוָה כִּי כְּאַרְבַּע רוּחוֹת הַשָּׁמַיִם פֵּרַשְׂתִּי אֶתְכֶם נְאֻם־
יא יב יְהוָה׃ הוֹי צִיּוֹן הִמָּלְטִי יוֹשֶׁבֶת בַּת־בָּבֶל׃ כִּי כֹה
אָמַר יְהוָה צְבָאוֹת אַחַר כָּבוֹד שְׁלָחַנִי אֶל־הַגּוֹיִם הַשֹּׁלְלִים
יג אֶתְכֶם כִּי הַנֹּגֵעַ בָּכֶם נֹגֵעַ בְּבָבַת עֵינוֹ׃ כִּי הִנְנִי מֵנִיף אֶת־
יָדִי עֲלֵיהֶם וְהָיוּ שָׁלָל לְעַבְדֵיהֶם וִידַעְתֶּם כִּי־יְהוָה צְבָאוֹת
יד שְׁלָחָנִי׃ רָנִּי וְשִׂמְחִי בַּת־צִיּוֹן כִּי הִנְנִי־בָא
טו וְשָׁכַנְתִּי בְתוֹכֵךְ נְאֻם־יְהוָה׃ וְנִלְווּ גוֹיִם רַבִּים אֶל־יְהוָה בַּיּוֹם
הַהוּא וְהָיוּ לִי לְעָם וְשָׁכַנְתִּי בְתוֹכֵךְ וְיָדַעַתְּ כִּי־יְהוָה צְבָאוֹת
טז שְׁלָחַנִי אֵלָיִךְ׃ וְנָחַל יְהוָה אֶת־יְהוּדָה חֶלְקוֹ עַל אַדְמַת הַקֹּדֶשׁ
יז וּבָחַר עוֹד בִּירוּשָׁלִָם׃ הַס כָּל־בָּשָׂר מִפְּנֵי יְהוָה כִּי נֵעוֹר מִמְּעוֹן
ג א קָדְשׁוֹ׃ וַיַּרְאֵנִי אֶת־יְהוֹשֻׁעַ הַכֹּהֵן הַגָּדוֹל עֹמֵד
ב לִפְנֵי מַלְאַךְ יְהוָה וְהַשָּׂטָן עֹמֵד עַל־יְמִינוֹ לְשִׂטְנוֹ׃ וַיֹּאמֶר יְהוָה
אֶל־הַשָּׂטָן יִגְעַר יְהוָה בְּךָ הַשָּׂטָן וְיִגְעַר יְהוָה בְּךָ הַבֹּחֵר
ג בִּירוּשָׁלִָם הֲלוֹא זֶה אוּד מֻצָּל מֵאֵשׁ׃ וִיהוֹשֻׁעַ הָיָה לָבֻשׁ
ד בְּגָדִים צוֹאִים וְעֹמֵד לִפְנֵי הַמַּלְאָךְ׃ וַיַּעַן וַיֹּאמֶר אֶל־הָעֹמְדִים
לְפָנָיו לֵאמֹר הָסִירוּ הַבְּגָדִים הַצֹּאִים מֵעָלָיו וַיֹּאמֶר אֵלָיו
ה רְאֵה הֶעֱבַרְתִּי מֵעָלֶיךָ עֲוֺנֶךָ וְהַלְבֵּשׁ אֹתְךָ מַחֲלָצוֹת׃ וָאֹמַר
יָשִׂימוּ צָנִיף טָהוֹר עַל־רֹאשׁוֹ וַיָּשִׂימוּ הַצָּנִיף הַטָּהוֹר עַל־רֹאשׁוֹ
ו וַיַּלְבִּשֻׁהוּ בְּגָדִים וּמַלְאַךְ יְהוָה עֹמֵד׃ וַיָּעַד מַלְאַךְ יְהוָה בִּיהוֹשֻׁעַ
ז לֵאמֹר׃ כֹּה־אָמַר יְהוָה צְבָאוֹת אִם־בִּדְרָכַי תֵּלֵךְ וְאִם אֶת־

מִשְׁמַרְתִּי תִשְׁמֹר וְגַם־אַתָּה תָּדִין אֶת־בֵּיתִי וְגַם תִּשְׁמֹר אֶת־
חֲצֵרָי וְנָתַתִּי לְךָ מַהְלְכִים בֵּין הָעֹמְדִים הָאֵלֶּה׃ שְׁמַע־נָא ח
יְהוֹשֻׁעַ ׀ הַכֹּהֵן הַגָּדוֹל אַתָּה וְרֵעֶיךָ הַיֹּשְׁבִים לְפָנֶיךָ כִּי־אַנְשֵׁי
מוֹפֵת הֵמָּה כִּי־הִנְנִי מֵבִיא אֶת־עַבְדִּי צֶמַח׃ כִּי ׀ הִנֵּה הָאֶבֶן ט
אֲשֶׁר נָתַתִּי לִפְנֵי יְהוֹשֻׁעַ עַל־אֶבֶן אַחַת שִׁבְעָה עֵינָיִם הִנְנִי
מְפַתֵּחַ פִּתֻּחָהּ נְאֻם יְהוָה צְבָאוֹת וּמַשְׁתִּי אֶת־עֲוֺן הָאָרֶץ־הַהִיא
בְּיוֹם אֶחָד׃ בַּיּוֹם הַהוּא נְאֻם יְהוָה צְבָאוֹת תִּקְרְאוּ אִישׁ לְרֵעֵהוּ י
אֶל־תַּחַת גֶּפֶן וְאֶל־תַּחַת תְּאֵנָה׃ וַיָּשָׁב הַמַּלְאָךְ ד א
הַדֹּבֵר בִּי וַיְעִירֵנִי כְּאִישׁ אֲשֶׁר־יֵעוֹר מִשְּׁנָתוֹ׃ וַיֹּאמֶר אֵלַי מָה ב יז
אַתָּה רֹאֶה ויאמר רָאִיתִי וְהִנֵּה מְנוֹרַת זָהָב כֻּלָּהּ וְגֻלָּהּ עַל־ וָאֹמַר
רֹאשָׁהּ וְשִׁבְעָה נֵרֹתֶיהָ עָלֶיהָ שִׁבְעָה וְשִׁבְעָה מוּצָקוֹת לַנֵּרוֹת
אֲשֶׁר עַל־רֹאשָׁהּ׃ וּשְׁנַיִם זֵיתִים עָלֶיהָ אֶחָד מִימִין הַגֻּלָּה וְאֶחָד ג
עַל־שְׂמֹאלָהּ׃ וָאַעַן וָאֹמַר אֶל־הַמַּלְאָךְ הַדֹּבֵר בִּי לֵאמֹר מָה־ ד
אֵלֶּה אֲדֹנִי׃ וַיַּעַן הַמַּלְאָךְ הַדֹּבֵר בִּי וַיֹּאמֶר אֵלַי הֲלוֹא יָדַעְתָּ ה
מָה־הֵמָּה אֵלֶּה וָאֹמַר לֹא אֲדֹנִי׃ וַיַּעַן וַיֹּאמֶר אֵלַי לֵאמֹר ו
זֶה דְּבַר־יְהוָה אֶל־זְרֻבָּבֶל לֵאמֹר לֹא בְחַיִל וְלֹא בְכֹחַ כִּי
אִם־בְּרוּחִי אָמַר יְהוָה צְבָאוֹת׃ מִי־אַתָּה הַר־הַגָּדוֹל לִפְנֵי ז
זְרֻבָּבֶל לְמִישֹׁר וְהוֹצִיא אֶת־הָאֶבֶן הָרֹאשָׁה תְּשֻׁאוֹת חֵן ׀ חֵן
לָהּ׃ וַיְהִי דְבַר־יְהוָה אֵלַי לֵאמֹר׃ יְדֵי זְרֻבָּבֶל ח ט
יִסְּדוּ הַבַּיִת הַזֶּה וְיָדָיו תְּבַצַּעְנָה וְיָדַעְתָּ כִּי־יְהוָה צְבָאוֹת שְׁלָחַנִי
אֲלֵיכֶם׃ כִּי מִי בַז לְיוֹם קְטַנּוֹת וְשָׂמְחוּ וְרָאוּ אֶת־הָאֶבֶן הַבְּדִיל י
בְּיַד זְרֻבָּבֶל שִׁבְעָה־אֵלֶּה עֵינֵי יְהוָה הֵמָּה מְשׁוֹטְטִים בְּכָל־
הָאָרֶץ׃ וָאַעַן וָאֹמַר אֵלָיו מַה־שְּׁנֵי הַזֵּיתִים הָאֵלֶּה עַל־יְמִין יא
הַמְּנוֹרָה וְעַל־שְׂמֹאולָהּ׃ וָאַעַן שֵׁנִית וָאֹמַר אֵלָיו מַה־שְּׁתֵּי יב
שִׁבֲּלֵי הַזֵּיתִים אֲשֶׁר בְּיַד שְׁנֵי צַנְתְּרוֹת הַזָּהָב הַמְרִיקִים
מֵעֲלֵיהֶם הַזָּהָב׃ וַיֹּאמֶר אֵלַי לֵאמֹר הֲלוֹא יָדַעְתָּ מָה־אֵלֶּה יג
וָאֹמַר לֹא אֲדֹנִי׃ וַיֹּאמֶר אֵלֶּה שְׁנֵי בְנֵי־הַיִּצְהָר הָעֹמְדִים עַל־ יד

א אֲדוֹן כָּל־הָאָרֶץ׃ וָאָשׁוּב וָאֶשָּׂא עֵינַי וָאֶרְאֶה וְהִנֵּה
ב מְגִלָּה עָפָה׃ וַיֹּאמֶר אֵלַי מָה אַתָּה רֹאֶה וָאֹמַר אֲנִי רֹאֶה מְגִלָּה
ג עָפָה אָרְכָּהּ עֶשְׂרִים בָּאַמָּה וְרָחְבָּהּ עֶשֶׂר בָּאַמָּה׃ וַיֹּאמֶר אֵלַי
זֹאת הָאָלָה הַיּוֹצֵאת עַל־פְּנֵי כָל־הָאָרֶץ כִּי כָל־הַגֹּנֵב מִזֶּה
ד כָּמוֹהָ נִקָּה וְכָל־הַנִּשְׁבָּע מִזֶּה כָּמוֹהָ נִקָּה׃ הוֹצֵאתִיהָ נְאֻם יְהוָה
צְבָאוֹת וּבָאָה אֶל־בֵּית הַגַּנָּב וְאֶל־בֵּית הַנִּשְׁבָּע בִּשְׁמִי לַשָּׁקֶר
ה וְלָנֶה בְּתוֹךְ בֵּיתוֹ וְכִלַּתּוּ וְאֶת־עֵצָיו וְאֶת־אֲבָנָיו׃ וַיֵּצֵא הַמַּלְאָךְ
הַדֹּבֵר בִּי וַיֹּאמֶר אֵלַי שָׂא נָא עֵינֶיךָ וּרְאֵה מָה הַיּוֹצֵאת הַזֹּאת׃
ו וָאֹמַר מַה־הִיא וַיֹּאמֶר זֹאת הָאֵיפָה הַיּוֹצֵאת וַיֹּאמֶר זֹאת עֵינָם
ז בְּכָל־הָאָרֶץ׃ וְהִנֵּה כִּכַּר עֹפֶרֶת נִשֵּׂאת וְזֹאת אִשָּׁה אַחַת יוֹשֶׁבֶת
ח בְּתוֹךְ הָאֵיפָה׃ וַיֹּאמֶר זֹאת הָרִשְׁעָה וַיַּשְׁלֵךְ אֹתָהּ אֶל־תּוֹךְ
ט הָאֵיפָה וַיַּשְׁלֵךְ אֶת־אֶבֶן הָעֹפֶרֶת אֶל־פִּיהָ׃ וָאֶשָּׂא
עֵינַי וָאֵרֶא וְהִנֵּה שְׁתַּיִם נָשִׁים יוֹצְאוֹת וְרוּחַ בְּכַנְפֵיהֶם וְלָהֵנָּה
כְנָפַיִם כְּכַנְפֵי הַחֲסִידָה וַתִּשֶּׂנָה אֶת־הָאֵיפָה בֵּין הָאָרֶץ וּבֵין
י הַשָּׁמָיִם׃ וָאֹמַר אֶל־הַמַּלְאָךְ הַדֹּבֵר בִּי אָנָה הֵמָּה מוֹלִכוֹת אֶת־
יא הָאֵיפָה׃ וַיֹּאמֶר אֵלַי לִבְנוֹת־לָה בַיִת בְּאֶרֶץ שִׁנְעָר וְהוּכַן
ו א וְהֻנִּיחָה שָּׁם עַל־מְכֻנָתָהּ׃ וָאָשֻׁב וָאֶשָּׂא עֵינַי
וָאֶרְאֶה וְהִנֵּה אַרְבַּע מַרְכָּבוֹת יֹצְאוֹת מִבֵּין שְׁנֵי הֶהָרִים
ב וְהֶהָרִים הָרֵי נְחֹשֶׁת׃ בַּמֶּרְכָּבָה הָרִאשֹׁנָה סוּסִים אֲדֻמִּים
ג וּבַמֶּרְכָּבָה הַשֵּׁנִית סוּסִים שְׁחֹרִים׃ וּבַמֶּרְכָּבָה הַשְּׁלִשִׁית סוּסִים
ד לְבָנִים וּבַמֶּרְכָּבָה הָרְבִעִית סוּסִים בְּרֻדִּים אֲמֻצִּים׃ וָאַעַן וָאֹמַר
ה אֶל־הַמַּלְאָךְ הַדֹּבֵר בִּי מָה־אֵלֶּה אֲדֹנִי׃ וַיַּעַן הַמַּלְאָךְ וַיֹּאמֶר
אֵלָי אֵלֶּה אַרְבַּע רֻחוֹת הַשָּׁמַיִם יוֹצְאוֹת מֵהִתְיַצֵּב עַל־אֲדוֹן
ו כָּל־הָאָרֶץ׃ אֲשֶׁר־בָּהּ הַסּוּסִים הַשְּׁחֹרִים יֹצְאִים אֶל־אֶרֶץ
צָפוֹן וְהַלְּבָנִים יָצְאוּ אֶל־אַחֲרֵיהֶם וְהַבְּרֻדִּים יָצְאוּ אֶל־אֶרֶץ
ז הַתֵּימָן׃ וְהָאֲמֻצִּים יָצְאוּ וַיְבַקְשׁוּ לָלֶכֶת לְהִתְהַלֵּךְ בָּאָרֶץ
ח וַיֹּאמֶר לְכוּ הִתְהַלְּכוּ בָאָרֶץ וַתִּתְהַלַּכְנָה בָּאָרֶץ׃ וַיַּזְעֵק אֹתִי

וַיְדַבֵּר אֵלַי לֵאמֹר רְאֵה הַיּוֹצְאִים אֶל־אֶרֶץ צָפוֹן הֵנִיחוּ אֶת־
ט רוּחִי בְּאֶרֶץ צָפוֹן׃ וַיְהִי דְבַר־יְהוָה אֵלַי לֵאמֹר׃
י לָקוֹחַ מֵאֵת הַגּוֹלָה מֵחֶלְדַּי וּמֵאֵת טוֹבִיָּה וּמֵאֵת יְדַעְיָה וּבָאתָ
אַתָּה בַּיּוֹם הַהוּא וּבָאתָ בֵּית יֹאשִׁיָּה בֶן־צְפַנְיָה אֲשֶׁר־בָּאוּ
יא מִבָּבֶל׃ וְלָקַחְתָּ כֶסֶף־וְזָהָב וְעָשִׂיתָ עֲטָרוֹת וְשַׂמְתָּ בְּרֹאשׁ
יב יְהוֹשֻׁעַ בֶּן־יְהוֹצָדָק הַכֹּהֵן הַגָּדוֹל׃ וְאָמַרְתָּ אֵלָיו לֵאמֹר כֹּה
אָמַר יְהוָה צְבָאוֹת לֵאמֹר הִנֵּה־אִישׁ צֶמַח שְׁמוֹ וּמִתַּחְתָּיו
יג יִצְמָח וּבָנָה אֶת־הֵיכַל יְהוָה׃ וְהוּא יִבְנֶה אֶת־הֵיכַל יְהוָה וְהוּא־
יִשָּׂא הוֹד וְיָשַׁב וּמָשַׁל עַל־כִּסְאוֹ וְהָיָה כֹהֵן עַל־כִּסְאוֹ וַעֲצַת
יד שָׁלוֹם תִּהְיֶה בֵּין שְׁנֵיהֶם׃ וְהָעֲטָרֹת תִּהְיֶה לְחֵלֶם וּלְטוֹבִיָּה יח
טו וְלִידַעְיָה וּלְחֵן בֶּן־צְפַנְיָה לְזִכָּרוֹן בְּהֵיכַל יְהוָה׃ וּרְחוֹקִים יָבֹאוּ
וּבָנוּ בְּהֵיכַל יְהוָה וִידַעְתֶּם כִּי־יְהוָה צְבָאוֹת שְׁלָחַנִי אֲלֵיכֶם וְהָיָה
ז א אִם־שָׁמוֹעַ תִּשְׁמְעוּן בְּקוֹל יְהוָה אֱלֹהֵיכֶם׃ וַיְהִי
בִּשְׁנַת אַרְבַּע לְדָרְיָוֶשׁ הַמֶּלֶךְ הָיָה דְבַר־יְהוָה אֶל־זְכַרְיָה
ב בְּאַרְבָּעָה לַחֹדֶשׁ הַתְּשִׁעִי בְּכִסְלֵו׃ וַיִּשְׁלַח בֵּית־אֵל שַׂרְאֶצֶר
ג וְרֶגֶם מֶלֶךְ וַאֲנָשָׁיו לְחַלּוֹת אֶת־פְּנֵי יְהוָה׃ לֵאמֹר אֶל־
הַכֹּהֲנִים אֲשֶׁר לְבֵית־יְהוָה צְבָאוֹת וְאֶל־הַנְּבִיאִים לֵאמֹר
הַאֶבְכֶּה בַּחֹדֶשׁ הַחֲמִשִׁי הִנָּזֵר כַּאֲשֶׁר עָשִׂיתִי זֶה כַּמֶּה
ד שָׁנִים׃ וַיְהִי דְבַר־יְהוָה צְבָאוֹת אֵלַי לֵאמֹר׃
ה אֱמֹר אֶל־כָּל־עַם הָאָרֶץ וְאֶל־הַכֹּהֲנִים לֵאמֹר כִּי־צַמְתֶּם וְסָפוֹד
ו בַּחֲמִישִׁי וּבַשְּׁבִיעִי וְזֶה שִׁבְעִים שָׁנָה הֲצוֹם צַמְתֻּנִי אָנִי׃ וְכִי
ז תֹאכְלוּ וְכִי תִשְׁתּוּ הֲלוֹא אַתֶּם הָאֹכְלִים וְאַתֶּם הַשֹּׁתִים׃ הֲלוֹא
אֶת־הַדְּבָרִים אֲשֶׁר קָרָא יְהוָה בְּיַד הַנְּבִיאִים הָרִאשֹׁנִים בִּהְיוֹת
יְרוּשָׁלַםִ יֹשֶׁבֶת וּשְׁלֵוָה וְעָרֶיהָ סְבִיבֹתֶיהָ וְהַנֶּגֶב וְהַשְּׁפֵלָה
ח ט יֹשֵׁב׃ וַיְהִי דְבַר־יְהוָה אֶל־זְכַרְיָה לֵאמֹר׃ כֹּה
אָמַר יְהוָה צְבָאוֹת לֵאמֹר מִשְׁפַּט אֱמֶת שְׁפֹטוּ וְחֶסֶד וְרַחֲמִים
י עֲשׂוּ אִישׁ אֶת־אָחִיו׃ וְאַלְמָנָה וְיָתוֹם גֵּר וְעָנִי אַל־תַּעֲשֹׁקוּ

יא וְרָעַת אִישׁ אָחִיו אַל־תַּחְשְׁבוּ בִּלְבַבְכֶם׃ וַיְמָאֲנוּ לְהַקְשִׁיב
יב וַיִּתְּנוּ כָתֵף סֹרָרֶת וְאָזְנֵיהֶם הִכְבִּידוּ מִשְּׁמוֹעַ׃ וְלִבָּם שָׂמוּ שָׁמִיר
מִשְּׁמוֹעַ אֶת־הַתּוֹרָה וְאֶת־הַדְּבָרִים אֲשֶׁר שָׁלַח יְהוָה צְבָאוֹת
בְּרוּחוֹ בְּיַד הַנְּבִיאִים הָרִאשֹׁנִים וַיְהִי קֶצֶף גָּדוֹל מֵאֵת יְהוָה
יג צְבָאוֹת׃ וַיְהִי כַאֲשֶׁר־קָרָא וְלֹא שָׁמֵעוּ כֵּן יִקְרְאוּ וְלֹא אֶשְׁמָע
יד אָמַר יְהוָה צְבָאוֹת׃ וְאֵסָעֲרֵם עַל כָּל־הַגּוֹיִם אֲשֶׁר לֹא־יְדָעוּם
וְהָאָרֶץ נָשַׁמָּה אַחֲרֵיהֶם מֵעֹבֵר וּמִשָּׁב וַיָּשִׂימוּ אֶרֶץ־חֶמְדָּה
ח א ב לְשַׁמָּה׃ וַיְהִי דְּבַר־יְהוָה צְבָאוֹת לֵאמֹר׃ כֹּה
אָמַר יְהוָה צְבָאוֹת קִנֵּאתִי לְצִיּוֹן קִנְאָה גְדוֹלָה וְחֵמָה גְדוֹלָה
ג קִנֵּאתִי לָהּ׃ כֹּה אָמַר יְהוָה שַׁבְתִּי אֶל־צִיּוֹן וְשָׁכַנְתִּי
בְּתוֹךְ יְרוּשָׁלָ͏ִם וְנִקְרְאָה יְרוּשָׁלַ͏ִם עִיר הָאֱמֶת וְהַר־יְהוָה
ד צְבָאוֹת הַר הַקֹּדֶשׁ׃ כֹּה אָמַר יְהוָה צְבָאוֹת עֹד
יֵשְׁבוּ זְקֵנִים וּזְקֵנוֹת בִּרְחֹבוֹת יְרוּשָׁלָ͏ִם וְאִישׁ מִשְׁעַנְתּוֹ בְּיָדוֹ
ה מֵרֹב יָמִים׃ וּרְחֹבוֹת הָעִיר יִמָּלְאוּ יְלָדִים וִילָדוֹת מְשַׂחֲקִים
ו בִּרְחֹבֹתֶיהָ׃ כֹּה אָמַר יְהוָה צְבָאוֹת כִּי יִפָּלֵא
בְּעֵינֵי שְׁאֵרִית הָעָם הַזֶּה בַּיָּמִים הָהֵם גַּם־בְּעֵינַי יִפָּלֵא נְאֻם
ז יְהוָה צְבָאוֹת׃ כֹּה אָמַר יְהוָה צְבָאוֹת הִנְנִי
ח מוֹשִׁיעַ אֶת־עַמִּי מֵאֶרֶץ מִזְרָח וּמֵאֶרֶץ מְבוֹא הַשָּׁמֶשׁ׃ וְהֵבֵאתִי
אֹתָם וְשָׁכְנוּ בְּתוֹךְ יְרוּשָׁלָ͏ִם וְהָיוּ־לִי לְעָם וַאֲנִי אֶהְיֶה לָהֶם
ט לֵאלֹהִים בֶּאֱמֶת וּבִצְדָקָה׃ כֹּה־אָמַר יְהוָה
צְבָאוֹת תֶּחֱזַקְנָה יְדֵיכֶם הַשֹּׁמְעִים בַּיָּמִים הָאֵלֶּה אֵת הַדְּבָרִים
הָאֵלֶּה מִפִּי הַנְּבִיאִים אֲשֶׁר בְּיוֹם יֻסַּד בֵּית־יְהוָה צְבָאוֹת
י הַהֵיכָל לְהִבָּנוֹת׃ כִּי לִפְנֵי הַיָּמִים הָהֵם שְׂכַר הָאָדָם לֹא נִהְיָה
וּשְׂכַר הַבְּהֵמָה אֵינֶנָּה וְלַיּוֹצֵא וְלַבָּא אֵין־שָׁלוֹם מִן־הַצָּר וַאֲשַׁלַּח
יא אֶת־כָּל־הָאָדָם אִישׁ בְּרֵעֵהוּ׃ וְעַתָּה לֹא כַיָּמִים הָרִאשֹׁנִים אֲנִי
יב לִשְׁאֵרִית הָעָם הַזֶּה נְאֻם יְהוָה צְבָאוֹת׃ כִּי־זֶרַע הַשָּׁלוֹם
הַגֶּפֶן תִּתֵּן פִּרְיָהּ וְהָאָרֶץ תִּתֵּן אֶת־יְבוּלָהּ וְהַשָּׁמַיִם יִתְּנוּ

יג טַלָּם וְהִנְחַלְתִּי אֶת־שְׁאֵרִית הָעָם הַזֶּה אֶת־כָּל־אֵלֶּה׃ וְהָיָה
כַּאֲשֶׁר הֱיִיתֶם קְלָלָה בַּגּוֹיִם בֵּית יְהוּדָה וּבֵית יִשְׂרָאֵל
כֵּן אוֹשִׁיעַ אֶתְכֶם וִהְיִיתֶם בְּרָכָה אַל־תִּירָאוּ תֶּחֱזַקְנָה
יד יְדֵיכֶם׃ כִּי כֹה אָמַר יְהוָה צְבָאוֹת כַּאֲשֶׁר
זָמַמְתִּי לְהָרַע לָכֶם בְּהַקְצִיף אֲבֹתֵיכֶם אֹתִי אָמַר יְהוָה צְבָאוֹת
טו וְלֹא נִחָמְתִּי׃ כֵּן שַׁבְתִּי זָמַמְתִּי בַּיָּמִים הָאֵלֶּה לְהֵיטִיב אֶת־
טז יְרוּשָׁלִַם וְאֶת־בֵּית יְהוּדָה אַל־תִּירָאוּ׃ אֵלֶּה הַדְּבָרִים אֲשֶׁר
תַּעֲשׂוּ דַּבְּרוּ אֱמֶת אִישׁ אֶת־רֵעֵהוּ אֱמֶת וּמִשְׁפַּט שָׁלוֹם שִׁפְטוּ
יז בְּשַׁעֲרֵיכֶם׃ וְאִישׁ ׀ אֶת־רָעַת רֵעֵהוּ אַל־תַּחְשְׁבוּ בִּלְבַבְכֶם
וּשְׁבֻעַת שֶׁקֶר אַל־תֶּאֱהָבוּ כִּי אֶת־כָּל־אֵלֶּה אֲשֶׁר שָׂנֵאתִי נְאֻם־
יח יט יְהוָה׃ וַיְהִי דְּבַר־יְהוָה צְבָאוֹת אֵלַי לֵאמֹר׃ כֹּה־
אָמַר יְהוָה צְבָאוֹת צוֹם הָרְבִיעִי וְצוֹם הַחֲמִישִׁי וְצוֹם הַשְּׁבִיעִי
וְצוֹם הָעֲשִׂירִי יִהְיֶה לְבֵית־יְהוּדָה לְשָׂשׂוֹן וּלְשִׂמְחָה וּלְמֹעֲדִים
כ טוֹבִים וְהָאֱמֶת וְהַשָּׁלוֹם אֱהָבוּ׃ כֹּה אָמַר יְהוָה
כא צְבָאוֹת עֹד אֲשֶׁר יָבֹאוּ עַמִּים וְיֹשְׁבֵי עָרִים רַבּוֹת׃ וְהָלְכוּ יוֹשְׁבֵי
אַחַת אֶל־אַחַת לֵאמֹר נֵלְכָה הָלוֹךְ לְחַלּוֹת אֶת־פְּנֵי יְהוָה
כב וּלְבַקֵּשׁ אֶת־יְהוָה צְבָאוֹת אֵלְכָה גַּם־אָנִי׃ וּבָאוּ עַמִּים רַבִּים
וְגוֹיִם עֲצוּמִים לְבַקֵּשׁ אֶת־יְהוָה צְבָאוֹת בִּירוּשָׁלִָם וּלְחַלּוֹת
יט כג אֶת־פְּנֵי יְהוָה׃ כֹּה־אָמַר יְהוָה צְבָאוֹת בַּיָּמִים
הָהֵמָּה אֲשֶׁר יַחֲזִיקוּ עֲשָׂרָה אֲנָשִׁים מִכֹּל לְשֹׁנוֹת הַגּוֹיִם וְהֶחֱזִיקוּ
בִּכְנַף אִישׁ יְהוּדִי לֵאמֹר נֵלְכָה עִמָּכֶם כִּי שָׁמַעְנוּ אֱלֹהִים
ט א עִמָּכֶם׃ מַשָּׂא דְבַר־יְהוָה בְּאֶרֶץ חַדְרָךְ וְדַמֶּשֶׂק
ב מְנֻחָתוֹ כִּי לַיהוָה עֵין אָדָם וְכֹל שִׁבְטֵי יִשְׂרָאֵל׃ וְגַם־חֲמָת
ג תִּגְבָּל־בָּהּ צֹר וְצִידוֹן כִּי חָכְמָה מְאֹד׃ וַתִּבֶן צֹר מָצוֹר לָהּ
ד וַתִּצְבָּר־כֶּסֶף כֶּעָפָר וְחָרוּץ כְּטִיט חוּצוֹת׃ הִנֵּה אֲדֹנָי יוֹרִשֶׁנָּה
ה וְהִכָּה בַיָּם חֵילָהּ וְהִיא בָּאֵשׁ תֵּאָכֵל׃ תֵּרֶא אַשְׁקְלוֹן וְתִירָא
וְעַזָּה וְתָחִיל מְאֹד וְעֶקְרוֹן כִּי־הֹבִישׁ מֶבָּטָהּ וְאָבַד מֶלֶךְ מֵעַזָּה

ו וְאַשְׁקְלוֹן לֹא תֵשֵׁב׃ וְיָשַׁב מַמְזֵר בְּאַשְׁדּוֹד וְהִכְרַתִּי גְּאוֹן
ז פְלִשְׁתִּים׃ וַהֲסִרֹתִי דָמָיו מִפִּיו וְשִׁקֻּצָיו מִבֵּין שִׁנָּיו וְנִשְׁאַר גַּם־
ח הוּא לֵאלֹהֵינוּ וְהָיָה כְּאַלֻּף בִּיהוּדָה וְעֶקְרוֹן כִּיבוּסִי׃ וְחָנִיתִי
לְבֵיתִי מִצָּבָה מֵעֹבֵר וּמִשָּׁב וְלֹא־יַעֲבֹר עֲלֵיהֶם עוֹד נֹגֵשׂ כִּי
ט עַתָּה רָאִיתִי בְעֵינָי׃ גִּילִי מְאֹד בַּת־צִיּוֹן הָרִיעִי
בַּת יְרוּשָׁלַ͏ִם הִנֵּה מַלְכֵּךְ יָבוֹא לָךְ צַדִּיק וְנוֹשָׁע הוּא עָנִי וְרֹכֵב
י עַל־חֲמוֹר וְעַל־עַיִר בֶּן־אֲתֹנוֹת׃ וְהִכְרַתִּי־רֶכֶב מֵאֶפְרַיִם וְסוּס
מִירוּשָׁלַ͏ִם וְנִכְרְתָה קֶשֶׁת מִלְחָמָה וְדִבֶּר שָׁלוֹם לַגּוֹיִם וּמָשְׁלוֹ
יא מִיָּם עַד־יָם וּמִנָּהָר עַד־אַפְסֵי־אָרֶץ׃ גַּם־אַתְּ בְּדַם־בְּרִיתֵךְ
יב שִׁלַּחְתִּי אֲסִירַיִךְ מִבּוֹר אֵין מַיִם בּוֹ׃ שׁוּבוּ לְבִצָּרוֹן אֲסִירֵי
יג הַתִּקְוָה גַּם־הַיּוֹם מַגִּיד מִשְׁנֶה אָשִׁיב לָךְ׃ כִּי־דָרַכְתִּי לִי יְהוּדָה
קֶשֶׁת מִלֵּאתִי אֶפְרַיִם וְעוֹרַרְתִּי בָנַיִךְ צִיּוֹן עַל־בָּנַיִךְ יָוָן וְשַׂמְתִּיךְ
יד כְּחֶרֶב גִּבּוֹר׃ וַיהוָה עֲלֵיהֶם יֵרָאֶה וְיָצָא כַבָּרָק חִצּוֹ וַאדֹנָי יֱהֹוִה
טו בַּשּׁוֹפָר יִתְקָע וְהָלַךְ בְּסַעֲרוֹת תֵּימָן׃ יְהוָה צְבָאוֹת יָגֵן עֲלֵיהֶם
וְאָכְלוּ וְכָבְשׁוּ אַבְנֵי־קֶלַע וְשָׁתוּ הָמוּ כְּמוֹ־יָיִן וּמָלְאוּ כַּמִּזְרָק
טז כְּזָוִיּוֹת מִזְבֵּחַ׃ וְהוֹשִׁיעָם יְהוָה אֱלֹהֵיהֶם בַּיּוֹם הַהוּא כְּצֹאן עַמּוֹ
יז כִּי אַבְנֵי־נֵזֶר מִתְנוֹסְסוֹת עַל־אַדְמָתוֹ׃ כִּי מַה־טּוּבוֹ וּמַה־יָּפְיוֹ
י א דָּגָן בַּחוּרִים וְתִירוֹשׁ יְנוֹבֵב בְּתֻלוֹת׃ שַׁאֲלוּ מֵיְהוָה מָטָר בְּעֵת
מַלְקוֹשׁ יְהוָה עֹשֶׂה חֲזִיזִים וּמְטַר־גֶּשֶׁם יִתֵּן לָהֶם לְאִישׁ עֵשֶׂב
ב בַּשָּׂדֶה׃ כִּי הַתְּרָפִים דִּבְּרוּ־אָוֶן וְהַקּוֹסְמִים חָזוּ שֶׁקֶר וַחֲלֹמוֹת
הַשָּׁוְא יְדַבֵּרוּ הֶבֶל יְנַחֵמוּן עַל־כֵּן נָסְעוּ כְמוֹ־צֹאן יַעֲנוּ כִּי־אֵין
ג רֹעֶה׃ עַל־הָרֹעִים חָרָה אַפִּי וְעַל־הָעַתּוּדִים
אֶפְקוֹד כִּי־פָקַד יְהוָה צְבָאוֹת אֶת־עֶדְרוֹ אֶת־בֵּית יְהוּדָה וְשָׂם
ד אוֹתָם כְּסוּס הוֹדוֹ בַּמִּלְחָמָה׃ מִמֶּנּוּ פִנָּה מִמֶּנּוּ יָתֵד מִמֶּנּוּ קֶשֶׁת
ה מִלְחָמָה מִמֶּנּוּ יֵצֵא כָל־נוֹגֵשׂ יַחְדָּו׃ וְהָיוּ כְגִבֹּרִים בּוֹסִים בְּטִיט
חוּצוֹת בַּמִּלְחָמָה וְנִלְחֲמוּ כִּי יְהוָה עִמָּם וְהֹבִישׁוּ רֹכְבֵי סוּסִים׃
ו וְגִבַּרְתִּי ׀ אֶת־בֵּית יְהוּדָה וְאֶת־בֵּית יוֹסֵף אוֹשִׁיעַ וְהוֹשְׁבוֹתִים

כִּי רִחַמְתִּים וְהָיוּ כַּאֲשֶׁר לֹא־זְנַחְתִּים כִּי אֲנִי יְהוָה אֱלֹהֵיהֶם
ז וְאֶעֱנֵם׃ וְהָיוּ כְגִבּוֹר אֶפְרַיִם וְשָׂמַח לִבָּם כְּמוֹ־יָיִן וּבְנֵיהֶם יִרְאוּ
ח וְשָׂמֵחוּ יָגֵל לִבָּם בַּיהוָה׃ אֶשְׁרְקָה לָהֶם וַאֲקַבְּצֵם כִּי פְדִיתִים
ט וְרָבוּ כְּמוֹ רָבוּ׃ וָאֶזְרָעֵם בָּעַמִּים וּבַמֶּרְחַקִּים יִזְכְּרוּנִי וְחָיוּ אֶת־
י בְּנֵיהֶם וָשָׁבוּ׃ וַהֲשֵׁבוֹתִים מֵאֶרֶץ מִצְרַיִם וּמֵאַשּׁוּר אֲקַבְּצֵם וְאֶל־
יא אֶרֶץ גִּלְעָד וּלְבָנוֹן אֲבִיאֵם וְלֹא יִמָּצֵא לָהֶם׃ וְעָבַר בַּיָּם צָרָה
וְהִכָּה בַיָּם גַּלִּים וְהֹבִישׁוּ כֹּל מְצוּלוֹת יְאֹר וְהוּרַד גְּאוֹן אַשּׁוּר
יב וְשֵׁבֶט מִצְרַיִם יָסוּר׃ וְגִבַּרְתִּים בַּיהוָה וּבִשְׁמוֹ יִתְהַלָּכוּ נְאֻם
יא א יְהוָה׃ פְּתַח לְבָנוֹן דְּלָתֶיךָ וְתֹאכַל אֵשׁ בַּאֲרָזֶיךָ׃
ב הֵילֵל בְּרוֹשׁ כִּי־נָפַל אֶרֶז אֲשֶׁר אַדִּרִים שֻׁדָּדוּ הֵילִילוּ אַלּוֹנֵי בָשָׁן
ג כִּי יָרַד יַעַר הבצור׃ קוֹל יִלְלַת הָרֹעִים כִּי שֻׁדְּדָה אַדַּרְתָּם קוֹל הַבָּצִיר
ד שַׁאֲגַת כְּפִירִים כִּי שֻׁדַּד גְּאוֹן הַיַּרְדֵּן׃ כֹּה אָמַר
ה יְהוָה אֱלֹהָי רְעֵה אֶת־צֹאן הַהֲרֵגָה׃ אֲשֶׁר קֹנֵיהֶן יַהַרְגֻן וְלֹא
יֶאְשָׁמוּ וּמֹכְרֵיהֶן יֹאמַר בָּרוּךְ יְהוָה וַאעְשִׁר וְרֹעֵיהֶם לֹא יַחְמוֹל
ו עֲלֵיהֶן׃ כִּי לֹא אֶחְמוֹל עוֹד עַל־יֹשְׁבֵי הָאָרֶץ נְאֻם־יְהוָה וְהִנֵּה
אָנֹכִי מַמְצִיא אֶת־הָאָדָם אִישׁ בְּיַד־רֵעֵהוּ וּבְיַד מַלְכּוֹ וְכִתְּתוּ
ז אֶת־הָאָרֶץ וְלֹא אַצִּיל מִיָּדָם׃ וָאֶרְעֶה אֶת־צֹאן הַהֲרֵגָה לָכֵן
עֲנִיֵּי הַצֹּאן וָאֶקַּח־לִי שְׁנֵי מַקְלוֹת לְאַחַד קָרָאתִי נֹעַם וּלְאַחַד
ח קָרָאתִי חֹבְלִים וָאֶרְעֶה אֶת־הַצֹּאן׃ וָאַכְחִד אֶת־שְׁלֹשֶׁת הָרֹעִים
ט בְּיֶרַח אֶחָד וַתִּקְצַר נַפְשִׁי בָּהֶם וְגַם־נַפְשָׁם בָּחֲלָה בִי׃ וָאֹמַר לֹא
אֶרְעֶה אֶתְכֶם הַמֵּתָה תָמוּת וְהַנִּכְחֶדֶת תִּכָּחֵד וְהַנִּשְׁאָרוֹת
י תֹּאכַלְנָה אִשָּׁה אֶת־בְּשַׂר רְעוּתָהּ׃ וָאֶקַּח אֶת־מַקְלִי אֶת־נֹעַם
וָאֶגְדַּע אֹתוֹ לְהָפֵיר אֶת־בְּרִיתִי אֲשֶׁר כָּרַתִּי אֶת־כָּל־הָעַמִּים׃
יא וַתֻּפַר בַּיּוֹם הַהוּא וַיֵּדְעוּ כֵן עֲנִיֵּי הַצֹּאן הַשֹּׁמְרִים אֹתִי כִּי דְבַר־
יב יְהוָה הוּא׃ וָאֹמַר אֲלֵיהֶם אִם־טוֹב בְּעֵינֵיכֶם הָבוּ שְׂכָרִי וְאִם־
יג לֹא ׀ חֲדָלוּ וַיִּשְׁקְלוּ אֶת־שְׂכָרִי שְׁלֹשִׁים כָּסֶף׃ וַיֹּאמֶר יְהוָה אֵלַי
הַשְׁלִיכֵהוּ אֶל־הַיּוֹצֵר אֶדֶר הַיְקָר אֲשֶׁר יָקַרְתִּי מֵעֲלֵיהֶם וָאֶקְחָה

יד שְׁלֹשִׁים הַכֶּסֶף וָאַשְׁלִיךְ אֹתוֹ בֵּית יהוה אֶל־הַיּוֹצֵר: וָאֶגְדַּע
אֶת־מַקְלִי הַשֵּׁנִי אֵת הַחֹבְלִים לְהָפֵר אֶת־הָאַחֲוָה בֵּין יְהוּדָה
טו וּבֵין יִשְׂרָאֵל: וַיֹּאמֶר יהוה אֵלָי עוֹד קַח־לְךָ כְּלִי
טז רֹעֶה אֱוִלִי: כִּי הִנֵּה־אָנֹכִי מֵקִים רֹעֶה בָּאָרֶץ הַנִּכְחָדוֹת לֹא־
יִפְקֹד הַנַּעַר לֹא־יְבַקֵּשׁ וְהַנִּשְׁבֶּרֶת לֹא יְרַפֵּא הַנִּצָּבָה לֹא יְכַלְכֵּל
יז וּבְשַׂר הַבְּרִיאָה יֹאכַל וּפַרְסֵיהֶן יְפָרֵק: הוֹי רֹעִי הָאֱלִיל עֹזְבִי
הַצֹּאן חֶרֶב עַל־זְרוֹעוֹ וְעַל־עֵין יְמִינוֹ זְרֹעוֹ יָבוֹשׁ תִּיבָשׁ וְעֵין
יב א יְמִינוֹ כָּהֹה תִכְהֶה: מַשָּׂא דְבַר־יהוה עַל־ כ
יִשְׂרָאֵל נְאֻם־יהוה נֹטֶה שָׁמַיִם וְיֹסֵד אָרֶץ וְיֹצֵר רוּחַ־אָדָם
ב בְּקִרְבּוֹ: הִנֵּה אָנֹכִי שָׂם אֶת־יְרוּשָׁלַםִ סַף־רַעַל לְכָל־הָעַמִּים
ג סָבִיב וְגַם עַל־יְהוּדָה יִהְיֶה בַמָּצוֹר עַל־יְרוּשָׁלָםִ: וְהָיָה בַיּוֹם־
הַהוּא אָשִׂים אֶת־יְרוּשָׁלַםִ אֶבֶן מַעֲמָסָה לְכָל־הָעַמִּים כָּל־
ד עֹמְסֶיהָ שָׂרוֹט יִשָּׂרֵטוּ וְנֶאֶסְפוּ עָלֶיהָ כֹּל גּוֹיֵי הָאָרֶץ: בַּיּוֹם הַהוּא
נְאֻם־יהוה אַכֶּה כָל־סוּס בַּתִּמָּהוֹן וְרֹכְבוֹ בַּשִּׁגָּעוֹן וְעַל־בֵּית
ה יְהוּדָה אֶפְקַח אֶת־עֵינַי וְכֹל סוּס הָעַמִּים אַכֶּה בַּעִוָּרוֹן: וְאָמְרוּ
אַלֻּפֵי יְהוּדָה בְּלִבָּם אַמְצָה לִי יֹשְׁבֵי יְרוּשָׁלַםִ בַּיהוה צְבָאוֹת
ו אֱלֹהֵיהֶם: בַּיּוֹם הַהוּא אָשִׂים אֶת־אַלֻּפֵי יְהוּדָה כְּכִיּוֹר אֵשׁ
בְּעֵצִים וּכְלַפִּיד אֵשׁ בְּעָמִיר וְאָכְלוּ עַל־יָמִין וְעַל־שְׂמֹאול אֶת־
כָּל־הָעַמִּים סָבִיב וְיָשְׁבָה יְרוּשָׁלַםִ עוֹד תַּחְתֶּיהָ בִּירוּשָׁלָםִ:
ז וְהוֹשִׁיעַ יהוה אֶת־אָהֳלֵי יְהוּדָה בָּרִאשֹׁנָה לְמַעַן לֹא־תִגְדַּל
ח תִּפְאֶרֶת בֵּית־דָּוִיד וְתִפְאֶרֶת יֹשֵׁב יְרוּשָׁלַםִ עַל־יְהוּדָה: בַּיּוֹם
הַהוּא יָגֵן יהוה בְּעַד יוֹשֵׁב יְרוּשָׁלַםִ וְהָיָה הַנִּכְשָׁל בָּהֶם בַּיּוֹם
ט הַהוּא כְּדָוִיד וּבֵית דָּוִיד כֵּאלֹהִים כְּמַלְאַךְ יהוה לִפְנֵיהֶם: וְהָיָה
בַּיּוֹם הַהוּא אֲבַקֵּשׁ לְהַשְׁמִיד אֶת־כָּל־הַגּוֹיִם הַבָּאִים עַל־
י יְרוּשָׁלָםִ: וְשָׁפַכְתִּי עַל־בֵּית דָּוִיד וְעַל ׀ יוֹשֵׁב יְרוּשָׁלַםִ רוּחַ חֵן
וְתַחֲנוּנִים וְהִבִּיטוּ אֵלַי אֵת אֲשֶׁר־דָּקָרוּ וְסָפְדוּ עָלָיו כְּמִסְפֵּד עַל־
יא הַיָּחִיד וְהָמֵר עָלָיו כְּהָמֵר עַל־הַבְּכוֹר: בַּיּוֹם הַהוּא יִגְדַּל הַמִּסְפֵּד

יב בִּירוּשָׁלִַם כְּמִסְפַּד הֲדַדְרִמּוֹן בְּבִקְעַת מְגִדּוֹן׃ וְסָפְדָה הָאָרֶץ
מִשְׁפָּחוֹת מִשְׁפָּחוֹת לְבָד מִשְׁפַּחַת בֵּית־דָּוִיד לְבָד וּנְשֵׁיהֶם לְבָד
יג מִשְׁפַּחַת בֵּית־נָתָן לְבָד וּנְשֵׁיהֶם לְבָד׃ מִשְׁפַּחַת בֵּית־לֵוִי
יד לְבָד וּנְשֵׁיהֶם לְבָד מִשְׁפַּחַת הַשִּׁמְעִי לְבָד וּנְשֵׁיהֶם לְבָד׃ כֹּל
הַמִּשְׁפָּחוֹת הַנִּשְׁאָרוֹת מִשְׁפָּחֹת מִשְׁפָּחֹת לְבָד וּנְשֵׁיהֶם לְבָד׃
יג א בַּיּוֹם הַהוּא יִהְיֶה מָקוֹר נִפְתָּח לְבֵית דָּוִיד וּלְיֹשְׁבֵי יְרוּשָׁלִָם
ב לְחַטַּאת וּלְנִדָּה׃ וְהָיָה בַיּוֹם הַהוּא נְאֻם ׀ יְהוָה צְבָאוֹת אַכְרִית
אֶת־שְׁמוֹת הָעֲצַבִּים מִן־הָאָרֶץ וְלֹא יִזָּכְרוּ עוֹד וְגַם אֶת־
ג הַנְּבִיאִים וְאֶת־רוּחַ הַטֻּמְאָה אַעֲבִיר מִן־הָאָרֶץ׃ וְהָיָה כִּי־יִנָּבֵא
אִישׁ עוֹד וְאָמְרוּ אֵלָיו אָבִיו וְאִמּוֹ יֹלְדָיו לֹא תִחְיֶה כִּי שֶׁקֶר
ד דִּבַּרְתָּ בְּשֵׁם יְהוָה וּדְקָרֻהוּ אָבִיהוּ וְאִמּוֹ יֹלְדָיו בְּהִנָּבְאוֹ׃ וְהָיָה ׀
בַּיּוֹם הַהוּא יֵבֹשׁוּ הַנְּבִיאִים אִישׁ מֵחֶזְיֹנוֹ בְּהִנָּבְאֹתוֹ וְלֹא
ה יִלְבְּשׁוּ אַדֶּרֶת שֵׂעָר לְמַעַן כַּחֵשׁ׃ וְאָמַר לֹא נָבִיא אָנֹכִי
ו אִישׁ־עֹבֵד אֲדָמָה אָנֹכִי כִּי־אָדָם הִקְנַנִי מִנְּעוּרָי׃ וְאָמַר
אֵלָיו מָה הַמַּכּוֹת הָאֵלֶּה בֵּין יָדֶיךָ וְאָמַר אֲשֶׁר הֻכֵּיתִי בֵּית
ז מְאַהֲבָי׃ חֶרֶב עוּרִי עַל־רֹעִי וְעַל־גֶּבֶר עֲמִיתִי
נְאֻם יְהוָה צְבָאוֹת הַךְ אֶת־הָרֹעֶה וּתְפוּצֶיןָ הַצֹּאן וַהֲשִׁבֹתִי יָדִי
ח עַל־הַצֹּעֲרִים׃ וְהָיָה בְכָל־הָאָרֶץ נְאֻם־יְהוָה פִּי־שְׁנַיִם בָּהּ יִכָּרְתוּ
ט יִגְוָעוּ וְהַשְּׁלִשִׁית יִוָּתֶר בָּהּ׃ וְהֵבֵאתִי אֶת־הַשְּׁלִשִׁית בָּאֵשׁ
וּצְרַפְתִּים כִּצְרֹף אֶת־הַכֶּסֶף וּבְחַנְתִּים כִּבְחֹן אֶת־הַזָּהָב הוּא ׀
יִקְרָא בִשְׁמִי וַאֲנִי אֶעֱנֶה אֹתוֹ אָמַרְתִּי עַמִּי הוּא וְהוּא יֹאמַר
יד א יְהוָה אֱלֹהָי׃ הִנֵּה יוֹם־בָּא לַיהוָה וְחֻלַּק שְׁלָלֵךְ
ב בְּקִרְבֵּךְ׃ וְאָסַפְתִּי אֶת־כָּל־הַגּוֹיִם ׀ אֶל־יְרוּשָׁלִַם לַמִּלְחָמָה
וְנִלְכְּדָה הָעִיר וְנָשַׁסּוּ הַבָּתִּים וְהַנָּשִׁים תִּשָּׁגַלְנָה וְיָצָא חֲצִי תִּשָּׁכַבְנָה
ג הָעִיר בַּגּוֹלָה וְיֶתֶר הָעָם לֹא יִכָּרֵת מִן־הָעִיר׃ וְיָצָא יְהוָה וְנִלְחַם
ד בַּגּוֹיִם הָהֵם כְּיוֹם הִלָּחֲמוֹ בְּיוֹם קְרָב׃ וְעָמְדוּ רַגְלָיו בַּיּוֹם־הַהוּא
עַל־הַר הַזֵּיתִים אֲשֶׁר עַל־פְּנֵי יְרוּשָׁלִַם מִקֶּדֶם וְנִבְקַע הַר הַזֵּיתִים

מֵחֶצְיוֹ מִזְרָחָה וָיָמָּה גֵּיא גְּדוֹלָה מְאֹד וּמָשׁ חֲצִי הָהָר צָפוֹנָה
ה וְחֶצְיוֹ נֶגְבָּה׃ וְנַסְתֶּם גֵּיא־הָרַי כִּי־יַגִּיעַ גֵּי־הָרִים אֶל־אָצַל וְנַסְתֶּם
כַּאֲשֶׁר נַסְתֶּם מִפְּנֵי הָרַעַשׁ בִּימֵי עֻזִּיָּה מֶלֶךְ־יְהוּדָה וּבָא יְהוָה
ו אֱלֹהַי כָּל־קְדֹשִׁים עִמָּךְ׃ וְהָיָה בַּיּוֹם הַהוּא לֹא־יִהְיֶה אוֹר יְקָרוֹת
ז יקפאון׃ וְהָיָה יוֹם־אֶחָד הוּא יִוָּדַע לַיהוָה לֹא־יוֹם וְלֹא־לָיְלָה וְקִפָּאוֹן
ח וְהָיָה לְעֵת־עֶרֶב יִהְיֶה־אוֹר׃ וְהָיָה ׀ בַּיּוֹם הַהוּא יֵצְאוּ מַיִם־חַיִּים
מִירוּשָׁלִַם חֶצְיָם אֶל־הַיָּם הַקַּדְמוֹנִי וְחֶצְיָם אֶל־הַיָּם הָאַחֲרוֹן
ט בַּקַּיִץ וּבָחֹרֶף יִהְיֶה׃ וְהָיָה יְהוָה לְמֶלֶךְ עַל־כָּל־הָאָרֶץ בַּיּוֹם
י הַהוּא יִהְיֶה יְהוָה אֶחָד וּשְׁמוֹ אֶחָד׃ יִסּוֹב כָּל־הָאָרֶץ כָּעֲרָבָה
מִגֶּבַע לְרִמּוֹן נֶגֶב יְרוּשָׁלִָם וְרָאֲמָה וְיָשְׁבָה תַחְתֶּיהָ לְמִשַּׁעַר
בִּנְיָמִן עַד־מְקוֹם שַׁעַר הָרִאשׁוֹן עַד־שַׁעַר הַפִּנִּים וּמִגְדַּל חֲנַנְאֵל
יא עַד יִקְבֵי הַמֶּלֶךְ׃ וְיָשְׁבוּ בָהּ וְחֵרֶם לֹא יִהְיֶה־עוֹד וְיָשְׁבָה יְרוּשָׁלִַם
יב לָבֶטַח׃ וְזֹאת ׀ תִּהְיֶה הַמַּגֵּפָה אֲשֶׁר יִגֹּף יְהוָה
אֶת־כָּל־הָעַמִּים אֲשֶׁר צָבְאוּ עַל־יְרוּשָׁלִָם הָמֵק ׀ בְּשָׂרוֹ וְהוּא
עֹמֵד עַל־רַגְלָיו וְעֵינָיו תִּמַּקְנָה בְחֹרֵיהֶן וּלְשׁוֹנוֹ תִּמַּק בְּפִיהֶם׃
יג וְהָיָה בַּיּוֹם הַהוּא תִּהְיֶה מְהוּמַת־יְהוָה רַבָּה בָּהֶם וְהֶחֱזִיקוּ אִישׁ
יד יַד רֵעֵהוּ וְעָלְתָה יָדוֹ עַל־יַד רֵעֵהוּ׃ וְגַם־יְהוּדָה תִּלָּחֵם בִּירוּשָׁלִָם
טו וְאֻסַּף חֵיל כָּל־הַגּוֹיִם סָבִיב זָהָב וָכֶסֶף וּבְגָדִים לָרֹב מְאֹד׃ וְכֵן
תִּהְיֶה מַגֵּפַת הַסּוּס הַפֶּרֶד הַגָּמָל וְהַחֲמוֹר וְכָל־הַבְּהֵמָה אֲשֶׁר
טז יִהְיֶה בַּמַּחֲנוֹת הָהֵמָּה כַּמַּגֵּפָה הַזֹּאת׃ וְהָיָה כָּל־הַנּוֹתָר מִכָּל־
הַגּוֹיִם הַבָּאִים עַל־יְרוּשָׁלִָם וְעָלוּ מִדֵּי שָׁנָה בְשָׁנָה לְהִשְׁתַּחֲוֺת
יז לְמֶלֶךְ יְהוָה צְבָאוֹת וְלָחֹג אֶת־חַג הַסֻּכּוֹת׃ וְהָיָה אֲשֶׁר לֹא־
יַעֲלֶה מֵאֵת מִשְׁפְּחוֹת הָאָרֶץ אֶל־יְרוּשָׁלִַם לְהִשְׁתַּחֲוֺת לְמֶלֶךְ
יח יְהוָה צְבָאוֹת וְלֹא עֲלֵיהֶם יִהְיֶה הַגָּשֶׁם׃ וְאִם־מִשְׁפַּחַת מִצְרַיִם
לֹא־תַעֲלֶה וְלֹא בָאָה וְלֹא עֲלֵיהֶם תִּהְיֶה הַמַּגֵּפָה אֲשֶׁר יִגֹּף
יְהוָה אֶת־הַגּוֹיִם אֲשֶׁר לֹא יַעֲלוּ לָחֹג אֶת־חַג הַסֻּכּוֹת׃
יט זֹאת תִּהְיֶה חַטַּאת מִצְרָיִם וְחַטַּאת כָּל־הַגּוֹיִם אֲשֶׁר לֹא

כ יַעֲלוּ לָחֹג אֶת־חַג הַסֻּכּוֹת: בַּיּוֹם הַהוּא יִהְיֶה עַל־מְצִלּוֹת
הַסּוּס קֹדֶשׁ לַיהוָה וְהָיָה הַסִּירוֹת בְּבֵית יְהוָה כַּמִּזְרָקִים
כא לִפְנֵי הַמִּזְבֵּחַ: וְהָיָה כָּל־סִיר בִּירוּשָׁלִַם וּבִיהוּדָה קֹדֶשׁ כא
לַיהוָה צְבָאוֹת וּבָאוּ כָּל־הַזֹּבְחִים וְלָקְחוּ מֵהֶם וּבִשְּׁלוּ בָהֶם
וְלֹא־יִהְיֶה כְנַעֲנִי עוֹד בְּבֵית־יְהוָה צְבָאוֹת בַּיּוֹם הַהוּא:

מלאכי

א ב מַשָּׂא דְבַר־יְהוָה אֶל־יִשְׂרָאֵל בְּיַד מַלְאָכִי: אָהַבְתִּי אֶתְכֶם א
אָמַר יְהוָה וַאֲמַרְתֶּם בַּמָּה אֲהַבְתָּנוּ הֲלוֹא־אָח עֵשָׂו לְיַעֲקֹב
ג נְאֻם־יְהוָה וָאֹהַב אֶת־יַעֲקֹב: וְאֶת־עֵשָׂו שָׂנֵאתִי וָאָשִׂים אֶת־
ד הָרָיו שְׁמָמָה וְאֶת־נַחֲלָתוֹ לְתַנּוֹת מִדְבָּר: כִּי־תֹאמַר אֱדוֹם
רֻשַּׁשְׁנוּ וְנָשׁוּב וְנִבְנֶה חֳרָבוֹת כֹּה אָמַר יְהוָה צְבָאוֹת הֵמָּה יִבְנוּ
וַאֲנִי אֶהֱרוֹס וְקָרְאוּ לָהֶם גְּבוּל רִשְׁעָה וְהָעָם אֲשֶׁר־זָעַם יְהוָה
ה עַד־עוֹלָם: וְעֵינֵיכֶם תִּרְאֶינָה וְאַתֶּם תֹּאמְרוּ יִגְדַּל יְהוָה מֵעַל
ו לִגְבוּל יִשְׂרָאֵל: בֵּן יְכַבֵּד אָב וְעֶבֶד אֲדֹנָיו וְאִם־אָב אָנִי אַיֵּה
כְבוֹדִי וְאִם־אֲדוֹנִים אָנִי אַיֵּה מוֹרָאִי אָמַר ׀ יְהוָה צְבָאוֹת לָכֶם
ז הַכֹּהֲנִים בּוֹזֵי שְׁמִי וַאֲמַרְתֶּם בַּמֶּה בָזִינוּ אֶת־שְׁמֶךָ: מַגִּישִׁים
עַל־מִזְבְּחִי לֶחֶם מְגֹאָל וַאֲמַרְתֶּם בַּמֶּה גֵאַלְנוּךָ בֶּאֱמָרְכֶם שֻׁלְחַן
ח יְהוָה נִבְזֶה הוּא: וְכִי־תַגִּשׁוּן עִוֵּר לִזְבֹּחַ אֵין רָע וְכִי תַגִּישׁוּ
פִּסֵּחַ וְחֹלֶה אֵין רָע הַקְרִיבֵהוּ נָא לְפֶחָתֶךָ הֲיִרְצְךָ אוֹ הֲיִשָּׂא
ט פָנֶיךָ אָמַר יְהוָה צְבָאוֹת: וְעַתָּה חַלּוּ־נָא פְנֵי־אֵל וִיחָנֵנוּ מִיֶּדְכֶם
י הָיְתָה זֹּאת הֲיִשָּׂא מִכֶּם פָּנִים אָמַר יְהוָה צְבָאוֹת: מִי גַם־בָּכֶם
וְיִסְגֹּר דְּלָתַיִם וְלֹא־תָאִירוּ מִזְבְּחִי חִנָּם אֵין־לִי חֵפֶץ בָּכֶם אָמַר
יא יְהוָה צְבָאוֹת וּמִנְחָה לֹא־אֶרְצֶה מִיֶּדְכֶם: כִּי מִמִּזְרַח־שֶׁמֶשׁ
וְעַד־מְבוֹאוֹ גָּדוֹל שְׁמִי בַּגּוֹיִם וּבְכָל־מָקוֹם מֻקְטָר מֻגָּשׁ לִשְׁמִי
יב וּמִנְחָה טְהוֹרָה כִּי־גָדוֹל שְׁמִי בַּגּוֹיִם אָמַר יְהוָה צְבָאוֹת: וְאַתֶּם

מְחַלְּלִים אוֹתוֹ בֶּאֱמָרְכֶם שֻׁלְחַן אֲדֹנָי מְגֹאָל הוּא וְנִיבוֹ נִבְזֶה
יג אָכְלוֹ׃ וַאֲמַרְתֶּם הִנֵּה מַתְּלָאָה וְהִפַּחְתֶּם אוֹתוֹ אָמַר יְהוָה
צְבָאוֹת וַהֲבֵאתֶם גָּזוּל וְאֶת־הַפִּסֵּחַ וְאֶת־הַחוֹלֶה וַהֲבֵאתֶם אֶת־
יד הַמִּנְחָה הַאֶרְצֶה אוֹתָהּ מִיֶּדְכֶם אָמַר יְהוָה׃ וְאָרוּר נוֹכֵל וְיֵשׁ
בְּעֶדְרוֹ זָכָר וְנֹדֵר וְזֹבֵחַ מָשְׁחָת לַאדֹנָי כִּי מֶלֶךְ גָּדוֹל אָנִי אָמַר
ב א יְהוָה צְבָאוֹת וּשְׁמִי נוֹרָא בַגּוֹיִם׃ וְעַתָּה אֲלֵיכֶם הַמִּצְוָה הַזֹּאת
ב הַכֹּהֲנִים׃ אִם־לֹא תִשְׁמְעוּ וְאִם־לֹא תָשִׂימוּ עַל־לֵב לָתֵת כָּבוֹד
לִשְׁמִי אָמַר יְהוָה צְבָאוֹת וְשִׁלַּחְתִּי בָכֶם אֶת־הַמְּאֵרָה וְאָרוֹתִי
ג אֶת־בִּרְכוֹתֵיכֶם וְגַם אָרוֹתִיהָ כִּי אֵינְכֶם שָׂמִים עַל־לֵב׃ הִנְנִי
גֹעֵר לָכֶם אֶת־הַזֶּרַע וְזֵרִיתִי פֶרֶשׁ עַל־פְּנֵיכֶם פֶּרֶשׁ חַגֵּיכֶם וְנָשָׂא
ד אֶתְכֶם אֵלָיו׃ וִידַעְתֶּם כִּי שִׁלַּחְתִּי אֲלֵיכֶם אֵת הַמִּצְוָה הַזֹּאת
ה לִהְיוֹת בְּרִיתִי אֶת־לֵוִי אָמַר יְהוָה צְבָאוֹת׃ בְּרִיתִי ׀ הָיְתָה אִתּוֹ
הַחַיִּים וְהַשָּׁלוֹם וָאֶתְּנֵם־לוֹ מוֹרָא וַיִּירָאֵנִי וּמִפְּנֵי שְׁמִי נִחַת הוּא׃
ו תּוֹרַת אֱמֶת הָיְתָה בְּפִיהוּ וְעַוְלָה לֹא־נִמְצָא בִשְׂפָתָיו בְּשָׁלוֹם
ז וּבְמִישׁוֹר הָלַךְ אִתִּי וְרַבִּים הֵשִׁיב מֵעָוֺן׃ כִּי־שִׂפְתֵי כֹהֵן יִשְׁמְרוּ־
ח דַעַת וְתוֹרָה יְבַקְשׁוּ מִפִּיהוּ כִּי מַלְאַךְ יְהוָה־צְבָאוֹת הוּא׃ וְאַתֶּם
סַרְתֶּם מִן־הַדֶּרֶךְ הִכְשַׁלְתֶּם רַבִּים בַּתּוֹרָה שִׁחַתֶּם בְּרִית הַלֵּוִי
ט אָמַר יְהוָה צְבָאוֹת׃ וְגַם־אֲנִי נָתַתִּי אֶתְכֶם נִבְזִים וּשְׁפָלִים לְכָל־
הָעָם כְּפִי אֲשֶׁר אֵינְכֶם שֹׁמְרִים אֶת־דְּרָכַי וְנֹשְׂאִים פָּנִים
י בַּתּוֹרָה׃ הֲלוֹא אָב אֶחָד לְכֻלָּנוּ הֲלוֹא אֵל אֶחָד בְּרָאָנוּ מַדּוּעַ
יא נִבְגַּד אִישׁ בְּאָחִיו לְחַלֵּל בְּרִית אֲבֹתֵינוּ׃ בָּגְדָה יְהוּדָה
וְתוֹעֵבָה נֶעֶשְׂתָה בְיִשְׂרָאֵל וּבִירוּשָׁלָםִ כִּי ׀ חִלֵּל יְהוּדָה קֹדֶשׁ
יב יְהוָה אֲשֶׁר אָהֵב וּבָעַל בַּת־אֵל נֵכָר׃ יַכְרֵת יְהוָה לָאִישׁ
אֲשֶׁר יַעֲשֶׂנָּה עֵר וְעֹנֶה מֵאָהֳלֵי יַעֲקֹב וּמַגִּישׁ מִנְחָה לַיהוָה
יג צְבָאוֹת׃ וְזֹאת שֵׁנִית תַּעֲשׂוּ כַּסּוֹת דִּמְעָה אֶת־
מִזְבַּח יְהוָה בְּכִי וַאֲנָקָה מֵאֵין עוֹד פְּנוֹת אֶל־הַמִּנְחָה וְלָקַחַת
יד רָצוֹן מִיֶּדְכֶם׃ וַאֲמַרְתֶּם עַל־מָה עַל כִּי־יְהוָה הֵעִיד בֵּינְךָ

וּבֵין ׀ אֵשֶׁת נְעוּרֶיךָ אֲשֶׁר אַתָּה בָּגַדְתָּה בָּהּ וְהִיא חֲבֶרְתְּךָ
טו וְאֵשֶׁת בְּרִיתֶךָ: וְלֹא־אֶחָד עָשָׂה וּשְׁאָר רוּחַ לוֹ וּמָה הָאֶחָד
מְבַקֵּשׁ זֶרַע אֱלֹהִים וְנִשְׁמַרְתֶּם בְּרוּחֲכֶם וּבְאֵשֶׁת נְעוּרֶיךָ
טז אַל־יִבְגֹּד: כִּי־שָׂנֵא שַׁלַּח אָמַר יהוה אֱלֹהֵי יִשְׂרָאֵל וְכִסָּה
חָמָס עַל־לְבוּשׁוֹ אָמַר יהוה צְבָאוֹת וְנִשְׁמַרְתֶּם בְּרוּחֲכֶם וְלֹא
יז תִבְגֹּדוּ: הוֹגַעְתֶּם יהוה בְּדִבְרֵיכֶם וַאֲמַרְתֶּם בַּמָּה
הוֹגָעְנוּ בֶּאֱמָרְכֶם כָּל־עֹשֵׂה רָע טוֹב ׀ בְּעֵינֵי יהוה וּבָהֶם הוּא
ג א חָפֵץ אוֹ אַיֵּה אֱלֹהֵי הַמִּשְׁפָּט: הִנְנִי שֹׁלֵחַ מַלְאָכִי וּפִנָּה־דֶרֶךְ
לְפָנָי וּפִתְאֹם יָבוֹא אֶל־הֵיכָלוֹ הָאָדוֹן ׀ אֲשֶׁר־אַתֶּם מְבַקְשִׁים
וּמַלְאַךְ הַבְּרִית אֲשֶׁר אַתֶּם חֲפֵצִים הִנֵּה־בָא אָמַר יהוה צְבָאוֹת:
ב וּמִי מְכַלְכֵּל אֶת־יוֹם בּוֹאוֹ וּמִי הָעֹמֵד בְּהֵרָאוֹתוֹ כִּי־הוּא כְּאֵשׁ
ג מְצָרֵף וּכְבֹרִית מְכַבְּסִים: וְיָשַׁב מְצָרֵף וּמְטַהֵר כֶּסֶף וְטִהַר אֶת־
בְּנֵי־לֵוִי וְזִקַּק אֹתָם כַּזָּהָב וְכַכָּסֶף וְהָיוּ לַיהוה מַגִּישֵׁי מִנְחָה
ד בִּצְדָקָה: וְעָרְבָה לַיהוה מִנְחַת יְהוּדָה וִירוּשָׁלָםִ כִּימֵי עוֹלָם
ה וּכְשָׁנִים קַדְמֹנִיֹּת: וְקָרַבְתִּי אֲלֵיכֶם לַמִּשְׁפָּט וְהָיִיתִי ׀ עֵד מְמַהֵר
בַּמְכַשְּׁפִים וּבַמְנָאֲפִים וּבַנִּשְׁבָּעִים לַשָּׁקֶר וּבְעֹשְׁקֵי שְׂכַר־שָׂכִיר
ו אַלְמָנָה וְיָתוֹם וּמַטֵּי־גֵר וְלֹא יְרֵאוּנִי אָמַר יהוה צְבָאוֹת: כִּי
ז אֲנִי יהוה לֹא שָׁנִיתִי וְאַתֶּם בְּנֵי־יַעֲקֹב לֹא כְלִיתֶם: לְמִימֵי
אֲבֹתֵיכֶם סַרְתֶּם מֵחֻקַּי וְלֹא שְׁמַרְתֶּם שׁוּבוּ אֵלַי וְאָשׁוּבָה
ח אֲלֵיכֶם אָמַר יהוה צְבָאוֹת וַאֲמַרְתֶּם בַּמֶּה נָשׁוּב: הֲיִקְבַּע
אָדָם אֱלֹהִים כִּי אַתֶּם קֹבְעִים אֹתִי וַאֲמַרְתֶּם בַּמֶּה קְבַעֲנוּךָ
ט הַמַּעֲשֵׂר וְהַתְּרוּמָה: בַּמְּאֵרָה אַתֶּם נֵאָרִים וְאֹתִי אַתֶּם
י קֹבְעִים הַגּוֹי כֻּלּוֹ: הָבִיאוּ אֶת־כָּל־הַמַּעֲשֵׂר אֶל־בֵּית הָאוֹצָר
וִיהִי טֶרֶף בְּבֵיתִי וּבְחָנוּנִי נָא בָּזֹאת אָמַר יהוה צְבָאוֹת
אִם־לֹא אֶפְתַּח לָכֶם אֵת אֲרֻבּוֹת הַשָּׁמַיִם וַהֲרִיקֹתִי לָכֶם
יא בְּרָכָה עַד־בְּלִי־דָי: וְגָעַרְתִּי לָכֶם בָּאֹכֵל וְלֹא־יַשְׁחִת לָכֶם
אֶת־פְּרִי הָאֲדָמָה וְלֹא־תְשַׁכֵּל לָכֶם הַגֶּפֶן בַּשָּׂדֶה אָמַר

יב יְהוָה צְבָאוֹת׃ וְאִשְּׁרוּ אֶתְכֶם כָּל־הַגּוֹיִם כִּי־תִהְיוּ אַתֶּם
יג אֶרֶץ חֵפֶץ אָמַר יְהוָה צְבָאוֹת׃ חָזְקוּ עָלַי
יד דִּבְרֵיכֶם אָמַר יְהוָה וַאֲמַרְתֶּם מַה־נִּדְבַּרְנוּ עָלֶיךָ׃ אֲמַרְתֶּם
שָׁוְא עֲבֹד אֱלֹהִים וּמַה־בֶּצַע כִּי שָׁמַרְנוּ מִשְׁמַרְתּוֹ וְכִי
טו הָלַכְנוּ קְדֹרַנִּית מִפְּנֵי יְהוָה צְבָאוֹת׃ וְעַתָּה אֲנַחְנוּ מְאַשְּׁרִים
טז זֵדִים גַּם־נִבְנוּ עֹשֵׂי רִשְׁעָה גַּם בָּחֲנוּ אֱלֹהִים וַיִּמָּלֵטוּ׃ אָז נִדְבְּרוּ
יִרְאֵי יְהוָה אִישׁ אֶל־רֵעֵהוּ וַיַּקְשֵׁב יְהוָה וַיִּשְׁמָע וַיִּכָּתֵב סֵפֶר
יז זִכָּרוֹן לְפָנָיו לְיִרְאֵי יְהוָה וּלְחֹשְׁבֵי שְׁמוֹ׃ וְהָיוּ לִי אָמַר יְהוָה
צְבָאוֹת לַיּוֹם אֲשֶׁר אֲנִי עֹשֶׂה סְגֻלָּה וְחָמַלְתִּי עֲלֵיהֶם כַּאֲשֶׁר
יח יַחְמֹל אִישׁ עַל־בְּנוֹ הָעֹבֵד אֹתוֹ׃ וְשַׁבְתֶּם וּרְאִיתֶם בֵּין צַדִּיק
יט לְרָשָׁע בֵּין עֹבֵד אֱלֹהִים לַאֲשֶׁר לֹא עֲבָדוֹ׃ כִּי־
הִנֵּה הַיּוֹם בָּא בֹּעֵר כַּתַּנּוּר וְהָיוּ כָל־זֵדִים וְכָל־עֹשֵׂה רִשְׁעָה קַשׁ
וְלִהַט אֹתָם הַיּוֹם הַבָּא אָמַר יְהוָה צְבָאוֹת אֲשֶׁר לֹא־יַעֲזֹב לָהֶם
כ שֹׁרֶשׁ וְעָנָף׃ וְזָרְחָה לָכֶם יִרְאֵי שְׁמִי שֶׁמֶשׁ צְדָקָה וּמַרְפֵּא
כא בִּכְנָפֶיהָ וִיצָאתֶם וּפִשְׁתֶּם כְּעֶגְלֵי מַרְבֵּק׃ וְעַסּוֹתֶם רְשָׁעִים כִּי־
יִהְיוּ אֵפֶר תַּחַת כַּפּוֹת רַגְלֵיכֶם בַּיּוֹם אֲשֶׁר אֲנִי עֹשֶׂה אָמַר יְהוָה
כב צְבָאוֹת׃ זִכְרוּ תּוֹרַת מֹשֶׁה עַבְדִּי אֲשֶׁר צִוִּיתִי
כג אוֹתוֹ בְחֹרֵב עַל־כָּל־יִשְׂרָאֵל חֻקִּים וּמִשְׁפָּטִים׃ הִנֵּה אָנֹכִי שֹׁלֵחַ
לָכֶם אֵת אֵלִיָּה הַנָּבִיא לִפְנֵי בּוֹא יוֹם יְהוָה הַגָּדוֹל וְהַנּוֹרָא׃
כד וְהֵשִׁיב לֵב־אָבוֹת עַל־בָּנִים וְלֵב בָּנִים עַל־אֲבוֹתָם פֶּן־אָבוֹא
וְהִכֵּיתִי אֶת־הָאָרֶץ חֵרֶם׃

הנה אנכי שלח לכם את אליה הנביא
לפני בוא יום יהוה הגדול והנורא

כתובים

תהלים
משלי
איוב
שיר השירים
רות
איכה
קהלת
אסתר
דניאל
עזרא·נחמיה
דברי הימים

תהלים

א אַשְׁרֵי־הָאִישׁ אֲשֶׁר ׀ לֹא הָלַךְ בַּעֲצַת רְשָׁעִים וּבְדֶרֶךְ חַטָּאִים א ספר ראשון
ב לֹא עָמָד וּבְמוֹשַׁב לֵצִים לֹא יָשָׁב: כִּי אִם בְּתוֹרַת יהוה חֶפְצוֹ
ג וּבְתוֹרָתוֹ יֶהְגֶּה יוֹמָם וָלָיְלָה: וְהָיָה כְּעֵץ שָׁתוּל עַל־פַּלְגֵי מָיִם
אֲשֶׁר פִּרְיוֹ ׀ יִתֵּן בְּעִתּוֹ וְעָלֵהוּ לֹא־יִבּוֹל וְכֹל אֲשֶׁר־יַעֲשֶׂה
ד ה יַצְלִיחַ: לֹא־כֵן הָרְשָׁעִים כִּי אִם־כַּמֹּץ אֲשֶׁר־תִּדְּפֶנּוּ רוּחַ: עַל־
כֵּן ׀ לֹא־יָקֻמוּ רְשָׁעִים בַּמִּשְׁפָּט וְחַטָּאִים בַּעֲדַת צַדִּיקִים:
ו כִּי־יוֹדֵעַ יהוה דֶּרֶךְ צַדִּיקִים וְדֶרֶךְ רְשָׁעִים תֹּאבֵד:
ב א ב לָמָּה רָגְשׁוּ גוֹיִם וּלְאֻמִּים יֶהְגּוּ־רִיק: יִתְיַצְּבוּ ׀ מַלְכֵי־אֶרֶץ
ג וְרוֹזְנִים נוֹסְדוּ־יָחַד עַל־יהוה וְעַל־מְשִׁיחוֹ: נְנַתְּקָה אֶת־
ד מוֹסְרוֹתֵימוֹ וְנַשְׁלִיכָה מִמֶּנּוּ עֲבֹתֵימוֹ: יוֹשֵׁב בַּשָּׁמַיִם יִשְׂחָק
ה ו אֲדֹנָי יִלְעַג־לָמוֹ: אָז יְדַבֵּר אֵלֵימוֹ בְאַפּוֹ וּבַחֲרוֹנוֹ יְבַהֲלֵמוֹ: וַאֲנִי
ז נָסַכְתִּי מַלְכִּי עַל־צִיּוֹן הַר־קָדְשִׁי: אֲסַפְּרָה אֶל חֹק יהוה אָמַר
ח אֵלַי בְּנִי־אַתָּה אֲנִי הַיּוֹם יְלִדְתִּיךָ: שְׁאַל מִמֶּנִּי וְאֶתְּנָה גוֹיִם
ט נַחֲלָתֶךָ וַאֲחֻזָּתְךָ אַפְסֵי־אָרֶץ: תְּרֹעֵם בְּשֵׁבֶט בַּרְזֶל כִּכְלִי יוֹצֵר
י יא תְּנַפְּצֵם: וְעַתָּה מְלָכִים הַשְׂכִּילוּ הִוָּסְרוּ שֹׁפְטֵי אָרֶץ: עִבְדוּ אֶת־
יב יהוה בְּיִרְאָה וְגִילוּ בִּרְעָדָה: נַשְּׁקוּ־בַר פֶּן־יֶאֱנַף ׀ וְתֹאבְדוּ דֶרֶךְ
כִּי־יִבְעַר כִּמְעַט אַפּוֹ אַשְׁרֵי כָּל־חוֹסֵי בוֹ:
ג א ב מִזְמוֹר לְדָוִד בְּבָרְחוֹ מִפְּנֵי ׀ אַבְשָׁלוֹם בְּנוֹ: יהוה מָה־רַבּוּ צָרָי
ג רַבִּים קָמִים עָלָי: רַבִּים אֹמְרִים לְנַפְשִׁי אֵין יְשׁוּעָתָה לּוֹ
ד בֵאלֹהִים סֶלָה: וְאַתָּה יהוה מָגֵן בַּעֲדִי כְּבוֹדִי וּמֵרִים רֹאשִׁי:
ה ו קוֹלִי אֶל־יהוה אֶקְרָא וַיַּעֲנֵנִי מֵהַר קָדְשׁוֹ סֶלָה: אֲנִי שָׁכַבְתִּי
ז וָאִישָׁנָה הֱקִיצוֹתִי כִּי יהוה יִסְמְכֵנִי: לֹא־אִירָא מֵרִבְבוֹת עָם
ח אֲשֶׁר סָבִיב שָׁתוּ עָלָי: קוּמָה יהוה ׀ הוֹשִׁיעֵנִי אֱלֹהַי כִּי־הִכִּיתָ
ט אֶת־כָּל־אֹיְבַי לֶחִי שִׁנֵּי רְשָׁעִים שִׁבַּרְתָּ: לַיהוה הַיְשׁוּעָה
עַל־עַמְּךָ בִרְכָתֶךָ סֶּלָה:
ד א ב לַמְנַצֵּחַ בִּנְגִינוֹת מִזְמוֹר לְדָוִד: בְּקָרְאִי עֲנֵנִי ׀ אֱלֹהֵי צִדְקִי בַּצָּר
ג הִרְחַבְתָּ לִּי חָנֵּנִי וּשְׁמַע תְּפִלָּתִי: בְּנֵי־אִישׁ עַד־מֶה כְבוֹדִי

לִכְלִמָּה תֶּאֱהָבוּן רִיק תְּבַקְשׁוּ כָזָב סֶלָה׃ וּדְעוּ כִּי־הִפְלָה ד
יהוה חָסִיד לוֹ יהוה יִשְׁמַע בְּקָרְאִי אֵלָיו׃ רִגְזוּ וְאַל־תֶּחֱטָאוּ ה
אִמְרוּ בִלְבַבְכֶם עַל־מִשְׁכַּבְכֶם וְדֹמּוּ סֶלָה׃ זִבְחוּ זִבְחֵי־ ו
צֶדֶק וּבִטְחוּ אֶל־יהוה׃ רַבִּים אֹמְרִים מִי־יַרְאֵנוּ טוֹב נְסָה־ ז
עָלֵינוּ אוֹר פָּנֶיךָ יהוה׃ נָתַתָּה שִׂמְחָה בְלִבִּי מֵעֵת דְּגָנָם ח
וְתִירוֹשָׁם רָבּוּ׃ בְּשָׁלוֹם יַחְדָּו אֶשְׁכְּבָה וְאִישָׁן כִּי־אַתָּה יהוה ט
לְבָדָד לָבֶטַח תּוֹשִׁיבֵנִי׃

ה
לַמְנַצֵּחַ אֶל־הַנְּחִילוֹת מִזְמוֹר לְדָוִד׃ אֲמָרַי הַאֲזִינָה ׀ יהוה בִּינָה א ב
הֲגִיגִי׃ הַקְשִׁיבָה ׀ לְקוֹל שַׁוְעִי מַלְכִּי וֵאלֹהָי כִּי־אֵלֶיךָ אֶתְפַּלָּל׃ ג
יהוה בֹּקֶר תִּשְׁמַע קוֹלִי בֹּקֶר אֶעֱרָךְ־לְךָ וַאֲצַפֶּה׃ כִּי ׀ לֹא אֵל־ ד ה
חָפֵץ רֶשַׁע ׀ אָתָּה לֹא יְגֻרְךָ רָע׃ לֹא־יִתְיַצְּבוּ הוֹלְלִים לְנֶגֶד ו
עֵינֶיךָ שָׂנֵאתָ כָּל־פֹּעֲלֵי אָוֶן׃ תְּאַבֵּד דֹּבְרֵי כָזָב אִישׁ־דָּמִים ז
וּמִרְמָה יְתָעֵב ׀ יהוה׃ וַאֲנִי בְּרֹב חַסְדְּךָ אָבוֹא בֵיתֶךָ אֶשְׁתַּחֲוֶה ח
אֶל־הֵיכַל־קָדְשְׁךָ בְּיִרְאָתֶךָ׃ יהוה ׀ נְחֵנִי בְצִדְקָתֶךָ לְמַעַן שׁוֹרְרָי ט
הושר לְפָנַי דַּרְכֶּךָ׃ כִּי אֵין בְּפִיהוּ נְכוֹנָה קִרְבָּם הַוּוֹת קֶבֶר־ י הַיְשַׁר
פָּתוּחַ גְּרוֹנָם לְשׁוֹנָם יַחֲלִיקוּן׃ הַאֲשִׁימֵם ׀ אֱלֹהִים יִפְּלוּ יא
מִמֹּעֲצוֹתֵיהֶם בְּרֹב פִּשְׁעֵיהֶם הַדִּיחֵמוֹ כִּי מָרוּ בָךְ׃ וְיִשְׂמְחוּ יב
כָל־חוֹסֵי בָךְ לְעוֹלָם יְרַנֵּנוּ וְתָסֵךְ עָלֵימוֹ וְיַעְלְצוּ בְךָ אֹהֲבֵי שְׁמֶךָ׃
כִּי־אַתָּה תְּבָרֵךְ צַדִּיק יהוה כַּצִּנָּה רָצוֹן תַּעְטְרֶנּוּ׃ יג

ו
לַמְנַצֵּחַ בִּנְגִינוֹת עַל־הַשְּׁמִינִית מִזְמוֹר לְדָוִד׃ יהוה אַל־בְּאַפְּךָ א ב
תוֹכִיחֵנִי וְאַל־בַּחֲמָתְךָ תְיַסְּרֵנִי׃ חָנֵּנִי יהוה כִּי אֻמְלַל אָנִי רְפָאֵנִי ג
יהוה כִּי נִבְהֲלוּ עֲצָמָי׃ וְנַפְשִׁי נִבְהֲלָה מְאֹד וְאַתָּ יהוה עַד־מָתָי׃ ד
שׁוּבָה יהוה חַלְּצָה נַפְשִׁי הוֹשִׁיעֵנִי לְמַעַן חַסְדֶּךָ׃ כִּי אֵין בַּמָּוֶת ה ו
זִכְרֶךָ בִּשְׁאוֹל מִי יוֹדֶה־לָּךְ׃ יָגַעְתִּי ׀ בְּאַנְחָתִי אַשְׂחֶה בְכָל־לַיְלָה ז
מִטָּתִי בְּדִמְעָתִי עַרְשִׂי אַמְסֶה׃ עָשְׁשָׁה מִכַּעַס עֵינִי עָתְקָה בְּכָל־ ח
צוֹרְרָי׃ סוּרוּ מִמֶּנִּי כָּל־פֹּעֲלֵי אָוֶן כִּי־שָׁמַע יהוה קוֹל בִּכְיִי׃ ט
שָׁמַע יהוה תְּחִנָּתִי יהוה תְּפִלָּתִי יִקָּח׃ יֵבֹשׁוּ ׀ וְיִבָּהֲלוּ מְאֹד כָּל־ י יא

אֹיְבָי יָשֻׁבוּ יֵבֹשׁוּ רָגַע׃
א ב שִׁגָּיוֹן לְדָוִד אֲשֶׁר־שָׁר לַיהוָה עַל־דִּבְרֵי־כוּשׁ בֶּן־יְמִינִי׃ יְהוָה
ג אֱלֹהַי בְּךָ חָסִיתִי הוֹשִׁיעֵנִי מִכָּל־רֹדְפַי וְהַצִּילֵנִי׃ פֶּן־יִטְרֹף
ד כְּאַרְיֵה נַפְשִׁי פֹּרֵק וְאֵין מַצִּיל׃ יְהוָה אֱלֹהַי אִם־עָשִׂיתִי זֹאת
ה אִם־יֶשׁ־עָוֶל בְּכַפָּי׃ אִם־גָּמַלְתִּי שׁוֹלְמִי רָע וָאֲחַלְּצָה צוֹרְרִי
ו רֵיקָם׃ יִרַדֹּף אוֹיֵב ׀ נַפְשִׁי וְיַשֵּׂג וְיִרְמֹס לָאָרֶץ חַיָּי וּכְבוֹדִי ׀
ז לֶעָפָר יַשְׁכֵּן סֶלָה׃ קוּמָה יְהוָה ׀ בְּאַפֶּךָ הִנָּשֵׂא בְּעַבְרוֹת צוֹרְרָי
ח וְעוּרָה אֵלַי מִשְׁפָּט צִוִּיתָ׃ וַעֲדַת לְאֻמִּים תְּסוֹבְבֶךָּ וְעָלֶיהָ
ט לַמָּרוֹם שׁוּבָה׃ יְהוָה יָדִין עַמִּים שָׁפְטֵנִי יְהוָה כְּצִדְקִי וּכְתֻמִּי
י עָלָי׃ יִגְמָר־נָא רַע ׀ רְשָׁעִים וּתְכוֹנֵן צַדִּיק וּבֹחֵן לִבּוֹת וּכְלָיוֹת
יא יב אֱלֹהִים צַדִּיק׃ מָגִנִּי עַל־אֱלֹהִים מוֹשִׁיעַ יִשְׁרֵי־לֵב׃ אֱלֹהִים
יג שׁוֹפֵט צַדִּיק וְאֵל זֹעֵם בְּכָל־יוֹם׃ אִם־לֹא יָשׁוּב חַרְבּוֹ יִלְטוֹשׁ
יד קַשְׁתּוֹ דָרַךְ וַיְכוֹנְנֶהָ׃ וְלוֹ הֵכִין כְּלֵי־מָוֶת חִצָּיו לְדֹלְקִים יִפְעָל׃
טו טז הִנֵּה יְחַבֶּל־אָוֶן וְהָרָה עָמָל וְיָלַד שָׁקֶר׃ בּוֹר כָּרָה וַיַּחְפְּרֵהוּ וַיִּפֹּל
יז בְּשַׁחַת יִפְעָל׃ יָשׁוּב עֲמָלוֹ בְרֹאשׁוֹ וְעַל קָדְקֳדוֹ חֲמָסוֹ יֵרֵד׃
יח אוֹדֶה יְהוָה כְּצִדְקוֹ וַאֲזַמְּרָה שֵׁם־יְהוָה עֶלְיוֹן׃
ח א ב לַמְנַצֵּחַ עַל־הַגִּתִּית מִזְמוֹר לְדָוִד׃ יְהוָה אֲדֹנֵינוּ מָה־אַדִּיר שִׁמְךָ
ג בְּכָל־הָאָרֶץ אֲשֶׁר־תְּנָה הוֹדְךָ עַל־הַשָּׁמָיִם׃ מִפִּי עוֹלְלִים ׀
ד וְיֹנְקִים יִסַּדְתָּ עֹז לְמַעַן צוֹרְרֶיךָ לְהַשְׁבִּית אוֹיֵב וּמִתְנַקֵּם׃ כִּי־
אֶרְאֶה שָׁמֶיךָ מַעֲשֵׂה אֶצְבְּעֹתֶיךָ יָרֵחַ וְכוֹכָבִים אֲשֶׁר כּוֹנָנְתָּה׃
ה ו מָה־אֱנוֹשׁ כִּי־תִזְכְּרֶנּוּ וּבֶן־אָדָם כִּי תִפְקְדֶנּוּ׃ וַתְּחַסְּרֵהוּ מְּעַט
ז מֵאֱלֹהִים וְכָבוֹד וְהָדָר תְּעַטְּרֵהוּ׃ תַּמְשִׁילֵהוּ בְּמַעֲשֵׂי יָדֶיךָ כֹּל
ח שַׁתָּה תַחַת־רַגְלָיו׃ צֹנֶה וַאֲלָפִים כֻּלָּם וְגַם בַּהֲמוֹת שָׂדָי׃
ט צִפּוֹר שָׁמַיִם וּדְגֵי הַיָּם עֹבֵר אָרְחוֹת יַמִּים׃ יְהוָה אֲדֹנֵינוּ מָה־
אַדִּיר שִׁמְךָ בְּכָל־הָאָרֶץ׃
ט א ב לַמְנַצֵּחַ עַל־מוּת לַבֵּן מִזְמוֹר לְדָוִד׃ אוֹדֶה יְהוָה בְּכָל־לִבִּי
ג אֲסַפְּרָה כָּל־נִפְלְאוֹתֶיךָ׃ אֶשְׂמְחָה וְאֶעֶלְצָה בָךְ אֲזַמְּרָה שִׁמְךָ

ד ה עֶלְיוֹן׃ בְּשׁוּב־אוֹיְבַי אָחוֹר יִכָּשְׁלוּ וְיֹאבְדוּ מִפָּנֶיךָ׃ כִּי־עָשִׂיתָ
ו מִשְׁפָּטִי וְדִינִי יָשַׁבְתָּ לְכִסֵּא שׁוֹפֵט צֶדֶק׃ גָּעַרְתָּ גוֹיִם אִבַּדְתָּ
ז רָשָׁע שְׁמָם מָחִיתָ לְעוֹלָם וָעֶד׃ הָאוֹיֵב ׀ תַּמּוּ חֳרָבוֹת לָנֶצַח
ח וְעָרִים נָתַשְׁתָּ אָבַד זִכְרָם הֵמָּה׃ וַיהוה לְעוֹלָם יֵשֵׁב כּוֹנֵן
ט לַמִּשְׁפָּט כִּסְאוֹ׃ וְהוּא יִשְׁפֹּט־תֵּבֵל בְּצֶדֶק יָדִין לְאֻמִּים
י בְּמֵישָׁרִים׃ וִיהִי יהוה מִשְׂגָּב לַדָּךְ מִשְׂגָּב לְעִתּוֹת בַּצָּרָה׃
יא יב וְיִבְטְחוּ בְךָ יוֹדְעֵי שְׁמֶךָ כִּי לֹא־עָזַבְתָּ דֹרְשֶׁיךָ יהוה׃ זַמְּרוּ
יג לַיהוה יֹשֵׁב צִיּוֹן הַגִּידוּ בָעַמִּים עֲלִילוֹתָיו׃ כִּי־דֹרֵשׁ דָּמִים אוֹתָם
יד זָכָר לֹא־שָׁכַח צַעֲקַת עניים׃ חָנְנֵנִי יהוה רְאֵה עָנְיִי מִשֹּׂנְאָי   ענוים
טו מְרוֹמְמִי מִשַּׁעֲרֵי־מָוֶת׃ לְמַעַן אֲסַפְּרָה כָּל־תְּהִלָּתֶיךָ בְּשַׁעֲרֵי
טז בַת־צִיּוֹן אָגִילָה בִּישׁוּעָתֶךָ׃ טָבְעוּ גוֹיִם בְּשַׁחַת עָשׂוּ בְּרֶשֶׁת־זוּ
יז טָמָנוּ נִלְכְּדָה רַגְלָם׃ נוֹדַע ׀ יהוה מִשְׁפָּט עָשָׂה בְּפֹעַל כַּפָּיו נוֹקֵשׁ
יח רָשָׁע הִגָּיוֹן סֶלָה׃ יָשׁוּבוּ רְשָׁעִים לִשְׁאוֹלָה כָּל־גּוֹיִם שְׁכֵחֵי
יט אֱלֹהִים׃ כִּי לֹא לָנֶצַח יִשָּׁכַח אֶבְיוֹן תִּקְוַת ענוים תֹּאבַד לָעַד׃   עֲנִיִּים
כ כא קוּמָה יהוה אַל־יָעֹז אֱנוֹשׁ יִשָּׁפְטוּ גוֹיִם עַל־פָּנֶיךָ׃ שִׁיתָה יהוה ׀
מוֹרָה לָהֶם יֵדְעוּ גוֹיִם אֱנוֹשׁ הֵמָּה סֶּלָה׃
י א ב לָמָה יהוה תַּעֲמֹד בְּרָחוֹק תַּעְלִים לְעִתּוֹת בַּצָּרָה׃ בְּגַאֲוַת
ג רָשָׁע יִדְלַק עָנִי יִתָּפְשׂוּ ׀ בִּמְזִמּוֹת זוּ חָשָׁבוּ׃ כִּי־הִלֵּל רָשָׁע עַל־
ד תַּאֲוַת נַפְשׁוֹ וּבֹצֵעַ בֵּרֵךְ נִאֵץ ׀ יהוה׃ רָשָׁע כְּגֹבַהּ אַפּוֹ בַּל־
ה יִדְרֹשׁ אֵין אֱלֹהִים כָּל־מְזִמּוֹתָיו׃ יָחִילוּ דרכו ׀ בְּכָל־עֵת מָרוֹם
ו מִשְׁפָּטֶיךָ מִנֶּגְדּוֹ כָּל־צוֹרְרָיו יָפִיחַ בָּהֶם׃ אָמַר בְּלִבּוֹ בַּל־אֶמּוֹט
ז לְדֹר וָדֹר אֲשֶׁר לֹא־בְרָע׃ אָלָה ׀ פִּיהוּ מָלֵא וּמִרְמוֹת וָתֹךְ תַּחַת
ח לְשׁוֹנוֹ עָמָל וָאָוֶן׃ יֵשֵׁב ׀ בְּמַאְרַב חֲצֵרִים בַּמִּסְתָּרִים יַהֲרֹג נָקִי
ט עֵינָיו לְחֵלְכָה יִצְפֹּנוּ׃ יֶאֱרֹב בַּמִּסְתָּר ׀ כְּאַרְיֵה בְסֻכֹּה יֶאֱרֹב
י לַחֲטוֹף עָנִי יַחְטֹף עָנִי בְּמָשְׁכוֹ בְרִשְׁתּוֹ׃ ודכה יָשֹׁחַ וְנָפַל   יִדְכֶּה
יא בַּעֲצוּמָיו חלכאים׃ אָמַר בְּלִבּוֹ שָׁכַח אֵל הִסְתִּיר פָּנָיו בַּל־   חֵל כָּאִים
יב רָאָה לָנֶצַח׃ קוּמָה יהוה אֵל נְשָׂא יָדֶךָ אַל־תִּשְׁכַּח עניים׃   ענוים

יג יד עַל־מֶה ׀ נִאֵץ רָשָׁע ׀ אֱלֹהִים אָמַר בְּלִבּוֹ לֹא תִּדְרֹשׁ׃ רָאִתָה
כִּי־אַתָּה ׀ עָמָל וָכַעַס ׀ תַּבִּיט לָתֵת בְּיָדֶךָ עָלֶיךָ יַעֲזֹב חֵלֶכָה
טו יָתוֹם אַתָּה ׀ הָיִיתָ עוֹזֵר׃ שְׁבֹר זְרוֹעַ רָשָׁע וָרָע תִּדְרוֹשׁ־רִשְׁעוֹ
טז יז בַל־תִּמְצָא׃ יְהוָה מֶלֶךְ עוֹלָם וָעֶד אָבְדוּ גוֹיִם מֵאַרְצוֹ׃ תַּאֲוַת
יח עֲנָוִים שָׁמַעְתָּ יְהוָה תָּכִין לִבָּם תַּקְשִׁיב אָזְנֶךָ׃ לִשְׁפֹּט יָתוֹם
וָדָךְ בַּל־יוֹסִיף עוֹד לַעֲרֹץ אֱנוֹשׁ מִן־הָאָרֶץ׃

יא א לַמְנַצֵּחַ לְדָוִד בַּיהוָה ׀ חָסִיתִי אֵיךְ תֹּאמְרוּ לְנַפְשִׁי נוּדו הַרְכֶם נוּדִי
ב צִפּוֹר׃ כִּי הִנֵּה הָרְשָׁעִים יִדְרְכוּן קֶשֶׁת כּוֹנְנוּ חִצָּם עַל־יֶתֶר
ג לִירוֹת בְּמוֹ־אֹפֶל לְיִשְׁרֵי־לֵב׃ כִּי הַשָּׁתוֹת יֵהָרֵסוּן צַדִּיק
ד מַה־פָּעָל׃ יְהוָה ׀ בְּהֵיכַל קָדְשׁוֹ יְהוָה בַּשָּׁמַיִם כִּסְאוֹ עֵינָיו
ה יֶחֱזוּ עַפְעַפָּיו יִבְחֲנוּ בְּנֵי אָדָם׃ יְהוָה צַדִּיק יִבְחָן וְרָשָׁע
ו וְאֹהֵב חָמָס שָׂנְאָה נַפְשׁוֹ׃ יַמְטֵר עַל־רְשָׁעִים פַּחִים אֵשׁ
ז וְגָפְרִית וְרוּחַ זִלְעָפוֹת מְנָת כּוֹסָם׃ כִּי־צַדִּיק יְהוָה צְדָקוֹת ב
אָהֵב יָשָׁר יֶחֱזוּ פָנֵימוֹ׃

יב א ב לַמְנַצֵּחַ עַל־הַשְּׁמִינִית מִזְמוֹר לְדָוִד׃ הוֹשִׁיעָה יְהוָה כִּי־גָמַר
ג חָסִיד כִּי־פַסּוּ אֱמוּנִים מִבְּנֵי אָדָם׃ שָׁוְא ׀ יְדַבְּרוּ אִישׁ אֶת־רֵעֵהוּ
ד שְׂפַת חֲלָקוֹת בְּלֵב וָלֵב יְדַבֵּרוּ׃ יַכְרֵת יְהוָה כָּל־שִׂפְתֵי חֲלָקוֹת
ה לָשׁוֹן מְדַבֶּרֶת גְּדֹלוֹת׃ אֲשֶׁר אָמְרוּ ׀ לִלְשֹׁנֵנוּ נַגְבִּיר שְׂפָתֵינוּ
ו אִתָּנוּ מִי אָדוֹן לָנוּ׃ מִשֹּׁד עֲנִיִּים מֵאַנְקַת אֶבְיוֹנִים עַתָּה אָקוּם
ז יֹאמַר יְהוָה אָשִׁית בְּיֵשַׁע יָפִיחַ לוֹ׃ אִמְרוֹת יְהוָה אֲמָרוֹת
ח טְהֹרוֹת כֶּסֶף צָרוּף בַּעֲלִיל לָאָרֶץ מְזֻקָּק שִׁבְעָתָיִם׃ אַתָּה־יְהוָה
ט תִּשְׁמְרֵם תִּצְּרֶנּוּ ׀ מִן־הַדּוֹר זוּ לְעוֹלָם׃ סָבִיב רְשָׁעִים יִתְהַלָּכוּן
כְּרֻם זֻלּוּת לִבְנֵי אָדָם׃

יג א ב לַמְנַצֵּחַ מִזְמוֹר לְדָוִד׃ עַד־אָנָה יְהוָה תִּשְׁכָּחֵנִי נֶצַח עַד־אָנָה ׀
ג תַּסְתִּיר אֶת־פָּנֶיךָ מִמֶּנִּי׃ עַד־אָנָה אָשִׁית עֵצוֹת בְּנַפְשִׁי יָגוֹן
ד בִּלְבָבִי יוֹמָם עַד־אָנָה ׀ יָרוּם אֹיְבִי עָלָי׃ הַבִּיטָה עֲנֵנִי יְהוָה
ה אֱלֹהָי הָאִירָה עֵינַי פֶּן־אִישַׁן הַמָּוֶת׃ פֶּן־יֹאמַר אֹיְבִי יְכָלְתִּיו

צָרַי יָגִילוּ כִּי אֶמּוֹט׃ וַאֲנִי ׀ בְּחַסְדְּךָ בָטַחְתִּי יָגֵל לִבִּי בִּישׁוּעָתֶךָ ו
אָשִׁירָה לַיהוָה כִּי גָמַל עָלָי׃

לַמְנַצֵּחַ לְדָוִד אָמַר נָבָל בְּלִבּוֹ אֵין אֱלֹהִים הִשְׁחִיתוּ הִתְעִיבוּ א יד
עֲלִילָה אֵין עֹשֵׂה־טוֹב׃ יְהוָה מִשָּׁמַיִם הִשְׁקִיף עַל־בְּנֵי־אָדָם ב
לִרְאוֹת הֲיֵשׁ מַשְׂכִּיל דֹּרֵשׁ אֶת־אֱלֹהִים׃ הַכֹּל סָר יַחְדָּו נֶאֱלָחוּ ג
אֵין עֹשֵׂה־טוֹב אֵין גַּם־אֶחָד׃ הֲלֹא יָדְעוּ כָּל־פֹּעֲלֵי אָוֶן אֹכְלֵי ד
עַמִּי אָכְלוּ לֶחֶם יְהוָה לֹא קָרָאוּ׃ שָׁם ׀ פָּחֲדוּ פָחַד כִּי־אֱלֹהִים ה
בְּדוֹר צַדִּיק׃ עֲצַת־עָנִי תָבִישׁוּ כִּי יְהוָה מַחְסֵהוּ׃ מִי יִתֵּן ו ז
מִצִּיּוֹן יְשׁוּעַת יִשְׂרָאֵל בְּשׁוּב יְהוָה שְׁבוּת עַמּוֹ יָגֵל יַעֲקֹב
יִשְׂמַח יִשְׂרָאֵל׃

מִזְמוֹר לְדָוִד יְהוָה מִי־יָגוּר בְּאָהֳלֶךָ מִי־יִשְׁכֹּן בְּהַר קָדְשֶׁךָ׃ א טו
הוֹלֵךְ תָּמִים וּפֹעֵל צֶדֶק וְדֹבֵר אֱמֶת בִּלְבָבוֹ׃ לֹא־רָגַל ׀ עַל־ ב ג
לְשֹׁנוֹ לֹא־עָשָׂה לְרֵעֵהוּ רָעָה וְחֶרְפָּה לֹא־נָשָׂא עַל־קְרֹבוֹ׃
נִבְזֶה ׀ בְּעֵינָיו נִמְאָס וְאֶת־יִרְאֵי יְהוָה יְכַבֵּד נִשְׁבַּע לְהָרַע ד
וְלֹא יָמִר׃ כַּסְפּוֹ ׀ לֹא־נָתַן בְּנֶשֶׁךְ וְשֹׁחַד עַל־נָקִי לֹא־לָקָח ה
עֹשֵׂה אֵלֶּה לֹא יִמּוֹט לְעוֹלָם׃

מִכְתָּם לְדָוִד שָׁמְרֵנִי אֵל כִּי־חָסִיתִי בָךְ׃ אָמַרְתְּ לַיהוָה אֲדֹנָי א ב טז
אָתָּה טוֹבָתִי בַּל־עָלֶיךָ׃ לִקְדוֹשִׁים אֲשֶׁר־בָּאָרֶץ הֵמָּה וְאַדִּירֵי ג
כָּל־חֶפְצִי־בָם׃ יִרְבּוּ עַצְּבוֹתָם אַחֵר מָהָרוּ בַּל־אַסִּיךְ נִסְכֵּיהֶם ד
מִדָּם וּבַל־אֶשָּׂא אֶת־שְׁמוֹתָם עַל־שְׂפָתָי׃ יְהוָה מְנָת־חֶלְקִי ה
וְכוֹסִי אַתָּה תּוֹמִיךְ גּוֹרָלִי׃ חֲבָלִים נָפְלוּ־לִי בַּנְּעִמִים אַף־נַחֲלָת ו
שָׁפְרָה עָלָי׃ אֲבָרֵךְ אֶת־יְהוָה אֲשֶׁר יְעָצָנִי אַף־לֵילוֹת יִסְּרוּנִי ז
כִלְיוֹתָי׃ שִׁוִּיתִי יְהוָה לְנֶגְדִּי תָמִיד כִּי מִימִינִי בַּל־אֶמּוֹט׃ לָכֵן ׀ ח ט
שָׂמַח לִבִּי וַיָּגֶל כְּבוֹדִי אַף־בְּשָׂרִי יִשְׁכֹּן לָבֶטַח׃ כִּי ׀ לֹא־תַעֲזֹב י
חֲסִידְךָ נַפְשִׁי לִשְׁאוֹל לֹא־תִתֵּן חסידיך לִרְאוֹת שָׁחַת׃ תּוֹדִיעֵנִי אֹרַח יא
חַיִּים שֹׂבַע שְׂמָחוֹת אֶת־פָּנֶיךָ נְעִמוֹת בִּימִינְךָ נֶצַח׃

תְּפִלָּה לְדָוִד שִׁמְעָה יְהוָה ׀ צֶדֶק הַקְשִׁיבָה רִנָּתִי הַאֲזִינָה תְּפִלָּתִי א יז

ב בְּלֹא שִׂפְתֵי מִרְמָה: מִלְּפָנֶיךָ מִשְׁפָּטִי יֵצֵא עֵינֶיךָ תֶּחֱזֶינָה
ג מֵישָׁרִים: בָּחַנְתָּ לִבִּי ׀ פָּקַדְתָּ לַּיְלָה צְרַפְתַּנִי בַל־תִּמְצָא זַמֹּתִי
ד בַּל־יַעֲבָר־פִּי: לִפְעֻלּוֹת אָדָם בִּדְבַר שְׂפָתֶיךָ אֲנִי שָׁמַרְתִּי
ה אָרְחוֹת פָּרִיץ: תָּמֹךְ אֲשֻׁרַי בְּמַעְגְּלוֹתֶיךָ בַּל־נָמוֹטּוּ פְעָמָי:
ו ז אֲנִי־קְרָאתִיךָ כִי־תַעֲנֵנִי אֵל הַט־אָזְנְךָ לִי שְׁמַע אִמְרָתִי: הַפְלֵה
ח חֲסָדֶיךָ מוֹשִׁיעַ חוֹסִים מִמִּתְקוֹמְמִים בִּימִינֶךָ: שָׁמְרֵנִי כְּאִישׁוֹן
ט בַּת־עָיִן בְּצֵל כְּנָפֶיךָ תַּסְתִּירֵנִי: מִפְּנֵי רְשָׁעִים זוּ שַׁדּוּנִי אֹיְבַי
י יא בְּנֶפֶשׁ יַקִּיפוּ עָלָי: חֶלְבָּמוֹ סָּגְרוּ פִּימוֹ דִּבְּרוּ בְגֵאוּת: אַשֻּׁרֵנוּ
יב עַתָּה סבבוני עֵינֵיהֶם יָשִׁיתוּ לִנְטוֹת בָּאָרֶץ: דִּמְיֹנוֹ כְּאַרְיֵה סְבָבוּנוּ
יג יִכְסוֹף לִטְרֹף וְכִכְפִיר יֹשֵׁב בְּמִסְתָּרִים: קוּמָה יהוה קַדְּמָה
יד פָנָיו הַכְרִיעֵהוּ פַּלְּטָה נַפְשִׁי מֵרָשָׁע חַרְבֶּךָ: מִמְתִים יָדְךָ ׀
יהוה מִמְתִים מֵחֶלֶד חֶלְקָם בַּחַיִּים וצפינך תְּמַלֵּא בִטְנָם וּצְפוּנְךָ
טו יִשְׂבְּעוּ בָנִים וְהִנִּיחוּ יִתְרָם לְעוֹלְלֵיהֶם: אֲנִי בְּצֶדֶק אֶחֱזֶה פָנֶיךָ
אֶשְׂבְּעָה בְהָקִיץ תְּמוּנָתֶךָ:
יח א לַמְנַצֵּחַ לְעֶבֶד יהוה לְדָוִד אֲשֶׁר דִּבֶּר ׀ לַיהוה אֶת־דִּבְרֵי הַשִּׁירָה
הַזֹּאת בְּיוֹם ׀ הִצִּיל־יהוה אוֹתוֹ מִכַּף כָּל־אֹיְבָיו וּמִיַּד שָׁאוּל:
ב ג וַיֹּאמַר אֶרְחָמְךָ יהוה חִזְקִי: יהוה ׀ סַלְעִי וּמְצוּדָתִי וּמְפַלְטִי אֵלִי
ד צוּרִי אֶחֱסֶה־בּוֹ מָגִנִּי וְקֶרֶן־יִשְׁעִי מִשְׂגַּבִּי: מְהֻלָּל אֶקְרָא יהוה
ה וּמִן־אֹיְבַי אִוָּשֵׁעַ: אֲפָפוּנִי חֶבְלֵי־מָוֶת וְנַחֲלֵי בְלִיַּעַל יְבַעֲתוּנִי:
ו ז חֶבְלֵי שְׁאוֹל סְבָבוּנִי קִדְּמוּנִי מוֹקְשֵׁי מָוֶת: בַּצַּר־לִי ׀ אֶקְרָא
יהוה וְאֶל־אֱלֹהַי אֲשַׁוֵּעַ יִשְׁמַע מֵהֵיכָלוֹ קוֹלִי וְשַׁוְעָתִי לְפָנָיו ׀
ח תָּבוֹא בְאָזְנָיו: וַתִּגְעַשׁ וַתִּרְעַשׁ ׀ הָאָרֶץ וּמוֹסְדֵי הָרִים יִרְגָּזוּ
ט וַיִּתְגָּעֲשׁוּ כִּי־חָרָה לוֹ: עָלָה עָשָׁן ׀ בְּאַפּוֹ וְאֵשׁ־מִפִּיו תֹּאכֵל
י גֶּחָלִים בָּעֲרוּ מִמֶּנּוּ: וַיֵּט שָׁמַיִם וַיֵּרַד וַעֲרָפֶל תַּחַת רַגְלָיו:
יא יב וַיִּרְכַּב עַל־כְּרוּב וַיָּעֹף וַיֵּדֶא עַל־כַּנְפֵי־רוּחַ: יָשֶׁת חֹשֶׁךְ ׀ סִתְרוֹ
יג סְבִיבוֹתָיו סֻכָּתוֹ חֶשְׁכַת־מַיִם עָבֵי שְׁחָקִים: מִנֹּגַהּ נֶגְדּוֹ עָבָיו
יד עָבְרוּ בָּרָד וְגַחֲלֵי־אֵשׁ: וַיַּרְעֵם בַּשָּׁמַיִם ׀ יהוה וְעֶלְיוֹן יִתֵּן קֹלוֹ

בְּרָד וְגַחֲלֵי־אֵשׁ׃ וַיִּשְׁלַח חִצָּיו וַיְפִיצֵם וּבְרָקִים רָב וַיְהֻמֵּם׃ טו
וַיֵּרָאוּ ׀ אֲפִיקֵי מַיִם וַיִּגָּלוּ מוֹסְדוֹת תֵּבֵל מִגַּעֲרָתְךָ יְהוָה מִנִּשְׁמַת טז
רוּחַ אַפֶּךָ׃ יִשְׁלַח מִמָּרוֹם יִקָּחֵנִי יַמְשֵׁנִי מִמַּיִם רַבִּים׃ יַצִּילֵנִי יז יח
מֵאֹיְבִי עָז וּמִשֹּׂנְאַי כִּי־אָמְצוּ מִמֶּנִּי׃ יְקַדְּמוּנִי בְיוֹם־אֵידִי וַיְהִי־ יט
יְהוָה לְמִשְׁעָן לִי׃ וַיּוֹצִיאֵנִי לַמֶּרְחָב יְחַלְּצֵנִי כִּי חָפֵץ בִּי׃ יִגְמְלֵנִי כ כא
יְהוָה כְּצִדְקִי כְּבֹר יָדַי יָשִׁיב לִי׃ כִּי־שָׁמַרְתִּי דַּרְכֵי יְהוָה וְלֹא־ כב
רָשַׁעְתִּי מֵאֱלֹהָי׃ כִּי כָל־מִשְׁפָּטָיו לְנֶגְדִּי וְחֻקֹּתָיו לֹא־אָסִיר מֶנִּי׃ כג
וָאֱהִי תָמִים עִמּוֹ וָאֶשְׁתַּמֵּר מֵעֲוֺנִי׃ וַיָּשֶׁב־יְהוָה לִי כְצִדְקִי כְּבֹר כד כה
יָדַי לְנֶגֶד עֵינָיו׃ עִם־חָסִיד תִּתְחַסָּד עִם־גְּבַר תָּמִים תִּתַּמָּם׃ כו
עִם־נָבָר תִּתְבָּרָר וְעִם־עִקֵּשׁ תִּתְפַּתָּל׃ כִּי־אַתָּה עַם־עָנִי תוֹשִׁיעַ כז כח
וְעֵינַיִם רָמוֹת תַּשְׁפִּיל׃ כִּי־אַתָּה תָּאִיר נֵרִי יְהוָה אֱלֹהַי יַגִּיהַּ כט
חָשְׁכִּי׃ כִּי־בְךָ אָרֻץ גְּדוּד וּבֵאלֹהַי אֲדַלֶּג־שׁוּר׃ הָאֵל תָּמִים ל לא
דַּרְכּוֹ אִמְרַת־יְהוָה צְרוּפָה מָגֵן הוּא לְכֹל ׀ הַחֹסִים בּוֹ׃ כִּי מִי לב
אֱלוֹהַּ מִבַּלְעֲדֵי יְהוָה וּמִי צוּר זוּלָתִי אֱלֹהֵינוּ׃ הָאֵל הַמְאַזְּרֵנִי לג
חָיִל וַיִּתֵּן תָּמִים דַּרְכִּי׃ מְשַׁוֶּה רַגְלַי כָּאַיָּלוֹת וְעַל בָּמֹתַי יַעֲמִידֵנִי׃ לד
מְלַמֵּד יָדַי לַמִּלְחָמָה וְנִחֲתָה קֶשֶׁת־נְחוּשָׁה זְרוֹעֹתָי׃ וַתִּתֶּן־לִי לה לו
מָגֵן יִשְׁעֶךָ וִימִינְךָ תִסְעָדֵנִי וְעַנְוַתְךָ תַרְבֵּנִי׃ תַּרְחִיב צַעֲדִי תַחְתָּי לז
וְלֹא מָעֲדוּ קַרְסֻלָּי׃ אֶרְדּוֹף אוֹיְבַי וְאַשִּׂיגֵם וְלֹא־אָשׁוּב עַד־ לח
כַּלּוֹתָם׃ אֶמְחָצֵם וְלֹא־יֻכְלוּ קוּם יִפְּלוּ תַּחַת רַגְלָי׃ וַתְּאַזְּרֵנִי חַיִל לט מ
לַמִּלְחָמָה תַּכְרִיעַ קָמַי תַּחְתָּי׃ וְאֹיְבַי נָתַתָּה לִּי עֹרֶף וּמְשַׂנְאַי מא
אַצְמִיתֵם׃ יְשַׁוְּעוּ וְאֵין־מוֹשִׁיעַ עַל־יְהוָה וְלֹא עָנָם׃ וְאֶשְׁחָקֵם מב מג
כְּעָפָר עַל־פְּנֵי־רוּחַ כְּטִיט חוּצוֹת אֲרִיקֵם׃ תְּפַלְּטֵנִי מֵרִיבֵי מד
עָם תְּשִׂימֵנִי לְרֹאשׁ גּוֹיִם עַם לֹא־יָדַעְתִּי יַעַבְדוּנִי׃ לְשֵׁמַע מה
אֹזֶן יִשָּׁמְעוּ לִי בְּנֵי־נֵכָר יְכַחֲשׁוּ־לִי׃ בְּנֵי־נֵכָר יִבֹּלוּ וְיַחְרְגוּ מו
מִמִּסְגְּרוֹתֵיהֶם׃ חַי־יְהוָה וּבָרוּךְ צוּרִי וְיָרוּם אֱלוֹהֵי יִשְׁעִי׃ הָאֵל מז מח
הַנּוֹתֵן נְקָמוֹת לִי וַיַּדְבֵּר עַמִּים תַּחְתָּי׃ מְפַלְּטִי מֵאֹיְבָי אַף מִן־ מט
קָמַי תְּרוֹמְמֵנִי מֵאִישׁ חָמָס תַּצִּילֵנִי׃ עַל־כֵּן ׀ אוֹדְךָ בַגּוֹיִם ׀ יְהוָה נ

נא וּלְשִׁמְךָ אֲזַמֵּרָה׃ מַגְדִּל יְשׁוּעוֹת מַלְכּוֹ וְעֹשֶׂה חֶסֶד ׀ לִמְשִׁיחוֹ
לְדָוִד וּלְזַרְעוֹ עַד־עוֹלָם׃
יט א ב לַמְנַצֵּחַ מִזְמוֹר לְדָוִד׃ הַשָּׁמַיִם מְסַפְּרִים כְּבוֹד־אֵל וּמַעֲשֵׂה יָדָיו
ג מַגִּיד הָרָקִיעַ׃ יוֹם לְיוֹם יַבִּיעַ אֹמֶר וְלַיְלָה לְּלַיְלָה יְחַוֶּה־דָּעַת׃
ד ה אֵין־אֹמֶר וְאֵין דְּבָרִים בְּלִי נִשְׁמָע קוֹלָם׃ בְּכָל־הָאָרֶץ ׀ יָצָא
ו קַוָּם וּבִקְצֵה תֵבֵל מִלֵּיהֶם לַשֶּׁמֶשׁ שָׂם־אֹהֶל בָּהֶם׃ וְהוּא כְּחָתָן
ז יֹצֵא מֵחֻפָּתוֹ יָשִׂישׂ כְּגִבּוֹר לָרוּץ אֹרַח׃ מִקְצֵה הַשָּׁמַיִם ׀ מוֹצָאוֹ
ח וּתְקוּפָתוֹ עַל־קְצוֹתָם וְאֵין נִסְתָּר מֵחַמָּתוֹ׃ תּוֹרַת יהוה תְּמִימָה
ט מְשִׁיבַת נָפֶשׁ עֵדוּת יהוה נֶאֱמָנָה מַחְכִּימַת פֶּתִי׃ פִּקּוּדֵי יהוה
י יְשָׁרִים מְשַׂמְּחֵי־לֵב מִצְוַת יהוה בָּרָה מְאִירַת עֵינָיִם׃ יִרְאַת
יהוה ׀ טְהוֹרָה עוֹמֶדֶת לָעַד מִשְׁפְּטֵי־יהוה אֱמֶת צָדְקוּ יַחְדָּו׃
יא הַנֶּחֱמָדִים מִזָּהָב וּמִפַּז רָב וּמְתוּקִים מִדְּבַשׁ וְנֹפֶת צוּפִים׃
יב יג גַּם־עַבְדְּךָ נִזְהָר בָּהֶם בְּשָׁמְרָם עֵקֶב רָב׃ שְׁגִיאוֹת מִי־יָבִין
יד מִנִּסְתָּרוֹת נַקֵּנִי׃ גַּם מִזֵּדִים ׀ חֲשֹׂךְ עַבְדֶּךָ אַל־יִמְשְׁלוּ־בִי אָז
טו אֵיתָם וְנִקֵּיתִי מִפֶּשַׁע רָב׃ יִהְיוּ לְרָצוֹן ׀ אִמְרֵי־פִי וְהֶגְיוֹן לִבִּי
לְפָנֶיךָ יהוה צוּרִי וְגֹאֲלִי׃
כ א ב לַמְנַצֵּחַ מִזְמוֹר לְדָוִד׃ יַעַנְךָ יהוה בְּיוֹם צָרָה יְשַׂגֶּבְךָ שֵׁם ׀ אֱלֹהֵי
ג ד יַעֲקֹב׃ יִשְׁלַח־עֶזְרְךָ מִקֹּדֶשׁ וּמִצִּיּוֹן יִסְעָדֶךָּ׃ יִזְכֹּר כָּל־מִנְחֹתֶךָ
ה וְעוֹלָתְךָ יְדַשְּׁנֶה סֶלָה׃ יִתֶּן־לְךָ כִלְבָבֶךָ וְכָל־עֲצָתְךָ יְמַלֵּא׃
ו נְרַנְּנָה ׀ בִּישׁוּעָתֶךָ וּבְשֵׁם־אֱלֹהֵינוּ נִדְגֹּל יְמַלֵּא יהוה כָּל־
ז מִשְׁאֲלוֹתֶיךָ׃ עַתָּה יָדַעְתִּי כִּי הוֹשִׁיעַ ׀ יהוה מְשִׁיחוֹ יַעֲנֵהוּ מִשְּׁמֵי
ח קָדְשׁוֹ בִּגְבוּרוֹת יֵשַׁע יְמִינוֹ׃ אֵלֶּה בָרֶכֶב וְאֵלֶּה בַסּוּסִים וַאֲנַחְנוּ ׀
ט בְּשֵׁם־יהוה אֱלֹהֵינוּ נַזְכִּיר׃ הֵמָּה כָּרְעוּ וְנָפָלוּ וַאֲנַחְנוּ קַּמְנוּ
י וַנִּתְעוֹדָד׃ יהוה הוֹשִׁיעָה הַמֶּלֶךְ יַעֲנֵנוּ בְיוֹם־קָרְאֵנוּ׃ ג
כא א ב לַמְנַצֵּחַ מִזְמוֹר לְדָוִד׃ יהוה בְּעָזְּךָ יִשְׂמַח־מֶלֶךְ וּבִישׁוּעָתְךָ מַה־
ג יָגִיל מְאֹד׃ תַּאֲוַת לִבּוֹ נָתַתָּה לּוֹ וַאֲרֶשֶׁת שְׂפָתָיו בַּל־מָנַעְתָּ יָגֶל
ד ה סֶלָה׃ כִּי־תְקַדְּמֶנּוּ בִּרְכוֹת טוֹב תָּשִׁית לְרֹאשׁוֹ עֲטֶרֶת פָּז׃ חַיִּים ׀

ו שָׁאַל מִמְּךָ נָתַתָּה לּוֹ אֹרֶךְ יָמִים עוֹלָם וָעֶד׃ גָּדוֹל כְּבוֹדוֹ
ז בִּישׁוּעָתֶךָ הוֹד וְהָדָר תְּשַׁוֶּה עָלָיו׃ כִּי־תְשִׁיתֵהוּ בְרָכוֹת לָעַד
ח תְּחַדֵּהוּ בְשִׂמְחָה אֶת־פָּנֶיךָ׃ כִּי־הַמֶּלֶךְ בֹּטֵחַ בַּיהוָה וּבְחֶסֶד
ט עֶלְיוֹן בַּל־יִמּוֹט׃ תִּמְצָא יָדְךָ לְכָל־אֹיְבֶיךָ יְמִינְךָ תִּמְצָא שֹׂנְאֶיךָ׃
י תְּשִׁיתֵמוֹ ׀ כְּתַנּוּר אֵשׁ לְעֵת פָּנֶיךָ יְהוָה בְּאַפּוֹ יְבַלְּעֵם וְתֹאכְלֵם
יא יב אֵשׁ׃ פִּרְיָמוֹ מֵאֶרֶץ תְּאַבֵּד וְזַרְעָם מִבְּנֵי אָדָם׃ כִּי־נָטוּ
יג עָלֶיךָ רָעָה חָשְׁבוּ מְזִמָּה בַּל־יוּכָלוּ׃ כִּי תְּשִׁיתֵמוֹ שֶׁכֶם
יד בְּמֵיתָרֶיךָ תְּכוֹנֵן עַל־פְּנֵיהֶם׃ רוּמָה יְהוָה בְעֻזֶּךָ נָשִׁירָה
וּנְזַמְּרָה גְּבוּרָתֶךָ׃
כב א ב לַמְנַצֵּחַ עַל־אַיֶּלֶת הַשַּׁחַר מִזְמוֹר לְדָוִד׃ אֵלִי אֵלִי לָמָה עֲזַבְתָּנִי
ג רָחוֹק מִישׁוּעָתִי דִּבְרֵי שַׁאֲגָתִי׃ אֱלֹהַי אֶקְרָא יוֹמָם וְלֹא תַעֲנֶה
ד ה וְלַיְלָה וְלֹא־דוּמִיָּה לִי׃ וְאַתָּה קָדוֹשׁ יוֹשֵׁב תְּהִלּוֹת יִשְׂרָאֵל׃ בְּךָ
ו בָּטְחוּ אֲבֹתֵינוּ בָּטְחוּ וַתְּפַלְּטֵמוֹ׃ אֵלֶיךָ זָעֲקוּ וְנִמְלָטוּ בְּךָ בָטְחוּ
ז וְלֹא־בוֹשׁוּ׃ וְאָנֹכִי תוֹלַעַת וְלֹא־אִישׁ חֶרְפַּת אָדָם וּבְזוּי עָם׃
ח ט כָּל־רֹאַי יַלְעִגוּ לִי יַפְטִירוּ בְשָׂפָה יָנִיעוּ רֹאשׁ׃ גֹּל אֶל־יְהוָה
י יְפַלְּטֵהוּ יַצִּילֵהוּ כִּי חָפֵץ בּוֹ׃ כִּי־אַתָּה גֹחִי מִבָּטֶן מַבְטִיחִי עַל־
יא יב שְׁדֵי אִמִּי׃ עָלֶיךָ הָשְׁלַכְתִּי מֵרָחֶם מִבֶּטֶן אִמִּי אֵלִי אָתָּה׃ אַל־
יג תִּרְחַק מִמֶּנִּי כִּי־צָרָה קְרוֹבָה כִּי־אֵין עוֹזֵר׃ סְבָבוּנִי פָּרִים רַבִּים
יד טו אַבִּירֵי בָשָׁן כִּתְּרוּנִי׃ פָּצוּ עָלַי פִּיהֶם אַרְיֵה טֹרֵף וְשֹׁאֵג׃ כַּמַּיִם
נִשְׁפַּכְתִּי וְהִתְפָּרְדוּ כָּל־עַצְמוֹתָי הָיָה לִבִּי כַּדּוֹנָג נָמֵס בְּתוֹךְ
טז מֵעָי׃ יָבֵשׁ כַּחֶרֶשׂ ׀ כֹּחִי וּלְשׁוֹנִי מֻדְבָּק מַלְקוֹחָי וְלַעֲפַר־מָוֶת
יז תִּשְׁפְּתֵנִי׃ כִּי סְבָבוּנִי כְּלָבִים עֲדַת מְרֵעִים הִקִּיפוּנִי כָּאֲרִי יָדַי
יח יט וְרַגְלָי׃ אֲסַפֵּר כָּל־עַצְמוֹתָי הֵמָּה יַבִּיטוּ יִרְאוּ־בִי׃ יְחַלְּקוּ בְגָדַי
כ לָהֶם וְעַל־לְבוּשִׁי יַפִּילוּ גוֹרָל׃ וְאַתָּה יְהוָה אַל־תִּרְחָק אֱיָלוּתִי
כא לְעֶזְרָתִי חוּשָׁה׃ הַצִּילָה מֵחֶרֶב נַפְשִׁי מִיַּד־כֶּלֶב יְחִידָתִי׃
כב כג הוֹשִׁיעֵנִי מִפִּי אַרְיֵה וּמִקַּרְנֵי רֵמִים עֲנִיתָנִי׃ אֲסַפְּרָה שִׁמְךָ לְאֶחָי
כד בְּתוֹךְ קָהָל אֲהַלְלֶךָּ׃ יִרְאֵי יְהוָה ׀ הַלְלוּהוּ כָּל־זֶרַע יַעֲקֹב

כה כַּבְּדוּהוּ וְגוּרוּ מִמֶּנּוּ כָּל־זֶרַע יִשְׂרָאֵל׃ כִּי לֹא־בָזָה וְלֹא שִׁקַּץ
כו עֱנוּת עָנִי וְלֹא־הִסְתִּיר פָּנָיו מִמֶּנּוּ וּבְשַׁוְּעוֹ אֵלָיו שָׁמֵעַ׃ מֵאִתְּךָ
כז תְּהִלָּתִי בְּקָהָל רָב נְדָרַי אֲשַׁלֵּם נֶגֶד יְרֵאָיו׃ יֹאכְלוּ עֲנָוִים ׀
כח וְיִשְׂבָּעוּ יְהַלְלוּ יְהוָה דֹּרְשָׁיו יְחִי לְבַבְכֶם לָעַד׃ יִזְכְּרוּ ׀ וְיָשֻׁבוּ
אֶל־יְהוָה כָּל־אַפְסֵי־אָרֶץ וְיִשְׁתַּחֲווּ לְפָנֶיךָ כָּל־מִשְׁפְּחוֹת גּוֹיִם׃
כט ל כִּי לַיהוָה הַמְּלוּכָה וּמֹשֵׁל בַּגּוֹיִם׃ אָכְלוּ וַיִּשְׁתַּחֲווּ ׀ כָּל־דִּשְׁנֵי־
לא אֶרֶץ לְפָנָיו יִכְרְעוּ כָּל־יוֹרְדֵי עָפָר וְנַפְשׁוֹ לֹא חִיָּה׃ זֶרַע
לב יַעַבְדֶנּוּ יְסֻפַּר לַאדֹנָי לַדּוֹר׃ יָבֹאוּ וְיַגִּידוּ צִדְקָתוֹ לְעַם נוֹלָד
כִּי עָשָׂה׃

כג א ב מִזְמוֹר לְדָוִד יְהוָה רֹעִי לֹא אֶחְסָר׃ בִּנְאוֹת דֶּשֶׁא יַרְבִּיצֵנִי עַל־
ג מֵי מְנֻחוֹת יְנַהֲלֵנִי׃ נַפְשִׁי יְשׁוֹבֵב יַנְחֵנִי בְמַעְגְּלֵי־צֶדֶק לְמַעַן
ד שְׁמוֹ׃ גַּם כִּי־אֵלֵךְ בְּגֵיא צַלְמָוֶת לֹא־אִירָא רָע כִּי־אַתָּה עִמָּדִי
ה שִׁבְטְךָ וּמִשְׁעַנְתֶּךָ הֵמָּה יְנַחֲמֻנִי׃ תַּעֲרֹךְ לְפָנַי ׀ שֻׁלְחָן נֶגֶד צֹרְרָי
ו דִּשַּׁנְתָּ בַשֶּׁמֶן רֹאשִׁי כּוֹסִי רְוָיָה׃ אַךְ ׀ טוֹב וָחֶסֶד יִרְדְּפוּנִי כָּל־יְמֵי
חַיָּי וְשַׁבְתִּי בְּבֵית־יְהוָה לְאֹרֶךְ יָמִים׃

כד א ב לְדָוִד מִזְמוֹר לַיהוָה הָאָרֶץ וּמְלוֹאָהּ תֵּבֵל וְיֹשְׁבֵי בָהּ׃ כִּי־הוּא
ג עַל־יַמִּים יְסָדָהּ וְעַל־נְהָרוֹת יְכוֹנְנֶהָ׃ מִי־יַעֲלֶה בְהַר־יְהוָה וּמִי־
ד יָקוּם בִּמְקוֹם קָדְשׁוֹ׃ נְקִי כַפַּיִם וּבַר־לֵבָב אֲשֶׁר לֹא־נָשָׂא לַשָּׁוְא
ה נפשו וְלֹא נִשְׁבַּע לְמִרְמָה׃ יִשָּׂא בְרָכָה מֵאֵת יְהוָה וּצְדָקָה נַפְשִׁי
ו מֵאֱלֹהֵי יִשְׁעוֹ׃ זֶה דּוֹר דֹּרְשָׁו מְבַקְשֵׁי פָנֶיךָ יַעֲקֹב סֶלָה׃
ז שְׂאוּ שְׁעָרִים ׀ רָאשֵׁיכֶם וְהִנָּשְׂאוּ פִּתְחֵי עוֹלָם וְיָבוֹא מֶלֶךְ
ח הַכָּבוֹד׃ מִי זֶה מֶלֶךְ הַכָּבוֹד יְהוָה עִזּוּז וְגִבּוֹר יְהוָה גִּבּוֹר
ט מִלְחָמָה׃ שְׂאוּ שְׁעָרִים ׀ רָאשֵׁיכֶם וּשְׂאוּ פִּתְחֵי עוֹלָם וְיָבֹא
י מֶלֶךְ הַכָּבוֹד׃ מִי הוּא זֶה מֶלֶךְ הַכָּבוֹד יְהוָה צְבָאוֹת הוּא
מֶלֶךְ הַכָּבוֹד סֶלָה׃

כה א ב לְדָוִד אֵלֶיךָ יְהוָה נַפְשִׁי אֶשָּׂא׃ אֱלֹהַי בְּךָ בָטַחְתִּי אַל־אֵבוֹשָׁה
ג אַל־יַעַלְצוּ אֹיְבַי לִי׃ גַּם כָּל־קֹוֶיךָ לֹא יֵבֹשׁוּ יֵבֹשׁוּ הַבּוֹגְדִים

ד ה רֵיקָם׃ דְּרָכֶיךָ יְהוָה הוֹדִיעֵנִי אֹרְחוֹתֶיךָ לַמְּדֵנִי׃ הַדְרִיכֵנִי
בַאֲמִתֶּךָ ׀ וְלַמְּדֵנִי כִּי־אַתָּה אֱלֹהֵי יִשְׁעִי אוֹתְךָ קִוִּיתִי כָּל־הַיּוֹם׃
ו ז זְכֹר־רַחֲמֶיךָ יְהוָה וַחֲסָדֶיךָ כִּי מֵעוֹלָם הֵמָּה׃ חַטֹּאות נְעוּרַי ׀
ח וּפְשָׁעַי אַל־תִּזְכֹּר כְּחַסְדְּךָ זְכָר־לִי־אַתָּה לְמַעַן טוּבְךָ יְהוָה׃ טוֹב־
ט וְיָשָׁר יְהוָה עַל־כֵּן יוֹרֶה חַטָּאִים בַּדָּרֶךְ׃ יַדְרֵךְ עֲנָוִים בַּמִּשְׁפָּט
י וִילַמֵּד עֲנָוִים דַּרְכּוֹ׃ כָּל־אָרְחוֹת יְהוָה חֶסֶד וֶאֱמֶת לְנֹצְרֵי בְרִיתוֹ
יא יב וְעֵדֹתָיו׃ לְמַעַן־שִׁמְךָ יְהוָה וְסָלַחְתָּ לַעֲוֹנִי כִּי רַב־הוּא׃ מִי־זֶה
יג הָאִישׁ יְרֵא יְהוָה יוֹרֶנּוּ בְּדֶרֶךְ יִבְחָר׃ נַפְשׁוֹ בְּטוֹב תָּלִין וְזַרְעוֹ
יד טו יִירַשׁ אָרֶץ׃ סוֹד יְהוָה לִירֵאָיו וּבְרִיתוֹ לְהוֹדִיעָם׃ עֵינַי תָּמִיד
טז אֶל־יְהוָה כִּי הוּא־יוֹצִיא מֵרֶשֶׁת רַגְלָי׃ פְּנֵה־אֵלַי וְחָנֵּנִי כִּי־יָחִיד
יז יח וְעָנִי אָנִי׃ צָרוֹת לְבָבִי הִרְחִיבוּ מִמְּצוּקוֹתַי הוֹצִיאֵנִי׃ רְאֵה עָנְיִי
יט וַעֲמָלִי וְשָׂא לְכָל־חַטֹּאותָי׃ רְאֵה־אוֹיְבַי כִּי־רָבּוּ וְשִׂנְאַת חָמָס
כ שְׂנֵאוּנִי׃ שָׁמְרָה נַפְשִׁי וְהַצִּילֵנִי אַל־אֵבוֹשׁ כִּי־חָסִיתִי בָךְ׃
כא כב תֹּם־וָיֹשֶׁר יִצְּרוּנִי כִּי קִוִּיתִיךָ׃ פְּדֵה אֱלֹהִים אֶת־יִשְׂרָאֵל מִכֹּל
צָרוֹתָיו׃

כו א לְדָוִד ׀ שָׁפְטֵנִי יְהוָה כִּי־אֲנִי בְּתֻמִּי הָלַכְתִּי וּבַיהוָה בָּטַחְתִּי לֹא
ב ג אֶמְעָד׃ בְּחָנֵנִי יְהוָה וְנַסֵּנִי צרופה כִלְיוֹתַי וְלִבִּי׃ כִּי־חַסְדְּךָ לְנֶגֶד צָרְפָה
ד עֵינָי וְהִתְהַלַּכְתִּי בַּאֲמִתֶּךָ׃ לֹא־יָשַׁבְתִּי עִם־מְתֵי־שָׁוְא וְעִם
ה נַעֲלָמִים לֹא אָבוֹא׃ שָׂנֵאתִי קְהַל מְרֵעִים וְעִם־רְשָׁעִים לֹא
ו ז אֵשֵׁב׃ אֶרְחַץ בְּנִקָּיוֹן כַּפָּי וַאֲסֹבְבָה אֶת־מִזְבַּחֲךָ יְהוָה׃ לַשְׁמִעַ
ח בְּקוֹל תּוֹדָה וּלְסַפֵּר כָּל־נִפְלְאוֹתֶיךָ׃ יְהוָה אָהַבְתִּי מְעוֹן בֵּיתֶךָ
ט וּמְקוֹם מִשְׁכַּן כְּבוֹדֶךָ׃ אַל־תֶּאֱסֹף עִם־חַטָּאִים נַפְשִׁי וְעִם־
י אַנְשֵׁי דָמִים חַיָּי׃ אֲשֶׁר־בִּידֵיהֶם זִמָּה וִימִינָם מָלְאָה שֹּׁחַד׃
יא יב וַאֲנִי בְּתֻמִּי אֵלֵךְ פְּדֵנִי וְחָנֵּנִי׃ רַגְלִי עָמְדָה בְמִישׁוֹר בְּמַקְהֵלִים
אֲבָרֵךְ יְהוָה׃

כז א לְדָוִד ׀ יְהוָה ׀ אוֹרִי וְיִשְׁעִי מִמִּי אִירָא יְהוָה מָעוֹז־חַיַּי מִמִּי
ב אֶפְחָד׃ בִּקְרֹב עָלַי ׀ מְרֵעִים לֶאֱכֹל אֶת־בְּשָׂרִי צָרַי וְאֹיְבַי לִי

ג הֵמָּה כָשְׁלוּ וְנָפָלוּ׃ אִם־תַּחֲנֶה עָלַי ׀ מַחֲנֶה לֹא־יִירָא לִבִּי אִם־
ד תָּקוּם עָלַי מִלְחָמָה בְּזֹאת אֲנִי בוֹטֵחַ׃ אַחַת ׀ שָׁאַלְתִּי מֵאֵת־
יהוה אוֹתָהּ אֲבַקֵּשׁ שִׁבְתִּי בְּבֵית־יהוה כָּל־יְמֵי חַיַּי לַחֲזוֹת
ה בְּנֹעַם־יהוה וּלְבַקֵּר בְּהֵיכָלוֹ׃ כִּי יִצְפְּנֵנִי ׀ בְּסֻכֹּה בְּיוֹם רָעָה
ו יַסְתִּרֵנִי בְּסֵתֶר אָהֳלוֹ בְּצוּר יְרוֹמְמֵנִי׃ וְעַתָּה יָרוּם רֹאשִׁי עַל
אֹיְבַי סְבִיבוֹתַי וְאֶזְבְּחָה בְאָהֳלוֹ זִבְחֵי תְרוּעָה אָשִׁירָה וַאֲזַמְּרָה
ז ח לַיהוה׃ שְׁמַע־יהוה קוֹלִי אֶקְרָא וְחָנֵּנִי וַעֲנֵנִי׃ לְךָ ׀ אָמַר לִבִּי
ט בַּקְּשׁוּ פָנָי אֶת־פָּנֶיךָ יהוה אֲבַקֵּשׁ׃ אַל־תַּסְתֵּר פָּנֶיךָ ׀ מִמֶּנִּי אַל
תַּט־בְּאַף עַבְדֶּךָ עֶזְרָתִי הָיִיתָ אַל־תִּטְּשֵׁנִי וְאַל־תַּעַזְבֵנִי אֱלֹהֵי
י יא יִשְׁעִי׃ כִּי־אָבִי וְאִמִּי עֲזָבוּנִי וַיהוה יַאַסְפֵנִי׃ הוֹרֵנִי יהוה דַּרְכֶּךָ
יב וּנְחֵנִי בְּאֹרַח מִישׁוֹר לְמַעַן שׁוֹרְרָי׃ אַל־תִּתְּנֵנִי בְּנֶפֶשׁ צָרָי כִּי
יג קָמוּ־בִי עֵדֵי־שֶׁקֶר וִיפֵחַ חָמָס׃ לוּלֵא הֶאֱמַנְתִּי לִרְאוֹת
יד בְּטוּב־יהוה בְּאֶרֶץ חַיִּים׃ קַוֵּה אֶל־יהוה חֲזַק וְיַאֲמֵץ לִבֶּךָ
וְקַוֵּה אֶל־יהוה׃

כח א לְדָוִד אֵלֶיךָ יהוה ׀ אֶקְרָא צוּרִי אַל־תֶּחֱרַשׁ מִמֶּנִּי פֶּן־תֶּחֱשֶׁה
ב מִמֶּנִּי וְנִמְשַׁלְתִּי עִם־יוֹרְדֵי בוֹר׃ שְׁמַע קוֹל תַּחֲנוּנַי בְּשַׁוְּעִי אֵלֶיךָ
ג בְּנָשְׂאִי יָדַי אֶל־דְּבִיר קָדְשֶׁךָ׃ אַל־תִּמְשְׁכֵנִי עִם־רְשָׁעִים וְעִם־
ד פֹּעֲלֵי אָוֶן דֹּבְרֵי שָׁלוֹם עִם־רֵעֵיהֶם וְרָעָה בִּלְבָבָם׃ תֶּן־לָהֶם
כְפָעֳלָם וּכְרֹעַ מַעַלְלֵיהֶם כְּמַעֲשֵׂה יְדֵיהֶם תֵּן לָהֶם הָשֵׁב גְּמוּלָם
ה לָהֶם׃ כִּי לֹא יָבִינוּ אֶל־פְּעֻלֹּת יהוה וְאֶל־מַעֲשֵׂה יָדָיו יֶהֶרְסֵם
ו ז וְלֹא יִבְנֵם׃ בָּרוּךְ יהוה כִּי־שָׁמַע קוֹל תַּחֲנוּנָי׃ יהוה ׀ עֻזִּי וּמָגִנִּי
ח בּוֹ בָטַח לִבִּי וְנֶעֱזָרְתִּי וַיַּעֲלֹז לִבִּי וּמִשִּׁירִי אֲהוֹדֶנּוּ׃ יהוה עֹז־לָמוֹ
ט וּמָעוֹז יְשׁוּעוֹת מְשִׁיחוֹ הוּא׃ הוֹשִׁיעָה ׀ אֶת־עַמֶּךָ וּבָרֵךְ אֶת־
נַחֲלָתֶךָ וּרְעֵם וְנַשְּׂאֵם עַד־הָעוֹלָם׃

כט א ב מִזְמוֹר לְדָוִד הָבוּ לַיהוה בְּנֵי אֵלִים הָבוּ לַיהוה כָּבוֹד וָעֹז׃ הָבוּ
ג לַיהוה כְּבוֹד שְׁמוֹ הִשְׁתַּחֲווּ לַיהוה בְּהַדְרַת־קֹדֶשׁ׃ קוֹל יהוה
ד עַל־הַמָּיִם אֵל־הַכָּבוֹד הִרְעִים יהוה עַל־מַיִם רַבִּים׃ קוֹל־יהוה

ה בְּכֹחַ קוֹל יְהוָה בֶּהָדָר׃ קוֹל יְהוָה שֹׁבֵר אֲרָזִים וַיְשַׁבֵּר יְהוָה
ו אֶת־אַרְזֵי הַלְּבָנוֹן׃ וַיַּרְקִידֵם כְּמוֹ־עֵגֶל לְבָנוֹן וְשִׂרְיֹן כְּמוֹ בֶן־
ז ח רְאֵמִים׃ קוֹל־יְהוָה חֹצֵב לַהֲבוֹת אֵשׁ׃ קוֹל יְהוָה יָחִיל מִדְבָּר
ט יָחִיל יְהוָה מִדְבַּר קָדֵשׁ׃ קוֹל יְהוָה ׀ יְחוֹלֵל אַיָּלוֹת וַיֶּחֱשֹׂף
י יְעָרוֹת וּבְהֵיכָלוֹ כֻּלּוֹ אֹמֵר כָּבוֹד׃ יְהוָה לַמַּבּוּל יָשָׁב וַיֵּשֶׁב
ד יא יְהוָה מֶלֶךְ לְעוֹלָם׃ יְהוָה עֹז לְעַמּוֹ יִתֵּן יְהוָה ׀ יְבָרֵךְ אֶת־
עַמּוֹ בַשָּׁלוֹם׃

ל א ב מִזְמוֹר שִׁיר־חֲנֻכַּת הַבַּיִת לְדָוִד׃ אֲרוֹמִמְךָ יְהוָה כִּי דִלִּיתָנִי וְלֹא־
ג ד שִׂמַּחְתָּ אֹיְבַי לִי׃ יְהוָה אֱלֹהָי שִׁוַּעְתִּי אֵלֶיךָ וַתִּרְפָּאֵנִי׃ יְהוָה
ה הֶעֱלִיתָ מִן־שְׁאוֹל נַפְשִׁי חִיִּיתַנִי מיורדי־בוֹר׃ זַמְּרוּ לַיהוָה מִיָּרְדִי־
ו חֲסִידָיו וְהוֹדוּ לְזֵכֶר קָדְשׁוֹ׃ כִּי רֶגַע ׀ בְּאַפּוֹ חַיִּים בִּרְצוֹנוֹ בָּעֶרֶב
ז יָלִין בֶּכִי וְלַבֹּקֶר רִנָּה׃ וַאֲנִי אָמַרְתִּי בְשַׁלְוִי בַּל־אֶמּוֹט לְעוֹלָם׃
ח יְהוָה בִּרְצוֹנְךָ הֶעֱמַדְתָּה לְהַרְרִי עֹז הִסְתַּרְתָּ פָנֶיךָ הָיִיתִי נִבְהָל׃
ט י אֵלֶיךָ יְהוָה אֶקְרָא וְאֶל־אֲדֹנָי אֶתְחַנָּן׃ מַה־בֶּצַע בְּדָמִי בְּרִדְתִּי
יא אֶל שָׁחַת הֲיוֹדְךָ עָפָר הֲיַגִּיד אֲמִתֶּךָ׃ שְׁמַע־יְהוָה וְחָנֵּנִי יְהוָה
יב הֱיֵה־עֹזֵר לִי׃ הָפַכְתָּ מִסְפְּדִי לְמָחוֹל לִי פִּתַּחְתָּ שַׂקִּי וַתְּאַזְּרֵנִי
יג שִׂמְחָה׃ לְמַעַן ׀ יְזַמֶּרְךָ כָבוֹד וְלֹא יִדֹּם יְהוָה אֱלֹהַי לְעוֹלָם
אוֹדֶךָּ׃

לא א ב לַמְנַצֵּחַ מִזְמוֹר לְדָוִד׃ בְּךָ־יְהוָה חָסִיתִי אַל־אֵבוֹשָׁה לְעוֹלָם
ג בְּצִדְקָתְךָ פַלְּטֵנִי׃ הַטֵּה אֵלַי ׀ אָזְנְךָ מְהֵרָה הַצִּילֵנִי הֱיֵה לִי ׀
ד לְצוּר־מָעוֹז לְבֵית מְצוּדוֹת לְהוֹשִׁיעֵנִי׃ כִּי־סַלְעִי וּמְצוּדָתִי אָתָּה
ה וּלְמַעַן שִׁמְךָ תַּנְחֵנִי וּתְנַהֲלֵנִי׃ תּוֹצִיאֵנִי מֵרֶשֶׁת זוּ טָמְנוּ לִי כִּי־
ו אַתָּה מָעוּזִּי׃ בְּיָדְךָ אַפְקִיד רוּחִי פָּדִיתָה אוֹתִי יְהוָה אֵל אֱמֶת׃
ז ח שָׂנֵאתִי הַשֹּׁמְרִים הַבְלֵי־שָׁוְא וַאֲנִי אֶל־יְהוָה בָּטָחְתִּי׃ אָגִילָה
וְאֶשְׂמְחָה בְּחַסְדֶּךָ אֲשֶׁר רָאִיתָ אֶת־עָנְיִי יָדַעְתָּ בְּצָרוֹת נַפְשִׁי׃
ט י וְלֹא הִסְגַּרְתַּנִי בְּיַד־אוֹיֵב הֶעֱמַדְתָּ בַמֶּרְחָב רַגְלָי׃ חָנֵּנִי יְהוָה
יא כִּי צַר־לִי עָשְׁשָׁה בְכַעַס עֵינִי נַפְשִׁי וּבִטְנִי׃ כִּי כָלוּ בְיָגוֹן חַיַּי

יב וּשְׁנוֹתַי בַּאֲנָחָה כָּשַׁל בַּעֲוֺנִי כֹחִי וַעֲצָמַי עָשֵׁשׁוּ: מִכׇּל־צֹרְרַי
הָיִיתִי חֶרְפָּה וְלִשְׁכֵנַי ׀ מְאֹד וּפַחַד לִמְיֻדָּעָי רֹאַי בַּחוּץ נָדְדוּ
יג יד מִמֶּנִּי: נִשְׁכַּחְתִּי כְּמֵת מִלֵּב הָיִיתִי כִּכְלִי אֹבֵד: כִּי שָׁמַעְתִּי ׀ דִּבַּת
טו רַבִּים מָגוֹר מִסָּבִיב בְּהִוָּסְדָם יַחַד עָלַי לָקַחַת נַפְשִׁי זָמָמוּ: וַאֲנִי ׀
טז עָלֶיךָ בָטַחְתִּי יְהוָה אָמַרְתִּי אֱלֹהַי אָתָּה: בְּיָדְךָ עִתֹּתָי הַצִּילֵנִי
יז מִיַּד־אוֹיְבַי וּמֵרֹדְפָי: הָאִירָה פָנֶיךָ עַל־עַבְדֶּךָ הוֹשִׁיעֵנִי בְחַסְדֶּךָ:
יח יְהוָה אַל־אֵבוֹשָׁה כִּי קְרָאתִיךָ יֵבֹשׁוּ רְשָׁעִים יִדְּמוּ לִשְׁאוֹל:
יט תֵּאָלַמְנָה שִׂפְתֵי שָׁקֶר הַדֹּבְרוֹת עַל־צַדִּיק עָתָק בְּגַאֲוָה וָבוּז:
כ מָה רַב טוּבְךָ אֲשֶׁר־צָפַנְתָּ לִּירֵאֶיךָ פָּעַלְתָּ לַחוֹסִים בָּךְ נֶגֶד
כא בְּנֵי אָדָם: תַּסְתִּירֵם ׀ בְּסֵתֶר פָּנֶיךָ מֵרֻכְסֵי אִישׁ תִּצְפְּנֵם בְּסֻכָּה
כב מֵרִיב לְשֹׁנוֹת: בָּרוּךְ יְהוָה כִּי הִפְלִיא חַסְדּוֹ לִי בְּעִיר מָצוֹר:
כג וַאֲנִי ׀ אָמַרְתִּי בְחׇפְזִי נִגְרַזְתִּי מִנֶּגֶד עֵינֶיךָ אָכֵן שָׁמַעְתָּ קוֹל
כד תַּחֲנוּנַי בְּשַׁוְּעִי אֵלֶיךָ: אֶהֱבוּ אֶת־יְהוָה כׇּל־חֲסִידָיו אֱמוּנִים
כה נֹצֵר יְהוָה וּמְשַׁלֵּם עַל־יֶתֶר עֹשֵׂה גַאֲוָה: חִזְקוּ וְיַאֲמֵץ
לְבַבְכֶם כׇּל־הַמְיַחֲלִים לַיהוָה:

לב א ב לְדָוִד מַשְׂכִּיל אַשְׁרֵי נְשׂוּי־פֶּשַׁע כְּסוּי חֲטָאָה: אַשְׁרֵי־אָדָם לֹא
ג יַחְשֹׁב יְהוָה לוֹ עָוֺן וְאֵין בְּרוּחוֹ רְמִיָּה: כִּי־הֶחֱרַשְׁתִּי בָּלוּ עֲצָמָי
ד בְּשַׁאֲגָתִי כׇּל־הַיּוֹם: כִּי ׀ יוֹמָם וָלַיְלָה תִּכְבַּד עָלַי יָדֶךָ נֶהְפַּךְ
ה לְשַׁדִּי בְּחַרְבֹנֵי קַיִץ סֶלָה: חַטָּאתִי אוֹדִיעֲךָ וַעֲוֺנִי לֹא־כִסִּיתִי
אָמַרְתִּי אוֹדֶה עֲלֵי פְשָׁעַי לַיהוָה וְאַתָּה נָשָׂאתָ עֲוֺן חַטָּאתִי
ו סֶלָה: עַל־זֹאת יִתְפַּלֵּל כׇּל־חָסִיד ׀ אֵלֶיךָ לְעֵת מְצֹא רַק לְשֵׁטֶף
ז מַיִם רַבִּים אֵלָיו לֹא יַגִּיעוּ: אַתָּה ׀ סֵתֶר לִי מִצַּר תִּצְּרֵנִי רָנֵּי פַלֵּט
ח תְּסוֹבְבֵנִי סֶלָה: אַשְׂכִּילְךָ ׀ וְאוֹרְךָ בְּדֶרֶךְ־זוּ תֵלֵךְ אִיעֲצָה עָלֶיךָ
ט עֵינִי: אַל־תִּהְיוּ ׀ כְּסוּס כְּפֶרֶד אֵין הָבִין בְּמֶתֶג־וָרֶסֶן עֶדְיוֹ
י לִבְלוֹם בַּל קְרֹב אֵלֶיךָ: רַבִּים מַכְאוֹבִים לָרָשָׁע וְהַבּוֹטֵחַ
יא בַּיהוָה חֶסֶד יְסוֹבְבֶנּוּ: שִׂמְחוּ בַיהוָה וְגִילוּ צַדִּיקִים וְהַרְנִינוּ
כׇּל־יִשְׁרֵי־לֵב:

רַנְּנוּ צַדִּיקִים בַּיהוה לַיְשָׁרִים נָאוָה תְהִלָּה׃ הוֹדוּ לַיהוה בְּכִנּוֹר א ב
בְּנֵבֶל עָשׂוֹר זַמְּרוּ־לוֹ׃ שִׁירוּ־לוֹ שִׁיר חָדָשׁ הֵיטִיבוּ נַגֵּן בִּתְרוּעָה׃ ג
כִּי־יָשָׁר דְּבַר־יהוה וְכָל־מַעֲשֵׂהוּ בֶּאֱמוּנָה׃ אֹהֵב צְדָקָה וּמִשְׁפָּט ד ה
חֶסֶד יהוה מָלְאָה הָאָרֶץ׃ בִּדְבַר יהוה שָׁמַיִם נַעֲשׂוּ וּבְרוּחַ פִּיו ו
כָּל־צְבָאָם׃ כֹּנֵס כַּנֵּד מֵי הַיָּם נֹתֵן בְּאֹצָרוֹת תְּהוֹמוֹת׃ יִירְאוּ ז ח
מֵיהוה כָּל־הָאָרֶץ מִמֶּנּוּ יָגוּרוּ כָּל־יֹשְׁבֵי תֵבֵל׃ כִּי הוּא אָמַר ט
וַיֶּהִי הוּא־צִוָּה וַיַּעֲמֹד׃ יהוה הֵפִיר עֲצַת־גּוֹיִם הֵנִיא מַחְשְׁבוֹת י
עַמִּים׃ עֲצַת יהוה לְעוֹלָם תַּעֲמֹד מַחְשְׁבוֹת לִבּוֹ לְדֹר וָדֹר׃ יא
אַשְׁרֵי הַגּוֹי אֲשֶׁר־יהוה אֱלֹהָיו הָעָם בָּחַר לְנַחֲלָה לוֹ׃ מִשָּׁמַיִם יב יג
הִבִּיט יהוה רָאָה אֶת־כָּל־בְּנֵי הָאָדָם׃ מִמְּכוֹן־שִׁבְתּוֹ הִשְׁגִּיחַ יד
אֶל כָּל־יֹשְׁבֵי הָאָרֶץ׃ הַיֹּצֵר יַחַד לִבָּם הַמֵּבִין אֶל־כָּל־מַעֲשֵׂיהֶם׃ טו
אֵין־הַמֶּלֶךְ נוֹשָׁע בְּרָב־חָיִל גִּבּוֹר לֹא־יִנָּצֵל בְּרָב־כֹּחַ׃ שֶׁקֶר טז יז
הַסּוּס לִתְשׁוּעָה וּבְרֹב חֵילוֹ לֹא יְמַלֵּט׃ הִנֵּה עֵין יהוה אֶל־ יח
יְרֵאָיו לַמְיַחֲלִים לְחַסְדּוֹ׃ לְהַצִּיל מִמָּוֶת נַפְשָׁם וּלְחַיּוֹתָם בָּרָעָב׃ יט
נַפְשֵׁנוּ חִכְּתָה לַיהוה עֶזְרֵנוּ וּמָגִנֵּנוּ הוּא׃ כִּי־בוֹ יִשְׂמַח לִבֵּנוּ כ כא
כִּי בְשֵׁם קָדְשׁוֹ בָטָחְנוּ׃ יְהִי־חַסְדְּךָ יהוה עָלֵינוּ כַּאֲשֶׁר כב
יִחַלְנוּ לָךְ׃

לְדָוִד בְּשַׁנּוֹתוֹ אֶת־טַעְמוֹ לִפְנֵי אֲבִימֶלֶךְ וַיְגָרְשֵׁהוּ וַיֵּלַךְ׃ א לד
אֲבָרְכָה אֶת־יהוה בְּכָל־עֵת תָּמִיד תְּהִלָּתוֹ בְּפִי׃ בַּיהוה ב ג
תִּתְהַלֵּל נַפְשִׁי יִשְׁמְעוּ עֲנָוִים וְיִשְׂמָחוּ׃ גַּדְּלוּ לַיהוה אִתִּי ד
וּנְרוֹמְמָה שְׁמוֹ יַחְדָּו׃ דָּרַשְׁתִּי אֶת־יהוה וְעָנָנִי וּמִכָּל־מְגוּרוֹתַי ה
הִצִּילָנִי׃ הִבִּיטוּ אֵלָיו וְנָהָרוּ וּפְנֵיהֶם אַל־יֶחְפָּרוּ׃ זֶה עָנִי קָרָא ו ז
וַיהוה שָׁמֵעַ וּמִכָּל־צָרוֹתָיו הוֹשִׁיעוֹ׃ חֹנֶה מַלְאַךְ־יהוה סָבִיב ח
לִירֵאָיו וַיְחַלְּצֵם׃ טַעֲמוּ וּרְאוּ כִּי־טוֹב יהוה אַשְׁרֵי הַגֶּבֶר יֶחֱסֶה־ ט
בּוֹ׃ יְראוּ אֶת־יהוה קְדֹשָׁיו כִּי־אֵין מַחְסוֹר לִירֵאָיו׃ כְּפִירִים י יא
רָשׁוּ וְרָעֵבוּ וְדֹרְשֵׁי יהוה לֹא־יַחְסְרוּ כָל־טוֹב׃ לְכוּ־בָנִים שִׁמְעוּ־ יב
לִי יִרְאַת יהוה אֲלַמֶּדְכֶם׃ מִי־הָאִישׁ הֶחָפֵץ חַיִּים אֹהֵב יָמִים יג

יד טו לִרְאוֹת טוֹב׃ נְצֹר לְשׁוֹנְךָ מֵרָע וּשְׂפָתֶיךָ מִדַּבֵּר מִרְמָה׃ סוּר
טז מֵרָע וַעֲשֵׂה־טוֹב בַּקֵּשׁ שָׁלוֹם וְרָדְפֵהוּ׃ עֵינֵי יהוה אֶל־צַדִּיקִים
יז וְאָזְנָיו אֶל־שַׁוְעָתָם׃ פְּנֵי יהוה בְּעֹשֵׂי רָע לְהַכְרִית מֵאֶרֶץ זִכְרָם׃
יח יט צָעֲקוּ וַיהוה שָׁמֵעַ וּמִכָּל־צָרוֹתָם הִצִּילָם׃ קָרוֹב יהוה לְנִשְׁבְּרֵי־
כ לֵב וְאֶת־דַּכְּאֵי־רוּחַ יוֹשִׁיעַ׃ רַבּוֹת רָעוֹת צַדִּיק וּמִכֻּלָּם יַצִּילֶנּוּ
כא כב יהוה׃ שֹׁמֵר כָּל־עַצְמוֹתָיו אַחַת מֵהֵנָּה לֹא נִשְׁבָּרָה׃ תְּמוֹתֵת
כג רָשָׁע רָעָה וְשֹׂנְאֵי צַדִּיק יֶאְשָׁמוּ׃ פּוֹדֶה יהוה נֶפֶשׁ עֲבָדָיו וְלֹא
יֶאְשְׁמוּ כָּל־הַחֹסִים בּוֹ׃

לה א ב לְדָוִד ׀ רִיבָה יהוה אֶת־יְרִיבַי לְחַם אֶת־לֹחֲמָי׃ הַחֲזֵק מָגֵן וְצִנָּה
ג וְקוּמָה בְּעֶזְרָתִי׃ וְהָרֵק חֲנִית וּסְגֹר לִקְרַאת רֹדְפָי אֱמֹר לְנַפְשִׁי
ד יְשֻׁעָתֵךְ אָנִי׃ יֵבֹשׁוּ וְיִכָּלְמוּ מְבַקְשֵׁי נַפְשִׁי יִסֹּגוּ אָחוֹר וְיַחְפְּרוּ
ה ו חֹשְׁבֵי רָעָתִי׃ יִהְיוּ כְּמֹץ לִפְנֵי־רוּחַ וּמַלְאַךְ יהוה דּוֹחֶה׃ יְהִי־
ז דַרְכָּם חֹשֶׁךְ וַחֲלַקְלַקֹּת וּמַלְאַךְ יהוה רֹדְפָם׃ כִּי־חִנָּם טָמְנוּ־לִי
ח שַׁחַת רִשְׁתָּם חִנָּם חָפְרוּ לְנַפְשִׁי׃ תְּבוֹאֵהוּ שׁוֹאָה לֹא־יֵדָע
ט וְרִשְׁתּוֹ אֲשֶׁר־טָמַן תִּלְכְּדוֹ בְּשׁוֹאָה יִפָּל־בָּהּ׃ וְנַפְשִׁי תָּגִיל בַּיהוה
י תָּשִׂישׂ בִּישׁוּעָתוֹ׃ כָּל עַצְמוֹתַי ׀ תֹּאמַרְנָה יהוה מִי כָמוֹךָ מַצִּיל
יא עָנִי מֵחָזָק מִמֶּנּוּ וְעָנִי וְאֶבְיוֹן מִגֹּזְלוֹ׃ יְקוּמוּן עֵדֵי חָמָס אֲשֶׁר לֹא־
יב יָדַעְתִּי יִשְׁאָלוּנִי׃ יְשַׁלְּמוּנִי רָעָה תַּחַת טוֹבָה שְׁכוֹל לְנַפְשִׁי׃
יג וַאֲנִי ׀ בַּחֲלוֹתָם לְבוּשִׁי שָׂק עִנֵּיתִי בַצּוֹם נַפְשִׁי וּתְפִלָּתִי עַל־חֵיקִי
יד תָשׁוּב׃ כְּרֵעַ־כְּאָח לִי הִתְהַלָּכְתִּי כַּאֲבֶל־אֵם קֹדֵר שַׁחוֹתִי׃
טו וּבְצַלְעִי שָׂמְחוּ וְנֶאֱסָפוּ נֶאֶסְפוּ עָלַי נֵכִים וְלֹא יָדַעְתִּי קָרְעוּ
טז יז וְלֹא־דָמּוּ׃ בְּחַנְפֵי לַעֲגֵי מָעוֹג חָרֹק עָלַי שִׁנֵּימוֹ׃ אֲדֹנָי כַּמָּה
יח תִּרְאֶה הָשִׁיבָה נַפְשִׁי מִשֹּׁאֵיהֶם מִכְּפִירִים יְחִידָתִי׃ אוֹדְךָ בְּקָהָל
יט רָב בְּעַם עָצוּם אֲהַלְלֶךָּ׃ אַל־יִשְׂמְחוּ־לִי אֹיְבַי שֶׁקֶר שֹׂנְאַי חִנָּם
כ יִקְרְצוּ־עָיִן׃ כִּי לֹא שָׁלוֹם יְדַבֵּרוּ וְעַל רִגְעֵי־אֶרֶץ דִּבְרֵי מִרְמוֹת
כא יַחֲשֹׁבוּן׃ וַיַּרְחִיבוּ עָלַי פִּיהֶם אָמְרוּ הֶאָח ׀ הֶאָח רָאֲתָה עֵינֵנוּ׃
כב כג רָאִיתָה יהוה אַל־תֶּחֱרַשׁ אֲדֹנָי אַל־תִּרְחַק מִמֶּנִּי׃ הָעִירָה

כד וְהָקִיצָה לְמִשְׁפָּטִי אֱלֹהַי וַאדֹנָי לְרִיבִי: שָׁפְטֵנִי כְצִדְקְךָ יְהוָה
כה אֱלֹהָי וְאַל־יִשְׂמְחוּ־לִי: אַל־יֹאמְרוּ בְלִבָּם הֶאָח נַפְשֵׁנוּ אַל־
כו יֹאמְרוּ בִּלַּעֲנוּהוּ: יֵבֹשׁוּ וְיַחְפְּרוּ | יַחְדָּו שְׂמֵחֵי רָעָתִי יִלְבְּשׁוּ־
כז בֹשֶׁת וּכְלִמָּה הַמַּגְדִּילִים עָלָי: יָרֹנּוּ וְיִשְׂמְחוּ חֲפֵצֵי צִדְקִי
כח וְיֹאמְרוּ תָמִיד יִגְדַּל יְהוָה הֶחָפֵץ שְׁלוֹם עַבְדּוֹ: וּלְשׁוֹנִי תֶּהְגֶּה ה
צִדְקֶךָ כָּל־הַיּוֹם תְּהִלָּתֶךָ:

א ב לַמְנַצֵּחַ | לְעֶבֶד־יְהוָה לְדָוִד: נְאֻם־פֶּשַׁע לָרָשָׁע בְּקֶרֶב לִבִּי אֵין לו
ג פַּחַד אֱלֹהִים לְנֶגֶד עֵינָיו: כִּי־הֶחֱלִיק אֵלָיו בְּעֵינָיו לִמְצֹא עֲוֺנוֹ
ד ה לִשְׂנֹא: דִּבְרֵי־פִיו אָוֶן וּמִרְמָה חָדַל לְהַשְׂכִּיל לְהֵיטִיב: אָוֶן |
יַחְשֹׁב עַל־מִשְׁכָּבוֹ יִתְיַצֵּב עַל־דֶּרֶךְ לֹא־טוֹב רָע לֹא יִמְאָס:
ו ז יְהוָה בְּהַשָּׁמַיִם חַסְדֶּךָ אֱמוּנָתְךָ עַד־שְׁחָקִים: צִדְקָתְךָ | כְּהַרְרֵי־
ח אֵל מִשְׁפָּטֶךָ תְּהוֹם רַבָּה אָדָם וּבְהֵמָה תוֹשִׁיעַ | יְהוָה: מַה־יָּקָר
ט חַסְדְּךָ אֱלֹהִים וּבְנֵי אָדָם בְּצֵל כְּנָפֶיךָ יֶחֱסָיוּן: יִרְוְיֻן מִדֶּשֶׁן בֵּיתֶךָ
י וְנַחַל עֲדָנֶיךָ תַשְׁקֵם: כִּי־עִמְּךָ מְקוֹר חַיִּים בְּאוֹרְךָ נִרְאֶה־
יא יב אוֹר: מְשֹׁךְ חַסְדְּךָ לְיֹדְעֶיךָ וְצִדְקָתְךָ לְיִשְׁרֵי־לֵב: אַל־תְּבוֹאֵנִי
יג רֶגֶל גַּאֲוָה וְיַד־רְשָׁעִים אַל־תְּנִדֵנִי: שָׁם נָפְלוּ פֹּעֲלֵי אָוֶן
דֹּחוּ וְלֹא־יָכְלוּ קוּם:

א ב לְדָוִד | אַל־תִּתְחַר בַּמְּרֵעִים אַל־תְּקַנֵּא בְּעֹשֵׂי עַוְלָה: כִּי כֶחָצִיר לז
ג מְהֵרָה יִמָּלוּ וּכְיֶרֶק דֶּשֶׁא יִבּוֹלוּן: בְּטַח בַּיהוָה וַעֲשֵׂה־טוֹב שְׁכָן־
ד אֶרֶץ וּרְעֵה אֱמוּנָה: וְהִתְעַנַּג עַל־יְהוָה וְיִתֶּן־לְךָ מִשְׁאֲלֹת לִבֶּךָ:
ה ו גּוֹל עַל־יְהוָה דַּרְכֶּךָ וּבְטַח עָלָיו וְהוּא יַעֲשֶׂה: וְהוֹצִיא כָאוֹר
ז צִדְקֶךָ וּמִשְׁפָּטֶךָ כַּצָּהֳרָיִם: דּוֹם | לַיהוָה וְהִתְחוֹלֵל לוֹ אַל־תִּתְחַר
ח בְּמַצְלִיחַ דַּרְכּוֹ בְּאִישׁ עֹשֶׂה מְזִמּוֹת: הֶרֶף מֵאַף וַעֲזֹב חֵמָה אַל־
ט תִּתְחַר אַךְ־לְהָרֵעַ: כִּי־מְרֵעִים יִכָּרֵתוּן וְקֹוֵי יְהוָה הֵמָּה יִירְשׁוּ־
י אָרֶץ: וְעוֹד מְעַט וְאֵין רָשָׁע וְהִתְבּוֹנַנְתָּ עַל־מְקוֹמוֹ וְאֵינֶנּוּ:
יא יב וַעֲנָוִים יִירְשׁוּ־אָרֶץ וְהִתְעַנְּגוּ עַל־רֹב שָׁלוֹם: זֹמֵם רָשָׁע לַצַּדִּיק
יג יד וְחֹרֵק עָלָיו שִׁנָּיו: אֲדֹנָי יִשְׂחַק־לוֹ כִּי־רָאָה כִּי־יָבֹא יוֹמוֹ: חֶרֶב |

פָּתְחוּ רְשָׁעִים וְדָרְכוּ קַשְׁתָּם לְהַפִּיל עָנִי וְאֶבְיוֹן לִטְבוֹחַ
טו טז יִשְׁרֵי־דָרֶךְ׃ חַרְבָּם תָּבוֹא בְלִבָּם וְקַשְּׁתוֹתָם תִּשָּׁבַרְנָה׃ טוֹב־
יז מְעַט לַצַּדִּיק מֵהֲמוֹן רְשָׁעִים רַבִּים׃ כִּי זְרוֹעוֹת רְשָׁעִים
יח תִּשָּׁבַרְנָה וְסוֹמֵךְ צַדִּיקִים יְהוָה׃ יוֹדֵעַ יְהוָה יְמֵי תְמִימִם
יט וְנַחֲלָתָם לְעוֹלָם תִּהְיֶה׃ לֹא־יֵבֹשׁוּ בְּעֵת רָעָה וּבִימֵי רְעָבוֹן
כ יִשְׂבָּעוּ׃ כִּי רְשָׁעִים ׀ יֹאבֵדוּ וְאֹיְבֵי יְהוָה כִּיקַר כָּרִים כָּלוּ בֶעָשָׁן
כא כב כָּלוּ׃ לֹוֶה רָשָׁע וְלֹא יְשַׁלֵּם וְצַדִּיק חוֹנֵן וְנוֹתֵן׃ כִּי מְבֹרָכָיו יִירְשׁוּ
כג אָרֶץ וּמְקֻלָּלָיו יִכָּרֵתוּ׃ מֵיְהוָה מִצְעֲדֵי־גֶבֶר כּוֹנָנוּ וְדַרְכּוֹ יֶחְפָּץ׃
כד כה כִּי־יִפֹּל לֹא־יוּטָל כִּי־יְהוָה סוֹמֵךְ יָדוֹ׃ נַעַר ׀ הָיִיתִי גַּם־זָקַנְתִּי
כו וְלֹא־רָאִיתִי צַדִּיק נֶעֱזָב וְזַרְעוֹ מְבַקֶּשׁ־לָחֶם׃ כָּל־הַיּוֹם חוֹנֵן
כז כח וּמַלְוֶה וְזַרְעוֹ לִבְרָכָה׃ סוּר מֵרָע וַעֲשֵׂה־טוֹב וּשְׁכֹן לְעוֹלָם׃ כִּי
יְהוָה ׀ אֹהֵב מִשְׁפָּט וְלֹא־יַעֲזֹב אֶת־חֲסִידָיו לְעוֹלָם נִשְׁמָרוּ וְזֶרַע
כט ל רְשָׁעִים נִכְרָת׃ צַדִּיקִים יִירְשׁוּ־אָרֶץ וְיִשְׁכְּנוּ לָעַד עָלֶיהָ׃ פִּי־
לא צַדִּיק יֶהְגֶּה חָכְמָה וּלְשׁוֹנוֹ תְּדַבֵּר מִשְׁפָּט׃ תּוֹרַת אֱלֹהָיו בְּלִבּוֹ
לב לג לֹא תִמְעַד אֲשֻׁרָיו׃ צוֹפֶה רָשָׁע לַצַּדִּיק וּמְבַקֵּשׁ לַהֲמִיתוֹ׃ יְהוָה
לד לֹא־יַעַזְבֶנּוּ בְיָדוֹ וְלֹא יַרְשִׁיעֶנּוּ בְּהִשָּׁפְטוֹ׃ קַוֵּה אֶל־יְהוָה ׀ וּשְׁמֹר
לה דַּרְכּוֹ וִירוֹמִמְךָ לָרֶשֶׁת אָרֶץ בְּהִכָּרֵת רְשָׁעִים תִּרְאֶה׃ רָאִיתִי
לו רָשָׁע עָרִיץ וּמִתְעָרֶה כְּאֶזְרָח רַעֲנָן׃ וַיַּעֲבֹר וְהִנֵּה אֵינֶנּוּ
לז וָאֲבַקְשֵׁהוּ וְלֹא נִמְצָא׃ שְׁמָר־תָּם וּרְאֵה יָשָׁר כִּי־אַחֲרִית
לח לְאִישׁ שָׁלוֹם׃ וּפֹשְׁעִים נִשְׁמְדוּ יַחְדָּו אַחֲרִית רְשָׁעִים נִכְרָתָה׃
לט מ וּתְשׁוּעַת צַדִּיקִים מֵיְהוָה מָעוּזָּם בְּעֵת צָרָה׃ וַיַּעְזְרֵם יְהוָה
וַיְפַלְּטֵם יְפַלְּטֵם מֵרְשָׁעִים וְיוֹשִׁיעֵם כִּי־חָסוּ בוֹ׃

לח א ב מִזְמוֹר לְדָוִד לְהַזְכִּיר׃ יְהוָה אַל־בְּקֶצְפְּךָ תוֹכִיחֵנִי וּבַחֲמָתְךָ
ג ד תְיַסְּרֵנִי׃ כִּי־חִצֶּיךָ נִחֲתוּ בִי וַתִּנְחַת עָלַי יָדֶךָ׃ אֵין־מְתֹם
ה בִּבְשָׂרִי מִפְּנֵי זַעְמֶךָ אֵין־שָׁלוֹם בַּעֲצָמַי מִפְּנֵי חַטָּאתִי׃ כִּי עֲוֺנֹתַי
ו עָבְרוּ רֹאשִׁי כְּמַשָּׂא כָבֵד יִכְבְּדוּ מִמֶּנִּי׃ הִבְאִישׁוּ נָמַקּוּ חַבּוּרֹתָי
ז מִפְּנֵי אִוַּלְתִּי׃ נַעֲוֵיתִי שַׁחֹתִי עַד־מְאֹד כָּל־הַיּוֹם קֹדֵר הִלָּכְתִּי׃

ח כִּֽי־כְסָלַי מָלְאוּ נִקְלֶה וְאֵין מְתֹם בִּבְשָׂרִי׃ ט נְפוּגוֹתִי וְנִדְכֵּיתִי עַד־
י מְאֹד שָׁאַגְתִּי מִנַּהֲמַת לִבִּי׃ אֲדֹנָי נֶגְדְּךָ כָל־תַּאֲוָתִי וְאַנְחָתִי
יא מִמְּךָ לֹא־נִסְתָּרָה׃ לִבִּי סְחַרְחַר עֲזָבַנִי כֹחִי וְאוֹר־עֵינַי גַּם־הֵם
יב אֵין אִתִּי׃ אֹהֲבַי וְרֵעַי מִנֶּגֶד נִגְעִי יַעֲמֹדוּ וּקְרוֹבַי מֵרָחֹק עָמָדוּ׃
יג וַיְנַקְשׁוּ מְבַקְשֵׁי נַפְשִׁי וְדֹרְשֵׁי רָעָתִי דִּבְּרוּ הַוּוֹת וּמִרְמוֹת כָּל־
יד הַיּוֹם יֶהְגּוּ׃ וַאֲנִי כְחֵרֵשׁ לֹא אֶשְׁמָע וּכְאִלֵּם לֹא יִפְתַּח־פִּיו׃ טו וָאֱהִי
טז כְּאִישׁ אֲשֶׁר לֹא־שֹׁמֵעַ וְאֵין בְּפִיו תּוֹכָחוֹת׃ כִּֽי־לְךָ יְהוָה הוֹחָלְתִּי
יז אַתָּה תַעֲנֶה אֲדֹנָי אֱלֹהָי׃ כִּֽי־אָמַרְתִּי פֶּן־יִשְׂמְחוּ־לִי בְּמוֹט רַגְלִי
יח עָלַי הִגְדִּילוּ׃ כִּֽי־אֲנִי לְצֶלַע נָכוֹן וּמַכְאוֹבִי נֶגְדִּי תָמִיד׃ יט כִּֽי־
כ עֲוֺנִי אַגִּיד אֶדְאַג מֵחַטָּאתִי׃ וְאֹיְבַי חַיִּים עָצֵמוּ וְרַבּוּ שֹׂנְאַי
כא שָׁקֶר׃ וּמְשַׁלְּמֵי רָעָה תַּחַת טוֹבָה יִשְׂטְנוּנִי תַּחַת רדופי־ רָדְפִי־
כב טוֹב׃ אַל־תַּעַזְבֵנִי יְהוָה אֱלֹהַי אַל־תִּרְחַק מִמֶּנִּי׃ כג חוּשָׁה
לְעֶזְרָתִי אֲדֹנָי תְּשׁוּעָתִי׃
לט א לַמְנַצֵּחַ לידיתון מִזְמוֹר לְדָוִד׃ ב אָמַרְתִּי אֶשְׁמְרָה דְרָכַי מֵחֲטוֹא לִֽידוּתוּן
ג בִלְשׁוֹנִי אֶשְׁמְרָה־לְפִי מַחְסוֹם בְּעֹד רָשָׁע לְנֶגְדִּי׃ נֶאֱלַמְתִּי
ד דוּמִיָּה הֶחֱשֵׁיתִי מִטּוֹב וּכְאֵבִי נֶעְכָּר׃ חַם־לִבִּי בְּקִרְבִּי בַּהֲגִיגִי
ה תִבְעַר־אֵשׁ דִּבַּרְתִּי בִּלְשׁוֹנִי׃ הוֹדִיעֵנִי יְהוָה קִצִּי וּמִדַּת יָמַי
ו מַה־הִיא אֵדְעָה מֶה־חָדֵל אָנִי׃ הִנֵּה טְפָחוֹת נָתַתָּה יָמַי וְחֶלְדִּי
ז כְאַיִן נֶגְדֶּךָ אַךְ־כָּל־הֶבֶל כָּל־אָדָם נִצָּב סֶלָה׃ אַךְ־בְּצֶלֶם
ח יִתְהַלֶּךְ־אִישׁ אַךְ־הֶבֶל יֶהֱמָיוּן יִצְבֹּר וְלֹא־יֵדַע מִי־אֹסְפָם׃ וְעַתָּה
ט מַה־קִּוִּיתִי אֲדֹנָי תּוֹחַלְתִּי לְךָ הִיא׃ מִכָּל־פְּשָׁעַי הַצִּילֵנִי חֶרְפַּת
י נָבָל אַל־תְּשִׂימֵנִי׃ נֶאֱלַמְתִּי לֹא אֶפְתַּח־פִּי כִּי אַתָּה עָשִׂיתָ׃
יא הָסֵר מֵעָלַי נִגְעֶךָ מִתִּגְרַת יָדְךָ אֲנִי כָלִיתִי׃ יב בְּתוֹכָחוֹת עַל־
עָוֺן יִסַּרְתָּ אִישׁ וַתֶּמֶס כָּעָשׁ חֲמוּדוֹ אַךְ הֶבֶל כָּל־אָדָם סֶלָה׃
יג שִׁמְעָה תְפִלָּתִי יְהוָה וְשַׁוְעָתִי הַאֲזִינָה אֶל־דִּמְעָתִי אַל־
יד תֶּחֱרַשׁ כִּי גֵר אָנֹכִי עִמָּךְ תּוֹשָׁב כְּכָל־אֲבוֹתָי׃ הָשַׁע מִמֶּנִּי
וְאַבְלִיגָה בְּטֶרֶם אֵלֵךְ וְאֵינֶנִּי׃

א ב לַמְנַצֵּחַ לְדָוִד מִזְמוֹר: קַוֹּה קִוִּיתִי יְהוָה וַיֵּט אֵלַי וַיִּשְׁמַע שַׁוְעָתִי:
ג וַיַּעֲלֵנִי ׀ מִבּוֹר שָׁאוֹן מִטִּיט הַיָּוֵן וַיָּקֶם עַל־סֶלַע רַגְלַי כּוֹנֵן אֲשֻׁרָי:
ד וַיִּתֵּן בְּפִי ׀ שִׁיר חָדָשׁ תְּהִלָּה לֵאלֹהֵינוּ יִרְאוּ רַבִּים וְיִירָאוּ
ה וְיִבְטְחוּ בַּיהוָה: אַשְׁרֵי־הַגֶּבֶר אֲשֶׁר־שָׂם יְהוָה מִבְטַחוֹ וְלֹא־
ו פָנָה אֶל־רְהָבִים וְשָׂטֵי כָזָב: רַבּוֹת עָשִׂיתָ ׀ אַתָּה ׀ יְהוָה אֱלֹהַי
נִפְלְאֹתֶיךָ וּמַחְשְׁבֹתֶיךָ אֵלֵינוּ אֵין ׀ עֲרֹךְ אֵלֶיךָ אַגִּידָה וַאֲדַבֵּרָה
ז עָצְמוּ מִסַּפֵּר: זֶבַח וּמִנְחָה ׀ לֹא־חָפַצְתָּ אָזְנַיִם כָּרִיתָ לִּי עוֹלָה
ח וַחֲטָאָה לֹא שָׁאָלְתָּ: אָז אָמַרְתִּי הִנֵּה־בָאתִי בִּמְגִלַּת־סֵפֶר
ט כָּתוּב עָלָי: לַעֲשׂוֹת־רְצוֹנְךָ אֱלֹהַי חָפָצְתִּי וְתוֹרָתְךָ בְּתוֹךְ מֵעָי:
י בִּשַּׂרְתִּי צֶדֶק ׀ בְּקָהָל רָב הִנֵּה שְׂפָתַי לֹא אֶכְלָא יְהוָה אַתָּה
יא יָדָעְתָּ: צִדְקָתְךָ לֹא־כִסִּיתִי ׀ בְּתוֹךְ לִבִּי אֱמוּנָתְךָ וּתְשׁוּעָתְךָ
יב אָמָרְתִּי לֹא־כִחַדְתִּי חַסְדְּךָ וַאֲמִתְּךָ לְקָהָל רָב: אַתָּה יְהוָה לֹא־
יג תִכְלָא רַחֲמֶיךָ מִמֶּנִּי חַסְדְּךָ וַאֲמִתְּךָ תָּמִיד יִצְּרוּנִי: כִּי אָפְפוּ־עָלַי ׀
רָעוֹת עַד־אֵין מִסְפָּר הִשִּׂיגוּנִי עֲוֺנֹתַי וְלֹא־יָכֹלְתִּי לִרְאוֹת עָצְמוּ
יד מִשַּׂעֲרוֹת רֹאשִׁי וְלִבִּי עֲזָבָנִי: רְצֵה יְהוָה לְהַצִּילֵנִי יְהוָה לְעֶזְרָתִי
טו חוּשָׁה: יֵבֹשׁוּ וְיַחְפְּרוּ ׀ יַחַד מְבַקְשֵׁי נַפְשִׁי לִסְפּוֹתָהּ יִסֹּגוּ אָחוֹר
טז וְיִכָּלְמוּ חֲפֵצֵי רָעָתִי: יָשֹׁמּוּ עַל־עֵקֶב בָּשְׁתָּם הָאֹמְרִים לִי הֶאָח ׀
יז הֶאָח: יָשִׂישׂוּ וְיִשְׂמְחוּ ׀ בְּךָ כָּל־מְבַקְשֶׁיךָ יֹאמְרוּ תָמִיד יִגְדַּל
יח יְהוָה אֹהֲבֵי תְּשׁוּעָתֶךָ: וַאֲנִי ׀ עָנִי וְאֶבְיוֹן אֲדֹנָי יַחֲשָׁב לִי עֶזְרָתִי
וּמְפַלְטִי אַתָּה אֱלֹהַי אַל־תְּאַחַר:

מא א ב לַמְנַצֵּחַ מִזְמוֹר לְדָוִד: אַשְׁרֵי מַשְׂכִּיל אֶל־דָּל בְּיוֹם רָעָה יְמַלְּטֵהוּ
ג יְהוָה: יְהוָה ׀ יִשְׁמְרֵהוּ וִיחַיֵּהוּ יאשר בָּאָרֶץ וְאַל־תִּתְּנֵהוּ בְּנֶפֶשׁ וְאֻשַּׁר
ד אֹיְבָיו: יְהוָה יִסְעָדֶנּוּ עַל־עֶרֶשׂ דְּוָי כָּל־מִשְׁכָּבוֹ הָפַכְתָּ בְחָלְיוֹ:
ה ו אֲנִי־אָמַרְתִּי יְהוָה חָנֵּנִי רְפָאָה נַפְשִׁי כִּי־חָטָאתִי לָךְ: אוֹיְבַי
ז יֹאמְרוּ רַע לִי מָתַי יָמוּת וְאָבַד שְׁמוֹ: וְאִם־בָּא לִרְאוֹת ׀ שָׁוְא
ח יְדַבֵּר לִבּוֹ יִקְבָּץ־אָוֶן לוֹ יֵצֵא לַחוּץ יְדַבֵּר: יַחַד עָלַי יִתְלַחֲשׁוּ
ט כָּל־שֹׂנְאָי עָלַי ׀ יַחְשְׁבוּ רָעָה לִי: דְּבַר־בְּלִיַּעַל יָצוּק בּוֹ וַאֲשֶׁר

י שְׁכַב לֹא־יוֹסִיף לָקוּם׃ גַּם־אִישׁ שְׁלוֹמִי ׀ אֲשֶׁר־בָּטַחְתִּי בוֹ אוֹכֵל
יא לַחְמִי הִגְדִּיל עָלַי עָקֵב׃ וְאַתָּה יהוה חָנֵּנִי וַהֲקִימֵנִי וַאֲשַׁלְּמָה
יב יג לָהֶם׃ בְּזֹאת יָדַעְתִּי כִּי־חָפַצְתָּ בִּי כִּי לֹא־יָרִיעַ אֹיְבִי עָלָי׃ וַאֲנִי
יד בְּתֻמִּי תָּמַכְתָּ בִּי וַתַּצִּיבֵנִי לְפָנֶיךָ לְעוֹלָם׃ בָּרוּךְ יהוה ׀ אֱלֹהֵי ו
יִשְׂרָאֵל מֵהָעוֹלָם וְעַד־הָעוֹלָם אָמֵן ׀ וְאָמֵן׃

מב א ב לַמְנַצֵּחַ מַשְׂכִּיל לִבְנֵי־קֹרַח׃ כְּאַיָּל תַּעֲרֹג עַל־אֲפִיקֵי־מָיִם כֵּן ספר שני
ג נַפְשִׁי תַעֲרֹג אֵלֶיךָ אֱלֹהִים׃ צָמְאָה נַפְשִׁי ׀ לֵאלֹהִים לְאֵל חָי
ד מָתַי אָבוֹא וְאֵרָאֶה פְּנֵי אֱלֹהִים׃ הָיְתָה־לִּי דִמְעָתִי לֶחֶם יוֹמָם
ה וָלָיְלָה בֶּאֱמֹר אֵלַי כָּל־הַיּוֹם אַיֵּה אֱלֹהֶיךָ׃ אֵלֶּה אֶזְכְּרָה ׀
וְאֶשְׁפְּכָה עָלַי ׀ נַפְשִׁי כִּי אֶעֱבֹר ׀ בַּסָּךְ אֶדַּדֵּם עַד־בֵּית אֱלֹהִים
ו בְּקוֹל־רִנָּה וְתוֹדָה הָמוֹן חוֹגֵג׃ מַה־תִּשְׁתּוֹחֲחִי ׀ נַפְשִׁי וַתֶּהֱמִי
ז עָלָי הוֹחִלִי לֵאלֹהִים כִּי־עוֹד אוֹדֶנּוּ יְשׁוּעוֹת פָּנָיו׃ אֱלֹהַי עָלַי
נַפְשִׁי תִשְׁתּוֹחָח עַל־כֵּן אֶזְכָּרְךָ מֵאֶרֶץ יַרְדֵּן וְחֶרְמוֹנִים מֵהַר
ח מִצְעָר׃ תְּהוֹם־אֶל־תְּהוֹם קוֹרֵא לְקוֹל צִנּוֹרֶיךָ כָּל־מִשְׁבָּרֶיךָ
ט וְגַלֶּיךָ עָלַי עָבָרוּ׃ יוֹמָם ׀ יְצַוֶּה יהוה ׀ חַסְדּוֹ וּבַלַּיְלָה שִׁירֹה עִמִּי
י תְּפִלָּה לְאֵל חַיָּי׃ אוֹמְרָה ׀ לְאֵל סַלְעִי לָמָה שְׁכַחְתָּנִי לָמָּה־קֹדֵר
יא אֵלֵךְ בְּלַחַץ אוֹיֵב׃ בְּרֶצַח ׀ בְּעַצְמוֹתַי חֵרְפוּנִי צוֹרְרָי בְּאָמְרָם אֵלַי
יב כָּל־הַיּוֹם אַיֵּה אֱלֹהֶיךָ׃ מַה־תִּשְׁתּוֹחֲחִי ׀ נַפְשִׁי וּמַה־תֶּהֱמִי עָלָי
הוֹחִילִי לֵאלֹהִים כִּי־עוֹד אוֹדֶנּוּ יְשׁוּעֹת פָּנַי וֵאלֹהָי׃

מג א שָׁפְטֵנִי אֱלֹהִים ׀ וְרִיבָה רִיבִי מִגּוֹי לֹא־חָסִיד מֵאִישׁ־מִרְמָה
ב וְעַוְלָה תְפַלְּטֵנִי׃ כִּי־אַתָּה ׀ אֱלֹהֵי מָעוּזִּי לָמָה זְנַחְתָּנִי לָמָּה־קֹדֵר
ג אֶתְהַלֵּךְ בְּלַחַץ אוֹיֵב׃ שְׁלַח־אוֹרְךָ וַאֲמִתְּךָ הֵמָּה יַנְחוּנִי יְבִיאוּנִי
ד אֶל־הַר־קָדְשְׁךָ וְאֶל־מִשְׁכְּנוֹתֶיךָ׃ וְאָבוֹאָה ׀ אֶל־מִזְבַּח אֱלֹהִים
ה אֶל־אֵל שִׂמְחַת גִּילִי וְאוֹדְךָ בְכִנּוֹר אֱלֹהִים אֱלֹהָי׃ מַה־
תִּשְׁתּוֹחֲחִי ׀ נַפְשִׁי וּמַה־תֶּהֱמִי עָלָי הוֹחִילִי לֵאלֹהִים כִּי־עוֹד
אוֹדֶנּוּ יְשׁוּעֹת פָּנַי וֵאלֹהָי׃

א ב לַמְנַצֵּחַ לִבְנֵי־קֹרַח מַשְׂכִּיל: אֱלֹהִים ׀ בְּאָזְנֵינוּ שָׁמַעְנוּ אֲבוֹתֵינוּ
ג סִפְּרוּ־לָנוּ פֹּעַל־פָּעַלְתָּ בִימֵיהֶם בִּימֵי קֶדֶם: אַתָּה ׀ יָדְךָ גּוֹיִם
ד הוֹרַשְׁתָּ וַתִּטָּעֵם תָּרַע לְאֻמִּים וַתְּשַׁלְּחֵם: כִּי לֹא בְחַרְבָּם יָרְשׁוּ
אֶרֶץ וּזְרוֹעָם לֹא־הוֹשִׁיעָה לָּמוֹ כִּי־יְמִינְךָ וּזְרוֹעֲךָ וְאוֹר פָּנֶיךָ כִּי
ה ו רְצִיתָם: אַתָּה־הוּא מַלְכִּי אֱלֹהִים צַוֵּה יְשׁוּעוֹת יַעֲקֹב: בְּךָ
ז צָרֵינוּ נְנַגֵּחַ בְּשִׁמְךָ נָבוּס קָמֵינוּ: כִּי לֹא בְקַשְׁתִּי אֶבְטָח וְחַרְבִּי
ח לֹא תוֹשִׁיעֵנִי: כִּי הוֹשַׁעְתָּנוּ מִצָּרֵינוּ וּמְשַׂנְאֵינוּ הֱבִישׁוֹתָ:
ט בֵּאלֹהִים הִלַּלְנוּ כָל־הַיּוֹם וְשִׁמְךָ לְעוֹלָם נוֹדֶה סֶּלָה: אַף־זָנַחְתָּ
יא וַתַּכְלִימֵנוּ וְלֹא־תֵצֵא בְּצִבְאוֹתֵינוּ: תְּשִׁיבֵנוּ אָחוֹר מִנִּי־צָר
יב וּמְשַׂנְאֵינוּ שָׁסוּ לָמוֹ: תִּתְּנֵנוּ כְּצֹאן מַאֲכָל וּבַגּוֹיִם זֵרִיתָנוּ:
יג יד תִּמְכֹּר־עַמְּךָ בְלֹא־הוֹן וְלֹא־רִבִּיתָ בִּמְחִירֵיהֶם: תְּשִׂימֵנוּ חֶרְפָּה
טו לִשְׁכֵנֵינוּ לַעַג וָקֶלֶס לִסְבִיבוֹתֵינוּ: תְּשִׂימֵנוּ מָשָׁל בַּגּוֹיִם מְנוֹד־
טז רֹאשׁ בַּלְאֻמִּים: כָּל־הַיּוֹם כְּלִמָּתִי נֶגְדִּי וּבֹשֶׁת פָּנַי כִּסָּתְנִי:
יז יח מִקּוֹל מְחָרֵף וּמְגַדֵּף מִפְּנֵי אוֹיֵב וּמִתְנַקֵּם: כָּל־זֹאת בָּאַתְנוּ וְלֹא
יט שְׁכַחֲנוּךָ וְלֹא־שִׁקַּרְנוּ בִּבְרִיתֶךָ: לֹא־נָסוֹג אָחוֹר לִבֵּנוּ וַתֵּט
כ אֲשֻׁרֵינוּ מִנִּי אָרְחֶךָ: כִּי דִכִּיתָנוּ בִּמְקוֹם תַּנִּים וַתְּכַס עָלֵינוּ
כא כב בְצַלְמָוֶת: אִם־שָׁכַחְנוּ שֵׁם אֱלֹהֵינוּ וַנִּפְרֹשׂ כַּפֵּינוּ לְאֵל זָר: הֲלֹא
כג אֱלֹהִים יַחֲקָר־זֹאת כִּי־הוּא יֹדֵעַ תַּעֲלֻמוֹת לֵב: כִּי־עָלֶיךָ הֹרַגְנוּ
כד כָל־הַיּוֹם נֶחְשַׁבְנוּ כְּצֹאן טִבְחָה: עוּרָה ׀ לָמָּה תִישַׁן ׀ אֲדֹנָי
כה הָקִיצָה אַל־תִּזְנַח לָנֶצַח: לָמָּה־פָנֶיךָ תַסְתִּיר תִּשְׁכַּח עָנְיֵנוּ
כו כז וְלַחֲצֵנוּ: כִּי שָׁחָה לֶעָפָר נַפְשֵׁנוּ דָּבְקָה לָאָרֶץ בִּטְנֵנוּ: קוּמָה
עֶזְרָתָה לָּנוּ וּפְדֵנוּ לְמַעַן חַסְדֶּךָ:

מה א ב לַמְנַצֵּחַ עַל־שֹׁשַׁנִּים לִבְנֵי־קֹרַח מַשְׂכִּיל שִׁיר יְדִידֹת: רָחַשׁ לִבִּי ׀
דָּבָר טוֹב אֹמֵר אָנִי מַעֲשַׂי לְמֶלֶךְ לְשׁוֹנִי עֵט ׀ סוֹפֵר מָהִיר:
ג יָפְיָפִיתָ מִבְּנֵי אָדָם הוּצַק חֵן בְּשְׂפְתוֹתֶיךָ עַל־כֵּן בֵּרַכְךָ אֱלֹהִים
ד ה לְעוֹלָם: חֲגוֹר־חַרְבְּךָ עַל־יָרֵךְ גִּבּוֹר הוֹדְךָ וַהֲדָרֶךָ: וַהֲדָרְךָ ׀ צְלַח
ו רְכַב עַל־דְּבַר־אֱמֶת וְעַנְוָה־צֶדֶק וְתוֹרְךָ נוֹרָאוֹת יְמִינֶךָ: חִצֶּיךָ

ז שְׁנוּנִים עַמִּים תַּחְתֶּיךָ יִפְּלוּ בְּלֵב אוֹיְבֵי הַמֶּלֶךְ: כִּסְאֲךָ אֱלֹהִים
ח עוֹלָם וָעֶד שֵׁבֶט מִישֹׁר שֵׁבֶט מַלְכוּתֶךָ: אָהַבְתָּ צֶּדֶק וַתִּשְׂנָא
ט רֶשַׁע עַל־כֵּן ׀ מְשָׁחֲךָ אֱלֹהִים אֱלֹהֶיךָ שֶׁמֶן שָׂשׂוֹן מֵחֲבֵרֶךָ: מֹר־
י וַאֲהָלוֹת קְצִיעוֹת כָּל־בִּגְדֹתֶיךָ מִן־הֵיכְלֵי שֵׁן מִנִּי שִׂמְּחוּךָ: בְּנוֹת
יא מְלָכִים בְּיִקְּרוֹתֶיךָ נִצְּבָה שֵׁגַל לִימִינְךָ בְּכֶתֶם אוֹפִיר: שִׁמְעִי־
יב בַת וּרְאִי וְהַטִּי אָזְנֵךְ וְשִׁכְחִי עַמֵּךְ וּבֵית אָבִיךְ: וְיִתְאָו הַמֶּלֶךְ
יג יָפְיֵךְ כִּי־הוּא אֲדֹנַיִךְ וְהִשְׁתַּחֲוִי־לוֹ: וּבַת־צֹר ׀ בְּמִנְחָה פָּנַיִךְ יְחַלּוּ
יד עֲשִׁירֵי עָם: כָּל־כְּבוּדָּה בַת־מֶלֶךְ פְּנִימָה מִמִּשְׁבְּצוֹת זָהָב
טו לְבוּשָׁהּ: לִרְקָמוֹת תּוּבַל לַמֶּלֶךְ בְּתוּלוֹת אַחֲרֶיהָ רֵעוֹתֶיהָ
טז מוּבָאוֹת לָךְ: תּוּבַלְנָה בִּשְׂמָחֹת וָגִיל תְּבֹאֶינָה בְּהֵיכַל מֶלֶךְ:
יז יח תַּחַת אֲבֹתֶיךָ יִהְיוּ בָנֶיךָ תְּשִׁיתֵמוֹ לְשָׂרִים בְּכָל־הָאָרֶץ: אַזְכִּירָה
שִׁמְךָ בְּכָל־דֹּר וָדֹר עַל־כֵּן עַמִּים יְהוֹדֻךָ לְעֹלָם וָעֶד:

מו א ב לַמְנַצֵּחַ לִבְנֵי־קֹרַח עַל־עֲלָמוֹת שִׁיר: אֱלֹהִים לָנוּ מַחֲסֶה וָעֹז
ג עֶזְרָה בְצָרוֹת נִמְצָא מְאֹד: עַל־כֵּן לֹא־נִירָא בְּהָמִיר אָרֶץ
ד וּבְמוֹט הָרִים בְּלֵב יַמִּים: יֶהֱמוּ יֶחְמְרוּ מֵימָיו יִרְעֲשׁוּ־הָרִים
ה בְּגַאֲוָתוֹ סֶלָה: נָהָר פְּלָגָיו יְשַׂמְּחוּ עִיר־אֱלֹהִים קְדֹשׁ מִשְׁכְּנֵי
ו עֶלְיוֹן: אֱלֹהִים בְּקִרְבָּהּ בַּל־תִּמּוֹט יַעְזְרֶהָ אֱלֹהִים לִפְנוֹת בֹּקֶר:
ז ח הָמוּ גוֹיִם מָטוּ מַמְלָכוֹת נָתַן בְּקוֹלוֹ תָּמוּג אָרֶץ: יְהוָה צְבָאוֹת
ט עִמָּנוּ מִשְׂגָּב לָנוּ אֱלֹהֵי יַעֲקֹב סֶלָה: לְכוּ־חֲזוּ מִפְעֲלוֹת יְהוָה
י אֲשֶׁר־שָׂם שַׁמּוֹת בָּאָרֶץ: מַשְׁבִּית מִלְחָמוֹת עַד־קְצֵה הָאָרֶץ
יא קֶשֶׁת יְשַׁבֵּר וְקִצֵּץ חֲנִית עֲגָלוֹת יִשְׂרֹף בָּאֵשׁ: הַרְפּוּ וּדְעוּ כִּי־
יב אָנֹכִי אֱלֹהִים אָרוּם בַּגּוֹיִם אָרוּם בָּאָרֶץ: יְהוָה צְבָאוֹת עִמָּנוּ
מִשְׂגָּב לָנוּ אֱלֹהֵי יַעֲקֹב סֶלָה:

מז א ב לַמְנַצֵּחַ לִבְנֵי־קֹרַח מִזְמוֹר: כָּל־הָעַמִּים תִּקְעוּ־כָף הָרִיעוּ
ג לֵאלֹהִים בְּקוֹל רִנָּה: כִּי־יְהוָה עֶלְיוֹן נוֹרָא מֶלֶךְ גָּדוֹל עַל־
ד ה כָּל־הָאָרֶץ: יַדְבֵּר עַמִּים תַּחְתֵּינוּ וּלְאֻמִּים תַּחַת רַגְלֵינוּ: יִבְחַר־
ו לָנוּ אֶת־נַחֲלָתֵנוּ אֶת גְּאוֹן יַעֲקֹב אֲשֶׁר־אָהֵב סֶלָה: עָלָה אֱלֹהִים

ז בִּתְרוּעָה יהוה בְּקוֹל שׁוֹפָר׃ זַמְּרוּ אֱלֹהִים זַמֵּרוּ זַמְּרוּ לְמַלְכֵּנוּ
ח ט זַמֵּרוּ׃ כִּי מֶלֶךְ כָּל־הָאָרֶץ אֱלֹהִים זַמְּרוּ מַשְׂכִּיל׃ מָלַךְ
י אֱלֹהִים עַל־גּוֹיִם אֱלֹהִים יָשַׁב ׀ עַל־כִּסֵּא קָדְשׁוֹ׃ נְדִיבֵי
עַמִּים ׀ נֶאֱסָפוּ עַם אֱלֹהֵי אַבְרָהָם כִּי לֵאלֹהִים מָגִנֵּי־אֶרֶץ
מְאֹד נַעֲלָה׃

מח א ב שִׁיר מִזְמוֹר לִבְנֵי־קֹרַח׃ גָּדוֹל יהוה וּמְהֻלָּל מְאֹד בְּעִיר אֱלֹהֵינוּ
ג הַר־קָדְשׁוֹ׃ יְפֵה נוֹף מְשׂוֹשׂ כָּל־הָאָרֶץ הַר־צִיּוֹן יַרְכְּתֵי צָפוֹן
ד ה קִרְיַת מֶלֶךְ רָב׃ אֱלֹהִים בְּאַרְמְנוֹתֶיהָ נוֹדַע לְמִשְׂגָּב׃ כִּי־הִנֵּה
ו הַמְּלָכִים נוֹעֲדוּ עָבְרוּ יַחְדָּו׃ הֵמָּה רָאוּ כֵּן תָּמָהוּ נִבְהֲלוּ נֶחְפָּזוּ׃
ז ח רְעָדָה אֲחָזָתַם שָׁם חִיל כַּיּוֹלֵדָה׃ בְּרוּחַ קָדִים תְּשַׁבֵּר אֳנִיּוֹת
ט תַּרְשִׁישׁ׃ כַּאֲשֶׁר שָׁמַעְנוּ ׀ כֵּן רָאִינוּ בְּעִיר־יהוה צְבָאוֹת בְּעִיר
י אֱלֹהֵינוּ אֱלֹהִים יְכוֹנְנֶהָ עַד־עוֹלָם סֶלָה׃ דִּמִּינוּ אֱלֹהִים חַסְדֶּךָ
יא בְּקֶרֶב הֵיכָלֶךָ׃ כְּשִׁמְךָ ׀ אֱלֹהִים כֵּן תְּהִלָּתְךָ עַל־קַצְוֵי־אֶרֶץ צֶדֶק
יב מָלְאָה יְמִינֶךָ׃ יִשְׂמַח ׀ הַר־צִיּוֹן תָּגֵלְנָה בְּנוֹת יְהוּדָה לְמַעַן
יג יד מִשְׁפָּטֶיךָ׃ סֹבּוּ צִיּוֹן וְהַקִּיפוּהָ סִפְרוּ מִגְדָּלֶיהָ׃ שִׁיתוּ לִבְּכֶם ׀
טו לְחֵילָה פַּסְּגוּ אַרְמְנוֹתֶיהָ לְמַעַן תְּסַפְּרוּ לְדוֹר אַחֲרוֹן׃ כִּי זֶה ׀
אֱלֹהִים אֱלֹהֵינוּ עוֹלָם וָעֶד הוּא יְנַהֲגֵנוּ עַל־מוּת׃

מט א ב לַמְנַצֵּחַ לִבְנֵי־קֹרַח מִזְמוֹר׃ שִׁמְעוּ־זֹאת כָּל־הָעַמִּים הַאֲזִינוּ כָּל־
ג ד יֹשְׁבֵי חָלֶד׃ גַּם־בְּנֵי אָדָם גַּם־בְּנֵי־אִישׁ יַחַד עָשִׁיר וְאֶבְיוֹן׃ פִּי
ה יְדַבֵּר חָכְמוֹת וְהָגוּת לִבִּי תְבוּנוֹת׃ אַטֶּה לְמָשָׁל אָזְנִי אֶפְתַּח
ו ז בְּכִנּוֹר חִידָתִי׃ לָמָּה אִירָא בִּימֵי רָע עֲוֹן עֲקֵבַי יְסוּבֵּנִי׃ הַבֹּטְחִים
ח עַל־חֵילָם וּבְרֹב עָשְׁרָם יִתְהַלָּלוּ׃ אָח לֹא־פָדֹה יִפְדֶּה אִישׁ לֹא־
ט י יִתֵּן לֵאלֹהִים כָּפְרוֹ׃ וְיֵקַר פִּדְיוֹן נַפְשָׁם וְחָדַל לְעוֹלָם׃ וִיחִי־עוֹד
יא לָנֶצַח לֹא יִרְאֶה הַשָּׁחַת׃ כִּי יִרְאֶה ׀ חֲכָמִים יָמוּתוּ יַחַד כְּסִיל
יב וָבַעַר יֹאבֵדוּ וְעָזְבוּ לַאֲחֵרִים חֵילָם׃ קִרְבָּם בָּתֵּימוֹ ׀ לְעוֹלָם
יג מִשְׁכְּנֹתָם לְדֹר וָדֹר קָרְאוּ בִשְׁמוֹתָם עֲלֵי אֲדָמוֹת׃ וְאָדָם בִּיקָר
יד בַּל־יָלִין נִמְשַׁל כַּבְּהֵמוֹת נִדְמוּ׃ זֶה דַרְכָּם כֵּסֶל לָמוֹ וְאַחֲרֵיהֶם ׀

בְּפִיהֶם יִרְצוּ סֶלָה: כַּצֹּאן ׀ לִשְׁאוֹל שַׁתּוּ מָוֶת יִרְעֵם וַיִּרְדּוּ בָם טו
יְשָׁרִים ׀ לַבֹּקֶר וְצִירָם לְבַלּוֹת שְׁאוֹל מִזְּבֻל לוֹ: אַךְ־אֱלֹהִים טז וְצוּרָם
יִפְדֶּה נַפְשִׁי מִיַּד־שְׁאוֹל כִּי יִקָּחֵנִי סֶלָה: אַל־תִּירָא כִּי־יַעֲשִׁר יז
אִישׁ כִּי־יִרְבֶּה כְּבוֹד בֵּיתוֹ: כִּי לֹא בְמוֹתוֹ יִקַּח הַכֹּל לֹא־יֵרֵד יח
ז אַחֲרָיו כְּבוֹדוֹ: כִּי־נַפְשׁוֹ בְּחַיָּיו יְבָרֵךְ וְיוֹדֻךָ כִּי־תֵיטִיב לָךְ: תָּבוֹא יט כ
עַד־דּוֹר אֲבוֹתָיו עַד־נֵצַח לֹא יִרְאוּ־אוֹר: אָדָם בִּיקָר וְלֹא יָבִין כא
נִמְשַׁל כַּבְּהֵמוֹת נִדְמוּ:
מִזְמוֹר לְאָסָף אֵל ׀ אֱלֹהִים יְהוָה דִּבֶּר וַיִּקְרָא־אָרֶץ מִמִּזְרַח־ א נ
שֶׁמֶשׁ עַד־מְבֹאוֹ: מִצִּיּוֹן מִכְלַל־יֹפִי אֱלֹהִים הוֹפִיעַ: יָבֹא אֱלֹהֵינוּ ב ג
וְאַל־יֶחֱרַשׁ אֵשׁ־לְפָנָיו תֹּאכֵל וּסְבִיבָיו נִשְׂעֲרָה מְאֹד: יִקְרָא אֶל־ ד
הַשָּׁמַיִם מֵעָל וְאֶל־הָאָרֶץ לָדִין עַמּוֹ: אִסְפוּ־לִי חֲסִידָי כֹּרְתֵי ה
בְרִיתִי עֲלֵי־זָבַח: וַיַּגִּידוּ שָׁמַיִם צִדְקוֹ כִּי־אֱלֹהִים ׀ שֹׁפֵט הוּא ו
סֶלָה: שִׁמְעָה עַמִּי ׀ וַאֲדַבֵּרָה יִשְׂרָאֵל וְאָעִידָה בָּךְ אֱלֹהִים ז
אֱלֹהֶיךָ אָנֹכִי: לֹא עַל־זְבָחֶיךָ אוֹכִיחֶךָ וְעוֹלֹתֶיךָ לְנֶגְדִּי תָמִיד: ח
לֹא־אֶקַּח מִבֵּיתְךָ פָר מִמִּכְלְאֹתֶיךָ עַתּוּדִים: כִּי־לִי כָל־חַיְתוֹ־ ט י
יָעַר בְּהֵמוֹת בְּהַרְרֵי־אָלֶף: יָדַעְתִּי כָּל־עוֹף הָרִים וְזִיז שָׂדַי יא
עִמָּדִי: אִם־אֶרְעַב לֹא־אֹמַר לָךְ כִּי־לִי תֵבֵל וּמְלֹאָהּ: הַאוֹכַל יב יג
בְּשַׂר אַבִּירִים וְדַם עַתּוּדִים אֶשְׁתֶּה: זְבַח לֵאלֹהִים תּוֹדָה וְשַׁלֵּם יד
לְעֶלְיוֹן נְדָרֶיךָ: וּקְרָאֵנִי בְּיוֹם צָרָה אֲחַלֶּצְךָ וּתְכַבְּדֵנִי: וְלָרָשָׁע ׀ טו טז
אָמַר אֱלֹהִים מַה־לְּךָ לְסַפֵּר חֻקָּי וַתִּשָּׂא בְרִיתִי עֲלֵי־פִיךָ: וְאַתָּה יז
שָׂנֵאתָ מוּסָר וַתַּשְׁלֵךְ דְּבָרַי אַחֲרֶיךָ: אִם־רָאִיתָ גַנָּב וַתִּרֶץ עִמּוֹ יח
וְעִם מְנָאֲפִים חֶלְקֶךָ: פִּיךָ שָׁלַחְתָּ בְרָעָה וּלְשׁוֹנְךָ תַּצְמִיד יט
מִרְמָה: תֵּשֵׁב בְּאָחִיךָ תְדַבֵּר בְּבֶן־אִמְּךָ תִּתֶּן־דֹּפִי: אֵלֶּה עָשִׂיתָ ׀ כ כא
וְהֶחֱרַשְׁתִּי דִּמִּיתָ הֱיוֹת־אֶהְיֶה כָמוֹךָ אוֹכִיחֲךָ וְאֶעֶרְכָה לְעֵינֶיךָ:
בִּינוּ־נָא זֹאת שֹׁכְחֵי אֱלוֹהַּ פֶּן־אֶטְרֹף וְאֵין מַצִּיל: זֹבֵחַ תּוֹדָה כב כג
יְכַבְּדָנְנִי וְשָׂם דֶּרֶךְ אַרְאֶנּוּ בְּיֵשַׁע אֱלֹהִים:
לַמְנַצֵּחַ מִזְמוֹר לְדָוִד: בְּבוֹא־אֵלָיו נָתָן הַנָּבִיא כַּאֲשֶׁר־בָּא אֶל־ א ב נא

ג בַּת־שָׁ֑בַע׃ חָנֵּ֣נִי אֱלֹהִ֣ים כְּחַסְדֶּ֑ךָ כְּרֹ֥ב רַ֝חֲמֶ֗יךָ מְחֵ֣ה פְשָׁעָֽי׃
ד ה הרבה כַּבְּסֵ֣נִי מֵעֲוֺנִ֑י וּֽמֵחַטָּאתִ֥י טַהֲרֵֽנִי׃ כִּֽי־פְ֭שָׁעַי אֲנִ֣י אֵדָ֑ע הֶ֥רֶב
ו וְחַטָּאתִ֖י נֶגְדִּ֣י תָמִֽיד׃ לְךָ֤ לְבַדְּךָ֨ ׀ חָטָאתִי֮ וְהָרַ֥ע בְּעֵינֶ֗יךָ עָ֫שִׂ֥יתִי
ז לְ֭מַעַן תִּצְדַּ֣ק בְּדָבְרֶ֑ךָ תִּזְכֶּ֥ה בְשָׁפְטֶֽךָ׃ הֵן־בְּעָו֥וֹן חוֹלָ֑לְתִּי
ח וּ֝בְחֵ֗טְא יֶֽחֱמַ֥תְנִי אִמִּֽי׃ הֵן־אֱ֭מֶת חָפַ֣צְתָּ בַטֻּח֑וֹת וּ֝בְסָתֻ֗ם חָכְמָ֥ה
ט תוֹדִיעֵֽנִי׃ תְּחַטְּאֵ֣נִי בְאֵז֣וֹב וְאֶטְהָ֑ר תְּ֝כַבְּסֵ֗נִי וּמִשֶּׁ֥לֶג אַלְבִּֽין׃
י יא תַּ֭שְׁמִיעֵנִי שָׂשׂ֣וֹן וְשִׂמְחָ֑ה תָּ֝גֵ֗לְנָה עֲצָמ֥וֹת דִּכִּֽיתָ׃ הַסְתֵּ֣ר פָּ֭נֶיךָ
יב מֵחֲטָאָ֑י וְֽכָל־עֲוֺ֖נֹתַ֣י מְחֵֽה׃ לֵ֣ב טָ֭הוֹר בְּרָא־לִ֣י אֱלֹהִ֑ים וְר֥וּחַ נָ֝כ֗וֹן
יג חַדֵּ֥שׁ בְּקִרְבִּֽי׃ אַל־תַּשְׁלִיכֵ֥נִי מִלְּפָנֶ֑יךָ וְר֥וּחַ קָ֝דְשְׁךָ֗ אַל־תִּקַּ֥ח
יד טו מִמֶּֽנִּי׃ הָשִׁ֣יבָה לִּ֭י שְׂשׂ֣וֹן יִשְׁעֶ֑ךָ וְר֖וּחַ נְדִיבָ֣ה תִסְמְכֵֽנִי׃ אֲלַמְּדָ֣ה
טז פֹשְׁעִ֣ים דְּרָכֶ֑יךָ וְ֝חַטָּאִ֗ים אֵלֶ֥יךָ יָשֽׁוּבוּ׃ הַצִּ֘ילֵ֤נִי מִדָּמִ֨ים ׀ אֱֽלֹהִ֗ים
יז אֱלֹהֵ֥י תְּשׁוּעָתִ֑י תְּרַנֵּ֥ן לְ֝שׁוֹנִ֗י צִדְקָתֶֽךָ׃ אֲ‍ֽדֹנָ֗י שְׂפָתַ֥י תִּפְתָּ֑ח וּ֝פִ֗י
יח יַגִּ֥יד תְּהִלָּתֶֽךָ׃ כִּ֤י ׀ לֹא־תַחְפֹּ֣ץ זֶ֣בַח וְאֶתֵּ֑נָה ע֝וֹלָ֗ה לֹ֣א תִרְצֶֽה׃
יט זִֽבְחֵ֣י אֱלֹהִים֮ ר֤וּחַ נִשְׁבָּ֫רָ֥ה לֵב־נִשְׁבָּ֥ר וְנִדְכֶּ֑ה אֱ֝לֹהִ֗ים לֹ֣א תִבְזֶֽה׃
כ כא הֵיטִ֣יבָה בִ֭רְצוֹנְךָ אֶת־צִיּ֑וֹן תִּ֝בְנֶ֗ה חוֹמ֥וֹת יְרוּשָׁלִָֽם׃ אָ֤ז תַּחְפֹּ֣ץ
זִבְחֵי־צֶ֭דֶק עוֹלָ֣ה וְכָלִ֑יל אָ֤ז יַעֲל֖וּ עַל־מִזְבַּחֲךָ֣ פָרִֽים׃
נב א ב לַמְנַצֵּ֗חַ מַשְׂכִּ֥יל לְדָוִֽד׃ בְּב֤וֹא ׀ דּוֹאֵ֪ג הָאֲדֹמִ֡י וַיַּגֵּ֬ד לְשָׁא֗וּל וַיֹּ֥אמֶר
ג ל֑וֹ בָּ֥א דָ֝וִ֗ד אֶל־בֵּ֥ית אֲחִימֶֽלֶךְ׃ מַה־תִּתְהַלֵּ֣ל בְּ֭רָעָה הַגִּבּ֑וֹר חֶ֥סֶד
ד אֵ֝֗ל כָּל־הַיּֽוֹם׃ הַ֭וּוֹת תַּחְשֹׁ֣ב לְשׁוֹנֶ֑ךָ כְּתַ֥עַר מְ֝לֻטָּ֗שׁ עֹשֵׂ֥ה רְמִיָּֽה׃
ה ו אָהַ֣בְתָּ רָּ֣ע מִטּ֑וֹב שֶׁ֓קֶר ׀ מִדַּבֵּ֖ר צֶ֣דֶק סֶֽלָה׃ אָהַ֥בְתָּ כָל־דִּבְרֵי־
ז בָ֗לַע לְשׁ֣וֹן מִרְמָֽה׃ גַּם־אֵ֭ל יִתָּצְךָ֣ לָנֶ֑צַח יַחְתְּךָ֣ וְיִסָּחֲךָ֣ מֵאֹ֑הֶל
ח וְשֵׁרֶשְׁךָ֨ מֵאֶ֖רֶץ חַיִּ֣ים סֶֽלָה׃ וְיִרְא֣וּ צַדִּיקִ֣ים וְיִירָ֑אוּ וְעָלָ֥יו
ט יִשְׂחָֽקוּ׃ הִנֵּ֤ה הַגֶּ֗בֶר לֹ֤א יָשִׂ֥ים אֱלֹהִ֗ים מָֽעוּזּ֥וֹ וַ֭יִּבְטַח בְּרֹ֣ב
י עָשְׁר֑וֹ יָ֝עֹ֗ז בְּהַוָּתֽוֹ׃ וַאֲנִ֤י ׀ כְּזַ֣יִת רַ֭עֲנָן בְּבֵ֣ית אֱלֹהִ֑ים בָּטַ֥חְתִּי
יא בְחֶֽסֶד־אֱ֝לֹהִ֗ים עוֹלָ֥ם וָעֶֽד׃ אֽוֹדְךָ֣ לְ֭עוֹלָם כִּ֣י עָשִׂ֑יתָ וַאֲקַוֶּ֖ה
שִׁמְךָ֥ כִי־ט֝֗וֹב נֶ֣גֶד חֲסִידֶֽיךָ׃
נג א ב לַמְנַצֵּ֥חַ עַֽל־מָחֲלַ֗ת מַשְׂכִּ֥יל לְדָוִֽד׃ אָ֘מַ֤ר נָבָ֣ל בְּ֭לִבּוֹ אֵ֣ין אֱלֹהִ֑ים

ג הִשְׁחִיתוּ וְהִתְעִיבוּ עָוֶל אֵין עֹשֵׂה־טוֹב׃ אֱלֹהִים מִשָּׁמַיִם
הִשְׁקִיף עַל־בְּנֵי־אָדָם לִרְאוֹת הֲיֵשׁ מַשְׂכִּיל דֹּרֵשׁ אֶת־אֱלֹהִים׃
ד ה כֻּלּוֹ סָג יַחְדָּו נֶאֱלָחוּ אֵין עֹשֵׂה־טוֹב אֵין גַּם־אֶחָד׃ הֲלֹא יָדְעוּ
ו פֹּעֲלֵי אָוֶן אֹכְלֵי עַמִּי אָכְלוּ לֶחֶם אֱלֹהִים לֹא קָרָאוּ׃ שָׁם ׀ פָּחֲדוּ־
פַחַד לֹא־הָיָה פָחַד כִּי־אֱלֹהִים פִּזַּר עַצְמוֹת חֹנָךְ הֱבִשֹׁתָה כִּי־
ז אֱלֹהִים מְאָסָם׃ מִי יִתֵּן מִצִּיּוֹן יְשֻׁעוֹת יִשְׂרָאֵל בְּשׁוּב אֱלֹהִים
שְׁבוּת עַמּוֹ יָגֵל יַעֲקֹב יִשְׂמַח יִשְׂרָאֵל׃

נד א ב לַמְנַצֵּחַ בִּנְגִינֹת מַשְׂכִּיל לְדָוִד׃ בְּבוֹא הַזִּיפִים וַיֹּאמְרוּ לְשָׁאוּל
ג הֲלֹא דָוִד מִסְתַּתֵּר עִמָּנוּ׃ אֱלֹהִים בְּשִׁמְךָ הוֹשִׁיעֵנִי וּבִגְבוּרָתְךָ
ד ה תְדִינֵנִי׃ אֱלֹהִים שְׁמַע תְּפִלָּתִי הַאֲזִינָה לְאִמְרֵי־פִי׃ כִּי זָרִים ׀
קָמוּ עָלַי וְעָרִיצִים בִּקְשׁוּ נַפְשִׁי לֹא שָׂמוּ אֱלֹהִים לְנֶגְדָּם סֶלָה׃
ו ז הִנֵּה אֱלֹהִים עֹזֵר לִי אֲדֹנָי בְּסֹמְכֵי נַפְשִׁי׃ ישוב הָרַע לְשֹׁרְרָי יָשִׁיב
ח בַּאֲמִתְּךָ הַצְמִיתֵם׃ בִּנְדָבָה אֶזְבְּחָה־לָּךְ אוֹדֶה שִּׁמְךָ יְהוָה כִּי־
ט טוֹב׃ כִּי מִכָּל־צָרָה הִצִּילָנִי וּבְאֹיְבַי רָאֲתָה עֵינִי׃

נה א ב לַמְנַצֵּחַ בִּנְגִינֹת מַשְׂכִּיל לְדָוִד׃ הַאֲזִינָה אֱלֹהִים תְּפִלָּתִי וְאַל־
ג תִּתְעַלַּם מִתְּחִנָּתִי׃ הַקְשִׁיבָה לִּי וַעֲנֵנִי אָרִיד בְּשִׂיחִי וְאָהִימָה׃
ד מִקּוֹל אוֹיֵב מִפְּנֵי עָקַת רָשָׁע כִּי־יָמִיטוּ עָלַי אָוֶן וּבְאַף יִשְׂטְמוּנִי׃
ה ו לִבִּי יָחִיל בְּקִרְבִּי וְאֵימוֹת מָוֶת נָפְלוּ עָלָי׃ יִרְאָה וָרַעַד יָבֹא בִי
ז וַתְּכַסֵּנִי פַּלָּצוּת׃ וָאֹמַר מִי־יִתֶּן־לִּי אֵבֶר כַּיּוֹנָה אָעוּפָה וְאֶשְׁכֹּנָה׃
ח ט הִנֵּה אַרְחִיק נְדֹד אָלִין בַּמִּדְבָּר סֶלָה׃ אָחִישָׁה מִפְלָט לִי מֵרוּחַ
י סֹעָה מִסָּעַר׃ בַּלַּע אֲדֹנָי פַּלַּג לְשׁוֹנָם כִּי־רָאִיתִי חָמָס וְרִיב
יא בָּעִיר׃ יוֹמָם וָלַיְלָה יְסוֹבְבֻהָ עַל־חוֹמֹתֶיהָ וְאָוֶן וְעָמָל בְּקִרְבָּהּ׃
יב יג הַוּוֹת בְּקִרְבָּהּ וְלֹא־יָמִישׁ מֵרְחֹבָהּ תֹּךְ וּמִרְמָה׃ כִּי לֹא־אוֹיֵב
יד יְחָרְפֵנִי וְאֶשָּׂא לֹא־מְשַׂנְאִי עָלַי הִגְדִּיל וְאֶסָּתֵר מִמֶּנּוּ׃ וְאַתָּה
טו אֱנוֹשׁ כְּעֶרְכִּי אַלּוּפִי וּמְיֻדָּעִי׃ אֲשֶׁר יַחְדָּו נַמְתִּיק סוֹד בְּבֵית
טז אֱלֹהִים נְהַלֵּךְ בְּרָגֶשׁ׃ ישימות ׀ עָלֵימוֹ יֵרְדוּ שְׁאוֹל חַיִּים כִּי־ יַשִּׁיא מָוֶת
יז רָעוֹת בִּמְגוּרָם בְּקִרְבָּם׃ אֲנִי אֶל־אֱלֹהִים אֶקְרָא וַיהוָה יוֹשִׁיעֵנִי׃

יח יט עֶ֤רֶב וָבֹ֣קֶר וְ֭צׇהֳרַיִם אָשִׂ֣יחָה וְאֶהֱמֶ֑ה וַיִּשְׁמַ֥ע קוֹלִֽי׃ פָּ֘דָ֤ה בְשָׁל֣וֹם
כ נַ֭פְשִׁי מִקְּרׇב־לִ֑י כִּֽי־בְ֝רַבִּ֗ים הָי֥וּ עִמָּדִֽי׃ יִשְׁמַ֤ע ׀ אֵ֨ל ׀ וְֽיַעֲנֵ֗ם
וְיֹ֤שֵׁ֥ב קֶ֗דֶם סֶ֥לָה אֲשֶׁ֤ר אֵ֣ין חֲלִיפ֣וֹת לָ֑מוֹ וְלֹ֖א יָרְא֣וּ אֱלֹהִֽים׃
כא כב שָׁלַ֣ח יָ֭דָיו בִּשְׁלֹמָ֗יו חִלֵּ֥ל בְּרִיתֽוֹ׃ חָלְק֤וּ ׀ מַחְמָאֹ֬ת פִּ֗יו וּֽקֲרָב־
כג לִ֫בּ֥וֹ רַכּ֣וּ דְבָרָ֣יו מִשֶּׁ֑מֶן וְהֵ֥מָּה פְתִחֽוֹת׃ הַשְׁלֵ֤ךְ עַל־יְהֹוָ֨ה ׀ יְהָבְךָ֮
כד וְה֪וּא יְֽכַ֫לְכְּלֶ֥ךָ לֹא־יִתֵּ֖ן לְעוֹלָ֥ם מ֗וֹט לַצַּדִּֽיק׃ וְאַתָּ֤ה אֱלֹהִ֨ים ׀
תּוֹרִדֵ֬ם ׀ לִבְאֵ֬ר שַׁ֗חַת אַנְשֵׁ֤י דָמִ֣ים וּ֭מִרְמָה לֹא־יֶחֱצ֣וּ יְמֵיהֶ֑ם
וַ֝אֲנִ֗י אֶבְטַח־בָּֽךְ׃

נו א לַמְנַצֵּ֤חַ ׀ עַל־י֬וֹנַת אֵ֣לֶם רְ֭חֹקִים לְדָוִ֣ד מִכְתָּ֑ם בֶּאֱחֹ֨ז אֹת֖וֹ
ב פְלִשְׁתִּ֣ים בְּגַֽת׃ חׇנֵּ֣נִי אֱ֭לֹהִים כִּֽי־שְׁאָפַ֣נִי אֱנ֑וֹשׁ כׇּל־הַ֝יּ֗וֹם לֹחֵ֥ם
ג יִלְחָצֵֽנִי׃ שָׁאֲפ֣וּ ש֭וֹרְרַי כׇּל־הַיּ֑וֹם כִּֽי־רַבִּ֨ים לֹחֲמִ֖ים לִ֣י מָרֽוֹם׃
ד ה י֥וֹם אִירָ֑א אֲ֝נִ֗י אֵלֶ֥יךָ אֶבְטָֽח׃ בֵּֽאלֹהִים֮ אֲהַלֵּ֪ל דְּבָ֫ר֥וֹ בֵּאלֹהִ֣ים
ו בָּ֭טַחְתִּי לֹ֣א אִירָ֑א מַה־יַּעֲשֶׂ֖ה בָשָׂ֣ר לִֽי׃ כׇּל־הַ֭יּוֹם דְּבָרַ֣י יְעַצֵּ֑בוּ
ז עָלַ֖י כׇּל־מַחְשְׁבֹתָ֣ם לָרָֽע׃ יָג֤וּרוּ ׀ יצפינו הֵ֭מָּה עֲקֵבַ֣י יִשְׁמֹ֑רוּ יִצְפֹּנוּ
ח כַּ֝אֲשֶׁ֗ר קִוּ֥וּ נַפְשִֽׁי׃ עַל־אָ֥וֶן פַּלֶּט־לָ֑מוֹ בְּ֝אַ֗ף עַמִּ֤ים ׀ הוֹרֵ֬ד אֱלֹהִֽים׃
ט נֹדִי֮ סָפַ֪רְתָּ֫ה אָ֥תָּה שִׂ֣ימָה דִמְעָתִ֣י בְנֹאדֶ֑ךָ הֲ֝לֹ֗א בְּסִפְרָתֶֽךָ׃ אָ֥ז
יָ֘שׁ֤וּבוּ אוֹיְבַ֣י אָ֭חוֹר בְּי֣וֹם אֶקְרָ֑א זֶה־יָ֝דַ֗עְתִּי כִּֽי־אֱלֹהִ֥ים לִֽי׃
יא יב בֵּ֭אלֹהִים אֲהַלֵּ֣ל דָּבָ֑ר בַּ֝יהֹוָ֗ה אֲהַלֵּ֥ל דָּבָֽר׃ בֵּאלֹהִ֣ים בָּ֭טַחְתִּי לֹ֣א
יג אִירָ֑א מַה־יַּעֲשֶׂ֖ה אָדָ֣ם לִֽי׃ עָלַ֣י אֱלֹהִ֣ים נְדָרֶ֑יךָ אֲשַׁלֵּ֖ם תּוֹדֹ֣ת
יד לָֽךְ׃ כִּ֤י הִצַּ֨לְתָּ נַפְשִׁ֡י מִמָּ֗וֶת הֲלֹ֥א רַגְלַ֗י מִ֫דֶּ֥חִי לְ֭הִתְהַלֵּךְ לִפְנֵ֣י
אֱלֹהִ֑ים בְּ֝א֗וֹר הַֽחַיִּֽים׃

נז א לַמְנַצֵּ֣חַ אַל־תַּשְׁחֵת֮ לְדָוִ֪ד מִ֫כְתָּ֥ם בְּבׇרְח֥וֹ מִפְּנֵי־שָׁ֝א֗וּל בַּמְּעָרָֽה׃
ב חׇנֵּ֤נִי אֱלֹהִ֨ים ׀ חׇנֵּ֗נִי כִּ֥י בְךָ֮ חָסָ֪יָה נַ֫פְשִׁ֥י וּבְצֵל־כְּנָפֶ֥יךָ אֶחְסֶ֑ה עַ֝֗ד
ג ד יַעֲבֹ֥ר הַוּֽוֹת׃ אֶ֭קְרָא לֵאלֹהִ֣ים עֶלְי֑וֹן לָ֝אֵ֗ל גֹּמֵ֥ר עָלָֽי׃ יִשְׁלַ֤ח
מִשָּׁמַ֨יִם ׀ וְֽיוֹשִׁיעֵ֗נִי חֵרֵ֣ף שֹׁאֲפִ֣י סֶ֑לָה יִשְׁלַ֥ח אֱ֝לֹהִ֗ים חַסְדּ֥וֹ וַאֲמִתּֽוֹ׃
ה נַפְשִׁ֤י ׀ בְּת֬וֹךְ לְבָאִ֗ם אֶשְׁכְּבָ֥ה לֹ֫הֲטִ֥ים בְּֽנֵי־אָדָ֗ם שִׁ֭נֵּיהֶם חֲנִ֣ית
ו וְחִצִּ֑ים וּ֝לְשׁוֹנָ֗ם חֶ֣רֶב חַדָּֽה׃ ר֣וּמָה עַל־הַשָּׁמַ֣יִם אֱלֹהִ֑ים עַ֖ל כׇּל־

ז הָאָרֶץ כְּבוֹדֶךָ׃ רֶשֶׁת ׀ הֵכִינוּ לִפְעָמַי כָּפַף נַפְשִׁי כָּרוּ לְפָנַי
ח שִׁיחָה נָפְלוּ בְתוֹכָהּ סֶלָה׃ נָכוֹן לִבִּי אֱלֹהִים נָכוֹן לִבִּי אָשִׁירָה
ט וַאֲזַמֵּרָה׃ עוּרָה כְבוֹדִי עוּרָה הַנֵּבֶל וְכִנּוֹר אָעִירָה שָּׁחַר׃
י יא אוֹדְךָ בָעַמִּים ׀ אֲדֹנָי אֲזַמֶּרְךָ בַּלְאֻמִּים׃ כִּי־גָדֹל עַד־שָׁמַיִם
יב חַסְדֶּךָ וְעַד־שְׁחָקִים אֲמִתֶּךָ׃ רוּמָה עַל־שָׁמַיִם אֱלֹהִים עַל ח
כָּל־הָאָרֶץ כְּבוֹדֶךָ׃
נח א ב לַמְנַצֵּחַ אַל־תַּשְׁחֵת לְדָוִד מִכְתָּם׃ הַאֻמְנָם אֵלֶם צֶדֶק תְּדַבֵּרוּן
ג מֵישָׁרִים תִּשְׁפְּטוּ בְּנֵי אָדָם׃ אַף־בְּלֵב עוֹלֹת תִּפְעָלוּן בָּאָרֶץ
ד חֲמַס יְדֵיכֶם תְּפַלֵּסוּן׃ זֹרוּ רְשָׁעִים מֵרָחֶם תָּעוּ מִבֶּטֶן דֹּבְרֵי כָזָב׃
ה חֲמַת־לָמוֹ כִּדְמוּת חֲמַת־נָחָשׁ כְּמוֹ־פֶתֶן חֵרֵשׁ יַאְטֵם אָזְנוֹ׃
ו ז אֲשֶׁר לֹא־יִשְׁמַע לְקוֹל מְלַחֲשִׁים חוֹבֵר חֲבָרִים מְחֻכָּם׃ אֱלֹהִים
ח הֲרָס־שִׁנֵּימוֹ בְּפִימוֹ מַלְתְּעוֹת כְּפִירִים נְתֹץ ׀ יְהוָה׃ יִמָּאֲסוּ כְמוֹ־
ט מַיִם יִתְהַלְּכוּ־לָמוֹ יִדְרֹךְ חִצָּו כְּמוֹ יִתְמֹלָלוּ׃ כְּמוֹ שַׁבְּלוּל תֶּמֶס
י יַהֲלֹךְ נֵפֶל אֵשֶׁת בַּל־חָזוּ שָׁמֶשׁ׃ בְּטֶרֶם יָבִינוּ סִּירֹתֵיכֶם אָטָד
יא כְּמוֹ־חַי כְּמוֹ־חָרוֹן יִשְׂעָרֶנּוּ׃ יִשְׂמַח צַדִּיק כִּי־חָזָה נָקָם פְּעָמָיו
יב יִרְחַץ בְּדַם הָרָשָׁע׃ וְיֹאמַר אָדָם אַךְ־פְּרִי לַצַּדִּיק אַךְ יֵשׁ־
אֱלֹהִים שֹׁפְטִים בָּאָרֶץ׃
נט א לַמְנַצֵּחַ אַל־תַּשְׁחֵת לְדָוִד מִכְתָּם בִּשְׁלֹחַ שָׁאוּל וַיִּשְׁמְרוּ אֶת־
ב הַבַּיִת לַהֲמִיתוֹ׃ הַצִּילֵנִי מֵאֹיְבַי ׀ אֱלֹהָי מִמִּתְקוֹמְמַי תְּשַׂגְּבֵנִי׃
ג ד הַצִּילֵנִי מִפֹּעֲלֵי אָוֶן וּמֵאַנְשֵׁי דָמִים הוֹשִׁיעֵנִי׃ כִּי הִנֵּה אָרְבוּ
ה לְנַפְשִׁי יָגוּרוּ עָלַי עַזִּים לֹא־פִשְׁעִי וְלֹא־חַטָּאתִי יְהוָה׃ בְּלִי־עָוֺן
ו יְרוּצוּן וְיִכּוֹנָנוּ עוּרָה לִקְרָאתִי וּרְאֵה׃ וְאַתָּה יְהוָה־אֱלֹהִים ׀
צְבָאוֹת אֱלֹהֵי יִשְׂרָאֵל הָקִיצָה לִפְקֹד כָּל־הַגּוֹיִם אַל־תָּחֹן כָּל־
ז ח בֹּגְדֵי אָוֶן סֶלָה׃ יָשׁוּבוּ לָעֶרֶב יֶהֱמוּ כַכָּלֶב וִיסוֹבְבוּ עִיר׃ הִנֵּה ׀
ט יַבִּיעוּן בְּפִיהֶם חֲרָבוֹת בְּשִׂפְתוֹתֵיהֶם כִּי־מִי שֹׁמֵעַ׃ וְאַתָּה יְהוָה
י תִּשְׂחַק־לָמוֹ תִּלְעַג לְכָל־גּוֹיִם׃ עֻזּוֹ אֵלֶיךָ אֶשְׁמֹרָה כִּי־אֱלֹהִים
יא יב מִשְׂגַּבִּי׃ אֱלֹהֵי חסדו יְקַדְּמֵנִי אֱלֹהִים יַרְאֵנִי בְשֹׁרְרָי׃ אַל־ חַסְדִּי

תַּהַרְגֵם ׀ פֶּן־יִשְׁכְּחוּ עַמִּי הֲנִיעֵמוֹ בְחֵילְךָ וְהוֹרִידֵמוֹ מָגִנֵּנוּ אֲדֹנָי׃
יג חַטַּאת־פִּימוֹ דְּבַר־שְׂפָתֵימוֹ וְיִלָּכְדוּ בִגְאוֹנָם וּמֵאָלָה וּמִכַּחַשׁ
יד יְסַפֵּרוּ׃ כַּלֵּה בְחֵמָה כַּלֵּה וְאֵינֵמוֹ וְיֵדְעוּ כִּי־אֱלֹהִים מֹשֵׁל בְּיַעֲקֹב
טו לְאַפְסֵי הָאָרֶץ סֶלָה׃ וְיָשֻׁבוּ לָעֶרֶב יֶהֱמוּ כַכָּלֶב וִיסוֹבְבוּ עִיר׃
טז יז הֵמָּה ינועון לֶאֱכֹל אִם־לֹא יִשְׂבְּעוּ וַיָּלִינוּ׃ וַאֲנִי ׀ אָשִׁיר עֻזֶּךָ יְנִיעוּן
יח וַאֲרַנֵּן לַבֹּקֶר חַסְדֶּךָ כִּי־הָיִיתָ מִשְׂגָּב לִי וּמָנוֹס בְּיוֹם צַר־לִי׃ עֻזִּי
אֵלֶיךָ אֲזַמֵּרָה כִּי־אֱלֹהִים מִשְׂגַּבִּי אֱלֹהֵי חַסְדִּי׃

ס א ב לַמְנַצֵּחַ עַל־שׁוּשַׁן עֵדוּת מִכְתָּם לְדָוִד לְלַמֵּד׃ בְּהַצּוֹתוֹ ׀ אֶת
אֲרַם נַהֲרַיִם וְאֶת־אֲרַם צוֹבָה וַיָּשָׁב יוֹאָב וַיַּךְ אֶת־אֱדוֹם בְּגֵיא־
ג מֶלַח שְׁנֵים עָשָׂר אָלֶף׃ אֱלֹהִים זְנַחְתָּנוּ פְרַצְתָּנוּ אָנַפְתָּ תְּשׁוֹבֵב
ד ה לָנוּ׃ הִרְעַשְׁתָּה אֶרֶץ פְּצַמְתָּהּ רְפָה שְׁבָרֶיהָ כִי־מָטָה׃ הִרְאִיתָ
ו עַמְּךָ קָשָׁה הִשְׁקִיתָנוּ יַיִן תַּרְעֵלָה׃ נָתַתָּה לִּירֵאֶיךָ נֵּס לְהִתְנוֹסֵס
ז מִפְּנֵי קֹשֶׁט סֶלָה׃ לְמַעַן יֵחָלְצוּן יְדִידֶיךָ הוֹשִׁיעָה יְמִינְךָ ועננו׃ וַעֲנֵנִי
ח אֱלֹהִים ׀ דִּבֶּר בְּקָדְשׁוֹ אֶעְלֹזָה אֲחַלְּקָה שְׁכֶם וְעֵמֶק סֻכּוֹת
ט אֲמַדֵּד׃ לִי גִלְעָד ׀ וְלִי מְנַשֶּׁה וְאֶפְרַיִם מָעוֹז רֹאשִׁי יְהוּדָה
י מְחֹקְקִי׃ מוֹאָב ׀ סִיר רַחְצִי עַל־אֱדוֹם אַשְׁלִיךְ נַעֲלִי עָלַי פְּלֶשֶׁת
יא יב הִתְרֹעָעִי׃ מִי יֹבִלֵנִי עִיר מָצוֹר מִי נָחַנִי עַד־אֱדוֹם׃ הֲלֹא־אַתָּה
יג אֱלֹהִים זְנַחְתָּנוּ וְלֹא־תֵצֵא אֱלֹהִים בְּצִבְאוֹתֵינוּ׃ הָבָה־לָּנוּ
יד עֶזְרָת מִצָּר וְשָׁוְא תְּשׁוּעַת אָדָם׃ בֵּאלֹהִים נַעֲשֶׂה־חָיִל
וְהוּא יָבוּס צָרֵינוּ׃

סא א ב לַמְנַצֵּחַ ׀ עַל־נְגִינַת לְדָוִד׃ שִׁמְעָה אֱלֹהִים רִנָּתִי הַקְשִׁיבָה
ג תְּפִלָּתִי׃ מִקְצֵה הָאָרֶץ ׀ אֵלֶיךָ אֶקְרָא בַּעֲטֹף לִבִּי בְּצוּר־יָרוּם
ד ה מִמֶּנִּי תַנְחֵנִי׃ כִּי־הָיִיתָ מַחְסֶה לִי מִגְדַּל־עֹז מִפְּנֵי אוֹיֵב׃ אָגוּרָה
ו בְאָהָלְךָ עוֹלָמִים אֶחֱסֶה בְסֵתֶר כְּנָפֶיךָ סֶּלָה׃ כִּי־אַתָּה אֱלֹהִים
ז שָׁמַעְתָּ לִנְדָרָי נָתַתָּ יְרֻשַּׁת יִרְאֵי שְׁמֶךָ׃ יָמִים עַל־יְמֵי־מֶלֶךְ
ח תּוֹסִיף שְׁנוֹתָיו כְּמוֹ־דֹר וָדֹר׃ יֵשֵׁב עוֹלָם לִפְנֵי אֱלֹהִים
ט חֶסֶד וֶאֱמֶת מַן יִנְצְרֻהוּ׃ כֵּן אֲזַמְּרָה שִׁמְךָ לָעַד לְשַׁלְּמִי

נִדְרַי יוֹם ׀ יוֹם׃
סב לַמְנַצֵּחַ עַל־יְדוּתוּן מִזְמוֹר לְדָוִד׃ אַךְ אֶל־אֱלֹהִים דּוּמִיָּה נַפְשִׁי א ב
מִמֶּנּוּ יְשׁוּעָתִי׃ אַךְ־הוּא צוּרִי וִישׁוּעָתִי מִשְׂגַּבִּי לֹא־אֶמּוֹט רַבָּה׃ ג
עַד־אָנָה ׀ תְּהוֹתְתוּ עַל־אִישׁ תְּרָצְּחוּ כֻלְּכֶם כְּקִיר נָטוּי גָּדֵר ד
הַדְּחוּיָה׃ אַךְ מִשְּׂאֵתוֹ ׀ יָעֲצוּ לְהַדִּיחַ יִרְצוּ כָזָב בְּפִיו יְבָרֵכוּ ה
וּבְקִרְבָּם יְקַלְלוּ־סֶלָה׃ אַךְ לֵאלֹהִים דּוֹמִּי נַפְשִׁי כִּי־מִמֶּנּוּ ו
תִּקְוָתִי׃ אַךְ־הוּא צוּרִי וִישׁוּעָתִי מִשְׂגַּבִּי לֹא אֶמּוֹט׃ עַל־אֱלֹהִים ז ח
יִשְׁעִי וּכְבוֹדִי צוּר־עֻזִּי מַחְסִי בֵּאלֹהִים׃ בִּטְחוּ בוֹ בְכָל־עֵת ׀ עָם ט
שִׁפְכוּ־לְפָנָיו לְבַבְכֶם אֱלֹהִים מַחֲסֶה־לָּנוּ סֶלָה׃ אַךְ ׀ הֶבֶל בְּנֵי־ י
אָדָם כָּזָב בְּנֵי אִישׁ בְּמֹאזְנַיִם לַעֲלוֹת הֵמָּה מֵהֶבֶל יָחַד׃ אַל־ יא
תִּבְטְחוּ בְעֹשֶׁק וּבְגָזֵל אַל־תֶּהְבָּלוּ חַיִל ׀ כִּי־יָנוּב אַל־תָּשִׁיתוּ
לֵב׃ אַחַת ׀ דִּבֶּר אֱלֹהִים שְׁתַּיִם־זוּ שָׁמָעְתִּי כִּי עֹז לֵאלֹהִים׃ יב
וּלְךָ־אֲדֹנָי חָסֶד כִּי־אַתָּה תְשַׁלֵּם לְאִישׁ כְּמַעֲשֵׂהוּ׃ יג
סג מִזְמוֹר לְדָוִד בִּהְיוֹתוֹ בְּמִדְבַּר יְהוּדָה׃ אֱלֹהִים ׀ אֵלִי אַתָּה א ב
אֲשַׁחֲרֶךָּ צָמְאָה לְךָ ׀ נַפְשִׁי כָּמַהּ לְךָ בְשָׂרִי בְּאֶרֶץ־צִיָּה וְעָיֵף
בְּלִי־מָיִם׃ כֵּן בַּקֹּדֶשׁ חֲזִיתִךָ לִרְאוֹת עֻזְּךָ וּכְבוֹדֶךָ׃ כִּי־טוֹב ג ד
חַסְדְּךָ מֵחַיִּים שְׂפָתַי יְשַׁבְּחוּנְךָ׃ כֵּן אֲבָרֶכְךָ בְחַיָּי בְּשִׁמְךָ אֶשָּׂא ה
כַפָּי׃ כְּמוֹ חֵלֶב וָדֶשֶׁן תִּשְׂבַּע נַפְשִׁי וְשִׂפְתֵי רְנָנוֹת יְהַלֶּל־פִּי׃ ו
אִם־זְכַרְתִּיךָ עַל־יְצוּעָי בְּאַשְׁמֻרוֹת אֶהְגֶּה־בָּךְ׃ כִּי־הָיִיתָ עֶזְרָתָה ז ח
לִּי וּבְצֵל כְּנָפֶיךָ אֲרַנֵּן׃ דָּבְקָה נַפְשִׁי אַחֲרֶיךָ בִּי תָּמְכָה יְמִינֶךָ׃ ט
וְהֵמָּה לְשׁוֹאָה יְבַקְשׁוּ נַפְשִׁי יָבֹאוּ בְּתַחְתִּיּוֹת הָאָרֶץ׃ יַגִּירֻהוּ י יא
עַל־יְדֵי־חָרֶב מְנָת שֻׁעָלִים יִהְיוּ׃ וְהַמֶּלֶךְ יִשְׂמַח בֵּאלֹהִים יב
יִתְהַלֵּל כָּל־הַנִּשְׁבָּע בּוֹ כִּי יִסָּכֵר פִּי דוֹבְרֵי־שָׁקֶר׃
סד לַמְנַצֵּחַ מִזְמוֹר לְדָוִד׃ שְׁמַע־אֱלֹהִים קוֹלִי בְשִׂיחִי מִפַּחַד אוֹיֵב א ב
תִּצֹּר חַיָּי׃ תַּסְתִּירֵנִי מִסּוֹד מְרֵעִים מֵרִגְשַׁת פֹּעֲלֵי אָוֶן׃ אֲשֶׁר ג ד
שָׁנְנוּ כַחֶרֶב לְשׁוֹנָם דָּרְכוּ חִצָּם דָּבָר מָר׃ לִירוֹת בַּמִּסְתָּרִים תָּם ה
פִּתְאֹם יֹרֻהוּ וְלֹא יִירָאוּ׃ יְחַזְּקוּ־לָמוֹ ׀ דָּבָר רָע יְסַפְּרוּ לִטְמוֹן ו

סד

ז מוֹקְשִׁים אָמְרוּ מִי יִרְאֶה־לָּמוֹ׃ יַחְפְּשׂוּ־עוֹלֹת תַּמְנוּ חֵפֶשׂ
ח מְחֻפָּשׂ וְקֶרֶב אִישׁ וְלֵב עָמֹק׃ וַיֹּרֵם אֱלֹהִים חֵץ פִּתְאוֹם הָיוּ
ט מַכּוֹתָם׃ וַיַּכְשִׁילֻהוּ עָלֵימוֹ לְשׁוֹנָם יִתְנֹדְדוּ כָּל־רֹאֵה בָם׃ וַיִּירְאוּ
יא כָּל־אָדָם וַיַּגִּידוּ פֹּעַל אֱלֹהִים וּמַעֲשֵׂהוּ הִשְׂכִּילוּ׃ יִשְׂמַח צַדִּיק
בַּיהוה וְחָסָה בוֹ וְיִתְהַלְלוּ כָּל־יִשְׁרֵי־לֵב׃

סה א ב לַמְנַצֵּחַ מִזְמוֹר לְדָוִד שִׁיר׃ לְךָ דֻמִיָּה תְהִלָּה אֱלֹהִים בְּצִיּוֹן וּלְךָ
ג ד יְשֻׁלַּם־נֶדֶר׃ שֹׁמֵעַ תְּפִלָּה עָדֶיךָ כָּל־בָּשָׂר יָבֹאוּ׃ דִּבְרֵי עֲוֺנֹת
ה גָּבְרוּ מֶנִּי פְּשָׁעֵינוּ אַתָּה תְכַפְּרֵם׃ אַשְׁרֵי ׀ תִּבְחַר וּתְקָרֵב יִשְׁכֹּן
ו חֲצֵרֶיךָ נִשְׂבְּעָה בְּטוּב בֵּיתֶךָ קְדֹשׁ הֵיכָלֶךָ׃ נוֹרָאוֹת ׀ בְּצֶדֶק
ז תַּעֲנֵנוּ אֱלֹהֵי יִשְׁעֵנוּ מִבְטָח כָּל־קַצְוֵי־אֶרֶץ וְיָם רְחֹקִים׃ מֵכִין
ח הָרִים בְּכֹחוֹ נֶאְזָר בִּגְבוּרָה׃ מַשְׁבִּיחַ ׀ שְׁאוֹן יַמִּים שְׁאוֹן גַּלֵּיהֶם
ט וַהֲמוֹן לְאֻמִּים׃ וַיִּירְאוּ ׀ יֹשְׁבֵי קְצָוֺת מֵאוֹתֹתֶיךָ מוֹצָאֵי־בֹקֶר
י וָעֶרֶב תַּרְנִין׃ פָּקַדְתָּ הָאָרֶץ ׀ וַתְּשֹׁקְקֶהָ רַבַּת תַּעְשְׁרֶנָּה פֶּלֶג
יא אֱלֹהִים מָלֵא מָיִם תָּכִין דְּגָנָם כִּי־כֵן תְּכִינֶהָ׃ תְּלָמֶיהָ רַוֵּה נַחֵת
יב גְּדוּדֶהָ בִּרְבִיבִים תְּמֹגְגֶנָּה צִמְחָהּ תְּבָרֵךְ׃ עִטַּרְתָּ שְׁנַת טוֹבָתֶךָ
יג וּמַעְגָּלֶיךָ יִרְעֲפוּן דָּשֶׁן׃ יִרְעֲפוּ נְאוֹת מִדְבָּר וְגִיל גְּבָעוֹת
יד תַּחְגֹּרְנָה׃ לָבְשׁוּ כָרִים ׀ הַצֹּאן וַעֲמָקִים יַעַטְפוּ־בָר יִתְרוֹעֲעוּ
אַף־יָשִׁירוּ׃

סו א ב לַמְנַצֵּחַ שִׁיר מִזְמוֹר הָרִיעוּ לֵאלֹהִים כָּל־הָאָרֶץ׃ זַמְּרוּ כְבוֹד־
ג שְׁמוֹ שִׂימוּ כָבוֹד תְּהִלָּתוֹ׃ אִמְרוּ לֵאלֹהִים מַה־נּוֹרָא מַעֲשֶׂיךָ
ד בְּרֹב עֻזְּךָ יְכַחֲשׁוּ לְךָ אֹיְבֶיךָ׃ כָּל־הָאָרֶץ ׀ יִשְׁתַּחֲווּ לְךָ וִיזַמְּרוּ־
ה לָךְ יְזַמְּרוּ שִׁמְךָ סֶלָה׃ לְכוּ וּרְאוּ מִפְעֲלוֹת אֱלֹהִים נוֹרָא עֲלִילָה
ו עַל־בְּנֵי אָדָם׃ הָפַךְ יָם ׀ לְיַבָּשָׁה בַּנָּהָר יַעַבְרוּ בְרָגֶל שָׁם נִשְׂמְחָה־
ז בּוֹ׃ מֹשֵׁל בִּגְבוּרָתוֹ ׀ עוֹלָם עֵינָיו בַּגּוֹיִם תִּצְפֶּינָה הַסּוֹרְרִים ׀ אַל־
ח יָרִימוּ לָמוֹ סֶלָה׃ בָּרְכוּ עַמִּים ׀ אֱלֹהֵינוּ וְהַשְׁמִיעוּ קוֹל תְּהִלָּתוֹ׃ יָרוּמוּ
ט הַשָּׂם נַפְשֵׁנוּ בַּחַיִּים וְלֹא־נָתַן לַמּוֹט רַגְלֵנוּ׃ כִּי־בְחַנְתָּנוּ אֱלֹהִים
יא צְרַפְתָּנוּ כִּצְרָף־כָּסֶף׃ הֲבֵאתָנוּ בַמְּצוּדָה שַׂמְתָּ מוּעָקָה

יב במתנינו: הרכבת אנוש לראשנו באנו־באש ובמים ותוציאנו
יג יד לרויה: אבוא ביתך בעולות אשלם לך נדרי: אשר־פצו שפתי
טו ודבר־פי בצר־לי: עלות מחים אעלה־לך עם־קטרת אילים
טז אעשה בקר עם־עתודים סלה: לכו־שמעו ואספרה כל־יראי
יז אלהים אשר עשה לנפשי: אליו פי־קראתי ורומם תחת
יח יט לשוני: און אם־ראיתי בלבי לא ישמע ׀ אדני: אכן שמע
כ אלהים הקשיב בקול תפלתי: ברוך אלהים אשר לא־הסיר
תפלתי וחסדו מאתי:

סז א ב למנצח בנגינת מזמור שיר: אלהים יחננו ויברכנו יאר פניו
ג ד אתנו סלה: לדעת בארץ דרכך בכל־גוים ישועתך: יודוך
ה עמים ׀ אלהים יודוך עמים כלם: ישמחו וירננו לאמים כי־
ו תשפט עמים מישר ולאמים ׀ בארץ תנחם סלה: יודוך
ז עמים ׀ אלהים יודוך עמים כלם: ארץ נתנה יבולה
ח ט יברכנו אלהים אלהינו: יברכנו אלהים וייראו אותו כל־
אפסי־ארץ:

סח א ב למנצח לדוד מזמור שיר: יקום אלהים יפוצו אויביו וינוסו
ג משנאיו מפניו: כהנדף עשן תנדף כהמס דונג מפני־אש
ד יאבדו רשעים מפני אלהים: וצדיקים ישמחו יעלצו לפני
ה אלהים וישישו בשמחה: שירו ׀ לאלהים זמרו שמו סלו לרכב
ו בערבות ביה שמו ועלזו לפניו: אבי יתומים ודין אלמנות
ז אלהים במעון קדשו: אלהים ׀ מושיב יחידים ׀ ביתה מוציא
ח אסירים בכושרות אך סוררים שכנו צחיחה: אלהים בצאתך
ט לפני עמך בצעדך בישימון סלה: ארץ רעשה ׀ אף־שמים
י נטפו מפני אלהים זה סיני מפני אלהים אלהי ישראל: גשם
יא נדבות תניף אלהים נחלתך ונלאה אתה כוננתה: חיתך
יב ישבו־בה תכין בטובתך לעני אלהים: אדני יתן־אמר
יג המבשרות צבא רב: מלכי צבאות ידדון ידדון ונות־בית

סח

יד תְּחַלֵּק שָׁלָל׃ אִם־תִּשְׁכְּבוּן בֵּין שְׁפַתָּיִם כַּנְפֵי יוֹנָה נֶחְפָּה בַכֶּסֶף
טו וְאֶבְרוֹתֶיהָ בִּירַקְרַק חָרוּץ׃ בְּפָרֵשׂ שַׁדַּי מְלָכִים בָּהּ תַּשְׁלֵג
טז יז בְּצַלְמוֹן׃ הַר־אֱלֹהִים הַר־בָּשָׁן הַר גַּבְנֻנִּים הַר־בָּשָׁן׃ לָמָּה ׀
תְּרַצְּדוּן הָרִים גַּבְנֻנִּים הָהָר חָמַד אֱלֹהִים לְשִׁבְתּוֹ אַף־יהוה
יח יִשְׁכֹּן לָנֶצַח׃ רֶכֶב אֱלֹהִים רִבֹּתַיִם אַלְפֵי שִׁנְאָן אֲדֹנָי בָם סִינַי
יט בַּקֹּדֶשׁ׃ עָלִיתָ לַמָּרוֹם ׀ שָׁבִיתָ שֶּׁבִי לָקַחְתָּ מַתָּנוֹת בָּאָדָם וְאַף
כ סוֹרְרִים לִשְׁכֹּן ׀ יָהּ אֱלֹהִים׃ בָּרוּךְ אֲדֹנָי יוֹם ׀ יוֹם יַעֲמָס־לָנוּ
כא הָאֵל יְשׁוּעָתֵנוּ סֶלָה׃ הָאֵל ׀ לָנוּ אֵל לְמוֹשָׁעוֹת וְלֵיהוִה אֲדֹנָי
כב לַמָּוֶת תּוֹצָאוֹת׃ אַךְ־אֱלֹהִים יִמְחַץ רֹאשׁ אֹיְבָיו קָדְקֹד שֵׂעָר
כג מִתְהַלֵּךְ בַּאֲשָׁמָיו׃ אָמַר אֲדֹנָי מִבָּשָׁן אָשִׁיב אָשִׁיב מִמְּצֻלוֹת יָם׃
כד כה לְמַעַן ׀ תִּמְחַץ רַגְלְךָ בְּדָם לְשׁוֹן כְּלָבֶיךָ מֵאֹיְבִים מִנֵּהוּ׃ רָאוּ
כו הֲלִיכוֹתֶיךָ אֱלֹהִים הֲלִיכוֹת אֵלִי מַלְכִּי בַקֹּדֶשׁ׃ קִדְּמוּ שָׁרִים
כז אַחַר נֹגְנִים בְּתוֹךְ עֲלָמוֹת תּוֹפֵפוֹת׃ בְּמַקְהֵלוֹת בָּרְכוּ אֱלֹהִים
כח אֲדֹנָי מִמְּקוֹר יִשְׂרָאֵל׃ שָׁם בִּנְיָמִן ׀ צָעִיר רֹדֵם שָׂרֵי יְהוּדָה
כט רִגְמָתָם שָׂרֵי זְבֻלוּן שָׂרֵי נַפְתָּלִי׃ צִוָּה אֱלֹהֶיךָ עֻזֶּךָ עוּזָּה אֱלֹהִים
ל לא זוּ פָּעַלְתָּ לָּנוּ׃ מֵהֵיכָלֶךָ עַל־יְרוּשָׁלָםִ לְךָ יוֹבִילוּ מְלָכִים שָׁי׃ גְּעַר
חַיַּת קָנֶה עֲדַת אַבִּירִים ׀ בְּעֶגְלֵי עַמִּים מִתְרַפֵּס בְּרַצֵּי־כָסֶף בִּזַּר
לב עַמִּים קְרָבוֹת יֶחְפָּצוּ׃ יֶאֱתָיוּ חַשְׁמַנִּים מִנִּי מִצְרָיִם כּוּשׁ תָּרִיץ
לג יָדָיו לֵאלֹהִים׃ מַמְלְכוֹת הָאָרֶץ שִׁירוּ לֵאלֹהִים זַמְּרוּ אֲדֹנָי
לד לה סֶלָה׃ לָרֹכֵב בִּשְׁמֵי שְׁמֵי־קֶדֶם הֵן יִתֵּן בְּקוֹלוֹ קוֹל עֹז׃ תְּנוּ עֹז
לו לֵאלֹהִים עַל־יִשְׂרָאֵל גַּאֲוָתוֹ וְעֻזּוֹ בַּשְּׁחָקִים׃ נוֹרָא אֱלֹהִים ׀
מִמִּקְדָּשֶׁיךָ אֵל יִשְׂרָאֵל הוּא נֹתֵן ׀ עֹז וְתַעֲצֻמוֹת לָעָם בָּרוּךְ
אֱלֹהִים׃

סט א ב לַמְנַצֵּחַ עַל־שׁוֹשַׁנִּים לְדָוִד׃ הוֹשִׁיעֵנִי אֱלֹהִים כִּי בָאוּ מַיִם עַד־
ג נָפֶשׁ׃ טָבַעְתִּי ׀ בִּיוֵן מְצוּלָה וְאֵין מָעֳמָד בָּאתִי בְמַעֲמַקֵּי־מַיִם
ד וְשִׁבֹּלֶת שְׁטָפָתְנִי׃ יָגַעְתִּי בְקָרְאִי נִחַר גְּרוֹנִי כָּלוּ עֵינַי מְיַחֵל
ה לֵאלֹהָי׃ רַבּוּ ׀ מִשַּׂעֲרוֹת רֹאשִׁי שֹׂנְאַי חִנָּם עָצְמוּ מַצְמִיתַי אֹיְבַי

ו שֶׁקֶר אֲשֶׁר לֹא־גָזַלְתִּי אָז אָשִׁיב׃ אֱלֹהִים אַתָּה יָדַעְתָּ לְאִוַּלְתִּי
ז וְאַשְׁמוֹתַי מִמְּךָ לֹא־נִכְחָדוּ׃ אַל־יֵבֹשׁוּ בִי ׀ קֹוֶיךָ אֲדֹנָי יֱהֹוִה
ח צְבָאוֹת אַל־יִכָּלְמוּ בִי מְבַקְשֶׁיךָ אֱלֹהֵי יִשְׂרָאֵל׃ כִּי־עָלֶיךָ
ט נָשָׂאתִי חֶרְפָּה כִּסְּתָה כְלִמָּה פָנָי׃ מוּזָר הָיִיתִי לְאֶחָי וְנָכְרִי
י לִבְנֵי אִמִּי׃ כִּי־קִנְאַת בֵּיתְךָ אֲכָלָתְנִי וְחֶרְפּוֹת חוֹרְפֶיךָ נָפְלוּ
יא יב עָלָי׃ וָאֶבְכֶּה בַצּוֹם נַפְשִׁי וַתְּהִי לַחֲרָפוֹת לִי׃ וָאֶתְּנָה לְבוּשִׁי שָׂק
יג וָאֱהִי לָהֶם לְמָשָׁל׃ יָשִׂיחוּ בִי יֹשְׁבֵי שָׁעַר וּנְגִינוֹת שׁוֹתֵי שֵׁכָר׃
יד וַאֲנִי תְפִלָּתִי־לְךָ ׀ יְהוָה עֵת רָצוֹן אֱלֹהִים בְּרָב־חַסְדֶּךָ עֲנֵנִי
טו בֶּאֱמֶת יִשְׁעֶךָ׃ הַצִּילֵנִי מִטִּיט וְאַל־אֶטְבָּעָה אִנָּצְלָה מִשֹּׂנְאַי
טז וּמִמַּעֲמַקֵּי־מָיִם׃ אַל־תִּשְׁטְפֵנִי ׀ שִׁבֹּלֶת מַיִם וְאַל־תִּבְלָעֵנִי
יז מְצוּלָה וְאַל־תֶּאְטַר־עָלַי בְּאֵר פִּיהָ׃ עֲנֵנִי יְהוָה כִּי־טוֹב חַסְדֶּךָ
יח כְּרֹב רַחֲמֶיךָ פְּנֵה אֵלָי׃ וְאַל־תַּסְתֵּר פָּנֶיךָ מֵעַבְדֶּךָ כִּי־צַר־לִי
יט כ מַהֵר עֲנֵנִי׃ קָרְבָה אֶל־נַפְשִׁי גְאָלָהּ לְמַעַן אֹיְבַי פְּדֵנִי׃ אַתָּה
כא יָדַעְתָּ חֶרְפָּתִי וּבָשְׁתִּי וּכְלִמָּתִי נֶגְדְּךָ כָּל־צוֹרְרָי׃ חֶרְפָּה ׀ שָׁבְרָה
כב לִבִּי וָאָנוּשָׁה וָאֲקַוֶּה לָנוּד וָאַיִן וְלַמְנַחֲמִים וְלֹא מָצָאתִי׃ וַיִּתְּנוּ
כג בְּבָרוּתִי רֹאשׁ וְלִצְמָאִי יַשְׁקוּנִי חֹמֶץ׃ יְהִי־שֻׁלְחָנָם לִפְנֵיהֶם לְפָח
כד וְלִשְׁלוֹמִים לְמוֹקֵשׁ׃ תֶּחְשַׁכְנָה עֵינֵיהֶם מֵרְאוֹת וּמָתְנֵיהֶם תָּמִיד
כה כו הַמְעַד׃ שְׁפָךְ־עֲלֵיהֶם זַעְמֶךָ וַחֲרוֹן אַפְּךָ יַשִּׂיגֵם׃ תְּהִי־טִירָתָם
כז נְשַׁמָּה בְּאָהֳלֵיהֶם אַל־יְהִי יֹשֵׁב׃ כִּי־אַתָּה אֲשֶׁר־הִכִּיתָ רָדָפוּ
כח וְאֶל־מַכְאוֹב חֲלָלֶיךָ יְסַפֵּרוּ׃ תְּנָה־עָוֺן עַל־עֲוֺנָם וְאַל־יָבֹאוּ
כט ל בְּצִדְקָתֶךָ׃ יִמָּחוּ מִסֵּפֶר חַיִּים וְעִם צַדִּיקִים אַל־יִכָּתֵבוּ׃ וַאֲנִי עָנִי
לא וְכוֹאֵב יְשׁוּעָתְךָ אֱלֹהִים תְּשַׂגְּבֵנִי׃ אֲהַלְלָה שֵׁם־אֱלֹהִים בְּשִׁיר
לב לג וַאֲגַדְּלֶנּוּ בְתוֹדָה׃ וְתִיטַב לַיהוָה מִשּׁוֹר פָּר מַקְרִן מַפְרִיס׃ רָאוּ
לד עֲנָוִים יִשְׂמָחוּ דֹּרְשֵׁי אֱלֹהִים וִיחִי לְבַבְכֶם׃ כִּי־שֹׁמֵעַ אֶל־
לה אֶבְיוֹנִים יְהוָה וְאֶת־אֲסִירָיו לֹא בָזָה׃ יְהַלְלוּהוּ שָׁמַיִם וָאָרֶץ
לו יַמִּים וְכָל־רֹמֵשׂ בָּם׃ כִּי אֱלֹהִים ׀ יוֹשִׁיעַ צִיּוֹן וְיִבְנֶה עָרֵי
לז יְהוּדָה וְיָשְׁבוּ שָׁם וִירֵשׁוּהָ׃ וְזֶרַע עֲבָדָיו יִנְחָלוּהָ וְאֹהֲבֵי

שְׁמוֹ יִשְׁכְּנוּ־בָהּ׃

א ב לַמְנַצֵּחַ לְדָוִד לְהַזְכִּיר׃ אֱלֹהִים לְהַצִּילֵנִי יְהוָה לְעֶזְרָתִי חוּשָׁה׃
ג יֵבֹשׁוּ וְיַחְפְּרוּ מְבַקְשֵׁי נַפְשִׁי יִסֹּגוּ אָחוֹר וְיִכָּלְמוּ חֲפֵצֵי רָעָתִי׃
ד ה יָשׁוּבוּ עַל־עֵקֶב בָּשְׁתָּם הָאֹמְרִים הֶאָח ׀ הֶאָח׃ יָשִׂישׂוּ וְיִשְׂמְחוּ ׀
בְּךָ כָּל־מְבַקְשֶׁיךָ וְיֹאמְרוּ תָמִיד יִגְדַּל אֱלֹהִים אֹהֲבֵי יְשׁוּעָתֶךָ׃
ו וַאֲנִי ׀ עָנִי וְאֶבְיוֹן אֱלֹהִים חוּשָׁה לִּי עֶזְרִי וּמְפַלְטִי אַתָּה יְהוָה
אַל־תְּאַחַר׃

עא א ב בְּךָ־יְהוָה חָסִיתִי אַל־אֵבוֹשָׁה לְעוֹלָם׃ בְּצִדְקָתְךָ תַּצִּילֵנִי
ג וּתְפַלְּטֵנִי הַטֵּה־אֵלַי אָזְנְךָ וְהוֹשִׁיעֵנִי׃ הֱיֵה לִי ׀ לְצוּר מָעוֹן
ד לָבוֹא תָּמִיד צִוִּיתָ לְהוֹשִׁיעֵנִי כִּי־סַלְעִי וּמְצוּדָתִי אָתָּה׃ אֱלֹהַי
ה פַּלְּטֵנִי מִיַּד רָשָׁע מִכַּף מְעַוֵּל וְחוֹמֵץ׃ כִּי־אַתָּה תִקְוָתִי אֲדֹנָי
ו יְהוִה מִבְטַחִי מִנְּעוּרָי׃ עָלֶיךָ ׀ נִסְמַכְתִּי מִבֶּטֶן מִמְּעֵי אִמִּי אַתָּה
ז גוֹזִי בְּךָ תְהִלָּתִי תָמִיד׃ כְּמוֹפֵת הָיִיתִי לְרַבִּים וְאַתָּה מַחֲסִי־עֹז׃
ח ט יִמָּלֵא פִי תְּהִלָּתֶךָ כָּל־הַיּוֹם תִּפְאַרְתֶּךָ׃ אַל־תַּשְׁלִיכֵנִי לְעֵת
י זִקְנָה כִּכְלוֹת כֹּחִי אַל־תַּעַזְבֵנִי׃ כִּי־אָמְרוּ אוֹיְבַי לִי וְשֹׁמְרֵי נַפְשִׁי
יא נוֹעֲצוּ יַחְדָּו׃ לֵאמֹר אֱלֹהִים עֲזָבוֹ רִדְפוּ וְתִפְשׂוּהוּ כִּי־אֵין מַצִּיל׃
יב יג אֱלֹהִים אַל־תִּרְחַק מִמֶּנִּי אֱלֹהַי לְעֶזְרָתִי חישה׃ יֵבֹשׁוּ יִכְלוּ שֹׂטְנֵי חוּשָׁה
יד נַפְשִׁי יַעֲטוּ חֶרְפָּה וּכְלִמָּה מְבַקְשֵׁי רָעָתִי׃ וַאֲנִי תָּמִיד אֲיַחֵל
טו וְהוֹסַפְתִּי עַל־כָּל־תְּהִלָּתֶךָ׃ פִּי ׀ יְסַפֵּר צִדְקָתֶךָ כָּל־הַיּוֹם
טז תְּשׁוּעָתֶךָ כִּי לֹא יָדַעְתִּי סְפֹרוֹת׃ אָבוֹא בִּגְבֻרוֹת אֲדֹנָי יְהוִה
יז אַזְכִּיר צִדְקָתְךָ לְבַדֶּךָ׃ אֱלֹהִים לִמַּדְתַּנִי מִנְּעוּרָי וְעַד־הֵנָּה אַגִּיד
יח נִפְלְאוֹתֶיךָ׃ וְגַם עַד־זִקְנָה ׀ וְשֵׂיבָה אֱלֹהִים אַל־תַּעַזְבֵנִי עַד־אַגִּיד
יט זְרוֹעֲךָ לְדוֹר לְכָל־יָבוֹא גְּבוּרָתֶךָ׃ וְצִדְקָתְךָ אֱלֹהִים עַד־מָרוֹם
כ אֲשֶׁר־עָשִׂיתָ גְדֹלוֹת אֱלֹהִים מִי כָמוֹךָ׃ אֲשֶׁר הראיתנו ׀ צָרוֹת הִרְאִיתַנִי
רַבּוֹת וְרָעוֹת תָּשׁוּב תחיינו וּמִתְּהֹמוֹת הָאָרֶץ תָּשׁוּב תעלנו׃ תְּחַיֵּנִי | תַּעֲלֵנִי
כא כב תֶּרֶב ׀ גְּדֻלָּתִי וְתִסֹּב תְּנַחֲמֵנִי׃ גַּם־אֲנִי ׀ אוֹדְךָ בִכְלִי־נֶבֶל אֲמִתְּךָ
כג אֱלֹהַי אֲזַמְּרָה לְךָ בְכִנּוֹר קְדוֹשׁ יִשְׂרָאֵל׃ תְּרַנֵּנָּה שְׂפָתַי כִּי

כד אֲזַמְּרָה־לָּךְ וְנַפְשִׁי אֲשֶׁר פָּדִיתָ׃ גַּם־לְשׁוֹנִי כָּל־הַיּוֹם תֶּהְגֶּה
צִדְקָתֶךָ כִּי־בֹשׁוּ כִּי־חָפְרוּ מְבַקְשֵׁי רָעָתִי׃

עב א ב לִשְׁלֹמֹה ׀ אֱלֹהִים מִשְׁפָּטֶיךָ לְמֶלֶךְ תֵּן וְצִדְקָתְךָ לְבֶן־מֶלֶךְ׃ יָדִין
ג עַמְּךָ בְצֶדֶק וַעֲנִיֶּיךָ בְמִשְׁפָּט׃ יִשְׂאוּ הָרִים שָׁלוֹם לָעָם וּגְבָעוֹת
ד בִּצְדָקָה׃ יִשְׁפֹּט ׀ עֲנִיֵּי־עָם יוֹשִׁיעַ לִבְנֵי אֶבְיוֹן וִידַכֵּא עוֹשֵׁק׃
ה ו יִירָאוּךָ עִם־שָׁמֶשׁ וְלִפְנֵי יָרֵחַ דּוֹר דּוֹרִים׃ יֵרֵד כְּמָטָר עַל־גֵּז
ז כִּרְבִיבִים זַרְזִיף אָרֶץ׃ יִפְרַח־בְּיָמָיו צַדִּיק וְרֹב שָׁלוֹם עַד־בְּלִי
ח ט יָרֵחַ׃ וְיֵרְדְּ מִיָּם עַד־יָם וּמִנָּהָר עַד־אַפְסֵי־אָרֶץ׃ לְפָנָיו יִכְרְעוּ
י צִיִּים וְאֹיְבָיו עָפָר יְלַחֵכוּ׃ מַלְכֵי תַרְשִׁישׁ וְאִיִּים מִנְחָה יָשִׁיבוּ
יא מַלְכֵי שְׁבָא וּסְבָא אֶשְׁכָּר יַקְרִיבוּ׃ וְיִשְׁתַּחֲווּ־לוֹ כָל־מְלָכִים כָּל־
יב יג גּוֹיִם יַעַבְדוּהוּ׃ כִּי־יַצִּיל אֶבְיוֹן מְשַׁוֵּעַ וְעָנִי וְאֵין־עֹזֵר לוֹ׃ יָחֹס
יד עַל־דַּל וְאֶבְיוֹן וְנַפְשׁוֹת אֶבְיוֹנִים יוֹשִׁיעַ׃ מִתּוֹךְ וּמֵחָמָס יִגְאַל
טו נַפְשָׁם וְיֵיקַר דָּמָם בְּעֵינָיו׃ וִיחִי וְיִתֶּן־לוֹ מִזְּהַב שְׁבָא וְיִתְפַּלֵּל
טז בַּעֲדוֹ תָמִיד כָּל־הַיּוֹם יְבָרֲכֶנְהוּ׃ יְהִי פִסַּת־בַּר ׀ בָּאָרֶץ בְּרֹאשׁ
יז הָרִים יִרְעַשׁ כַּלְּבָנוֹן פִּרְיוֹ וְיָצִיצוּ מֵעִיר כְּעֵשֶׂב הָאָרֶץ׃ יְהִי שְׁמוֹ ׀
לְעוֹלָם לִפְנֵי־שֶׁמֶשׁ ינין שְׁמוֹ וְיִתְבָּרְכוּ בוֹ כָּל־גּוֹיִם יְאַשְּׁרוּהוּ׃ יִנּוֹן
יח יט בָּרוּךְ ׀ יְהוָה אֱלֹהִים אֱלֹהֵי יִשְׂרָאֵל עֹשֵׂה נִפְלָאוֹת לְבַדּוֹ׃ וּבָרוּךְ ׀
שֵׁם כְּבוֹדוֹ לְעוֹלָם וְיִמָּלֵא כְבוֹדוֹ אֶת־כֹּל הָאָרֶץ אָמֵן ׀ וְאָמֵן׃
כ כָּלּוּ תְפִלּוֹת דָּוִד בֶּן־יִשָׁי׃ י

ספר שלישי

עג א ב מִזְמוֹר לְאָסָף אַךְ טוֹב לְיִשְׂרָאֵל אֱלֹהִים לְבָרֵי לֵבָב׃ וַאֲנִי כִּמְעַט
ג נטוי רַגְלָי כְּאַיִן שפכה אֲשֻׁרָי׃ כִּי־קִנֵּאתִי בַּהוֹלְלִים שְׁלוֹם נָטָיוּ | שֻׁפְּכוּ
ד ה רְשָׁעִים אֶרְאֶה׃ כִּי אֵין חַרְצֻבּוֹת לְמוֹתָם וּבָרִיא אוּלָם׃ בַּעֲמַל
ו אֱנוֹשׁ אֵינֵמוֹ וְעִם־אָדָם לֹא יְנֻגָּעוּ׃ לָכֵן עֲנָקַתְמוֹ גַאֲוָה יַעֲטָף־
ז ח שִׁית חָמָס לָמוֹ׃ יָצָא מֵחֵלֶב עֵינֵמוֹ עָבְרוּ מַשְׂכִּיּוֹת לֵבָב׃ יָמִיקוּ ׀
ט וִידַבְּרוּ בְרָע עֹשֶׁק מִמָּרוֹם יְדַבֵּרוּ׃ שַׁתּוּ בַשָּׁמַיִם פִּיהֶם וּלְשׁוֹנָם
י תִּהֲלַךְ בָּאָרֶץ׃ לָכֵן ׀ ישיב עַמּוֹ הֲלֹם וּמֵי מָלֵא יִמָּצוּ לָמוֹ׃ יָשׁוּב

יא יב וְאָמְרוּ אֵיכָה יָדַע־אֵל וְיֵשׁ דֵּעָה בְעֶלְיוֹן: הִנֵּה־אֵלֶּה רְשָׁעִים
יג וְשַׁלְוֵי עוֹלָם הִשְׂגּוּ־חָיִל: אַךְ־רִיק זִכִּיתִי לְבָבִי וָאֶרְחַץ בְּנִקָּיוֹן
יד טו כַּפָּי: וָאֱהִי נָגוּעַ כָּל־הַיּוֹם וְתוֹכַחְתִּי לַבְּקָרִים: אִם־אָמַרְתִּי
טז אֲסַפְּרָה כְמוֹ הִנֵּה דוֹר בָּנֶיךָ בָגָדְתִּי: וָאֲחַשְּׁבָה לָדַעַת זֹאת עָמָל
יז יח הִיא בְעֵינָי: עַד־אָבוֹא אֶל־מִקְדְּשֵׁי־אֵל אָבִינָה לְאַחֲרִיתָם: אַךְ הוּא
יט בַּחֲלָקוֹת תָּשִׁית לָמוֹ הִפַּלְתָּם לְמַשּׁוּאוֹת: אֵיךְ הָיוּ לְשַׁמָּה
כ כְרָגַע סָפוּ תַמּוּ מִן־בַּלָּהוֹת: כַּחֲלוֹם מֵהָקִיץ אֲדֹנָי בָּעִיר ׀ צַלְמָם
כא כב תִּבְזֶה: כִּי יִתְחַמֵּץ לְבָבִי וְכִלְיוֹתַי אֶשְׁתּוֹנָן: וַאֲנִי־בַעַר וְלֹא
כג אֵדָע בְּהֵמוֹת הָיִיתִי עִמָּךְ: וַאֲנִי תָמִיד עִמָּךְ אָחַזְתָּ בְּיַד־יְמִינִי:
כד כה בַּעֲצָתְךָ תַנְחֵנִי וְאַחַר כָּבוֹד תִּקָּחֵנִי: מִי־לִי בַשָּׁמָיִם וְעִמְּךָ לֹא־
כו חָפַצְתִּי בָאָרֶץ: כָּלָה שְׁאֵרִי וּלְבָבִי צוּר־לְבָבִי וְחֶלְקִי אֱלֹהִים
כז לְעוֹלָם: כִּי־הִנֵּה רְחֵקֶיךָ יֹאבֵדוּ הִצְמַתָּה כָּל־זוֹנֶה מִמֶּךָּ:
כח וַאֲנִי ׀ קִרֲבַת אֱלֹהִים לִי טוֹב שַׁתִּי ׀ בַּאדֹנָי יֱהֹוִה מַחְסִי לְסַפֵּר
כָּל־מַלְאֲכוֹתֶיךָ:

עד א מַשְׂכִּיל לְאָסָף לָמָה אֱלֹהִים זָנַחְתָּ לָנֶצַח יֶעְשַׁן אַפְּךָ בְּצֹאן
ב מַרְעִיתֶךָ: זְכֹר עֲדָתְךָ ׀ קָנִיתָ קֶּדֶם גָּאַלְתָּ שֵׁבֶט נַחֲלָתֶךָ הַר־צִיּוֹן
ג זֶה ׀ שָׁכַנְתָּ בּוֹ: הָרִימָה פְעָמֶיךָ לְמַשֻּׁאוֹת נֶצַח כָּל־הֵרַע אוֹיֵב
ד בַּקֹּדֶשׁ: שָׁאֲגוּ צֹרְרֶיךָ בְּקֶרֶב מוֹעֲדֶךָ שָׂמוּ אוֹתֹתָם אֹתוֹת:
ה ו יִוָּדַע כְּמֵבִיא לְמָעְלָה בִּסֲבָךְ־עֵץ קַרְדֻּמּוֹת: וְעַתָּ פִּתּוּחֶיהָ יָּחַד
ז בְּכַשִּׁיל וְכֵילַפֹּת יַהֲלֹמוּן: שִׁלְחוּ בָאֵשׁ מִקְדָּשֶׁךָ לָאָרֶץ חִלְּלוּ
ח מִשְׁכַּן־שְׁמֶךָ: אָמְרוּ בְלִבָּם נִינָם יָחַד שָׂרְפוּ כָל־מוֹעֲדֵי־אֵל
ט בָּאָרֶץ: אוֹתֹתֵינוּ לֹא־רָאִינוּ אֵין־עוֹד נָבִיא וְלֹא־אִתָּנוּ יֹדֵעַ עַד־
י יא מָה: עַד־מָתַי אֱלֹהִים יְחָרֶף צָר יְנָאֵץ אוֹיֵב שִׁמְךָ לָנֶצַח: לָמָּה
יב תָשִׁיב יָדְךָ וִימִינֶךָ מִקֶּרֶב חוקך כַלֵּה: וֵאלֹהִים מַלְכִּי מִקֶּדֶם חֵיקְךָ
יג פֹּעֵל יְשׁוּעוֹת בְּקֶרֶב הָאָרֶץ: אַתָּה פוֹרַרְתָּ בְעָזְּךָ יָם שִׁבַּרְתָּ
יד רָאשֵׁי תַנִּינִים עַל־הַמָּיִם: אַתָּה רִצַּצְתָּ רָאשֵׁי לִוְיָתָן תִּתְּנֶנּוּ
טו מַאֲכָל לְעָם לְצִיִּים: אַתָּה בָקַעְתָּ מַעְיָן וָנָחַל אַתָּה הוֹבַשְׁתָּ

טז נַהֲרוֹת אֵיתָן: לְךָ יוֹם אַף־לְךָ לָיְלָה אַתָּה הֲכִינוֹתָ מָאוֹר וָשָׁמֶשׁ:
יז יח אַתָּה הִצַּבְתָּ כׇּל־גְּבוּלוֹת אָרֶץ קַיִץ וָחֹרֶף אַתָּה יְצַרְתָּם: זְכׇר־
יט זֹאת אוֹיֵב חֵרֵף ׀ יְהוָה וְעַם־נָבָל נִאֲצוּ שְׁמֶךָ: אַל־תִּתֵּן לְחַיַּת
כ נֶפֶשׁ תּוֹרֶךָ חַיַּת עֲנִיֶּיךָ אַל־תִּשְׁכַּח לָנֶצַח: הַבֵּט לַבְּרִית כִּי־
כא מָלְאוּ מַחֲשַׁכֵּי־אֶרֶץ נְאוֹת חָמָס: אַל־יָשֹׁב דַּךְ נִכְלָם עָנִי
כב וְאֶבְיוֹן יְהַלְלוּ שְׁמֶךָ: קוּמָה אֱלֹהִים רִיבָה רִיבֶךָ זְכֹר חֶרְפָּתְךָ
כג מִנִּי־נָבָל כׇּל־הַיּוֹם: אַל־תִּשְׁכַּח קוֹל צֹרְרֶיךָ שְׁאוֹן קָמֶיךָ
עֹלֶה תָמִיד:
עה א ב לַמְנַצֵּחַ אַל־תַּשְׁחֵת מִזְמוֹר לְאָסָף שִׁיר: הוֹדִינוּ לְּךָ ׀ אֱלֹהִים
ג הוֹדִינוּ וְקָרוֹב שְׁמֶךָ סִפְּרוּ נִפְלְאוֹתֶיךָ: כִּי אֶקַּח מוֹעֵד אֲנִי
ד מֵישָׁרִים אֶשְׁפֹּט: נְמֹגִים אֶרֶץ וְכׇל־יֹשְׁבֶיהָ אָנֹכִי תִכַּנְתִּי
ה עַמּוּדֶיהָ סֶּלָה: אָמַרְתִּי לַהוֹלְלִים אַל־תָּהֹלּוּ וְלָרְשָׁעִים אַל־
ו תָּרִימוּ קָרֶן: אַל־תָּרִימוּ לַמָּרוֹם קַרְנְכֶם תְּדַבְּרוּ בְצַוָּאר עָתָק:
ז ח כִּי לֹא מִמּוֹצָא וּמִמַּעֲרָב וְלֹא מִמִּדְבַּר הָרִים: כִּי־אֱלֹהִים שֹׁפֵט
ט זֶה יַשְׁפִּיל וְזֶה יָרִים: כִּי כוֹס בְּיַד־יְהוָה וְיַיִן חָמַר ׀ מָלֵא מֶסֶךְ
י וַיַּגֵּר מִזֶּה אַךְ־שְׁמָרֶיהָ יִמְצוּ יִשְׁתּוּ כֹּל רִשְׁעֵי־אָרֶץ: וַאֲנִי
יא אַגִּיד לְעֹלָם אֲזַמְּרָה לֵאלֹהֵי יַעֲקֹב: וְכׇל־קַרְנֵי רְשָׁעִים אֲגַדֵּעַ
תְּרוֹמַמְנָה קַרְנוֹת צַדִּיק:
עו א ב לַמְנַצֵּחַ בִּנְגִינֹת מִזְמוֹר לְאָסָף שִׁיר: נוֹדָע בִּיהוּדָה אֱלֹהִים
ג ד בְּיִשְׂרָאֵל גָּדוֹל שְׁמוֹ: וַיְהִי בְשָׁלֵם סֻכּוֹ וּמְעוֹנָתוֹ בְצִיּוֹן: שָׁמָּה
ה שִׁבַּר רִשְׁפֵי־קָשֶׁת מָגֵן וְחֶרֶב וּמִלְחָמָה סֶלָה: נָאוֹר אַתָּה אַדִּיר
ו מֵהַרְרֵי־טָרֶף: אֶשְׁתּוֹלְלוּ ׀ אַבִּירֵי לֵב נָמוּ שְׁנָתָם וְלֹא־מָצְאוּ כׇל־
ז אַנְשֵׁי־חַיִל יְדֵיהֶם: מִגַּעֲרָתְךָ אֱלֹהֵי יַעֲקֹב נִרְדָּם וְרֶכֶב וָסוּס:
ח ט אַתָּה ׀ נוֹרָא אַתָּה וּמִי־יַעֲמֹד לְפָנֶיךָ מֵאָז אַפֶּךָ: מִשָּׁמַיִם
י הִשְׁמַעְתָּ דִּין אֶרֶץ יָרְאָה וְשָׁקָטָה: בְּקוּם־לַמִּשְׁפָּט אֱלֹהִים
יא לְהוֹשִׁיעַ כׇּל־עַנְוֵי־אֶרֶץ סֶלָה: כִּי־חֲמַת אָדָם תּוֹדֶךָּ שְׁאֵרִית
יב חֵמֹת תַּחְגֹּר: נִדְרוּ וְשַׁלְּמוּ לַיהוָה אֱלֹהֵיכֶם כׇּל־סְבִיבָיו יֹבִילוּ

יג שַׁי לַמּוֹרָא׃ יִבְצֹר רוּחַ נְגִידִים נוֹרָא לְמַלְכֵי־אָרֶץ׃

עז א ב לַמְנַצֵּחַ עַל־ידיתון לְאָסָף מִזְמוֹר׃ קוֹלִי אֶל־אֱלֹהִים וְאֶצְעָקָה יְדוּתוּן
ג קוֹלִי אֶל־אֱלֹהִים וְהַאֲזִין אֵלָי׃ בְּיוֹם צָרָתִי אֲדֹנָי דָּרָשְׁתִּי יָדִי ׀
ד לַיְלָה נִגְּרָה וְלֹא תָפוּג מֵאֲנָה הִנָּחֵם נַפְשִׁי׃ אֶזְכְּרָה אֱלֹהִים
ה וְאֶהֱמָיָה אָשִׂיחָה ׀ וְתִתְעַטֵּף רוּחִי סֶלָה׃ אָחַזְתָּ שְׁמֻרוֹת עֵינָי
ו נִפְעַמְתִּי וְלֹא אֲדַבֵּר׃ חִשַּׁבְתִּי יָמִים מִקֶּדֶם שְׁנוֹת עוֹלָמִים׃
ז אֶזְכְּרָה נְגִינָתִי בַּלָּיְלָה עִם־לְבָבִי אָשִׂיחָה וַיְחַפֵּשׂ רוּחִי׃
ח ט הַלְעוֹלָמִים יִזְנַח ׀ אֲדֹנָי וְלֹא־יֹסִיף לִרְצוֹת עוֹד׃ הֶאָפֵס לָנֶצַח
י חַסְדּוֹ גָּמַר אֹמֶר לְדֹר וָדֹר׃ הֲשָׁכַח חַנּוֹת אֵל אִם־קָפַץ בְּאַף
יא יב רַחֲמָיו סֶלָה׃ וָאֹמַר חַלּוֹתִי הִיא שְׁנוֹת יְמִין עֶלְיוֹן׃ אזכיר אֶזְכּוֹר
יג מַעַלְלֵי־יָהּ כִּי־אֶזְכְּרָה מִקֶּדֶם פִּלְאֶךָ׃ וְהָגִיתִי בְכָל־פָּעֳלֶךָ
יד וּבַעֲלִילוֹתֶיךָ אָשִׂיחָה׃ אֱלֹהִים בַּקֹּדֶשׁ דַּרְכֶּךָ מִי־אֵל גָּדוֹל
טו טז כֵּאלֹהִים׃ אַתָּה הָאֵל עֹשֵׂה פֶלֶא הוֹדַעְתָּ בָעַמִּים עֻזֶּךָ׃ גָּאַלְתָּ
יז בִּזְרוֹעַ עַמֶּךָ בְּנֵי־יַעֲקֹב וְיוֹסֵף סֶלָה׃ רָאוּךָ מַּיִם ׀ אֱלֹהִים רָאוּךָ
יח מַּיִם יָחִילוּ אַף יִרְגְּזוּ תְהֹמוֹת׃ זֹרְמוּ מַיִם ׀ עָבוֹת קוֹל נָתְנוּ
יט שְׁחָקִים אַף־חֲצָצֶיךָ יִתְהַלָּכוּ׃ קוֹל רַעַמְךָ ׀ בַּגַּלְגַּל הֵאִירוּ
כ בְרָקִים תֵּבֵל רָגְזָה וַתִּרְעַשׁ הָאָרֶץ׃ בַּיָּם דַּרְכֶּךָ ושביליך וּשְׁבִילְךָ
כא בְּמַיִם רַבִּים וְעִקְּבוֹתֶיךָ לֹא נֹדָעוּ׃ נָחִיתָ כַצֹּאן עַמֶּךָ בְּיַד־
מֹשֶׁה וְאַהֲרֹן׃

עח א מַשְׂכִּיל לְאָסָף הַאֲזִינָה עַמִּי תּוֹרָתִי הַטּוּ אָזְנְכֶם לְאִמְרֵי־פִי׃
ב ג אֶפְתְּחָה בְמָשָׁל פִּי אַבִּיעָה חִידוֹת מִנִּי־קֶדֶם׃ אֲשֶׁר שָׁמַעְנוּ
ד וַנֵּדָעֵם וַאֲבוֹתֵינוּ סִפְּרוּ־לָנוּ׃ לֹא נְכַחֵד ׀ מִבְּנֵיהֶם לְדוֹר אַחֲרוֹן
ה מְסַפְּרִים תְּהִלּוֹת יְהוָה וֶעֱזוּזוֹ וְנִפְלְאוֹתָיו אֲשֶׁר עָשָׂה׃ וַיָּקֶם
עֵדוּת ׀ בְּיַעֲקֹב וְתוֹרָה שָׂם בְּיִשְׂרָאֵל אֲשֶׁר צִוָּה אֶת־אֲבוֹתֵינוּ
ו לְהוֹדִיעָם לִבְנֵיהֶם׃ לְמַעַן יֵדְעוּ ׀ דּוֹר אַחֲרוֹן בָּנִים יִוָּלֵדוּ יָקֻמוּ
ז וִיסַפְּרוּ לִבְנֵיהֶם׃ וְיָשִׂימוּ בֵאלֹהִים כִּסְלָם וְלֹא יִשְׁכְּחוּ מַעַלְלֵי־
ח אֵל וּמִצְוֹתָיו יִנְצֹרוּ׃ וְלֹא יִהְיוּ ׀ כַּאֲבוֹתָם דּוֹר סוֹרֵר וּמֹרֶה דּוֹר

לֹא־הֵכִין לִבּוֹ וְלֹא־נֶאֶמְנָה אֶת־אֵל רוּחוֹ׃ בְּנֵי־אֶפְרַיִם נוֹשְׁקֵי ט
רוֹמֵי־קָשֶׁת הָפְכוּ בְּיוֹם קְרָב׃ לֹא שָׁמְרוּ בְּרִית אֱלֹהִים וּבְתוֹרָתוֹ י
מֵאֲנוּ לָלֶכֶת׃ וַיִּשְׁכְּחוּ עֲלִילוֹתָיו וְנִפְלְאוֹתָיו אֲשֶׁר הֶרְאָם׃ נֶגֶד יא יב
אֲבוֹתָם עָשָׂה פֶלֶא בְּאֶרֶץ מִצְרַיִם שְׂדֵה־צֹעַן׃ בָּקַע יָם וַיַּעֲבִירֵם יג
וַיַּצֶּב־מַיִם כְּמוֹ־נֵד׃ וַיַּנְחֵם בֶּעָנָן יוֹמָם וְכָל־הַלַּיְלָה בְּאוֹר אֵשׁ׃ יד
יְבַקַּע צֻרִים בַּמִּדְבָּר וַיַּשְׁקְ כִּתְהֹמוֹת רַבָּה׃ וַיּוֹצִא נוֹזְלִים מִסָּלַע טו טז
וַיּוֹרֶד כַּנְּהָרוֹת מָיִם׃ וַיּוֹסִיפוּ עוֹד לַחֲטֹא־לוֹ לַמְרוֹת עֶלְיוֹן יז
בַּצִּיָּה׃ וַיְנַסּוּ־אֵל בִּלְבָבָם לִשְׁאָל־אֹכֶל לְנַפְשָׁם׃ וַיְדַבְּרוּ יח יט
בֵּאלֹהִים אָמְרוּ הֲיוּכַל אֵל לַעֲרֹךְ שֻׁלְחָן בַּמִּדְבָּר׃ הֵן הִכָּה־ כ
צוּר ׀ וַיָּזוּבוּ מַיִם וּנְחָלִים יִשְׁטֹפוּ הֲגַם־לֶחֶם יוּכַל תֵּת אִם־יָכִין
שְׁאֵר לְעַמּוֹ׃ לָכֵן ׀ שָׁמַע יהוה וַיִּתְעַבָּר וְאֵשׁ נִשְּׂקָה בְיַעֲקֹב כא
וְגַם־אַף עָלָה בְיִשְׂרָאֵל׃ כִּי לֹא הֶאֱמִינוּ בֵּאלֹהִים וְלֹא בָטְחוּ כב
בִּישׁוּעָתוֹ׃ וַיְצַו שְׁחָקִים מִמָּעַל וְדַלְתֵי שָׁמַיִם פָּתָח׃ וַיַּמְטֵר כג כד
עֲלֵיהֶם מָן לֶאֱכֹל וּדְגַן־שָׁמַיִם נָתַן לָמוֹ׃ לֶחֶם אַבִּירִים אָכַל כה
אִישׁ צֵידָה שָׁלַח לָהֶם לָשֹׂבַע׃ יַסַּע קָדִים בַּשָּׁמָיִם וַיְנַהֵג בְּעֻזּוֹ כו
תֵימָן׃ וַיַּמְטֵר עֲלֵיהֶם כֶּעָפָר שְׁאֵר וּכְחוֹל יַמִּים עוֹף כָּנָף׃ וַיַּפֵּל כז כח
בְּקֶרֶב מַחֲנֵהוּ סָבִיב לְמִשְׁכְּנֹתָיו׃ וַיֹּאכְלוּ וַיִּשְׂבְּעוּ מְאֹד כט
וְתַאֲוָתָם יָבִא לָהֶם׃ לֹא־זָרוּ מִתַּאֲוָתָם עוֹד אָכְלָם בְּפִיהֶם׃ ל
וְאַף אֱלֹהִים ׀ עָלָה בָהֶם וַיַּהֲרֹג בְּמִשְׁמַנֵּיהֶם וּבַחוּרֵי יִשְׂרָאֵל לא
הִכְרִיעַ׃ בְּכָל־זֹאת חָטְאוּ־עוֹד וְלֹא הֶאֱמִינוּ בְּנִפְלְאוֹתָיו׃ וַיְכַל־ לב לג
בַּהֶבֶל יְמֵיהֶם וּשְׁנוֹתָם בַּבֶּהָלָה׃ אִם־הֲרָגָם וּדְרָשׁוּהוּ וְשָׁבוּ לד
וְשִׁחֲרוּ־אֵל׃ וַיִּזְכְּרוּ כִּי־אֱלֹהִים צוּרָם וְאֵל עֶלְיוֹן גֹּאֲלָם׃ וַיְפַתּוּהוּ לה לו
בְּפִיהֶם וּבִלְשׁוֹנָם יְכַזְּבוּ־לוֹ׃ וְלִבָּם לֹא־נָכוֹן עִמּוֹ וְלֹא נֶאֶמְנוּ לז
יא בִּבְרִיתוֹ׃ וְהוּא רַחוּם ׀ יְכַפֵּר עָוֹן וְלֹא־יַשְׁחִית וְהִרְבָּה לְהָשִׁיב לח
אַפּוֹ וְלֹא־יָעִיר כָּל־חֲמָתוֹ׃ וַיִּזְכֹּר כִּי־בָשָׂר הֵמָּה רוּחַ הוֹלֵךְ וְלֹא לט
יָשׁוּב׃ כַּמָּה יַמְרוּהוּ בַמִּדְבָּר יַעֲצִיבוּהוּ בִּישִׁימוֹן׃ וַיָּשׁוּבוּ וַיְנַסּוּ מ מא
אֵל וּקְדוֹשׁ יִשְׂרָאֵל הִתְווּ׃ לֹא־זָכְרוּ אֶת־יָדוֹ יוֹם אֲשֶׁר־פָּדָם מב

מג מִנִּי־צָר׃ אֲשֶׁר־שָׂם בְּמִצְרַיִם אֹתוֹתָיו וּמוֹפְתָיו בִּשְׂדֵה־צֹעַן׃
מד מה וַיַּהֲפֹךְ לְדָם יְאֹרֵיהֶם וְנֹזְלֵיהֶם בַּל־יִשְׁתָּיוּן׃ יְשַׁלַּח בָּהֶם עָרֹב
מו וַיֹּאכְלֵם וּצְפַרְדֵּעַ וַתַּשְׁחִיתֵם׃ וַיִּתֵּן לֶחָסִיל יְבוּלָם וִיגִיעָם
מז מח לָאַרְבֶּה׃ יַהֲרֹג בַּבָּרָד גַּפְנָם וְשִׁקְמוֹתָם בַּחֲנָמַל׃ וַיַּסְגֵּר לַבָּרָד
מט בְּעִירָם וּמִקְנֵיהֶם לָרְשָׁפִים׃ יְשַׁלַּח־בָּם ׀ חֲרוֹן אַפּוֹ עֶבְרָה וָזַעַם
נ וְצָרָה מִשְׁלַחַת מַלְאֲכֵי רָעִים׃ יְפַלֵּס נָתִיב לְאַפּוֹ לֹא־חָשַׂךְ
נא מִמָּוֶת נַפְשָׁם וְחַיָּתָם לַדֶּבֶר הִסְגִּיר׃ וַיַּךְ כָּל־בְּכוֹר בְּמִצְרָיִם
נב רֵאשִׁית אוֹנִים בְּאָהֳלֵי־חָם׃ וַיַּסַּע כַּצֹּאן עַמּוֹ וַיְנַהֲגֵם כַּעֵדֶר
נג בַּמִּדְבָּר׃ וַיַּנְחֵם לָבֶטַח וְלֹא פָחָדוּ וְאֶת־אוֹיְבֵיהֶם כִּסָּה הַיָּם׃
נד נה וַיְבִיאֵם אֶל־גְּבוּל קָדְשׁוֹ הַר־זֶה קָנְתָה יְמִינוֹ׃ וַיְגָרֶשׁ מִפְּנֵיהֶם ׀
גּוֹיִם וַיַּפִּילֵם בְּחֶבֶל נַחֲלָה וַיַּשְׁכֵּן בְּאָהֳלֵיהֶם שִׁבְטֵי יִשְׂרָאֵל׃
נו נז וַיְנַסּוּ וַיַּמְרוּ אֶת־אֱלֹהִים עֶלְיוֹן וְעֵדוֹתָיו לֹא שָׁמָרוּ׃ וַיִּסֹּגוּ
נח וַיִּבְגְּדוּ כַּאֲבוֹתָם נֶהְפְּכוּ כְּקֶשֶׁת רְמִיָּה׃ וַיַּכְעִיסוּהוּ בְּבָמוֹתָם
נט וּבִפְסִילֵיהֶם יַקְנִיאוּהוּ׃ שָׁמַע אֱלֹהִים וַיִּתְעַבָּר וַיִּמְאַס מְאֹד
ס סא בְּיִשְׂרָאֵל׃ וַיִּטֹּשׁ מִשְׁכַּן שִׁלוֹ אֹהֶל שִׁכֵּן בָּאָדָם׃ וַיִּתֵּן לַשְּׁבִי עֻזּוֹ
סב וְתִפְאַרְתּוֹ בְיַד־צָר׃ וַיַּסְגֵּר לַחֶרֶב עַמּוֹ וּבְנַחֲלָתוֹ הִתְעַבָּר׃
סג סד בַּחוּרָיו אָכְלָה־אֵשׁ וּבְתוּלֹתָיו לֹא הוּלָּלוּ׃ כֹּהֲנָיו בַּחֶרֶב נָפָלוּ
סה וְאַלְמְנֹתָיו לֹא תִבְכֶּינָה׃ וַיִּקַץ כְּיָשֵׁן ׀ אֲדֹנָי כְּגִבּוֹר מִתְרוֹנֵן מִיָּיִן׃
סו סז וַיַּךְ־צָרָיו אָחוֹר חֶרְפַּת עוֹלָם נָתַן לָמוֹ׃ וַיִּמְאַס בְּאֹהֶל יוֹסֵף
סח וּבְשֵׁבֶט אֶפְרַיִם לֹא בָחָר׃ וַיִּבְחַר אֶת־שֵׁבֶט יְהוּדָה אֶת־הַר צִיּוֹן
סט אֲשֶׁר אָהֵב׃ וַיִּבֶן כְּמוֹ־רָמִים מִקְדָּשׁוֹ כְּאֶרֶץ יְסָדָהּ לְעוֹלָם׃
ע עא וַיִּבְחַר בְּדָוִד עַבְדּוֹ וַיִּקָּחֵהוּ מִמִּכְלְאֹת צֹאן׃ מֵאַחַר עָלוֹת הֱבִיאוֹ
עב לִרְעוֹת בְּיַעֲקֹב עַמּוֹ וּבְיִשְׂרָאֵל נַחֲלָתוֹ׃ וַיִּרְעֵם כְּתֹם לְבָבוֹ
וּבִתְבוּנוֹת כַּפָּיו יַנְחֵם׃

עט א מִזְמוֹר לְאָסָף אֱלֹהִים בָּאוּ גוֹיִם ׀ בְּנַחֲלָתֶךָ טִמְּאוּ אֶת־הֵיכַל
ב קָדְשֶׁךָ שָׂמוּ אֶת־יְרוּשָׁלָםִ לְעִיִּים׃ נָתְנוּ אֶת־נִבְלַת עֲבָדֶיךָ
ג מַאֲכָל לְעוֹף הַשָּׁמָיִם בְּשַׂר חֲסִידֶיךָ לְחַיְתוֹ־אָרֶץ׃ שָׁפְכוּ דָמָם ׀

ד כַּמַּיִם סְבִיבוֹת יְרוּשָׁלָםִ וְאֵין קוֹבֵר: הָיִינוּ חֶרְפָּה לִשְׁכֵנֵינוּ לַעַג
ה וָקֶלֶס לִסְבִיבוֹתֵינוּ: עַד־מָה יְהוָה תֶּאֱנַף לָנֶצַח תִּבְעַר כְּמוֹ־
ו אֵשׁ קִנְאָתֶךָ: שְׁפֹךְ חֲמָתְךָ אֶל־הַגּוֹיִם אֲשֶׁר לֹא־יְדָעוּךָ וְעַל
ז מַמְלָכוֹת אֲשֶׁר בְּשִׁמְךָ לֹא קָרָאוּ: כִּי אָכַל אֶת־יַעֲקֹב וְאֶת־
ח נָוֵהוּ הֵשַׁמּוּ: אַל־תִּזְכָּר־לָנוּ עֲוֺנֹת רִאשֹׁנִים מַהֵר יְקַדְּמוּנוּ
ט רַחֲמֶיךָ כִּי דַלּוֹנוּ מְאֹד: עָזְרֵנוּ אֱלֹהֵי יִשְׁעֵנוּ עַל־דְּבַר כְּבוֹד־
י שְׁמֶךָ וְהַצִּילֵנוּ וְכַפֵּר עַל־חַטֹּאתֵינוּ לְמַעַן שְׁמֶךָ: לָמָּה יֹאמְרוּ
הַגּוֹיִם אַיֵּה אֱלֹהֵיהֶם יִוָּדַע בגיים לְעֵינֵינוּ נִקְמַת דַּם־עֲבָדֶיךָ בַּגּוֹיִם
יא הַשָּׁפוּךְ: תָּבוֹא לְפָנֶיךָ אֶנְקַת אָסִיר כְּגֹדֶל זְרוֹעֲךָ הוֹתֵר בְּנֵי
יב תְמוּתָה: וְהָשֵׁב לִשְׁכֵנֵינוּ שִׁבְעָתַיִם אֶל־חֵיקָם חֶרְפָּתָם אֲשֶׁר
יג חֵרְפוּךָ אֲדֹנָי: וַאֲנַחְנוּ עַמְּךָ וְצֹאן מַרְעִיתֶךָ נוֹדֶה לְּךָ לְעוֹלָם
לְדֹר וָדֹר נְסַפֵּר תְּהִלָּתֶךָ:

פ א ב לַמְנַצֵּחַ אֶל־שֹׁשַׁנִּים עֵדוּת לְאָסָף מִזְמוֹר: רֹעֵה יִשְׂרָאֵל הַאֲזִינָה
ג נֹהֵג כַּצֹּאן יוֹסֵף יֹשֵׁב הַכְּרוּבִים הוֹפִיעָה: לִפְנֵי אֶפְרַיִם וּבִנְיָמִן
ד וּמְנַשֶּׁה עוֹרְרָה אֶת־גְּבוּרָתֶךָ וּלְכָה לִישֻׁעָתָה לָּנוּ: אֱלֹהִים
ה הֲשִׁיבֵנוּ וְהָאֵר פָּנֶיךָ וְנִוָּשֵׁעָה: יְהוָה אֱלֹהִים צְבָאוֹת עַד־מָתַי
ו עָשַׁנְתָּ בִּתְפִלַּת עַמֶּךָ: הֶאֱכַלְתָּם לֶחֶם דִּמְעָה וַתַּשְׁקֵמוֹ
ז בִּדְמָעוֹת שָׁלִישׁ: תְּשִׂימֵנוּ מָדוֹן לִשְׁכֵנֵינוּ וְאֹיְבֵינוּ יִלְעֲגוּ־לָמוֹ:
ח ט אֱלֹהִים צְבָאוֹת הֲשִׁיבֵנוּ וְהָאֵר פָּנֶיךָ וְנִוָּשֵׁעָה: גֶּפֶן מִמִּצְרַיִם
י תַּסִּיעַ תְּגָרֵשׁ גּוֹיִם וַתִּטָּעֶהָ: פִּנִּיתָ לְפָנֶיהָ וַתַּשְׁרֵשׁ שָׁרָשֶׁיהָ
יא יב וַתְּמַלֵּא־אָרֶץ: כָּסּוּ הָרִים צִלָּהּ וַעֲנָפֶיהָ אַרְזֵי־אֵל: תְּשַׁלַּח
יג קְצִירֶהָ עַד־יָם וְאֶל־נָהָר יוֹנְקוֹתֶיהָ: לָמָּה פָּרַצְתָּ גְדֵרֶיהָ וְאָרוּהָ
יד טו כָּל־עֹבְרֵי דָרֶךְ: יְכַרְסְמֶנָּה חֲזִיר מִיָּעַר וְזִיז שָׂדַי יִרְעֶנָּה: אֱלֹהִים
טז צְבָאוֹת שׁוּב נָא הַבֵּט מִשָּׁמַיִם וּרְאֵה וּפְקֹד גֶּפֶן זֹאת: וְכַנָּה
יז אֲשֶׁר־נָטְעָה יְמִינֶךָ וְעַל־בֵּן אִמַּצְתָּה לָּךְ: שְׂרֻפָה בָאֵשׁ כְּסוּחָה
יח מִגַּעֲרַת פָּנֶיךָ יֹאבֵדוּ: תְּהִי־יָדְךָ עַל־אִישׁ יְמִינֶךָ עַל־בֶּן־אָדָם
יט כ אִמַּצְתָּ לָּךְ: וְלֹא־נָסוֹג מִמֶּךָּ תְּחַיֵּנוּ וּבְשִׁמְךָ נִקְרָא: יְהוָה

אֱלֹהִים צְבָאוֹת הֲשִׁיבֵנוּ הָאֵר פָּנֶיךָ וְנִוָּשֵׁעָה׃

א ב לַמְנַצֵּחַ עַל־הַגִּתִּית לְאָסָף׃ הַרְנִינוּ לֵאלֹהִים עוּזֵּנוּ הָרִיעוּ
ג לֵאלֹהֵי יַעֲקֹב׃ שְׂאוּ־זִמְרָה וּתְנוּ־תֹף כִּנּוֹר נָעִים עִם־נָבֶל׃
ד ה תִּקְעוּ בַחֹדֶשׁ שׁוֹפָר בַּכֵּסֶה לְיוֹם חַגֵּנוּ׃ כִּי חֹק לְיִשְׂרָאֵל הוּא
ו מִשְׁפָּט לֵאלֹהֵי יַעֲקֹב׃ עֵדוּת בִּיהוֹסֵף שָׂמוֹ בְּצֵאתוֹ עַל־אֶרֶץ
ז מִצְרָיִם שְׂפַת לֹא־יָדַעְתִּי אֶשְׁמָע׃ הֲסִירוֹתִי מִסֵּבֶל שִׁכְמוֹ כַּפָּיו
ח מִדּוּד תַּעֲבֹרְנָה׃ בַּצָּרָה קָרָאתָ וָאֲחַלְּצֶךָּ אֶעֶנְךָ בְּסֵתֶר רַעַם
ט אֶבְחָנְךָ עַל־מֵי מְרִיבָה סֶלָה׃ שְׁמַע עַמִּי וְאָעִידָה בָּךְ יִשְׂרָאֵל
י אִם־תִּשְׁמַע־לִי׃ לֹא־יִהְיֶה בְךָ אֵל זָר וְלֹא תִשְׁתַּחֲוֶה לְאֵל נֵכָר׃
יא אָנֹכִי ׀ יְהוָה אֱלֹהֶיךָ הַמַּעַלְךָ מֵאֶרֶץ מִצְרָיִם הַרְחֶב־פִּיךָ
יב וַאֲמַלְאֵהוּ׃ וְלֹא־שָׁמַע עַמִּי לְקוֹלִי וְיִשְׂרָאֵל לֹא־אָבָה לִי׃
יג יד וָאֲשַׁלְּחֵהוּ בִּשְׁרִירוּת לִבָּם יֵלְכוּ בְּמוֹעֲצוֹתֵיהֶם׃ לוּ עַמִּי שֹׁמֵעַ
טו לִי יִשְׂרָאֵל בִּדְרָכַי יְהַלֵּכוּ׃ כִּמְעַט אוֹיְבֵיהֶם אַכְנִיעַ וְעַל־צָרֵיהֶם
טז אָשִׁיב יָדִי׃ מְשַׂנְאֵי יְהוָה יְכַחֲשׁוּ־לוֹ וִיהִי עִתָּם לְעוֹלָם׃
יז וַיַּאֲכִילֵהוּ מֵחֵלֶב חִטָּה וּמִצּוּר דְּבַשׁ אַשְׂבִּיעֶךָ׃

פב א מִזְמוֹר לְאָסָף אֱלֹהִים נִצָּב בַּעֲדַת־אֵל בְּקֶרֶב אֱלֹהִים יִשְׁפֹּט׃
ב ג עַד־מָתַי תִּשְׁפְּטוּ־עָוֶל וּפְנֵי רְשָׁעִים תִּשְׂאוּ־סֶלָה׃ שִׁפְטוּ־דַל
ד וְיָתוֹם עָנִי וָרָשׁ הַצְדִּיקוּ׃ פַּלְּטוּ־דַל וְאֶבְיוֹן מִיַּד רְשָׁעִים הַצִּילוּ׃
ה לֹא יָדְעוּ ׀ וְלֹא יָבִינוּ בַּחֲשֵׁכָה יִתְהַלָּכוּ יִמּוֹטוּ כָּל־מוֹסְדֵי אָרֶץ׃
ו ז אֲנִי־אָמַרְתִּי אֱלֹהִים אַתֶּם וּבְנֵי עֶלְיוֹן כֻּלְּכֶם׃ אָכֵן כְּאָדָם
ח תְּמוּתוּן וּכְאַחַד הַשָּׂרִים תִּפֹּלוּ׃ קוּמָה אֱלֹהִים שָׁפְטָה הָאָרֶץ
כִּי־אַתָּה תִנְחַל בְּכָל־הַגּוֹיִם׃

פג א ב שִׁיר מִזְמוֹר לְאָסָף׃ אֱלֹהִים אַל־דֳּמִי־לָךְ אַל־תֶּחֱרַשׁ וְאַל־
ג תִּשְׁקֹט אֵל׃ כִּי־הִנֵּה אוֹיְבֶיךָ יֶהֱמָיוּן וּמְשַׂנְאֶיךָ נָשְׂאוּ רֹאשׁ׃
ד ה עַל־עַמְּךָ יַעֲרִימוּ סוֹד וְיִתְיָעֲצוּ עַל־צְפוּנֶיךָ׃ אָמְרוּ לְכוּ וְנַכְחִידֵם
ו מִגּוֹי וְלֹא־יִזָּכֵר שֵׁם־יִשְׂרָאֵל עוֹד׃ כִּי נוֹעֲצוּ לֵב יַחְדָּו עָלֶיךָ
ז ח בְּרִית יִכְרֹתוּ׃ אָהֳלֵי אֱדוֹם וְיִשְׁמְעֵאלִים מוֹאָב וְהַגְרִים׃ גְּבָל

וְעַמּוֹן וַעֲמָלֵק פְּלֶשֶׁת עִם־יֹשְׁבֵי צוֹר׃ גַּם־אַשּׁוּר נִלְוָה עִמָּם הָיוּ ט
זְרוֹעַ לִבְנֵי־לוֹט סֶלָה׃ עֲשֵׂה־לָהֶם כְּמִדְיָן כְּסִיסְרָא כְיָבִין בְּנַחַל י
קִישׁוֹן׃ נִשְׁמְדוּ בְעֵין־דֹּאר הָיוּ דֹּמֶן לָאֲדָמָה׃ שִׁיתֵמוֹ נְדִיבֵמוֹ יא יב
כְּעֹרֵב וְכִזְאֵב וּכְזֶבַח וּכְצַלְמֻנָּע כָּל־נְסִיכֵמוֹ׃ אֲשֶׁר אָמְרוּ יג
נִירְשָׁה לָּנוּ אֵת נְאוֹת אֱלֹהִים׃ אֱלֹהַי שִׁיתֵמוֹ כַגַּלְגַּל כְּקַשׁ יד
לִפְנֵי־רוּחַ׃ כְּאֵשׁ תִּבְעַר־יָעַר וּכְלֶהָבָה תְּלַהֵט הָרִים׃ כֵּן טו טז
תִּרְדְּפֵם בְּסַעֲרֶךָ וּבְסוּפָתְךָ תְבַהֲלֵם׃ מַלֵּא פְנֵיהֶם קָלוֹן וִיבַקְשׁוּ יז
שִׁמְךָ יְהוָה׃ יֵבֹשׁוּ וְיִבָּהֲלוּ עֲדֵי־עַד וְיַחְפְּרוּ וְיֹאבֵדוּ׃ וְיֵדְעוּ כִּי־ יח יט
אַתָּה שִׁמְךָ יְהוָה לְבַדֶּךָ עֶלְיוֹן עַל־כָּל־הָאָרֶץ׃

לַמְנַצֵּחַ עַל־הַגִּתִּית לִבְנֵי־קֹרַח מִזְמוֹר׃ מַה־יְּדִידוֹת מִשְׁכְּנוֹתֶיךָ א ב פד
יְהוָה צְבָאוֹת׃ נִכְסְפָה וְגַם־כָּלְתָה ׀ נַפְשִׁי לְחַצְרוֹת יְהוָה לִבִּי ג
וּבְשָׂרִי יְרַנְּנוּ אֶל אֵל־חָי׃ גַּם־צִפּוֹר ׀ מָצְאָה בַיִת וּדְרוֹר ׀ קֵן ד
לָהּ אֲשֶׁר־שָׁתָה אֶפְרֹחֶיהָ אֶת־מִזְבְּחוֹתֶיךָ יְהוָה צְבָאוֹת מַלְכִּי
וֵאלֹהָי׃ אַשְׁרֵי יוֹשְׁבֵי בֵיתֶךָ עוֹד יְהַלְלוּךָ סֶּלָה׃ אַשְׁרֵי אָדָם ה ו
עוֹז־לוֹ בָךְ מְסִלּוֹת בִּלְבָבָם׃ עֹבְרֵי ׀ בְּעֵמֶק הַבָּכָא מַעְיָן יְשִׁיתוּהוּ ז
גַּם־בְּרָכוֹת יַעְטֶה מוֹרֶה׃ יֵלְכוּ מֵחַיִל אֶל־חָיִל יֵרָאֶה אֶל־אֱלֹהִים ח
בְּצִיּוֹן׃ יְהוָה אֱלֹהִים צְבָאוֹת שִׁמְעָה תְפִלָּתִי הַאֲזִינָה אֱלֹהֵי ט
יַעֲקֹב סֶלָה׃ מָגִנֵּנוּ רְאֵה אֱלֹהִים וְהַבֵּט פְּנֵי מְשִׁיחֶךָ׃ כִּי טוֹב־ י יא
יוֹם בַּחֲצֵרֶיךָ מֵאָלֶף בָּחַרְתִּי הִסְתּוֹפֵף בְּבֵית אֱלֹהַי מִדּוּר
בְּאָהֳלֵי־רֶשַׁע׃ כִּי שֶׁמֶשׁ ׀ וּמָגֵן יְהוָה אֱלֹהִים חֵן וְכָבוֹד יִתֵּן יב
יב יְהוָה לֹא יִמְנַע־טוֹב לַהֹלְכִים בְּתָמִים׃ יְהוָה צְבָאוֹת אַשְׁרֵי יג
אָדָם בֹּטֵחַ בָּךְ׃

שְׁבִית לַמְנַצֵּחַ לִבְנֵי־קֹרַח מִזְמוֹר׃ רָצִיתָ יְהוָה אַרְצֶךָ שַׁבְתָּ שבות א ב פה
יַעֲקֹב׃ נָשָׂאתָ עֲוֹן עַמֶּךָ כִּסִּיתָ כָל־חַטָּאתָם סֶלָה׃ אָסַפְתָּ כָל־ ג ד
עֶבְרָתֶךָ הֱשִׁיבוֹתָ מֵחֲרוֹן אַפֶּךָ׃ שׁוּבֵנוּ אֱלֹהֵי יִשְׁעֵנוּ וְהָפֵר ה
כַּעַסְךָ עִמָּנוּ׃ הַלְעוֹלָם תֶּאֱנַף־בָּנוּ תִּמְשֹׁךְ אַפְּךָ לְדֹר וָדֹר׃ הֲלֹא־ ו ז
אַתָּה תָּשׁוּב תְּחַיֵּנוּ וְעַמְּךָ יִשְׂמְחוּ־בָךְ׃ הַרְאֵנוּ יְהוָה חַסְדֶּךָ ח

ט וְיֶשְׁעֲךָ תִּתֶּן־לָנוּ׃ אֶשְׁמְעָה מַה־יְדַבֵּר הָאֵל ׀ יְהוָה כִּי ׀ יְדַבֵּר
י שָׁלוֹם אֶל־עַמּוֹ וְאֶל־חֲסִידָיו וְאַל־יָשׁוּבוּ לְכִסְלָה׃ אַךְ קָרוֹב
יא לִירֵאָיו יִשְׁעוֹ לִשְׁכֹּן כָּבוֹד בְּאַרְצֵנוּ׃ חֶסֶד־וֶאֱמֶת נִפְגָּשׁוּ צֶדֶק
יב יג וְשָׁלוֹם נָשָׁקוּ׃ אֱמֶת מֵאֶרֶץ תִּצְמָח וְצֶדֶק מִשָּׁמַיִם נִשְׁקָף׃ גַּם־
יד יְהוָה יִתֵּן הַטּוֹב וְאַרְצֵנוּ תִּתֵּן יְבוּלָהּ׃ צֶדֶק לְפָנָיו יְהַלֵּךְ וְיָשֵׂם
לְדֶרֶךְ פְּעָמָיו׃

פו א ב תְּפִלָּה לְדָוִד הַטֵּה־יְהוָה אָזְנְךָ עֲנֵנִי כִּי־עָנִי וְאֶבְיוֹן אָנִי׃ שָׁמְרָה
נַפְשִׁי כִּי־חָסִיד אָנִי הוֹשַׁע עַבְדְּךָ אַתָּה אֱלֹהַי הַבּוֹטֵחַ אֵלֶיךָ׃
ג ד חָנֵּנִי אֲדֹנָי כִּי־אֵלֶיךָ אֶקְרָא כָּל־הַיּוֹם׃ שַׂמֵּחַ נֶפֶשׁ עַבְדֶּךָ כִּי־
ה אֵלֶיךָ אֲדֹנָי נַפְשִׁי אֶשָּׂא׃ כִּי־אַתָּה אֲדֹנָי טוֹב וְסַלָּח וְרַב־חֶסֶד
ו לְכָל־קֹרְאֶיךָ׃ הַאֲזִינָה יְהוָה תְּפִלָּתִי וְהַקְשִׁיבָה בְּקוֹל תַּחֲנוּנוֹתָי׃
ז ח בְּיוֹם צָרָתִי אֶקְרָאֶךָּ כִּי תַעֲנֵנִי׃ אֵין־כָּמוֹךָ בָאֱלֹהִים ׀ אֲדֹנָי וְאֵין
ט כְּמַעֲשֶׂיךָ׃ כָּל־גּוֹיִם ׀ אֲשֶׁר עָשִׂיתָ יָבוֹאוּ ׀ וְיִשְׁתַּחֲווּ לְפָנֶיךָ אֲדֹנָי
י וִיכַבְּדוּ לִשְׁמֶךָ׃ כִּי־גָדוֹל אַתָּה וְעֹשֵׂה נִפְלָאוֹת אַתָּה אֱלֹהִים
יא לְבַדֶּךָ׃ הוֹרֵנִי יְהוָה ׀ דַּרְכֶּךָ אֲהַלֵּךְ בַּאֲמִתֶּךָ יַחֵד לְבָבִי לְיִרְאָה
יב שְׁמֶךָ׃ אוֹדְךָ ׀ אֲדֹנָי אֱלֹהַי בְּכָל־לְבָבִי וַאֲכַבְּדָה שִׁמְךָ לְעוֹלָם׃
יג יד כִּי־חַסְדְּךָ גָּדוֹל עָלָי וְהִצַּלְתָּ נַפְשִׁי מִשְּׁאוֹל תַּחְתִּיָּה׃ אֱלֹהִים ׀
זֵדִים קָמוּ־עָלַי וַעֲדַת עָרִיצִים בִּקְשׁוּ נַפְשִׁי וְלֹא שָׂמוּךָ לְנֶגְדָּם׃
טו וְאַתָּה אֲדֹנָי אֵל־רַחוּם וְחַנּוּן אֶרֶךְ אַפַּיִם וְרַב־חֶסֶד וֶאֱמֶת׃
טז פְּנֵה אֵלַי וְחָנֵּנִי תְּנָה־עֻזְּךָ לְעַבְדֶּךָ וְהוֹשִׁיעָה לְבֶן־אֲמָתֶךָ׃
יז עֲשֵׂה־עִמִּי אוֹת לְטוֹבָה וְיִרְאוּ שֹׂנְאַי וְיֵבֹשׁוּ כִּי־אַתָּה יְהוָה
עֲזַרְתַּנִי וְנִחַמְתָּנִי׃

פז א ב לִבְנֵי־קֹרַח מִזְמוֹר שִׁיר יְסוּדָתוֹ בְּהַרְרֵי־קֹדֶשׁ׃ אֹהֵב יְהוָה שַׁעֲרֵי
ג צִיּוֹן מִכֹּל מִשְׁכְּנוֹת יַעֲקֹב׃ נִכְבָּדוֹת מְדֻבָּר בָּךְ עִיר הָאֱלֹהִים
ד סֶלָה׃ אַזְכִּיר ׀ רַהַב וּבָבֶל לְיֹדְעָי הִנֵּה פְלֶשֶׁת וְצוֹר עִם־כּוּשׁ זֶה
ה יֻלַּד־שָׁם׃ וּלְצִיּוֹן ׀ יֵאָמַר אִישׁ וְאִישׁ יֻלַּד־בָּהּ וְהוּא יְכוֹנְנֶהָ עֶלְיוֹן׃
ו ז יְהוָה יִסְפֹּר בִּכְתוֹב עַמִּים זֶה יֻלַּד־שָׁם סֶלָה׃ וְשָׁרִים כְּחֹלְלִים

כל־מעיני בך:

א שיר מזמור לבני קרח למנצח על־מחלת לענות משכיל
ב להימן האזרחי: יהוה אלהי ישועתי יום־צעקתי בלילה נגדך:
ג ד תבוא לפניך תפלתי הטה אזנך לרנתי: כי־שבעה ברעות
ה נפשי וחיי לשאול הגיעו: נחשבתי עם־יורדי בור הייתי כגבר
ו אין־איל: במתים חפשי כמו חללים ׀ שכבי קבר אשר לא
ז זכרתם עוד והמה מידך נגזרו: שתני בבור תחתיות
ח במחשכים במצלות: עלי סמכה חמתך וכל־משבריך ענית
ט סלה: הרחקת מידעי ממני שתני תועבות למו כלא ולא אצא:
י עיני דאבה מני עני קראתיך יהוה בכל־יום שטחתי אליך
יא כפי: הלמתים תעשה־פלא אם־רפאים יקומו ׀ יודוך סלה:
יב יג היספר בקבר חסדך אמונתך באבדון: היודע בחשך פלאך
יד וצדקתך בארץ נשיה: ואני ׀ אליך יהוה שועתי ובבקר תפלתי
טו טז תקדמך: למה יהוה תזנח נפשי תסתיר פניך ממני: עני אני
יז וגוע מנער נשאתי אמיך אפונה: עלי עברו חרוניך בעותיך
יח יט צמתתוני: סבוני כמים כל־היום הקיפו עלי יחד: הרחקת
ממני אהב ורע מידעי מחשך:

פט א ב משכיל לאיתן האזרחי: חסדי יהוה עולם אשירה לדר ודר ׀
ג אודיע אמונתך בפי: כי־אמרתי עולם חסד יבנה שמים ׀ תכן
ד ה אמונתך בהם: כרתי ברית לבחירי נשבעתי לדוד עבדי: עד־
ו עולם אכין זרעך ובניתי לדר־ודור כסאך סלה: ויודו שמים
ז פלאך יהוה אף־אמונתך בקהל קדשים: כי מי בשחק יערך
ח ליהוה ידמה ליהוה בבני אלים: אל נערץ בסוד־קדשים רבה
ט ונורא על־כל־סביביו: יהוה ׀ אלהי צבאות מי־כמוך חסין ׀
י יה ואמונתך סביבותיך: אתה מושל בגאות הים בשוא גליו
יא אתה תשבחם: אתה דכאת כחלל רהב בזרוע עזך פזרת
יב אויביך: לך שמים אף־לך ארץ תבל ומלאה אתה יסדתם:

יג יד צָפוֹן וְיָמִין אַתָּה בְרָאתָם תָּבוֹר וְחֶרְמוֹן בְּשִׁמְךָ יְרַנֵּנוּ׃ לְךָ זְרוֹעַ
טו עִם־גְּבוּרָה תָּעֹז יָדְךָ תָּרוּם יְמִינֶךָ׃ צֶדֶק וּמִשְׁפָּט מְכוֹן כִּסְאֶךָ
טז חֶסֶד וֶאֱמֶת יְקַדְּמוּ פָנֶיךָ׃ אַשְׁרֵי הָעָם יוֹדְעֵי תְרוּעָה יהוה בְּאוֹר־
יז יח פָּנֶיךָ יְהַלֵּכוּן׃ בְּשִׁמְךָ יְגִילוּן כָּל־הַיּוֹם וּבְצִדְקָתְךָ יָרוּמוּ׃ כִּי־
יט תִפְאֶרֶת עֻזָּמוֹ אָתָּה וּבִרְצוֹנְךָ תרים קַרְנֵנוּ׃ כִּי לַיהוה מָגִנֵּנוּ תָּרוּם
כ וְלִקְדוֹשׁ יִשְׂרָאֵל מַלְכֵּנוּ׃ אָז דִּבַּרְתָּ בְחָזוֹן לַחֲסִידֶיךָ וַתֹּאמֶר
כא שִׁוִּיתִי עֵזֶר עַל־גִּבּוֹר הֲרִימוֹתִי בָחוּר מֵעָם׃ מָצָאתִי דָּוִד עַבְדִּי
כב בְּשֶׁמֶן קָדְשִׁי מְשַׁחְתִּיו׃ אֲשֶׁר יָדִי תִּכּוֹן עִמּוֹ אַף־זְרוֹעִי תְאַמְּצֶנּוּ׃
כג כד לֹא־יַשִּׁא אוֹיֵב בּוֹ וּבֶן־עַוְלָה לֹא יְעַנֶּנּוּ׃ וְכַתּוֹתִי מִפָּנָיו צָרָיו
כה וּמְשַׂנְאָיו אֶגּוֹף׃ וֶאֱמוּנָתִי וְחַסְדִּי עִמּוֹ וּבִשְׁמִי תָּרוּם קַרְנוֹ׃
כו כז וְשַׂמְתִּי בַיָּם יָדוֹ וּבַנְּהָרוֹת יְמִינוֹ׃ הוּא יִקְרָאֵנִי אָבִי אָתָּה אֵלִי
כח כט וְצוּר יְשׁוּעָתִי׃ אַף־אָנִי בְּכוֹר אֶתְּנֵהוּ עֶלְיוֹן לְמַלְכֵי־אָרֶץ׃ לְעוֹלָם
ל אשמור־לוֹ חַסְדִּי וּבְרִיתִי נֶאֱמֶנֶת לוֹ׃ וְשַׂמְתִּי לָעַד זַרְעוֹ וְכִסְאוֹ אֶשְׁמָר־
לא לב כִּימֵי שָׁמָיִם׃ אִם־יַעַזְבוּ בָנָיו תּוֹרָתִי וּבְמִשְׁפָּטַי לֹא יֵלֵכוּן׃ אִם־
לג חֻקֹּתַי יְחַלֵּלוּ וּמִצְוֺתַי לֹא יִשְׁמֹרוּ׃ וּפָקַדְתִּי בְשֵׁבֶט פִּשְׁעָם
לד וּבִנְגָעִים עֲוֺנָם׃ וְחַסְדִּי לֹא־אָפִיר מֵעִמּוֹ וְלֹא אֲשַׁקֵּר בֶּאֱמוּנָתִי׃
לה לו לֹא־אֲחַלֵּל בְּרִיתִי וּמוֹצָא שְׂפָתַי לֹא אֲשַׁנֶּה׃ אַחַת נִשְׁבַּעְתִּי
לז בְקָדְשִׁי אִם־לְדָוִד אֲכַזֵּב׃ זַרְעוֹ לְעוֹלָם יִהְיֶה וְכִסְאוֹ כַשֶּׁמֶשׁ
לח לט נֶגְדִּי׃ כְּיָרֵחַ יִכּוֹן עוֹלָם וְעֵד בַּשַּׁחַק נֶאֱמָן סֶלָה׃ וְאַתָּה זָנַחְתָּ
מ וַתִּמְאָס הִתְעַבַּרְתָּ עִם־מְשִׁיחֶךָ׃ נֵאַרְתָּה בְּרִית עַבְדֶּךָ חִלַּלְתָּ
מא מב לָאָרֶץ נִזְרוֹ׃ פָּרַצְתָּ כָל־גְּדֵרֹתָיו שַׂמְתָּ מִבְצָרָיו מְחִתָּה׃ שַׁסֻּהוּ
מג כָּל־עֹבְרֵי דָרֶךְ הָיָה חֶרְפָּה לִשְׁכֵנָיו׃ הֲרִימוֹתָ יְמִין צָרָיו הִשְׂמַחְתָּ
מד כָּל־אוֹיְבָיו׃ אַף־תָּשִׁיב צוּר חַרְבּוֹ וְלֹא הֲקֵמֹתוֹ בַּמִּלְחָמָה׃
מה מו הִשְׁבַּתָּ מִטְּהָרוֹ וְכִסְאוֹ לָאָרֶץ מִגַּרְתָּה׃ הִקְצַרְתָּ יְמֵי עֲלוּמָיו
מז הֶעֱטִיתָ עָלָיו בּוּשָׁה סֶלָה׃ עַד־מָה יהוה תִּסָּתֵר לָנֶצַח תִּבְעַר
מח כְּמוֹ־אֵשׁ חֲמָתֶךָ׃ זְכָר־אֲנִי מֶה־חָלֶד עַל־מַה־שָּׁוְא בָּרָאתָ כָל־
מט בְּנֵי־אָדָם׃ מִי גֶבֶר יִחְיֶה וְלֹא יִרְאֶה־מָּוֶת יְמַלֵּט נַפְשׁוֹ מִיַּד־

נ שְׁאוֹל סֶלָה: אַיֵּה ׀ חֲסָדֶיךָ הָרִאשֹׁנִים ׀ אֲדֹנָי נִשְׁבַּעְתָּ לְדָוִד
נא בֶּאֱמוּנָתֶךָ: זְכֹר אֲדֹנָי חֶרְפַּת עֲבָדֶיךָ שְׂאֵתִי בְחֵיקִי כָּל־רַבִּים
נב עַמִּים: אֲשֶׁר חֵרְפוּ אוֹיְבֶיךָ ׀ יְהוָה אֲשֶׁר חֵרְפוּ עִקְּבוֹת מְשִׁיחֶךָ:
נג בָּרוּךְ יְהוָה לְעוֹלָם אָמֵן ׀ וְאָמֵן:

צ א תְּפִלָּה לְמֹשֶׁה אִישׁ־הָאֱלֹהִים אֲדֹנָי מָעוֹן אַתָּה הָיִיתָ לָּנוּ בְּדֹר ספר רביעי
ב וָדֹר: בְּטֶרֶם ׀ הָרִים יֻלָּדוּ וַתְּחוֹלֵל אֶרֶץ וְתֵבֵל וּמֵעוֹלָם עַד־עוֹלָם
ג ד אַתָּה אֵל: תָּשֵׁב אֱנוֹשׁ עַד־דַּכָּא וַתֹּאמֶר שׁוּבוּ בְנֵי־אָדָם: כִּי
אֶלֶף שָׁנִים בְּעֵינֶיךָ כְּיוֹם אֶתְמוֹל כִּי יַעֲבֹר וְאַשְׁמוּרָה בַלָּיְלָה:
ה ו זְרַמְתָּם שֵׁנָה יִהְיוּ בַּבֹּקֶר כֶּחָצִיר יַחֲלֹף: בַּבֹּקֶר יָצִיץ וְחָלָף
ז ח לָעֶרֶב יְמוֹלֵל וְיָבֵשׁ: כִּי־כָלִינוּ בְאַפֶּךָ וּבַחֲמָתְךָ נִבְהָלְנוּ: שַׁתָּ
ט עֲוֺנֹתֵינוּ לְנֶגְדֶּךָ עֲלֻמֵנוּ לִמְאוֹר פָּנֶיךָ: כִּי כָל־יָמֵינוּ פָּנוּ בְעֶבְרָתֶךָ
י כִּלִּינוּ שָׁנֵינוּ כְמוֹ־הֶגֶה: יְמֵי־שְׁנוֹתֵינוּ בָהֶם שִׁבְעִים שָׁנָה וְאִם
בִּגְבוּרֹת ׀ שְׁמוֹנִים שָׁנָה וְרָהְבָּם עָמָל וָאָוֶן כִּי־גָז חִישׁ וַנָּעֻפָה:
יא יב מִי־יוֹדֵעַ עֹז אַפֶּךָ וּכְיִרְאָתְךָ עֶבְרָתֶךָ: לִמְנוֹת יָמֵינוּ כֵּן הוֹדַע
יג וְנָבִא לְבַב חָכְמָה: שׁוּבָה יְהוָה עַד־מָתָי וְהִנָּחֵם עַל־עֲבָדֶיךָ:
יד טו שַׂבְּעֵנוּ בַבֹּקֶר חַסְדֶּךָ וּנְרַנְּנָה וְנִשְׂמְחָה בְּכָל־יָמֵינוּ: שַׂמְּחֵנוּ
טז כִּימוֹת עִנִּיתָנוּ שְׁנוֹת רָאִינוּ רָעָה: יֵרָאֶה אֶל־עֲבָדֶיךָ פָעֳלֶךָ
יז וַהֲדָרְךָ עַל־בְּנֵיהֶם: וִיהִי ׀ נֹעַם אֲדֹנָי אֱלֹהֵינוּ עָלֵינוּ וּמַעֲשֵׂה יג
יָדֵינוּ כּוֹנְנָה עָלֵינוּ וּמַעֲשֵׂה יָדֵינוּ כּוֹנְנֵהוּ:
צא א ב יֹשֵׁב בְּסֵתֶר עֶלְיוֹן בְּצֵל שַׁדַּי יִתְלוֹנָן: אֹמַר לַיהוָה מַחְסִי
ג וּמְצוּדָתִי אֱלֹהַי אֶבְטַח־בּוֹ: כִּי הוּא יַצִּילְךָ מִפַּח יָקוּשׁ מִדֶּבֶר
ד הַוּוֹת: בְּאֶבְרָתוֹ ׀ יָסֶךְ לָךְ וְתַחַת־כְּנָפָיו תֶּחְסֶה צִנָּה וְסֹחֵרָה
ה אֲמִתּוֹ: לֹא־תִירָא מִפַּחַד לָיְלָה מֵחֵץ יָעוּף יוֹמָם: מִדֶּבֶר בָּאֹפֶל
ו ז יַהֲלֹךְ מִקֶּטֶב יָשׁוּד צָהֳרָיִם: יִפֹּל מִצִּדְּךָ ׀ אֶלֶף וּרְבָבָה מִימִינֶךָ
ח ט אֵלֶיךָ לֹא יִגָּשׁ: רַק בְּעֵינֶיךָ תַבִּיט וְשִׁלֻּמַת רְשָׁעִים תִּרְאֶה: כִּי־
י אַתָּה יְהוָה מַחְסִי עֶלְיוֹן שַׂמְתָּ מְעוֹנֶךָ: לֹא־תְאֻנֶּה אֵלֶיךָ רָעָה

יא וְנֶ֗גַע לֹא־יִקְרַ֥ב בְּאָהֳלֶֽךָ׃ כִּ֣י מַ֭לְאָכָיו יְצַוֶּה־לָּ֑ךְ לִ֝שְׁמָרְךָ֗ בְּכָל־
יב יג דְּרָכֶֽיךָ׃ עַל־כַּפַּ֥יִם יִשָּׂא֑וּנְךָ פֶּן־תִּגֹּ֖ף בָּאֶ֣בֶן רַגְלֶֽךָ׃ עַל־שַׁ֣חַל וָפֶ֣תֶן
יד תִּדְרֹ֑ךְ תִּרְמֹ֖ס כְּפִ֣יר וְתַנִּֽין׃ כִּ֤י בִ֣י חָ֭שַׁק וַאֲפַלְּטֵ֑הוּ אֲ֝שַׂגְּבֵ֗הוּ
טו כִּֽי־יָדַ֥ע שְׁמִֽי׃ יִקְרָאֵ֨נִי ׀ וְֽאֶעֱנֵ֗הוּ עִמּֽוֹ־אָנֹכִ֥י בְצָרָ֑ה אֲ֝חַלְּצֵ֗הוּ
טז וַאֲכַבְּדֵֽהוּ׃ אֹ֣רֶךְ יָ֭מִים אַשְׂבִּיעֵ֑הוּ וְ֝אַרְאֵ֗הוּ בִּישׁוּעָתִֽי׃
צב א ב מִזְמ֥וֹר שִׁ֗יר לְי֣וֹם הַשַּׁבָּֽת׃ ט֗וֹב לְהֹד֥וֹת לַיהוָ֑ה וּלְזַמֵּ֖ר לְשִׁמְךָ֣
ג ד עֶלְיֽוֹן׃ לְהַגִּ֣יד בַּבֹּ֣קֶר חַסְדֶּ֑ךָ וֶ֝אֱמֽוּנָתְךָ֗ בַּלֵּילֽוֹת׃ עֲֽלֵי־עָ֭שׂוֹר
ה וַעֲלֵי־נָ֑בֶל עֲלֵ֖י הִגָּי֣וֹן בְּכִנּֽוֹר׃ כִּ֤י שִׂמַּחְתַּ֣נִי יְהוָ֣ה בְּפָעֳלֶ֑ךָ בְּֽמַעֲשֵׂ֖י
ו יָדֶ֣יךָ אֲרַנֵּֽן׃ מַה־גָּדְל֣וּ מַעֲשֶׂ֣יךָ יְהוָ֑ה מְ֝אֹ֗ד עָמְק֥וּ מַחְשְׁבֹתֶֽיךָ׃
ז ח אִֽישׁ־בַּ֭עַר לֹ֣א יֵדָ֑ע וּ֝כְסִ֗יל לֹא־יָבִ֥ין אֶת־זֹֽאת׃ בִּפְרֹ֤חַ רְשָׁעִ֨ים ׀
ט כְּמ֥וֹ עֵ֗שֶׂב וַ֭יָּצִיצוּ כָּל־פֹּ֣עֲלֵי אָ֑וֶן לְהִשָּֽׁמְדָ֥ם עֲדֵי־עַֽד׃ וְאַתָּ֥ה
י מָר֗וֹם לְעֹלָ֥ם יְהוָֽה׃ כִּ֤י הִנֵּ֪ה אֹיְבֶ֡יךָ יְֽהוָ֗ה כִּֽי־הִנֵּ֣ה אֹיְבֶ֣יךָ יֹאבֵ֑דוּ
יא יִ֝תְפָּרְד֗וּ כָּל־פֹּ֥עֲלֵי אָֽוֶן׃ וַתָּ֣רֶם כִּרְאֵ֣ים קַרְנִ֑י בַּ֝לֹּתִ֗י בְּשֶׁ֣מֶן רַעֲנָֽן׃
יב יג וַתַּבֵּ֥ט עֵינִ֗י בְּשׁ֫וּרָ֥י בַּקָּמִ֣ים עָלַ֣י מְ֭רֵעִים תִּשְׁמַ֥עְנָה אָזְנָֽי׃ צַ֭דִּיק
יד כַּתָּמָ֣ר יִפְרָ֑ח כְּאֶ֖רֶז בַּלְּבָנ֣וֹן יִשְׂגֶּֽה׃ שְׁ֭תוּלִים בְּבֵ֣ית יְהוָ֑ה
טו בְּחַצְר֖וֹת אֱלֹהֵ֣ינוּ יַפְרִֽיחוּ׃ ע֗וֹד יְנוּב֣וּן בְּשֵׂיבָ֑ה דְּשֵׁנִ֖ים וְרַֽעֲנַנִּ֣ים
טז יִהְיֽוּ׃ לְ֭הַגִּיד כִּֽי־יָשָׁ֣ר יְהוָ֑ה צ֝וּרִ֗י וְֽלֹא־עלתה בּֽוֹ׃ עוּלָֽתָה
צג א יְהוָ֣ה מָלָךְ֮ גֵּא֪וּת לָ֫בֵ֥שׁ לָבֵ֣שׁ יְ֭הוָה עֹ֣ז הִתְאַזָּ֑ר אַף־תִּכּ֥וֹן תֵּ֝בֵ֗ל
ב ג בַּל־תִּמּֽוֹט׃ נָכ֣וֹן כִּסְאֲךָ֣ מֵאָ֑ז מֵעוֹלָ֣ם אָֽתָּה׃ נָשְׂא֤וּ נְהָר֨וֹת ׀ יְֽהוָ֗ה
ד נָשְׂא֣וּ נְהָר֣וֹת קוֹלָ֑ם יִשְׂא֖וּ נְהָר֣וֹת דָּכְיָֽם׃ מִקֹּל֨וֹת ׀ מַ֤יִם רַבִּ֗ים
ה אַדִּירִ֣ים מִשְׁבְּרֵי־יָ֑ם אַדִּ֖יר בַּמָּר֣וֹם יְהוָֽה׃ עֵ֥דֹתֶ֨יךָ ׀ נֶאֶמְנ֬וּ מְאֹ֗ד
לְבֵיתְךָ֥ נַאֲוָה־קֹ֑דֶשׁ יְ֝הוָ֗ה לְאֹ֣רֶךְ יָמִֽים׃
צד א ב אֵֽל־נְקָמ֥וֹת יְהוָ֑ה אֵ֖ל נְקָמ֣וֹת הוֹפִֽיעַ׃ הִ֭נָּשֵׂא שֹׁפֵ֣ט הָאָ֑רֶץ הָשֵׁ֥ב
ג גְּ֝מ֗וּל עַל־גֵּאִֽים׃ עַד־מָתַ֖י רְשָׁעִ֥ים ׀ יְהוָ֑ה עַד־מָ֝תַ֗י רְשָׁעִ֥ים יַעֲלֹֽזוּ׃
ד ה יַבִּ֣יעוּ יְדַבְּר֣וּ עָתָ֑ק יִ֝תְאַמְּר֗וּ כָּל־פֹּ֥עֲלֵי אָֽוֶן׃ עַמְּךָ֣ יְהוָ֣ה יְדַכְּא֑וּ
ו ז וְֽנַחֲלָתְךָ֥ יְעַנּֽוּ׃ אַלְמָנָ֣ה וְגֵ֣ר יַהֲרֹ֑גוּ וִ֖יתוֹמִ֣ים יְרַצֵּֽחוּ׃ וַ֭יֹּאמְרוּ לֹ֣א
ח יִרְאֶה־יָּ֑הּ וְלֹֽא־יָ֝בִ֗ין אֱלֹהֵ֥י יַעֲקֹֽב׃ בִּ֭ינוּ בֹּעֲרִ֣ים בָּעָ֑ם וּ֝כְסִילִ֗ים

ט מתי תשכילו: הנטע אזן הלא ישמע אם־יצר עין הלא יביט:
י יא היסר גוים הלא יוכיח המלמד אדם דעת: יהוה ידע מחשבות
יב אדם כי־המה הבל: אשרי הגבר אשר־תיסרנו יה ומתורתך
יג יד תלמדנו: להשקיט לו מימי רע עד יכרה לרשע שחת: כי
טו לא־יטש יהוה עמו ונחלתו לא יעזב: כי־עד־צדק ישוב משפט
טז ואחריו כל־ישרי־לב: מי־יקום לי עם־מרעים מי־יתיצב לי
יז עם־פעלי און: לולי יהוה עזרתה לי כמעט | שכנה דומה
יח יט נפשי: אם־אמרתי מטה רגלי חסדך יהוה יסעדני: ברב
כ שרעפי בקרבי תנחומיך ישעשעו נפשי: היחברך כסא הוות
כא כב יצר עמל עלי־חק: יגודו על־נפש צדיק ודם נקי ירשיעו: ויהי
כג יהוה לי למשגב ואלהי לצור מחסי: וישב עליהם | את־אונם
וברעתם יצמיתם יהוה אלהינו:

צה א ב לכו נרננה ליהוה נריעה לצור ישענו: נקדמה פניו בתודה
ג בזמרות נריע לו: כי אל גדול יהוה ומלך גדול על־כל־אלהים:
ד ה אשר בידו מחקרי־ארץ ותועפות הרים לו: אשר־לו הים והוא
ו עשהו ויבשת ידיו יצרו: באו נשתחוה ונכרעה נברכה לפני־
ז יהוה עשנו: כי הוא אלהינו ואנחנו | עם מרעיתו וצאן ידו
ח היום אם־בקלו תשמעו: אל־תקשו לבבכם כמריבה
ט כיום מסה במדבר: אשר נסוני אבותיכם בחנוני גם־
י ראו פעלי: ארבעים שנה | אקוט בדור ואמר עם תעי
יא לבב הם והם לא־ידעו דרכי: אשר־נשבעתי באפי אם־
יבאון אל־מנוחתי:

צו א ב שירו ליהוה שיר חדש שירו ליהוה כל־הארץ: שירו ליהוה
ג ברכו שמו בשרו מיום־ליום ישועתו: ספרו בגוים כבודו בכל־
ד העמים נפלאותיו: כי גדול יהוה ומהלל מאד נורא הוא על־
ה כל־אלהים: כי כל־אלהי העמים אלילים ויהוה שמים עשה:
ו ז הוד־והדר לפניו עז ותפארת במקדשו: הבו ליהוה משפחות

ח עַמִּים הָבוּ לַיהוָה כָּבוֹד וָעֹז׃ הָבוּ לַיהוָה כְּבוֹד שְׁמוֹ שְׂאוּ־מִנְחָה
ט וּבֹאוּ לְחַצְרוֹתָיו׃ הִשְׁתַּחֲווּ לַיהוָה בְּהַדְרַת־קֹדֶשׁ חִילוּ מִפָּנָיו
י כָּל־הָאָרֶץ׃ אִמְרוּ בַגּוֹיִם ׀ יְהוָה מָלָךְ אַף־תִּכּוֹן תֵּבֵל בַּל־תִּמּוֹט
יא יָדִין עַמִּים בְּמֵישָׁרִים׃ יִשְׂמְחוּ הַשָּׁמַיִם וְתָגֵל הָאָרֶץ יִרְעַם הַיָּם
יב וּמְלֹאוֹ׃ יַעֲלֹז שָׂדַי וְכָל־אֲשֶׁר־בּוֹ אָז יְרַנְּנוּ כָּל־עֲצֵי־יָעַר׃
יג לִפְנֵי יְהוָה ׀ כִּי בָא כִּי בָא לִשְׁפֹּט הָאָרֶץ יִשְׁפֹּט־תֵּבֵל בְּצֶדֶק
וְעַמִּים בֶּאֱמוּנָתוֹ׃

צז א ב יְהוָה מָלָךְ תָּגֵל הָאָרֶץ יִשְׂמְחוּ אִיִּים רַבִּים׃ עָנָן וַעֲרָפֶל סְבִיבָיו
ג צֶדֶק וּמִשְׁפָּט מְכוֹן כִּסְאוֹ׃ אֵשׁ לְפָנָיו תֵּלֵךְ וּתְלַהֵט סָבִיב צָרָיו׃
ד ה הֵאִירוּ בְרָקָיו תֵּבֵל רָאֲתָה וַתָּחֵל הָאָרֶץ׃ הָרִים כַּדּוֹנַג נָמַסּוּ
ו מִלִּפְנֵי יְהוָה מִלִּפְנֵי אֲדוֹן כָּל־הָאָרֶץ׃ הִגִּידוּ הַשָּׁמַיִם צִדְקוֹ
ז וְרָאוּ כָל־הָעַמִּים כְּבוֹדוֹ׃ יֵבֹשׁוּ ׀ כָּל־עֹבְדֵי פֶסֶל הַמִּתְהַלְלִים
ח בָּאֱלִילִים הִשְׁתַּחֲווּ־לוֹ כָּל־אֱלֹהִים׃ שָׁמְעָה וַתִּשְׂמַח ׀ צִיּוֹן
ט וַתָּגֵלְנָה בְּנוֹת יְהוּדָה לְמַעַן מִשְׁפָּטֶיךָ יְהוָה׃ כִּי־אַתָּה יְהוָה
י עֶלְיוֹן עַל־כָּל־הָאָרֶץ מְאֹד נַעֲלֵיתָ עַל־כָּל־אֱלֹהִים׃ אֹהֲבֵי
יְהוָה שִׂנְאוּ רָע שֹׁמֵר נַפְשׁוֹת חֲסִידָיו מִיַּד רְשָׁעִים יַצִּילֵם׃
יא יב אוֹר זָרֻעַ לַצַּדִּיק וּלְיִשְׁרֵי־לֵב שִׂמְחָה׃ שִׂמְחוּ צַדִּיקִים בַּיהוָה
וְהוֹדוּ לְזֵכֶר קָדְשׁוֹ׃

צח א מִזְמוֹר שִׁירוּ לַיהוָה ׀ שִׁיר חָדָשׁ כִּי־נִפְלָאוֹת עָשָׂה הוֹשִׁיעָה־לּוֹ
ב יְמִינוֹ וּזְרוֹעַ קָדְשׁוֹ׃ הוֹדִיעַ יְהוָה יְשׁוּעָתוֹ לְעֵינֵי הַגּוֹיִם גִּלָּה
ג צִדְקָתוֹ׃ זָכַר חַסְדּוֹ ׀ וֶאֱמוּנָתוֹ לְבֵית יִשְׂרָאֵל רָאוּ כָל־אַפְסֵי־
ד אָרֶץ אֵת יְשׁוּעַת אֱלֹהֵינוּ׃ הָרִיעוּ לַיהוָה כָּל־הָאָרֶץ פִּצְחוּ וְרַנְּנוּ
ה ו וְזַמֵּרוּ׃ זַמְּרוּ לַיהוָה בְּכִנּוֹר בְּכִנּוֹר וְקוֹל זִמְרָה׃ בַּחֲצֹצְרוֹת וְקוֹל
ז שׁוֹפָר הָרִיעוּ לִפְנֵי ׀ הַמֶּלֶךְ יְהוָה׃ יִרְעַם הַיָּם וּמְלֹאוֹ תֵּבֵל וְיֹשְׁבֵי
ח ט בָהּ׃ נְהָרוֹת יִמְחֲאוּ־כָף יַחַד הָרִים יְרַנֵּנוּ׃ לִפְנֵי־יְהוָה כִּי בָא
לִשְׁפֹּט הָאָרֶץ יִשְׁפֹּט־תֵּבֵל בְּצֶדֶק וְעַמִּים בְּמֵישָׁרִים׃

צט א ב יְהוָה מָלָךְ יִרְגְּזוּ עַמִּים יֹשֵׁב כְּרוּבִים תָּנוּט הָאָרֶץ׃ יְהוָה בְּצִיּוֹן

ג גָּדוֹל וָרָם הוּא עַל־כָּל־הָעַמִּים׃ יוֹדוּ שִׁמְךָ גָּדוֹל וְנוֹרָא קָדוֹשׁ
ד הוּא׃ וְעֹז מֶלֶךְ מִשְׁפָּט אָהֵב אַתָּה כּוֹנַנְתָּ מֵישָׁרִים מִשְׁפָּט
ה וּצְדָקָה בְּיַעֲקֹב ׀ אַתָּה עָשִׂיתָ׃ רוֹמְמוּ יְהוָה אֱלֹהֵינוּ וְהִשְׁתַּחֲווּ
ו לַהֲדֹם רַגְלָיו קָדוֹשׁ הוּא׃ מֹשֶׁה וְאַהֲרֹן ׀ בְּכֹהֲנָיו וּשְׁמוּאֵל
ז בְּקֹרְאֵי שְׁמוֹ קֹרְאִים אֶל־יְהוָה וְהוּא יַעֲנֵם׃ בְּעַמּוּד עָנָן יְדַבֵּר
ח אֲלֵיהֶם שָׁמְרוּ עֵדֹתָיו וְחֹק נָתַן־לָמוֹ׃ יְהוָה אֱלֹהֵינוּ אַתָּה עֲנִיתָם
ט אֵל נֹשֵׂא הָיִיתָ לָהֶם וְנֹקֵם עַל־עֲלִילוֹתָם׃ רוֹמְמוּ יְהוָה אֱלֹהֵינוּ
וְהִשְׁתַּחֲווּ לְהַר קָדְשׁוֹ כִּי־קָדוֹשׁ יְהוָה אֱלֹהֵינוּ׃

ק א ב מִזְמוֹר לְתוֹדָה הָרִיעוּ לַיהוָה כָּל־הָאָרֶץ׃ עִבְדוּ אֶת־יְהוָה
ג בְּשִׂמְחָה בֹּאוּ לְפָנָיו בִּרְנָנָה׃ דְּעוּ כִּי־יְהוָה הוּא אֱלֹהִים הוּא
ד עָשָׂנוּ ולא אֲנַחְנוּ עַמּוֹ וְצֹאן מַרְעִיתוֹ׃ בֹּאוּ שְׁעָרָיו ׀ בְּתוֹדָה וְלוֹ
ה חֲצֵרֹתָיו בִּתְהִלָּה הוֹדוּ לוֹ בָּרְכוּ שְׁמוֹ׃ כִּי־טוֹב יְהוָה לְעוֹלָם
חַסְדּוֹ וְעַד־דֹּר וָדֹר אֱמוּנָתוֹ׃

קא א לְדָוִד מִזְמוֹר חֶסֶד־וּמִשְׁפָּט אָשִׁירָה לְךָ יְהוָה אֲזַמֵּרָה׃ יד
ב אַשְׂכִּילָה ׀ בְּדֶרֶךְ תָּמִים מָתַי תָּבוֹא אֵלָי אֶתְהַלֵּךְ בְּתָם־לְבָבִי
ג בְּקֶרֶב בֵּיתִי׃ לֹא־אָשִׁית ׀ לְנֶגֶד עֵינַי דְּבַר־בְּלִיָּעַל עֲשֹׂה־סֵטִים
ד שָׂנֵאתִי לֹא יִדְבַּק בִּי׃ לֵבָב עִקֵּשׁ יָסוּר מִמֶּנִּי רָע לֹא אֵדָע׃
ה מלושני בַסֵּתֶר ׀ רֵעֵהוּ אוֹתוֹ אַצְמִית גְּבַהּ־עֵינַיִם וּרְחַב לֵבָב מְלָשְׁנִי
ו אֹתוֹ לֹא אוּכָל׃ עֵינַי ׀ בְּנֶאֶמְנֵי־אֶרֶץ לָשֶׁבֶת עִמָּדִי הֹלֵךְ בְּדֶרֶךְ
ז תָּמִים הוּא יְשָׁרְתֵנִי׃ לֹא־יֵשֵׁב ׀ בְּקֶרֶב בֵּיתִי עֹשֵׂה רְמִיָּה דֹּבֵר
ח שְׁקָרִים לֹא־יִכּוֹן לְנֶגֶד עֵינָי׃ לַבְּקָרִים אַצְמִית כָּל־רִשְׁעֵי־אָרֶץ
לְהַכְרִית מֵעִיר־יְהוָה כָּל־פֹּעֲלֵי אָוֶן׃

קב א ב תְּפִלָּה לְעָנִי כִי־יַעֲטֹף וְלִפְנֵי יְהוָה יִשְׁפֹּךְ שִׂיחוֹ׃ יְהוָה שִׁמְעָה
ג תְפִלָּתִי וְשַׁוְעָתִי אֵלֶיךָ תָבוֹא׃ אַל־תַּסְתֵּר פָּנֶיךָ ׀ מִמֶּנִּי בְּיוֹם
ד צַר לִי הַטֵּה־אֵלַי אָזְנֶךָ בְּיוֹם אֶקְרָא מַהֵר עֲנֵנִי׃ כִּי־כָלוּ בְעָשָׁן
ה יָמָי וְעַצְמוֹתַי כְּמוֹקֵד נִחָרוּ׃ הוּכָּה כָעֵשֶׂב וַיִּבַשׁ לִבִּי כִּי־שָׁכַחְתִּי
ו ז מֵאֲכֹל לַחְמִי׃ מִקּוֹל אַנְחָתִי דָּבְקָה עַצְמִי לִבְשָׂרִי׃ דָּמִיתִי

ח לִקְאַת מִדְבָּר הָיִיתִי כְּכוֹס חֳרָבוֹת: שָׁקַדְתִּי וָאֶהְיֶה כְּצִפּוֹר
ט י בּוֹדֵד עַל־גָּג: כָּל־הַיּוֹם חֵרְפוּנִי אוֹיְבָי מְהוֹלָלַי בִּי נִשְׁבָּעוּ: כִּי־
יא אֵפֶר כַּלֶּחֶם אָכָלְתִּי וְשִׁקֻּוַי בִּבְכִי מָסָכְתִּי: מִפְּנֵי־זַעַמְךָ וְקִצְפֶּךָ
יב יג כִּי נְשָׂאתַנִי וַתַּשְׁלִיכֵנִי: יָמַי כְּצֵל נָטוּי וַאֲנִי כָּעֵשֶׂב אִיבָשׁ: וְאַתָּה
יד יְהוָה לְעוֹלָם תֵּשֵׁב וְזִכְרְךָ לְדֹר וָדֹר: אַתָּה תָקוּם תְּרַחֵם צִיּוֹן
טו כִּי־עֵת לְחֶנְנָהּ כִּי־בָא מוֹעֵד: כִּי־רָצוּ עֲבָדֶיךָ אֶת־אֲבָנֶיהָ וְאֶת־
טז עֲפָרָהּ יְחֹנֵנוּ: וְיִירְאוּ גוֹיִם אֶת־שֵׁם יְהוָה וְכָל־מַלְכֵי הָאָרֶץ אֶת־
יז יח כְּבוֹדֶךָ: כִּי־בָנָה יְהוָה צִיּוֹן נִרְאָה בִּכְבוֹדוֹ: פָּנָה אֶל־תְּפִלַּת
יט הָעַרְעָר וְלֹא־בָזָה אֶת־תְּפִלָּתָם: תִּכָּתֶב זֹאת לְדוֹר אַחֲרוֹן וְעַם
כ נִבְרָא יְהַלֶּל־יָהּ: כִּי־הִשְׁקִיף מִמְּרוֹם קָדְשׁוֹ יְהוָה מִשָּׁמַיִם ׀ אֶל־
כא כב אֶרֶץ הִבִּיט: לִשְׁמֹעַ אֶנְקַת אָסִיר לְפַתֵּחַ בְּנֵי תְמוּתָה: לְסַפֵּר
כג בְּצִיּוֹן שֵׁם יְהוָה וּתְהִלָּתוֹ בִּירוּשָׁלָ‍ִם: בְּהִקָּבֵץ עַמִּים יַחְדָּו
כד כה וּמַמְלָכוֹת לַעֲבֹד אֶת־יְהוָה: עִנָּה בַדֶּרֶךְ כחו קִצַּר יָמָי: אֹמַר כֹּחִי
כו אֵלִי אַל־תַּעֲלֵנִי בַּחֲצִי יָמָי בְּדוֹר דּוֹרִים שְׁנוֹתֶיךָ: לְפָנִים הָאָרֶץ
כז יָסַדְתָּ וּמַעֲשֵׂה יָדֶיךָ שָׁמָיִם: הֵמָּה ׀ יֹאבֵדוּ וְאַתָּה תַעֲמֹד וְכֻלָּם
כח כַּבֶּגֶד יִבְלוּ כַּלְּבוּשׁ תַּחֲלִיפֵם וְיַחֲלֹפוּ: וְאַתָּה־הוּא וּשְׁנוֹתֶיךָ לֹא
כט יִתָּמּוּ: בְּנֵי־עֲבָדֶיךָ יִשְׁכּוֹנוּ וְזַרְעָם לְפָנֶיךָ יִכּוֹן:
קג א ב לְדָוִד ׀ בָּרְכִי נַפְשִׁי אֶת־יְהוָה וְכָל־קְרָבַי אֶת־שֵׁם קָדְשׁוֹ: בָּרְכִי
ג נַפְשִׁי אֶת־יְהוָה וְאַל־תִּשְׁכְּחִי כָּל־גְּמוּלָיו: הַסֹּלֵחַ לְכָל־עֲוֺנֵכִי
ד הָרֹפֵא לְכָל־תַּחֲלוּאָיְכִי: הַגּוֹאֵל מִשַּׁחַת חַיָּיְכִי הַמְעַטְּרֵכִי חֶסֶד
ה ו וְרַחֲמִים: הַמַּשְׂבִּיעַ בַּטּוֹב עֶדְיֵךְ תִּתְחַדֵּשׁ כַּנֶּשֶׁר נְעוּרָיְכִי: עֹשֵׂה
ז צְדָקוֹת יְהוָה וּמִשְׁפָּטִים לְכָל־עֲשׁוּקִים: יוֹדִיעַ דְּרָכָיו לְמֹשֶׁה
ח לִבְנֵי יִשְׂרָאֵל עֲלִילוֹתָיו: רַחוּם וְחַנּוּן יְהוָה אֶרֶךְ אַפַּיִם וְרַב־
ט י חָסֶד: לֹא־לָנֶצַח יָרִיב וְלֹא לְעוֹלָם יִטּוֹר: לֹא כַחֲטָאֵינוּ עָשָׂה
יא לָנוּ וְלֹא כַעֲוֺנֹתֵינוּ גָּמַל עָלֵינוּ: כִּי כִגְבֹהַּ שָׁמַיִם עַל־הָאָרֶץ גָּבַר
יב חַסְדּוֹ עַל־יְרֵאָיו: כִּרְחֹק מִזְרָח מִמַּעֲרָב הִרְחִיק מִמֶּנּוּ אֶת־
יג יד פְּשָׁעֵינוּ: כְּרַחֵם אָב עַל־בָּנִים רִחַם יְהוָה עַל־יְרֵאָיו: כִּי־הוּא

טו ידע יצרנו זכור כי־עפר אנחנו: אנוש כחציר ימיו כציץ
טז השדה כן יציץ: כי רוח עברה־בו ואיננו ולא־יכירנו עוד
יז מקומו: וחסד יהוה ׀ מעולם ועד־עולם על־יראיו וצדקתו
יח יט לבני בנים: לשמרי בריתו ולזכרי פקדיו לעשותם: יהוה
כ בשמים הכין כסאו ומלכותו בכל משלה: ברכו יהוה
כא מלאכיו גברי כח עשי דברו לשמע בקול דברו: ברכו יהוה
כב כל־צבאיו משרתיו עשי רצונו: ברכו יהוה ׀ כל־מעשיו בכל־
מקמות ממשלתו ברכי נפשי את־יהוה:
קד א ברכי נפשי את־יהוה יהוה אלהי גדלת מאד הוד והדר
ב ג לבשת: עטה־אור כשלמה נוטה שמים כיריעה: המקרה
ד במים עליותיו השם־עבים רכובו המהלך על־כנפי־רוח: עשה
ה מלאכיו רוחות משרתיו אש להט: יסד־ארץ על־מכוניה בל־
ו תמוט עולם ועד: תהום כלבוש כסיתו על־הרים יעמדו־מים:
ז ח מן־גערתך ינוסון מן־קול רעמך יחפזון: יעלו הרים ירדו
ט בקעות אל־מקום זה ׀ יסדת להם: גבול־שמת בל־יעברון
י בל־ישבון לכסות הארץ: המשלח מעינים בנחלים בין הרים
יא יב יהלכון: ישקו כל־חיתו שדי ישברו פראים צמאם: עליהם
יג עוף־השמים ישכון מבין עפאים יתנו־קול: משקה הרים
יד מעליותיו מפרי מעשיך תשבע הארץ: מצמיח חציר ׀ לבהמה
טו ועשב לעבדת האדם להוציא לחם מן־הארץ: ויין ׀ ישמח
לבב־אנוש להצהיל פנים משמן ולחם לבב־אנוש יסעד:
טז יז ישבעו עצי יהוה ארזי לבנון אשר נטע: אשר־שם צפרים
יח יקננו חסידה ברושים ביתה: הרים הגבהים ליעלים סלעים
יט כ מחסה לשפנים: עשה ירח למועדים שמש ידע מבואו: תשת־
כא חשך ויהי לילה בו־תרמש כל־חיתו־יער: הכפירים שאגים
כב לטרף ולבקש מאל אכלם: תזרח השמש יאספון ואל־
כג כד מעונתם ירבצון: יצא אדם לפעלו ולעבדתו עדי־ערב: מה־

רַבּוּ מַעֲשֶׂיךָ ׀ יְהוָה כֻּלָּם בְּחׇכְמָה עָשִׂיתָ מָלְאָה הָאָרֶץ קִנְיָנֶךָ׃
כה זֶה ׀ הַיָּם גָּדוֹל וּרְחַב יָדָיִם שָׁם־רֶמֶשׂ וְאֵין מִסְפָּר חַיּוֹת קְטַנּוֹת
כו עִם־גְּדֹלוֹת׃ שָׁם אֳנִיּוֹת יְהַלֵּכוּן לִוְיָתָן זֶה־יָצַרְתָּ לְשַׂחֶק־בּוֹ׃
כז כח כֻּלָּם אֵלֶיךָ יְשַׂבֵּרוּן לָתֵת אׇכְלָם בְּעִתּוֹ׃ תִּתֵּן לָהֶם יִלְקֹטוּן
כט תִּפְתַּח יָדְךָ יִשְׂבְּעוּן טוֹב׃ תַּסְתִּיר פָּנֶיךָ יִבָּהֵלוּן תֹּסֵף רוּחָם
ל יִגְוָעוּן וְאֶל־עֲפָרָם יְשׁוּבוּן׃ תְּשַׁלַּח רוּחֲךָ יִבָּרֵאוּן וּתְחַדֵּשׁ פְּנֵי
לא לב אֲדָמָה׃ יְהִי כְבוֹד יְהוָה לְעוֹלָם יִשְׂמַח יְהוָה בְּמַעֲשָׂיו׃ הַמַּבִּיט
לג לָאָרֶץ וַתִּרְעָד יִגַּע בֶּהָרִים וְיֶעֱשָׁנוּ׃ אָשִׁירָה לַיהוָה בְּחַיָּי
לד אֲזַמְּרָה לֵאלֹהַי בְּעוֹדִי׃ יֶעֱרַב עָלָיו שִׂיחִי אָנֹכִי אֶשְׂמַח בַּיהוָה׃
לה יִתַּמּוּ חַטָּאִים ׀ מִן־הָאָרֶץ וּרְשָׁעִים ׀ עוֹד אֵינָם בָּרְכִי נַפְשִׁי
אֶת־יְהוָה הַלְלוּיָהּ׃

קה א ב הוֹדוּ לַיהוָה קִרְאוּ בִּשְׁמוֹ הוֹדִיעוּ בָעַמִּים עֲלִילוֹתָיו׃ שִׁירוּ־לוֹ
ג זַמְּרוּ־לוֹ שִׂיחוּ בְּכׇל־נִפְלְאוֹתָיו׃ הִתְהַלְלוּ בְּשֵׁם קׇדְשׁוֹ יִשְׂמַח
ד ה לֵב ׀ מְבַקְשֵׁי יְהוָה׃ דִּרְשׁוּ יְהוָה וְעֻזּוֹ בַּקְּשׁוּ פָנָיו תָּמִיד׃ זִכְרוּ
ו נִפְלְאוֹתָיו אֲשֶׁר־עָשָׂה מֹפְתָיו וּמִשְׁפְּטֵי־פִיו׃ זֶרַע אַבְרָהָם עַבְדּוֹ
ז בְּנֵי יַעֲקֹב בְּחִירָיו׃ הוּא יְהוָה אֱלֹהֵינוּ בְּכׇל־הָאָרֶץ מִשְׁפָּטָיו׃
ח ט זָכַר לְעוֹלָם בְּרִיתוֹ דָּבָר צִוָּה לְאֶלֶף דּוֹר׃ אֲשֶׁר כָּרַת אֶת־
י אַבְרָהָם וּשְׁבוּעָתוֹ לְיִשְׂחָק׃ וַיַּעֲמִידֶהָ לְיַעֲקֹב לְחֹק לְיִשְׂרָאֵל
יא בְּרִית עוֹלָם׃ לֵאמֹר לְךָ אֶתֵּן אֶת־אֶרֶץ־כְּנָעַן חֶבֶל נַחֲלַתְכֶם׃
יב יג בִּהְיוֹתָם מְתֵי מִסְפָּר כִּמְעַט וְגָרִים בָּהּ׃ וַיִּתְהַלְּכוּ מִגּוֹי אֶל־גּוֹי
יד מִמַּמְלָכָה אֶל־עַם אַחֵר׃ לֹא־הִנִּיחַ אָדָם לְעׇשְׁקָם וַיּוֹכַח עֲלֵיהֶם
טו טז מְלָכִים׃ אַל־תִּגְּעוּ בִמְשִׁיחָי וְלִנְבִיאַי אַל־תָּרֵעוּ׃ וַיִּקְרָא רָעָב
יז עַל־הָאָרֶץ כׇּל־מַטֵּה־לֶחֶם שָׁבָר׃ שָׁלַח לִפְנֵיהֶם אִישׁ לְעֶבֶד
יח יט נִמְכַּר יוֹסֵף׃ עִנּוּ בַכֶּבֶל רגליו בַּרְזֶל בָּאָה נַפְשׁוֹ׃ עַד־עֵת בֹּא־ רַגְלוֹ
כ דְבָרוֹ אִמְרַת יְהוָה צְרָפָתְהוּ׃ שָׁלַח מֶלֶךְ וַיַּתִּירֵהוּ מֹשֵׁל עַמִּים
כא כב וַיְפַתְּחֵהוּ׃ שָׂמוֹ אָדוֹן לְבֵיתוֹ וּמֹשֵׁל בְּכׇל־קִנְיָנוֹ׃ לֶאְסֹר שָׂרָיו
כג בְּנַפְשׁוֹ וּזְקֵנָיו יְחַכֵּם׃ וַיָּבֹא יִשְׂרָאֵל מִצְרָיִם וְיַעֲקֹב גָּר בְּאֶרֶץ־

כד כה חם: ויפר את־עמו מאד ויעצמהו מצריו: הפך לבם לשנא
כו עמו להתנכל בעבדיו: שלח משה עבדו אהרן אשר בחר־בו:
כז כח שמו־בם דברי אתותיו ומפתים בארץ חם: שלח חשך ויחשך
כט ולא־מרו את־דבריו: הפך את־מימיהם לדם וימת את־דגתם: דברו
ל לא שרץ ארצם צפרדעים בחדרי מלכיהם: אמר ויבא ערב כנים
לב לג בכל־גבולם: נתן גשמיהם ברד אש להבות בארצם: ויך גפנם
לד ותאנתם וישבר עץ גבולם: אמר ויבא ארבה וילק ואין
לה לו מספר: ויאכל כל־עשב בארצם ויאכל פרי אדמתם: ויך כל־
לז בכור בארצם ראשית לכל־אונם: ויוציאם בכסף וזהב ואין
לח בשבטיו כושל: שמח מצרים בצאתם כי־נפל פחדם עליהם:
לט מ פרש ענן למסך ואש להאיר לילה: שאל ויבא שלו ולחם
מא מב שמים ישביעם: פתח צור ויזובו מים הלכו בציות נהר: כי־זכר
מג את־דבר קדשו את־אברהם עבדו: ויוצא עמו בששון ברנה
מד את־בחיריו: ויתן להם ארצות גוים ועמל לאמים יירשו:
מה בעבור | ישמרו חקיו ותורתיו ינצרו הללויה: טו
קו א ב הללויה | הודו ליהוה כי־טוב כי לעולם חסדו: מי ימלל
ג גבורות יהוה ישמיע כל־תהלתו: אשרי שמרי משפט עשה
ד צדקה בכל־עת: זכרני יהוה ברצון עמך פקדני בישועתך:
ה לראות | בטובת בחיריך לשמח בשמחת גויך להתהלל
ו ז עם־נחלתך: חטאנו עם־אבותינו העוינו הרשענו: אבותינו
במצרים | לא־השכילו נפלאותיך לא זכרו את־רב חסדיך
ח וימרו על־ים בים־סוף: ויושיעם למען שמו להודיע את־
ט גבורתו: ויגער בים־סוף ויחרב ויוליכם בתהמות כמדבר:
י יא ויושיעם מיד שונא ויגאלם מיד אויב: ויכסו־מים צריהם אחד
יב יג מהם לא נותר: ויאמינו בדבריו ישירו תהלתו: מהרו שכחו
יד מעשיו לא־חכו לעצתו: ויתאוו תאוה במדבר וינסו־אל
טו טז בישימון: ויתן להם שאלתם וישלח רזון בנפשם: ויקנאו

יז לְמֹשֶׁה בַּמַּחֲנֶה לְאַהֲרֹן קְדוֹשׁ יְהוָה: תִּפְתַּח־אֶרֶץ וַתִּבְלַע דָּתָן
יח וַתְּכַס עַל־עֲדַת אֲבִירָם: וַתִּבְעַר־אֵשׁ בַּעֲדָתָם לֶהָבָה תְּלַהֵט
יט כ רְשָׁעִים: יַעֲשׂוּ־עֵגֶל בְּחֹרֵב וַיִּשְׁתַּחֲווּ לְמַסֵּכָה: וַיָּמִירוּ אֶת־
כא כְּבוֹדָם בְּתַבְנִית שׁוֹר אֹכֵל עֵשֶׂב: שָׁכְחוּ אֵל מוֹשִׁיעָם עֹשֶׂה
כב גְדֹלוֹת בְּמִצְרָיִם: נִפְלָאוֹת בְּאֶרֶץ חָם נוֹרָאוֹת עַל־יַם־סוּף:
כג וַיֹּאמֶר לְהַשְׁמִידָם לוּלֵי מֹשֶׁה בְחִירוֹ עָמַד בַּפֶּרֶץ לְפָנָיו לְהָשִׁיב
כד חֲמָתוֹ מֵהַשְׁחִית: וַיִּמְאֲסוּ בְּאֶרֶץ חֶמְדָּה לֹא־הֶאֱמִינוּ לִדְבָרוֹ:
כה כו וַיֵּרָגְנוּ בְאָהֳלֵיהֶם לֹא שָׁמְעוּ בְּקוֹל יְהוָה: וַיִּשָּׂא יָדוֹ לָהֶם לְהַפִּיל
כז אוֹתָם בַּמִּדְבָּר: וּלְהַפִּיל זַרְעָם בַּגּוֹיִם וּלְזָרוֹתָם בָּאֲרָצוֹת:
כח כט וַיִּצָּמְדוּ לְבַעַל פְּעוֹר וַיֹּאכְלוּ זִבְחֵי מֵתִים: וַיַּכְעִיסוּ בְּמַעַלְלֵיהֶם
ל וַתִּפְרָץ־בָּם מַגֵּפָה: וַיַּעֲמֹד פִּינְחָס וַיְפַלֵּל וַתֵּעָצַר הַמַּגֵּפָה:
לא לב וַתֵּחָשֶׁב לוֹ לִצְדָקָה לְדֹר וָדֹר עַד־עוֹלָם: וַיַּקְצִיפוּ עַל־מֵי מְרִיבָה
לג וַיֵּרַע לְמֹשֶׁה בַּעֲבוּרָם: כִּי־הִמְרוּ אֶת־רוּחוֹ וַיְבַטֵּא בִּשְׂפָתָיו:
לד לה לֹא־הִשְׁמִידוּ אֶת־הָעַמִּים אֲשֶׁר אָמַר יְהוָה לָהֶם: וַיִּתְעָרְבוּ
לו בַגּוֹיִם וַיִּלְמְדוּ מַעֲשֵׂיהֶם: וַיַּעַבְדוּ אֶת־עֲצַבֵּיהֶם וַיִּהְיוּ לָהֶם
לז לח לְמוֹקֵשׁ: וַיִּזְבְּחוּ אֶת־בְּנֵיהֶם וְאֶת־בְּנוֹתֵיהֶם לַשֵּׁדִים: וַיִּשְׁפְּכוּ
דָם נָקִי דַּם־בְּנֵיהֶם וּבְנוֹתֵיהֶם אֲשֶׁר זִבְּחוּ לַעֲצַבֵּי כְנָעַן וַתֶּחֱנַף
לט מ הָאָרֶץ בַּדָּמִים: וַיִּטְמְאוּ בְמַעֲשֵׂיהֶם וַיִּזְנוּ בְּמַעַלְלֵיהֶם: וַיִּחַר־
מא אַף יְהוָה בְּעַמּוֹ וַיְתָעֵב אֶת־נַחֲלָתוֹ: וַיִּתְּנֵם בְּיַד־גּוֹיִם וַיִּמְשְׁלוּ
מב מג בָהֶם שֹׂנְאֵיהֶם: וַיִּלְחָצוּם אוֹיְבֵיהֶם וַיִּכָּנְעוּ תַּחַת יָדָם: פְּעָמִים
מד רַבּוֹת יַצִּילֵם וְהֵמָּה יַמְרוּ בַעֲצָתָם וַיָּמֹכּוּ בַּעֲוֹנָם: וַיַּרְא בַּצַּר לָהֶם
מה מו בְּשָׁמְעוֹ אֶת־רִנָּתָם: וַיִּזְכֹּר לָהֶם בְּרִיתוֹ וַיִּנָּחֵם כְּרֹב חֲסָדָו: וַיִּתֵּן
מז אוֹתָם לְרַחֲמִים לִפְנֵי כָּל־שׁוֹבֵיהֶם: הוֹשִׁיעֵנוּ ׀ יְהוָה אֱלֹהֵינוּ
וְקַבְּצֵנוּ מִן־הַגּוֹיִם לְהֹדוֹת לְשֵׁם קָדְשֶׁךָ לְהִשְׁתַּבֵּחַ בִּתְהִלָּתֶךָ:
מח בָּרוּךְ יְהוָה ׀ אֱלֹהֵי יִשְׂרָאֵל מִן־הָעוֹלָם ׀ וְעַד הָעוֹלָם וְאָמַר
כָּל־הָעָם אָמֵן הַלְלוּ־יָהּ:

א ב הֹדוּ לַיהוָה כִּי־טוֹב כִּי לְעוֹלָם חַסְדּוֹ׃ יֹאמְרוּ גְּאוּלֵי יְהוָה אֲשֶׁר
ג גְּאָלָם מִיַּד־צָר׃ וּמֵאֲרָצוֹת קִבְּצָם מִמִּזְרָח וּמִמַּעֲרָב מִצָּפוֹן
ד וּמִיָּם׃ תָּעוּ בַמִּדְבָּר בִּישִׁימוֹן דָּרֶךְ עִיר מוֹשָׁב לֹא מָצָאוּ׃
ה ו רְעֵבִים גַּם־צְמֵאִים נַפְשָׁם בָּהֶם תִּתְעַטָּף׃ וַיִּצְעֲקוּ אֶל־יְהוָה
ז בַּצַּר לָהֶם מִמְּצוּקוֹתֵיהֶם יַצִּילֵם׃ וַיַּדְרִיכֵם בְּדֶרֶךְ יְשָׁרָה לָלֶכֶת
ח ט אֶל־עִיר מוֹשָׁב׃ יוֹדוּ לַיהוָה חַסְדּוֹ וְנִפְלְאוֹתָיו לִבְנֵי אָדָם׃ כִּי־
י הִשְׂבִּיעַ נֶפֶשׁ שֹׁקֵקָה וְנֶפֶשׁ רְעֵבָה מִלֵּא־טוֹב׃ יֹשְׁבֵי חֹשֶׁךְ
יא וְצַלְמָוֶת אֲסִירֵי עֳנִי וּבַרְזֶל׃ כִּי־הִמְרוּ אִמְרֵי־אֵל וַעֲצַת עֶלְיוֹן
יב יג נָאָצוּ׃ וַיַּכְנַע בֶּעָמָל לִבָּם כָּשְׁלוּ וְאֵין עֹזֵר׃ וַיִּזְעֲקוּ אֶל־יְהוָה
יד בַּצַּר לָהֶם מִמְּצֻקוֹתֵיהֶם יוֹשִׁיעֵם׃ יוֹצִיאֵם מֵחֹשֶׁךְ וְצַלְמָוֶת
טו וּמוֹסְרוֹתֵיהֶם יְנַתֵּק׃ יוֹדוּ לַיהוָה חַסְדּוֹ וְנִפְלְאוֹתָיו לִבְנֵי אָדָם׃
טז יז כִּי־שִׁבַּר דַּלְתוֹת נְחֹשֶׁת וּבְרִיחֵי בַרְזֶל גִּדֵּעַ׃ אֱוִלִים מִדֶּרֶךְ
יח פִּשְׁעָם וּמֵעֲוֺנֹתֵיהֶם יִתְעַנּוּ׃ כָּל־אֹכֶל תְּתַעֵב נַפְשָׁם וַיַּגִּיעוּ
יט עַד־שַׁעֲרֵי מָוֶת׃ וַיִּזְעֲקוּ אֶל־יְהוָה בַּצַּר לָהֶם מִמְּצֻקוֹתֵיהֶם
כ כא יוֹשִׁיעֵם׃ יִשְׁלַח דְּבָרוֹ וְיִרְפָּאֵם וִימַלֵּט מִשְּׁחִיתוֹתָם׃ יוֹדוּ לַיהוָה
כב חַסְדּוֹ וְנִפְלְאוֹתָיו לִבְנֵי אָדָם׃ וְיִזְבְּחוּ זִבְחֵי תוֹדָה וִיסַפְּרוּ
כג מַעֲשָׂיו בְּרִנָּה׃ ׆ יוֹרְדֵי הַיָּם בָּאֳנִיּוֹת עֹשֵׂי מְלָאכָה
כד בְּמַיִם רַבִּים׃ ׆ הֵמָּה רָאוּ מַעֲשֵׂי יְהוָה וְנִפְלְאוֹתָיו
כה בִּמְצוּלָה׃ ׆ וַיֹּאמֶר וַיַּעֲמֵד רוּחַ סְעָרָה וַתְּרוֹמֵם גַּלָּיו׃ ׆
כו כז יַעֲלוּ שָׁמַיִם יֵרְדוּ תְהוֹמוֹת נַפְשָׁם בְּרָעָה תִתְמוֹגָג׃ ׆ יָחוֹגּוּ
כח וְיָנוּעוּ כַּשִּׁכּוֹר וְכָל־חָכְמָתָם תִּתְבַּלָּע׃ ׆ וַיִּצְעֲקוּ אֶל־
כט יְהוָה בַּצַּר לָהֶם וּמִמְּצוּקֹתֵיהֶם יוֹצִיאֵם׃ יָקֵם סְעָרָה לִדְמָמָה
ל וַיֶּחֱשׁוּ גַּלֵּיהֶם׃ וַיִּשְׂמְחוּ כִי־יִשְׁתֹּקוּ וַיַּנְחֵם אֶל־מְחוֹז חֶפְצָם׃
לא לב יוֹדוּ לַיהוָה חַסְדּוֹ וְנִפְלְאוֹתָיו לִבְנֵי אָדָם׃ וִירוֹמְמוּהוּ בִּקְהַל־עָם
לג וּבְמוֹשַׁב זְקֵנִים יְהַלְלוּהוּ׃ יָשֵׂם נְהָרוֹת לְמִדְבָּר וּמֹצָאֵי מַיִם
לד לה לְצִמָּאוֹן׃ אֶרֶץ פְּרִי לִמְלֵחָה מֵרָעַת יוֹשְׁבֵי בָהּ׃ יָשֵׂם מִדְבָּר

לו לְאֲגַם־מַיִם וְאֶרֶץ צִיָּה לְמֹצָאֵי מָיִם׃ וַיּוֹשֶׁב שָׁם רְעֵבִים וַיְכוֹנְנוּ
לז עִיר מוֹשָׁב׃ וַיִּזְרְעוּ שָׂדוֹת וַיִּטְּעוּ כְרָמִים וַיַּעֲשׂוּ פְּרִי תְבוּאָה׃
לח לט וַיְבָרְכֵם וַיִּרְבּוּ מְאֹד וּבְהֶמְתָּם לֹא יַמְעִיט׃ וַיִּמְעֲטוּ וַיָּשֹׁחוּ
מ מֵעֹצֶר רָעָה וְיָגוֹן׃ נ שֹׁפֵךְ בּוּז עַל־נְדִיבִים וַיַּתְעֵם בְּתֹהוּ
מא מב לֹא־דָרֶךְ׃ וַיְשַׂגֵּב אֶבְיוֹן מֵעוֹנִי וַיָּשֶׂם כַּצֹּאן מִשְׁפָּחוֹת׃ יִרְאוּ
מג יְשָׁרִים וְיִשְׂמָחוּ וְכָל־עַוְלָה קָפְצָה פִּיהָ׃ מִי־חָכָם וְיִשְׁמָר־אֵלֶּה
וְיִתְבּוֹנְנוּ חַסְדֵי יְהוָה׃

קח א ב שִׁיר מִזְמוֹר לְדָוִד׃ נָכוֹן לִבִּי אֱלֹהִים אָשִׁירָה וַאֲזַמְּרָה אַף־
ג ד כְּבוֹדִי׃ עוּרָה הַנֵּבֶל וְכִנּוֹר אָעִירָה שָּׁחַר׃ אוֹדְךָ בָעַמִּים ׀ יְהוָה
ה וַאֲזַמֶּרְךָ בַּלְאֻמִּים׃ כִּי־גָדוֹל מֵעַל־שָׁמַיִם חַסְדֶּךָ וְעַד־שְׁחָקִים
ו אֲמִתֶּךָ׃ רוּמָה עַל־שָׁמַיִם אֱלֹהִים וְעַל כָּל־הָאָרֶץ כְּבוֹדֶךָ׃
ז ח לְמַעַן יֵחָלְצוּן יְדִידֶיךָ הוֹשִׁיעָה יְמִינְךָ ועננו׃ אֱלֹהִים ׀ דִּבֶּר וַעֲנֵנִי
ט בְּקָדְשׁוֹ אֶעְלֹזָה אֲחַלְּקָה שְׁכֶם וְעֵמֶק סֻכּוֹת אֲמַדֵּד׃ לִי גִלְעָד ׀
י לִי מְנַשֶּׁה וְאֶפְרַיִם מָעוֹז רֹאשִׁי יְהוּדָה מְחֹקְקִי׃ מוֹאָב ׀ סִיר
יא רַחְצִי עַל־אֱדוֹם אַשְׁלִיךְ נַעֲלִי עֲלֵי־פְלֶשֶׁת אֶתְרוֹעָע׃ מִי יֹבִלֵנִי
יב עִיר מִבְצָר מִי נָחַנִי עַד־אֱדוֹם׃ הֲלֹא־אֱלֹהִים זְנַחְתָּנוּ וְלֹא־תֵצֵא
יג אֱלֹהִים בְּצִבְאֹתֵינוּ׃ הָבָה־לָּנוּ עֶזְרָת מִצָּר וְשָׁוְא תְּשׁוּעַת אָדָם׃
יד בֵּאלֹהִים נַעֲשֶׂה־חָיִל וְהוּא יָבוּס צָרֵינוּ׃

קט א ב לַמְנַצֵּחַ לְדָוִד מִזְמוֹר אֱלֹהֵי תְהִלָּתִי אַל־תֶּחֱרַשׁ׃ כִּי פִי רָשָׁע
ג וּפִי־מִרְמָה עָלַי פָּתָחוּ דִּבְּרוּ אִתִּי לְשׁוֹן שָׁקֶר׃ וְדִבְרֵי שִׂנְאָה
ד סְבָבוּנִי וַיִּלָּחֲמוּנִי חִנָּם׃ תַּחַת־אַהֲבָתִי יִשְׂטְנוּנִי וַאֲנִי תְפִלָּה׃
ה ו וַיָּשִׂימוּ עָלַי רָעָה תַּחַת טוֹבָה וְשִׂנְאָה תַּחַת אַהֲבָתִי׃ הַפְקֵד
ז עָלָיו רָשָׁע וְשָׂטָן יַעֲמֹד עַל־יְמִינוֹ׃ בְּהִשָּׁפְטוֹ יֵצֵא רָשָׁע וּתְפִלָּתוֹ
ח ט תִּהְיֶה לַחֲטָאָה׃ יִהְיוּ־יָמָיו מְעַטִּים פְּקֻדָּתוֹ יִקַּח אַחֵר׃ יִהְיוּ־
י בָנָיו יְתוֹמִים וְאִשְׁתּוֹ אַלְמָנָה׃ וְנוֹעַ יָנוּעוּ בָנָיו וְשִׁאֵלוּ וְדָרְשׁוּ
יא מֵחָרְבוֹתֵיהֶם׃ יְנַקֵּשׁ נוֹשֶׁה לְכָל־אֲשֶׁר־לוֹ וְיָבֹזּוּ זָרִים יְגִיעוֹ׃
יב יג אַל־יְהִי־לוֹ מֹשֵׁךְ חָסֶד וְאַל־יְהִי חוֹנֵן לִיתוֹמָיו׃ יְהִי־אַחֲרִיתוֹ

יד לְהַכְרִית בְּדוֹר אַחֵר יִמַּח שְׁמָם׃ יִזָּכֵר ׀ עֲוֺן אֲבֹתָיו אֶל־יְהוָה
טו וְחַטַּאת אִמּוֹ אַל־תִּמָּח׃ יִהְיוּ נֶגֶד־יְהוָה תָּמִיד וְיַכְרֵת מֵאֶרֶץ
טז זִכְרָם׃ יַעַן אֲשֶׁר ׀ לֹא זָכַר עֲשׂוֹת חָסֶד וַיִּרְדֹּף אִישׁ־עָנִי וְאֶבְיוֹן
יז וְנִכְאֵה לֵבָב לְמוֹתֵת׃ וַיֶּאֱהַב קְלָלָה וַתְּבוֹאֵהוּ וְלֹא־חָפֵץ
יח בִּבְרָכָה וַתִּרְחַק מִמֶּנּוּ׃ וַיִּלְבַּשׁ קְלָלָה כְּמַדּוֹ וַתָּבֹא כַמַּיִם
יט בְּקִרְבּוֹ וְכַשֶּׁמֶן בְּעַצְמוֹתָיו׃ תְּהִי־לוֹ כְּבֶגֶד יַעְטֶה וּלְמֵזַח תָּמִיד
כ יַחְגְּרֶהָ׃ זֹאת ׀ פְּעֻלַּת שֹׂטְנַי מֵאֵת יְהוָה וְהַדֹּבְרִים רָע עַל־נַפְשִׁי׃
כא וְאַתָּה ׀ יֱהוִה אֲדֹנָי עֲשֵׂה־אִתִּי לְמַעַן שְׁמֶךָ כִּי־טוֹב חַסְדְּךָ
כב כג הַצִּילֵנִי׃ כִּי־עָנִי וְאֶבְיוֹן אָנֹכִי וְלִבִּי חָלַל בְּקִרְבִּי׃ כְּצֵל כִּנְטוֹתוֹ
כד נֶהֱלָכְתִּי נִנְעַרְתִּי כָּאַרְבֶּה׃ בִּרְכַּי כָּשְׁלוּ מִצּוֹם וּבְשָׂרִי כָּחַשׁ
כה כו מִשָּׁמֶן׃ וַאֲנִי ׀ הָיִיתִי חֶרְפָּה לָהֶם יִרְאוּנִי יְנִיעוּן רֹאשָׁם׃ עָזְרֵנִי
כז יְהוָה אֱלֹהָי הוֹשִׁיעֵנִי כְחַסְדֶּךָ׃ וְיֵדְעוּ כִּי־יָדְךָ זֹּאת אַתָּה יְהוָה
כח עֲשִׂיתָהּ׃ יְקַלְלוּ־הֵמָּה וְאַתָּה תְבָרֵךְ קָמוּ ׀ וַיֵּבֹשׁוּ וְעַבְדְּךָ יִשְׂמָח׃
כט ל יִלְבְּשׁוּ שׂוֹטְנַי כְּלִמָּה וְיַעֲטוּ כַמְעִיל בָּשְׁתָּם׃ אוֹדֶה יְהוָה מְאֹד
לא בְּפִי וּבְתוֹךְ רַבִּים אֲהַלְלֶנּוּ׃ כִּי־יַעֲמֹד לִימִין אֶבְיוֹן לְהוֹשִׁיעַ
מִשֹּׁפְטֵי נַפְשׁוֹ׃

קי א לְדָוִד מִזְמוֹר נְאֻם יְהוָה ׀ לַאדֹנִי שֵׁב לִימִינִי עַד־אָשִׁית אֹיְבֶיךָ
ב הֲדֹם לְרַגְלֶיךָ׃ מַטֵּה עֻזְּךָ יִשְׁלַח יְהוָה מִצִּיּוֹן רְדֵה בְּקֶרֶב אֹיְבֶיךָ׃
ג עַמְּךָ נְדָבֹת בְּיוֹם חֵילֶךָ בְּהַדְרֵי־קֹדֶשׁ מֵרֶחֶם מִשְׁחָר לְךָ טַל
ד יַלְדֻתֶיךָ׃ נִשְׁבַּע יְהוָה ׀ וְלֹא יִנָּחֵם אַתָּה־כֹהֵן לְעוֹלָם עַל־דִּבְרָתִי
ה ו מַלְכִּי־צֶדֶק׃ אֲדֹנָי עַל־יְמִינְךָ מָחַץ בְּיוֹם־אַפּוֹ מְלָכִים׃ יָדִין
ז בַּגּוֹיִם מָלֵא גְוִיּוֹת מָחַץ רֹאשׁ עַל־אֶרֶץ רַבָּה׃ מִנַּחַל בַּדֶּרֶךְ
יִשְׁתֶּה עַל־כֵּן יָרִים רֹאשׁ׃

קיא א ב הַלְלוּיָהּ ׀ אוֹדֶה יְהוָה בְּכָל־לֵבָב בְּסוֹד יְשָׁרִים וְעֵדָה׃ גְּדֹלִים
ג מַעֲשֵׂי יְהוָה דְּרוּשִׁים לְכָל־חֶפְצֵיהֶם׃ הוֹד־וְהָדָר פָּעֳלוֹ וְצִדְקָתוֹ
ד ה עֹמֶדֶת לָעַד׃ זֵכֶר עָשָׂה לְנִפְלְאֹתָיו חַנּוּן וְרַחוּם יְהוָה׃ טֶרֶף
ו נָתַן לִירֵאָיו יִזְכֹּר לְעוֹלָם בְּרִיתוֹ׃ כֹּחַ מַעֲשָׂיו הִגִּיד לְעַמּוֹ

ז לָתֵת לָהֶם נַחֲלַת גּוֹיִם׃ מַעֲשֵׂי יָדָיו אֱמֶת וּמִשְׁפָּט נֶאֱמָנִים
ח כָּל־פִּקּוּדָיו׃ סְמוּכִים לָעַד לְעוֹלָם עֲשׂוּיִם בֶּאֱמֶת וְיָשָׁר׃
ט פְּדוּת ׀ שָׁלַח לְעַמּוֹ צִוָּה־לְעוֹלָם בְּרִיתוֹ קָדוֹשׁ וְנוֹרָא שְׁמוֹ׃
י רֵאשִׁית חָכְמָה ׀ יִרְאַת יהוה שֵׂכֶל טוֹב לְכָל־עֹשֵׂיהֶם תְּהִלָּתוֹ טז
עֹמֶדֶת לָעַד׃

קיב א הַלְלוּיָהּ ׀ אַשְׁרֵי־אִישׁ יָרֵא אֶת־יהוה בְּמִצְוֺתָיו חָפֵץ מְאֹד׃
ב ג גִּבּוֹר בָּאָרֶץ יִהְיֶה זַרְעוֹ דּוֹר יְשָׁרִים יְבֹרָךְ׃ הוֹן־וָעֹשֶׁר בְּבֵיתוֹ
ד וְצִדְקָתוֹ עֹמֶדֶת לָעַד׃ זָרַח בַּחֹשֶׁךְ אוֹר לַיְשָׁרִים חַנּוּן וְרַחוּם
ה ו וְצַדִּיק׃ טוֹב־אִישׁ חוֹנֵן וּמַלְוֶה יְכַלְכֵּל דְּבָרָיו בְּמִשְׁפָּט׃ כִּי־
ז לְעוֹלָם לֹא־יִמּוֹט לְזֵכֶר עוֹלָם יִהְיֶה צַדִּיק׃ מִשְּׁמוּעָה רָעָה לֹא
ח יִירָא נָכוֹן לִבּוֹ בָּטֻחַ בַּיהוה׃ סָמוּךְ לִבּוֹ לֹא יִירָא עַד אֲשֶׁר־
ט יִרְאֶה בְצָרָיו׃ פִּזַּר ׀ נָתַן לָאֶבְיוֹנִים צִדְקָתוֹ עֹמֶדֶת לָעַד קַרְנוֹ
י תָּרוּם בְּכָבוֹד׃ רָשָׁע יִרְאֶה ׀ וְכָעָס שִׁנָּיו יַחֲרֹק וְנָמָס תַּאֲוַת
רְשָׁעִים תֹּאבֵד׃

קיג א ב הַלְלוּיָהּ ׀ הַלְלוּ עַבְדֵי יהוה הַלְלוּ אֶת־שֵׁם יהוה׃ יְהִי שֵׁם יהוה
ג מְבֹרָךְ מֵעַתָּה וְעַד־עוֹלָם׃ מִמִּזְרַח־שֶׁמֶשׁ עַד־מְבוֹאוֹ מְהֻלָּל
ד ה שֵׁם יהוה׃ רָם עַל־כָּל־גּוֹיִם ׀ יהוה עַל הַשָּׁמַיִם כְּבוֹדוֹ׃ מִי
ו כַּיהוה אֱלֹהֵינוּ הַמַּגְבִּיהִי לָשָׁבֶת׃ הַמַּשְׁפִּילִי לִרְאוֹת בַּשָּׁמַיִם
ז ח וּבָאָרֶץ׃ מְקִימִי מֵעָפָר דָּל מֵאַשְׁפֹּת יָרִים אֶבְיוֹן׃ לְהוֹשִׁיבִי
ט עִם־נְדִיבִים עִם נְדִיבֵי עַמּוֹ׃ מוֹשִׁיבִי ׀ עֲקֶרֶת הַבַּיִת אֵם־
הַבָּנִים שְׂמֵחָה הַלְלוּיָהּ׃

קיד א ב בְּצֵאת יִשְׂרָאֵל מִמִּצְרָיִם בֵּית יַעֲקֹב מֵעַם לֹעֵז׃ הָיְתָה יְהוּדָה
ג לְקָדְשׁוֹ יִשְׂרָאֵל מַמְשְׁלוֹתָיו׃ הַיָּם רָאָה וַיָּנֹס הַיַּרְדֵּן יִסֹּב
ד ה לְאָחוֹר׃ הֶהָרִים רָקְדוּ כְאֵילִים גְּבָעוֹת כִּבְנֵי־צֹאן׃ מַה־לְּךָ הַיָּם
ו כִּי תָנוּס הַיַּרְדֵּן תִּסֹּב לְאָחוֹר׃ הֶהָרִים תִּרְקְדוּ כְאֵילִים גְּבָעוֹת
ז ח כִּבְנֵי־צֹאן׃ מִלִּפְנֵי אָדוֹן חוּלִי אָרֶץ מִלִּפְנֵי אֱלוֹהַּ יַעֲקֹב׃ הַהֹפְכִי
הַצּוּר אֲגַם־מָיִם חַלָּמִישׁ לְמַעְיְנוֹ־מָיִם׃

א לֹא לָנוּ יְהוָה לֹא לָנוּ כִּי־לְשִׁמְךָ תֵּן כָּבוֹד עַל־חַסְדְּךָ עַל־
ב ג אֲמִתֶּךָ׃ לָמָּה יֹאמְרוּ הַגּוֹיִם אַיֵּה־נָא אֱלֹהֵיהֶם׃ וֵאלֹהֵינוּ
ד בַשָּׁמָיִם כֹּל אֲשֶׁר־חָפֵץ עָשָׂה׃ עֲצַבֵּיהֶם כֶּסֶף וְזָהָב מַעֲשֵׂה יְדֵי
ה ו אָדָם׃ פֶּה־לָהֶם וְלֹא יְדַבֵּרוּ עֵינַיִם לָהֶם וְלֹא יִרְאוּ׃ אָזְנַיִם לָהֶם
ז וְלֹא יִשְׁמָעוּ אַף לָהֶם וְלֹא יְרִיחוּן׃ יְדֵיהֶם ׀ וְלֹא יְמִישׁוּן רַגְלֵיהֶם
ח וְלֹא יְהַלֵּכוּ לֹא־יֶהְגּוּ בִּגְרוֹנָם׃ כְּמוֹהֶם יִהְיוּ עֹשֵׂיהֶם כֹּל אֲשֶׁר־
ט י בֹּטֵחַ בָּהֶם׃ יִשְׂרָאֵל בְּטַח בַּיהוָה עֶזְרָם וּמָגִנָּם הוּא׃ בֵּית אַהֲרֹן
יא בִּטְחוּ בַיהוָה עֶזְרָם וּמָגִנָּם הוּא׃ יִרְאֵי יְהוָה בִּטְחוּ בַיהוָה עֶזְרָם
יב וּמָגִנָּם הוּא׃ יְהוָה זְכָרָנוּ יְבָרֵךְ יְבָרֵךְ אֶת־בֵּית יִשְׂרָאֵל יְבָרֵךְ
יג יד אֶת־בֵּית אַהֲרֹן׃ יְבָרֵךְ יִרְאֵי יְהוָה הַקְּטַנִּים עִם־הַגְּדֹלִים׃ יֹסֵף
טו יְהוָה עֲלֵיכֶם וְעַל־בְּנֵיכֶם׃ בְּרוּכִים אַתֶּם לַיהוָה עֹשֵׂה
טז שָׁמַיִם וָאָרֶץ׃ הַשָּׁמַיִם שָׁמַיִם לַיהוָה וְהָאָרֶץ נָתַן לִבְנֵי־אָדָם׃
יז יח לֹא הַמֵּתִים יְהַלְלוּ־יָהּ וְלֹא כָּל־יֹרְדֵי דוּמָה׃ וַאֲנַחְנוּ ׀ נְבָרֵךְ
יָהּ מֵעַתָּה וְעַד־עוֹלָם הַלְלוּיָהּ׃
קטז א ב אָהַבְתִּי כִּי־יִשְׁמַע ׀ יְהוָה אֶת־קוֹלִי תַּחֲנוּנָי׃ כִּי־הִטָּה אָזְנוֹ לִי
ג וּבְיָמַי אֶקְרָא׃ אֲפָפוּנִי ׀ חֶבְלֵי־מָוֶת וּמְצָרֵי שְׁאוֹל מְצָאוּנִי צָרָה
ד ה וְיָגוֹן אֶמְצָא׃ וּבְשֵׁם־יְהוָה אֶקְרָא אָנָּה יְהוָה מַלְּטָה נַפְשִׁי׃ חַנּוּן
ו יְהוָה וְצַדִּיק וֵאלֹהֵינוּ מְרַחֵם׃ שֹׁמֵר פְּתָאיִם יְהוָה דַּלּוֹתִי וְלִי
ז ח יְהוֹשִׁיעַ׃ שׁוּבִי נַפְשִׁי לִמְנוּחָיְכִי כִּי־יְהוָה גָּמַל עָלָיְכִי׃ כִּי חִלַּצְתָּ
ט נַפְשִׁי מִמָּוֶת אֶת־עֵינִי מִן־דִּמְעָה אֶת־רַגְלִי מִדֶּחִי׃ אֶתְהַלֵּךְ
י לִפְנֵי יְהוָה בְּאַרְצוֹת הַחַיִּים׃ הֶאֱמַנְתִּי כִּי אֲדַבֵּר אֲנִי עָנִיתִי מְאֹד׃
יא יב אֲנִי אָמַרְתִּי בְחָפְזִי כָּל־הָאָדָם כֹּזֵב׃ מָה־אָשִׁיב לַיהוָה כָּל־
יג יד תַּגְמוּלוֹהִי עָלָי׃ כּוֹס־יְשׁוּעוֹת אֶשָּׂא וּבְשֵׁם יְהוָה אֶקְרָא׃ נְדָרַי
טו לַיהוָה אֲשַׁלֵּם נֶגְדָה־נָּא לְכָל־עַמּוֹ׃ יָקָר בְּעֵינֵי יְהוָה הַמָּוְתָה
טז לַחֲסִידָיו׃ אָנָּה יְהוָה כִּי־אֲנִי עַבְדֶּךָ אֲנִי־עַבְדְּךָ בֶּן־אֲמָתֶךָ
יז פִּתַּחְתָּ לְמוֹסֵרָי׃ לְךָ־אֶזְבַּח זֶבַח תּוֹדָה וּבְשֵׁם יְהוָה אֶקְרָא׃
יח יט נְדָרַי לַיהוָה אֲשַׁלֵּם נֶגְדָה־נָּא לְכָל־עַמּוֹ׃ בְּחַצְרוֹת ׀ בֵּית יְהוָה

בְּתוֹכֵכִי יְרוּשָׁלָםִ הַלְלוּיָהּ׃
קיז א ב הַלְלוּ אֶת־יהוה כָּל־גּוֹיִם שַׁבְּחוּהוּ כָּל־הָאֻמִּים׃ כִּי גָבַר עָלֵינוּ ׀
חַסְדּוֹ וֶאֱמֶת־יהוה לְעוֹלָם הַלְלוּיָהּ׃
קיח א ב הוֹדוּ לַיהוה כִּי־טוֹב כִּי לְעוֹלָם חַסְדּוֹ׃ יֹאמַר־נָא יִשְׂרָאֵל כִּי
ג ד לְעוֹלָם חַסְדּוֹ׃ יֹאמְרוּ־נָא בֵית־אַהֲרֹן כִּי לְעוֹלָם חַסְדּוֹ׃ יֹאמְרוּ־
ה נָא יִרְאֵי יהוה כִּי לְעוֹלָם חַסְדּוֹ׃ מִן־הַמֵּצַר קָרָאתִי יָּהּ עָנָנִי
ו ז בַמֶּרְחָב יָהּ׃ יהוה לִי לֹא אִירָא מַה־יַּעֲשֶׂה לִי אָדָם׃ יהוה לִי
ח בְּעֹזְרָי וַאֲנִי אֶרְאֶה בְשֹׂנְאָי׃ טוֹב לַחֲסוֹת בַּיהוה מִבְּטֹחַ בָּאָדָם׃
ט טוֹב לַחֲסוֹת בַּיהוה מִבְּטֹחַ בִּנְדִיבִים׃ כָּל־גּוֹיִם סְבָבוּנִי בְּשֵׁם
יא יהוה כִּי אֲמִילַם׃ סַבּוּנִי גַם־סְבָבוּנִי בְּשֵׁם יהוה כִּי אֲמִילַם׃
יב יג סַבּוּנִי כִדְבוֹרִים דֹּעֲכוּ כְּאֵשׁ קוֹצִים בְּשֵׁם יהוה כִּי אֲמִילַם׃ דַּחֹה
יד דְחִיתַנִי לִנְפֹּל וַיהוה עֲזָרָנִי׃ עָזִּי וְזִמְרָת יָהּ וַיְהִי־לִי לִישׁוּעָה׃
טו טז קוֹל ׀ רִנָּה וִישׁוּעָה בְּאָהֳלֵי צַדִּיקִים יְמִין יהוה עֹשָׂה חָיִל׃ יְמִין
יז יהוה רוֹמֵמָה יְמִין יהוה עֹשָׂה חָיִל׃ לֹא אָמוּת כִּי־אֶחְיֶה וַאֲסַפֵּר
יח יט מַעֲשֵׂי יָהּ׃ יַסֹּר יִסְּרַנִּי יָּהּ וְלַמָּוֶת לֹא נְתָנָנִי׃ פִּתְחוּ־לִי שַׁעֲרֵי־
כ צֶדֶק אָבֹא־בָם אוֹדֶה יָהּ׃ זֶה־הַשַּׁעַר לַיהוה צַדִּיקִים יָבֹאוּ בוֹ׃
כא כב אוֹדְךָ כִּי עֲנִיתָנִי וַתְּהִי־לִי לִישׁוּעָה׃ אֶבֶן מָאֲסוּ הַבּוֹנִים הָיְתָה
כג כד לְרֹאשׁ פִּנָּה׃ מֵאֵת יהוה הָיְתָה זֹּאת הִיא נִפְלָאת בְּעֵינֵינוּ׃ זֶה־
כה הַיּוֹם עָשָׂה יהוה נָגִילָה וְנִשְׂמְחָה בוֹ׃ אָנָּא יהוה הוֹשִׁיעָה נָּא
כו אָנָּא יהוה הַצְלִיחָה נָּא׃ בָּרוּךְ הַבָּא בְּשֵׁם יהוה בֵּרַכְנוּכֶם מִבֵּית
כז יהוה׃ אֵל ׀ יהוה וַיָּאֶר לָנוּ אִסְרוּ־חַג בַּעֲבֹתִים עַד־קַרְנוֹת
כח כט הַמִּזְבֵּחַ׃ אֵלִי אַתָּה וְאוֹדֶךָּ אֱלֹהַי אֲרוֹמְמֶךָּ׃ הוֹדוּ לַיהוה כִּי־
טוֹב כִּי לְעוֹלָם חַסְדּוֹ׃
קיט א ב אַשְׁרֵי תְמִימֵי־דָרֶךְ הַהֹלְכִים בְּתוֹרַת יהוה׃ אַשְׁרֵי נֹצְרֵי
ג עֵדֹתָיו בְּכָל־לֵב יִדְרְשׁוּהוּ׃ אַף לֹא־פָעֲלוּ עַוְלָה בִּדְרָכָיו הָלָכוּ׃
ד ה אַתָּה צִוִּיתָה פִקֻּדֶיךָ לִשְׁמֹר מְאֹד׃ אַחֲלַי יִכֹּנוּ דְרָכָי לִשְׁמֹר
ו ז חֻקֶּיךָ׃ אָז לֹא־אֵבוֹשׁ בְּהַבִּיטִי אֶל־כָּל־מִצְוֺתֶיךָ׃ אוֹדְךָ

בְּיֹשֶׁר לֵבָב בְּלָמְדִי מִשְׁפְּטֵי צִדְקֶךָ: אֶת־חֻקֶּיךָ אֶשְׁמֹר אַל־ ח
תַּעַזְבֵנִי עַד־מְאֹד:

בַּמֶּה יְזַכֶּה־נַּעַר אֶת־אָרְחוֹ לִשְׁמֹר כִּדְבָרֶךָ: בְּכָל־לִבִּי ט
דְרַשְׁתִּיךָ אַל־תַּשְׁגֵּנִי מִמִּצְוֺתֶיךָ: בְּלִבִּי צָפַנְתִּי אִמְרָתֶךָ יא
לְמַעַן לֹא אֶחֱטָא־לָךְ: בָּרוּךְ אַתָּה יְהוָה לַמְּדֵנִי חֻקֶּיךָ: בִּשְׂפָתַי יב יג
סִפַּרְתִּי כֹּל מִשְׁפְּטֵי־פִיךָ: בְּדֶרֶךְ עֵדְוֺתֶיךָ שַׂשְׂתִּי כְּעַל כָּל־הוֹן: יד
בְּפִקֻּדֶיךָ אָשִׂיחָה וְאַבִּיטָה אֹרְחֹתֶיךָ: בְּחֻקֹּתֶיךָ אֶשְׁתַּעֲשָׁע טו טז
לֹא אֶשְׁכַּח דְּבָרֶךָ:

גְּמֹל עַל־עַבְדְּךָ אֶחְיֶה וְאֶשְׁמְרָה דְבָרֶךָ: גַּל־עֵינַי וְאַבִּיטָה יז יח
נִפְלָאוֹת מִתּוֹרָתֶךָ: גֵּר אָנֹכִי בָאָרֶץ אַל־תַּסְתֵּר מִמֶּנִּי מִצְוֺתֶיךָ: יט
גָּרְסָה נַפְשִׁי לְתַאֲבָה אֶל־מִשְׁפָּטֶיךָ בְכָל־עֵת: גָּעַרְתָּ זֵדִים כ כא
אֲרוּרִים הַשֹּׁגִים מִמִּצְוֺתֶיךָ: גַּל מֵעָלַי חֶרְפָּה וָבוּז כִּי עֵדֹתֶיךָ כב
נָצָרְתִּי: גַּם יָשְׁבוּ שָׂרִים בִּי נִדְבָּרוּ עַבְדְּךָ יָשִׂיחַ בְּחֻקֶּיךָ: גַּם־ כג כד
עֵדֹתֶיךָ שַׁעֲשֻׁעָי אַנְשֵׁי עֲצָתִי:

דָּבְקָה לֶעָפָר נַפְשִׁי חַיֵּנִי כִּדְבָרֶךָ: דְּרָכַי סִפַּרְתִּי וַתַּעֲנֵנִי לַמְּדֵנִי כה כו
חֻקֶּיךָ: דֶּרֶךְ־פִּקּוּדֶיךָ הֲבִינֵנִי וְאָשִׂיחָה בְּנִפְלְאוֹתֶיךָ: דָּלְפָה נַפְשִׁי כז כח
מִתּוּגָה קַיְּמֵנִי כִּדְבָרֶךָ: דֶּרֶךְ־שֶׁקֶר הָסֵר מִמֶּנִּי וְתוֹרָתְךָ חָנֵּנִי: כט
דֶּרֶךְ־אֱמוּנָה בָחָרְתִּי מִשְׁפָּטֶיךָ שִׁוִּיתִי: דָּבַקְתִּי בְעֵדְוֺתֶיךָ יְהוָה ל לא
אַל־תְּבִישֵׁנִי: דֶּרֶךְ־מִצְוֺתֶיךָ אָרוּץ כִּי תַרְחִיב לִבִּי: לב

הוֹרֵנִי יְהוָה דֶּרֶךְ חֻקֶּיךָ וְאֶצְּרֶנָּה עֵקֶב: הֲבִינֵנִי וְאֶצְּרָה תוֹרָתֶךָ לג לד
וְאֶשְׁמְרֶנָּה בְכָל־לֵב: הַדְרִיכֵנִי בִּנְתִיב מִצְוֺתֶיךָ כִּי־בוֹ חָפָצְתִּי: לה
הַט־לִבִּי אֶל־עֵדְוֺתֶיךָ וְאַל אֶל־בָּצַע: הַעֲבֵר עֵינַי מֵרְאוֹת שָׁוְא לו לז
בִּדְרָכֶךָ חַיֵּנִי: הָקֵם לְעַבְדְּךָ אִמְרָתֶךָ אֲשֶׁר לְיִרְאָתֶךָ: הַעֲבֵר לח לט
חֶרְפָּתִי אֲשֶׁר יָגֹרְתִּי כִּי מִשְׁפָּטֶיךָ טוֹבִים: הִנֵּה תָּאַבְתִּי מ
לְפִקֻּדֶיךָ בְּצִדְקָתְךָ חַיֵּנִי:

וִיבֹאֻנִי חֲסָדֶךָ יְהוָה תְּשׁוּעָתְךָ כְּאִמְרָתֶךָ: וְאֶעֱנֶה חֹרְפִי מא מב
דָבָר כִּי־בָטַחְתִּי בִּדְבָרֶךָ: וְאַל־תַּצֵּל מִפִּי דְבַר־אֱמֶת עַד־ מג

מד מְאֹד כִּי לְמִשְׁפָּטֶךָ יִחָלְתִּי׃ וְאֶשְׁמְרָה תוֹרָתְךָ תָמִיד לְעוֹלָם
מה מו וָעֶד׃ וְאֶתְהַלְּכָה בָרְחָבָה כִּי פִקֻּדֶיךָ דָרָשְׁתִּי׃ וַאֲדַבְּרָה
מז בְעֵדֹתֶיךָ נֶגֶד מְלָכִים וְלֹא אֵבוֹשׁ׃ וְאֶשְׁתַּעֲשַׁע בְּמִצְוֹתֶיךָ
מח אֲשֶׁר אָהָבְתִּי׃ וְאֶשָּׂא־כַפַּי אֶל־מִצְוֹתֶיךָ אֲשֶׁר אָהָבְתִּי
וְאָשִׂיחָה בְחֻקֶּיךָ׃

מט נ זְכֹר־דָּבָר לְעַבְדֶּךָ עַל אֲשֶׁר יִחַלְתָּנִי׃ זֹאת נֶחָמָתִי בְעָנְיִי כִּי
נא אִמְרָתְךָ חִיָּתְנִי׃ זֵדִים הֱלִיצֻנִי עַד־מְאֹד מִתּוֹרָתְךָ לֹא נָטִיתִי׃
נב נג זָכַרְתִּי מִשְׁפָּטֶיךָ מֵעוֹלָם ׀ יְהוָה וָאֶתְנֶחָם׃ זַלְעָפָה אֲחָזַתְנִי
נד מֵרְשָׁעִים עֹזְבֵי תּוֹרָתֶךָ׃ זְמִרוֹת הָיוּ־לִי חֻקֶּיךָ בְּבֵית מְגוּרָי׃
נה נו זָכַרְתִּי בַלַּיְלָה שִׁמְךָ יְהוָה וָאֶשְׁמְרָה תּוֹרָתֶךָ׃ זֹאת הָיְתָה־לִּי
כִּי פִקֻּדֶיךָ נָצָרְתִּי׃

נז נח חֶלְקִי יְהוָה אָמַרְתִּי לִשְׁמֹר דְּבָרֶיךָ׃ חִלִּיתִי פָנֶיךָ בְכָל־לֵב חָנֵּנִי
נט ס כְּאִמְרָתֶךָ׃ חִשַּׁבְתִּי דְרָכָי וָאָשִׁיבָה רַגְלַי אֶל־עֵדֹתֶיךָ׃ חַשְׁתִּי
סא וְלֹא הִתְמַהְמָהְתִּי לִשְׁמֹר מִצְוֹתֶיךָ׃ חֶבְלֵי רְשָׁעִים עִוְּדֻנִי תּוֹרָתְךָ
סב לֹא שָׁכָחְתִּי׃ חֲצוֹת־לַיְלָה אָקוּם לְהוֹדוֹת לָךְ עַל מִשְׁפְּטֵי
סג סד צִדְקֶךָ׃ חָבֵר אָנִי לְכָל־אֲשֶׁר יְרֵאוּךָ וּלְשֹׁמְרֵי פִּקּוּדֶיךָ׃ חַסְדְּךָ
יְהוָה מָלְאָה הָאָרֶץ חֻקֶּיךָ לַמְּדֵנִי׃

סה סו טוֹב עָשִׂיתָ עִם־עַבְדְּךָ יְהוָה כִּדְבָרֶךָ׃ טוּב טַעַם וָדַעַת לַמְּדֵנִי
סז כִּי בְמִצְוֹתֶיךָ הֶאֱמָנְתִּי׃ טֶרֶם אֶעֱנֶה אֲנִי שֹׁגֵג וְעַתָּה אִמְרָתְךָ
סח סט שָׁמָרְתִּי׃ טוֹב־אַתָּה וּמֵטִיב לַמְּדֵנִי חֻקֶּיךָ׃ טָפְלוּ עָלַי שֶׁקֶר זֵדִים
ע אֲנִי בְּכָל־לֵב ׀ אֶצֹּר פִּקּוּדֶיךָ׃ טָפַשׁ כַּחֵלֶב לִבָּם אֲנִי תּוֹרָתְךָ
עא עב שִׁעֲשָׁעְתִּי׃ טוֹב־לִי כִי־עֻנֵּיתִי לְמַעַן אֶלְמַד חֻקֶּיךָ׃ טוֹב־לִי יז
תוֹרַת־פִּיךָ מֵאַלְפֵי זָהָב וָכָסֶף׃

עג עד יָדֶיךָ עָשׂוּנִי וַיְכוֹנְנוּנִי הֲבִינֵנִי וְאֶלְמְדָה מִצְוֹתֶיךָ׃ יְרֵאֶיךָ יִרְאוּנִי
עה וְיִשְׂמָחוּ כִּי לִדְבָרְךָ יִחָלְתִּי׃ יָדַעְתִּי יְהוָה כִּי־צֶדֶק מִשְׁפָּטֶיךָ
עו וֶאֱמוּנָה עִנִּיתָנִי׃ יְהִי־נָא חַסְדְּךָ לְנַחֲמֵנִי כְּאִמְרָתְךָ לְעַבְדֶּךָ׃
עז עח יְבֹאוּנִי רַחֲמֶיךָ וְאֶחְיֶה כִּי־תוֹרָתְךָ שַׁעֲשֻׁעָי׃ יֵבֹשׁוּ זֵדִים כִּי־

עט שֶׁקֶר עִוְּתוּנִי אֲנִי אָשִׂיחַ בְּפִקּוּדֶיךָ׃ יָשׁוּבוּ לִי יְרֵאֶיךָ וידעו (וְיֹדְעֵי)
פ עֵדֹתֶיךָ׃ יְהִי־לִבִּי תָמִים בְּחֻקֶּיךָ לְמַעַן לֹא אֵבוֹשׁ׃
פא פב כָּלְתָה לִתְשׁוּעָתְךָ נַפְשִׁי לִדְבָרְךָ יִחָלְתִּי׃ כָּלוּ עֵינַי לְאִמְרָתֶךָ
פג לֵאמֹר מָתַי תְּנַחֲמֵנִי׃ כִּי־הָיִיתִי כְּנֹאד בְּקִיטוֹר חֻקֶּיךָ לֹא
פד פה שָׁכָחְתִּי׃ כַּמָּה יְמֵי־עַבְדֶּךָ מָתַי תַּעֲשֶׂה בְרֹדְפַי מִשְׁפָּט׃ כָּרוּ־לִי
פו זֵדִים שִׁיחוֹת אֲשֶׁר לֹא כְתוֹרָתֶךָ׃ כָּל־מִצְוֺתֶיךָ אֱמוּנָה שֶׁקֶר
פז רְדָפוּנִי עָזְרֵנִי׃ כִּמְעַט כִּלּוּנִי בָאָרֶץ וַאֲנִי לֹא־עָזַבְתִּי פִקֻּדֶיךָ׃
פח כְּחַסְדְּךָ חַיֵּנִי וְאֶשְׁמְרָה עֵדוּת פִּיךָ׃
פט צ לְעוֹלָם יְהוָה דְּבָרְךָ נִצָּב בַּשָּׁמָיִם׃ לְדֹר וָדֹר אֱמוּנָתֶךָ כּוֹנַנְתָּ
צא צב אֶרֶץ וַתַּעֲמֹד׃ לְמִשְׁפָּטֶיךָ עָמְדוּ הַיּוֹם כִּי הַכֹּל עֲבָדֶיךָ׃ לוּלֵי
צג תוֹרָתְךָ שַׁעֲשֻׁעָי אָז אָבַדְתִּי בְעָנְיִי׃ לְעוֹלָם לֹא־אֶשְׁכַּח פִּקּוּדֶיךָ
צד צה כִּי־בָם חִיִּיתָנִי׃ לְךָ־אֲנִי הוֹשִׁיעֵנִי כִּי פִקּוּדֶיךָ דָרָשְׁתִּי׃ לִי קִוּוּ
צו רְשָׁעִים לְאַבְּדֵנִי עֵדֹתֶיךָ אֶתְבּוֹנָן׃ לְכָל־תִּכְלָה רָאִיתִי קֵץ
רְחָבָה מִצְוָתְךָ מְאֹד׃
צז צח מָה־אָהַבְתִּי תוֹרָתֶךָ כָּל־הַיּוֹם הִיא שִׂיחָתִי׃ מֵאֹיְבַי תְּחַכְּמֵנִי
צט מִצְוֺתֶךָ כִּי לְעוֹלָם הִיא־לִי׃ מִכָּל־מְלַמְּדַי הִשְׂכַּלְתִּי כִּי עֵדְוֺתֶיךָ
ק קא שִׂיחָה לִי׃ מִזְּקֵנִים אֶתְבּוֹנָן כִּי פִקּוּדֶיךָ נָצָרְתִּי׃ מִכָּל־אֹרַח רָע
קב כָּלִאתִי רַגְלָי לְמַעַן אֶשְׁמֹר דְּבָרֶךָ׃ מִמִּשְׁפָּטֶיךָ לֹא־סָרְתִּי
קג כִּי־אַתָּה הוֹרֵתָנִי׃ מַה־נִּמְלְצוּ לְחִכִּי אִמְרָתֶךָ מִדְּבַשׁ לְפִי׃
קד מִפִּקּוּדֶיךָ אֶתְבּוֹנָן עַל־כֵּן שָׂנֵאתִי כָּל־אֹרַח שָׁקֶר׃
קה קו נֵר־לְרַגְלִי דְבָרֶךָ וְאוֹר לִנְתִיבָתִי׃ נִשְׁבַּעְתִּי וָאֲקַיֵּמָה לִשְׁמֹר
קז קח מִשְׁפְּטֵי צִדְקֶךָ׃ נַעֲנֵיתִי עַד־מְאֹד יְהוָה חַיֵּנִי כִדְבָרֶךָ׃ נִדְבוֹת
קט פִּי רְצֵה־נָא יְהוָה וּמִשְׁפָּטֶיךָ לַמְּדֵנִי׃ נַפְשִׁי בְכַפִּי תָמִיד וְתוֹרָתְךָ
קי קיא לֹא שָׁכָחְתִּי׃ נָתְנוּ רְשָׁעִים פַּח לִי וּמִפִּקּוּדֶיךָ לֹא תָעִיתִי׃ נָחַלְתִּי
קיב עֵדְוֺתֶיךָ לְעוֹלָם כִּי־שְׂשׂוֹן לִבִּי הֵמָּה׃ נָטִיתִי לִבִּי לַעֲשׂוֹת חֻקֶּיךָ
לְעוֹלָם עֵקֶב׃
קיג קיד סֵעֲפִים שָׂנֵאתִי וְתוֹרָתְךָ אָהָבְתִּי׃ סִתְרִי וּמָגִנִּי אָתָּה לִדְבָרְךָ

קטו קטז יִחְלִי: סוּרוּ מִמֶּנִּי מְרֵעִים וְאֶצְּרָה מִצְוֹת אֱלֹהָי: סָמְכֵנִי
קיז כְאִמְרָתְךָ וְאֶחְיֶה וְאַל־תְּבִישֵׁנִי מִשִּׂבְרִי: סְעָדֵנִי וְאִוָּשֵׁעָה
קיח וְאֶשְׁעָה בְחֻקֶּיךָ תָמִיד: סָלִיתָ כָּל־שׁוֹגִים מֵחֻקֶּיךָ כִּי־שֶׁקֶר
קיט תַּרְמִיתָם: סִגִים הִשְׁבַּתָּ כָל־רִשְׁעֵי־אָרֶץ לָכֵן אָהַבְתִּי עֵדֹתֶיךָ:
קכ סָמַר מִפַּחְדְּךָ בְשָׂרִי וּמִמִּשְׁפָּטֶיךָ יָרֵאתִי:

קכא קכב עָשִׂיתִי מִשְׁפָּט וָצֶדֶק בַּל־תַּנִּיחֵנִי לְעֹשְׁקָי: עֲרֹב עַבְדְּךָ לְטוֹב
קכג קכד אַל־יַעַשְׁקֻנִי זֵדִים: עֵינַי כָּלוּ לִישׁוּעָתֶךָ וּלְאִמְרַת צִדְקֶךָ: עֲשֵׂה
קכה עִם־עַבְדְּךָ כְחַסְדֶּךָ וְחֻקֶּיךָ לַמְּדֵנִי: עַבְדְּךָ־אָנִי הֲבִינֵנִי וְאֵדְעָה
קכו קכז עֵדֹתֶיךָ: עֵת לַעֲשׂוֹת לַיהוָה הֵפֵרוּ תּוֹרָתֶךָ: עַל־כֵּן אָהַבְתִּי
קכח מִצְוֹתֶיךָ מִזָּהָב וּמִפָּז: עַל־כֵּן ׀ כָּל־פִּקּוּדֵי כֹל יִשָּׁרְתִּי כָּל־
אֹרַח שֶׁקֶר שָׂנֵאתִי:

קכט קל פְּלָאוֹת עֵדְוֹתֶיךָ עַל־כֵּן נְצָרָתַם נַפְשִׁי: פֵּתַח־דְּבָרֶיךָ יָאִיר מֵבִין
קלא קלב פְּתָיִים: פִּי־פָעַרְתִּי וָאֶשְׁאָפָה כִּי לְמִצְוֹתֶיךָ יָאָבְתִּי: פְּנֵה־אֵלַי
קלג וְחָנֵּנִי כְּמִשְׁפָּט לְאֹהֲבֵי שְׁמֶךָ: פְּעָמַי הָכֵן בְּאִמְרָתֶךָ וְאַל־
קלד קלה תַּשְׁלֶט־בִּי כָל־אָוֶן: פְּדֵנִי מֵעֹשֶׁק אָדָם וְאֶשְׁמְרָה פִּקּוּדֶיךָ: פָּנֶיךָ
קלו הָאֵר בְּעַבְדֶּךָ וְלַמְּדֵנִי אֶת־חֻקֶּיךָ: פַּלְגֵי־מַיִם יָרְדוּ עֵינָי עַל
לֹא־שָׁמְרוּ תוֹרָתֶךָ:

קלז קלח צַדִּיק אַתָּה יְהוָה וְיָשָׁר מִשְׁפָּטֶיךָ: צִוִּיתָ צֶדֶק עֵדֹתֶיךָ וֶאֱמוּנָה
קלט קמ מְאֹד: צִמְּתַתְנִי קִנְאָתִי כִּי־שָׁכְחוּ דְבָרֶיךָ צָרָי: צְרוּפָה
קמא אִמְרָתְךָ מְאֹד וְעַבְדְּךָ אֲהֵבָהּ: צָעִיר אָנֹכִי וְנִבְזֶה פִּקֻּדֶיךָ
קמב קמג לֹא שָׁכָחְתִּי: צִדְקָתְךָ צֶדֶק לְעוֹלָם וְתוֹרָתְךָ אֱמֶת: צַר־
קמד וּמָצוֹק מְצָאוּנִי מִצְוֹתֶיךָ שַׁעֲשֻׁעָי: צֶדֶק עֵדְוֹתֶיךָ לְעוֹלָם
הֲבִינֵנִי וְאֶחְיֶה:

קמה קמו קָרָאתִי בְכָל־לֵב עֲנֵנִי יְהוָה חֻקֶּיךָ אֶצֹּרָה: קְרָאתִיךָ הוֹשִׁיעֵנִי
קמז וְאֶשְׁמְרָה עֵדֹתֶיךָ: קִדַּמְתִּי בַנֶּשֶׁף וָאֲשַׁוֵּעָה לדבריך יִחָלְתִּי: לִדְבָרְךָ
קמח קמט קִדְּמוּ עֵינַי אַשְׁמֻרוֹת לָשִׂיחַ בְּאִמְרָתֶךָ: קוֹלִי שִׁמְעָה כְחַסְדֶּךָ
קנ יְהוָה כְּמִשְׁפָּטֶךָ חַיֵּנִי: קָרְבוּ רֹדְפֵי זִמָּה מִתּוֹרָתְךָ רָחָקוּ:

קנא קנב קָרוֹב אַתָּה יְהוָה וְכָל־מִצְוֺתֶיךָ אֱמֶת: קֶדֶם יָדַעְתִּי מֵעֵדֹתֶיךָ
כִּי לְעוֹלָם יְסַדְתָּם:
קנג קנד רְאֵה־עָנְיִי וְחַלְּצֵנִי כִּי־תוֹרָתְךָ לֹא שָׁכָחְתִּי: רִיבָה רִיבִי וּגְאָלֵנִי
קנה לְאִמְרָתְךָ חַיֵּנִי: רָחוֹק מֵרְשָׁעִים יְשׁוּעָה כִּי־חֻקֶּיךָ לֹא דָרָשׁוּ:
קנו קנז רַחֲמֶיךָ רַבִּים ׀ יְהוָה כְּמִשְׁפָּטֶיךָ חַיֵּנִי: רַבִּים רֹדְפַי וְצָרָי
קנח מֵעֵדְוֺתֶיךָ לֹא נָטִיתִי: רָאִיתִי בֹגְדִים וָאֶתְקוֹטָטָה אֲשֶׁר אִמְרָתְךָ
קנט קס לֹא שָׁמָרוּ: רְאֵה כִּי־פִקּוּדֶיךָ אָהָבְתִּי יְהוָה כְּחַסְדְּךָ חַיֵּנִי: רֹאשׁ־
דְּבָרְךָ אֱמֶת וּלְעוֹלָם כָּל־מִשְׁפַּט צִדְקֶךָ:
קסא קסב שָׂרִים רְדָפוּנִי חִנָּם ומדבריך פָּחַד לִבִּי: שָׂשׂ אָנֹכִי עַל־אִמְרָתֶךָ וּמִדְּבָרְךָ
קסג כְּמוֹצֵא שָׁלָל רָב: שֶׁקֶר שָׂנֵאתִי וָאֲתַעֵבָה תּוֹרָתְךָ אָהָבְתִּי:
קסד קסה שֶׁבַע בַּיּוֹם הִלַּלְתִּיךָ עַל מִשְׁפְּטֵי צִדְקֶךָ: שָׁלוֹם רָב לְאֹהֲבֵי
קסו תוֹרָתֶךָ וְאֵין־לָמוֹ מִכְשׁוֹל: שִׂבַּרְתִּי לִישׁוּעָתְךָ יְהוָה וּמִצְוֺתֶיךָ
קסז קסח עָשִׂיתִי: שָׁמְרָה נַפְשִׁי עֵדֹתֶיךָ וָאֹהֲבֵם מְאֹד: שָׁמַרְתִּי פִקּוּדֶיךָ
וְעֵדֹתֶיךָ כִּי כָל־דְּרָכַי נֶגְדֶּךָ:
קסט קע תִּקְרַב רִנָּתִי לְפָנֶיךָ יְהוָה כִּדְבָרְךָ הֲבִינֵנִי: תָּבוֹא תְּחִנָּתִי לְפָנֶיךָ
קעא כְּאִמְרָתְךָ הַצִּילֵנִי: תַּבַּעְנָה שְׂפָתַי תְּהִלָּה כִּי תְלַמְּדֵנִי חֻקֶּיךָ:
קעב קעג תַּעַן לְשׁוֹנִי אִמְרָתֶךָ כִּי כָל־מִצְוֺתֶיךָ צֶּדֶק: תְּהִי־יָדְךָ לְעָזְרֵנִי
קעד כִּי פִקּוּדֶיךָ בָחָרְתִּי: תָּאַבְתִּי לִישׁוּעָתְךָ יְהוָה וְתוֹרָתְךָ שַׁעֲשֻׁעָי:
קעה קעו תְּחִי־נַפְשִׁי וּתְהַלְלֶךָּ וּמִשְׁפָּטֶךָ יַעְזְרֻנִי: תָּעִיתִי כְּשֶׂה אֹבֵד בַּקֵּשׁ
עַבְדֶּךָ כִּי מִצְוֺתֶיךָ לֹא שָׁכָחְתִּי:
קכ א ב שִׁיר הַמַּעֲלוֹת אֶל־יְהוָה בַּצָּרָתָה לִּי קָרָאתִי וַיַּעֲנֵנִי: יְהוָה
ג הַצִּילָה נַפְשִׁי מִשְּׂפַת־שֶׁקֶר מִלָּשׁוֹן רְמִיָּה: מַה־יִּתֵּן לְךָ וּמַה־
ד יֹּסִיף לָךְ לָשׁוֹן רְמִיָּה: חִצֵּי גִבּוֹר שְׁנוּנִים עִם גַּחֲלֵי רְתָמִים:
ה ו אוֹיָה־לִי כִּי־גַרְתִּי מֶשֶׁךְ שָׁכַנְתִּי עִם־אָהֳלֵי קֵדָר: רַבַּת
ז שָׁכְנָה־לָּהּ נַפְשִׁי עִם שׂוֹנֵא שָׁלוֹם: אֲנִי־שָׁלוֹם וְכִי אֲדַבֵּר
הֵמָּה לַמִּלְחָמָה:
קכא א ב שִׁיר לַמַּעֲלוֹת אֶשָּׂא עֵינַי אֶל־הֶהָרִים מֵאַיִן יָבֹא עֶזְרִי: עֶזְרִי

ג מֵעִם יְהוָה עֹשֵׂה שָׁמַיִם וָאָרֶץ׃ אַל־יִתֵּן לַמּוֹט רַגְלֶךָ אַל־יָנוּם
ד ה שֹׁמְרֶךָ׃ הִנֵּה לֹא־יָנוּם וְלֹא יִישָׁן שׁוֹמֵר יִשְׂרָאֵל׃ יְהוָה שֹׁמְרֶךָ
ו יְהוָה צִלְּךָ עַל־יַד יְמִינֶךָ׃ יוֹמָם הַשֶּׁמֶשׁ לֹא־יַכֶּכָּה וְיָרֵחַ בַּלָּיְלָה׃
ז ח יְהוָה יִשְׁמָרְךָ מִכָּל־רָע יִשְׁמֹר אֶת־נַפְשֶׁךָ׃ יְהוָה יִשְׁמָר־צֵאתְךָ
וּבוֹאֶךָ מֵעַתָּה וְעַד־עוֹלָם׃
קכב א שִׁיר הַמַּעֲלוֹת לְדָוִד שָׂמַחְתִּי בְּאֹמְרִים לִי בֵּית יְהוָה נֵלֵךְ׃
ב ג עֹמְדוֹת הָיוּ רַגְלֵינוּ בִּשְׁעָרַיִךְ יְרוּשָׁלָםִ׃ יְרוּשָׁלַםִ הַבְּנוּיָה כְּעִיר
ד שֶׁחֻבְּרָה־לָּהּ יַחְדָּו׃ שֶׁשָּׁם עָלוּ שְׁבָטִים שִׁבְטֵי־יָהּ עֵדוּת
ה לְיִשְׂרָאֵל לְהֹדוֹת לְשֵׁם יְהוָה׃ כִּי שָׁמָּה ׀ יָשְׁבוּ כִסְאוֹת
ו לְמִשְׁפָּט כִּסְאוֹת לְבֵית דָּוִד׃ שַׁאֲלוּ שְׁלוֹם יְרוּשָׁלָםִ יִשְׁלָיוּ
ז ח אֹהֲבָיִךְ׃ יְהִי־שָׁלוֹם בְּחֵילֵךְ שַׁלְוָה בְּאַרְמְנוֹתָיִךְ׃ לְמַעַן אַחַי
ט וְרֵעָי אֲדַבְּרָה־נָּא שָׁלוֹם בָּךְ׃ לְמַעַן בֵּית־יְהוָה אֱלֹהֵינוּ
אֲבַקְשָׁה טוֹב לָךְ׃
קכג א ב שִׁיר הַמַּעֲלוֹת אֵלֶיךָ נָשָׂאתִי אֶת־עֵינַי הַיֹּשְׁבִי בַּשָּׁמָיִם׃ הִנֵּה
כְעֵינֵי עֲבָדִים אֶל־יַד אֲדוֹנֵיהֶם כְּעֵינֵי שִׁפְחָה אֶל־יַד גְּבִרְתָּהּ
ג כֵּן עֵינֵינוּ אֶל־יְהוָה אֱלֹהֵינוּ עַד שֶׁיְּחָנֵּנוּ׃ חָנֵּנוּ יְהוָה חָנֵּנוּ
ד כִּי־רַב שָׂבַעְנוּ בוּז׃ רַבַּת שָׂבְעָה־לָּהּ נַפְשֵׁנוּ הַלַּעַג הַשַּׁאֲנַנִּים
הַבּוּז לִגְאֵיוֹנִים׃ לִגְאֵי יוֹנִים
קכד א שִׁיר הַמַּעֲלוֹת לְדָוִד לוּלֵי יְהוָה שֶׁהָיָה לָנוּ יֹאמַר־נָא יִשְׂרָאֵל׃
ב ג לוּלֵי יְהוָה שֶׁהָיָה לָנוּ בְּקוּם עָלֵינוּ אָדָם׃ אֲזַי חַיִּים בְּלָעוּנוּ
ד בַּחֲרוֹת אַפָּם בָּנוּ׃ אֲזַי הַמַּיִם שְׁטָפוּנוּ נַחְלָה עָבַר עַל־
ה ו נַפְשֵׁנוּ׃ אֲזַי עָבַר עַל־נַפְשֵׁנוּ הַמַּיִם הַזֵּידוֹנִים׃ בָּרוּךְ יְהוָה
ז שֶׁלֹּא נְתָנָנוּ טֶרֶף לְשִׁנֵּיהֶם׃ נַפְשֵׁנוּ כְּצִפּוֹר נִמְלְטָה מִפַּח
ח יוֹקְשִׁים הַפַּח נִשְׁבָּר וַאֲנַחְנוּ נִמְלָטְנוּ׃ עֶזְרֵנוּ בְּשֵׁם יְהוָה
עֹשֵׂה שָׁמַיִם וָאָרֶץ׃
קכה א שִׁיר הַמַּעֲלוֹת הַבֹּטְחִים בַּיהוָה כְּהַר־צִיּוֹן לֹא־יִמּוֹט לְעוֹלָם
ב יֵשֵׁב׃ יְרוּשָׁלַםִ הָרִים סָבִיב לָהּ וַיהוָה סָבִיב לְעַמּוֹ מֵעַתָּה וְעַד־

עוֹלָם׃ כִּי לֹא יָנוּחַ שֵׁבֶט הָרֶשַׁע עַל גּוֹרַל הַצַּדִּיקִים לְמַעַן לֹא־ ג
יִשְׁלְחוּ הַצַּדִּיקִים ׀ בְּעַוְלָתָה יְדֵיהֶם׃ הֵיטִיבָה יְהוָה לַטּוֹבִים ד
וְלִישָׁרִים בְּלִבּוֹתָם׃ וְהַמַּטִּים עֲקַלְקַלּוֹתָם יוֹלִיכֵם יְהוָה אֶת־ ה
פֹּעֲלֵי הָאָוֶן שָׁלוֹם עַל־יִשְׂרָאֵל׃

שִׁיר הַמַּעֲלוֹת בְּשׁוּב יְהוָה אֶת־שִׁיבַת צִיּוֹן הָיִינוּ כְּחֹלְמִים׃ אָז א ב קכ
יִמָּלֵא שְׂחוֹק פִּינוּ וּלְשׁוֹנֵנוּ רִנָּה אָז יֹאמְרוּ בַגּוֹיִם הִגְדִּיל יְהוָה
לַעֲשׂוֹת עִם־אֵלֶּה׃ הִגְדִּיל יְהוָה לַעֲשׂוֹת עִמָּנוּ הָיִינוּ שְׂמֵחִים׃ ג
שְׁבִיתֵנוּ שׁוּבָה יְהוָה אֶת־שְׁבוּתֵנוּ כַּאֲפִיקִים בַּנֶּגֶב׃ הַזֹּרְעִים בְּדִמְעָה ד ה
בְּרִנָּה יִקְצֹרוּ׃ הָלוֹךְ יֵלֵךְ ׀ וּבָכֹה נֹשֵׂא מֶשֶׁךְ־הַזָּרַע בֹּא־יָבֹא ו
בְרִנָּה נֹשֵׂא אֲלֻמֹּתָיו׃

שִׁיר הַמַּעֲלוֹת לִשְׁלֹמֹה אִם־יְהוָה ׀ לֹא־יִבְנֶה בַיִת שָׁוְא עָמְלוּ א קכ
בוֹנָיו בּוֹ אִם־יְהוָה לֹא־יִשְׁמָר־עִיר שָׁוְא ׀ שָׁקַד שׁוֹמֵר׃ שָׁוְא לָכֶם ׀ ב
מַשְׁכִּימֵי קוּם מְאַחֲרֵי־שֶׁבֶת אֹכְלֵי לֶחֶם הָעֲצָבִים כֵּן יִתֵּן לִידִידוֹ
שֵׁנָא׃ הִנֵּה נַחֲלַת יְהוָה בָּנִים שָׂכָר פְּרִי הַבָּטֶן׃ כְּחִצִּים בְּיַד־ ג ד
גִּבּוֹר כֵּן בְּנֵי הַנְּעוּרִים׃ אַשְׁרֵי הַגֶּבֶר אֲשֶׁר מִלֵּא אֶת־אַשְׁפָּתוֹ ה
מֵהֶם לֹא־יֵבֹשׁוּ כִּי־יְדַבְּרוּ אֶת־אוֹיְבִים בַּשָּׁעַר׃

שִׁיר הַמַּעֲלוֹת אַשְׁרֵי כָּל־יְרֵא יְהוָה הַהֹלֵךְ בִּדְרָכָיו׃ יְגִיעַ כַּפֶּיךָ א ב קכ
כִּי תֹאכֵל אַשְׁרֶיךָ וְטוֹב לָךְ׃ אֶשְׁתְּךָ ׀ כְּגֶפֶן פֹּרִיָּה בְּיַרְכְּתֵי בֵיתֶךָ ג
בָּנֶיךָ כִּשְׁתִלֵי זֵיתִים סָבִיב לְשֻׁלְחָנֶךָ׃ הִנֵּה כִי־כֵן יְבֹרַךְ גָּבֶר יְרֵא ד
יְהוָה׃ יְבָרֶכְךָ יְהוָה מִצִּיּוֹן וּרְאֵה בְּטוּב יְרוּשָׁלָםִ כֹּל יְמֵי חַיֶּיךָ׃ ה
יח וּרְאֵה־בָנִים לְבָנֶיךָ שָׁלוֹם עַל־יִשְׂרָאֵל׃ ו

שִׁיר הַמַּעֲלוֹת רַבַּת צְרָרוּנִי מִנְּעוּרַי יֹאמַר־נָא יִשְׂרָאֵל׃ רַבַּת א ב קכ
צְרָרוּנִי מִנְּעוּרָי גַּם לֹא־יָכְלוּ לִי׃ עַל־גַּבִּי חָרְשׁוּ חֹרְשִׁים הֶאֱרִיכוּ ג
לְמַעֲנִיתָם לְמַעֲנוֹתָם׃ יְהוָה צַדִּיק קִצֵּץ עֲבוֹת רְשָׁעִים׃ יֵבֹשׁוּ וְיִסֹּגוּ אָחוֹר ד ה
כֹּל שֹׂנְאֵי צִיּוֹן׃ יִהְיוּ כַּחֲצִיר גַּגּוֹת שֶׁקַּדְמַת שָׁלַף יָבֵשׁ׃ שֶׁלֹּא ו ז
מִלֵּא כַפּוֹ קוֹצֵר וְחִצְנוֹ מְעַמֵּר׃ וְלֹא אָמְרוּ ׀ הָעֹבְרִים בִּרְכַּת־ ח
יְהוָה אֲלֵיכֶם בֵּרַכְנוּ אֶתְכֶם בְּשֵׁם יְהוָה׃

קל
א ב שִׁיר הַמַּעֲלוֹת מִמַּעֲמַקִּים קְרָאתִיךָ יהוה׃ אֲדֹנָי שִׁמְעָה
ג בְקוֹלִי תִּהְיֶינָה אָזְנֶיךָ קַשֻּׁבוֹת לְקוֹל תַּחֲנוּנָי׃ אִם־עֲוֺנוֹת
ד תִּשְׁמָר־יָהּ אֲדֹנָי מִי יַעֲמֹד׃ כִּי־עִמְּךָ הַסְּלִיחָה לְמַעַן תִּוָּרֵא׃
ה ו קִוִּיתִי יהוה קִוְּתָה נַפְשִׁי וְלִדְבָרוֹ הוֹחָלְתִּי׃ נַפְשִׁי לַאדֹנָי
ז מִשֹּׁמְרִים לַבֹּקֶר שֹׁמְרִים לַבֹּקֶר׃ יַחֵל יִשְׂרָאֵל אֶל־יהוה
ח כִּי־עִם־יהוה הַחֶסֶד וְהַרְבֵּה עִמּוֹ פְדוּת׃ וְהוּא יִפְדֶּה אֶת־
יִשְׂרָאֵל מִכֹּל עֲוֺנֹתָיו׃

קלא
א שִׁיר הַמַּעֲלוֹת לְדָוִד יהוה ׀ לֹא־גָבַהּ לִבִּי וְלֹא־רָמוּ עֵינַי וְלֹא־
ב הִלַּכְתִּי ׀ בִּגְדֹלוֹת וּבְנִפְלָאוֹת מִמֶּנִּי׃ אִם־לֹא שִׁוִּיתִי ׀ וְדוֹמַמְתִּי
ג נַפְשִׁי כְּגָמֻל עֲלֵי אִמּוֹ כַּגָּמֻל עָלַי נַפְשִׁי׃ יַחֵל יִשְׂרָאֵל אֶל־
יהוה מֵעַתָּה וְעַד־עוֹלָם׃

קלב
א ב שִׁיר הַמַּעֲלוֹת זְכוֹר־יהוה לְדָוִד אֵת כָּל־עֻנּוֹתוֹ׃ אֲשֶׁר נִשְׁבַּע
ג לַיהוה נָדַר לַאֲבִיר יַעֲקֹב׃ אִם־אָבֹא בְּאֹהֶל בֵּיתִי אִם־אֶעֱלֶה
ד ה עַל־עֶרֶשׂ יְצוּעָי׃ אִם־אֶתֵּן שְׁנָת לְעֵינָי לְעַפְעַפַּי תְּנוּמָה׃ עַד־
ו אֶמְצָא מָקוֹם לַיהוה מִשְׁכָּנוֹת לַאֲבִיר יַעֲקֹב׃ הִנֵּה־שְׁמַעֲנוּהָ
ז בְאֶפְרָתָה מְצָאנוּהָ בִּשְׂדֵי־יָעַר׃ נָבוֹאָה לְמִשְׁכְּנוֹתָיו נִשְׁתַּחֲוֶה
ח ט לַהֲדֹם רַגְלָיו׃ קוּמָה יהוה לִמְנוּחָתֶךָ אַתָּה וַאֲרוֹן עֻזֶּךָ׃ כֹּהֲנֶיךָ
י יִלְבְּשׁוּ־צֶדֶק וַחֲסִידֶיךָ יְרַנֵּנוּ׃ בַּעֲבוּר דָּוִד עַבְדֶּךָ אַל־תָּשֵׁב פְּנֵי
יא מְשִׁיחֶךָ׃ נִשְׁבַּע־יהוה ׀ לְדָוִד אֱמֶת לֹא־יָשׁוּב מִמֶּנָּה מִפְּרִי בִטְנְךָ
יב אָשִׁית לְכִסֵּא־לָךְ׃ אִם־יִשְׁמְרוּ בָנֶיךָ ׀ בְּרִיתִי וְעֵדֹתִי זוֹ אֲלַמְּדֵם
יג גַּם־בְּנֵיהֶם עֲדֵי־עַד יֵשְׁבוּ לְכִסֵּא־לָךְ׃ כִּי־בָחַר יהוה בְּצִיּוֹן אִוָּהּ
יד טו לְמוֹשָׁב לוֹ׃ זֹאת־מְנוּחָתִי עֲדֵי־עַד פֹּה אֵשֵׁב כִּי אִוִּתִיהָ׃ צֵידָהּ
טז בָּרֵךְ אֲבָרֵךְ אֶבְיוֹנֶיהָ אַשְׂבִּיעַ לָחֶם׃ וְכֹהֲנֶיהָ אַלְבִּישׁ יֶשַׁע
יז וַחֲסִידֶיהָ רַנֵּן יְרַנֵּנוּ׃ שָׁם אַצְמִיחַ קֶרֶן לְדָוִד עָרַכְתִּי נֵר לִמְשִׁיחִי׃
יח אוֹיְבָיו אַלְבִּישׁ בֹּשֶׁת וְעָלָיו יָצִיץ נִזְרוֹ׃

קלג
א שִׁיר הַמַּעֲלוֹת לְדָוִד הִנֵּה מַה־טּוֹב וּמַה־נָּעִים שֶׁבֶת אַחִים גַּם־
ב יָחַד׃ כַּשֶּׁמֶן הַטּוֹב ׀ עַל־הָרֹאשׁ יֹרֵד עַל־הַזָּקָן זְקַן־אַהֲרֹן שֶׁיֹּרֵד

ג עַל־פִּי מִדּוֹתָיו׃ כְּטַל־חֶרְמוֹן שֶׁיֹּרֵד עַל־הַרְרֵי צִיּוֹן כִּי שָׁם ׀ צִוָּה
יְהוָה אֶת־הַבְּרָכָה חַיִּים עַד־הָעוֹלָם׃

קלד א שִׁיר הַמַּעֲלוֹת הִנֵּה ׀ בָּרְכוּ אֶת־יְהוָה כָּל־עַבְדֵי יְהוָה הָעֹמְדִים
ב בְּבֵית־יְהוָה בַּלֵּילוֹת׃ שְׂאוּ־יְדֵכֶם קֹדֶשׁ וּבָרְכוּ אֶת־יְהוָה׃
ג יְבָרֶכְךָ יְהוָה מִצִּיּוֹן עֹשֵׂה שָׁמַיִם וָאָרֶץ׃

קלה א ב הַלְלוּיָהּ ׀ הַלְלוּ אֶת־שֵׁם יְהוָה הַלְלוּ עַבְדֵי יְהוָה׃ שֶׁעֹמְדִים
ג בְּבֵית יְהוָה בְּחַצְרוֹת בֵּית אֱלֹהֵינוּ׃ הַלְלוּיָהּ כִּי־טוֹב יְהוָה זַמְּרוּ
ד ה לִשְׁמוֹ כִּי נָעִים׃ כִּי־יַעֲקֹב בָּחַר לוֹ יָהּ יִשְׂרָאֵל לִסְגֻלָּתוֹ׃ כִּי אֲנִי
ו יָדַעְתִּי כִּי־גָדוֹל יְהוָה וַאֲדֹנֵינוּ מִכָּל־אֱלֹהִים׃ כֹּל אֲשֶׁר־חָפֵץ
ז יְהוָה עָשָׂה בַּשָּׁמַיִם וּבָאָרֶץ בַּיַּמִּים וְכָל־תְּהֹמוֹת׃ מַעֲלֶה נְשִׂאִים
מִקְצֵה הָאָרֶץ בְּרָקִים לַמָּטָר עָשָׂה מוֹצֵא־רוּחַ מֵאוֹצְרוֹתָיו׃
ח ט שֶׁהִכָּה בְּכוֹרֵי מִצְרָיִם מֵאָדָם עַד־בְּהֵמָה׃ שָׁלַח ׀ אוֹתֹת וּמֹפְתִים
י בְּתוֹכֵכִי מִצְרָיִם בְּפַרְעֹה וּבְכָל־עֲבָדָיו׃ שֶׁהִכָּה גּוֹיִם רַבִּים וְהָרַג
יא מְלָכִים עֲצוּמִים׃ לְסִיחוֹן ׀ מֶלֶךְ הָאֱמֹרִי וּלְעוֹג מֶלֶךְ הַבָּשָׁן וּלְכֹל
יב יג מַמְלְכוֹת כְּנָעַן׃ וְנָתַן אַרְצָם נַחֲלָה נַחֲלָה לְיִשְׂרָאֵל עַמּוֹ׃ יְהוָה
יד שִׁמְךָ לְעוֹלָם יְהוָה זִכְרְךָ לְדֹר־וָדֹר׃ כִּי־יָדִין יְהוָה עַמּוֹ וְעַל־
טו טז עֲבָדָיו יִתְנֶחָם׃ עֲצַבֵּי הַגּוֹיִם כֶּסֶף וְזָהָב מַעֲשֵׂה יְדֵי אָדָם׃ פֶּה־
יז לָהֶם וְלֹא יְדַבֵּרוּ עֵינַיִם לָהֶם וְלֹא יִרְאוּ׃ אָזְנַיִם לָהֶם וְלֹא יַאֲזִינוּ
יח אַף אֵין־יֶשׁ־רוּחַ בְּפִיהֶם׃ כְּמוֹהֶם יִהְיוּ עֹשֵׂיהֶם כֹּל אֲשֶׁר־בֹּטֵחַ
יט בָּהֶם׃ בֵּית יִשְׂרָאֵל בָּרְכוּ אֶת־יְהוָה בֵּית אַהֲרֹן בָּרְכוּ אֶת־יְהוָה׃
כ כא בֵּית הַלֵּוִי בָּרְכוּ אֶת־יְהוָה יִרְאֵי יְהוָה בָּרְכוּ אֶת־יְהוָה׃ בָּרוּךְ
יְהוָה ׀ מִצִּיּוֹן שֹׁכֵן יְרוּשָׁלִָם הַלְלוּיָהּ׃

קלו א ב הוֹדוּ לַיהוָה כִּי־טוֹב כִּי לְעוֹלָם חַסְדּוֹ׃ הוֹדוּ לֵאלֹהֵי הָאֱלֹהִים
ג ד כִּי לְעוֹלָם חַסְדּוֹ׃ הוֹדוּ לַאֲדֹנֵי הָאֲדֹנִים כִּי לְעוֹלָם חַסְדּוֹ׃ לְעֹשֵׂה
ה נִפְלָאוֹת גְּדֹלוֹת לְבַדּוֹ כִּי לְעוֹלָם חַסְדּוֹ׃ לְעֹשֵׂה הַשָּׁמַיִם
ו בִּתְבוּנָה כִּי לְעוֹלָם חַסְדּוֹ׃ לְרֹקַע הָאָרֶץ עַל־הַמָּיִם כִּי לְעוֹלָם
ז ח חַסְדּוֹ׃ לְעֹשֵׂה אוֹרִים גְּדֹלִים כִּי לְעוֹלָם חַסְדּוֹ׃ אֶת־הַשֶּׁמֶשׁ

ט לְמֶמְשֶׁלֶת בַּיּוֹם כִּי לְעוֹלָם חַסְדּוֹ: אֶת־הַיָּרֵחַ וְכוֹכָבִים
י לְמֶמְשְׁלוֹת בַּלָּיְלָה כִּי לְעוֹלָם חַסְדּוֹ: לְמַכֵּה מִצְרַיִם בִּבְכוֹרֵיהֶם
יא יב כִּי לְעוֹלָם חַסְדּוֹ: וַיּוֹצֵא יִשְׂרָאֵל מִתּוֹכָם כִּי לְעוֹלָם חַסְדּוֹ: בְּיָד
יג חֲזָקָה וּבִזְרוֹעַ נְטוּיָה כִּי לְעוֹלָם חַסְדּוֹ: לְגֹזֵר יַם־סוּף לִגְזָרִים כִּי
יד טו לְעוֹלָם חַסְדּוֹ: וְהֶעֱבִיר יִשְׂרָאֵל בְּתוֹכוֹ כִּי לְעוֹלָם חַסְדּוֹ: וְנִעֵר
טז פַּרְעֹה וְחֵילוֹ בְיַם־סוּף כִּי לְעוֹלָם חַסְדּוֹ: לְמוֹלִיךְ עַמּוֹ בַּמִּדְבָּר
יז יח כִּי לְעוֹלָם חַסְדּוֹ: לְמַכֵּה מְלָכִים גְּדֹלִים כִּי לְעוֹלָם חַסְדּוֹ: וַיַּהֲרֹג
יט מְלָכִים אַדִּירִים כִּי לְעוֹלָם חַסְדּוֹ: לְסִיחוֹן מֶלֶךְ הָאֱמֹרִי כִּי
כ כא לְעוֹלָם חַסְדּוֹ: וּלְעוֹג מֶלֶךְ הַבָּשָׁן כִּי לְעוֹלָם חַסְדּוֹ: וְנָתַן אַרְצָם
כב לְנַחֲלָה כִּי לְעוֹלָם חַסְדּוֹ: נַחֲלָה לְיִשְׂרָאֵל עַבְדּוֹ כִּי לְעוֹלָם
כג כד חַסְדּוֹ: שֶׁבְּשִׁפְלֵנוּ זָכַר לָנוּ כִּי לְעוֹלָם חַסְדּוֹ: וַיִּפְרְקֵנוּ מִצָּרֵינוּ
כה כו כִּי לְעוֹלָם חַסְדּוֹ: נֹתֵן לֶחֶם לְכָל־בָּשָׂר כִּי לְעוֹלָם חַסְדּוֹ: הוֹדוּ
לְאֵל הַשָּׁמָיִם כִּי לְעוֹלָם חַסְדּוֹ:

קלז א ב עַל נַהֲרוֹת ׀ בָּבֶל שָׁם יָשַׁבְנוּ גַּם־בָּכִינוּ בְּזָכְרֵנוּ אֶת־צִיּוֹן: עַל־
ג עֲרָבִים בְּתוֹכָהּ תָּלִינוּ כִּנֹּרוֹתֵינוּ: כִּי שָׁם ׀ שְׁאֵלוּנוּ שׁוֹבֵינוּ
ד דִּבְרֵי־שִׁיר וְתוֹלָלֵינוּ שִׂמְחָה שִׁירוּ לָנוּ מִשִּׁיר צִיּוֹן: אֵיךְ נָשִׁיר
ה אֶת־שִׁיר־יְהוָה עַל אַדְמַת נֵכָר: אִם־אֶשְׁכָּחֵךְ יְרוּשָׁלִָם תִּשְׁכַּח
ו יְמִינִי: תִּדְבַּק לְשׁוֹנִי ׀ לְחִכִּי אִם־לֹא אֶזְכְּרֵכִי אִם־לֹא אַעֲלֶה
ז אֶת־יְרוּשָׁלִַם עַל רֹאשׁ שִׂמְחָתִי: זְכֹר יְהוָה ׀ לִבְנֵי אֱדוֹם אֵת יוֹם
ח יְרוּשָׁלִָם הָאֹמְרִים עָרוּ ׀ עָרוּ עַד הַיְסוֹד בָּהּ: בַּת־בָּבֶל הַשְּׁדוּדָה
ט אַשְׁרֵי שֶׁיְשַׁלֶּם־לָךְ אֶת־גְּמוּלֵךְ שֶׁגָּמַלְתְּ לָנוּ: אַשְׁרֵי ׀ שֶׁיֹּאחֵז
וְנִפֵּץ אֶת־עֹלָלַיִךְ אֶל־הַסָּלַע:

קלח א ב לְדָוִד ׀ אוֹדְךָ בְכָל־לִבִּי נֶגֶד אֱלֹהִים אֲזַמְּרֶךָּ: אֶשְׁתַּחֲוֶה אֶל־
הֵיכַל קָדְשְׁךָ וְאוֹדֶה אֶת־שְׁמֶךָ עַל־חַסְדְּךָ וְעַל־אֲמִתֶּךָ כִּי־
ג הִגְדַּלְתָּ עַל־כָּל־שִׁמְךָ אִמְרָתֶךָ: בְּיוֹם קָרָאתִי וַתַּעֲנֵנִי תַּרְהִבֵנִי
ד בְנַפְשִׁי עֹז: יוֹדוּךָ יְהוָה כָּל־מַלְכֵי־אָרֶץ כִּי שָׁמְעוּ אִמְרֵי־פִיךָ:
ה ו וְיָשִׁירוּ בְּדַרְכֵי יְהוָה כִּי־גָדוֹל כְּבוֹד יְהוָה: כִּי־רָם יְהוָה וְשָׁפָל

ז יראה וגבה ממרחק יידע: אם־אלך ׀ בקרב צרה תחיני על
ח אף איבי תשלח ידך ותושיעני ימינך: יהוה יגמר בעדי יהוה
חסדך לעולם מעשי ידיך אל־תרף:
קלט א ב למנצח לדוד מזמור יהוה חקרתני ותדע: אתה ידעת שבתי
ג וקומי בנתה לרעי מרחוק: ארחי ורבעי זרית וכל־דרכי
ד ה הסכנתה: כי אין מלה בלשוני הן יהוה ידעת כלה: אחור
ו וקדם צרתני ותשת עלי כפכה: פלאיה דעת ממני נשגבה פליאה
ז ח לא־אוכל לה: אנה אלך מרוחך ואנה מפניך אברח: אם־
ט אסק שמים שם אתה ואציעה שאול הנך: אשא כנפי־שחר
י יא אשכנה באחרית ים: גם־שם ידך תנחני ותאחזני ימינך: ואמר
יב אך־חשך ישופני ולילה אור בעדני: גם־חשך לא־יחשיך ממך
יג ולילה כיום יאיר כחשיכה כאורה: כי־אתה קנית כליתי
יד תסכני בבטן אמי: אודך על כי נוראות נפליתי נפלאים
טו מעשיך ונפשי ידעת מאד: לא־נכחד עצמי ממך אשר־עשיתי
טז בסתר רקמתי בתחתיות ארץ: גלמי ׀ ראו עיניך ועל־ספרך
יז כלם יכתבו ימים יצרו ולא אחד בהם: ולי מה־יקרו רעיך אל ולו
יח מה עצמו ראשיהם: אספרם מחול ירבון הקיצתי ועודי עמך:
יט כ אם־תקטל אלוה ׀ רשע ואנשי דמים סורו מני: אשר ימרוך
כא למזמה נשוא לשוא עריך: הלוא־משנאיך יהוה ׀ אשנא
כב ובתקוממיך אתקוטט: תכלית שנאה שנאתים לאויבים היו
כג כד לי: חקרני אל ודע לבבי בחנני ודע שרעפי: וראה אם־
דרך־עצב בי ונחני בדרך עולם:
קמ א ב למנצח מזמור לדוד: חלצני יהוה מאדם רע מאיש חמסים
ג ד תנצרני: אשר חשבו רעות בלב כל־יום יגורו מלחמות: שננו
ה לשונם כמו־נחש חמת עכשוב תחת שפתימו סלה: שמרני
יהוה ׀ מידי רשע מאיש חמסים תנצרני אשר חשבו לדחות
ו פעמי: טמנו־גאים ׀ פח לי וחבלים פרשו רשת ליד־מעגל

ז מֹקְשִׁים שָׁתוּ־לִי סֶלָה: אָמַרְתִּי לַיהוה אֵלִי אָתָּה הַאֲזִינָה
ח יהוה קוֹל תַּחֲנוּנָי: יֱהוִה אֲדֹנָי עֹז יְשׁוּעָתִי סַכֹּתָה לְרֹאשִׁי
ט בְּיוֹם נָשֶׁק: אַל־תִּתֵּן יהוה מַאֲוַיֵּי רָשָׁע זְמָמוֹ אַל־תָּפֵק יָרוּמוּ
י יא סֶלָה: רֹאשׁ מְסִבָּי עֲמַל שְׂפָתֵימוֹ יכסומו: ימיטו עֲלֵיהֶם יְכַסֵּמוֹ: יִמּוֹטוּ
יב גֶּחָלִים בָּאֵשׁ יַפִּלֵם בְּמַהֲמֹרוֹת בַּל־יָקוּמוּ: אִישׁ לָשׁוֹן בַּל־
יג יִכּוֹן בָּאָרֶץ אִישׁ־חָמָס רָע יְצוּדֶנּוּ לְמַדְחֵפֹת: יָדַעְתָּ כִּי־יַעֲשֶׂה
יד יהוה דִּין עָנִי מִשְׁפַּט אֶבְיֹנִים: אַךְ צַדִּיקִים יוֹדוּ לִשְׁמֶךָ יֵשְׁבוּ יט
יְשָׁרִים אֶת־פָּנֶיךָ:
קמא א מִזְמוֹר לְדָוִד יהוה קְרָאתִיךָ חוּשָׁה לִּי הַאֲזִינָה קוֹלִי בְּקָרְאִי־
ב לָךְ: תִּכּוֹן תְּפִלָּתִי קְטֹרֶת לְפָנֶיךָ מַשְׂאַת כַּפַּי מִנְחַת־עָרֶב:
ג ד שִׁיתָה יהוה שָׁמְרָה לְפִי נִצְּרָה עַל־דַּל שְׂפָתָי: אַל־תַּט־לִבִּי
לְדָבָר רָע לְהִתְעוֹלֵל עֲלִלוֹת בְּרֶשַׁע אֶת־אִישִׁים פֹּעֲלֵי־אָוֶן
ה וּבַל־אֶלְחַם בְּמַנְעַמֵּיהֶם: יֶהֶלְמֵנִי צַדִּיק חֶסֶד וְיוֹכִיחֵנִי שֶׁמֶן
ו רֹאשׁ אַל־יָנִי רֹאשִׁי כִּי־עוֹד וּתְפִלָּתִי בְּרָעוֹתֵיהֶם: נִשְׁמְטוּ בִידֵי־
ז סֶלַע שֹׁפְטֵיהֶם וְשָׁמְעוּ אֲמָרַי כִּי נָעֵמוּ: כְּמוֹ פֹלֵחַ וּבֹקֵעַ בָּאָרֶץ
ח נִפְזְרוּ עֲצָמֵינוּ לְפִי שְׁאוֹל: כִּי אֵלֶיךָ יֱהוִה אֲדֹנָי עֵינָי בְּכָה חָסִיתִי
ט אַל־תְּעַר נַפְשִׁי: שָׁמְרֵנִי מִידֵי פַח יָקְשׁוּ לִי וּמֹקְשׁוֹת פֹּעֲלֵי אָוֶן:
י יִפְּלוּ בְמַכְמֹרָיו רְשָׁעִים יַחַד אָנֹכִי עַד־אֶעֱבוֹר:
קמב א ב מַשְׂכִּיל לְדָוִד בִּהְיוֹתוֹ בַמְּעָרָה תְפִלָּה: קוֹלִי אֶל־יהוה אֶזְעָק
ג קוֹלִי אֶל־יהוה אֶתְחַנָּן: אֶשְׁפֹּךְ לְפָנָיו שִׂיחִי צָרָתִי לְפָנָיו אַגִּיד:
ד בְּהִתְעַטֵּף עָלַי רוּחִי וְאַתָּה יָדַעְתָּ נְתִיבָתִי בְּאֹרַח־זוּ אֲהַלֵּךְ
ה טָמְנוּ פַח לִי: הַבֵּיט יָמִין וּרְאֵה וְאֵין־לִי מַכִּיר אָבַד מָנוֹס מִמֶּנִּי
ו אֵין דּוֹרֵשׁ לְנַפְשִׁי: זָעַקְתִּי אֵלֶיךָ יהוה אָמַרְתִּי אַתָּה מַחְסִי חֶלְקִי
ז בְּאֶרֶץ הַחַיִּים: הַקְשִׁיבָה אֶל־רִנָּתִי כִּי־דַלּוֹתִי מְאֹד הַצִּילֵנִי
ח מֵרֹדְפַי כִּי אָמְצוּ מִמֶּנִּי: הוֹצִיאָה מִמַּסְגֵּר נַפְשִׁי לְהוֹדוֹת אֶת־
שְׁמֶךָ בִּי יַכְתִּרוּ צַדִּיקִים כִּי תִגְמֹל עָלָי:
קמג א מִזְמוֹר לְדָוִד יהוה שְׁמַע תְּפִלָּתִי הַאֲזִינָה אֶל־תַּחֲנוּנַי בֶּאֱמֻנָתְךָ

ענני בצדקתך: ואל־תבוא במשפט את־עבדך כי לא־יצדק ב
לפניך כל־חי: כי רדף אויב ׀ נפשי דכא לארץ חיתי הושיבני ג
במחשכים כמתי עולם: ותתעטף עלי רוחי בתוכי ישתומם ד
לבי: זכרתי ימים ׀ מקדם הגיתי בכל־פעלך במעשה ידיך ה
אשוחח: פרשתי ידי אליך נפשי ׀ כארץ־עיפה לך סלה: מהר ו ז
ענני ׀ יהוה כלתה רוחי אל־תסתר פניך ממני ונמשלתי עם־
ירדי בור: השמיעני בבקר ׀ חסדך כי־בך בטחתי הודיעני ח
דרך־זו אלך כי־אליך נשאתי נפשי: הצילני מאיבי ׀ יהוה אליך ט
כסתי: למדני ׀ לעשות רצונך כי־אתה אלוהי רוחך טובה י
תנחני בארץ מישור: למען־שמך יהוה תחיני בצדקתך ׀ יא
תוציא מצרה נפשי: ובחסדך תצמית איבי והאבדת כל־ יב
צררי נפשי כי אני עבדך:
לדוד ׀ ברוך יהוה ׀ צורי המלמד ידי לקרב אצבעותי למלחמה: א קמד
חסדי ומצודתי משגבי ומפלטי לי מגני ובו חסיתי הרודד עמי ב
תחתי: יהוה מה־אדם ותדעהו בן־אנוש ותחשבהו: אדם ג ד
להבל דמה ימיו כצל עובר: יהוה הט־שמיך ותרד גע בהרים ה
ויעשנו: ברוק ברק ותפיצם שלח חציך ותהמם: שלח ידיך ו ז
ממרום פצני והצילני ממים רבים מיד בני נכר: אשר פיהם ח
דבר־שוא וימינם ימין שקר: אלהים שיר חדש אשירה לך ט
בנבל עשור אזמרה־לך: הנותן תשועה למלכים הפוצה י
את־דוד עבדו מחרב רעה: פצני והצילני מיד בני־נכר יא
אשר פיהם דבר־שוא וימינם ימין שקר: אשר בנינו ׀ יב
כנטעים מגדלים בנעוריהם בנותינו כזוית מחטבות תבנית
היכל: מזוינו מלאים מפיקים מזן אל זן צאוננו מאליפות יג
מרבבות בחוצותינו: אלופינו מסבלים אין פרץ ואין יוצאת יד
ואין צוחה ברחבתינו: אשרי העם שככה לו אשרי טו
העם שיהוה אלהיו:

א תְּהִלָּה לְדָוִד אֲרוֹמִמְךָ אֱלוֹהַי הַמֶּלֶךְ וַאֲבָרְכָה שִׁמְךָ לְעוֹלָם
ב ג וָעֶד׃ בְּכָל־יוֹם אֲבָרְכֶךָּ וַאֲהַלְלָה שִׁמְךָ לְעוֹלָם וָעֶד׃ גָּדוֹל יְהוָה
ד וּמְהֻלָּל מְאֹד וְלִגְדֻלָּתוֹ אֵין חֵקֶר׃ דּוֹר לְדוֹר יְשַׁבַּח מַעֲשֶׂיךָ
ה וּגְבוּרֹתֶיךָ יַגִּידוּ׃ הֲדַר כְּבוֹד הוֹדֶךָ וְדִבְרֵי נִפְלְאֹתֶיךָ אָשִׂיחָה׃
ו ז וֶעֱזוּז נוֹרְאֹתֶיךָ יֹאמֵרוּ וגדלותיך אֲסַפְּרֶנָּה׃ זֵכֶר רַב־טוּבְךָ וּגְדוּלָּתְךָ
ח יַבִּיעוּ וְצִדְקָתְךָ יְרַנֵּנוּ׃ חַנּוּן וְרַחוּם יְהוָה אֶרֶךְ אַפַּיִם וּגְדָל־
ט חָסֶד׃ טוֹב־יְהוָה לַכֹּל וְרַחֲמָיו עַל־כָּל־מַעֲשָׂיו׃ יוֹדוּךָ יְהוָה כָּל־
יא מַעֲשֶׂיךָ וַחֲסִידֶיךָ יְבָרְכוּכָה׃ כְּבוֹד מַלְכוּתְךָ יֹאמֵרוּ וּגְבוּרָתְךָ
יב יְדַבֵּרוּ׃ לְהוֹדִיעַ ׀ לִבְנֵי הָאָדָם גְּבוּרֹתָיו וּכְבוֹד הֲדַר מַלְכוּתוֹ׃
יג יד מַלְכוּתְךָ מַלְכוּת כָּל־עֹלָמִים וּמֶמְשַׁלְתְּךָ בְּכָל־דּוֹר וָדֹר׃ סוֹמֵךְ
טו יְהוָה לְכָל־הַנֹּפְלִים וְזוֹקֵף לְכָל־הַכְּפוּפִים׃ עֵינֵי־כֹל אֵלֶיךָ יְשַׂבֵּרוּ
טז וְאַתָּה נוֹתֵן־לָהֶם אֶת־אָכְלָם בְּעִתּוֹ׃ פּוֹתֵחַ אֶת־יָדֶךָ וּמַשְׂבִּיעַ
יז לְכָל־חַי רָצוֹן׃ צַדִּיק יְהוָה בְּכָל־דְּרָכָיו וְחָסִיד בְּכָל־מַעֲשָׂיו׃
יח יט קָרוֹב יְהוָה לְכָל־קֹרְאָיו לְכֹל אֲשֶׁר יִקְרָאֻהוּ בֶאֱמֶת׃ רְצוֹן־
כ יְרֵאָיו יַעֲשֶׂה וְאֶת־שַׁוְעָתָם יִשְׁמַע וְיוֹשִׁיעֵם׃ שׁוֹמֵר יְהוָה אֶת־
כא כָּל־אֹהֲבָיו וְאֵת כָּל־הָרְשָׁעִים יַשְׁמִיד׃ תְּהִלַּת יְהוָה יְדַבֶּר פִּי
וִיבָרֵךְ כָּל־בָּשָׂר שֵׁם קָדְשׁוֹ לְעוֹלָם וָעֶד׃

קמו א ב הַלְלוּיָהּ הַלְלִי נַפְשִׁי אֶת־יְהוָה׃ אֲהַלְלָה יְהוָה בְּחַיָּי אֲזַמְּרָה
ג לֵאלֹהַי בְּעוֹדִי׃ אַל־תִּבְטְחוּ בִנְדִיבִים בְּבֶן־אָדָם ׀ שֶׁאֵין לוֹ
ד תְשׁוּעָה׃ תֵּצֵא רוּחוֹ יָשֻׁב לְאַדְמָתוֹ בַּיּוֹם הַהוּא אָבְדוּ
ה עֶשְׁתֹּנֹתָיו׃ אַשְׁרֵי שֶׁאֵל יַעֲקֹב בְּעֶזְרוֹ שִׂבְרוֹ עַל־יְהוָה אֱלֹהָיו׃
ו עֹשֶׂה ׀ שָׁמַיִם וָאָרֶץ אֶת־הַיָּם וְאֶת־כָּל־אֲשֶׁר־בָּם הַשֹּׁמֵר
ז אֱמֶת לְעוֹלָם׃ עֹשֶׂה מִשְׁפָּט ׀ לָעֲשׁוּקִים נֹתֵן לֶחֶם לָרְעֵבִים
ח יְהוָה מַתִּיר אֲסוּרִים׃ יְהוָה ׀ פֹּקֵחַ עִוְרִים יְהוָה זֹקֵף כְּפוּפִים
ט יְהוָה אֹהֵב צַדִּיקִים׃ יְהוָה ׀ שֹׁמֵר אֶת־גֵּרִים יָתוֹם וְאַלְמָנָה
י יְעוֹדֵד וְדֶרֶךְ רְשָׁעִים יְעַוֵּת׃ יִמְלֹךְ יְהוָה ׀ לְעוֹלָם אֱלֹהַיִךְ צִיּוֹן
לְדֹר וָדֹר הַלְלוּיָהּ׃

א ב הללויה כי־טוב זמרה אלהינו כי־נעים נאוה תהלה: בונה
ג ירושלם יהוה נדחי ישראל יכנס: הרופא לשבורי לב ומחבש
ד ה לעצבותם: מונה מספר לכוכבים לכלם שמות יקרא: גדול
ו אדונינו ורב־כח לתבונתו אין מספר: מעודד ענוים יהוה
ז משפיל רשעים עדי־ארץ: ענו ליהוה בתודה זמרו לאלהינו
ח בכנור: המכסה שמים בעבים המכין לארץ מטר המצמיח
ט הרים חציר: נותן לבהמה לחמה לבני ערב אשר יקראו: לא
י יא בגבורת הסוס יחפץ לא־בשוקי האיש ירצה: רוצה יהוה את־
יב יראיו את־המיחלים לחסדו: שבחי ירושלם את־יהוה הללי
יג יד אלהיך ציון: כי־חזק בריחי שעריך ברך בניך בקרבך: השם־
טו גבולך שלום חלב חטים ישביעך: השלח אמרתו ארץ עד־
טז יז מהרה ירוץ דברו: הנתן שלג כצמר כפור כאפר יפזר: משליך
יח קרחו כפתים לפני קרתו מי יעמד: ישלח דברו וימסם ישב
יט רוחו יזלו־מים: מגיד דברו ליעקב חקיו ומשפטיו לישראל:
כ לא עשה כן לכל־גוי ומשפטים בל־ידעום הללויה:

קמח א הללויה הללו את־יהוה מן־השמים הללוהו במרומים:
ב ג הללוהו כל־מלאכיו הללוהו כל־צבאו: הללוהו שמש וירח
ד הללוהו כל־כוכבי אור: הללוהו שמי השמים והמים אשר
ה מעל השמים: יהללו את־שם יהוה כי הוא צוה ונבראו:
ו ז ויעמידם לעד לעולם חק־נתן ולא יעבור: הללו את־יהוה
ח מן־הארץ תנינים וכל־תהמות: אש וברד שלג וקיטור רוח
ט סערה עשה דברו: ההרים וכל־גבעות עץ פרי וכל־ארזים:
י יא החיה וכל־בהמה רמש וצפור כנף: מלכי־ארץ וכל־לאמים
יב שרים וכל־שפטי ארץ: בחורים וגם־בתולות זקנים עם־
יג נערים: יהללו את־שם יהוה כי־נשגב שמו לבדו הודו
יד על־ארץ ושמים: וירם קרן לעמו תהלה לכל־חסידיו לבני
ישראל עם קרבו הללויה:

קמט א ב הַלְלוּיָהּ ׀ שִׁירוּ לַיהוָה שִׁיר חָדָשׁ תְּהִלָּתוֹ בִּקְהַל חֲסִידִים׃ יִשְׂמַח
ג יִשְׂרָאֵל בְּעֹשָׂיו בְּנֵי־צִיּוֹן יָגִילוּ בְמַלְכָּם׃ יְהַלְלוּ שְׁמוֹ בְמָחוֹל
ד בְּתֹף וְכִנּוֹר יְזַמְּרוּ־לוֹ׃ כִּי־רוֹצֶה יְהוָה בְּעַמּוֹ יְפָאֵר עֲנָוִים
ה בִּישׁוּעָה׃ יַעְלְזוּ חֲסִידִים בְּכָבוֹד יְרַנְּנוּ עַל־מִשְׁכְּבוֹתָם׃
ו ז רוֹמְמוֹת אֵל בִּגְרוֹנָם וְחֶרֶב פִּיפִיּוֹת בְּיָדָם׃ לַעֲשׂוֹת נְקָמָה
ח בַּגּוֹיִם תּוֹכֵחוֹת בַּלְאֻמִּים׃ לֶאְסֹר מַלְכֵיהֶם בְּזִקִּים וְנִכְבְּדֵיהֶם
ט בְּכַבְלֵי בַרְזֶל׃ לַעֲשׂוֹת בָּהֶם ׀ מִשְׁפָּט כָּתוּב הָדָר הוּא לְכָל־
חֲסִידָיו הַלְלוּיָהּ׃

קנ א ב הַלְלוּיָהּ ׀ הַלְלוּ־אֵל בְּקָדְשׁוֹ הַלְלוּהוּ בִּרְקִיעַ עֻזּוֹ׃ הַלְלוּהוּ
ג בִגְבוּרֹתָיו הַלְלוּהוּ כְּרֹב גֻּדְלוֹ׃ הַלְלוּהוּ בְּתֵקַע שׁוֹפָר הַלְלוּהוּ
ד בְּנֵבֶל וְכִנּוֹר׃ הַלְלוּהוּ בְתֹף וּמָחוֹל הַלְלוּהוּ בְּמִנִּים וְעוּגָב׃
ה ו הַלְלוּהוּ בְצִלְצְלֵי־שָׁמַע הַלְלוּהוּ בְּצִלְצְלֵי תְרוּעָה׃ כֹּל הַנְּשָׁמָה
תְּהַלֵּל יָהּ הַלְלוּיָהּ׃

משלי

א ב מִשְׁלֵי שְׁלֹמֹה בֶן־דָּוִד מֶלֶךְ יִשְׂרָאֵל׃ לָדַעַת חָכְמָה וּמוּסָר א
ג לְהָבִין אִמְרֵי בִינָה׃ לָקַחַת מוּסַר הַשְׂכֵּל צֶדֶק וּמִשְׁפָּט
ד ה וּמֵשָׁרִים׃ לָתֵת לִפְתָאיִם עָרְמָה לְנַעַר דַּעַת וּמְזִמָּה׃ יִשְׁמַע
ו חָכָם וְיוֹסֶף לֶקַח וְנָבוֹן תַּחְבֻּלוֹת יִקְנֶה׃ לְהָבִין מָשָׁל וּמְלִיצָה
ז דִּבְרֵי חֲכָמִים וְחִידֹתָם׃ יִרְאַת יְהוָה רֵאשִׁית דָּעַת חָכְמָה
וּמוּסָר אֱוִילִים בָּזוּ׃

ח ט שְׁמַע בְּנִי מוּסַר אָבִיךָ וְאַל־תִּטֹּשׁ תּוֹרַת אִמֶּךָ׃ כִּי ׀ לִוְיַת חֵן
י הֵם לְרֹאשֶׁךָ וַעֲנָקִים לְגַרְגְּרֹתֶךָ׃ בְּנִי אִם־יְפַתּוּךָ חַטָּאִים אַל־
יא תֹּבֵא׃ אִם־יֹאמְרוּ לְכָה אִתָּנוּ נֶאֶרְבָה לְדָם נִצְפְּנָה לְנָקִי חִנָּם׃
יב יג נִבְלָעֵם כִּשְׁאוֹל חַיִּים וּתְמִימִים כְּיוֹרְדֵי בוֹר׃ כָּל־הוֹן יָקָר נִמְצָא
יד נְמַלֵּא בָתֵּינוּ שָׁלָל׃ גּוֹרָלְךָ תַּפִּיל בְּתוֹכֵנוּ כִּיס אֶחָד יִהְיֶה לְכֻלָּנוּ׃
טו טז בְּנִי אַל־תֵּלֵךְ בְּדֶרֶךְ אִתָּם מְנַע רַגְלְךָ מִנְּתִיבָתָם׃ כִּי רַגְלֵיהֶם
יז לָרַע יָרוּצוּ וִימַהֲרוּ לִשְׁפָּךְ־דָּם׃ כִּי־חִנָּם מְזֹרָה הָרָשֶׁת בְּעֵינֵי כָּל־
יח יט בַּעַל כָּנָף׃ וְהֵם לְדָמָם יֶאֱרֹבוּ יִצְפְּנוּ לְנַפְשֹׁתָם׃ כֵּן אָרְחוֹת כָּל־
בֹּצֵעַ בָּצַע אֶת־נֶפֶשׁ בְּעָלָיו יִקָּח׃

כ כא חָכְמוֹת בַּחוּץ תָּרֹנָּה בָּרְחֹבוֹת תִּתֵּן קוֹלָהּ׃ בְּרֹאשׁ הֹמִיּוֹת
כב תִּקְרָא בְּפִתְחֵי שְׁעָרִים בָּעִיר אֲמָרֶיהָ תֹאמֵר׃ עַד־מָתַי ׀ פְּתָיִם
תְּאֵהֲבוּ פֶתִי וְלֵצִים לָצוֹן חָמְדוּ לָהֶם וּכְסִילִים יִשְׂנְאוּ־דָעַת׃
כג תָּשׁוּבוּ לְתוֹכַחְתִּי הִנֵּה אַבִּיעָה לָכֶם רוּחִי אוֹדִיעָה דְבָרַי
כד כה אֶתְכֶם׃ יַעַן קָרָאתִי וַתְּמָאֵנוּ נָטִיתִי יָדִי וְאֵין מַקְשִׁיב׃ וַתִּפְרְעוּ
כו כָל־עֲצָתִי וְתוֹכַחְתִּי לֹא אֲבִיתֶם׃ גַּם־אֲנִי בְּאֵידְכֶם אֶשְׂחָק אֶלְעַג
כז בְּבֹא פַחְדְּכֶם׃ בְּבֹא כשאוה ׀ פַּחְדְּכֶם וְאֵידְכֶם כְּסוּפָה יֶאֱתֶה כְּשׁוֹאָה
כח בְּבֹא עֲלֵיכֶם צָרָה וְצוּקָה׃ אָז יִקְרָאֻנְנִי וְלֹא אֶעֱנֶה יְשַׁחֲרֻנְנִי וְלֹא
כט ל יִמְצָאֻנְנִי׃ תַּחַת כִּי־שָׂנְאוּ דָעַת וְיִרְאַת יְהוָה לֹא בָחָרוּ׃ לֹא־אָבוּ
לא לַעֲצָתִי נָאֲצוּ כָּל־תּוֹכַחְתִּי׃ וְיֹאכְלוּ מִפְּרִי דַרְכָּם וּמִמֹּעֲצֹתֵיהֶם
לב יִשְׂבָּעוּ׃ כִּי מְשׁוּבַת פְּתָיִם תַּהַרְגֵם וְשַׁלְוַת כְּסִילִים תְּאַבְּדֵם׃
לג וְשֹׁמֵעַ לִי יִשְׁכָּן־בֶּטַח וְשַׁאֲנַן מִפַּחַד רָעָה׃

א ב בני אם־תקח אמרי ומצותי תצפן אתך׃ להקשיב לחכמה
ג אזנך תטה לבך לתבונה׃ כי אם לבינה תקרא לתבונה תתן
ד ה קולך׃ אם־תבקשנה ככסף וכמטמונים תחפשנה׃ אז תבין
ו יראת יהוה ודעת אלהים תמצא׃ כי־יהוה יתן חכמה מפיו
ז ח דעת ותבונה׃ וצפן לישרים תושיה מגן להלכי תם׃ לנצר יצפן
ט ארחות משפט ודרך חסידו ישמר׃ אז תבין צדק ומשפט
י ומישרים כל־מעגל־טוב׃ כי־תבוא חכמה בלבך ודעת
יא יב לנפשך ינעם׃ מזמה תשמר עליך תבונה תנצרכה׃ להצילך
יג מדרך רע מאיש מדבר תהפכות׃ העזבים ארחות ישר ללכת
יד טו בדרכי־חשך׃ השמחים לעשות רע יגילו בתהפכות רע׃ אשר
טז ארחתיהם עקשים ונלוזים במעגלותם׃ להצילך מאשה זרה
יז מנכריה אמריה החליקה׃ העזבת אלוף נעוריה ואת־ברית
יח אלהיה שכחה׃ כי שחה אל־מות ביתה ואל־רפאים
יט מעגלתיה׃ כל־באיה לא ישובון ולא־ישיגו ארחות חיים׃
כ כא למען תלך בדרך טובים וארחות צדיקים תשמר׃ כי־ישרים
כב ישכנו־ארץ ותמימים יותרו בה׃ ורשעים מארץ יכרתו
ובוגדים יסחו ממנה׃

ג א ב בני תורתי אל־תשכח ומצותי יצר לבך׃ כי ארך ימים
ג ושנות חיים ושלום יוסיפו לך׃ חסד ואמת אל־יעזבך קשרם
ד על־גרגרותיך כתבם על־לוח לבך׃ ומצא־חן ושכל־טוב
בעיני אלהים ואדם׃

ה ו בטח אל־יהוה בכל־לבך ואל־בינתך אל־תשען׃ בכל־דרכיך
ז דעהו והוא יישר ארחתיך׃ אל־תהי חכם בעיניך ירא את־
ח ט יהוה וסור מרע׃ רפאות תהי לשרך ושקוי לעצמותיך׃ כבד
י את־יהוה מהונך ומראשית כל־תבואתך׃ וימלאו אסמיך
שבע ותירוש יקביך יפרצו׃

יא יב מוסר יהוה בני אל־תמאס ואל־תקץ בתוכחתו׃ כי את

יג אֲשֶׁר יֶאֱהַב יְהוָה יוֹכִיחַ וּכְאָב אֶת־בֵּן יִרְצֶה: אַשְׁרֵי אָדָם
יד מָצָא חָכְמָה וְאָדָם יָפִיק תְּבוּנָה: כִּי טוֹב סַחְרָהּ מִסְּחַר־כָּסֶף
טו וּמֵחָרוּץ תְּבוּאָתָהּ: יְקָרָה הִיא מפניים וְכָל־חֲפָצֶיךָ לֹא יִשְׁווּ־ מִפְּנִינִים
טז יז בָהּ: אֹרֶךְ יָמִים בִּימִינָהּ בִּשְׂמֹאולָהּ עֹשֶׁר וְכָבוֹד: דְּרָכֶיהָ
יח דַרְכֵי־נֹעַם וְכָל־נְתִיבוֹתֶיהָ שָׁלוֹם: עֵץ־חַיִּים הִיא לַמַּחֲזִיקִים
בָּהּ וְתֹמְכֶיהָ מְאֻשָּׁר:
יט כ יְהוָה בְּחָכְמָה יָסַד־אָרֶץ כּוֹנֵן שָׁמַיִם בִּתְבוּנָה: בְּדַעְתּוֹ תְּהוֹמוֹת
כא נִבְקָעוּ וּשְׁחָקִים יִרְעֲפוּ־טָל: בְּנִי אַל־יָלֻזוּ מֵעֵינֶיךָ נְצֹר תֻּשִׁיָּה
כב כג וּמְזִמָּה: וְיִהְיוּ חַיִּים לְנַפְשֶׁךָ וְחֵן לְגַרְגְּרֹתֶיךָ: אָז תֵּלֵךְ לָבֶטַח
כד דַּרְכֶּךָ וְרַגְלְךָ לֹא תִגּוֹף: אִם־תִּשְׁכַּב לֹא־תִפְחָד וְשָׁכַבְתָּ וְעָרְבָה
כה שְׁנָתֶךָ: אַל־תִּירָא מִפַּחַד פִּתְאֹם וּמִשֹּׁאַת רְשָׁעִים כִּי תָבֹא:
כו כז כִּי־יְהוָה יִהְיֶה בְכִסְלֶךָ וְשָׁמַר רַגְלְךָ מִלָּכֶד: אַל־תִּמְנַע־טוֹב
כח מִבְּעָלָיו בִּהְיוֹת לְאֵל ידיך לַעֲשׂוֹת: אַל־תֹּאמַר לרעיך ׀ לֵךְ יָדְךָ|לְרֵעֲךָ ׀
כט וָשׁוּב וּמָחָר אֶתֵּן וְיֵשׁ אִתָּךְ: אַל־תַּחֲרֹשׁ עַל־רֵעֲךָ רָעָה וְהוּא־
ל יוֹשֵׁב לָבֶטַח אִתָּךְ: אַל־תרוב עִם־אָדָם חִנָּם אִם־לֹא גְמָלְךָ תָּרִיב
לא לב רָעָה: אַל־תְּקַנֵּא בְּאִישׁ חָמָס וְאַל־תִּבְחַר בְּכָל־דְּרָכָיו: כִּי
לג תוֹעֲבַת יְהוָה נָלוֹז וְאֶת־יְשָׁרִים סוֹדוֹ: מְאֵרַת יְהוָה בְּבֵית רָשָׁע
לד וּנְוֵה צַדִּיקִים יְבָרֵךְ: אִם־לַלֵּצִים הוּא־יָלִיץ ולעניים יִתֶּן־חֵן: וְלַעֲנָוִים
לה כָּבוֹד חֲכָמִים יִנְחָלוּ וּכְסִילִים מֵרִים קָלוֹן:

ד א ב שִׁמְעוּ בָנִים מוּסַר אָב וְהַקְשִׁיבוּ לָדַעַת בִּינָה: כִּי לֶקַח טוֹב
ג נָתַתִּי לָכֶם תּוֹרָתִי אַל־תַּעֲזֹבוּ: כִּי־בֵן הָיִיתִי לְאָבִי רַךְ וְיָחִיד לִפְנֵי
ד ה אִמִּי: וַיֹּרֵנִי וַיֹּאמֶר לִי יִתְמָךְ־דְּבָרַי לִבֶּךָ שְׁמֹר מִצְוֹתַי וֶחְיֵה: קְנֵה
ו חָכְמָה קְנֵה בִינָה אַל־תִּשְׁכַּח וְאַל־תֵּט מֵאִמְרֵי־פִי: אַל־תַּעַזְבֶהָ
ז וְתִשְׁמְרֶךָּ אֱהָבֶהָ וְתִצְּרֶךָּ: רֵאשִׁית חָכְמָה קְנֵה חָכְמָה וּבְכָל־
ח קִנְיָנְךָ קְנֵה בִינָה: סַלְסְלֶהָ וּתְרוֹמְמֶךָּ תְּכַבֵּדְךָ כִּי תְחַבְּקֶנָּה:
ט תִּתֵּן לְרֹאשְׁךָ לִוְיַת־חֵן עֲטֶרֶת תִּפְאֶרֶת תְּמַגְּנֶךָּ: שְׁמַע בְּנִי
יא וְקַח אֲמָרָי וְיִרְבּוּ לְךָ שְׁנוֹת חַיִּים: בְּדֶרֶךְ חָכְמָה הֹרֵתִיךָ

יב הִדְרַכְתִּיךָ בְּמַעְגְּלֵי־יֹשֶׁר׃ בְּלֶכְתְּךָ לֹא־יֵצַר צַעֲדֶךָ וְאִם־תָּרוּץ
יג יד לֹא תִכָּשֵׁל׃ הַחֲזֵק בַּמּוּסָר אַל־תֶּרֶף נִצְּרֶהָ כִּי־הִיא חַיֶּיךָ׃ בְּאֹרַח
טו רְשָׁעִים אַל־תָּבֹא וְאַל־תְּאַשֵּׁר בְּדֶרֶךְ רָעִים׃ פְּרָעֵהוּ אַל־
טז תַּעֲבָר־בּוֹ שְׂטֵה מֵעָלָיו וַעֲבֹר׃ כִּי לֹא יִשְׁנוּ אִם־לֹא יָרֵעוּ וְנִגְזְלָה
יז שְׁנָתָם אִם־לֹא יכשולו׃ כִּי לָחֲמוּ לֶחֶם רֶשַׁע וְיֵין חֲמָסִים יִשְׁתּוּ׃ יִכְשִׁילוּ
יח יט וְאֹרַח צַדִּיקִים כְּאוֹר נֹגַהּ הוֹלֵךְ וָאוֹר עַד־נְכוֹן הַיּוֹם׃ דֶּרֶךְ
כ רְשָׁעִים כָּאֲפֵלָה לֹא יָדְעוּ בַּמֶּה יִכָּשֵׁלוּ׃ בְּנִי
כא לִדְבָרַי הַקְשִׁיבָה לַאֲמָרַי הַט־אָזְנֶךָ׃ אַל־יַלִּיזוּ מֵעֵינֶיךָ שָׁמְרֵם
כב בְּתוֹךְ לְבָבֶךָ׃ כִּי־חַיִּים הֵם לְמֹצְאֵיהֶם וּלְכָל־בְּשָׂרוֹ מַרְפֵּא׃
כג כד מִכָּל־מִשְׁמָר נְצֹר לִבֶּךָ כִּי־מִמֶּנּוּ תּוֹצְאוֹת חַיִּים׃ הָסֵר מִמְּךָ
כה עִקְּשׁוּת פֶּה וּלְזוּת שְׂפָתַיִם הַרְחֵק מִמֶּךָּ׃ עֵינֶיךָ לְנֹכַח יַבִּיטוּ
כו וְעַפְעַפֶּיךָ יַיְשִׁרוּ נֶגְדֶּךָ׃ פַּלֵּס מַעְגַּל רַגְלֶךָ וְכָל־דְּרָכֶיךָ יִכֹּנוּ׃
כז אַל־תֵּט־יָמִין וּשְׂמֹאול הָסֵר רַגְלְךָ מֵרָע׃

ה א ב בְּנִי לְחָכְמָתִי הַקְשִׁיבָה לִתְבוּנָתִי הַט־אָזְנֶךָ׃ לִשְׁמֹר מְזִמּוֹת
ג וְדַעַת שְׂפָתֶיךָ יִנְצֹרוּ׃ כִּי נֹפֶת תִּטֹּפְנָה שִׂפְתֵי זָרָה וְחָלָק מִשֶּׁמֶן
ד ה חִכָּהּ׃ וְאַחֲרִיתָהּ מָרָה כַלַּעֲנָה חַדָּה כְּחֶרֶב פִּיּוֹת׃ רַגְלֶיהָ
ו יֹרְדוֹת מָוֶת שְׁאוֹל צְעָדֶיהָ יִתְמֹכוּ׃ אֹרַח חַיִּים פֶּן־תְּפַלֵּס נָעוּ
מַעְגְּלֹתֶיהָ לֹא תֵדָע׃

ז ח וְעַתָּה בָנִים שִׁמְעוּ־לִי וְאַל־תָּסוּרוּ מֵאִמְרֵי־פִי׃ הַרְחֵק מֵעָלֶיהָ
ט דַרְכֶּךָ וְאַל־תִּקְרַב אֶל־פֶּתַח בֵּיתָהּ׃ פֶּן־תִּתֵּן לַאֲחֵרִים הוֹדֶךָ
י וּשְׁנֹתֶיךָ לְאַכְזָרִי׃ פֶּן־יִשְׂבְּעוּ זָרִים כֹּחֶךָ וַעֲצָבֶיךָ בְּבֵית נָכְרִי׃
יא יב וְנָהַמְתָּ בְאַחֲרִיתֶךָ בִּכְלוֹת בְּשָׂרְךָ וּשְׁאֵרֶךָ׃ וְאָמַרְתָּ אֵיךְ שָׂנֵאתִי
יג מוּסָר וְתוֹכַחַת נָאַץ לִבִּי׃ וְלֹא־שָׁמַעְתִּי בְּקוֹל מוֹרָי וְלִמְלַמְּדַי
יד לֹא־הִטִּיתִי אָזְנִי׃ כִּמְעַט הָיִיתִי בְכָל־רָע בְּתוֹךְ קָהָל וְעֵדָה׃
טו טז שְׁתֵה־מַיִם מִבּוֹרֶךָ וְנֹזְלִים מִתּוֹךְ בְּאֵרֶךָ׃ יָפוּצוּ מַעְיְנֹתֶיךָ חוּצָה
ב יז יח בָּרְחֹבוֹת פַּלְגֵי־מָיִם׃ יִהְיוּ־לְךָ לְבַדֶּךָ וְאֵין לְזָרִים אִתָּךְ׃ יְהִי־
יט מְקוֹרְךָ בָרוּךְ וּשְׂמַח מֵאֵשֶׁת נְעוּרֶךָ׃ אַיֶּלֶת אֲהָבִים וְיַעֲלַת־חֵן

כ דַּדֶּיהָ יְרַוֻּךָ בְכָל־עֵת בְּאַהֲבָתָהּ תִּשְׁגֶּה תָמִיד׃ וְלָמָּה תִשְׁגֶּה בְנִי
כא בְזָרָה וּתְחַבֵּק חֵק נָכְרִיָּה׃ כִּי נֹכַח ׀ עֵינֵי יְהוָה דַּרְכֵי־אִישׁ וְכָל־
כב מַעְגְּלֹתָיו מְפַלֵּס׃ עֲווֹנוֹתָיו יִלְכְּדֻנוֹ אֶת־הָרָשָׁע וּבְחַבְלֵי חַטָּאתוֹ
כג ו א יִתָּמֵךְ׃ הוּא יָמוּת בְּאֵין מוּסָר וּבְרֹב אִוַּלְתּוֹ יִשְׁגֶּה׃ בְּנִי אִם־
ב עָרַבְתָּ לְרֵעֶךָ תָּקַעְתָּ לַזָּר כַּפֶּיךָ׃ נוֹקַשְׁתָּ בְאִמְרֵי־פִיךָ נִלְכַּדְתָּ
ג בְּאִמְרֵי־פִיךָ׃ עֲשֵׂה זֹאת אֵפוֹא ׀ בְּנִי וְהִנָּצֵל כִּי בָאתָ בְכַף־
ד רֵעֶךָ לֵךְ הִתְרַפֵּס וּרְהַב רֵעֶיךָ׃ אַל־תִּתֵּן שֵׁנָה לְעֵינֶיךָ וּתְנוּמָה
ה לְעַפְעַפֶּיךָ׃ הִנָּצֵל כִּצְבִי מִיָּד וּכְצִפּוֹר מִיַּד יָקוּשׁ׃
ו ז לֵךְ־אֶל־נְמָלָה עָצֵל רְאֵה דְרָכֶיהָ וַחֲכָם׃ אֲשֶׁר אֵין־לָהּ קָצִין
ח ט שֹׁטֵר וּמֹשֵׁל׃ תָּכִין בַּקַּיִץ לַחְמָהּ אָגְרָה בַקָּצִיר מַאֲכָלָהּ׃ עַד־
י מָתַי עָצֵל ׀ תִּשְׁכָּב מָתַי תָּקוּם מִשְּׁנָתֶךָ׃ מְעַט שֵׁנוֹת מְעַט
יא תְּנוּמוֹת מְעַט ׀ חִבֻּק יָדַיִם לִשְׁכָּב׃ וּבָא־כִמְהַלֵּךְ רֵאשֶׁךָ
וּמַחְסֹרְךָ כְּאִישׁ מָגֵן׃
יב יג אָדָם בְּלִיַּעַל אִישׁ אָוֶן הוֹלֵךְ עִקְּשׁוּת פֶּה׃ קֹרֵץ בְּעֵינָו
יד מֹלֵל בְּרַגְלָו מֹרֶה בְּאֶצְבְּעֹתָיו׃ תַּהְפֻּכוֹת ׀ בְּלִבּוֹ חֹרֵשׁ רָע
טו בְּכָל־עֵת מדנים יְשַׁלֵּחַ׃ עַל־כֵּן פִּתְאֹם יָבוֹא אֵידוֹ פֶּתַע מְדָיְנִים
יִשָּׁבֵר וְאֵין מַרְפֵּא׃
טז יז שֶׁשׁ־הֵנָּה שָׂנֵא יְהוָה וְשֶׁבַע תועבות נַפְשׁוֹ׃ עֵינַיִם רָמוֹת תּוֹעֲבַת
יח לְשׁוֹן שָׁקֶר וְיָדַיִם שֹׁפְכוֹת דָּם־נָקִי׃ לֵב חֹרֵשׁ מַחְשְׁבוֹת
יט אָוֶן רַגְלַיִם מְמַהֲרוֹת לָרוּץ לָרָעָה׃ יָפִיחַ כְּזָבִים עֵד שָׁקֶר
כ וּמְשַׁלֵּחַ מְדָנִים בֵּין אַחִים׃ נְצֹר בְּנִי מִצְוַת
כא אָבִיךָ וְאַל־תִּטֹּשׁ תּוֹרַת אִמֶּךָ׃ קָשְׁרֵם עַל־לִבְּךָ תָמִיד עָנְדֵם
כב עַל־גַּרְגְּרֹתֶךָ׃ בְּהִתְהַלֶּכְךָ ׀ תַּנְחֶה אֹתָךְ בְּשָׁכְבְּךָ תִּשְׁמֹר
כג עָלֶיךָ וַהֲקִיצוֹתָ הִיא תְשִׂיחֶךָ׃ כִּי נֵר מִצְוָה וְתוֹרָה אוֹר וְדֶרֶךְ
כד חַיִּים תּוֹכְחוֹת מוּסָר׃ לִשְׁמָרְךָ מֵאֵשֶׁת רָע מֵחֶלְקַת לָשׁוֹן
כה כו נָכְרִיָּה׃ אַל־תַּחְמֹד יָפְיָהּ בִּלְבָבֶךָ וְאַל־תִּקָּחֲךָ בְּעַפְעַפֶּיהָ׃ כִּי
בְעַד־אִשָּׁה זוֹנָה עַד־כִּכַּר לָחֶם וְאֵשֶׁת אִישׁ נֶפֶשׁ יְקָרָה תָצוּד׃

כז כח הֲיַחְתֶּה אִישׁ אֵשׁ בְּחֵיקוֹ וּבְגָדָיו לֹא תִשָּׂרַפְנָה׃ אִם־יְהַלֵּךְ
כט אִישׁ עַל־הַגֶּחָלִים וְרַגְלָיו לֹא תִכָּוֶינָה׃ כֵּן הַבָּא אֶל־אֵשֶׁת
ל רֵעֵהוּ לֹא יִנָּקֶה כָּל־הַנֹּגֵעַ בָּהּ׃ לֹא־יָבוּזוּ לַגַּנָּב כִּי יִגְנוֹב
לא לְמַלֵּא נַפְשׁוֹ כִּי יִרְעָב׃ וְנִמְצָא יְשַׁלֵּם שִׁבְעָתָיִם אֶת־כָּל־הוֹן
לב בֵּיתוֹ יִתֵּן׃ נֹאֵף אִשָּׁה חֲסַר־לֵב מַשְׁחִית נַפְשׁוֹ הוּא יַעֲשֶׂנָּה׃
לג לד נֶגַע־וְקָלוֹן יִמְצָא וְחֶרְפָּתוֹ לֹא תִמָּחֶה׃ כִּי־קִנְאָה חֲמַת־גָּבֶר
לה וְלֹא־יַחְמוֹל בְּיוֹם נָקָם׃ לֹא־יִשָּׂא פְּנֵי כָל־כֹּפֶר וְלֹא־יֹאבֶה
ז א כִּי תַרְבֶּה־שֹׁחַד׃ בְּנִי שְׁמֹר אֲמָרָי וּמִצְוֹתַי
ב תִּצְפֹּן אִתָּךְ׃ שְׁמֹר מִצְוֹתַי וֶחְיֵה וְתוֹרָתִי כְּאִישׁוֹן עֵינֶיךָ׃
ג ד קָשְׁרֵם עַל־אֶצְבְּעֹתֶיךָ כָּתְבֵם עַל־לוּחַ לִבֶּךָ׃ אֱמֹר לַחָכְמָה
ה אֲחֹתִי אָתְּ וּמֹדָע לַבִּינָה תִקְרָא׃ לִשְׁמָרְךָ מֵאִשָּׁה זָרָה
ו מִנָּכְרִיָּה אֲמָרֶיהָ הֶחֱלִיקָה׃ כִּי בְּחַלּוֹן בֵּיתִי בְּעַד אֶשְׁנַבִּי
ז ח נִשְׁקָפְתִּי׃ וָאֵרֶא בַפְּתָאיִם אָבִינָה בַבָּנִים נַעַר חֲסַר־לֵב׃ עֹבֵר
ט בַּשּׁוּק אֵצֶל פִּנָּהּ וְדֶרֶךְ בֵּיתָהּ יִצְעָד׃ בְּנֶשֶׁף־בְּעֶרֶב יוֹם בְּאִישׁוֹן
י לַיְלָה וַאֲפֵלָה׃ וְהִנֵּה אִשָּׁה לִקְרָאתוֹ שִׁית זוֹנָה וּנְצֻרַת לֵב׃
יא יב הֹמִיָּה הִיא וְסֹרָרֶת בְּבֵיתָהּ לֹא־יִשְׁכְּנוּ רַגְלֶיהָ׃ פַּעַם ׀ בַּחוּץ
יג פַּעַם בָּרְחֹבוֹת וְאֵצֶל כָּל־פִּנָּה תֶאֱרֹב׃ וְהֶחֱזִיקָה בּוֹ וְנָשְׁקָה לּוֹ
יד הֵעֵזָה פָנֶיהָ וַתֹּאמַר לוֹ׃ זִבְחֵי שְׁלָמִים עָלָי הַיּוֹם שִׁלַּמְתִּי נְדָרָי׃
טו טז עַל־כֵּן יָצָאתִי לִקְרָאתֶךָ לְשַׁחֵר פָּנֶיךָ וָאֶמְצָאֶךָּ׃ מַרְבַדִּים
יז רָבַדְתִּי עַרְשִׂי חֲטֻבוֹת אֵטוּן מִצְרָיִם׃ נַפְתִּי מִשְׁכָּבִי מֹר אֲהָלִים
יח יט וְקִנָּמוֹן׃ לְכָה נִרְוֶה דֹדִים עַד־הַבֹּקֶר נִתְעַלְּסָה בָּאֳהָבִים׃ כִּי
כ אֵין הָאִישׁ בְּבֵיתוֹ הָלַךְ בְּדֶרֶךְ מֵרָחוֹק׃ צְרוֹר־הַכֶּסֶף לָקַח בְּיָדוֹ
כא לְיוֹם הַכֵּסֶא יָבֹא בֵיתוֹ׃ הִטַּתּוּ בְּרֹב לִקְחָהּ בְּחֵלֶק שְׂפָתֶיהָ
כב תַּדִּיחֶנּוּ׃ הוֹלֵךְ אַחֲרֶיהָ פִּתְאֹם כְּשׁוֹר אֶל־טָבַח יָבֹא וּכְעֶכֶס
כג אֶל־מוּסַר אֱוִיל׃ עַד יְפַלַּח חֵץ כְּבֵדוֹ כְּמַהֵר צִפּוֹר אֶל־פָּח
וְלֹא־יָדַע כִּי־בְנַפְשׁוֹ הוּא׃
כד כה וְעַתָּה בָנִים שִׁמְעוּ־לִי וְהַקְשִׁיבוּ לְאִמְרֵי־פִי׃ אַל־יֵשְׂטְ אֶל־

כו דְּרָכֶיהָ לִבֶּךָ אַל־תֵּתַע בִּנְתִיבוֹתֶיהָ׃ כִּי־רַבִּים חֲלָלִים הִפִּילָה
כז וַעֲצֻמִים כָּל־הֲרֻגֶיהָ׃ דַּרְכֵי שְׁאוֹל בֵּיתָהּ יֹרְדוֹת אֶל־חַדְרֵי־
ח א ב מָוֶת׃ הֲלֹא־חָכְמָה תִקְרָא וּתְבוּנָה תִּתֵּן קוֹלָהּ׃ בְּרֹאשׁ־מְרֹמִים
ג עֲלֵי־דָרֶךְ בֵּית נְתִיבוֹת נִצָּבָה׃ לְיַד־שְׁעָרִים לְפִי־קָרֶת מְבוֹא
ד פְתָחִים תָּרֹנָּה׃ אֲלֵיכֶם אִישִׁים אֶקְרָא וְקוֹלִי אֶל־בְּנֵי אָדָם׃
ה ו הָבִינוּ פְתָאיִם עָרְמָה וּכְסִילִים הָבִינוּ לֵב׃ שִׁמְעוּ כִּי־נְגִידִים
ז אֲדַבֵּר וּמִפְתַּח שְׂפָתַי מֵישָׁרִים׃ כִּי־אֱמֶת יֶהְגֶּה חִכִּי וְתוֹעֲבַת
ח ט שְׂפָתַי רֶשַׁע׃ בְּצֶדֶק כָּל־אִמְרֵי־פִי אֵין בָּהֶם נִפְתָּל וְעִקֵּשׁ׃ כֻּלָּם
י נְכֹחִים לַמֵּבִין וִישָׁרִים לְמֹצְאֵי דָעַת׃ קְחוּ־מוּסָרִי וְאַל־כָּסֶף
יא וְדַעַת מֵחָרוּץ נִבְחָר׃ כִּי־טוֹבָה חָכְמָה מִפְּנִינִים וְכָל־חֲפָצִים לֹא
יב יִשְׁווּ־בָהּ׃ אֲנִי־חָכְמָה שָׁכַנְתִּי עָרְמָה וְדַעַת מְזִמּוֹת אֶמְצָא׃
יג יִרְאַת יהוה שְׂנֹאת רָע גֵּאָה וְגָאוֹן ׀ וְדֶרֶךְ רָע וּפִי תַהְפֻּכוֹת
יד טו שָׂנֵאתִי׃ לִי־עֵצָה וְתוּשִׁיָּה אֲנִי בִינָה לִי גְבוּרָה׃ בִּי מְלָכִים
טז יִמְלֹכוּ וְרֹזְנִים יְחֹקְקוּ צֶדֶק׃ בִּי שָׂרִים יָשֹׂרוּ וּנְדִיבִים כָּל־שֹׁפְטֵי
יז יח צֶדֶק׃ אֲנִי אהביה אֵהָב וּמְשַׁחֲרַי יִמְצָאֻנְנִי׃ עֹשֶׁר־וְכָבוֹד אִתִּי אֹהֲבַי
יט הוֹן עָתֵק וּצְדָקָה׃ טוֹב פִּרְיִי מֵחָרוּץ וּמִפָּז וּתְבוּאָתִי מִכֶּסֶף
כ כא נִבְחָר׃ בְּאֹרַח־צְדָקָה אֲהַלֵּךְ בְּתוֹךְ נְתִיבוֹת מִשְׁפָּט׃ לְהַנְחִיל
אֹהֲבַי ׀ יֵשׁ וְאֹצְרֹתֵיהֶם אֲמַלֵּא׃
כב כג יהוה קָנָנִי רֵאשִׁית דַּרְכּוֹ קֶדֶם מִפְעָלָיו מֵאָז׃ מֵעוֹלָם נִסַּכְתִּי
כד מֵרֹאשׁ מִקַּדְמֵי־אָרֶץ׃ בְּאֵין־תְּהֹמוֹת חוֹלָלְתִּי בְּאֵין מַעְיָנוֹת
כה כו נִכְבַּדֵּי־מָיִם׃ בְּטֶרֶם הָרִים הָטְבָּעוּ לִפְנֵי גְבָעוֹת חוֹלָלְתִּי׃ עַד־
כז לֹא עָשָׂה אֶרֶץ וְחוּצוֹת וְרֹאשׁ עַפְרוֹת תֵּבֵל׃ בַּהֲכִינוֹ שָׁמַיִם
כח שָׁם אָנִי בְּחֻקוֹ חוּג עַל־פְּנֵי תְהוֹם׃ בְּאַמְּצוֹ שְׁחָקִים מִמָּעַל
כט בַּעֲזוֹז עִינוֹת תְּהוֹם׃ בְּשׂוּמוֹ לַיָּם ׀ חֻקּוֹ וּמַיִם לֹא יַעַבְרוּ־פִיו
ל בְּחוּקוֹ מוֹסְדֵי אָרֶץ׃ וָאֶהְיֶה אֶצְלוֹ אָמוֹן וָאֶהְיֶה שַׁעֲשׁוּעִים
לא יוֹם ׀ יוֹם מְשַׂחֶקֶת לְפָנָיו בְּכָל־עֵת׃ מְשַׂחֶקֶת בְּתֵבֵל אַרְצוֹ
וְשַׁעֲשֻׁעַי אֶת־בְּנֵי אָדָם׃

לב לג וְעַתָּה בָנִים שִׁמְעוּ־לִי וְאַשְׁרֵי דְּרָכַי יִשְׁמֹרוּ: שִׁמְעוּ מוּסָר וַחֲכָמוּ
לד וְאַל־תִּפְרָעוּ: אַשְׁרֵי אָדָם שֹׁמֵעַ לִי לִשְׁקֹד עַל־דַּלְתֹתַי יוֹם ׀ יוֹם
לה לִשְׁמֹר מְזוּזֹת פְּתָחָי: כִּי מֹצְאִי מָצְאֵי חַיִּים וַיָּפֶק רָצוֹן מֵיְהוָה: מָצָא
לו וְחֹטְאִי חֹמֵס נַפְשׁוֹ כָּל־מְשַׂנְאַי אָהֲבוּ מָוֶת:
א ב חָכְמוֹת בָּנְתָה בֵיתָהּ חָצְבָה עַמּוּדֶיהָ שִׁבְעָה: טָבְחָה טִבְחָהּ ט
ג מָסְכָה יֵינָהּ אַף עָרְכָה שֻׁלְחָנָהּ: שָׁלְחָה נַעֲרֹתֶיהָ תִקְרָא עַל־גַּפֵּי
ד ה מְרֹמֵי קָרֶת: מִי־פֶתִי יָסֻר הֵנָּה חֲסַר־לֵב אָמְרָה לּוֹ: לְכוּ לַחֲמוּ
ו בְלַחֲמִי וּשְׁתוּ בְּיַיִן מָסָכְתִּי: עִזְבוּ פְתָאיִם וִחְיוּ וְאִשְׁרוּ בְּדֶרֶךְ
ז ח בִּינָה: יֹסֵר ׀ לֵץ לֹקֵחַ לוֹ קָלוֹן וּמוֹכִיחַ לְרָשָׁע מוּמוֹ: אַל־תּוֹכַח
ט לֵץ פֶּן־יִשְׂנָאֶךָּ הוֹכַח לְחָכָם וְיֶאֱהָבֶךָּ: תֵּן לְחָכָם וְיֶחְכַּם־עוֹד
י הוֹדַע לְצַדִּיק וְיוֹסֶף לֶקַח: תְּחִלַּת חָכְמָה יִרְאַת יְהוָה וְדַעַת
יא יב קְדֹשִׁים בִּינָה: כִּי־בִי יִרְבּוּ יָמֶיךָ וְיוֹסִיפוּ לְּךָ שְׁנוֹת חַיִּים: אִם־ ג
יג חָכַמְתָּ חָכַמְתָּ לָּךְ וְלַצְתָּ לְבַדְּךָ תִשָּׂא: אֵשֶׁת כְּסִילוּת הֹמִיָּה
יד פְּתַיּוּת וּבַל־יָדְעָה מָּה: וְיָשְׁבָה לְפֶתַח בֵּיתָהּ עַל־כִּסֵּא
טו טז מְרֹמֵי קָרֶת: לִקְרֹא לְעֹבְרֵי־דָרֶךְ הַמְיַשְּׁרִים אֹרְחוֹתָם: מִי־
יז פֶתִי יָסֻר הֵנָּה וַחֲסַר־לֵב וְאָמְרָה לּוֹ: מַיִם־גְּנוּבִים יִמְתָּקוּ
יח וְלֶחֶם סְתָרִים יִנְעָם: וְלֹא־יָדַע כִּי־רְפָאִים שָׁם בְּעִמְקֵי
שְׁאוֹל קְרֻאֶיהָ:
א ב מִשְׁלֵי שְׁלֹמֹה בֵּן חָכָם יְשַׂמַּח־אָב וּבֵן כְּסִיל תּוּגַת אִמּוֹ: לֹא־ י
ג יוֹעִילוּ אוֹצְרוֹת רֶשַׁע וּצְדָקָה תַּצִּיל מִמָּוֶת: לֹא־יַרְעִיב יְהוָה
ד נֶפֶשׁ צַדִּיק וְהַוַּת רְשָׁעִים יֶהְדֹּף: רָאשׁ עֹשֶׂה כַף־רְמִיָּה וְיַד
ה חָרוּצִים תַּעֲשִׁיר: אֹגֵר בַּקַּיִץ בֵּן מַשְׂכִּיל נִרְדָּם בַּקָּצִיר בֵּן
ו ז מֵבִישׁ: בְּרָכוֹת לְרֹאשׁ צַדִּיק וּפִי רְשָׁעִים יְכַסֶּה חָמָס: זֵכֶר
ח צַדִּיק לִבְרָכָה וְשֵׁם רְשָׁעִים יִרְקָב: חֲכַם־לֵב יִקַּח מִצְוֺת וֶאֱוִיל
ט שְׂפָתַיִם יִלָּבֵט: הוֹלֵךְ בַּתֹּם יֵלֶךְ בֶּטַח וּמְעַקֵּשׁ דְּרָכָיו יִוָּדֵעַ:
י יא קֹרֵץ עַיִן יִתֵּן עַצָּבֶת וֶאֱוִיל שְׂפָתַיִם יִלָּבֵט: מְקוֹר חַיִּים פִּי צַדִּיק
יב וּפִי רְשָׁעִים יְכַסֶּה חָמָס: שִׂנְאָה תְּעֹרֵר מְדָנִים וְעַל כָּל־פְּשָׁעִים

יג תְּכַסֶּה אַהֲבָה׃ בְּשִׂפְתֵי נָבוֹן תִּמָּצֵא חָכְמָה וְשֵׁבֶט לְגֵו חֲסַר־
יד טו לֵב׃ חֲכָמִים יִצְפְּנוּ־דָעַת וּפִי־אֱוִיל מְחִתָּה קְרֹבָה׃ הוֹן עָשִׁיר
טז קִרְיַת עֻזּוֹ מְחִתַּת דַּלִּים רֵישָׁם׃ פְּעֻלַּת צַדִּיק לְחַיִּים תְּבוּאַת
יז רָשָׁע לְחַטָּאת׃ אֹרַח לְחַיִּים שׁוֹמֵר מוּסָר וְעֹזֵב תּוֹכַחַת מַתְעֶה׃
יח יט מְכַסֶּה שִׂנְאָה שִׂפְתֵי־שָׁקֶר וּמוֹצִא דִבָּה הוּא כְסִיל׃ בְּרֹב דְּבָרִים
כ לֹא יֶחְדַּל־פָּשַׁע וְחוֹשֵׂךְ שְׂפָתָיו מַשְׂכִּיל׃ כֶּסֶף נִבְחָר לְשׁוֹן צַדִּיק
כא לֵב רְשָׁעִים כִּמְעָט׃ שִׂפְתֵי צַדִּיק יִרְעוּ רַבִּים וֶאֱוִילִים בַּחֲסַר־לֵב
כב כג יָמוּתוּ׃ בִּרְכַּת יְהוה הִיא תַעֲשִׁיר וְלֹא־יוֹסִף עֶצֶב עִמָּהּ׃ כִּשְׂחוֹק
כד לִכְסִיל עֲשׂוֹת זִמָּה וְחָכְמָה לְאִישׁ תְּבוּנָה׃ מְגוֹרַת רָשָׁע הִיא
כה תְבוֹאֶנּוּ וְתַאֲוַת צַדִּיקִים יִתֵּן׃ כַּעֲבוֹר סוּפָה וְאֵין רָשָׁע וְצַדִּיק
כו יְסוֹד עוֹלָם׃ כַּחֹמֶץ ׀ לַשִּׁנַּיִם וְכֶעָשָׁן לָעֵינָיִם כֵּן הֶעָצֵל לְשֹׁלְחָיו׃
כז כח יִרְאַת יְהוה תּוֹסִיף יָמִים וּשְׁנוֹת רְשָׁעִים תִּקְצֹרְנָה׃ תּוֹחֶלֶת
כט צַדִּיקִים שִׂמְחָה וְתִקְוַת רְשָׁעִים תֹּאבֵד׃ מָעוֹז לַתֹּם דֶּרֶךְ יְהוה
ל וּמְחִתָּה לְפֹעֲלֵי אָוֶן׃ צַדִּיק לְעוֹלָם בַּל־יִמּוֹט וּרְשָׁעִים לֹא
לא יִשְׁכְּנוּ־אָרֶץ׃ פִּי־צַדִּיק יָנוּב חָכְמָה וּלְשׁוֹן תַּהְפֻּכוֹת תִּכָּרֵת׃
לב יא א שִׂפְתֵי צַדִּיק יֵדְעוּן רָצוֹן וּפִי רְשָׁעִים תַּהְפֻּכוֹת׃ מֹאזְנֵי מִרְמָה
ב תּוֹעֲבַת יְהוה וְאֶבֶן שְׁלֵמָה רְצוֹנוֹ׃ בָּא־זָדוֹן וַיָּבֹא קָלוֹן וְאֶת־
ג ד צְנוּעִים חָכְמָה׃ תֻּמַּת יְשָׁרִים תַּנְחֵם וְסֶלֶף בֹּגְדִים ושדם׃ לֹא־ יְשָׁדֵּם
ה יוֹעִיל הוֹן בְּיוֹם עֶבְרָה וּצְדָקָה תַּצִּיל מִמָּוֶת׃ צִדְקַת תָּמִים
ו תְּיַשֵּׁר דַּרְכּוֹ וּבְרִשְׁעָתוֹ יִפֹּל רָשָׁע׃ צִדְקַת יְשָׁרִים תַּצִּילֵם וּבְהַוַּת
ז בֹּגְדִים יִלָּכֵדוּ׃ בְּמוֹת אָדָם רָשָׁע תֹּאבַד תִּקְוָה וְתוֹחֶלֶת אוֹנִים
ח ט אָבָדָה׃ צַדִּיק מִצָּרָה נֶחֱלָץ וַיָּבֹא רָשָׁע תַּחְתָּיו׃ בְּפֶה חָנֵף
י יַשְׁחִת רֵעֵהוּ וּבְדַעַת צַדִּיקִים יֵחָלֵצוּ׃ בְּטוּב צַדִּיקִים תַּעֲלֹץ
יא קִרְיָה וּבַאֲבֹד רְשָׁעִים רִנָּה׃ בְּבִרְכַּת יְשָׁרִים תָּרוּם קָרֶת וּבְפִי
יב רְשָׁעִים תֵּהָרֵס׃ בָּז־לְרֵעֵהוּ חֲסַר־לֵב וְאִישׁ תְּבוּנוֹת יַחֲרִישׁ׃
יג יד הוֹלֵךְ רָכִיל מְגַלֶּה־סּוֹד וְנֶאֱמַן־רוּחַ מְכַסֶּה דָבָר׃ בְּאֵין תַּחְבֻּלוֹת
טו יִפָּל־עָם וּתְשׁוּעָה בְּרֹב יוֹעֵץ׃ רַע־יֵרוֹעַ כִּי־עָרַב זָר וְשֹׂנֵא

טז תּוֹקְעִים בּוֹטֵחַ׃ אֵשֶׁת־חֵן תִּתְמֹךְ כָּבוֹד וְעָרִיצִים יִתְמְכוּ־עֹשֶׁר׃
יז יח גֹּמֵל נַפְשׁוֹ אִישׁ חָסֶד וְעֹכֵר שְׁאֵרוֹ אַכְזָרִי׃ רָשָׁע עֹשֶׂה פְעֻלַּת־
יט שָׁקֶר וְזֹרֵעַ צְדָקָה שֶׂכֶר אֱמֶת׃ כֵּן־צְדָקָה לְחַיִּים וּמְרַדֵּף רָעָה
כ כא לְמוֹתוֹ׃ תּוֹעֲבַת יְהוָה עִקְּשֵׁי־לֵב וּרְצוֹנוֹ תְּמִימֵי דָרֶךְ׃ יָד לְיָד
כב לֹא־יִנָּקֶה רָּע וְזֶרַע צַדִּיקִים נִמְלָט׃ נֶזֶם זָהָב בְּאַף חֲזִיר אִשָּׁה
כג יָפָה וְסָרַת טָעַם׃ תַּאֲוַת צַדִּיקִים אַךְ־טוֹב תִּקְוַת רְשָׁעִים
כד כה עֶבְרָה׃ יֵשׁ מְפַזֵּר וְנוֹסָף עוֹד וְחוֹשֵׂךְ מִיֹּשֶׁר אַךְ־לְמַחְסוֹר׃ נֶפֶשׁ־
כו בְּרָכָה תְדֻשָּׁן וּמַרְוֶה גַּם־הוּא יוֹרֶא׃ מֹנֵעַ בָּר יִקְּבֻהוּ לְאוֹם
כז וּבְרָכָה לְרֹאשׁ מַשְׁבִּיר׃ שֹׁחֵר טוֹב יְבַקֵּשׁ רָצוֹן וְדֹרֵשׁ רָעָה
כח כט תְבוֹאֶנּוּ׃ בּוֹטֵחַ בְּעָשְׁרוֹ הוּא יִפֹּל וְכֶעָלֶה צַדִּיקִים יִפְרָחוּ׃ עוֹכֵר
ל בֵּיתוֹ יִנְחַל־רוּחַ וְעֶבֶד אֱוִיל לַחֲכַם־לֵב׃ פְּרִי־צַדִּיק עֵץ חַיִּים
לא וְלֹקֵחַ נְפָשׁוֹת חָכָם׃ הֵן צַדִּיק בָּאָרֶץ יְשֻׁלָּם אַף כִּי־רָשָׁע וְחוֹטֵא׃
יב א ב אֹהֵב מוּסָר אֹהֵב דָּעַת וְשׂוֹנֵא תוֹכַחַת בָּעַר׃ טוֹב יָפִיק רָצוֹן
ג מֵיְהוָה וְאִישׁ מְזִמּוֹת יַרְשִׁיעַ׃ לֹא־יִכּוֹן אָדָם בְּרֶשַׁע וְשֹׁרֶשׁ
ד צַדִּיקִים בַּל־יִמּוֹט׃ אֵשֶׁת־חַיִל עֲטֶרֶת בַּעְלָהּ וּכְרָקָב בְּעַצְמוֹתָיו
ה מְבִישָׁה׃ מַחְשְׁבוֹת צַדִּיקִים מִשְׁפָּט תַּחְבֻּלוֹת רְשָׁעִים מִרְמָה׃
ו ז דִּבְרֵי רְשָׁעִים אֱרָב־דָּם וּפִי יְשָׁרִים יַצִּילֵם׃ הָפוֹךְ רְשָׁעִים וְאֵינָם
ח וּבֵית צַדִּיקִים יַעֲמֹד׃ לְפִי־שִׂכְלוֹ יְהֻלַּל־אִישׁ וְנַעֲוֵה־לֵב יִהְיֶה
ט לָבוּז׃ טוֹב נִקְלֶה וְעֶבֶד לוֹ מִמִּתְכַּבֵּד וַחֲסַר־לָחֶם׃ יוֹדֵעַ צַדִּיק
יא נֶפֶשׁ בְּהֶמְתּוֹ וְרַחֲמֵי רְשָׁעִים אַכְזָרִי׃ עֹבֵד אַדְמָתוֹ יִשְׂבַּע־לָחֶם
יב וּמְרַדֵּף רֵיקִים חֲסַר־לֵב׃ חָמַד רָשָׁע מְצוֹד רָעִים וְשֹׁרֶשׁ
יג צַדִּיקִים יִתֵּן׃ בְּפֶשַׁע שְׂפָתַיִם מוֹקֵשׁ רָע וַיֵּצֵא מִצָּרָה צַדִּיק׃
יד טו מִפְּרִי פִי־אִישׁ יִשְׂבַּע־טוֹב וּגְמוּל יְדֵי־אָדָם ישוב לוֹ׃ דֶּרֶךְ אֱוִיל יָשִׁיב
טז יָשָׁר בְּעֵינָיו וְשֹׁמֵעַ לְעֵצָה חָכָם׃ אֱוִיל בַּיּוֹם יִוָּדַע כַּעְסוֹ וְכֹסֶה
יז יח קָלוֹן עָרוּם׃ יָפִיחַ אֱמוּנָה יַגִּיד צֶדֶק וְעֵד שְׁקָרִים מִרְמָה׃ יֵשׁ
יט בּוֹטֶה כְּמַדְקְרוֹת חָרֶב וּלְשׁוֹן חֲכָמִים מַרְפֵּא׃ שְׂפַת־אֱמֶת תִּכּוֹן
כ לָעַד וְעַד־אַרְגִּיעָה לְשׁוֹן שָׁקֶר׃ מִרְמָה בְּלֶב־חֹרְשֵׁי רָע וּלְיֹעֲצֵי

כא שָׁלוֹם שִׂמְחָה: לֹא־יְאֻנֶּה לַצַּדִּיק כָּל־אָוֶן וּרְשָׁעִים מָלְאוּ רָע:
כב כג תּוֹעֲבַת יְהוָה שִׂפְתֵי־שָׁקֶר וְעֹשֵׂי אֱמוּנָה רְצוֹנוֹ: אָדָם עָרוּם
כד כֹּסֶה דָּעַת וְלֵב כְּסִילִים יִקְרָא אִוֶּלֶת: יַד־חָרוּצִים תִּמְשׁוֹל
כה וּרְמִיָּה תִּהְיֶה לָמַס: דְּאָגָה בְלֶב־אִישׁ יַשְׁחֶנָּה וְדָבָר טוֹב
כו כז יְשַׂמְּחֶנָּה: יָתֵר מֵרֵעֵהוּ צַדִּיק וְדֶרֶךְ רְשָׁעִים תַּתְעֵם: לֹא־יַחֲרֹךְ
כח רְמִיָּה צֵידוֹ וְהוֹן־אָדָם יָקָר חָרוּץ: בְּאֹרַח־צְדָקָה חַיִּים וְדֶרֶךְ
נְתִיבָה אַל־מָוֶת:

יג א ב בֵּן חָכָם מוּסַר אָב וְלֵץ לֹא־שָׁמַע גְּעָרָה: מִפְּרִי פִי־אִישׁ יֹאכַל
ג טוֹב וְנֶפֶשׁ בֹּגְדִים חָמָס: נֹצֵר פִּיו שֹׁמֵר נַפְשׁוֹ פֹּשֵׂק שְׂפָתָיו
ד מְחִתָּה־לוֹ: מִתְאַוָּה וָאַיִן נַפְשׁוֹ עָצֵל וְנֶפֶשׁ חָרֻצִים תְּדֻשָּׁן:
ה ו דְּבַר־שֶׁקֶר יִשְׂנָא צַדִּיק וְרָשָׁע יַבְאִישׁ וְיַחְפִּיר: צְדָקָה תִּצֹּר תָּם־
ז דָּרֶךְ וְרִשְׁעָה תְּסַלֵּף חַטָּאת: יֵשׁ מִתְעַשֵּׁר וְאֵין כֹּל מִתְרוֹשֵׁשׁ
ח ט וְהוֹן רָב: כֹּפֶר נֶפֶשׁ־אִישׁ עָשְׁרוֹ וְרָשׁ לֹא־שָׁמַע גְּעָרָה: אוֹר־
י צַדִּיקִים יִשְׂמָח וְנֵר רְשָׁעִים יִדְעָךְ: רַק־בְּזָדוֹן יִתֵּן מַצָּה וְאֶת־
יא יב נוֹעָצִים חָכְמָה: הוֹן מֵהֶבֶל יִמְעָט וְקֹבֵץ עַל־יָד יַרְבֶּה: תּוֹחֶלֶת
יג מְמֻשָּׁכָה מַחֲלָה־לֵב וְעֵץ חַיִּים תַּאֲוָה בָאָה: בָּז לְדָבָר יֵחָבֶל לוֹ
יד וִירֵא מִצְוָה הוּא יְשֻׁלָּם: תּוֹרַת חָכָם מְקוֹר חַיִּים לָסוּר מִמֹּקְשֵׁי
טו טז מָוֶת: שֵׂכֶל־טוֹב יִתֶּן־חֵן וְדֶרֶךְ בֹּגְדִים אֵיתָן: כָּל־עָרוּם יַעֲשֶׂה
יז בְדָעַת וּכְסִיל יִפְרֹשׂ אִוֶּלֶת: מַלְאָךְ רָשָׁע יִפֹּל בְּרָע וְצִיר אֱמוּנִים
יח יט מַרְפֵּא: רֵישׁ וְקָלוֹן פּוֹרֵעַ מוּסָר וְשׁוֹמֵר תּוֹכַחַת יְכֻבָּד: תַּאֲוָה
כ נִהְיָה תֶּעֱרַב לְנָפֶשׁ וְתוֹעֲבַת כְּסִילִים סוּר מֵרָע: הלוך אֶת־ הוֹלֵךְ
כא חֲכָמִים וחכם וְרֹעֶה כְסִילִים יֵרוֹעַ: חַטָּאִים תְּרַדֵּף רָעָה וְאֶת־ יֶחְכָּם
כב צַדִּיקִים יְשַׁלֶּם־טוֹב: טוֹב יַנְחִיל בְּנֵי־בָנִים וְצָפוּן לַצַּדִּיק חֵיל
כג כד חוֹטֵא: רָב־אֹכֶל נִיר רָאשִׁים וְיֵשׁ נִסְפֶּה בְּלֹא מִשְׁפָּט: חוֹשֵׂךְ
כה שִׁבְטוֹ שׂוֹנֵא בְנוֹ וְאֹהֲבוֹ שִׁחֲרוֹ מוּסָר: צַדִּיק אֹכֵל לְשֹׂבַע נַפְשׁוֹ
יד א וּבֶטֶן רְשָׁעִים תֶּחְסָר: חַכְמוֹת נָשִׁים בָּנְתָה בֵיתָהּ וְאִוֶּלֶת בְּיָדֶיהָ
ב ג תֶהֶרְסֶנּוּ: הוֹלֵךְ בְּיָשְׁרוֹ יְרֵא יְהוָה וּנְלוֹז דְּרָכָיו בּוֹזֵהוּ: בְּפִי־אֱוִיל

ד חטר גאוה ושפתי חכמים תשמורם: באין אלפים אבוס בר ד
ורב־תבואות בכח שור: עד אמונים לא יכזב ויפיח כזבים עד ה
שקר: בקש־לץ חכמה ואין ודעת לנבון נקל: לך מנגד לאיש ו ז
כסיל ובל־ידעת שפתי־דעת: חכמת ערום הבין דרכו ואולת ח
כסילים מרמה: אולים יליץ אשם ובין ישרים רצון: לב יודע ט י
מרת נפשו ובשמחתו לא־יתערב זר: בית רשעים ישמד יא
ואהל ישרים יפריח: יש דרך ישר לפני־איש ואחריתה דרכי־ יב
מות: גם־בשחק יכאב־לב ואחריתה שמחה תוגה: מדרכיו יג יד
ישבע סוג לב ומעליו איש טוב: פתי יאמין לכל־דבר וערום טו
יבין לאשרו: חכם ירא וסר מרע וכסיל מתעבר ובוטח: קצר־ טז יז
אפים יעשה אולת ואיש מזמות ישנא: נחלו פתאים אולת יח
וערומים יכתרו דעת: שחו רעים לפני טובים ורשעים על־ יט
שערי צדיק: גם־לרעהו ישנא רש ואהבי עשיר רבים: בז־ כ כא
לרעהו חוטא ומחונן עניים אשריו: הלוא־יתעו חרשי רע כב ענוים
וחסד ואמת חרשי טוב: בכל־עצב יהיה מותר ודבר־שפתים כג
אך־למחסור: עטרת חכמים עשרם אולת כסילים אולת: כד
מציל נפשות עד אמת ויפח כזבים מרמה: ביראת יהוה כה כו
מבטח־עז ולבניו יהיה מחסה: יראת יהוה מקור חיים לסור כז
ממקשי מות: ברב־עם הדרת־מלך ובאפס לאם מחתת כח
רזון: ארך אפים רב־תבונה וקצר־רוח מרים אולת: חיי כט ל
בשרים לב מרפא ורקב עצמות קנאה: עשק דל חרף עשהו לא
ומכבדו חנן אביון: ברעתו ידחה רשע וחסה במותו צדיק: לב
בלב נבון תנוח חכמה ובקרב כסילים תודע: צדקה תרומם־ לג לד
גוי וחסד לאמים חטאת: רצון־מלך לעבד משכיל ועברתו לה
תהיה מביש: מענה־רך ישיב חמה ודבר־עצב יעלה־אף: א טו
לשון חכמים תיטיב דעת ופי כסילים יביע אולת: בכל־מקום ב ג
עיני יהוה צפות רעים וטובים: מרפא לשון עץ חיים וסלף ד

ה בָּהּ שֶׁבֶר בְּרוּחַ׃ אֱוִיל יִנְאַץ מוּסַר אָבִיו וְשֹׁמֵר תּוֹכַחַת יַעְרִם׃
ו ז בֵּית צַדִּיק חֹסֶן רָב וּבִתְבוּאַת רָשָׁע נֶעְכָּרֶת׃ שִׂפְתֵי חֲכָמִים
ח יְזָרוּ דָעַת וְלֵב כְּסִילִים לֹא־כֵן׃ זֶבַח רְשָׁעִים תּוֹעֲבַת יְהוָה
ט וּתְפִלַּת יְשָׁרִים רְצוֹנוֹ׃ תּוֹעֲבַת יְהוָה דֶּרֶךְ רָשָׁע וּמְרַדֵּף צְדָקָה
י יא יֶאֱהָב׃ מוּסָר רָע לְעֹזֵב אֹרַח שׂוֹנֵא תוֹכַחַת יָמוּת׃ שְׁאוֹל
יב וַאֲבַדּוֹן נֶגֶד יְהוָה אַף כִּי־לִבּוֹת בְּנֵי־אָדָם׃ לֹא־יֶאֱהַב לֵץ הוֹכֵחַ
יג לוֹ אֶל־חֲכָמִים לֹא יֵלֵךְ׃ לֵב שָׂמֵחַ יֵיטִב פָּנִים וּבְעַצְּבַת־לֵב רוּחַ
יד טו נְכֵאָה׃ לֵב נָבוֹן יְבַקֶּשׁ־דָּעַת וּפְנֵי כְסִילִים יִרְעֶה אִוֶּלֶת׃ כָּל־יְמֵי ופי
טז עָנִי רָעִים וְטוֹב־לֵב מִשְׁתֶּה תָמִיד׃ טוֹב־מְעַט בְּיִרְאַת יְהוָה
יז מֵאוֹצָר רָב וּמְהוּמָה בוֹ׃ טוֹב אֲרֻחַת יָרָק וְאַהֲבָה־שָׁם מִשּׁוֹר
יח אָבוּס וְשִׂנְאָה־בוֹ׃ אִישׁ חֵמָה יְגָרֶה מָדוֹן וְאֶרֶךְ אַפַּיִם יַשְׁקִיט
יט רִיב׃ דֶּרֶךְ עָצֵל כִּמְשֻׂכַת חָדֶק וְאֹרַח יְשָׁרִים סְלֻלָה׃
כ כא בֵּן חָכָם יְשַׂמַּח־אָב וּכְסִיל אָדָם בּוֹזֶה אִמּוֹ׃ אִוֶּלֶת שִׂמְחָה
כב לַחֲסַר־לֵב וְאִישׁ תְּבוּנָה יְיַשֶּׁר־לָכֶת׃ הָפֵר מַחֲשָׁבוֹת בְּאֵין סוֹד
כג וּבְרֹב יוֹעֲצִים תָּקוּם׃ שִׂמְחָה לָאִישׁ בְּמַעֲנֵה־פִיו וְדָבָר בְּעִתּוֹ
כד מַה־טּוֹב׃ אֹרַח חַיִּים לְמַעְלָה לְמַשְׂכִּיל לְמַעַן סוּר מִשְּׁאוֹל
כה כו מָטָּה׃ בֵּית גֵּאִים יִסַּח יְהוָה וְיַצֵּב גְּבוּל אַלְמָנָה׃ תּוֹעֲבַת יְהוָה
כז מַחְשְׁבוֹת רָע וּטְהֹרִים אִמְרֵי־נֹעַם׃ עֹכֵר בֵּיתוֹ בּוֹצֵעַ בָּצַע
כח וְשׂוֹנֵא מַתָּנֹת יִחְיֶה׃ לֵב צַדִּיק יֶהְגֶּה לַעֲנוֹת וּפִי רְשָׁעִים יַבִּיעַ
כט ל רָעוֹת׃ רָחוֹק יְהוָה מֵרְשָׁעִים וּתְפִלַּת צַדִּיקִים יִשְׁמָע׃ מְאוֹר־
לא עֵינַיִם יְשַׂמַּח־לֵב שְׁמוּעָה טוֹבָה תְּדַשֶּׁן־עָצֶם׃ אֹזֶן שֹׁמַעַת
לב תּוֹכַחַת חַיִּים בְּקֶרֶב חֲכָמִים תָּלִין׃ פּוֹרֵעַ מוּסָר מוֹאֵס נַפְשׁוֹ
לג וְשׁוֹמֵעַ תּוֹכַחַת קוֹנֶה לֵּב׃ יִרְאַת יְהוָה מוּסַר חָכְמָה וְלִפְנֵי
טז א ב כָבוֹד עֲנָוָה׃ לְאָדָם מַעַרְכֵי־לֵב וּמֵיְהוָה מַעֲנֵה לָשׁוֹן׃ כָּל־
ג דַּרְכֵי־אִישׁ זַךְ בְּעֵינָיו וְתֹכֵן רוּחוֹת יְהוָה׃ גֹּל אֶל־יְהוָה מַעֲשֶׂיךָ
ד וְיִכֹּנוּ מַחְשְׁבֹתֶיךָ׃ כֹּל פָּעַל יְהוָה לַמַּעֲנֵהוּ וְגַם־רָשָׁע לְיוֹם רָעָה׃
ה ו תּוֹעֲבַת יְהוָה כָּל־גְּבַהּ־לֵב יָד לְיָד לֹא יִנָּקֶה׃ בְּחֶסֶד וֶאֱמֶת

ז יְכֻפַּר עָוֺן וּבְיִרְאַת יְהוָה סוּר מֵרָע׃ בִּרְצוֹת יְהוָה דַּרְכֵי־אִישׁ
ח גַּם־אוֹיְבָיו יַשְׁלִם אִתּוֹ׃ טוֹב מְעַט בִּצְדָקָה מֵרֹב תְּבוּאוֹת בְּלֹא
ט י מִשְׁפָּט׃ לֵב אָדָם יְחַשֵּׁב דַּרְכּוֹ וַיהוָה יָכִין צַעֲדוֹ׃ קֶסֶם ׀ עַל־
יא שִׂפְתֵי־מֶלֶךְ בְּמִשְׁפָּט לֹא יִמְעַל־פִּיו׃ פֶּלֶס ׀ וּמֹאזְנֵי מִשְׁפָּט לַיהוָה
יב מַעֲשֵׂהוּ כָּל־אַבְנֵי־כִיס׃ תּוֹעֲבַת מְלָכִים עֲשׂוֹת רֶשַׁע כִּי בִצְדָקָה
יג יד יִכּוֹן כִּסֵּא׃ רְצוֹן מְלָכִים שִׂפְתֵי־צֶדֶק וְדֹבֵר יְשָׁרִים יֶאֱהָב׃ חֲמַת־
טו מֶלֶךְ מַלְאֲכֵי־מָוֶת וְאִישׁ חָכָם יְכַפְּרֶנָּה׃ בְּאוֹר־פְּנֵי־מֶלֶךְ חַיִּים
טז וּרְצוֹנוֹ כְּעָב מַלְקוֹשׁ׃ קְנֹה־חָכְמָה מַה־טּוֹב מֵחָרוּץ וּקְנוֹת בִּינָה
יז נִבְחָר מִכָּסֶף׃ מְסִלַּת יְשָׁרִים סוּר מֵרָע שֹׁמֵר נַפְשׁוֹ נֹצֵר דַּרְכּוֹ׃
יח יט לִפְנֵי־שֶׁבֶר גָּאוֹן וְלִפְנֵי כִשָּׁלוֹן גֹּבַהּ רוּחַ׃ טוֹב שְׁפַל־רוּחַ אֶת־
כ עניים מֵחַלֵּק שָׁלָל אֶת־גֵּאִים׃ מַשְׂכִּיל עַל־דָּבָר יִמְצָא־טוֹב — עֲנָוִים
כא וּבוֹטֵחַ בַּיהוָה אַשְׁרָיו׃ לַחֲכַם־לֵב יִקָּרֵא נָבוֹן וּמֶתֶק שְׂפָתַיִם
כב כג יֹסִיף לֶקַח׃ מְקוֹר חַיִּים שֵׂכֶל בְּעָלָיו וּמוּסַר אֱוִלִים אִוֶּלֶת׃ לֵב
כד חָכָם יַשְׂכִּיל פִּיהוּ וְעַל־שְׂפָתָיו יֹסִיף לֶקַח׃ צוּף־דְּבַשׁ אִמְרֵי־
כה נֹעַם מָתוֹק לַנֶּפֶשׁ וּמַרְפֵּא לָעָצֶם׃ יֵשׁ דֶּרֶךְ יָשָׁר לִפְנֵי־אִישׁ
כו וְאַחֲרִיתָהּ דַּרְכֵי־מָוֶת׃ נֶפֶשׁ עָמֵל עָמְלָה לּוֹ כִּי־אָכַף עָלָיו פִּיהוּ׃
כז כח אִישׁ בְּלִיַּעַל כֹּרֶה רָעָה וְעַל־שפתיו כְּאֵשׁ צָרָבֶת׃ אִישׁ תַּהְפֻּכוֹת — שְׂפָתוֹ
כט יְשַׁלַּח מָדוֹן וְנִרְגָּן מַפְרִיד אַלּוּף׃ אִישׁ חָמָס יְפַתֶּה רֵעֵהוּ וְהוֹלִיכוֹ
ל בְּדֶרֶךְ לֹא־טוֹב׃ עֹצֶה עֵינָיו לַחְשֹׁב תַּהְפֻּכוֹת קֹרֵץ שְׂפָתָיו כִּלָּה
לא לב רָעָה׃ עֲטֶרֶת תִּפְאֶרֶת שֵׂיבָה בְּדֶרֶךְ צְדָקָה תִּמָּצֵא׃ טוֹב אֶרֶךְ
לג אַפַּיִם מִגִּבּוֹר וּמֹשֵׁל בְּרוּחוֹ מִלֹּכֵד עִיר׃ בַּחֵיק יוּטַל אֶת־הַגּוֹרָל
יז א וּמֵיְהוָה כָּל־מִשְׁפָּטוֹ׃ טוֹב פַּת חֲרֵבָה וְשַׁלְוָה־בָהּ מִבַּיִת מָלֵא
ב זִבְחֵי־רִיב׃ עֶבֶד־מַשְׂכִּיל יִמְשֹׁל בְּבֵן מֵבִישׁ וּבְתוֹךְ אַחִים יַחֲלֹק
ג ד נַחֲלָה׃ מַצְרֵף לַכֶּסֶף וְכוּר לַזָּהָב וּבֹחֵן לִבּוֹת יְהוָה׃ מֵרַע מַקְשִׁיב
ה עַל־שְׂפַת־אָוֶן שֶׁקֶר מֵזִין עַל־לְשׁוֹן הַוֺּת׃ לֹעֵג לָרָשׁ חֵרֵף עֹשֵׂהוּ
ו שָׂמֵחַ לְאֵיד לֹא יִנָּקֶה׃ עֲטֶרֶת זְקֵנִים בְּנֵי בָנִים וְתִפְאֶרֶת בָּנִים
ז אֲבוֹתָם׃ לֹא־נָאוָה לְנָבָל שְׂפַת־יֶתֶר אַף כִּי־לְנָדִיב שְׂפַת־שָׁקֶר׃

ח אֶבֶן־חֵן הַשֹּׁחַד בְּעֵינֵי בְעָלָיו אֶל־כָּל־אֲשֶׁר יִפְנֶה יַשְׂכִּיל:
ט י מְכַסֶּה־פֶּשַׁע מְבַקֵּשׁ אַהֲבָה וְשֹׁנֶה בְדָבָר מַפְרִיד אַלּוּף: תֵּחַת
יא גְּעָרָה בְמֵבִין מֵהַכּוֹת כְּסִיל מֵאָה: אַךְ־מְרִי יְבַקֶּשׁ־רָע וּמַלְאָךְ
יב אַכְזָרִי יְשֻׁלַּח־בּוֹ: פָּגוֹשׁ דֹּב שַׁכּוּל בְּאִישׁ וְאַל־כְּסִיל בְּאִוַּלְתּוֹ:
יג יד מֵשִׁיב רָעָה תַּחַת טוֹבָה לֹא־תָמִישׁ רָעָה מִבֵּיתוֹ: פּוֹטֵר מַיִם תָּמוּשׁ
טו רֵאשִׁית מָדוֹן וְלִפְנֵי הִתְגַּלַּע הָרִיב נְטוֹשׁ: מַצְדִּיק רָשָׁע וּמַרְשִׁיעַ
טז צַדִּיק תּוֹעֲבַת יְהוָה גַּם־שְׁנֵיהֶם: לָמָּה־זֶּה מְחִיר בְּיַד־כְּסִיל
יז לִקְנוֹת חָכְמָה וְלֶב־אָיִן: בְּכָל־עֵת אֹהֵב הָרֵעַ וְאָח לְצָרָה יִוָּלֵד:
יח יט אָדָם חֲסַר־לֵב תֹּקֵעַ כָּף עֹרֵב עֲרֻבָּה לִפְנֵי רֵעֵהוּ: אֹהֵב פֶּשַׁע
כ אֹהֵב מַצָּה מַגְבִּיהַּ פִּתְחוֹ מְבַקֶּשׁ־שָׁבֶר: עִקֶּשׁ־לֵב לֹא יִמְצָא־
כא טוֹב וְנֶהְפָּךְ בִּלְשׁוֹנוֹ יִפּוֹל בְּרָעָה: יֹלֵד כְּסִיל לְתוּגָה לוֹ וְלֹא־
כב יִשְׂמַח אֲבִי נָבָל: לֵב שָׂמֵחַ יֵיטִב גֵּהָה וְרוּחַ נְכֵאָה תְּיַבֶּשׁ־גָּרֶם:
כג שֹׁחַד מֵחֵק רָשָׁע יִקָּח לְהַטּוֹת אָרְחוֹת מִשְׁפָּט:
כד כה אֶת־פְּנֵי מֵבִין חָכְמָה וְעֵינֵי כְסִיל בִּקְצֵה־אָרֶץ: כַּעַס לְאָבִיו בֵּן
כו כְּסִיל וּמֶמֶר לְיוֹלַדְתּוֹ: גַּם עֲנוֹשׁ לַצַּדִּיק לֹא־טוֹב לְהַכּוֹת נְדִיבִים
כז כח עַל־יֹשֶׁר: חוֹשֵׂךְ אֲמָרָיו יוֹדֵעַ דָּעַת וקר־רוּחַ אִישׁ תְּבוּנָה: גַּם יְקַר־
יח א אֱוִיל מַחֲרִישׁ חָכָם יֵחָשֵׁב אֹטֵם שְׂפָתָיו נָבוֹן: לְתַאֲוָה יְבַקֵּשׁ
ב נִפְרָד בְּכָל־תּוּשִׁיָּה יִתְגַּלָּע: לֹא־יַחְפֹּץ כְּסִיל בִּתְבוּנָה כִּי אִם־
ג ד בְּהִתְגַּלּוֹת לִבּוֹ: בְּבוֹא־רָשָׁע בָּא גַם־בּוּז וְעִם־קָלוֹן חֶרְפָּה: מַיִם
ה עֲמֻקִּים דִּבְרֵי פִי־אִישׁ נַחַל נֹבֵעַ מְקוֹר חָכְמָה: שְׂאֵת פְּנֵי־רָשָׁע
ו לֹא־טוֹב לְהַטּוֹת צַדִּיק בַּמִּשְׁפָּט: שִׂפְתֵי כְסִיל יָבֹאוּ בְרִיב וּפִיו
ז לְמַהֲלֻמוֹת יִקְרָא: פִּי־כְסִיל מְחִתָּה־לוֹ וּשְׂפָתָיו מוֹקֵשׁ נַפְשׁוֹ:
ח ט דִּבְרֵי נִרְגָּן כְּמִתְלַהֲמִים וְהֵם יָרְדוּ חַדְרֵי־בָטֶן: גַּם מִתְרַפֶּה
י בִמְלַאכְתּוֹ אָח הוּא לְבַעַל מַשְׁחִית: מִגְדַּל־עֹז שֵׁם יְהוָה בּוֹ־ ה
יא יָרוּץ צַדִּיק וְנִשְׂגָּב: הוֹן עָשִׁיר קִרְיַת עֻזּוֹ וּכְחוֹמָה נִשְׂגָּבָה
יב יג בְּמַשְׂכִּיתוֹ: לִפְנֵי־שֶׁבֶר יִגְבַּהּ לֵב־אִישׁ וְלִפְנֵי כָבוֹד עֲנָוָה: מֵשִׁיב
יד דָּבָר בְּטֶרֶם יִשְׁמָע אִוֶּלֶת הִיא־לוֹ וּכְלִמָּה: רוּחַ־אִישׁ יְכַלְכֵּל

מחלהו ורוח נכאה מי ישאנה: לב נבון יקנה־דעת ואזן טו
חכמים תבקש־דעת: מתן אדם ירחיב לו ולפני גדלים ינחנו: טז
ובא׳ צדיק הראשון בריבו יבא־רעהו וחקרו: מדינים ישבית הגורל יז יח
ומדינים ובין עצומים יפריד: אח נפשע מקרית־עז ומדונים כבריח יט
ארמון: מפרי פי־איש תשבע בטנו תבואת שפתיו ישבע: כ
מות וחיים ביד־לשון ואהביה יאכל פריה: מצא אשה מצא כא כב
טוב ויפק רצון מיהוה: תחנונים ידבר־רש ועשיר יענה עזות: כג
איש רעים להתרועע ויש אהב דבק מאח: טוב רש הולך כד יט א
בתמו מעקש שפתיו והוא כסיל: גם בלא־דעת נפש לא־ ב
טוב ואץ ברגלים חוטא: אולת אדם תסלף דרכו ועל־יהוה ג
יזעף לבו: הון יסיף רעים רבים ודל מרעהו יפרד: עד שקרים ד ה
לא ינקה ויפיח כזבים לא ימלט: רבים יחלו פני־נדיב וכל־ ו
הרע לאיש מתן: כל אחי־רש ׀ שנאהו אף כי מרעהו ז
לו׳ רחקו ממנו מרדף אמרים לא־המה: קנה־לב אהב נפשו ח
שמר תבונה למצא־טוב: עד שקרים לא ינקה ויפיח ט
כזבים יאבד:
לא־נאוה לכסיל תענוג אף כי־לעבד ׀ משל בשרים: שכל י יא
אדם האריך אפו ותפארתו עבר על־פשע: נהם ככפיר זעף יב
מלך וכטל על־עשב רצונו: הות לאביו בן כסיל ודלף טרד יג
מדיני אשה: בית והון נחלת אבות ומיהוה אשה משכלת: יד
עצלה תפיל תרדמה ונפש רמיה תרעב: שמר מצוה שמר טו טז
ימות נפשו בוזה דרכיו יומת: מלוה יהוה חונן דל וגמלו ישלם־לו: יז
גדל־ יסר בנך כי־יש תקוה ואל־המיתו אל־תשא נפשך: גרל־חמה יח יט
נשא ענש כי אם־תציל ועוד תוסף: שמע עצה וקבל מוסר כ
למען תחכם באחריתך: רבות מחשבות בלב־איש ועצת כא
יהוה היא תקום: תאות אדם חסדו וטוב־רש מאיש כזב: כב
יראת יהוה לחיים ושבע ילין בל־יפקד רע: טמן עצל ידו כג כד

כה בַּצַּלָּחַת גַּם־אֶל־פִּיהוּ לֹא יְשִׁיבֶנָּה׃ לֵץ תַּכֶּה וּפֶתִי יַעְרִם וְהוֹכִיחַ
כו לְנָבוֹן יָבִין דָּעַת׃ מְשַׁדֶּד־אָב יַבְרִיחַ אֵם בֵּן מֵבִישׁ וּמַחְפִּיר׃
כז כח חֲדַל־בְּנִי לִשְׁמֹעַ מוּסָר לִשְׁגוֹת מֵאִמְרֵי־דָעַת׃ עֵד בְּלִיַּעַל יָלִיץ
כט מִשְׁפָּט וּפִי רְשָׁעִים יְבַלַּע־אָוֶן׃ נָכוֹנוּ לַלֵּצִים שְׁפָטִים וּמַהֲלֻמוֹת
כ א ב לְגֵו כְּסִילִים׃ לֵץ הַיַּיִן הֹמֶה שֵׁכָר וְכָל־שֹׁגֶה בּוֹ לֹא יֶחְכָּם׃ נַהַם
ג כַּכְּפִיר אֵימַת מֶלֶךְ מִתְעַבְּרוֹ חוֹטֵא נַפְשׁוֹ׃ כָּבוֹד לָאִישׁ שֶׁבֶת
ד מֵרִיב וְכָל־אֱוִיל יִתְגַּלָּע׃ מֵחֹרֶף עָצֵל לֹא־יַחֲרֹשׁ ישאל בַקָּצִיר וְשָׁאַל
ה ו וָאָיִן׃ מַיִם עֲמֻקִּים עֵצָה בְלֶב־אִישׁ וְאִישׁ תְּבוּנָה יִדְלֶנָּה׃ רָב־
ז אָדָם יִקְרָא אִישׁ חַסְדּוֹ וְאִישׁ אֱמוּנִים מִי יִמְצָא׃ מִתְהַלֵּךְ בְּתֻמּוֹ
ח צַדִּיק אַשְׁרֵי בָנָיו אַחֲרָיו׃ מֶלֶךְ יוֹשֵׁב עַל־כִּסֵּא־דִין מְזָרֶה בְעֵינָיו
ט י כָּל־רָע׃ מִי־יֹאמַר זִכִּיתִי לִבִּי טָהַרְתִּי מֵחַטָּאתִי׃ אֶבֶן וָאֶבֶן
יא אֵיפָה וְאֵיפָה תּוֹעֲבַת יְהוָה גַּם־שְׁנֵיהֶם׃ גַּם בְּמַעֲלָלָיו יִתְנַכֶּר־
יב נָעַר אִם־זַךְ וְאִם־יָשָׁר פָּעֳלוֹ׃ אֹזֶן שֹׁמַעַת וְעַיִן רֹאָה יְהוָה עָשָׂה
יג גַם־שְׁנֵיהֶם׃ אַל־תֶּאֱהַב שֵׁנָה פֶּן־תִּוָּרֵשׁ פְּקַח עֵינֶיךָ שְׂבַע־לָחֶם׃
יד טו רַע רַע יֹאמַר הַקּוֹנֶה וְאֹזֵל לוֹ אָז יִתְהַלָּל׃ יֵשׁ זָהָב וְרָב־פְּנִינִים
טז וּכְלִי יְקָר שִׂפְתֵי־דָעַת׃ לְקַח־בִּגְדוֹ כִּי־עָרַב זָר וּבְעַד נכרים נָכְרִיָּה
יז חַבְלֵהוּ׃ עָרֵב לָאִישׁ לֶחֶם שָׁקֶר וְאַחַר יִמָּלֵא־פִיהוּ חָצָץ׃
יח יט מַחֲשָׁבוֹת בְּעֵצָה תִכּוֹן וּבְתַחְבֻּלוֹת עֲשֵׂה מִלְחָמָה׃ גּוֹלֶה־סּוֹד
כ הוֹלֵךְ רָכִיל וּלְפֹתֶה שְׂפָתָיו לֹא תִתְעָרָב׃ מְקַלֵּל אָבִיו וְאִמּוֹ
כא יִדְעַךְ נֵרוֹ באישון חֹשֶׁךְ׃ נַחֲלָה מבחלת בָּרִאשֹׁנָה וְאַחֲרִיתָהּ בֶּאֱשׁוּן | מְבֹהֶלֶת
כב לֹא תְבֹרָךְ׃ אַל־תֹּאמַר אֲשַׁלְּמָה־רָע קַוֵּה לַיהוָה וְיֹשַׁע לָךְ׃
כג כד תּוֹעֲבַת יְהוָה אֶבֶן וָאָבֶן וּמֹאזְנֵי מִרְמָה לֹא־טוֹב׃ מֵיְהוָה
כה מִצְעֲדֵי־גָבֶר וְאָדָם מַה־יָּבִין דַּרְכּוֹ׃ מוֹקֵשׁ אָדָם יָלַע קֹדֶשׁ
כו וְאַחַר נְדָרִים לְבַקֵּר׃ מְזָרֶה רְשָׁעִים מֶלֶךְ חָכָם וַיָּשֶׁב עֲלֵיהֶם
כז כח אוֹפָן׃ נֵר יְהוָה נִשְׁמַת אָדָם חֹפֵשׂ כָּל־חַדְרֵי־בָטֶן׃ חֶסֶד וֶאֱמֶת
כט יִצְּרוּ־מֶלֶךְ וְסָעַד בַּחֶסֶד כִּסְאוֹ׃ תִּפְאֶרֶת בַּחוּרִים כֹּחָם וַהֲדַר
ל זְקֵנִים שֵׂיבָה׃ חַבֻּרוֹת פֶּצַע תמריק בְּרָע וּמַכּוֹת חַדְרֵי־בָטֶן׃ תַּמְרִיק

א ב פַּלְגֵי־מַיִם לֶב־מֶלֶךְ בְּיַד־יְהוָה עַל־כָּל־אֲשֶׁר יַחְפֹּץ יַטֶּנּוּ׃ כָּל־
ג דֶּרֶךְ־אִישׁ יָשָׁר בְּעֵינָיו וְתֹכֵן לִבּוֹת יְהוָה׃ עֲשֹׂה צְדָקָה וּמִשְׁפָּט
ד נִבְחָר לַיהוָה מִזָּבַח׃ רוּם־עֵינַיִם וּרְחַב־לֵב נִר רְשָׁעִים חַטָּאת׃
ה ו מַחְשְׁבוֹת חָרוּץ אַךְ־לְמוֹתָר וְכָל־אָץ אַךְ־לְמַחְסוֹר׃ פֹּעַל
ז אֹצָרוֹת בִּלְשׁוֹן שָׁקֶר הֶבֶל נִדָּף מְבַקְשֵׁי־מָוֶת׃ שֹׁד־רְשָׁעִים
ח יְגוֹרֵם כִּי מֵאֲנוּ לַעֲשׂוֹת מִשְׁפָּט׃ הֲפַכְפַּךְ דֶּרֶךְ אִישׁ וָזָר וְזַךְ יָשָׁר
ט פָּעֳלוֹ׃ טוֹב לָשֶׁבֶת עַל־פִּנַּת־גָּג מֵאֵשֶׁת מדונים וּבֵית חָבֶר׃ מִדְיָנִים
י יא נֶפֶשׁ רָשָׁע אִוְּתָה־רָע לֹא־יֻחַן בְּעֵינָיו רֵעֵהוּ׃ בַּעְנָשׁ־לֵץ יֶחְכַּם־
יב פֶּתִי וּבְהַשְׂכִּיל לְחָכָם יִקַּח־דָּעַת׃ מַשְׂכִּיל צַדִּיק לְבֵית רָשָׁע
יג מְסַלֵּף רְשָׁעִים לָרָע׃ אֹטֵם אָזְנוֹ מִזַּעֲקַת־דָּל גַּם־הוּא יִקְרָא
יד וְלֹא יֵעָנֶה׃ מַתָּן בַּסֵּתֶר יִכְפֶּה־אָף וְשֹׁחַד בַּחֵק חֵמָה עַזָּה׃
טו טז שִׂמְחָה לַצַּדִּיק עֲשׂוֹת מִשְׁפָּט וּמְחִתָּה לְפֹעֲלֵי אָוֶן׃ אָדָם תּוֹעֶה
יז מִדֶּרֶךְ הַשְׂכֵּל בִּקְהַל רְפָאִים יָנוּחַ׃ אִישׁ מַחְסוֹר אֹהֵב שִׂמְחָה
יח אֹהֵב יַיִן־וָשֶׁמֶן לֹא יַעֲשִׁיר׃ כֹּפֶר לַצַּדִּיק רָשָׁע וְתַחַת יְשָׁרִים
יט כ בּוֹגֵד׃ טוֹב שֶׁבֶת בְּאֶרֶץ־מִדְבָּר מֵאֵשֶׁת מדונים וָכָעַס׃ אוֹצָר ׀ מִדְיָנִים
כא נֶחְמָד וָשֶׁמֶן בִּנְוֵה חָכָם וּכְסִיל אָדָם יְבַלְּעֶנּוּ׃ רֹדֵף צְדָקָה וָחָסֶד
כב יִמְצָא חַיִּים צְדָקָה וְכָבוֹד׃ עִיר גִּבֹּרִים עָלָה חָכָם וַיֹּרֶד עֹז
כג כד מִבְטֶחָה׃ שֹׁמֵר פִּיו וּלְשׁוֹנוֹ שֹׁמֵר מִצָּרוֹת נַפְשׁוֹ׃ זֵד יָהִיר לֵץ
כה שְׁמוֹ עוֹשֶׂה בְּעֶבְרַת זָדוֹן׃ תַּאֲוַת עָצֵל תְּמִיתֶנּוּ כִּי־מֵאֲנוּ יָדָיו
כו כז לַעֲשׂוֹת׃ כָּל־הַיּוֹם הִתְאַוָּה תַאֲוָה וְצַדִּיק יִתֵּן וְלֹא יַחְשֹׂךְ׃ זֶבַח
כח רְשָׁעִים תּוֹעֵבָה אַף כִּי־בְזִמָּה יְבִיאֶנּוּ׃ עֵד־כְּזָבִים יֹאבֵד וְאִישׁ
כט שׁוֹמֵעַ לָנֶצַח יְדַבֵּר׃ הֵעֵז אִישׁ רָשָׁע בְּפָנָיו וְיָשָׁר הוּא ׀ יכין יָבִין
ל לא דרכיו׃ אֵין חָכְמָה וְאֵין תְּבוּנָה וְאֵין עֵצָה לְנֶגֶד יְהוָה׃ סוּס מוּכָן דַּרְכּוֹ
כב א לְיוֹם מִלְחָמָה וְלַיהוָה הַתְּשׁוּעָה׃ נִבְחָר שֵׁם מֵעֹשֶׁר רָב מִכֶּסֶף
ב ג וּמִזָּהָב חֵן טוֹב׃ עָשִׁיר וָרָשׁ נִפְגָּשׁוּ עֹשֵׂה כֻלָּם יְהוָה׃ עָרוּם ׀
ד רָאָה רָעָה ויסתר וּפְתָיִים עָבְרוּ וְנֶעֱנָשׁוּ׃ עֵקֶב עֲנָוָה יִרְאַת וְנִסְתָּר
ה יְהוָה עֹשֶׁר וְכָבוֹד וְחַיִּים׃ צִנִּים פַּחִים בְּדֶרֶךְ עִקֵּשׁ שׁוֹמֵר נַפְשׁוֹ

ו יִרְחַק מֵהֶם׃ חֲנֹךְ לַנַּעַר עַל־פִּי דַרְכּוֹ גַּם כִּי־יַזְקִין לֹא־יָסוּר
ז ח מִמֶּנָּה׃ עָשִׁיר בְּרָשִׁים יִמְשׁוֹל וְעֶבֶד לֹוֶה לְאִישׁ מַלְוֶה׃ זוֹרֵעַ
ט עַוְלָה יקצור־אָוֶן וְשֵׁבֶט עֶבְרָתוֹ יִכְלֶה׃ טוֹב־עַיִן הוּא יְבֹרָךְ יִקְצָר־
י כִּי־נָתַן מִלַּחְמוֹ לַדָּל׃ גָּרֵשׁ לֵץ וְיֵצֵא מָדוֹן וְיִשְׁבֹּת דִּין וְקָלוֹן׃
יא יב אֹהֵב טהור־לֵב חֵן שְׂפָתָיו רֵעֵהוּ מֶלֶךְ׃ עֵינֵי יְהוָה נָצְרוּ דָעַת טְהָר־
יג וַיְסַלֵּף דִּבְרֵי בֹגֵד׃ אָמַר עָצֵל אֲרִי בַחוּץ בְּתוֹךְ רְחֹבוֹת אֵרָצֵחַ׃
יד טו שׁוּחָה עֲמֻקָּה פִּי זָרוֹת זְעוּם יְהוָה יפול־שָׁם׃ אִוֶּלֶת קְשׁוּרָה יִפָּל־
טז בְלֶב־נָעַר שֵׁבֶט מוּסָר יַרְחִיקֶנָּה מִמֶּנּוּ׃ עֹשֵׁק דָּל לְהַרְבּוֹת לוֹ
יז נֹתֵן לְעָשִׁיר אַךְ־לְמַחְסוֹר׃ הַט אָזְנְךָ וּשְׁמַע דִּבְרֵי חֲכָמִים וְלִבְּךָ
יח תָּשִׁית לְדַעְתִּי׃ כִּי־נָעִים כִּי־תִשְׁמְרֵם בְּבִטְנֶךָ יִכֹּנוּ יַחְדָּו עַל־
יט שְׂפָתֶיךָ׃ לִהְיוֹת בַּיהוָה מִבְטַחֶךָ הוֹדַעְתִּיךָ הַיּוֹם אַף־אָתָּה׃
כ כא הֲלֹא כָתַבְתִּי לְךָ שלשום בְּמֹעֵצֹת וָדָעַת׃ לְהוֹדִיעֲךָ קֹשְׁטְ ו שָׁלִשִׁים
כב אִמְרֵי אֱמֶת לְהָשִׁיב אֲמָרִים אֱמֶת לְשֹׁלְחֶיךָ׃ אַל־
כג תִּגְזָל־דָּל כִּי דַל־הוּא וְאַל־תְּדַכֵּא עָנִי בַשָּׁעַר׃ כִּי־יְהוָה יָרִיב
כד רִיבָם וְקָבַע אֶת־קֹבְעֵיהֶם נָפֶשׁ׃ אַל־תִּתְרַע אֶת־בַּעַל אָף
כה וְאֶת־אִישׁ חֵמוֹת לֹא תָבוֹא׃ פֶּן־תֶּאֱלַף אֹרְחֹתָו וְלָקַחְתָּ מוֹקֵשׁ
כו כז לְנַפְשֶׁךָ׃ אַל־תְּהִי בְתֹקְעֵי־כָף בַּעֹרְבִים מַשָּׁאוֹת׃ אִם־אֵין־לְךָ
כח לְשַׁלֵּם לָמָּה יִקַּח מִשְׁכָּבְךָ מִתַּחְתֶּיךָ׃ אַל־תַּסֵּג גְּבוּל עוֹלָם
כט אֲשֶׁר עָשׂוּ אֲבוֹתֶיךָ׃ חָזִיתָ אִישׁ ׀ מָהִיר בִּמְלַאכְתּוֹ לִפְנֵי־מְלָכִים
כג א יִתְיַצָּב בַּל־יִתְיַצֵּב לִפְנֵי חֲשֻׁכִּים׃ כִּי־תֵשֵׁב לִלְחוֹם אֶת־מוֹשֵׁל
ב בִּין תָּבִין אֶת־אֲשֶׁר לְפָנֶיךָ׃ וְשַׂמְתָּ שַׂכִּין בְּלֹעֶךָ אִם־בַּעַל נֶפֶשׁ
ג ד אָתָּה׃ אַל־תִּתְאָו לְמַטְעַמּוֹתָיו וְהוּא לֶחֶם כְּזָבִים׃ אַל־תִּיגַע
ה לְהַעֲשִׁיר מִבִּינָתְךָ חֲדָל׃ התעוף עֵינֶיךָ בּוֹ וְאֵינֶנּוּ כִּי עָשֹׂה הֲתָעִיף
ו יַעֲשֶׂה־לּוֹ כְנָפַיִם כְּנֶשֶׁר ועוף הַשָּׁמָיִם׃ אַל־תִּלְחַם אֶת־לֶחֶם יָעוּף
ז רַע עָיִן וְאַל־תִּתְאָו לְמַטְעַמֹּתָיו׃ כִּי ׀ כְּמוֹ־שָׁעַר בְּנַפְשׁוֹ כֶּן־הוּא
ח אֱכוֹל וּשְׁתֵה יֹאמַר לָךְ וְלִבּוֹ בַּל־עִמָּךְ׃ פִּתְּךָ־אָכַלְתָּ תְקִיאֶנָּה
ט וְשִׁחַתָּ דְּבָרֶיךָ הַנְּעִימִים׃ בְּאָזְנֵי כְסִיל אַל־תְּדַבֵּר כִּי־יָבוּז לְשֵׂכֶל

מִלֶּיךָ: אַל־תַּסֵּג גְּבוּל עוֹלָם וּבִשְׂדֵי יְתוֹמִים אַל־תָּבֹא: כִּי־ י יא
גֹאֲלָם חָזָק הוּא־יָרִיב אֶת־רִיבָם אִתָּךְ: הָבִיאָה לַמּוּסָר לִבֶּךָ יב
וְאָזְנֶךָ לְאִמְרֵי־דָעַת: אַל־תִּמְנַע מִנַּעַר מוּסָר כִּי־תַכֶּנּוּ בַשֵּׁבֶט יג
לֹא יָמוּת: אַתָּה בַּשֵּׁבֶט תַּכֶּנּוּ וְנַפְשׁוֹ מִשְּׁאוֹל תַּצִּיל: בְּנִי אִם־ יד טו
חָכַם לִבֶּךָ יִשְׂמַח לִבִּי גַם־אָנִי: וְתַעְלֹזְנָה כִלְיוֹתָי בְּדַבֵּר שְׂפָתֶיךָ טז
מֵישָׁרִים: אַל־יְקַנֵּא לִבְּךָ בַּחַטָּאִים כִּי אִם־בְּיִרְאַת־יְהוָה כָּל־ יז
הַיּוֹם: כִּי אִם־יֵשׁ אַחֲרִית וְתִקְוָתְךָ לֹא תִכָּרֵת: שְׁמַע־אַתָּה בְנִי יח יט
וַחֲכָם וְאַשֵּׁר בַּדֶּרֶךְ לִבֶּךָ: אַל־תְּהִי בְסֹבְאֵי־יָיִן בְּזֹלְלֵי בָשָׂר לָמוֹ: כ
כִּי־סֹבֵא וְזוֹלֵל יִוָּרֵשׁ וּקְרָעִים תַּלְבִּישׁ נוּמָה: שְׁמַע לְאָבִיךָ זֶה כא כב
יְלָדֶךָ וְאַל־תָּבוּז כִּי־זָקְנָה אִמֶּךָ: אֱמֶת קְנֵה וְאַל־תִּמְכֹּר חָכְמָה כג
וּמוּסָר וּבִינָה: גול יגול אֲבִי צַדִּיק יולד חָכָם וישמח בּוֹ: יִשְׂמַח־ כד כה *גִּיל יָגִיל / וְיוֹלֵד | יִשְׂמַח*
אָבִיךָ וְאִמֶּךָ וְתָגֵל יוֹלַדְתֶּךָ: תְּנָה־בְנִי לִבְּךָ לִי וְעֵינֶיךָ דְּרָכַי כו
תרצנה: כִּי־שׁוּחָה עֲמֻקָּה זוֹנָה וּבְאֵר צָרָה נָכְרִיָּה: אַף־הִיא כז כח *תִּצֹּרְנָה*
כְּחֶתֶף תֶּאֱרֹב וּבוֹגְדִים בְּאָדָם תּוֹסִף: לְמִי אוֹי לְמִי אֲבוֹי לְמִי כט
מדונים ׀ לְמִי שִׂיחַ לְמִי פְּצָעִים חִנָּם לְמִי חַכְלִלוּת עֵינָיִם: *מִדְיָנִים*
לַמְאַחֲרִים עַל־הַיָּיִן לַבָּאִים לַחְקֹר מִמְסָךְ: אַל־תֵּרֶא יַיִן כִּי ל לא
יִתְאַדָּם כִּי־יִתֵּן בכיס עֵינוֹ יִתְהַלֵּךְ בְּמֵישָׁרִים: אַחֲרִיתוֹ כְּנָחָשׁ לב *בַּכּוֹס*
יִשָּׁךְ וּכְצִפְעֹנִי יַפְרִשׁ: עֵינֶיךָ יִרְאוּ זָרוֹת וְלִבְּךָ יְדַבֵּר תַּהְפֻּכוֹת: לג
וְהָיִיתָ כְּשֹׁכֵב בְּלֶב־יָם וּכְשֹׁכֵב בְּרֹאשׁ חִבֵּל: הִכּוּנִי בַל־חָלִיתִי לד לה
הֲלָמוּנִי בַּל־יָדָעְתִּי מָתַי אָקִיץ אוֹסִיף אֲבַקְשֶׁנּוּ עוֹד: אַל־תְּקַנֵּא א כד
בְּאַנְשֵׁי רָעָה וְאַל־תִּתְאָו לִהְיוֹת אִתָּם: כִּי־שֹׁד יֶהְגֶּה לִבָּם וְעָמָל ב
שִׂפְתֵיהֶם תְּדַבֵּרְנָה: בְּחָכְמָה יִבָּנֶה בָּיִת וּבִתְבוּנָה יִתְכּוֹנָן: ג
וּבְדַעַת חֲדָרִים יִמָּלְאוּ כָּל־הוֹן יָקָר וְנָעִים: גֶּבֶר־חָכָם בַּעוֹז ד ה
וְאִישׁ־דַּעַת מְאַמֶּץ־כֹּחַ: כִּי בְתַחְבֻּלוֹת תַּעֲשֶׂה־לְּךָ מִלְחָמָה ו
וּתְשׁוּעָה בְּרֹב יוֹעֵץ: רָאמוֹת לֶאֱוִיל חָכְמוֹת בַּשַּׁעַר לֹא יִפְתַּח־ ז
פִּיהוּ: מְחַשֵּׁב לְהָרֵעַ לוֹ בַּעַל־מְזִמּוֹת יִקְרָאוּ: זִמַּת אִוֶּלֶת חַטָּאת ח ט
וְתוֹעֲבַת לְאָדָם לֵץ: הִתְרַפִּיתָ בְּיוֹם צָרָה צַר כֹּחֶכָה: הַצֵּל י יא

יב לְקֻחִים לַמָּוֶת וּמָטִים לַהֶרֶג אִם־תַּחְשׂוֹךְ׃ כִּֽי־תֹאמַר הֵן לֹֽא־
יָדַעְנוּ זֶה הֲלֹֽא־תֹכֵן לִבּוֹת ׀ הֽוּא־יָבִין וְנֹצֵר נַפְשְׁךָ הוּא יֵדָע
יג וְהֵשִׁיב לְאָדָם כְּפָעֳלוֹ׃ אֱכׇל־בְּנִי דְבַשׁ כִּי־טוֹב וְנֹפֶת מָתוֹק עַל־
יד חִכֶּךָ׃ כֵּן ׀ דְּעֶה חׇכְמָה לְנַפְשֶׁךָ אִם־מָצָאתָ וְיֵשׁ אַחֲרִית וְתִקְוָתְךָ
טו לֹא תִכָּרֵת׃ אַל־תֶּאֱרֹב רָשָׁע לִנְוֵה צַדִּיק אַל־תְּשַׁדֵּד רִבְצוֹ׃
טז יז כִּי שֶׁבַע ׀ יִפּוֹל צַדִּיק וָקָם וּרְשָׁעִים יִכָּשְׁלוּ בְרָעָה׃ בִּנְפֹל אויביך אֹיִבְךָ
יח אַל־תִּשְׂמָח וּבִכָּשְׁלוֹ אַל־יָגֵל לִבֶּךָ׃ פֶּן־יִרְאֶה יְהוָה וְרַע בְּעֵינָיו
וְהֵשִׁיב מֵעָלָיו אַפּוֹ׃
יט כ אַל־תִּתְחַר בַּמְּרֵעִים אַל־תְּקַנֵּא בָּרְשָׁעִים׃ כִּי ׀ לֹא־תִהְיֶה
כא אַחֲרִית לָרָע נֵר רְשָׁעִים יִדְעָךְ׃ יְרָא־אֶת־יְהוָה בְּנִי וָמֶלֶךְ
כב עִם־שׁוֹנִים אַל־תִּתְעָרָב׃ כִּֽי־פִתְאֹם יָקוּם אֵידָם וּפִיד שְׁנֵיהֶם
מִי יוֹדֵעַ׃
כג כד גַּם־אֵלֶּה לַחֲכָמִים הַכֵּר־פָּנִים בְּמִשְׁפָּט בַּל־טוֹב׃ אֹמֵר ׀
כה לְרָשָׁע צַדִּיק אָתָּה יִקְּבֻהוּ עַמִּים יִזְעָמוּהוּ לְאֻמִּים׃ וְלַמּוֹכִיחִים
כו יִנְעָם וַעֲלֵיהֶם תָּבוֹא בִרְכַּת־טוֹב׃ שְׂפָתַיִם יִשָּׁק מֵשִׁיב
כז דְּבָרִים נְכֹחִים׃ הָכֵן בַּחוּץ ׀ מְלַאכְתֶּךָ וְעַתְּדָהּ בַּשָּׂדֶה לָךְ
אַחַר וּבָנִיתָ בֵיתֶךָ׃
כח כט אַל־תְּהִי עֵד־חִנָּם בְּרֵעֶךָ וַהֲפִתִּיתָ בִּשְׂפָתֶיךָ׃ אַל־תֹּאמַר כַּאֲשֶׁר
עָשָׂה־לִי כֵּן אֶעֱשֶׂה־לּוֹ אָשִׁיב לָאִישׁ כְּפָעֳלוֹ׃
ל לא עַל־שְׂדֵה אִישׁ־עָצֵל עָבַרְתִּי וְעַל־כֶּרֶם אָדָם חֲסַר־לֵב׃ וְהִנֵּה
עָלָה כֻלּוֹ ׀ קִמְּשֹׂנִים כָּסּוּ פָנָיו חֲרֻלִּים וְגֶדֶר אֲבָנָיו נֶהֱרָסָה׃
לב לג וָאֶחֱזֶה אָנֹכִי אָשִׁית לִבִּי רָאִיתִי לָקַחְתִּי מוּסָר׃ מְעַט שֵׁנוֹת
לד מְעַט תְּנוּמוֹת מְעַט ׀ חִבֻּק יָדַיִם לִשְׁכָּב׃ וּבָא־מִתְהַלֵּךְ רֵישֶׁךָ
וּמַחְסֹרֶיךָ כְּאִישׁ מָגֵן׃
כה א גַּם־אֵלֶּה מִשְׁלֵי שְׁלֹמֹה אֲשֶׁר הֶעְתִּיקוּ אַנְשֵׁי ׀ חִזְקִיָּה מֶלֶךְ־
ב יְהוּדָה׃ כְּבֹד אֱלֹהִים הַסְתֵּר דָּבָר וּכְבֹד מְלָכִים חֲקֹר דָּבָר׃
ג ד שָׁמַיִם לָרוּם וָאָרֶץ לָעֹמֶק וְלֵב מְלָכִים אֵין חֵקֶר׃ הָגוֹ סִיגִים

ה מִכֶּסֶף וַיֵּצֵא לַצֹּרֵף כֶּלִי׃ הָגוֹ רָשָׁע לִפְנֵי־מֶלֶךְ וְיִכּוֹן בַּצֶּדֶק כִּסְאוֹ׃
ו ז אַל־תִּתְהַדַּר לִפְנֵי־מֶלֶךְ וּבִמְקוֹם גְּדֹלִים אַל־תַּעֲמֹד׃ כִּי טוֹב
אֲמָר־לְךָ עֲלֵה הֵנָּה מֵהַשְׁפִּילְךָ לִפְנֵי נָדִיב אֲשֶׁר רָאוּ עֵינֶיךָ׃
ח אַל־תֵּצֵא לָרִב מַהֵר פֶּן מַה־תַּעֲשֶׂה בְּאַחֲרִיתָהּ בְּהַכְלִים אֹתְךָ
ט י רֵעֶךָ׃ רִיבְךָ רִיב אֶת־רֵעֶךָ וְסוֹד אַחֵר אַל־תְּגָל׃ פֶּן־יְחַסֶּדְךָ
יא שֹׁמֵעַ וְדִבָּתְךָ לֹא תָשׁוּב׃ תַּפּוּחֵי זָהָב בְּמַשְׂכִּיּוֹת כָּסֶף
יב דָּבָר דָּבֻר עַל־אָפְנָיו׃ נֶזֶם זָהָב וַחֲלִי־כָתֶם מוֹכִיחַ חָכָם
עַל־אֹזֶן שֹׁמָעַת׃
ז יג כְּצִנַּת־שֶׁלֶג ׀ בְּיוֹם קָצִיר צִיר נֶאֱמָן לְשֹׁלְחָיו וְנֶפֶשׁ אֲדֹנָיו
יָשִׁיב׃
יד טו נְשִׂיאִים וְרוּחַ וְגֶשֶׁם אָיִן אִישׁ מִתְהַלֵּל בְּמַתַּת־שָׁקֶר׃ בְּאֹרֶךְ
טז אַפַּיִם יְפֻתֶּה קָצִין וְלָשׁוֹן רַכָּה תִּשְׁבָּר־גָּרֶם׃ דְּבַשׁ מָצָאתָ אֱכֹל
יז דַּיֶּךָּ פֶּן־תִּשְׂבָּעֶנּוּ וַהֲקֵאתוֹ׃ הֹקַר רַגְלְךָ מִבֵּית רֵעֶךָ פֶּן־יִשְׂבָּעֲךָ
יח וּשְׂנֵאֶךָ׃ מֵפִיץ וְחֶרֶב וְחֵץ שָׁנוּן אִישׁ־עֹנֶה בְרֵעֵהוּ עֵד שָׁקֶר׃
יט כ שֵׁן רָעָה וְרֶגֶל מוּעָדֶת מִבְטָח בּוֹגֵד בְּיוֹם צָרָה׃ מַעֲדֶה־בֶּגֶד ׀
כא בְּיוֹם קָרָה חֹמֶץ עַל־נָתֶר וְשָׁר בַּשִּׁרִים עַל לֶב־רָע׃ אִם־רָעֵב
כב שֹׂנַאֲךָ הַאֲכִלֵהוּ לָחֶם וְאִם־צָמֵא הַשְׁקֵהוּ מָיִם׃ כִּי גֶחָלִים
כג אַתָּה חֹתֶה עַל־רֹאשׁוֹ וַיהוָה יְשַׁלֶּם־לָךְ׃ רוּחַ צָפוֹן תְּחוֹלֵל
כד גָּשֶׁם וּפָנִים נִזְעָמִים לְשׁוֹן סָתֶר׃ טוֹב שֶׁבֶת עַל־פִּנַּת־גָּג מֵאֵשֶׁת
מִדונים וּבֵית חָבֶר׃ מְדִינִים
כה כו מַיִם קָרִים עַל־נֶפֶשׁ עֲיֵפָה וּשְׁמוּעָה טוֹבָה מֵאֶרֶץ מֶרְחָק׃ מַעְיָן
כז נִרְפָּשׂ וּמָקוֹר מָשְׁחָת צַדִּיק מָט לִפְנֵי־רָשָׁע׃ אָכֹל דְּבַשׁ הַרְבּוֹת
כח לֹא־טוֹב וְחֵקֶר כְּבֹדָם כָּבוֹד׃ עִיר פְּרוּצָה אֵין חוֹמָה אִישׁ אֲשֶׁר
כו א אֵין מַעְצָר לְרוּחוֹ׃ כַּשֶּׁלֶג ׀ בַּקַּיִץ וְכַמָּטָר בַּקָּצִיר כֵּן לֹא־נָאוֶה
ב לִכְסִיל כָּבוֹד׃ כַּצִּפּוֹר לָנוּד כַּדְּרוֹר לָעוּף כֵּן קִלְלַת חִנָּם לא לוֹ
ג ד תָבֹא׃ שׁוֹט לַסּוּס מֶתֶג לַחֲמוֹר וְשֵׁבֶט לְגֵו כְּסִילִים׃ אַל־תַּעַן
ה כְּסִיל כְּאִוַּלְתּוֹ פֶּן־תִּשְׁוֶה־לּוֹ גַם־אָתָּה׃ עֲנֵה כְסִיל כְּאִוַּלְתּוֹ

ו פֶּן־יִהְיֶה חָכָם בְּעֵינָיו׃ מְקַצֶּה רַגְלַיִם חָמָס שֹׁתֶה שֹׁלֵחַ דְּבָרִים
ז ח בְּיַד־כְּסִיל׃ דַּלְיוּ שֹׁקַיִם מִפִּסֵּחַ וּמָשָׁל בְּפִי כְסִילִים׃ כִּצְרוֹר
ט אֶבֶן בְּמַרְגֵּמָה כֵּן־נוֹתֵן לִכְסִיל כָּבוֹד׃ חוֹחַ עָלָה בְיַד־שִׁכּוֹר
י וּמָשָׁל בְּפִי כְסִילִים׃ רַב מְחוֹלֵל־כֹּל
יא וְשֹׂכֵר כְּסִיל וְשֹׂכֵר עֹבְרִים׃ כְּכֶלֶב שָׁב עַל־קֵאוֹ כְּסִיל שׁוֹנֶה
יב יג בְאִוַּלְתּוֹ׃ רָאִיתָ אִישׁ חָכָם בְּעֵינָיו תִּקְוָה לִכְסִיל מִמֶּנּוּ׃ אָמַר
יד עָצֵל שַׁחַל בַּדָּרֶךְ אֲרִי בֵּין הָרְחֹבוֹת׃ הַדֶּלֶת תִּסּוֹב עַל־צִירָהּ
טו וְעָצֵל עַל־מִטָּתוֹ׃ טָמַן עָצֵל יָדוֹ בַּצַּלָּחַת נִלְאָה לַהֲשִׁיבָהּ אֶל־
טז יז פִּיו׃ חָכָם עָצֵל בְּעֵינָיו מִשִּׁבְעָה מְשִׁיבֵי טָעַם׃ מַחֲזִיק בְּאָזְנֵי־
יח כָלֶב עֹבֵר מִתְעַבֵּר עַל־רִיב לֹּא־לוֹ׃ כְּמִתְלַהְלֵהַּ הַיֹּרֶה זִקִּים
יט חִצִּים וָמָוֶת׃ כֵּן־אִישׁ רִמָּה אֶת־רֵעֵהוּ וְאָמַר הֲלֹא־מְשַׂחֵק אָנִי׃
כ כא בְּאֶפֶס עֵצִים תִּכְבֶּה־אֵשׁ וּבְאֵין נִרְגָּן יִשְׁתֹּק מָדוֹן׃ פֶּחָם לְגֶחָלִים
וְעֵצִים לְאֵשׁ וְאִישׁ מדונים לְחַרְחַר־רִיב׃ מִדְיָנִים
כב כג דִּבְרֵי נִרְגָּן כְּמִתְלַהֲמִים וְהֵם יָרְדוּ חַדְרֵי־בָטֶן׃ כֶּסֶף סִיגִים
כד מְצֻפֶּה עַל־חָרֶשׂ שְׂפָתַיִם דֹּלְקִים וְלֶב־רָע׃ בִּשְׂפָתָו יִנָּכֵר שׂוֹנֵא
כה וּבְקִרְבּוֹ יָשִׁית מִרְמָה׃ כִּי־יְחַנֵּן קוֹלוֹ אַל־תַּאֲמֶן־בּוֹ כִּי שֶׁבַע
כו תּוֹעֵבוֹת בְּלִבּוֹ׃ תִּכַּסֶּה שִׂנְאָה בְּמַשָּׁאוֹן תִּגָּלֶה רָעָתוֹ בְקָהָל׃
כז כח כֹּרֶה־שַּׁחַת בָּהּ יִפֹּל וְגֹלֵל אֶבֶן אֵלָיו תָּשׁוּב׃ לְשׁוֹן־שֶׁקֶר יִשְׂנָא
כז א דַכָּיו וּפֶה חָלָק יַעֲשֶׂה מִדְחֶה׃ אַל־תִּתְהַלֵּל בְּיוֹם מָחָר כִּי לֹא־
ב תֵדַע מַה־יֵּלֶד יוֹם׃ יְהַלֶּלְךָ זָר וְלֹא־פִיךָ נָכְרִי וְאַל־שְׂפָתֶיךָ׃
ג ד כֹּבֶד־אֶבֶן וְנֵטֶל הַחוֹל וְכַעַס אֱוִיל כָּבֵד מִשְּׁנֵיהֶם׃ אַכְזְרִיּוּת
ה חֵמָה וְשֶׁטֶף אָף וּמִי יַעֲמֹד לִפְנֵי קִנְאָה׃ טוֹבָה תּוֹכַחַת מְגֻלָּה
ו מֵאַהֲבָה מְסֻתָּרֶת׃ נֶאֱמָנִים פִּצְעֵי אוֹהֵב וְנַעְתָּרוֹת נְשִׁיקוֹת
ז שׂוֹנֵא׃ נֶפֶשׁ שְׂבֵעָה תָּבוּס נֹפֶת וְנֶפֶשׁ רְעֵבָה כָּל־מַר מָתוֹק׃
ח ט כְּצִפּוֹר נוֹדֶדֶת מִן־קִנָּהּ כֵּן־אִישׁ נוֹדֵד מִמְּקוֹמוֹ׃ שֶׁמֶן וּקְטֹרֶת
י יְשַׂמַּח־לֵב וּמֶתֶק רֵעֵהוּ מֵעֲצַת־נָפֶשׁ׃ רֵעֲךָ ורעה אָבִיךָ אַל־ וְרֵעַ
תַּעֲזֹב וּבֵית אָחִיךָ אַל־תָּבוֹא בְּיוֹם אֵידֶךָ טוֹב שָׁכֵן קָרוֹב

יא יב מאת רחוק: חכם בני ושמח לבי ואשיבה חרפי דבר: ערום
יג ראה רעה נסתר פתאים עברו נענשו: קח־בגדו כי־ערב זר
יד ובעד נכריה חבלהו: מברך רעהו בקול גדול בבקר השכים
טו קללה תחשב לו: דלף טורד ביום סגריר ואשת מדונים מדינים
טז יז נשתוה: צפניה צפן־רוח ושמן ימינו יקרא: ברזל בברזל יחד
יח ואיש יחד פני־רעהו: נצר תאנה יאכל פריה ושמר אדניו
יט כ יכבד: כמים הפנים לפנים כן לב האדם לאדם: שאול ואבדה
לא תשבענה ועיני האדם לא תשבענה:
כא כב מצרף לכסף וכור לזהב ואיש לפי מהללו: אם־תכתוש
את־האויל ׀ במכתש בתוך הריפות בעלי לא־תסור
מעליו אולתו:
כג כד ידע תדע פני צאנך שית לבך לעדרים: כי לא לעולם חסן
כה ואם־נזר לדור דור: גלה חציר ונראה־דשא ונאספו עשבות ודור
כו כז הרים: כבשים ללבושך ומחיר שדה עתודים: ודי ׀ חלב עזים
כח א ללחמך ללחם ביתך וחיים לנערותיך: נסו ואין־רדף רשע
ב וצדיקים ככפיר יבטח: בפשע ארץ רבים שריה ובאדם מבין
ג ידע כן יאריך: גבר רש ועשק דלים מטר סחף ואין לחם:
ד ה עזבי תורה יהללו רשע ושמרי תורה יתגרו בם: אנשי־רע
לא־יבינו משפט ומבקשי יהוה יבינו כל:
ו ז טוב־רש הולך בתמו מעקש דרכים והוא עשיר: נוצר תורה
ח בן מבין ורעה זוללים יכלים אביו: מרבה הונו בנשך
ט ובתרבית לחונן דלים יקבצנו: מסיר אזנו משמע תורה גם־ ותרבית
י תפלתו תועבה: משגה ישרים ׀ בדרך רע בשחותו הוא־יפול
יא ותמימים ינחלו־טוב: חכם בעיניו איש עשיר ודל מבין
יב יחקרנו: בעלץ צדיקים רבה תפארת ובקום רשעים יחפש
יג יד אדם: מכסה פשעיו לא יצליח ומודה ועזב ירחם: אשרי
טו אדם מפחד תמיד ומקשה לבו יפול ברעה: ארי־נהם ודב

שׁוֹקֵק מוֹשֵׁל רָשָׁע עַל עַם־דָּל׃
טז נָגִיד חֲסַר תְּבוּנוֹת וְרַב מַעֲשַׁקּוֹת שֹׂנְאֵי בֶצַע יַאֲרִיךְ ח שֹׂנֵא
יָמִים׃
יז יח אָדָם עָשֻׁק בְּדַם־נָפֶשׁ עַד־בּוֹר יָנוּס אַל־יִתְמְכוּ־בוֹ׃ הוֹלֵךְ
יט תָּמִים יִוָּשֵׁעַ וְנֶעְקַשׁ דְּרָכַיִם יִפּוֹל בְּאֶחָת׃ עֹבֵד אַדְמָתוֹ יִשְׂבַּע־
כ לָחֶם וּמְרַדֵּף רֵיקִים יִשְׂבַּע־רִישׁ׃ אִישׁ אֱמוּנוֹת רַב־בְּרָכוֹת וְאָץ
כא לְהַעֲשִׁיר לֹא יִנָּקֶה׃ הַכֵּר־פָּנִים לֹא־טוֹב וְעַל־פַּת־לֶחֶם יִפְשַׁע־
כב כג גָּבֶר׃ נִבְהָל לַהוֹן אִישׁ רַע עָיִן וְלֹא־יֵדַע כִּי־חֶסֶר יְבֹאֶנּוּ׃ מוֹכִיחַ
כד אָדָם אַחֲרַי חֵן יִמְצָא מִמַּחֲלִיק לָשׁוֹן׃ גּוֹזֵל ׀ אָבִיו וְאִמּוֹ וְאֹמֵר
כה אֵין־פָּשַׁע חָבֵר הוּא לְאִישׁ מַשְׁחִית׃ רְחַב־נֶפֶשׁ יְגָרֶה מָדוֹן
כו וּבוֹטֵחַ עַל־יְהוָה יְדֻשָּׁן׃ בּוֹטֵחַ בְּלִבּוֹ הוּא כְסִיל וְהוֹלֵךְ בְּחָכְמָה
כז הוּא יִמָּלֵט׃ נוֹתֵן לָרָשׁ אֵין מַחְסוֹר וּמַעְלִים עֵינָיו רַב־מְאֵרוֹת׃
כח כט א בְּקוּם רְשָׁעִים יִסָּתֵר אָדָם וּבְאָבְדָם יִרְבּוּ צַדִּיקִים׃ אִישׁ תּוֹכָחוֹת
ב מַקְשֶׁה־עֹרֶף פֶּתַע יִשָּׁבֵר וְאֵין מַרְפֵּא׃ בִּרְבוֹת צַדִּיקִים יִשְׂמַח
ג הָעָם וּבִמְשֹׁל רָשָׁע יֵאָנַח עָם׃ אִישׁ־אֹהֵב חָכְמָה יְשַׂמַּח אָבִיו
ד וְרֹעֶה זוֹנוֹת יְאַבֶּד־הוֹן׃ מֶלֶךְ בְּמִשְׁפָּט יַעֲמִיד אָרֶץ וְאִישׁ
ה תְּרוּמוֹת יֶהֶרְסֶנָּה׃ גֶּבֶר מַחֲלִיק עַל־רֵעֵהוּ רֶשֶׁת פּוֹרֵשׂ עַל־
ו ז פְּעָמָיו׃ בְּפֶשַׁע אִישׁ רָע מוֹקֵשׁ וְצַדִּיק יָרוּן וְשָׂמֵחַ׃ יֹדֵעַ צַדִּיק
ח דִּין דַּלִּים רָשָׁע לֹא־יָבִין דָּעַת׃ אַנְשֵׁי לָצוֹן יָפִיחוּ קִרְיָה וַחֲכָמִים
ט יָשִׁיבוּ אָף׃ אִישׁ־חָכָם נִשְׁפָּט אֶת־אִישׁ אֱוִיל וְרָגַז וְשָׂחַק וְאֵין
י יא נָחַת׃ אַנְשֵׁי דָמִים יִשְׂנְאוּ־תָם וִישָׁרִים יְבַקְשׁוּ נַפְשׁוֹ׃ כָּל־רוּחוֹ
יב יוֹצִיא כְסִיל וְחָכָם בְּאָחוֹר יְשַׁבְּחֶנָּה׃ מֹשֵׁל מַקְשִׁיב עַל־דְּבַר־
יג שָׁקֶר כָּל־מְשָׁרְתָיו רְשָׁעִים׃ רָשׁ וְאִישׁ תְּכָכִים נִפְגָּשׁוּ מֵאִיר־
יד עֵינֵי שְׁנֵיהֶם יְהוָה׃ מֶלֶךְ שׁוֹפֵט בֶּאֱמֶת דַּלִּים כִּסְאוֹ לָעַד יִכּוֹן׃
טו טז שֵׁבֶט וְתוֹכַחַת יִתֵּן חָכְמָה וְנַעַר מְשֻׁלָּח מֵבִישׁ אִמּוֹ׃ בִּרְבוֹת
יז רְשָׁעִים יִרְבֶּה־פָּשַׁע וְצַדִּיקִים בְּמַפַּלְתָּם יִרְאוּ׃ יַסֵּר בִּנְךָ וִינִיחֶךָ
וְיִתֵּן מַעֲדַנִּים לְנַפְשֶׁךָ׃

יח יט בְּאֵין חָזוֹן יִפָּרַע עָם וְשֹׁמֵר תּוֹרָה אַשְׁרֵהוּ׃ בִּדְבָרִים לֹא־יִוָּסֶר
כ עָבֶד כִּי־יָבִין וְאֵין מַעֲנֶה׃ חָזִיתָ אִישׁ אָץ בִּדְבָרָיו תִּקְוָה לִכְסִיל
כא כב מִמֶּנּוּ׃ מְפַנֵּק מִנֹּעַר עַבְדּוֹ וְאַחֲרִיתוֹ יִהְיֶה מָנוֹן׃ אִישׁ־אַף יְגָרֶה
כג מָדוֹן וּבַעַל חֵמָה רַב־פָּשַׁע׃ גַּאֲוַת אָדָם תַּשְׁפִּילֶנּוּ וּשְׁפַל־רוּחַ
כד יִתְמֹךְ כָּבוֹד׃ חוֹלֵק עִם־גַּנָּב שׂוֹנֵא נַפְשׁוֹ אָלָה יִשְׁמַע וְלֹא יַגִּיד׃
כה כו חֶרְדַּת אָדָם יִתֵּן מוֹקֵשׁ וּבוֹטֵחַ בַּיהוָה יְשֻׂגָּב׃ רַבִּים מְבַקְשִׁים
כז פְּנֵי־מוֹשֵׁל וּמֵיְהוָה מִשְׁפַּט־אִישׁ׃ תּוֹעֲבַת צַדִּיקִים אִישׁ עָוֶל
וְתוֹעֲבַת רָשָׁע יְשַׁר־דָּרֶךְ׃
ל א דִּבְרֵי ׀ אָגוּר בִּן־יָקֶה הַמַּשָּׂא נְאֻם הַגֶּבֶר לְאִיתִיאֵל לְאִיתִיאֵל
ב ג וְאֻכָל׃ כִּי בַעַר אָנֹכִי מֵאִישׁ וְלֹא־בִינַת אָדָם לִי׃ וְלֹא־לָמַדְתִּי
ד חָכְמָה וְדַעַת קְדֹשִׁים אֵדָע׃ מִי עָלָה־שָׁמַיִם ׀ וַיֵּרַד מִי אָסַף־
רוּחַ ׀ בְּחָפְנָיו מִי צָרַר־מַיִם ׀ בַּשִּׂמְלָה מִי הֵקִים כָּל־אַפְסֵי־אָרֶץ
ה מַה־שְּׁמוֹ וּמַה־שֶּׁם־בְּנוֹ כִּי תֵדָע׃ כָּל־אִמְרַת אֱלוֹהַּ צְרוּפָה
ו מָגֵן הוּא לַחֹסִים בּוֹ׃ אַל־תּוֹסְףְּ עַל־דְּבָרָיו פֶּן־יוֹכִיחַ בְּךָ
ז וְנִכְזָבְתָּ׃ שְׁתַּיִם שָׁאַלְתִּי מֵאִתָּךְ אַל־תִּמְנַע מִמֶּנִּי
ח בְּטֶרֶם אָמוּת׃ שָׁוְא ׀ וּדְבַר־כָּזָב הַרְחֵק מִמֶּנִּי רֵאשׁ וָעֹשֶׁר אַל־
ט תִּתֶּן־לִי הַטְרִיפֵנִי לֶחֶם חֻקִּי׃ פֶּן־אֶשְׂבַּע ׀ וְכִחַשְׁתִּי וְאָמַרְתִּי מִי
י יְהוָה וּפֶן־אִוָּרֵשׁ וְגָנַבְתִּי וְתָפַשְׂתִּי שֵׁם אֱלֹהָי׃ אַל־
יא תַּלְשֵׁן עֶבֶד אֶל־אֲדֹנָו פֶּן־יְקַלֶּלְךָ וְאָשָׁמְתָּ׃ דּוֹר אָבִיו יְקַלֵּל
יב יג וְאֶת־אִמּוֹ לֹא יְבָרֵךְ׃ דּוֹר טָהוֹר בְּעֵינָיו וּמִצֹּאָתוֹ לֹא רֻחָץ׃ דּוֹר
יד מָה־רָמוּ עֵינָיו וְעַפְעַפָּיו יִנָּשֵׂאוּ׃ דּוֹר ׀ חֲרָבוֹת שִׁנָּיו וּמַאֲכָלוֹת
מְתַלְּעֹתָיו לֶאֱכֹל עֲנִיִּים מֵאֶרֶץ וְאֶבְיוֹנִים מֵאָדָם׃
טו לַעֲלוּקָה ׀ שְׁתֵּי בָנוֹת הַב ׀ הַב שָׁלוֹשׁ הֵנָּה לֹא תִשְׂבַּעְנָה אַרְבַּע
טז לֹא־אָמְרוּ הוֹן׃ שְׁאוֹל וְעֹצֶר רָחַם אֶרֶץ לֹא־שָׂבְעָה מַּיִם וְאֵשׁ
יז לֹא־אָמְרָה הוֹן׃ עַיִן ׀ תִּלְעַג לְאָב וְתָבוּז לִיקֲּהַת אֵם יִקְּרוּהָ
יח עֹרְבֵי־נַחַל וְיֹאכְלוּהָ בְנֵי־נָשֶׁר׃ שְׁלֹשָׁה הֵמָּה
יט נִפְלְאוּ מִמֶּנִּי וְאַרְבָּעָ לֹא יְדַעְתִּים׃ דֶּרֶךְ הַנֶּשֶׁר ׀ בַּשָּׁמַיִם

דֶּרֶךְ נָחָשׁ עֲלֵי צוּר דֶּרֶךְ־אֳנִיָּה בְלֶב־יָם וְדֶרֶךְ גֶּבֶר בְּעַלְמָה:
כ כֵּן ׀ דֶּרֶךְ אִשָּׁה מְנָאָפֶת אָכְלָה וּמָחֲתָה פִיהָ וְאָמְרָה לֹא־
פָעַלְתִּי אָוֶן:
כא כב תַּחַת שָׁלוֹשׁ רָגְזָה אֶרֶץ וְתַחַת אַרְבַּע לֹא־תוּכַל שְׂאֵת: תַּחַת
כג עֶבֶד כִּי יִמְלוֹךְ וְנָבָל כִּי יִשְׂבַּע־לָחֶם: תַּחַת שְׂנוּאָה כִּי תִבָּעֵל
וְשִׁפְחָה כִּי־תִירַשׁ גְּבִרְתָּהּ:
כד כה אַרְבָּעָה הֵם קְטַנֵּי־אָרֶץ וְהֵמָּה חֲכָמִים מְחֻכָּמִים: הַנְּמָלִים עַם
כו לֹא־עָז וַיָּכִינוּ בַקַּיִץ לַחְמָם: שְׁפַנִּים עַם לֹא־עָצוּם וַיָּשִׂימוּ
כז כח בַסֶּלַע בֵּיתָם: מֶלֶךְ אֵין לָאַרְבֶּה וַיֵּצֵא חֹצֵץ כֻּלּוֹ: שְׂמָמִית
בְּיָדַיִם תְּתַפֵּשׂ וְהִיא בְּהֵיכְלֵי מֶלֶךְ:
כט ל שְׁלֹשָׁה הֵמָּה מֵיטִיבֵי צָעַד וְאַרְבָּעָה מֵיטִבֵי לָכֶת: לַיִשׁ גִּבּוֹר
לא בַּבְּהֵמָה וְלֹא־יָשׁוּב מִפְּנֵי־כֹל: זַרְזִיר מָתְנַיִם אוֹ־תָיִשׁ וּמֶלֶךְ
לב לג אַלְקוּם עִמּוֹ: אִם־נָבַלְתָּ בְהִתְנַשֵּׂא וְאִם־זַמּוֹתָ יָד לְפֶה: כִּי
מִיץ חָלָב יוֹצִיא חֶמְאָה וּמִיץ־אַף יוֹצִיא דָם וּמִיץ אַפַּיִם יוֹצִיא
לא א רִיב: דִּבְרֵי לְמוּאֵל מֶלֶךְ מַשָּׂא אֲשֶׁר־יִסְּרַתּוּ
ב ג אִמּוֹ: מַה־בְּרִי וּמֶה־בַּר־בִּטְנִי וּמֶה בַּר־נְדָרָי: אַל־תִּתֵּן לַנָּשִׁים
ד חֵילֶךָ וּדְרָכֶיךָ לַמְחוֹת מְלָכִין: אַל לַמְלָכִים ׀ לְמוֹאֵל אַל
ה לַמְלָכִים שְׁתוֹ־יָיִן וּלְרוֹזְנִים או שֵׁכָר: פֶּן־יִשְׁתֶּה וְיִשְׁכַּח אֵי
ו מְחֻקָּק וִישַׁנֶּה דִּין כָּל־בְּנֵי־עֹנִי: תְּנוּ־שֵׁכָר לְאוֹבֵד וְיַיִן לְמָרֵי
ז ח נָפֶשׁ: יִשְׁתֶּה וְיִשְׁכַּח רִישׁוֹ וַעֲמָלוֹ לֹא יִזְכָּר־עוֹד: פְּתַח־
ט פִּיךָ לְאִלֵּם אֶל־דִּין כָּל־בְּנֵי חֲלוֹף: פְּתַח־פִּיךָ שְׁפָט־צֶדֶק
וְדִין עָנִי וְאֶבְיוֹן:
י יא אֵשֶׁת־חַיִל מִי יִמְצָא וְרָחֹק מִפְּנִינִים מִכְרָהּ: בָּטַח בָּהּ לֵב בַּעְלָהּ
יב יג וְשָׁלָל לֹא יֶחְסָר: גְּמָלַתְהוּ טוֹב וְלֹא־רָע כֹּל יְמֵי חַיֶּיהָ: דָּרְשָׁה
יד צֶמֶר וּפִשְׁתִּים וַתַּעַשׂ בְּחֵפֶץ כַּפֶּיהָ: הָיְתָה כָּאֳנִיּוֹת סוֹחֵר
טו מִמֶּרְחָק תָּבִיא לַחְמָהּ: וַתָּקָם ׀ בְּעוֹד לַיְלָה וַתִּתֵּן טֶרֶף לְבֵיתָהּ
טז וְחֹק לְנַעֲרֹתֶיהָ: זָמְמָה שָׂדֶה וַתִּקָּחֵהוּ מִפְּרִי כַפֶּיהָ נָטְעַ כָּרֶם:

יז יח חָגְרָה בְעוֹז מָתְנֶיהָ וַתְּאַמֵּץ זְרוֹעֹתֶיהָ: טָעֲמָה כִּי־טוֹב סַחְרָהּ
יט לֹא־יִכְבֶּה בַלַּיל נֵרָהּ: יָדֶיהָ שִׁלְּחָה בַכִּישׁוֹר וְכַפֶּיהָ תָּמְכוּ פָלֶךְ:
כ כא כַּפָּהּ פָּרְשָׂה לֶעָנִי וְיָדֶיהָ שִׁלְּחָה לָאֶבְיוֹן: לֹא־תִירָא לְבֵיתָהּ
כב מִשָּׁלֶג כִּי כׇל־בֵּיתָהּ לָבֻשׁ שָׁנִים: מַרְבַדִּים עָשְׂתָה־לָּהּ שֵׁשׁ
כג וְאַרְגָּמָן לְבוּשָׁהּ: נוֹדָע בַּשְּׁעָרִים בַּעְלָהּ בְּשִׁבְתּוֹ עִם־זִקְנֵי־אָרֶץ:
כד כה סָדִין עָשְׂתָה וַתִּמְכֹּר וַחֲגוֹר נָתְנָה לַכְּנַעֲנִי: עֹז־וְהָדָר לְבוּשָׁהּ
כו וַתִּשְׂחַק לְיוֹם אַחֲרוֹן: פִּיהָ פָּתְחָה בְחָכְמָה וְתוֹרַת־חֶסֶד עַל־
כז כח לְשׁוֹנָהּ: צוֹפִיָּה הֲלִיכוֹת בֵּיתָהּ וְלֶחֶם עַצְלוּת לֹא תֹאכֵל: קָמוּ הֲלִיכוֹת
כט בָנֶיהָ וַיְאַשְּׁרוּהָ בַּעְלָהּ וַיְהַלְלָהּ: רַבּוֹת בָּנוֹת עָשׂוּ חָיִל וְאַתְּ
ל עָלִית עַל־כֻּלָּנָה: שֶׁקֶר הַחֵן וְהֶבֶל הַיֹּפִי אִשָּׁה יִרְאַת־יְהוָה הִיא
לא תִתְהַלָּל: תְּנוּ־לָהּ מִפְּרִי יָדֶיהָ וִיהַלְלוּהָ בַשְּׁעָרִים מַעֲשֶׂיהָ:

בוא

א אִישׁ הָיָה בְאֶרֶץ־עוּץ אִיּוֹב שְׁמוֹ וְהָיָה | הָאִישׁ הַהוּא תָּם וְיָשָׁר א
ב וִירֵא אֱלֹהִים וְסָר מֵרָע: וַיִּוָּלְדוּ לוֹ שִׁבְעָה בָנִים וְשָׁלוֹשׁ בָּנוֹת:
ג וַיְהִי מִקְנֵהוּ שִׁבְעַת אַלְפֵי־צֹאן וּשְׁלֹשֶׁת אַלְפֵי גְמַלִּים וַחֲמֵשׁ
מֵאוֹת צֶמֶד־בָּקָר וַחֲמֵשׁ מֵאוֹת אֲתוֹנוֹת וַעֲבֻדָּה רַבָּה מְאֹד וַיְהִי
ד הָאִישׁ הַהוּא גָּדוֹל מִכָּל־בְּנֵי־קֶדֶם: וְהָלְכוּ בָנָיו וְעָשׂוּ מִשְׁתֶּה
בֵּית אִישׁ יוֹמוֹ וְשָׁלְחוּ וְקָרְאוּ לִשְׁלֹשֶׁת אַחְיֹתֵיהֶם לֶאֱכֹל
ה וְלִשְׁתּוֹת עִמָּהֶם: וַיְהִי כִּי הִקִּיפוּ יְמֵי הַמִּשְׁתֶּה וַיִּשְׁלַח אִיּוֹב
וַיְקַדְּשֵׁם וְהִשְׁכִּים בַּבֹּקֶר וְהֶעֱלָה עֹלוֹת מִסְפַּר כֻּלָּם כִּי אָמַר
אִיּוֹב אוּלַי חָטְאוּ בָנַי וּבֵרְכוּ אֱלֹהִים בִּלְבָבָם כָּכָה יַעֲשֶׂה אִיּוֹב
ו כָּל־הַיָּמִים: וַיְהִי הַיּוֹם וַיָּבֹאוּ בְּנֵי הָאֱלֹהִים
ז לְהִתְיַצֵּב עַל־יְהוָה וַיָּבוֹא גַם־הַשָּׂטָן בְּתוֹכָם: וַיֹּאמֶר יְהוָה
אֶל־הַשָּׂטָן מֵאַיִן תָּבֹא וַיַּעַן הַשָּׂטָן אֶת־יְהוָה וַיֹּאמַר מִשּׁוּט
ח בָּאָרֶץ וּמֵהִתְהַלֵּךְ בָּהּ: וַיֹּאמֶר יְהוָה אֶל־הַשָּׂטָן הֲשַׂמְתָּ לִבְּךָ
עַל־עַבְדִּי אִיּוֹב כִּי אֵין כָּמֹהוּ בָּאָרֶץ אִישׁ תָּם וְיָשָׁר יְרֵא אֱלֹהִים
ט וְסָר מֵרָע: וַיַּעַן הַשָּׂטָן אֶת־יְהוָה וַיֹּאמַר הַחִנָּם יָרֵא אִיּוֹב
י אֱלֹהִים: הֲלֹא־אַתָּ שַׂכְתָּ בַעֲדוֹ וּבְעַד־בֵּיתוֹ וּבְעַד כָּל־אֲשֶׁר־לוֹ
יא מִסָּבִיב מַעֲשֵׂה יָדָיו בֵּרַכְתָּ וּמִקְנֵהוּ פָּרַץ בָּאָרֶץ: וְאוּלָם שְׁלַח־
יב נָא יָדְךָ וְגַע בְּכָל־אֲשֶׁר־לוֹ אִם־לֹא עַל־פָּנֶיךָ יְבָרְכֶךָּ: וַיֹּאמֶר
יְהוָה אֶל־הַשָּׂטָן הִנֵּה כָל־אֲשֶׁר־לוֹ בְּיָדֶךָ רַק אֵלָיו אַל־תִּשְׁלַח
יג יָדֶךָ וַיֵּצֵא הַשָּׂטָן מֵעִם פְּנֵי יְהוָה: וַיְהִי הַיּוֹם וּבָנָיו וּבְנֹתָיו אֹכְלִים
יד וְשֹׁתִים יַיִן בְּבֵית אֲחִיהֶם הַבְּכוֹר: וּמַלְאָךְ בָּא אֶל־אִיּוֹב וַיֹּאמַר
טו הַבָּקָר הָיוּ חֹרְשׁוֹת וְהָאֲתֹנוֹת רֹעוֹת עַל־יְדֵיהֶם: וַתִּפֹּל שְׁבָא
וַתִּקָּחֵם וְאֶת־הַנְּעָרִים הִכּוּ לְפִי־חָרֶב וָאִמָּלְטָה רַק־אֲנִי לְבַדִּי
טז לְהַגִּיד לָךְ: עוֹד | זֶה מְדַבֵּר וְזֶה בָּא וַיֹּאמַר אֵשׁ אֱלֹהִים נָפְלָה
מִן־הַשָּׁמַיִם וַתִּבְעַר בַּצֹּאן וּבַנְּעָרִים וַתֹּאכְלֵם וָאִמָּלְטָה רַק־אֲנִי
יז לְבַדִּי לְהַגִּיד לָךְ: עוֹד | זֶה מְדַבֵּר וְזֶה בָּא וַיֹּאמַר כַּשְׂדִּים שָׂמוּ |
שְׁלֹשָׁה רָאשִׁים וַיִּפְשְׁטוּ עַל־הַגְּמַלִּים וַיִּקָּחוּם וְאֶת־הַנְּעָרִים

יח הִכּוּ לְפִי־חָרֶב וָאִמָּלְטָה רַק־אֲנִי לְבַדִּי לְהַגִּיד לָךְ: עַד זֶה מְדַבֵּר
וְזֶה בָּא וַיֹּאמַר בָּנֶיךָ וּבְנוֹתֶיךָ אֹכְלִים וְשֹׁתִים יַיִן בְּבֵית אֲחִיהֶם
יט הַבְּכוֹר: וְהִנֵּה רוּחַ גְּדוֹלָה בָּאָה מֵעֵבֶר הַמִּדְבָּר וַיִּגַּע בְּאַרְבַּע
פִּנּוֹת הַבַּיִת וַיִּפֹּל עַל־הַנְּעָרִים וַיָּמוּתוּ וָאִמָּלְטָה רַק־אֲנִי לְבַדִּי
כ לְהַגִּיד לָךְ: וַיָּקָם אִיּוֹב וַיִּקְרַע אֶת־מְעִלוֹ וַיָּגָז אֶת־רֹאשׁוֹ וַיִּפֹּל
כא אַרְצָה וַיִּשְׁתָּחוּ: וַיֹּאמֶר עָרֹם יָצָתִי מִבֶּטֶן אִמִּי וְעָרֹם אָשׁוּב
כב שָׁמָּה יהוה נָתַן וַיהוה לָקָח יְהִי שֵׁם יהוה מְבֹרָךְ: בְּכָל־זֹאת
ב א לֹא־חָטָא אִיּוֹב וְלֹא־נָתַן תִּפְלָה לֵאלֹהִים: וַיְהִי הַיּוֹם וַיָּבֹאוּ בְּנֵי
הָאֱלֹהִים לְהִתְיַצֵּב עַל־יהוה וַיָּבוֹא גַם־הַשָּׂטָן בְּתֹכָם לְהִתְיַצֵּב
ב עַל־יהוה: וַיֹּאמֶר יהוה אֶל־הַשָּׂטָן אֵי מִזֶּה תָּבֹא וַיַּעַן הַשָּׂטָן
ג אֶת־יהוה וַיֹּאמַר מִשֻּׁט בָּאָרֶץ וּמֵהִתְהַלֵּךְ בָּהּ: וַיֹּאמֶר יהוה
אֶל־הַשָּׂטָן הֲשַׂמְתָּ לִבְּךָ אֶל־עַבְדִּי אִיּוֹב כִּי אֵין כָּמֹהוּ בָּאָרֶץ
אִישׁ תָּם וְיָשָׁר יְרֵא אֱלֹהִים וְסָר מֵרָע וְעֹדֶנּוּ מַחֲזִיק בְּתֻמָּתוֹ
ד וַתְּסִיתֵנִי בוֹ לְבַלְּעוֹ חִנָּם: וַיַּעַן הַשָּׂטָן אֶת־יהוה וַיֹּאמַר עוֹר
ה בְּעַד־עוֹר וְכֹל אֲשֶׁר לָאִישׁ יִתֵּן בְּעַד נַפְשׁוֹ: אוּלָם שְׁלַח־נָא
ו יָדְךָ וְגַע אֶל־עַצְמוֹ וְאֶל־בְּשָׂרוֹ אִם־לֹא אֶל־פָּנֶיךָ יְבָרְכֶךָּ: וַיֹּאמֶר
ז יהוה אֶל־הַשָּׂטָן הִנּוֹ בְיָדֶךָ אַךְ אֶת־נַפְשׁוֹ שְׁמֹר: וַיֵּצֵא הַשָּׂטָן
מֵאֵת פְּנֵי יהוה וַיַּךְ אֶת־אִיּוֹב בִּשְׁחִין רָע מִכַּף רַגְלוֹ עד וְעַד
ח קָדְקֳדוֹ: וַיִּקַּח־לוֹ חֶרֶשׂ לְהִתְגָּרֵד בּוֹ וְהוּא יֹשֵׁב בְּתוֹךְ־הָאֵפֶר:
ט וַתֹּאמֶר לוֹ אִשְׁתּוֹ עֹדְךָ מַחֲזִיק בְּתֻמָּתֶךָ בָּרֵךְ אֱלֹהִים וָמֻת:
י וַיֹּאמֶר אֵלֶיהָ כְּדַבֵּר אַחַת הַנְּבָלוֹת תְּדַבֵּרִי גַּם אֶת־הַטּוֹב
נְקַבֵּל מֵאֵת הָאֱלֹהִים וְאֶת־הָרָע לֹא נְקַבֵּל בְּכָל־זֹאת לֹא־
חָטָא אִיּוֹב בִּשְׂפָתָיו:
יא וַיִּשְׁמְעוּ שְׁלֹשֶׁת רֵעֵי אִיּוֹב אֵת כָּל־הָרָעָה הַזֹּאת הַבָּאָה עָלָיו
וַיָּבֹאוּ אִישׁ מִמְּקֹמוֹ אֱלִיפַז הַתֵּימָנִי וּבִלְדַּד הַשּׁוּחִי וְצוֹפַר
יב הַנַּעֲמָתִי וַיִּוָּעֲדוּ יַחְדָּו לָבוֹא לָנוּד־לוֹ וּלְנַחֲמוֹ: וַיִּשְׂאוּ אֶת־
עֵינֵיהֶם מֵרָחוֹק וְלֹא הִכִּירֻהוּ וַיִּשְׂאוּ קוֹלָם וַיִּבְכּוּ וַיִּקְרְעוּ אִישׁ

יג מִֽעָלוֹ וַֽיִּזְרְקוּ עָפָר עַל־רָאשֵׁיהֶם הַשָּׁמָֽיְמָה׃ וַיֵּשְׁבוּ אִתּוֹ
לָאָרֶץ שִׁבְעַת יָמִים וְשִׁבְעַת לֵילוֹת וְאֵין־דֹּבֵר אֵלָיו דָּבָר
ג א כִּי רָאוּ כִּֽי־גָדַל הַכְּאֵב מְאֹֽד׃ אַחֲרֵי־כֵן פָּתַח אִיּוֹב אֶת־פִּיהוּ
וַיְקַלֵּל אֶת־יוֹמֽוֹ׃
ב ג וַיַּעַן אִיּוֹב וַיֹּאמַֽר׃ יֹאבַד יוֹם אִוָּלֶד בּוֹ וְהַלַּיְלָה אָמַר הֹרָה גָֽבֶר׃
ד הַיּוֹם הַהוּא יְהִי חֹשֶׁךְ אַֽל־יִדְרְשֵׁהוּ אֱלוֹהַּ מִמָּעַל וְאַל־תּוֹפַע
ה עָלָיו נְהָרָֽה׃ יִגְאָלֻהוּ חֹשֶׁךְ וְצַלְמָוֶת תִּשְׁכָּן־עָלָיו עֲנָנָה יְבַעֲתֻהוּ
ו כִּֽמְרִירֵי יֽוֹם׃ הַלַּיְלָה הַהוּא יִקָּחֵהוּ אֹפֶל אַל־יִחַדְּ בִּימֵי שָׁנָה
ז בְּמִסְפַּר יְרָחִים אַל־יָבֹֽא׃ הִנֵּה הַלַּיְלָה הַהוּא יְהִי גַלְמוּד אַל־
ח ט תָּבֹא רְנָנָה בֽוֹ׃ יִקְּבֻהוּ אֹרְרֵי־יוֹם הָעֲתִידִים עֹרֵר לִוְיָתָֽן׃ יֶחְשְׁכוּ
י כּוֹכְבֵי נִשְׁפּוֹ יְקַו־לְאוֹר וָאַיִן וְאַל־יִרְאֶה בְּעַפְעַפֵּי־שָֽׁחַר׃ כִּי לֹא
יא סָגַר דַּלְתֵי בִטְנִי וַיַּסְתֵּר עָמָל מֵעֵינָֽי׃ לָמָּה לֹּא מֵרֶחֶם אָמוּת
יב מִבֶּטֶן יָצָאתִי וְאֶגְוָֽע׃ מַדּוּעַ קִדְּמוּנִי בִרְכָּיִם וּמַה־שָּׁדַיִם כִּי
יג יד אִינָֽק׃ כִּֽי־עַתָּה שָׁכַבְתִּי וְאֶשְׁקוֹט יָשַׁנְתִּי אָז ׀ יָנוּחַ לִֽי׃ עִם־
טו מְלָכִים וְיֹעֲצֵי אָרֶץ הַבֹּנִים חֳרָבוֹת לָֽמוֹ׃ אוֹ עִם־שָׂרִים זָהָב לָהֶם
טז הַֽמְמַלְאִים בָּתֵּיהֶם כָּֽסֶף׃ אוֹ כְנֵפֶל טָמוּן לֹא אֶהְיֶה כְּעֹלְלִים
יז לֹא־רָאוּ אֽוֹר׃ שָׁם רְשָׁעִים חָדְלוּ רֹגֶז וְשָׁם יָנוּחוּ יְגִיעֵי כֹֽחַ׃
יח יט יַחַד אֲסִירִים שַׁאֲנָנוּ לֹא שָׁמְעוּ קוֹל נֹגֵֽשׂ׃ קָטֹן וְגָדוֹל שָׁם הוּא
כ וְעֶבֶד חָפְשִׁי מֵאֲדֹנָֽיו׃ לָמָּה יִתֵּן לְעָמֵל אוֹר וְחַיִּים לְמָרֵי נָֽפֶשׁ׃
כא כב הַֽמְחַכִּים לַמָּוֶת וְאֵינֶנּוּ וַֽיַּחְפְּרֻהוּ מִמַּטְמוֹנִֽים׃ הַשְּׂמֵחִים אֱלֵי־
כג גִיל יָשִׂישׂוּ כִּי יִמְצְאוּ־קָֽבֶר׃ לְגֶבֶר אֲשֶׁר־דַּרְכּוֹ נִסְתָּרָה וַיָּסֶךְ
כד אֱלוֹהַּ בַּעֲדֽוֹ׃ כִּֽי־לִפְנֵי לַחְמִי אַנְחָתִי תָבֹא וַֽיִּתְּכוּ כַמַּיִם שַׁאֲגֹתָֽי׃
כה כו כִּי פַחַד פָּחַדְתִּי וַיֶּאֱתָיֵנִי וַאֲשֶׁר יָגֹרְתִּי יָבֹא לִֽי׃ לֹא שָׁלַוְתִּי ׀
וְלֹא שָׁקַטְתִּי וְלֹא־נָחְתִּי וַיָּבֹא רֹֽגֶז׃
ד א ב וַיַּעַן אֱלִיפַז הַתֵּימָנִי וַיֹּאמַֽר׃ הֲנִסָּה דָבָר אֵלֶיךָ תִּלְאֶה וַעְצֹר
ג ד בְּמִלִּין מִי יוּכָֽל׃ הִנֵּה יִסַּרְתָּ רַבִּים וְיָדַיִם רָפוֹת תְּחַזֵּֽק׃ כּוֹשֵׁל
ה יְקִימוּן מִלֶּיךָ וּבִרְכַּיִם כֹּרְעוֹת תְּאַמֵּֽץ׃ כִּי עַתָּה ׀ תָּבוֹא אֵלֶיךָ

ו וַתֵּלֶא תִּגַּע עָדֶיךָ וַתִּבָּהֵל׃ הֲלֹא יִרְאָתְךָ כִּסְלָתֶךָ תִּקְוָתְךָ וְתֹם
ז ח דְּרָכֶיךָ׃ זְכָר־נָא מִי הוּא נָקִי אָבָד וְאֵיפֹה יְשָׁרִים נִכְחָדוּ׃ כַּאֲשֶׁר
ט רָאִיתִי חֹרְשֵׁי אָוֶן וְזֹרְעֵי עָמָל יִקְצְרֻהוּ׃ מִנִּשְׁמַת אֱלוֹהַּ יֹאבֵדוּ
י וּמֵרוּחַ אַפּוֹ יִכְלוּ׃ שַׁאֲגַת אַרְיֵה וְקוֹל שָׁחַל וְשִׁנֵּי כְפִירִים נִתָּעוּ׃
יא יב לַיִשׁ אֹבֵד מִבְּלִי־טָרֶף וּבְנֵי לָבִיא יִתְפָּרָדוּ׃ וְאֵלַי דָּבָר יְגֻנָּב וַתִּקַּח
יג אָזְנִי שֵׁמֶץ מֶנְהוּ׃ בִּשְׂעִפִּים מֵחֶזְיֹנוֹת לָיְלָה בִּנְפֹל תַּרְדֵּמָה עַל־
יד טו אֲנָשִׁים׃ פַּחַד קְרָאַנִי וּרְעָדָה וְרֹב עַצְמוֹתַי הִפְחִיד׃ וְרוּחַ עַל־
טז פָּנַי יַחֲלֹף תְּסַמֵּר שַׂעֲרַת בְּשָׂרִי׃ יַעֲמֹד ׀ וְלֹא־אַכִּיר מַרְאֵהוּ
יז תְּמוּנָה לְנֶגֶד עֵינָי דְּמָמָה וָקוֹל אֶשְׁמָע׃ הַאֱנוֹשׁ מֵאֱלוֹהַּ יִצְדָּק
יח אִם מֵעֹשֵׂהוּ יִטְהַר־גָּבֶר׃ הֵן בַּעֲבָדָיו לֹא יַאֲמִין וּבְמַלְאָכָיו יָשִׂים
יט תָּהֳלָה׃ אַף ׀ שֹׁכְנֵי בָתֵּי־חֹמֶר אֲשֶׁר־בֶּעָפָר יְסוֹדָם יְדַכְּאוּם לִפְנֵי־
כ כא עָשׁ׃ מִבֹּקֶר לָעֶרֶב יֻכַּתּוּ מִבְּלִי מֵשִׂים לָנֶצַח יֹאבֵדוּ׃ הֲלֹא־נִסַּע
ה א יִתְרָם בָּם יָמוּתוּ וְלֹא בְחָכְמָה׃ קְרָא־נָא הֲיֵשׁ עוֹנֶךָּ וְאֶל־מִי
ב מִקְּדֹשִׁים תִּפְנֶה׃ כִּי־לֶאֱוִיל יַהֲרָג־כָּעַשׂ וּפֹתֶה תָּמִית קִנְאָה׃
ג ד אֲנִי־רָאִיתִי אֱוִיל מַשְׁרִישׁ וָאֶקּוֹב נָוֵהוּ פִתְאֹם׃ יִרְחֲקוּ בָנָיו מִיֶּשַׁע
ה וְיִדַּכְּאוּ בַשַּׁעַר וְאֵין מַצִּיל׃ אֲשֶׁר קְצִירוֹ ׀ רָעֵב יֹאכֵל וְאֶל־מִצִּנִּים
ו יִקָּחֵהוּ וְשָׁאַף צַמִּים חֵילָם׃ כִּי ׀ לֹא־יֵצֵא מֵעָפָר אָוֶן וּמֵאֲדָמָה
ז לֹא־יִצְמַח עָמָל׃ כִּי־אָדָם לְעָמָל יוּלָּד וּבְנֵי־רֶשֶׁף יַגְבִּיהוּ עוּף׃
ח ט אוּלָם אֲנִי אֶדְרֹשׁ אֶל־אֵל וְאֶל־אֱלֹהִים אָשִׂים דִּבְרָתִי׃ עֹשֶׂה
י גְדֹלוֹת וְאֵין חֵקֶר נִפְלָאוֹת עַד־אֵין מִסְפָּר׃ הַנֹּתֵן מָטָר עַל־פְּנֵי־
יא אָרֶץ וְשֹׁלֵחַ מַיִם עַל־פְּנֵי חוּצוֹת׃ לָשׂוּם שְׁפָלִים לְמָרוֹם וְקֹדְרִים
יב שָׂגְבוּ יֶשַׁע׃ מֵפֵר מַחְשְׁבוֹת עֲרוּמִים וְלֹא־תַעֲשֶׂינָה יְדֵיהֶם
יג יד תּוּשִׁיָּה׃ לֹכֵד חֲכָמִים בְּעָרְמָם וַעֲצַת נִפְתָּלִים נִמְהָרָה׃ יוֹמָם
טו יְפַגְּשׁוּ־חֹשֶׁךְ וְכַלַּיְלָה יְמַשְׁשׁוּ בַצָּהֳרָיִם׃ וַיֹּשַׁע מֵחֶרֶב מִפִּיהֶם
טז יז וּמִיַּד חָזָק אֶבְיוֹן׃ וַתְּהִי לַדַּל תִּקְוָה וְעֹלָתָה קָפְצָה פִּיהָ׃ הִנֵּה
יח אַשְׁרֵי אֱנוֹשׁ יוֹכִחֶנּוּ אֱלוֹהַּ וּמוּסַר שַׁדַּי אַל־תִּמְאָס׃ כִּי הוּא
יט יַכְאִיב וְיֶחְבָּשׁ יִמְחַץ וְיָדָו תִּרְפֶּינָה׃ בְּשֵׁשׁ צָרוֹת יַצִּילֶךָּ וּבְשֶׁבַע

כ לֹא־יִגַּע בְּךָ רָע׃ בְּרָעָב פָּדְךָ מִמָּוֶת וּבְמִלְחָמָה מִידֵי חָרֶב׃
כא כב בְּשׁוֹט לָשׁוֹן תֵּחָבֵא וְלֹא־תִירָא מִשֹּׁד כִּי יָבוֹא׃ לְשֹׁד וּלְכָפָן
כג תִּשְׂחָק וּמֵחַיַּת הָאָרֶץ אַל־תִּירָא׃ כִּי עִם־אַבְנֵי הַשָּׂדֶה בְרִיתֶךָ
כד וְחַיַּת הַשָּׂדֶה הָשְׁלְמָה־לָךְ׃ וְיָדַעְתָּ כִּי־שָׁלוֹם אָהֳלֶךָ וּפָקַדְתָּ
כה נָוְךָ וְלֹא תֶחֱטָא׃ וְיָדַעְתָּ כִּי־רַב זַרְעֶךָ וְצֶאֱצָאֶיךָ כְּעֵשֶׂב הָאָרֶץ׃
כו כז תָּבוֹא בְכֶלַח אֱלֵי־קָבֶר כַּעֲלוֹת גָּדִישׁ בְּעִתּוֹ׃ הִנֵּה־זֹאת חֲקַרְנוּהָ ב
ו א כֶּן־הִיא שְׁמָעֶנָּה וְאַתָּה דַע־לָךְ׃ וַיַּעַן אִיּוֹב
ב וַיֹּאמַר׃ לוּ שָׁקוֹל יִשָּׁקֵל כַּעְשִׂי והיתי בְּמֹאזְנַיִם יִשְׂאוּ־יָחַד׃ וְהַוָּתִי
ג ד כִּי־עַתָּה מֵחוֹל יַמִּים יִכְבָּד עַל־כֵּן דְּבָרַי לָעוּ׃ כִּי חִצֵּי שַׁדַּי
ה עִמָּדִי אֲשֶׁר חֲמָתָם שֹׁתָה רוּחִי בִּעוּתֵי אֱלוֹהַּ יַעַרְכוּנִי׃ הֲיִנְהַק
ו פֶּרֶא עֲלֵי־דֶשֶׁא אִם יִגְעֶה־שּׁוֹר עַל־בְּלִילוֹ׃ הֲיֵאָכֵל תָּפֵל מִבְּלִי־
ז מֶלַח אִם־יֶשׁ־טַעַם בְּרִיר חַלָּמוּת׃ מֵאֲנָה לִנְגּוֹעַ נַפְשִׁי הֵמָּה
ח ט כִּדְוֵי לַחְמִי׃ מִי־יִתֵּן תָּבוֹא שֶׁאֱלָתִי וְתִקְוָתִי יִתֵּן אֱלוֹהַּ׃ וְיֹאֵל
י אֱלוֹהַּ וִידַכְּאֵנִי יַתֵּר יָדוֹ וִיבַצְּעֵנִי׃ וּתְהִי־עוֹד ׀ נֶחָמָתִי וַאֲסַלְּדָה
יא בְחִילָה לֹא יַחְמוֹל כִּי־לֹא כִחַדְתִּי אִמְרֵי קָדוֹשׁ׃ מַה־כֹּחִי כִי־
יב אֲיַחֵל וּמַה־קִּצִּי כִּי־אַאֲרִיךְ נַפְשִׁי׃ אִם־כֹּחַ אֲבָנִים כֹּחִי אִם־
יג יד בְּשָׂרִי נָחוּשׁ׃ הַאִם אֵין עֶזְרָתִי בִי וְתֻשִׁיָּה נִדְּחָה מִמֶּנִּי׃ לַמָּס
טו מֵרֵעֵהוּ חָסֶד וְיִרְאַת שַׁדַּי יַעֲזוֹב׃ אַחַי בָּגְדוּ כְמוֹ־נָחַל כַּאֲפִיק
טז יז נְחָלִים יַעֲבֹרוּ׃ הַקֹּדְרִים מִנִּי־קָרַח עָלֵימוֹ יִתְעַלֶּם־שָׁלֶג׃ בְּעֵת
יח יְזֹרְבוּ נִצְמָתוּ בְּחֻמּוֹ נִדְעֲכוּ מִמְּקוֹמָם׃ יִלָּפְתוּ אָרְחוֹת דַּרְכָּם
יט יַעֲלוּ בַתֹּהוּ וְיֹאבֵדוּ׃ הִבִּיטוּ אָרְחוֹת תֵּמָא הֲלִיכֹת שְׁבָא קִוּוּ־
כ כא לָמוֹ׃ בֹּשׁוּ כִּי־בָטָח בָּאוּ עָדֶיהָ וַיֶּחְפָּרוּ׃ כִּי־עַתָּה הֱיִיתֶם לוֹ
כב תִּרְאוּ חֲתַת וַתִּירָאוּ׃ הֲכִי־אָמַרְתִּי הָבוּ לִי וּמִכֹּחֲכֶם שִׁחֲדוּ
כג כד בַעֲדִי׃ וּמַלְּטוּנִי מִיַּד־צָר וּמִיַּד עָרִיצִים תִּפְדּוּנִי׃ הוֹרוּנִי וַאֲנִי
כה אַחֲרִישׁ וּמַה־שָּׁגִיתִי הָבִינוּ לִי׃ מַה־נִּמְרְצוּ אִמְרֵי־יֹשֶׁר וּמַה־
כו יוֹכִיחַ הוֹכֵחַ מִכֶּם׃ הַלְהוֹכַח מִלִּים תַּחְשֹׁבוּ וּלְרוּחַ אִמְרֵי נֹאָשׁ׃
כז כח אַף־עַל־יָתוֹם תַּפִּילוּ וְתִכְרוּ עַל־רֵיעֲכֶם׃ וְעַתָּה הוֹאִילוּ פְנוּ־

ו
כט ושבו כי ועל־פניכם אם־אכזב: שבו־נא אל־תהי עולה ושבי עוד
ל א ז צדקי־בה: היש־בלשוני עולה אם־חכי לא־יבין הוות: הלא־
ב צבא לאנוש על־ארץ וכימי שכיר ימיו: כעבד ישאף־צל
ג וכשכיר יקוה פעלו: כן הנחלתי לי ירחי־שוא ולילות עמל
ד מנו־לי: אם־שכבתי ואמרתי מתי אקום ומדד־ערב ושבעתי
ה וגוש נדדים עדי־נשף: לבש בשרי רמה וגיש עפר עורי רגע וימאס:
ו ז ימי קלו מני־ארג ויכלו באפס תקוה: זכר כי־רוח חיי לא־
ח תשוב עיני לראות טוב: לא־תשורני עין ראי עיניך בי ואינני:
ט כלה ענן וילך כן יורד שאול לא יעלה: לא־ישוב עוד לביתו
יא ולא־יכירנו עוד מקומו: גם־אני לא אחשך פי אדברה בצר
יב רוחי אשיחה במר נפשי: הים־אני אם־תנין כי־תשים עלי
יג משמר: כי־אמרתי תנחמני ערשי ישא בשיחי משכבי:
יד טו וחתתני בחלמות ומחזינות תבעתני: ותבחר מחנק נפשי מות
טז מעצמותי: מאסתי לא־לעלם אחיה חדל ממני כי־הבל ימי:
יז יח מה־אנוש כי תגדלנו וכי־תשית אליו לבך: ותפקדנו לבקרים
יט לרגעים תבחננו: כמה לא־תשעה ממני לא־תרפני עד־בלעי
כ רקי: חטאתי מה אפעל ׀ לך נצר האדם למה שמתני למפגע
כא לך ואהיה עלי למשא: ומה ׀ לא־תשא פשעי ותעביר את־עוני
ח א כי־עתה לעפר אשכב ושחרתני ואינני: ויען
ב בלדד השוחי ויאמר: עד־אן תמלל־אלה ורוח כביר אמרי־
ג ד פיך: האל יעות משפט ואם־שדי יעות־צדק: אם־בניך חטאו־
ה לו וישלחם ביד־פשעם: אם־אתה תשחר אל־אל ואל־שדי
ו תתחנן: אם־זך וישר אתה כי־עתה יעיר עליך ושלם נות
ז ח צדקך: והיה ראשיתך מצער ואחריתך ישגה מאד: כי־שאל־
ט נא לדר רישון וכונן לחקר אבותם: כי־תמול אנחנו ולא נדע
י כי צל ימינו עלי־ארץ: הלא־הם יורוך יאמרו לך ומלבם יוצאו
יא יב מלים: היגאה־גמא בלא בצה ישגא־אחו בלי־מים: עדנו

יג בְאִבּוֹ לֹא יִקָּטֵף וְלִפְנֵי כָל־חָצִיר יִיבָשׁ׃ כֵּן אָרְחוֹת כָּל־שֹׁכְחֵי
יד אֵל וְתִקְוַת חָנֵף תֹּאבֵד׃ אֲשֶׁר־יָקוֹט כִּסְלוֹ וּבֵית עַכָּבִישׁ מִבְטַחוֹ׃
טו טז יִשָּׁעֵן עַל־בֵּיתוֹ וְלֹא יַעֲמֹד יַחֲזִיק בּוֹ וְלֹא יָקוּם׃ רָטֹב הוּא לִפְנֵי־
יז שָׁמֶשׁ וְעַל־גַּנָּתוֹ יֹנַקְתּוֹ תֵצֵא׃ עַל־גַּל שָׁרָשָׁיו יְסֻבָּכוּ בֵּית אֲבָנִים
יח יט יֶחֱזֶה׃ אִם־יְבַלְּעֶנּוּ מִמְּקֹמוֹ וְכִחֶשׁ בּוֹ לֹא רְאִיתִיךָ׃ הֶן־הוּא
כ מְשׂוֹשׂ דַּרְכּוֹ וּמֵעָפָר אַחֵר יִצְמָחוּ׃ הֶן־אֵל לֹא יִמְאַס־תָּם וְלֹא־
כא יַחֲזִיק בְּיַד־מְרֵעִים׃ עַד־יְמַלֵּה שְׂחוֹק פִּיךָ וּשְׂפָתֶיךָ תְרוּעָה׃
כב שֹׂנְאֶיךָ יִלְבְּשׁוּ־בֹשֶׁת וְאֹהֶל רְשָׁעִים אֵינֶנּוּ׃ וַיַּעַן

ט

א

ב אִיּוֹב וַיֹּאמַר׃ אָמְנָם יָדַעְתִּי כִי־כֵן וּמַה־יִּצְדַּק אֱנוֹשׁ עִם־אֵל׃
ג ד אִם־יַחְפֹּץ לָרִיב עִמּוֹ לֹא־יַעֲנֶנּוּ אַחַת מִנִּי־אָלֶף׃ חֲכַם לֵבָב וְאַמִּיץ
ה כֹּחַ מִי־הִקְשָׁה אֵלָיו וַיִּשְׁלָם׃ הַמַּעְתִּיק הָרִים וְלֹא יָדָעוּ אֲשֶׁר
ו ז הֲפָכָם בְּאַפּוֹ׃ הַמַּרְגִּיז אֶרֶץ מִמְּקוֹמָהּ וְעַמּוּדֶיהָ יִתְפַלָּצוּן׃ הָאֹמֵר
ח לַחֶרֶס וְלֹא יִזְרָח וּבְעַד כּוֹכָבִים יַחְתֹּם׃ נֹטֶה שָׁמַיִם לְבַדּוֹ וְדוֹרֵךְ
ט עַל־בָּמֳתֵי יָם׃ עֹשֶׂה־עָשׁ כְּסִיל וְכִימָה וְחַדְרֵי תֵמָן׃ עֹשֶׂה גְדֹלוֹת
יא עַד־אֵין חֵקֶר וְנִפְלָאוֹת עַד־אֵין מִסְפָּר׃ הֵן יַעֲבֹר עָלַי וְלֹא
יב אֶרְאֶה וְיַחֲלֹף וְלֹא־אָבִין לוֹ׃ הֵן יַחְתֹּף מִי יְשִׁיבֶנּוּ מִי־יֹאמַר
יג אֵלָיו מַה־תַּעֲשֶׂה׃ אֱלוֹהַּ לֹא־יָשִׁיב אַפּוֹ תַּחְתָּו שָׁחֲחוּ עֹזְרֵי רָהַב׃
יד טו אַף כִּי־אָנֹכִי אֶעֱנֶנּוּ אֶבְחֲרָה דְבָרַי עִמּוֹ׃ אֲשֶׁר אִם־צָדַקְתִּי לֹא
טז אֶעֱנֶה לִמְשֹׁפְטִי אֶתְחַנָּן׃ אִם־קָרָאתִי וַיַּעֲנֵנִי לֹא־אַאֲמִין כִּי־
יז יח יַאֲזִין קוֹלִי׃ אֲשֶׁר־בִּשְׂעָרָה יְשׁוּפֵנִי וְהִרְבָּה פְצָעַי חִנָּם׃ לֹא־יִתְּנֵנִי
יט הָשֵׁב רוּחִי כִּי יַשְׂבִּעַנִי מַמְּרֹרִים׃ אִם־לְכֹחַ אַמִּיץ הִנֵּה וְאִם־
כ כא לְמִשְׁפָּט מִי יוֹעִידֵנִי׃ אִם־אֶצְדָּק פִּי יַרְשִׁיעֵנִי תָּם־אָנִי וַיַּעְקְשֵׁנִי׃ תָּם־
כב אָנִי לֹא־אֵדַע נַפְשִׁי אֶמְאַס חַיָּי׃ אַחַת הִיא עַל־כֵּן אָמַרְתִּי תָּם
כג כד וְרָשָׁע הוּא מְכַלֶּה׃ אִם־שׁוֹט יָמִית פִּתְאֹם לְמַסַּת נְקִיִּם יִלְעָג׃ אֶרֶץ
כה נִתְּנָה בְיַד־רָשָׁע פְּנֵי־שֹׁפְטֶיהָ יְכַסֶּה אִם־לֹא אֵפוֹא מִי־הוּא׃ וְיָמַי
כו קַלּוּ מִנִּי־רָץ בָּרְחוּ לֹא־רָאוּ טוֹבָה׃ חָלְפוּ עִם־אֳנִיּוֹת אֵבֶה כְּנֶשֶׁר
כז יָטוּשׂ עֲלֵי־אֹכֶל׃ אִם־אָמְרִי אֶשְׁכְּחָה שִׂיחִי אֶעֶזְבָה פָנַי וְאַבְלִיגָה׃

כח כט יגרתי כל־עצבתי ידעתי כי־לא תנקני: אנכי ארשע למה־
ל זה הבל איגע: אם־התרחצתי במו־שלג והזכותי בבר כפי: במי
לא לב אז בשחת תטבלני ותעבוני שלמותי: כי־לא־איש כמוני אעננו
לג נבוא יחדו במשפט: לא יש־בינינו מוכיח ישת ידו על־שנינו:
לד לה יסר מעלי שבטו ואמתו אל־תבעתני: אדברה ולא איראנו
י א כי־לא־כן אנכי עמדי: נקטה נפשי בחיי אעזבה עלי שיחי
ב אדברה במר נפשי: אמר אל־אלוה אל־תרשיעני הודיעני
ג על מה־תריבני: הטוב לך כי־תעשק כי־תמאס יגיע כפיך
ד ועל־עצת רשעים הופעת: העיני בשר לך אם־כראות אנוש
ה ו תראה: הכימי אנוש ימיך אם־שנותיך כימי גבר: כי־תבקש
ז לעוני ולחטאתי תדרוש: על־דעתך כי־לא ארשע ואין מידך
ח ט מציל: ידיך עצבוני ויעשוני יחד סביב ותבלעני: זכר־נא כי־
י כחמר עשיתני ואל־עפר תשיבני: הלא כחלב תתיכני וכגבינה
יא יב תקפיאני: עור ובשר תלבישני ובעצמות וגידים תשככני: חיים
יג וחסד עשית עמדי ופקדתך שמרה רוחי: ואלה צפנת בלבבך
יד ידעתי כי־זאת עמך: אם־חטאתי ושמרתני ומעוני לא תנקני:
טו אם־רשעתי אללי לי וצדקתי לא־אשא ראשי שבע קלון
טז יז וראה עניי: ויגאה כשחל תצודני ותשב תתפלא בי: תחדש
יח עדיך נגדי ותרב כעשך עמדי חליפות וצבא עמי: ולמה
יט מרחם הצאתני אגוע ועין לא־תראני: כאשר לא־הייתי אהיה
כ מבטן לקבר אובל: הלא־מעט ימי יחדל ישית ממני ואבליגה וחדל ושית
כא מעט: בטרם אלך ולא אשוב אל־ארץ חשך וצלמות:
כב ארץ עפתה כמו אפל צלמות ולא סדרים ותפע כמו־
יא א ב אפל: ויען צפר הנעמתי ויאמר: הרב דברים לא יענה
ג ואם־איש שפתים יצדק: בדיך מתים יחרישו ותלעג ואין
ד ה מכלם: ותאמר זך לקחי ובר הייתי בעיניך: ואולם מי־יתן
ו אלוה דבר ויפתח שפתיו עמך: ויגד־לך תעלמות חכמה כי־

ז כִּפְלַיִם לְתוּשִׁיָּה וְדַע ׀ כִּי־יַשֶּׁה לְךָ אֱלוֹהַּ מֵעֲוֺנֶךָ׃ הַחֵקֶר אֱלוֹהַּ
ח תִּמְצָא אִם עַד־תַּכְלִית שַׁדַּי תִּמְצָא׃ גָּבְהֵי שָׁמַיִם מַה־תִּפְעָל
ט עֲמֻקָּה מִשְּׁאוֹל מַה־תֵּדָע׃ אֲרֻכָּה מֵאֶרֶץ מִדָּהּ וּרְחָבָה מִנִּי־יָם׃
י יא אִם־יַחֲלֹף וְיַסְגִּיר וְיַקְהִיל וּמִי יְשִׁיבֶנּוּ׃ כִּי־הוּא יָדַע מְתֵי־שָׁוְא
יב וַיַּרְא־אָוֶן וְלֹא יִתְבּוֹנָן׃ וְאִישׁ נָבוּב יִלָּבֵב וְעַיִר פֶּרֶא אָדָם יִוָּלֵד׃
יג יד אִם־אַתָּה הֲכִינוֹתָ לִבֶּךָ וּפָרַשְׂתָּ אֵלָיו כַּפֶּךָ׃ אִם־אָוֶן בְּיָדְךָ
טו הַרְחִיקֵהוּ וְאַל־תַּשְׁכֵּן בְּאֹהָלֶיךָ עַוְלָה׃ כִּי־אָז ׀ תִּשָּׂא פָנֶיךָ מִמּוּם
טז וְהָיִיתָ מֻצָק וְלֹא תִירָא׃ כִּי־אַתָּה עָמָל תִּשְׁכָּח כְּמַיִם עָבְרוּ תִזְכֹּר׃
יז יח וּמִצָּהֳרַיִם יָקוּם חָלֶד תָּעֻפָה כַּבֹּקֶר תִּהְיֶה׃ וּבָטַחְתָּ כִּי־יֵשׁ תִּקְוָה
יט וְחָפַרְתָּ לָבֶטַח תִּשְׁכָּב׃ וְרָבַצְתָּ וְאֵין מַחֲרִיד וְחִלּוּ פָנֶיךָ רַבִּים׃ ג
כ וְעֵינֵי רְשָׁעִים תִּכְלֶינָה וּמָנוֹס אָבַד מִנְהֶם וְתִקְוָתָם מַפַּח־
יב א ב נָפֶשׁ׃ וַיַּעַן אִיּוֹב וַיֹּאמַר׃ אָמְנָם כִּי אַתֶּם־עָם
ג וְעִמָּכֶם תָּמוּת חָכְמָה׃ גַּם־לִי לֵבָב ׀ כְּמוֹכֶם לֹא־נֹפֵל אָנֹכִי
ד מִכֶּם וְאֶת־מִי־אֵין כְּמוֹ־אֵלֶּה׃ שְׂחֹק לְרֵעֵהוּ ׀ אֶהְיֶה קֹרֵא
ה לֶאֱלוֹהַּ וַיַּעֲנֵהוּ שְׂחוֹק צַדִּיק תָּמִים׃ לַפִּיד בּוּז לְעַשְׁתּוּת שַׁאֲנָן
ו נָכוֹן לְמוֹעֲדֵי רָגֶל׃ יִשְׁלָיוּ אֹהָלִים ׀ לְשֹׁדְדִים וּבַטֻּחוֹת לְמַרְגִּיזֵי
ז אֵל לַאֲשֶׁר הֵבִיא אֱלוֹהַּ בְּיָדוֹ׃ וְאוּלָם שְׁאַל־נָא בְהֵמוֹת וְתֹרֶךָּ
ח וְעוֹף הַשָּׁמַיִם וְיַגֶּד־לָךְ׃ אוֹ שִׂיחַ לָאָרֶץ וְתֹרֶךָּ וִיסַפְּרוּ לְךָ דְּגֵי
ט י הַיָּם׃ מִי לֹא־יָדַע בְּכָל־אֵלֶּה כִּי יַד־יְהוָה עָשְׂתָה זֹּאת׃ אֲשֶׁר בְּיָדוֹ
יא נֶפֶשׁ כָּל־חָי וְרוּחַ כָּל־בְּשַׂר־אִישׁ׃ הֲלֹא־אֹזֶן מִלִּין תִּבְחָן וְחֵךְ אֹכֶל
יב יג יִטְעַם־לוֹ׃ בִּישִׁישִׁים חָכְמָה וְאֹרֶךְ יָמִים תְּבוּנָה׃ עִמּוֹ חָכְמָה
יד וּגְבוּרָה לוֹ עֵצָה וּתְבוּנָה׃ הֵן יַהֲרוֹס וְלֹא יִבָּנֶה יִסְגֹּר עַל־אִישׁ וְלֹא
טו טז יִפָּתֵחַ׃ הֵן יַעְצֹר בַּמַּיִם וְיִבָשׁוּ וִישַׁלְּחֵם וְיַהַפְכוּ־אָרֶץ׃ עִמּוֹ עֹז
יז וְתוּשִׁיָּה לוֹ שֹׁגֵג וּמַשְׁגֶּה׃ מוֹלִיךְ יוֹעֲצִים שׁוֹלָל וְשֹׁפְטִים יְהוֹלֵל׃
יח יט מוּסַר מְלָכִים פִּתֵּחַ וַיֶּאְסֹר אֵזוֹר בְּמָתְנֵיהֶם׃ מוֹלִיךְ כֹּהֲנִים שׁוֹלָל
כ כא וְאֵתָנִים יְסַלֵּף׃ מֵסִיר שָׂפָה לְנֶאֱמָנִים וְטַעַם זְקֵנִים יִקָּח׃ שׁוֹפֵךְ
כב בּוּז עַל־נְדִיבִים וּמְזִיחַ אֲפִיקִים רִפָּה׃ מְגַלֶּה עֲמֻקוֹת מִנִּי־חֹשֶׁךְ

כג וַיֹּצֵא לָאוֹר צַלְמָוֶת׃ מַשְׂגִּיא לַגּוֹיִם וַיְאַבְּדֵם שֹׁטֵחַ לַגּוֹיִם וַיַּנְחֵם׃
כד כה מֵסִיר לֵב רָאשֵׁי עַם־הָאָרֶץ וַיַּתְעֵם בְּתֹהוּ לֹא־דָרֶךְ׃ יְמַשְׁשׁוּ־
יג א חֹשֶׁךְ וְלֹא־אוֹר וַיַּתְעֵם כַּשִּׁכּוֹר׃ הֶן־כֹּל רָאֲתָה עֵינִי שָׁמְעָה אָזְנִי
ב ג וַתָּבֶן לָהּ׃ כְּדַעְתְּכֶם יָדַעְתִּי גַם־אָנִי לֹא־נֹפֵל אָנֹכִי מִכֶּם׃ אוּלָם
ד אֲנִי אֶל־שַׁדַּי אֲדַבֵּר וְהוֹכֵחַ אֶל־אֵל אֶחְפָּץ׃ וְאוּלָם אַתֶּם טֹפְלֵי־
ה שָׁקֶר רֹפְאֵי אֱלִל כֻּלְּכֶם׃ מִי־יִתֵּן הַחֲרֵשׁ תַּחֲרִישׁוּן וּתְהִי לָכֶם
ו ז לְחָכְמָה׃ שִׁמְעוּ־נָא תוֹכַחְתִּי וְרִבוֹת שְׂפָתַי הַקְשִׁיבוּ׃ הַלְאֵל
ח תְּדַבְּרוּ עַוְלָה וְלוֹ תְּדַבְּרוּ רְמִיָּה׃ הֲפָנָיו תִּשָּׂאוּן אִם־לָאֵל תְּרִיבוּן׃
ט י הֲטוֹב כִּי־יַחְקֹר אֶתְכֶם אִם־כְּהָתֵל בֶּאֱנוֹשׁ תְּהָתֵלּוּ בוֹ׃ הוֹכֵחַ
יא יוֹכִיחַ אֶתְכֶם אִם־בַּסֵּתֶר פָּנִים תִּשָּׂאוּן׃ הֲלֹא שְׂאֵתוֹ תְּבַעֵת
יב אֶתְכֶם וּפַחְדּוֹ יִפֹּל עֲלֵיכֶם׃ זִכְרֹנֵיכֶם מִשְׁלֵי־אֵפֶר לְגַבֵּי־חֹמֶר
יג יד גַּבֵּיכֶם׃ הַחֲרִישׁוּ מִמֶּנִּי וַאֲדַבְּרָה־אָנִי וְיַעֲבֹר עָלַי מָה׃ עַל־מָה ׀
טו אֶשָּׂא בְשָׂרִי בְשִׁנָּי וְנַפְשִׁי אָשִׂים בְּכַפִּי׃ הֵן יִקְטְלֵנִי לֹא אֲיַחֵל אַךְ־ לו
טז דְּרָכַי אֶל־פָּנָיו אוֹכִיחַ׃ גַּם־הוּא־לִי לִישׁוּעָה כִּי־לֹא לְפָנָיו חָנֵף
יז יח יָבוֹא׃ שִׁמְעוּ שָׁמוֹעַ מִלָּתִי וְאַחֲוָתִי בְּאָזְנֵיכֶם׃ הִנֵּה־נָא עָרַכְתִּי
יט מִשְׁפָּט יָדַעְתִּי כִּי־אֲנִי אֶצְדָּק׃ מִי־הוּא יָרִיב עִמָּדִי כִּי־עַתָּה
כ אַחֲרִישׁ וְאֶגְוָע׃ אַךְ־שְׁתַּיִם אַל־תַּעַשׂ עִמָּדִי אָז מִפָּנֶיךָ לֹא אֶסָּתֵר׃
כא כב כַּפְּךָ מֵעָלַי הַרְחַק וְאֵמָתְךָ אַל־תְּבַעֲתַנִּי׃ וּקְרָא וְאָנֹכִי אֶעֱנֶה אוֹ־
כג אֲדַבֵּר וַהֲשִׁיבֵנִי׃ כַּמָּה לִי עֲוֺנוֹת וְחַטָּאוֹת פִּשְׁעִי וְחַטָּאתִי הֹדִיעֵנִי׃
כד כה לָמָּה־פָנֶיךָ תַסְתִּיר וְתַחְשְׁבֵנִי לְאוֹיֵב לָךְ׃ הֶעָלֶה נִדָּף תַּעֲרוֹץ וְאֶת־
כו קַשׁ יָבֵשׁ תִּרְדֹּף׃ כִּי־תִכְתֹּב עָלַי מְרֹרוֹת וְתוֹרִישֵׁנִי עֲוֺנוֹת נְעוּרָי׃
כז וְתָשֵׂם בַּסַּד ׀ רַגְלַי וְתִשְׁמוֹר כָּל־אָרְחֹתָי עַל־שָׁרְשֵׁי רַגְלַי
כח יד א תִּתְחַקֶּה׃ וְהוּא כְּרָקָב יִבְלֶה כְּבֶגֶד אֲכָלוֹ עָשׁ׃ אָדָם יְלוּד אִשָּׁה
ב קְצַר יָמִים וּשְׂבַע־רֹגֶז׃ כְּצִיץ יָצָא וַיִּמָּל וַיִּבְרַח כַּצֵּל וְלֹא יַעֲמוֹד׃
ג ד אַף־עַל־זֶה פָּקַחְתָּ עֵינֶךָ וְאֹתִי תָבִיא בְמִשְׁפָּט עִמָּךְ׃ מִי־יִתֵּן
ה טָהוֹר מִטָּמֵא לֹא אֶחָד׃ אִם־חֲרוּצִים ׀ יָמָיו מִסְפַּר־חֳדָשָׁיו אִתָּךְ
ו חֻקָּו עָשִׂיתָ וְלֹא יַעֲבֹר׃ שְׁעֵה מֵעָלָיו וְיֶחְדָּל עַד־יִרְצֶה כְּשָׂכִיר

ז יוֹמוֹ׃ כִּי יֵשׁ לָעֵץ תִּקְוָה אִם־יִכָּרֵת וְעוֹד יַחֲלִיף וְיֹנַקְתּוֹ לֹא
ח ט תֶחְדָּל׃ אִם־יַזְקִין בָּאָרֶץ שָׁרְשׁוֹ וּבֶעָפָר יָמוּת גִּזְעוֹ׃ מֵרֵיחַ מַיִם
י יַפְרִחַ וְעָשָׂה קָצִיר כְּמוֹ־נָטַע׃ וְגֶבֶר יָמוּת וַיֶּחֱלָשׁ וַיִּגְוַע אָדָם
יא יב וְאַיּוֹ׃ אָזְלוּ־מַיִם מִנִּי־יָם וְנָהָר יֶחֱרַב וְיָבֵשׁ׃ וְאִישׁ שָׁכַב וְלֹא־
יג יָקוּם עַד־בִּלְתִּי שָׁמַיִם לֹא יָקִיצוּ וְלֹא־יֵעֹרוּ מִשְּׁנָתָם׃ מִי יִתֵּן ׀
בִּשְׁאוֹל תַּצְפִּנֵנִי תַּסְתִּירֵנִי עַד־שׁוּב אַפֶּךָ תָּשִׁית לִי חֹק וְתִזְכְּרֵנִי׃
יד אִם־יָמוּת גֶּבֶר הֲיִחְיֶה כָּל־יְמֵי צְבָאִי אֲיַחֵל עַד־בּוֹא חֲלִיפָתִי׃
טו טז תִּקְרָא וְאָנֹכִי אֶעֱנֶךָּ לְמַעֲשֵׂה יָדֶיךָ תִכְסֹף׃ כִּי־עַתָּה צְעָדַי
יז תִּסְפּוֹר לֹא־תִשְׁמוֹר עַל־חַטָּאתִי׃ חָתֻם בִּצְרוֹר פִּשְׁעִי וַתִּטְפֹּל
יח יט עַל־עֲוֺנִי׃ וְאוּלָם הַר־נוֹפֵל יִבּוֹל וְצוּר יֶעְתַּק מִמְּקֹמוֹ׃ אֲבָנִים ׀
שָׁחֲקוּ מַיִם תִּשְׁטֹף־סְפִיחֶיהָ עֲפַר־אָרֶץ וְתִקְוַת אֱנוֹשׁ הֶאֱבַדְתָּ׃
כ כא תִּתְקְפֵהוּ לָנֶצַח וַיַּהֲלֹךְ מְשַׁנֶּה פָנָיו וַתְּשַׁלְּחֵהוּ׃ יִכְבְּדוּ בָנָיו וְלֹא
כב יֵדָע וְיִצְעֲרוּ וְלֹא־יָבִין לָמוֹ׃ אַךְ־בְּשָׂרוֹ עָלָיו יִכְאָב וְנַפְשׁוֹ עָלָיו
טו א ב תֶּאֱבָל׃ וַיַּעַן אֱלִיפַז הַתֵּימָנִי וַיֹּאמַר׃ הֶחָכָם יַעֲנֶה
ג דַעַת־רוּחַ וִימַלֵּא קָדִים בִּטְנוֹ׃ הוֹכֵחַ בְּדָבָר לֹא יִסְכּוֹן וּמִלִּים
ד לֹא־יוֹעִיל בָּם׃ אַף־אַתָּה תָּפֵר יִרְאָה וְתִגְרַע שִׂיחָה לִפְנֵי־אֵל׃
ה ו כִּי יְאַלֵּף עֲוֺנְךָ פִיךָ וְתִבְחַר לְשׁוֹן עֲרוּמִים׃ יַרְשִׁיעֲךָ פִיךָ וְלֹא־
ז אָנִי וּשְׂפָתֶיךָ יַעֲנוּ־בָךְ׃ הֲרִאישׁוֹן אָדָם תִּוָּלֵד וְלִפְנֵי גְבָעוֹת
ח ט חוֹלָלְתָּ׃ הַבְסוֹד אֱלוֹהַּ תִּשְׁמָע וְתִגְרַע אֵלֶיךָ חָכְמָה׃ מַה־
י יָּדַעְתָּ וְלֹא נֵדָע תָּבִין וְלֹא־עִמָּנוּ הוּא׃ גַּם־שָׂב גַּם־יָשִׁישׁ בָּנוּ
יא כַּבִּיר מֵאָבִיךָ יָמִים׃ הַמְעַט מִמְּךָ תַּנְחֻמוֹת אֵל וְדָבָר לָאַט
יב יג עִמָּךְ׃ מַה־יִּקָּחֲךָ לִבֶּךָ וּמַה־יִּרְזְמוּן עֵינֶיךָ׃ כִּי־תָשִׁיב אֶל־אֵל
יד רוּחֶךָ וְהֹצֵאתָ מִפִּיךָ מִלִּין׃ מָה־אֱנוֹשׁ כִּי־יִזְכֶּה וְכִי־יִצְדַּק יְלוּד
טו טז אִשָּׁה׃ הֵן בִּקְדֹשָׁו לֹא יַאֲמִין וְשָׁמַיִם לֹא־זַכּוּ בְעֵינָיו׃ אַף כִּי־
יז נִתְעָב וְנֶאֱלָח אִישׁ־שֹׁתֶה כַמַּיִם עַוְלָה׃ אֲחַוְךָ שְׁמַע־לִי וְזֶה־
יח יט חָזִיתִי וַאֲסַפֵּרָה׃ אֲשֶׁר־חֲכָמִים יַגִּידוּ וְלֹא כִחֲדוּ מֵאֲבוֹתָם׃ לָהֶם
כ לְבַדָּם נִתְּנָה הָאָרֶץ וְלֹא־עָבַר זָר בְּתוֹכָם׃ כָּל־יְמֵי רָשָׁע הוּא

כא מַתְחוֹלֵל וּמִסְפַּר שָׁנִים נִצְפְּנוּ לֶעָרִיץ׃ קוֹל־פְּחָדִים בְּאָזְנָיו בַּשָּׁלוֹם
כב שׁוֹדֵד יְבוֹאֶנּוּ׃ לֹא־יַאֲמִין שׁוּב מִנִּי־חֹשֶׁךְ וצפו הוּא אֱלֵי־חָרֶב׃ וְצָפוּי
כג כד נֹדֵד הוּא לַלֶּחֶם אַיֵּה יָדַע ׀ כִּי־נָכוֹן בְּיָדוֹ יוֹם־חֹשֶׁךְ׃ יְבַעֲתֻהוּ
כה צַר וּמְצוּקָה תִּתְקְפֵהוּ כְּמֶלֶךְ ׀ עָתִיד לַכִּידוֹר׃ כִּי־נָטָה אֶל־אֵל
כו יָדוֹ וְאֶל־שַׁדַּי יִתְגַּבָּר׃ יָרוּץ אֵלָיו בְּצַוָּאר בַּעֲבִי גַּבֵּי מָגִנָּיו׃
כז כח כִּי־כִסָּה פָנָיו בְּחֶלְבּוֹ וַיַּעַשׂ פִּימָה עֲלֵי־כָסֶל׃ וַיִּשְׁכּוֹן ׀ עָרִים
כט נִכְחָדוֹת בָּתִּים לֹא־יֵשְׁבוּ לָמוֹ אֲשֶׁר הִתְעַתְּדוּ לְגַלִּים׃ לֹא־
ל יֶעְשַׁר וְלֹא־יָקוּם חֵילוֹ וְלֹא־יִטֶּה לָאָרֶץ מִנְלָם׃ לֹא־יָסוּר ׀ מִנִּי־
לא חֹשֶׁךְ יֹנַקְתּוֹ תְּיַבֵּשׁ שַׁלְהָבֶת וְיָסוּר בְּרוּחַ פִּיו׃ אַל־יַאֲמֵן בַּשָּׁו
לב נִתְעָה כִּי־שָׁוְא תִּהְיֶה תְמוּרָתוֹ׃ בְּלֹא־יוֹמוֹ תִּמָּלֵא וְכִפָּתוֹ לֹא
לג לד רַעֲנָנָה׃ יַחְמֹס כַּגֶּפֶן בִּסְרוֹ וְיַשְׁלֵךְ כַּזַּיִת נִצָּתוֹ׃ כִּי־עֲדַת חָנֵף
לה גַּלְמוּד וְאֵשׁ אָכְלָה אָהֳלֵי־שֹׁחַד׃ הָרֹה עָמָל וְיָלֹד אָוֶן וּבִטְנָם
טז א ב תָּכִין מִרְמָה׃ וַיַּעַן אִיּוֹב וַיֹּאמַר׃ שָׁמַעְתִּי כְאֵלֶּה
ג רַבּוֹת מְנַחֲמֵי עָמָל כֻּלְּכֶם׃ הֲקֵץ לְדִבְרֵי־רוּחַ אוֹ מַה־יַּמְרִיצְךָ
ד כִּי תַעֲנֶה׃ גַּם ׀ אָנֹכִי כָּכֶם אֲדַבֵּרָה לוּ־יֵשׁ נַפְשְׁכֶם תַּחַת נַפְשִׁי
אַחְבִּירָה עֲלֵיכֶם בְּמִלִּים וְאָנִיעָה עֲלֵיכֶם בְּמוֹ רֹאשִׁי׃
ה ו אֲאַמִּצְכֶם בְּמוֹ־פִי וְנִיד שְׂפָתַי יַחְשֹׂךְ׃ אִם־אֲדַבְּרָה לֹא־יֵחָשֵׂךְ
ז כְּאֵבִי וְאַחְדְּלָה מַה־מִּנִּי יַהֲלֹךְ׃ אַךְ־עַתָּה הֶלְאָנִי הֲשִׁמּוֹתָ כָּל־
ח ט עֲדָתִי׃ וַתִּקְמְטֵנִי לְעֵד הָיָה וַיָּקָם בִּי כַחֲשִׁי בְּפָנַי יַעֲנֶה׃ אַפּוֹ
י טָרַף ׀ וַיִּשְׂטְמֵנִי חָרַק עָלַי בְּשִׁנָּיו צָרִי ׀ יִלְטוֹשׁ עֵינָיו לִי׃ פָּעֲרוּ
יא עָלַי ׀ בְּפִיהֶם בְּחֶרְפָּה הִכּוּ לְחָיָי יַחַד עָלַי יִתְמַלָּאוּן׃ יַסְגִּירֵנִי
יב אֵל אֶל עֲוִיל וְעַל־יְדֵי רְשָׁעִים יִרְטֵנִי׃ שָׁלֵו הָיִיתִי ׀ וַיְפַרְפְּרֵנִי
יג וְאָחַז בְּעָרְפִּי וַיְפַצְפְּצֵנִי וַיְקִימֵנִי לוֹ לְמַטָּרָה׃ יָסֹבּוּ עָלַי ׀ רַבָּיו
יד יְפַלַּח כִּלְיוֹתַי וְלֹא יַחְמוֹל יִשְׁפֹּךְ לָאָרֶץ מְרֵרָתִי׃ יִפְרְצֵנִי פֶרֶץ
טו עַל־פְּנֵי־פָרֶץ יָרֻץ עָלַי כְּגִבּוֹר׃ שַׂק תָּפַרְתִּי עֲלֵי גִלְדִּי וְעֹלַלְתִּי
טז יז בֶעָפָר קַרְנִי׃ פָּנַי חמרמרה מִנִּי־בֶכִי וְעַל עַפְעַפַּי צַלְמָוֶת׃ עַל חֳמַרְמְרוּ
יח לֹא־חָמָס בְּכַפָּי וּתְפִלָּתִי זַכָּה׃ אֶרֶץ אַל־תְּכַסִּי דָמִי וְאַל־יְהִי

יט מְקוֹם לְזַעֲקָתִי׃ גַּם־עַתָּה הִנֵּה־בַשָּׁמַיִם עֵדִי וְשָׂהֲדִי בַּמְּרוֹמִים׃
כ כא מְלִיצַי רֵעָי אֶל־אֱלוֹהַּ דָּלְפָה עֵינִי׃ וְיוֹכַח לְגֶבֶר עִם־אֱלוֹהַּ
כב וּבֶן־אָדָם לְרֵעֵהוּ׃ כִּי־שְׁנוֹת מִסְפָּר יֶאֱתָיוּ וְאֹרַח לֹא־אָשׁוּב
יז א ב אֶהֱלֹךְ׃ רוּחִי חֻבָּלָה יָמַי נִזְעָכוּ קְבָרִים לִי׃ אִם־לֹא הֲתֻלִים
ג עִמָּדִי וּבְהַמְּרוֹתָם תָּלַן עֵינִי׃ שִׂימָה־נָּא עָרְבֵנִי עִמָּךְ מִי־הוּא
ד ה לְיָדִי יִתָּקֵעַ׃ כִּי־לִבָּם צָפַנְתָּ מִּשָּׂכֶל עַל־כֵּן לֹא תְרֹמֵם׃ לְחֵלֶק
ו יַגִּיד רֵעִים וְעֵינֵי בָנָיו תִּכְלֶנָה׃ וְהִצִּגַנִי לִמְשֹׁל עַמִּים וְתֹפֶת
ז ח לְפָנִים אֶהְיֶה׃ וַתֵּכַהּ מִכַּעַשׂ עֵינִי וִיצֻרַי כַּצֵּל כֻּלָּם׃ יָשֹׁמּוּ
ט יְשָׁרִים עַל־זֹאת וְנָקִי עַל־חָנֵף יִתְעֹרָר׃ וְיֹאחֵז צַדִּיק דַּרְכּוֹ ד
י וּטְהָר־יָדַיִם יֹסִיף אֹמֶץ׃ וְאוּלָם כֻּלָּם תָּשֻׁבוּ וּבֹאוּ נָא וְלֹא־
יא אֶמְצָא בָכֶם חָכָם׃ יָמַי עָבְרוּ זִמֹּתַי נִתְּקוּ מוֹרָשֵׁי לְבָבִי׃
יב יג לַיְלָה לְיוֹם יָשִׂימוּ אוֹר קָרוֹב מִפְּנֵי־חֹשֶׁךְ׃ אִם־אֲקַוֶּה שְׁאוֹל
יד בֵּיתִי בַּחֹשֶׁךְ רִפַּדְתִּי יְצוּעָי׃ לַשַּׁחַת קָרָאתִי אָבִי אָתָּה אִמִּי
טו טז וַאֲחֹתִי לָרִמָּה׃ וְאַיֵּה אֵפוֹ תִקְוָתִי וְתִקְוָתִי מִי יְשׁוּרֶנָּה׃ בַּדֵּי שְׁאֹל
יח א תֵּרַדְנָה אִם־יַחַד עַל־עָפָר נָחַת׃ וַיַּעַן בִּלְדַּד
ב הַשֻּׁחִי וַיֹּאמַר׃ עַד־אָנָה תְּשִׂימוּן קִנְצֵי לְמִלִּין תָּבִינוּ וְאַחַר
ג ד נְדַבֵּר׃ מַדּוּעַ נֶחְשַׁבְנוּ כַבְּהֵמָה נִטְמִינוּ בְּעֵינֵיכֶם׃ טֹרֵף נַפְשׁוֹ
ה בְּאַפּוֹ הַלְמַעַנְךָ תֵּעָזַב אָרֶץ וְיֶעְתַּק־צוּר מִמְּקֹמוֹ׃ גַּם אוֹר רְשָׁעִים
ו יִדְעָךְ וְלֹא־יִגַּהּ שְׁבִיב אִשּׁוֹ׃ אוֹר חָשַׁךְ בְּאָהֳלוֹ וְנֵרוֹ עָלָיו יִדְעָךְ׃
ז ח יֵצְרוּ צַעֲדֵי אוֹנוֹ וְתַשְׁלִיכֵהוּ עֲצָתוֹ׃ כִּי־שֻׁלַּח בְּרֶשֶׁת בְּרַגְלָיו
ט י וְעַל־שְׂבָכָה יִתְהַלָּךְ׃ יֹאחֵז בְּעָקֵב פָּח יַחֲזֵק עָלָיו צַמִּים׃ טָמוּן
יא בָּאָרֶץ חַבְלוֹ וּמַלְכֻּדְתּוֹ עֲלֵי נָתִיב׃ סָבִיב בִּעֲתֻהוּ בַלָּהוֹת
יב יג וֶהֱפִיצֻהוּ לְרַגְלָיו׃ יְהִי־רָעֵב אֹנוֹ וְאֵיד נָכוֹן לְצַלְעוֹ׃ יֹאכַל בַּדֵּי
יד עוֹרוֹ יֹאכַל בַּדָּיו בְּכוֹר מָוֶת׃ יִנָּתֵק מֵאָהֳלוֹ מִבְטַחוֹ וְתַצְעִדֵהוּ
טו לְמֶלֶךְ בַּלָּהוֹת׃ תִּשְׁכּוֹן בְּאָהֳלוֹ מִבְּלִי־לוֹ יְזֹרֶה עַל־נָוֵהוּ גָפְרִית׃
טז יז מִתַּחַת שָׁרָשָׁיו יִבָשׁוּ וּמִמַּעַל יִמַּל קְצִירוֹ׃ זִכְרוֹ־אָבַד מִנִּי־אָרֶץ
יח וְלֹא־שֵׁם לוֹ עַל־פְּנֵי־חוּץ׃ יֶהְדְּפֻהוּ מֵאוֹר אֶל־חֹשֶׁךְ וּמִתֵּבֵל

יט כ ינדהו: לא נין לו ולא־נכד בעמו ואין שריד במגוריו: על־
כא יומו נשמו אחרנים וקדמנים אחזו שער: אך־אלה משכנות
יט א עול וזה מקום לא־ידע־אל: ויען איוב ויאמר:
ב ג עד־אנה תוגיון נפשי ותדכאונני במלים: זה עשר פעמים
ד תכלימוני לא־תבשו תהכרו־לי: ואף־אמנם שגיתי אתי
ה תלין משוגתי: אם־אמנם עלי תגדילו ותוכיחו עלי חרפתי:
ו ז דעו־אפו כי־אלוה עותני ומצודו עלי הקיף: הן אצעק חמס
ח ולא אענה אשוע ואין משפט: ארחי גדר ולא אעבור ועל־
ט נתיבותי חשך ישים: כבודי מעלי הפשיט ויסר עטרת ראשי:
י יא יתצני סביב ואלך ויסע כעץ תקותי: ויחר עלי אפו ויחשבני
יב לו כצריו: יחד ׀ יבאו גדודיו ויסלו עלי דרכם ויחנו סביב
יג יד לאהלי: אחי מעלי הרחיק וידעי אך־זרו ממני: חדלו קרובי
טו ומידעי שכחוני: גרי ביתי ואמהתי לזר תחשבני נכרי הייתי
טז יז בעיניהם: לעבדי קראתי ולא יענה במו־פי אתחנן־לו: רוחי
יח זרה לאשתי וחנתי לבני בטני: גם־עוילים מאסו בי אקומה
יט וידברו־בי: תעבוני כל־מתי סודי וזה־אהבתי נהפכו־בי:
כ כא בעורי ובבשרי דבקה עצמי ואתמלטה בעור שני: חנני חנני
כב אתם רעי כי יד־אלוה נגעה בי: למה תרדפני כמו־אל
כג ומבשרי לא תשבעו: מי־יתן אפו ויכתבון מלי מי־יתן בספר
כד כה ויחקו: בעט־ברזל ועפרת לעד בצור יחצבון: ואני ידעתי
כו גאלי חי ואחרון על־עפר יקום: ואחר עורי נקפו־זאת ומבשרי
כז אחזה אלוה: אשר אני ׀ אחזה־לי ועיני ראו ולא־זר כלו
כח כליתי בחקי: כי תאמרו מה־נרדף־לו ושרש דבר נמצא־בי:
כט גורו לכם ׀ מפני־חרב כי־חמה עונות חרב למען תדעון
כ א ב שדין: ויען צופר הנעמתי ויאמר: לכן שעפי שדיון
ג ישיבוני ובעבור חושי בי: מוסר כלמתי אשמע ורוח מבינתי
ד ה יענני: הזאת ידעת מני־עד מני שים אדם עלי־ארץ: כי

ו רִנְנַת רְשָׁעִים מִקָּרוֹב וְשִׂמְחַת חָנֵף עֲדֵי־רָגַע׃ אִם־יַעֲלֶה
ז לַשָּׁמַיִם שִׂיאוֹ וְרֹאשׁוֹ לָעָב יַגִּיעַ׃ כְּגֶלְלוֹ לָנֶצַח יֹאבֵד רֹאָיו
ח יֹאמְרוּ אַיּוֹ׃ כַּחֲלוֹם יָעוּף וְלֹא יִמְצָאֻהוּ וְיֻדַּד כְּחֶזְיוֹן לָיְלָה׃
ט י עַיִן שְׁזָפַתּוּ וְלֹא תוֹסִיף וְלֹא־עוֹד תְּשׁוּרֶנּוּ מְקוֹמוֹ׃ בָּנָיו יְרַצּוּ
יא דַלִּים וְיָדָיו תָּשֵׁבְנָה אוֹנוֹ׃ עַצְמוֹתָיו מָלְאוּ עֲלוּמָו וְעִמּוֹ עַל־
יב עָפָר תִּשְׁכָּב׃ אִם־תַּמְתִּיק בְּפִיו רָעָה יַכְחִידֶנָּה תַּחַת לְשׁוֹנוֹ׃
יג יד יַחְמֹל עָלֶיהָ וְלֹא יַעַזְבֶנָּה וְיִמְנָעֶנָּה בְּתוֹךְ חִכּוֹ׃ לַחְמוֹ בְּמֵעָיו
טו נֶהְפָּךְ מְרוֹרַת פְּתָנִים בְּקִרְבּוֹ׃ חַיִל בָּלַע וַיְקִאֶנּוּ מִבִּטְנוֹ יֹרִשֶׁנּוּ
טז יז אֵל׃ רֹאשׁ־פְּתָנִים יִינָק תַּהַרְגֵהוּ לְשׁוֹן אֶפְעֶה׃ אַל־יֵרֶא
יח בִפְלַגּוֹת נַהֲרֵי נַחֲלֵי דְּבַשׁ וְחֶמְאָה׃ מֵשִׁיב יָגָע וְלֹא יִבְלָע כְּחֵיל
יט תְּמוּרָתוֹ וְלֹא יַעֲלֹס׃ כִּי־רִצַּץ עָזַב דַּלִּים בַּיִת גָּזַל וְלֹא יִבֶנֵהוּ׃
כ כא כִּי ׀ לֹא־יָדַע שָׁלֵו בְּבִטְנוֹ בַּחֲמוּדוֹ לֹא יְמַלֵּט׃ אֵין־שָׂרִיד לְאָכְלוֹ
כב עַל־כֵּן לֹא־יָחִיל טוּבוֹ׃ בִּמְלֹאות שִׂפְקוֹ יֵצֶר לוֹ כָּל־יַד עָמֵל
כג תְּבֹאֶנּוּ׃ יְהִי ׀ לְמַלֵּא בִטְנוֹ יְשַׁלַּח־בּוֹ חֲרוֹן אַפּוֹ וְיַמְטֵר עָלֵימוֹ
כד כה בִּלְחוּמוֹ׃ יִבְרַח מִנֵּשֶׁק בַּרְזֶל תַּחְלְפֵהוּ קֶשֶׁת נְחוּשָׁה׃ שָׁלַף
כו וַיֵּצֵא מִגֵּוָה וּבָרָק מִמְּרֹרָתוֹ יַהֲלֹךְ עָלָיו אֵמִים׃ כָּל־חֹשֶׁךְ טָמוּן
כז לִצְפּוּנָיו תְּאָכְלֵהוּ אֵשׁ לֹא־נֻפָּח יֵרַע שָׂרִיד בְּאָהֳלוֹ׃ יְגַלּוּ שָׁמַיִם
כח עֲוֺנוֹ וְאֶרֶץ מִתְקוֹמָמָה לוֹ׃ יִגֶל יְבוּל בֵּיתוֹ נִגָּרוֹת בְּיוֹם אַפּוֹ׃
כט א זֶה ׀ חֵלֶק־אָדָם רָשָׁע מֵאֱלֹהִים וְנַחֲלַת אִמְרוֹ מֵאֵל׃ וַיַּעַן

כא

ב אִיּוֹב וַיֹּאמַר׃ שִׁמְעוּ שָׁמוֹעַ מִלָּתִי וּתְהִי־זֹאת תַּנְחוּמֹתֵיכֶם׃
ג ד שָׂאוּנִי וְאָנֹכִי אֲדַבֵּר וְאַחַר דַּבְּרִי תַלְעִיג׃ הֶאָנֹכִי לְאָדָם שִׂיחִי
ה וְאִם־מַדּוּעַ לֹא־תִקְצַר רוּחִי׃ פְּנוּ־אֵלַי וְהָשַׁמּוּ וְשִׂימוּ יָד עַל־פֶּה׃
ו ז וְאִם־זָכַרְתִּי וְנִבְהָלְתִּי וְאָחַז בְּשָׂרִי פַּלָּצוּת׃ מַדּוּעַ רְשָׁעִים יִחְיוּ
ח עָתְקוּ גַּם־גָּבְרוּ חָיִל׃ זַרְעָם נָכוֹן לִפְנֵיהֶם עִמָּם וְצֶאֱצָאֵיהֶם
ט י לְעֵינֵיהֶם׃ בָּתֵּיהֶם שָׁלוֹם מִפָּחַד וְלֹא שֵׁבֶט אֱלוֹהַּ עֲלֵיהֶם׃ שׁוֹרוֹ
יא עִבַּר וְלֹא יַגְעִל תְּפַלֵּט פָּרָתוֹ וְלֹא תְשַׁכֵּל׃ יְשַׁלְּחוּ כַצֹּאן
יב עֲוִילֵיהֶם וְיַלְדֵיהֶם יְרַקֵּדוּן׃ יִשְׂאוּ כְּתֹף וְכִנּוֹר וְיִשְׂמְחוּ לְקוֹל

יְכַלּוּ עוּגָב: יְבַלּוּ בַטּוֹב יְמֵיהֶם וּבְרֶגַע שְׁאוֹל יֵחָתּוּ: וַיֹּאמְרוּ לָאֵל יג יד
סוּר מִמֶּנּוּ וְדַעַת דְּרָכֶיךָ לֹא חָפָצְנוּ: מַה־שַּׁדַּי כִּי־נַעַבְדֶנּוּ טו
וּמַה־נּוֹעִיל כִּי נִפְגַּע־בּוֹ: הֵן לֹא בְיָדָם טוּבָם עֲצַת רְשָׁעִים טז
רָחֲקָה מֶנִּי: כַּמָּה ׀ נֵר־רְשָׁעִים יִדְעָךְ וְיָבֹא עָלֵימוֹ אֵידָם חֲבָלִים יז
יְחַלֵּק בְּאַפּוֹ: יִהְיוּ כְּתֶבֶן לִפְנֵי־רוּחַ וּכְמֹץ גְּנָבַתּוּ סוּפָה: אֱלוֹהַּ יח יט
יִצְפֹּן־לְבָנָיו אוֹנוֹ יְשַׁלֵּם אֵלָיו וְיֵדָע: יִרְאוּ עֵינָו כִּידוֹ וּמֵחֲמַת כ
שַׁדַּי יִשְׁתֶּה: כִּי מַה־חֶפְצוֹ בְּבֵיתוֹ אַחֲרָיו וּמִסְפַּר חֳדָשָׁיו חֻצָּצוּ: כא
הַלְאֵל יְלַמֶּד־דָּעַת וְהוּא רָמִים יִשְׁפּוֹט: זֶה יָמוּת בְּעֶצֶם תֻּמּוֹ כב כג
כֻּלּוֹ שַׁלְאֲנַן וְשָׁלֵיו: עֲטִינָיו מָלְאוּ חָלָב וּמֹחַ עַצְמוֹתָיו יְשֻׁקֶּה: כד
וְזֶה יָמוּת בְּנֶפֶשׁ מָרָה וְלֹא־אָכַל בַּטּוֹבָה: יַחַד עַל־עָפָר יִשְׁכָּבוּ כה כו
וְרִמָּה תְּכַסֶּה עֲלֵיהֶם: הֵן יָדַעְתִּי מַחְשְׁבוֹתֵיכֶם וּמְזִמּוֹת עָלַי כז
תַּחְמֹסוּ: כִּי תֹאמְרוּ אַיֵּה בֵית־נָדִיב וְאַיֵּה אֹהֶל ׀ מִשְׁכְּנוֹת כח
רְשָׁעִים: הֲלֹא שְׁאֶלְתֶּם עוֹבְרֵי דָרֶךְ וְאֹתֹתָם לֹא תְנַכֵּרוּ: כִּי כט ל
לְיוֹם אֵיד יֵחָשֶׂךְ רָע לְיוֹם עֲבָרוֹת יוּבָלוּ: מִי־יַגִּיד עַל־פָּנָיו לא
דַּרְכּוֹ וְהוּא־עָשָׂה מִי יְשַׁלֶּם־לוֹ: וְהוּא לִקְבָרוֹת יוּבָל וְעַל־ לב
גָּדִישׁ יִשְׁקוֹד: מָתְקוּ־לוֹ רִגְבֵי נָחַל וְאַחֲרָיו כָּל־אָדָם יִמְשׁוֹךְ לג
וּלְפָנָיו אֵין מִסְפָּר: וְאֵיךְ תְּנַחֲמוּנִי הָבֶל וּתְשׁוּבֹתֵיכֶם נִשְׁאַר־ לד
מָעַל: וַיַּעַן אֱלִיפַז הַתֵּמָנִי וַיֹּאמַר: הַלְאֵל יִסְכָּן־ א ב כב
גָּבֶר כִּי־יִסְכֹּן עָלֵימוֹ מַשְׂכִּיל: הַחֵפֶץ לְשַׁדַּי כִּי תִצְדָּק וְאִם־ ג
בֶּצַע כִּי־תַתֵּם דְּרָכֶיךָ: הֲמִיִּרְאָתְךָ יֹכִיחֶךָ יָבוֹא עִמְּךָ בַּמִּשְׁפָּט: ד
הֲלֹא רָעָתְךָ רַבָּה וְאֵין־קֵץ לַעֲוֺנֹתֶיךָ: כִּי־תַחְבֹּל אַחֶיךָ חִנָּם ה ו
וּבִגְדֵי עֲרוּמִּים תַּפְשִׁיט: לֹא־מַיִם עָיֵף תַּשְׁקֶה וּמֵרָעֵב תִּמְנַע־ ז
לָחֶם: וְאִישׁ זְרוֹעַ לוֹ הָאָרֶץ וּנְשׂוּא פָנִים יֵשֶׁב בָּהּ: אַלְמָנוֹת ח ט
שִׁלַּחְתָּ רֵיקָם וּזְרֹעוֹת יְתֹמִים יְדֻכָּא: עַל־כֵּן סְבִיבוֹתֶיךָ פַחִים י
וִיבַהֶלְךָ פַּחַד פִּתְאֹם: אוֹ־חֹשֶׁךְ לֹא־תִרְאֶה וְשִׁפְעַת־מַיִם יא
תְּכַסֶּךָּ: הֲלֹא־אֱלוֹהַּ גֹּבַהּ שָׁמָיִם וּרְאֵה רֹאשׁ כּוֹכָבִים כִּי־ יב
רָמּוּ: וְאָמַרְתָּ מַה־יָּדַע אֵל הַבְעַד עֲרָפֶל יִשְׁפּוֹט: עָבִים סֵתֶר־ יג יד

טו לו ולא יראה וחוג שמים יתהלך: הארח עולם תשמור
טז אשר דרכו מתי-און: אשר-קמטו ולא-עת נהר יוצק יסודם:
יז יח האמרים לאל סור ממנו ומה-יפעל שדי למו: והוא מלא
יט בתיהם טוב ועצת רשעים רחקה מני: יראו צדיקים וישמחו
כ ונקי ילעג-למו: אם-לא נכחד קימנו ויתרם אכלה אש:
כא כב הסכן-נא עמו ושלם בהם תבואתך טובה: קח-נא מפיו
כג תורה ושים אמריו בלבבך: אם-תשוב עד-שדי תבנה
כד תרחיק עולה מאהלך: ושית-על-עפר בצר ובצור נחלים
כה כו אופיר: והיה שדי בצריך וכסף תועפות לך: כי-אז על-
כז שדי תתענג ותשא אל-אלוה פניך: תעתיר אליו וישמעך
כח ונדריך תשלם: ותגזר-אמר ויקם לך ועל-דרכיך נגה אור:
כט ל כי-השפילו ותאמר גוה ושח עינים יושע: ימלט אי-נקי ה
כג א ב ונמלט בבר כפיך: ויען איוב ויאמר: גם-
ג היום מרי שחי ידי כבדה על-אנחתי: מי-יתן ידעתי ואמצאהו
ד אבוא עד-תכונתו: אערכה לפניו משפט ופי אמלא תוכחות:
ה ו אדעה מלים יענני ואבינה מה-יאמר לי: הברב-כח יריב
ז עמדי לא אך-הוא ישם בי: שם ישר נוכח עמו ואפלטה
ח לנצח משפטי: הן קדם אהלך ואיננו ואחור ולא-אבין לו:
ט י שמאול בעשתו ולא-אחז יעטף ימין ולא אראה: כי-ידע
יא דרך עמדי בחנני כזהב אצא: באשרו אחזה רגלי דרכו
יב שמרתי ולא-אט: מצות שפתיו ולא אמיש מחקי צפנתי
יג יד אמרי-פיו: והוא באחד ומי ישיבנו ונפשו אותה ויעש: כי
טו ישלים חקי וכהנה רבות עמו: על-כן מפניו אבהל אתבונן
טז יז ואפחד ממנו: ואל הרך לבי ושדי הבהילני: כי-לא נצמתי
כד א מפני-חשך ומפני כסה-אפל: מדוע משדי לא-
ב נצפנו עתים וידעו לא-חזו ימיו: גבלות ישיגו עדר גזלו
ג ד וירעו: חמור יתומים ינהגו יחבלו שור אלמנה: יטו אבינים

ה מִדָּרֶךְ יַחַד חֻבְּאוּ עֲנִוֵּי־אָרֶץ׃ הֵן פְּרָאִים ׀ בַּמִּדְבָּר יָצְאוּ בְּפָעֳלָם — עניי
ו מְשַׁחֲרֵי לַטָּרֶף עֲרָבָה לוֹ לֶחֶם לַנְּעָרִים׃ בַּשָּׂדֶה בְּלִילוֹ יקצירו — יִקְצוֹרוּ
ז וְכֶרֶם רָשָׁע יְלַקֵּשׁוּ׃ עָרוֹם יָלִינוּ מִבְּלִי לְבוּשׁ וְאֵין כְּסוּת
ח ט בַּקָּרָה׃ מִזֶּרֶם הָרִים יִרְטָבוּ וּמִבְּלִי מַחְסֶה חִבְּקוּ־צוּר׃ יִגְזְלוּ
י מִשֹּׁד יָתוֹם וְעַל־עָנִי יַחְבֹּלוּ׃ עָרוֹם הִלְּכוּ בְּלִי לְבוּשׁ וּרְעֵבִים
יא נָשְׂאוּ עֹמֶר׃ בֵּין־שׁוּרֹתָם יַצְהִירוּ יְקָבִים דָּרְכוּ וַיִּצְמָאוּ׃
יב מֵעִיר מְתִים ׀ יִנְאָקוּ וְנֶפֶשׁ־חֲלָלִים תְּשַׁוֵּעַ וֶאֱלוֹהַּ לֹא־יָשִׂים
יג תִּפְלָה׃ הֵמָּה ׀ הָיוּ בְּמֹרְדֵי־אוֹר לֹא־הִכִּירוּ דְרָכָיו וְלֹא יָשְׁבוּ
יד בִּנְתִיבֹתָיו׃ לָאוֹר יָקוּם רוֹצֵחַ יִקְטָל־עָנִי וְאֶבְיוֹן וּבַלַּיְלָה יְהִי
טו כַגַּנָּב׃ וְעֵין נֹאֵף ׀ שָׁמְרָה נֶשֶׁף לֵאמֹר לֹא־תְשׁוּרֵנִי עָיִן וְסֵתֶר
טז פָּנִים יָשִׂים׃ חָתַר בַּחֹשֶׁךְ בָּתִּים יוֹמָם חִתְּמוּ־לָמוֹ לֹא־יָדְעוּ
יז אוֹר׃ כִּי יַחְדָּו ׀ בֹּקֶר לָמוֹ צַלְמָוֶת כִּי־יַכִּיר בַּלְהוֹת צַלְמָוֶת׃
יח קַל־הוּא ׀ עַל־פְּנֵי־מַיִם תְּקֻלַּל חֶלְקָתָם בָּאָרֶץ לֹא־יִפְנֶה דֶּרֶךְ
יט כ כְּרָמִים׃ צִיָּה גַם־חֹם יִגְזְלוּ מֵימֵי־שֶׁלֶג שְׁאוֹל חָטָאוּ׃ יִשְׁכָּחֵהוּ
כא רֶחֶם ׀ מְתָקוֹ רִמָּה עוֹד לֹא־יִזָּכֵר וַתִּשָּׁבֵר כָּעֵץ עַוְלָה׃ רֹעֶה
כב עֲקָרָה לֹא תֵלֵד וְאַלְמָנָה לֹא יְיֵטִיב׃ וּמָשַׁךְ אַבִּירִים בְּכֹחוֹ
כג יָקוּם וְלֹא־יַאֲמִין בַּחַיִּין׃ יִתֶּן־לוֹ לָבֶטַח וְיִשָּׁעֵן וְעֵינֵיהוּ
כד עַל־דַּרְכֵיהֶם׃ רוֹמּוּ מְּעַט ׀ וְאֵינֶנּוּ וְהֻמְּכוּ כַּכֹּל יִקָּפְצוּן
כה וּכְרֹאשׁ שִׁבֹּלֶת יִמָּלוּ׃ וְאִם־לֹא אֵפוֹ מִי יַכְזִיבֵנִי וְיָשֵׂם לְאַל
כה א ב מִלָּתִי׃ וַיַּעַן בִּלְדַּד הַשֻּׁחִי וַיֹּאמַר׃ הַמְשֵׁל וָפַחַד
ג עִמּוֹ עֹשֶׂה שָׁלוֹם בִּמְרוֹמָיו׃ הֲיֵשׁ מִסְפָּר לִגְדוּדָיו וְעַל־מִי לֹא־
ד יָקוּם אוֹרֵהוּ׃ וּמַה־יִּצְדַּק אֱנוֹשׁ עִם־אֵל וּמַה־יִּזְכֶּה יְלוּד אִשָּׁה׃
ה ו הֵן עַד־יָרֵחַ וְלֹא יַאֲהִיל וְכוֹכָבִים לֹא־זַכּוּ בְעֵינָיו׃ אַף כִּי־
כו א אֱנוֹשׁ רִמָּה וּבֶן־אָדָם תּוֹלֵעָה׃ וַיַּעַן אִיּוֹב וַיֹּאמַר׃
ב ג מֶה־עָזַרְתָּ לְלֹא־כֹחַ הוֹשַׁעְתָּ זְרוֹעַ לֹא־עֹז׃ מַה־יָּעַצְתָּ לְלֹא
ד חָכְמָה וְתוּשִׁיָּה לָרֹב הוֹדָעְתָּ׃ אֶת־מִי הִגַּדְתָּ מִלִּין וְנִשְׁמַת־
ה מִי יָצְאָה מִמֶּךָּ׃ הָרְפָאִים יְחוֹלָלוּ מִתַּחַת מַיִם וְשֹׁכְנֵיהֶם׃

ו ז עָרוֹם שְׁאוֹל נֶגְדּוֹ וְאֵין כְּסוּת לָאֲבַדּוֹן׃ נֹטֶה צָפוֹן עַל־תֹּהוּ
ח תֹּלֶה אֶרֶץ עַל־בְּלִימָה׃ צֹרֵר מַיִם בְּעָבָיו וְלֹא־נִבְקַע עָנָן
ט תַּחְתָּם׃ מְאַחֵז פְּנֵי־כִסֵּה פַּרְשֵׁז עָלָיו עֲנָנוֹ׃ חֹק־חָג עַל־פְּנֵי־
יא מָיִם עַד־תַּכְלִית אוֹר עִם־חֹשֶׁךְ׃ עַמּוּדֵי שָׁמַיִם יְרוֹפָפוּ וְיִתְמְהוּ
יב יג מִגַּעֲרָתוֹ׃ בְּכֹחוֹ רָגַע הַיָּם וּבתובנתו מָחַץ רָהַב׃ בְּרוּחוֹ שָׁמַיִם וּבִתְבוּנָתוֹ
יד שִׁפְרָה חֹלְלָה יָדוֹ נָחָשׁ בָּרִחַ׃ הֶן־אֵלֶּה ׀ קְצוֹת דְּרָכָו וּמַה־שֵּׁמֶץ
כז א דָּבָר נִשְׁמַע־בּוֹ וְרַעַם גְּבוּרֹתָו מִי יִתְבּוֹנָן׃ וַיֹּסֶף
ב אִיּוֹב שְׂאֵת מְשָׁלוֹ וַיֹּאמַר׃ חַי־אֵל הֵסִיר מִשְׁפָּטִי וְשַׁדַּי הֵמַר
ג ד נַפְשִׁי׃ כִּי־כָל־עוֹד נִשְׁמָתִי בִי וְרוּחַ אֱלוֹהַּ בְּאַפִּי׃ אִם־תְּדַבֵּרְנָה
ה שְׂפָתַי עַוְלָה וּלְשׁוֹנִי אִם־יֶהְגֶּה רְמִיָּה׃ חָלִילָה לִּי אִם־אַצְדִּיק
ו אֶתְכֶם עַד־אֶגְוָע לֹא־אָסִיר תֻּמָּתִי מִמֶּנִּי׃ בְּצִדְקָתִי הֶחֱזַקְתִּי
ז וְלֹא אַרְפֶּהָ לֹא־יֶחֱרַף לְבָבִי מִיָּמָי׃ יְהִי כְרָשָׁע אֹיְבִי וּמִתְקוֹמְמִי
ח כְעַוָּל׃ כִּי מַה־תִּקְוַת חָנֵף כִּי יִבְצָע כִּי יֵשֶׁל אֱלוֹהַּ נַפְשׁוֹ׃
ט הֲצַעֲקָתוֹ יִשְׁמַע ׀ אֵל כִּי־תָבוֹא עָלָיו צָרָה׃ אִם־עַל־שַׁדַּי
יא יִתְעַנָּג יִקְרָא אֱלוֹהַּ בְּכָל־עֵת׃ אוֹרֶה אֶתְכֶם בְּיַד־אֵל אֲשֶׁר
יב עִם־שַׁדַּי לֹא אֲכַחֵד׃ הֶן־אַתֶּם כֻּלְּכֶם חֲזִיתֶם וְלָמָּה־זֶּה הֶבֶל
יג תֶּהְבָּלוּ׃ זֶה ׀ חֵלֶק־אָדָם רָשָׁע ׀ עִם־אֵל וְנַחֲלַת עָרִיצִים מִשַּׁדַּי
יד יִקָּחוּ׃ אִם־יִרְבּוּ בָנָיו לְמוֹ־חָרֶב וְצֶאֱצָאָיו לֹא יִשְׂבְּעוּ־לָחֶם׃
טו טז שְׂרִידָיו בַּמָּוֶת יִקָּבֵרוּ וְאַלְמְנֹתָיו לֹא תִבְכֶּינָה׃ אִם־יִצְבֹּר כֶּעָפָר
יז כָּסֶף וְכַחֹמֶר יָכִין מַלְבּוּשׁ׃ יָכִין וְצַדִּיק יִלְבָּשׁ וְכֶסֶף נָקִי
יח יט יַחֲלֹק׃ בָּנָה כָעָשׁ בֵּיתוֹ וּכְסֻכָּה עָשָׂה נֹצֵר׃ עָשִׁיר יִשְׁכַּב וְלֹא
כ יֵאָסֵף עֵינָיו פָּקַח וְאֵינֶנּוּ׃ תַּשִּׂיגֵהוּ כַמַּיִם בַּלָּהוֹת לַיְלָה גְּנָבַתּוּ
כא כב סוּפָה׃ יִשָּׂאֵהוּ קָדִים וְיֵלַךְ וִישָׂעֲרֵהוּ מִמְּקֹמוֹ׃ וְיַשְׁלֵךְ עָלָיו
כג וְלֹא יַחְמֹל מִיָּדוֹ בָּרוֹחַ יִבְרָח׃ יִשְׂפֹּק עָלֵימוֹ כַפֵּימוֹ וְיִשְׁרֹק
כח א ב עָלָיו מִמְּקֹמוֹ׃ כִּי יֵשׁ לַכֶּסֶף מוֹצָא וּמָקוֹם לַזָּהָב יָזֹקּוּ׃ בַּרְזֶל
ג מֵעָפָר יֻקָּח וְאֶבֶן יָצוּק נְחוּשָׁה׃ קֵץ ׀ שָׂם לַחֹשֶׁךְ וּלְכָל־תַּכְלִית
ד הוּא חוֹקֵר אֶבֶן אֹפֶל וְצַלְמָוֶת׃ פָּרַץ נַחַל ׀ מֵעִם־גָּר הַנִּשְׁכָּחִים

ה מִנִּי־רָגֶל דַּלּוּ מֵאֱנוֹשׁ נָעוּ: אֶרֶץ מִמֶּנָּה יֵצֵא־לָחֶם וְתַחְתֶּיהָ
ו ז נֶהְפַּךְ כְּמוֹ־אֵשׁ: מְקוֹם־סַפִּיר אֲבָנֶיהָ וְעַפְרֹת זָהָב לוֹ: נָתִיב
ח לֹא־יְדָעוֹ עָיִט וְלֹא שְׁזָפַתּוּ עֵין אַיָּה: לֹא־הִדְרִיכוּהוּ בְנֵי־שָׁחַץ
ט לֹא־עָדָה עָלָיו שָׁחַל: בַּחַלָּמִישׁ שָׁלַח יָדוֹ הָפַךְ מִשֹּׁרֶשׁ הָרִים:
י יא בַּצּוּרוֹת יְאֹרִים בִּקֵּעַ וְכָל־יְקָר רָאֲתָה עֵינוֹ: מִבְּכִי נְהָרוֹת
יב חִבֵּשׁ וְתַעֲלֻמָהּ יֹצִא אוֹר: וְהַחָכְמָה מֵאַיִן תִּמָּצֵא
יג וְאֵי זֶה מְקוֹם בִּינָה: לֹא־יָדַע אֱנוֹשׁ עֶרְכָּהּ וְלֹא תִמָּצֵא
יד בְּאֶרֶץ הַחַיִּים: תְּהוֹם אָמַר לֹא בִי־הִיא וְיָם אָמַר אֵין
טו טז עִמָּדִי: לֹא־יֻתַּן סְגוֹר תַּחְתֶּיהָ וְלֹא יִשָּׁקֵל כֶּסֶף מְחִירָהּ: לֹא־
יז תְסֻלֶּה בְּכֶתֶם אוֹפִיר בְּשֹׁהַם יָקָר וְסַפִּיר: לֹא־יַעַרְכֶנָּה זָהָב
יח וּזְכוֹכִית וּתְמוּרָתָהּ כְּלִי־פָז: רָאמוֹת וְגָבִישׁ לֹא יִזָּכֵר וּמֶשֶׁךְ
יט חָכְמָה מִפְּנִינִים: לֹא־יַעַרְכֶנָּה פִּטְדַת־כּוּשׁ בְּכֶתֶם טָהוֹר לֹא
כ תְסֻלֶּה: וְהַחָכְמָה מֵאַיִן תָּבוֹא וְאֵי זֶה מְקוֹם
כא כב בִּינָה: וְנֶעֶלְמָה מֵעֵינֵי כָל־חָי וּמֵעוֹף הַשָּׁמַיִם נִסְתָּרָה: אֲבַדּוֹן
כג וָמָוֶת אָמְרוּ בְּאָזְנֵינוּ שָׁמַעְנוּ שִׁמְעָהּ: אֱלֹהִים הֵבִין דַּרְכָּהּ
כד וְהוּא יָדַע אֶת־מְקוֹמָהּ: כִּי־הוּא לִקְצוֹת־הָאָרֶץ יַבִּיט תַּחַת
כה כָּל־הַשָּׁמַיִם יִרְאֶה: לַעֲשׂוֹת לָרוּחַ מִשְׁקָל וּמַיִם תִּכֵּן בְּמִדָּה:
כו כז בַּעֲשֹׂתוֹ לַמָּטָר חֹק וְדֶרֶךְ לַחֲזִיז קֹלוֹת: אָז רָאָהּ וַיְסַפְּרָהּ
כח הֱכִינָהּ וְגַם־חֲקָרָהּ: וַיֹּאמֶר לָאָדָם הֵן יִרְאַת אֲדֹנָי הִיא חָכְמָה
כט א וְסוּר מֵרָע בִּינָה: וַיֹּסֶף אִיּוֹב שְׂאֵת מְשָׁלוֹ וַיֹּאמַר:
ב ג מִי־יִתְּנֵנִי כְיַרְחֵי־קֶדֶם כִּימֵי אֱלוֹהַּ יִשְׁמְרֵנִי: בְּהִלּוֹ נֵרוֹ עֲלֵי
ד רֹאשִׁי לְאוֹרוֹ אֵלֶךְ חֹשֶׁךְ: כַּאֲשֶׁר הָיִיתִי בִּימֵי חָרְפִּי בְּסוֹד
ה ו אֱלוֹהַּ עֲלֵי אָהֳלִי: בְּעוֹד שַׁדַּי עִמָּדִי סְבִיבוֹתַי נְעָרָי: בִּרְחֹץ
ז הֲלִיכַי בְּחֵמָה וְצוּר יָצוּק עִמָּדִי פַּלְגֵי־שָׁמֶן: בְּצֵאתִי שַׁעַר עֲלֵי־
ח קָרֶת בָּרְחוֹב אָכִין מוֹשָׁבִי: רָאוּנִי נְעָרִים וְנֶחְבָּאוּ וִישִׁישִׁים
ט י קָמוּ עָמָדוּ: שָׂרִים עָצְרוּ בְמִלִּים וְכַף יָשִׂימוּ לְפִיהֶם: קוֹל־
יא נְגִידִים נֶחְבָּאוּ וּלְשׁוֹנָם לְחִכָּם דָּבֵקָה: כִּי אֹזֶן שָׁמְעָה וַתְּאַשְּׁרֵנִי

יב וְעַיִן רָאֲתָה וַתְּעִידֵנִי׃ כִּי־אֲמַלֵּט עָנִי מְשַׁוֵּעַ וְיָתוֹם וְלֹא־עֹזֵר
יג יד לוֹ׃ בִּרְכַּת אֹבֵד עָלַי תָּבֹא וְלֵב אַלְמָנָה אַרְנִן׃ צֶדֶק לָבַשְׁתִּי
טו וַיִּלְבָּשֵׁנִי כַמְעִיל וְצָנִיף מִשְׁפָּטִי׃ עֵינַיִם הָיִיתִי לַעִוֵּר וְרַגְלַיִם
טז לַפִּסֵּחַ אָנִי׃ אָב אָנֹכִי לָאֶבְיוֹנִים וְרִב לֹא־יָדַעְתִּי אֶחְקְרֵהוּ׃
יז יח וָאֲשַׁבְּרָה מְתַלְּעוֹת עַוָּל וּמִשִּׁנָּיו אַשְׁלִיךְ טָרֶף׃ וָאֹמַר עִם־קִנִּי
יט אֶגְוָע וְכַחוֹל אַרְבֶּה יָמִים׃ שָׁרְשִׁי פָתוּחַ אֱלֵי־מָיִם וְטַל יָלִין
כ כא בִּקְצִירִי׃ כְּבוֹדִי חָדָשׁ עִמָּדִי וְקַשְׁתִּי בְּיָדִי תַחֲלִיף׃ לִי־שָׁמְעוּ
כב וְיִחֵלּוּ וְיִדְּמוּ לְמוֹ עֲצָתִי׃ אַחֲרֵי דְבָרִי לֹא יִשְׁנוּ וְעָלֵימוֹ תִּטֹּף
כג כד מִלָּתִי׃ וְיִחֲלוּ כַמָּטָר לִי וּפִיהֶם פָּעֲרוּ לְמַלְקוֹשׁ׃ אֶשְׂחַק
כה אֲלֵהֶם לֹא יַאֲמִינוּ וְאוֹר פָּנַי לֹא יַפִּילוּן׃ אֶבְחַר דַּרְכָּם וְאֵשֵׁב
ל א רֹאשׁ וְאֶשְׁכּוֹן כְּמֶלֶךְ בַּגְּדוּד כַּאֲשֶׁר אֲבֵלִים יְנַחֵם׃ וְעַתָּה
שָׂחֲקוּ עָלַי צְעִירִים מִמֶּנִּי לְיָמִים אֲשֶׁר־מָאַסְתִּי אֲבוֹתָם לָשִׁית
ב עִם־כַּלְבֵי צֹאנִי׃ גַּם־כֹּחַ יְדֵיהֶם לָמָּה לִּי עָלֵימוֹ אָבַד כָּלַח׃
ג בְּחֶסֶר וּבְכָפָן גַּלְמוּד הַעֹרְקִים צִיָּה אֶמֶשׁ שׁוֹאָה וּמְשֹׁאָה׃
ד ה הַקֹּטְפִים מַלּוּחַ עֲלֵי־שִׂיחַ וְשֹׁרֶשׁ רְתָמִים לַחְמָם׃ מִן־גֵּו יְגֹרָשׁוּ
ו יָרִיעוּ עָלֵימוֹ כַּגַּנָּב׃ בַּעֲרוּץ נְחָלִים לִשְׁכֹּן חֹרֵי עָפָר וְכֵפִים׃
ז ח בֵּין־שִׂיחִים יִנְהָקוּ תַּחַת חָרוּל יְסֻפָּחוּ׃ בְּנֵי־נָבָל גַּם־בְּנֵי בְלִי־
ט שֵׁם נִכְּאוּ מִן־הָאָרֶץ׃ וְעַתָּה נְגִינָתָם הָיִיתִי וָאֱהִי לָהֶם לְמִלָּה׃
י יא תִּעֲבוּנִי רָחֲקוּ מֶנִּי וּמִפָּנַי לֹא־חָשְׂכוּ רֹק׃ כִּי־יתרו פִּתַּח וַיְעַנֵּנִי יִתְרִי
יב וְרֶסֶן מִפָּנַי שִׁלֵּחוּ׃ עַל־יָמִין פִּרְחַח יָקוּמוּ רַגְלַי שִׁלֵּחוּ וַיָּסֹלּוּ עָלַי
יג אָרְחוֹת אֵידָם׃ נָתְסוּ נְתִיבָתִי להיתי יֹעִילוּ לֹא עֹזֵר לָמוֹ׃ לְהַוָּתִי
יד טו כְּפֶרֶץ רָחָב יֶאֱתָיוּ תַּחַת שֹׁאָה הִתְגַּלְגָּלוּ׃ הָהְפַּךְ עָלַי בַּלָּהוֹת
טז תִּרְדֹּף כָּרוּחַ נְדִבָתִי וּכְעָב עָבְרָה יְשֻׁעָתִי׃ וְעַתָּה עָלַי תִּשְׁתַּפֵּךְ
יז נַפְשִׁי יֹאחֲזוּנִי יְמֵי־עֹנִי׃ לַיְלָה עֲצָמַי נִקַּר מֵעָלָי וְעֹרְקַי לֹא
יח יט יִשְׁכָּבוּן׃ בְּרָב־כֹּחַ יִתְחַפֵּשׂ לְבוּשִׁי כְּפִי כֻתָּנְתִּי יַאַזְרֵנִי׃ הֹרָנִי
כ לַחֹמֶר וָאֶתְמַשֵּׁל כֶּעָפָר וָאֵפֶר׃ אֲשַׁוַּע אֵלֶיךָ וְלֹא תַעֲנֵנִי
כא עָמַדְתִּי וַתִּתְבֹּנֶן בִּי׃ תֵּהָפֵךְ לְאַכְזָר לִי בְּעֹצֶם יָדְךָ תִשְׂטְמֵנִי׃

תִּשָּׂאֵנִי אֶל־רוּחַ תַּרְכִּיבֵנִי וּתְמֹגְגֵנִי תשוה: כִּי־יָדַעְתִּי מָוֶת כב כג (תֻּשִׁיָּה)
תְּשִׁיבֵנִי וּבֵית מוֹעֵד לְכָל־חָי: אַךְ לֹא־בְעִי יִשְׁלַח־יָד אִם־ כד
בְּפִידוֹ לָהֶן שׁוּעַ: אִם־לֹא בָכִיתִי לִקְשֵׁה־יוֹם עָגְמָה נַפְשִׁי כה
לָאֶבְיוֹן: כִּי טוֹב קִוִּיתִי וַיָּבֹא רָע וַאֲיַחֲלָה לְאוֹר וַיָּבֹא אֹפֶל: כו
מֵעַי רֻתְּחוּ וְלֹא־דָמּוּ קִדְּמֻנִי יְמֵי־עֹנִי: קֹדֵר הִלַּכְתִּי בְּלֹא כז כח
חַמָּה קַמְתִּי בַקָּהָל אֲשַׁוֵּעַ: אָח הָיִיתִי לְתַנִּים וְרֵעַ לִבְנוֹת כט
יַעֲנָה: עוֹרִי שָׁחַר מֵעָלָי וְעַצְמִי־חָרָה מִנִּי־חֹרֶב: וַיְהִי לְאֵבֶל ל לא
כִּנֹּרִי וְעֻגָבִי לְקוֹל בֹּכִים: בְּרִית כָּרַתִּי לְעֵינָי וּמָה אֶתְבּוֹנֵן א לא
עַל־בְּתוּלָה: וּמֶה ׀ חֵלֶק אֱלוֹהַּ מִמָּעַל וְנַחֲלַת שַׁדַּי מִמְּרֹמִים: ב
הֲלֹא־אֵיד לְעַוָּל וְנֶכֶר לְפֹעֲלֵי אָוֶן: הֲלֹא־הוּא יִרְאֶה דְרָכָי ג ד
וְכָל־צְעָדַי יִסְפּוֹר: אִם־הָלַכְתִּי עִם־שָׁוְא וַתַּחַשׁ עַל־מִרְמָה ה
רַגְלִי: יִשְׁקְלֵנִי בְמֹאזְנֵי־צֶדֶק וְיֵדַע אֱלוֹהַּ תֻּמָּתִי: אִם־תִּטֶּה ו ז
אַשֻּׁרִי מִנִּי הַדָּרֶךְ וְאַחַר עֵינַי הָלַךְ לִבִּי וּבְכַפַּי דָּבַק מֻאוּם:
אֶזְרְעָה וְאַחֵר יֹאכֵל וְצֶאֱצָאַי יְשֹׁרָשׁוּ: אִם־נִפְתָּה לִבִּי עַל־ ח ט
אִשָּׁה וְעַל־פֶּתַח רֵעִי אָרָבְתִּי: תִּטְחַן לְאַחֵר אִשְׁתִּי וְעָלֶיהָ י
יִכְרְעוּן אֲחֵרִין: כִּי־הוּא זִמָּה וְהִיא עָוֺן פְּלִילִים: כִּי אֵשׁ הִיא יא יב (הִיא | וְהוּא)
עַד־אֲבַדּוֹן תֹּאכֵל וּבְכָל־תְּבוּאָתִי תְשָׁרֵשׁ: אִם־אֶמְאַס מִשְׁפַּט יג
עַבְדִּי וַאֲמָתִי בְּרִבָם עִמָּדִי: וּמָה אֶעֱשֶׂה כִּי־יָקוּם אֵל וְכִי־ יד
יִפְקֹד מָה אֲשִׁיבֶנּוּ: הֲלֹא־בַבֶּטֶן עֹשֵׂנִי עָשָׂהוּ וַיְכֻנֶנּוּ בָּרֶחֶם טו
אֶחָד: אִם־אֶמְנַע מֵחֵפֶץ דַּלִּים וְעֵינֵי אַלְמָנָה אֲכַלֶּה: וְאֹכַל טז יז
פִּתִּי לְבַדִּי וְלֹא־אָכַל יָתוֹם מִמֶּנָּה: כִּי מִנְּעוּרַי גְּדֵלַנִי כְאָב יח
וּמִבֶּטֶן אִמִּי אַנְחֶנָּה: אִם־אֶרְאֶה אוֹבֵד מִבְּלִי לְבוּשׁ וְאֵין כְּסוּת יט
לָאֶבְיוֹן: אִם־לֹא בֵרְכוּנִי חֲלָצָו וּמִגֵּז כְּבָשַׂי יִתְחַמָּם: אִם־ כ כא
הֲנִיפוֹתִי עַל־יָתוֹם יָדִי כִּי־אֶרְאֶה בַשַּׁעַר עֶזְרָתִי: כְּתֵפִי מִשִּׁכְמָה כב
תִפּוֹל וְאֶזְרֹעִי מִקָּנָה תִשָּׁבֵר: כִּי־פַחַד אֵלַי אֵיד אֵל וּמִשְּׂאֵתוֹ כג
לֹא אוּכָל: אִם־שַׂמְתִּי זָהָב כִּסְלִי וְלַכֶּתֶם אָמַרְתִּי מִבְטַחִי: כד
אִם־אֶשְׂמַח כִּי־רַב חֵילִי וְכִי־כַבִּיר מָצְאָה יָדִי: אִם־אֶרְאֶה כה כו

כז אוֹר כִּי יָהֵל וְיָרֵחַ יָקָר הֹלֵךְ׃ וַיִּפְתְּ בַּסֵּתֶר לִבִּי וַתִּשַּׁק יָדִי
כח כט לְפִי׃ גַּם־הוּא עָוֺן פְּלִילִי כִּי־כִחַשְׁתִּי לָאֵל מִמָּעַל׃ אִם־אֶשְׂמַח
ל בְּפִיד מְשַׂנְאִי וְהִתְעֹרַרְתִּי כִּי־מְצָאוֹ רָע׃ וְלֹא־נָתַתִּי לַחֲטֹא
לא חִכִּי לִשְׁאֹל בְּאָלָה נַפְשׁוֹ׃ אִם־לֹא אָמְרוּ מְתֵי אָהֳלִי מִי־יִתֵּן
לב מִבְּשָׂרוֹ לֹא נִשְׂבָּע׃ בַּחוּץ לֹא־יָלִין גֵּר דְּלָתַי לָאֹרַח אֶפְתָּח׃
לג לד אִם־כִּסִּיתִי כְאָדָם פְּשָׁעָי לִטְמוֹן בְּחֻבִּי עֲוֺנִי׃ כִּי אֶעֱרוֹץ ׀ הָמוֹן
לה רַבָּה וּבוּז־מִשְׁפָּחוֹת יְחִתֵּנִי וָאֶדֹּם לֹא־אֵצֵא פָתַח׃ מִי יִתֶּן־
לו לִי ׀ שֹׁמֵעַ לִי הֶן־תָּוִי שַׁדַּי יַעֲנֵנִי וְסֵפֶר כָּתַב אִישׁ רִיבִי׃ אִם־
לז לֹא עַל־שִׁכְמִי אֶשָּׂאֶנּוּ אֶעֶנְדֶנּוּ עֲטָרוֹת לִי׃ מִסְפַּר צְעָדַי
לח אַגִּידֶנּוּ כְּמוֹ־נָגִיד אֲקָרְבֶנּוּ׃ אִם־עָלַי אַדְמָתִי תִזְעָק וְיַחַד
לט תְּלָמֶיהָ יִבְכָּיוּן׃ אִם־כֹּחָהּ אָכַלְתִּי בְלִי־כָסֶף וְנֶפֶשׁ בְּעָלֶיהָ
מ הִפָּחְתִּי׃ תַּחַת חִטָּה ׀ יֵצֵא חוֹחַ וְתַחַת־שְׂעֹרָה בָאְשָׁה תַּמּוּ
דִּבְרֵי אִיּוֹב׃
לב א וַיִּשְׁבְּתוּ שְׁלֹשֶׁת הָאֲנָשִׁים הָאֵלֶּה מֵעֲנוֹת אֶת־אִיּוֹב כִּי הוּא
ב צַדִּיק בְּעֵינָיו׃ וַיִּחַר אַף ׀ אֱלִיהוּא בֶן־בַּרַכְאֵל
הַבּוּזִי מִמִּשְׁפַּחַת רָם בְּאִיּוֹב חָרָה אַפּוֹ עַל־צַדְּקוֹ נַפְשׁוֹ
ג מֵאֱלֹהִים׃ וּבִשְׁלֹשֶׁת רֵעָיו חָרָה אַפּוֹ עַל אֲשֶׁר לֹא־מָצְאוּ
ד מַעֲנֶה וַיַּרְשִׁיעוּ אֶת־אִיּוֹב׃ וֶאֱלִיהוּ חִכָּה אֶת־אִיּוֹב בִּדְבָרִים
ה כִּי זְקֵנִים־הֵמָּה מִמֶּנּוּ לְיָמִים׃ וַיַּרְא אֱלִיהוּא כִּי אֵין מַעֲנֶה
ו בְּפִי שְׁלֹשֶׁת הָאֲנָשִׁים וַיִּחַר אַפּוֹ׃ וַיַּעַן ׀ אֱלִיהוּא
בֶּן־בַּרַכְאֵל הַבּוּזִי וַיֹּאמַר צָעִיר אֲנִי לְיָמִים וְאַתֶּם יְשִׁישִׁים
ז עַל־כֵּן זָחַלְתִּי וָאִירָא ׀ מֵחַוֺּת דֵּעִי אֶתְכֶם׃ אָמַרְתִּי יָמִים
ח יְדַבֵּרוּ וְרֹב שָׁנִים יֹדִיעוּ חָכְמָה׃ אָכֵן רוּחַ־הִיא בֶאֱנוֹשׁ וְנִשְׁמַת
ט שַׁדַּי תְּבִינֵם׃ לֹא־רַבִּים יֶחְכָּמוּ וּזְקֵנִים יָבִינוּ מִשְׁפָּט׃ לָכֵן
יא אָמַרְתִּי שִׁמְעָה־לִּי אֲחַוֶּה דֵעִי אַף־אָנִי׃ הֵן הוֹחַלְתִּי ׀ לְדִבְרֵיכֶם
יב אָזִין עַד־תְּבוּנֹתֵיכֶם עַד־תַּחְקְרוּן מִלִּין׃ וְעָדֵיכֶם אֶתְבּוֹנָן
יג וְהִנֵּה אֵין לְאִיּוֹב מוֹכִיחַ עוֹנֶה אֲמָרָיו מִכֶּם׃ פֶּן־תֹּאמְרוּ

מְצָאנוּ חָכְמָה אֵל יִדְּפֶנּוּ לֹא־אִישׁ: וְלֹא־עָרַךְ אֵלַי מִלִּין יד
וּבְאִמְרֵיכֶם לֹא אֲשִׁיבֶנּוּ: חַתּוּ לֹא־עָנוּ עוֹד הֶעְתִּיקוּ מֵהֶם טו
מִלִּים: וְהוֹחַלְתִּי כִּי־לֹא יְדַבֵּרוּ כִּי עָמְדוּ לֹא־עָנוּ עוֹד: אַעֲנֶה טז יז
אַף־אֲנִי חֶלְקִי אֲחַוֶּה דֵעִי אַף־אָנִי: כִּי מָלֵתִי מִלִּים הֱצִיקַתְנִי יח
רוּחַ בִּטְנִי: הִנֵּה בִטְנִי כְּיַיִן לֹא־יִפָּתֵחַ כְּאֹבוֹת חֲדָשִׁים יִבָּקֵעַ: יט
אֲדַבְּרָה וְיִרְוַח־לִי אֶפְתַּח שְׂפָתַי וְאֶעֱנֶה: אַל־נָא אֶשָּׂא פְנֵי־ כ כא
אִישׁ וְאֶל־אָדָם לֹא אֲכַנֶּה: כִּי לֹא יָדַעְתִּי אֲכַנֶּה כִּמְעַט יִשָּׂאֵנִי כב
עֹשֵׂנִי: וְאוּלָם שְׁמַע־נָא אִיּוֹב מִלָּי וְכָל־דְּבָרַי הַאֲזִינָה: הִנֵּה־ א ב לג
נָא פָּתַחְתִּי פִי דִּבְּרָה לְשׁוֹנִי בְחִכִּי: יֹשֶׁר־לִבִּי אֲמָרָי וְדַעַת ג
שְׂפָתַי בָּרוּר מִלֵּלוּ: רוּחַ־אֵל עָשָׂתְנִי וְנִשְׁמַת שַׁדַּי תְּחַיֵּנִי: ד
אִם־תּוּכַל הֲשִׁיבֵנִי עֶרְכָה לְפָנַי הִתְיַצָּבָה: הֵן־אֲנִי כְפִיךָ לָאֵל ה ו
מֵחֹמֶר קֹרַצְתִּי גַם־אָנִי: הִנֵּה אֵימָתִי לֹא תְבַעֲתֶךָּ וְאַכְפִּי ז
עָלֶיךָ לֹא־יִכְבָּד: אַךְ אָמַרְתָּ בְאָזְנָי וְקוֹל מִלִּין אֶשְׁמָע: זַךְ ח ט
אֲנִי בְּלִי פָשַׁע חַף אָנֹכִי וְלֹא עָוֹן לִי: הֵן תְּנוּאוֹת עָלַי יִמְצָא י
יַחְשְׁבֵנִי לְאוֹיֵב לוֹ: יָשֵׂם בַּסַּד רַגְלָי יִשְׁמֹר כָּל־אָרְחֹתָי: הֶן־ יא יב
זֹאת לֹא־צָדַקְתָּ אֶעֱנֶךָּ כִּי־יִרְבֶּה אֱלוֹהַּ מֵאֱנוֹשׁ: מַדּוּעַ אֵלָיו יג
רִיבוֹתָ כִּי כָל־דְּבָרָיו לֹא יַעֲנֶה: כִּי־בְאַחַת יְדַבֶּר־אֵל וּבִשְׁתַּיִם יד
לֹא יְשׁוּרֶנָּה: בַּחֲלוֹם ׀ חֶזְיוֹן לַיְלָה בִּנְפֹל תַּרְדֵּמָה עַל־אֲנָשִׁים טו
בִּתְנוּמוֹת עֲלֵי מִשְׁכָּב: אָז יִגְלֶה אֹזֶן אֲנָשִׁים וּבְמֹסָרָם יַחְתֹּם: טז
לְהָסִיר אָדָם מַעֲשֶׂה וְגֵוָה מִגֶּבֶר יְכַסֶּה: יַחְשֹׂךְ נַפְשׁוֹ מִנִּי־שָׁחַת יז יח
וְחַיָּתוֹ מֵעֲבֹר בַּשָּׁלַח: וְהוּכַח בְּמַכְאוֹב עַל־מִשְׁכָּבוֹ וריב יט וְרוֹב
עֲצָמָיו אֵתָן: וְזִהֲמַתּוּ חַיָּתוֹ לָחֶם וְנַפְשׁוֹ מַאֲכַל תַּאֲוָה: יִכֶל כ כא
בְּשָׂרוֹ מֵרֹאִי ושפי עַצְמֹתָיו לֹא רֻאּוּ: וַתִּקְרַב לַשַּׁחַת נַפְשׁוֹ כב וְשֻׁפּוּ
וְחַיָּתוֹ לַמְמִתִים: אִם־יֵשׁ עָלָיו ׀ מַלְאָךְ מֵלִיץ אֶחָד מִנִּי־אָלֶף כג
לְהַגִּיד לְאָדָם יָשְׁרוֹ: וַיְחֻנֶּנּוּ וַיֹּאמֶר פְּדָעֵהוּ מֵרֶדֶת שָׁחַת כד
מָצָאתִי כֹפֶר: רֻטֲפַשׁ בְּשָׂרוֹ מִנֹּעַר יָשׁוּב לִימֵי עֲלוּמָיו: יֶעְתַּר כה כו
אֶל־אֱלוֹהַּ וַיִּרְצֵהוּ וַיַּרְא פָּנָיו בִּתְרוּעָה וַיָּשֶׁב לֶאֱנוֹשׁ צִדְקָתוֹ:

כז יָשֹׁר ׀ עַל־אֲנָשִׁים וַיֹּאמֶר חָטָאתִי וְיָשָׁר הֶעֱוֵיתִי וְלֹא־שָׁוָה לִי׃
כח כט פָּדָה נפשי מֵעֲבֹר בַּשָּׁחַת וחיתי בָּאוֹר תִּרְאֶה׃ הֶן־כָּל־אֵלֶּה נַפְשׁוֹ|וְחַיָּתוֹ
ל יִפְעַל־אֵל פַּעֲמַיִם שָׁלוֹשׁ עִם־גָּבֶר׃ לְהָשִׁיב נַפְשׁוֹ מִנִּי־שָׁחַת
לא לֵאוֹר בְּאוֹר הַחַיִּים׃ הַקְשֵׁב אִיּוֹב שְׁמַע־לִי הַחֲרֵשׁ וְאָנֹכִי
לב לג אֲדַבֵּר׃ אִם־יֵשׁ־מִלִּין הֲשִׁיבֵנִי דַּבֵּר כִּי־חָפַצְתִּי צַדְּקֶךָּ׃ אִם־אַיִן ז
לד א אַתָּה שְׁמַע־לִי הַחֲרֵשׁ וַאֲאַלֶּפְךָ חָכְמָה׃ וַיַּעַן אֱלִיהוּא
ב ג וַיֹּאמַר׃ שִׁמְעוּ חֲכָמִים מִלָּי וְיֹדְעִים הַאֲזִינוּ לִי׃ כִּי־אֹזֶן מִלִּין
ד תִּבְחָן וְחֵךְ יִטְעַם לֶאֱכֹל׃ מִשְׁפָּט נִבְחֲרָה־לָּנוּ נֵדְעָה בֵינֵינוּ מַה־
ה ו טּוֹב׃ כִּי־אָמַר אִיּוֹב צָדַקְתִּי וְאֵל הֵסִיר מִשְׁפָּטִי׃ עַל־מִשְׁפָּטִי
ז אֲכַזֵּב אָנוּשׁ חִצִּי בְלִי־פָשַׁע׃ מִי־גֶבֶר כְּאִיּוֹב יִשְׁתֶּה־לַּעַג כַּמָּיִם׃
ח ט וְאָרַח לְחֶבְרָה עִם־פֹּעֲלֵי אָוֶן וְלָלֶכֶת עִם־אַנְשֵׁי־רֶשַׁע׃ כִּי־
י אָמַר לֹא יִסְכָּן־גָּבֶר בִּרְצֹתוֹ עִם־אֱלֹהִים׃ לָכֵן ׀ אַנְשֵׁי לֵבָב
יא שִׁמְעוּ לִי חָלִלָה לָאֵל מֵרֶשַׁע וְשַׁדַּי מֵעָוֶל׃ כִּי פֹעַל אָדָם
יב יְשַׁלֶּם־לוֹ וּכְאֹרַח אִישׁ יַמְצִאֶנּוּ׃ אַף־אָמְנָם אֵל לֹא־יַרְשִׁיעַ
יג וְשַׁדַּי לֹא־יְעַוֵּת מִשְׁפָּט׃ מִי־פָקַד עָלָיו אָרְצָה וּמִי שָׂם תֵּבֵל
יד טו כֻּלָּהּ׃ אִם־יָשִׂים אֵלָיו לִבּוֹ רוּחוֹ וְנִשְׁמָתוֹ אֵלָיו יֶאֱסֹף׃ יִגְוַע
טז כָּל־בָּשָׂר יָחַד וְאָדָם עַל־עָפָר יָשׁוּב׃ וְאִם־בִּינָה שִׁמְעָה־זֹּאת
יז הַאֲזִינָה לְקוֹל מִלָּי׃ הַאַף שׂוֹנֵא מִשְׁפָּט יַחֲבוֹשׁ וְאִם־צַדִּיק
יח יט כַּבִּיר תַּרְשִׁיעַ׃ הַאֲמֹר לְמֶלֶךְ בְּלִיָּעַל רָשָׁע אֶל־נְדִיבִים׃ אֲשֶׁר
לֹא־נָשָׂא ׀ פְּנֵי שָׂרִים וְלֹא נִכַּר־שׁוֹעַ לִפְנֵי־דָל כִּי־מַעֲשֵׂה יָדָיו
כ כֻּלָּם׃ רֶגַע ׀ יָמֻתוּ וַחֲצוֹת לָיְלָה יְגֹעֲשׁוּ עָם וְיַעֲבֹרוּ וְיָסִירוּ אַבִּיר
כא כב לֹא בְיָד׃ כִּי־עֵינָיו עַל־דַּרְכֵי־אִישׁ וְכָל־צְעָדָיו יִרְאֶה׃ אֵין־
כג חֹשֶׁךְ וְאֵין צַלְמָוֶת לְהִסָּתֶר שָׁם פֹּעֲלֵי אָוֶן׃ כִּי לֹא עַל־אִישׁ
כד יָשִׂים עוֹד לַהֲלֹךְ אֶל־אֵל בַּמִּשְׁפָּט׃ יָרֹעַ כַּבִּירִים לֹא־חֵקֶר
כה וַיַּעֲמֵד אֲחֵרִים תַּחְתָּם׃ לָכֵן יַכִּיר מַעְבָּדֵיהֶם וְהָפַךְ לַיְלָה
כו כז וְיִדַּכָּאוּ׃ תַּחַת־רְשָׁעִים סְפָקָם בִּמְקוֹם רֹאִים׃ אֲשֶׁר עַל־כֵּן
כח סָרוּ מֵאַחֲרָיו וְכָל־דְּרָכָיו לֹא הִשְׂכִּילוּ׃ לְהָבִיא עָלָיו צַעֲקַת־

כט דל וצעקת עניים ישמע: והוא ישקט ׀ ומי ירשע ויסתר פנים
ל ומי ישורנו ועל־גוי ועל־אדם יחד: ממלך אדם חנף ממקשי
לא לב עם: כי אל־אל האמר נשאתי לא אחבל: בלעדי אחזה
לג אתה הרני אם־עול פעלתי לא אסיף: המעמך ישלמנה ׀
לד כי־מאסת כי־אתה תבחר ולא־אני ומה־ידעת דבר: אנשי
לה לבב יאמרו לי וגבר חכם שמע לי: איוב לא־בדעת ידבר
לו ודבריו לא בהשכיל: אבי יבחן איוב עד־נצח על־תשבת
לז באנשי־און: כי יסיף על־חטאתו פשע בינינו יספוק וירב
לה א ב אמריו לאל: ויען אליהו ויאמר: הזאת חשבת
ג למשפט אמרת צדקי מאל: כי־תאמר מה־יסכן־לך מה־
ד ה אעיל מחטאתי: אני אשיבך מלין ואת־רעיך עמך: הבט
ו שמים וראה ושור שחקים גבהו ממך: אם־חטאת מה־
ז תפעל־בו ורבו פשעיך מה־תעשה־לו: אם־צדקת מה־
ח תתן־לו או מה־מידך יקח: לאיש־כמוך רשעך ולבן־אדם
ט צדקתך: מרב עשוקים יזעיקו ישועו מזרוע רבים:
י יא ולא־אמר איה אלוה עשי נתן זמרות בלילה: מלפנו
יב מבהמות ארץ ומעוף השמים יחכמנו: שם יצעקו ולא
יג יענה מפני גאון רעים: אך־שוא לא־ישמע ׀ אל ושדי
יד לא ישורנה: אף כי־תאמר לא תשורנו דין לפניו ותחולל
טו טז לו: ועתה כי־אין פקד אפו ולא־ידע בפש מאד: ואיוב הבל
לו א יפצה־פיהו בבלי־דעת מלין יכבר: ויסף
ב אליהוא ויאמר: כתר־לי זעיר ואחוך כי־עוד לאלוה מלים:
ג ד אשא דעי למרחוק ולפעלי אתן־צדק: כי־אמנם לא־שקר
ה מלי תמים דעות עמך: הן־אל כביר ולא ימאס כביר כח
ו ז לב: לא־יחיה רשע ומשפט עניים יתן: לא־יגרע מצדיק
ח עיניו ואת־מלכים לכסא וישיבם לנצח ויגבהו: ואם־אסורים
ט בזקים ילכדון בחבלי־עני: ויגד להם פעלם ופשעיהם כי

י יא יִתְגַּבָּרוּ׃ וַיִּגֶל אָזְנָם לַמּוּסָר וַיֹּאמֶר כִּי־יְשֻׁבוּן מֵאָוֶן׃ אִם־
יב יִשְׁמְעוּ וְיַעֲבֹדוּ יְכַלּוּ יְמֵיהֶם בַּטּוֹב וּשְׁנֵיהֶם בַּנְּעִימִים׃ וְאִם־
יג לֹא יִשְׁמְעוּ בְּשֶׁלַח יַעֲבֹרוּ וְיִגְוְעוּ בִּבְלִי־דָעַת׃ וְחַנְפֵי־לֵב יָשִׂימוּ
יד אָף לֹא יְשַׁוְּעוּ כִּי אֲסָרָם׃ תָּמֹת בַּנֹּעַר נַפְשָׁם וְחַיָּתָם בַּקְּדֵשִׁים׃
טו טז יְחַלֵּץ עָנִי בְעָנְיוֹ וְיִגֶל בַּלַּחַץ אָזְנָם׃ וְאַף הֲסִיתְךָ ׀ מִפִּי־צָר
יז רַחַב לֹא־מוּצָק תַּחְתֶּיהָ וְנַחַת שֻׁלְחָנְךָ מָלֵא דָשֶׁן׃ וְדִין־רָשָׁע
יח מָלֵאתָ דִּין וּמִשְׁפָּט יִתְמֹכוּ׃ כִּי־חֵמָה פֶּן־יְסִיתְךָ בְשָׂפֶק וְרָב־
יט כֹּפֶר אַל־יַטֶּךָּ׃ הֲיַעֲרֹךְ שׁוּעֲךָ לֹא בְצָר וְכֹל מַאֲמַצֵּי־כֹחַ׃
כ כא אַל־תִּשְׁאַף הַלָּיְלָה לַעֲלוֹת עַמִּים תַּחְתָּם׃ הִשָּׁמֶר אַל־תֵּפֶן
כב אֶל־אָוֶן כִּי עַל־זֶה בָּחַרְתָּ מֵעֹנִי׃ הֶן־אֵל יַשְׂגִּיב בְּכֹחוֹ מִי
כג כָמֹהוּ מוֹרֶה׃ מִי־פָקַד עָלָיו דַּרְכּוֹ וּמִי־אָמַר פָּעַלְתָּ עַוְלָה׃
כד כה זְכֹר כִּי־תַשְׂגִּיא פָעֳלוֹ אֲשֶׁר שֹׁרְרוּ אֲנָשִׁים׃ כָּל־אָדָם חָזוּ־בוֹ
כו אֱנוֹשׁ יַבִּיט מֵרָחוֹק׃ הֶן־אֵל שַׂגִּיא וְלֹא נֵדָע מִסְפַּר שָׁנָיו וְלֹא־
כז כח חֵקֶר׃ כִּי יְגָרַע נִטְפֵי־מָיִם יָזֹקּוּ מָטָר לְאֵדוֹ׃ אֲשֶׁר־יִזְּלוּ
כט שְׁחָקִים יִרְעֲפוּ עֲלֵי אָדָם רָב׃ אַף אִם־יָבִין מִפְרְשֵׂי־עָב תְּשֻׁאוֹת
ל לא סֻכָּתוֹ׃ הֵן־פָּרַשׂ עָלָיו אוֹרוֹ וְשָׁרְשֵׁי הַיָּם כִּסָּה׃ כִּי־בָם יָדִין
לב עַמִּים יִתֶּן־אֹכֶל לְמַכְבִּיר׃ עַל־כַּפַּיִם כִּסָּה־אוֹר וַיְצַו עָלֶיהָ
לז לג א בְמַפְגִּיעַ׃ יַגִּיד עָלָיו רֵעוֹ מִקְנֶה אַף עַל־עוֹלֶה׃ אַף־לְזֹאת
ב יֶחֱרַד לִבִּי וְיִתַּר מִמְּקוֹמוֹ׃ שִׁמְעוּ שָׁמוֹעַ בְּרֹגֶז קֹלוֹ וְהֶגֶה מִפִּיו
ג יֵצֵא׃ תַּחַת־כָּל־הַשָּׁמַיִם יִשְׁרֵהוּ וְאוֹרוֹ עַל־כַּנְפוֹת הָאָרֶץ׃
ד אַחֲרָיו ׀ יִשְׁאַג־קוֹל יַרְעֵם בְּקוֹל גְּאוֹנוֹ וְלֹא יְעַקְּבֵם כִּי־יִשָּׁמַע
ה קוֹלוֹ׃ יַרְעֵם אֵל בְּקוֹלוֹ נִפְלָאוֹת עֹשֶׂה גְדֹלוֹת וְלֹא נֵדָע׃
ו כִּי לַשֶּׁלַג ׀ יֹאמַר הֱוֵא אָרֶץ וְגֶשֶׁם מָטָר וְגֶשֶׁם מִטְרוֹת עֻזּוֹ׃
ז ח בְּיַד־כָּל־אָדָם יַחְתּוֹם לָדַעַת כָּל־אַנְשֵׁי מַעֲשֵׂהוּ׃ וַתָּבוֹא חַיָּה
ט בְמוֹ־אָרֶב וּבִמְעוֹנֹתֶיהָ תִשְׁכֹּן׃ מִן־הַחֶדֶר תָּבוֹא סוּפָה וּמִמְּזָרִים
י יא קָרָה׃ מִנִּשְׁמַת־אֵל יִתֶּן־קָרַח וְרֹחַב מַיִם בְּמוּצָק׃ אַף־בְּרִי
יב יַטְרִיחַ עָב יָפִיץ עֲנַן אוֹרוֹ׃ וְהוּא מְסִבּוֹת ׀ מִתְהַפֵּךְ בְּתַחְבּוּלֹתָו

לִפְעָלָם כֹּל אֲשֶׁר יְצַוֵּם ׀ עַל־פְּנֵי תֵבֵל אָרְצָה׃ אִם־לְשֵׁבֶט אִם־ יג
לְאַרְצוֹ אִם־לְחֶסֶד יַמְצִאֵהוּ׃ הַאֲזִינָה זֹּאת אִיּוֹב עֲמֹד וְהִתְבּוֹנֵן ׀ יד
נִפְלְאוֹת אֵל׃ הֲתֵדַע בְּשׂוּם־אֱלוֹהַּ עֲלֵיהֶם וְהוֹפִיעַ אוֹר עֲנָנוֹ׃ טו
הֲתֵדַע עַל־מִפְלְשֵׂי־עָב מִפְלְאוֹת תְּמִים דֵּעִים׃ אֲשֶׁר־בְּגָדֶיךָ טז יז
חַמִּים בְּהַשְׁקִט אֶרֶץ מִדָּרוֹם׃ תַּרְקִיעַ עִמּוֹ לִשְׁחָקִים חֲזָקִים יח
כִּרְאִי מוּצָק׃ הוֹדִיעֵנוּ מַה־נֹּאמַר לוֹ לֹא־נַעֲרֹךְ מִפְּנֵי־חֹשֶׁךְ׃ יט
הַיְסֻפַּר־לוֹ כִּי אֲדַבֵּר אִם־אָמַר אִישׁ כִּי יְבֻלָּע׃ וְעַתָּה ׀ לֹא כ כא
רָאוּ אוֹר בָּהִיר הוּא בַּשְּׁחָקִים וְרוּחַ עָבְרָה וַתְּטַהֲרֵם׃ מִצָּפוֹן כב
זָהָב יֶאֱתֶה עַל־אֱלוֹהַּ נוֹרָא הוֹד׃ שַׁדַּי לֹא־מְצָאנֻהוּ שַׂגִּיא־ כג
כֹחַ וּמִשְׁפָּט וְרֹב־צְדָקָה לֹא יְעַנֶּה׃ לָכֵן יְרֵאוּהוּ אֲנָשִׁים לֹא־ כד
יִרְאֶה כָּל־חַכְמֵי־לֵב׃ וַיַּעַן־יְהוָה אֶת־אִיּוֹב א לח
מִן ׀ הַסְּעָרָה — מנהסערה וַיֹּאמַר׃ מִי זֶה ׀ מַחְשִׁיךְ עֵצָה בְמִלִּין בְּלִי־דָעַת׃ אֱזָר־ ב ג
נָא כְגֶבֶר חֲלָצֶיךָ וְאֶשְׁאָלְךָ וְהוֹדִיעֵנִי׃ אֵיפֹה הָיִיתָ בְּיָסְדִי־ ד
אָרֶץ הַגֵּד אִם־יָדַעְתָּ בִינָה׃ מִי־שָׂם מְמַדֶּיהָ כִּי תֵדָע אוֹ מִי־ ה
נָטָה עָלֶיהָ קָּו׃ עַל־מָה אֲדָנֶיהָ הָטְבָּעוּ אוֹ מִי־יָרָה אֶבֶן ו
פִּנָּתָהּ׃ בְּרָן־יַחַד כּוֹכְבֵי בֹקֶר וַיָּרִיעוּ כָּל־בְּנֵי אֱלֹהִים׃ וַיָּסֶךְ ז ח
בִּדְלָתַיִם יָם בְּגִיחוֹ מֵרֶחֶם יֵצֵא׃ בְּשׂוּמִי עָנָן לְבֻשׁוֹ וַעֲרָפֶל ט
חֲתֻלָּתוֹ׃ וָאֶשְׁבֹּר עָלָיו חֻקִּי וָאָשִׂים בְּרִיחַ וּדְלָתָיִם׃ וָאֹמַר י יא
עַד־פֹּה תָבוֹא וְלֹא תֹסִיף וּפֹא־יָשִׁית בִּגְאוֹן גַּלֶּיךָ׃ הֲמִיָּמֶיךָ יב
הַשַּׁחַר — צִוִּיתָ בֹּקֶר יִדַּעְתָּה שחר מְקֹמוֹ׃ לֶאֱחֹז בְּכַנְפוֹת הָאָרֶץ יג
וְיִנָּעֲרוּ רְשָׁעִים מִמֶּנָּה׃ תִּתְהַפֵּךְ כְּחֹמֶר חוֹתָם וְיִתְיַצְּבוּ כְּמוֹ יד
לְבוּשׁ׃ וְיִמָּנַע מֵרְשָׁעִים אוֹרָם וּזְרוֹעַ רָמָה תִּשָּׁבֵר׃ הֲבָאתָ טו טז
עַד־נִבְכֵי־יָם וּבְחֵקֶר תְּהוֹם הִתְהַלָּכְתָּ׃ הֲנִגְלוּ לְךָ שַׁעֲרֵי־ יז
מָוֶת וְשַׁעֲרֵי צַלְמָוֶת תִּרְאֶה׃ הִתְבֹּנַנְתָּ עַד־רַחֲבֵי־אָרֶץ הַגֵּד יח
אִם־יָדַעְתָּ כֻלָּהּ׃ אֵי־זֶה הַדֶּרֶךְ יִשְׁכָּן־אוֹר וְחֹשֶׁךְ אֵי־זֶה יט
מְקֹמוֹ׃ כִּי תִקָּחֶנּוּ אֶל־גְּבוּלוֹ וְכִי תָבִין נְתִיבוֹת בֵּיתוֹ׃ יָדַעְתָּ כ כא
כִּי־אָז תִּוָּלֵד וּמִסְפַּר יָמֶיךָ רַבִּים׃ הֲבָאתָ אֶל־אֹצְרוֹת שֶׁלֶג כב

כג וְאוֹצְרוֹת בָּרָד תִּרְאֶה׃ אֲשֶׁר־חָשַׂכְתִּי לְעֶת־צָר לְיוֹם קְרָב
כד וּמִלְחָמָה׃ אֵי־זֶה הַדֶּרֶךְ יֵחָלֶק אוֹר יָפֵץ קָדִים עֲלֵי־אָרֶץ׃
כה כו מִי־פִלַּג לַשֶּׁטֶף תְּעָלָה וְדֶרֶךְ לַחֲזִיז קֹלוֹת׃ לְהַמְטִיר עַל־אֶרֶץ
כז לֹא־אִישׁ מִדְבָּר לֹא־אָדָם בּוֹ׃ לְהַשְׂבִּיעַ שֹׁאָה וּמְשֹׁאָה
כח וּלְהַצְמִיחַ מֹצָא דֶשֶׁא׃ הֲיֵשׁ־לַמָּטָר אָב אוֹ מִי־הוֹלִיד אֶגְלֵי־
כט ל טָל׃ מִבֶּטֶן מִי יָצָא הַקָּרַח וּכְפֹר שָׁמַיִם מִי יְלָדוֹ׃ כָּאֶבֶן מַיִם
לא יִתְחַבָּאוּ וּפְנֵי תְהוֹם יִתְלַכָּדוּ׃ הַתְקַשֵּׁר מַעֲדַנּוֹת כִּימָה אוֹ־
לב מֹשְׁכוֹת כְּסִיל תְּפַתֵּחַ׃ הֲתֹצִיא מַזָּרוֹת בְּעִתּוֹ וְעַיִשׁ עַל־בָּנֶיהָ
לג תַנְחֵם׃ הֲיָדַעְתָּ חֻקּוֹת שָׁמָיִם אִם־תָּשִׂים מִשְׁטָרוֹ בָאָרֶץ׃
לד לה הֲתָרִים לָעָב קוֹלֶךָ וְשִׁפְעַת־מַיִם תְּכַסֶּךָּ׃ הַתְשַׁלַּח בְּרָקִים ח
לו וְיֵלֵכוּ וְיֹאמְרוּ לְךָ הִנֵּנוּ׃ מִי־שָׁת בַּטֻּחוֹת חָכְמָה אוֹ מִי־נָתַן
לז לַשֶּׂכְוִי בִינָה׃ מִי־יְסַפֵּר שְׁחָקִים בְּחָכְמָה וְנִבְלֵי שָׁמַיִם מִי
לח לט יַשְׁכִּיב׃ בְּצֶקֶת עָפָר לַמּוּצָק וּרְגָבִים יְדֻבָּקוּ׃ הֲתָצוּד לְלָבִיא
מ טָרֶף וְחַיַּת כְּפִירִים תְּמַלֵּא׃ כִּי־יָשֹׁחוּ בַמְּעוֹנוֹת יֵשְׁבוּ בַסֻּכָּה
מא לְמוֹ־אָרֶב׃ מִי יָכִין לָעֹרֵב צֵידוֹ כִּי־יְלָדָו אֶל־אֵל יְשַׁוֵּעוּ יִתְעוּ
לט א לִבְלִי־אֹכֶל׃ הֲיָדַעְתָּ עֵת לֶדֶת יַעֲלֵי־סָלַע חֹלֵל אַיָּלוֹת תִּשְׁמֹר׃
ב ג תִּסְפֹּר יְרָחִים תְּמַלֶּאנָה וְיָדַעְתָּ עֵת לִדְתָּנָה׃ תִּכְרַעְנָה
ד יַלְדֵיהֶן תְּפַלַּחְנָה חֶבְלֵיהֶם תְּשַׁלַּחְנָה׃ יַחְלְמוּ בְנֵיהֶם יִרְבּוּ
ה בַבָּר יָצְאוּ וְלֹא־שָׁבוּ לָמוֹ׃ מִי־שִׁלַּח פֶּרֶא חָפְשִׁי וּמֹסְרוֹת עָרוֹד
ו ז מִי פִתֵּחַ׃ אֲשֶׁר־שַׂמְתִּי עֲרָבָה בֵיתוֹ וּמִשְׁכְּנוֹתָיו מְלֵחָה׃ יִשְׂחַק
ח לַהֲמוֹן קִרְיָה תְּשֻׁאוֹת נוֹגֵשׂ לֹא יִשְׁמָע׃ יְתוּר הָרִים מִרְעֵהוּ
ט וְאַחַר כָּל־יָרוֹק יִדְרוֹשׁ׃ הֲיֹאבֶה רֵּים עָבְדֶךָ אִם־יָלִין עַל־
י אֲבוּסֶךָ׃ הֲתִקְשָׁר־רֵים בְּתֶלֶם עֲבֹתוֹ אִם־יְשַׂדֵּד עֲמָקִים
יא יב אַחֲרֶיךָ׃ הֲתִבְטַח־בּוֹ כִּי־רַב כֹּחוֹ וְתַעֲזֹב אֵלָיו יְגִיעֶךָ׃ הֲתַאֲמִין
יג בּוֹ כִּי־ישוב זַרְעֶךָ וְגָרְנְךָ יֶאֱסֹף׃ כְּנַף־רְנָנִים נֶעֱלָסָה אִם־אֶבְרָה יָשִׁיב
יד חֲסִידָה וְנֹצָה׃ כִּי־תַעֲזֹב לָאָרֶץ בֵּצֶיהָ וְעַל־עָפָר תְּחַמֵּם׃
טו טז וַתִּשְׁכַּח כִּי־רֶגֶל תְּזוּרֶהָ וְחַיַּת הַשָּׂדֶה תְּדוּשֶׁהָ׃ הִקְשִׁיחַ בָּנֶיהָ

יז לְלֹא־לָהּ לְרִיק יְגִיעָהּ בְּלִי־פָחַד׃ כִּי־הִשָּׁהּ אֱלוֹהַּ חָכְמָה וְלֹא־
יח חָלַק לָהּ בַּבִּינָה׃ כָּעֵת בַּמָּרוֹם תַּמְרִיא תִּשְׂחַק לַסּוּס
יט וּלְרֹכְבוֹ׃ הֲתִתֵּן לַסּוּס גְּבוּרָה הֲתַלְבִּישׁ צַוָּארוֹ רַעְמָה׃
כ כא הֲתַרְעִישֶׁנּוּ כָּאַרְבֶּה הוֹד נַחְרוֹ אֵימָה׃ יַחְפְּרוּ בָעֵמֶק וְיָשִׂישׂ
כב בְּכֹחַ יֵצֵא לִקְרַאת־נָשֶׁק׃ יִשְׂחַק לְפַחַד וְלֹא יֵחָת וְלֹא־יָשׁוּב
כג כד מִפְּנֵי־חָרֶב׃ עָלָיו תִּרְנֶה אַשְׁפָּה לַהַב חֲנִית וְכִידוֹן׃ בְּרַעַשׁ
כה וְרֹגֶז יְגַמֶּא־אָרֶץ וְלֹא־יַאֲמִין כִּי־קוֹל שׁוֹפָר׃ בְּדֵי שֹׁפָר ׀ יֹאמַר
כו הֶאָח וּמֵרָחוֹק יָרִיחַ מִלְחָמָה רַעַם שָׂרִים וּתְרוּעָה׃ הֲמִבִּינָתְךָ
כז יַאֲבֶר־נֵץ יִפְרֹשׂ כְּנָפָו לְתֵימָן׃ אִם־עַל־פִּיךָ יַגְבִּיהַּ נָשֶׁר וְכִי
כח כט יָרִים קִנּוֹ׃ סֶלַע יִשְׁכֹּן וְיִתְלֹנָן עַל־שֶׁן־סֶלַע וּמְצוּדָה׃ מִשָּׁם
ל חָפַר־אֹכֶל לְמֵרָחוֹק עֵינָיו יַבִּיטוּ׃ וְאֶפְרֹחָו יְעַלְעוּ־דָם וּבַאֲשֶׁר
מ א ב חֲלָלִים שָׁם הוּא׃ וַיַּעַן יְהוָה אֶת־אִיּוֹב וַיֹּאמַר׃ הֲרֹב
ג עִם־שַׁדַּי יִסּוֹר מוֹכִיחַ אֱלוֹהַּ יַעֲנֶנָּה׃ וַיַּעַן אִיּוֹב אֶת־
ד ה יְהוָה וַיֹּאמַר׃ הֵן קַלֹּתִי מָה אֲשִׁיבֶךָּ יָדִי שַׂמְתִּי לְמוֹ־פִי׃ אַחַת
ו דִּבַּרְתִּי וְלֹא אֶעֱנֶה וּשְׁתַּיִם וְלֹא אוֹסִיף׃ וַיַּעַן־יְהוָה
ז אֶת־אִיּוֹב מִנסְעָרָה וַיֹּאמַר׃ אֱזָר־נָא כְגֶבֶר חֲלָצֶיךָ אֶשְׁאָלְךָ מִן ׀ סְעָרָה
ח ט וְהוֹדִיעֵנִי׃ הַאַף תָּפֵר מִשְׁפָּטִי תַּרְשִׁיעֵנִי לְמַעַן תִּצְדָּק׃ וְאִם־
י זְרוֹעַ כָּאֵל ׀ לָךְ וּבְקוֹל כָּמֹהוּ תַרְעֵם׃ עֲדֵה־נָא גָאוֹן וָגֹבַהּ
יא וְהוֹד וְהָדָר תִּלְבָּשׁ׃ הָפֵץ עֶבְרוֹת אַפֶּךָ וּרְאֵה כָל־גֵּאֶה
יב וְהַשְׁפִּילֵהוּ׃ רְאֵה כָל־גֵּאֶה הַכְנִיעֵהוּ וַהֲדֹךְ רְשָׁעִים תַּחְתָּם׃
יג יד טָמְנֵם בֶּעָפָר יָחַד פְּנֵיהֶם חֲבֹשׁ בַּטָּמוּן׃ וְגַם־אֲנִי אוֹדֶךָּ כִּי־
טו תוֹשִׁעַ לְךָ יְמִינֶךָ׃ הִנֵּה־נָא בְהֵמוֹת אֲשֶׁר־עָשִׂיתִי עִמָּךְ חָצִיר
טז כַּבָּקָר יֹאכֵל׃ הִנֵּה־נָא כֹחוֹ בְמָתְנָיו וְאֹנוֹ בִּשְׁרִירֵי בִטְנוֹ׃
יז יח יַחְפֹּץ זְנָבוֹ כְמוֹ־אָרֶז גִּידֵי פַחֲדָו יְשֹׂרָגוּ׃ עֲצָמָיו אֲפִיקֵי נְחוּשָׁה
יט גְּרָמָיו כִּמְטִיל בַּרְזֶל׃ הוּא רֵאשִׁית דַּרְכֵי־אֵל הָעֹשׂוֹ יַגֵּשׁ
כ חַרְבּוֹ׃ כִּי־בוּל הָרִים יִשְׂאוּ־לוֹ וְכָל־חַיַּת הַשָּׂדֶה יְשַׂחֲקוּ־שָׁם׃
כא כב תַּחַת־צֶאֱלִים יִשְׁכָּב בְּסֵתֶר קָנֶה וּבִצָּה׃ יְסֻכֻּהוּ צֶאֱלִים צִלְלוֹ

כג יְסֻבֻּהוּ עַרְבֵי־נָחַל׃ הֵן יַעֲשֹׁק נָהָר וְלֹא יַחְפּוֹז יִבְטַח ׀ כִּי־יָגִיחַ
כד כה יַרְדֵּן אֶל־פִּיהוּ׃ בְּעֵינָיו יִקָּחֶנּוּ בְּמוֹקְשִׁים יִנְקָב־אָף׃ תִּמְשֹׁךְ
כו לִוְיָתָן בְּחַכָּה וּבְחֶבֶל תַּשְׁקִיעַ לְשֹׁנוֹ׃ הֲתָשִׂים אַגְמֹן בְּאַפּוֹ
כז וּבְחוֹחַ תִּקֹּב לֶחֱיוֹ׃ הֲיַרְבֶּה אֵלֶיךָ תַּחֲנוּנִים אִם־יְדַבֵּר אֵלֶיךָ
כח כט רַכּוֹת׃ הֲיִכְרֹת בְּרִית עִמָּךְ תִּקָּחֶנּוּ לְעֶבֶד עוֹלָם׃ הַתְשַׂחֶק־בּוֹ
ל כַּצִּפּוֹר וְתִקְשְׁרֶנּוּ לְנַעֲרוֹתֶיךָ׃ יִכְרוּ עָלָיו חַבָּרִים יֶחֱצוּהוּ בֵּין
לא לב כְּנַעֲנִים׃ הַתְמַלֵּא בְשֻׂכּוֹת עוֹרוֹ וּבְצִלְצַל דָּגִים רֹאשׁוֹ׃ שִׂים־
מא א עָלָיו כַּפֶּךָ זְכֹר מִלְחָמָה אַל־תּוֹסַף׃ הֵן־תֹּחַלְתּוֹ נִכְזָבָה הֲגַם
ב אֶל־מַרְאָיו יֻטָל׃ לֹא־אַכְזָר כִּי יְעוּרֶנּוּ וּמִי הוּא לְפָנַי יִתְיַצָּב׃
ג ד מִי הִקְדִּימַנִי וַאֲשַׁלֵּם תַּחַת כָּל־הַשָּׁמַיִם לִי־הוּא׃ לֹא־אַחֲרִישׁ לו׳
ה בַּדָּיו וּדְבַר־גְּבוּרוֹת וְחִין עֶרְכּוֹ׃ מִי־גִלָּה פְּנֵי לְבוּשׁוֹ בְּכֶפֶל רִסְנוֹ
ו ז מִי יָבוֹא׃ דַּלְתֵי פָנָיו מִי פִתֵּחַ סְבִיבוֹת שִׁנָּיו אֵימָה׃ גַּאֲוָה
ח אֲפִיקֵי מָגִנִּים סָגוּר חוֹתָם צָר׃ אֶחָד בְּאֶחָד יִגַּשׁוּ וְרוּחַ לֹא־יָבֹא
ט בֵינֵיהֶם׃ אִישׁ־בְּאָחִיהוּ יְדֻבָּקוּ יִתְלַכְּדוּ וְלֹא יִתְפָּרָדוּ׃ עֲטִישֹׁתָיו
יא תָּהֶל אוֹר וְעֵינָיו כְּעַפְעַפֵּי־שָׁחַר׃ מִפִּיו לַפִּידִים יַהֲלֹכוּ כִּידוֹדֵי
יב יג אֵשׁ יִתְמַלָּטוּ׃ מִנְּחִירָיו יֵצֵא עָשָׁן כְּדוּד נָפוּחַ וְאַגְמֹן׃ נַפְשׁוֹ
יד גֶּחָלִים תְּלַהֵט וְלַהַב מִפִּיו יֵצֵא׃ בְּצַוָּארוֹ יָלִין עֹז וּלְפָנָיו תָּדוּץ
טו טז דְּאָבָה׃ מַפְּלֵי בְשָׂרוֹ דָבֵקוּ יָצוּק עָלָיו בַּל־יִמּוֹט׃ לִבּוֹ יָצוּק
יז כְּמוֹ־אָבֶן וְיָצוּק כְּפֶלַח תַּחְתִּית׃ מִשֵּׂתוֹ יָגוּרוּ אֵלִים מִשְּׁבָרִים
יח יִתְחַטָּאוּ׃ מַשִּׂיגֵהוּ חֶרֶב בְּלִי תָקוּם חֲנִית מַסָּע וְשִׁרְיָה׃
יט כ יַחְשֹׁב לְתֶבֶן בַּרְזֶל לְעֵץ רִקָּבוֹן נְחוּשָׁה׃ לֹא־יַבְרִיחֶנּוּ בֶן־
כא קָשֶׁת לְקַשׁ נֶהְפְּכוּ־לוֹ אַבְנֵי־קָלַע׃ כְּקַשׁ נֶחְשְׁבוּ תוֹתָח
כב וְיִשְׂחַק לְרַעַשׁ כִּידוֹן׃ תַּחְתָּיו חַדּוּדֵי חָרֶשׂ יִרְפַּד חָרוּץ עֲלֵי־
כג כד טִיט׃ יַרְתִּיחַ כַּסִּיר מְצוּלָה יָם יָשִׂים כַּמֶּרְקָחָה׃ אַחֲרָיו יָאִיר
כה נָתִיב יַחְשֹׁב תְּהוֹם לְשֵׂיבָה׃ אֵין־עַל־עָפָר מָשְׁלוֹ הֶעָשׂוּ
כו לִבְלִי־חָת׃ אֵת כָּל־גָּבֹהַּ יִרְאֶה הוּא מֶלֶךְ עַל־כָּל־בְּנֵי־
מב א ב שָׁחַץ׃ וַיַּעַן אִיּוֹב אֶת־יְהוָה וַיֹּאמַר׃ יָדַעְתָּ כִּי־

ג כֹּל תּוּכָל וְלֹא־יִבָּצֵר מִמְּךָ מְזִמָּה׃ מִי זֶה ׀ מַעְלִים עֵצָה בְּלִי
ד דָעַת לָכֵן הִגַּדְתִּי וְלֹא אָבִין נִפְלָאוֹת מִמֶּנִּי וְלֹא אֵדָע׃ שְׁמַע־
ה נָא וְאָנֹכִי אֲדַבֵּר אֶשְׁאָלְךָ וְהוֹדִיעֵנִי׃ לְשֵׁמַע־אֹזֶן שְׁמַעְתִּיךָ
ו וְעַתָּה עֵינִי רָאָתְךָ׃ עַל־כֵּן אֶמְאַס וְנִחַמְתִּי עַל־עָפָר וָאֵפֶר׃
ז וַיְהִי אַחַר דִּבֶּר יְהוָה אֶת־הַדְּבָרִים הָאֵלֶּה אֶל־אִיּוֹב וַיֹּאמֶר
יְהוָה אֶל־אֱלִיפַז הַתֵּימָנִי חָרָה אַפִּי בְךָ וּבִשְׁנֵי רֵעֶיךָ כִּי לֹא
ח דִבַּרְתֶּם אֵלַי נְכוֹנָה כְּעַבְדִּי אִיּוֹב׃ וְעַתָּה קְחוּ־לָכֶם שִׁבְעָה־
פָרִים וְשִׁבְעָה אֵילִים וּלְכוּ ׀ אֶל־עַבְדִּי אִיּוֹב וְהַעֲלִיתֶם עוֹלָה
בַּעַדְכֶם וְאִיּוֹב עַבְדִּי יִתְפַּלֵּל עֲלֵיכֶם כִּי אִם־פָּנָיו אֶשָּׂא
לְבִלְתִּי עֲשׂוֹת עִמָּכֶם נְבָלָה כִּי לֹא דִבַּרְתֶּם אֵלַי נְכוֹנָה
ט כְּעַבְדִּי אִיּוֹב׃ וַיֵּלְכוּ אֱלִיפַז הַתֵּימָנִי וּבִלְדַּד הַשּׁוּחִי צֹפַר
הַנַּעֲמָתִי וַיַּעֲשׂוּ כַּאֲשֶׁר דִּבֶּר אֲלֵיהֶם יְהוָה וַיִּשָּׂא יְהוָה אֶת־
י פְּנֵי אִיּוֹב׃ וַיהוָה שָׁב אֶת־שְׁבִית אִיּוֹב בְּהִתְפַּלְלוֹ בְּעַד רֵעֵהוּ שְׁבוּת
יא וַיֹּסֶף יְהוָה אֶת־כָּל־אֲשֶׁר לְאִיּוֹב לְמִשְׁנֶה׃ וַיָּבֹאוּ אֵלָיו כָּל־
אֶחָיו וְכָל־אַחְיֹתָיו וְכָל־יֹדְעָיו לְפָנִים וַיֹּאכְלוּ עִמּוֹ לֶחֶם
בְּבֵיתוֹ וַיָּנֻדוּ לוֹ וַיְנַחֲמוּ אֹתוֹ עַל כָּל־הָרָעָה אֲשֶׁר־הֵבִיא יְהוָה
עָלָיו וַיִּתְּנוּ־לוֹ אִישׁ קְשִׂיטָה אֶחָת וְאִישׁ נֶזֶם זָהָב אֶחָד׃
יב וַיהוָה בֵּרַךְ אֶת־אַחֲרִית אִיּוֹב מֵרֵאשִׁתוֹ וַיְהִי־לוֹ אַרְבָּעָה
עָשָׂר אֶלֶף צֹאן וְשֵׁשֶׁת אֲלָפִים גְּמַלִּים וְאֶלֶף־צֶמֶד בָּקָר וְאֶלֶף
יג יד אֲתוֹנוֹת׃ וַיְהִי־לוֹ שִׁבְעָנָה בָנִים וְשָׁלוֹשׁ בָּנוֹת׃ וַיִּקְרָא שֵׁם־
הָאַחַת יְמִימָה וְשֵׁם הַשֵּׁנִית קְצִיעָה וְשֵׁם הַשְּׁלִישִׁית קֶרֶן
טו הַפּוּךְ׃ וְלֹא נִמְצָא נָשִׁים יָפוֹת כִּבְנוֹת אִיּוֹב בְּכָל־הָאָרֶץ וַיִּתֵּן
טז לָהֶם אֲבִיהֶם נַחֲלָה בְּתוֹךְ אֲחֵיהֶם׃ וַיְחִי אִיּוֹב אַחֲרֵי־זֹאת
מֵאָה וְאַרְבָּעִים שָׁנָה וַיַּרְא אֶת־בָּנָיו וְאֶת־בְּנֵי בָנָיו אַרְבָּעָה
יז דֹּרוֹת׃ וַיָּמָת אִיּוֹב זָקֵן וּשְׂבַע יָמִים׃

שיר השירים

א
א ב שִׁיר הַשִּׁירִים אֲשֶׁר לִשְׁלֹמֹה: יִשָּׁקֵנִי מִנְּשִׁיקוֹת פִּיהוּ כִּי־
ג טוֹבִים דֹּדֶיךָ מִיָּיִן: לְרֵיחַ שְׁמָנֶיךָ טוֹבִים שֶׁמֶן תּוּרַק שְׁמֶךָ עַל־
ד כֵּן עֲלָמוֹת אֲהֵבוּךָ: מָשְׁכֵנִי אַחֲרֶיךָ נָּרוּצָה הֱבִיאַנִי הַמֶּלֶךְ
חֲדָרָיו נָגִילָה וְנִשְׂמְחָה בָּךְ נַזְכִּירָה דֹדֶיךָ מִיַּיִן מֵישָׁרִים
ה אֲהֵבוּךָ: שְׁחוֹרָה אֲנִי וְנָאוָה בְּנוֹת יְרוּשָׁלִָם כְּאָהֳלֵי
ו קֵדָר כִּירִיעוֹת שְׁלֹמֹה: אַל־תִּרְאוּנִי שֶׁאֲנִי שְׁחַרְחֹרֶת שֶׁשֱּׁזָפַתְנִי
הַשָּׁמֶשׁ בְּנֵי אִמִּי נִחֲרוּ־בִי שָׂמֻנִי נֹטֵרָה אֶת־הַכְּרָמִים כַּרְמִי
ז שֶׁלִּי לֹא נָטָרְתִּי: הַגִּידָה לִּי שֶׁאָהֲבָה נַפְשִׁי אֵיכָה תִרְעֶה אֵיכָה
תַּרְבִּיץ בַּצָּהֳרָיִם שַׁלָּמָה אֶהְיֶה כְּעֹטְיָה עַל עֶדְרֵי חֲבֵרֶיךָ:
ח אִם־לֹא תֵדְעִי לָךְ הַיָּפָה בַּנָּשִׁים צְאִי־לָךְ בְּעִקְבֵי הַצֹּאן
ט וּרְעִי אֶת־גְּדִיֹּתַיִךְ עַל מִשְׁכְּנוֹת הָרֹעִים: לְסֻסָתִי
י בְּרִכְבֵי פַרְעֹה דִּמִּיתִיךְ רַעְיָתִי: נָאווּ לְחָיַיִךְ בַּתֹּרִים צַוָּארֵךְ
יא יב בַּחֲרוּזִים: תּוֹרֵי זָהָב נַעֲשֶׂה־לָּךְ עִם נְקֻדּוֹת הַכָּסֶף: עַד־
יג שֶׁהַמֶּלֶךְ בִּמְסִבּוֹ נִרְדִּי נָתַן רֵיחוֹ: צְרוֹר הַמֹּר ׀ דּוֹדִי לִי בֵּין שָׁדַי
יד טו יָלִין: אֶשְׁכֹּל הַכֹּפֶר ׀ דּוֹדִי לִי בְּכַרְמֵי עֵין גֶּדִי: הִנָּךְ
טז יָפָה רַעְיָתִי הִנָּךְ יָפָה עֵינַיִךְ יוֹנִים: הִנְּךָ יָפֶה דוֹדִי אַף נָעִים
יז אַף־עַרְשֵׂנוּ רַעֲנָנָה: קֹרוֹת בָּתֵּינוּ אֲרָזִים רחיטנו בְּרוֹתִים: רַהִיטֵנוּ
ב
א ב אֲנִי חֲבַצֶּלֶת הַשָּׁרוֹן שׁוֹשַׁנַּת הָעֲמָקִים: כְּשׁוֹשַׁנָּה בֵּין הַחוֹחִים
ג כֵּן רַעְיָתִי בֵּין הַבָּנוֹת: כְּתַפּוּחַ בַּעֲצֵי הַיַּעַר כֵּן דּוֹדִי בֵּין
ד הַבָּנִים בְּצִלּוֹ חִמַּדְתִּי וְיָשַׁבְתִּי וּפִרְיוֹ מָתוֹק לְחִכִּי: הֱבִיאַנִי
ה אֶל־בֵּית הַיָּיִן וְדִגְלוֹ עָלַי אַהֲבָה: סַמְּכוּנִי בָּאֲשִׁישׁוֹת רַפְּדוּנִי
ו בַּתַּפּוּחִים כִּי־חוֹלַת אַהֲבָה אָנִי: שְׂמֹאלוֹ תַּחַת לְרֹאשִׁי וִימִינוֹ
ז תְּחַבְּקֵנִי: הִשְׁבַּעְתִּי אֶתְכֶם בְּנוֹת יְרוּשָׁלִַם בִּצְבָאוֹת אוֹ
בְּאַיְלוֹת הַשָּׂדֶה אִם־תָּעִירוּ ׀ וְאִם־תְּעוֹרְרוּ אֶת־הָאַהֲבָה עַד
ח שֶׁתֶּחְפָּץ: קוֹל דּוֹדִי הִנֵּה־זֶה בָּא מְדַלֵּג עַל־הֶהָרִים
ט מְקַפֵּץ עַל־הַגְּבָעוֹת: דּוֹמֶה דוֹדִי לִצְבִי אוֹ לְעֹפֶר הָאַיָּלִים
הִנֵּה־זֶה עוֹמֵד אַחַר כָּתְלֵנוּ מַשְׁגִּיחַ מִן־הַחַלֹּנוֹת מֵצִיץ מִן־

הַחֲרַכִּים׃ עָנָה דוֹדִי וְאָמַר לִי קוּמִי לָךְ רַעְיָתִי יָפָתִי וּלְכִי־ י
לָךְ׃ כִּי־הִנֵּה הַסְּתָו עָבָר הַגֶּשֶׁם חָלַף הָלַךְ לוֹ׃ הַנִּצָּנִים נִרְאוּ יא יב
בָאָרֶץ עֵת הַזָּמִיר הִגִּיעַ וְקוֹל הַתּוֹר נִשְׁמַע בְּאַרְצֵנוּ׃ הַתְּאֵנָה יג
לָךְ חָנְטָה פַגֶּיהָ וְהַגְּפָנִים ׀ סְמָדַר נָתְנוּ רֵיחַ קוּמִי לְכִי רַעְיָתִי יָפָתִי
וּלְכִי־לָךְ׃ יוֹנָתִי בְּחַגְוֵי הַסֶּלַע בְּסֵתֶר הַמַּדְרֵגָה יד
הַרְאִינִי אֶת־מַרְאַיִךְ הַשְׁמִיעִנִי אֶת־קוֹלֵךְ כִּי־קוֹלֵךְ עָרֵב
וּמַרְאֵיךְ נָאוֶה׃ אֶחֱזוּ־לָנוּ שׁוּעָלִים שׁוּעָלִים קְטַנִּים טו
מְחַבְּלִים כְּרָמִים וּכְרָמֵינוּ סְמָדַר׃ דּוֹדִי לִי וַאֲנִי לוֹ הָרֹעֶה טז
בַּשּׁוֹשַׁנִּים׃ עַד שֶׁיָּפוּחַ הַיּוֹם וְנָסוּ הַצְּלָלִים סֹב דְּמֵה־לְךָ דוֹדִי יז
לִצְבִי אוֹ לְעֹפֶר הָאַיָּלִים עַל־הָרֵי בָתֶר׃ עַל־ א ג
מִשְׁכָּבִי בַּלֵּילוֹת בִּקַּשְׁתִּי אֵת שֶׁאָהֲבָה נַפְשִׁי בִּקַּשְׁתִּיו וְלֹא
מְצָאתִיו׃ אָקוּמָה נָּא וַאֲסוֹבְבָה בָעִיר בַּשְּׁוָקִים וּבָרְחֹבוֹת ב
אֲבַקְשָׁה אֵת שֶׁאָהֲבָה נַפְשִׁי בִּקַּשְׁתִּיו וְלֹא מְצָאתִיו׃ מְצָאוּנִי ג
הַשֹּׁמְרִים הַסֹּבְבִים בָּעִיר אֵת שֶׁאָהֲבָה נַפְשִׁי רְאִיתֶם׃ כִּמְעַט ד
שֶׁעָבַרְתִּי מֵהֶם עַד שֶׁמָּצָאתִי אֵת שֶׁאָהֲבָה נַפְשִׁי אֲחַזְתִּיו
וְלֹא אַרְפֶּנּוּ עַד־שֶׁהֲבֵיאתִיו אֶל־בֵּית אִמִּי וְאֶל־חֶדֶר
הוֹרָתִי׃ הִשְׁבַּעְתִּי אֶתְכֶם בְּנוֹת יְרוּשָׁלִַם בִּצְבָאוֹת אוֹ ה
בְּאַיְלוֹת הַשָּׂדֶה אִם־תָּעִירוּ ׀ וְאִם־תְּעוֹרְרוּ אֶת־הָאַהֲבָה
עַד שֶׁתֶּחְפָּץ׃ מִי זֹאת עֹלָה מִן־הַמִּדְבָּר ו
כְּתִימְרוֹת עָשָׁן מְקֻטֶּרֶת מֹר וּלְבוֹנָה מִכֹּל אַבְקַת רוֹכֵל׃
הִנֵּה מִטָּתוֹ שֶׁלִּשְׁלֹמֹה שִׁשִּׁים גִּבֹּרִים סָבִיב לָהּ מִגִּבֹּרֵי ז
יִשְׂרָאֵל׃ כֻּלָּם אֲחֻזֵי חֶרֶב מְלֻמְּדֵי מִלְחָמָה אִישׁ חַרְבּוֹ עַל־ ח
יְרֵכוֹ מִפַּחַד בַּלֵּילוֹת׃ אַפִּרְיוֹן עָשָׂה לוֹ הַמֶּלֶךְ ט
שְׁלֹמֹה מֵעֲצֵי הַלְּבָנוֹן׃ עַמּוּדָיו עָשָׂה כֶסֶף רְפִידָתוֹ זָהָב י
מֶרְכָּבוֹ אַרְגָּמָן תּוֹכוֹ רָצוּף אַהֲבָה מִבְּנוֹת יְרוּשָׁלִָם׃ צְאֶינָה ׀ יא
וּרְאֶינָה בְּנוֹת צִיּוֹן בַּמֶּלֶךְ שְׁלֹמֹה בָּעֲטָרָה שֶׁעִטְּרָה־לּוֹ אִמּוֹ
בְּיוֹם חֲתֻנָּתוֹ וּבְיוֹם שִׂמְחַת לִבּוֹ׃ הִנָּךְ יָפָה א ד

ד רַעְיָתִי הִנָּךְ יָפָה עֵינַיִךְ יוֹנִים מִבַּעַד לְצַמָּתֵךְ שַׂעְרֵךְ כְּעֵדֶר
ב הָעִזִּים שֶׁגָּלְשׁוּ מֵהַר גִּלְעָד: שִׁנַּיִךְ כְּעֵדֶר הַקְּצוּבוֹת שֶׁעָלוּ מִן־
ג הָרַחְצָה שֶׁכֻּלָּם מַתְאִימוֹת וְשַׁכֻּלָה אֵין בָּהֶם: כְּחוּט הַשָּׁנִי
שִׂפְתוֹתַיִךְ וּמִדְבָּרֵיךְ נָאוֶה כְּפֶלַח הָרִמּוֹן רַקָּתֵךְ מִבַּעַד לְצַמָּתֵךְ:
ד כְּמִגְדַּל דָּוִיד צַוָּארֵךְ בָּנוּי לְתַלְפִּיּוֹת אֶלֶף הַמָּגֵן תָּלוּי עָלָיו כֹּל
ה שִׁלְטֵי הַגִּבּוֹרִים: שְׁנֵי שָׁדַיִךְ כִּשְׁנֵי עֳפָרִים תְּאוֹמֵי צְבִיָּה הָרוֹעִים
ו בַּשּׁוֹשַׁנִּים: עַד שֶׁיָּפוּחַ הַיּוֹם וְנָסוּ הַצְּלָלִים אֵלֶךְ לִי אֶל־הַר
ז הַמּוֹר וְאֶל־גִּבְעַת הַלְּבוֹנָה: כֻּלָּךְ יָפָה רַעְיָתִי וּמוּם אֵין
ח בָּךְ: אִתִּי מִלְּבָנוֹן כַּלָּה אִתִּי מִלְּבָנוֹן תָּבוֹאִי
תָּשׁוּרִי ׀ מֵרֹאשׁ אֲמָנָה מֵרֹאשׁ שְׂנִיר וְחֶרְמוֹן מִמְּעֹנוֹת אֲרָיוֹת
ט מֵהַרְרֵי נְמֵרִים: לִבַּבְתִּנִי אֲחֹתִי כַלָּה לִבַּבְתִּינִי באחד מֵעֵינַיִךְ בְּאַחַת
י בְּאַחַד עֲנָק מִצַּוְּרֹנָיִךְ: מַה־יָּפוּ דֹדַיִךְ אֲחֹתִי כַלָּה מַה־טֹּבוּ
יא דֹדַיִךְ מִיַּיִן וְרֵיחַ שְׁמָנַיִךְ מִכָּל־בְּשָׂמִים: נֹפֶת תִּטֹּפְנָה שִׂפְתוֹתַיִךְ
כַּלָּה דְּבַשׁ וְחָלָב תַּחַת לְשׁוֹנֵךְ וְרֵיחַ שַׂלְמֹתַיִךְ כְּרֵיחַ
יב לְבָנוֹן: גַּן ׀ נָעוּל אֲחֹתִי כַלָּה גַּל נָעוּל מַעְיָן
יג חָתוּם: שְׁלָחַיִךְ פַּרְדֵּס רִמּוֹנִים עִם פְּרִי מְגָדִים כְּפָרִים עִם־
יד נְרָדִים: נֵרְדְּ ׀ וְכַרְכֹּם קָנֶה וְקִנָּמוֹן עִם כָּל־עֲצֵי לְבוֹנָה מֹר
טו וַאֲהָלוֹת עִם כָּל־רָאשֵׁי בְשָׂמִים: מַעְיַן גַּנִּים בְּאֵר מַיִם חַיִּים
טז וְנֹזְלִים מִן־לְבָנוֹן: עוּרִי צָפוֹן וּבוֹאִי תֵימָן הָפִיחִי גַנִּי יִזְּלוּ
ה א בְשָׂמָיו יָבֹא דוֹדִי לְגַנּוֹ וְיֹאכַל פְּרִי מְגָדָיו: בָּאתִי לְגַנִּי אֲחֹתִי
כַלָּה אָרִיתִי מוֹרִי עִם־בְּשָׂמִי אָכַלְתִּי יַעְרִי עִם־דִּבְשִׁי שָׁתִיתִי
ב יֵינִי עִם־חֲלָבִי אִכְלוּ רֵעִים שְׁתוּ וְשִׁכְרוּ דּוֹדִים: אֲנִי
יְשֵׁנָה וְלִבִּי עֵר קוֹל ׀ דּוֹדִי דוֹפֵק פִּתְחִי־לִי אֲחֹתִי רַעְיָתִי יוֹנָתִי
ג תַמָּתִי שֶׁרֹּאשִׁי נִמְלָא־טָל קְוֻצּוֹתַי רְסִיסֵי לָיְלָה: פָּשַׁטְתִּי אֶת־
כֻּתָּנְתִּי אֵיכָכָה אֶלְבָּשֶׁנָּה רָחַצְתִּי אֶת־רַגְלַי אֵיכָכָה אֲטַנְּפֵם:
ד ה דּוֹדִי שָׁלַח יָדוֹ מִן־הַחוֹר וּמֵעַי הָמוּ עָלָיו: קַמְתִּי אֲנִי לִפְתֹּחַ
לְדוֹדִי וְיָדַי נָטְפוּ־מוֹר וְאֶצְבְּעֹתַי מוֹר עֹבֵר עַל כַּפּוֹת הַמַּנְעוּל:

ו פָּתַחְתִּי אֲנִי לְדוֹדִי וְדוֹדִי חָמַק עָבָר נַפְשִׁי יָצְאָה בְדַבְּרוֹ
ז בִּקַּשְׁתִּיהוּ וְלֹא מְצָאתִיהוּ קְרָאתִיו וְלֹא עָנָנִי׃ מְצָאֻנִי
הַשֹּׁמְרִים הַסֹּבְבִים בָּעִיר הִכּוּנִי פְצָעוּנִי נָשְׂאוּ אֶת־רְדִידִי מֵעָלַי
ח שֹׁמְרֵי הַחֹמוֹת׃ הִשְׁבַּעְתִּי אֶתְכֶם בְּנוֹת יְרוּשָׁלָ͏ִם אִם־תִּמְצְאוּ
ט אֶת־דּוֹדִי מַה־תַּגִּידוּ לוֹ שֶׁחוֹלַת אַהֲבָה אָנִי׃ מַה־דּוֹדֵךְ מִדּוֹד
י הַיָּפָה בַּנָּשִׁים מַה־דּוֹדֵךְ מִדּוֹד שֶׁכָּכָה הִשְׁבַּעְתָּנוּ׃ דּוֹדִי
יא צַח וְאָדוֹם דָּגוּל מֵרְבָבָה׃ רֹאשׁוֹ כֶּתֶם פָּז קְוֻצּוֹתָיו תַּלְתַּלִּים
יב שְׁחֹרוֹת כָּעוֹרֵב׃ עֵינָיו כְּיוֹנִים עַל־אֲפִיקֵי מָיִם רֹחֲצוֹת בֶּחָלָב
יג יֹשְׁבוֹת עַל־מִלֵּאת׃ לְחָיָו כַּעֲרוּגַת הַבֹּשֶׂם מִגְדְּלוֹת מֶרְקָחִים
יד שִׂפְתוֹתָיו שׁוֹשַׁנִּים נֹטְפוֹת מוֹר עֹבֵר׃ יָדָיו גְּלִילֵי זָהָב מְמֻלָּאִים
טו בַּתַּרְשִׁישׁ מֵעָיו עֶשֶׁת שֵׁן מְעֻלֶּפֶת סַפִּירִים׃ שׁוֹקָיו עַמּוּדֵי
שֵׁשׁ מְיֻסָּדִים עַל־אַדְנֵי־פָז מַרְאֵהוּ כַּלְּבָנוֹן בָּחוּר כָּאֲרָזִים׃
טז חִכּוֹ מַמְתַקִּים וְכֻלּוֹ מַחֲמַדִּים זֶה דוֹדִי וְזֶה רֵעִי בְּנוֹת יְרוּשָׁלָ͏ִם׃
ו א אָנָה הָלַךְ דּוֹדֵךְ הַיָּפָה בַּנָּשִׁים אָנָה פָּנָה דוֹדֵךְ וּנְבַקְשֶׁנּוּ
ב עִמָּךְ׃ דּוֹדִי יָרַד לְגַנּוֹ לַעֲרֻגוֹת הַבֹּשֶׂם לִרְעוֹת בַּגַּנִּים וְלִלְקֹט
ג שׁוֹשַׁנִּים׃ אֲנִי לְדוֹדִי וְדוֹדִי לִי הָרֹעֶה בַּשּׁוֹשַׁנִּים׃
ד ה יָפָה אַתְּ רַעְיָתִי כְּתִרְצָה נָאוָה כִּירוּשָׁלָ͏ִם אֲיֻמָּה כַּנִּדְגָּלוֹת׃ הָסֵבִּי
עֵינַיִךְ מִנֶּגְדִּי שֶׁהֵם הִרְהִיבֻנִי שַׂעְרֵךְ כְּעֵדֶר הָעִזִּים שֶׁגָּלְשׁוּ
ו מִן־הַגִּלְעָד׃ שִׁנַּיִךְ כְּעֵדֶר הָרְחֵלִים שֶׁעָלוּ מִן־הָרַחְצָה שֶׁכֻּלָּם
ז מַתְאִימוֹת וְשַׁכֻּלָה אֵין בָּהֶם׃ כְּפֶלַח הָרִמּוֹן רַקָּתֵךְ מִבַּעַד
ח לְצַמָּתֵךְ׃ שִׁשִּׁים הֵמָּה מְלָכוֹת וּשְׁמֹנִים פִּילַגְשִׁים וַעֲלָמוֹת
ט אֵין מִסְפָּר׃ אַחַת הִיא יוֹנָתִי תַמָּתִי אַחַת הִיא לְאִמָּהּ בָּרָה
הִיא לְיוֹלַדְתָּהּ רָאוּהָ בָנוֹת וַיְאַשְּׁרוּהָ מְלָכוֹת וּפִילַגְשִׁים
י וַיְהַלְלוּהָ׃ מִי־זֹאת הַנִּשְׁקָפָה כְּמוֹ־שָׁחַר יָפָה כַלְּבָנָה
יא בָּרָה כַּחַמָּה אֲיֻמָּה כַּנִּדְגָּלוֹת׃ אֶל־גִּנַּת אֱגוֹז יָרַדְתִּי לִרְאוֹת
יב בְּאִבֵּי הַנָּחַל לִרְאוֹת הֲפָרְחָה הַגֶּפֶן הֵנֵצוּ הָרִמֹּנִים׃ לֹא יָדַעְתִּי
ז א נַפְשִׁי שָׂמַתְנִי מַרְכְּבוֹת עַמִּי־נָדִיב׃ שׁוּבִי שׁוּבִי הַשּׁוּלַמִּית

ז
שׁוּבִי שׁוּבִי וְנֶחֱזֶה־בָּךְ מַה־תֶּחֱזוּ בַּשּׁוּלַמִּית כִּמְחֹלַת הַמַּחֲנָיִם׃
ב מַה־יָּפוּ פְעָמַיִךְ בַּנְּעָלִים בַּת־נָדִיב חַמּוּקֵי יְרֵכַיִךְ כְּמוֹ חֲלָאִים
ג מַעֲשֵׂה יְדֵי אָמָּן׃ שָׁרְרֵךְ אַגַּן הַסַּהַר אַל־יֶחְסַר הַמָּזֶג בִּטְנֵךְ
ד עֲרֵמַת חִטִּים סוּגָה בַּשּׁוֹשַׁנִּים׃ שְׁנֵי שָׁדַיִךְ כִּשְׁנֵי עֳפָרִים תָּאֳמֵי
ה צְבִיָּה׃ צַוָּארֵךְ כְּמִגְדַּל הַשֵּׁן עֵינַיִךְ בְּרֵכוֹת בְּחֶשְׁבּוֹן עַל־שַׁעַר
ו בַּת־רַבִּים אַפֵּךְ כְּמִגְדַּל הַלְּבָנוֹן צוֹפֶה פְּנֵי דַמָּשֶׂק׃ רֹאשֵׁךְ עָלַיִךְ
ז כַּכַּרְמֶל וְדַלַּת רֹאשֵׁךְ כָּאַרְגָּמָן מֶלֶךְ אָסוּר בָּרְהָטִים׃ מַה־
ח יָּפִית וּמַה־נָּעַמְתְּ אַהֲבָה בַּתַּעֲנוּגִים׃ זֹאת קוֹמָתֵךְ דָּמְתָה לְתָמָר
ט וְשָׁדַיִךְ לְאַשְׁכֹּלוֹת׃ אָמַרְתִּי אֶעֱלֶה בְתָמָר אֹחֲזָה בְּסַנְסִנָּיו וְיִהְיוּ־
י נָא שָׁדַיִךְ כְּאֶשְׁכְּלוֹת הַגֶּפֶן וְרֵיחַ אַפֵּךְ כַּתַּפּוּחִים׃ וְחִכֵּךְ
כְּיֵין הַטּוֹב הוֹלֵךְ לְדוֹדִי לְמֵישָׁרִים דּוֹבֵב שִׂפְתֵי יְשֵׁנִים׃
יא יב אֲנִי לְדוֹדִי וְעָלַי תְּשׁוּקָתוֹ׃ לְכָה דוֹדִי נֵצֵא הַשָּׂדֶה נָלִינָה
יג בַּכְּפָרִים׃ נַשְׁכִּימָה לַכְּרָמִים נִרְאֶה אִם־פָּרְחָה הַגֶּפֶן פִּתַּח
יד הַסְּמָדַר הֵנֵצוּ הָרִמּוֹנִים שָׁם אֶתֵּן אֶת־דֹּדַי לָךְ׃ הַדּוּדָאִים
נָתְנוּ־רֵיחַ וְעַל־פְּתָחֵינוּ כָּל־מְגָדִים חֲדָשִׁים גַּם־יְשָׁנִים דּוֹדִי
ח א צָפַנְתִּי לָךְ׃ מִי יִתֶּנְךָ כְּאָח לִי יוֹנֵק שְׁדֵי אִמִּי אֶמְצָאֲךָ בַחוּץ
ב אֶשָּׁקְךָ גַּם לֹא־יָבוּזוּ לִי׃ אֶנְהָגְךָ אֲבִיאֲךָ אֶל־בֵּית אִמִּי תְּלַמְּדֵנִי
ג אַשְׁקְךָ מִיַּיִן הָרֶקַח מֵעֲסִיס רִמֹּנִי׃ שְׂמֹאלוֹ תַּחַת רֹאשִׁי וִימִינוֹ
ד תְּחַבְּקֵנִי׃ הִשְׁבַּעְתִּי אֶתְכֶם בְּנוֹת יְרוּשָׁלִָם מַה־תָּעִירוּ ׀ וּמַה־
ה תְּעֹרְרוּ אֶת־הָאַהֲבָה עַד שֶׁתֶּחְפָּץ׃ מִי זֹאת
עֹלָה מִן־הַמִּדְבָּר מִתְרַפֶּקֶת עַל־דּוֹדָהּ תַּחַת הַתַּפּוּחַ עוֹרַרְתִּיךָ
ו שָׁמָּה חִבְּלַתְךָ אִמֶּךָ שָׁמָּה חִבְּלָה יְלָדַתְךָ׃ שִׂימֵנִי כַחוֹתָם
עַל־לִבֶּךָ כַּחוֹתָם עַל־זְרוֹעֶךָ כִּי־עַזָּה כַמָּוֶת אַהֲבָה קָשָׁה
ז כִשְׁאוֹל קִנְאָה רְשָׁפֶיהָ רִשְׁפֵּי אֵשׁ שַׁלְהֶבֶתְיָה׃ מַיִם רַבִּים לֹא
יוּכְלוּ לְכַבּוֹת אֶת־הָאַהֲבָה וּנְהָרוֹת לֹא יִשְׁטְפוּהָ אִם־יִתֵּן אִישׁ
ח אֶת־כָּל־הוֹן בֵּיתוֹ בָּאַהֲבָה בּוֹז יָבוּזוּ לוֹ׃ אָחוֹת
לָנוּ קְטַנָּה וְשָׁדַיִם אֵין לָהּ מַה־נַּעֲשֶׂה לַאֲחֹתֵנוּ בַּיּוֹם שֶׁיְּדֻבַּר־

בָּהּ׃ אִם־חוֹמָה הִיא נִבְנֶה עָלֶיהָ טִירַת כָּסֶף וְאִם־דֶּלֶת הִיא ט
נָצוּר עָלֶיהָ לוּחַ אָרֶז׃ אֲנִי חוֹמָה וְשָׁדַי כַּמִּגְדָּלוֹת אָז הָיִיתִי י
בְעֵינָיו כְּמוֹצְאֵת שָׁלוֹם׃ כֶּרֶם הָיָה לִשְׁלֹמֹה בְּבַעַל הָמוֹן נָתַן יא
אֶת־הַכֶּרֶם לַנֹּטְרִים אִישׁ יָבִא בְּפִרְיוֹ אֶלֶף כָּסֶף׃ כַּרְמִי שֶׁלִּי יב
לְפָנָי הָאֶלֶף לְךָ שְׁלֹמֹה וּמָאתַיִם לְנֹטְרִים אֶת־פִּרְיוֹ׃ הַיּוֹשֶׁבֶת יג
בַּגַּנִּים חֲבֵרִים מַקְשִׁיבִים לְקוֹלֵךְ הַשְׁמִיעִנִי׃ בְּרַח ׀ דּוֹדִי וּדְמֵה־ יד
לְךָ לִצְבִי אוֹ לְעֹפֶר הָאַיָּלִים עַל הָרֵי בְשָׂמִים׃

רות

א

א וַיְהִ֗י בִּימֵי֙ שְׁפֹ֣ט הַשֹּׁפְטִ֔ים וַיְהִ֥י רָעָ֖ב בָּאָ֑רֶץ וַיֵּ֨לֶךְ אִ֜ישׁ מִבֵּ֧ית
ב לֶ֣חֶם יְהוּדָ֗ה לָגוּר֙ בִּשְׂדֵ֣י מוֹאָ֔ב ה֥וּא וְאִשְׁתּ֖וֹ וּשְׁנֵ֥י בָנָֽיו׃ וְשֵׁ֣ם
הָאִ֣ישׁ אֱ‍ֽלִימֶ֡לֶךְ וְשֵׁם֩ אִשְׁתּ֨וֹ נָעֳמִ֜י וְשֵׁ֥ם שְׁנֵֽי־בָנָ֣יו ׀ מַחְל֤וֹן
וְכִלְיוֹן֙ אֶפְרָתִ֔ים מִבֵּ֥ית לֶ֖חֶם יְהוּדָ֑ה וַיָּבֹ֥אוּ שְׂדֵי־מוֹאָ֖ב וַיִּֽהְיוּ־
ג שָֽׁם׃ וַיָּ֥מָת אֱלִימֶ֖לֶךְ אִ֣ישׁ נָעֳמִ֑י וַתִּשָּׁאֵ֥ר הִ֖יא וּשְׁנֵ֥י בָנֶֽיהָ׃
ד וַיִּשְׂא֣וּ לָהֶ֗ם נָשִׁים֙ מֹֽאֲבִיּ֔וֹת שֵׁ֤ם הָֽאַחַת֙ עָרְפָּ֔ה וְשֵׁ֥ם הַשֵּׁנִ֖ית
ה ר֑וּת וַיֵּ֥שְׁבוּ שָׁ֖ם כְּעֶ֥שֶׂר שָׁנִֽים׃ וַיָּמ֥וּתוּ גַם־שְׁנֵיהֶ֖ם מַחְל֣וֹן וְכִלְי֑וֹן
ו וַתִּשָּׁאֵר֙ הָֽאִשָּׁ֔ה מִשְּׁנֵ֥י יְלָדֶ֖יהָ וּמֵאִישָֽׁהּ׃ וַתָּ֤קָם הִיא֙ וְכַלֹּתֶ֔יהָ
וַתָּ֖שָׁב מִשְּׂדֵ֣י מוֹאָ֑ב כִּ֤י שָֽׁמְעָה֙ בִּשְׂדֵ֣ה מוֹאָ֔ב כִּֽי־פָקַ֤ד יְהוָה֙
ז אֶת־עַמּ֔וֹ לָתֵ֥ת לָהֶ֖ם לָֽחֶם׃ וַתֵּצֵ֗א מִן־הַמָּקוֹם֙ אֲשֶׁ֣ר הָיְתָה־
שָׁ֔מָּה וּשְׁתֵּ֥י כַלֹּתֶ֖יהָ עִמָּ֑הּ וַתֵּלַ֣כְנָה בַדֶּ֔רֶךְ לָשׁ֖וּב אֶל־אֶ֥רֶץ
ח יְהוּדָֽה׃ וַתֹּ֤אמֶר נָֽעֳמִי֙ לִשְׁתֵּ֣י כַלֹּתֶ֔יהָ לֵ֣כְנָה שֹּׁ֔בְנָה אִשָּׁ֖ה לְבֵ֣ית
אִמָּ֑הּ יעשה יְהוָ֤ה עִמָּכֶם֙ חֶ֔סֶד כַּאֲשֶׁ֧ר עֲשִׂיתֶ֛ם עִם־הַמֵּתִ֖ים יַ֥עַשׂ
ט וְעִמָּדִֽי׃ יִתֵּ֤ן יְהוָה֙ לָכֶ֔ם וּמְצֶ֣אןָ מְנוּחָ֔ה אִשָּׁ֖ה בֵּ֣ית אִישָׁ֑הּ וַתִּשַּׁ֣ק
י לָהֶ֔ן וַתִּשֶּׂ֥אנָה קוֹלָ֖ן וַתִּבְכֶּֽינָה׃ וַתֹּאמַ֖רְנָה־לָּ֑הּ כִּֽי־אִתָּ֥ךְ נָשׁ֖וּב
יא לְעַמֵּֽךְ׃ וַתֹּ֤אמֶר נָעֳמִי֙ שֹׁ֣בְנָה בְנֹתַ֔י לָ֥מָּה תֵלַ֖כְנָה עִמִּ֑י הַע֤וֹד־
יב לִי֙ בָנִים֙ בְּֽמֵעַ֔י וְהָי֥וּ לָכֶ֖ם לַאֲנָשִֽׁים׃ שֹׁ֤בְנָה בְנֹתַי֙ לֵ֔כְןָ כִּ֥י זָקַ֖נְתִּי
מִהְי֣וֹת לְאִ֑ישׁ כִּ֤י אָמַ֙רְתִּי֙ יֶשׁ־לִ֣י תִקְוָ֔ה גַּ֣ם הָיִ֤יתִי הַלַּ֙יְלָה֙
יג לְאִ֔ישׁ וְגַ֖ם יָלַ֥דְתִּי בָנִֽים׃ הֲלָהֵ֣ן ׀ תְּשַׂבֵּ֗רְנָה עַ֚ד אֲשֶׁ֣ר יִגְדָּ֔לוּ
הֲלָהֵן֙ תֵּֽעָגֵ֔נָה לְבִלְתִּ֖י הֱי֣וֹת לְאִ֑ישׁ אַ֣ל בְּנֹתַ֗י כִּֽי־מַר־לִ֤י מְאֹד֙
יד מִכֶּ֔ם כִּֽי־יָצְאָ֥ה בִ֖י יַד־יְהוָֽה׃ וַתִּשֶּׂ֣נָה קוֹלָ֔ן וַתִּבְכֶּ֖ינָה ע֑וֹד
טו וַתִּשַּׁ֤ק עָרְפָּה֙ לַחֲמוֹתָ֔הּ וְר֖וּת דָּ֥בְקָה בָּֽהּ׃ וַתֹּ֗אמֶר הִנֵּה֙ שָׁ֣בָה
טז יְבִמְתֵּ֔ךְ אֶל־עַמָּ֖הּ וְאֶל־אֱלֹהֶ֑יהָ שׁ֖וּבִי אַחֲרֵ֥י יְבִמְתֵּֽךְ׃ וַתֹּ֤אמֶר
רוּת֙ אַל־תִּפְגְּעִי־בִ֔י לְעָזְבֵ֖ךְ לָשׁ֣וּב מֵאַחֲרָ֑יִךְ כִּ֠י אֶל־אֲשֶׁ֨ר
תֵּלְכִ֜י אֵלֵ֗ךְ וּבַאֲשֶׁ֤ר תָּלִ֙ינִי֙ אָלִ֔ין עַמֵּ֣ךְ עַמִּ֔י וֵאלֹהַ֖יִךְ אֱלֹהָֽי׃
יז בַּאֲשֶׁ֤ר תָּמ֙וּתִי֙ אָמ֔וּת וְשָׁ֖ם אֶקָּבֵ֑ר כֹּה֩ יַעֲשֶׂ֨ה יְהוָ֥ה לִי֙ וְכֹ֣ה
יח יֹסִ֔יף כִּ֣י הַמָּ֔וֶת יַפְרִ֖יד בֵּינִ֥י וּבֵינֵֽךְ׃ וַתֵּ֕רֶא כִּֽי־מִתְאַמֶּ֥צֶת הִ֖יא

לָלֶכֶת אִתָּהּ וַתֶּחְדַּל לְדַבֵּר אֵלֶיהָ: וַתֵּלַכְנָה שְׁתֵּיהֶם עַד־בּוֹאָנָה יט
בֵּית לָחֶם וַיְהִי כְּבוֹאָנָה בֵּית לֶחֶם וַתֵּהֹם כָּל־הָעִיר עֲלֵיהֶן
וַתֹּאמַרְנָה הֲזֹאת נָעֳמִי: וַתֹּאמֶר אֲלֵיהֶן אַל־תִּקְרֶאנָה לִי כ
נָעֳמִי קְרֶאןָ לִי מָרָא כִּי־הֵמַר שַׁדַּי לִי מְאֹד: אֲנִי מְלֵאָה הָלַכְתִּי כא
וְרֵיקָם הֱשִׁיבַנִי יְהוָה לָמָּה תִקְרֶאנָה לִי נָעֳמִי וַיהוָה עָנָה בִי
וְשַׁדַּי הֵרַע־לִי: וַתָּשָׁב נָעֳמִי וְרוּת הַמּוֹאֲבִיָּה כַלָּתָהּ עִמָּהּ כב
הַשָּׁבָה מִשְּׂדֵי מוֹאָב וְהֵמָּה בָּאוּ בֵּית לֶחֶם בִּתְחִלַּת קְצִיר
מוֹדַע שְׂעֹרִים: וּלְנָעֳמִי מידע לְאִישָׁהּ אִישׁ גִּבּוֹר חַיִל מִמִּשְׁפַּחַת א ב
אֱלִימֶלֶךְ וּשְׁמוֹ בֹּעַז: וַתֹּאמֶר רוּת הַמּוֹאֲבִיָּה אֶל־נָעֳמִי אֵלְכָה־ ב
נָּא הַשָּׂדֶה וַאֲלַקֳטָה בַשִּׁבֳּלִים אַחַר אֲשֶׁר אֶמְצָא־חֵן בְּעֵינָיו
וַתֹּאמֶר לָהּ לְכִי בִתִּי: וַתֵּלֶךְ וַתָּבוֹא וַתְּלַקֵּט בַּשָּׂדֶה אַחֲרֵי ג
הַקֹּצְרִים וַיִּקֶר מִקְרֶהָ חֶלְקַת הַשָּׂדֶה לְבֹעַז אֲשֶׁר מִמִּשְׁפַּחַת
אֱלִימֶלֶךְ: וְהִנֵּה־בֹעַז בָּא מִבֵּית לֶחֶם וַיֹּאמֶר לַקּוֹצְרִים יְהוָה ד
עִמָּכֶם וַיֹּאמְרוּ לוֹ יְבָרֶכְךָ יְהוָה: וַיֹּאמֶר בֹּעַז לְנַעֲרוֹ הַנִּצָּב ה
עַל־הַקּוֹצְרִים לְמִי הַנַּעֲרָה הַזֹּאת: וַיַּעַן הַנַּעַר הַנִּצָּב עַל־ ו
הַקּוֹצְרִים וַיֹּאמַר נַעֲרָה מוֹאֲבִיָּה הִיא הַשָּׁבָה עִם־נָעֳמִי מִשְּׂדֵי
מוֹאָב: וַתֹּאמֶר אֲלַקֳטָה־נָּא וְאָסַפְתִּי בָעֳמָרִים אַחֲרֵי הַקּוֹצְרִים ז
וַתָּבוֹא וַתַּעֲמוֹד מֵאָז הַבֹּקֶר וְעַד־עַתָּה זֶה שִׁבְתָּהּ הַבַּיִת
מְעָט: וַיֹּאמֶר בֹּעַז אֶל־רוּת הֲלוֹא שָׁמַעַתְּ בִּתִּי אַל־תֵּלְכִי ח
לִלְקֹט בְּשָׂדֶה אַחֵר וְגַם לֹא תַעֲבוּרִי מִזֶּה וְכֹה תִדְבָּקִין עִם־
נַעֲרֹתָי: עֵינַיִךְ בַּשָּׂדֶה אֲשֶׁר־יִקְצֹרוּן וְהָלַכְתְּ אַחֲרֵיהֶן הֲלוֹא ט
צִוִּיתִי אֶת־הַנְּעָרִים לְבִלְתִּי נָגְעֵךְ וְצָמִת וְהָלַכְתְּ אֶל־הַכֵּלִים
וְשָׁתִית מֵאֲשֶׁר יִשְׁאֲבוּן הַנְּעָרִים: וַתִּפֹּל עַל־פָּנֶיהָ וַתִּשְׁתַּחוּ י
אָרְצָה וַתֹּאמֶר אֵלָיו מַדּוּעַ מָצָאתִי חֵן בְּעֵינֶיךָ לְהַכִּירֵנִי וְאָנֹכִי
נָכְרִיָּה: וַיַּעַן בֹּעַז וַיֹּאמֶר לָהּ הֻגֵּד הֻגַּד לִי כֹּל אֲשֶׁר־עָשִׂית יא
אֶת־חֲמוֹתֵךְ אַחֲרֵי מוֹת אִישֵׁךְ וַתַּעַזְבִי אָבִיךְ וְאִמֵּךְ וְאֶרֶץ
מוֹלַדְתֵּךְ וַתֵּלְכִי אֶל־עַם אֲשֶׁר לֹא־יָדַעַתְּ תְּמוֹל שִׁלְשׁוֹם: יְשַׁלֵּם יב

יְהוָה פָּעֳלֵךְ וּתְהִי מַשְׂכֻּרְתֵּךְ שְׁלֵמָה מֵעִם יְהוָה אֱלֹהֵי יִשְׂרָאֵל
יג אֲשֶׁר־בָּאת לַחֲסוֹת תַּחַת־כְּנָפָיו׃ וַתֹּאמֶר אֶמְצָא־חֵן בְּעֵינֶיךָ
אֲדֹנִי כִּי נִחַמְתָּנִי וְכִי דִבַּרְתָּ עַל־לֵב שִׁפְחָתֶךָ וְאָנֹכִי לֹא אֶהְיֶה
יד כְּאַחַת שִׁפְחֹתֶיךָ׃ וַיֹּאמֶר לָה בֹעַז לְעֵת הָאֹכֶל גֹּשִׁי הֲלֹם וְאָכַלְתְּ
מִן־הַלֶּחֶם וְטָבַלְתְּ פִּתֵּךְ בַּחֹמֶץ וַתֵּשֶׁב מִצַּד הַקֹּצְרִים וַיִּצְבָּט־
טו לָהּ קָלִי וַתֹּאכַל וַתִּשְׂבַּע וַתֹּתַר׃ וַתָּקָם לְלַקֵּט וַיְצַו בֹּעַז אֶת־
טז נְעָרָיו לֵאמֹר גַּם בֵּין הָעֳמָרִים תְּלַקֵּט וְלֹא תַכְלִימוּהָ׃ וְגַם שֹׁל־
תָּשֹׁלּוּ לָהּ מִן־הַצְּבָתִים וַעֲזַבְתֶּם וְלִקְּטָה וְלֹא תִגְעֲרוּ־בָהּ׃
יז וַתְּלַקֵּט בַּשָּׂדֶה עַד־הָעָרֶב וַתַּחְבֹּט אֵת אֲשֶׁר־לִקֵּטָה וַיְהִי
יח כְּאֵיפָה שְׂעֹרִים׃ וַתִּשָּׂא וַתָּבוֹא הָעִיר וַתֵּרֶא חֲמוֹתָהּ אֵת
אֲשֶׁר־לִקֵּטָה וַתּוֹצֵא וַתִּתֶּן־לָהּ אֵת אֲשֶׁר־הוֹתִרָה מִשָּׂבְעָהּ׃
יט וַתֹּאמֶר לָהּ חֲמוֹתָהּ אֵיפֹה לִקַּטְתְּ הַיּוֹם וְאָנָה עָשִׂית יְהִי מַכִּירֵךְ
בָּרוּךְ וַתַּגֵּד לַחֲמוֹתָהּ אֵת אֲשֶׁר־עָשְׂתָה עִמּוֹ וַתֹּאמֶר שֵׁם
כ הָאִישׁ אֲשֶׁר עָשִׂיתִי עִמּוֹ הַיּוֹם בֹּעַז׃ וַתֹּאמֶר נָעֳמִי לְכַלָּתָהּ
בָּרוּךְ הוּא לַיהוָה אֲשֶׁר לֹא־עָזַב חַסְדּוֹ אֶת־הַחַיִּים וְאֶת־הַמֵּתִים
כא וַתֹּאמֶר לָהּ נָעֳמִי קָרוֹב לָנוּ הָאִישׁ מִגֹּאֲלֵנוּ הוּא׃ וַתֹּאמֶר
רוּת הַמּוֹאֲבִיָּה גַּם ׀ כִּי־אָמַר אֵלַי עִם־הַנְּעָרִים אֲשֶׁר־לִי תִּדְבָּקִין
כב עַד אִם־כִּלּוּ אֵת כָּל־הַקָּצִיר אֲשֶׁר־לִי׃ וַתֹּאמֶר נָעֳמִי אֶל־רוּת
כַּלָּתָהּ טוֹב בִּתִּי כִּי תֵצְאִי עִם־נַעֲרוֹתָיו וְלֹא יִפְגְּעוּ־בָךְ בְּשָׂדֶה
כג אַחֵר׃ וַתִּדְבַּק בְּנַעֲרוֹת בֹּעַז לְלַקֵּט עַד־כְּלוֹת קְצִיר־הַשְּׂעֹרִים
ג א וּקְצִיר הַחִטִּים וַתֵּשֶׁב אֶת־חֲמוֹתָהּ׃ וַתֹּאמֶר לָהּ נָעֳמִי חֲמוֹתָהּ
ב בִּתִּי הֲלֹא אֲבַקֶּשׁ־לָךְ מָנוֹחַ אֲשֶׁר יִיטַב־לָךְ׃ וְעַתָּה הֲלֹא בֹעַז
מֹדַעְתָּנוּ אֲשֶׁר הָיִית אֶת־נַעֲרוֹתָיו הִנֵּה־הוּא זֹרֶה אֶת־גֹּרֶן
ג הַשְּׂעֹרִים הַלָּיְלָה׃ וְרָחַצְתְּ ׀ וָסַכְתְּ וְשַׂמְתְּ שמלתך עָלַיִךְ שִׂמְלֹתַיִךְ
וירדתי הַגֹּרֶן אַל־תִּוָּדְעִי לָאִישׁ עַד כַּלֹּתוֹ לֶאֱכֹל וְלִשְׁתּוֹת׃ וְיָרַדְתְּ
ד וִיהִי בְשָׁכְבוֹ וְיָדַעַתְּ אֶת־הַמָּקוֹם אֲשֶׁר יִשְׁכַּב־שָׁם וּבָאת
וְגִלִּית מַרְגְּלֹתָיו ושכבתי וְהוּא יַגִּיד לָךְ אֵת אֲשֶׁר תַּעֲשִׂין׃ וְשָׁכָבְתְּ

אֵלַי וַתֹּאמֶר אֵלֶיהָ כֹּל אֲשֶׁר־תֹּאמְרִי אֶעֱשֶׂה׃ וַתֵּרֶד הַגֹּרֶן וַתַּעַשׂ ה ו
כְּכֹל אֲשֶׁר־צִוַּתָּה חֲמוֹתָהּ׃ וַיֹּאכַל בֹּעַז וַיֵּשְׁתְּ וַיִּיטַב לִבּוֹ וַיָּבֹא ז
לִשְׁכַּב בִּקְצֵה הָעֲרֵמָה וַתָּבֹא בַלָּט וַתְּגַל מַרְגְּלֹתָיו וַתִּשְׁכָּב׃
וַיְהִי בַּחֲצִי הַלַּיְלָה וַיֶּחֱרַד הָאִישׁ וַיִּלָּפֵת וְהִנֵּה אִשָּׁה שֹׁכֶבֶת ח
מַרְגְּלֹתָיו׃ וַיֹּאמֶר מִי־אָתְּ וַתֹּאמֶר אָנֹכִי רוּת אֲמָתֶךָ וּפָרַשְׂתָּ ט
כְנָפֶךָ עַל־אֲמָתְךָ כִּי גֹאֵל אָתָּה׃ וַיֹּאמֶר בְּרוּכָה אַתְּ לַיהוָה י
בִּתִּי הֵיטַבְתְּ חַסְדֵּךְ הָאַחֲרוֹן מִן־הָרִאשׁוֹן לְבִלְתִּי־לֶכֶת אַחֲרֵי
הַבַּחוּרִים אִם־דַּל וְאִם־עָשִׁיר׃ וְעַתָּה בִּתִּי אַל־תִּירְאִי כֹּל יא
אֲשֶׁר־תֹּאמְרִי אֶעֱשֶׂה־לָּךְ כִּי יוֹדֵעַ כָּל־שַׁעַר עַמִּי כִּי אֵשֶׁת
חַיִל אָתְּ׃ וְעַתָּה כִּי אָמְנָם כִּי אם גֹאֵל אָנֹכִי וְגַם יֵשׁ גֹּאֵל יב
קָרוֹב מִמֶּנִּי׃ לִינִי ׀ הַלַּיְלָה וְהָיָה בַבֹּקֶר אִם־יִגְאָלֵךְ טוֹב יִגְאָל יג
וְאִם־לֹא יַחְפֹּץ לְגָאֳלֵךְ וּגְאַלְתִּיךְ אָנֹכִי חַי־יְהוָה שִׁכְבִי עַד
בְּטֶרֶם הַבֹּקֶר׃ וַתִּשְׁכַּב מַרְגְּלוֹתָו עַד־הַבֹּקֶר וַתָּקָם בטרום יַכִּיר אִישׁ יד
אֶת־רֵעֵהוּ וַיֹּאמֶר אַל־יִוָּדַע כִּי־בָאָה הָאִשָּׁה הַגֹּרֶן׃ וַיֹּאמֶר טו
הָבִי הַמִּטְפַּחַת אֲשֶׁר־עָלַיִךְ וְאֶחֳזִי־בָהּ וַתֹּאחֶז בָּהּ וַיָּמָד שֵׁשׁ־
שְׂעֹרִים וַיָּשֶׁת עָלֶיהָ וַיָּבֹא הָעִיר׃ וַתָּבוֹא אֶל־חֲמוֹתָהּ וַתֹּאמֶר טז
מִי־אַתְּ בִּתִּי וַתַּגֶּד־לָהּ אֵת כָּל־אֲשֶׁר עָשָׂה־לָהּ הָאִישׁ׃ וַתֹּאמֶר יז
אֵלַי שֵׁשׁ־הַשְּׂעֹרִים הָאֵלֶּה נָתַן לִי כִּי אָמַר אַל־תָּבוֹאִי רֵיקָם
אֶל־חֲמוֹתֵךְ׃ וַתֹּאמֶר שְׁבִי בִתִּי עַד אֲשֶׁר תֵּדְעִין אֵיךְ יִפֹּל יח
דָּבָר כִּי לֹא יִשְׁקֹט הָאִישׁ כִּי־אִם־כִּלָּה הַדָּבָר הַיּוֹם׃ וּבֹעַז א ד
עָלָה הַשַּׁעַר וַיֵּשֶׁב שָׁם וְהִנֵּה הַגֹּאֵל עֹבֵר אֲשֶׁר דִּבֶּר־בֹּעַז
וַיֹּאמֶר סוּרָה שְׁבָה־פֹּה פְּלֹנִי אַלְמֹנִי וַיָּסַר וַיֵּשֵׁב׃ וַיִּקַּח עֲשָׂרָה ב
אֲנָשִׁים מִזִּקְנֵי הָעִיר וַיֹּאמֶר שְׁבוּ־פֹה וַיֵּשֵׁבוּ׃ וַיֹּאמֶר לַגֹּאֵל ג
חֶלְקַת הַשָּׂדֶה אֲשֶׁר לְאָחִינוּ לֶאֱלִימֶלֶךְ מָכְרָה נָעֳמִי הַשָּׁבָה
מִשְּׂדֵה מוֹאָב׃ וַאֲנִי אָמַרְתִּי אֶגְלֶה אָזְנְךָ לֵאמֹר קְנֵה נֶגֶד ד
הַיֹּשְׁבִים וְנֶגֶד זִקְנֵי עַמִּי אִם־תִּגְאַל גְּאָל וְאִם־לֹא יִגְאַל הַגִּידָה
לִּי וְאֵדַע כִּי אֵין זוּלָתְךָ לִגְאוֹל וְאָנֹכִי אַחֲרֶיךָ וַיֹּאמֶר אָנֹכִי

ה אֶגְאָל: וַיֹּאמֶר בֹּעַז בְּיוֹם־קְנוֹתְךָ הַשָּׂדֶה מִיַּד נָעֳמִי וּמֵאֵת
רוּת הַמּוֹאֲבִיָּה אֵשֶׁת־הַמֵּת קניתי לְהָקִים שֵׁם־הַמֵּת עַל־ קָנִיתָ
ו נַחֲלָתוֹ: וַיֹּאמֶר הַגֹּאֵל לֹא אוּכַל לגאול־לִי פֶּן־אַשְׁחִית אֶת־ לִגְאָל־
ז נַחֲלָתִי גְּאַל־לְךָ אַתָּה אֶת־גְּאֻלָּתִי כִּי לֹא־אוּכַל לִגְאֹל: וְזֹאת
לְפָנִים בְּיִשְׂרָאֵל עַל־הַגְּאוּלָּה וְעַל־הַתְּמוּרָה לְקַיֵּם כָּל־דָּבָר
ח שָׁלַף אִישׁ נַעֲלוֹ וְנָתַן לְרֵעֵהוּ וְזֹאת הַתְּעוּדָה בְּיִשְׂרָאֵל: וַיֹּאמֶר
ט הַגֹּאֵל לְבֹעַז קְנֵה־לָךְ וַיִּשְׁלֹף נַעֲלוֹ: וַיֹּאמֶר בֹּעַז לַזְּקֵנִים וְכָל־
הָעָם עֵדִים אַתֶּם הַיּוֹם כִּי קָנִיתִי אֶת־כָּל־אֲשֶׁר לֶאֱלִימֶלֶךְ
י וְאֵת כָּל־אֲשֶׁר לְכִלְיוֹן וּמַחְלוֹן מִיַּד נָעֳמִי: וְגַם אֶת־רוּת
הַמֹּאֲבִיָּה אֵשֶׁת מַחְלוֹן קָנִיתִי לִי לְאִשָּׁה לְהָקִים שֵׁם־הַמֵּת עַל־
נַחֲלָתוֹ וְלֹא־יִכָּרֵת שֵׁם־הַמֵּת מֵעִם אֶחָיו וּמִשַּׁעַר מְקוֹמוֹ עֵדִים
יא אַתֶּם הַיּוֹם: וַיֹּאמְרוּ כָּל־הָעָם אֲשֶׁר־בַּשַּׁעַר וְהַזְּקֵנִים עֵדִים יִתֵּן
יהוה אֶת־הָאִשָּׁה הַבָּאָה אֶל־בֵּיתֶךָ כְּרָחֵל ׀ וּכְלֵאָה אֲשֶׁר בָּנוּ
שְׁתֵּיהֶם אֶת־בֵּית יִשְׂרָאֵל וַעֲשֵׂה־חַיִל בְּאֶפְרָתָה וּקְרָא־שֵׁם בְּבֵית
יב לָחֶם: וִיהִי בֵיתְךָ כְּבֵית פֶּרֶץ אֲשֶׁר־יָלְדָה תָמָר לִיהוּדָה מִן־
יג הַזֶּרַע אֲשֶׁר יִתֵּן יהוה לְךָ מִן־הַנַּעֲרָה הַזֹּאת: וַיִּקַּח בֹּעַז אֶת־רוּת
וַתְּהִי־לוֹ לְאִשָּׁה וַיָּבֹא אֵלֶיהָ וַיִּתֵּן יהוה לָהּ הֵרָיוֹן וַתֵּלֶד בֵּן:
יד וַתֹּאמַרְנָה הַנָּשִׁים אֶל־נָעֳמִי בָּרוּךְ יהוה אֲשֶׁר לֹא הִשְׁבִּית לָךְ
טו גֹּאֵל הַיּוֹם וְיִקָּרֵא שְׁמוֹ בְּיִשְׂרָאֵל: וְהָיָה לָךְ לְמֵשִׁיב נֶפֶשׁ
וּלְכַלְכֵּל אֶת־שֵׂיבָתֵךְ כִּי כַלָּתֵךְ אֲשֶׁר־אֲהֵבַתֶךְ יְלָדַתּוּ אֲשֶׁר־הִיא
טז טוֹבָה לָךְ מִשִּׁבְעָה בָּנִים: וַתִּקַּח נָעֳמִי אֶת־הַיֶּלֶד וַתְּשִׁתֵהוּ
יז בְחֵיקָהּ וַתְּהִי־לוֹ לְאֹמֶנֶת: וַתִּקְרֶאנָה לוֹ הַשְּׁכֵנוֹת שֵׁם לֵאמֹר
יֻלַּד־בֵּן לְנָעֳמִי וַתִּקְרֶאנָה שְׁמוֹ עוֹבֵד הוּא אֲבִי־יִשַׁי אֲבִי דָוִד:
יח יט וְאֵלֶּה תּוֹלְדוֹת פָּרֶץ פֶּרֶץ הוֹלִיד אֶת־חֶצְרוֹן: וְחֶצְרוֹן הוֹלִיד
כ אֶת־רָם וְרָם הוֹלִיד אֶת־עַמִּינָדָב: וְעַמִּינָדָב הוֹלִיד אֶת־נַחְשׁוֹן
כא וְנַחְשׁוֹן הוֹלִיד אֶת־שַׂלְמָה: וְשַׂלְמוֹן הוֹלִיד אֶת־בֹּעַז וּבֹעַז
כב הוֹלִיד אֶת־עוֹבֵד: וְעֹבֵד הוֹלִיד אֶת־יִשָׁי וְיִשַׁי הוֹלִיד אֶת־דָּוִד:

איכה

א

א אֵיכָה ׀ יָשְׁבָה בָדָד הָעִיר רַבָּתִי עָם הָיְתָה כְּאַלְמָנָה רַבָּתִי
ב בַגּוֹיִם שָׂרָתִי בַּמְּדִינוֹת הָיְתָה לָמַס׃ בָּכוֹ תִבְכֶּה בַּלַּיְלָה
וְדִמְעָתָהּ עַל לֶחֱיָהּ אֵין־לָהּ מְנַחֵם מִכָּל־אֹהֲבֶיהָ כָּל־רֵעֶיהָ
ג בָּגְדוּ בָהּ הָיוּ לָהּ לְאֹיְבִים׃ גָּלְתָה יְהוּדָה מֵעֹנִי וּמֵרֹב עֲבֹדָה
הִיא יָשְׁבָה בַגּוֹיִם לֹא מָצְאָה מָנוֹחַ כָּל־רֹדְפֶיהָ הִשִּׂיגוּהָ בֵּין
ד הַמְּצָרִים׃ דַּרְכֵי צִיּוֹן אֲבֵלוֹת מִבְּלִי בָּאֵי מוֹעֵד כָּל־שְׁעָרֶיהָ
ה שׁוֹמֵמִין כֹּהֲנֶיהָ נֶאֱנָחִים בְּתוּלֹתֶיהָ נוּגוֹת וְהִיא מַר־לָהּ׃ הָיוּ צָרֶיהָ
לְרֹאשׁ אֹיְבֶיהָ שָׁלוּ כִּי־יהוה הוֹגָהּ עַל־רֹב פְּשָׁעֶיהָ עוֹלָלֶיהָ
ו הָלְכוּ שְׁבִי לִפְנֵי־צָר׃ וַיֵּצֵא מִן בַּת־צִיּוֹן כָּל־הֲדָרָהּ הָיוּ שָׂרֶיהָ מִבַּת
ז כְּאַיָּלִים לֹא־מָצְאוּ מִרְעֶה וַיֵּלְכוּ בְלֹא־כֹחַ לִפְנֵי רוֹדֵף׃ זָכְרָה
יְרוּשָׁלִַם יְמֵי עָנְיָהּ וּמְרוּדֶיהָ כֹּל מַחֲמֻדֶיהָ אֲשֶׁר הָיוּ מִימֵי קֶדֶם
בִּנְפֹל עַמָּהּ בְּיַד־צָר וְאֵין עוֹזֵר לָהּ רָאוּהָ צָרִים שָׂחֲקוּ עַל־
ח מִשְׁבַּתֶּהָ׃ חֵטְא חָטְאָה יְרוּשָׁלִַם עַל־כֵּן לְנִידָה הָיָתָה כָּל־
מְכַבְּדֶיהָ הִזִּילוּהָ כִּי־רָאוּ עֶרְוָתָהּ גַּם־הִיא נֶאֶנְחָה וַתָּשָׁב אָחוֹר׃
ט טֻמְאָתָהּ בְּשׁוּלֶיהָ לֹא זָכְרָה אַחֲרִיתָהּ וַתֵּרֶד פְּלָאִים אֵין מְנַחֵם
י לָהּ רְאֵה יהוה אֶת־עָנְיִי כִּי הִגְדִּיל אוֹיֵב׃ יָדוֹ פָּרַשׂ צָר עַל כָּל־
מַחֲמַדֶּיהָ כִּי־רָאֲתָה גוֹיִם בָּאוּ מִקְדָּשָׁהּ אֲשֶׁר צִוִּיתָה לֹא־יָבֹאוּ
יא בַקָּהָל לָךְ׃ כָּל־עַמָּהּ נֶאֱנָחִים מְבַקְּשִׁים לֶחֶם נָתְנוּ מחמודיהם מַחֲמַדֵּיהֶם
יב בְּאֹכֶל לְהָשִׁיב נָפֶשׁ רְאֵה יהוה וְהַבִּיטָה כִּי הָיִיתִי זוֹלֵלָה׃ לוֹא
אֲלֵיכֶם כָּל־עֹבְרֵי דֶרֶךְ הַבִּיטוּ וּרְאוּ אִם־יֵשׁ מַכְאוֹב כְּמַכְאֹבִי
יג אֲשֶׁר עוֹלַל לִי אֲשֶׁר הוֹגָה יהוה בְּיוֹם חֲרוֹן אַפּוֹ׃ מִמָּרוֹם
שָׁלַח־אֵשׁ בְּעַצְמֹתַי וַיִּרְדֶּנָּה פָּרַשׂ רֶשֶׁת לְרַגְלַי הֱשִׁיבַנִי אָחוֹר
יד נְתָנַנִי שֹׁמֵמָה כָּל־הַיּוֹם דָּוָה׃ נִשְׂקַד עֹל פְּשָׁעַי בְּיָדוֹ יִשְׂתָּרְגוּ
עָלוּ עַל־צַוָּארִי הִכְשִׁיל כֹּחִי נְתָנַנִי אֲדֹנָי בִּידֵי לֹא־אוּכַל קוּם׃
טו סִלָּה כָל־אַבִּירַי ׀ אֲדֹנָי בְּקִרְבִּי קָרָא עָלַי מוֹעֵד לִשְׁבֹּר בַּחוּרָי
טז גַּת דָּרַךְ אֲדֹנָי לִבְתוּלַת בַּת־יְהוּדָה׃ עַל־אֵלֶּה ׀ אֲנִי בוֹכִיָּה
עֵינִי ׀ עֵינִי יֹרְדָה מַּיִם כִּי־רָחַק מִמֶּנִּי מְנַחֵם מֵשִׁיב נַפְשִׁי הָיוּ

יז בָּנַי שׁוֹמֵמִים כִּי גָבַר אוֹיֵב׃ פֵּרְשָׂה צִיּוֹן בְּיָדֶיהָ אֵין מְנַחֵם לָהּ
צִוָּה יְהוָה לְיַעֲקֹב סְבִיבָיו צָרָיו הָיְתָה יְרוּשָׁלִַם לְנִדָּה בֵּינֵיהֶם׃
יח צַדִּיק הוּא יְהוָה כִּי פִיהוּ מָרִיתִי שִׁמְעוּ־נָא כָל־עַמִּים וּרְאוּ הָעַמִּים
יט מַכְאֹבִי בְּתוּלֹתַי וּבַחוּרַי הָלְכוּ בַשֶּׁבִי׃ קָרָאתִי לַמְאַהֲבַי הֵמָּה
רִמּוּנִי כֹּהֲנַי וּזְקֵנַי בָּעִיר גָּוָעוּ כִּי־בִקְשׁוּ אֹכֶל לָמוֹ וְיָשִׁיבוּ אֶת־
כ נַפְשָׁם׃ רְאֵה יְהוָה כִּי־צַר־לִי מֵעַי חֳמַרְמָרוּ נֶהְפַּךְ לִבִּי בְּקִרְבִּי
כא כִּי מָרוֹ מָרִיתִי מִחוּץ שִׁכְּלָה־חֶרֶב בַּבַּיִת כַּמָּוֶת׃ שָׁמְעוּ כִּי
נֶאֱנָחָה אָנִי אֵין מְנַחֵם לִי כָּל־אֹיְבַי שָׁמְעוּ רָעָתִי שָׂשׂוּ כִּי
כב אַתָּה עָשִׂיתָ הֵבֵאתָ יוֹם־קָרָאתָ וְיִהְיוּ כָמוֹנִי׃ תָּבֹא כָל־רָעָתָם
לְפָנֶיךָ וְעוֹלֵל לָמוֹ כַּאֲשֶׁר עוֹלַלְתָּ לִי עַל כָּל־פְּשָׁעָי כִּי־
רַבּוֹת אַנְחֹתַי וְלִבִּי דַוָּי׃
אב אֵיכָה יָעִיב בְּאַפּוֹ ׀ אֲדֹנָי אֶת־בַּת־צִיּוֹן הִשְׁלִיךְ מִשָּׁמַיִם אֶרֶץ
ב תִּפְאֶרֶת יִשְׂרָאֵל וְלֹא־זָכַר הֲדֹם־רַגְלָיו בְּיוֹם אַפּוֹ׃ בִּלַּע אֲדֹנָי
לֹא חָמַל אֵת כָּל־נְאוֹת יַעֲקֹב הָרַס בְּעֶבְרָתוֹ מִבְצְרֵי בַת־ וְלֹא
ג יְהוּדָה הִגִּיעַ לָאָרֶץ חִלֵּל מַמְלָכָה וְשָׂרֶיהָ׃ גָּדַע בָּחֳרִי־אַף
כֹּל קֶרֶן יִשְׂרָאֵל הֵשִׁיב אָחוֹר יְמִינוֹ מִפְּנֵי אוֹיֵב וַיִּבְעַר בְּיַעֲקֹב
ד כְּאֵשׁ לֶהָבָה אָכְלָה סָבִיב׃ דָּרַךְ קַשְׁתּוֹ כְּאוֹיֵב נִצָּב יְמִינוֹ
כְּצָר וַיַּהֲרֹג כֹּל מַחֲמַדֵּי־עָיִן בְּאֹהֶל בַּת־צִיּוֹן שָׁפַךְ כָּאֵשׁ
ה חֲמָתוֹ׃ הָיָה אֲדֹנָי ׀ כְּאוֹיֵב בִּלַּע יִשְׂרָאֵל בִּלַּע כָּל־אַרְמְנוֹתֶיהָ
ו שִׁחֵת מִבְצָרָיו וַיֶּרֶב בְּבַת־יְהוּדָה תַּאֲנִיָּה וַאֲנִיָּה׃ וַיַּחְמֹס כַּגַּן
שֻׂכּוֹ שִׁחֵת מוֹעֲדוֹ שִׁכַּח יְהוָה ׀ בְּצִיּוֹן מוֹעֵד וְשַׁבָּת וַיִּנְאַץ
ז בְּזַעַם־אַפּוֹ מֶלֶךְ וְכֹהֵן׃ זָנַח אֲדֹנָי ׀ מִזְבְּחוֹ נִאֵר מִקְדָּשׁוֹ הִסְגִּיר
בְּיַד־אוֹיֵב חוֹמֹת אַרְמְנוֹתֶיהָ קוֹל נָתְנוּ בְּבֵית־יְהוָה כְּיוֹם
ח מוֹעֵד׃ חָשַׁב יְהוָה ׀ לְהַשְׁחִית חוֹמַת בַּת־צִיּוֹן נָטָה קָו לֹא־
ט הֵשִׁיב יָדוֹ מִבַּלֵּעַ וַיַּאֲבֶל־חֵל וְחוֹמָה יַחְדָּו אֻמְלָלוּ׃ טָבְעוּ
בָאָרֶץ שְׁעָרֶיהָ אִבַּד וְשִׁבַּר בְּרִיחֶיהָ מַלְכָּהּ וְשָׂרֶיהָ בַגּוֹיִם אֵין
י תּוֹרָה גַּם־נְבִיאֶיהָ לֹא־מָצְאוּ חָזוֹן מֵיְהוָה׃ יֵשְׁבוּ לָאָרֶץ יִדְּמוּ

זִקְנֵי בַת־צִיּוֹן הֶעֱלוּ עָפָר עַל־רֹאשָׁם חָגְרוּ שַׂקִּים הוֹרִידוּ
יא לָאָרֶץ רֹאשָׁן בְּתוּלֹת יְרוּשָׁלִָם׃ כָּלוּ בַדְּמָעוֹת עֵינַי חֳמַרְמְרוּ
מֵעַי נִשְׁפַּךְ לָאָרֶץ כְּבֵדִי עַל־שֶׁבֶר בַּת־עַמִּי בֵּעָטֵף עוֹלֵל וְיוֹנֵק
יב בִּרְחֹבוֹת קִרְיָה׃ לְאִמֹּתָם יֹאמְרוּ אַיֵּה דָּגָן וָיָיִן בְּהִתְעַטְּפָם
יג כֶּחָלָל בִּרְחֹבוֹת עִיר בְּהִשְׁתַּפֵּךְ נַפְשָׁם אֶל־חֵיק אִמֹּתָם׃ מָה־
אעודך מָה אֲדַמֶּה־לָּךְ הַבַּת יְרוּשָׁלִַם מָה אַשְׁוֶה־לָּךְ וַאֲנַחֲמֵךְ אֲעִידֵךְ
יד בְּתוּלַת בַּת־צִיּוֹן כִּי־גָדוֹל כַּיָּם שִׁבְרֵךְ מִי יִרְפָּא־לָךְ׃ נְבִיאַיִךְ
חָזוּ לָךְ שָׁוְא וְתָפֵל וְלֹא־גִלּוּ עַל־עֲוֺנֵךְ לְהָשִׁיב שביתך וַיֶּחֱזוּ שְׁבוּתֵךְ
טו לָךְ מַשְׂאוֹת שָׁוְא וּמַדּוּחִים׃ סָפְקוּ עָלַיִךְ כַּפַּיִם כָּל־עֹבְרֵי דֶרֶךְ
שָׁרְקוּ וַיָּנִעוּ רֹאשָׁם עַל־בַּת יְרוּשָׁלִָם הֲזֹאת הָעִיר שֶׁיֹּאמְרוּ
טז כְּלִילַת יֹפִי מָשׂוֹשׂ לְכָל־הָאָרֶץ׃ פָּצוּ עָלַיִךְ פִּיהֶם כָּל־אֹיְבַיִךְ
שָׁרְקוּ וַיַּחַרְקוּ־שֵׁן אָמְרוּ בִּלָּעְנוּ אַךְ זֶה הַיּוֹם שֶׁקִּוִּינֻהוּ מָצָאנוּ
יז רָאִינוּ׃ עָשָׂה יְהוָה אֲשֶׁר זָמָם בִּצַּע אֶמְרָתוֹ אֲשֶׁר צִוָּה מִימֵי־
קֶדֶם הָרַס וְלֹא חָמָל וַיְשַׂמַּח עָלַיִךְ אוֹיֵב הֵרִים קֶרֶן צָרָיִךְ׃
יח צָעַק לִבָּם אֶל־אֲדֹנָי חוֹמַת בַּת־צִיּוֹן הוֹרִידִי כַנַּחַל דִּמְעָה יוֹמָם
יט וָלַיְלָה אַל־תִּתְּנִי פוּגַת לָךְ אַל־תִּדֹּם בַּת־עֵינֵךְ׃ קוּמִי ׀ רֹנִּי
בַלַּיְלָה לְרֹאשׁ אַשְׁמֻרוֹת שִׁפְכִי כַמַּיִם לִבֵּךְ נֹכַח פְּנֵי אֲדֹנָי שְׂאִי
אֵלָיו כַּפַּיִךְ עַל־נֶפֶשׁ עוֹלָלַיִךְ הָעֲטוּפִים בְּרָעָב בְּרֹאשׁ כָּל־
כ חוּצוֹת׃ רְאֵה יְהוָה וְהַבִּיטָה לְמִי עוֹלַלְתָּ כֹּה אִם־תֹּאכַלְנָה
נָשִׁים פִּרְיָם עֹלְלֵי טִפֻּחִים אִם־יֵהָרֵג בְּמִקְדַּשׁ אֲדֹנָי כֹּהֵן
כא וְנָבִיא׃ שָׁכְבוּ לָאָרֶץ חוּצוֹת נַעַר וְזָקֵן בְּתוּלֹתַי וּבַחוּרַי נָפְלוּ
כב בֶחָרֶב הָרַגְתָּ בְּיוֹם אַפֶּךָ טָבַחְתָּ לֹא חָמָלְתָּ׃ תִּקְרָא כְיוֹם
מוֹעֵד מְגוּרַי מִסָּבִיב וְלֹא הָיָה בְּיוֹם אַף־יְהוָה פָּלִיט וְשָׂרִיד
אֲשֶׁר־טִפַּחְתִּי וְרִבִּיתִי אֹיְבִי כִלָּם׃

ג א ב אֲנִי הַגֶּבֶר רָאָה עֳנִי בְּשֵׁבֶט עֶבְרָתוֹ׃ אוֹתִי נָהַג וַיֹּלַךְ חֹשֶׁךְ וְלֹא־
ג ד אוֹר׃ אַךְ בִּי יָשֻׁב יַהֲפֹךְ יָדוֹ כָּל־הַיּוֹם׃ בִּלָּה בְשָׂרִי וְעוֹרִי שִׁבַּר
ה ו עַצְמוֹתָי׃ בָּנָה עָלַי וַיַּקַּף רֹאשׁ וּתְלָאָה׃ בְּמַחֲשַׁכִּים הוֹשִׁיבַנִי

כְּמֵתֵי עוֹלָם׃ גָּדַר בַּעֲדִי וְלֹא אֵצֵא הִכְבִּיד נְחָשְׁתִּי׃ גַּם כִּי ז ח
אֶזְעַק וַאֲשַׁוֵּעַ שָׂתַם תְּפִלָּתִי׃ גָּדַר דְּרָכַי בְּגָזִית נְתִיבֹתַי עִוָּה׃ ט
אֲרִי דֹּב אֹרֵב הוּא לִי אריה בְּמִסְתָּרִים׃ דְּרָכַי סוֹרֵר וַיְפַשְּׁחֵנִי שָׂמַנִי י יא
שֹׁמֵם׃ דָּרַךְ קַשְׁתּוֹ וַיַּצִּיבֵנִי כַּמַּטָּרָא לַחֵץ׃ הֵבִיא בְּכִלְיוֹתָי בְּנֵי יב יג
אַשְׁפָּתוֹ׃ הָיִיתִי שְּׂחֹק לְכָל־עַמִּי נְגִינָתָם כָּל־הַיּוֹם׃ הִשְׂבִּיעַנִי יד טו
בַמְּרוֹרִים הִרְוַנִי לַעֲנָה׃ וַיַּגְרֵס בֶּחָצָץ שִׁנָּי הִכְפִּישַׁנִי בָּאֵפֶר׃ טז
וַתִּזְנַח מִשָּׁלוֹם נַפְשִׁי נָשִׁיתִי טוֹבָה׃ וָאֹמַר אָבַד נִצְחִי וְתוֹחַלְתִּי יז יח
וְתָשׁוֹחַ מֵיהוה׃ זְכָר־עָנְיִי וּמְרוּדִי לַעֲנָה וָרֹאשׁ׃ זָכוֹר תִּזְכּוֹר ותשיח יט כ
עָלַי נַפְשִׁי׃ זֹאת אָשִׁיב אֶל־לִבִּי עַל־כֵּן אוֹחִיל׃ חַסְדֵי יהוה כא כב
כִּי לֹא־תָמְנוּ כִּי לֹא־כָלוּ רַחֲמָיו׃ חֲדָשִׁים לַבְּקָרִים רַבָּה כג
אֱמוּנָתֶךָ׃ חֶלְקִי יהוה אָמְרָה נַפְשִׁי עַל־כֵּן אוֹחִיל לוֹ׃ טוֹב כד כה
יהוה לְקֹוָו לְנֶפֶשׁ תִּדְרְשֶׁנּוּ׃ טוֹב וְיָחִיל וְדוּמָם לִתְשׁוּעַת כו
יהוה׃ טוֹב לַגֶּבֶר כִּי־יִשָּׂא עֹל בִּנְעוּרָיו׃ יֵשֵׁב בָּדָד וְיִדֹּם כִּי כז כח
נָטַל עָלָיו׃ יִתֵּן בֶּעָפָר פִּיהוּ אוּלַי יֵשׁ תִּקְוָה׃ יִתֵּן לְמַכֵּהוּ כט ל
לֶחִי יִשְׂבַּע בְּחֶרְפָּה׃ כִּי לֹא יִזְנַח לְעוֹלָם אֲדֹנָי׃ כִּי אִם־הוֹגָה לא לב
וְרִחַם כְּרֹב חֲסָדָו׃ כִּי לֹא עִנָּה מִלִּבּוֹ וַיַּגֶּה בְּנֵי־אִישׁ׃ לְדַכֵּא לג לד
תַּחַת רַגְלָיו כֹּל אֲסִירֵי אָרֶץ׃ לְהַטּוֹת מִשְׁפַּט־גָּבֶר נֶגֶד פְּנֵי לה
עֶלְיוֹן׃ לְעַוֵּת אָדָם בְּרִיבוֹ אֲדֹנָי לֹא רָאָה׃ מִי זֶה אָמַר וַתֶּהִי לו לז
אֲדֹנָי לֹא צִוָּה׃ מִפִּי עֶלְיוֹן לֹא תֵצֵא הָרָעוֹת וְהַטּוֹב׃ מַה־ לח לט
יִּתְאוֹנֵן אָדָם חָי גֶּבֶר עַל־חֲטָאָו׃ נַחְפְּשָׂה דְרָכֵינוּ וְנַחְקֹרָה מ
וְנָשׁוּבָה עַד־יהוה׃ נִשָּׂא לְבָבֵנוּ אֶל־כַּפָּיִם אֶל־אֵל בַּשָּׁמָיִם׃ מא
נַחְנוּ פָשַׁעְנוּ וּמָרִינוּ אַתָּה לֹא סָלָחְתָּ׃ סַכֹּתָה בָאַף וַתִּרְדְּפֵנוּ מב מג
הָרַגְתָּ לֹא חָמָלְתָּ׃ סַכֹּתָה בֶעָנָן לָךְ מֵעֲבוֹר תְּפִלָּה׃ סְחִי מד מה
וּמָאוֹס תְּשִׂימֵנוּ בְּקֶרֶב הָעַמִּים׃ פָּצוּ עָלֵינוּ פִּיהֶם כָּל־אֹיְבֵינוּ׃ מו
פַּחַד וָפַחַת הָיָה לָנוּ הַשֵּׁאת וְהַשָּׁבֶר׃ פַּלְגֵי־מַיִם תֵּרַד עֵינִי מז מח
עַל־שֶׁבֶר בַּת־עַמִּי׃ עֵינִי נִגְּרָה וְלֹא תִדְמֶה מֵאֵין הֲפֻגוֹת׃ עַד־ מט נ
יַשְׁקִיף וְיֵרֶא יהוה מִשָּׁמָיִם׃ עֵינִי עוֹלְלָה לְנַפְשִׁי מִכֹּל בְּנוֹת נא

נב נג עִירִי׃ צוֹד צָדוּנִי כַּצִּפּוֹר אֹיְבַי חִנָּם׃ צָמְתוּ בַבּוֹר חַיָּי וַיַּדּוּ־
נד נה אֶבֶן בִּי׃ צָפוּ־מַיִם עַל־רֹאשִׁי אָמַרְתִּי נִגְזָרְתִּי׃ קָרָאתִי שִׁמְךָ
נו יְהוָה מִבּוֹר תַּחְתִּיּוֹת׃ קוֹלִי שָׁמָעְתָּ אַל־תַּעְלֵם אָזְנְךָ לְרַוְחָתִי
נז נח לְשַׁוְעָתִי׃ קָרַבְתָּ בְּיוֹם אֶקְרָאֶךָּ אָמַרְתָּ אַל־תִּירָא׃ רַבְתָּ אֲדֹנָי
נט רִיבֵי נַפְשִׁי גָּאַלְתָּ חַיָּי׃ רָאִיתָה יְהוָה עַוָּתָתִי שָׁפְטָה מִשְׁפָּטִי׃
ס סא רָאִיתָה כָּל־נִקְמָתָם כָּל־מַחְשְׁבֹתָם לִי׃ שָׁמַעְתָּ חֶרְפָּתָם
סב יְהוָה כָּל־מַחְשְׁבֹתָם עָלָי׃ שִׂפְתֵי קָמַי וְהֶגְיוֹנָם עָלַי כָּל־הַיּוֹם׃
סג סד שִׁבְתָּם וְקִימָתָם הַבִּיטָה אֲנִי מַנְגִּינָתָם׃ תָּשִׁיב לָהֶם גְּמוּל
סה יְהוָה כְּמַעֲשֵׂה יְדֵיהֶם׃ תִּתֵּן לָהֶם מְגִנַּת־לֵב תַּאֲלָתְךָ לָהֶם׃
סו תִּרְדֹּף בְּאַף וְתַשְׁמִידֵם מִתַּחַת שְׁמֵי יְהוָה׃
ד א אֵיכָה יוּעַם זָהָב יִשְׁנֶא הַכֶּתֶם הַטּוֹב תִּשְׁתַּפֵּכְנָה אַבְנֵי־קֹדֶשׁ
ב בְּרֹאשׁ כָּל־חוּצוֹת׃ בְּנֵי צִיּוֹן הַיְקָרִים הַמְסֻלָּאִים בַּפָּז אֵיכָה
ג נֶחְשְׁבוּ לְנִבְלֵי־חֶרֶשׂ מַעֲשֵׂה יְדֵי יוֹצֵר׃ גַּם־תנין חָלְצוּ שַׁד תַּנִּים
ד הֵינִיקוּ גּוּרֵיהֶן בַּת־עַמִּי לְאַכְזָר כי ענים בַּמִּדְבָּר׃ דָּבַק לְשׁוֹן כַּיְעֵנִים
יוֹנֵק אֶל־חִכּוֹ בַּצָּמָא עוֹלָלִים שָׁאֲלוּ לֶחֶם פֹּרֵשׂ אֵין לָהֶם׃
ה הָאֹכְלִים לְמַעֲדַנִּים נָשַׁמּוּ בַּחוּצוֹת הָאֱמֻנִים עֲלֵי תוֹלָע חִבְּקוּ
ו אַשְׁפַּתּוֹת׃ וַיִּגְדַּל עֲוֺן בַּת־עַמִּי מֵחַטַּאת סְדֹם הַהֲפוּכָה כְמוֹ־
ז רָגַע וְלֹא־חָלוּ בָהּ יָדָיִם׃ זַכּוּ נְזִירֶיהָ מִשֶּׁלֶג צַחוּ מֵחָלָב אָדְמוּ
ח עֶצֶם מִפְּנִינִים סַפִּיר גִּזְרָתָם׃ חָשַׁךְ מִשְּׁחוֹר תָּאֳרָם לֹא נִכְּרוּ
ט בַּחוּצוֹת צָפַד עוֹרָם עַל־עַצְמָם יָבֵשׁ הָיָה כָעֵץ׃ טוֹבִים הָיוּ
חַלְלֵי־חֶרֶב מֵחַלְלֵי רָעָב שֶׁהֵם יָזוּבוּ מְדֻקָּרִים מִתְּנוּבֹת שָׂדָי׃
י יְדֵי נָשִׁים רַחֲמָנִיּוֹת בִּשְּׁלוּ יַלְדֵיהֶן הָיוּ לְבָרוֹת לָמוֹ בְּשֶׁבֶר
יא בַּת־עַמִּי׃ כִּלָּה יְהוָה אֶת־חֲמָתוֹ שָׁפַךְ חֲרוֹן אַפּוֹ וַיַּצֶּת־אֵשׁ
יב בְּצִיּוֹן וַתֹּאכַל יְסוֹדֹתֶיהָ׃ לֹא הֶאֱמִינוּ מַלְכֵי־אֶרֶץ וכל יֹשְׁבֵי כֹּל
יג תֵבֵל כִּי יָבֹא צַר וְאוֹיֵב בְּשַׁעֲרֵי יְרוּשָׁלִָם׃ מֵחַטֹּאת נְבִיאֶיהָ
יד עֲוֺנוֹת כֹּהֲנֶיהָ הַשֹּׁפְכִים בְּקִרְבָּהּ דַּם צַדִּיקִים׃ נָעוּ עִוְרִים
טו בַּחוּצוֹת נְגֹאֲלוּ בַּדָּם בְּלֹא יוּכְלוּ יִגְּעוּ בִּלְבֻשֵׁיהֶם׃ סוּרוּ טָמֵא

קָרְאוּ לָמוֹ סוּרוּ סוּרוּ אַל־תִּגָּעוּ כִּי נָצוּ גַּם־נָעוּ אָמְרוּ בַּגּוֹיִם לֹא
טז יוֹסִפוּ לָגוּר: פְּנֵי יהוה חִלְּקָם לֹא יוֹסִיף לְהַבִּיטָם פְּנֵי כֹהֲנִים לֹא
יז נָשָׂאוּ זקנים לֹא חָנָנוּ: עודינה תִּכְלֶינָה עֵינֵינוּ אֶל־עֶזְרָתֵנוּ הָבֶל וּזְקֵנִים | עוֹדֵינוּ
יח בְּצִפִּיָּתֵנוּ צִפִּינוּ אֶל־גּוֹי לֹא יוֹשִׁעַ: צָדוּ צְעָדֵינוּ מִלֶּכֶת בִּרְחֹבֹתֵינוּ
יט קָרַב קִצֵּנוּ מָלְאוּ יָמֵינוּ כִּי־בָא קִצֵּנוּ: קַלִּים הָיוּ רֹדְפֵינוּ מִנִּשְׁרֵי
כ שָׁמָיִם עַל־הֶהָרִים דְּלָקֻנוּ בַּמִּדְבָּר אָרְבוּ לָנוּ: רוּחַ אַפֵּינוּ מְשִׁיחַ
כא יהוה נִלְכַּד בִּשְׁחִיתוֹתָם אֲשֶׁר אָמַרְנוּ בְּצִלּוֹ נִחְיֶה בַגּוֹיִם: שִׂישִׂי
וְשִׂמְחִי בַּת־אֱדוֹם יושבתי בְּאֶרֶץ עוּץ גַּם־עָלַיִךְ תַּעֲבָר־כּוֹס יוֹשֶׁבֶת
כב תִּשְׁכְּרִי וְתִתְעָרִי: תַּם־עֲוֺנֵךְ בַּת־צִיּוֹן לֹא יוֹסִיף לְהַגְלוֹתֵךְ
פָּקַד עֲוֺנֵךְ בַּת־אֱדוֹם גִּלָּה עַל־חַטֹּאתָיִךְ:
ה א ב זְכֹר יהוה מֶה־הָיָה לָנוּ הַבִּיטָ וּרְאֵה אֶת־חֶרְפָּתֵנוּ: נַחֲלָתֵנוּ
ג נֶהֶפְכָה לְזָרִים בָּתֵּינוּ לְנָכְרִים: יְתוֹמִים הָיִינוּ אין אָב אִמֹּתֵינוּ וְאֵין
ד ה כְּאַלְמָנוֹת: מֵימֵינוּ בְּכֶסֶף שָׁתִינוּ עֵצֵינוּ בִּמְחִיר יָבֹאוּ: עַל
ו צַוָּארֵנוּ נִרְדָּפְנוּ יָגַעְנוּ לא הוּנַח־לָנוּ: מִצְרַיִם נָתַנּוּ יָד אַשּׁוּר וְלֹא
ז לִשְׂבֹּעַ לָחֶם: אֲבֹתֵינוּ חָטְאוּ אינם אנחנו עֲוֺנֹתֵיהֶם סָבָלְנוּ: וְאֵינָם וַאֲנַחְנוּ
ח ט עֲבָדִים מָשְׁלוּ בָנוּ פֹּרֵק אֵין מִיָּדָם: בְּנַפְשֵׁנוּ נָבִיא לַחְמֵנוּ
י מִפְּנֵי חֶרֶב הַמִּדְבָּר: עוֹרֵנוּ כְּתַנּוּר נִכְמָרוּ מִפְּנֵי זַלְעֲפוֹת
יא יב רָעָב: נָשִׁים בְּצִיּוֹן עִנּוּ בְּתֻלֹת בְּעָרֵי יְהוּדָה: שָׂרִים בְּיָדָם
יג נִתְלוּ פְּנֵי זְקֵנִים לֹא נֶהְדָּרוּ: בַּחוּרִים טְחוֹן נָשָׂאוּ וּנְעָרִים
יד טו בָּעֵץ כָּשָׁלוּ: זְקֵנִים מִשַּׁעַר שָׁבָתוּ בַּחוּרִים מִנְּגִינָתָם: שָׁבַת
טז מְשׂוֹשׂ לִבֵּנוּ נֶהְפַּךְ לְאֵבֶל מְחֹלֵנוּ: נָפְלָה עֲטֶרֶת רֹאשֵׁנוּ
יז אוֹי־נָא לָנוּ כִּי חָטָאנוּ: עַל־זֶה הָיָה דָוֶה לִבֵּנוּ עַל־אֵלֶּה
יח יט חָשְׁכוּ עֵינֵינוּ: עַל הַר־צִיּוֹן שֶׁשָּׁמֵם שׁוּעָלִים הִלְּכוּ־בוֹ: אַתָּה
כ יהוה לְעוֹלָם תֵּשֵׁב כִּסְאֲךָ לְדֹר וָדוֹר: לָמָּה לָנֶצַח תִּשְׁכָּחֵנוּ
כא תַּעַזְבֵנוּ לְאֹרֶךְ יָמִים: הֲשִׁיבֵנוּ יהוה ׀ אֵלֶיךָ ונשוב חַדֵּשׁ
כב יָמֵינוּ כְּקֶדֶם: כִּי אִם־מָאֹס מְאַסְתָּנוּ קָצַפְתָּ עָלֵינוּ עַד־מְאֹד:

השיבנו יהוה אליך ונשובה חדש ימינו כקדם

קהלת

א

א ב דִּבְרֵי֙ קֹהֶ֣לֶת בֶּן־דָּוִ֔ד מֶ֖לֶךְ בִּירוּשָׁלִָֽם׃ הֲבֵ֤ל הֲבָלִים֙ אָמַ֣ר א
ג קֹהֶ֔לֶת הֲבֵ֥ל הֲבָלִ֖ים הַכֹּ֥ל הָֽבֶל׃ מַה־יִּתְר֖וֹן לָֽאָדָ֑ם בְּכָל־עֲמָל֔וֹ
ד שֶֽׁיַּעֲמֹ֖ל תַּ֥חַת הַשָּֽׁמֶשׁ׃ דּ֤וֹר הֹלֵךְ֙ וְד֣וֹר בָּ֔א וְהָאָ֖רֶץ לְעוֹלָ֥ם
ה עֹמָֽדֶת׃ וְזָרַ֥ח הַשֶּׁ֖מֶשׁ וּבָ֣א הַשָּׁ֑מֶשׁ וְאֶ֨ל־מְקוֹמ֔וֹ שׁוֹאֵ֖ף זוֹרֵ֥חַ
ו ה֖וּא שָֽׁם׃ הוֹלֵךְ֙ אֶל־דָּר֔וֹם וְסוֹבֵ֖ב אֶל־צָפ֑וֹן סוֹבֵ֤ב ׀ סֹבֵב֙ הוֹלֵ֣ךְ
ז הָר֔וּחַ וְעַל־סְבִיבֹתָ֖יו שָׁ֥ב הָרֽוּחַ׃ כָּל־הַנְּחָלִים֙ הֹלְכִ֣ים אֶל־
הַיָּ֔ם וְהַיָּ֖ם אֵינֶ֣נּוּ מָלֵ֑א אֶל־מְק֗וֹם שֶׁ֤הַנְּחָלִים֙ הֹֽלְכִ֔ים שָׁ֛ם הֵ֥ם
ח שָׁבִ֖ים לָלָֽכֶת׃ כָּל־הַדְּבָרִ֣ים יְגֵעִ֔ים לֹא־יוּכַ֥ל אִ֖ישׁ לְדַבֵּ֑ר לֹא־
ט תִשְׂבַּ֥ע עַ֙יִן֙ לִרְא֔וֹת וְלֹא־תִמָּלֵ֥א אֹ֖זֶן מִשְּׁמֹֽעַ׃ מַה־שֶּֽׁהָיָה֙ ה֣וּא
שֶׁיִּהְיֶ֔ה וּמַה־שֶּׁנַּֽעֲשָׂ֔ה ה֖וּא שֶׁיֵּעָשֶׂ֑ה וְאֵ֥ין כָּל־חָדָ֖שׁ תַּ֥חַת
י הַשָּֽׁמֶשׁ׃ יֵ֥שׁ דָּבָ֛ר שֶׁיֹּאמַ֥ר רְאֵה־זֶ֖ה חָדָ֣שׁ ה֑וּא כְּבָר֙ הָיָ֣ה לְעֹֽלָמִ֔ים
יא אֲשֶׁ֥ר הָיָ֖ה מִלְּפָנֵֽנוּ׃ אֵ֥ין זִכְר֖וֹן לָרִאשֹׁנִ֑ים וְגַ֣ם לָאַחֲרֹנִ֞ים שֶׁיִּהְי֗וּ
לֹא־יִהְיֶ֤ה לָהֶם֙ זִכָּר֔וֹן עִ֥ם שֶׁיִּהְי֖וּ לָאַחֲרֹנָֽה׃
יב יג אֲנִ֣י קֹהֶ֗לֶת הָיִ֥יתִי מֶ֛לֶךְ עַל־יִשְׂרָאֵ֖ל בִּירוּשָׁלִָֽם׃ וְנָתַ֣תִּי אֶת־
לִבִּ֗י לִדְר֤וֹשׁ וְלָתוּר֙ בַּֽחָכְמָ֔ה עַ֛ל כָּל־אֲשֶׁ֥ר נַעֲשָׂ֖ה תַּ֣חַת
הַשָּׁמָ֑יִם ה֣וּא ׀ עִנְיַ֣ן רָ֗ע נָתַ֧ן אֱלֹהִ֛ים לִבְנֵ֥י הָאָדָ֖ם לַעֲנ֥וֹת בּֽוֹ׃
יד רָאִ֙יתִי֙ אֶת־כָּל־הַֽמַּעֲשִׂ֔ים שֶֽׁנַּעֲשׂ֖וּ תַּ֣חַת הַשָּׁ֑מֶשׁ וְהִנֵּ֥ה הַכֹּ֛ל
טו הֶ֖בֶל וּרְע֥וּת רֽוּחַ׃ מְעֻוָּ֖ת לֹא־יוּכַ֣ל לִתְקֹ֑ן וְחֶסְר֖וֹן לֹא־יוּכַ֥ל
טז לְהִמָּנֽוֹת׃ דִּבַּ֨רְתִּי אֲנִ֤י עִם־לִבִּי֙ לֵאמֹ֔ר אֲנִ֗י הִנֵּ֨ה הִגְדַּ֤לְתִּי
וְהוֹסַ֙פְתִּי֙ חָכְמָ֔ה עַ֥ל כָּל־אֲשֶׁר־הָיָ֥ה לְפָנַ֖י עַל־יְרוּשָׁלִָ֑ם וְלִבִּ֛י
יז רָאָ֥ה הַרְבֵּ֖ה חָכְמָ֥ה וָדָֽעַת׃ וָאֶתְּנָ֤ה לִבִּי֙ לָדַ֣עַת חָכְמָ֔ה וְדַ֥עַת
יח הֹלֵל֖וֹת וְשִׂכְל֑וּת יָדַ֕עְתִּי שֶׁגַּם־זֶ֥ה ה֖וּא רַעְי֥וֹן רֽוּחַ׃ כִּ֛י בְּרֹ֥ב
ב א חָכְמָ֖ה רָב־כָּ֑עַס וְיוֹסִ֥יף דַּ֖עַת יוֹסִ֥יף מַכְאֽוֹב׃ אָמַ֤רְתִּֽי אֲנִי֙ בְּלִבִּ֔י
לְכָה־נָּ֛א אֲנַסְּכָ֥ה בְשִׂמְחָ֖ה וּרְאֵ֣ה בְט֑וֹב וְהִנֵּ֥ה גַם־ה֖וּא הָֽבֶל׃
ב ג לִשְׂח֖וֹק אָמַ֣רְתִּי מְהוֹלָ֑ל וּלְשִׂמְחָ֖ה מַה־זֹּ֥ה עֹשָֽׂה׃ תַּ֣רְתִּי בְלִבִּ֔י
לִמְשׁ֥וֹךְ בַּיַּ֖יִן אֶת־בְּשָׂרִ֑י וְלִבִּ֞י נֹהֵ֤ג בַּֽחָכְמָה֙ וְלֶאֱחֹ֣ז בְּסִכְל֔וּת
עַ֤ד אֲשֶׁר־אֶרְאֶה֙ אֵי־זֶ֨ה ט֜וֹב לִבְנֵ֣י הָאָדָ֗ם אֲשֶׁ֤ר יַעֲשׂוּ֙ תַּ֣חַת

הַשָּׁמַיִם מִסְפַּר יְמֵי חַיֵּיהֶם׃ הִגְדַּלְתִּי מַעֲשָׂי בָּנִיתִי לִי בָּתִּים ד
נָטַעְתִּי לִי כְּרָמִים׃ עָשִׂיתִי לִי גַּנּוֹת וּפַרְדֵּסִים וְנָטַעְתִּי בָהֶם עֵץ ה
כָּל־פֶּרִי׃ עָשִׂיתִי לִי בְּרֵכוֹת מָיִם לְהַשְׁקוֹת מֵהֶם יַעַר צוֹמֵחַ ו
עֵצִים׃ קָנִיתִי עֲבָדִים וּשְׁפָחוֹת וּבְנֵי־בַיִת הָיָה לִי גַּם מִקְנֶה בָקָר ז
וָצֹאן הַרְבֵּה הָיָה לִי מִכֹּל שֶׁהָיוּ לְפָנַי בִּירוּשָׁלִָם׃ כָּנַסְתִּי לִי ח
גַּם־כֶּסֶף וְזָהָב וּסְגֻלַּת מְלָכִים וְהַמְּדִינוֹת עָשִׂיתִי לִי שָׁרִים
וְשָׁרוֹת וְתַעֲנוּגֹת בְּנֵי הָאָדָם שִׁדָּה וְשִׁדּוֹת׃ וְגָדַלְתִּי וְהוֹסַפְתִּי ט
מִכֹּל שֶׁהָיָה לְפָנַי בִּירוּשָׁלִָם אַף חָכְמָתִי עָמְדָה לִּי׃ וְכֹל אֲשֶׁר י
שָׁאֲלוּ עֵינַי לֹא אָצַלְתִּי מֵהֶם לֹא־מָנַעְתִּי אֶת־לִבִּי מִכָּל־שִׂמְחָה
כִּי־לִבִּי שָׂמֵחַ מִכָּל־עֲמָלִי וְזֶה־הָיָה חֶלְקִי מִכָּל־עֲמָלִי׃ וּפָנִיתִי יא
אֲנִי בְּכָל־מַעֲשַׂי שֶׁעָשׂוּ יָדַי וּבֶעָמָל שֶׁעָמַלְתִּי לַעֲשׂוֹת וְהִנֵּה
הַכֹּל הֶבֶל וּרְעוּת רוּחַ וְאֵין יִתְרוֹן תַּחַת הַשָּׁמֶשׁ׃ וּפָנִיתִי אֲנִי יב
לִרְאוֹת חָכְמָה וְהוֹלֵלוֹת וְסִכְלוּת כִּי ׀ מֶה הָאָדָם שֶׁיָּבוֹא אַחֲרֵי
הַמֶּלֶךְ אֵת אֲשֶׁר־כְּבָר עָשׂוּהוּ׃ וְרָאִיתִי אָנִי שֶׁיֵּשׁ יִתְרוֹן לַחָכְמָה יג
מִן־הַסִּכְלוּת כִּיתְרוֹן הָאוֹר מִן־הַחֹשֶׁךְ׃ הֶחָכָם עֵינָיו בְּרֹאשׁוֹ יד
וְהַכְּסִיל בַּחֹשֶׁךְ הוֹלֵךְ וְיָדַעְתִּי גַם־אָנִי שֶׁמִּקְרֶה אֶחָד יִקְרֶה אֶת־
כֻּלָּם׃ וְאָמַרְתִּי אֲנִי בְּלִבִּי כְּמִקְרֵה הַכְּסִיל גַּם־אֲנִי יִקְרֵנִי וְלָמָּה טו
חָכַמְתִּי אֲנִי אָז יוֹתֵר וְדִבַּרְתִּי בְלִבִּי שֶׁגַּם־זֶה הָבֶל׃ כִּי אֵין זִכְרוֹן טז
לֶחָכָם עִם־הַכְּסִיל לְעוֹלָם בְּשֶׁכְּבָר הַיָּמִים הַבָּאִים הַכֹּל נִשְׁכָּח
וְאֵיךְ יָמוּת הֶחָכָם עִם־הַכְּסִיל׃ וְשָׂנֵאתִי אֶת־הַחַיִּים כִּי רַע עָלַי יז
הַמַּעֲשֶׂה שֶׁנַּעֲשָׂה תַּחַת הַשָּׁמֶשׁ כִּי־הַכֹּל הֶבֶל וּרְעוּת רוּחַ׃
וְשָׂנֵאתִי אֲנִי אֶת־כָּל־עֲמָלִי שֶׁאֲנִי עָמֵל תַּחַת הַשָּׁמֶשׁ שֶׁאַנִּיחֶנּוּ יח
לָאָדָם שֶׁיִּהְיֶה אַחֲרָי׃ וּמִי יוֹדֵעַ הֶחָכָם יִהְיֶה אוֹ סָכָל וְיִשְׁלַט יט
בְּכָל־עֲמָלִי שֶׁעָמַלְתִּי וְשֶׁחָכַמְתִּי תַּחַת הַשָּׁמֶשׁ גַּם־זֶה הָבֶל׃
וְסַבּוֹתִי אֲנִי לְיַאֵשׁ אֶת־לִבִּי עַל כָּל־הֶעָמָל שֶׁעָמַלְתִּי תַּחַת כ
הַשָּׁמֶשׁ׃ כִּי־יֵשׁ אָדָם שֶׁעֲמָלוֹ בְּחָכְמָה וּבְדַעַת וּבְכִשְׁרוֹן כא
וּלְאָדָם שֶׁלֹּא עָמַל־בּוֹ יִתְּנֶנּוּ חֶלְקוֹ גַּם־זֶה הֶבֶל וְרָעָה רַבָּה׃

ב

כב כִּי מֶה־הֹוֶה לָאָדָם בְּכָל־עֲמָלוֹ וּבְרַעְיוֹן לִבּוֹ שְׁהוּא עָמֵל

כג תַּחַת הַשָּׁמֶשׁ: כִּי כָל־יָמָיו מַכְאֹבִים וָכַעַס עִנְיָנוֹ גַּם־בַּלַּיְלָה

כד לֹא־שָׁכַב לִבּוֹ גַּם־זֶה הֶבֶל הוּא: אֵין־טוֹב בָּאָדָם שֶׁיֹּאכַל

וְשָׁתָה וְהֶרְאָה אֶת־נַפְשׁוֹ טוֹב בַּעֲמָלוֹ גַּם־זֹה רָאִיתִי אָנִי

כה כִּי מִיַּד הָאֱלֹהִים הִיא: כִּי מִי יֹאכַל וּמִי יָחוּשׁ חוּץ מִמֶּנִּי:

כו כִּי לְאָדָם שֶׁטּוֹב לְפָנָיו נָתַן חָכְמָה וְדַעַת וְשִׂמְחָה וְלַחוֹטֶא

נָתַן עִנְיָן לֶאֱסֹף וְלִכְנוֹס לָתֵת לְטוֹב לִפְנֵי הָאֱלֹהִים גַּם־זֶה

ג א הֶבֶל וּרְעוּת רוּחַ: לַכֹּל זְמָן וְעֵת לְכָל־חֵפֶץ תַּחַת הַשָּׁמָיִם:

ב עֵת לָלֶדֶת וְעֵת לָמוּת

עֵת לָטַעַת וְעֵת לַעֲקוֹר נָטוּעַ:

ג עֵת לַהֲרוֹג וְעֵת לִרְפּוֹא

עֵת לִפְרוֹץ וְעֵת לִבְנוֹת:

ד עֵת לִבְכּוֹת וְעֵת לִשְׂחוֹק

עֵת סְפוֹד וְעֵת רְקוֹד:

ה עֵת לְהַשְׁלִיךְ אֲבָנִים וְעֵת כְּנוֹס אֲבָנִים

עֵת לַחֲבוֹק וְעֵת לִרְחֹק מֵחַבֵּק:

ו עֵת לְבַקֵּשׁ וְעֵת לְאַבֵּד

עֵת לִשְׁמוֹר וְעֵת לְהַשְׁלִיךְ:

ז עֵת לִקְרוֹעַ וְעֵת לִתְפּוֹר

עֵת לַחֲשׁוֹת וְעֵת לְדַבֵּר:

ח עֵת לֶאֱהֹב וְעֵת לִשְׂנֹא

עֵת מִלְחָמָה וְעֵת שָׁלוֹם:

ט מַה־יִּתְרוֹן הָעוֹשֶׂה בַּאֲשֶׁר הוּא עָמֵל: רָאִיתִי אֶת־הָעִנְיָן אֲשֶׁר

יא נָתַן אֱלֹהִים לִבְנֵי הָאָדָם לַעֲנוֹת בּוֹ: אֶת־הַכֹּל עָשָׂה יָפֶה

בְעִתּוֹ גַּם אֶת־הָעֹלָם נָתַן בְּלִבָּם מִבְּלִי אֲשֶׁר לֹא־יִמְצָא

הָאָדָם אֶת־הַמַּעֲשֶׂה אֲשֶׁר־עָשָׂה הָאֱלֹהִים מֵרֹאשׁ וְעַד־סוֹף:

יב יָדַעְתִּי כִּי אֵין טוֹב בָּם כִּי אִם־לִשְׂמוֹחַ וְלַעֲשׂוֹת טוֹב בְּחַיָּיו:

ב וְגַם כָּל־הָאָדָם שֶׁיֹּאכַל וְשָׁתָה וְרָאָה טוֹב בְּכָל־עֲמָלוֹ מַתַּת יג
אֱלֹהִים הִיא׃ יָדַעְתִּי כִּי כָּל־אֲשֶׁר יַעֲשֶׂה הָאֱלֹהִים הוּא יִהְיֶה יד
לְעוֹלָם עָלָיו אֵין לְהוֹסִיף וּמִמֶּנּוּ אֵין לִגְרֹעַ וְהָאֱלֹהִים עָשָׂה
שֶׁיִּרְאוּ מִלְּפָנָיו׃ מַה־שֶּׁהָיָה כְּבָר הוּא וַאֲשֶׁר לִהְיוֹת כְּבָר הָיָה טו
וְהָאֱלֹהִים יְבַקֵּשׁ אֶת־נִרְדָּף׃ וְעוֹד רָאִיתִי תַּחַת הַשָּׁמֶשׁ מְקוֹם טז
הַמִּשְׁפָּט שָׁמָּה הָרֶשַׁע וּמְקוֹם הַצֶּדֶק שָׁמָּה הָרָשַׁע׃ אָמַרְתִּי אֲנִי יז
בְּלִבִּי אֶת־הַצַּדִּיק וְאֶת־הָרָשָׁע יִשְׁפֹּט הָאֱלֹהִים כִּי־עֵת לְכָל־
חֵפֶץ וְעַל כָּל־הַמַּעֲשֶׂה שָׁם׃ אָמַרְתִּי אֲנִי בְּלִבִּי עַל־דִּבְרַת יח
בְּנֵי הָאָדָם לְבָרָם הָאֱלֹהִים וְלִרְאוֹת שְׁהֶם־בְּהֵמָה הֵמָּה לָהֶם׃
כִּי מִקְרֶה בְנֵי־הָאָדָם וּמִקְרֶה הַבְּהֵמָה וּמִקְרֶה אֶחָד לָהֶם כְּמוֹת יט
זֶה כֵּן מוֹת זֶה וְרוּחַ אֶחָד לַכֹּל וּמוֹתַר הָאָדָם מִן־הַבְּהֵמָה אָיִן
כִּי הַכֹּל הָבֶל׃ הַכֹּל הוֹלֵךְ אֶל־מָקוֹם אֶחָד הַכֹּל הָיָה מִן־הֶעָפָר כ
וְהַכֹּל שָׁב אֶל־הֶעָפָר׃ מִי יוֹדֵעַ רוּחַ בְּנֵי הָאָדָם הָעֹלָה הִיא כא
לְמָעְלָה וְרוּחַ הַבְּהֵמָה הַיֹּרֶדֶת הִיא לְמַטָּה לָאָרֶץ׃ וְרָאִיתִי כִּי כב
אֵין טוֹב מֵאֲשֶׁר יִשְׂמַח הָאָדָם בְּמַעֲשָׂיו כִּי־הוּא חֶלְקוֹ כִּי מִי
יְבִיאֶנּוּ לִרְאוֹת בְּמֶה שֶׁיִּהְיֶה אַחֲרָיו׃ וְשַׁבְתִּי אֲנִי וָאֶרְאֶה אֶת־ א ד
כָּל־הָעֲשׁוּקִים אֲשֶׁר נַעֲשִׂים תַּחַת הַשָּׁמֶשׁ וְהִנֵּה ׀ דִּמְעַת
הָעֲשׁוּקִים וְאֵין לָהֶם מְנַחֵם וּמִיַּד עֹשְׁקֵיהֶם כֹּחַ וְאֵין לָהֶם
מְנַחֵם׃ וְשַׁבֵּחַ אֲנִי אֶת־הַמֵּתִים שֶׁכְּבָר מֵתוּ מִן־הַחַיִּים אֲשֶׁר ב
הֵמָּה חַיִּים עֲדֶנָה׃ וְטוֹב מִשְּׁנֵיהֶם אֵת אֲשֶׁר־עֲדֶן לֹא הָיָה ג
אֲשֶׁר לֹא־רָאָה אֶת־הַמַּעֲשֶׂה הָרָע אֲשֶׁר נַעֲשָׂה תַּחַת הַשָּׁמֶשׁ׃
וְרָאִיתִי אֲנִי אֶת־כָּל־עָמָל וְאֵת כָּל־כִּשְׁרוֹן הַמַּעֲשֶׂה כִּי הִיא ד
קִנְאַת־אִישׁ מֵרֵעֵהוּ גַּם־זֶה הֶבֶל וּרְעוּת רוּחַ׃ הַכְּסִיל חֹבֵק ה
אֶת־יָדָיו וְאֹכֵל אֶת־בְּשָׂרוֹ׃ טוֹב מְלֹא כַף נָחַת מִמְּלֹא חָפְנַיִם ו
עָמָל וּרְעוּת רוּחַ׃ וְשַׁבְתִּי אֲנִי וָאֶרְאֶה הֶבֶל תַּחַת הַשָּׁמֶשׁ׃ ז
יֵשׁ אֶחָד וְאֵין שֵׁנִי גַּם בֵּן וָאָח אֵין־לוֹ וְאֵין קֵץ לְכָל־עֲמָלוֹ ח
עֵינוֹ גַּם־עֵינָיו לֹא־תִשְׂבַּע עֹשֶׁר וּלְמִי ׀ אֲנִי עָמֵל וּמְחַסֵּר אֶת־נַפְשִׁי

ט מִטּוֹבָה גַּם־זֶה הֶבֶל וְעִנְיַן רָע הוּא: טוֹבִים הַשְּׁנַיִם מִן־הָאֶחָד
י אֲשֶׁר יֵשׁ־לָהֶם שָׂכָר טוֹב בַּעֲמָלָם: כִּי אִם־יִפֹּלוּ הָאֶחָד יָקִים
יא אֶת־חֲבֵרוֹ וְאִילוֹ הָאֶחָד שֶׁיִּפּוֹל וְאֵין שֵׁנִי לַהֲקִימוֹ: גַּם אִם־
יב יִשְׁכְּבוּ שְׁנַיִם וְחַם לָהֶם וּלְאֶחָד אֵיךְ יֵחָם: וְאִם־יִתְקְפוֹ הָאֶחָד
יג הַשְּׁנַיִם יַעַמְדוּ נֶגְדּוֹ וְהַחוּט הַמְשֻׁלָּשׁ לֹא בִמְהֵרָה יִנָּתֵק: טוֹב
יֶלֶד מִסְכֵּן וְחָכָם מִמֶּלֶךְ זָקֵן וּכְסִיל אֲשֶׁר לֹא־יָדַע לְהִזָּהֵר
יד עוֹד: כִּי־מִבֵּית הָסוּרִים יָצָא לִמְלֹךְ כִּי גַּם בְּמַלְכוּתוֹ נוֹלַד
טו רָשׁ: רָאִיתִי אֶת־כָּל־הַחַיִּים הַמְהַלְּכִים תַּחַת הַשָּׁמֶשׁ עִם
טז הַיֶּלֶד הַשֵּׁנִי אֲשֶׁר יַעֲמֹד תַּחְתָּיו: אֵין־קֵץ לְכָל־הָעָם לְכֹל
אֲשֶׁר־הָיָה לִפְנֵיהֶם גַּם הָאַחֲרוֹנִים לֹא יִשְׂמְחוּ־בוֹ כִּי־גַם־זֶה
יז הֶבֶל וְרַעְיוֹן רוּחַ: שְׁמֹר רגליך כַּאֲשֶׁר תֵּלֵךְ אֶל־בֵּית הָאֱלֹהִים רַגְלְךָ
וְקָרוֹב לִשְׁמֹעַ מִתֵּת הַכְּסִילִים זָבַח כִּי־אֵינָם יוֹדְעִים לַעֲשׂוֹת
ה א רָע: אַל־תְּבַהֵל עַל־פִּיךָ וְלִבְּךָ אַל־יְמַהֵר לְהוֹצִיא דָבָר לִפְנֵי
הָאֱלֹהִים כִּי הָאֱלֹהִים בַּשָּׁמַיִם וְאַתָּה עַל־הָאָרֶץ עַל־כֵּן יִהְיוּ
ב דְבָרֶיךָ מְעַטִּים: כִּי בָּא הַחֲלוֹם בְּרֹב עִנְיָן וְקוֹל כְּסִיל בְּרֹב
ג דְּבָרִים: כַּאֲשֶׁר תִּדֹּר נֶדֶר לֵאלֹהִים אַל־תְּאַחֵר לְשַׁלְּמוֹ כִּי
ד אֵין חֵפֶץ בַּכְּסִילִים אֵת אֲשֶׁר־תִּדֹּר שַׁלֵּם: טוֹב אֲשֶׁר לֹא־
ה תִדֹּר מִשֶּׁתִּדּוֹר וְלֹא תְשַׁלֵּם: אַל־תִּתֵּן אֶת־פִּיךָ לַחֲטִיא אֶת־
בְּשָׂרֶךָ וְאַל־תֹּאמַר לִפְנֵי הַמַּלְאָךְ כִּי שְׁגָגָה הִיא לָמָּה יִקְצֹף
ו הָאֱלֹהִים עַל־קוֹלֶךָ וְחִבֵּל אֶת־מַעֲשֵׂה יָדֶיךָ: כִּי בְרֹב חֲלֹמוֹת
ז וַהֲבָלִים וּדְבָרִים הַרְבֵּה כִּי אֶת־הָאֱלֹהִים יְרָא: אִם־עֹשֶׁק
רָשׁ וְגֵזֶל מִשְׁפָּט וָצֶדֶק תִּרְאֶה בַמְּדִינָה אַל־תִּתְמַהּ עַל־הַחֵפֶץ
ח כִּי גָבֹהַּ מֵעַל גָּבֹהַּ שֹׁמֵר וּגְבֹהִים עֲלֵיהֶם: וְיִתְרוֹן אֶרֶץ בַּכֹּל
ט היא מֶלֶךְ לְשָׂדֶה נֶעֱבָד: אֹהֵב כֶּסֶף לֹא־יִשְׂבַּע כֶּסֶף וּמִי־אֹהֵב הוּא
י בֶּהָמוֹן לֹא תְבוּאָה גַּם־זֶה הָבֶל: בִּרְבוֹת הַטּוֹבָה רַבּוּ אוֹכְלֶיהָ
יא וּמַה־כִּשְׁרוֹן לִבְעָלֶיהָ כִּי אִם־ראית עֵינָיו: מְתוּקָה שְׁנַת הָעֹבֵד רְאוּת
אִם־מְעַט וְאִם־הַרְבֵּה יֹאכֵל וְהַשָּׂבָע לֶעָשִׁיר אֵינֶנּוּ מַנִּיחַ לוֹ

יב לִשְׁוֹן: יֵשׁ רָעָה חוֹלָה רָאִיתִי תַּחַת הַשָּׁמֶשׁ עֹשֶׁר שָׁמוּר
יג לִבְעָלָיו לְרָעָתוֹ: וְאָבַד הָעֹשֶׁר הַהוּא בְּעִנְיַן רָע וְהוֹלִיד בֵּן
יד וְאֵין בְּיָדוֹ מְאוּמָה: כַּאֲשֶׁר יָצָא מִבֶּטֶן אִמּוֹ עָרוֹם יָשׁוּב
טו לָלֶכֶת כְּשֶׁבָּא וּמְאוּמָה לֹא־יִשָּׂא בַעֲמָלוֹ שֶׁיֹּלֵךְ בְּיָדוֹ: וְגַם־
זֹה רָעָה חוֹלָה כָּל־עֻמַּת שֶׁבָּא כֵּן יֵלֵךְ וּמַה־יִּתְרוֹן לוֹ שֶׁיַּעֲמֹל
טז לָרוּחַ: גַּם כָּל־יָמָיו בַּחֹשֶׁךְ יֹאכֵל וְכָעַס הַרְבֵּה וְחָלְיוֹ וָקָצֶף:
יז הִנֵּה אֲשֶׁר־רָאִיתִי אָנִי טוֹב אֲשֶׁר־יָפֶה לֶאֱכוֹל וְלִשְׁתּוֹת וְלִרְאוֹת
טוֹבָה בְּכָל־עֲמָלוֹ | שֶׁיַּעֲמֹל תַּחַת־הַשֶּׁמֶשׁ מִסְפַּר יְמֵי־חַיָּו
יח אֲשֶׁר־נָתַן־לוֹ הָאֱלֹהִים כִּי־הוּא חֶלְקוֹ: גַּם כָּל־הָאָדָם אֲשֶׁר
נָתַן־לוֹ הָאֱלֹהִים עֹשֶׁר וּנְכָסִים וְהִשְׁלִיטוֹ לֶאֱכֹל מִמֶּנּוּ וְלָשֵׂאת
יט אֶת־חֶלְקוֹ וְלִשְׂמֹחַ בַּעֲמָלוֹ זֹה מַתַּת אֱלֹהִים הִיא: כִּי לֹא
הַרְבֵּה יִזְכֹּר אֶת־יְמֵי חַיָּיו כִּי הָאֱלֹהִים מַעֲנֶה בְּשִׂמְחַת לִבּוֹ:
ו א יֵשׁ רָעָה אֲשֶׁר רָאִיתִי תַּחַת הַשָּׁמֶשׁ וְרַבָּה הִיא עַל־הָאָדָם:
ב אִישׁ אֲשֶׁר יִתֶּן־לוֹ הָאֱלֹהִים עֹשֶׁר וּנְכָסִים וְכָבוֹד וְאֵינֶנּוּ חָסֵר
לְנַפְשׁוֹ | מִכֹּל אֲשֶׁר־יִתְאַוֶּה וְלֹא־יַשְׁלִיטֶנּוּ הָאֱלֹהִים לֶאֱכֹל
ג מִמֶּנּוּ כִּי אִישׁ נָכְרִי יֹאכְלֶנּוּ זֶה הֶבֶל וָחֳלִי רָע הוּא: אִם־יוֹלִיד
אִישׁ מֵאָה וְשָׁנִים רַבּוֹת יִחְיֶה וְרַב | שֶׁיִּהְיוּ יְמֵי־שָׁנָיו וְנַפְשׁוֹ
לֹא־תִשְׂבַּע מִן־הַטּוֹבָה וְגַם־קְבוּרָה לֹא־הָיְתָה לּוֹ אָמַרְתִּי
ד טוֹב מִמֶּנּוּ הַנָּפֶל: כִּי־בַהֶבֶל בָּא וּבַחֹשֶׁךְ יֵלֵךְ וּבַחֹשֶׁךְ שְׁמוֹ
ה ו יְכֻסֶּה: גַּם־שֶׁמֶשׁ לֹא־רָאָה וְלֹא יָדָע נַחַת לָזֶה מִזֶּה: וְאִלּוּ
חָיָה אֶלֶף שָׁנִים פַּעֲמַיִם וְטוֹבָה לֹא רָאָה הֲלֹא אֶל־מָקוֹם
ז אֶחָד הַכֹּל הוֹלֵךְ: כָּל־עֲמַל הָאָדָם לְפִיהוּ וְגַם־הַנֶּפֶשׁ לֹא
ח תִמָּלֵא: כִּי מַה־יּוֹתֵר לֶחָכָם מִן־הַכְּסִיל מַה־לֶּעָנִי יוֹדֵעַ לַהֲלֹךְ
ט נֶגֶד הַחַיִּים: טוֹב מַרְאֵה עֵינַיִם מֵהֲלָךְ־נָפֶשׁ גַּם־זֶה הֶבֶל
י וּרְעוּת רוּחַ: מַה־שֶּׁהָיָה כְּבָר נִקְרָא שְׁמוֹ וְנוֹדָע אֲשֶׁר־הוּא
יא אָדָם וְלֹא־יוּכַל לָדִין עִם שהתקיף מִמֶּנּוּ: כִּי יֵשׁ־דְּבָרִים שֶׁתַּקִּיף
יב הַרְבֵּה מַרְבִּים הָבֶל מַה־יֹּתֵר לָאָדָם: כִּי מִי־יוֹדֵעַ מַה־טּוֹב

לָאָדָם בַּחַיִּים מִסְפַּר יְמֵי־חַיֵּי הֶבְלוֹ וְיַעֲשֵׂם כַּצֵּל אֲשֶׁר מִי־
ז א יַגִּיד לָאָדָם מַה־יִּהְיֶה אַחֲרָיו תַּחַת הַשָּׁמֶשׁ: טוֹב ג
ב שֵׁם מִשֶּׁמֶן טוֹב וְיוֹם הַמָּוֶת מִיּוֹם הִוָּלְדוֹ: טוֹב לָלֶכֶת אֶל־
בֵּית־אֵבֶל מִלֶּכֶת אֶל־בֵּית מִשְׁתֶּה בַּאֲשֶׁר הוּא סוֹף כָּל־
ג הָאָדָם וְהַחַי יִתֵּן אֶל־לִבּוֹ: טוֹב כַּעַס מִשְּׂחוֹק כִּי־בְרֹעַ פָּנִים
ד יִיטַב לֵב: לֵב חֲכָמִים בְּבֵית אֵבֶל וְלֵב כְּסִילִים בְּבֵית שִׂמְחָה:
ה ו טוֹב לִשְׁמוֹעַ גַּעֲרַת חָכָם מֵאִישׁ שֹׁמֵעַ שִׁיר כְּסִילִים: כִּי כְקוֹל
ז הַסִּירִים תַּחַת הַסִּיר כֵּן שְׂחֹק הַכְּסִיל וְגַם־זֶה הָבֶל: כִּי הָעֹשֶׁק
ח יְהוֹלֵל חָכָם וִיאַבֵּד אֶת־לֵב מַתָּנָה: טוֹב אַחֲרִית דָּבָר
ט מֵרֵאשִׁיתוֹ טוֹב אֶרֶךְ־רוּחַ מִגְּבַהּ־רוּחַ: אַל־תְּבַהֵל בְּרוּחֲךָ
י לִכְעוֹס כִּי כַעַס בְּחֵיק כְּסִילִים יָנוּחַ: אַל־תֹּאמַר מֶה הָיָה
שֶׁהַיָּמִים הָרִאשֹׁנִים הָיוּ טוֹבִים מֵאֵלֶּה כִּי לֹא מֵחָכְמָה
יא שָׁאַלְתָּ עַל־זֶה: טוֹבָה חָכְמָה עִם־נַחֲלָה וְיֹתֵר לְרֹאֵי הַשָּׁמֶשׁ:
יב כִּי בְּצֵל הַחָכְמָה בְּצֵל הַכָּסֶף וְיִתְרוֹן דַּעַת הַחָכְמָה תְּחַיֶּה
יג בְעָלֶיהָ: רְאֵה אֶת־מַעֲשֵׂה הָאֱלֹהִים כִּי מִי יוּכַל לְתַקֵּן אֵת
יד אֲשֶׁר עִוְּתוֹ: בְּיוֹם טוֹבָה הֱיֵה בְטוֹב וּבְיוֹם רָעָה רְאֵה גַּם אֶת־
זֶה לְעֻמַּת־זֶה עָשָׂה הָאֱלֹהִים עַל־דִּבְרַת שֶׁלֹּא יִמְצָא הָאָדָם
טו אַחֲרָיו מְאוּמָה: אֶת־הַכֹּל רָאִיתִי בִּימֵי הֶבְלִי יֵשׁ צַדִּיק אֹבֵד
טז בְּצִדְקוֹ וְיֵשׁ רָשָׁע מַאֲרִיךְ בְּרָעָתוֹ: אַל־תְּהִי צַדִּיק הַרְבֵּה
יז וְאַל־תִּתְחַכַּם יוֹתֵר לָמָּה תִּשּׁוֹמֵם: אַל־תִּרְשַׁע הַרְבֵּה וְאַל־
יח תְּהִי סָכָל לָמָּה תָמוּת בְּלֹא עִתֶּךָ: טוֹב אֲשֶׁר תֶּאֱחֹז בָּזֶה
וְגַם־מִזֶּה אַל־תַּנַּח אֶת־יָדֶךָ כִּי־יְרֵא אֱלֹהִים יֵצֵא אֶת־כֻּלָּם:
יט כ הַחָכְמָה תָּעֹז לֶחָכָם מֵעֲשָׂרָה שַׁלִּיטִים אֲשֶׁר הָיוּ בָּעִיר: כִּי
כא אָדָם אֵין צַדִּיק בָּאָרֶץ אֲשֶׁר יַעֲשֶׂה־טּוֹב וְלֹא יֶחֱטָא: גַּם
לְכָל־הַדְּבָרִים אֲשֶׁר יְדַבֵּרוּ אַל־תִּתֵּן לִבֶּךָ אֲשֶׁר לֹא־תִשְׁמַע
כב אֶת־עַבְדְּךָ מְקַלְלֶךָ: כִּי גַּם־פְּעָמִים רַבּוֹת יָדַע לִבֶּךָ אֲשֶׁר
כג גַּם־אַתָּ קִלַּלְתָּ אֲחֵרִים: כָּל־זֹה נִסִּיתִי בַחָכְמָה אָמַרְתִּי

כד אֶחְכָּמָה וְהִיא רְחוֹקָה מִמֶּנִּי׃ רָחוֹק מַה־שֶּׁהָיָה וְעָמֹק ׀ עָמֹק
כה מִי יִמְצָאֶנּוּ׃ סַבּוֹתִי אֲנִי וְלִבִּי לָדַעַת וְלָתוּר וּבַקֵּשׁ חָכְמָה
כו וְחֶשְׁבּוֹן וְלָדַעַת רֶשַׁע כֶּסֶל וְהַסִּכְלוּת הוֹלֵלוֹת׃ וּמוֹצֶא אֲנִי
מַר מִמָּוֶת אֶת־הָאִשָּׁה אֲשֶׁר־הִיא מְצוֹדִים וַחֲרָמִים לִבָּהּ
אֲסוּרִים יָדֶיהָ טוֹב לִפְנֵי הָאֱלֹהִים יִמָּלֵט מִמֶּנָּה וְחוֹטֵא יִלָּכֶד
כז בָּהּ׃ רְאֵה זֶה מָצָאתִי אָמְרָה קֹהֶלֶת אַחַת לְאַחַת לִמְצֹא
כח חֶשְׁבּוֹן׃ אֲשֶׁר עוֹד־בִּקְשָׁה נַפְשִׁי וְלֹא מָצָאתִי אָדָם אֶחָד
כט מֵאֶלֶף מָצָאתִי וְאִשָּׁה בְכָל־אֵלֶּה לֹא מָצָאתִי׃ לְבַד רְאֵה־זֶה
מָצָאתִי אֲשֶׁר עָשָׂה הָאֱלֹהִים אֶת־הָאָדָם יָשָׁר וְהֵמָּה בִקְשׁוּ
ח א חִשְּׁבֹנוֹת רַבִּים׃ מִי כְּהֶחָכָם וּמִי יוֹדֵעַ פֵּשֶׁר דָּבָר חָכְמַת אָדָם
ב תָּאִיר פָּנָיו וְעֹז פָּנָיו יְשֻׁנֶּא׃ אֲנִי פִּי־מֶלֶךְ שְׁמוֹר וְעַל דִּבְרַת
ג שְׁבוּעַת אֱלֹהִים׃ אַל־תִּבָּהֵל מִפָּנָיו תֵּלֵךְ אַל־תַּעֲמֹד בְּדָבָר
ד רָע כִּי כָּל־אֲשֶׁר יַחְפֹּץ יַעֲשֶׂה׃ בַּאֲשֶׁר דְּבַר־מֶלֶךְ שִׁלְטוֹן וּמִי
ה יֹאמַר־לוֹ מַה־תַּעֲשֶׂה׃ שׁוֹמֵר מִצְוָה לֹא יֵדַע דָּבָר רָע וְעֵת
ו וּמִשְׁפָּט יֵדַע לֵב חָכָם׃ כִּי לְכָל־חֵפֶץ יֵשׁ עֵת וּמִשְׁפָּט כִּי־רָעַת
ז הָאָדָם רַבָּה עָלָיו׃ כִּי־אֵינֶנּוּ יֹדֵעַ מַה־שֶּׁיִּהְיֶה כִּי כַּאֲשֶׁר יִהְיֶה
ח מִי יַגִּיד לוֹ׃ אֵין אָדָם שַׁלִּיט בָּרוּחַ לִכְלוֹא אֶת־הָרוּחַ וְאֵין
שִׁלְטוֹן בְּיוֹם הַמָּוֶת וְאֵין מִשְׁלַחַת בַּמִּלְחָמָה וְלֹא־יְמַלֵּט רֶשַׁע
ט אֶת־בְּעָלָיו׃ אֶת־כָּל־זֶה רָאִיתִי וְנָתוֹן אֶת־לִבִּי לְכָל־מַעֲשֶׂה
אֲשֶׁר נַעֲשָׂה תַּחַת הַשָּׁמֶשׁ עֵת אֲשֶׁר שָׁלַט הָאָדָם בְּאָדָם
י לְרַע לוֹ׃ וּבְכֵן רָאִיתִי רְשָׁעִים קְבֻרִים וָבָאוּ וּמִמְּקוֹם קָדוֹשׁ
יא יְהַלֵּכוּ וְיִשְׁתַּכְּחוּ בָעִיר אֲשֶׁר כֵּן־עָשׂוּ גַּם־זֶה הָבֶל׃ אֲשֶׁר אֵין־
נַעֲשָׂה פִתְגָם מַעֲשֵׂה הָרָעָה מְהֵרָה עַל־כֵּן מָלֵא לֵב בְּנֵי־הָאָדָם
יב בָּהֶם לַעֲשׂוֹת רָע׃ אֲשֶׁר חֹטֶא עֹשֶׂה רָע מְאַת וּמַאֲרִיךְ לוֹ
כִּי גַּם־יוֹדֵעַ אָנִי אֲשֶׁר יִהְיֶה־טּוֹב לְיִרְאֵי הָאֱלֹהִים אֲשֶׁר יִירְאוּ
יג מִלְּפָנָיו׃ וְטוֹב לֹא־יִהְיֶה לָרָשָׁע וְלֹא־יַאֲרִיךְ יָמִים כַּצֵּל אֲשֶׁר
יד אֵינֶנּוּ יָרֵא מִלִּפְנֵי אֱלֹהִים׃ יֶשׁ־הֶבֶל אֲשֶׁר נַעֲשָׂה עַל־הָאָרֶץ

אֲשֶׁר יֵשׁ צַדִּיקִים אֲשֶׁר מַגִּיעַ אֲלֵהֶם כְּמַעֲשֵׂה הָרְשָׁעִים
וְיֵשׁ רְשָׁעִים שֶׁמַּגִּיעַ אֲלֵהֶם כְּמַעֲשֵׂה הַצַּדִּיקִים אָמַרְתִּי שֶׁגַּם־
טו זֶה הָבֶל׃ וְשִׁבַּחְתִּי אֲנִי אֶת־הַשִּׂמְחָה אֲשֶׁר אֵין־טוֹב לָאָדָם
תַּחַת הַשֶּׁמֶשׁ כִּי אִם־לֶאֱכֹל וְלִשְׁתּוֹת וְלִשְׂמוֹחַ וְהוּא יִלְוֶנּוּ
טז בַעֲמָלוֹ יְמֵי חַיָּיו אֲשֶׁר־נָתַן־לוֹ הָאֱלֹהִים תַּחַת הַשָּׁמֶשׁ׃ כַּאֲשֶׁר
נָתַתִּי אֶת־לִבִּי לָדַעַת חָכְמָה וְלִרְאוֹת אֶת־הָעִנְיָן אֲשֶׁר
נַעֲשָׂה עַל־הָאָרֶץ כִּי גַם בַּיּוֹם וּבַלַּיְלָה שֵׁנָה בְּעֵינָיו אֵינֶנּוּ
יז רֹאֶה׃ וְרָאִיתִי אֶת־כָּל־מַעֲשֵׂה הָאֱלֹהִים כִּי לֹא יוּכַל הָאָדָם
לִמְצוֹא אֶת־הַמַּעֲשֶׂה אֲשֶׁר נַעֲשָׂה תַחַת־הַשֶּׁמֶשׁ בְּשֶׁל אֲשֶׁר
יַעֲמֹל הָאָדָם לְבַקֵּשׁ וְלֹא יִמְצָא וְגַם אִם־יֹאמַר הֶחָכָם לָדַעַת
ט א לֹא יוּכַל לִמְצֹא׃ כִּי אֶת־כָּל־זֶה נָתַתִּי אֶל־לִבִּי וְלָבוּר אֶת־
כָּל־זֶה אֲשֶׁר הַצַּדִּיקִים וְהַחֲכָמִים וַעֲבָדֵיהֶם בְּיַד הָאֱלֹהִים
ב גַּם־אַהֲבָה גַם־שִׂנְאָה אֵין יוֹדֵעַ הָאָדָם הַכֹּל לִפְנֵיהֶם׃ הַכֹּל
כַּאֲשֶׁר לַכֹּל מִקְרֶה אֶחָד לַצַּדִּיק וְלָרָשָׁע לַטּוֹב וְלַטָּהוֹר וְלַטָּמֵא
וְלַזֹּבֵחַ וְלַאֲשֶׁר אֵינֶנּוּ זֹבֵחַ כַּטּוֹב כַּחֹטֶא הַנִּשְׁבָּע כַּאֲשֶׁר
ג שְׁבוּעָה יָרֵא׃ זֶה רָע בְּכֹל אֲשֶׁר־נַעֲשָׂה תַּחַת הַשֶּׁמֶשׁ כִּי־
מִקְרֶה אֶחָד לַכֹּל וְגַם לֵב בְּנֵי־הָאָדָם מָלֵא־רָע וְהוֹלֵלוֹת
ד בִּלְבָבָם בְּחַיֵּיהֶם וְאַחֲרָיו אֶל־הַמֵּתִים׃ כִּי־מִי אֲשֶׁר יבחר אֶל יְחֻבַּר
כָּל־הַחַיִּים יֵשׁ בִּטָּחוֹן כִּי־לְכֶלֶב חַי הוּא טוֹב מִן־הָאַרְיֵה הַמֵּת׃
ה כִּי הַחַיִּים יוֹדְעִים שֶׁיָּמֻתוּ וְהַמֵּתִים אֵינָם יוֹדְעִים מְאוּמָה
ו וְאֵין־עוֹד לָהֶם שָׂכָר כִּי נִשְׁכַּח זִכְרָם׃ גַּם אַהֲבָתָם גַּם־שִׂנְאָתָם
גַּם־קִנְאָתָם כְּבָר אָבָדָה וְחֵלֶק אֵין־לָהֶם עוֹד לְעוֹלָם בְּכֹל אֲשֶׁר־
ז נַעֲשָׂה תַּחַת הַשָּׁמֶשׁ׃ לֵךְ אֱכֹל בְּשִׂמְחָה לַחְמֶךָ וּשְׁתֵה בְלֶב־טוֹב ד
ח יֵינֶךָ כִּי כְבָר רָצָה הָאֱלֹהִים אֶת־מַעֲשֶׂיךָ׃ בְּכָל־עֵת יִהְיוּ
ט בְגָדֶיךָ לְבָנִים וְשֶׁמֶן עַל־רֹאשְׁךָ אַל־יֶחְסָר׃ רְאֵה חַיִּים עִם־
אִשָּׁה אֲשֶׁר־אָהַבְתָּ כָּל־יְמֵי חַיֵּי הֶבְלֶךָ אֲשֶׁר נָתַן־לְךָ תַּחַת
הַשֶּׁמֶשׁ כֹּל יְמֵי הֶבְלֶךָ כִּי הוּא חֶלְקְךָ בַּחַיִּים וּבַעֲמָלְךָ אֲשֶׁר־

אַתָּה עָמֵל תַּחַת הַשָּׁמֶשׁ׃ כֹּל אֲשֶׁר תִּמְצָא יָדְךָ לַעֲשׂוֹת י
בְּכֹחֲךָ עֲשֵׂה כִּי אֵין מַעֲשֶׂה וְחֶשְׁבּוֹן וְדַעַת וְחָכְמָה בִּשְׁאוֹל
אֲשֶׁר אַתָּה הֹלֵךְ שָׁמָּה׃ שַׁבְתִּי וְרָאֹה תַחַת־הַשֶּׁמֶשׁ כִּי לֹא יא
לַקַּלִּים הַמֵּרוֹץ וְלֹא לַגִּבּוֹרִים הַמִּלְחָמָה וְגַם לֹא לַחֲכָמִים
לֶחֶם וְגַם לֹא לַנְּבֹנִים עֹשֶׁר וְגַם לֹא לַיֹּדְעִים חֵן כִּי־עֵת וָפֶגַע
יִקְרֶה אֶת־כֻּלָּם׃ כִּי גַּם לֹא־יֵדַע הָאָדָם אֶת־עִתּוֹ כַּדָּגִים יב
שֶׁנֶּאֱחָזִים בִּמְצוֹדָה רָעָה וְכַצִּפֳּרִים הָאֲחֻזוֹת בַּפָּח כָּהֵם יוּקָשִׁים
בְּנֵי הָאָדָם לְעֵת רָעָה כְּשֶׁתִּפּוֹל עֲלֵיהֶם פִּתְאֹם׃ גַּם־זֹה רָאִיתִי יג
חָכְמָה תַּחַת הַשָּׁמֶשׁ וּגְדוֹלָה הִיא אֵלָי׃ עִיר קְטַנָּה וַאֲנָשִׁים יד
בָּהּ מְעָט וּבָא־אֵלֶיהָ מֶלֶךְ גָּדוֹל וְסָבַב אֹתָהּ וּבָנָה עָלֶיהָ
מְצוֹדִים גְּדֹלִים׃ וּמָצָא בָהּ אִישׁ מִסְכֵּן חָכָם וּמִלַּט־הוּא טו
אֶת־הָעִיר בְּחָכְמָתוֹ וְאָדָם לֹא זָכַר אֶת־הָאִישׁ הַמִּסְכֵּן הַהוּא׃
וְאָמַרְתִּי אָנִי טוֹבָה חָכְמָה מִגְּבוּרָה וְחָכְמַת הַמִּסְכֵּן בְּזוּיָה טז
וּדְבָרָיו אֵינָם נִשְׁמָעִים׃ דִּבְרֵי חֲכָמִים בְּנַחַת נִשְׁמָעִים מִזַּעֲקַת יז
מוֹשֵׁל בַּכְּסִילִים׃ טוֹבָה חָכְמָה מִכְּלֵי קְרָב וְחוֹטֶא אֶחָד יְאַבֵּד יח
טוֹבָה הַרְבֵּה׃ זְבוּבֵי מָוֶת יַבְאִישׁ יַבִּיעַ שֶׁמֶן רוֹקֵחַ יָקָר מֵחָכְמָה י א
מִכָּבוֹד סִכְלוּת מְעָט׃ לֵב חָכָם לִימִינוֹ וְלֵב כְּסִיל לִשְׂמֹאלוֹ׃ ב
כְּשֶׁסָּכָל וְגַם־בַּדֶּרֶךְ כשהסכל הֹלֵךְ לִבּוֹ חָסֵר וְאָמַר לַכֹּל סָכָל הוּא׃ ג
אִם־רוּחַ הַמּוֹשֵׁל תַּעֲלֶה עָלֶיךָ מְקוֹמְךָ אַל־תַּנַּח כִּי מַרְפֵּא יַנִּיחַ ד
חֲטָאִים גְּדוֹלִים׃ יֵשׁ רָעָה רָאִיתִי תַּחַת הַשָּׁמֶשׁ כִּשְׁגָגָה שֶׁיֹּצָא ה
מִלִּפְנֵי הַשַּׁלִּיט׃ נִתַּן הַסֶּכֶל בַּמְּרוֹמִים רַבִּים וַעֲשִׁירִים בַּשֵּׁפֶל ו
יֵשֵׁבוּ׃ רָאִיתִי עֲבָדִים עַל־סוּסִים וְשָׂרִים הֹלְכִים כַּעֲבָדִים עַל־ ז
הָאָרֶץ׃ חֹפֵר גּוּמָּץ בּוֹ יִפּוֹל וּפֹרֵץ גָּדֵר יִשְּׁכֶנּוּ נָחָשׁ׃ מַסִּיעַ ח ט
אֲבָנִים יֵעָצֵב בָּהֶם בּוֹקֵעַ עֵצִים יִסָּכֶן בָּם׃ אִם־קֵהָה הַבַּרְזֶל י
וְהוּא לֹא־פָנִים קִלְקַל וַחֲיָלִים יְגַבֵּר וְיִתְרוֹן הַכְשֵׁיר חָכְמָה׃ אִם־ יא
יִשֹּׁךְ הַנָּחָשׁ בְּלוֹא־לָחַשׁ וְאֵין יִתְרוֹן לְבַעַל הַלָּשׁוֹן׃ דִּבְרֵי פִי־ יב
חָכָם חֵן וְשִׂפְתוֹת כְּסִיל תְּבַלְּעֶנּוּ׃ תְּחִלַּת דִּבְרֵי־פִיהוּ סִכְלוּת יג

יד וְאַחֲרִית פִּיהוּ הוֹלֵלוּת רָעָה׃ וְהַסָּכָל יַרְבֶּה דְבָרִים לֹא־יֵדַע
טו הָאָדָם מַה־שֶּׁיִּהְיֶה וַאֲשֶׁר יִהְיֶה מֵאַחֲרָיו מִי יַגִּיד לוֹ׃ עֲמַל
טז הַכְּסִילִים תְּיַגְּעֶנּוּ אֲשֶׁר לֹא־יָדַע לָלֶכֶת אֶל־עִיר׃ אִי־לָךְ אֶרֶץ
יז שֶׁמַּלְכֵּךְ נָעַר וְשָׂרַיִךְ בַּבֹּקֶר יֹאכֵלוּ׃ אַשְׁרֵיךְ אֶרֶץ שֶׁמַּלְכֵּךְ בֶּן
יח חוֹרִים וְשָׂרַיִךְ בָּעֵת יֹאכֵלוּ בִּגְבוּרָה וְלֹא בַשְּׁתִי׃ בַּעֲצַלְתַּיִם
יט יִמַּךְ הַמְּקָרֶה וּבְשִׁפְלוּת יָדַיִם יִדְלֹף הַבָּיִת׃ לִשְׂחוֹק עֹשִׂים
כ לֶחֶם וְיַיִן יְשַׂמַּח חַיִּים וְהַכֶּסֶף יַעֲנֶה אֶת־הַכֹּל׃ גַּם בְּמַדָּעֲךָ מֶלֶךְ
אַל־תְּקַלֵּל וּבְחַדְרֵי מִשְׁכָּבְךָ אַל־תְּקַלֵּל עָשִׁיר כִּי עוֹף הַשָּׁמַיִם
יא א יוֹלִיךְ אֶת־הַקּוֹל וּבַעַל הכנפים יַגִּיד דָּבָר׃ שַׁלַּח לַחְמְךָ עַל־ כְּנָפַיִם
ב פְּנֵי הַמָּיִם כִּי־בְרֹב הַיָּמִים תִּמְצָאֶנּוּ׃ תֶּן־חֵלֶק לְשִׁבְעָה וְגַם
ג לִשְׁמוֹנָה כִּי לֹא תֵדַע מַה־יִּהְיֶה רָעָה עַל־הָאָרֶץ׃ אִם־יִמָּלְאוּ
הֶעָבִים גֶּשֶׁם עַל־הָאָרֶץ יָרִיקוּ וְאִם־יִפּוֹל עֵץ בַּדָּרוֹם וְאִם
ד בַּצָּפוֹן מְקוֹם שֶׁיִּפּוֹל הָעֵץ שָׁם יְהוּא׃ שֹׁמֵר רוּחַ לֹא יִזְרָע
ה וְרֹאֶה בֶעָבִים לֹא יִקְצוֹר׃ כַּאֲשֶׁר אֵינְךָ יוֹדֵעַ מַה־דֶּרֶךְ הָרוּחַ
כַּעֲצָמִים בְּבֶטֶן הַמְּלֵאָה כָּכָה לֹא תֵדַע אֶת־מַעֲשֵׂה הָאֱלֹהִים
ו אֲשֶׁר יַעֲשֶׂה אֶת־הַכֹּל׃ בַּבֹּקֶר זְרַע אֶת־זַרְעֶךָ וְלָעֶרֶב אַל־
תַּנַּח יָדֶךָ כִּי אֵינְךָ יוֹדֵעַ אֵי זֶה יִכְשַׁר הֲזֶה אוֹ־זֶה וְאִם־שְׁנֵיהֶם
ז כְּאֶחָד טוֹבִים׃ וּמָתוֹק הָאוֹר וְטוֹב לַעֵינַיִם לִרְאוֹת אֶת־
ח הַשָּׁמֶשׁ׃ כִּי אִם־שָׁנִים הַרְבֵּה יִחְיֶה הָאָדָם בְּכֻלָּם יִשְׂמָח וְיִזְכֹּר
ט אֶת־יְמֵי הַחֹשֶׁךְ כִּי־הַרְבֵּה יִהְיוּ כָּל־שֶׁבָּא הָבֶל׃ שְׂמַח בָּחוּר
בְּיַלְדוּתֶךָ וִיטִיבְךָ לִבְּךָ בִּימֵי בְחוּרוֹתֶךָ וְהַלֵּךְ בְּדַרְכֵי לִבְּךָ
ובמראי עֵינֶיךָ וְדָע כִּי עַל־כָּל־אֵלֶּה יְבִיאֲךָ הָאֱלֹהִים בַּמִּשְׁפָּט׃ וּבְמַרְאֵה
י וְהָסֵר כַּעַס מִלִּבֶּךָ וְהַעֲבֵר רָעָה מִבְּשָׂרֶךָ כִּי־הַיַּלְדוּת וְהַשַּׁחֲרוּת
יב א הָבֶל׃ וּזְכֹר אֶת־בּוֹרְאֶיךָ בִּימֵי בְּחוּרֹתֶיךָ עַד אֲשֶׁר לֹא־יָבֹאוּ
ב יְמֵי הָרָעָה וְהִגִּיעוּ שָׁנִים אֲשֶׁר תֹּאמַר אֵין־לִי בָהֶם חֵפֶץ׃ עַד
אֲשֶׁר לֹא־תֶחְשַׁךְ הַשֶּׁמֶשׁ וְהָאוֹר וְהַיָּרֵחַ וְהַכּוֹכָבִים וְשָׁבוּ
ג הֶעָבִים אַחַר הַגָּשֶׁם׃ בַּיּוֹם שֶׁיָּזֻעוּ שֹׁמְרֵי הַבַּיִת וְהִתְעַוְּתוּ

אַנְשֵׁי הֶחָיִל וּבָטְלוּ הַטֹּחֲנוֹת כִּי מִעֵטוּ וְחָשְׁכוּ הָרֹאוֹת בָּאֲרֻבּוֹת׃
ד וְסֻגְּרוּ דְלָתַיִם בַּשּׁוּק בִּשְׁפַל קוֹל הַטַּחֲנָה וְיָקוּם לְקוֹל הַצִּפּוֹר
ה וְיִשַּׁחוּ כָּל־בְּנוֹת הַשִּׁיר׃ גַּם מִגָּבֹהַּ יִרָאוּ וְחַתְחַתִּים בַּדֶּרֶךְ
וְיָנֵאץ הַשָּׁקֵד וְיִסְתַּבֵּל הֶחָגָב וְתָפֵר הָאֲבִיּוֹנָה כִּי־הֹלֵךְ הָאָדָם
ו אֶל־בֵּית עוֹלָמוֹ וְסָבְבוּ בַשּׁוּק הַסֹּפְדִים׃ עַד אֲשֶׁר לֹא־ירחק יֵרָתֵק
חֶבֶל הַכֶּסֶף וְתָרֻץ גֻּלַּת הַזָּהָב וְתִשָּׁבֶר כַּד עַל־הַמַּבּוּעַ וְנָרֹץ
ז הַגַּלְגַּל אֶל־הַבּוֹר׃ וְיָשֹׁב הֶעָפָר עַל־הָאָרֶץ כְּשֶׁהָיָה וְהָרוּחַ
ח תָּשׁוּב אֶל־הָאֱלֹהִים אֲשֶׁר נְתָנָהּ׃ הֲבֵל הֲבָלִים אָמַר הַקּוֹהֶלֶת
ט הַכֹּל הָבֶל׃ וְיֹתֵר שֶׁהָיָה קֹהֶלֶת חָכָם עוֹד לִמַּד־דַּעַת אֶת־
י הָעָם וְאִזֵּן וְחִקֵּר תִּקֵּן מְשָׁלִים הַרְבֵּה׃ בִּקֵּשׁ קֹהֶלֶת לִמְצֹא
יא דִּבְרֵי־חֵפֶץ וְכָתוּב יֹשֶׁר דִּבְרֵי אֱמֶת׃ דִּבְרֵי חֲכָמִים כַּדָּרְבֹנוֹת
יב וּכְמַשְׂמְרוֹת נְטוּעִים בַּעֲלֵי אֲסֻפּוֹת נִתְּנוּ מֵרֹעֶה אֶחָד׃ וְיֹתֵר
מֵהֵמָּה בְּנִי הִזָּהֵר עֲשׂוֹת סְפָרִים הַרְבֵּה אֵין קֵץ וְלַהַג הַרְבֵּה
יג יְגִעַת בָּשָׂר׃ סוֹף דָּבָר הַכֹּל נִשְׁמָע אֶת־הָאֱלֹהִים יְרָא וְאֶת־
יד מִצְוֺתָיו שְׁמוֹר כִּי־זֶה כָּל־הָאָדָם׃ כִּי אֶת־כָּל־מַעֲשֶׂה הָאֱלֹהִים
יָבִא בְמִשְׁפָּט עַל כָּל־נֶעְלָם אִם־טוֹב וְאִם־רָע׃

סוף דבר הכל נשמע
את האלהים ירא
ואת מצותיו
שמור
כי זה
כל האדם

אסתר

א וַיְהִ֖י בִּימֵ֣י אֲחַשְׁוֵר֑וֹשׁ ה֣וּא אֲחַשְׁוֵר֗וֹשׁ הַמֹּלֵךְ֙ מֵהֹ֣דּוּ וְעַד־כּ֔וּשׁ א
ב שֶׁ֛בַע וְעֶשְׂרִ֥ים וּמֵאָ֖ה מְדִינָֽה׃ בַּיָּמִ֖ים הָהֵ֑ם כְּשֶׁ֣בֶת ׀ הַמֶּ֣לֶךְ
ג אֲחַשְׁוֵר֗וֹשׁ עַ֚ל כִּסֵּ֣א מַלְכוּת֔וֹ אֲשֶׁ֖ר בְּשׁוּשַׁ֥ן הַבִּירָֽה׃ בִּשְׁנַ֤ת
שָׁלוֹשׁ֙ לְמָלְכ֔וֹ עָשָׂ֣ה מִשְׁתֶּ֔ה לְכָל־שָׂרָ֖יו וַעֲבָדָ֑יו חֵ֣יל ׀ פָּרַ֣ס
ד וּמָדַ֗י הַֽפַּרְתְּמִ֛ים וְשָׂרֵ֥י הַמְּדִינ֖וֹת לְפָנָֽיו׃ בְּהַרְאֹת֗וֹ אֶת־עֹ֙שֶׁר֙
כְּב֣וֹד מַלְכוּת֔וֹ וְאֶ֨ת־יְקָ֔ר תִּפְאֶ֖רֶת גְּדוּלָּת֑וֹ יָמִ֣ים רַבִּ֔ים שְׁמוֹנִ֥ים
ה וּמְאַ֖ת יֽוֹם׃ וּבִמְל֣וֹאת ׀ הַיָּמִ֣ים הָאֵ֗לֶּה עָשָׂ֣ה הַמֶּ֡לֶךְ לְכָל־הָעָ֣ם
הַנִּמְצְאִים֩ בְּשׁוּשַׁ֨ן הַבִּירָ֜ה לְמִגָּ֧דוֹל וְעַד־קָטָ֛ן מִשְׁתֶּ֖ה שִׁבְעַ֣ת
ו יָמִ֑ים בַּחֲצַ֕ר גִּנַּ֥ת בִּיתַ֖ן הַמֶּֽלֶךְ׃ ח֣וּר ׀ כַּרְפַּ֣ס וּתְכֵ֗לֶת אָחוּז֙
בְּחַבְלֵי־ב֣וּץ וְאַרְגָּמָ֔ן עַל־גְּלִ֥ילֵי כֶ֖סֶף וְעַמּ֣וּדֵי שֵׁ֑שׁ מִטּ֣וֹת ׀ זָהָ֣ב
ז וָכֶ֗סֶף עַ֛ל רִֽצְפַ֥ת בַּהַט־וָשֵׁ֖שׁ וְדַ֥ר וְסֹחָֽרֶת׃ וְהַשְׁקוֹת֙ בִּכְלֵ֣י זָהָ֔ב
ח וְכֵלִ֖ים מִכֵּלִ֣ים שׁוֹנִ֑ים וְיֵ֥ין מַלְכ֛וּת רָ֖ב כְּיַ֥ד הַמֶּֽלֶךְ׃ וְהַשְּׁתִיָּ֥ה
כַדָּ֖ת אֵ֣ין אֹנֵ֑ס כִּי־כֵ֣ן ׀ יִסַּ֣ד הַמֶּ֗לֶךְ עַ֚ל כָּל־רַ֣ב בֵּית֔וֹ לַעֲשׂ֖וֹת
ט כִּרְצ֥וֹן אִישׁ־וָאִֽישׁ׃ גַּ֚ם וַשְׁתִּ֣י הַמַּלְכָּ֔ה עָשְׂתָ֖ה
י מִשְׁתֵּ֣ה נָשִׁ֑ים בֵּ֚ית הַמַּלְכ֔וּת אֲשֶׁ֖ר לַמֶּ֥לֶךְ אֲחַשְׁוֵרֽוֹשׁ׃ בַּיּוֹם֙
הַשְּׁבִיעִ֔י כְּט֥וֹב לֵב־הַמֶּ֖לֶךְ בַּיָּ֑יִן אָמַ֡ר לִ֠מְהוּמָן בִּזְּתָ֨א חַרְבוֹנָ֜א
בִּגְתָ֤א וַאֲבַגְתָא֙ זֵתַ֣ר וְכַרְכַּ֔ס שִׁבְעַת֙ הַסָּ֣רִיסִ֔ים הַמְשָׁ֣רְתִ֔ים
יא אֶת־פְּנֵ֖י הַמֶּ֥לֶךְ אֲחַשְׁוֵרֽוֹשׁ׃ לְ֠הָבִיא אֶת־וַשְׁתִּ֧י הַמַּלְכָּ֛ה לִפְנֵ֥י
הַמֶּ֖לֶךְ בְּכֶ֣תֶר מַלְכ֑וּת לְהַרְא֨וֹת הָֽעַמִּ֤ים וְהַשָּׂרִים֙ אֶת־יָפְיָ֔הּ
יב כִּֽי־טוֹבַ֥ת מַרְאֶ֖ה הִֽיא׃ וַתְּמָאֵ֞ן הַמַּלְכָּ֣ה וַשְׁתִּ֗י לָבוֹא֙ בִּדְבַ֣ר
הַמֶּ֔לֶךְ אֲשֶׁ֖ר בְּיַ֣ד הַסָּרִיסִ֑ים וַיִּקְצֹ֤ף הַמֶּ֙לֶךְ֙ מְאֹ֔ד וַחֲמָת֖וֹ בָּעֲרָ֥ה
יג בֽוֹ׃ וַיֹּ֣אמֶר הַמֶּ֔לֶךְ לַחֲכָמִ֖ים יֹדְעֵ֣י הָעִתִּ֑ים כִּי־
יד כֵן֙ דְּבַ֣ר הַמֶּ֔לֶךְ לִפְנֵ֕י כָּל־יֹדְעֵ֖י דָּ֥ת וָדִֽין׃ וְהַקָּרֹ֣ב אֵלָ֗יו כַּרְשְׁנָ֤א
שֵׁתָר֙ אַדְמָ֣תָא תַרְשִׁ֔ישׁ מֶ֥רֶס מַרְסְנָ֖א מְמוּכָ֑ן שִׁבְעַ֞ת שָׂרֵ֣י ׀
טו פָּרַ֣ס וּמָדַ֗י רֹאֵי֙ פְּנֵ֣י הַמֶּ֔לֶךְ הַיֹּשְׁבִ֥ים רִאשֹׁנָ֖ה בַּמַּלְכֽוּת׃ כְּדָת֙
מַה־לַּעֲשׂ֔וֹת בַּמַּלְכָּ֖ה וַשְׁתִּ֑י עַ֣ל ׀ אֲשֶׁ֣ר לֹֽא־עָשְׂתָ֗ה אֶֽת־
טז מַאֲמַר֙ הַמֶּ֣לֶךְ אֲחַשְׁוֵר֔וֹשׁ בְּיַ֖ד הַסָּרִיסִֽים׃ וַיֹּ֣אמֶר

מְמוּכָן מומכן לִפְנֵי הַמֶּלֶךְ וְהַשָּׂרִים לֹא עַל־הַמֶּלֶךְ לְבַדּוֹ עָוְתָה
וַשְׁתִּי הַמַּלְכָּה כִּי עַל־כָּל־הַשָּׂרִים וְעַל־כָּל־הָעַמִּים אֲשֶׁר בְּכָל־
מְדִינוֹת הַמֶּלֶךְ אֲחַשְׁוֵרוֹשׁ׃ כִּי־יֵצֵא דְבַר־הַמַּלְכָּה עַל־כָּל־ יז
הַנָּשִׁים לְהַבְזוֹת בַּעְלֵיהֶן בְּעֵינֵיהֶן בְּאָמְרָם הַמֶּלֶךְ אֲחַשְׁוֵרוֹשׁ
אָמַר לְהָבִיא אֶת־וַשְׁתִּי הַמַּלְכָּה לְפָנָיו וְלֹא־בָאָה׃ וְהַיּוֹם יח
הַזֶּה תֹּאמַרְנָה ׀ שָׂרוֹת פָּרַס־וּמָדַי אֲשֶׁר שָׁמְעוּ אֶת־דְּבַר
הַמַּלְכָּה לְכֹל שָׂרֵי הַמֶּלֶךְ וּכְדַי בִּזָּיוֹן וָקָצֶף׃ אִם־עַל־הַמֶּלֶךְ יט
טוֹב יֵצֵא דְבַר־מַלְכוּת מִלְּפָנָיו וְיִכָּתֵב בְּדָתֵי פָרַס־וּמָדַי וְלֹא
יַעֲבוֹר אֲשֶׁר לֹא־תָבוֹא וַשְׁתִּי לִפְנֵי הַמֶּלֶךְ אֲחַשְׁוֵרוֹשׁ וּמַלְכוּתָהּ
יִתֵּן הַמֶּלֶךְ לִרְעוּתָהּ הַטּוֹבָה מִמֶּנָּה׃ וְנִשְׁמַע פִּתְגָם הַמֶּלֶךְ כ
אֲשֶׁר־יַעֲשֶׂה בְּכָל־מַלְכוּתוֹ כִּי רַבָּה הִיא וְכָל־הַנָּשִׁים יִתְּנוּ
יְקָר לְבַעְלֵיהֶן לְמִגָּדוֹל וְעַד־קָטָן׃ וַיִּיטַב הַדָּבָר בְּעֵינֵי הַמֶּלֶךְ כא
וְהַשָּׂרִים וַיַּעַשׂ הַמֶּלֶךְ כִּדְבַר מְמוּכָן׃ וַיִּשְׁלַח סְפָרִים אֶל־ כב
כָּל־מְדִינוֹת הַמֶּלֶךְ אֶל־מְדִינָה וּמְדִינָה כִּכְתָבָהּ וְאֶל־עַם
וָעָם כִּלְשׁוֹנוֹ לִהְיוֹת כָּל־אִישׁ שֹׂרֵר בְּבֵיתוֹ וּמְדַבֵּר כִּלְשׁוֹן
עַמּוֹ׃ אַחַר הַדְּבָרִים הָאֵלֶּה כְּשֹׁךְ חֲמַת הַמֶּלֶךְ א ב
אֲחַשְׁוֵרוֹשׁ זָכַר אֶת־וַשְׁתִּי וְאֵת אֲשֶׁר־עָשָׂתָה וְאֵת אֲשֶׁר־נִגְזַר
עָלֶיהָ׃ וַיֹּאמְרוּ נַעֲרֵי־הַמֶּלֶךְ מְשָׁרְתָיו יְבַקְשׁוּ לַמֶּלֶךְ נְעָרוֹת ב
בְּתוּלוֹת טוֹבוֹת מַרְאֶה׃ וְיַפְקֵד הַמֶּלֶךְ פְּקִידִים בְּכָל־מְדִינוֹת ג
מַלְכוּתוֹ וְיִקְבְּצוּ אֶת־כָּל־נַעֲרָה־בְתוּלָה טוֹבַת מַרְאֶה אֶל־
שׁוּשַׁן הַבִּירָה אֶל־בֵּית הַנָּשִׁים אֶל־יַד הֵגֶא סְרִיס הַמֶּלֶךְ
שֹׁמֵר הַנָּשִׁים וְנָתוֹן תַּמְרוּקֵיהֶן׃ וְהַנַּעֲרָה אֲשֶׁר תִּיטַב בְּעֵינֵי ד
הַמֶּלֶךְ תִּמְלֹךְ תַּחַת וַשְׁתִּי וַיִּיטַב הַדָּבָר בְּעֵינֵי הַמֶּלֶךְ וַיַּעַשׂ
כֵּן׃ אִישׁ יְהוּדִי הָיָה בְּשׁוּשַׁן הַבִּירָה וּשְׁמוֹ ה ב
מָרְדֳּכַי בֶּן יָאִיר בֶּן־שִׁמְעִי בֶּן־קִישׁ אִישׁ יְמִינִי׃ אֲשֶׁר הָגְלָה ו
מִירוּשָׁלַיִם עִם־הַגֹּלָה אֲשֶׁר הָגְלְתָה עִם יְכָנְיָה מֶלֶךְ־יְהוּדָה
אֲשֶׁר הֶגְלָה נְבוּכַדְנֶאצַּר מֶלֶךְ בָּבֶל׃ וַיְהִי אֹמֵן אֶת־הֲדַסָּה ז

הִיא אֶסְתֵּר בַּת־דֹּדוֹ כִּי אֵין לָהּ אָב וָאֵם וְהַנַּעֲרָה יְפַת־
תֹּאַר וְטוֹבַת מַרְאֶה וּבְמוֹת אָבִיהָ וְאִמָּהּ לְקָחָהּ מָרְדֳּכַי לוֹ
ח לְבַת: וַיְהִי בְּהִשָּׁמַע דְּבַר־הַמֶּלֶךְ וְדָתוֹ וּבְהִקָּבֵץ נְעָרוֹת רַבּוֹת
אֶל־שׁוּשַׁן הַבִּירָה אֶל־יַד הֵגָי וַתִּלָּקַח אֶסְתֵּר אֶל־בֵּית הַמֶּלֶךְ
ט אֶל־יַד הֵגַי שֹׁמֵר הַנָּשִׁים: וַתִּיטַב הַנַּעֲרָה בְעֵינָיו וַתִּשָּׂא חֶסֶד
לְפָנָיו וַיְבַהֵל אֶת־תַּמְרוּקֶיהָ וְאֶת־מָנוֹתֶהָ לָתֶת לָהּ וְאֵת
שֶׁבַע הַנְּעָרוֹת הָרְאֻיוֹת לָתֶת־לָהּ מִבֵּית הַמֶּלֶךְ וַיְשַׁנֶּהָ וְאֶת־
י נַעֲרוֹתֶיהָ לְטוֹב בֵּית הַנָּשִׁים: לֹא־הִגִּידָה אֶסְתֵּר אֶת־עַמָּהּ
יא וְאֶת־מוֹלַדְתָּהּ כִּי מָרְדֳּכַי צִוָּה עָלֶיהָ אֲשֶׁר לֹא־תַגִּיד: וּבְכָל־
יוֹם וָיוֹם מָרְדֳּכַי מִתְהַלֵּךְ לִפְנֵי חֲצַר בֵּית־הַנָּשִׁים לָדַעַת אֶת־
יב שְׁלוֹם אֶסְתֵּר וּמַה־יֵּעָשֶׂה בָּהּ: וּבְהַגִּיעַ תֹּר נַעֲרָה וְנַעֲרָה
לָבוֹא ׀ אֶל־הַמֶּלֶךְ אֲחַשְׁוֵרוֹשׁ מִקֵּץ הֱיוֹת לָהּ כְּדָת הַנָּשִׁים
שְׁנֵים עָשָׂר חֹדֶשׁ כִּי כֵּן יִמְלְאוּ יְמֵי מְרוּקֵיהֶן שִׁשָּׁה חֳדָשִׁים
בְּשֶׁמֶן הַמֹּר וְשִׁשָּׁה חֳדָשִׁים בַּבְּשָׂמִים וּבְתַמְרוּקֵי הַנָּשִׁים:
יג וּבָזֶה הַנַּעֲרָה בָּאָה אֶל־הַמֶּלֶךְ אֵת כָּל־אֲשֶׁר תֹּאמַר יִנָּתֵן לָהּ
יד לָבוֹא עִמָּהּ מִבֵּית הַנָּשִׁים עַד־בֵּית הַמֶּלֶךְ: בָּעֶרֶב ׀ הִיא בָאָה
וּבַבֹּקֶר הִיא שָׁבָה אֶל־בֵּית הַנָּשִׁים שֵׁנִי אֶל־יַד שַׁעַשְׁגַז סְרִיס
הַמֶּלֶךְ שֹׁמֵר הַפִּילַגְשִׁים לֹא־תָבוֹא עוֹד אֶל־הַמֶּלֶךְ כִּי אִם־
טו חָפֵץ בָּהּ הַמֶּלֶךְ וְנִקְרְאָה בְשֵׁם: וּבְהַגִּיעַ תֹּר־אֶסְתֵּר בַּת־
אֲבִיחַיִל ׀ דֹּד מָרְדֳּכַי אֲשֶׁר לָקַח־לוֹ לְבַת לָבוֹא אֶל־הַמֶּלֶךְ
לֹא בִקְשָׁה דָּבָר כִּי אִם אֶת־אֲשֶׁר יֹאמַר הֵגַי סְרִיס־הַמֶּלֶךְ
טז שֹׁמֵר הַנָּשִׁים וַתְּהִי אֶסְתֵּר נֹשֵׂאת חֵן בְּעֵינֵי כָּל־רֹאֶיהָ: וַתִּלָּקַח
אֶסְתֵּר אֶל־הַמֶּלֶךְ אֲחַשְׁוֵרוֹשׁ אֶל־בֵּית מַלְכוּתוֹ בַּחֹדֶשׁ
יז הָעֲשִׂירִי הוּא־חֹדֶשׁ טֵבֵת בִּשְׁנַת־שֶׁבַע לְמַלְכוּתוֹ: וַיֶּאֱהַב
הַמֶּלֶךְ אֶת־אֶסְתֵּר מִכָּל־הַנָּשִׁים וַתִּשָּׂא־חֵן וָחֶסֶד לְפָנָיו מִכָּל־
הַבְּתוּלוֹת וַיָּשֶׂם כֶּתֶר־מַלְכוּת בְּרֹאשָׁהּ וַיַּמְלִיכֶהָ תַּחַת וַשְׁתִּי:
יח וַיַּעַשׂ הַמֶּלֶךְ מִשְׁתֶּה גָדוֹל לְכָל־שָׂרָיו וַעֲבָדָיו אֵת מִשְׁתֵּה

אֶסְתֵּר וַהֲנָחָה לַמְּדִינוֹת עָשָׂה וַיִּתֵּן מַשְׂאֵת כְּיַד הַמֶּלֶךְ׃
וּבְהִקָּבֵץ בְּתוּלוֹת שֵׁנִית וּמָרְדֳּכַי יֹשֵׁב בְּשַׁעַר־הַמֶּלֶךְ׃ אֵין יט כ
אֶסְתֵּר מַגֶּדֶת מוֹלַדְתָּהּ וְאֶת־עַמָּהּ כַּאֲשֶׁר צִוָּה עָלֶיהָ מָרְדֳּכָי
וְאֶת־מַאֲמַר מָרְדֳּכַי אֶסְתֵּר עֹשָׂה כַּאֲשֶׁר הָיְתָה בְאָמְנָה
אִתּוֹ׃ בַּיָּמִים הָהֵם וּמָרְדֳּכַי יֹשֵׁב בְּשַׁעַר־הַמֶּלֶךְ כא
קָצַף בִּגְתָן וָתֶרֶשׁ שְׁנֵי־סָרִיסֵי הַמֶּלֶךְ מִשֹּׁמְרֵי הַסַּף וַיְבַקְשׁוּ
לִשְׁלֹחַ יָד בַּמֶּלֶךְ אֲחַשְׁוֵרֹשׁ׃ וַיִּוָּדַע הַדָּבָר לְמָרְדֳּכַי וַיַּגֵּד כב
לְאֶסְתֵּר הַמַּלְכָּה וַתֹּאמֶר אֶסְתֵּר לַמֶּלֶךְ בְּשֵׁם מָרְדֳּכָי׃ וַיְבֻקַּשׁ כג
הַדָּבָר וַיִּמָּצֵא וַיִּתָּלוּ שְׁנֵיהֶם עַל־עֵץ וַיִּכָּתֵב בְּסֵפֶר דִּבְרֵי הַיָּמִים
לִפְנֵי הַמֶּלֶךְ׃ אַחַר ׀ הַדְּבָרִים הָאֵלֶּה גִּדַּל הַמֶּלֶךְ א ג
אֲחַשְׁוֵרוֹשׁ אֶת־הָמָן בֶּן־הַמְּדָתָא הָאֲגָגִי וַיְנַשְּׂאֵהוּ וַיָּשֶׂם אֶת־
כִּסְאוֹ מֵעַל כָּל־הַשָּׂרִים אֲשֶׁר אִתּוֹ׃ וְכָל־עַבְדֵי הַמֶּלֶךְ אֲשֶׁר־ ב
בְּשַׁעַר הַמֶּלֶךְ כֹּרְעִים וּמִשְׁתַּחֲוִים לְהָמָן כִּי־כֵן צִוָּה־לוֹ הַמֶּלֶךְ
וּמָרְדֳּכַי לֹא יִכְרַע וְלֹא יִשְׁתַּחֲוֶה׃ וַיֹּאמְרוּ עַבְדֵי הַמֶּלֶךְ אֲשֶׁר־ ג
בְּשַׁעַר הַמֶּלֶךְ לְמָרְדֳּכָי מַדּוּעַ אַתָּה עוֹבֵר אֵת מִצְוַת הַמֶּלֶךְ׃ וַיְהִי ד
באמרם אֵלָיו יוֹם וָיוֹם וְלֹא שָׁמַע אֲלֵיהֶם וַיַּגִּידוּ לְהָמָן לִרְאוֹת כְּאָמְרָם
הֲיַעַמְדוּ דִּבְרֵי מָרְדֳּכַי כִּי־הִגִּיד לָהֶם אֲשֶׁר־הוּא יְהוּדִי׃ וַיַּרְא הָמָן ה
כִּי־אֵין מָרְדֳּכַי כֹּרֵעַ וּמִשְׁתַּחֲוֶה לוֹ וַיִּמָּלֵא הָמָן חֵמָה׃ וַיִּבֶז בְּעֵינָיו ו
לִשְׁלֹחַ יָד בְּמָרְדֳּכַי לְבַדּוֹ כִּי־הִגִּידוּ לוֹ אֶת־עַם מָרְדֳּכָי וַיְבַקֵּשׁ
הָמָן לְהַשְׁמִיד אֶת־כָּל־הַיְּהוּדִים אֲשֶׁר בְּכָל־מַלְכוּת אֲחַשְׁוֵרוֹשׁ
עַם מָרְדֳּכָי׃ בַּחֹדֶשׁ הָרִאשׁוֹן הוּא־חֹדֶשׁ נִיסָן בִּשְׁנַת שְׁתֵּים ז
עֶשְׂרֵה לַמֶּלֶךְ אֲחַשְׁוֵרוֹשׁ הִפִּיל פּוּר הוּא הַגּוֹרָל לִפְנֵי
הָמָן מִיּוֹם ׀ לְיוֹם וּמֵחֹדֶשׁ לְחֹדֶשׁ שְׁנֵים־עָשָׂר הוּא־חֹדֶשׁ
ג אֲדָר׃ וַיֹּאמֶר הָמָן לַמֶּלֶךְ אֲחַשְׁוֵרוֹשׁ יֶשְׁנוֹ עַם־ ח
אֶחָד מְפֻזָּר וּמְפֹרָד בֵּין הָעַמִּים בְּכֹל מְדִינוֹת מַלְכוּתֶךָ וְדָתֵיהֶם
שֹׁנוֹת מִכָּל־עָם וְאֶת־דָּתֵי הַמֶּלֶךְ אֵינָם עֹשִׂים וְלַמֶּלֶךְ אֵין־שֹׁוֶה
לְהַנִּיחָם׃ אִם־עַל־הַמֶּלֶךְ טוֹב יִכָּתֵב לְאַבְּדָם וַעֲשֶׂרֶת אֲלָפִים ט

כִּכַּר־כֶּסֶף אֶשְׁקוֹל עַל־יְדֵי עֹשֵׂי הַמְּלָאכָה לְהָבִיא אֶל־גִּנְזֵי
י הַמֶּלֶךְ׃ וַיָּסַר הַמֶּלֶךְ אֶת־טַבַּעְתּוֹ מֵעַל יָדוֹ וַיִּתְּנָהּ לְהָמָן בֶּן־
יא הַמְּדָתָא הָאֲגָגִי צֹרֵר הַיְּהוּדִים׃ וַיֹּאמֶר הַמֶּלֶךְ לְהָמָן הַכֶּסֶף
יב נָתוּן לָךְ וְהָעָם לַעֲשׂוֹת בּוֹ כַּטּוֹב בְּעֵינֶיךָ׃ וַיִּקָּרְאוּ סֹפְרֵי הַמֶּלֶךְ
בַּחֹדֶשׁ הָרִאשׁוֹן בִּשְׁלוֹשָׁה עָשָׂר יוֹם בּוֹ וַיִּכָּתֵב כְּכָל־אֲשֶׁר־צִוָּה
הָמָן אֶל אֲחַשְׁדַּרְפְּנֵי־הַמֶּלֶךְ וְאֶל־הַפַּחוֹת אֲשֶׁר ׀ עַל־מְדִינָה
וּמְדִינָה וְאֶל־שָׂרֵי עַם וָעָם מְדִינָה וּמְדִינָה כִּכְתָבָהּ וְעַם וָעָם
כִּלְשׁוֹנוֹ בְּשֵׁם הַמֶּלֶךְ אֲחַשְׁוֵרֹשׁ נִכְתָּב וְנֶחְתָּם בְּטַבַּעַת הַמֶּלֶךְ׃
יג וְנִשְׁלוֹחַ סְפָרִים בְּיַד הָרָצִים אֶל־כָּל־מְדִינוֹת הַמֶּלֶךְ לְהַשְׁמִיד
לַהֲרֹג וּלְאַבֵּד אֶת־כָּל־הַיְּהוּדִים מִנַּעַר וְעַד־זָקֵן טַף וְנָשִׁים
בְּיוֹם אֶחָד בִּשְׁלוֹשָׁה עָשָׂר לְחֹדֶשׁ שְׁנֵים־עָשָׂר הוּא־חֹדֶשׁ אֲדָר
יד וּשְׁלָלָם לָבוֹז׃ פַּתְשֶׁגֶן הַכְּתָב לְהִנָּתֵן דָּת בְּכָל־מְדִינָה וּמְדִינָה
טו גָּלוּי לְכָל־הָעַמִּים לִהְיוֹת עֲתִדִים לַיּוֹם הַזֶּה׃ הָרָצִים יָצְאוּ
דְחוּפִים בִּדְבַר הַמֶּלֶךְ וְהַדָּת נִתְּנָה בְּשׁוּשַׁן הַבִּירָה וְהַמֶּלֶךְ
ד א וְהָמָן יָשְׁבוּ לִשְׁתּוֹת וְהָעִיר שׁוּשָׁן נָבוֹכָה׃ וּמָרְדֳּכַי
יָדַע אֶת־כָּל־אֲשֶׁר נַעֲשָׂה וַיִּקְרַע מָרְדֳּכַי אֶת־בְּגָדָיו וַיִּלְבַּשׁ
ב שַׂק וָאֵפֶר וַיֵּצֵא בְּתוֹךְ הָעִיר וַיִּזְעַק זְעָקָה גְדֹלָה וּמָרָה׃ וַיָּבוֹא
עַד לִפְנֵי שַׁעַר־הַמֶּלֶךְ כִּי אֵין לָבוֹא אֶל־שַׁעַר הַמֶּלֶךְ בִּלְבוּשׁ
ג שָׂק׃ וּבְכָל־מְדִינָה וּמְדִינָה מְקוֹם אֲשֶׁר דְּבַר־הַמֶּלֶךְ וְדָתוֹ
מַגִּיעַ אֵבֶל גָּדוֹל לַיְּהוּדִים וְצוֹם וּבְכִי וּמִסְפֵּד שַׂק וָאֵפֶר יֻצַּע
ד לָרַבִּים׃ ותבואינה נַעֲרוֹת אֶסְתֵּר וְסָרִיסֶיהָ וַיַּגִּידוּ לָהּ וַתָּבוֹאנָה
וַתִּתְחַלְחַל הַמַּלְכָּה מְאֹד וַתִּשְׁלַח בְּגָדִים לְהַלְבִּישׁ אֶת־
ה מָרְדֳּכַי וּלְהָסִיר שַׂקּוֹ מֵעָלָיו וְלֹא קִבֵּל׃ וַתִּקְרָא אֶסְתֵּר לַהֲתָךְ
מִסָּרִיסֵי הַמֶּלֶךְ אֲשֶׁר הֶעֱמִיד לְפָנֶיהָ וַתְּצַוֵּהוּ עַל־מָרְדֳּכָי לָדַעַת
ו מַה־זֶּה וְעַל־מַה־זֶּה׃ וַיֵּצֵא הֲתָךְ אֶל־מָרְדֳּכָי אֶל־רְחוֹב הָעִיר
ז אֲשֶׁר לִפְנֵי שַׁעַר־הַמֶּלֶךְ׃ וַיַּגֶּד־לוֹ מָרְדֳּכַי אֵת כָּל־אֲשֶׁר קָרָהוּ
וְאֵת ׀ פָּרָשַׁת הַכֶּסֶף אֲשֶׁר אָמַר הָמָן לִשְׁקוֹל עַל־גִּנְזֵי הַמֶּלֶךְ

בַּיְּהוּדִים

ח בַּיְּהוּדִים לְאַבְּדָם׃ וְאֶת־פַּתְשֶׁגֶן כְּתָב־הַדָּת אֲשֶׁר־נִתַּן בְּשׁוּשָׁן
לְהַשְׁמִידָם נָתַן לוֹ לְהַרְאוֹת אֶת־אֶסְתֵּר וּלְהַגִּיד לָהּ וּלְצַוּוֹת
עָלֶיהָ לָבוֹא אֶל־הַמֶּלֶךְ לְהִתְחַנֶּן־לוֹ וּלְבַקֵּשׁ מִלְּפָנָיו עַל־
ט י עַמָּהּ׃ וַיָּבוֹא הֲתָךְ וַיַּגֵּד לְאֶסְתֵּר אֵת דִּבְרֵי מָרְדֳּכָי׃ וַתֹּאמֶר
יא אֶסְתֵּר לַהֲתָךְ וַתְּצַוֵּהוּ אֶל־מָרְדֳּכָי׃ כָּל־עַבְדֵי הַמֶּלֶךְ וְעַם
מְדִינוֹת הַמֶּלֶךְ יֹדְעִים אֲשֶׁר כָּל־אִישׁ וְאִשָּׁה אֲשֶׁר־יָבוֹא
אֶל־הַמֶּלֶךְ אֶל־הֶחָצֵר הַפְּנִימִית אֲשֶׁר לֹא־יִקָּרֵא אַחַת דָּתוֹ
לְהָמִית לְבַד מֵאֲשֶׁר יוֹשִׁיט־לוֹ הַמֶּלֶךְ אֶת־שַׁרְבִיט הַזָּהָב
וְחָיָה וַאֲנִי לֹא נִקְרֵאתִי לָבוֹא אֶל־הַמֶּלֶךְ זֶה שְׁלוֹשִׁים יוֹם׃
יב יג וַיַּגִּידוּ לְמָרְדֳּכָי אֵת דִּבְרֵי אֶסְתֵּר׃ וַיֹּאמֶר מָרְדֳּכַי לְהָשִׁיב
אֶל־אֶסְתֵּר אַל־תְּדַמִּי בְנַפְשֵׁךְ לְהִמָּלֵט בֵּית־הַמֶּלֶךְ מִכָּל־
יד הַיְּהוּדִים׃ כִּי אִם־הַחֲרֵשׁ תַּחֲרִישִׁי בָּעֵת הַזֹּאת רֶוַח וְהַצָּלָה
יַעֲמוֹד לַיְּהוּדִים מִמָּקוֹם אַחֵר וְאַתְּ וּבֵית־אָבִיךְ תֹּאבֵדוּ וּמִי
טו יוֹדֵעַ אִם־לְעֵת כָּזֹאת הִגַּעַתְּ לַמַּלְכוּת׃ וַתֹּאמֶר אֶסְתֵּר
טז לְהָשִׁיב אֶל־מָרְדֳּכָי׃ לֵךְ כְּנוֹס אֶת־כָּל־הַיְּהוּדִים הַנִּמְצְאִים
בְּשׁוּשָׁן וְצוּמוּ עָלַי וְאַל־תֹּאכְלוּ וְאַל־תִּשְׁתּוּ שְׁלֹשֶׁת יָמִים
לַיְלָה וָיוֹם גַּם־אֲנִי וְנַעֲרֹתַי אָצוּם כֵּן וּבְכֵן אָבוֹא אֶל־הַמֶּלֶךְ
יז אֲשֶׁר לֹא־כַדָּת וְכַאֲשֶׁר אָבַדְתִּי אָבָדְתִּי׃ וַיַּעֲבֹר מָרְדֳּכָי וַיַּעַשׂ
א ה כְּכֹל אֲשֶׁר־צִוְּתָה עָלָיו אֶסְתֵּר׃ וַיְהִי ׀ בַּיּוֹם הַשְּׁלִישִׁי וַתִּלְבַּשׁ
אֶסְתֵּר מַלְכוּת וַתַּעֲמֹד בַּחֲצַר בֵּית־הַמֶּלֶךְ הַפְּנִימִית נֹכַח
בֵּית הַמֶּלֶךְ וְהַמֶּלֶךְ יוֹשֵׁב עַל־כִּסֵּא מַלְכוּתוֹ בְּבֵית הַמַּלְכוּת
ב נֹכַח פֶּתַח הַבָּיִת׃ וַיְהִי כִרְאוֹת הַמֶּלֶךְ אֶת־אֶסְתֵּר הַמַּלְכָּה
עֹמֶדֶת בֶּחָצֵר נָשְׂאָה חֵן בְּעֵינָיו וַיּוֹשֶׁט הַמֶּלֶךְ לְאֶסְתֵּר אֶת־
שַׁרְבִיט הַזָּהָב אֲשֶׁר בְּיָדוֹ וַתִּקְרַב אֶסְתֵּר וַתִּגַּע בְּרֹאשׁ
ג הַשַּׁרְבִיט׃ וַיֹּאמֶר לָהּ הַמֶּלֶךְ מַה־לָּךְ אֶסְתֵּר הַמַּלְכָּה וּמַה־
ד בַּקָּשָׁתֵךְ עַד־חֲצִי הַמַּלְכוּת וְיִנָּתֵן לָךְ׃ וַתֹּאמֶר אֶסְתֵּר אִם־
עַל־הַמֶּלֶךְ טוֹב יָבוֹא הַמֶּלֶךְ וְהָמָן הַיּוֹם אֶל־הַמִּשְׁתֶּה אֲשֶׁר־

ה עשיתי לו: ויאמר המלך מהרו את־המן לעשות את־דבר
אסתר ויבא המלך והמן אל־המשתה אשר־עשתה אסתר:
ו ויאמר המלך לאסתר במשתה היין מה־שאלתך וינתן לך
ז ומה־בקשתך עד־חצי המלכות ותעש: ותען אסתר ותאמר
ח שאלתי ובקשתי: אם־מצאתי חן בעיני המלך ואם־על־
המלך טוב לתת את־שאלתי ולעשות את־בקשתי יבוא
המלך והמן אל־המשתה אשר אעשה להם ומחר אעשה
ט כדבר המלך: ויצא המן ביום ההוא שמח וטוב לב וכראות
המן את־מרדכי בשער המלך ולא־קם ולא־זע ממנו וימלא
י המן על־מרדכי חמה: ויתאפק המן ויבוא אל־ביתו וישלח
יא ויבא את־אהביו ואת־זרש אשתו: ויספר להם המן את־
כבוד עשרו ורב בניו ואת כל־אשר גדלו המלך ואת אשר
יב נשאו על־השרים ועבדי המלך: ויאמר המן אף לא־הביאה
אסתר המלכה עם־המלך אל־המשתה אשר־עשתה כי
יג אם־אותי וגם־למחר אני קרוא־לה עם־המלך: וכל־זה איננו
שוה לי בכל־עת אשר אני ראה את־מרדכי היהודי יושב
יד בשער המלך: ותאמר לו זרש אשתו וכל־אהביו יעשו־עץ
גבה חמשים אמה ובבקר ׀ אמר למלך ויתלו את־מרדכי
עליו ובא־עם־המלך אל־המשתה שמח וייטב הדבר לפני
ו א המן ויעש העץ: בלילה ההוא נדדה שנת
המלך ויאמר להביא את־ספר הזכרנות דברי הימים ויהיו
ב נקראים לפני המלך: וימצא כתוב אשר הגיד מרדכי על־
בגתנא ותרש שני סריסי המלך משמרי הסף אשר בקשו
ג לשלח יד במלך אחשורוש: ויאמר המלך מה־נעשה יקר
וגדולה למרדכי על־זה ויאמרו נערי המלך משרתיו לא־
ד נעשה עמו דבר: ויאמר המלך מי בחצר והמן בא לחצר
בית־המלך החיצונה לאמר למלך לתלות את־מרדכי על־

ה הָעֵץ אֲשֶׁר־הֵכִין לוֹ: וַיֹּאמְרוּ נַעֲרֵי הַמֶּלֶךְ אֵלָיו הִנֵּה הָמָן
ו עֹמֵד בֶּחָצֵר וַיֹּאמֶר הַמֶּלֶךְ יָבוֹא: וַיָּבוֹא הָמָן וַיֹּאמֶר לוֹ
הַמֶּלֶךְ מַה־לַּעֲשׂוֹת בָּאִישׁ אֲשֶׁר הַמֶּלֶךְ חָפֵץ בִּיקָרוֹ וַיֹּאמֶר
ז הָמָן בְּלִבּוֹ לְמִי יַחְפֹּץ הַמֶּלֶךְ לַעֲשׂוֹת יְקָר יוֹתֵר מִמֶּנִּי: וַיֹּאמֶר
ח הָמָן אֶל־הַמֶּלֶךְ אִישׁ אֲשֶׁר הַמֶּלֶךְ חָפֵץ בִּיקָרוֹ: יָבִיאוּ לְבוּשׁ
מַלְכוּת אֲשֶׁר לָבַשׁ־בּוֹ הַמֶּלֶךְ וְסוּס אֲשֶׁר רָכַב עָלָיו הַמֶּלֶךְ
ט וַאֲשֶׁר נִתַּן כֶּתֶר מַלְכוּת בְּרֹאשׁוֹ: וְנָתוֹן הַלְּבוּשׁ וְהַסּוּס עַל־
יַד־אִישׁ מִשָּׂרֵי הַמֶּלֶךְ הַפַּרְתְּמִים וְהִלְבִּשׁוּ אֶת־הָאִישׁ אֲשֶׁר
הַמֶּלֶךְ חָפֵץ בִּיקָרוֹ וְהִרְכִּיבֻהוּ עַל־הַסּוּס בִּרְחוֹב הָעִיר וְקָרְאוּ
י לְפָנָיו כָּכָה יֵעָשֶׂה לָאִישׁ אֲשֶׁר הַמֶּלֶךְ חָפֵץ בִּיקָרוֹ: וַיֹּאמֶר
הַמֶּלֶךְ לְהָמָן מַהֵר קַח אֶת־הַלְּבוּשׁ וְאֶת־הַסּוּס כַּאֲשֶׁר דִּבַּרְתָּ
וַעֲשֵׂה־כֵן לְמָרְדֳּכַי הַיְּהוּדִי הַיּוֹשֵׁב בְּשַׁעַר הַמֶּלֶךְ אַל־תַּפֵּל
יא דָּבָר מִכֹּל אֲשֶׁר דִּבַּרְתָּ: וַיִּקַּח הָמָן אֶת־הַלְּבוּשׁ וְאֶת־הַסּוּס ד
וַיַּלְבֵּשׁ אֶת־מָרְדֳּכָי וַיַּרְכִּיבֵהוּ בִּרְחוֹב הָעִיר וַיִּקְרָא לְפָנָיו כָּכָה
יב יֵעָשֶׂה לָאִישׁ אֲשֶׁר הַמֶּלֶךְ חָפֵץ בִּיקָרוֹ: וַיָּשָׁב מָרְדֳּכַי אֶל־
יג שַׁעַר הַמֶּלֶךְ וְהָמָן נִדְחַף אֶל־בֵּיתוֹ אָבֵל וַחֲפוּי רֹאשׁ: וַיְסַפֵּר
הָמָן לְזֶרֶשׁ אִשְׁתּוֹ וּלְכָל־אֹהֲבָיו אֵת כָּל־אֲשֶׁר קָרָהוּ וַיֹּאמְרוּ
לוֹ חֲכָמָיו וְזֶרֶשׁ אִשְׁתּוֹ אִם מִזֶּרַע הַיְּהוּדִים מָרְדֳּכַי אֲשֶׁר
יד הַחִלּוֹתָ לִנְפֹּל לְפָנָיו לֹא־תוּכַל לוֹ כִּי־נָפוֹל תִּפּוֹל לְפָנָיו: עוֹדָם
מְדַבְּרִים עִמּוֹ וְסָרִיסֵי הַמֶּלֶךְ הִגִּיעוּ וַיַּבְהִלוּ לְהָבִיא אֶת־הָמָן
ז א אֶל־הַמִּשְׁתֶּה אֲשֶׁר־עָשְׂתָה אֶסְתֵּר: וַיָּבֹא הַמֶּלֶךְ וְהָמָן לִשְׁתּוֹת
ב עִם־אֶסְתֵּר הַמַּלְכָּה: וַיֹּאמֶר הַמֶּלֶךְ לְאֶסְתֵּר גַּם בַּיּוֹם הַשֵּׁנִי
בְּמִשְׁתֵּה הַיַּיִן מַה־שְּׁאֵלָתֵךְ אֶסְתֵּר הַמַּלְכָּה וְתִנָּתֵן לָךְ וּמַה־
ג בַּקָּשָׁתֵךְ עַד־חֲצִי הַמַּלְכוּת וְתֵעָשׂ: וַתַּעַן אֶסְתֵּר הַמַּלְכָּה
וַתֹּאמַר אִם־מָצָאתִי חֵן בְּעֵינֶיךָ הַמֶּלֶךְ וְאִם־עַל־הַמֶּלֶךְ טוֹב
ד תִּנָּתֶן־לִי נַפְשִׁי בִּשְׁאֵלָתִי וְעַמִּי בְּבַקָּשָׁתִי: כִּי נִמְכַּרְנוּ אֲנִי
וְעַמִּי לְהַשְׁמִיד לַהֲרוֹג וּלְאַבֵּד וְאִלּוּ לַעֲבָדִים וְלִשְׁפָחוֹת נִמְכַּרְנוּ

ה הֶחֱרַשְׁתִּי כִּי אֵין הַצָּר שֹׁוֶה בְּנֵזֶק הַמֶּלֶךְ׃ וַיֹּאמֶר
הַמֶּלֶךְ אֲחַשְׁוֵרוֹשׁ וַיֹּאמֶר לְאֶסְתֵּר הַמַּלְכָּה מִי הוּא זֶה וְאֵי־זֶה
ו הוּא אֲשֶׁר־מְלָאוֹ לִבּוֹ לַעֲשׂוֹת כֵּן׃ וַתֹּאמֶר אֶסְתֵּר אִישׁ צַר וְאוֹיֵב
ז הָמָן הָרָע הַזֶּה וְהָמָן נִבְעַת מִלִּפְנֵי הַמֶּלֶךְ וְהַמַּלְכָּה׃ וְהַמֶּלֶךְ
קָם בַּחֲמָתוֹ מִמִּשְׁתֵּה הַיַּיִן אֶל־גִּנַּת הַבִּיתָן וְהָמָן עָמַד לְבַקֵּשׁ
עַל־נַפְשׁוֹ מֵאֶסְתֵּר הַמַּלְכָּה כִּי רָאָה כִּי־כָלְתָה אֵלָיו הָרָעָה
ח מֵאֵת הַמֶּלֶךְ׃ וְהַמֶּלֶךְ שָׁב מִגִּנַּת הַבִּיתָן אֶל־בֵּית ׀ מִשְׁתֵּה
הַיַּיִן וְהָמָן נֹפֵל עַל־הַמִּטָּה אֲשֶׁר אֶסְתֵּר עָלֶיהָ וַיֹּאמֶר הַמֶּלֶךְ
הֲגַם לִכְבּוֹשׁ אֶת־הַמַּלְכָּה עִמִּי בַּבָּיִת הַדָּבָר יָצָא מִפִּי הַמֶּלֶךְ
ט וּפְנֵי הָמָן חָפוּ׃ וַיֹּאמֶר חַרְבוֹנָה אֶחָד מִן־הַסָּרִיסִים לִפְנֵי
הַמֶּלֶךְ גַּם הִנֵּה־הָעֵץ אֲשֶׁר־עָשָׂה הָמָן לְמָרְדֳּכַי אֲשֶׁר דִּבֶּר־טוֹב
עַל־הַמֶּלֶךְ עֹמֵד בְּבֵית הָמָן גָּבֹהַּ חֲמִשִּׁים אַמָּה וַיֹּאמֶר הַמֶּלֶךְ
י תְּלֻהוּ עָלָיו׃ וַיִּתְלוּ אֶת־הָמָן עַל־הָעֵץ אֲשֶׁר־הֵכִין לְמָרְדֳּכָי
ח א וַחֲמַת הַמֶּלֶךְ שָׁכָכָה׃ בַּיּוֹם הַהוּא נָתַן הַמֶּלֶךְ
אֲחַשְׁוֵרוֹשׁ לְאֶסְתֵּר הַמַּלְכָּה אֶת־בֵּית הָמָן צֹרֵר היהודיים הַיְּהוּדִים
ב וּמָרְדֳּכַי בָּא לִפְנֵי הַמֶּלֶךְ כִּי־הִגִּידָה אֶסְתֵּר מַה הוּא־לָהּ׃ וַיָּסַר
הַמֶּלֶךְ אֶת־טַבַּעְתּוֹ אֲשֶׁר הֶעֱבִיר מֵהָמָן וַיִּתְּנָהּ לְמָרְדֳּכָי וַתָּשֶׂם
ג אֶסְתֵּר אֶת־מָרְדֳּכַי עַל־בֵּית הָמָן׃ וַתּוֹסֶף אֶסְתֵּר
וַתְּדַבֵּר לִפְנֵי הַמֶּלֶךְ וַתִּפֹּל לִפְנֵי רַגְלָיו וַתֵּבְךְּ וַתִּתְחַנֶּן־לוֹ
לְהַעֲבִיר אֶת־רָעַת הָמָן הָאֲגָגִי וְאֵת מַחֲשַׁבְתּוֹ אֲשֶׁר חָשַׁב
ד עַל־הַיְּהוּדִים׃ וַיּוֹשֶׁט הַמֶּלֶךְ לְאֶסְתֵּר אֵת שַׁרְבִט הַזָּהָב וַתָּקָם
ה אֶסְתֵּר וַתַּעֲמֹד לִפְנֵי הַמֶּלֶךְ׃ וַתֹּאמֶר אִם־עַל־הַמֶּלֶךְ טוֹב
וְאִם־מָצָאתִי חֵן לְפָנָיו וְכָשֵׁר הַדָּבָר לִפְנֵי הַמֶּלֶךְ וְטוֹבָה אֲנִי
בְּעֵינָיו יִכָּתֵב לְהָשִׁיב אֶת־הַסְּפָרִים מַחֲשֶׁבֶת הָמָן בֶּן־הַמְּדָתָא
הָאֲגָגִי אֲשֶׁר כָּתַב לְאַבֵּד אֶת־הַיְּהוּדִים אֲשֶׁר בְּכָל־מְדִינוֹת
ו הַמֶּלֶךְ׃ כִּי אֵיכָכָה אוּכַל וְרָאִיתִי בָּרָעָה אֲשֶׁר־יִמְצָא אֶת־עַמִּי
ז וְאֵיכָכָה אוּכַל וְרָאִיתִי בְּאָבְדַן מוֹלַדְתִּי׃ וַיֹּאמֶר

הַמֶּלֶךְ אֲחַשְׁוֵרֹשׁ לְאֶסְתֵּר הַמַּלְכָּה וּלְמָרְדֳּכַי הַיְּהוּדִי הִנֵּה בֵית־
הָמָן נָתַתִּי לְאֶסְתֵּר וְאֹתוֹ תָּלוּ עַל־הָעֵץ עַל אֲשֶׁר־שָׁלַח יָדוֹ
ח ביהודיים׃ וְאַתֶּם כִּתְבוּ עַל־הַיְּהוּדִים כַּטּוֹב בְּעֵינֵיכֶם בְּשֵׁם בַּיְּהוּדִים
הַמֶּלֶךְ וְחִתְמוּ בְּטַבַּעַת הַמֶּלֶךְ כִּי־כְתָב אֲשֶׁר־נִכְתָּב בְּשֵׁם־
ט הַמֶּלֶךְ וְנַחְתּוֹם בְּטַבַּעַת הַמֶּלֶךְ אֵין לְהָשִׁיב׃ וַיִּקָּרְאוּ סֹפְרֵי־
הַמֶּלֶךְ בָּעֵת־הַהִיא בַּחֹדֶשׁ הַשְּׁלִישִׁי הוּא־חֹדֶשׁ סִיוָן בִּשְׁלוֹשָׁה
וְעֶשְׂרִים בּוֹ וַיִּכָּתֵב כְּכָל־אֲשֶׁר־צִוָּה מָרְדֳּכַי אֶל־הַיְּהוּדִים וְאֶל
הָאֲחַשְׁדַּרְפְּנִים וְהַפַּחוֹת וְשָׂרֵי הַמְּדִינוֹת אֲשֶׁר ׀ מֵהֹדּוּ וְעַד־
כּוּשׁ שֶׁבַע וְעֶשְׂרִים וּמֵאָה מְדִינָה מְדִינָה וּמְדִינָה כִּכְתָבָהּ
י וְעַם וָעָם כִּלְשֹׁנוֹ וְאֶל־הַיְּהוּדִים כִּכְתָבָם וְכִלְשׁוֹנָם׃ וַיִּכְתֹּב
בְּשֵׁם הַמֶּלֶךְ אֲחַשְׁוֵרֹשׁ וַיַּחְתֹּם בְּטַבַּעַת הַמֶּלֶךְ וַיִּשְׁלַח סְפָרִים
בְּיַד הָרָצִים בַּסּוּסִים רֹכְבֵי הָרֶכֶשׁ הָאֲחַשְׁתְּרָנִים בְּנֵי הָרַמָּכִים׃
יא אֲשֶׁר נָתַן הַמֶּלֶךְ לַיְּהוּדִים ׀ אֲשֶׁר ׀ בְּכָל־עִיר וָעִיר לְהִקָּהֵל
וְלַעֲמֹד עַל־נַפְשָׁם לְהַשְׁמִיד וְלַהֲרֹג וּלְאַבֵּד אֶת־כָּל־חֵיל עַם
יב וּמְדִינָה הַצָּרִים אֹתָם טַף וְנָשִׁים וּשְׁלָלָם לָבוֹז׃ בְּיוֹם אֶחָד
בְּכָל־מְדִינוֹת הַמֶּלֶךְ אֲחַשְׁוֵרוֹשׁ בִּשְׁלוֹשָׁה עָשָׂר לְחֹדֶשׁ שְׁנֵים־
יג עָשָׂר הוּא־חֹדֶשׁ אֲדָר׃ פַּתְשֶׁגֶן הַכְּתָב לְהִנָּתֵן דָּת בְּכָל־מְדִינָה
וּמְדִינָה גָּלוּי לְכָל־הָעַמִּים וְלִהְיוֹת היהודיים עתודים לַיּוֹם הַיְּהוּדִים עֲתִידִים
יד הַזֶּה לְהִנָּקֵם מֵאֹיְבֵיהֶם׃ הָרָצִים רֹכְבֵי הָרֶכֶשׁ הָאֲחַשְׁתְּרָנִים
יָצְאוּ מְבֹהָלִים וּדְחוּפִים בִּדְבַר הַמֶּלֶךְ וְהַדָּת נִתְּנָה בְּשׁוּשַׁן
טו הַבִּירָה׃ וּמָרְדֳּכַי יָצָא ׀ מִלִּפְנֵי הַמֶּלֶךְ בִּלְבוּשׁ
מַלְכוּת תְּכֵלֶת וָחוּר וַעֲטֶרֶת זָהָב גְּדוֹלָה וְתַכְרִיךְ בּוּץ וְאַרְגָּמָן
טז וְהָעִיר שׁוּשָׁן צָהֲלָה וְשָׂמֵחָה׃ לַיְּהוּדִים הָיְתָה אוֹרָה וְשִׂמְחָה ה
יז וְשָׂשֹׂן וִיקָר׃ וּבְכָל־מְדִינָה וּמְדִינָה וּבְכָל־עִיר וָעִיר מְקוֹם
אֲשֶׁר דְּבַר־הַמֶּלֶךְ וְדָתוֹ מַגִּיעַ שִׂמְחָה וְשָׂשׂוֹן לַיְּהוּדִים מִשְׁתֶּה
וְיוֹם טוֹב וְרַבִּים מֵעַמֵּי הָאָרֶץ מִתְיַהֲדִים כִּי־נָפַל פַּחַד־
ט א הַיְּהוּדִים עֲלֵיהֶם׃ וּבִשְׁנֵים עָשָׂר חֹדֶשׁ הוּא־חֹדֶשׁ אֲדָר בִּשְׁלוֹשָׁה

עָשָׂר יוֹם בּוֹ אֲשֶׁר הִגִּיעַ דְּבַר־הַמֶּלֶךְ וְדָתוֹ לְהֵעָשׂוֹת בַּיּוֹם
אֲשֶׁר שִׂבְּרוּ אֹיְבֵי הַיְּהוּדִים לִשְׁלוֹט בָּהֶם וְנַהֲפוֹךְ הוּא אֲשֶׁר
ב יִשְׁלְטוּ הַיְּהוּדִים הֵמָּה בְּשֹׂנְאֵיהֶם׃ נִקְהֲלוּ הַיְּהוּדִים בְּעָרֵיהֶם
בְּכָל־מְדִינוֹת הַמֶּלֶךְ אֲחַשְׁוֵרוֹשׁ לִשְׁלֹחַ יָד בִּמְבַקְשֵׁי רָעָתָם
ג וְאִישׁ לֹא־עָמַד לִפְנֵיהֶם כִּי־נָפַל פַּחְדָּם עַל־כָּל־הָעַמִּים׃ וְכָל־
שָׂרֵי הַמְּדִינוֹת וְהָאֲחַשְׁדַּרְפְּנִים וְהַפַּחוֹת וְעֹשֵׂי הַמְּלָאכָה
אֲשֶׁר לַמֶּלֶךְ מְנַשְּׂאִים אֶת־הַיְּהוּדִים כִּי־נָפַל פַּחַד־מָרְדֳּכַי
ד עֲלֵיהֶם׃ כִּי־גָדוֹל מָרְדֳּכַי בְּבֵית הַמֶּלֶךְ וְשָׁמְעוֹ הוֹלֵךְ בְּכָל־
ה הַמְּדִינוֹת כִּי־הָאִישׁ מָרְדֳּכַי הוֹלֵךְ וְגָדוֹל׃ וַיַּכּוּ הַיְּהוּדִים
בְּכָל־אֹיְבֵיהֶם מַכַּת־חֶרֶב וְהֶרֶג וְאַבְדָן וַיַּעֲשׂוּ בְשֹׂנְאֵיהֶם
ו כִּרְצוֹנָם׃ וּבְשׁוּשַׁן הַבִּירָה הָרְגוּ הַיְּהוּדִים וְאַבֵּד חֲמֵשׁ מֵאוֹת
ז אִישׁ׃ וְאֵת ׀
פַּרְשַׁנְדָּתָא וְאֵת ׀
דַּלְפוֹן וְאֵת ׀
ח אַסְפָּתָא׃ וְאֵת ׀
פּוֹרָתָא וְאֵת ׀
אֲדַלְיָא וְאֵת ׀
ט אֲרִידָתָא׃ וְאֵת ׀
פַּרְמַשְׁתָּא וְאֵת ׀
אֲרִיסַי וְאֵת ׀
אֲרִדַי וְאֵת ׀
י וַיְזָתָא׃ עֲשֶׂרֶת
בְּנֵי הָמָן בֶּן־הַמְּדָתָא צֹרֵר הַיְּהוּדִים הָרָגוּ וּבַבִּזָּה לֹא שָׁלְחוּ
יא אֶת־יָדָם׃ בַּיּוֹם הַהוּא בָּא מִסְפַּר הַהֲרוּגִים בְּשׁוּשַׁן הַבִּירָה
יב לִפְנֵי הַמֶּלֶךְ׃ וַיֹּאמֶר הַמֶּלֶךְ לְאֶסְתֵּר הַמַּלְכָּה בְּשׁוּשַׁן הַבִּירָה
הָרְגוּ הַיְּהוּדִים וְאַבֵּד חֲמֵשׁ מֵאוֹת אִישׁ וְאֵת עֲשֶׂרֶת בְּנֵי־הָמָן
בִּשְׁאָר מְדִינוֹת הַמֶּלֶךְ מֶה עָשׂוּ וּמַה־שְּׁאֵלָתֵךְ וְיִנָּתֵן לָךְ וּמַה־

יג בַּקָּשָׁתֵךְ עוֹד וְתֵעָשׂ׃ וַתֹּאמֶר אֶסְתֵּר אִם־עַל־הַמֶּלֶךְ טוֹב
יִנָּתֵן גַּם־מָחָר לַיְּהוּדִים אֲשֶׁר בְּשׁוּשָׁן לַעֲשׂוֹת כְּדָת הַיּוֹם
יד וְאֵת עֲשֶׂרֶת בְּנֵי־הָמָן יִתְלוּ עַל־הָעֵץ׃ וַיֹּאמֶר הַמֶּלֶךְ לְהֵעָשׂוֹת
טו כֵּן וַתִּנָּתֵן דָּת בְּשׁוּשָׁן וְאֵת עֲשֶׂרֶת בְּנֵי־הָמָן תָּלוּ׃ וַיִּקָּהֲלוּ
היהודיים אֲשֶׁר־בְּשׁוּשָׁן גַּם בְּיוֹם אַרְבָּעָה עָשָׂר לְחֹדֶשׁ אֲדָר הַיְּהוּדִים
וַיַּהַרְגוּ בְשׁוּשָׁן שְׁלֹשׁ מֵאוֹת אִישׁ וּבַבִּזָּה לֹא שָׁלְחוּ אֶת־יָדָם׃
טז וּשְׁאָר הַיְּהוּדִים אֲשֶׁר בִּמְדִינוֹת הַמֶּלֶךְ נִקְהֲלוּ ׀ וְעָמֹד עַל־
נַפְשָׁם וְנוֹחַ מֵאֹיְבֵיהֶם וְהָרוֹג בְּשֹׂנְאֵיהֶם חֲמִשָּׁה וְשִׁבְעִים אָלֶף
יז וּבַבִּזָּה לֹא שָׁלְחוּ אֶת־יָדָם׃ בְּיוֹם־שְׁלוֹשָׁה עָשָׂר לְחֹדֶשׁ אֲדָר
וְנוֹחַ בְּאַרְבָּעָה עָשָׂר בּוֹ וְעָשֹׂה אֹתוֹ יוֹם מִשְׁתֶּה וְשִׂמְחָה׃
יח והיהודיים אֲשֶׁר־בְּשׁוּשָׁן נִקְהֲלוּ בִּשְׁלוֹשָׁה עָשָׂר בּוֹ וּבְאַרְבָּעָה וְהַיְּהוּדִים
עָשָׂר בּוֹ וְנוֹחַ בַּחֲמִשָּׁה עָשָׂר בּוֹ וְעָשֹׂה אֹתוֹ יוֹם מִשְׁתֶּה
יט וְשִׂמְחָה׃ עַל־כֵּן הַיְּהוּדִים הפרוזים הַיֹּשְׁבִים בְּעָרֵי הַפְּרָזוֹת הַפְּרָזִים
עֹשִׂים אֵת יוֹם אַרְבָּעָה עָשָׂר לְחֹדֶשׁ אֲדָר שִׂמְחָה וּמִשְׁתֶּה
כ וְיוֹם טוֹב וּמִשְׁלֹחַ מָנוֹת אִישׁ לְרֵעֵהוּ׃ וַיִּכְתֹּב מָרְדֳּכַי אֶת־
הַדְּבָרִים הָאֵלֶּה וַיִּשְׁלַח סְפָרִים אֶל־כָּל־הַיְּהוּדִים אֲשֶׁר בְּכָל־
כא מְדִינוֹת הַמֶּלֶךְ אֲחַשְׁוֵרוֹשׁ הַקְּרוֹבִים וְהָרְחוֹקִים׃ לְקַיֵּם עֲלֵיהֶם
לִהְיוֹת עֹשִׂים אֵת יוֹם אַרְבָּעָה עָשָׂר לְחֹדֶשׁ אֲדָר וְאֵת יוֹם־
כב חֲמִשָּׁה עָשָׂר בּוֹ בְּכָל־שָׁנָה וְשָׁנָה׃ כַּיָּמִים אֲשֶׁר־נָחוּ בָהֶם
הַיְּהוּדִים מֵאֹיְבֵיהֶם וְהַחֹדֶשׁ אֲשֶׁר נֶהְפַּךְ לָהֶם מִיָּגוֹן לְשִׂמְחָה
וּמֵאֵבֶל לְיוֹם טוֹב לַעֲשׂוֹת אוֹתָם יְמֵי מִשְׁתֶּה וְשִׂמְחָה וּמִשְׁלֹחַ
כג מָנוֹת אִישׁ לְרֵעֵהוּ וּמַתָּנוֹת לָאֶבְיֹנִים׃ וְקִבֵּל הַיְּהוּדִים אֵת
כד אֲשֶׁר־הֵחֵלּוּ לַעֲשׂוֹת וְאֵת אֲשֶׁר־כָּתַב מָרְדֳּכַי אֲלֵיהֶם׃ כִּי
הָמָן בֶּן־הַמְּדָתָא הָאֲגָגִי צֹרֵר כָּל־הַיְּהוּדִים חָשַׁב עַל־הַיְּהוּדִים
כה לְאַבְּדָם וְהִפִּל פּוּר הוּא הַגּוֹרָל לְהֻמָּם וּלְאַבְּדָם׃ וּבְבֹאָהּ
לִפְנֵי הַמֶּלֶךְ אָמַר עִם־הַסֵּפֶר יָשׁוּב מַחֲשַׁבְתּוֹ הָרָעָה אֲשֶׁר־
חָשַׁב עַל־הַיְּהוּדִים עַל־רֹאשׁוֹ וְתָלוּ אֹתוֹ וְאֶת־בָּנָיו עַל־הָעֵץ׃

כו עַל־כֵּן קָרְאוּ לַיָּמִים הָאֵלֶּה פוּרִים עַל־שֵׁם הַפּוּר עַל־כֵּן עַל־
כָּל־דִּבְרֵי הָאִגֶּרֶת הַזֹּאת וּמָה־רָאוּ עַל־כָּכָה וּמָה הִגִּיעַ אֲלֵיהֶם:
כז קִיְּמוּ וְקִבְּלֻ הַיְּהוּדִים ׀ עֲלֵיהֶם ׀ וְעַל־זַרְעָם וְעַל כָּל־הַנִּלְוִים
עֲלֵיהֶם וְלֹא יַעֲבוֹר לִהְיוֹת עֹשִׂים אֵת־שְׁנֵי הַיָּמִים הָאֵלֶּה
כח כִּכְתָבָם וְכִזְמַנָּם בְּכָל־שָׁנָה וְשָׁנָה: וְהַיָּמִים הָאֵלֶּה נִזְכָּרִים
וְנַעֲשִׂים בְּכָל־דּוֹר וָדוֹר מִשְׁפָּחָה וּמִשְׁפָּחָה מְדִינָה וּמְדִינָה
וְעִיר וָעִיר וִימֵי הַפּוּרִים הָאֵלֶּה לֹא יַעַבְרוּ מִתּוֹךְ הַיְּהוּדִים
כט וְזִכְרָם לֹא־יָסוּף מִזַּרְעָם: וַתִּכְתֹּב אֶסְתֵּר הַמַּלְכָּה
בַת־אֲבִיחַיִל וּמָרְדֳּכַי הַיְּהוּדִי אֶת־כָּל־תֹּקֶף לְקַיֵּם אֵת אִגֶּרֶת
ל הַפֻּרִים הַזֹּאת הַשֵּׁנִית: וַיִּשְׁלַח סְפָרִים אֶל־כָּל־הַיְּהוּדִים אֶל־
שֶׁבַע וְעֶשְׂרִים וּמֵאָה מְדִינָה מַלְכוּת אֲחַשְׁוֵרוֹשׁ דִּבְרֵי שָׁלוֹם
לא וֶאֱמֶת: לְקַיֵּם אֶת־יְמֵי הַפֻּרִים הָאֵלֶּה בִּזְמַנֵּיהֶם כַּאֲשֶׁר קִיַּם
עֲלֵיהֶם מָרְדֳּכַי הַיְּהוּדִי וְאֶסְתֵּר הַמַּלְכָּה וְכַאֲשֶׁר קִיְּמוּ עַל־
לב נַפְשָׁם וְעַל־זַרְעָם דִּבְרֵי הַצּוֹמוֹת וְזַעֲקָתָם: וּמַאֲמַר אֶסְתֵּר
י א קִיַּם דִּבְרֵי הַפֻּרִים הָאֵלֶּה וְנִכְתָּב בַּסֵּפֶר: וַיָּשֶׂם
ב הַמֶּלֶךְ אחשרש ׀ מַס עַל־הָאָרֶץ וְאִיֵּי הַיָּם: וְכָל־מַעֲשֵׂה אֲחַשְׁוֵרוֹשׁ
תָקְפּוֹ וּגְבוּרָתוֹ וּפָרָשַׁת גְּדֻלַּת מָרְדֳּכַי אֲשֶׁר גִּדְּלוֹ הַמֶּלֶךְ הֲלוֹא־
ג הֵם כְּתוּבִים עַל־סֵפֶר דִּבְרֵי הַיָּמִים לְמַלְכֵי מָדַי וּפָרָס: כִּי ׀
מָרְדֳּכַי הַיְּהוּדִי מִשְׁנֶה לַמֶּלֶךְ אֲחַשְׁוֵרוֹשׁ וְגָדוֹל לַיְּהוּדִים וְרָצוּי
לְרֹב אֶחָיו דֹּרֵשׁ טוֹב לְעַמּוֹ וְדֹבֵר שָׁלוֹם לְכָל־זַרְעוֹ:

דניאל

א בִּשְׁנַת שָׁלוֹשׁ לְמַלְכוּת יְהוֹיָקִים מֶלֶךְ־יְהוּדָה בָּא נְבוּכַדְנֶאצַּר א
ב מֶלֶךְ־בָּבֶל יְרוּשָׁלַםִ וַיָּצַר עָלֶיהָ׃ וַיִּתֵּן אֲדֹנָי בְּיָדוֹ אֶת־יְהוֹיָקִים
מֶלֶךְ־יְהוּדָה וּמִקְצָת כְּלֵי בֵית־הָאֱלֹהִים וַיְבִיאֵם אֶרֶץ־שִׁנְעָר
ג בֵּית אֱלֹהָיו וְאֶת־הַכֵּלִים הֵבִיא בֵּית אוֹצַר אֱלֹהָיו׃ וַיֹּאמֶר
הַמֶּלֶךְ לְאַשְׁפְּנַז רַב סָרִיסָיו לְהָבִיא מִבְּנֵי יִשְׂרָאֵל וּמִזֶּרַע
ד הַמְּלוּכָה וּמִן־הַפַּרְתְּמִים׃ יְלָדִים אֲשֶׁר אֵין־בָּהֶם כָּל־מאום
וְטוֹבֵי מַרְאֶה וּמַשְׂכִּלִים בְּכָל־חָכְמָה וְיֹדְעֵי דַעַת וּמְבִינֵי מַדָּע
וַאֲשֶׁר כֹּחַ בָּהֶם לַעֲמֹד בְּהֵיכַל הַמֶּלֶךְ וּלְלַמְּדָם סֵפֶר וּלְשׁוֹן
ה כַּשְׂדִּים׃ וַיְמַן לָהֶם הַמֶּלֶךְ דְּבַר־יוֹם בְּיוֹמוֹ מִפַּת־בַּג הַמֶּלֶךְ
וּמִיֵּין מִשְׁתָּיו וּלְגַדְּלָם שָׁנִים שָׁלוֹשׁ וּמִקְצָתָם יַעַמְדוּ לִפְנֵי
ו הַמֶּלֶךְ׃ וַיְהִי בָהֶם מִבְּנֵי יְהוּדָה דָּנִיֵּאל חֲנַנְיָה מִישָׁאֵל וַעֲזַרְיָה׃
ז וַיָּשֶׂם לָהֶם שַׂר הַסָּרִיסִים שֵׁמוֹת וַיָּשֶׂם לְדָנִיֵּאל בֵּלְטְשַׁאצַּר
ח וְלַחֲנַנְיָה שַׁדְרַךְ וּלְמִישָׁאֵל מֵישַׁךְ וְלַעֲזַרְיָה עֲבֵד נְגוֹ׃ וַיָּשֶׂם
דָּנִיֵּאל עַל־לִבּוֹ אֲשֶׁר לֹא־יִתְגָּאַל בְּפַת־בַּג הַמֶּלֶךְ וּבְיֵין מִשְׁתָּיו
ט וַיְבַקֵּשׁ מִשַּׂר הַסָּרִיסִים אֲשֶׁר לֹא יִתְגָּאָל׃ וַיִּתֵּן הָאֱלֹהִים אֶת־
י דָּנִיֵּאל לְחֶסֶד וּלְרַחֲמִים לִפְנֵי שַׂר הַסָּרִיסִים׃ וַיֹּאמֶר שַׂר
הַסָּרִיסִים לְדָנִיֵּאל יָרֵא אֲנִי אֶת־אֲדֹנִי הַמֶּלֶךְ אֲשֶׁר מִנָּה אֶת־
מַאֲכַלְכֶם וְאֶת־מִשְׁתֵּיכֶם אֲשֶׁר לָמָּה יִרְאֶה אֶת־פְּנֵיכֶם זֹעֲפִים
יא מִן־הַיְלָדִים אֲשֶׁר כְּגִילְכֶם וְחִיַּבְתֶּם אֶת־רֹאשִׁי לַמֶּלֶךְ׃ וַיֹּאמֶר
דָּנִיֵּאל אֶל־הַמֶּלְצַר אֲשֶׁר מִנָּה שַׂר הַסָּרִיסִים עַל־דָּנִיֵּאל
יב חֲנַנְיָה מִישָׁאֵל וַעֲזַרְיָה׃ נַס־נָא אֶת־עֲבָדֶיךָ יָמִים עֲשָׂרָה וְיִתְּנוּ־
יג לָנוּ מִן־הַזֵּרֹעִים וְנֹאכְלָה וּמַיִם וְנִשְׁתֶּה׃ וְיֵרָאוּ לְפָנֶיךָ מַרְאֵינוּ
וּמַרְאֵה הַיְלָדִים הָאֹכְלִים אֵת פַּת־בַּג הַמֶּלֶךְ וְכַאֲשֶׁר תִּרְאֵה
יד עֲשֵׂה עִם־עֲבָדֶיךָ׃ וַיִּשְׁמַע לָהֶם לַדָּבָר הַזֶּה וַיְנַסֵּם יָמִים עֲשָׂרָה׃
טו וּמִקְצָת יָמִים עֲשָׂרָה נִרְאָה מַרְאֵיהֶם טוֹב וּבְרִיאֵי בָּשָׂר מִן־
טז כָּל־הַיְלָדִים הָאֹכְלִים אֵת פַּת־בַּג הַמֶּלֶךְ׃ וַיְהִי הַמֶּלְצַר נֹשֵׂא אֶת־
יז פַּת־בָּגָם וְיֵין מִשְׁתֵּיהֶם וְנֹתֵן לָהֶם זֵרְעֹנִים׃ וְהַיְלָדִים הָאֵלֶּה

אַרְבַּעְתָּם נָתַן לָהֶם הָאֱלֹהִים מַדָּע וְהַשְׂכֵּל בְּכָל־סֵפֶר וְחָכְמָה
יח וְדָנִיֵּאל הֵבִין בְּכָל־חָזוֹן וַחֲלֹמוֹת׃ וּלְמִקְצָת הַיָּמִים אֲשֶׁר־אָמַר
יט הַמֶּלֶךְ לַהֲבִיאָם וַיְבִיאֵם שַׂר הַסָּרִיסִים לִפְנֵי נְבֻכַדְנֶצַּר׃ וַיְדַבֵּר
אִתָּם הַמֶּלֶךְ וְלֹא נִמְצָא מִכֻּלָּם כְּדָנִיֵּאל חֲנַנְיָה מִישָׁאֵל
כ וַעֲזַרְיָה וַיַּעַמְדוּ לִפְנֵי הַמֶּלֶךְ׃ וְכֹל דְּבַר חָכְמַת בִּינָה אֲשֶׁר־
בִּקֵּשׁ מֵהֶם הַמֶּלֶךְ וַיִּמְצָאֵם עֶשֶׂר יָדוֹת עַל כָּל־הַחַרְטֻמִּים
כא הָאַשָּׁפִים אֲשֶׁר בְּכָל־מַלְכוּתוֹ׃ וַיְהִי דָּנִיֵּאל עַד־שְׁנַת אַחַת
ב א לְכוֹרֶשׁ הַמֶּלֶךְ׃ וּבִשְׁנַת שְׁתַּיִם לְמַלְכוּת נְבֻכַדְנֶצַּר
חָלַם נְבֻכַדְנֶצַּר חֲלֹמוֹת וַתִּתְפָּעֶם רוּחוֹ וּשְׁנָתוֹ נִהְיְתָה עָלָיו׃
ב וַיֹּאמֶר הַמֶּלֶךְ לִקְרֹא לַחַרְטֻמִּים וְלָאַשָּׁפִים וְלַמְכַשְּׁפִים
וְלַכַּשְׂדִּים לְהַגִּיד לַמֶּלֶךְ חֲלֹמֹתָיו וַיָּבֹאוּ וַיַּעַמְדוּ לִפְנֵי הַמֶּלֶךְ׃
ג וַיֹּאמֶר לָהֶם הַמֶּלֶךְ חֲלוֹם חָלָמְתִּי וַתִּפָּעֶם רוּחִי לָדַעַת אֶת־
ד הַחֲלוֹם׃ וַיְדַבְּרוּ הַכַּשְׂדִּים לַמֶּלֶךְ אֲרָמִית מַלְכָּא לְעָלְמִין חֱיִי
ה אֱמַר חֶלְמָא לעבדיך וּפִשְׁרָא נְחַוֵּא׃ עָנֵה מַלְכָּא וְאָמַר — לְעַבְדָךְ
לכשדיא מִלְּתָה מִנִּי אַזְדָּא הֵן לָא תְהוֹדְעוּנַּנִי חֶלְמָא וּפִשְׁרֵהּ — לְכַשְׂדָּאֵי
ו הַדָּמִין תִּתְעַבְדוּן וּבָתֵּיכוֹן נְוָלִי יִתְּשָׂמוּן׃ וְהֵן חֶלְמָא וּפִשְׁרֵהּ
תְּהַחֲוֺן מַתְּנָן וּנְבִזְבָּה וִיקָר שַׂגִּיא תְּקַבְּלוּן מִן־קֳדָמָי לָהֵן
ז חֶלְמָא וּפִשְׁרֵהּ הַחֲוֺנִי׃ עֲנוֹ תִנְיָנוּת וְאָמְרִין מַלְכָּא חֶלְמָא
ח יֵאמַר לְעַבְדוֹהִי וּפִשְׁרָה נְהַחֲוֵה׃ עָנֵה מַלְכָּא וְאָמַר מִן־יַצִּיב
יָדַע אֲנָה דִּי עִדָּנָא אַנְתּוּן זָבְנִין כָּל־קֳבֵל דִּי חֲזֵיתוּן דִּי־
ט אַזְדָּא מִנִּי מִלְּתָא׃ דִּי הֵן־חֶלְמָא לָא תְהוֹדְעֻנַּנִי חֲדָה־הִיא דָתְכוֹן
וּמִלָּה כִדְבָה וּשְׁחִיתָה הזמנתון לְמֵאמַר קֳדָמַי עַד דִּי עִדָּנָא — הִזְדַּמִּנְתּוּן
י יִשְׁתַּנֵּא לָהֵן חֶלְמָא אֱמַרוּ לִי וְאִנְדַּע דִּי פִשְׁרֵהּ תְּהַחֲוֻנַּנִי׃ עֲנוֹ
כשדיא קֳדָם־מַלְכָּא וְאָמְרִין לָא־אִיתַי אֱנָשׁ עַל־יַבֶּשְׁתָּא דִּי — כַשְׂדָּאֵי
מִלַּת מַלְכָּא יוּכַל לְהַחֲוָיָה כָּל־קֳבֵל דִּי כָּל־מֶלֶךְ רַב וְשַׁלִּיט
יא מִלָּה כִדְנָה לָא שְׁאֵל לְכָל־חַרְטֹּם וְאָשַׁף וְכַשְׂדָּי׃ וּמִלְּתָא דִי־
מַלְכָּה שָׁאֵל יַקִּירָה וְאָחֳרָן לָא אִיתַי דִּי יְחַוִּנַּהּ קֳדָם מַלְכָּא

יב לָהֵן אֱלָהִין דִּי מְדָרְהוֹן עִם־בִּשְׂרָא לָא אִיתוֹהִי׃ כָּל־קֳבֵל
דְּנָה מַלְכָּא בְּנַס וּקְצַף שַׂגִּיא וַאֲמַר לְהוֹבָדָה לְכֹל חַכִּימֵי
יג בָבֶל׃ וְדָתָא נֶפְקַת וְחַכִּימַיָּא מִתְקַטְּלִין וּבְעוֹ דָּנִיֵּאל וְחַבְרוֹהִי
יד לְהִתְקְטָלָה׃ בֵּאדַיִן דָּנִיֵּאל הֲתִיב עֵטָא וּטְעֵם
לְאַרְיוֹךְ רַב־טַבָּחַיָּא דִּי מַלְכָּא דִּי נְפַק לְקַטָּלָה לְחַכִּימֵי בָּבֶל׃
טו עָנֵה וְאָמַר לְאַרְיוֹךְ שַׁלִּיטָא דִי־מַלְכָּא עַל־מָה דָתָא מְהַחְצְפָה
טז מִן־קֳדָם מַלְכָּא אֱדַיִן מִלְּתָא הוֹדַע אַרְיוֹךְ לְדָנִיֵּאל׃ וְדָנִיֵּאל
עַל וּבְעָא מִן־מַלְכָּא דִּי זְמָן יִנְתֵּן־לֵהּ וּפִשְׁרָא לְהַחֲוָיָה
יז לְמַלְכָּא׃ אֱדַיִן דָּנִיֵּאל לְבַיְתֵהּ אֲזַל וְלַחֲנַנְיָה
יח מִישָׁאֵל וַעֲזַרְיָה חַבְרוֹהִי מִלְּתָא הוֹדַע׃ וְרַחֲמִין לְמִבְעֵא מִן־
קֳדָם אֱלָהּ שְׁמַיָּא עַל־רָזָה דְּנָה דִּי לָא יְהֹבְדוּן דָּנִיֵּאל וְחַבְרוֹהִי
יט עִם־שְׁאָר חַכִּימֵי בָבֶל׃ אֱדַיִן לְדָנִיֵּאל בְּחֶזְוָא דִי־לֵילְיָא רָזָה גֲלִי
כ אֱדַיִן דָּנִיֵּאל בָּרִךְ לֶאֱלָהּ שְׁמַיָּא׃ עָנֵה דָנִיֵּאל וְאָמַר לֶהֱוֵא שְׁמֵהּ
דִּי־אֱלָהָא מְבָרַךְ מִן־עָלְמָא וְעַד־עָלְמָא דִּי חָכְמְתָא וּגְבוּרְתָא
כא דִּי־לֵהּ הִיא׃ וְהוּא מְהַשְׁנֵא עִדָּנַיָּא וְזִמְנַיָּא מְהַעְדֵּה מַלְכִין
וּמְהָקֵים מַלְכִין יָהֵב חָכְמְתָא לְחַכִּימִין וּמַנְדְּעָא לְיָדְעֵי בִינָה׃
כב הוּא גָּלֵא עַמִּיקָתָא וּמְסַתְּרָתָא יָדַע מָה בַחֲשׁוֹכָא ונהירא עִמֵּהּ וּנְהוֹרָא
כג שְׁרֵא׃ לָךְ ׀ אֱלָהּ אֲבָהָתִי מְהוֹדֵא וּמְשַׁבַּח אֲנָה דִּי חָכְמְתָא
וּגְבוּרְתָא יְהַבְתְּ לִי וּכְעַן הוֹדַעְתַּנִי דִּי־בְעֵינָא מִנָּךְ דִּי־מִלַּת
כד מַלְכָּא הוֹדַעְתֶּנָא׃ כָּל־קֳבֵל דְּנָה דָּנִיֵּאל עַל עַל־אַרְיוֹךְ דִּי
מַנִּי מַלְכָּא לְהוֹבָדָה לְחַכִּימֵי בָּבֶל אֲזַל ׀ וְכֵן אֲמַר־לֵהּ
לְחַכִּימֵי בָבֶל אַל־תְּהוֹבֵד הַעֵלְנִי קֳדָם מַלְכָּא וּפִשְׁרָא לְמַלְכָּא
אֲחַוֵּא׃
כה אֱדַיִן אַרְיוֹךְ בְּהִתְבְּהָלָה הַנְעֵל לְדָנִיֵּאל קֳדָם מַלְכָּא וְכֵן אֲמַר־
לֵהּ דִּי־הַשְׁכַּחַת גְּבַר מִן־בְּנֵי גָלוּתָא דִּי יְהוּד דִּי פִשְׁרָא לְמַלְכָּא
כו יְהוֹדַע׃ עָנֵה מַלְכָּא וְאָמַר לְדָנִיֵּאל דִּי שְׁמֵהּ בֵּלְטְשַׁאצַּר
כז האיתיך כָּהֵל לְהוֹדָעֻתַנִי חֶלְמָא דִי־חֲזֵית וּפִשְׁרֵהּ׃ עָנֵה דָנִיֵּאל הַאִיתָךְ

קֳדָם מַלְכָּא וְאָמַר רָזָא דִּֽי־מַלְכָּא שָׁאֵל לָא חַכִּימִין אָֽשְׁפִין
כח חַרְטֻמִּין גָּֽזְרִין יָכְלִין לְהַחֲוָיָה לְמַלְכָּֽא׃ בְּרַם אִיתַי אֱלָהּ
בִּשְׁמַיָּא גָּלֵא רָזִין וְהוֹדַע לְמַלְכָּא נְבוּכַדְנֶצַּר מָה דִּי לֶהֱוֵא
בְּאַחֲרִית יוֹמַיָּא חֶלְמָךְ וְחֶזְוֵי רֵאשָׁךְ עַל־מִשְׁכְּבָךְ דְּנָה
כט הֽוּא׃ אנתה מַלְכָּא רעיונך עַל־מִשְׁכְּבָךְ סְלִקוּ אַנְתְּ | רַעְיוֹנָךְ
מָה דִּי לֶהֱוֵא אַחֲרֵי דְנָה וְגָלֵא רָזַיָּא הוֹדְעָךְ מָה־דִי לֶהֱוֵֽא׃
ל וַאֲנָה לָא בְחָכְמָה דִּי־אִיתַי בִּי מִן־כָּל־חַיַּיָּא רָזָא דְנָה גֱּלִי לִי
לָהֵן עַל־דִּבְרַת דִּי פִשְׁרָא לְמַלְכָּא יְהוֹדְעוּן וְרַעְיוֹנֵי לִבְבָךְ
לא תִנְדַּֽע׃ אנתה מַלְכָּא חָזֵה הֲוַיְתָ וַאֲלוּ צְלֵם אַנְתְּ
חַד שַׂגִּיא צַלְמָא דִּכֵּן רַב וְזִיוֵהּ יַתִּיר קָאֵם לְקָבְלָךְ וְרֵוֵהּ
לב דְּחִֽיל׃ הוּא צַלְמָא רֵאשֵׁהּ דִּי־דְהַב טָב חֲדוֹהִי וּדְרָעוֹהִי דִּי
לג כְסַף מְעוֹהִי וְיַרְכָתֵהּ דִּי נְחָֽשׁ׃ שָׁקוֹהִי דִּי פַרְזֶל רַגְלוֹהִי מנהון מִנְּהֵין
לד דִּי פַרְזֶל ומנהון דִּי חֲסַֽף׃ חָזֵה הֲוַיְתָ עַד דִּי הִתְגְּזֶרֶת אֶבֶן וּמִנְּהֵין
דִּי־לָא בִידַיִן וּמְחָת לְצַלְמָא עַל־רַגְלוֹהִי דִּי פַרְזְלָא וְחַסְפָּא
לה וְהַדֱּקֶת הִמּֽוֹן׃ בֵּאדַיִן דָּקוּ כַחֲדָה פַּרְזְלָא חַסְפָּא נְחָשָׁא כַּסְפָּא ב
וְדַהֲבָא וַהֲווֹ כְּעוּר מִן־אִדְּרֵי־קַיִט וּנְשָׂא הִמּוֹן רוּחָא וְכָל־אֲתַר
לָא־הִשְׁתְּכַח לְהוֹן וְאַבְנָא ׀ דִּי־מְחָת לְצַלְמָא הֲוָת לְטוּר רַב
לו וּמְלָת כָּל־אַרְעָֽא׃ דְּנָה חֶלְמָא וּפִשְׁרֵהּ נֵאמַר קֳדָם־
לז מַלְכָּֽא׃ אנתה מַלְכָּא מֶלֶךְ מַלְכַיָּא דִּי אֱלָהּ אַנְתְּ
לח שְׁמַיָּא מַלְכוּתָא חִסְנָא וְתָקְפָּא וִיקָרָא יְהַב־לָֽךְ׃ וּבְכָל־דִּי
דארין בְּנֵי־אֲנָשָׁא חֵיוַת בָּרָא וְעוֹף־שְׁמַיָּא יְהַב בִּידָךְ וְהַשְׁלְטָךְ דָּיְרִין
לט בְּכָלְּהוֹן אנתה הוּא רֵאשָׁה דִּי דַהֲבָֽא׃ וּבָתְרָךְ תְּקוּם מַלְכוּ אַנְתְּ
אָחֳרִי ארעא מִנָּךְ וּמַלְכוּ תליתיא אָחֳרִי דִּי נְחָשָׁא דִּי תִשְׁלַט אֲרַע | תְלִיתָאָה
מ בְּכָל־אַרְעָֽא׃ וּמַלְכוּ רביעיה תֶּהֱוֵא תַקִּיפָה כְּפַרְזְלָא כָּל־ רְבִיעָאָה
קֳבֵל דִּי פַרְזְלָא מְהַדֵּק וְחָשֵׁל כֹּלָּא וּֽכְפַרְזְלָא דִּי־מְרָעַע כָּל־
מא אִלֵּין תַּדִּק וְתֵרֹֽעַ׃ וְדִֽי־חֲזַיְתָה רַגְלַיָּא וְאֶצְבְּעָתָא מנהון חֲסַף מִנְּהֵין
דִּֽי־פֶחָר ומנהון פַּרְזֶל מַלְכוּ פְלִיגָה תֶּהֱוֵה וּמִן־נִצְבְּתָא דִּֽי־ וּמִנְּהֵין

פַּרְזְלָא לֶהֱוֵא־בַהּ כָּל־קֳבֵל דִּי חֲזַיְתָה פַּרְזְלָא מְעָרַב בַּחֲסַף
מב טִינָא׃ וְאֶצְבְּעָת רַגְלַיָּא מנהון פַּרְזֶל ומנהון חֲסַף מִן־קְצָת מִנְּהֵן | וּמִנְּהֵן
מג מַלְכוּתָא תֶּהֱוֵה תַקִּיפָה וּמִנַּהּ תֶּהֱוֵא תְבִירָה׃ דִּי חֲזַיְתָ פַּרְזְלָא וְדִי
מְעָרַב בַּחֲסַף טִינָא מִתְעָרְבִין לֶהֱוֺן בִּזְרַע אֲנָשָׁא וְלָא־לֶהֱוֺן
דָּבְקִין דְּנָה עִם־דְּנָה הֵא־כְדִי פַרְזְלָא לָא מִתְעָרַב עִם־חַסְפָּא׃
מד וּבְיוֹמֵיהוֹן דִּי מַלְכַיָּא אִנּוּן יְקִים אֱלָהּ שְׁמַיָּא מַלְכוּ דִּי לְעָלְמִין
לָא תִתְחַבַּל וּמַלְכוּתָה לְעַם אָחֳרָן לָא תִשְׁתְּבִק תַּדִּק וְתָסֵיף
מה כָּל־אִלֵּין מַלְכְוָתָא וְהִיא תְּקוּם לְעָלְמַיָּא׃ כָּל־קֳבֵל דִּי־חֲזַיְתָ
דִּי מִטּוּרָא אִתְגְּזֶרֶת אֶבֶן דִּי־לָא בִידַיִן וְהַדֶּקֶת פַּרְזְלָא נְחָשָׁא
חַסְפָּא כַּסְפָּא וְדַהֲבָא אֱלָהּ רַב הוֹדַע לְמַלְכָּא מָה דִּי לֶהֱוֵא
מו אַחֲרֵי דְנָה וְיַצִּיב חֶלְמָא וּמְהֵימַן פִּשְׁרֵהּ׃ בֵּאדַיִן
מַלְכָּא נְבוּכַדְנֶצַּר נְפַל עַל־אַנְפּוֹהִי וּלְדָנִיֵּאל סְגִד וּמִנְחָה
מז וְנִיחֹחִין אֲמַר לְנַסָּכָה לֵהּ׃ עָנֵה מַלְכָּא לְדָנִיֵּאל וְאָמַר מִן־
קְשֹׁט דִּי אֱלָהֲכוֹן הוּא אֱלָהּ אֱלָהִין וּמָרֵא מַלְכִין וְגָלֵה רָזִין
מח דִּי יְכֵלְתָּ לְמִגְלֵא רָזָא דְנָה׃ אֱדַיִן מַלְכָּא לְדָנִיֵּאל רַבִּי וּמַתְּנָן
רַבְרְבָן שַׂגִּיאָן יְהַב־לֵהּ וְהַשְׁלְטֵהּ עַל כָּל־מְדִינַת בָּבֶל וְרַב־
מט סִגְנִין עַל כָּל־חַכִּימֵי בָבֶל׃ וְדָנִיֵּאל בְּעָא מִן־מַלְכָּא וּמַנִּי עַל
עֲבִידְתָּא דִּי מְדִינַת בָּבֶל לְשַׁדְרַךְ מֵישַׁךְ וַעֲבֵד נְגוֹ וְדָנִיֵּאל
ג א בִּתְרַע מַלְכָּא׃ נְבוּכַדְנֶצַּר מַלְכָּא עֲבַד צְלֵם
דִּי־דְהַב רוּמֵהּ אַמִּין שִׁתִּין פְּתָיֵהּ אַמִּין שִׁת אֲקִימֵהּ בְּבִקְעַת
ב דּוּרָא בִּמְדִינַת בָּבֶל׃ וּנְבוּכַדְנֶצַּר מַלְכָּא שְׁלַח לְמִכְנַשׁ ׀
לַאֲחַשְׁדַּרְפְּנַיָּא סִגְנַיָּא וּפַחֲוָתָא אֲדַרְגָּזְרַיָּא גְדָבְרַיָּא דְּתָבְרַיָּא
תִּפְתָּיֵא וְכֹל שִׁלְטֹנֵי מְדִינָתָא לְמֵתֵא לַחֲנֻכַּת צַלְמָא דִּי הֲקֵים
ג נְבוּכַדְנֶצַּר מַלְכָּא׃ בֵּאדַיִן מִתְכַּנְּשִׁין אֲחַשְׁדַּרְפְּנַיָּא סִגְנַיָּא
וּפַחֲוָתָא אֲדַרְגָּזְרַיָּא גְדָבְרַיָּא דְּתָבְרַיָּא תִּפְתָּיֵא וְכֹל שִׁלְטֹנֵי
מְדִינָתָא לַחֲנֻכַּת צַלְמָא דִּי הֲקֵים נְבוּכַדְנֶצַּר מַלְכָּא וקאמין וְקָיְמִין
ד לָקֳבֵל צַלְמָא דִּי הֲקֵים נְבוּכַדְנֶצַּר׃ וְכָרוֹזָא קָרֵא בְחַיִל לְכוֹן

ה אָמְרִין עַמְמַיָּא אֻמַּיָּא וְלִשָּׁנַיָּא׃ בְּעִדָּנָא דִּֽי־תִשְׁמְעוּן קָל
קַרְנָא מַשְׁרוֹקִיתָא קיתרס סַבְּכָא פְּסַנְתֵּרִין סוּמְפֹּנְיָה וְכֹל זְנֵי   קַתְרוֹס
זְמָרָא תִּפְּלוּן וְתִסְגְּדוּן לְצֶלֶם דַּהֲבָא דִּי הֲקֵים נְבוּכַדְנֶצַּר
ו מַלְכָּא׃ וּמַן־דִּי־לָא יִפֵּל וְיִסְגֻּד בַּהּ־שַׁעֲתָא יִתְרְמֵא לְגוֹא־
ז אַתּוּן נוּרָא יָקִדְתָּא׃ כָּל־קֳבֵל דְּנָה בֵּהּ זִמְנָא כְּדִי שָׁמְעִין כָּל־
עַמְמַיָּא קָל קַרְנָא מַשְׁרוֹקִיתָא קיתרס שַׂבְּכָא פְּסַנְטֵרִין וְכֹל   קַתְרוֹס
זְנֵי זְמָרָא נָפְלִין כָּל־עַמְמַיָּא אֻמַּיָּא וְלִשָּׁנַיָּא סָגְדִין לְצֶלֶם
ח דַּהֲבָא דִּי הֲקֵים נְבוּכַדְנֶצַּר מַלְכָּא׃ כָּל־קֳבֵל דְּנָה בֵּהּ זִמְנָא
ט קְרִבוּ גֻּבְרִין כַּשְׂדָּאִין וַאֲכַלוּ קַרְצֵיהוֹן דִּי יְהוּדָיֵא׃ עֲנוֹ וְאָמְרִין
י לִנְבוּכַדְנֶצַּר מַלְכָּא מַלְכָּא לְעָלְמִין חֱיִי׃ אנתה מַלְכָּא שָׂמְתָּ   אַנְתְּ
טְעֵם דִּי כָל־אֱנָשׁ דִּֽי־יִשְׁמַע קָל קַרְנָא מַשְׁרֹקִיתָא קיתרס   קַתְרוֹס
שַׂבְּכָא פְסַנְתֵּרִין וסיפניה וְכֹל זְנֵי זְמָרָא יִפֵּל וְיִסְגֻּד לְצֶלֶם   וְסוּפֹּנְיָה
יא דַּהֲבָא׃ וּמַן־דִּי־לָא יִפֵּל וְיִסְגֻּד יִתְרְמֵא לְגוֹא־אַתּוּן נוּרָא
יב יָקִדְתָּא׃ אִיתַי גֻּבְרִין יְהוּדָאיִן דִּֽי־מַנִּיתָ יָתְהוֹן עַל־עֲבִידַת
מְדִינַת בָּבֶל שַׁדְרַךְ מֵישַׁךְ וַעֲבֵד נְגוֹ גֻּבְרַיָּא אִלֵּךְ לָא־שָׂמוּ
עליך מַלְכָּא טְעֵם לאלהיך לָא פָלְחִין וּלְצֶלֶם דַּהֲבָא דִּי   עֲלָךְ | לֵאלָהָךְ
יג הֲקֵימְתָּ לָא סָגְדִין׃ בֵּאדַיִן נְבוּכַדְנֶצַּר בִּרְגַז
וַחֲמָא אֲמַר לְהַיְתָיָה לְשַׁדְרַךְ מֵישַׁךְ וַעֲבֵד נְגוֹ בֵּאדַיִן גֻּבְרַיָּא
יד אִלֵּךְ הֵיתָיוּ קֳדָם מַלְכָּא׃ עָנֵה נְבֻכַדְנֶצַּר וְאָמַר לְהוֹן הַצְדָּא
שַׁדְרַךְ מֵישַׁךְ וַעֲבֵד נְגוֹ לֵאלָהַי לָא אִיתֵיכוֹן פָּלְחִין וּלְצֶלֶם
טו דַּהֲבָא דִּי הֲקֵימֶת לָא סָגְדִין׃ כְּעַן הֵן אִיתֵיכוֹן עֲתִידִין דִּי
בְעִדָּנָא דִּֽי־תִשְׁמְעוּן קָל קַרְנָא מַשְׁרוֹקִיתָא קיתרס שַׂבְּכָא   קַתְרוֹס
פְּסַנְתֵּרִין וְסוּמְפֹּנְיָה וְכֹל ׀ זְנֵי זְמָרָא תִּפְּלוּן וְתִסְגְּדוּן לְצַלְמָא
דִּֽי־עַבְדֵת וְהֵן לָא תִסְגְּדוּן בַּהּ־שַׁעֲתָה תִתְרְמוֹן לְגוֹא־אַתּוּן
טז נוּרָא יָקִדְתָּא וּמַן־הוּא אֱלָהּ דִּי יְשֵׁיזְבִנְכוֹן מִן־יְדָי׃ עֲנוֹ שַׁדְרַךְ
מֵישַׁךְ וַעֲבֵד נְגוֹ וְאָמְרִין לְמַלְכָּא נְבוּכַדְנֶצַּר לָא־חַשְׁחִין אֲנַחְנָה
יז עַל־דְּנָה פִּתְגָם לַהֲתָבוּתָךְ׃ הֵן אִיתַי אֱלָהַנָא דִּי־אֲנַחְנָא

פָּלְחִין יָכִל לְשֵׁיזָבוּתַנָא מִן־אַתּוּן נוּרָא יָקִדְתָּא וּמִן־יְדָךְ מַלְכָּא
יח יְשֵׁיזִב׃ וְהֵן לָא יְדִיעַ לֶהֱוֵא־לָךְ מַלְכָּא דִּי לאלהיך לָא־אִיתַנָא — לֵאלָהָךְ
יט פָּלְחִין וּלְצֶלֶם דַּהֲבָא דִּי הֲקֵימְתָּ לָא נִסְגֻּד׃ בֵּאדַיִן
נְבוּכַדְנֶצַּר הִתְמְלִי חֱמָא וּצְלֵם אַנְפּוֹהִי אשתנו עַל־שַׁדְרַךְ — אֶשְׁתַּנִּי
מֵישַׁךְ וַעֲבֵד נְגוֹ עָנֵה וְאָמַר לְמֵזֵא לְאַתּוּנָא חַד־שִׁבְעָה עַל
כ דִּי חֲזֵה לְמֵזְיֵהּ׃ וּלְגֻבְרִין גִּבָּרֵי־חַיִל דִּי בְחַיְלֵהּ אֲמַר לְכַפָּתָה
לְשַׁדְרַךְ מֵישַׁךְ וַעֲבֵד נְגוֹ לְמִרְמֵא לְאַתּוּן נוּרָא יָקִדְתָּא׃
כא בֵּאדַיִן גֻּבְרַיָּא אִלֵּךְ כְּפִתוּ בְּסַרְבָּלֵיהוֹן פטישיהון וְכַרְבְּלָתְהוֹן — פַּטְּשֵׁיהוֹן
כב וּלְבֻשֵׁיהוֹן וּרְמִיו לְגוֹא־אַתּוּן נוּרָא יָקִדְתָּא׃ כָּל־קֳבֵל דְּנָה
מִן־דִּי מִלַּת מַלְכָּא מַחְצְפָה וְאַתּוּנָא אֵזֵה יַתִּירָה גֻּבְרַיָּא אִלֵּךְ
דִּי הַסִּקוּ לְשַׁדְרַךְ מֵישַׁךְ וַעֲבֵד נְגוֹ קַטִּל הִמּוֹן שְׁבִיבָא דִּי
כג נוּרָא׃ וְגֻבְרַיָּא אִלֵּךְ תְּלָתֵּהוֹן שַׁדְרַךְ מֵישַׁךְ וַעֲבֵד נְגוֹ נְפַלוּ
כד לְגוֹא־אַתּוּן־נוּרָא יָקִדְתָּא מְכַפְּתִין׃ אֱדַיִן נְבוּכַדְנֶצַּר
מַלְכָּא תְּוַהּ וְקָם בְּהִתְבְּהָלָה עָנֵה וְאָמַר לְהַדָּבְרוֹהִי הֲלָא
גֻבְרִין תְּלָתָה רְמֵינָא לְגוֹא־נוּרָא מְכַפְּתִין עָנַיִן וְאָמְרִין
כה לְמַלְכָּא יַצִּיבָא מַלְכָּא׃ עָנֵה וְאָמַר הָא־אֲנָה חָזֵה גֻּבְרִין
אַרְבְּעָה שְׁרַיִן מַהְלְכִין בְּגוֹא־נוּרָא וַחֲבָל לָא־אִיתַי בְּהוֹן
כו וְרֵוֵהּ דִּי רביעיא דָּמֵה לְבַר־אֱלָהִין׃ בֵּאדַיִן קְרֵב — רְבִיעָאָה
נְבוּכַדְנֶצַּר לִתְרַע אַתּוּן נוּרָא יָקִדְתָּא עָנֵה וְאָמַר שַׁדְרַךְ
מֵישַׁךְ וַעֲבֵד־נְגוֹ עַבְדוֹהִי דִּי־אֱלָהָא עליא פֻּקוּ וֶאֱתוֹ בֵּאדַיִן — עִלָּאָה
כז נָפְקִין שַׁדְרַךְ מֵישַׁךְ וַעֲבֵד נְגוֹ מִן־גּוֹא נוּרָא׃ וּמִתְכַּנְּשִׁין
אֲחַשְׁדַּרְפְּנַיָּא סִגְנַיָּא וּפַחֲוָתָא וְהַדָּבְרֵי מַלְכָּא חָזַיִן לְגֻבְרַיָּא
אִלֵּךְ דִּי לָא־שְׁלֵט נוּרָא בגשמיהון וּשְׂעַר רֵאשְׁהוֹן לָא הִתְחָרַךְ — בְּגֶשְׁמְהוֹן
כח וְסָרְבָּלֵיהוֹן לָא שְׁנוֹ וְרֵיחַ נוּר לָא עֲדָת בְּהוֹן׃ עָנֵה נְבוּכַדְנֶצַּר
וְאָמַר בְּרִיךְ אֱלָהֲהוֹן דִּי־שַׁדְרַךְ מֵישַׁךְ וַעֲבֵד נְגוֹ דִּי־שְׁלַח
מַלְאֲכֵהּ וְשֵׁיזִב לְעַבְדוֹהִי דִּי הִתְרְחִצוּ עֲלוֹהִי וּמִלַּת מַלְכָּא
שַׁנִּיו וִיהַבוּ גשמיהון דִּי לָא־יִפְלְחוּן וְלָא־יִסְגְּדוּן לְכָל־אֱלָהּ לָהֵן — גֶּשְׁמְהוֹן

כט לֵאלָהֲהֹון׃ וּמִנִּי שִׂים טְעֵם דִּי כָל־עַם אֻמָּה וְלִשָּׁן דִּי־יֵאמַר
שלה עַל־אֱלָהֲהֹון דִּי־שַׁדְרַךְ מֵישַׁךְ וַעֲבֵד נְגֹוא הַדָּמִין יִתְעֲבֵד שָׁלוּ
וּבַיְתֵהּ נְוָלִי יִשְׁתַּוָּה כָּל־קֳבֵל דִּי לָא אִיתַי אֱלָהּ אָחֳרָן דִּי־
ל יִכֻּל לְהַצָּלָה כִּדְנָה׃ בֵּאדַיִן מַלְכָּא הַצְלַח לְשַׁדְרַךְ מֵישַׁךְ ג
לא וַעֲבֵד נְגֹו בִּמְדִינַת בָּבֶל׃ נְבוּכַדְנֶצַּר מַלְכָּא
לְכָל־עַמְמַיָּא אֻמַיָּא וְלִשָּׁנַיָּא דִּי־דארין בְּכָל־אַרְעָא שְׁלָמְכֹון דָּיְרִין
לב יִשְׂגֵּא׃ אָתַיָּא וְתִמְהַיָּא דִּי עֲבַד עִמִּי אֱלָהָא עליא שְׁפַר קֳדָמַי עִלָּאָה
לג לְהַחֲוָיָה׃ אָתֹוהִי כְּמָה רַבְרְבִין וְתִמְהֹוהִי כְּמָה תַקִּיפִין
ד א מַלְכוּתֵהּ מַלְכוּת עָלַם וְשָׁלְטָנֵהּ עִם־דָּר וְדָר׃ אֲנָה נְבוּכַדְנֶצַּר
ב שְׁלֵה הֲוֵית בְּבֵיתִי וְרַעְנַן בְּהֵיכְלִי׃ חֵלֶם חֲזֵית וִידַחֲלִנַּנִי
ג וְהַרְהֹרִין עַל־מִשְׁכְּבִי וְחֶזְוֵי רֵאשִׁי יְבַהֲלֻנַּנִי׃ וּמִנִּי שִׂים טְעֵם
לְהַנְעָלָה קָדָמַי לְכֹל חַכִּימֵי בָבֶל דִּי־פְשַׁר חֶלְמָא יְהֹודְעֻנַּנִי׃
ד בֵּאדַיִן עללין חַרְטֻמַיָּא אָשְׁפַיָּא כשדיא וְגָזְרַיָּא וְחֶלְמָא אָמַר עָלִּין|כַּשְׂדָּאֵי
ה אֲנָה קֳדָמֵיהֹון וּפִשְׁרֵהּ לָא־מְהֹודְעִין לִי׃ וְעַד אָחֳרֵין עַל
קָדָמַי דָּנִיֵּאל דִּי־שְׁמֵהּ בֵּלְטְשַׁאצַּר כְּשֻׁם אֱלָהִי וְדִי רוּחַ־
ו אֱלָהִין קַדִּישִׁין בֵּהּ וְחֶלְמָא קָדָמֹוהִי אַמְרֵת׃ בֵּלְטְשַׁאצַּר
רַב חַרְטֻמַיָּא דִּי ׀ אֲנָה יִדְעֵת דִּי רוּחַ אֱלָהִין קַדִּישִׁין בָּךְ
ז וְכָל־רָז לָא־אָנֵס לָךְ חֶזְוֵי חֶלְמִי דִי־חֲזֵית וּפִשְׁרֵהּ אֱמַר׃ וְחֶזְוֵי
רֵאשִׁי עַל־מִשְׁכְּבִי חָזֵה הֲוֵית וַאֲלוּ אִילָן בְּגֹוא אַרְעָא וְרוּמֵהּ
ח שַׂגִּיא׃ רְבָה אִילָנָא וּתְקִף וְרוּמֵהּ יִמְטֵא לִשְׁמַיָּא וַחֲזֹותֵהּ
ט לְסֹוף כָּל־אַרְעָא׃ עָפְיֵהּ שַׁפִּיר וְאִנְבֵּהּ שַׂגִּיא וּמָזֹון לְכֹלָּא־
בֵהּ תְּחֹתֹוהִי תַּטְלֵל ׀ חֵיוַת בָּרָא וּבְעַנְפֹוהִי ידרון צִפֲּרֵי שְׁמַיָּא יְדוּרָן
י וּמִנֵּהּ יִתְּזִין כָּל־בִּשְׂרָא׃ חָזֵה הֲוֵית בְּחֶזְוֵי רֵאשִׁי עַל־מִשְׁכְּבִי
יא וַאֲלוּ עִיר וְקַדִּישׁ מִן־שְׁמַיָּא נָחִת׃ קָרֵא בְחַיִל וְכֵן אָמַר גֹּדּוּ
אִילָנָא וְקַצִּצוּ עַנְפֹוהִי אַתַּרוּ עָפְיֵהּ וּבַדַּרוּ אִנְבֵּהּ תְּנֻד חֵיוְתָא
יב מִן־תַּחְתֹּוהִי וְצִפְּרַיָּא מִן־עַנְפֹוהִי׃ בְּרַם עִקַּר שָׁרְשֹׁוהִי בְּאַרְעָא
שְׁבֻקוּ וּבֶאֱסוּר דִּי־פַרְזֶל וּנְחָשׁ בְּדִתְאָא דִּי בָרָא וּבְטַל שְׁמַיָּא

יג יִצְטַבַּע וְעִם־חֵיוְתָא חֲלָקֵהּ בַּעֲשַׂב אַרְעָא׃ לִבְבֵהּ מִן־אנושא אֲנָשָׁא
יְשַׁנּוֹן וּלְבַב חֵיוָא יִתְיְהִב לֵהּ וְשִׁבְעָה עִדָּנִין יַחְלְפוּן עֲלוֹהִי׃
יד בִּגְזֵרַת עִירִין פִּתְגָמָא וּמֵאמַר קַדִּישִׁין שְׁאֵלְתָא עַד־דִּבְרַת
דִּי יִנְדְּעוּן חַיַּיָּא דִּי־שַׁלִּיט עליא בְּמַלְכוּת אנושא וּלְמַן־דִּי עִלָּאָה|אֲנָשָׁא
טו יִצְבֵּא יִתְּנִנַּהּ וּשְׁפַל אֲנָשִׁים יְקִים עליה׃ דְּנָה חֶלְמָא חֲזֵית עֲלַהּ
אֲנָה מַלְכָּא נְבוּכַדְנֶצַּר ואנתה בֵּלְטְשַׁאצַּר פשרא אֱמַר וְאַנְתְּ|פִּשְׁרֵהּ
כָּל־קֳבֵל דִּי ׀ כָּל־חַכִּימֵי מַלְכוּתִי לָא־יָכְלִין פִּשְׁרָא לְהוֹדָעוּתַנִי
טז ואנתה כָּהֵל דִּי רוּחַ־אֱלָהִין קַדִּישִׁין בָּךְ׃ אֱדַיִן דָּנִיֵּאל דִּי־ וְאַנְתְּ
שְׁמֵהּ בֵּלְטְשַׁאצַּר אֶשְׁתּוֹמַם כְּשָׁעָה חֲדָה וְרַעְיֹנֹהִי יְבַהֲלֻנֵּהּ
עָנֵה מַלְכָּא וְאָמַר בֵּלְטְשַׁאצַּר חֶלְמָא ופשרא אַל־יְבַהֲלָךְ וּפִשְׁרֵהּ
עָנֵה בֵלְטְשַׁאצַּר וְאָמַר מָרִאי חֶלְמָא לשנאיך וּפִשְׁרֵהּ לעריך׃ לְשָׂנְאָךְ|לְעָרָךְ
יז אִילָנָא דִּי חֲזַיְתָ דִּי רְבָה וּתְקִף וְרוּמֵהּ יִמְטֵא לִשְׁמַיָּא וַחֲזוֹתֵהּ
יח לְכָל־אַרְעָא׃ וְעָפְיֵהּ שַׁפִּיר וְאִנְבֵּהּ שַׂגִּיא וּמָזוֹן לְכֹלָּא־בֵהּ
תְּחֹתוֹהִי תְּדוּר חֵיוַת בָּרָא וּבְעַנְפוֹהִי יִשְׁכְּנָן צִפְּרֵי שְׁמַיָּא׃
יט אנתה־הוּא מַלְכָּא דִּי רבית וּתְקֵפְתְּ ורבותך רְבָת וּמְטָת אַנְתְּ|רְבַת
כ לִשְׁמַיָּא וְשָׁלְטָנָךְ לְסוֹף אַרְעָא׃ וְדִי חֲזָה מַלְכָּא עִיר וְקַדִּישׁ
נָחִת ׀ מִן־שְׁמַיָּא וְאָמַר גֹּדּוּ אִילָנָא וְחַבְּלוּהִי בְּרַם עִקַּר
שָׁרְשׁוֹהִי בְּאַרְעָא שְׁבֻקוּ וּבֶאֱסוּר דִּי־פַרְזֶל וּנְחָשׁ בְּדִתְאָא דִּי
בָרָא וּבְטַל שְׁמַיָּא יִצְטַבַּע וְעִם־חֵיוַת בָּרָא חֲלָקֵהּ עַד דִּי־
כא שִׁבְעָה עִדָּנִין יַחְלְפוּן עֲלוֹהִי׃ דְּנָה פִשְׁרָא מַלְכָּא וּגְזֵרַת עליא עִלָּאָה
כב הִיא דִּי מְטָת עַל־מָרִאי מַלְכָּא׃ וְלָךְ טָרְדִין מִן־אֲנָשָׁא וְעִם־
חֵיוַת בָּרָא לֶהֱוֵה מְדֹרָךְ וְעִשְׂבָּא כְתוֹרִין ׀ לָךְ יְטַעֲמוּן וּמִטַּל
שְׁמַיָּא לָךְ מְצַבְּעִין וְשִׁבְעָה עִדָּנִין יַחְלְפוּן עליך עַד דִּי־תִנְדַּע עֲלָךְ
דִּי־שַׁלִּיט עליא בְּמַלְכוּת אֲנָשָׁא וּלְמַן־דִּי יִצְבֵּא יִתְּנִנַּהּ׃ עִלָּאָה
כג וְדִי אֲמַרוּ לְמִשְׁבַּק עִקַּר שָׁרְשׁוֹהִי דִּי אִילָנָא מַלְכוּתָךְ לָךְ
כד קַיָּמָה מִן־דִּי תִנְדַּע דִּי שַׁלִּטִן שְׁמַיָּא׃ לָהֵן מַלְכָּא מִלְכִּי יִשְׁפַּר
עליך וחטיך בְּצִדְקָה פְרֻק וַעֲוָיָתָךְ בְּמִחַן עֲנָיִן הֵן תֶּהֱוֵה אַרְכָה עֲלָךְ וַחֲטָאָךְ

לְשָׁלְוְתָךְ׃ כֹּלָּא מְטָא עַל־נְבוּכַדְנֶצַּר מַלְכָּא׃ לִקְצָת כה כו
יַרְחִין תְּרֵי־עֲשַׂר עַל־הֵיכַל מַלְכוּתָא דִּי בָבֶל מְהַלֵּךְ הֲוָה׃
עָנֵה מַלְכָּא וְאָמַר הֲלָא דָא־הִיא בָּבֶל רַבְּתָא דִּי־אֲנָה בֱנַיְתַהּ כז
לְבֵית מַלְכוּ בִּתְקַף חִסְנִי וְלִיקָר הַדְרִי׃ עוֹד מִלְּתָא בְּפֻם כח
מַלְכָּא קָל מִן־שְׁמַיָּא נְפַל לָךְ אָמְרִין נְבוּכַדְנֶצַּר מַלְכָּא
מַלְכוּתָה עֲדָת מִנָּךְ׃ וּמִן־אֲנָשָׁא לָךְ טָרְדִין וְעִם־חֵיוַת בָּרָא כט
עֲלָךְ מְדֹרָךְ עִשְׂבָּא כְתוֹרִין לָךְ יְטַעֲמוּן וְשִׁבְעָה עִדָּנִין יַחְלְפוּן עֲלָיִךְ
עִלָּאָה עַד דִּי־תִנְדַּע דִּי־שַׁלִּיט עליא בְּמַלְכוּת אֲנָשָׁא וּלְמַן־דִּי
יִצְבֵּא יִתְּנִנַּהּ׃ בַּהּ־שַׁעֲתָא מִלְּתָא סָפַת עַל־נְבוּכַדְנֶצַּר וּמִן־ ל
אֲנָשָׁא טְרִיד וְעִשְׂבָּא כְתוֹרִין יֵאכֻל וּמִטַּל שְׁמַיָּא גִּשְׁמֵהּ
יִצְטַבַּע עַד דִּי שַׂעְרֵהּ כְּנִשְׁרִין רְבָה וְטִפְרוֹהִי כְצִפְּרִין׃ וְלִקְצָת לא
יוֹמַיָּה אֲנָה נְבוּכַדְנֶצַּר עַיְנַי ׀ לִשְׁמַיָּא נִטְלֵת וּמַנְדְּעִי עֲלַי
וּלְעִלָּאָה יְתוּב ולעליא בָּרְכֵת וּלְחַי עָלְמָא שַׁבְּחֵת וְהַדְּרֵת דִּי שָׁלְטָנֵהּ
דָּיְרֵי שָׁלְטָן עָלַם וּמַלְכוּתֵהּ עִם־דָּר וְדָר׃ וְכָל־דארי אַרְעָא כְּלָה לב
וְדָיְרֵי חֲשִׁיבִין וּכְמִצְבְּיֵהּ עָבֵד בְּחֵיל שְׁמַיָּא ודארי אַרְעָא וְלָא אִיתַי
דִּי־יְמַחֵא בִידֵהּ וְיֵאמַר לֵהּ מָה עֲבַדְתְּ׃ בֵּהּ־זִמְנָא מַנְדְּעִי ׀ לג
יְתוּב עֲלַי וְלִיקַר מַלְכוּתִי הַדְרִי וְזִיוִי יְתוּב עֲלַי וְלִי הַדָּבְרַי
וְרַבְרְבָנַי יְבַעוֹן וְעַל־מַלְכוּתִי הָתְקְנַת וּרְבוּ יַתִּירָה הוּסְפַת לִי׃
כְּעַן אֲנָה נְבֻכַדְנֶצַּר מְשַׁבַּח וּמְרוֹמֵם וּמְהַדַּר לְמֶלֶךְ שְׁמַיָּא דִּי לד
כָל־מַעֲבָדוֹהִי קְשֹׁט וְאֹרְחָתֵהּ דִּין וְדִי מַהְלְכִין בְּגֵוָה יָכִל
לְהַשְׁפָּלָה׃

בֵּלְשַׁאצַּר מַלְכָּא עֲבַד לְחֶם רַב לְרַבְרְבָנוֹהִי אֲלַף וְלָקֳבֵל א ה
אַלְפָּא חַמְרָא שָׁתֵה׃ בֵּלְשַׁאצַּר אֲמַר ׀ בִּטְעֵם חַמְרָא לְהַיְתָיָה ב
לְמָאנֵי דַּהֲבָא וְכַסְפָּא דִּי הַנְפֵּק נְבוּכַדְנֶצַּר אֲבוּהִי מִן־הֵיכְלָא
דִּי בִירוּשְׁלֶם וְיִשְׁתּוֹן בְּהוֹן מַלְכָּא וְרַבְרְבָנוֹהִי שֵׁגְלָתֵהּ
וּלְחֵנָתֵהּ׃ בֵּאדַיִן הַיְתִיו מָאנֵי דַהֲבָא דִּי הַנְפִּקוּ מִן־הֵיכְלָא ג
דִּי־בֵית אֱלָהָא דִּי בִירוּשְׁלֶם וְאִשְׁתִּיו בְּהוֹן מַלְכָּא וְרַבְרְבָנוֹהִי

ד שַׁגְלָתֵהּ וּלְחֵנָתֵהּ׃ אִשְׁתִּיו חַמְרָא וְשַׁבַּחוּ לֵאלָהֵי דַּהֲבָא
ה וְכַסְפָּא נְחָשָׁא פַרְזְלָא אָעָא וְאַבְנָא׃ בַּהּ־שַׁעֲתָה נפקו אֶצְבְּעָן נְפַקָה
דִּי יַד־אֱנָשׁ וְכָתְבָן לָקֳבֵל נֶבְרַשְׁתָּא עַל־גִּירָא דִּי־כְתַל הֵיכְלָא
ו דִּי מַלְכָּא וּמַלְכָּא חָזֵה פַּס יְדָה דִּי כָתְבָה׃ אֱדַיִן מַלְכָּא זִיוֺהִי
שְׁנוֹהִי וְרַעְיֹנֹהִי יְבַהֲלוּנֵּהּ וְקִטְרֵי חַרְצֵהּ מִשְׁתָּרַיִן וְאַרְכֻבָּתֵהּ
ז דָּא לְדָא נָקְשָׁן׃ קָרֵא מַלְכָּא בְּחַיִל לְהֶעָלָה לְאָשְׁפַיָּא כשדיא כַּשְׂדָּאֵי
וְגָזְרַיָּא עָנֵה מַלְכָּא וְאָמַר ׀ לְחַכִּימֵי בָבֶל דִּי כָל־אֱנָשׁ דִּי־
יִקְרֵה כְּתָבָה דְנָה וּפִשְׁרֵהּ יְחַוִּנַּנִי אַרְגְּוָנָא יִלְבַּשׁ והמונכא דִי־ וְהַמְנִיכָא
ח דַהֲבָא עַל־צַוְּארֵהּ וְתַלְתִּי בְמַלְכוּתָא יִשְׁלַט׃ אֱדַיִן
עללין כֹּל חַכִּימֵי מַלְכָּא וְלָא־כָהֲלִין כְּתָבָא לְמִקְרֵא ופשרא עָלִּין|וּפִשְׁרֵהּ
ט לְהוֹדָעָה לְמַלְכָּא׃ אֱדַיִן מַלְכָּא בֵלְשַׁאצַּר שַׂגִּיא מִתְבָּהַל
י וְזִיוֺהִי שָׁנַיִן עֲלוֹהִי וְרַבְרְבָנוֹהִי מִשְׁתַּבְּשִׁין׃ מַלְכְּתָא לָקֳבֵל
מִלֵּי מַלְכָּא וְרַבְרְבָנוֹהִי לְבֵית מִשְׁתְּיָא עללת עֲנָת מַלְכְּתָא עַלַּת
וַאֲמֶרֶת מַלְכָּא לְעָלְמִין חֱיִי אַל־יְבַהֲלוּךְ רַעְיוֹנָךְ וזיויך אַל־ וְזִיוָךְ
יא יִשְׁתַּנּוֹ׃ אִיתַי גְּבַר בְּמַלְכוּתָךְ דִּי רוּחַ אֱלָהִין קַדִּישִׁין בֵּהּ
וּבְיוֹמֵי אֲבוּךְ נַהִירוּ וְשָׂכְלְתָנוּ וְחָכְמָה כְּחָכְמַת־אֱלָהִין
הִשְׁתְּכַחַת בֵּהּ וּמַלְכָּא נְבֻכַדְנֶצַּר אֲבוּךְ רַב חַרְטֻמִּין אָשְׁפִין
יב כַּשְׂדָּאִין גָּזְרִין הֲקִימֵהּ אֲבוּךְ מַלְכָּא׃ כָּל־קֳבֵל דִּי רוּחַ ׀ יַתִּירָה ד
וּמַנְדַּע וְשָׂכְלְתָנוּ מְפַשַּׁר חֶלְמִין וְאַחֲוָיַת אֲחִידָן וּמְשָׁרֵא קִטְרִין
הִשְׁתְּכַחַת בֵּהּ בְּדָנִיֵּאל דִּי־מַלְכָּא שָׂם־שְׁמֵהּ בֵּלְטְשַׁאצַּר כְּעַן
יג דָּנִיֵּאל יִתְקְרֵי וּפִשְׁרָה יְהַחֲוֵה׃ בֵּאדַיִן דָּנִיֵּאל הֻעַל
קֳדָם מַלְכָּא עָנֵה מַלְכָּא וְאָמַר לְדָנִיֵּאל אנתה־הוּא דָנִיֵּאל אַנְתְּ
דִּי־מִן־בְּנֵי גָלוּתָא דִּי יְהוּד דִּי הַיְתִי מַלְכָּא אַבִי מִן־יְהוּד׃
יד וְשִׁמְעֵת עליך דִּי רוּחַ אֱלָהִין בָּךְ וְנַהִירוּ וְשָׂכְלְתָנוּ וְחָכְמָה עֲלָךְ
טו יַתִּירָה הִשְׁתְּכַחַת בָּךְ׃ וּכְעַן הֻעַלּוּ קֳדָמַי חַכִּימַיָּא אָשְׁפַיָּא
דִּי־כְתָבָה דְנָה יִקְרוֹן וּפִשְׁרֵהּ לְהוֹדָעֻתַנִי וְלָא־כָהֲלִין פְּשַׁר־
טז מִלְּתָא לְהַחֲוָיָה׃ וַאֲנָה שִׁמְעֵת עליך דִּי־תוכל פִּשְׁרִין עֲלָךְ|תִכּוּל

תִּכֻּל | לְמִפְשַׁר וְקִטְרִין לְמִשְׁרֵא כְּעַן הֵן תוכל כְּתָבָא לְמִקְרֵא
וְהַמְנִיכָא | וּפִשְׁרֵהּ לְהוֹדָעֻתַנִי אַרְגְּוָנָא תִלְבַּשׁ והמונכא דִי־דַהֲבָא עַל־
צַוְּארָךְ וְתַלְתָּא בְמַלְכוּתָא תִּשְׁלַט׃ בֵּאדַיִן יז
עָנֵה דָנִיֵּאל וְאָמַר קֳדָם מַלְכָּא מַתְּנָתָךְ לָךְ לֶהֶוְיָן וּנְבָזְבְּיָתָךְ
לְאָחֳרָן הַב בְּרַם כְּתָבָא אֶקְרֵא לְמַלְכָּא וּפִשְׁרָא אֲהוֹדְעִנֵּהּ׃
אַנְתְּ | עִלָּאָה | אנתה מַלְכָּא אֱלָהָא עליא מַלְכוּתָא וּרְבוּתָא וִיקָרָא וְהַדְרָא יח
יְהַב לִנְבֻכַדְנֶצַּר אֲבוּךְ׃ וּמִן־רְבוּתָא דִּי יְהַב־לֵהּ כֹּל עַמְמַיָּא יט
זָיְעִין | אֻמַיָּא וְלִשָּׁנַיָּא הֲווֹ זאעין וְדָחֲלִין מִן־קֳדָמוֹהִי דִּי־הֲוָא צָבֵא
הֲוָה קָטֵל וְדִי־הֲוָה צָבֵא הֲוָה מַחֵא וְדִי־הֲוָה צָבֵא הֲוָה
מָרִים וְדִי־הֲוָה צָבֵא הֲוָא מַשְׁפִּל׃ וּכְדִי רִם לִבְבֵהּ וְרוּחֵהּ כ
תִּקְפַת לַהֲזָדָה הָנְחַת מִן־כָּרְסֵא מַלְכוּתֵהּ וִיקָרָה הֶעְדִּיו
שַׁוִּיו | מִנֵּהּ׃ וּמִן־בְּנֵי אֲנָשָׁא טְרִיד וְלִבְבֵהּ ׀ עִם־חֵיוְתָא שוי וְעִם־ כא
עֲרָדַיָּא מְדוֹרֵהּ עִשְׂבָּא כְתוֹרִין יְטַעֲמוּנֵּהּ וּמִטַּל שְׁמַיָּא גִּשְׁמֵהּ
עִלָּאָה | יִצְטַבַּע עַד דִּי־יְדַע דִּי־שַׁלִּיט אֱלָהָא עליא בְּמַלְכוּת אֲנָשָׁא
עֲלַהּ | וְאַנְתְּ | וּלְמַן־דִּי יִצְבֵּא יְהָקֵים עליה׃ ואנתה בְּרֵהּ בֵּלְשַׁאצַּר לָא כב
הַשְׁפֵּלְתְּ לִבְבָךְ כָּל־קֳבֵל דִּי כָל־דְּנָה יְדַעְתָּ׃ וְעַל מָרֵא־ כג
קָדָמָךְ | וְאַנְתְּ | שְׁמַיָּא ׀ הִתְרוֹמַמְתָּ וּלְמָאנַיָּא דִי־בַיְתֵהּ הַיְתִיו קדמיך ואנתה
וְרַבְרְבָנָךְ | ורברבניך שֵׁגְלָתָךְ וּלְחֵנָתָךְ חַמְרָא שָׁתַיִן בְּהוֹן וְלֵאלָהֵי
כַסְפָּא־וְדַהֲבָא נְחָשָׁא פַרְזְלָא אָעָא וְאַבְנָא דִּי לָא־חָזַיִן וְלָא־
שָׁמְעִין וְלָא יָדְעִין שַׁבַּחְתָּ וְלֵאלָהָא דִּי־נִשְׁמְתָךְ בִּידֵהּ וְכָל־
אֹרְחָתָךְ לֵהּ לָא הַדַּרְתָּ׃ בֵּאדַיִן מִן־קֳדָמוֹהִי שְׁלִיחַ פַּסָּא דִי־ כד
יְדָא וּכְתָבָא דְנָה רְשִׁים׃ וּדְנָה כְתָבָא דִּי רְשִׁים מְנֵא מְנֵא כה
תְּקֵל וּפַרְסִין׃ דְּנָה פְּשַׁר מִלְּתָא מְנֵא מְנָה־אֱלָהָא מַלְכוּתָךְ כו
וְהַשְׁלְמַהּ׃ תְּקֵל תְּקִילְתָּה בְמֹאזַנְיָא וְהִשְׁתְּכַחַתְּ חַסִּיר׃ פְּרֵס כז כח
פְּרִיסַת מַלְכוּתָךְ וִיהִיבַת לְמָדַי וּפָרָס׃ בֵּאדַיִן ׀ אֲמַר כט
וְהַמְנִיכָא | בֵּלְשַׁאצַּר וְהַלְבִּשׁוּ לְדָנִיֵּאל אַרְגְּוָנָא והמונכא דִּי־דַהֲבָא עַל־
צַוְּארֵהּ וְהַכְרִזוּ עֲלוֹהִי דִּי־לֶהֱוֵא שַׁלִּיט תַּלְתָּא בְּמַלְכוּתָא׃

ל בֵּהּ בְּלֵילְיָא קְטִיל בֵּלְאשַׁצַּר מַלְכָּא כשדיא׃ כַּשְׂדָּאָה
ו א ב וְדָרְיָוֶשׁ מדיא קַבֵּל מַלְכוּתָא כְּבַר שְׁנִין שִׁתִּין וְתַרְתֵּין׃ שְׁפַר מָדָאָה
קֳדָם דָּרְיָוֶשׁ וַהֲקִים עַל־מַלְכוּתָא לַאֲחַשְׁדַּרְפְּנַיָּא מְאָה
ג וְעֶשְׂרִין דִּי לֶהֱוֺן בְּכָל־מַלְכוּתָא׃ וְעֵלָּא מִנְּהוֹן סָרְכִין תְּלָתָה
דִּי דָנִיֵּאל חַד מִנְּהוֹן דִּי־לֶהֱוֺן אֲחַשְׁדַּרְפְּנַיָּא אִלֵּין יָהֲבִין לְהוֹן
ד טַעְמָא וּמַלְכָּא לָא־לֶהֱוֵא נָזִק׃ אֱדַיִן דָּנִיֵּאל דְּנָה הֲוָא מִתְנַצַּח
עַל־סָרְכַיָּא וַאֲחַשְׁדַּרְפְּנַיָּא כָּל־קֳבֵל דִּי רוּחַ יַתִּירָא בֵּהּ
ה וּמַלְכָּא עֲשִׁית לַהֲקָמוּתֵהּ עַל־כָּל־מַלְכוּתָא׃ אֱדַיִן סָרְכַיָּא
וַאֲחַשְׁדַּרְפְּנַיָּא הֲווֺ בָעַיִן עִלָּה לְהַשְׁכָּחָה לְדָנִיֵּאל מִצַּד מַלְכוּתָא
וְכָל־עִלָּה וּשְׁחִיתָה לָא־יָכְלִין לְהַשְׁכָּחָה כָּל־קֳבֵל דִּי־מְהֵימַן
ו הוּא וְכָל־שָׁלוּ וּשְׁחִיתָה לָא הִשְׁתְּכַחַת עֲלוֹהִי׃ אֱדַיִן גֻּבְרַיָּא
אִלֵּךְ אָמְרִין דִּי לָא נְהַשְׁכַּח לְדָנִיֵּאל דְּנָה כָּל־עִלָּא לָהֵן
ז הַשְׁכַּחְנָא עֲלוֹהִי בְּדָת אֱלָהֵהּ׃ אֱדַיִן סָרְכַיָּא
וַאֲחַשְׁדַּרְפְּנַיָּא אִלֵּן הַרְגִּשׁוּ עַל־מַלְכָּא וְכֵן אָמְרִין לֵהּ דָּרְיָוֶשׁ
ח מַלְכָּא לְעָלְמִין חֱיִי׃ אִתְיָעַטוּ כֹּל ׀ סָרְכֵי מַלְכוּתָא סִגְנַיָּא
וַאֲחַשְׁדַּרְפְּנַיָּא הַדָּבְרַיָּא וּפַחֲוָתָא לְקַיָּמָה קְיָם מַלְכָּא וּלְתַקָּפָה
אֱסָר דִּי כָל־דִּי־יִבְעֵא בָעוּ מִן־כָּל־אֱלָהּ וֶאֱנָשׁ עַד־יוֹמִין
ט תְּלָתִין לָהֵן מִנָּךְ מַלְכָּא יִתְרְמֵא לְגֹב אַרְיָוָתָא׃ כְּעַן מַלְכָּא
תְּקִים אֱסָרָא וְתִרְשֻׁם כְּתָבָא דִּי לָא לְהַשְׁנָיָה כְּדָת־מָדַי
י וּפָרַס דִּי־לָא תֶעְדֵּא׃ כָּל־קֳבֵל דְּנָה מַלְכָּא דָּרְיָוֶשׁ רְשַׁם
יא ה כְּתָבָא וֶאֱסָרָא׃ וְדָנִיֵּאל כְּדִי יְדַע דִּי־רְשִׁים כְּתָבָא עַל לְבַיְתֵהּ
וְכַוִּין פְּתִיחָן לֵהּ בְּעִלִּיתֵהּ נֶגֶד יְרוּשְׁלֶם וְזִמְנִין תְּלָתָה בְיוֹמָא
הוּא ׀ בָּרֵךְ עַל־בִּרְכוֹהִי וּמְצַלֵּא וּמוֹדֵא קֳדָם אֱלָהֵהּ כָּל־קֳבֵל
יב דִּי־הֲוָא עָבֵד מִן־קַדְמַת דְּנָה׃ אֱדַיִן גֻּבְרַיָּא אִלֵּךְ הַרְגִּשׁוּ
יג וְהַשְׁכַּחוּ לְדָנִיֵּאל בָּעֵא וּמִתְחַנַּן קֳדָם אֱלָהֵהּ׃ בֵּאדַיִן קְרִבוּ
וְאָמְרִין קֳדָם־מַלְכָּא עַל־אֱסָר מַלְכָּא הֲלָא אֱסָר רְשַׁמְתָּ דִּי
כָל־אֱנָשׁ דִּי־יִבְעֵה מִן־כָּל־אֱלָהּ וֶאֱנָשׁ עַד־יוֹמִין תְּלָתִין

להן מנך מלכא יתרמא לגוב אריותא ענה מלכא ואמר
יציבא מלתא כדת־מדי ופרס די־לא תעדא׃ באדין ענו יד
ואמרין קדם מלכא די דניאל די מן־בני גלותא די יהוד
עֲלָךְ לא־שם עליך מלכא טעם ועל־אסרא די רשמת וזמנין
תלתה ביומא בעא בעותה׃ אדין מלכא כדי מלתא שמע טו
שגיא באש עלוהי ועל דניאל שם בל לשיזבותה ועד
מעלי שמשא הוה משתדר להצלותה׃ באדין גבריא אלך טז
הרגשו על־מלכא ואמרין למלכא דע מלכא די־דת למדי
ופרס די־כל־אסר וקים די־מלכא יהקים לא להשניה׃
באדין מלכא אמר והיתיו לדניאל ורמו לגבא די אריותא יז
אַנְתְּ ענה מלכא ואמר לדניאל אלהך די אנתה פלח־לה
בתדירא הוא ישיזבנך׃ והיתית אבן חדה ושמת על־פם יח
גבא וחתמה מלכא בעזקתה ובעזקת רברבנוהי די לא־
תשנא צבו בדניאל׃ אדין אזל מלכא להיכלה ובת טות יט
ודחון לא־הנעל קדמוהי ושנתה נדת עלוהי׃ באדין מלכא כ
בשפרפרא יקום בנגהא ובהתבהלה לגבא די־אריותא אזל׃
וכמקרבה לגבא לדניאל בקל עציב זעק ענה מלכא ואמר כא
אַנְתְּ לדניאל דניאל עבד אלהא חיא אלהך די אנתה פלח־
לה בתדירא היכל לשיזבותך מן־אריותא׃ אדין דניאל כב
עם־מלכא מלל מלכא לעלמין חיי׃ אלהי שלח מלאכה כג
וסגר פם אריותא ולא חבלוני כל־קבל די קדמוהי זכו
קֳדָמָךְ השתכחת לי ואף קדמיך מלכא חבולה לא עבדת׃ באדין כד
מלכא שגיא טאב עלוהי ולדניאל אמר להנסקה מן־גבא
והסק דניאל מן־גבא וכל־חבל לא־השתכח בה די הימן
באלהה׃ ואמר מלכא והיתיו גבריא אלך די־אכלו קרצוהי כה
די דניאל ולגב אריותא רמו אנון בניהון ונשיהון ולא־מטו
לארעית גבא עד די־שלטו בהון אריותא וכל־גרמיהון

כו הַדְּקוּ׃ בֵּאדַיִן דָּרְיָוֶשׁ מַלְכָּא כְּתַב לְכָל־עַמְמַיָּא אֻמַּיָּא
כז וְלִשָּׁנַיָּא דִּי־דארין בְּכָל־אַרְעָא שְׁלָמְכוֹן יִשְׂגֵּא׃ מִן־קֳדָמַי֙ דָּיְרִין
שִׂים טְעֵם דִּי ׀ בְּכָל־שָׁלְטָן מַלְכוּתִי לֶהֱוֹן זאעין וְדָחֲלִין מִן־ זָיְעִין
קֳדָם אֱלָהֵהּ דִּי־דָנִיֵּאל דִּי־הוּא ׀ אֱלָהָא חַיָּא וְקַיָּם לְעָלְמִין
כח וּמַלְכוּתֵהּ דִּי־לָא תִתְחַבַּל וְשָׁלְטָנֵהּ עַד־סוֹפָא׃ מְשֵׁיזִב וּמַצִּל
וְעָבֵד אָתִין וְתִמְהִין בִּשְׁמַיָּא וּבְאַרְעָא דִּי שֵׁיזִב לְדָנִיֵּאל מִן־
כט יַד אַרְיָוָתָא׃ וְדָנִיֵּאל דְּנָה הַצְלַח בְּמַלְכוּת דָּרְיָוֶשׁ וּבְמַלְכוּת
כּוֹרֶשׁ פרסיא׃ פַּרְסָאָה

ז א בִּשְׁנַת חֲדָה לְבֵלְאשַׁצַּר מֶלֶךְ בָּבֶל דָּנִיֵּאל חֵלֶם חֲזָה וְחֶזְוֵי
רֵאשֵׁהּ עַל־מִשְׁכְּבֵהּ בֵּאדַיִן חֶלְמָא כְתַב רֵאשׁ מִלִּין אֲמַר׃
ב עָנֵה דָנִיֵּאל וְאָמַר חָזֵה הֲוֵית בְּחֶזְוִי עִם־לֵילְיָא וַאֲרוּ אַרְבַּע
ג רוּחֵי שְׁמַיָּא מְגִיחָן לְיַמָּא רַבָּא׃ וְאַרְבַּע חֵיוָן רַבְרְבָן סָלְקָן
ד מִן־יַמָּא שָׁנְיָן דָּא מִן־דָּא׃ קַדְמָיְתָא כְאַרְיֵה וְגַפִּין דִּי־נְשַׁר
לַהּ חָזֵה הֲוֵית עַד דִּי־מְּרִיטוּ גפיה וּנְטִילַת מִן־אַרְעָא וְעַל־ גַּפַּהּ
ה רַגְלַיִן כֶּאֱנָשׁ הֳקִימַת וּלְבַב אֱנָשׁ יְהִיב לַהּ׃ וַאֲרוּ חֵיוָה אָחֳרִי
תִנְיָנָה דָּמְיָה לְדֹב וְלִשְׂטַר־חַד הֳקִמַת וּתְלָת עִלְעִין בְּפֻמַּהּ
ו בֵּין שניה וְכֵן אָמְרִין לַהּ קוּמִי אֲכֻלִי בְּשַׂר שַׂגִּיא׃ בָּאתַר דְּנָה שִׁנַּהּ
חָזֵה הֲוֵית וַאֲרוּ אָחֳרִי כִּנְמַר וְלַהּ גַּפִּין אַרְבַּע דִּי־עוֹף עַל־
ז גביה וְאַרְבְּעָה רֵאשִׁין לְחֵיוְתָא וְשָׁלְטָן יְהִיב לַהּ׃ בָּאתַר דְּנָה גַּבַּהּ
חָזֵה הֲוֵית בְּחֶזְוֵי לֵילְיָא וַאֲרוּ חֵיוָה רביעיה דְּחִילָה וְאֵימְתָנִי רְבִיעָאָה
וְתַקִּיפָא יַתִּירָה וְשִׁנַּיִן דִּי־פַרְזֶל לַהּ רַבְרְבָן אָכְלָה וּמַדֱּקָה
וּשְׁאָרָא ברגליה רָפְסָה וְהִיא מְשַׁנְּיָה מִן־כָּל־חֵיוָתָא דִּי קדמיה בְּרַגְלַהּ | קֳדָמַהּ
ח וְקַרְנַיִן עֲשַׂר לַהּ׃ מִשְׂתַּכַּל הֲוֵית בְּקַרְנַיָּא וַאֲלוּ קֶרֶן אָחֳרִי
זְעֵירָה סִלְקָת ביניהון וּתְלָת מִן־קַרְנַיָּא קַדְמָיָתָא אתעקרו בֵּינֵיהֵן | אֶתְעֲקַרָה
מִן־קדמיה וַאֲלוּ עַיְנִין כְּעַיְנֵי אֲנָשָׁא בְּקַרְנָא־דָא וּפֻם מְמַלִּל קֳדָמַהּ
ט רַבְרְבָן׃ חָזֵה הֲוֵית עַד דִּי כָרְסָוָן רְמִיו וְעַתִּיק יוֹמִין יְתִב
לְבוּשֵׁהּ ׀ כִּתְלַג חִוָּר וּשְׂעַר רֵאשֵׁהּ כַּעֲמַר נְקֵא כָּרְסְיֵהּ שְׁבִיבִין

י דִּי־נוּר גַּלְגִּלּוֹהִי נוּר דָּלִק: נְהַר דִּי־נוּר נָגֵד וְנָפֵק מִן־קֳדָמוֹהִי
אֶלֶף אלפים יְשַׁמְּשׁוּנֵּהּ וְרִבּוֹ רבון קָדָמוֹהִי יְקוּמוּן דִּינָא יְתִב אַלְפִין | רִבְבָן
יא וְסִפְרִין פְּתִיחוּ: חָזֵה הֲוֵית בֵּאדַיִן מִן־קָל מִלַּיָּא רַבְרְבָתָא דִּי
קַרְנָא מְמַלֱּלָה חָזֵה הֲוֵית עַד דִּי קְטִילַת חֵיוְתָא וְהוּבַד גִּשְׁמַהּ
יב וִיהִיבַת לִיקֵדַת אֶשָּׁא: וּשְׁאָר חֵיוָתָא הֶעְדִּיו שָׁלְטָנְהוֹן וְאַרְכָה
יג בְחַיִּין יְהִיבַת לְהוֹן עַד־זְמַן וְעִדָּן: חָזֵה הֲוֵית בְּחֶזְוֵי לֵילְיָא
וַאֲרוּ עִם־עֲנָנֵי שְׁמַיָּא כְּבַר אֱנָשׁ אָתֵה הֲוָא וְעַד־עַתִּיק יוֹמַיָּא
יד מְטָה וּקְדָמוֹהִי הַקְרְבוּהִי: וְלֵהּ יְהִב שָׁלְטָן וִיקָר וּמַלְכוּ וְכֹל
עַמְמַיָּא אֻמַיָּא וְלִשָּׁנַיָּא לֵהּ יִפְלְחוּן שָׁלְטָנֵהּ שָׁלְטָן עָלַם דִּי־
טו לָא יֶעְדֵּה וּמַלְכוּתֵהּ דִּי־לָא תִתְחַבַּל: אֶתְכְּרִיַּת
טז רוּחִי אֲנָה דָנִיֵּאל בְּגוֹא נִדְנֶה וְחֶזְוֵי רֵאשִׁי יְבַהֲלֻנַּנִי: קִרְבֵת עַל־
חַד מִן־קָאֲמַיָּא וְיַצִּיבָא אֶבְעֵא־מִנֵּהּ עַל־כָּל־דְּנָה וַאֲמַר־לִי
יז וּפְשַׁר מִלַּיָּא יְהוֹדְעִנַּנִי: אִלֵּין חֵיוָתָא רַבְרְבָתָא דִּי אִנִּין אַרְבַּע
יח אַרְבְּעָה מַלְכִין יְקוּמוּן מִן־אַרְעָא: וִיקַבְּלוּן מַלְכוּתָא קַדִּישֵׁי
יט עֶלְיוֹנִין וְיַחְסְנוּן מַלְכוּתָא עַד־עָלְמָא וְעַד עָלַם עָלְמַיָּא: אֱדַיִן
צְבִית לְיַצָּבָא עַל־חֵיוְתָא רְבִיעָיְתָא דִּי־הֲוָת שָׁנְיָה מִן־כלהון כָּלְּהֵין
דְּחִילָה יַתִּירָה שניה דִּי־פַרְזֶל וטפריה דִּי־נְחָשׁ אָכְלָה מַדְּקָה שִׁנַּהּ | וְטִפְרַהּ
כ וּשְׁאָרָא ברגליה רָפְסָה: וְעַל־קַרְנַיָּא עֲשַׂר דִּי בְרֵאשַׁהּ וְאָחֳרִי בְּרַגְלַהּ
דִּי סִלְקַת ונפלו מִן־קדמיה תְּלָת וְקַרְנָא דִכֵּן וְעַיְנִין לַהּ וּפֻם וּנְפַלָה | קֳדָמַהּ
כא מְמַלִּל רַבְרְבָן וְחֶזְוַהּ רַב מִן־חַבְרָתַהּ: חָזֵה הֲוֵית וְקַרְנָא דִכֵּן
כב עָבְדָה קְרָב עִם־קַדִּישִׁין וְיָכְלָה לְהֹן: עַד דִּי־אֲתָה עַתִּיק יוֹמַיָּא
וְדִינָא יְהִב לְקַדִּישֵׁי עֶלְיוֹנִין וְזִמְנָא מְטָה וּמַלְכוּתָא הֶחֱסִנוּ
כג קַדִּישִׁין: כֵּן אֲמַר חֵיוְתָא רְבִיעָיְתָא מַלְכוּ רביעיה תֶּהֱוֵא רְבִיעָאָה
בְאַרְעָא דִּי תִשְׁנֵא מִן־כָּל־מַלְכְוָתָא וְתֵאכֻל כָּל־אַרְעָא
כד וּתְדוּשִׁנַּהּ וְתַדְּקִנַּהּ: וְקַרְנַיָּא עֲשַׂר מִנַּהּ מַלְכוּתָה עַשְׂרָה
מַלְכִין יְקֻמוּן וְאָחֳרָן יְקוּם אַחֲרֵיהֹן וְהוּא יִשְׁנֵא מִן־קַדְמָיֵא
כה וּתְלָתָה מַלְכִין יְהַשְׁפִּל: וּמִלִּין לְצַד עליא יְמַלִּל וּלְקַדִּישֵׁי עִלָּאָה

עֶלְיוֹנִין יְבַלֵּא וְיִסְבַּר לְהַשְׁנָיָה זִמְנִין וְדָת וְיִתְיַהֲבוּן בִּידֵהּ עַד־
כו עִדָּן וְעִדָּנִין וּפְלַג עִדָּן׃ וְדִינָא יִתִּב וְשָׁלְטָנֵהּ יְהַעְדּוֹן לְהַשְׁמָדָה
כז וּלְהוֹבָדָה עַד־סוֹפָא׃ וּמַלְכוּתָה וְשָׁלְטָנָא וּרְבוּתָא דִּי מַלְכְוָת
תְּחוֹת כָּל־שְׁמַיָּא יְהִיבַת לְעַם קַדִּישֵׁי עֶלְיוֹנִין מַלְכוּתֵהּ
כח מַלְכוּת עָלַם וְכֹל שָׁלְטָנַיָּא לֵהּ יִפְלְחוּן וְיִשְׁתַּמְעוּן׃ עַד־כָּה
סוֹפָא דִי־מִלְּתָא אֲנָה דָנִיֵּאל שַׂגִּיא ׀ רַעְיוֹנַי יְבַהֲלֻנַּנִי וְזִיוַי
יִשְׁתַּנּוֹן עֲלַי וּמִלְּתָא בְּלִבִּי נִטְרֵת׃

ח א בִּשְׁנַת שָׁלוֹשׁ לְמַלְכוּת בֵּלְאשַׁצַּר הַמֶּלֶךְ חָזוֹן נִרְאָה אֵלַי אֲנִי
ב דָנִיֵּאל אַחֲרֵי הַנִּרְאָה אֵלַי בַּתְּחִלָּה׃ וָאֶרְאֶה בֶּחָזוֹן וַיְהִי בִּרְאֹתִי
וַאֲנִי בְּשׁוּשַׁן הַבִּירָה אֲשֶׁר בְּעֵילָם הַמְּדִינָה וָאֶרְאֶה בֶּחָזוֹן וַאֲנִי
ג הָיִיתִי עַל־אוּבַל אוּלָי׃ וָאֶשָּׂא עֵינַי וָאֶרְאֶה וְהִנֵּה ׀ אַיִל אֶחָד
עֹמֵד לִפְנֵי הָאֻבָל וְלוֹ קְרָנָיִם וְהַקְּרָנַיִם גְּבֹהוֹת וְהָאַחַת גְּבֹהָה
ד מִן־הַשֵּׁנִית וְהַגְּבֹהָה עֹלָה בָּאַחֲרֹנָה׃ רָאִיתִי אֶת־הָאַיִל מְנַגֵּחַ
יָמָּה וְצָפוֹנָה וָנֶגְבָּה וְכָל־חַיּוֹת לֹא־יַעַמְדוּ לְפָנָיו וְאֵין מַצִּיל
ה מִיָּדוֹ וְעָשָׂה כִרְצֹנוֹ וְהִגְדִּיל׃ וַאֲנִי ׀ הָיִיתִי מֵבִין וְהִנֵּה צְפִיר־
הָעִזִּים בָּא מִן־הַמַּעֲרָב עַל־פְּנֵי כָל־הָאָרֶץ וְאֵין נוֹגֵעַ בָּאָרֶץ
ו וְהַצָּפִיר קֶרֶן חָזוּת בֵּין עֵינָיו׃ וַיָּבֹא עַד־הָאַיִל בַּעַל הַקְּרָנַיִם
ז אֲשֶׁר רָאִיתִי עֹמֵד לִפְנֵי הָאֻבָל וַיָּרָץ אֵלָיו בַּחֲמַת כֹּחוֹ׃ וּרְאִיתִיו
מַגִּיעַ ׀ אֵצֶל הָאַיִל וַיִּתְמַרְמַר אֵלָיו וַיַּךְ אֶת־הָאַיִל וַיְשַׁבֵּר
אֶת־שְׁתֵּי קְרָנָיו וְלֹא־הָיָה כֹחַ בָּאַיִל לַעֲמֹד לְפָנָיו וַיַּשְׁלִיכֵהוּ
ח אַרְצָה וַיִּרְמְסֵהוּ וְלֹא־הָיָה מַצִּיל לָאַיִל מִיָּדוֹ׃ וּצְפִיר הָעִזִּים
הִגְדִּיל עַד־מְאֹד וּכְעָצְמוֹ נִשְׁבְּרָה הַקֶּרֶן הַגְּדוֹלָה וַתַּעֲלֶנָה
ט חָזוּת אַרְבַּע תַּחְתֶּיהָ לְאַרְבַּע רוּחוֹת הַשָּׁמָיִם׃ וּמִן־הָאַחַת
מֵהֶם יָצָא קֶרֶן־אַחַת מִצְּעִירָה וַתִּגְדַּל־יֶתֶר אֶל־הַנֶּגֶב וְאֶל־
י הַמִּזְרָח וְאֶל־הַצֶּבִי׃ וַתִּגְדַּל עַד־צְבָא הַשָּׁמָיִם וַתַּפֵּל אַרְצָה
יא מִן־הַצָּבָא וּמִן־הַכּוֹכָבִים וַתִּרְמְסֵם׃ וְעַד שַׂר־הַצָּבָא הִגְדִּיל
יב וּמִמֶּנּוּ הרים הַתָּמִיד וְהֻשְׁלַךְ מְכוֹן מִקְדָּשׁוֹ׃ וְצָבָא תִּנָּתֵן עַל־ הוּרַם

הַתָּמִיד בְּפָשַׁע וְתַשְׁלֵךְ אֱמֶת אַרְצָה וְעָשְׂתָה וְהִצְלִיחָה׃
יג וָאֶשְׁמְעָה אֶחָד־קָדוֹשׁ מְדַבֵּר וַיֹּאמֶר אֶחָד קָדוֹשׁ לַפַּלְמוֹנִי
הַמְדַבֵּר עַד־מָתַי הֶחָזוֹן הַתָּמִיד וְהַפֶּשַׁע שֹׁמֵם תֵּת וְקֹדֶשׁ
יד וְצָבָא מִרְמָס׃ וַיֹּאמֶר אֵלַי עַד עֶרֶב בֹּקֶר אַלְפַּיִם וּשְׁלֹשׁ מֵאוֹת
טו וְנִצְדַּק קֹדֶשׁ׃ וַיְהִי בִּרְאֹתִי אֲנִי דָנִיֵּאל אֶת־הֶחָזוֹן וָאֲבַקְשָׁה
טז בִינָה וְהִנֵּה עֹמֵד לְנֶגְדִּי כְּמַרְאֵה־גָבֶר׃ וָאֶשְׁמַע קוֹל־אָדָם בֵּין
יז אוּלָי וַיִּקְרָא וַיֹּאמַר גַּבְרִיאֵל הָבֵן לְהַלָּז אֶת־הַמַּרְאֶה׃ וַיָּבֹא
אֵצֶל עָמְדִי וּבְבֹאוֹ נִבְעַתִּי וָאֶפְּלָה עַל־פָּנָי וַיֹּאמֶר אֵלַי הָבֵן
יח בֶּן־אָדָם כִּי לְעֶת־קֵץ הֶחָזוֹן׃ וּבְדַבְּרוֹ עִמִּי נִרְדַּמְתִּי עַל־פָּנַי
יט אָרְצָה וַיִּגַּע־בִּי וַיַּעֲמִידֵנִי עַל־עָמְדִי׃ וַיֹּאמֶר הִנְנִי מוֹדִיעֲךָ
כ אֵת אֲשֶׁר־יִהְיֶה בְּאַחֲרִית הַזָּעַם כִּי לְמוֹעֵד קֵץ׃ הָאַיִל אֲשֶׁר־
כא רָאִיתָ בַּעַל הַקְּרָנָיִם מַלְכֵי מָדַי וּפָרָס׃ וְהַצָּפִיר הַשָּׂעִיר מֶלֶךְ
יָוָן וְהַקֶּרֶן הַגְּדוֹלָה אֲשֶׁר בֵּין־עֵינָיו הוּא הַמֶּלֶךְ הָרִאשׁוֹן׃
כב וְהַנִּשְׁבֶּרֶת וַתַּעֲמֹדְנָה אַרְבַּע תַּחְתֶּיהָ אַרְבַּע מַלְכֻיוֹת מִגּוֹי
כג יַעֲמֹדְנָה וְלֹא בְכֹחוֹ׃ וּבְאַחֲרִית מַלְכוּתָם כְּהָתֵם הַפֹּשְׁעִים
כד יַעֲמֹד מֶלֶךְ עַז־פָּנִים וּמֵבִין חִידוֹת׃ וְעָצַם כֹּחוֹ וְלֹא בְכֹחוֹ
וְנִפְלָאוֹת יַשְׁחִית וְהִצְלִיחַ וְעָשָׂה וְהִשְׁחִית עֲצוּמִים וְעַם־
כה קְדֹשִׁים׃ וְעַל־שִׂכְלוֹ וְהִצְלִיחַ מִרְמָה בְּיָדוֹ וּבִלְבָבוֹ יַגְדִּיל
וּבְשַׁלְוָה יַשְׁחִית רַבִּים וְעַל שַׂר־שָׂרִים יַעֲמֹד וּבְאֶפֶס יָד יִשָּׁבֵר׃
כו וּמַרְאֵה הָעֶרֶב וְהַבֹּקֶר אֲשֶׁר נֶאֱמַר אֱמֶת הוּא וְאַתָּה סְתֹם
כז הֶחָזוֹן כִּי לְיָמִים רַבִּים׃ וַאֲנִי דָנִיֵּאל נִהְיֵיתִי וְנֶחֱלֵיתִי יָמִים
וָאָקוּם וָאֶעֱשֶׂה אֶת־מְלֶאכֶת הַמֶּלֶךְ וָאֶשְׁתּוֹמֵם עַל־הַמַּרְאֶה
וְאֵין מֵבִין׃

ט א בִּשְׁנַת אַחַת לְדָרְיָוֶשׁ בֶּן־אֲחַשְׁוֵרוֹשׁ מִזֶּרַע מָדָי אֲשֶׁר הָמְלַךְ
ב עַל מַלְכוּת כַּשְׂדִּים׃ בִּשְׁנַת אַחַת לְמָלְכוֹ אֲנִי דָּנִיֵּאל בִּינֹתִי
בַּסְּפָרִים מִסְפַּר הַשָּׁנִים אֲשֶׁר הָיָה דְבַר־יְהוָה אֶל־יִרְמְיָה
ג הַנָּבִיא לְמַלֹּאות לְחָרְבוֹת יְרוּשָׁלִַם שִׁבְעִים שָׁנָה׃ וָאֶתְּנָה

אֶת־פָּנַי אֶל־אֲדֹנָי הָאֱלֹהִים לְבַקֵּשׁ תְּפִלָּה וְתַחֲנוּנִים בְּצוֹם
ד וְשַׂק וָאֵפֶר׃ וָאֶתְפַּלְלָה לַיהוָה אֱלֹהַי וָאֶתְוַדֶּה וָאֹמְרָה אָנָּא ו
אֲדֹנָי הָאֵל הַגָּדוֹל וְהַנּוֹרָא שֹׁמֵר הַבְּרִית וְהַחֶסֶד לְאֹהֲבָיו
ה וּלְשֹׁמְרֵי מִצְוֹתָיו׃ חָטָאנוּ וְעָוִינוּ והרשענו וּמָרָדְנוּ וְסוֹר הִרְשַׁעְנוּ
ו מִמִּצְוֹתֶךָ וּמִמִּשְׁפָּטֶיךָ׃ וְלֹא שָׁמַעְנוּ אֶל־עֲבָדֶיךָ הַנְּבִיאִים
אֲשֶׁר דִּבְּרוּ בְּשִׁמְךָ אֶל־מְלָכֵינוּ שָׂרֵינוּ וַאֲבֹתֵינוּ וְאֶל כָּל־עַם
ז הָאָרֶץ׃ לְךָ אֲדֹנָי הַצְּדָקָה וְלָנוּ בֹּשֶׁת הַפָּנִים כַּיּוֹם הַזֶּה לְאִישׁ
יְהוּדָה וּלְיוֹשְׁבֵי יְרוּשָׁלִַם וּלְכָל־יִשְׂרָאֵל הַקְּרֹבִים וְהָרְחֹקִים
בְּכָל־הָאֲרָצוֹת אֲשֶׁר הִדַּחְתָּם שָׁם בְּמַעֲלָם אֲשֶׁר מָעֲלוּ־בָךְ׃
ח יְהוָה לָנוּ בֹּשֶׁת הַפָּנִים לִמְלָכֵינוּ לְשָׂרֵינוּ וְלַאֲבֹתֵינוּ אֲשֶׁר
ט חָטָאנוּ לָךְ׃ לַאדֹנָי אֱלֹהֵינוּ הָרַחֲמִים וְהַסְּלִחוֹת כִּי מָרַדְנוּ
י בּוֹ׃ וְלֹא שָׁמַעְנוּ בְּקוֹל יְהוָה אֱלֹהֵינוּ לָלֶכֶת בְּתוֹרֹתָיו אֲשֶׁר
יא נָתַן לְפָנֵינוּ בְּיַד עֲבָדָיו הַנְּבִיאִים׃ וְכָל־יִשְׂרָאֵל עָבְרוּ אֶת־
תּוֹרָתֶךָ וְסוֹר לְבִלְתִּי שְׁמוֹעַ בְּקֹלֶךָ וַתִּתַּךְ עָלֵינוּ הָאָלָה
וְהַשְּׁבֻעָה אֲשֶׁר כְּתוּבָה בְּתוֹרַת מֹשֶׁה עֶבֶד־הָאֱלֹהִים כִּי
יב חָטָאנוּ לוֹ׃ וַיָּקֶם אֶת־דבריו ׀ אֲשֶׁר־דִּבֶּר עָלֵינוּ וְעַל־שֹׁפְטֵינוּ דְּבָרוֹ
אֲשֶׁר שְׁפָטוּנוּ לְהָבִיא עָלֵינוּ רָעָה גְדֹלָה אֲשֶׁר לֹא־נֶעֶשְׂתָה
יג תַּחַת כָּל־הַשָּׁמַיִם כַּאֲשֶׁר נֶעֶשְׂתָה בִּירוּשָׁלִָם׃ כַּאֲשֶׁר כָּתוּב
בְּתוֹרַת מֹשֶׁה אֵת כָּל־הָרָעָה הַזֹּאת בָּאָה עָלֵינוּ וְלֹא־חִלִּינוּ
אֶת־פְּנֵי ׀ יְהוָה אֱלֹהֵינוּ לָשׁוּב מֵעֲוֺנֵנוּ וּלְהַשְׂכִּיל בַּאֲמִתֶּךָ׃
יד וַיִּשְׁקֹד יְהוָה עַל־הָרָעָה וַיְבִיאֶהָ עָלֵינוּ כִּי־צַדִּיק יְהוָה אֱלֹהֵינוּ
טו עַל־כָּל־מַעֲשָׂיו אֲשֶׁר עָשָׂה וְלֹא שָׁמַעְנוּ בְּקֹלוֹ׃ וְעַתָּה ׀ אֲדֹנָי
אֱלֹהֵינוּ אֲשֶׁר הוֹצֵאתָ אֶת־עַמְּךָ מֵאֶרֶץ מִצְרַיִם בְּיָד חֲזָקָה
טז וַתַּעַשׂ־לְךָ שֵׁם כַּיּוֹם הַזֶּה חָטָאנוּ רָשָׁעְנוּ׃ אֲדֹנָי כְּכָל־
צִדְקֹתֶךָ יָשָׁב־נָא אַפְּךָ וַחֲמָתְךָ מֵעִירְךָ יְרוּשָׁלִַם הַר־קָדְשֶׁךָ
כִּי בַחֲטָאֵינוּ וּבַעֲוֺנוֹת אֲבֹתֵינוּ יְרוּשָׁלִַם וְעַמְּךָ לְחֶרְפָּה לְכָל־
יז סְבִיבֹתֵינוּ׃ וְעַתָּה ׀ שְׁמַע אֱלֹהֵינוּ אֶל־תְּפִלַּת עַבְדְּךָ וְאֶל־

תַּחֲנוּנָיו וְהָאֵר פָּנֶיךָ עַל־מִקְדָּשְׁךָ הַשָּׁמֵם לְמַעַן אֲדֹנָי׃ הַטֵּה יח
פְּקַח אֱלֹהַי ׀ אָזְנְךָ וּשֲׁמָע פקחה עֵינֶיךָ וּרְאֵה שֹׁמְמֹתֵינוּ וְהָעִיר
אֲשֶׁר־נִקְרָא שִׁמְךָ עָלֶיהָ כִּי ׀ לֹא עַל־צִדְקֹתֵינוּ אֲנַחְנוּ מַפִּילִים
תַּחֲנוּנֵינוּ לְפָנֶיךָ כִּי עַל־רַחֲמֶיךָ הָרַבִּים׃ אֲדֹנָי ׀ שְׁמָעָה אֲדֹנָי ׀ יט
סְלָחָה אֲדֹנָי הַקֲשִׁיבָה וַעֲשֵׂה אַל־תְּאַחַר לְמַעַנְךָ אֱלֹהַי כִּי־
שִׁמְךָ נִקְרָא עַל־עִירְךָ וְעַל־עַמֶּךָ׃ וְעוֹד אֲנִי מְדַבֵּר וּמִתְפַּלֵּל כ
וּמִתְוַדֶּה חַטָּאתִי וְחַטַּאת עַמִּי יִשְׂרָאֵל וּמַפִּיל תְּחִנָּתִי לִפְנֵי
יְהוָה אֱלֹהַי עַל הַר־קֹדֶשׁ אֱלֹהָי׃ וְעוֹד אֲנִי מְדַבֵּר בַּתְּפִלָּה כא
וְהָאִישׁ גַּבְרִיאֵל אֲשֶׁר רָאִיתִי בֶחָזוֹן בַּתְּחִלָּה מֻעָף בִּיעָף נֹגֵעַ
אֵלַי כְּעֵת מִנְחַת־עָרֶב׃ וַיָּבֶן וַיְדַבֵּר עִמִּי וַיֹּאמַר דָּנִיֵּאל עַתָּה כב
יָצָאתִי לְהַשְׂכִּילְךָ בִינָה׃ בִּתְחִלַּת תַּחֲנוּנֶיךָ יָצָא דָבָר וַאֲנִי כג
בָּאתִי לְהַגִּיד כִּי חֲמוּדוֹת אָתָּה וּבִין בַּדָּבָר וְהָבֵן בַּמַּרְאֶה׃
שָׁבֻעִים שִׁבְעִים נֶחְתַּךְ עַל־עַמְּךָ ׀ וְעַל־עִיר קָדְשֶׁךָ לְכַלֵּא כד
וּלְהָתֵם חַטָּאת הַפֶּשַׁע ולחתם חטאות וּלְכַפֵּר עָוֺן וּלְהָבִיא צֶדֶק עֹלָמִים
וְלַחְתֹּם חָזוֹן וְנָבִיא וְלִמְשֹׁחַ קֹדֶשׁ קָדָשִׁים׃ וְתֵדַע וְתַשְׂכֵּל מִן־ כה
מֹצָא דָבָר לְהָשִׁיב וְלִבְנוֹת יְרוּשָׁלִַם עַד־מָשִׁיחַ נָגִיד שָׁבֻעִים
שִׁבְעָה וְשָׁבֻעִים שִׁשִּׁים וּשְׁנַיִם תָּשׁוּב וְנִבְנְתָה רְחוֹב וְחָרוּץ
וּבְצוֹק הָעִתִּים׃ וְאַחֲרֵי הַשָּׁבֻעִים שִׁשִּׁים וּשְׁנַיִם יִכָּרֵת מָשִׁיחַ כו
וְאֵין לוֹ וְהָעִיר וְהַקֹּדֶשׁ יַשְׁחִית עַם נָגִיד הַבָּא וְקִצּוֹ בַשֶּׁטֶף
וְעַד קֵץ מִלְחָמָה נֶחֱרֶצֶת שֹׁמֵמוֹת׃ וְהִגְבִּיר בְּרִית לָרַבִּים שָׁבוּעַ כז
אֶחָד וַחֲצִי הַשָּׁבוּעַ יַשְׁבִּית ׀ זֶבַח וּמִנְחָה וְעַל כְּנַף שִׁקּוּצִים
מְשֹׁמֵם וְעַד־כָּלָה וְנֶחֱרָצָה תִּתַּךְ עַל־שֹׁמֵם׃

בִּשְׁנַת שָׁלוֹשׁ לְכוֹרֶשׁ מֶלֶךְ פָּרַס דָּבָר נִגְלָה לְדָנִיֵּאל אֲשֶׁר־נִקְרָא י א
שְׁמוֹ בֵּלְטְשַׁאצַּר וֶאֱמֶת הַדָּבָר וְצָבָא גָדוֹל וּבִין אֶת־הַדָּבָר וּבִינָה
לוֹ בַּמַּרְאֶה׃ בַּיָּמִים הָהֵם אֲנִי דָנִיֵּאל הָיִיתִי מִתְאַבֵּל שְׁלֹשָׁה ב
שָׁבֻעִים יָמִים׃ לֶחֶם חֲמֻדוֹת לֹא אָכַלְתִּי וּבָשָׂר וָיַיִן לֹא־בָא אֶל־ ג
פִּי וְסוֹךְ לֹא־סָכְתִּי עַד־מְלֹאת שְׁלֹשֶׁת שָׁבֻעִים יָמִים׃

ד וּבְיוֹם עֶשְׂרִים וְאַרְבָּעָה לַחֹדֶשׁ הָרִאשׁוֹן וַאֲנִי הָיִיתִי עַל־יַד
ה הַנָּהָר הַגָּדוֹל הוּא חִדָּקֶל: וָאֶשָּׂא אֶת־עֵינַי וָאֵרֶא וְהִנֵּה אִישׁ־
ו אֶחָד לָבוּשׁ בַּדִּים וּמָתְנָיו חֲגֻרִים בְּכֶתֶם אוּפָז: וּגְוִיָּתוֹ כְתַרְשִׁישׁ
וּפָנָיו כְּמַרְאֵה בָרָק וְעֵינָיו כְּלַפִּידֵי אֵשׁ וּזְרֹעֹתָיו וּמַרְגְּלֹתָיו
ז כְּעֵין נְחֹשֶׁת קָלָל וְקוֹל דְּבָרָיו כְּקוֹל הָמוֹן: וְרָאִיתִי אֲנִי דָנִיֵּאל
לְבַדִּי אֶת־הַמַּרְאָה וְהָאֲנָשִׁים אֲשֶׁר הָיוּ עִמִּי לֹא רָאוּ אֶת־
הַמַּרְאָה אֲבָל חֲרָדָה גְדֹלָה נָפְלָה עֲלֵיהֶם וַיִּבְרְחוּ בְּהֵחָבֵא:
ח וַאֲנִי נִשְׁאַרְתִּי לְבַדִּי וָאֶרְאֶה אֶת־הַמַּרְאָה הַגְּדֹלָה הַזֹּאת וְלֹא
נִשְׁאַר־בִּי כֹּחַ וְהוֹדִי נֶהְפַּךְ עָלַי לְמַשְׁחִית וְלֹא עָצַרְתִּי כֹּחַ:
ט וָאֶשְׁמַע אֶת־קוֹל דְּבָרָיו וּכְשָׁמְעִי אֶת־קוֹל דְּבָרָיו וַאֲנִי הָיִיתִי
י נִרְדָּם עַל־פָּנַי וּפָנַי אָרְצָה: וְהִנֵּה־יָד נָגְעָה בִּי וַתְּנִיעֵנִי עַל־
יא בִּרְכַּי וְכַפּוֹת יָדָי: וַיֹּאמֶר אֵלַי דָּנִיֵּאל אִישׁ־חֲמֻדוֹת הָבֵן
בַּדְּבָרִים אֲשֶׁר אָנֹכִי דֹּבֵר אֵלֶיךָ וַעֲמֹד עַל־עָמְדֶךָ כִּי עַתָּה
שֻׁלַּחְתִּי אֵלֶיךָ וּבְדַבְּרוֹ עִמִּי אֶת־הַדָּבָר הַזֶּה עָמַדְתִּי מַרְעִיד:
יב וַיֹּאמֶר אֵלַי אַל־תִּירָא דָנִיֵּאל כִּי ׀ מִן־הַיּוֹם הָרִאשׁוֹן אֲשֶׁר
נָתַתָּ אֶת־לִבְּךָ לְהָבִין וּלְהִתְעַנּוֹת לִפְנֵי אֱלֹהֶיךָ נִשְׁמְעוּ
יג דְבָרֶיךָ וַאֲנִי בָאתִי בִּדְבָרֶיךָ: וְשַׂר ׀ מַלְכוּת פָּרַס עֹמֵד לְנֶגְדִּי
עֶשְׂרִים וְאֶחָד יוֹם וְהִנֵּה מִיכָאֵל אַחַד הַשָּׂרִים הָרִאשֹׁנִים בָּא
יד לְעָזְרֵנִי וַאֲנִי נוֹתַרְתִּי שָׁם אֵצֶל מַלְכֵי פָרָס: וּבָאתִי לַהֲבִינְךָ
אֵת אֲשֶׁר־יִקְרָה לְעַמְּךָ בְּאַחֲרִית הַיָּמִים כִּי־עוֹד חָזוֹן לַיָּמִים:
טו וּבְדַבְּרוֹ עִמִּי כַּדְּבָרִים הָאֵלֶּה נָתַתִּי פָנַי אַרְצָה וְנֶאֱלָמְתִּי:
טז וְהִנֵּה כִּדְמוּת בְּנֵי אָדָם נֹגֵעַ עַל־שְׂפָתָי וָאֶפְתַּח־פִּי וָאֲדַבְּרָה
וָאֹמְרָה אֶל־הָעֹמֵד לְנֶגְדִּי אֲדֹנִי בַּמַּרְאָה נֶהֶפְכוּ צִירַי עָלַי
יז וְלֹא עָצַרְתִּי כֹּחַ: וְהֵיךְ יוּכַל עֶבֶד אֲדֹנִי זֶה לְדַבֵּר עִם־אֲדֹנִי
זֶה וַאֲנִי מֵעַתָּה לֹא־יַעֲמָד־בִּי כֹחַ וּנְשָׁמָה לֹא נִשְׁאֲרָה־בִי:
יח יט וַיֹּסֶף וַיִּגַּע־בִּי כְּמַרְאֵה אָדָם וַיְחַזְּקֵנִי: וַיֹּאמֶר אַל־תִּירָא אִישׁ־
חֲמֻדוֹת שָׁלוֹם לָךְ חֲזַק וַחֲזָק וּכְדַבְּרוֹ עִמִּי הִתְחַזַּקְתִּי וָאֹמְרָה

יְדַבֵּר אֲדֹנִי כִּי חִזַּקְתָּנִי׃ וַיֹּאמֶר הֲיָדַעְתָּ לָמָּה־בָּאתִי אֵלֶיךָ כ
וְעַתָּה אָשׁוּב לְהִלָּחֵם עִם־שַׂר פָּרָס וַאֲנִי יוֹצֵא וְהִנֵּה שַׂר־
ז יָוָן בָּא׃ אֲבָל אַגִּיד לְךָ אֶת־הָרָשׁוּם בִּכְתָב אֱמֶת וְאֵין אֶחָד כא
מִתְחַזֵּק עִמִּי עַל־אֵלֶּה כִּי אִם־מִיכָאֵל שַׂרְכֶם׃ וַאֲנִי א יא
בִּשְׁנַת אַחַת לְדָרְיָוֶשׁ הַמָּדִי עָמְדִי לְמַחֲזִיק וּלְמָעוֹז לוֹ׃
וְעַתָּה אֱמֶת אַגִּיד לָךְ הִנֵּה־עוֹד שְׁלֹשָׁה מְלָכִים עֹמְדִים ב
לְפָרַס וְהָרְבִיעִי יַעֲשִׁיר עֹשֶׁר־גָּדוֹל מִכֹּל וּכְחֶזְקָתוֹ בְעָשְׁרוֹ
יָעִיר הַכֹּל אֵת מַלְכוּת יָוָן׃ וְעָמַד מֶלֶךְ גִּבּוֹר וּמָשַׁל מִמְשָׁל ג
רַב וְעָשָׂה כִּרְצוֹנוֹ׃ וּכְעָמְדוֹ תִּשָּׁבֵר מַלְכוּתוֹ וְתֵחָץ לְאַרְבַּע ד
רוּחוֹת הַשָּׁמָיִם וְלֹא לְאַחֲרִיתוֹ וְלֹא כְמָשְׁלוֹ אֲשֶׁר מָשָׁל כִּי
תִנָּתֵשׁ מַלְכוּתוֹ וְלַאֲחֵרִים מִלְּבַד־אֵלֶּה׃ וְיֶחֱזַק מֶלֶךְ־הַנֶּגֶב ה
וּמִן־שָׂרָיו וְיֶחֱזַק עָלָיו וּמָשָׁל מִמְשָׁל רַב מֶמְשַׁלְתּוֹ׃ וּלְקֵץ ו
שָׁנִים יִתְחַבָּרוּ וּבַת מֶלֶךְ־הַנֶּגֶב תָּבוֹא אֶל־מֶלֶךְ הַצָּפוֹן
לַעֲשׂוֹת מֵישָׁרִים וְלֹא־תַעְצֹר כּוֹחַ הַזְּרוֹעַ וְלֹא יַעֲמֹד וּזְרֹעוֹ
וְתִנָּתֵן הִיא וּמְבִיאֶיהָ וְהַיֹּלְדָהּ וּמַחֲזִקָהּ בָּעִתִּים׃ וְעָמַד מִנֵּצֶר ז
שָׁרָשֶׁיהָ כַּנּוֹ וְיָבֹא אֶל־הַחַיִל וְיָבֹא בְּמָעוֹז מֶלֶךְ הַצָּפוֹן וְעָשָׂה
בָהֶם וְהֶחֱזִיק׃ וְגַם אֱלֹהֵיהֶם עִם־נְסִכֵיהֶם עִם־כְּלֵי חֶמְדָּתָם ח
כֶּסֶף וְזָהָב בַּשְּׁבִי יָבִא מִצְרָיִם וְהוּא שָׁנִים יַעֲמֹד מִמֶּלֶךְ
הַצָּפוֹן׃ וּבָא בְּמַלְכוּת מֶלֶךְ הַנֶּגֶב וְשָׁב אֶל־אַדְמָתוֹ׃ וּבָנָו ט
יִתְגָּרוּ וְאָסְפוּ הֲמוֹן חֲיָלִים רַבִּים וּבָא בוֹא וְשָׁטַף וְעָבָר וְיָשֹׁב
וְיִתְגָּרֶה ויתגרו עַד־מָעֻזֹּה׃ וְיִתְמַרְמַר מֶלֶךְ הַנֶּגֶב וְיָצָא וְנִלְחַם עִמּוֹ יא
עִם־מֶלֶךְ הַצָּפוֹן וְהֶעֱמִיד הָמוֹן רָב וְנִתַּן הֶהָמוֹן בְּיָדוֹ׃ וְנִשָּׂא יב
וְרָם הֶהָמוֹן ירום לְבָבוֹ וְהִפִּיל רִבֹּאוֹת וְלֹא יָעוֹז׃ וְשָׁב מֶלֶךְ הַצָּפוֹן יג
וְהֶעֱמִיד הָמוֹן רַב מִן־הָרִאשׁוֹן וּלְקֵץ הָעִתִּים שָׁנִים יָבוֹא
בוֹא בְּחַיִל גָּדוֹל וּבִרְכוּשׁ רָב׃ וּבָעִתִּים הָהֵם רַבִּים יַעַמְדוּ יד
עַל־מֶלֶךְ הַנֶּגֶב וּבְנֵי ׀ פָּרִיצֵי עַמְּךָ יִנַּשְּׂאוּ לְהַעֲמִיד חָזוֹן
וְנִכְשָׁלוּ׃ וְיָבֹא מֶלֶךְ הַצָּפוֹן וְיִשְׁפֹּךְ סוֹלְלָה וְלָכַד עִיר מִבְצָרוֹת טו

וּזְרֹעוֹת הַנֶּגֶב לֹא יַעֲמֹדוּ וְעַם מִבְחָרָיו וְאֵין כֹּחַ לַעֲמֹד׃
טו וְיַעַשׂ הַבָּא אֵלָיו כִּרְצוֹנוֹ וְאֵין עוֹמֵד לְפָנָיו וְיַעֲמֹד בְּאֶרֶץ־
טז הַצְּבִי וְכָלָה בְיָדוֹ׃ וְיָשֵׂם ׀ פָּנָיו לָבוֹא בְּתֹקֶף כָּל־מַלְכוּתוֹ
וִישָׁרִים עִמּוֹ וְעָשָׂה וּבַת הַנָּשִׁים יִתֶּן־לוֹ לְהַשְׁחִיתָהּ וְלֹא
יח תַעֲמֹד וְלֹא־לוֹ תִהְיֶה׃ וישב ׀ פָּנָיו לְאִיִּים וְלָכַד רַבִּים וְיָשֵׂם
יט וְהִשְׁבִּית קָצִין חֶרְפָּתוֹ לוֹ בִּלְתִּי חֶרְפָּתוֹ יָשִׁיב לוֹ׃ וְיָשֵׁב פָּנָיו
כ לְמָעוּזֵּי אַרְצוֹ וְנִכְשַׁל וְנָפַל וְלֹא יִמָּצֵא׃ וְעָמַד עַל־כַּנּוֹ
מַעֲבִיר נוֹגֵשׂ הֶדֶר מַלְכוּת וּבְיָמִים אֲחָדִים יִשָּׁבֵר וְלֹא
כא בְאַפַּיִם וְלֹא בְמִלְחָמָה׃ וְעָמַד עַל־כַּנּוֹ נִבְזֶה וְלֹא־נָתְנוּ עָלָיו
הוֹד מַלְכוּת וּבָא בְשַׁלְוָה וְהֶחֱזִיק מַלְכוּת בַּחֲלַקְלַקּוֹת׃
כב כג וּזְרֹעוֹת הַשֶּׁטֶף יִשָּׁטְפוּ מִלְּפָנָיו וְיִשָּׁבֵרוּ וְגַם נְגִיד בְּרִית׃ וּמִן־
הִתְחַבְּרוּת אֵלָיו יַעֲשֶׂה מִרְמָה וְעָלָה וְעָצַם בִּמְעַט־גּוֹי׃
כד בְּשַׁלְוָה וּבְמִשְׁמַנֵּי מְדִינָה יָבוֹא וְעָשָׂה אֲשֶׁר לֹא־עָשׂוּ אֲבֹתָיו
וַאֲבוֹת אֲבֹתָיו בִּזָּה וְשָׁלָל וּרְכוּשׁ לָהֶם יִבְזוֹר וְעַל מִבְצָרִים
כה יְחַשֵּׁב מַחְשְׁבֹתָיו וְעַד־עֵת׃ וְיָעֵר כֹּחוֹ וּלְבָבוֹ עַל־מֶלֶךְ הַנֶּגֶב
בְּחַיִל גָּדוֹל וּמֶלֶךְ הַנֶּגֶב יִתְגָּרֶה לַמִּלְחָמָה בְּחַיִל־גָּדוֹל וְעָצוּם
כו עַד־מְאֹד וְלֹא יַעֲמֹד כִּי־יַחְשְׁבוּ עָלָיו מַחֲשָׁבוֹת׃ וְאֹכְלֵי
כז פַת־בָּגוֹ יִשְׁבְּרוּהוּ וְחֵילוֹ יִשְׁטוֹף וְנָפְלוּ חֲלָלִים רַבִּים׃ וּשְׁנֵיהֶם
הַמְּלָכִים לְבָבָם לְמֵרָע וְעַל־שֻׁלְחָן אֶחָד כָּזָב יְדַבֵּרוּ וְלֹא
כח תִצְלָח כִּי־עוֹד קֵץ לַמּוֹעֵד׃ וְיָשֹׁב אַרְצוֹ בִּרְכוּשׁ גָּדוֹל וּלְבָבוֹ
כט עַל־בְּרִית קֹדֶשׁ וְעָשָׂה וְשָׁב לְאַרְצוֹ׃ לַמּוֹעֵד יָשׁוּב וּבָא
ל בַנֶּגֶב וְלֹא־תִהְיֶה כָרִאשֹׁנָה וְכָאַחֲרֹנָה׃ וּבָאוּ בוֹ צִיִּים כִּתִּים
וְנִכְאָה וְשָׁב וְזָעַם עַל־בְּרִית־קוֹדֶשׁ וְעָשָׂה וְשָׁב וְיָבֵן עַל־
לא עֹזְבֵי בְּרִית קֹדֶשׁ׃ וּזְרֹעִים מִמֶּנּוּ יַעֲמֹדוּ וְחִלְּלוּ הַמִּקְדָּשׁ
לב הַמָּעוֹז וְהֵסִירוּ הַתָּמִיד וְנָתְנוּ הַשִּׁקּוּץ מְשֹׁמֵם׃ וּמַרְשִׁיעֵי
לג בְרִית יַחֲנִיף בַּחֲלַקּוֹת וְעַם יֹדְעֵי אֱלֹהָיו יַחֲזִקוּ וְעָשׂוּ׃ וּמַשְׂכִּילֵי
עָם יָבִינוּ לָרַבִּים וְנִכְשְׁלוּ בְּחֶרֶב וּבְלֶהָבָה בִּשְׁבִי וּבְבִזָּה

לד יָמִים׃ וּבְהִכָּשְׁלָם יֵעָזְרוּ עֵזֶר מְעָט וְנִלְווּ עֲלֵיהֶם רַבִּים
לה בַּחֲלַקְלַקּוֹת׃ וּמִן־הַמַּשְׂכִּילִים יִכָּשְׁלוּ לִצְרוֹף בָּהֶם וּלְבָרֵר
לו וְלַלְבֵּן עַד־עֵת קֵץ כִּי־עוֹד לַמּוֹעֵד׃ וְעָשָׂה כִרְצוֹנוֹ הַמֶּלֶךְ
וְיִתְרוֹמֵם וְיִתְגַּדֵּל עַל־כָּל־אֵל וְעַל אֵל אֵלִים יְדַבֵּר נִפְלָאוֹת
לז וְהִצְלִיחַ עַד־כָּלָה זַעַם כִּי נֶחֱרָצָה נֶעֱשָׂתָה׃ וְעַל־אֱלֹהֵי
אֲבֹתָיו לֹא יָבִין וְעַל־חֶמְדַּת נָשִׁים וְעַל־כָּל־אֱלוֹהַּ לֹא יָבִין
לח כִּי עַל־כֹּל יִתְגַּדָּל׃ וְלֶאֱלֹהַּ מָעֻזִּים עַל־כַּנּוֹ יְכַבֵּד וְלֶאֱלוֹהַּ
אֲשֶׁר לֹא־יְדָעֻהוּ אֲבֹתָיו יְכַבֵּד בְּזָהָב וּבְכֶסֶף וּבְאֶבֶן יְקָרָה
לט וּבַחֲמֻדוֹת׃ וְעָשָׂה לְמִבְצְרֵי מָעֻזִּים עִם־אֱלוֹהַּ נֵכָר אֲשֶׁר
הכיר יַרְבֶּה כָבוֹד וְהִמְשִׁילָם בָּרַבִּים וַאֲדָמָה יְחַלֵּק בִּמְחִיר׃ יַכִּיר
מ וּבְעֵת קֵץ יִתְנַגַּח עִמּוֹ מֶלֶךְ הַנֶּגֶב וְיִשְׂתָּעֵר עָלָיו מֶלֶךְ הַצָּפוֹן
בְּרֶכֶב וּבְפָרָשִׁים וּבָאֳנִיּוֹת רַבּוֹת וּבָא בַאֲרָצוֹת וְשָׁטַף וְעָבָר׃
מא וּבָא בְּאֶרֶץ הַצְּבִי וְרַבּוֹת יִכָּשֵׁלוּ וְאֵלֶּה יִמָּלְטוּ מִיָּדוֹ אֱדוֹם
מב וּמוֹאָב וְרֵאשִׁית בְּנֵי עַמּוֹן׃ וְיִשְׁלַח יָדוֹ בַּאֲרָצוֹת וְאֶרֶץ
מג מִצְרַיִם לֹא תִהְיֶה לִפְלֵיטָה׃ וּמָשַׁל בְּמִכְמַנֵּי הַזָּהָב וְהַכֶּסֶף
מד וּבְכֹל חֲמֻדוֹת מִצְרָיִם וְלֻבִים וְכֻשִׁים בְּמִצְעָדָיו׃ וּשְׁמֻעוֹת
יְבַהֲלֻהוּ מִמִּזְרָח וּמִצָּפוֹן וְיָצָא בְּחֵמָא גְדֹלָה לְהַשְׁמִיד וּלְהַחֲרִים
מה רַבִּים׃ וְיִטַּע אָהֳלֵי אַפַּדְנוֹ בֵּין יַמִּים לְהַר־צְבִי־קֹדֶשׁ וּבָא
יב א עַד־קִצּוֹ וְאֵין עוֹזֵר לוֹ׃ וּבָעֵת הַהִיא יַעֲמֹד מִיכָאֵל הַשַּׂר
הַגָּדוֹל הָעֹמֵד עַל־בְּנֵי עַמֶּךָ וְהָיְתָה עֵת צָרָה אֲשֶׁר לֹא־
נִהְיְתָה מִהְיוֹת גּוֹי עַד הָעֵת הַהִיא וּבָעֵת הַהִיא יִמָּלֵט עַמְּךָ
ב כָּל־הַנִּמְצָא כָּתוּב בַּסֵּפֶר׃ וְרַבִּים מִיְּשֵׁנֵי אַדְמַת־עָפָר יָקִיצוּ
ג אֵלֶּה לְחַיֵּי עוֹלָם וְאֵלֶּה לַחֲרָפוֹת לְדִרְאוֹן עוֹלָם׃ וְהַמַּשְׂכִּלִים
יַזְהִרוּ כְּזֹהַר הָרָקִיעַ וּמַצְדִּיקֵי הָרַבִּים כַּכּוֹכָבִים לְעוֹלָם
ד וָעֶד׃ וְאַתָּה דָנִיֵּאל סְתֹם הַדְּבָרִים וַחֲתֹם הַסֵּפֶר
ה עַד־עֵת קֵץ יְשֹׁטְטוּ רַבִּים וְתִרְבֶּה הַדָּעַת׃ וְרָאִיתִי אֲנִי דָנִיֵּאל
וְהִנֵּה שְׁנַיִם אֲחֵרִים עֹמְדִים אֶחָד הֵנָּה לִשְׂפַת הַיְאֹר וְאֶחָד

ו הִנָּה לִשְׂפַת הַיְאֹר׃ וַיֹּאמֶר לָאִישׁ לְבוּשׁ הַבַּדִּים אֲשֶׁר מִמַּעַל
ז לְמֵימֵי הַיְאֹר עַד־מָתַי קֵץ הַפְּלָאוֹת׃ וָאֶשְׁמַע אֶת־הָאִישׁ ׀
לְבוּשׁ הַבַּדִּים אֲשֶׁר מִמַּעַל לְמֵימֵי הַיְאֹר וַיָּרֶם יְמִינוֹ וּשְׂמֹאלוֹ
אֶל־הַשָּׁמַיִם וַיִּשָּׁבַע בְּחֵי הָעוֹלָם כִּי לְמוֹעֵד מוֹעֲדִים וָחֵצִי
ח וּכְכַלּוֹת נַפֵּץ יַד־עַם־קֹדֶשׁ תִּכְלֶינָה כָל־אֵלֶּה׃ וַאֲנִי שָׁמַעְתִּי
ט וְלֹא אָבִין וָאֹמְרָה אֲדֹנִי מָה אַחֲרִית אֵלֶּה׃ וַיֹּאמֶר לֵךְ
י דָּנִיֵּאל כִּי־סְתֻמִים וַחֲתֻמִים הַדְּבָרִים עַד־עֵת קֵץ׃ יִתְבָּרְרוּ
וְיִתְלַבְּנוּ וְיִצָּרְפוּ רַבִּים וְהִרְשִׁיעוּ רְשָׁעִים וְלֹא יָבִינוּ כָּל־
יא רְשָׁעִים וְהַמַּשְׂכִּלִים יָבִינוּ׃ וּמֵעֵת הוּסַר הַתָּמִיד וְלָתֵת
יב שִׁקּוּץ שֹׁמֵם יָמִים אֶלֶף מָאתַיִם וְתִשְׁעִים׃ אַשְׁרֵי הַמְחַכֶּה
יג וְיַגִּיעַ לְיָמִים אֶלֶף שְׁלֹשׁ מֵאוֹת שְׁלֹשִׁים וַחֲמִשָּׁה׃ וְאַתָּה
לֵךְ לַקֵּץ וְתָנוּחַ וְתַעֲמֹד לְגֹרָלְךָ לְקֵץ הַיָּמִין׃

עזרא · נחמיה

א וּבִשְׁנַת אַחַת לְכוֹרֶשׁ מֶלֶךְ פָּרַס לִכְלוֹת דְּבַר־יְהוָה מִפִּי א
יִרְמְיָה הֵעִיר יְהוָה אֶת־רוּחַ כֹּרֶשׁ מֶלֶךְ־פָּרַס וַיַּעֲבֶר־קוֹל
ב בְּכָל־מַלְכוּתוֹ וְגַם־בְּמִכְתָּב לֵאמֹר׃ כֹּה אָמַר כֹּרֶשׁ מֶלֶךְ
פָּרַס כֹּל מַמְלְכוֹת הָאָרֶץ נָתַן לִי יְהוָה אֱלֹהֵי הַשָּׁמָיִם וְהוּא־
ג פָקַד עָלַי לִבְנוֹת־לוֹ בַיִת בִּירוּשָׁלַ͏ִם אֲשֶׁר בִּיהוּדָה׃ מִי־בָכֶם
מִכָּל־עַמּוֹ יְהִי אֱלֹהָיו עִמּוֹ וְיַעַל לִירוּשָׁלַ͏ִם אֲשֶׁר בִּיהוּדָה
וְיִבֶן אֶת־בֵּית יְהוָה אֱלֹהֵי יִשְׂרָאֵל הוּא הָאֱלֹהִים אֲשֶׁר
ד בִּירוּשָׁלָ͏ִם׃ וְכָל־הַנִּשְׁאָר מִכָּל־הַמְּקֹמוֹת אֲשֶׁר הוּא־גָר־שָׁם
יְנַשְּׂאוּהוּ אַנְשֵׁי מְקֹמוֹ בְּכֶסֶף וּבְזָהָב וּבִרְכוּשׁ וּבִבְהֵמָה עִם־
ה הַנְּדָבָה לְבֵית הָאֱלֹהִים אֲשֶׁר בִּירוּשָׁלָ͏ִם׃ וַיָּקוּמוּ רָאשֵׁי
הָאָבוֹת לִיהוּדָה וּבִנְיָמִן וְהַכֹּהֲנִים וְהַלְוִיִּם לְכֹל הֵעִיר הָאֱלֹהִים
אֶת־רוּחוֹ לַעֲלוֹת לִבְנוֹת אֶת־בֵּית יְהוָה אֲשֶׁר בִּירוּשָׁלָ͏ִם׃
ו וְכָל־סְבִיבֹתֵיהֶם חִזְּקוּ בִידֵיהֶם בִּכְלֵי־כֶסֶף בַּזָּהָב בָּרְכוּשׁ
וּבַבְּהֵמָה וּבַמִּגְדָּנוֹת לְבַד עַל־כָּל־הִתְנַדֵּב׃
ז וְהַמֶּלֶךְ כּוֹרֶשׁ הוֹצִיא אֶת־כְּלֵי בֵית־יְהוָה אֲשֶׁר הוֹצִיא
ח נְבוּכַדְנֶצַּר מִירוּשָׁלַ͏ִם וַיִּתְּנֵם בְּבֵית אֱלֹהָיו׃ וַיּוֹצִיאֵם כּוֹרֶשׁ
מֶלֶךְ פָּרַס עַל־יַד מִתְרְדָת הַגִּזְבָּר וַיִּסְפְּרֵם לְשֵׁשְׁבַּצַּר הַנָּשִׂיא
ט לִיהוּדָה׃ וְאֵלֶּה מִסְפָּרָם אֲגַרְטְלֵי זָהָב שְׁלֹשִׁים
י אֲגַרְטְלֵי־כֶסֶף אָלֶף מַחֲלָפִים תִּשְׁעָה וְעֶשְׂרִים׃ כְּפוֹרֵי זָהָב
שְׁלֹשִׁים כְּפוֹרֵי כֶסֶף מִשְׁנִים אַרְבַּע מֵאוֹת וַעֲשָׂרָה כֵּלִים
יא אֲחֵרִים אָלֶף׃ כָּל־כֵּלִים לַזָּהָב וְלַכֶּסֶף חֲמֵשֶׁת אֲלָפִים וְאַרְבַּע
מֵאוֹת הַכֹּל הֶעֱלָה שֵׁשְׁבַּצַּר עִם הֵעָלוֹת הַגּוֹלָה מִבָּבֶל
לִירוּשָׁלָ͏ִם׃

ב א וְאֵלֶּה ׀ בְּנֵי הַמְּדִינָה הָעֹלִים מִשְּׁבִי הַגּוֹלָה אֲשֶׁר הֶגְלָה
נבוכדנצור מֶלֶךְ־בָּבֶל לְבָבֶל וַיָּשׁוּבוּ לִירוּשָׁלַ͏ִם וִיהוּדָה אִישׁ נְבוּכַדְנֶצַּר
ב לְעִירוֹ׃ אֲשֶׁר־בָּאוּ עִם־זְרֻבָּבֶל יֵשׁוּעַ נְחֶמְיָה שְׂרָיָה רְעֵלָיָה
מָרְדֳּכַי בִּלְשָׁן מִסְפָּר בִּגְוַי רְחוּם בַּעֲנָה מִסְפַּר אַנְשֵׁי עַם

ג ד יִשְׂרָאֵל׃ בְּנֵי פַרְעֹשׁ אַלְפַּיִם מֵאָה שִׁבְעִים וּשְׁנָיִם׃ בְּנֵי שְׁפַטְיָה
ה שְׁלֹשׁ מֵאוֹת שִׁבְעִים וּשְׁנָיִם׃ בְּנֵי אָרַח שְׁבַע מֵאוֹת חֲמִשָּׁה
ו וְשִׁבְעִים׃ בְּנֵי־פַחַת מוֹאָב לִבְנֵי יֵשׁוּעַ יוֹאָב אַלְפַּיִם שְׁמֹנֶה
ז מֵאוֹת וּשְׁנֵים עָשָׂר׃ בְּנֵי עֵילָם אֶלֶף מָאתַיִם חֲמִשִּׁים וְאַרְבָּעָה׃
ח ט בְּנֵי זַתּוּא תְּשַׁע מֵאוֹת וְאַרְבָּעִים וַחֲמִשָּׁה׃ בְּנֵי זַכָּי שְׁבַע
י יא מֵאוֹת וְשִׁשִּׁים׃ בְּנֵי בָנִי שֵׁשׁ מֵאוֹת אַרְבָּעִים וּשְׁנָיִם׃ בְּנֵי בֵבָי
יב שֵׁשׁ מֵאוֹת עֶשְׂרִים וּשְׁלֹשָׁה׃ בְּנֵי עַזְגָּד אֶלֶף מָאתַיִם עֶשְׂרִים
יג יד וּשְׁנָיִם׃ בְּנֵי אֲדֹנִיקָם שֵׁשׁ מֵאוֹת שִׁשִּׁים וְשִׁשָּׁה׃ בְּנֵי בִגְוָי
טו אַלְפַּיִם חֲמִשִּׁים וְשִׁשָּׁה׃ בְּנֵי עָדִין אַרְבַּע מֵאוֹת חֲמִשִּׁים
טז יז וְאַרְבָּעָה׃ בְּנֵי־אָטֵר לִיחִזְקִיָּה תִּשְׁעִים וּשְׁמֹנָה׃ בְּנֵי בֵצָי שְׁלֹשׁ
יח יט מֵאוֹת עֶשְׂרִים וּשְׁלֹשָׁה׃ בְּנֵי יוֹרָה מֵאָה וּשְׁנֵים עָשָׂר׃ בְּנֵי
כ חָשֻׁם מָאתַיִם עֶשְׂרִים וּשְׁלֹשָׁה׃ בְּנֵי גִבָּר תִּשְׁעִים וַחֲמִשָּׁה׃
כא כב בְּנֵי בֵית־לָחֶם מֵאָה עֶשְׂרִים וּשְׁלֹשָׁה׃ אַנְשֵׁי נְטֹפָה חֲמִשִּׁים
כג כד וְשִׁשָּׁה׃ אַנְשֵׁי עֲנָתוֹת מֵאָה עֶשְׂרִים וּשְׁמֹנָה׃ בְּנֵי עַזְמָוֶת
כה אַרְבָּעִים וּשְׁנָיִם׃ בְּנֵי קִרְיַת עָרִים כְּפִירָה וּבְאֵרוֹת שְׁבַע מֵאוֹת
כו וְאַרְבָּעִים וּשְׁלֹשָׁה׃ בְּנֵי הָרָמָה וָגָבַע שֵׁשׁ מֵאוֹת עֶשְׂרִים
כז כח וְאֶחָד׃ אַנְשֵׁי מִכְמָס מֵאָה עֶשְׂרִים וּשְׁנָיִם׃ אַנְשֵׁי בֵית־אֵל
כט ל וְהָעָי מָאתַיִם עֶשְׂרִים וּשְׁלֹשָׁה׃ בְּנֵי נְבוֹ חֲמִשִּׁים וּשְׁנָיִם׃ בְּנֵי
לא מַגְבִּישׁ מֵאָה חֲמִשִּׁים וְשִׁשָּׁה׃ בְּנֵי עֵילָם אַחֵר אֶלֶף מָאתַיִם
לב לג חֲמִשִּׁים וְאַרְבָּעָה׃ בְּנֵי חָרִם שְׁלֹשׁ מֵאוֹת וְעֶשְׂרִים׃ בְּנֵי־לֹד
לד חָדִיד וְאוֹנוֹ שְׁבַע מֵאוֹת עֶשְׂרִים וַחֲמִשָּׁה׃ בְּנֵי יְרֵחוֹ שְׁלֹשׁ
לה מֵאוֹת אַרְבָּעִים וַחֲמִשָּׁה׃ בְּנֵי סְנָאָה שְׁלֹשֶׁת אֲלָפִים וְשֵׁשׁ
לו מֵאוֹת וּשְׁלֹשִׁים׃ הַכֹּהֲנִים בְּנֵי יְדַעְיָה לְבֵית יֵשׁוּעַ תְּשַׁע מֵאוֹת
לז לח שִׁבְעִים וּשְׁלֹשָׁה׃ בְּנֵי אִמֵּר אֶלֶף חֲמִשִּׁים וּשְׁנָיִם׃ בְּנֵי פַשְׁחוּר
לט אֶלֶף מָאתַיִם אַרְבָּעִים וְשִׁבְעָה׃ בְּנֵי חָרִם אֶלֶף וְשִׁבְעָה עָשָׂר׃
מ הַלְוִיִּם בְּנֵי־יֵשׁוּעַ וְקַדְמִיאֵל לִבְנֵי הוֹדַוְיָה שִׁבְעִים וְאַרְבָּעָה׃
מא מב הַמְשֹׁרְרִים בְּנֵי אָסָף מֵאָה עֶשְׂרִים וּשְׁמֹנָה׃ בְּנֵי הַשֹּׁעֲרִים בְּנֵי־

שַׁלּוּם בְּנֵי־אָטֵר בְּנֵי־טַלְמוֹן בְּנֵי־עַקּוּב בְּנֵי חֲטִיטָא בְּנֵי שֹׁבָי
מג הַכֹּל מֵאָה שְׁלֹשִׁים וְתִשְׁעָה׃ הַנְּתִינִים בְּנֵי־צִיחָא בְנֵי־חֲשׂוּפָא
מד מה בְּנֵי טַבָּעוֹת׃ בְּנֵי־קֵרֹס בְּנֵי־סִיעֲהָא בְּנֵי פָדוֹן׃ בְּנֵי־לְבָנָה בְנֵי־
מו מז חֲגָבָה בְּנֵי עַקּוּב׃ בְּנֵי־חָגָב בְּנֵי־שמלי בְּנֵי חָנָן׃ בְּנֵי־גִדֵּל בְּנֵי־ שַׁלְמַי
מח מט גַחַר בְּנֵי רְאָיָה׃ בְּנֵי־רְצִין בְּנֵי־נְקוֹדָא בְּנֵי גַזָּם׃ בְּנֵי־עֻזָּא בְנֵי־
נ נא פָסֵחַ בְּנֵי בֵסָי׃ בְּנֵי־אַסְנָה בְנֵי־מְעוּנִים בְּנֵי נפיסים׃ בְּנֵי־בַקְבּוּק נְפוּסִים
נב בְּנֵי־חֲקוּפָא בְּנֵי חַרְחוּר׃ בְּנֵי־בַצְלוּת בְּנֵי־מְחִידָא בְּנֵי חַרְשָׁא׃
נג נד בְּנֵי־בַרְקוֹס בְּנֵי־סִיסְרָא בְּנֵי־תָמַח׃ בְּנֵי נְצִיחַ בְּנֵי חֲטִיפָא׃
נה נו בְּנֵי עַבְדֵי שְׁלֹמֹה בְּנֵי־סֹטַי בְּנֵי־הַסֹּפֶרֶת בְּנֵי פְרוּדָא׃ בְּנֵי־
נז יַעְלָה בְנֵי־דַרְקוֹן בְּנֵי גִדֵּל׃ בְּנֵי שְׁפַטְיָה בְנֵי־חַטִּיל בְּנֵי פֹּכֶרֶת
נח הַצְּבָיִים בְּנֵי אָמִי׃ כָּל־הַנְּתִינִים וּבְנֵי עַבְדֵי שְׁלֹמֹה שְׁלֹשׁ מֵאוֹת
נט תִּשְׁעִים וּשְׁנָיִם׃ וְאֵלֶּה הָעֹלִים מִתֵּל מֶלַח תֵּל
חַרְשָׁא כְּרוּב אַדָּן אִמֵּר וְלֹא יָכְלוּ לְהַגִּיד בֵּית־אֲבוֹתָם וְזַרְעָם
ס אִם מִיִּשְׂרָאֵל הֵם׃ בְּנֵי־דְלָיָה בְנֵי־טוֹבִיָּה בְּנֵי נְקוֹדָא שֵׁשׁ
סא מֵאוֹת חֲמִשִּׁים וּשְׁנָיִם׃ וּמִבְּנֵי הַכֹּהֲנִים בְּנֵי
חֳבַיָּה בְּנֵי הַקּוֹץ בְּנֵי בַרְזִלַּי אֲשֶׁר לָקַח מִבְּנוֹת בַּרְזִלַּי הַגִּלְעָדִי
סב אִשָּׁה וַיִּקָּרֵא עַל־שְׁמָם׃ אֵלֶּה בִּקְשׁוּ כְתָבָם הַמִּתְיַחְשִׂים וְלֹא
סג נִמְצָאוּ וַיְגֹאֲלוּ מִן־הַכְּהֻנָּה׃ וַיֹּאמֶר הַתִּרְשָׁתָא לָהֶם אֲשֶׁר
לֹא־יֹאכְלוּ מִקֹּדֶשׁ הַקֳּדָשִׁים עַד עֲמֹד כֹּהֵן לְאוּרִים וּלְתֻמִּים׃
סד כָּל־הַקָּהָל כְּאֶחָד אַרְבַּע רִבּוֹא אַלְפַּיִם שְׁלֹשׁ־מֵאוֹת שִׁשִּׁים׃
סה מִלְּבַד עַבְדֵיהֶם וְאַמְהֹתֵיהֶם אֵלֶּה שִׁבְעַת אֲלָפִים שְׁלֹשׁ מֵאוֹת
סו שְׁלֹשִׁים וְשִׁבְעָה וְלָהֶם מְשֹׁרְרִים וּמְשֹׁרְרוֹת מָאתָיִם׃ סוּסֵיהֶם
שְׁבַע מֵאוֹת שְׁלֹשִׁים וְשִׁשָּׁה פִּרְדֵיהֶם מָאתַיִם אַרְבָּעִים
סז וַחֲמִשָּׁה׃ גְּמַלֵּיהֶם אַרְבַּע מֵאוֹת שְׁלֹשִׁים וַחֲמִשָּׁה חֲמֹרִים
סח שֵׁשֶׁת אֲלָפִים שְׁבַע מֵאוֹת וְעֶשְׂרִים׃ וּמֵרָאשֵׁי
הָאָבוֹת בְּבוֹאָם לְבֵית יהוה אֲשֶׁר בִּירוּשָׁלָם הִתְנַדְּבוּ לְבֵית
סט הָאֱלֹהִים לְהַעֲמִידוֹ עַל־מְכוֹנוֹ׃ כְּכֹחָם נָתְנוּ לְאוֹצַר הַמְּלָאכָה

זָהָב דַּרְכְּמוֹנִים שֵׁשׁ־רִבֹּאוֹת וָאֶלֶף וְכֶסֶף מָנִים חֲמֵשֶׁת
ע אֲלָפִים וְכָתְנֹת כֹּהֲנִים מֵאָה׃ וַיֵּשְׁבוּ הַכֹּהֲנִים
וְהַלְוִיִּם וּמִן־הָעָם וְהַמְשֹׁרְרִים וְהַשּׁוֹעֲרִים וְהַנְּתִינִים בְּעָרֵיהֶם
ג א וְכָל־יִשְׂרָאֵל בְּעָרֵיהֶם׃ וַיִּגַּע הַחֹדֶשׁ הַשְּׁבִיעִי
וּבְנֵי יִשְׂרָאֵל בֶּעָרִים וַיֵּאָסְפוּ הָעָם כְּאִישׁ אֶחָד אֶל־יְרוּשָׁלִָם׃
ב וַיָּקָם יֵשׁוּעַ בֶּן־יוֹצָדָק וְאֶחָיו הַכֹּהֲנִים וּזְרֻבָּבֶל בֶּן־שְׁאַלְתִּיאֵל
וְאֶחָיו וַיִּבְנוּ אֶת־מִזְבַּח אֱלֹהֵי יִשְׂרָאֵל לְהַעֲלוֹת עָלָיו עֹלוֹת
ג כַּכָּתוּב בְּתוֹרַת מֹשֶׁה אִישׁ־הָאֱלֹהִים׃ וַיָּכִינוּ הַמִּזְבֵּחַ עַל־
מְכוֹנֹתָיו כִּי בְּאֵימָה עֲלֵיהֶם מֵעַמֵּי הָאֲרָצוֹת וַיַּעַל עָלָיו
ד עֹלוֹת לַיהוָה עֹלוֹת לַבֹּקֶר וְלָעָרֶב׃ וַיַּעֲשׂוּ אֶת־חַג הַסֻּכּוֹת
כַּכָּתוּב וְעֹלַת יוֹם בְּיוֹם בְּמִסְפָּר כְּמִשְׁפַּט דְּבַר־יוֹם בְּיוֹמוֹ׃
ה וְאַחֲרֵי־כֵן עֹלַת תָּמִיד וְלֶחֳדָשִׁים וּלְכָל־מוֹעֲדֵי יְהוָה הַמְקֻדָּשִׁים
ו וּלְכֹל מִתְנַדֵּב נְדָבָה לַיהוָה׃ מִיּוֹם אֶחָד לַחֹדֶשׁ הַשְּׁבִיעִי
ז הֵחֵלּוּ לְהַעֲלוֹת עֹלוֹת לַיהוָה וְהֵיכַל יְהוָה לֹא יֻסָּד׃ וַיִּתְּנוּ־
כֶסֶף לַחֹצְבִים וְלֶחָרָשִׁים וּמַאֲכָל וּמִשְׁתֶּה וָשֶׁמֶן לַצִּדֹנִים
וְלַצֹּרִים לְהָבִיא עֲצֵי אֲרָזִים מִן־הַלְּבָנוֹן אֶל־יָם יָפוֹא כְּרִשְׁיוֹן
ח כּוֹרֶשׁ מֶלֶךְ־פָּרַס עֲלֵיהֶם׃ וּבַשָּׁנָה הַשֵּׁנִית
לְבוֹאָם אֶל־בֵּית הָאֱלֹהִים לִירוּשָׁלִַם בַּחֹדֶשׁ הַשֵּׁנִי הֵחֵלּוּ
זְרֻבָּבֶל בֶּן־שְׁאַלְתִּיאֵל וְיֵשׁוּעַ בֶּן־יוֹצָדָק וּשְׁאָר אֲחֵיהֶם
הַכֹּהֲנִים וְהַלְוִיִּם וְכָל־הַבָּאִים מֵהַשְּׁבִי יְרוּשָׁלִַם וַיַּעֲמִידוּ אֶת־
הַלְוִיִּם מִבֶּן עֶשְׂרִים שָׁנָה וָמַעְלָה לְנַצֵּחַ עַל־מְלֶאכֶת בֵּית־
ט יְהוָה׃ וַיַּעֲמֹד יֵשׁוּעַ בָּנָיו וְאֶחָיו קַדְמִיאֵל וּבָנָיו בְּנֵי־יְהוּדָה
כְּאֶחָד לְנַצֵּחַ עַל־עֹשֵׂה הַמְּלָאכָה בְּבֵית הָאֱלֹהִים בְּנֵי חֵנָדָד
י בְּנֵיהֶם וַאֲחֵיהֶם הַלְוִיִּם׃ וְיִסְּדוּ הַבֹּנִים אֶת־הֵיכַל יְהוָה וַיַּעֲמִידוּ
הַכֹּהֲנִים מְלֻבָּשִׁים בַּחֲצֹצְרוֹת וְהַלְוִיִּם בְּנֵי־אָסָף בַּמְצִלְתַּיִם
יא לְהַלֵּל אֶת־יְהוָה עַל־יְדֵי דָּוִיד מֶלֶךְ־יִשְׂרָאֵל׃ וַיַּעֲנוּ בְּהַלֵּל
וּבְהוֹדֹת לַיהוָה כִּי טוֹב כִּי־לְעוֹלָם חַסְדּוֹ עַל־יִשְׂרָאֵל וְכָל־

הָעָם הֵרִיעוּ תְרוּעָה גְדוֹלָה בְהַלֵּל לַיהוָה עַל הוּסַד בֵּית־
יב יְהוָה׃ וְרַבִּים מֵהַכֹּהֲנִים וְהַלְוִיִּם וְרָאשֵׁי הָאָבוֹת הַזְּקֵנִים אֲשֶׁר
רָאוּ אֶת־הַבַּיִת הָרִאשׁוֹן בְּיָסְדוֹ זֶה הַבַּיִת בְּעֵינֵיהֶם בֹּכִים
יג בְּקוֹל גָּדוֹל וְרַבִּים בִּתְרוּעָה בְשִׂמְחָה לְהָרִים קוֹל׃ וְאֵין הָעָם ב
מַכִּירִים קוֹל תְּרוּעַת הַשִּׂמְחָה לְקוֹל בְּכִי הָעָם כִּי הָעָם
מְרִיעִים תְּרוּעָה גְדוֹלָה וְהַקּוֹל נִשְׁמַע עַד־לְמֵרָחוֹק׃
ד א וַיִּשְׁמְעוּ צָרֵי יְהוּדָה וּבִנְיָמִן כִּי־בְנֵי הַגּוֹלָה בּוֹנִים הֵיכָל לַיהוָה
ב אֱלֹהֵי יִשְׂרָאֵל׃ וַיִּגְּשׁוּ אֶל־זְרֻבָּבֶל וְאֶל־רָאשֵׁי הָאָבוֹת וַיֹּאמְרוּ
לָהֶם נִבְנֶה עִמָּכֶם כִּי כָכֶם נִדְרוֹשׁ לֵאלֹהֵיכֶם ולא ׀ אֲנַחְנוּ וְלוֹ
זֹבְחִים מִימֵי אֵסַר חַדֹּן מֶלֶךְ אַשּׁוּר הַמַּעֲלֶה אֹתָנוּ פֹּה׃
ג וַיֹּאמֶר לָהֶם זְרֻבָּבֶל וְיֵשׁוּעַ וּשְׁאָר רָאשֵׁי הָאָבוֹת לְיִשְׂרָאֵל
לֹא־לָכֶם וָלָנוּ לִבְנוֹת בַּיִת לֵאלֹהֵינוּ כִּי אֲנַחְנוּ יַחַד נִבְנֶה
לַיהוָה אֱלֹהֵי יִשְׂרָאֵל כַּאֲשֶׁר צִוָּנוּ הַמֶּלֶךְ כּוֹרֶשׁ מֶלֶךְ־פָּרָס׃
ד וַיְהִי עַם הָאָרֶץ מְרַפִּים יְדֵי עַם־יְהוּדָה ומבלהים אוֹתָם וּמְבַהֲלִים
ה לִבְנוֹת׃ וְסֹכְרִים עֲלֵיהֶם יוֹעֲצִים לְהָפֵר עֲצָתָם כָּל־יְמֵי כּוֹרֶשׁ
ו מֶלֶךְ פָּרַס וְעַד־מַלְכוּת דָּרְיָוֶשׁ מֶלֶךְ־פָּרָס׃ וּבְמַלְכוּת
אֲחַשְׁוֵרוֹשׁ בִּתְחִלַּת מַלְכוּתוֹ כָּתְבוּ שִׂטְנָה עַל־יֹשְׁבֵי יְהוּדָה
ז וִירוּשָׁלִָם׃ וּבִימֵי אַרְתַּחְשַׁשְׂתָּא כָּתַב בִּשְׁלָם מִתְרְדָת
טָבְאֵל וּשְׁאָר כְּנָוֺתוֹ עַל־אַרְתַּחְשַׁשְׂתְּא מֶלֶךְ פָּרָס וּכְתָב
ח הַנִּשְׁתְּוָן כָּתוּב אֲרָמִית וּמְתֻרְגָּם אֲרָמִית׃ רְחוּם
בְּעֵל־טְעֵם וְשִׁמְשַׁי סָפְרָא כְּתַבוּ אִגְּרָה חֲדָה עַל־יְרוּשְׁלֶם
ט לְאַרְתַּחְשַׁשְׂתְּא מַלְכָּא כְּנֵמָא׃ אֱדַיִן רְחוּם בְּעֵל־טְעֵם
וְשִׁמְשַׁי סָפְרָא וּשְׁאָר כְּנָוָתְהוֹן דִּינָיֵא וַאֲפַרְסַתְכָיֵא טַרְפְּלָיֵא
י אֲפָרְסָיֵא אַרְכְּוָי בָבְלָיֵא שׁוּשַׁנְכָיֵא דהוא עֵלְמָיֵא׃ וּשְׁאָר דֶּהָיֵא
אֻמַּיָּא דִּי הַגְלִי אָסְנַפַּר רַבָּא וְיַקִּירָא וְהוֹתֵב הִמּוֹ בְּקִרְיָה
יא דִּי שָׁמְרָיִן וּשְׁאָר עֲבַר־נַהֲרָה וּכְעֶנֶת׃ דְּנָה פַּרְשֶׁגֶן
אִגַּרְתָּא דִּי שְׁלַחוּ עֲלוֹהִי עַל־אַרְתַּחְשַׁשְׂתָּא מַלְכָּא עבדיך עַבְדָךְ

אֱנָשׁ עֲבַר־נַהֲרָה וּכְעֶנֶת׃ יְדִיעַ לֶהֱוֵא לְמַלְכָּא יב
דִּי יְהוּדָיֵא דִּי סְלִקוּ מִן־לְוָתָךְ עֲלֶינָא אֲתוֹ לִירוּשְׁלֶם קִרְיְתָא
שַׁכְלִלוּ מָרָדְתָּא וּבִאישְׁתָּא בָּנַיִן וְשׁוּרַיָּא אשכללו וְאֻשַּׁיָּא יַחִיטוּ׃
כְּעַן יְדִיעַ לֶהֱוֵא לְמַלְכָּא דִּי הֵן קִרְיְתָא דָךְ תִּתְבְּנֵא וְשׁוּרַיָּה יג
יִשְׁתַּכְלְלוּן מִנְדָּה־בְלוֹ וַהֲלָךְ לָא יִנְתְּנוּן וְאַפְּתֹם מַלְכִים
תְּהַנְזִק׃ כְּעַן כָּל־קֳבֵל דִּי־מְלַח הֵיכְלָא מְלַחְנָא וְעַרְוַת יד
מַלְכָּא לָא־אֲרִיךְ לַנָא לְמֶחֱזֵא עַל־דְּנָה שְׁלַחְנָא וְהוֹדַעְנָא
לְמַלְכָּא׃ דִּי יְבַקַּר בִּסְפַר דָּכְרָנַיָּא דִּי אֲבָהָתָךְ וּתְהַשְׁכַּח טו
בִּסְפַר דָּכְרָנַיָּא וְתִנְדַּע דִּי קִרְיְתָא דָךְ קִרְיָא מָרָדָא וּמְהַנְזְקַת
מַלְכִין וּמְדִנָן וְאֶשְׁתַּדּוּר עָבְדִין בְּגַוַּהּ מִן־יוֹמָת עָלְמָא עַל־
דְּנָה קִרְיְתָא דָךְ הָחָרְבַת׃ מְהוֹדְעִין אֲנַחְנָה לְמַלְכָּא דִּי הֵן טז
קִרְיְתָא דָךְ תִּתְבְּנֵא וְשׁוּרַיַּהּ יִשְׁתַּכְלְלוּן לָקֳבֵל דְּנָה חֲלָק
בַּעֲבַר נַהֲרָא לָא אִיתַי לָךְ׃ פִּתְגָמָא שְׁלַח מַלְכָּא יז
עַל־רְחוּם בְּעֵל־טְעֵם וְשִׁמְשַׁי סָפְרָא וּשְׁאָר כְּנָוָתְהוֹן דִּי יָתְבִין
בְּשָׁמְרָיִן וּשְׁאָר עֲבַר־נַהֲרָה שְׁלָם וּכְעֶת׃ נִשְׁתְּוָנָא דִּי שְׁלַחְתּוּן יח
עֲלֶינָא מְפָרַשׁ קֱרִי קָדָמָי׃ וּמִנִּי שִׂים טְעֵם וּבַקַּרוּ וְהַשְׁכַּחוּ דִּי יט
קִרְיְתָא דָךְ מִן־יוֹמָת עָלְמָא עַל־מַלְכִין מִתְנַשְּׂאָה וּמְרַד
וְאֶשְׁתַּדּוּר מִתְעֲבֶד־בַּהּ׃ וּמַלְכִין תַּקִּיפִין הֲווֹ עַל־יְרוּשְׁלֶם כ
וְשַׁלִּיטִין בְּכֹל עֲבַר נַהֲרָה וּמִדָּה בְלוֹ וַהֲלָךְ מִתְיְהֵב לְהוֹן׃
כְּעַן שִׂימוּ טְעֵם לְבַטָּלָא גֻּבְרַיָּא אִלֵּךְ וְקִרְיְתָא דָךְ לָא כא
תִתְבְּנֵא עַד־מִנִּי טַעְמָא יִתְּשָׂם׃ וּזְהִירִין הֱווֹ שָׁלוּ לְמֶעְבַּד כב
עַל־דְּנָה לְמָה יִשְׂגֵּא חֲבָלָא לְהַנְזָקַת מַלְכִין׃ אֱדַיִן כג
מִן־דִּי פַּרְשֶׁגֶן נִשְׁתְּוָנָא דִּי אַרְתַּחְשַׁשְׂתְּא מַלְכָּא קֱרִי קֳדָם־
רְחוּם וְשִׁמְשַׁי סָפְרָא וּכְנָוָתְהוֹן אֲזַלוּ בִבְהִילוּ לִירוּשְׁלֶם
עַל־יְהוּדָיֵא וּבַטִּלוּ הִמּוֹ בְּאֶדְרָע וְחָיִל׃ בֵּאדַיִן כד
בְּטֵלַת עֲבִידַת בֵּית־אֱלָהָא דִּי בִּירוּשְׁלֶם וַהֲוָת בָּטְלָא עַד
שְׁנַת תַּרְתֵּין לְמַלְכוּת דָּרְיָוֶשׁ מֶלֶךְ־פָּרָס׃

א וְהִתְנַבִּי חַגַּי נביאה וּזְכַרְיָה בַר־עִדּוֹא נְבִיַּאיָּא עַל־יְהוּדָיֵא נְבִיָּא
ב דִּי בִיהוּד וּבִירוּשְׁלֶם בְּשֻׁם אֱלָהּ יִשְׂרָאֵל עֲלֵיהוֹן׃ בֵּאדַיִן
קָמוּ זְרֻבָּבֶל בַּר־שְׁאַלְתִּיאֵל וְיֵשׁוּעַ בַּר־יוֹצָדָק וְשָׁרִיו לְמִבְנֵא
בֵּית אֱלָהָא דִּי בִירוּשְׁלֶם וְעִמְּהוֹן נְבִיַּאיָּה דִי־אֱלָהָא מְסָעֲדִין
לְהוֹן׃
ג בֵּהּ־זִמְנָא אֲתָה עֲלֵיהוֹן תַּתְּנַי פַּחַת עֲבַר־נַהֲרָה וּשְׁתַר בּוֹזְנַי
וּכְנָוָתְהוֹן וְכֵן אָמְרִין לְהֹם מַן־שָׂם לְכֹם טְעֵם בַּיְתָא דְנָה לִבְּנֵא
ד וְאֻשַּׁרְנָא דְנָה לְשַׁכְלָלָה׃ אֱדַיִן כְּנֵמָא אֲמַרְנָא לְּהֹם מַן־אִנּוּן
ה שְׁמָהָת גֻּבְרַיָּא דִּי־דְנָה בִנְיָנָא בָּנַיִן׃ וְעֵין אֱלָהֲהֹם הֲוָת עַל־
שָׂבֵי יְהוּדָיֵא וְלָא־בַטִּלוּ הִמּוֹ עַד־טַעְמָא לְדָרְיָוֶשׁ יְהָךְ וֶאֱדַיִן
ו יְתִיבוּן נִשְׁתְּוָנָא עַל־דְּנָה׃ פַּרְשֶׁגֶן אִגַּרְתָּא דִּי־
שְׁלַח תַּתְּנַי ׀ פַּחַת עֲבַר־נַהֲרָה וּשְׁתַר בּוֹזְנַי וּכְנָוָתֵהּ אֲפַרְסְכָיֵא
ז דִּי בַּעֲבַר נַהֲרָה עַל־דָּרְיָוֶשׁ מַלְכָּא׃ פִּתְגָמָא שְׁלַחוּ עֲלוֹהִי
ח וְכִדְנָה כְּתִיב בְּגַוֵּהּ לְדָרְיָוֶשׁ מַלְכָּא שְׁלָמָא כֹלָּא׃ יְדִיעַ ׀ לֶהֱוֵא
לְמַלְכָּא דִּי־אֲזַלְנָא לִיהוּד מְדִינְתָּא לְבֵית אֱלָהָא רַבָּא וְהוּא
מִתְבְּנֵא אֶבֶן גְּלָל וְאָע מִתְּשָׂם בְּכֻתְלַיָּא וַעֲבִידְתָּא דָךְ
ט אָסְפַּרְנָא מִתְעַבְדָא וּמַצְלַח בְּיֶדְהֹם׃ אֱדַיִן שְׁאֵלְנָא לְשָׂבַיָּא
אִלֵּךְ כְּנֵמָא אֲמַרְנָא לְּהֹם מַן־שָׂם לְכֹם טְעֵם בַּיְתָא דְנָה
י לְמִבְנְיָה וְאֻשַּׁרְנָא דְנָה לְשַׁכְלָלָה׃ וְאַף שְׁמָהָתְהֹם שְׁאֵלְנָא
יא לְהֹם לְהוֹדָעוּתָךְ דִּי נִכְתֻּב שֻׁם־גֻּבְרַיָּא דִּי בְרָאשֵׁיהֹם׃ וּכְנֵמָא
פִתְגָמָא הֲתִיבוּנָא לְמֵמַר אֲנַחְנָא הִמּוֹ עַבְדוֹהִי דִי־אֱלָהּ
שְׁמַיָּא וְאַרְעָא וּבָנַיִן בַּיְתָא דִּי־הֲוָא בְנֵה מִקַּדְמַת דְּנָה
יב שְׁנִין שַׂגִּיאָן וּמֶלֶךְ לְיִשְׂרָאֵל רַב בְּנָהִי וְשַׁכְלְלֵהּ׃ לָהֵן מִן־דִּי
הַרְגִּזוּ אֲבָהֳתַנָא לֶאֱלָהּ שְׁמַיָּא יְהַב הִמּוֹ בְּיַד נְבוּכַדְנֶצַּר
מֶלֶךְ־בָּבֶל כסדיא וּבַיְתָה דְנָה סַתְרֵהּ וְעַמָּה הַגְלִי כַּסְדָּאָה
יג לְבָבֶל׃ בְּרַם בִּשְׁנַת חֲדָה לְכוֹרֶשׁ מַלְכָּא דִּי
יד בָבֶל כּוֹרֶשׁ מַלְכָּא שָׂם טְעֵם בֵּית־אֱלָהָא דְנָה לִבְּנֵא׃ וְאַף

מָאנַיָּא דִֽי־בֵית־אֱלָהָא דִּי דַהֲבָה וְכַסְפָּא דִּי נְבוּכַדְנֶצַּר
הַנְפֵּק מִן־הֵיכְלָא דִּי בִירוּשְׁלֶם וְהֵיבֵל הִמּוֹ לְהֵיכְלָא דִּי
בָבֶל הַנְפֵּק הִמּוֹ כּוֹרֶשׁ מַלְכָּא מִן־הֵיכְלָא דִּי בָבֶל וִיהִיבוּ
אֵל לְשֵׁשְׁבַּצַּר שְׁמֵהּ דִּי פֶחָה שָׂמֵהּ׃ וַאֲמַר־לֵהּ אֵלֶּה מָאנַיָּא טו
שֵׂא אֱזֶל־אֲחֵת הִמּוֹ בְּהֵיכְלָא דִּי בִירוּשְׁלֶם וּבֵית אֱלָהָא
יִתְבְּנֵא עַל־אַתְרֵהּ׃ אֱדַיִן שֵׁשְׁבַּצַּר דֵּךְ אֲתָא טז
יְהַב אֻשַּׁיָּא דִּי־בֵית אֱלָהָא דִּי בִירוּשְׁלֶם וּמִן־אֱדַיִן וְעַד־כְּעַן
מִתְבְּנֵא וְלָא שְׁלִם׃ וּכְעַן הֵן עַל־מַלְכָּא טָב יִתְבַּקַּר בְּבֵית יז
גִּנְזַיָּא דִּי־מַלְכָּא תַמָּה דִּי בְּבָבֶל הֵן אִיתַי דִּי־מִן־כּוֹרֶשׁ מַלְכָּא
שִׂים טְעֵם לְמִבְנֵא בֵּית־אֱלָהָא דֵךְ בִּירוּשְׁלֶם וּרְעוּת מַלְכָּא
עַל־דְּנָה יִשְׁלַח עֲלֶינָא׃ בֵּאדַיִן דָּרְיָוֶשׁ מַלְכָּא ו א
שָׂם טְעֵם וּבַקַּרוּ בְּבֵית סִפְרַיָּא דִּי גִנְזַיָּא מְהַחֲתִין תַּמָּה
בְּבָבֶל׃ וְהִשְׁתְּכַח בְּאַחְמְתָא בְּבִירְתָא דִּי בְּמָדַי מְדִינְתָּא ב
מְגִלָּה חֲדָה וְכֵן־כְּתִיב בְּגַוַּהּ דִּכְרוֹנָה׃ בִּשְׁנַת ג
חֲדָה לְכוֹרֶשׁ מַלְכָּא כּוֹרֶשׁ מַלְכָּא שָׂם טְעֵם בֵּית־אֱלָהָא
בִירוּשְׁלֶם בַּיְתָא יִתְבְּנֵא אֲתַר דִּי־דָבְחִין דִּבְחִין וְאֻשּׁוֹהִי
מְסוֹבְלִין רוּמֵהּ אַמִּין שִׁתִּין פְּתָיֵהּ אַמִּין שִׁתִּין׃ נִדְבָּכִין דִּי־ ד
אֶבֶן גְּלָל תְּלָתָא וְנִדְבָּךְ דִּי־אָע חֲדַת וְנִפְקְתָא מִן־בֵּית
מַלְכָּא תִּתְיְהִב׃ וְאַף מָאנֵי בֵית־אֱלָהָא דִּי דַהֲבָה וְכַסְפָּא ה
דִּי נְבוּכַדְנֶצַּר הַנְפֵּק מִן־הֵיכְלָא דִי־בִירוּשְׁלֶם וְהֵיבֵל לְבָבֶל
יַהֲתִיבוּן וִיהָךְ לְהֵיכְלָא דִּי־בִירוּשְׁלֶם לְאַתְרֵהּ וְתַחֵת בְּבֵית
אֱלָהָא׃ כְּעַן תַּתְּנַי פַּחַת עֲבַר־נַהֲרָה שְׁתַר בּוֹזְנַי ו
וּכְנָוָתְהוֹן אֲפַרְסְכָיֵא דִּי בַּעֲבַר נַהֲרָה רַחִיקִין הֲווֹ מִן־תַּמָּה׃
שְׁבֻקוּ לַעֲבִידַת בֵּית־אֱלָהָא דֵךְ פַּחַת יְהוּדָיֵא וּלְשָׂבֵי יְהוּדָיֵא ז
בֵּית־אֱלָהָא דֵךְ יִבְנוֹן עַל־אַתְרֵהּ׃ וּמִנִּי שִׂים טְעֵם לְמָא דִי־ ח
תַעַבְדוּן עִם־שָׂבֵי יְהוּדָיֵא אִלֵּךְ לְמִבְנֵא בֵּית־אֱלָהָא דֵךְ
וּמִנִּכְסֵי מַלְכָּא דִּי מִדַּת עֲבַר נַהֲרָה אָסְפַּרְנָא נִפְקְתָא תֶּהֱוֵא

ט מִתְיַהֲבָא לְגֻבְרַיָּא אִלֵּךְ דִּי־לָא לְבַטָּלָא׃ וּמָה חַשְׁחָן וּבְנֵי
תוֹרִין וְדִכְרִין וְאִמְּרִין ׀ לַעֲלָוָן ׀ לֶאֱלָהּ שְׁמַיָּא חִנְטִין מְלַח ׀
חֲמַר וּמְשַׁח כְּמֵאמַר כָּהֲנַיָּא דִי־בִירוּשְׁלֶם לֶהֱוֵא מִתְיְהֵב
י לְהֹם יוֹם ׀ בְּיוֹם דִּי־לָא שָׁלוּ׃ דִּי־לֶהֱוֺן מְהַקְרְבִין נִיחוֹחִין
יא לֶאֱלָהּ שְׁמַיָּא וּמְצַלַּיִן לְחַיֵּי מַלְכָּא וּבְנוֹהִי׃ וּמִנִּי שִׂים טְעֵם דִּי
כָל־אֱנָשׁ דִּי יְהַשְׁנֵא פִּתְגָמָא דְנָה יִתְנְסַח אָע מִן־בַּיְתֵהּ וּזְקִיף
יב יִתְמְחֵא עֲלֹהִי וּבַיְתֵהּ נְוָלוּ יִתְעֲבֵד עַל־דְּנָה׃ וֵאלָהָא דִּי שַׁכִּן
שְׁמֵהּ תַּמָּה יְמַגַּר כָּל־מֶלֶךְ וְעַם דִּי ׀ יִשְׁלַח יְדֵהּ לְהַשְׁנָיָה
לְחַבָּלָה בֵּית־אֱלָהָא דֵךְ דִּי בִירוּשְׁלֶם אֲנָה דָרְיָוֶשׁ שָׂמֶת
יג טְעֵם אָסְפַּרְנָא יִתְעֲבִד׃ אֱדַיִן תַּתְּנַי פַּחַת עֲבַר־
נַהֲרָה שְׁתַר בּוֹזְנַי וּכְנָוָתְהוֹן לָקֳבֵל דִּי־שְׁלַח דָּרְיָוֶשׁ מַלְכָּא
יד כְּנֵמָא אָסְפַּרְנָא עֲבַדוּ׃ וְשָׂבֵי יְהוּדָיֵא בָּנַיִן וּמַצְלְחִין בִּנְבוּאַת
חַגַּי נביאה וּזְכַרְיָה בַּר־עִדּוֹא וּבְנוֹ וְשַׁכְלִלוּ מִן־טַעַם אֱלָהּ נְבִיָּא
יִשְׂרָאֵל וּמִטְּעֵם כּוֹרֶשׁ וְדָרְיָוֶשׁ וְאַרְתַּחְשַׁשְׂתְּא מֶלֶךְ פָּרָס׃
טו וְשֵׁיצִיא בַּיְתָה דְנָה עַד יוֹם תְּלָתָה לִירַח אֲדָר דִּי־הִיא שְׁנַת־
טז שֵׁת לְמַלְכוּת דָּרְיָוֶשׁ מַלְכָּא׃ וַעֲבַדוּ בְנֵי־
יִשְׂרָאֵל כָּהֲנַיָּא וְלֵוָיֵא וּשְׁאָר בְּנֵי־גָלוּתָא חֲנֻכַּת בֵּית־אֱלָהָא
יז דְנָה בְּחֶדְוָה׃ וְהַקְרִבוּ לַחֲנֻכַּת בֵּית־אֱלָהָא דְנָה תּוֹרִין מְאָה
דִּכְרִין מָאתַיִן אִמְּרִין אַרְבַּע מְאָה וּצְפִירֵי עִזִּין לחטיא עַל־ לְחַטָּאָה
יח כָּל־יִשְׂרָאֵל תְּרֵי־עֲשַׂר לְמִנְיָן שִׁבְטֵי יִשְׂרָאֵל׃ וַהֲקִימוּ כָהֲנַיָּא ג
בִּפְלֻגָּתְהוֹן וְלֵוָיֵא בְּמַחְלְקָתְהוֹן עַל־עֲבִידַת אֱלָהָא דִּי
יט בִירוּשְׁלֶם כִּכְתָב סְפַר מֹשֶׁה׃ וַיַּעֲשׂוּ בְנֵי־הַגּוֹלָה
כ אֶת־הַפָּסַח בְּאַרְבָּעָה עָשָׂר לַחֹדֶשׁ הָרִאשׁוֹן׃ כִּי הִטַּהֲרוּ
הַכֹּהֲנִים וְהַלְוִיִּם כְּאֶחָד כֻּלָּם טְהוֹרִים וַיִּשְׁחֲטוּ הַפֶּסַח לְכָל־
כא בְּנֵי הַגּוֹלָה וְלַאֲחֵיהֶם הַכֹּהֲנִים וְלָהֶם׃ וַיֹּאכְלוּ בְנֵי־יִשְׂרָאֵל
הַשָּׁבִים מֵהַגּוֹלָה וְכֹל הַנִּבְדָּל מִטֻּמְאַת גּוֹיֵ־הָאָרֶץ אֲלֵהֶם
כב לִדְרֹשׁ לַיהוָה אֱלֹהֵי יִשְׂרָאֵל׃ וַיַּעֲשׂוּ חַג־מַצּוֹת שִׁבְעַת יָמִים

בְּשִׂמְחָה כִּי ׀ שִׂמְּחָם יְהוָה וְהֵסֵב לֵב מֶלֶךְ־אַשּׁוּר עֲלֵיהֶם לְחַזֵּק
ז א יְדֵיהֶם בִּמְלֶאכֶת בֵּית־הָאֱלֹהִים אֱלֹהֵי יִשְׂרָאֵל׃ וְאַחַר
הַדְּבָרִים הָאֵלֶּה בְּמַלְכוּת אַרְתַּחְשַׁסְתְּא מֶלֶךְ־פָּרָס עֶזְרָא
ב בֶּן־שְׂרָיָה בֶּן־עֲזַרְיָה בֶּן־חִלְקִיָּה׃ בֶּן־שַׁלּוּם בֶּן־צָדוֹק בֶּן־
ג ד אֲחִיטוּב׃ בֶּן־אֲמַרְיָה בֶן־עֲזַרְיָה בֶּן־מְרָיוֹת׃ בֶּן־זְרַחְיָה בֶן־
ה עֻזִּי בֶן־בֻּקִּי׃ בֶּן־אֲבִישׁוּעַ בֶּן־פִּינְחָס בֶּן־אֶלְעָזָר בֶּן־אַהֲרֹן
ו הַכֹּהֵן הָרֹאשׁ׃ הוּא עֶזְרָא עָלָה מִבָּבֶל וְהוּא־סֹפֵר מָהִיר
בְּתוֹרַת מֹשֶׁה אֲשֶׁר־נָתַן יְהוָה אֱלֹהֵי יִשְׂרָאֵל וַיִּתֶּן־לוֹ הַמֶּלֶךְ
ז כְּיַד־יְהוָה אֱלֹהָיו עָלָיו כֹּל בַּקָּשָׁתוֹ׃ וַיַּעֲלוּ מִבְּנֵי־
יִשְׂרָאֵל וּמִן־הַכֹּהֲנִים וְהַלְוִיִּם וְהַמְשֹׁרְרִים וְהַשֹּׁעֲרִים וְהַנְּתִינִים
ח אֶל־יְרוּשָׁלִָם בִּשְׁנַת־שֶׁבַע לְאַרְתַּחְשַׁסְתְּא הַמֶּלֶךְ׃ וַיָּבֹא
ט יְרוּשָׁלִַם בַּחֹדֶשׁ הַחֲמִישִׁי הִיא שְׁנַת הַשְּׁבִיעִית לַמֶּלֶךְ׃ כִּי
בְּאֶחָד לַחֹדֶשׁ הָרִאשׁוֹן הוּא יְסֻד הַמַּעֲלָה מִבָּבֶל וּבְאֶחָד
לַחֹדֶשׁ הַחֲמִישִׁי בָּא אֶל־יְרוּשָׁלִַם כְּיַד־אֱלֹהָיו הַטּוֹבָה עָלָיו׃
י כִּי עֶזְרָא הֵכִין לְבָבוֹ לִדְרוֹשׁ אֶת־תּוֹרַת יְהוָה וְלַעֲשֹׂת וּלְלַמֵּד
יא בְּיִשְׂרָאֵל חֹק וּמִשְׁפָּט׃ וְזֶה ׀ פַּרְשֶׁגֶן הַנִּשְׁתְּוָן אֲשֶׁר
נָתַן הַמֶּלֶךְ אַרְתַּחְשַׁסְתְּא לְעֶזְרָא הַכֹּהֵן הַסֹּפֵר סֹפֵר דִּבְרֵי
יב מִצְוֺת־יְהוָה וְחֻקָּיו עַל־יִשְׂרָאֵל׃ אַרְתַּחְשַׁסְתְּא מֶלֶךְ
מַלְכַיָּא לְעֶזְרָא כָהֲנָא סָפַר דָּתָא דִּי־אֱלָהּ שְׁמַיָּא גְּמִיר
יג וּכְעֶנֶת׃ מִנִּי שִׂים טְעֵם דִּי כָל־מִתְנַדַּב בְּמַלְכוּתִי מִן־עַמָּא
יד יִשְׂרָאֵל וְכָהֲנוֹהִי וְלֵוָיֵא לִמְהָךְ לִירוּשְׁלֶם עִמָּךְ יְהָךְ׃ כָּל־
קֳבֵל דִּי מִן־קֳדָם מַלְכָּא וְשִׁבְעַת יָעֲטֹהִי שְׁלִיחַ לְבַקָּרָא עַל־
טו יְהוּד וְלִירוּשְׁלֶם בְּדָת אֱלָהָךְ דִּי בִידָךְ׃ וּלְהֵיבָלָה כְּסַף וּדְהַב
דִּי־מַלְכָּא וְיָעֲטוֹהִי הִתְנַדַּבוּ לֶאֱלָהּ יִשְׂרָאֵל דִּי בִירוּשְׁלֶם
טז מִשְׁכְּנֵהּ׃ וְכֹל כְּסַף וּדְהַב דִּי תְהַשְׁכַּח בְּכֹל מְדִינַת בָּבֶל עִם
הִתְנַדָּבוּת עַמָּא וְכָהֲנַיָּא מִתְנַדְּבִין לְבֵית אֱלָהֲהֹם דִּי
יז בִירוּשְׁלֶם׃ כָּל־קֳבֵל דְּנָה אָסְפַּרְנָא תִקְנֵא בְּכַסְפָּא דְנָה

תּוֹרִין ׀ דִּכְרִין אִמְּרִין וּמִנְחָתְהוֹן וְנִסְכֵּיהוֹן וּתְקָרֵב הִמּוֹ עַל־
יח מַדְבְּחָה דִּי בֵּית אֱלָהֲכֹם דִּי בִירוּשְׁלֶם׃ וּמָה דִי עליך וְעַל־ עֲלָךְ
אחיך יֵיטַב בִּשְׁאָר כַּסְפָּא וְדַהֲבָה לְמֶעְבַּד כִּרְעוּת אֱלָהֲכֹם אֶחָךְ
יט תַּעַבְדוּן׃ וּמָאנַיָּא דִּי־מִתְיַהֲבִין לָךְ לְפָלְחָן בֵּית אֱלָהָךְ הַשְׁלֵם
כ קֳדָם אֱלָהּ יְרוּשְׁלֶם׃ וּשְׁאָר חַשְׁחוּת בֵּית אֱלָהָךְ דִּי יִפֶּל־לָךְ
כא לְמִנְתַּן תִּנְתֵּן מִן־בֵּית גִּנְזֵי מַלְכָּא׃ וּמִנִּי אֲנָה אַרְתַּחְשַׁסְתְּא
מַלְכָּא שִׂים טְעֵם לְכֹל גִּזַּבְרַיָּא דִּי בַּעֲבַר נַהֲרָה דִּי כָל־
דִּי יִשְׁאֲלֶנְכוֹן עֶזְרָא כָהֲנָא סָפַר דָּתָא דִּי־אֱלָהּ שְׁמַיָּא
כב אָסְפַּרְנָא יִתְעֲבִד׃ עַד־כְּסַף כַּכְּרִין מְאָה וְעַד־חִנְטִין כּוֹרִין
מְאָה וְעַד־חֲמַר בַּתִּין מְאָה וְעַד־בַּתִּין מְשַׁח מְאָה וּמְלַח
כג דִּי־לָא כְתָב׃ כָּל־דִּי מִן־טַעַם אֱלָהּ שְׁמַיָּא יִתְעֲבֵד אַדְרַזְדָּא
לְבֵית אֱלָהּ שְׁמַיָּא דִּי־לְמָה לֶהֱוֵא קְצַף עַל־מַלְכוּת מַלְכָּא
כד וּבְנוֹהִי׃ וּלְכֹם מְהוֹדְעִין דִּי כָל־כָּהֲנַיָּא וְלֵוָיֵא זַמָּרַיָּא תָרָעַיָּא
נְתִינַיָּא וּפָלְחֵי בֵּית אֱלָהָא דְנָה מִנְדָּה בְלוֹ וַהֲלָךְ לָא שַׁלִּיט
כה לְמִרְמֵא עֲלֵיהֹם׃ וְאַנְתְּ עֶזְרָא כְּחָכְמַת אֱלָהָךְ דִּי־בִידָךְ מֶנִּי
שָׁפְטִין וְדַיָּנִין דִּי־לֶהֱוֺן דאנין לְכָל־עַמָּה דִּי בַּעֲבַר נַהֲרָה דָּיְנִין
כו לְכָל־יָדְעֵי דָּתֵי אֱלָהָךְ וְדִי לָא יָדַע תְּהוֹדְעוּן׃ וְכָל־דִּי־לָא
לֶהֱוֵא עָבֵד דָּתָא דִי־אֱלָהָךְ וְדָתָא דִּי מַלְכָּא אָסְפַּרְנָא דִּינָה
לֶהֱוֵא מִתְעֲבֵד מִנֵּהּ הֵן לְמוֹת הֵן לשרשו הֵן־לַעֲנָשׁ נִכְסִין לִשְׁרֹשִׁי
כז וְלֶאֱסוּרִין׃ בָּרוּךְ יְהוָה אֱלֹהֵי אֲבוֹתֵינוּ אֲשֶׁר נָתַן
כָּזֹאת בְּלֵב הַמֶּלֶךְ לְפָאֵר אֶת־בֵּית יְהוָה אֲשֶׁר בִּירוּשָׁלִָם׃
כח וְעָלַי הִטָּה־חֶסֶד לִפְנֵי הַמֶּלֶךְ וְיוֹעֲצָיו וּלְכָל־שָׂרֵי הַמֶּלֶךְ
הַגִּבֹּרִים וַאֲנִי הִתְחַזַּקְתִּי כְּיַד־יְהוָה אֱלֹהַי עָלַי וָאֶקְבְּצָה
מִיִּשְׂרָאֵל רָאשִׁים לַעֲלוֹת עִמִּי׃

ח א וְאֵלֶּה רָאשֵׁי אֲבֹתֵיהֶם וְהִתְיַחְשָׂם הָעֹלִים עִמִּי בְּמַלְכוּת
ב אַרְתַּחְשַׁסְתְּא הַמֶּלֶךְ מִבָּבֶל׃ מִבְּנֵי פִינְחָס גֵּרְשֹׁם מִבְּנֵי
ג אִיתָמָר דָּנִיֵּאל מִבְּנֵי דָוִיד חַטּוּשׁ׃ מִבְּנֵי שְׁכַנְיָה מִבְּנֵי פַרְעֹשׁ

ד זְכַרְיָה וְעִמּוֹ הִתְיַחֵשׂ לִזְכָרִים מֵאָה וַחֲמִשִּׁים׃ מִבְּנֵי פַּחַת
ה מוֹאָב אֶלְיְהוֹעֵינַי בֶּן־זְרַחְיָה וְעִמּוֹ מָאתַיִם הַזְּכָרִים׃ מִבְּנֵי
ו שְׁכַנְיָה בֶּן־יַחֲזִיאֵל וְעִמּוֹ שְׁלֹשׁ מֵאוֹת הַזְּכָרִים׃ וּמִבְּנֵי עָדִין
ז עֶבֶד בֶּן־יוֹנָתָן וְעִמּוֹ חֲמִשִּׁים הַזְּכָרִים׃ וּמִבְּנֵי עֵילָם יְשַׁעְיָה
ח בֶּן־עֲתַלְיָה וְעִמּוֹ שִׁבְעִים הַזְּכָרִים׃ וּמִבְּנֵי שְׁפַטְיָה זְבַדְיָה בֶּן־
ט מִיכָאֵל וְעִמּוֹ שְׁמֹנִים הַזְּכָרִים׃ מִבְּנֵי יוֹאָב עֹבַדְיָה בֶּן־יְחִיאֵל
י וְעִמּוֹ מָאתַיִם וּשְׁמֹנָה עָשָׂר הַזְּכָרִים׃ וּמִבְּנֵי שְׁלוֹמִית בֶּן־
יא יוֹסִפְיָה וְעִמּוֹ מֵאָה וְשִׁשִּׁים הַזְּכָרִים׃ וּמִבְּנֵי בֵּבַי זְכַרְיָה בֶּן־
יב בֵּבָי וְעִמּוֹ עֶשְׂרִים וּשְׁמֹנָה הַזְּכָרִים׃ וּמִבְּנֵי עַזְגָּד יוֹחָנָן בֶּן־הַקָּטָן
יג וְעִמּוֹ מֵאָה וַעֲשָׂרָה הַזְּכָרִים׃ וּמִבְּנֵי אֲדֹנִיקָם אַחֲרֹנִים וְאֵלֶּה
שְׁמוֹתָם אֱלִיפֶלֶט יְעִיאֵל וּשְׁמַעְיָה וְעִמָּהֶם שִׁשִּׁים הַזְּכָרִים׃
יד וּמִבְּנֵי בִּגְוַי עוּתַי וזבוד וְעִמָּהֶם שִׁבְעִים הַזְּכָרִים׃ וְזַכּוּר
טו וָאֶקְבְּצֵם אֶל־הַנָּהָר הַבָּא אֶל־אַהֲוָא וַנַּחֲנֶה שָׁם יָמִים שְׁלֹשָׁה
טז וָאָבִינָה בָעָם וּבַכֹּהֲנִים וּמִבְּנֵי לֵוִי לֹא־מָצָאתִי שָׁם׃ וָאֶשְׁלְחָה
לֶאֱלִיעֶזֶר לַאֲרִיאֵל לִשְׁמַעְיָה וּלְאֶלְנָתָן וּלְיָרִיב וּלְאֶלְנָתָן וּלְנָתָן
יז וְלִזְכַרְיָה וְלִמְשֻׁלָּם רָאשִׁים וּלְיוֹיָרִיב וּלְאֶלְנָתָן מְבִינִים׃ ואוצאה וָאֲצַוֶּה
אוֹתָם עַל־אִדּוֹ הָרֹאשׁ בְּכָסִפְיָא הַמָּקוֹם וָאָשִׂימָה בְּפִיהֶם
דְּבָרִים לְדַבֵּר אֶל־אִדּוֹ אָחִיו הנתונים בְּכָסִפְיָא הַמָּקוֹם הַנְּתִינִים
יח לְהָבִיא־לָנוּ מְשָׁרְתִים לְבֵית אֱלֹהֵינוּ׃ וַיָּבִיאוּ לָנוּ כְּיַד־
אֱלֹהֵינוּ הַטּוֹבָה עָלֵינוּ אִישׁ שֶׂכֶל מִבְּנֵי מַחְלִי בֶּן־לֵוִי בֶּן־
יט יִשְׂרָאֵל וְשֵׁרֵבְיָה וּבָנָיו וְאֶחָיו שְׁמֹנָה עָשָׂר׃ וְאֶת־חֲשַׁבְיָה וְאִתּוֹ
כ יְשַׁעְיָה מִבְּנֵי מְרָרִי אֶחָיו וּבְנֵיהֶם עֶשְׂרִים׃ וּמִן־
הַנְּתִינִים שֶׁנָּתַן דָּוִיד וְהַשָּׂרִים לַעֲבֹדַת הַלְוִיִּם נְתִינִים מָאתַיִם
כא וְעֶשְׂרִים כֻּלָּם נִקְּבוּ בְשֵׁמוֹת׃ וָאֶקְרָא שָׁם צוֹם עַל־הַנָּהָר
אַהֲוָא לְהִתְעַנּוֹת לִפְנֵי אֱלֹהֵינוּ לְבַקֵּשׁ מִמֶּנּוּ דֶּרֶךְ יְשָׁרָה לָנוּ
כב וּלְטַפֵּנוּ וּלְכָל־רְכוּשֵׁנוּ׃ כִּי בֹשְׁתִּי לִשְׁאוֹל מִן־הַמֶּלֶךְ חַיִל
וּפָרָשִׁים לְעָזְרֵנוּ מֵאוֹיֵב בַּדָּרֶךְ כִּי־אָמַרְנוּ לַמֶּלֶךְ לֵאמֹר יַד־

אֱלֹהֵינוּ עַל־כָּל־מְבַקְשָׁיו לְטוֹבָה וְעֻזּוֹ וְאַפּוֹ עַל כָּל־עֹזְבָיו:
כג כד וַנָּצוּמָה וַנְּבַקְשָׁה מֵאֱלֹהֵינוּ עַל־זֹאת וַיֵּעָתֵר לָנוּ: וָאַבְדִּילָה
מִשָּׂרֵי הַכֹּהֲנִים שְׁנֵים עָשָׂר לְשֵׁרֵבְיָה חֲשַׁבְיָה וְעִמָּהֶם מֵאֲחֵיהֶם
כה עֲשָׂרָה: ואשקולה לָהֶם אֶת־הַכֶּסֶף וְאֶת־הַזָּהָב וְאֶת־הַכֵּלִים וָאֶשְׁקְלָה
תְּרוּמַת בֵּית־אֱלֹהֵינוּ הַהֵרִימוּ הַמֶּלֶךְ וְיֹעֲצָיו וְשָׂרָיו וְכָל־
כו יִשְׂרָאֵל הַנִּמְצָאִים: וָאֶשְׁקֲלָה עַל־יָדָם כֶּסֶף כִּכָּרִים שֵׁשׁ־
מֵאוֹת וַחֲמִשִּׁים וּכְלֵי־כֶסֶף מֵאָה לְכִכָּרִים זָהָב מֵאָה כִכָּר:
כז וּכְפֹרֵי זָהָב עֶשְׂרִים לַאֲדַרְכֹנִים אָלֶף וּכְלֵי נְחֹשֶׁת מֻצְהָב
כח טוֹבָה שְׁנַיִם חֲמוּדֹת כַּזָּהָב: וָאֹמְרָה אֲלֵהֶם אַתֶּם קֹדֶשׁ
לַיהוָה וְהַכֵּלִים קֹדֶשׁ וְהַכֶּסֶף וְהַזָּהָב נְדָבָה לַיהוָה אֱלֹהֵי
כט אֲבֹתֵיכֶם: שִׁקְדוּ וְשִׁמְרוּ עַד־תִּשְׁקְלוּ לִפְנֵי שָׂרֵי הַכֹּהֲנִים
וְהַלְוִיִּם וְשָׂרֵי־הָאָבוֹת לְיִשְׂרָאֵל בִּירוּשָׁלִָם הַלִּשְׁכוֹת בֵּית
ל יְהוָה: וְקִבְּלוּ הַכֹּהֲנִים וְהַלְוִיִּם מִשְׁקַל הַכֶּסֶף וְהַזָּהָב וְהַכֵּלִים
לא לְהָבִיא לִירוּשָׁלִָם לְבֵית אֱלֹהֵינוּ: וַנִּסְעָה מִנְּהַר
אַהֲוָא בִּשְׁנֵים עָשָׂר לַחֹדֶשׁ הָרִאשׁוֹן לָלֶכֶת יְרוּשָׁלִָם וְיַד־
אֱלֹהֵינוּ הָיְתָה עָלֵינוּ וַיַּצִּילֵנוּ מִכַּף אוֹיֵב וְאוֹרֵב עַל־הַדָּרֶךְ:
לב לג וַנָּבוֹא יְרוּשָׁלִָם וַנֵּשֶׁב שָׁם יָמִים שְׁלֹשָׁה: וּבַיּוֹם הָרְבִיעִי נִשְׁקַל
הַכֶּסֶף וְהַזָּהָב וְהַכֵּלִים בְּבֵית אֱלֹהֵינוּ עַל יַד־מְרֵמוֹת בֶּן־
אוּרִיָּה הַכֹּהֵן וְעִמּוֹ אֶלְעָזָר בֶּן־פִּינְחָס וְעִמָּהֶם יוֹזָבָד בֶּן־יֵשׁוּעַ
לד וְנוֹעַדְיָה בֶן־בִּנּוּי הַלְוִיִּם: בְּמִסְפָּר בְּמִשְׁקָל לַכֹּל וַיִּכָּתֵב כָּל־
לה הַמִּשְׁקָל בָּעֵת הַהִיא: הַבָּאִים מֵהַשְּׁבִי בְנֵי־ ד
הַגּוֹלָה הִקְרִיבוּ עֹלוֹת ׀ לֵאלֹהֵי יִשְׂרָאֵל פָּרִים שְׁנֵים־עָשָׂר
עַל־כָּל־יִשְׂרָאֵל אֵילִים ׀ תִּשְׁעִים וְשִׁשָּׁה כְּבָשִׂים שִׁבְעִים
לו וְשִׁבְעָה צְפִירֵי חַטָּאת שְׁנֵים עָשָׂר הַכֹּל עוֹלָה לַיהוָה: וַיִּתְּנוּ ׀
אֶת־דָּתֵי הַמֶּלֶךְ לַאֲחַשְׁדַּרְפְּנֵי הַמֶּלֶךְ וּפַחֲווֹת עֵבֶר הַנָּהָר
ט א וְנִשְּׂאוּ אֶת־הָעָם וְאֶת־בֵּית הָאֱלֹהִים: וּכְכַלּוֹת
אֵלֶּה נִגְּשׁוּ אֵלַי הַשָּׂרִים לֵאמֹר לֹא־נִבְדְּלוּ הָעָם יִשְׂרָאֵל

וְהַכֹּהֲנִים וְהַלְוִיִּם מֵעַמֵּי הָאֲרָצוֹת כְּתֹעֲבֹתֵיהֶם לַכְּנַעֲנִי הַחִתִּי
ב הַפְּרִזִּי הַיְבוּסִי הָעַמֹּנִי הַמֹּאָבִי הַמִּצְרִי וְהָאֱמֹרִי׃ כִּי־נָשְׂאוּ
מִבְּנֹתֵיהֶם לָהֶם וְלִבְנֵיהֶם וְהִתְעָרְבוּ זֶרַע הַקֹּדֶשׁ בְּעַמֵּי הָאֲרָצוֹת
ג וְיַד הַשָּׂרִים וְהַסְּגָנִים הָיְתָה בַּמַּעַל הַזֶּה רִאשׁוֹנָה׃ וּכְשָׁמְעִי
אֶת־הַדָּבָר הַזֶּה קָרַעְתִּי אֶת־בִּגְדִי וּמְעִילִי וָאֶמְרְטָה מִשְּׂעַר
ד רֹאשִׁי וּזְקָנִי וָאֵשְׁבָה מְשׁוֹמֵם׃ וְאֵלַי יֵאָסְפוּ כֹּל חָרֵד בְּדִבְרֵי
אֱלֹהֵי־יִשְׂרָאֵל עַל מַעַל הַגּוֹלָה וַאֲנִי יֹשֵׁב מְשׁוֹמֵם עַד לְמִנְחַת
ה הָעָרֶב׃ וּבְמִנְחַת הָעֶרֶב קַמְתִּי מִתַּעֲנִיתִי וּבְקָרְעִי בִגְדִי וּמְעִילִי
ו וָאֶכְרְעָה עַל־בִּרְכַּי וָאֶפְרְשָׂה כַפַּי אֶל־יְהוָה אֱלֹהָי׃ וָאֹמְרָה
אֱלֹהַי בֹּשְׁתִּי וְנִכְלַמְתִּי לְהָרִים אֱלֹהַי פָּנַי אֵלֶיךָ כִּי עֲוֺנֹתֵינוּ
ז רָבוּ לְמַעְלָה רֹּאשׁ וְאַשְׁמָתֵנוּ גָדְלָה עַד לַשָּׁמָיִם׃ מִימֵי
אֲבֹתֵינוּ אֲנַחְנוּ בְּאַשְׁמָה גְדֹלָה עַד הַיּוֹם הַזֶּה וּבַעֲוֺנֹתֵינוּ נִתַּנּוּ
אֲנַחְנוּ מְלָכֵינוּ כֹהֲנֵינוּ בְּיַד ׀ מַלְכֵי הָאֲרָצוֹת בַּחֶרֶב בַּשְּׁבִי
ח וּבַבִּזָּה וּבְבֹשֶׁת פָּנִים כְּהַיּוֹם הַזֶּה׃ וְעַתָּה כִּמְעַט־רֶגַע הָיְתָה
תְחִנָּה מֵאֵת ׀ יְהוָה אֱלֹהֵינוּ לְהַשְׁאִיר לָנוּ פְּלֵיטָה וְלָתֶת־לָנוּ
יָתֵד בִּמְקוֹם קָדְשׁוֹ לְהָאִיר עֵינֵינוּ אֱלֹהֵינוּ וּלְתִתֵּנוּ מִחְיָה
ט מְעַט בְּעַבְדֻתֵנוּ׃ כִּי־עֲבָדִים אֲנַחְנוּ וּבְעַבְדֻתֵנוּ לֹא עֲזָבָנוּ
אֱלֹהֵינוּ וַיַּט־עָלֵינוּ חֶסֶד לִפְנֵי מַלְכֵי פָרַס לָתֶת־לָנוּ מִחְיָה
לְרוֹמֵם אֶת־בֵּית אֱלֹהֵינוּ וּלְהַעֲמִיד אֶת־חָרְבֹתָיו וְלָתֶת־לָנוּ
י גָדֵר בִּיהוּדָה וּבִירוּשָׁלִָם׃ וְעַתָּה מַה־נֹּאמַר אֱלֹהֵינוּ אַחֲרֵי־
יא זֹאת כִּי עָזַבְנוּ מִצְוֺתֶיךָ׃ אֲשֶׁר צִוִּיתָ בְּיַד עֲבָדֶיךָ הַנְּבִיאִים
לֵאמֹר הָאָרֶץ אֲשֶׁר אַתֶּם בָּאִים לְרִשְׁתָּהּ אֶרֶץ נִדָּה הִיא
בְּנִדַּת עַמֵּי הָאֲרָצוֹת בְּתוֹעֲבֹתֵיהֶם אֲשֶׁר מִלְאוּהָ מִפֶּה אֶל־
יב פֶּה בְּטֻמְאָתָם׃ וְעַתָּה בְּנוֹתֵיכֶם אַל־תִּתְּנוּ לִבְנֵיהֶם וּבְנֹתֵיהֶם
אַל־תִּשְׂאוּ לִבְנֵיכֶם וְלֹא־תִדְרְשׁוּ שְׁלֹמָם וְטוֹבָתָם עַד־עוֹלָם
לְמַעַן תֶּחֶזְקוּ וַאֲכַלְתֶּם אֶת־טוּב הָאָרֶץ וְהוֹרַשְׁתֶּם לִבְנֵיכֶם
יג עַד־עוֹלָם׃ וְאַחֲרֵי כָּל־הַבָּא עָלֵינוּ בְּמַעֲשֵׂינוּ הָרָעִים וּבְאַשְׁמָתֵנוּ

הַגְּדֹלָה כִּי ׀ אַתָּה אֱלֹהֵינוּ חָשַׂכְתָּ לְמַטָּה מֵעֲוֺנֵנוּ וְנָתַתָּה לָּנוּ
יד פְּלֵיטָה כָּזֹאת: הֲנָשׁוּב לְהָפֵר מִצְוֺתֶיךָ וּלְהִתְחַתֵּן בְּעַמֵּי
הַתֹּעֵבוֹת הָאֵלֶּה הֲלוֹא תֶאֱנַף־בָּנוּ עַד־כַּלֵּה לְאֵין שְׁאֵרִית
טו וּפְלֵיטָה: יְהוָה אֱלֹהֵי יִשְׂרָאֵל צַדִּיק אַתָּה כִּי־
נִשְׁאַרְנוּ פְלֵיטָה כְּהַיּוֹם הַזֶּה הִנְנוּ לְפָנֶיךָ בְּאַשְׁמָתֵינוּ כִּי אֵין
י א לַעֲמוֹד לְפָנֶיךָ עַל־זֹאת: וּכְהִתְפַּלֵּל עֶזְרָא
וּכְהִתְוַדֹּתוֹ בֹּכֶה וּמִתְנַפֵּל לִפְנֵי בֵּית הָאֱלֹהִים נִקְבְּצוּ אֵלָיו
מִיִּשְׂרָאֵל קָהָל רַב־מְאֹד אֲנָשִׁים וְנָשִׁים וִילָדִים כִּי־בָכוּ הָעָם
הַרְבֵּה בֶכֶה:
ב וַיַּעַן שְׁכַנְיָה בֶן־יְחִיאֵל מִבְּנֵי עוֹלָם וַיֹּאמֶר לְעֶזְרָא אֲנַחְנוּ עֵילָם
מָעַלְנוּ בֵאלֹהֵינוּ וַנֹּשֶׁב נָשִׁים נָכְרִיּוֹת מֵעַמֵּי הָאָרֶץ וְעַתָּה יֵשׁ־
ג מִקְוֶה לְיִשְׂרָאֵל עַל־זֹאת: וְעַתָּה נִכְרָת־בְּרִית לֵאלֹהֵינוּ
לְהוֹצִיא כָל־נָשִׁים וְהַנּוֹלָד מֵהֶם בַּעֲצַת אֲדֹנָי וְהַחֲרֵדִים בְּמִצְוַת
ד אֱלֹהֵינוּ וְכַתּוֹרָה יֵעָשֶׂה: קוּם כִּי־עָלֶיךָ הַדָּבָר וַאֲנַחְנוּ עִמָּךְ
ה חֲזַק וַעֲשֵׂה: וַיָּקָם עֶזְרָא וַיַּשְׁבַּע אֶת־שָׂרֵי
הַכֹּהֲנִים הַלְוִיִּם וְכָל־יִשְׂרָאֵל לַעֲשׂוֹת כַּדָּבָר הַזֶּה וַיִּשָּׁבֵעוּ:
ו וַיָּקָם עֶזְרָא מִלִּפְנֵי בֵּית הָאֱלֹהִים וַיֵּלֶךְ אֶל־לִשְׁכַּת יְהוֹחָנָן בֶּן־
אֶלְיָשִׁיב וַיֵּלֶךְ שָׁם לֶחֶם לֹא־אָכַל וּמַיִם לֹא־שָׁתָה כִּי מִתְאַבֵּל
ז עַל־מַעַל הַגּוֹלָה: וַיַּעֲבִירוּ קוֹל בִּיהוּדָה וִירוּשָׁלִַם לְכֹל בְּנֵי
ח הַגּוֹלָה לְהִקָּבֵץ יְרוּשָׁלִָם: וְכֹל אֲשֶׁר לֹא־יָבוֹא לִשְׁלֹשֶׁת הַיָּמִים
כַּעֲצַת הַשָּׂרִים וְהַזְּקֵנִים יָחֳרַם כָּל־רְכוּשׁוֹ וְהוּא יִבָּדֵל מִקְּהַל
הַגּוֹלָה:
ט וַיִּקָּבְצוּ כָל־אַנְשֵׁי־יְהוּדָה וּבִנְיָמִן ׀ יְרוּשָׁלִַם לִשְׁלֹשֶׁת הַיָּמִים
הוּא חֹדֶשׁ הַתְּשִׁיעִי בְּעֶשְׂרִים בַּחֹדֶשׁ וַיֵּשְׁבוּ כָל־הָעָם בִּרְחוֹב
י בֵּית הָאֱלֹהִים מַרְעִידִים עַל־הַדָּבָר וּמֵהַגְּשָׁמִים: וַיָּקָם עֶזְרָא
הַכֹּהֵן וַיֹּאמֶר אֲלֵהֶם אַתֶּם מְעַלְתֶּם וַתֹּשִׁיבוּ נָשִׁים נָכְרִיּוֹת
יא לְהוֹסִיף עַל־אַשְׁמַת יִשְׂרָאֵל: וְעַתָּה תְּנוּ תוֹדָה לַיהוָה אֱלֹהֵי־

אֲבֹתֵיכֶם וַעֲשׂוּ רְצוֹנוֹ וְהִבָּדְלוּ מֵעַמֵּי הָאָרֶץ וּמִן־הַנָּשִׁים
יב הַנָּכְרִיּוֹת׃ וַיַּעֲנוּ כָל־הַקָּהָל וַיֹּאמְרוּ קוֹל גָּדוֹל
יג כֵּן כדבריך עָלֵינוּ לַעֲשׂוֹת׃ אֲבָל הָעָם רָב וְהָעֵת גְּשָׁמִים וְאֵין כִּדְבָרְךָ
כֹּחַ לַעֲמוֹד בַּחוּץ וְהַמְּלָאכָה לֹא־לְיוֹם אֶחָד וְלֹא לִשְׁנַיִם כִּי־
יד הִרְבִּינוּ לִפְשֹׁעַ בַּדָּבָר הַזֶּה׃ יַעַמְדוּ־נָא שָׂרֵינוּ לְכָל־הַקָּהָל וְכֹל ׀
אֲשֶׁר בֶּעָרֵינוּ הַהֹשִׁיב נָשִׁים נָכְרִיּוֹת יָבֹא לְעִתִּים מְזֻמָּנִים
וְעִמָּהֶם זִקְנֵי־עִיר וָעִיר וְשֹׁפְטֶיהָ עַד לְהָשִׁיב חֲרוֹן אַף־אֱלֹהֵינוּ
טו מִמֶּנּוּ עַד לַדָּבָר הַזֶּה׃ אַךְ יוֹנָתָן בֶּן־עֲשָׂהאֵל וְיַחְזְיָה בֶן־תִּקְוָה
טז עָמְדוּ עַל־זֹאת וּמְשֻׁלָּם וְשַׁבְּתַי הַלֵּוִי עֲזָרֻם׃ וַיַּעֲשׂוּ־כֵן בְּנֵי
הַגּוֹלָה וַיִּבָּדְלוּ עֶזְרָא הַכֹּהֵן אֲנָשִׁים רָאשֵׁי הָאָבוֹת לְבֵית
אֲבֹתָם וְכֻלָּם בְּשֵׁמוֹת וַיֵּשְׁבוּ בְּיוֹם אֶחָד לַחֹדֶשׁ הָעֲשִׂירִי
יז לִדְרְיוֹשׁ הַדָּבָר׃ וַיְכַלּוּ בַכֹּל אֲנָשִׁים הַהֹשִׁיבוּ נָשִׁים נָכְרִיּוֹת
יח עַד יוֹם אֶחָד לַחֹדֶשׁ הָרִאשׁוֹן׃ וַיִּמָּצֵא מִבְּנֵי
הַכֹּהֲנִים אֲשֶׁר הֹשִׁיבוּ נָשִׁים נָכְרִיּוֹת מִבְּנֵי יֵשׁוּעַ בֶּן־יוֹצָדָק
יט וְאֶחָיו מַעֲשֵׂיָה וֶאֱלִיעֶזֶר וְיָרִיב וּגְדַלְיָה׃ וַיִּתְּנוּ יָדָם לְהוֹצִיא
כ נְשֵׁיהֶם וַאֲשֵׁמִים אֵיל־צֹאן עַל־אַשְׁמָתָם׃ וּמִבְּנֵי אִמֵּר חֲנָנִי
כא וּזְבַדְיָה׃ וּמִבְּנֵי חָרִם מַעֲשֵׂיָה וְאֵלִיָּה וּשְׁמַעְיָה וִיחִיאֵל וְעֻזִּיָּה׃
כב וּמִבְּנֵי פַּשְׁחוּר אֶלְיוֹעֵינַי מַעֲשֵׂיָה יִשְׁמָעֵאל נְתַנְאֵל יוֹזָבָד
כג וְאֶלְעָשָׂה׃ וּמִן־הַלְוִיִּם יוֹזָבָד וְשִׁמְעִי וְקֵלָיָה הוּא קְלִיטָא
כד פְּתַחְיָה יְהוּדָה וֶאֱלִיעֶזֶר׃ וּמִן־הַמְשֹׁרְרִים אֶלְיָשִׁיב וּמִן־
כה הַשֹּׁעֲרִים שַׁלֻּם וָטֶלֶם וְאוּרִי׃ וּמִיִּשְׂרָאֵל מִבְּנֵי פַרְעֹשׁ רַמְיָה
כו וְיִזִּיָּה וּמַלְכִּיָּה וּמִיָּמִן וְאֶלְעָזָר וּמַלְכִּיָּה וּבְנָיָה׃ וּמִבְּנֵי עֵילָם
כז מַתַּנְיָה זְכַרְיָה וִיחִיאֵל וְעַבְדִּי וִירֵמוֹת וְאֵלִיָּה׃ וּמִבְּנֵי זַתּוּא
כח אֶלְיוֹעֵנַי אֶלְיָשִׁיב מַתַּנְיָה וִירֵמוֹת וְזָבָד וַעֲזִיזָא׃ וּמִבְּנֵי בֵּבָי
כט יְהוֹחָנָן חֲנַנְיָה זַבַּי עַתְלָי׃ וּמִבְּנֵי בָּנִי מְשֻׁלָּם מַלּוּךְ וַעֲדָיָה יָשׁוּב
ל וּשְׁאָל ירמות׃ וּמִבְּנֵי פַּחַת מוֹאָב עַדְנָא וּכְלָל בְּנָיָה מַעֲשֵׂיָה וְרָמוֹת
לא מַתַּנְיָה בְצַלְאֵל וּבִנּוּי וּמְנַשֶּׁה׃ וּבְנֵי חָרִם אֱלִיעֶזֶר יִשִּׁיָּה מַלְכִּיָּה

לב לג שִׁמְעִיָה שִׁמְעוֹן׃ בִּנְיָמִן מַלּוּךְ שְׁמַרְיָה׃ מִבְּנֵי חָשֻׁם מַתְּנַי
לד מַתַּתָּה זָבָד אֱלִיפֶלֶט יְרֵמַי מְנַשֶּׁה שִׁמְעִי׃ מִבְּנֵי בָנִי מַעֲדַי
לה לו עַמְרָם וְאוּאֵל׃ בְּנָיָה בֵדְיָה כלוהי׃ וַנְיָה מְרֵמוֹת אֶלְיָשִׁיב׃ כְּלוּהוּ
לז לח לט מַתַּנְיָה מַתְּנַי ויעשו׃ וּבָנִי וּבִנּוּי שִׁמְעִי׃ וְשֶׁלֶמְיָה וְנָתָן וַעֲדָיָה׃ וְיַעֲשָׂי
מ מא מב מַכְנַדְבַי שָׁשַׁי שָׁרָי׃ עֲזַרְאֵל וְשֶׁלֶמְיָהוּ שְׁמַרְיָה׃ שַׁלּוּם אֲמַרְיָה
מג יוֹסֵף׃ מִבְּנֵי נְבוֹ יְעִיאֵל מַתִּתְיָה זָבָד זְבִינָא ידו וְיוֹאֵל בְּנָיָה׃ יַדַּי
מד כָּל־אֵלֶּה נשאי נָשִׁים נָכְרִיּוֹת וְיֵשׁ־מֵהֶם נָשִׁים וַיָּשִׂימוּ נָשְׂאוּ
א א בָּנִים׃ דִּבְרֵי נְחֶמְיָה בֶּן־חֲכַלְיָה וַיְהִי בְחֹדֶשׁ־ נחמיה
ב כִסְלֵו שְׁנַת עֶשְׂרִים וַאֲנִי הָיִיתִי בְּשׁוּשַׁן הַבִּירָה׃ וַיָּבֹא חֲנָנִי
אֶחָד מֵאַחַי הוּא וַאֲנָשִׁים מִיהוּדָה וָאֶשְׁאָלֵם עַל־הַיְּהוּדִים
ג הַפְּלֵיטָה אֲשֶׁר־נִשְׁאֲרוּ מִן־הַשֶּׁבִי וְעַל־יְרוּשָׁלִָם׃ וַיֹּאמְרוּ לִי
הַנִּשְׁאָרִים אֲשֶׁר נִשְׁאֲרוּ מִן־הַשְּׁבִי שָׁם בַּמְּדִינָה בְּרָעָה גְדֹלָה
ד וּבְחֶרְפָּה וְחוֹמַת יְרוּשָׁלִַם מְפֹרָצֶת וּשְׁעָרֶיהָ נִצְּתוּ בָאֵשׁ׃ וַיְהִי
כְּשָׁמְעִי ׀ אֶת־הַדְּבָרִים הָאֵלֶּה יָשַׁבְתִּי וָאֶבְכֶּה וָאֶתְאַבְּלָה
ה יָמִים וָאֱהִי צָם וּמִתְפַּלֵּל לִפְנֵי אֱלֹהֵי הַשָּׁמָיִם׃ וָאֹמַר אָנָּא
יְהוָה אֱלֹהֵי הַשָּׁמַיִם הָאֵל הַגָּדוֹל וְהַנּוֹרָא שֹׁמֵר הַבְּרִית וָחֶסֶד
ו לְאֹהֲבָיו וּלְשֹׁמְרֵי מִצְוֹתָיו׃ תְּהִי נָא אָזְנְךָ־קַשֶּׁבֶת וְעֵינֶךָ
פְתוּחוֹת לִשְׁמֹעַ אֶל־תְּפִלַּת עַבְדְּךָ אֲשֶׁר אָנֹכִי מִתְפַּלֵּל
לְפָנֶיךָ הַיּוֹם יוֹמָם וָלַיְלָה עַל־בְּנֵי יִשְׂרָאֵל עֲבָדֶיךָ וּמִתְוַדֶּה
עַל־חַטֹּאות בְּנֵי־יִשְׂרָאֵל אֲשֶׁר חָטָאנוּ לָךְ וַאֲנִי וּבֵית־אָבִי
ז חָטָאנוּ׃ חֲבֹל חָבַלְנוּ לָךְ וְלֹא־שָׁמַרְנוּ אֶת־הַמִּצְוֹת וְאֶת־
ח הַחֻקִּים וְאֶת־הַמִּשְׁפָּטִים אֲשֶׁר צִוִּיתָ אֶת־מֹשֶׁה עַבְדֶּךָ׃ זְכָר־
נָא אֶת־הַדָּבָר אֲשֶׁר צִוִּיתָ אֶת־מֹשֶׁה עַבְדְּךָ לֵאמֹר אַתֶּם
ט תִּמְעָלוּ אֲנִי אָפִיץ אֶתְכֶם בָּעַמִּים׃ וְשַׁבְתֶּם אֵלַי וּשְׁמַרְתֶּם
מִצְוֹתַי וַעֲשִׂיתֶם אֹתָם אִם־יִהְיֶה נִדַּחֲכֶם בִּקְצֵה הַשָּׁמַיִם
מִשָּׁם אֲקַבְּצֵם והבואתים אֶל־הַמָּקוֹם אֲשֶׁר בָּחַרְתִּי לְשַׁכֵּן וַהֲבִיאוֹתִים
י אֶת־שְׁמִי שָׁם׃ וְהֵם עֲבָדֶיךָ וְעַמֶּךָ אֲשֶׁר פָּדִיתָ בְּכֹחֲךָ הַגָּדוֹל

ה וּבְיָדְךָ הַחֲזָקָה׃ אָנָּא אֲדֹנָי תְּהִי נָא אָזְנְךָ־קַשֶּׁבֶת אֶל־תְּפִלַּת יא
עַבְדְּךָ וְאֶל־תְּפִלַּת עֲבָדֶיךָ הַחֲפֵצִים לְיִרְאָה אֶת־שְׁמֶךָ
וְהַצְלִיחָה־נָּא לְעַבְדְּךָ הַיּוֹם וּתְנֵהוּ לְרַחֲמִים לִפְנֵי הָאִישׁ
הַזֶּה וַאֲנִי הָיִיתִי מַשְׁקֶה לַמֶּלֶךְ׃ וַיְהִי ׀ בְּחֹדֶשׁ א ב
נִיסָן שְׁנַת עֶשְׂרִים לְאַרְתַּחְשַׁסְתְּא הַמֶּלֶךְ יַיִן לְפָנָיו וָאֶשָּׂא
אֶת־הַיַּיִן וָאֶתְּנָה לַמֶּלֶךְ וְלֹא־הָיִיתִי רַע לְפָנָיו׃ וַיֹּאמֶר לִי ב
הַמֶּלֶךְ מַדּוּעַ ׀ פָּנֶיךָ רָעִים וְאַתָּה אֵינְךָ חוֹלֶה אֵין זֶה כִּי־אִם
רֹעַ לֵב וָאִירָא הַרְבֵּה מְאֹד׃ וָאֹמַר לַמֶּלֶךְ הַמֶּלֶךְ לְעוֹלָם ג
יִחְיֶה מַדּוּעַ לֹא־יֵרְעוּ פָנַי אֲשֶׁר הָעִיר בֵּית־קִבְרוֹת אֲבֹתַי
חֲרֵבָה וּשְׁעָרֶיהָ אֻכְּלוּ בָאֵשׁ׃ וַיֹּאמֶר לִי הַמֶּלֶךְ ד
עַל־מַה־זֶּה אַתָּה מְבַקֵּשׁ וָאֶתְפַּלֵּל אֶל־אֱלֹהֵי הַשָּׁמָיִם׃ וָאֹמַר ה
לַמֶּלֶךְ אִם־עַל־הַמֶּלֶךְ טוֹב וְאִם־יִיטַב עַבְדְּךָ לְפָנֶיךָ אֲשֶׁר
תִּשְׁלָחֵנִי אֶל־יְהוּדָה אֶל־עִיר קִבְרוֹת אֲבֹתַי וְאֶבְנֶנָּה׃ וַיֹּאמֶר ו
לִי הַמֶּלֶךְ וְהַשֵּׁגַל ׀ יוֹשֶׁבֶת אֶצְלוֹ עַד־מָתַי יִהְיֶה מַהֲלָכְךָ וּמָתַי
תָּשׁוּב וַיִּיטַב לִפְנֵי־הַמֶּלֶךְ וַיִּשְׁלָחֵנִי וָאֶתְּנָה לוֹ זְמָן׃ וָאוֹמַר לַמֶּלֶךְ ז
אִם־עַל־הַמֶּלֶךְ טוֹב אִגְּרוֹת יִתְּנוּ־לִי עַל־פַּחֲווֹת עֵבֶר הַנָּהָר
אֲשֶׁר יַעֲבִירוּנִי עַד אֲשֶׁר־אָבוֹא אֶל־יְהוּדָה׃ וְאִגֶּרֶת אֶל־אָסָף ח
שֹׁמֵר הַפַּרְדֵּס אֲשֶׁר לַמֶּלֶךְ אֲשֶׁר יִתֶּן־לִי עֵצִים לְקָרוֹת אֶת־
שַׁעֲרֵי הַבִּירָה אֲשֶׁר־לַבַּיִת וּלְחוֹמַת הָעִיר וְלַבַּיִת אֲשֶׁר־אָבוֹא
אֵלָיו וַיִּתֶּן־לִי הַמֶּלֶךְ כְּיַד־אֱלֹהַי הַטּוֹבָה עָלָי׃ וָאָבוֹא אֶל־ ט
פַּחֲווֹת עֵבֶר הַנָּהָר וָאֶתְּנָה לָהֶם אֵת אִגְּרוֹת הַמֶּלֶךְ וַיִּשְׁלַח
עִמִּי הַמֶּלֶךְ שָׂרֵי חַיִל וּפָרָשִׁים׃ וַיִּשְׁמַע סַנְבַלַּט י
הַחֹרֹנִי וְטוֹבִיָּה הָעֶבֶד הָעַמֹּנִי וַיֵּרַע לָהֶם רָעָה גְדֹלָה אֲשֶׁר־
בָּא אָדָם לְבַקֵּשׁ טוֹבָה לִבְנֵי יִשְׂרָאֵל׃ וָאָבוֹא אֶל־יְרוּשָׁלִָם יא
וָאֱהִי־שָׁם יָמִים שְׁלֹשָׁה׃ וָאָקוּם ׀ לַיְלָה אֲנִי וַאֲנָשִׁים ׀ מְעַט יב
עִמִּי וְלֹא־הִגַּדְתִּי לְאָדָם מָה אֱלֹהַי נֹתֵן אֶל־לִבִּי לַעֲשׂוֹת
לִירוּשָׁלִָם וּבְהֵמָה אֵין עִמִּי כִּי אִם־הַבְּהֵמָה אֲשֶׁר אֲנִי רֹכֵב

יג בָּהּ: וָאֵצְאָה בְשַׁעַר־הַגַּיְא לַיְלָה וְאֶל־פְּנֵי עֵין הַתַּנִּין וְאֶל־
שַׁעַר הָאַשְׁפֹּת וָאֱהִי שֹׂבֵר בְּחוֹמֹת יְרוּשָׁלִַם אֲשֶׁר־הֵמפרוצים הֵם|פְּרוּצִים
יד וּשְׁעָרֶיהָ אֻכְּלוּ בָאֵשׁ: וָאֶעֱבֹר אֶל־שַׁעַר הָעַיִן וְאֶל־בְּרֵכַת
טו הַמֶּלֶךְ וְאֵין־מָקוֹם לַבְּהֵמָה לַעֲבֹר תַּחְתָּי: וָאֱהִי עֹלֶה בַנַּחַל
לַיְלָה וָאֱהִי שֹׂבֵר בַּחוֹמָה וָאָשׁוּב וָאָבוֹא בְּשַׁעַר הַגַּיְא וָאָשׁוּב:
טז וְהַסְּגָנִים לֹא יָדְעוּ אָנָה הָלַכְתִּי וּמָה אֲנִי עֹשֶׂה וְלַיְּהוּדִים
וְלַכֹּהֲנִים וְלַחֹרִים וְלַסְּגָנִים וּלְיֶתֶר עֹשֵׂה הַמְּלָאכָה עַד־כֵּן לֹא
יז הִגַּדְתִּי: וָאוֹמַר אֲלֵהֶם אַתֶּם רֹאִים הָרָעָה אֲשֶׁר אֲנַחְנוּ בָהּ
אֲשֶׁר יְרוּשָׁלִַם חֲרֵבָה וּשְׁעָרֶיהָ נִצְּתוּ בָאֵשׁ לְכוּ וְנִבְנֶה אֶת־
יח חוֹמַת יְרוּשָׁלִַם וְלֹא־נִהְיֶה עוֹד חֶרְפָּה: וָאַגִּיד לָהֶם אֶת־יַד
אֱלֹהַי אֲשֶׁר־הִיא טוֹבָה עָלַי וְאַף־דִּבְרֵי הַמֶּלֶךְ אֲשֶׁר אָמַר־לִי
יט וַיֹּאמְרוּ נָקוּם וּבָנִינוּ וַיְחַזְּקוּ יְדֵיהֶם לַטּוֹבָה: וַיִּשְׁמַע
סַנְבַלַּט הַחֹרֹנִי וְטֹבִיָּה ׀ הָעֶבֶד הָעַמּוֹנִי וְגֶשֶׁם הָעַרְבִי וַיַּלְעִגוּ
לָנוּ וַיִּבְזוּ עָלֵינוּ וַיֹּאמְרוּ מָה־הַדָּבָר הַזֶּה אֲשֶׁר אַתֶּם עֹשִׂים
כ הַעַל הַמֶּלֶךְ אַתֶּם מֹרְדִים: וָאָשִׁיב אוֹתָם דָּבָר וָאוֹמַר לָהֶם
אֱלֹהֵי הַשָּׁמַיִם הוּא יַצְלִיחַ לָנוּ וַאֲנַחְנוּ עֲבָדָיו נָקוּם וּבָנִינוּ
וְלָכֶם אֵין־חֵלֶק וּצְדָקָה וְזִכָּרוֹן בִּירוּשָׁלִָם:
ג א וַיָּקָם אֶלְיָשִׁיב הַכֹּהֵן הַגָּדוֹל וְאֶחָיו הַכֹּהֲנִים וַיִּבְנוּ אֶת־שַׁעַר
הַצֹּאן הֵמָּה קִדְּשׁוּהוּ וַיַּעֲמִידוּ דַּלְתֹתָיו וְעַד־מִגְדַּל הַמֵּאָה
ב קִדְּשׁוּהוּ עַד מִגְדַּל חֲנַנְאֵל: וְעַל־יָדוֹ בָנוּ אַנְשֵׁי יְרֵחוֹ וְעַל־
ג יָדוֹ בָּנָה זַכּוּר בֶּן־אִמְרִי: וְאֵת שַׁעַר הַדָּגִים בָּנוּ בְּנֵי הַסְּנָאָה
ד הֵמָּה קֵרוּהוּ וַיַּעֲמִידוּ דַּלְתֹתָיו מַנְעוּלָיו וּבְרִיחָיו: וְעַל־יָדָם
הֶחֱזִיק מְרֵמוֹת בֶּן־אוּרִיָּה בֶּן־הַקּוֹץ וְעַל־יָדָם הֶחֱזִיק מְשֻׁלָּם
בֶּן־בֶּרֶכְיָה בֶּן־מְשֵׁיזַבְאֵל וְעַל־יָדָם הֶחֱזִיק צָדוֹק בֶּן־בַּעֲנָא:
ה וְעַל־יָדָם הֶחֱזִיקוּ הַתְּקוֹעִים וְאַדִּירֵיהֶם לֹא־הֵבִיאוּ צַוָּרָם
ו בַּעֲבֹדַת אֲדֹנֵיהֶם: וְאֵת שַׁעַר הַיְשָׁנָה הֶחֱזִיקוּ יוֹיָדָע בֶּן־פָּסֵחַ
וּמְשֻׁלָּם בֶּן־בְּסוֹדְיָה הֵמָּה קֵרוּהוּ וַיַּעֲמִידוּ דַּלְתֹתָיו וּמַנְעֻלָיו

ז וּבְרִיחָיו׃ וְעַל־יָדָם הֶחֱזִיק מְלַטְיָה הַגִּבְעֹנִי וְיָדוֹן הַמֵּרֹנֹתִי אַנְשֵׁי
ח גִבְעוֹן וְהַמִּצְפָּה לְכִסֵּא פַּחַת עֵבֶר הַנָּהָר׃ עַל־יָדוֹ הֶחֱזִיק
עֻזִּיאֵל בֶּן־חַרְהֲיָה צוֹרְפִים וְעַל־יָדוֹ הֶחֱזִיק חֲנַנְיָה בֶּן־
ט הָרַקָּחִים וַיַּעַזְבוּ יְרוּשָׁלִַם עַד הַחוֹמָה הָרְחָבָה׃ וְעַל־יָדָם
י הֶחֱזִיק רְפָיָה בֶן־חוּר שַׂר חֲצִי פֶּלֶךְ יְרוּשָׁלִָם׃ וְעַל־יָדָם הֶחֱזִיק
יְדָיָה בֶן־חֲרוּמַף וְנֶגֶד בֵּיתוֹ וְעַל־יָדוֹ הֶחֱזִיק חַטּוּשׁ בֶּן־
יא חֲשַׁבְנְיָה׃ מִדָּה שֵׁנִית הֶחֱזִיק מַלְכִּיָּה בֶן־חָרִם וְחַשּׁוּב בֶּן־
יב פַּחַת מוֹאָב וְאֵת מִגְדַּל הַתַּנּוּרִים׃ וְעַל־יָדוֹ הֶחֱזִיק שַׁלּוּם
יג בֶּן־הַלּוֹחֵשׁ שַׂר חֲצִי פֶּלֶךְ יְרוּשָׁלִָם הוּא וּבְנוֹתָיו׃ אֵת שַׁעַר
הַגַּיְא הֶחֱזִיק חָנוּן וְיֹשְׁבֵי זָנוֹחַ הֵמָּה בָנוּהוּ וַיַּעֲמִידוּ דַּלְתֹתָיו
מַנְעֻלָיו וּבְרִיחָיו וְאֶלֶף אַמָּה בַּחוֹמָה עַד שַׁעַר הַשְׁפוֹת׃
יד וְאֵת ׀ שַׁעַר הָאַשְׁפּוֹת הֶחֱזִיק מַלְכִּיָּה בֶן־רֵכָב שַׂר פֶּלֶךְ בֵּית־
טו הַכָּרֶם הוּא יִבְנֶנּוּ וְיַעֲמִיד דַּלְתֹתָיו מַנְעֻלָיו וּבְרִיחָיו׃ וְאֵת
שַׁעַר הָעַיִן הֶחֱזִיק שַׁלּוּן בֶּן־כָּל־חֹזֶה שַׂר פֶּלֶךְ הַמִּצְפָּה הוּא
יִבְנֶנּוּ וִיטַלְלֶנּוּ ויעמידו דַּלְתֹתָיו מַנְעֻלָיו וּבְרִיחָיו וְאֵת חוֹמַת ויַעֲמִיד
בְּרֵכַת הַשֶּׁלַח לְגַן־הַמֶּלֶךְ וְעַד־הַמַּעֲלוֹת הַיּוֹרְדוֹת מֵעִיר
טז דָּוִיד׃ אַחֲרָיו הֶחֱזִיק נְחֶמְיָה בֶן־עַזְבּוּק שַׂר חֲצִי פֶּלֶךְ בֵּית־
צוּר עַד־נֶגֶד קִבְרֵי דָוִיד וְעַד הַבְּרֵכָה הָעֲשׂוּיָה וְעַד בֵּית
יז הַגִּבֹּרִים׃ אַחֲרָיו הֶחֱזִיקוּ הַלְוִיִּם רְחוּם בֶּן־בָּנִי עַל־יָדוֹ הֶחֱזִיק
יח חֲשַׁבְיָה שַׂר־חֲצִי־פֶלֶךְ קְעִילָה לְפִלְכּוֹ׃ אַחֲרָיו הֶחֱזִיקוּ אֲחֵיהֶם
יט בַּוַּי בֶּן־חֵנָדָד שַׂר חֲצִי פֶּלֶךְ קְעִילָה׃ וַיְחַזֵּק עַל־יָדוֹ עֵזֶר בֶּן־
יֵשׁוּעַ שַׂר הַמִּצְפָּה מִדָּה שֵׁנִית מִנֶּגֶד עֲלֹת הַנֶּשֶׁק הַמִּקְצֹעַ׃
כ אַחֲרָיו הֶחֱרָה הֶחֱזִיק בָּרוּךְ בֶּן־זבי מִדָּה שֵׁנִית מִן־הַמִּקְצוֹעַ זַכָּי
כא עַד־פֶּתַח בֵּית אֶלְיָשִׁיב הַכֹּהֵן הַגָּדוֹל׃ אַחֲרָיו הֶחֱזִיק מְרֵמוֹת
בֶּן־אוּרִיָּה בֶּן־הַקּוֹץ מִדָּה שֵׁנִית מִפֶּתַח בֵּית אֶלְיָשִׁיב וְעַד־
כב תַּכְלִית בֵּית אֶלְיָשִׁיב׃ וְאַחֲרָיו הֶחֱזִיקוּ הַכֹּהֲנִים אַנְשֵׁי הַכִּכָּר׃
כג אַחֲרָיו הֶחֱזִיק בִּנְיָמִן וְחַשּׁוּב נֶגֶד בֵּיתָם אַחֲרָיו הֶחֱזִיק עֲזַרְיָה

כד בֶּן־מַעֲשֵׂיָה בֶּן־עֲנָנְיָה אֵצֶל בֵּיתוֹ׃ אַחֲרָיו הֶחֱזִיק בִּנּוּי בֶּן־
חֵנָדָד מִדָּה שֵׁנִית מִבֵּית עֲזַרְיָה עַד־הַמִּקְצוֹעַ וְעַד־הַפִּנָּה׃
כה פָּלָל בֶּן־אוּזַי מִנֶּגֶד הַמִּקְצוֹעַ וְהַמִּגְדָּל הַיּוֹצֵא מִבֵּית הַמֶּלֶךְ
כו הָעֶלְיוֹן אֲשֶׁר לַחֲצַר הַמַּטָּרָה אַחֲרָיו פְּדָיָה בֶן־פַּרְעֹשׁ׃ וְהַנְּתִינִים
הָיוּ יֹשְׁבִים בָּעֹפֶל עַד נֶגֶד שַׁעַר הַמַּיִם לַמִּזְרָח וְהַמִּגְדָּל
כז הַיּוֹצֵא׃ אַחֲרָיו הֶחֱזִיקוּ הַתְּקֹעִים מִדָּה שֵׁנִית מִנֶּגֶד הַמִּגְדָּל
כח הַגָּדוֹל הַיּוֹצֵא וְעַד חוֹמַת הָעֹפֶל׃ מֵעַל ׀ שַׁעַר הַסּוּסִים הֶחֱזִיקוּ
כט הַכֹּהֲנִים אִישׁ לְנֶגֶד בֵּיתוֹ׃ אַחֲרָיו הֶחֱזִיק צָדוֹק בֶּן־אִמֵּר נֶגֶד
בֵּיתוֹ וְאַחֲרָיו הֶחֱזִיק שְׁמַעְיָה בֶן־שְׁכַנְיָה שֹׁמֵר שַׁעַר הַמִּזְרָח׃
ל אחרי הֶחֱזִיק חֲנַנְיָה בֶן־שֶׁלֶמְיָה וְחָנוּן בֶּן־צָלָף הַשִּׁשִּׁי מִדָּה אַחֲרָיו
לא שֵׁנִי אַחֲרָיו הֶחֱזִיק מְשֻׁלָּם בֶּן־בֶּרֶכְיָה נֶגֶד נִשְׁכָּתוֹ׃ אחרי אַחֲרָיו
הֶחֱזִיק מַלְכִּיָּה בֶּן־הַצֹּרְפִי עַד־בֵּית הַנְּתִינִים וְהָרֹכְלִים נֶגֶד
לב שַׁעַר הַמִּפְקָד וְעַד עֲלִיַּת הַפִּנָּה׃ וּבֵין עֲלִיַּת הַפִּנָּה לְשַׁעַר הַצֹּאן
לג הֶחֱזִיקוּ הַצֹּרְפִים וְהָרֹכְלִים׃ וַיְהִי כַּאֲשֶׁר שָׁמַע
סַנְבַלַּט כִּי־אֲנַחְנוּ בוֹנִים אֶת־הַחוֹמָה וַיִּחַר לוֹ וַיִּכְעַס הַרְבֵּה
לד וַיַּלְעֵג עַל־הַיְּהוּדִים׃ וַיֹּאמֶר ׀ לִפְנֵי אֶחָיו וְחֵיל שֹׁמְרוֹן וַיֹּאמֶר
מָה הַיְּהוּדִים הָאֲמֵלָלִים עֹשִׂים הֲיַעַזְבוּ לָהֶם הֲיִזְבָּחוּ הַיְכַלּוּ
בַיּוֹם הַיְחַיּוּ אֶת־הָאֲבָנִים מֵעֲרֵמוֹת הֶעָפָר וְהֵמָּה שְׂרוּפוֹת׃
לה וְטוֹבִיָּה הָעַמֹּנִי אֶצְלוֹ וַיֹּאמֶר גַּם אֲשֶׁר־הֵם בּוֹנִים אִם־יַעֲלֶה
לו שׁוּעָל וּפָרַץ חוֹמַת אַבְנֵיהֶם׃ שְׁמַע אֱלֹהֵינוּ כִּי־הָיִינוּ בוּזָה
לז וְהָשֵׁב חֶרְפָּתָם אֶל־רֹאשָׁם וּתְנֵם לְבִזָּה בְּאֶרֶץ שִׁבְיָה׃ וְאַל־
תְּכַס עַל־עֲוֺנָם וְחַטָּאתָם מִלְּפָנֶיךָ אַל־תִּמָּחֶה כִּי הִכְעִיסוּ
לח לְנֶגֶד הַבּוֹנִים׃ וַנִּבְנֶה אֶת־הַחוֹמָה וַתִּקָּשֵׁר כָּל־הַחוֹמָה עַד־ ו
חֶצְיָהּ וַיְהִי לֵב לָעָם לַעֲשׂוֹת׃

ד א וַיְהִי ׀ כַּאֲשֶׁר שָׁמַע סַנְבַלַּט וְטוֹבִיָּה וְהָעַרְבִים וְהָעַמֹּנִים
וְהָאַשְׁדּוֹדִים כִּי־עָלְתָה אֲרוּכָה לְחֹמוֹת יְרוּשָׁלִַם כִּי־הֵחֵלּוּ
ב הַפְּרֻצִים לְהִסָּתֵם וַיִּחַר לָהֶם מְאֹד׃ וַיִּקְשְׁרוּ כֻלָּם יַחְדָּו לָבוֹא

ג לְהִלָּחֵם בִּירוּשָׁלִָם וְלַעֲשׂוֹת לוֹ תּוֹעָה׃ וַנִּתְפַּלֵּל אֶל־אֱלֹהֵינוּ
ד וַנַּעֲמִיד מִשְׁמָר עֲלֵיהֶם יוֹמָם וָלַיְלָה מִפְּנֵיהֶם׃ וַיֹּאמֶר
יְהוּדָה כָּשַׁל כֹּחַ הַסַּבָּל וְהֶעָפָר הַרְבֵּה וַאֲנַחְנוּ לֹא נוּכַל
ה לִבְנוֹת בַּחוֹמָה׃ וַיֹּאמְרוּ צָרֵינוּ לֹא יֵדְעוּ וְלֹא יִרְאוּ עַד אֲשֶׁר־
ו נָבוֹא אֶל־תּוֹכָם וַהֲרַגְנוּם וְהִשְׁבַּתְנוּ אֶת־הַמְּלָאכָה׃ וַיְהִי
כַּאֲשֶׁר־בָּאוּ הַיְּהוּדִים הַיֹּשְׁבִים אֶצְלָם וַיֹּאמְרוּ לָנוּ עֶשֶׂר פְּעָמִים
ז מִכָּל־הַמְּקֹמוֹת אֲשֶׁר־תָּשׁוּבוּ עָלֵינוּ׃ וָאַעֲמִיד מִתַּחְתִּיּוֹת
בַּצְּחִיחִים
לַמָּקוֹם מֵאַחֲרֵי לַחוֹמָה בצחחיים וָאַעֲמִיד אֶת־הָעָם לְמִשְׁפָּחוֹת
ח עִם־חַרְבֹתֵיהֶם רָמְחֵיהֶם וְקַשְּׁתֹתֵיהֶם׃ וָאֵרֶא וָאָקוּם וָאֹמַר
אֶל־הַחֹרִים וְאֶל־הַסְּגָנִים וְאֶל־יֶתֶר הָעָם אַל־תִּירְאוּ מִפְּנֵיהֶם
אֶת־אֲדֹנָי הַגָּדוֹל וְהַנּוֹרָא זְכֹרוּ וְהִלָּחֲמוּ עַל־אֲחֵיכֶם בְּנֵיכֶם
ט וּבְנֹתֵיכֶם נְשֵׁיכֶם וּבָתֵּיכֶם׃ וַיְהִי כַּאֲשֶׁר שָׁמְעוּ
וַנָּשָׁב
אוֹיְבֵינוּ כִּי־נוֹדַע לָנוּ וַיָּפֶר הָאֱלֹהִים אֶת־עֲצָתָם ונשוב כֻּלָּנוּ
י אֶל־הַחוֹמָה אִישׁ אֶל־מְלַאכְתּוֹ׃ וַיְהִי ׀ מִן־הַיּוֹם הַהוּא חֲצִי
נְעָרַי עֹשִׂים בַּמְּלָאכָה וְחֶצְיָם מַחֲזִיקִים וְהָרְמָחִים הַמָּגִנִּים
יא וְהַקְּשָׁתוֹת וְהַשִּׁרְיֹנִים וְהַשָּׂרִים אַחֲרֵי כָּל־בֵּית יְהוּדָה׃ הַבּוֹנִים
בַּחוֹמָה וְהַנֹּשְׂאִים בַּסֶּבֶל עֹמְשִׂים בְּאַחַת יָדוֹ עֹשֶׂה בַמְּלָאכָה
יב וְאַחַת מַחֲזֶקֶת הַשָּׁלַח׃ וְהַבּוֹנִים אִישׁ חַרְבּוֹ אֲסוּרִים עַל־מָתְנָיו
יג וּבוֹנִים וְהַתּוֹקֵעַ בַּשּׁוֹפָר אֶצְלִי׃ וָאֹמַר אֶל־הַחֹרִים וְאֶל־הַסְּגָנִים
וְאֶל־יֶתֶר הָעָם הַמְּלָאכָה הַרְבֵּה וּרְחָבָה וַאֲנַחְנוּ נִפְרָדִים
יד עַל־הַחוֹמָה רְחוֹקִים אִישׁ מֵאָחִיו׃ בִּמְקוֹם
אֲשֶׁר תִּשְׁמְעוּ אֶת־קוֹל הַשּׁוֹפָר שָׁמָּה תִּקָּבְצוּ אֵלֵינוּ אֱלֹהֵינוּ
טו יִלָּחֶם לָנוּ׃ וַאֲנַחְנוּ עֹשִׂים בַּמְּלָאכָה וְחֶצְיָם מַחֲזִיקִים בָּרְמָחִים
טז מֵעֲלוֹת הַשַּׁחַר עַד צֵאת הַכּוֹכָבִים׃ גַּם בָּעֵת הַהִיא אָמַרְתִּי
לָעָם אִישׁ וְנַעֲרוֹ יָלִינוּ בְּתוֹךְ יְרוּשָׁלִָם וְהָיוּ־לָנוּ הַלַּיְלָה מִשְׁמָר
יז וְהַיּוֹם מְלָאכָה׃ וְאֵין אֲנִי וְאַחַי וּנְעָרַי וְאַנְשֵׁי הַמִּשְׁמָר אֲשֶׁר
אַחֲרַי אֵין־אֲנַחְנוּ פֹשְׁטִים בְּגָדֵינוּ אִישׁ שִׁלְחוֹ הַמָּיִם׃

א וַתְּהִי צַעֲקַת הָעָם וּנְשֵׁיהֶם גְּדוֹלָה אֶל־אֲחֵיהֶם הַיְּהוּדִים׃
ב וְיֵשׁ אֲשֶׁר אֹמְרִים בָּנֵינוּ וּבְנֹתֵינוּ אֲנַחְנוּ רַבִּים וְנִקְחָה דָגָן
ג וְנֹאכְלָה וְנִחְיֶה׃ וְיֵשׁ אֲשֶׁר אֹמְרִים שְׂדֹתֵינוּ וּכְרָמֵינוּ וּבָתֵּינוּ
ד אֲנַחְנוּ עֹרְבִים וְנִקְחָה דָגָן בָּרָעָב׃ וְיֵשׁ אֲשֶׁר אֹמְרִים לָוִינוּ
ה כֶסֶף לְמִדַּת הַמֶּלֶךְ שְׂדֹתֵינוּ וּכְרָמֵינוּ׃ וְעַתָּה כִּבְשַׂר אַחֵינוּ
בְּשָׂרֵנוּ כִּבְנֵיהֶם בָּנֵינוּ וְהִנֵּה אֲנַחְנוּ כֹבְשִׁים אֶת־בָּנֵינוּ וְאֶת־
בְּנֹתֵינוּ לַעֲבָדִים וְיֵשׁ מִבְּנֹתֵינוּ נִכְבָּשׁוֹת וְאֵין לְאֵל יָדֵנוּ
ו וּשְׂדֹתֵינוּ וּכְרָמֵינוּ לַאֲחֵרִים׃ וַיִּחַר לִי מְאֹד כַּאֲשֶׁר שָׁמַעְתִּי
ז אֶת־זַעֲקָתָם וְאֵת הַדְּבָרִים הָאֵלֶּה׃ וַיִּמָּלֵךְ לִבִּי עָלַי וָאָרִיבָה
אֶת־הַחֹרִים וְאֶת־הַסְּגָנִים וָאֹמְרָה לָהֶם מַשָּׁא אִישׁ־בְּאָחִיו
ח אַתֶּם נשאים וָאֶתֵּן עֲלֵיהֶם קְהִלָּה גְדוֹלָה׃ וָאֹמְרָה לָהֶם נֹשִׁים
אֲנַחְנוּ קָנִינוּ אֶת־אַחֵינוּ הַיְּהוּדִים הַנִּמְכָּרִים לַגּוֹיִם כְּדֵי
בָנוּ וְגַם־אַתֶּם תִּמְכְּרוּ אֶת־אֲחֵיכֶם וְנִמְכְּרוּ־לָנוּ וַיַּחֲרִישׁוּ
ט וְלֹא מָצְאוּ דָּבָר׃ ויאמר לֹא־טוֹב הַדָּבָר אֲשֶׁר־אַתֶּם עֹשִׂים וָאֹמַר
י הֲלוֹא בְּיִרְאַת אֱלֹהֵינוּ תֵּלֵכוּ מֵחֶרְפַּת הַגּוֹיִם אוֹיְבֵינוּ׃ וְגַם־
אֲנִי אַחַי וּנְעָרַי נֹשִׁים בָּהֶם כֶּסֶף וְדָגָן נַעַזְבָה־נָּא אֶת־הַמַּשָּׁא
יא הַזֶּה׃ הָשִׁיבוּ נָא לָהֶם כְּהַיּוֹם שְׂדֹתֵיהֶם כַּרְמֵיהֶם זֵיתֵיהֶם
וּבָתֵּיהֶם וּמְאַת הַכֶּסֶף וְהַדָּגָן הַתִּירוֹשׁ וְהַיִּצְהָר אֲשֶׁר אַתֶּם
יב נֹשִׁים בָּהֶם׃ וַיֹּאמְרוּ נָשִׁיב וּמֵהֶם לֹא נְבַקֵּשׁ כֵּן נַעֲשֶׂה כַּאֲשֶׁר
אַתָּה אוֹמֵר וָאֶקְרָא אֶת־הַכֹּהֲנִים וָאַשְׁבִּיעֵם לַעֲשׂוֹת כַּדָּבָר
יג הַזֶּה׃ גַּם־חָצְנִי נָעַרְתִּי וָאֹמְרָה כָּכָה יְנַעֵר הָאֱלֹהִים אֶת־כָּל־
הָאִישׁ אֲשֶׁר לֹא־יָקִים אֶת־הַדָּבָר הַזֶּה מִבֵּיתוֹ וּמִיגִיעוֹ וְכָכָה
יִהְיֶה נָעוּר וָרֵק וַיֹּאמְרוּ כָל־הַקָּהָל אָמֵן וַיְהַלְלוּ אֶת־יְהוָה
יד וַיַּעַשׂ הָעָם כַּדָּבָר הַזֶּה׃ גַּם מִיּוֹם ׀ אֲשֶׁר־צִוָּה אֹתִי לִהְיוֹת
פֶּחָם בְּאֶרֶץ יְהוּדָה מִשְּׁנַת עֶשְׂרִים וְעַד שְׁנַת שְׁלֹשִׁים וּשְׁתַּיִם
לְאַרְתַּחְשַׁסְתְּא הַמֶּלֶךְ שָׁנִים שְׁתֵּים עֶשְׂרֵה אֲנִי וְאַחַי לֶחֶם
טו הַפֶּחָה לֹא אָכַלְתִּי׃ וְהַפַּחוֹת הָרִאשֹׁנִים אֲשֶׁר־לְפָנַי הִכְבִּידוּ

על־העם ויקחו מהם בלחם ויין אחר כסף־שקלים ארבעים
גם נעריהם שלטו על־העם ואני לא־עשיתי כן מפני יראת
אלהים: וגם במלאכת החומה הזאת החזקתי ושדה טז
לא קנינו וכל־נערי קבוצים שם על־המלאכה: והיהודים יז
והסגנים מאה וחמשים איש והבאים אלינו מן־הגוים אשר־
סביבתינו על־שלחני: ואשר היה נעשה ליום אחד שור יח
אחד צאן שש־ברורות וצפרים נעשו־לי ובין עשרת ימים
בכל־יין להרבה ועם־זה לחם הפחה לא בקשתי כי־כבדה
העבדה על־העם הזה: זכרה־לי אלהי לטובה כל אשר־ יט
עשיתי על־העם הזה: ויהי כאשר נשמע ו א
לסנבלט וטוביה ולגשם הערבי וליתר איבינו כי בניתי
את־החומה ולא־נותר בה פרץ גם עד־העת ההיא דלתות
לא־העמדתי בשערים: וישלח סנבלט וגשם אלי לאמר ב
לכה ונועדה יחדו בכפירים בבקעת אונו והמה חשבים
לעשות לי רעה: ואשלחה עליהם מלאכים לאמר מלאכה ג
גדולה אני עשה ולא אוכל לרדת למה תשבת המלאכה
כאשר ארפה וירדתי אליכם: וישלחו אלי כדבר הזה ארבע ד
פעמים ואשיב אותם כדבר הזה: וישלח אלי סנבלט ה
כדבר הזה פעם חמישית את־נערו ואגרת פתוחה בידו:
כתוב בה בגוים נשמע וגשמו אמר אתה והיהודים חשבים ו
למרוד על־כן אתה בונה החומה ואתה הוה להם למלך
כדברים האלה: וגם־נביאים העמדת לקרא עליך בירושלם ז
לאמר מלך ביהודה ועתה ישמע למלך כדברים האלה
ועתה לכה ונועצה יחדו: ואשלחה אליו לאמר לא נהיה ח
כדברים האלה אשר אתה אומר כי מלבך אתה בודאם:
כי כלם מיראים אותנו לאמר ירפו ידיהם מן־המלאכה ט
ולא תעשה ועתה חזק את־ידי: ואני באתי בית שמעיה י

בֶּן־דְּלָיָה בֶּן־מְהֵיטַבְאֵל וְהוּא עָצוּר וַיֹּאמֶר נִוָּעֵד אֶל־בֵּית
הָאֱלֹהִים אֶל־תּוֹךְ הַהֵיכָל וְנִסְגְּרָה דַּלְתוֹת הַהֵיכָל כִּי בָּאִים
יא לְהָרְגֶךָ וְלַיְלָה בָּאִים לְהָרְגֶךָ׃ וָאֹמְרָה הַאִישׁ כָּמוֹנִי יִבְרָח
יב וּמִי כָמוֹנִי אֲשֶׁר־יָבוֹא אֶל־הַהֵיכָל וָחָי לֹא אָבוֹא׃ וָאַכִּירָה
וְהִנֵּה לֹא־אֱלֹהִים שְׁלָחוֹ כִּי הַנְּבוּאָה דִּבֶּר עָלַי וְטוֹבִיָּה
יג וְסַנְבַלַּט שְׂכָרוֹ׃ לְמַעַן שָׂכוּר הוּא לְמַעַן־אִירָא וְאֶעֱשֶׂה־כֵּן
יד וְחָטָאתִי וְהָיָה לָהֶם לְשֵׁם רָע לְמַעַן יְחָרְפוּנִי׃ זָכְרָה
אֱלֹהַי לְטוֹבִיָּה וּלְסַנְבַלַּט כְּמַעֲשָׂיו אֵלֶּה וְגַם לְנוֹעַדְיָה הַנְּבִיאָה
טו וּלְיֶתֶר הַנְּבִיאִים אֲשֶׁר הָיוּ מְיָרְאִים אוֹתִי׃ וַתִּשְׁלַם הַחוֹמָה ז
טז בְּעֶשְׂרִים וַחֲמִשָּׁה לֶאֱלוּל לַחֲמִשִּׁים וּשְׁנַיִם יוֹם׃ וַיְהִי
כַּאֲשֶׁר שָׁמְעוּ כָּל־אוֹיְבֵינוּ וַיִּרְאוּ כָּל־הַגּוֹיִם אֲשֶׁר סְבִיבֹתֵינוּ
וַיִּפְּלוּ מְאֹד בְּעֵינֵיהֶם וַיֵּדְעוּ כִּי מֵאֵת אֱלֹהֵינוּ נֶעֶשְׂתָה
יז הַמְּלָאכָה הַזֹּאת׃ גַּם ׀ בַּיָּמִים הָהֵם מַרְבִּים חֹרֵי יְהוּדָה
אִגְּרֹתֵיהֶם הוֹלְכוֹת עַל־טוֹבִיָּה וַאֲשֶׁר לְטוֹבִיָּה בָּאוֹת אֲלֵיהֶם׃
יח כִּי־רַבִּים בִּיהוּדָה בַּעֲלֵי שְׁבוּעָה לוֹ כִּי־חָתָן הוּא לִשְׁכַנְיָה
יט בֶן־אָרַח וִיהוֹחָנָן בְּנוֹ לָקַח אֶת־בַּת־מְשֻׁלָּם בֶּן בֶּרֶכְיָה׃ גַּם
טוֹבֹתָיו הָיוּ אֹמְרִים לְפָנַי וּדְבָרַי הָיוּ מוֹצִיאִים לוֹ אִגְּרוֹת
שָׁלַח טוֹבִיָּה לְיָרְאֵנִי׃

ז א וַיְהִי כַּאֲשֶׁר נִבְנְתָה הַחוֹמָה וָאַעֲמִיד הַדְּלָתוֹת וַיִּפָּקְדוּ
ב הַשּׁוֹעֲרִים וְהַמְשֹׁרְרִים וְהַלְוִיִּם׃ וָאֲצַוֶּה אֶת־חֲנָנִי אָחִי וְאֶת־
חֲנַנְיָה שַׂר הַבִּירָה עַל־יְרוּשָׁלִָם כִּי־הוּא כְּאִישׁ אֱמֶת וְיָרֵא
ג אֶת־הָאֱלֹהִים מֵרַבִּים׃ ויאמר לָהֶם לֹא יִפָּתְחוּ שַׁעֲרֵי יְרוּשָׁלִַם וָאֹמַר
עַד־חֹם הַשֶּׁמֶשׁ וְעַד הֵם עֹמְדִים יָגִיפוּ הַדְּלָתוֹת וֶאֱחֹזוּ וְהַעֲמֵיד
מִשְׁמְרוֹת יֹשְׁבֵי יְרוּשָׁלִַם אִישׁ בְּמִשְׁמָרוֹ וְאִישׁ נֶגֶד בֵּיתוֹ׃
ד וְהָעִיר רַחֲבַת יָדַיִם וּגְדֹלָה וְהָעָם מְעַט בְּתוֹכָהּ וְאֵין בָּתִּים
ה בְּנוּיִם׃ וַיִּתֵּן אֱלֹהַי אֶל־לִבִּי וָאֶקְבְּצָה אֶת־הַחֹרִים וְאֶת־
הַסְּגָנִים וְאֶת־הָעָם לְהִתְיַחֵשׂ וָאֶמְצָא סֵפֶר הַיַּחַשׂ הָעוֹלִים

ו בָּרִאשׁוֹנָה וָאֶמְצָא כָּתוּב בּוֹ: אֵלֶּה ׀ בְּנֵי הַמְּדִינָה
הָעֹלִים מִשְּׁבִי הַגּוֹלָה אֲשֶׁר הֶגְלָה נְבוּכַדְנֶצַּר מֶלֶךְ בָּבֶל
ז וַיָּשׁוּבוּ לִירוּשָׁלִַם וְלִיהוּדָה אִישׁ לְעִירוֹ: הַבָּאִים עִם־זְרֻבָּבֶל
יֵשׁוּעַ נְחֶמְיָה עֲזַרְיָה רַעַמְיָה נַחֲמָנִי מָרְדֳּכַי בִּלְשָׁן מִסְפֶּרֶת
ח בִּגְוַי נְחוּם בַּעֲנָה מִסְפַּר אַנְשֵׁי עַם יִשְׂרָאֵל: בְּנֵי פַרְעֹשׁ
ט אַלְפַּיִם מֵאָה וְשִׁבְעִים וּשְׁנָיִם: בְּנֵי שְׁפַטְיָה שְׁלֹשׁ מֵאוֹת
י יא שִׁבְעִים וּשְׁנָיִם: בְּנֵי אָרַח שֵׁשׁ מֵאוֹת חֲמִשִּׁים וּשְׁנָיִם: בְּנֵי־
פַחַת מוֹאָב לִבְנֵי יֵשׁוּעַ וְיוֹאָב אַלְפַּיִם וּשְׁמֹנֶה מֵאוֹת שְׁמֹנָה
יב יג עָשָׂר: בְּנֵי עֵילָם אֶלֶף מָאתַיִם חֲמִשִּׁים וְאַרְבָּעָה: בְּנֵי זַתּוּא
יד שְׁמֹנֶה מֵאוֹת אַרְבָּעִים וַחֲמִשָּׁה: בְּנֵי זַכָּי שְׁבַע מֵאוֹת וְשִׁשִּׁים:
טו טז בְּנֵי בִנּוּי שֵׁשׁ מֵאוֹת אַרְבָּעִים וּשְׁמֹנָה: בְּנֵי בֵבָי שֵׁשׁ מֵאוֹת
יז עֶשְׂרִים וּשְׁמֹנָה: בְּנֵי עַזְגָּד אַלְפַּיִם שְׁלֹשׁ מֵאוֹת עֶשְׂרִים
יח יט וּשְׁנָיִם: בְּנֵי אֲדֹנִיקָם שֵׁשׁ מֵאוֹת שִׁשִּׁים וְשִׁבְעָה: בְּנֵי בִגְוָי
כ אַלְפַּיִם שִׁשִּׁים וְשִׁבְעָה: בְּנֵי עָדִין שֵׁשׁ מֵאוֹת חֲמִשִּׁים וַחֲמִשָּׁה:
כא כב בְּנֵי־אָטֵר לְחִזְקִיָּה תִּשְׁעִים וּשְׁמֹנָה: בְּנֵי חָשֻׁם שְׁלֹשׁ מֵאוֹת
כג עֶשְׂרִים וּשְׁמֹנָה: בְּנֵי בֵצָי שְׁלֹשׁ מֵאוֹת עֶשְׂרִים וְאַרְבָּעָה:
כד כה בְּנֵי חָרִיף מֵאָה שְׁנֵים עָשָׂר: בְּנֵי גִבְעוֹן תִּשְׁעִים וַחֲמִשָּׁה:
כו כז אַנְשֵׁי בֵית־לֶחֶם וּנְטֹפָה מֵאָה שְׁמֹנִים וּשְׁמֹנָה: אַנְשֵׁי עֲנָתוֹת
כח מֵאָה עֶשְׂרִים וּשְׁמוֹנָה: אַנְשֵׁי בֵית־עַזְמָוֶת אַרְבָּעִים וּשְׁנָיִם:
כט אַנְשֵׁי קִרְיַת יְעָרִים כְּפִירָה וּבְאֵרוֹת שְׁבַע מֵאוֹת אַרְבָּעִים
ל וּשְׁלֹשָׁה: אַנְשֵׁי הָרָמָה וָגָבַע שֵׁשׁ מֵאוֹת עֶשְׂרִים וְאֶחָד:
לא לב אַנְשֵׁי מִכְמָס מֵאָה וְעֶשְׂרִים וּשְׁנָיִם: אַנְשֵׁי בֵית־אֵל וְהָעָי
לג לד מֵאָה עֶשְׂרִים וּשְׁלֹשָׁה: אַנְשֵׁי נְבוֹ אַחֵר חֲמִשִּׁים וּשְׁנָיִם: בְּנֵי
לה עֵילָם אַחֵר אֶלֶף מָאתַיִם חֲמִשִּׁים וְאַרְבָּעָה: בְּנֵי חָרִם שְׁלֹשׁ
לו לז מֵאוֹת וְעֶשְׂרִים: בְּנֵי יְרֵחוֹ שְׁלֹשׁ מֵאוֹת אַרְבָּעִים וַחֲמִשָּׁה: בְּנֵי־
לח לֹד חָדִיד וְאוֹנוֹ שְׁבַע מֵאוֹת וְעֶשְׂרִים וְאֶחָד: בְּנֵי סְנָאָה
לט שְׁלֹשֶׁת אֲלָפִים תְּשַׁע מֵאוֹת וּשְׁלֹשִׁים: הַכֹּהֲנִים בְּנֵי יְדַעְיָה

מ לְבֵית יֵשׁוּעַ תְּשַׁע מֵאוֹת שִׁבְעִים וּשְׁלֹשָׁה: בְּנֵי אִמֵּר אֶלֶף
מא חֲמִשִּׁים וּשְׁנָיִם: בְּנֵי פַשְׁחוּר אֶלֶף מָאתַיִם אַרְבָּעִים וְשִׁבְעָה:
מב מג בְּנֵי חָרִם אֶלֶף שִׁבְעָה עָשָׂר: הַלְוִיִּם בְּנֵי־יֵשׁוּעַ לְקַדְמִיאֵל
מד לִבְנֵי לְהוֹדְוָה שִׁבְעִים וְאַרְבָּעָה: הַמְשֹׁרְרִים בְּנֵי אָסָף מֵאָה
מה אַרְבָּעִים וּשְׁמֹנָה: הַשֹּׁעֲרִים בְּנֵי־שַׁלֻּם בְּנֵי־אָטֵר בְּנֵי־טַלְמֹן בְּנֵי־
מו עַקּוּב בְּנֵי חֲטִיטָא בְּנֵי שֹׁבָי מֵאָה שְׁלֹשִׁים וּשְׁמֹנָה: הַנְּתִינִים
מז בְּנֵי־צִחָא בְנֵי־חֲשֻׂפָא בְּנֵי טַבָּעוֹת: בְּנֵי־קֵירֹס בְּנֵי־סִיעָא בְּנֵי
מח מט פָדוֹן: בְּנֵי־לְבָנָה בְנֵי־חֲגָבָא בְּנֵי שַׁלְמָי: בְּנֵי־חָנָן בְּנֵי־גִדֵּל בְּנֵי־
נ נא גָחַר: בְּנֵי־רְאָיָה בְנֵי־רְצִין בְּנֵי נְקוֹדָא: בְּנֵי־גַזָּם בְּנֵי־עֻזָּא בְּנֵי
נב נג פָסֵחַ: בְּנֵי־בֵסָי בְּנֵי־מְעוּנִים בְּנֵי נפושסים: בְּנֵי־בַקְבּוּק בְּנֵי־ נְפִישְׁסִים
נד נה חֲקוּפָא בְּנֵי חַרְחוּר: בְּנֵי־בַצְלִית בְּנֵי־מְחִידָא בְּנֵי חַרְשָׁא: בְּנֵי־
נו נז בַרְקוֹס בְּנֵי־סִיסְרָא בְּנֵי־תָמַח: בְּנֵי נְצִיחַ בְּנֵי חֲטִיפָא: בְּנֵי
נח עַבְדֵי שְׁלֹמֹה בְּנֵי־סוֹטַי בְּנֵי־סֹפֶרֶת בְּנֵי פְרִידָא: בְּנֵי־יַעְלָא בְנֵי־
נט דַרְקוֹן בְּנֵי גִדֵּל: בְּנֵי שְׁפַטְיָה בְנֵי־חַטִּיל בְּנֵי פֹּכֶרֶת הַצְּבָיִים בְּנֵי
ס אָמוֹן: כָּל־הַנְּתִינִים וּבְנֵי עַבְדֵי שְׁלֹמֹה שְׁלֹשׁ מֵאוֹת תִּשְׁעִים
סא וּשְׁנָיִם: וְאֵלֶּה הָעוֹלִים מִתֵּל מֶלַח תֵּל חַרְשָׁא
כְּרוּב אַדּוֹן וְאִמֵּר וְלֹא יָכְלוּ לְהַגִּיד בֵּית־אֲבוֹתָם וְזַרְעָם אִם
סב מִיִּשְׂרָאֵל הֵם: בְּנֵי־דְלָיָה בְנֵי־טוֹבִיָּה בְּנֵי נְקוֹדָא שֵׁשׁ מֵאוֹת
סג וְאַרְבָּעִים וּשְׁנָיִם: וּמִן־הַכֹּהֲנִים בְּנֵי חֳבַיָּה בְּנֵי
הַקּוֹץ בְּנֵי בַרְזִלַּי אֲשֶׁר לָקַח מִבְּנוֹת בַּרְזִלַּי הַגִּלְעָדִי אִשָּׁה
סד וַיִּקָּרֵא עַל־שְׁמָם: אֵלֶּה בִּקְשׁוּ כְתָבָם הַמִּתְיַחְשִׂים וְלֹא נִמְצָא
סה וַיְגֹאֲלוּ מִן־הַכְּהֻנָּה: וַיֹּאמֶר הַתִּרְשָׁתָא לָהֶם אֲשֶׁר לֹא־יֹאכְלוּ
סו מִקֹּדֶשׁ הַקֳּדָשִׁים עַד עֲמֹד הַכֹּהֵן לְאוּרִים וְתֻמִּים: כָּל־הַקָּהָל
סז כְּאֶחָד אַרְבַּע רִבּוֹא אַלְפַּיִם שְׁלֹשׁ־מֵאוֹת וְשִׁשִּׁים: מִלְּבַד
עַבְדֵיהֶם וְאַמְהֹתֵיהֶם אֵלֶּה שִׁבְעַת אֲלָפִים שְׁלֹשׁ מֵאוֹת שְׁלֹשִׁים
וְשִׁבְעָה וְלָהֶם מְשֹׁרְרִים וּמְשֹׁרְרוֹת מָאתַיִם וְאַרְבָּעִים וַחֲמִשָּׁה:
בקצת ספרים כתוב כאן
סוּסֵיהֶם שְׁבַע מֵאוֹת שְׁלֹשִׁים וְשִׁשָּׁה פִּרְדֵיהֶם מָאתַיִם אַרְבָּעִים וַחֲמִשָּׁה:

סח גְּמַלִּים אַרְבַּע מֵאוֹת שְׁלֹשִׁים וַחֲמִשָּׁה חֲמֹרִים שֵׁשֶׁת אֲלָפִים
סט שְׁבַע מֵאוֹת וְעֶשְׂרִים׃ וּמִקְצָת רָאשֵׁי הָאָבוֹת
נָתְנוּ לַמְּלָאכָה הַתִּרְשָׁתָא נָתַן לָאוֹצָר זָהָב דַּרְכְּמֹנִים
אֶלֶף מִזְרָקוֹת חֲמִשִּׁים כָּתְנוֹת כֹּהֲנִים שְׁלֹשִׁים וַחֲמֵשׁ
ע מֵאוֹת׃ וּמֵרָאשֵׁי הָאָבוֹת נָתְנוּ לְאוֹצַר הַמְּלָאכָה זָהָב
עא דַּרְכְּמוֹנִים שְׁתֵּי רִבּוֹת וְכֶסֶף מָנִים אַלְפַּיִם וּמָאתָיִם׃ וַאֲשֶׁר
נָתְנוּ שְׁאֵרִית הָעָם זָהָב דַּרְכְּמֹנִים שְׁתֵּי רִבּוֹא וְכֶסֶף מָנִים
עב אַלְפָּיִם וְכָתְנֹת כֹּהֲנִים שִׁשִּׁים וְשִׁבְעָה׃ וַיֵּשְׁבוּ הַכֹּהֲנִים וְהַלְוִיִּם
וְהַשּׁוֹעֲרִים וְהַמְשֹׁרְרִים וּמִן־הָעָם וְהַנְּתִינִים וְכָל־יִשְׂרָאֵל
בְּעָרֵיהֶם וַיִּגַּע הַחֹדֶשׁ הַשְּׁבִיעִי וּבְנֵי יִשְׂרָאֵל בְּעָרֵיהֶם׃
ח א וַיֵּאָסְפוּ כָל־הָעָם כְּאִישׁ אֶחָד אֶל־הָרְחוֹב אֲשֶׁר לִפְנֵי שַׁעַר־
הַמָּיִם וַיֹּאמְרוּ לְעֶזְרָא הַסֹּפֵר לְהָבִיא אֶת־סֵפֶר תּוֹרַת מֹשֶׁה
ב אֲשֶׁר־צִוָּה יְהוָה אֶת־יִשְׂרָאֵל׃ וַיָּבִיא עֶזְרָא הַכֹּהֵן אֶת־הַתּוֹרָה
לִפְנֵי הַקָּהָל מֵאִישׁ וְעַד־אִשָּׁה וְכֹל מֵבִין לִשְׁמֹעַ בְּיוֹם אֶחָד
ג לַחֹדֶשׁ הַשְּׁבִיעִי׃ וַיִּקְרָא־בוֹ לִפְנֵי הָרְחוֹב אֲשֶׁר ׀ לִפְנֵי שַׁעַר־
הַמַּיִם מִן־הָאוֹר עַד־מַחֲצִית הַיּוֹם נֶגֶד הָאֲנָשִׁים וְהַנָּשִׁים
ד וְהַמְּבִינִים וְאָזְנֵי כָל־הָעָם אֶל־סֵפֶר הַתּוֹרָה׃ וַיַּעֲמֹד עֶזְרָא
הַסֹּפֵר עַל־מִגְדַּל־עֵץ אֲשֶׁר עָשׂוּ לַדָּבָר וַיַּעֲמֹד אֶצְלוֹ
מַתִּתְיָה וְשֶׁמַע וַעֲנָיָה וְאוּרִיָּה וְחִלְקִיָּה וּמַעֲשֵׂיָה עַל־יְמִינוֹ
וּמִשְּׂמֹאלוֹ פְּדָיָה וּמִישָׁאֵל וּמַלְכִּיָּה וְחָשֻׁם וְחַשְׁבַּדָּנָה זְכַרְיָה
ה מְשֻׁלָּם׃ וַיִּפְתַּח עֶזְרָא הַסֵּפֶר לְעֵינֵי כָל־הָעָם
ו כִּי־מֵעַל כָּל־הָעָם הָיָה וּכְפִתְחוֹ עָמְדוּ כָל־הָעָם׃ וַיְבָרֶךְ
עֶזְרָא אֶת־יְהוָה הָאֱלֹהִים הַגָּדוֹל וַיַּעֲנוּ כָל־הָעָם אָמֵן ׀ אָמֵן
ז בְּמֹעַל יְדֵיהֶם וַיִּקְּדוּ וַיִּשְׁתַּחֲוֻּ לַיהוָה אַפַּיִם אָרְצָה׃ וְיֵשׁוּעַ
וּבָנִי וְשֵׁרֵבְיָה ׀ יָמִין עַקּוּב שַׁבְּתַי ׀ הוֹדִיָּה מַעֲשֵׂיָה קְלִיטָא
עֲזַרְיָה יוֹזָבָד חָנָן פְּלָאיָה וְהַלְוִיִּם מְבִינִים אֶת־הָעָם לַתּוֹרָה
ח וְהָעָם עַל־עָמְדָם׃ וַיִּקְרְאוּ בַסֵּפֶר בְּתוֹרַת הָאֱלֹהִים מְפֹרָשׁ

ט וְשׂוֹם שֶׂכֶל וַיָּבִינוּ בַּמִּקְרָא׃ וַיֹּאמֶר נְחֶמְיָה הוּא
הַתִּרְשָׁתָא וְעֶזְרָא הַכֹּהֵן ׀ הַסֹּפֵר וְהַלְוִיִּם הַמְּבִינִים אֶת־הָעָם
לְכָל־הָעָם הַיּוֹם קָדֹשׁ־הוּא לַיהוָה אֱלֹהֵיכֶם אַל־תִּתְאַבְּלוּ
וְאַל־תִּבְכּוּ כִּי בוֹכִים כָּל־הָעָם כְּשָׁמְעָם אֶת־דִּבְרֵי הַתּוֹרָה׃
י וַיֹּאמֶר לָהֶם לְכוּ אִכְלוּ מַשְׁמַנִּים וּשְׁתוּ מַמְתַקִּים וְשִׁלְחוּ ח
מָנוֹת לְאֵין נָכוֹן לוֹ כִּי־קָדוֹשׁ הַיּוֹם לַאֲדֹנֵינוּ וְאַל־תֵּעָצֵבוּ
יא כִּי־חֶדְוַת יְהוָה הִיא מָעֻזְּכֶם׃ וְהַלְוִיִּם מַחְשִׁים לְכָל־הָעָם
יב לֵאמֹר הַסּוּ כִּי הַיּוֹם קָדֹשׁ וְאַל־תֵּעָצֵבוּ׃ וַיֵּלְכוּ כָל־הָעָם
לֶאֱכֹל וְלִשְׁתּוֹת וּלְשַׁלַּח מָנוֹת וְלַעֲשׂוֹת שִׂמְחָה גְדוֹלָה כִּי
יג הֵבִינוּ בַּדְּבָרִים אֲשֶׁר הוֹדִיעוּ לָהֶם׃ וּבַיּוֹם הַשֵּׁנִי
נֶאֶסְפוּ רָאשֵׁי הָאָבוֹת לְכָל־הָעָם הַכֹּהֲנִים וְהַלְוִיִּם אֶל־עֶזְרָא
יד הַסֹּפֵר וּלְהַשְׂכִּיל אֶל־דִּבְרֵי הַתּוֹרָה׃ וַיִּמְצְאוּ כָּתוּב בַּתּוֹרָה
אֲשֶׁר צִוָּה יְהוָה בְּיַד־מֹשֶׁה אֲשֶׁר יֵשְׁבוּ בְנֵי־יִשְׂרָאֵל בַּסֻּכּוֹת
טו בֶּחָג בַּחֹדֶשׁ הַשְּׁבִיעִי׃ וַאֲשֶׁר יַשְׁמִיעוּ וְיַעֲבִירוּ קוֹל בְּכָל־
עָרֵיהֶם וּבִירוּשָׁלַםִ לֵאמֹר צְאוּ הָהָר וְהָבִיאוּ עֲלֵי־זַיִת וַעֲלֵי־
עֵץ שֶׁמֶן וַעֲלֵי הֲדַס וַעֲלֵי תְמָרִים וַעֲלֵי עֵץ עָבֹת לַעֲשֹׂת
טז סֻכֹּת כַּכָּתוּב׃ וַיֵּצְאוּ הָעָם וַיָּבִיאוּ וַיַּעֲשׂוּ לָהֶם סֻכּוֹת אִישׁ
עַל־גַּגּוֹ וּבְחַצְרֹתֵיהֶם וּבְחַצְרוֹת בֵּית הָאֱלֹהִים וּבִרְחוֹב שַׁעַר
יז הַמַּיִם וּבִרְחוֹב שַׁעַר אֶפְרָיִם׃ וַיַּעֲשׂוּ כָל־הַקָּהָל הַשָּׁבִים מִן־
הַשְּׁבִי ׀ סֻכּוֹת וַיֵּשְׁבוּ בַסֻּכּוֹת כִּי לֹא־עָשׂוּ מִימֵי יֵשׁוּעַ בִּן־
נוּן כֵּן בְּנֵי יִשְׂרָאֵל עַד הַיּוֹם הַהוּא וַתְּהִי שִׂמְחָה גְּדוֹלָה
יח מְאֹד׃ וַיִּקְרָא בְּסֵפֶר תּוֹרַת הָאֱלֹהִים יוֹם ׀ בְּיוֹם מִן־הַיּוֹם
הָרִאשׁוֹן עַד הַיּוֹם הָאַחֲרוֹן וַיַּעֲשׂוּ־חָג שִׁבְעַת יָמִים וּבַיּוֹם
הַשְּׁמִינִי עֲצֶרֶת כַּמִּשְׁפָּט׃
ט א וּבְיוֹם עֶשְׂרִים וְאַרְבָּעָה לַחֹדֶשׁ הַזֶּה נֶאֶסְפוּ בְנֵי־יִשְׂרָאֵל
ב בְּצוֹם וּבְשַׂקִּים וַאֲדָמָה עֲלֵיהֶם׃ וַיִּבָּדְלוּ זֶרַע יִשְׂרָאֵל מִכֹּל
בְּנֵי נֵכָר וַיַּעַמְדוּ וַיִּתְוַדּוּ עַל־חַטֹּאתֵיהֶם וַעֲוֹנוֹת אֲבֹתֵיהֶם׃

וַיָּקוּמוּ עַל־עָמְדָם וַיִּקְרְאוּ בְּסֵפֶר תּוֹרַת יְהוָה אֱלֹהֵיהֶם ג
רְבִעִית הַיּוֹם וּרְבִעִית מִתְוַדִּים וּמִשְׁתַּחֲוִים לַיהוָה
אֱלֹהֵיהֶם׃ וַיָּקָם עַל־מַעֲלֵה הַלְוִיִּם יֵשׁוּעַ וּבָנִי ד
קַדְמִיאֵל שְׁבַנְיָה בֻּנִּי שֵׁרֵבְיָה בָּנִי כְנָנִי וַיִּזְעֲקוּ בְּקוֹל גָּדוֹל אֶל־
יְהוָה אֱלֹהֵיהֶם׃ וַיֹּאמְרוּ הַלְוִיִּם יֵשׁוּעַ וְקַדְמִיאֵל בָּנִי חֲשַׁבְנְיָה ה
שֵׁרֵבְיָה הוֹדִיָּה שְׁבַנְיָה פְתַחְיָה קוּמוּ בָּרְכוּ אֶת־יְהוָה אֱלֹהֵיכֶם
מִן־הָעוֹלָם עַד־הָעוֹלָם וִיבָרְכוּ שֵׁם כְּבֹדֶךָ וּמְרוֹמַם עַל־כָּל־
בְּרָכָה וּתְהִלָּה׃ אַתָּה־הוּא יְהוָה לְבַדֶּךָ אַתָּה עָשִׂיתָ אֶת־ ו
הַשָּׁמַיִם שְׁמֵי הַשָּׁמַיִם וְכָל־צְבָאָם הָאָרֶץ וְכָל־אֲשֶׁר עָלֶיהָ
הַיַּמִּים וְכָל־אֲשֶׁר בָּהֶם וְאַתָּה מְחַיֶּה אֶת־כֻּלָּם וּצְבָא הַשָּׁמַיִם
לְךָ מִשְׁתַּחֲוִים׃ אַתָּה הוּא יְהוָה הָאֱלֹהִים אֲשֶׁר בָּחַרְתָּ ז
בְּאַבְרָם וְהוֹצֵאתוֹ מֵאוּר כַּשְׂדִּים וְשַׂמְתָּ שְּׁמוֹ אַבְרָהָם׃ וּמָצָאתָ ח
אֶת־לְבָבוֹ נֶאֱמָן לְפָנֶיךָ וְכָרוֹת עִמּוֹ הַבְּרִית לָתֵת אֶת־אֶרֶץ
הַכְּנַעֲנִי הַחִתִּי הָאֱמֹרִי וְהַפְּרִזִּי וְהַיְבוּסִי וְהַגִּרְגָּשִׁי לָתֵת לְזַרְעוֹ
וַתָּקֶם אֶת־דְּבָרֶיךָ כִּי צַדִּיק אָתָּה׃ וַתֵּרֶא אֶת־עֳנִי אֲבֹתֵינוּ ט
בְּמִצְרָיִם וְאֶת־זַעֲקָתָם שָׁמַעְתָּ עַל־יַם־סוּף׃ וַתִּתֵּן אֹתֹת י
וּמֹפְתִים בְּפַרְעֹה וּבְכָל־עֲבָדָיו וּבְכָל־עַם אַרְצוֹ כִּי יָדַעְתָּ כִּי
הֵזִידוּ עֲלֵיהֶם וַתַּעַשׂ־לְךָ שֵׁם כְּהַיּוֹם הַזֶּה׃ וְהַיָּם בָּקַעְתָּ לִפְנֵיהֶם יא
וַיַּעַבְרוּ בְתוֹךְ־הַיָּם בַּיַּבָּשָׁה וְאֶת־רֹדְפֵיהֶם הִשְׁלַכְתָּ בִמְצוֹלֹת
כְּמוֹ־אֶבֶן בְּמַיִם עַזִּים׃ וּבְעַמּוּד עָנָן הִנְחִיתָם יוֹמָם וּבְעַמּוּד יב
אֵשׁ לַיְלָה לְהָאִיר לָהֶם אֶת־הַדֶּרֶךְ אֲשֶׁר יֵלְכוּ־בָהּ׃ וְעַל הַר־ יג
סִינַי יָרַדְתָּ וְדַבֵּר עִמָּהֶם מִשָּׁמָיִם וַתִּתֵּן לָהֶם מִשְׁפָּטִים יְשָׁרִים
וְתוֹרוֹת אֱמֶת חֻקִּים וּמִצְוֹת טוֹבִים׃ וְאֶת־שַׁבַּת קָדְשְׁךָ הוֹדַעְתָּ יד
לָהֶם וּמִצְווֹת וְחֻקִּים וְתוֹרָה צִוִּיתָ לָהֶם בְּיַד מֹשֶׁה עַבְדֶּךָ׃
וְלֶחֶם מִשָּׁמַיִם נָתַתָּה לָהֶם לִרְעָבָם וּמַיִם מִסֶּלַע הוֹצֵאתָ לָהֶם טו
לִצְמָאָם וַתֹּאמֶר לָהֶם לָבוֹא לָרֶשֶׁת אֶת־הָאָרֶץ אֲשֶׁר־נָשָׂאתָ
אֶת־יָדְךָ לָתֵת לָהֶם׃ וְהֵם וַאֲבֹתֵינוּ הֵזִידוּ וַיַּקְשׁוּ אֶת־עָרְפָּם טז

יז וְלֹא שָׁמְעוּ אֶל־מִצְוֺתֶיךָ׃ וַיְמָאֲנוּ לִשְׁמֹעַ וְלֹא־זָכְרוּ נִפְלְאֹתֶיךָ
אֲשֶׁר עָשִׂיתָ עִמָּהֶם וַיַּקְשׁוּ אֶת־עָרְפָּם וַיִּתְּנוּ־רֹאשׁ לָשׁוּב
לְעַבְדֻתָם בְּמִרְיָם וְאַתָּה אֱלוֹהַּ סְלִיחוֹת חַנּוּן וְרַחוּם אֶרֶךְ־
יח אַפַּיִם וְרַב־וחסד וְלֹא עֲזַבְתָּם׃ אַף כִּי־עָשׂוּ לָהֶם עֵגֶל מַסֵּכָה חֶסֶד
וַיֹּאמְרוּ זֶה אֱלֹהֶיךָ אֲשֶׁר הֶעֶלְךָ מִמִּצְרָיִם וַיַּעֲשׂוּ נֶאָצוֹת
יט גְּדֹלוֹת׃ וְאַתָּה בְּרַחֲמֶיךָ הָרַבִּים לֹא עֲזַבְתָּם בַּמִּדְבָּר אֶת־
עַמּוּד הֶעָנָן לֹא־סָר מֵעֲלֵיהֶם בְּיוֹמָם לְהַנְחֹתָם בְּהַדֶּרֶךְ וְאֶת־
עַמּוּד הָאֵשׁ בְּלַיְלָה לְהָאִיר לָהֶם וְאֶת־הַדֶּרֶךְ אֲשֶׁר יֵלְכוּ־
כ בָהּ׃ וְרוּחֲךָ הַטּוֹבָה נָתַתָּ לְהַשְׂכִּילָם וּמַנְךָ לֹא־מָנַעְתָּ מִפִּיהֶם
כא וּמַיִם נָתַתָּה לָהֶם לִצְמָאָם׃ וְאַרְבָּעִים שָׁנָה כִּלְכַּלְתָּם בַּמִּדְבָּר
כב לֹא חָסֵרוּ שַׂלְמֹתֵיהֶם לֹא בָלוּ וְרַגְלֵיהֶם לֹא בָצֵקוּ׃ וַתִּתֵּן
לָהֶם מַמְלָכוֹת וַעֲמָמִים וַתַּחְלְקֵם לְפֵאָה וַיִּירְשׁוּ אֶת־אֶרֶץ
סִיחוֹן וְאֶת־אֶרֶץ מֶלֶךְ חֶשְׁבּוֹן וְאֶת־אֶרֶץ עוֹג מֶלֶךְ־הַבָּשָׁן׃
כג וּבְנֵיהֶם הִרְבִּיתָ כְּכֹכְבֵי הַשָּׁמָיִם וַתְּבִיאֵם אֶל־הָאָרֶץ אֲשֶׁר־
כד אָמַרְתָּ לַאֲבֹתֵיהֶם לָבוֹא לָרָשֶׁת׃ וַיָּבֹאוּ הַבָּנִים וַיִּירְשׁוּ אֶת־
הָאָרֶץ וַתַּכְנַע לִפְנֵיהֶם אֶת־יֹשְׁבֵי הָאָרֶץ הַכְּנַעֲנִים וַתִּתְּנֵם
בְּיָדָם וְאֶת־מַלְכֵיהֶם וְאֶת־עַמְמֵי הָאָרֶץ לַעֲשׂוֹת בָּהֶם כִּרְצוֹנָם׃
כה וַיִּלְכְּדוּ עָרִים בְּצֻרוֹת וַאֲדָמָה שְׁמֵנָה וַיִּירְשׁוּ בָּתִּים מְלֵאִים־
כָּל־טוּב בֹּרוֹת חֲצוּבִים כְּרָמִים וְזֵיתִים וְעֵץ מַאֲכָל לָרֹב
כו וַיֹּאכְלוּ וַיִּשְׂבְּעוּ וַיַּשְׁמִינוּ וַיִּתְעַדְּנוּ בְּטוּבְךָ הַגָּדוֹל׃ וַיַּמְרוּ
וַיִּמְרְדוּ בָּךְ וַיַּשְׁלִכוּ אֶת־תּוֹרָתְךָ אַחֲרֵי גַוָּם וְאֶת־נְבִיאֶיךָ
הָרָגוּ אֲשֶׁר־הֵעִידוּ בָם לַהֲשִׁיבָם אֵלֶיךָ וַיַּעֲשׂוּ נֶאָצוֹת גְּדוֹלֹת׃
כז וַתִּתְּנֵם בְּיַד צָרֵיהֶם וַיָּצֵרוּ לָהֶם וּבְעֵת צָרָתָם יִצְעֲקוּ אֵלֶיךָ
וְאַתָּה מִשָּׁמַיִם תִּשְׁמָע וּכְרַחֲמֶיךָ הָרַבִּים תִּתֵּן לָהֶם מוֹשִׁיעִים
כח וְיוֹשִׁיעוּם מִיַּד צָרֵיהֶם׃ וּכְנוֹחַ לָהֶם יָשׁוּבוּ לַעֲשׂוֹת רַע לְפָנֶיךָ
וַתַּעַזְבֵם בְּיַד אֹיְבֵיהֶם וַיִּרְדּוּ בָהֶם וַיָּשׁוּבוּ וַיִּזְעָקוּךָ וְאַתָּה
כט מִשָּׁמַיִם תִּשְׁמַע וְתַצִּילֵם כְּרַחֲמֶיךָ רַבּוֹת עִתִּים׃ וַתָּעַד בָּהֶם

לְהֲשִׁיבָם אֶל־תּוֹרָתֶךָ וְהֵמָּה הֵזִידוּ וְלֹא־שָׁמְעוּ לְמִצְוֹתֶיךָ
וּבְמִשְׁפָּטֶיךָ חָטְאוּ־בָם אֲשֶׁר־יַעֲשֶׂה אָדָם וְחָיָה בָהֶם וַיִּתְּנוּ
כָתֵף סוֹרֶרֶת וְעָרְפָּם הִקְשׁוּ וְלֹא שָׁמֵעוּ׃ וַתִּמְשֹׁךְ עֲלֵיהֶם ל
שָׁנִים רַבּוֹת וַתָּעַד בָּם בְּרוּחֲךָ בְּיַד־נְבִיאֶיךָ וְלֹא הֶאֱזִינוּ
וַתִּתְּנֵם בְּיַד עַמֵּי הָאֲרָצֹת׃ וּבְרַחֲמֶיךָ הָרַבִּים לֹא־עֲשִׂיתָם לא
כָּלָה וְלֹא עֲזַבְתָּם כִּי אֵל־חַנּוּן וְרַחוּם אָתָּה׃ וְעַתָּה אֱלֹהֵינוּ לב
הָאֵל הַגָּדוֹל הַגִּבּוֹר וְהַנּוֹרָא שׁוֹמֵר הַבְּרִית וְהַחֶסֶד אַל־יִמְעַט
לְפָנֶיךָ אֵת כָּל־הַתְּלָאָה אֲשֶׁר־מְצָאַתְנוּ לִמְלָכֵינוּ לְשָׂרֵינוּ
וּלְכֹהֲנֵינוּ וְלִנְבִיאֵנוּ וְלַאֲבֹתֵינוּ וּלְכָל־עַמֶּךָ מִימֵי מַלְכֵי אַשּׁוּר
עַד הַיּוֹם הַזֶּה׃ וְאַתָּה צַדִּיק עַל כָּל־הַבָּא עָלֵינוּ כִּי־אֱמֶת עָשִׂיתָ לג
וַאֲנַחְנוּ הִרְשָׁעְנוּ׃ וְאֶת־מְלָכֵינוּ שָׂרֵינוּ כֹּהֲנֵינוּ וַאֲבֹתֵינוּ לֹא עָשׂוּ לד
תּוֹרָתֶךָ וְלֹא הִקְשִׁיבוּ אֶל־מִצְוֹתֶיךָ וּלְעֵדְוֹתֶיךָ אֲשֶׁר הַעִידֹתָ
בָּהֶם׃ וְהֵם בְּמַלְכוּתָם וּבְטוּבְךָ הָרָב אֲשֶׁר־נָתַתָּ לָהֶם וּבְאֶרֶץ לה
הָרְחָבָה וְהַשְּׁמֵנָה אֲשֶׁר־נָתַתָּ לִפְנֵיהֶם לֹא עֲבָדוּךָ וְלֹא־שָׁבוּ
מִמַּעַלְלֵיהֶם הָרָעִים׃ הִנֵּה אֲנַחְנוּ הַיּוֹם עֲבָדִים וְהָאָרֶץ אֲשֶׁר־ לו
נָתַתָּה לַאֲבֹתֵינוּ לֶאֱכֹל אֶת־פִּרְיָהּ וְאֶת־טוּבָהּ הִנֵּה אֲנַחְנוּ
עֲבָדִים עָלֶיהָ׃ וּתְבוּאָתָהּ מַרְבָּה לַמְּלָכִים אֲשֶׁר־נָתַתָּה עָלֵינוּ לז
בְּחַטֹּאותֵינוּ וְעַל־גְּוִיֹּתֵינוּ מֹשְׁלִים וּבִבְהֶמְתֵּנוּ כִּרְצוֹנָם וּבְצָרָה
גְדוֹלָה אֲנָחְנוּ׃

ט וּבְכָל־זֹאת אֲנַחְנוּ כֹּרְתִים אֲמָנָה וְכֹתְבִים וְעַל הֶחָתוּם שָׂרֵינוּ א י
לְוִיֵּנוּ כֹּהֲנֵינוּ׃ וְעַל הַחֲתוּמִים נְחֶמְיָה הַתִּרְשָׁתָא בֶּן־חֲכַלְיָה ב
וְצִדְקִיָּה׃ שְׂרָיָה עֲזַרְיָה יִרְמְיָה׃ פַּשְׁחוּר אֲמַרְיָה מַלְכִּיָּה׃ ג ד
חַטּוּשׁ שְׁבַנְיָה מַלּוּךְ׃ חָרִם מְרֵמוֹת עֹבַדְיָה׃ דָּנִיֵּאל גִּנְּתוֹן ה ו ז
בָּרוּךְ׃ מְשֻׁלָּם אֲבִיָּה מִיָּמִן׃ מַעַזְיָה בִלְגַּי שְׁמַעְיָה אֵלֶּה ח ט
הַכֹּהֲנִים׃ וְהַלְוִיִּם וְיֵשׁוּעַ בֶּן־אֲזַנְיָה בִּנּוּי מִבְּנֵי חֵנָדָד קַדְמִיאֵל׃ י
וַאֲחֵיהֶם שְׁבַנְיָה הוֹדִיָּה קְלִיטָא פְּלָאיָה חָנָן׃ מִיכָא רְחוֹב יא יב
חֲשַׁבְיָה׃ זַכּוּר שֵׁרֵבְיָה שְׁבַנְיָה׃ הוֹדִיָּה בָנִי בְּנִינוּ׃ רָאשֵׁי הָעָם יג יד טו

טו טז פַּרְעֹשׁ פַּחַת מוֹאָב עֵילָם זַתּוּא בָּנִי׃ בֻּנִּי עַזְגָּד בֵּבָי׃ אֲדֹנִיָּה
יז יח יט כ בִּגְוַי עָדִין׃ אָטֵר חִזְקִיָּה עַזּוּר׃ הוֹדִיָּה חָשֻׁם בֵּצָי׃ חָרִיף
כא כב עֲנָתוֹת נובי׃ מַגְפִּיעָשׁ מְשֻׁלָּם חֵזִיר׃ מְשֵׁיזַבְאֵל צָדוֹק יַדּוּעַ׃ נֵיבָי
כג כד כה פְּלַטְיָה חָנָן עֲנָיָה׃ הוֹשֵׁעַ חֲנַנְיָה חַשּׁוּב׃ הַלּוֹחֵשׁ פִּלְחָא
כו כז כח שׁוֹבֵק׃ רְחוּם חֲשַׁבְנָה מַעֲשֵׂיָה׃ וַאֲחִיָּה חָנָן עָנָן׃ מַלּוּךְ חָרִם
כט בַּעֲנָה׃ וּשְׁאָר הָעָם הַכֹּהֲנִים הַלְוִיִּם הַשּׁוֹעֲרִים הַמְשֹׁרְרִים
הַנְּתִינִים וְכָל־הַנִּבְדָּל מֵעַמֵּי הָאֲרָצוֹת אֶל־תּוֹרַת הָאֱלֹהִים
ל נְשֵׁיהֶם בְּנֵיהֶם וּבְנֹתֵיהֶם כֹּל יוֹדֵעַ מֵבִין׃ מַחֲזִקִים עַל־
אֲחֵיהֶם אַדִּירֵיהֶם וּבָאִים בְּאָלָה וּבִשְׁבוּעָה לָלֶכֶת בְּתוֹרַת
הָאֱלֹהִים אֲשֶׁר נִתְּנָה בְּיַד מֹשֶׁה עֶבֶד־הָאֱלֹהִים וְלִשְׁמוֹר
לא וְלַעֲשׂוֹת אֶת־כָּל־מִצְוֹת יהוה אֲדֹנֵינוּ וּמִשְׁפָּטָיו וְחֻקָּיו׃ וַאֲשֶׁר
לֹא־נִתֵּן בְּנֹתֵינוּ לְעַמֵּי הָאָרֶץ וְאֶת־בְּנֹתֵיהֶם לֹא נִקַּח לְבָנֵינוּ׃
לב וְעַמֵּי הָאָרֶץ הַמְבִיאִים אֶת־הַמַּקָּחוֹת וְכָל־שֶׁבֶר בְּיוֹם הַשַּׁבָּת
לִמְכּוֹר לֹא־נִקַּח מֵהֶם בַּשַּׁבָּת וּבְיוֹם קֹדֶשׁ וְנִטֹּשׁ אֶת־הַשָּׁנָה
לג הַשְּׁבִיעִית וּמַשָּׁא כָל־יָד׃ וְהֶעֱמַדְנוּ עָלֵינוּ מִצְוֹת לָתֵת עָלֵינוּ
לד שְׁלִשִׁית הַשֶּׁקֶל בַּשָּׁנָה לַעֲבֹדַת בֵּית אֱלֹהֵינוּ׃ לְלֶחֶם הַמַּעֲרֶכֶת
וּמִנְחַת הַתָּמִיד וּלְעוֹלַת הַתָּמִיד הַשַּׁבָּתוֹת הֶחֳדָשִׁים לַמּוֹעֲדִים
וְלַקֳּדָשִׁים וְלַחַטָּאוֹת לְכַפֵּר עַל־יִשְׂרָאֵל וְכֹל מְלֶאכֶת בֵּית־
לה אֱלֹהֵינוּ׃ וְהַגּוֹרָלוֹת הִפַּלְנוּ עַל־קֻרְבַּן הָעֵצִים
הַכֹּהֲנִים הַלְוִיִּם וְהָעָם לְהָבִיא לְבֵית אֱלֹהֵינוּ לְבֵית־אֲבֹתֵינוּ
לְעִתִּים מְזֻמָּנִים שָׁנָה בְשָׁנָה לְבַעֵר עַל־מִזְבַּח יהוה אֱלֹהֵינוּ
לו כַּכָּתוּב בַּתּוֹרָה׃ וּלְהָבִיא אֶת־בִּכּוּרֵי אַדְמָתֵנוּ וּבִכּוּרֵי כָּל־
לז פְּרִי כָל־עֵץ שָׁנָה בְשָׁנָה לְבֵית יהוה׃ וְאֶת־בְּכֹרוֹת בָּנֵינוּ
וּבְהֶמְתֵּנוּ כַּכָּתוּב בַּתּוֹרָה וְאֶת־בְּכוֹרֵי בְקָרֵינוּ וְצֹאנֵינוּ לְהָבִיא
לח לְבֵית אֱלֹהֵינוּ לַכֹּהֲנִים הַמְשָׁרְתִים בְּבֵית אֱלֹהֵינוּ׃ וְאֶת־
רֵאשִׁית עֲרִיסֹתֵינוּ וּתְרוּמֹתֵינוּ וּפְרִי כָל־עֵץ תִּירוֹשׁ וְיִצְהָר
נָבִיא לַכֹּהֲנִים אֶל־לִשְׁכוֹת בֵּית־אֱלֹהֵינוּ וּמַעְשַׂר אַדְמָתֵנוּ

לט לַלְוִיִּם וְהֵם הַלְוִיִּם הַמְעַשְּׂרִים בְּכֹל עָרֵי עֲבֹדָתֵנוּ: וְהָיָה
הַכֹּהֵן בֶּן־אַהֲרֹן עִם־הַלְוִיִּם בַּעְשֵׂר הַלְוִיִּם וְהַלְוִיִּם יַעֲלוּ אֶת־
מַעֲשַׂר הַמַּעֲשֵׂר לְבֵית אֱלֹהֵינוּ אֶל־הַלְּשָׁכוֹת לְבֵית הָאוֹצָר:
מ כִּי אֶל־הַלְּשָׁכוֹת יָבִיאוּ בְנֵי־יִשְׂרָאֵל וּבְנֵי הַלֵּוִי אֶת־תְּרוּמַת
הַדָּגָן הַתִּירוֹשׁ וְהַיִּצְהָר וְשָׁם כְּלֵי הַמִּקְדָּשׁ וְהַכֹּהֲנִים הַמְשָׁרְתִים
יא א וְהַשּׁוֹעֲרִים וְהַמְשֹׁרְרִים וְלֹא נַעֲזֹב אֶת־בֵּית אֱלֹהֵינוּ: וַיֵּשְׁבוּ
שָׂרֵי־הָעָם בִּירוּשָׁלִָם וּשְׁאָר הָעָם הִפִּילוּ גוֹרָלוֹת לְהָבִיא ׀
אֶחָד מִן־הָעֲשָׂרָה לָשֶׁבֶת בִּירוּשָׁלִַם עִיר הַקֹּדֶשׁ וְתֵשַׁע הַיָּדוֹת
ב בֶּעָרִים: וַיְבָרְכוּ הָעָם לְכֹל הָאֲנָשִׁים הַמִּתְנַדְּבִים לָשֶׁבֶת
ג בִּירוּשָׁלִָם: וְאֵלֶּה רָאשֵׁי הַמְּדִינָה אֲשֶׁר יָשְׁבוּ
בִּירוּשָׁלִָם וּבְעָרֵי יְהוּדָה יָשְׁבוּ אִישׁ בַּאֲחֻזָּתוֹ בְּעָרֵיהֶם יִשְׂרָאֵל
ד הַכֹּהֲנִים וְהַלְוִיִּם וְהַנְּתִינִים וּבְנֵי עַבְדֵי שְׁלֹמֹה: וּבִירוּשָׁלִַם יָשְׁבוּ
מִבְּנֵי יְהוּדָה וּמִבְּנֵי בִנְיָמִן מִבְּנֵי יְהוּדָה עֲתָיָה בֶן־עֻזִּיָּה בֶּן־זְכַרְיָה
ה בֶן־אֲמַרְיָה בֶּן־שְׁפַטְיָה בֶן־מַהֲלַלְאֵל מִבְּנֵי פָרֶץ: וּמַעֲשֵׂיָה
בֶן־בָּרוּךְ בֶּן־כָּל־חֹזֶה בֶּן־חֲזָיָה בֶן־עֲדָיָה בֶן־יוֹיָרִיב בֶּן־זְכַרְיָה בֶּן
ו הַשִּׁלֹנִי: כָּל־בְּנֵי־פֶרֶץ הַיֹּשְׁבִים בִּירוּשָׁלִָם אַרְבַּע מֵאוֹת שִׁשִּׁים
ז וּשְׁמֹנָה אַנְשֵׁי־חָיִל: וְאֵלֶּה בְּנֵי בִנְיָמִן סַלֻּא בֶּן־
מְשֻׁלָּם בֶּן־יוֹעֵד בֶּן־פְּדָיָה בֶן־קוֹלָיָה בֶן־מַעֲשֵׂיָה בֶּן־אִיתִיאֵל
ח בֶּן־יְשַׁעְיָה: וְאַחֲרָיו גַּבַּי סַלָּי תְּשַׁע מֵאוֹת עֶשְׂרִים וּשְׁמֹנָה:
ט וְיוֹאֵל בֶּן־זִכְרִי פָּקִיד עֲלֵיהֶם וִיהוּדָה בֶן־הַסְּנוּאָה עַל־הָעִיר
י מִשְׁנֶה: מִן־הַכֹּהֲנִים יְדַעְיָה בֶן־יוֹיָרִיב יָכִין:
יא שְׂרָיָה בֶן־חִלְקִיָּה בֶּן־מְשֻׁלָּם בֶּן־צָדוֹק בֶּן־מְרָיוֹת בֶּן־אֲחִיטוּב
יב נְגִד בֵּית הָאֱלֹהִים: וַאֲחֵיהֶם עֹשֵׂה הַמְּלָאכָה לַבַּיִת שְׁמֹנֶה
מֵאוֹת עֶשְׂרִים וּשְׁנָיִם וַעֲדָיָה בֶּן־יְרֹחָם בֶּן־פְּלַלְיָה בֶּן־אַמְצִי
יג בֶן־זְכַרְיָה בֶּן־פַּשְׁחוּר בֶּן־מַלְכִּיָּה: וְאֶחָיו רָאשִׁים לְאָבוֹת מָאתַיִם
אַרְבָּעִים וּשְׁנָיִם וַעֲמַשְׁסַי בֶּן־עֲזַרְאֵל בֶּן־אַחְזַי בֶּן־מְשִׁלֵּמוֹת בֶּן־
יד אִמֵּר: וַאֲחֵיהֶם גִּבֹּרֵי חַיִל מֵאָה עֶשְׂרִים וּשְׁמֹנָה וּפָקִיד עֲלֵיהֶם

טו זַבְדִּיאֵל בֶּן־הַגְּדוֹלִים׃ וּמִן־הַלְוִיִּם שְׁמַעְיָה בֶן־חַשּׁוּב
טז בֶּן־עַזְרִיקָם בֶּן־חֲשַׁבְיָה בֶּן־בּוּנִּי׃ וְשַׁבְּתַי וְיוֹזָבָד עַל־הַמְּלָאכָה
יז הַחִיצֹנָה לְבֵית הָאֱלֹהִים מֵרָאשֵׁי הַלְוִיִּם׃ וּמַתַּנְיָה בֶן־מִיכָא
בֶּן־זַבְדִּי בֶן־אָסָף רֹאשׁ הַתְּחִלָּה יְהוֹדֶה לַתְּפִלָּה וּבַקְבֻּקְיָה
יח מִשְׁנֶה מֵאֶחָיו וְעַבְדָּא בֶּן־שַׁמּוּעַ בֶּן־גָּלָל בֶּן־ידיתון׃ כָּל־הַלְוִיִּם ידוּתוּן
יט בְּעִיר הַקֹּדֶשׁ מָאתַיִם שְׁמֹנִים וְאַרְבָּעָה׃ וְהַשּׁוֹעֲרִים
עַקּוּב טַלְמוֹן וַאֲחֵיהֶם הַשֹּׁמְרִים בַּשְּׁעָרִים מֵאָה שִׁבְעִים
כ וּשְׁנָיִם׃ וּשְׁאָר יִשְׂרָאֵל הַכֹּהֲנִים הַלְוִיִּם בְּכָל־עָרֵי יְהוּדָה
כא אִישׁ בְּנַחֲלָתוֹ׃ וְהַנְּתִינִים יֹשְׁבִים בָּעֹפֶל וְצִיחָא וְגִשְׁפָּא עַל־
כב הַנְּתִינִים׃ וּפְקִיד הַלְוִיִּם בִּירוּשָׁלִַם עֻזִּי בֶּן־בָּנִי בֶּן־
חֲשַׁבְיָה בֶּן־מַתַּנְיָה בֶּן־מִיכָא מִבְּנֵי אָסָף הַמְשֹׁרְרִים לְנֶגֶד
כג מְלֶאכֶת בֵּית־הָאֱלֹהִים׃ כִּי־מִצְוַת הַמֶּלֶךְ עֲלֵיהֶם וַאֲמָנָה עַל־
כד הַמְשֹׁרְרִים דְּבַר־יוֹם בְּיוֹמוֹ׃ וּפְתַחְיָה בֶּן־מְשֵׁיזַבְאֵל
כה מִבְּנֵי־זֶרַח בֶּן־יְהוּדָה לְיַד הַמֶּלֶךְ לְכָל־דָּבָר לָעָם׃ וְאֶל־
הַחֲצֵרִים בִּשְׂדֹתָם מִבְּנֵי יְהוּדָה יָשְׁבוּ בְּקִרְיַת הָאַרְבַּע וּבְנֹתֶיהָ
כו וּבְדִיבֹן וּבְנֹתֶיהָ וּבִיקַּבְצְאֵל וַחֲצֵרֶיהָ׃ וּבְיֵשׁוּעַ וּבְמֹלָדָה וּבְבֵית־
כז כח פֶּלֶט׃ וּבַחֲצַר שׁוּעָל וּבִבְאֵר שֶׁבַע וּבְנֹתֶיהָ׃ וּבְצִקְלַג וּבִמְכֹנָה
כט ל וּבִבְנֹתֶיהָ׃ וּבְעֵין רִמּוֹן וּבְצָרְעָה וּבְיַרְמוּת׃ זָנֹחַ עֲדֻלָּם וְחַצְרֵיהֶם
לָכִישׁ וּשְׂדֹתֶיהָ עֲזֵקָה וּבְנֹתֶיהָ וַיַּחֲנוּ מִבְּאֵר־שֶׁבַע עַד־גֵּיא
לא הִנֹּם׃ וּבְנֵי בִנְיָמִן מִגָּבַע מִכְמָשׂ וְעַיָּה וּבֵית־אֵל וּבְנֹתֶיהָ׃
לב לג לד עֲנָתוֹת נֹב עֲנָנְיָה׃ חָצוֹר ׀ רָמָה גִּתָּיִם׃ חָדִיד צְבֹעִים
לה לו נְבַלָּט׃ לֹד וְאוֹנוֹ גֵּי הַחֲרָשִׁים׃ וּמִן־הַלְוִיִּם מַחְלְקוֹת יְהוּדָה
יב א לְבִנְיָמִין׃ וְאֵלֶּה הַכֹּהֲנִים וְהַלְוִיִּם אֲשֶׁר עָלוּ עִם־
ב זְרֻבָּבֶל בֶּן־שְׁאַלְתִּיאֵל וְיֵשׁוּעַ שְׂרָיָה יִרְמְיָה עֶזְרָא׃ אֲמַרְיָה
ג ד ה מַלּוּךְ חַטּוּשׁ׃ שְׁכַנְיָה רְחֻם מְרֵמֹת׃ עִדּוֹא גִנְּתוֹי אֲבִיָּה׃ מִיָּמִין
ו ז מַעַדְיָה בִּלְגָּה׃ שְׁמַעְיָה וְיוֹיָרִיב יְדַעְיָה׃ סַלּוּ עָמוֹק חִלְקִיָּה
ח יְדַעְיָה אֵלֶּה רָאשֵׁי הַכֹּהֲנִים וַאֲחֵיהֶם בִּימֵי יֵשׁוּעַ׃ וְהַלְוִיִּם יֵשׁוּעַ

בְּנֵי קַדְמִיאֵל שֵׁרֵבְיָה יְהוּדָה מַתַּנְיָה עַל־הֻיְּדוֹת הוּא וְאֶחָיו׃
ט וּבַקְבֻּקְיָה וְעֻנּוֹ אֲחֵיהֶם לְנֶגְדָּם לְמִשְׁמָרוֹת׃ וְיֵשׁוּעַ הוֹלִיד ועני
אֶת־יוֹיָקִים וְיוֹיָקִים הוֹלִיד אֶת־אֶלְיָשִׁיב וְאֶלְיָשִׁיב אֶת־
יא יוֹיָדָע׃ וְיוֹיָדָע הוֹלִיד אֶת־יוֹנָתָן וְיוֹנָתָן הוֹלִיד אֶת־יַדּוּעַ׃
יב וּבִימֵי יוֹיָקִים הָיוּ כֹהֲנִים רָאשֵׁי הָאָבוֹת לִשְׂרָיָה מְרָיָה לְיִרְמְיָה
יג יד חֲנַנְיָה׃ לְעֶזְרָא מְשֻׁלָּם לַאֲמַרְיָה יְהוֹחָנָן׃ לִמְלוּכִי יוֹנָתָן למליכו
טו טז לִשְׁבַנְיָה יוֹסֵף׃ לְחָרִם עַדְנָא לִמְרָיוֹת חֶלְקָי׃ לְעִדְּיא זְכַרְיָה לעדוא
יז לְגִנְּתוֹן מְשֻׁלָּם׃ לַאֲבִיָּה זִכְרִי לְמִנְיָמִין לְמוֹעַדְיָה פִּלְטָי׃
יח יט לְבִלְגָּה שַׁמּוּעַ לִשְׁמַעְיָה יְהוֹנָתָן׃ וּלְיוֹיָרִיב מַתְּנָי לִידַעְיָה עֻזִּי׃
כ כא לְסַלַּי קַלָּי לְעָמוֹק עֵבֶר׃ לְחִלְקִיָּה חֲשַׁבְיָה לִידַעְיָה נְתַנְאֵל׃
כב הַלְוִיִּם בִּימֵי אֶלְיָשִׁיב יוֹיָדָע וְיוֹחָנָן וְיַדּוּעַ כְּתוּבִים רָאשֵׁי
כג אָבוֹת וְהַכֹּהֲנִים עַל־מַלְכוּת דָּרְיָוֶשׁ הַפָּרְסִי׃ בְּנֵי לֵוִי
רָאשֵׁי הָאָבוֹת כְּתוּבִים עַל־סֵפֶר דִּבְרֵי הַיָּמִים וְעַד־יְמֵי יוֹחָנָן
כד בֶּן־אֶלְיָשִׁיב׃ וְרָאשֵׁי הַלְוִיִּם חֲשַׁבְיָה שֵׁרֵבְיָה וְיֵשׁוּעַ בֶּן־
קַדְמִיאֵל וַאֲחֵיהֶם לְנֶגְדָּם לְהַלֵּל לְהוֹדוֹת בְּמִצְוַת דָּוִיד אִישׁ־
כה הָאֱלֹהִים מִשְׁמָר לְעֻמַּת מִשְׁמָר׃ מַתַּנְיָה וּבַקְבֻּקְיָה עֹבַדְיָה
מְשֻׁלָּם טַלְמוֹן עַקּוּב שֹׁמְרִים שׁוֹעֲרִים מִשְׁמָר בַּאֲסֻפֵּי הַשְּׁעָרִים׃
כו אֵלֶּה בִּימֵי יוֹיָקִים בֶּן־יֵשׁוּעַ בֶּן־יוֹצָדָק וּבִימֵי נְחֶמְיָה הַפֶּחָה
כז וְעֶזְרָא הַכֹּהֵן הַסּוֹפֵר׃ וּבַחֲנֻכַּת חוֹמַת יְרוּשָׁלִַם בִּקְשׁוּ י
אֶת־הַלְוִיִּם מִכָּל־מְקוֹמֹתָם לַהֲבִיאָם לִירוּשָׁלִָם לַעֲשֹׂת חֲנֻכָּה
כח וְשִׂמְחָה וּבְתוֹדוֹת וּבְשִׁיר מְצִלְתַּיִם נְבָלִים וּבְכִנֹּרוֹת׃ וַיֵּאָסְפוּ
בְּנֵי הַמְשֹׁרְרִים וּמִן־הַכִּכָּר סְבִיבוֹת יְרוּשָׁלִַם וּמִן־חַצְרֵי נְטֹפָתִי׃
כט וּמִבֵּית הַגִּלְגָּל וּמִשְּׂדוֹת גֶּבַע וְעַזְמָוֶת כִּי חֲצֵרִים בָּנוּ לָהֶם
ל הַמְשֹׁרְרִים סְבִיבוֹת יְרוּשָׁלִָם׃ וַיִּטַּהֲרוּ הַכֹּהֲנִים וְהַלְוִיִּם וַיְטַהֲרוּ
לא אֶת־הָעָם וְאֶת־הַשְּׁעָרִים וְאֶת־הַחוֹמָה׃ וָאַעֲלֶה אֶת־שָׂרֵי
יְהוּדָה מֵעַל לַחוֹמָה וָאַעֲמִידָה שְׁתֵּי תוֹדֹת גְּדוֹלֹת וְתַהֲלֻכֹת
לב לַיָּמִין מֵעַל לַחוֹמָה לְשַׁעַר הָאַשְׁפֹּת׃ וַיֵּלֶךְ אַחֲרֵיהֶם הוֹשַׁעְיָה

לג לד וַחֲצִי שָׂרֵי יְהוּדָה: וַעֲזַרְיָה עֶזְרָא וּמְשֻׁלָּם: יְהוּדָה וּבִנְיָמִן
וּשְׁמַעְיָה וְיִרְמְיָה:
לה וּמִבְּנֵי הַכֹּהֲנִים בַּחֲצֹצְרוֹת זְכַרְיָה בֶן־יוֹנָתָן בֶּן־שְׁמַעְיָה בֶּן־
לו מַתַּנְיָה בֶּן־מִיכָיָה בֶּן־זַכּוּר בֶּן־אָסָף: וְאֶחָיו שְׁמַעְיָה וַעֲזַרְאֵל
מִלֲלַי גִּלֲלַי מָעַי נְתַנְאֵל וִיהוּדָה חֲנָנִי בִּכְלֵי־שִׁיר דָּוִיד אִישׁ
לז הָאֱלֹהִים וְעֶזְרָא הַסּוֹפֵר לִפְנֵיהֶם: וְעַל שַׁעַר הָעַיִן וְנֶגְדָּם עָלוּ
עַל־מַעֲלוֹת עִיר דָּוִיד בַּמַּעֲלֶה לַחוֹמָה מֵעַל לְבֵית דָּוִיד וְעַד
לח שַׁעַר הַמַּיִם מִזְרָח: וְהַתּוֹדָה הַשֵּׁנִית הַהוֹלֶכֶת לְמוֹאל וַאֲנִי
אַחֲרֶיהָ וַחֲצִי הָעָם מֵעַל לְהַחוֹמָה מֵעַל לְמִגְדַּל הַתַּנּוּרִים וְעַד
לט הַחוֹמָה הָרְחָבָה: וּמֵעַל לְשַׁעַר־אֶפְרַיִם וְעַל־שַׁעַר הַיְשָׁנָה
וְעַל־שַׁעַר הַדָּגִים וּמִגְדַּל חֲנַנְאֵל וּמִגְדַּל הַמֵּאָה וְעַד שַׁעַר
מ הַצֹּאן וְעָמְדוּ בְּשַׁעַר הַמַּטָּרָה: וַתַּעֲמֹדְנָה שְׁתֵּי הַתּוֹדֹת בְּבֵית
מא הָאֱלֹהִים וַאֲנִי וַחֲצִי הַסְּגָנִים עִמִּי: וְהַכֹּהֲנִים אֶלְיָקִים מַעֲשֵׂיָה
מב מִנְיָמִין מִיכָיָה אֶלְיוֹעֵינַי זְכַרְיָה חֲנַנְיָה בַּחֲצֹצְרוֹת: וּמַעֲשֵׂיָה
וּשְׁמַעְיָה וְאֶלְעָזָר וְעֻזִּי וִיהוֹחָנָן וּמַלְכִּיָּה וְעֵילָם וָעָזֶר וַיַּשְׁמִיעוּ
מג הַמְשֹׁרְרִים וְיִזְרַחְיָה הַפָּקִיד: וַיִּזְבְּחוּ בַיּוֹם־הַהוּא זְבָחִים גְּדוֹלִים
וַיִּשְׂמָחוּ כִּי הָאֱלֹהִים שִׂמְּחָם שִׂמְחָה גְדוֹלָה וְגַם הַנָּשִׁים
מד וְהַיְלָדִים שָׂמֵחוּ וַתִּשָּׁמַע שִׂמְחַת יְרוּשָׁלַםִ מֵרָחוֹק: וַיִּפָּקְדוּ
בַיּוֹם הַהוּא אֲנָשִׁים עַל־הַנְּשָׁכוֹת לָאוֹצָרוֹת ׀ לַתְּרוּמוֹת
לָרֵאשִׁית וְלַמַּעַשְׂרוֹת לִכְנוֹס בָּהֶם לִשְׂדֵי הֶעָרִים מְנָאוֹת
הַתּוֹרָה לַכֹּהֲנִים וְלַלְוִיִּם כִּי שִׂמְחַת יְהוּדָה עַל־הַכֹּהֲנִים וְעַל־
מה הַלְוִיִּם הָעֹמְדִים: וַיִּשְׁמְרוּ מִשְׁמֶרֶת אֱלֹהֵיהֶם וּמִשְׁמֶרֶת
הַטָּהֳרָה וְהַמְשֹׁרְרִים וְהַשֹּׁעֲרִים כְּמִצְוַת דָּוִיד שְׁלֹמֹה בְנוֹ:
מו כִּי־בִימֵי דָוִיד וְאָסָף מִקֶּדֶם רָאשֵׁ הַמְשֹׁרְרִים וְשִׁיר־תְּהִלָּה
מז וְהֹדוֹת לֵאלֹהִים: וְכָל־יִשְׂרָאֵל בִּימֵי זְרֻבָּבֶל וּבִימֵי נְחֶמְיָה
נֹתְנִים מְנָיוֹת הַמְשֹׁרְרִים וְהַשֹּׁעֲרִים דְּבַר־יוֹם בְּיוֹמוֹ וּמַקְדִּשִׁים
יג א לַלְוִיִּם וְהַלְוִיִּם מַקְדִּשִׁים לִבְנֵי אַהֲרֹן: בַּיּוֹם הַהוּא

נקרא בספר משה באזני העם ונמצא כתוב בו אשר לא־
יבוא עמני ומאבי בקהל האלהים עד־עולם׃ כי לא קדמו ב
את־בני ישראל בלחם ובמים וישכר עליו את־בלעם לקללו
ויהפך אלהינו הקללה לברכה׃ ויהי כשמעם את־התורה ג
ויבדילו כל־ערב מישראל׃ ולפני מזה אלישיב הכהן נתון ד
בלשכת בית־אלהינו קרוב לטוביה׃ ויעש לו לשכה גדולה ה
ושם היו לפנים נתנים את־המנחה הלבונה והכלים ומעשר
הדגן התירוש והיצהר מצות הלוים והמשררים והשוערים
ותרומת הכהנים׃ ובכל־זה לא הייתי בירושלם כי בשנת ו
שלשים ושתים לארתחשסתא מלך־בבל באתי אל־המלך
ולקץ ימים נשאלתי מן־המלך׃ ואבוא לירושלם ואבינה ז
ברעה אשר עשה אלישיב לטוביה לעשות לו נשכה בחצרי
בית האלהים׃ וירע לי מאד ואשליכה את־כל־כלי בית־ ח
טוביה החוץ מן־הלשכה׃ ואמרה ויטהרו הלשכות ואשיבה ט
שם כלי בית האלהים את־המנחה והלבונה׃ ואדעה כי־ י
מניות הלוים לא נתנה ויברחו איש־לשדהו הלוים והמשררים
עשי המלאכה׃ ואריבה את־הסגנים ואמרה מדוע נעזב יא
בית־האלהים ואקבצם ואעמדם על־עמדם׃ וכל־יהודה יב
הביאו מעשר הדגן והתירוש והיצהר לאוצרות׃ ואוצרה יג
על־אוצרות שלמיה הכהן וצדוק הסופר ופדיה מן־הלוים
ועל־ידם חנן בן־זכור בן־מתניה כי נאמנים נחשבו ועליהם
לחלק לאחיהם׃ זכרה־לי אלהי על־זאת ואל־ יד
תמח חסדי אשר עשיתי בבית אלהי ובמשמריו׃ בימים טו
ההמה ראיתי ביהודה ׀ דרכים־גתות ׀ בשבת ומביאים
הערמות ועמסים על־החמרים ואף־יין ענבים ותאנים וכל־
משא ומביאים ירושלם ביום השבת ואעיד ביום מכרם
ציד׃ והצרים ישבו בה מביאים דאג וכל־מכר ומוכרים טז

יז בַּשַּׁבָּת לִבְנֵי יְהוּדָה וּבִירוּשָׁלִָם׃ וָאָרִיבָה אֵת חֹרֵי יְהוּדָה
וָאֹמְרָה לָהֶם מָה־הַדָּבָר הָרָע הַזֶּה אֲשֶׁר אַתֶּם עֹשִׂים
יח וּמְחַלְּלִים אֶת־יוֹם הַשַּׁבָּת׃ הֲלוֹא כֹה עָשׂוּ אֲבֹתֵיכֶם וַיָּבֵא
אֱלֹהֵינוּ עָלֵינוּ אֵת כָּל־הָרָעָה הַזֹּאת וְעַל הָעִיר הַזֹּאת וְאַתֶּם
יט מוֹסִיפִים חָרוֹן עַל־יִשְׂרָאֵל לְחַלֵּל אֶת־הַשַּׁבָּת׃ וַיְהִי
כַּאֲשֶׁר צָלֲלוּ שַׁעֲרֵי יְרוּשָׁלִַם לִפְנֵי הַשַּׁבָּת וָאֹמְרָה וַיִּסָּגְרוּ
הַדְּלָתוֹת וָאֹמְרָה אֲשֶׁר לֹא יִפְתָּחוּם עַד אַחַר הַשַּׁבָּת וּמִנְּעָרַי
כ הֶעֱמַדְתִּי עַל־הַשְּׁעָרִים לֹא־יָבוֹא מַשָּׂא בְּיוֹם הַשַּׁבָּת׃ וַיָּלִינוּ
הָרֹכְלִים וּמֹכְרֵי כָל־מִמְכָּר מִחוּץ לִירוּשָׁלִָם פַּעַם וּשְׁתָּיִם׃
כא וָאָעִידָה בָהֶם וָאֹמְרָה אֲלֵיהֶם מַדּוּעַ אַתֶּם לֵנִים נֶגֶד הַחוֹמָה
אִם־תִּשְׁנוּ יָד אֶשְׁלַח בָּכֶם מִן־הָעֵת הַהִיא לֹא בָאוּ בַּשַּׁבָּת׃
כב וָאֹמְרָה לַלְוִיִּם אֲשֶׁר יִהְיוּ מִטַּהֲרִים וּבָאִים שֹׁמְרִים הַשְּׁעָרִים
לְקַדֵּשׁ אֶת־יוֹם הַשַּׁבָּת גַּם־זֹאת זָכְרָה־לִּי אֱלֹהַי וְחוּסָה עָלַי
כג כְּרֹב חַסְדֶּךָ׃ גַּם ׀ בַּיָּמִים הָהֵם רָאִיתִי אֶת־הַיְּהוּדִים
כד הֹשִׁיבוּ נָשִׁים אשדודיות עמוניות מוֹאֲבִיּוֹת׃ וּבְנֵיהֶם חֲצִי מְדַבֵּר
אַשְׁדֳּדִיּוֹת עַמֳּנִיּוֹת
כה אַשְׁדּוֹדִית וְאֵינָם מַכִּירִים לְדַבֵּר יְהוּדִית וְכִלְשׁוֹן עַם וָעָם׃ וָאָרִיב
עִמָּם וָאֲקַלְלֵם וָאַכֶּה מֵהֶם אֲנָשִׁים וָאֶמְרְטֵם וָאַשְׁבִּיעֵם בֵּאלֹהִים
אִם־תִּתְּנוּ בְנֹתֵיכֶם לִבְנֵיהֶם וְאִם־תִּשְׂאוּ מִבְּנֹתֵיהֶם לִבְנֵיכֶם
כו וְלָכֶם׃ הֲלוֹא עַל־אֵלֶּה חָטָא־שְׁלֹמֹה מֶלֶךְ־יִשְׂרָאֵל וּבַגּוֹיִם
הָרַבִּים לֹא־הָיָה מֶלֶךְ כָּמֹהוּ וְאָהוּב לֵאלֹהָיו הָיָה וַיִּתְּנֵהוּ אֱלֹהִים
כז מֶלֶךְ עַל־כָּל־יִשְׂרָאֵל גַּם־אוֹתוֹ הֶחֱטִיאוּ הַנָּשִׁים הַנָּכְרִיּוֹת׃ וְלָכֶם
הֲנִשְׁמַע לַעֲשֹׂת אֵת כָּל־הָרָעָה הַגְּדוֹלָה הַזֹּאת לִמְעֹל בֵּאלֹהֵינוּ
כח לְהֹשִׁיב נָשִׁים נָכְרִיּוֹת׃ וּמִבְּנֵי יוֹיָדָע בֶּן־אֶלְיָשִׁיב הַכֹּהֵן הַגָּדוֹל
כט חָתָן לְסַנְבַלַּט הַחֹרֹנִי וָאַבְרִיחֵהוּ מֵעָלָי׃ זָכְרָה לָהֶם אֱלֹהָי עַל־
ל גָּאֳלֵי הַכְּהֻנָּה וּבְרִית הַכְּהֻנָּה וְהַלְוִיִּם׃ וְטִהַרְתִּים מִכָּל־נֵכָר
לא וָאַעֲמִידָה מִשְׁמָרוֹת לַכֹּהֲנִים וְלַלְוִיִּם אִישׁ בִּמְלַאכְתּוֹ׃ וּלְקֻרְבַּן
הָעֵצִים בְּעִתִּים מְזֻמָּנוֹת וְלַבִּכּוּרִים זָכְרָה־לִּי אֱלֹהַי לְטוֹבָה׃

דברי הימים

א ב ג אָדָם שֵׁת אֱנוֹשׁ׃ קֵינָן מַהֲלַלְאֵל יָרֶד׃ חֲנוֹךְ מְתוּשֶׁלַח לָמֶךְ׃ א
ד ה נֹחַ שֵׁם חָם וָיָפֶת׃ בְּנֵי יֶפֶת גֹּמֶר וּמָגוֹג וּמָדַי וְיָוָן וְתֻבָל וּמֶשֶׁךְ
ו ז וְתִירָס׃ וּבְנֵי גֹּמֶר אַשְׁכְּנַז וְדִיפַת וְתוֹגַרְמָה׃ וּבְנֵי יָוָן אֱלִישָׁה
ח וְתַרְשִׁישָׁה כִּתִּים וְרוֹדָנִים׃ בְּנֵי חָם כּוּשׁ וּמִצְרָיִם
ט פּוּט וּכְנָעַן׃ וּבְנֵי כוּשׁ סְבָא וַחֲוִילָה וְסַבְתָּא וְרַעְמָא וְסַבְתְּכָא
י וּבְנֵי רַעְמָא שְׁבָא וּדְדָן׃ וְכוּשׁ יָלַד אֶת־נִמְרוֹד הוּא הֵחֵל לִהְיוֹת
יא גִּבּוֹר בָּאָרֶץ׃ וּמִצְרַיִם יָלַד אֶת־לודיים וְאֶת־עֲנָמִים לוּדִים
יב וְאֶת־לְהָבִים וְאֶת־נַפְתֻּחִים׃ וְאֶת־פַּתְרֻסִים וְאֶת־כַּסְלֻחִים
יג אֲשֶׁר יָצְאוּ מִשָּׁם פְּלִשְׁתִּים וְאֶת־כַּפְתֹּרִים׃ וּכְנַעַן יָלַד
יד אֶת־צִידוֹן בְּכֹרוֹ וְאֶת־חֵת׃ וְאֶת־הַיְבוּסִי וְאֶת־הָאֱמֹרִי וְאֵת
טו טז הַגִּרְגָּשִׁי׃ וְאֶת־הַחִוִּי וְאֶת־הָעַרְקִי וְאֶת־הַסִּינִי׃ וְאֶת־הָאַרְוָדִי וְאֶת־
יז הַצְּמָרִי וְאֶת־הַחֲמָתִי׃ בְּנֵי שֵׁם עֵילָם וְאַשּׁוּר וְאַרְפַּכְשַׁד
יח וְלוּד וַאֲרָם וְעוּץ וְחוּל וְגֶתֶר וָמֶשֶׁךְ׃ וְאַרְפַּכְשַׁד יָלַד
יט אֶת־שָׁלַח וְשֶׁלַח יָלַד אֶת־עֵבֶר׃ וּלְעֵבֶר יֻלַּד שְׁנֵי בָנִים שֵׁם
כ הָאֶחָד פֶּלֶג כִּי בְיָמָיו נִפְלְגָה הָאָרֶץ וְשֵׁם אָחִיו יָקְטָן׃ וְיָקְטָן
כא יָלַד אֶת־אַלְמוֹדָד וְאֶת־שָׁלֶף וְאֶת־חֲצַרְמָוֶת וְאֶת־יָרַח׃ וְאֶת־
כב הֲדוֹרָם וְאֶת־אוּזָל וְאֶת־דִּקְלָה׃ וְאֶת־עֵיבָל וְאֶת־אֲבִימָאֵל
כג וְאֶת־שְׁבָא׃ וְאֶת־אוֹפִיר וְאֶת־חֲוִילָה וְאֶת־יוֹבָב כָּל־אֵלֶּה
כד כה כו בְּנֵי יָקְטָן׃ שֵׁם ׀ אַרְפַּכְשַׁד שָׁלַח׃ עֵבֶר פֶּלֶג רְעוּ׃ שְׂרוּג
כז כח נָחוֹר תָּרַח׃ אַבְרָם הוּא אַבְרָהָם׃ בְּנֵי אַבְרָהָם יִצְחָק
כט וְיִשְׁמָעֵאל׃ אֵלֶּה תֹּלְדוֹתָם בְּכוֹר יִשְׁמָעֵאל נְבָיוֹת
ל וְקֵדָר וְאַדְבְּאֵל וּמִבְשָׂם׃ מִשְׁמָע וְדוּמָה מַשָּׂא חֲדַד וְתֵימָא׃
לא לב יְטוּר נָפִישׁ וָקֵדְמָה אֵלֶּה הֵם בְּנֵי יִשְׁמָעֵאל׃ וּבְנֵי
קְטוּרָה פִּילֶגֶשׁ אַבְרָהָם יָלְדָה אֶת־זִמְרָן וְיָקְשָׁן וּמְדָן
לג וּמִדְיָן וְיִשְׁבָּק וְשׁוּחַ וּבְנֵי יָקְשָׁן שְׁבָא וּדְדָן׃ וּבְנֵי
מִדְיָן עֵיפָה וָעֵפֶר וַחֲנוֹךְ וַאֲבִידָע וְאֶלְדָּעָה כָּל־אֵלֶּה בְּנֵי
לד קְטוּרָה׃ וַיּוֹלֶד אַבְרָהָם אֶת־יִצְחָק בְּנֵי יִצְחָק עֵשָׂו

וְיִשְׂרָאֵל׃ בְּנֵי עֵשָׂו אֱלִיפַז רְעוּאֵל וִיעוּשׁ וְיַעְלָם לה
וְקֹרַח׃ בְּנֵי אֱלִיפָז תֵּימָן וְאוֹמָר צְפִי וְגַעְתָּם קְנַז לו
וְתִמְנָע וַעֲמָלֵק׃ בְּנֵי רְעוּאֵל נַחַת זֶרַח שַׁמָּה לז
וּמִזָּה׃ וּבְנֵי שֵׂעִיר לוֹטָן וְשׁוֹבָל וְצִבְעוֹן וַעֲנָה וְדִישֹׁן לח
וְאֵצֶר וְדִישָׁן׃ וּבְנֵי לוֹטָן חֹרִי וְהוֹמָם וַאֲחוֹת לוֹטָן לט
תִּמְנָע׃ בְּנֵי שׁוֹבָל עַלְיָן וּמָנַחַת וְעֵיבָל שְׁפִי וְאוֹנָם מ
וּבְנֵי צִבְעוֹן אַיָּה וַעֲנָה׃ בְּנֵי עֲנָה דִּישׁוֹן וּבְנֵי מא
דִישׁוֹן חַמְרָן וְאֶשְׁבָּן וְיִתְרָן וּכְרָן׃ בְּנֵי־אֵצֶר בִּלְהָן מב
וְזַעֲוָן יַעֲקָן בְּנֵי דִישׁוֹן עוּץ וַאֲרָן׃ וְאֵלֶּה הַמְּלָכִים מג
אֲשֶׁר מָלְכוּ בְּאֶרֶץ אֱדוֹם לִפְנֵי מְלָךְ־מֶלֶךְ לִבְנֵי יִשְׂרָאֵל
בֶּלַע בֶּן־בְּעוֹר וְשֵׁם עִירוֹ דִּנְהָבָה׃ וַיָּמָת בָּלַע וַיִּמְלֹךְ תַּחְתָּיו מד
יוֹבָב בֶּן־זֶרַח מִבָּצְרָה׃ וַיָּמָת יוֹבָב וַיִּמְלֹךְ תַּחְתָּיו חוּשָׁם מה
מֵאֶרֶץ הַתֵּימָנִי׃ וַיָּמָת חוּשָׁם וַיִּמְלֹךְ תַּחְתָּיו הֲדַד בֶּן־בְּדַד הַמַּכֶּה מו
אֶת־מִדְיָן בִּשְׂדֵה מוֹאָב וְשֵׁם עִירוֹ עֵיוִת׃ וַיָּמָת הֲדָד וַיִּמְלֹךְ מז עֲוִית
תַּחְתָּיו שַׂמְלָה מִמַּשְׂרֵקָה׃ וַיָּמָת שַׂמְלָה וַיִּמְלֹךְ תַּחְתָּיו שָׁאוּל מח
מֵרְחֹבוֹת הַנָּהָר׃ וַיָּמָת שָׁאוּל וַיִּמְלֹךְ תַּחְתָּיו בַּעַל חָנָן בֶּן־ מט
עַכְבּוֹר׃ וַיָּמָת בַּעַל חָנָן וַיִּמְלֹךְ תַּחְתָּיו הֲדַד וְשֵׁם עִירוֹ פָּעִי נ
וְשֵׁם אִשְׁתּוֹ מְהֵיטַבְאֵל בַּת־מַטְרֵד בַּת מֵי זָהָב׃ וַיָּמָת הֲדָד נא
וַיִּהְיוּ אַלּוּפֵי אֱדוֹם אַלּוּף תִּמְנָע אַלּוּף עַלְיָה אַלּוּף יְתֵת׃ עַלְוָה
אַלּוּף אָהֳלִיבָמָה אַלּוּף אֵלָה אַלּוּף פִּינֹן׃ אַלּוּף קְנַז אַלּוּף נב נג
תֵּימָן אַלּוּף מִבְצָר׃ אַלּוּף מַגְדִּיאֵל אַלּוּף עִירָם אֵלֶּה נד
אַלּוּפֵי אֱדוֹם׃ אֵלֶּה בְּנֵי יִשְׂרָאֵל רְאוּבֵן שִׁמְעוֹן א ב
לֵוִי וִיהוּדָה יִשָּׂשכָר וּזְבֻלוּן׃ דָּן יוֹסֵף וּבִנְיָמִן נַפְתָּלִי גָּד ב
וְאָשֵׁר׃ בְּנֵי יְהוּדָה עֵר וְאוֹנָן וְשֵׁלָה שְׁלוֹשָׁה נוֹלַד לוֹ ג
מִבַּת־שׁוּעַ הַכְּנַעֲנִית וַיְהִי עֵר ׀ בְּכוֹר יְהוּדָה רַע בְּעֵינֵי יְהוָה
וַיְמִיתֵהוּ׃ וְתָמָר כַּלָּתוֹ יָלְדָה לּוֹ אֶת־פֶּרֶץ וְאֶת־זָרַח כָּל־בְּנֵי ד
יְהוּדָה חֲמִשָּׁה׃ בְּנֵי פֶרֶץ חֶצְרוֹן וְחָמוּל׃ וּבְנֵי זֶרַח ה ו

ז זִמְרִי וְאֵיתָן וְהֵימָן וְכַלְכֹּל וָדָרַע כֻּלָּם חֲמִשָּׁה׃ וּבְנֵי
ח כַּרְמִי עָכָר עוֹכֵר יִשְׂרָאֵל אֲשֶׁר מָעַל בַּחֵרֶם׃ וּבְנֵי
ט אֵיתָן עֲזַרְיָה׃ וּבְנֵי חֶצְרוֹן אֲשֶׁר נוֹלַד־לוֹ אֶת־יְרַחְמְאֵל
י וְאֶת־רָם וְאֶת־כְּלוּבָי׃ וְרָם הוֹלִיד אֶת־עַמִּינָדָב וְעַמִּינָדָב
יא הוֹלִיד אֶת־נַחְשׁוֹן נְשִׂיא בְּנֵי יְהוּדָה׃ וְנַחְשׁוֹן הוֹלִיד אֶת־שַׂלְמָא
יב וְשַׂלְמָא הוֹלִיד אֶת־בֹּעַז׃ וּבֹעַז הוֹלִיד אֶת־עוֹבֵד וְעוֹבֵד הוֹלִיד
יג אֶת־יִשָׁי׃ וְאִישַׁי הוֹלִיד אֶת־בְּכֹרוֹ אֶת־אֱלִיאָב וַאֲבִינָדָב הַשֵּׁנִי
יד טו וְשִׁמְעָא הַשְּׁלִשִׁי׃ נְתַנְאֵל הָרְבִיעִי רַדַּי הַחֲמִישִׁי׃ אֹצֶם הַשִּׁשִּׁי
טז דָּוִיד הַשְּׁבִעִי׃ וְאַחְיֹתֵיהֶם צְרוּיָה וַאֲבִיגָיִל וּבְנֵי צְרוּיָה אַבְשַׁי
יז וְיוֹאָב וַעֲשָׂה־אֵל שְׁלֹשָׁה׃ וַאֲבִיגַיִל יָלְדָה אֶת־עֲמָשָׂא וַאֲבִי
יח עֲמָשָׂא יֶתֶר הַיִּשְׁמְעֵאלִי׃ וְכָלֵב בֶּן־חֶצְרוֹן הוֹלִיד אֶת־
עֲזוּבָה אִשָּׁה וְאֶת־יְרִיעוֹת וְאֵלֶּה בָנֶיהָ יֵשֶׁר וְשׁוֹבָב וְאַרְדּוֹן׃
יט כ וַתָּמָת עֲזוּבָה וַיִּקַּח־לוֹ כָלֵב אֶת־אֶפְרָת וַתֵּלֶד לוֹ אֶת־חוּר׃ וְחוּר
כא הוֹלִיד אֶת־אוּרִי וְאוּרִי הוֹלִיד אֶת־בְּצַלְאֵל׃ וְאַחַר
בָּא חֶצְרוֹן אֶל־בַּת־מָכִיר אֲבִי גִלְעָד וְהוּא לְקָחָהּ וְהוּא בֶּן־
כב שִׁשִּׁים שָׁנָה וַתֵּלֶד לוֹ אֶת־שְׂגוּב׃ וּשְׂגוּב הוֹלִיד אֶת־יָאִיר
כג וַיְהִי־לוֹ עֶשְׂרִים וְשָׁלוֹשׁ עָרִים בְּאֶרֶץ הַגִּלְעָד׃ וַיִּקַּח
גְּשׁוּר־וַאֲרָם אֶת־חַוֺּת יָאִיר מֵאִתָּם אֶת־קְנָת וְאֶת־בְּנֹתֶיהָ
כד שִׁשִּׁים עִיר כָּל־אֵלֶּה בְּנֵי מָכִיר אֲבִי־גִלְעָד׃ וְאַחַר מוֹת־חֶצְרוֹן
בְּכָלֵב אֶפְרָתָה וְאֵשֶׁת חֶצְרוֹן אֲבִיָּה וַתֵּלֶד לוֹ אֶת־אַשְׁחוּר
כה אֲבִי תְקוֹעַ׃ וַיִּהְיוּ בְנֵי־יְרַחְמְאֵל בְּכוֹר חֶצְרוֹן הַבְּכוֹר ׀ רָם
כו וּבוּנָה וָאֹרֶן וָאֹצֶם אֲחִיָּה׃ וַתְּהִי אִשָּׁה אַחֶרֶת לִירַחְמְאֵל וּשְׁמָהּ
כז עֲטָרָה הִיא אֵם אוֹנָם׃ וַיִּהְיוּ בְנֵי־רָם בְּכוֹר יְרַחְמְאֵל
כח מַעַץ וְיָמִין וָעֵקֶר׃ וַיִּהְיוּ בְנֵי־אוֹנָם שַׁמַּי וְיָדָע וּבְנֵי שַׁמַּי נָדָב
כט וַאֲבִישׁוּר׃ וְשֵׁם אֵשֶׁת אֲבִישׁוּר אֲבִיהָיִל וַתֵּלֶד לוֹ אֶת־
ל אַחְבָּן וְאֶת־מוֹלִיד׃ וּבְנֵי נָדָב סֶלֶד וְאַפָּיִם וַיָּמָת סֶלֶד לֹא
לא בָנִים׃ וּבְנֵי אַפַּיִם יִשְׁעִי וּבְנֵי יִשְׁעִי שֵׁשָׁן וּבְנֵי שֵׁשָׁן

לב אַחְלָי׃ וּבְנֵי יָדָע אֲחִי שַׁמַּי יֶתֶר וְיוֹנָתָן וַיָּמָת יֶתֶר לֹא
לג בָנִים׃ וּבְנֵי יוֹנָתָן פֶּלֶת וְזָזָא אֵלֶּה הָיוּ בְּנֵי יְרַחְמְאֵל׃
לד וְלֹא־הָיָה לְשֵׁשָׁן בָּנִים כִּי אִם־בָּנוֹת וּלְשֵׁשָׁן עֶבֶד מִצְרִי וּשְׁמוֹ
לה יַרְחָע׃ וַיִּתֵּן שֵׁשָׁן אֶת־בִּתּוֹ לְיַרְחָע עַבְדּוֹ לְאִשָּׁה וַתֵּלֶד לוֹ
לו לז אֶת־עַתָּי׃ וְעַתַּי הוֹלִיד אֶת־נָתָן וְנָתָן הוֹלִיד אֶת־זָבָד׃ וְזָבָד
לח הוֹלִיד אֶת־אֶפְלָל וְאֶפְלָל הוֹלִיד אֶת־עוֹבֵד׃ וְעוֹבֵד הוֹלִיד
לט אֶת־יֵהוּא וְיֵהוּא הוֹלִיד אֶת־עֲזַרְיָה׃ וַעֲזַרְיָה הוֹלִיד אֶת־חָלֶץ
מ וְחֶלֶץ הוֹלִיד אֶת־אֶלְעָשָׂה׃ וְאֶלְעָשָׂה הוֹלִיד אֶת־סִסְמָי וְסִסְמָי
מא הוֹלִיד אֶת־שַׁלּוּם׃ וְשַׁלּוּם הוֹלִיד אֶת־יְקַמְיָה וִיקַמְיָה הוֹלִיד
מב אֶת־אֱלִישָׁמָע׃ וּבְנֵי כָלֵב אֲחִי יְרַחְמְאֵל מֵישָׁע בְּכֹרוֹ
מג הוּא אֲבִי־זִיף וּבְנֵי מָרֵשָׁה אֲבִי חֶבְרוֹן׃ וּבְנֵי חֶבְרוֹן קֹרַח וְתַפֻּחַ
מד וְרֶקֶם וָשָׁמַע׃ וְשֶׁמַע הוֹלִיד אֶת־רַחַם אֲבִי יָרְקֳעָם וְרֶקֶם
מה מו הוֹלִיד אֶת־שַׁמָּי׃ וּבֶן־שַׁמַּי מָעוֹן וּמָעוֹן אֲבִי בֵית־צוּר׃ וְעֵיפָה
פִּילֶגֶשׁ כָּלֵב יָלְדָה אֶת־חָרָן וְאֶת־מוֹצָא וְאֶת־גָּזֵז וְחָרָן הוֹלִיד
מז אֶת־גָּזֵז׃ וּבְנֵי יָהְדָּי רֶגֶם וְיוֹתָם וְגֵישָׁן וָפֶלֶט וְעֵיפָה
מח מט וָשָׁעַף׃ פִּלֶגֶשׁ כָּלֵב מַעֲכָה יָלַד שֶׁבֶר וְאֶת־תִּרְחֲנָה׃ וַתֵּלֶד
שַׁעַף אֲבִי מַדְמַנָּה אֶת־שְׁוָא אֲבִי מַכְבֵּנָא וַאֲבִי גִבְעָא וּבַת־
נ כָּלֵב עַכְסָה׃ אֵלֶּה הָיוּ בְּנֵי כָלֵב בֶּן־חוּר בְּכוֹר אֶפְרָתָה שׁוֹבָל
נא אֲבִי קִרְיַת יְעָרִים׃ שַׂלְמָא אֲבִי בֵית־לָחֶם חָרֵף אֲבִי בֵית־
נב גָּדֵר׃ וַיִּהְיוּ בָנִים לְשׁוֹבָל אֲבִי קִרְיַת יְעָרִים הָרֹאֶה חֲצִי הַמְּנֻחוֹת׃
נג וּמִשְׁפְּחוֹת קִרְיַת יְעָרִים הַיִּתְרִי וְהַפּוּתִי וְהַשֻּׁמָתִי וְהַמִּשְׁרָעִי
נד מֵאֵלֶּה יָצְאוּ הַצָּרְעָתִי וְהָאֶשְׁתָּאֻלִי׃ בְּנֵי שַׂלְמָא בֵּית
לֶחֶם וּנְטוֹפָתִי עַטְרוֹת בֵּית יוֹאָב וַחֲצִי הַמָּנַחְתִּי הַצָּרְעִי׃
נה וּמִשְׁפְּחוֹת סֹפְרִים ישבו יַעְבֵּץ תִּרְעָתִים שִׁמְעָתִים שׂוּכָתִים יֹשְׁבֵי
ג א הֵמָּה הַקִּינִים הַבָּאִים מֵחַמַּת אֲבִי בֵית־רֵכָב׃ וְאֵלֶּה
הָיוּ בְּנֵי דָוִיד אֲשֶׁר נוֹלַד־לוֹ בְּחֶבְרוֹן הַבְּכוֹר ׀ אַמְנֹן לַאֲחִינֹעַם
ב הַיִּזְרְעֵאלִית שֵׁנִי דָּנִיֵּאל לַאֲבִיגַיִל הַכַּרְמְלִית׃ הַשְּׁלִשִׁי

לְאַבְשָׁלוֹם בֶּן־מַעֲכָה בַּת־תַּלְמַי מֶלֶךְ גְּשׁוּר הָרְבִיעִי אֲדֹנִיָּה
ג בֶּן־חַגִּית׃ הַחֲמִישִׁי שְׁפַטְיָה לַאֲבִיטָל הַשִּׁשִּׁי יִתְרְעָם לְעֶגְלָה
ד אִשְׁתּוֹ׃ שִׁשָּׁה נוֹלַד־לוֹ בְחֶבְרוֹן וַיִּמְלָךְ־שָׁם שֶׁבַע שָׁנִים וְשִׁשָּׁה
ה חֳדָשִׁים וּשְׁלֹשִׁים וְשָׁלוֹשׁ שָׁנָה מָלַךְ בִּירוּשָׁלָםִ׃ וְאֵלֶּה
נוּלְּדוּ־לוֹ בִּירוּשָׁלָיִם שִׁמְעָא וְשׁוֹבָב וְנָתָן וּשְׁלֹמֹה אַרְבָּעָה
ו ז לְבַת־שׁוּעַ בַּת־עַמִּיאֵל׃ וְיִבְחָר וֶאֱלִישָׁמָע וֶאֱלִיפָלֶט׃ וְנֹגַהּ
ח ט וְנֶפֶג וְיָפִיעַ׃ וֶאֱלִישָׁמָע וְאֶלְיָדָע וֶאֱלִיפֶלֶט תִּשְׁעָה׃ כֹּל בְּנֵי
י דָוִיד מִלְּבַד בְּנֵי־פִילַגְשִׁים וְתָמָר אֲחוֹתָם׃ וּבֶן־שְׁלֹמֹה
יא רְחַבְעָם אֲבִיָּה בְנוֹ אָסָא בְנוֹ יְהוֹשָׁפָט בְּנוֹ׃ יוֹרָם בְּנוֹ אֲחַזְיָהוּ
יב יג בְנוֹ יוֹאָשׁ בְּנוֹ׃ אֲמַצְיָהוּ בְנוֹ עֲזַרְיָה בְנוֹ יוֹתָם בְּנוֹ׃ אָחָז בְּנוֹ
יד טו חִזְקִיָּהוּ בְנוֹ מְנַשֶּׁה בְנוֹ׃ אָמוֹן בְּנוֹ יֹאשִׁיָּהוּ בְנוֹ׃ וּבְנֵי יֹאשִׁיָּהוּ
הַבְּכוֹר יוֹחָנָן הַשֵּׁנִי יְהוֹיָקִים הַשְּׁלִשִׁי צִדְקִיָּהוּ הָרְבִיעִי שַׁלּוּם׃
טז יז וּבְנֵי יְהוֹיָקִים יְכָנְיָה בְנוֹ צִדְקִיָּה בְנוֹ׃ וּבְנֵי יְכָנְיָה אַסִּר
יח שְׁאַלְתִּיאֵל בְּנוֹ׃ וּמַלְכִּירָם וּפְדָיָה וְשֶׁנְאַצַּר יְקַמְיָה הוֹשָׁמָע
יט וּנְדַבְיָה׃ וּבְנֵי פְדָיָה זְרֻבָּבֶל וְשִׁמְעִי וּבֶן־זְרֻבָּבֶל מְשֻׁלָּם וַחֲנַנְיָה
כ וּשְׁלֹמִית אֲחוֹתָם׃ וַחֲשֻׁבָה וָאֹהֶל וּבֶרֶכְיָה וַחֲסַדְיָה יוּשַׁב חֶסֶד
כא חָמֵשׁ׃ וּבֶן־חֲנַנְיָה פְּלַטְיָה וִישַׁעְיָה בְּנֵי רְפָיָה בְּנֵי אַרְנָן בְּנֵי
כב עֹבַדְיָה בְּנֵי שְׁכַנְיָה׃ וּבְנֵי שְׁכַנְיָה שְׁמַעְיָה וּבְנֵי שְׁמַעְיָה
כג חַטּוּשׁ וְיִגְאָל וּבָרִיחַ וּנְעַרְיָה וְשָׁפָט שִׁשָּׁה׃ וּבֶן־נְעַרְיָה
כד אֶלְיוֹעֵינַי וְחִזְקִיָּה וְעַזְרִיקָם שְׁלֹשָׁה׃ וּבְנֵי אֶלְיוֹעֵינַי הודיוהו הוֹדַוְיָהוּ
ד א וְאֶלְיָשִׁיב וּפְלָיָה וְעַקּוּב וְיוֹחָנָן וּדְלָיָה וַעֲנָנִי שִׁבְעָה׃ בְּנֵי
ב יְהוּדָה פֶּרֶץ חֶצְרוֹן וְכַרְמִי וְחוּר וְשׁוֹבָל׃ וּרְאָיָה בֶן־שׁוֹבָל
הֹלִיד אֶת־יַחַת וְיַחַת הֹלִיד אֶת־אֲחוּמַי וְאֶת־לָהַד אֵלֶּה
ג מִשְׁפְּחוֹת הַצָּרְעָתִי׃ וְאֵלֶּה אֲבִי עֵיטָם יִזְרְעֶאל וְיִשְׁמָא
ד וְיִדְבָּשׁ וְשֵׁם אֲחוֹתָם הַצְלֶלְפּוֹנִי׃ וּפְנוּאֵל אֲבִי גְדֹר וְעֵזֶר אֲבִי
ה חוּשָׁה אֵלֶּה בְנֵי־חוּר בְּכוֹר אֶפְרָתָה אֲבִי בֵּית לָחֶם׃ וּלְאַשְׁחוּר
ו אֲבִי תְקוֹעַ הָיוּ שְׁתֵּי נָשִׁים חֶלְאָה וְנַעֲרָה׃ וַתֵּלֶד לוֹ נַעֲרָה

אֶת־אֲחֻזָּם וְאֶת־חֵפֶר וְאֶת־תֵּימְנִי וְאֶת־הָאֲחַשְׁתָּרִי אֵלֶּה בְּנֵי
וְצֹחַר ז ח נַעֲרָה׃ וּבְנֵי חֶלְאָה צֶרֶת יצחר וְאֶתְנָן׃ וְקוֹץ הוֹלִיד אֶת־עָנוּב
ט וְאֶת־הַצֹּבֵבָה וּמִשְׁפְּחֹת אֲחַרְחֵל בֶּן־הָרוּם׃ וַיְהִי יַעְבֵּץ נִכְבָּד
מֵאֶחָיו וְאִמּוֹ קָרְאָה שְׁמוֹ יַעְבֵּץ לֵאמֹר כִּי יָלַדְתִּי בְּעֹצֶב׃
ב י וַיִּקְרָא יַעְבֵּץ לֵאלֹהֵי יִשְׂרָאֵל לֵאמֹר אִם־בָּרֵךְ תְּבָרְכֵנִי וְהִרְבִּיתָ
אֶת־גְּבוּלִי וְהָיְתָה יָדְךָ עִמִּי וְעָשִׂיתָ מֵּרָעָה לְבִלְתִּי עָצְבִּי וַיָּבֵא
יא אֱלֹהִים אֵת אֲשֶׁר־שָׁאָל׃ וּכְלוּב אֲחִי־שׁוּחָה הוֹלִיד
יב אֶת־מְחִיר הוּא אֲבִי אֶשְׁתּוֹן׃ וְאֶשְׁתּוֹן הוֹלִיד אֶת־בֵּית
רָפָא וְאֶת־פָּסֵחַ וְאֶת־תְּחִנָּה אֲבִי עִיר־נָחָשׁ אֵלֶּה אַנְשֵׁי
יג רֵכָה׃ וּבְנֵי קְנַז עָתְנִיאֵל וּשְׂרָיָה וּבְנֵי עָתְנִיאֵל חֲתַת׃
יד וּמְעוֹנֹתַי הוֹלִיד אֶת־עָפְרָה וּשְׂרָיָה הוֹלִיד אֶת־יוֹאָב אֲבִי גֵּיא
טו חֲרָשִׁים כִּי חֲרָשִׁים הָיוּ׃ וּבְנֵי כָּלֵב בֶּן־יְפֻנֶּה עִירוּ
טז אֵלָה וָנָעַם וּבְנֵי אֵלָה וּקְנַז׃ וּבְנֵי יְהַלֶּלְאֵל זִיף וְזִיפָה תִּירְיָא
יז וַאֲשַׂרְאֵל׃ וּבֶן־עֶזְרָה יֶתֶר וּמֶרֶד וְעֵפֶר וְיָלוֹן וַתַּהַר אֶת־
יח מִרְיָם וְאֶת־שַׁמַּי וְאֶת־יִשְׁבָּח אֲבִי אֶשְׁתְּמֹעַ׃ וְאִשְׁתּוֹ הַיְהֻדִיָּה
יָלְדָה אֶת־יֶרֶד אֲבִי גְדוֹר וְאֶת־חֶבֶר אֲבִי שׂוֹכוֹ וְאֶת־
יְקוּתִיאֵל אֲבִי זָנוֹחַ וְאֵלֶּה בְּנֵי בִּתְיָה בַת־פַּרְעֹה אֲשֶׁר לָקַח
יט מָרֶד׃ וּבְנֵי אֵשֶׁת הוֹדִיָּה אֲחוֹת נַחַם אֲבִי קְעִילָה
כ הַגַּרְמִי וְאֶשְׁתְּמֹעַ הַמַּעֲכָתִי׃ וּבְנֵי שִׁימוֹן אַמְנוֹן וְרִנָּה בֶּן־חָנָן
וְתִילוֹן כא ותולון וּבְנֵי יִשְׁעִי זוֹחֵת וּבֶן־זוֹחֵת׃ בְּנֵי שֵׁלָה בֶן־יְהוּדָה עֵר
אֲבִי לֵכָה וְלַעְדָּה אֲבִי מָרֵשָׁה וּמִשְׁפְּחוֹת בֵּית־עֲבֹדַת הַבֻּץ
כב לְבֵית אַשְׁבֵּעַ׃ וְיוֹקִים וְאַנְשֵׁי כֹזֵבָא וְיוֹאָשׁ וְשָׂרָף אֲשֶׁר־בָּעֲלוּ
כג לְמוֹאָב וְיָשֻׁבִי לָחֶם וְהַדְּבָרִים עַתִּיקִים׃ הֵמָּה הַיּוֹצְרִים וְיֹשְׁבֵי
כד נְטָעִים וּגְדֵרָה עִם־הַמֶּלֶךְ בִּמְלַאכְתּוֹ יָשְׁבוּ שָׁם׃ בְּנֵי
כה שִׁמְעוֹן נְמוּאֵל וְיָמִין יָרִיב זֶרַח שָׁאוּל׃ שַׁלֻּם בְּנוֹ מִבְשָׂם בְּנוֹ
כו מִשְׁמָע בְּנוֹ׃ וּבְנֵי מִשְׁמָע חַמּוּאֵל בְּנוֹ זַכּוּר בְּנוֹ שִׁמְעִי בְנוֹ׃
כז וּלְשִׁמְעִי בָּנִים שִׁשָּׁה עָשָׂר וּבָנוֹת שֵׁשׁ וּלְאֶחָיו אֵין בָּנִים

כח רַבִּים וְכֹל מִשְׁפַּחְתָּם לֹא הִרְבּוּ עַד־בְּנֵי יְהוּדָה׃ וַיֵּשְׁבוּ
כט בִּבְאֵר־שֶׁבַע וּמוֹלָדָה וַחֲצַר שׁוּעָל׃ וּבְבִלְהָה וּבְעֶצֶם וּבְתוֹלָד׃
ל לא וּבִבְתוּאֵל וּבְחָרְמָה וּבְצִקְלָג׃ וּבְבֵית מַרְכָּבוֹת וּבַחֲצַר סוּסִים
וּבְבֵית בִּרְאִי וּבְשַׁעֲרָיִם אֵלֶּה עָרֵיהֶם עַד־מְלֹךְ דָּוִיד׃
לב לג וְחַצְרֵיהֶם עֵיטָם וָעַיִן רִמּוֹן וְתֹכֶן וְעָשָׁן עָרִים חָמֵשׁ׃ וְכָל־
חַצְרֵיהֶם אֲשֶׁר סְבִיבוֹת הֶעָרִים הָאֵלֶּה עַד־בָּעַל זֹאת מוֹשְׁבֹתָם
לד לה וְהִתְיַחְשָׂם לָהֶם׃ וּמְשׁוֹבָב וְיַמְלֵךְ וְיוֹשָׁה בֶּן־אֲמַצְיָה׃ וְיוֹאֵל
לו וְיֵהוּא בֶּן־יוֹשִׁבְיָה בֶּן־שְׂרָיָה בֶּן־עֲשִׂיאֵל׃ וְאֶלְיוֹעֵינַי וְיַעֲקֹבָה
לז וִישׁוֹחָיָה וַעֲשָׂיָה וַעֲדִיאֵל וִישִׂימִאֵל וּבְנָיָה׃ וְזִיזָא בֶן־שִׁפְעִי
לח בֶּן־אַלּוֹן בֶּן־יְדָיָה בֶּן־שִׁמְרִי בֶּן־שְׁמַעְיָה׃ אֵלֶּה הַבָּאִים
בְּשֵׁמוֹת נְשִׂיאִים בְּמִשְׁפְּחוֹתָם וּבֵית אֲבוֹתֵיהֶם פָּרְצוּ לָרוֹב׃
לט וַיֵּלְכוּ לִמְבוֹא גְדֹר עַד לְמִזְרַח הַגָּיְא לְבַקֵּשׁ מִרְעֶה לְצֹאנָם׃
מ וַיִּמְצְאוּ מִרְעֶה שָׁמֵן וָטוֹב וְהָאָרֶץ רַחֲבַת יָדַיִם וְשֹׁקֶטֶת
מא וּשְׁלֵוָה כִּי מִן־חָם הַיֹּשְׁבִים שָׁם לְפָנִים׃ וַיָּבֹאוּ אֵלֶּה הַכְּתוּבִים
בְּשֵׁמוֹת בִּימֵי ׀ יְחִזְקִיָּהוּ מֶלֶךְ־יְהוּדָה וַיַּכּוּ אֶת־אָהֳלֵיהֶם וְאֶת־
המעינים אֲשֶׁר נִמְצְאוּ־שָׁמָּה וַיַּחֲרִימֻם עַד־הַיּוֹם הַזֶּה וַיֵּשְׁבוּ הַמְּעוּנִים
מב תַּחְתֵּיהֶם כִּי־מִרְעֶה לְצֹאנָם שָׁם׃ וּמֵהֶם ׀ מִן־בְּנֵי שִׁמְעוֹן
הָלְכוּ לְהַר שֵׂעִיר אֲנָשִׁים חֲמֵשׁ מֵאוֹת וּפְלַטְיָה וּנְעַרְיָה וּרְפָיָה
מג וְעֻזִּיאֵל בְּנֵי יִשְׁעִי בְּרֹאשָׁם׃ וַיַּכּוּ אֶת־שְׁאֵרִית הַפְּלֵטָה לַעֲמָלֵק
ה א וַיֵּשְׁבוּ שָׁם עַד הַיּוֹם הַזֶּה׃ וּבְנֵי רְאוּבֵן בְּכוֹר־יִשְׂרָאֵל
כִּי־הוּא הַבְּכוֹר וּבְחַלְּלוֹ יְצוּעֵי אָבִיו נִתְּנָה בְּכֹרָתוֹ לִבְנֵי יוֹסֵף
ב בֶּן־יִשְׂרָאֵל וְלֹא לְהִתְיַחֵשׂ לַבְּכֹרָה׃ כִּי יְהוּדָה גָּבַר בְּאֶחָיו
ג וּלְנָגִיד מִמֶּנּוּ וְהַבְּכֹרָה לְיוֹסֵף׃ בְּנֵי רְאוּבֵן בְּכוֹר
ד יִשְׂרָאֵל חֲנוֹךְ וּפַלּוּא חֶצְרוֹן וְכַרְמִי׃ בְּנֵי יוֹאֵל שְׁמַעְיָה בְנוֹ גוֹג
ה ו בְּנוֹ שִׁמְעִי בְנוֹ׃ מִיכָה בְנוֹ רְאָיָה בְנוֹ בַּעַל בְּנוֹ׃ בְּאֵרָה בְנוֹ
אֲשֶׁר הֶגְלָה תִּלְּגַת פִּלְנְאֶסֶר מֶלֶךְ אַשֻּׁר הוּא נָשִׂיא לָראוּבֵנִי׃
ז וְאֶחָיו לְמִשְׁפְּחֹתָיו בְּהִתְיַחֵשׂ לְתֹלְדוֹתָם הָרֹאשׁ יְעִיאֵל

ח וּזְכַרְיָהוּ׃ וּבֶלַע בֶּן־עָזָז בֶּן־שֶׁמַע בֶּן־יוֹאֵל הוּא יוֹשֵׁב בַּעֲרֹעֵר
ט וְעַד־נְבוֹ וּבַעַל מְעוֹן׃ וְלַמִּזְרָח יָשַׁב עַד־לְבוֹא מִדְבָּרָה לְמִן־
י הַנָּהָר פְּרָת כִּי מִקְנֵיהֶם רָבוּ בְּאֶרֶץ גִּלְעָד׃ וּבִימֵי שָׁאוּל
עָשׂוּ מִלְחָמָה עִם־הַהַגְרִאִים וַיִּפְּלוּ בְּיָדָם וַיֵּשְׁבוּ בְּאָהֳלֵיהֶם
יא עַל־כָּל־פְּנֵי מִזְרָח לַגִּלְעָד׃ וּבְנֵי־גָד לְנֶגְדָּם יָשְׁבוּ
יב בְּאֶרֶץ הַבָּשָׁן עַד־סַלְכָה׃ יוֹאֵל הָרֹאשׁ וְשָׁפָם הַמִּשְׁנֶה וְיַעְנַי
יג וְשָׁפָט בַּבָּשָׁן׃ וַאֲחֵיהֶם לְבֵית אֲבוֹתֵיהֶם מִיכָאֵל וּמְשֻׁלָּם וְשֶׁבַע
יד וְיוֹרַי וְיַעְכָּן וְזִיעַ וָעֵבֶר שִׁבְעָה׃ אֵלֶּה ׀ בְּנֵי אֲבִיחַיִל
בֶּן־חוּרִי בֶּן־יָרוֹחַ בֶּן־גִּלְעָד בֶּן־מִיכָאֵל בֶּן־יְשִׁישַׁי בֶּן־יַחְדּוֹ
טו בֶּן־בּוּז׃ אֲחִי בֶּן־עַבְדִּיאֵל בֶּן־גּוּנִי רֹאשׁ לְבֵית אֲבוֹתָם׃
טז וַיֵּשְׁבוּ בַּגִּלְעָד בַּבָּשָׁן וּבִבְנֹתֶיהָ וּבְכָל־מִגְרְשֵׁי שָׁרוֹן עַל־
יז תּוֹצְאוֹתָם׃ כֻּלָּם הִתְיַחְשׂוּ בִּימֵי יוֹתָם מֶלֶךְ־יְהוּדָה וּבִימֵי
יח יָרָבְעָם מֶלֶךְ־יִשְׂרָאֵל׃ בְּנֵי־רְאוּבֵן וְגָדִי וַחֲצִי שֵׁבֶט־
מְנַשֶּׁה מִן־בְּנֵי־חַיִל אֲנָשִׁים נֹשְׂאֵי מָגֵן וְחֶרֶב וְדֹרְכֵי קֶשֶׁת
וּלְמוּדֵי מִלְחָמָה אַרְבָּעִים וְאַרְבָּעָה אֶלֶף וּשְׁבַע־מֵאוֹת וְשִׁשִּׁים
יט יֹצְאֵי צָבָא׃ וַיַּעֲשׂוּ מִלְחָמָה עִם־הַהַגְרִיאִים וִיטוּר וְנָפִישׁ
כ וְנוֹדָב׃ וַיֵּעָזְרוּ עֲלֵיהֶם וַיִּנָּתְנוּ בְיָדָם הַהַגְרִיאִים וְכֹל שֶׁעִמָּהֶם
כִּי לֵאלֹהִים זָעֲקוּ בַּמִּלְחָמָה וְנַעְתּוֹר לָהֶם כִּי־בָטְחוּ בוֹ׃
כא וַיִּשְׁבּוּ מִקְנֵיהֶם גְּמַלֵּיהֶם חֲמִשִּׁים אֶלֶף וְצֹאן מָאתַיִם וַחֲמִשִּׁים
כב אֶלֶף וַחֲמוֹרִים אַלְפָּיִם וְנֶפֶשׁ אָדָם מֵאָה אָלֶף׃ כִּי־חֲלָלִים
רַבִּים נָפָלוּ כִּי מֵהָאֱלֹהִים הַמִּלְחָמָה וַיֵּשְׁבוּ תַחְתֵּיהֶם עַד־
כג הַגֹּלָה׃ וּבְנֵי חֲצִי שֵׁבֶט מְנַשֶּׁה יָשְׁבוּ בָּאָרֶץ מִבָּשָׁן
כד עַד־בַּעַל חֶרְמוֹן וּשְׂנִיר וְהַר־חֶרְמוֹן הֵמָּה רָבוּ׃ וְאֵלֶּה רָאשֵׁי
בֵית־אֲבוֹתָם וְעֵפֶר וְיִשְׁעִי וֶאֱלִיאֵל וְעַזְרִיאֵל וְיִרְמְיָה וְהוֹדַוְיָה
וְיַחְדִּיאֵל אֲנָשִׁים גִּבּוֹרֵי חַיִל אַנְשֵׁי שֵׁמוֹת רָאשִׁים לְבֵית
כה אֲבוֹתָם׃ וַיִּמְעֲלוּ בֵּאלֹהֵי אֲבֹתֵיהֶם וַיִּזְנוּ אַחֲרֵי
כו אֱלֹהֵי עַמֵּי־הָאָרֶץ אֲשֶׁר־הִשְׁמִיד אֱלֹהִים מִפְּנֵיהֶם׃ וַיָּעַר

אֱלֹהֵי יִשְׂרָאֵל אֶת־רוּחַ ׀ פּוּל מֶלֶךְ־אַשּׁוּר וְאֶת־רוּחַ תִּלְּגַת
פִּלְנֶסֶר מֶלֶךְ אַשּׁוּר וַיַּגְלֵם לָראוּבֵנִי וְלַגָּדִי וְלַחֲצִי שֵׁבֶט
מְנַשֶּׁה וַיְבִיאֵם לַחְלַח וְחָבוֹר וְהָרָא וּנְהַר גּוֹזָן עַד הַיּוֹם
כז כח הַזֶּה׃ בְּנֵי לֵוִי גֵּרְשׁוֹן קְהָת וּמְרָרִי׃ וּבְנֵי קְהָת עַמְרָם
כט יִצְהָר וְחֶבְרוֹן וְעֻזִּיאֵל׃ וּבְנֵי עַמְרָם אַהֲרֹן וּמֹשֶׁה
ל וּמִרְיָם וּבְנֵי אַהֲרֹן נָדָב וַאֲבִיהוּא אֶלְעָזָר וְאִיתָמָר׃ אֶלְעָזָר
לא הוֹלִיד אֶת־פִּינְחָס פִּינְחָס הֹלִיד אֶת־אֲבִישׁוּעַ׃ וַאֲבִישׁוּעַ
לב הוֹלִיד אֶת־בֻּקִּי וּבֻקִּי הוֹלִיד אֶת־עֻזִּי׃ וְעֻזִּי הוֹלִיד אֶת־זְרַחְיָה
לג וּזְרַחְיָה הוֹלִיד אֶת־מְרָיוֹת׃ מְרָיוֹת הוֹלִיד אֶת־אֲמַרְיָה
לד וַאֲמַרְיָה הוֹלִיד אֶת־אֲחִיטוּב׃ וַאֲחִיטוּב הוֹלִיד אֶת־צָדוֹק
לה וְצָדוֹק הוֹלִיד אֶת־אֲחִימָעַץ׃ וַאֲחִימַעַץ הוֹלִיד אֶת־עֲזַרְיָה
לו וַעֲזַרְיָה הוֹלִיד אֶת־יוֹחָנָן׃ וְיוֹחָנָן הוֹלִיד אֶת־עֲזַרְיָה הוּא
לז אֲשֶׁר כִּהֵן בַּבַּיִת אֲשֶׁר־בָּנָה שְׁלֹמֹה בִּירוּשָׁלִָם׃ וַיּוֹלֶד עֲזַרְיָה
לח אֶת־אֲמַרְיָה וַאֲמַרְיָה הוֹלִיד אֶת־אֲחִיטוּב׃ וַאֲחִיטוּב הוֹלִיד
לט אֶת־צָדוֹק וְצָדוֹק הוֹלִיד אֶת־שַׁלּוּם׃ וְשַׁלּוּם הוֹלִיד אֶת־
מ חִלְקִיָּה וְחִלְקִיָּה הוֹלִיד אֶת־עֲזַרְיָה׃ וַעֲזַרְיָה הוֹלִיד אֶת־שְׂרָיָה
מא וּשְׂרָיָה הוֹלִיד אֶת־יְהוֹצָדָק׃ וִיהוֹצָדָק הָלַךְ בְּהַגְלוֹת יְהוָה
ו א אֶת־יְהוּדָה וִירוּשָׁלִָם בְּיַד נְבֻכַדְנֶאצַּר׃ בְּנֵי לֵוִי
ב גֵּרְשֹׁם קְהָת וּמְרָרִי׃ וְאֵלֶּה שְׁמוֹת בְּנֵי־גֵרְשׁוֹם לִבְנִי וְשִׁמְעִי׃
ג ד וּבְנֵי קְהָת עַמְרָם וְיִצְהָר וְחֶבְרוֹן וְעֻזִּיאֵל׃ בְּנֵי מְרָרִי מַחְלִי
ה וּמֻשִׁי וְאֵלֶּה מִשְׁפְּחוֹת הַלֵּוִי לַאֲבֹתֵיהֶם׃ לְגֵרְשׁוֹם לִבְנִי בְנוֹ
ו יַחַת בְּנוֹ זִמָּה בְנוֹ׃ יוֹאָח בְּנוֹ עִדּוֹ בְנוֹ זֶרַח בְּנוֹ יְאָתְרַי בְּנוֹ׃
ז ח בְּנֵי קְהָת עַמִּינָדָב בְּנוֹ קֹרַח בְּנוֹ אַסִּיר בְּנוֹ׃ אֶלְקָנָה בְנוֹ
ט וְאֶבְיָסָף בְּנוֹ וְאַסִּיר בְּנוֹ׃ תַּחַת בְּנוֹ אוּרִיאֵל בְּנוֹ עֻזִּיָּה בְנוֹ
י יא וְשָׁאוּל בְּנוֹ׃ וּבְנֵי אֶלְקָנָה עֲמָשַׂי וַאֲחִימוֹת׃ אֶלְקָנָה בנו בְּנֵי
יב אֶלְקָנָה צוֹפַי בְּנוֹ וְנַחַת בְּנוֹ׃ אֱלִיאָב בְּנוֹ יְרֹחָם בְּנוֹ אֶלְקָנָה
יג יד בְנוֹ׃ וּבְנֵי שְׁמוּאֵל הַבְּכֹר וַשְׁנִי וַאֲבִיָּה׃ בְּנֵי מְרָרִי מַחְלִי לִבְנִי

טו בְּנוֹ שִׁמְעִי בְנוֹ עֻזָּה בְנוֹ׃ שִׁמְעָא בְנוֹ חַגִּיָּה בְנוֹ עֲשָׂיָה בְנוֹ׃
טז וְאֵלֶּה אֲשֶׁר הֶעֱמִיד דָּוִיד עַל־יְדֵי־שִׁיר בֵּית יְהוָה מִמְּנוֹחַ
יז הָאָרוֹן׃ וַיִּהְיוּ מְשָׁרְתִים לִפְנֵי מִשְׁכַּן אֹהֶל־מוֹעֵד בַּשִּׁיר עַד־
בְּנוֹת שְׁלֹמֹה אֶת־בֵּית יְהוָה בִּירוּשָׁלָםִ וַיַּעַמְדוּ כְמִשְׁפָּטָם
יח עַל־עֲבוֹדָתָם׃ וְאֵלֶּה הָעֹמְדִים וּבְנֵיהֶם מִבְּנֵי הַקְּהָתִי הֵימָן
יט הַמְשׁוֹרֵר בֶּן־יוֹאֵל בֶּן־שְׁמוּאֵל׃ בֶּן־אֶלְקָנָה בֶּן־יְרֹחָם בֶּן־
כ אֱלִיאֵל בֶּן־תּוֹחַ׃ בֶּן־צִיף בֶּן־אֶלְקָנָה בֶּן־מַחַת בֶּן־עֲמָשָׂי׃ צוּף
כא כב בֶּן־אֶלְקָנָה בֶּן־יוֹאֵל בֶּן־עֲזַרְיָה בֶּן־צְפַנְיָה׃ בֶּן־תַּחַת בֶּן־אַסִּיר
כג בֶּן־אֶבְיָסָף בֶּן־קֹרַח׃ בֶּן־יִצְהָר בֶּן־קְהָת בֶּן־לֵוִי בֶּן־יִשְׂרָאֵל׃
כד וְאָחִיו אָסָף הָעֹמֵד עַל־יְמִינוֹ אָסָף בֶּן־בֶּרֶכְיָהוּ בֶּן־שִׁמְעָא׃
כה כו בֶּן־מִיכָאֵל בֶּן־בַּעֲשֵׂיָה בֶּן־מַלְכִּיָּה׃ בֶּן־אֶתְנִי בֶן־זֶרַח בֶּן־
כז כח עֲדָיָה׃ בֶּן־אֵיתָן בֶּן־זִמָּה בֶּן־שִׁמְעִי׃ בֶּן־יַחַת בֶּן־גֵּרְשֹׁם בֶּן־
כט לֵוִי׃ וּבְנֵי מְרָרִי אֲחֵיהֶם עַל־הַשְּׂמֹאול אֵיתָן בֶּן־
ל קִישִׁי בֶּן־עַבְדִּי בֶּן־מַלּוּךְ׃ בֶּן־חֲשַׁבְיָה בֶן־אֲמַצְיָה בֶּן־חִלְקִיָּה׃
לא לב בֶּן־אַמְצִי בֶן־בָּנִי בֶּן־שָׁמֶר׃ בֶּן־מַחְלִי בֶּן־מוּשִׁי בֶּן־מְרָרִי
לג בֶּן־לֵוִי׃ וַאֲחֵיהֶם הַלְוִיִּם נְתוּנִים לְכָל־עֲבוֹדַת מִשְׁכַּן
לד בֵּית הָאֱלֹהִים׃ וְאַהֲרֹן וּבָנָיו מַקְטִירִים עַל־מִזְבַּח הָעוֹלָה ג
וְעַל־מִזְבַּח הַקְּטֹרֶת לְכֹל מְלֶאכֶת קֹדֶשׁ הַקֳּדָשִׁים וּלְכַפֵּר עַל־
לה יִשְׂרָאֵל כְּכֹל אֲשֶׁר־צִוָּה מֹשֶׁה עֶבֶד הָאֱלֹהִים׃ וְאֵלֶּה
לו בְּנֵי אַהֲרֹן אֶלְעָזָר בְּנוֹ פִּינְחָס בְּנוֹ אֲבִישׁוּעַ בְּנוֹ׃ בֻּקִּי בְנוֹ עֻזִּי
לז לח בְנוֹ זְרַחְיָה בְנוֹ׃ מְרָיוֹת בְּנוֹ אֲמַרְיָה בְנוֹ אֲחִיטוּב בְּנוֹ׃ צָדוֹק
לט בְּנוֹ אֲחִימַעַץ בְּנוֹ׃ וְאֵלֶּה מוֹשְׁבוֹתָם לְטִירוֹתָם
בִּגְבוּלָם לִבְנֵי אַהֲרֹן לְמִשְׁפַּחַת הַקְּהָתִי כִּי לָהֶם הָיָה
מ הַגּוֹרָל׃ וַיִּתְּנוּ לָהֶם אֶת־חֶבְרוֹן בְּאֶרֶץ יְהוּדָה וְאֶת־מִגְרָשֶׁיהָ
מא סְבִיבֹתֶיהָ׃ וְאֶת־שְׂדֵה הָעִיר וְאֶת־חֲצֵרֶיהָ נָתְנוּ לְכָלֵב בֶּן־
מב יְפֻנֶּה׃ וְלִבְנֵי אַהֲרֹן נָתְנוּ אֶת־עָרֵי הַמִּקְלָט אֶת־
חֶבְרוֹן וְאֶת־לִבְנָה וְאֶת־מִגְרָשֶׁהָ וְאֶת־יַתִּר וְאֶת־אֶשְׁתְּמֹעַ

מג וְאֶת־מִגְרָשֶׁיהָ׃ וְאֶת־חִילֵז וְאֶת־מִגְרָשֶׁיהָ אֶת־דְּבִיר וְאֶת־
מד מִגְרָשֶׁיהָ׃ וְאֶת־עָשָׁן וְאֶת־מִגְרָשֶׁיהָ וְאֶת־בֵּית שֶׁמֶשׁ וְאֶת־
מה מִגְרָשֶׁיהָ׃ וּמִמַּטֵּה בִנְיָמִן אֶת־גֶּבַע וְאֶת־מִגְרָשֶׁיהָ וְאֶת־עָלֶמֶת
וְאֶת־מִגְרָשֶׁיהָ וְאֶת־עֲנָתוֹת וְאֶת־מִגְרָשֶׁיהָ כָּל־עָרֵיהֶם שְׁלֹשׁ־
מו עֶשְׂרֵה עִיר בְּמִשְׁפְּחוֹתֵיהֶם׃ וְלִבְנֵי קְהָת הַנּוֹתָרִים
מִמִּשְׁפַּחַת הַמַּטֶּה מִמַּחֲצִית מַטֵּה חֲצִי מְנַשֶּׁה בַּגּוֹרָל עָרִים
מז עָשֶׂר׃ וְלִבְנֵי גֵרְשׁוֹם לְמִשְׁפְּחוֹתָם מִמַּטֵּה יִשָּׂשכָר
וּמִמַּטֵּה אָשֵׁר וּמִמַּטֵּה נַפְתָּלִי וּמִמַּטֵּה מְנַשֶּׁה בַּבָּשָׁן עָרִים
מח שְׁלֹשׁ עֶשְׂרֵה׃ לִבְנֵי מְרָרִי לְמִשְׁפְּחוֹתָם מִמַּטֵּה רְאוּבֵן
מט וּמִמַּטֵּה־גָד וּמִמַּטֵּה זְבוּלֻן בַּגּוֹרָל עָרִים שְׁתֵּים עֶשְׂרֵה׃ וַיִּתְּנוּ
נ בְנֵי־יִשְׂרָאֵל לַלְוִיִּם אֶת־הֶעָרִים וְאֶת־מִגְרְשֵׁיהֶם׃ וַיִּתְּנוּ
בַגּוֹרָל מִמַּטֵּה בְנֵי־יְהוּדָה וּמִמַּטֵּה בְנֵי־שִׁמְעוֹן וּמִמַּטֵּה
בְּנֵי בִנְיָמִן אֵת הֶעָרִים הָאֵלֶּה אֲשֶׁר־יִקְרְאוּ אֶתְהֶם
נא בְּשֵׁמוֹת׃ וּמִמִּשְׁפְּחוֹת בְּנֵי קְהָת וַיְהִי עָרֵי גְבוּלָם
נב מִמַּטֵּה אֶפְרָיִם׃ וַיִּתְּנוּ לָהֶם אֶת־עָרֵי הַמִּקְלָט אֶת־שְׁכֶם וְאֶת־
נג מִגְרָשֶׁיהָ בְּהַר אֶפְרָיִם וְאֶת־גֶּזֶר וְאֶת־מִגְרָשֶׁיהָ׃ וְאֶת־יָקְמְעָם
נד וְאֶת־מִגְרָשֶׁיהָ וְאֶת־בֵּית חוֹרוֹן וְאֶת־מִגְרָשֶׁיהָ׃ וְאֶת־אַיָּלוֹן וְאֶת־
נה מִגְרָשֶׁיהָ וְאֶת־גַּת־רִמּוֹן וְאֶת־מִגְרָשֶׁיהָ׃ וּמִמַּחֲצִית מַטֵּה מְנַשֶּׁה
אֶת־עָנֵר וְאֶת־מִגְרָשֶׁיהָ וְאֶת־בִּלְעָם וְאֶת־מִגְרָשֶׁיהָ לְמִשְׁפַּחַת
נו לִבְנֵי־קְהָת הַנּוֹתָרִים׃ לִבְנֵי גֵּרְשׁוֹם מִמִּשְׁפַּחַת חֲצִי
מַטֵּה מְנַשֶּׁה אֶת־גּוֹלָן בַּבָּשָׁן וְאֶת־מִגְרָשֶׁיהָ וְאֶת־עַשְׁתָּרוֹת
נז וְאֶת־מִגְרָשֶׁיהָ׃ וּמִמַּטֵּה יִשָּׂשכָר אֶת־קֶדֶשׁ וְאֶת־
נח מִגְרָשֶׁיהָ אֶת־דָּבְרַת וְאֶת־מִגְרָשֶׁיהָ׃ וְאֶת־רָאמוֹת וְאֶת־
נט מִגְרָשֶׁיהָ וְאֶת־עָנֵם וְאֶת־מִגְרָשֶׁיהָ׃ וּמִמַּטֵּה אָשֵׁר
ס אֶת־מָשָׁל וְאֶת־מִגְרָשֶׁיהָ וְאֶת־עַבְדּוֹן וְאֶת־מִגְרָשֶׁיהָ׃ וְאֶת־
סא חוּקֹק וְאֶת־מִגְרָשֶׁיהָ וְאֶת־רְחֹב וְאֶת־מִגְרָשֶׁיהָ׃ וּמִמַּטֵּה
נַפְתָּלִי אֶת־קֶדֶשׁ בַּגָּלִיל וְאֶת־מִגְרָשֶׁיהָ וְאֶת־חַמּוֹן וְאֶת־

סב מִגְרָשֶׁהָ וְאֶת־קִרְיָתַיִם וְאֶת־מִגְרָשֶׁהָ׃ לִבְנֵי
מְרָרִי הַנּוֹתָרִים מִמַּטֵּה זְבוּלֻן אֶת־רִמּוֹנוֹ וְאֶת־מִגְרָשֶׁיהָ
סג אֶת־תָּבוֹר וְאֶת־מִגְרָשֶׁיהָ׃ וּמֵעֵבֶר לְיַרְדֵּן יְרֵחוֹ לְמִזְרַח
הַיַּרְדֵּן מִמַּטֵּה רְאוּבֵן אֶת־בֶּצֶר בַּמִּדְבָּר וְאֶת־מִגְרָשֶׁיהָ
סד וְאֶת־יַהְצָה וְאֶת־מִגְרָשֶׁיהָ׃ וְאֶת־קְדֵמוֹת וְאֶת־מִגְרָשֶׁיהָ
סה וְאֶת־מֵיפַעַת וְאֶת־מִגְרָשֶׁיהָ׃ וּמִמַּטֵּה־גָד
אֶת־רָאמוֹת בַּגִּלְעָד וְאֶת־מִגְרָשֶׁיהָ וְאֶת־מַחֲנַיִם וְאֶת־
סו מִגְרָשֶׁיהָ׃ וְאֶת־חֶשְׁבּוֹן וְאֶת־מִגְרָשֶׁיהָ וְאֶת־יַעְזֵיר וְאֶת־
ז א מִגְרָשֶׁיהָ׃ וְלִבְנֵי יִשָּׂשכָר תּוֹלָע וּפוּאָה יָשִׁיב יָשׁוּב
ב וְשִׁמְרוֹן אַרְבָּעָה׃ וּבְנֵי תוֹלָע עֻזִּי וּרְפָיָה וִירִיאֵל וְיַחְמַי
וְיִבְשָׂם וּשְׁמוּאֵל רָאשִׁים לְבֵית־אֲבוֹתָם לְתוֹלָע גִּבּוֹרֵי חַיִל
לְתֹלְדוֹתָם מִסְפָּרָם בִּימֵי דָוִיד עֶשְׂרִים־וּשְׁנַיִם אֶלֶף וְשֵׁשׁ
ג מֵאוֹת׃ וּבְנֵי עֻזִּי יִזְרַחְיָה וּבְנֵי יִזְרַחְיָה מִיכָאֵל וְעֹבַדְיָה
ד וְיוֹאֵל יִשִּׁיָּה חֲמִשָּׁה רָאשִׁים כֻּלָּם׃ וַעֲלֵיהֶם לְתֹלְדוֹתָם לְבֵית
אֲבוֹתָם גְּדוּדֵי צְבָא מִלְחָמָה שְׁלֹשִׁים וְשִׁשָּׁה אָלֶף כִּי־הִרְבּוּ
ה נָשִׁים וּבָנִים׃ וַאֲחֵיהֶם לְכֹל מִשְׁפְּחוֹת יִשָּׂשכָר גִּבּוֹרֵי חֲיָלִים
ו שְׁמוֹנִים וְשִׁבְעָה אֶלֶף הִתְיַחְשָׂם לַכֹּל׃ בִּנְיָמִן בֶּלַע
ז וָבֶכֶר וִידִיעֲאֵל שְׁלֹשָׁה׃ וּבְנֵי בֶלַע אֶצְבּוֹן וְעֻזִּי וְעֻזִּיאֵל וִירִימוֹת
וְעִירִי חֲמִשָּׁה רָאשֵׁי בֵּית אָבוֹת גִּבּוֹרֵי חֲיָלִים וְהִתְיַחְשָׂם
ח עֶשְׂרִים וּשְׁנַיִם אֶלֶף וּשְׁלֹשִׁים וְאַרְבָּעָה׃ וּבְנֵי בֶכֶר
זְמִירָה וְיוֹעָשׁ וֶאֱלִיעֶזֶר וְאֶלְיוֹעֵינַי וְעָמְרִי וִירֵמוֹת וַאֲבִיָּה וַעֲנָתוֹת
ט וְעָלָמֶת כָּל־אֵלֶּה בְּנֵי־בָכֶר׃ וְהִתְיַחְשָׂם לְתֹלְדוֹתָם רָאשֵׁי
י בֵּית אֲבוֹתָם גִּבּוֹרֵי חָיִל עֶשְׂרִים אֶלֶף וּמָאתָיִם׃ וּבְנֵי
יְדִיעֲאֵל בִּלְהָן וּבְנֵי בִלְהָן יְעִישׁ וּבִנְיָמִן וְאֵהוּד וּכְנַעֲנָה וְזֵיתָן יְעוּשׁ
יא וְתַרְשִׁישׁ וַאֲחִישָׁחַר׃ כָּל־אֵלֶּה בְּנֵי יְדִיעֲאֵל לְרָאשֵׁי הָאָבוֹת
גִּבּוֹרֵי חֲיָלִים שִׁבְעָה־עָשָׂר אֶלֶף וּמָאתַיִם יֹצְאֵי צָבָא לַמִּלְחָמָה׃
יב יג וְשֻׁפִּם וְחֻפִּם בְּנֵי עִיר חֻשִׁם בְּנֵי אַחֵר׃ בְּנֵי נַפְתָּלִי

יד יחציאל וגוני ויצר ושלום בני בלהה׃ בני מנשה
אשריאל אשר ילדה פילגשו הארמיה ילדה את־מכיר אבי
טו גלעד׃ ומכיר לקח אשה לחפים ולשפים ושם אחתו מעכה
טז ושם השני צלפחד ותהינה לצלפחד בנות׃ ותלד מעכה
אשת־מכיר בן ותקרא שמו פרש ושם אחיו שרש ובניו
יז אולם ורקם׃ ובני אולם בדן אלה בני גלעד בן־מכיר
יח בן־מנשה׃ ואחתו המלכת ילדה את־איש הוד ואת־
יט אביעזר ואת־מחלה׃ ויהיו בני שמידע אחין ושכם ולקחי
כ ואניעם׃ ובני אפרים שותלח וברד בנו ותחת
כא בנו ואלעדה בנו ותחת בנו׃ וזבד בנו ושותלח בנו
ועזר ואלעד והרגום אנשי־גת הנולדים בארץ כי ירדו
כב לקחת את־מקניהם׃ ויתאבל אפרים אביהם ימים רבים
כג ויבאו אחיו לנחמו׃ ויבא אל־אשתו ותהר ותלד בן ויקרא
כד את־שמו בריעה כי ברעה היתה בביתו׃ ובתו שארה
ותבן את־בית־חורון התחתון ואת־העליון ואת אזן שארה׃
כה כו ורפח בנו ורשף ותלח בנו ותחן בנו׃ לעדן בנו עמיהוד
כז כח בנו אלישמע בנו׃ נון בנו יהושע בנו׃ ואחזתם
ומשבותם בית־אל ובנתיה ולמזרח נערן ולמערב גזר ובנתיה
כט ושכם ובנתיה עד־עיה ובנתיה׃ ועל־ידי בני־מנשה בית־
שאן ובנתיה תענך ובנתיה מגדו ובנותיה דור ובנותיה באלה
ל ישבו בני יוסף בן־ישראל׃ בני אשר ימנה וישוה
לא וישוי ובריעה ושרח אחותם׃ ובני בריעה חבר ומלכיאל
לב הוא אבי ברזות׃ וחבר הוליד את־יפלט ואת־שומר ואת־ ברזית
לג חותם ואת שועא אחותם׃ ובני יפלט פסך ובמהל ועשות
לד לה אלה בני יפלט׃ ובני שמר אחי ורוהגה יחבה וארם׃ ובן־ ורהגה וחבה
לו הלם אחיו צופח וימנע ושלש ועמל׃ בני צופח סוח וחרנפר
לז ושועל וברי וימרה׃ בצר והוד ושמא ושלשה ויתרן

לח לט וּבְאֵרָא׃ וּבְנֵי יֶתֶר יְפֻנֶּה וּפִסְפָּה וַאֲרָא׃ וּבְנֵי עֻלָּא אָרַח
מ וְחַנִּיאֵל וְרִצְיָא׃ כָּל־אֵלֶּה בְנֵי־אָשֵׁר רָאשֵׁי בֵית־הָאָבוֹת
בְּרוּרִים גִּבּוֹרֵי חֲיָלִים רָאשֵׁי הַנְּשִׂיאִים וְהִתְיַחְשָׂם בַּצָּבָא
בַּמִּלְחָמָה מִסְפָּרָם אֲנָשִׁים עֶשְׂרִים וְשִׁשָּׁה אָלֶף׃
ח א וּבִנְיָמִן הוֹלִיד אֶת־בֶּלַע בְּכֹרוֹ אַשְׁבֵּל הַשֵּׁנִי וְאַחְרַח הַשְּׁלִישִׁי׃
ב ג נוֹחָה הָרְבִיעִי וְרָפָא הַחֲמִישִׁי׃ וַיִּהְיוּ בָנִים לְבָלַע אַדָּר וְגֵרָא
ד ה וַאֲבִיהוּד׃ וַאֲבִישׁוּעַ וְנַעֲמָן וַאֲחוֹחַ׃ וְגֵרָא וּשְׁפוּפָן וְחוּרָם׃
ו וְאֵלֶּה בְּנֵי אֵחוּד אֵלֶּה הֵם רָאשֵׁי אָבוֹת לְיוֹשְׁבֵי גֶבַע וַיַּגְלוּם
ז אֶל־מָנָחַת׃ וְנַעֲמָן וַאֲחִיָּה וְגֵרָא הוּא הֶגְלָם וְהוֹלִיד אֶת־עֻזָּא
ח וְאֶת־אֲחִיחֻד׃ וְשַׁחֲרַיִם הוֹלִיד בִּשְׂדֵה מוֹאָב מִן־שִׁלְחוֹ אֹתָם
ט חוּשִׁים וְאֶת־בַּעֲרָא נָשָׁיו׃ וַיּוֹלֶד מִן־חֹדֶשׁ אִשְׁתּוֹ אֶת־יוֹבָב
י וְאֶת־צִבְיָא וְאֶת־מֵישָׁא וְאֶת־מַלְכָּם׃ וְאֶת־יְעוּץ וְאֶת־שָׂכְיָה
יא וְאֶת־מִרְמָה אֵלֶּה בָנָיו רָאשֵׁי אָבוֹת׃ וּמֵחֻשִׁים הוֹלִיד אֶת־
יב אֲבִיטוּב וְאֶת־אֶלְפָּעַל׃ וּבְנֵי אֶלְפַּעַל עֵבֶר וּמִשְׁעָם וָשָׁמֶד
יג הוּא בָּנָה אֶת־אוֹנוֹ וְאֶת־לֹד וּבְנֹתֶיהָ׃ וּבְרִעָה וָשֶׁמַע הֵמָּה
רָאשֵׁי הָאָבוֹת לְיוֹשְׁבֵי אַיָּלוֹן הֵמָּה הִבְרִיחוּ אֶת־יוֹשְׁבֵי גַת׃
יד טו טז וְאַחְיוֹ שָׁשָׁק וִירֵמוֹת׃ וּזְבַדְיָה וַעֲרָד וָעָדֶר׃ וּמִיכָאֵל וְיִשְׁפָּה
יז יח וְיוֹחָא בְּנֵי בְרִיעָה׃ וּזְבַדְיָה וּמְשֻׁלָּם וְחִזְקִי וָחָבֶר׃ וְיִשְׁמְרַי
יט כ וְיִזְלִיאָה וְיוֹבָב בְּנֵי אֶלְפָּעַל׃ וְיָקִים וְזִכְרִי וְזַבְדִּי׃ וֶאֱלִיעֵנַי
כא כב וְצִלְּתַי וֶאֱלִיאֵל׃ וַעֲדָיָה וּבְרָאיָה וְשִׁמְרָת בְּנֵי שִׁמְעִי׃ וְיִשְׁפָּן
כג כד וָעֵבֶר וֶאֱלִיאֵל׃ וְעַבְדּוֹן וְזִכְרִי וְחָנָן׃ וַחֲנַנְיָה וְעֵילָם וְעַנְתֹתִיָּה׃
כה כו וְיִפְדְיָה ופניאל בְּנֵי שָׁשָׁק׃ וְשַׁמְשְׁרַי וּשְׁחַרְיָה וַעֲתַלְיָה׃ וּפְנוּאֵל
כז כח וְיַעֲרֶשְׁיָה וְאֵלִיָּה וְזִכְרִי בְּנֵי יְרֹחָם׃ אֵלֶּה רָאשֵׁי אָבוֹת
כט לְתֹלְדוֹתָם רָאשִׁים אֵלֶּה יָשְׁבוּ בִירוּשָׁלִָם׃ וּבְגִבְעוֹן
ל יָשְׁבוּ אֲבִי גִבְעוֹן וְשֵׁם אִשְׁתּוֹ מַעֲכָה׃ וּבְנוֹ הַבְּכוֹר עַבְדּוֹן
לא לב וְצוּר וְקִישׁ וּבַעַל וְנָדָב׃ וּגְדוֹר וְאַחְיוֹ וָזָכֶר׃ וּמִקְלוֹת הוֹלִיד
אֶת־שִׁמְאָה וְאַף־הֵמָּה נֶגֶד אֲחֵיהֶם יָשְׁבוּ בִירוּשָׁלִַם עִם־

לג אֲחֵיהֶֽם׃ וְנֵר֙ הוֹלִ֣יד אֶת־קִ֔ישׁ וְקִ֖ישׁ הוֹלִ֣יד אֶת־
שָׁא֑וּל וְשָׁא֗וּל הוֹלִ֤יד אֶת־יְהֽוֹנָתָן֙ וְאֶת־מַלְכִּי־שׁ֔וּעַ וְאֶת־
לד אֲבִֽינָדָ֖ב וְאֶת־אֶשְׁבָּֽעַל׃ וּבֶן־יְהֽוֹנָתָ֖ן מְרִ֣יב בָּ֑עַל וּמְרִ֥יב בַּ֖עַל
לה הוֹלִ֥יד אֶת־מִיכָֽה׃ וּבְנֵ֖י מִיכָ֑ה פִּית֥וֹן וָמֶ֖לֶךְ וְתַאְרֵ֥עַ וְאָחָֽז׃
לו וְאָחָז֙ הוֹלִ֣יד אֶת־יְהֽוֹעַדָּ֔ה וִיהֽוֹעַדָּ֗ה הוֹלִ֛יד אֶת־עָלֶ֥מֶת וְאֶת־
לז עַזְמָ֖וֶת וְאֶת־זִמְרִ֑י וְזִמְרִ֖י הוֹלִ֥יד אֶת־מוֹצָֽא׃ וּמוֹצָ֖א הוֹלִ֣יד
לח אֶת־בִּנְעָ֑א רָפָ֥ה בְנ֛וֹ אֶלְעָשָׂ֥ה בְנ֖וֹ אָצֵ֥ל בְּנֽוֹ׃ וּלְאָצֵל֮ שִׁשָּׁ֣ה
בָנִים֒ וְאֵ֣לֶּה שְׁמוֹתָ֗ם עַזְרִיקָ֤ם ׀ בֹּ֙כְרוּ֙ וְיִשְׁמָעֵ֣אל וּשְׁעַרְיָ֔ה
לט וְעֹֽבַדְיָ֖ה וְחָנָ֑ן כָּל־אֵ֖לֶּה בְּנֵ֥י אָצַֽל׃ וּבְנֵ֖י עֵ֣שֶׁק אָחִ֑יו אוּלָ֣ם
מ בְּכֹר֗וֹ יְע֙וּשׁ֙ הַשֵּׁנִ֔י וֶאֱלִיפֶ֖לֶט הַשְּׁלִשִֽׁי׃ וַיִּהְי֣וּ בְנֵֽי־א֠וּלָם ד
אֲנָשִׁ֨ים גִּבֹּֽרֵי־חַ֜יִל דֹּ֣רְכֵי קֶ֗שֶׁת וּמַרְבִּ֤ים בָּנִים֙ וּבְנֵ֣י בָנִ֔ים
ט א מֵאָ֖ה וַחֲמִשִּׁ֑ים כָּל־אֵ֖לֶּה מִבְּנֵ֥י בִנְיָמִֽן׃ וְכָל־יִשְׂרָאֵל֙
הִתְיַחְשׂ֔וּ וְהִנָּ֣ם כְּתוּבִ֔ים עַל־סֵ֖פֶר מַלְכֵ֣י יִשְׂרָאֵ֑ל וִיהוּדָ֛ה הָגְל֥וּ
ב לְבָבֶ֖ל בְּמַעֲלָֽם׃ וְהַיּֽוֹשְׁבִים֙ הָרִ֣אשֹׁנִ֔ים אֲשֶׁ֥ר בַּאֲחֻזָּתָ֖ם בְּעָרֵיהֶ֑ם
ג יִשְׂרָאֵ֕ל הַכֹּהֲנִ֕ים הַלְוִיִּ֖ם וְהַנְּתִינִֽים׃ וּבִירוּשָׁלִַ֣ם יָשְׁב֗וּ מִן־בְּנֵ֤י
ד יְהוּדָה֙ וּמִן־בְּנֵ֣י בִנְיָמִ֔ן וּמִן־בְּנֵ֥י אֶפְרַ֖יִם וּמְנַשֶּֽׁה׃ עוּתַ֣י בֶּן־
עַמִּיה֗וּד בֶּן־עָמְרִי֙ בֶּן־אִמְרִ֣י בֶן־בנימן־בְּנֵֽי־פֶ֖רֶץ בֶּן־יְהוּדָֽה׃ בָּנִ֥י מִן־
ה ו וּמִן־הַשִּׁילוֹנִ֔י עֲשָׂיָ֥ה הַבְּכ֖וֹר וּבָנָֽיו׃ וּמִן־בְּנֵי־זֶ֖רַח יְעוּאֵ֑ל וַאֲחֵיהֶ֕ם
ז שֵׁשׁ־מֵא֖וֹת וְתִשְׁעִֽים׃ וּמִן־בְּנֵ֖י בִּנְיָמִ֑ן סַלּוּא֙ בֶּן־מְשֻׁלָּ֔ם בֶּן־
ח הוֹדַוְיָ֖ה בֶּן־הַסְּנֻאָֽה׃ וְיִבְנְיָה֙ בֶּן־יְרֹחָ֔ם וְאֵלָ֛ה בֶּן־עֻזִּ֥י בֶּן־מִכְרִ֑י
ט וּמְשֻׁלָּם֙ בֶּן־שְׁפַטְיָ֔ה בֶּן־רְעוּאֵ֖ל בֶּן־יִבְנִיָּֽה׃ וַאֲחֵיהֶם֙ לְתֹ֣לְדוֹתָ֔ם
תְּשַׁ֥ע מֵא֖וֹת וַחֲמִשִּׁ֣ים וְשִׁשָּׁ֑ה כָּל־אֵ֣לֶּה אֲנָשִׁ֗ים רָאשֵׁ֥י אָב֖וֹת
י לְבֵ֥ית אֲבֹתֵיהֶֽם׃ וּמִן־הַכֹּהֲנִ֑ים יְדַֽעְיָ֥ה וִיהוֹיָרִ֖יב וְיָכִֽין׃
יא וַעֲזַרְיָ֡ה בֶּן־חִלְקִיָּ֡ה בֶּן־מְשֻׁלָּם֩ בֶּן־צָד֨וֹק בֶּן־מְרָי֜וֹת בֶּן־אֲחִיט֗וּב
יב נְגִ֖יד בֵּ֥ית הָאֱלֹהִֽים׃ וַעֲדָיָה֙ בֶּן־יְרֹחָ֔ם בֶּן־פַּשְׁח֖וּר
בֶּן־מַלְכִּיָּ֑ה וּמַעְשַׂ֨י בֶּן־עֲדִיאֵ֧ל בֶּן־יַחְזֵ֛רָה בֶּן־מְשֻׁלָּ֥ם בֶּן־
יג מְשִׁלֵּמִ֖ית בֶּן־אִמֵּֽר׃ וַאֲחֵיהֶ֗ם רָאשִׁים֙ לְבֵ֣ית אֲבוֹתָ֔ם אֶ֕לֶף

וְשִׁבְעַ מֵאוֹת וְשִׁשִּׁים גִּבּוֹרֵי חֵיל מְלֶאכֶת עֲבוֹדַת בֵּית־
יד הָאֱלֹהִים׃ וּמִן־הַלְוִיִּם שְׁמַעְיָה בֶן־חַשּׁוּב בֶּן־עַזְרִיקָם בֶּן־
טו חֲשַׁבְיָה מִן־בְּנֵי מְרָרִי׃ וּבַקְבַּקַּר חֶרֶשׁ וְגָלָל וּמַתַּנְיָה בֶּן־
טז מִיכָא בֶּן־זִכְרִי בֶּן־אָסָף׃ וְעֹבַדְיָה בֶּן־שְׁמַעְיָה בֶּן־גָּלָל בֶּן־
ידותון וּבֶרֶכְיָה בֶן־אָסָא בֶּן־אֶלְקָנָה הַיּוֹשֵׁב בְּחַצְרֵי נְטוֹפָתִי׃
יז וְהַשֹּׁעֲרִים שַׁלּוּם וְעַקּוּב וְטַלְמֹן וַאֲחִימָן וַאֲחִיהֶם שַׁלּוּם הָרֹאשׁ׃
יח וְעַד־הֵנָּה בְּשַׁעַר הַמֶּלֶךְ מִזְרָחָה הֵמָּה הַשֹּׁעֲרִים לְמַחֲנוֹת בְּנֵי
יט לֵוִי׃ וְשַׁלּוּם בֶּן־קוֹרֵא בֶּן־אֶבְיָסָף בֶּן־קֹרַח וְאֶחָיו לְבֵית־אָבִיו
הַקָּרְחִים עַל מְלֶאכֶת הָעֲבֹדָה שֹׁמְרֵי הַסִּפִּים לָאֹהֶל וַאֲבֹתֵיהֶם
כ עַל־מַחֲנֵה יְהוָה שֹׁמְרֵי הַמָּבוֹא׃ וּפִינְחָס בֶּן־אֶלְעָזָר נָגִיד הָיָה
כא עֲלֵיהֶם לְפָנִים יְהוָה ׀ עִמּוֹ׃ זְכַרְיָה בֶּן מְשֶׁלֶמְיָה שֹׁעֵר פֶּתַח
כב לְאֹהֶל מוֹעֵד׃ כֻּלָּם הַבְּרוּרִים לְשֹׁעֲרִים בַּסִּפִּים מָאתַיִם וּשְׁנֵים
עָשָׂר הֵמָּה בְחַצְרֵיהֶם הִתְיַחְשָׂם הֵמָּה יִסַּד דָּוִיד וּשְׁמוּאֵל
כג הָרֹאֶה בֶּאֱמוּנָתָם׃ וְהֵם וּבְנֵיהֶם עַל־הַשְּׁעָרִים לְבֵית־יְהוָה
כד לְבֵית הָאֹהֶל לְמִשְׁמָרוֹת׃ לְאַרְבַּע רוּחוֹת יִהְיוּ הַשֹּׁעֲרִים
כה מִזְרָח יָמָּה צָפוֹנָה וָנֶגְבָּה׃ וַאֲחֵיהֶם בְּחַצְרֵיהֶם לָבוֹא לְשִׁבְעַת
כו הַיָּמִים מֵעֵת אֶל־עֵת עִם־אֵלֶּה׃ כִּי בֶאֱמוּנָה הֵמָּה אַרְבַּעַת
גִּבֹּרֵי הַשֹּׁעֲרִים הֵם הַלְוִיִּם וְהָיוּ עַל־הַלְּשָׁכוֹת וְעַל־הָאֹצְרוֹת
כז בֵּית הָאֱלֹהִים׃ וּסְבִיבוֹת בֵּית־הָאֱלֹהִים יָלִינוּ כִּי־עֲלֵיהֶם
כח מִשְׁמֶרֶת וְהֵם עַל־הַמַּפְתֵּחַ וְלַבֹּקֶר לַבֹּקֶר׃ וּמֵהֶם עַל־כְּלֵי
כט הָעֲבוֹדָה כִּי בְמִסְפָּר יְבִיאוּם וּבְמִסְפָּר יוֹצִיאוּם׃ וּמֵהֶם מְמֻנִּים
עַל־הַכֵּלִים וְעַל כָּל־כְּלֵי הַקֹּדֶשׁ וְעַל־הַסֹּלֶת וְהַיַּיִן וְהַשֶּׁמֶן
ל וְהַלְּבוֹנָה וְהַבְּשָׂמִים׃ וּמִן־בְּנֵי הַכֹּהֲנִים רֹקְחֵי הַמִּרְקַחַת
לא לַבְּשָׂמִים׃ וּמַתִּתְיָה מִן־הַלְוִיִּם הוּא הַבְּכוֹר לְשַׁלֻּם הַקָּרְחִי
לב בֶּאֱמוּנָה עַל מַעֲשֵׂה הַחֲבִתִּים׃ וּמִן־בְּנֵי הַקְּהָתִי מִן־אֲחֵיהֶם
לג עַל־לֶחֶם הַמַּעֲרָכֶת לְהָכִין שַׁבַּת שַׁבָּת׃ וְאֵלֶּה
הַמְשֹׁרְרִים רָאשֵׁי אָבוֹת לַלְוִיִּם בַּלְּשָׁכֹת פטירים כִּי־יוֹמָם פְּטוּרִים

לד וְלַיְלָה עֲלֵיהֶם בַּמְּלָאכָה׃ אֵלֶּה רָאשֵׁי הָאָבוֹת לַלְוִיִּם לְתֹלְדוֹתָם
רָאשִׁים אֵלֶּה יָשְׁבוּ בִירוּשָׁלָםִ׃
לה לו וּבְגִבְעוֹן יָשְׁבוּ אֲבִי־גִבְעוֹן יעואל וְשֵׁם אִשְׁתּוֹ מַעֲכָה׃ וּבְנוֹ יְעִיאֵל
לז הַבְּכוֹר עַבְדּוֹן וְצוּר וְקִישׁ וּבַעַל וְנֵר וְנָדָב׃ וּגְדוֹר וְאַחְיוֹ וּזְכַרְיָה
לח וּמִקְלוֹת׃ וּמִקְלוֹת הוֹלִיד אֶת־שִׁמְאָם וְאַף־הֵם נֶגֶד אֲחֵיהֶם
לט יָשְׁבוּ בִירוּשָׁלַםִ עִם־אֲחֵיהֶם׃ וְנֵר הוֹלִיד אֶת־קִישׁ
וְקִישׁ הוֹלִיד אֶת־שָׁאוּל וְשָׁאוּל הוֹלִיד אֶת־יְהוֹנָתָן וְאֶת־
מ מַלְכִּי־שׁוּעַ וְאֶת־אֲבִינָדָב וְאֶת־אֶשְׁבָּעַל׃ וּבֶן־יְהוֹנָתָן מְרִיב
מא בָּעַל וּמְרִי־בַעַל הוֹלִיד אֶת־מִיכָה׃ וּבְנֵי מִיכָה פִּיתֹן וָמֶלֶךְ
מב וְתַחְרֵעַ׃ וְאָחָז הוֹלִיד אֶת־יַעְרָה וְיַעְרָה הוֹלִיד אֶת־עָלֶמֶת
מג וְאֶת־עַזְמָוֶת וְאֶת־זִמְרִי וְזִמְרִי הוֹלִיד אֶת־מוֹצָא׃ וּמוֹצָא
מד הוֹלִיד אֶת־בִּנְעָא וּרְפָיָה בְנוֹ אֶלְעָשָׂה בְנוֹ אָצֵל בְּנוֹ׃ וּלְאָצֵל
שִׁשָּׁה בָנִים וְאֵלֶּה שְׁמוֹתָם עַזְרִיקָם ׀ בֹּכְרוּ וְיִשְׁמָעֵאל וּשְׁעַרְיָה
וְעֹבַדְיָה וְחָנָן אֵלֶּה בְּנֵי אָצֵל׃

י א וּפְלִשְׁתִּים נִלְחֲמוּ בְיִשְׂרָאֵל וַיָּנָס אִישׁ־יִשְׂרָאֵל מִפְּנֵי פְלִשְׁתִּים
ב וַיִּפְּלוּ חֲלָלִים בְּהַר גִּלְבֹּעַ׃ וַיַּדְבְּקוּ פְלִשְׁתִּים אַחֲרֵי שָׁאוּל
וְאַחֲרֵי בָנָיו וַיַּכּוּ פְלִשְׁתִּים אֶת־יוֹנָתָן וְאֶת־אֲבִינָדָב וְאֶת־
ג מַלְכִּי־שׁוּעַ בְּנֵי שָׁאוּל׃ וַתִּכְבַּד הַמִּלְחָמָה עַל־שָׁאוּל וַיִּמְצָאֻהוּ
ד הַמּוֹרִים בַּקָּשֶׁת וַיָּחֶל מִן־הַיּוֹרִים׃ וַיֹּאמֶר שָׁאוּל אֶל־נֹשֵׂא
כֵלָיו שְׁלֹף חַרְבְּךָ ׀ וְדָקְרֵנִי בָהּ פֶּן־יָבֹאוּ הָעֲרֵלִים הָאֵלֶּה
וְהִתְעַלְּלוּ־בִי וְלֹא אָבָה נֹשֵׂא כֵלָיו כִּי יָרֵא מְאֹד וַיִּקַּח שָׁאוּל
ה אֶת־הַחֶרֶב וַיִּפֹּל עָלֶיהָ׃ וַיַּרְא נֹשֵׂא־כֵלָיו כִּי מֵת שָׁאוּל וַיִּפֹּל
ו גַּם־הוּא עַל־הַחֶרֶב וַיָּמֹת׃ וַיָּמָת שָׁאוּל וּשְׁלֹשֶׁת בָּנָיו וְכָל־
ז בֵּיתוֹ יַחְדָּו מֵתוּ׃ וַיִּרְאוּ כָּל־אִישׁ יִשְׂרָאֵל אֲשֶׁר־בָּעֵמֶק כִּי נָסוּ
וְכִי־מֵתוּ שָׁאוּל וּבָנָיו וַיַּעַזְבוּ עָרֵיהֶם וַיָּנֻסוּ וַיָּבֹאוּ פְלִשְׁתִּים
ח וַיֵּשְׁבוּ בָּהֶם׃ וַיְהִי מִמָּחֳרָת וַיָּבֹאוּ פְלִשְׁתִּים לְפַשֵּׁט
אֶת־הַחֲלָלִים וַיִּמְצְאוּ אֶת־שָׁאוּל וְאֶת־בָּנָיו נֹפְלִים בְּהַר גִּלְבֹּעַ׃

ט וַיַּפְשִׁיטֻהוּ וַיִּשְׂאוּ אֶת־רֹאשׁוֹ וְאֶת־כֵּלָיו וַיְשַׁלְּחוּ בְאֶרֶץ־פְּלִשְׁתִּים
י סָבִיב לְבַשֵּׂר אֶת־עֲצַבֵּיהֶם וְאֶת־הָעָם׃ וַיָּשִׂימוּ אֶת־כֵּלָיו בֵּית
יא אֱלֹהֵיהֶם וְאֶת־גֻּלְגָּלְתּוֹ תָקְעוּ בֵּית דָּגוֹן׃ וַיִּשְׁמְעוּ
יב כֹּל יָבֵישׁ גִּלְעָד אֵת כָּל־אֲשֶׁר־עָשׂוּ פְלִשְׁתִּים לְשָׁאוּל׃ וַיָּקוּמוּ
כָּל־אִישׁ חַיִל וַיִּשְׂאוּ אֶת־גּוּפַת שָׁאוּל וְאֵת גּוּפֹת בָּנָיו וַיְבִיאוּם
יָבֵישָׁה וַיִּקְבְּרוּ אֶת־עַצְמוֹתֵיהֶם תַּחַת הָאֵלָה בְּיָבֵשׁ וַיָּצוּמוּ
יג שִׁבְעַת יָמִים׃ וַיָּמָת שָׁאוּל בְּמַעֲלוֹ אֲשֶׁר מָעַל בַּיהוה עַל־דְּבַר
יד יהוה אֲשֶׁר לֹא־שָׁמָר וְגַם־לִשְׁאוֹל בָּאוֹב לִדְרוֹשׁ׃ וְלֹא־דָרַשׁ
בַּיהוה וַיְמִיתֵהוּ וַיַּסֵּב אֶת־הַמְּלוּכָה לְדָוִיד בֶּן־יִשָׁי׃

יא א וַיִּקָּבְצוּ כָל־יִשְׂרָאֵל אֶל־דָּוִיד חֶבְרוֹנָה לֵאמֹר הִנֵּה עַצְמְךָ
ב וּבְשָׂרְךָ אֲנָחְנוּ׃ גַּם־תְּמוֹל גַּם־שִׁלְשׁוֹם גַּם בִּהְיוֹת שָׁאוּל מֶלֶךְ
אַתָּה הַמּוֹצִיא וְהַמֵּבִיא אֶת־יִשְׂרָאֵל וַיֹּאמֶר יהוה אֱלֹהֶיךָ לְךָ
אַתָּה תִרְעֶה אֶת־עַמִּי אֶת־יִשְׂרָאֵל וְאַתָּה תִּהְיֶה נָגִיד עַל עַמִּי
ג יִשְׂרָאֵל׃ וַיָּבֹאוּ כָּל־זִקְנֵי יִשְׂרָאֵל אֶל־הַמֶּלֶךְ חֶבְרוֹנָה וַיִּכְרֹת
לָהֶם דָּוִיד בְּרִית בְּחֶבְרוֹן לִפְנֵי יהוה וַיִּמְשְׁחוּ אֶת־דָּוִיד לְמֶלֶךְ
ד עַל־יִשְׂרָאֵל כִּדְבַר יהוה בְּיַד־שְׁמוּאֵל׃ וַיֵּלֶךְ דָּוִיד
וְכָל־יִשְׂרָאֵל יְרוּשָׁלִַם הִיא יְבוּס וְשָׁם הַיְבוּסִי יֹשְׁבֵי הָאָרֶץ׃
ה וַיֹּאמְרוּ יֹשְׁבֵי יְבוּס לְדָוִיד לֹא תָבוֹא הֵנָּה וַיִּלְכֹּד דָּוִיד אֶת־מְצֻדַת
ו צִיּוֹן הִיא עִיר דָּוִיד׃ וַיֹּאמֶר דָּוִיד כָּל־מַכֵּה יְבוּסִי בָּרִאשׁוֹנָה יִהְיֶה
לְרֹאשׁ וּלְשָׂר וַיַּעַל בָּרִאשׁוֹנָה יוֹאָב בֶּן־צְרוּיָה וַיְהִי לְרֹאשׁ׃
ז ח וַיֵּשֶׁב דָּוִיד בַּמְצָד עַל־כֵּן קָרְאוּ־לוֹ עִיר דָּוִיד׃ וַיִּבֶן הָעִיר
מִסָּבִיב מִן־הַמִּלּוֹא וְעַד־הַסָּבִיב וְיוֹאָב יְחַיֶּה אֶת־שְׁאָר הָעִיר׃
ט וַיֵּלֶךְ דָּוִיד הָלוֹךְ וְגָדוֹל וַיהוה צְבָאוֹת עִמּוֹ׃ ה
י וְאֵלֶּה רָאשֵׁי הַגִּבּוֹרִים אֲשֶׁר לְדָוִיד הַמִּתְחַזְּקִים עִמּוֹ בְמַלְכוּתוֹ
יא עִם־כָּל־יִשְׂרָאֵל לְהַמְלִיכוֹ כִּדְבַר יהוה עַל־יִשְׂרָאֵל׃ וְאֵלֶּה
מִסְפַּר הַגִּבֹּרִים אֲשֶׁר לְדָוִיד יָשָׁבְעָם בֶּן־חַכְמוֹנִי רֹאשׁ השלושים הַשָּׁלִישִׁים
הוּא־עוֹרֵר אֶת־חֲנִיתוֹ עַל־שְׁלֹשׁ־מֵאוֹת חָלָל בְּפַעַם אֶחָת׃

יב וְאַחֲרָיו אֶלְעָזָר בֶּן־דּוֹדוֹ הָאֲחוֹחִי הוּא בִּשְׁלוֹשָׁה הַגִּבֹּרִים:
יג הוּא־הָיָה עִם־דָּוִיד בַּפַּס דַּמִּים וְהַפְּלִשְׁתִּים נֶאֶסְפוּ־שָׁם
לַמִּלְחָמָה וַתְּהִי חֶלְקַת הַשָּׂדֶה מְלֵאָה שְׂעוֹרִים וְהָעָם נָסוּ
יד מִפְּנֵי פְלִשְׁתִּים: וַיִּתְיַצְּבוּ בְתוֹךְ־הַחֶלְקָה וַיַּצִּילוּהָ וַיַּכּוּ אֶת־
טו פְּלִשְׁתִּים וַיּוֹשַׁע יְהוָה תְּשׁוּעָה גְדוֹלָה: וַיֵּרְדוּ שְׁלוֹשָׁה
מִן־הַשְּׁלוֹשִׁים רֹאשׁ עַל־הַצֻּר אֶל־דָּוִיד אֶל־מְעָרַת עֲדֻלָּם
טז וּמַחֲנֵה פְלִשְׁתִּים חֹנָה בְּעֵמֶק רְפָאִים: וְדָוִיד אָז בַּמְּצוּדָה
יז וּנְצִיב פְּלִשְׁתִּים אָז בְּבֵית לָחֶם: וַיִּתְאָו דָּוִיד וַיֹּאמַר מִי יַשְׁקֵנִי
יח מַיִם מִבּוֹר בֵּית־לֶחֶם אֲשֶׁר בַּשָּׁעַר: וַיִּבְקְעוּ הַשְּׁלֹשָׁה בְּמַחֲנֵה
פְלִשְׁתִּים וַיִּשְׁאֲבוּ־מַיִם מִבּוֹר בֵּית־לֶחֶם אֲשֶׁר בַּשַּׁעַר וַיִּשְׂאוּ
וַיָּבִאוּ אֶל־דָּוִיד וְלֹא־אָבָה דָוִיד לִשְׁתּוֹתָם וַיְנַסֵּךְ אֹתָם לַיהוָה:
יט וַיֹּאמֶר חָלִילָה לִּי מֵאֱלֹהַי מֵעֲשׂוֹת זֹאת הֲדַם הָאֲנָשִׁים
הָאֵלֶּה אֶשְׁתֶּה בְנַפְשׁוֹתָם כִּי בְנַפְשׁוֹתָם הֱבִיאוּם וְלֹא אָבָה
כ לִשְׁתּוֹתָם אֵלֶּה עָשׂוּ שְׁלֹשֶׁת הַגִּבּוֹרִים: וְאַבְשַׁי
אֲחִי־יוֹאָב הוּא הָיָה רֹאשׁ הַשְּׁלוֹשָׁה וְהוּא עוֹרֵר אֶת־
כא חֲנִיתוֹ עַל־שְׁלֹשׁ מֵאוֹת חָלָל ולא־שֵׁם בַּשְּׁלוֹשָׁה: מִן־ וְלוֹ־
הַשְּׁלוֹשָׁה בַשְּׁנַיִם נִכְבָּד וַיְהִי לָהֶם לְשָׂר וְעַד־הַשְּׁלוֹשָׁה
כב לֹא־בָא: בְּנָיָה בֶן־יְהוֹיָדָע בֶּן־אִישׁ־חַיִל רַב־
פְּעָלִים מִן־קַבְצְאֵל הוּא הִכָּה אֵת שְׁנֵי אֲרִיאֵל מוֹאָב
כג וְהוּא יָרַד וְהִכָּה אֶת־הָאֲרִי בְּתוֹךְ הַבּוֹר בְּיוֹם הַשָּׁלֶג: וְהוּא
הִכָּה אֶת־הָאִישׁ הַמִּצְרִי אִישׁ מִדָּה ׀ חָמֵשׁ בָּאַמָּה וּבְיַד
הַמִּצְרִי חֲנִית כִּמְנוֹר אֹרְגִים וַיֵּרֶד אֵלָיו בַּשָּׁבֶט וַיִּגְזֹל אֶת־
כד הַחֲנִית מִיַּד הַמִּצְרִי וַיַּהַרְגֵהוּ בַּחֲנִיתוֹ: אֵלֶּה עָשָׂה בְּנָיָהוּ בֶּן־
כה יְהוֹיָדָע וְלוֹ־שֵׁם בִּשְׁלוֹשָׁה הַגִּבֹּרִים: מִן־הַשְּׁלוֹשִׁים הִנּוֹ
נִכְבָּד הוּא וְאֶל־הַשְּׁלֹשָׁה לֹא־בָא וַיְשִׂימֵהוּ דָוִיד עַל־
כו מִשְׁמַעְתּוֹ: וְגִבּוֹרֵי הַחֲיָלִים עֲשָׂהאֵל אֲחִי יוֹאָב
כז אֶלְחָנָן בֶּן־דּוֹדוֹ מִבֵּית לָחֶם: שַׁמּוֹת הַהֲרוֹרִי

חֶלֶץ הַפְּלוֹנִי׃ עִירָא בֶּן־עִקֵּשׁ הַתְּקוֹעִי אֲבִיעֶזֶר כח
הָעַנְּתוֹתִי׃ סִבְּכַי הַחֻשָׁתִי עִילַי הָאֲחוֹחִי׃ מַהְרַי כט ל
הַנְּטֹפָתִי חֵלֶד בֶּן־בַּעֲנָה הַנְּטוֹפָתִי׃ אִיתַי בֶּן־רִיבַי לא
מִגִּבְעַת בְּנֵי בִנְיָמִן בְּנָיָה הַפִּרְעָתֹנִי׃ חוּרַי מִנַּחֲלֵי לב
גָעַשׁ אֲבִיאֵל הָעַרְבָתִי׃ עַזְמָוֶת הַבַּחֲרוּמִי אֶלְיַחְבָּא לג
הַשַּׁעַלְבֹנִי׃ בְּנֵי הָשֵׁם הַגִּזוֹנִי יוֹנָתָן בֶּן־שָׁגֵה לד
הַהֲרָרִי׃ אֲחִיאָם בֶּן־שָׂכָר הַהֲרָרִי אֱלִיפַל בֶּן־ לה
אוּר׃ חֵפֶר הַמְּכֵרָתִי אֲחִיָּה הַפְּלֹנִי׃ חֶצְרוֹ לו לז
הַכַּרְמְלִי נַעֲרַי בֶּן־אֶזְבָּי׃ יוֹאֵל אֲחִי נָתָן מִבְחָר בֶּן־ לח
הַגְרִי׃ צֶלֶק הָעַמּוֹנִי נַחְרַי הַבֵּרֹתִי נֹשֵׂא כְּלֵי יוֹאָב בֶּן־ לט
צְרוּיָה׃ עִירָא הַיִּתְרִי גָּרֵב הַיִּתְרִי׃ אוּרִיָּה מ מא
הַחִתִּי זָבָד בֶּן־אַחְלָי׃ עֲדִינָא בֶן־שִׁיזָא הָרְאוּבֵנִי מב
רֹאשׁ לָרְאוּבֵנִי וְעָלָיו שְׁלוֹשִׁים׃ חָנָן בֶּן־מַעֲכָה וְיוֹשָׁפָט מג
וְיַעִיאֵל הַמִּתְנִי׃ עֻזִיָּא הָעַשְׁתְּרָתִי שָׁמָע ויעואל בְּנֵי מד
חוֹתָם הָעֲרֹעֵרִי׃ יְדִיעֲאֵל בֶּן־שִׁמְרִי וְיֹחָא אָחִיו מה
הַתִּיצִי׃ אֱלִיאֵל הַמַּחֲוִים וִירִיבַי וְיוֹשַׁוְיָה בְּנֵי אֶלְנָעַם מו
וְיִתְמָה הַמּוֹאָבִי׃ אֱלִיאֵל וְעוֹבֵד וְיַעֲשִׂיאֵל הַמְּצֹבָיָה׃ מז
וְאֵלֶּה הַבָּאִים אֶל־דָּוִיד לְצִיקְלַג עוֹד עָצוּר מִפְּנֵי שָׁאוּל בֶּן־ א יב
קִישׁ וְהֵמָּה בַּגִּבּוֹרִים עֹזְרֵי הַמִּלְחָמָה׃ נֹשְׁקֵי קֶשֶׁת מַיְמִינִים ב
וּמַשְׂמִאלִים בָּאֲבָנִים וּבַחִצִּים בַּקָּשֶׁת מֵאֲחֵי שָׁאוּל מִבִּנְיָמִן׃
וְיַזִיאֵל הָרֹאשׁ אֲחִיעֶזֶר וְיוֹאָשׁ בְּנֵי הַשְּׁמָעָה הַגִּבְעָתִי ויזואל וָפֶלֶט ג
בְּנֵי עַזְמָוֶת וּבְרָכָה וְיֵהוּא הָעֲנְּתֹתִי׃ וְיִשְׁמַעְיָה הַגִּבְעוֹנִי גִּבּוֹר ד
בַּשְּׁלֹשִׁים וְעַל־הַשְּׁלֹשִׁים׃ וְיִרְמְיָה וְיַחֲזִיאֵל וְיוֹחָנָן וְיוֹזָבָד ה
הַחֲרוּפִי הַגְּדֵרָתִי׃ אֶלְעוּזַי וִירִימוֹת וּבְעַלְיָה וּשְׁמַרְיָהוּ וּשְׁפַטְיָהוּ החריפי׃ ו
אֶלְקָנָה וְיִשִּׁיָּהוּ וַעֲזַרְאֵל וְיוֹעֶזֶר וְיָשָׁבְעָם הַקָּרְחִים׃ וְיוֹעֵאלָה ז ח
וּזְבַדְיָה בְּנֵי יְרֹחָם מִן־הַגְּדוֹר׃ וּמִן־הַגָּדִי נִבְדְּלוּ אֶל־דָּוִיד לַמְצַד ט
מִדְבָּרָה גִּבֹּרֵי הַחַיִל אַנְשֵׁי צָבָא לַמִּלְחָמָה עֹרְכֵי צִנָּה וָרֹמַח

י וּפְנֵי אַרְיֵה פְּנֵיהֶם וְכִצְבָאיִם עַל־הֶהָרִים לְמַהֵר׃ עֵזֶר
יא הָרֹאשׁ עֹבַדְיָה הַשֵּׁנִי אֱלִיאָב הַשְּׁלִשִׁי׃ מִשְׁמַנָּה הָרְבִיעִי יִרְמְיָה
יב יג הַחֲמִשִׁי׃ עַתַּי הַשִּׁשִּׁי אֱלִיאֵל הַשְּׁבִעִי׃ יוֹחָנָן הַשְּׁמִינִי אֶלְזָבָד
יד טו הַתְּשִׁיעִי׃ יִרְמְיָהוּ הָעֲשִׂירִי מַכְבַּנַּי עַשְׁתֵּי עָשָׂר׃ אֵלֶּה
מִבְּנֵי־גָד רָאשֵׁי הַצָּבָא אֶחָד לְמֵאָה הַקָּטָן וְהַגָּדוֹל לְאָלֶף׃
טז אֵלֶּה הֵם אֲשֶׁר עָבְרוּ אֶת־הַיַּרְדֵּן בַּחֹדֶשׁ הָרִאשׁוֹן וְהוּא
מְמַלֵּא עַל־כָּל־גדיתיו וַיַּבְרִיחוּ אֶת־כָּל־הָעֲמָקִים לַמִּזְרָח גְּדוֹתָיו
יז וְלַמַּעֲרָב׃ וַיָּבֹאוּ מִן־בְּנֵי בִנְיָמִן וִיהוּדָה עַד־לַמְּצָד
יח לְדָוִיד׃ וַיֵּצֵא דָוִיד לִפְנֵיהֶם וַיַּעַן וַיֹּאמֶר לָהֶם אִם־לְשָׁלוֹם בָּאתֶם
אֵלַי לְעָזְרֵנִי יִהְיֶה־לִּי עֲלֵיכֶם לֵבָב לְיָחַד וְאִם־לְרַמּוֹתַנִי לְצָרַי בְּלֹא
יט חָמָס בְּכַפַּי יֵרֶא אֱלֹהֵי אֲבוֹתֵינוּ וְיוֹכַח׃ וְרוּחַ לָבְשָׁה
אֶת־עֲמָשַׂי רֹאשׁ השלושים לְךָ דָוִיד וְעִמְּךָ בֶן־יִשַׁי שָׁלוֹם ׀ הַשָּׁלִישִׁים
שָׁלוֹם לְךָ וְשָׁלוֹם לְעֹזְרֶךָ כִּי עֲזָרְךָ אֱלֹהֶיךָ וַיְקַבְּלֵם דָּוִיד וַיִּתְּנֵם
כ בְּרָאשֵׁי הַגְּדוּד׃ וּמִמְּנַשֶּׁה נָפְלוּ עַל־דָּוִיד בְּבֹאוֹ עִם־
פְּלִשְׁתִּים עַל־שָׁאוּל לַמִּלְחָמָה וְלֹא עֲזָרֻם כִּי בְעֵצָה שִׁלְּחֻהוּ
כא סַרְנֵי פְלִשְׁתִּים לֵאמֹר בְּרָאשֵׁינוּ יִפּוֹל אֶל־אֲדֹנָיו שָׁאוּל׃ בְּלֶכְתּוֹ
אֶל־צִיקְלַג נָפְלוּ עָלָיו ׀ מִמְּנַשֶּׁה עַדְנַח וְיוֹזָבָד וִידִיעֲאֵל וּמִיכָאֵל
כב וְיוֹזָבָד וֶאֱלִיהוּא וְצִלְּתָי רָאשֵׁי הָאֲלָפִים אֲשֶׁר לִמְנַשֶּׁה׃ וְהֵמָּה
עָזְרוּ עִם־דָּוִיד עַל־הַגְּדוּד כִּי־גִבּוֹרֵי חַיִל כֻּלָּם וַיִּהְיוּ שָׂרִים
כג בַּצָּבָא׃ כִּי לְעֶת־יוֹם בְּיוֹם יָבֹאוּ עַל־דָּוִיד לְעָזְרוֹ עַד־לְמַחֲנֶה
כד גָּדוֹל כְּמַחֲנֵה אֱלֹהִים׃ וְאֵלֶּה מִסְפְּרֵי רָאשֵׁי הֶחָלוּץ
לַצָּבָא בָּאוּ עַל־דָּוִיד חֶבְרוֹנָה לְהָסֵב מַלְכוּת שָׁאוּל אֵלָיו כְּפִי
כה יְהוָה׃ בְּנֵי יְהוּדָה נֹשְׂאֵי צִנָּה וָרֹמַח שֵׁשֶׁת אֲלָפִים
כו וּשְׁמוֹנֶה מֵאוֹת חֲלוּצֵי צָבָא׃ מִן־בְּנֵי שִׁמְעוֹן גִּבּוֹרֵי
כז חַיִל לַצָּבָא שִׁבְעַת אֲלָפִים וּמֵאָה׃ מִן־בְּנֵי הַלֵּוִי
כח אַרְבַּעַת אֲלָפִים וְשֵׁשׁ מֵאוֹת׃ וִיהוֹיָדָע הַנָּגִיד לְאַהֲרֹן
כט וְעִמּוֹ שְׁלֹשֶׁת אֲלָפִים וּשְׁבַע מֵאוֹת׃ וְצָדוֹק נַעַר גִּבּוֹר

חַיִל וּבֵית־אָבִיו שָׂרִים עֶשְׂרִים וּשְׁנָיִם׃ ל וּמִן־בְּנֵי בִנְיָמִן
אֲחֵי שָׁאוּל שְׁלֹשֶׁת אֲלָפִים וְעַד־הֵנָּה מַרְבִּיתָם שֹׁמְרִים מִשְׁמֶרֶת
לא בֵּית שָׁאוּל׃ וּמִן־בְּנֵי אֶפְרַיִם עֶשְׂרִים אֶלֶף וּשְׁמוֹנֶה
לב מֵאוֹת גִּבּוֹרֵי חַיִל אַנְשֵׁי שֵׁמוֹת לְבֵית אֲבוֹתָם׃ וּמֵחֲצִי
מַטֵּה מְנַשֶּׁה שְׁמוֹנָה עָשָׂר אָלֶף אֲשֶׁר נִקְּבוּ בְּשֵׁמוֹת לָבוֹא
לג לְהַמְלִיךְ אֶת־דָּוִיד׃ וּמִבְּנֵי יִשָּׂשכָר יוֹדְעֵי בִינָה לָעִתִּים
לָדַעַת מַה־יַּעֲשֶׂה יִשְׂרָאֵל רָאשֵׁיהֶם מָאתַיִם וְכָל־אֲחֵיהֶם עַל־
לד פִּיהֶם׃ מִזְּבֻלוּן יוֹצְאֵי צָבָא עֹרְכֵי מִלְחָמָה בְּכָל־כְּלֵי
לה מִלְחָמָה חֲמִשִּׁים אָלֶף וְלַעֲדֹר בְּלֹא־לֵב וָלֵב׃ וּמִנַּפְתָּלִי
שָׂרִים אָלֶף וְעִמָּהֶם בְּצִנָּה וַחֲנִית שְׁלֹשִׁים וְשִׁבְעָה
לו אָלֶף׃ וּמִן־הַדָּנִי עֹרְכֵי מִלְחָמָה עֶשְׂרִים־וּשְׁמוֹנָה אֶלֶף
לז וְשֵׁשׁ מֵאוֹת׃ וּמֵאָשֵׁר יוֹצְאֵי צָבָא לַעֲרֹךְ מִלְחָמָה
לח אַרְבָּעִים אָלֶף׃ וּמֵעֵבֶר לַיַּרְדֵּן מִן־הָרֻאוּבֵנִי וְהַגָּדִי
וַחֲצִי ׀ שֵׁבֶט מְנַשֶּׁה בְּכֹל כְּלֵי צְבָא מִלְחָמָה מֵאָה וְעֶשְׂרִים
לט אָלֶף׃ כָּל־אֵלֶּה אַנְשֵׁי מִלְחָמָה עֹדְרֵי מַעֲרָכָה בְּלֵבָב שָׁלֵם
בָּאוּ חֶבְרוֹנָה לְהַמְלִיךְ אֶת־דָּוִיד עַל־כָּל־יִשְׂרָאֵל וְגַם כָּל־
מ שֵׁרִית יִשְׂרָאֵל לֵב אֶחָד לְהַמְלִיךְ אֶת־דָּוִיד׃ וַיִּהְיוּ־שָׁם עִם־
דָּוִיד יָמִים שְׁלוֹשָׁה אֹכְלִים וְשׁוֹתִים כִּי־הֵכִינוּ לָהֶם אֲחֵיהֶם׃
ו מא וְגַם הַקְּרוֹבִים־אֲלֵיהֶם עַד־יִשָּׂשכָר וּזְבֻלוּן וְנַפְתָּלִי מְבִיאִים
לֶחֶם בַּחֲמוֹרִים וּבַגְּמַלִּים וּבַפְּרָדִים ׀ וּבַבָּקָר מַאֲכָל קֶמַח
דְּבֵלִים וְצִמּוּקִים וְיַיִן וְשֶׁמֶן וּבָקָר וְצֹאן לָרֹב כִּי שִׂמְחָה
יג א בְּיִשְׂרָאֵל׃ וַיִּוָּעַץ דָּוִיד עִם־שָׂרֵי הָאֲלָפִים וְהַמֵּאוֹת
ב לְכָל־נָגִיד׃ וַיֹּאמֶר דָּוִיד לְכֹל ׀ קְהַל יִשְׂרָאֵל אִם־עֲלֵיכֶם טוֹב
וּמִן־יְהוָה אֱלֹהֵינוּ נִפְרְצָה נִשְׁלְחָה עַל־אַחֵינוּ הַנִּשְׁאָרִים בְּכֹל
אַרְצוֹת יִשְׂרָאֵל וְעִמָּהֶם הַכֹּהֲנִים וְהַלְוִיִּם בְּעָרֵי מִגְרְשֵׁיהֶם
ג וְיִקָּבְצוּ אֵלֵינוּ׃ וְנָסֵבָּה אֶת־אֲרוֹן אֱלֹהֵינוּ אֵלֵינוּ כִּי־לֹא
ד דְרַשְׁנֻהוּ בִּימֵי שָׁאוּל׃ וַיֹּאמְרוּ כָל־הַקָּהָל לַעֲשׂוֹת כֵּן כִּי־יָשַׁר

ה הַדָּבָר בְּעֵינֵי כָל־הָעָם׃ וַיַּקְהֵל דָּוִיד אֶת־כָּל־יִשְׂרָאֵל מִן־
שִׁיחוֹר מִצְרַיִם וְעַד־לְבוֹא חֲמָת לְהָבִיא אֶת־אֲרוֹן הָאֱלֹהִים
ו מִקִּרְיַת יְעָרִים׃ וַיַּעַל דָּוִיד וְכָל־יִשְׂרָאֵל בַּעֲלָתָה אֶל־קִרְיַת
יְעָרִים אֲשֶׁר לִיהוּדָה לְהַעֲלוֹת מִשָּׁם אֵת אֲרוֹן הָאֱלֹהִים ׀ יְהוָה
ז יוֹשֵׁב הַכְּרוּבִים אֲשֶׁר־נִקְרָא שֵׁם׃ וַיַּרְכִּיבוּ אֶת־אֲרוֹן הָאֱלֹהִים
עַל־עֲגָלָה חֲדָשָׁה מִבֵּית אֲבִינָדָב וְעֻזָּא וְאַחְיוֹ נֹהֲגִים בָּעֲגָלָה׃
ח וְדָוִיד וְכָל־יִשְׂרָאֵל מְשַׂחֲקִים לִפְנֵי הָאֱלֹהִים בְּכָל־עֹז וּבְשִׁירִים
ט וּבְכִנֹּרוֹת וּבִנְבָלִים וּבְתֻפִּים וּבִמְצִלְתַּיִם וּבַחֲצֹצְרוֹת׃ וַיָּבֹאוּ
עַד־גֹּרֶן כִּידֹן וַיִּשְׁלַח עֻזָּא אֶת־יָדוֹ לֶאֱחֹז אֶת־הָאָרוֹן כִּי
י שָׁמְטוּ הַבָּקָר׃ וַיִּחַר־אַף יְהוָה בְּעֻזָּא וַיַּכֵּהוּ עַל אֲשֶׁר־שָׁלַח
יא יָדוֹ עַל־הָאָרוֹן וַיָּמָת שָׁם לִפְנֵי הָאֱלֹהִים׃ וַיִּחַר לְדָוִיד כִּי־
פָרַץ יְהוָה פֶּרֶץ בְּעֻזָּא וַיִּקְרָא לַמָּקוֹם הַהוּא פֶּרֶץ עֻזָּא עַד
יב הַיּוֹם הַזֶּה׃ וַיִּירָא דָוִיד אֶת־הָאֱלֹהִים בַּיּוֹם הַהוּא לֵאמֹר
יג הֵיךְ אָבִיא אֵלַי אֵת אֲרוֹן הָאֱלֹהִים׃ וְלֹא־הֵסִיר דָּוִיד אֶת־
הָאָרוֹן אֵלָיו אֶל־עִיר דָּוִיד וַיַּטֵּהוּ אֶל־בֵּית עֹבֵד־אֱדֹם
יד הַגִּתִּי׃ וַיֵּשֶׁב אֲרוֹן הָאֱלֹהִים עִם־בֵּית עֹבֵד אֱדֹם בְּבֵיתוֹ
שְׁלֹשָׁה חֳדָשִׁים וַיְבָרֶךְ יְהוָה אֶת־בֵּית עֹבֵד־אֱדֹם וְאֶת־
כָּל־אֲשֶׁר־לוֹ׃

יד א וַיִּשְׁלַח חִירָם מֶלֶךְ־צֹר מַלְאָכִים אֶל־דָּוִיד וַעֲצֵי אֲרָזִים וְחָרָשֵׁי חוּרָם
ב קִיר וְחָרָשֵׁי עֵצִים לִבְנוֹת לוֹ בָּיִת׃ וַיֵּדַע דָּוִיד כִּי־הֱכִינוֹ יְהוָה
לְמֶלֶךְ עַל־יִשְׂרָאֵל כִּי־נִשֵּׂאת לְמַעְלָה מַלְכוּתוֹ בַּעֲבוּר עַמּוֹ
ג יִשְׂרָאֵל׃ וַיִּקַּח דָּוִיד עוֹד נָשִׁים בִּירוּשָׁלִָם וַיּוֹלֶד
ד דָּוִיד עוֹד בָּנִים וּבָנוֹת׃ וְאֵלֶּה שְׁמוֹת הַיְלוּדִים אֲשֶׁר הָיוּ־לוֹ
ה בִּירוּשָׁלִָם שַׁמּוּעַ וְשׁוֹבָב נָתָן וּשְׁלֹמֹה׃ וְיִבְחָר וֶאֱלִישׁוּעַ
ו ז וְאֶלְפָּלֶט׃ וְנֹגַהּ וְנֶפֶג וְיָפִיעַ׃ וֶאֱלִישָׁמָע וּבְעֶלְיָדָע וֶאֱלִיפָלֶט׃
ח וַיִּשְׁמְעוּ פְלִשְׁתִּים כִּי־נִמְשַׁח דָּוִיד לְמֶלֶךְ עַל־כָּל־יִשְׂרָאֵל
וַיַּעֲלוּ כָל־פְּלִשְׁתִּים לְבַקֵּשׁ אֶת־דָּוִיד וַיִּשְׁמַע דָּוִיד וַיֵּצֵא

ט לִפְנֵיהֶם: וּפְלִשְׁתִּים בָּאוּ וַיִּפְשְׁטוּ בְּעֵמֶק רְפָאִים: וַיִּשְׁאַל דָּוִיד
בֵּאלֹהִים לֵאמֹר הַאֶעֱלֶה עַל־פלשתיים וּנְתַתָּם בְּיָדִי וַיֹּאמֶר פְּלִשְׁתִּים
יא לוֹ יהוה עֲלֵה וּנְתַתִּים בְּיָדֶךָ: וַיַּעֲלוּ בְּבַעַל־פְּרָצִים וַיַּכֵּם שָׁם
דָּוִיד וַיֹּאמֶר דָּוִיד פָּרַץ הָאֱלֹהִים אֶת־אוֹיְבַי בְּיָדִי כְּפֶרֶץ מָיִם
יב עַל־כֵּן קָרְאוּ שֵׁם־הַמָּקוֹם הַהוּא בַּעַל פְּרָצִים: וַיַּעַזְבוּ־שָׁם
יג אֶת־אֱלֹהֵיהֶם וַיֹּאמֶר דָּוִיד וַיִּשָּׂרְפוּ בָּאֵשׁ: וַיֹּסִיפוּ
יד עוֹד פְּלִשְׁתִּים וַיִּפְשְׁטוּ בָּעֵמֶק: וַיִּשְׁאַל עוֹד דָּוִיד בֵּאלֹהִים
וַיֹּאמֶר לוֹ הָאֱלֹהִים לֹא תַעֲלֶה אַחֲרֵיהֶם הָסֵב מֵעֲלֵיהֶם
טו וּבָאתָ לָהֶם מִמּוּל הַבְּכָאִים: וִיהִי כְּשָׁמְעֲךָ אֶת־קוֹל הַצְּעָדָה
בְּרָאשֵׁי הַבְּכָאִים אָז תֵּצֵא בַמִּלְחָמָה כִּי־יָצָא הָאֱלֹהִים
טז לְפָנֶיךָ לְהַכּוֹת אֶת־מַחֲנֵה פְלִשְׁתִּים: וַיַּעַשׂ דָּוִיד כַּאֲשֶׁר צִוָּהוּ
יז הָאֱלֹהִים וַיַּכּוּ אֶת־מַחֲנֵה פְלִשְׁתִּים מִגִּבְעוֹן וְעַד־גָּזְרָה: וַיֵּצֵא
שֵׁם־דָּוִיד בְּכָל־הָאֲרָצוֹת וַיהוה נָתַן אֶת־פַּחְדּוֹ עַל־כָּל־
טו א הַגּוֹיִם: וַיַּעַשׂ־לוֹ בָתִּים בְּעִיר דָּוִיד וַיָּכֶן מָקוֹם לַאֲרוֹן הָאֱלֹהִים
ב וַיֶּט־לוֹ אֹהֶל: אָז אָמַר דָּוִיד לֹא לָשֵׂאת אֶת־אֲרוֹן הָאֱלֹהִים
כִּי אִם־הַלְוִיִּם כִּי־בָם ׀ בָּחַר יהוה לָשֵׂאת אֶת־אֲרוֹן יהוה
ג וּלְשָׁרְתוֹ עַד־עוֹלָם: וַיַּקְהֵל דָּוִיד אֶת־כָּל־יִשְׂרָאֵל
אֶל־יְרוּשָׁלִָם לְהַעֲלוֹת אֶת־אֲרוֹן יהוה אֶל־מְקוֹמוֹ אֲשֶׁר־הֵכִין
ד ה לוֹ: וַיֶּאֱסֹף דָּוִיד אֶת־בְּנֵי אַהֲרֹן וְאֶת־הַלְוִיִּם: לִבְנֵי
ו קְהָת אוּרִיאֵל הַשָּׂר וְאֶחָיו מֵאָה וְעֶשְׂרִים: לִבְנֵי מְרָרִי
ז עֲשָׂיָה הַשָּׂר וְאֶחָיו מָאתַיִם וְעֶשְׂרִים: לִבְנֵי גֵרְשׁוֹם
ח יוֹאֵל הַשָּׂר וְאֶחָיו מֵאָה וּשְׁלֹשִׁים: לִבְנֵי אֱלִיצָפָן
ט שְׁמַעְיָה הַשָּׂר וְאֶחָיו מָאתָיִם: לִבְנֵי חֶבְרוֹן אֱלִיאֵל
י הַשָּׂר וְאֶחָיו שְׁמוֹנִים: לִבְנֵי עֻזִּיאֵל עַמִּינָדָב הַשָּׂר וְאֶחָיו
יא מֵאָה וּשְׁנֵים עָשָׂר: וַיִּקְרָא דָוִיד לְצָדוֹק וּלְאֶבְיָתָר
הַכֹּהֲנִים וְלַלְוִיִּם לְאוּרִיאֵל עֲשָׂיָה וְיוֹאֵל שְׁמַעְיָה וֶאֱלִיאֵל
יב וְעַמִּינָדָב: וַיֹּאמֶר לָהֶם אַתֶּם רָאשֵׁי הָאָבוֹת לַלְוִיִּם הִתְקַדְּשׁוּ

אַתֶּם וַאֲחֵיכֶם וְהַעֲלִיתֶם אֵת אֲרוֹן יְהוָה אֱלֹהֵי יִשְׂרָאֵל אֶל־
יג הֲכִינוֹתִי לוֹ׃ כִּי לְמַבָּרִאשׁוֹנָה לֹא אַתֶּם פָּרַץ יְהוָה אֱלֹהֵינוּ
יד בָּנוּ כִּי־לֹא דְרַשְׁנֻהוּ כַּמִּשְׁפָּט׃ וַיִּתְקַדְּשׁוּ הַכֹּהֲנִים וְהַלְוִיִּם
טו לְהַעֲלוֹת אֶת־אֲרוֹן יְהוָה אֱלֹהֵי יִשְׂרָאֵל׃ וַיִּשְׂאוּ בְנֵי־הַלְוִיִּם
אֵת אֲרוֹן הָאֱלֹהִים כַּאֲשֶׁר צִוָּה מֹשֶׁה כִּדְבַר יְהוָה בִּכְתֵפָם
טז בַּמֹּטוֹת עֲלֵיהֶם׃ וַיֹּאמֶר דָּוִיד לְשָׂרֵי הַלְוִיִּם לְהַעֲמִיד
אֶת־אֲחֵיהֶם הַמְשֹׁרְרִים בִּכְלֵי־שִׁיר נְבָלִים וְכִנֹּרוֹת וּמְצִלְתָּיִם
מַשְׁמִיעִים לְהָרִים־בְּקוֹל לְשִׂמְחָה׃
יז וַיַּעֲמִידוּ הַלְוִיִּם אֵת הֵימָן בֶּן־יוֹאֵל וּמִן־אֶחָיו אָסָף בֶּן־בֶּרֶכְיָהוּ
יח וּמִן־בְּנֵי מְרָרִי אֲחֵיהֶם אֵיתָן בֶּן־קוּשָׁיָהוּ׃ וְעִמָּהֶם אֲחֵיהֶם
הַמִּשְׁנִים זְכַרְיָהוּ בֵּן וְיַעֲזִיאֵל וּשְׁמִירָמוֹת וִיחִיאֵל ׀ וְעֻנִּי אֱלִיאָב
וּבְנָיָהוּ וּמַעֲשֵׂיָהוּ וּמַתִּתְיָהוּ וֶאֱלִיפְלֵהוּ וּמִקְנֵיָהוּ וְעֹבֵד אֱדֹם
יט וִיעִיאֵל הַשֹּׁעֲרִים׃ וְהַמְשֹׁרְרִים הֵימָן אָסָף וְאֵיתָן בִּמְצִלְתַּיִם
כ נְחֹשֶׁת לְהַשְׁמִיעַ׃ וּזְכַרְיָה וַעֲזִיאֵל וּשְׁמִירָמוֹת וִיחִיאֵל וְעֻנִּי
כא וֶאֱלִיאָב וּמַעֲשֵׂיָהוּ וּבְנָיָהוּ בִּנְבָלִים עַל־עֲלָמוֹת׃ וּמַתִּתְיָהוּ
וֶאֱלִיפְלֵהוּ וּמִקְנֵיָהוּ וְעֹבֵד אֱדֹם וִיעִיאֵל וַעֲזַזְיָהוּ בְּכִנֹּרוֹת עַל־
כב הַשְּׁמִינִית לְנַצֵּחַ׃ וּכְנַנְיָהוּ שַׂר־הַלְוִיִּם בְּמַשָּׂא יָסֹר בַּמַּשָּׂא כִּי
כג כד מֵבִין הוּא׃ וּבֶרֶכְיָה וְאֶלְקָנָה שֹׁעֲרִים לָאָרוֹן׃ וּשְׁבַנְיָהוּ וְיוֹשָׁפָט
וּנְתַנְאֵל וַעֲמָשַׂי וּזְכַרְיָהוּ וּבְנָיָהוּ וֶאֱלִיעֶזֶר הַכֹּהֲנִים מחצצרים מַחְצְרִים
בַּחֲצֹצְרוֹת לִפְנֵי אֲרוֹן הָאֱלֹהִים וְעֹבֵד אֱדֹם וִיחִיָּה שֹׁעֲרִים לָאָרוֹן׃
כה וַיְהִי דָוִיד וְזִקְנֵי יִשְׂרָאֵל וְשָׂרֵי הָאֲלָפִים הַהֹלְכִים לְהַעֲלוֹת אֶת־
כו אֲרוֹן בְּרִית־יְהוָה מִן־בֵּית עֹבֵד־אֱדֹם בְּשִׂמְחָה׃ וַיְהִי
בֶּעְזֹר הָאֱלֹהִים אֶת־הַלְוִיִּם נֹשְׂאֵי אֲרוֹן בְּרִית־יְהוָה וַיִּזְבְּחוּ
כז שִׁבְעָה־פָרִים וְשִׁבְעָה אֵילִים׃ וְדָוִיד מְכֻרְבָּל ׀ בִּמְעִיל בּוּץ
וְכָל־הַלְוִיִּם הַנֹּשְׂאִים אֶת־הָאָרוֹן וְהַמְשֹׁרְרִים וּכְנַנְיָה הַשַּׂר
כח הַמַּשָּׂא הַמְשֹׁרְרִים וְעַל־דָּוִיד אֵפוֹד בָּד׃ וְכָל־יִשְׂרָאֵל מַעֲלִים
אֶת־אֲרוֹן בְּרִית־יְהוָה בִּתְרוּעָה וּבְקוֹל שׁוֹפָר וּבַחֲצֹצְרוֹת

וּבִמְצִלְתָּ֑יִם מַשְׁמִעִ֕ים בִּנְבָלִ֖ים וְכִנֹּרֽוֹת׃ וַיְהִ֗י אֲרוֹן֙ בְּרִ֣ית כט
יְהוָ֔ה בָּ֖א עַד־עִ֣יר דָּוִ֑יד וּמִיכַ֨ל בַּת־שָׁא֜וּל נִשְׁקְפָ֣ה ׀ בְּעַ֣ד
הַחַלּ֗וֹן וַתֵּ֙רֶא֙ אֶת־הַמֶּ֣לֶךְ דָּוִ֔יד מְרַקֵּ֖ד וּמְשַׂחֵ֑ק וַתִּ֥בֶז ל֖וֹ
בְּלִבָּֽהּ׃ וַיָּבִ֙יאוּ֙ אֶת־אֲר֣וֹן הָאֱלֹהִ֔ים וַיַּצִּ֣יגוּ אֹת֔וֹ בְּת֣וֹךְ טז א
הָאֹ֔הֶל אֲשֶׁ֥ר נָֽטָה־ל֖וֹ דָּוִ֑יד וַיַּקְרִ֛יבוּ עֹל֥וֹת וּשְׁלָמִ֖ים לִפְנֵ֥י
הָאֱלֹהִֽים׃ וַיְכַ֣ל דָּוִ֔יד מֵהַעֲל֥וֹת הָעֹלָ֖ה וְהַשְּׁלָמִ֑ים וַיְבָ֥רֶךְ אֶת־ ב
הָעָ֖ם בְּשֵׁ֥ם יְהוָֽה׃ וַיְחַלֵּק֙ לְכָל־אִ֣ישׁ יִשְׂרָאֵ֔ל מֵאִ֖ישׁ וְעַד־אִשָּׁ֑ה ג
לְאִ֞ישׁ כִּכַּר־לֶ֙חֶם֙ וְאֶשְׁפָּ֔ר וַאֲשִׁישָֽׁה׃ וַיִּתֵּ֞ן לִפְנֵ֨י אֲר֧וֹן יְהוָ֛ה ד
מִן־הַלְוִיִּ֖ם מְשָׁרְתִ֑ים וּלְהַזְכִּיר֙ וּלְהוֹד֣וֹת וּלְהַלֵּ֔ל לַֽיהוָ֖ה אֱלֹהֵ֥י
יִשְׂרָאֵֽל׃ אָסָ֥ף הָרֹ֖אשׁ וּמִשְׁנֵ֣הוּ זְכַרְיָ֑ה יְעִיאֵ֡ל ה
וּשְׁמִֽירָמ֡וֹת וִֽיחִיאֵ֡ל וּמַתִּתְיָ֡ה וֶאֱלִיאָ֡ב וּבְנָיָ֡הוּ וְעֹבֵ֨ד אֱדֹ֜ם
וִֽיעִיאֵ֗ל בִּכְלֵ֤י נְבָלִים֙ וּבְכִנֹּר֔וֹת וְאָסָ֖ף בַּֽמְצִלְתַּ֥יִם מַשְׁמִֽיעַ׃
וּבְנָיָ֥הוּ וְיַחֲזִיאֵ֖ל הַכֹּהֲנִ֑ים בַּחֲצֹֽצְר֣וֹת תָּמִ֔יד לִפְנֵ֖י אֲר֥וֹן בְּרִית־ ו
הָאֱלֹהִֽים׃ בַּיּ֣וֹם הַה֗וּא אָ֣ז נָתַ֤ן דָּוִיד֙ בָּרֹ֔אשׁ לְהֹד֖וֹת לַֽיהוָ֑ה ז
בְּיַד־אָסָ֖ף וְאֶחָֽיו׃

הוֹד֤וּ לַֽיהוָה֙ קִרְא֣וּ בִשְׁמ֔וֹ הוֹדִ֥יעוּ בָעַמִּ֖ים עֲלִילֹתָֽיו׃ שִׁ֤ירוּ לוֹ֙ ח ט
זַמְּרוּ־ל֔וֹ שִׂ֖יחוּ בְּכָל־נִפְלְאֹתָֽיו׃ הִֽתְהַֽלְלוּ֙ בְּשֵׁ֣ם קָדְשׁ֔וֹ יִשְׂמַ֖ח י
לֵ֥ב מְבַקְשֵׁ֥י יְהוָֽה׃ דִּרְשׁ֤וּ יְהוָה֙ וְעֻזּ֔וֹ בַּקְּשׁ֥וּ פָנָ֖יו תָּמִֽיד׃ זִכְר֗וּ יא יב
נִפְלְאֹתָיו֙ אֲשֶׁ֣ר עָשָׂ֔ה מֹפְתָ֖יו וּמִשְׁפְּטֵי־פִֽיהוּ׃ זֶ֚רַע יִשְׂרָאֵ֣ל יג
עַבְדּ֔וֹ בְּנֵ֥י יַעֲקֹ֖ב בְּחִירָֽיו׃ ה֚וּא יְהוָ֣ה אֱלֹהֵ֔ינוּ בְּכָל־הָאָ֖רֶץ יד
מִשְׁפָּטָֽיו׃ זִכְר֤וּ לְעוֹלָם֙ בְּרִית֔וֹ דָּבָ֥ר צִוָּ֖ה לְאֶ֥לֶף דּֽוֹר׃ אֲשֶׁ֤ר טו טז
כָּרַת֙ אֶת־אַבְרָהָ֔ם וּשְׁבוּעָת֖וֹ לְיִצְחָֽק׃ וַיַּעֲמִידֶ֤הָ לְיַעֲקֹב֙ לְחֹ֔ק יז
לְיִשְׂרָאֵ֖ל בְּרִ֥ית עוֹלָֽם׃ לֵאמֹ֗ר לְךָ֙ אֶתֵּ֣ן אֶֽרֶץ־כְּנָ֔עַן חֶ֖בֶל יח
נַחֲלַתְכֶֽם׃ בִּֽהְיֽוֹתְכֶם֙ מְתֵ֣י מִסְפָּ֔ר כִּמְעַ֖ט וְגָרִ֥ים בָּֽהּ׃ וַיִּֽתְהַלְּכוּ֙ יט כ
מִגּ֣וֹי אֶל־גּ֔וֹי וּמִמַּמְלָכָ֖ה אֶל־עַ֥ם אַחֵֽר׃ לֹֽא־הִנִּ֤יחַ לְאִישׁ֙ כא
לְעָשְׁקָ֔ם וַיּ֥וֹכַח עֲלֵיהֶ֖ם מְלָכִֽים׃ אַל־תִּגְּעוּ֙ בִּמְשִׁיחָ֔י וּבִנְבִיאַ֖י כב
אַל־תָּרֵֽעוּ׃ שִׁ֤ירוּ לַֽיהוָה֙ כָּל־הָאָ֔רֶץ בַּשְּׂר֥וּ מִיּֽוֹם־אֶל־י֖וֹם כג

כד יְשׁוּעָתוֹ: סַפְּרוּ בַגּוֹיִם אֶת־כְּבוֹדוֹ בְּכָל־הָעַמִּים נִפְלְאֹתָיו:
כה כִּי גָדוֹל יְהוָה וּמְהֻלָּל מְאֹד וְנוֹרָא הוּא עַל־כָּל־אֱלֹהִים:
כו כז כִּי כָּל־אֱלֹהֵי הָעַמִּים אֱלִילִים וַיהוָה שָׁמַיִם עָשָׂה: הוֹד וְהָדָר
כח לְפָנָיו עֹז וְחֶדְוָה בִּמְקֹמוֹ: הָבוּ לַיהוָה מִשְׁפְּחוֹת עַמִּים הָבוּ
כט לַיהוָה כָּבוֹד וָעֹז: הָבוּ לַיהוָה כְּבוֹד שְׁמוֹ שְׂאוּ מִנְחָה וּבֹאוּ
ל לְפָנָיו הִשְׁתַּחֲווּ לַיהוָה בְּהַדְרַת־קֹדֶשׁ: חִילוּ מִלְּפָנָיו כָּל־
לא הָאָרֶץ אַף־תִּכּוֹן תֵּבֵל בַּל־תִּמּוֹט: יִשְׂמְחוּ הַשָּׁמַיִם וְתָגֵל
לב הָאָרֶץ וְיֹאמְרוּ בַגּוֹיִם יְהוָה מָלָךְ: יִרְעַם הַיָּם וּמְלוֹאוֹ יַעֲלֹץ
לג הַשָּׂדֶה וְכָל־אֲשֶׁר־בּוֹ: אָז יְרַנְּנוּ עֲצֵי הַיָּעַר מִלִּפְנֵי יְהוָה כִּי־
לד בָא לִשְׁפּוֹט אֶת־הָאָרֶץ: הוֹדוּ לַיהוָה כִּי טוֹב כִּי לְעוֹלָם
לה חַסְדּוֹ: וְאִמְרוּ הוֹשִׁיעֵנוּ אֱלֹהֵי יִשְׁעֵנוּ וְקַבְּצֵנוּ וְהַצִּילֵנוּ מִן־
לו הַגּוֹיִם לְהֹדוֹת לְשֵׁם קָדְשֶׁךָ לְהִשְׁתַּבֵּחַ בִּתְהִלָּתֶךָ: בָּרוּךְ ז
יְהוָה אֱלֹהֵי יִשְׂרָאֵל מִן־הָעוֹלָם וְעַד־הָעֹלָם וַיֹּאמְרוּ כָל־
לז הָעָם אָמֵן וְהַלֵּל לַיהוָה: וַיַּעֲזָב־שָׁם לִפְנֵי אֲרוֹן
בְּרִית־יְהוָה לְאָסָף וּלְאֶחָיו לְשָׁרֵת לִפְנֵי הָאָרוֹן תָּמִיד לִדְבַר־
לח יוֹם בְּיוֹמוֹ: וְעֹבֵד אֱדֹם וַאֲחֵיהֶם שִׁשִּׁים וּשְׁמוֹנָה וְעֹבֵד אֱדֹם
לט בֶּן־יְדִיתוּן וְחֹסָה לְשֹׁעֲרִים: וְאֵת | צָדוֹק הַכֹּהֵן וְאֶחָיו הַכֹּהֲנִים
מ לִפְנֵי מִשְׁכַּן יְהוָה בַּבָּמָה אֲשֶׁר בְּגִבְעוֹן: לְהַעֲלוֹת עֹלוֹת לַיהוָה
עַל־מִזְבַּח הָעֹלָה תָּמִיד לַבֹּקֶר וְלָעָרֶב וּלְכָל־הַכָּתוּב בְּתוֹרַת
מא יְהוָה אֲשֶׁר צִוָּה עַל־יִשְׂרָאֵל: וְעִמָּהֶם הֵימָן וִידוּתוּן וּשְׁאָר
הַבְּרוּרִים אֲשֶׁר נִקְּבוּ בְּשֵׁמוֹת לְהֹדוֹת לַיהוָה כִּי לְעוֹלָם
מב חַסְדּוֹ: וְעִמָּהֶם הֵימָן וִידוּתוּן חֲצֹצְרוֹת וּמְצִלְתַּיִם לְמַשְׁמִיעִים
מג וּכְלֵי שִׁיר הָאֱלֹהִים וּבְנֵי יְדוּתוּן לַשָּׁעַר: וַיֵּלְכוּ כָל־הָעָם אִישׁ
לְבֵיתוֹ וַיִּסֹּב דָּוִיד לְבָרֵךְ אֶת־בֵּיתוֹ: וַיְהִי כַּאֲשֶׁר יז א
יָשַׁב דָּוִיד בְּבֵיתוֹ וַיֹּאמֶר דָּוִיד אֶל־נָתָן הַנָּבִיא הִנֵּה אָנֹכִי
יוֹשֵׁב בְּבֵית הָאֲרָזִים וַאֲרוֹן בְּרִית־יְהוָה תַּחַת יְרִיעוֹת:
ב וַיֹּאמֶר נָתָן אֶל־דָּוִיד כֹּל אֲשֶׁר בִּלְבָבְךָ עֲשֵׂה כִּי הָאֱלֹהִים

עִמָּךְ: וַיְהִי בַּלַּיְלָה הַהוּא וַיְהִי דְּבַר־אֱלֹהִים אֶל־ ג
נָתָן לֵאמֹר: לֵךְ וְאָמַרְתָּ אֶל־דָּוִיד עַבְדִּי כֹּה אָמַר יְהוָה לֹא ד
אַתָּה תִּבְנֶה־לִּי הַבַּיִת לָשָׁבֶת: כִּי לֹא יָשַׁבְתִּי בְּבַיִת מִן־ ה
הַיּוֹם אֲשֶׁר הֶעֱלֵיתִי אֶת־יִשְׂרָאֵל עַד הַיּוֹם הַזֶּה וָאֶהְיֶה
מֵאֹהֶל אֶל־אֹהֶל וּמִמִּשְׁכָּן: בְּכֹל אֲשֶׁר־הִתְהַלַּכְתִּי בְּכָל־ ו
יִשְׂרָאֵל הֲדָבָר דִּבַּרְתִּי אֶת־אַחַד שֹׁפְטֵי יִשְׂרָאֵל אֲשֶׁר צִוִּיתִי
לִרְעוֹת אֶת־עַמִּי לֵאמֹר לָמָּה לֹא־בְנִיתֶם לִי בֵּית אֲרָזִים:
וְעַתָּה כֹּה־תֹאמַר לְעַבְדִּי לְדָוִיד כֹּה אָמַר יְהוָה צְבָאוֹת אֲנִי ז
לְקַחְתִּיךָ מִן־הַנָּוֶה מִן־אַחֲרֵי הַצֹּאן לִהְיוֹת נָגִיד עַל עַמִּי
יִשְׂרָאֵל: וָאֶהְיֶה עִמְּךָ בְּכֹל אֲשֶׁר הָלַכְתָּ וָאַכְרִית אֶת־כָּל־ ח
אוֹיְבֶיךָ מִפָּנֶיךָ וְעָשִׂיתִי לְךָ שֵׁם כְּשֵׁם הַגְּדוֹלִים אֲשֶׁר בָּאָרֶץ:
וְשַׂמְתִּי מָקוֹם לְעַמִּי יִשְׂרָאֵל וּנְטַעְתִּיהוּ וְשָׁכַן תַּחְתָּיו וְלֹא ט
יִרְגַּז עוֹד וְלֹא־יוֹסִיפוּ בְנֵי־עַוְלָה לְבַלֹּתוֹ כַּאֲשֶׁר בָּרִאשׁוֹנָה:
וּלְמִיָּמִים אֲשֶׁר צִוִּיתִי שֹׁפְטִים עַל־עַמִּי יִשְׂרָאֵל וְהִכְנַעְתִּי י
אֶת־כָּל־אוֹיְבֶיךָ וָאַגִּד לָךְ וּבַיִת יִבְנֶה־לְּךָ יְהוָה: וְהָיָה כִּי־ יא
מָלְאוּ יָמֶיךָ לָלֶכֶת עִם־אֲבֹתֶיךָ וַהֲקִימוֹתִי אֶת־זַרְעֲךָ אַחֲרֶיךָ
אֲשֶׁר יִהְיֶה מִבָּנֶיךָ וַהֲכִינוֹתִי אֶת־מַלְכוּתוֹ: הוּא יִבְנֶה־לִּי יב
בָּיִת וְכֹנַנְתִּי אֶת־כִּסְאוֹ עַד־עוֹלָם: אֲנִי אֶהְיֶה־לּוֹ לְאָב וְהוּא יג
יִהְיֶה־לִּי לְבֵן וְחַסְדִּי לֹא־אָסִיר מֵעִמּוֹ כַּאֲשֶׁר הֲסִירוֹתִי מֵאֲשֶׁר
הָיָה לְפָנֶיךָ: וְהַעֲמַדְתִּיהוּ בְּבֵיתִי וּבְמַלְכוּתִי עַד־הָעוֹלָם וְכִסְאוֹ יד
יִהְיֶה נָכוֹן עַד־עוֹלָם: כְּכֹל הַדְּבָרִים הָאֵלֶּה וּכְכֹל הֶחָזוֹן הַזֶּה טו
כֵּן דִּבֶּר נָתָן אֶל־דָּוִיד: וַיָּבֹא הַמֶּלֶךְ דָּוִיד וַיֵּשֶׁב לִפְנֵי טז
יְהוָה וַיֹּאמֶר מִי־אֲנִי יְהוָה אֱלֹהִים וּמִי בֵיתִי כִּי הֲבִיאֹתַנִי
עַד־הֲלֹם: וַתִּקְטַן זֹאת בְּעֵינֶיךָ אֱלֹהִים וַתְּדַבֵּר עַל־בֵּית־ יז
עַבְדְּךָ לְמֵרָחוֹק וּרְאִיתַנִי כְּתוֹר הָאָדָם הַמַּעֲלָה יְהוָה אֱלֹהִים:
מַה־יּוֹסִיף עוֹד דָּוִיד אֵלֶיךָ לְכָבוֹד אֶת־עַבְדֶּךָ וְאַתָּה אֶת־ יח
עַבְדְּךָ יָדָעְתָּ: יְהוָה בַּעֲבוּר עַבְדְּךָ וּכְלִבְּךָ עָשִׂיתָ אֵת כָּל־ יט

כ הַגְּדוּלָּה הַזֹּאת לְהֹדִיעַ אֶת־כָּל־הַגְּדֻלּוֹת׃ יהוה אֵין כָּמוֹךָ
כא וְאֵין אֱלֹהִים זוּלָתֶךָ בְּכֹל אֲשֶׁר־שָׁמַעְנוּ בְּאָזְנֵינוּ׃ וּמִי כְּעַמְּךָ
יִשְׂרָאֵל גּוֹי אֶחָד בָּאָרֶץ אֲשֶׁר הָלַךְ הָאֱלֹהִים לִפְדּוֹת לוֹ עָם
לָשׂוּם לְךָ שֵׁם גְּדֻלּוֹת וְנֹרָאוֹת לְגָרֵשׁ מִפְּנֵי עַמְּךָ אֲשֶׁר־
כב פָּדִיתָ מִמִּצְרַיִם גּוֹיִם׃ וַתִּתֵּן אֶת־עַמְּךָ יִשְׂרָאֵל ׀ לְךָ לְעָם
כג עַד־עוֹלָם וְאַתָּה יהוה הָיִיתָ לָהֶם לֵאלֹהִים׃ וְעַתָּה יהוה
הַדָּבָר אֲשֶׁר דִּבַּרְתָּ עַל־עַבְדְּךָ וְעַל־בֵּיתוֹ יֵאָמֵן עַד־עוֹלָם
כד וַעֲשֵׂה כַּאֲשֶׁר דִּבַּרְתָּ׃ וְיֵאָמֵן וְיִגְדַּל שִׁמְךָ עַד־עוֹלָם לֵאמֹר
יהוה צְבָאוֹת אֱלֹהֵי יִשְׂרָאֵל אֱלֹהִים לְיִשְׂרָאֵל וּבֵית־דָּוִיד
כה עַבְדְּךָ נָכוֹן לְפָנֶיךָ׃ כִּי ׀ אַתָּה אֱלֹהַי גָּלִיתָ אֶת־אֹזֶן עַבְדְּךָ
כו לִבְנוֹת לוֹ בָּיִת עַל־כֵּן מָצָא עַבְדְּךָ לְהִתְפַּלֵּל לְפָנֶיךָ׃ וְעַתָּה
יהוה אַתָּה־הוּא הָאֱלֹהִים וַתְּדַבֵּר עַל־עַבְדְּךָ הַטּוֹבָה הַזֹּאת׃
כז וְעַתָּה הוֹאַלְתָּ לְבָרֵךְ אֶת־בֵּית עַבְדְּךָ לִהְיוֹת לְעוֹלָם לְפָנֶיךָ
יח א כִּי־אַתָּה יהוה בֵּרַכְתָּ וּמְבֹרָךְ לְעוֹלָם׃ וַיְהִי אַחֲרֵי־
כֵן וַיַּךְ דָּוִיד אֶת־פְּלִשְׁתִּים וַיַּכְנִיעֵם וַיִּקַּח אֶת־גַּת וּבְנֹתֶיהָ
ב מִיַּד פְּלִשְׁתִּים׃ וַיַּךְ אֶת־מוֹאָב וַיִּהְיוּ מוֹאָב עֲבָדִים לְדָוִיד
ג נֹשְׂאֵי מִנְחָה׃ וַיַּךְ דָּוִיד אֶת־הֲדַדְעֶזֶר מֶלֶךְ־צוֹבָה חֲמָתָה
ד בְּלֶכְתּוֹ לְהַצִּיב יָדוֹ בִּנְהַר פְּרָת׃ וַיִּלְכֹּד דָּוִיד מִמֶּנּוּ אֶלֶף רֶכֶב
וְשִׁבְעַת אֲלָפִים פָּרָשִׁים וְעֶשְׂרִים אֶלֶף אִישׁ רַגְלִי וַיְעַקֵּר דָּוִיד
ה אֶת־כָּל־הָרֶכֶב וַיּוֹתֵר מִמֶּנּוּ מֵאָה רָכֶב׃ וַיָּבֹא אֲרַם דַּרְמֶשֶׂק
לַעְזוֹר לַהֲדַדְעֶזֶר מֶלֶךְ צוֹבָה וַיַּךְ דָּוִיד בַּאֲרָם עֶשְׂרִים־וּשְׁנַיִם
ו אֶלֶף אִישׁ׃ וַיָּשֶׂם דָּוִיד בַּאֲרַם דַּרְמֶשֶׂק וַיְהִי אֲרָם לְדָוִיד
עֲבָדִים נֹשְׂאֵי מִנְחָה וַיּוֹשַׁע יהוה לְדָוִיד בְּכֹל אֲשֶׁר הָלָךְ׃
ז וַיִּקַּח דָּוִיד אֵת שִׁלְטֵי הַזָּהָב אֲשֶׁר הָיוּ עַל עַבְדֵי הֲדַדְעָזֶר
ח וַיְבִיאֵם יְרוּשָׁלִָם׃ וּמִטִּבְחַת וּמִכּוּן עָרֵי הֲדַדְעֶזֶר לָקַח דָּוִיד
נְחֹשֶׁת רַבָּה מְאֹד בָּהּ ׀ עָשָׂה שְׁלֹמֹה אֶת־יָם הַנְּחֹשֶׁת וְאֶת־
ט הָעַמּוּדִים וְאֵת כְּלֵי הַנְּחֹשֶׁת׃ וַיִּשְׁמַע תֹּעוּ מֶלֶךְ חֲמָת

י כִּי הִכָּה דָוִיד אֶת־כָּל־חֵיל הֲדַדְעֶזֶר מֶלֶךְ־צוֹבָה׃ וַיִּשְׁלַח אֶת־
הֲדוֹרָם־בְּנוֹ אֶל־הַמֶּלֶךְ דָּוִיד לשאול־לוֹ לְשָׁלוֹם וּלְבָרְכוֹ עַל　לִשְׁאָל־
אֲשֶׁר נִלְחַם בַּהֲדַדְעֶזֶר וַיַּכֵּהוּ כִּי־אִישׁ מִלְחֲמוֹת תֹּעוּ הָיָה
יא הֲדַדְעָזֶר וְכֹל כְּלֵי זָהָב וָכֶסֶף וּנְחֹשֶׁת׃ גַּם־אֹתָם הִקְדִּישׁ
הַמֶּלֶךְ דָּוִיד לַיהוה עִם־הַכֶּסֶף וְהַזָּהָב אֲשֶׁר נָשָׂא מִכָּל־הַגּוֹיִם
יב מֵאֱדוֹם וּמִמּוֹאָב וּמִבְּנֵי עַמּוֹן וּמִפְּלִשְׁתִּים וּמֵעֲמָלֵק׃ וְאַבְשַׁי
בֶּן־צְרוּיָה הִכָּה אֶת־אֱדוֹם בְּגֵיא הַמֶּלַח שְׁמוֹנָה עָשָׂר אָלֶף׃
יג וַיָּשֶׂם בֶּאֱדוֹם נְצִיבִים וַיִּהְיוּ כָל־אֱדוֹם עֲבָדִים לְדָוִיד וַיּוֹשַׁע
יד יהוה אֶת־דָּוִיד בְּכֹל אֲשֶׁר הָלָךְ׃ וַיִּמְלֹךְ דָּוִיד עַל־כָּל־יִשְׂרָאֵל
טו וַיְהִי עֹשֶׂה מִשְׁפָּט וּצְדָקָה לְכָל־עַמּוֹ׃ וְיוֹאָב בֶּן־צְרוּיָה עַל־
טז הַצָּבָא וִיהוֹשָׁפָט בֶּן־אֲחִילוּד מַזְכִּיר׃ וְצָדוֹק בֶּן־אֲחִיטוּב
יז וַאֲבִימֶלֶךְ בֶּן־אֶבְיָתָר כֹּהֲנִים וְשַׁוְשָׁא סוֹפֵר׃ וּבְנָיָהוּ בֶּן־יְהוֹיָדָע
עַל־הַכְּרֵתִי וְהַפְּלֵתִי וּבְנֵי־דָוִיד הָרִאשֹׁנִים לְיַד הַמֶּלֶךְ׃
יט א וַיְהִי אַחֲרֵי־כֵן וַיָּמָת נָחָשׁ מֶלֶךְ בְּנֵי־עַמּוֹן וַיִּמְלֹךְ בְּנוֹ תַּחְתָּיו׃
ב וַיֹּאמֶר דָּוִיד אֶעֱשֶׂה־חֶסֶד ׀ עִם־חָנוּן בֶּן־נָחָשׁ כִּי־עָשָׂה אָבִיו
עִמִּי חֶסֶד וַיִּשְׁלַח דָּוִיד מַלְאָכִים לְנַחֲמוֹ עַל־אָבִיו וַיָּבֹאוּ
ג עַבְדֵי דָוִיד אֶל־אֶרֶץ בְּנֵי־עַמּוֹן אֶל־חָנוּן לְנַחֲמוֹ׃ וַיֹּאמְרוּ
שָׂרֵי בְנֵי־עַמּוֹן לְחָנוּן הַמְכַבֵּד דָּוִיד אֶת־אָבִיךָ בְּעֵינֶיךָ כִּי־
שָׁלַח לְךָ מְנַחֲמִים הֲלֹא בַּעֲבוּר לַחְקֹר וְלַהֲפֹךְ וּלְרַגֵּל הָאָרֶץ
ד בָּאוּ עֲבָדָיו אֵלֶיךָ׃ וַיִּקַּח חָנוּן אֶת־עַבְדֵי דָוִיד וַיְגַלְּחֵם וַיִּכְרֹת
ה אֶת־מַדְוֵיהֶם בַּחֵצִי עַד־הַמִּפְשָׂעָה וַיְשַׁלְּחֵם׃ וַיֵּלְכוּ וַיַּגִּידוּ
לְדָוִיד עַל־הָאֲנָשִׁים וַיִּשְׁלַח לִקְרָאתָם כִּי־הָיוּ הָאֲנָשִׁים
נִכְלָמִים מְאֹד וַיֹּאמֶר הַמֶּלֶךְ שְׁבוּ בִירֵחוֹ עַד אֲשֶׁר־יְצַמַּח
ו זְקַנְכֶם וְשַׁבְתֶּם׃ וַיִּרְאוּ בְּנֵי עַמּוֹן כִּי הִתְבָּאֲשׁוּ עִם־
דָּוִיד וַיִּשְׁלַח חָנוּן וּבְנֵי עַמּוֹן אֶלֶף כִּכַּר־כֶּסֶף לִשְׂכֹּר לָהֶם
מִן־אֲרַם נַהֲרַיִם וּמִן־אֲרַם מַעֲכָה וּמִצּוֹבָה רֶכֶב וּפָרָשִׁים׃
ז וַיִּשְׂכְּרוּ לָהֶם שְׁנַיִם וּשְׁלֹשִׁים אֶלֶף רֶכֶב וְאֶת־מֶלֶךְ מַעֲכָה

וְאֶת־עַמּוֹ וַיָּבֹאוּ וַיַּחֲנוּ לִפְנֵי מֵידְבָא וּבְנֵי עַמּוֹן נֶאֶסְפוּ מֵעָרֵיהֶם
ח וַיָּבֹאוּ לַמִּלְחָמָה׃ וַיִּשְׁמַע דָּוִיד וַיִּשְׁלַח אֶת־יוֹאָב
ט וְאֵת כָּל־צָבָא הַגִּבּוֹרִים׃ וַיֵּצְאוּ בְּנֵי עַמּוֹן וַיַּעַרְכוּ מִלְחָמָה
י פֶּתַח הָעִיר וְהַמְּלָכִים אֲשֶׁר־בָּאוּ לְבַדָּם בַּשָּׂדֶה׃ וַיַּרְא יוֹאָב
כִּי־הָיְתָה פְנֵי־הַמִּלְחָמָה אֵלָיו פָּנִים וְאָחוֹר וַיִּבְחַר מִכָּל־בָּחוּר
יא בְּיִשְׂרָאֵל וַיַּעֲרֹךְ לִקְרַאת אֲרָם׃ וְאֵת יֶתֶר הָעָם נָתַן בְּיַד
יב אַבְשַׁי אָחִיו וַיַּעַרְכוּ לִקְרַאת בְּנֵי עַמּוֹן׃ וַיֹּאמֶר אִם־תֶּחֱזַק
מִמֶּנִּי אֲרָם וְהָיִיתָ לִּי לִתְשׁוּעָה וְאִם־בְּנֵי עַמּוֹן יֶחֶזְקוּ מִמְּךָ
יג וְהוֹשַׁעְתִּיךָ׃ חֲזַק וְנִתְחַזְּקָה בְּעַד־עַמֵּנוּ וּבְעַד עָרֵי אֱלֹהֵינוּ ח
יד וַיהוָה הַטּוֹב בְּעֵינָיו יַעֲשֶׂה׃ וַיִּגַּשׁ יוֹאָב וְהָעָם אֲשֶׁר־עִמּוֹ לִפְנֵי
טו אֲרָם לַמִּלְחָמָה וַיָּנוּסוּ מִפָּנָיו׃ וּבְנֵי עַמּוֹן רָאוּ כִּי־נָס אֲרָם
וַיָּנוּסוּ גַם־הֵם מִפְּנֵי אַבְשַׁי אָחִיו וַיָּבֹאוּ הָעִירָה וַיָּבֹא יוֹאָב
טז יְרוּשָׁלִָם׃ וַיַּרְא אֲרָם כִּי נִגְּפוּ לִפְנֵי יִשְׂרָאֵל וַיִּשְׁלְחוּ
מַלְאָכִים וַיּוֹצִיאוּ אֶת־אֲרָם אֲשֶׁר מֵעֵבֶר הַנָּהָר וְשׁוֹפַךְ שַׂר־צְבָא
יז הֲדַדְעֶזֶר לִפְנֵיהֶם׃ וַיֻּגַּד לְדָוִיד וַיֶּאֱסֹף אֶת־כָּל־יִשְׂרָאֵל וַיַּעֲבֹר
הַיַּרְדֵּן וַיָּבֹא אֲלֵהֶם וַיַּעֲרֹךְ אֲלֵהֶם וַיַּעֲרֹךְ דָּוִיד לִקְרַאת אֲרָם
יח מִלְחָמָה וַיִּלָּחֲמוּ עִמּוֹ׃ וַיָּנָס אֲרָם מִלִּפְנֵי יִשְׂרָאֵל וַיַּהֲרֹג דָּוִיד
מֵאֲרָם שִׁבְעַת אֲלָפִים רֶכֶב וְאַרְבָּעִים אֶלֶף אִישׁ רַגְלִי וְאֵת
יט שׁוֹפַךְ שַׂר־הַצָּבָא הֵמִית׃ וַיִּרְאוּ עַבְדֵי הֲדַדְעֶזֶר כִּי נִגְּפוּ לִפְנֵי
יִשְׂרָאֵל וַיַּשְׁלִימוּ עִם־דָּוִיד וַיַּעַבְדֻהוּ וְלֹא־אָבָה אֲרָם לְהוֹשִׁיעַ
כ א אֶת־בְּנֵי־עַמּוֹן עוֹד׃ וַיְהִי לְעֵת תְּשׁוּבַת הַשָּׁנָה לְעֵת ׀
צֵאת הַמְּלָכִים וַיִּנְהַג יוֹאָב אֶת־חֵיל הַצָּבָא וַיַּשְׁחֵת ׀ אֶת־אֶרֶץ
בְּנֵי־עַמּוֹן וַיָּבֹא וַיָּצַר אֶת־רַבָּה וְדָוִיד יֹשֵׁב בִּירוּשָׁלִָם וַיַּךְ יוֹאָב
ב אֶת־רַבָּה וַיֶּהֶרְסֶהָ׃ וַיִּקַּח דָּוִיד אֶת־עֲטֶרֶת־מַלְכָּם מֵעַל רֹאשׁוֹ
וַיִּמְצָאָהּ ׀ מִשְׁקַל כִּכַּר־זָהָב וּבָהּ אֶבֶן יְקָרָה וַתְּהִי עַל־רֹאשׁ
ג דָּוִיד וּשְׁלַל הָעִיר הוֹצִיא הַרְבֵּה מְאֹד׃ וְאֶת־הָעָם אֲשֶׁר־בָּהּ
הוֹצִיא וַיָּשַׂר בַּמְּגֵרָה וּבַחֲרִיצֵי הַבַּרְזֶל וּבַמְּגֵרוֹת וְכֵן יַעֲשֶׂה דָוִיד

ד לְכֹל עָרֵי בְנֵי־עַמּוֹן וַיָּשָׁב דָּוִיד וְכָל־הָעָם יְרוּשָׁלָםִ׃ וַיְהִי
אַחֲרֵי־כֵן וַתַּעֲמֹד מִלְחָמָה בְּגֶזֶר עִם־פְּלִשְׁתִּים אָז הִכָּה סִבְּכַי
ה הַחֻשָׁתִי אֶת־סִפַּי מִילִדֵי הָרְפָאִים וַיִּכָּנֵעוּ׃ וַתְּהִי־עוֹד
יָעִיר מִלְחָמָה אֶת־פְּלִשְׁתִּים וַיַּךְ אֶלְחָנָן בֶּן־יָעוּר אֶת־לַחְמִי אֲחִי
ו גָּלְיָת הַגִּתִּי וְעֵץ חֲנִיתוֹ כִּמְנוֹר אֹרְגִים׃ וַתְּהִי־עוֹד
מִלְחָמָה בְּגַת וַיְהִי ׀ אִישׁ מִדָּה וְאֶצְבְּעֹתָיו שֵׁשׁ־וָשֵׁשׁ עֶשְׂרִים
ז וְאַרְבַּע וְגַם־הוּא נוֹלַד לְהָרָפָא׃ וַיְחָרֵף אֶת־יִשְׂרָאֵל וַיַּכֵּהוּ
ח יְהוֹנָתָן בֶּן־שִׁמְעָא אֲחִי דָוִיד׃ אֵל נוּלְּדוּ לְהָרָפָא בְּגַת וַיִּפְּלוּ
כא א בְיַד־דָּוִיד וּבְיַד־עֲבָדָיו׃ וַיַּעֲמֹד שָׂטָן עַל־יִשְׂרָאֵל
ב וַיָּסֶת אֶת־דָּוִיד לִמְנוֹת אֶת־יִשְׂרָאֵל׃ וַיֹּאמֶר דָּוִיד אֶל־יוֹאָב
וְאֶל־שָׂרֵי הָעָם לְכוּ סִפְרוּ אֶת־יִשְׂרָאֵל מִבְּאֵר שֶׁבַע וְעַד־דָּן
ג וְהָבִיאוּ אֵלַי וְאֵדְעָה אֶת־מִסְפָּרָם׃ וַיֹּאמֶר יוֹאָב יוֹסֵף יְהוָה
עַל־עַמּוֹ ׀ כָּהֵם מֵאָה פְעָמִים הֲלֹא אֲדֹנִי הַמֶּלֶךְ כֻּלָּם לַאדֹנִי
לַעֲבָדִים לָמָּה יְבַקֵּשׁ זֹאת אֲדֹנִי לָמָּה יִהְיֶה לְאַשְׁמָה לְיִשְׂרָאֵל׃
ד וּדְבַר־הַמֶּלֶךְ חָזַק עַל־יוֹאָב וַיֵּצֵא יוֹאָב וַיִּתְהַלֵּךְ בְּכָל־יִשְׂרָאֵל
ה וַיָּבֹא יְרוּשָׁלָםִ׃ וַיִּתֵּן יוֹאָב אֶת־מִסְפַּר מִפְקַד־הָעָם אֶל־דָּוִיד
וַיְהִי כָל־יִשְׂרָאֵל אֶלֶף אֲלָפִים וּמֵאָה אֶלֶף אִישׁ שֹׁלֵף חֶרֶב
ו וִיהוּדָה אַרְבַּע מֵאוֹת וְשִׁבְעִים אֶלֶף אִישׁ שֹׁלֵף חָרֶב׃ וְלֵוִי וּבִנְיָמִן
ז לֹא פָקַד בְּתוֹכָם כִּי־נִתְעַב דְּבַר־הַמֶּלֶךְ אֶת־יוֹאָב׃ וַיֵּרַע בְּעֵינֵי
ח הָאֱלֹהִים עַל־הַדָּבָר הַזֶּה וַיַּךְ אֶת־יִשְׂרָאֵל׃ וַיֹּאמֶר דָּוִיד
אֶל־הָאֱלֹהִים חָטָאתִי מְאֹד אֲשֶׁר עָשִׂיתִי אֶת־הַדָּבָר הַזֶּה וְעַתָּה
ט הַעֲבֶר־נָא אֶת־עֲוֺן עַבְדְּךָ כִּי נִסְכַּלְתִּי מְאֹד׃ וַיְדַבֵּר
י יְהוָה אֶל־גָּד חֹזֵה דָוִיד לֵאמֹר׃ לֵךְ וְדִבַּרְתָּ אֶל־דָּוִיד לֵאמֹר
כֹּה אָמַר יְהוָה שָׁלוֹשׁ אֲנִי נֹטֶה עָלֶיךָ בְּחַר־לְךָ אַחַת מֵהֵנָּה
יא וְאֶעֱשֶׂה־לָּךְ׃ וַיָּבֹא גָד אֶל־דָּוִיד וַיֹּאמֶר לוֹ כֹּה־אָמַר יְהוָה
יב קַבֶּל־לָךְ׃ אִם־שָׁלוֹשׁ שָׁנִים רָעָב וְאִם־שְׁלֹשָׁה חֳדָשִׁים נִסְפֶּה
מִפְּנֵי־צָרֶיךָ וְחֶרֶב אוֹיְבֶיךָ ׀ לְמַשֶּׂגֶת וְאִם־שְׁלֹשֶׁת יָמִים חֶרֶב

יְהוָה ׀ וְדֶבֶר בָּאָרֶץ וּמַלְאַךְ יְהוָה מַשְׁחִית בְּכָל־גְּבוּל יִשְׂרָאֵל
יג וְעַתָּה רְאֵה מָה־אָשִׁיב אֶת־שֹׁלְחִי דָּבָר׃ וַיֹּאמֶר דָּוִיד
אֶל־גָּד צַר־לִי מְאֹד אֶפְּלָה־נָּא בְיַד־יְהוָה כִּי־רַבִּים רַחֲמָיו
יד מְאֹד וּבְיַד־אָדָם אַל־אֶפֹּל׃ וַיִּתֵּן יְהוָה דֶּבֶר בְּיִשְׂרָאֵל וַיִּפֹּל
טו מִיִּשְׂרָאֵל שִׁבְעִים אֶלֶף אִישׁ׃ וַיִּשְׁלַח הָאֱלֹהִים ׀ מַלְאָךְ ׀
לִירוּשָׁלִַם לְהַשְׁחִיתָהּ וּכְהַשְׁחִית רָאָה יְהוָה וַיִּנָּחֶם עַל־הָרָעָה
וַיֹּאמֶר לַמַּלְאָךְ הַמַּשְׁחִית רַב עַתָּה הֶרֶף יָדֶךָ וּמַלְאַךְ יְהוָה
טז עֹמֵד עִם־גֹּרֶן אָרְנָן הַיְבוּסִי׃ וַיִּשָּׂא דָוִיד אֶת־עֵינָיו
וַיַּרְא אֶת־מַלְאַךְ יְהוָה עֹמֵד בֵּין הָאָרֶץ וּבֵין הַשָּׁמַיִם וְחַרְבּוֹ
שְׁלוּפָה בְּיָדוֹ נְטוּיָה עַל־יְרוּשָׁלִָם וַיִּפֹּל דָּוִיד וְהַזְּקֵנִים מְכֻסִּים
יז בַּשַּׂקִּים עַל־פְּנֵיהֶם׃ וַיֹּאמֶר דָּוִיד אֶל־הָאֱלֹהִים הֲלֹא אֲנִי
אָמַרְתִּי לִמְנוֹת בָּעָם וַאֲנִי־הוּא אֲשֶׁר־חָטָאתִי וְהָרֵעַ הֲרֵעוֹתִי
וְאֵלֶּה הַצֹּאן מֶה עָשׂוּ יְהוָה אֱלֹהַי תְּהִי נָא יָדְךָ בִּי וּבְבֵית אָבִי
יח וּבְעַמְּךָ לֹא לְמַגֵּפָה׃ וּמַלְאַךְ יְהוָה אָמַר אֶל־גָּד
לֵאמֹר לְדָוִיד כִּי ׀ יַעֲלֶה דָוִיד לְהָקִים מִזְבֵּחַ לַיהוָה בְּגֹרֶן אָרְנָן
יט כ הַיְבֻסִי׃ וַיַּעַל דָּוִיד בִּדְבַר־גָּד אֲשֶׁר דִּבֶּר בְּשֵׁם יְהוָה׃ וַיָּשָׁב
אָרְנָן וַיַּרְא אֶת־הַמַּלְאָךְ וְאַרְבַּעַת בָּנָיו עִמּוֹ מִתְחַבְּאִים וְאָרְנָן
כא דָּשׁ חִטִּים׃ וַיָּבֹא דָוִיד עַד־אָרְנָן וַיַּבֵּט אָרְנָן וַיַּרְא אֶת־דָּוִיד
כב וַיֵּצֵא מִן־הַגֹּרֶן וַיִּשְׁתַּחוּ לְדָוִיד אַפַּיִם אָרְצָה׃ וַיֹּאמֶר דָּוִיד
אֶל־אָרְנָן תְּנָה־לִּי מְקוֹם הַגֹּרֶן וְאֶבְנֶה־בּוֹ מִזְבֵּחַ לַיהוָה
כג בְּכֶסֶף מָלֵא תְּנֵהוּ לִי וְתֵעָצַר הַמַּגֵּפָה מֵעַל הָעָם׃ וַיֹּאמֶר
אָרְנָן אֶל־דָּוִיד קַח־לָךְ וְיַעַשׂ אֲדֹנִי הַמֶּלֶךְ הַטּוֹב בְּעֵינָיו רְאֵה
נָתַתִּי הַבָּקָר לָעֹלוֹת וְהַמּוֹרִגִּים לָעֵצִים וְהַחִטִּים לַמִּנְחָה הַכֹּל
כד נָתָתִּי׃ וַיֹּאמֶר הַמֶּלֶךְ דָּוִיד לְאָרְנָן לֹא כִּי־קָנֹה אֶקְנֶה בְּכֶסֶף
מָלֵא כִּי לֹא־אֶשָּׂא אֲשֶׁר־לְךָ לַיהוָה וְהַעֲלוֹת עוֹלָה חִנָּם׃
כה כו וַיִּתֵּן דָּוִיד לְאָרְנָן בַּמָּקוֹם שִׁקְלֵי זָהָב מִשְׁקָל שֵׁשׁ מֵאוֹת׃ וַיִּבֶן
שָׁם דָּוִיד מִזְבֵּחַ לַיהוָה וַיַּעַל עֹלוֹת וּשְׁלָמִים וַיִּקְרָא אֶל־יְהוָה

וַיַּעֲנֵהוּ בָאֵשׁ מִן־הַשָּׁמַיִם עַל מִזְבַּח הָעֹלָה׃ וַיֹּאמֶר כז
יְהוָה לַמַּלְאָךְ וַיָּשֶׁב חַרְבּוֹ אֶל־נְדָנָהּ׃ בָּעֵת הַהִיא בִּרְאוֹת כח
דָּוִיד כִּי־עָנָהוּ יְהוָה בְּגֹרֶן אָרְנָן הַיְבוּסִי וַיִּזְבַּח שָׁם׃ וּמִשְׁכַּן כט
יְהוָה אֲשֶׁר־עָשָׂה מֹשֶׁה בַמִּדְבָּר וּמִזְבַּח הָעוֹלָה בָּעֵת הַהִיא
בַּבָּמָה בְּגִבְעוֹן׃ וְלֹא־יָכֹל דָּוִיד לָלֶכֶת לְפָנָיו לִדְרֹשׁ אֱלֹהִים ל
כִּי נִבְעַת מִפְּנֵי חֶרֶב מַלְאַךְ יְהוָה׃ וַיֹּאמֶר דָּוִיד זֶה הוּא בֵּית א כב
יְהוָה הָאֱלֹהִים וְזֶה־מִּזְבֵּחַ לְעֹלָה לְיִשְׂרָאֵל׃ וַיֹּאמֶר ב
דָּוִיד לִכְנוֹס אֶת־הַגֵּרִים אֲשֶׁר בְּאֶרֶץ יִשְׂרָאֵל וַיַּעֲמֵד חֹצְבִים
לַחְצוֹב אַבְנֵי גָזִית לִבְנוֹת בֵּית הָאֱלֹהִים׃ וּבַרְזֶל ׀ לָרֹב ג
לַמִּסְמְרִים לְדַלְתוֹת הַשְּׁעָרִים וְלַמְחַבְּרוֹת הֵכִין דָּוִיד וּנְחֹשֶׁת
לָרֹב אֵין מִשְׁקָל׃ וַעֲצֵי אֲרָזִים לְאֵין מִסְפָּר כִּי־הֵבִיאוּ הַצִּידֹנִים ד
וְהַצֹּרִים עֲצֵי אֲרָזִים לָרֹב לְדָוִיד׃ וַיֹּאמֶר דָּוִיד שְׁלֹמֹה ה
בְנִי נַעַר וָרָךְ וְהַבַּיִת לִבְנוֹת לַיהוָה לְהַגְדִּיל ׀ לְמַעְלָה לְשֵׁם
וּלְתִפְאֶרֶת לְכָל־הָאֲרָצוֹת אָכִינָה נָּא לוֹ וַיָּכֶן דָּוִיד לָרֹב לִפְנֵי
מוֹתוֹ׃ וַיִּקְרָא לִשְׁלֹמֹה בְנוֹ וַיְצַוֵּהוּ לִבְנוֹת בַּיִת לַיהוָה אֱלֹהֵי ו
בְּנִי יִשְׂרָאֵל׃ וַיֹּאמֶר דָּוִיד לִשְׁלֹמֹה בנו אֲנִי הָיָה עִם־ ז
לְבָבִי לִבְנוֹת בַּיִת לְשֵׁם יְהוָה אֱלֹהָי׃ וַיְהִי עָלַי דְּבַר־יְהוָה ח
לֵאמֹר דָּם לָרֹב שָׁפַכְתָּ וּמִלְחָמוֹת גְּדֹלוֹת עָשִׂיתָ לֹא־תִבְנֶה
בַיִת לִשְׁמִי כִּי דָּמִים רַבִּים שָׁפַכְתָּ אַרְצָה לְפָנָי׃ הִנֵּה־בֵן ט
נוֹלָד לָךְ הוּא יִהְיֶה אִישׁ מְנוּחָה וַהֲנִחוֹתִי לוֹ מִכָּל־אוֹיְבָיו
מִסָּבִיב כִּי שְׁלֹמֹה יִהְיֶה שְׁמוֹ וְשָׁלוֹם וָשֶׁקֶט אֶתֵּן עַל־יִשְׂרָאֵל
בְּיָמָיו׃ הוּא־יִבְנֶה בַיִת לִשְׁמִי וְהוּא יִהְיֶה־לִּי לְבֵן וַאֲנִי־ י
לוֹ לְאָב וַהֲכִינוֹתִי כִּסֵּא מַלְכוּתוֹ עַל־יִשְׂרָאֵל עַד־עוֹלָם׃
עַתָּה בְנִי יְהִי יְהוָה עִמָּךְ וְהִצְלַחְתָּ וּבָנִיתָ בֵּית יְהוָה אֱלֹהֶיךָ יא
כַּאֲשֶׁר דִּבֶּר עָלֶיךָ׃ אַךְ יִתֶּן־לְּךָ יְהוָה שֵׂכֶל וּבִינָה וִיצַוְּךָ עַל־ יב
יִשְׂרָאֵל וְלִשְׁמוֹר אֶת־תּוֹרַת יְהוָה אֱלֹהֶיךָ׃ אָז תַּצְלִיחַ אִם־ יג
תִּשְׁמוֹר לַעֲשׂוֹת אֶת־הַחֻקִּים וְאֶת־הַמִּשְׁפָּטִים אֲשֶׁר צִוָּה

יְהוָה אֶת־מֹשֶׁה עַל־יִשְׂרָאֵל חֲזַק וֶאֱמָץ אַל־תִּירָא וְאַל־תֵּחָת׃
יד וְהִנֵּה בְעָנְיִי הֲכִינוֹתִי לְבֵית־יְהוָה זָהָב כִּכָּרִים מֵאָה־אֶלֶף
וְכֶסֶף אֶלֶף אֲלָפִים כִּכָּרִים וְלַנְּחֹשֶׁת וְלַבַּרְזֶל אֵין מִשְׁקָל כִּי
טו לָרֹב הָיָה וְעֵצִים וַאֲבָנִים הֲכִינוֹתִי וַעֲלֵיהֶם תּוֹסִיף׃ וְעִמְּךָ
לָרֹב עֹשֵׂי מְלָאכָה חֹצְבִים וְחָרָשֵׁי אֶבֶן וָעֵץ וְכָל־חָכָם בְּכָל־
טז מְלָאכָה׃ לַזָּהָב לַכֶּסֶף וְלַנְּחֹשֶׁת וְלַבַּרְזֶל אֵין מִסְפָּר קוּם וַעֲשֵׂה
יז וִיהִי יְהוָה עִמָּךְ׃ וַיְצַו דָּוִיד לְכָל־שָׂרֵי יִשְׂרָאֵל לַעְזֹר לִשְׁלֹמֹה
יח בְנוֹ׃ הֲלֹא יְהוָה אֱלֹהֵיכֶם עִמָּכֶם וְהֵנִיחַ לָכֶם מִסָּבִיב כִּי ׀ נָתַן
בְּיָדִי אֵת יֹשְׁבֵי הָאָרֶץ וְנִכְבְּשָׁה הָאָרֶץ לִפְנֵי יְהוָה וְלִפְנֵי עַמּוֹ׃
יט עַתָּה תְּנוּ לְבַבְכֶם וְנַפְשְׁכֶם לִדְרוֹשׁ לַיהוָה אֱלֹהֵיכֶם וְקוּמוּ ט
וּבְנוּ אֶת־מִקְדַּשׁ יְהוָה הָאֱלֹהִים לְהָבִיא אֶת־אֲרוֹן בְּרִית־יְהוָה
וּכְלֵי קֹדֶשׁ הָאֱלֹהִים לַבַּיִת הַנִּבְנֶה לְשֵׁם־יְהוָה׃
כג א וְדָוִיד זָקֵן וְשָׂבַע יָמִים וַיַּמְלֵךְ אֶת־שְׁלֹמֹה בְנוֹ עַל־
ב יִשְׂרָאֵל׃ וַיֶּאֱסֹף אֶת־כָּל־שָׂרֵי יִשְׂרָאֵל וְהַכֹּהֲנִים
ג וְהַלְוִיִּם׃ וַיִּסָּפְרוּ הַלְוִיִּם מִבֶּן שְׁלֹשִׁים שָׁנָה וָמָעְלָה וַיְהִי
ד מִסְפָּרָם לְגֻלְגְּלֹתָם לִגְבָרִים שְׁלֹשִׁים וּשְׁמוֹנָה אָלֶף׃ מֵאֵלֶּה לְנַצֵּחַ
עַל־מְלֶאכֶת בֵּית־יְהוָה עֶשְׂרִים וְאַרְבָּעָה אָלֶף וְשֹׁטְרִים וְשֹׁפְטִים
ה שֵׁשֶׁת אֲלָפִים׃ וְאַרְבַּעַת אֲלָפִים שֹׁעֲרִים וְאַרְבַּעַת אֲלָפִים
ו מְהַלְלִים לַיהוָה בַּכֵּלִים אֲשֶׁר עָשִׂיתִי לְהַלֵּל׃ וַיֶּחָלְקֵם דָּוִיד
ז מַחְלְקוֹת לִבְנֵי לֵוִי לְגֵרְשׁוֹן קְהָת וּמְרָרִי׃ לַגֵּרְשֻׁנִּי
ח לַעְדָּן וְשִׁמְעִי׃ בְּנֵי לַעְדָּן הָרֹאשׁ יְחִיאֵל וְזֵתָם וְיוֹאֵל
ט שְׁלֹשָׁה׃ בְּנֵי שִׁמְעִי שלמות וַחֲזִיאֵל וְהָרָן שְׁלֹשָׁה שְׁלֹמִית
י אֵלֶּה רָאשֵׁי הָאָבוֹת לְלַעְדָּן׃ וּבְנֵי שִׁמְעִי יַחַת זִינָא
יא וִיעוּשׁ וּבְרִיעָה אֵלֶּה בְנֵי־שִׁמְעִי אַרְבָּעָה׃ וַיְהִי־יַחַת הָרֹאשׁ
וְזִיזָה הַשֵּׁנִי וִיעוּשׁ וּבְרִיעָה לֹא־הִרְבּוּ בָנִים וַיִּהְיוּ לְבֵית אָב
יב לִפְקֻדָּה אֶחָת׃ בְּנֵי קְהָת עַמְרָם יִצְהָר חֶבְרוֹן וְעֻזִּיאֵל
יג אַרְבָּעָה׃ בְּנֵי עַמְרָם אַהֲרֹן וּמֹשֶׁה וַיִּבָּדֵל אַהֲרֹן

להקדישו קדש קדשים הוא־ובניו עד־עולם להקטיר לפני
יד יהוה לשרתו ולברך בשמו עד־עולם: ומשה איש האלהים
טו בניו יקראו על־שבט הלוי: בני משה גרשום
טז יז ואליעזר: בני גרשום שבואל הראש: ויהיו בני־אליעזר רחביה
הראש ולא־היה לאליעזר בנים אחרים ובני רחביה רבו
יח יט למעלה: בני יצהר שלמית הראש: בני
חברון יריהו הראש אמריה השני יחזיאל השלישי ויקמעם
כ כא הרביעי: בני עזיאל מיכה הראש וישיה השני: בני
כב מררי מחלי ומושי בני מחלי אלעזר וקיש: וימת אלעזר ולא־
כג היו לו בנים כי אם־בנות וישאום בני־קיש אחיהם: בני מושי
כד מחלי ועדר וירמות שלושה: אלה בני־לוי לבית אבותיהם
ראשי האבות לפקודיהם במספר שמות לגלגלתם עשה
כה המלאכה לעבדת בית יהוה מבן עשרים שנה ומעלה: כי
אמר דויד הניח יהוה אלהי־ישראל לעמו וישכן בירושלם
כו עד־לעולם: וגם ללוים אין־לשאת את־המשכן ואת־כל־
כז כליו לעבדתו: כי בדברי דויד האחרונים המה מספר בני־
כח לוי מבן עשרים שנה ולמעלה: כי מעמדם ליד־בני אהרן
לעבדת בית יהוה על־החצרות ועל־הלשכות ועל־טהרת
כט לכל־קדש ומעשה עבדת בית האלהים: וללחם המערכת
ולסלת למנחה ולרקיקי המצות ולמחבת ולמרבכת ולכל־
ל משורה ומדה: ולעמד בבקר בבקר להדות ולהלל ליהוה
לא וכן לערב: ולכל העלות עלות ליהוה לשבתות לחדשים
לב ולמעדים במספר כמשפט עליהם תמיד לפני יהוה: ושמרו
את־משמרת אהל־מועד ואת משמרת הקדש ומשמרת
כד א בני אהרן אחיהם לעבדת בית יהוה: ולבני אהרן
ב מחלקותם בני אהרן נדב ואביהוא אלעזר ואיתמר: וימת
נדב ואביהוא לפני אביהם ובנים לא־היו להם ויכהנו אלעזר

ג ואיתמר: ויחלקם דויד וצדוק מן־בני אלעזר ואחימלך מן־
ד בני איתמר לפקדתם בעבדתם: וימצאו בני־אלעזר רבים
לראשי הגברים מן־בני איתמר ויחלקום לבני אלעזר ראשים
לבית־אבות ששה עשר ולבני איתמר לבית אבותם שמונה:
ה ויחלקום בגורלות אלה עם־אלה כי־היו שרי־קדש ושרי
ו האלהים מבני אלעזר ובבני איתמר: ויכתבם
שמעיה בן־נתנאל הסופר מן־הלוי לפני המלך והשרים וצדוק
הכהן ואחימלך בן־אביתר וראשי האבות לכהנים וללוים
ז בית־אב אחד אחז לאלעזר ואחז | אחז לאיתמר: ויצא
ח הגורל הראשון ליהויריב לידעיה השני: לחרם השלשי
ט לשערים הרבעי: למלכיה החמישי למימן הששי: להקוץ
יא השבעי לאביה השמיני: לישוע התשעי לשכניהו העשרי:
יב יג לאלישיב עשתי עשר ליקים שנים עשר: לחפה שלשה
יד עשר לישבאב ארבעה עשר: לבלגה חמשה עשר לאמר
טו ששה עשר: לחזיר שבעה עשר להפצץ שמונה עשר:
טז יז לפתחיה תשעה עשר ליחזקאל העשרים: ליכין אחד
יח ועשרים לגמול שנים ועשרים: לדליהו שלשה ועשרים
יט למעזיהו ארבעה ועשרים: אלה פקדתם לעבדתם
לבוא לבית־יהוה כמשפטם ביד אהרן אביהם כאשר צוהו
כ יהוה אלהי ישראל: ולבני לוי הנותרים לבני עמרם שובאל
כא לבני שובאל יחדיהו: לרחביהו לבני רחביהו הראש ישיה:
כב כג ליצהרי שלמות לבני שלמות יחת: ובני יריהו אמריהו השני
כד יחזיאל השלישי יקמעם הרביעי: בני עזיאל מיכה לבני
כה כו מיכה שמור: אחי מיכה ישיה לבני ישיה זכריהו: בני מררי שמיר
כז מחלי ומושי בני יעזיהו בנו: בני מררי ליעזיהו בנו ושהם
כח כט וזכור ועברי: למחלי אלעזר ולא־היה לו בנים: לקיש בני־
ל קיש ירחמאל: ובני מושי מחלי ועדר וירימות אלה בני

לא הַלְוִיִּם לְבֵית אֲבֹתֵיהֶם׃ וַיַּפִּילוּ גַם־הֵם גּוֹרָלוֹת לְעֻמַּת ׀ אֲחֵיהֶם
בְּנֵי־אַהֲרֹן לִפְנֵי דָּוִיד הַמֶּלֶךְ וְצָדוֹק וַאֲחִימֶלֶךְ וְרָאשֵׁי הָאָבוֹת
כה א לַכֹּהֲנִים וְלַלְוִיִּם אָבוֹת הָרֹאשׁ לְעֻמַּת אָחִיו הַקָּטָן׃ וַיַּבְדֵּל
דָּוִיד וְשָׂרֵי הַצָּבָא לַעֲבֹדָה לִבְנֵי אָסָף וְהֵימָן וִידוּתוּן הנביאים הַנִּבְּאִים
בְּכִנֹּרוֹת בִּנְבָלִים וּבִמְצִלְתָּיִם וַיְהִי מִסְפָּרָם אַנְשֵׁי מְלָאכָה
ב לַעֲבֹדָתָם׃ לִבְנֵי אָסָף זַכּוּר וְיוֹסֵף וּנְתַנְיָה וַאֲשַׂרְאֵלָה בְּנֵי אָסָף
ג עַל יַד־אָסָף הַנִּבָּא עַל־יְדֵי הַמֶּלֶךְ׃ לִידוּתוּן בְּנֵי יְדוּתוּן גְּדַלְיָהוּ
וּצְרִי וִישַׁעְיָהוּ חֲשַׁבְיָהוּ וּמַתִּתְיָהוּ שִׁשָּׁה עַל יְדֵי אֲבִיהֶם יְדוּתוּן
ד בַּכִּנּוֹר הַנִּבָּא עַל־הֹדוֹת וְהַלֵּל לַיהוָה׃ לְהֵימָן
בְּנֵי הֵימָן בֻּקִּיָּהוּ מַתַּנְיָהוּ עֻזִּיאֵל שְׁבוּאֵל וִירִימוֹת חֲנַנְיָה
חֲנָנִי אֱלִיאָתָה גִדַּלְתִּי וְרֹמַמְתִּי עֶזֶר יָשְׁבְּקָשָׁה מַלּוֹתִי הוֹתִיר
ה מַחֲזִיאוֹת׃ כָּל־אֵלֶּה בָנִים לְהֵימָן חֹזֵה הַמֶּלֶךְ בְּדִבְרֵי הָאֱלֹהִים
לְהָרִים קָרֶן וַיִּתֵּן הָאֱלֹהִים לְהֵימָן בָּנִים אַרְבָּעָה עָשָׂר וּבָנוֹת
ו שָׁלוֹשׁ׃ כָּל־אֵלֶּה עַל־יְדֵי אֲבִיהֶם בַּשִּׁיר בֵּית יְהוָה בִּמְצִלְתַּיִם
נְבָלִים וְכִנֹּרוֹת לַעֲבֹדַת בֵּית הָאֱלֹהִים עַל יְדֵי הַמֶּלֶךְ
ז אָסָף וִידוּתוּן וְהֵימָן׃ וַיְהִי מִסְפָּרָם עִם־אֲחֵיהֶם מְלֻמְּדֵי־
ח שִׁיר לַיהוָה כָּל־הַמֵּבִין מָאתַיִם שְׁמוֹנִים וּשְׁמוֹנָה׃ וַיַּפִּילוּ
גּוֹרָלוֹת מִשְׁמֶרֶת לְעֻמַּת כַּקָּטֹן כַּגָּדוֹל מֵבִין עִם־
ט תַּלְמִיד׃ וַיֵּצֵא הַגּוֹרָל הָרִאשׁוֹן לְאָסָף לְיוֹסֵף
י גְּדַלְיָהוּ הַשֵּׁנִי הוּא־וְאֶחָיו וּבָנָיו שְׁנֵים עָשָׂר׃ הַשְּׁלִשִׁי זַכּוּר
יא בָּנָיו וְאֶחָיו שְׁנֵים עָשָׂר׃ הָרְבִיעִי לַיִּצְרִי
יב בָּנָיו וְאֶחָיו שְׁנֵים עָשָׂר׃ הַחֲמִישִׁי נְתַנְיָהוּ
יג בָּנָיו וְאֶחָיו שְׁנֵים עָשָׂר׃ הַשִּׁשִּׁי בֻּקִּיָּהוּ
יד בָּנָיו וְאֶחָיו שְׁנֵים עָשָׂר׃ הַשְּׁבִעִי יְשַׂרְאֵלָה
טו בָּנָיו וְאֶחָיו שְׁנֵים עָשָׂר׃ הַשְּׁמִינִי יְשַׁעְיָהוּ
טז בָּנָיו וְאֶחָיו שְׁנֵים עָשָׂר׃ הַתְּשִׁיעִי מַתַּנְיָהוּ
יז בָּנָיו וְאֶחָיו שְׁנֵים עָשָׂר׃ הָעֲשִׂירִי שִׁמְעִי

יח עַשְׁתֵּי־עָשָׂר עֲזַרְאֵל בָּנָיו וְאֶחָיו שְׁנֵים עָשָׂר׃
יט הַשְּׁנֵים עָשָׂר לַחֲשַׁבְיָה בָּנָיו וְאֶחָיו שְׁנֵים עָשָׂר׃
כ לִשְׁלֹשָׁה עָשָׂר שׁוּבָאֵל בָּנָיו וְאֶחָיו שְׁנֵים עָשָׂר׃
כא לְאַרְבָּעָה עָשָׂר מַתִּתְיָהוּ בָּנָיו וְאֶחָיו שְׁנֵים עָשָׂר׃
כב לַחֲמִשָּׁה עָשָׂר לִירֵמוֹת בָּנָיו וְאֶחָיו שְׁנֵים עָשָׂר׃
כג לְשִׁשָּׁה עָשָׂר לַחֲנַנְיָהוּ בָּנָיו וְאֶחָיו שְׁנֵים עָשָׂר׃
כד לְשִׁבְעָה עָשָׂר לְיָשְׁבְּקָשָׁה בָּנָיו וְאֶחָיו שְׁנֵים עָשָׂר׃
כה לִשְׁמוֹנָה עָשָׂר לַחֲנָנִי בָּנָיו וְאֶחָיו שְׁנֵים עָשָׂר׃
כו לְתִשְׁעָה עָשָׂר לְמַלּוֹתִי בָּנָיו וְאֶחָיו שְׁנֵים עָשָׂר׃
כז לְעֶשְׂרִים לֶאֱלִיָּתָה בָּנָיו וְאֶחָיו שְׁנֵים עָשָׂר׃
כח לְאֶחָד וְעֶשְׂרִים לְהוֹתִיר בָּנָיו וְאֶחָיו שְׁנֵים עָשָׂר׃
כט לִשְׁנַיִם וְעֶשְׂרִים לְגִדַּלְתִּי בָּנָיו וְאֶחָיו שְׁנֵים עָשָׂר׃
ל לִשְׁלֹשָׁה וְעֶשְׂרִים לְמַחֲזִיאוֹת בָּנָיו וְאֶחָיו שְׁנֵים עָשָׂר׃
לא לְאַרְבָּעָה וְעֶשְׂרִים לְרוֹמַמְתִּי עֶזֶר בָּנָיו וְאֶחָיו שְׁנֵים עָשָׂר׃
כו א לְמַחְלְקוֹת לְשֹׁעֲרִים לְקָרְחִים
ב מְשֶׁלֶמְיָהוּ בֶן־קֹרֵא מִן־בְּנֵי אָסָף׃ וְלִמְשֶׁלֶמְיָהוּ בָּנִים זְכַרְיָהוּ
הַבְּכוֹר יְדִיעֲאֵל הַשֵּׁנִי זְבַדְיָהוּ הַשְּׁלִישִׁי יַתְנִיאֵל הָרְבִיעִי׃
ג ד עֵילָם הַחֲמִישִׁי יְהוֹחָנָן הַשִּׁשִּׁי אֶלְיְהוֹעֵינַי הַשְּׁבִיעִי׃ וּלְעֹבֵד
אֱדֹם בָּנִים שְׁמַעְיָה הַבְּכוֹר יְהוֹזָבָד הַשֵּׁנִי יוֹאָח הַשְּׁלִשִׁי
ה וְשָׂכָר הָרְבִיעִי וּנְתַנְאֵל הַחֲמִישִׁי׃ עַמִּיאֵל הַשִּׁשִּׁי יִשָּׂשכָר י
ו הַשְּׁבִיעִי פְּעֻלְּתַי הַשְּׁמִינִי כִּי בֵרְכוֹ אֱלֹהִים׃ וְלִשְׁמַעְיָה
בְנוֹ נוֹלַד בָּנִים הַמִּמְשָׁלִים לְבֵית אֲבִיהֶם כִּי־גִבּוֹרֵי חַיִל
ז הֵמָּה׃ בְּנֵי שְׁמַעְיָה עָתְנִי וּרְפָאֵל וְעוֹבֵד אֶלְזָבָד אֶחָיו
ח בְּנֵי־חָיִל אֱלִיהוּ וּסְמַכְיָהוּ׃ כָּל־אֵלֶּה מִבְּנֵי ׀ עֹבֵד אֱדֹם הֵמָּה
וּבְנֵיהֶם וַאֲחֵיהֶם אִישׁ־חַיִל בַּכֹּחַ לַעֲבֹדָה שִׁשִּׁים וּשְׁנַיִם
ט לְעֹבֵד אֱדֹם׃ וְלִמְשֶׁלֶמְיָהוּ בָּנִים וְאַחִים בְּנֵי־חָיִל שְׁמוֹנָה
י עָשָׂר׃ וּלְחֹסָה מִן־בְּנֵי־מְרָרִי בָנִים שִׁמְרִי הָרֹאשׁ

יא כִּֽי־לֹא־הָיָה בְכוֹר וַיְשִׂימֵהוּ אָבִיהוּ לְרֹאשׁ׃ חִלְקִיָּהוּ הַשֵּׁנִי
טְבַלְיָהוּ הַשְּׁלִשִׁי זְכַרְיָהוּ הָרְבִעִי כָּל־בָּנִים וְאַחִים לְחֹסָה
יב שְׁלֹשָׁה עָשָׂר׃ לְאֵלֶּה מַחְלְקוֹת הַשֹּׁעֲרִים לְרָאשֵׁי הַגְּבָרִים
יג מִשְׁמָרוֹת לְעֻמַּת אֲחֵיהֶם לְשָׁרֵת בְּבֵית יְהוָה׃ וַיַּפִּילוּ גוֹרָלוֹת
יד כַּקָּטֹן כַּגָּדוֹל לְבֵית אֲבוֹתָם לְשַׁעַר וָשָׁעַר׃ וַיִּפֹּל
הַגּוֹרָל מִזְרָחָה לְשֶׁלֶמְיָהוּ וּזְכַרְיָהוּ בְנוֹ יוֹעֵץ בְּשֶׂכֶל הִפִּילוּ
טו גּוֹרָלוֹת וַיֵּצֵא גוֹרָלוֹ צָפוֹנָה׃ לְעֹבֵד אֱדֹם נֶגְבָּה וּלְבָנָיו בֵּית
טז הָאֲסֻפִּים׃ לְשֻׁפִּים וּלְחֹסָה לַמַּעֲרָב עִם שַׁעַר שַׁלֶּכֶת בַּמְסִלָּה
יז הָעוֹלָה מִשְׁמָר לְעֻמַּת מִשְׁמָר׃ לַמִּזְרָח הַלְוִיִּם שִׁשָּׁה לַצָּפוֹנָה
לַיּוֹם אַרְבָּעָה לַנֶּגְבָּה לַיּוֹם אַרְבָּעָה וְלָאֲסֻפִּים שְׁנַיִם שְׁנָיִם׃
יח יט לַפַּרְבָּר לַמַּעֲרָב אַרְבָּעָה לַמְסִלָּה שְׁנַיִם לַפַּרְבָּר׃ אֵלֶּה
כ מַחְלְקוֹת הַשֹּׁעֲרִים לִבְנֵי הַקָּרְחִי וְלִבְנֵי מְרָרִי׃ וְהַלְוִיִּם אֲחִיָּה
עַל־אוֹצְרוֹת בֵּית הָאֱלֹהִים וּלְאֹצְרוֹת הַקֳּדָשִׁים׃
כא בְּנֵי לַעְדָּן בְּנֵי הַגֵּרְשֻׁנִּי לְלַעְדָּן רָאשֵׁי הָאָבוֹת לְלַעְדָּן הַגֵּרְשֻׁנִּי
כב יְחִיאֵלִי׃ בְּנֵי יְחִיאֵלִי זֵתָם וְיוֹאֵל אָחִיו עַל־אֹצְרוֹת בֵּית יְהוָה׃
כג כד לַעַמְרָמִי לַיִּצְהָרִי לַחֶבְרוֹנִי לָעָזִּיאֵלִי׃ וּשְׁבֻאֵל בֶּן־גֵּרְשׁוֹם בֶּן־
כה מֹשֶׁה נָגִיד עַל־הָאֹצָרוֹת׃ וְאֶחָיו לֶאֱלִיעֶזֶר רְחַבְיָהוּ בְנוֹ
כו וִישַׁעְיָהוּ בְנוֹ וְיֹרָם בְּנוֹ וְזִכְרִי בְנוֹ ושלמות בְּנוֹ׃ הוּא שְׁלֹמוֹת וּשְׁלֹמִית
וְאֶחָיו עַל כָּל־אֹצְרוֹת הַקֳּדָשִׁים אֲשֶׁר הִקְדִּישׁ דָּוִיד הַמֶּלֶךְ
כז וְרָאשֵׁי הָאָבוֹת לְשָׂרֵי־הָאֲלָפִים וְהַמֵּאוֹת וְשָׂרֵי הַצָּבָא׃ מִן־
כח הַמִּלְחָמוֹת וּמִן־הַשָּׁלָל הִקְדִּישׁוּ לְחַזֵּק לְבֵית יְהוָה׃ וְכֹל הַהִקְדִּישׁ
שְׁמוּאֵל הָרֹאֶה וְשָׁאוּל בֶּן־קִישׁ וְאַבְנֵר בֶּן־נֵר וְיוֹאָב בֶּן־
כט צְרוּיָה כֹּל הַמַּקְדִּישׁ עַל יַד־שְׁלֹמִית וְאֶחָיו׃ לַיִּצְהָרִי
כְּנַנְיָהוּ וּבָנָיו לַמְּלָאכָה הַחִיצוֹנָה עַל־יִשְׂרָאֵל לְשֹׁטְרִים
ל וּלְשֹׁפְטִים׃ לַחֶבְרוֹנִי חֲשַׁבְיָהוּ וְאֶחָיו בְּנֵי־חַיִל אֶלֶף
וּשְׁבַע־מֵאוֹת עַל פְּקֻדַּת יִשְׂרָאֵל מֵעֵבֶר לַיַּרְדֵּן מַעְרָבָה
לא לְכֹל מְלֶאכֶת יְהוָה וְלַעֲבֹדַת הַמֶּלֶךְ׃ לַחֶבְרוֹנִי יְרִיָּה הָרֹאשׁ

לְחֶבְרוֹנִי לְתֹלְדֹתָיו לְאָבוֹת בִּשְׁנַת הָאַרְבָּעִים לְמַלְכוּת דָּוִיד
לב נִדְרָשׁוּ וַיִּמָּצֵא בָהֶם גִּבּוֹרֵי חַיִל בְּיַעְזֵיר גִּלְעָד׃ וְאֶחָיו בְּנֵי־
חַיִל אַלְפַּיִם וּשְׁבַע מֵאוֹת רָאשֵׁי הָאָבוֹת וַיַּפְקִידֵם דָּוִיד הַמֶּלֶךְ
עַל־הָרְאוּבֵנִי וְהַגָּדִי וַחֲצִי שֵׁבֶט הַמְנַשִּׁי לְכָל־דְּבַר הָאֱלֹהִים
כז א וּדְבַר הַמֶּלֶךְ׃ וּבְנֵי יִשְׂרָאֵל ׀ לְמִסְפָּרָם רָאשֵׁי
הָאָבוֹת ׀ וְשָׂרֵי הָאֲלָפִים ׀ וְהַמֵּאוֹת וְשֹׁטְרֵיהֶם הַמְשָׁרְתִים אֶת־
הַמֶּלֶךְ לְכֹל ׀ דְּבַר הַמַּחְלְקוֹת הַבָּאָה וְהַיֹּצֵאת חֹדֶשׁ בְּחֹדֶשׁ
לְכֹל חָדְשֵׁי הַשָּׁנָה הַמַּחֲלֹקֶת הָאַחַת עֶשְׂרִים וְאַרְבָּעָה
ב אָלֶף׃ עַל הַמַּחֲלֹקֶת הָרִאשׁוֹנָה לַחֹדֶשׁ הָרִאשׁוֹן
יָשָׁבְעָם בֶּן־זַבְדִּיאֵל וְעַל מַחֲלֻקְתּוֹ עֶשְׂרִים וְאַרְבָּעָה
ג אָלֶף׃ מִן־בְּנֵי־פֶרֶץ הָרֹאשׁ לְכָל־שָׂרֵי הַצְּבָאוֹת לַחֹדֶשׁ
ד הָרִאשׁוֹן׃ וְעַל מַחֲלֹקֶת ׀ הַחֹדֶשׁ הַשֵּׁנִי דּוֹדַי הָאֲחוֹחִי
וּמַחֲלֻקְתּוֹ וּמִקְלוֹת הַנָּגִיד וְעַל מַחֲלֻקְתּוֹ עֶשְׂרִים וְאַרְבָּעָה
ה אָלֶף׃ שַׂר הַצָּבָא הַשְּׁלִישִׁי לַחֹדֶשׁ הַשְּׁלִישִׁי בְּנָיָהוּ
בֶן־יְהוֹיָדָע הַכֹּהֵן רֹאשׁ וְעַל מַחֲלֻקְתּוֹ עֶשְׂרִים וְאַרְבָּעָה
ו אָלֶף׃ הוּא בְנָיָהוּ גִּבּוֹר הַשְּׁלֹשִׁים וְעַל־הַשְּׁלֹשִׁים וּמַחֲלֻקְתּוֹ
ז עַמִּיזָבָד בְּנוֹ׃ הָרְבִיעִי לַחֹדֶשׁ הָרְבִיעִי עֲשָׂהאֵל אֲחִי
יוֹאָב וּזְבַדְיָה בְנוֹ אַחֲרָיו וְעַל מַחֲלֻקְתּוֹ עֶשְׂרִים וְאַרְבָּעָה
ח אָלֶף׃ הַחֲמִישִׁי לַחֹדֶשׁ הַחֲמִישִׁי הַשַּׂר שַׁמְהוּת
ט הַיִּזְרָח וְעַל מַחֲלֻקְתּוֹ עֶשְׂרִים וְאַרְבָּעָה אָלֶף׃ הַשִּׁשִּׁי
לַחֹדֶשׁ הַשִּׁשִּׁי עִירָא בֶן־עִקֵּשׁ הַתְּקוֹעִי וְעַל מַחֲלֻקְתּוֹ עֶשְׂרִים
י וְאַרְבָּעָה אָלֶף׃ הַשְּׁבִיעִי לַחֹדֶשׁ הַשְּׁבִיעִי חֶלֶץ
הַפְּלוֹנִי מִן־בְּנֵי אֶפְרָיִם וְעַל מַחֲלֻקְתּוֹ עֶשְׂרִים וְאַרְבָּעָה
יא אָלֶף׃ הַשְּׁמִינִי לַחֹדֶשׁ הַשְּׁמִינִי סִבְּכַי הַחֻשָׁתִי לַזַּרְחִי
יב וְעַל מַחֲלֻקְתּוֹ עֶשְׂרִים וְאַרְבָּעָה אָלֶף׃ הַתְּשִׁיעִי
לַחֹדֶשׁ הַתְּשִׁיעִי אֲבִיעֶזֶר הָעַנְּתֹתִי לבנימיני וְעַל מַחֲלֻקְתּוֹ לַבֶּן ׀ יְמִינִי
יג עֶשְׂרִים וְאַרְבָּעָה אָלֶף׃ הָעֲשִׂירִי לַחֹדֶשׁ הָעֲשִׂירִי

מַהְרַי הַנְּטוֹפָתִי לַזַּרְחִי וְעַל מַחֲלֻקְתּוֹ עֶשְׂרִים וְאַרְבָּעָה
יד אָלֶף׃ עַשְׁתֵּי־עָשָׂר לְעַשְׁתֵּי עָשָׂר הַחֹדֶשׁ בְּנָיָה
הַפִּרְעָתוֹנִי מִן־בְּנֵי אֶפְרָיִם וְעַל מַחֲלֻקְתּוֹ עֶשְׂרִים וְאַרְבָּעָה
טו אָלֶף׃ הַשְּׁנֵים עָשָׂר לִשְׁנֵים עָשָׂר הַחֹדֶשׁ חֶלְדַּי הַנְּטוֹפָתִי
טז לְעָתְנִיאֵל וְעַל מַחֲלֻקְתּוֹ עֶשְׂרִים וְאַרְבָּעָה אָלֶף׃ וְעַל
שִׁבְטֵי יִשְׂרָאֵל לָרְאוּבֵנִי נָגִיד אֱלִיעֶזֶר בֶּן־זִכְרִי לַשִּׁמְעוֹנִי
יז שְׁפַטְיָהוּ בֶּן־מַעֲכָה׃ לְלֵוִי חֲשַׁבְיָה בֶן־קְמוּאֵל לְאַהֲרֹן
יח צָדוֹק׃ לִיהוּדָה אֱלִיהוּ מֵאֲחֵי דָוִיד לְיִשָּׂשכָר עָמְרִי
יט בֶּן־מִיכָאֵל׃ לִזְבוּלֻן יִשְׁמַעְיָהוּ בֶן־עֹבַדְיָהוּ לְנַפְתָּלִי
כ יְרִימוֹת בֶּן־עַזְרִיאֵל׃ לִבְנֵי אֶפְרַיִם הוֹשֵׁעַ בֶּן־עֲזַזְיָהוּ
כא לַחֲצִי שֵׁבֶט מְנַשֶּׁה יוֹאֵל בֶּן־פְּדָיָהוּ׃ לַחֲצִי הַמְנַשֶּׁה
כב גִּלְעָדָה יִדּוֹ בֶּן־זְכַרְיָהוּ לְבִנְיָמִן יַעֲשִׂיאֵל בֶּן־אַבְנֵר׃ לְדָן
כג עֲזַרְאֵל בֶּן־יְרֹחָם אֵלֶּה שָׂרֵי שִׁבְטֵי יִשְׂרָאֵל׃ וְלֹא־נָשָׂא דָוִיד
מִסְפָּרָם לְמִבֶּן עֶשְׂרִים שָׁנָה וּלְמָטָּה כִּי אָמַר יְהוָה לְהַרְבּוֹת
כד אֶת־יִשְׂרָאֵל כְּכוֹכְבֵי הַשָּׁמָיִם׃ יוֹאָב בֶּן־צְרוּיָה הֵחֵל לִמְנוֹת
וְלֹא כִלָּה וַיְהִי בָזֹאת קֶצֶף עַל־יִשְׂרָאֵל וְלֹא עָלָה הַמִּסְפָּר
כה בְּמִסְפַּר דִּבְרֵי הַיָּמִים לַמֶּלֶךְ דָּוִיד׃ וְעַל אֹצְרוֹת
הַמֶּלֶךְ עַזְמָוֶת בֶּן־עֲדִיאֵל וְעַל הָאֹצָרוֹת בַּשָּׂדֶה בֶּעָרִים
כו וּבַכְּפָרִים וּבַמִּגְדָּלוֹת יְהוֹנָתָן בֶּן־עֻזִּיָּהוּ׃ וְעַל עֹשֵׂי
כז מְלֶאכֶת הַשָּׂדֶה לַעֲבֹדַת הָאֲדָמָה עֶזְרִי בֶּן־כְּלוּב׃ וְעַל־
הַכְּרָמִים שִׁמְעִי הָרָמָתִי וְעַל שֶׁבַּכְּרָמִים לְאֹצְרוֹת הַיַּיִן זַבְדִּי
כח הַשִּׁפְמִי׃ וְעַל־הַזֵּיתִים וְהַשִּׁקְמִים אֲשֶׁר בַּשְּׁפֵלָה בַּעַל
כט חָנָן הַגְּדֵרִי וְעַל־אֹצְרוֹת הַשֶּׁמֶן יוֹעָשׁ׃ וְעַל־הַבָּקָר
הָרֹעִים בַּשָּׁרוֹן שִׁטְרַי הַשָּׁרוֹנִי וְעַל־הַבָּקָר בָּעֲמָקִים שָׁפָט בֶּן־ שִׁרְטַי
ל עַדְלָי׃ וְעַל־הַגְּמַלִּים אוֹבִיל הַיִּשְׁמְעֵאלִי וְעַל־הָאֲתֹנוֹת
לא יֶחְדְּיָהוּ הַמֵּרֹנֹתִי׃ וְעַל־הַצֹּאן יָזִיז הַהַגְרִי כָּל־אֵלֶּה
לב שָׂרֵי הָרְכוּשׁ אֲשֶׁר לַמֶּלֶךְ דָּוִיד׃ וִיהוֹנָתָן דּוֹד־דָּוִיד

יוֹעֵץ אִישׁ־מֵבִין וְסוֹפֵר הוּא וִיחִיאֵל בֶּן־חַכְמוֹנִי עִם־בְּנֵי
לג הַמֶּלֶךְ׃ וַאֲחִיתֹפֶל יוֹעֵץ לַמֶּלֶךְ וְחוּשַׁי הָאַרְכִּי רֵעַ הַמֶּלֶךְ׃
לד וְאַחֲרֵי אֲחִיתֹפֶל יְהוֹיָדָע בֶּן־בְּנָיָהוּ וְאֶבְיָתָר וְשַׂר־צָבָא לַמֶּלֶךְ
כח א יוֹאָב׃ וַיַּקְהֵל דָּוִיד אֶת־כָּל־שָׂרֵי יִשְׂרָאֵל
שָׂרֵי הַשְּׁבָטִים וְשָׂרֵי הַמַּחְלְקוֹת הַמְשָׁרְתִים אֶת־הַמֶּלֶךְ וְשָׂרֵי
הָאֲלָפִים וְשָׂרֵי הַמֵּאוֹת וְשָׂרֵי כָל־רְכוּשׁ־וּמִקְנֶה ׀ לַמֶּלֶךְ וּלְבָנָיו
ב עִם־הַסָּרִיסִים וְהַגִּבּוֹרִים וּלְכָל־גִּבּוֹר חָיִל אֶל־יְרוּשָׁלִָם׃ וַיָּקָם
דָּוִיד הַמֶּלֶךְ עַל־רַגְלָיו וַיֹּאמֶר שְׁמָעוּנִי אַחַי וְעַמִּי אֲנִי עִם־
לְבָבִי לִבְנוֹת בֵּית מְנוּחָה לַאֲרוֹן בְּרִית־יְהוָה וְלַהֲדֹם רַגְלֵי
ג אֱלֹהֵינוּ וַהֲכִינוֹתִי לִבְנוֹת׃ וְהָאֱלֹהִים אָמַר לִי לֹא־תִבְנֶה
ד בַיִת לִשְׁמִי כִּי אִישׁ מִלְחָמוֹת אַתָּה וְדָמִים שָׁפָכְתָּ׃ וַיִּבְחַר
יְהוָה אֱלֹהֵי יִשְׂרָאֵל בִּי מִכֹּל בֵּית־אָבִי לִהְיוֹת לְמֶלֶךְ עַל־
יִשְׂרָאֵל לְעוֹלָם כִּי בִיהוּדָה בָּחַר לְנָגִיד וּבְבֵית יְהוּדָה בֵּית
ה אָבִי וּבִבְנֵי אָבִי בִּי רָצָה לְהַמְלִיךְ עַל־כָּל־יִשְׂרָאֵל׃ וּמִכָּל־
בָּנַי כִּי רַבִּים בָּנִים נָתַן לִי יְהוָה וַיִּבְחַר בִּשְׁלֹמֹה בְנִי לָשֶׁבֶת
ו עַל־כִּסֵּא מַלְכוּת יְהוָה עַל־יִשְׂרָאֵל׃ וַיֹּאמֶר לִי שְׁלֹמֹה בִנְךָ
הוּא־יִבְנֶה בֵיתִי וַחֲצֵרוֹתָי כִּי־בָחַרְתִּי בוֹ לִי לְבֵן וַאֲנִי אֶהְיֶה־
ז לּוֹ לְאָב׃ וַהֲכִינוֹתִי אֶת־מַלְכוּתוֹ עַד־לְעוֹלָם אִם־יֶחֱזַק לַעֲשׂוֹת
ח מִצְוֺתַי וּמִשְׁפָּטַי כַּיּוֹם הַזֶּה׃ וְעַתָּה לְעֵינֵי כָל־יִשְׂרָאֵל קְהַל־
יְהוָה וּבְאָזְנֵי אֱלֹהֵינוּ שִׁמְרוּ וְדִרְשׁוּ כָּל־מִצְוֺת יְהוָה אֱלֹהֵיכֶם
לְמַעַן תִּירְשׁוּ אֶת־הָאָרֶץ הַטּוֹבָה וְהִנְחַלְתֶּם לִבְנֵיכֶם אַחֲרֵיכֶם
ט עַד־עוֹלָם׃ וְאַתָּה שְׁלֹמֹה־בְנִי דַּע אֶת־אֱלֹהֵי אָבִיךָ וְעָבְדֵהוּ
בְּלֵב שָׁלֵם וּבְנֶפֶשׁ חֲפֵצָה כִּי כָל־לְבָבוֹת דּוֹרֵשׁ יְהוָה וְכָל־
יֵצֶר מַחֲשָׁבוֹת מֵבִין אִם־תִּדְרְשֶׁנּוּ יִמָּצֵא לָךְ וְאִם־תַּעַזְבֶנּוּ
י יַזְנִיחֲךָ לָעַד׃ רְאֵה ׀ עַתָּה כִּי־יְהוָה בָּחַר בְּךָ לִבְנוֹת־בַּיִת יא
יא לַמִּקְדָּשׁ חֲזַק וַעֲשֵׂה׃ וַיִּתֵּן דָּוִיד לִשְׁלֹמֹה בְנוֹ אֶת־
תַּבְנִית הָאוּלָם וְאֶת־בָּתָּיו וְגַנְזַכָּיו וַעֲלִיֹּתָיו וַחֲדָרָיו הַפְּנִימִים

יב וּבֵית הַכַּפֹּרֶת׃ וְתַבְנִית כֹּל אֲשֶׁר הָיָה בָרוּחַ עִמּוֹ לְחַצְרוֹת
בֵּית־יְהוָה וּלְכָל־הַלְּשָׁכוֹת סָבִיב לְאֹצְרוֹת בֵּית הָאֱלֹהִים
יג וּלְאֹצְרוֹת הַקֳּדָשִׁים׃ וּלְמַחְלְקוֹת הַכֹּהֲנִים וְהַלְוִיִּם וּלְכָל־
מְלֶאכֶת עֲבוֹדַת בֵּית־יְהוָה וּלְכָל־כְּלֵי עֲבוֹדַת בֵּית־יְהוָה׃
יד לַזָּהָב בַּמִּשְׁקָל לַזָּהָב לְכָל־כְּלֵי עֲבוֹדָה וַעֲבוֹדָה לְכֹל כְּלֵי
טו הַכֶּסֶף בְּמִשְׁקָל לְכָל־כְּלֵי עֲבוֹדָה וַעֲבוֹדָה׃ וּמִשְׁקָל לִמְנֹרוֹת
הַזָּהָב וְנֵרֹתֵיהֶם זָהָב בְּמִשְׁקַל־מְנוֹרָה וּמְנוֹרָה וְנֵרֹתֶיהָ וְלִמְנֹרוֹת
הַכֶּסֶף בְּמִשְׁקָל לִמְנוֹרָה וְנֵרֹתֶיהָ כַּעֲבוֹדַת מְנוֹרָה וּמְנוֹרָה׃
טז וְאֶת־הַזָּהָב מִשְׁקָל לְשֻׁלְחֲנוֹת הַמַּעֲרֶכֶת לְשֻׁלְחַן וְשֻׁלְחָן
יז וְכֶסֶף לְשֻׁלְחֲנוֹת הַכָּסֶף׃ וְהַמִּזְלָגוֹת וְהַמִּזְרָקוֹת וְהַקְּשָׂוֹת זָהָב
טָהוֹר וְלִכְפוֹרֵי הַזָּהָב בְּמִשְׁקָל לִכְפוֹר וּכְפוֹר וְלִכְפוֹרֵי הַכֶּסֶף
יח בְּמִשְׁקָל לִכְפוֹר וּכְפוֹר׃ וּלְמִזְבַּח הַקְּטֹרֶת זָהָב מְזֻקָּק בַּמִּשְׁקָל
וּלְתַבְנִית הַמֶּרְכָּבָה הַכְּרֻבִים זָהָב לְפֹרְשִׂים וְסֹכְכִים עַל־
יט אֲרוֹן בְּרִית־יְהוָה׃ הַכֹּל בִּכְתָב מִיַּד יְהוָה עָלַי הִשְׂכִּיל כֹּל
כ מַלְאֲכוֹת הַתַּבְנִית׃ וַיֹּאמֶר דָּוִיד לִשְׁלֹמֹה בְנוֹ חֲזַק
וֶאֱמַץ וַעֲשֵׂה אַל־תִּירָא וְאַל־תֵּחָת כִּי יְהוָה אֱלֹהִים אֱלֹהַי
עִמָּךְ לֹא יַרְפְּךָ וְלֹא יַעַזְבֶךָּ עַד־לִכְלוֹת כָּל־מְלֶאכֶת עֲבוֹדַת
כא בֵּית־יְהוָה׃ וְהִנֵּה מַחְלְקוֹת הַכֹּהֲנִים וְהַלְוִיִּם לְכָל־עֲבוֹדַת
בֵּית הָאֱלֹהִים וְעִמְּךָ בְכָל־מְלָאכָה לְכָל־נָדִיב בַּחָכְמָה לְכָל־
כט א עֲבוֹדָה וְהַשָּׂרִים וְכָל־הָעָם לְכָל־דְּבָרֶיךָ׃ וַיֹּאמֶר דָּוִיד
הַמֶּלֶךְ לְכָל־הַקָּהָל שְׁלֹמֹה בְנִי אֶחָד בָּחַר־בּוֹ אֱלֹהִים נַעַר וָרָךְ
וְהַמְּלָאכָה גְדוֹלָה כִּי לֹא לְאָדָם הַבִּירָה כִּי לַיהוָה אֱלֹהִים׃
ב וּכְכָל־כֹּחִי הֲכִינוֹתִי לְבֵית־אֱלֹהַי הַזָּהָב ׀ לַזָּהָב וְהַכֶּסֶף לַכֶּסֶף
וְהַנְּחֹשֶׁת לַנְּחֹשֶׁת הַבַּרְזֶל לַבַּרְזֶל וְהָעֵצִים לָעֵצִים אַבְנֵי־
שֹׁהַם וּמִלּוּאִים אַבְנֵי־פוּךְ וְרִקְמָה וְכֹל אֶבֶן יְקָרָה וְאַבְנֵי־
ג שַׁיִשׁ לָרֹב׃ וְעוֹד בִּרְצוֹתִי בְּבֵית אֱלֹהַי יֶשׁ־לִי סְגֻלָּה זָהָב
וָכָסֶף נָתַתִּי לְבֵית־אֱלֹהַי לְמַעְלָה מִכָּל־הֲכִינוֹתִי לְבֵית הַקֹּדֶשׁ׃

ד שְׁלֹשֶׁת אֲלָפִים כִּכְּרֵי זָהָב מִזְּהַב אוֹפִיר וְשִׁבְעַת אֲלָפִים
ה כִּכַּר־כֶּסֶף מְזֻקָּק לָטוּחַ קִירוֹת הַבָּתִּים׃ לַזָּהָב לַזָּהָב וְלַכֶּסֶף
לַכֶּסֶף וּלְכָל־מְלָאכָה בְּיַד חָרָשִׁים וּמִי מִתְנַדֵּב לְמַלֹּאות יָדוֹ
ו הַיּוֹם לַיהוָה׃ וַיִּתְנַדְּבוּ שָׂרֵי הָאָבוֹת וְשָׂרֵי ׀ שִׁבְטֵי יִשְׂרָאֵל
ז וְשָׂרֵי הָאֲלָפִים וְהַמֵּאוֹת וּלְשָׂרֵי מְלֶאכֶת הַמֶּלֶךְ׃ וַיִּתְּנוּ
לַעֲבוֹדַת בֵּית־הָאֱלֹהִים זָהָב כִּכָּרִים חֲמֵשֶׁת־אֲלָפִים וַאֲדַרְכֹנִים
רִבּוֹ וְכֶסֶף כִּכָּרִים עֲשֶׂרֶת אֲלָפִים וּנְחֹשֶׁת רִבּוֹ וּשְׁמוֹנַת
ח אֲלָפִים כִּכָּרִים וּבַרְזֶל מֵאָה־אֶלֶף כִּכָּרִים׃ וְהַנִּמְצָא אִתּוֹ
אֲבָנִים נָתְנוּ לְאוֹצַר בֵּית־יְהוָה עַל יַד־יְחִיאֵל הַגֵּרְשֻׁנִּי׃
ט וַיִּשְׂמְחוּ הָעָם עַל־הִתְנַדְּבָם כִּי בְּלֵב שָׁלֵם הִתְנַדְּבוּ לַיהוָה
י וְגַם דָּוִיד הַמֶּלֶךְ שָׂמַח שִׂמְחָה גְדוֹלָה׃ וַיְבָרֶךְ דָּוִיד
אֶת־יְהוָה לְעֵינֵי כָּל־הַקָּהָל וַיֹּאמֶר דָּוִיד בָּרוּךְ אַתָּה יְהוָה
יא אֱלֹהֵי יִשְׂרָאֵל אָבִינוּ מֵעוֹלָם וְעַד־עוֹלָם׃ לְךָ יְהוָה הַגְּדֻלָּה
וְהַגְּבוּרָה וְהַתִּפְאֶרֶת וְהַנֵּצַח וְהַהוֹד כִּי־כֹל בַּשָּׁמַיִם וּבָאָרֶץ
יב לְךָ יְהוָה הַמַּמְלָכָה וְהַמִּתְנַשֵּׂא לְכֹל ׀ לְרֹאשׁ׃ וְהָעֹשֶׁר וְהַכָּבוֹד
מִלְּפָנֶיךָ וְאַתָּה מוֹשֵׁל בַּכֹּל וּבְיָדְךָ כֹּחַ וּגְבוּרָה וּבְיָדְךָ לְגַדֵּל
יג וּלְחַזֵּק לַכֹּל׃ וְעַתָּה אֱלֹהֵינוּ מוֹדִים אֲנַחְנוּ לָךְ וּמְהַלְלִים
יד לְשֵׁם תִּפְאַרְתֶּךָ׃ וְכִי מִי אֲנִי וּמִי עַמִּי כִּי־נַעְצֹר כֹּחַ לְהִתְנַדֵּב
טו כָּזֹאת כִּי־מִמְּךָ הַכֹּל וּמִיָּדְךָ נָתַנּוּ לָךְ׃ כִּי־גֵרִים אֲנַחְנוּ
לְפָנֶיךָ וְתוֹשָׁבִים כְּכָל־אֲבֹתֵינוּ כַּצֵּל ׀ יָמֵינוּ עַל־הָאָרֶץ וְאֵין
טז מִקְוֶה׃ יְהוָה אֱלֹהֵינוּ כֹּל הֶהָמוֹן הַזֶּה אֲשֶׁר הֲכִינֹנוּ לִבְנוֹת־
יז לְךָ בַיִת לְשֵׁם קָדְשֶׁךָ מִיָּדְךָ היא וּלְךָ הַכֹּל׃ וְיָדַעְתִּי אֱלֹהַי הוּא
כִּי אַתָּה בֹּחֵן לֵבָב וּמֵישָׁרִים תִּרְצֶה אֲנִי בְּיֹשֶׁר לְבָבִי הִתְנַדַּבְתִּי
כָל־אֵלֶּה וְעַתָּה עַמְּךָ הַנִּמְצְאוּ־פֹה רָאִיתִי בְשִׂמְחָה לְהִתְנַדֶּב־
יח לָךְ׃ יְהוָה אֱלֹהֵי אַבְרָהָם יִצְחָק וְיִשְׂרָאֵל אֲבֹתֵינוּ שָׁמְרָה־
זֹּאת לְעוֹלָם לְיֵצֶר מַחְשְׁבוֹת לְבַב עַמֶּךָ וְהָכֵן לְבָבָם אֵלֶיךָ׃
יט וְלִשְׁלֹמֹה בְנִי תֵּן לֵבָב שָׁלֵם לִשְׁמוֹר מִצְוֹתֶיךָ עֵדְוֹתֶיךָ וְחֻקֶּיךָ

כ וְלַעֲשׂוֹת הַכֹּל וְלִבְנוֹת הַבִּירָה אֲשֶׁר־הֲכִינוֹתִי׃ וַיֹּאמֶר
דָּוִיד לְכָל־הַקָּהָל בָּרְכוּ־נָא אֶת־יְהוָה אֱלֹהֵיכֶם וַיְבָרְכוּ כָל־
הַקָּהָל לַיהוָה אֱלֹהֵי אֲבֹתֵיהֶם וַיִּקְּדוּ וַיִּשְׁתַּחֲווּ לַיהוָה וְלַמֶּלֶךְ׃
כא וַיִּזְבְּחוּ לַיהוָה ׀ זְבָחִים וַיַּעֲלוּ עֹלוֹת לַיהוָה לְמָחֳרַת הַיּוֹם
הַהוּא פָּרִים אֶלֶף אֵילִים אֶלֶף כְּבָשִׂים אֶלֶף וְנִסְכֵּיהֶם וּזְבָחִים
כב לָרֹב לְכָל־יִשְׂרָאֵל׃ וַיֹּאכְלוּ וַיִּשְׁתּוּ לִפְנֵי יְהוָה בַּיּוֹם הַהוּא
בְּשִׂמְחָה גְדוֹלָה וַיַּמְלִיכוּ שֵׁנִית לִשְׁלֹמֹה בֶן־דָּוִיד וַיִּמְשְׁחוּ
כג לַיהוָה לְנָגִיד וּלְצָדוֹק לְכֹהֵן׃ וַיֵּשֶׁב שְׁלֹמֹה עַל־כִּסֵּא יְהוָה ׀
לְמֶלֶךְ תַּחַת־דָּוִיד אָבִיו וַיַּצְלַח וַיִּשְׁמְעוּ אֵלָיו כָּל־יִשְׂרָאֵל׃
כד וְכָל־הַשָּׂרִים וְהַגִּבֹּרִים וְגַם כָּל־בְּנֵי הַמֶּלֶךְ דָּוִיד נָתְנוּ יָד תַּחַת
כה שְׁלֹמֹה הַמֶּלֶךְ׃ וַיְגַדֵּל יְהוָה אֶת־שְׁלֹמֹה לְמַעְלָה לְעֵינֵי כָּל־
יִשְׂרָאֵל וַיִּתֵּן עָלָיו הוֹד מַלְכוּת אֲשֶׁר לֹא־הָיָה עַל־כָּל־מֶלֶךְ
כו לְפָנָיו עַל־יִשְׂרָאֵל׃ וְדָוִיד בֶּן־יִשָׁי מָלַךְ עַל־כָּל־יִשְׂרָאֵל׃
כז וְהַיָּמִים אֲשֶׁר מָלַךְ עַל־יִשְׂרָאֵל אַרְבָּעִים שָׁנָה בְּחֶבְרוֹן מָלַךְ
כח שֶׁבַע שָׁנִים וּבִירוּשָׁלִַם מָלַךְ שְׁלֹשִׁים וְשָׁלוֹשׁ׃ וַיָּמָת בְּשֵׂיבָה
טוֹבָה שְׂבַע יָמִים עֹשֶׁר וְכָבוֹד וַיִּמְלֹךְ שְׁלֹמֹה בְנוֹ תַּחְתָּיו׃
כט וְדִבְרֵי דָּוִיד הַמֶּלֶךְ הָרִאשֹׁנִים וְהָאַחֲרֹנִים הִנָּם כְּתוּבִים עַל־
דִּבְרֵי שְׁמוּאֵל הָרֹאֶה וְעַל־דִּבְרֵי נָתָן הַנָּבִיא וְעַל־דִּבְרֵי גָּד
ל הַחֹזֶה׃ עִם כָּל־מַלְכוּתוֹ וּגְבוּרָתוֹ וְהָעִתִּים אֲשֶׁר עָבְרוּ עָלָיו

דברי הימים ב

א א וְעַל־יִשְׂרָאֵל וְעַל כָּל־מַמְלְכוֹת הָאֲרָצוֹת׃ וַיִּתְחַזֵּק
שְׁלֹמֹה בֶן־דָּוִיד עַל־מַלְכוּתוֹ וַיהוָה אֱלֹהָיו עִמּוֹ וַיְגַדְּלֵהוּ
ב לְמָעְלָה׃ וַיֹּאמֶר שְׁלֹמֹה לְכָל־יִשְׂרָאֵל לְשָׂרֵי הָאֲלָפִים וְהַמֵּאוֹת
ג וְלַשֹּׁפְטִים וּלְכֹל נָשִׂיא לְכָל־יִשְׂרָאֵל רָאשֵׁי הָאָבוֹת׃ וַיֵּלְכוּ
שְׁלֹמֹה וְכָל־הַקָּהָל עִמּוֹ לַבָּמָה אֲשֶׁר בְּגִבְעוֹן כִּי־שָׁם הָיָה
אֹהֶל מוֹעֵד הָאֱלֹהִים אֲשֶׁר עָשָׂה מֹשֶׁה עֶבֶד־יְהוָה בַּמִּדְבָּר׃
ד אֲבָל אֲרוֹן הָאֱלֹהִים הֶעֱלָה דָוִיד מִקִּרְיַת יְעָרִים בַּהֵכִין לוֹ
ה דָּוִיד כִּי נָטָה־לוֹ אֹהֶל בִּירוּשָׁלִָם׃ וּמִזְבַּח הַנְּחֹשֶׁת אֲשֶׁר

עָשָׂה בְּצַלְאֵל בֶּן־אוּרִי בֶן־חוּר שָׂם לִפְנֵי מִשְׁכַּן יְהוָה וַיִּדְרְשֵׁהוּ
ו שְׁלֹמֹה וְהַקָּהָל׃ וַיַּעַל שְׁלֹמֹה שָׁם עַל־מִזְבַּח הַנְּחֹשֶׁת לִפְנֵי
ז יְהוָה אֲשֶׁר לְאֹהֶל מוֹעֵד וַיַּעַל עָלָיו עֹלוֹת אָלֶף׃ בַּלַּיְלָה
הַהוּא נִרְאָה אֱלֹהִים לִשְׁלֹמֹה וַיֹּאמֶר לוֹ שְׁאַל מָה אֶתֶּן־לָךְ׃
ח וַיֹּאמֶר שְׁלֹמֹה לֵאלֹהִים אַתָּה עָשִׂיתָ עִם־דָּוִיד אָבִי חֶסֶד
ט גָּדוֹל וְהִמְלַכְתַּנִי תַּחְתָּיו׃ עַתָּה יְהוָה אֱלֹהִים יֵאָמֵן דְּבָרְךָ עִם
י דָּוִיד אָבִי כִּי אַתָּה הִמְלַכְתַּנִי עַל־עַם רַב כַּעֲפַר הָאָרֶץ׃ עַתָּה
חָכְמָה וּמַדָּע תֶּן־לִי וְאֵצְאָה לִפְנֵי הָעָם־הַזֶּה וְאָבוֹאָה כִּי־מִי
יִשְׁפֹּט אֶת־עַמְּךָ הַזֶּה הַגָּדוֹל׃
יא וַיֹּאמֶר אֱלֹהִים ׀ לִשְׁלֹמֹה יַעַן אֲשֶׁר הָיְתָה זֹאת עִם־לְבָבֶךָ וְלֹא־
שָׁאַלְתָּ עֹשֶׁר נְכָסִים וְכָבוֹד וְאֵת נֶפֶשׁ שֹׂנְאֶיךָ וְגַם־יָמִים רַבִּים
לֹא שָׁאָלְתָּ וַתִּשְׁאַל־לְךָ חָכְמָה וּמַדָּע אֲשֶׁר תִּשְׁפּוֹט אֶת־עַמִּי
יב אֲשֶׁר הִמְלַכְתִּיךָ עָלָיו׃ הַחָכְמָה וְהַמַּדָּע נָתוּן לָךְ וְעֹשֶׁר
וּנְכָסִים וְכָבוֹד אֶתֶּן־לָךְ אֲשֶׁר ׀ לֹא־הָיָה כֵן לַמְּלָכִים אֲשֶׁר
יג לְפָנֶיךָ וְאַחֲרֶיךָ לֹא יִהְיֶה־כֵּן׃ וַיָּבֹא שְׁלֹמֹה לַבָּמָה אֲשֶׁר־בְּגִבְעוֹן
יד יְרוּשָׁלִַם מִלִּפְנֵי אֹהֶל מוֹעֵד וַיִּמְלֹךְ עַל־יִשְׂרָאֵל׃ וַיֶּאֱסֹף
שְׁלֹמֹה רֶכֶב וּפָרָשִׁים וַיְהִי־לוֹ אֶלֶף וְאַרְבַּע־מֵאוֹת רֶכֶב וּשְׁנֵים־
עָשָׂר אֶלֶף פָּרָשִׁים וַיַּנִּיחֵם בְּעָרֵי הָרֶכֶב וְעִם־הַמֶּלֶךְ בִּירוּשָׁלִָם׃
טו וַיִּתֵּן הַמֶּלֶךְ אֶת־הַכֶּסֶף וְאֶת־הַזָּהָב בִּירוּשָׁלִַם כָּאֲבָנִים וְאֵת־
טז הָאֲרָזִים נָתַן כַּשִּׁקְמִים אֲשֶׁר־בַּשְּׁפֵלָה לָרֹב׃ וּמוֹצָא הַסּוּסִים
אֲשֶׁר לִשְׁלֹמֹה מִמִּצְרָיִם וּמִקְוֵא סֹחֲרֵי הַמֶּלֶךְ מִקְוֵא יִקְחוּ
יז בִּמְחִיר׃ וַיַּעֲלוּ וַיּוֹצִיאוּ מִמִּצְרַיִם מֶרְכָּבָה בְּשֵׁשׁ מֵאוֹת כֶּסֶף
וְסוּס בַּחֲמִשִּׁים וּמֵאָה וְכֵן לְכָל־מַלְכֵי הַחִתִּים וּמַלְכֵי אֲרָם
יח בְּיָדָם יוֹצִיאוּ׃ וַיֹּאמֶר שְׁלֹמֹה לִבְנוֹת בַּיִת לְשֵׁם יְהוָה וּבַיִת
ב א לְמַלְכוּתוֹ׃ וַיִּסְפֹּר שְׁלֹמֹה שִׁבְעִים אֶלֶף אִישׁ סַבָּל וּשְׁמוֹנִים
אֶלֶף אִישׁ חֹצֵב בָּהָר וּמְנַצְּחִים עֲלֵיהֶם שְׁלֹשֶׁת אֲלָפִים וְשֵׁשׁ
מֵאוֹת׃

וַיִּשְׁלַח שְׁלֹמֹה אֶל־חוּרָם מֶלֶךְ־צֹר לֵאמֹר כַּאֲשֶׁר עָשִׂיתָ עִם־ ב
יב דָּוִיד אָבִי וַתִּשְׁלַח־לוֹ אֲרָזִים לִבְנוֹת־לוֹ בַיִת לָשֶׁבֶת בּוֹ׃ הִנֵּה ג
אֲנִי בוֹנֶה־בַּיִת לְשֵׁם ׀ יְהוָה אֱלֹהָי לְהַקְדִּישׁ לוֹ לְהַקְטִיר לְפָנָיו
קְטֹרֶת־סַמִּים וּמַעֲרֶכֶת תָּמִיד וְעֹלוֹת לַבֹּקֶר וְלָעֶרֶב לַשַּׁבָּתוֹת
וְלֶחֳדָשִׁים וּלְמוֹעֲדֵי יְהוָה אֱלֹהֵינוּ לְעוֹלָם זֹאת עַל־יִשְׂרָאֵל׃
וְהַבַּיִת אֲשֶׁר־אֲנִי בוֹנֶה גָּדוֹל כִּי־גָדוֹל אֱלֹהֵינוּ מִכָּל־הָאֱלֹהִים׃ ד
וּמִי יַעֲצָר־כֹּחַ לִבְנוֹת־לוֹ בַיִת כִּי הַשָּׁמַיִם וּשְׁמֵי הַשָּׁמַיִם לֹא ה
יְכַלְכְּלֻהוּ וּמִי אֲנִי אֲשֶׁר אֶבְנֶה־לּוֹ בַיִת כִּי אִם־לְהַקְטִיר לְפָנָיו׃
וְעַתָּה שְׁלַח־לִי אִישׁ־חָכָם לַעֲשׂוֹת בַּזָּהָב וּבַכֶּסֶף וּבַנְּחֹשֶׁת ו
וּבַבַּרְזֶל וּבָאַרְגְּוָן וְכַרְמִיל וּתְכֵלֶת וְיֹדֵעַ לְפַתֵּחַ פִּתּוּחִים עִם־
הַחֲכָמִים אֲשֶׁר עִמִּי בִּיהוּדָה וּבִירוּשָׁלִַם אֲשֶׁר הֵכִין דָּוִיד אָבִי׃
וּשְׁלַח־לִי עֲצֵי אֲרָזִים בְּרוֹשִׁים וְאַלְגּוּמִּים מֵהַלְּבָנוֹן כִּי אֲנִי ז
יָדַעְתִּי אֲשֶׁר עֲבָדֶיךָ יוֹדְעִים לִכְרוֹת עֲצֵי לְבָנוֹן וְהִנֵּה עֲבָדַי
עִם־עֲבָדֶיךָ׃ וּלְהָכִין לִי עֵצִים לָרֹב כִּי הַבַּיִת אֲשֶׁר־אֲנִי בוֹנֶה ח
גָּדוֹל וְהַפְלֵא׃ וְהִנֵּה לַחֹטְבִים לְכֹרְתֵי הָעֵצִים נָתַתִּי חִטִּים ׀ ט
מַכּוֹת לַעֲבָדֶיךָ כֹּרִים עֶשְׂרִים אֶלֶף וּשְׂעֹרִים כֹּרִים עֶשְׂרִים אָלֶף
וְיַיִן בַּתִּים עֶשְׂרִים אֶלֶף וְשֶׁמֶן בַּתִּים עֶשְׂרִים אָלֶף׃
וַיֹּאמֶר חוּרָם מֶלֶךְ־צֹר בִּכְתָב וַיִּשְׁלַח אֶל־שְׁלֹמֹה בְּאַהֲבַת י
יְהוָה אֶת־עַמּוֹ נְתָנְךָ עֲלֵיהֶם מֶלֶךְ׃ וַיֹּאמֶר חוּרָם בָּרוּךְ יְהוָה יא
אֱלֹהֵי יִשְׂרָאֵל אֲשֶׁר עָשָׂה אֶת־הַשָּׁמַיִם וְאֶת־הָאָרֶץ אֲשֶׁר
נָתַן לְדָוִיד הַמֶּלֶךְ בֵּן חָכָם יוֹדֵעַ שֵׂכֶל וּבִינָה אֲשֶׁר יִבְנֶה־בַּיִת
לַיהוָה וּבַיִת לְמַלְכוּתוֹ׃ וְעַתָּה שָׁלַחְתִּי אִישׁ־חָכָם יוֹדֵעַ בִּינָה יב
לְחוּרָם אָבִי׃ בֶּן־אִשָּׁה מִן־בְּנוֹת דָּן וְאָבִיו אִישׁ־צֹרִי יוֹדֵעַ יג
לַעֲשׂוֹת בַּזָּהָב־וּבַכֶּסֶף בַּנְּחֹשֶׁת בַּבַּרְזֶל בָּאֲבָנִים וּבָעֵצִים
בָּאַרְגָּמָן בַּתְּכֵלֶת וּבַבּוּץ וּבַכַּרְמִיל וּלְפַתֵּחַ כָּל־פִּתּוּחַ וְלַחְשֹׁב
כָּל־מַחֲשָׁבֶת אֲשֶׁר יִנָּתֶן־לוֹ עִם־חֲכָמֶיךָ וְחַכְמֵי אֲדֹנִי דָּוִיד
אָבִיךָ׃ וְעַתָּה הַחִטִּים וְהַשְּׂעֹרִים הַשֶּׁמֶן וְהַיַּיִן אֲשֶׁר אָמַר יד

טו אֲדֹנִי יִשְׁלַח לַעֲבָדָיו׃ וַאֲנַחְנוּ נִכְרֹת עֵצִים מִן־הַלְּבָנוֹן כְּכָל־
צָרְכֶּךָ וּנְבִיאֵם לְךָ רַפְסֹדוֹת עַל־יָם יָפוֹ וְאַתָּה תַּעֲלֶה אֹתָם
טז יְרוּשָׁלִָם׃ וַיִּסְפֹּר שְׁלֹמֹה כָּל־הָאֲנָשִׁים הַגֵּירִים אֲשֶׁר
בְּאֶרֶץ יִשְׂרָאֵל אַחֲרֵי הַסְּפָר אֲשֶׁר סְפָרָם דָּוִיד אָבִיו וַיִּמָּצְאוּ
יז מֵאָה וַחֲמִשִּׁים אֶלֶף וּשְׁלֹשֶׁת אֲלָפִים וְשֵׁשׁ מֵאוֹת׃ וַיַּעַשׂ מֵהֶם
שִׁבְעִים אֶלֶף סַבָּל וּשְׁמֹנִים אֶלֶף חֹצֵב בָּהָר וּשְׁלֹשֶׁת אֲלָפִים
ג א וְשֵׁשׁ מֵאוֹת מְנַצְּחִים לְהַעֲבִיד אֶת־הָעָם׃ וַיָּחֶל שְׁלֹמֹה לִבְנוֹת
אֶת־בֵּית־יהוה בִּירוּשָׁלִַם בְּהַר הַמּוֹרִיָּה אֲשֶׁר נִרְאָה לְדָוִיד
ב אָבִיהוּ אֲשֶׁר הֵכִין בִּמְקוֹם דָּוִיד בְּגֹרֶן אָרְנָן הַיְבוּסִי׃ וַיָּחֶל
ג לִבְנוֹת בַּחֹדֶשׁ הַשֵּׁנִי בַּשֵּׁנִי בִּשְׁנַת אַרְבַּע לְמַלְכוּתוֹ׃ וְאֵלֶּה
הוּסַד שְׁלֹמֹה לִבְנוֹת אֶת־בֵּית הָאֱלֹהִים הָאֹרֶךְ אַמּוֹת בַּמִּדָּה
ד הָרִאשׁוֹנָה אַמּוֹת שִׁשִּׁים וְרֹחַב אַמּוֹת עֶשְׂרִים׃ וְהָאוּלָם אֲשֶׁר
עַל־פְּנֵי הָאֹרֶךְ עַל־פְּנֵי רֹחַב־הַבַּיִת אַמּוֹת עֶשְׂרִים וְהַגֹּבַהּ
ה מֵאָה וְעֶשְׂרִים וַיְצַפֵּהוּ מִפְּנִימָה זָהָב טָהוֹר׃ וְאֵת ׀ הַבַּיִת
הַגָּדוֹל חִפָּה עֵץ בְּרוֹשִׁים וַיְחַפֵּהוּ זָהָב טוֹב וַיַּעַל עָלָיו תִּמֹּרִים
ו וְשַׁרְשְׁרוֹת׃ וַיְצַף אֶת־הַבַּיִת אֶבֶן יְקָרָה לְתִפְאָרֶת וְהַזָּהָב זְהַב
ז פַּרְוָיִם׃ וַיְחַף אֶת־הַבַּיִת הַקֹּרוֹת הַסִּפִּים וְקִירוֹתָיו וְדַלְתוֹתָיו
ח זָהָב וּפִתַּח כְּרוּבִים עַל־הַקִּירוֹת׃ וַיַּעַשׂ אֶת־בֵּית־
קֹדֶשׁ הַקֳּדָשִׁים אָרְכּוֹ עַל־פְּנֵי רֹחַב־הַבַּיִת אַמּוֹת עֶשְׂרִים
וְרָחְבּוֹ אַמּוֹת עֶשְׂרִים וַיְחַפֵּהוּ זָהָב טוֹב לְכִכָּרִים שֵׁשׁ מֵאוֹת׃
ט וּמִשְׁקָל לְמִסְמְרוֹת לִשְׁקָלִים חֲמִשִּׁים זָהָב וְהָעֲלִיּוֹת חִפָּה
י זָהָב׃ וַיַּעַשׂ בְּבֵית־קֹדֶשׁ הַקֳּדָשִׁים כְּרוּבִים שְׁנַיִם
יא מַעֲשֵׂה צַעֲצֻעִים וַיְצַפּוּ אֹתָם זָהָב׃ וְכַנְפֵי הַכְּרוּבִים אָרְכָּם
אַמּוֹת עֶשְׂרִים כְּנַף הָאֶחָד לְאַמּוֹת חָמֵשׁ מַגַּעַת לְקִיר הַבַּיִת
וְהַכָּנָף הָאַחֶרֶת אַמּוֹת חָמֵשׁ מַגִּיעַ לִכְנַף הַכְּרוּב הָאַחֵר׃
יב וּכְנַף הַכְּרוּב הָאֶחָד אַמּוֹת חָמֵשׁ מַגִּיעַ לְקִיר הַבַּיִת וְהַכָּנָף
יג הָאַחֶרֶת אַמּוֹת חָמֵשׁ דְּבֵקָה לִכְנַף הַכְּרוּב הָאַחֵר׃ כַּנְפֵי

הַכְּרוּבִים הָאֵלֶּה פֹּרְשִׂים אַמּוֹת עֶשְׂרִים וְהֵם עֹמְדִים עַל־
יד רַגְלֵיהֶם וּפְנֵיהֶם לַבָּיִת׃ וַיַּעַשׂ אֶת־הַפָּרֹכֶת תְּכֵלֶת
טו וְאַרְגָּמָן וְכַרְמִיל וּבוּץ וַיַּעַל עָלָיו כְּרוּבִים׃ וַיַּעַשׂ
לִפְנֵי הַבַּיִת עַמּוּדִים שְׁנַיִם אַמּוֹת שְׁלֹשִׁים וְחָמֵשׁ אֹרֶךְ וְהַצֶּפֶת
טז אֲשֶׁר־עַל־רֹאשׁוֹ אַמּוֹת חָמֵשׁ׃ וַיַּעַשׂ שַׁרְשְׁרוֹת
בַּדְּבִיר וַיִּתֵּן עַל־רֹאשׁ הָעַמֻּדִים וַיַּעַשׂ רִמּוֹנִים מֵאָה וַיִּתֵּן
יז בַּשַּׁרְשְׁרוֹת׃ וַיָּקֶם אֶת־הָעַמּוּדִים עַל־פְּנֵי הַהֵיכָל אֶחָד מִיָּמִין
וְאֶחָד מֵהַשְּׂמֹאול וַיִּקְרָא שֵׁם־הימיני יָכִין וְשֵׁם הַשְּׂמָאלִי בֹּעַז׃ הַיְמָנִי
ד א בֹּעַז׃ וַיַּעַשׂ מִזְבַּח נְחֹשֶׁת עֶשְׂרִים אַמָּה אָרְכּוֹ וְעֶשְׂרִים
ב אַמָּה רָחְבּוֹ וְעֶשֶׂר אַמּוֹת קוֹמָתוֹ׃ וַיַּעַשׂ אֶת־הַיָּם
מוּצָק עֶשֶׂר בָּאַמָּה מִשְּׂפָתוֹ אֶל־שְׂפָתוֹ עָגוֹל ׀ סָבִיב וְחָמֵשׁ
ג בָּאַמָּה קוֹמָתוֹ וְקָו שְׁלֹשִׁים בָּאַמָּה יָסֹב אֹתוֹ סָבִיב׃ וּדְמוּת
בְּקָרִים תַּחַת לוֹ סָבִיב ׀ סָבִיב סוֹבְבִים אֹתוֹ עֶשֶׂר בָּאַמָּה
מַקִּיפִים אֶת־הַיָּם סָבִיב שְׁנַיִם טוּרִים הַבָּקָר יְצוּקִים בְּמֻצַקְתּוֹ׃
ד עוֹמֵד עַל־שְׁנֵים עָשָׂר בָּקָר שְׁלֹשָׁה פֹנִים ׀ צָפוֹנָה וּשְׁלוֹשָׁה
פֹנִים ׀ יָמָּה וּשְׁלֹשָׁה ׀ פֹּנִים נֶגְבָּה וּשְׁלֹשָׁה פֹּנִים מִזְרָחָה וְהַיָּם
ה עֲלֵיהֶם מִלְמָעְלָה וְכָל־אֲחֹרֵיהֶם בָּיְתָה׃ וְעָבְיוֹ טֶפַח וּשְׂפָתוֹ
כְּמַעֲשֵׂה שְׂפַת־כּוֹס פֶּרַח שׁוֹשַׁנָּה מַחֲזִיק בַּתִּים שְׁלֹשֶׁת אֲלָפִים
ו יָכִיל׃ וַיַּעַשׂ כִּיּוֹרִים עֲשָׂרָה וַיִּתֵּן חֲמִשָּׁה מִיָּמִין
וַחֲמִשָּׁה מִשְּׂמֹאול לְרָחְצָה בָהֶם אֶת־מַעֲשֵׂה הָעוֹלָה יָדִיחוּ
ז בָם וְהַיָּם לְרָחְצָה לַכֹּהֲנִים בּוֹ׃ וַיַּעַשׂ אֶת־מְנֹרוֹת
הַזָּהָב עֶשֶׂר כְּמִשְׁפָּטָם וַיִּתֵּן בַּהֵיכָל חָמֵשׁ מִיָּמִין וְחָמֵשׁ
ח מִשְּׂמֹאול׃ וַיַּעַשׂ שֻׁלְחָנוֹת עֲשָׂרָה וַיַּנַּח בַּהֵיכָל חֲמִשָּׁה
ט מִיָּמִין וַחֲמִשָּׁה מִשְּׂמֹאול וַיַּעַשׂ מִזְרְקֵי זָהָב מֵאָה׃ וַיַּעַשׂ
חֲצַר הַכֹּהֲנִים וְהָעֲזָרָה הַגְּדוֹלָה וּדְלָתוֹת לָעֲזָרָה וְדַלְתוֹתֵיהֶם
י צִפָּה נְחֹשֶׁת׃ וְאֶת־הַיָּם נָתַן מִכֶּתֶף הַיְמָנִית קֵדְמָה מִמּוּל
יא נֶגְבָּה׃ וַיַּעַשׂ חוּרָם אֶת־הַסִּירוֹת וְאֶת־הַיָּעִים וְאֶת־

הַמִּזְרָקוֹת וַיְכַל חִירָם לַעֲשׂוֹת אֶת־הַמְּלָאכָה אֲשֶׁר עָשָׂה חוּרָם
יב לַמֶּלֶךְ שְׁלֹמֹה בְּבֵית הָאֱלֹהִים׃ עַמּוּדִים שְׁנַיִם וְהַגֻּלּוֹת וְהַכֹּתָרוֹת
עַל־רֹאשׁ הָעַמּוּדִים שְׁתָּיִם וְהַשְּׂבָכוֹת שְׁתַּיִם לְכַסּוֹת אֶת־
יג שְׁתֵּי גֻּלּוֹת הַכֹּתָרוֹת אֲשֶׁר עַל־רֹאשׁ הָעַמּוּדִים׃ וְאֶת־הָרִמּוֹנִים
אַרְבַּע מֵאוֹת לִשְׁתֵּי הַשְּׂבָכוֹת שְׁנַיִם טוּרִים רִמּוֹנִים לַשְּׂבָכָה
הָאֶחָת לְכַסּוֹת אֶת־שְׁתֵּי גֻּלּוֹת הַכֹּתָרוֹת אֲשֶׁר עַל־פְּנֵי
יד הָעַמּוּדִים׃ וְאֶת־הַמְּכֹנוֹת עָשָׂה וְאֶת־הַכִּיֹּרוֹת עָשָׂה עַל־
טו הַמְּכֹנוֹת׃ אֶת־הַיָּם אֶחָד וְאֶת־הַבָּקָר שְׁנֵים־עָשָׂר תַּחְתָּיו׃
טז וְאֶת־הַסִּירוֹת וְאֶת־הַיָּעִים וְאֶת־הַמִּזְלָגוֹת וְאֶת־כָּל־כְּלֵיהֶם
עָשָׂה חוּרָם אָבִיו לַמֶּלֶךְ שְׁלֹמֹה לְבֵית יְהוָה נְחֹשֶׁת מָרוּק׃
יז בְּכִכַּר הַיַּרְדֵּן יְצָקָם הַמֶּלֶךְ בַּעֲבִי הָאֲדָמָה בֵּין סֻכּוֹת וּבֵין
יח צְרֵדָתָה׃ וַיַּעַשׂ שְׁלֹמֹה כָּל־הַכֵּלִים הָאֵלֶּה לָרֹב מְאֹד כִּי
יט לֹא נֶחְקַר מִשְׁקַל הַנְּחֹשֶׁת׃ וַיַּעַשׂ שְׁלֹמֹה אֵת כָּל־
הַכֵּלִים אֲשֶׁר בֵּית הָאֱלֹהִים וְאֵת מִזְבַּח הַזָּהָב וְאֶת־הַשֻּׁלְחָנוֹת
כ וַעֲלֵיהֶם לֶחֶם הַפָּנִים׃ וְאֶת־הַמְּנֹרוֹת וְנֵרֹתֵיהֶם לְבַעֲרָם
כא כַּמִּשְׁפָּט לִפְנֵי הַדְּבִיר זָהָב סָגוּר׃ וְהַפֶּרַח וְהַנֵּרוֹת וְהַמֶּלְקַחַיִם
כב זָהָב הוּא מִכְלוֹת זָהָב׃ וְהַמְזַמְּרוֹת וְהַמִּזְרָקוֹת וְהַכַּפּוֹת
וְהַמַּחְתּוֹת זָהָב סָגוּר וּפֶתַח הַבַּיִת דַּלְתוֹתָיו הַפְּנִימִיּוֹת לְקֹדֶשׁ
הַקֳּדָשִׁים וְדַלְתֵי הַבַּיִת לַהֵיכָל זָהָב׃

ה א וַתִּשְׁלַם כָּל־הַמְּלָאכָה אֲשֶׁר־עָשָׂה שְׁלֹמֹה לְבֵית יְהוָה וַיָּבֵא
שְׁלֹמֹה אֶת־קָדְשֵׁי ׀ דָּוִיד אָבִיו וְאֶת־הַכֶּסֶף וְאֶת־הַזָּהָב וְאֶת־
ב כָּל־הַכֵּלִים נָתַן בְּאֹצְרוֹת בֵּית הָאֱלֹהִים׃ אָז יַקְהֵיל
שְׁלֹמֹה אֶת־זִקְנֵי יִשְׂרָאֵל וְאֶת־כָּל־רָאשֵׁי הַמַּטּוֹת נְשִׂיאֵי
הָאָבוֹת לִבְנֵי יִשְׂרָאֵל אֶל־יְרוּשָׁלִָם לְהַעֲלוֹת אֶת־אֲרוֹן בְּרִית־
ג יְהוָה מֵעִיר דָּוִיד הִיא צִיּוֹן׃ וַיִּקָּהֲלוּ אֶל־הַמֶּלֶךְ כָּל־אִישׁ
ד יִשְׂרָאֵל בֶּחָג הוּא הַחֹדֶשׁ הַשְּׁבִעִי׃ וַיָּבֹאוּ כֹּל זִקְנֵי יִשְׂרָאֵל
ה וַיִּשְׂאוּ הַלְוִיִּם אֶת־הָאָרוֹן׃ וַיַּעֲלוּ אֶת־הָאָרוֹן וְאֶת־אֹהֶל מוֹעֵד

וְאֶת־כָּל־כְּלֵי הַקֹּדֶשׁ אֲשֶׁר בָּאֹהֶל הֶעֱלוּ אֹתָם הַכֹּהֲנִים
ו הַלְוִיִּם׃ וְהַמֶּלֶךְ שְׁלֹמֹה וְכָל־עֲדַת יִשְׂרָאֵל הַנּוֹעָדִים עָלָיו
לִפְנֵי הָאָרוֹן מְזַבְּחִים צֹאן וּבָקָר אֲשֶׁר לֹא־יִסָּפְרוּ וְלֹא
ז יִמָּנוּ מֵרֹב׃ וַיָּבִיאוּ הַכֹּהֲנִים אֶת־אֲרוֹן בְּרִית־יְהוָה אֶל־
מְקוֹמוֹ אֶל־דְּבִיר הַבַּיִת אֶל־קֹדֶשׁ הַקֳּדָשִׁים אֶל־תַּחַת כַּנְפֵי
ח הַכְּרוּבִים׃ וַיִּהְיוּ הַכְּרוּבִים פֹּרְשִׂים כְּנָפַיִם עַל־מְקוֹם הָאָרוֹן
ט וַיְכַסּוּ הַכְּרוּבִים עַל־הָאָרוֹן וְעַל־בַּדָּיו מִלְמָעְלָה׃ וַיַּאֲרִיכוּ
הַבַּדִּים וַיֵּרָאוּ רָאשֵׁי הַבַּדִּים מִן־הָאָרוֹן עַל־פְּנֵי הַדְּבִיר וְלֹא
י יֵרָאוּ הַחוּצָה וַיְהִי־שָׁם עַד הַיּוֹם הַזֶּה׃ אֵין בָּאָרוֹן רַק שְׁנֵי
הַלֻּחוֹת אֲשֶׁר־נָתַן מֹשֶׁה בְּחֹרֵב אֲשֶׁר כָּרַת יְהוָה עִם־בְּנֵי
יא יִשְׂרָאֵל בְּצֵאתָם מִמִּצְרָיִם׃ וַיְהִי בְּצֵאת הַכֹּהֲנִים מִן
הַקֹּדֶשׁ כִּי כָּל־הַכֹּהֲנִים הַנִּמְצְאִים הִתְקַדָּשׁוּ אֵין לִשְׁמוֹר
יב לְמַחְלְקוֹת׃ וְהַלְוִיִּם הַמְשֹׁרְרִים לְכֻלָּם לְאָסָף לְהֵימָן לִידֻתוּן
וְלִבְנֵיהֶם וְלַאֲחֵיהֶם מְלֻבָּשִׁים בּוּץ בִּמְצִלְתַּיִם וּבִנְבָלִים
וְכִנֹּרוֹת עֹמְדִים מִזְרָח לַמִּזְבֵּחַ וְעִמָּהֶם כֹּהֲנִים לְמֵאָה וְעֶשְׂרִים
יג מחצצרים בַּחֲצֹצְרוֹת׃ וַיְהִי כְאֶחָד למחצצרים וְלַמְשֹׁרְרִים
לְהַשְׁמִיעַ קוֹל־אֶחָד לְהַלֵּל וּלְהֹדוֹת לַיהוָה וּכְהָרִים קוֹל
בַּחֲצֹצְרוֹת וּבִמְצִלְתַּיִם וּבִכְלֵי הַשִּׁיר וּבְהַלֵּל לַיהוָה כִּי טוֹב
יד כִּי לְעוֹלָם חַסְדּוֹ וְהַבַּיִת מָלֵא עָנָן בֵּית יְהוָה׃ וְלֹא־יָכְלוּ יג
הַכֹּהֲנִים לַעֲמוֹד לְשָׁרֵת מִפְּנֵי הֶעָנָן כִּי־מָלֵא כְבוֹד־יְהוָה אֶת־
ו א בֵּית הָאֱלֹהִים׃ אָז אָמַר שְׁלֹמֹה יְהוָה אָמַר לִשְׁכּוֹן
ב בָּעֲרָפֶל׃ וַאֲנִי בָּנִיתִי בֵית־זְבֻל לָךְ וּמָכוֹן לְשִׁבְתְּךָ עוֹלָמִים׃
ג וַיַּסֵּב הַמֶּלֶךְ אֶת־פָּנָיו וַיְבָרֶךְ אֵת כָּל־קְהַל יִשְׂרָאֵל וְכָל־קְהַל
ד יִשְׂרָאֵל עוֹמֵד׃ וַיֹּאמֶר בָּרוּךְ יְהוָה אֱלֹהֵי יִשְׂרָאֵל אֲשֶׁר דִּבֶּר
ה בְּפִיו אֵת דָּוִיד אָבִי וּבְיָדָיו מִלֵּא לֵאמֹר׃ מִן־הַיּוֹם אֲשֶׁר
הוֹצֵאתִי אֶת־עַמִּי מֵאֶרֶץ מִצְרַיִם לֹא־בָחַרְתִּי בְעִיר מִכֹּל
שִׁבְטֵי יִשְׂרָאֵל לִבְנוֹת בַּיִת לִהְיוֹת שְׁמִי שָׁם וְלֹא־בָחַרְתִּי

מַחְצְרִים
לַמְחַצְּרִים

ו בְּאִישׁ לִהְיוֹת נָגִיד עַל־עַמִּי יִשְׂרָאֵל׃ וָאֶבְחַר בִּירוּשָׁלַ͏ִם לִהְיוֹת
ז שְׁמִי שָׁם וָאֶבְחַר בְּדָוִיד לִהְיוֹת עַל־עַמִּי יִשְׂרָאֵל׃ וַיְהִי עִם־
ח לְבַב דָּוִיד אָבִי לִבְנוֹת בַּיִת לְשֵׁם יְהוָה אֱלֹהֵי יִשְׂרָאֵל׃ וַיֹּאמֶר
יְהוָה אֶל־דָּוִיד אָבִי יַעַן אֲשֶׁר הָיָה עִם־לְבָבְךָ לִבְנוֹת בַּיִת
ט לִשְׁמִי הֱטִיבוֹתָ כִּי הָיָה עִם־לְבָבֶךָ׃ רַק אַתָּה לֹא תִבְנֶה
י הַבָּיִת כִּי בִנְךָ הַיּוֹצֵא מֵחֲלָצֶיךָ הוּא־יִבְנֶה הַבַּיִת לִשְׁמִי׃ וַיָּקֶם
יְהוָה אֶת־דְּבָרוֹ אֲשֶׁר דִּבֵּר וָאָקוּם תַּחַת דָּוִיד אָבִי וָאֵשֵׁב ׀
עַל־כִּסֵּא יִשְׂרָאֵל כַּאֲשֶׁר דִּבֶּר יְהוָה וָאֶבְנֶה הַבַּיִת לְשֵׁם יְהוָה
יא אֱלֹהֵי יִשְׂרָאֵל׃ וָאָשִׂים שָׁם אֶת־הָאָרוֹן אֲשֶׁר שָׁם בְּרִית יְהוָה
יב אֲשֶׁר כָּרַת עִם־בְּנֵי יִשְׂרָאֵל׃ וַיַּעֲמֹד לִפְנֵי מִזְבַּח יְהוָה נֶגֶד
יג כָּל־קְהַל יִשְׂרָאֵל וַיִּפְרֹשׂ כַּפָּיו׃ כִּי־עָשָׂה שְׁלֹמֹה כִּיּוֹר נְחֹשֶׁת
וַיִּתְּנֵהוּ בְּתוֹךְ הָעֲזָרָה חָמֵשׁ אַמּוֹת אָרְכּוֹ וְחָמֵשׁ אַמּוֹת רָחְבּוֹ
וְאַמּוֹת שָׁלוֹשׁ קוֹמָתוֹ וַיַּעֲמֹד עָלָיו וַיִּבְרַךְ עַל־בִּרְכָּיו נֶגֶד כָּל־
יד קְהַל יִשְׂרָאֵל וַיִּפְרֹשׂ כַּפָּיו הַשָּׁמָיְמָה׃ וַיֹּאמַר יְהוָה אֱלֹהֵי
יִשְׂרָאֵל אֵין־כָּמוֹךָ אֱלֹהִים בַּשָּׁמַיִם וּבָאָרֶץ שֹׁמֵר הַבְּרִית
טו וְהַחֶסֶד לַעֲבָדֶיךָ הַהֹלְכִים לְפָנֶיךָ בְּכָל־לִבָּם׃ אֲשֶׁר שָׁמַרְתָּ
לְעַבְדְּךָ דָּוִיד אָבִי אֵת אֲשֶׁר־דִּבַּרְתָּ לוֹ וַתְּדַבֵּר בְּפִיךָ וּבְיָדְךָ
טז מִלֵּאתָ כַּיּוֹם הַזֶּה׃ וְעַתָּה יְהוָה ׀ אֱלֹהֵי יִשְׂרָאֵל שְׁמֹר לְעַבְדְּךָ
דָוִיד אָבִי אֵת אֲשֶׁר דִּבַּרְתָּ לּוֹ לֵאמֹר לֹא־יִכָּרֵת לְךָ אִישׁ
מִלְּפָנַי יוֹשֵׁב עַל־כִּסֵּא יִשְׂרָאֵל רַק אִם־יִשְׁמְרוּ בָנֶיךָ אֶת־
יז דַּרְכָּם לָלֶכֶת בְּתוֹרָתִי כַּאֲשֶׁר הָלַכְתָּ לְפָנָי׃ וְעַתָּה יְהוָה אֱלֹהֵי
יח יִשְׂרָאֵל יֵאָמֵן דְּבָרְךָ אֲשֶׁר דִּבַּרְתָּ לְעַבְדְּךָ לְדָוִיד׃ כִּי הַאֻמְנָם
יֵשֵׁב אֱלֹהִים אֶת־הָאָדָם עַל־הָאָרֶץ הִנֵּה שָׁמַיִם וּשְׁמֵי הַשָּׁמַיִם
יט לֹא יְכַלְכְּלוּךָ אַף כִּי־הַבַּיִת הַזֶּה אֲשֶׁר בָּנִיתִי׃ וּפָנִיתָ אֶל־
תְּפִלַּת עַבְדְּךָ וְאֶל־תְּחִנָּתוֹ יְהוָה אֱלֹהָי לִשְׁמֹעַ אֶל־הָרִנָּה
כ וְאֶל־הַתְּפִלָּה אֲשֶׁר עַבְדְּךָ מִתְפַּלֵּל לְפָנֶיךָ׃ לִהְיוֹת עֵינֶיךָ
פְּתֻחוֹת אֶל־הַבַּיִת הַזֶּה יוֹמָם וָלַיְלָה אֶל־הַמָּקוֹם אֲשֶׁר

אָמַרְתָּ לָשׂוּם שִׁמְךָ שָׁם לִשְׁמוֹעַ אֶל־הַתְּפִלָּה אֲשֶׁר יִתְפַּלֵּל
כא עַבְדְּךָ אֶל־הַמָּקוֹם הַזֶּה׃ וְשָׁמַעְתָּ אֶל־תַּחֲנוּנֵי עַבְדְּךָ וְעַמְּךָ
יִשְׂרָאֵל אֲשֶׁר יִתְפַּלְלוּ אֶל־הַמָּקוֹם הַזֶּה וְאַתָּה תִּשְׁמַע
כב מִמְּקוֹם שִׁבְתְּךָ מִן־הַשָּׁמַיִם וְשָׁמַעְתָּ וְסָלָחְתָּ׃ אִם־יֶחֱטָא
אִישׁ לְרֵעֵהוּ וְנָשָׁא־בוֹ אָלָה לְהַאֲלֹתוֹ וּבָא אָלָה לִפְנֵי מִזְבַּחֲךָ
כג בַּבַּיִת הַזֶּה׃ וְאַתָּה ׀ תִּשְׁמַע מִן־הַשָּׁמַיִם וְעָשִׂיתָ וְשָׁפַטְתָּ
אֶת־עֲבָדֶיךָ לְהָשִׁיב לְרָשָׁע לָתֵת דַּרְכּוֹ בְּרֹאשׁוֹ וּלְהַצְדִּיק
כד צַדִּיק לָתֶת לוֹ כְּצִדְקָתוֹ׃ וְאִם־יִנָּגֵף עַמְּךָ יִשְׂרָאֵל
לִפְנֵי אוֹיֵב כִּי יֶחֶטְאוּ־לָךְ וְשָׁבוּ וְהוֹדוּ אֶת־שְׁמֶךָ וְהִתְפַּלְלוּ
כה וְהִתְחַנְּנוּ לְפָנֶיךָ בַּבַּיִת הַזֶּה׃ וְאַתָּה תִּשְׁמַע מִן־הַשָּׁמַיִם
וְסָלַחְתָּ לְחַטַּאת עַמְּךָ יִשְׂרָאֵל וַהֲשֵׁיבוֹתָם אֶל־הָאֲדָמָה
כו אֲשֶׁר־נָתַתָּה לָהֶם וְלַאֲבֹתֵיהֶם׃ בְּהֵעָצֵר הַשָּׁמַיִם
וְלֹא־יִהְיֶה מָטָר כִּי יֶחֶטְאוּ־לָךְ וְהִתְפַּלְלוּ אֶל־הַמָּקוֹם הַזֶּה
כז וְהוֹדוּ אֶת־שְׁמֶךָ מֵחַטָּאתָם יְשׁוּבוּן כִּי תַעֲנֵם׃ וְאַתָּה ׀ תִּשְׁמַע
הַשָּׁמַיִם וְסָלַחְתָּ לְחַטַּאת עֲבָדֶיךָ וְעַמְּךָ יִשְׂרָאֵל כִּי תוֹרֵם
אֶל־הַדֶּרֶךְ הַטּוֹבָה אֲשֶׁר יֵלְכוּ־בָהּ וְנָתַתָּה מָטָר עַל־אַרְצְךָ
כח אֲשֶׁר־נָתַתָּה לְעַמְּךָ לְנַחֲלָה׃ רָעָב כִּי־יִהְיֶה בָאָרֶץ
דֶּבֶר כִּי־יִהְיֶה שִׁדָּפוֹן וְיֵרָקוֹן אַרְבֶּה וְחָסִיל כִּי יִהְיֶה כִּי יָצַר־
כט לוֹ אֹיְבָיו בְּאֶרֶץ שְׁעָרָיו כָּל־נֶגַע וְכָל־מַחֲלָה׃ כָּל־תְּפִלָּה
כָל־תְּחִנָּה אֲשֶׁר יִהְיֶה לְכָל־הָאָדָם וּלְכֹל עַמְּךָ יִשְׂרָאֵל אֲשֶׁר
ל יֵדְעוּ אִישׁ נִגְעוֹ וּמַכְאֹבוֹ וּפָרַשׂ כַּפָּיו אֶל־הַבַּיִת הַזֶּה׃ וְאַתָּה
תִּשְׁמַע מִן־הַשָּׁמַיִם מְכוֹן שִׁבְתֶּךָ וְסָלַחְתָּ וְנָתַתָּה לָאִישׁ כְּכָל־
דְּרָכָיו אֲשֶׁר תֵּדַע אֶת־לְבָבוֹ כִּי־אַתָּה לְבַדְּךָ יָדַעְתָּ אֶת־
לא לְבַב בְּנֵי הָאָדָם׃ לְמַעַן יִירָאוּךָ לָלֶכֶת בִּדְרָכֶיךָ כָּל־
הַיָּמִים אֲשֶׁר־הֵם חַיִּים עַל־פְּנֵי הָאֲדָמָה אֲשֶׁר נָתַתָּה
לב לַאֲבֹתֵינוּ׃ וְגַם אֶל־הַנָּכְרִי אֲשֶׁר לֹא־מֵעַמְּךָ יִשְׂרָאֵל
הוּא וּבָא ׀ מֵאֶרֶץ רְחוֹקָה לְמַעַן שִׁמְךָ הַגָּדוֹל וְיָדְךָ הַחֲזָקָה

לג וּזְרוֹעֲךָ הַנְּטוּיָה וּבָאוּ וְהִתְפַּלְלוּ אֶל־הַבַּיִת הַזֶּה׃ וְאַתָּה תִּשְׁמַע
מִן־הַשָּׁמַיִם מִמְּכוֹן שִׁבְתֶּךָ וְעָשִׂיתָ כְּכֹל אֲשֶׁר־יִקְרָא אֵלֶיךָ
הַנָּכְרִי לְמַעַן יֵדְעוּ כָל־עַמֵּי הָאָרֶץ אֶת־שְׁמֶךָ וּלְיִרְאָה אֹתְךָ
כְּעַמְּךָ יִשְׂרָאֵל וְלָדַעַת כִּי־שִׁמְךָ נִקְרָא עַל־הַבַּיִת הַזֶּה אֲשֶׁר
לד בָּנִיתִי׃ כִּי־יֵצֵא עַמְּךָ לַמִּלְחָמָה עַל־אוֹיְבָיו בַּדֶּרֶךְ
אֲשֶׁר תִּשְׁלָחֵם וְהִתְפַּלְלוּ אֵלֶיךָ דֶּרֶךְ הָעִיר הַזֹּאת אֲשֶׁר
לה בָּחַרְתָּ בָּהּ וְהַבַּיִת אֲשֶׁר־בָּנִיתִי לִשְׁמֶךָ׃ וְשָׁמַעְתָּ מִן־הַשָּׁמַיִם
לו אֶת־תְּפִלָּתָם וְאֶת־תְּחִנָּתָם וְעָשִׂיתָ מִשְׁפָּטָם׃ כִּי יֶחֶטְאוּ־לָךְ
כִּי אֵין אָדָם אֲשֶׁר לֹא־יֶחֱטָא וְאָנַפְתָּ בָם וּנְתַתָּם לִפְנֵי אוֹיֵב
לז וְשָׁבוּם שׁוֹבֵיהֶם אֶל־אֶרֶץ רְחוֹקָה אוֹ קְרוֹבָה׃ וְהֵשִׁיבוּ אֶל־
לְבָבָם בְּאֶרֶץ אֲשֶׁר נִשְׁבּוּ־שָׁם וְשָׁבוּ ׀ וְהִתְחַנְּנוּ אֵלֶיךָ בְּאֶרֶץ
לח שִׁבְיָם לֵאמֹר חָטָאנוּ הֶעֱוִינוּ וְרָשָׁעְנוּ׃ וְשָׁבוּ אֵלֶיךָ בְּכָל־לִבָּם
וּבְכָל־נַפְשָׁם בְּאֶרֶץ שִׁבְיָם אֲשֶׁר־שָׁבוּ אֹתָם וְהִתְפַּלְלוּ דֶּרֶךְ
אַרְצָם אֲשֶׁר נָתַתָּה לַאֲבוֹתָם וְהָעִיר אֲשֶׁר בָּחַרְתָּ וְלַבַּיִת
לט אֲשֶׁר־בָּנִיתִי לִשְׁמֶךָ׃ וְשָׁמַעְתָּ מִן־הַשָּׁמַיִם מִמְּכוֹן שִׁבְתְּךָ
אֶת־תְּפִלָּתָם וְאֶת־תְּחִנֹּתֵיהֶם וְעָשִׂיתָ מִשְׁפָּטָם וְסָלַחְתָּ לְעַמְּךָ
מ אֲשֶׁר חָטְאוּ־לָךְ׃ עַתָּה אֱלֹהַי יִהְיוּ־נָא עֵינֶיךָ פְּתֻחוֹת וְאָזְנֶיךָ
מא קַשֻּׁבוֹת לִתְפִלַּת הַמָּקוֹם הַזֶּה׃ וְעַתָּה קוּמָה יְהוָה
אֱלֹהִים לְנוּחֶךָ אַתָּה וַאֲרוֹן עֻזֶּךָ כֹּהֲנֶיךָ יְהוָה אֱלֹהִים יִלְבְּשׁוּ
מב תְשׁוּעָה וַחֲסִידֶיךָ יִשְׂמְחוּ בַטּוֹב׃ יְהוָה אֱלֹהִים אַל־תָּשֵׁב
ז א פְּנֵי מְשִׁיחֶיךָ זָכְרָה לְחַסְדֵי דָּוִיד עַבְדֶּךָ׃ וּכְכַלּוֹת
שְׁלֹמֹה לְהִתְפַּלֵּל וְהָאֵשׁ יָרְדָה מֵהַשָּׁמַיִם וַתֹּאכַל הָעֹלָה
ב וְהַזְּבָחִים וּכְבוֹד יְהוָה מָלֵא אֶת־הַבָּיִת׃ וְלֹא יָכְלוּ הַכֹּהֲנִים
לָבוֹא אֶל־בֵּית יְהוָה כִּי־מָלֵא כְבוֹד־יְהוָה אֶת־בֵּית יְהוָה׃
ג וְכֹל ׀ בְּנֵי יִשְׂרָאֵל רֹאִים בְּרֶדֶת הָאֵשׁ וּכְבוֹד יְהוָה עַל־הַבָּיִת
וַיִּכְרְעוּ אַפַּיִם אַרְצָה עַל־הָרִצְפָה וַיִּשְׁתַּחֲווּ וְהוֹדוֹת לַיהוָה
ד כִּי טוֹב כִּי לְעוֹלָם חַסְדּוֹ׃ וְהַמֶּלֶךְ וְכָל־הָעָם זֹבְחִים זֶבַח

ה לִפְנֵי יְהוָה׃ וַיִּזְבַּח הַמֶּלֶךְ שְׁלֹמֹה אֶת־זֶבַח הַבָּקָר
עֶשְׂרִים וּשְׁנַיִם אֶלֶף וְצֹאן מֵאָה וְעֶשְׂרִים אָלֶף וַיַּחְנְכוּ אֶת־
ו בֵּית הָאֱלֹהִים הַמֶּלֶךְ וְכָל־הָעָם׃ וְהַכֹּהֲנִים עַל־מִשְׁמְרוֹתָם
עֹמְדִים וְהַלְוִיִּם בִּכְלֵי־שִׁיר יְהוָה אֲשֶׁר עָשָׂה דָּוִיד הַמֶּלֶךְ
לְהֹדוֹת לַיהוָה כִּי־לְעוֹלָם חַסְדּוֹ בְּהַלֵּל דָּוִיד בְּיָדָם וְהַכֹּהֲנִים
ז מחצצרים נֶגְדָּם וְכָל־יִשְׂרָאֵל עֹמְדִים׃ וַיְקַדֵּשׁ שְׁלֹמֹה מַחְצְרִים
אֶת־תּוֹךְ הֶחָצֵר אֲשֶׁר לִפְנֵי בֵית־יְהוָה כִּי־עָשָׂה שָׁם הָעֹלוֹת
וְאֵת חֶלְבֵי הַשְּׁלָמִים כִּי־מִזְבַּח הַנְּחֹשֶׁת אֲשֶׁר־עָשָׂה שְׁלֹמֹה
לֹא יָכוֹל לְהָכִיל אֶת־הָעֹלָה וְאֶת־הַמִּנְחָה וְאֶת־הַחֲלָבִים׃
ח וַיַּעַשׂ שְׁלֹמֹה אֶת־הֶחָג בָּעֵת הַהִיא שִׁבְעַת יָמִים וְכָל־יִשְׂרָאֵל
ט עִמּוֹ קָהָל גָּדוֹל מְאֹד מִלְּבוֹא חֲמָת עַד־נַחַל מִצְרָיִם׃ וַיַּעֲשׂוּ
בַּיּוֹם הַשְּׁמִינִי עֲצָרֶת כִּי חֲנֻכַּת הַמִּזְבֵּחַ עָשׂוּ שִׁבְעַת יָמִים
י וְהֶחָג שִׁבְעַת יָמִים׃ וּבְיוֹם עֶשְׂרִים וּשְׁלֹשָׁה לַחֹדֶשׁ הַשְּׁבִיעִי
שִׁלַּח אֶת־הָעָם לְאָהֳלֵיהֶם שְׂמֵחִים וְטוֹבֵי לֵב עַל־הַטּוֹבָה
יא אֲשֶׁר עָשָׂה יְהוָה לְדָוִיד וְלִשְׁלֹמֹה וּלְיִשְׂרָאֵל עַמּוֹ׃ וַיְכַל יד
שְׁלֹמֹה אֶת־בֵּית יְהוָה וְאֶת־בֵּית הַמֶּלֶךְ וְאֵת כָּל־הַבָּא עַל־לֵב
יב שְׁלֹמֹה לַעֲשׂוֹת בְּבֵית־יְהוָה וּבְבֵיתוֹ הִצְלִיחַ׃ וַיֵּרָא
יְהוָה אֶל־שְׁלֹמֹה בַּלָּיְלָה וַיֹּאמֶר לוֹ שָׁמַעְתִּי אֶת־תְּפִלָּתֶךָ
יג וּבָחַרְתִּי בַּמָּקוֹם הַזֶּה לִי לְבֵית זָבַח׃ הֵן אֶעֱצֹר הַשָּׁמַיִם וְלֹא־
יִהְיֶה מָטָר וְהֵן־אֲצַוֶּה עַל־חָגָב לֶאֱכוֹל הָאָרֶץ וְאִם־אֲשַׁלַּח
יד דֶּבֶר בְּעַמִּי׃ וְיִכָּנְעוּ עַמִּי אֲשֶׁר נִקְרָא־שְׁמִי עֲלֵיהֶם וְיִתְפַּלְלוּ
וִיבַקְשׁוּ פָנַי וְיָשֻׁבוּ מִדַּרְכֵיהֶם הָרָעִים וַאֲנִי אֶשְׁמַע מִן־הַשָּׁמַיִם
טו וְאֶסְלַח לְחַטָּאתָם וְאֶרְפָּא אֶת־אַרְצָם׃ עַתָּה עֵינַי יִהְיוּ פְתֻחוֹת
טז וְאָזְנַי קַשֻּׁבוֹת לִתְפִלַּת הַמָּקוֹם הַזֶּה׃ וְעַתָּה בָּחַרְתִּי וְהִקְדַּשְׁתִּי
אֶת־הַבַּיִת הַזֶּה לִהְיוֹת־שְׁמִי שָׁם עַד־עוֹלָם וְהָיוּ עֵינַי וְלִבִּי
יז שָׁם כָּל־הַיָּמִים׃ וְאַתָּה אִם־תֵּלֵךְ לְפָנַי כַּאֲשֶׁר הָלַךְ דָּוִיד
אָבִיךָ וְלַעֲשׂוֹת כְּכֹל אֲשֶׁר צִוִּיתִיךָ וְחֻקַּי וּמִשְׁפָּטַי תִּשְׁמוֹר׃

יח וַהֲקִימוֹתִי אֵת כִּסֵּא מַלְכוּתֶךָ כַּאֲשֶׁר כָּרַתִּי לְדָוִיד אָבִיךָ לֵאמֹר
יט לֹא־יִכָּרֵת לְךָ אִישׁ מוֹשֵׁל בְּיִשְׂרָאֵל׃ וְאִם־תְּשׁוּבוּן אַתֶּם
וַעֲזַבְתֶּם חֻקּוֹתַי וּמִצְוֺתַי אֲשֶׁר נָתַתִּי לִפְנֵיכֶם וַהֲלַכְתֶּם וַעֲבַדְתֶּם
כ אֱלֹהִים אֲחֵרִים וְהִשְׁתַּחֲוִיתֶם לָהֶם׃ וּנְתַשְׁתִּים מֵעַל אַדְמָתִי
אֲשֶׁר־נָתַתִּי לָהֶם וְאֶת־הַבַּיִת הַזֶּה אֲשֶׁר־הִקְדַּשְׁתִּי לִשְׁמִי
אַשְׁלִיךְ מֵעַל פָּנָי וְאֶתְּנֶנּוּ לְמָשָׁל וְלִשְׁנִינָה בְּכָל־הָעַמִּים׃
כא וְהַבַּיִת הַזֶּה אֲשֶׁר־הָיָה עֶלְיוֹן לְכָל־עֹבֵר עָלָיו יִשֹּׁם וְאָמַר
כב בַּמֶּה עָשָׂה יהוה כָּכָה לָאָרֶץ הַזֹּאת וְלַבַּיִת הַזֶּה׃ וְאָמְרוּ
עַל אֲשֶׁר עָזְבוּ אֶת־יהוה ׀ אֱלֹהֵי אֲבֹתֵיהֶם אֲשֶׁר הוֹצִיאָם
מֵאֶרֶץ מִצְרַיִם וַיַּחֲזִיקוּ בֵּאלֹהִים אֲחֵרִים וַיִּשְׁתַּחֲווּ לָהֶם
וַיַּעַבְדוּם עַל־כֵּן הֵבִיא עֲלֵיהֶם אֵת כָּל־הָרָעָה הַזֹּאת׃
ח א וַיְהִי מִקֵּץ ׀ עֶשְׂרִים שָׁנָה אֲשֶׁר בָּנָה שְׁלֹמֹה אֶת־בֵּית יהוה
ב וְאֶת־בֵּיתוֹ׃ וְהֶעָרִים אֲשֶׁר נָתַן חוּרָם לִשְׁלֹמֹה בָּנָה שְׁלֹמֹה
ג אֹתָם וַיּוֹשֶׁב שָׁם אֶת־בְּנֵי יִשְׂרָאֵל׃ וַיֵּלֶךְ שְׁלֹמֹה חֲמָת צוֹבָה
ד וַיֶּחֱזַק עָלֶיהָ׃ וַיִּבֶן אֶת־תַּדְמֹר בַּמִּדְבָּר וְאֵת כָּל־עָרֵי הַמִּסְכְּנוֹת
ה אֲשֶׁר בָּנָה בַּחֲמָת׃ וַיִּבֶן אֶת־בֵּית חוֹרוֹן הָעֶלְיוֹן וְאֶת־בֵּית
ו חוֹרוֹן הַתַּחְתּוֹן עָרֵי מָצוֹר חוֹמוֹת דְּלָתַיִם וּבְרִיחַ׃ וְאֶת־בַּעֲלָת
וְאֵת כָּל־עָרֵי הַמִּסְכְּנוֹת אֲשֶׁר־הָיוּ לִשְׁלֹמֹה וְאֵת כָּל־עָרֵי
הָרֶכֶב וְאֵת עָרֵי הַפָּרָשִׁים וְאֵת ׀ כָּל־חֵשֶׁק שְׁלֹמֹה אֲשֶׁר חָשַׁק
ז לִבְנוֹת בִּירוּשָׁלַםִ וּבַלְּבָנוֹן וּבְכֹל אֶרֶץ מֶמְשַׁלְתּוֹ׃ כָּל־הָעָם
הַנּוֹתָר מִן־הַחִתִּי וְהָאֱמֹרִי וְהַפְּרִזִּי וְהַחִוִּי וְהַיְבוּסִי אֲשֶׁר לֹא
ח מִיִּשְׂרָאֵל הֵמָּה׃ מִן־בְּנֵיהֶם אֲשֶׁר נוֹתְרוּ אַחֲרֵיהֶם בָּאָרֶץ אֲשֶׁר
ט לֹא־כִלּוּם בְּנֵי יִשְׂרָאֵל וַיַּעֲלֵם שְׁלֹמֹה לְמַס עַד הַיּוֹם הַזֶּה׃ וּמִן־
בְּנֵי יִשְׂרָאֵל אֲשֶׁר לֹא־נָתַן שְׁלֹמֹה לַעֲבָדִים לִמְלַאכְתּוֹ כִּי־הֵמָּה
י אַנְשֵׁי מִלְחָמָה וְשָׂרֵי שָׁלִישָׁיו וְשָׂרֵי רִכְבּוֹ וּפָרָשָׁיו׃ וְאֵלֶּה שָׂרֵי
הנציבים אֲשֶׁר־לַמֶּלֶךְ שְׁלֹמֹה חֲמִשִּׁים וּמָאתַיִם הָרֹדִים בָּעָם׃ הַנִּצָּבִים
יא וְאֶת־בַּת־פַּרְעֹה הֶעֱלָה שְׁלֹמֹה מֵעִיר דָּוִיד לַבַּיִת אֲשֶׁר בָּנָה־

לָ֔הּ כִּ֣י אָמַ֗ר לֹא־תֵשֵׁ֨ב אִשָּׁ֥ה לִי֙ בְּבֵ֣ית דָּוִ֣יד מֶֽלֶךְ־יִשְׂרָאֵ֔ל כִּֽי־
קֹ֣דֶשׁ הֵ֔מָּה אֲשֶׁר־בָּ֥אָה אֲלֵיהֶ֖ם אֲר֥וֹן יְהוָֽה׃
אָ֣ז הֶעֱלָ֧ה שְׁלֹמֹ֛ה עֹל֖וֹת לַיהוָ֑ה עַ֚ל מִזְבַּ֣ח יְהוָ֔ה אֲשֶׁ֥ר בָּנָ֖ה יב
לִפְנֵ֥י הָאוּלָֽם׃ וּבִדְבַר־י֣וֹם בְּי֗וֹם לְהַעֲלוֹת֙ כְּמִצְוַ֣ת מֹשֶׁ֔ה יג
לַשַּׁבָּתוֹת֙ וְלֶ֣חֳדָשִׁ֔ים וְלַמּ֣וֹעֲד֔וֹת שָׁל֥וֹשׁ פְּעָמִ֖ים בַּשָּׁנָ֑ה בְּחַ֧ג
הַמַּצּ֛וֹת וּבְחַ֥ג הַשָּׁבֻע֖וֹת וּבְחַ֥ג הַסֻּכּֽוֹת׃ וַיַּעֲמֵ֡ד כְּמִשְׁפַּט֩ דָּוִ֨יד יד
אָבִ֜יו אֶת־מַחְלְק֨וֹת הַכֹּהֲנִ֜ים עַל־עֲבֹ֣דָתָ֗ם וְהַלְוִיִּ֣ם עַל־
מִשְׁמְרוֹתָם֩ לְהַלֵּ֨ל וּלְשָׁרֵ֜ת נֶ֤גֶד הַכֹּהֲנִים֙ לִדְבַר־י֣וֹם בְּיוֹמ֔וֹ
וְהַשּׁוֹעֲרִ֛ים בְּמַחְלְקוֹתָ֖ם לְשַׁ֣עַר וָשָׁ֑עַר כִּ֣י כֵ֔ן מִצְוַ֖ת דָּוִ֥יד אִישׁ־
הָאֱלֹהִֽים׃ וְלֹ֣א סָ֗רוּ מִצְוַ֤ת הַמֶּ֙לֶךְ֙ עַל־הַכֹּהֲנִ֣ים וְהַלְוִיִּ֔ם לְכָל־ טו
דָּבָ֖ר וְלָאֹצָרֽוֹת׃ וַתִּכֹּן֙ כָּל־מְלֶ֣אכֶת שְׁלֹמֹ֔ה עַד־הַיּ֛וֹם מוּסַ֥ד טז
בֵּית־יְהוָ֖ה וְעַד־כְּלֹת֑וֹ שָׁלֵ֖ם בֵּ֥ית יְהוָֽה׃ אָ֣ז הָלַ֤ךְ יז
שְׁלֹמֹה֙ לְעֶצְיוֹן־גֶּ֣בֶר וְאֶל־אֵיל֔וֹת עַל־שְׂפַ֥ת הַיָּ֖ם בְּאֶ֥רֶץ אֱדֽוֹם׃
אֳנִיּ֣וֹת וַיִּשְׁלַח־לוֹ֩ חוּרָ֨ם בְּֽיַד־עֲבָדָ֜יו אוניות וַעֲבָדִים֙ יוֹדְעֵ֣י יָ֔ם וַיָּבֹ֜אוּ יח
עִם־עַבְדֵ֤י שְׁלֹמֹה֙ אוֹפִ֔ירָה וַיִּקְח֣וּ מִשָּׁ֔ם אַרְבַּע־מֵא֥וֹת וַחֲמִשִּׁ֖ים
כִּכַּ֣ר זָהָ֑ב וַיָּבִ֖יאוּ אֶל־הַמֶּ֥לֶךְ שְׁלֹמֹֽה׃ וּמַֽלְכַּת־שְׁבָ֡א ט א
שָׁמְעָה֩ אֶת־שֵׁ֨מַע שְׁלֹמֹ֜ה וַתָּב֣וֹא לְנַסּוֹת֩ אֶת־שְׁלֹמֹ֨ה בְחִיד֜וֹת
בִּירֽוּשָׁלִַ֗ם בְּחַ֨יִל כָּבֵ֤ד מְאֹד֙ וּגְמַלִּ֞ים נֹשְׂאִ֧ים בְּשָׂמִ֛ים וְזָהָ֥ב
לָרֹ֖ב וְאֶ֣בֶן יְקָרָ֑ה וַתָּבוֹא֙ אֶל־שְׁלֹמֹ֔ה וַתְּדַבֵּ֣ר עִמּ֔וֹ אֵ֛ת כָּל־
אֲשֶׁ֥ר הָיָ֖ה עִם־לְבָבָֽהּ׃ וַיַּגֶּד־לָ֥הּ שְׁלֹמֹ֖ה אֶת־כָּל־דְּבָרֶ֑יהָ וְלֹֽא־ ב
נֶעְלַ֤ם דָּבָר֙ מִשְּׁלֹמֹ֔ה אֲשֶׁ֛ר לֹ֥א הִגִּ֖יד לָֽהּ׃ וַתֵּ֙רֶא֙ מַלְכַּת־שְׁבָ֔א ג
אֵ֖ת חָכְמַ֣ת שְׁלֹמֹ֑ה וְהַבַּ֖יִת אֲשֶׁ֥ר בָּנָֽה׃ וּמַאֲכַ֣ל שֻׁלְחָנ֡וֹ וּמוֹשַׁ֣ב ד
עֲבָדָיו֩ וּמַעֲמַ֨ד מְשָׁרְתָ֤יו וּמַלְבּֽוּשֵׁיהֶם֙ וּמַשְׁקָיו֙ וּמַלְבּ֣וּשֵׁיהֶ֔ם
וַעֲלִיָּת֕וֹ אֲשֶׁ֥ר יַעֲלֶ֖ה בֵּ֣ית יְהוָ֑ה וְלֹא־הָ֥יָה ע֛וֹד בָּ֖הּ רֽוּחַ׃ וַתֹּ֙אמֶר֙ ה
אֶל־הַמֶּ֔לֶךְ אֱמֶת֙ הַדָּבָ֔ר אֲשֶׁ֥ר שָׁמַ֖עְתִּי בְּאַרְצִ֑י עַל־דְּבָרֶ֖יךָ
וְעַל־חָכְמָתֶֽךָ׃ וְלֹֽא־הֶאֱמַ֣נְתִּי לְדִבְרֵיהֶ֗ם עַ֤ד אֲשֶׁר־בָּ֙אתִי֙ ו
וַתִּרְאֶ֣ינָה עֵינַ֔י וְהִנֵּה֙ לֹ֣א הֻגַּד־לִ֔י חֲצִ֖י מַרְבִּ֣ית חָכְמָתֶ֑ךָ יָסַ֕פְתָּ

ז עַל־הַשְּׁמוּעָה אֲשֶׁר שָׁמָעְתִּי׃ אַשְׁרֵי אֲנָשֶׁיךָ וְאַשְׁרֵי עֲבָדֶיךָ
ח אֵלֶּה הָעֹמְדִים לְפָנֶיךָ תָּמִיד וְשֹׁמְעִים אֶת־חָכְמָתֶךָ׃ יְהִי יְהוָה
אֱלֹהֶיךָ בָּרוּךְ אֲשֶׁר חָפֵץ בְּךָ לְתִתְּךָ עַל־כִּסְאוֹ לְמֶלֶךְ לַיהוָה
אֱלֹהֶיךָ בְּאַהֲבַת אֱלֹהֶיךָ אֶת־יִשְׂרָאֵל לְהַעֲמִידוֹ לְעוֹלָם וַיִּתֶּנְךָ
ט עֲלֵיהֶם לְמֶלֶךְ לַעֲשׂוֹת מִשְׁפָּט וּצְדָקָה׃ וַתִּתֵּן לַמֶּלֶךְ מֵאָה
וְעֶשְׂרִים כִּכַּר זָהָב וּבְשָׂמִים לָרֹב מְאֹד וְאֶבֶן יְקָרָה וְלֹא הָיָה
י כַּבֹּשֶׂם הַהוּא אֲשֶׁר נָתְנָה מַלְכַּת־שְׁבָא לַמֶּלֶךְ שְׁלֹמֹה׃ וְגַם
עַבְדֵי חירם וְעַבְדֵי שְׁלֹמֹה אֲשֶׁר־הֵבִיאוּ זָהָב מֵאוֹפִיר הֵבִיאוּ חוּרָם
יא עֲצֵי אַלְגּוּמִּים וְאֶבֶן יְקָרָה׃ וַיַּעַשׂ הַמֶּלֶךְ אֶת־עֲצֵי הָאַלְגּוּמִּים
מְסִלּוֹת לְבֵית־יְהוָה וּלְבֵית הַמֶּלֶךְ וְכִנֹּרוֹת וּנְבָלִים לַשָּׁרִים וְלֹא־
יב נִרְאוּ כָהֵם לְפָנִים בְּאֶרֶץ יְהוּדָה׃ וְהַמֶּלֶךְ שְׁלֹמֹה נָתַן לְמַלְכַּת־
שְׁבָא אֶת־כָּל־חֶפְצָהּ אֲשֶׁר שָׁאָלָה מִלְּבַד אֲשֶׁר־הֵבִיאָה אֶל־
יג הַמֶּלֶךְ וַתַּהֲפֹךְ וַתֵּלֶךְ לְאַרְצָהּ הִיא וַעֲבָדֶיהָ׃ וַיְהִי מִשְׁקַל
הַזָּהָב אֲשֶׁר־בָּא לִשְׁלֹמֹה בְּשָׁנָה אֶחָת שֵׁשׁ מֵאוֹת וְשִׁשִּׁים
יד וְשֵׁשׁ כִּכְּרֵי זָהָב׃ לְבַד מֵאַנְשֵׁי הַתָּרִים וְהַסֹּחֲרִים מְבִיאִים
וְכָל־מַלְכֵי עֲרַב וּפַחוֹת הָאָרֶץ מְבִיאִים זָהָב וָכֶסֶף לִשְׁלֹמֹה׃
טו וַיַּעַשׂ הַמֶּלֶךְ שְׁלֹמֹה מָאתַיִם צִנָּה זָהָב שָׁחוּט שֵׁשׁ מֵאוֹת זָהָב
טז שָׁחוּט יַעֲלֶה עַל־הַצִּנָּה הָאֶחָת׃ וּשְׁלֹשׁ־מֵאוֹת מָגִנִּים זָהָב
שָׁחוּט שְׁלֹשׁ מֵאוֹת זָהָב יַעֲלֶה עַל־הַמָּגֵן הָאֶחָת וַיִּתְּנֵם הַמֶּלֶךְ
יז בְּבֵית יַעַר הַלְּבָנוֹן׃ וַיַּעַשׂ הַמֶּלֶךְ כִּסֵּא־שֵׁן גָּדוֹל
יח וַיְצַפֵּהוּ זָהָב טָהוֹר׃ וְשֵׁשׁ מַעֲלוֹת לַכִּסֵּא וְכֶבֶשׁ בַּזָּהָב לַכִּסֵּא
מָאֳחָזִים וְיָדוֹת מִזֶּה וּמִזֶּה עַל־מְקוֹם הַשָּׁבֶת וּשְׁנַיִם אֲרָיוֹת
יט עֹמְדִים אֵצֶל הַיָּדוֹת׃ וּשְׁנֵים עָשָׂר אֲרָיוֹת עֹמְדִים שָׁם עַל־
כ שֵׁשׁ הַמַּעֲלוֹת מִזֶּה וּמִזֶּה לֹא־נַעֲשָׂה כֵן לְכָל־מַמְלָכָה׃ וְכֹל
כְּלֵי מַשְׁקֵה הַמֶּלֶךְ שְׁלֹמֹה זָהָב וְכֹל כְּלֵי בֵּית־יַעַר הַלְּבָנוֹן
כא זָהָב סָגוּר אֵין כֶּסֶף נֶחְשָׁב בִּימֵי שְׁלֹמֹה לִמְאוּמָה׃ כִּי־אֳנִיּוֹת
לַמֶּלֶךְ הֹלְכוֹת תַּרְשִׁישׁ עִם עַבְדֵי חוּרָם אַחַת לְשָׁלוֹשׁ שָׁנִים

תָּבוֹאנָה ׀ אֳנִיּוֹת תַּרְשִׁישׁ נֹשְׂאוֹת זָהָב וָכֶסֶף שֶׁנְהַבִּים וְקוֹפִים
וְתוּכִּיִּים׃ וַיִּגְדַּל הַמֶּלֶךְ שְׁלֹמֹה מִכֹּל מַלְכֵי הָאָרֶץ לְעֹשֶׁר כב
וְחָכְמָה׃ וְכֹל מַלְכֵי הָאָרֶץ מְבַקְשִׁים אֶת־פְּנֵי שְׁלֹמֹה לִשְׁמֹעַ כג
טו אֶת־חָכְמָתוֹ אֲשֶׁר־נָתַן הָאֱלֹהִים בְּלִבּוֹ׃ וְהֵם מְבִיאִים אִישׁ כד
מִנְחָתוֹ כְּלֵי כֶסֶף וּכְלֵי זָהָב וּשְׂלָמוֹת נֵשֶׁק וּבְשָׂמִים סוּסִים
וּפְרָדִים דְּבַר־שָׁנָה בְּשָׁנָה׃ וַיְהִי לִשְׁלֹמֹה אַרְבַּעַת כה
אֲלָפִים אֻרְיוֹת סוּסִים וּמַרְכָּבוֹת וּשְׁנֵים־עָשָׂר אֶלֶף פָּרָשִׁים
וַיַּנִּיחֵם בְּעָרֵי הָרֶכֶב וְעִם־הַמֶּלֶךְ בִּירוּשָׁלִָם׃ וַיְהִי מוֹשֵׁל בְּכָל־ כו
הַמְּלָכִים מִן־הַנָּהָר וְעַד־אֶרֶץ פְּלִשְׁתִּים וְעַד גְּבוּל מִצְרָיִם׃
וַיִּתֵּן הַמֶּלֶךְ אֶת־הַכֶּסֶף בִּירוּשָׁלִַם כָּאֲבָנִים וְאֵת הָאֲרָזִים נָתַן כז
כַּשִּׁקְמִים אֲשֶׁר־בַּשְּׁפֵלָה לָרֹב׃ וּמוֹצִיאִים סוּסִים מִמִּצְרַיִם כח
לִשְׁלֹמֹה וּמִכָּל־הָאֲרָצוֹת׃ וּשְׁאָר דִּבְרֵי שְׁלֹמֹה הָרִאשֹׁנִים כט
וְהָאַחֲרוֹנִים הֲלֹא־הֵם כְּתוּבִים עַל־דִּבְרֵי נָתָן הַנָּבִיא וְעַל־
יֶעְדּוֹ נְבוּאַת אֲחִיָּה הַשִּׁילוֹנִי וּבַחֲזוֹת יעדי הַחֹזֶה עַל־יָרָבְעָם בֶּן־נְבָט׃
וַיִּמְלֹךְ שְׁלֹמֹה בִירוּשָׁלִַם עַל־כָּל־יִשְׂרָאֵל אַרְבָּעִים שָׁנָה׃ וַיִּשְׁכַּב ל לא
שְׁלֹמֹה עִם־אֲבֹתָיו וַיִּקְבְּרֻהוּ בְּעִיר דָּוִיד אָבִיו וַיִּמְלֹךְ רְחַבְעָם
בְּנוֹ תַּחְתָּיו׃ וַיֵּלֶךְ רְחַבְעָם שְׁכֶמָה כִּי שְׁכֶם בָּאוּ י א
כָל־יִשְׂרָאֵל לְהַמְלִיךְ אֹתוֹ׃ וַיְהִי כִּשְׁמֹעַ יָרָבְעָם בֶּן־נְבָט ב
וְהוּא בְמִצְרַיִם אֲשֶׁר בָּרַח מִפְּנֵי שְׁלֹמֹה הַמֶּלֶךְ וַיָּשָׁב יָרָבְעָם
מִמִּצְרָיִם׃ וַיִּשְׁלְחוּ וַיִּקְרְאוּ־לוֹ וַיָּבֹא יָרָבְעָם וְכָל־יִשְׂרָאֵל ג
וַיְדַבְּרוּ אֶל־רְחַבְעָם לֵאמֹר׃ אָבִיךָ הִקְשָׁה אֶת־עֻלֵּנוּ וְעַתָּה ד
הָקֵל מֵעֲבוֹדַת אָבִיךָ הַקָּשָׁה וּמֵעֻלּוֹ הַכָּבֵד אֲשֶׁר־נָתַן עָלֵינוּ
וְנַעַבְדֶךָּ׃ וַיֹּאמֶר אֲלֵהֶם עוֹד שְׁלֹשֶׁת יָמִים וְשׁוּבוּ אֵלָי וַיֵּלֶךְ ה
הָעָם׃ וַיִּוָּעַץ הַמֶּלֶךְ רְחַבְעָם אֶת־הַזְּקֵנִים אֲשֶׁר־הָיוּ ו
עֹמְדִים לִפְנֵי שְׁלֹמֹה אָבִיו בִּהְיֹתוֹ חַי לֵאמֹר אֵיךְ אַתֶּם נוֹעָצִים
לְהָשִׁיב לָעָם־הַזֶּה דָּבָר׃ וַיְדַבְּרוּ אֵלָיו לֵאמֹר אִם־תִּהְיֶה ז
לְטוֹב לְהָעָם הַזֶּה וּרְצִיתָם וְדִבַּרְתָּ אֲלֵהֶם דְּבָרִים טוֹבִים

ח וְהָיוּ לְךָ עֲבָדִים כָּל־הַיָּמִים: וַיַּעֲזֹב אֶת־עֲצַת הַזְּקֵנִים אֲשֶׁר
יְעָצֻהוּ וַיִּוָּעַץ אֶת־הַיְלָדִים אֲשֶׁר גָּדְלוּ אִתּוֹ הָעֹמְדִים לְפָנָיו:
ט וַיֹּאמֶר אֲלֵהֶם מָה אַתֶּם נוֹעָצִים וְנָשִׁיב דָּבָר אֶת־הָעָם הַזֶּה
אֲשֶׁר דִּבְּרוּ אֵלַי לֵאמֹר הָקֵל מִן־הָעֹל אֲשֶׁר־נָתַן אָבִיךָ
י עָלֵינוּ: וַיְדַבְּרוּ אִתּוֹ הַיְלָדִים אֲשֶׁר גָּדְלוּ אִתּוֹ לֵאמֹר כֹּה
תֹאמַר לָעָם אֲשֶׁר־דִּבְּרוּ אֵלֶיךָ לֵאמֹר אָבִיךָ הִכְבִּיד אֶת־
עֻלֵּנוּ וְאַתָּה הָקֵל מֵעָלֵינוּ כֹּה תֹּאמַר אֲלֵהֶם קָטָנִּי עָבָה מִמָּתְנֵי
יא אָבִי: וְעַתָּה אָבִי הֶעְמִיס עֲלֵיכֶם עֹל כָּבֵד וַאֲנִי אֹסִיף עַל־עֻלְּכֶם
יב אָבִי יִסַּר אֶתְכֶם בַּשּׁוֹטִים וַאֲנִי בָּעַקְרַבִּים: וַיָּבֹא
יָרָבְעָם וְכָל־הָעָם אֶל־רְחַבְעָם בַּיּוֹם הַשְּׁלִשִׁי כַּאֲשֶׁר דִּבֶּר
יג הַמֶּלֶךְ לֵאמֹר שׁוּבוּ אֵלַי בַּיּוֹם הַשְּׁלִשִׁי: וַיַּעֲנֵם הַמֶּלֶךְ קָשָׁה
יד וַיַּעֲזֹב הַמֶּלֶךְ רְחַבְעָם אֵת עֲצַת הַזְּקֵנִים: וַיְדַבֵּר אֲלֵהֶם כַּעֲצַת
הַיְלָדִים לֵאמֹר אַכְבִּיד אֶת־עֻלְּכֶם וַאֲנִי אֹסִיף עָלָיו אָבִי
טו יִסַּר אֶתְכֶם בַּשּׁוֹטִים וַאֲנִי בָּעַקְרַבִּים: וְלֹא־שָׁמַע הַמֶּלֶךְ אֶל־
הָעָם כִּי־הָיְתָה נְסִבָּה מֵעִם הָאֱלֹהִים לְמַעַן הָקִים יהוה אֶת־
דְּבָרוֹ אֲשֶׁר דִּבֶּר בְּיַד אֲחִיָּהוּ הַשִּׁלוֹנִי אֶל־יָרָבְעָם בֶּן־נְבָט:
טז וְכָל־יִשְׂרָאֵל כִּי לֹא־שָׁמַע הַמֶּלֶךְ לָהֶם וַיָּשִׁיבוּ הָעָם ׀
אֶת־הַמֶּלֶךְ ׀ לֵאמֹר מַה־לָּנוּ חֵלֶק בְּדָוִיד וְלֹא־נַחֲלָה בְּבֶן־
יִשַׁי אִישׁ לְאֹהָלֶיךָ יִשְׂרָאֵל עַתָּה רְאֵה בֵיתְךָ דָּוִיד וַיֵּלֶךְ
יז כָּל־יִשְׂרָאֵל לְאֹהָלָיו: וּבְנֵי יִשְׂרָאֵל הַיֹּשְׁבִים בְּעָרֵי
יח יְהוּדָה וַיִּמְלֹךְ עֲלֵיהֶם רְחַבְעָם: וַיִּשְׁלַח הַמֶּלֶךְ רְחַבְעָם
אֶת־הֲדֹרָם אֲשֶׁר עַל־הַמַּס וַיִּרְגְּמוּ־בוֹ בְנֵי־יִשְׂרָאֵל אֶבֶן
וַיָּמֹת וְהַמֶּלֶךְ רְחַבְעָם הִתְאַמֵּץ לַעֲלוֹת בַּמֶּרְכָּבָה לָנוּס
יט יְרוּשָׁלִָם: וַיִּפְשְׁעוּ יִשְׂרָאֵל בְּבֵית דָּוִיד עַד הַיּוֹם
יא א הַזֶּה: וַיָּבֹא רְחַבְעָם יְרוּשָׁלִַם וַיַּקְהֵל אֶת־בֵּית יְהוּדָה
וּבִנְיָמִן מֵאָה וּשְׁמוֹנִים אֶלֶף בָּחוּר עֹשֵׂה מִלְחָמָה לְהִלָּחֵם
ב עִם־יִשְׂרָאֵל לְהָשִׁיב אֶת־הַמַּמְלָכָה לִרְחַבְעָם: וַיְהִי

דְּבַר־יְהוָה אֶל־שְׁמַעְיָהוּ אִישׁ־הָאֱלֹהִים לֵאמֹר׃ אֱמֹר אֶל־ ג
רְחַבְעָם בֶּן־שְׁלֹמֹה מֶלֶךְ יְהוּדָה וְאֶל כָּל־יִשְׂרָאֵל בִּיהוּדָה
וּבִנְיָמִן לֵאמֹר׃ כֹּה אָמַר יְהוָה לֹא־תַעֲלוּ וְלֹא־תִלָּחֲמוּ עִם־ ד
אֲחֵיכֶם שׁוּבוּ אִישׁ לְבֵיתוֹ כִּי מֵאִתִּי נִהְיָה הַדָּבָר הַזֶּה וַיִּשְׁמְעוּ
אֶת־דִּבְרֵי יְהוָה וַיָּשֻׁבוּ מִלֶּכֶת אֶל־יָרָבְעָם׃ וַיֵּשֶׁב ה
רְחַבְעָם בִּירוּשָׁלָםִ וַיִּבֶן עָרִים לְמָצוֹר בִּיהוּדָה׃ וַיִּבֶן אֶת־ ו
בֵּית־לֶחֶם וְאֶת־עֵיטָם וְאֶת־תְּקוֹעַ׃ וְאֶת־בֵּית־צוּר וְאֶת־ ז
שׂוֹכוֹ וְאֶת־עֲדֻלָּם׃ וְאֶת־גַּת וְאֶת־מָרֵשָׁה וְאֶת־זִיף׃ וְאֶת־ ח ט
אֲדוֹרַיִם וְאֶת־לָכִישׁ וְאֶת־עֲזֵקָה׃ וְאֶת־צָרְעָה וְאֶת־אַיָּלוֹן י
וְאֶת־חֶבְרוֹן אֲשֶׁר בִּיהוּדָה וּבְבִנְיָמִן עָרֵי מְצֻרוֹת׃ וַיְחַזֵּק אֶת־ יא
הַמְּצוּרוֹת וַיִּתֵּן בָּהֶם נְגִידִים וְאֹצְרוֹת מַאֲכָל וְשֶׁמֶן וָיָיִן׃
וּבְכָל־עִיר וָעִיר צִנּוֹת וּרְמָחִים וַיְחַזְּקֵם לְהַרְבֵּה מְאֹד וַיְהִי־ יב
לוֹ יְהוּדָה וּבִנְיָמִן׃ וְהַכֹּהֲנִים וְהַלְוִיִּם אֲשֶׁר בְּכָל־ יג
יִשְׂרָאֵל הִתְיַצְּבוּ עָלָיו מִכָּל־גְּבוּלָם׃ כִּי־עָזְבוּ הַלְוִיִּם אֶת־ יד
מִגְרְשֵׁיהֶם וַאֲחֻזָּתָם וַיֵּלְכוּ לִיהוּדָה וְלִירוּשָׁלָםִ כִּי־הִזְנִיחָם
יָרָבְעָם וּבָנָיו מִכַּהֵן לַיהוָה׃ וַיַּעֲמֶד־לוֹ כֹּהֲנִים לַבָּמוֹת טו
וְלַשְּׂעִירִים וְלָעֲגָלִים אֲשֶׁר עָשָׂה׃ וְאַחֲרֵיהֶם מִכֹּל שִׁבְטֵי טז
יִשְׂרָאֵל הַנֹּתְנִים אֶת־לְבָבָם לְבַקֵּשׁ אֶת־יְהוָה אֱלֹהֵי יִשְׂרָאֵל
בָּאוּ יְרוּשָׁלַםִ לִזְבּוֹחַ לַיהוָה אֱלֹהֵי אֲבוֹתֵיהֶם׃ וַיְחַזְּקוּ אֶת־ יז
מַלְכוּת יְהוּדָה וַיְאַמְּצוּ אֶת־רְחַבְעָם בֶּן־שְׁלֹמֹה לְשָׁנִים שָׁלוֹשׁ
כִּי הָלְכוּ בְּדֶרֶךְ דָּוִיד וּשְׁלֹמֹה לְשָׁנִים שָׁלוֹשׁ׃ וַיִּקַּח־ יח
בַּת־ לוֹ רְחַבְעָם אִשָּׁה אֶת־מָחֲלַת בֶּן־יְרִימוֹת בֶּן־דָּוִיד אֲבִיהַיִל
בַּת־אֱלִיאָב בֶּן־יִשָׁי׃ וַתֵּלֶד לוֹ בָּנִים אֶת־יְעוּשׁ וְאֶת־שְׁמַרְיָה יט
וְאֶת־זָהַם׃ וְאַחֲרֶיהָ לָקַח אֶת־מַעֲכָה בַּת־אַבְשָׁלוֹם וַתֵּלֶד לוֹ כ
אֶת־אֲבִיָּה וְאֶת־עַתַּי וְאֶת־זִיזָא וְאֶת־שְׁלֹמִית׃ וַיֶּאֱהַב רְחַבְעָם כא
אֶת־מַעֲכָה בַת־אַבְשָׁלוֹם מִכָּל־נָשָׁיו וּפִילַגְשָׁיו כִּי נָשִׁים
שְׁמוֹנֶה־עֶשְׂרֵה נָשָׂא וּפִילַגְשִׁים שִׁשִּׁים וַיּוֹלֶד עֶשְׂרִים וּשְׁמוֹנָה

כב בָּנִים וְשִׁשִּׁים בָּנוֹת: וַיַּעֲמֵד לָרֹאשׁ רְחַבְעָם אֶת־אֲבִיָּה בֶן־
כג מַעֲכָה לְנָגִיד בְּאֶחָיו כִּי לְהַמְלִיכוֹ: וַיָּבֶן וַיִּפְרֹץ מִכָּל־בָּנָיו
לְכָל־אַרְצוֹת יְהוּדָה וּבִנְיָמִן לְכֹל עָרֵי הַמְּצֻרוֹת וַיִּתֵּן לָהֶם
יב א הַמָּזוֹן לָרֹב וַיִּשְׁאַל הֲמוֹן נְשִׁים: וַיְהִי כְּהָכִין מַלְכוּת רְחַבְעָם
ב וּכְחֶזְקָתוֹ עָזַב אֶת־תּוֹרַת יְהוָה וְכָל־יִשְׂרָאֵל עִמּוֹ: וַיְהִי
בַּשָּׁנָה הַחֲמִישִׁית לַמֶּלֶךְ רְחַבְעָם עָלָה שִׁישַׁק מֶלֶךְ־מִצְרַיִם
ג עַל־יְרוּשָׁלִַם כִּי מָעֲלוּ בַּיהוָה: בְּאֶלֶף וּמָאתַיִם רֶכֶב וּבְשִׁשִּׁים
אֶלֶף פָּרָשִׁים וְאֵין מִסְפָּר לָעָם אֲשֶׁר־בָּאוּ עִמּוֹ מִמִּצְרַיִם
ד לוּבִים סֻכִּיִּים וְכוּשִׁים: וַיִּלְכֹּד אֶת־עָרֵי הַמְּצֻרוֹת אֲשֶׁר
ה לִיהוּדָה וַיָּבֹא עַד־יְרוּשָׁלִָם: וּשְׁמַעְיָה הַנָּבִיא בָּא
אֶל־רְחַבְעָם וְשָׂרֵי יְהוּדָה אֲשֶׁר־נֶאֶסְפוּ אֶל־יְרוּשָׁלִַם מִפְּנֵי
שִׁישָׁק וַיֹּאמֶר לָהֶם כֹּה־אָמַר יְהוָה אַתֶּם עֲזַבְתֶּם אֹתִי וְאַף־
ו אֲנִי עָזַבְתִּי אֶתְכֶם בְּיַד־שִׁישָׁק: וַיִּכָּנְעוּ שָׂרֵי־יִשְׂרָאֵל וְהַמֶּלֶךְ
ז וַיֹּאמְרוּ צַדִּיק ׀ יְהוָה: וּבִרְאוֹת יְהוָה כִּי נִכְנָעוּ הָיָה דְבַר־
יְהוָה אֶל־שְׁמַעְיָה ׀ לֵאמֹר נִכְנְעוּ לֹא אַשְׁחִיתֵם וְנָתַתִּי לָהֶם
כִּמְעַט לִפְלֵיטָה וְלֹא־תִתַּךְ חֲמָתִי בִּירוּשָׁלִַם בְּיַד־שִׁישָׁק:
ח כִּי יִהְיוּ־לוֹ לַעֲבָדִים וְיֵדְעוּ עֲבוֹדָתִי וַעֲבוֹדַת מַמְלְכוֹת
ט הָאֲרָצוֹת: וַיַּעַל שִׁישַׁק מֶלֶךְ־מִצְרַיִם עַל־יְרוּשָׁלִַם
וַיִּקַּח אֶת־אֹצְרוֹת בֵּית־יְהוָה וְאֶת־אוֹצְרוֹת בֵּית הַמֶּלֶךְ אֶת־
י הַכֹּל לָקָח וַיִּקַּח אֶת־מָגִנֵּי הַזָּהָב אֲשֶׁר עָשָׂה שְׁלֹמֹה: וַיַּעַשׂ
הַמֶּלֶךְ רְחַבְעָם תַּחְתֵּיהֶם מָגִנֵּי נְחֹשֶׁת וְהִפְקִיד עַל־יַד שָׂרֵי
יא הָרָצִים הַשֹּׁמְרִים פֶּתַח בֵּית הַמֶּלֶךְ: וַיְהִי מִדֵּי־בוֹא הַמֶּלֶךְ
בֵּית יְהוָה בָּאוּ הָרָצִים וּנְשָׂאוּם וֶהֱשִׁבוּם אֶל־תָּא הָרָצִים:
יב וּבְהִכָּנְעוֹ שָׁב מִמֶּנּוּ אַף־יְהוָה וְלֹא לְהַשְׁחִית לְכָלָה וְגַם טז
יג בִּיהוּדָה הָיָה דְּבָרִים טוֹבִים: וַיִּתְחַזֵּק הַמֶּלֶךְ רְחַבְעָם
בִּירוּשָׁלִַם וַיִּמְלֹךְ כִּי בֶן־אַרְבָּעִים וְאַחַת שָׁנָה רְחַבְעָם בְּמָלְכוֹ
וּשְׁבַע עֶשְׂרֵה שָׁנָה ׀ מָלַךְ בִּירוּשָׁלִַם הָעִיר אֲשֶׁר־בָּחַר יְהוָה

לָשׂוּם אֶת־שְׁמוֹ שָׁם מִכֹּל שִׁבְטֵי יִשְׂרָאֵל וְשֵׁם אִמּוֹ נַעֲמָה
הָעַמֹּנִית׃ וַיַּעַשׂ הָרָע כִּי לֹא הֵכִין לִבּוֹ לִדְרוֹשׁ אֶת־ יד
יְהוָה׃ וְדִבְרֵי רְחַבְעָם הָרִאשֹׁנִים וְהָאַחֲרוֹנִים הֲלֹא־ טו
הֵם כְּתוּבִים בְּדִבְרֵי שְׁמַעְיָה הַנָּבִיא וְעִדּוֹ הַחֹזֶה לְהִתְיַחֵשׂ
וּמִלְחֲמוֹת רְחַבְעָם וְיָרָבְעָם כָּל־הַיָּמִים׃ וַיִּשְׁכַּב רְחַבְעָם עִם־ טז
אֲבֹתָיו וַיִּקָּבֵר בְּעִיר דָּוִיד וַיִּמְלֹךְ אֲבִיָּה בְנוֹ תַּחְתָּיו׃ בִּשְׁנַת א יג
שְׁמוֹנֶה עֶשְׂרֵה לַמֶּלֶךְ יָרָבְעָם וַיִּמְלֹךְ אֲבִיָּה עַל־יְהוּדָה׃ שָׁלוֹשׁ ב
שָׁנִים מָלַךְ בִּירוּשָׁלִַם וְשֵׁם אִמּוֹ מִיכָיָהוּ בַת־אוּרִיאֵל מִן־
גִּבְעָה וּמִלְחָמָה הָיְתָה בֵּין אֲבִיָּה וּבֵין יָרָבְעָם׃ וַיֶּאְסֹר אֲבִיָּה ג
אֶת־הַמִּלְחָמָה בְּחַיִל גִּבּוֹרֵי מִלְחָמָה אַרְבַּע־מֵאוֹת אֶלֶף
אִישׁ בָּחוּר וְיָרָבְעָם עָרַךְ עִמּוֹ מִלְחָמָה בִּשְׁמוֹנֶה
מֵאוֹת אֶלֶף אִישׁ בָּחוּר גִּבּוֹר חָיִל׃ וַיָּקָם אֲבִיָּה ד
מֵעַל לְהַר צְמָרַיִם אֲשֶׁר בְּהַר אֶפְרָיִם וַיֹּאמֶר שְׁמָעוּנִי יָרָבְעָם
וְכָל־יִשְׂרָאֵל׃ הֲלֹא לָכֶם לָדַעַת כִּי יְהוָה ׀ אֱלֹהֵי יִשְׂרָאֵל ה
נָתַן מַמְלָכָה לְדָוִיד עַל־יִשְׂרָאֵל לְעוֹלָם לוֹ וּלְבָנָיו בְּרִית
מֶלַח׃ וַיָּקָם יָרָבְעָם בֶּן־נְבָט עֶבֶד שְׁלֹמֹה בֶן־דָּוִיד וַיִּמְרֹד עַל־ ו
אֲדֹנָיו׃ וַיִּקָּבְצוּ עָלָיו אֲנָשִׁים רֵקִים בְּנֵי בְלִיַּעַל וַיִּתְאַמְּצוּ עַל־ ז
רְחַבְעָם בֶּן־שְׁלֹמֹה וּרְחַבְעָם הָיָה נַעַר וְרַךְ־לֵבָב וְלֹא הִתְחַזַּק
לִפְנֵיהֶם׃ וְעַתָּה ׀ אַתֶּם אֹמְרִים לְהִתְחַזֵּק לִפְנֵי מַמְלֶכֶת יְהוָה ח
בְּיַד בְּנֵי דָוִיד וְאַתֶּם הָמוֹן רָב וְעִמָּכֶם עֶגְלֵי זָהָב אֲשֶׁר עָשָׂה
לָכֶם יָרָבְעָם לֵאלֹהִים׃ הֲלֹא הִדַּחְתֶּם אֶת־כֹּהֲנֵי יְהוָה אֶת־ ט
בְּנֵי אַהֲרֹן וְהַלְוִיִּם וַתַּעֲשׂוּ לָכֶם כֹּהֲנִים כְּעַמֵּי הָאֲרָצוֹת כָּל־
הַבָּא לְמַלֵּא יָדוֹ בְּפַר בֶּן־בָּקָר וְאֵילִם שִׁבְעָה וְהָיָה כֹהֵן לְלֹא
אֱלֹהִים׃ וַאֲנַחְנוּ יְהוָה אֱלֹהֵינוּ וְלֹא עֲזַבְנֻהוּ וְכֹהֲנִים מְשָׁרְתִים י
לַיהוָה בְּנֵי אַהֲרֹן וְהַלְוִיִּם בַּמְלָאכֶת׃ וּמַקְטִרִים לַיהוָה עֹלוֹת יא
בַּבֹּקֶר־בַּבֹּקֶר וּבָעֶרֶב־בָּעֶרֶב וּקְטֹרֶת־סַמִּים וּמַעֲרֶכֶת לֶחֶם
עַל־הַשֻּׁלְחָן הַטָּהוֹר וּמְנוֹרַת הַזָּהָב וְנֵרֹתֶיהָ לְבָעֵר בָּעֶרֶב

בָּעֶרֶב כִּֽי־שֹׁמְרִים אֲנַחְנוּ אֶת־מִשְׁמֶרֶת יְהוָה אֱלֹהֵינוּ וְאַתֶּם
יב עֲזַבְתֶּם אֹתוֹ׃ וְהִנֵּה עִמָּנוּ בָרֹאשׁ הָאֱלֹהִים ׀ וְכֹהֲנָיו וַחֲצֹצְרוֹת
הַתְּרוּעָה לְהָרִיעַ עֲלֵיכֶם בְּנֵי יִשְׂרָאֵל אַל־תִּלָּחֲמוּ עִם־יְהוָה
יג אֱלֹהֵי־אֲבֹתֵיכֶם כִּי־לֹא תַצְלִיחוּ׃ וְיָרָבְעָם הֵסֵב אֶת־הַמַּאְרָב
לָבוֹא מֵאַחֲרֵיהֶם וַיִּהְיוּ לִפְנֵי יְהוּדָה וְהַמַּאְרָב מֵאַחֲרֵיהֶם׃
יד וַיִּפְנוּ יְהוּדָה וְהִנֵּה לָהֶם הַמִּלְחָמָה פָּנִים וְאָחוֹר וַיִּצְעֲקוּ לַיהוָה
טו וְהַכֹּהֲנִים מחצצרים בַּחֲצֹצְרוֹת׃ וַיָּרִיעוּ אִישׁ יְהוּדָה וַיְהִי מַחְצְרִים
בְּהָרִיעַ אִישׁ יְהוּדָה וְהָאֱלֹהִים נָגַף אֶת־יָרָבְעָם וְכָל־יִשְׂרָאֵל
טז לִפְנֵי אֲבִיָּה וִיהוּדָה׃ וַיָּנוּסוּ בְנֵי־יִשְׂרָאֵל מִפְּנֵי יְהוּדָה וַיִּתְּנֵם
יז אֱלֹהִים בְּיָדָם׃ וַיַּכּוּ בָהֶם אֲבִיָּה וְעַמּוֹ מַכָּה רַבָּה וַיִּפְּלוּ חֲלָלִים
יח מִיִּשְׂרָאֵל חֲמֵשׁ־מֵאוֹת אֶלֶף אִישׁ בָּחוּר׃ וַיִּכָּנְעוּ בְנֵי־יִשְׂרָאֵל
בָּעֵת הַהִיא וַיֶּאֶמְצוּ בְּנֵי יְהוּדָה כִּי נִשְׁעֲנוּ עַל־יְהוָה אֱלֹהֵי
יט אֲבוֹתֵיהֶם׃ וַיִּרְדֹּף אֲבִיָּה אַחֲרֵי יָרָבְעָם וַיִּלְכֹּד מִמֶּנּוּ עָרִים
אֶת־בֵּית־אֵל וְאֶת־בְּנוֹתֶיהָ וְאֶת־יְשָׁנָה וְאֶת־בְּנוֹתֶיהָ וְאֶת־
כ עפרון וּבְנֹתֶיהָ׃ וְלֹא־עָצַר כֹּחַ יָרָבְעָם עוֹד בִּימֵי אֲבִיָּהוּ עֶפְרָיִן
כא וַיִּגְּפֵהוּ יְהוָה וַיָּמֹת׃ וַיִּתְחַזֵּק אֲבִיָּהוּ וַיִּשָּׂא־לוֹ נָשִׁים
אַרְבַּע עֶשְׂרֵה וַיּוֹלֶד עֶשְׂרִים וּשְׁנַיִם בָּנִים וְשֵׁשׁ עֶשְׂרֵה
כב בָּנוֹת׃ וְיֶתֶר דִּבְרֵי אֲבִיָּה וּדְרָכָיו וּדְבָרָיו כְּתוּבִים בְּמִדְרַשׁ
כג הַנָּבִיא עִדּוֹ׃ וַיִּשְׁכַּב אֲבִיָּה עִם־אֲבֹתָיו וַיִּקְבְּרוּ אֹתוֹ בְּעִיר
דָּוִיד וַיִּמְלֹךְ אָסָא בְנוֹ תַּחְתָּיו בְּיָמָיו שָׁקְטָה הָאָרֶץ עֶשֶׂר
יד א שָׁנִים׃ וַיַּעַשׂ אָסָא הַטּוֹב וְהַיָּשָׁר בְּעֵינֵי יְהוָה אֱלֹהָיו׃
ב וַיָּסַר אֶת־מִזְבְּחוֹת הַנֵּכָר וְהַבָּמוֹת וַיְשַׁבֵּר אֶת־הַמַּצֵּבוֹת
ג וַיְגַדַּע אֶת־הָאֲשֵׁרִים׃ וַיֹּאמֶר לִיהוּדָה לִדְרוֹשׁ אֶת־יְהוָה
ד אֱלֹהֵי אֲבוֹתֵיהֶם וְלַעֲשׂוֹת הַתּוֹרָה וְהַמִּצְוָה׃ וַיָּסַר מִכָּל־עָרֵי
יְהוּדָה אֶת־הַבָּמוֹת וְאֶת־הַחַמָּנִים וַתִּשְׁקֹט הַמַּמְלָכָה לְפָנָיו׃
ה וַיִּבֶן עָרֵי מְצוּרָה בִּיהוּדָה כִּי־שָׁקְטָה הָאָרֶץ וְאֵין־עִמּוֹ מִלְחָמָה
ו בַּשָּׁנִים הָאֵלֶּה כִּי־הֵנִיחַ יְהוָה לוֹ׃ וַיֹּאמֶר לִיהוּדָה נִבְנֶה ׀

אֶת־הֶעָרִים הָאֵלֶּה וְנָסֵב חוֹמָה וּמִגְדָּלִים דְּלָתַיִם וּבְרִיחִים
עוֹדֶנּוּ הָאָרֶץ לְפָנֵינוּ כִּי דָרַשְׁנוּ אֶת־יְהוָה אֱלֹהֵינוּ דָּרַשְׁנוּ
ז וַיָּנַח לָנוּ מִסָּבִיב וַיִּבְנוּ וַיַּצְלִיחוּ׃ וַיְהִי לְאָסָא חַיִל
נֹשֵׂא צִנָּה וָרֹמַח מִיהוּדָה שְׁלֹשׁ מֵאוֹת אֶלֶף וּמִבִּנְיָמִן נֹשְׂאֵי
מָגֵן וְדֹרְכֵי קֶשֶׁת מָאתַיִם וּשְׁמוֹנִים אֶלֶף כָּל־אֵלֶּה גִּבּוֹרֵי
ח חָיִל׃ וַיֵּצֵא אֲלֵיהֶם זֶרַח הַכּוּשִׁי בְּחַיִל אֶלֶף אֲלָפִים וּמַרְכָּבוֹת
ט שְׁלֹשׁ מֵאוֹת וַיָּבֹא עַד־מָרֵשָׁה׃ וַיֵּצֵא אָסָא לְפָנָיו וַיַּעַרְכוּ
י מִלְחָמָה בְּגֵיא צְפַתָה לְמָרֵשָׁה׃ וַיִּקְרָא אָסָא אֶל־יְהוָה אֱלֹהָיו
וַיֹּאמַר יְהוָה אֵין־עִמְּךָ לַעְזוֹר בֵּין רַב לְאֵין כֹּחַ עָזְרֵנוּ יְהוָה
אֱלֹהֵינוּ כִּי־עָלֶיךָ נִשְׁעַנּוּ וּבְשִׁמְךָ בָאנוּ עַל־הֶהָמוֹן הַזֶּה יְהוָה
יא אֱלֹהֵינוּ אַתָּה אַל־יַעְצֹר עִמְּךָ אֱנוֹשׁ׃ וַיִּגֹּף יְהוָה
יב אֶת־הַכּוּשִׁים לִפְנֵי אָסָא וְלִפְנֵי יְהוּדָה וַיָּנֻסוּ הַכּוּשִׁים׃ וַיִּרְדְּפֵם
אָסָא וְהָעָם אֲשֶׁר־עִמּוֹ עַד־לִגְרָר וַיִּפֹּל מִכּוּשִׁים לְאֵין־לָהֶם
מִחְיָה כִּי־נִשְׁבְּרוּ לִפְנֵי־יְהוָה וְלִפְנֵי מַחֲנֵהוּ וַיִּשְׂאוּ שָׁלָל הַרְבֵּה
יג מְאֹד׃ וַיַּכּוּ אֵת כָּל־הֶעָרִים סְבִיבוֹת גְּרָר כִּי־הָיָה פַחַד־
יְהוָה עֲלֵיהֶם וַיָּבֹזּוּ אֶת־כָּל־הֶעָרִים כִּי־בִזָּה רַבָּה הָיְתָה
יד בָהֶם׃ וְגַם־אָהֳלֵי מִקְנֶה הִכּוּ וַיִּשְׁבּוּ צֹאן לָרֹב וּגְמַלִּים וַיָּשֻׁבוּ
טו א יְרוּשָׁלָםִ׃ וַעֲזַרְיָהוּ בֶּן־עוֹדֵד הָיְתָה עָלָיו רוּחַ אֱלֹהִים׃
ב וַיֵּצֵא לִפְנֵי אָסָא וַיֹּאמֶר לוֹ שְׁמָעוּנִי אָסָא וְכָל־יְהוּדָה וּבִנְיָמִן
יְהוָה עִמָּכֶם בִּהְיוֹתְכֶם עִמּוֹ וְאִם־תִּדְרְשֻׁהוּ יִמָּצֵא לָכֶם
ג וְאִם־תַּעַזְבֻהוּ יַעֲזֹב אֶתְכֶם׃ וְיָמִים רַבִּים לְיִשְׂרָאֵל
ד לְלֹא ׀ אֱלֹהֵי אֱמֶת וּלְלֹא כֹּהֵן מוֹרֶה וּלְלֹא תוֹרָה׃ וַיָּשָׁב
בַּצַּר־לוֹ עַל־יְהוָה אֱלֹהֵי יִשְׂרָאֵל וַיְבַקְשֻׁהוּ וַיִּמָּצֵא לָהֶם׃
ה וּבָעִתִּים הָהֵם אֵין שָׁלוֹם לַיּוֹצֵא וְלַבָּא כִּי מְהוּמֹת רַבּוֹת עַל
ו כָּל־יוֹשְׁבֵי הָאֲרָצוֹת׃ וְכֻתְּתוּ גוֹי־בְּגוֹי וְעִיר בְּעִיר כִּי־אֱלֹהִים
ז הֲמָמָם בְּכָל־צָרָה׃ וְאַתֶּם חִזְקוּ וְאַל־יִרְפּוּ יְדֵיכֶם כִּי יֵשׁ שָׂכָר
ח לִפְעֻלַּתְכֶם׃ וְכִשְׁמֹעַ אָסָא הַדְּבָרִים הָאֵלֶּה וְהַנְּבוּאָה

עֹדֵד הַנָּבִיא הִתְחַזַּק וַיַּעֲבֵר הַשִּׁקּוּצִים מִכָּל־אֶרֶץ יְהוּדָה
וּבִנְיָמִן וּמִן־הֶעָרִים אֲשֶׁר לָכַד מֵהַר אֶפְרָיִם וַיְחַדֵּשׁ אֶת־מִזְבַּח
ט יְהוָה אֲשֶׁר לִפְנֵי אוּלָם יְהוָה׃ וַיִּקְבֹּץ אֶת־כָּל־יְהוּדָה וּבִנְיָמִן
וְהַגָּרִים עִמָּהֶם מֵאֶפְרַיִם וּמְנַשֶּׁה וּמִשִּׁמְעוֹן כִּי־נָפְלוּ עָלָיו
י מִיִּשְׂרָאֵל לָרֹב בִּרְאֹתָם כִּי־יְהוָה אֱלֹהָיו עִמּוֹ׃ וַיִּקָּבְצוּ
יְרוּשָׁלִַם בַּחֹדֶשׁ הַשְּׁלִישִׁי לִשְׁנַת חֲמֵשׁ־עֶשְׂרֵה לְמַלְכוּת אָסָא׃
יא וַיִּזְבְּחוּ לַיהוָה בַּיּוֹם הַהוּא מִן־הַשָּׁלָל הֵבִיאוּ בָּקָר שְׁבַע מֵאוֹת
יב וְצֹאן שִׁבְעַת אֲלָפִים׃ וַיָּבֹאוּ בַבְּרִית לִדְרוֹשׁ אֶת־יְהוָה אֱלֹהֵי
יג אֲבוֹתֵיהֶם בְּכָל־לְבָבָם וּבְכָל־נַפְשָׁם׃ וְכֹל אֲשֶׁר לֹא־יִדְרֹשׁ
לַיהוָה אֱלֹהֵי־יִשְׂרָאֵל יוּמָת לְמִן־קָטֹן וְעַד־גָּדוֹל לְמֵאִישׁ
יד וְעַד־אִשָּׁה׃ וַיִּשָּׁבְעוּ לַיהוָה בְּקוֹל גָּדוֹל וּבִתְרוּעָה וּבַחֲצֹצְרוֹת
טו וּבְשׁוֹפָרוֹת׃ וַיִּשְׂמְחוּ כָל־יְהוּדָה עַל־הַשְּׁבוּעָה כִּי בְכָל־לְבָבָם יז
נִשְׁבָּעוּ וּבְכָל־רְצוֹנָם בִּקְשֻׁהוּ וַיִּמָּצֵא לָהֶם וַיָּנַח יְהוָה לָהֶם
טז מִסָּבִיב׃ וְגַם־מַעֲכָה אֵם ׀ אָסָא הַמֶּלֶךְ הֱסִירָהּ מִגְּבִירָה אֲשֶׁר־
עָשְׂתָה לַאֲשֵׁרָה מִפְלָצֶת וַיִּכְרֹת אָסָא אֶת־מִפְלַצְתָּהּ וַיָּדֶק
יז וַיִּשְׂרֹף בְּנַחַל קִדְרוֹן׃ וְהַבָּמוֹת לֹא־סָרוּ מִיִּשְׂרָאֵל רַק לְבַב־
יח אָסָא הָיָה שָׁלֵם כָּל־יָמָיו׃ וַיָּבֵא אֶת־קָדְשֵׁי אָבִיו וְקָדָשָׁיו בֵּית
יט הָאֱלֹהִים כֶּסֶף וְזָהָב וְכֵלִים׃ וּמִלְחָמָה לֹא הָיָתָה עַד שְׁנַת־
א שְׁלֹשִׁים וְחָמֵשׁ לְמַלְכוּת אָסָא׃ בִּשְׁנַת שְׁלֹשִׁים וָשֵׁשׁ טז
לְמַלְכוּת אָסָא עָלָה בַּעְשָׁא מֶלֶךְ־יִשְׂרָאֵל עַל־יְהוּדָה וַיִּבֶן
ב אֶת־הָרָמָה לְבִלְתִּי תֵּת יוֹצֵא וָבָא לְאָסָא מֶלֶךְ יְהוּדָה׃ וַיֹּצֵא
אָסָא כֶּסֶף וְזָהָב מֵאֹצְרוֹת בֵּית יְהוָה וּבֵית הַמֶּלֶךְ וַיִּשְׁלַח אֶל־
ג בֶּן־הֲדַד מֶלֶךְ אֲרָם הַיּוֹשֵׁב בְּדַרְמֶשֶׂק לֵאמֹר׃ בְּרִית בֵּינִי
וּבֵינֶךָ וּבֵין אָבִי וּבֵין אָבִיךָ הִנֵּה שָׁלַחְתִּי לְךָ כֶּסֶף וְזָהָב לֵךְ
ד הָפֵר בְּרִיתְךָ אֶת־בַּעְשָׁא מֶלֶךְ יִשְׂרָאֵל וְיַעֲלֶה מֵעָלָי׃ וַיִּשְׁמַע
בֶּן־הֲדַד אֶל־הַמֶּלֶךְ אָסָא וַיִּשְׁלַח אֶת־שָׂרֵי הַחֲיָלִים אֲשֶׁר־לוֹ
אֶל־עָרֵי יִשְׂרָאֵל וַיַּכּוּ אֶת־עִיּוֹן וְאֶת־דָּן וְאֵת אָבֵל מַיִם וְאֵת

ה כָּל־מִסְכְּנוֹת עָרֵי נַפְתָּלִי: וַיְהִי כִּשְׁמֹעַ בַּעְשָׁא וַיֶּחְדַּל מִבְּנוֹת
ו אֶת־הָרָמָה וַיַּשְׁבֵּת אֶת־מְלַאכְתּוֹ: וְאָסָא הַמֶּלֶךְ לָקַח
אֶת־כָּל־יְהוּדָה וַיִּשְׂאוּ אֶת־אַבְנֵי הָרָמָה וְאֶת־עֵצֶיהָ אֲשֶׁר בָּנָה
ז בַּעְשָׁא וַיִּבֶן בָּהֶם אֶת־גֶּבַע וְאֶת־הַמִּצְפָּה: וּבָעֵת
הַהִיא בָּא חֲנָנִי הָרֹאֶה אֶל־אָסָא מֶלֶךְ יְהוּדָה וַיֹּאמֶר אֵלָיו
בְּהִשָּׁעֶנְךָ עַל־מֶלֶךְ אֲרָם וְלֹא נִשְׁעַנְתָּ עַל־יְהוָה אֱלֹהֶיךָ עַל־
ח כֵּן נִמְלַט חֵיל מֶלֶךְ־אֲרָם מִיָּדֶךָ: הֲלֹא הַכּוּשִׁים וְהַלּוּבִים הָיוּ
לְחַיִל לָרֹב לְרֶכֶב וּלְפָרָשִׁים לְהַרְבֵּה מְאֹד וּבְהִשָּׁעֶנְךָ עַל־
ט יְהוָה נְתָנָם בְּיָדֶךָ: כִּי יְהוָה עֵינָיו מְשֹׁטְטוֹת בְּכָל־הָאָרֶץ
לְהִתְחַזֵּק עִם־לְבָבָם שָׁלֵם אֵלָיו נִסְכַּלְתָּ עַל־זֹאת כִּי מֵעַתָּה
י יֵשׁ עִמְּךָ מִלְחָמוֹת: וַיִּכְעַס אָסָא אֶל־הָרֹאֶה וַיִּתְּנֵהוּ בֵּית
הַמַּהְפֶּכֶת כִּי־בְזַעַף עִמּוֹ עַל־זֹאת וַיְרַצֵּץ אָסָא מִן־הָעָם בָּעֵת
יא הַהִיא: וְהִנֵּה דִּבְרֵי אָסָא הָרִאשׁוֹנִים וְהָאַחֲרוֹנִים הִנָּם כְּתוּבִים
יב עַל־סֵפֶר הַמְּלָכִים לִיהוּדָה וְיִשְׂרָאֵל: וַיֶּחֱלֶא אָסָא בִּשְׁנַת
שְׁלוֹשִׁים וָתֵשַׁע לְמַלְכוּתוֹ בְּרַגְלָיו עַד־לְמַעְלָה חָלְיוֹ וְגַם־
יג בְּחָלְיוֹ לֹא־דָרַשׁ אֶת־יְהוָה כִּי בָּרֹפְאִים: וַיִּשְׁכַּב אָסָא עִם־
יד אֲבֹתָיו וַיָּמָת בִּשְׁנַת אַרְבָּעִים וְאַחַת לְמָלְכוֹ: וַיִּקְבְּרֻהוּ
בְקִבְרֹתָיו אֲשֶׁר כָּרָה־לוֹ בְּעִיר דָּוִיד וַיַּשְׁכִּיבֻהוּ בַּמִּשְׁכָּב אֲשֶׁר
מִלֵּא בְּשָׂמִים וּזְנִים מְרֻקָּחִים בְּמִרְקַחַת מַעֲשֶׂה וַיִּשְׂרְפוּ־לוֹ
א יז שְׂרֵפָה גְּדוֹלָה עַד־לִמְאֹד: וַיִּמְלֹךְ יְהוֹשָׁפָט בְּנוֹ
ב תַּחְתָּיו וַיִּתְחַזֵּק עַל־יִשְׂרָאֵל: וַיִּתֶּן־חַיִל בְּכָל־עָרֵי יְהוּדָה
הַבְּצֻרוֹת וַיִּתֵּן נְצִיבִים בְּאֶרֶץ יְהוּדָה וּבְעָרֵי אֶפְרַיִם אֲשֶׁר לָכַד
ג אָסָא אָבִיו: וַיְהִי יְהוָה עִם־יְהוֹשָׁפָט כִּי הָלַךְ בְּדַרְכֵי דָּוִיד
ד אָבִיו הָרִאשֹׁנִים וְלֹא דָרַשׁ לַבְּעָלִים: כִּי לֵאלֹהֵי אָבִיו דָּרָשׁ
ה וּבְמִצְוֺתָיו הָלָךְ וְלֹא כְּמַעֲשֵׂה יִשְׂרָאֵל: וַיָּכֶן יְהוָה אֶת־
הַמַּמְלָכָה בְּיָדוֹ וַיִּתְּנוּ כָל־יְהוּדָה מִנְחָה לִיהוֹשָׁפָט וַיְהִי־לוֹ
ו עֹשֶׁר וְכָבוֹד לָרֹב: וַיִּגְבַּהּ לִבּוֹ בְּדַרְכֵי יְהוָה וְעוֹד הֵסִיר אֶת־

ז הַבָּמוֹת וְאֶת־הָאֲשֵׁרִים מִיהוּדָה׃ וּבִשְׁנַת שָׁלוֹשׁ
לְמָלְכוֹ שָׁלַח לְשָׂרָיו לְבֶן־חַיִל וּלְעֹבַדְיָה וְלִזְכַרְיָה וְלִנְתַנְאֵל
ח וּלְמִיכָיָהוּ לְלַמֵּד בְּעָרֵי יְהוּדָה׃ וְעִמָּהֶם הַלְוִיִּם שְׁמַעְיָהוּ
וּנְתַנְיָהוּ וּזְבַדְיָהוּ וַעֲשָׂהאֵל ושמרימות וִיהוֹנָתָן וַאֲדֹנִיָּהוּ וּשְׁמִירָמוֹת
וְטוֹבִיָּהוּ וְטוֹב אֲדוֹנִיָּה הַלְוִיִּם וְעִמָּהֶם אֱלִישָׁמָע וִיהוֹרָם
ט הַכֹּהֲנִים׃ וַיְלַמְּדוּ בִּיהוּדָה וְעִמָּהֶם סֵפֶר תּוֹרַת יְהוָה וַיָּסֹבּוּ
י בְּכָל־עָרֵי יְהוּדָה וַיְלַמְּדוּ בָּעָם׃ וַיְהִי ׀ פַּחַד יְהוָה עַל כָּל־
מַמְלְכוֹת הָאֲרָצוֹת אֲשֶׁר סְבִיבוֹת יְהוּדָה וְלֹא נִלְחֲמוּ עִם־
יא יְהוֹשָׁפָט׃ וּמִן־פְּלִשְׁתִּים מְבִיאִים לִיהוֹשָׁפָט מִנְחָה וְכֶסֶף מַשָּׂא
גַּם הָעַרְבִיאִים מְבִיאִים לוֹ צֹאן אֵילִים שִׁבְעַת אֲלָפִים וּשְׁבַע
יב מֵאוֹת וּתְיָשִׁים שִׁבְעַת אֲלָפִים וּשְׁבַע מֵאוֹת׃ וַיְהִי
יְהוֹשָׁפָט הֹלֵךְ וְגָדֵל עַד־לְמָעְלָה וַיִּבֶן בִּיהוּדָה בִּירָנִיּוֹת וְעָרֵי
יג מִסְכְּנוֹת׃ וּמְלָאכָה רַבָּה הָיָה לוֹ בְּעָרֵי יְהוּדָה וְאַנְשֵׁי מִלְחָמָה
יד גִּבּוֹרֵי חַיִל בִּירוּשָׁלִָם׃ וְאֵלֶּה פְקֻדָּתָם לְבֵית אֲבוֹתֵיהֶם
לִיהוּדָה שָׂרֵי אֲלָפִים עַדְנָה הַשָּׂר וְעִמּוֹ גִּבּוֹרֵי חַיִל שְׁלֹשׁ
טו מֵאוֹת אָלֶף׃ וְעַל־יָדוֹ יְהוֹחָנָן הַשָּׂר וְעִמּוֹ מָאתַיִם
טז וּשְׁמוֹנִים אָלֶף׃ וְעַל־יָדוֹ עֲמַסְיָה בֶן־זִכְרִי הַמִּתְנַדֵּב
יז לַיהוָה וְעִמּוֹ מָאתַיִם אֶלֶף גִּבּוֹר חָיִל׃ וּמִן־
בִּנְיָמִן גִּבּוֹר חַיִל אֶלְיָדָע וְעִמּוֹ נֹשְׁקֵי־קֶשֶׁת וּמָגֵן מָאתַיִם
יח אָלֶף׃ וְעַל־יָדוֹ יְהוֹזָבָד וְעִמּוֹ מֵאָה־וּשְׁמוֹנִים אֶלֶף
יט חֲלוּצֵי צָבָא׃ אֵלֶּה הַמְשָׁרְתִים אֶת־הַמֶּלֶךְ מִלְּבַד
יח א אֲשֶׁר־נָתַן הַמֶּלֶךְ בְּעָרֵי הַמִּבְצָר בְּכָל־יְהוּדָה׃ וַיְהִי
ב לִיהוֹשָׁפָט עֹשֶׁר וְכָבוֹד לָרֹב וַיִּתְחַתֵּן לְאַחְאָב׃ וַיֵּרֶד לְקֵץ
שָׁנִים אֶל־אַחְאָב לְשֹׁמְרוֹן וַיִּזְבַּח־לוֹ אַחְאָב צֹאן וּבָקָר לָרֹב
ג וְלָעָם אֲשֶׁר עִמּוֹ וַיְסִיתֵהוּ לַעֲלוֹת אֶל־רָמוֹת גִּלְעָד׃ וַיֹּאמֶר
אַחְאָב מֶלֶךְ־יִשְׂרָאֵל אֶל־יְהוֹשָׁפָט מֶלֶךְ יְהוּדָה הֲתֵלֵךְ עִמִּי
רָמֹת גִּלְעָד וַיֹּאמֶר לוֹ כָּמוֹנִי כָמוֹךָ וּכְעַמְּךָ עַמִּי וְעִמְּךָ

ד בַּמִּלְחָמָה׃ וַיֹּאמֶר יְהוֹשָׁפָט אֶל־מֶלֶךְ יִשְׂרָאֵל דְּרָשׁ־נָא כַיּוֹם
ה אֶת־דְּבַר יהוה׃ וַיִּקְבֹּץ מֶלֶךְ־יִשְׂרָאֵל אֶת־הַנְּבִאִים אַרְבַּע
מֵאוֹת אִישׁ וַיֹּאמֶר אֲלֵהֶם הֲנֵלֵךְ אֶל־רָמֹת גִּלְעָד לַמִּלְחָמָה
ו אִם־אֶחְדָּל וַיֹּאמְרוּ עֲלֵה וְיִתֵּן הָאֱלֹהִים בְּיַד הַמֶּלֶךְ׃ וַיֹּאמֶר
ז יְהוֹשָׁפָט הַאֵין פֹּה נָבִיא לַיהוה עוֹד וְנִדְרְשָׁה מֵאֹתוֹ׃ וַיֹּאמֶר
מֶלֶךְ־יִשְׂרָאֵל ׀ אֶל־יְהוֹשָׁפָט עוֹד אִישׁ־אֶחָד לִדְרוֹשׁ אֶת־
יהוה מֵאֹתוֹ וַאֲנִי שְׂנֵאתִיהוּ כִּי אֵינֶנּוּ מִתְנַבֵּא עָלַי לְטוֹבָה כִּי
כָל־יָמָיו לְרָעָה הוּא מִיכָיְהוּ בֶּן־יִמְלָא וַיֹּאמֶר יְהוֹשָׁפָט אַל־
ח יֹאמַר הַמֶּלֶךְ כֵּן׃ וַיִּקְרָא מֶלֶךְ יִשְׂרָאֵל אֶל־סָרִיס אֶחָד וַיֹּאמֶר
ט מַהֵר מיכהו בֶן־יִמְלָא׃ וּמֶלֶךְ יִשְׂרָאֵל וִיהוֹשָׁפָט מֶלֶךְ־יְהוּדָה מִיכָיְהוּ
יוֹשְׁבִים אִישׁ עַל־כִּסְאוֹ מְלֻבָּשִׁים בְּגָדִים וְיֹשְׁבִים בְּגֹרֶן פֶּתַח
י שַׁעַר שֹׁמְרוֹן וְכָל־הַנְּבִיאִים מִתְנַבְּאִים לִפְנֵיהֶם׃ וַיַּעַשׂ לוֹ
צִדְקִיָּהוּ בֶן־כְּנַעֲנָה קַרְנֵי בַרְזֶל וַיֹּאמֶר כֹּה־אָמַר יהוה בְּאֵלֶּה
יא תְּנַגַּח אֶת־אֲרָם עַד־כַּלּוֹתָם׃ וְכָל־הַנְּבִאִים נִבְּאִים כֵּן לֵאמֹר
יב עֲלֵה רָמֹת גִּלְעָד וְהַצְלַח וְנָתַן יהוה בְּיַד הַמֶּלֶךְ׃ וְהַמַּלְאָךְ
אֲשֶׁר־הָלַךְ ׀ לִקְרֹא לְמִיכָיְהוּ דִּבֶּר אֵלָיו לֵאמֹר הִנֵּה דִּבְרֵי
הַנְּבִאִים פֶּה־אֶחָד טוֹב אֶל־הַמֶּלֶךְ וִיהִי־נָא דְבָרְךָ כְּאַחַד
יג מֵהֶם וְדִבַּרְתָּ טוֹב׃ וַיֹּאמֶר מִיכָיְהוּ חַי־יהוה כִּי אֶת־אֲשֶׁר־
יד יֹאמַר אֱלֹהַי אֹתוֹ אֲדַבֵּר׃ וַיָּבֹא אֶל־הַמֶּלֶךְ וַיֹּאמֶר הַמֶּלֶךְ
אֵלָיו מִיכָה הֲנֵלֵךְ אֶל־רָמֹת גִּלְעָד לַמִּלְחָמָה אִם־אֶחְדָּל
טו וַיֹּאמֶר עֲלוּ וְהַצְלִיחוּ וְיִנָּתְנוּ בְּיֶדְכֶם׃ וַיֹּאמֶר אֵלָיו הַמֶּלֶךְ עַד־
כַּמֶּה פְעָמִים אֲנִי מַשְׁבִּיעֶךָ אֲשֶׁר לֹא־תְדַבֵּר אֵלַי רַק אֱמֶת
טז בְּשֵׁם יהוה׃ וַיֹּאמֶר רָאִיתִי אֶת־כָּל־יִשְׂרָאֵל נְפוֹצִים עַל־
הֶהָרִים כַּצֹּאן אֲשֶׁר אֵין־לָהֶן רֹעֶה וַיֹּאמֶר יהוה לֹא־אֲדֹנִים
יז לָאֵלֶּה יָשׁוּבוּ אִישׁ־לְבֵיתוֹ בְּשָׁלוֹם׃ וַיֹּאמֶר מֶלֶךְ־יִשְׂרָאֵל אֶל־
יְהוֹשָׁפָט הֲלֹא אָמַרְתִּי אֵלֶיךָ לֹא־יִתְנַבֵּא עָלַי טוֹב כִּי אִם־
יח לְרָע׃ וַיֹּאמֶר לָכֵן שִׁמְעוּ דְבַר־יהוה רָאִיתִי אֶת־ יח

יְהוָה יוֹשֵׁב עַל־כִּסְאוֹ וְכָל־צְבָא הַשָּׁמַיִם עֹמְדִים עַל־יְמִינוֹ
יט וּשְׂמֹאלוֹ: וַיֹּאמֶר יְהוָה מִי יְפַתֶּה אֶת־אַחְאָב מֶלֶךְ־יִשְׂרָאֵל
וְיַעַל וְיִפֹּל בְּרָמוֹת גִּלְעָד וַיֹּאמֶר זֶה אֹמֵר כָּכָה וְזֶה אֹמֵר כָּכָה:
כ וַיֵּצֵא הָרוּחַ וַיַּעֲמֹד לִפְנֵי יְהוָה וַיֹּאמֶר אֲנִי אֲפַתֶּנּוּ וַיֹּאמֶר יְהוָה
כא אֵלָיו בַּמָּה: וַיֹּאמֶר אֵצֵא וְהָיִיתִי לְרוּחַ שֶׁקֶר בְּפִי כָּל־נְבִיאָיו
כב וַיֹּאמֶר תְּפַתֶּה וְגַם־תּוּכָל צֵא וַעֲשֵׂה־כֵן: וְעַתָּה הִנֵּה נָתַן
יְהוָה רוּחַ שֶׁקֶר בְּפִי נְבִיאֶיךָ אֵלֶּה וַיהוָה דִּבֶּר עָלֶיךָ
כג רָעָה: וַיִּגַּשׁ צִדְקִיָּהוּ בֶן־כְּנַעֲנָה וַיַּךְ אֶת־מִיכָיְהוּ עַל־
הַלֶּחִי וַיֹּאמֶר אֵי זֶה הַדֶּרֶךְ עָבַר רוּחַ־יְהוָה מֵאִתִּי לְדַבֵּר אֹתָךְ:
כד וַיֹּאמֶר מִיכָיְהוּ הִנְּךָ רֹאֶה בַּיּוֹם הַהוּא אֲשֶׁר תָּבוֹא חֶדֶר
כה בְּחֶדֶר לְהֵחָבֵא: וַיֹּאמֶר מֶלֶךְ יִשְׂרָאֵל קְחוּ אֶת־מִיכָיְהוּ וַהֲשִׁיבֻהוּ
כו אֶל־אָמוֹן שַׂר־הָעִיר וְאֶל־יוֹאָשׁ בֶּן־הַמֶּלֶךְ: וַאֲמַרְתֶּם כֹּה
אָמַר הַמֶּלֶךְ שִׂימוּ זֶה בֵּית הַכֶּלֶא וְהַאֲכִילֻהוּ לֶחֶם לַחַץ
כז וּמַיִם לַחַץ עַד שׁוּבִי בְשָׁלוֹם: וַיֹּאמֶר מִיכָיְהוּ אִם־שׁוֹב
תָּשׁוּב בְּשָׁלוֹם לֹא־דִבֶּר יְהוָה בִּי וַיֹּאמֶר שִׁמְעוּ עַמִּים
כח כֻּלָּם: וַיַּעַל מֶלֶךְ־יִשְׂרָאֵל וִיהוֹשָׁפָט מֶלֶךְ־יְהוּדָה
כט אֶל־רָמֹת גִּלְעָד: וַיֹּאמֶר מֶלֶךְ יִשְׂרָאֵל אֶל־יְהוֹשָׁפָט הִתְחַפֵּשׂ
וָבוֹא בַמִּלְחָמָה וְאַתָּה לְבַשׁ בְּגָדֶיךָ וַיִּתְחַפֵּשׂ מֶלֶךְ יִשְׂרָאֵל
ל וַיָּבֹאוּ בַּמִּלְחָמָה: וּמֶלֶךְ אֲרָם צִוָּה אֶת־שָׂרֵי הָרֶכֶב אֲשֶׁר־
לוֹ לֵאמֹר לֹא תִּלָּחֲמוּ אֶת־הַקָּטֹן אֶת־הַגָּדוֹל כִּי אִם־אֶת־
לא מֶלֶךְ יִשְׂרָאֵל לְבַדּוֹ: וַיְהִי כִּרְאוֹת שָׂרֵי הָרֶכֶב אֶת־יְהוֹשָׁפָט
וְהֵמָּה אָמְרוּ מֶלֶךְ־יִשְׂרָאֵל הוּא וַיָּסֹבּוּ עָלָיו לְהִלָּחֵם וַיִּזְעַק
לב יְהוֹשָׁפָט וַיהוָה עֲזָרוֹ וַיְסִיתֵם אֱלֹהִים מִמֶּנּוּ: וַיְהִי כִּרְאוֹת
לג שָׂרֵי הָרֶכֶב כִּי לֹא־הָיָה מֶלֶךְ יִשְׂרָאֵל וַיָּשׁוּבוּ מֵאַחֲרָיו: וְאִישׁ
מָשַׁךְ בַּקֶּשֶׁת לְתֻמּוֹ וַיַּךְ אֶת־מֶלֶךְ יִשְׂרָאֵל בֵּין הַדְּבָקִים וּבֵין
הַשִּׁרְיָן וַיֹּאמֶר לָרַכָּב הֲפֹךְ ידיך וְהוֹצֵאתַנִי מִן־הַמַּחֲנֶה כִּי ידך
לד הָחֳלֵיתִי: וַתַּעַל הַמִּלְחָמָה בַּיּוֹם הַהוּא וּמֶלֶךְ יִשְׂרָאֵל הָיָה

מעמיד במרכבה נכח ארם עד־הערב וימת לעת בוא
א השמש: וישב יהושפט מלך־יהודה אל־ביתו
ב בשלום לירושלם: ויצא אל־פניו יהוא בן־חנני החזה ויאמר
אל־המלך יהושפט הלרשע לעזר ולשנאי יהוה תאהב
ג ובזאת עליך קצף מלפני יהוה: אבל דברים טובים נמצאו
עמך כי־בערת האשרות מן־הארץ והכינות לבבך לדרש
ד האלהים: וישב יהושפט בירושלם וישב ויצא בעם מבאר
שבע עד־הר אפרים וישיבם אל־יהוה אלהי אבותיהם:
ה ויעמד שפטים בארץ בכל־ערי יהודה הבצרות לעיר ועיר:
ו ויאמר אל־השפטים ראו מה־אתם עשים כי לא לאדם
ז תשפטו כי ליהוה ועמכם בדבר משפט: ועתה יהי פחד־
יהוה עליכם שמרו ועשו כי־אין עם־יהוה אלהינו עולה
ח ומשא פנים ומקח־שחד: וגם בירושלם העמיד יהושפט
מן־הלוים והכהנים ומראשי האבות לישראל למשפט
ט יהוה ולריב וישבו ירושלם: ויצו עליהם לאמר כה תעשון
י ביראת יהוה באמונה ובלבב שלם: וכל־ריב אשר־יבוא
עליכם מאחיכם ׀ הישבים בעריהם בין־דם ׀ לדם בין־
תורה למצוה לחקים ולמשפטים והזהרתם אתם ולא
יאשמו ליהוה והיה־קצף עליכם ועל־אחיכם כה תעשון
יא ולא תאשמו: והנה אמריהו כהן הראש עליכם לכל ׀ דבר
יהוה וזבדיהו בן־ישמעאל הנגיד לבית־יהודה לכל דבר־
המלך ושטרים הלוים לפניכם חזקו ועשו ויהי יהוה עם־
הטוב:

כ א ויהי אחרי־כן באו בני־מואב ובני עמון ועמהם ׀ מהעמונים
ב על־יהושפט למלחמה: ויבאו ויגידו ליהושפט לאמר בא
עליך המון רב מעבר לים מארם והנם בחצצון תמר היא
ג עין גדי: וירא ויתן יהושפט את־פניו לדרוש ליהוה ויקרא־

ד צוֹם עַל־כָּל־יְהוּדָה׃ וַיִּקָּבְצוּ יְהוּדָה לְבַקֵּשׁ מֵיְהוָה גַּם מִכָּל־
ה עָרֵי יְהוּדָה בָּאוּ לְבַקֵּשׁ אֶת־יְהוָה׃ וַיַּעֲמֹד יְהוֹשָׁפָט בִּקְהַל
ו יְהוּדָה וִירוּשָׁלִַם בְּבֵית יְהוָה לִפְנֵי הֶחָצֵר הַחֲדָשָׁה׃ וַיֹּאמַר
יְהוָה אֱלֹהֵי אֲבֹתֵינוּ הֲלֹא אַתָּה־הוּא אֱלֹהִים בַּשָּׁמַיִם וְאַתָּה
מוֹשֵׁל בְּכֹל מַמְלְכוֹת הַגּוֹיִם וּבְיָדְךָ כֹּחַ וּגְבוּרָה וְאֵין עִמְּךָ
ז לְהִתְיַצֵּב׃ הֲלֹא ׀ אַתָּה אֱלֹהֵינוּ הוֹרַשְׁתָּ אֶת־יֹשְׁבֵי הָאָרֶץ
הַזֹּאת מִלִּפְנֵי עַמְּךָ יִשְׂרָאֵל וַתִּתְּנָהּ לְזֶרַע אַבְרָהָם אֹהַבְךָ
ח לְעוֹלָם׃ וַיֵּשְׁבוּ־בָהּ וַיִּבְנוּ לְךָ ׀ בָּהּ מִקְדָּשׁ לְשִׁמְךָ לֵאמֹר׃
ט אִם־תָּבוֹא עָלֵינוּ רָעָה חֶרֶב שְׁפוֹט וְדֶבֶר וְרָעָב נַעַמְדָה לִפְנֵי
הַבַּיִת הַזֶּה וּלְפָנֶיךָ כִּי שִׁמְךָ בַּבַּיִת הַזֶּה וְנִזְעַק אֵלֶיךָ מִצָּרָתֵנוּ
י וְתִשְׁמַע וְתוֹשִׁיעַ׃ וְעַתָּה הִנֵּה בְנֵי־עַמּוֹן וּמוֹאָב וְהַר־שֵׂעִיר
אֲשֶׁר לֹא־נָתַתָּה לְיִשְׂרָאֵל לָבוֹא בָהֶם בְּבֹאָם מֵאֶרֶץ מִצְרָיִם
יא כִּי סָרוּ מֵעֲלֵיהֶם וְלֹא הִשְׁמִידוּם׃ וְהִנֵּה־הֵם גֹּמְלִים עָלֵינוּ
יב לָבוֹא לְגָרְשֵׁנוּ מִיְּרֻשָּׁתְךָ אֲשֶׁר הוֹרַשְׁתָּנוּ׃ אֱלֹהֵינוּ הֲלֹא
תִשְׁפָּט־בָּם כִּי אֵין בָּנוּ כֹּחַ לִפְנֵי הֶהָמוֹן הָרָב הַזֶּה הַבָּא
יג עָלֵינוּ וַאֲנַחְנוּ לֹא נֵדַע מַה־נַּעֲשֶׂה כִּי עָלֶיךָ עֵינֵינוּ׃ וְכָל־יְהוּדָה
יד עֹמְדִים לִפְנֵי יְהוָה גַּם־טַפָּם נְשֵׁיהֶם וּבְנֵיהֶם׃ וְיַחֲזִיאֵל
בֶּן־זְכַרְיָהוּ בֶּן־בְּנָיָה בֶּן־יְעִיאֵל בֶּן־מַתַּנְיָה הַלֵּוִי מִן־בְּנֵי אָסָף
טו הָיְתָה עָלָיו רוּחַ יְהוָה בְּתוֹךְ הַקָּהָל׃ וַיֹּאמֶר הַקְשִׁיבוּ כָל־
יְהוּדָה וְיֹשְׁבֵי יְרוּשָׁלִַם וְהַמֶּלֶךְ יְהוֹשָׁפָט כֹּה־אָמַר יְהוָה לָכֶם
אַתֶּם אַל־תִּירְאוּ וְאַל־תֵּחַתּוּ מִפְּנֵי הֶהָמוֹן הָרָב הַזֶּה כִּי לֹא
טז לָכֶם הַמִּלְחָמָה כִּי לֵאלֹהִים׃ מָחָר רְדוּ עֲלֵיהֶם הִנָּם עֹלִים
בְּמַעֲלֵה הַצִּיץ וּמְצָאתֶם אֹתָם בְּסוֹף הַנַּחַל פְּנֵי מִדְבַּר
יז יְרוּאֵל׃ לֹא לָכֶם לְהִלָּחֵם בָּזֹאת הִתְיַצְּבוּ עִמְדוּ וּרְאוּ אֶת־
יְשׁוּעַת יְהוָה עִמָּכֶם יְהוּדָה וִירוּשָׁלִַם אַל־תִּירְאוּ וְאַל־תֵּחַתּוּ
יח מָחָר צְאוּ לִפְנֵיהֶם וַיהוָה עִמָּכֶם׃ וַיִּקֹּד יְהוֹשָׁפָט אַפַּיִם אַרְצָה
וְכָל־יְהוּדָה וְיֹשְׁבֵי יְרוּשָׁלִַם נָפְלוּ לִפְנֵי יְהוָה לְהִשְׁתַּחֲוֹת לַיהוָה׃

וַיָּקֻמוּ הַלְוִיִּם מִן־בְּנֵי הַקְּהָתִים וּמִן־בְּנֵי הַקָּרְחִים לְהַלֵּל לַיהוה יט
אֱלֹהֵי יִשְׂרָאֵל בְּקוֹל גָּדוֹל לְמָעְלָה׃ וַיַּשְׁכִּימוּ בַבֹּקֶר וַיֵּצְאוּ כ
לְמִדְבַּר תְּקוֹעַ וּבְצֵאתָם עָמַד יְהוֹשָׁפָט וַיֹּאמֶר שְׁמָעוּנִי יְהוּדָה
וְיֹשְׁבֵי יְרוּשָׁלִַם הַאֲמִינוּ בַּיהוה אֱלֹהֵיכֶם וְתֵאָמֵנוּ הַאֲמִינוּ
בִנְבִיאָיו וְהַצְלִיחוּ׃ וַיִּוָּעַץ אֶל־הָעָם וַיַּעֲמֵד מְשֹׁרְרִים לַיהוה כא
וּמְהַלְלִים לְהַדְרַת־קֹדֶשׁ בְּצֵאת לִפְנֵי הֶחָלוּץ וְאֹמְרִים הוֹדוּ
לַיהוה כִּי לְעוֹלָם חַסְדּוֹ׃ וּבְעֵת הֵחֵלּוּ בְרִנָּה וּתְהִלָּה נָתַן כב
יהוה ׀ מְאָרְבִים עַל־בְּנֵי עַמּוֹן מוֹאָב וְהַר־שֵׂעִיר הַבָּאִים
לִיהוּדָה וַיִּנָּגֵפוּ׃ וַיַּעַמְדוּ בְּנֵי עַמּוֹן וּמוֹאָב עַל־יֹשְׁבֵי הַר־שֵׂעִיר כג
לְהַחֲרִים וּלְהַשְׁמִיד וּכְכַלּוֹתָם בְּיוֹשְׁבֵי שֵׂעִיר עָזְרוּ אִישׁ בְּרֵעֵהוּ
לְמַשְׁחִית׃ וִיהוּדָה בָּא עַל־הַמִּצְפֶּה לַמִּדְבָּר וַיִּפְנוּ אֶל־הֶהָמוֹן כד
וְהִנָּם פְּגָרִים נֹפְלִים אַרְצָה וְאֵין פְּלֵיטָה׃ וַיָּבֹא יְהוֹשָׁפָט וְעַמּוֹ כה
לָבֹז אֶת־שְׁלָלָם וַיִּמְצְאוּ בָהֶם לָרֹב וּרְכוּשׁ וּפְגָרִים וּכְלֵי חֲמֻדוֹת
וַיְנַצְּלוּ לָהֶם לְאֵין מַשָּׂא וַיִּהְיוּ יָמִים שְׁלוֹשָׁה בֹּזְזִים אֶת־הַשָּׁלָל
כִּי רַב־הוּא׃ וּבַיּוֹם הָרְבִעִי נִקְהֲלוּ לְעֵמֶק בְּרָכָה כִּי שָׁם כו
בֵּרְכוּ אֶת־יהוה עַל־כֵּן קָרְאוּ אֶת־שֵׁם הַמָּקוֹם הַהוּא עֵמֶק
בְּרָכָה עַד־הַיּוֹם׃ וַיָּשֻׁבוּ כָּל־אִישׁ יְהוּדָה וִירוּשָׁלִַם וִיהוֹשָׁפָט כז
בְּרֹאשָׁם לָשׁוּב אֶל־יְרוּשָׁלִַם בְּשִׂמְחָה כִּי־שִׂמְּחָם יהוה
מֵאוֹיְבֵיהֶם׃ וַיָּבֹאוּ יְרוּשָׁלִַם בִּנְבָלִים וּבְכִנֹּרוֹת וּבַחֲצֹצְרוֹת כח
אֶל־בֵּית יהוה׃ וַיְהִי פַּחַד אֱלֹהִים עַל כָּל־מַמְלְכוֹת הָאֲרָצוֹת כט
בְּשָׁמְעָם כִּי נִלְחַם יהוה עִם אוֹיְבֵי יִשְׂרָאֵל׃ וַתִּשְׁקֹט מַלְכוּת ל
יט יְהוֹשָׁפָט וַיָּנַח לוֹ אֱלֹהָיו מִסָּבִיב׃ וַיִּמְלֹךְ יְהוֹשָׁפָט לא
עַל־יְהוּדָה בֶּן־שְׁלֹשִׁים וְחָמֵשׁ שָׁנָה בְּמָלְכוֹ וְעֶשְׂרִים וְחָמֵשׁ
שָׁנָה מָלַךְ בִּירוּשָׁלִָם וְשֵׁם אִמּוֹ עֲזוּבָה בַּת־שִׁלְחִי׃ וַיֵּלֶךְ בְּדֶרֶךְ לב
אָבִיו אָסָא וְלֹא־סָר מִמֶּנָּה לַעֲשׂוֹת הַיָּשָׁר בְּעֵינֵי יהוה׃ אַךְ לג
הַבָּמוֹת לֹא־סָרוּ וְעוֹד הָעָם לֹא־הֵכִינוּ לְבָבָם לֵאלֹהֵי
אֲבֹתֵיהֶם׃ וְיֶתֶר דִּבְרֵי יְהוֹשָׁפָט הָרִאשֹׁנִים וְהָאַחֲרֹנִים הִנָּם לד

כְּתוּבִים בְּדִבְרֵי יֵהוּא בֶן־חֲנָנִי אֲשֶׁר הֹעֲלָה עַל־סֵפֶר מַלְכֵי
לה יִשְׂרָאֵל׃ וְאַחֲרֵי־כֵן אֶתְחַבַּר יְהוֹשָׁפָט מֶלֶךְ־יְהוּדָה עִם אֲחַזְיָה
לו מֶלֶךְ־יִשְׂרָאֵל הוּא הִרְשִׁיעַ לַעֲשׂוֹת׃ וַיְחַבְּרֵהוּ עִמּוֹ לַעֲשׂוֹת
לז אֳנִיּוֹת לָלֶכֶת תַּרְשִׁישׁ וַיַּעֲשׂוּ אֳנִיּוֹת בְּעֶצְיוֹן גָּבֶר׃ וַיִּתְנַבֵּא
אֱלִיעֶזֶר בֶּן־דֹּדָוָהוּ מִמָּרֵשָׁה עַל־יְהוֹשָׁפָט לֵאמֹר כְּהִתְחַבֶּרְךָ
עִם־אֲחַזְיָהוּ פָּרַץ יְהוָה אֶת־מַעֲשֶׂיךָ וַיִּשָּׁבְרוּ אֳנִיּוֹת וְלֹא עָצְרוּ
כא א לָלֶכֶת אֶל־תַּרְשִׁישׁ׃ וַיִּשְׁכַּב יְהוֹשָׁפָט עִם־אֲבֹתָיו וַיִּקָּבֵר עִם־
ב אֲבֹתָיו בְּעִיר דָּוִיד וַיִּמְלֹךְ יְהוֹרָם בְּנוֹ תַּחְתָּיו׃ וְלוֹ־אַחִים בְּנֵי
יְהוֹשָׁפָט עֲזַרְיָה וִיחִיאֵל וּזְכַרְיָהוּ וַעֲזַרְיָהוּ וּמִיכָאֵל וּשְׁפַטְיָהוּ
ג כָּל־אֵלֶּה בְּנֵי יְהוֹשָׁפָט מֶלֶךְ יִשְׂרָאֵל׃ וַיִּתֵּן לָהֶם ׀ אֲבִיהֶם מַתָּנוֹת
רַבּוֹת לְכֶסֶף וּלְזָהָב וּלְמִגְדָּנוֹת עִם־עָרֵי מְצֻרוֹת בִּיהוּדָה וְאֶת־
ד הַמַּמְלָכָה נָתַן לִיהוֹרָם כִּי־הוּא הַבְּכוֹר׃ וַיָּקָם יְהוֹרָם
עַל־מַמְלֶכֶת אָבִיו וַיִּתְחַזַּק וַיַּהֲרֹג אֶת־כָּל־אֶחָיו בֶּחָרֶב וְגַם
ה מִשָּׂרֵי יִשְׂרָאֵל׃ בֶּן־שְׁלֹשִׁים וּשְׁתַּיִם שָׁנָה יְהוֹרָם בְּמָלְכוֹ
ו וּשְׁמוֹנֶה שָׁנִים מָלַךְ בִּירוּשָׁלִָם׃ וַיֵּלֶךְ בְּדֶרֶךְ ׀ מַלְכֵי יִשְׂרָאֵל
כַּאֲשֶׁר עָשׂוּ בֵּית אַחְאָב כִּי בַּת־אַחְאָב הָיְתָה לּוֹ אִשָּׁה וַיַּעַשׂ
ז הָרַע בְּעֵינֵי יְהוָה׃ וְלֹא־אָבָה יְהוָה לְהַשְׁחִית אֶת־בֵּית דָּוִיד
לְמַעַן הַבְּרִית אֲשֶׁר כָּרַת לְדָוִיד וְכַאֲשֶׁר אָמַר לָתֵת לוֹ נִיר
ח וּלְבָנָיו כָּל־הַיָּמִים׃ בְּיָמָיו פָּשַׁע אֱדוֹם מִתַּחַת יַד־יְהוּדָה
ט וַיַּמְלִיכוּ עֲלֵיהֶם מֶלֶךְ׃ וַיַּעֲבֹר יְהוֹרָם עִם־שָׂרָיו וְכָל־הָרֶכֶב
עִמּוֹ וַיְהִי קָם לַיְלָה וַיַּךְ אֶת־אֱדוֹם הַסּוֹבֵב אֵלָיו וְאֵת שָׂרֵי
י הָרָכֶב׃ וַיִּפְשַׁע אֱדוֹם מִתַּחַת יַד־יְהוּדָה עַד הַיּוֹם הַזֶּה אָז
תִּפְשַׁע לִבְנָה בָּעֵת הַהִיא מִתַּחַת יָדוֹ כִּי עָזַב אֶת־יְהוָה אֱלֹהֵי
יא אֲבֹתָיו׃ גַּם־הוּא עָשָׂה בָמוֹת בְּהָרֵי יְהוּדָה וַיֶּזֶן אֶת־יֹשְׁבֵי
יב יְרוּשָׁלִַם וַיַּדַּח אֶת־יְהוּדָה׃ וַיָּבֹא אֵלָיו מִכְתָּב מֵאֵלִיָּהוּ
הַנָּבִיא לֵאמֹר כֹּה ׀ אָמַר יְהוָה אֱלֹהֵי דָּוִיד אָבִיךָ תַּחַת אֲשֶׁר
לֹא־הָלַכְתָּ בְּדַרְכֵי יְהוֹשָׁפָט אָבִיךָ וּבְדַרְכֵי אָסָא מֶלֶךְ־יְהוּדָה׃

יג וַתֵּלֶךְ בְּדֶרֶךְ מַלְכֵי יִשְׂרָאֵל וַתַּזְנֶה אֶת־יְהוּדָה וְאֶת־יֹשְׁבֵי
יְרוּשָׁלִַם כְּהַזְנוֹת בֵּית אַחְאָב וְגַם אֶת־אַחֶיךָ בֵית־אָבִיךָ
יד הַטּוֹבִים מִמְּךָ הָרָגְתָּ׃ הִנֵּה יְהוָה נֹגֵף מַגֵּפָה גְדוֹלָה בְּעַמֶּךָ
טו וּבְבָנֶיךָ וּבְנָשֶׁיךָ וּבְכָל־רְכוּשֶׁךָ׃ וְאַתָּה בָּחֳלָיִים רַבִּים בְּמַחֲלֵה
טז מֵעֶיךָ עַד־יֵצְאוּ מֵעֶיךָ מִן־הַחֹלִי יָמִים עַל־יָמִים׃ וַיָּעַר יְהוָה
עַל־יְהוֹרָם אֵת רוּחַ הַפְּלִשְׁתִּים וְהָעַרְבִים אֲשֶׁר עַל־יַד כּוּשִׁים׃
יז וַיַּעֲלוּ בִיהוּדָה וַיִּבְקָעוּהָ וַיִּשְׁבּוּ אֵת כָּל־הָרְכוּשׁ הַנִּמְצָא לְבֵית־
הַמֶּלֶךְ וְגַם־בָּנָיו וְנָשָׁיו וְלֹא נִשְׁאַר־לוֹ בֵּן כִּי אִם־יְהוֹאָחָז קְטֹן
יח בָּנָיו׃ וְאַחֲרֵי כָּל־זֹאת נְגָפוֹ יְהוָה ׀ בְּמֵעָיו לָחֳלִי לְאֵין מַרְפֵּא׃
יט וַיְהִי לְיָמִים ׀ מִיָּמִים וּכְעֵת צֵאת הַקֵּץ לְיָמִים שְׁנַיִם יָצְאוּ
מֵעָיו עִם־חָלְיוֹ וַיָּמָת בְּתַחֲלֻאִים רָעִים וְלֹא־עָשׂוּ לוֹ עַמּוֹ
כ שְׂרֵפָה כִּשְׂרֵפַת אֲבֹתָיו׃ בֶּן־שְׁלֹשִׁים וּשְׁתַּיִם הָיָה בְמָלְכוֹ
וּשְׁמוֹנֶה שָׁנִים מָלַךְ בִּירוּשָׁלִָם וַיֵּלֶךְ בְּלֹא חֶמְדָּה וַיִּקְבְּרֻהוּ
כב א בְּעִיר דָּוִיד וְלֹא בְּקִבְרוֹת הַמְּלָכִים׃ וַיַּמְלִיכוּ יוֹשְׁבֵי יְרוּשָׁלִַם
אֶת־אֲחַזְיָהוּ בְנוֹ הַקָּטֹן תַּחְתָּיו כִּי כָל־הָרִאשֹׁנִים הָרַג הַגְּדוּד
הַבָּא בָעַרְבִים לַמַּחֲנֶה וַיִּמְלֹךְ אֲחַזְיָהוּ בֶּן־יְהוֹרָם מֶלֶךְ
ב יְהוּדָה׃ בֶּן־אַרְבָּעִים וּשְׁתַּיִם שָׁנָה אֲחַזְיָהוּ בְמָלְכוֹ
וְשָׁנָה אַחַת מָלַךְ בִּירוּשָׁלִָם וְשֵׁם אִמּוֹ עֲתַלְיָהוּ בַּת־עָמְרִי׃
ג גַּם־הוּא הָלַךְ בְּדַרְכֵי בֵּית אַחְאָב כִּי אִמּוֹ הָיְתָה יוֹעַצְתּוֹ
ד לְהַרְשִׁיעַ׃ וַיַּעַשׂ הָרַע בְּעֵינֵי יְהוָה כְּבֵית אַחְאָב כִּי־הֵמָּה הָיוּ־
ה לוֹ יוֹעֲצִים אַחֲרֵי מוֹת אָבִיו לְמַשְׁחִית לוֹ׃ גַּם בַּעֲצָתָם הָלַךְ
וַיֵּלֶךְ אֶת־יְהוֹרָם בֶּן־אַחְאָב מֶלֶךְ יִשְׂרָאֵל לַמִּלְחָמָה עַל־חֲזָאֵל
ו מֶלֶךְ־אֲרָם בְּרָמוֹת גִּלְעָד וַיַּכּוּ הָרַמִּים אֶת־יוֹרָם׃ וַיָּשָׁב
לְהִתְרַפֵּא בְיִזְרְעֶאל כִּי הַמַּכִּים אֲשֶׁר הִכֻּהוּ בָרָמָה בְּהִלָּחֲמוֹ
אֶת־חֲזָהאֵל מֶלֶךְ אֲרָם וַעֲזַרְיָהוּ בֶן־יְהוֹרָם מֶלֶךְ יְהוּדָה יָרַד
לִרְאוֹת אֶת־יְהוֹרָם בֶּן־אַחְאָב בְּיִזְרְעֶאל כִּי־חֹלֶה הוּא׃
ז וּמֵאֱלֹהִים הָיְתָה תְּבוּסַת אֲחַזְיָהוּ לָבוֹא אֶל־יוֹרָם וּבְבֹאוֹ יָצָא

עִם־יְהוֹרָם אֶל־יֵהוּא בֶן־נִמְשִׁי אֲשֶׁר מְשָׁחוֹ יהוה לְהַכְרִית
ח אֶת־בֵּית אַחְאָב׃ וַיְהִי כְּהִשָּׁפֵט יֵהוּא עִם־בֵּית אַחְאָב וַיִּמְצָא
אֶת־שָׂרֵי יְהוּדָה וּבְנֵי אֲחֵי אֲחַזְיָהוּ מְשָׁרְתִים לַאֲחַזְיָהוּ וַיַּהַרְגֵם׃
ט וַיְבַקֵּשׁ אֶת־אֲחַזְיָהוּ וַיִּלְכְּדֻהוּ וְהוּא מִתְחַבֵּא בְשֹׁמְרוֹן וַיְבִאֻהוּ
אֶל־יֵהוּא וַיְמִתֻהוּ וַיִּקְבְּרֻהוּ כִּי אָמְרוּ בֶּן־יְהוֹשָׁפָט הוּא אֲשֶׁר־
דָּרַשׁ אֶת־יהוה בְּכָל־לְבָבוֹ וְאֵין לְבֵית אֲחַזְיָהוּ לַעְצֹר כֹּחַ
י לְמַמְלָכָה׃ וַעֲתַלְיָהוּ אֵם אֲחַזְיָהוּ רָאֲתָה כִּי־מֵת
בְּנָהּ וַתָּקָם וַתְּדַבֵּר אֶת־כָּל־זֶרַע הַמַּמְלָכָה לְבֵית יְהוּדָה׃
יא וַתִּקַּח יְהוֹשַׁבְעַת בַּת־הַמֶּלֶךְ אֶת־יוֹאָשׁ בֶּן־אֲחַזְיָהוּ וַתִּגְנֹב
אֹתוֹ מִתּוֹךְ בְּנֵי־הַמֶּלֶךְ הַמּוּמָתִים וַתִּתֵּן אֹתוֹ וְאֶת־מֵינִקְתּוֹ
בַּחֲדַר הַמִּטּוֹת וַתַּסְתִּירֵהוּ יְהוֹשַׁבְעַת בַּת־הַמֶּלֶךְ יְהוֹרָם אֵשֶׁת
יְהוֹיָדָע הַכֹּהֵן כִּי הִיא הָיְתָה אֲחוֹת אֲחַזְיָהוּ מִפְּנֵי עֲתַלְיָהוּ
יב וְלֹא הֱמִיתָתְהוּ׃ וַיְהִי אִתָּם בְּבֵית הָאֱלֹהִים מִתְחַבֵּא שֵׁשׁ שָׁנִים
כג א וַעֲתַלְיָה מֹלֶכֶת עַל־הָאָרֶץ׃ וּבַשָּׁנָה הַשְּׁבִעִית
הִתְחַזַּק יְהוֹיָדָע וַיִּקַּח אֶת־שָׂרֵי הַמֵּאוֹת לַעֲזַרְיָהוּ בֶן־יְרֹחָם
וּלְיִשְׁמָעֵאל בֶּן־יְהוֹחָנָן וְלַעֲזַרְיָהוּ בֶן־עוֹבֵד וְאֶת־מַעֲשֵׂיָהוּ
ב בֶן־עֲדָיָהוּ וְאֶת־אֱלִישָׁפָט בֶּן־זִכְרִי עִמּוֹ בַבְּרִית׃ וַיָּסֹבּוּ
בִּיהוּדָה וַיִּקְבְּצוּ אֶת־הַלְוִיִּם מִכָּל־עָרֵי יְהוּדָה וְרָאשֵׁי הָאָבוֹת
ג לְיִשְׂרָאֵל וַיָּבֹאוּ אֶל־יְרוּשָׁלִָם׃ וַיִּכְרֹת כָּל־הַקָּהָל בְּרִית בְּבֵית
הָאֱלֹהִים עִם־הַמֶּלֶךְ וַיֹּאמֶר לָהֶם הִנֵּה בֶן־הַמֶּלֶךְ יִמְלֹךְ
ד כַּאֲשֶׁר דִּבֶּר יהוה עַל־בְּנֵי דָוִיד׃ זֶה הַדָּבָר אֲשֶׁר תַּעֲשׂוּ
הַשְּׁלִשִׁית מִכֶּם בָּאֵי הַשַּׁבָּת לַכֹּהֲנִים וְלַלְוִיִּם לְשֹׁעֲרֵי הַסִּפִּים׃
ה וְהַשְּׁלִשִׁית בְּבֵית הַמֶּלֶךְ וְהַשְּׁלִשִׁית בְּשַׁעַר הַיְסוֹד וְכָל־הָעָם
ו בְּחַצְרוֹת בֵּית יהוה׃ וְאַל־יָבוֹא בֵית־יהוה כִּי אִם־הַכֹּהֲנִים
וְהַמְשָׁרְתִים לַלְוִיִּם הֵמָּה יָבֹאוּ כִּי־קֹדֶשׁ הֵמָּה וְכָל־הָעָם
ז יִשְׁמְרוּ מִשְׁמֶרֶת יהוה׃ וְהִקִּיפוּ הַלְוִיִּם אֶת־הַמֶּלֶךְ סָבִיב
אִישׁ וְכֵלָיו בְּיָדוֹ וְהַבָּא אֶל־הַבַּיִת יוּמָת וִהְיוּ אֶת־הַמֶּלֶךְ

ח בְּבֹאוֹ וּבְצֵאתוֹ׃ וַיַּעֲשׂוּ הַלְוִיִּם וְכָל־יְהוּדָה כְּכֹל אֲשֶׁר־צִוָּה
יְהוֹיָדָע הַכֹּהֵן וַיִּקְחוּ אִישׁ אֶת־אֲנָשָׁיו בָּאֵי הַשַּׁבָּת עִם יוֹצְאֵי
ט הַשַּׁבָּת כִּי לֹא פָטַר יְהוֹיָדָע הַכֹּהֵן אֶת־הַמַּחְלְקוֹת׃ וַיִּתֵּן
יְהוֹיָדָע הַכֹּהֵן לְשָׂרֵי הַמֵּאוֹת אֶת־הַחֲנִיתִים וְאֶת־הַמָּגִנּוֹת
וְאֶת־הַשְּׁלָטִים אֲשֶׁר לַמֶּלֶךְ דָּוִיד אֲשֶׁר בֵּית הָאֱלֹהִים׃
י וַיַּעֲמֵד אֶת־כָּל־הָעָם וְאִישׁ ׀ שִׁלְחוֹ בְיָדוֹ מִכֶּתֶף הַבַּיִת הַיְמָנִית
עַד־כֶּתֶף הַבַּיִת הַשְּׂמָאלִית לַמִּזְבֵּחַ וְלַבָּיִת עַל־הַמֶּלֶךְ
יא סָבִיב׃ וַיּוֹצִיאוּ אֶת־בֶּן־הַמֶּלֶךְ וַיִּתְּנוּ עָלָיו אֶת־הַנֵּזֶר וְאֶת־ כ
הָעֵדוּת וַיַּמְלִיכוּ אֹתוֹ וַיִּמְשָׁחֻהוּ יְהוֹיָדָע וּבָנָיו וַיֹּאמְרוּ יְחִי
יב הַמֶּלֶךְ׃ וַתִּשְׁמַע עֲתַלְיָהוּ אֶת־קוֹל הָעָם הָרָצִים
יג וְהַמְהַלְלִים אֶת־הַמֶּלֶךְ וַתָּבוֹא אֶל־הָעָם בֵּית יְהוָה׃ וַתֵּרֶא
וְהִנֵּה הַמֶּלֶךְ עוֹמֵד עַל־עַמּוּדוֹ בַּמָּבוֹא וְהַשָּׂרִים וְהַחֲצֹצְרוֹת עַל־
הַמֶּלֶךְ וְכָל־עַם הָאָרֶץ שָׂמֵחַ וְתוֹקֵעַ בַּחֲצֹצְרוֹת וְהַמְשׁוֹרְרִים
בִּכְלֵי הַשִּׁיר וּמוֹדִיעִים לְהַלֵּל וַתִּקְרַע עֲתַלְיָהוּ אֶת־בְּגָדֶיהָ
יד וַתֹּאמֶר קֶשֶׁר קָשֶׁר׃ וַיּוֹצֵא יְהוֹיָדָע הַכֹּהֵן אֶת־שָׂרֵי
הַמֵּאוֹת ׀ פְּקוּדֵי הַחַיִל וַיֹּאמֶר אֲלֵהֶם הוֹצִיאוּהָ אֶל־מִבֵּית
הַשְּׂדֵרוֹת וְהַבָּא אַחֲרֶיהָ יוּמַת בֶּחָרֶב כִּי אָמַר הַכֹּהֵן לֹא
טו תְמִיתוּהָ בֵּית יְהוָה׃ וַיָּשִׂימוּ לָהּ יָדַיִם וַתָּבוֹא אֶל־מְבוֹא
שַׁעַר־הַסּוּסִים בֵּית הַמֶּלֶךְ וַיְמִיתוּהָ שָׁם׃
טז וַיִּכְרֹת יְהוֹיָדָע בְּרִית בֵּינוֹ וּבֵין כָּל־הָעָם וּבֵין הַמֶּלֶךְ לִהְיוֹת
יז לְעָם לַיהוָה׃ וַיָּבֹאוּ כָל־הָעָם בֵּית־הַבַּעַל וַיִּתְּצֻהוּ וְאֶת־
מִזְבְּחֹתָיו וְאֶת־צְלָמָיו שִׁבֵּרוּ וְאֵת מַתָּן כֹּהֵן הַבַּעַל הָרְגוּ
יח לִפְנֵי הַמִּזְבְּחוֹת׃ וַיָּשֶׂם יְהוֹיָדָע פְּקֻדֹּת בֵּית יְהוָה בְּיַד הַכֹּהֲנִים
הַלְוִיִּם אֲשֶׁר חָלַק דָּוִיד עַל־בֵּית יְהוָה לְהַעֲלוֹת עֹלוֹת יְהוָה
יט כַּכָּתוּב בְּתוֹרַת מֹשֶׁה בְּשִׂמְחָה וּבְשִׁיר עַל יְדֵי דָוִיד׃ וַיַּעֲמֵד
הַשּׁוֹעֲרִים עַל־שַׁעֲרֵי בֵּית יְהוָה וְלֹא־יָבוֹא טָמֵא לְכָל־דָּבָר׃
כ וַיִּקַּח אֶת־שָׂרֵי הַמֵּאוֹת וְאֶת־הָאַדִּירִים וְאֶת־הַמּוֹשְׁלִים בָּעָם

וְאֶת ׀ כָּל־עַם הָאָרֶץ וַיּוֹרֶד אֶת־הַמֶּלֶךְ מִבֵּית יְהוָה וַיָּבֹאוּ
בְּתוֹךְ־שַׁעַר הָעֶלְיוֹן בֵּית הַמֶּלֶךְ וַיּוֹשִׁיבוּ אֶת־הַמֶּלֶךְ עַל כִּסֵּא
כא הַמַּמְלָכָה׃ וַיִּשְׂמְחוּ כָל־עַם־הָאָרֶץ וְהָעִיר שָׁקָטָה וְאֶת־
כד א עֲתַלְיָהוּ הֵמִיתוּ בֶחָרֶב׃ בֶּן־שֶׁבַע שָׁנִים יֹאָשׁ בְּמָלְכוֹ
וְאַרְבָּעִים שָׁנָה מָלַךְ בִּירוּשָׁלִָם וְשֵׁם אִמּוֹ צִבְיָה מִבְּאֵר שָׁבַע׃
ב וַיַּעַשׂ יוֹאָשׁ הַיָּשָׁר בְּעֵינֵי יְהוָה כָּל־יְמֵי יְהוֹיָדָע הַכֹּהֵן׃
ג ד וַיִּשָּׂא־לוֹ יְהוֹיָדָע נָשִׁים שְׁתָּיִם וַיּוֹלֶד בָּנִים וּבָנוֹת׃ וַיְהִי אַחֲרֵי־
ה כֵן הָיָה עִם־לֵב יוֹאָשׁ לְחַדֵּשׁ אֶת־בֵּית יְהוָה׃ וַיִּקְבֹּץ אֶת־
הַכֹּהֲנִים וְהַלְוִיִּם וַיֹּאמֶר לָהֶם צְאוּ לְעָרֵי יְהוּדָה וְקִבְצוּ מִכָּל־
יִשְׂרָאֵל כֶּסֶף לְחַזֵּק ׀ אֶת־בֵּית אֱלֹהֵיכֶם מִדֵּי שָׁנָה בְּשָׁנָה
ו וְאַתֶּם תְּמַהֲרוּ לַדָּבָר וְלֹא מִהֲרוּ הַלְוִיִּם׃ וַיִּקְרָא
הַמֶּלֶךְ לִיהוֹיָדָע הָרֹאשׁ וַיֹּאמֶר לוֹ מַדּוּעַ לֹא־דָרַשְׁתָּ עַל־
הַלְוִיִּם לְהָבִיא מִיהוּדָה וּמִירוּשָׁלִַם אֶת־מַשְׂאַת מֹשֶׁה עֶבֶד־
ז יְהוָה וְהַקָּהָל לְיִשְׂרָאֵל לְאֹהֶל הָעֵדוּת׃ כִּי עֲתַלְיָהוּ הַמִּרְשַׁעַת
בָּנֶיהָ פָרְצוּ אֶת־בֵּית הָאֱלֹהִים וְגַם כָּל־קָדְשֵׁי בֵית־יְהוָה עָשׂוּ
ח לַבְּעָלִים׃ וַיֹּאמֶר הַמֶּלֶךְ וַיַּעֲשׂוּ אֲרוֹן אֶחָד וַיִּתְּנֻהוּ בְּשַׁעַר
ט בֵּית־יְהוָה חוּצָה׃ וַיִּתְּנוּ־קוֹל בִּיהוּדָה וּבִירוּשָׁלִַם לְהָבִיא
לַיהוָה מַשְׂאַת מֹשֶׁה עֶבֶד־הָאֱלֹהִים עַל־יִשְׂרָאֵל בַּמִּדְבָּר׃
י וַיִּשְׂמְחוּ כָל־הַשָּׂרִים וְכָל־הָעָם וַיָּבִיאוּ וַיַּשְׁלִיכוּ לָאָרוֹן עַד־
יא לְכַלֵּה׃ וַיְהִי בְּעֵת יָבִיא אֶת־הָאָרוֹן אֶל־פְּקֻדַּת הַמֶּלֶךְ בְּיַד
הַלְוִיִּם וְכִרְאוֹתָם כִּי־רַב הַכֶּסֶף וּבָא סוֹפֵר הַמֶּלֶךְ וּפְקִיד
כֹּהֵן הָרֹאשׁ וִיעָרוּ אֶת־הָאָרוֹן וְיִשָּׂאֻהוּ וִישִׁבֻהוּ אֶל־מְקֹמוֹ
יב כֹּה עָשׂוּ לְיוֹם בְּיוֹם וַיַּאַסְפוּ־כֶסֶף לָרֹב׃ וַיִּתְּנֵהוּ הַמֶּלֶךְ
וִיהוֹיָדָע אֶל־עוֹשֵׂה מְלֶאכֶת עֲבוֹדַת בֵּית־יְהוָה וַיִּהְיוּ שֹׂכְרִים
חֹצְבִים וְחָרָשִׁים לְחַדֵּשׁ בֵּית יְהוָה וְגַם לְחָרָשֵׁי בַרְזֶל וּנְחֹשֶׁת
יג לְחַזֵּק אֶת־בֵּית יְהוָה׃ וַיַּעֲשׂוּ עֹשֵׂי הַמְּלָאכָה וַתַּעַל אֲרוּכָה
לַמְּלָאכָה בְּיָדָם וַיַּעֲמִידוּ אֶת־בֵּית הָאֱלֹהִים עַל־מַתְכֻּנְתּוֹ

וַיַּאַמְּצֻהוּ׃ וּכְכַלּוֹתָם הֵבִיאוּ לִפְנֵי הַמֶּלֶךְ וִיהוֹיָדָע אֶת־שְׁאָר יד
הַכֶּסֶף וַיַּעֲשֵׂהוּ כֵלִים לְבֵית־יהוה כְּלֵי שָׁרֵת וְהַעֲלוֹת וְכַפּוֹת
וּכְלֵי זָהָב וָכָסֶף וַיִּהְיוּ מַעֲלִים עֹלוֹת בְּבֵית־יהוה תָּמִיד כֹּל יְמֵי
יְהוֹיָדָע׃ וַיִּזְקַן יְהוֹיָדָע וַיִּשְׂבַּע יָמִים וַיָּמֹת בֶּן־מֵאָה טו
וּשְׁלֹשִׁים שָׁנָה בְּמוֹתוֹ׃ וַיִּקְבְּרֻהוּ בְעִיר־דָּוִיד עִם־הַמְּלָכִים כִּי־ טז
עָשָׂה טוֹבָה בְּיִשְׂרָאֵל וְעִם־הָאֱלֹהִים וּבֵיתוֹ׃ וְאַחֲרֵי יז
מוֹת יְהוֹיָדָע בָּאוּ שָׂרֵי יְהוּדָה וַיִּשְׁתַּחֲווּ לַמֶּלֶךְ אָז שָׁמַע
הַמֶּלֶךְ אֲלֵיהֶם׃ וַיַּעַזְבוּ אֶת־בֵּית יהוה אֱלֹהֵי אֲבוֹתֵיהֶם יח
וַיַּעַבְדוּ אֶת־הָאֲשֵׁרִים וְאֶת־הָעֲצַבִּים וַיְהִי־קֶצֶף עַל־יְהוּדָה
וִירוּשָׁלִַם בְּאַשְׁמָתָם זֹאת׃ וַיִּשְׁלַח בָּהֶם נְבִאִים לַהֲשִׁיבָם יט
אֶל־יהוה וַיָּעִידוּ בָם וְלֹא הֶאֱזִינוּ׃ וְרוּחַ אֱלֹהִים כ
לָבְשָׁה אֶת־זְכַרְיָה בֶּן־יְהוֹיָדָע הַכֹּהֵן וַיַּעֲמֹד מֵעַל לָעָם וַיֹּאמֶר
לָהֶם כֹּה ׀ אָמַר הָאֱלֹהִים לָמָה אַתֶּם עֹבְרִים אֶת־מִצְוֹת יהוה
וְלֹא תַצְלִיחוּ כִּי־עֲזַבְתֶּם אֶת־יהוה וַיַּעֲזֹב אֶתְכֶם׃ וַיִּקְשְׁרוּ כא
עָלָיו וַיִּרְגְּמֻהוּ אֶבֶן בְּמִצְוַת הַמֶּלֶךְ בַּחֲצַר בֵּית יהוה׃ וְלֹא־ כב
זָכַר יוֹאָשׁ הַמֶּלֶךְ הַחֶסֶד אֲשֶׁר עָשָׂה יְהוֹיָדָע אָבִיו עִמּוֹ וַיַּהֲרֹג
אֶת־בְּנוֹ וּכְמוֹתוֹ אָמַר יֵרֶא יהוה וְיִדְרֹשׁ׃ וַיְהִי ׀ כג
לִתְקוּפַת הַשָּׁנָה עָלָה עָלָיו חֵיל אֲרָם וַיָּבֹאוּ אֶל־יְהוּדָה
וִירוּשָׁלִַם וַיַּשְׁחִיתוּ אֶת־כָּל־שָׂרֵי הָעָם מֵעָם וְכָל־שְׁלָלָם שִׁלְּחוּ
לְמֶלֶךְ דַּרְמָשֶׂק׃ כִּי בְמִצְעַר אֲנָשִׁים בָּאוּ ׀ חֵיל אֲרָם וַיהוה כד
נָתַן בְּיָדָם חַיִל לָרֹב מְאֹד כִּי עָזְבוּ אֶת־יהוה אֱלֹהֵי אֲבוֹתֵיהֶם
וְאֶת־יוֹאָשׁ עָשׂוּ שְׁפָטִים׃ וּבְלֶכְתָּם מִמֶּנּוּ כִּי־עָזְבוּ אֹתוֹ כה
בְּמַחֲלֻיִים רַבִּים הִתְקַשְּׁרוּ עָלָיו עֲבָדָיו בִּדְמֵי בְּנֵי יְהוֹיָדָע
הַכֹּהֵן וַיַּהַרְגֻהוּ עַל־מִטָּתוֹ וַיָּמֹת וַיִּקְבְּרֻהוּ בְּעִיר דָּוִיד וְלֹא
קְבָרֻהוּ בְּקִבְרוֹת הַמְּלָכִים׃ וְאֵלֶּה הַמִּתְקַשְּׁרִים עָלָיו זָבָד כו
בֶּן־שִׁמְעָת הָעַמּוֹנִית וִיהוֹזָבָד בֶּן־שִׁמְרִית הַמּוֹאָבִית׃ וּבָנָיו כז
ורב הַמַּשָּׂא עָלָיו וִיסוֹד בֵּית הָאֱלֹהִים הִנָּם כְּתוּבִים עַל־מִדְרַשׁ יִרֶב

א סֵפֶר הַמְּלָכִים וַיִּמְלֹךְ אֲמַצְיָהוּ בְנוֹ תַּחְתָּיו׃ בֶּן־
עֶשְׂרִים וְחָמֵשׁ שָׁנָה מָלַךְ אֲמַצְיָהוּ וְעֶשְׂרִים וָתֵשַׁע שָׁנָה
ב מָלַךְ בִּירוּשָׁלָםִ וְשֵׁם אִמּוֹ יְהוֹעַדָּן מִירוּשָׁלָיִם׃ וַיַּעַשׂ הַיָּשָׁר
ג בְּעֵינֵי יְהוָה רַק לֹא בְּלֵבָב שָׁלֵם׃ וַיְהִי כַּאֲשֶׁר חָזְקָה הַמַּמְלָכָה
ד עָלָיו וַיַּהֲרֹג אֶת־עֲבָדָיו הַמַּכִּים אֶת־הַמֶּלֶךְ אָבִיו׃ וְאֶת־
בְּנֵיהֶם לֹא הֵמִית כִּי כַכָּתוּב בַּתּוֹרָה בְּסֵפֶר מֹשֶׁה אֲשֶׁר־
צִוָּה יְהוָה לֵאמֹר לֹא־יָמוּתוּ אָבוֹת עַל־בָּנִים וּבָנִים לֹא־
ה יָמוּתוּ עַל־אָבוֹת כִּי אִישׁ בְּחֶטְאוֹ יָמוּתוּ׃ וַיִּקְבֹּץ
אֲמַצְיָהוּ אֶת־יְהוּדָה וַיַּעֲמִידֵם לְבֵית־אָבוֹת לְשָׂרֵי הָאֲלָפִים
וּלְשָׂרֵי הַמֵּאוֹת לְכָל־יְהוּדָה וּבִנְיָמִן וַיִּפְקְדֵם לְמִבֶּן עֶשְׂרִים
שָׁנָה וָמַעְלָה וַיִּמְצָאֵם שְׁלֹשׁ־מֵאוֹת אֶלֶף בָּחוּר יוֹצֵא צָבָא
ו אֹחֵז רֹמַח וְצִנָּה׃ וַיִּשְׂכֹּר מִיִּשְׂרָאֵל מֵאָה אֶלֶף גִּבּוֹר חָיִל
ז בְּמֵאָה כִכַּר־כָּסֶף׃ וְאִישׁ הָאֱלֹהִים בָּא אֵלָיו לֵאמֹר הַמֶּלֶךְ
אַל־יָבוֹא עִמְּךָ צְבָא יִשְׂרָאֵל כִּי אֵין יְהוָה עִם־יִשְׂרָאֵל כֹּל
ח בְּנֵי אֶפְרָיִם׃ כִּי אִם־בֹּא אַתָּה עֲשֵׂה חֲזַק לַמִּלְחָמָה יַכְשִׁילְךָ
הָאֱלֹהִים לִפְנֵי אוֹיֵב כִּי יֶשׁ־כֹּחַ בֵּאלֹהִים לַעְזוֹר וּלְהַכְשִׁיל׃
ט וַיֹּאמֶר אֲמַצְיָהוּ לְאִישׁ הָאֱלֹהִים וּמַה־לַּעֲשׂוֹת לִמְאַת הַכִּכָּר
אֲשֶׁר נָתַתִּי לִגְדוּד יִשְׂרָאֵל וַיֹּאמֶר אִישׁ הָאֱלֹהִים יֵשׁ לַיהוָה
י לָתֶת לְךָ הַרְבֵּה מִזֶּה׃ וַיַּבְדִּילֵם אֲמַצְיָהוּ לְהַגְּדוּד אֲשֶׁר־בָּא
אֵלָיו מֵאֶפְרַיִם לָלֶכֶת לִמְקוֹמָם וַיִּחַר אַפָּם מְאֹד בִּיהוּדָה
יא וַיָּשׁוּבוּ לִמְקוֹמָם בָּחֳרִי־אָף׃ וַאֲמַצְיָהוּ הִתְחַזַּק וַיִּנְהַג
אֶת־עַמּוֹ וַיֵּלֶךְ גֵּיא הַמֶּלַח וַיַּךְ אֶת־בְּנֵי־שֵׂעִיר עֲשֶׂרֶת אֲלָפִים׃
יב וַעֲשֶׂרֶת אֲלָפִים חַיִּים שָׁבוּ בְּנֵי יְהוּדָה וַיְבִיאוּם לְרֹאשׁ הַסָּלַע
יג וַיַּשְׁלִיכוּם מֵרֹאשׁ הַסֶּלַע וְכֻלָּם נִבְקָעוּ׃ וּבְנֵי הַגְּדוּד
אֲשֶׁר הֵשִׁיב אֲמַצְיָהוּ מִלֶּכֶת עִמּוֹ לַמִּלְחָמָה וַיִּפְשְׁטוּ בְּעָרֵי
יְהוּדָה מִשֹּׁמְרוֹן וְעַד־בֵּית חוֹרוֹן וַיַּכּוּ מֵהֶם שְׁלֹשֶׁת אֲלָפִים
יד וַיָּבֹזּוּ בִּזָּה רַבָּה׃ וַיְהִי אַחֲרֵי בוֹא אֲמַצְיָהוּ מֵהַכּוֹת

את־אדומים ויבא את־אלהי בני שעיר ויעמידם לו לאלהים
ולפניהם ישתחוה ולהם יקטר: ויחר־אף יהוה באמציהו טו
וישלח אליו נביא ויאמר לו למה דרשת את־אלהי
העם אשר לא־הצילו את־עמם מידך: ויהי ׀ בדברו אליו טז
ויאמר לו הליועץ למלך נתנוך חדל־לך למה יכוך ויחדל
הנביא ויאמר ידעתי כי־יעץ אלהים להשחיתך כי־עשית
זאת ולא שמעת לעצתי: ויועץ אמציהו מלך יז
יהודה וישלח אל־יואש בן־יהואחז בן־יהוא מלך ישראל
לאמר לך נתראה פנים: וישלח יואש מלך־ישראל אל־ יח
אמציהו מלך־יהודה לאמר החוח אשר בלבנון שלח אל־
הארז אשר בלבנון לאמר תנה־את־בתך לבני לאשה
ותעבר חית השדה אשר בלבנון ותרמס את־החוח:
אמרת הנה הכית את־אדום ונשאך לבך להכביד עתה יט
שבה בביתך למה תתגרה ברעה ונפלת אתה ויהודה
עמך: ולא־שמע אמציהו כי מהאלהים היא למען תתם כ
ביד כי דרשו את אלהי אדום: ויעל יואש מלך־ישראל כא
ויתראו פנים הוא ואמציהו מלך־יהודה בבית שמש אשר
ליהודה: וינגף יהודה לפני ישראל וינסו איש לאהליו: ואת כב כג
אמציהו מלך־יהודה בן־יואש בן־יהואחז תפש יואש מלך־
ישראל בבית שמש ויביאהו ירושלם ויפרץ בחומת ירושלם
משער אפרים עד־שער הפונה ארבע מאות אמה: וכל־ כד
הזהב והכסף ואת כל־הכלים הנמצאים בבית־האלהים עם־
עבד אדום ואת־אוצרות בית המלך ואת בני התערבות
וישב שמרון: ויחי אמציהו בן־יואש מלך יהודה כה
אחרי מות יואש בן־יהואחז מלך ישראל חמש עשרה שנה:
ויתר דברי אמציהו הראשנים והאחרונים הלא הנם כתובים כו
על־ספר מלכי יהודה וישראל: ומעת אשר־סר אמציהו כז

מֵאַחֲרֵי יְהוָה וַיִּקְשְׁרוּ עָלָיו קֶשֶׁר בִּירוּשָׁלִַם וַיָּנָס לָכִישָׁה
כח וַיִּשְׁלְחוּ אַחֲרָיו לָכִישָׁה וַיְמִיתֻהוּ שָׁם׃ וַיִּשָּׂאֻהוּ עַל־הַסּוּסִים
כו א וַיִּקְבְּרוּ אֹתוֹ עִם־אֲבֹתָיו בְּעִיר יְהוּדָה׃ וַיִּקְחוּ כָּל־עַם יְהוּדָה
אֶת־עֻזִּיָּהוּ וְהוּא בֶּן־שֵׁשׁ עֶשְׂרֵה שָׁנָה וַיַּמְלִיכוּ אֹתוֹ תַּחַת
ב אָבִיו אֲמַצְיָהוּ׃ הוּא בָּנָה אֶת־אֵילוֹת וַיְשִׁיבֶהָ לִיהוּדָה אַחֲרֵי כא
שְׁכַב־הַמֶּלֶךְ עִם־אֲבֹתָיו׃
ג בֶּן־שֵׁשׁ עֶשְׂרֵה שָׁנָה עֻזִּיָּהוּ בְמָלְכוֹ וַחֲמִשִּׁים וּשְׁתַּיִם שָׁנָה
ד מָלַךְ בִּירוּשָׁלִָם וְשֵׁם אִמּוֹ יכיליה מִן־יְרוּשָׁלִָם׃ וַיַּעַשׂ הַיָּשָׁר יְכָלְיָה
ה בְּעֵינֵי יְהוָה כְּכֹל אֲשֶׁר־עָשָׂה אֲמַצְיָהוּ אָבִיו׃ וַיְהִי לִדְרֹשׁ
אֱלֹהִים בִּימֵי זְכַרְיָהוּ הַמֵּבִין בִּרְאֹת הָאֱלֹהִים וּבִימֵי דָּרְשׁוֹ
ו אֶת־יְהוָה הִצְלִיחוֹ הָאֱלֹהִים׃ וַיֵּצֵא וַיִּלָּחֶם בַּפְּלִשְׁתִּים וַיִּפְרֹץ
אֶת־חוֹמַת גַּת וְאֵת חוֹמַת יַבְנֵה וְאֵת חוֹמַת אַשְׁדּוֹד וַיִּבְנֶה
ז עָרִים בְּאַשְׁדּוֹד וּבַפְּלִשְׁתִּים׃ וַיַּעְזְרֵהוּ הָאֱלֹהִים עַל־פְּלִשְׁתִּים
ח וְעַל־הערביים הַיֹּשְׁבִים בְּגוּר־בָּעַל וְהַמְּעוּנִים׃ וַיִּתְּנוּ הָעַמּוֹנִים הָעַרְבִים
מִנְחָה לְעֻזִּיָּהוּ וַיֵּלֶךְ שְׁמוֹ עַד־לְבוֹא מִצְרַיִם כִּי הֶחֱזִיק עַד־
ט לְמָעְלָה׃ וַיִּבֶן עֻזִּיָּהוּ מִגְדָּלִים בִּירוּשָׁלִַם עַל־שַׁעַר הַפִּנָּה
י וְעַל־שַׁעַר הַגַּיְא וְעַל־הַמִּקְצוֹעַ וַיְחַזְּקֵם׃ וַיִּבֶן מִגְדָּלִים
בַּמִּדְבָּר וַיַּחְצֹב בֹּרוֹת רַבִּים כִּי מִקְנֶה־רַּב הָיָה לוֹ וּבַשְּׁפֵלָה
וּבַמִּישׁוֹר אִכָּרִים וְכֹרְמִים בֶּהָרִים וּבַכַּרְמֶל כִּי־אֹהֵב אֲדָמָה
יא הָיָה׃ וַיְהִי לְעֻזִּיָּהוּ חַיִל עֹשֵׂה מִלְחָמָה יוֹצְאֵי צָבָא
לִגְדוּד בְּמִסְפַּר פְּקֻדָּתָם בְּיַד יעואל הַסּוֹפֵר וּמַעֲשֵׂיָהוּ הַשּׁוֹטֵר יְעִיאֵל
יב עַל יַד־חֲנַנְיָהוּ מִשָּׂרֵי הַמֶּלֶךְ׃ כֹּל מִסְפַּר רָאשֵׁי הָאָבוֹת לְגִבּוֹרֵי
יג חָיִל אַלְפַּיִם וְשֵׁשׁ מֵאוֹת׃ וְעַל־יָדָם חֵיל צָבָא שְׁלֹשׁ מֵאוֹת
אֶלֶף וְשִׁבְעַת אֲלָפִים וַחֲמֵשׁ מֵאוֹת עוֹשֵׂי מִלְחָמָה בְּכֹחַ
יד חָיִל לַעְזֹר לַמֶּלֶךְ עַל־הָאוֹיֵב׃ וַיָּכֶן לָהֶם עֻזִּיָּהוּ לְכָל־הַצָּבָא
מָגִנִּים וּרְמָחִים וְכוֹבָעִים וְשִׁרְיֹנוֹת וּקְשָׁתוֹת וּלְאַבְנֵי קְלָעִים׃
טו וַיַּעַשׂ ׀ בִּירוּשָׁלִַם חִשְּׁבֹנוֹת מַחֲשֶׁבֶת חוֹשֵׁב לִהְיוֹת עַל־

המגדלים ועל־הפנות לירוא בחצים ובאבנים גדלות ויצא
טז שמו עד־למרחוק כי־הפליא להעזר עד כי־חזק: וכחזקתו
גבה לבו עד־להשחית וימעל ביהוה אלהיו ויבא אל־היכל
יז יהוה להקטיר על־מזבח הקטרת: ויבא אחריו עזריהו
יח הכהן ועמו כהנים ׀ ליהוה שמונים בני־חיל: ויעמדו על־
עזיהו המלך ויאמרו לו לא־לך עזיהו להקטיר ליהוה כי
לכהנים בני־אהרן המקדשים להקטיר צא מן־המקדש כי
יט מעלת ולא־לך לכבוד מיהוה אלהים: ויזעף עזיהו ובידו
מקטרת להקטיר ובזעפו עם־הכהנים והצרעת זרחה במצחו
כ לפני הכהנים בבית יהוה מעל למזבח הקטרת: ויפן אליו
עזריהו כהן הראש וכל־הכהנים והנה־הוא מצרע במצחו
כא ויבהלוהו משם וגם־הוא נדחף לצאת כי נגעו יהוה: ויהי
עזיהו המלך מצרע ׀ עד־יום מותו וישב בית החפשות מצרע החפשית
כי נגזר מבית יהוה ויותם בנו על־בית המלך שופט את־
כב עם הארץ: ויתר דברי עזיהו הראשנים והאחרנים כתב
כג ישעיהו בן־אמוץ הנביא: וישכב עזיהו עם־אבתיו ויקברו
אתו עם־אבתיו בשדה הקבורה אשר למלכים כי אמרו
כז א מצרע הוא וימלך יותם בנו תחתיו: בן־עשרים
וחמש שנה יותם במלכו ושש־עשרה שנה מלך בירושלם
ב ושם אמו ירושה בת־צדוק: ויעש הישר בעיני יהוה ככל
אשר־עשה עזיהו אביו רק לא־בא אל־היכל יהוה ועוד
ג העם משחיתים: הוא בנה את־שער בית־יהוה העליון
ד ובחומת העפל בנה לרב: וערים בנה בהר־יהודה ובחרשים
ה בנה בירניות ומגדלים: והוא נלחם עם־מלך בני־עמון ויחזק
עליהם ויתנו־לו בני־עמון בשנה ההיא מאה ככר־כסף
ועשרת אלפים כרים חטים ושעורים עשרת אלפים זאת
ו השיבו לו בני עמון ובשנה השנית והשלשית: ויתחזק

ז יוֹתָם כִּי הֵכִין דְּרָכָיו לִפְנֵי יְהוָה אֱלֹהָיו: וְיֶתֶר דִּבְרֵי יוֹתָם
וְכָל־מִלְחֲמֹתָיו וּדְרָכָיו הִנָּם כְּתוּבִים עַל־סֵפֶר מַלְכֵי יִשְׂרָאֵל
ח וִיהוּדָה: בֶּן־עֶשְׂרִים וְחָמֵשׁ שָׁנָה הָיָה בְמָלְכוֹ וְשֵׁשׁ־עֶשְׂרֵה
ט שָׁנָה מָלַךְ בִּירוּשָׁלָםִ: וַיִּשְׁכַּב יוֹתָם עִם־אֲבֹתָיו וַיִּקְבְּרוּ אֹתוֹ
כח א בְּעִיר דָּוִיד וַיִּמְלֹךְ אָחָז בְּנוֹ תַּחְתָּיו: בֶּן־עֶשְׂרִים שָׁנָה אָחָז
בְּמָלְכוֹ וְשֵׁשׁ־עֶשְׂרֵה שָׁנָה מָלַךְ בִּירוּשָׁלָםִ וְלֹא־עָשָׂה הַיָּשָׁר
ב בְּעֵינֵי יְהוָה כְּדָוִיד אָבִיו: וַיֵּלֶךְ בְּדַרְכֵי מַלְכֵי יִשְׂרָאֵל וְגַם
ג מַסֵּכוֹת עָשָׂה לַבְּעָלִים: וְהוּא הִקְטִיר בְּגֵיא בֶן־הִנֹּם וַיַּבְעֵר
אֶת־בָּנָיו בָּאֵשׁ כְּתֹעֲבוֹת הַגּוֹיִם אֲשֶׁר הֹרִישׁ יְהוָה מִפְּנֵי בְּנֵי
ד יִשְׂרָאֵל: וַיְזַבֵּחַ וַיְקַטֵּר בַּבָּמוֹת וְעַל־הַגְּבָעוֹת וְתַחַת כָּל־עֵץ
ה רַעֲנָן: וַיִּתְּנֵהוּ יְהוָה אֱלֹהָיו בְּיַד מֶלֶךְ אֲרָם וַיַּכּוּ־בוֹ וַיִּשְׁבּוּ
מִמֶּנּוּ שִׁבְיָה גְדוֹלָה וַיָּבִיאוּ דַּרְמָשֶׂק וְגַם בְּיַד־מֶלֶךְ יִשְׂרָאֵל
ו נִתָּן וַיַּךְ־בּוֹ מַכָּה גְדוֹלָה: וַיַּהֲרֹג פֶּקַח בֶּן־רְמַלְיָהוּ
בִּיהוּדָה מֵאָה וְעֶשְׂרִים אֶלֶף בְּיוֹם אֶחָד הַכֹּל בְּנֵי־חָיִל בְּעָזְבָם
ז אֶת־יְהוָה אֱלֹהֵי אֲבוֹתָם: וַיַּהֲרֹג זִכְרִי ׀ גִּבּוֹר אֶפְרַיִם
אֶת־מַעֲשֵׂיָהוּ בֶּן־הַמֶּלֶךְ וְאֶת־עַזְרִיקָם נְגִיד הַבָּיִת וְאֶת־אֶלְקָנָה
ח מִשְׁנֵה הַמֶּלֶךְ: וַיִּשְׁבּוּ בְנֵי־יִשְׂרָאֵל מֵאֲחֵיהֶם מָאתַיִם
אֶלֶף נָשִׁים בָּנִים וּבָנוֹת וְגַם־שָׁלָל רָב בָּזְזוּ מֵהֶם וַיָּבִיאוּ אֶת־
ט הַשָּׁלָל לְשֹׁמְרוֹן: וְשָׁם הָיָה נָבִיא לַיהוָה עֹדֵד שְׁמוֹ
וַיֵּצֵא לִפְנֵי הַצָּבָא הַבָּא לְשֹׁמְרוֹן וַיֹּאמֶר לָהֶם הִנֵּה בַּחֲמַת יְהוָה
אֱלֹהֵי־אֲבוֹתֵיכֶם עַל־יְהוּדָה נְתָנָם בְּיֶדְכֶם וַתַּהַרְגוּ־בָם בְּזַעַף
י עַד לַשָּׁמַיִם הִגִּיעַ: וְעַתָּה בְּנֵי־יְהוּדָה וִירוּשָׁלַםִ אַתֶּם אֹמְרִים
לִכְבֹּשׁ לַעֲבָדִים וְלִשְׁפָחוֹת לָכֶם הֲלֹא רַק־אַתֶּם עִמָּכֶם אֲשָׁמוֹת
יא לַיהוָה אֱלֹהֵיכֶם: וְעַתָּה שְׁמָעוּנִי וְהָשִׁיבוּ הַשִּׁבְיָה אֲשֶׁר שְׁבִיתֶם
יב מֵאֲחֵיכֶם כִּי חֲרוֹן אַף־יְהוָה עֲלֵיכֶם: וַיָּקֻמוּ אֲנָשִׁים
מֵרָאשֵׁי בְנֵי־אֶפְרַיִם עֲזַרְיָהוּ בֶן־יְהוֹחָנָן בֶּרֶכְיָהוּ בֶן־מְשִׁלֵּמוֹת
וִיחִזְקִיָּהוּ בֶן־שַׁלֻּם וַעֲמָשָׂא בֶן־חַדְלָי עַל־הַבָּאִים מִן־הַצָּבָא:

יג ויאמרו להם לא־תביאו את־השביה הנה כי לאשמת יהוה
עלינו אתם אמרים להסיף על־חטאתנו ועל־אשמתנו
יד כי־רבה אשמה לנו וחרון אף על־ישראל: ויעזב
החלוץ את־השביה ואת־הבזה לפני השרים וכל־הקהל:
טו ויקמו האנשים אשר־נקבו בשמות ויחזיקו בשביה וכל־
מערמיהם הלבישו מן־השלל וילבשום וינעלום ויאכלום
וישקום ויסכום וינהלום בחמרים לכל־כושל ויביאום יריחו
טז עיר־התמרים אצל אחיהם וישובו שמרון: בעת
יז ההיא שלח המלך אחז על־מלכי אשור לעזר לו: ועוד
יח אדומים באו ויכו ביהודה וישבו־שבי: ופלשתים פשטו
בערי השפלה והנגב ליהודה וילכדו את־בית־שמש ואת־
אילון ואת־הגדרות ואת־שוכו ובנותיה ואת־תמנה ובנותיה
יט ואת־גמזו ואת־בנתיה וישבו שם: כי־הכניע יהוה את־
יהודה בעבור אחז מלך־ישראל כי הפריע ביהודה ומעול
כ מעל ביהוה: ויבא עליו תלגת פלנאסר מלך אשור ויצר
כא לו ולא חזקו: כי־חלק אחז את־בית יהוה ואת־בית המלך
כב והשרים ויתן למלך אשור ולא לעזרה לו: ובעת הצר לו
כג ויוסף למעול ביהוה הוא המלך אחז: ויזבח לאלהי דרמשק
המכים בו ויאמר כי אלהי מלכי־ארם הם מעזרים אתם
להם אזבח ויעזרוני והם היו־לו להכשילו ולכל־ישראל:
כד ויאסף אחז את־כלי בית־האלהים ויקצץ את־כלי בית־
האלהים ויסגר את־דלתות בית־יהוה ויעש לו מזבחות
כה בכל־פנה בירושלם: ובכל־עיר ועיר ליהודה עשה במות
לקטר לאלהים אחרים ויכעס את־יהוה אלהי אבתיו:
כו ויתר דבריו וכל־דרכיו הראשנים והאחרונים הנם כתובים
כז על־ספר מלכי־יהודה וישראל: וישכב אחז עם־אבתיו
ויקברהו בעיר בירושלם כי לא הביאהו לקברי מלכי

א יִשְׂרָאֵל וַיִּמְלֹךְ יְחִזְקִיָּהוּ בְנוֹ תַּחְתָּיו׃ יְחִזְקִיָּהוּ מָלַךְ
בֶּן־עֶשְׂרִים וְחָמֵשׁ שָׁנָה וְעֶשְׂרִים וָתֵשַׁע שָׁנָה מָלַךְ בִּירוּשָׁלִָם
ב וְשֵׁם אִמּוֹ אֲבִיָּה בַּת־זְכַרְיָהוּ׃ וַיַּעַשׂ הַיָּשָׁר בְּעֵינֵי יְהוָה כְּכֹל
ג אֲשֶׁר־עָשָׂה דָּוִיד אָבִיו׃ הוּא בַשָּׁנָה הָרִאשׁוֹנָה לְמָלְכוֹ
ד בַּחֹדֶשׁ הָרִאשׁוֹן פָּתַח אֶת־דַּלְתוֹת בֵּית־יְהוָה וַיְחַזְּקֵם׃ וַיָּבֵא
ה אֶת־הַכֹּהֲנִים וְאֶת־הַלְוִיִּם וַיַּאַסְפֵם לִרְחוֹב הַמִּזְרָח׃ וַיֹּאמֶר
לָהֶם שְׁמָעוּנִי הַלְוִיִּם עַתָּה הִתְקַדְּשׁוּ וְקַדְּשׁוּ אֶת־בֵּית יְהוָה
ו אֱלֹהֵי אֲבֹתֵיכֶם וְהוֹצִיאוּ אֶת־הַנִּדָּה מִן־הַקֹּדֶשׁ׃ כִּי־מָעֲלוּ
אֲבֹתֵינוּ וְעָשׂוּ הָרַע בְּעֵינֵי יְהוָה־אֱלֹהֵינוּ וַיַּעַזְבֻהוּ וַיַּסֵּבּוּ
ז פְנֵיהֶם מִמִּשְׁכַּן יְהוָה וַיִּתְּנוּ־עֹרֶף׃ גַּם סָגְרוּ דַּלְתוֹת הָאוּלָם
וַיְכַבּוּ אֶת־הַנֵּרוֹת וּקְטֹרֶת לֹא הִקְטִירוּ וְעֹלָה לֹא־הֶעֱלוּ בַקֹּדֶשׁ
ח לֵאלֹהֵי יִשְׂרָאֵל׃ וַיְהִי קֶצֶף יְהוָה עַל־יְהוּדָה וִירוּשָׁלִָם וַיִּתְּנֵם
ט לזועה לְשַׁמָּה וְלִשְׁרֵקָה כַּאֲשֶׁר אַתֶּם רֹאִים בְּעֵינֵיכֶם׃ וְהִנֵּה לְזַעֲוָה
נָפְלוּ אֲבוֹתֵינוּ בֶּחָרֶב וּבָנֵינוּ וּבְנוֹתֵינוּ וְנָשֵׁינוּ בַּשְּׁבִי עַל־זֹאת׃
י עַתָּה עִם־לְבָבִי לִכְרוֹת בְּרִית לַיהוָה אֱלֹהֵי יִשְׂרָאֵל וְיָשֹׁב מִמֶּנּוּ
יא חֲרוֹן אַפּוֹ׃ בָּנַי עַתָּה אַל־תִּשָּׁלוּ כִּי־בָכֶם בָּחַר יְהוָה לַעֲמֹד כב
יב לְפָנָיו לְשָׁרְתוֹ וְלִהְיוֹת לוֹ מְשָׁרְתִים וּמַקְטִרִים׃ וַיָּקֻמוּ
הַלְוִיִּם מַחַת בֶּן־עֲמָשַׂי וְיוֹאֵל בֶּן־עֲזַרְיָהוּ מִן־בְּנֵי הַקְּהָתִי
וּמִן־בְּנֵי מְרָרִי קִישׁ בֶּן־עַבְדִּי וַעֲזַרְיָהוּ בֶּן־יְהַלֶּלְאֵל וּמִן־
יג הַגֵּרְשֻׁנִּי יוֹאָח בֶּן־זִמָּה וְעֵדֶן בֶּן־יוֹאָח׃ וּמִן־בְּנֵי אֱלִיצָפָן
יד שִׁמְרִי ויעואל וּמִן־בְּנֵי אָסָף זְכַרְיָהוּ וּמַתַּנְיָהוּ׃ וּמִן־ וִיעִיאֵל
בְּנֵי הֵימָן יחואל וְשִׁמְעִי וּמִן־בְּנֵי יְדוּתוּן שְׁמַעְיָה וְעֻזִּיאֵל׃ יְחִיאֵל
טו וַיַּאַסְפוּ אֶת־אֲחֵיהֶם וַיִּתְקַדְּשׁוּ וַיָּבֹאוּ כְמִצְוַת־הַמֶּלֶךְ בְּדִבְרֵי
טז יְהוָה לְטַהֵר בֵּית יְהוָה׃ וַיָּבֹאוּ הַכֹּהֲנִים לִפְנִימָה בֵית־יְהוָה
לְטַהֵר וַיּוֹצִיאוּ אֵת כָּל־הַטֻּמְאָה אֲשֶׁר מָצְאוּ בְּהֵיכַל יְהוָה לַחֲצַר
יז בֵּית יְהוָה וַיְקַבְּלוּ הַלְוִיִּם לְהוֹצִיא לְנַחַל־קִדְרוֹן חוּצָה׃ וַיָּחֵלּוּ
בְּאֶחָד לַחֹדֶשׁ הָרִאשׁוֹן לְקַדֵּשׁ וּבְיוֹם שְׁמוֹנָה לַחֹדֶשׁ בָּאוּ

לְאוּלָם יְהוָה וַיְקַדְּשׁוּ אֶת־בֵּית־יְהוָה לְיָמִים שְׁמוֹנָה וּבְיוֹם
יח שִׁשָּׁה עָשָׂר לַחֹדֶשׁ הָרִאשׁוֹן כִּלּוּ׃ וַיָּבוֹאוּ פְנִימָה
אֶל־חִזְקִיָּהוּ הַמֶּלֶךְ וַיֹּאמְרוּ טִהַרְנוּ אֶת־כָּל־בֵּית יְהוָה אֶת־
מִזְבַּח הָעוֹלָה וְאֶת־כָּל־כֵּלָיו וְאֶת־שֻׁלְחַן הַמַּעֲרֶכֶת וְאֶת־
יט כָּל־כֵּלָיו׃ וְאֵת כָּל־הַכֵּלִים אֲשֶׁר הִזְנִיחַ הַמֶּלֶךְ אָחָז בְּמַלְכוּתוֹ
כ בְּמַעֲלוֹ הֵכַנּוּ וְהִקְדָּשְׁנוּ וְהִנָּם לִפְנֵי מִזְבַּח יְהוָה׃ וַיַּשְׁכֵּם
יְחִזְקִיָּהוּ הַמֶּלֶךְ וַיֶּאֱסֹף אֵת שָׂרֵי הָעִיר וַיַּעַל בֵּית יְהוָה׃
כא וַיָּבִיאוּ פָרִים־שִׁבְעָה וְאֵילִים שִׁבְעָה וּכְבָשִׂים שִׁבְעָה וּצְפִירֵי
עִזִּים שִׁבְעָה לְחַטָּאת עַל־הַמַּמְלָכָה וְעַל־הַמִּקְדָּשׁ וְעַל־
יְהוּדָה וַיֹּאמֶר לִבְנֵי אַהֲרֹן הַכֹּהֲנִים לְהַעֲלוֹת עַל־מִזְבַּח יְהוָה׃
כב וַיִּשְׁחֲטוּ הַבָּקָר וַיְקַבְּלוּ הַכֹּהֲנִים אֶת־הַדָּם וַיִּזְרְקוּ הַמִּזְבֵּחָה
וַיִּשְׁחֲטוּ הָאֵלִים וַיִּזְרְקוּ הַדָּם הַמִּזְבֵּחָה וַיִּשְׁחֲטוּ הַכְּבָשִׂים
כג וַיִּזְרְקוּ הַדָּם הַמִּזְבֵּחָה׃ וַיַּגִּישׁוּ אֶת־שְׂעִירֵי הַחַטָּאת לִפְנֵי הַמֶּלֶךְ
כד וְהַקָּהָל וַיִּסְמְכוּ יְדֵיהֶם עֲלֵיהֶם׃ וַיִּשְׁחָטוּם הַכֹּהֲנִים וַיְחַטְּאוּ
אֶת־דָּמָם הַמִּזְבֵּחָה לְכַפֵּר עַל־כָּל־יִשְׂרָאֵל כִּי לְכָל־יִשְׂרָאֵל
כה אָמַר הַמֶּלֶךְ הָעוֹלָה וְהַחַטָּאת׃ וַיַּעֲמֵד אֶת־הַלְוִיִּם בֵּית יְהוָה
בִּמְצִלְתַּיִם בִּנְבָלִים וּבְכִנֹּרוֹת בְּמִצְוַת דָּוִיד וְגָד חֹזֵה־הַמֶּלֶךְ
וְנָתָן הַנָּבִיא כִּי בְיַד־יְהוָה הַמִּצְוָה בְּיַד־נְבִיאָיו׃
כו כז וַיַּעַמְדוּ הַלְוִיִּם בִּכְלֵי דָוִיד וְהַכֹּהֲנִים בַּחֲצֹצְרוֹת׃ וַיֹּאמֶר
חִזְקִיָּהוּ לְהַעֲלוֹת הָעֹלָה לְהַמִּזְבֵּחַ וּבְעֵת הֵחֵל הָעוֹלָה הֵחֵל
כח שִׁיר־יְהוָה וְהַחֲצֹצְרוֹת וְעַל־יְדֵי כְּלֵי דָּוִיד מֶלֶךְ יִשְׂרָאֵל׃ וְכָל־
הַקָּהָל מִשְׁתַּחֲוִים וְהַשִּׁיר מְשׁוֹרֵר וְהַחֲצֹצְרוֹת מחצצרים הַכֹּל מַחְצְרִים
כט עַד לִכְלוֹת הָעֹלָה׃ וּכְכַלּוֹת לְהַעֲלוֹת כָּרְעוּ הַמֶּלֶךְ וְכָל־
ל הַנִּמְצְאִים אִתּוֹ וַיִּשְׁתַּחֲווּ׃ וַיֹּאמֶר יְחִזְקִיָּהוּ הַמֶּלֶךְ וְהַשָּׂרִים
לַלְוִיִּם לְהַלֵּל לַיהוָה בְּדִבְרֵי דָוִיד וְאָסָף הַחֹזֶה וַיְהַלְלוּ עַד־
לא לְשִׂמְחָה וַיִּקְּדוּ וַיִּשְׁתַּחֲווּ׃ וַיַּעַן יְחִזְקִיָּהוּ וַיֹּאמֶר עַתָּה
מִלֵּאתֶם יֶדְכֶם לַיהוָה גֹּשׁוּ וְהָבִיאוּ זְבָחִים וְתוֹדוֹת לְבֵית

יְהוָה וַיָּבִיאוּ הַקָּהָל זְבָחִים וְתוֹדוֹת וְכָל־נְדִיב לֵב עֹלוֹת׃
לב וַיְהִי מִסְפַּר הָעֹלָה אֲשֶׁר הֵבִיאוּ הַקָּהָל בָּקָר שִׁבְעִים אֵילִים
לג מֵאָה כְּבָשִׂים מָאתָיִם לְעֹלָה לַיהוָה כָּל־אֵלֶּה׃ וְהַקֳּדָשִׁים
לד בָּקָר שֵׁשׁ מֵאוֹת וְצֹאן שְׁלֹשֶׁת אֲלָפִים׃ רַק הַכֹּהֲנִים הָיוּ
לִמְעָט וְלֹא יָכְלוּ לְהַפְשִׁיט אֶת־כָּל־הָעֹלוֹת וַיְחַזְּקוּם אֲחֵיהֶם
הַלְוִיִּם עַד־כְּלוֹת הַמְּלָאכָה וְעַד־יִתְקַדְּשׁוּ הַכֹּהֲנִים כִּי הַלְוִיִּם
לה יִשְׁרֵי לֵבָב לְהִתְקַדֵּשׁ מֵהַכֹּהֲנִים׃ וְגַם־עֹלָה לָרֹב בְּחֶלְבֵי
לו הַשְּׁלָמִים וּבַנְּסָכִים לָעֹלָה וַתִּכּוֹן עֲבוֹדַת בֵּית־יְהוָה׃ וַיִּשְׂמַח
יְחִזְקִיָּהוּ וְכָל־הָעָם עַל הַהֵכִין הָאֱלֹהִים לָעָם כִּי בְּפִתְאֹם
ל א הָיָה הַדָּבָר׃ וַיִּשְׁלַח יְחִזְקִיָּהוּ עַל־כָּל־יִשְׂרָאֵל וִיהוּדָה
וְגַם־אִגְּרוֹת כָּתַב עַל־אֶפְרַיִם וּמְנַשֶּׁה לָבוֹא לְבֵית־יְהוָה
ב בִּירוּשָׁלִָם לַעֲשׂוֹת פֶּסַח לַיהוָה אֱלֹהֵי יִשְׂרָאֵל׃ וַיִּוָּעַץ הַמֶּלֶךְ
וְשָׂרָיו וְכָל־הַקָּהָל בִּירוּשָׁלִָם לַעֲשׂוֹת הַפֶּסַח בַּחֹדֶשׁ הַשֵּׁנִי׃
ג כִּי לֹא יָכְלוּ לַעֲשֹׂתוֹ בָּעֵת הַהִיא כִּי הַכֹּהֲנִים לֹא־הִתְקַדְּשׁוּ
ד לְמַדַּי וְהָעָם לֹא־נֶאֶסְפוּ לִירוּשָׁלִָם׃ וַיִּישַׁר הַדָּבָר בְּעֵינֵי
ה הַמֶּלֶךְ וּבְעֵינֵי כָּל־הַקָּהָל׃ וַיַּעֲמִידוּ דָבָר לְהַעֲבִיר קוֹל בְּכָל־
יִשְׂרָאֵל מִבְּאֵר־שֶׁבַע וְעַד־דָּן לָבוֹא לַעֲשׂוֹת פֶּסַח לַיהוָה
ו אֱלֹהֵי־יִשְׂרָאֵל בִּירוּשָׁלִָם כִּי לֹא לָרֹב עָשׂוּ כַּכָּתוּב׃ וַיֵּלְכוּ
הָרָצִים בָּאִגְּרוֹת מִיַּד הַמֶּלֶךְ וְשָׂרָיו בְּכָל־יִשְׂרָאֵל וִיהוּדָה
וּכְמִצְוַת הַמֶּלֶךְ לֵאמֹר בְּנֵי יִשְׂרָאֵל שׁוּבוּ אֶל־יְהוָה אֱלֹהֵי
אַבְרָהָם יִצְחָק וְיִשְׂרָאֵל וְיָשֹׁב אֶל־הַפְּלֵיטָה הַנִּשְׁאֶרֶת לָכֶם
ז מִכַּף מַלְכֵי אַשּׁוּר׃ וְאַל־תִּהְיוּ כַּאֲבוֹתֵיכֶם וְכַאֲחֵיכֶם אֲשֶׁר
מָעֲלוּ בַּיהוָה אֱלֹהֵי אֲבוֹתֵיהֶם וַיִּתְּנֵם לְשַׁמָּה כַּאֲשֶׁר אַתֶּם
ח רֹאִים׃ עַתָּה אַל־תַּקְשׁוּ עָרְפְּכֶם כַּאֲבוֹתֵיכֶם תְּנוּ־יָד לַיהוָה
וּבֹאוּ לְמִקְדָּשׁוֹ אֲשֶׁר הִקְדִּישׁ לְעוֹלָם וְעִבְדוּ אֶת־יְהוָה
ט אֱלֹהֵיכֶם וְיָשֹׁב מִכֶּם חֲרוֹן אַפּוֹ׃ כִּי בְשׁוּבְכֶם עַל־יְהוָה
אֲחֵיכֶם וּבְנֵיכֶם לְרַחֲמִים לִפְנֵי שׁוֹבֵיהֶם וְלָשׁוּב לָאָרֶץ הַזֹּאת

כִּי־חַנּוּן וְרַחוּם יְהוָה אֱלֹהֵיכֶם וְלֹא־יָסִיר פָּנִים מִכֶּם אִם־
י תָּשׁוּבוּ אֵלָיו׃ וַיִּהְיוּ הָרָצִים עֹבְרִים מֵעִיר ׀ לָעִיר
בְּאֶרֶץ־אֶפְרַיִם וּמְנַשֶּׁה וְעַד־זְבֻלוּן וַיִּהְיוּ מַשְׂחִיקִים עֲלֵיהֶם
יא וּמַלְעִגִים בָּם׃ אַךְ אֲנָשִׁים מֵאָשֵׁר וּמְנַשֶּׁה וּמִזְּבֻלוּן נִכְנְעוּ
יב וַיָּבֹאוּ לִירוּשָׁלִָם׃ גַּם בִּיהוּדָה הָיְתָה יַד הָאֱלֹהִים לָתֵת לָהֶם
יג לֵב אֶחָד לַעֲשׂוֹת מִצְוַת הַמֶּלֶךְ וְהַשָּׂרִים בִּדְבַר יְהוָה׃ וַיֵּאָסְפוּ
יְרוּשָׁלִַם עַם־רָב לַעֲשׂוֹת אֶת־חַג הַמַּצּוֹת בַּחֹדֶשׁ הַשֵּׁנִי קָהָל
יד לָרֹב מְאֹד׃ וַיָּקֻמוּ וַיָּסִירוּ אֶת־הַמִּזְבְּחוֹת אֲשֶׁר בִּירוּשָׁלִָם וְאֵת
טו כָּל־הַמְקַטְּרוֹת הֵסִירוּ וַיַּשְׁלִיכוּ לְנַחַל קִדְרוֹן׃ וַיִּשְׁחֲטוּ הַפֶּסַח
בְּאַרְבָּעָה עָשָׂר לַחֹדֶשׁ הַשֵּׁנִי וְהַכֹּהֲנִים וְהַלְוִיִּם נִכְלְמוּ
טז וַיִּתְקַדְּשׁוּ וַיָּבִיאוּ עֹלוֹת בֵּית יְהוָה׃ וַיַּעַמְדוּ עַל־עָמְדָם
כְּמִשְׁפָּטָם כְּתוֹרַת מֹשֶׁה אִישׁ־הָאֱלֹהִים הַכֹּהֲנִים זֹרְקִים אֶת־
יז הַדָּם מִיַּד הַלְוִיִּם׃ כִּי־רַבַּת בַּקָּהָל אֲשֶׁר לֹא־הִתְקַדָּשׁוּ וְהַלְוִיִּם
יח עַל־שְׁחִיטַת הַפְּסָחִים לְכֹל לֹא טָהוֹר לְהַקְדִּישׁ לַיהוָה׃ כִּי
מַרְבִּית הָעָם רַבַּת מֵאֶפְרַיִם וּמְנַשֶּׁה יִשָּׂשכָר וּזְבֻלוּן לֹא
הִטֶּהָרוּ כִּי־אָכְלוּ אֶת־הַפֶּסַח בְּלֹא כַכָּתוּב כִּי הִתְפַּלֵּל
יט יְחִזְקִיָּהוּ עֲלֵיהֶם לֵאמֹר יְהוָה הַטּוֹב יְכַפֵּר בְּעַד׃ כָּל־לְבָבוֹ
הֵכִין לִדְרוֹשׁ הָאֱלֹהִים ׀ יְהוָה אֱלֹהֵי אֲבוֹתָיו וְלֹא כְּטָהֳרַת
כ הַקֹּדֶשׁ׃ וַיִּשְׁמַע יְהוָה אֶל־יְחִזְקִיָּהוּ וַיִּרְפָּא אֶת־
כא הָעָם׃ וַיַּעֲשׂוּ בְנֵי־יִשְׂרָאֵל הַנִּמְצְאִים בִּירוּשָׁלִַם אֶת־
חַג הַמַּצּוֹת שִׁבְעַת יָמִים בְּשִׂמְחָה גְדוֹלָה וּמְהַלְלִים לַיהוָה
כב יוֹם ׀ בְּיוֹם הַלְוִיִּם וְהַכֹּהֲנִים בִּכְלֵי עֹז לַיהוָה׃ וַיְדַבֵּר
יְחִזְקִיָּהוּ עַל־לֵב כָּל־הַלְוִיִּם הַמַּשְׂכִּילִים שֵׂכֶל־טוֹב לַיהוָה
וַיֹּאכְלוּ אֶת־הַמּוֹעֵד שִׁבְעַת הַיָּמִים מְזַבְּחִים זִבְחֵי שְׁלָמִים
כג וּמִתְוַדִּים לַיהוָה אֱלֹהֵי אֲבוֹתֵיהֶם׃ וַיִּוָּעֲצוּ כָּל־הַקָּהָל
לַעֲשׂוֹת שִׁבְעַת יָמִים אֲחֵרִים וַיַּעֲשׂוּ שִׁבְעַת יָמִים שִׂמְחָה׃
כד כִּי חִזְקִיָּהוּ מֶלֶךְ־יְהוּדָה הֵרִים לַקָּהָל אֶלֶף פָּרִים וְשִׁבְעַת

אֲלָפִים צֹאן וְהַשָּׂרִים הֵרִימוּ לַקָּהָל פָּרִים אֶלֶף וְצֹאן עֲשֶׂרֶת
כה אֲלָפִים וַיִּתְקַדְּשׁוּ כֹהֲנִים לָרֹב׃ וַיִּשְׂמְחוּ ׀ כָּל־קְהַל יְהוּדָה
וְהַכֹּהֲנִים וְהַלְוִיִּם וְכָל־הַקָּהָל הַבָּאִים מִיִּשְׂרָאֵל וְהַגֵּרִים
כו הַבָּאִים מֵאֶרֶץ יִשְׂרָאֵל וְהַיּוֹשְׁבִים בִּיהוּדָה׃ וַתְּהִי שִׂמְחָה
גְדוֹלָה בִּירוּשָׁלִָם כִּי מִימֵי שְׁלֹמֹה בֶן־דָּוִיד מֶלֶךְ יִשְׂרָאֵל לֹא
כז כָזֹאת בִּירוּשָׁלִָם׃ וַיָּקֻמוּ הַכֹּהֲנִים הַלְוִיִּם וַיְבָרְכוּ
אֶת־הָעָם וַיִּשָּׁמַע בְּקוֹלָם וַתָּבוֹא תְפִלָּתָם לִמְעוֹן קָדְשׁוֹ
לא א לַשָּׁמָיִם׃ וּכְכַלּוֹת כָּל־זֹאת יָצְאוּ כָּל־יִשְׂרָאֵל הַנִּמְצְאִים
לְעָרֵי יְהוּדָה וַיְשַׁבְּרוּ הַמַּצֵּבוֹת וַיְגַדְּעוּ הָאֲשֵׁרִים וַיְנַתְּצוּ אֶת־
הַבָּמוֹת וְאֶת־הַמִּזְבְּחֹת מִכָּל־יְהוּדָה וּבִנְיָמִן וּבְאֶפְרַיִם
וּמְנַשֶּׁה עַד־לְכַלֵּה וַיָּשׁוּבוּ כָּל־בְּנֵי יִשְׂרָאֵל אִישׁ לַאֲחֻזָּתוֹ
ב לְעָרֵיהֶם׃ וַיַּעֲמֵד יְחִזְקִיָּהוּ אֶת־מַחְלְקוֹת הַכֹּהֲנִים
וְהַלְוִיִּם עַל־מַחְלְקוֹתָם אִישׁ ׀ כְּפִי עֲבֹדָתוֹ לַכֹּהֲנִים וְלַלְוִיִּם
לְעֹלָה וְלִשְׁלָמִים לְשָׁרֵת וּלְהֹדוֹת וּלְהַלֵּל בְּשַׁעֲרֵי מַחֲנוֹת
ג יְהוָה׃ וּמְנָת הַמֶּלֶךְ מִן־רְכוּשׁוֹ לָעֹלוֹת לְעֹלוֹת
הַבֹּקֶר וְהָעֶרֶב וְהָעֹלוֹת לַשַּׁבָּתוֹת וְלֶחֳדָשִׁים וְלַמֹּעֲדִים
ד כַּכָּתוּב בְּתוֹרַת יְהוָה׃ וַיֹּאמֶר לָעָם לְיוֹשְׁבֵי יְרוּשָׁלִַם לָתֵת
ה מְנָת הַכֹּהֲנִים וְהַלְוִיִּם לְמַעַן יֶחֶזְקוּ בְּתוֹרַת יְהוָה׃ וְכִפְרֹץ
הַדָּבָר הִרְבּוּ בְנֵי־יִשְׂרָאֵל רֵאשִׁית דָּגָן תִּירוֹשׁ וְיִצְהָר וּדְבַשׁ
ו וְכֹל תְּבוּאַת שָׂדֶה וּמַעְשַׂר הַכֹּל לָרֹב הֵבִיאוּ׃ וּבְנֵי יִשְׂרָאֵל
וִיהוּדָה הַיּוֹשְׁבִים בְּעָרֵי יְהוּדָה גַּם־הֵם מַעְשַׂר בָּקָר וָצֹאן
וּמַעְשַׂר קֳדָשִׁים הַמְקֻדָּשִׁים לַיהוָה אֱלֹהֵיהֶם הֵבִיאוּ וַיִּתְּנוּ
ז עֲרֵמוֹת עֲרֵמוֹת׃ בַּחֹדֶשׁ הַשְּׁלִשִׁי הֵחֵלּוּ הָעֲרֵמוֹת
ח לִיסּוֹד וּבַחֹדֶשׁ הַשְּׁבִיעִי כִּלּוּ׃ וַיָּבֹאוּ יְחִזְקִיָּהוּ
וְהַשָּׂרִים וַיִּרְאוּ אֶת־הָעֲרֵמוֹת וַיְבָרְכוּ אֶת־יְהוָה וְאֵת עַמּוֹ
ט יִשְׂרָאֵל׃ וַיִּדְרֹשׁ יְחִזְקִיָּהוּ עַל־הַכֹּהֲנִים וְהַלְוִיִּם עַל־
י הָעֲרֵמוֹת׃ וַיֹּאמֶר אֵלָיו עֲזַרְיָהוּ הַכֹּהֵן הָרֹאשׁ לְבֵית צָדוֹק כג

וַיֹּאמֶר מֵהָחֵל הַתְּרוּמָה לָבִיא בֵית־יְהוָה אָכוֹל וְשָׂבוֹעַ וְהוֹתֵר
עַד־לָרוֹב כִּי יְהוָה בֵּרַךְ אֶת־עַמּוֹ וְהַנּוֹתָר אֶת־הֶהָמוֹן
יא הַזֶּה׃ וַיֹּאמֶר יְחִזְקִיָּהוּ לְהָכִין לְשָׁכוֹת בְּבֵית יְהוָה
יב וַיָּכִינוּ׃ וַיָּבִיאוּ אֶת־הַתְּרוּמָה וְהַמַּעֲשֵׂר וְהַקֳּדָשִׁים בֶּאֱמוּנָה
יג וַעֲלֵיהֶם נָגִיד כונניהו הַלֵּוִי וְשִׁמְעִי אָחִיהוּ מִשְׁנֶה׃ וִיחִיאֵל כָּנַנְיָהוּ
וַעֲזַזְיָהוּ וְנַחַת וַעֲשָׂהאֵל וִירִימוֹת וְיוֹזָבָד וֶאֱלִיאֵל וְיִסְמַכְיָהוּ
וּמַחַת וּבְנָיָהוּ פְּקִידִים מִיַּד כונניהו וְשִׁמְעִי אָחִיו בְּמִפְקַד כָּנַנְיָהוּ
יד יְחִזְקִיָּהוּ הַמֶּלֶךְ וַעֲזַרְיָהוּ נְגִיד בֵּית־הָאֱלֹהִים׃ וְקוֹרֵא בֶן־יִמְנָה
הַלֵּוִי הַשּׁוֹעֵר לַמִּזְרָחָה עַל נִדְבוֹת הָאֱלֹהִים לָתֵת תְּרוּמַת
טו יְהוָה וְקָדְשֵׁי הַקֳּדָשִׁים׃ וְעַל־יָדוֹ עֵדֶן וּמִנְיָמִן וְיֵשׁוּעַ וּשְׁמַעְיָהוּ
אֲמַרְיָהוּ וּשְׁכַנְיָהוּ בְּעָרֵי הַכֹּהֲנִים בֶּאֱמוּנָה לָתֵת לַאֲחֵיהֶם
טז בְּמַחְלְקוֹת כַּגָּדוֹל כַּקָּטָן׃ מִלְּבַד הִתְיַחְשָׂם לִזְכָרִים מִבֶּן
שָׁלוֹשׁ שָׁנִים וּלְמַעְלָה לְכָל־הַבָּא לְבֵית־יְהוָה לִדְבַר־יוֹם
יז בְּיוֹמוֹ לַעֲבוֹדָתָם בְּמִשְׁמְרוֹתָם כְּמַחְלְקוֹתֵיהֶם׃ וְאֵת הִתְיַחֵשׂ
הַכֹּהֲנִים לְבֵית אֲבוֹתֵיהֶם וְהַלְוִיִּם מִבֶּן עֶשְׂרִים שָׁנָה וּלְמָעְלָה
יח בְּמִשְׁמְרוֹתֵיהֶם בְּמַחְלְקוֹתֵיהֶם׃ וּלְהִתְיַחֵשׂ בְּכָל־טַפָּם נְשֵׁיהֶם
וּבְנֵיהֶם וּבְנוֹתֵיהֶם לְכָל־קָהָל כִּי בֶאֱמוּנָתָם יִתְקַדְּשׁוּ־קֹדֶשׁ׃
יט וְלִבְנֵי אַהֲרֹן הַכֹּהֲנִים בִּשְׂדֵי מִגְרַשׁ עָרֵיהֶם בְּכָל־עִיר וָעִיר
אֲנָשִׁים אֲשֶׁר נִקְּבוּ בְּשֵׁמוֹת לָתֵת מָנוֹת לְכָל־זָכָר בַּכֹּהֲנִים
כ וּלְכָל־הִתְיַחֵשׂ בַּלְוִיִּם׃ וַיַּעַשׂ כָּזֹאת יְחִזְקִיָּהוּ בְּכָל־יְהוּדָה
כא וַיַּעַשׂ הַטּוֹב וְהַיָּשָׁר וְהָאֱמֶת לִפְנֵי יְהוָה אֱלֹהָיו׃ וּבְכָל־מַעֲשֶׂה
אֲשֶׁר־הֵחֵל ׀ בַּעֲבוֹדַת בֵּית־הָאֱלֹהִים וּבַתּוֹרָה וּבַמִּצְוָה לִדְרֹשׁ
לֵאלֹהָיו בְּכָל־לְבָבוֹ עָשָׂה וְהִצְלִיחַ׃
לב א אַחֲרֵי הַדְּבָרִים וְהָאֱמֶת הָאֵלֶּה בָּא סַנְחֵרִיב מֶלֶךְ־אַשּׁוּר וַיָּבֹא
בִיהוּדָה וַיִּחַן עַל־הֶעָרִים הַבְּצֻרוֹת וַיֹּאמֶר לְבִקְעָם אֵלָיו׃
ב וַיַּרְא יְחִזְקִיָּהוּ כִּי־בָא סַנְחֵרִיב וּפָנָיו לַמִּלְחָמָה עַל־יְרוּשָׁלִָם׃
ג וַיִּוָּעַץ עִם־שָׂרָיו וְגִבֹּרָיו לִסְתּוֹם אֶת־מֵימֵי הָעֲיָנוֹת אֲשֶׁר

ד מִחוּץ לָעִיר וַיַּעְזְרֻהוּ: וַיִּקָּבְצוּ עַם־רָב וַיִּסְתְּמוּ אֶת־כָּל־
הַמַּעְיָנוֹת וְאֶת־הַנַּחַל הַשּׁוֹטֵף בְּתוֹךְ־הָאָרֶץ לֵאמֹר לָמָּה
ה יָבוֹאוּ מַלְכֵי אַשּׁוּר וּמָצְאוּ מַיִם רַבִּים: וַיִּתְחַזַּק וַיִּבֶן אֶת־כָּל־
הַחוֹמָה הַפְּרוּצָה וַיַּעַל עַל־הַמִּגְדָּלוֹת וְלַחוּצָה הַחוֹמָה אַחֶרֶת
ו וַיְחַזֵּק אֶת־הַמִּלּוֹא עִיר דָּוִיד וַיַּעַשׂ שֶׁלַח לָרֹב וּמָגִנִּים: וַיִּתֵּן
שָׂרֵי מִלְחָמוֹת עַל־הָעָם וַיִּקְבְּצֵם אֵלָיו אֶל־רְחוֹב שַׁעַר הָעִיר
ז וַיְדַבֵּר עַל־לְבָבָם לֵאמֹר: חִזְקוּ וְאִמְצוּ אַל־תִּירְאוּ וְאַל־תֵּחַתּוּ
מִפְּנֵי מֶלֶךְ אַשּׁוּר וּמִלִּפְנֵי כָּל־הֶהָמוֹן אֲשֶׁר־עִמּוֹ כִּי־עִמָּנוּ
ח רַב מֵעִמּוֹ: עִמּוֹ זְרוֹעַ בָּשָׂר וְעִמָּנוּ יְהוָה אֱלֹהֵינוּ לְעָזְרֵנוּ
וּלְהִלָּחֵם מִלְחֲמֹתֵנוּ וַיִּסָּמְכוּ הָעָם עַל־דִּבְרֵי יְחִזְקִיָּהוּ מֶלֶךְ־
ט יְהוּדָה: אַחַר זֶה שָׁלַח סַנְחֵרִיב מֶלֶךְ־אַשּׁוּר עֲבָדָיו
יְרוּשָׁלַיְמָה וְהוּא עַל־לָכִישׁ וְכָל־מֶמְשַׁלְתּוֹ עִמּוֹ עַל־יְחִזְקִיָּהוּ
י מֶלֶךְ יְהוּדָה וְעַל־כָּל־יְהוּדָה אֲשֶׁר בִּירוּשָׁלַםִ לֵאמֹר: כֹּה אָמַר
סַנְחֵרִיב מֶלֶךְ אַשּׁוּר עַל־מָה אַתֶּם בֹּטְחִים וְיֹשְׁבִים בְּמָצוֹר
יא בִּירוּשָׁלָםִ: הֲלֹא יְחִזְקִיָּהוּ מַסִּית אֶתְכֶם לָתֵת אֶתְכֶם לָמוּת
בְּרָעָב וּבְצָמָא לֵאמֹר יְהוָה אֱלֹהֵינוּ יַצִּילֵנוּ מִכַּף מֶלֶךְ אַשּׁוּר:
יב הֲלֹא־הוּא יְחִזְקִיָּהוּ הֵסִיר אֶת־בָּמֹתָיו וְאֶת־מִזְבְּחֹתָיו וַיֹּאמֶר
לִיהוּדָה וְלִירוּשָׁלַםִ לֵאמֹר לִפְנֵי מִזְבֵּחַ אֶחָד תִּשְׁתַּחֲווּ וְעָלָיו
יג תַּקְטִירוּ: הֲלֹא תֵדְעוּ מֶה עָשִׂיתִי אֲנִי וַאֲבוֹתַי לְכֹל עַמֵּי
הָאֲרָצוֹת הֲיָכוֹל יָכְלוּ אֱלֹהֵי גּוֹיֵ הָאֲרָצוֹת לְהַצִּיל אֶת־אַרְצָם
יד מִיָּדִי: מִי בְּכָל־אֱלֹהֵי הַגּוֹיִם הָאֵלֶּה אֲשֶׁר הֶחֱרִימוּ אֲבוֹתַי
אֲשֶׁר יָכוֹל לְהַצִּיל אֶת־עַמּוֹ מִיָּדִי כִּי יוּכַל אֱלֹהֵיכֶם לְהַצִּיל
טו אֶתְכֶם מִיָּדִי: וְעַתָּה אַל־יַשִּׁיא אֶתְכֶם חִזְקִיָּהוּ וְאַל־יַסִּית
אֶתְכֶם כָּזֹאת וְאַל־תַּאֲמִינוּ לוֹ כִּי־לֹא יוּכַל כָּל־אֱלוֹהַּ כָּל־
גּוֹי וּמַמְלָכָה לְהַצִּיל עַמּוֹ מִיָּדִי וּמִיַּד אֲבוֹתָי אַף כִּי אֱלֹהֵיכֶם
טז לֹא־יַצִּילוּ אֶתְכֶם מִיָּדִי: וְעוֹד דִּבְּרוּ עֲבָדָיו עַל־יְהוָה הָאֱלֹהִים
יז וְעַל יְחִזְקִיָּהוּ עַבְדּוֹ: וּסְפָרִים כָּתַב לְחָרֵף לַיהוָה אֱלֹהֵי יִשְׂרָאֵל

וְלֵאמֹר עָלָיו לֵאמֹר כֵּאלֹהֵי גּוֹיֵ הָאֲרָצוֹת אֲשֶׁר לֹא־הִצִּילוּ
יח עַמָּם מִיָּדִי כֵּן לֹא־יַצִּיל אֱלֹהֵי יְחִזְקִיָּהוּ עַמּוֹ מִיָּדִי׃ וַיִּקְרְאוּ
בְקוֹל־גָּדוֹל יְהוּדִית עַל־עַם יְרוּשָׁלִַם אֲשֶׁר עַל־הַחוֹמָה לְיָרְאָם
יט וּלְבַהֲלָם לְמַעַן יִלְכְּדוּ אֶת־הָעִיר׃ וַיְדַבְּרוּ אֶל־אֱלֹהֵי יְרוּשָׁלִָם
כ כְּעַל אֱלֹהֵי עַמֵּי הָאָרֶץ מַעֲשֵׂה יְדֵי הָאָדָם׃ וַיִּתְפַּלֵּל
יְחִזְקִיָּהוּ הַמֶּלֶךְ וִישַׁעְיָהוּ בֶן־אָמוֹץ הַנָּבִיא עַל־זֹאת וַיִּזְעֲקוּ
כא הַשָּׁמָיִם׃ וַיִּשְׁלַח יהוה מַלְאָךְ וַיַּכְחֵד כָּל־גִּבּוֹר חַיִל
וְנָגִיד וְשָׂר בְּמַחֲנֵה מֶלֶךְ אַשּׁוּר וַיָּשָׁב בְּבֹשֶׁת פָּנִים לְאַרְצוֹ
כב וַיָּבֹא בֵּית אֱלֹהָיו ומיציאו מֵעָיו שָׁם הִפִּילֻהוּ בֶחָרֶב׃ וַיּוֹשַׁע   וּמִיצִיאֵי
יהוה אֶת־יְחִזְקִיָּהוּ וְאֵת ׀ יֹשְׁבֵי יְרוּשָׁלִַם מִיַּד סַנְחֵרִיב מֶלֶךְ־
כג אַשּׁוּר וּמִיַּד־כֹּל וַיְנַהֲלֵם מִסָּבִיב׃ וְרַבִּים מְבִיאִים מִנְחָה
לַיהוה לִירוּשָׁלִַם וּמִגְדָּנוֹת לִיחִזְקִיָּהוּ מֶלֶךְ יְהוּדָה וַיִּנַּשֵּׂא לְעֵינֵי
כָל־הַגּוֹיִם מֵאַחֲרֵי־כֵן׃
כד בַּיָּמִים הָהֵם חָלָה יְחִזְקִיָּהוּ עַד־לָמוּת וַיִּתְפַּלֵּל אֶל־יהוה
כה וַיֹּאמֶר לוֹ וּמוֹפֵת נָתַן לוֹ׃ וְלֹא־כִגְמֻל עָלָיו הֵשִׁיב יְחִזְקִיָּהוּ
כו כִּי גָבַהּ לִבּוֹ וַיְהִי עָלָיו קֶצֶף וְעַל־יְהוּדָה וִירוּשָׁלִָם׃ וַיִּכָּנַע
יְחִזְקִיָּהוּ בְּגֹבַהּ לִבּוֹ הוּא וְיוֹשְׁבֵי יְרוּשָׁלִָם וְלֹא־בָא עֲלֵיהֶם
כז קֶצֶף יהוה בִּימֵי יְחִזְקִיָּהוּ׃ וַיְהִי לִיחִזְקִיָּהוּ עֹשֶׁר וְכָבוֹד הַרְבֵּה
מְאֹד וְאֹצָרוֹת עָשָׂה־לוֹ לְכֶסֶף וּלְזָהָב וּלְאֶבֶן יְקָרָה וְלִבְשָׂמִים
כח וּלְמָגִנִּים וּלְכֹל כְּלֵי חֶמְדָּה׃ וּמִסְכְּנוֹת לִתְבוּאַת דָּגָן וְתִירוֹשׁ
כט וְיִצְהָר וְאֻרָוֹת לְכָל־בְּהֵמָה וּבְהֵמָה וַעֲדָרִים לָאֲוֵרוֹת׃ וְעָרִים
עָשָׂה לוֹ וּמִקְנֵה־צֹאן וּבָקָר לָרֹב כִּי נָתַן־לוֹ אֱלֹהִים רְכוּשׁ
ל רַב מְאֹד׃ וְהוּא יְחִזְקִיָּהוּ סָתַם אֶת־מוֹצָא מֵימֵי גִיחוֹן הָעֶלְיוֹן
ויישרם לְמַטָּה־מַּעְרָבָה לְעִיר דָּוִיד וַיַּצְלַח יְחִזְקִיָּהוּ בְּכָל־   וַיַּשְּׁרֵם
לא מַעֲשֵׂהוּ׃ וְכֵן בִּמְלִיצֵי ׀ שָׂרֵי בָּבֶל הַמְשַׁלְּחִים עָלָיו לִדְרֹשׁ
הַמּוֹפֵת אֲשֶׁר הָיָה בָאָרֶץ עֲזָבוֹ הָאֱלֹהִים לְנַסּוֹתוֹ לָדַעַת
לב כָּל־בִּלְבָבוֹ׃ וְיֶתֶר דִּבְרֵי יְחִזְקִיָּהוּ וַחֲסָדָיו הִנָּם כְּתוּבִים

בַּחֲזוֹן יְשַׁעְיָהוּ בֶן־אָמוֹץ הַנָּבִיא עַל־סֵפֶר מַלְכֵי יְהוּדָה
לג וְיִשְׂרָאֵל׃ וַיִּשְׁכַּב יְחִזְקִיָּהוּ עִם־אֲבֹתָיו וַיִּקְבְּרֻהוּ בְּמַעֲלֵה
קִבְרֵי בְנֵי־דָוִיד וְכָבוֹד עָשׂוּ־לוֹ בְמוֹתוֹ כָּל־יְהוּדָה וְיֹשְׁבֵי
לג א יְרוּשָׁלִָם וַיִּמְלֹךְ מְנַשֶּׁה בְנוֹ תַּחְתָּיו׃ בֶּן־שְׁתֵּים עֶשְׂרֵה
שָׁנָה מְנַשֶּׁה בְמָלְכוֹ וַחֲמִשִּׁים וְחָמֵשׁ שָׁנָה מָלַךְ בִּירוּשָׁלִָם׃
ב וַיַּעַשׂ הָרַע בְּעֵינֵי יְהוָה כְּתוֹעֲבוֹת הַגּוֹיִם אֲשֶׁר הוֹרִישׁ יְהוָה
ג מִפְּנֵי בְּנֵי יִשְׂרָאֵל׃ וַיָּשָׁב וַיִּבֶן אֶת־הַבָּמוֹת אֲשֶׁר נִתַּץ יְחִזְקִיָּהוּ
אָבִיו וַיָּקֶם מִזְבְּחוֹת לַבְּעָלִים וַיַּעַשׂ אֲשֵׁרוֹת וַיִּשְׁתַּחוּ לְכָל־
ד צְבָא הַשָּׁמַיִם וַיַּעֲבֹד אֹתָם׃ וּבָנָה מִזְבְּחוֹת בְּבֵית יְהוָה אֲשֶׁר
ה אָמַר יְהוָה בִּירוּשָׁלִַם יִהְיֶה־שְּׁמִי לְעוֹלָם׃ וַיִּבֶן מִזְבְּחוֹת לְכָל־
ו צְבָא הַשָּׁמָיִם בִּשְׁתֵּי חַצְרוֹת בֵּית־יְהוָה׃ וְהוּא הֶעֱבִיר אֶת־
בָּנָיו בָּאֵשׁ בְּגֵי בֶן־הִנֹּם וְעוֹנֵן וְנִחֵשׁ וְכִשֵּׁף וְעָשָׂה אוֹב וְיִדְּעוֹנִי
ז הִרְבָּה לַעֲשׂוֹת הָרַע בְּעֵינֵי יְהוָה לְהַכְעִיסוֹ׃ וַיָּשֶׂם אֶת־פֶּסֶל
הַסֶּמֶל אֲשֶׁר עָשָׂה בְּבֵית הָאֱלֹהִים אֲשֶׁר אָמַר אֱלֹהִים אֶל־
דָּוִיד וְאֶל־שְׁלֹמֹה בְנוֹ בַּבַּיִת הַזֶּה וּבִירוּשָׁלִַם אֲשֶׁר בָּחַרְתִּי
ח מִכֹּל שִׁבְטֵי יִשְׂרָאֵל אָשִׂים אֶת־שְׁמִי לְעֵילוֹם׃ וְלֹא אוֹסִיף
לְהָסִיר אֶת־רֶגֶל יִשְׂרָאֵל מֵעַל הָאֲדָמָה אֲשֶׁר הֶעֱמַדְתִּי
לַאֲבֹתֵיכֶם רַק ׀ אִם־יִשְׁמְרוּ לַעֲשׂוֹת אֵת כָּל־אֲשֶׁר צִוִּיתִים
ט לְכָל־הַתּוֹרָה וְהַחֻקִּים וְהַמִּשְׁפָּטִים בְּיַד־מֹשֶׁה׃ וַיֶּתַע מְנַשֶּׁה
אֶת־יְהוּדָה וְיֹשְׁבֵי יְרוּשָׁלִָם לַעֲשׂוֹת רָע מִן־הַגּוֹיִם אֲשֶׁר
י הִשְׁמִיד יְהוָה מִפְּנֵי בְּנֵי יִשְׂרָאֵל׃ וַיְדַבֵּר יְהוָה אֶל־
יא מְנַשֶּׁה וְאֶל־עַמּוֹ וְלֹא הִקְשִׁיבוּ׃ וַיָּבֵא יְהוָה עֲלֵיהֶם אֶת־
שָׂרֵי הַצָּבָא אֲשֶׁר לְמֶלֶךְ אַשּׁוּר וַיִּלְכְּדוּ אֶת־מְנַשֶּׁה בַּחֹחִים
יב וַיַּאַסְרֻהוּ בַּנְחֻשְׁתַּיִם וַיּוֹלִיכֻהוּ בָּבֶלָה׃ וּכְהָצֵר לוֹ חִלָּה אֶת־
יג פְּנֵי יְהוָה אֱלֹהָיו וַיִּכָּנַע מְאֹד מִלִּפְנֵי אֱלֹהֵי אֲבֹתָיו׃ וַיִּתְפַּלֵּל
אֵלָיו וַיֵּעָתֶר לוֹ וַיִּשְׁמַע תְּחִנָּתוֹ וַיְשִׁיבֵהוּ יְרוּשָׁלִַם לְמַלְכוּתוֹ
יד וַיֵּדַע מְנַשֶּׁה כִּי יְהוָה הוּא הָאֱלֹהִים׃ וְאַחֲרֵי־כֵן בָּנָה חוֹמָה

חִיצוֹנָה ׀ לְעִיר־דָּוִיד מַעְרָבָה לְגִיחוֹן בַּנַּחַל וְלָבוֹא בְשַׁעַר
הַדָּגִים וְסָבַב לָעֹפֶל וַיַּגְבִּיהֶהָ מְאֹד וַיָּשֶׂם שָׂרֵי־חַיִל בְּכָל־
הֶעָרִים הַבְּצֻרוֹת בִּיהוּדָה׃ וַיָּסַר אֶת־אֱלֹהֵי הַנֵּכָר וְאֶת־הַסֶּמֶל טו
מִבֵּית יְהוָה וְכָל־הַמִּזְבְּחוֹת אֲשֶׁר בָּנָה בְּהַר בֵּית־יְהוָה
וַיִּבֶן וּבִירוּשָׁלָ͏ִם וַיַּשְׁלֵךְ חוּצָה לָעִיר׃ וַיִּכֶן אֶת־מִזְבַּח יְהוָה וַיִּזְבַּח טז
עָלָיו זִבְחֵי שְׁלָמִים וְתוֹדָה וַיֹּאמֶר לִיהוּדָה לַעֲבוֹד אֶת־יְהוָה
אֱלֹהֵי יִשְׂרָאֵל׃ אֲבָל עוֹד הָעָם זֹבְחִים בַּבָּמוֹת רַק לַיהוָה יז
אֱלֹהֵיהֶם׃ וְיֶתֶר דִּבְרֵי מְנַשֶּׁה וּתְפִלָּתוֹ אֶל־אֱלֹהָיו וְדִבְרֵי יח
הַחֹזִים הַמְדַבְּרִים אֵלָיו בְּשֵׁם יְהוָה אֱלֹהֵי יִשְׂרָאֵל הִנָּם עַל־
דִּבְרֵי מַלְכֵי יִשְׂרָאֵל׃ וּתְפִלָּתוֹ וְהֵעָתֶר־לוֹ וְכָל־חַטָּאתוֹ וּמַעְלוֹ יט
וְהַמְּקֹמוֹת אֲשֶׁר בָּנָה בָהֶם בָּמוֹת וְהֶעֱמִיד הָאֲשֵׁרִים וְהַפְּסִלִים
לִפְנֵי הִכָּנְעוֹ הִנָּם כְּתוּבִים עַל דִּבְרֵי חוֹזָי׃ וַיִּשְׁכַּב מְנַשֶּׁה עִם־ כ
אֲבֹתָיו וַיִּקְבְּרֻהוּ בֵּיתוֹ וַיִּמְלֹךְ אָמוֹן בְּנוֹ תַּחְתָּיו׃
בֶּן־עֶשְׂרִים וּשְׁתַּיִם שָׁנָה אָמוֹן בְּמָלְכוֹ וּשְׁתַּיִם שָׁנִים מָלַךְ כא
בִּירוּשָׁלָ͏ִם׃ וַיַּעַשׂ הָרַע בְּעֵינֵי יְהוָה כַּאֲשֶׁר עָשָׂה מְנַשֶּׁה אָבִיו כב
וּלְכָל־הַפְּסִילִים אֲשֶׁר עָשָׂה מְנַשֶּׁה אָבִיו זִבַּח אָמוֹן וַיַּעַבְדֵם׃
וְלֹא נִכְנַע מִלִּפְנֵי יְהוָה כְּהִכָּנַע מְנַשֶּׁה אָבִיו כִּי הוּא אָמוֹן כג
הִרְבָּה אַשְׁמָה׃ וַיִּקְשְׁרוּ עָלָיו עֲבָדָיו וַיְמִיתֻהוּ בְּבֵיתוֹ׃ וַיַּכּוּ כד כה
עַם־הָאָרֶץ אֵת כָּל־הַקֹּשְׁרִים עַל־הַמֶּלֶךְ אָמוֹן וַיַּמְלִיכוּ עַם־
הָאָרֶץ אֶת־יֹאשִׁיָּהוּ בְנוֹ תַּחְתָּיו׃
בֶּן־שְׁמוֹנֶה שָׁנִים יֹאשִׁיָּהוּ בְמָלְכוֹ וּשְׁלֹשִׁים וְאַחַת שָׁנָה מָלַךְ א לד
כד בִּירוּשָׁלָ͏ִם׃ וַיַּעַשׂ הַיָּשָׁר בְּעֵינֵי יְהוָה וַיֵּלֶךְ בְּדַרְכֵי דָּוִיד אָבִיו ב
וְלֹא־סָר יָמִין וּשְׂמֹאול׃
וּבִשְׁמוֹנֶה שָׁנִים לְמָלְכוֹ וְהוּא עוֹדֶנּוּ נַעַר הֵחֵל לִדְרוֹשׁ לֵאלֹהֵי ג
דָּוִיד אָבִיו וּבִשְׁתֵּים עֶשְׂרֵה שָׁנָה הֵחֵל לְטַהֵר אֶת־יְהוּדָה
וִירוּשָׁלַ͏ִם מִן־הַבָּמוֹת וְהָאֲשֵׁרִים וְהַפְּסִלִים וְהַמַּסֵּכוֹת׃ וַיְנַתְּצוּ ד
לְפָנָיו אֵת מִזְבְּחוֹת הַבְּעָלִים וְהַחַמָּנִים אֲשֶׁר־לְמַעְלָה מֵעֲלֵיהֶם

גִּדַּע וְהָאֲשֵׁרִים וְהַפְּסִלִים וְהַמַּסֵּכוֹת שִׁבַּר וְהֵדַק וַיִּזְרֹק עַל־
ה פְּנֵי הַקְּבָרִים הַזֹּבְחִים לָהֶם׃ וְעַצְמוֹת כֹּהֲנִים שָׂרַף עַל־
ו מזבחותים וַיְטַהֵר אֶת־יְהוּדָה וְאֶת־יְרוּשָׁלִָם׃ וּבְעָרֵי מְנַשֶּׁה מִזְבְּחוֹתָם
ז וְאֶפְרַיִם וְשִׁמְעוֹן וְעַד־נַפְתָּלִי בחר בתיהם סָבִיב׃ וַיְנַתֵּץ אֶת־ בְּחַרְבֹתֵיהֶם
הַמִּזְבְּחוֹת וְאֶת־הָאֲשֵׁרִים וְהַפְּסִלִים כִּתַּת לְהֵדַק וְכָל־הַחַמָּנִים
ח גִּדַּע בְּכָל־אֶרֶץ יִשְׂרָאֵל וַיָּשָׁב לִירוּשָׁלִָם׃ וּבִשְׁנַת
שְׁמוֹנֶה עֶשְׂרֵה לְמָלְכוֹ לְטַהֵר הָאָרֶץ וְהַבָּיִת שָׁלַח אֶת־
שָׁפָן בֶּן־אֲצַלְיָהוּ וְאֶת־מַעֲשֵׂיָהוּ שַׂר־הָעִיר וְאֵת יוֹאָח בֶּן־
ט יוֹאָחָז הַמַּזְכִּיר לְחַזֵּק אֶת־בֵּית יְהוָה אֱלֹהָיו׃ וַיָּבֹאוּ אֶל־
חִלְקִיָּהוּ הַכֹּהֵן הַגָּדוֹל וַיִּתְּנוּ אֶת־הַכֶּסֶף הַמּוּבָא בֵית־אֱלֹהִים
אֲשֶׁר אָסְפוּ־הַלְוִיִּם שֹׁמְרֵי הַסַּף מִיַּד מְנַשֶּׁה וְאֶפְרַיִם וּמִכֹּל
י שְׁאֵרִית יִשְׂרָאֵל וּמִכָּל־יְהוּדָה וּבִנְיָמִן וישבי יְרוּשָׁלִָם׃ וַיִּתְּנוּ וַיָּשֻׁבוּ
עַל־יַד עֹשֵׂה הַמְּלָאכָה הַמֻּפְקָדִים בְּבֵית יְהוָה וַיִּתְּנוּ אֹתוֹ
עוֹשֵׂי הַמְּלָאכָה אֲשֶׁר עֹשִׂים בְּבֵית יְהוָה לִבְדּוֹק וּלְחַזֵּק
יא הַבָּיִת׃ וַיִּתְּנוּ לֶחָרָשִׁים וְלַבֹּנִים לִקְנוֹת אַבְנֵי מַחְצֵב וְעֵצִים
לַמְחַבְּרוֹת וּלְקָרוֹת אֶת־הַבָּתִּים אֲשֶׁר הִשְׁחִיתוּ מַלְכֵי
יב יְהוּדָה׃ וְהָאֲנָשִׁים עֹשִׂים בֶּאֱמוּנָה בַּמְּלָאכָה וַעֲלֵיהֶם׀
מֻפְקָדִים יַחַת וְעֹבַדְיָהוּ הַלְוִיִּם מִן־בְּנֵי מְרָרִי וּזְכַרְיָה וּמְשֻׁלָּם
יג מִן־בְּנֵי הַקְּהָתִים לְנַצֵּחַ וְהַלְוִיִּם כָּל־מֵבִין בִּכְלֵי־שִׁיר׃ וְעַל
הַסַּבָּלִים וּמְנַצְּחִים לְכֹל עֹשֵׂה מְלָאכָה לַעֲבוֹדָה וַעֲבוֹדָה
יד וּמֵהַלְוִיִּם סוֹפְרִים וְשֹׁטְרִים וְשׁוֹעֲרִים׃ וּבְהוֹצִיאָם אֶת־הַכֶּסֶף
הַמּוּבָא בֵּית יְהוָה מָצָא חִלְקִיָּהוּ הַכֹּהֵן אֶת־סֵפֶר תּוֹרַת־יְהוָה
טו בְּיַד־מֹשֶׁה׃ וַיַּעַן חִלְקִיָּהוּ וַיֹּאמֶר אֶל־שָׁפָן הַסּוֹפֵר סֵפֶר הַתּוֹרָה
טז מָצָאתִי בְּבֵית יְהוָה וַיִּתֵּן חִלְקִיָּהוּ אֶת־הַסֵּפֶר אֶל־שָׁפָן׃ וַיָּבֵא
שָׁפָן אֶת־הַסֵּפֶר אֶל־הַמֶּלֶךְ וַיָּשֶׁב עוֹד אֶת־הַמֶּלֶךְ דָּבָר לֵאמֹר
יז כֹּל אֲשֶׁר־נִתַּן בְּיַד־עֲבָדֶיךָ הֵם עֹשִׂים׃ וַיַּתִּיכוּ אֶת־הַכֶּסֶף
הַנִּמְצָא בְּבֵית־יְהוָה וַיִּתְּנוּהוּ עַל־יַד הַמֻּפְקָדִים וְעַל־יַד עוֹשֵׂי

יח הַמְּלָאכָה: וַיַּגֵּד שָׁפָן הַסּוֹפֵר לַמֶּלֶךְ לֵאמֹר סֵפֶר נָתַן לִי

יט חִלְקִיָּהוּ הַכֹּהֵן וַיִּקְרָא־בוֹ שָׁפָן לִפְנֵי הַמֶּלֶךְ: וַיְהִי כִּשְׁמֹעַ הַמֶּלֶךְ

כ אֵת דִּבְרֵי הַתּוֹרָה וַיִּקְרַע אֶת־בְּגָדָיו: וַיְצַו הַמֶּלֶךְ אֶת־חִלְקִיָּהוּ

וְאֶת־אֲחִיקָם בֶּן־שָׁפָן וְאֶת־עַבְדּוֹן בֶּן־מִיכָה וְאֵת ׀ שָׁפָן

כא הַסּוֹפֵר וְאֵת עֲשָׂיָה עֶבֶד־הַמֶּלֶךְ לֵאמֹר: לְכוּ דִרְשׁוּ אֶת־יְהוָה

בַּעֲדִי וּבְעַד הַנִּשְׁאָר בְּיִשְׂרָאֵל וּבִיהוּדָה עַל־דִּבְרֵי הַסֵּפֶר

אֲשֶׁר נִמְצָא כִּי־גְדוֹלָה חֲמַת־יְהוָה אֲשֶׁר נִתְּכָה בָנוּ עַל אֲשֶׁר

לֹא־שָׁמְרוּ אֲבוֹתֵינוּ אֶת־דְּבַר יְהוָה לַעֲשׂוֹת כְּכָל־הַכָּתוּב

כב עַל־הַסֵּפֶר הַזֶּה: וַיֵּלֶךְ חִלְקִיָּהוּ וַאֲשֶׁר הַמֶּלֶךְ אֶל־

חֻלְדָּה הַנְּבִיאָה אֵשֶׁת ׀ שַׁלֻּם בֶּן־תוקהת בֶּן־חַסְרָה שׁוֹמֵר תָּקְהַת

הַבְּגָדִים וְהִיא יוֹשֶׁבֶת בִּירוּשָׁלִַם בַּמִּשְׁנֶה וַיְדַבְּרוּ אֵלֶיהָ

כג כָּזֹאת: וַתֹּאמֶר לָהֶם כֹּה־אָמַר יְהוָה אֱלֹהֵי יִשְׂרָאֵל אִמְרוּ

לָאִישׁ אֲשֶׁר־שָׁלַח אֶתְכֶם אֵלָי:

כד כֹּה אָמַר יְהוָה הִנְנִי מֵבִיא רָעָה עַל־הַמָּקוֹם הַזֶּה וְעַל־יוֹשְׁבָיו

אֵת כָּל־הָאָלוֹת הַכְּתוּבוֹת עַל־הַסֵּפֶר אֲשֶׁר קָרְאוּ לִפְנֵי

כה מֶלֶךְ יְהוּדָה: תַּחַת ׀ אֲשֶׁר עֲזָבוּנִי ויקטירו לֵאלֹהִים אֲחֵרִים וַיְקַטְּרוּ

לְמַעַן הַכְעִיסֵנִי בְּכֹל מַעֲשֵׂי יְדֵיהֶם וְתִתַּךְ חֲמָתִי בַּמָּקוֹם

כו הַזֶּה וְלֹא תִכְבֶּה: וְאֶל־מֶלֶךְ יְהוּדָה הַשֹּׁלֵחַ אֶתְכֶם לִדְרוֹשׁ

בַּיהוָה כֹּה תֹאמְרוּ אֵלָיו כֹּה־אָמַר יְהוָה אֱלֹהֵי

כז יִשְׂרָאֵל הַדְּבָרִים אֲשֶׁר שָׁמָעְתָּ: יַעַן רַךְ־לְבָבְךָ וַתִּכָּנַע ׀ מִלִּפְנֵי

אֱלֹהִים בְּשָׁמְעֲךָ אֶת־דְּבָרָיו עַל־הַמָּקוֹם הַזֶּה וְעַל־יֹשְׁבָיו

וַתִּכָּנַע לְפָנַי וַתִּקְרַע אֶת־בְּגָדֶיךָ וַתֵּבְךְּ לְפָנָי וְגַם־אֲנִי שָׁמַעְתִּי

כח נְאֻם־יְהוָה: הִנְנִי אֹסִפְךָ אֶל־אֲבֹתֶיךָ וְנֶאֱסַפְתָּ אֶל־קִבְרֹתֶיךָ

בְּשָׁלוֹם וְלֹא־תִרְאֶינָה עֵינֶיךָ בְּכֹל הָרָעָה אֲשֶׁר אֲנִי מֵבִיא עַל־

כט הַמָּקוֹם הַזֶּה וְעַל־יֹשְׁבָיו וַיָּשִׁיבוּ אֶת־הַמֶּלֶךְ דָּבָר: וַיִּשְׁלַח

ל הַמֶּלֶךְ וַיֶּאֱסֹף אֶת־כָּל־זִקְנֵי יְהוּדָה וִירוּשָׁלִָם: וַיַּעַל הַמֶּלֶךְ

בֵּית־יְהוָה וְכָל־אִישׁ יְהוּדָה וְיֹשְׁבֵי יְרוּשָׁלִַם וְהַכֹּהֲנִים וְהַלְוִיִּם

וְכָל־הָעָם מִגָּדוֹל וְעַד־קָטָן וַיִּקְרָא בְאָזְנֵיהֶם אֶת־כָּל־דִּבְרֵי
לא סֵפֶר הַבְּרִית הַנִּמְצָא בֵּית יְהוָה: וַיַּעֲמֹד הַמֶּלֶךְ עַל־עָמְדוֹ
וַיִּכְרֹת אֶת־הַבְּרִית לִפְנֵי יְהוָה לָלֶכֶת אַחֲרֵי יְהוָה וְלִשְׁמוֹר
אֶת־מִצְוֺתָיו וְעֵדְוֺתָיו וְחֻקָּיו בְּכָל־לְבָבוֹ וּבְכָל־נַפְשׁוֹ לַעֲשׂוֹת
לב אֶת־דִּבְרֵי הַבְּרִית הַכְּתוּבִים עַל־הַסֵּפֶר הַזֶּה: וַיַּעֲמֵד אֵת כָּל־
הַנִּמְצָא בִירוּשָׁלִַם וּבִנְיָמִן וַיַּעֲשׂוּ יֹשְׁבֵי יְרוּשָׁלִַם כִּבְרִית
לג אֱלֹהִים אֱלֹהֵי אֲבוֹתֵיהֶם: וַיָּסַר יֹאשִׁיָּהוּ אֶת־כָּל־הַתּוֹעֵבוֹת
מִכָּל־הָאֲרָצוֹת אֲשֶׁר לִבְנֵי יִשְׂרָאֵל וַיַּעֲבֵד אֵת כָּל־הַנִּמְצָא
בְּיִשְׂרָאֵל לַעֲבוֹד אֶת־יְהוָה אֱלֹהֵיהֶם כָּל־יָמָיו לֹא סָרוּ מֵאַחֲרֵי
לה א יְהוָה אֱלֹהֵי אֲבוֹתֵיהֶם: וַיַּעַשׂ יֹאשִׁיָּהוּ בִירוּשָׁלִַם פֶּסַח
ב לַיהוָה וַיִּשְׁחֲטוּ הַפֶּסַח בְּאַרְבָּעָה עָשָׂר לַחֹדֶשׁ הָרִאשׁוֹן: וַיַּעֲמֵד
ג הַכֹּהֲנִים עַל־מִשְׁמְרוֹתָם וַיְחַזְּקֵם לַעֲבוֹדַת בֵּית יְהוָה: וַיֹּאמֶר
לַלְוִיִּם המבונים לְכָל־יִשְׂרָאֵל הַקְּדוֹשִׁים לַיהוָה תְּנוּ אֶת־ הַמְּבִינִים
אֲרוֹן־הַקֹּדֶשׁ בַּבַּיִת אֲשֶׁר בָּנָה שְׁלֹמֹה בֶן־דָּוִיד מֶלֶךְ יִשְׂרָאֵל
אֵין־לָכֶם מַשָּׂא בַּכָּתֵף עַתָּה עִבְדוּ אֶת־יְהוָה אֱלֹהֵיכֶם וְאֵת
ד עַמּוֹ יִשְׂרָאֵל: והכונו לְבֵית־אֲבוֹתֵיכֶם כְּמַחְלְקוֹתֵיכֶם בִּכְתָב וְהָכִינוּ
ה דָּוִיד מֶלֶךְ יִשְׂרָאֵל וּבְמִכְתַּב שְׁלֹמֹה בְנוֹ: וְעִמְדוּ בַקֹּדֶשׁ
לִפְלֻגּוֹת בֵּית הָאָבוֹת לַאֲחֵיכֶם בְּנֵי הָעָם וַחֲלֻקַּת בֵּית־אָב
ו לַלְוִיִּם: וְשַׁחֲטוּ הַפָּסַח וְהִתְקַדְּשׁוּ וְהָכִינוּ לַאֲחֵיכֶם לַעֲשׂוֹת כה
ז כִּדְבַר־יְהוָה בְּיַד־מֹשֶׁה: וַיָּרֶם יֹאשִׁיָּהוּ לִבְנֵי
הָעָם צֹאן כְּבָשִׂים וּבְנֵי־עִזִּים הַכֹּל לַפְּסָחִים לְכָל־הַנִּמְצָא
לְמִסְפַּר שְׁלֹשִׁים אֶלֶף וּבָקָר שְׁלֹשֶׁת אֲלָפִים אֵלֶּה מֵרְכוּשׁ
ח הַמֶּלֶךְ: וְשָׂרָיו לִנְדָבָה לָעָם לַכֹּהֲנִים וְלַלְוִיִּם הֵרִימוּ
חִלְקִיָּה וּזְכַרְיָהוּ וִיחִיאֵל נְגִידֵי בֵּית הָאֱלֹהִים לַכֹּהֲנִים נָתְנוּ
ט לַפְּסָחִים אַלְפַּיִם וְשֵׁשׁ מֵאוֹת וּבָקָר שְׁלֹשׁ מֵאוֹת: וכונניהו וְכָנַנְיָהוּ
וּשְׁמַעְיָהוּ וּנְתַנְאֵל אֶחָיו וַחֲשַׁבְיָהוּ וִיעִיאֵל וְיוֹזָבָד שָׂרֵי הַלְוִיִּם
הֵרִימוּ לַלְוִיִּם לַפְּסָחִים חֲמֵשֶׁת אֲלָפִים וּבָקָר חֲמֵשׁ מֵאוֹת:

וַתִּכּוֹן הָעֲבוֹדָה וַיַּעַמְדוּ הַכֹּהֲנִים עַל־עָמְדָם וְהַלְוִיִּם עַל־ י
מַחְלְקוֹתָם כְּמִצְוַת הַמֶּלֶךְ׃ וַיִּשְׁחֲטוּ הַפָּסַח וַיִּזְרְקוּ הַכֹּהֲנִים יא
מִיָּדָם וְהַלְוִיִּם מַפְשִׁיטִים׃ וַיָּסִירוּ הָעֹלָה לְתִתָּם לְמִפְלַגּוֹת יב
לְבֵית־אָבוֹת לִבְנֵי הָעָם לְהַקְרִיב לַיהוָה כַּכָּתוּב בְּסֵפֶר
מֹשֶׁה וְכֵן לַבָּקָר׃ וַיְבַשְּׁלוּ הַפֶּסַח בָּאֵשׁ כַּמִּשְׁפָּט וְהַקֳּדָשִׁים יג
בִּשְּׁלוּ בַּסִּירוֹת וּבַדְּוָדִים וּבַצֵּלָחוֹת וַיָּרִיצוּ לְכָל־בְּנֵי הָעָם׃
וְאַחַר הֵכִינוּ לָהֶם וְלַכֹּהֲנִים כִּי הַכֹּהֲנִים בְּנֵי אַהֲרֹן בְּהַעֲלוֹת יד
הָעוֹלָה וְהַחֲלָבִים עַד־לָיְלָה וְהַלְוִיִּם הֵכִינוּ לָהֶם וְלַכֹּהֲנִים
בְּנֵי אַהֲרֹן׃ וְהַמְשֹׁרְרִים בְּנֵי־אָסָף עַל־מַעֲמָדָם כְּמִצְוַת דָּוִיד טו
וְאָסָף וְהֵימָן וִידִתוּן חוֹזֵה הַמֶּלֶךְ וְהַשֹּׁעֲרִים לְשַׁעַר וָשָׁעַר
אֵין לָהֶם לָסוּר מֵעַל עֲבֹדָתָם כִּי־אֲחֵיהֶם הַלְוִיִּם הֵכִינוּ
לָהֶם׃ וַתִּכּוֹן כָּל־עֲבוֹדַת יְהוָה בַּיּוֹם הַהוּא לַעֲשׂוֹת הַפֶּסַח טז
וְהַעֲלוֹת עֹלוֹת עַל מִזְבַּח יְהוָה כְּמִצְוַת הַמֶּלֶךְ יֹאשִׁיָּהוּ׃
וַיַּעֲשׂוּ בְנֵי־יִשְׂרָאֵל הַנִּמְצְאִים אֶת־הַפֶּסַח בָּעֵת הַהִיא וְאֶת־ יז
חַג הַמַּצּוֹת שִׁבְעַת יָמִים׃ וְלֹא־נַעֲשָׂה פֶסַח כָּמֹהוּ בְּיִשְׂרָאֵל יח
מִימֵי שְׁמוּאֵל הַנָּבִיא וְכָל־מַלְכֵי יִשְׂרָאֵל ׀ לֹא־עָשׂוּ כַּפֶּסַח
אֲשֶׁר־עָשָׂה יֹאשִׁיָּהוּ וְהַכֹּהֲנִים וְהַלְוִיִּם וְכָל־יְהוּדָה וְיִשְׂרָאֵל
הַנִּמְצָא וְיוֹשְׁבֵי יְרוּשָׁלִָם׃ בִּשְׁמוֹנֶה עֶשְׂרֵה שָׁנָה יט
לְמַלְכוּת יֹאשִׁיָּהוּ נַעֲשָׂה הַפֶּסַח הַזֶּה׃ אַחֲרֵי כָל־זֹאת כ
אֲשֶׁר הֵכִין יֹאשִׁיָּהוּ אֶת־הַבַּיִת עָלָה נְכוֹ מֶלֶךְ־מִצְרַיִם
לְהִלָּחֵם בְּכַרְכְּמִישׁ עַל־פְּרָת וַיֵּצֵא לִקְרָאתוֹ יֹאשִׁיָּהוּ׃ וַיִּשְׁלַח כא
אֵלָיו מַלְאָכִים ׀ לֵאמֹר ׀ מַה־לִּי וָלָךְ מֶלֶךְ יְהוּדָה לֹא־
עָלֶיךָ אַתָּה הַיּוֹם כִּי אֶל־בֵּית מִלְחַמְתִּי וֵאלֹהִים אָמַר לְבַהֲלֵנִי
חֲדַל־לְךָ מֵאֱלֹהִים אֲשֶׁר־עִמִּי וְאַל־יַשְׁחִיתֶךָ׃ וְלֹא־הֵסֵב כב
יֹאשִׁיָּהוּ פָנָיו מִמֶּנּוּ כִּי לְהִלָּחֶם־בּוֹ הִתְחַפֵּשׂ וְלֹא שָׁמַע אֶל־
דִּבְרֵי נְכוֹ מִפִּי אֱלֹהִים וַיָּבֹא לְהִלָּחֵם בְּבִקְעַת מְגִדּוֹ׃ וַיֹּרוּ כג
הַיֹּרִים לַמֶּלֶךְ יֹאשִׁיָּהוּ וַיֹּאמֶר הַמֶּלֶךְ לַעֲבָדָיו הַעֲבִירוּנִי כִּי

כד הֶחֱלֵיתִי מְאֹד׃ וַיַּעֲבִירֻהוּ עֲבָדָיו מִן־הַמֶּרְכָּבָה וַיַּרְכִּיבֻהוּ עַל
רֶכֶב הַמִּשְׁנֶה אֲשֶׁר־לוֹ וַיּוֹלִיכֻהוּ יְרוּשָׁלִַם וַיָּמָת וַיִּקָּבֵר
בְּקִבְרוֹת אֲבֹתָיו וְכָל־יְהוּדָה וִירוּשָׁלִַם מִתְאַבְּלִים עַל־
כה יֹאשִׁיָּהוּ׃ וַיְקוֹנֵן יִרְמְיָהוּ עַל־יֹאשִׁיָּהוּ וַיֹּאמְרוּ
כָל־הַשָּׁרִים ׀ וְהַשָּׁרוֹת בְּקִינוֹתֵיהֶם עַל־יֹאשִׁיָּהוּ עַד־הַיּוֹם
וַיִּתְּנוּם לְחֹק עַל־יִשְׂרָאֵל וְהִנָּם כְּתוּבִים עַל־הַקִּינוֹת׃
כו כז וְיֶתֶר דִּבְרֵי יֹאשִׁיָּהוּ וַחֲסָדָיו כַּכָּתוּב בְּתוֹרַת יְהוָה׃ וּדְבָרָיו
הָרִאשֹׁנִים וְהָאַחֲרֹנִים הִנָּם כְּתוּבִים עַל־סֵפֶר מַלְכֵי־יִשְׂרָאֵל
לו א וִיהוּדָה׃ וַיִּקְחוּ עַם־הָאָרֶץ אֶת־יְהוֹאָחָז בֶּן־יֹאשִׁיָּהוּ
ב וַיַּמְלִיכֻהוּ תַחַת־אָבִיו בִּירוּשָׁלִָם׃ בֶּן־שָׁלוֹשׁ וְעֶשְׂרִים שָׁנָה
ג יוֹאָחָז בְּמָלְכוֹ וּשְׁלֹשָׁה חֳדָשִׁים מָלַךְ בִּירוּשָׁלִָם׃ וַיְסִירֵהוּ
מֶלֶךְ־מִצְרַיִם בִּירוּשָׁלִָם וַיַּעֲנֹשׁ אֶת־הָאָרֶץ מֵאָה כִכַּר־כֶּסֶף
ד וְכִכַּר זָהָב׃ וַיַּמְלֵךְ מֶלֶךְ־מִצְרַיִם אֶת־אֶלְיָקִים אָחִיו עַל־יְהוּדָה
וִירוּשָׁלִַם וַיַּסֵּב אֶת־שְׁמוֹ יְהוֹיָקִים וְאֶת־יוֹאָחָז אָחִיו לָקַח נְכוֹ
ה וַיְבִיאֵהוּ מִצְרָיְמָה׃ בֶּן־עֶשְׂרִים וְחָמֵשׁ שָׁנָה יְהוֹיָקִים
בְּמָלְכוֹ וְאַחַת עֶשְׂרֵה שָׁנָה מָלַךְ בִּירוּשָׁלִָם וַיַּעַשׂ הָרַע בְּעֵינֵי
ו יְהוָה אֱלֹהָיו׃ עָלָיו עָלָה נְבוּכַדְנֶאצַּר מֶלֶךְ בָּבֶל וַיַּאַסְרֵהוּ
ז בַּנְחֻשְׁתַּיִם לְהֹלִיכוֹ בָּבֶלָה׃ וּמִכְּלֵי בֵּית יְהוָה הֵבִיא נְבוּכַדְנֶאצַּר
ח לְבָבֶל וַיִּתְּנֵם בְּהֵיכָלוֹ בְּבָבֶל׃ וְיֶתֶר דִּבְרֵי יְהוֹיָקִים וְתֹעֲבֹתָיו
אֲשֶׁר־עָשָׂה וְהַנִּמְצָא עָלָיו הִנָּם כְּתוּבִים עַל־סֵפֶר מַלְכֵי
ט יִשְׂרָאֵל וִיהוּדָה וַיִּמְלֹךְ יְהוֹיָכִין בְּנוֹ תַּחְתָּיו׃ בֶּן־
שְׁמוֹנֶה שָׁנִים יְהוֹיָכִין בְּמָלְכוֹ וּשְׁלֹשָׁה חֳדָשִׁים וַעֲשֶׂרֶת
י יָמִים מָלַךְ בִּירוּשָׁלִָם וַיַּעַשׂ הָרַע בְּעֵינֵי יְהוָה׃ וְלִתְשׁוּבַת
הַשָּׁנָה שָׁלַח הַמֶּלֶךְ נְבוּכַדְנֶאצַּר וַיְבִאֵהוּ בָבֶלָה עִם־כְּלֵי
חֶמְדַּת בֵּית־יְהוָה וַיַּמְלֵךְ אֶת־צִדְקִיָּהוּ אָחִיו עַל־יְהוּדָה
יא וִירוּשָׁלִָם׃ בֶּן־עֶשְׂרִים וְאַחַת שָׁנָה צִדְקִיָּהוּ בְמָלְכוֹ
יב וְאַחַת עֶשְׂרֵה שָׁנָה מָלַךְ בִּירוּשָׁלִָם׃ וַיַּעַשׂ הָרַע בְּעֵינֵי

יְהוָה אֱלֹהָיו לֹא נִכְנַע מִלִּפְנֵי יִרְמְיָהוּ הַנָּבִיא מִפִּי יְהוָה׃ וְגַם יג
בַּמֶּלֶךְ נְבוּכַדְנֶאצַּר מָרָד אֲשֶׁר הִשְׁבִּיעוֹ בֵּאלֹהִים וַיֶּקֶשׁ אֶת־
עָרְפּוֹ וַיְאַמֵּץ אֶת־לְבָבוֹ מִשּׁוּב אֶל־יְהוָה אֱלֹהֵי יִשְׂרָאֵל׃ גַּם יד
לִמְעָל־ כָּל־שָׂרֵי הַכֹּהֲנִים וְהָעָם הִרְבּוּ למעול־מַעַל כְּכֹל תֹּעֲבוֹת
הַגּוֹיִם וַיְטַמְּאוּ אֶת־בֵּית יְהוָה אֲשֶׁר הִקְדִּישׁ בִּירוּשָׁלָ͏ִם׃
וַיִּשְׁלַח יְהוָה אֱלֹהֵי אֲבוֹתֵיהֶם עֲלֵיהֶם בְּיַד־מַלְאָכָיו הַשְׁכֵּם טו
וְשָׁלוֹחַ כִּי־חָמַל עַל־עַמּוֹ וְעַל־מְעוֹנוֹ׃ וַיִּהְיוּ מַלְעִבִים בְּמַלְאֲכֵי טז
הָאֱלֹהִים וּבוֹזִים דְּבָרָיו וּמִתַּעְתְּעִים בִּנְבִאָיו עַד עֲלוֹת
חֲמַת־יְהוָה בְּעַמּוֹ עַד־לְאֵין מַרְפֵּא׃ וַיַּעַל עֲלֵיהֶם אֶת־מֶלֶךְ יז
כַּשְׂדִּים כשדיים וַיַּהֲרֹג בַּחוּרֵיהֶם בַּחֶרֶב בְּבֵית מִקְדָּשָׁם וְלֹא חָמַל
עַל־בָּחוּר וּבְתוּלָה זָקֵן וְיָשֵׁשׁ הַכֹּל נָתַן בְּיָדוֹ׃ וְכֹל כְּלֵי בֵּית יח
הָאֱלֹהִים הַגְּדֹלִים וְהַקְּטַנִּים וְאֹצְרוֹת בֵּית יְהוָה וְאֹצְרוֹת
הַמֶּלֶךְ וְשָׂרָיו הַכֹּל הֵבִיא בָבֶל׃ וַיִּשְׂרְפוּ אֶת־בֵּית הָאֱלֹהִים יט
וַיְנַתְּצוּ אֵת חוֹמַת יְרוּשָׁלָ͏ִם וְכָל־אַרְמְנוֹתֶיהָ שָׂרְפוּ בָאֵשׁ וְכָל־
כְּלֵי מַחֲמַדֶּיהָ לְהַשְׁחִית׃ וַיֶּגֶל הַשְּׁאֵרִית מִן־הַחֶרֶב אֶל־בָּבֶל כ
וַיִּהְיוּ־לוֹ וּלְבָנָיו לַעֲבָדִים עַד־מְלֹךְ מַלְכוּת פָּרָס׃ לְמַלֹּאות כא
דְּבַר־יְהוָה בְּפִי יִרְמְיָהוּ עַד־רָצְתָה הָאָרֶץ אֶת־שַׁבְּתוֹתֶיהָ
כָּל־יְמֵי הָשַּׁמָּה שָׁבָתָה לְמַלֹּאות שִׁבְעִים שָׁנָה׃ וּבִשְׁנַת כב
אַחַת לְכוֹרֶשׁ מֶלֶךְ פָּרַס לִכְלוֹת דְּבַר־יְהוָה בְּפִי יִרְמְיָהוּ
הֵעִיר יְהוָה אֶת־רוּחַ כּוֹרֶשׁ מֶלֶךְ־פָּרַס וַיַּעֲבֶר־קוֹל בְּכָל־
מַלְכוּתוֹ וְגַם־בְּמִכְתָּב לֵאמֹר׃ כֹּה־אָמַר כּוֹרֶשׁ ׀ מֶלֶךְ פָּרַס כג
כָּל־מַמְלְכוֹת הָאָרֶץ נָתַן לִי יְהוָה אֱלֹהֵי הַשָּׁמַיִם וְהוּא־פָקַד
עָלַי לִבְנוֹת־לוֹ בַיִת בִּירוּשָׁלַ͏ִם אֲשֶׁר בִּיהוּדָה מִי־בָכֶם מִכָּל־
עַמּוֹ יְהוָה אֱלֹהָיו עִמּוֹ וְיָעַל׃

חילופי נוסחאות

הגהת מהדורה זו נעשתה בעיון רב ובבדיקה מדוקדקת, עד כמה שיד אדם מגעת, על יסוד חוות דעתם של בעלי המסורה ושל המדקדקים והמפרשים ועל פי מה שנמצא ברוב כתבי היד והדפוסים המקובלים כבני סמכא, ולא כהעתקה משועבדת לדפוס או לכתב יד מסוים.

חילופי נוסחאות

ברשימת חילופים זו הובאו רק נוסחאות, שיש בהם שינוי של ממש לגבי הנוסח המודפס בפנים. לא הובאו בה עניינים של מלא וחסר, ולא שינויי ניקוד קלים (חטף פתח כנגד שוא וכדומה), שאין בהם הבדל של ממש לגבי הקריאה או הפירוש.

לא הובאו אלא חילופים, שמקורם מוסמך, כגון עדויות מפורשות של המסורה ושל גדולי המפרשים והמדקדקים (ת"י, רש"י, ראב"ע, רד"ק, מנחת שי, רו"ה ועוד) או הנוסח שברוב כתבי היד והדפוסים הראשונים.

בראשית ט, כט
במקום: וַיְהִי
בספרים אחרים: וַיִּהְיוּ

ויקרא
במקום: פרשה פתוחה: ז, כח
בספרים אחרים: פרשה פתוחה: ז, כב

דברים כג, ב
במקום: דַּכָּה
בספרים אחרים: דַּכָּא

יהושע ו, טו
במקום: כַּעֲלוֹת
בספרים אחרים: בעלות כתיב כַּעֲלוֹת קרי

יהושע ח, כב
במקום: לוֹ
בספרים אחרים: לָהֶם

יהושע טו, נב
במקום: וְדוּמָה
בספרים אחרים: וְרוּמָה

שופטים כ, לד
במקום: מִנֶּגֶד
בספרים אחרים: מִנֶּגֶב

שמואל א י, ה
במקום: גִּבְעַת
בספרים אחרים: אֶל־גִּבְעַת

שמואל א יד, ג
במקום: אִיכָבוֹד ׀
בספרים אחרים: אִי־כָבוֹד ׀

שמואל א יד, מט
במקום: וּמַלְכִּי־שׁוּעַ
בספרים אחרים: וּמַלְכִּישׁוּעַ

שמואל א ל, ל
במקום: בְּכוֹר־עָשָׁן
בספרים אחרים: בְּבוֹר־עָשָׁן

שמואל א לא, ב
במקום: וְאֶת־מַלְכִּי־שׁוּעַ
בספרים אחרים: וְאֶת־מַלְכִּישׁוּעַ

שמואל ב ז, ח
במקום: לְדָוִד
בספרים אחרים: דָּוִד

שמואל א ז, כב
במקום: בְּכֹל
בספרים אחרים: כְּכֹל

שמואל א ח, פעמים רבות
במקום: הֲדַדְעֶזֶר
בספרים אחרים: הֲדַרְעֶזֶר

שמואל א י, ה
במקום: בֵּירְחוֹ
בספרים אחרים: בִּירֵחוֹ

שמואל א כג, לג

במקום: הָֽאֲרָרִ֑י

בספרים אחרים: הָֽאֲרָרִֽי

מלכים א ח, א

במקום: אֶת־כָּל־רָאשֵׁ֣י

בספרים אחרים: וְאֶת־כָּל־רָאשֵׁ֣י

מלכים א ח, לא

במקום: וְנָֽשָׁא־

בספרים אחרים: וְנָֽשָׁא־

מלכים א יב, ב

במקום: הַמֶּ֣לֶךְ שְׁלֹמֹ֔ה

בספרים אחרים: שְׁלֹמֹ֖ה הַמֶּ֣לֶךְ

מלכים א טו, ט

במקום: עַל־יְהוּדָֽה

בספרים אחרים: מֶ֥לֶךְ יְהוּדָֽה

מלכים ב יא, ב

במקום: הַֽמְּמוּתְתִ֔ים

בספרים אחרים: הַֽמְּמוּתִ֔ים

מלכים א יב, כב

במקום: וְיוֹזָבָ֤ד

בספרים אחרים: וְיוֹזָבָ֤ד

מלכים ב טו, לו

במקום: וְכָל־אֲשֶׁ֣ר

בספרים אחרים: אֲשֶׁ֣ר

מלכים ב יט, לז

במקום: וְשַׂרְאֶ֤צֶר

בספרים אחרים: וְשַׂרְאֶ֤צֶר

מלכים ב כג, ד

במקום: הָֽעֲשׂוּיִ֗ם

בספרים אחרים: העשוים כתיב הָֽעֲשׂוּיִ֗ם קרי

ישעיה ג, כג

במקום: הַגִּלְיֹנִ֗ים

בספרים אחרים: וְהַגִּלְיֹנִ֗ים

ישעיה ז, יד. ח, ח

במקום: עִמָּ֥נוּאֵֽל

בספרים אחרים: עִמָּ֥נוּ אֵֽל

ישעיה י, טו

במקום: וְאֶת־מְרִימָ֑יו

בספרים אחרים: אֶת־מְרִימָ֑יו

ישעיה לא, א

במקום: עַל־סוּסִ֣ים

בספרים אחרים: וְעַל־סוּסִ֣ים

ישעיה לד, יג

במקום: קִמּ֣וֹשׁ

בספרים אחרים: קִמּ֣וֹשׁ

ישעיה לז, לח

במקום: וְשַׂרְאֶ֤צֶר

בספרים אחרים: וְשַׂרְאֶ֤צֶר

ישעיה נד, ט

במקום: כִּי־מֵ֤י

בספרים אחרים: כִּימֵ֤י

ישעיה סג, יא

במקום: רֹעֵ֣ה

בספרים אחרים: רֹעֵ֣י

ירמיה כד, א

במקום: יְכָנְיָ֨הוּ

בספרים אחרים: יְכָנְיָ֨ה

ירמיה לט, פעמים רבות

במקום: שַׂרְאֶ֜צֶר

בספרים אחרים: שַׂרְאֶ֜צֶר

ירמיה נא, מו

במקום: מֹשֵׁ֔ל

בספרים אחרים: וּמֹשֵׁ֔ל

יחזקאל יד, ח

במקום: וַהֲשִׁמֹתִ֗יהוּ

בספרים אחרים: וַהֲשִׁמֹתִ֗יהוּ

יחזקאל טז, נג

במקום: שְׁבִיתְהֶן

בספרים אחרים: שְׁבוּתְהֶן כתיב שְׁבִיתְהֶן קרי

יחזקאל ל, ט

במקום: כְּיוֹם מִצְרַיִם

בספרים אחרים: בְּיוֹם מִצְרַיִם

יחזקאל לא, יא

במקום: בְּרִשְׁעוֹ

בספרים אחרים: כְּרִשְׁעוֹ

יחזקאל לו, כג

במקום: לְעֵינֵיהֶם

בספרים אחרים: לְעֵינֵיכֶם

יחזקאל לט, כח

במקום: אֶל־אַדְמָתָם

בספרים אחרים: עַל־אַדְמָתָם

הושע ט, ו

במקום: קִמּוֹשׂ

בספרים אחרים: קִימוֹשׂ

מיכה ב, ב

במקום: וְאִישׁ

בספרים אחרים: אִישׁ

מיכה ב, י

במקום: טָמְאָה

בספרים אחרים: טָמְאָה, טָמְאָה

צפניה ג, טו

במקום: לֹא־תִירְאִי

בספרים אחרים: לֹא־תִרְאִי

חגי ב, י

במקום: בְּיַד־

בספרים אחרים: אֶל־

זכריה ז, ב

במקום: שַׂרְאֶצֶר

בספרים אחרים: שַׂרְאֶצֶר

תהלים ט, יד

במקום: חָנְנֵנִי

בספרים אחרים: חָנְנֵנִי

תהלים כד, ד

במקום: נפשו כתיב נַפְשִׁי קרי

בספרים אחרים: נַפְשׁוֹ קרי וכתיב נַפְשׁוֹ

נַפְשִׁי קרי וכתיב

נפשי כתיב נַפְשׁוֹ

תהלים מה, י

במקום: בִּיקְּרוֹתֶיךָ

בספרים אחרים: בִּיקְרוֹתֶיךָ

תהלים קיח, ה

במקום: בַמֶּרְחָב יָהּ

בספרים אחרים: בַמֶּרְחַבְיָה

משלי ז, כה

במקום: אַל־תֵּתַע

בספרים אחרים: וְאַל־תֵּתַע

משלי ח, טז

במקום: צֶדֶק

בספרים אחרים: אָרֶץ

משלי יז, כו

במקום: עֲלֵי־יֹשֶׁר

בספרים אחרים: עַל־יֹשֶׁר

משלי כד, לא

במקום: קִמְּשֹׂנִים

בספרים אחרים: קִמְּשׁוֹנִים

משלי כז, כ

במקום: וַאֲבַדֹּה

בספרים אחרים: וַאבדה כתיב וַאֲבַדּוֹן קרי

איוב כא, יב

במקום: כְּתֹף

בספרים אחרים: בְּתֹף

איוב כח, יז

במקום: **וּזְכוֹכִית**

בספרים אחרים: **וּזְכוֹכִית**

איוב מ, יא

במקום: **עַבְרוֹת**

בספרים אחרים: **עֶבְרוֹת**

איוב מא, ב

במקום: **יְעוּרֶנּוּ**

בספרים אחרים: **יעירנו** כתיב **יְעוּרֶנּוּ**

קהלת יב, ד

במקום: **וְיָקוּם**

בספרים אחרים: **וְיָקוּם**

אסתר ח, יא

במקום: **וְלַהֲרֹג**

בספרים אחרים: **לַהֲרֹג**

אסתר ט, ב

במקום: **לִפְנֵיהֶם**

בספרים אחרים: **בִּפְנֵיהֶם**

דניאל א, פעמים רבות

במקום: **פַּת־בַּג**

בספרים אחרים: **פַּתְבַּג**

דניאל יא, כו

במקום: **פַּת־בָּגוֹ**

בספרים אחרים: **פַּתְבָּגוֹ**

עזרא ד, יג

במקום: **וְאַפְּתֹם**

בספרים אחרים: **וְאַפְּתֹם**

עזרא ח, יד

במקום: **וְעִמָּהֶם**

בספרים אחרים: **וְעִמּוֹ**

נחמיה ז, מח

במקום: **שַׁלְמָי**

בספרים אחרים: **שַׁלְמָי**

נחמיה ז, נד

במקום: **בַּצְלִית**

בספרים אחרים: **בצלות** כתיב **בַּצְלִית** קרי

דה"י א ו, מג

במקום: **חִילֵן**

בספרים אחרים: **חִילֵז**

דה"י א ט, יג

במקום: **חֵיל**

בספרים אחרים: **חַיִל**

דה"י א יב, ח

במקום: **הַגְּדוּד**

בספרים אחרים: **הַגְּדוּד, הַגְּדוּד**

דה"י א יח, פעמים רבות

במקום: **הֲדַדְעֶזֶר**

בספרים אחרים: **הֲדַרְעֶזֶר**

דה"י א כב, י

במקום: **כִּסֵּא**

בספרים אחרים: **אֶת־כִּסֵּא**

דה"י א כד, כג

במקום: **וּבְנֵי**

בספרים אחרים: **וּבְנֵי**

דה"י ב ו, כב

במקום: **וְנָשָׂא־**

בספרים אחרים: **וְנָשָׂא־**

דה"י ב י, יד

במקום: **אַכְבִּיד**

בספרים אחרים: **אָבִי הִכְבִּיד**

דה"י ב י, טז

במקום: **וְכָל־יִשְׂרָאֵל**

בספרים אחרים: **וְכָל־יִשְׂרָאֵל רָאוּ**

דה"י ב כ, לז

במקום: **כְּהִתְחַבֶּרְךָ**

בספרים אחרים: **בְּהִתְחַבֶּרְךָ**

תורה נביאים כתובים
הוגהו בעיון נמרץ על־ידי
ד׳ גולדשמידט א״מ הברמן מ׳ מדן
ונסדרו באות קורֶן בדפוס אחוה בירושלים
הניקוד והטעמים תואמו לאותיות בבית ההוצאה
על־פי שיטת קורֶן

קורֶן ירושלים